F. 4710.

F. 738.
S. A.

1307

LES
LOIX CIVILES

DANS LEUR ORDRE NATUREL;

LE DROIT PUBLIC,

ET

LEGUM DELECTUS.

Par M. *DOMAT*, *Avocat du Roi au Siége Préfidial*
de Clermont en Auvergne.

NOUVELLE EDITION,

Revûe , corrigée , & augmentée des Troifieme & Quatrieme Livres du Droit
Public, par M. DE HERICOURT , Avocat au Parlement.

Des Notes de feu M. DE BOUCHEVRET, ancien Avocat au Parlement , fur
le *LEGUM DELECTUS* ;

Et de celles de MM. BERROYER & CHEVALIER , anciens Avocats au Parlement.

TOME PREMIER.

F 3 38
3 A

A PARIS,

Chez SAVOYE, rue Saint-Jacques , à l'Efpérance.

────────────

M. DCC. LVI.

AVEC PRIVILEGE DE SA MAJESTÉ.

AU ROY.

IRE,

Comme Dieu fait les Rois pour tenir sa place au-dessus des hommes, il ne les éleve à ce rang que pour le faire régner lui-même par l'empire de la justice qu'il met en leurs mains : & c'est pour soutenir la grandeur d'un ministere si auguste, qu'il leur communique toute la puissance & toute la gloire qui les environne. Cette conduite de Dieu éclate singulierement en la personne sacrée de votre Majesté. Il vous a rendu, Sire, le plus grand Prince du monde & le plus puissant, afin d'accompagner de cette grandeur et de cette puissance le don bien plus grand qu'il vous a fait de l'amour de la justice pour la faire régner. La force des armes, les victoires, les conquétes, les triomphes, et tout ce qui fait la gloire des Princes, n'a son usage naturel que pour la justice. Votre Majesté en jugea ainsi dès les premieres occasions qui l'obligerent à

EPITRE.

prendre les armes; & ces grandes forces qui dissipe-
rent si glorieusement celles de ses ennemis, & qui
en d'autres mains auroient pû conquérir l'Europe, ne
servirent dans les siennes que pour faire admirer sa
modération. L'amour de la justice borna vos conquêtes; & votre clémence, Sire, vous fit remettre à
vos ennemis ce que vos victoires vous avoient acquis.
C'est cet usage si grand, & des armes & de la clémence, & tout ce que votre Majesté a fait de si
glorieux pour la justice, qui lui attirent la distinction que Dieu fait aujourd'hui entr'elle et tous
les autres Princes du monde. Tout est en armes
contre la justice et contre la religion; l'une et l'autre sont attaquées par les ligues des hérétiques, et
par le plus grand attentat que le monde ait vû:
tous les Princes qui devoient s'unir pour les
défendre, s'unissent pour les opprimer; & dans
le tems qu'ils se joignent en aveugles au parti de
l'hérésie, Dieu vous choisit, Sire, et vous choisit
seul pour défendre et la religion et la justice, contre les forces unies de toute l'Europe. C'est de ce
comble de gloire que Dieu récompense ce que votre
Majesté a fait pendant tout son regne pour
établir celui de la justice & pour l'affermir. Elle
commença par purger son royaume de la licence
des crimes et des violences, & surtout de la
fureur de ce crime, qui par l'illusion d'une

EPITRE.

Fausse gloire s'étant mis au-dessus des loix, ne pouvoit être réprimé que par la sagesse et la fermeté d'un Roi qui pût rendre, et à la véritable gloire l'estime qu'on doit en avoir, et à la justice son autorité. Ces heureux commencemens ont eu les suites qu'on en attendoit. Les anciennes loix ont repris leur force ; les abus les plus invétérés ont été abolis : et votre Majesté a fait par toutes ses ordonnances une police universelle qui s'étend à tout et qui regle tout. La paix a suivi ce regne de la justice ; et la tranquillité publique a fait fleurir dans la France les sciences, les arts, le commerce, & tout ce qui peut faire la gloire de l'Etat et celle du Prince. Il restoit de pourvoir aux injustices qui troublent le repos des particuliers : & votre Majesté ne pouvant donner au détail des différends qui les divisent les soins qu'elle doit à tout le royaume, il falloit que ce fût l'ouvrage des Juges à qui elle commet le ministere de la Justice ; et tout ce que peuvent la sagesse et l'autorité a été employé pour faire de bons Juges, et pour les engager à imiter l'exemple de votre Majesté dans leur ministere. Elle leur apprend par son amour pour la Justice, que sans cet amour ils sont indignes de tenir ce rang : elle les oblige d'étudier & de sçavoir les loix, & veut que personne ne soit reçu à la dignité de Juge,

EPITRE.

S'il ne joint la Science à la probité. Cette application de votre Majesté à tout ce qui regarde la justice & le bien public, inspirant à tant de personnes le desir de contribuer à ses grands desseins, j'ai crû qu'il me seroit permis d'entrer dans ses intentions, en essayant de rendre plus facile la Science des Loix. J'ose espérer, Sire, que votre Majesté qui m'a fait l'honneur d'agréer le commencement de ce travail, & de m'en ordonner la continuation, voudra bien souffrir que je lui offre ce témoignage de mon zele pour son service & pour sa gloire, & que je fasse paroître, sous la protection de son auguste nom, un Ouvrage qui est tout à Elle, puisqu'il renferme tous les principes & toutes les regles de cette justice qu'Elle fait régner. Je suis avec une très-profonde vénération,

SIRE,

DE VOTRE MAJESTÉ

Le très-humble, très-obéïssant &
très-fidele serviteur & sujet,
DOMAT.

PREFACE

SUR LE DESSEIN DE CE LIVRE.

IL paroît bien étrange que les Loix Civiles, dont l'ufage eft fi néceffaire, foient fi peu connues, & que n'étant prefque toutes que des regles de l'équité, dont la connoiffance nous eft naturelle, l'étude qui devroit en être également facile & agréable, foit fi difficile & fi épineufe.

Cependant il faut reconnoître que de la maniere dont ces Loix font recueillies dans les Livres du Droit Romain, qui en font l'unique dépôt, il n'eft pas aifé de les bien apprendre. Et c'eft ce qui fait que parmi ceux que leur profeffion oblige à les fçavoir, plufieurs les ignorent, & que perfonne n'y devient habile que par une longue & pénible étude.

On ne doit pas néanmoins tirer de cette vérité une conféquence contre l'eftime & le refpect même qu'on doit à ces Livres ; puifque d'une part on peut y admirer les lumieres que Dieu a données à des Infidelles, dont il a voulu fe fervir pour compofer une fcience du Droit naturel ; & que de l'autre, on doit avouer que cette fcience n'a pu fe former que d'une maniere qui a fait naître les difficultés de la bien entendre. Et pour en juger, il faut premierement confidérer comment les Auteurs de ces Loix les ont compofées, & voir enfuite comment elles font compilées dans le Droit Romain : & puis on expliquera le deffein qu'on s'eft propofé de rendre l'étude des Loix Civiles facile & agréable.

Tout ce qu'on a de Loix & des regles fur toutes les matieres du Droit, a été le fruit d'un infinité de reflexions fur les évenemens d'où font venus les différends de toute nature. On a commencé par la vûe des principes naturels & immuables de l'équité, comme font par exemple, ces vérités générales : qu'il ne faut faire tort à perfonne : qu'il faut rendre à chacun ce qui lui appartient : qu'il faut être fincere dans les conventions, & fidele en toutes fortes d'engagemens. Et on eft enfuite defcendu aux regles particulieres, comme font, par exemple, celles-ci : que tout vendeur doit garantir : que la perte & le gain doivent fe communiquer entre les affociés : que celui qui emprunte quelque chofe d'un autre doit en avoir foin : que le Tuteur doit fervir de pere au mineur à qui il en tient lieu, & mille autres femblables Loix qui font les regles naturelles de la fociété des hommes.

Et parce qu'on a eu befoin de fixer par des reglemens de certaines difficultés où les Loix naturelles ne déterminent pas précifement à ce qui eft jufte, il a été néceffaire d'y pourvoir par d'autres Loix. Ainfi, par exemple, la Loi naturelle veut que ceux qui n'ont pas affez d'âge & d'expérience ne puiffent entrer dans des engagemens qui leur foient nuifibles ; mais comme tous n'acquierent pas cette expérience dans le même tems, & qu'on n'a pû faire à chacun fa regle, on en a fait une commune, qui marque pour tous un moment de l'âge, où l'on eft capable des engagemens. Ainfi, on a été obligé de regler le tems des prefcriptions, les formalités des teftamens, & d'autres femblables difficultés qui demandoient des regles. Et c'eft ce qu'on a fait par des Loix qu'on appelle arbitraires, parce qu'elles dépendent de la prudence de ceux qui ont droit de les établir, qu'elles font differentes en divers lieux, & que dans les mêmes elles font fujettes à des changemens. *a.* Mais ces regles arbitraires font en petit nombre dans les Loix Civiles : & tout ce qu'il y a dans le Droit Romain qui foit de notre ufage, ne confifte prefque qu'au Droit naturel, & ne comprend que peu de Loix arbitraires.

C'eft ainfi que toutes les Nations fe font fait des Loix : & on fçait de qu'elle maniere les Romains ont emprunté des autres, & cultivé chez eux la fcience du Droit, & que ce n'a été que par une infinité d'évenemens pendant plufieurs fiecles, & dans l'étendue du plus grand Empire qui ait jamais été, que l'application d'un grand nombre de perfonnes habiles, a pû recueillir les faits qui ont fait naître les differends, remarquer les principes dont on s'eft fervi pour les décider, former des regles fur ces principes, les diverfifier felon que les differens faits obligent à les diftinguer, rapporter ces regles à leurs matieres, & par l'affemblage de ces matieres & de leurs regles, compofer une fcience qui a pour objet tout ce qui fe paffe dans la fociété des hommes, & qui peut faire naître entr'eux quelques differends.

Il eft facile de comprendre par cette maniere dont il a été néceffaire de compofer les Loix Civiles, qu'il n'a pas été poffible que tant d'ouvrages de tant de perfonnes, faits en divers temps, par differentes vûes, fur divers fujets, & par un progrès infenfible de remarques particulieres fur des faits de toute nature, formaffent un corps de Loix dans l'ordre qu'elles ont en effet entr'elles, & tel que doivent l'avoir naturellement des vérités qui font les regles de la fociété civile.

Juftinien fe propofa de compofer un corps de diverfes pieces de ces ouvrages infinis, & il en fit fon Digefte, où il compila divers fragmens, y donnant la force de Loix, de même qu'il recueillit dans fon Code un grand nombre de Loix, de Conftitutions & de Refcrits des Empereurs qui l'avoient précédé. Mais on voit dans ces deux recueils qu'ils étoient principalement faits pour

a V. l'origine des Loix arbitraires, & les caufes qui les ont rendues néceffaires, dans le Traité des Loix, chap. 11.

conserver ce dépôt des Loix & des regles qui y font recueillies, & l'ordre naturel qui les lie entr'elles, n'a pas été la vûe qu'on s'y eft propofée.

On voit dans ces deux compilations, que les mêmes matieres font ramaffées d'une maniere dans le Digefte, & d'une autre dans le Code tout différemment : que dans l'un & l'autre de ces deux recueils, plufieurs matieres font hors de leurs lieux, étant jointes à d'autres fans rapport entr'elles, & que quelques-unes même font difperfées en divers endroits.

Que pour le détail de chaque matiere, on ne trouve dans aucune un ordre parfait de fes définitions, de fes principes & de fes regles, felon qu'elles dépendent les unes des autres, ou que le rapport de l'une à l'autre fait leur liaifon ; mais on y voit feulement un amas de plufieurs regles, la plûpart fans fuite.

Que plufieurs regles générales & communes à diverfes matieres s'y trouvent fous des titres de matieres particulieres : & que plufieurs regles particulieres d'une matiere ont été mifes fous des titres d'autres toutes différentes.

Que parmi toutes ces regles, il y en a peu qui foient dans leur jour ; mais la plûpart font enveloppées dans des décifions de faits particuliers fans y paroître en regles ; & il faut les en tirer, en y confidérant par de différentes réflexions, les raifons de douter, pour y reconnoître celles qui décident, & qui doivent former les regles.

Que plufieurs de ces regles ne donnent pas la vûe de leur fens entier ; mais on a fouvent befoin de ramaffer de divers endroits les différentes parties d'une regle feule : & qu'au contraire, en quelques lieux, deux regles qu'il faut féparer, fe trouvent renfermées fous un texte unique, qui ne fait pas fentir leur diftinction.

Que les regles mêmes qu'on a mifes fous un dernier titre des regles du Droit, comme pour raffembler ce qu'il eft plus néceffaire de retenir, y ont fi peu d'ordre, qu'on auroit peine à y en trouver deux de fuite fur une matiere ; & que plufieurs y paroiffent comme des regles générales & communes à diverfes matieres, qui ne font propres qu'à une feule ; ce qui met en danger d'en faire de fauffes applications.

Que dans prefque toutes les matieres, on trouve mêlé avec ce qu'il y a d'utile & de néceffaire, beaucoup d'inutile & de fuperflu, & plufieurs redites : & on y voit auffi à divers endroits de ces fortes de fubtilités du Droit Romain, qui ne font ni naturelles ni de notre ufage ; ce qui multiplie le travail de l'étude, puifque pour la rendre utile, il faut joindre à plufieurs lectures, une grande application & beaucoup de difcernement, pour dégager les principes & les regles de toutes ces épines qui les enveloppent, & pour s'en former de juftes idées.

Que par une fuite de ce défaut d'ordres, plufieurs regles font obfcures, parce qu'elles font éloignées des principes d'où elles dépendent : que d'autres étant féparées des exceptions néceffaires pour borner leur fens trop vague & trop étendu, peuvent être facilement détournées aux cas exceptés : que quelques-unes femblent contraires entr'elles, foit qu'en effet il y ait quelque contrariété, ou que n'étant pas affez nettement & pleinement exprimées, il y en paroiffe à ceux qui ne font pas affez habiles pour les concilier, & qu'enfin il y en a plufieurs qui pour n'être ni dans les lieux, ni dans leur jour, ni en leur entier, peuvent être mal entendues & mal appliquées.

Ce font ces difficultés de l'étude des Loix dans les Livres de Juftinien, qui ont été la caufe qu'on a fi mal gardé les défenfes qu'il avoit faites de les commenter, à peine de faux & de fuppreffion des Livres b, & on pourroit ajoûter encore d'autres remarques que celles qu'on vient de faire fur ce fujet. Mais ce peu fuffit pour faire comprendre que dans la lecture de ces Livres, la mémoire fe trouvant chargée, & le jugement embarraffé de ce vafte détail en confufion, il eft difficile de fe former un fyftême net & précis de chaque matiere, & de les ranger dans fon efprit ce qui eft fi dérangé dans les Livres où il faut l'apprendre. Et c'eft ce qui fait que plufieurs fe dégoûtent de cette étude, que peu y réuffiffent, & quelques-uns même font de mauvais ufages des Loix, par l'occafion, que cette maniere dont elles font recueillies peut en donner & à ceux qui manquent de lumiere, & à ceux qui manquent de fincerité. Et comme il n'y a point de fcience humaine où la conféquence des égaremens foit plus importante qu'en celle des Loix, & que l'intérêt qui dépend de la maniere de les appliquer, fait que le cœur, y prenant parti, tourne à fes vûes celles de l'efprit ; on voit quels font les abus que font des Loix ceux qui époufent ou la défenfe, ou la protection des mauvaifes caufes.

Tout ce qu'on a dit jufqu'ici fait affez voir quelle eft d'une part l'utilité des Livres du Droit Romain, qui font le dépôt des regles naturelles de l'équité, & quels font auffi de l'autre les inconveniens du peu d'ordre qu'on voit dans ces Livres. Ce qui nous découvre en même tems les caufes de deux manieres fi différentes, & même fi oppofées, dont on regarde ces Livres en France. Car d'un côté, comme ils contiennent le droit naturel & la raifon écrite, on les cite dans les Tribunaux, on les enfeigne publiquememt ; & c'eft fur l'étude de ces Livres qu'on donne les degrés, & qu'on examine ceux qui veulent entrer dans des Charges de Judicature. Mais d'autre part, les difficultés qui ont été remarquées, & ce qu'il y a de contraire à nos Loix & à nos Coûtumes dans le Droit Romain, font de juftes caufes de ce qu'il n'a pas en France une autorité fixe & abfolue, à la referve des Provinces où il fert de Coûtume, felon qu'elles en reçoivent les difpofitions. De forte qu'à caufe de l'utilité de ces Livres, plufieurs y puifent fans difcernement, & y prennent pour principes, ou des fubtilités qui ne font pas de notre ufage, ou des regles mal entendues : & d'autres abufant de ce que ces Livres n'ont pas l'autorité qu'ont ou les Coûtumes ou les Ordonnances, rejettent fouvent

b *De confirm. Digeft. ad Sonat. & omn. pop. §. 21. de confirm. Digeft ad mag. Senat. §. 21.*

les meilleures regles , & n'y fentent pas même l'autorité des Loix naturelles , parce qu'ils ne regardent comme Loix que celles qui font publiées & enregistrées.

On peut ajouter pour une derniere réflexion fur le Droit , que le défaut d'ordre dans les compilations qu'en a faites Juftinien , n'ayant pas permis de voir nettement & de fuite le détail entier de chaque matiere , il y eft refté des vuides , où il manque des regles pour de certaines queftions générales qui arrivent fouvent , & qui font naître plufieurs procès que des regles fixes auroient prévenus. Et comme en faifant le Recueil du Code , on y infera quelques décifions que fit cet Empereur de quelques-unes de ces fortes de difficultés , qui ne fe trouvoient pas reglées dans l'ancien Droit , & qui divifoient même les Jurifconfultes; on y laiffa divers autres vuides qui ont donné fujet à la Jurifprudence des Arrêts. Mais comme les Arrêts ne font rendus que fur des différens particuliers , & qu'ils ne font pas en forme de Reglemens , on ne laiffe pas de faire renaître les mêmes queftions fous prétexte que les Arrêts peuvent être rendus dans des circonftances particulieres. Et on voit même que quelques queftions font differemment jugées en divers Parlemens.

On ne fait ici cette remarque que par occafion , comme une fuite des autres qu'on vient de faire , & feulement pour faire voir que ces fortes de difficultés ayant befoin d'autant de regles , il feroit à fouhaiter qu'il y fût pourvû par des regles fixes & uniformes.

On a été obligé de faire toutes ces réflexions fur l'utilité des Livres du Droit Romain , & fur les difficultés de bien apprendre les Loix dans ces Livres , pour rendre raifon des motifs qui ont engagé à l'entreprife de mettre les Loix Civiles en ordre , dans l'efperance d'en rendre l'étude plus facile , plus utile & plus agréable.

Perfonne n'ignore quel eft en toutes chofes l'ufage de l'ordre , & que fi dans les chofes mêmes qui ne font que l'objet des fens , le jufte affemblage des parties qui forment un tout , eft néceffaire pour les mettre en vûe , l'ordre eft bien plus néceffaire pour faire entrer dans l'efprit le détail infini des vérités qui compofent une fcience. Car c'eft leur nature qu'elles ont entr'elles des rapports & des liaifons, qui font qu'elles n'entrent dans l'efprit que les unes par les autres : que quelques-unes qui doivent s'entendre par elles-mêmes , & qui font les fources des autres , doivent les précéder que les autres doivent fuivre , felon qu'elles dépendent de ces premieres ; & qu'elles font liées entr'elles ; & qu'ainfi l'efprit devant fe conduire des unes aux autres , doit les voir en ordre ; & c'eft cet ordre que fait l'arrangement des définitions , des principes & du détail. D'où il eft facile de juger combien il y a de différence entre la maniere de voir le détail des vérités qui compofent une fcience mis en confufion , & la vûe de ce même détail rangé dans fon ordre ; puifqu'on peut dire qu'il n'y en a pas moins qu'entre la vûe d'un tas confus de materiaux deftinés pour un édifice , & la vûe de l'édifice élevé dans fa fymetrie.

Le deffein qu'on s'eft propofé dans ce Livre eft donc de mettre les Loix Civiles dans leur ordre ; de diftinguer les matieres du Droit , & les affembler felon le rang qu'elles ont dans le corps qu'elles compofent naturellement : divifer chaque matiere felon fes parties ; & ranger en chaque partie le détail de fes définitions , de fes principes & de fes regles , n'avançant rien qui ne foit ou clair par foi-même , ou précédé de tout ce qui peut être néceffaire pour le faire entendre. Ainfi ce n'eft pas un abregé qu'on s'eft propofé de faire , ou de fimples inftitutions ; mais on a tâché d'y comprendre tout le détail des matieres dont on doit traiter. *Deffein de ce Livre.*

On s'eft propofé deux premiers effets de cet ordre , la brieveté par le rettanchement de l'inutile & du fuperflu , & la clarté par le fimple effet de l'arrangement. Et on a efperé que par cette brieveté & cette clarté , il feroit facile d'apprendre les Loix folidement , & en peu de tems ; & que même l'étude en devenant facile , feroit agréable. Car comme la vérité eft l'objet naturel de l'efprit de l'homme , c'eft la vûe de la vérité qui fait fon plaifir ; & ce plaifir eft plus grand à proportion que les verités font plus naturelles à notre raifon , & qu'elle les voit dans leur jour fans peine.

On ne s'arrêtera pas à expliquer au long les avantages qui peuvent fuivre de la facilité d'apprendre des Loix , dont la connoiffance eft fi néceffaire à plufieurs perfonnes. Car l'ufage n'en eft pas fimplement borné au miniftere de la Juftice dans les Tribunaux Laïques ; les Juges Eccléfiaftiques , les Pafteurs , les Docteurs , & les Directeurs ont befoin de l'ufage des Loix Civiles, foit pour juger , ou pour confulter & décider des queftions de confcience , qui dépendent de ces Loix , que les emplois de ces perfonnes ne leur permettent pas d'étudier dans le Droit Romain. Et les Particuliers mêmes peuvent utilement apprendre ces Loix pour leur propre ufage,& les confulter pour fe juger eux-mêmes , ou pour prévenir de mauvais procès.

C'eft par toutes ces vûes qu'on s'eft engagé au deffein de mettre les Loix Civiles en ordre. Mais les difficultés infinies de cette entreprife font craindre avec raifon que l'ouvrage n'y réponde pas autant qu'on l'a fouhaité ; & ce n'eft pas tant pour le faire valoir , que l'on a remarqué l'utilité qu'on s'y eft propofée, que pour excufer par l'utilité du deffein les défauts de l'ouvrage.

Il eft peut-être néceffaire pour quelques perfonnes de rendre raifon de ce qu'on a mis les Loix en Langue Françoife. Toutes les Loix , & furtout celles qui ne font que les regles naturelles de l'équité , font pour toutes les Nations , & pour tous les hommes ; & elles font par conféquent de toutes les Langues. Juftinien permit de mettre le Digefte & le Code en Grec *c* , pour les Provinces de fon Empire , où cette Langue étoit en ufage. Et comme la Langue Françoife eft aujourd'hui dans une perfection qui égale , & furpaffe même en beaucoup de chofes les Langues anciennes ; que par cette raifon elle eft devenue commune à toutes les Nations, & qu'elle a fingulierement la

c De confirm. Digeft. ad Senat. & omn. pop. §. 21. de confirm. Digeft. ad mag. Senat, §. 21.

clarté, la justesse, l'exactitude, & la dignité, qui sont les caracteres essentiels aux expressions des Loix, il n'y a point de Langue qui leur soit plus propre, & les défauts d'expressions qu'on pourra trouver dans ce Livre, seront de l'Auteur & non de la Langue.

Quelques-uns de ceux qui liront ce Livre, pourront être surpris d'y trouver en plusieurs endroits des vérités si communes & si faciles, qu'il leur paroîtra qu'il étoit inutile de les y mettre, puisque personne ne les ignore. Mais ils pourront apprendre de ceux qui sçavent l'ordre des sciences, que c'est par ces sortes de vérités si simples & si évidentes, qu'on vient à la connoissance de celles qui le sont moins, & que pour le détail d'une science, il faut les recueillir toutes, & former le corps entier, qui doit être composé de leur assemblage. Ainsi, dans la Géometrie, il faut commencer par apprendre que le tout est plus grand qu'aucune de ces parties, que deux grandeurs égales à une troisiéme, sont égales entr'elles, & d'autres vérités que les enfans sçavent, mais dont l'usage est nécessaire pour en pénétrer d'autres moins évidentes, & plusieurs si profondes, que tous les esprits n'en sont pas capables.

Quoique la Table des Titres des Sections qui est à la tête du Livre, eut suffi pour trouver en son lieu ce qu'on cherchera, l'on a crû qu'il seroit encore d'une plus grande utilité d'y en ajouter une autre par ordre Alphabetique, que l'on a placé à la fin du second Tome, & qui est commune pour les deux Volumes.

Il ne reste que de rendre compte de la maniere dont on a cité sur chaque article les textes des Loix. Il est facile de juger par les remarques qui ont été faites sur la maniere dont les Loix sont recueillies dans le droit Romain, qu'il n'a pas été possible de citer sur chaque article un texte unique qui y répondît, & qu'il a été nécessaire en plusieurs endroits d'assembler divers textes pour former le sens d'une regle ; comme au contraire on a été obligé en d'autres de donner à la regle plus d'étendue que n'en a le texte, pour le faire entendre. Mais on n'a pas laissé de garder par tout une exacte fidelité, pour ne détourner aucun texte hors de son sens, & pour ne rien avancer sans autorité ; parce qu'encore que les regles qu'on a tirées des textes des Loix, portent le caractere de la vérité par l'équité naturelle qui en est l'esprit ; il est nécessaire de les affermir par l'autorité de ces textes des Loix du Droit Romain, qui ajoute cet effet à leur certitude, que l'esprit se met en repos, voyant déja la vérité par lui-même, & s'assurant encore que son jugement est soutenu de celui de tant de personnes habiles qui ont été les Auteurs de ces Loix, & de l'approbation universelle qu'elles ont partout depuis tant de siecles.

POURQUOI ON A FAIT UN TRAITÉ DES LOIX.

LE dessein de mettre les Loix Civiles en ordre, a engagé à composer un Traité des Loix qu'on a jugé aussi nécessaire pour bien entendre les Loix Civiles, que l'est pour apprendre la Géographie, une connoissance au moins générale du systême entier du monde, telle que nous la donne la Cosmographie.

Toutes les Loix ont leur source dans les premiers principes, qui sont les fondemens de l'ordre de la societé des hommes ; & on ne sçauroit bien entendre la nature, & l'usage des différentes especes de Loix, que par la vûe de leur enchaînement à ces principes, & de leur rapport à l'ordre de cette societé dont elles sont les regles. C'est donc dans le systême & dans le plan de cet ordre universel qu'il faut reconnoître la situation & l'étendue des Loix Civiles, ce qu'elles ont de commun avec les autres especes des Loix, ce qui les en distingue, & plusieurs vérités essentielles pour les bien entendre, & pour en faire de justes applications dans les matieres où elles se rapportent. C'est aussi dans ce même plan qu'on distingue quelles sont ces matieres, & quel est leur ordre ; & toutes ces vûes & des Loix & de leurs matieres, feront le sujet de ce traité des Loix.

Quelques personnes pourront penser que le dessein de ce Traité n'étoit pas nécessaire pour l'étude des Loix Civiles, & que la plûpart les apprennent sans entrer dans ces connoissances, & on avoit douté par cette raison, si on devoit joindre à ce Livre ce Traité des Loix. Mais des personnes que leur rang & leur habileté en a rendu juges, ont estimé que ce Traité ne devoit pas être séparé du corps de ce Livre, & que son utilité l'y rend nécessaire.

On ne doit pas expliquer ici en quoi peut consister cette utilité ; car ce n'est que par la lecture qu'il en faut juger : & on se contente d'avertir ceux qui voudront lire ce Traité, qu'ils n'auront qu'à parcourir la Table des Chapitres, & les sommaires de chaque Chapitre, pour juger de l'usage qu'ils pourront faire de cette lecture.

Nota. Les nouvelles Notes ajoutées dans la présente Edition sont marquées au commencement par un Pied-de-Mouche ¶, & fermées d'un Crochet].

AVERTISSEMENT

Sur les deux, trois & quatriéme Livres de la Premiere Partie des Loix Civiles.

ON a crû néceffaire d'avertir ici le Lecteur du rang que tiennent dans le Livre des Loix Civiles, les matieres qui compofent les Livres deux, trois & quatriéme de la premiere Partie, des Engagemens, &c. Car encore qu'il foit facile d'en juger par le plan de toutes les matieres qui eft dans le quatorziéme Chapitre du Traité des Loix, & que la fimple lecture de
la Table générale qui eft enfuite de ce Traité, dans le commencement de cet Ouvrage, en
donne une idée qu'il n'eft pas difficile de concevoir & de retenir; il fe peut faire que quelques
Lecteurs négligent de lire ce plan, & que lifant la Table particuliere des matieres de ce fecond,
troifiéme & quatriéme Livre, fans réflexion fur l'ordre général qu'on a donné à toutes les matieres, ils ne s'appetçoivent pas de la place que tiennent dans ce tout, les Titres de ces Livres.
Ainfi, le Lecteur qui n'aura pas cette idée préfente, eft prié de lire le Chapitre quatorziéme
du Traité des Loix, & la Table générale des matieres qui eft enfuite, & d'y remarquer qu'on
a fait une divifion générale de toutes les matieres en deux Parties: L'une des Engagemens, &
l'autre des Succeffions. Que cette premiere partie des Engagemens a été divifée en cinq Livres:
L'un intitulé Préliminaire, parce qu'il contient trois matieres communes à toutes les autres
& qui doivent les précéder: Le premier des quatre autres, où il eft traité de la premiere efpece d'engagemens, qui font ceux où l'on entre par les conventions: Le fecond qui contient
la feconde efpece d'engagemens, qui font ceux où l'on entre fans conventions: Le troifiéme,
des fuites de ces deux fortes d'engagemens qui y ajoûtent ou les affermiffent: Et le quatriéme,
des fuites de ces mêmes engagemens qui les anéantiffent ou les diminuent. Suivant ce plan on a
compris enfuite du Traité des Loix, ce Livre Préliminaire, & le premier des quatre autres, où
il eft traité des conventions: & cette fuite contient les trois autres Livres. Ainfi, on a dans
ces cinq Livres de la premiere Partie, tout ce qui regarde les engagemens, c'eft-à-dire, la premiere Partie des matieres de ce Livre des Loix Civiles.

Pour la feconde Partie, elle contient la matiere des Succeffions. Ainfi, on aura dans ces
deux Parties tout ce que l'Auteur s'eft propofé de traiter dans ce Livre des Loix Civiles, fuivant
le projet expliqué dans les Chapitre 13 & 14 du Traité des Loix. C'eft-à-dire, toutes les matieres qui regardent ce qui fe paffe entre les particuliers, & dont les regles font prefque toutes
du Droit naturel, & de l'équité, & qu'on ne trouve recueillies que dans le Droit Romain.

AVERTISSEMENT

Sur la feconde Partie des Loix Civiles.

ON fuppofe que ceux qui voudront lire cette *feconde Partie* des Loix Civiles, où il eft traité
des fucceffions, ont déja vû par les matieres précédentes, qui font *la premiere Partie*, quel
eft le deffein & l'ordre de ce Livre. Et on a feulement à les avertir, pour ce qui regarde cette
feconde Partie, qu'au lieu que dans la premiere, les remarques qu'on y a faites fur les regles,
font toutes très-courtes, & de peu de lignes; on n'a pû fe difpenfer dans celle-ci d'en faire plufieurs qui ont beaucoup d'étendue. Et il faut maintenant rendre raifon de la différence entre les
remarques de cette feconde Partie, & celles de la premiere.

Cette différence a été une fuite néceffaire du deffein qu'on s'eft propofé dans ce Livre, d'expliquer tous les principes & tout le détail des matieres du Droit Civil, & d'y donner la clarté
néceffaire pour les rendre faciles à tous les Lecteurs. Car dans cette vûe, les difficultés infinies
des matieres de fucceffions ont obligé en plufieurs endroits à de différentes réflexions, ou pour
expliquer ce qui eft obfcur dans les Loix de cette matiere, ou pour développer ce qui eft confus & embarraffé, ou pour découvrir des principes naturels qu'on ne voit point dans les Loix,&
qui peuvent en éclaircir les difficultés, & donner des vues pour leur jufte ufage, ou pour traiter
des queftions qui ont divifé les Interpretes, ou pour oppofer en divers endroits les principes de
notre ufage & de l'équité aux fubtilités du Droit Romain que nous rejettons. Et on a même crû
devoir propofer en plufieurs lieux, des difficultés, & des queftions qui naiffent fi naturellement
des regles, qu'encore que les textes du Droit n'en expriment rien, elles n'ont pas dû être fup-
primées. Il feroit facile de donner ici des exemples de toutes ces diverfes caufes, & encore de
quelques autres qui ont engagé à faire toutes ces remarques ou réflexions: mais cette longueur
pafferoit les bornes d'un Avertiffement, & les Lecteurs pourront en faire le difcernement en chaque remarque, & juger de l'utilité qu'on s'y eft propofée.

Quelques-uns feront peut-être furpris de ce qu'il n'y a pas de femblables refléxions fur les matieres de la premiere Partie , & il eft jufte de les fatisfaire.

Il y a cette différence entre les matieres des fucceffions & toutes les autres , que ces autres qu'on a expliquées dans la premiere Partie , n'ont prefque pas d'autres regles que celles du droit naturel , & on y voit peu de Loix arbitraires ; au lieu que dans les matieres des fucceffions , il y a beaucoup plus de Loix arbitraires à proportion , comme font par exemple , celles qui ont re-glé la quote de la légitime des enfans , les formalités des teftamens , les claufes codicillaires , le droit d'accroiffement , le droit de tranfmiffion , les fubftitutions de diverfes fortes , la falcidie , la trebellianique , & encore d'autres. Et quoique dans toutes ces matieres particulieres , le plus grand nombre de leurs principes & du détail même de leurs regles , foit du droit naturel & de l'équité ; ce qui fe trouve mêlé des Loix arbitraires , renferme deux fources de difficultés.

La premiere naît des différens changemens qu'on a faits de quelques-unes de ces Loix arbitrai-res en divers tems , & de ce que ces changemens ont non-feulement embarraffé cette jurifpru-dence par leur multitude , mais l'ont rendue en quelques-unes de ces matieres , obfcure , difficile , incertaine. Car comme ceux qui ont fait ces changemens aux Loix precedentes , avoient leurs vues bornées à de certains chefs , ils n'ont pourvû qu'à ce qu'ils vouloient changer , ou abolir , & laiffant le refte qui avoit fa liaifon à ce qu'ils changeoient ou fupprimoient , fans regler les bornes précifes que leurs nouvelles difpofitions devoient mettre aux précédentes , ils ont par-là laiffé l'in-certitude de l'effet que doivent avoir ces changemens , & des bornes ou de l'étendue qu'il faut y donner pour les concilier avec ce qu'ils ont voulu conferver des Loix qu'ils changeoient.

L'autre fource de difficultés qui naiffent des Loix arbitraires , & qui eft naturelle à toutes les Loix de ce caractere , vient de ce que ces fortes de Loix ne peuvent pourvoir qu'imparfaitement aux évenemens , qui fouvent même obligent d'en faire des exceptions ; au lieu qu'aucun événe-ment n'échape au droit naturel , & ne peut y être imprévû.

On pourroit en dire davantage fur ce fujet , mais ce peu fuffit dans l'étendue que permet l'ufage d'un Avertiffement.

Il ne faut pas comprendre au nombre des difficultés dont on vient de parler , celles qui naiffent des difpofitions des Teftateurs , ou obfcures , ou imparfaites , ou mal concertées , ou qui ont d'autres fortes de défauts ; car ces fortes de difficultés font d'une nature toute différente , & ont leurs regles propres qui détermine à l'effet qu'il faut donner à ces difpofitions , & qui feront expliquées en leurs lieux.

TABLE DES CHAPITRES
DU TRAITE' DES LOIX.

TRAITÉ
DES LOIX.

CHAPITRE I.

Des premiers principes de toutes les Loix.

SOMMAIRES.

I. *Les premiers principes des loix ont été inconnus aux Païens.*
II. *Certitude des principes des loix.*
III. *Connoissance des premiers principes des loix, par la connoissance de l'homme.*
IV. *Nature de l'homme.*
V. *Religion de l'homme.*
VI. *Premiere loi de l'homme.*
VII. *Seconde loi de l'homme.*
VIII. *Fondement de la société des hommes sur ces deux loix.*

I.
Les premiers principes des Loix ont été inconnus aux Païens.

Il semble que rien ne devroit être plus connu des hommes, que les premiers principes des loix qui reglent & la conduite de chacun en particulier, & l'ordre de la société qu'ils forment ensemble : & que ceux mêmes qui n'ont pas les lumieres de la Religion, où nous apprenons quels sont ces principes, devroient au moins les reconnoître en eux-mêmes, puisqu'ils sont gravés dans le fond de notre nature. Cependant on voit que les plus habiles de ceux qui ont ignoré ce que nous enseigne la Religion, les ont si peu connus, qu'ils ont établi des regles qui les violent & qui les détruisent.

Ainsi, les Romains qui entre toutes les nations, ont le plus cultivé les Loix Civiles, & qui en ont fait un si grand nombre de très-justes, s'étoient donné, comme les autres peuples, la licence d'ôter la vie & à leurs Esclaves, & à leurs propres Enfans *a*. Comme si la puissance que donne la qualité de pere & celle de maître, pouvoit dispenser des loix de l'humanité.

Cette opposition si extrème entre l'équité qui luit dans les loix si justes qu'ont fait les Romains, & l'inhumanité de cette licence, fait bien voir qu'ils ignoroient les sources de la justice même qu'ils connoissoient, puisqu'ils blessoient si grossierement par ces loix barbares, l'esprit de ces principes, qui sont les fondemens de tout ce qu'il y a de justice & d'équité dans leurs autres loix.

Cet égarement n'est pas le seul d'où l'on peut juger combien ils étoient éloignés de la connoissance de ces principes ; on en voit une autre preuve bien remarquable dans l'idée que leurs Philosophes leur avoient donnée de l'origine de la société des hommes dont ces principes sont les fondemens. Car bien loin de les reconnoître, & d'y voir comment ils doivent former l'union des hommes, ils s'étoient imaginés que les hommes avoient premierement vêcu comme des bêtes sauvages dans les champs, sans communication & sans liaison, jusqu'à ce qu'un d'eux s'avisa qu'on pouvoit les mettre en société, & commença de les apprivoiser pour en former une *b*.

On ne s'arrêtera pas à considérer les causes de cette contrarieté si étrange de lumiere & de tenebres dans les hommes les plus éclairés de tous ceux qui ont vêcu dans le paganisme : & comment ils pouvoient connoître tant de regles de la justice & de l'équité, sans y sentir les principes d'où elles dépendent. Les premiers élemens de la Religion Chrétienne expliquent cette enigme : & ce qu'elle nous apprend de l'état de l'homme, nous fait connoitre les causes de cet aveuglement, & nous decouvre en même tems quels sont ces premiers principes que Dieu a établis pour les fondemens de l'ordre de la société des hommes, & qui sont les sources de toutes les regles de la justice & de l'équité.

Mais quoique ces principes ne nous soient connus que par la lumiere de la Religion, elle nous les fait voir dans notre nature même avec tant de clarté, qu'on voit que l'homme ne les ignore, que parce qu'il s'ignore lui-même : & qu'ainsi rien n'est plus étonnant que l'aveuglement qui lui en ôte la vûe.

Comme il n'y a donc rien de plus nécessaire dans les sciences, que d'en posséder les premiers principes, II.
Certitude des principes des Loix. & qu'en chacune on commence par établir les siens, & par y donner le jour qui met en vûe leur vérité & leur certitude, pour servir de fondement à tout le détail qui doit en dépendre ; il est important de considérer quels sont ceux des loix, pour connoître quelle est la nature & la fermeté des regles qui en dépendent. Et on jugera du caractere de la certitude de ces principes par la double impression que doivent faire sur notre esprit des vérités que Dieu nous enseigne par la Religion, & qu'il nous fait sentir par notre raison. De sorte qu'on peut dire, que les pre-

a V. l. ult. C. de patr. pot. §. 1. & 2. inst. de his qui s. v. al. f. j.

b Cic. de inv. L. 1. S. 2.

miers principes des loix ont un caractere de vérité, qui touche & persuade plus que celles des principes des autres sciences humaines : Et qu'au lieu que les principes des antres sciences, & le détail des vérités qui en dépendent ne sont que l'objet de l'esprit, & non pas du cœur, & qu'elles n'entrent pas même dans tous les esprits ; les premiers principes des loix, & le détail des regles essentielles à ces principes ont un caractere de vérité dont personne n'est incapable, & qui touche également l'esprit & le cœur. Ainsi, l'homme entier en est plus pénétré, & plus fortement persuadé que des vérités de toutes les autres sciences humaines.

Il n'y a personne, par exemple, qui ne sente & par l'esprit & par le cœur, qu'il n'est pas permis de le tuer, ou de le voler, ni de tuer, ou voler les autres, & qui ne soit plus pleinement persuadé de ces vérités qu'on sçauroit l'être d'un théoreme de géometrie. Cependant ces vérités même, que l'homicide & le vol sont illicites, toutes évidentes qu'elles sont, n'ont pas le caractere d'une certitude égale à celle des premiers principes d'où elles dépendent. Puisqu'au lieu que ces principes sont des regles dont il n'y a point de dispense ni d'exception, celles-ci sont sujettes à des exceptions & à des dispenses. Car, par exemple, Abraham pouvoit tuer justement son fils, lorsque le Maître de la vie & de la mort le lui commanda c : Et les Hebreux prirent sans crime les richesses des Egyptiens par l'ordre du Maître de l'Univers, qui leur donna d.

III.
Connoissance sûre pour découvrir les premiers principes des loix,
des premiers   qu'en supposant deux premieres vérités, qui ne sont
principes des   que de simples définitions. L'une, que les loix de
Loix par la   l'homme ne sont autre chose que les regles de sa con-
connoissance de   duite ; & l'autre, que cette conduite n'est autre chose
l'homme.   que les démarches de l'homme vers sa fin.

Pour découvrir donc les premiers fondemens des loix de l'homme, il faut connoître quelle est sa fin ; parce que sa destination à cette fin, sera la premiere regle de la voie, & des démarches qui l'y conduisent, & par conséquent sa premiere loi, & le fondement de toutes les autres.

Connoître la fin d'une chose, c'est simplement sçavoir pourquoi elle est faite. Et on connoît pourquoi une chose est faite, si voyant comme elle est faite, on découvre à quoi sa structure peut se rapporter. Parce qu'il est certain, que Dieu a proportionné la nature de chaque chose à la fin pour laquelle il l'a destinée.

Nous sçavons, & sentons tous, que l'homme a une ame qui anime un corps : & que dans cette ame il a deux puissances, un entendement propre pour connoître, & une volonté propre pour aimer. Ainsi nous voyons que c'est pour connoître & pour aimer, que Dieu a fait l'homme : que c'est par conséquent pour s'unir à quelque objet dont la connoissance & l'amour doivent faire son repos & son bonheur : & que c'est vers cet objet que toutes ses démarches doivent le conduire. D'où il s'ensuit que la premiere loi de l'homme est sa destination à la recherche & à l'amour de cet objet, qui doit être sa fin, & où il doit trouver sa félicité : & que c'est cette loi, qui étant la regle de toutes ses démarches, doit être le principe de toutes ses loix.

Pour connoître donc quelle est cette premiere loi, quel en est l'esprit, & comment elle est le fondement de toutes les autres ; il faut voir à quel objet elle nous destine.

De tous les objets qui s'offrent à l'homme dans tout l'Univers, en y comprenant l'homme lui-même, il ne trouvera rien qui soit digne d'être sa fin. Car en lui-même, loin d'y trouver sa félicité, il n'y verra que les semences des miseres & de la mort : & autour de lui, si nous parcourons tout cet Univers, nous trouverons que rien ne peut y tenir lieu de fin, ni à notre esprit, ni à notre cœur : & que bien loin que les choses

c *Gen.* 22. 2.
d *Exod.* 11. 2, 12. 36.

que nous y voyons puissent être regardées comme notre fin, nous sommes la leur : & ce n'est que pour nous que Dieu les a faites e. Car tout ce qui renferme la terre & les Cieux n'est qu'un appareil pour tous nos besoins, qui perira quand ils cesseront. Aussi voyons-nous que tout y est si peu digne & de notre esprit & de notre cœur ; que pour l'esprit, Dieu lui a caché toute autre connoissance des créatures, que de ce qui regarde les manieres d'en bien user : & que les sciences qui s'appliquent à la connoissance de leur nature, n'y découvrent que ce qui peut être de notre usage, & s'obscurcissent à mesure qu'elles veulent pénétrer ce qui n'en est pas f. Et pour le cœur personne n'ignore que le monde entier n'est pas capable de le remplir ; & que jamais il n'a pû faire le bonheur d'aucun de ceux qui l'ont le plus aimé, & qui en ont le plus possédé. Cette vérité se fait si bien sentir à chacun, que personne n'a besoin qu'on l'en persuade : Et il faut enfin apprendre de celui qui a formé l'homme, que c'est lui seul qui étant son principe, est aussi sa fin : & qu'il n'y a que Dieu seul, qui puisse remplir le vuide infini de cet esprit, & de ce cœur qu'il a fait pour lui h.

C'est donc pour Dieu même, que Dieu a fait l'homme i. C'est pour le connoître, qu'il lui a donné un entendement : C'est pour l'aimer, qu'il lui a donné une volonté ; & c'est par les liens de cette connoissance, & de cet amour qu'il veut que les hommes s'unissent à lui, pour trouver en lui & leur véritable vie, & leur unique félicité l.

C'est cette construction de l'homme formé pour connoître & pour aimer Dieu, qui fait sa ressemblance à Dieu m. Car comme Dieu est le seul souverain bien, c'est sa nature qu'il se connoisse & s'aime soi-même : & c'est dans cette connoissance & dans cet amour que consiste sa félicité. Ainsi c'est lui ressembler, que d'être d'une nature capable de le connoître & de l'aimer : Et c'est participer à sa béatitude, que d'arriver à la perfection de cette connoissance & de cet amour n.

Ainsi, nous découvrons dans cette ressemblance de   IV.
l'homme à Dieu, en quoi consiste sa nature, en quoi   *Nature de*
consiste sa Religion, en quoi consiste sa premiere loi.   *l'homme.*
Car sa nature n'est autre chose, que cet être créé à
l'image de Dieu, & capable de posséder ce souverain   V.
bien qui doit être sa vie & sa béatitude. Sa Religion,   *Religion de*
qui est l'assemblage de toutes ses loix, n'est autre cho-   *l'homme.*
se que la connoissance, & la voie qui le conduisent à cette
vie o : Et sa premiere loi, qui est l'esprit de sa Reli-   VI.
gion, est celle qui lui commande la recherche & l'a-   *Premiere loi*
mour de ce souverain bien, où il doit s'élever de   *de l'homme.*
toutes les forces de son esprit & de son cœur qui sont
faits pour le posséder p:

C'est cette premiere loi qui est le fondement & le   VII.
premier principe de toutes les autres. Car cette loi qui   *Seconde loi*
commande à l'homme la recherche & l'amour du sou-   *de l'homme.*
verain bien, étant commune à tous les hommes, elle
en renferme une seconde qui les oblige à s'unir & s'aimer entr'eux ; parce qu'étant destinés pour être unis
dans la possession d'un bien unique, qui doit faire leur

e Ne forte elevatis oculis ad cœlum, videas solem & lunam, & omnia astra cœli, & errore deceptus, adores ea & colas : quæ creavit Deus tuus in ministerium cunctis gentibus, quæ sub cœlo sunt. *Deut.* 4. 19.
f Quæ præcepit tibi Deus, illa cogita semper : & in pluribus operibus ejus ne fueris curiosus. Non est enim tibi necessarium, quæ abscondita sunt, videre oculis tuis, *Eccl.* 3. 22.
g Ego sum α, & ω, primus & novissimus : principium & finis. *Apoc.* 22. 13. *Is.* 41. 4.
h Satiabor, cùm apparuerit gloria tua. *Ps.* 16. 17.
i Universa propter semetipsum operatus est Dominus. *Prov.* 16. 4. Et faciet te excelsiorem cunctis gentibus, quas creavit in laudem, & nomen, & gloriam suam. *Deut.* 26. 19. Et omnem qui invocat nomen meum, in gloriam meam creavi eum, formavi eum, & feci eum. *Is.* 43. 7.
l Ipse est enim vita tua. *Deuter.* 30. 20. Hæc est vita æterna, ut cognoscent te. *Joan.* 17. 3.
m Faciamus hominem ad imaginem, & similitudinem nostram. *Gen.* 1. 26. *Sap.* 2. 23. *Eccli.* 17. 1. *Coloss.* 3. 10.
n Scimus quoniam cùm apparuerit, similes ei erimus : quoniam videbimus eum sicuti est. 1. *Joan.* 3. 2.
o Lex lux, & via vitæ. *Prov.* 6. 23.
p Hoc est maximum, & primum mandatum. *Matth.* 22. 38. Dilectio custodia legum illius est. *Sap.* 6. 19.

commune félicité, & pour y être unis fi étroitement, qu'il eſt dit qu'ils ne ſeront qu'un *q* ; ils ne peuvent être dignes de cette unité dans la poſſeſſion de leur fin commune, s'ils ne commencent leur union, en ſe liant d'un amour naturel dans la voie qui les y conduit. Et il n'y a pas d'autre Loi qui commande à chacun de s'aimer ſoi-même, parce qu'on ne peut s'aimer mieux qu'en gardant la premiere Loi, & ſe conduiſant au bien où elle nous appelle.

VIII.
Fondement de la ſociété des hommes ſur ces deux Loix.
C'eſt par l'eſprit de ces deux premieres Loix que Dieu deſtinant les hommes à l'union dans la poſſeſſion de leur fin commune, a commencé de lier entr'eux une premiere union, dans l'uſage des moyens qui les y conduiſent. Et il a fait dépendre cette derniere union, qui doit faire leur béatitude, du bon uſage de cette premiere qui doit former leur ſociété.

C'eſt pour les lier dans cette ſociété, qu'il l'a rendue eſſentielle à leur nature. Et comme on voit dans la nature de l'homme ſa deſtination au ſouverain bien, on y verra auſſi ſa deſtination à la ſociété, & les divers liens qui l'y engagent de toutes parts : & que ces liens qui ſont des ſuites de la deſtination de l'homme à l'exercice des deux premieres Loix, ſont en même-tems les fondemens du détail des regles de tous ſes devoirs, & les ſources de toutes les Loix.

Mais avant que de paſſer outre, & de faire voir l'enchaînement qui lie toutes les Loix à ces deux premieres, il faut prevenir la réflexion qu'il eſt naturel de faire ſur l'état de cette ſociété, qui devant être fondée ſur les deux premieres Loix, ne laiſſe pas de ſubſiſter ſans que l'eſprit de ces Loix y regne beaucoup ; de ſorte qu'il ſemble qu'elle ſe maintienne par d'autres principes. Cependant quoique les hommes ayent violé ces Loix capitales, & que la ſociété ſoit dans un état étrangement different de celui qui devoit être élevé ſur ces fondemens, & cimenté par cette union, il eſt toujours vrai que ces Loix divines & eſſentielles à la nature de l'homme, ſubſiſtent immuables, & qu'elles n'ont pas ceſſé d'obliger les hommes à les obſerver : & il eſt certain auſſi, comme la ſuite le fera voir, que tout ce qu'il y a de Loix qui reglent la ſociété dans l'état même où nous la voyons, ne ſont que des ſuites de ces premiers principes. Ainſi il a été néceſſaire d'établir ces premiers principes : & d'ailleurs il n'eſt pas poſſible de bien comprendre la maniere dont on voit maintenant ſubſiſter la ſociété, ſans connoître l'état naturel où elle devroit être, & y conſiderer l'union que les diviſions des hommes ont rompues, & l'ordre qu'elles ont troublé.

Pour juger donc de l'eſprit & de l'uſage des Loix qui maintiennent la ſociété dans l'état préſent, il eſt néceſſaire de tracer un plan de cette ſociété ſur le fondement des deux premieres Loix, afin d'y découvrir l'ordre de toutes les autres, & leurs liaiſons à ces deux premieres. Et puis on verra de quelle maniere Dieu a pourvu à faire ſubſiſter la ſociété dans l'état où nous la voyons, & parmi ceux qui ne s'y conduiſant pas que par l'eſprit des Loix capitales, ruinent les fondemens qu'il y avoit mis.

q Ut omnes unum ſint, ſicut tu pater in me, & ego in te, ut & ipſi in nobis unum ſint. Joan. 17. 21.

CHAPITRE II.

Plan de la ſociété ſur le fondement des deux premieres Loix par deux eſpeces d'engagemens.

SOMMAIRES.

I. *Rapport de l'état de l'homme en cette vie, à l'exercice de la premiere Loi.*

II. *Rapport de ce même état de l'homme à l'exercice de la ſeconde Loi.*

III. *Deſtination de l'homme à la ſociété par deux eſpeces d'engagemens.*

I.
Rapport de l'état de l'homme en cette vie à l'exercice de la premiere Loi.
QUoique l'homme ſoit fait pour connoître & pour aimer le ſouverain bien, Dieu ne l'a pas mis d'abord dans la poſſeſſion de cette fin, mais il l'a mis auparavant dans cette vie, comme dans une voie pour y parvenir. Et comme l'homme ne peut ſe porter à aucun objet par d'autres démarches, que par des vues de ſon entendement, & par les mouvemens de ſa volonté ; Dieu

a fait dépendre la connoiſſance claire, & l'amour immuable du ſouverain bien qui doit faire la félicité de l'eſprit & du cœur de l'homme, de l'obéiſſance à la Loi qui lui commande de méditer, & d'aimer ce bien unique, autant qu'il peut en être capable pendant cette vie, & il ne la lui donne que pour en tourner tout l'uſage à la recherche de cet objet, ſeul digne d'attirer & toutes ſes vues & tous ſes deſirs *a*.

On n'entre pas ici dans l'explication des vérités que la Religion nous apprend ſur la maniere dont Dieu conduit & éleve l'homme à cette recherche. Il ſuffit, pour donner l'idée du plan de la ſociété, de les ſuppoſer, & de remarquer que c'eſt tellement pour occuper l'homme à l'exercice de cette premiere Loi & de la ſeconde, que Dieu lui donne l'uſage de la vie dans cet Univers, que tout ce qu'il peut y avoir en ſoi-même, & dans tout le reſte des créatures, ſont autant d'objets qui lui ſont donnés pour l'y engager. Car pour la premiere Loi, il doit ſentir dans l'uſage de tous ces objets, qu'ils ſont autant de traits & d'images de ce que Dieu veut qu'on connoiſſe & qu'on aime en lui. Et pour la ſeconde Loi, Dieu a tellement aſſorti les hommes entr'eux, & l'Univers à tous les hommes, que les mêmes objets qui doivent les exciter à l'amour du ſouverain bien, les engagent auſſi à ſe réunir, & à l'amour mutuel entr'eux. Car on ne voit, & on ne connoît rien, ni hors de l'homme, ni dans l'homme, qui ne marque ſa deſtination à la ſociété.

II. Rapport de ce même état de l'homme à l'exercice de la ſeconde Loi.

Ainſi hors de l'homme, les Cieux, les Aſtres, la lumiere, l'air, ſont des objets qui s'étalent aux hommes comme un bien commun à tous, & dont chacun a tout ſon uſage. Et toutes les choſes que la terre & les eaux portent ou produiſent, ſont d'un uſage commun auſſi, mais de telle ſorte qu'aucun ne paſſe à notre uſage, que par le travail de pluſieurs autres perſonnes. Ce qui rend les hommes néceſſaires les uns aux autres, & forme entr'eux les différentes liaiſons pour les uſages de l'agriculture, du commerce, des arts, des ſciences, & pour toutes les autres communications que les divers beſoins de la vie peuvent demander.

Ainſi dans l'homme, on voit que Dieu l'a formé par un lien inconcevable, de l'eſprit & de la matiere ; & qu'il l'a compoſé, par l'union d'une ame & d'un corps, pour faire de ce corps uni à l'eſprit, & de cette ſtructure divine des ſens & des membres, l'inſtrument de deux uſages eſſentiels à la ſociété.

Le premier de ces deux uſages eſt celui de lier les eſprits & les cœurs des hommes entr'eux ; ce qui ſe fait par une ſuite naturelle de l'union de l'ame & du corps. Car c'eſt par l'uſage des ſens unis à l'eſprit, & par les impreſſions de l'eſprit ſur les ſens, & des ſens ſur l'eſprit, que les hommes ſe communiquent les uns aux autres leurs penſées & leurs ſentimens. Ainſi le corps eſt en même-tems & l'inſtrument, & l'image de cet eſprit & de ce cœur, qui ſont l'image de Dieu.

Le ſecond uſage du corps eſt celui d'appliquer les hommes à tous les différens travaux que Dieu a rendus neceſſaires pour tous leurs beſoins, car c'eſt pour le travail que Dieu nous a donné des ſens & des membres ; & quoiqu'il ſoit vrai que les travaux qui exercent maintenant l'homme lui font une peine dont Dieu le punit, & que Dieu n'ait pas donné à l'homme un corps propre au travail, pour le punir par le travail même, il eſt certain que l'homme eſt ſinaturellement deſtiné au travail, qu'il lui étoit commandé de travailler dans l'état d'innocence *b*. Mais l'une des différences des travaux de ce premier état & de ceux du nôtre, conſiſte en ce que le travail de l'homme innocent étoit une occupation agréable, ſans peine, ſans dégoût, ſans laſſitude, & que le nôtre nous a été impoſé comme une peine *c*. Ainſi la Loi du travail eſt également

a Audi Iſraël, Dominus Deus noſter Deus unus eſt. Diliges Dominum Deum tuum ex toto corde tuo, & ex tota anima tua, & ex tota fortitudine tua. Eruntque verba hæc, quæ ego præcipio tibi hodie, in corde tuo : & narrabis ea filiis tuis : & meditaberis ſedens in domo tua, & ambulans in itinere, dormiens atque conſurgens : & ligabis ea quaſi ſignum in manu tua : eruntque, & movebuntur ante oculos tuos. Scribeſque ea in limine, & oſtiis domus tuæ. Deut. 6. 4. Ibid. 11. 13.
b Poſuit eum in paradiſo voluptatis ut operaretur, & cuſtodiret illum. Geneſ. 2. 15.
c In ſudore vultus tui veſceris pane. Geneſ. 3. 19.

essentielle & à la nature de l'homme, & à l'état où l'a mis sa chûte : & cette Loi est aussi une suite naturelle des deux premieres, qui appliquant l'homme à la societé, l'engagent au travail qui en est le lien, & ordonnent à chacun le sien, pour distinguer par les différens travaux, les divers emplois & les différentes conditions qui doivent composer la societé.

III.
Destination de l'homme à la societé par deux especes d'engagemens.
C'est ainsi que Dieu destinant les hommes à la societé, a formé les liens qui les y engagent. Et comme les liaisons générales qu'il fait entre tous les hommes par leur nature, & par leur destination à une même fin, sous les mêmes Loix, sont communes à tout le genre humain, & qu'elles ne forment en chacun aucune relation singuliere qui l'engage aux uns plus qu'aux autres ; il ajoûte à ces liaisons générales & communes à tous, d'autres liaisons & d'autres engagemens particuliers de diverses sortes, par où il lie de plus près les hommes entr'eux, & détermine chacun à exercer effectivement envers quelques-uns, les devoirs de cet amour, qu'aucun ne peut exercer envers tous les autres. De sorte que ces engagemens sont à chacun comme ces Loix particulieres, qui lui marquent ce que la seconde Loi demande de lui, & qui par conséquent reglent ses devoirs. Car les devoirs des hommes entr'eux ne sont autre chose que les effets de l'amour sincere que tout homme doit à tout autre, selon les engagemens où il se rencontre.

Ces engagemens particuliers sont de deux especes. La premiere est de ceux qui se forment par les liaisons naturelles du mariage entre le mari & la femme, & de la naissance entre les parens & les enfans : & cette espece comprend aussi les engagemens des parentés & des alliances qui sont la suite de la naissance & du mariage.

La seconde espece renferme toutes les autres sortes d'engagemens qui approchent de toute sorte de personnes les uns des autres, & qui se forment différemment, soit dans les diverses communications qui se font entre les hommes de leur travail, de leur industrie & de toute sorte d'offices, de services & d'autres secours, ou dans celles qui regardent l'usage des choses. Ce qui renferme tous les différens usages des arts, des emplois & des professions de toute nature, & tout ce qui peut lier les personnes, selon les différens besoins de la vie, soit par des communications gratuites, ou par des commerces.

C'est par tous ces engagemens de ces deux especes, que Dieu forme l'ordre de la societé des hommes, pour les lier dans l'exercice de la seconde Loi. Et comme il marque en chaque engagement ce qu'il prescrit à ceux qu'il y met, on reconnoît dans les caracteres des différentes sortes d'engagemens, les fondemens des diverses regles de ce que la justice & l'équité demandent de chaque personne selon les conjonctures où il les mettent les siens.

CHAPITRE III.

De la premiere espece d'engagemens.

SOMMAIRES.

I. *Engagemens naturels du mariage & de la naissance.*

II. *Instruction divine du mariage, & les divers principes des Loix qui en dépendent.*

III. *Lieu de la naissance, & les principes des Loix qui en sont les suites.*

IV. *Liaisons des parentés & des alliances, & de leurs principes.*

I.
Engagemens naturels du mariage & de que famille, la naissance.
L'Engagement que fait le mariage entre le mari & la femme, & celui que fait la naissance entr'eux & leurs enfans, forment une societé particuliere dans chaque famille, où Dieu lie ces personnes plus étroitement pour les engager à un usage continuel des divers devoirs de l'amour mutuel. C'est dans ce dessein qu'il n'a pas créé tous les hommes comme le premier ; mais qu'il a voulu les faire naître de l'union qu'il a formée entre les deux sexes dans le mariage, & les mettre au monde dans un état de mille besoins, où le secours de ces deux sexes leur est nécessaire pendant un long tems. Et c'est dans les manieres dont Dieu a formé ces deux liaisons

du mariage & de la naissance qu'il faut découvrir les fondemens des Loix qui les regardent.

II.
Institution divine du mariage, & les divers principes des Loix qui en dépendent.
Pour former l'union entre l'homme & la femme, & instituer le mariage qui devoit être la source de la multiplication, & en même tems de la liaison du genre humain, & pour donner à cette union des fondemens proportionnés aux caracteres de l'amour qui devoit en être le lien, Dieu ne forma premierement que l'homme seul *a*, & puis il en tira de lui un second sexe, & forma la femme d'une des côtes de l'homme *b*, pour marquer par l'unité de leur origine, qu'ils font un seul tout, & la femme est tirée de l'homme, & lui est donnée de la main de Dieu *c* comme une compagne & un secours semblable à lui *d*, & formé de lui e : c'est ainsi qu'ils se lia par cette union si étroite & si sainte, dont il est dit : que, c'est Dieu lui-même qui les a conjoints *f*, & qui les a mis deux en une chair *g*. Il rendit l'homme le chef de ce tout *h*, & il affermit leur union, défendant aux hommes de séparer ce qu'il avoit lui-même conjoint *i*.

Ce sont ces manieres mysterieuses dont Dieu a formé l'engagement du mariage, qui sont les fondemens, nonseulement des Loix qui reglent tous les devoirs du mari & de la femme, mais aussi des Loix de l'Eglise & des Loix civiles qui regardent le mariage & les matieres qui en dépendent, ou qui s'y rapportent.

Ainsi le mariage étant un lien formé de la main de Dieu, il doit être célébré d'une maniere digne de la sainteté de l'institution divine qui l'a établi. Et c'est une suite naturelle de cet ordre divin, que le mariage soit précédé & accompagné de l'honnêteté, du choix reciproque des personnes qui s'y engagent, du consentement des parens qui tiennent en plusieurs manieres la place de Dieu : & qu'il soit célébré par le ministere de l'Eglise, où cette union doit recevoir les effets du Sacrement qui en est le lien.

Ainsi le mari & la femme étant donnés l'un à l'autre de la main de Dieu qui les unit en un seul tout, que rien ne peut séparer, on ne peut jamais dissoudre un mariage qui a été une fois contracté légitimement.

Ainsi cette union des personnes dans le mariage, est le fondement de societé civile qui les unit dans l'usage de leurs biens & de toutes choses.

Ainsi le mari étant par l'ordre divin le chef de la femme, il a sur elle une puissance proportionnée à ce qu'il est dans leur union : & cette puissance est le fondement de l'autorité que les Loix civiles donnent au mari, & des effets de cette autorité dans les matieres où elle a son usage.

Ainsi le mariage étant institué pour la multiplication du genre humain, par l'union de l'homme & de la femme, liés de la maniere dont Dieu les unit ; toute conjonction hors du mariage est illicite, & ne peut donner qu'une naissance illégitime. Et cette vérité est le fondement des Loix de la Religion & de la Police contre les conjonctions illicites, & de celles qui reglent l'état des enfans qui en naissent.

Le lien du mariage qui unit les deux sexes, est suivi de celui de la naissance, qui lie au mari & à la femme les enfans qui naissent de leur mariage.

III.
Lien de la naissance & les principes des Loix qui en sont les suites.
C'est pourformer ce lien que Dieu veut que l'homme reçoive la vie de ses parens dans le sein d'une mere : Que sa naissance soit le fruit des peines & des travaux de cette

---

a Formavit igitur Dominus Deus hominem de limo terræ. *Gen.* 2. 7.

b Tulit unam de costis ejus, & replevit carnem pro ea. Et ædificavit Dominus Deus costam, quam tulerat de Adam, in mulierem. *Gen.* 2. 21. 22.

c Adduxit eam ad Adam. *Genes.* 2. 22.

d Non est bonum esse hominem solum. Faciamus ei adjutorium simile sibi. *Gen.* 2. 18. *Eccli.* 17. 5.

e Hoc nunc, os ex ossibus meis, & caro de carne mea ; hæc vocabitur Virago, quoniam de viro sumpta est. *Gen.* 2. 23.

f Quod ergo Deus conjunxit, homo non separet. *Matth.* 19. 6.

g Et erunt duo in carne una. *Gen.* 2. 24. Itaque jam non sunt duo, sed una caro. *Matth.* 19. 6. *Ephes.* 5. 31. *Marc.* 10. 8.

h Caput autem mulieris vir. 1. *Cor.* 11. 3. Mulieres viris suis subditæ sint, sicut Domino : quoniam vir caput est mulieris : sicut Christus caput est Ecclesiæ. *Ephes.* 5. 22. 23. Sub viri potestate eris. *Genes.* 3. 16. 1. *Cor.* 14. 34.

i Quod ergo Deus conjunxit, homo non separet. *Matth.* 19. 6.

mere, Qu'il naisse incapable de conserver cette vie où il est entré; Qu'il y soit long tems dans un état de foiblesse & de besoin du secours de ses parens pour y subsister & y être élevé. Et comme c'est par cette naissance que Dieu forme l'amour mutuel, qui unit si étroitement celui qui en engendrant son semblable lui donne la vie, & celui qui la reçoit; il donne à l'amour des parens, un caractere proportionné à l'état des enfans dans leur naissance, & à tous les besoins qui sont les suites de cette vie qu'ils leur ont donnée, pour les lier par cet amour, aux devoirs de l'éducation, de l'instruction, & à tous les autres. Et il donne à l'amour des enfans un caractere proportionné aux devoirs de dépendance, d'obéissance, de reconnoissance, & à tous les autres, où les engage le bienfait de la vie, qu'ils tiennent tellement des parens dont Dieu les a fait naître, que nous apprend que sans eux, ils ne l'auroient point l; ce qui les oblige à rendre aux parens tous les secours & tous les services dans leurs besoins: & sur-tout en ceux du déclin de l'âge, & des autres foiblesses, infirmités & nécessités, où les enfans peuvent rendre à leurs parens des devoirs qui répondent aux premiers bienfaits qu'ils en ont reçus.

C'est cet ordre de la naissance qui formant les engagemens entre les parens & les enfans, est le fondement de tous leurs devoirs, dont il est facile de voir l'étendue par les caracteres de ces différens engagemens; Et c'est de ces mêmes principes que dépend tout ce que les loix civiles ont réglé des effets de la puissance paternelle, & des devoirs reciproques des parens envers les enfans, & des enfans envers les parens, selon que ce sont des matieres de la Police, comme le sont les droits que les loix & les coûtumes donnent aux peres pour la conduite de leurs enfans, pour la célébration de leurs mariages, pour l'administration & la joüissance de leurs biens, les rebellions des enfans contre l'obéissance aux parens, l'injustice des parens ou des enfans qui se refusent les alimens, & les autres semblables.

C'est encore sur ce même ordre dont Dieu s'est servi pour donner la vie aux enfans par leurs parens, que sont fondées les loix qui font passer aux enfans les biens des parens après leur mort; parce que les biens étant donnés aux hommes pour tous les différens besoins de la vie, & n'étant qu'une suite de ce bienfait, il est de l'ordre naturel, qu'après la mort des parens, les enfans recueillent leurs biens, comme un accessoire de la vie qu'ils ont reçue d'eux.

Le lien de la naissance qui unit les peres & les meres à leurs enfans, les lie encore à ceux qui naissent & descendent de leurs enfans. Et cette liaison fait considérer tous les descendans comme les enfans, & tous les ascendans comme étant dans le rang des peres ou des meres.

On peut remarquer sur la différence des caracteres de l'amour qui unit le mari & la femme, & de celui qui lie les parens & les enfans, que c'est l'opposition de ces différens caracteres, qui est le fondement des loix qui rendent illicite le mariage entre les ascendans & les descendans en tous dégrés, & entre les collatéraux en quelques dégrés: & il est facile d'en voir les raisons par de simples reflexions sur ce qu'on vient de remarquer de ces caracteres, sur quoi il n'est pas nécessaire de s'étendre ici.

IV.
Liaisons des parentés & des alliances, & leurs principes. Le mariage & la naissance qui unissent si étroitement le mari & la femme, & les parens avec les enfans, forment aussi deux autres sortes de liaisons naturelles qui en sont des suites. La premiere est celle des collatéraux, qu'on appelle parenté; & la seconde est celle des alliés qu'on appelle alliance ou affinité.

La parenté lie les collatéraux, qui sont ceux dont la naissance a son origine d'un même ascendant commun. On les appelle ainsi, parce qu'au lieu que les ascendans & descendans sont dans une même ligne de pere en fils, les collatéraux ont chacun la leur qui va se joindre à l'ascendant commun. Ainsi ils sont l'un à côté de l'autre, & le fondement de leur liaison & de leur parenté, est leur union commune aux mêmes parens dont ils ont leur naissance.

l In toto corde tuo honora patrem tuum, & gemitus matris tuæ ne obliviscaris: memento quoniam nisi per illos natus non fuisses: & retribue illis, quomodo & illi tibi. *Eccli.* 7. 28. 29. 30.

Il n'est pas de ce lieu d'expliquer les dégrés des parentés, c'est une matiere qui fait de celle des successions, Et il suffit de remarquer ici, que cette liaison des parentés, est le fondement de diverses loix, comme de celles qui défendent le mariage entre les proches : de celles qui les appellent aux successions & aux tutelles: de celles des recusations des Juges, & des reproches des témoins parens des parties & des autres semblables.

Les alliances sont les liaisons & les relations qui se font entre le mari & tous les parens de la femme : & entre la femme & tous les parens du mari. Le fondement de cette liaison est l'union si étroite entre le mari & la femme, qui fait que ceux qui sont liés par la parenté à l'un des deux, sont par conséquent liés l'un à l'autre : & cette alliance fait que le mari considere le pere & la mere de sa femme comme lui tenant lieu de pere & de mere, & ses freres & sœurs & ses autres proches, comme lui tenant lieu de freres, de sœurs & de proches; & que la femme regarde de même le pere & la mere & tous les proches de son mari.

Cette rélation des alliances est le fondement des loix qui défendent le mariage entre les alliés en ligne directe de descendans & d'ascendans en tous dégrés: & entre les collatéraux, jusqu'à l'étendue de certains dégrés, & aussi des loix qui appellent les alliés aux tutelles: de celles qui rejettent les Juges & les témoins alliés des parties, & des autres semblables.

CHAPITRE IV.
De la seconde espece d'engagemens.
SOMMAIRES.

I. *Quels sont ces engagemens, & comment Dieu met chacun dans les siens.*

II. *Ces engagemens sont de deux sortes, ceux qui sont volontaires, & ceux qui son indépendans de la volonté.*

III. *Engagemens volontaires.*

IV. *Engagemens indépendans de la volonté.*

V. *Esprit de la seconde loi dans tous les engagemens.*

VI. *Ordre du gouvernement pour contenir les hommes dans leurs engagemens.*

VII. *Les engagemens sont les fondemens des Loix particulieres qui les regardent.*

I.
Quels sont ces engagemens, & comment Dieu met chacun dans les siens.

COmme les engagemens du mariage & de la naissance, des parentés & dans les alliances sont bornés entre certaines personnes, & que Dieu a mis les hommes en société, pour les lier par l'amour mutuel, de telle maniere que tout homme soit disposé à produire envers tout autre les effets de cet amour, selon que l'occasion peut l'y obliger; il a rendu nécessaire dans la société une seconde espece d'engagemens qui approchent & lient différemment toutes sortes de personnes, & souvent même ceux qui sont l'un à l'autre les plus étrangers a.

C'est pour former cette seconde sorte d'engagemens que Dieu multiplie les besoins des hommes, & qu'il les rend nécessaires les uns aux autres pour tous ces besoins. Et il se sert des deux voies pour mettre chacun dans l'ordre des engagemens où il le destine.

La premiere de ces deux voies, est l'arrangement qu'il fait des personnes dans la société, où il donne à chacun sa place, pour lui marquer par sa situation les rélations qui se font aux autres, & quels sont les devoirs propres au rang qu'il occupe, & il place chacun dans le sien, par la naissance, par l'éducation, par les inclinations & par les autres effets de sa conduite, qui rangent les hommes. C'est cette premiere voie qui fait à tous les hommes les engagemens généraux des conditions, des professions, des emplois, & qui met chaque personne dans un certain état de vie, dont ses engagemens particuliers doivent être les suites.

La seconde voie est la disposition des événemens & des conjonctures, qui déterminent chacun aux engagemens particuliers, selon les occasions & les circonstances où il se rencontre.

a Lucæ 10. 33.

I I.
Ces engagemens sont de deux sortes, ceux qui sont volontaires, & ceux qui sont indépendans de la volonté.

Toutes ces sortes d'engagemens de cette seconde espece, sont ou volontaires, ou involontaires. Car comme l'homme est libre, il y a des engagemens où il entre par sa volonté ; & comme il est dépendant de l'ordre divin, il y en a où Dieu le met sans son propre choix ; mais soit que les engagemens dépendent de la volonté, ou qu'ils en soient indépendans dans leur origine, c'est par sa liberté que l'homme agit dans les uns & dans les autres : & toute sa conduite renferme toujours ces deux caracteres, l'un de la dépendance de Dieu, dont il doit suivre l'ordre, & l'autre de sa liberté qui doit l'y porter. Ainsi toutes ces sortes d'engagemens sont proportionnés & à la nature de l'homme, & à son état pendant cette vie.

I I I.
Engagemens volontaires.

Les engagemens volontaires sont de deux sortes. Quelques-uns se forment mutuellement entre deux ou plusieurs personnes, qui se lient & s'engagent reciproquement l'un à l'autre par leur volonté : & d'autres se forment par la volonté d'un seul, qui s'engage envers d'autres personnes, sans que ces personnes traitent avec lui.

On distinguera facilement ces deux sortes d'engagemens par quelques exemples : ainsi pour les engagemens volontaires & mutuels, on voit que pour les divers besoins qu'ont les hommes de se communiquer les uns aux autres leur industrie & leur travail, & pour les différens commerces de toutes choses, ils s'associent, louent, vendent, achetent, échangent & font entr'eux toutes les autres sortes de conventions.

Ainsi, pour les engagemens qui se forment par la volonté d'un seul, on voit que celui qui se rend héritier, s'oblige envers les créanciers de la succession : Que celui qui entreprend la conduite de l'affaire d'un absent à son insçu, s'oblige aux suites de l'affaire qu'il a commencée : Et qu'en général, tous ceux qui entrent volontairement dans quelques emplois, s'obligent aux engagemens qui en sont les suites.

I V.
Engagemens indépendans de la volonté.

Les engagemens involontaires sont ceux où Dieu met les hommes sans leur propre choix. Ainsi ceux qui sont nommés à des charges qu'on appelle Municipales, comme d'Echevins, Consuls & autres, & ceux que la justice engage dans quelques commissions, sont obligés de les exercer, & ne peuvent s'en dispenser, s'ils n'ont des excuses. Ainsi celui qui est appellé à une tutelle, est obligé indépendament de sa volonté, à tenir lieu de pere à l'orphelin qu'on met sous sa charge. Ainsi celui dont l'affaire a été conduite en son absence & à son insçu par un ami qui en a pris le soin, est obligé envers cet ami de lui rendre ce qu'il a raisonnablement dépensé, & de ratifier ce qu'il a bien géré. Ainsi celui dont la marchandise a été sauvée d'un naufrage par la décharge du vaisseau, d'où l'on a jetté d'autres marchandises, est obligé de porter sa part de la perte des autres, à proportion de ce qui a été garanti pour lui. Ainsi l'état de ceux qui se trouvent dans la societé, & sans biens, & dans l'impuissance de travailler pour y subsister, fait un engagement à tous les autres d'exercer envers eux l'amour mutuel, en leur faisant part d'un bien où ils ont droit. Car tout homme étant de la societé, a droit d'y vivre : & ce qui est nécessaire à ceux qui n'ont rien & qui ne peuvent gagner leur vie, est par conséquent entre les mains des autres ; d'où il s'ensuit qu'ils ne peuvent sans injustice le leur retenir. Et c'est à cause de cet engagement que dans les nécessités publiques on oblige les particuliers, même par des contraintes, à secourir les pauvres selon les besoins. Ainsi l'état de ceux qui souffrent quelque injustice & qui sont dans l'oppression, est un engagement à ceux qui ont le ministere & l'autorité de la justice de la mettre en usage pour les proteger.

V.
Esprit de la Loi dans tous les engagemens.

On voit dans toutes ces sortes d'engagemens, & dans tous les autres qu'on sçauroit penser, que Dieu ne les forme & n'y met les hommes que pour les lier à l'exercice de l'amour mutuel : & que tous les différens devoirs que prescrivent les engagemens, ne sont autre chose que les divers effets que doit produire cet amour, selon les conjonctures & les circonstances. Ainsi en général les regles qui commandent de rendre à chacun ce qui lui appartient, de ne faire tort à personne, de garder toujours la fidélité & la sincérité & les autres semblables, ne commandent que des effets de l'amour mutuel. Car aimer, c'est vouloir faire du bien ; & on n'aime point ceux à qui on fait quelque tort, ni ceux à qui on n'est pas fidele & sincere. Ainsi en particulier les regles qui ordonnent au tuteur de prendre le soin de la personne & des biens du mineur qui est sous sa charge, ne lui commandent que les effets de l'amour qu'il doit avoir pour cet orphelin. Ainsi les regles des devoirs de ceux qui sont dans les charges & dans toute autre sorte d'engagemens généraux ou particuliers, ne leur prescrivent que ce que demande la seconde loi, comme il est facile de le reconnoître dans le détail des engagemens. Et il est si vrai que c'est le commandement d'aimer qui est le principe de toutes les regles des engagemens, & que l'esprit de ces regles n'est autre chose que l'ordre de l'amour qu'on se doit reciproquement, que s'il arrive qu'on ne puisse, par exemple, rendre à un autre ce qu'on a de lui, sans blesser cet ordre, ce devoir est suspendu jusqu'à ce qu'on puisse l'accomplir selon cet esprit. Ainsi celui qui a l'épée d'une personne insensée, ou d'une autre qui la demande dans l'emportement d'une passion, ne doit pas la lui rendre, jusqu'à ce que cette personne soit en état de n'en pas faire un mauvais usage ; car il ne seroit pas l'aimer que la lui donner dans ces circonstances.

C'est ainsi que la seconde loi commande aux hommes de s'entr'aimer. Car l'esprit de cette loi n'est pas d'obliger chacun d'avoir pour tous les autres cette inclination qu'attirent les qualités qui rendent aimable, mais l'amour qu'elle ordonne consiste à desirer aux autres leur vrai bien, & à le leur procurer, autant qu'on le peut. Et c'est par cette raison que comme ce commandement est indépendant du mérite de ceux que l'on doit aimer, & qu'il n'excepte qui que ce soit, il oblige d'aimer ceux qui sont les moins aimables, & ceux même qui nous haïssent. Car la loi qu'ils violent subsiste pour nous, & nous devons souhaiter leur vrai bien, & le procurer *b*, autant par l'espérance de les ramener à leur devoir, que pour ne pas violer le nôtre.

On a fait ici ces réflexions, pour faire voir que comme c'est la seconde loi qui est le principe & l'esprit de toutes celles qui regardent les engagemens, ce n'est pas assez de sçavoir, comme sçavent les plus barbares, qu'il faut rendre à chacun ce qui lui appartient, qu'il ne faut faire tort à personne, qu'il faut être sincere & fidele, & les autres regles semblables ; mais qu'il faut de plus considérer l'esprit de ces regles & la source de leur vérité dans la seconde loi, pour leur donner toute l'étendue qu'elles doivent avoir. Car on voit souvent, que faute de ce principe, plusieurs Juges qui ne regardent ces regles que comme des loix politiques, sans en pénétrer l'esprit qui oblige à une justice plus abondante, ne leur donnent pas leur juste étendue, & tolerent des infidelités & des injustices qu'ils reprimeroient, si l'esprit de la seconde loi étoit leur principe.

Il faut ajoûter à ces remarques sur ce qui regarde les engagemens, qu'ils demandent l'usage d'un gouvernement qui contienne chacun dans l'ordre des siens. C'est pour ce gouvernement que Dieu a établi l'autorité des puissances nécessaires pour maintenir la societé, comme on le verra dans le Chapitre dixieme. Et il faut seulement remarquer ici, sur le sujet du gouvernement, & à l'occasion des engagemens, qu'il y en a plusieurs qui se forment par cet ordre du gouvernement, comme entre les Princes & les Sujets, entre ceux qui sont dans les dignités & charges publiques, & les particulieres, & d'autres encore qui sont de cet ordre.

V I.
Ordre du gouvernement pour contenir les hommes dans leurs engagemens.

V I I.
Les engagemens sont les fondemens des loix particulieres qui les regardent.

Il a été nécessaire de donner cette idée générale de toutes ces diverses sortes d'engagemens dont il a été parlé jusqu'à cette heure. Car comme c'est par ces liens que Dieu applique les hommes à tous leurs différens devoirs, & qu'il a mis dans chaque engagement les fondemens des

b Non oderis fratrem tuum in corde tuo. *Levit.* 19. 17. Non quaeras ultionem, nec memor eris injuriae civium tuorum. *Ibid.* 18. Si occurreris bovi inimici tui, aut asino erranti, reduc ad eum. Si videris asinum odientis te jacere sub onere, non pertransibis, sed sublevabis cum eo. *Exod.* 23. 4. 5. Si reddidi retributentibus mihi mala. *Ps.* 7. 5. Si esurierit inimicus tuus, ciba illum : si sitierit, da ei aquam bibere. *Prov.* 25. 21. *Rom.* 12. 20. *Matth.*
ƒ. 42.

devoirs qui en dépendent ; c'est dans ces sources qu'on doit reconnoître les principes & l'esprit des loix selon les engagemens où elles se rapportent. On a vû dans les engagemens du mariage & de la naissance, les principes des loix qui les regardent, & il faut découvrir dans les autres engagemens qu'on vient d'expliquer, les principes des loix qui leur sont propres.

On se réduira à ceux qui se rapportent aux loix civiles ; & comme la plus grande partie des matieres du droit civil sont des suites des engagemens dont on a parlé dans ce Chapitre, on expliquera dans le Chapitre suivant quelques regles générales qui suivent de la nature des engagemens, & qui sont en même tems les principes des regles particulieres des matieres qui naissent de ces mêmes engagemens.

CHAPITRE V.

De quelques regles générales qui suivent des engagemens dont on a parlé dans le Chapitre précédent, & qui sont autant de principes des Loix civiles.

SOMMAIRES.

I.
1re Regle.
Les engagemens tiennent lieu de Loix.
CEs Regles générales dont on vient de parler, & qui se tirent de tout ce qui a été dit dans le Chapitre précédent, & aussi dans les autres, sont celles-cy qui suivent : & on les expliquera en autant d'articles, comme des conséquences des principes qu'on a établis. Il s'ensuit donc de ces principes.

II.
2e Regle.
Soûmission aux Puissances.
Que tout homme étant un membre du corps de la société, chacun doit y remplir ses devoirs & ses fonctions, selon qu'il y est déterminé par le rang qu'il occupe, & par ses autres engagemens. D'où il s'ensuit, que les engagemens de chacun lui font comme ses loix propres.

III.
3e Regle.
Ne faire rien en son particulier qui blesse l'ordre public.
Que chaque particulier étant lié au corps de la société dont il est un membre, il ne doit rien entreprendre qui en blesse l'ordre ; ce qui renferme l'engagement de la soûmission & de l'obéïssance aux puissances que Dieu a établies pour maintenir cet ordre a.

Que l'engagement de chaque particulier à ce qui regarde l'ordre de la société dont il fait partie, ne l'oblige pas seulement à ne rien faire à l'égard des autres qui blesse cet ordre, mais l'oblige aussi de se contenir dans son rang, de telle maniere qu'il ne fasse aucun mauvais usage ni de soi-même, ni de ce qui est à lui. Car il est dans la société ce qu'est un membre dans le corps. Ainsi ceux qui sans faire tort à d'autres, tombent dans quelque dereglement qui offense le public, soit en leurs personnes, ou sur leurs biens, comme sont ceux qui se désesperent, ceux qui blasphement, ou qui jurent, ceux qui prodiguent leurs biens, & tous ceux enfin qui violent les bonnes mœurs, la pudeur ou l'honnêteté d'une maniere qui blesse l'ordre exté-

rieur, sont justement punis par les loix civiles, selon la qualité du dereglement b.

Que dans tous les engagemens de personne à personne, soit volontaires ou involontaires, qui peuvent être des matieres des Loix Civiles, on se doit reciproquement ce que demandent les deux preceptes que renferme la seconde loi, l'un de faire aux autres ce que nous voudrions qu'ils fissent pour nous c, & l'autre de ne faire à personne ce que nous ne voudrions pas que d'autres nous fissent d. Ce qui comprend la regle de ne faire tort à personne, & celle de rendre à chacun ce qui lui appartient e.
IV.
4e Regle.
Ne faire tort à personne, & rendre à chacun ce qui lui appartient.

Que dans les engagemens volontaires & mutuels, ceux qui traitent ensemble se doivent la sincérité, pour se faire entendre reciproquement à quoi ils s'engagent, la fidelité pour l'exécuter f, & tout ce qu'ils peuvent demander les suites des engagemens où ils sont entrés g. Ainsi le vendeur doit déclarer sincerement les qualitez de la chose qu'il vend, il doit la conserver jusqu'à ce qu'il la délivre, & il doit la garantir après qu'il l'a délivrée.
V.
5e Regle.
Sincérité & bonne foi dans les engagemens volontaires & mutuels.

Que dans les engagemens involontaires l'obligation est proportionnée à la nature & aux suites de l'engagement, soit qu'il consiste à faire ou donner, ou en autre sorte d'obligation h. Ainsi, le tuteur est obligé à la conduite de la personne, & à l'administration des biens de l'orphelin qui est sous sa charge, & à tout ce que cette conduite & cette administration rendent nécessaire. Ainsi, celui qui est appellé à une charge publique, quoique contre son gré, doit s'en acquitter. Ainsi, ceux qui sans conventions se trouvent avoir quelque chose de commun ensemble, comme les coheritiers & autres, se doivent reciproquement ce que leurs engagemens peuvent demander.
VI.
6e Regle.
Fidélité à ce que demandent les engagemens involontaires.

Qu'en toute sorte d'engagemens, soit volontaires ou involontaires, il est défendu d'user d'infidélité, de duplicité, de dol, de mauvaise foi, & de toute autre maniere de nuire & de faire tort i.
VII.
7e Regle.
Tout dol illicite en toute sorte d'engagemens.

Que tous les particuliers composant ensemble la société, tout ce qui en regarde l'ordre, fait à chacun un engagement de ce que cet ordre demande de lui ; & il peut y être obligé par l'autorité de la justice, s'il n'y satisfait volontairement. Ainsi, on contraint aux charges publiques dans les Villes & les autres lieux, ceux qui sont appellés aux fonctions d'Echevins, Consuls & autres semblables charges ou commissions l. Ainsi, on oblige ceux qui sont appellés à une tutelle à l'accepter & s'en acquiter m. Ainsi, on contraint les particuliers à vendre ce qu'ils se trouvent avoir de nécessaire pour quelque usage où le public est interessé n. Ainsi on exige justement des
VIII.
8e Regle.
Engagemens où la justice peut contraindre.

---

b Mane in loco tuo. Eccli. 11. 22. Omnia autem honestè & secundùm ordinem fiant in vobis. 1. Cor. 14. 40. Juris præcepta juris honestè vivere, &c. l. 10. §. 1. ff. de Just. & jur. §. 3. inst. eod. Expedit enim Reipublicæ ne sua re quis malè utatur. §. 2. inst. de his qui sui vel al. jur. s.

c Omnia ergo quæcumque vultis ut faciant vobis homines, & vos facite illis. Matth. 7. 12. Et prout vultis ut faciant vobis homines, & vos facite illis similiter. Luc. 6. 31.

d Quod ab alio oderis fieri tibi, vide ne tu aliquando alteri facias. Tob. 4. 16.

e Alterum non lædere, suum cuique tribuere. l. 10. §. 1. ff. de Just. & jure. §. 3. inst. eod.

f Ut sitis sinceri. Philip. 1. 10. Abominatio est Domino labia mendacia, qui autem fideliter agunt, placent ei Prov. 12. 22. Confirma verbum, & fideliter age cum illo. Proximo tuo Eccli. 29. 3.

g Alter alteri obligatur, de eo, quod alterum alteri, ex bono & æquo præstare oportet. l. 2. §. ult. ff. de obl. & act.

h Obligationum substantia non in eo consistit, ut aliquod corpus nostrum, aut servitutem nostram faciat, sed ut alium nobis obstringat ad dandum aliquid, vel faciendum, vel præstandum. l. 3. ff. de obl. & act.

i Ne quis supergrediatur, neque circumveniat in negotio fratrem suum. 1. Thessal. 4. 6.

Quæ dolo malo facta esse dicuntur, si de his rebus alia actio non erit, & justa causa esse videbitur, judicium dabo. l. 1. §. 1. ff. de dolo.

l Paulus respondit, eum qui injunctum munus à magistratibus suscipere supersedit, posse conveniri eo nomine, propter damnum Reipublicæ. l. 2. ff. ad munic.

m Gerere atque administrare tutelam extra ordinem tutor cogi solet. l. 1. ff. ad adm. & per. tut.

n V. l. 11. ff. de evict. in verb. Possessiones ex præcepto principali distrahas. V. l. 12. ff. de Relig. Possessiones quas pro Ecclesiis, aut domibus Ecclesiarum parochialium, &c. V. l'Ordonnance de Philippe le Bel de 1303.

---

a Omnis anima potestatibus sublimioribus subdita sit : non est enim potestas nisi à Deo. Rom. 13. 1. Tit. 3. 1. 1. Petr. 2. 13. Sap. 6. 4.

particuliers les tributs, & les impositions pour les charges publiques o.

IX. *(marg. 9e Regle. Liberté de toutes sortes de conventions.)* Que les engagemens volontaires entre les particuliers devant être proportionnés aux différens besoins qui leur en rendent l'usage nécessaire; il est libre à toutes personnes capables des engagemens, de se lier par toute sorte de conventions, comme bon leur semble, & de les diversifier selon les différences des affaires de toute nature, & selon la diversité infinie des combinaisons que font dans les affaires les conjonctures, & les circonstances p. Pourvû seulement que la convention n'ait rien de contraire à la regle qui suit.

X. *(marg. 10e Regle. Tous engagemens qui blessent les Loix & les bonnes mœurs sont illicites.)* Que tout engagement n'est licite qu'à proportion qu'il est conforme à l'ordre de la société : & que ceux qui le blessent sont illicites & punissables, selon qu'ils y sont opposés. Ainsi, les emplois contraires à cet ordre, sont des engagemens criminels. Ainsi les promesses & les conventions qui violent les loix ou les bonnes mœurs, n'obligent à rien, qu'aux peines que peuvent mériter ceux qui les ont faites q.

On verra dans le détail des matieres des loix civiles, quel est l'usage de tous ces principes, & c'est assez de les marquer ici, comme des regles générales d'où dépendent une infinité de regles particulieres dans tout ce détail.

XI. *(marg. Transition au Chapitre suivant.)* On n'a pas voulu mêler parmi les engagemens dont on a parlé jusqu'à cette heure, une autre espece de liaison qui unit les hommes plus étroitement qu'aucun de tous les engagemens, à la reserve de ceux du mariage & de la naissance. C'est la liaison des amitiés qui produisent dans la société une infinité de bons effets, & par les offices & les services que les amis se rendent l'un à l'autre, & par le secours que chacun tire des personnes qui se trouvent liées à ses amis. Mais quoique les amitiés fassent un enchaînement de liaisons & de relations d'une grande étenduë, & d'un grand usage dans la société, on n'a pas dû mêler les amitiés avec les engagemens, parce qu'elles sont d'une nature qui en est distinguée par deux caracteres. L'un qu'il n'y a point d'amitié où l'amour ne soit reciproque, au lieu que dans les engagemens, l'amour qui devroit y être mutuel, ne l'est pas toujours : Et l'autre que les amitiés ne font pas une espece particuliere d'engagement, mais font des suites qui naissent des engagemens. Ainsi, les liaisons de parenté, d'alliance, de charges, de commerces, d'affaires & autres, sont les occasions & les causes des amitiés, & elles supposent toujours quelqu'autre engagement, qui approche ceux qui deviennent amis.

C'est cet usage des amitiés si naturel & si nécessaire dans la société, qui ne permet pas de n'en point parler : & c'est cette différence de leur nature & de celle des engagemens, qui a obligé de les distinguer. Ainsi on en a fait la matiere du Chapitre suivant.

o Reddite quæ sunt Cæsaris, Cæsari. *Matth.* 22. 21. Cui tributum, tributum. *Rom.* 13. 7.

p Quid tam congruum fidei humanæ, quam ea quæ inter eos placuerunt servare. *l. 1. ff. de pact.* ait Prætor, pacta conventa, quæ neque dolo malo, neque adversus leges, Plebiscita, Senatusconsulta, Edicta principum, neque quo fraus cui eorum fiat, facta erunt, servabo. *l. 7. §. 7. ff. de pact.*

q Pacta quæ contra leges, constitutionesque, vel contra bonos mores fiunt, nullam vim habere indubitati juris est. *l. 6. de pact.* Tel étoit l'engagement de ce Prince, qui pour tenir sa parole, fit mourir saint Jean. *Matth.* 14.

CHAPITRE VI.

De la nature des amitiés; & de leur usage dans la société.

SOMMAIRES.

I. *Nature des amitiés, & leurs especes.*
II. *Différence entre l'amitié & l'amour que commande la seconde loi.*
III. *Le commandement de la seconde loi conduit aux amitiés.*
IV. *Deux caracteres de l'amitié, qu'elle soit reciproque & qu'elle soit libre. Suite de ces caracteres.*
V. *Différence entre l'amitié & l'amour conjugale.*
VI. *Différence entre l'amitié & l'amour des parens & des enfans.*
VII. *Usage des amitiés dans la société.*
VIII. *Transition au Chapitre suivant.*

(marg. I. Nature des amitiés & de leurs especes.) L'Amitié est une union qui se forme entre deux personnes par l'amour reciproque de l'une envers l'autre. Et comme il y a deux principes qui font aimer, les amitiés font de deux especes. L'une de celles qui ont pour principe l'esprit des premieres loix : & l'autre de toutes celles qui n'étant pas fondées sur ce principe, ne peuvent avoir d'autre que l'amour propre. Car si l'amitié manque de l'attrait qui tourne l'union des amis à la recherche du souverain bien, elle aura d'autres vûes qui ramperont sur des biens qu'on ne sçauroit aimer que par l'amour propre. Ainsi ceux qui sans amour du souverain bien, paroissent n'aimer leurs amis, que par l'estime de leur mérite, ou par le desir de leur faire du bien, & ceux mêmes qui donnent pour leurs amis leur bien & leur vie, trouvent dans ces effets de leur amitié, ou quelque gloire, ou quelque plaisir, ou quelque autre attrait qui est leur bien propre, & qui se trouve toujours mêlé à celui que leurs amis peuvent tirer d'eux. Au lieu que ceux qui s'entr'aiment par l'esprit de l'union au souverain bien, ne regardent pas leur bien propre, mais un bien commun à l'un & à l'autre, & un bien dont la nature est en cela différente de celle de tout autre bien, qu'aucun ne peut l'avoir pour soi, s'il ne le desire aussi pour les autres, & s'il ne fait sincerement tout ce qui dépend de lui pour les aider à y parvenir. Ainsi ceux qui font unis à leurs amis par ce lien, cherchent réellement le bien & l'avantage de ceux qu'ils aiment; & comme ils méprisent tout autre bien, que ce seul, qu'ils aiment uniquement & de tout leur cœur, ils sont bien plus disposés à donner & leurs biens, & leurs vies pour leurs amis, s'il en est besoin, que ne sçauroient l'être ceux qui n'aiment que par l'amour propre.

Cette distinction des amitiés qui se lient par l'esprit des premieres loix & de celles que fait l'amour propre, n'est pas si exacte qu'on puisse dire que toute amitié soit ou entierement de l'une ou entierement de l'autre de ces deux especes. Car dans le petit nombre de celles où se trouve l'esprit des premieres loix, il y a en a peu de si accomplies, que l'amour propre n'y ait quelque part, & on voit même des amitiés où l'un des amis ne met de sa part que de l'amour propre, quoique l'autre y soit conduit par un autre esprit : & toutes ces sortes d'amitiés s'assortissent à l'état présent de la société, selon les différentes dispositions de ceux qu'elles lient.

Il est facile de juger par cette nature de l'amitié, que *(marg. II. Différence entre l'amitié & l'amour que commande la seconde Loi.)* comme c'est une liaison reciproque entre deux personnes, il y a bien de la différence entre l'amitié & l'amour que commande la seconde loi. Car le devoir de cet amour est indépendant de l'amour reciproque de celui qu'on est obligé d'aimer : & quoique de cet amour il n'aime point, ou que même il haïsse, la loi veut qu'on l'aime; mais l'amitié ne pouvant se former que par un amour reciproque, elle n'est commandée à personne en particulier. Car ce qui dépend de deux personnes, ne peut être matiere de commandement à un des deux seuls: & d'ailleurs comme l'amitié ne peut se former que par l'attrait que chacun des amis trouve en son ami, personne n'est obligé de lier une amitié où il ne trouve attrait ni ne le trouve point. Et aussi ne voit-on aucune amitié qui n'ait pour fondement que les qualités que les amis cherchent l'un dans l'autre, & qui ne s'entretienne par les offices; les services, les bienfaits & les autres avantages qui font en chaque ami le mérite qui attire & entretient l'estime & l'amour de l'autre.

C'est à cause de cette correspondance nécessaire entre les amis, que les amitiés ne se forment qu'entre les personnes qui se rencontrant dans quelques engagemens où ils s'approchent les uns des autres, se trouvent d'ailleurs dans des dispositions propres à les unir; comme l'égalité de condition, la conformité d'âge, de mœurs, d'inclination & de sentimens, la pente reciproque à aimer & à servir, & les autres semblables. Et on voit au contraire que les amitiés ne se lient & ne s'entretiennent que

difficilement;

difficilement, & affez rarement entre les perfonnes que leurs conditions, leur âge & les autres qualités diftinguent, de forte que l'état naturel de l'amitié ne s'y trouve pas par le défaut des correfpondances, & de la liberté que doivent avoir les amis d'ufer l'un de l'autre.

III.
Le com-mandement de la fecon-de Loi con-duit aux amitiés.
Mais quoiqu'il foit vrai que les amitiés ne font commandées à perfonne en particulier, elles ne laiffent pas d'être une fuite naturelle de la feconde Loi. Car cette Loi commandant à chacun d'aimer fon prochain, elle renferme le commandement de l'amour mutuel *a* : Et lorfque les engagemens particuliers lient des perfonnes qui font animées de l'efprit de cette Loi, il fe forme d'abord entr'eux une union proportionnée aux devoirs reciproques des engagemens où ils fe rencontrent : & fi chacun trouve dans l'autre les qualités propres à les unir plus étroitement, leur liaifon forme l'amitié.

IV.
Deux ca-racteres de l'amitié, qu'elle foit reciproque, & qu'elle foit libre. Suite de ces caracteres.
On trouve par ces remarques fur la nature des amitiés, qu'elles ont deux caracteres effentiels, l'un, qu'elles doivent être reciproques, & l'autre, qu'elles doivent être libres. Elles font reciproques, puifqu'elles ne peuvent fe former par l'amour mutuel de deux perfonnes : & elles font libres, puifqu'on n'eft pas obligé de fe lier à ceux qui n'ont pas les qualités qui peuvent former l'amitié.

Il s'enfuit de ces deux caracteres des amitiés, que devant être reciproques & libres, on eft toujours dans la liberté de ne pas s'engager dans des amitiés, & qu'on doit même éviter celles qui pourroient avoir de mauvaifes fuites. Et il s'enfuit auffi que les amitiés les plus folides & les plus étroites, peuvent s'affoiblir & s'anéantir, fi la conduite de l'un des amis y donne fujet. Et non feulement les refroidiffemens & les ruptures ne font pas illicites; mais quelquefois même elles font néceffaires, & par conféquent juftes à l'égard de celui des amis qui ne manque de fa part à aucun devoir. Ainfi lorfqu'un des amis viole l'amitié ou par quelque infidélité, ou manquant à fes devoirs effentiels, ou exigeant des chofes injuftes; il eft libre à l'autre de ne plus confiderer comme ami, celui qui en effet a ceffé de l'être, & felon les caufes des refroidiffemens & des ruptures, on peut ou rompre l'amitié ou la diffoudre fans rupture, pourvû feulement que celui qui en a un jufte fujet de la part de l'autre, n'en donne point de la fienne, & que dans ce changement il conferve au lieu de l'amitié cette autre efpece d'amour dont rien ne difpenfe.

V.
Différence entre l'ami-tié & l'a-mour con-jugal.
Tous les caracteres de l'amitié, qu'il eft libre de former & libre de rompre, & qui ne fubfiftent que par la correfpondance mutuelle des deux amis, font voir qu'on ne peut donner le nom d'amitié à l'amour qui unit le mari & la femme, ni à celui qui lie les parens à leurs enfans, & les enfans à leurs parens. Car ces liaifons forment un amour d'une autre nature, bien différent de celui qui fait l'amitié & qui eft bien plus fort. Et quoiqu'il foit vrai que le mari & la femme fe choififfent l'un l'autre, & s'engagent librement dans le mariage; leur union étant formée, elle devient néceffaire & indiffoluble.

VI.
Différence entre l'ami-tié & l'a-mour des parens & des enfans.
On voit bien auffi quelles font les différences qui diftinguent l'amitié de l'amour des parens envers les enfans, & des enfans envers les parens. Car outre que cet amour n'eft pas reciproque pendant que les enfans ne font pas encore capables d'aimer, il a d'autres caracteres qui font affez voir qu'il eft d'une nature toute différente de celle des amitiés. Et quoique le choix des perfonnes ne s'y trouve pas, il a d'autres fondemens bien plus folides que les amitiés les plus fermes & les plus étroites.

Ce qu'on vient de remarquer des diftinctions entre les amitiés, & l'amour des parens & les liaifons du mariage & de la naiffance, ne s'étend pas à l'amour des freres, & des autres proches. Car encore que la nature forme entr'eux une liaifon fans leur propre choix, qui les oblige naturellement à l'amour mutuel; cet engagement n'eft fuivi de l'amitié que lorfqu'ils trouvent l'un dans l'autre de quoi la former. Mais lorfque la proximité fe trouve jointe aux autres qualités qui font les

a Hoc eft præceptum meum ut diligatis invicem. *Jean.* 15. 12.

amis, les amitiés des freres & des autres proches, font beaucoup plus fermes que celle des autres.

On voit par ce peu de remarques générales fur les amitiés quelle eft leur nature & les principes qui en dépendent; mais comme ce n'eft pas une matiere des Loix Civiles, on ne doit pas entrer dans le détail des regles particulieres des devoirs des amis; il fuffit d'avoir remarqué fur les amitiés, ce qui s'en rapporte à l'ordre de la fociété: & on voit que comme les amitiés naiffent des diverfes liaifons qui affemblent les hommes, elles font un affemblage de devoirs réciproques d'offices & de fervices qui entretiennent ces liaifons mêmes, & qui contribuent en mille manieres à l'ordre & aux ufages de la fociété, & par l'union des amis entr'eux, & par les avantages que chaque perfonne peut trouver dans les liaifons qu'ont fes amis à d'autres perfonnes.

VII.
Ufage des amitiés dans la fo-ciété.

Pour achever le plan de la fociété, il refte de donner l'idée des fucceffions qui la perpétuent, & celle des troubles qui en bleffent l'ordre: & on verra enfuite comment Dieu la fait fubfifter dans l'état préfent.

VIII.
Tranfition aux Chapi-tres fui-vans.

CHAPITRE VII.

Des Succeffions.

SOMMAIRES.

I. *Néceffité des fucceffions, & leur ufage.*
II. *Deux manieres de fucceder.*
III. *Les fucceffions doivent être diftinguées des engagemens.*

ON ne parle pas ici des fucceffions pour entrer dans le détail de cette matiere, mais pour en donner feulement la vûe dans le plan de la fociété, où elle doit être diftinguée; parce que les fucceffions font une grande partie de ce qui fe paffe dans la fociété, & qu'elles font une des plus amples matieres des Loix Civiles.

L'ordre des fucceffions eft fondé fur la néceffité de continuer & de tranfmettre l'état de la fociété de la génération qui paffe à celle qui fuit, ce qui fe fait infenfiblement, faifant fucceder de certaines perfonnes à la place de ceux qui meurent, pour entrer dans leurs droits, dans leurs charges & dans leurs relations & engagemens qui peuvent paffer à des fucceffeurs.

I.
Néceffité des fuccef-fions & leur ufage.

Ce n'eft pas ici le lieu d'expliquer les différentes manieres de fucceder, foit par l'ordre naturel, & celui des Loix qui appellent aux fucceffions, les defcendans, les afcendans & les autres proches, ou par la volonté de ceux qui meurent, dont ils nomment des héritiers. On verra dans le plan des matieres du droit la diftinction de ces manieres de fucceder, & l'ordre du détail de la matiere des fucceffions. Et il faut feulement remarquer ici, que les fucceffions doivent être diftinguées des engagemens, qui ont fait le sujet des Chapitres précédens. Car lorsque les fucceffions faffent un engagement où entrent ceux qui fuccedent à d'autres, qui les oblige à leurs charges, à leurs dettes & aux autres fuites; ce n'eft pas fous l'idée des engagemens qu'il faut confiderer les fucceffions, mais elles doivent être regardées par la vûe du changement qui fait paffer les biens, les droits, les charges, les engagemens de ceux qui meurent à leurs fucceffeurs. Ce qui renferme une diverfité de matieres d'un fi grand détail, qu'elles feront une des deux parties du Livre des Loix Civiles.

II.
Deux ma-nieres de fucceder.

III.
Les fuc-ceffions doi-vent être diftinguées des engage-mens.

CHAPITRE VIII.

De trois fortes de troubles qui bleffent l'ordre de la fociété.

SOMMAIRES.

I. *Troubles qui bleffent l'ordre de la fociété.*
II. *Procès.*

III. *Crimes & délits.*
IV. *Guerres.*
V. *Transition au Chapitre suivant.*

I.
Troubles qui blessent l'ordre de la société.
ON voit dans la société trois sortes de troubles, qui en blessent l'ordre. Les procès, les crimes, les guerres.

II.
Procès.
Les procès sont de deux sortes, selon les deux manieres dont les hommes se divisent, & entreprennent les uns sur les autres : Ceux qui ne regardent que le simple intérêt qu'on appelle procès civils : & ceux qui sont les suites des querelles, des délits, des crimes, qu'on appelle procès criminels. C'est assez de remarquer ici en général, que toute sorte de procès sont une des matieres des Loix Civiles, qui reglent les manieres dont les procès s'intentent, s'instruisent & se terminent, ce qui s'appelle l'ordre judiciaire.

III.
Crimes & délits.
Les crimes & les délits sont infinis, selon qu'ils regardent différemment l'honneur, la personne, les biens. Et la punition des crimes est encore une matiere des Loix Civiles, qui ont pourvû par trois différentes vûes à les reprimer. L'une de corriger les coupables ; l'autre de réparer autant qu'il se peut les maux qu'ils ont faits ; & la troisieme de retenir les méchans par l'exemple des punitions. Et c'est par ces trois vûes que les Loix ont proportionné les peines aux crimes & aux divers délits.

IV.
Guerres.
Les guerres sont une suite ordinaire des différens qui arrivent entre les Souverains de deux nations, qui étant indépendans les uns des autres, & n'ayant pas de Juges communs, se font eux-mêmes justice par la force des armes, quand ils ne peuvent ou ne veulent pas avoir de Médiateurs qui fassent leur paix. Car alors ils prennent pour Loix & pour décisions de leurs différens les évenemens que Dieu donne aux guerres. Il y a aussi une autre sorte de guerres qui ne sont qu'un pur effet de la violence & des entreprises d'un Prince ou d'un Etat sur ses voisins : & il y en a enfin qui ne sont que des rebellions des sujets révoltés contre leurs Princes.

Les guerres ont leurs Loix dans le droit des gens, & il y a des suites de guerres qui sont des matieres des Loix Civiles.

V.
Transition au Chapitre suivant.
Il ne reste pour finir le plan de la société que de considerer comment elle subsiste dans l'état présent, avec si peu d'usage de l'esprit des premieres Loix, qui devoient en être l'unique lien.

CHAPITRE IX.

De l'état de la société après la chûte de l'homme, & comment Dieu la fait subsister.

SOMMAIRES.

I. *Tous les troubles de la société ont été une suite de la désobéissance à la premiere Loi.*
II. *Déreglement de l'amour, source du déreglement de la société.*
III. *De l'amour propre, qui est le poison de la société. Dieu en a fait un remede qui contribue à la faire subsister.*
IV. *Quatre fondemens de l'ordre de la société dans l'état présent.*
V. *La connoissance naturelle de l'équité.*
VI. *La conduite de Dieu sur la société.*
VII. *L'autorité que Dieu donne aux Puissances.*
VIII. *La Religion.*

I.
Tous les troubles de la société ont été une suite de la désobéissance à la premiere Loi.
TOut ce qu'on voit dans la société de contraire à l'ordre est une suite naturelle de la désobéissance de l'homme à la premiere Loi qui lui commande l'amour de Dieu. Car comme cette Loi est le fondement de la seconde, qui commande aux hommes de s'aimer entr'eux, l'homme n'a pû violer la premiere de ces deux Loix, sans tomber en même tems dans un état qui l'a porté à violer aussi la seconde, & à troubler par conséquent la société.

La premiere Loi devoit unir les hommes dans la possession du souverain bien : & ils trouvoient dans ce bien deux perfections qui devoient faire leur commune félicité : l'une qu'il peut être possédé de tous ; & l'autre qu'il peut faire le bonheur entier de chacun. Mais l'homme ayant violé la premiere Loi, & s'étant égaré de la véritable félicité qu'il ne pouvoit trouver qu'en Dieu seul, il l'a recherchée dans les biens sensibles où il a trouvé deux défauts opposés à ces deux caracteres du souverain bien ; l'un que ces biens ne peuvent être possédés de tous, & l'autre qu'ils ne peuvent faire le bonheur d'aucun. Et c'est un effet naturel de l'amour & de la recherche des biens où se trouvent ces deux défauts, qu'ils portent à la division ceux qui s'y attachent. Car comme l'étendue de l'esprit & du cœur de l'homme, formé pour la possession d'un bien infini, ne sçauroit être remplie de ces biens bornés, qui ne peuvent être à plusieurs, ni suffire à un seul pour le rendre heureux, c'est une suite de cet état où l'homme s'est mis, que ceux qui mettent leur bonheur à posseder des biens de cette nature, venant à se rencontrer dans la recherche des mêmes objets, se divisent entr'eux, & violent toutes sortes de liaisons & d'engagemens, selon les engagemens contraires où les met l'amour du bien qu'ils recherchent.

II.
Dereglement de l'amour, source du déreglement de la société.
C'est ainsi que l'homme ayant mis d'autres biens à la place de Dieu qui devoit être son unique bien, & qui devoit faire sa félicité, il a fait de ces biens quelques-uns son bien souverain où il a placé son amour, & où il a établi sa béatitude, ce qui est en faire sa divinité *a*. Et c'est ainsi que par l'éloignement de ce seul vrai bien, qui devoit unir les hommes, leur égarement à la recherche d'autres biens les a divisés *b*.

C'est donc le déreglement de l'amour qui a déreglé la société : & au lieu de cet amour mutuel, dont le caractere étoit d'unir les hommes dans la recherche de leur bien commun, on voit regner un autre amour tout opposé, dont le caractere lui a justement donné le nom d'amour propre ; parce que celui en qui cet amour domine, ne recherche que des biens qu'il se rend propres, & qu'il n'aime dans les autres que ce qu'il en peut rapporter à soi.

C'est le venin de cet amour qui engourdit le cœur de l'homme & l'appesantit ; & qui ôtant à ceux qu'il possede la vûe & l'amour de leur vrai bien, & bornant toutes leurs vûes, & tous leurs desirs au bien particulier où il les attache, est comme une peste universelle, & la source de tous les maux qui inondent la société. De sorte qu'il semble que l'amour propre mette en ruine les fondemens, & devoit la détruire ; ce qui oblige à considerer de quelle maniere Dieu soûtient la société dans le deluge des maux qu'y fait l'amour propre.

III.
De l'amour propre qui est le poison de la société. Dieu en a fait un remede qui contribue à la faire subsister.
On sçait que Dieu n'a laissé arriver le mal, que parce qu'il étoit de sa toute-puissance & de sa sagesse d'en tirer le bien, & un plus grand bien qu'auroit été un état de biens, sans aucun mélange de maux. La religion nous apprend les biens infinis que Dieu a tirés d'un aussi grand mal que l'état où le péché avoit réduit l'homme, & que le remede incompréhensible dont Dieu s'est servi pour l'en retirer, l'a élevé à un état plus heureux que celui qui avoit précédé sa chûte. Mais au lieu que Dieu a fait ce changement par une bonne cause & qui n'est que de lui, on voit dans sa conduite sur la société, que d'une aussi méchante cause que notre amour propre, & d'un poison si contraire à l'amour mutuel qui devoit être le fondement de la société, Dieu en a fait un des remedes qui la font subsister. Car c'est de ce principe de division qu'il a fait un lien qui unit les hommes en mille manieres, & qui entretient la plus grande partie des engagemens. On pourra juger de cet usage de l'amour propre dans la société, & du rapport d'une telle cause à un tel effet, par les réflexions qu'il sera facile de faire sur la remarque qui suit.

La chûte de l'homme ne l'ayant pas dégagé de ses besoins, & les ayant au contraire multipliés, elle a aussi

---

a Quorum specie delectati Deos putaverunt. *Sap.* 13. 13.
b Unde bella & lites in vobis ? Nonne hinc ex concupiscentiis vestris. *Jacob.* 4. 1. Concupiscentiis, & non habetis : occiditis, & zelatis : & non potestis adipisci ; litigatis, & belligeratis. *Ibid.* 2.

augmenté la néceffité des travaux & des commerces, &
en même tems la néceffité des engagemens & des liaifons ; car aucun ne pouvant fe fuffire feul, la diverfité
des befoins engage les hommes à une infinité de liaifons
fans lefquelles ils ne pourroient vivre.

Cet état des hommes porte ceux qui ne fe conduifent
que par l'amour propre, à s'affujettir aux travaux, aux
commerces & aux liaifons que leurs befoins rendent néceffaires. Et pour fe les rendre utiles, & y ménager
leur honneur & leur intérêt, ils y gardent la bonne foi,
la fidélité, la fincérité ; de forte que l'amour propre
s'accommode à tout pour s'accommoder de tout. Et il
fçait fi bien affortir fes différentes démarches à toutes
fes vûes, qu'il fe plie à tous les devoirs, jufqu'à contre-
trefaire toutes les vertus ; & chacun voit dans les autres, & s'il s'étudioit, verroit en foi-même ces manieres fi fines que l'amour propre fçait mettre en ufage pour
fe cacher, & s'envelopper fous les apparences des vertus
mêmes qui lui font les plus oppofées.

On voit donc dans l'amour propre, que ce principe
de tous les maux eft dans l'état préfent de la fociété une
caufe d'où elle tire une infinité de bons effets, qui de
leur nature étant de vrais biens, devroient avoir un
meilleur principe. Et qu'ainfi on peut regarder ce venin
de la fociété, comme un remede dont Dieu s'eft fervi
pour la foûtenir ; puifqu'encore qu'il ne produife en
ceux qu'il anime que des fruits corrompus, il donne à
la fociété tous ces avantages.

IV.
Quatre fondemens de l'ordre de la fociété dans l'état préfent.

Toutes les autres caufes dont Dieu fe fert pour faire
fubfifter la fociété, font différentes de l'amour propre,
en ce qu'au lieu que l'amour propre eft un vrai mal dont
Dieu tire de bons effets, les autres font des fondemens
naturels de l'ordre ; & on peut en remarquer quatre de
différent genre, qui comprennent tout ce qui maintient
la fociété.

Le premier eft la Religion, qui fait tout ce qu'on peut
voir dans le monde ; qui foit reglé par l'efprit des premieres Loix.

Le fecond eft la conduite fecrette de Dieu fur la fociété dans tout l'univers.

Le troifieme eft l'autorité que Dieu donne aux puiffances.

Le quatrieme eft cette lumiere reftée à l'homme après
fa chûte, qu'il lui fait connoître les regles naturelles de
l'équité ; & c'eft par ce dernier qu'il faut commencer
pour remonter aux autres.

V.
La connoiffance naturelle de l'équité.

C'eft cette lumiere de la raifon, qui faifant fentir à
tous les hommes les regles communes de la juftice &
de l'équité, leur tient lieu d'une Loi c, qui eft reftée
dans tous les efprits, au milieu des tenebres que l'a-
mour propre y a répandues. Ainfi tous les hommes ont
dans l'efprit les impreffions de la vérité & de l'autorité
de ces Loix naturelles : Qu'il ne faut faire tort à perfonne : Qu'il faut rendre à chacun ce qui lui appartient :
Qu'il faut être fincere dans les engagemens, fidéle à
exécuter fes promeffes, & d'autres regles femblables
de la juftice & de l'équité. Car la connoiffance de ces
regles eft inféparable de la raifon, ou plûtôt la raifon
n'eft elle-même que la vûe & l'ufage de toutes ces regles.

Et quoique cette lumiere de la raifon, qui donne la
vûe de ces vérités à ceux même qui en ignorent les premiers principes, ne regne pas en chacun de telle forte
qu'il en faffe la regle de fa conduite ; elle regne en tous
de telle maniere que les plus injuftes aiment affez la
juftice pour condamner l'injuftice des autres, & pour
la haïr. Et chacun ayant intérêt que les autres gardent
ces regles, la multitude prend leur parti pour s'affujettir ceux qui y réfiftent, & qui font tort aux autres.
Ce qui fait fentir que Dieu a gravé dans tous les efprits
cette efpece de connoiffance d'amour de la juftice,
fans quoi la fociété ne pouvoit durer. Et c'eft par cette
connoiffance des Loix naturelles, que les nations mê-

me qui ont ignoré la Religion, ont fait fubfifter leur
fociété.

Cette lumiere de la raifon que Dieu donne à tous les
hommes, & ces bons effets qu'il tire de leur amour propre, font des caufes qui contribuent à foûtenir la fociété
des hommes par les hommes même. Mais on doit y reconnoître un fondement plus effentiel & bien plus foli-
de, qui eft la conduite de Dieu fur les hommes, & cet
ordre où il conferve la fociété dans tous les tems & dans
tous les lieux, par fa toute-puiffance & par fa fageffe.

VI.
La condui-te de Dieu fur la fociété.

C'eft par la force infinie de cette toute-puiffance, que
contenant l'univers comme une goute d'eau, & un grain
de fable d, il eft préfent à tout : & c'eft par la douceur
de cette fageffe, qu'il difpofe & ordonne tout e.

C'eft par fa providence univerfelle fur le genre humain qu'il partage la terre aux hommes, & qu'il diftingue les nations, par cette diverfité d'Empires, de Royaumes, de Republiques & d'autres Etats : qu'il en regle
& l'étendue & la durée par les evenemens qui leur donnent leur naiffance, leur progrès, leur fin : & que parmi
tous ces changemens, il forme & foûtient la fociété civile dans chaque état, par les diftinctions qu'il fait des
perfonnes pour remplir tous les emplois & toutes les places, & par les autres manieres dont il regle tout f.

C'eft cette même providence qui pour maintenir la fociété, y établit deux fortes de puiffances propres à contenir les hommes dans l'ordre de leurs engagemens.

VII.
L'autorité que Dieu donne aux puiffances.

La premiere eft celle des puiffances naturelles, qui
regardent les engagemens naturels ; comme eft la puiffance que donne le mariage au mari fur la femme g, &
celle que donne la naiffance aux parens fur leurs enfans h : Mais ces puiffances étant bornées dans les familles, & reftraintes à l'ordre de ces engagemens naturels, il a été néceffaire qu'il y eût une autre forte de
puiffance d'une autorité plus générale & plus étendue.
Et comme la nature qui diftingue le mari de la femme,
& les parens des enfans, ne diftingue pas de même
les autres hommes, mais les rend égaux i ; Dieu en diftingue quelques-uns pour leur donner une autre forte
de puiffance dont le miniftere s'étend à l'ordre univerfel de toutes les efpeces d'engagemens, & à tout ce qui
regarde la fociété : & il donne différemment cette puiffance dans les Royaumes, dans les Republiques & dans
les autres Etats, aux Rois, aux Princes & aux autres perfonnes qu'il y éleve l, par la naiffance, par des élections,
& par les autres manieres dont il ordonne, permet
que ceux qu'il deftine à ce rang y foient appellés. Car
c'eft toujours la conduite toute puiffante de Dieu, qui
difpofe de cette fuite & de cet enchaînement d'évenemens qui précédent l'élévation de ceux qu'il appelle au
gouvernement. Ainfi c'eft toujours lui qui les y place :
c'eft de lui feul qu'ils tiennent tout ce qu'ils ont de puiffance & d'autorité ; & c'eft le miniftere de fa juftice qui
leur eft commis m. Et comme c'eft Dieu même qu'ils repréfentent dans le rang qui les éleve au-deffus des autres, il veut qu'ils foient confidérés comme tenant fa
place dans leurs fonctions. Et c'eft par cette raifon qu'il
appelle lui-même des Dieux ceux à qui il communique ce droit de gouverner les hommes & de les juger ;
parce que c'eft un droit qui n'eft naturel qu'à lui n.

---

d Ecce gentes quafi ftilla fitulæ, & quafi momentum ftateræ
reputatæ funt. Ecce infulæ quafi pulvis exiguus. *If.* 40. 15.
e Attingit à fine ufque ad finem fortiter, & difponit omnia
fuaviter. *Sap.* 8. 1.
f Dans ftatum populo. *If.* 42. 5.
g Vir caput eft mulieris. *Ephef.* 5. 22. 1. *Cor.* 11. 3. Sub viri
poteftate eris. *Gen.* 3. 16.
h Filii obedite parentibus veftris in Domino. *Ephef.* 6. 1. Qui
timet Dominum honorat parentes, & quafi dominis fervit his
qui fe genuerunt. *Eccli.* 3. 8.
i Quod ad jus naturale attinet, omnes homines æquales funt.
l. 32. ff. de reg. jur.
l In unamquamque gentem præpofuit rectorem. *Eccli.* 17. 14.
m Data eft à Domino poteftas vobis. *Sap.* 6. 4. Non eft poteftas.
nifi à Deo. *Rom.* 13. 1. *Joan.* 19. 11.
Dei enim minifter eft. *Rom.* 13. 4. Venit ad me populus quæ-
rens fententiam Dei. *Exod.* 18. 15. Videte quid faciatis, non
enim hominis exercetis judicium, fed Domini. 2. *Paral.* 19. 6.
n Diis non detrahes. *Exod.* 22. 28. Ego dixi, dii eftis *Pfalm.*
81. 6. *Joann.* 10. 35. *Exod.* 22. 8.

c Cùm enim gentes, quæ legem non habent, naturaliter ea
quæ legis funt faciunt, ejufmodi legem non habentes, ipfi fibi
funt lex. *Rom.* 2. 14.
Ratio naturalis, quafi lex quædam tacita. *l.* 7. ff. de bon.
damn.

C'eſt pour l'exercice de cette puiſſance que Dieu met dans les mains de ceux qui tiennent la premiere place du gouvernement l'autorité ſouveraine, & les divers droits néceſſaires pour maintenir l'ordre de la ſociété ſuivant les Loix qu'il y a établies *o*.

C'eſt pour cet ordre qu'il leur donne le droit de faire les Loix *p*, & les reglemens néceſſaires pour le bien public, ſelon les tems & ſelon les lieux: & la puiſſance d'impoſer des peines aux crimes *q*.

C'eſt pour ce même ordre qu'il leur donne le droit de communiquer, & partager à diverſes perſonnes l'exercice de cette autorité, qu'ils ne peuvent ſeuls exercer dans tout le détail: & qu'ils ont le pouvoir d'établir les différentes ſortes de Magiſtrats, de Juges & d'Officiers néceſſaires pour l'adminiſtration de la juſtice, & pour toutes les autres fonctions publiques *r*.

C'eſt pour ce même ordre qu'afin de ſoûtenir au-dedans les dépenſes de l'état, & de le défendre au dehors, côntre les entrepriſes des étrangers, les Souverains ont le droit de lever les tributs néceſſaires ſelon les beſoins *ſ*.

C'eſt pour affermir tous ces uſages de l'autorité des puiſſances temporelles, que Dieu commande à tous les hommes d'y être ſoûmis *t*.

VIII.
La Religion.
On doit enfin regarder la Religion comme le fondement le plus naturel de l'ordre de la ſociété. Car c'eſt l'eſprit de la Religion qui eſt le principe de cet ordre où il le devoit être. Mais il y a cette différence entre la Religion, & tous les autres fondemens de la ſociété, qu'au lieu que les autres ſont communs à peu près tout, la vraie Religion n'eſt connue & reçuë qu'en quelques Etats: & dans ceux mêmes où elle eſt connue, ſon eſprit n'y regne pas de ſorte que tous en ſuivent les regles. Mais il eſt vrai que dans les lieux où l'on profeſſe la véritable Religion, la ſociété eſt dans l'état le plus naturel & le plus propre pour être maintenue dans le bon ordre par le concours de la Religion & de la Police, & par l'union du miniſtere des puiſſances ſpirituelles & temporelles.

Comme c'eſt donc l'eſprit de la Religion qui eſt le principe de l'ordre où devroit être la ſociété, & qu'elle doit ſubſiſter par l'union de la Religion & de la Police: il eſt important de conſiderer comment la religion & la Police s'accordent entr'elles, & comment elles ſe diſtinguent pour former cet ordre, & quel eſt le miniſtere des Puiſſances ſpirituelles & temporelles. Et parce que cette matiere fait une partie eſſentielle du plan de la ſociété, & qui a beaucoup de rapport aux Loix civiles, elle ſera le ſujet du Chapitre ſuivant.

o Miniſtri Regni illius. *Sap.* 6. 5. Diſcat timere Dominum Deum ſuum, & cuſtodire verba, & ceremonias ejus, quæ in lege præcepta ſunt. *Deuter.* 17. 19.
p Per me Reges regnant, & legum conditores juſta decernunt. *Prov.* 8. 15.
q Non enim ſine cauſa gladium portat. Dei enim miniſter eſt, vindex in iram, ei qui malum agit. *Rom.* 13. 4.
r Provide de omni plebe viros potentes & timentes Deum in quibus ſit veritas, & qui oderint avaritiam; & conſtitue ex eis tribunos, centuriones, & quinquagenarios, & decanos, qui judicent populum omni tempore ..... & electis viris ſtrenuis de cuncto Iſrael, conſtituit eos principes populi. *Exod.* 18. 21.
ſ Reddite quæ ſunt Cæſaris Cæſari. *Matth.* 22. 21.
Cui tributum, tributum : cui vectigal, vectigal. *Rom.* 13. 6. 7.
t Omnis anima poteſtatibus ſublimioribus ſubdita ſit. *Rom.* 13. 1. 1. *Petr.* 2. 13.
Admone illos principibus, & poteſtatibus ſubditos eſſe. *Tit.* 3. 1.

CHAPITRE X.

De la Religion, & de la Police : & du miniſtere des Puiſſances ſpirituelles & temporelles.

SOMMAIRES.

I.
La Religion & la Police fondées ſur l'ordre de Dieu.
ON ne peut douter que la Religion & la Police n'ayent leur fondement commun dans l'ordre de Dieu ; car un Prophete nous apprend que c'eſt lui qui eſt notre Juge, notre Legiſlateur & notre Roi, & que c'eſt auſſi lui qui ſauve les hommes *a*. Ainſi c'eſt lui qui dans l'ordre ſpirituel de la Religion établit le miniſtere des Puiſſances Eccléſiaſtiques *b*. Ainſi c'eſt lui qui dans l'ordre temporel de la Police fait regner les Rois *c*, & donne aux Souverains tout ce qu'ils ont de puiſſance & d'autorité. D'où il s'enſuit que la Religion & la Police n'ayant que ce même principe commun de l'ordre divin, elles doivent s'accorder, & même ſe ſoutenir mutuellement ; & de telle ſorte que les particuliers puiſſent obéir exactement & fidélement à l'un & à l'autre : & que ceux qui ſont dans le miniſtere de l'un ou de l'autre, puiſſent l'exercer dans l'eſprit & les regles qui les concilient. Et auſſi eſt-il vrai que la vraie Religion & la bonne Police ſont toujours unies.

II.
Eſprit de la Religion.
On ſçait que l'eſprit de la Religion eſt de ramener les hommes à Dieu par la lumiere des vérités qu'elle enſeigne, & de les tirer des égaremens de l'amour propre, pour les unir dans l'exercice des deux premieres Loix, & qu'ainſi l'eſſentiel de la Religion regarde principalement l'intérieur de l'eſprit & du cœur de l'homme, dont les bonnes diſpoſitions devroient être le principe de l'ordre extérieur de la ſociété. Mais comme tous les hommes n'ont pas cet eſprit de la Religion, & que pluſieurs ſe portent même à troubler cet ordre extérieur ; l'eſprit de la Police tend à maintenir la tranquillité publique entre tous les hommes *d*, & à les contenir dans cet ordre indépendamment de leurs diſpoſitions dans l'intérieur, en employant même la force & les peines ſelon le beſoin : & c'eſt pour ces deux différens uſages de la Religion & de la Police, que Dieu a établi dans l'un & dans l'autre, des Puiſſances dont il a proportionné le miniſtere à leur eſprit & à leurs fins.

III.
Eſprit de la Police.
Ainſi comme la Religion ne tend qu'à former les bonnes diſpoſitions dans l'intérieur, Dieu donne aux Puiſſances qui en exercent le miniſtere, une autorité ſpirituelle, qui ne tend qu'à regler l'eſprit & le cœur, & à inſinuer l'amour de la juſtice, ſans l'uſage d'aucune force temporelle ſur l'extérieur *e*. Mais le miniſtere des Puiſſances temporelles de la Police, qui ne tend qu'à regler l'ordre extérieur, s'exerce avec la force néceſſaire pour reprimer ceux qui n'aimant pas la juſtice, ſe portent à des excès qui troublent cet ordre *f*.

IV.
Diſtinction du miniſtere des puiſſances ſpirituelles & temporelles.
Ainſi les puiſſances ſpirituelles inſtruiſent, exhortent, lient & délient dans l'intérieur, & exercent les autres fonctions propres à ce miniſtere. Et les puiſſances temporelles commandent & défendent dans l'extérieur, maintiennent chacun dans ſes droits, dépoſſedent les uſurpateurs, châtient les coupables, & puniſſent les crimes

a Dominus Judex noſter, Dominus Legifer noſter, Dominus Rex noſter, ipſe ſalvabit nos. *Iſ.* 33. 22.
b Sicut miſit me pater, & ego mitto vos, &c. *Joan.* 20. 23. *Matth.* 10. 16. Sic nos exiſtimet homo ut miniſtros Chriſti, & diſpenſatores myſteriorum Dei. 1. *Cor.* 4. 1.
c Per me Reges regnant. *Prov.* 8. 15.
d Ut quietam & tranquillam vitam agamus. *Timoth.* 2. 2. 1. *Timoth.* 4. 1.
Non quia dominamur fidei veſtræ. 2. *Cor.* 1. 23.
f Non ſine cauſa gladium portat, Dei enim miniſter eſt, vindex in iram ei qui malum agit. *Rom.* 13. 4.

par l'ufage des peines & des fupplices proportionnés à ce que demande le repos public.

Ainfi les Puiffances fpirituelles de la Religion, dont l'efprit demande que les plus méchans vivent pour devenir bons, n'ont pas d'autres voies pour unir les hommes, que d'impofer des peines propres à les ramener dans les devoirs qu'ils ont violés; & les Puiffances temporelles qui doivent pourvoir au repos public, ordonnent les peines néceffaires pour le maintenir, & puniffent même du dernier fupplice ceux qui troublent l'ordre d'une maniere qui merite ce châtiment.

V.
Leur union pour maintenir l'ordre.
Mais ces différences entre l'efprit de la Religion, & l'efprit de la Police, & entre le miniftere des Puiffances fpirituelles & celui des Puiffances temporelles, n'ont rien de contraire à leur union, & les mêmes Puiffances fpirituelles & temporelles, qui font diftinguées dans leur miniftere, font unies dans leur fin commune de maintenir l'ordre, & elles s'y entr'aident reciproquement. Car c'eft une Loi de la Religion, & un devoir de ceux qui en exercent le miniftere, d'infpirer & de commander à chacun l'obéiffance aux Puiffances temporelles, non-feulement par un fentiment de crainte de leur autorité, & des peines qu'elles impofent; mais par un devoir effentiel, & par un fentiment de confcience g, & d'amour de l'ordre. Et c'eft une Loi de la Police, & un devoir de ceux qui en exercent le miniftere, de maintenir l'exercice de la Religion, & d'employer même l'autorité temporelle, & la force contre ceux qui en troublent l'ordre. Ainfi ces deux miniftere s'accordent & fe foûtiennent mutuellement. Et lors même que l'efprit du miniftere fpirituel paroît demander quelque chofe de contraire à celui de la Police temporelle, comme lorfque les miniftres de la Puiffance fpirituelle demandent la vie des plus criminels, qu'eux ne condamnent qu'à des pénitences, que la Police condamne à la mort; ce même efprit du miniftere fpirituel de la Religion, qui veut que les princes & les Juges faffent leur devoir, ne les oblige pas à l'ufage de cette clémence, & les Juges temporels condamnant juitement au dernier fupplice ceux que les Juges Eccléfiaftiques ne condamnent qu'à la prifon, à des jeûnes & à d'autres œuvres de pénitence.

V I.
Pourquoi ces deux miniftere en diverfes mains.
C'eft à caufe de ces différences entre l'efprit de la Religion & celui de la Police, que Dieu en a féparé les miniftere; afin que l'efprit de la Religion qui regle l'intérieur, & qui doit s'infinuer dans les cœurs des hommes par l'amour de la juftice, & par le mépris des biens temporels, fût infpiré par d'autres Miniftres que les Puiffances temporelles, qui font armées de la terreur des peines & des fupplices pour maintenir l'ordre extérieur, & dont le miniftere regarde principalement l'ufage des biens temporels. Et il a été fi effentiel à l'ordre de ces deux miniftere qu'ils fuffent diftingués, & que la Puiffance fpirituelle fût féparée de la temporelle, qu'encore qu'elles foient naturellement unies en Dieu, quand il s'eft rendu vifible pour établir fon regne fpirituel, il s'eft abftenu de l'exercice de fa puiffance fur le temporel. Et tout ce qu'il a mis en ufage de fa grandeur & de fa puiffance, a été tout oppofé à la grandeur & à la puiffance qui convenoient au regne temporel. Car en même tems qu'il a fait éclater la grandeur divine de ce regne fpirituel par la lumiere des vérités de fa doctrine h, par la gloire de fes miracles i, & par-tout cet appareil des circonftances fa venue, qu'il avoit fait prédire par fes Prophetes, & qui devoient accompagner le regne d'un Prince de paix l, qui venoit donner aux hommes d'autres biens que ceux qui les divifent m; il n'a pris

aucune des marques de la puiffance temporelle: il n'en a fait aucune fonction, & il a même refufé de fe rendre juge entre deux freres dont l'un l'en prioit n. Et pour marquer que l'ufage de la puiffance temporelle devoit être féparé de fon regne fpirituel, il laiffa cette puiffance aux Princes, & il voulut même leur obéir. Ainfi dans fa naiffance il fit dépendre la circonftance du lieu où il devoit naitre, de fon obéiffance à une Loi d'un Prince infidele o. Ainfi pendant fa vie, il apprit à rendre aux Princes ce qui leur eft dû; & il paya même le tribut, quoiqu'il ne le dût point, & la raifon qu'il en dit dans le même tems qu'il fit un miracle pour avoir de quoi le payer p. Et dans le tems de fa mort il apprit à celui qui exerçoit la puiffance temporelle, & en abufoit fi injuftement, qu'il n'auroit pas eu cette puiffance, fi elle ne lui eût été donnée de Dieu q. Et il lui marqua auffi la diftinction entre fon regne fpirituel & l'empire temporel des Princes r.

Il eft vrai que dans une occafion il a donné une marque vifible de fon empire fur le temporel f, & d'un empire plus abfolu que celui qu'il confie aux Princes en faifant un miracle, qui caufa quelque perte aux habitans du lieu où il le fit. Mais ce miracle même, qui faifoit bien voir fa toute - puiffance fur le temporel, fervoit de preuves qu'il ne s'abftenoit de tout autre ufage de cette puiffance, que pour marquer la diftinction entre le regne fpirituel qu'il venoit établir, & l'empire temporel qu'il laiffoit aux Princes.

On fçait enfin que lorfqu'il a établi les Miniftres de fon regne fpirituel, & qu'il leur a donné les regles de leur conduite, & marqué l'étendue de la puiffance qu'il leur confioit, il ne leur en a donné aucune fur le temporel. Et auffi voit-on qu'aucun d'eux n'a pris la moindre part au miniftere de la puiffance temporelle: qu'au contraire ils s'y font foûmis: & qu'en même tems qu'ils exerçoient leur miniftere fpirituel fans aucun égard à l'autorité des Puiffances temporelles qui s'y oppofoient, ils enfeignoient & obfervoient eux - mêmes l'obéiffance à ces puiffances en ce qui étoit de leur miniftere.

VII.
Les deux miniftere immédiatement dépendans de Dieu.
Il s'enfuit de toutes ces vérités, que les Puiffances fpirituelles ont leur exercice dans ce qui regarde le fpirituel t, & qu'elles s'ingerent pas dans le temporel & qu'auffi les Puiffances temporelles ont leur exercice dans le temporel u, & n'entreprennent rien dans le fpirituel: que les deux miniftere font établis immédiatement de la main de Dieu: & que ceux qui exercent la puiffance dans l'un des deux, font foûmis à ceux qui exercent la puiffance de l'autre en ce qui en dépend.

VIII.
Autorité des puiffances de l'un fur celles de l'autre dans leurs fonctions.
Et auffi voit-on que ceux qui ont été animés de l'efprit de Dieu, ont formé leur conduite fur ces mêmes regles, & ont marqué la foûmiffion dûe à chacune des Puiffances de ces deux ordres. Ainfi, lorfque Dieu choifit Nathan pour le miniftere fpirituel de la correction de David, la puiffance temporelle de ce Roy n'empêcha pas que ce Prophete ne lui parlât avec une force digne de l'autorité du miniftere qu'il exerçoit, & ce Prince auffi reçut avec humilité la correction x.

IX.
Exemples.
Mais au contraire, lorfque ce même Prophete voulut fçavoir l'intention de ce même Prince fur le choix de fon fucceffeur, & s'il vouloit que ce fût ou Salomon, ou Adonias, il s'en approcha fe profternant avec un profond refpect, pour le fupplier de faire connoître lequel des deux il lui plairoit de choifir pour regner après lui y;

---

g Omnis anima poteftatibus fublimioribus fubdita fit : non eft enim poteftas nifi à Deo : quæ autem funt à Deo, ordinata funt. Itaque qui refiftit poteftati, Dei ordinationi refiftit. *Rom.* 13. 1. Ideò neceffitate fubditi eftote, non folùm propter iram, fed etiam propter confcientiam. *Rom.* 13. 5. 1. *Pet.* 2. 13. *Sap.* 6. 4.
h Ego fum lux mundi. *Joan.* 6. 12. Ecce dedi te in lucem gentium. *Ifa.* 49. 6.
i Omnis populus gaudebat in univerfis quæ gloriofè fiebant ab eo. *Luc.* 13. 17.
l Princeps pacis. *Ifa.* 9. 6.
m Pontifex futurorum bonorum. *Hebr.* 9. 11.

n *Luc.* 12. 13.
o *Luc.* 2. 1.
p *Matth.* 17. 23.
q *Joan.* 19. 11.
r *Joan.* 18. 36.
f *Matth.* 8. 28. *Marc.* 5. *Luc.* 8. 32.
t Applica quoque ad te Aaron fratrem tuum, cum filiis fuis de medio filiorum Ifraël, ut facerdotio fungantur mihi. *Exod.* 28. 1. Sacerdos & Pontifex, in his quæ ad Deum pertinent, prælidebit. 2. *Paralip.* 19. 11. Omnis namque Pontifex, ex hominibus affumptus, pro hominibus conftituitur, in his quæ funt ad Deum, &c. *Hebr.* 5. 1.
u Quæ ad Regis officium pertinent. 2. *Paralip.* 19. 11.
x 1. *Reg.* 12.
y 3. *Regum,* 1. 23.

X.
Obéiſſance aux deux miniſteres.

Il ſeroit facile de remarquer de pareils exemples pour faire voir comment il faut diſtinguer l'autorité des Puiſſances ſpirituelles, & celle des Puiſſances temporelles, & de quelle maniere les ont exercées ceux qui ſe ſont conduits par les juſtes regles, en ſe bornant à leur miniſtere, ſans toucher à l'autre. Mais il ſuffit pour le deſſein qu'on s'eſt propoſé, d'avoir donné cette idée générale des deux miniſteres de la Religion & de la Police, pour y diſcerner l'eſprit & l'uſage de l'une & de l'autre, pour y voir les principes qui les concilient, & qui les diſtinguent, & pour juger par toutes ces vûës, des manieres dont elles concourent à l'ordre de la ſociété.

XI.
Loix des Puiſſances ſpirituelles où il paroît qu'elle ſont ſur le temporel.

On pourra penſer que les Puiſſances ſpirituelles ont fait des regles ſur des matieres temporelles, comme ſont dans le Droit Canonique celles qui regardent les contrats, les teſtamens, les preſcriptions, les crimes, l'ordre judiciaire, les regles du Droit, & d'autres matieres ſemblables, & qu'auſſi l'on voit des Loix établies par des Puiſſances temporelles dans des matieres qui regardent le ſpirituel; comme ſont quelques Conſtitutions des premiers Empereurs Chrétiens, & des Ordonnances de nos Rois ſur des matieres de la foi & de la diſcipline Eccléſiaſtique. Mais ce qu'il y a dans le Droit Canonique qui regarde ces matieres temporelles, ne ſçauroit prouver que les puiſſances Eccléſiaſtiques reglent le temporel. Il paroît au contraire qu'au commencement du Droit Canonique, où l'on a rapporté la diſtinction des Loix divines & des Loix humaines, il eſt dit que les Loix humaines font les Loix des Princes. Que c'eſt par ces Loix que ſe reglent les droits ſur tout ce que les hommes peuvent poſſeder: Et que les biens même de l'Egliſe ne lui ſont conſervés que par l'autorité de ces Loix; parce que c'eſt aux Princes que Dieu a donné le miniſtere du gouvernement pour le temporel ζ. Puiſqu'il ne peut donc y avoir rien dans le Droit Canonique qui renferme cette regle, il faut que celles qu'on y voit ſur le temporel puiſſent s'accorder avec ce principe; & c'eſt ce qui n'eſt pas difficile, ſi on fait réfléxion ſur l'uſage qu'ont les regles qui regardent le temporel dans le Droit Canonique. Car on y verra que, par exemple, celles de l'ordre judiciaire ſe rapportent à la juriſdiction Eccléſiaſtique: Que celles des crimes y établiſſent les peines Canoniques, c'eſt-à-dire, les peines que l'Egliſe ordonne pour la pénitence des criminels: Que les regles qui regardent les contrats, les teſtamens, les preſcriptions & les autres manieres ſemblables, ne les regardent que par rapport au ſpirituel; comme à cauſe des défenſes de certains commerces aux Eccléſiaſtiques, de la Religion, du ferment, de l'uſage des conventions pour les Egliſes & les particuliers Eccléſiaſtiques, & par d'autres ſemblables vues. Que quelques-unes de ces regles ne ſont que des réponſes des Papes à des conſultations; & qu'enfin ce qu'il peut y avoir de regles qui regardent purement le temporel entre Laïques, ne doit être conſidéré comme regles que dans les terres du Saint Siege, où les Papes ſont Princes temporels: & hors de cette étendue, elles n'ont pas d'autre autorité que celle que leur donnent les Princes qui en reçoivent l'uſage entre leurs ſujets; ſur quoi on peut remarquer, que ces ſortes de conſtitutions Canoniques ſur le temporel, ſont aſſez connoître qu'elles ſont naturellement de l'autorité temporelle, puiſque la plûpart ont été tirées du Droit Romain quoiqu'il ſoit vrai que quelques-unes s'y trouvent contraires. Mais c'eſt de quoi il n'eſt pas néceſſaire de parler ici.

XII.
Loix des Puiſſances temporelles qui regardent le ſpirituel.

XIII.
Rois protecteurs, conſervateurs & exécuteurs des Loix de l'Egliſe.

Pour ce qui eſt des reglemens que les Princes peuvent avoir faits ſur des matieres ſpirituelles, ils n'ont pas étendu leur autorité au miniſtere ſpirituel reſervé aux puiſſances Eccléſiaſtiques, mais ils ont ſeulement employé leur autorité temporelle, pour faire exécuter dans l'ordre extérieur de la Police les Loix de l'Egliſe. Et ces Ordonnances que nos Rois appellent eux-mêmes les Loix

politiques *a*, ne tendent qu'à maintenir cet ordre, & à reprimer ceux qui le troublent en violant les Loix de l'Egliſe. Et auſſi paroît-il dans ces Ordonnances, que les Rois n'y ordonnent qu'en ce qui eſt de leur puiſſance, & s'y qualifiant protecteurs, gardes, conſervateurs, & exécuteurs de ce que l'Egliſe enſeigne & ordonne *b*.

XIV.
Accord de la juriſdiction ſpirituelle avec la temporelle.

On pourra encore faire une autre difficulté ſur quelques matieres où il ſemble que la Juriſdiction ſpirituelle & la temporelle, entreprennent l'une ſur l'autre, comme, par exemple, lorſque la juriſdiction temporelle connoîtdu poſſeſſoire des Bénéfices, & lorſque la Juriſdiction Eccléſiaſtique connoît du temporel entre Eccléſiaſtiques: mais pour ce qui regarde le poſſeſſoire d'un Bénéfice, c'eſt une matiere de la Juriſdiction temporelle, qui ſeule a le droit de joindre la force à l'autorité pour empêcher les voies de fait, & pour reprimer les uſurpateurs. Et pour ce qui eſt du droit qu'ont les Juges Eccléſiaſtiques de connoître des matieres temporelles dans les cauſes des Eccléſiaſtiques, c'eſt un privilége que les Princes ont accordé à la juriſdiction ſpirituelle en faveur de l'Egliſe.

XV.
Tranſition au Chapitre ſuivant.

On a tâché par tout ce qui a été dit dans les Chapitres précédens & dans celui-ci, de donner une idée générale du plan de la ſociété des hommes ſur les fondemens naturels de l'ordre que Dieu y a établi, & de faire voir que les premiers principes de cet ordre ſont les deux premieres Loix: que les engagemens qui lient les hommes en ſociété, ſont des ſuites de ces deux Loix, & qu'ils ſont en même tems les ſources de tous les devoirs, & les fondemens des différentes eſpeces de Loix: & on a commencé de deſcendre de ces principes généraux à ceux qui ſont propres aux Loix civiles. Il reſte maintenant, avant que de paſſer au détail de ces Loix & de leurs matieres, de conſiderer de plus près la nature & l'eſprit des Loix en général, & les caracteres qui diſtinguent leurs différentes eſpeces; afin d'y découvrir les fondemens de pluſieurs regles eſſentielles pour la connoiſſance & le bon uſage des Loix civiles: & ce ſera la matiere des deux Chapitres ſuivans.

a *Charles IX. 17. Janvier 1561.*
b *François I. en Juillet 1543.*

CHAPITRE XI.

De la nature & de l'eſprit des Loix, & de leurs différentes eſpeces.

SOMMAIRES.

ζ *Quod Jure defendis villas Eccleſiæ, divino, an humano, Divinum jus in ſcripturis divinis habemus: humanum in legibus regum. Unde quiſque poſſidet quod poſſidet, nonne jure humano? Diſtinct. 8. can. 2. Jura autem humana, jura imperatorum ſunt: quare, quia ipſa jura humana, per imperatores & rectores ſæculi, Deus diſtribuit humano generi, Ibid.*

I.
Deux sortes du Loix: les Loix immuables, & les Loix arbitraires : nature de ces Loix. TOutes les différentes idées qu'on peut concevoir des diverses sortes de Loix qui s'expriment par les noms des Loix divines & humaines, naturelles & positives, de la Religion & de la Police du droit des gens, du droit civil, & par tous les autres noms qu'on peut leur donner, se réduisent à deux especes, qui comprennent toutes les Loix de toute nature ; l'une des Loix qui sont immuables, & l'autre des Loix qui sont arbitraires. Car il n'y en a aucune qui n'ait l'un ou l'autre de ces deux caracteres, qu'il est important de considerer, non-seulement pour concevoir cette premiere distinction générale des Loix en ces deux especes, qui doit préceder les autres manieres de les distingner ; mais parce que ce sont ces deux caracteres qui font dans toutes les Loix ce qu'elles ont de plus essentiel dans leur nature : & qu'ainsi la connoissance en est nécessaire & d'un grand usage dans les Loix Civiles.

Les Loix immuables s'appellent ainsi, parce qu'elles sont naturelles & tellement justes toujours, & par tout, qu'aucune autorité ne peut ni les changer, ni les abolir ; & les Loix aabitraires sont celles qu'une auto-

rité légitime peut établir, changer & abolir selon le besoin.

Ces Loix immuables ou naturelles sont toutes celles qui sont des suites nécessaires des deux premieres, & qui sont tellement essetielles aux engagemens qui forment l'ordre de la société, qu'on ne sçauroit les changer sans ruiner les fondemens de cet ordre : & les Loix arbitraires sont celles qui peuvent être différemment établies, changées & même abolies, sans violer l'esprit des premieres Loix, & sans blesser les principes de l'ordre de la société. Ainsi comme c'est une suite de la premiere Loi, qu'il faut obéir aux puissances, parce que c'est Dieu qui les a établies ; & que c'est une suite de la seconde Loi, qu'il ne faut faire tort à personne, & qu'il faut rendre à chacun ce qui lui appartient ; & que toutes ces regles sont essentielles à l'ordre de la société ; elles sont par cette raison des Loix immuables. Et il en est de même de toutes les regles particulieres, qui sont essentielles à ce même ordre, & aux engagemens qui suivent des premieres Loix. Ainsi, comme c'est essentielle à l'engagement d'un tuteur, que tenant lieu de pere à l'orphelin qui est sous sa charge, il doit veiller à la conduite de la personne & des biens de cet orphelin ; & c'est aussi une Loi immuable, que le tuteur doit prendre ce soin. Ainsi c'est une regle essentielle à l'engagement de celui qui emprunte quelque chose d'un autre, qu'il doit la conserver ; & c'est aussi une Loi immuable, qu'il doit répondre des fautes qu'il aura faites contre ce devoir. *(en marge: **II.** Exemple des Loix immuables.)*

Mais les Loix qui sont indifferentes aux deux premieres, & aux engagemens qui en sont les suites, sont des Loix arbitraires. Ainsi, comme il est indifferent à ces deux Loix & à l'ordre des engagemens, qu'il y ait ou cinq, ou six, ou sept témoins dans un testament : que la prescription s'acquiert par vingt, par trente ou par quarante ans : que la monnoie vaille plus ou moins ; ce sont seulement des Loix arbitraires, qui reglent ces sortes de choses, & on les regle différemment selon le tems & selon les lieux. *(en marge: **III.** Exemple des Loix arbitraires.)*

On voit par cette premiere idée de la nature des Loix immuables, qu'elles ont leur origine dans les deux premieres Loix, dont elles ne sont qu'une extension : &, par exemple, ces regles naturelles de l'équité, qui ont été remarquées, & les autres semblables, ne sont autre chose que ce que l'esprit de la seconde Loi demande en chaque engagement, & ce qu'il y marque d'essentielle & de nécessaire. *(en marge: **IV.** Origine des Loix immuables.)*

Pour les Loix arbitraires on peut remarquer deux différentes causes qui en ont rendu l'usage nécessaire dans la société, & qui ont été les sources de cette multitude infinie de Loix arbitraires qu'on voit dans le monde. *(en marge: **V.** Origine des Loix arbitraires.)*

La premiere de ces deux causes est la nécessité de regler de certaines difficultés qui naissent dans l'application des Loix immuables, lorsque ces difficultés sont telles, qu'il ne peut y être pourvu que par des Loix, & que les Loix immuables ne les reglent point. On jugera de ces sortes de difficultés par quelques exemples.

Ainsi pour un premier exemple de la nécessité des Loix arbitraires, c'est une Loi naturelle & immuable, que les peres devoient laisser leurs biens à leurs enfans après leur mort : & c'est aussi une autre Loi qu'on met communément au nombre des Loix naturelles, qu'on puisse disposer de ses biens par un testament. Si on donne à la premiere de ces deux Loix une étendue sans aucunes bornes, un pere ne pourra disposer de rien ; & si on étend la seconde à une liberté indéfinie de disposer de tout, comme faisoit l'ancien Droit Romain, un pere pourra priver ses enfans de toute part en sa succession ; & donner tous ses biens à des étrangers. *(en marge: **VI.** Premiere cause des Loix arbitraires, difficultés qui naissent des Loix immuables. **VII.** Premier exemple.)*

On voit par ces conséquences si opposées, qui suivroient de ces deux Loix entendues indéfiniment, qu'il est nécessaire de donner à l'un & à l'autre quelques bornes qui les concilient. Et si tous les hommes se conduisoient par la prudence & par l'esprit des premieres Loix, chacun seroit un juste interprete de ce que demanderoit de lui la Loi, qui veut que les enfans succedent aux peres, & de ce que demanderoit aussi celle qui permet de difpofer par un teftament. Car il fçauroit proportionner fes difpofitions à l'état de fes biens & de fa famille, & à fes devoirs envers fes enfans & envers les autres perfonnes, felon qu'il pourroit être obligé ou à quelque reconnoiffance, ou à quelque liberalité. Mais parce que tous ne fe conduifent pas par cet efprit des premieres Loix ni par la prudence, & que quelques-uns abufant de la liberté de difpofer de leurs biens, ou même ne puffent être maîtres de leurs biens & de leurs affaires, bleffent leur devoir envers leurs enfans. Comme il n'eft pas jufte de laiffer une liberté indéfinie à ceux qui peuvent en abufer, & qu'il n'eft pas poffible de faire pour chacun une regle particuliere, il a été néceffaire pour concilier ces deux loix, & les réduire en regles communes pour tous, qu'on fît une Loi arbitraire, qui bornât la liberté de difpofer au préjudice des enfans, & qui leur conferverât une certaine portion des biens de leurs parens, dont ils ne puffent être privés : & c'eft cette portion fixée par une Loi arbitraire, qu'on appelle la légitime.

VIII. *Second exemple.* Ainfi, pour un autre exemple, c'eft une Loi naturelle & immuable, que celui qui eft le maître d'une chofe, en demeure toujours le maître, jufqu'à ce qu'il s'en dépouille volontairement, ou qu'il en foit dépouillé par quelque voie jufte & légitime : & c'eft une autre Loi naturelle & immuable auffi, que les poffeffeurs ne foient pas toujours en péril d'être troublés jufqu'à l'infini ; & que celui qui a poffédé long-tems une chofe en foit cru le maître, parce que les hommes ont naturellement foin de ne pas abandonner à d'autres ce qui leur appartient, & qu'on ne doit pas préfumer fans preuves, qu'un poffeffeur foit ufurpateur.

Si on étend trop la premiere de ces deux Loix, qui veut que le maître d'une chofe ne puiffe en être dépouillé que par des juftes titres, il s'enfuivra que quiconque pourra montrer, que lui ou ceux dont il a les droits, ont été les maîtres d'un héritage, quand il y auroit plus d'un fiecle qu'ils euffent ceffé de le poffeder, rentrera dans cet héritage, & en dépouillera le poffeffeur, fi avec cette longue poffeffion, il ne peut montrer un titre qui ait ôté le droit de ce premier maître. Et fi au contraire on étend trop la regle qui fait préfumer que les poffeffeurs font les maîtres de ce qu'ils poffedent, on fera perdre injuftement la propriété à tous ceux qui ne fe trouveront pas en poffeffion.

Il eft évident que la contrarieté où conduiroient ces deux Loix, dont l'une retabliroit ce premier maître contre un ancien poffeffeur, & dont l'autre maintiendroit le nouveau poffeffeur contre le vrai maître, demandoit qu'on reglât par une Loi arbitraire, que ceux qui n'étant pas poffeffeurs fe prétendroient propriétaires, feroient tenus de juftifier de leur droit dans un certain tems ; & qu'après ce tems les poffeffeurs qui n'auroient point été troublés feroient maintenus. Et c'eft ce qu'on a fait par les Loix arbitraires, qui reglent les tems des prefcriptions.

IX. *Troifieme exemple.* Ainfi, pour un troifieme exemple, il eft du droit naturel, & c'eft une Loi immuable, que les perfonnes qui n'ont pas encore un âge affez ferme de la raifon, par le défaut d'âge, d'inftruction & d'expérience, ne puiffent avoir la conduite de leurs biens & de leurs affaires ; & qu'ils puiffent l'avoir après qu'ils auront affez de raifon & d'expérience. Mais comme la nature ne forme pas en tous dans le même âge cette plénitude de raifon, qui eft néceffaire pour la conduite des affaires, & qu'en quelques-uns c'eft plûtôt, & en d'autres plus tard ; l'ufage de cette Loi a rendu néceffaire celui d'une Loi arbitraire qui fît une regle commune pour tous. Ainfi il y a eu des polices qui ont laiffé aux peres la liberté de regler jufqu'à quel âge leurs enfans devroient demeurer fous la conduite d'un tuteur *a* ; & d'autres ont fixé un moment de l'âge, au deffous duquel les perfonnes fuffent dans cet état qu'on appelle minorité, & après lequel on devient majeur.

Ainfi, pour un dernier exemple, il eft du droit naturel, que celui qui achete n'abufe pas de la néceffité où fe trouve celui qui vend & n'achete pas à un trop vil prix *b*. Mais parce qu'il feroit d'une conféquence trop incommode dans le commerce, de rompre toutes les ventes où la chofe ne feroit pas à fon jufte prix ; on a réglé par une Loi arbitraire, que les ventes ne pourroient être abfolues à caufe de la vilité du prix, que dans le cas où un héritage fe trouveroit vendu au deffous de la moitié de fa jufte valeur. Et on diffimule pour le bien public l'injuftice des acheteurs au deffous de cette lefion, s'il ne s'y trouve pas d'autres circonftances particulieres, qui obligent à rompre la vente.

X. Quatrieme exemple.

Il faut remarquer dans tous ces exemples & dans les autres femblables des Loix arbitraires, qui font des fuites des Loix immuables, que chacune de ces Loix arbitraires a divers caracteres, qu'il eft important d'y reconnoître & de diftinguer, & qui font comme deux Loix en une. Car il y a dans ces Loix une partie de ce qu'elles ordonnent, qui eft un droit naturel, & il y en a une autre qui eft arbitraire. Ainfi la Loi qui regle la legitime des enfans, renferme deux difpofitions ; l'une qui ordonne que les enfans ayent part dans la fucceffion de leurs peres, & c'eft une Loi immuable ; & l'autre qui regle cette portion à une moitié, ou un tiers, ou plus, ou moins, & celle-ci eft une regle arbitraire. Car ce pouvoit être ou les deux tiers, ou les trois quarts, fi le Legiflateur l'eût ainfi reglé.

XI. Loix immuables renfermées dans ces fortes de Loix arbitraires.

La feconde caufe des Loix arbitraires a été l'invention de certains ufages qu'on a cru utiles dans la fociété. Ainfi, par exemple, on a inventé les fiefs, les cens, les rentes conftituées à prix d'argent, les retraits, les fubftitutions & d'autres femblables ufages, dont l'établiffement a été arbitraire. Et ces matieres qui font de l'invention des hommes, & qu'on pourroit appeller par cette raifon des matieres arbitraires, font reglées par un vafte détail des Loix de même nature.

XII. Seconde caufe des Loix arbitraires, les matieres dont l'ufage a été inventé.

Ainfi l'on voit dans la fociété l'ufage de deux fortes de matieres. Car il y en a plufieurs qui font fi naturelles & fi effentielles aux befoins les plus fréquens, qu'elles ont été toujours en ufage dans tous les lieux, comme font l'échange, le louage, le dépôt, le prêt à ufage, & plufieurs autres conventions ; les tutelles, les fucceffions, & plufieurs autres matieres : & on a auffi l'ufage de ces matieres inventées. Mais il faut remarquer que ces matieres mêmes, dont les hommes ont inventé l'ufage, ont toujours leur fondement dans quelque principe de l'ordre de la fociété. Ainfi, par exemple, les fiefs ont leur fondement, non-feulement fur la liberté générale de faire toute forte de conventions, mais auffi fur l'utilité publique, d'engager au fervice du Prince dans le tems de guerre ceux à qui les Fiefs & les Arrierefiefs ont été donnés, & leurs fucceffeurs.

Ainfi les fubftitutions ont pour fondement la liberté générale de difpofer de fes biens, la vûe de conferver les biens dans les familles, l'utilité d'ôter à de certains héritiers ou légataires la liberté de difpofer, dont ils pourroient faire un mauvais ufage, & d'autres motifs femblables.

Il faut remarquer auffi fur le fujet de ces matieres inventées, qu'encore qu'il femble qu'elles ne doivent être reglées que par des Loix arbitraires, elles ont néanmoins plufieurs Loix immuables, de même qu'on voit que les autres matieres qu'on peut appeller naturelles, ne font pas feulement reglées par des Loix naturelles & immuables, mais qu'elles ont auffi des Loix arbitraires. Ainfi, c'eft une Loi immuable dans la matiere des fiefs, qu'on doit y garder les conditions reglées par le titre de la conceffion du fief. Ainfi dans la matiere naturelle des tutelles, c'eft par une Loi arbitraire qu'on a reglé le nombre des enfans qui exempte

XIII. Les matieres inventées ne font pas reglées par les Loix arbitraires, & les loix inventées ont des loix naturelles.

XIV. Exemple.

---

a Sub tutoribus & actoribus eft, ufque ad præfinitum tempus à patre. *Gal.* 4. 2.

b Quando vendes quippiam civi tuo, vel emes ab eo, ne contriftes fratrem tuum. *Levit.* 25. 14.

de

XV. Peu de Loix arbitraires dans les matieres naturelles.

XVI. Plusieurs Loix arbitraires dans les matieres arbitraires.

de cette charge. De sorte qu'on voit par ces exemples, & par les autres qui ont été déja remarqués, que dans toutes les matieres, & naturelles & autres, on a l'usage mêlé de loix immuables & de loix arbitraires; mais avec cette différence que dans les matieres naturelles il y a peu de loix arbitraires, & que la plûpart y sont des loix immuables: & qu'au contraire il y a une infinité de loix arbitraires dans ces autres matieres qui ont été inventées. Ainsi, on voit dans le Droit Romain que comme la plûpart des matieres qui s'y trouvent de notre usage, sont des matieres naturelles, les regles en sont aussi presque toutes des loix naturelles : & qu'au contraire, comme la plûpart des matieres de nos coûtumes, sont de ces matieres arbitraires, la plus grande partie de leurs regles sont arbitraires aussi, & différentes en divers lieux : & on voit de même dans les matieres arbitraires qui sont reglées par les Ordonnances, que presque toutes leurs regles sont aussi arbitraires.

XVII. Deux sortes de Loix arbitraires, celles qui suivent des Loix naturelles, celles qui reglent les matieres inventées.

Les loix arbitraires sont donc de deux sortes, selon les deux causes qui les ont établies. La premiere est de ces loix arbitraires, qui ont été des suites des loix naturelles comme celles qui reglent la légitime des enfans, l'âge de majorité, & les autres semblables; & la seconde est de celles qui ont été inventées pour regler les matieres arbitraires, comme sont les loix qui reglent les degrés de substitutions, les droits de relief dans les fiefs, & les autres semblables.

XVIII. Quatre sortes de livres qui comprennent les Loix arbitraires que nous observons. Le Droit Romain, le Droit Canonique, les Ordonnances, les Coûtumes.

Toutes les loix arbitraires de ces deux especes sont contenues dans quatre sortes de livres, dont nous avons l'usage en France, qui sont les livres du Droit Romain, le Droit Canonique, les Ordonnances & les Coûtumes. Ce qui fait que nous pouvons distinguer par une autre vûe, quatre especes de loix arbitraires qui sont en usage dans ce Royaume.

La premiere comprend quelques loix arbitraires du Droit Romain que nous avons reçûes, & qui ont leur autorité par cet usage que nous leur donnons, comme est, par exemple, cette loi, qui a été remarquée, de la rescision des ventes par la lesion de plus de moitié du juste prix: les loix qui reglent les formes des testamens, le tems des prescriptions, & les autres qui sont reçûes ou dans tout le Royaume, ou seulement en quelques provinces.

La seconde sorte est celle des regles arbitraires du Droit Canonique, qui ont été reçûes dans notre usage. Comme sont plusieurs regles dans les matieres bénéficiales, & dans d'autres matieres Ecclésiastiques, & quelques-unes même dans des matieres du Droit Civil.

La troisieme est des loix arbitraires qui sont établies par les Ordonnances de nos Rois. Comme celles qui reglent les droits du domaine, les peines des crimes, l'ordre judiciaire, & plusieurs autres matieres de diverses natures.

La quatrieme sorte de loix arbitraires est de celles qu'on appelle Coûtumes, telles qu'on en voit en la plûpart des Provinces, & qui reglent diverses matieres; comme les fiefs, la communauté des biens entre le mari & la femme, les douaires, les légitimes des enfans, le retrait lignager, le retrait féodal, & plusieurs autres. Et toutes ces Coûtumes sont autant de loix arbitraires, qui sur les mêmes matieres sont différentes en divers lieux. Et parce que ces Coûtumes étoient une espece de loix, qui n'étant pas écrites, ne se conservoient que par l'usage, & que souvent cet usage étoit incertain, les Rois ont fait recueillir & rédiger par écrit en chaque Province & en chaque lieu les Coûtumes qui y étoient établies, & leur ont confirmé l'autorité de loix & de regles.

XIX. Le détail des regles du Droit naturel n'est recueilli que dans le Droit Romain.

Nous avons donc en France, comme par-tout ailleurs, l'usage des loix naturelles, & des loix arbitraires. Mais avec cette différence entre ces deux sortes de loix, que tout ce que nous avons de loix arbitraires, étant compris dans les Ordonnances, & dans les Coûtumes, & dans ces loix arbitraires du Droit Romain & du Droit Canonique que nous observons comme des Coûtumes, toutes ces loix ont une autorité fixe & reglée. Mais pour les loix naturelles, comme nous n'en avons le détail que dans les livres du Droit Romain, & qu'elles y sont avec peu d'ordre, & mêlées avec beaucoup d'autres qui ne sont ni naturelles, ni de notre usage, leur autorité s'y trouve affoiblie par ce mélange; qui fait que plusieurs ou ne veulent ou ne sçavent pas discerner ce qui est sûrement juste & naturel, de ce que la raison & notre usage ne reçoivent point. Surquoi on peut remarquer ce qui en a été dit dans la Préface de ce livre.

XX. Justice & autorité de toutes les Loix : différence entre celles des Loix naturelles & celles des Loix arbitraires.

On peut reconnoître par cette distinction des loix naturelles & des loix arbitraires, & par les remarques qui ont été faites sur ces deux especes de loix, quels sont les différens caracteres de leur justice & de leur autorité. Et comme c'est la justice & l'autorité des loix qui leur donnent la force qu'elles doivent avoir sur notre raison, il est important de considérer & de distinguer quelle est la justice & l'autorité des loix naturelles, & quelle est la justice & l'autorité des loix arbitraires.

La justice universelle de toutes les loix consiste dans leur rapport à l'ordre de la société dont elles sont les regles. Mais il y a cette différence entre la justice des loix naturelles, & la justice des loix arbitraires, que les loix naturelles étant essentielles aux deux premieres loix & aux engagemens qui en sont les suites, elles sont essentiellement justes : & que leur justice est toujours la même dans tous les tems & dans tous les lieux. Mais les loix arbitraires étant indifférentes à ces fondemens de l'ordre de la société, de sorte qu'il n'y en a aucune qui ne puisse être changée ou abolie sans les renverser; la justice de ces loix consiste dans l'utilité particuliere qui se trouve à les établir, selon que les tems & les lieux peuvent y obliger.

L'autorité universelle de toutes les loix consiste dans l'ordre divin qui soûmet les hommes à les observer: mais comme il y a de la différence entre la justice des loix naturelles & la justice des loix arbitraires, leur autorité se distingue aussi d'une maniere proportionnée à la différence de leur justice.

Les loix naturelles étant la justice même, elles ont une autorité naturelle sur notre raison. Car elle ne nous est donnée que pour sentir sa justice & la vérité, & nous y soûmettre. Mais parce que tous les hommes n'ont pas toujours la raison assez pure pour reconnoître cette justice, ou le cœur assez droit pour y obéir; la Police donne à ces loix un autre empire indépendant de l'approbation des hommes, par l'autorité des puissances temporelles qui les font garder. Mais l'autorité des loix arbitraires consiste seulement dans la force que leur donne la puissance de ceux qui ont droit de faire des loix, & dans l'ordre de Dieu qui commande de leur obéir.

Cette différence entre la justice & l'autorité des loix naturelles & celle des loix arbitraires a cet effet, qu'au lieu que les loix arbitraires ne pouvant être naturellement connues aux hommes, elles sont comme des faits qu'on peut ignorer; les loix naturelles étant essentiellement justes, & l'objet naturel de la raison, on ne peut dire qu'on les ignore non plus qu'on ne peut dire qu'on manque de la lumiere de la raison qui nous les enseigne. Et c'est pourquoi les loix arbitraires ne commencent d'avoir leur effet qu'après qu'elles ont été publiées. Mais les loix naturelles ont toujours le leur sans qu'on les publie. Et comme on ne peut ni les changer ni les abolir, & qu'elles ont d'elles-mêmes leur autorité, elles obligent toujours les hommes, sans qu'ils puissent prétendre les ignorer.

XXI. Remarques sur la distinction des loix immuables qui ne souffrent ni dispenses, ni exceptions, & de celles qui en souffrent.

Mais quoique les loix naturelles ou immuables soient essentiellement justes, & qu'elles ne puissent être changées, il faut prendre garde de ne pas concevoir par cette idée des loix naturelles, que parce qu'elles sont immuables, & qu'elles ne souffrent point de changement, elles soient telles, qu'il ne puisse y avoir d'exception d'aucune des loix qui ont ce caractere. Car il y a plusieurs loix immuables dont il y a des exceptions & des dispenses, sans que néanmoins elles perdent le caractere de loix immuables : comme au contraire il y en a plusieurs qui ne souffrent ni de dispense ni d'exception.

Cette différence qui distingue ces deux sortes de loix a son fondement sur ce que les loix n'ont de justice

& d'autorité que par leur rapport à l'ordre de la société, & à l'esprit des premieres loix : de sorte que s'il arrive qu'il soit de cet ordre & de cet esprit, d'en restraindre quelques-unes, ou par des exceptions ou par des dispenses, elles reçoivent ces temperamens : & si rien ne peut être changé sans blesser cet esprit & cet ordre, elles ne souffrent ni de dispense, ni d'exception. Mais celles mêmes qui en souffrent, ne laissent pas d'être immuables ; car il est toujours vrai qu'elles ne peuvent être abolies, & qu'elles sont toujours des regles sures & irrevocables, quoiqu'elles soient moins générales à cause de ces exceptions & de ces dispenses. On reconnoîtra toutes ces vérités par quelques exemples.

Ainsi les loix qui ordonnent la bonne foi, la fidélité, la sincérité, & qui défendent le dol, la fraude & toute surprise, sont des loix dont il ne peut y avoir ni de dispense ni d'exception.

Ainsi au contraire, la loi qui défend de jurer, souffre la dispense du serment en justice, lorsqu'il faut rendre témoignage d'une vérité ; & on se sert aussi du serment pour affermir l'engagement de ceux qui entrent dans les Charges.

Ainsi la loi qui ordonne d'exécuter les conventions, souffre l'exception & la dispense du mineur qui s'est legerement engagé contre son intérêt.

Ainsi la loi qui ordonne que le vendeur garantisse ce qu'il a vendu de tout droit que tout autre pourroit y prétendre, souffre qu'on déroge à cette garantie par une convention expresse qui décharge le vendeur de toute autre garantie que de son fait : ou parce qu'il vend par cette raison à un moindre prix, ou par d'autres motifs qui rendent juste la décharge de la garantie.

Il est facile de reconnoître par ce peu d'exemples, que ces exceptions & ces dispenses ont leur fondement sur l'esprit des loix : & qu'elles sont elles-mêmes d'autres loix qui n'alterent point le caractere des loix immuables dont elles sont des exceptions. Et qu'ainsi toutes les loix se concilient les unes les autres, & s'accordent entr'elles par l'esprit commun qui fait la justice de toutes ensemble. Car la justice de chaque loi est renfermée dans ses bornes, & aucune ne s'étend à ce qui est autrement reglé par une autre loi. Et il paroîtra dans toutes sortes d'exceptions & de dispenses qui sont raisonnables, qu'elles sont fondées sur quelques loix. De sorte qu'il faut considerer les loix qui souffrent des exceptions, comme des loix générales qui reglent tout ce qui arrive communément ; & les loix qui font des exceptions & des dispenses, comme des regles particulieres qui sont propres à de certains cas ; mais les unes & les autres sont des loix & des regles également justes, selon leur usage & leur étendue.

Toutes ces reflexions sur la distinction des loix immuables & des loix arbitraires, sur leur nature, leur justice, leur autorité, font assez voir combien il est important de considerer par toutes ces vûes quel est l'esprit de toutes les loix : de discerner leurs caracteres de loix immuables ou de loix arbitraires ; de distinguer les regles générales & les exceptions, & de faire les autres distinctions qu'on a remarquées ; & on peut en dire le même de celles dont il sera parlé dans la suite. Cependant on voit assez par l'expérience, qu'encore qu'il n'y ait rien de plus naturel & de plus réel que les fondemens de toutes ces remarques, plusieurs paroissent ou les ignorer, ou les mépriser, & ne sentent pas même la simple différence entre les loix immuables & les loix arbitraires. De sorte qu'ils les regardent toutes indistinctement, comme n'ayant que la même nature, la même justice, la même autorité & le même effet. Car comme elles composent toutes un mélange infini de regles de toutes les matieres & naturelles & arbitraires, & qu'elles n'ont qu'un seul nom de loix, ils méconnoissent dans ce mélange les caracteres qui les distinguent, & prennent souvent des regles naturelles pour de simples loix arbitraires, sur-tout lorsque ces regles n'ont pas l'évidence des premiers principes dont elles dépendent, & qu'elles n'en sont que des conséquences un peu éloignées. Car alors n'appercevant point la liaison de ces

regles à leurs principes, ils ne voyent pas aussi le fondement & la certitude de leur vérité.

Et comme au contraire les loix arbitraires sont toujours en évidence, parce qu'elles sont écrites & qu'elles ne contiennent que des dispositions sensibles, & qui la plûpart se comprennent sans raisonnement, ils reçoivent bien plus d'impression de l'autorité des loix arbitraires, que de ces regles naturelles qui n'entrent pas toujours dans l'esprit si sensiblement ; & lorsqu'il arrive que le défaut de cette vûe & des autres reflexions nécessaires pour le bon usage des loix, & pour donner à chacune son juste effet, se trouvent dans des esprits peu justes, & remplis de la mémoire d'un grand détail de loix de toute nature, il est dangereux qu'ils ne les regardent par de fausses vûes, & qu'ils n'en fassent de mauvaises applications, sur-tout lorsqu'ils tâchent, comme le font plusieurs, de trouver des loix non pour la raison, mais pour le parti qu'ils ont embrassé, & qu'ils ne pensent qu'à donner aux regles une étendue proportionnée aux sens dont ils ont besoin.

Il est facile de voir par l'expérience les manieres dont s'égarent ceux qui confondent ainsi les loix ; & on verra par de simples reflexions sur les divers sentimens, dans les questions de toute nature, que ceux qui tombent dans quelque erreur, ne s'y engagent que par le défaut de quelqu'une de ces vûes ; & que ceux qui raisonnent juste, en découvrent la vérité, que parce qu'ils discernent les manieres de distinguer, de choisir, & d'appliquer les regles, lors même qu'ils ne font pas de reflexions sur les principes naturels qui leur donnent ce discernement.

Mais quoiqu'il soit aisé de concevoir, sans le secours d'aucun exemple particulier, combien il est important dans l'application des regles de connoître leur nature, leur esprit & leur usage ; comme on pourroit croire que de tout ce qu'il est nécessaire de considerer dans les loix, rien n'est plus facile à voir que la distinction de celles qui sont naturelles & immuables, & de celles qui sont arbitraires, & qu'il semble qu'on ne sçauroit se tromper par le défaut de cette vûe, il est important de faire voir par un exemple assez remarquable, qu'il y a souvent du danger qu'on ne s'égare, faute de ce discernement, quoique si facile.

Tous ceux qui ont quelque connoissance du Droit Romain, peuvent sçavoir cette loi tirée d'une décision de Papinien, qui veut que la substitution pupillaire exclue la mere de sa légitime. C'est-à-dire, que si un pere substitue ou un parent, ou un étranger à son fils, pour lui succéder en cas qu'il meure avant l'âge de puberté, ce substitué lui succedera, quand même la mere de cet enfant lui auroit survécu, & par cette substitution elle sera privée de sa légitime c.

Cette décision est fondée sur cette pensée de Papinien, que ce n'est pas le fils qui prive sa mere de ses biens ; mais que c'est le pere qui par la liberté qu'il avoit d'en disposer, les a fait passer au substitué.

Si on examine cette décision, il paroîtra que ce qui faisoit la question étoit l'opposition apparente entre une loi naturelle & une loi arbitraire : & qu'on a préféré à la loi naturelle qui appelloit la mere à la succession de son fils, la loi arbitraire qui permettoit au pere de substituer, étendant cette liberté jusqu'à priver la mere de sa légitime pour faire passer les biens au substitué.

On ne rapporte pas ici cet exemple pour diminuer l'estime de ce Jurisconsulte si celebre. On ne sçait pas s'il jugeoit ainsi, selon les principes de cette ancienne Jurisprudence des Romains, qui favorisoit la liberté de disposer par un testament, & qui avoit été au commencement jusqu'à cet excès, que les peres pouvoient desheriter leurs enfans sans cause. C'étoit par l'esprit de ce principe qu'il inventa cette subtilité, que ce n'étoit pas le fils qui faisoit le tort à sa mere, mais que c'étoit le pere, *quia pater hoc ei fecit.*

Ainsi cette décision n'étant fondée que sur le prin-

c Sed nec impuberis filii mater, inofficiosum testamentum dicit, quia pater hoc ei fecit, & ita Papinianus respondit. l. 8. §. 5. ff. de inoff. test.

cipe de cette liberté sans bornes de disposer de ses biens par un testament, au préjudice même de la légitime des enfans, qui est un principe qui n'est ni naturel, ni de notre usage ; nous ne devons pas prendre pour regle une subtilité, qui pour favoriser ce principe privoit ce fils de sa légitime sur les biens de son pere, & la mere de la sienne sur ceux de son fils ; car cette décision faisoit passer tous les biens du testateur au substitué, sans que le fils en pût rien transmettre à ses héritiers.

On peut donc mettre cette subtilité au nombre de plusieurs autres du Droit Romain que nous rejettons, parce qu'il n'est reçu en France que comme la raison écrite, & que ces subtilités blessant le droit naturel, blessent la raison. Et quoiqu'on n'ait pas besoin d'autorité pour prouver qu'on doit préférer à ces subtilités le droit naturel, on pourroit fonder cette vérité sur l'autorité de ce même Jurisconsulte, qui dans une autre question assez semblable a décidé en faveur du droit naturel. C'étoit dans une autre substitution faite par un pere à son petit-fils, en cas qu'il mourût avant l'âge de trente ans, & qui vouloit qu'en ce cas les biens fussent rendus à un fils de ce testateur, oncle de ce petit-fils. Le cas arriva, il mourut avant l'âge de trente ans, mais laissant des enfans. Et par cette circonstance Papinien décida en faveur de ces enfans, que la substitution étoit anéantie ; par cette raison qu'il étoit de l'équité de conjecturer que le testateur ne s'étoit pas assez exprimé, & qu'encore qu'il n'eût pas parlé du cas où son petit-fils auroit des enfans, il n'avoit pas entendu priver ces enfans de la succession de leur pere d. Une pareille conjecture dans le premier cas de la substitution pupillaire, auroit pû faire présumer que le pere n'avoit pas prévu que le fils dût mourir avant sa mere ; & il étoit plus facile au pere dans le second cas de prévoir que son petit-fils pourroit avant trente ans avoir des enfans, qu'à l'autre dans le premier cas de la substitution pupillaire de prévoir que le petit-fils ne dût pas survivre à sa mere. Ainsi on pourroit présumer que son intention n'étoit d'appeller le substitué qu'en cas que la mere ne fût pas vivante quand le fils mourroit.

Que s'il est important de ne pas blesser l'équité naturelle par des subtilités & des fausses conséquences tirées des loix arbitraires, comme on le voit dans cet exemple, & qu'il seroit aisé de le voir en d'autres ; il faut prendre garde aussi, que sous prétexte de préférer les loix naturelles aux loix arbitraires, on n'étende une loi naturelle au-delà des justes bornes que lui donne une loi arbitraire qui la concilie avec une autre loi naturelle, & qui donne à l'une & à l'autre leur juste effet, & qu'ainsi on ne blesse cette autre loi naturelle pensant ne toucher qu'à la loi arbitraire. Ainsi, par exemple,

c'est une loi naturelle, que celui qui a donné sujet à quelque dommage, soit obligé à le reparer. Mais si on donnoit à cette loi une telle étendue qu'on obligeât le débiteur qui n'auroit pas payé au terme, à reparer tout le dommage que souffriroit le créancier faute de son payement, comme si son bien avoit été saisi & vendu, ou si sa maison étoit tombée en ruine, faute de n'avoir pas eu cet argent qu'il auroit employé à la réparer ; une semblable application de cette loi toute juste & toute naturelle, qui oblige à reparer le dommage qu'on a causé, seroit injuste, parce qu'elle blesseroit une loi arbitraire qui regle tous les dommages, où le débiteur peut être obligé faute de payement, à ce dédommagement qu'on appelle intérêt, & qui est fixé à une certaine portion de la somme dûe, qui est présentement la vingtieme, & qu'en blessant cette loi arbitraire, on blesseroit deux loix naturelles qui en sont le fondement. L'une qui ne permet pas que les hommes répondent des événemens imprévûs, qui sont plûtôt des effets de l'ordre divin & des cas fortuits, que des suites qu'on puisse leur impu-

ter raisonnablement, & l'autre qui veut que la diversité infinie des différens dommages que souffrent les créanciers qui ne sont pas payés, soit reglée à un dédommagement uniforme, & commun à tous les cas qui ont cette même cause commune du défaut de payement au terme, sans qu'on distingue les événemens qui causent les différentes especes de pertes. Car outre que la différence des pertes est un effet de la différence des cas fortuits dont personne ne doit répondre, la diversité des dédommagemens seroit une source d'autant de procès, qu'il y auroit de créanciers qui prétendroient se distinguer par la qualité de la perte que le défaut de payement leur auroit causée e.

On voit de nouveau dans cet exemple, comme on a déja vu dans les autres qui ont été rapportés pour faire voir la nécessité des loix arbitraires, qu'il y a des difficultés où il est nécessaire de fixer un reglement général par une loi arbitraire. Mais il y a une infinité d'autres sortes de difficultés qui naissent tous les jours dans l'application des loix sur les différends entre particuliers, où il n'est ni nécessaire, ni possible d'établir des regles précises ; & les décisions de ces sortes de difficultés dépendent de ceux qui ont à les juger ; ce qui demande d'une part la justesse du sens, & de l'autre une connoissance des principes & du détail des regles, pour juger de l'opposition apparente entre les regles qui fondent les sentimens contraires, & qui font naître la difficulté ; & pour discerner par l'esprit de ces regles, les bornes & l'étendue qu'il faut leur donner, & les conséquences qui suivront de borner trop l'une ou l'autre, ou de la trop étendre. C'est par ces vûes, & les autres principes de l'interprétation des Loix, dont on a déja parlé, & de ceux qui seront expliqués en leurs lieux, qu'on peut se déterminer à de justes applications des regles.

Ce qu'on remarque ici de la nécessité de connoître le détail des loix, regarde principalement les loix naturelles. Car encore qu'il semble que la raison enseigne les loix naturelles, & qu'il soit plus facile de les bien entendre que les loix arbitraires, qui sont naturellement inconnues, il est bien plus difficile, & aussi bien plus important de bien sçavoir les loix naturelles que les loix arbitraires ; parce qu'au lieu que celles-ci sont plus bornées, & qu'il ne faut pour les apprendre que de la mémoire, les loix naturelles, qui reglent les matieres plus communes & plus importantes sont en bien plus grand nombre, & elles sont proprement l'objet de l'entendement. Ainsi il y a deux causes qui rendent nécessaire une étude solide de ces loix.

La premiere de ces causes est que ces regles naturelles étant en très-grand nombre, leur diversité & leur multitude fait qu'elles ne se présentent pas toutes à la vûe de tout le monde : & la raison seule ne suffit à personne pour les trouver, & les appliquer à tous les besoins, comme on le verra par la simple lecture de toutes ces regles dans le détail des matieres.

La seconde cause de la nécessité de bien sçavoir les loix naturelles, est que ces loix sont les fondemens de toute la science du Droit ; car c'est toujours par des raisonnemens tirés des loix naturelles, qu'on examine & qu'on résout les questions de toute nature, soit qu'elles naissent de l'opposition apparente des deux loix naturelles, ou de celle d'une loi naturelle à une loi arbitraire, ou seulement de l'opposition entre deux loix arbitraires, car il en naît une infinité de toutes ces sortes. Et il est facile de voir que comme pour décider les questions il faut raisonner sur la nature & l'esprit des regles, sur leur usage, sur leurs bornes, sur leur étendue, & sur d'autres semblables vûes, on ne peut fonder les raisonnemens, ni former les décisions, que sur les principes naturels de la justice & de l'équité.

Il faut encore remarquer sur cette nécessité de l'étude des loix naturelles, qu'elles sont de deux sortes. L'une est de celles dont l'esprit est convaincu sans raisonnement par l'évidence de leur vérité, telles que sont ces

---

d Cùm avus filium ac nepotem ex altero filio hæredes, instituisset, à nepote petiit, ut , si intra annum trigesimum moreretur , hæreditatem patruo suo restitueret. Nepos liberis relictis , intra ætatem superscriptam vita decessit. Fideicommissi conditionem , conjectura pietatis , respondi defecisse , quod minus scriptum , quam dictum fuerat , inveniretur. l. 120. ff. de condit. & demonstr.

e V. sur tout ceci, l'article 18. de la Section 2. du Contrat de vente, p. 36. & le commencement du Titre des intérêts, & dommages & intérêts, p. 225.

regles, que les conventions tiennent lieu de loix à ceux qui les font, que le vendeur doit garantir, que le dépositaire doit rendre le dépôt. Et l'autre est de ces regles qui n'ont pas cette évidence, & dont on ne découvre la certitude que par quelque raisonnement, qui fasse voir leurs liaisons aux principes d'où elles dépendent. On reconnoîtra par des exemples cette seconde sorte de regles, & la nécessité de l'étude pour les sçavoir.

Si une personne qui n'a point d'enfans fait une donation de ses biens, & qu'après elle ait des enfans, c'est une regle que la donation ne subsiste plus ; & cette regle est d'une équité toute naturelle & toute évidente. Car la nature destine aux enfans les biens de leurs peres *f* ; & il est sous-entendu que celui qui donnoit n'ayant point d'enfans, n'auroit pas donné s'il en avoit eu, ou esperé d'en avoir, ce qui faisoit une condition tacite dans la donation, qu'elle ne subsisteroit qu'en cas qu'il n'eût point d'enfans. Mais s'il arrive que ces enfans survenus après la donation, meurent avant que le donateur ait fait aucune démarche pour la révoquer, il naît un doute de sçavoir si la donation est confirmée par cette mort des enfans, ou si elle demeure nulle. Et il n'est pas si clair que la donation soit nulle en ce cas, comme il est clair qu'elle est nulle quand les enfans vivent. Car comme la donation n'étoit révoquée qu'en faveur des enfans, on peut douter si ce motif cessant quand ils ne sont plus, la loi qui annulloit la donation doit cesser aussi, & si la donation ne doit pas reprendre ses forces, ou si au contraire la donation une fois anéantie par la naissance des enfans, ne l'est pas pour toujours ; de sorte que cette naissance fasse revenir les biens dans la famille pour y demeurer, selon l'expression de la loi du Droit Romain qui a fait la regle de la révocation des donations par la naissance des enfans. Car il est dit dans cette loi, que les biens retournent au donateur pour en demeurer le maître, & en disposer à sa volonté *g*. Ce qui semble décider tacitement que la donation demeure annullée, & cette regle est du nombre de celles dont l'évidence n'est pas si parfaite.

On n'ajoutera qu'un second exemple, entre mille semblables qu'on voit dans les loix. Si deux personnes qui plaident ensemble transigent & reglent leur différend, personne ne doute qu'il ne faille exécuter la transaction. Et c'est une regle qui s'entend, sans qu'on en raisonne. Mais s'il arrive que le procès étant en état d'être jugé, il soit rendu un arrêt avant que les parties ayent transigé, & qu'elles transigent ensuite, dans l'ignorance de cet Arrêt ; on ne voit pas sans la même évidence, si la transaction annulle l'Arrêt, ou si l'Arrêt annulle la transaction. Car en général la regle veut qu'on execute les transactions ; mais le cas d'une transaction sur un procès qui étoit déja terminé par un Arrêt, cette regle cesse, parce qu'on ne transige que sur les différends qui sont indécis, & qu'on ne se relâche de son droit que par la crainte & dans le peril d'un evenement désavantageux. Ainsi dans le cas où le différend n'est pas indécis, & où il n'y a plus d'incertitude, ni de péril, l'ignorance où étoit celui en faveur de qui l'Arrêt a jugé, ne doit pas empêcher l'effet que donne l'autorité de la chose jugée à la vérité & à la justice. Et c'est ainsi que la loi la regle quand ce sont des jugemens dont il n'y a point d'appel. Et cette regle est encore de celles qui n'ont pas d'elles-mêmes une telle évidence que personne ne puisse en douter *h*.

On voit dans ces deux exemples la différence entre les regles dont l'équité se reconnoît d'abord sans raisonnement, & celles où cette équité ne se découvre que par quelques reflexions. Mais quoiqu'il soit vrai dans ces exemples, & en une infinité d'autres semblables, que dans le cas où l'équité naturelle ne forme pas si évidemment la décision, il semble qu'on pourroit indifféremment prendre pour regles & l'un & l'autre des avis contraires, & qu'ainsi la regle qui est choisie ne devroit pas être regardée comme une loi naturelle, mais seulement comme une loi arbitraire ; il est pourtant vrai que toutes les regles de cette nature, dont il y a un si grand nombre dans le Droit Romain, & qui déterminent à l'une des opinions opposées par quelque principe de l'équité naturelle, sont considérées non comme des loix simplement arbitraires, mais comme des loix naturelles, & où la raison de l'équité a prévalu & fermé la décision. Et aussi regardons-nous toutes ces sortes de loix comme la raison écrite, c'est-à-dire, ce que la raison choisit entre les sentimens opposés. Et nous ne considerons comme loix simplement arbitraires, que celles dont les dispositions sont telles, qu'on ne sçauroit dire qu'une loi différente fut contraire aux principes de l'équité. Ainsi, par exemple, il est tout-à-fait indifférent à l'équité naturelle, que pour les mutations des fiefs il soit dû un droit de relief, ou autre semblable, ou qu'il n'en soit dû aucun autre que le simple hommage : que les lods soient dûs seulement pour les ventes, ou qu'ils soient dûs pour toutes sortes d'acquisitions : qu'il y ait un douaire coûtumier sans convention, ou qu'il n'y en ait point, si on n'en convient. Et aussi ces sortes de choses, & les autres semblables, sont différemment reglées en divers lieux, sans qu'en aucun on puisse prétendre que ces regles soient loix naturelles : & on ne les reçoit que par la simple autorité de l'usage, & comme des loix purement arbitraires. Mais les regles qui se tirent des décisions rapportées dans le Droit Romain, telles que sont celles qu'on vient de remarquer, ont le caractere de loix naturelles, par les principes de l'équité naturelle d'où elles sont tirées.

C'est encore une remarque nécessaire sur le sujet de la distinction des loix naturelles & des loix positives ou arbitraires, qu'il y a quelques regles du droit naturel qui semblent quelquefois être abolies par les loix contraires, comme si c'étoient seulement des loix arbitraires. Ainsi la loi qui appelle à la succession d'un pere les filles avec les mâles, est une loi toute naturelle ; & cependant elle étoit sans usage dans la loi que Dieu meme avoit donnée aux Juifs, car les filles ne succédoient point à leurs peres quand il y avoit des mâles. Et ce fut même une question digne d'avoir Dieu pour Juge, de sçavoir si des filles se trouvant sans freres pouvoient succéder aux biens de leurs peres. Et Dieu commanda qu'en ce cas elles succédassent *i*.

Mais quoiqu'il semble par cette loi qui excluoit ainsi les filles, qu'on puisse dire ou qu'il n'est donc pas du droit naturel que les filles succedent, ou que le droit naturel peut être aboli ; il est pourtant vrai qu'il a toujours été & sera toujours du droit naturel que les filles, qui sont du nombre des enfans, succédent à leurs peres, & toujours vrai aussi que le droit naturel ne s'abolit point. Mais un autre principe d'équité naturelle excluoit les filles de succéder avec leurs freres, & sans qu'il fût fait d'injustice aux filles. Car au lieu du droit de succéder, la loi leur donnoit une dot pour les marier *l*, & cette condition des filles n'avoit rien qui ne fût juste, & qui ne fût même naturel, parce qu'avec leur dot elles trouvoient dans la famille où elles entroient les avantages qu'elles pouvoient laisser à leurs freres. Et nous voyons des Coûtumes dans ce Royaume, où les filles mariées par leurs peres, même sans dot, sont privées de toutes successions, quoiqu'elles n'y renoncent pas, si ce n'est que le droit de succéder leur soit reservé, parce que les peres ayant placé leurs filles dans d'autres familles par le mariage, cet établissement leur tient lieu de tout patrimoine & de toute part aux successions. Ainsi ces loix qui excluent les filles quand il y a des mâles, ne dérogent pas au droit naturel qui appelle les filles aux successions, mais elle leur donne au lieu de ce droit, un autre avantage qui leur en tient lieu.

Il faut enfin remarquer sur ce même sujet des loix naturelles, qu'il y en a quelques-unes qui, quoiqu'elles soient reconnues pour telles dans toutes les Polices, n'ont pas néanmoins par-tout la même étendue & le

(marge droite) XXX. *Loix naturelles qui semblent quelquefois abolies.*

(marge droite) XXXI. *Différens effets de quelques Loix naturelles.*

---

f Si filii & hæredes. Rom. 8. 17. Esdr. 1. 9. 12.
g V. l'article 4. de la Section 3. des Donations, p. 104.
h V. l'art. 7. de la Section 2. des Transactions, p. 122.

i Num. 27.
l Exod. 21. 9. 22. 17.

même usage. Ainsi, il n'y a point de Police, où l'on ne reconnoisse qu'il est du droit naturel que les freres, & les autres collatéraux succédent à ceux qui ne laissent ni descendans, ni ascendans; mais ce droit est considéré bien différemment en divers lieux. Car dans les Provinces de ce Royaume, qui se reglent par les Coûtumes, le droit des héritiers du sang est tellement regardé comme une Loi naturelle, que ces Coûtumes ne reconnoissent pas même d'autres héritiers, & qu'elles leur affectent une partie des biens plus grande en quelques lieux, & moindre en d'autres, mais qui dans toutes ces Coûtumes est appellée l'hérédité qu'on ne peut leur ôter; de sorte qu'on ne peut disposer à leur préjudice, que du reste des biens. Mais dans les autres Provinces, qui ont pour leur Coûtume le droit écrit, chacun a la liberté de priver ses collatéraux, & même ses freres de tous ses biens, & de les donner à des étrangers. De sorte que la loi naturelle qui appelle les héritiers du sang, perd son usage dans ces Provinces, lorsqu'ils sont exclus par un testament, & n'a son effet que pour les successions *ab intestat.*

On voit par cette étendue que donnent ces Coûtumes au droit naturel qui appelle les collatéraux, & par les bornes que donne le droit écrit à ce même droit, qu'on n'a pas par-tout la même idée du droit naturel, qui appelle les collatéraux aux successions, au lieu que par-tout on a la même idée de presque toutes les autres regles du droit naturel, & qu'on leur donne le même effet. Car, par exemple, toutes les polices reçoivent également les regles naturelles de l'équité, qui obligent les héritiers à acquitter les charges de la succession, & les contractans à exécuter leurs conventions, & autres semblables.

Cette différence entre l'usage uniforme par-tout, de presque toutes les regles naturelles de l'équité, & les diverses manieres d'étendre ou borner celle qui appelle les collatéraux aux successions, vient de ce qu'il n'y a aucune regle qui conduise à rien de contraire à ces sortes de regles qui s'observent de même par-tout, au lieu qu'il y a une regle qui conduit à borner celle qui appelle les collatéraux aux successions. Car les Loix permettent qu'on fasse des dispositions de ses biens par un testament, & l'usage de cette liberté diminue nécessairement le droit des héritiers du sang. Et comme la nature ne fixe pas cette liberté à un certain point, le droit écrit l'a étendue jusqu'à disposer de tous les biens au préjudice des collatéraux; Et les Coûtumes l'ont bornée à une certaine partie des biens, quoique ces mêmes Coûtumes permettent de priver les collatéraux de toute part aux successions par des donations entre-vifs; parce qu'il y a cette différence entre les donations entre-vifs & les dispositions à cause de mort, qu'en celle-ci on ne dépouille que son héritier, & que dans les autres on se dépouille soi-même de ce que l'on donne.

XXXII.
Loix divines & humaines, naturelles & positives.
Il ne reste pour finir cette premiere distinction des Loix immuables & des Loix arbitraires, que de remarquer que cette distinction renferme celle des Loix divines & humaines, & encore celle des Loix naturelles & positives, ou plûtôt que ces trois distinctions n'en sont qu'une seule; car il n'y a des Loix naturelles & immuables, que celles qui viennent de Dieu, & les Loix humaines sont des Loix positives & arbitraires, parce que les hommes peuvent les établir, les changer & les abolir.

XXXIII.
Remarque sur ce mot de loix divines.
On pourra penser que les Loix divines ne sont pas toutes immuables, puisque Dieu a lui-même aboli plusieurs de celles qu'il avoit données aux Juifs, parce qu'elles ne convenoient pas à l'état de la Loi nouvelle. Mais il est toujours vrai que ces Loix mêmes étoient immuables à l'égard des hommes, & que les Loix divines qui reglent notre état présent, ne sont plus susceptibles d'aucun changement. Sur quoi il faut remarquer, qu'on réserve la dignité de ce nom de Loix divines à celles qui regardent les devoirs de la Religion, comme sont les deux premieres Loix, le Décalogue, & tout ce qu'il y a de préceptes dans les Livres saints sur la foi & les mœurs; & que pour le détail des regles immuables de l'équité, qui regardent les matieres des contrats, des testamens, des prescriptions & des autres matieres des

Loix Civiles, quoique ces regles ayent leur justice dans la Loi divine qui en est la source, on ne leur donne que le nom de Loix naturelles ou du droit naturel, parce que Dieu les a gravées dans notre nature, & qu'il les a rendues tellement inséparables de la raison, qu'elle suffit pour les connoître, & que ceux mêmes qui ignorent les premiers préceptes & l'esprit de la Loi divine, connoissent ces regles & s'en font des Loix.

XXXIV.
Distinction des loix de la Religion & des loix de la Police.
Après cette premiere distinction des Loix immuables & des Loix arbitraires, il en faut remarquer une seconde, qui comprend aussi toutes les Loix sous deux autres idées, l'une des Loix de la Religion, & l'autre des Loix de la Police; & ce sont deux distinctions qu'il ne faut pas confondre, comme si toutes les Loix de la Religion étoient des Loix immuables, & que toutes les Loix de la Police fussent seulement des Loix arbitraires. Car il y a dans la Religion plusieurs Loix arbitraires, & la Police a beaucoup de Loix immuables. Ainsi il y a dans la Religion des Loix qui reglent de certaines cérémonies de l'extérieur du culte divin, ou quelques points de la discipline Ecclésiastique, qui sont des Loix arbitraires établies par l'autorité des Puissances spirituelles; & il y a dans la Police des Loix immuables, telles que sont celles qui commandent l'obéissance aux Puissances, celles qui ordonnent de rendre à chacun ce qui lui appartient, & de ne faire tort à personne, celles qui commandent la bonne foi, la sincérité, la fidélité, & qui condamnent le dol & les tromperies, & une infinité de regles particulieres qui dépendent de ces premieres. De sorte qu'il est commun à la Religion & à la Police d'avoir tout ensemble l'usage des Loix immuables, & celui des Loix arbitraires, & qu'il faut par conséquent distinguer par d'autres vûes les Loix de la Religion & celles de la Police.

Les Loix de la Religion sont celles qui reglent la conduite de l'homme par l'esprit des deux premieres loix & par les dispositions intérieures, qui le portent à tous ses devoirs, & envers Dieu & envers soi-même, & envers les autres, soit dans le particulier, ou en ce qui regarde l'ordre public; ce qui comprend toutes les regles de la foi & des mœurs, & aussi toutes celles de l'extérieur du culte divin, & la discipline Ecclésiastique.

Les Loix de la Police sont celles qui reglent l'ordre extérieur de la société entre tous les hommes, soit qu'ils connoissent, ou qu'ils ignorent la Religion, soit qu'ils en observent les Loix ou qu'ils les méprisent.

XXXV.
La Religion & la Police ont des Loix communes, & chacune a ses Loix propres.
On peut juger par ces premieres remarques des Loix de la Religion & de celles de la Police, quelles ont des regles qui leur sont communes, & que l'une & l'autre en ont qui leur sont propres.

Exemples de ces trois sortes.
Ainsi les Loix qui commandent la soumission à la puissance naturelle des parens & à l'autorité des Puissances spirituelles & temporelles, celles qui ordonnent la sincérité & la fidélité dans le commerce, celles qui défendent l'homicide, le larcin, l'usure, le dol & les autres semblables, sont des Loix qui sont de la Religion, parce qu'elles sont essentielles aux deux premieres Loix, & elles sont aussi de la Police, parce qu'elles sont essentielles à l'ordre de la société; ainsi elles sont communes & à la Religion, & à la Police. Mais les Loix qui regardent la foi & l'intérieur des mœurs, & celles qui reglent les cérémonies du culte divin, & la discipline Ecclésiastique, sont des Loix propres à la Religion; & les Loix qui reglent les formalités des testamens, le tems des prescriptions, la valeur de la monnoye publique, & les autres semblables, sont des Loix propres à la Police.

XXXVI.
Les Loix communes à la Religion & à la Police ont leurs fins differentes dans l'une & dans l'autre.
Mais il faut remarquer sur le sujet des Loix qui sont communes & à la Religion & à la Police, qu'elles ont en chacune un usage différent de celui qu'elles ont dans l'autre. Car dans la Religion ces Loix obligent à une intention droite dans le cœur, qui n'en accomplisse pas seulement la lettre dans l'extérieur, mais qui en observe l'esprit dans l'intérieur & dans la Police; on y satisfait en les observant dans l'intérieur, & n'entreprenant rien contre leurs défenses. De sorte qu'encore que la Religion & la Police ayent leur principe commun dans l'ordre divin, & leur fin commune de regler les hom-

mes, elles font diſtinguées dans leur conduite, en ce que la Religion regle l'intérieur & les mœurs de l'homme pour les porter à tous ſes devoirs ; & que la Police n'exerce ſon miniſtere que ſur l'extérieur indépendamment de l'extérieur.

XXXVII. Différence entre les Loix arbitraires de la Religion, & les Loix arbitraires de la Police.

Il faut auſſi remarquer cette différence entre les Loix arbitraires de la Religion & les Loix arbitraires de la Police, que celles-ci s'appellent communément des loix humaines, parce que ce ſont des loix que les hommes ont établies, & que c'eſt la raiſon humaine qui en eſt le principe ; mais qu'encore que les Loix arbitraires de la Religion ſoient établies auſſi par des hommes, on ne les appelle pas des Loix humaines, mais des conſtitutions canoniques ou des Loix d'Egliſe, parce qu'elles ont leur principe dans la conduite de l'eſprit divin qui regle l'Egliſe.

Il n'eſt pas néceſſaire de s'étendre davantage ici ſur cette diſtinction des Loix de la Religion & des Loix de la Police ; il ne reſte que de conſidérer l'ordre général des Loix de la Police temporelle, pour y reconnoître le rang des Loix Civiles.

XXXVIII. Des Loix de la Police temporelle.

Les Loix de la Police temporelle ſont de pluſieurs ſortes, ſelon les différentes parties de l'ordre de la ſociété dont elles ſont les regles.

XXXIX. Droit des Gens.

Comme tout le genre humain compoſe une ſociété univerſelle, diviſée en diverſes Nations qui ont leurs gouvernemens ſéparés, & que les nations ont entr'elles de différentes communications, il a été néceſſaire qu'il y eût des Loix qui reglaſſent l'ordre de ces communications, & pour les Princes entr'eux & pour leurs ſujets ; ce qui renferme l'uſage des Ambaſſades, des Négociations, des Traités de paix, & toutes les manieres dont les Princes & leurs ſujets entretiennent les commerces & les autres liaiſons avec leurs voiſins. Et dans les guerres même il y a des Loix qui reglent les manieres de déclarer la guerre, qui moderent les actions d'hoſtilité, qui maintiennent l'uſage des Médiations, des Treves, des Suſpenſions d'armes, des compoſitions, de la ſureté des ôtages, & d'autres ſemblables.

Toutes ces choſes n'ont pû être reglées que par quelques Loix ; & comme les nations n'ont aucune autorité pour s'en impoſer les unes aux autres, il y a deux ſortes de Loix qui leur ſervent de regles. L'une des Loix naturelles de l'humanité, de l'hoſpitalité, de la fidélité, & toutes celles qui dépendent de ces premieres, & qui reglent les manieres dont les peuples de différentes Nations doivent uſer entr'eux en paix & en guerre. Et l'autre eſt celle des reglemens dont les Nations conviennent par des traités, ou par des uſages qu'elles établiſſent & qu'elles obſervent reciproquement. Et les infractions de ces Loix, de ces traités & de ces uſages ſont reprimées par des guerres ouvertes, & par des repréſailles, & par d'autres voies proportionnées aux ruptures & aux entrepriſes.

Ce ſont ces Loix communes entre les Nations qu'on peut appeller & que nous appellons communément le droit des gens, quoique ce mot ſoit pris en un autre ſens dans le Droit Romain, où l'on comprend ſous le droit des gens les contrats même ; comme les ventes, les louages, la ſociété, le dépôt & autres, par cette raiſon qu'ils ſont en uſage dans toutes les Nations *m.*

XL. Droit public.

La Police univerſelle de la ſociété qui regle les liaiſons entre les Nations par le droit des gens, regle chaque Nation par deux ſortes de Loix.

La premiere eſt de celles qui regardent l'ordre public du gouvernement, comme ſont ces loix qu'on appelle les Loix de l'Etat, qui reglent les manieres dont les Princes Souverains ſont appellés au gouvernement, ou par ſucceſſion, ou par élection : celles qui reglent les diſtinctions & les fonctions des charges publiques, pour l'adminiſtration de la juſtice, pour la milice, pour les finances, & de ces charges qu'on appelle Municipales : celles qui regardent les droits du Prince, ſon domaine, ſes revenus, la Police des Villes, & tous les autres reglemens publics.

XLI. Droit privé ou qui regle les affaires entre particuliers.

La ſeconde eſt de ces Loix qu'on appelle le droit privé, qui comprend les Loix qui reglent entre les particuliers,

les conventions, les contrats de toute nature, les tutelles, les preſcriptions, les hypotheques, les ſucceſſions, les teſtamens & les autres matieres ſemblables.

XLII. Droit civil, ou Loix civiles.

Ce ſont ces Loix qui reglent ces matieres entre particuliers, & les différends qui en peuvent naître, qu'il ſemble que la plûpart entendent communément par le Droit Civil. Mais cette idée comprendroit auſſi dans le Droit Civil pluſieurs matieres du droit public, du droit des gens, & même du droit Eccléſiaſtique, puiſqu'il arrive ſouvent des affaires & des différends entre les particuliers dans des matieres du droit public, comme par exemple, dans les fonctions des charges, dans la levée des deniers publics & en d'autres ſemblables ; & qu'il en arrive auſſi dans des matieres du droit des gens, par des ſuites des guerres, des repréſailles, des traités de paix, & même dans des matieres Eccléſiaſtiques, comme pour les bénéfices & autres. Et enfin la diſtribution de la juſtice aux particuliers renferme l'uſage de pluſieurs Loix qui ſont des reglemens généraux de l'ordre public, comme celles qui établiſſent les peines des crimes, celles qui reglent l'ordre judiciaire, les devoirs des Juges, & leurs différentes Juriſdictions. De ſorte qu'il eſt difficile de ſe former une juſte idée, qui diſtingue nettement & préciſément les loix civiles du droit public & des autres eſpeces de Loix.

XLIII. Diverſes manieres de concevoir les Loix qui competent au Droit civil.

C'eſt ce mélange de toutes ces diverſes ſortes de Loix qui diverſifie les manieres de les diſtinguer, & qui fait qu'il eſt difficile d'accorder le ſens qu'on donnoit dans le Droit Romain à ce mot de Droit Civil, avec celui que nous y donnons : comme il eſt difficile auſſi de concilier les idées que nous avons communément du droit naturel & du droit des gens, avec celles qu'en donnent les diſtinctions qu'on en trouve dans le Droit Romain.

XLIV. Diviſions des Loix dans le Droit Romain.

On diſtinguoit les Loix dans le Droit Romain en droit public, qui regardoit l'état de la Republique, & en droit privé qui regardoit les particuliers : on diviſoit celui-ci en trois parties, la premiere du droit naturel, la ſeconde du droit des gens, & la troiſieme du Droit Civil *o*. On reduiſoit le droit naturel à ce qui eſt commun aux hommes & aux bêtes *p*. On étendoit le droit des gens à toutes les Loix qui ſont communes à tous les peuples, & on y comprenoit les contrats dont toutes les Nations connoiſſent l'uſage *q*, & on reſtraignoit le Droit Civil aux Loix qui ſont propres à un peuple *r*, ce qui devoit exclure du Droit Civil, les contrats & les autres matieres qui ſont communes à tous les peuples, & qui étoient compriſes dans le droit des gens.

XLV. Diverſes manieres de diviſer les Loix par diverſes vûes.

On voit que cette diſtinction, de la maniere qu'elle eſt expliquée dans le droit romain, ſemble différente de notre uſage, qui ne met pas au nombre des loix qu'on appelle le Droit des gens, celles qui reglent les matieres des conventions, & qui ne borne pas le droit naturel à cette idée qu'on en donne dans le Droit Romain. Mais comme il n'y a rien de plus arbitraire que les manieres de diviſer & de diſtinguer les choſes qui peuvent être regardées par diverſes vûes, & que les différentes diſtinctions peuvent avoir leurs divers uſages, pourvu qu'on ne conçoive pas de fauſſes idées de ce qui eſt eſſentiel dans la nature des choſes ; il importe peu de s'arrêter aux reflexions qu'on pourroit faire ſur ces différentes manieres de diſtinguer les loix, & il ſuffit d'avoir fait les remarques qui ſont les plus eſſentielles ſur leur nature & leurs caracteres, d'en avoir donné ces idées générales, ſur leſquelles chacun peut s'en former les plus diſtinctions qui lui paroîtront les plus juſtes & les plus naturelles. Et pour ce qui eſt de l'idée qu'on doit concevoir du droit civil, il ſuffit de remarquer que nous ne bornons jamais le ſens de ce mot aux loix propres d'une Ville ou d'un peuple, & que nous ne l'étendons pas auſſi à toutes les loix qui reglent les matieres où il peut naître des différends entre particuliers. Car, par exemple, nous diſtinguons le Droit Civil du Droit Canonique, & même des Coûtumes & des Ordonnances : & la ſignification de ce mot paroît fixée aux loix qui ſont recueillies dans le droit

<hr>

n l. 1. §. 1. ff. de juſt. & jur. §. 4. inſt. eod.
o l. 1. §. 2. in fin. ff. de juſt. & jur. §. ult. inſt. eod.
p l. 1. §. 3. ff. de juſt. & jur. inſt. de jure nat. gent, & civ.
q l. 5. ff. de juſt. & jura §. 2. inſt. de jure nat. gent, & civ.
r §. 1. & 2. inſt. de jure nat. gent, & cin. l. 9. ff. de juſt. & jure.

m l. 5. ff. de juſt. & jur. §. 2. in fine inſt. de jur. nat. gent, & civ.

Romain, pour les diftinguer de nos autres Loix. Et auffi donne-t-on fimplement le nom du Droit Civil aux livres du Droit Romain ; &t'eft de ce nom qu'on les intitule, quoique ce mot foit reftraint dans ces mêmes livres à un autre fens, comme on vient de le remarquer. Ainfi, le Droit Civil en ce fens comprendra plufieurs matieres du Droit public, & même des matieres Eccléfiaftiques, qui fe trouvent recueillies dans les livres du Droit Romain : & il comprendra auffi tout ce qu'il y a dans ces livres qui n'eft pas de notre ufage, & qui ne laiffe pas d'être une matiere d'étude à ceux qui apprennent le Droit Romain, à caufe du rapport qu'on peut en faire aux matieres qui font de notre ufage.

XLVI.
Droit **Ecrit, Coûtumes.**
Il ne refte que de remarquer une derniere diftinction des Loix, qui eft celle qu'on fait communément du Droit écrit & des Coûtumes. On appelle Droit écrit les Loix qui font écrites, & on donne particulierement ce nom à celles qui font écrites dans le Droit Romain. Les Coûtumes font des Loix qui dans leur origine n'ont pas été écrites, mais qui fe font établies, ou par le confentement d'un peuple, & par une efpece de convention de les obferver, ou par un ufage infenfible qui les a autorifées.

On verra dans le Chapitre treizieme quelles font les matieres de toutes les efpeces de Loix, de quelque maniere qu'on les diftingue, & qu'elles font parmi toutes ces matieres, celles qu'on a choifies pour les expliquer dans ce Livre ; & on en fera le plan dans le Chapitre quatorzieme.

XLVII.
Deux for-tes de prin-cipes, l'un de ceux qui peuvent fe réduire en regles, & l'autre de ceux qu'on ne peut fixer en regles.
Avant que de finir cette matiere de la nature & de l'efprit des Loix, il eft néceffaire de remarquer une différence qui diftingue l'ufage de quelques-uns des principes qu'on a expliqués de celui des autres, & qui confifte en ce qu'il y a plufieurs de ces principes qui font tels, qu'il eft facile & néceffaire de les réduire en regles & fixes, & dont il eft aifé de faire l'application, au lieu que les autres ne peuvent fe réduire en de telles regles.

Ces principes, par exemple, que les Loix arbitraires font comme des faits qu'on ignore naturellement, & qu'il n'eft pas permis d'ignorer les Loix naturelles, font deux vérités qui peuvent fe réduire en deux regles fixes, d'un ufage aifé. L'une que les Loix arbitraires n'obligent, & n'ont leur effet qu'après qu'elles ont été publiées ; & l'autre que les Loix naturelles ont leur effet indépendamment de toute publication.

Mais il y a d'autres principes qu'on ne fçauroit réduire de même en regles fixes dont il foit facile de faire l'application. Ainfi, par exemple, les principes qu'il faut reconnoître dans les queftions quelles font les caufes qui font naître les difficultés, qu'il faut difcerner les regles qui doivent former les décifions, balancer en chacune fon ufage & les bornes ou l'étendue qu'elle doit avoir, ne peuvent pas fe réduire en regles précifes, qui déterminent aux décifions. Et il y a plufieurs autres principes de diverfes fortes, dont il n'eft pas facile de faire des regles, & d'en fixer l'ufage, comme on le reconnoîtra par la fimple lecture de ces principes dans les lieux où ils ont été rapportés. Mais ils ne laiffent pas d'avoir leur ufage par les différentes vûes qu'ils peuvent donner dans l'application particuliere de toutes les regles.

XLVIII.
Remarque fur ces deux fortes de principes : tranfition au Chapitre fuivant.
Cette différence entre les principes d'où l'on peut tirer des regles précifes, & ceux qui ne peuvent fe fixer de cette maniere, a obligé d'ajouter ici quelques réflexions fur une partie des principes qu'on a établis, afin d'y reconnoître des vérités dont on peut former plufieurs regles néceffaires pour bien entendre les Loix Civiles, & pour en faire de juftes applications. Et parce que ces regles font une partie importante du Droit Civil, & qu'elles feront placées dans le premier titre du Livre préliminaire, où elles doivent être dégagées de ces réflexions qui font voir les liaifons aux principes d'où elles dépendent, ces réflexions feront la matiere du Chapitre fuivant.

Et parce qu'on regarde cette autre efpece de principes qui ne peuvent pas fe réduire en regles, il fuffit de remarquer en général, que le bon ufage de ces fortes de vérités doit dépendre du bon fens & du jugement, & des diverfes vûes que peuvent donner l'étude, l'expérience & les différentes réflexions fur les faits & les circonftances d'où naiffent les difficultés que l'on doit regler. Et c'eft dans cet ufage du jugement & dans la jufteffe du fens éclairé de toutes ces vûes que confifte la partie la plus effentielle de la fcience des Loix, qui n'eft autre chofe que l'art du difcernement de la juftice & de l'équité *f*.

f Jus eft boni & æqui. l. 1. ff. de juft. & jur.

CHAPITRE XII.

Reflexions fur quelques remarques du Chapitre précédent, pour le fondement de diverfes regles de l'ufage & de l'interprétation des Loix.

SOMMAIRES.

I. *Les Loix naturelles reglent & le paffé & l'avenir, fans qu'on les publie ; & les Loix arbitraires ne reglent que l'avenir après leur publication.*

II. *Lorfque les Loix nouvelles fe rapportent aux anciennes, elles s'interpretent les unes par les autres.*

III. *Préfomption pour l'utilité de la Loi, nonobftant les inconvéniens.*

IV. *Coûtumes & ufages interpretes des Loix.*

V. *Le non-ufage abolit les Loix & les Coûtumes.*

VI. *Loix & Coûtumes des lieux voifins, fervent d'exemples & de regles.*

VII. *Il faut juger du fens & de l'efprit d'une Loi par toute fa teneur.*

VIII. *Il faut s'attacher plus au fens de la Loi qu'à ce que les termes paroiffent avoir de contraire.*

IX. *Suppléer au défaut d'expreffion par l'efprit de la Loi.*

X. *Loix qui s'étendent favorablement.*

XI. *Loix qui fe reftraignent.*

XII. *Equité, rigueur de droit.*

XIII. *Interprétation des bienfaits des Princes.*

XIV. *Divers effets ou ufages des Loix, ordonner, défendre, permettre, punir.*

XV. *Les Loix repriment non-feulement ce qui eft directement contraire à leurs difpofitions, mais auffi ce qui bleffe indirectement leur intention.*

XVI. *Les Loix font faites pour ce qui arrive communément & non pour un feul cas.*

XVII. *Etendue des Loix felon leur efprit.*

XVIII. *Il y a des regles générales & communes à toutes matieres, d'autres communes à plufieurs matieres, & d'autres propres à une.*

XIX. *Importance de diftinguer ces trois fortes de Loix.*

XX. *Difcernement des exceptions.*

XXI. *Deux fortes d'exceptions, les naturelles & les arbitraires. Exemple.*

XXII. *Avis fur l'ufage des regles.*

I.
Les regles naturelles reglent le & paffé, & l'avenir, fans qu'on les publie ; & les Loix ar-bitraires ne reglent que l'avenir après leur publication
ON a vû que les Loix naturelles font des vérités que la nature & la raifon enfeignent aux hommes, qu'elles ont d'elles-mêmes la juftice & l'autorité qui obligent à les obferver, & que perfonne ne peut s'excufer fur l'ignorance de ces Loix : Qu'au contraire, les Loix arbitraires font comme des faits naturellement inconnus aux hommes, & qui n'obligent qu'après qu'elles font publiées. D'où il s'enfuit que les Loix naturelles reglent & tout l'avenir & tout le paffé *a*. Mais les Loix arbitraires ne touchent point au paffé, qui fe regle par les Loix précédentes *b*, & n'ont leur effet que pour l'avenir : & c'eft pour leur donner cet effet qu'on les écrit, qu'on les publie, qu'on les enregiftre, afin que perfonne ne puiffe prétendre de les ignorer *c*. Et parce qu'il n'eft pas poffible qu'on les faffe connoître à chacun en particulier, il fuffit pour leur donner la force de Loix, que le public en foit averti. Car alors elles deviennent des regles publiques que tout le monde doit obferver. Et les inconvéniens qui peuvent arriver à quelques particuliers faute de les avoir, ne balancent pas leur utilité.

Mais quoique les Loix arbitraires n'ayent leur effet

II.
Lorfque les

a V. Part. 12. de la Sect. 1. des regles du Droit. p. 3.
b V. Part. 13. & l'art. 14. de la même Section.
c V. Part. 9. de la même Section.

que pour l'avenir, si ce qu'elles ordonnent se trouve conforme au droit naturel ou à quelque Loi arbitraire, qui soit en usage, elles ont à l'égard du passé l'effet que peut leur donner leur conformité & leur rapport au droit naturel & aux anciennes regles d. Et elles servent aussi à les interpreter de même que les anciennes regles servent à l'interpretation de celles qui sont nouvellement établies. Et c'est ainsi que les Loix se soutiennent & s'expliquent mutuellement e.

III. On a vû que les Loix arbitraires, soit qu'elles soient établies par ceux qui ont le droit de faire des Loix, ou par quelque usage & quelque coûtume, ont leur fondement sur quelque utilité, soit pour prevenir ou faire cesser des inconvéniens, ou pour quelqu'autre vûe du bien public; d'où il s'ensuit qu'encore qu'il arrive de ces Loix d'avoirs inconvéniens que ceux qu'elles font cesser, & quelquefois même on ignore quels ont été les motifs de ces sortes de Loix, & quelle est leur utilité, on doit présumer que la Loi qui est en usage est utile & juste f, jusqu'à ce qu'elle soit abrogée par une autre Loi, ou abolie par le non-usage.

IV. On a vû que les coûtumes & les usages servent de Loix g, d'où il s'ensuit que si les coûtumes & les usages ont la force de Loix, ils servent aussi de regles pour l'interpretation des autres Loix. Et il n'y a pas de meilleure regle pour expliquer les Loix obscures ou ambiguës, que la maniere dont la coûtume & l'usage les ont interpretées h.

V. On a vû que l'autorité des coûtumes & des usages, est fondée sur cette raison qu'on doit présumer que ce qui a été long-tems observé est utile & juste i; d'où il s'ensuit, que si quelque Loi ou quelque Coûtume a cessé d'être en usage, elle est abolie l. Et comme elle avoit en son autorité sur le long usage, cette même cause peut la lui ôter. Car elle fait voir que ce qu'on a cessé d'observer n'étoit plus utile.

VI. Il s'ensuit aussi de cette même présomption, qui fait juger que ce qui a été long-tems observé est utile & juste, que si dans quelques Provinces ou quelques lieux on manque de regles en de certaines difficultés, dans ces matieres qui y sont en usage, mais dont le détail n'y est pas reglé jusqu'à ces sortes de difficultés, & qu'elles se trouvent reglées en d'autres lieux où ces mêmes matieres sont aussi en usage; il est naturel d'en suivre l'exemple, principalement celui des principales Villes. Ainsi on voit dans le Droit Romain, que les Provinces se conforment à ce qui étoit en usage à Rome m.

VII. On a vû que c'est par l'esprit & l'intention des Loix qu'il faut les entendre & en faire l'application: que pour bien juger du sens d'une Loi, on doit considerer quel est son motif, quels sont les inconveniens où elle pourvoit, l'utilité qui en peut naître; son rapport aux anciennes Loix, les changemens qu'elle y apporte, & faire les autres reflexions, par où l'on peut entendre son sens: d'où il s'ensuit en premier lieu, que pour reconnoître par toutes ces vûes l'esprit des Loix, il faut à examiner ce qu'elles exposent, ce qu'elles ordonnent, & juger toujours du sens de la Loi & de son esprit, par toute la suite, & par la teneur entiere de toutes ses parties sans en rien tronquer n.

VIII. Il s'ensuit aussi de cette remarque de l'esprit de la Loi & de son motif, que s'il arrive que quelques termes ou quelques expressions d'une Loi paroissent avoir un sens différent de celui qui est d'ailleurs clairement marqué par la teneur de la Loi entiere; il faut s'arrêter à ce vrai sens & rejetter l'autre qui paroit dans les termes, & qui se trouve contraire à l'intention o.

IX. Il s'ensuit encore de cette même remarque, que lorsque les expressions des Loix sont défectueuses, il faut y

d V. l'art. 14. de la même Section.
e V. l'art. 9. & l'art. 13. de la Sect. 2, au même Titre.
f V. l'art. 13. de la même Section.
g V. les art. 10. & 11. de la Sect. 1.
h V. l'art. 18. de la Sect. 2.
i V. l'art. 10. de la Sect. 1.
l V. l'art. 17. de la Sect. 1.
m V. l'art. 20. de la Sect. 2.
n V. l'art. 20. de la même Sect. 2.
o V. l'art. 3. & l'art. 12. de la Sect. 2. V. dans cet article 12. le cas où il faut recourir au Prince pour l'interprétation de la Loi.

suppléer pour en remplir le sens selon leur esprit p.

C'est aussi une suite de cette même remarque de l'esprit des loix, qu'il y en a qui doivent s'interpreter de telle maniere, qu'on leur donne toute l'étendue qu'elles peuvent avoir, sans blesser la justice & l'équité, & qu'au contraire il y en a d'autres qu'on doit restraindre à un sens plus borné. Ainsi les Loix qui regardent en général ce qui est de la liberté naturelle, celles qui permettent toutes sortes de conventions, & toutes celles qui favorisent l'équité, s'interpretent avec toute l'étendue qu'on peut leur donner, sans blesser les autres Loix & les bonnes mœurs q. C'est pourquoi on appelle favorables, les causes que les Loix favorisent de cette maniere. Mais les Loix qui dérogent à cette liberté, celles qui défendent ce qui de soi-même n'est pas illicite, celles qui dérogent au droit commun, celles qui font des exceptions, qui accordent des dispenses & les autres semblables, doivent se restraindre au cas qu'elles reglent, & à ce qui se trouve expressément compris dans leurs dispositions r.

On peut rapporter à ces différentes interpretations qui donnent quelqu'étendue aux Loix, ou qui les restraignent, les regles qui regardent les temperamens de l'équité, dont on peut user en quelques occasions, & la rigueur du droit qu'il faut suivre en d'autres.

Mais on ne s'arrête pas ici à donner des exemples de ces diverses interpretations, ni à expliquer la différence entre l'équité & la rigueur du droit, & ce qui regarde l'usage de l'une & de l'autre. Ce détail sera expliqué en son lieu f. Il faut seulement remarquer sur ces sortes de causes qu'on appelle ordinairement favorables, comme sont celles des veuves, des orphelins, des Eglises, des Hôpitaux, des dots, des testamens & autres semblables, que cette faveur doit être toujours entendue; de sorte qu'on ne blesse en rien l'intérêt des tierces personnes, & qu'on n'étende point la faveur de ces sortes de causes au-delà des bornes de la justice & de l'équité.

C'est de ce même principe de l'interpretation favorable de quelques Loix & des bornes plus étroites qu'on donne à d'autres, que dépend la regle de deux différentes interpretations de la volonté des Princes, dans les dons & privileges qu'ils accordent à quelques personnes. Car lorsque ces dons sont tels, qu'on peut leur donner une étendue pleine & entiere, sans faire aucun préjudice à d'autres personnes; l'interpretation s'en fait toujours en faveur de celui que le Prince a voulu honorer de ce bienfait, & on y donne une étendue proportionnée à ce que demande la libéralité naturelle aux Princes. Mais si c'est un don ou un privilege qu'on pût interpreter de cette maniere, sans faire préjudice à d'autres personnes, il faut le restraindre à ce qui peut être accordé sans leur faire tort t.

On a vû quels sont les fondemens de la justice & de l'autorité des Loix, & qu'étant les regles de l'ordre de la société, elles doivent diversifier les effets de cette autorité, selon les divers usages nécessaires pour former cet ordre & le maintenir. C'est ce qui fait que plusieurs Loix ordonnent, que quelques-unes défendent, que d'autres permettent, & que toutes punissent & repriment ceux qui blessent leurs différentes dispositions; soit qu'ils n'accomplissent pas ce qu'elles prescrivent, ou qu'ils entreprennent ce qu'elles défendent, ou qu'ils passent les bornes de ce qu'elles permettent. Et selon les manieres dont on contrevient à leurs dispositions & à leur esprit, elles privent de leurs effets ceux qui manquent à ce qu'elles ordonnent, elles punissent ceux qui font ce qu'elles défendent, ou qui ne font pas ce qu'elles commandent: elles annullent ce qui est fait contre l'ordre qu'elles ont prescrit: elles réparent les suites des contraventions, elles vengent tout ce qui blesse leurs dispositions, & elles maintiennent enfin leur autorité par tous les voies nécessaires pour conserver l'ordre u.

p V. l'art. 11. de la Sect. 2.
q V. l'art. 14. de la Sect. 2. Prætor favet naturali æquitati. l. 14 ff. de const. pecun.
r V. l'art. 15. de la Sect. 2.
f V. l'art. 4. 5. 6. 7. & 8. de la Sect. 2;
t V. l'art. 17. de la Sect. 2.
u V. l'art. 18. & l'art. 20. de la Sect. 2.

Il s'ensuit aussi de cette même remarque de la justice & de l'autorité des loix, qu'elles répriment non-seulement ce qui est directement contraire à leurs dispositions expresses, mais aussi ce qui contrevient indirectement à leur intention. Et soit qu'il paroisse qu'on ait blessé & l'esprit & la lettre de la loi, ou que même on ne blesse seulement l'esprit, paroissant en garder la lettre, c'est en avoir encouru la peine x.

C'est encore une suite de ce que les loix sont les regles de l'ordre universel de la société, qu'aucune loi n'est faite pour servir seulement ou à une seule personne, ou à un seul cas, & à un seul fait particulier & singulier; mais elles pourvoient en général à ce qui peut arriver: & leurs dispositions regardent toutes les personnes, & tous les cas où elles s'étendent y. C'est pourquoi les volontés des Princes, qui sont bornées à des personnes particulieres, & à des faits singuliers, comme une abolition, un don, une exemption, & les autres semblables, sont des graces, des concessions, des privileges, mais non pas des loix. Et quoique souvent ce soient des cas singuliers, qui sont les motifs des nouvelles loix, elles ne reglent pas même ces cas qui en ont été les occasions, & qui se trouvoient autrement reglés par les loix précédentes; mais elles pourvoient seulement à regler pour l'avenir les cas semblables à ceux qui y ont donné lieu. Ainsi, l'Edit des Meres, & celui des secondes nôces, ont pourvû aux inconvéniens à venir, & les cas précédens ont été reglés suivant les dispositions des loix qui auparavant étoient en usage z.

C'est enfin une autre suite de la remarque précédente, que comme les loix sont des regles générales, elles ne sçauroient regler l'avenir de telle maniere qu'elles pourvoient expressément à tous les évenemens qui sont infinis, & que leurs dispositions marquent tous les cas possibles; mais il est seulement de la prudence & du devoir du legislateur, de prévoir les évenemens plus naturels & plus ordinaires, & de former ses dispositions, de telle maniere, que sans entrer dans le détail des cas singuliers, il établisse des regles communes à tous, en discernant ce qui mérite ou des exceptions, ou des dispositions particulieres a. Et il est ensuite du devoir des Juges, d'appliquer les loix non-seulement à ce qui paroit reglé par leurs dispositions expresses, mais à tous les cas où l'on peut en faire une juste application, & qui se trouvent ou dans le sens exprès de la loi, ou dans les conséquences qu'on peut en tirer.

On a vû que les loix ont leur source dans les deux premieres, que plusieurs dépendent d'autres dont elles sont les suites; & que toutes reglent ou en général, ou en particulier les différentes parties de l'ordre de la société, & les matieres de toute nature. D'où il s'ensuit, que les loix sont plus générales à mesure qu'elles approchent plus des premieres, & qu'à proportion qu'elles descendent dans le détail, elles le sont moins. Ainsi quelques-unes sont communes à toute sorte de matieres, comme celles qui ordonnent la bonne foi, & qui défendent le dol & la fraude, & autres semblables. D'autres sont communes à plusieurs matieres, mais non pas à toutes; ainsi cette regle, que les conventions tiennent lieu de loix à ceux qui les font, convient aux ventes, échanges, louages, transactions, & à toutes les autres especes de conventions; mais n'a pas de rapport à la matiere des tutelles, ni à celle des prescriptions. Ainsi la regle de la rescision, par la lesion de plus de moitié du juste prix, qui a lieu dans l'aliénation d'un héritage faite par une vente, n'a pas de lieu dans une aliénation faite par une transaction b.

Il s'ensuit de cette remarque qu'il est important dans l'étude & l'application des loix, de reconnoître, & distinguer les regles qui sont communes à toutes les matieres indistinctement, celles qui s'étendent à plusieurs matieres, mais non pas à toutes, & celles qui sont propres seulement à une; afin de ne pas étendre, comme font plusieurs, une regle propre à une matiere, à une autre où elle est sans usage, & où même elle seroit fausse. Ainsi, par exemple, on trouve cette regle dans le Droit Romain, que dans les expressions ambiguës il faut principalement considerer l'intention de celui qui parle c: cette regle indéfinie se trouvant dans un titre de diverses regles de toutes matieres, & ne marquant pas à laquelle elle est propre, elle paroit générale & commune à toutes; & l'on l'applique à toutes indistinctement, on en concluera autant dans les conventions que dans les testamens, qu'il faut interpreter l'expression ambiguë par l'intention de celui qui elle doit expliquer la volonté. Cependant cette application qui sera toujours juste dans les testamens d, se trouvera souvent fausse dans les conventions: car dans les testamens, c'est un seul qui parle, & sa volonté doit servir de loi. Mais dans les conventions, c'est l'intention de l'un & de l'autre qui est la loi commune. Ainsi l'intention de l'un doit répondre à celle de l'autre, & il faut qu'ils s'entendent & qu'ils conviennent ensemble. Et suivant ce principe, il arrive souvent que ce n'est pas par l'intention de celui qui s'exprime que l'on interprete la clause ambiguë, mais que c'est plûtôt par l'intention raisonnable de l'autre. Ainsi dans une vente, si le vendeur s'est servi d'une expression ambiguë sur les qualités de la chose qu'il vend, comme si, vendant une maison, il a dit qu'il la vendoit avec ses servitudes, sans distinguer si ce sont des servitudes que la maison doive, ou qui y soient dues, & que la maison se trouve sujette à une servitude cachée, comme à un droit de passage, à une servitude de ne pouvoir être haussée, ou autre semblable, dont la trop grande incommodité auroit fait que l'acheteur ou n'auroit pas acheté, ou n'auroit acheté qu'à un moindre prix, s'il l'avoit connue, cette ambiguïté de l'expression du vendeur ne s'interpretera pas par son intention, mais par l'intention de l'acheteur, qui n'a pas dû entendre que la maison fût sujette à une telle servitude. Et ce vendeur sera tenu des effets de la garantie, suivant les regles de cette matiere e.

On a vû que quelques loix sont tellement générales, & si sûres par tout, qu'elles ne souffrent aucune exception, & qu'au contraire il y a plusieurs loix dont il y a des exceptions. Il s'ensuit de cette regle, qu'il ne faut pas indistinctement appliquer les regles générales à tous les cas que leurs dispositions paroissent comprendre, de crainte qu'on ne les étende à des cas qui en sont exceptés. Ce qui rend nécessaire la connoissance des exceptions.

Il est important de remarquer sur le sujet des exceptions, qu'il y en a de deux sortes. Celles que font les loix arbitraires, & celles que font les loix naturelles f. Ainsi, c'est une loi arbitraire dans le Droit Romain, qui excepte les testamens militaires des regles générales pour les formalités des testamens; & c'est une autre regle arbitraire aussi dans notre usage, que la rescision par la lesion de plus de moitié du juste prix n'a pas lieu dans les ventes faites par decret. Ainsi, c'est une loi naturelle qu'on ne peut faire de conventions contraires aux loix & aux bonnes moeurs, & cette loi fait une exception à la regle générale, qu'on peut faire toute sorte de conventions. Et c'est par une autre loi naturelle qu'on excepte de la regle de la restitution des mineurs, les engagemens où une conduite raisonnable les a fait entrer.

Il est facile que les exceptions que font des loix arbitraires, se remarquent & s'apprennent par la simple lecture & par la mémoire, & qu'ainsi c'est par l'étude qu'il faut les apprendre. Mais le discernement des exceptions qui sont du droit naturel, ne dépend pas toujours

---

x V. l'art. 19. de la Section 1.
y V. les art. 12. & 22. de la Sect. 1.
z V. les art. 13. & 14. de la Section 1.
a V. les articles 21. & 22. de la Section 1.
b V. cette distinction des Loix dans l'art. 5. de la Section 1.

c In ambiguis orationibus, maximè sententia spectanda est ejus qui cas protulisset. l. 96. ff. de reg. jur.
d Il est remarquable que cette Loi 96. ff. de reg. jur. est tirée d'un Traité de Mecien sur les fidéicommis.
e V. l'art. 14. de la Section 2. des Conventions, p. 23. l'art. 14. de la Sect. 11. du Contrat de vente, p. 48. & l'art. 10. de la Sect. 3. du Louage, p. 57.
f V. les art. 6. 7. & 8. de la Section 1, des regles du Droit, p. 8.

de la simple lecture, & il demande le raisonnement. Car il y a des exceptions naturelles qui ne se trouvent pas écrites en loix; & celles même qui sont écrites ne sont pas toujours jointes aux regles qu'elles restraignent. De sorte que la connoissance si nécessaire des exceptions demande également & l'étude en général, & en particulier l'attention à l'esprit des loix dont il faut faire l'application, afin qu'on ne blesse pas les exceptions, en donnant trop d'étendue aux regles générales.

XXII. *Avis sur l'usage des regles.*
On peut ajoûter pour une dernière remarque, & qui est une suite de toutes les autres, que toutes les différentes vûes dont l'usage est si nécessaire pour l'application des loix, demandent la connoissance de leurs principes & de leur détail, ce qui renferme la lumière du bon sens avec l'étude & l'expérience. Car sans ce fonds on est en danger de faire de fausses applications des loix, soit en les détournant à d'autres matières que celles où elles se rapportent, ou ne discernant pas les bornes qui leur donnent les exceptions, ou donnant trop d'étendue à l'équité contre la rigueur du Droit, ou à cette rigueur contre l'équité, ou par le défaut des autres vûes qui doivent regler l'usage des loix g.

g V. l'art. dernier de la Sect. 2. des regles du Droit. p. 10.

CHAPITRE XIII.

Idée générale des matieres de toutes les Loix; Raisons du choix de celles dont on traitera dans ce Livre.

SOMMAIRES.

I. *Toutes les matieres des loix sont ou de la Religion, ou de la Police temporelle.*
II. *Matieres propres de la Religion.*
III. *Matieres propres de la Police.*
IV. *Matieres communes à la Religion & à la Police.*
V. *Trois sortes de matieres de la Police temporelle.*
VI. *Celles du Droit des gens.*
VII. *Celles du Droit public.*
VIII. *Celles du droit privé.*
IX. *Remarques sur les Ordonnances, les Coûtumes, le Droit Romain, & le Droit Canonique, pour faire entendre quelles sont les matieres de ce dessein.*
X. *Quelles sont ces matieres; raisons du choix qu'on en a fait.*

I. *Toutes les matieres des Loix sont ou de la Religion ou de la Police temporelle.*
Comme on a déja vû que toutes les différentes sortes de loix se réduisent à deux espèces qui les comprennent toutes, l'une des loix de la Religion, & l'autre des loix de la Police temporelle, & que de ces loix quelques-unes sont communes à l'une & à l'autre; on doit aussi distinguer toutes les matieres des loix en deux espèces, l'une des matieres des loix de la Religion, & l'autre des matieres des loix de la Police, en concevant que parmi toutes ces matieres, il y en a qui sont communes à toutes les deux.

II. *Matieres propres de la Religion.* **III.** *Matieres propres de la Police.* **IV.** *Matieres communes à la Religion & à la Police.*
Ainsi les matieres qui regardent les mysteres de la Foi, les Sacremens, l'intérieur des mœurs, la discipline Ecclésiastique, sont des matieres spirituelles, qui sont propres à la Religion, & celles qui regardent les formalités des testamens, les distinctions des biens paternels & maternels, des propres & acquêts, les prescriptions, les retraits, les fiefs, la communauté de biens entre le mari & la femme, & les autres semblables, sont des matieres temporelles propres à la Police. Mais les matieres qui regardent l'obéissance aux Princes, la fidélité dans toute sorte d'engagemens, la bonne foi dans les conventions & dans les commerces, sont des matieres communes à la Religion & à la Police, & où l'une & l'autre établissent des loix, selon leurs fins, ainsi qu'il a déja été remarqué.
On ne doit pas entrer ici dans une explication plus étendue des matieres qui sont propres aux loix de la Religion, & il faut passer à celles des loix de la police tem-porelle, pour y reconnoître celles dont on doit traiter dans ce Livre.

V. *Trois sortes de matieres de la Police temporelle.*
Les matieres de la Police temporelle sont de trois sortes, selon les trois espèces de loix de cette Police, dont il a été déja parlé, qui sont le Droit des gens, le Droit public, & le Droit privé.

VI. *Celles du Droit des Gens.*
Les matieres du Droit des gens, au sens qu'a ce mot, selon notre usage, comme il a déja été remarqué, sont les manières dont on exerce les différentes communications d'une nation à l'autre; comme les Traités de paix, les Treves, les Suspensions d'armes, la foi des Négociations, la sûreté des Ambassadeurs, les engagemens des Otages, les manières de déclarer & faire la guerre, la liberté des commerces, & les autres semblables.

VII. *Celles du Droit public.*
Les matieres du Droit public, sont celles qui regardent l'ordre du gouvernement de chaque état, les manières d'appeller à la puissance souveraine les Rois, les Princes, & les autres Potentats, par succession, par élection; les droits du Souverain, l'administration de la Justice, la milice, les finances, les différentes fonctions des Magistrats & des autres Officiers, la Police des Villes, & les autres semblables.

VIII. *Celles du Droit privé.*
Les matieres du Droit privé, sont les engagemens entre particuliers, leurs commerces, & tout ce qu'il peut être nécessaire de regler entr'eux, ou pour prévenir des différends ou pour les finir; comme sont les contrats & conventions de toute nature, les hypotheques, les prescriptions, les tutelles, les successions, les testamens & autres matieres.

IX. *Remarque sur les Ordonnances, les Coûtumes, le Droit Romain, & le Droit Canonique, pour entendre quelles sont les matieres de ce dessein.*
Pour expliquer quelles sont toutes les matieres qui seront traitées dans ce Livre, & les raisons du choix qu'on en a faites, il est nécessaire de faire auparavant une remarque sur les diverses loix qui sont en usage dans ce Royaume.
Nous avons en France quatre différentes espèces de loix, les Ordonnances & les Coûtumes, qui sont nos loix propres; & ce que nous observons du Droit Romain & du Droit Canonique.
Ces quatre sortes de loix reglent toutes les matieres de toute nature; mais leur autorité est bien différente.
Les Ordonnances ont une autorité universelle dans tout le Royaume, & elles s'observent toutes par tout, à la reserve de quelques-unes, dont les dispositions ne regardent que quelques Provinces.
Les Coûtumes ont leur autorité particuliere, & chacune est bornée dans l'étendue de la Province ou du lieu où elle s'observe.
Le Droit Romain a dans ce Royaume deux différens usages, & il a pour chacun son autorité.
L'un de ces usages est qu'il est observé comme Coûtume en plusieurs Provinces, & qu'il y tient lieu de loix en plusieurs matieres. Ce sont des Provinces dont on dit qu'elles se regissent par le droit écrit; & pour cet usage le Droit Romain y a la même autorité qu'ont dans les autres leurs Coûtumes propres.
L'autre usage du Droit Romain en France, s'étend à toutes les Provinces, & comprend toutes les matieres; & il consiste en ce qu'on observe par tout ces regles de la justice & de l'équité qu'on appelle le Droit écrit, parce qu'elles sont écrites dans le Droit Romain. Ainsi pour ce second usage il a la même autorité qu'ont la justice & l'équité sur toute raison.
Le Droit Canonique contient un très-grand nombre de regles que nous observons, mais il s'y trouve aussi quelques-unes que nous rejettons. Ainsi, nous en observons tous les Canons qui regardent la foi & les mœurs, & qui sont tirés de l'Ecriture, des Conciles & des Peres; & nous en recevons aussi un très-grand nombre de Constitutions qui regardent la discipline Ecclésiastique. Et notre usage en a même reçu quelques-unes qui ne regardent que la Police temporelle. Mais nous en rejettons d'autres dispositions, ou parce qu'elles ne sont pas de notre usage, ou que même quelques-unes sont contraires au droit & aux libertés de l'Eglise de France.
Il est maintenant facile de faire connoître, après ces remarques, quelle a été la vûe qu'on s'est proposée pour

X. *Quelles*

font ces ma-
tieres ; rai-
fons du
choix qu'on
en a fait.

le choix des matieres qu'on a crû devoir comprendre dans ce Livre, & pour les diftinguer de celles qu'on a jugé devoir en exclure.

Parmi toutes les matieres qui font reglées par ces quatre fortes de Loix que nous avons en France, Ordonnances, Coûtumes, Droit Canonique & Droit Romain, il y en a un très-grand nombre qui font diftinguées de toutes les autres d'une maniere qui a été la raifon du choix qu'on en a fait.

Ces matieres ainfi diftinguées des autres, font celles des contrats, ventes, échanges, louage, prêts, fociété, dépôts & toutes autres conventions; des tutelles, prefcriptions, hypotheques; des fucceffions, teftamens, legs, fubftitutions; des preuves & préfomptions; de l'état des perfonnes; des diftinctions des chofes; des manieres d'interpreter les Loix, & plufieurs autres qui ont cela de commun, que l'ufage en eft plus fréquent, & plus néceffaire que celui des autres matieres.

On a confidéré que ces matieres font diftinguées de toutes les autres, non-feulement en ce que l'ufage en eft plus fréquent, mais particulierement en ce que leurs principes & leurs regles font prefque toutes des regles naturelles de l'équité, qui font les fondemens des regles des matieres des Ordonnances & des Coûtumes, & de celles même qui font inconnues dans le Droit Romain; car toutes les matieres des Ordonnances & des Coûtumes n'y ont pas d'autres Loix, que quelques regles arbitraires, & c'eft de ces regles naturelles de l'équité que dépend la principale jurifprudence de ces matieres. Ainfi, par exemple, dans les matieres des Fiefs, les Coûtumes en reglent feulement les conditions différentes en divers lieux; mais c'eft par les regles naturelles des conventions, & par d'autres regles de l'équité que fe décident les queftions de ces matieres. Ainfi, dans la matiere des teftamens, les Coûtumes en reglent les formalités & les difpofitions que peuvent ou ne peuvent pas faire les teftateurs; mais c'eft par les regles de l'équité que fe décident les queftions qui regardent les engagemens des héritiers, l'interpretation des volontés des teftateurs, & toutes les autres où il fe peut trouver des difficultés. Car comme il a été remarqué en un autre lieu, c'eft toujours par ces regles qu'on difcute & qu'on juge les queftions de toute nature.

Comme c'eft donc dans le Droit Romain que ces regles naturelles de l'équité ont été recueillies, & qu'elles y font de la maniere qu'on a remarqué dans la Préface, & qui en rend l'étude fi difficile, c'eft ce qui a engagé au deffein de ce livre & au choix de ces matieres, dont on verra le plan dans le Chapitre qui fuit.

CHAPITRE XIV.

Plan des matieres de ce Livre des Loix Civiles.

SOMMAIRES.

I. *Toutes les matieres du Droit ont un ordre naturel.*
II. *Fondement de cet ordre.*
III. *Divifion générale des matieres de ce deffein en deux parties; la premiere des engagemens, & la feconde des fucceffions.*
IV. *Ces deux parties font précédées d'un Livre préliminaire des regles du Droit en général, des perfonnes, & des chofes.*
V. *Divifion des matieres de la premiere partie en quatre Livres.*
VI. *Premier Livre, des Engagemens par les conventions.*
VII. *Deuxieme Livre, des Engagemens fans convention.*
VIII. *Troifieme Livre, des fuites des Engagemens, qui les augmentent ou les affermiffent.*
IX. *Quatrieme Livre, des fuites des Engagemens, qui les diminuent ou les anéantiffent.*
X. *Matieres du premier Livre.*
XI. *Matieres du fecond Livre.*

Tome I.

XII. *Matieres du troifieme Livre.*
XIII. *Matieres du quatrieme Livre.*
XIV. *Seconde partie qui eft des Succeffions.*
XV. *Divifion des matieres de la feconde partie en cinq Livres.*
XVI. *Premier Livre, des matieres communes aux Succeffions légitimes & teftamentaires.*
XVII. *Deuxieme Livre, des Succeffions légitimes.*
XVIII. *Troifieme Livre, des Succeffions teftamentaires.*
XIX. *Quatrieme Livre, des legs & donations à caufe de mort.*
XX. *Cinquieme Livre, des Subftitutions & Fideicommis.*
XXI. *Matieres du premier Livre.*
XXII. *Matieres du fecond Livre.*
XXIII. *Matieres du troifieme Livre.*
XXIV. *Matieres du quatrieme Livre.*
XXV. *Matieres du cinquieme Livre.*
XXVI. *Conclufion de ce plan des matieres; raifons de l'ordre qu'on y a fuivi.*
XXVII. *Remarque fur les matieres qui ne font pas de ce deffein.*

I.
Toutes les
matieres du
Droit ont
un ordre na-
turel.

Toutes les maximes du Droit Civil ont entr'elles un ordre fimple & naturel, qui en forme un corps, où il eft facile de les voir toutes, & de concevoir d'une feule vûe en quelle partie chacune a fa place. Et cet ordre a fes fondemens dans le plan de la fociété qu'on a expliqué.

II.
Fondement
de cet ordre.

On a vû dans ce plan que l'ordre de la fociété fe conferve dans tous les lieux par les engagemens dont Dieu lie les hommes, & qu'il fe perpetue dans tous les tems par les fucceffions, qui appellent de certaines perfonnes à la place de ceux qui meurent, pour tout ce qui peut paffer à des fucceffeurs. Et cette premiere idée fait une premiere diftinction générale de toutes les matieres en deux efpeces. L'une, des engagemens, & l'autre des fucceffions.

Toutes les matieres de ces deux efpeces doivent être précédées de trois fortes de matieres générales, qui font communes à toutes les autres, & néceffaires pour entendre tout le détail des Loix.

La premiere comprend de certaines regles générales qui regardent la nature, l'ufage & l'interpretation des Loix, comme font celles dont il a été parlé dans le Chapitre XII.

La feconde regarde les manieres dont les Loix Civiles confiderent & diftinguent les perfonnes par de certaines qualités qui fe rapportent aux engagemens ou aux fucceffions; comme, par exemple, les qualités de pere de famille, ou fils de famille, de majeur ou mincur, celles de légitime ou bâtard, & autres femblables, qui font ce qu'on appelle l'état des perfonnes.

La troifieme comprend les manieres dont les Loix Civiles diftinguent les chofes qui font à l'ufage des hommes, par rapport aux engagemens & aux fucceffions. Ainfi, par rapport aux engagemens les Loix diftinguent les chofes qui entrent dans le commerce, de celles qui n'y entrent point, comme font les chofes publiques, & les chofes facrées, & par rapport aux fucceffions, on diftingue les biens paternels & maternels, les acquêts & les propres.

III.
Divifion
générale des
matieres de
ce deffein en
deux par-
ties. La
premiere des
engagemens,
& la feconde
des fuccef-
fions.

Selon cet ordre on divifera toutes les matieres de ce Livre en deux parties. La premiere fera des engagemens, & la feconde des fucceffions. Et l'une & l'autre feront précédées d'un Livre préliminaire, dont le premier Titre contiendra ces regles générales de la nature & de l'interpretation des Loix, le fecond fera des perfonnes, & le troifieme des chofes.

IV.
Ces deux
parties font
précédées
d'un Livre.

Pour la diftinction des matieres de la premiere partie, qui eft des engagemens, il faut remarquer, comme on l'a déja vû dans le plan de la fociété, que les engagemens font de deux efpeces.

La premiere eft de ceux qui fe forment mutuellement entre deux ou plufieurs perfonnes, par leur volonté; ce qui fe fait par les conventions, lorfque les hommes s'engagent mutuellement & volontairement dans les

d ij

ventes, échanges, louages, transactions compromis, & autres contrats & conventions de toute nature.

La seconde est des engagemens qui se forment autrement que par le consentement mutuel, comme sont tous ceux qui se font ou par la volonté d'une seule personne, ou sans la volonté de l'un ni de l'autre. Ainsi celui qui entreprend l'affaire de son ami absent, s'engage par sa volonté sans celle de cet absent. Ainsi le tuteur est engagé envers son mineur, indépendamment de la volonté de l'un & de l'autre. Et il y a divers autres engagemens qui se forment sans la volonté mutuelle de ceux qui s'y trouvent.

Toutes ces sortes d'engagemens soit volontaires ou involontaires, ont diverses suites qui se réduisent à deux especes. La premiere est de ces sortes de suites qui ajoûtent aux engagemens ou qui les affermissent, comme sont les hypotheques, & ce caractere des créanciers, les obligations solidaires, les cautions & autres qui ont ce caractere d'ajoûter aux engagemens, ou de les affermir.

La seconde espece de suites des engagemens, est de celles qui les anéantissent, ou qui les changent ou les diminuent, comme sont les payemens, les compensations, les novations, les rescisions, les restitutions en entier.

C'est à ces deux especes d'engagemens & à ces deux especes de leurs suites, que se réduisent toutes les matieres de cette premiere partie; & elles y seront rangées en quatre Livres.

Le premier sera des conventions qui font les engagemens volontaires & mutuels.

Le second, des engagemens qui se forment sans convention.

Le troisieme, des suites qui ajoûtent aux engagemens, ou qui les affermissent.

Le quatrieme, des suites qui anéantissent, diminuent ou changent les engagemens.

Ce premier Livre des conventions sera commencé par un premier Titre des conventions en général. Car comme il y a plusieurs principes & plusieurs regles qui sont communes à toutes les especes de conventions, il est de l'ordre de ne pas répéter en chacune ces regles communes, & de les recueillir toutes en un seul endroit; on placera ensuite sous des titres particuliers les différentes especes de conventions, & on ajoûtera à la fin de ce premier Livre, un dernier Titre des vices des conventions, comme sont le dol, le stellionat, & autres, où il sera traité de l'effet que doivent avoir dans les conventions, l'erreur & l'ignorance du fait ou du droit, la force & la contrainte, & les autres vices qui peuvent s'y trouver.

On a compris dans ce premier Livre des conventions la matiere de l'usufruit, & celle des servitudes, parce que l'usufruit & les servitudes s'acquierent souvent par des conventions, comme par des donations, par des ventes, par des échanges, par des transactions & par d'autres contrats. Ainsi, quoiqu'on puisse acquerir un usufruit & une servitude par un testament, il est naturel que ces matieres qui ne doivent être qu'en un seul lieu, soient placées dans le premier où elles se rapportent.

Le second Livre, qui sera des engagemens sans convention, comprendra ceux qui se forment sans une volonté mutuelle, tels que sont les engagemens des tuteurs, ceux des curateurs qu'on nomme, ou aux personnes comme à des prodigues, à des insensés & autres, ou à des biens, comme à une succession vacante: l'engagement des personnes qui font les affaires des autres en leur absence & à leur insçû, & celui de ces personnes de qui on a géré les affaires: ceux des personnes qui se trouvent avoir quelque chose de commun ensemble sans convention: & il y a diverses autres sortes d'engagemens involontaires, & quelques-uns même qui se forment par des cas fortuits.

Le troisieme Livre sera des suites des engagemens soit volontaires ou involontaires, qui y ajoûtent ou les affermissent, & comprendra les diverses matieres qui ont ce caractere, comme les hypotheques, les privileges des créanciers, la solidité entre cobligés, les cautions, les intérêts & dommages & intérêts. On comprendra

aussi dans ce Livre la matiere des preuves & des présomptions du serment, qui sont des suites de toutes sortes d'engagemens, & qui les affermissent. Et quoique les preuves & le serment servent aussi à résoudre les engagemens, cette matiere qui ne doit pas être mise en divers lieux, doit être placée dans le premier où sa situation se trouve naturelle. On mettra encore au nombre des suites qui affermissent les engagemens, les possessions & les prescriptions qui confirment les droits qu'on acquiert par des conventions & par d'autres titres. Et quoique les prescriptions ayent aussi l'effet d'anéantir les engagemens, il est naturel de les placer en ce lieu par la même raison qui fait qu'on y met les preuves.

Le quatrieme & dernier Livre de cette premiere partie, sera des suites qui diminuent, changent ou anéantissent les engagemens, & contiendra les matieres qui ont ce caractere; comme les payemens, les compensations, les novations, les délégations, les rescisions & les restitutions en entier.

La seconde partie, qui doit être des successions comprend un assez grand nombre de matieres, & assez différentes pour en faire une division en cinq Livres.

Pour concevoir l'ordre de ces cinq Livres, il faut considerer qu'il y a deux manieres de succéder; l'une des successions qu'on appelle légitimes, c'est-à-dire, reglées par les Loix qui font passer les biens de ceux qui meurent aux personnes qu'elles y appellent, & l'autre des successions testamentaires, qui font passer les biens à ceux qu'on peut instituer héritiers par un testament.

Et parce qu'il y a quelques matieres qui sont communes aux successions légitimes, & aux successions testamentaires; ces matieres devant précéder, elles seront comprises dans un premier Livre, qui sera suivi du second, où l'on expliquera les successions légitimes, & du troisieme qui contiendra les successions testamentaires.

Comme il arrive souvent que les personnes qui nomment des héritiers, & celles aussi qui n'en veulent pas d'autres que ceux de leur sang, ne laissent pas tous leurs biens à leurs héritiers, mais font des dons particuliers à d'autres personnes par des testamens ou des codiciles, & autres dispositions à cause de mort; ces sortes de dispositions feront le sujet d'un quatrieme Livre.

Et enfin comme les Loix ont ajoûté à la liberté de faire des héritiers & des légataires, celles des substitutions & des fideicommis, qui appellent un second successeur au lieu du premier héritier ou du premier légataire; cette matiere des substitutions & des fideicommis sera le sujet d'un cinquieme Livre.

Le premier de ces cinq Livres qui sera des successions en général, contiendra les matieres communes aux deux especes de successions, comme sont les engagemens de la qualité d'héritier, le bénéfice d'inventaire, comment on acquiert une hérédité, ou comment on y renonce, les partages entre cohéritiers.

Le second Livre qui sera des successions légitimes, expliquera l'ordre de ces successions, & comment y sont appellés les enfans & les descendans, les peres, les meres & les ascendans, les freres, les sœurs & les autres collatéraux. Ces successions légitimes s'appellent aussi successions *ab intestat*: & ce mot est particulierement en usage dans le droit écrit, parce que les héritiers légitimes, qui sont les héritiers du sang, n'y succedent que lorsqu'il n'y a pas de testament, ce qu'il ne faut pas entendre des personnes à qui il est dû une légitime.

Le troisieme Livre, qui sera des successions testamentaires, contiendra les matieres qui regardent les testamens, leurs formalités, l'exhérédation, les testamens inofficieux, la légitime, les dispositions de ceux qui ont convolé en secondes nôces.

Le quatrieme Livre sera des legs & autres dispositions à cause de mort, & il y sera traité des codicilles, des donations à cause de mort, & des legs.

Le cinquieme Livre contiendra les matieres qui regardent les diverses especes de substitutions & de fideicommis.

Ce sont toutes ces diverses matieres, dont on vient de faire le plan, qui seront traitées dans ce Livre des

de ce plan
des matie-
res : raisons
de l'ordre
qu'on y a
suivi.

Loix Civiles. On ne s'est pas étendu à expliquer particulierement la nature de ces matieres; on expliquera
dans chacune, & à la tête de chaque Titre, ce qu'il sera
nécessaire d'en sçavoir avant que d'en lire les regles.

On ne s'est pas arrêté non plus à rendre raison de l'ordre qu'on a donné en particulier aux matieres de chaque
Livre. On a tâché par diverses vûes de les ranger, ou
selon que leur nature peut faire leur suite, ou selon qu'on
a jugé nécessaire que les unes précédent les autres pour
les faire mieux entendre. Ainsi, par exemple, dans le
premier Livre de la premiere partie où sont expliquées
les diverses sortes de conventions, après le Titre des
conventions en général, on a placé celui du contrat de
vente, parce que de toutes les conventions il n'y en a
aucune qui contienne un aussi grand détail que la vente,
& que les regles de ce contrat conviennent à plusieurs
autres conventions, & donnent beaucoup d'ouverture
pour les autres matieres. Ainsi, par d'autres semblables
considérations, on a rangé toutes les matieres; mais ce
seroit une longueur inutile de rendre raison sur chacune
de la situation qu'on lui a donnée. On remarquera seulement qu'encore que l'hypotheque pût être mise au
nombre des conventions, à cause que c'est d'ordinaire
par des conventions que s'acquiert le droit d'hypotheque, on a dû mettre cette matiere en un autre lieu, parce que l'hypotheque n'est jamais une premiere convention & un engagement principal, & qu'elle est toujours
un accessoire de quelque autre engagement, & souvent
même des engagemens sans convention, comme de
ceux des tuteurs & des curateurs, & d'autres aussi, où
elle s'acquiert par justice. Ainsi cette matiere a naturellement son ordre dans le troisieme Livre, & ces mêmes
raisons ont obligé à placer la matiere des cautions &
celle de la solidité dans le même rang.

XXVII.
Remarque
sur les ma-
tieres qui ne
sont pas de
ce dessein.

Il faut enfin remarquer qu'outre les matieres qui doivent être traitées dans ce Livre, selon le plan qu'on vient
d'en faire, il y en a d'autres qui sont & du Droit Romain & de notre usage, & qu'il semble par cette raison
qu'on devoit y avoir comprises, comme sont les matieres fiscales & municipales, les matieres criminelles,
l'ordre judiciaire, les devoirs des Juges. Mais comme
ces matieres sont reglées par les Ordonnances & qu'elles sont du Droit public, on n'a pas dû les mêler ici. Et
parce qu'il y a dans le Droit Romain plusieurs regles
essentielles de ces matieres, & qui étant naturelles sont
de notre usage, mais ne se trouvent pas dans les Ordon-

nances, on pourra en faire un autre Livre séparé. Et on
peut cependant marquer ici le rang de ces matieres, &
aussi de celles de nos Coûtumes qui sont inconnues dans
le Droit Romain.

Toutes ces matieres du Droit public doivent être précédées de celles qui seront expliquées dans ce Livre. Car
outre qu'elles supposent plusieurs regles qui y seront expliquées, il est naturel que le Droit public se rapportant
aux particuliers, les matieres qui regardent les particuliers, précédent celles qui sont du Droit public ; &
c'est vrai-semblablement par ces raisons que dans le
Droit Romain les matieres fiscales & municipales, &
les matieres criminelles ont été placées à la fin des autres. Ainsi, après les matieres de ce Livre, on peut placer ces matieres fiscales & municipales qui regardent
les droits du Prince & la Police des Villes, celles qui
regardent les Universités & les autres Corps & Communautés, & les matieres criminelles ; & pour l'ordre
judiciaire qui comprend les procédures civiles & criminelles, les fonctions & devoirs des Juges, comme c'est
une matiere qui se rapporte à toutes les autres, il semble que c'est par celle-là que l'on doit finir.

Pour ce qui est des matieres qui sont propres à nos
Coûtumes, comme sont les fiefs, le retrait lignager, la
garde noble ou bourgeoise, la communauté des biens entre le mari & la femme, les institutions contractuelles,
la prohibition de disposer à cause de mort d'une partie
des biens au préjudice des héritiers du sang, les renonciations des filles aux successions, & tout ce que les Coûtumes ont de particulier pour les successions, pour les
donations & pour les autres matieres, il n'est pas nécessaire d'en marquer le rang, car il est facile de juger que
ces matieres se rapportent ou aux engagemens, ou aux
successions. Ainsi, les fiefs ont été dans leur origine des
conventions entre le Seigneur & le Vassal. Ainsi, le retrait lignager est une suite du contrat de vente. Ainsi, la
garde noble ou bourgeoise est une espece d'usufruit joint
à une tutelle. Ainsi, la communauté de biens entre le
mari & la femme & le douaire, sont des conventions ou
expresses ou tacites, qui ont leur liaison avec la matiere
des dots. Ainsi, les institutions contractuelles sont une
matiere composée de la nature des testamens & de celles
des conventions, & qui a ses regles de ces deux sortes.
Ainsi, chacune de toutes les autres matieres des Coûtumes a son rang reglé, & il est facile d'en reconnoître
l'ordre dans le plan qu'on a expliqué.

Fin du Traité des Loix.

TABLE DES TITRES. *

F I N.

* Cette Table est seulement pour marquer l'ordre des Titres de toutes les matieres qui seront traitées dans ce Livre, & dont on vient de faire le plan. C'est pourquoi on n'y a pas mis les chiffres des pages, ni les Sections des titres ; mais elle est suivie d'une autre Table des titres de ce Tome, & de leurs Sections, avec les chiffres des pages pour les y trouver.

TABLE DES TITRES DE CE TOME,
& de leurs Sections.

TABLE DES TITRES ET DES SECTIONS.

TABLE DES TITRES ET DES SECTIONS.

FIN.

LES
LOIX CIVILES
DANS LEUR ORDRE NATUREL.

LIVRE PRÉLIMINAIRE.

*Où il eſt traité des Regles du Droit en général,
des perſonnes, & des choſes.*

Matieres de ce Livre. ON a donné à ce Livre le nom de préliminaire ; parce qu'il contient trois ſortes de matieres, qui étant communes à toutes les autres, & néceſſaires pour les bien entendre, doivent les précéder. Et auſſi les matieres de ce Livre ſont comme les premiers élémens du Droit ; car avant qu'on entre dans le détail des regles, il eſt premierement néceſſaire de connoître en général les eſpeces & la nature de ces regles, & les manieres de les bien entendre, & de les bien appliquer ; & ce ſera la matiere du premier titre de ce Livre.

Et parce que dans tout le détail des matieres du Droit & de leurs Loix, il faut toujours conſidérer les perſonnes que ces matieres & ces loix regardent, & qu'il y a dans toutes les perſonnes de certaines qualitez ſelon leſquelles les Loix civiles les conſiderent, & les diſtinguent, & qui ont un rapport particulier à toutes les matieres du Droit ; ces qualitez & ces diſtinctions des perſonnes, feront la matiere du ſecond titre de ce Livre. Et le troiſiéme contiendra les matieres dont les loix conſiderent, & diſtinguent les diverſes ſortes de choſes, par les qualitez qui ſe rapportent à l'uſage, & au commerce qu'en font les perſonnes ; & ſelon ces uſages & ces commerces entrent dans l'ordre reglé par les Loix civiles.

TITRE I.
Des Régles du Droit en général.

Matieres de ce Titre. LEs regles qui ſeront expliquées dans ce titre, regardent en général la nature, l'uſage & l'interprétation des Loix, & comme ces regles ſont communes à toutes les matieres, & qu'elles ſont d'un uſage très-fréquent ; il ne faudra pas ſe contenter de n'en faire qu'une premiere & ſimple lecture, mais il ſera utile de les relire de tems en tems, & d'y recourir dans les occaſions. On pourra auſſi joindre à cette lecture celle des chapitres xi. & xii. du Traité des Loix.

Tome I.

SECTION I.
Des diverſes ſortes de Regles, & de leur nature.

Des idées que donnent les mots de loix & de regles. ON entend communément par ces mots de *loix* & de *regles*, ce qui eſt juſte, ce qui eſt ordonné, ce qui eſt reglé. Et il faut ſeulement remarquer que comme les loix doivent être écrites, afin que l'écrit fixe le ſens de la loi, & détermine l'eſprit à la juſte idée de ce qui eſt reglé, & qu'il ne ſoit pas libre à chacun de former la loi comme il l'entendroit ; on peut diſtinguer deux idées que donne le mot de *loi* & celui de *regle*. L'une eſt l'idée de ce que l'on conçoit être juſte, quoiqu'on ne faſſe pas de réflexion ſur les termes de la loi ; & l'autre eſt l'idée des termes de la loi : & ſelon cette ſeconde idée, on appelle la *regle* ou la *loi*, l'expreſſion du Légiſlateur.

On uſera toujours indiſtinctement du mot de Loix & du mot de Regles, en l'un & l'autre de ces deux ſens, & dans ce Livre préliminaire, & dans toute la ſuite, ſelon l'occaſion. Car il y a pluſieurs loix écrites, telles que ſont les loix arbitraires ; & il y a pluſieurs regles naturelles de l'équité, qui ne ſont pas écrites.

Il n'eſt pas néceſſaire après tout ce qui a été dit des loix & des regles dans le Traité des loix, de définir de nouveau dans ce titre ce que c'eſt que Loi & que Regle. Mais il ſuffira d'y donner l'idée des regles du Droit dans le ſens qui ſignifie les regles écrites, parce que c'eſt dans la connoiſſance de ce que nous avons de regles écrites, que conſiſte toute la ſcience & toute l'étude des loix.

SOMMAIRES.

A

I.

1. Définition des regles.

Les regles du Droit sont des expressions courtes & claires de ce que demande la justice dans les divers cas. Et chaque regle a son usage pour ceux où sa disposition peut se rapporter. Ainsi, par exemple, plusieurs évenemens font que l'acheteur est dépouillé de ce qu'il achete, ou qu'il y est troublé par ceux qui prétendent en être les maîtres, ou y avoir quelqu'autre droit. Et la justice commune à toutes ces sortes d'évenemens, qui veut que le vendeur y fasse cesser les évictions & les autres troubles, est comprise dans l'expression de cette regle, que tout vendeur doit garantir ce qu'il a vendu *a*.

a Regula est quæ rem quæ est breviter enarrat. *l.* 1. *ff. de reg. jur.* ex jure quod ex regula fiat. Per regulam igitur brevis rerum narratio traditur. *d. ff.* Rei appellatione & causæ, & jura continentur. *l.* 23. *ff. de verb. sign.*

II.

2. Deux sortes de regles, les naturelles & les arbitraires.

Les loix ou les regles sont de deux sortes, l'une de celles qui sont du droit naturel & de l'équité, & l'autre de celles qui sont du droit positif, qu'on appelle autrement des loix humaines & arbitraires, parce que les hommes les ont établies *b*. Ainsi c'est une regle du droit naturel, qu'une donation peut être révoquée par l'ingratitude du donataire; & c'est une regle du droit positif, que les donations entre-vifs doivent être insinuées.

b Omnes populi, qui legibus & moribus reguntur, partim suo proprio, partim communi omnium hominum jure utuntur. Nam quod quisque populus ipse sibi jus constituit; id ipsius proprium civitatis est. *l.* 9. *ff. de just. & jur.* Quod verò naturalis ratio inter omnes homines constituit, id apud omnes peræquè custoditur. *d. l.* 9. Jus pluribus modis dicitur. Uno modo cùm id, quod semper æquum ac bonum est, jus dicitur, ut jus naturale. Altero modo, quod omnibus, aut pluribus in quaque civitate utile est, ut est jus civile, nec minùs jus rectè appellatur in civitate nostra, jus honorarium. *l.* 11. *ff. de just. & jur.* V. le Chap. 11. du Traité des Loix.

III.

3. Quelles sont les regles naturelles.

Les regles du droit naturel sont celles que Dieu a lui-même établies, & qu'il enseigne aux hommes par la lumiere de la raison. Ce sont ces loix qui ont une justice immuable, & qui est la même toujours & par tout; & soit qu'elles se trouvent écrites ou non, aucune autorité humaine ne peut les abolir, ni en rien changer. Ainsi la regle qui oblige le dépositaire à conserver & à rendre le dépôt; celle qui oblige à prendre soin de la chose empruntée, & les autres semblables sont des regles naturelles & immuables qu'on observe par-tout *c*.

c Naturalia jura, quæ apud omnes gentes peræquè observantur, divina quadam providentia constituta, semper firma atque immutabilia permanent. *§.* 11. *inst. de jur. nat. gent. & civ.* Quod naturalis ratio inter omnes homines constituit. *l.* 9. *ff. de just. & jur.* id quod semper æquum ac bonum est, jus dicitur, ut jus naturale. *l.* 11. *eod.* Civilis ratio naturalia jura corrumpere non potest. *l.* 8. *ff. de cap. min.*

IV.

4. Quelles sont les regles arbitraires.

Les regles arbitraires sont toutes celles que les hommes ont établies, & qui sont celles que sans blesser l'équité naturelle, elles peuvent disposer ou d'une maniere, ou d'une autre toute différente. Ainsi, par exemple, on pouvoit ou établir ou ne pas établir l'usage des Fiefs. Ainsi on pouvoit regler les prescriptions à plus ou moins de tems, & les témoins d'un testament à un plus grand ou plus petit nombre. Et cette diversité que la nature ne fixe pas, fait que ces loix ont leur autorité dans le reglement arbitraire qu'a fait le Législateur qui les a établies, & qu'elles sont par conséquent sujettes à des changemens *d*.

d En verò quæ ipsa sibi quæque civitas constituit, sæpe mutari solent. *§.* 11. *inst. de jur. nat. gent. & civ.*

5. Autre division des regles.

V.

Les regles du droit, soit naturelles, ou arbitraires, sont de trois sortes. Quelques-unes sont générales qui conviennent à toutes les matieres; d'autres sont communes à plusieurs matieres, & non pas à toutes: & plusieurs sont propres à une, & n'ont point de rapport aux autres Ces regles, par exemple, de l'équité naturelle; qu'il ne faut faire tort à personne, qu'il faut rendre à chacun ce qui lui appartient, sont générales, & s'étendent à toutes sortes de matieres. Cette regle que les conventions tiennent lieu de loix, est commune à plusieurs matieres, car elle convient à toutes les especes de contrats, de conventions, de pactes; mais elle ne convient pas aux testamens, ni à plusieurs autres matieres. Et la regle de la rescision des ventes, à cause de la lésion de plus de moitié du juste prix, est une regle propre au contrat de vente *e*. Ainsi dans l'usage & l'application des regles, il faut discerner en chacune, & ses bornes & son étendue.

e Exemple des regles générales. Juris præcepta sunt hæc honestè vivere, alterum non lædere, suum cuique tribuere. *l.* 10. *§.* 1. *ff. de just. & jur.* §. 3. *inst. eod.* Exemple des regles communes à plusieurs matieres. Contractûs legem ex conventione accipiunt. *l.* 1. *§.* 6. *ff. depos.* Pour les regles particulieres, chaque titre a les siennes. *v. l.* 2. *Cod. de resc. vend.*

VI.

6. Deux manieres d'abuser des regles.

Toutes ces regles cessent d'avoir leur effet, non-seulement si on les applique hors de leurs bornes, & dans des matieres où elles ne se rapportent point; mais aussi lorsque dans leurs matieres on les détourne à une application fausse ou vicieuse contre leur esprit. Ainsi cette regle de la rescision des ventes à cause de la lésion de plus de moitié du juste prix, seroit mal appliquée à une vente faite pour un accommodement dans une transaction *f*.

f Simul cùm aliquo vitiata est [regula] perdit officium suum. *l.* 1. *in f. ff. de reg. jur.*

VII.

7. Les exceptions sont des regles.

Les exceptions sont des regles qui bornent l'étendue des autres, & elles disposent autrement par des vûes particulieres qui rendent ou juste ou injuste ce que la regle entendue sans exception, rendroit au contraire ou injuste, ou juste. Ainsi, par exemple, la regle générale qu'on peut faire toutes sortes de conventions, est bornée par la regle qui défend celles qui blessent l'équité & les bonnes mœurs. Ainsi la défense d'aliéner les choses sacrées, est bornée par la regle qui permet de les vendre pour des causes nécessaires, & en gardant les formes *g*.

g Quid tam congruum fidei humanæ, quàm ea quæ inter eos placuerunt, servare. *l.* 1. *ff. de pact.* Omnia quæ contra bonos mores, vel in pactum, vel in stipulationem deducuntur, nullius momenti sunt. *l.* 4. *C. de inut. stip. l.* 7. *§.* 7. *ff. de pact. l.* 6. *de Cod. eod.* Sancimus nemini licere sanctissima atque arcana vasa, vel vestes, cæteraque donaria quæ ad divinam religionem necessaria sunt . . . . vel ad venditionem, vel hypothecam, vel pignus trahere . . . . excepta causa captivitatis & famis. *l.* 21. *C. de Sacro-Sanct. Eccl. v. l.* 14. *& auth. hoc jus eod.*

VIII.

8. Deux sortes d'exceptions.

Les exceptions comme les regles, sont de deux sortes. Il y en a qui sont du droit naturel, & les autres sont du droit positif; comme il se voit par les exemples de l'article précédent, & par toutes les autres exceptions, dont chacune est de l'une ou de l'autre de ces deux especes b.

b C'est une suite de l'article précédent & du second de cette section.

I X.

9. Les loix doivent être connues.

Toutes les regles doivent être ou connuës, ou tellement exposées à la connoissance de tout le monde, que personne ne puisse impunément y contrevenir, sous prétexte de les ignorer. Ainsi les regles naturelles étant des vérités immuables, dont la connoissance est essentielle à la raison; on ne peut dire qu'on les ait ignorées, comme on ne peut dire qu'on ait manqué de la raison qui les fait connoître. Mais les loix arbitraires n'ont leur effet, qu'après que le Législateur a fait tout ce qui est possible pour les faire connoître; ce qui se fait par les voies qui sont en usage, pour la publication de ces sortes de loix; & après qu'elles sont publiées, on les tient pour connuës à tout le monde, & elles obligent autant ceux qui prétendroient les ignorer, que ceux qui les sçavent i.

i Leges sacratissimæ, quæ constringunt hominum vitas, intelligi ab omnibus debent. Ut universi præscripto, earum manifestiùs cognito, vel inhibita declinent, vel permissa sectentur. l. 9. Cod. de Legib.

Constitutiones Principum nec ignorare quemquam, nec dissimulare permittimus. l. 12. Cod. de jur. & facj. ign.

Omnes verò populi legibus tam à nobis promulgatis, quàm compositis reguntur. §. 1. in fin. in proæm. inst.

Nec in ea re rusticitati venia præbeatur, cùm naturali ratione honor hujusmodi personis debeatur. l. 2. §. de in jus voc.

X.

10. Deux sortes de loix arbitraires; les loix écrites, & les coutumes.

Les loix arbitraires sont de deux sortes. L'une de celles qui dans leur origine ont été établies, écrites & publiées par ceux qui en avoient l'autorité, comme sont en France les Ordonnances des Rois; & l'autre de celles dont il ne paroît point d'origine & de premier établissement, mais qui se trouvent reçuës par l'approbation universelle, & l'usage immémorial qu'en a fait le peuple; & ce sont ces loix ou regles que l'on appelle Coutumes l.

l Constat autem jus nostrum quo utimur, aut scripto, aut sine scripto, ut apud Græcos, τῶν γόμων οἱ μὲν ἔγγραφοι, οἱ δὲ ἄγραφοι. i. e. legum sunt scripta aliæ, aliæ non scripta. Scriptum autem jus est lex, plebiscitum, senatusconsultum, Principum placita, magistratuum edicta, responsa prudentum §. 3. inst. de jur. nat. gent. & civili.

Sine scripto jus venit, quod usus approbavit. Nam diuturni mores, consensu utentium comprobati, legem imitantur. §. 9. eod.

X I.

11. Fondement de l'autorité des coutumes.

Les Coutumes tirent leur autorité du consentement universel du peuple qui les a reçuës, lorsque c'est le peuple qui a l'autorité, comme dans les Républiques. Mais dans les Etats sujets à un Souverain, les Coutumes ne s'établissent ou ne s'affermissent en forme de loix que de son autorité. Ainsi en France les Rois ont fait arrêter, & rédiger par écrit, & ont confirmé en loix toutes les Coutumes, conservant aux Provinces les loix qu'elles tiennent de l'ancien consentement des peuples qui les habitoient, ou des Princes qui y gouvernoient m.

m Id custodiri oportet, quod moribus & consuetudine inductum est. l. 31. ff. de legib. inveterata consuetudo pro lege, non immeritò, custoditur. Nam cùm ipsæ leges, nulla alia ex causa nos teneant, quàm quod judicio populi receptæ sunt: meritò & eo quæ sine ullo scripto populus probavit tenebunt omnes. Nam quid interest suffragio populus voluntatem suam declaret, an rebus ipsis & factis? d. l. 32. §. 1. ff. de legib. tam conditor, quàm interpres legum solus Imperator justè existimabitur: nihil hac lege derogante veteris juris conditoribus, quia & eis hoc majestas imperialis permittit. l. ult. in fin. cod. de leg. & const. prin. Communis reipublicæ sponsio. l. 1. & l. 2. ff. de legib.

Quoique ces dernieres paroles soient dites des Loix & non des Coutumes, elles conviennent aux Coutumes autant ou plus qu'aux Loix. Voyez l'Ordonnance de Charles VII. de 1453. art 125. & de Louis XII. de 1510. art. 49. pour rédiger les Coutumes.

Tome I.

X I I.

12. Loix naturelles reglent le passé, & l'avenir.

Les loix naturelles ayant leur justice, & leur autorité qui est toujours la même, elles reglent également & tout l'avenir, & tout ce qu'il peut y avoir de passé qui reste indécis n.

n Sed naturalia quidem jura quæ apud omnes gentes peræquè observantur, divina quadam providentia constituta, semper firma, atque immutabilia, permanent. §. 11. inst. de jur. nat. gent. & civ. id quod semper æquum ac bonum est, l. 11. ff. de justit. & jur.

X I I I.

13. Les loix arbitraires ne reglent que l'avenir.

Quoique la justice des loix arbitraires soit fondée sur l'utilité publique & sur l'équité des motifs qui y donnent lieu; comme elles n'ont leur autorité que par la puissance du Législateur, qui détermine à ce qu'il ordonne, & qu'elles n'ont leur effet qu'après qu'elles ont été publiées pour être connuës; elles ne reglent que l'avenir, sans toucher au passé o.

o Leges & constitutiones futuris certum est dare formam negotiis, non ad facta præterita revocari. l. 7. C. de legib.

X I V.

14. Effet des loix nouvelles à l'égard du passé.

Les affaires qui se trouvent pendantes & indécises, lorsqu'il survient de nouvelles loix, se jugent par les dispositions des loix précédentes; & si ce n'est pour quelques motifs particuliers, les nouvelles loix marquent expressément que leurs dispositions auront lieu même pour le passé. Ou que sans cette expression, elles dussent servir de regle au passé, comme si ces loix ne faisoient que rétablir une loi ancienne, ou une regle de l'équité naturelle, dont quelque abus avoit altéré l'usage, ou qu'elles reglassent des questions pour lesquelles il n'y avoit aucune loi, ni aucune coutume. Ainsi, par exemple, lorsque le Roi ordonna que le prix des Offices se distribueroit par ordre d'hypoteque, cette loi servit de regle pour les procès qui étoient indécis dans les Provinces où il n'y avoit pas de Coutume contraire qui servit de regle p.

p Leges & constitutiones futuris certum est dare formam negotiis, non ad facta præterita revocari, nisi nominatim & de præterito tempore, & adhuc pendentibus negotiis cautum sit. l. 7. C. de legib. & const. princ. l. 7. C. de nat. lib. Sancimus nemini licere sacratissima atque arcana vasa, vel vestes, ceteraque donaria, quæ ad divinam religionem necessaria sunt, cùm etiam vetere leges ea quæ juris divini sunt, humanis nexibus non illigari sanxerint, vel ad venditionem, vel hypothecam, vel pignus trahere. Sed ab his, qui hæc suscipere ausi fuerint, modis omnibus vindicari. Hoc obtinente, non solùm in futuris negotiis, sed etiam judicii pendentibus. l. 11. C. de Sacro-Sanct. Eccl. l. 13. in f. eod.

Quicumque administrationem, in hac florentissima urbe gerunt, emere quidem mobiles res, vel immobiles, vel domos extruere, non aliter possunt: nisi specialem nostri numinis, hoc eis permittentem, divinam rescriptionem meruerint . . . Quæ etiam ad præterita negotia referri sancimus. Nisi transactionibus vel judicationibus sopita sint. l. un. C. de contr. jud. Quoniam inter alias Captiones præcipuè commissoriæ pignorum, legis crescit asperitas. . . . Si quis igitur tali contractu laborat, hac sanctione respiret. Quæ cum præteritis præsentia quoque repellit, & futura prohibet. l. ult. C. de pact. pign. & de lege com. in pr.

X V.

15. Autre effet des loix nouvelles à l'égard du passé.

Comme les loix nouvelles reglent l'avenir, elles peuvent selon le besoin changer les suites qui devoient avoir les loix précédentes. Mais c'est toujours sans donner atteinte au droit qui étoit acquis à quelques personnes. Ainsi, par exemple, avant l'Ordonnance d'Orléans, on pouvoit faire des substitutions en plusieurs degrés jusqu'à l'infini, & elle borna les substitutions qui se feroient à l'avenir, à deux degrés outre l'institution. Mais comme cette Ordonnance ne faisoit pas cesser pour l'avenir l'effet des substitutions, qui étoient déja faites, l'Ordonnance de Moulins réduisit au quatrieme degré, outre l'institution, les substitutions qui avoient été faites avant l'Ordonnance d'Orléans. Et en même tems elle excepta les substitutions dont le droit étoit déja échû & acquis, quoique ce fût au-delà du quatrième degré q.

q Futuris certum est dare formam negotiis. l. 7. C. de legib.

Voyez l'Ordonnance d'Orléans, article 59. & celle de Moulins article 57.

X V I.

16. Du temps où les loix nouvelles commencent d'être observées.

Les loix arbitraires commencent d'avoir leur effet pour l'avenir, ou dès le temps de leur publication, ou seulement après le délai qu'elles ordonnent. Ainsi quelques loix qui font des changemens, dont une prompte exécution causeroit des inconvéniens, comme la prohibition de quelque commerce, une augmentation ou diminution de la valeur des monnoies, & autres semblables, laissent pendant quelque temps les choses dans le même état où elles étoient, & marquent le tems où elles commenceront d'être exécutées r.

r C'est une suite des regles précédentes, & un effet naturel de l'autorité & de la prudence du Législateur.

X V I I.

17. Deux manieres dont les loix s'abolissent.

Les loix arbitraires, soit qu'elles soient établies par un Législateur ou par une Coutume, peuvent être abolies ou changées en deux manieres, ou par une loi expresse qui les abroge, ou qui y fasse quelque changement, ou par un long usage qui les change ou les abolisse f.

f Mutari solent, vel tacito consensu populi, vel alia postea lege lata. §. 11. de jur. nat. gent. & civ. rectissimè etiam illud receptum est, ut leges non solùm suffragio Legislatoris, sed etiam tacito consensu omnium per desuetudinem abrogantur, l. 32. in j. ff. de legib.

X V I I I.

18. Divers effets des loix.

L'usage & l'autorité de toutes les loix, soit naturelles ou arbitraires, consiste à ordonner, défendre, permettre & punir t.

t Legis virtus hæc est, imperare, vetare, permittere, punire l. 7. ff. de legib.

X I X.

19. Les loix répriment ce qui est fait en fraude de leurs dispositions.

Les loix répriment & punissent non-seulement ce qui blesse évidemment le sens de leurs termes, mais encore tout ce qui paroissant n'avoir rien de contraire aux termes, blesseroit directement ou indirectement leur intention, & tout ce qui seroit fait en fraude de la loi, & pour l'éluder u. Ainsi les loix qui défendent de donner ou léguer à de certaines personnes, annullent les dispositions faites au profit d'autres personnes interposées, pour faire passer la libéralité à ceux à qui on ne peut donner.

u Non dubium est in legem committere eum, qui verba legis amplexus, contra legis nititur sententiam. Nec pœnas insertas legibus evitabit, qui se contra juris sententiam, sæva prærogativa verborum, fraudulenter excusat. l. 5. C. de legib. Contra legem facit, qui id facit, quod lex prohibet; in fraudem verò qui salvis verbis legis, sententiam ejus circumvenit. l. 29. ff. eod. fraus enim legi fit, ubi quod fieri noluit, fieri autem non vetuit; id fit, & quod distat. ρῶσιν καὶ έλατταινοι. i. e. dictum à sententia, hoc dictat fraus, ab eo quod contra legem fit. l. 30. eod.

X X.

20. Les loix annullent ou répriment ce qui est fait contre leurs défenses.

Si une loi défend, ou en général à toutes personnes, ou en particulier, à quelque forte de personnes, de certaines conventions, de certains commerces, ou qu'elle fasse d'autres défenses quelles qu'elles soient, tout ce qui sera fait contre ses défenses avec toutes les suites, sera ou annullé ou réprimé selon la qualité des défenses, & celle de la contravention, quand-même la loi n'exprimeroit pas la peine de nullité, & qu'elle laisseroit les autres peines indéterminées x.

x Nullum pactum, nullam conventionem, nullum contractum inter eos videri volumus subsecutum, qui contrahunt, lege contrahere prohibente. Quod ad omnes etiam legum interpretationes, tam veteres, quàm novellas trahi generaliter imperamus. Ut Legislatori, quod fieri non vult, tantùm prohibuisse sufficiat. Cæteraque quasi expressa, ex legis liceat voluntate colligere. Hoc est, ut ea quæ lege fieri prohibentur si fuerint facta, non solùm inutilia, sed pro infectis etiam habeantur. Licet Legislator fieri prohibuerit tantùm, nec specialiter dixerit, inutile

esse debere, quod factum est. Sed & si quid fuerit subsecutum, ex eo, vel ob id quod interdicente lege factum est, illud quoque cassum, atque inutile esse præcipimus. l. 5. C. de legib. La loi seroit trop imparfaite, qui n'annulleroit pas ce qui seroit fait contre ses défenses, & qui laisseroit impunie la contravention. Minus quàm perfecta lex est, quæ vetat aliquid fieri, & si factum sit non rescindit. Ulp. T. 1. §. 2. v. l. 63. ff. de ris. nup.

X X I.

21. Les loix sont générales, & non pour un cas ou une personne.

Les loix ne sont jamais faites pour une personne particuliere, ni bornées à un cas singulier. Mais elles sont faites pour le bien commun, & ordonnent en général ce qui est de plus utile dans ce qui arrive ordinairement y.

y Lex est commune præceptum. l. 1. ff. de legib. Jura non in singulas personas, sed generaliter constituuntur. l. 8. ff. eod. Jura constitui oportet, ut dixit Theophrastus, in his quæ ἐπὶ τὸ πλεῖστον, id est, ut plurimùm accidunt, non ἐκ παραλόγυ, id est, ex inopinato. l. 3. & seq. ff. eod. Ea quæ communiter omnibus prosunt, iisque specialiter quibusdam utilia sunt, præponimus. Novell. 39. cap. 1. V. l'article suivant.

X X I I.

22. Suite de la regle précédente.

Comme les loix regardent en général tous les cas où leur intention peut s'appliquer, elles n'expriment point les divers cas en particulier. Car ce détail qui est impossible, seroit inutile. Mais elles comprennent généralement tous les évenemens où leur intention peut servir de regle z.

z Neque leges, neque Senatusconsulta ita scribi possunt, ut omnes casus, qui quandoque inciderint, comprehendantur : sed sufficit, ea quæ plerumque accidunt, contineri l. 10. ff. de legib. non possunt omnes articuli sigillatim aut legibus, aut Senatusconsultis comprehendi : sed cùm in aliqua causa sententia eorum manifesta est, is qui jurisdictioni præest, ad similia procedere, atque ita jus dicere debet. l. 12. eod. semper quasi hoc legibus inesse credi oportet, ut ad eas quoque personas, & ad eas res pertinerent, quæ quandoque similes erunt. l. 27. eod. v. l. 12. C. eod. l. 32. ff. ad legem Aquiliam.

X X I I I.

23. L'équité est la loi universelle.

S'il pouvoit arriver quelque cas qui ne fût réglé par aucune loi expresse ou écrite, il auroit pour loi les principes naturels de l'équité, qui est la loi universelle qui s'étend à tout a.

a Hæc æquitas suggerit, etsi jure deficiamur. l. 2. §. 5. in fin. ff. de aqua & aquæ pluv. arc. Ratio naturalis quasi lex quædam tacita. l. 7. ff. de bon. damnat. Sufficit firmare ex ipsa naturali justitia, l. 13. §. 7. ff. de exs. tut.

S E C T I O N I I.

De l'usage & de l'interpretation des Regles.

Causes de la nécessité d'interpréter les loix.

ON appelle ici l'usage des regles la maniere de les appliquer aux questions qui sont à juger ; & l'application des regles demande souvent qu'on les interprete.

Il arrive en deux sortes de cas, qu'il est nécessaire d'interpréter les loix. L'un est, lorsqu'il se rencontre dans une loi quelque obscurité, quelque ambiguité ou quelqu'autre défaut d'expression ; car alors il faut l'interpréter pour découvrir quel est son vrai sens. Et cette espece d'interprétation se borne à l'expression, pour faire entendre ce que dit la loi. Et l'autre est lorsqu'il arrive que le sens d'une loi, tout évident qu'il paroît dans les termes, conduiroit à de fausses conséquences, & à des décisions qui seroient injustes, si elle étoit indistinctement appliquée à de fausses conséquences, & à des décisions qui seroient injustes, si elle étoit indistinctement appliquée à tout ce qui semble compris dans l'expression. Car alors l'évidence de l'injustice qui suivroit de ce sens apparent, oblige à découvrir par une espece d'interprétation, non ce que dit la loi, mais ce qu'elle veut ; & à juger par son intention, quelle est l'étendue & quelles sont les bornes que doit avoir son sens. Et cette maniere d'interprétation dépend toujours du tempérament que quelqu'autre regle apporte à la loi qu'on seroit en danger de mal appliquer, si on ne l'expliquoit : car c'est ce tempérament qui donne à cette loi son usage & sa vérité ; ce qu'on ne sçauroit mieux entendre que par des exemples. Et pour les rendre plus utiles à ceux qui ont moins de lumiere & d'expérience, il faut en donner un où personne ne puisse manquer de reconnoître qu'il ne faut pas toujours prendre la loi au sens de la lettre, & en ajouter un autre où il ne soit pas si facile de faire ce discernement.

Exemples.   C'est une regle des plus claires & des plus sûres, qu'un dépositaire doit rendre le dépôt à celui qui l'a confié, quand il lui plaira de le retirer ; mais si le maître de l'argent déposé avoit perdu le sens quand il le demande son argent, personne n'ignore que ce seroit une injustice de le lui donner. Car qui ne voit pas qu'une autre regle défend de donner à un insensé une chose qui pourra périr en ses mains, ou dont il pourra faire un mauvais usage, & que c'est lui faire tort que de la lui rendre. Ainsi c'est par cette seconde regle qu'on interprete, & qu'on borne le sens de l'autre.

C'est une autre regle des plus certaines que l'héritier succede aux droits du défunt, mais cette regle seroit mal appliquée pour l'héritier d'un associé, qui prétendroit succéder en cette qualité, & elle ne passe point à l'héritier ; ce qui est fondé sur une autre regle, qui veut que les associés, se choisissent réciproquement ; & par cette regle il seroit injuste que l'héritier d'un associé fût associé, s'il n'étoit agréé des autres, & si lui aussi ne les agréoit. Ainsi cette seconde regle oblige à interpréter le sens de l'autre, & à le borner. Et on voit dans ce second exemple qu'il n'y est pas si facile que dans le premier, de découvrir le principe qui fait cette interprétation, & qui donne à chacune de ces regles son juste effet en bornant le sens de la premiere.

On voit par ces exemples, & il se verra de même dans tous les autres où il est nécessaire d'interpréter le sens d'une loi, que cette interprétation qui donne à la loi son juste effet, est toujours fondée sur une autre regle qui veut autre chose que ce qui paroissoit réglé par ce sens mal pris.

La vûë de l'équité est la premiere voie pour interpréter les loix.   Il s'ensuit de cette remarque, que pour bien entendre une regle, ce n'est pas assez de concevoir le sens apparent des termes, & de la voir seule ; mais il faut aussi considérer si d'autres regles ne la bornent point. Car il est certain que toute regle ayant sa justice qui ne sçauroit être contraire à celle d'aucune autre regle, chacune a de la sienne dans son étenduë. Et c'est seulement la liaison de toutes ensemble qui fait leur justice, & borne leur usage. Ou plûtot c'est l'équité naturelle, qui étant l'esprit universel de la justice, fait toutes les regles, & donne à chacune son usage propre. D'où il faut conclure que c'est la connoissance de cette équité, & la vûë générale de cet esprit des loix, qui est le premier fondement de l'usage, & de l'interprétation particuliere de toutes ces regles.

Ce principe de l'interprétation des loix par l'équité, ne regarde pas seulement les loix naturelles, mais il s'étend aussi aux loix arbitraires, parce qu'elles ont toutes leurs fondemens dans les loix naturelles, comme il a été remarqué dans le Chapitre XI. du Traité des loix. Mais il faut ajoûter à ce principe de l'équité pour ce qui regarde l'interprétation des loix arbitraires, un autre principe qui leur est propre, c'est l'intention du *L'intention du Législa-teur dans les loix arbi-traires, fixe les tempé-ramens de l'équité.* Législateur, qui fixe en ce qu'elles reglent l'usage & l'interprétation de cette équité. Car dans ces sortes de loix, les tempéramens de l'équité sont restraints à ce qui peut s'accorder avec l'intention du Législateur, & ne s'étendent pas à tout ce qui auroit pû paroître équitable, avant que la loi arbitraire eût été établie. Ainsi, *Exemple.*   par exemple, il est de l'équité que celui qui a obligeamment prêté son argent, sans en retirer de reconnoissance, & à qui le débiteur dénie le prêt, puisse être reçu à prouver le prêt, s'il en a d'autres preuves que l'écrit qui lui manque. Et cette même équité demande aussi cet usage des preuves dans les autres especes de conventions. Mais parce qu'il est de l'intérêt public, &

de l'équité de ne pas laisser d'occasion à la facilité des fausses preuves, & qu'il suffit d'avertir ceux qui prêtent, ou qui font d'autres conventions, de prendre un écrit ; l'Ordonnance de Moulins, & celle de 1667. qui ont défendu les preuves de conventions sans écrit au-dessus de cent livres, ont donné par-là de justes bornes à la liberté de recevoir les preuves des conventions. Et si l'on reçoit quelques preuves contre la lettre de cette Ordonnance, comme dans le cas d'un dépôt nécessaire, tel qu'est celui qui se fait dans un incendie, c'est que son intention ne s'étend point à ce cas, où il a été nécessaire de faire le dépôt, & impossible d'en prendre un écrit.

Ainsi pour un autre exemple de l'effet de la volonté du Législateur, en ce qui regarde l'interprétation des loix arbitraires par l'équité naturelle, il est de cette équité qu'un acheteur ne se prévale pas de la nécessité du vendeur pour acheter à vil prix. Et sur ce principe, il sembleroit juste d'annuller les ventes dont le prix seroit moindre ou d'un tiers, ou d'un quart que le juste prix, ou même de moins selon les circonstances. Mais les inconvéniens de casser toutes les ventes où il se trouveroit de pareilles lésions, ont donné sujet à une loi qui a restraint la liberté de résoudre les ventes par la vilité du prix à celles des immeubles où la lésion seroit plus grande que de la moitié du juste prix de la chose venduë. Et cette loi fait cesser tout autre usage & toute autre application de l'équité pour la lésion dans le prix des ventes.

Diverses vûës néces-saires pour l'interpré-tation des loix.   Ce n'est donc pas assez pour le bon usage de ce premier fondement de l'interprétation des loix, qui est l'équité, de sentir en chaque regle ce que la lumiere de la raison trouve d'équitable dans son expression & dans l'étenduë qu'elle paroît avoir ; mais il faut joindre à ce sentiment une vûë générale de l'équité universelle, pour discerner dans les cas qui sont à regler, si d'autres regles ne demandent pas une justice différente, afin de n'en détourner aucune hors de son usage, & d'appliquer aux faits & aux circonstances les regles qui y conviennent. Et si ce sont des loix naturelles, les concilier par l'étenduë & les bornes de leur vérité ; ou si ce sont des loix arbitraires, fixer cette équité par l'intention du Législateur.

Il faut prendre garde de ne pas confondre ces sortes d'interprétations des loix dont on vient de parler, avec celles qui sont réservées au Prince, dont il sera parlé dans l'Article XII. de cette Section. Et il sera facile de comprendre la différence entre ces deux sortes d'interprétations, par les regles qui seront expliquées dans cette Section.

SOMMAIRES.

1. *Esprit des Loix.*
2. *Les Loix naturelles sont mal appliquées, lorsqu'on en tire des conséquences.*
3. *Les Loix arbitraires sont mal appliquées, lorsqu'on en tire des conséquences contre l'intention du Legislateur.*
4. *De la rigueur du Droit.*
5. *Tempérament de la rigueur du Droit.*
6. *Quand il faut suivre ou l'équité, ou la rigueur du Droit.*
7. *Il n'est pas libre indifféremment de suivre ou la rigueur du Droit, ou l'équité.*
8. *La rigueur du Droit, quand il faut la suivre a son équité.*
9. *Interprétation des obscuritez & ambiguitez.*
10. *Interpréter la loi par ses motifs, & par sa teneur.*
11. *Comment on peut suppléer à la Loi.*
12. *Quand il faut recourir au Prince pour l'interprétation de la Loi.*
13. *Il faut suivre la loi, quoique le motif en soit inconnu.*
14. *Loix qui s'étendent favorablement.*
15. *Loix qui se restraignent.*
16. *Loix dont les dispositions ne s'étendent pas hors de ce qu'elles reglent expressément.*
17. *Bienfaits des Princes s'interpretent favorablement.*
18. *Les Loix s'interpretent les unes les autres.*

I.

1. Esprit des loix. Toutes les regles, soit naturelles ou arbitraires, ont leur usage tel que donne à chacune la justice universelle qui en est l'esprit. Ainsi l'usage doit s'en faire par le discernement de ce que demande cet esprit, qui dans les loix naturelles est l'équité, & dans les loix arbitraires l'intention du Législateur. Et c'est aussi dans ce discernement que consiste principalement la science du Droit *a*.

a In omnibus quidem maxime tamen in jure, *æquitas spectanda l. 90. ff. de reg. jur.* In summa æquitatem ante oculos habere debet Judex. *l. 4. §. 1. ff. de eo quod certo loco.* Benignius leges interpretandæ sunt, quo voluntas earum conservetur. *l. 18. ff. de legib.* mens Legislatoris. *l. 15. §. 2. ff. de exent. tutor.* Scire leges non hoc est verba earum tenere, sed vim ac potestatem. *l. 17. ff. de legib.* Ratio naturalis quasi lex quædam tacita *l. 7. ff. de bon. damnat.* Jus est ars boni & æqui. *l. 1. ff. de just. & jur.*

II.

2. Les loix naturelles sont mal appliquées lorsqu'on en tire des conséquences contre l'équité. S'il arrive qu'une regle naturelle étant appliquée à quelque cas qu'elle paroît comprendre, il s'ensuive une décision contraire à l'équité, il en faut conclure que la regle est mal appliquée, & que c'est par quelque autre que ce cas doit être jugé. Ainsi, par exemple, la regle qui veut que celui qui a prêté quelque chose à un autre pour en user, puisse la retirer quand il lui plaira, produiroit une conséquence qui blesseroit l'équité, si on lui permettroit de reprendre la chose prêtée, pendant qu'elle sert actuellement à l'usage pour lequel il l'avoit donnée, & d'où elle ne pourroit être tirée sans quelque dommage. Car cette regle cesse en ce cas par une autre qui veut que celui qui prête, laisse jouir de la grace qu'il fait, & qu'il ne puisse tourner son bienfait en une injustice *b*.

b Ubi æquitas evidens poscit, subveniendum est. *l. 183. ff. de reg. jur.* In omnibus quidem, maxime tamen in jure æquitas spectanda. *l. 90. eod.* Interpretatio usum commodat rei auferre non officium tantùm impedit, sed & suscepta obligatio inter dandum accipiendumque. *l. 17. §. 3. ff. commod.* Voyez l'art. 1. de la Sect. 3. du Prêt à usage, p. 68.

III.

3. Les loix arbitraires sont mal appliquées lorsqu'on en tire des conséquences contre l'intention du Législateur. Si une loi arbitraire étant appliquée à un cas qu'elle paroît comprendre, il en arrive une conséquence qui blesse l'intention du Législateur, la regle ne doit pas s'étendre à ce cas. Ainsi, par exemple, l'Ordonnance de Moulins qui annulle indistinctement les substitutions par le défaut de publication, sans marquer à l'égard de quelles personnes elles seront nulles, ne les rend pas telles à l'égard de l'héritier chargé de la substitution; car une autre regle obligeroit cet héritier à faire faire la publication comme étant chargé d'exécuter les dispositions du testateur, & il ne doit pas profiter de sa négligence, ou de sa mauvaise foi *c*.

c Etsi maxime verba legis hunc habent intellectum, tamen mens Legislatoris aliud vult *l. 13. ff. de excus. tut.* Voyez l'Ordonnance de Moulins art. 57. & celle de Henry II. en 1553. a.i.

---

4. De Sophistica legum interpretatione & cavillatione. *v. l. 12. §. C. de adif. priv.*

IV.

4. De la rigueur du Droit. Il ne faut pas prendre pour des injustices contraires à l'équité ou à l'intention du Législateur les décisions qui paroissent avoir quelque dureté qu'on appelle rigueur de droit, lorsqu'il est évident que cette rigueur est essentielle à la loi d'où elle suit, & qu'on ne pourroit apporter de tempérament à cette loi, sans l'anéantir. Ainsi, par exemple, si un testateur ayant dicté son testament, & l'ayant relû en présence des Notaires & des Témoins, & prenant la plume pour le signer, meurt dans ce moment, ou après qu'il aura signé, on oublie de faire signer l'un des Témoins, ou qu'enfin il manque au testament quelqu'une des formalités prescrites par les loix ou par les coutumes, ce testament sera absolument nul, quelque certitude qu'il y ait de la volonté du Testateur, & quelque favorable que puissent être ses dispositions, parce que ces formalités sont la seule voie que les loix reçoivent pour faire la preuve de la volonté d'un Testateur. Ainsi la rigueur qui annulle tous les testamens où manquent les formes que les loix prescrivent, est essentielle à ces mêmes loix, & ce seroit les anéantir que d'y apporter un tempérament.

d Quod quidem perquam durum est, sed ita lex scripta est. *l. 12. §. 1. ff. qui & à quib. man.*

V.

5. Tempéramens de la rigueur du Droit. Si la dureté ou la rigueur du Droit n'est pas une suite essentielle de la loi, & qui en soit inséparable, mais que la loi puisse avoir son effet par une interprétation qui modere cette rigueur, & par quelque tempérament que demande l'équité, qui est l'esprit de la loi, il faut alors préférer l'équité à cette rigueur qui paroît demander la lettre, & suivre plutôt l'esprit & l'intention de la loi, que la maniere étroite & dure de l'interpréter *e*. Ainsi dans le cas d'un Testateur, qui ordonne que si sa femme qui lui laisse grosse accouche d'un fils, il aura les deux tiers de sa succession, & elle le tiers; & que si c'est une fille, la mere & la fille partageront également la succession; s'il arrive qu'il naisse un fils & une fille la rigueur du Droit paroît exclure la mere, parce qu'elle n'étoit pas appellée au cas qui est arrivé. Mais il est de l'équité que le pere ayant voulu que la mere eût part en ses biens, soit qu'elle eût un fils ou bien une fille, & lui ayant donné la moitié moins qu'auroit le fils, & autant qu'auroit la fille; cette volonté soit exécutée en la maniere qu'elle peut l'être: & que pour cela le fils ait la moitié, & la mere & la fille chacune un quatriéme *f*.

e Placuit in omnibus rebus præcipuam esse justitiæ, æquitatisque spectandæ, quam stricti juris rationem. *l. 8. C. de judic.* Benignius leges interpretandæ sunt, quo voluntas earum conservetur. *l. 18. ff. de legib.* Etsi maxime verba legis hunc habent intellectum, tamen mens Legislatoris aliud vult *l. 13. §. 2. ff. de excus. tut.* Hæc æquitas suggerit, etsi jure deficimur *l. 4. §. 5. in f. ff. de aqua & aquæ pluv. arc.* Ubicumque judicem æquitas moverit. *l. 21. ff. de interrog.* Naturalem potius in se, quàm civilem habet æquitatem. Si quidem civilis deficit actio, sed natura æquum est *l. 1. §. 1. ff. si is qui test. lib.* Benigniorem interpretationem sequi, non minùs justius est quàm tutius *l. 192. §. 1. ff. de reg. jur.* Semper in dubiis benigniora præferenda sunt. *l. 56. eod.* Rapienda occasio est, quæ præbet benignius responsum *l. 168. eod.*

f Si ita scriptum sit, si filius mihi natus fuerit, ex parte hæres esto, ex reliqua parte uxor mea hæres esto. Si verò filia mihi nata fuerit, ex triente hæres esto, ex reliqua parte uxor hæres esto: & filius & filia nati essent, dicendum est assem distribuendum esse in septem partes, ut ex his filius quatuor, uxor duas, filia unam partem habeat. Ita enim secundum voluntatem testantis, filius altero tanto amplius habebit quàm uxor: item uxor altero tanto amplius quàm filia. Licet enim subtilis juris regulæ conveniebat, ruptum fieri testamentum, attamen cum ex utroque nato testator voluerit uxorem aliquid habere, ideò ad hujusmodi sententiam humanitate suggerente decursum est. *l. 13. ff. de lib. & post.* On a changé l'espece de cette loi à l'égard de la fille, parce que cette loi qui est de l'ancien Droit, ne lui donnoit pas sa légitime.

Ainſi pour un autre exemple, ſi un pere & un fils meurent en même tems, comme dans une bataille, ſans qu'il ſoit poſſible de ſçavoir lequel a ſurvécu, & que la veuve mere de ce fils demande contre les héritiers du pere les biens qui ſeroient échus au fils de la ſucceſſion de ſon pere, s'il étoit certain que le fils lui eût ſurvécu, la rigueur du Droit excluroit la mere, parce que le pere & le fils étant morts enſemble, ſans qu'il paroiſſe que le fils ait ſurvécu, on ne peut pas dire qu'il ait ſuccédé au pere, ainſi les biens du pere iroient à ſes héritiers. Mais l'équité veut que dans ce doute, il ſoit préſumé en faveur de la mere, que c'eſt le pere qui eſt mort le premier, & c'eſt auſſi l'ordre naturel g.

g Cùm bello pater cum filio periiſſet, materque filii, quaſi poſtea mortui, bona vindicaret, agnati verò patris, quaſi filius ante periiſſet, Divus Hadrianus credidit patrem priùs mortuum. l. 9. §. 1. de reb. dub.
Il faut remarquer ſur ce ſecond exemple, qu'il ne doit s'entendre que des biens auſquels les meres ſuccedent, ſuivant l'Ordonnance de Charles IX. vulgairement appellé l'Edit des Merets.

VI.

6. Quand il faut ſuivre ou l'équité ou la rigueur du Droit.

Il s'enſuit des régles précédentes, qu'on ne peut fixer pour regle générale, ni que la rigueur du Droit doive être toujours ſuivie contre les tempéramens de l'équité, ni qu'elle doive y céder toujours. Mais cette rigueur devient injuſtice dans les cas où la foi ſouffre qu'on l'interprete par l'équité; & elle eſt au contraire une juſte regle dans les cas où cette interprétation bleſſeroit la loi h. Ainſi ce mot de rigueur du Droit ſe prend ou pour une dureté injuſte & odieuſe, & qui n'eſt pas de l'eſprit des loix, ou pour une regle inflexible, mais qui a ſa juſtice. Et il ne faut jamais confondre l'uſage de ces deux idées; mais on doit diſcerner & appliquer ou la juſte ſeverité, ou le tempérament de l'équité, ſuivant les regles précédentes & celles qui ſuivent.

h Cet article eſt une ſuite des regles précédentes.

VII.

7. Il n'eſt pas libre indifféremment de ſuivre ou la rigueur du Droit, ou l'équité.

Il n'eſt jamais libre & indifférent de choiſir ou la rigueur du Droit, ou bien l'équité, de ſorte qu'on puiſſe dans le même cas appliquer ou l'une ou l'autre indiſtinctement & ſans injuſtice. Mais dans chaque fait il faut ſe déterminer ou à l'une ou à l'autre, ſelon les circonſtances, & ce que demande l'eſprit de la loi. Ainſi il faut juger par la rigueur du Droit, ſi la loi ne ſouffre point de tempérament, ou par le tempérament de l'équité, ſi la loi la ſouffre i.

i Cet article eſt auſſi une ſuite des regles précédentes.

VIII.

8. La rigueur du Droit, quand il faut la ſuivre, a ſon équité.

Quoique la rigueur du Droit ſemble diſtinguée de l'équité, & qu'elle y paroiſſe même oppoſée, il eſt toujours vrai dans les cas où cette rigueur doit être ſuivie, qu'une autre vue de l'équité lui donne ſa juſtice. Et comme il n'arrive jamais que ce qui eſt équitable, bleſſe la juſtice, il n'arrive jamais auſſi que ce qui eſt juſte bleſſe l'équité. Ainſi dans l'exemple de l'article quatriéme, il eſt juſte qu'on annulle le teſtament où manquent les formalités que les loix preſcrivent, parce qu'un acte de cette conſéquence doit être accompagné de circonſtances ſérieuſes, & de preuves fermes de ſa vérité. Et cette juſtice a ſon équité dans le bien public, & dans l'intérêt même qu'ont les Teſtateurs, ſur-tout les malades, qu'on ne puiſſe pas aiſément prendre pour leur volonté, ce qu'il ne ſeroit pas bien ſûr qu'ils euſſent voulu l.

l Cet article eſt encore une ſuite des regles précédentes.

IX.

9. Interprétation

Les obſcuritez, les ambiguitez & les autres défauts d'expreſſion qui peuvent rendre douteux le ſens d'une loi, & toutes les autres difficultés de bien entendre, & de bien appliquer les loix, doivent ſe réſoudre par le ſens le plus naturel, qui ſe rapporte le plus au ſujet, qui eſt le plus conforme à l'intention du Légiſlateur, & que l'équité favoriſe le plus. Ce qui ſe découvre par les diverſes vûes de la nature de la loi, de ſon motif, de ſon rapport aux autres loix, des exceptions qui peüvent la reſtraindre, & des autres ſemblables réflexions qui peuvent en découvrir l'eſprit & le ſens m.

des obſcuritez & ambiguité, &c.

m In ambigua voce legis, ea potiùs accipienda eſt ſignificatio quæ vitio caret. Præſertim cùm etiam voluntas legis, ex hoc colligi poſſit. l. 19. ff. de legib.
Quoties idem ſermo duas ſententias exprimit, ea potiſſimùm excipiatur quæ rei gerendæ aptior eſt. l. 67. ff. de reg. jur. Prior atque potentior eſt quam vox, mens dicentis. l. 7. in ff. de ſuppell. leg. Benignius leges interpretandæ ſunt, quo voluntas earum conſervetur. l. 18. ff. de legib. Scire leges non hoc eſt verba earum tenere, ſed vim ac poteſtatem. l. 17. eod. Voyez les articles 1. 2. 3. de cette Section, & les ſuivans.

X.

10. Préter le ſens à la loi par ſes motifs & par ſa ſuite.

Pour bien entendre le ſens d'une loi, il faut en péſer tous les termes & le préambule, lorſqu'il y en a, afin de juger de ſes diſpoſitions par ſes motifs & par toute la ſuite de ce qu'elle ordonne, & ne pas borner ſon ſens à ce qui pourroit paroître différent de ſon intention, ou dans une partie de la loi tronquée, ou dans le défaut d'une expreſſion. Mais il faut préférer à ce ſens étranger d'une expreſſion défectueuſe celui qui paroît d'ailleurs évident par l'eſprit de la loi entiere. Ainſi on ne bleſſe les regles & l'eſprit des loix, que de ſe ſervir, ou pour juger, ou pour conſeiller, d'une partie détachée d'une loi, & détournée à un autre ſens que celui que lui donne ſa liaiſon au tout n.

n Incivile eſt niſi totâ lege perſpectâ, unâ aliquâ particulâ ejus propoſitâ, judicare vel reſpondere. l. 24. ff. de legib. Verbum ex legibus, ſic accipiendum eſt, tam ex legum ſententia, quàm ex verbis. l. 6. §. 1. ff. de verb. ſign. Etſi maximè verba legis hunc habent intellectum, tamen mens Legiſlatoris aliud vult. l. 13. §. 2. ff. de excuſ. tutor. Voyez les articles précédens. Voyez ſur le mot Préambule, la loi 134. §. 1. ff. de verb. obl.

XI.

11. Comme mene on peut ſuppléer à la loi.

Si dans quelque loi il ſe trouve une omiſſion d'une choſe qui ſoit eſſentielle à la loi, ou qui ſoit une ſuite néceſſaire de ſa diſpoſition, & qui rende à donner à la loi ſon entier effet ſelon ſon motif, on peut en ce cas ſuppléer ce qui manque à l'expreſſion, & étendre la diſpoſition de la loi à ce qui étant compris dans ſon intention, manquoit dans les termes o.

o Quod legibus omiſſum eſt, non omittetur religione judicantium. l. 13. ff. de teſtib.
Quoties lege aliquid unum vel alterum introductum eſt, bona occaſio eſt, cætera quæ tendunt ad eandem utilitatem, vel interpretatione, vel certe juriſdictione ſuppleri. l. 13. ff. de legib. Suppler prætor in omnem caſum legi deeſt. l. 11. ff. de præſcr. verb. Licèt orationi ſub divo Marco habitæ verba deficiant, is tamen qui poſt contractas nuptias nurui ſuæ curator datur, excuſare ſe debet, ne manifeſtam ſententiam ejus offendat. l. 17. C. de excuſ. tutor. Edicti quidem verba ceſſabunt: Pomponius autem ait ſententiam Edicti porrigendam eſſe ad hæc. l. 7. §. 2. ff. de juriſd. Voyez ci-après les articles 21. 22. & 23. qui ſervent d'exemples.

XII.

12. Quand il faut recourir au Prince pour l'interprétation de la loi.

Si les termes d'une loi en expriment nettement le ſens & l'intention, il faut s'y tenir. Que ſi le vrai ſens de la loi ne peut être aſſez entendu par les interprétations qui peuvent s'en faire ſelon les regles qu'on vient d'expliquer, ou que ce ſens étant clair, il en naiſſe des inconvéniens contre l'utilité publique, il faut alors recourir au Prince, pour apprendre de lui ſon intention ſur ce qui peut être ſujet à interprétation, déclaration ou moderation; ſoit pour faire entendre la loi, ou pour y apporter du tempérament p.

p Leges ſacratiſſimæ quæ conſtringunt hominum vitas, in-

telligi ab omnibus debent, ut univerſi præſcripto earum ma-
nifeſtiùs cognito, vel inhibita declinent, vel permiſſa ſecten-
tur. Si quid verò in iiſdem legibus latum forſaſis obſcuriùs fuerit, oportet id ab imperatoria interpretatione patefieri, duri-
riumque legum, noſtræ humanitati incongruam, emendari. *l.*
9. C. de legib. Inter æquitatem, juſque interpoſitam interpretationem, nobis ſolis & oportet, & licet inſpicere. *l. 1. eod.*
Si enim in præſenti leges condere ſoli Imperatori conceſſum
eſt, & leges interpretari, ſolo dignum imperio eſſe oportet.
l. ult eod. Nov. 145. De his quæ primò conſtituuntur, aut interpretatione, aut conſtitutione optimi principis certiùs ſtatuendum eſt. *l. 11. ff. eod.*

*Ainſi le Parlement fit des remontrances à Charles VII. ſur les Dé-
clarations, interpretations, modifications, qui étoient à faire
aux anciennes Ordonnances, ſur quoi intervint celle de 1445.*

*Ainſi l'Ordonnance de Moulins article 1. & celle de 1667. T. 1.
article 3. & article 7. veulent que les Parlemens & les autres Cours
faſſent leurs remontrances au Roi ſur ce qui pourroit ſe trouver dans
les Ordonnances de contraire à l'utilité ou l'intention du Roi, ou
ſujet à interpretation, déclaration ou modération. Voyez l'article 33. de l'Ordonnance de Philippe VI. en 1349. portant pouvoir
au Conſeil & à la Chambre des Comptes, de faire les Déclarations
& interprétations qui ſeroient à faire ſur cette Ordonnance.
De interpretatione Canonum Eccleſiaſticorum, ſi quid dubie-
tatis emerſerit. v. l. 6. de Sacro-Sanct. Eccl. De dubietate, quæ
in Canonibus emerſerit. v. l. 6. C. de Sacro-Sanct. Eccl.*

XIII.

13. *Il faut
ſuivre la
loi, quelque
le motif en
ſoit incon-
nu.*

Si la diſpoſition d'une loi étant bien connue, quoique le motif en ſoit inconnu, il paroît en naître quelque inconvénient qu'on ne puiſſe éviter par une interprétation raiſonnable, il faut préſumer que la loi
a d'ailleurs ſon utilité & ſon équité par quelque vûe du
bien public, qui doit faire préférer ſon ſens & ſon autorité aux raiſonnemens qui pourroient y être contraires. Car autrement pluſieurs loix très-utiles & bien établies ſeroient renverſées ou par d'autres vûes de l'équité, ou par la ſubtilité du raiſonnement *q.*

*q Non omnium quæ à majoribus conſtituta ſunt ratio reddi
poteſt. l. 20. ff. de legib. & ideo rationes eorum quæ conſtituuntur, inquiri non oportet, alioquin multa ex his quæ certa ſunt,
ſubvertuntur. l. 21. eod. Diſputare de principali judicio non
oportet. l. 3. C. de crim. ſacril. Multa jure civili contra rationem diſputandi, pro utilitate communi recepta eſſe, in. nume-
rabilibus rebus probari poteſt. l. 51. §. 2. ff. ad l. Aquil.*

XIV.

14. *Loix
qui s'éten-
dent favo-
rablement.*

Les loix qui favoriſent ce que l'utilité publique,
l'humanité, la religion, la liberté des conventions &
des teſtamens, & d'autres ſemblables motifs rendent
favorables, & celles dont les diſpoſitions ſont en faveur de quelques perſonnes, doivent s'interpréter
avec l'étendue que peut y donner la faveur de ces motifs jointe à l'équité, & ſe doivent s'interpréter
durement, ni s'appliquer d'une manière qui tourne
au préjudice des perſonnes que leurs diſpoſitions veulent favoriſer *r.*

*r Nulla juris ratio, aut æquitatis benignitas patitur, ut quæ
ſalubriter pro utilitate hominum introducuntur, ea nos duriore
interpretatione, contra ipſorum commodum producamus ad ſeveritatem. l. 25. ff. de legib. Aliam cauſam eſſe inſtitutionis quæ
benigne acciperetur. l. 19. ff. de lib. & poſt. propter publicam
utilitatem . . . . ſtrictam rationem inſuper habemus, quæ
nonnunquam in ambiguis religionum quæſtionibus omitti ſolet. Nam ſummam eſſe rationem quæ pro religione facit. l. 43.
ff. de relig. & jumpt. funeram. Quod favore quorumdam conſtitutum eſt, quibuſdam caſibus ad ſeveritatem eorum nolumus inventum videri. l. 6. C. de legib. enim utilem reipublicæ . . . . .
adjuvandam interpretatione. l. 64. §. 1. ff. de condit. & dem.
Voyez un exemple de la dernière partie de cette regle dans l'article
9. de la ſect. 1, du contrat de vente, p. 38. & un autre dans la
loi 3. §. 5. ff. de carb. ed. le reſte n'a pas beſoin d'exemple.*

XV.

15. *Loix
qui ſe reſ-
traignent.*

Les loix qui reſtraignent la liberté naturelle, comme celles qui défendent ce qui de ſoi n'eſt pas illicite,
ou qui dérogent autrement au droit commun, les loix
qui établiſſent les peines des crimes & des délits, ou
des peines en matiere civile, celles qui preſcrivent de
certaines formalitez, les regles dont les diſpoſitions
paroiſſent avoir quelque dureté; celles qui permettent
l'exhérédation, & les autres ſemblables s'interpretent

de ſorte qu'on ne les applique pas au-delà de leurs diſpoſitions à des conſéquences pour des cas où elles ne
s'étendent point. Et qu'au contraire on y donne les
tempéramens d'équité & d'humanité qu'elles peuvent ſouffrir *ſ.*

*ſ C'eſt une ſuite des regles précédentes. Interpretatione legum
pœnæ moliendæ ſunt, potiùs quàm aſperandæ. l. 42. ff. de pœn.
In pœnalibus cauſis benigniùs interpretandum eſt. l. 155. §. ult.
ff. de reg. jur. In levioribus cauſis proniores ad lenitatem judices
eſſe debent, in gravioribus pœnis, ſeveritatem legum, cum aliquo temperamento benignitatis, ſubſequi. l. 1. ff. de pœn. v. l.
32. eod. Aliam cauſam eſſe inſtitutionis quæ benigne acciperetur
exhæredationes autem non eſſent adjuvandæ. l. 19. ff. de lib. & poſt.
Si ita libertatem acceperit ancilla, ſi primum marem pepererit,
libera eſto: & hæc, uno utero marem & fœminam pepereſſet, ſiquidem certum eſt quid priùs ediidiſſet, non debet de ipſius ſtatu
ambigi, utrum libera eſſet, necne. Sed nec filia, nam ſi poſtea
edita eſt, erit ingenua. Sin autem hoc incertum eſt, nec poteſt,
nec per ſubtilitatem judicialem manifeſtari, in ambiguis rebus
humaniorem ſententiam ſequi oportet. Ut tam ipſa libertatem
conſequatur, quàm filia ejus ingenuitatem. Quaſi per præſum-
ptionem priore maſculo edito. l. 10. §. 1. ff. de reb. dub. Quod
contra rationem juris receptum eſt, non eſt producendum ad
conſequentias. l. 14. ff. de legib. In quorum finibus emere quis
prohibetur, pignus accipere non prohibetur. l. 19. de lib. de pign.
Quoique l'exemple de cet eſclave ſoit rapporté dans cette loi 10. §.
1. ff. de reb. dub. ſur la matiere des teſtamens, on peut auſſi l'appliquer en ce lieu.*

XVI.

16. *Loix
dont les diſ-
poſitions ne
s'étendent
pas hors de
ce qu'elles
reglent ex-
preſſement.*

Si quelque loi ou quelque coutume ſe trouve établie par des conſidérations particulieres contre d'autres regles, ou contre le droit commun, elle ne doit
être tirée à aucune conſéquence hors des cas que ſa
diſpoſition marque expreſſement. Ainſi l'Ordonnance
qui défend de recevoir la preuve des conventions au-
deſſus de cent livres, & la preuve des faits qui ſont
différens de ce qui a été convenu, ne s'étend pas à des
faits d'une autre nature, où il ne s'agiroit point de
convention *t.*

*t Quod contra rationem juris receptum eſt, non eſt producen-
dum ad conſequentias. l. 141. ff. de reg. jur. l. 14. ff. de legib. V. l. 39. eod.*

XVII.

17. *Bien-
faits des
Princes s'in-
terpretent
favorable-
ment.*

Les bienfaits & les dons des Princes s'interpretent
favorablement, & ont toute l'étendue raiſonnable que
peut leur donner la préſomption de la libéralité naturelle aux Princes, pourvû qu'on ne les étende pas
d'une maniere qui faſſe préjudice à d'autres perſonnes *u.*

*u Beneficium Imperatoris, quod à divina ſcilicet ejus indul-
gentia proficiſcitur, quàm pleniſſime inerpretari debemus. l.
3. ff. de conſt. princip. V. l. 2. C. de bon. vac. Si à principe
ſimpliciter imperraverit ut in publico loco ædificet, non eſt
credendus ſic ædificate, ut cum incommodo alicujus, id fiat.
l. 2. §. 16, ff. ne quid in loco publ. fiat.*

XVIII.

18. *Les
loix s'inter-
pretent les
unes les au-
tres.*

Si les loix où il ſe trouve quelque doute ou quelqu'autre difficulté, ont quelque rapport à d'autres loix
qui puiſſent en éclaircir le ſens, il faut préférer à
toute autre interpretation celle dont les autres loix
donnent l'ouverture. Ainſi lorſque des loix nouvelles
ſe rapportent aux anciennes, ou à d'anciennes coutumes, ou les anciennes aux nouvelles, elles s'interpretent les unes par les autres, ſelon leur intention commune, en ce que les dernieres n'ont pas abrogé *x.*

*x Non eſt novum ut priores leges ad poſteriores trahantur. l.
26. ff. de legib. Sed & poſteriores leges ad priores pertinent : niſi contrariæ ſint. Idque multis argumentis probatur. l. 28. eod.*

XIX.

19. *Les
loix s'inter-
pretent par
l'uſage.*

Si les difficultez qui peuvent arriver dans l'interprétation d'une loi ou d'une coutume, ſe trouvent expliquées par un ancien uſage qui en ait fixé le ſens,
& qui ſe trouve confirmé par une ſuite perpétuelle de
jugemens uniformes, il faut s'en tenir au ſens déclaré
par

par l'usage, qui est le meilleur interprete des loix *y*.

y Si de interpretatione legis quæratur, in primis inspiciendum est quo jure civitas retro in ejusmodi casibus usa fuisset : optima enim est legum interpretes consuetudo. *l. 37. ff. de legib.* Nam imperator noster Severus rescripsit in ambiguitatibus, quæ ex legibus proficiscuntur, consuetudinem, aut rerum perpetuò similiter judicatarum autoritatem, vim legis obtinere debere. *l. 38. eod.*

X X.

20. Coutumes voisines & celles des principales Villes, quand servent de regles aux autres lieux.

Si quelques Provinces ou quelques lieux manquent de regles certaines pour des difficultez dans des matieres qui y sont en usage, & que ces difficultez ne soient pas reglées par le droit naturel, ou les loix écrites, mais qu'elles dépendent des coutumes & des usages, on doit s'y regler par les principes qui suivent des coutumes de ces lieux mêmes. Et si cela ne regle pas la difficulté, il faut suivre ce qui s'en trouve reglé par les coutumes voisines qui en disposent, & sur-tout par celle des principales Villes *z*.

z De quibus causis scriptis legibus non utimur, id custodiri oportet, quod moribus & consuetudine inductum est. Et si qua in re hoc deficeret, tunc quod proximum & consequens ei est. Si nec id quidem appareat, tunc jus quo urbs Roma utitur, servari oportet. *l. 32. ff. de legib.*

X X I.

21. Les loix s'étendent à ce qui est essentiel à leur intention.

Toutes les loix s'étendent à tout ce qui est essentiel à leur intention. Ainsi la loi permettant le mariage aux garçons à l'âge de quatorze ans accomplis, & aux filles à douze, c'est une suite de ces loix, que ceux qui se marient puissent s'obliger, quoique mineurs, aux conventions du mariage qui regardent la dot, le douaire, la communauté des biens, & les autres semblables. Ainsi les Juges étant établis pour rendre la justice, leur autorité s'étend à tout ce qui devient nécessaire pour l'exercice de leurs fonctions ; comme le droit de réprimer par des peines ceux qui résistent aux ordres de la Justice ; & il en est de même de toutes les autres suites de leur ministere *a*.

a Hæc æquitas suggerit, etsi jure deficiamur. *l. 2. §. 5. ff. in f. ff. de aqua & aquæ pluviæ arcend.* Edicti quidem verba cessabunt : Pomponius autem ait sententiam edicti porrigendam esse ad hæc. *l. 7. §. 2. ff. de jurisd.* Cui jurisdictio data est, ea quoque concessa esse videntur, sine quibus jurisdictio explicari non potuit. *l. 2. eod.*

X X I I.

22. Les loix qui permettent s'étendent du plus au moins.

Dans les loix qui permettent, on tire la conséquence du plus au moins. Ainsi ceux qui ont le droit de donner leurs biens, ont à plus forte raison le droit de les vendre. Et de même ceux qui ont le droit d'instituer des héritiers par un testament, ont à plus forte raison le droit de faire des legs *b*.

b Non debet cui licet, quod minus est, non licere. *l. 21. ff. de reg. jur.* Cujus est donandi, eidem & vendendi, & concedendi jus est, *l. 63. ff. de reg. jur.* Qui potest invitis alienare, multo magis & ignorantibus & absentibus potest. *l. 20. ff. de reg. jur. V. les deux articles suivans.*

X X I I I.

23. Les loix qui défendent s'étendent du moins au plus.

Dans les loix qui défendent, on tire la conséquence du moins au plus. Ainsi les prodigues à qui on a interdit l'administration de leurs biens, ne peuvent à plus forte raison les aliéner. Ainsi ceux qui sont déclarez indignes de quelque Charge ou de quelque honneur, sont à plus forte raison indignes d'une plus grande Charge, & d'un honneur plus considérable *c*.

c Qui indignus est inferiore ordine, indignior est superiore. *l. 4. ff. de Senatorib.* Et enim perquam ridiculum, eum qui minoribus pœnæ causæ prohibitus sit ad majores aspirare. *l. 7. §. ult. ff. de interd. & releg. l. 5. ff. de serv. export. Voyez l'article suivant.*

X X I V.

24. Exception aux deux regles précédentes.

Cette étendue des loix du moins au plus, & du plus au moins, est bornée aux choses qui sont de même genre que celles dont la loi dispose, ou qui sont telles

Tome I.

que son motif doive s'y étendre, comme dans les exemples des articles précédens *d*. Mais il ne faut pas tirer la conséquence ni du plus au moins, ni du moins au plus, quand ce sont des choses de différent genre, ou qui sont telles que l'esprit de la loi ne s'y applique point *e*. Ainsi la loi qui permet aux adultes de s'engager dans le mariage, & d'y obliger leurs biens pour les conventions qui en sont les suites, quoiqu'ils soient mineurs, seroit mal appliquée à d'autres sortes de conventions, quoique moins importantes. Ainsi la liberté qu'a un adulte en minorité, de donner tous ses biens par une disposition à cause de mort, seroit mal étendue à la liberté de donner entre-vifs une partie de ses biens. Ainsi le pouvoir du haut-Justicier seroit mal étendu à ce qui est de la moyenne ou basse Justice. Ainsi les loix qui notent d'infamie, seroient mal appliquées à la privation des biens, encore que l'honneur soit plus que le bien.

d In eo quod plus sit, semper inest & minus. *l. 110. ff. de reg. jur.* Cùm quis possit alienare, poterit & consentire alienationi. *l. 165. eod.* Lex Julia quæ de dotali prædio prospexit, ne id marito liceat obligare aut alienare, plenius interpretanda est, ut etiam de sponso idem juris sit, quod de marito. *l. 4. ff. de fundo dot.*

e Ainsi dans l'ancien droit Romain, la licence qu'avoient les peres d'ôter la vie à leurs enfans, ne s'étendoit pas à la licence de les priver de la liberté & les rendre esclaves. Libertati à majoribus tantùm impensum est : ut patribus, quibus jus vitæ in liberos necisque potestas olim erat permissa libertatem eripere non liceret. *l. ult. C. de patr. potest.* Ainsi dans le même droit Romain, il étoit permis de donner à sa concubine, mais non à sa femme. Voyez *la tit. 58. & tot. Tit. ff. de donat. inter vir. & uxor.* Ainsi dans ce même Droit il étoit permis au mari de vendre le fonds dotal de sa femme, si elle y consentoit, mais non pas de l'hypothéquer, quoiqu'elle y consente. Lex Julia fundi domii Italici alienationem prohibebat fieri à marito non consentiente muliere : hypotecam autem, nec si mulier consentiebat. *l. 101. §. 15. C. de rei ux. act.*

X X V.

25. Défense jus tacitæ.

Si quelque loi faisoit cesser la recherche de quelque abus, le pardonnant pour le passé, ce seroit le défendre pour l'avenir *f*.

f Cùm lex in præteritum quid indulget, in futurum vetat. *l. 22. ff. de legib.* La loi seroit bien imparfaite, si dissimulant le passé, elle n'ajoutoit les défenses pour l'avenir. Ainsi l'Edit de 1604. qui remit la recherche de ceux qui avoient pris les intérêts d'obligation à cause de prét, & les convertit en ventes, ne manqua pas de défendre ces intérêts pour l'avenir. V. Nov. 154.

X X V I.

26. Comment les droits sont acquis aux personnes par l'effet des loix.

Lorsqu'un droit vient à quelque personne par la disposition d'une loi, ce droit lui est acquis par l'effet de la loi, soit que cette personne sçache ou ignore cette loi ; & soit aussi qu'elle sçache ou ignore le fait d'où dépend le droit que la loi lui donne. Ainsi le créancier de qui le débiteur vient à mourir, a son droit acquis contre l'héritier, quoiqu'il ignore la mort de son débiteur, & quand il ne sçauroit pas même que la loi engage l'héritier aux dettes de celui à qui il succede. Ainsi le fils est héritier de son pere, quoiqu'il ignore son droit de succéder, & qu'il ne sçache pas la mort de son pere. Et c'est une suite de cette regle, que les droits de cette nature qui sont acquis aux personnes par l'effet de la loi, passent à leurs héritiers, s'il arrive qu'ils meurent avant que d'avoir exercé ni connu leur droit *g*.

g Cùm evidentissimè lex duodecim tabularum hæredes huic rei (æri alieno defuncti) faciat obnoxios. *l. ult. C. de hæred. act.* Item vobis acquiritur quod servi vestri ex traditione nancisicuntur : sive quid stipulentur, sive ex donatione, vel ex legato vel ex qualiber alia causa acquirant. Hoc enim, vobis ignorantibus & invitis, obvenit. §. 3. *inst. per quas pers. nob. acq.* Si infanti, id est, minori septem annis, in potestate patris vel avi vel proavi constituto, sit constituta, hæreditas sit derelicta, vel ab intestato delata à matre, vel linea ex qua mater descendit, vel aliis ejusmodque personis, licebit parentibus ejus sub quorum potestate est, adire ejus nomine hæreditatem, vel bonorum possessionem petere. Sed si hoc parens neglexerit, & in memorata ætate infans decesserit,

B

tunc patentem quidem fuperftitem omnia ex quacumque fucceffione ad eumdem infantem devoluta jure patrio, quafi jam
infanti quæfita capere. *l.* 18. *C. de jur. deliber.* v. *l.* 5. §. fi
pars hæred. pet. *l.* 30. §. 6. ff. de acq. vel om. hæred. Prætor ventrem mittit in poffeffionem. d. *l.* §. 1. & tit. de ventr. in poff.
mit. Teftamento jure facto, multis inftitutis hæredibus, & invicem fubftitutis: adeuntibus fuam portionem, etiam invitis
cohæredum repudiantium accrefcit portio. *l.* 6. *C. de impub.*
& al. fubft. Illud fciendum eft, fi mulier prægnans non fit,
exiftimatur autem prægnans effe, interim filium heredem effe
ex affe, quamquam ignoret fe ex affe hæredem effe. *l.* 5. ff. fi
pars hæred. pet. d. §. t. *l.* 30. §. 6. ff. de acq. vel om. hær. Ignorans hæres fit. *l.* 3. §. 10. ff. de fuis & leg. v. *l.* un. C. de his qui
ante ap. tab.

   Il faut entendre cette regle, ainfi qu'elle eft exprimée, des droits
acquis par la difpofition d'une loi, & non par en général de ce qui
eft acquis par d'autres voies, que les loix autorifent comme feroit
un legs acquis par la volonté d'un teftateur. C'eft de cette regle
que dépend celle de nos coutumes, le mort faifit le vif, qui fignifie que les héritiers du fang ont leur droit acquis à la fucceffion,
quoiqu'ils ignorent la mort de celui à qui ils fuccedent, parce que
c'eft la loi qui les appelle à la fucceffion. Mais les légataires & les
héritiers teftamentaires n'étant appellez que par la volonté du teftateur, & non par la loi, leur droit n'eft pas le même, & on expliquera cette différence en fon lieu dans les fucceffions. V. *l.* 1. de
his qui ante ap. tab.

27. Com-
ment on
peut renon-
cer au droit
acquis par
une loi.

XXVII.

   Il eft libre aux perfonnes capables d'ufer de leurs
droits, de renoncer à ce que les loix établiffent en leur
faveur. Ainfi un majeur qui n'a aucune incapacité, comme feroit la démence, ou une interdiction, peut renoncer à une fucceffion où la loi l'appelle. Ainfi ceux
qui ont des privileges accordez ou par des loix, ou par
des graces particulieres, peuvent ne s'en pas fervir *h.*
Mais cette liberté de renoncer à fon droit ne s'étend
point au cas où des perfonnes tierces feroient intéreffées, ni à ceux où la renonciation à fon droit, feroit
contraire à l'équité ou aux bonnes mœurs ou à la défenfe de quelque loi.

   h Regula eft juris antiqui, omnes licentiam habere, his quæ
pro fe indulta funt, renuntiare. *l.* 51. C. de Epifc. & Cler. *l.* 29.
C. de pact.
   Licet fui juris perfecutionem, aut fpem futuræ perceptionis,
deteriorem conftituere. *l.* 46. ff. de pact. v. *l.* 4. ff. 4. ff. fi quis
caut. *l.* 8. ff. de tranfact. Venditor fundi Geroniani, fundo
Borroiano quem retinebat; legem dederat, ne contra eum
pifcario Thynnaria exerceatur. Quamvis mari, quod natura omnibus patet, fervitus imponi privata lege non poteft; quia tamen
bona fides contractus, legem fervari vendicionis expofcit; perfonæ poffidentium, aut in jus eorum fuccedentium per ftipulationis, vel vendicionis legem obligantur. *l.* 13. ff. comm. præd.
V. l'art. fuivant & l'art. 2. de la Sect. 4. des vices des conventions,
p. 142.

28. Les
difpofitions
des loix ne
peuvent être
empê-
chées par
celles
des loix.

XXVIII.

   Les loix ont leur effet indépendamment de la volonté des particuliers. Et perfonne ne peut empêcher, ni
par des conventions, ni par des difpofitions à caufe de
mort, ni autrement, que les loix ne reglent ce qui le
regarde. Ainfi un teftateur ne peut empêcher par aucune précaution, que les loix n'ayent leur effet contre
les difpofitions qu'il pourroit faire contraires à celles
des loix. Ainfi les conventions qui bleffent les regles
n'ont aucun effet *i.*

   i Jus publicum privatorum pactis mutari non poteft. *l.* 38. ff.
de pact. *l.* 20. ff. de religiofis. Privatorum conventio juri publico
non derogat. *l.* 45. §. 1. ff. de reg. jur.
   Frater cùm hæredem fororem fcriberet, alium ab ea, cui do-
narum volebat, ftipulari curavit, ne Falcidia uteretur; & ut certam pecuniam, fi contra feciffet, præftaret. Privatorum cautione,
legibus non effe refragandum conftitit. Et ideò fororem jure
publico, rerentionem habituram, & actionem ex ftipulatu denegandam. *l.* 15. §. 1. ff. ad leg. falc. Nullum pactum, nullam conventionem, nullum contractum inter eos videri volumus fub-
fecutum, qui contrahunt lege contrahere prohibente. *l.* 5. C. de
legib. La Novelle 1. C. 2. in f. permet aux teftateurs de priver leurs
héritiers de la falcidie; mais cette permiffion même marque qu'autrement leur difpofition auroit été inutile, comme contraire à la loi,
qui veut que l'héritier ait au moins la falcidie qui eft le quart des
biens.
   Il ne faut pas donner à la regle expliquée dans cet article une
étendue qui eût quelque chofe de contraire à l'article précédent.

29. Dif-
cernement
néceffaire

XXIX.

   De toutes les regles qui ont été expliquées dans ce

Titre, on peut conclure, & c'en eft une derniere, *pour le bon
u∫age des
regles.*
qu'il eft dangereux qu'on n'applique mal les regles du
Droit, fi on manque d'une connoiffance affez étendue
de leur détail, & des diverfes vûes néceffaires pour les
interpréter & les appliquer *l.*

   l Omnis definitio in jure civili periculofa eft. Parum eft enim
ut non fubverti poffet. *l.* 202. ff. de reg. jur.
   Ainfi on doit prendre garde à ne pas appliquer une regle hors de
fon étendue, & à des matieres où elle n'a point de rapport. Ainfi on
doit reconnoître les exceptions qui bornent les regles. Ainfi on doit
fe tenir à la lettre de la loi, ou l'interpréter felon les regles expliquées dans ce titre, & en obferver les autres remarques.

TITRE II.

DES PERSONNES.

Q Uoique les Loix Civiles reconnoiffent une efpece   *Comment
les loix dif-
tinguent les
perfonnes.*
d'égalité qui met le droit naturel entre tous les
hommes *a*, elles diftinguent les perfonnes par de certaines qualitez, qui ont un rapport particulier aux matieres du droit civil, & qui font ce qu'on appelle l'état
des perfonnes. Ce font ces qualitez dont il eft parlé dans
le Droit Romain, fous le titre, de Statu hom. Mais on
ne trouve ni dans ce titre, ni dans aucun autre, ce que
c'eft proprement que l'état des perfonnes. On voit feulement qu'il y a de différentes qualitez, comme celles
de libre & d'efclave, de pere de famille & de fils de
famille, & autres dont il eft dit qu'elles font l'état des
perfonnes. Mais on ne voit rien qui marque ce qu'il y
a de commun dans ces qualitez, par où l'on puiffe
concevoir une idée jufte & précife du caractere néceffaire dans une qualité, pour pouvoir dire qu'elle regarde ou ne regarde pas l'état d'une perfonne.

   C'eft ce qui a obligé de confidérer dans toutes ces
qualitez, ce qu'elles ont de commun entr'elles, & ce
qui les diftingue des autres qualitez qui ne font pas la
même effet. Et il paroît que la diftinction de ces qualitez qui font l'état des perfonnes, & de celles qui n'y
ont point de rapport, eft une fuite toute naturelle de
l'ordre de la fociété, & de celui des matieres des Loix
Civiles. Car comme on a vû dans le plan de ces matieres que les loix civiles ont pour leur objet les engagemens & les fucceffions; on verra que les qualitez
que ces loix confiderent pour diftinguer l'état des perfonnes, ont aufli un rapport particulier aux engagemens & aux fucceffions, & qu'elles ont toutes cela de
commun, qu'elles rendent les perfonnes capables, ou
incapables, ou de tous engagemens, ou de quelques-
uns, ou des fucceffions. Ainfi pour les engagemens,
les majeurs font capables de tous engagemens volontaires & autres, des conventions, des tutelles, des
charges publiques; & les mineurs font incapables de
plufieurs fortes d'engagemens, & fur-tout de ceux qui
ne tournent pas à leur avantage. Ainfi pour les fucce-
fions les enfans légitimes font capables de fuccéder, &
les bâtards en font incapables, & on verra dans toutes
les autres qualitez qui font l'état des perfonnes, qu'elles font en même temps quelque capacité ou incapacité. De forte qu'on peut dire que l'état des perfonnes   *Ce que
c'eft que l'é-
tat des per-
fonnes.*
confifte dans cette capacité ou incapacité qu'il eft facile
de reconnoître par ces qualitez; car elles font de telle
nature, que chacune eft comme en parallele à une autre qui lui eft oppofée, & que l'une des deux oppofées
fe rencontre toujours en chaque perfonne. Ainfi il n'y
a perfonne qui ne foit ou majeur ou mineur, ou légitime ou bâtard. Et il en eft de même de toutes les autres, comme la fuite le fera voir.

   Les diftinctions que font entre les perfonnes les qua-   *Deux fortes de qua-
litez qui
font l'état
des perfon-
nes.*
litez qui reglent leur état, font de deux fortes. La premiere eft de celles qui font naturelles & reglées par des
qualitez que la nature même marque & diftingue en
chaque perfonne. Ainfi c'eft la nature qui diftingue les

   a Quod ad jus naturale attinet, omnes homines æquales funt.
l. 32. ff. de reg. jur.

deux fexes, & ceux qu'on appelle hermaphrodites. Et la feconde eft des diftributions qui font établies par des loix humaines. Ainfi l'efclavage eft un état qui n'eft pas naturel *b*, & que les hommes ont établi. Et felon les différentes diftinctions de ces deux efpeces, chaque perfonne a fon état reglé par l'ordre de la nature, & par celui des loix.

Remarquez fur l'état des perfonnes par le Droit Romain, & par notre ufage.

Il faut remarquer qu'on a mis dans ce titre quelques diftinctions des perfonnes, qui ne font pas mifes dans le Droit Romain, parmi celles qui font l'état des perfonnes. Car, par exemple, il eft dit dans le Droit Romain que la démence ne change pas l'état *c* ; & on y voit auffi que dans le titre de l'état des perfonnes, il n'eft point parlé de la majorité & de la minorité. Mais cependant la démence & la minorité regardent l'état des perfonnes, felon les principes même du Droit Romain. Car dans le premier Livre des Inftitutes où font les diftinctions des perfonnes libres & des efclaves, des peres de famille & des fils de famille, on y a mis auffi les mineurs *d*, & ceux qui font en démence *e*. Et en effet, ces perfonnes font dans une incapacité qui leur rend néceffaire la conduite d'un tuteur, ou d'un curateur. Ainfi cette regle, que la démence ne change pas l'état, fignifie qu'elle ne change pas l'état que font les autres qualitez, & qu'elle n'empêche pas par exemple, qu'un infenfé ne foit libre, & qu'il ne foit pere de famille. Et enfin dans notre ufage, s'il s'agiffoit de fçavoir fi une perfonne eft infenfée, on appelleroit cette queftion, une caufe d'état ; comme on appelle de ce nom toutes les caufes où il s'agit de l'état des perfonnes.

b Servitus eft conftitutio juris gentium, quia quis dominio alieno contra naturam fubjicitur. *l.* 4. §. 1. *ff. de ftat. hom.*

c Qui furere coepit, & ftatum, & dignitatem in qua fuit, & magiftratum, & poteftatem videtur retinere : ficut nei fuæ dominium retinet. *l.* 20. *ff. de ftat. hom.*

d Tranfeamus nunc ad aliam divifionem perfonarum. Nam ex his perfonis, quæ in poteftate non funt, quædam vel in tutela funt, vel in curatione : quædam neutro jure renentur. *inft. de tut.*

e Furiofi quoque & prodigi licèt majores viginti-quinque annis fint, tamen in curatione funt. §. 3. *inft. de curat.*

SECTION I.
De l'état des perfonnes par la nature.

Diftinctions des perfonnes par la nature.

Les diftinctions qui font l'état des perfonnes par la nature, font fondées fur le fexe, fur la naiffance, & fur l'âge de chaque perfonne, en comprenant fous les diftinctions que fait la naiffance, celles qui dépendent de certains défauts ou vices de conformation qu'on a de naiffance. Comme font, le double fexe dans les hermaphrodites, l'incapacité d'engendrer & quelques autres. Et quoique quelques-uns de ces défauts puiffent auffi furvenir par des accidens après la naiffance ; de quelque maniere qu'on les confidere, les diftinctions qu'ils font des perfonnes, font toujours de l'ordre de celles que fait la nature, & elles ont leur place dans cette Section.

SOMMAIRES.

1. *Diftinction des perfonnes par le fexe.*
2. *Diftinction par la naiffance, & de la puiffance paternelle.*
3. *Légitimes, & bâtards.*
4. *Morts nez.*
5. *Avortons.*
6. *L'enfant qui n'eft pas né.*
7. *Pofthumes.*
8. *Ceux qui naiffent après la mort de leur mere.*
9. *Hermaphrodites.*
10. *Eunuques.*
11. *Infenfez.*
12. *Sourds & muets, & autres qui ont de pareilles infirmitez.*

Tome I.

13. *Comment la démence & l'imbécillité ne changent pas l'état.*
14. *Monftres.*
15. *Cas où les monftres font mis au nombre des enfans.*
16. *Diftinctions par l'âge.*

I.

v. Diftinctions des per[fonnes] par le fexe.

Le fexe qui diftingue l'homme & la femme, fait entr'eux cette différence, pour ce qui regarde leur état, que les hommes font capables de toute forte d'engagemens & de fonctions, fi ce n'eft que qu'elqu'un en foit exclu par des obftacles particuliers, & que les femmes font incapables par la feule raifon du fexe de plufieurs fortes d'engagemens & de fonctions. Ainfi, les femmes ne peuvent exercer une magiftrature, ni être témoins dans un teftament, ni poftuler en Juftice, ni avoir turrices que de leurs enfans. Ce qui rend leur condition en plufieurs chofes moins avantageufe, & en d'autres auffi moins onéreufe que celle des hommes *a*.

a Foeminæ ab omnibus officiis civilibus vel publicis remotæ funt. Et ideò nec Judices effe poffunt, nec magiftratum gerere, nec poftulare, nec pro alio intervenire, nec procuratores exiftere. *l.* 2. *ff. de reg. jur.* Mulier teftimonium dicere in teftamento non poterit. *l.* 20. §. 6. *ff. qui teft. facere poff.* Foeminæ tutores dari non poffunt, quia ad munus mafculorum eft. Nifi à Principe filiorum tutelam fpecialiter poftulent. *l. ult. ff. de tut.* In multis juris noftri articulis, deterior eft conditio foeminarum, quàm mafculorum. *l.* 9. *ff. de ftat. hom.*

Par l'ancien Droit Romain, ou la Loi des douze Tables, la femme étoit en perpétuelle tutelle, ce qui fut enfuite aboli. v. in fragm. 12. tab. tit. 18. §. 6. Ulp. Tit. 11. §. 18. & par ce même droit les femmes ne fuccédoient point, non par même à leurs mâles, ni leurs enfans à elles : ce qui fut encore aboli. Inft. de Senat. Tertull. Et par le Senaufconfulte Velleien, les femmes ne pouvoient s'obliger pour d'autres. Tit. ff. & Cod. ad Senat. Vell. Ce qui a été aboli dans la plûpart des Provinces de ce Royaume, par l'Edit du mois d'Août 1606, qui a défendu l'ufage d'énoncer dans les obligations des femmes la renonciation au Velleien, & qui a validé leurs obligations fans cette renonciation.

Par notre ufage les femmes mariées font fous la puiffance de leurs maris. Ce qui eft du droit naturel, & du droit divin. Sub viri poteftate erit. Gen. 3. 16. Mulieres viris fuis fubditæ fint ficut domino, quoniam vir caput eft mulieris. Ephef. 5. 23. 1. Cor. 11. 3. 1. Pet. 3. 1. C'eft à caufe de cette puiffance du mari fur la femme, que par notre ufage elle ne peut s'obliger fans l'autorité du mari, finon en de certains cas. Ainfi, la femme qui eft marchande publique, & qui fait un commerce féparé de celui de fon mari, peut s'obliger fans être expreffément autorifée. Car c'eft par le confentement du mari qu'elle fait ce commerce. Ainfi, dans quelques Provinces les femmes peuvent s'obliger fans l'autorité de leurs maris, pour ce qui regarde leurs biens dotaux, ou paraphernaux. v. la Sect. 4. du titre des dots, p. 99.

C'eft encore à caufe de cette même puiffance du mari, qu'en quelques Provinces les femmes mariées ne peuvent s'obliger, & non pas même avec le confentement & l'autorité du mari, de crainte que l'ufage de cette puiffance ne tournât à la perte ou à la diminution de leur bien dotal.

Cette autorité du mari fur la femme, n'étoit pas la même dans le Droit Romain, où la femme mariée demeuroit fous la puiffance de fon pere, s'il ne l'émancipoit en la mariant. *l.* 5. C. de cond. infert. tam leg. qu. *l.* 1. 7. C. de nup. 1. 1. C. de bon. quæ lib. 1. 1. §. 1. ff. de agn. lib. 1. 1. §. ult. ff. de lib. exhib. Et au lieu de cette puiffance du mari fur la femme, & des effets que nous y donnons, on ne reconnoiffoit dans le Droit Romain qu'un devoir de refpect, & des offices qui en font des fuites. Cujus matrimonio confentit, in officio mariti effe debet. *l.* 48. *ff. de nup. lib.* Recepta reverentia quæ maritis exhibenda fit. *l.* 14. *in f. ff. fol. matr.* Car il ne faut pas confidérer comme un ufage du Droit Romain, qu'on doive rapporter au nôtre, cette ancienne maniere de célébrer le mariage, qui dans l'ancien Droit Romain mettoit la femme fous la puiffance du mari, comme font les enfans fous la puiffance du pere, & qui la rendoit même héritiere du mari. v. Tit. 2. Ulp. §. 14. & tit. 9. Mais pour ce qui regarde notre ufage qui rend néceffaire l'autorité du mari, pour rendre valide l'obligation de la femme dans les lieux, & dans les cas où elle peut s'obliger, il n'en étoit pas de même dans le Droit Romain : & on y voit au contraire en la loi 6. C. de revoc. donat. que dans le cas d'une donation faite par une femme à fon fils, en l'abfence de fon mari, & qui voulant la révoquer, étoit de cette circonftance un des fes moyens : il eft dit que cette abfence n'empêchoit pas l'effet de la donation, & qu'ainfi la femme avoit pû difpofer de fon bien, fans l'autorité de fon mari. Define poftulare, ut donatio quam perceceras, revocetur prætextu mariti & liberorum abfentiæ : cùm hujus firmitas ipforum præfentia non indigeat. *l. d.*

On ne s'étend pas davantage ici fur ce qui regarde la puiffance & l'autorité du mari, ou dans le Droit Romain, ou dans notre ufage,

B ij

Mais on a été obligé de faire ces rémarques sur les différences entre notre usage & le Droit Romain pour l'état des femmes, parce que ce sont les fondemens des regles que nous observons pour la capacité ou pour l'incapacité des femmes à l'égard des engagemens.

I I.

2. Distinctions par la naissance, & de la puissance paternelle.

La naissance met les enfans sous la puissance de ceux de qui ils naissent. Et les effets naturels de cette puissance font reglez par la nature & la Loi divine, qui marque les devoirs des enfans envers les parens b. Mais il y a quelques effets que les loix civiles donnent à la puissance des peres sur leurs enfans légitimes. Et ces effets sont un caractere particulier de puissance paternelle c, qui fait l'état des fils de familles, dont la distinction sera expliquée dans la Section II.

b Honora patrem tuum, & matrem tuam. Exod. 20. 12. Memento quoniam nisi per illos, natus non fuisses. Eccli. 7. 30. Quasi dominis serviet his qui se genuerunt. Eccli. 3. 8.

c In potestate nostra sunt liberi nostri, quos ex justis nuptiis procreavimus. Inst. de patr. potest. l. 3. ff. de his q. s. v. al. j. s. Jus autem potestatis quod in liberos habemus, proprium est civium Romanorum. Nulli enim alii sunt homines, qui talem in liberos habeant potestatem qualem nos habemus. §. 2. Inst. de patr. potest.

I I I.

3. Légitimes & bâtards.

Les enfans légitimes sont ceux qui naissent d'un mariage légitimement contracté d. Et les bâtards sont ceux qui naissent hors d'un mariage légitime e.

d Filium eum definimus, qui ex viro & uxore ejus nascitur. l. 6. ff. de his qui sui vel al. j. s.

e Vulgò concepti dicuntur, qui patrem demonstrare non possunt. Vel qui possunt quidem, sed eum habent, quem habere non licet : qui & spurii appellantur παρὰ τὴν σπορὰν. l. 23. ff. de stat. hom. Non ingredietur Manzer, hoc est, de scorto natus, in Ecclesiam Domini usque ad decimam generationem. Deuteron. 23. 2.

Le mariage étant la seule voye légitime de la propagation du genre humain, il est juste de distinguer la condition des bâtards, de celle des enfans légitimes. Et c'est à cause de cette distinction que les loix rendent les bâtards incapables des successions ab intestat, & que comme ils ne succedent à personne, n'étant d'aucune famille, personne aussi ne leur succede que leurs enfans légitimes ; ainsi qu'il sera expliqué en son lieu. Voyez l'Ordonnance de Charles VI. de 1386.

I V.

4. Morts nez.

Les enfans qui naissent morts sont considerez comme s'ils n'avoient été ni nez, ni conçus f.

f Qui mortui nascuntur, neque nati, neque procreati videntur ; quia nunquam liberi appellari potuerunt. l. 129. ff. de verb. signif. Uxoris abortu testamentum mariti non solvi : posthumo vero praeterito, quamvis natus illico decesserit, non restitui ruptum, juris evidentissimi est. l. 2. C. de post. haered. inst.

Les enfans morts nez sont tellement considerez, comme s'ils n'avoient jamais été conçus, que les successions même qui leur étoient échûës pendant qu'ils vivoient dans le sein de leurs meres, passent aux personnes à qui elles auroient appartenu, si ces enfans n'eussent pas été conçus : & ils ne les transmettent pas à leurs héritiers, parce que le droit qu'ils avoient à ces successions n'étoit qu'une espérance qui renfermoit la condition, qu'ils vinssent au monde pour en être capables. Voyez ci-après l'art. 6.

V.

5. Avortons.

Les avortons sont ceux qu'une naissance prématurée fait naître ou morts ou incapables de vivre g.

g L'état des avortons peut être considéré par deux vûes. L'une de sçavoir si étant légitimes, & ayant eu vie, ils sont capables de succéder, & de transmettre une succession, ce qui sera expliqué en son lieu : & l'autre de sçavoir par où l'on peut juger quel est le tems de grossesse nécessaire pour former un enfant qui puisse vivre ; ce qui sert à regler si les enfans qui vivent, quoique nez avant le terme ordinaire, à compter depuis le mariage, doivent être réputez légitimes, ou non. Et on tient pour légitimes ceux qui vivent quoique nez au commencement du septième mois. De eo qui centesimo octogesimo secundo die natus est, Hippocrates scripsit, & divus Pius Pontificibus rescripsit, justo tempore videri natum. l. 3. §. ult. ff. de suis & leg. haered. Septimo mense nasci perfectum partum jam receptum est, propter autoritatem doctissimi viri Hippocratis. Et ideò credendum est, eum, qui ex

---

justis nuptiis septimo mense natus est, justum filium esse. l. 12. ff. de stat. hom.

V I.

6. L'enfant qui n'est pas né.

Les enfans qui sont encore dans le sein de leurs meres n'ont pas leur état reglé, & il ne doit l'être que par la naissance. Et jusques-là ils ne peuvent être comptez pour des enfans, non pas même pour acquérir à leurs peres les droits que donnent le nombre des enfans h. Mais l'espérance qu'ils naîtront vivans fait qu'on les considere en ce qui les regarde eux-mêmes, comme s'ils étoient déja nez. Ainsi on leur conserve les successions échûës avant leur naissance, & qui les regardent ; & on leur nomme des curateurs pour prendre soin de ces successions i. Ainsi on punit comme homicide la mere qui procure son avortement. l.

h Partus antequam edatur, mulieris portio est, vel viscerum. l. 1. §. 1. ff. inspect. vent. Partus nondum editus, homo non rectè fuisse dicitur. l. 9. in s. ff. ad leg. falc. Spes animantis. l. 2. ff. de mort. infert.

Qui in utero est, perinde ac si in rebus humanis esset, custoditur, quoties de commodis ipsius partus quaeritur. Quanquam alii, antequam nascatur, nequaquam prosit. l. 7. ff. de stat. hom. Qui in ventre est, etsi in multis partibus legum comparatur jam natis : tamen neque in praesenti quaestione (excusationis à tutela) neque in reliquis civilibus muneribus prodest patri. Et hoc dictum est in Constitutione divi Severi. l. 2. §. 6. ff. de excus.

i Sicut liberorum eorum qui jam in rebus humanis sunt, curam praetor habuit, ita etiam eos qui nondum nati sunt, propter spem nascendi non neglexit. Nam & hac parte edicti eos tuitus est, dum ventrem mittit in possessionem. l. 1. ff. de vent. in poss. mit. bonorum ventris nomine curatorem dari oportet. l. 8. ff. de curat. fur. & al. l. 10. ff. de tur. & cur. dat. ab his q.

l Cicero in oratione pro Cluentio Avito, scripsit, Milesiam quamdam mulierem cùm esset in Asia, quod ab haeredibus secundis accepta pecunia partum sibi medicamentis ipsa abegisset, rei capitalis esse damnatam. l. 39. ff. de poen.

Ce qui est dit dans cet article pour les successions s'étend sous la condition que ces enfans viennent à naître vivans. Voyez ci-devant l'art. 4. Ainsi cet état rend incertaine leur capacité ou incapacité des successions jusqu'à leur naissance.

V I I.

7. Posthumes.

Les Posthumes sont ceux qui naissent après la mort de leur pere, & qui par cette naissance sont distinguez de ceux qui naissent pendant que leur pere est encore vivant, en ce que les posthumes ne se trouvent jamais sous la puissance de leur pere, & ne sont pas du nombre des fils de famille, dont il sera parlé dans l'article V. de la Section II. m.

m Posthumos dicimus eos duntaxat, qui post mortem parentis nascuntur. l. 3. §. 1. ff. de inj. rupt.

V I I I.

8. Ceux qui naissent après la mort des leur meres.

Ceux qui naissent après la mort de leurs meres, & qu'on tire du ventre de la mere morte, sont de la condition des autres enfans n.

n Natum accipe, & si exsecto ventre editus sit. Nam & hic rumpit testamentum. l. 12. ff. de lib. & post. l. 6. de inoff. test.

I X.

9. Hermaphrodites.

Les hermaphrodites sont ceux qui ont les marques des deux sexes, & ils sont reputez de celui qui prévaut en eux o.

o Quaeritur hermaphroditum cui comparamus ? & magis puto, ejus sexus aestimandum, qui in eo praevalet. l. 10. ff. de stat. hom. Hermaphroditus an ad testamentum adhiberi possit, qualitas sexus incalescentis ostendet. l. 15. §. 1. de testib. v. l. 6. in f. ff. de lib. & post.

X.

10. Eunuques.

Les Eunuques sont ceux qu'un vice de conformation, soit de naissance, ou d'autre cause, rend incapables d'engendrer p.

p Generare non possunt spadones. §. 5. inst. de adop.

donum generalis appellatio est. Quo nomine, tam hi qui natura spadones sunt, item thlibiæ, thlasiæ, sed & si quod aliud genus spadonum est, continentur. *l.* 128. *ff. de verb. sign.* Non intrabit Eunuchus, attritis vel amputatis testiculis, & abscisso veretro in Ecclesiam Domini. *Deuter.* 23. 1. *On voit Par ces textes quels sont ceux qu'on peut mettre au nombre des Eunuques, & pourquoi ils sont incapables du mariage.*

XI.

11. *Insensez.* Les insensez sont ceux qui sont privez de l'usage de la raison, après l'âge où ils devroient l'avoir ; soit par un défaut de naissance ou par accident. Et comme cet état les rend incapables de tout engagement & de l'administration de leurs biens, on les met sous la conduite d'un curateur *q*.

q Furiosi nulla voluntas est. *l.* 40. *ff. de reg. jur.* Furiosus nullum negotium contrahere potest. *l.* 5. *eod.* Furiosi in curatione sunt. §. 3. *inst. de curat.* *l.* 2. & *l.* 7. *ff. de curat. v. l'art.* 1. *de la Sect.* 1. *des curateurs, p.* 159. & *l'art.* 13. *de cette Section.*

XII.

12. *Sourds & muets & autres qui ont de pareilles infirmitez.* Ceux qui sont tout ensemble sourds & muets, ou que d'autres infirmitez rendent incapables de leurs affaires, sont dans un état qui, comme la démence, oblige à leur nommer des curateurs qui prennent soin de leurs affaires & de leurs personnes, selon le besoin *r*.

r Et surdis & mutis, ob perpetuo morbo laborant, quia rebus suis superesse non possunt, curatores dandi sunt. §. 4. *inst. de curat. l.* 2. *ff. de curat. fur. l.* 19. *in f. l.* 20. *l.* 21. *ff. de reb. auct. jud. poss.*

XIII.

13. *Comment la démence & l'imbécillité ne changent pas l'état.* Ceux qui sont en démence & dans ces autres imbécillitez, ne perdent pas l'état que leur donnent leurs autres qualitez : & ils conservent leurs dignitez, leurs privileges, la capacité de succéder, leurs droits sur leurs biens, & les effets même de la puissance paternelle qui peuvent subsister avec cet état *s*.

s Qui furere cœpit & statum, & dignitatem in qua fuit, & magistratum, & potestatem videtur retinere ; sicut suæ suæ dominium retinet. *l.* 20. *ff. de stat. hom.* Patre furioso, liberi nihilominus in patris sui potestate sunt. *l.* 8. *ff. de his qui sui vel al. j. s.*

XIV.

14. *Monstres.* Les monstres qui n'ont pas la forme humaine, ne sont pas réputez du nombre des personnes, & ne tiennent pas lieu d'enfans à ceux de qui ils naissent *t*. Mais ceux qui ayant l'essentiel de la forme humaine, ont seulement quelque excès, ou quelque défectuosité de conformation, sont mis au nombre des autres enfans *u*.

t Non sunt liberi, qui contra formam humani generis, converso more, procreantur. Veluti si mulier monstruosum aliquid aut prodigiosum enixa sit. *l.* 14. *ff. de stat. hom.*
u Partus autem qui membrorum humanorum officia ampliavit, aliquatenus videtur effectus, & ideò inter liberos connumeratur. *d. l.* 14.

XV.

15. *Cas où les monstres font mis au nombre des enfans.* Quoique les monstres qui n'ont pas la forme humaine, ne soient pas mis au nombre des personnes, & qu'ils ne soient pas considérez comme enfans, ils en tiennent lieu à l'égard des parens, & ils sont comptez pour remplir le nombre des enfans, lorsqu'il s'agit de quelque privilege ou exemption qui est attribuée aux peres ou aux meres pour le nombre des enfans *x*.

x Quæret aliquis : si portentosum, vel monstrosum, vel debile mulier ediderit, vel qualem visu, vel vagitu novum, non humanæ figuræ, sed alterius magis animalis, quam hominis partum : an quia enixa est, prodesse ei debeat ? & magis est, ut hæc quoque parentibus prosint. Nec enim est quod ei imputetur, quæ qualiter potuerunt, statutis obtemperaverunt. Neque id quod fataliter accessit, matri damnum injungere debet. *l.* 135. *ff. de verb. signif. On peut ajouter pour une autre raison de cette regle que ces monstres sont plus à charge que ne sont les autres enfans.*

XVI.

16. *Distinctions par l'âge.* L'âge distingue entre les personnes, ceux qui n'ayant pas la raison assez ferme, ni assez d'expérience, sont incapables de se conduire eux-mêmes, & ceux à qui l'âge a donné assez de maturité pour en être capables *y*. Mais parce que la nature ne marque pas en chacun le tems de cette maturité, les loix civiles ont réglé le tems où les personnes sont jugées capables & du mariage, & des autres engagemens. Et on verra dans la Section suivante, les distinctions qu'elles ont faires des mineurs & des majeurs, des impuberes & des adultes *z*.

y Hoc edictum (de minoribus) prætor, naturalem æquitatem secutus proposuit. Quo tutelam minorum suscepit. Nam cùm inter omnes constet, fragile esse, & infirmum hujusmodi ætatum consilium, & multis captionibus suppositum, multorum insidiis expositum, auxilium eis prætor, hoc edicto, pollicitus est. Et adversus captiones opitulationem. *l.* 1. *ff. de min.*
z V. les art. 8. & 9. de la Sect. 2.

SECTION II.

De l'état des personnes par les Loix civiles.

Distinctions des personnes par les loix civiles. LEs distinctions de l'état des personnes par les Loix civiles, sont celles qui sont établies par les loix arbitraires, soit que ces distinctions n'ayent aucun fondement dans la nature, comme celles des personnes libres & des esclaves, ou que quelque qualité naturelle y aye donné lieu, comme sont la majorité & la minorité.

Principales distinctions des personnes dans le Droit Romain. On considéroit dans le Droit Romain principalement trois choses en chaque personne. *La liberté, la cité, la famille ;* & par ces trois vûes, on faisoit trois distinctions des personnes. La premiere des libres & des esclaves ; la seconde des citoyens Romains & des étrangers, ou de ceux qui avoient perdu le droit de cité par une mort civile ; & la troisiéme des peres de famille, & des fils de famille. Ces deux dernieres distinctions sont de notre usage, quoique nous y observions des régles différentes de celles du Droit Romain. Et pour l'esclavage, quoiqu'il n'y ait point d'esclaves en France, il est nécessaire de connoître la nature de cet état. Ainsi on mettra dans ce Titre ces trois distinctions, & les autres que nous sont communes avec le Droit Romain.

De quelques distinctions qui ne sont pas de notre usage. Nous avons en France une distinction des personnes qui n'est pas du Droit Romain, ou qui est bien différente de ce qu'on y en trouve. Et comme cette raison elle ne sera pas mise dans les articles de cette Section, & qu'elle est considérée comme regardant l'état des personnes, on expliquera ici cette distinction en peu de paroles. C'est celle qui fait la noblesse entre les *Gentilshommes.* Gentilshommes, & ceux qui ne le sont pas, qu'on appelle roturiers. La noblesse donne à ceux qui sont de cet ordre divers privileges & exemptions, & la capacité de certaines charges & bénéfices affectez aux Gentilshommes, & dont ceux qui ne sont pas nobles sont incapables. Et la noblesse fait aussi dans quelques coûtumes des différences pour les successions. Cette noblesse s'acquiert ou par la naissance, qui rend Gentilshommes tous les enfans de ceux qui le sont, ou par de certaines charges qui ennoblissent les descendans de ceux qui les ont possédés *a*. Ou enfin par des Lettres d'ennoblissement qu'on obtient du Roi pour quelque service.

Bourgeois. On distingue encore en France les habitans des Villes qui ont quelques droits, quelques exemptions, quelques privileges attachez au droit de bourgeoisie de ces Villes, avec la capacité d'en porter les charges ; & les gens de la campagne & des petits lieux qui n'ont pas les mêmes privileges & les mêmes droits.

Personnes de condition serve. Il faut ajouter à ces distinctions, celles que font quelques Coûtumes, des personnes de condition serve, ou servile, qui les distingue de ceux qui sont de condition franche, en ce qu'ils sont engagez par ces coûtumes à quelques servitudes personnelles qui regardent les mariages, les testamens, les successions. Mais ces servitudes étant différemment reglées par ces Coûtumes, & inconnues dans les autres Provinces, il n'est

a V. *l.* 7. §. *ult. ff. de Senat.*

pas néceſſaire d'en dire davantage, & il ſuffit d'en avoir fait la ſimple remarque. A quoi il faut ajoûter que cette diſtinction de ces perſonnes ſerves, n'a pas ſon fondement ſur quelques qualitez perſonnelles, mais ſeulement ſur le domicile de ces perſonnes & la qualité de leurs biens ſujets à ces conditions ſerviles. De même *Vaſſal, juſ-*ſticiable, *emphyteote.* que les qualitez de Vaſſal, juſticiable, emphyteote, ne ſont pas proprement des qualitez perſonnelles, mais des ſuites ou du domicile ou de la nature des biens qu'on poſſede.

SOMMAIRES.

I.

1. Eſclaves. L'Eſclave eſt celui qui eſt ſous la puiſſance d'un maître, & qui lui appartient, de ſorte que le maître peut le vendre & diſpoſer de ſa perſonne, de ſon induſtrie, de ſon travail, ſans qu'il puiſſe rien faire, rien avoir ni rien acquérir qui ne ſoit à ſon maître *a.*

a Servitus eſt conſtitutio juris gentium, qua quis dominio alieno,contra naturam ſubjicitur. *l. 4. §. 1. ff. de ſtat. hom. §. 2. inſt. de jure perſ.* Vobis acquiritur quod ſervi veſtri ex traditione nanciſcuntur. Sive quid ſtipulentur, ſive ex donatione, vel ex legato, vel ex qualibet alia cauſa acquirant. *§. 3. inſt. per quas perſ. cuique acq. l. 1. §. 1. ff. de his qui ſui vel al. jur. ſ.*

II.

2. Libres. Les perſonnes libres ſont tous ceux qui ne ſont point eſclaves, & qui ont conſervé la liberté naturelle, qui conſiſte au droit de faire tout ce qu'on veut, à la réſerve de ce qui eſt défendu par les loix, ou de ce qu'une violence empêche de faire *b.*

b Libertas eſt naturalis facultas ejus quod cuique facere libet, niſi ſi quid vi, aut jure prohibetur. *l. 4. ff. de ſtat. hom. §. 1. inſt. de jur. perſ.*

III.

3. Cauſes de l'eſclavage. Les hommes tombent dans l'eſclavage par la captivité dans la guerre, parmi les Nations où c'eſt l'uſage que le vainqueur ſauvant la vie au vaincu, s'en rend le maître, & en fait ſon eſclave. Et c'eſt une ſuite de l'eſclavage des femmes, que leurs enfans ſont eſclaves par la naiſſance *c.*

c Jure gentium ſervi noſtri ſunt qui ab hoſtibus capiuntur, aut qui ex ancillis noſtris naſcuntur. *l. 5. §. 1. ff. de ſtat. hom. §. 4. inſtut. de jur. perſ.*

Celui qui ayant 20. ans accompli ſe laiſſoit vendre, pour avoir le prix de ſa liberté, devenoit eſclave dans le Droit Romain, quoiqu'il ne pût à cet age diſpoſer de ſes biens. Jure Civili ſi quis ſe major viginti annis, ad pretium participandum, venire paſſus eſt (ſervus fit.) *l. 5. §. 1. ff. de ſtat. hou.*

IV.

4. Affranchis. Les affranchis ſont ceux qui ayant été eſclaves, ſont parvenus à la liberté *d.*

d Libertini ſunt, qui ex juſta ſervitute manumiſſi ſunt. *l.6. ff. de ſtat. hom. inſt. de liber.*

V.

Les fils & filles de famille ſont les perſonnes qui ſont ſous la puiſſance paternelle: & les peres ou meres de famille, que nous appellons auſſi chefs de famille, ſont les perſonnes qui ne ſont pas ſous cette puiſſance *e*; ſoit qu'ils ayent des enfans ou non; & ſoit qu'ils ayent été dégagez de la puiſſance paternelle par une émancipation *f*, ou par la mort naturelle *g*, ou par la mort civile du pere *h.* Et en quelque bas âge que ſoient ces perſonnes, on les conſidere comme chefs de famille, de ſorte que pluſieurs enfans d'un ſeul pere ſont autant de chefs de famille après la mort du pere *i.*

5. Quels ſont les peres de famille & les fils de famille.

e Patres familiarum ſunt, qui ſunt ſuæ poteſtatis, ſive puberes, ſive impuberes. Simili modo matres familiarum, filii familiarum, & filiæ, quæ ſunt in aliena poteſtate. *l. 4. ff. de his qui ſui vel al. jur. ſ.*

f Emancipatione deſinunt liberi in poteſtate parentum eſſe. *§. 6. inſt. quib. mod. jus patr. por. ſolv.*

g Qui in poteſtate parentis ſunt, mortuo eo ſui juris fiunt. *inſt. eod.*

h Cùm autem is qui ob aliquod maleficium in inſulam deportatur, civitatem amittit, ſequitur ut qui eo modo ex numero Civium Romanorum tollitur perinde quaſi eo mortuo, deſinunt liberi in poteſtate ejus eſſe. *§. 1. eod.* Pœnæ ſervus effectus, filios in poteſtate habere definit. *§. 3. eod. Sur la mort civile,* voyez ci-après l'art. 12.

i Denique & pupillum patrem familias appellamus. Et cùm pater familias moritur, quotquot capita ei ſubjecta fuerint, ſingulas familias incipiunt habere. Singuli enim patrum familiarum nomen ſubeunt, idemque eveniet & in eo qui emancipatus eſt. Nam & hic ſui juris effectus propriam familiam habet. *l. 195. §. 2. ff. de verb. ſignif.*

La puiſſance paternelle eſt le fondement de diverſes incapacitez dans les fils de famille, mais qui ſont différentes dans le Droit Romain, & dans notre uſage. Ainſi dans le Droit Romain les fils de famille furent premierement incapables de rien acquérir. Mais tout ce qui leur étoit acquis en quelque maniere que ce fût, étoit à leurs peres, à la réſerve du pécule, ſi le pere leur en laiſſoit la liberté. Et enſuite ils eurent le pouvoir d'acquérir, & les peres avoient l'uſufruit de tout ce que pouvoient acquérir les fils de famille. Et puis il y eut des exceptions, & les peres n'avoient pas l'uſufruit de certains biens. Mais il n'eſt pas néceſſaire d'expliquer ici tous ces changemens, ni la diverſité de l'uſufruit des peres ſur les biens des enfans dans les Provinces de ce Royaume, ou ſous le nom d'uſufruit, ou ſous le nom de garde-noble ou garde-bourgeoiſe.

Ainſi, encore dans le Droit Romain, les fils de famille ne pouvoient s'obliger à cauſe de prêt. *Toto Tit. ad Senatuſc. Maced.* Ainſi en France les fils de famille ne peuvent ſe marier ſans le conſentement de leurs peres & meres qu'après l'âge de 30. ans, & les filles après 25. ans, ſuivant les Ordonnances de 1556. de Blois, & de 1539.

Ainſi en France le mariage émancipe, & dans le Droit Romain le fils & la fille mariez demeuroient ſous la puiſſance de leur pere, s'il ne les émancipoit en les mariant. *l. 3. C. de cond. inſ. tam leg. q. ead. l. 7. C. de nupt. l. 1. C. de bon. quæ lib.*

VI.

L'émancipation & les autres voies qui mettent le fils ou la fille hors de la puiſſance paternelle, ne regardent que les effets que les loix civiles donnent à cette puiſſance, mais ne changent rien pour ceux qui ſont du droit naturel *l.*

6. L'émancipation n'altere pas le droit naturel de la puiſſance paternelle.

l Eas obligationes quæ naturalem præſtationem habere intelliguntur, palam eſt capitis diminutione non perire : quia civilis ratio naturalia jura corrumpere non poteſt. *l. 8. ff. de cap. minut.*

VII.

Selon ces deux diſtinctions des libres & des eſclaves, des peres de famille & des fils de famille, il n'y a perſonne qui ne ſoit ſous la puiſſance d'un autre, ou en la ſienne propre, c'eſt-à-dire, maître de ſes droits *m.* Ce qui n'empêche pas que le fils émancipé ne ſoit ſous la puiſſance que donne à ſon pere le droit naturel ; & que le mineur qui ſe trouve pere de famille, ne ſoit ſous la conduite & l'autorité d'un tuteur & d'un curateur.

7. Qui ſont ceux qu'on appelle maîtres de leurs droits.

m Quædam perſonæ juris ſunt, quædam alieno juri ſubjectæ : Rurſus earum quæ alieno juri ſubjectæ ſunt, aliæ in poteſtate parentum, aliæ in poteſtate dominorum. *Inſt. de his qui ſui vel al. j. ſ. l. 1. ff. eod. l. 3. ff. de ſtat. hom.*

VIII.

Les impuberes ſont les garçons qui n'ont pas encore quatorze ans accomplis, & les filles qui n'en ont pas douze. Et les adultes ſont les garçons à quatorze ans accomplis, & les filles à douze ans *n.*

8. Adultes & impuberes.

n Noſtrâ ſanctâ conſtitutione promulgatâ , pubertatem in maſculis poſt decimum quartum annum completum illico initium accipere diſpoſuimus ; antiquitatis normam in fœminis bene poſitam , in ſuo ordine relinquentes , ut poſt duodecim annos completos viri potentes eſſe credantur. *Inſt. quib. mod. tut. fin. l. ult. C. quand. tutævel cur. eſſe deſ.*

C'eſt la puberté qui fait ceſſer l'incapacité du mariage , que faiſoit le défaut d'âge. Mais on diſtingue de cette puberté qui ſuffit pour rendre le mariage licite , la pleine puberté , qui le rend plus honnête. Cette puberté pour les mâles eſt à l'âge de 18. ans accomplis , & pour les filles à 14. ans. Non tantùm cùm quis adoptat , ſed & cùm adrogat , major eſſe debet eo quem ſibi per adrogationem vel per adoptionem filium facit ; & utique plenæ pubertatis, id eſt, decem & octo annis eum præcedere debet. *l.* 40. §. 1. *ff. de adopt.* §. 4. *inſt. cod.* Pour les autres effets de la pleine puberté. v. *l.* 14. §. 1. *ff. de alim. leg. l.* 57. *ff. de re jud. l.* 2. §. 3. *ff. de poſtul.*

I X.

9. Majeurs & mineurs.

Les mineurs ſont ceux des deux ſexes qui n'ont pas encore vingt-cinq ans accomplis , quoiqu'ils ſoient adultes , & ils ſont en tutelle juſqu'à cet âge. Et les majeurs ſont ceux qui ont paſſé le dernier moment de la vingt-cinquiéme année *o.*

o Maſculi quidem puberes , & fœminæ viri potentes uſque ad viceſimum quintum annum completum curatores accipiunt. Quia licet puberes ſint , adhuc tamen ejus ætatis ſunt , ut ſua negotia tueri non poſſint. *inſt. de curat.* à momento in momentum tempus ſpectetur. *l.* 3. §. 3. *ff. de min.*

On ſe ſert ici du mot de tutelle pour les adultes , quoique dans le Droit Romain ils fuſſent hors de tutelle , & qu'on ne leur donnât que des curateurs , ainſi qu'il ſera expliqué dans le titre des tuteurs. Mais par notre uſage la tutelle ne finit qu'à vingt-cinq ans , excepté dans quelques Coutumes qui font ceſſer plutôt la minorité.

X.

10. Prodigues.

On doit mettre au rang des mineurs ceux qui ſont interdits comme prodigues , quoiqu'ils ſoient majeurs , parce que leur mauvaiſe conduite les rend incapables de l'adminiſtration de leurs biens , & des engagemens qui en ſont les ſuites ; & cette adminiſtration eſt commiſe à la conduite d'un curateur *p.*

p Prodigi licet majores viginti quinque annis ſint , tamen in curatione ſunt. §. 3. *inſt. de curat.* Prodigo interdicitur bonorum ſuorum adminiſtratio. *l.* 1. *ff. de curat. fur.* ejus cui boni interdictum ſit , nulla voluntas eſt. *l.* 40. *ff. de reg. jur.*

X I.

11. Regnicoles & étrangers.

Nous appellons Regnicoles les ſujets du Roi ; & les étrangers ſont ceux ſujets d'un autre Prince , ou d'un autre Etat. Et ceux de cette qualité, qui n'ont pas été naturaliſez par Lettres du Roi , ſont dans les incapacitez qui ſont reglées par les Ordonnances & par notre uſage *q.*

q In orbe Romano qui ſunt , ex conſtitutione Imperatoris Antonini , cives Romani effecti ſunt. *l.* 17. *ff. de ſtat. hom. Nov.* 78. c. 5. Peregrini capere non poſſunt (hæreditatem). *l.* 1. *C. de hæred. inſt. l.* 6. §. 2. *ff. eod.* Nec teſtari. *l.* 3. *in verbo* cives Romani. *ff. ad leg. falc. v. auth.* omnes peregrini. *C. comm. de ſucceſſ.*

En France les étrangers qu'on appelle Aubains , alibi nati , ſont incapables de ſuccéder , & de diſpoſer par teſtament : ils ne peuvent poſſeder des Charges , ni de Bénéfices ; & ils ſont dans les autres incapacitez reglées par les Ordonnances & par notre uſage. V. l'Ordonnance de 1386. celle de 1433. & celle de Blois art. 4 Il faut excepter de ces incapacitez quelques étrangers à qui le Roi ont accordé les droits des Regnicoles & naturels François.

X I I.

12. Mort civile.

On appelle Mort civile l'état de ceux qui ſont condamnez à la mort , ou à d'autres peines qui emportent la confiscation des biens. Ce qui fait que cet état eſt comparé à la mort naturelle , parce qu'il retranche de la ſociété & de la vie civile ceux qui y tombent , & les rend comme eſclaves de la peine qui leur eſt impoſée *r.*

r Qui ultimo ſupplicio damnantur , ſtatim & civitatem & libertatem perdunt. Itaque præoccupat hic caſus mortem. *l.* 19. *ff. de pœn. Servi pœnæ.* §. 3. *inſt. quib. mod. jus patr. pot. ſolv.* Is qui ob aliquod maleficium , in Inſulam deportatur , civitatem amittit. §. 1. *inſt. quib. mod. jus patr. pot. ſolv.* ex numero civium Romanorum tollitur. *d.* §. Servi pœnæ efficiuntur , qui in metallum damnantur , & qui beſtiis ſubjiciuntur. §. 3. *eod.* Sunt

quidam ſervi pœnæ , ut ſunt in metallum dati , & in opus metalli & ſi quid eis teſtamento datum fuerit , pro non ſcripto eſt , quaſi non Cæſaris ſervo datum , ſed pœnæ. *l.* 17. *ff. de pœn. l.* 1. *C. de hæred. inſt.*

X I I I.

13. Religieux profés.

Les Religieux profés ſont dans une autre eſpece de mort civile volontaire , où ils entrent par leurs vœux qui les rendent incapables du mariage , de toute propriété des biens temporels & des engagemens qui en ſont les ſuites *ſ.*

ſ Ingreſſi monaſteria , ipſo ingreſſu, ſe ſuaque dedicant Deo. Nec ergo de his teſtantur , utpote nec domini rerum. *Auth. ingreſſi ex nov.* 5. *cap.* 5. *C. de Sacroſ. Ecleſ. Nov.* 76.

En France les biens de celui qui fait profeſſion en Religion ne ſont pas acquis au Monaſtere , mais à ſes héritiers , ou à ceux à qui il veut les donner. Et il ne peut en diſpoſer au profit du Monaſtere.

X I V.

14. Eccléſiaſtiques.

Les Eccléſiaſtiques ſont ceux qui ſont deſtinez au miniſtere du culte divin , comme les Evêques , les Prêtres , les Diacres , les Sous-diacres , & ceux qui ſont appellez aux autres Ordres. Et cet état qui les diſtingue des laïques , fait l'incapacité du mariage en ceux qui ont les Ordres ſacrez ; & fait auſſi d'autres incapacitez des commerces défendus aux Eccléſiaſtiques , & leur donne les privileges & les exemptions que les Canons , les Ordonnances & notre uſage leur ont accordé *t.*

t Presbyteros , Diaconos , Subdiaconos , atque Exorciſtas , & Lectores , Oſtiarios & Acolytos etiam perſonalium munerum experts eſſe præcipimus. *l.* 6. *C. de Epiſc. & Cler.* Ordonnancé de S. Louis 1228. Ordonnance de Blois art. 59. v. *l.* 1. & ſeq. & *l.* 2. d. Tit. *C. de Epiſc. & Cler.*

X V.

15. Communautez.

Les Communautez Eccléſiaſtiques & Laïques ſont des Aſſemblées de pluſieurs perſonnes unies en un corps formé par la permiſſion du Prince , ſans leſquelles ſortes d'aſſemblées ſeroient illicites *u.* Et ces Corps & Communautez tels que ſont les Chapitres , les Univerſitez , les Monaſteres & autres Maiſons Religieuſes , les Corps de Ville , les Corps de métiers & autres ſont établis pour former des ſociétez utiles , ou à la Religion *x,* ou à la Police *y,* & tiennent lieu de perſonnes *z,* qui ont leurs biens , leurs droits , leurs privileges. Et entr'autres differences qui les diſtinguent des perſonnes particulieres ; ces Corps ſont dans quelques incapacitez qui ſont acceſſoires & naturelles à cet état. Comme eſt celle d'aliéner leurs fonds ſans de juſtes cauſes *a.*

u Mandati principalibus , præcipitur præſidibus provinciarum, ne patiantur eſſe collegia. *l.* 1. & *l.* 2. *ff. de coll.* & corp. *l.* 3. §. 1. *eod. l.* 1. *ff. quod. cujuſque univ. l.* 1. *ff. de extr. crim.*

x Religionis cauſa coire non prohibemur. Dum tamen per hoc non fiat contra ſenatuſconſultum quo illicita collegia arcentur. *l.* 1. §. 1. *ff. de coll.* & corp. tot. tit. *C. de Epiſc. & Cler.*

y Item collegia Romæ certa ſunt , quorum corpus ſenatuſconſultis , atque conſtitutionibus principalibus confirmatum eſt , velut piſtorum & quorumdam aliorum & naviculariorum , qui & in provinciis ſunt. *l.* 1. §. *ff. quod cujuſque univ.* Des Corps de Villes. v. *l.* 3. *ff.* quod cujuſque univ. tit. *ff.* ad Munic.

z Perſonæ vice fungitur municipium & decuria. *l.* 22. *ff. de fidejuſſ.*

a Les Corps Eccléſiaſtiques & Laïques étant établis pour un bien public , & pour durer toujours , il leur eſt défendu d'aliéner leurs biens ſans de juſtes cauſes. *l.* 14. *C. de Sacr.* Et c'eſt à cauſe de cette perpétuité & de cet empêchement d'aliéner , qu'ils ſont appellez en France Gens de main-morte , parce que ce qu'ils acquierent demeurant toujours en leur poſſeſſion , le Roi & les Seigneurs des fiefs & des cenſives perdent leurs droits pour les mutations & aliénations de ce qui eſt une fois entré dans les biens de ces Communautez. Ce qui a fait qu'il ne leur eſt permis d'acquérir des immeubles qu'en payant un droit au Roi , qui s'appelle Amortiſſement , & l'indemnité au Seigneur , à cauſe de la perte des droits pour les mutations à venir. v. les Ord. de Phil. III. 1275. Charles VI. 1372. & autres.

T I T R E III.
DES CHOSES.

Comment les Loix regardent les choſes.

LEs Loix civiles étendent les diſtinctions qu'elles font des choſes à tout ce que Dieu a créé pour l'homme. Et comme c'eſt pour notre uſage qu'il a fait tout cet univers, & qu'il destine à nos besoins tout ce que contiennent la terre & les cieux *a* ; c'est cette destination de toutes choses à tous nos différens besoins, qui est le fondement des différentes manieres dont les loix considerent & distinguent les différentes espéces des choses, pour regler les différens usages & les commerces qu'en font les hommes.

Fondemens des distinctions des choses.

L'ordre divin qui forme une société universelle du genre humain, & qui le partage en Nations, en Villes & autres lieux, & place en chacun les familles, & les particuliers qui les composent, distingue aussi & dispose tellement toutes les choses qui sont pour l'homme, que plusieurs sont d'un usage commun à tout le genre humain ; d'autres sont communes à une Nation ; quelques-unes à une Ville ou un autre lieu ; & que les autres entrent dans la possession & dans le commerce des particuliers.

Ce sont ces distinctions des choses, & les autres différentes manieres dont elles se rapportent à l'usage des hommes & à leurs commerces qui feront la matiere de ce Titre. Et parce qu'il y a des distinctions des choses qui sont toutes naturelles, & d'autres que les loix ont établies ; on expliquera dans la premiere Section de ce Titre les distinctions que fait la nature, & dans la seconde celles que font les loix.

a Ne forte elevatis oculis ad cœlum, videns solem & lunam, & omnia astra cœli, & errore deceptus, adores ea, & colas quæ creavit Dominus Deus tuus in ministerium cunctis gentibus quæ sub cœlo sunt. *Deuter.* 4. 19. Sapientia tua constituisti hominem ut dominaretur creaturæ quæ à te facta est. *Sap.* 9. 2.

SECTION I.

Distinction des Choses par la nature.

SOMMAIRES.

1. *Choses communes à tous.*
2. *Choses publiques.*
3. *Choses des Villes ou autres lieux.*
4. *Distinction des immeubles & des meubles.*
5. *Immeubles.*
6. *Arbres & bâtimens.*
7. *Les fruits pendans font partie du fonds.*
8. *Accessoires des bâtimens.*
9. *Meubles.*
10. *Meubles vifs & meubles morts.*
11. *Animaux sauvages, animaux privez.*
12. *Meubles qui se consument par l'usage.*

I.

1. Choses communes à tous.

LEs Cieux, les astres, la lumiere, l'air & la mer sont des biens tellement communs à toute la société des hommes, qu'aucun ne s'en rendre se maître, ni en priver les autres. Et aussi la nature & la situation de toutes ces choses est toute proportionnée à cet usage commun pour tous *a*.

a Quæ creavit Dominus tuus in ministerium cunctis gentibus quæ sub cœlo sunt. *Deut.* 4. 19. Naturali jure communia sunt omnium hæc, aër, aqua profluens, & mare, & per hoc litora maris. §. 1. *inst. de rer. div. l.* 2. §. 1. *eod.*

Il faut remarquer sur cet article, & les deux suivans ; que nos loix reglent autrement que le Droit Romain, l'usage des Mers, à la réserve de ce qui regarde cet usage naturel de la communication de toutes les nations de l'une à l'autre par les navigations libres sur toutes les mers. Ainsi, au lieu que le Droit Romain permettoit la pêche aux particuliers & dans les mers & dans les rivieres. §. 2. inst. de rer. div. de même qu'il permettoit la chasse. §. 12. eod. nos loix les défendent. Et les Ordonnances en ont fait divers Reglemens ; dont l'origine a eu entr'autres causes la nécessité de prévenir les inconvéniens de la liberté de la chasse & de la pêche à toutes personnes : & il faut aussi remarquer en général dans l'usage des mers, des ports, des fleuves, des grands chemins, des murs & des fossez, & des autres choses semblables, que les Ordonnances y ont fait divers Reglemens. Comme sont ceux qui regardent l'Amirauté, les Eaux & Forêts, les Chasses, les Pêches & les autres semblables, qui ne sont pas du nombre des matieres de ce dessein.

II.

2. Choses publiques.

Les fleuves, les rivieres, les rivages, les grands

chemins, sont des choses publiques, & qui sont à l'usage de tous les particuliers, suivant les loix des Pays. Et ces sortes de choses n'appartiennent à aucun particulier, & sont hors du commerce *b*. Mais c'est le Prince qui en regle l'usage.

b Flumina autem omnia & portus publica sunt. §. 2. *inst. de ter. div.* Riparum quoque usus publicus est. §. 4. *eod.* litorum quoque usus publicus est. §. 5. *eod.* Publicas vias dicimus quas Græci βασιλικὰς, id est regias, nostri prætorias, alii consulares vias appellant. *l.* 2. §. 22. *ff. ne quid in loc. publ. vel itin. f.* Viam publicam populus non utendo amittere non potest. *l.* 2. *ff. de via publ.* V. la remarque sur l'article précédent.

III.

3. Choses des Villes ou autres lieux.

On met au nombre des choses publiques, & qui sont aussi hors du commerce, celles qui sont à l'usage commun des habitans d'une Ville ou d'un autre lieu ; & où les particuliers ne peuvent avoir aucun droit de propriété, comme sont les murs, les fossez, les maisons de Ville, & les places publiques *c*.

c Universitatis sunt, non singulorum, quæ in civitatibus sunt theatra, stadia, & si qua alia sunt communia civitatum. §. 6. *inst. de rer. div. l.* 1. *ff. eod.* Sanctæ quoque res, veluti muri, & portæ civitatis, quodammodo divini juris sunt. Et ideò nullius in bonis sunt. Ideò autem muros sanctos dicimus, quia pœna capitis constituta est, in eos, qui aliquid in muros deliquerint. Ideò & legum sunt partes, quibus pœnas constituimus adversùs eos qui contra leges fecerint, sanctiones vocamus. §. 10. *inst. eod. v. l.* 8. *& d. l.* 8. §. 1. *ff. de div. rer. l.* 9. §. 3. *eod. l. ult. eod.* V. la remarque sur l'article 1.

On appelloit dans le Droit Romain les murs & les portes des Villes des choses saintes, ce qui ne doit pas s'entendre au sens qu'a parmi nous ce mot, mais au sens expliqué dans le texte cité sur cet article.

La distinction des choses dont il est parlé dans cet article, est plus de l'ordre des loix que de la nature ; mais comme elle y a son fondement, & qu'elle se rapporte à l'article précédent, on l'a mise en ce lieu.

IV.

4. Distinction des immeubles & des meubles.

La terre étant donnée aux hommes pour leur demeure, & pour produire toutes les choses nécessaires pour tous leurs besoins ; on y distingue les portions de la surface de la terre que chacun occupe, & toutes les choses que nous pouvons en séparer pour nos usages. Et c'est ce qui fait la distinction de ce que nous appellons immeubles ou meubles, ou choses mobiliaires *d*.

d Labeo scribit, Edictum Ædilium Curulium, de venditionibus rerum, esse tam earum quæ soli sunt, quam earum quæ mobiles. *l.* 1. *ff. de æd.* 8. §. 4. *C. de bon. qualib. l.* 30. *C. de jure dot. l.* 93. *de verb. sign.*

V.

5. Immeubles.

Les immeubles sont toutes les parties de la surface de la terre, de quelque maniere qu'elles soient distinguées ; ou en places pour des bâtimens, ou en bois, prez, terres, vignes ou autrement, & à qui que ce soit qu'elles appartiennent *e*.

e Quæ soli. *l.* 1. *ff. de æd. ed.* quæ terra continentur. *l.* 17. §. 8. *de act. emp. & vend.*

VI.

6. Arbres & bâtimens.

On comprend aussi sous le nom d'immeubles tout ce qui est adhérent à la surface de la terre, ou par la nature, comme les arbres, ou par la main des hommes, comme les maisons, & autres bâtimens ; quoique ces sortes de choses puissent en être séparées, & devenir meubles *f*.

f V. les deux articles suivans.

VII.

7. Les fruits pendans font partie du fonds.

Les fruits pendans par les racines, c'est-à-dire, qui ne sont pas encore cueillis, ni tombez, mais qui tiennent à l'arbre, font partie du fonds *g*.

g Fructus pendentes pars fundi videntur. *l.* 44. *ff. de rei vend.*

VIII.

8. Accessoires des bâtimens.

Tout ce qui tient aux maisons & autres bâtimens, comme

comme ce qui eſt attaché à fer , plomb , plâtre , ou autrement à perpétuelle demeure, eſt réputé immeuble *h*.

h Fundi nihil eſt, niſi quod terra ſe tenet. l. 17. ff. de act. empt.
& vend. Quæ tabulæ pictæ protectorio includuntur itemque
cruſtæ marmoreæ, ædium ſunt. d. l. §. 3. Item conſtat, ſigilla,
columnas quoque, & perſonas ex quorum roſtris aqua ſalire ſolet, villæ eſſe d. l. §. 9. Labeo generaliter ſcribit , ea quæ perpetui uſus causâ in ædificiis ſunt, ædificii eſſe. d. l. §. 7.

IX.

9. Meu-
bles.

Les meubles ou choſes mobiliaires ſont toutes celles
qui ſont ſéparées de la terre & des eaux. Soit qu'elles
en ayent été détachées , comme les arbres tombez ou
coupez, les fruits cueillis , les pierres tirées des carrieres ; ou qu'elles en ſoient naturellement ſéparées
comme les animaux *i*.

i Quæ ſoli, quæ mobiles. l. 1. ff. de adil. ed. V. l'art 4. de
cette Section.

X.

10. Meu-
bles vifs &
meubles
morts.

Les choſes mobiliaires ſont de deux ſortes. Il y en
a qui vivent & ſe meuvent elles-mêmes , comme les
animaux & les meubles morts, ſont toutes les choſes
inanimées *l*.

l Mobiles , aut ſe moventes. l. 1. ff. de æd. ed. l. 30. C. de jur.
dot. l. 93. ff. de verb. ſignif.

XI.

11. Ani-
maux ſau-
vages, ani-
maux pri-
vez.

Les animaux ſont de deux ſortes. L'une de ceux qui
ſont privez , & à l'uſage ordinaire des hommes & en
leur puiſſance , comme les chevaux , les bœufs , les
moutons & autres. Et l'autre, des animaux qui ſont
dans leur liberté naturelle , hors de la puiſſance des
hommes , comme les bêtes ſauvages, les oiſeaux & les
poiſſons. Et ceux de cette ſeconde ſorte paſſent à l'uſage & à la puiſſance des hommes par la chaſſe & par la
pêche, ſelon que l'uſage peut en être permis *m*.

m Feræ beſtiæ , & volucres , & piſces & omnia animalia quæ
mari , cælo & terra naſcuntur , ſimul atque ab alique capta
fuerint, jure gentium ſtatim illius eſſe incipiunt. §. 12. inſt. de
rer. diviſ.
Il faut entendre ceci ſelon les Ordonnances pour la chaſſe & la
pêche.

XII.

12. Choſes
mobiliaires
qui ſe con
ſument par
l'uſage.

Parmi les choſes mobiliaires , on diſtingue celles
dont on peut uſer ſans qu'elles périſſent, comme un
cheval , une tapiſſerie , des tables , des lits & autres
ſemblables ; & celles dont on ne peut uſer ſans les con-
ſumer , comme les fruits, les grains, le vin , l'huile &
autres *n*.

n Quæ uſu tolluntur , vel minuuntur. l. 1. ff. de uſufr. ear.
rer. quæ uſ. conſ. v. min.

SECTION II.

Diſtinction des choſes par les Loix civiles.

Différence
entre les di-
ſtinctions de
la Section
précédente,
& celles-ci.

QUoique les diſtinctions des choſes qui ont été expliquées dans la Section précédente, ayent été faites par les Loix civiles , on a dû les ſéparer de celles
qui font la matiere de cette Section. Car celles de la
Section précédente ſont formées par la nature , & les
loix n'ont fait que les remarquer , ou y ajouter. Comme , par exemple, ce qui a été expliqué dans l'article 3.
& dans l'article 8. Mais celles-ci ſont principalement
établies par les loix.

SOMMAIRES.

1. Diſtinction des choſes qui ſont en commerce & de celles qui n'y entrent point.
2. Choſes ſacrées & dédiées au culte divin.
3. Choſes corporelles & incorporelles.
4. Héritages allodiaux , ou ſujets à des cens ou autres
redevances.
Tome I.

5. Mines.
6. Monnoye.
7. Tréſors.
8. Autre diſtinction de diverſes ſortes de biens.
9. Acquêts.
10. Propres.
11. Biens paternels.
12. Biens maternels.

I.

1. Diſtinc-
tion des cho-
ſes qui ſont
en commerce
ce , & de
celles qui
n'y entrent
point.

LEs loix réduiſent toutes les choſes en deux eſpeces.
L'une de celles qui n'entrent point dans le commerce , & que perſonne ne peut avoir en propre; comme ſont celles qui ont été expliquées dans les trois premiers articles de la Section précédente. Et l'autre de
celles qui entrent en commerce , & dont on peut ſe
rendre le maître *a*.

a Modo videamus de rebus, quæ in noſtro patrimonio, vel extra patrimonium noſtrum habentur. Inſt. de rer. div. l. 1. ff. eod.

II.

2. Choſes
ſacrées &
dédiées au
culte divin.

La Religion & les Loix civiles qui s'y conforment ,
diſtinguent les choſes qui ſont deſtinées au culte divin,
de toutes les autres. Et parmi celles qui ſervent à ce
culte , on diſtingue les choſes ſacrées , comme ſont les
Egliſes , & les vaſes ſacrez , & les choſes ſaintes & bé-
nites, comme les cimetieres , les ornemens , les obla-
tions & autres choſes dédiées au ſervice divin. Et toutes ces ſortes de choſes ſont hors du commerce , pendant qu'elles demeurent dans ce ſervice *b*.

b Summa rerum diviſio in duos articulos deducitur. Nam aliæ
ſunt divini juris , aliæ humani : Divini juris ſunt , veluti res ſacræ , & religioſæ. l. 1. ff. de div. rer. Sacræ res ſunt , quæ ritè,
per Pontifices Deo conſecratæ ſunt. Veluti ædes ſacræ, & donaria , quæ ritè & miniſterium Dei dedicata ſunt. Quæ etiam
per noſtras conſtitutiones alienari , & obligari prohibuimus ,
excepta causâ redemptionis captivorum. §. 8. inſt. de rer. div.
V. l'art. 6. de la Sect. 8. du contrat de vente ſur la vente des
choſes ſacrées, p. 43.

III.

3. Choſes
corporelles ,
& incorpo-
relles.

Les Loix civiles font une autre diſtinction générale
des choſes, en celles qui ſont ſenſibles & corporelles ,
& celles qu'on appelle incorporelles , pour diſtinguer
de tout ce qui eſt ſenſible , de certaines choſes, qui
n'ont leur nature & leur exiſtence , que par les loix.
Comme ſont une hérédité , une obligation , une hypotéque , un uſufruit , une ſervitude ; & en général tout
ce qui ne conſiſte qu'en un certain droit *c*.

c Quædam præterea res corporales ſunt, quædam incorporales.
Corporales , hæ ſunt quæ tangi poſſunt : veluti fundus, homo,
veſtis , aurum, argentum , & denique aliæ res innumerabiles.
Incorporales autem ſunt quæ tangi non poſſunt : qualia ſunt ea
quæ in jure conſiſtunt : ſicut hæreditas, uſusfructus, uſus & obligationes quoquo modo contractæ. Inſt. de reb. corp. & incorp. Eodem numero ſunt jura prædiorum urbanorum, & ruſticorum, quæ
etiam ſervitutes vocantur. §. ult. eod. l. 1. §. 1. ff. de diviſ. rer.

IV.

4. Héri-
tages allo-
diaux , ou
ſujets à des
cens , ou
autres rede-
vances.

Parmi les immeubles qui ſont en commerce & à l'u-
ſage commun des hommes , il y en a quelques-uns que
les particuliers peuvent poſſéder de plein droit , ſans
aucune charge. Et il y en a d'autres qui ſont affectez à
de certaines charges & redevances , qui en ſont inſéparables. Ainſi , on a dans ce Royaume des héritages
qu'on appelle allodiaux , qui ne doivent ni cens, ni autres charges ſemblables *d*. Et il y en a d'autres , qui
ayant été originairement donnez à la charge d'un cens
non rachetable *e*. ou à d'autres conditions, comme celles des fiefs , paſſent avec ces charges à toute ſorte de
poſſeſſeurs.

d Solum immune l. ult. §. 7. ff. de cenſib.
e De tributis , ſtipendiis , cenſibus , & prædiis juris Italici. V.
Tit. 19. Ulp. de dom. & acq. rer. §. 40. inſt. de rer. diviſ. l. 13.
ff. de impenſ. in rer dot. l. 27. §. 1. ff. de verb. ſignif. l. C. de uſuc.
transform. Toto tit. ff. de cenſib. Toto tit. C. ſi propr. publ. penſ.
L'origine de ces charges ſur les héritages dans le Droit Romain ,
étoit une ſuite des conquêtes des Provinces dont on diſtribuoit les
fonds , à la charge d'un tribut , à quoi n'étoient pas aſſujettis

C

ceux de l'Italie & de quelques autresProvinces distinguées par des exemptions. d. Tit. de censiv.

Il y a des Provinces en France, où tous les héritages sont réputez allodiaux , sans charge de cens , s'ils n'y sont asservis par quelque titre , & d'autres où on ne reconnoît point d'allodiaux.

Il ne faut pas mettre au nombre des héritages allodiaux , ceux qui sont sujets à la dixme Ecclésiastique. Car c'est une charge d'une autre nature , & dont les héritages allodiaux ne sont pas exempts.

V.

5. Mines. On peut mettre au nombre des fonds que les particuliers ne peuvent posséder de plein droit , ceux où se trouvent des mines d'or, d'argent & d'autres métaux , ou matieres sur lesquelles le Prince a son droit f.

f Cuncti qui privatorum loca, saxorum venam laboriosis fossionibus persequentur, decimas fisco, decimas etiam domino repræsentent. Cætero modo propriis suis desideriis vindicando. l. 3. C. de metallar. & metal. V. les Ordonnances de Charles IX. de 1563. & autres sur le fait des mines.

VI.

6. Monnoye. On peut remarquer parmi les choses que les loix distinguent la monnoye publique, qui est une piece d'or ou d'argent , d'autre métal, de la forme , du poids & de la valeur reglée par le Prince, pour faire le prix de toutes les choses qui sont en commerce g.

g Electa materia est cujus publica, ac perpetua æstimatio, difficultatibus permutationum , æqualitate quantitatis subveniret. Eaque materia , forma publica percussa. l. 1. ff. de contr. empt.

VII.

7. Trésor. On distingue encore dans l'ordre des loix , ce qu'on appelle un Trésor. C'est-à-dire , selon l'expression des loix , un ancien dépôt d'argent , ou d'autres choses précieuses , mises en quelque lieu caché , où quelque évenement les fait découvrir, & dont ont ne peut sçavoir qui en est le maître h.

h. Thesaurus est vetus quædam depositio pecuniæ , cujus non extat memoria , ut jam dominum non habeat. l. 31. §. 1. ff. de acq. rer. dom.
Il n'est pas de ce lieu d'expliquer à qui le trésor doit appartenir. V. l. un. C. de Thes.

VIII.

Outre les distinctions des choses dont il a été parlé dans les articles précédens, les loix considerent par d'autres vûes , & par d'autres distinctions générales, les biens que possedent les particuliers.Ainsi on distingue dans les biens des particuliers les acquêts & les propres:& entre les propres,les paternels & les maternels i. **8. Autre distinction des diverses sortes de biens.**

i V. les articles suivans , & la remarque sur le dernier.

IX.

On appelle acquêts , ce qu'avoit acquis celui des biens duquel il s'agit l. **9. Acquêts.**

l Quæ ex liberalitate fortunæ , vel laboribus suis ad eum perveniunt. l. 6. C. de bon. quæ lib. l. 8. ff. pro socio.

X.

Les propres sont les biens venus de ceux à qui on devoit succéder m. **10. Propres.**

m Debitum natutale. l. un. C. de impon. lucr. desc. Quasi debitum nobis hæreditas (à parente) obvenit l. 10. ff. pro socio. v. l. 3. C. de bon. quæ liber.

XI.

Les biens paternels sont les biens venus du pere , ou autres ascendans, ou collatéraux de l'estoc paternel n. **11. Biens paternels.**

n Prædia à patre l. 16. C. de prob. . ff. pro soc.

XII.

Les biens maternels sont les biens venus de la mere, aux autres ascendans , ou collatéraux de l'estoc maternel o. **12. Biens maternels.**

o Res quæ ex matris successione sive ex testamento , sive ab intestato fuerint ad filios devolutæ. l. 1. C. de bon. mat.Quæ ad ipsum ex matre, vel ab ejus lineâ pervenerint.l.3.C.de bon.qualib.
Quoique les textes qui sont citez sur ces quatre derniers articles se rapportent à ces diverses sortes de biens; cette distinction n'a pas le même usage dans le Droit Romain, que dans nos Costumes qui font de différents héritiers des acquêts , des propres , & des biens paternels & des maternels. Cette distinction se rapporte aussi à la matiere du retrais lignager.

LES
LOIX CIVILES
DANS LEUR ORDRE NATUREL.
PREMIERE PARTIE.
DES ENGAGEMENS.

LIVRE PREMIER.

Des engagemens volontaires & mutuels par les
conventions.

Nature des conventions.

LES conventions font les engagemens qui fe forment par le confentement mutuel de deux ou plufieurs
perfonnes qui fe font entr'eux une
loi d'executer ce qu'ils promettent.
Ufage des conventions. L'ufage des conventions eft une
fuite naturelle de l'ordre de la fo-
ciete civile, & des liaifons que Dieu forme entre les
hommes. Car comme il a rendu néceffaire pour tous
leurs befoins, l'ufage réciproque de leur induftrie &
de leur travail, & les differens commerces des chofes ;
c'eft principalement par les conventions qu'ils s'en
accommodent. Ainfi pour l'ufage de l'induftrie & du
travail, les hommes s'affocient, fe louent & agiffent
differemment les uns pour les autres. Ainfi pour l'u-
fage des chofes, lorfqu'ils ont befoin de les acquérir
ou de s'en défaire, ils en font commerce par des ventes & par des échanges ; & lorfqu'ils n'ont befoin de
les avoir que pour un tems, ils les louent ou les empruntent ; & felon les autres divers befoins, ils y affortiffent les différentes fortes de conventions.

Diverfes efpeces de conventions. On voit par cette idée générale des conventions,
que ce mot comprend non-feulement tous les contrats
& traitez de toute nature, comme la vente, l'échange,
le louage, la fociété, le dépôt, & tous autres, mais
auffi tous les pactes particuliers qu'on peut ajouter à
chaque contrat, comme font les conditions, les charges, les réferves, les claufes réfolutoires, & tous autres. Et cé mot de conventions comprend auffi les actes
même par lefquels on réfout ou change par un nouveau
confentement, les contrats, les traitez, les pactes où
l'on étoit déja engagé.

Ordre de ce Livre des conven- tions. Ce font toutes ces fortes de conventions qui feront
la matiere de ce Livre. Et parce qu'il y a plufieurs re-
gles qui conviennent à toutes les efpeces de conventions, comme font celles qui regardent leur nature en
général, les manieres dont elles fe forment, l'interprétation de celles qui font obfcures ou ambigües, &

Tome I.

quelques autres ; ces fortes de regles communes feront
la matiere d'un premier Titre, qui fera des conventions en général. On expliquera enfuite le détail des
regles particulieres de chaque efpece de convention
fous fon Titre propre ; & on y ajoûtera un dernier Titre des vices des conventions ; car c'eft une matiere qui
fait une partie effentielle de ce Livre.

TITRE I.

DES CONVENTIONS EN GENERAL.

SECTION I.

De la nature des conventions, & des mani.res
dont elles fe forment.

SOMMAIRES.

1. *Signification du mot de convention.*
2. *Définition de la convention.*
3. *Matiere des conventions.*
4. *Quatre fortes de conventions par quatre combinai-fons de l'ufage des perfonnes & des chofes.*
5. *Aucune convention n'oblige fans caufe.*
6. *Les donations ont leur caufe.*
7. *Quelques conventions ont un nom propre ; & d'au-tres n'en ont point ; mais toutes obligent à ce qui eft convenu.*
8. *Le confentement fait la convention.*
9. *Conventions qui obligent par la chofe.*
10. *Conventions, ou fans écris, ou par écrit.*
11. *Conventions écrites, ou pardevant Notaires ; ou fous feing privé.*
12. *Preuves des conventions fans écrit.*
13. *Les conventions pardevant Notaires portent leur preuve.*
14. *Vérification du feing contefté.*
15. *Par où fe fait l'accompliffement des conventions pardevant Notaires.*
16. *Conventions entre abfens.*

C ij

I.

1. Signification du mot de convention.

CE mot de convention est un nom général, qui comprend toute sorte de contrats, traitez, & pactes de toute nature *a*.

a Conventionis verbum generale est, ad omnia pertinens, de quibus negotii contrahendi, transigendique causa, consentiunt, qui inter se agunt. *l*. 1. §. 3. ff. de pact.

II.

2. Définition de la convention.

La convention est le consentement de deux ou plusieurs personnes *b* pour former entr'eux quelque engagement *c*, ou pour en résoudre un précédent, ou pour y changer *d*.

b Est pactio duorum, pluriumve in idem placitum consensus. *l*. 1. §. 2. ff. de pact.
c Negotii contrahendi, transigendique causa. *d*. *l*. §. 3. ut aliquem nobis obstringat. *l*. 3. ff. de obl. & act.
d Nudi consensus obligatio, contrario consensu dissolvitur. *l*. 35. ff. de reg. jur. Obligationes quæ consensu contrahuntur, contraria voluntate dissolvuntur. §. ult. inst. quib. mod. toll. obl.

III.

3. Matiere des conventions.

La matiere des conventions est la diversité infinie des manieres volontaires dont les hommes reglent entr'eux les communications & les commerces de leur industrie & de leur travail & de toutes choses, selon leurs besoins *e*.

e Conventionis verbum generale est, ad omnia pertinens. *l*. 1. §. 3. ff. de pact.
Non solùm res in stipulatum deduci possunt, sed etiam facta. §. ult. inst. de verb. obl.

IV.

4. Quatre sortes de conventions par quatre combinaisons de l'usage des personnes, & des choses.

Les communications & les commerces pour l'usage des personnes, & celui des choses sont de quatre sortes, qui font quatre especes de conventions. Car ceux qui traitent ensemble, ou se donnent réciproquement une chose pour une autre *f*, comme dans une vente & dans un échange; ou font quelque chose l'un pour l'autre *g*, comme s'ils se chargent de l'affaire de l'un & de l'autre; ou bien l'un fait & l'autre donne *h*, comme lorsqu'un mercénaire donne son travail pour un certain prix: ou enfin un seul fait ou donne, l'autre ne faisant ou ne donnant rien, comme lorsqu'une personne se charge gratuitement de l'affaire d'une autre *i*: ou que l'on fait une donation par une pure libéralité *l*.

f Aut tibi, ut des. *l*. 5. ff. de præscr. verb.
g Aut facio, ut facias. *d*. *l*.
h Aut facio, ut des. *d*. *l*. Aut do, ut facias. *d*. *l*. Stipulationum quædam in dando, quædam in faciendo consistunt. *l*. 2. ff. de verb. obl. *l*. 3. ff. de obl. & act.
i Mandatum, nisi gratuitum, nullum est. *l*. 1. §. 4. ff. mand.
l Propter nullam aliam causam facit, quàm ut liberalitatem & munificentiam exerceat. Hæc propriè donatio appellatur. *l*. 1. ff. de don. donatio est contractus. *l*. 7. C. de his quæ vi metusve caus. *g*. *f*.
On ne fait ici qu'une seule combinaison du cas où l'un fait & l'autre donne, au lieu que le Droit Romain en distingue deux; une de faire pour donner, & une autre de donner pour faire. Mais dans la vérité ce n'est qu'un seul caractere de convention & une seule combinaison de donner d'une part, & de faire de l'autre, lequel que ce soit des deux qui commence de sa part a faire ou donner. La distinction qu'on y faisoit dans le Droit Romain, étant fondée sur une raison qui n'est pas de notre usage, il n'est pas nécessaire de l'expliquer.

V.

5. Aucune convention n'oblige sans cause.

Dans ces trois premieres sortes de conventions, il se fait un commerce où rien n'est gratuit, & l'engagement de l'un est le fondement de celui de l'autre. Et dans les conventions même où un seul paroît obligé, comme dans le prêt d'argent, l'obligation de celui qui emprunte, a été précédée de la part de l'autre de ce qu'il devoit donner pour former la convention. Ainsi l'obligation qui se forme dans ces sortes de conventions au profit de l'un des contractans, a toujours sa cause de la part de l'autre *m*; & l'obligation seroit nulle si dans la vérité elle étoit sans cause *n*.

m Do ut, facio ut. *l*. 5. ff. de præscr. verb. Ultrò citròque obligatio. *l*. 19. ff. de verb. sign.
Affentimur alienam fidem secuti, mox recepturi quid ex hoc contractu. *l*. 1. ff de reb. cred.
n Cùm nulla subest causa propter conventionem, hic constat non posse constitui obligationem. *l*. 7. §. 3. ff. de pact.

Est & hæc species conditionis, si quis sine causa promiserit. *l*. 1. ff. de cond. sine caus. Qui autem promisit sine causa, condicere quantitatem non potest, quam non dedit, sed ipsam obligationem. *d*. *l*.

VI.

6. Les donations ont leur cause.

Dans les donations & dans les autres contrats où l'un seul fait ou donne; & où l'autre ne fait & ne donne rien, l'acceptation forme la convention *o*. Et l'engagement de celui qui donne, a son fondement sur quelque motif raisonnable & juste, comme un service rendu, ou quelqu'autre mérite du donataire *p*, ou le seul plaisir de faire du bien *q*. Et ce motif tient lieu de cause de la part de celui qui reçoit & ne donne rien *r*.

o Si ei vivus libertus donavit, ille accepit. *l*. 8. §. 3. ff. de bon. lib. Si nescit rem quæ apud se est, sibi esse donatam vel missam sibi non acceperit, donare rei dominus non fit. *l*. 10. ff. de don. Non potest liberalitas nolenti acquiri. *l*. 19. §. 2. eod.
p Non sine causa obveniunt (donationes) sed ob meritum aliquod accedunt. *l*. 9. ff. pro soc. Erga bene merentes. *l*. 5. ff. de donat.
q Ut liberalitatem & munificentiam exerceat. *l*. 1. ff. de don.
r Causa donandi. *l*. 3. eod.

VII.

7. Quelques conventions ont un nom propre, & d'autres n'en ont point, mais toutes obligent à ce qui est convenu.

De ces différentes sortes de conventions, quelques-unes sont d'un usage si fréquent & si connu par-tout, qu'elles ont un nom propre; comme la vente, la louage, le prêt, le dépôt, la société & autres *f*; & il y en a qui n'ont pas de nom propre, comme si une personne donne à quelqu'un une chose à vendre à un certain prix, à condition qu'il retiendra pour lui ce qu'il pourra en avoir de plus *t*. Mais toutes les conventions, soit qu'elles ayent ou n'ayent point de nom, ont toujours leur effet, & elles obligent à ce qui est convenu *u*.

f Conventionem pleræque in aliud nomen transeunt, velut in emptionem, in locationem, in pignus. *l*. 1. §. ult. ff. de pact.
t Natura enim rerum conditum est, ut plura sint negotia, quàm vocabula. *l*. 4. ff. de præ. verb. Si tibi rem vendendam, certo pretio dedissem, ut quo pluris vendidisses, tibi haberes. *l*. 13. ff. de pr. verb. V. d. l. §. 1.
u Quid tam congruum fidei humanæ, quàm ea, quæ inter eos placuerunt servare. *l*. 1. ff. de pact.
Il n'est pas nécessaire d'expliquer ici la différence que l'on faisoit dans le Droit Romain entre les contrats qui avoient un nom, & ceux qui n'en avoient point. Ces subtilitez qui ne sont pas de notre usage, embarrasseroient inutilement.

VIII.

8. Le consentement fait la convention.

Les conventions s'accomplissent par le consentement mutuel donné & arrêté réciproquement *x*. Ainsi la vente est accomplie par le seul consentement, quoique la marchandise ne soit pas délivrée, ni le prix payé *y*.

x Sufficit eos qui negotia gerunt consentire. *l*. 2. §. 1. ff. de obl. & act. 48. eod. Etiam nudus consensus sufficit obligationi. *l*. 52. §. 9. eod.
y Emptio & venditio contrahitur, simul atque de pretio convenerit, quamvis nondum pretium numeratum sit. Inst. de empt. & vend. Quid enim tam congruum fidei humanæ, quam quæ inter eos placuerunt, servare. *l*. 1. ff. de pact. Pour l'accomplissement des conventions. V. l'art. suivant & les art. 2. de la Section 1. & 10. de la Section 2, du contrat de vente. p. 33. & 35.

IX.

9. Conventions qui obligent par la chose.

Dans les conventions qui obligent à rendre ce qu'on a reçu, soit la même chose comme dans le prêt à usage & dans le dépôt, soit une autre chose de la même nature, comme dans le prêt d'argent ou de denrées; l'obligation ne se forme que quand la délivrance accompagne le consentement. C'est pourquoi on dit que ces sortes d'obligations se contractent par la chose *z*, quoique le consentement y soit nécessaire *a*.

z Re contrahitur obligatio, veluti mutui donatione; Inst. quib. mod. re cont. obl. Item is cui res aliqua utenda datur, id est, commodatur, te obligatur §. 2. eod. Prætereà & is apud quem res aliqua deponitur, re obligatur. §. 3. eod. *l*. 1. §. 2. 3. 4. 5. ff de obl. & act. Mutuum damus recepturi non eamdem speciem quam dedimus (alioquin commendatum erit, aut depositum) sed idem genus. *l*. 2. ff. de reb. cr.
a Ex contractu obligationes, non tantùm re consistunt, sed etiam verbis & consensu. *l*. 4. ff. de obl. & act. Eleganter dicit

Pedius, nullum esse contractum, nullam obligationem, quæ non habeat in se conventionem; sive re, sive verbis fiat. l. 1. §. 3. ff. de pact.

X.

10. Conventions ou font écrites ou par écrit.

Le consentement qui fait la convention, se donne ou sans écrit, ou par écrit b. La convention sans écrit se fait ou verbalement, ou par quelqu'autre voie, qui marque ou présuppose le consentement. Ainsi celui qui reçoit un dépôt, quoique sans parler, s'oblige aux engagemens des dépositaires c.

b Sive scriptis, sive sine scriptis. inst. de empt. & vend. Neque scripturâ opus est. §. 1. inst. de obl. ex conj. l. 2. §. 1. ff. de obl. & act. l. 17. C. de pact.
c Tacitè consensu convenire. l. 2. ff. de pact. Sed & nutu solo pleraque consistunt. l. 52. §. 10. ff. de obl. & act. Pactum quod bona fide interpositum docebitur. etsi scriptura non existente, tamen si aliis probationibus rei gestæ veritas comprobari potest, Præses Provinciæ secundùm jus custodiri efficiet. l. 17. C. de pact.

XI.

11. Conventions écrites, ou pardevant Notaires eu sont seing privé.

Les conventions par écrit se font ou pardevant Notaires d, ou sous seing privé; soit que ceux qui font la convention l'écrivent de leur main, ou que seulement ils signent e.

d Per tabellionem. l. 16. C. de fide instr. inst. de empt. & vend.
e Vel in manu propriâ contrahentium, vel ab alio quidem scripta, à contrahentibus autem subscripta. Inst. de empt. & vend. d. l. 16. C. de fide instr.

XII.

12. Preuves des conventions sans écrit.

Si la vérité d'une convention sans écrit est contestée, on peut en faire preuves, ou par témoins, ou par les autres voies que prescrivent les regles des preuves f.

f Instrumentis etiam non intervenientibus, semel divisio recte facta non habetur irrita. l. 9. l. 10. & seq. C. de fide instr.
Par le Droit Romain toutes conventions valoient sans écrit. Mais l'Ordonnance de Moulins art. 54. & celle de 1667. Tit. 20. art. 2. ont défendu de recevoir les preuves des conventions au-dessus de cent livres.

XIII.

13. Les conventions pardevant Notaires portent leur preuve.

Les conventions pardevant Notaires portent la preuve de leur vérité par la signature de l'Officier public g.

g V. l. 16. C. de fid. instr. de empt. & vend.
Les contrats pardevant Notaires sont exécutoires. Ordonn. de 1539. art. 65. & 66.

XIV.

14. Vérification du seing contesté.

Si la signature d'une convention sous seing privé est contestée, il faut la vérifier h.

h V. l. 17. C. si cert. petat. Ordonnance de 1539. art. 92.

XV.

15. Par où se fait l'accomplissement des conventions pardevant Notaires.

Les conventions pardevant Notaires ne sont accomplies qu'après que tout est écrit, & que ceux qui doivent signer y ont mis leurs seings, & les Notaires le leur i.

i (Contractus quos) in instrumento recipi convenit, non aliter vires habere sancimus, nisi instrumenta in mundum recepta, subscriptionibusque partium confirmata, & si per tabellionem conscribantur, etiam ab ipso complexa, & postremò à partibus absoluta sint. l. 17. C. de fid. instr. Inst. de empt. & vend.
Pour les formes des contrats. V. les Ordonn. de 1539. art. 67. Orléans art. 84. Blois 165. &c.

XVI.

16. Conventions entre absens.

Les conventions peuvent se faire non-seulement entre présens, mais aussi entre absens l, par procureur m, ou autre médiateur n, ou même par lettres o.

l Inter absentes talia negotia contrahuntur. l. 2. §. 2. ff. de obl. & act. l. 2. ff. de pact.
m Trebatius putat sicut pactum Procuratoris mihi nocet, ita & prodesse. l. 10 in fine ff. de pact.
n Vel per nuntium. d. l. 2. §. 2. de obl. & act. §. 1. inst. de obl. ex conj. l. 2. ff. de pact.
o Vel per Epistolam. ad. l.

SECTION II.

Des Principes qui suivent de la nature des conventions. Et des regles pour les interpréter.

SOMMAIRES.

I.

1. Qui peut faire des conventions & quelles.

LEs conventions devant être proportionnées aux besoins où elles se rapportent, elles sont arbitraires, & telles qu'on veut; & toutes personnes peuvent faire toutes sortes de conventions a; pourvu seulement que la personne ne soit pas incapable de contracter b, & que la convention n'ait rien de contraire aux loix & aux bonnes mœurs c.

a Qu'd tam congruum fidei humanæ, quàm ea, quæ inter eos placuerunt, servaret. l. 1. ff. de pact.
b Ainsi quelques-uns sont incapables de toutes conventions, comme les insensé. Furiosus nullum negotium gerere potest, quia non intelligit quod agit. §. 8. inst. de inut. stip. l. 1. §. 12. ff. de obl. & act. D'autres ne peuvent faire des conventions à leur préjudice, comme ceux qui sont en bas age. Contra Juris Civilis regulas pacta conventa rata non habentur, veluti si pupillus sine tutoris autoritate pactus sit, ne à debitore suo peteret. l. 28. ff. de pact.
c Pacta quæ contra leges, constitutionesque, vel contra bonos mores fiunt, nullam vim habere, indubitati juris est. l. 6. c. de pact. l. 7. §. 7. ff. de pact. l. 27. §. 4. tod. §. 23. inst. de inut. stip. Ait Prætor. Pacta conventa, quæ neque dolo malo, neque adversùs leges, plebiscita, senatusconsulta, Edicta Principum, neque quo fraus cui eorum fiat, facta erunt, servabo. l. 7. §. 7. ff. de pact. V. la Section 4. des vices des conventions. p. 142.

II.

2. Les conventions doivent être faites avec connoissance & avec liberté.

Les conventions étant des engagemens volontaires, qui se forment par le consentement, elles doivent être faites avec connoissance & avec liberté: & si elles manquent de l'un ou de l'autre de ces caractères, comp-

C iij

me si elles sont faites par erreur *d*, ou par force *e*, elles sont nulles, suivant les regles qui seront expliquées dans la Section V.

d In omnibus negotiis contrahendis, sive bona fide sint, sive non sint, si error aliquis intervenit, ut aliud sentiat, putà quis emit aut qui conducit, aliud qui eum his contrahit, nihil valet quod acti sit. *l.* 57. *ff. de obl. & act.* Non videntur qui errant, consentire. *l.* 116. §. 2. *ff. de reg. jur. v. l.* 9. *ff. de contr. emp.*
e Nihil consensui tam contrarium est, qui & bonæ fidei judicia sustinet, quàm vis atque metus. *d. l.* 116. *de reg. jur. v. tit.* quod metus causa. *V. le titre des vices des conventions, p.* 135.

III.

3. Personne ne peut faire de conventions pour d'autres, ni à leur prejudice.

Comme les conventions se forment par le consentement, personne ne peut en faire pour un autre, s'il n'a pouvoir de lui. Et on peut encore moins faire préjudice par des conventions à des tierces personnes *f*.

f Alteri stipulari nemo potest. *l.* 38. §. 17. *ff. de verb. obl.* §. 18. *inst. de inut. stip. l.* 9. §. 4. *ff. de reb. cred.* nec pacisendo, nec legem dicendo, nec stipulando, quisquam alteri cavere potest. *l* 73. §. *ult. ff. de reg. jur.* Certissimum est alterius contractu, neminem obligari. *l.* 3. *C. de sur. pr. mar.*
Non debet alii nocere, quod inter alios actum est. *l.* 10. *ff. de sure.* Non debet alteri per alterum iniqua conditio inferri. *l.* 74. *ff. de reg. jur.* Ante omnia enim animadvertendum est, ne conventio in alia re facta, aut cum alia persona, in alia re, aliave persona noceat. *l.* 27. §. 4. *ff. de pact.* V. les deux articles suivans.

IV.

4. Premiere exception de celui qui a charge d'un autre.

On peut faire des conventions pour ceux de qui l'on a charge *g*: & on les engage selon le pouvoir qu'ils en ont donné *h*.

g Sicuti pactum Procuratoris mihi nocet, ita & prodest. *l.* 10. *in fine. ff. de pact.*
h Diligenter fines mandati custodiendi sunt, nam qui excessit, aliud quid facere videtur. *l.* 5. *ff. mand.* Interdum melior, deterior verò nunquam (causam mandantis fieri potest.) *l.* 3. *eod.* V. les art. 2. & 3. de la Sect. 3. des Procurations, *p.* 118.

V.

5. Seconde exception de ceux qui ont droit de traiter pour d'autres.

Les tuteurs & curateurs, les administrateurs & les chefs des communautez; le maître d'une société, les commis & préposez à quelque commerce, & toutes les personnes qui en ont d'autres sous leur puissance ou sous leur conduite, ou qui les representent, peuvent faire pour eux des conventions, selon l'étendue de leur ministere ou de leur pouvoir *i*, ainsi qu'il sera expliqué en son lieu à l'égard de chacune de ces sortes de personnes.

i Tutoris pactum pupillo prodest. *l.* 10. *ff. de pact.*
Magistri societatum pactum, & prodesse, & obesse constat. *l.* 14. *ff. de pact.* V. l'art. 5. & les suivans de la Sect. 2. des tuteurs, *p.* 147. l'art. 5. de la Sect. 1. & les art. 1. & 3. de la Sect. 3. des Syndics, Directeurs & autres Adm. *p.* 164. 165. les art. 16. & 17. de la Sect. 4. de la société, *p.* 88. & les art. 1. & 2. de la Sect. 3. des personnes qui exercent quelque com. pub. *p.* 132.

VI.

6. De celui qui traite pour un absent s'en faisant fort.

Si un tiers traite pour un absent, sans avoir son ordre, mais s'en faisant fort, l'absent n'entre dans la convention que lorsqu'il ratifie; & s'il ne le fait, celui qui s'est obligé sera tenu, ou de la peine à laquelle il se sera soumis, ou du dommage qu'il aura causé, selon la qualité de la convention, les suites où il aura donné lieu, & les autres circonstances. Mais après que l'absent a ratifié ce qui a été géré pour lui, quoiqu'à son préjudice, il ne peut plus s'en plaindre *l*.

l Pomponius scribit, si negotium à te quamvis male gestum, probavero, negotiorum tamen gestorum te mihi non teneri. *l.* 9. *ff. de neg. gest.* Quod reprobare non possem semel probatum & quemadmodum quod utiliter gestum est, necesse est apud judicem pro rato haberi, ita omne quod ab ipso probatum est. *d. l.* Si quis aliquam futurumve quid promiserit, non obligabitur: veluti si spondeat Titium quinque aureos daturum. Quod si effecturum ut Titius daret, spoponderit, obligatur. §. 3. *inst. de inut. stip.* Qui alium facturum promisit, videtur in ea esse causa ut non teneatur, nisi pœnam ipse promiserit. §. 10. *eod.*

VII.

Les conventions étant formées, tout ce qui a été

---

convenu tient lieu de loi à ceux qui les ont faites *m*: & elles ne peuvent être révoquées que de leur consentement commun *n*, ou par les autres voies qui seront expliquées dans la Section VI.

m Hoc servabitur, quod initio convenit, legem enim contractûs ded.t. *l.* 23. *ff. de reg. jur.* Contractus legem ex conventione accipiunt. *l.* 1. §. 6. *ff. depositis.* Quid tam congruum fidei humanæ, quàm ea quæ inter eos placuerunt, servare. *l.* 1. *ff. de pact. l.* 34. *ff. de reg. jur.* V. l'art. 22. de cette Section.
n Contraria voluntate dissolvuntur. §. *ult. inst. quib. mod. toll. obl. l.* 35. *ff. de reg. jur.*

VIII.

Regles de l'interpretation des conventions. 1. Regle. Les obscuritez & les doutes s'interpretent par l'intention des contractans.

Les conventions devant être formées par le consentement mutuel de ceux qui traitent ensemble, chacun doit y expliquer sincerement & clairement ce qu'il promet & ce qu'il prétend. Et c'est par leur intention commune, qu'on explique ce que la convention peut avoir d'obscur & de douteux *p*.

o In quorum fuit potestate legem apertiùs conscribere. *l.* 39. *ff. de pact. l.* 21. *ff. de contr. empt.* Liberum fuit verba latè concipere. *l.* 99. *ff. de verb. obl.*
p Semper in stipulationibus, & in cæteris contractibus, id sequimur quod actum est. *l.* 34. *ff. de reg. jur.* Quod factum est, cùm in obscuro sit, ex affectione cujusque capit interpretationem. *l.* 168. §. 1. *eod.*

IX.

2. Regle. 9. Interpretation par les usages, ou autres voies.

Si l'intention commune des parties ne se découvre pas par l'expression, & qu'on puisse l'interpreter par quelque usage des lieux, ou des personnes qui ont fait la convention, ou par d'autres voies, il faut s'en tenir à ce qui sera de plus vraisemblable, selon ces vûes *q*.

q Si non appareat, quid actum est, erit consequens ut id sequamur, quod in regione in qua actum est, frequentatur. *l.* 34. *ff. de reg. jur.* In obscuris inspici solet quod verisimilius est, aut quod plerumque fieri solet. 114. *eod.*

X.

3. Regle. 10. Juger du sens de chaque clause par la teneur de l'acte entier.

Toutes les clauses des conventions s'interpretent les unes par les autres, en donnant à chacune le sens qui résulte de toute la suite de l'acte entier, & même de ce qui est énoncé dans les préambules *r*.

r De même que l'on interprete les diverses parties d'une loi. In civile est nisi tota lege perspecta, una aliqua particula ejus proposita, judicare, vel respondere. *l.* 24. *ff. de legib.* Plerumque ea quæ præfationibus convenisse concipiuntur, etiam in stipulationibus repetita creduntur. *l.* 134. §. 1. *ff. de verb. obl.*

XI.

4. Regle. 11. Intention préférée à l'expression.

Si les termes d'une convention paroissent contraires à l'intention des contractans, d'ailleurs évidente, il faut suivre cette intention plutôt que les termes *s*.

s In conventionibus contrahentium voluntatem, potiùs quàm verba spectari placuit. *l.* 219. *ff. de verb. sign.* V. exemplum in d. l. Potiùs id quod actum, quàm id quod dictum sit sequendum est. *l.* 6. §. 1. *ff. de contr. empt.* Prior atque potentior est quàm vox, mens dicentis. *l.* 7. *in f. ff. de supell. leg.*

XII.

5. Regle. 12. Des clauses à double sens.

Si les termes d'une convention ont un double sens, il faut prendre celui qui est le plus conforme à l'intention commune des contractans, & qui se rapporte le plus au sujet de la convention *t*.

t Quoties idem sermo duas sententias exprimit, ea potissimum excipiatur, quæ rei gerendæ aptior est. *l.* 67. *ff. de reg. jur.* Quoties in stipulationibus ambigua oratio est, commodissimum est id accipi, quo res, de qua agitur, in tuto sit. *l.* 80. *ff. de verb. obl.*

XIII.

6. Regle. 13. Interpretation en faveur de celui qui est obligé.

Les obscuritez & les incertitudes des clauses qui obligent, s'interpretent en faveur de celui qui est obligé, & il faut restraindre l'obligation à ce sens qui la diminue. Car celui qui s'oblige ne veut que le

u Arrianus ait multùm interesse, quæras utrum aliquis obligetur, an aliquis liberetur, ubi de obligando quæritur, propensiores esse debere nos, si habeamus occasionem, ad negandum. Ubi de liberando ex diverso, ut facilior sis ad liberationem. *l.* 9. 47.

moins , & l'autre a dû faire expliquer clairement ce qu'il prétendoit *x*. Mais si d'autres regles veulent qu'on interprete contre celui qui est obligé , comme dans le cas de l'article suivant , on étend l'obligation selon les circonstances. Et en général , quand l'engagement est assez entendu , on ne doit ni l'étendre ni le restraindre au préjudice de l'un pour favoriser l'autre *y*.

de obl. & act. In stipulationibus cùm quæritur quid actum sit , verba contra stipulatorem interpretanda sunt. *l.* 58. §. 18. §. *de verb. obl.*

x Ferè secundùm promissorem interpretamur , quia stipulatori liberum suit verba latè concipere. *l.* 99. §. *eod.* Si in stipulatu fuero , decem aut quindecim dabis? Decem debentur. Item si ita post annum , aut biennium dabis? Post biennium debentur, quia in stipulationibus id servatur , ut quod minus esset , quodque longius , esse videretur , in obligationem deductum. *l.* 109. §. *de verb. obl.*

y Cùm quid mutuum dederimus, etsi non cavemus ut æquè bonum nob.s redderetur, non licet debitori deteriorem rem quæ ex eodem genere sit , reddere , veluti vinum novum pro vetere. Nam in contrahendo , quod agitur pro cauto habendum est, id autem agi intelligitur , ut ejusdem generis, & eâdem bonitate solvatur qua datum sit. *l.* 3. §. *de reb. cred.*

X I V.

7. Regle. 14. Interprétation contre celui qui a dû s'expliquer.

Si l'obscurité, l'ambiguité, ou tout autre vice d'une expression, est en effet de la mauvaise foi, ou de la faute de celui qui doit expliquer son intention; l'interpretation s'en fait contre lui, parce qu'il a dû faire entendre nettement ce qu'il entendoit. Ainsi lorsqu'un vendeur se sert d'une expression équivoque sur les qualitez de la chose venduë, l'explication s'en fait contre lui *z*.

z Veteribus placet, pactionem obscuram, vel ambiguam venditori, & qui locavit nocere, in quorum suit potestate, legem apertius conscribere. *l.* 39. §. *de pact.* Obscuritatem pacti nocere potius debere venditori, qui id dixerit, quàm emptori : quia potuit re integra apertius dicere. *l.* 21. §. *de contr. empt.* Cùm in lege venditionis ita sit scriptum , slumina, stillicidia, via: sint, ut ita sint, nec adiitur, quæ flumina, vel stillicidia: primùm spectari oportet, quid acti sit, si non id appareat, tunc id accipitur, quod venditori nocet, ambigua enim oratio est. *l.* 33. §. *de contr. empt. l.* 172. §. *de reg. jur. v. l.* 69. §. 5. §. *de evict.* Servitutes si quæ debentur, debebuntur. Etenim juris auctores responderunt: si certus venditor quibusdam personis, certas servitutes debere, non admonuisset emptorem, exento eum teneri debere. *l.* 39. §. *de act. empt. & vend.* V. l'art. 10. de la Sect. 3. du louage p. 57. & l'art. 14. de la Sect. 2. du contrat de vente, p. 48.

X V.

8. Regle. 15. L'obligation alternative est au choix de celui qui est obligé.

Si quelqu'un est obligé indéterminément à l'une, ou à l'autre de deux choses, il a la liberté de donner celle qu'il voudra , si la convention n'a rien de contraire *a*.

a Cùm illa, aut illa res promittitur, rei electio est utram præstet. *l.* 10. *in fine §. de jur. dos.* Si ita res distrahatur , illa aut illa res : utram eligit venditor , hæc erit empta. *l.* 25. §. *de cont. empt. v. l.* 21. *in fine. §. de act. empt.*

X V I.

9. Regle. 16. Obligations de choses dont la bonté & la valeur peuvent aller à plus ou à moins.

Dans les conventions où l'on s'oblige à des choses, dont la valeur peut aller à plus ou à moins selon la différence de leurs qualitez, comme les denrées *b*, ou quelques ouvrages *c*, ou autres choses, l'obligation ne s'étend pas au meilleur & du plus grand prix, mais on la modere à ce qui s'appelle bon & marchand *d*. Et si l'obligation est conçuë en termes généraux, l'obligation doit être réglée sur ce qui s'appelle bon & marchand, &c.

b Ergo si quis fundum, sine propriâ appellatione, vel hominem generaliter, sine proprio nomine , aut vinum, frumentumve , sine qualitate, dari sibi stipuletur, incertum deducit in obligationem. *l.* 75. §. 1. §. *de verb. obl.* Usque adeò ut si quis in stipulatu sit, tritici Africi boni modios centum, vini Campani boni amphoras centum ; incertum videatur stipulari, quia bono melius inveniri potest. Quo sit ut bonum appellatio non sit ceræ rei significativa : cùm id quod bono melius sit , ipsum quoque bonum sit. *d. l.* 5. 2. fide jussorem si sine adjectione bonitatis tritici, pro altero triticum spopondit , quodlibet triticum dando num liberare posse existimo. *l.* 52. §. *mand. Ce qu'il faut entendre pourvû qu'il soit bon & Marchand.*

c Operarum stipulatio , similis est his stipulationibus in quibus genera comprehenduntur. *l.* 54. §. 1. §. *de verb. obl.*

d Si quis artificem promiserit , vel dixerit , non utique perfectum eum præstare deber , sed ad aliquem modum peritum : ut neque consummatæ scientiæ accipias , neque rursus indoctum in artificium. Sufficiet igitur talem esse, quales vulgò artifices dicuntur, *l.* 19. §. 4. §. *de æd. ed. Hæc omnia ex bono &*

débiteur, par exemple, qui doit du froment, s'acquitte s'il en donne de cette qualité, car on présume que les contractans n'ont pensé qu'à ce qui est de l'usage ordinaire. Mais si la convention regle les qualitez de ce qui est dû, ou que l'intention des contractans paroisse par les circonstances, il faut s'y tenir *e*.

æquo modicè desiderentur. *l.* 18. *cod.* Qui simpliciter cocum esse dixerit , satisfacere videtur, etiamsi mediocrem cocum præstet. *d. l.* 18. §. 1. *l.* 16. §. 1. §. *de op. lib.*

e At cùm optimum quisque stipulatur, id stipulari intelligitur, cujus bonitas principalem gradum bonitatis habet. *d. l.* 75. §. 2. §. *de verb. obl, v. l.* 52. §. *mand.*

X V I I.

10. Regle. 17. Comment se regle le prix des choses.

Si dans une convention on laisse à regler le prix d'une chose, l'estimation ne s'en fera ni au plus haut prix ni au plus bas, mais au prix commun *g* sans aucun égard aux circonstances particulieres de l'attachement que l'un ou l'autre des contractans pourroit avoir pour la chose qu'il faut estimer , ni de son besoin *h*. Mais il faut seulement considérer ce qu'elle vaut dans la vérité *i* : ce qu'elle vaudroit dans son usage commun pour qui que ce fût ; & ce qu'elle pourroit être justement venduë *l*.

f Justo pretio tunc æstimanda. *l.* 16. §. *ult. §. de pig.*

g Ex præsenti æstimatione (justa pretia) constitui. *l.* 3. §. 1. §. *de jur. sisc.* secundùm rei veritatem æstimanda erunt. Hoc est secundùm præsens pretium. *l.* 62. §. 1. *ad leg. §. falc.* Rei verum pretium. *l.* 50. §. *de surt.*

h Pretia rerum non ex affectu, nec utilitate singulorum, sed communiter funguntur. *l.* 63. §. *ad leg. falc. l.* 33. §. *ad leg. Aquil. i* Secundùm rei veritatem. *d. l.* 62. §. 1. *ad leg. falc.*

l Non affectiones æstimandas esse puto, veluti si filium tuum naturalem quis occiderit, quem tu magno emptum velles : sed quanti omnibus valeret. *d. l.* 33. §. *ad aq.* Quanti emptorem potest invenire. *l.* 52. §. 29. §. *de surt.*

X V I I I.

11. Regle. 18. Du tems & du lieu de l'estimation.

Les estimations de choses qui n'ont pas été délivrées en tems & lieu, comme du vin, des grains & autres semblables, se font sur le pied de leur valeur, au tems & au lieu où la délivrance en devoit être faite *m*.

m Si merx aliqua , quæ certo die dari debeat, petita sit, veluti vinum, oleum, frumentum : tanti litem æstimandam Cassius ait , quanti fuisset eo die , quo dari debuit. *l.* 4. §. *de cond. tritic. l.* 22. §. *de reb. cred.* Idémque juris in loco elie : ut æstimatio sumatur , ejus loci quo dari debuit *d. ll.*

X I X.

12. Regle. 19. Expressions qui n'ont aucun sens.

Les expressions qui ne peuvent avoir aucun sens par aucune voie , sont rejettées , comme si elles n'avoient pas été écrites *n*.

n De même que dans les testamens. Quæ in testamento ita sunt scripta , ut intelligi non possint perinde sunt , ac si scripta non essent. *l.* 73. §. 3. §. *de reg. jur.*

X X.

13. Regle. 20. Fautes d'écritures.

Les fautes d'écritures qui peuvent être réparées par le sens assez entendu , n'empêchent pas l'effet que doit avoir la convention *o*.

o Si librarius in transcribendis stipulationis verbis errasset , nihil nocere. *l.* 92. §. *de reg. jur.*

X X I.

14. Regle. 21. Les conventions ont leurs bornes dans leur sujet.

Toutes les clauses des conventions ont leur sens borné au sujet dont on y traite , & ne doivent pas être étenduës à des choses où il n'a pas pensé *p*. Ainsi une quitance générale rélative à un compte de recette & de dépense , n'annulle pas des obligations dont on n'a point compté *q*. Ainsi une transaction est bornée aux différens dont on a traité , & ne s'étend pas à d'autres dont on ne s'agissoit point. Car on ne doit présumer ni qu'une personne s'engage , ni qu'elle en décharge une autre de son engagement , sans que sa volonté paroisse expliquée & bien étenduë *r*.

p Ante omnia enim animadvertendum est , ne conventio in alia re facta aut cum alia persona , in alia re aliave persona noceat. *l.* 27. §. 4. §. *de pact.* Iniquum est peremi pacto id de quo cogitatum non nocetur. *l.* 9. *in fine §. de trans.*

q Si tantùm ratio accepti atque expensi esset æstimata , cæteras obligationes manere in sua causa. *l.* 47. *in s. §. de pact.*

r Transactio quæcumque sit ; de his tantùm de quibus inter

conveniêtes placuit, interpositâ creditur *l. 9. §. 1. ff. de tranf.*
Cum Aquiliana stipulatio interponitur, quæ ex confensu redditur, lites de quibus non est cogitatum, in suo statu retinentur. Liberalitatem enim captiosam, interpretatio prudentium fregit. *l. 5. ff. de tranf. l. 3. C. eod.* de quo cogitatum non docetur. *d. l. 9. in f. de tranf.*

XXII.

(13. Regle. 22. Interprétation des conventions judiciaires.)

S'il arrive qu'une convention ne soit faite que pour exécuter un ordre de justice, comme si un Juge ordonne qu'un demandeur fera quelque foumission pour recevoir ce qu'il demande, qu'il fera donner caution de certaines chofes, dans ce cas & autres femblables, si l'acte ou le traité qui contient l'engagement ordonné par une Sentence, ou par un Arrêt, se trouve avoir quelque ambiguité ou obscurité; l'interprétation doit en être faite par l'intention de la Sentence ou de l'Arrêt que l'on exécute *f.*

f In prætoriis stipulationibus si ambiguus fermo acciderit, Prætoris erit interpretatio, ejus enim mens æstimanda est. *l. 9. ff. de stip. præs.* In conventionalibus stipulationibus contractui formam contrahentes dant. Enim verò prætoriæ stipulationes legem accipiunt de mente prætoris qui eas propofuit. *l. 2. ff. de verb. obl.*

SECTION III.

Des engagemens qui suivent naturellement des conventions, quoiqu'ils n'y foient pas exprimez.

SOMMAIRES.

1. Trois sortes d'engagemens dans les conventions.
2. Exécution réciproque des conventions.
3. Exception de la regle précédente.
4. Peines de l'inéxécution des conventions.
5. Obligation sans terme.
6. Lieu du payement, ou autre exécution des conventions.
7. Le délai dure jusqu'au dernier moment du terme expiré.
8. Du soin qu'on doit avoir de ce qui est à d'autres, lorsqu'on en est chargé par quelque convention.
9. Personne n'est tenu des cas fortuits.
10. Celui qui a le profit doit souffrir la perte.
11. Estimation au dire d'une personne.
12. Bonne foi entiere en toutes sortes de conventions.
13. Bonne foi envers les tierces personnes.
14. En quel sens il faut entendre qu'on peut se tromper l'un l'autre.
15. Délais arbitraires pour l'exécution des conventions selon l'état des choses.

I.

(1. Trois sortes d'engagemens dans les conventions.)

Les conventions obligent non-feulement à ce qui y est exprimé, mais encore à tout ce que demande la nature de la convention: & à toutes les suites que l'équité, les loix, & l'usage donnent à l'obligation où l'on est entré *a.* De sorte qu'on peut distinguer trois sortes d'engagemens dans les conventions. Ceux qui font exprimez: Ceux qui font les suites naturelles des conventions: Et ceux qui font reglez par quelque loi, ou quelque coutume. Ainsi, c'est par l'équité naturelle que l'associé est obligé de prendre soin de l'affaire commune, qui est en ses mains: Que celui qui emprunte une chose pour en user, doit la conserver. Que le vendeur doit garantir ce qu'il a vendu, quoique les conventions n'en expriment rien *b.* Ainsi c'est par un loi que celui qui achete un héritage au-dessous de la moitié de son juste prix, doit ou le rendre, ou parfaire le prix. Ainsi dans le louage d'une maison, quelques coutumes continuent le bail au-delà du terme pendant un

a Alter alteri obligatur, de eo quod alterum alteri, ex bono & æquo præstare oportet. *l. 2. §. ult. ff. de obl. & act.* Ea quæ sunt moris & consuetudinis in bonæ fidei judiciis debent venire. *l. 31. §. 20. ff. de ad. ed. l. 17. §. 1. ff. de aqua & aq. pl.*
b Quod si nihil convenit, tunc ea præstabuntur quæ naturaliter insunt hujus judicii potestate, & imprimis ipsam rem præstare venditorem oportet. *l. 11. §. 1. ff. de act. empt.*

certain tems, si les contractans n'y ont dérogé: Et toutes ces suites de convention sont comme des pactes tacites & fous-entendus, qui en font partie. Car les contractans consentent à tout ce qui est essentiel à leurs engagemens *c.*

c Quasi id tacitè convenerit. *l. 4. ff. in quib. cauf. pign. vel hyp. 1. c.* En quæ tacitè insunt stipulationibus. *l. 2. §. 3. ff. de eo quod cert. loc.* Plerumque id accidit, ut extra id quod ageretur tacita obligatio nascatur. *l. 13. in f. ff. commod.* in contrahendo quod agitur, pro cauto habendum. *l. 3. ff. de reb. cred.* quædam in sermone tacitè excipiuntur. *l. 9. ff. de servit.*

II.

(2. Exécution réciproque des conventions.)

En toutes conventions l'engagement de l'un étant le fondement de celui de l'autre, le premier effet de la convention, est que chacun des contractans peut obliger l'autre à exécuter son engagement, en exécutant le sien de sa part, selon que l'un & l'autre y sont obligez par la convention. Soit que l'exécution doive se faire de part & d'autre dans le même tems comme s'il est convenu dans une vente que le prix sera payé lors de la délivrance; ou que l'exécution doive précéder de la part de l'un, comme si le vendeur doit délivrer, & a donné terme pour le payement; ou de la part de l'autre, comme si l'acheteur doit payer par avance, avant que la chose lui soit délivrée *d.*

d Contractum, ultrò citròque obligationem, quod Græci συνάλλαγμα vocant. *l. 19. ff. de verb. sign.* Alter alteri obligatur, de eo quod alterum alteri, ex bono & æquo præstare oportet. *l. 1. §. ult. ff. de obl. & act.* Quod ab initio sponte scriptum, aut in pollicitatione deductum est, hoc ab invitis postea compleatur. *l. ult. C. ad velit.* Id quod convenit servabitur *l. 1. C. qu. dec. non. est op.* Sicut ab initio libera potestas unicuique est habendi vel non habendi contractus, ita renuntiare semel constitutæ obligatio adversario non consentiente, nemo potest. *l. 5. C. de obl. & act.*

III.

(3. Exception de la regle précédente.)

Si la convention n'étant pas encore exécutée, ou ne l'étant que d'une part, il arrive un changement, qui doive suspendre l'exécution, ou ce qui en reste à faire, il est sous-entendu par la volonté tacite des contractans, que l'exécution doit être surfise, jusqu'à ce que l'obstacle se trouve levé. Ainsi l'acheteur qui après la vente, découvre un péril d'éviction avant le payement du prix, ne sera pas tenu de payer, jusqu'à ce qu'il ait été pourvû à sa sûreté *e.*

e Ante pretium solutum, dominii quæstione motâ, pretium emptor solvere non cogetur, nisi fide jussores idonei, à venditore ejus evictionis, offerantur. *l. 18. §. 1. ff. de per. & com. v. l. 17. §. 2. ff. de doli mal. txc.* V. l'art. 11. de la Sect. 3. du contrat de vente, p. 38.

IV.

(4. Peines de l'inéxécution des conventions.)

En toutes conventions, c'est le second effet des engagemens, que celui qui manque à ceux où il est entré, ou qui est en demeure, soit qu'il ne le puisse, ou qu'il ne le veuille, sera tenu des dommages & intérêts de l'autre, selon la nature de la convention, la qualité de l'inéxécution, ou du retardement & les circonstances *f.* Et s'il y a lieu de résoudre la convention, elle sera résolue avec les peines qui en devront suivre contre celui qui aura manqué d'exécuter son engagement *g.*

f Ut damneris mihi quanti interest mea, illud de quo convenit accipere. *l. 5. §. 1. ff. de præsc. verb.* Quanti ea res erit. *l. 29. §. 2. ff. de ad.* V. sur les dommages & intérêts les art. 17. & 18. de la Sect. 2. du contrat de vente, p. 35. 36.
g Vel si meum recipere velim, repetatur quod datum est, quasi ob rem datum, re non secuta. *l. 5. §. 1. ff. de præsc. verb.* Omnia in integrum restituuntur. *l. 60. ff. de ad. ed.* Non impleta promissi fide, dominii tui jus in suam causam reverti convenit. *l. 6. C. de pact. int. empt. & vend. comp.* Quoniam contractus fidem fregit, ex empto actione conventus, quanti tua interest præstare cogetur. *l. 6. C. de har. vel act.* V. causa omnis restituenda. *l. 31. ff. de reb. cred.*

V.

(5. Obligations sans terme.)

Si l'on avoit omis dans une convention d'exprimer le terme du payement, ou d'une autre chose promise, c'est une suite de la convention, que comme le terme ne s'ajoute qu'en faveur de celui qui est obligé; s'il ne lui

lui eſt pas donné de tems, pour ce qu'il doit faire ne donner ; il le doit d'abord & ſans retene. Si ce n'eſt que l'exécution renfermât la néceſſité d'un délai, comme ſi elle devoit être faite dans un autre lieu que celui où ſe fait la convention *h*.

h In omnibus obligationibus in quibus dies non ponitur, præſenti die debetur l. 14. ff. de reg. jur. Quoties in obligationibus dies non ponitur, præſenti die pecunia debetur : niſi ſi locus adjectus ſpatium temporis inducat, quo illo poſſit pervenirí. l. 41. §. 1. ff. de verb. obl. §. 2. inſt. eod. Diei adjectionem pro reo eſſe, non pro ſtipulatore. d. l. 41. §. 1. in f.

VI.

6. Lieu du payement ou autre exécution des conventions.

Si dans une convention qui oblige à la délivrance d'une choſe mobiliaire, on auroit omis d'exprimer le lieu où cette délivrance devra être faite ; la choſe ſera délivrée dans le lieu où elle ſe trouvera ; ſi ce n'eſt que par la mauvaiſe foi de celui qui doit la délivrer, elle eût été miſe hors du lieu où elle devoit être, ou que l'intention des contractans obligeât à faire la délivrance dans un autre lieu *i*.

i Depoſitum eo loco reſtitui debet, in quo ſine dolo malo ejus eſt, apud quem depoſitum eſt. l. 12. §. 1. depoſ. Eadem dicenda ſunt communiter & in omnibus bonæ fidei judiciis. d. §. ibi dari debet ubi eſt (quod legatur). l. 38. ff. de jud. V. ll. 10. 11. 12. ff. de rei vind. Is qui certo loco dare promiſit, nullo alio loco, quàm in quo promiſit, ſolvere invito ſtipulatore poteſt. l. 9. ff. de eo quod cert. loc.

VII.

7. Le délai dure juſqu'au dernier moment du terme expiré.

Celui qui a un terme pour payer, ou pour délivrer, ou pour faire autre choſe, n'eſt pas en demeure, & ne peut être pourſuivi qu'après le dernier moment du terme expiré. Car on ne peut pas dire qu'il n'ait point ſatisfait juſqu'à ce que le délai entier ſe ſoit écoulé. Ainſi celui qui doit dans une année, dans un mois, dans un jour, a pour ſon délai tous les momens de l'année, du mois & du jour *l*.

l Ne eo quidem ipſo die, in quem ſtipulatio facta eſt, peti poteſt, quia totus is dies arbitrio ſolventis relinquitur. Neque enim certum eſt eo die in quem promiſſum eſt datum non eſſe, priuſquam is præterierit. §. 2. inſt. de verb. obl. Quod quis aliquo anno dare promittit, aut dare damnatur, ei poteſtas eſt quoliber ejus anni die dandi. l. 50. ff. de obl. & act. l. 42. ff. de verb. obl.

VIII.

8. Du ſoin qu'on doit avoir de ce qui eſt à à autre, lorſqu'on en eſt chargé par quelque convention.

C'eſt une ſuite naturelle de pluſieurs conventions, que ceux qui ſe trouvent chargez, ou d'une choſe, ou d'une affaire d'une autre perſonne, ou qui leur eſt commune, ſont tenus d'en prendre ſoin, & répondre de leur mauvaiſe foi, de leurs fautes, de leurs négligences ; mais différemment *m*, ſelon les différentes cauſes qui les en chargent, ou pour leur intérêt ſeul, comme celui qui emprunte une choſe d'un autre pour ſon uſage *n* ; ou pour le ſeul intérêt du maître comme le dépoſitaire *o* ; ou pour l'intérêt commun, comme l'aſſocié *p*. Et ils ſont obligez à plus ou moins de ſoin & de diligence, ſuivant les regles qui ſeront expliquées en chaque eſpece de convention. Mais ſi on a reglé par la convention le ſoin que doit avoir celui qui eſt chargé de quelque affaire, ou de quelque choſe d'une autre perſonne, ou qui leur ſoit commune, il faut s'y tenir *q*.

m Contractus quidam dolum malum duntaxat recipiunt ; quidam & dolum & culpam. l. 23. ff. de reg. jur. l. 5. §. 2. ff. commod.
n Commodatum plerumque ſolam utilitatem continet, ejus cui commodatur. d. l. 5. §. 2.
o Nulla utilitas ejus verſatur, apud quem deponitur. d. §. 2.
p Sed ubi utriuſque utilitas interveniſt ut in.... ſocietate. d. §. 2.
q Sed hæc ita, niſi ſi quid nominatim convenit, vel plus, vel minus in ſingulis contractibus. Nam hoc ſervabitur quod initio convenit. d. l. 23. ff. de reg. jur.

IX.

5. Perſonne n'eſt tenu au cas fortuits.

Perſonne n'eſt tenu dans aucune eſpece de conventions, de répondre des pertes & des dommages cauſez par des cas fortuits, comme ſont un coup de foudre, un débordement, un torrent, une violence & autres ſemblables évenemens ;& la perte de la choſe qui périt,

Tome I.

ou qui eſt endommagée par un cas fortuit, tombe ſur celui qui en eſt le maître, ſi ce n'eſt qu'il eût été autrement convenu *r*, ou que la perte ou le dommage puiſſent être imputez à quelque faute dont l'un des contractans doive répondre, comme ſi une choſe qui devoit être délivrée, vient à périr pendant que celui qui doit la délivrer n'y ſatisfait point *ſ*.

r Rapinæ, tumultus, incendia, aquarum magnitudines, impetus prædonum, à nullo præſtantur. l. 23. ff. de reg. jur. in f. Ea quidem quæ vi majore auferuntur, detrimento eorum quibus commodantur, imputari non ſolent. Sed cùm is qui à re commodari tibi bovem poſtulabat, hoſtilis incurſionis contemplatione, periculum amiſſionis, ac fortunam futuri damni in ſe ſuſcepiſſe proponatur. Præſes Provinciæ, ſi probaveris eum indemnitatem tibi promiſiſſe placitum conventionis implere eum compellet. l. 1. C. de commod. V. l. 39. ff. mand. V. l'art. 6. de la Sect. 2. du Prêt à uſage, p. 67.
ſ Quod ſi mihi dare oporteat, ſi id poſtea perit, quam per te factum erit, quo minus id mihi dares ; tuum fore id detrimentum conſtat. l. 5. ff. de reb. cred. v. l. 11. §. 1. ff. locat. cond. l. 11. ff. de neg. geſt. l. 1. §. 4. ff. de obl. & act.

X.

10. Celui qui doit profiter ſouvent de la perte.

Comme il arrive ſouvent dans la ſuite des conventions, que la même choſe ou la même affaire eſt une occaſion de gain ou de perte ſelon la diverſité des évenemens ; il eſt toujours ſous-entendu, que celui qui doit profiter du gain, doit ſouffrir la perte *t*, ſi ce n'eſt qu'elle doive être imputée à la faute de l'autre. Ainſi comme l'acheteur après la vente profite des changemens qui rendent la choſe meilleure, il ſouffre auſſi la perte de ceux qui la rendent pire *u* ; ſi ce n'eſt que la perte puiſſe être imputée au vendeur, comme ſi la choſe périt ou eſt diminuée, pendant qu'il eſt en demeure de la délivrer *x*.

t Secundùm naturam eſt, commoda cujuſque rei eum ſequi, quem ſequuntur incommoda. l. 10. ff. de reg. jur. commodum ejus eſſe debet, cujus periculum eſt. §. 3. inſt. de emp. & vend. Si quem quæſtum fecit is qui experiendum quid accepit : veluti ſi jumenta fuerint, eaque locata ſint, id ipſum præſtabit ei qui experiendum dedit. Neque enim eam rem quæſtui cuique eſſe oportet, priuſquam periculo ejus ſit. l. 13. §. 1. ff. comm.
u Poſt perfectam venditionem omne commodum & incommodum, quod rei venditæ contingit, ad emptorem pertinet. l. 1. C. de per. & com. r. v.
x Quod ſi neque traditi eſſent, neque emptor in mora fuiſſet, quominus traderentur, venditoris periculum erit. l. 14. ff. de per. & com.

XI.

11. Eſtimation au dire d'une perſonne.

Dans les conventions où il faut faire quelque eſtimation, comme du prix d'une vente, de la valeur d'un loyer, de la qualité d'un ouvrage, des portions de gain ou de perte que doivent avoir les aſſociez & autres ſemblables ; ſi les contractans s'en rapportent à ce qui ſera arbitré par une tierce perſonne, ſoit qu'on la nomme ou non, ou même à l'arbitrage de la partie ; il en eſt de même que ſi on s'étoit remis à ce qui ſeroit reglé par des perſonnes de probité, & qui s'y connuſſent. Et ce qui ſera arbitré contre cette regle, n'aura pas de lieu. Parce que l'invention de ceux qui ſe rapportent de ces ſortes d'eſtimations à d'autres perſonnes, renferme la condition, que ce qui ſera reglé ſera raiſonnable : & leur deſſein n'eſt pas de s'obliger à ce qui pourroit être arbitré au-delà des bornes de la raiſon & de l'équité *v*. Que ſi la perſonne nommée ne pouvoit, ou ne vouloit faire l'eſtimation, ou venoit à mourir avant que de la faire ; la convention demeureroit nulle. Car elle renfermoit

y Ad boni viri arbitrium redigi poteſt ; etſi nominatim perſonæ ſit comprehenſa, cujus arbitratu fiat. l. 76. ff. ſeq. ff pro ſocio. Si in lege locationis comprehenſum ſit, ut arbitratu domini, opus approbetur : perinde habetur, ac ſi viri boni arbitrium comprehenſum fuiſſet. Idemque ſervatur, ſi alterius cujuſlibet arbitrium comprehenſum ſit. Nam fides bona exigit, ut arbitrium tale præſtetur, quale viro bono conveniat. l. 24. ff. loc. Ea mens eſt perſonam arbitrio ſubſtituentium, ut quis ſperent eum rectè arbitraturum id faciant ; non quia vel immodicè obligari velint. l. 30. ff. de ep. lio. Il faut remarquer ici la différence entre ces ſortes d'arbitres & les arbitres compromiſſaires, & ce qui en ſera dit au titre des compromis, V. l. 76. ſi. pro ſocio.

la condition, que l'estimation seroit faite par cette personne ç.

> 2 Si coïta sit societas ex his partibus, quas Titius arbitratus fuerit: si Titius antequam arbitraretur decesserit, nihil agitur. Nam id ipsum actum est, ne aliter societas sit, quàm ut Titius arbitratus sit. *l. 75. ff. pro socio.* Sin autem vel ipse Titius noluerit, vel non potuerit pretium venditionis definire, tunc pro nihilo esse venditionem. *l. ult. C. de contr. empt.*

XII.

12. Bonne foi entiere en toute sorte de conventions.

Il n'y a aucune espece de convention, où il ne soit sous-entendu que l'un doit à l'autre la bonne foi, avec tous les effets que l'équité peut y demander a, tant en la maniere de s'exprimer dans la convention, que pour l'exécution de ce qui est convenu, & de toutes les suites b. Et quoiqu'en quelques conventions cette bonne foi ait plus d'étenduë, & en d'autres moins; elle doit être entiere en toutes, & chacun est obligé à tout ce qu'elle demande, selon la nature de la convention & les suites qu'elle peut avoir ç. Ainsi, dans la vente la bonne foi forme un plus grand nombre d'engagemens que dans le prêt d'argent. Car le vendeur est obligé à délivrer la chose venduë d. A la garder jusqu'à la délivrance e: A la garantir f; A la reprendre si elle a des défauts qui soient tels que la vente doive être résoluë g. Et l'acheteur a aussi ses engagemens qui seront expliquez en leur lieu. Mais dans le prêt d'argent, celui qui emprunte n'est obligé qu'à rendre la même somme h & les intérêts, s'il ne paye au terme après la demande i.

> a Bonam fidem in contractibus considerari æquum est. *l. 4. C. de obl. & act.*
> Bona fides quæ in contractibus exigitur, æquitatem summam desiderat. *l. 31. ff. de pos.*
> b Alter alteri obligatur, & eo quod alterum alteri ex bono & æquo præstare oportet. *l. 2. §. ult. ff. de obl. & act.*
> c Ea præstabuntur quæ naturaliter insunt. *l. 11. §. 1. ff. de act. empt. & vend.*
> d Imprimis ipsam rem præstare venditorem oportet. *d. l. 11. §. 1.*
> e Custodiam & diligentiam præstare debet. *l. 36. ff. de act. empt. & vend.*
> f Evictionem præstavimus. *l. 39. §. 2. ff. de evict.*
> g Redhibitionem quoque contineri empti judicio. *l. 11. §. 3. ff. de act. empt. & vend.*
> h Mutuum damus, recepturi idem genus. *l. 2. ff. de reb. cred. l. 1. §. 2. ff. de obl. & act.*
> i In his judiciis, quæ non sunt arbitraria, nec bonæ fidei, post litem contestatam actori causa præstanda est. *l. 3. §. 1. ff. de usur.*
> Cette difference entre le plus ou le moins d'étenduë de la bonne foi selon les differences des conventions, est le fondement de la distinction qu'on fait dans le Droit Romain entre les contrats qu'on y appelle contrats de bonne foi, & ceux qu'on dit être de Droit Ecrit. Mais par la nature & par notre usage tout contrat est de bonne foi, en ce qu'elle y a toute l'étenduë que l'équité peut y demander. Ne propter nimiam subtilitatem verborum, latitudo voluntatis contrahentium impediatur. *l. un. C. ut. act. & ab hær. & contr. hær. v. l. 111. ff. de verb & obl.*

XIII.

13. Bonne foi envers les tierces personnes.

La bonne foi nécessaire dans les conventions, n'est pas bornée à ce qui regarde les contractans; mais ils la doivent aussi à tous ceux qui peuvent avoir intérêt à ce qui se passe entr'eux. Ainsi, par exemple, si un dépositaire découvre que celui qui a fait le dépôt, avoit volé la chose déposée, la bonne foi l'oblige à la refuser à ce voleur qui la lui a confiée, & à la rendre à celui qui s'en trouve le maître l.

> l Incurrit hìc & alia inspectio bonam fidem inter eos tantùm quos contractum est, nullo extrinsecus assumpto, æstimare debemus: an respectu etiam aliarum personarum, ad quas, id quod geritur, pertinet? Exempli loco, latro spolii quæ mihi abstulit, posuit apud Sejum insciúm de malitia deponentis. Utrum latronjan mihi restituere Sejus debeat? Si per se dantem, accipientemque intuemur: hæc est bona fides, ut commississam rem recipiat is qui dedit. Si totius rei æquitatem, quæ ex omnibus personis quæ negotio isto continguntur, impletur, mihi reddenda sunt, quæ facto scelestissimo adempta sunt. Et probo hanc esse justitiam quæ suum cuique ita tribuit, ut non distrahatur ab ullius personæ justiore repetitione. *l. 31. §. 1. ff. de pos.* V. à la fin de la Sect. 3. du Dépôt, p. 81.

XIV.

14. En quel sens il faut entendre

Les manieres dont chacun ménage ses intérêts lors de la convention, & la résistance de l'un aux prétentions de l'autre dans l'étenduë de ce qui est incertain & ar-

bitraire & qu'il faut régler, n'ont rien de contraire à la bonne foi. Et ce qu'on dit qu'il est permis, par exemple, dans les ventes de se tromper l'un l'autre, se doit entendre de ce que l'un emporte sur l'autre dans cette étenduë incertaine & arbitraire, comme dans le plus ou le moins du prix m, mais il ne faut pas étendre cette liberté à aucune fraude. *qu'on peut se tromper l'un l'autre.*

> m In pretio emptionis & venditionis naturaliter licet contrahentibus se circumvenire. *l. 16. §. 4. ff. de min.*
> Dolus qualitate facti non quantitate pretii æstimatur. *l. 10. C. de resc. vend.* Quemadmodum in emendo & vendendo naturaliter concessum est quod pluris sit, minoris emere: quod minoris sit pluris vendere, & ita invicem se circumscribere; ita in locationibus quoque & conductionibus juris. *l. 22. §. ult. ff. loc. v. l. 8. C. de resc. vend.*

XV.

15. Délais arbitraires pour l'exécution des conventions selon l'état des choses.

En toutes conventions où l'un des contractans est obligé à faire ou donner, ou autrement accomplir ce qui est convenu; & sur-tout en celles dont l'inexécution doit être suivie ou de la résolution du contrat ou de quelqu'autre peine, il est de l'équité & de l'intérêt public, que les conventions ne soient pas d'abord résoluës, ni les peines encouruës par toute inexécution indistinctement.

Ainsi, par exemple, si l'acheteur ne paye pas le prix au terme, la vente ne sera pas d'abord résoluë, quand même il auroit été ainsi convenu; mais on accorde un temps à l'acheteur pour payer le prix avant que de résoudre la vente. Et dans les autres cas de retardement, soit d'un payement ou d'autre chose, il est de la prudence du Juge d'accorder les délais qui peuvent être justes selon les circonstances n.

> n Modicum spatium datum videri. Hoc idem dicendum, & cùm quid ea lege venierit, ut nisi ad diem pretium solutum fuerit inepta res fiat. *l. 23. in f. ff. de obl. & act.*
> Dilationem negari non placuit. Cujus rei æstimatio arbitrio judicantis conceditur. *l. 45. §. 10. ff. de jur. fisc.* quod omne ad judicis cognitionem remittendum est. *l. 135. §. 2. ff. de verb. obl.* Nihil ex obligatione, paucorum dierum mora minuet. (si omnia in integro sunt.) *l. 24. §. 4. ff. de locat.* Voyez l'art. 15. & l'art. 16. de la Section 4.

SECTION IV.

Des diverses sortes de pactes qu'on peut ajouter aux conventions, & particulierement des Conditions.

Parmi les diverses sortes de pactes qu'on peut ajouter à toutes sortes de conventions, quelques-unes sont d'un usage commun à toutes les épeces de conventions, comme les conditions, les clauses résolutoires & autres; & il y en a qui sont propres à quelques épeces de conventions, comme la faculté de rachat au contrat de vente. On ne mettra ici que ce qui est commun à toute sorte de conventions, & ce qui est propre à quelques-unes sera mis en son lieu.

SOMMAIRES.

1. *Liberté indéfinie de toute sorte de pactes.*
2. *On peut ajouter aux engagemens ordinaires, ou les diminuer.*
3. *Exception de ce qui blesseroit la bonne foi.*
4. *Chacun peut renoncer à son droit.*
5. *Les pactes sont bornez à leur sujet.*
6. *Définitions des conditions, leur usage & leurs différens effets.*
6. *De la condition d'où dépend l'accomplissement d'une convention.*
7. *Effet de l'évenement de cette condition.*
8. *De la condition d'où dépend la résolution d'une convention.*
9. *Effet de l'évenement de cette condition.*
10. *Comment se reglent les suites des conventions conditionnelles.*
11. *Des conditions qui se rapportent au present ou au passé.*

I.

1. Liberté indéfinie de toute sorte de pactes.

COmme les conventions sont arbitraires, & se diversifient selon les besoins; on peut en toutes sortes de conventions, de contrats & de traitez, ajouter toutes sortes de pactes, conditions, restrictions, réserves, quittances générales & autres, pourvû qu'il n'y ait rien de contraire aux loix & aux bonnes mœurs *a*.

a V. *sup.* Sect. 2. art. 2. Quid tam congruum fidei humanæ, quam ea, quæ inter eos placuerunt, servare. l. 1. ff. de pact. hoc servabitur, quod initio convenit : legem enim contractus dedit. l. 2. ff. de reg. jur. contractus legem ex conventione accipiunt. l. 1. §. 6. ff. depos. Pacta quæ turpem causam continent, non sunt observanda. l. 27. §. 4. ff. de pact.

II.

2. On peut ajouter aux engagemens ordinaires, ou les diminuer.

On peut aussi changer les engagemens naturels & ordinaires des conventions, & les augmenter ou diminuer, & même y déroger. Ainsi dans les contrats de vente, dépôt, société & autres, les loix ont réglé de quelle maniere l'un répond à l'autre de sa faute ou de sa négligence, mais on peut se charger plus ou moins du soin & de la diligence, selon qu'il en est convenu *b*. Ainsi le vendeur quoique naturellement obligé à la garantie, peut se décharger de toute garantie autre que de son fait *c*. Et ces conventions ont le fondement de leur équité sur les motifs particuliers des contractans. Ce vendeur, par exemple, est déchargé de la garantie, parce qu'il donne à un moindre prix.

b Contractus quidam, dolum malum duntaxat recipiunt: quidam & dolum & culpam. l. 23. ff. de reg. jur. Sed hæc ita, nisi si quid nominatim convenit, vel plus vel minus, in singulis contractibus. Nam hoc servabitur, quod initio convenit. d. l. *c* Qui habere licere vendidit, videamus, quid debeat præstare. Et multum interesse arbitror, utrum hoc policeatur, per se, venientesque a se personas non fieri, quo minus habere liceat: an verò per omnes. Nam si per se, non videtur id præstare, ne alius evincat. l. 11. §. 18. ff. de act. empt. & vend. V. les art. 5. 6. & 7. de la Sect. 10. du contrat de vente, p. 44.

III.

3. Exception de ce qu'il blesseroit la bonne foi.

La liberté d'augmenter ou diminuer les engagemens, est toujours bornée à ce qui se peut dans la bonne foi, & sans dol ni fraude. Et le dol est toujours exclu de toute sorte de conventions *d*.

d Id nulla pactione effici potest, ne dolus præstetur. l. 27. §. 3. ff. de pact. l. 1. §. 7. dep. l. 2. ff. de reg. jur. l. 69. ff. de verb. signif. Pacta conventa, quæ neque dolo malo, neque adversùs leges... facta erunt, servabo. l. 7. §. 7. ff. de pact.

IV.

4. Chacun peut renoncer à son droit.

En toutes conventions, chacun peut renoncer à son droit, & à ce qui est à son avantage *e*; pourvû que ce soit sans blesser l'équité, les loix & les bonnes mœurs, ni l'intérêt d'un tiers *f*.

e Licet sui juris persecutionem, aut spem futuræ perceptionis, deteriorem constituere. l. 46. ff. de pact. Omnes licentiam habent, his quæ pro se introducta sunt, renuntiare. l. 29. C. eod. l. 41. ff. de min. *f* Non debet alteri per alterum iniqua conditio inferri l. 74. ff. de reg. jur. Ante omnia animadvertendum est quod in conventione factâ cum aliâ personâ, in aliâ personâ noceat. l. 27. §. 4. ff. de pact. V. Sect. 2. art. 3. vel 4. §. 4. si quis caut. v. l. 8. ff. de transf.

V.

Les pactes particuliers qu'on ajoute dans les contrats,

Tome I.

---

g. Les pactes sont bornez à leur sujet.

font bornez au sujet qui y donne lieu, & ne s'étendent pas à ce que les contractans n'ont pas eu en vuë *g*.

g V. l'art. 11. de la Sect. 2. Ante omnia animadvertendum est ne conventio in alia re facta, in alia re noceat. l. 27. §. 4. ff. de pact.

Des Conditions.

Définition des conditions, leur usage, & leurs differens effets.

COmme il est assez ordinaire dans les conventions, qu'on prévoit des événemens qui pourront faire quelque changement où l'on veut pourvoir; on regle ce qui sera en ces cas arrivent. Et c'est ce qui se fait par l'usage des conditions.

Les conditions sont donc des pactes qui reglent ce que les contractans veulent être fait, si un cas qu'ils prévoyent arrive. Ainsi, s'il est dit, qu'en cas qu'une maison venduë se rende sujette à une telle servitude, la vente sera résolue, ou le prix diminué, c'est une condition. Car on prévoit un cas, & on y pourvoit. Ainsi, si une maison est venduë à condition que l'acquéreur ne pourra la hausser, le vendeur prévoit que l'acquéreur pourroit faire ce changement, & il y pourvoit, pour conserver les jours d'une autre maison que celle qu'il vend.

On a ajouté ce second exemple, pour faire remarquer que les charges qu'on s'impose l'un à l'autre dans les conventions tiennent de la nature des conditions. Car c'est proprement une charge imposée à l'acquéreur de ne pouvoir hausser; mais cette charge renferme une condition, comme si on avoit dit, en cas que l'acheteur veuille hausser la maison, le vendeur pourra l'empêcher. Et c'est pourquoi on se sert souvent & du mot de condition, & du mot de charge indistinctement. Et on dit à telle condition, ou à telle charge. Et on use aussi du mot de conditions au pluriel, pour signifier les différentes conventions d'un traité, parce qu'elles obligent toutes de telle maniere, que s'il arrive qu'on y manque, ou qu'on y contrevienne, on est sujet aux peines de l'inexécution.

Les événemens prévûs par les conditions sont de trois sortes. Quelques-uns dépendent du fait des personnes qui traitent ensemble, comme s'il est dit, en cas qu'un associé s'engage dans une autre société. D'autres sont indépendans de la volonté des contractans, tels que sont les cas fortuits, comme s'il est dit, en cas qu'il arrive une gelée, une grêle, une stérilité. Et il y en a qui dépendent en partie du fait des contractans, & en partie des cas fortuits, comme s'il est dit, en cas qu'une marchandise arrive un tel jour.

Les conditions sont de trois sortes, selon trois différens effets qu'elles peuvent avoir. L'une de celles qui accomplissent les conventions qu'on en fait dépendre; comme s'il est dit, qu'une vente aura lieu, en cas que la marchandise soit délivrée un tel jour. La seconde, de celles qui résolvent les conventions comme s'il est dit, que si une telle personne arrive en tel tems le bail d'une maison sera résolu. Et la troisiéme sorte est de celles qui n'accomplissent ni ne résolvent pas les conventions; mais qui seulement y apportent d'autres changemens. Comme s'il est dit, que si une maison louée est donnée sans des meubles promis, le loyer sera diminué de tant.

Il y a des conditions expresses, & il y en a des tacites qui sont sous-entenduës. Les conditions expresses sont toutes celles qui sont expliquées, comme quand il est dit, si telle chose est faite, ou non; si telle chose arrive, ou non. Les conditions tacites sont celles qui se trouvent renfermées dans une convention, sans y être exprimées. Comme s'il est dit dans une vente d'un héritage que le vendeur se réserve les fruits de l'année, cette réserve renferme la condition qu'il naisse des fruits, de même que s'il avoit été dit qu'il réservoit les fruits en cas qu'il y en eût. *

* Interdum pura stipulatio ex re ipsâ dilationem capit. Veluti si id quod in utero sit, aut fructus futuros, aut domum ædificari stipulatus sit, tunc enim incipit actio, cùm ea per rerum naturam præstari potest. l. 73. ff. de verb. obl. inest conditio. l. 1. §. 3. ff. de cond. & dem.

VI.

6. De la condition.

Dans les conventions dont l'accomplissement dépend de l'événement d'une condition, toutes choses demeu-

D ij

N'où dépend l'accomplissement d'une convention.

rent en suspens, & au même état que s'il n'y avoit pas eu de convention, jusqu'à ce que la condition soit arrivée. Ainsi dans une vente qui doit s'accomplir par l'événement d'une condition, l'acheteur n'a cependant qu'une espérance sans aucun droit ni de jouir ni de prescrire *h*. Mais le vendeur demeure le maître de la chose vendue, & les fruits sont à lui *i*. Et si la condition n'arrive pas, la convention est anéantie *l*.

h Ubi conditionalis venditio est, negat Pomponius (emptorem) usu capere posse, nec fructus ad eum pertinere. *l. 4. ff. de in diem add.* ex conditionali stipulatione, tantùm spes est debitum iri. §. 4. inst. de verb. obl. Conditionales creditores dicuntur & hi, quibus nondum competit actio: est autem competitura. Vel qui spem habent ut competat. *l. 54. ff. de verb. sign.*
i Fructus medii temporis, venditoris sunt. *l. 8. ff. de per. & com. r. v.*
l Sub conditione factâ venditio, nulla est si conditio defecerit. *l. 37. ff. de contr. empt. l. 8. ff. de per. & com. r. v.*

VII.

... Effet de l'événement de cette condition.

La condition qui doit accomplir une convention, étant arrivée, elle donne l'effet à la convention, & produit les changemens que l'on doit en suivre. Ainsi, une vente étant accomplie par l'événement d'une condition, l'acheteur devient en même tems le maître ; & ce changement a les autres suites, qui sont les effets de la convention *m*.

m Conditionales venditiones, tunc perficiuntur, cùm impleta fuerit conditio. *l. 7. ff. de contr. empt.*
Si (conditio) exstiterit, Proculus & Octavenus emptoris esse periculum aiunt. *l. 8. ff. de per. & com. r. v.*
L'événement de la condition a quelquefois un effet rétroactif. Ainsi, l'hypotéque stipulé dans une obligation conditionnelle aura son effet du jour de l'obligation, lorsque la condition sera arrivée. V. l'art. 17. de la Sect. 3. des hypotéques, p. 202.

VIII.

8. De la condition d'où dépend la résolution d'une convention.

Dans les conventions déja accomplies, mais qui peuvent être résolues par l'événement d'une condition ; toutes choses demeurent cependant dans l'état de la convention ; & l'effet de la condition est en suspens, jusqu'à ce qu'elle arrive. Ainsi, s'il est dit qu'une vente accomplie sera résolue, en cas que dans un certain temps un tiers donne un plus haut prix de la chose vendue, l'acheteur jusques-là demeure le maître ; il prescrit, il jouit ; & si la chose périt, il en souffre la perte *n*.

n Si hoc actum est, ut meliore allatâ conditione discedatur, erit pura emptio, quæ sub conditione resolvitur. *l. 2. ff. de in diem add.* Ubi igitur secundùm quod diximus ; pura venditio est. Julianus scribit, hunc, cui res in diem addicta est & usu capere posse : & fructus, & accessiones lucrari : & periculum ad eum pertinere, si res interierit. *d. l. 2. §. 1.*

IX.

9. Effet de l'événement de cette condition.

Le cas de la condition qui doit résoudre une convention, étant arrivé, la convention sera résolue *o*. Et ce changement aura les effets qui en doivent suivre, selon les règles qui seront expliquées dans la Sect. 6. & la regle qui suit.

o Conditione resolvitur. *l. 2. ff. de in diem add. l. 3. ff. de contr. empt.*

X.

10. Comment se reglent les suites des conventions conditionnelles.

Tout ce qui arrive ou avant ou après l'événement de la condition, est reglé selon l'état où se trouvent les choses. Ainsi, lorsqu'une vente est accomplie, & qu'elle doit être résolue en cas qu'une condition arrive ; l'acheteur est cependant maître de la chose ; & il prescrit & jouit : & si elle vient à périr il en souffre la perte. Parce que la vente subsiste encore ; & que la chose est par conséquent à lui, jusqu'à ce que la vente soit résolue par l'événement de la condition. *p*. Et au contraire, lorsque l'accomplissement d'une vente dépend d'une condition ; si avant l'événement de cette condi-

p Ubi igitur, secundùm quod distinximus . pura venditio est, Julianus scribit hunc, cui res in diem addicta est, & usu capere posse : & fructus , & accessiones lucrari : & periculum ad eum pertinere, si res interierit. *l. 2. ff. de in diem add.*

---

tion la chose périt, c'est le vendeur qui en souffre la perte , car il demeure le maître, jusqu'à ce que l'événement de la condition accomplisse la vente. Et après que la condition est arrivée, tous les événemens de gain ou de perte regardent celui qui se trouve alors maître de la chose ; soit que la condition accomplisse ou qu'elle résolve la convention. Ainsi c'est toujours l'état où se trouvent les choses lorsque la condition arrive , & l'effet qu'elle doit avoir , qui reglent les suites des conventions conditionnelles *r*.

q Nam , cùm sit conditionalis venditio, pendente autem conditione, mors (mancipii) contingens extinguat venditionem : consequens est dicere, mulieri perille, quia nondum erat impleta venditio. *l. 10. §. ff. de jur. dot.*
r Necessariò sciendum est, quando perfecta sit emptio. Tunc enim sciemus , cujus periculum sit. Nam perfectâ emptione periculum ad emptorem respiciet. Et si quod venierit appareat, quid , quale , quantum sit , sic , & pretium, & purè venit, perfecta est emptio. Quod si sub conditione res venierit , & quidem defecerit conditio , nulla est emptio. Sicuti nec stipulatio. Quod si exstiterit, Proculus & Octavenus emptoris esse periculum, aiunt. Idem Pomponius libro nono probat: quòd si pendente conditione, emptor, vel venditor decesserit , constat , si extiterit conditio , hæredes quoque obligatos esse , quasi jam contracta emptione & perfecta. Quod si pendente conditione, res tradita sit , emptor non poterit eam usu capere pro emptore : & quod pretii solutum est, repetetur : at fructus medii temporis venditoris sunt. Sicuti stipulationes , & legata conditionalia perimuntur, si pendente conditione res extincta fuerit. Sanè si extet res, licet deterior effecta potest dici esse damnum emptoris. *l. 8. ff. de peric. & com. r. v.*

XI.

11. Des conditions qui se rapportent au présent, ou au passé.

Les conditions qui ne se rapportent pas à l'avenir, mais au présent ou au passé, ont d'abord leur effet. Et la convention est en même temps ou accomplie ou annullée, selon l'effet que doit lui donner la condition. Ainsi, par exemple , si une marchandise est vendue à condition que la vente n'aura lieu, qu'en cas que la marchandise soit déja arrivée à un tel port ; la vente est ou d'abord accomplie , si la marchandise est au port ; ou d'abord nulle, si elle n'y est point. Et la convention n'est pas suspendue; quoique ceux qui traitent sous de telles conditions , ignorent s'ils sont obligez ou non. Mais c'est seulement l'exécution qui est suspendue jusqu'à ce qu'ils sçachent si la condition est arrivée ou non *f*.

f Cùm ad præsens tempus conditio confertur , stipulatio non suspenditur. Et si conditio vera sit, stipulatio tenet: quamvis tenere contrahentes conditionem ignorent. Veluti si Rex Parthorum vivit, centum millia dare spondes? Eadem sunt, & cùm in præteritum ; conditio confertur. *l. 37. ff. de reb. cred. v. l. 38. & 39. eod* Conditio in præteritum : non tantùm præsens tempus relata, statim, aut perimit obligationem : aut omnino non differt. *l. 100. ff. de verb. obl.*

XII.

12. Conditions impossibles.

Les conditions impossibles annullent les conventions où l'on les ajoûte *t*.

t Non solùm stipulatione impossibili , conditioni applicatæ nullius momenti sunt , sed etiam cæteri quoque contractus. *l. 31. ff. de obl. & act.*

XIII.

13. L'effet des conditions passe aux héritiers.

Si les conditions n'arrivent qu'après le décès des contractans , elles ont leur effet à l'égard de leurs héritiers *u*.

u Cùm quis sub aliqua conditione stipulatus fuerit, licet ante conditionem decesserit, postea existente conditione, hæres ejus agere potest. *§. 14. inst. de inut. stip.* Si pendente conditione, emptor , vel venditor decesserit, constat , si extiterit conditio, hæredes quoque obligatos esse. *l. 8. ff. de per. & com. r. v.*

XIV.

14. Les conditions indépendantes du fait des contractans ont d'abord leur effet.

Si la condition d'où il dépend qu'une convention soit accomplie ou résolue , ou qu'il soit fait quelque changement, est indépendant du fait des contractans, elle a son effet d'abord que la condition est arrivée , ou qu'elle est connue. Ainsi , par exemple , s'il est convenu qu'une vente de fourrages n'aura son effet, qu'en cas qu'un Régiment de Cavalerie arrive dans un tel temps, elle aura son effet d'abord que le Régiment sera arrivé, ou elle demeurera nulle s'il n'arrive point. Ainsi lorsqu'un héritage est vendu à condition que s'il se trouve sujet à

une telle charge,la vente fera refoluë,il dépendra de l'a-
cheteur de rompre la vente,fi l'héritage fe trouve fujet
à cette charge x;fi ce n'eft qu'elle fût telle, que le vendeur pût la faire cesser , & que par les circonstances il
fût jufte de lui en donner le tems.

x Sub conditione ftipulatio fit cùm in aliquem cafum differtur obligatio : ut fi aliquid factum fuerit vel non fuerit, committatur ftipulatio: veluti, fi Titius Conful fuerit factus. §. 4. inft. de verb. obl. V. fur cet article & fur le fuivant l'art. 16. de la Sect. 5. & le 14. de la Sect. 6.

XV.

15. Les conditions qui dépendent du fait des contractans peuvent justifier un délai.

Si la condition dépend ou entierement , ou en partie du fait de l'un des contractans, & qu'il n'y ait pas fatisfait dans le tems, il eft fous-entendu que dans les cas où il feroit de l'équité de donner un délai, il doit être accordé felon les circonstances ; comme lorfque le retardement n'a caufé aucun dommage , ou que s'il y en a , il peut être reparé. Ainfi lorfqu'un bail à ferme ou à loyer, eft fait à condition que le proprietaire fera quelques réparations dans un certain temps, le bail ne fera pas d'abord réfolu, quoique les réparations ne foient pas achevées précifément dans le temps. Mais il eft de la prudence du Juge d'accorder un délai felon les circonstances, fi fans defintéreffement , fi le fermier ou le locataire n'en ont fouffert aucun préjudice , ou avec un défintéreffement du dommage que le retardement aura pû caufer y.

y Spatium datum videri. Hoc idem dicendum, & cùm quid ea lege venierit , ut nifi ad diem pretium folutum fuerit , inempta res fiat. l. 23. ff. de obl. & act. Neque enim magnum damnum eft in mora modici temporis. l. 21. ff. de jud. V. l'art. fuivant & l'art. 15. de la Sect. 3.

XVI.

16. Exception.

Si le délai d'exécuter une condition ne pouvoit être accordé , fans bleffer l'effentiel de la convention, ou fans caufer un dommage confidérable ; la condition aura fon effet fans retardement, foit qu'elle dépende du fait de l'un des contractans , ou qu'elle foit indépendante. Ainfi , par exemple , fi une vente de marchandifes eft faite à condition que le vendeur les délivrera dans un tel jour,pour un embarquement, ou pour une foire ; & que le prix en fera payé comptant par l'acheteur, il dépendra de l'acheteur de réfoudre la vente , fi le vendeur ne délivre au jour la chofe venduë , & du vendeur même, fi l'acheteur ne paye comptant. Ainfi dans tous les cas , c'eft par les circonstances qu'il faut juger s'il y a lieu d'accorder un délai pour exécuter une condition , ou autre engagement z.

z V. l'article 15. de la Sect. 3.

XVII.

17. De celui qui empêche que la condition ne foit accomplie.

Si l'événement ou l'accompliffement d'une condition eft empêché par celui des contractans qui a intérêt qu'elle n'arrive point , foit qu'elle dépende de fon fait ou non , la condition à fon égard fera tenuë pour accomplie. Et il fera obligé à ce qu'il devoit faire ou donner au cas de la condition a.

a Jure civili receptum eft , quoties per eum , cujus intereft conditionem non impleri, fiat, quominùs impleatur, perinde haberi , ac fi impleta conditio fuiffet. Quod ad libertatem , & legata , & ad heredum inftitutiones perducitur. Quibus exemplis ftipulationes quoque committuntur , cùm per promifforem factum effet , quominus ftipulator conditioni pareret. l. 161. ff. de reg. jur.

Des Clauses réfolutoires , & des Clauses pénales.

Les claufes réfolutoires font celles par lefquelles on convient que la convention fera réfoluë en un certain cas. Comme s'il eft dit qu'une tranfaction fera annullée , fi telle chofe n'eft faite ou donnée dans un tel temps.

Les claufes pénales font celles qui ajoûtent une peine pour le défaut d'exécution de ce qui eft convenu. Comme eft en général la peine des dommages & intérêts , & en particulier la peine d'une certaine fomme.

XVIII.

18. Effet des claufes réfolutoires, & des claufes pénales.

Les claufes réfolutoires & les claufes pénales ne s'exécutent pas toujours à la rigueur;& les conventions ne font pas réfoluës , ni les peines encourües , au moment que le porte la convention ; quand il feroit même convenu que la réfolution fera encouruë par le feul fait , & fans miniftere de juftice. Mais ces fortes de claufes ont leur effet à l'arbitrage du Juge a, felon la qualité des conventions & les circonstances , fuivant les regles précédentes.

a Quod omne ad judicis cognitionem remittendum eft, l. 135. §. 2. ff. de verb. obl. V. les regles précédentes.

XIX.

19. Il ne dépend pas de celui qui n'exécute point ce qu'il a promis de réfoudre la convention par l'inexécution.

S'il eft dit qu'une convention fera réfoluë, en cas que l'un des contractans manque d'exécuter de fa part quelqu'un de fes engagements ; la claufe réfolutoire n'aura pas cet effet, qu'il dépende de lui de réfoudre la convention , en n'exécutant pas ce qu'il a promis. Mais il dépendra de l'autre , ou de le contraindre à l'exécution, ou de faire réfoudre la convention,avec les dommages & intérêts qui pourront être dûs. Ainfi, lorfqu'il eft dit qu'une vente, une tranfaction, ou un autre contrat fera réfolu faute de payement,il ne dépendra pas de celui qui doit payer d'annuller la convention en ne payant point b.

b Cùm venditor fundi in lege caverit, fi ad diem pecunia foluta non fit , ut fundus inemptus fit. Ita accipitur , inemptus effe fundus , fi venditor , inemptum eum effe velit. Quia id venditoris caufa caveretur. l. 2. ff. de leg. commiff.

XX.

20. Conventions fur l'avenir incertain.

Dans les conventions où l'on traite d'un droit , ou d'autre chofe qui dépende de quelque événement incertain,& d'où il puiffe arriver ou du profit ou de la perte, felon la différence des événemens : il eft libre d'en traiter de forte que l'un,par exemple,renonce à tout profit, & fe décharge de toute perte, ou qu'il prenne une fomme pour tout ce qu'il pouvoit attendre de gain ; ou qu'il fe charge d'une perte reglée pour toutes celles qu'il avoit à craindre. Ainfi un Affocié voulant fe retirer d'une fociété , peut regler avec les autres affociés ce qu'il aura de profit préfent & certain, ou ce qu'il portera de perte , quelque événement qu'il puiffe arriver. Ainfi un héritier peut traiter avec fes cohéritiers de tous fes droits en la fucceffion pour une certaine fomme , & les obliger à le garantir de toutes les charges. Et ces fortes de conventions ont leur juftice fur ce que l'un préfere un parti certain & connu, foit de profit ou de perte , à l'attente incertaine des événemens; & que l'autre au contraire trouve fon avantage dans le parti d'efpérer une meilleure condition. Ainfi, il fe fait entr'eux une efpece d'égalité de leurs partis, qui rend jufte leur convention c.

c V. l. 1. ff. de tranf. in verbo , de re dubia. l. 12. C. eod. l. 17. C. de ufur. in verb. propter incertum. V. l. 11. C. de tranf.

Sicuti lucrum omne ad emptorem hereditatis refpicit ; ita damnum quoque debet ad eundem refpicere. l. 2. §. 9. ff. de her. vel alt. vend. l. 1. C. de evict.

C'eft fur la regle expliquée en cet article,qu'eft fondée la validité des tranfactions, qu'on autorife nonobftant les léfions qui peuvent s'y rencontrer, parce qu'on balance ces léfions par l'avantage que trouvent ceux qui tranfigent de fe retirer d'un procès , & d'établir le repos de leurs familles.

Nous nous fervirons auffi de cette même regle entre les autres confidérations, qui ont fait recevoir dans notre ufage les renonciations des filles dans les contrats de mariage,contre la difpofition du Droit Romain. V. l. 3. C. de collat.

Il faut prendre garde dans l'ufage de cette regle de ne traiter fur les événemens incertains , de ne pas s'étendre à des cas , où les conféquences blefferoient les loix ou les bonnes mœurs. Comme , par exemple , fi deux héritiers préfomptifs traitoient entr'eux de la fucceffion future de celui à qui ils doivent fuccéder. Comme cette convention feroit illicite, fi ce n'eft qu'elle fût faite par la volonté expreffe de celui de la fucceffion de qui on traiteroit , comme il fera expliqué en fon lieu. V. l. 30. C. de pact.

SECTION V.

Des conventions qui sont nulles dans leur origine. *

* V. le titre des vices des conventions, p. 135.

SOMMAIRES.

I.

1. Définition des conventions nulles.

Les conventions nulles sont celles qui manquant de quelque caractere essentiel, n'ont pas la nature d'une convention ; comme si un des contractans étoit dans quelque imbecillité d'esprit ou de corps qui le rendît incapable de connoître à quoi il s'engage *a*. Si on avoit vendu une chose publique, une chose sacrée, ou autre qui ne fût point en commerce. Ou si la chose vendüe étoit déja propre à l'acheteur *b*.

a Furiosus, nullum negotium gerere potest, quia non intelligit quod agit. §. 8. inst. de inut. stip.
b Idem juris est (id est, inutilis erit stipulatio) si rem sacram aut religiosam quam humani juris esse credebat, vel rem publicam quæ usibus populi perpetuo exposita sit, ut forum, vel theatrum : vel liberum hominem, quem servum esse credebat, vel cujus commercium non habuerit, vel rem suam dari quis stipuletur. §. 2. eod. V. l'art. 1. de la Sect. 6.

II.

2. Conventions nulles, quoique la nullité ne soit pas encore reconnue.

Les conventions qui sont nulles dans leur origine, sont en effet telles, soit que la nullité puisse d'abord être reconnue; ou que la convention paroisse subsister & avoir quelque effet. Ainsi, lorsqu'un insensé vend son héritage, la vente est d'abord nulle dans son origine, quoique l'acheteur possede & jouisse, & qu'au temps de la vente, cet état du vendeur ne fût pas connu. Et il en est de même, si l'un des contractans a été forcé *c*.

c Protinus inutilis §.2. inst. de inut. stip. Nec statim ab initio talis stipulatio valebit. d. §. 1.
Si pater tuus, per vim coactus, domum vendidit, ratum non habebitur, quod non bona fide gestum est, malæ fidei enim emptio irrita est. l. 1. C. de rescind. vend.

III.

3. Causes des nullitez des conventions.

Les conventions sont nulles, ou par l'incapacité des personnes, comme dans l'exemple de l'article précédent ; ou par quelque vice de la convention, comme si elle est contraire aux bonnes mœurs *d* ; ou par quelque autre défaut, comme si elle ne devoit être accomplie

d Quod turpi ex causa promissum est, veluti si quis homicidium vel sacrilegium se facturum promittat, non valet. §. 24. inst. de inut. stip. V. l'art. 3. de la Sect. 1.

que par l'événement d'une condition qui ne soit point arrivée *e*, ou par d'autres causes *f*.

e Similis erit sub conditione factæ venditioni, quæ nulla est si conditio defecerit. l. 37. ff. de cont. empt. l. 8. ff. de peric. & com. r. v.
f V. l'art. 1. & les suivans.

IV.

4. Incapacité des personnes.

Les personnes peuvent être incapables de contracter, ou par la nature, ou pour quelque loi. Ainsi, par la nature les insensez *g*, & les personnes que quelque défaut met dans l'impuissance de s'exprimer *h*, sont naturellement incapables de toute sorte de conventions. Ainsi par les défenses des loix, les prodigues interdits sont incapables de faire des conventions à leur préjudice *i*.

g §. 8. inst. de inut. stip.
h V. §. 7. eod.
i Prodigo interdicitur bonorum suorum administratio. l. 1. ff. de cur. fur. Is cui bonis interdictum est, stipulando sibi acquirit timere verò non potest, vel promittendo obligari. l. 6. ff. de verb. obl.
Il y a d'autres causes d'incapacité, comme la minorité, la mort civile & autres. V. le Titre des personnes, p. 10.

V.

5. Différentes incapacitez des personnes.

Les incapacitez des personnes sont différentes, & ont divers effets. Quelques-uns sont incapables de toutes conventions, comme les insensez & ceux qui ne peuvent s'exprimer. D'autres seulement de celles qui leur nuisent, comme les mineurs & les prodigues. Et les femmes qui sont en puissance de mari, ne peuvent s'obliger du tout dans quelques coûtumes, & ne le peuvent dans les autres, si le mari ne les autorise *l*.

l Ceci résulte des articles précédens. V. sur ce qui est dit ici de la femme en puissance de mari, ce qui a été remarqué sur l'article 1. de la Sect. 1. des Personnes, p. 11. Et dans le préambule de la Sect. 4. du Titre des Dots, p. 99.

VI.

6. Deux sortes de nullitez, ou par la nature, ou par quelque loi.

Les nullitez des conventions sont ou naturelles, ou dépendantes de la disposition de quelque loi. Ainsi les conventions contraires aux bonnes mœurs, comme un traité sur la succession future d'une personne vivante *m*, & celles qui sont impossibles sont naturellement vicieuses & nulles. Ainsi c'est par une loi que la vente d'un bien substitué est illicite & nulle *n*.

m Ex eo instrumento, nullam vos habete actionem, in quo contra bonos mores de successione futura, interposita fuit stipulario manifestum est. l. 4. C. de inut. stip. V. l. 30. C. de pact. & l. apostille de l'art. 20. de la Sect. 4.
n Impossibilium, nulla obligatio est. l. 185. ff. de reg. jur. v. l. 7. C. de reb. al. n. al.

VII.

7. Conventions nulles d'une part, & dont la nullité n'est pas réciproque.

Il y des conventions qui peuvent être déclarées nulles de la part de l'un des contractans, & qui subsistent & obligent irrévocablement de la par de l'autre. Ainsi le contrat entre un majeur & un mineur, peut être annullé à l'égard du mineur, s'il n'est pas à son avantage *o* : & il subsiste à l'égard du majeur, si le mineur ne demande pas d'être relevé *p*. Et cette inégalité de la condition des contractans n'a rien d'injuste. Car le majeur a sçû ou dû sçavoir la condition de celui avec qui il traitoit *q*.

o Sancimus, sive lex alienationem inhibuerit, sive restator hoc fecerit, sive pactio contrahentium hoc admiserit, non solùm omnium alienationem, vel mancipiorum manumissionem esse prohibendam: sed etiam ususfructus dationem, vel hypothecam, vel pignoris nexum, prohiberi. l. 7. C. de reb. al. non al.
p Si quis à pupillo sine tutoris autoritate emerit, ex uno latere constat contractus. Nam qui emit, obligatus est pupillo : pupillum sibi non obligat. l. 13. §. 29. ff. de act. empt. & vend.
q Qui cum alio contrahit, vel est, vel debet esse non ignarus conditionis ejus. l. 19. ff. de reg. jur.

VIII.

8. Conventions nulles qui peuvent être validées.

Les conventions qui étoient sujettes à être annulées par l'incapacité des personnes, sont validées dans la suite, si l'incapacité cessant, elles ratifient, ou approuvent la convention. Ainsi lorsque le mineur devenu majeur, ratifie ou exécute le contrat qu'il avoit fait en minorité ; ce contrat devient irrévocable, comme s'il l'avoit fait en majorité *r*.

r Si suæ ætatis factus, comprobaverit emptionem, contractus valet. l. 1. §. 2. ff. de auth. & conf. tut. & cur.

Qui post vigesimum quintum annum ætatis, ea quæ in minori ætate gesta sunt, rata habuerint, frustra rescissionem eorum postulant. l. 2. C. si maj. fact. rat. hab. l. 3. §. 1. ff. de min.

I X.

9. Obligation naturelle.

Ceux que la nature ne rend pas incapables de contracter, & qui ne le font que par la défense de quelque loi ne laissent pas de s'engager par leur convention à une obligation naturelle, qui selon les circonstances peut avoir cet effet ; qu'encore qu'ils ne puissent être condamnez à ce qu'ils ont promis, s'ils satisfont à leur engagement, ils ne peuvent en être relevez *f*. Ainsi, par exemple, dans le Droit Romain le fils de famille, même majeur, ne peut s'obliger à cause de prêt ; mais s'il paye ce qu'il a emprunté, il ne peut le répéter *t*. Ainsi dans les Coutumes où la femme mariée ne peut s'obliger même avec l'autorité de son mari, si après la mort du mari elle paye ce qu'elle avoit promis,elle ne pourra se servir de la nullité de son engagement pour le répéter.

f Naturales obligationes, non eo solo æstimantur, si actio aliqua earum nomine competit ; verum etiam eo, si soluta pecunia repeti non possit. l. 10. ff. de obl. & act. l. 16. §. 4. ff. de sidejuss.

Id quod natura hæreditati debetur, & peti quidem non potest solutum verò non repetitur. l. 1. §. 17. ff. ad leg. falc. causa quæ peti quidem non poterat, ex solutione autem petitionem non præstat. l. 94. §. 3. ff. de sol. v. l. 10. ff. de verb. sign. & l. 84. §. 1. ff. de reg. jur.

t Quamquam solvendo non repetant, quia naturalis obligatio manet. l. 9. inf. & l. 10. ff. de Senat. Maced.

X.

10. L'erreur & la force annullent les conventions.

Les conventions, où les personnes, même capables de contracter, n'ont point connu ce qu'il étoit nécessaire de sçavoir, pour former leur engagement, ou n'ont pas eu la liberté pour y consentir, sont nulles. Ainsi les conventions où les contractans errent dans le sens, l'un entendant traiter d'une chose, & l'autre d'une autre, sont nulles par le défaut de connoissance & de consentement à la même chose *u*. Ainsi celles où la liberté est blessée par quelques violences sont nulles aussi *x*.

u Si de alia stipulator senserit, de alia promissor, nulla contrahitur obligatio. §. 22. inst. de inut. stip.

In omnibus negotiis contrahendis,sive bona fide sint,sive non sint ; si error aliquis intervenit, ut aliud sentiat puta qui emit, aut qui conducit, aliud qui cum his contrahit, nihil valet quod acti sit. l. 57. ff. de obl. & act. Non videntur, qui errant consentire. l. 116. §. 2. ff. de reg. jur. v. l. 137. §. 1. ff. de verb. obl. Si Stichum stipulatus, de alio sentiam, tu de alio, nihil actum erit. l. 83. §. 1. ff. de verb. obl. Cùm in corpore dissentiatur, apparet nullam esse emptionem. l. 9. ff. de contr. empt.

x Si pater tuus, per vim coactus, domum vendidit, ratum non habebitur quod non bona fide gestum est : malæ fidei enim emptio irrita est l. 1. C. de resc. vend. Nihil consensui tam contrarium est, qui & bonæ fidei judicia sustinet, quam vis atque metus. d. l. 116. ff. de reg. jur. V. le titre des Vices des conventions, p. 135.

X I.

11. Les conventions sur ce qui n'est pas en commerce, sont nulles.

Les conventions où l'on met en commerce ce qui n'y entre point, comme les choses sacrées, les choses publiques, sont nulles *y*.

y Sacram vel religiosam rem, vel usibus publicis in perpetuum relictam, ut forum, aut Basilicam, aut hominem liberum inutiliter stipulor ; quamvis sacra, profana fieri, & usibus publicis relicta, in privatos usus reverti, & ex libero servus fieri potest. l. 83. §. 5. ff. de verb. obl. §. 2. inst. de inut. stip.

X I I.

12. Convention annullée par le changement de la chose venduë.

Si dans une convention l'un est obligé de donner une chose à l'autre, & qu'avant la délivrance, la chose cesse d'être en commerce sans le fait de celui qui devoit la donner, la convention sera annullée. Ainsi la vente d'un héritage demeurera sans effet & deviendra nulle,

si cet héritage est destiné pour un ouvrage public sans le fait du vendeur *z*.

z Item contrà, licet initio utiliter res in stipulatum deducta sit ; si tamen posteà in aliquam eorum causam, de quibus supra dictum est, sine facto promissoris devenerit, extinguitur stipulatio. §. 2. inst. de inut. stip. l. 83. §. 5. ff. de verb. obl.

X I I I.

13. Les obligations sans cause sont nulles.

Dans les conventions où quelqu'un se trouve obligé sans aucune cause, l'obligation est nulle *a*. Et il en est de même si la cause vient à cesser *b*. Mais c'est par les circonstances qu'il faut juger si l'obligation a sa cause ou non.

a Voyez l'art. 5. de la Sect. 1.

b Nihil refert utrumne ab initio sine quid datum sit, an causa propter quam datum sit, secuta non sit. l. 4. ff. de condit. sine causa.

X I V.

14. Effet des conventions nulles par le fait des contractans.

Les conventions qui se trouvent nulles par quelque cause dont un des contractans doive répondre, comme s'il a aliéné une chose sacrée ou publique, ont cet effet, quoique nulles, d'obliger aux dommages & intérêts celui qui y donne lieu *c*.

c Loca sacra, vel religiosa, item publica, veluti forum, Basilicam, frustra quis sciens emit. Quæ tamen si pro profanis, vel privatis decepti à venditore quis emerit, habebis actionem ex empto, quod non habere ei liceat. Ut consequatur quod sua interest, quum deceptum non esse. §. ult. inst. de emptione & venditione. v. l. 3. C. de reb. alien. non alien.

X V.

15. Suite des conventions annullées.

Si une convention, quoique nulle, a eu quelque suite, ou quelque effet, ou qu'elle soit annulée, les contractans sont remis dans l'état où ils auroient été s'il n'y avoit pas eu de convention, autant que les circonstances peuvent le permettre, & avec les restitutions qui peuvent être à faire contre celui qui en sera tenu *d*.

d Deceptis, sine culpa sua,maximè si fraus ab adversario intervenerit,succurri oportebit ; cùm etiam de dolo malo actio competere soleat. Et boni prætoris est, potiùs restituere litem, ut & ratio, & æquitas postulabit. l. 7. §. 1. ff. de in int. restit.

X V I.

16. Ministère de la justice pour annuller les conventions.

Quoiqu'une convention se trouve nulle, celui qui s'en plaint ne peut se remettre lui-même dans ses droits, si l'autre n'y consent. Mais il faut qu'il recoure à l'autorité de la justice, soit pour faire juger de la nullité, & le rétablir en son droit, ou pour mettre à exécution ce qui sera ordonné, en cas qu'il s'y trouve quelque résistance *e*. Car quand il faut user de la force, la justice n'en souffre aucune, si elle-même ne la met en usage.

e Extat enim decretum Divi Marci in hac verba. Optimum est, ut si quas putas te habere petitiones, actionibus experiaris. Cùm Marcianus diceret, vim nullam feci. Cæsar dixit ; tu vim putas esse solùm, si homines vulnerentur ; vis est tunc, quoties quis id, quod deberi sibi putat, non per Judicem reposcit. Quisquis igitur probatus mihi fuerit, rem ullam debitoris, vel pecuniam debitam, non ab ipso sibi sponte datam, sine ullo judice temerè possidere, vel accepisse, isque sibi jus in eam rem dixisse, jus crediti non habebit. l. 13. ff. quod. met. cauf. Si pater tuus, per vim coactus, domum vendidit, ratum non habebitur, quod non bona fide gestum est : malæ fidei enim emptio irrita est. Aditus itaque nomine tuo, Præses Provinciæ auctoritatem suam interponet. l. 1. C. de resc. vend. V. l. 9. C. sol. mat. V. l. 1. ff. uti possid. V. l'article 14 de la Section suivante, & la Section 21 des Vices des Conventions, p. 138.

X V I I.

17. Les conventions nulles sont inutiles aux tierces personnes, qui en devoroient profiter.

Si les conventions qui acquierent quelque droit à des tierces personnes se trouvent nulles, elles n'ont pas plus d'effet à l'égard de ces personnes qu'à l'égard des contractans. Ainsi le créancier n'a aucune hypoteque sur l'héritage que son débiteur avoit acquis par un contrat nul *f*.

f Cette regle est une suite & un effet naturel & nécessaire de la nullité.

SECTION VI.

De la Résolution des conventions qui n'étoient pas nulles.

SOMMAIRES.

1. *Différence entre les conventions nulles, & celles qui font résolues.*
2. *Diverses causes qui résolvent les conventions.*
3. *Les dernieres conventions dérogent aux premieres.*
4. *Les nouvelles conventions ne peuvent faire préjudice au droit acquis par les premieres à des tierces personnes.*
5. *Convention résolue par l'évenement d'une condition.*
6. *Effet des clauses résolutoires.*
7. *Résolution conventionnelle.*
8. *Rescision par le dol.*
9. *Léſion ſans dol qu'on appelle dolus re ipſa.*
10. *Evenemens qui résolvent les conventions.*
11. *Résolution par l'inexécution.*
12. *Effets & ſuite de la résolution des conventions.*
13. *Conventions accessoires ſe résolvent avec les principales.*
14. *Autorité de la Juſtice pour résoudre les conventions, & pour ce qu'il y a à exécuter.*

I.

I L y a cette différence entre la nullité & la réſolu-tion des conventions, que la nullité fait qu'il n'y a eu que l'apparence d'une convention *a*, & que la ré-ſolution anéantit une convention qui avoit ſubſiſté *b*.

a Protinus inutilis. §. 2. inſt. de inut. ſtip. Nec ſtatim ab initio talis ſtipulatio valebit. d. §.
b Si placita obſervata non eſſent, donatio reſolvetur. l. 2. C. de cond, ob, cauſ. dat.

II.

Les conventions qui ont ſubſiſté, peuvent ſe réſou-dre, ou par le conſentement des contractans qui chan-gent de volonté *c*; ou par l'effet de quelque pacte qui ſoit dans la convention même, comme d'une faculté de rachat *d*, d'une clauſe réſolutoire *e*; ou par l'évene-ment d'une convention *f*; ou par une reſtitution en entier *g*; ou par une reſciſion à cauſe de quelque dol ou autre léſion, comme par la vilité du prix dans une vente *h*, ou par d'autres cauſes, comme on le verra dans les articles ſuivans.

c Contrario conſenſu. l. 35. ff. de reg. jur. Contraria volun-tate. §. ult. inſt. quib. mod. toll. obl.
d V. l. 2. C. de pact. int, empt. & vend. c. l. 7. eod.
e V. l'art. 15. de la Sect. 3. & l'art. 18. de la Sect. 4.
f Sub conditione reſolvitur. l. 2. ff. de in diem adj.
g Tit. de in int. reſt.
h Tit. de dolo. l. 2. C. de reſc. vend.

III.

Les dernieres conventions qui réſolvent les précé-dentes ou qui les changent, ou qui y dérogent, ont l'effet que veulent les contractans; ſoit pour annuller ou pour changer ce qui avoit été convenu, & ſoit les mettre dans l'état où ils veulent ſe mettre par ces changemens, ſelon que les circonſtances peuvent le permettre *i*.

i Pacta noviſſima, ſervari oportere, tam juris, quàm ipſius rei æquitas poſtulat. l. 12. C. de pact.

IV.

Les changemens que font les contractans à leurs con-ventions par d'autres enſuite, ne font aucun préjudice aux droits qui étoient acquis à des tierces perſonnes par les premieres conventions. Ainſi une vente déja ac-complie, & ſuivie d'une entiere exécution, n'étant ré-ſolue que par la ſeule volonté du vendeur & de l'ache-teur; le créancier de l'acheteur conſerve ſon hypote-que ſur l'héritage qui retourne au vendeur, par la réſo-

lution purement volontaire du contrat de vente *l*. Mais ſi la convention étoit réſolue par l'effet d'une clauſe du contrat, comme par l'évenement d'une condition, ou par une faculté de rachat dans une vente; cette hypo-teque s'évanouiroit; & les contractans rentreroient en leurs droits par l'effet même de leur convention.

l Actio quæſita non intercidit. l. 63. ff. de jur. dot. Non de-bet alterius colluſione aut inertia alterius jus corrumpi. l. 9. ff. de lib. cauſ. Non debet alii nocere, quod inter alios actum eſt. l. 10. ff. de jurejur. V. les art. 14. & 15. de la Sect. 12. du con-trat de vente, & les remarques qu'on y a faites, p. 50.

V.

Les conventions accomplies, mais ſous une condi-tion que ſi un tel cas arrive, elles ſeront réſolues, ſub-ſiſtent juſqu'à ce que la condition ſoit arrivée, & alors elles ſont réſolues, ſuivant les regles expliquées dans les articles 14. & 15. de la Section 4. *m.*

m V. les art. 14. & 15. de la Sect. 4. & l'art. 14. de celle-ci.

VI.

Si dans une convention il eſt dit qu'elle ſera réſolue, en cas que l'un des contractans manque d'exécuter quelque engagement, le défaut d'exécution ne réſout & n'annulle la convention, que ſuivant les regles expli-quées dans les articles 18. & 19. de la Section 4. *n.*

n V. les art. 18. & 19. de la Sect. 4. & le 14. de celle-ci.

VII.

Si une convention laiſſe la liberté à un des contra-ctans de réſilier dans un certain temps, ou qu'il y ait une faculté de rachat, ou d'autres clauſes qui puiſſent faire réſoudre la convention par quelqu'autre voie, l'exécution de ces clauſes réſout & annulle la conven-tion, ſelon que les contractans en étoient convenus *o*.

o Siſi quid ita venerit, ut niſi placuerit, intra præfinitum tempus redhibeatur, ea conventio rata habetur. l. 31. §. 22. ff. de æd. il. l. 3. ff. de contr, empt. l. 2. 3. 5. ff. pro empt.
Si fundum parentes tui, ea lege vendiderint, ut ſive ipſi, ſive hæredes eorum, emptori pretium quandocumque, vel intra certá tempora obtuliſſent, reſtitueretur; reque parato ſatisfacere condi-tioni dictæ, hæres emptoris non paret, ut contractus fides ſervetur, actio præſcriptis verbis, vel ex vendito tibi dabitur. l. 2. & 7. C. de pact. int. empr. & vend. V. l'art. 16. de la Sect, 5. & l'art. der-nier de cette Section.

VIII.

Les conventions où l'un des contractans eſt ſurpris & trompé par le dol de l'autre, ou par quelqu'autre mauvaiſe voie, ſont réſolues & annullées lorſqu'il s'en plaint, & qu'il en fait preuve *p*.

p Tot. tit. de dolo. V. l'art 10. de la Sect. précédente, & la Sect. 3. des Vices des conventions, p. 141.

IX.

Il y a des conventions où la ſimple léſion, quoique ſans dol, ſuffit pour réſoudre la convention. Ainſi, par exemple, un partage entre cohéritiers eſt réſolu par une trop grande inégalité *q*; & une vente, par la vilité du prix, ou par le vice de la choſe vendue *f*, ſuivant les regles qui ſeront expliquées dans leurs lieux.

q Majoribus etiam, per fraudem, vel dolum, vel perperam ſine judicio factis diviſionibus, ſolet ſubveniri. l. 3. C. comm. utr. jud. C'eſt ce qu'on appelle dolus reipſa. Si nullus dolus interceſſit ſtipulantis, ſed ipſa res in ſe dolum habet. l. 36. ff. de verb. obl. V. l'art. 4. de la Sect. 3. des Vices des conventions, p. 141.
r Rem majoris pretii, ſi tu, vel pater tuus, minoris diſtra-xerit, humanum eſt, &c. l. 2. C. de reſc. vend.
ſ Tot. tit. de ædil. ed.

X.

Les conventions ſont quelquefois réſolues par le ſim-ple effet de quelque évenement. Ainſi, par exemple, dans un louage d'une maiſon, ſi le voiſin en obſcurcit les jours, ſi le propriétaire ne rétablit que ce qui mena-ce ruine *t*, ſi la maiſon doit être démolie pour un ouvra-

t Si vicino ædificante, obſcurentur lumina cœnaculi, tene-ri locatorem inquilino. Certè quin licеat colono, vel inquili-no relinquere conductionem, nulla dubitatio eſt. l. 21. §. 2. ff. loc. Eadem intelligemus ſi oſtia, feneſtræ ve nimium cor-ruptas, locator non reſtituat. d. §.

ge public xx; le locataire dans tous ces faits fait résoudre le bail Ainsi une vente est résolue par une éviction x, & elle l'est aussi à l'égard de l'acheteur par un retrait lignager, & le retrayant est mis en sa place. Et plusieurs autres événemens résolvent différemment les conventions, selon l'état où ils mettent les choses.

u l. 9. l. 14. & aliis C. de op. publ.
x V. loro iii. de evict.

11. Résolution par l'inexécution.

X I.

L'inéxécution des conventions de la part de l'un des contractans, peut donner lieu à la résolution, soit qu'il ne puisse ou qu'il ne veuille exécuter son engagement, encore qu'il n'y ait pas de clause résolutoire. Comme si le vendeur ne délivre pas la chose vendue. Et dans ces cas la convention est résolue, ou d'abord s'il y en a lieu, ou après un délai arbitraire & avec les dommages & intérêts que l'inexécution peut avoir causez y.

y Cette regle est une suite des précédentes. Si res vendita non tradatur, in id quod interest, agitur. l. 1. ff. de act. empt. & vend. l. 4. C. eod. V. l'art. suivant, les articles 17. & 18. de la Sect. 5. & les articles 17. & 18. de la Sect. 1. du Contrat de vente, p. 56.

12. Effets & suites de la résolution des conventions.

X I I.

Dans tous les cas où les conventions sont résolues, si c'est par la volonté des contractans, ils sont remis réciproquement dans l'état où ils veulent se remettre de gré à gré. Et si c'est par Justice, ils sont mis dans l'état qui doit suivre la résolution de la convention, avec les restitutions, dommages & intérêts & autres suites, selon les effets que doit avoir la convention dans les circonstances, & les égards qu'on doit avoir aux différentes causes de la résolution. Ce qui dépend de la prudence du Juge z, suivant les regles précédentes, & les autres qui seront expliquées dans le Titre des Rescisions & Restitutions en entier.

z Uti quæque res erit, animadvertam. l. 1. §. 1. ff. de mût. Quod omne, ad judicis cognitionem remittendum est. l. 135. §. 1. ff. de verb. obl.
Causa rei restituatur. l. 20. ff. de rei vend. Et fructuum duntaxat omnisque causæ nomine, condemnatio fit. l. 68. eod.

13. Les conventions accessoires se résolvent avec les principales.

X I I I.

Les conventions principales étant résolues, celles qui en étoient des suites & des accessoires, le sont aussi a.

a Pecuniam quam te ob dotem accepisse pacto interposito (ut fieri, cum jure matrimonium contrahitur, assolet) proponis, impediente, quocumque modo juris autoritate matrimonium constare, nullam de dote actionem habes: & propterea pecuniam quam no nomine accepisti, sine condictionis restituere debes. Et pactum quod ita interpositum est, perinde ac si interpositum non esset, haberi oportet. l. 1. C. de cond. ob. caus. dat.

14. Autorité de la justice pour résoudre les conventions, & pour ce qu'il y a à exécuter.

X I V.

Lorsque la résolution d'une convention n'est pas accordée volontairement, celui qui se plaint ne peut troubler l'autre; mais il doit se pourvoir en Justice, pour faire résoudre la convention, & pour faire exécuter ce qui aura été ordonné b.

b Qui restituere jussus dici non paret, contendens non restituere: si quidem habeat rem, manu militari officio judicis, ab eo possessio transfertur. l. 68. ff. de rei vend. Ingrediendi enim possessionem rerum dotalium, hæredibus mariti non consentientibus, sine autoritate competentis judicis, nullam habes facultatem. l. 9. C. sol. mat. V. l'Art. 16. de la Sect. 5.

TITRE II.
DU CONTRAT DE VENTE.

De l'origine & de l'usage du contrat de vente.

LA nécessité d'avoir en propre la plûpart des choses dont on a besoin, sur-tout celles dont on ne peut user sans les consumer ou les diminuer, & par conséquent sans en être le maître, a été l'origine des manieres de les acquérir, & d'en faire passer la propriété d'une personne à l'autre.

Le premier commerce pour cet usage a été celui de donner une chose pour l'autre. Et c'est ce commerce qu'on appelle échange, où pour avoir une chose dont on a besoin, on en donne une autre qui est inutile ou

Tome I.

moins nécessaire a. Mais comme l'échange n'assortit que rarement & avec peine, ou parce qu'on n'a pas de part & d'autre de quoi s'accommoder, ou parce qu'il est embarrassant de faire les estimations, & de rendre les choses égales; on a trouvé l'invention de la monnoie publique, qui par sa valeur reglée & connue, fait le prix de tout; & ainsi au lieu des deux estimations qu'il étoit si difficile de rendre égales, on n'a plus besoin d'estimer que d'une part une seule chose; & on a de l'autre son prix au juste par la monnoie publique; & c'est ce commerce de toutes choses pour de l'argent qu'on appelle vente, mêlée de l'usage naturel de donner une chose pour l'autre, & de l'invention de la monnoie publique, qui fait la valeur de toutes les choses qu'on peut estimer.

a Origo emendi vendendique à permutationibus cœpit, olim enim non ita erat nummus. Neque aliud merx, aliud pretium vocabatur, sed unusquisque secundum necessitatem, temporum ac rerum, utilibus inutilia permutabat. Quando plerumque eveniret, ut quod alteri superest, alteri desit. Sed quia non semper, ne facile concurrebat, ut cùm tu haberes, quod ego desiderarem, invicem haberem quod tu accipere velles, electa materia est, cujus publica, ac perpetua æstimatio, difficultatibus permutationum, æqualitate quantitatis, subveniret. l. 1. ff. de contr. empt.

SECTION I.
De la nature du Contrat de vente, & comment il s'accomplit.

SOMMAIRES.

1. Définition de la vente.
2. La vente s'accomplit par le seul consentement.
3. Comment se forme le consentement.
4. Qui peut vendre & acheter.
5. Trois sortes d'engagemens dans le contrat de vente.
6. La premiere, des engagemens qui sont exprimez.
7. La seconde, des engagemens qui suivent de la nature du contrat.
8. La troisième, des engagemens reglez par les loix, par les coûtumes & par les usages.

I.

1. Défin. de la vente.

LE contrat de vente est une convention par laquelle l'un donne une chose pour un prix d'argent en monnoie publique, & l'autre donne le prix pour avoir la chose d.

d Si pecuniam dem, ut rem accipiam, emptio & venditio est. f. 5. §. 1. ff. de præsc. verb. Sine pretio nulla venditio est. l. 2. §. 1. ff. de contr. empt. Pretium in numerata pecunia consistere debet. §. 2. inst. de empt. & vend. Nec merx utrumque sed alterum pretium vocatur. l. 1. ff. de contr. empt.

I I.

2. La vente s'accomplit par le seul consentement.

La vente s'accomplit par le seul consentement, quoique la chose vendue ne soit pas encore délivrée, ni le prix payé b.

b V. l'article 8. de la Sect. 1. du Titre des conventions, p. 21. Consensu fiunt obligationes, in emptionibus, venditionibus. Inst. de obl. ex consensu. (Emptio) consensu peragitur. l. 1. in f. ff. de contr. empt. Emptio & venditio contrahitur, simul atque de pretio convenerit, quamvis nondum pretium numeratum sit. inst. de empt. & vend.
V. l'art. 10. de la Sect. 1. sur la maniere dont il faut entendre que le seul consentement accomplit le contrat de vente.

I I I.

3. Comment se forme le consentement.

Le consentement qui fait la vente se donne entre absens ou présens, où sans écrit, ou par écrit, ou sous seing privé, ou pardevant Notaire; suivant les regles expliquées dans le titre des conventions c. Et après que la vente est ainsi accomplie, il n'est plus au pouvoir ni du vendeur, ni de l'acheteur de révoquer son consentement; quand ce seroit immédiatement après le contrat. Si ce n'est que les deux ensemble veuillent le résoudre d.

c V. les art. 10. 11. 12. 13. 14. 15. & 16. de la Section 1. des Conventions, p. 21.
d. Nec enim, licet incontinenti facta, pœnitentiæ contestatio consensu finita rescindit. l. 13. C. de contr. empt. V. les art. 14. & 15. de la Sect. 12.

I V.

+. Qui peut vendre & acheter, & quelles choses on peut vendre.

Toutes sortes de personnes peuvent vendre & acheter à moins qu'il y eût quelque incapacité dans les personnes, ou que la chose vendue ne fût pas en commerce, ou qu'il y eût quelqu'autre vice dans la vente ; suivant les regles qui seront expliquées dans la Section VIII. *e.*

e V. l'article 2. de la Section 2. des Conventions, p. 21.

V.

5. Trois sortes d'engagemens dans le contrat de vente.

Le contrat de vente, comme tous les autres, forme trois sortes d'engagemens. La premiere de ceux qui y sont exprimez ; la seconde, de ceux qui sont les suites naturelles de la vente, quoique le contrat n'en exprime rien ; & la troisiéme, de ceux que les loix, les coutumes & les usages y ont établis *f.*

f V. l'art. 1. de la Sect. 3. des conventions, p. 24.
Imprimis sciendum est in hoc judicio id demum deduci quod praestari convenit. l. 11. §. 1. ff. de act. empt. Quòd si nihil convenit, tunc ea praestabuntur, quae naturaliter insunt hujus judicii potestate. d. §. in his contractibus (emptionibus & venditionibus) alter alteri obligatur, de eo quod alterum alteri, ex æquo praestare oportet. l. 2. in f. ff. de obl. & act. §. ult. inst. de ob. es consf. Ea enim quae sunt moris & consuetudinis, in bonæ fidei judiciis debent venire. l. 31. §. 20. ff. de æd. ed. v. l. 8. l. 19. C. de locato & cond. V, l'art 1. de la Sect. 3. des conventions, p. 24.

V I.

6. La premiere, des engagemens qui sont exprimez.

La premiere de ces trois sortes d'engagemens s'étend à toutes les conventions particulieres, & à tous les différens pactes qu'on peut ajouter au contrat de vente, comme sont les conditions, les clauses résolutoires faute de payement, la faculté de rachat & autres semblables, qui seront expliquées dans la Section VI. & ces conventions font partie du contrat & tiennent lieu de loix *g.*

g V. l'art. 1. de la Section 4. des conventions, p. 26. & ci-aprés Section 6.
Hoc servabitur quod initio convenit, legem enim contractus dedit. l. 23. ff. de reg. jur.
Contractus legem ex conventione accipiunt. l. 1. §. 6. ff. de p.

V I I.

7. La seconde, des engagemens qui suivent de la nature du contrat.

La seconde sorte d'engagemens, qui sont les suites naturelles du contrat de vente, comprend ceux dont le vendeur peut être tenu envers l'acheteur, & l'acheteur envers le vendeur, quoique le contrat n'en exprime rien. Ces engagemens obligent comme le contrat même dont ils sont les suites *h.* Et ils seront expliquez dans les deux Sections qui suivent.

h De eo quod alterum alteri, ex bono & æquo præstare oportet. l. 2. in f. ff. de obl. & act. V. les deux Sections qui suivent.

V I I I.

8. La troisiéme, des engagemens reglez par les loix, y r les coûtumes & par les usages.

La troisiéme sorte d'engagemens est de ceux qui sont établis par des loix particulieres, par des coûtumes & par des usages. Ainsi l'usage a reglé dans les ventes des chevaux, les vices qui suffisent pour rompre la vente *i.*

i Ut mos regionis postulabat. l. 8. C. de locato. l. 19. eod.

SECTION II.

Des engagemens du vendeur envers l'acheteur.

SOMMAIRES.

1. *Premier Engagement du vendeur, la délivrance.*
2. *Deuxiéme Engagement du vendeur, la garde de la chose vendue jusqu'à la délivrance.*
3. *Troisiéme Engagement, la garantie.*
4. *Quatriéme Engagement à cause des défauts de la chose vendue.*
5. *Définition de la délivrance.*
6. *Délivrance des meubles.*
7. *Tradition des immeubles.*
8. *Clause de précaire sous-entendue.*
9. *Délivrance des choses incorporelles.*
10. *Premier effet de la délivrance.*
11. *Autre effet de la délivrance pour celui qui de bonne foi achete la chose dont le vendeur n'étoit pas le maître, qui est le droit de jouir.*
12. *Autre effet de la délivrance, le droit de prescrire.*

13. *Autre effet de la délivrance entre deux acheteurs de la même chose.*
14. *Du temps de la délivrance.*
15. *Du lieu de la délivrance.*
16. *Dommages & intérêts pour le retardement de la délivrance.*
17. *En quoi consistent les dommages & intérêts.*
18. *Suite de gain ou de perte qui n'entrent pas dans les dommages & intérêts.*
19. *Les dommages & intérêts sont dûs, soit que la vente subsiste ou non.*
20. *Il ne dépend pas du vendeur d'annuller la vente faute de délivrer.*
21. *Délivrance empêchée par un cas fortuit.*
22. *Si le vendeur est en péril de perdre le prix, il n'est pas obligé à la délivrance.*
23. *Retardement du vendeur & de l'acheteur.*
24. *Quel soin doit prendre le vendeur de la chose vendue.*
25. *On peut regler par une convention le soin du vendeur.*
26. *Si l'acheteur est en demeure de recevoir, le vendeur est déchargé du soin.*

I.

1. Premier engagement du vendeur, la délivrance.

ON n'achete les choses que pour les avoir & les posséder. Ainsi le premier engagement du vendeur est de délivrer la chose vendue, quoique le contrat n'en exprime rien *a.* Et les regles de cet engagement seront expliquées dans l'article 5. & les suivans.

a Imprimis ipsam rem præstare venditorem oportet, id est tradere. l. 11. §. 2. ff. de act. empt. & vend.
¶ Quand les clauses du contrat sont douteuses ou obscures, on interprete en faveur de l'acheteur contre le vendeur, parce qu'il étoit en son pouvoir de s'expliquer plus clairement, étant présumé connoître les choses qu'il vend. l. 21. ff. de contr. empr. l. 33. eod. l. 39. ff. de pact.
Il faut cependant distinguer si la clause a été stipulée par le vendeur ou l'acheteur, car on interprete toujours contre celui qui a mis la clause, *quia potuit legem apertius dicere. Gotof. in not. ad dict. l.]*

I I.

2. Second engagement du vendeur, la garde de la chose vendue jusqu'à la délivrance.

C'est une suite de ce premier engagement de la délivrance, & qui en fait un second, que jusqu'à la délivrance le vendeur est obligé de garder & conserver la chose vendue *b,* suivant les regles qui seront expliquées dans l'article 24. & les autres suivans.

b Antequam (venditor) vacuam possessionem tradat, custodiam & diligentiam præstare debet. l. 36. ff. de act. empt. & vend.

I I I.

3. Troisiéme engagement, la garantie.

C'est encore une suite de la délivrance, & un troisiéme engagement que le vendeur doit garantir, c'est-à-dire, faire que l'acheteur puisse posséder sûrement la chose vendue. Ce qui oblige à faire cesser toute recherche de la part de quiconque prétendroit, ou la propriété de la chose vendue, ou quelqu'autre droit qui troublât l'acheteur dans la possession & jouissance. Car c'est le droit de posséder & de jouir qu'il a acheté *c.* On expliquera les regles de cet engagement dans la Sect. 10.

c Sive tota res evincatur, sive pars, habet regressum emptor in venditorem. l. 1. ff. de evict. v. l. 60. & 70. eod. Habere licere. l. 11. §. ult. ff. de act. empt. & vend.

I V.

4. Quatriéme engagement à cause des défauts de la chose vendue.

Comme on n'achete les choses que pour s'en servir selon leur usage, c'est un quatriéme engagement du vendeur envers l'acheteur, de reprendre la chose vendue si elle a des vices & des défauts qui la rendent inutile à son usage, ou trop incommode ; ou d'en diminuer le prix, soit que les défauts fussent connus au vendeur ou non *d.* Et s'il les connoît, il est obligé de les déclarer *e.* Les regles de cet engagement seront expliquées dans la Sect. 11.

d Qui pecus morbosum, aut tignum vitiosum vendidit, si quidem ignorans fecit : id tantùm exempto actione præstaturum, quanto minoris essem empturus, si id ita esse scissem. Si verò sciens reticuit, &c. l. 13. ff. de act. empt. & vend.
e Certiores faciant emptores, quid morbi, vitiive cuique sit. l. 1. §. 1. ff. de æd. ed. Eademque omnia, cùm ea mancipia venibunt, palam, rectè pronuntianto. d. §.
¶ Le vendeur doit déclarer tous les voisins tenans & aboutissans ; s'il en cache quelqu'un & que si l'acheteur l'eût sçu il n'au-

soit pas fait le marché , le vendeur en peut être valablement poursuivi. *l. 35. §. 8. de contr. empt. vide postea.*]

De la Délivrance.

V.

t. Définition de la délivrance.

LA délivrance ou tradition est le transport de la chose vendue en la puissance & possession de l'acheteur *f.*

f Ratio (vel datio) possessionis , quæ à venditore fieri debeat. *l. 3. ff. de act. empt. & vend.* Tradendo transfert. *l. 20. ff. de acq. rer. dom. l. 9. §. 3. eod.*

VI.

6. Délivrance des meubles.

La délivrance des meubles se fait ou par le transport qui les fait passer en la puissance de l'acheteur *g*, ou sans ce transport , par la délivrance des clefs, si les choses vendues sont gardées sous clef *h* , ou par la seule volonté du vendeur & de l'acheteur , si le transport ne peut voit s'en faire *i* ; ou si l'acheteur avoit déja la chose vendue en sa puissance par un autre titre , comme s'il en étoit dépositaire , ou qu'il l'eût emprunté *l.*

g Tradendo transfert. *l. 20. ff. de acq. rer. dom. l. 9. §. 3. eod.*
h Si quis merces in horreo depositas vendiderit , simul atque claves horrei tradiderit emptori , transfert proprietatem mercium ad emptorem. *§. 45. inst. de rer. divis. l. 1. §. 21. in f. ff. de acq. vel amitt. poss. l. 74. ff. de contr. empt.*
i Non est enim corpore & actu necesse apprehendere possessionem , sed etiam oculis & affectu. Et argumento esse eas res quæ propter magnitudinem ponderis moveri non possunt , ut columnas : nam pro traditis eas haberi , si in præsenti consentiret. *l. 1. §. 21. ff. de acq. vel amitt. poss.*
l Interdum sine traditione , nuda voluntas domini sufficit ad rem transferendam. Veluti si rem quam commodavi , aut locavi tibi , aut apud te deposui , vendidero tibi. Licet enim ex ea causa tibi eam non tradiderim , eo tamen quòd patior eam ex causa emptionis apud te esse tuam efficio. *l. 9. §. 5. ff. de acq. rer. dom. §. 44. inst. de rer. divis.*

VII.

7. Tradition des immeubles.

La délivrance des immeubles se fait par le vendeur , lorsqu'il en laisse la possession libre à l'acheteur *m* , s'en dépouillant lui-même ; soit par la délivrance des titres , s'il y en a *n* , ou des clefs, si c'est un lieu clos comme une maison , un parc , un jardin *o* ; ou en mettant l'acheteur sur les lieux ; ou seulement lui en donnant la vue *p* ; ou consentant qu'il possede *q* ; ou le vendeur reconnoissant que s'il possede encore, ce ne sera plus que précairement ; c'est-à-dire , comme possede celui qui tient la chose d'autrui à condition de la rendre au maître quand il la voudra *r.* Et si le vendeur se réserve l'usufruit , cette réserve tiendra aussi lieu de tradition *f.*

m Qui fundum dari stipularetur , vacuam quoque possessionem tradi oporere , stipulari intelligitur. *l. 3. §. 1. ff. de act. empt. & vend.*
n Emptionum mancipiorum instrumentis donatis , & traditis , & ipsorum mancipiorum donationem , & traditionem factam intelligis. *l. 1. C. de don.*
o Simul atque claves horrei tradiderit emptori , transfert proprietatem mercium ad emptorem. *l. 9. §. 6. ff. de acq. rer dom.*
p Si vicinum mihi fundum mercato , venditor in mea turre demonstret , vacuamque possessionem tradere dicat : non minus possidere cœpi , quam si pedem finibus intulissem. *l. 18. §. 2. ff. de acq. vel amitt. poss.*
q Secundum consensum auctoris , in possessionem ingressus , rectè possidet. *l. 12. C. de contr. empt.*
r Is qui rogavit ut precario in fundo moretur , non possidet : sed possessio apud eum qui concessit, remanet. *l. 6. §. 2. ff. de precario. l. ult. eod.* Precarium est quod precibus petentis utendum conceditur tamdiu quamdiu is qui concessit patitur. *l. 1. eod.* V. l'article 2. de la Section 1. du prêt à usage & du précaire. *p. 65.*
f Quisquis rem aliquam donando , vel in dotem dando , vel vendendo , usumfructum ejus retinuerit , etiamsi stipulatus non fuerit , eam continuò tradidisse credatur : nec quid amplius requiratur , quo magis videatur facta traditio. *l. 28. C. de don. l. 35. §. ult. eod.* V. l'art. 3. de la Section 2. des donations, *p. 104.*
Cet article regarde seulement la délivrance , & non les manieres de prendre possession, dont il sera parlé dans le Titre des possessions.

VIII.

8. Clause de précaire sous-entendue.

Si la clause de précaire a été omise dans un contrat de vente d'un immeuble , elle y est sous-entendue pour l'effet de mettre l'acheteur en droit de prendre possession , si les lieux sont libres. Car la vente transférant la propriété , elle renferme le consentement du vendeur , que l'acheteur se mette en possession *t.*

t Qui fundum dari stipularetur , vacuam quoque possessionem
Tome I.

---

tradi oportere , stipulari intelligitur. *l. 3. §. 1. ff. de act. empt. & vend.* secundum consensum auctoris in possessionem ingressus rectè possidet. *l. 12, C. de contr. empt.*

IX.

9. Délivrance des choses incorporelles.

Les choses incorporelles , comme une hérédité, une dette ou un autre droit , ne peuvent proprement être délivrées *u* , non plus que touchées *x* , mais la faculté d'en user tient lieu de délivrance. Ainsi le vendeur d'un droit de servitude en fait une délivrance , quand il souffre que l'acheteur en jouisse *y.* Ainsi celui qui vend ou transporte une dette ou un autre droit, donne à l'acheteur ou cessionnaire une espèce de possession , par la faculté d'exercer ce droit , en faisant signifier son transport au débiteur , qui après cette signification , ne peut plus reconnoître d'autre maître ou possesseur de ce droit que le cessionnaire.

u Incorporales res traditionem & usucapionem non recipere manifestum est. *l. 43. §. 1. ff. de acq. rer. dom.*
x Incorporales sunt , quæ tangi non possunt , qualia sunt ea quæ in jure consistunt. *§. 2. inst. de reb. corp.*
y Ego puto usum ejus juris pro traditione possessionis accipiendum esse. *l. ult. ff. de servit.*

X.

10. Premier effet de la délivrance translation de la pleine propriété.

Le premier effet de la délivrance est que si le vendeur est le maître de la chose vendue , l'acheteur en devient en même temps pleinement le maître, avec le droit d'en jouir, de la vendre & d'en disposer *z* , en payant le prix , ou donnant au vendeur une sureté ; si ce n'est qu'il se contente de la simple obligation ou promesse de l'acheteur *a.* Et c'est cet effet de la délivrance qui est le parfait accomplissement du contrat de vente.

z Traditionibus & usucapionibus domini rerum , non nudis pactis transferuntur. *l. 20. C. de pact.* per traditionem jure naturali res nobis acquirimus. Nihil enim tam conveniens est naturali æquitati , quam voluntatem domini volentis rem suam in alium transferre , ratam haberi. Et ideò , cujuscumque generis sit corporalis res , tradi potest : & à domino tradita , alienatur. *§. 40. inst. de rer. divis.* Nunquam nuda traditio transfert dominium, sed ita si venditio aut aliqua justa causa præcesserit, propter quam traditio sequeretur. *l. 31. ff. de acq. rer. dom.*
a Venditæ res & traditæ non aliter emptori acquiruntur, quàm si is venditori pretium solverit , vel alio modo ei satisfecerit. *§. 41. inst. de rer. divis.* Quod vendidi non aliter fit accipientis , quam si aut pretium nobis solutum sit , aut satis eo nomine factum , vel etiam fidem habuerimus emptori sine ulla satisfactione. *l. 19. ff. de contr. empt. l. 53. eod.*
Cet article n'est pas contraire à ce qui a été dit en la Sect. 1. art. 2. que la vente s'accomplit par le seul consentement. Car il faut distinguer dans le contrat de vente , & dans tous les autres qui s'accomplissent par le seul consentement , deux sortes , ou deux degrez d'accomplissement.
Le premier est celui dont il est parlé dans cet art. 2. de la Section 1. & le second est celui dont il est parlé ici dans cet art. 10. Leur différence consiste en ce que le simple consentement ne forme que l'engagement des contractans à exécuter réciproquement ce qu'ils se promettent , ainsi le vendeur est obligé à la délivrance de la chose vendue , & l'acheteur au payement du prix ; & c'est en ce sens que le contrat de vente s'accomplit par le seul consentement. Mais il y manque un second accomplissement par l'exécution de ces engagemens , qui a cet effet , qu'au lieu que le contrat de vente sans délivrance ne rend pas l'acheteur maître & possesseur , & ne lui donne pas le droit de jouir, d'user, & de disposer de la chose vendue, mais seulement le droit d'en demander la délivrance ; cette délivrance & le payement du prix consomment la vente, & le rendent pleinement maître & possesseur; ce qui étoit la fin du contrat de vente V. sur ces accomplissemens de la vente, les articles 14. & 15. de la Sect. 1.

XI.

11. Autre effet de la délivrance pour celui qui de bonne foi achete la chose, dont le vendeur n'étoit pas le maître, qui est le droit de jouir.

Si le vendeur n'étoit pas le maître de la chose vendue , l'acheteur n'en est pas rendu le maître par la délivrance *b.* Mais s'il l'a achetée de bonne foi , croyant que le vendeur en fût le maître , il se considere , & il est considéré comme s'il étoit en effet le maître. Car c'est état qu'il a droit de prendre pour la vérité, doit lui en tenir lieu. Ainsi il possede , jouit & fait les fruits siens , sans péril de rendre ce qu'il aura joui & consommé pendant la bonne foi *c.*

b Traditio nihil amplius transferre debet , vel potest ad eum qui accipit , quàm est apud eum qui tradit. *l. 20. ff. de acq. rer. dom.*
c Si quis à non domino quem dominum esse crediderit , bona fide fundum emerit , vel ex donatione , aliave qualibet justa causa , æquè bona fide acceperit , naturali ratione placuit , fructus quos percepit , ejus esse pro cultura & cura. Et ideò fundi dominus superveniret , & fundum vindicet, de fructibus ab eo consumptis agere non potest. *§. 35. inst. de rer. div.* Dolum autem, bonæ fidei emptori non nocere , certi juris est. *l. 3. C. de per. & com. rei vend.*

E ij

Il faut remarquer sur ces mots pro cultura & cura *de ce §. 35. ceux de la loi 25. ff. de usur.* omnis fructus non jure seminis, sed jure soli percipitur : *& aussi le possesseur de bonne foi jouit des fruits qui naissent sans semence & sans culture.*

XII.

72. Autre effet de la délivrance, le droit de prescrire.

C'est encore un effet de la délivrance de la chose vendue, quoique le vendeur n'en fût pas le maître, que l'acheteur de bonne foi prescrit & acquiert la propriété après une possession suffisante, & conforme aux régles qui seront expliquées dans le Titre de la possession & des prescriptions *d.*

d Pars quæ putatur esse vendentis, per longam possessionem ad emptorem transit. *l.* 43. *ff. de acq. vel amitt. poss. l.* 26. *eod.*

XIII.

73. Autre effet de la délivrance entre deux acheteurs de la même chose.

Si la même chose est vendue à deux acheteurs, soit par un même, ou par deux différens vendeurs ; le premier des deux à qui elle aura été délivrée, & qui sera en possession, sera préféré, quoique la vente faite à l'autre fût précédente, & ce n'est que l'un des vendeurs ne fût pas le maître de la chose vendue, & que l'autre le fût ; car en ce cas celui qui aura acheté du maître, sera préféré à celui à qui la délivrance aura été faite. Et dans tous les cas l'autre acheteur aura son action de garantie contre son vendeur *f.*

e Si duobus quis separatim vendiderit bonâ fide ementibus, videamus quis magis publiciana uti possit, utrum is cui priori res tradita est, an is qui tantùm emit. Et Julianus libro septimo digestorum scripsit, ut, si quidem ab eodem non domino emerint, potior sit cui priori res tradita est : quod si à diversis non dominis, melior causa sit possidentis, quàm petentis. Quæ sententia vera est. *l.* 9. §. 4. *ff. de public. in rem. act.* uterque nostrûm eandem rem emit à non domino : cùm emptio venditioque sine dolo malo fieret, traditaque est : sive ab eodem eminus, sive ab alio, atque alio, is ex nobis tuendus est qui prior jus ejus apprehendit. Hoc est cui primùm tradita est. Si alter ex nobis à domino emisset, is omnimodo tuendus est. *l.* 31. §. 1. *ff. de act. empt. & vend.* Quoties duobus in solidum prædium jure distrahitur, manifesti juris est, eum cui priori traditum est in detinendo dominio esse potiorem. *l.* 14. *C. de rei vend.*

f Quoniam contractus fidem fregit : ex empto actione conventus, quanti eâ interest præstare cogetur. *l.* 6. *C. de hæred. vel act. vend.*

Cette regle n'est-elle pas contraire à celle de l'art. 2. de la Sect. 3. & à celle de l'art. 2. de la Sect. 7. car par ces deux regles la vente est tellement accomplie par le simple effet du consentement, que si la chose vendue périt avant la délivrance, elle est perdue pour l'acheteur, d'où il semble suivre qu'il en étoit déja le maître, & qu'ainsi par la seconde vente le vendeur a vendu la chose d'un autre, & que le premier acheteur peut la vendiquer. Mais comme il a été remarqué sur l'art. 10. de cette Section, ce n'est que par la délivrance que la vente reçoit son entier accomplissement, qui rend l'acquéreur maître de la chose vendue. Ainsi celui qui achete le dernier, mais du vendeur qui possede encore, se mettant lui-même en possession, est préféré au premier acheteur à qui on peut imputer de ne s'être pas mis en possession, pour se rendre maître. Et il est même de l'intérêt public, qu'on ne puisse pas troubler les possesseurs par des ventes secrettes & antidatées. C'est sur ces principes que quelques Coutumes ont expressément reglé, qu'un second acquéreur d'un héritage, qui s'en est mis le premier en possession, est préféré à celui qui avoit acheté le premier.

XIV.

74. Du tems de la délivrance.

La délivrance doit être faite au tems reglé par le contrat. Et si le contrat n'en exprime rien, le vendeur doit délivrer sans délai ; si ce n'est que la délivrance demandât un transport en un autre lieu, pour lequel un délai seroit nécessaire *g.*

g Quoties in obligationibus dies non ponitur, præsenti die pecunia debetur. Nisi si locus adjectus, spatium temporis inducat: quo illo possit pervenire. *l.* 41. §. 1. *ff. de oblig.* §. 2. *inst. eod.* V. l'article 5. de la Section 3. des conventions, p. 24.

XV.

75. Du lieu de la délivrance.

La délivrance doit être faite dans le lieu dont on est convenu. Et si le contrat n'en exprime rien, le vendeur doit délivrer dans le lieu où sera la chose vendue, si ce n'est que l'intention des contractans parût demander que la délivrance fût faite en un autre lieu *h.*

h V. l'art. de la Sect. 3. des conventions, p. 24. v. l. ult. *ff. de con. trid. l.* 22. in fine *ff. de reb. cred.*

XVI.

76. Dommage, & intérêts pour le retardement de la délivrance.

Si le vendeur est en demeure de délivrer la chose vendue au jour & au lieu où la délivrance devoit être faite, il sera tenu des dommages & intérêts de l'acheteur *i,* selon les régles qui suivent.

i Si res vendita non tradatur in id quod interest, agitur. Hoc

est, quod rem habere interest emptoris. l. 1. *ff. de act. empt. & vend. l.* 11. §. 9. *eod. l.* 4. *& 10. C. eod.*

XVII.

17. En quoi consistent les dommages & intérêts.

Le vendeur qui est en demeure de délivrer, doit les dommages & intérêts qu'aura causé le retardement, selon l'état des choses & les circonstances. Ainsi le vendeur d'un héritage qui est en demeure de délivrer, doit rendre à l'acheteur, la valeur des fruits dont il l'a empêché de jouir. Ainsi celui qui devoit délivrer à un certain jour, dans un certain lieu, du bled, du vin ou d'autres denrées, dont le prix se trouve augmenté au jour & au lieu où la délivrance devoit être faite, doit à l'acheteur la valeur présente du jour & du lieu, pour le profit qu'il auroit fait en les y revendant, ou pour la perte qu'il souffre, si pour son usage il est obligé d'en acheter d'autres à ce prix qui excede celui de la vente *l.*

l Non solùm quod ipse per eum acquisiti, præstare debeo : sed & id quod emptor, jam tunc sibi tradito servo acquisiturus fuisset. *l.* 31. §. 1. *ff. de act.* & vend. cùm per venditorem steterit, quominùs rem tradat, omnis utilitas emptoris in æstimationem venit, quæ modo circa ipsam rem consistit. *l.* 21. §. 3. *ff. de act. empt. & vend.* Si merx aliqua quæ certo die dari debebat, petita sit, veluti vinum, oleum, frumentum : tanti litem æstimandam Cassius ait, quanti fuisset eo die quo dari debuit. *l.* ult. *ff. de condict. trit.* idemque juris in loco esse, ut æstimatio sumatur ejus loci, quo dari debuit. *d. l.* Quoties in diem, vel sub conditione oleum quis stipulatur, ejus æstimationem eo tempore spectari oportet, quo dies obligationis venit : tunc enim ab eo peti potest. *l.* 59. *ff. de verb. obl.*

XVIII.

18. Suites de gain ou de perte, qui n'entrent pas dans les dommages & intérêts.

Le profit ou la perte qui entre dans les dommages & intérêts de l'acheteur, doivent se restraindre à ce qui peut être imputé au retardement, & qui en est une suite naturelle & ordinaire, où l'on a pû s'attendre ; comme sont les dommages & intérêts expliquez dans le cas de l'article précédent, & comme seroit encore dans le même cas la dépense qu'auroit fait l'acheteur pour venir recevoir & pour transporter les grains achetez : & les autres suites immédiates qu'on doit naturellement attendre du retardement. Mais on ne doit pas étendre les dommages & intérêts aux suites plus éloignées & imprévûes, qui sont plûtôt un effet extraordinaire de quelque événement & de quelque conjoncture que si on n'étre pas l'ordre divin, que du retardement de la délivrance. Ainsi par exemple, si le vendeur ne délivrant pas au jour & au lieu des grains qu'il a vendus, l'acheteur a manqué par le défaut de la délivrance, de faire un transport & un commerce de ces grains dans un autre lieu, où il auroit pû les vendre encore plus cher que dans le lieu où la délivrance devoit être faite ; ou si faute d'avoir ces grains, il a été obligé de renvoyer les ouvriers, & de faire cesser un ouvrage dont l'interruption lui cause un dommage considérable ; le vendeur ne sera tenu de cette dépense qu'auroit fait l'acheteur, ni de ce dommage encouru, qui ne sont pas tant des suites qu'on puisse imputer au retardement de la délivrance que des effets de l'ordre divin & des cas fortuits, dont personne ne doit répondre *m.*

m Cùm per venditorem steterit, quominùs rem tradat, omnis utilitas emptoris in æstimationem venit : quæ modò circa ipsam rem consistit. Neque enim si potuit ex vino putà negotiari, & lucrum facere, id æstimandum est, non magis quàm si triticum emerit, & ob eam rem quod non sit traditum, familia ejus fame laboraverit. Nam pretium tritici, non servorum fame necatorum, consequitur. *l.* 21. §. 3. *ff. de act. empt. & vend.* ut non sit cogitatum à venditore de tanta summa. *l.* 43. *in. f. ff. eod.* V. le titre des intérêts & dommages & intérêts, p. 226.

XIX.

19. Les dommages & intérêts sont dûs, soit que la vente subsiste ou non.

Outre les dommages & intérêts causez par le défaut de la délivrance, c'est encore une peine du vendeur qui manque de délivrer, que la vente soit résolue, s'il y en a lieu. Comme, par exemple, si celui qui devoit délivrer une marchandise, au jour d'un embarquement, ou à un jour de foire, n'y satifait pas, il sera obligé de reprendre sa marchandise si l'acheteur le veut, & de rendre le prix s'il l'avoit reçu. Et il sera de plus tenu des dommages & intérêts, pour n'avoir pas fait la délivrance au jour & au lieu. Et dans le cas même où la vente subsiste, le vendeur ne laisse pas d'être tenu des dommages & intérêts. Ainsi le vendeur qui différant la délivran d'un héritage vendu , prive l'acheteur de la jouissance des fruits , en doit la valeur , quoique ce retardement ne suffise pas pour résoudre la vente *n*.

n Cette regle est une suite des précédentes.

XX.

20. Il ne dépend d'un vendeur d'annuller la vente faute de délivrer.

Il ne dépend jamais du vendeur d'éluder l'effet de la vente par le défaut de la délivrance ; & il peut toujours y être contraint , si elle est possible ; pourvû que l'acheteur exécute de sa part son engagement. De même aussi l'acheteur ne peut donner lieu à la résolution , faute de payer au terme , comme il sera dit en son lieu *o*.

o V. l. 2. & 3. ff. de lege commiss. quod ab initio sponte scriptum , aut in pollicitatione deductum est , hoc ab invitis postea compleatur. *l. ult. C. ad l'ell. l. 5. C. de obl. & act. V. l'art. 19. de la Sect. 4. des conventions, p. 29. & l'art. 9. de la Sect. suiv.*
¶ Si le vendeur trompe , sa fraude ne scauroit lui servir ni l'autoriser. *l. 37. ff. de act. empt. & vend.* il y en a un exemple dans la loi 39. *eod.*]

XXI.

21. Délivrance empechée par un cas fortuit.

Si la délivrance est empêchée par un cas fortuit , comme si la chose vendue a été volée (c'est-à-dire , enlevée par force) le vendeur ne sera tenu d'aucuns dommages & intérêts *p* ; si ce n'est que le cas fortuit arrivât après qu'il est en demeure , suivant la règle expliquée dans l'art. 3. de la Sect. 7.

p Si res quam ex empto præstare debebam, vi mihi adempta fuerit , quamvis eam custodire debuerim , tamen proprius est , ut nihil amplius quam actiones persequendæ ejus , præstari à me emptori oporteat. Quia custodia adversus vim parum proficit. l. 31. ff. de act. empt. & vend. Quidquid sine dolo & culpa venditoris accipit in eo venditor secuturus est. §. 3. inst. de empt.
¶ La chose qui périt par un cas fortuit , périt pour l'acheteur qui en est la maître, *res perit domino.* §. 3. inst. de empt.]

XXII.

22. Si le vendeur est en péril de perdre le prix, il n'est pas obligé à la délivrance.

Si le vendeur se trouvoit en péril apparent, de perdre le prix comme par une insolvabilité de l'acheteur , ou par d'autres causes , il pourra retenir la chose vendue , par forme de gage jusqu'à ce qu'on lui donne un sûreté pour son payement *q*.

q De même que l'acheteur ne peut être obligé à payer le prix , s'il est en péril d'éviction. Ante pretium solutum, domini quæstione motâ, pretium emptor solvere non cogetur: nisi fidejussores idonei à venditore ejus evictionis offerantur. l. 18. §. 1. ff. de per. & com. v. v. venditor pignoris loco quod vendidit, retinet , quoad emptor satisfaciat. l. 31. §. 8. ff. de ad. ed. v. l. 22. ff. de har. vil act. vend. V. l'art. 11. de la Sect. 3.

XXIII.

23. Retardement du vendeur & de l'acheteur.

Si l'acheteur & le vendeur sont également en demeure, l'un de recevoir, l'autre de délivrer ; l'acheteur à qui il aura tenu de recevoir la chose vendue, ne pourra se plaindre du retardement *r*.

r Si & per emptorem & venditorem mora fuisset , quominus vinum præberetur, & traderetur: perinde esse ait , quasi si per emptorem solum stetisset. cum moram potest videri mora; venditorem emptori facta esse, ipso moram faciente emptore. l. 51. ff. de act. empt. vend. l. 17. ff. de contr. empt.

De la garde de la chose vendue.

XXIV.

24. Quel soin doit prendre le vendeur de la chose vendue.

SI la chose vendue demeure en la puissance du vendeur , il est obligé d'en avoir soin jusqu'à la délivrance ; non-seulement comme il a soin de ce qui est à lui , mais comme doit en avoir celui qui a emprunté une chose pour son usage *s*. Et il doit répondre non-seulement de ce qu'il feroit de mauvaise foi ; mais de toute negligence & de toute faute où ne tomberoit pas un pere de famille soigneux & vigilant *t*. Parce que le con-

s Custodiam venditor talem præstare debet , quam præstant hi quibus res commodata est. Ut diligentiam præstet exactiorem quam in suis rebus adhiberet. l. 3. ff. de per. & commod. rei vend. V. l'art. 2. de la Sect. 2. du pret à usage , p. 67.
t Si venditor eam diligentiam adhibuisset in insula custodienda, quam debent homines frugi, & diligentes præstare; si quid accidisset , nihil ad eum pertinebit. l. 11. eod. Dolum , & culpam recipiunt mandatum , commodatum venditum. l. 23. ff. de reg. jur. In his quidem & diligentiam. d. l. 23. Talis custodia desideranda à venditore , qualem bonus pater familias suis rebus adhibet. l. 35. §. 4. ff. de contr. emp.

trat de vente est autant de l'intérêt du vendeur que de l'acheteur *u*.

u Ubi utriusque utilitas vertitur ut in empto...... & dolus de culpa præstatur. l. 5. §. 2. ff. commod.

XXV.

25. On peut régler par une convention le soin du vendeur.

Si l'on est convenu de décharger le vendeur du soin de la garde, ou qu'on ait reglé la maniere dont il en sera tenu ; il ne sera obligé qu'aux termes de la convention *x*. Et de ce qui pourroit arriver par sa mauvaise foi *y* , ou par une faute si grossiere qu'elle approchât du dol *z*.

x Sed hæc ita , nisi quid nominatim convenit , vel plus, vel minus in singulis contractibus. Nam hoc servabitur , quod initio convenit. Legem enim contractûs dedit. l. 23. ff. de reg. jur. l. 35. §. 4. ff. de contr. empt.
y Non valere si convenerit ne dolus præstetur. d. l. 23. ff. de reg. jur.
z Dissoluta negligentia prope dolum est. l. 29. ff. mand.

XXVI.

26. Si l'acheteur est en demeure de recevoir, le vendeur est déchargé du soin.

Si l'acheteur est en demeure de prendre la chose vendue; soit après le terme où la délivrance devoit être faite , où après une sommation , si le terme n'est pas reglé, le vendeur sera déchargé du soin de la garde, & ne sera plus tenu que de ce qui arriveroit par la mauvaise foi *a*.

a Illud sciendum est , cùm moram emptor adhibere cœpit, jam non culpam sed dolum malum tantum præstandum à venditore. l. 17. ff. de per.— & com. Vino per aversionem vendito custodiæ est avehendi , tempus, quod ita erit accipiendum , si adjectum tempus , est. Cæterùm si non sit adjectum videndum ne infinitam custodiam non debeat venditor. Et est verius , secundùm ea quæ supra ostendimus, aut interesse quid de tempore actum sit, aut denuntiare ei , ut tollat vinum. l. 4. §. ult. eod.

De la garantie.

LA garantie étant une suite de l'éviction , les regles en seront expliquées dans la *Section* 10. qui est de cette matiere.

De la déclaration des défauts de la chose vendue.

Engagement du vendeur de ne pas survendre.

L'Engagement du vendeur à déclarer les défauts de la chose vendue , fait partie de la matiere de la rédhibition , & les regles en seront expliquées dans la Sect. 11.

On n'a pas mis au nombre des engagemens du vendeur envers l'acheteur le devoir naturel de ne pas survendre *#*. Parce qu'il y auroit trop d'inconvéniens de résoudre les ventes par l'excès du prix. Et la police dissimule une injustice que les acheteurs souffrent d'ordinaire volontairement, & ne la réprime que dans les ventes des choses dont elle régle le prix.

 # Quando vendes quippiam civi tuo , vel emes ab eo, ne contristes fratrem tuum. Levit. 25. 14.
Ne quis supergrediatur neque circumveniat in negotio fratrem suum. Thess. 4. 6.

SECTION III.

Des engagemens de l'acheteur envers le vendeur.

Engagemens de l'acheteur, de n'acheter pas à trop vil prix.

LE principal engagement de l'acheteur envers le vendeur , est celui de l'humanité & de la naturelle, qui l'oblige à ne pas se prévaloir de la nécessité du vendeur pour acheter à vil prix *a*. Mais à cause des difficultez de fixer le juste prix des choses, & des inconvéniens qui seroient trop fréquens , si on donnoit atteinte à toutes les ventes où les choses ne seroient pas vendues à leur juste prix , les Loix civiles dissimulent l'injustice des acheteurs pour le prix des ventes à la réserve de celles des héritages dont le prix seroit moindre que la moitié de leur juste valeur *b* , suivant les regles qui seront expliquées dans la Section 9. & on ne mettra dans celle-ci que les engagemens de l'acheteur envers le vendeur.

a Quando vendes quippiam civi tuo , vel emes ab eo , ne contristes fratrem tuum. Levit. 25. 14.
b V. le préambule du titre des Vices des conventions, p. 19. & l'art. 1. de la Section 3. de ce même titre.

E iij

SOMMAIRES.

I.

1. Premier engagement de l'acheteur, le payement du prix.

LE premier engagement de l'acheteur, est de payer le prix, & de payer au jour & au lieu reglé par la vente, soit au tems de la délivrance de la chose vendue, ou avant, ou après, ainsi qu'il aura été convenu. Car l'acheteur n'est rendu le maître de la chose vendue que par ce payement, ou autre sureté qui en tienne lieu *a*.

a Pretium in numerata pecunia consistere debet. §. 2. inst. de empt. & vend. Quod vendidi non aliter sit accipientis quàm si aut pretium nobis solutum sit, aut satis eo nomine factum, l. 19. l. 53. ff. de contr. empt. §. 41. inst. de rer. div.

II.

2. Tems & lieu du payement.

S'il n'y a rien de reglé par la vente pour le temps & pour le lieu du payement, l'acheteur doit payer au temps & au lieu de la délivrance *b*.

b In omnibus obligationibus in quibus dies non ponitur, præsenti die debetur. l. 14. ff. de reg. jur. l. 41. §. 1. ff. de verb. obl. V. les art. 5. & 6. de la Sect. 3. des Conventions, p. 14.

III.

3. Le vendeur peut retenir la chose vendue faute de payement.

Si l'acheteur ne paye au terme, & que le vendeur n'ait pas encore fait la délivrance, il peut retenir la chose vendue par forme de gage jusqu'au payement *c*.

c Venditor pignoris loco quod vendidit retinet, quoad emptor satisfaciat. l. 31. §. 8. ff. de æd. ed. l. 13. §. 8. ff. de act. empt. & vend.

IV.

4. Retardement causé par un cas fortuit.

L'acheteur n'est en demeure de payer, s'il ne diffère que par l'obstacle de quelque cas fortuit. Comme si un débordement l'empêchoit d'aller au lieu où le payement devoit être fait *d*.

d V. l'art. 21. de la Sect. précédente.
Mora videtur esse si nulla difficultas venditorem impediat. l. 3. §. ult. ff. de act. empt.

V.

5. L'intérêt des deniers tient lieu de tout dommage pour le retardement de payer le prix.

L'acheteur ne doit pas d'autres dommages pour le seul retardement de payer le prix, que l'intérêt des deniers *e*. Et quelque perte que puisse causer le défaut de ce payement, ou quelque gain qu'il fasse cesser, le dédommagement en est réduit à cet intérêt qui est reglé par la loi pour tenir lieu de tous les dommages de cette nature, comme il sera expliqué dans le Titre des dommages & intérêts.

e Venditori si emptor in pretio solvendo moram fecerit, usuras duntaxat præstabit, non omne omnino quod venditor mora non facta consequi potuit. Veluti si negotiator fuit, & pretio soluto ex mercibus, plusquam ex usuris quærere potuit. l. ult. ff. de per. & comm. rei vend.

VI.

6. Trois cas où l'acheteur doit l'intérêt du prix.

L'acheteur doit en trois cas l'intérêt du prix; par convention s'il est stipulé; par la demande en justice, si après le terme il ne paye pas; & par la nature de la chose vendue, si elle produit des fruits ou autres revenus, comme un champ ou une maison, l'intérêt en est dû sans convention ni demande en justice *f*.

f Initio venditionis si pactus es, ut is cui vendidisti, possessionem, prætii tardius exoluti, tibi usuras pensitaret: non immerito existimas etiam eas tibi adito præside Provinciæ, ab emptore præstari debere. Nam si initio contractus non es pactus, si cœ-

peris experiri, deberi ex mora duntaxat usuras. l. 5. C. de pact. inter empt. & vend. comp. Curabit Præses Provinciæ compellere emptorem qui noctis possessionem, fructus percepit, partem pretii quam penes se habet, cum usuris restructure. l. 5. C. de act. empt. & vend. l. 2. C. de usur. l. 13. §. 20. ff. de act. empt. & vend. l. 16. §. 1. ff. de usur.

VII.

7. Si le vendeur trouve sa marchandise diminuée de valeur par la faute de l'acheteur à payer.

Si par le défaut du payement du prix le vendeur se trouve obligé de retenir ou reprendre la chose vendue, & que sa valeur soit diminuée, l'acheteur sera tenu de dédommager le vendeur de cette diminution jusqu'à la concurrence du prix qui avoit été convenu *g*.

g Cette regle est une suite de la nature du contrat de vente. Car la vente étant parfaite le prix entier est dû, quelque changement qui arrive à la chose vendue, comme il sera dit ci-après en la Section 7. article 2.
Si vinum venditum acuerit, vel quid aliud vitii sustinuerit : emptoris erit damnum. l. 1. ff. de per. & com. r. v. Post perfectam venditionem, omne commodum, & incommodum quod rei venditæ contingit, ad emptorem pertinet. l. 1. C. de per. & com. r. v.

VIII.

8. Résolution faute de payement.

Si l'acheteur ne paye au terme après la délivrance, le vendeur pourra demander la résolution de la vente, faute de payement. Et elle sera ordonnée, ou d'abord, s'il y avoit du danger que le vendeur perdît la chose & le prix ; ou, si ce péril cesse, après un délai selon les circonstances. Et ce délai n'est pas refusé, quand même il seroit dit par le contrat que la vente seroit résolue par le défaut de payement *h*.

h Spatium datum videri : hoc idem dicendum & cùm quid eâ lege venierit, ut nisi ad diem pretium solutum fuerit, inempta res fiat. l. 23. in f. ff. de obl. & act.
V. ci-après Sect. 12. art. 11. & 12. v. l. 38. ff. de min. in his verbis, lex commissoria displicebat ei.

IX.

9. Il ne dépend pas de l'acheteur d'éluder la vente en ne payant point.

Il ne dépend jamais de l'acheteur d'éluder l'effet de la vente par le défaut du payement du prix, & le vendeur a toujours le droit de l'y contraindre, si de sa part il exécute ses engagemens *i*.

i Ita accipitur inemptum esse fundum, si venditor inemptum eum esse velit, quia id venditoris causâ caveretur. l. 2. ff. de leg. commiss. l. 3. eod.

X.

10. Autre engagement de l'acheteur pour la dépense qui le regarde, & le dommage dont il doit répondre.

Si entre la vente & la délivrance le vendeur se trouve obligé à faire quelque dépense pour conserver la chose vendue; ou s'il souffre quelque dommage de ce que l'acheteur ne l'emporte pas, comme si des matériaux vendus occupent un lieu dont il faut payer le loyer, ou qui cesse de produire son revenu, l'acheteur sera tenu de cette dépense & de ce dommage *l*.

l Præterea ex vendito agendo consequetur etiam sumptum, qui facti sunt in re distracta, ut putà si quid in ædificia distracta erogatum est. l. 13. §. 22. ff. de act. empt. & vend. Si is qui lapides ex fundo emerit, tollere eos nolit ex vendito, agi cum eo poterit, ut eos tollat. l. 9. ff. eod.

XI.

11. L'acheteur n'est pas obligé de payer le prix s'il est en péril d'éviction.

Si l'acheteur découvre avant le payement qu'il soit en péril d'éviction, & s'il le fait voir, il ne pourra être obligé de payer le prix qu'après qu'il aura été pourvû à sa sureté *m*.

m Ante pretium solutum, dominii quæstione motâ, pretium emptor solvere non cogetur; nisi fidejussores idonei à venditore, ejus evictionis offerantur. l. 18. §. 1. ff. de per. & comm. r. vend. V. l'art. 22. de la Sect. 2.

XII.

12. Autre engagement de l'acheteur.

C'est encore un engagement de l'acheteur envers le vendeur, qu'il est tenu de prendre soin de la chose achetée, dans tous les cas où il peut arriver que la vente sera résolue, soit par son fait, comme par le défaut du payement du prix, ou par l'effet d'une clause du contrat, comme s'il y avoit une faculté de rachat. Et dans ces cas & autres semblables l'acheteur doit répondre du mauvais état où le fonds pourra se trouver par sa faute ou par sa négligence *n*.

n De même & par les mêmes raisons qui obligent le vendeur à la garde de la chose vendue, avant la délivrance.
Voyez l'art. 24. de la Section précédente.

SECTION IV.

De la Marchandise ou chose vendue.

SOMMAIRES.

I.

1. Quelles choses peuvent être vendues.

Toute sorte de choses peuvent être vendues, à la réserve de celles dont le commerce est impossible, ou défendu par la nature, ou par quelque loi *a*, suivant les regles qui seront expliquées dans la Section 8.

a Omnium rerum quas quis habere, vel possidere, vel persequi potest, venditio recte fit. Quas verò natura, vel gentium jus, vel mores civitatis commercio exuerunt earum nulla venditio est. *l.* 34. §. 1. *ff. de contr. empt.*

II.

2. Les choses incorporelles, comme des droits peuvent être vendues.

On peut vendre non-seulement des choses corporelles, comme des meubles & immeubles, des animaux, des fruits, mais aussi des choses incorporelles, comme une dette, une hérédité, une servitude, & tous autres droits *b*.

b Toto titulo *ff. & C. de hæreditate vel actione vendita.*

III.

3. Vente des choses à venir.

Il se fait quelquefois des ventes des choses à venir, comme des fruits qui seront recueillis d'un héritage, des animaux qui pourront naître, & d'autres choses semblables, quoiqu'elles ne soient pas encore en nature *c*.

c Fructus & partus futuri, recte emuntur. *l.* 8. *ff. de contr. empt.*

IV.

4. Vente d'une espérance incertaine.

Il arrive aussi quelquefois qu'on vend une espérance incertaine, comme le pêcheur vend un coup de filet avant qu'il le jette. Et quoiqu'il ne prenne rien, la vente subsiste ; car c'étoit l'espérance qui étoit vendue, & je droit d'avoir ce qui seroit pris *d*.

d Aliquando tamen & sine re venditio intelligitur, veluti cùm quasi alea emitur. Quod fit cum captus piscium, vel avium, vel missilium emitur. Emptio enim contrahitur, etiamsi nihil inciderit ; quia spei emptio est. *l.* 8. §. 1. *ff. de contr. empt.*

V.

5. Vente en gros & en bloc.

On peut vendre plusieurs choses en même temps par une seule vente, & pour un seul prix, en gros & en bloc, comme si on vend toutes les marchandises qui sont dans une boutique ou dans un vaisseau, tous les grains qui sont dans un grenier, ou tout le vin qui est dans une cave *e*.

e Universum quod in horreis erat positum. *l.* 2. *C. de peric. & com. rei vend.* Si omne vinum, vel oleum, vel frumentum, vel argentum quantumcumque esset uno pretio venierit. *l.* 35. §. 5. *ff. de contr. empt.*

VI.

6. Vente, au nombre, au poids & à la mesure.

Les denrées ou autres choses qui se comptent, pésent, ou mesurent, peuvent se vendre, ou en gros & en bloc, pour un seul prix, ou à tant pour chaque piéce, pour chaque livre, ou pour chaque boisseau, ou autre mesure *f*.

f Quod si vinum ita venierit, ut in singulas amphoras, item oleum ut in singulos metretas, item frumentum ut in singulos modios, item argentum ut in singulas libras certum pretium diceretur. *l.* 35. §. 5. *ff. de contr. empt.* Grex in singula corpora. *d. l.* §. 6.

VII.

7. Comment s'accomplissent les ventes en gros & en détail.

Lorsque les denrées, ou autres marchandises sont vendues en bloc, la vente est parfaite en même temps qu'on est convenu de la marchandise & du prix, comme dans les ventes des autres choses, parce qu'on sçait précisément ce qui est vendu. Mais si le prix est réglé à tant pour chaque piéce, pour chaque livre, pour chaque mesure ; la vente n'est parfaite que de ce qui est compté, pesé, mesuré *g*. Car le délai pour compter, peser & mesurer, est comme une condition qui suspend la vente, jusqu'à ce qu'on sçache par-là ce qui est vendu.

g Si omne vinum, vel oleum, vel frumentum, vel argentum quantumcumque esset, uno pretio venierit, idem juris est, quod in cæteris rebus. Quod si vinum ita venierit, ut in singulas amphoras : item oleum, ut in singulos metretas : item frumentum, ut in singulos modios : item argentum, ut in singulas libras, certum pretium diceretur : quæritur, quando videatur emptio perfici ; quod interest scilicet quæritur & de his quæ numero constant : si pro numero corporum, pretium fuerit statutum. Sabinus & Cassius tunc perfici emptionem existimant, cum adumerata, admensa, adpensave sint. *l.* 35. §. 5. *ff. de contr. empt.* Voyez l'art. 5. de la Sect. 7.

VIII.

8. Vente à l'essai.

Les choses dont l'acheteur réserve la vûe & l'essai, quoique le prix en soit fait, ne sont vendues qu'après que l'acheteur est content de l'épreuve, qui est une espéce de condition d'où la vente dépend *h*. Mais si la vente est déja accomplie sous cette réserve, que si l'acheteur n'est pas content de la marchandise dans un certain temps, la vente sera résolue ; ce sera une condition dont l'évenement résoudra la vente, qui cependant est tenue pour faite *i*.

h Alia causa est degustandi, alia metiendi, gustus enim ad hoc proficit ut improbare liceat. *l.* 34. §. 5. *ff. de contr. empt.*

i Si res ita distracta sit, ut si displicuisset, inempta esset, constat non esse sub conditione distractam, sed resolvi emptionem sub conditione. *l.* 3. *ff. de contr. empt.* Si quid ita venierit, ut nisi placuerit, intra præfinitum tempus redhibeatur : ea conventio rata habetur. *l.* 31. §. 22. *ff. de æd. ed.* V. l'art. 18. de la Section 11.

IX.

9. Les accessoires de la chose vendue entrent dans la vente.

Tout ce qui fait partie de la chose vendue, ou qui en est un accessoire, entre dans la vente, s'il n'est réservé. Ainsi les arbres qui sont dans un héritage, les fruits pendans, les échalas qui sont dans une vigne, les clefs d'une maison, les tuyaux qui y conduisent une fontaine ; les servitudes, & tout ce qui y est attenant & destiné à perpétuelle demeure & les autres accessoires semblables, font partie de ce qui est vendu, & sont à l'acheteur *l*.

l Fructus pendentes pars fundi videntur. *l.* 44. *ff. de rei vind.* Fructus emptori cedere. *l.* 13. §. 10. *ff. de act. empt. & vend.* Ædibus distractis, ea esse ædium solemus dicere, quæ quasi pars ædium, vel propter ædes habentur. *d. l.* 13. §. ult. Paii qui vineæ causâ parati sunt, antequam collocentur, fundi non sunt. Sed qui exempti sunt, hac mente, ut collocentur, fundi sunt. *l.* 17. in fine *ff. de act. empt. & vend.* Labeo generaliter scribit, ea quæ perpetui usus causâ in ædificiis sunt, ædificii esse. *d. l.* 17. §. 7. V. sur cet article & le suivant, l'art. 8. de la Sect. 1. du Tit. des choses, p. 16.

X.

10. Choses détachées d'un bâtiment qui entrent dans la vente.

Les choses détachées d'un bâtiment, mais dont l'usage y est accessoire, comme la corde & les seaux d'un puits. Les robinets d'une fontaine, son bassin & autres semblables, & celles aussi qui n'ont été détachées que pour y remettre, en sont des accessoires, & entrent dans la vente ; mais non celles qui étant destinées pour y être mises ne l'étoient pas encore. Et pour juger en particulier des cas où toutes ces sortes d'accessoires entrent dans la vente ou n'y entrent point ; il faut considérer les circonstances de l'usage de ces choses, de leur destination à cet usage, du lieu où elles sont lors de la vente, de l'état des lieux vendus, & sur-tout de l'intention des contractans, pour reconnoître ce qu'on a voulu comprendre dans la vente, ou n'y pas comprendre *m*.

m Castella plumbea, putea, opercula puteorum, epitonia fistulis applumbata : aut quæ terra continentur, quamvis non sint affixa, ædium esse constat. *l.* 17. §. 8. *ff. de act. empt. & vend.* Ea quæ ex ædificio detracta sunt, ut reponantur, ædificii sunt : at quæ paratæ sunt ut imponantur non sunt ædificii. *l.* 17. §. 10. Semper in stipulationibus, & in cæteris contractibus id sequimur, quod actum est. *l.* 34. *ff. de reg. jur.* Quod factum est cum in ob...

fcuiro fit , ex affectione cujufque capit interpretationem. *l. 168. §. 1. eod.* V. l'art. 8. de la Sect. 2. des conventions , p. 82.

XI.

XI. Acceffoires de chofes mobiliaires.

Les accessoires des choses mobiliaires qui peuvent en être séparez, entrent dans la vente ou on n'y entrent pas, selon les circonstances. Ainsi un cheval étant exposé en vente sans son harnois, l'acheteur n'aura que le cheval nud ; & s'il est présenté en vente avec le harnois, il aura le tout, si ce n'est que dans l'un & dans l'autre cas , il eût été convenu d'une autre manière *n*.

n Uti quæ optimè ornata vendendi caufa fuerint (jumenta) ita emptoribus tradendur. *l. 38. ff. de æd. ed.*
Vendendi autem caufa ornatum jumentum videri Cælius ait, non fi fub tempus vendicionis , hoc eft biduo ante vendicionem ornatum fit : fed fi in ipfa venditione ornatum fit. Aut ideò, inquit, venale cùm effet, fic ornatum infpiceretur. *d. l. 38. §. 11.*

XII.

XII. Dans la vente de l'une de deux chofes, le choix eft au vendeur.

Si une vente est faite de l'une ou de l'autre de deux choses, comme de l'un de deux chevaux, sans marquer si ce sera au choix du vendeur ou de l'acheteur, le vendeur peut donner celle qu'il voudra *o*. Car il tient lieu de débiteur, & par cette raison il peut donner la moindre *p*.

o Si emptio ita facta fuerit , eft mihi emptus Stichus , aut Pamphilus ; in poteftate eft venditoris , quem velit dare , ficut in ftipulationibus. *l. 34. §. 6. ff. de contr. empt.*
p V. l'art. 15. de la Sect. 2. du titre des conventions , p. 23. & ci-après art. 7. de la Sect. 7.

XIII.

XIII. Vente de la chofe d'autrui.

Comme il arrive souvent que les possesseurs ne sont pas les maîtres de ce qu'ils possedent, & qu'aussi les acheteurs peuvent ne pas sçavoir si les vendeurs sont ou ne sont pas les maîtres des choses qu'ils vendent, il est naturel qu'on puisse vendre une chose dont on n'est pas le maître, & la vente subsiste, jusqu'à ce que le maître fasse connoître son droit & résoudre la vente *q*.

q Rem alienam diftrahere quem poffe nulla dubitatio eft : nam emptio eft & venditio, fed res emptori auferri poteft. *l. 28. ff. de contr. empt.*

SECTION V.
Du Prix.
SOMMAIRES.

1. Le prix de la vente ne peut être autre chose que de l'argent.
2. Si au lieu du prix convenu le vendeur reçoit autre chose en payement.
3. Un ou plusieurs prix d'une seule vente.
4. Prix incertain & inconnu.
5. Le prix des ventes est arbitraire.

I.

1. Le prix de la vente ne peut être autre chofe que de l'argent.

LE prix de la vente ne peut jamais être autre chose que de l'argent en monnoie publique, qui fait l'estimation de la chose vendue ; & si pour le prix on donne quelqu'autre chose, ou qu'on fasse quelque ouvrage, ou quelque travail ; ce sera ou un échange ou un autre contrat, mais non pas une vente *a*.

a Emptionem rebus fieri non poffe pridem placuit. *l. pen. C. de rer. perm.*
Pretium in numerata pecunia confiftere debet. *§. 2. inft. de empr. & vend.*

II.

2. Si au lieu du prix convenu, le vendeur reçoit autre chofe en payement.

Quoiqu'une vente ne puisse être faite qu'à prix d'argent on peut par le même contrat donner en payement du prix de la vente, ou des meubles, ou des dettes , ou d'autres effets. Et en ce cas ce sont comme deux ventes qu'il faut distinguer. La première où le prix n'est pas payé en argent comptant, & la seconde où celui qui doit ce prix tient lieu de vendeur de ce qu'il donne pour s'en acquitter *b*. Mais encore que ce soient deux ventes qui se passent en effet entre les mêmes personnes; pour éviter la multiplicité des actes, on ne les considere que comme un seul où elles se confondent, la seconde vente s'éclipsant dans la première. Ainsi réduisant les idées

b C'eft une fuite de l'art. précédents.

qui diftinguent ces ventes , on les prend pour une feule *c*. Parce que la même somme se trouve faire le prix de l'une & de l'autre , & que chaque acheteur s'acquitte du prix de ce qui lui est vendu sans donner d'argent; mais par la chose même qu'il vend de sa part.

c Nam celeritate conjungendarum inter fe actionum , unam actionem occultari. *l. 3. §. 11. ff. de don. int. vir. & ux.*
Il arrive fouvent de pareilles occafions de confondre deux actes en un, même entre divers contractans. Ainfi par exemple, fi une perfonne voulant donner une fomme à une autre , lui fait porter l'argent par un tiers fon débiteur , le même acte de la délivrance de ces deniers que fait ce débiteur à ce donataire, confommera & la donation, & fon payement. V. d. §. 12.

III.

3. Un ou plufieurs prix d'une feule vente.

Il n'y a qu'un seul prix de la vente , lorsqu'on achete une seule chose ou plusieurs en bloc. Mais si on achete au nombre , au poids , ou à la mesure , chaque piéce , chaque boisseau , chaque livre a son prix suivant le marché *d*.

d V. l'art. 6. de la Section 4. & la loi qu'on y a citée.

IV.

4. Prix incertain & inconnu.

Le prix de la vente est presque toujours certain & connu, mais il peut arriver qu'il soit incertain & inconnu, comme si on remet à un tiers de regler le prix, ou si l'acheteur donne pour le prix l'argent qui lui reviendra d'une telle affaire. Dans ces cas & autres semblables, le prix ne sera certain & connu que par l'estimation ou autre évenement qui le fixera *e*.

e Certum effe pretium debet. Alioqui , fi inter aliquos ita convenerit , ut quanti Titius rem æftimaverit , tanti fit empta.... fi quidem ille qui nominatus eft , pretium definierit , tunc omni modo fecundùm ejus æftimationem & pretium perfolvatur , & res tradatur. *§. 1. inft. de empt. & vend. l. ult. C. de contr. empt.*
Hujufmodi emptio , quanti tu eum emifti , quantum pretii in arca habeo , valet. Nec enim incertum eft pretium tam evidenti venditione. Magis enim ignoratur, quanti emptus fit , quam in rei veritate incertum eft. *l. 7. §. 1. ff. de contr. empt. v. l. 7. §. 1. & §. ult. ff. de contr. empt.* V. l'art. 11. de la Sect. 3. des conventions ; p. 25.

V.

5. Le prix des ventes eft arbitraire.

Il y a quelques marchandises dont le prix peut être réglé pour le bien public , comme il l'est , par exemple, pour le pain & d'autres choses en quelques Polices. Mais hors ces reglemens le prix des choses est indéfini. Et comme il doit être différemment réglé selon les différentes qualitez des choses , & selon l'abondance ou la disette & de l'argent & des marchandises , les facilitez ou difficultez du transport & les autres causes qui augmentent la valeur ou la diminuent ; cette incertitude du prix fait une étendue du plus & du moins qui demande que le vendeur & l'acheteur reglent eux-mêmes de gré à gré le prix de la vente. Et on ne réprime les injustices dans le prix , que selon ce qui a été remarqué au commencement de la Section III. *f*.

f Cura carnis omnis ut jufto pretio præbeatur , ad curam præfecturæ pertinet. *l. 1. §. 11. ff. de off. præf. verb.*
Hoc folum quòd paulo minore pretio , fundum venditum fignificas , ad refcindendam venditionem invalidum eft. *l. 8. C. de refc. vend.*

SECTION VI.
Des conditions & autres pactes du contrat de vente.
SOMMAIRES.

1. On peut ajouter au contrat de vente les pactes qu'on veut.
2. Effet de la condition d'où la vente dépend.
3. Effet de la condition qui résout la vente.
4. Les arrhes ont leur effet selon qu'il en est convenu.
5. Effet des arrhes , lorsqu'il n'y a rien d'exprimé.

I.

1. On peut ajouter au contrat de vente, les pactes qu'on veut.

ON peut ajouter au contrat de vente, de même qu'à tous les autres, toute sorte de conventions & de pactes licites, comme conditions, clauses résolutoires, faculté de rachat & autres *a*.

V. l'art. 2. de la Sect. 2. p. 21. & l'art. 1. de la Sect. 4. du titre des Conventions , p. 26.

Des

Des Conditions.

LEs regles de conditions dans les ventes, font les mêmes que celles qui ont été expliquées dans la Section IV. du titre des conventions *b*, & il faut feulement y ajouter les regles qui fuivent.

b V. l'art. 6, & les fuivans de la Section 4. du titre des Conventions, p. 27.

I I.

2. Effet de la condition d'où la vente dépend.

Dans les ventes dont l'accompliffement dépend de l'évenement d'une condition, toutes chofes demeurent au même état que s'il n'y avoit pas de vente, jufqu'à ce que la condition arrive. Ainfi le vendeur demeure le maître de la chofe, & les fruits font à lui. Mais la condition étant arrivée, la vente s'accomplit, & a les effets qui en doivent fuivre *c*.

c Conditionales venditiones, tunc perficiuntur, cùm impleta fuerit conditio. l. 7. ff. de contr. empt.
Fructus medii temporis venditoris funt. l. 8. ff. de per. & com.

I I I.

3. Effet de la condition qui réfout la vente.

Dans les ventes accomplies, & qui peuvent être réfolues par l'évenement d'une condition, l'acheteur demeure le maître jufqu'à cet évenement. Et cependant il poffede, jouit & fait les fruits fiens; & il prefcrit auffi, mais fans que la prefcription nuife au droit de celui que l'évenement de la condition doit rendre le maître *d*.

d Si hoc actum eft ut meliore allata conditione difcedatur, erit pura emptio quæ fub conditione refolvitur. l. 2. ff. de in diem add. Ubi igitur fecundùm quod diftinximus pura venditio eft, Julianus fcribit, hunc, cui res in diem addicta eft, & ufucapere poffe, & fructus & acceffiones lucrari. d. l. §. 1.

Des Arrhes.

I V.

4. Les arrhes ont leur effet, felon qu'il eft convenu.

LEs arrhes font comme un gage que l'acheteur donne au vendeur en argent ou en autre chofe, foit pour marquer plus fûrement que la vente eft faite *e*; ou pour tenir lieu de payement de partie du prix, ou pour regler les dommages & intérêts contre celui qui manquera d'exécuter la vente. Ainfi les arrhes ont leur effet, felon qu'il a été convenu.

e Quod fæpe arrhæ nomine pro emptione datur non eo pertinet, quafi fine arrha conventio nihil proficiat; fed ut evidentius probari poffit conveniffe de pretio. l. 35. ff. de contr. empt. Quod arrhæ nomine datur argumentum eft emptionis & venditionis contractæ. Inft. de empt. & vend. V. l'art. fuivant.

V.

5. Effet des arrhes, lorfqu'il n'y a rien d'exprimé.

S'il n'y a pas de convention expreffe qui regle, quel fera l'effet des arrhes contre celui qui manquera d'exécuter le contrat de vente; fi c'eft l'acheteur, il perdra les arrhes; & fi c'eft le vendeur, il rendra les arrhes & encore autant *f*.

f Is qui recufat adimplere contractum, fi quidem eft emptor, perdit quod dedit; fi verò venditor, duplum reftituere compellitur: licet fuper arrhis nihil expreffum eft. Inft. de empt. & vend. In pofterum fi quæ arrhæ fuper facienda emptione cujufcumque rei datæ funt, five in fcriptis, five fine fcriptis, licet non fit fpecialiter adjectum, quid fuper iifdem arrhis non procedente contractu fieri oporteat: tamen & qui vendere pollicitus eft, venditionem recufans, in duplum eas reddere cogatur; & qui emere pactus eft, ab emptione recedens, datis à fe arrhis cadat, repetitione earum deneganda. l. 17. in f. C. de fide inftr.

De la claufe réfolutoire faute de payement.

Claufe réfolutoire.

C'Eft une convention ordinaire dans les contrats de vente, que fi l'acheteur ne paye pas le prix au terme, la vente fera réfolue. Et comme cette convention fait partie de la matiere de la réfolution des ventes, elle fera expliquée dans la Section XII.

De la faculté de rachat.

Faculté de rachat.

LA faculté de rachat eft une convention qui donne au vendeur la liberté de reprendre la chofe en rembourfant le prix. Et c'eft encore une maniere de réfoudre la vente qui fera expliquée dans le même lieu.

Tome I.

SECTION VII.
Des changemens de la chofe vendue, & comment la perte ou le gain en font pour le vendeur ou pour l'acheteur.

Changemens de la chofe vendue.

IL arrive fouvent qu'avant que la vente foit entierement confommée, divers évenemens changent l'état de la chofe vendue, la rendent meilleure ou pire, l'augmentent ou la diminuent, & qu'elle périt même ou par fa nature, ou par des cas fortuits. Et comme ces changemens caufent des gains ou des pertes qui regardent différemment ou le vendeur ou l'acheteur; il y eft pourvû par les regles qui fuivent.

SOMMAIRES.

1. *Les changemens avant l'accompliffement de la vente regardent le vendeur.*
2. *Les changemens après la vente regardent l'acheteur.*
3. *Les changemens qui arrivent après que le vendeur eft en demeure de délivrer, font à fes périls.*
4. *Si l'un & l'autre font en demeure.*
5. *De ce qui fe vend au nombre, au poids, ou à la mefure.*
6. *Vente à l'effai.*
7. *Si dans la vente de l'une de deux chofes, l'une vient à périr.*
8. *Si la chofe périt avant l'évenement de la condition qui doit accomplir la vente.*
9. *Si dans le même cas la chofe fe diminue ou devient meilleure.*
10. *Il ne dépend pas de celui qui doit accomplir la condition de profiter de l'inexécution.*
11. *Perte arrivée par la faute de l'un des contractans.*
12. *Les fruits font toujours à celui qui eft le maître quand ils fe recueillent.*
13. *Si on a reglé par une convention fur qui la perte doit tomber, il faut s'y tenir.*
14. *Ce qu'il faut confidérer pour juger qui doit fouffrir la perte, ou avoir le gain.*

I.

1. Les changemens avant l'accompliffement de la vente, regardent le vendeur.

TOus les changemens qui arrivent avant que la vente foit accomplie, regardent le vendeur, parce que la chofe eft encore à lui, & que l'acheteur n'y a aucun droit. Et comme le vendeur a la liberté de ne pas achever & accomplir la vente, fi la chofe fe trouve devenue meilleure, l'acheteur a auffi la même liberté, s'il arrive un changement qui la diminue *a*.

a Donec enim aliquid deeft ex his, & pœnitentiæ locus eft, & poteft emptor, vel venditor, fine pœna, recedere ab emptione, & venditione. Inft. de empt. & vend.

I I.

2. Les changemens après la vente regardent l'acheteur.

Tous les changemens qui arrivent après que la vente eft accomplie, regardent l'acheteur. Et fi la chofe périt avant même la délivrance, il en fouffre la perte, & ne laiffe pas de payer le prix. Et il profite auffi de tous les changemens qui la rendent meilleure *b*. Car après la vente la chofe eft regardée comme etant à lui, & le vendeur n'en demeure faifi que de fon confentement, & pour la lui remettre.

b Periculum rei venditæ ftatim ad emptorem pertinet, tametfi adhuc rei tradita non fit num §. 3. inft. de empt. & vend. Cui neceffe eft, licet rem non fuerit mactus, pretium folvere. d. §. 3. Poft perfectam venditionem, omne commodum & incommodum, quod rei venditæ contingit, ad emptorem pertinet. l. 1. C. de per. & com. Id quod poft emptionem fundo acceffit per alluvionem, vel perit, & emptoris commodum, incommodumque pertinet. l. 7. ff. eod. V. l'art. fuivant.
Quoique l'acheteur ne foit rendu proprement le maître qu'après la délivrance, il ne laiffe pas de fouffrir ces pertes qui arrivent entre la vente & la délivrance. Car le contrat étant accompli, il a cet effet, que l'acheteur peut contraindre le vendeur à la délivrance, & que le vendeur ne poffede la chofe vendue, qu'avec la néceffité de la remettre à l'acheteur. V. l'art. 2. de la Sect. 1. & l'art. 10. de la Sect. 2.

I I I.

3. Les changemens qui arrivent après que le

Si les changemens qui diminuent la chofe vendue ou qui la détruifent entre la vente & la délivrance, arrivent après que le vendeur eft en demeure de la délivrer;

F

il en souffre la perte, quand ils arriveroient sans aucune faute, & même par des cas fortuits *e*, Et il perd également la chose & le prix qu'il doit rendre, s'il l'avoit reçû. Car si la délivrance avoit été faite, l'acheteur auroit pû ou vendre la chose, ou autrement prévenir la perte; & enfin le vendeur doit s'imputer son retardement.

e Lectos emptos Ædilis, cùm in via publica positi essent, concidit.... si neque traditi essent, neque emptor in mora fuisset, quominus traderentur, venditoris periculum erit. *l. 11. & 14. ff. de per. & com. v. l. ult. C. eod.*

Si servus petitur, vel animal aliud demortuum sit sine dolo malo, & culpa possessoris, pretium non esse præstandum plerique aiunt. Sed an verius si fortè distracturus erat petitor, si accepisset, moram passo debere præstari; nam si restituisset, distraxisset, & pretium esset lucratus. *l. 15. §. ult. ff. de rei vindic.*

V. l'art. 10. de la Sect. 3. du Dépôt, p. 81. & l'art. 1. de la Sect. 4. du Titre des Dommages causez par des fautes.

IV.

Si la délivrance étant retardée par le fait du vendeur & de l'acheteur, il arrive un changement qui diminue la chose vendue ou qui la détruise; l'acheteur ne pourra imputer au vendeur son retardement, puisqu'étant lui-même en demeure, ou par son absence ou par quelqu'autre empêchement, ou même par sa négligence, il ne pourroit dire que le vendeur devoit lui avoir délivré. Que si le vendeur ayant été en demeure, il offre ensuite la délivrance, les choses étant entieres, & que l'acheteur soit en demeure de recevoir; ou qu'au contraire l'acheteur ayant été en demeure, & faisant ensuite les diligences, le vendeur ne délivre point; les changemens arrivez pendant le dernier retardement tomberont sur celui qui aura été le dernier.

d Si & per emptorem & venditorem mora fuisset, quominus vinum præbereretur & traderetur, perinde esse ait, quasi si per emptorem solum stetisset; non enim potest videri mora per venditorem emptori facta esse, ipso moram faciente emptore. *l. 51. ff. de act. empt. & vrnd.* Posteriorem moram venditori nocere. Quod si per venditorem & emptorem mora fuerit. Labeo quidem scribit emptori potius nocere, quàm venditori moram adhibitam. Sed videndum est, ne posterior mora damnosa ei sit. Quid enim si interpellavero venditorem, & non dederit, id quod emeram? deinde posteriore offerente illo, ego non acceperim? Sanè hoc casu nocere mihi debeat. Sed si per emptorem mora fuisset, deinde cùm omnia in integro essent, venditor moram adhibuerit, cùm posset se exsolvere; æquum est, posteriorem moram venditori nocere. *l. 17. ff. de per. & comm. v.*

V.

Dans les ventes des choses qui se vendent au nombre, au poids ou à la mesure; toutes les diminutions & toutes les pertes qui arrivent avant qu'on ait compté, pesé, mesuré, regardent le vendeur; car jusques-là il n'y a point de vente. Et les changemens qui arrivent ensuite regardent l'acheteur *e*.

e Priusquam admetiatur vinum, prope quasi nondum venit. Post mensuram factam, venditoris definit esse periculum. *l. 1. §. 1. ff. de per. & comm.*

V. l'art. 7. de la Sect. 4.

VI.

Si une chose est vendue à l'essai pendant un certain temps, à condition qu'elle ne sera vendue qu'en cas qu'elle agrée; tous les changemens & les profits ou pertes qui arriveront avant ou pendant l'essai, la vente n'étant pas encore accomplie, regarderont le vendeur qui est encore le maître *f*.

f Si nulla tibi dedero ut experiaris; & si placuissent emeres, si difficilius; ut in dies singulos aliquid præstares; deinde mulæ à grassatoribus fuerint ablatæ, intra dies experimenti, quid esset præstandum? Utrùm pretium & merces, an merces tantùm? Et ait Mela, interesse utrùm emptio jam erat contracta, an futura, ut si facta pretium petatur, si futura, merces petatur. *l. 20. §. 1. ff. de præscr. verb. l. in princ.* Si quem quæstui fecit is qui experiendum quid accepit, veluti si jumenta fuerint, esse locata sunt, idipsum præstabit ei qui experiendum dedit. Neque enim ante eam rem quæstui cuique esse oportet, priusquam periculo ejus sit. *l. 13. §. 1. ff. com.*

VII.

Si on a vendu de deux choses l'une, soit au choix du vendeur ou de l'acheteur, & qu'après la vente l'une des deux périsse pendant le délai reglé pour le choix; le vendeur doit l'autre, quand ce seroit la meilleure; car il en doit une. Et si toutes deux périssent, l'acheteur ne

---

laisse pas de devoir le prix; car sans cet engagement, le vendeur auroit pû se défaire de l'une & de l'autre, & celle que l'acheteur devoit avoir, est perduë pour lui *g*.

g Si emptio ita facta fuerit, est mihi emptus Stychus aut Pamphilus; in potestate est venditoris quem velit dare, sicut in stipulationibus; sed uno mortuo, qui superest, dandus est. Et ideo prioris periculum, ad venditorem, posterioris ad emptorem respicit. Sed & si pariter decesserunt, pretium debebitur; unus enim utique periculo emptoris vixit. Idem dicendum est etiamsi emptoris fuit arbitrium, quem vellet habere. *l. 34. §. 6. ff. de contr. empt.*

VIII.

Dans les ventes dont l'accomplissement dépend d'une condition, si la chose vendue périt avant l'évenement de la condition, elle sera perduë pour le vendeur, quoique la condition arrivât ensuite. Car il étoit encore le maître, & la chose étant périe, il ne peut plus y en avoir de vente. Et enfin il étoit sous-entendu qu'on ne vendoit que ce qui seroit en nature au temps de la condition *h*.

h Si ante nuptias mancipia æstimata deperierint: an mulieris damnum sit? Et hoc consequens est dicere. Nam cùm sit conditionalis venditio, prudente autem conditione mors contingens extinguat venditionem, consequens est dicere mulieri periisse, quia nondum erat impleta venditio. *l. 10. §. 5. ff. de jur. dot.*

IX.

Si dans le même cas la chose ne périt pas, mais se diminuë, & que la condition arrive qui accomplisse la vente, la perte sera pour l'acheteur *i*. Car le vendeur a été obligé de lui garder la chose, jusqu'à l'évenement de la condition. Et comme cet évenement en rend l'acheteur le maître, il doit souffrir cette perte, de même qu'il auroit profité des changemens qui auroient pû rendre la chose meilleure *l*.

i Si extet res (vendita sub conditione) licet deterior effecta, potest dici esse damnum emptoris. *l. 8. ff. de per. & com. r. v.*
l Secundùm naturam est commoda cujusque rei, eum sequi, quem sequuntur incommoda. *l. 10. ff. de reg. jur.*

X.

Lorsqu'une condition est mise en faveur de l'un des contractans, ou qu'elle peut tourner à son avantage, si cette condition dépend du fait de l'autre en tout ou en partie, il n'est pas en la liberté de celui qui doit accomplir de manquer à cet engagement, pour en tirer son avantage au préjudice de celui qui a intérêt que la condition s'accomplisse. Ainsi, par exemple, si dans une vente faite à condition que la délivrance se fera dans un tel jour, & en un tel lieu, il arrive cependant que la chose augmente de prix, il ne dépend pas du vendeur d'annuller la vente, & garder ce qu'il avoit vendu, en marquant de délivrer au jour & au lieu, pour profiter de ce changement; car l'acheteur avoit intérêt que cette condition fût exécutée. Et si au contraire la chose vendue étoit diminuée de prix, il ne dépendroit pas de l'acheteur d'empêcher l'effet de la vente, en ne se trouvant pas au jour & au lieu, où la délivrance devoit être faite; car le vendeur avoit intérêt à cette délivrance. Ainsi, dans une vente faite à condition que si l'acheteur ne paye au terme, la vente sera résolue; s'il arrive cependant que la chose diminue de prix, il ne dépend pas de l'acheteur d'annuller la vente faute de payement, pour éviter de prendre la chose & souffrir la perte, car cette condition étoit en faveur du vendeur, & non de l'acheteur *m*.

m Quod favore quorumdam constitutum est, quibusdam casibus ad læsionem eorum nolumus inventum videri. *l. 6. C. de legib.*
Nam legem commissoriam, quæ in venditionibus adjicitur, si volet venditor exercebit, non autem invitus. *l. 3. ff. de legib. comm.* V. l'art. 12. de la Sect. 4. des Conventions, p. 19.

XI.

En toute sorte de cas, si la chose vendue périt, ou se diminue par la faute du vendeur, ou de l'acheteur, celui dont la faute a causé la perte doit la souffrir & se l'imputer *n*.

n Quod quis ex culpa sua damnum sentit, non intelligitur damnum sentire. *l. 203. ff. de reg. jur.*

XII.

Il ne faut pas mettre au rang des changemens qui arrivent aux choses vendues sous condition, les fruits & les revenus qu'elles peuvent produire. Car ils appartiennent toujours à celui qui se trouve maître de la chose au temps qu'ils se recueillent ; quoiqu'il se trouve que par l'événement de la condition il n'en soit plus le maître. Ainsi, dans les ventes, dont l'accomplissement dépend d'une condition, les fruits sont cependant acquis au vendeur ; encore que si la condition arrive qui doit accomplir la vente, la perte & le gain qui peuvent cependant arriver par les changemens de la chose vendue, soient pour l'acheteur. Et dans les ventes accomplies, & qui peuvent être résolues par l'événement d'une condition, les fruits sont cependant acquis à l'acheteur ; encore que si la condition arrive qui résout la vente, la perte & le gain qui peuvent suivre des changemens de la chose vendue, soient pour le vendeur o. Parce que dans tous ces cas les changemens de la chose regardent celui qui doit en être le maître, & il doit l'avoir dans l'état où elle se trouve ; mais les fruits & les autres revenus qui étoient échus avant l'événement de la condition, ayant été séparez de la chose vendue, ils demeurent acquis à celui qui alors en étoit le maître.

o Si quidem hoc actum est ut meliore allata conditione, discedatur? erit pura emptio, quæ sub conditione resolvitur. Sin autem hoc actum est, ut perficiatur emptio, nisi melior conditio offeratur, erit emptio conditionalis. Ubi igitur secundum quod distinximus pura venditio est, Julianus scribit, hunc cui res in diem addicta est, & usucapere posse ; & fructus & accessiones lucrari, l. 2. ff. de in diem add. Ubi autem conditionalis venditio est, negat Pomponius usucapere cum posse, nec fructus ad eum pertinere. l. 4. eod. V. le texte de la loi 20. §. 1. ff. de præscr. verb. ci-devant rapporté sur l'art. 6. de cette Section.

XIII.

S'il y a quelque convention dans le contrat de vente qui déroge aux regles précédentes, & qui obligent, ou le vendeur, ou l'acheteur à souffrir la perte qui naturellement ne le regardoit point, il faut s'en tenir à la convention p, car chacun peut renoncer à ce qui est à son avantage q.

p Si venditor se periculo subjecit, in id tempus periculum suscipit, quoad se subjecit. l. 1. ff. de per. & com. Si in venditione conditionali, hoc ipsum convenisset, ut res periculo emptoris servaretur, puto pactum valere. l. 10. eod.

q Omnes licentiam habent, his quæ pro se introducta sunt, renuntiare. l. 29. C. de pact. l. 41. ff. de min. V. l'art. 4. de la Sect. 4. des Conventions, p. 27.

XIV.

Il résulte de toutes ces regles qui regardent les changemens de la chose vendue, que pour juger qui doit souffrir la perte ou avoir le gain, il faut considérer quelle est la chose vendue, & ce qui entre dans la vente : si la vente est accomplie, ou non : si elle est pure & simple, ou conditionnelle : si étant accomplie, elle est ensuite résolue : s'il y a du retardement à la délivrance : si quelque faute a donné lieu au changement : & les autres circonstances, pour connoître par l'état des choses qui étoit le maître lors du changement, ou qui sans être le maître doit souffrir la perte ; ou avoir le gain r.

r Necessariò sciendum est, quando perfecta sit emptio, tunc enim sciemus cujus periculum sit. Nam perfecta emptione periculum ad emptorem respiciet; & si id quod venierit appareat quid, quale, quantum sit, sic, & pretium, & purè venit, &c. l. 8. ff. de per. & com. V. l'art. 11. de la Sect. 1. du Prét, p. 67.

SECTION VIII.

Des Ventes nulles.

LEs ventes nulles sont celles qui n'ont jamais subsisté, soit à cause de l'incapacité de l'un des contractans : ou parce que la chose vendue n'est pas en commerce : ou par quelque vice de la vente, comme si elle est contraire aux loix & aux bonnes mœurs : ou par quelque défaut, comme si la vente ne devoit avoir lieu que par l'événement d'une condition qui n'arrive point.

Toutes les causes qui annullent en général les contrats

Tome I.

ventions, rendent aussi les ventes nulles suivant les regles qui ont été expliquées dans la Section V. du titre des conventions : & il suffira de remarquer ici les regles propres des nullitez des ventes.

Des personnes qui ne peuvent vendre ou acheter.

IL étoit défendu par le Droit Romain, à ceux qui étoient dans quelque Magistrature, d'acheter dans les lieux où ils l'exerçoient, ni des fonds, ni même des meubles pendant le tems de leur administration, s'ils n'en avoient une permission expresse, à la réserve de ce qui se consommoit pour la nourriture & le vétement. Et ces mêmes défenses s'étendoient à leurs domestiques a. Mais comme en France les Charges sont perpétuelles, les Officiers peuvent acheter de gré à gré : & ces défenses à leur égard sont bornées aux acquisitions des biens, ou droits litigieux dans leurs Tribunaux, & aux autres commerces où il pourroit se rencontrer quelque concussion ou malversation b.

a L. un. C. de contrat. Jud. d. l. §. 2. & 3. l. 46. l. 62. ff. de contr. empt. l. 46. §. 2. ff. de jure fisc.

b. Par les Ordonnances de saint Louis en 1254. de Philippe le Bel en 1320. & de Charles VI. en 1388. il est fait défenses aux Baillifs & Sénéchaux d'acquérir des immeubles pendant leur administration.

Par plusieurs Ordonnances, il est défendu aux Officiers, & aux personnes puissantes, ou qui ont un privilége pour faire renvoyer leurs causes à de certains Juges, d'accepter des ventes, ou transports de droits, pour traduire les Parties d'un Tribunal à un autre. Et il est aussi défendu aux Juges, Avocats & Procureurs d'accepter des ventes & transports de droits litigieux. V. les Ordonnances de Charles V. en 1356. de François I. en 1535. ch. 12. art. 23. d'Orléans art. 54. de Louis XII. en 1498. art. 3. & en 1510. art. 17.

On peut remarquer sur ce sujet les défenses que fait l'Ordonnance d'Orléans art. 109. aux Gentilshommes & Officiers de Justice de faire trafic de marchandise, & tenir des Fermes par eux ou par des personnes interposées, à peine aux Gentilshommes de privation de Noblesse ; & aux Officiers de privation de leurs Charges.

V. l'art. 4. de la Sect. 2. des Vices des conventions.

SOMMAIRES.

I.

LEs Tuteurs, Curateurs & autres administrateurs ne peuvent rien acheter des biens des mineurs & autres personnes qui sont sous leur charge, ni par eux-mêmes, ni par personnes interposées a.

a Tutor rem pupilli emere non potest. Idemque porrigendum est ad similia, id est, ad curatores, &c. l. 34. §. ult. ff. de contr. empt. Si (tutor) per interpositam personam, rem pupilli emerit, in ea causa est, ut emptio nullius momenti sit quia non bona fide videtur rem gessisse. l. 5. §. 3. ff. de auth. & conf. tut. Si filius tutoris vel quæ alia persona juri ejus subjecta, emerit, idem erit atque si ipse emisset. d. l. §. ult.

II.

Les Procureurs constituez, & ceux qui font les affaires des autres, ne peuvent se rendre acquéreurs des biens de ceux dont ils font les affaires b, s'ils ne les achetent de leurs maîtres.

b Idemque porrigendum est ad similia, id est, ad curatores, procuratores, & qui negotia aliena gerunt. d. l. 34. §. ult. ff. de contr. empt.

III.

L'héritier chargé d'une substitution, ne peut vendre ce bien qu'il ne possede qu'à la charge de le rendre c.

c Sancimus sive lex alienationem inhibuerit, sive testator hoc fecerit, five pacto contrahentium hoc admiferit, non folum dominii alienationem, vel mancipiorum manumiſſionem eſſe prohibendam : fed, &c. *l. 7. C. de reb. al. n. al.*

IV.

3. *Mineurs & autres.* Les mineurs, les infenſez, ceux qui font interdits, & autres perſonnes qui n'ont pas la diſpoſition de leurs biens, ne peuvent les vendre ; & leurs ventes font nulles *d*, ſi elles n'ont été faites dans les formes.

d Si ſciens emam ab eo cui bonis interdictum ſit... dominus non ero. *l. 16. ff. de contr. empt.* Furioſus nullum negotium gerere poteſt. *§. 8. inſt. de inutil. ſtip. Tit. ff. de reb. eod. qui ſub tut. vel cura.*

Des choſes qui ne peuvent être vendues.

V.

5. *Choſes publiques.* Tout ce qui eſt à la nature & les loix rendent commun, ou à tous les hommes, ou à un peuple, ou à quelque ville ne peut être vendu. Ainſi les ports, les grands chemins, les places publiques, les murs & foſſez des villes & toutes les autres choſes que cet uſage commun & public met hors du commerce, ne peuvent être vendues *e*.

e (Emi non poſſunt) quorum commercium non ſit. Ut publica, quæ non in pecunia populi, ſed in publico uſu habeantur. Ut eſt Campus Martius. *l. 6. ff. de contr. empt.*
¶ Boutiques... les Particuliers n'ont que l'uſage des Boutiques bâties dans les lieux publics, & quoiqu'elles ſoient vendues, néanmoins l'on n'en tranſporte que l'uſage, & la propriété demeure toujours au public. *l. 32. ff. de contr. empt.*
Æde ſacra diruta locus non ſit prophanus. *l. 73. de contr. empt.*]

VI.

6. *Immeubles des Egliſes & Communautez, choſes ſacrées.* Les choſes ſacrées, les immeubles des Egliſes, ceux des Communautez, des mineurs, des infenſez, des prodigues, interdits & des autres perſonnes qui ne peuvent diſpoſer de leurs biens, ne peuvent ſe vendre, ni autrement aliéner, ſi ce n'eſt pour des cauſes néceſſaires, & en gardant les regles preſcrites pour ces ſortes de ventes *f*.

f Jubemus nulli poſthac Archiepiſcopo, &c. *l. 14. C. de ſacroſ. Eccl. Nov. 7. Nov. 120.* Emi non poſſunt ſacra. *l. 6. ff. de contr. empt. Tit. ff. de reb. eor. qui ſub tut. Tit. C. de præd. & al. min. V. l. 11. C. de ſacr. Eccleſ.*
¶ Mineurs... ils peuvent être vendus auſſi par autorité du tuteur ou curateur avec l'avis de parens, mais en ce dernier cas les mineurs peuvent ſe faire reſtituer, s'ils ſont lezez. *tit. ſi tut. vel cur. in terr.*]

VII.

7. *Biens ſubſtituez.* Les biens ſujets à une ſubſtitution, ne peuvent être vendus tandis qu'elle dure *g*.

g V. ci-deſſus l'article 3.

VIII.

8. *Fonds dotal.* Le fonds dotal de la femme en puiſſance de mari, ne peut être vendu dans les lieux où l'aliénation en eſt prohibée, ſi ce n'eſt dans les cas exceptez, & en gardant les regles *h*.

h Titul. ff. de fundo dotali. *l. un. in ſ. C. de rei uxor. act. V.* l'art. 13. de la Sect. 1. des dots. *inſt. quibus alien. non lic.*
¶ La loi *Julia de fundo dotali*, n'eſt point obſervée dans les pays Coutumiers ni dans ceux du Droit écrit reſſortiſſans au Parlement de Paris, ſuivant une Déclaration de Louis XIV. de l'année 1664. laquelle n'a pas été vérifiée ni obſervée dans les Parlemens de Droit écrit.]

IX.

5. *Choſes dont le commerce eſt défendu.* Les choſes dont le commerce eſt défendu par quelque loi, ne peuvent être vendues. Comme des armes aux étrangers & autres ſemblables *i*.

i Tit. C. quæ res ven. non poſſunt & tit. quæ res export. non deb.
Par les Ordonnances il eſt défendu de vendre aux étrangers des armes, & des grains, & des marchandiſes. Ordonnance de ſaint Louis 1254. & autres.
On ne met pas ici parmi les regles qui regardent les choſes qu'on ne peut vendre, celle du Droit Romain, qui défendent l'aliénation des choſes litigieuſes, & qui en annullent les ventes ; à quelques perſonnes qu'elles fuſſent faites. Parce que notre uſage a borné ces défenſes aux ventes faites à des perſonnes, qui par leur autorité, ou leur qualité peuvent vexer ceux qui prétendent droit à ce qui eſt en litige, comme ſont les Officiers, & autres qui ont part au miniſtere de la juſtice. V. tit. ff. C. de litigioſ. & le préambule de cette Section.
¶ Les choſes litigieuſes ne peuvent être vendues. l. ait. eod. de litig.
Les ceſſions & tranſports des droits litigieux ſont valables, mais le débiteur peut en rembourſant au ceſſionnaire le principal

---

& les intérêts de la ſomme qu'il a débourſée, faire ceſſer les cauſes du tranſport & demeurer quitte envers lui. *l. per diverſas & l. ab Anaſtaſio C. mandati.*
Il faut excepter les ceſſions & tranſports faits entre les cohéritiers, fidei-commiſſaires, & co-aſſociez, & ſans que le débiteur étranger puiſſe avoir le droit d'offrir. *d. l. per diverſas in med.*
Il faut auſſi excepter les tranſports de droits ſucceſſifs. *ff. & eod. tie hered. vel act. vend.* Ils peuvent être faits à toutes ſortes de perſonnes.
Cependant ſi la ceſſion eſt faite à un co-héritier, elle profite à tous les autres, par rapport à ce qu'un chacun d'eux a dans la ſucceſſion, parce qu'un cohéritier qui traite avec un créancier étranger ou avec un de ſes cohéritiers, negotium commune gerit.]

Des autres cauſes qui annullent les ventes.

X.

10. *Ventes nulles par le défaut d'une condition.* Les ventes dont l'accompliſſement dépend d'une condition, demeurent nulles, ſi elle n'arrive pas ; & il en eſt de même ſi la choſe vendue périt avant que la condition ſoit arrivée *l*.

l Si ſub conditione res venierit, ſiquidem defecerit conditio, nulla eſt emptio. *l. 8. ff. de per. & com.*

XI.

11. *Erreur.* Si le vendeur & l'acheteur ont erré, de ſorte qu'il paroiſſe que le vendeur ait entendu vendre une choſe, & que l'acheteur ait cru en acheter une autre, la vente ſera nulle *m*. Et elle le ſera à plus forte raiſon, ſi le vendeur vend de mauvaiſe foi une marchandiſe pour l'autre *n*.

m Si error aliquis intervenit, ut aliud ſentiat putà qui émit ; aut qui conducit : aliud qui cum his contrahit : nihil valet quod acti ſit. *l. 57. ff. de obl. & act. l. 9. ff. de contr. empt.* V. l'art. 10. de la Sect. 5. des conventions, p. 30.
n Si æs pro auro veneat, non valet (venditio). *l. 14. in ſ. ff. de contr. empt.*

XII.

12. *Erreur dans les qualitez de la choſe vendue.* Si l'erreur n'eſt pas en la ſubſtance de la choſe vendue, mais dans les qualitez, il faudra juger par les circonſtances, ſi la vente devra ſubſiſter ou non *o*. Ce qui dépend des régles qui ſeront expliquées dans la Section 11.

o V. totam *l. 9. & ſeq. ff. de contr. empt.*

XIII.

13. *Dol & violence.* Si la vente a été faite par dol, ou par violence, elle ſera nulle, ſuivant les regles qui ſeront expliquées dans le titre des vices des conventions *p*.

p Si voluntate tua fundum tuum filius venundedit, dolus ex calliditate atque inſidiis emptoris, argui debet: vel metus mortis, vel cruciatus corporis imminens detegi, ne habeatur rata venditio. *l. 8. C. de reſc. vend.*

SECTION IX.

De la reſciſion des ventes par la vilité du prix.

SOMMAIRES.

1. Léſion de plus de moitié du prix.
2. Temps de l'eſtimation.
3. Comment s'eſtime la juſte valeur.
4. Choix de l'acheteur de rendre la choſe, ou ſuppléer le prix.
5. Cette reſciſion eſt indépendante du dol.
6. Reſtitution des fruits contre le poſſeſſeur de mauvaiſe foi.

I.

1. *Léſion de plus de moitié du prix.* Dans les ventes des immeubles, ſi le prix eſt moindre que la moitié de la juſte valeur, le vendeur peut faire réſoudre la vente *a*.

a Rem majoris pretii ſi tu vel pater tuus minoris diſtraxerit, humanum eſt, ut, vel pretium ſe reſtituente emptoribus fundum venundatum recipias, auctorité Judicis intercedente : vel, ſi emptor elegerit, quod deeſt juſto pretio recipias. Minus autem pretium eſſe videtur, ſi nec dimidia pars veri pretii, ſoluta ſit. *l. 2. C. de reſc. vend. l. 8. eod.*
V. l'art. 4.
On a borné cette reſciſion aux ventes dont le prix ne va pas à la moitié de la valeur du fonds : & la police laiſſe ſubſiſter les ventes où la léſion eſt moindre ; parce qu'il eſt de l'intérêt public de ne pas troubler le commerce des ventes par de trop fréquentes léſions.
¶ Vilité du prix ne réſout pas toujours la vente. *l. 54. ff. de contr. empt.* Nam in pretio emptionis & venditionis naturaliter licet con-

trahentibus se circumvenire. l. 16. §. 4. ff. de m. nam, ut ait Seneca , sublata spe quæstus languet mercatus.

Le bénéfice de la loi *rem majoris* , n'a lieu qu'en faveur du vendeur & non de l'acheteur, *quia pœnis emptorem invidia & pœnis venditorem inopia. Cuj. in parat. C. de rescind. vend.*

Le vendeur dans le contrat de vente peut renoncer à ce bénéfice. *Cuj. ad l. rem majoris.*

Le bénéfice de cette loi n'a pas lieu dans le cas de la vente d'une hérédité , ou droits successifs & actions , parce que c'est une chose incertaine , & que le gain & la perte regardent également l'acheteur. *l. 2. §. 9. ff. de hered. vel act. vend. & l. 4. ff. eod. non idem , si la vente a été faite par le dol de l'acheteur. l. 4. de hered. vel act. vend.*

Il est obligé seulement à la garantie naturelle , *id est debitum subesse , non vero debitorem locupletem esse. l. 4. ff. cod.*

Il n'a pas lieu non plus dans les ventes & aliénations faites par transactions. *l. 65. §. 1. de cond. in deb. quand même la lésion seroit du quadruple. l. 78. §. 16. ff. ad. S. C. Trebel.*

Il y a une Ordonnance de Charles IX. de l'an 1560 , qui défend d'accorder des Lettres de rescision contre des transactions.

Dans les partages entre co-héritiers il n'est pas nécessaire que la lésion soit d'outre moitié , il suffit qu'il y ait de l'inégalité *l. majoribus , 3. C. communia utriusque judic.*

En France il faut au moins que l'inégalité soit du quart. Papon 3. not. l. 9. ch. de restitut.

Le bénéfice de la loi *rem majoris* , a lieu dans l'échange aussi-bien que dans la vente.]

I I.

2. Tems de l'estimation. Le juste prix sur lequel la lésion doit être reconnuë , est la valeur de la chose au temps de la vente *b.*

b Pretii quod fuerat tempore venditionis. l. 8. C. de resc. vend.

I I I.

3. Comment l'estime la juste valeur. Comme il y a toujours du plus ou du moins dans le prix des choses , l'estimation du juste prix pour regler s'il y a lésion , doit être faite au plus haut prix que la chose pouvoit justement valoir au temps de la vente. Parce que ce prix est juste , & qu'il faut favoriser le vendeur lésé *c.*

c C'est une suite du motif d'humanité qui a fait recevoir cette rescision.

I V.

4. Choix de l'acheteur de rendre la chose , ou suppléer le prix. Si la chose se trouve venduë à moins de la moitié de son juste prix , l'acheteur aura le choix , ou de rendre la chose & retirer le prix qu'il avoit payé ; ou de parfaire le juste prix , & la retenir *d.*

f d Vel pretium te restituente emptoribus , fundum venundatum recipias... vel si emptor elegerit , quod dcest justo pretio recipias. l. 2. C. de resc. vend.

5. Cette rescision est indépendante du dol. Cette rescision à cause de la vilité du prix , est indépendante de la bonne ou mauvaise foi de l'acheteur. Et soit qu'il ait connu ré la valeur de la chose venduë , il suffit , pour résoudre la vente , que le prix soit moindre que la moitié de cette valeur *e.*

e d. l. 8. C. de resc. vend. Et si nullus dolus intercessit stipulantis , sed ipsa res in se dolum habet. l. 36. ff. de verb. obl. C'est ce qu'on appelle dolus reipsa.

V I.

6. Restitution des fruits contre le possesseur de mauvaise foi. S'il n'y a pas d'autre vice dans la vente que la lésion de plus de moitié du juste prix , l'acheteur ne rendra les fruits que depuis la demande ou l'intérêt du suplément du prix depuis le même temps , s'il garde la chose. Mais s'il y avoit d'autres vices dans la vente , comme quelque usure , quelque dol , quelque violence , il devra les fruits depuis la jouïssance , en lui déduisant l'intérêt du prix qu'il avoit payé *f.*

f Si fundum vestrum vobis per denuntiationem admonentibus , volentem ac emptionem accedere, quod distrahentis non fuerit, non rectè is contra quem preces funditis , comparavit , vel alio modo mala fide contraxit : tam fundum vestrum constituunt probantibus , quam fructus , quos cum mala fide percepisse fuerit probatum , aditus Præses Provinciæ restitui jubebit. l. 17. C. de resc. vend.

SECTION X.

De l'éviction & des autres troubles.

SOMMAIRES:

I.

1. Définition de l'éviction. L'Eviction est la perte que souffre l'acheteur de la chose venduë , ou d'une partie par le droit d'un tiers *a.*

a Cette définition résulte de toute la suite de cette Section.

II.

2. Des autres troubles. Les autres troubles sont ceux qui sans toucher à la propriété de la chose venduë , diminuent le droit de l'acheteur , comme si quelqu'un prétend sur un fonds vendu un droit d'usufruit , une rente fonciere , une servitude , ou d'autres charges semblables *b.*

b Ces charges diminuant le droit de l'acheteur , sont les troubles dont le vendeur doit le garantir.

III.

3. Garantie. L'acheteur évincé ou troublé , ou en péril de l'être , a son recours contre le vendeur qui doit le garantir. C'est-à-dire , faire cesser les évictions & les autres troubles , comme il sera dit dans les articles qui suivent *c.*

c Sive tota rés evincatur , sive pars , habet regressum emptor in venditorem. l. 1. ff. de evict.
V. l'art. 3. de la Section 2.

IV.

4. Nulle garantie des cas fortuits , & du fait du Prince. Le vendeur ne doit aucune garantie pour les pures voies de fait , les cas fortuits & le fait du Prince *d.*

d Lucius Titius prædia in Germania trans Rhenum emit , & partem pretii intulit : cùm in residuam quantitatem heres emptoris conveniretur , quæstionem retulit , dicens has possessiones ex præcepto principali partim distractas, partim veteranis in præmia assignatas, quæro an hujus rei periculum ad venditorem pertinere possit. Paulus respondit , futuros casus evictionis post contractam emptionem, ad venditorem non pertinere. Et id. secundum ea, quæ proponuntur, pretium prædiorum peti posse. l. 11. ff. de evict.

V.

5. Deux sortes de garantie , la naturelle , ou de droit , & la conventionnelle. Comme la garantie est une suite du contrat de vente , il y a une première espece de garantie naturelle qu'on appelle garantie de droit , parce que le vendeur y est obligé de droit , quoique la vente n'en exprime rien. Et comme on peut augmenter ou diminuer les engagemens naturels par les conventions ; il y a une seconde espece de garantie , qui est la conventionnelle , telle que le vendeur & l'acheteur veulent la regler *e.*

e Imprimis sciendum est in hoc judicio , id demum deduci quod præstari convenit. Cùm enim sit bonæ fidei judicium, nihil magis bonæ fidei congruit , quàm id præstari , quod inter contrahentes actum est. Quòd si nihil convenit , tunc ea præstabuntur , quæ naturaliter insunt hujus judicii potestate. l. 11. §. 1. ff. de act. empt. & vend.

VI.

La garantie de droit ou naturelle, est la sureté que doit tout vendeur pour maintenir l'acheteur en la libre possession & jouissance de la chose vendue, & pour faire cesser les évictions & les autres troubles de la part de quiconque prétendroit en la chose vendue, ou un droit de propriété, ou autre quelconque, par où le droit qui doit être naturellement acquis par la vente, fût diminué. Et le vendeur est obligé à cette garantie, quoiqu'il n'y en ait point de convention f.

f Non dubitatur, etsi specialiter venditor evictionem non promiserit, re evicta ex empto competere actionem. l. 6. C. de evict.
Imprimis ipsam rem præstare venditorem oportet. Id est, tradere quæ res si quidem dominus fuit venditor, facit & emptorem dominum. Si non fuit tantùm evictionis nomine, venditorem obligat. l. 11. §. 2. ff. de act. empt. & vend. Sive tota res evincatur, sive pars habet regressum emptor in venditorem. l. 1. ff. de evict. v. l. 10. eod. Ex empto actionem esse, ut habere licere emptori caveatur. l. 11. §. 8. ff. de act. empt. & vend. Ut emptori habere liceat, non solùm per se, sed per omnes. l. 11. §. 17. ff. de act. empt. & vend.

VII.

La garantie conventionnelle est la sureté que promet le vendeur, ou plus ou moins étendue que celle de droit, selon qu'il en a été convenu. Ainsi on peut ajouter à la garantie de droit, comme s'il étoit convenu que le vendeur garantira du fait du Prince. Et on peut la restraindre, comme s'il étoit convenu que le vendeur ne garantira que de ses faits, & non des droits d'autrui, ou qu'il ne rendra que le prix en cas d'éviction, & non les dommages & intérêts g. Et toutes ces conventions ont leur justice sur ce qu'on achete plus ou moins cher, ou sur d'autres vûes, & sur ce qu'on n'achete en effet que ce qui est vendu, & tel que le vendeur veut la garantir.

g Nihil magis bonæ fidei congruit, quàm id præstari quod inter contrahentes actum est. l. 11. §. 1. ff. de act. empt. & vend.
Qui autem habere licere vendidit, videamus quid debeat præstare. & multùm interesse arbitror utrùm hoc polliceatur per se venientesque à se personas non fieri, quominus habere liceat, an verò per omnes: nam si per se, non videtur id præstare ne alius evincat. l. 11. §. 18. Si apertè in venditione comprehendatur, nihil evictionis nomine præstatum iri, pretium quidem deberi, re evicta, utilitatem non deberi. d. §. 18. Nisi fortè si quis omnes istas suprascriptas conventiones recipiet. d. §. 18.

VIII.

Le vendeur ne peut être déchargé de la garantie de ses faits, non pas même par une convention expresse; car il seroit contre les bonnes mœurs qu'il pût manquer de foi h.

h Illud non probibis, dolum non esse præstandum si convenerit. Nam hæc conventio contra bonam fidem, contraque bonos mores est. Et ideò nec sequenda est. l. 1. §. 7. ff. de pact. Pacta quæ turpem causam continent, non sunt observanda. l. 27. §. 4. ff. de pact.

IX.

Si outre la garantie naturelle & la conventionnelle, il y a quelque coutume & quelque usage des lieux qui regle quelque maniere de garantie, le vendeur en sera tenu i.

i Quia assidua est duplæ stipulatio, idcircò placuit etiam ex empto agi posse, si duplam venditor mancipii non caveat. Ea enim quæ sunt moris, & consuetudinis, in bonæ fidei judiciis debent venire. l. 31. §. 20. ff. de æd ed. Si fundus venierit ex consuetudine ejus regionis, in qua negotium gestum est, pro evictione caveri oportet. l. 6. ff. de evict.

X.

Si l'acheteur est évincé ou troublé, la garantie aura son effet, suivant les regles expliquées dans les articles qui suivent.

l Sive tota res evincatur, sive pars, habet regressum emptor in venditorem. l. 1. ff. de evict.

XI.

Il y a des troubles qui de leur nature résolvent la vente, comme si l'acquéreur est évincé par le propriétaire m. D'autres qui de leur nature peuvent ne résoudre, ou ne pas résoudre la vente, selon les circonstances. Ainsi une action hypothécaire ne résout pas la vente si le vendeur ou l'acheteur acquittent la dette; mais si l'héritage est adjugé aux créanciers, la vente est résolue. Et dans

m Sive tota res evincatur, sive pars l. 1. ff. de evict.

tous ces cas, soit que la vente subsiste, ou qu'elle soit résolue, le vendeur doit les dommages & intérêts selon l'effet du trouble n.

n An id quod interest. l. 70. ff. de evict.

XII.

Si la vente est résolue par une éviction, le vendeur est tenu de rendre le prix, & d'indemniser l'acheteur des dommages & intérêts qu'il en pourra souffrir o, ainsi qu'il sera expliqué dans les articles suivans.

o Evicta re ex empto actio non ad pretium duntaxat recipiendum, sed ad id quod interest, competit. l. 70. ff. de evict. l. 60. eod.

XIII.

Si la chose vendue est au même état & de la même valeur au temps de l'éviction qu'au temps de la vente, le vendeur ne sera tenu que de rendre le prix qu'il avoit reçu, les frais de l'expédition du contrat, ceux de la prise de possession, & les autres dommages & intérêts, s'il y en a, comme si l'acquéreur d'un héritage dont il est évincé, en avoit payé un droit de lods & vente p.

p Si in venditione dictum non sit quantum, venditorem pro evictione præstare oportet, nihil venditor præstabit præter simplum evictionis nomine : & ex natura empti actionis, hoc, quod interest. l. 60. ff. de evict.

XIV.

Si au contraire la chose vendue est détériorée ou diminuée, soit par sa nature comme une vieille maison, ou par un cas fortuit, comme si un débordement a entraîné une partie d'un héritage; ou la chose étant au même état, la valeur en est diminuée par l'effet du temps; dans tous ces cas, & autres semblables, où la chose vendue vaut moins au temps de l'éviction, que le prix que l'acheteur en avoit donné, il ne pourra recouvrer contre le vendeur que la valeur présente, lorsqu'il est évincé q. Car ce n'est qu'en cette valeur présente que consiste la perte qu'il souffre. Et comme la diminution qui avoit précédé, regardoit l'acheteur, il ne doit pas profiter de l'éviction.

q Si minor esse cœpit, damnum emptoris erit. l. 70. ff. de evict. Ut quanti sua interest, actor consequatur, scilicet ut melioris, aut deterioris agri facti causa, finem pretii, quo fuerat tempore evictionis æstimatus, diminuat vel excedat. l. 66. in f. ff. eod.
Ex mille jugeribus traditis ducenta flumen abstulit. Si postea pro indiviso ducenta evincantur, duplæ stipulatio pro parte quinta, non quarta præstabitur. Nam quod periit, damnum emptori non venditori attulit. l. 64. eod. Minuitur præstatio, si servus deterior apud emptorem effectus sit, cum evincitur. l. 45. ff. de act. empt. & vend.

XV.

Mais si la chose se trouve valoir plus au temps de l'éviction qu'au temps de la vente, le prix en ayant été augmenté par l'effet du temps, le vendeur sera tenu envers l'acheteur de ce qu'elle vaudra au temps de l'éviction r. Car il perd en effet cette valeur, étant évincé; & sa condition ne doit pas être rendue plus mauvaise par cet événement, dont le vendeur doit le garantir.

r Quanti sua interest actor consequatur, &c. l. 66. in f. ff. de evict. l'article précédent où cette loi est citée.
Si quid ex his finibus evinceretur, pro bonitate ejus emptori præstandum. l. 45. eod. l. 1. eod.

XVI.

Si la chose vendue se trouve améliorée au temps de l'éviction par le fait de l'acheteur, comme s'il a planté ou bâti dans un héritage, il sera désintéressé par le vendeur de ce que vaudroit l'héritage au temps de l'éviction, s'il n'avoit été amélioré; & il recouvrera de plus les dépenses faites pour l'améliorer, & ne pourra même être dépossédé, s'il n'en est remboursé, ou par celui qui l'évince, car il ne doit pas profiter de ces améliorations, ou par le vendeur qui doit garantir de l'éviction. Et il aura son action contre l'un & l'autre s.

s Consequeris (à venditore) quanti tuâ interest. In quo continetur etiam eorum persecutio, quæ in rem emptam à te ut melior fieret erogata sunt. l. 9. C. de evict. l. 16. eod.
Si mihi alienam aream vendideris, & in ea ego ædificavero, atque ita eam dominus evincit: nam quia possim petentem dominum, nisi impensam ædificiorum solvat, doli mali exceptione summovere, magis est, ut ea res ad periculum venditoris non pertinat. l. 45. §. 1. ff. de act. empt. & vend. l. 16. C. de evict. V. les articles suivans.

Il est dit dans cette loi 9. C. de evict. que le vendeur doit les améliorations à l'acheteur évincé, & dans cette loi 45. §. 1. ff. de act. empt. & vend. que ce remboursement regarde celui qui évince & ne doit pas tomber sur le vendeur. Ce qu'il faut entendre au sens expliqué dans l'article; & de sorte que si, par exemple, celui qui veut ravoir le fonds prétendoit ne pas devoir les améliorations, ou faisoit quelqu'autre contestation, l'acheteur auroit son action de garantie contre son vendeur.

XVII.

17. Egard qu'on doit avoir aux fruits perçus pour estimer les améliorations.

Dans l'estimation des dépenses faites par l'acquéreur d'un héritage pour l'améliorer, comme s'il y a fait un plant, il faut compenser avec ces dépenses les fruits provenus de l'amelioration, & qui auront augmenté le revenu de cet héritage. De sorte que si les jouissances de ces fruits acquittent le principal & les intérêts des avances faites pour améliorer, il n'en sera point dû de remboursement, car il suffit à l'acheteur qu'il ne perde rien. Et si les jouissances sont moindres, il recouvrera le surplus des avances en principal & en intérêts *t*; car il ne doit rien perdre. Mais si les jouissances excedent ce qui pourroit lui être dû de remboursement, il en profitera.

t Super empti agri quæstione disceptabit Præses Provinciæ; & si portionem diversæ partis esse cognoverit impensas, quas ad meliorandam rem vos erogasse constiterit, habita fructuum ratione, restitui vobis jubebit. l. 16. C. de evict. Sumptus in prædium, quod alienum esse apparuit, à bonæ fidei possessione facti, neque ab eo qui prædium donavit, neque à domino peti possunt; verùm exceptione doli apposita, æquitatis ratione servantur; si fructuum ante litem contestatam perceptorum summam, excedant; etenim admissa compensatione, superfluum sumptum, meliore prædio facto, dominus restituere cogitur. l. 48. ff. de rei vind. Emptor prædium, quod à non domino emit, exceptione doli posita non aliter restituere domino cogitur, quam si pecuniam creditori ejus solutam, qui pignori datum prædium habuit, usurarumque medii temporis superfluum, recuperaverit; scilicet si minus in fructibus ante litem percepit fuit. Nam eos usuris nobis duntaxat compensari, sumptuum in prædio factorum exemplo, æquum est. l. 65. ff. de rei vindic.

Ce qui est dit dans cet article que l'acheteur profitera des jouissances qui excéderont son remboursement, se doit entendre des jouissances perçues de bonne foi & avant la demande en Justice. V. la Sect. 3. du Titre des intérêts, dommages & intérêts, & restitutions de fruits.

XVIII.

18. Les circonstances font diversement regler les difficultez pour les améliorations.

Si la dépense employée par les améliorations est moindre que leur valeur, l'acheteur évincé ne recouvrera que cette dépense; & si au contraire la dépense excede cette valeur, il ne recouvrera que ce qu'il y aura de profit. Mais selon les circonstances il sera de la prudence du Juge de ne pas priver cet acheteur des dépenses raisonnables, & que le maître du fonds auroit pû ou dû faire, & aussi de ne pas trop charger le vendeur, ou celui qui évince; & il faut les regler selon que le demandeur la qualité des dépenses, celle des personnes, la nécessité ou utilité des améliorations, & tout ce qui peut être considéré dans l'état des choses *u*.

u In fundo alieno, quem imprudens emeras ædificasti, aut conseruisti, deinde evincitur; bonus Judex variè ex personis, causísque constituet. Finge & dominum eadem facturum fuisse, reddat impensam, ut fundum recipiat; usque eo duntaxat quo pretiosior factus est. Et si plus pretio fundi accessit, solùm quod impensum est. Finge pauperem, qui, si reddere id cogatur tatibus sepulcrísque avitis carendum habeat? Sufficit tibi permitti tollere ex his rebus, quæ possis; dum ita ne deterior sit fundus, quàm si initio non foret ædificatum. l. 18. ff. de rei vind. Mediè igitur hæc à Judice dispicienda, ut neque delicatus debitor, neque onerosus creditor audiatur. l. 25. in f. ff. de pign. act. V. l'art. 19. de la Sect. 3. des Hypotheques.

XIX.

19. Si le vendeur a vendu de mauvaise foi la chose d'autrui.

Si dans le cas de l'article précédent le vendeur avoit vendu de mauvaise foi la chose d'autrui, il seroit tenu indistinctement de toutes les dépenses faites par l'acheteur *x*.

x In omnibus tamen his casibus, si sciens quis alienum vendiderit, omninò teneri debet. l. 45. §. 1. in f. ff. de act. empt. & vend.

XX.

20. Celui qui doit garantir, ne peut évincer.

Ceux qui se trouvent obligés à la garantie envers l'acheteur, ne peuvent le troubler, quelque droit qu'ils puissent avoir en la chose vendue. Ainsi l'héritier de celui qui a vendu, se trouvant de son chef le propriétaire de la chose vendue, ne peut évincer l'acheteur dont cette qualité d'héritier l'a rendu garant *y*.

y Si alienum fundum vendideris, & tuum postea factum petas,

hac exceptione rectè repellendum. l. 1. ff. de except. rei vend. Sed & si dominus fundi hæres venditori existat, idem erit dicendum. d. l. §. 1. l. 14. C. de rei vind.

XXI.

21. Si l'acheteur troublé ne dénonce, ou fait quelque préjudice à la condition de son garant.

Si l'acheteur troublé se laisse condamner par défaut, s'il se défend mal, s'il ne dénonce point au vendeur la demande qui lui est faite, s'il se compromet ou transige à l'insçu du vendeur, ou s'il fait quelqu'autre préjudice à la condition de son garant, il ne pourra demander la garantie d'une éviction qu'il se doit imputer *z*.

z Si ideò contra emptorem judicatum est, quod defuit, non committitur stipulatio. Magis enim propter absentiam victus videtur, quam quòd malam causam habuit. l. 55. ff. de evict. Si cùm posset emptor, auctori denunciare, non denuntiasset, idémque victus fuisset, quoniam parùm instructus esset, hoc ipso videtur dolo fecisse. Et ex stipulati agere non potest. l. 53. §. 3. eod. Si compromiscro, & contra me data fuerit sententia, nulla mihi actio de evictione danda est adversus venditorem. Nulla enim necessitate cogente id feci. l. 56. §. 1. eod. v. l. 63. eod.

XXII.

22. L'acheteur n'est tenu que de dénoncer le trouble.

Après que l'acheteur aura dénoncé le trouble au vendeur, il ne sera tenu ni de se défendre, ni d'appeller, s'il est condamné. Et soit qu'il se défende ou non, le vendeur demeurera garant de l'événement *a*.

a Gaia Seia fundum à Lucio Tirio emerat, & quæstione mota fisci nomine, auctorem laudaverat, & evictione secuta fundus ablatus & fisco adjudicatus est venditore præsente. Quæritur, cùm emptrix non provocaverat, an venditorem poterit convenire. Herennius Modestinus respondit, sive quòd alienus fuit, sive quod tunc obligarus, evidus est, nihil proponi cur emptrici adversus venditorem actio non competat. l. 63. §. 1. ff. de evict.

XXIII.

23. Garantie avant le trouble.

Si l'acheteur découvre qu'on lui a vendu de mauvaise foi la chose d'autrui, il pourra agir contre le vendeur quoiqu'il ne soit pas encore troublé, pour l'obliger à faire cesser le péril de l'éviction, & pour recouvrer les dommages & intérêts qu'il pourra souffrir d'une telle vente *b*.

b Si sciens alienam rem ignoranti mihi vendideris, etiam priusquam evincatur, utiliter me ex empto acturum putavit, in id quanti mea interest, meam esse factam. Quamvis enim alienum verum sit, venditorem hactenus teneri, ut rem emptori habere liceat, non etiam ut ejus faciat; quia tamen dolum malum abesse præstare debeat, tenetur cum qui sciens alienam, non suam ignoranti vendidit. Idem est maximè, si manumissero, vel pignori daturo vendiderit. l. 30. §. 1. ff. de act. empt. & vend.

XXIV.

24. Garantie de droit en vente de droits.

Comme dans les ventes des meubles & des immeubles, la garantie naturelle oblige à délivrer & garantir une chose qui soit en nature; ainsi dans les ventes ou cessions de droits, comme d'une dette, d'une action, d'une hérédité, la garantie naturelle oblige à transpôrter un droit qui subsiste, une dette qui soit dûe, une hérédité qui soit échue, une action qu'on puisse exercer. Et si le cédant n'avoit pas le droit qu'il vend & transporte, la vente seroit nulle, & il seroit tenu de la restitution du prix, & des dommages & intérêts de l'acheteur ou cessionnaire *c*.

c Si hæreditas venierit ejus qui vivit, aut nullus sit, nihil esse acti, quia in rerum natura non sit, quod venierit. l. 1. ff. de her. vel act. vend. Cum hæreditatem aliquis vendidit, esse debet hæreditas, ut sit emptio. Nec enim alea emitur, ut in venatione & similibus, sed res; quæ si nulla sit, non contrahitur emptio; & ideò pretium condicetur. l. 7. ff. de her. vel act. vend. Si quid in eam rem impensum sit, adversus & venditore consequatur; & si quid emptoris interest. l. 8. in f. & l. 9. eod. Si nomen sit distractum, Celsus libro nono Digestorum scribit, locupletem esse debitorem, non debere præstare; debitorem autem esse præstare, nisi aliud convenit. l. 4. eod. V. l'art. 26.

XXV.

25. Garantie en vente d'une hérédité.

L'héritier qui vend & transporte l'hérédité, sans en spécifier les biens, les droits ni les charges, n'est tenu de garantir que sa qualité & son droit d'héritier; car c'est ce qu'il vend. Et il n'est garant ni d'aucune charge, ni d'aucun bien en particulier, ni d'aucun droit de l'hérédité, s'il n'y est expressément obligé par la convention *d*. Mais s'il avoit déja profité de quelque bien de cette hérédité, il doit le rendre à celui à qui il la vend, comme étant compris dans la vente, s'il ne l'a réfervé e.

d Venditor hæreditatis fatis dare de evictione non debet, cùm id inter ementem & vendentem agatur, ut neque amplius, neque minus juris emptor habeat, quàm apud hæredem futurum effet. l. 2. ff. de her. vel act. vend.

Emptor hæreditatis rem à poffefforibus fumptu ac periculo fuo perfequi debet. Evictio quoque non præftatur in fingulis rebus, cùm hæreditatem jure venifle conftat, nifi aliud nominatim inter contrahentes convenit. l. 1. C. de evict. l. 14. in f. & l. 15. de her. vel act. vend. Sicuti lucrum omne ad emptorem hæreditatis refpicit, ita damnum quoque debet ad eundem refpicere. l. 2. §. 9. eod.

e Hoc agi videtur, ut quod ex hæreditate pervenit, in id tempus quo venditio fit, id videatur venifle. l. 2. §. 1. eod.

XXVI.

(marge : 26. Garantie en vente d'une dette.)

Celui qui vend & tranfporte une dette, doit feulement garantir que ce qu'il cede lui foit dû effectivement. Et fi le débiteur étoit infolvable, il n'en eft point garant, s'il n'y eft obligé par la ceffion f. Car il ne vend qu'un droit.

f Si nomen fit diftractum, Celfus libro nono Digeftorum fcribit locupletem effe debitorem, non debere præftare : debitorem autem effe præftare, nifi aliud convenit. l. 4. ff. de her. vel act. vend. Qui nomen, quale fuit, vendidit : duntaxat ut fit, non ut exigi etiam aliquid poffit, & dolum præftare cogitur. l. 74. in f. ff. de evict.

SECTION XI.

De la rédhibition & diminution du prix.

SOMMAIRES.

1. Définition.
2. Le vendeur doit déclarer les défauts de la chofe vendue.
3. Diftinction des défauts des chofes vendues.
4. Rédhibition des immeubles.
5. Quoique le vendeur ignore les défauts, l'acheteur a fon action.
6. Dommages & intérêts, fi le vendeur ignore les défauts.
7. Dommages & intérêts, fi le vendeur connoît les défauts.
8. Toutes chofes remifes au même état par la rédhibition.
9. Changement de la chofe avant la rédhibition.
10. Si les défauts font évidens ou déclarez par le vendeur.
11. Si les défauts peuvent être connus ou préfumez.
12. Si le vendeur a déclaré quelque qualité qui rende la chofe meilleure.
13. Héritage vendu comme il fe comporte.
14. Défaut d'expreffion du vendeur.
15. Tromperie dans la chofe.
16. Rédhibition par le défaut de l'une de plufieurs chofes qui s'affortiffent.
17. La rédhibition n'a pas de lieu dans les ventes qui fe font en Juftice.
18. Temps pour exercer la rédhibition.

I.

(marge : 1. Définition.)

ON appelle rédhibition la réfolution de la vente à caufe de quelque défaut de la chofe vendue, qui foit telle qu'il fuffife pour obliger le vendeur à la reprendre, & pour annuller la vente a.

a Redhibere eft facere ut rurfus habeat, venditor, quod habuerit. Et quia reddendo id fiebat, idcircò redhibitio eft appellata. l. 21. ff. de ædil. ed. Judicium dabimus ut redhibeatur. l. 1. §. 1. in fine eod.

II.

(marge : 2. Le vendeur doit déclarer les défauts de la chofe vendue.)

Le vendeur eft obligé de déclarer à l'acheteur les défauts de la chofe vendue qui lui font connus b. Et s'il ne l'a fait, ou la vente fera réfolue, ou le prix diminué, felon la qualité des défauts ; & le vendeur tenu des dommages & intérêts de l'acheteur, par les regles qui fuivent.

b Certiores faciant emptores quid morbi vitiive cuique fit. l. 1. §. 1. ff. de ædil. eod. Eademque omnia cum mancipia venibunt palam rectè pronuncianto. d. §. 1.

III.

(marge : 3. Diftinction des défauts des chofes vendues.)

Comme il n'eft pas poffible de réprimer toutes les infidélitez des vendeurs, & que les inconvéniens feroient trop grands de réfoudre ou troubler les ventes, pour toute forte de défauts des chofes vendues ; on ne confidere que ceux qui les rendent abfolument inutiles à l'ufage pour lequel elles font en commerce, ou qui diminuent tellement cet ufage, ou le rendent fi incommode, que s'ils avoient été connus à l'acheteur, il n'auroit point acheté du tout, ou n'auroit acheté qu'à un moindre prix. Ainfi, par exemple, une poutre pourrie eft inutile à fon ufage. Ainfi, un cheval pouffif rend moins de fervice, & l'ufage en eft trop incommode. Et ces défauts fuffifent pour réfoudre une vente. Mais fi un cheval eft feulement dur à l'éperon, ce défaut ne fera aucun changement. Et en général, il dépend ou des ufages, s'il y en a, ou de la prudence du Juge, de difcerner par la qualité des défauts, fi la vente doit être réfolue, ou le prix diminué, ou s'il ne faut point avoir d'égard au défaut c.

c Res bona fide vendita, propter minimam caufam inepta fieri non debet. l. 54. ff. de contr. empt. Si quid tale fuerit vitii, five morbi, quod ufum, minifteriùmque hominis impediat : id dabit redhibitioni locum : duntaxat meminerimus, non utique quodlibet quam leviffimum effcere, ut morbofus, vitiofufve habeatur. l. 1. §. 8. ff. de ædil. ed. Quid fortaffe, fi hoc cognoviffet, vel empturus non effet, vel minoris empturus effet. l. 38. ff. de act. empt. & vend. l. 35. in f. ff. de contr. empt.

IV.

(marge : 4. Rédhibition des immeubles.)

Dans les ventes des immeubles, il peut y avoir lieu de rédhibition, ou de diminution du prix, s'il s'y trouve des défauts qui y donnent lieu. Ainfi, l'acheteur d'un fonds peut faire réfoudre la vente, s'il s'exhale de ce fonds des vapeurs malignes qui en rendent l'ufage périlleux. Ainfi pour une fervitude qui ne paroiffoit point, & que le vendeur n'a pas expliquée, l'acheteur peut faire diminuer le prix d, & réfoudre même la vente, fi la fervitude eft tellement onéreufe qu'elle en donne fujet.

d Etiam in fundo vendito redhibitionem procedere nequaquam incertum eft. Veluti fi peftilens fundus diftractus fit. Nam redhibendus erit. l. 49. ff. de ædil. ed. l. 4. C. de ædil. act. l. 2. §. 19. ff. ne quid in loc. publ. Si quis in vendendo prædio confinem celaverit, quem emptor fi audiffet, empturus non effet : teneri venditorem. l. 35. in f. ff. de contr. empt. Quoties de fervitute agitur, victus tantum debet præftare, quanti minoris emiffet emptor, fi fciffet hanc fervitutem impofitam. l. 61. ff. de ædil. eod.

V.

(marge : 5. Quoique le vendeur ignore les défauts, l'acheteur a fon action.)

Quoique les défauts de la chofe vendue fuffent inconnus au vendeur, l'acheteur peut faire réfoudre la vente, ou diminuer le prix, fi ces défauts font tels qu'ils y donnent lieu e. Car comme on n'achete une chofe que pour fon ufage, fi quelque défaut empêche cet ufage ou le diminue, le vendeur ne doit pas profiter d'une valeur que paroiffoit avoir, & que n'avoit pas ce qu'il a vendu.

e Sciamus venditorem etiam fi ignoravit ea quæ ædiles præftari jubent, tamen teneri debere, nec eft hoc iniquum. l. 1. §. 2. ff. de ædil. ed. l. 21. §. 1. ff. de ædil. empt. & vend.
Si quidem ignorabat venditor, ipfius rei nomine teneri. l. 45. ff. de contr. & empt.
Si quidem ignorans fecit, id tantum ex empto actione præftaturum quanto minoris effem empturus, fi id ita effe fciffem. l. 13. ff. de act. empt. & vend.

VI.

(marge : 6. Dommages & intérêts, fi le vendeur ignore les défauts.)

Dans ce même cas où les défauts de la chofe vendue ont été inconnus au vendeur, il fera tenu non-feulement de reprendre la chofe, ou diminuer le prix, mais auffi de défintéreffer l'acheteur des frais où la vente auroit pû l'engager, comme des dépenfes pour les voitures, des droits d'entrée, ou autres femblables f.

f Si quas acceffiones (emptor) præftiterit, ut recipiat. l. 1. §. 1. ff. de ædil. ed. l. 23. §. 1. & 7. eod.
Debet (emptor) recipere pecuniam quam dedit. l. 27. eod.
Sed & fi quid emptionis caufa erogavit eft. d. l. 27.
Quid ergo fi forte vectigalis nomine datum eft quod emptorem forte fequeretur? dicemus hoc quoque reftituendum. Indemnis enim emptor debet difcedere. d. l. 27. in fine. V. l'article fuivant.

VII.

(marge : 7. ...)

Si le vendeur avoit connu les défauts de la chofe vendue,

7. *Domma-*
ges & inté-
rêts , si le
vendeur
connoit les
défauts.

due , il ne sera pas seulement tenu des dommages &
intérêts suivant la regle précédente ; mais il répondra
de plus des suites que le défaut de la chose aura pû
causer. Ainsi, celui qui auroit vendu un troupeau de
moutons , qu'il sçavoit être infecté d'un mal contagieux , sans l'avoir déclaré , seroit tenu de la perte
d'autre bétail de l'acheteur , que ce mal contagieux auroit infecté. Et il en seroit de même si le vendeur étoit
obligé de connoître les défauts de la chose vendue ,
quoiqu'il prétendît les avoir ignorez , comme si un Architecte qui fournit les matériaux pour un bâtiment , y
en avoit mis de mal conditionnez , il seroit tenu du
dommage qui en arriveroit g.

g Si sciens reticuit , & emptorem decepit ; omnia detrimenta quæ ex ea emptione emptor traxerit : præstaturum ei. Sive
igitur ædes vitio tigni corruerint , ædium æstimationem : sive
pecora contagione morbosi pecoris perierint , quod interfuit
idoneæ venisse , erit præstandum. *l.* 13. *ff. de act. empt. & vend.*
l. 1. *C. de ædil. act.*
Si quidem ignorabat venditor , ipsius rei nomine teneri , si
sciebat , etiam damni quod ex eo contingit. *l.* 45 *vff. de contr.*
empt.
Celsus etiam imperitiam culpæ adnumerandam libro octavo
Digestorum scripsit. *l.* 9. §. 5. *ff. loc.* Quod imperitia peccavit ,
culpam esse , quippe ut artifex conduxit. *d.* §. 5. V. l'art. 2. de la
Sect. 8. du Louage , p. 62.

VIII.

8. *Toutes*
choses remi-
ses au même
état par la
rédhibition.

Si le défaut de la chose vendue donne lieu à la rédhibition & résolution de la vente , le vendeur & l'acheteur
seront remis au même état , que s'il n'y avoit point eu
de vente. Le vendeur rendra le prix & les intérêts , &
remboursera l'acheteur de ce qu'il aura déboursé pour
la conservation de la chose vendue , & pour les autres
suites de la vente suivant les regles précédentes : & l'a-
cheteur rendra la chose au vendeur , avec tout le profit
qu'il pourra en avoir tiré : & enfin , toutes choses seront
remises en entier de part & d'autre réciproquement h.

h Si quid aliud in venditione accesserit ; sive quid ex re fructus pervenerit ad emptorem , ut in omnia restituat. *l.* 1. §. 1. *ff.*
de ædil. ed. Jubent ædiles restitui & quod venditioni accessit , &
si quas accessiones ipse præstiterit , ut uterque resoluta emptione , nihil amplius consequatur , quàm non haberet , si venditio
facta non esset. *l.* 23. *s. t. eod.* Facta redhibitione , omnia in
integrum restituuntur , perinde ac si neque emptio , neque venditio intercessit. *l.* 60. *eod, d. l.* 23. §. 7. V. l'art. suivant.

IX.

9. *Change-*
mens de la
chose avant
la rédhibi-
tion.

Tous les changemens qui arrivent à la chose vendue
après la vente , & avant la rédhibition , soit que la chose périsse ou se diminue , sans la faute de l'acheteur , &
des personnes dont il doit répondre , regardent le vendeur qui doit la reprendre ; & aussi il profite des changemens qui la rendent meilleure i.

i Si mortuum fuerit jumentum , pari modo redhiberi poterit ,
quemadmodum mancipium potest. *l.* 38. §. 3. *ff. de ædil. ed. l.*
31. §. 6. *eod.*
Si mancipium , quod redhiberi oportet , mortuum erit , hoc quæretur , nunquid culpa emptoris , vel familiæ ejus , vel procuratoris , homo demortuus sit. *d. l.* 31. §. 11. *l.* 10. *ff. de reg. jur.*

X.

10. *Si les*
défauts sont
évidens ou
déclarez
par le ven-
deur.

Si les défauts de la chose vendue sont évidens , comme si un cheval a les yeux crevez , l'acheteur ne pourra
se plaindre de ces sortes de défauts , qu'il n'a pû ignorer l : non plus que de ceux que le vendeur lui aura
déclarez m.

l Si quis hominem luminibus effossis emat , & de sanitate stipuletur de cætera parte corporis potius stipulatus videtur , quàm
de eo , in quo se ipse decipiebat. *l.* 43. §. 1. *ff. de contr. empt.*
Si intelligatur vitium , morbusve mancipii , ut plerumque si-
gnis quibusdam solent demonstrare vitia : potest dici edictum
cessare. Hoc enim tantùm intuendum est , ne emptor decipia-
tur. *l.* 1. §. 6. *ff. de ædil. ed.*
m Si venditor nominatim exceperit de aliquo morbo , & de
cætero teneatur esse dixerit , aut promiserit , standum est eo quod
convenit. *d. l.* 14. §. 9.

XI.

11. *Si les dé-*
fauts peu-
vent être
connus ou
présumez.

Si les défauts de la chose vendue sont tels que l'acheteur ait pû les connoître & s'en rendre certain , comme
si un héritage est sujet à des débordemens : si une maison est vieille : si les planchers en sont pourris : si elle
est mal bâtie , l'acheteur ne pourra se plaindre de ces

Tome I.

---

sortes de défauts , ni des autres semblables. Car la chose lui est vendue telle qu'il la voit n.

n Si intelligatur vitium , morbusve mancipii ut plerumque si-
gnis quibusdam solent demonstrare vitia , potest dici edictum
cessare. Hoc enim tantùm intuendum est , ne emptor decipia-
tur. *l.* 1. §. 6. *ff. de ædil. ed.*
Ad ea vitia pertinere edictum ædilium probandum est , quæ
quis ignoravit , vel ignorare potuit. *l.* 14. §. *ult. eod.*

XII.

12. *Si le*
vendeur a
déclaré
quelque qua-
lité qui
rende la
chose meil-
leure.

Si le vendeur a déclaré quelque qualité de la chose
vendue , outre celle qu'il doit garantir naturellement ,
& que cette qualité se trouve manquer , ou que même
la chose vendue se trouve avoir des défauts contraires ;
il faudra juger de l'effet de la déclaration du vendeur ,
par les circonstances de la conséquence des qualitez qu'il
aura exprimées , de la connoissance qu'il pouvoit ou
devoit avoir , de la vérité contraire à ce qu'il a dit , de
la maniere dont il aura engagé l'acheteur , & sur-tout
il faudra considérer si ces qualitez ont fait une condition sans laquelle la vente n'eût pas été faite : & selon
les circonstances , ou la vente sera résolue , ou le prix
diminué ; & le vendeur tenu des dommages & intérêts ,
s'il y en a lieu. Ainsi , par exemple , si le vendeur d'un
héritage l'a déclaré allodial , & vendu comme tel , &
que cet héritage se trouve sujet à un cens ; & l'acheteur
obligé de payer le droit de lods , le vendeur sera tenu
d'en indemniser l'acquéreur , & des autres suites , selon
les circonstances , quand même il auroit ignoré que
l'héritage fût sujet à ce cens. Mais si le vendeur a seulement usé de ces expressions ordinaires aux vendeurs ,
qui louent vaguement ce qu'ils veulent vendre , l'acheteur n'ayant pas dû prendre ses mesures sur des expressions de cette nature , il ne pourra faire résoudre la
vente sur un tel prétexte o.

o Si quid venditor de mancipio affirmaverit , idque non ita
esse emptor quæratur , aut redhibitorio aut æstimatorio , id est ,
quanto minoris , judicio agere potest. *l.* 18. *ff. de ædil. ed.* Si prædii venditor non dicat de tributo sciens , teneatur ex empto. . .
Venditor teneri debet , quanti interest non esse deceptum , etsi
venditor quoque nesciet ; veluti , si mensas quasi citreas emat ,
quæ non sunt. *l.* 21. §. 1. & 2. *ff. de act. empt. & vend.*
Sciendum tamen est , quædam etsi dixerit præstare eum non
debere. Scilicet ea quæ ad nudam laudem servi pertinent. *l.* 19.
eod. Ut enim Pedius scribit , multum interest commendandi servi causa , quid dixerit , an verò præstaturum se promiserit , quod
dixit. d. *l.* 19. *eod. d. l.* §. 3. *l.* 43. *eod.* v. *l.* 16. *ff. de her. vel*
act. vend. Quid tamen si ignoravit quidem furem esse , asseve-
ravit autem bonæ frugi & fidum , & caro vendidit ? Videamus
an ex empto teneatur ? Et putem teneri. Atqui ignoravit. Sed
non debuit facilè quæ ignorabat , asseverare. Inter hunc igitur ,
& qui scit , interest. Qui scit præmonere debuit furem esse , hic
non debuit facilis esse ad temerariam indicationem. *l.* 13. §. 3.
ff. de act. empt.
V. les art. 12. & 14. de la Sect. 3. des Conventions , p. 250
& l'art. 2. de la Sect. 3. des Vices des conventions , p. 143.

XIII.

13. *Héri-*
tage vendu
comme il se
comporte.

Si un héritage est vendu comme il se comporte , ou
ainsi que le vendeur en a bien & dûement joui , ou avec
ses droits & conditions ; ces expressions & autres semblables , n'empêchent pas que le vendeur ne demeure
garant des servitudes cachées & des charges inconnues ;
comme seroit une rente fonciere à laquelle l'héritage
seroit asservi p.

p Lucius Titius promisit de fundo suo centum millia modio-
rum frumenti annua præstare prædiis Guii Seii. Postea Lucius Titius vendidit fundum , adjunctis verbis his , quo jure , quaque conditione ea prædia Lucii Titii hodie sunt ; ita veneunt itaque habebuntur. Quæro an emptor Gaio Seio ad præstationem frumenti sit obnoxius ? Respondit , emptorem Gaio Seio , secundùm ea
quæ proponerentur , obligatum non esse. *l. ult.* §. *ult. ff. d:*
contr. empt. v. *l.* 69. §. 5. *ff. de evict. l.* 61. *ff. de ædil. ed.* V.
l'article suivant.

XIV.

14. *L'ésane*
d'expression
du vendeur.

Le vendeur est obligé d'expliquer clairement & nettement , quelle est la chose vendue , en quoi elle consiste , ses qualitez , ses défauts , & tout ce qui peut donner
sujet à quelque erreur , ou mal entendu : & s'il y a dans
son expression de l'ambiguité , de l'obscurité , ou quelqu'autre vice , l'interprétation en sait contre lui q.

q Veteribus placet , pactionem obscuram , vel ambiguam ,
venditori & qui locavit , nocere in quorum fuit potestate , legem

G

apertius conscribere. *l.* 39. *ff. de pact. l.* 21. *l.* 33. *ff. de contr. empt.*
V. l'art. 13. de la Sect. 2. des Conventions, p. 22. & l'art. 10. de
la Sect. 3. du Louage, p. 58.

X V.

15. *Tromperie dans la chose.*

Celui qui a vendu une chose pour l'autre; une vieille
pour neuve; une moindre quantité, que celle qu'il a
exprimée: soit qu'il ait ignoré le défaut, ou qu'il l'ait
connu, sera tenu, on de reprendre la chose, ou d'en
diminuer le prix, & des dommages & intérêts que l'a-
cheteur aura pû souffrir *r*.

r Si vestimenta interpola quis pro novis emerit, Trebatio placere ita emptori præstandum quod interest, si ignorans interpola
emerit. *l.* 45. *ff. de contr. empt.*
Venditor teneri debet, quanti interest non esse deceptum,
etsi venditor quoque nesciat. Veluti si mensas quasi citreas emat,
quæ non sunt. *l.* 11. §. 2. *ff. de act. empt. & vend.* In fundo vendito, cùm modus pronunciatus deest, sumitur portio ex pretio.
l. 69. §. ult. *ff. de evict.*

X V I.

16. *Rédhibition par le défaut de l'une de plusieurs choses qui s'assortissent.*

Si de plusieurs choses qui s'assortissent, comme les
pièces d'une tapisserie, les chevaux d'un attelage, &
autres choses semblables, l'une se trouve avoir des défauts suffisans pour résoudre la vente, elle sera résolue
pour le tout. Car il est également de l'intérêt du vendeur & de l'acheteur, de ne pas dépareiller ces sortes
de choses *s*.

s Cùm jumenta paria veniunt, Edicto expressum est, ut cùm
alterum in ea causa sit, ut redhiberi debeat; utrumque redhibeatur. In qua re tam emptori, quàm venditori consulitur, non se-
parantur. Simili modo, & si triga venierit, redhi-
benda erit tota, & si quadriga, redhibetur. *l.* 38. §. ult. *ff. de ædil.
ed. l.* 34. *l.* 35. *eod.*

X V I I.

17. *La rédhibition n'a pas de lieu dans les ventes qui se font en Justice.*

La rédhibition & la diminution du prix, à cause des
défauts de la chose vendue, n'ont pas lieu dans les
ventes publiques, qui se font en Justice. Car dans ces
ventes ce n'est pas le propriétaire qui vend, mais c'est
l'autorité de la Justice, qui tient lieu du vendeur, & qui
n'adjuge la chose que telle qu'elle est *t*.

t Illud sciendum est, edictum hoc non pertinere ad venditiones fiscales. *l.* 1. §. 3. *ff. de ædil. ed.* Quoique cette loi n'ait pas un
rapport précis à cet article, elle peut y être appliquée.

X V I I I.

18. *Temps pour exercer la rédhibition.*

Le temps pour être reçu à exercer la rédhibition, ne
commence de courir qu'après que l'acheteur a pû reconnoître les défauts de la chose vendue, si ce n'est que le
temps fût réglé par quelque usage, ou qu'il eût été convenu que l'acheteur ne pourroit se plaindre que pendant
un certain temps. Mais dans le cas même d'un délai réglé, le vendeur pourra être reçu après ce délai, & le Juge en arbitrera selon les circonstances *u*.

u Si quid ita venierit, ut nisi placuerit, intra præfinitum tempus, redhibeatur: in conventio rata habetur. Si autem de tempore nihil convenerit, in factum actio intra sexaginta dies utiles,
accommodatur emptori ad redhibendum, ultra non. Si verò convenerit ut in perpetuum redhibitio fiat, puto hanc conventionem valere. Item si tempus sexaginta dierum, præfinitum redhibitioni præterierit, causa cognita judicium dabitur. *l.* 31. §. 22. *ff.
de ædil. ed.* V. l'art. 8. de la Sect. 4. & l'art. 9. de la Sect. 12.

SECTION XII.

Des autres causes de la résolution des ventes.

Diverses causes de la résolution des ventes.

L Es ventes peuvent être résolues par plusieurs causes.
Par le défaut de la délivrance de la part du vendeur.
Par le défaut de payement du prix de la part de l'a-
cheteur.
Par les vices de la chose vendue.
Par la vilité du prix.
Par les évictions.
Par l'événement d'une condition.
Par la révocation que font les créanciers du vendeur,
des ventes faites en fraude de leurs créances.
Par le retrait lignager qui résout la vente à l'égard
de l'acheteur, & la fait passer au retrayant qu'il lui sub-
stitue.
Par les retraits féodaux & autres.
Par une faculté de rachat.

Par un pacte résolutoire.
Par l'inexécution de quelqu'une des conventions de
la vente.
Par le consentement du vendeur & de l'acheteur.
Par le dol, la force, l'erreur, & les autres moyens de
restitution, de rescision, ou de nullité.
De toutes ces causes, les six premières & la derniere
qui est la nullité, ont été expliquées dans ce titre. La révocation des ventes faites en fraude des créanciers, fait
partie du titre de ce qui se fait en fraude des créanciers.
Le retrait lignager, & les autres sortes de retraits, ne
sont pas de ce dessein; car ils sont propres à nos coûtumes, & le retrait lignager est aboli par le Droit Romain *; les rescisions & restitutions auront leurs titres
en leurs lieux: & il ne reste à expliquer ici, que la faculté de rachat, le pacte résolutoire, l'inexécution, &
le consentement du vendeur & de l'acheteur. Mais auparavant il faut expliquer quelques regles communes à
toutes les manieres de résoudre les ventes.

* L. 14. C. de contr. empt. v. l. 16. ff. de reb. auth. jud. post.

Regles communes de la résolution des ventes.

SOMMAIRES.

1. Différence entre la nullité & la résolution d'une vente.
2. Le possesseur ne peut être dépossédé que par la Justice.
3. Dommages & intérêts s'il y en a lieu.
4. La résolution de la vente remet toutes choses en entier.
5. Le vendeur rentre dans son droit.
6. Faculté de rachat.
7. Vente à faculté de rachat.
8. Faculté de rachat ex intervallo.
9. Durée de la faculté de rachat.
10. Fruits depuis les offres.
11. Pacte résolutoire.
12. Effets des clauses résolutoires.
13. Résolution sans clause résolutoire.
14. Résolution du consentement avant l'exécution.
15. Résolution du consentement après l'exécution.

I.

1. *Différence entre la nullité & la résolution d'une vente.*

IL y a cette différence entre la résolution & la nullité
d'une vente, que la nullité fait qu'il n'y a jamais eu
de vente *a*; & que la résolution fait cesser la vente qui
avoit été accomplie; mais elle ne fait pas qu'elle n'ait point
été, quand même elle seroit résolue par la volonté du
vendeur & de l'acheteur *b*.

a V. l'art. 1. de la Section 5. des conventions, p. 29.
b Ab emptione, venditione, locatione, conductione, cæterisque similibus obligationibus quin integris omnibus, consensu
eorum qui inter se obligati sint, recedi possit, dubium non est.
l. 58. *ff. de pact. l.* 1. C. quando lic. ab empt. disc. *l.* 2. eod.
Infectam emptionem facere non possumus. *l.* 2. in f. *ff. de resc.
vend.* V. sur cet article & les suivans la Section 6. des conventions, p. 31.

II.

2. *Le possesseur ne peut être dépossédé que par la Justice.*

Quelle que soit la cause de la résolution d'une vente,
si elle est contestée, & que l'acheteur ou autre ayant
son droit soit en possession; le vendeur ne pourra reprendre la chose vendue que par l'autorité de la Justice *c*.

c V. l'art. 16. de la Section 5. & l'art. 14. de la Section 6. des
conventions, p. 31. & 32.

III.

3. *Dommages & intérêts, s'il y en a lieu.*

Si la vente est résolue par le fait de l'un ou de l'autre
qui ait donné sujet à quelque dommage, il en sera tenu
suivant les regles qui ont été expliquées dans ce titre *d*.

d C'est une suite de diverses regles qui ont été expliquées dans ce
Titre.

IV.

4. *La résolution de la vente remet toutes choses en entier.*

La vente étant résolue, le vendeur & l'acheteur rentrent dans leurs droits; & toutes choses sont remises
en entier, selon les circonstances peuvent le permettre *e*.

e Ut uterque, resoluta emptione, nihil amplius consequatur,
quam non haberet, si venditio facta non esset. *l.* 23. §. 1. *ff. de
ædil. ed. d. l.* 5. 7. V. l'article suivant.

V.

5. Le vendeur rentre dans son droit.

Lorsque la vente est résolue, le vendeur reprend ce qu'il avoit vendu sans aucune des charges que l'acheteur avoit pû y mettre. Parce que le vendeur rentre dans son droit, comme s'il n'en avoit jamais été dépouillé *f.*

f Omnia in integrum restituuntur, perinde ac si neque emptio, neque venditio intercessit. *l.* 60. *ff. de æd. ed.*

¶ Cette regle ne s'entend que des charges qui étoient du fait de l'acheteur, comme s'il avoit assujetti l'héritage à un cens, à une servitude, s'il l'avoit hypotequé à ses créanciers ; & elle ne regarde pas le droit des lods & ventes qui auroit pû être acquis au Seigneur direct par cette vente. Car ce droit étoit une suite du contrat, qui étoit autant du fait du vendeur que de l'acheteur. Ainsi l'héritage y demeure affecté, si l'acheteur ne l'avoit payé. Mais si la vente étoit résolue par une cause qui fût seulement du fait du vendeur, comme si ses créanciers saisissoient saisir, il est juste en ce cas que l'acheteur soit dédommagé par le vendeur du droit de lods & ventes qu'il auroit payé ; il y a même des coutumes qui lui donnent les lods & ventes du décret qui sera fait de cet héritage, laissant au Seigneur la liberté de les prendre, en rendant à cet acheteur le premier droit de lods qu'il en avoit reçû. V. sur cet article les articles 14. & 15. ci-après. V. l'article 2. de la Sect. 1. & l'article 10. de la Sect. 2. & les remarques qu'on y a faites.

De la faculté de rachat.

VI.

6. Faculté de rachat.

LA faculté de rachat est un pacte par lequel il est convenu que le vendeur aura la liberté de reprendre la chose vendue, en rendant le prix à l'acheteur, ou ce qui en aura été payé *g.*

g Si fundum parentes tui, ea lege vendiderunt, ut sive ipsi, sive hæredes eorum, emptori pretium quandocunque, vel intra certa tempora obtulissent, restitueretur, teque parato satisfacere conditioni dictæ, hæres emptoris non paret, ut contractus fides servetur, actio præscriptis verbis, vel ex vendito, tibi dabitur. *l.* 2. *C. de pact. int. empt. & vend. comp. l.* 12. *ff. de præs. verb. l.* 1. *C. Quando decr. non est op.*

¶ Elle passe aux héritiers. *l.* 2. *C. de pact. int. empt. & vend. comp.*

VII.

7. Vente à faculté de rachat renferme une condition.

La vente sous faculté de rachat renferme une condition, qu'elle sera résolue, si le vendeur rachete *h.* Et lorsqu'il le fait, il rentre dans son droit en vertu de cette condition. Ainsi il reprend la chose, exempte des charges que l'acheteur avoit pû y mettre.

h (Si) soluta fuerit data quantitas, si res inempta. *l.* 7. *C. de pact. int. empt. & vend. comp.* te parato satisfacere conditioni, &c. *l.* 2. *eod.*

¶ Les Lods & ventes sont dûs au Seigneur pour la vente seulement, mais non pas quand le vendeur rentre dans la chose vendue en vertu de la clause ; parce que le vendeur rentre dans sa chose exempt de charge, par la fiction de droit, qui est que la chose est censée n'avoir jamais été vendue.]

VIII.

8. Faculté de rachat ex intervallo.

Si la faculté de rachat n'étoit accordée qu'après le contrat de vente parfait, elle ne fera aucun préjudice aux charges & hypotéques, auxquelles l'acheteur se seroit engagé depuis le contrat, & avant que d'accorder cette faculté *i.*

i C'est une suite nécessaire de l'accomplissement de la vente pure & simple, qui avoit acquis le droit à l'acheteur, suivant les regles de la nature du contrat de vente.

¶ Cela peut recevoir de la difficulté, parce qu'il semble que cette clause, quoique stipulée par un acte séparé, fasse partie du contrat de vente, & doive emporter hypotheque du même jour que la vente. *l.* 72. *ff. de contr. empt.*

Quid, si la faculté de rachat avoit été stipulée après le contrat de vente parfait, par un acte séparé & non annexé au contrat ; en sorte que les créanciers postérieurs à cette clause ne pussent en avoir connoissance par la lecture du contrat ; il semble qu'en ce cas les créanciers même postérieurs devroient avoir hypotheque avant le vendeur.

Néanmoins il y a lieu de dire le contraire, parce que le vendeur, en vertu de l'acte stipulant la faculté de rachat a lui-même une hypotheque avant les créanciers qui sont postérieurs. De ce principe il s'ensuit que si la faculté a été stipulée par un acte sous seing privé, les créanciers qui ont contracté avant que cet acte ait été reconnu en Justice, seront préférez au vendeur.]

IX.

9. Durée de la faculté de rachat.

La faculté de rachat peut être accordée, ou indéfiniment, sans marquer pendant quel temps le vendeur pourra racheter, ou prescrivant un certain temps, après lequel cette faculté sera expirée *l.* Si elle est indéfinie,

l Si fundum parentes tui, ea lege vendiderunt, ut sive ipsi, sive hæredes eorum, emptori pretium quandocunque, vel intra certa tempora obtulissent, restituetur, &c. *l.* 2. *C. de pact. inter empt. & vend. comp.*

elle dure jusqu'au temps de la prescription *m.* Et si elle est bornée à un certain temps le vendeur n'est pas d'abord exclus quand le temps expire ; mais on lui accorde un délai, de même qu'à l'acheteur lorsque la vente doit être résolue faute de payement au terme *n.*

m Hæ actiones annis triginta continuis extinguantur, quæ perpetuæ videbantur. *l.* 3. *C. de præs.* 30. *vel* 40. *ann.*

n V. l'article 18. de la Section précédente, l'article 8. de la Sect. 3. & l'article 13. ci-après.

X.

10. Fruits depuis les offres.

Le vendeur exerçant la faculté de rachat d'un héritage, l'acheteur doit lui restituer les fruits depuis le jour de la demande accompagnée d'offres faites dans les formes *o.*

o Habita ratione eorum quæ post oblatam, ex pacto quantitatem, ex eo fundo ad adversarium pervenerint. *d. l.* 2. *C. de pact. int. empt. & vend. comp.*

Du pacte résolutoire, & de l'inexécution.

XI.

11. Pacte résolutoire.

LE pacte ou clause résolutoire, est cette convention ordinaire dans les ventes, que si l'acheteur ne paye au terme, la vente sera résolue *p.* Et cette même peine de la résolution de la vente, peut être aussi stipulée pour l'inexécution de quelqu'autre convention qui seroit partie du contrat de vente. Comme s'il est dit que si une maison qui est vendue exempte d'une servitude, s'y trouve sujette, le vendeur sera tenu de la reprendre.

p Cùm venditor fundi in lege in cavefit, si ad diem, pecunia soluta non sit, ut fundus inemptus sit. *l.* 2. *ff. de leg. commiss.*

¶ Ou s'il est convenu que si un autre en stipulant davantage dans un certain temps, la premiere vente sera résolue ; cette clause s'appelle en Droit in diem addictio. *l.* 1. *ff. de in diem addict.*]

XII.

12. Effet des clauses résolutoires.

Les clauses résolutoires au défaut de payer au terme, ou d'exécuter quelqu'autre convention, n'ont pas l'effet de résoudre d'abord la vente, par le défaut d'y satisfaire, mais on accorde un délai pour exécuter ce qui a été promis ; si ce n'est que la chose ne pût souffrir de retardement, comme si le vendeur manque de délivrer de la marchandise promise pour le jour d'un embarquement *q.*

q V. l'art. 8. de la Sect. 3. *p.* 25. & l'art. 19. de la Sect. 2. *p.* 23.

XIII.

13. Résolution sans clause résolutoire.

Quoiqu'il n'y ait pas de clause résolutoire faute de payer au terme, ou d'exécuter quelqu'autre convention, la vente ne laissera pas d'être résolue, si le défaut de payement & l'inexécution y donnent lieu après les délais, selon les circonstances *r.* Car les contractans ne veulent que le contrat subsiste, qu'en cas que chacun exécute son engagement *s.*

r V. les articles 2. & 4. de la Sect. 3. des conventions, *p.* 21.

Non impleta promissi fide, dominii tui jus in suam causam reverti conveniat. *l.* 6. *C. de pact. int. empt. & vend. compos.*

s V. l'art. 5. de la Sect. 1. des conventions, *p.* 20.

De la résolution de la vente par le consentement du vendeur & de l'acheteur.

XIV.

14. Résolution de vente par l'inexécution avant l'exécution.

SI le vendeur & l'acheteur résolvent la vente avant que la chose vendue ait été délivrée, & le prix payé, la vente n'étant pas encore consommée, & toutes choses étant en entier ; ils sont déchargez l'un & l'autre de leurs engagements, & remis entr'eux au même état, que s'il n'y avoit point eû de vente *t.*

t Potest, dum res integra, conventione nostra infecta fieri emptio. *l.* 1. *ff. de resc. vend.* Si Titius & Sejus inter se consenserint, ut fundum Tusculanum emprum Sejus haberet centum aureis : deinde re nondum secuta, id est, neque pretio soluto, neque fundo tradito, placuerit inter eos, ut discederetur ab emptione & venditione, invicem liberantur. §. ult. inst. quibus modis tollitur oblig. Ab emptione, venditione, locatione, conductione, cæterisque similibus obligationibus, quin integri omnibus, consensu eorum qui inter se obligati sint, recedi possit, dubium non est. *l.* 58. *ff. de pact.* In emptione cæterisque bonæ fidei judiciis re nondum secuta, posse abiri ab emptione. *l.* 7. §. 6. *cod. l.* 1. & 2. *quando licet ab empt. discedere.*

V. l'art. suiv. & les art. 2. de la Sect. 1. & 10. de la Sect. 2.

Tome I. G ij

Il faut remarquer fur l'article, que fi les contrats fans réfolvent la vente d'un fonds, peu après le contrat, & avant que l'acquéreur fe foit mis en poffeffion, il eft de l'équité & auffi de l'ufage, qu'il n'eft point dû de droit de lods. Et il y a même des coûtumes qui donnent un temps, comme de huit jours, pour réfoudre le contrat, fans qu'il en foit dû de lods & ventes. Mais comme ce temps n'eft pas reglé dans les autres Provinces, & qu'on peut encore diftinguer la condition d'un acquéreur qui s'eft mis en poffeffion, de celle d'un autre qui n'a pas pris de poffeffion, il arrive affez fouvent de différentes queftions, fi les lods font dûs ou non, felon l'état où fe trouvent les chofes quand on réfout la vente. Et il feroit à fouhaiter qu'on y eût une regle précife & uniforme; & auffi dans ces autres vuides de regles dont on a parlé en quelques endroits.

¶ Si elle eft faite dans les vingt-quatre heures, les lods & ventes ne font dûs.]

XV.

Réfolution du confentement après l'exécution.

Si la vente étant confommée, le prix payé, la délivrance faite, & l'acheteur en poffeffion, le vendeur & l'acheteur veulent dans la fuite réfoudre le contrat fans autre chofe que leur fimple volonté; ce fi les parties ne font tant une réfolution de cette vente que d'une feconde vente que fait l'acheteur à celui qui lui avoit vendu. Ainfi ce premier vendeur ne reprend pas une chofe qui fut à lui, puifque fa vente l'en avoit dépouillé ; mais il achete en effet la chofe d'un autre, & elle paffe à lui fujette aux charges & aux hypotheques que fon acheteur, qui lui revend, avoit pû contracter *a*.

a Re quidem integra, ab emptione & venditione, utriufque partis confenfu recedi poteft. Etenim quod confenfu contraxiſſe eft, contraria voluntate adminiculo diſſolvitur. At enim poſt traditionem interpoſitam, nuda voluntas non refolvit emptionem, fi non actus quoque priori fimilis retroagens venditionem interceſſerit. *l. 1. c. quando lic. ab empt. diſc.* Poſt pretium folutum infectam emptionem facere non poſſumus. *l. 2. ff. de refc. vend.* V. l'article précédent & la remarque qu'on y a faite, & les art. 2. de la Section 1. & 10. de la Section 2.

SECTION XIII.

De quelques matieres qui ont du rapport au contrat de vente.

Des ventes forcées.

Caufes des ventes forcées.

Il arrive affez fouvent que les chofes qui appartiennent à des particuliers, fe trouvent néceſſaires pour quelque ufage public; & fi dans ces cas ils refufent de les vendre, ils y font contraints par l'autorité de la juſtice; parce que toutes chofes étant faites pour l'ufage de la fociété, avant qu'aucune paſſe à l'ufage des particuliers, ils ne les poſſedent qu'à cette condition, que leur intérêt cédera à l'intérêt public dans les néceſſitez qui le demanderont. Ainfi un particulier eft obligé de vendre fon héritage, s'il fe trouve néceſſaire pour quelque ouvrage public. Et il y a auſſi d'autres caufes où la juſtice oblige de vendre, & même pour les intérêts de particuliers, comme dans le cas de l'art. 4. de cette Section. On peut remarquer dans le Droit Romain fur le fujet des ventes forcées, quelques-uns fi finguliers où les propriétaires étoient forcés de vendre. Ainfi, par une conftitution de l'Empereur Antonin, les maîtres qui maltraitoient exceſſivement leurs efclaves, étoient obligez de les vendre *a*. Ainfi, lorfque l'un des maîtres d'un efclave commun à plufieurs vouloit l'affranchir, les autres étoient forcez de lui vendre leurs portions *b*. Ainfi, lorfqu'une chofe étoit commune au fifc & à des particuliers, le fifc pouvoit faire le tout, fi petite que fût fa portion, & les autres étoient obligez de laiſſer les leurs à l'acquéreur pour la portion du prix qui leur revenoit *c*.

a V. §. 2. inſt. de his qui fui vel al. jur. fi.
b l. 1. §. 1. c. de comm. ferv. man. v. l. 16. ff. de fen. fill.
c l. un. c. de vend. rer. fifc. cum priv. comm. l. 2. c. de comm. rer. alien.

SOMMAIRES.

I.

1. Ventes forcées.

Les ventes forcées font celles où l'on eft contraint par l'autorité de la juſtice, pour un bien public, ou autre jufte caufe *a*.

a V. les articles fuivans.

II.

2. Vente forcée pour le bien public.

Si une maifon ou autre héritage fe trouve néceſſaire pour un ufage public, comme pour y bâtir une Eglife paroiſſiale, ou pour l'augmenter, pour en faire un cimetiere, pour faire une rue ou pour l'élargir, pour quelque fortification, ou autre ouvrage pour la commodité publique, le propriétaire eft contraint par la juſtice de vendre ce fonds à un jufte prix *b*.

b C'eſt une fuite de ce qui a été remarqué au commencement de cette Section. V. l. 11. ff. de evict. in verbo. *Poſſeſſiones ex præcepto principali diſtractæ.* Poſſeſſiones quas pro Eccleſiis, aut domibus Eccleſiarum parochianum de novo fundandis, aut ampliandis, infra villas, non ad fuperfluitatem, fed convenientem neceſſitatem acquiri continuai, de cætero apud Eccleſias remanent, abſque coactione vendendi, vel extra manum ipfarum ponendi. Et poſſeſſores illarum poſſeſſionum ad eas dimittendum jufto pretio compellantur. Pro Eccleſiis parochialibus, cæmeteriis, & domibus parochialibus. Rectorum extra villam fundandis vel explicandis, illud idem concedimus. *Ordonnance de Philippe le Bel de 1303.* Voyez un exemple de l'ufage d'un fonds à un particulier pour la commodité publique & pour les befoins des particuliers dans la loi 13. §. 1. ff. de comm. præd. où il eſt dit qu'un particulier qui a une carriére dans fon fonds, n'eſt pas obligé d'en vendre la pierre, s'il n'eſt aſſujetti par un ufage à en donner pour un certain prix à ceux qui en veulent. Mais fi c'étoit dans un lieu où l'ufage de cette carriére fût d'une néceſſité publique, ne feroit-il pas jufte d'obliger le propriétaire d'en donner à un jufte prix, quoique la poſſeſſion n'en fût pas établie ?

III.

3. Vente de denrées.

Dans les néceſſitez publiques, & dans une difette de grains, on oblige ceux qui en ont des provifions à les débiter à un prix raifonnable *c*. Et la Police contraint les Bouchers & les Boulangers à vendre à un jufte prix *d*.

c Lege Julia de annona, pœna ftatuitur adverfus cum qui contra annonam fecerit. *l. 2. ff. de leg. Jul. de ann.* Præterea debebis cuſtodiri, ne Dardanarii ullius mercis fint, ne aut ab his qui coemptas merces fupprimunt, aut à locupletioribus, qui fructus fuos æquis pretiis vendere nollent, dum minus uberes proventus expectant, ve annona oneretur. *l. 6. ff. de extraor. crim.*
d Cura carnis omnis, ut jufto pretio præbeatur, ad curam præfecturæ pertinet. *l. 1. §. 11. ff. de off. præf. urb.* Il y a fur ce fujet plufieurs Ordonnances.

IV.

4. Vente forcée pour une néceſſité particuliere.

Si la fituation de deux héritages fe trouve telle, qu'on ne puiſſe aller à l'un que par l'autre, le propriétaire du lieu néceſſaire pour le paſſage eft obligé de vendre cette fervitude, dans l'endroit qui lui fera le moins incommode *e* ; car l'autre héritage doit avoir fon ufage.

e Si quis fepulchrum habeat, viam autem ad fepulchrum non habeat, & à vicino ire prohibeatur: Imperator Antoninus cum patre refcripfit: iter ad fepulchrum peti precario, & concedi folere. *l. 12. ff. de Relig.* Præfes etiam compellere debet, jufto pretio iter ei præftari. Ita tamen ut Judex etiam de opportunitate loci profpiciat, ne vicinus magnum patiatur detrimentum. *d. l.*

V.

5. Si celui qui pouvoit être contraint confent à la vente.

Si dans le cas où l'on peut contraindre un propriétaire à vendre fon héritage, il confent volontairement à la vente; ce fera une convention, dont les conditions feront telles qu'on les aura reglées par le contrat, & de gré à gré *f*.

f Ce fera une convention volontaire qui reglera les conditions de cette vente. V. l'art. 7. de la Section 2. des Conventions, p. 32.

VI.

6. S'il refufe de vendre.

Si le propriétaire refufe de vendre, & fe laiſſe contraindre, la Sentence ou Arrêt qui fera rendu contre lui, tiendra lieu de vente & de titre d'aliénation, qui dépouillera ce propriétaire de fon droit, & fera paſſer le fonds à l'ufage auquel il aura été deftiné *g*.

g C'eſt une fuite néceſſaire de ces fortes de ventes.

VII.

7. Effet de ces sortes de ventes.

Dans les cas où le propriétaire est dépouillé de son héritage pour quelque usage public, il ne peut être obligé à aucune garantie; car outre qu'il est dépouillé contre son gré, l'héritage étant mis hors du commerce par ce changement, il n'est plus sujet ni à des hypothéques, ni à des évictions. Mais ceux qui acquierent, comme des Marguilliers, ou un corps de Ville, demeurent chargez envers le Seigneur censier ou féodal, des droits Seigneuriaux qu'il pouvoir avoir sur cet héritage, & de l'indemniser des suites que ce changement, selon la qualité des droits, & les coûtumes des lieux: & les créanciers de celui qui est dépouillé de son fonds, ont leur droit sur le prix *h*.

h Ce sont encore des suites nécessaires de ces sortes de ventes.

VIII.

8. Heritages voisins des grands chemins.

Si par quelque cas fortuit, comme d'un debordement, un chemin public est emporté, ou rendu inutile, les voisins doivent le chemin, mais sans pouvoir vendre ce qu'ils perdent *i*. Car c'est un cas fortuit qui fait un chemin de leurs héritages, ou d'une partie, & cette situation les engageoit à souffrir cet évenement.

i Cùm via publica, vel fluminis impetu, vel ruina, amissa est, vicinus proximus viam præstare debet. l. 14. in s. ss. quem adv. serv. amitt.
Il faut entendre cette regle d'un ancien chemin. Mais si pour la commodité publique, on changeoit un chemin, comme pour le rendre plus court, ou qu'on en fit un nouveau, il faudroit desinteresser les particuliers de ce qu'on prendroit de leurs héritages pour ce nouveau chemin.

Des Décrets.

IX.

9. Saisies & décrets.

LEs créanciers ont droit de faire vendre les biens de leurs débiteurs; & ces sortes de ventes sont forcées, & se font en justice *l*.

l V. l'article 9. de la Section 3. des hypothéques.
On n'entre point ici dans le détail de cette matiere des décrets, qui étant de l'ordre judiciaire, & differente dans notre usage de celui du Droit Romain, n'est pas de ce recueil. V. l. ult. C. de jure dom.

De la Licitation.

X.

10. Licitation.

LOrsqu'une chose qui ne peut que difficilement être divisée, comme une maison, ou qui ne sçauroit l'être, comme un Office de judicature, se trouve commune à plusieurs personnes, & qu'ils ne peuvent ou ne veulent s'en accommoder entr'eux; ils la vendent pour en partager le prix, & ils l'adjugent aux encheres ou à l'un d'eux, ou à des étrangers qu'ils reçoivent à enchérir: & c'est cette maniere de vendre qu'on appelle licitation *m*.

m V. l. 78. §. 4. ff. de jur. dot. in verbo adjudicatusque fundus socio fuerit, & in verbo licitatione. l. 13. §. 17. ff. de act. empt. & vend. l. 7. §. 13. ff. com. div.

De la Ventilation.

XI.

11. Ventilation.

IL arrive souvent que plusieurs choses étant vendües toutes ensemble pour une somme, sans distinction du prix de chacune, il est nécessaire dans la suite de sçavoir ce prix en particulier, & de régler combien doit valoir chacune de ces choses sur le pied de ce prix unique pour toutes; & c'est cette maniere d'estimation qu'on appelle ventilation. Ainsi, par exemple, si un de plusieurs héritages vendus pour un seul prix, se trouve sujet à un droit de lods & ventes, c'est par une ventilation qu'on regle ce droit: & il en seroit de même, s'il falloit faire l'estimation particuliere d'une portion d'une maison ou autre héritage *n*.

n V. l. 1. ff. de evict. l. 72. cod.

TITRE III.

DE L'ECHANGE.

Echange plus ancien

QUoique l'usage de l'échange ait naturellement précédé celui de la vente *a*, qui n'a commencé que

---

que la vente, on explique pourquoi mis après.

par l'invention de la monnoie publique, il a été de l'ordre d'expliquer les regles du contrat de vente, avant que de parler de l'échange, par les raisons qu'on a remarquées à la fin du plan des matieres.

Echange premier commerce pour acquerir la propriété des choses. Regles particulieres du Droit Romain dans l'échange.

L'échange a été le premier commerce dont les hommes se sont servis pour acquérir la propriété des choses, l'un donnant à l'autre ce qui lui étoit ou inutile, ou moins nécessaire, pour avoir une chose dont il avoit besoin *b*.

Quoique l'usage de l'échange soit tout naturel, ce contrat avoit dans le Droit Romain des Regles qui paroissent peu naturelles dans notre usage. Car l'échange étoit consideré dans le Droit Romain comme un contrat informe qu'on mettoit au nombre de ceux qui n'ont point de nom; car ainsi que lorsqu'il n'y avoit qu'un simple contrat d'échange, sans délivrance de part ni d'autre; il ne produisoit aucun droit d'en demander l'exécution *c*; & que lorsque la délivrance n'étoit faite que d'une part, celui qui l'avoit faite, n'avoit pas droit de demander ce qu'on devoit lui donner en contr'échange, & il ne pouvoit que reprendre ce qu'il avoit donné *d*. Mais comme il est naturel, & de notre usage, que toutes les conventions soient exécutées *e*; nous donnons à ce contrat sa perfection entiere: & ceux qui s'y sont obligez, sont contraints réciproquement à l'exécuter, de même que la vente; & comme ils l'étoient aussi dans le Droit Romain, lorsque l'échange étoit revêtu d'une stipulation *f*.

a Origo emendi vendendique à permutationibus cœpit. l. 1. ff. de contr. empt.
b Unusquisque secundùm necessitatem temporum ac rerum utilius, inutilia permutabat. l. 1. ff. de contr. empt.
c Ex placito permutationis, nulla re secuta, constat nemini actionem competere. l. 3. C. de rer. perm. Emptio ac venditio nuda consentientium voluntate contrahitur, permutatio autem ex re tradita initium obligationi præbet. Alioquin si res nondum tradita sit, nudo consensu constitui obligationem dicemus. Quod in his duntaxat receptum est, quæ nomen suum habent, ut in emptione, venditione, conductione, mandato. l. 1. §. 2. ff. de rer. perm.
d Ex altera parte traditione facta, si alter rem nolit tradere, non in hoc agimus, ut interest nostrá illum rem accepisse, de qua convenit, sed ut res contra nobis reddatur, conditioni locus est, quasi re non secuta. l. 1. §. ult. ff. de rer. perm. l. 5. l. 7. C. eod.
e Quid tam congruum fidei humanæ quam ea quæ inter eos placuerunt servare. l. 1. ff. de pact.
f Ex placito permutationis nulla re secuta, constat nemini actionem competere, nisi stipulatio subjecta ex verborum obligatione quæsierit partibus actionem. l. 3. C. de rer. perm. l. 33. C. de transf.

Les regles des ventes servent pour l'échange. Exception.

Tout ce qu'il y a de matieres dans l'échange, étant presque les mêmes que celles du contrat de vente, à cause de l'affinité de ces deux contrats *g*; on ne répetera rien ici de ce qui a été dit dans le contrat de vente; il suffit d'avertir qu'on peut appliquer à l'échange toutes les regles des ventes, à la reserve de celles qui n'y ont pas de rapport, comme sont les regles qui regardent le prix; parce que dans l'échange il n'y a pas de prix. Ainsi les regles de l'engagement de l'acheteur de payer le prix, celles de la faculté de rachat, & les autres semblables, ne s'appliquent pas à l'échange. Mais les regles de la délivrance, celles de la garantie & des autres engagemens du vendeur, celles des changemens de la chose vendue, des nullitez des ventes, de l'éviction, de la rédhibition, & autres semblables, sont des regles communes aux ventes, aux échanges. Ainsi il suffira de mettre ici pour regles propres de l'échange, celles qui suivent.

g Quoniam permutatio vicina esset emptioni. l. ult. de rer. perm. Permutationem, utpote re ipsa bonæ fidei constitutam, sicut commemoras, vicem emptionis obtinere non est juris incogniti. l. 2. C. de rer. perm.

SOMMAIRES.

1. *Définition.*
2. *Dans l'échange l'un & l'autre tient lieu de vendeur & d'acheteur.*
3. *Eviction dans l'échange.*
4. *Regles de l'échange mêmes que de la vente.*

I.

1. Défi-nition.

L'Echange est une condition, où les contractans se donnent l'un à l'autre une chose pour une autre *a*, quelle qu'elle soit, hors l'argent monnoyé, car ce seroit une vente *b*.

a Si ego togam dedi ut tunicam acciperem, Sabinus & Cassius esse emptionem & venditionem putant : Nerva & Proculus permutationem, non emptionem hoc esse.... Sed verior est Nervæ & Proculi sententia. *l. 2. §. 1. ff. de contr. empt.*
b Si quidem pecuniam dem, ut rem accipiam, emptio & venditio est. Sin autem rem do, ut rem accipiam quia non placet, permutationem rerum emptionem esse, &c. *l. 5. §. 1. ff. de præsc. verb.*

II.

2. Dans l'échange l'un & l'autre est tout ensemble vendeur & acheteur.

Dans le contrat d'échange la condition des contractans étant égale, en ce que l'un & l'autre donnent une chose pour une autre ; on ne peut y faire la distinction d'un vendeur & d'un acheteur, non plus que d'un prix & d'une marchandise *c*. Mais l'un & l'autre tient lieu tout ensemble & de vendeur de la chose qu'il donne, & l'acheteur de celle qu'il prend *d*.

c In permutatione discerni non potest, uter emptor, uter venditor sit. *l. 1. §. 1. in f. ff. de contr. empt. l. 1. ff. de rer. perm.* Neque aliud merx, aliud pretium. *l. 1. in princ. ff. de cont. emp.*
d Si quis permutaverit, dicendum est utrumque emptoris, & venditoris loco haberi. *l. 19. §. 5. de ædil. ed.* Is qui rem permutatam accepit, emptori similis est. *l. ult. ff. quib. ex cauf. in possef. eatur.*

III.

3. Eviction dans l'échange.

Si celui qui a pris une chose en échange en est évincé, il tient lieu d'acheteur, & il a son recours pour la garantie : & l'autre est tenu de l'éviction, comme l'est un vendeur *e*.

e Si ea res quam acceperim, vel dederim, postea evincatur, in factum dandam actionem respondetur. *l. 1. ff. de rer. perm.* Ad exemplum ex empto actionis. *l. 1. C. eod.*

IV.

4. Regles de l'échange même que de la vente.

Toutes les regles du contrat de vente ont lieu dans l'échange, à la réserve de ce qui se trouveroit n'être pas de la nature de ce contrat, comme ce qui regarde le payement du prix *f*.

f Permutationem utpote reipsa bonæ fidei constitutam sicut commemoras, vicem emptionis obtinere, non est juris incogniti. *l. 2. C. de rer. perm.* Quoniam permutatio vicina esset emptioni. *l. 2. ff. eod.*

TITRE IV.

Du Louage & des diverses espéces de Baux.

Matiere de ce titre.

CE Titre comprend le commerce que font les hommes, en se communiquant l'usage des choses, ou de leur industrie & de leur travail, pour un certain prix. Cette convention est d'un usage très-nécessaire & très-fréquent. Car comme il n'est pas possible que tous ayent en propre toutes les choses dont ils ont besoin, ni que chacun fasse par soi-même ce qu'on ne peut avoir que par l'industrie & par le travail, & qu'il ne seroit pas juste que l'usage des choses des autres, ni celui de leur industrie & de leur travail fût toujours gratuit, il a été nécessaire qu'on en fît commerce. Ainsi, celui qui a une maison qu'il n'habite pas, en donne l'usage à un autre pour un loyer. Ainsi on loue des chevaux, des carrosses, des tapisseries, & les autres meubles. Ainsi on baille des héritages ou à ferme, ou à labourage. Ainsi on fait commerce de l'industrie & du travail, ou à prix fait, ou à la journée, ou par d'autres marchez.

Toutes ces espéces de conventions ont cela de commun qu'en chacune l'un jouit de la chose de l'autre, ou use de son travail pour un certain prix. Et c'est par cette raison que dans le Droit Romain elles sont toutes comprises sous les noms de louage & conduction. Louage de la part de l'un, qu'is'appelle le bailleur, & que nous appellons autrement le bailleur ; & conduction de la part de l'autre, qui s'appelle le conducteur, & que nous appellons autrement le preneur. Sur quoi il faut remarquer qu'au lieu que dans le louage des choses le bailleur ou locateur est celui qui baille une chose, & le conducteur celui qui la prend ; dans le louage du travail le bail-

leur est celui qui donne un ouvrage à faire ; & celui qui entreprend l'ouvrage, & qui donne son travail & son industrie, s'appelle le preneur ou entrepreneur.

Ce sont ces diverses sortes de conventions que nous exprimons par les noms de baux, comme bail à loyer, bail à ferme, bail à labourage, bail à prix fait, parce qu'en toutes l'un baille à l'autre ou une chose à jouir, ou un travail à faire.

Quoique le nom de louage soit commun dans le Droit Romain à toutes ces sortes de conventions, & qu'on y ait compris sous un même titre & sans distinction, les louages des maisons & des meubles, les baux à ferme ou à labourage, les prix faits & les autres conventions de cette nature ; on a cru devoir distinguer ce que nous appellons simplement louage, comme d'une maison, d'un cheval, ou autre chose, & les baux à ferme ou à labourage & les prix faits. Car ces matieres ne sont pas seulement distinguées par leurs noms ; mais elles ont aussi quelques différences dans leur nature & dans leurs regles : & parce qu'elles ont toutes quelques caractéres & quelques regles qui leur sont communes, on expliquera dans la premiere Section sous le nom de louage en général ces caractéres communs ; & dans cette même Section & les deux suivantes, on recueillera aussi plusieurs de ces regles communes, & on expliquera dans les Sections suivantes ce qu'il y a de particulier dans les baux à ferme & à labourage, & dans les autres espéces de baux.

Toutes ces matieres sont comprises en neuf Sections, & où l'on a ajouté une dixiéme pour les baux amphythéotiques qui ont leur nature & leurs regles différentes des baux d'héritage, où l'on ne donne que la jouissance pour un certain temps.

SECTION I.

De la nature du Logis.

.SOMMAIRES.

I.

1. Définition du louage en général.

LE louage en général, & y comprenant toutes les espéces de baux, est un contrat par lequel l'un donne à l'autre la jouissance ou l'usage d'une chose *a*, ou de son travail *b*, pendant quelque temps pour un certain prix *c*.

a Toto tit. ff. locat. cond. Si rem aliquam utendam sive fruendam tibi aliquis dederit. §. 2. inst. de locat. & cond.
b Quoties faciendum aliquid datur, locatio est. *l. 22. §. 1. ff. locat.*
c Locatio & conductio ita contrahi intelligitur, si merces constituta sit. *inst. eod. l. 2. ff. eod.*
On ne renferme pas dans cette définition les Baux amphythéotiques ; car ils ont leur nature propre, qui sera expliquée dans la Section 10.

II.

2. Qui le bailleur & qui le preneur.

Celui qui baille une chose à jouir, s'appelle le bailleur ou le locateur *d*, & on donne ces mêmes noms à celui qui donne quelque ouvrage ou quelque travail *e* : celui qui prend une jouissance par un louage ou une ferme, s'appelle le preneur ou le conducteur *f*, de même que celui qui entreprend un travail ou un ou-

d Si quis fundum locaverit. *l. 9. §. 2. ff. locat. l. 19. §. 2. eod.*
e Quoties faciendum aliquid datur, locatio est. *l. 22. §. 1. ff. locat. l. 36. eod.*
f Licet certis annuis quantitatibus fundum conduxeris, *l. 8. C. de locato.*

vrage *g*, qu'on appelle aussi entrepreneur. Mais dans les louages ou prix faits du travail & de l'industrie, les ouvriers ou entrepreneurs tiennent aussi en un sens lieu de locateurs; car ils louent & baillent leur peine *h*.

g Adversus eos à quibus exstruenda ædificia conduxisti, ex conducto actione contendam. l. 2. C. de locato.
h Locat artifex operam suam, id est, faciendi necessitatem. l. 22. §. 2. ff. loc.

III.

Car ce contrat est du nombre de ceux qui s'accomplissent par le consentement, de même que la vente; & ces deux contrats ont beaucoup d'affinité & plusieurs regles qui leur sont communes *i*.

i (Locatio) consensu contrahitur. l. 1. ff. locat. cond. Locatio & conductio proxima est emptioni & venditioni, iisdemque juris regulis consistit. Nam ut emptio & venditio ita contrahitur si de pretio convenerit, sic & locatio & conductio contrahi intelligitur, si de mercede convenerit. inst. L. 2. ff. eod. de loc. & cond. Adeo autem familiaritatem aliquam habere videntur emptio & venditio, item locatio & conductio : ut in quibusdam quæri soleat, utrum emptio & venditio sit, an locatio & conductio. d. l. 2. §. 1. §. 3. inst. eod.
Le louage comme la vente s'accomplit par le simple consentement, lorsqu'on est convenu de ce qui est baillé à faire ou à jouir, & du prix du bail ; ce qui fait la ressemblance du contrat à la vente, l'un & l'autre ayant un prix & une marchandise, d'où il arrive qu'en quelques marchés, il est douteux si ce sont des louages ou des ventes. Comme quand on fait marché avec un Orfévre, qu'il fera quelque ouvrage, & qu'il fournira & l'argent & la façon. Ce qui paroit un louage, quoiqu'en effet ce soit une vente. Item quæritur, si cum Aurifice Titius convenerit, ut is ex auro suo certi ponderis, certæque formæ annulos ei faceret, & acciperet, verbi gratiâ, decem aureos? utrum emptio an locatio & conductio contrahi videatur? Cassius ait, materiæ quidem emptionem & venditionem contrahi, operæ autem locationem & conductionem. Sed placuit tantùm emptionem & venditionem contrahi. §. 4. inst. de loc. & cond. Pour ce qui est des regles qui sont communes à la vente & au louage, il est facile d'en juger par la simple lecture de ce Titre & du précédent.

IV.

On peut louer toutes les choses que le preneur peut rendre au bailleur après la jouissance *l*. D'où il s'ensuit qu'on ne peut louer, non plus que prêter à usage les choses qui se consument par l'usage, comme du bled, du vin, de l'huile & autres denrées *m*.

l C'est une suite de la définition du louage.
m Non potest commodari id quod usu consumitur. l. 3. §. ult. ff. commod.
V. l'article 6. de la Section 1. du Prêt à usage, p. 66.

Les animaux qui produisent quelque revenu, comme les moutons, les brebis, dont on tire le profit de la laine, des agneaux & l'engrais des héritages & les autres animaux semblables, peuvent être donnez par une espéce de louage à celui qui se charge de les garder & de les nourrir pour une certaine portion qui lui est laissée de ce qui provient de ces animaux *n*, pourvû que la convention n'ait rien d'usuraire par l'excès du profit réservé au maître.

n Si pascenda pecora partialia (id est, ut fœtus eorum portionibus quibus placuit inter dominum & pastorem dividantur) Apollinarem suscepisse probabitur, fidem pacto præstare per judicem compellatur. l. 8. c. de pact.

V.

On peut louer comme vendre la chose d'un autre. Ainsi celui qui possede de bonne foi une chose dont il se croit maître, quoiqu'il ne le soit point, & celui qui a droit de jouir sans en être maître, comme l'usufruitier, peuvent louer & bailler à ferme ce qu'ils possedent de cette maniere *o*.

o Si tibi alienam insulam locavero. l. 7. ff. loc. Si fructuarius locaverit fundum. l. 9. §. 1. ff. eod. V. l'art. 12. de la Section 4. du contrat de vente, p. 39.

VII.

Le prix d'un louage ou autre bail peut être reglé ou en deniers, de même que celui d'une vente, ou en une certaine quantité de denrées, ou en une portion de fruits *p*.

p Si olei certa ponderatione fructus anni locasti. l. 21. c. de locato. Colonus qui ad pecuniam numeratam conduxit, & colonus partiarius. l. 25. §. 6. ff. eod.

VIII.

La vilité du prix n'est pas considérée dans les baux, comme dans les ventes pour les résoudre ; si ce n'est qu'elle fût accompagnée d'autres circonstances, comme de quelque dol, ou de quelque erreur. Car ce ne sont pas des aliénations comme les ventes : & d'ailleurs l'incertitude de la valeur des revenus du temps à venir peut rendre juste la condition du propriétaire & celle du fermier par la fixation à un prix certain, au lieu de cette valeur qui est incertaine *q*.

q Prætextu minoris pensionis, locatione facta, si nullus dolus adversarii probari possit, rescindi locatio non potest. l. 23. ff. loc.
Si decem tibi locem fundum, tu autem existimes, quinque te conducere, nihil agitur. l. 52. ff. eod. V. l'article 10. de la Sect. 5. des conventions, p. 30, & l'art. 11. de la Sect. 8, du contrat de vente, p. 43.

IX.

Celui qui tient à louage ou à fermé une maison, ou un autre héritage, peut le louer ou bailler à ferme à d'autres personnes, si ce n'est qu'il eût été autrement convenu *r*.

r Nemo prohibetur rem, quam conduxit, fruendam alii locare, si nihil aliud convenit. l. 6. c. de loc. l. 60. ff. eod.

X.

Les engagemens que forment le contrat de louage, les baux à ferme, & les autres baux, passent aux héritiers du bailleur, & à ceux du preneur *s*.

s Ex conducto actionem etiam ad hæredem transire palam est. l. 19. §. 8. ff. loc. l. 10. l. 29. l. 34. c. eod.

SECTION II.

Des engagemens de celui qui prend à louage.

SOMMAIRES.

I.

LEs engagemens du preneur sont de ne se servir de la chose qu'à l'usage pour lequel elle est louée, d'en bien user, d'en prendre soin, de la rendre au temps, de payer le prix du louage ; & en général il doit observer ce qui est prescrit par la convention, par les loix, & par les coûtumes *a*.

a Ces engagemens seront expliquez dans les articles qui suivent.
V. l'article 1. de la Section 3. des conventions, p. 24.

II.

Le preneur ne peut se servir de la chose louée, qu'à l'usage pour lequel elle lui est donnée, & de là maniere dont on est convenu ; & s'il en use autrement, il sera tenu du dommage qui en arrivera. Ainsi, celui qui prend à louage un cheval de selle pour voyager, ne peut le faire servir à porter une charge. Ainsi, le locataire, à qui par son bail il est défendu de faire du feu, ou de mettre du foin dans un certain lieu, ne peut y contrevenir ; & s'il le fait, & qu'il arrive un incendie, il en sera tenu, quand ce seroit même par un cas fortuit ; car c'eſt cette faute qui a donné l'occaſion à ce cas fortuit *b*.

b Si hoc in locatione convenit ignem ne habeto, & habuit, te-nebitur ; etiam ſi fortuitus caſus admiſit incendium , quia non debuit ignem habere. *l*. 11. §. 1. *ff*. *loc*. Inter conductorem & locatorem convenerat, ne in villa urbana ſœnum componeretur : compoſuit , deinde ſervus igne illato ſuccendit. Ait Labeo , te-neri conductorem ex locato ; quia ipſe cauſam præbuit , inferen-do contra conductionem. *d. l*. 11. §. ult. v, *l*. 13. §. 2. *& l*. 18. *ff*. *comm*. V. l'art. 10. de la Sect. 2. du prêt à uſage , p. 68.

III.

3. De celui qui méſuſe. Le preneur eſt obligé d'uſer de la choſe louée en bon pere de famille, & de la conſerver, ſans rien faire ni ſouffrir qui faſſe préjudice au bailleur ou locateur. Ainſi, le locataire d'une maiſon ne doit pas ſouffrir l'uſur-pation d'une ſervitude qui ne ſoit pas dûe. Ainſi, celui qui a pris à loüage des bêtes de charges, ne doit pas charger exceſſivement ; & s'il le fait, ou qu'il méſuſe autrement de la choſe loüée, il en ſera tenu *c*.

c Proſpicere debet conductor, ne aliquo vel jus rei , vel cor-pus deterius faciat, vel fieri patiatur. *l*. 11. §. 2. *ff*. *loc*. Qui mu-las ad certum pondus oneris locaret , càm majore onere conduc-tor eas rupiſſet.... vel ex lege Aquilia , vel ex locato rectè eum agere. *l*. 30. §. 2. *ff*. *eod*.

IV.

4. A quel ſoin le preneur eſt o-bligé. Comme le preneur uſe de la choſe louée pour ſon propre uſage , il doit avoir ſoin de la garder & la con-ſerver ; & il eſt tenu non-ſeulement du dommage qui arriveroit par ſa mauvaiſe foi, ou par une faute groſ-ſiére qui en approchât ; mais auſſi de celui qu'il pourroit cauſer par d'autres fautes, où ne tomberoit pas un pere de famille ſoigneux & vigilant. Que ſi ſans ſa faute, la choſe périt, ou eſt endommagée par un cas fortuit, il n'en eſt pas tenu *d*.

d In judicio tam locati , quàm conducti dolum & cuſtodiam , non etiam caſum , cui reſiſti non poteſt venire conſtat. *l*. 18. *C. de loc*. *l*. 9. §. 4. *ff*. *eod*. Dolum & culpam recipit locatum. *l*. 23. *ff. de reg. jur*. Ubi utriuſque utilitas vertitur, ut in empto, ut in locato , ut in dote , ut in pignore , ut in ſocietate , & dolus & culpa præſtatur. *l*. 5. §. 2. *ff. comm. l*. 1. §. 19. *ff. depoſ*. V. l'art. 14. de la Section 2. du Contrat de vente.

V.

5. Le pre-neur eſt te-nu du fait des perſon-nes dont il doit répon-dre. Le preneur eſt tenu non-ſeulement de ſon fait, mais auſſi de celui des perſonnes dont il doit répondre. Com-me ſi un locataire d'une maiſon y a mis un ſous-loca-taire, ou s'il y a tenu des domeſtiques dont la faute ait cauſé l'incendie de cette maiſon *e*.

e Videamus, an & ſervorum culpam , & quoſcumque induxe-rit præſtare conductor debet , & quatenus præſtat. Utrum ut ſervos noxæ det , an verò ſuo nomine teneatur ; & quatenus eos quos induxerit , utrùm præſtabit tantùm actiones , an quaſi ob propriam culpam teneatur. Mihi ita placet , ut culpam etiam eorum quos induxit , præſtet ſuo nomine , etſi nihil convenit : ſi tamen culpam in inducendis admittit , quòd tales habuerit vel ſuos, vel hoſpites. Et ita Pomponius, libro ſexageſimo tertio ad Edictum probat. *l*. 11. *ff. loc. v. l*. 27. §. 9. *ff. ad lg. Aquil*. Periculum præſtat ſi qua ipſius , eorumque quorum opera uter-tur , culpa acciderit. *l*. 25. §. 7. *eod. l*. 60. §. 7. *eod*. V. l'article 5. de la Section 4. des Dommages cauſez par des fautes, p. 183. & l'article 5. de la Section 8. de ce Titre.

Il me ſemble que le locataire ne doive être déchargé de la faute de ſes ſous-locataires , ou des ſous-locataires , quand il n'y auroit point de ſa faute dans le choix de ces perſonnes ; car outre que l'évenement fait voir qu'il avoit mal choiſi , il doit répondre du fait de ceux à qui il communique l'uſage de la maiſon qu'il n'eſt cenſé qu'à lui ; & le fait de ces perſonnes devient le ſien propre , à l'égard de celui qui lui a loüé , & qui a traité avec lui , ou quoi qu'on peut appliquer ces paroles de la loi derniere ff. pro ſocio. Directò cum illius perſona agi poſſe , cujus perſona in contrahenda ſocietate ſpectata fit. Et d'ailleurs , où le ſous locataire eſt ſolvable pour ré-pondre de l'incendie , & en ce cas le locataire eſt ſans intérêts , ou il eſt inſolvable , & en ce cas le locataire doit en répondre ; car il n'a pas pû rendre plus mauvaiſe la condition du propriétaire , qui avoit choiſi un locataire ſolvable pour répondre de ſa maiſon.

VI.

6. Du dom-mage cauſé par un en-nemi du preneur. Si un locataire ou un fermier s'attire, par ſa faute , un dommage de la part de quelque ennemi, comme ſi cet ennemi, pour ſe venger d'un mauvais traitement , brûle la maiſon qu'il tient ce locataire, ou coupe des ar-bres dans les héritages que tient ce fermier, ils en ſe-ront tenus ; car c'eſt leur fait que ces maux arrivent *f*.

f Culpæ autem ipſius & illud adnumerantur , ſi propter inimi-citias ejus vicinus arbores exciderit. *l*. 25. §. 4. *ff. loc*.
C'eſt au ſens expliqué dans cet article que cette loi doit être enten-

due : c'eſt-à-dire , que le fermier & le locataire ne doivent être tenus d'un dommage cauſé par un ennemi , qu'en cas qu'ils y aient donné ſujet par leur faute. Sur quoi on peut remarquer l'exemple rapporté en la loi 66. ff. ſolut. matr. de la perte des biens dotaux de Licinnia, femme de Gracchus , cauſée par la ſédition de ſon mari ; ce qui fit juger que cette perte ne devoit pas tomber ſur elle , mais ſur les biens de Gracchus. In his rebus, quas præter numeratam pecuniam , doti vir habet , dolum malum , & culpam eum præſtare oportere , Servius ait. Ea ſententia Publii Mutii eſt. Nam is in Licinnia Gracchi uxore ſtatuit , quod res dotales in ea ſeditione , qua Gracchus occiſus erat , periſſent, quia Gracchi culpa ea ſeditio facta eſſet, Licinniæ præſtari oportere. Mais ſi rien ne peut être imputé à une mauvaiſe conduite du locataire ou du fermier , il ne ſeroit pas juſte qu'il répondiſſent des ſuites d'une inimitié , dont ils n'auroient point donné de ſujet : comme , par exemple , ſi elle avoit pour cauſe le témoignage de la vérité rendue en Juſtice.

VII.

7. Du lo-cataire qui quitte par quelque crainte. Si un fermier d'un bien à la campagne, ou un loca-taire de quelque maiſon écartée , quitte les lieux, par la crainte de quelque péril, ſans en avertir le propriétaire, en cas qu'il le pût, & que ſa ſortie ait été ſuivie de quel-que dommage ; on jugera par les circonſtances du péril, & celles de ſa conduite , s'il devra être tenu des loyers & du dommage , ou s'il en devra être déchargé *g*.

g In judicio tam locati quàm conducti , dolum & cuſtodiam non etiam caſum , cui reſiſti non poteſt , venire conſtat. *l*. 28. *c. de loc*.
Exercitu veniente migravit conductor ; deinde hoſpitio mili-tes feneſtras & cætera ſuſtulerunt. Si domino non denuntiavit , & migravit , ex locato tenebitur. Labeo autem , ſi reſiſtere potuit , & non reſiſtit , teneri ait. Quæ ſententia vera eſt. Sed ſi denuntiare non potuit, non puto eum teneri. *l*. 13. §. 7. *ff. loc*. Interrogatus , ſi quis timoris cauſa emigraſſet, deberet merce-dem , necne ? reſpondet , ſi cauſa ſuiſſet cur periculum timeret , quamvis periculum verò non fuiſſet , tamen non debere merce-dem : ſed ſi cauſa timoris juſta non fuiſſet , nihilominus debere. *l*. 27. §. 1. *ff. loc*.
Qui contra legem conductionis fundum ante tempus , ſine juſtâ ac probabili cauſâ deſeruerit , ad ſolvendas totius temporis penſiones ex conducto conveniri poteſt, quatenus locatori , in id quod ejus intereſt, indemnitas ſervetur. *l*. 55. *in ſ. loc*. V. l'art. ſuivant.

VIII.

8. Si le locataire abandonne l'habitation ou le fer-mier la cul-ture. Si un locataire abandonne ſans cauſe l'habitation de la maiſon louée, ou un fermier la culture des hérita-ges, ils pourront être pourſuivis avant le terme, tant pour le prix du bail, que pour les dommages & intérêts du propriétaire *h*.

h Si domus, vel fundus in quinquennium penſionibus locatus fit , poteſt dominus , ſi deſeruerit habitationem vel fundi cultu-ram colonus vel inquilinus, cum eis ſtatim agere. *l*. 24. §. 2. *ff. loc*. V. l'art. précédent.

IX.

9. Répa-rations. Si un locataire ou le fermier ſont obligez à quelques réparations, ſoit par le bail, ou par les coutumes des lieux, ils y ſeront contraints, & tenus des dommages & intérêts du bailleur ou locateur, s'ils ne les ont faites *i*.

i Sed de his quæ præſenti die præſtare debuerunt (velut opus aliquod efficerent, propagationes facerent) agere ſimiliter po-teſt. *l*. 24. §. 3. *ff. loc*.

X.

10. Si le locataire s'abſente. Si le locataire d'une maiſon diſparoît ſans payer les loyers, le propriétaire peut ſe pourvoir en Juſtice pour faire ordonner l'ouverture de la maiſon, dans le temps qui ſera reglé par le Juge, & faire inventaire des meu-bles qui s'y trouveront pour être enſuite pourvû à ſon payement , & à la ſûreté de ce qui pourra reſter pour le locataire, ou autres qui ſe trouveront y avoir intérêt *l*.

l Cùm domini horreorum , inſularumque deſiderant , diù non apparentibus, nec ejus temporis penſiones exſolventibus con-ductoribus aperire, & ea quæ ibi ſunt deſcribere à publicis per-ſonis, quorum intereſt, audiendi ſunt. *l*. 56. *ff. loc*.

XI.

11. Le bail fini , le pre-neur remet la choſe & paye le prix. Après que le temps de louage eſt expiré, le preneur doit remettre au bailleur la choſe louée, & payer le prix convenu au terme reglé *m*.

m Si quis conductionis titulo agrum , vel aliam quamcumque rem accepit, poſſeſſionem prius reſtituere debet. *l*. 15. *c. de lo-cat*. Præſes Provinciæ ea quæ ex locatione debentur, exſolvi ſine mora curabit. *l*. 17. *c. eod*.

XII.

Les meubles que le locataire porte dans la maiſon
loüée,

12. Meubles du locataire affectez aux loyers.

loüée, sont affectez pour le payement des loyers, & les fruits des héritages pour le prix de la ferme *n*. Suivant les regles qui seront expliquées dans le Titre des hypotéques & des priviléges des créanciers.

n Eo jure utimur ut quæ in prædia inducta , illata sunt , pignori esse credantur, quasi id tacitè convenerit *l.* 4. *ff. in quib. causf. pign. vel hyp. s. cont. l.* 5. *C. de loc.* in prædiis rusticis, fructus qui ibi nascuntur , tacitè intelliguntur pignori esse domino fundi locati : etiamsi nominatim id non convenerit. *l.* 7. *ff. in quib. causf. pign. v. hyp. s. contr. l.* 3. *C. ead.*
V. les art. 12. 13. 14. *& suivant de la Sect.* 5. *des Hypotéques & des Priviléges des créanciers ,* p. 205.

¶ Ce privilége s'étend non-seulement sur les meubles du principal débiteur , mais encore sur les meubles des sous-locataires jusqu'à concurrence de ce qu'ils peuvent devoir. *l.* 11. §. 3. *versf. unde. ff. de pign. act, Cons. art.* 162.
Ce privilége a lieu non-seulement pour les loyers, mais pour les réparations & dégradations, *l.* 2. *ff. in quibus causis pign. vel hypoth. tacitè contrah.*
En vertu de son privilége il passe avant tous les créanciers. *l.* 6. §. 2. *ff. qui potior in pign. vel hypoth. habeantur. art. Cons.* 171.
Dans le cas de la banqueroute on donne six mois au propriétaire , du jour de la banqueroute pour relouer.
Si le principal locataire ou propriétaire a un bail pardevant Notaires , il a un privilége exclusif pour tout ce qui lui est dû , sinon il n'en a que pour les trois derniers termes & le courant.
Si le Locataire donne à son ami une habitation gratuite , les meubles de l'ami ne sont point affectés pour les loyers. *l.* 5. *in quibus causis pig. vel hypoth. tacitè contrah.*
Le locataire n'est pas recevable au benefice de cession ni aux lettres de repy. Cout. art. 111.]

XIII.

13. Le propriétaire peut expulser le locataire pour habiter lui-même.

Si le propriétaire d'une maison loüée se trouve en avoir besoin pour son propre usage, il peut obliger le locataire à la lui remettre, dans le tems qu'il sera arbitré par le Juge. Car comme le propriétaire ne loüe sa maison , que parce qu'il n'en a pas besoin pour lui-même ; c'est une condition tacite , que s'il en a besoin , le locataire sera tenu de la lui remettre *o*. Mais le propriétaire peut renoncer à ce droit par le bail *p*.

o Æde quam te conductam habere dicis , si pensionem domino in solidum solvisti, invitum te expelli non oportet, nisi propriis usibus dominus eam necessariam esse probaveris. *l.* 3. *C. h. t.*
p Omnes licentiam habent his quæ pro se introducta sunt renuntiare. *l.* 29. *C. de pact. l.* 41. *ff. de min.* V. l'art. 4. de la Sect. 4. des Conventions , p. 27.

¶ Suivant les termes de cette loi il semble qu'il faille que le propriétaire n'ait pas d'autre maison, *nisi necessarium, &c.* & suivant le chap. 3. aux Décrétales, *de loc. & cond. si necessitat quæ non imminebat location, tempore id expose.* Dep. t. 1. du Louage, p. 115. n. 11. versf. 4.
Cependant au Châtelet l'on ne distingue pas , pourvû que le propriétaire habite en personne , qu'il est tenu d'affirmer.
S'il n'est proprietaire qu'en partie il ne peut expulser le locataire même pour sa portion, parce qu'étant indivise l'on ne peut pas savoir quelle est sa part.
Mais s'il a le consentement de ses cohéritiers il sera bien fondé ; ainsi jugé par Arrêt du 27 Août 1616. rapporté par Brodeau sur Louet. l. 1. chap. 4. & par un autre Arrêt du 17. Mai 1629. rapporté par du Fresne dans le Journal des Audiences , l. 2. chap. 37.
Le principal locataire ne jouit point du privilége du propriétaire,quand même il y en auroit une clause expresse dans le bail; *quia quod contra rationem juris receptum est, non est producendum ad consequentia.*Les privilèges sont personnels & ne peuvent être étendus. Papon, l. 10. chap. 3. *in fine.* Brodeau, l. 1. chap. 4.
Le privilège n'appartient point aux enfans du propriétaire , quand ils veulent habiter la maison séparément de leur pere. Month. Notre-Dame d'Août 1584. & 26. Peleus en ses Questions illustres chap. 18. Automne sur la Loi *ad C. de loc.* Godefroi, *l. ad. in not.* soutient que ce privilège s'étend à la femme & aux enfans. *Id enim videtur tacitè excipi propter summam ejusmodi personarum inter se conjunctionem.*
Le propriétaire ne peut pas expulser son fermier sous prétexte qu'il veut exploiter lui-même sa ferme , il n'a pas pareille nécessité que pour habiter. Brodeau, l. 1. chap. 4. n. 6. Dep. t. 1. tir. du Louage, p. 118. n. 23.]

XIV.

14. Si le propriétaire veut faire réparer.

Le locataire est aussi obligé de vuider la maison , si le propriétaire veut y faire des réparations *q*. Et si c'est par nécessité , comme pour refaire ce qui menace ruine , le propriétaire ne sera tenu d'aucuns dommages & intérêts ; mais seulement de décharger le locataire des

q Aut corrigere domum maluerit , *d. l.* 3. *C. de loc.*

Tome I.

---

loyers , ou de les lui rendre,s'ils étoient payez : car c'est un cas fortuit *r*. Mais si c'est sans nécessité , il devra les dommages & intérêts que l'interruption du bail aura pû causer. Ainsi , si ce locataire avoit sous-loüé à un plus haut prix , que celui de son bail , le propriétaire en sera tenu , & de faire cesser les demandes des sous-locataires à cause de l'interruption du bail *f*. Que si la réparation peut se faire en peu de tems , avec peu d'incommodité du locataire , & sans qu'il déloge, il doit souffrir cette legere incommodité *t*.

r Si aversione insulam locatam dominus reficiendo , ne ea conductor frui possit, effecerit : animadvertatur, necessariò, necne, id opus demolitus est. Quid enim interest utrum locator insulæ propter vetustatem cogatur eam reficere, an locator fundi cogatur ferre injuriam ejus quem prohibere non possit? *l.* 35. *ff. loc.* Similiter igitur & circa conductionem servandum puto,ut mercedem quam præstiterim restituas , ejus scilicet temporis quo fruitus non fuerim. Nec ultra actione ex conducto præstare cogeris. *l.* 33. *ff. eod.*
f Qui insulam triginta conduxerat , singula cœnacula ita conduxit , ut quadraginta ex omnibus colligerentur. Dominus insulæ, quia ædificia vitium facere diceret, demolierat eam. Quæsitum est quanti iis æstimari debeat, si his qui totam conduxerat, ex conducto ageret ? Respondit , si vitiarum ædificium necessariò demolitus esset, pro portione , quanti dominus prædiorum locasset , quod ejus temporis habitatores habitare non potuissent , rationem duci : & tanti litem æstimari. Sin autem non fuisset necesse demoliri, sed quia melius ædificare vellet , id sciisset , quanti conductoris interesset habitatores non migrarent, tanti condemnari oporteret. *l.* 30. *ff. loc.* Tantum ei præstabis , quanti ejus interfuerit frui, in quo etiam lucrum ejus continebitur. *l.* 30. *ff. loc.*
t Ea conditione habitatorem esse ; ut si quid transversarium incidisset,quamobrem dominum aliquid demoliri oporteret, aliquam partem parvulam incommodi sustineret. *l.* 27. *ff. loc.*
¶ Mais après que l'édifice est achevé, le locataire peut demander à y rentrer , en offrant le surplus si le cas y échet. Accurs. *ad l.* 3. §. *inquilinus. ff. uti possideris. Cuj. ad tir. C. de loca.* Dep. sur ce titre , p. 114. n. 9. Godsf. *ad l. æd. Brod. l.* 1. chap. 4.
Au Châtelet l'on distingue si le bail a été résolu avant que de bâtir ou non ; dans le premier cas il ne peut plus y rentrer,dans le second il le peut en suppléant le juste prix.]

XV.

15. Le locataire peut être expulsé faute de payement.

Si le locataire ne paye pas le loyer, le propriétaire peut l'expulser par autorité de Justice, dans le tems qui sera arbitré par le Juge pour payer , ou sortir *u*.

u Æde quam te conductam habere dicis , si pensionem domino in solidum solvisti, invitum te expelli non oportet. *l.* 3. *C. de loc.* Colonum ejectum pensionum debitarum nomine. *l.* 61. *ff. loc. v. l.* 54. §. 1. *eod.*
¶ Le locataire est censé en demeure lorsqu'il a laissé passer deux ans sans payer. *Tempus autem in ejusmodi re biennii debet observari. l.* 56. *ff.* 5. Gotof. *ad l. æd. & d. cap.* 3. *de loc. & cond.* Si ce n'est que le locataire ne soit près de payer les deux années sur le champ. *d. cap.* 3. *Cuj. ad d. cap. Nisi post biennium moram purgaveris statim oblatis debitis pensionibus.*
Au Châtelet le propriétaire fait vendre les meubles du locataire pour les termes échus, & ensuite si on ne garnit la maison, il demande la résolution du bail faute de meubles exploitables.]

XVI.

16. Le locataire peut être expulsé s'il mesuse.

Le locataire peut être aussi expulsé par l'autorité de la Justice , s'il use mal de la maison loüée , comme s'il la détériore, s'il la met en péril d'incendie , faisant du feu où il n'en doit pas faire , s'il y fait ou souffre quelque commerce illicite , ou en abuse autrement.*x*

x Aut tu malè in re locata versaris es. *d. l.* 3. *C. de loc. v. l.* 11. §. 1. *ff. eod. Nov.* 14. *c.* 1.
¶ Les Artisans dont le métier est trop incommode aux voisins peuvent être expulsez. *Si vicini sunt molesti , & quorum nimis violento artificio auditorii vel templi quies turbari potuit. Gotof. ad l. æd. in fine.*
En Droit dans tous ces cas le propriétaire pouvoit expulser le locataire de sa propre autorité. mais parmi nous il faut l'autorité du Juge.]

XVII.

17. Intérêt du prix du bail.

Si le preneur qui doit le prix du bail, ou celui qui donne un ouvrage à faire , ne payent le prix au terme , ils en devront les intérêts depuis la demande.*y*

y Præses Provinciæ ea quæ ex locatione debentur, exolvi sine mora curabit , non ignarus ex locato & conducto actionem cùm sit bonæ fidei , post moram usuras legitimas admittere. *l.* 17. *C. de loc. l.* 54. *ff. eod.*

H

SECTION III.

Des engagemens de celui qui baille à loüage.

SOMMAIRES.

1. *Le bailleur obligé de faire joüir.*
2. *Eviction.*
3. *Force majeure qui empêche de joüir.*
4. *Vente rompt le bail.*
5. *Le légataire peut résoudre le bail.*
6. *Incommodité survenuë.*
7. *Des défenses faites par le preneur.*
8. *Des vices de la chose loüée.*
9. *Bail de l'usufruitier.*
10. *Obscuritez des clauses de la part du bailleur s'expliquent contre lui.*

I.

1. Le bailleur obligé de faire joüir.

LE bailleur est tenu de faire joüir librement le preneur, fermier ou locataire, de lui délivrer la chose en état de servir à l'usage pour lequel elle est loüée, & de l'entretenir dans ce bon état, y faisant les réparations nécessaires, & dont le preneur n'est tenu ni par son bail, ni par l'usage des lieux. Et si le bailleur ne donne les choses en bon état, ou telles qu'il les a promises, le preneur recouvrera ses dommages & intérêts, & fera rompre le bail, s'il y en a lieu : & à plus forte raison, si le propriétaire lui-même, ou les personnes dont il doit répondre, l'empêche de joüir *a.*

a Si re quam conduxit, frui ei non liceat, fortè quia possessio ei aut totius agri, aut partis non præstatur, aut villa non reficitur, vel stabulum, vel ubi greges ejus stare oporteat : vel si quid in lege conductionis convenit, si hoc non præstatur, ex conducto agetur. *l.* 15. §. 1. *ff. loc.* Certè quin liceat colono, vel inquilino relinquere conductionem, nulla dubitatio est... si ostia, fenestræve nimium corruptas, locator non restituat. *l.* 25. §. 2. *ff. loc.* Planè si fortè dominus frui non patiatur... quod interest præstabitur. *l.* 15. §. 8. *ff. loc.* V. l'art. 6. de la Sect. 6.

II.

2. Eviction

Si le preneur est expulsé par une éviction, le bailleur est tenu des dommages & intérêts pour l'interruption du bail. Car encore que ce soit une espece de cas fortuit, il est du fait du bailleur qu'il fasse joüir, & qu'il fasse cesser tout droit d'un autre sur la chose qu'il loüe, de même que le vendeur sur celle qu'il vend *b.*

b Si quis domum bona fide emptam, vel fundum locaverit mihi isque sit evictus, sine dolo malo culpaque ejus : Pomponius ait, nihilominus eum teneri ex conducto ei qui conduxit : ut ei præstetur frui, quod conduxit, licere. Planè si dominus non patitur, & locator paratus sit aliam habitationem non minùs commodam præstare, æquissimum esse ait absolvi locatorem. *l.* 9. *ff. loc. v. l.* 7. & *l.* 8. *eod.*
On n'a point mis dans cet article l'exception que fait cette loi, du cas où le bailleur offre un autre logement ; parce que cet accommodement n'est gueres possible que de gré à gré. Et il faut laisser à la prudence du Juge l'égard qu'on doit avoir à de telles offres.

III.

3. Force majeure qui empêche de joüir.

Si le preneur est expulsé par le fait du Prince, par une force majeure, ou par quelque autre cas fortuit, ou si l'héritage périt par un débordement, par un tremblement de terre, ou autre évenement ; le bailleur qui étoit tenu de donner le fonds, ne pourra prétendre le prix du bail, & sera tenu de rendre ce qu'il en avoit reçu, mais sans aucun autre dédommagement. Car personne ne doit répondre des cas fortuits *c.*

c In judicio tam locati quàm conducti, dolum & custodiam, non etiam casum cui resisti non potest, venire constat. *l.* 18. *C. de loc.* Non in quod suâ interest conductor consequitur, sed si eo loco, quo ei interdictum... in quo minus ei sit. C. *de loc.* Si ab eo interpellabitur, quem tu prohibere propter vim majorem, aut potentiam ejus non poteris, nihil amplius ei quam mercedem remittere : aut reddere debebis. *l.* 33. *in f. eod.* Incendia, aquarum magnitudines, impetus prædonum, à nullo præstantur. *l.* 23. *ff. de reg. jur.*

IV.

4. Vente rompt le bail.

Si le bailleur vend une maison, ou un autre héritage qu'il avoit loüé ou baillé à ferme, le bail est rompu par ce changement de propriétaire : & l'acheteur peut user & disposer de la chose comme lui semble; si ce n'est que le vendeur l'eût obligé à entretenir le bail. Mais si l'acheteur expulse le preneur, soit un fermier, ou un locataire : le bailleur est tenu des dommages & intérêts que cette interruption du bail aura pû causer *d.*

d Qui fundum fruendum, vel habitationem alicui locaverit, si aliqua ex causa fundum vel ædes vendat, curare debet apud emptorem ut quoque eadem pactione & colono frui, & inquilino habitare liceat. Alioquin prohibitus is, aget cum eo ex conducto. *l.* 25. §. 1. *ff. loc.* Emptorem quidem fundi necesse non est stare colono, cui prior dominus locavit, nisi ea lege emit. *l.* 9. *C. eod.*
V. la remarque sur l'article suivant.

V.

5. Le légataire peut résoudre le bail.

Si le bailleur legue la maison loüée, ou héritage baillé à ferme, & vient à mourir ; le légataire n'est pas obligé de tenir le bail fait par le testateur, car c'est un nouveau propriétaire comme l'acheteur. Mais si le preneur est expulsé par le légataire, il recouvrera ses dommages & intérêts contre l'héritier qui est tenu du fait du défunt *e.*

e Qui fundum conductum in plures annos locaverat, decessit, & eum fundum legavit, Cassius negavit posse cogi colonum, ut cum fundum coleret, quia nihil hæredis interesset. Quod si colonus vellet, colere, sed ab eo cui legatus esset fundus prohiberetur, cum hærede actionem colonum habere, & hoc detrimentum ad hæredem pertinere. *l.* 32. *ff. loc.*
Il faut remarquer sur cet article & sur le précédent, que le fermier expulsé par le légataire, ou par l'acheteur, conserve l'hypotheque de son bail sur l'héritage vendu ou legué : & qu'il peut exercer cette hypoteque contr'eux, pour ses dommages & intérêts de l'interruption du bail. Et ils en seront garantis. Sçavoir, l'acheteur par son vendeur, & le légataire par l'héritier.

VI.

6. Incommodité survenuë.

Si une maison loüée devient trop incommode, quoique sans le fait du bailleur, comme si un voisin élevant son bâtiment, obscurcit les jours; le bailleur est tenu des dommages & intérêts du locataire, qui peut même, si bon lui semble, interrompre le bail. Car encore que ce soit un cas fortuit, la maison étant loüée pour son usage, telle que le bailleur l'a loüée, la cessation de cet usage, quelle qu'en soit la cause, doit tomber sur lui *f.*

f Si vicino ædificante obscurentur lumina cœnaculi, teneri locatorem inquilino. Certè quin liceat colono vel inquilino relinquere conductionem, nulla dubitatio est. De mercedibus quoque, si cum eo agatur, reputationis ratio habenda est. *l.* 25. §. 2. *ff. loc.*

VII.

7. Des dépenses faites par le preneur.

Si le preneur se trouve obligé à quelque dépense pour la conservation de la chose loüée, comme si le locataire d'une maison a appuyé ce qui étoit en péril de ruine, ou s'il a fait quelque autre dépense nécessaire dont il ne fût point tenu par son bail, ni par l'usage des lieux, le bailleur est obligé de l'en rembourser *g.*

g In conducto fundo si conductor, suâ opera aliquid necessariò vel utiliter auxerit, vel ædificaverit, vel instituerit, cùm id non convenisset: ad recipienda ea quæ impendit, ex conducto cum domino fundi experiri potest. *l.* 55. §. 4. *ff. loc.*

VIII.

8. Des vices de la chose loüée.

Si celui qui loüe une chose pour quelque usage, la donne telle que par quelque défaut il en arrive quelque dommage, il en sera tenu. Ainsi, par exemple, si celui qui loüe des vaisseaux pour y mettre de l'huile, ou du vin, ou d'autres liqueurs, en donne qui ne soient pas bien conditionnez, il sera tenu de la perte, ou du dommage qui en arrivera. Car celui qui loüe une chose pour quelque usage, doit sçavoir si elle y est propre, & garantir cet usage, dont il prend le loyer. Mais si les défauts des choses loüées sont un pur effet de quelque cas fortuit, que celui qui les donne à loüage, n'ait pû ni connoître, ni présumer, il ne sera pas tenu de l'évenement de ce cas fortuit; mais seulement de remettre le loyer, ou le prix du bail. Ainsi, par exemple, si dans un pâturage baillé à ferme il se trouve des herbes qui fassent périr le bétail du fermier, le propriétaire qui aura ignoré ce défaut, ou parce que ces herbes sont survenuës de nouveau, ou par quelque autre juste cause d'ignorance, ne sera pas tenu de la perte de ce bétail; mais il ne pourra rien prétendre du prix de son bail *h*.

h Si quis dolia vitiosa ignarus locaverit : deinde vinum effluxerit, tenebitur in id quod interest. Nec ignorantia ejus erit excusata : aliter atque si saltum pascuum locasti , in quo herba mala nascebatur. Hic enim , si pecom vel demortua sunt, vel etiam deteriora facta, quod interest præstabitur , si scisti. Si ignorasti , pensionem non petes. l. 19. §. 1. ff. loc. v. l. 45. §. 1. eod.

V. l'art. 3. de la Sect. 3. du Prêt à usage.

I X.

9. Bail de l'usufruitier.
Si le bailleur n'avoit qu'un usufruit, & que le bail ne soit pas borné au temps que pourra durer l'usufruit, son héritier sera tenu des dommages & intérêts de l'interruption du bail, l'usufruit fini *i*.

i Si fructuarius locaverit fundum in quinquennium, & decesserit hæredem ejus non teneri ut frui præstet. l. 9. §. 1. ff. loc. Quid tamen, si non quasi fructuarius ei locavit, sed si quasi fundi dominus , videlicet tenebitur. Decepit enim conductorem. d. §. in f.

X.

10. Obscurité des clauses de la part du bailleur s'expliquent contre lui.
Le bailleur est obligé de faire entendre au preneur en quoi consiste la chose qu'il baille, & d'en expliquer les défauts, & tout ce qui peut donner sujet à quelque erreur ou mal-entendu. Et s'il a usé de quelque obscurité, ou de quelque ambiguité, l'interprétation s'en fera contre lui *l*.

l Veteribus placet , pactionem obscuram , vel ambiguam venditori , & qui locavit , nocere , in quorum fuit in potestate , legem apertius conscribere. l. 39. ff. de pact. v. l. 21. l. 33. ff. de contr. empt.

V. l'art. 13. de la Sect. 2. des Conventions, p. 22. & l'art. 24. de la Sect. 11. du Contrat de vente, p. 49.

SECTION IV.

De la nature des baux à ferme.

TOut ce qui a été dit dans les trois premieres Sections est commun aux baux à ferme, & doit s'y appliquer, à la réserve de quelques articles dont il est facile de juger qu'ils n'y ont pas de rapport. Ainsi, ce qui a été du droit qu'a le propriétaire d'expulser le locataire de sa maison, s'il en a besoin pour son usage, n'a point de rapport à une ferme de prez & de terres. Il sera de même facile de juger des autres regles qui doivent, ou ne doivent pas s'appliquer aux fermes. Et il ne reste que d'expliquer dans cette Section & les deux suivantes ce qu'il y a de particulier dans la nature des baux à fermes, & dans les engagemens du fermier & ceux du propriétaire , pour passer ensuite au reste des matieres de ce Titre.

SOMMAIRES.

1. *Définition des baux à ferme , & de quels biens ils se font.*
2. *Quelles autres choses se donnent à ferme.*
3. *Idem.*
4. *Différence entre ferme & louage.*
5. *Effet de l'incertitude des évènemens.*
6. *Cas fortuits de deux sortes , naturels & du fait des hommes.*
7. *Reconduction.*
8. *Divers effets de la reconduction.*
9. *Reconduction renouvelle les mêmes conditions.*

I.

1. Définition des baux à ferme, & de quels biens ils se font.
LEs baux à ferme sont les louages des fonds qui de leur nature produisent des fruits , soit par la culture , comme les terres , les vignes : ou sans culture , comme un bois taillis , un étang , un pâturage; ce qui distingue les baux de ces sortes d'héritages de ceux des maisons & autres bâtimens , qui ne produisent aucun fruit: & qui se donnent non à ferme, mais à loyer pour l'habitation , ou quelque autre usage *a*.

a Frugem pro reditu appellari , non solum quod frumentius , aut leguminibus, verum & quod ex vino , sylvis cæduis... capitur. l. 77. ff. de verb. sign. fundum fruendum , vel habitationem. l. 25. §. 1. ff. loc.

Tome I,

I I.

2. Quelles autres choses se donnent à ferme.
On peut aussi bailler à ferme les fonds qui produisent d'autres especes de revenus , comme une carriere pour en tirer de la pierre, les lieux d'où l'on tire de sable,de la terre à potier,du charbon, de la chaux, & autres matieres ; & généralement tout ce qui naît d'un fonds, ou qui peut en être tiré , peut être donné par un bail à ferme *b*.

b Quidquid in fundo nascitur, quidquid inde percipi potest, ipsius fructus est. l. 9. ff. de usu, r. quod excret fodinis, lapidicinis capitur. l. 77. ff. de verb. sign. Arundinem cæduam , & sylvam, in fructum emere. l. 40. §. 4. ff. de contr. empt.

I I I.

3. Idem.
On peut encore donner à ferme un droit de chasse, & de pêche , & d'autres revenus qui ne proviennent pas des choses, que des fonds produisent. Ainsi on loue un droit de peage, le passage d'un pont , ou d'un bac, & d'autres droits semblables *c*.

c Aucupiorum quoque , & venationum reditum , Cassius ait , libro octavo juris civilis, ad fructuarium pertinere , ergo & piscationum. l. 9. §. 5. ff. de usufr. Vectigalium. l. 4. C. de vectig. & comm.

I V.

4. Différence entre ferme & louage.
Le bail à ferme est distingué du bail à loyer d'une maison & autres bâtimens, en ce que le locataire a la jouissance connue & reglée de l'habitation , ou autre usage d'un bâtiment qu'il prend à louage: & que le fermier ignore quels seront au juste les fruits & autres revenus qu'il prend à ferme , à cause de l'incertitude du plus , ou du moins de leur quantité, & de leur valeur , & du péril d'une sterilité, & autres cas fortuits qui peuvent diminuer le revenu , ou l'anéantir *d*.

d C'est une suite de la nature de ces deux especes de revenus.

V.

5. Effet de l'incertitude des évènemens.
Cette incertitude des événemens qui peuvent diminuer les revenus baillez à ferme, ou les anéantir, & de ceux aussi qui peuvent les augmenter, font qu'on traite dans les baux à ferme sur la vue de cette espérance, & de ce péril : & c'est par cette raison qu'il peut y être convenu que le fermier ne prétendra aucune diminution pour une sterilité, pour une grêle & autres cas fortuits *e*.

e Si quis fundum locaverit, ut etiam si quid vi majore accidisset , hoc ei præstaretur , pacto standum esse. l. 9. §. 2. ff. loc. l. 8. C. eod. V. la Section suivante.

V I.

6. Cas fortuits de deux sortes, naturels & du fait des hommes.
La convention qui charge le fermier de payer le prix de son bail nonobstant les cas fortuits , ne s'étend pas à ce qui arriveroit par le fait des hommes , comme une violence , une guerre , un incendie , & autres cas semblables qu'on n'a pû prévoir *f*. Mais elle s'entend seulement , de ce qui arrive naturellement par l'injure du temps, & à quoi on peut s'attendre; comme une gelée, un débordement , & autres cas semblables.

f De quo cogitatum non docetur. l. 9. in f. ff. de transf. V. l'art. 21. de la Section 2. des Conventions, p. 23.

V I I.

7. Reconduction.
Si le temps du bail à ferme étant expiré le bailleur laisse le preneur en jouissance, & que le preneur continue d'exploiter la ferme ; elle est renouvellée par ce consentement tacite qui s'appelle reconduction *g*.

g Qui impleto tempore conductionis remansit in conductione... reconduxisse videbitur: l. 13. §. 11. ff. loc. ¶ Mais si le maître mouroit ne perdoit l'esprit; il n'y en auroit pas , quia consensu convalescit l. 14. eod. & 16. C. eod. m. Elle a lieu dans les héritages du Fisc, de Villes & Communautez. d. l. 13. §. 11. in fin. & pour les biens de l'Eglise. Gotef. ad d. §. pour les héritages des mineurs. Gotef. ibid.

V I I I.

8. Divers effets de la reconduction.
La reconduction proroge le bail ou seulement pour l'année qu'on recommence, ou même pour deux, ou pour le même temps, ou pour un moindre que le premier bail, selon l'intention des contractans, & les circonstances. Ainsi, lors qu'un bail est d'une nature qu'il y ait inégalité de revenu d'une année à l'autre, comme si dans un bail à ferme de terres labourables pour plusieurs années, il y en avoit une plus grande quantité, ou de meilleures en culture une année que l'autre; la recon-

H ij

duction ne pourroit être moindre que pour deux ans. Ainsi dans les baux à loyer des maisons, le bailleur & le preneur peuvent quand bon leur semble interrompre la reconduction, en donnant le temps reglé par la coutume, ou par le Juge. Mais si c'est un lieu dont l'usage de sa nature demande une plus longue prorogation, elle aura lieu pour le temps de cet usage. Ainsi, la reconduction d'une grange s'étend au temps de la moisson, & celle d'un pressoir au temps des vendanges *b*.

b Quod autem diximus taciturnitate utriusque partis colonum reconduxisse videri, ita accipiendum est, ut in ipso anno, quo tacuerunt, videantur eandem locationem renovasse; non etiam in sequentibus annis: etsi lustrum forte ab initio fuerat conductioni præstitutum. Sed & si secundo quoque anno, post finitum lustrum, nihil fuerit contrarium actum, eandem videri locationem illo anno permansisse. Hoc enim ipso, tacuerunt, consensisse videntur. Et hoc deinceps in uno quoque anno observandum est. *l.* 13. §. 11. *ff. loc.* Qui ad certum tempus conduxit, finito quoque tempore, colonus est. Intelligitur enim dominus, cùm patitur colonum in fundo esse, ex integro locare; & hujusmodi contractus neque verba, neque scripturam utique desiderant, sed nullo consensu convalescunt. *l.* 14. *ff. loc.* Tacito consensu eandem locationem... renovare videtur. *l.* 16. *C. eod.* In urbinis autem prædiis alio jure utimur, ut prout quisque habitaverit, ita & obligetur. *d. l.* 13. §. uls.

IX.

La reconduction qui renouvelle le bail, en renouvelle aussi toutes les conditions. Car ce n'est qu'une continuation du premier bail, avec toutes ses suites. Mais si dans le premier bail il y avoit des cautions, leur engagement finit avec le bail, & n'est pas renouvellé par la reconduction, s'ils n'y ont réitéré leur consentement, parce que leur obligation étoit bornée au temps du bail où ils s'étoient obligez *i*.

i Pignora videntur durare obligata, sed hoc ita verum est, si non ultro pro eo in priore conductione res obligaverat, hujus enim novus consensus erit necessarius. *l.* 13. §. 11. *ff. loc.* Tacito consensu eandem locationem una cum vinculo pignoris renovare videtur *l.* 16. *C. cod.*

On n'a pas mis dans cet article, que la reconduction renouvelle l'hypotéque. Car ce qui est dit dans les loix citées sur cet article, que le gage dure, ou est renouvellé par la reconduction, ne doit s'entendre dans notre usage, que ce qui est tacitement affecté au propriétaire pour le prix de sa ferme, & sans convention comme les fruits. Mais l'hypotéque que le propriétaire avoit par son bail sur les biens du Fermier, s'éteint avec le bail; & la reconduction ne la renouvelle point, si ce n'est qu'elle se fît par devant Notaires. Et alors cette seconde hypotéque n'auroit son effet que de sa date. Et il en est de même de l'hypotéque du Fermier contre le Propriétaire. V. l'art. 3. de la Section 1. p. 194. & l'art. 3. de la Section 7. des Hypotéques, p. 214.

¶ En droit d'hypotéque, dans le cas de la tacite reconduction, a lieu au jour du bail, pignora videntur durare obligata. *l.* 13. §. 11. *ff. loc. l.* 16. *eod. Cod. eod. lex pignorum revivijcit Gotof. ad. d l.* 16. Parmi ceux que l'on tient que l'hypotéque n'a lieu que du jour de la tacite reconduction & non du bail, suivant un Arrêt du 22. Août 1664. rendu au rapport de M. Louet. *l. H. Chap.* 22. mais il remarque qu'il y avoit quelques circonstances particulieres. *Vide* Brodeau Cout. de Paris art. 161. & Février sur l'art. 171. l. 1. n. 31. & suivans.]

SECTION V.

Des engagemens du fermier envers le propriétaire.

SOMMAIRES.

I.

Le fermier doit jouir en bon pere de famille du fonds qu'il tient à ferme, & le tenir, conserver, & cultiver, ainsi qu'il est convenu par le bail, ou reglé par l'u-

---

sage. Et il ne peut pour augmenter sa jouissance rien innover qui fasse préjudice au propriétaire. Ainsi, si dans un bail à ferme, il y a des terres labourables, il ne peut les ensemencer lorsqu'elles doivent demeurer en gueret, ni semer du froment lorsqu'il ne doit semer que de l'orge ou de l'avoine, & ques ces changemens rendroient les héritages à la fin du bail en un pire état que celui où ils doivent être remis au propriétaire. Et le fermier ou colon doit aussi faire les cultures en leurs temps, & selon l'usage *a*.

a Conductor omnia secundùm legem conductionis facere debet, & ante omnia Colonus curare debet, ut opera rustica suo quoque tempore faciat, ne intempestiva cultura deteriorem fundum faceret. *l.* 25. §. 3. *ff. loc.*

II.

Les fruits & revenus du fonds baillé à ferme sont affectez pour le prix du bail, soit que le fermier demeure en jouissance, ou qu'il en subroge un autre, ou qu'il baille à sous-ferme *b*.

b Si Colonus locavit fundum.... fructus in causa pignoris manent, quemadmodum essent, si primus Colonus eos percepisset. *l.* 24. §. 1. *ff. loc. l.* 53. *eod.* V. l'art. 12. de la Section 5. des Hypotéques, p. 207.
¶ Les fruits sont tacitement obligez au propriétaire. *l.* 7. *ff. in quibus causis vel hypoth. l.* 3. *Cod. eod.*
Mais les meubles du Fermier ne sont pas obligez sans une convention expresse. *l.* 4. & 7. *ff. eod. l.* 5. *C. eod. l.* 5. *de loc.*
Si le Fermier a hypotéqué spécialement ses meubles, s'il sous-afferme, les meubles du sous-Fermier ne sont pas obligez au propriétaire. *Dep. sur ce Tit.* p. 102. *col* 2. *in fin.*
Le propriétaire est préféré sur les fruits de sa ferme à tous créanciers, quoique premiers saisissans. *Louet l. F. Chap.* 4.
Il faut pourtant excepter ceux qui ont fourni la semence, & les valets & mercenaires pour leurs salaires. *Dep. eod.* p. 103. *col.* 2. *in fine.*]

III.

Celui qui tient un héritage à condition de donner au propriétaire une certaine portion des fruits, & qui doit avoir le reste pour son droit de semence & de labourage, ne peut rien prétendre contre le maître ni pour la culture, ni pour la semence quelque perte qui puisse arriver par un cas fortuit, quand même il n'en auroit aucune récolte. Car leur bail fait entr'eux une espece de société où le propriétaire donne le fonds, & le fermier ou colon la semence & la culture; chacun hazardant la portion que cette société lui donnoit aux fruits *c*.

c Vis major quam Græci Θεοῦ βίαν, id est, vim divinam appellant, non debet conductori damnosa esse... apparet autem de eo nos Colono dicere, qui ad pecuniam numeratam conduxit. Alioquin partiarius Colonus, quasi societatis jure, & damnum, & lucrum cum domino fundi partitur. *l.* 25. §. 6. *ff. loc.* Pour le Fermier à prix d'argent, V. l'article suivant.

IV.

Si le fermier qui n'a qu'un bail d'une seule année, & à prix d'argent, ne recueille rien par un cas fortuit, comme une gelée, une grêle, un débordement, & autres cas semblables, ou même par le fait des hommes, comme si dans une guerre toute la récolte lui est enlevée; il sera déchargé de payer le prix, ou le recouvrera s'il l'avoit payé. Car il est juste que dans le parti d'un bail où le bailleur s'assure un prix, le preneur s'assure une jouissance; & aussi le bail est des fruits que le fermier pourra recueillir, & qu'on présuppose qu'il recueillera. Mais s'il étoit convenu que les cas fortuits tomberoient sur le fermier, il ne laissera pas de devoir le prix nonobstant ces pertes *d*.

d Servius omnem vim, cui resisti non potest, dominum colono præstare debere, ait: ut putà fluminum, graculorum, sturnorum, & si quid simile acciderit: aut si incursus hostium fiat. *l.* 15. §. 2. *ff. loc.* Si labes facta sit, omnemque fructum tulerit, damnum coloni non esse: ne supra damnum seminis amissi, mercedes agri præstare cogatur. Sed & si uredo fructum oleæ, corruperit, aut solis fervore non assueto id acciderit, damnum domini futurum. *d.* §. 2. V. le texte cité sur l'art. précédent. Et les art. 5. & 6. de la Section 4. & l'art. 7. de cette Section.

V.

Si dans un cas fortuit extraordinaire, mais seulement par la nature même du fonds & des fruits, ou par quelque événement ordinaire, il arrive quelque perte peu considérable; comme si les fruits ne sont pas d'une bonne qualité, s'il n'y en a pas en quantité, si de mé-

ou autre cause.

chaintes herbes diminuent la moisson, si des passans y ont fait quelque léger dommage ; dans ces cas & autres semblables, le fermier ne peut prétendre de diminution du prix de son bail pour ces sortes de pertes légeres, quand il n'auroit à jouir qu'une seule année ; car comme il devoit avoir le profit entier, quelque grand qu'il fût, il est juste qu'il souffre ces petites pertes *e*.

e Si quæ vitia ex ipsa re oriantur, hæc damno coloni esse. Veluti si vinum coacuerit, si raucis aut herbis segetes corruptæ sint. l. 15. §. 2. ff. loc. Cùm quidam de fructuum exiguitate quæreretur, non esse rationem ejus habendam, rescripto divi Antonini continetur. Item alio rescripto ita continetur : novam rem desideras, ut propter vetustatem vinearum, remissio tibi detur. d. l. 15. §. 5. Si nihil extra consuetudinem acciderit, damnum coloni esse. d. l. 15. §. 2. v. l. 78. in f. ff. de contr. empt. Idemque dicendum si exercitus præteriens, per lasciviam aliquid abstulit. d. § 2. modicum damnum... ferre debet colonus, cui immodicum lucrum non aufertur. l. 25. §. 6. ff. loc. V. les articles suivans.

V I.

6. Perte non legere par les metiers causes ou autres cas fortuits.

Si le dommage arrive au fermier qui ne doit jouir qu'une seule année, se trouve considérable, soit qu'il ait été causé par les événemens dont il est parlé dans l'article précédent, ou par une grèle, par une gelée, ou autre cas fortuit ; quoique la perte ne soit pas entiere du total des fruits ; il doit lui être fait une remise d'une partie du prix, selon qu'elle sera arbitrée par la prudence du Juge *f*.

f Vis major... non debet conductori damnosa esse, si plus quam tolerabile est, læsi fuerint fructus. l. 25. §. 6. ff. loc. Omnem vim cui resisti non potest, dominum colono præstare debere. l. 15. §. 2. ff. loc. V. l'article suivant.

V I I.

7. Compensations des bonnes & des mauvaises années.

Si le bail à ferme étant de deux ou plusieurs années, il arrive en quelques unes des cas fortuits qui causent des pertes, soit du total ou d'une grande partie des fruits, & que ces pertes ne soient pas compensées par les profits des autres années ; le fermier pourra demander une diminution du prix du bail, selon que la qualité de la perte & les autres circonstances pourront la rendre juste. Mais s'il y avoit ou quelque convention dans le bail, ou quelque usage des lieux qui réglât le cas des pertes de cette nature, il faudroit s'y tenir *g*.

g Licet certis annuis quantitatibus fundum conduxeris, si tamen expressum non est in locatione (ut mos regionis postulabat) ut si qua luæ tempestatis, vel alio cœli vitio damna accidissent, ad onus tuum pertinerent : & quæ evenerunt sterilitates, ubertate aliorum annorum repensatæ non probabuntur, rationem tui juxta bonam fidem haberi, rectè postulabis. Eamque formam qui ex appellatione cognoscet, sequetur. l. 8. C. de loc. v. l. 18. eod. Si uno anno remissionem quis colono dederit ob sterilitatem, deinde sequentibus annis contigit ubertas, nihil obesse domino remissionem, sed integram pensionem etiam ejus anni quo remisit, exigendam. l. 15. §. 4. ff. loc. Circa locationes atque conductiones, maximè fides contractus servanda est, si nihil specialiter exprimetur contra consuet idinem regionis. l. 19. C. eod. V. les articles précédens. Si la perte arrivoit la premiere année du bail, & qu'elle fût de la récolte entiere, faudroit-il qu'en attendant la fin du bail, pour juger s'il y auroit lieu de faire un rabais, le Fermier fût cependant contraint de payer cette année entiere, dont peut-être les suites pourroient même diminuer sa perte des années suivantes ; comme si une grèle avoit non-seulement emporté tous les fruits d'une vigne, ou d'une autre plan, mais endommagé le bois. Et ne seroit-il pas juste qu'en remettant au régler le rabais à la fin du bail, s'il y en avoit lieu, il dépendit de la prudence du Juge d'accorder cependant quelque surséance du payement de cette premiere année, ou d'une partie, selon les circonstances de la qualité de la perte, & de celle du propriétaire, s'il avoit le moyen d'attendre, & de ceux du Fermier s'il ne pouvoit payer.

V I I I.

8. Perte des semences & cultures sur le fermier.

Dans tous les cas fortuits où le fermier souffre quelque perte, qui peut donner lieu à une remise, soit du total du prix, ou d'une partie, il ne peut prétendre aucuns dommages & intérêts, ni pour le profit qu'il auroit pû faire, ni même pour les semences ou pour la culture *h*. Car il devoit en faire les dépenses pour avoir droit aux fruits.

h Ubicumque tamen remissionis ratio habetur ex causis suprà relatis, non id quod sua interest conductor consequitur, sed mercedis exonerationem, pro rata. Suprà denique, damnum seminis ad colonum pertinere declaratur. l. 15. §. 7. ff. loc. d. l. §. 2. Voyez ci-dessus l'art. 3.

I X.

9. Fermier ne peut quitter.

Le fermier ne peut quitter ni interrompre l'exploitation de sa ferme, & s'il y manque, & à la culture des héritages, ou à quelqu'autre engagement, comme s'il étoit obligé à quelque réparation, le propriétaire peut agir en même temps pour le faire contraindre à exécuter ses engagemens, & aux dommages & intérêts que l'interruption du bail pourra lui causer *i*.

i Si domus vel fundus in quinquennium pensionibus locatus sit, potest dominus, si deseruerit habitationem vel fundi culturam colonus, vel inquilinus, cum eo statim agere. Sed & de his quæ præsenti die præstare debuerunt, veluti opus aliquod efficeret, propagationes faceret, agere similiter poterit. l. 24. §. 2. & 3. ff. loc.

SECTION VI.

Des engagemens du propriétaire envers le fermier.

SOMMAIRES.

1. *Ce que le propriétaire doit fournir au fermier.*
2. *Meubles & outils donnez au fermier.*
3. *Réparations faites par le fermier.*
4. *Dépense du fermier, le bail étant interrompu.*
5. *Améliorations du fermier.*
6. *Si le propriétaire trouble le fermier.*
7. *Du trouble que le propriétaire ne peut empêcher.*

I.

1. Ce que le propriétaire doit fournir au fermier.

OUtre les engagemens du bailleur expliquez en la Section 3. celui qui baille à ferme un bien de campagne, doit fournir ce qui est porté par le bail, pour le ménagement des héritages & pour la récolte des fruits, comme les granges, cuvages, pressoirs, & autres choses, selon qu'il est convenu ou réglé par l'usage *a*.

a Illud nobis videndum est, si quis fundum locaverit, quæ soleat, instrumenti nomine, conductori præstare : quæque si non præstet, ex locato tenetur, &c. l. 19. §. 2. ff. loc. Si quid in lege conductionis convenit, si hoc non præstatur, ex conducto agetur. l. 15. §. 1. eod. Utiliter ex conducto agit is, cui secundum conventionem non præstantur, quæ convenerant. l. 24. §. 4. versic. item. eod.

I I.

2. Meubles & outils donnez au fermier.

Si le propriétaire fournit au fermier quelques meubles & instrumens pour l'exploitation de la ferme, le fermier doit en prendre soin suivant les regles expliquées dans l'art. 3. & suivans de la Section 2. Mais si ces choses sont estimées par le bail à un certain prix, ce sera une vente, & elles seront propres au fermier *b*.

b Cùm fundus locatur, & æstimatum instrumentum colonus accipiat, Proculus ait, id agi, ut instrumentum emptum habeat colonus : sicuti fieret, cùm quid æstimatum in dotem daretur. l, 3. ff. loc.

I I I.

3. Réparations faites par le fermier.

Si le fermier a fait des réparations, ou autres dépenses nécessaires, dont il ne fût pas tenu par son bail, ou par l'usage des lieux, le propriétaire sera obligé de l'en rembourser, ou de les déduire sur le prix du bail *c*.

c In conducto fundo, si conductor sua opera aliquid necessariò vel utiliter auxerit, vel ædificaverit, vel instituerit, cùm id non convenisset, ad recipienda ea quæ impendit, ex conducto cùm domino fundi, experiri potest. l. 55. §. 1. ff. loc.

I V.

4. Dépense du fermier, le bail étant interrompu.

Si un fermier de qui le bail pouvoit être interrompu par quelque événement qu'il ait dû prévoir, s'est cependant engagé à quelques dépenses dans la vue d'une jouissance d'un certain temps, comme s'il a fait quelques provisions, acheté des bestiaux, ou fait d'autres semblables dépenses; il ne pourra prétendre d'en rien recouvrer, si le bail est interrompu par l'événement qu'il devoit s'attendre. Comme si c'étoit un bail d'un usufruit, & qu'il vienne à finir par la mort de l'usufruitier qui ne lui avoit loué que son droit, ou un bail qui dût être résolu par l'événement de quelque condition. Car sçachant que ces dépenses pouvoient devenir inutiles, il a voulu

H iij

hazader les pertes qu'il peut en souffrir *d.*

d Si fructuarius locaverit fundum in quinquennium, & decesserit... idem (Marcellus) quærit : si sumptus (conductor) fecit in fundum, quasi quinquennio fruiturus, an recipiat, & ait, non recipeturum : quia hoc evenire posse, prospicere debuit. *l. 9. §. 1. ff. loc.*

V.

5. Ameliorations du fermier.

Si un fermier a fait des améliorations dont il ne fût pas tenu, comme s'il a planté une vigne, ou un verger, ou qu'il en ait fait d'autres semblables qui ayent augmenté le revenu ; il les recouvrera suivant la regle expliquée en l'art. 17. de la Sect. 10. du contrat de vente *e.*

e In conducto fundo , si conductor sua opera aliquid necessariò, vel utiliter auxerit, vel ædificaverit, vel instituerit, cùm id non convenisset : ad recipienda ea quæ impedit; ex conducto cum domino fundi experiri potest. *l. 55. §. 1. ff. loc.* Colonus, cum lege locationis non esset comprehensum ut vineas poneret, nihilominus in fundum vineas instituit, & propter earum fructum , denis amplius aureis annuis ager locari cœperat. Quæsitum est si dominus istum colonum fundi ejectum, pensionum debitarum nomine, convenit, an sumptus utiliter factos in vineis instituendis reputare possit, opposita doli mali exceptione? Respondit, vel expensas consecuturum, vel nihil amplius præstaturum. *l. 61. ff. loc.* Impensas quas ad meliorandam in vos erogasse constiterit, habita fructuum ratione restitui vobis jubebit. *l. 16. C. de evict.*

VI.

6. Si le propriétaire trouble le fermier.

Si le fermier est troublé ou par le propriétaire, ou par des personnes que le propriétaire en pût empêcher , il sera tenu des dommages & intérêts du fermier , & de tout le profit qu'il auroit pû faire pendant le temps qui restoit à jouir ; si ce n'est qu'après un trouble de peu de jours , & les choses étant encore entieres, il le rétablisse *f.*

f Colonus, si ei frui non liceat, totius quinquennii nomine statim rectè aget. *l. 24. §. 4. ff. loc.* Et quantum per singulos annos compendii facturus erat , consequetur. *d. l.* Quod si paucis diebus prohibitur, deinde pœnitentiam agit, omniaque colono in integro sunt, nihil ex obligatione paucorum dierum mora minuet. *d. l. 24. §. 4.* Si colonus tuus fundo frui à te , aut ab eo prohibetur, quem tu prohibere , ne id faciat possis : tantùm ei præstabis, quanti ejus interfuit frui : in quo etiam lucrum ejus continebitur. *l. 33. in f. ff. loc.*

VII.

7. Du trouble que le propriétaire ne peut empêcher.

Si le trouble fait au fermier est une violence , ou un fait que le propriétaire ne puisse empêcher , & dont il ne doive pas répondre ; il ne sera tenu que de remettre le prix du bail à proportion de la non-jouïssance , ou de rendre ce qu'il en auroit reçu. Mais il ne sera pas tenu du profit qu'auroit fait le fermier s'il avoit joui *g.*

g Sin verò ab eo interpellabitur, quem tu prohibere , propter vim majorem, aut potentiam ejus non poteris : nihil amplius ei quàm mercedem remittere, aut reddere debebis. *l. 33. in f. ff. loc.*

SECTION VII.

De la nature des prix faits & autres louages de travail & de l'industrie.

SOMMAIRES.

1. *Définition.*
2. *Différence d'entrepreneurs selon qu'ils fournissent quelque matiere , ou ne fournissent rien.*
3. *De celui qui fournit la matiere & entreprend l'ouvrage.*
4. *De l'Architecte qui fournit tout.*
5. *Conditions des baux.*
6. *Ce qui se regle à dire d'experts.*

I.

1. Définition.

DAns les baux à prix fait , & autres louages du travail des ouvriers , le bailleur est celui qui donne l'ouvrage ou le travail à faire ; & le preneur ou entrepreneur est celui qui entreprend le travail ou l'ouvrage *a.*

a Qui ædem faciendam locaverat. *l. 30. §. 3. ff. loc.* V. l'art. 2. de la Section 1.

II.

2. Différence d'entrepreneurs selon qu'ils

Le preneur est quelquefois seulement chargé d'un simple ouvrage, comme un Graveur à qui on donne un cachet à graver , ou d'un simple travail , comme un voiturier, ou de fournir la matiere de l'ouvrage avec

---

fournissant quelquefois quelque matiere, ou ne fournissent rien.

son travail , comme un architecte qui fournit & sa conduite & les matériaux *b.*

b Si gemma includenda vel insculpenda data sit. *l. 13. §. 5. ff. loc.* Si navicularius onus Minturnas vehendum conduxerit. *d. l. 13. §. 1.* Qui ædem faciendam locaverat, in lege dixerat, in opus lapidis opus erit , pro lapide , & manu pretio dominus redemptori in pedes singulos septem dabit. *l. 30. §. 3. eod.*

III.

3. De celui qui fournit la matiere, & entreprend l'ouvrage.

Si l'ouvrier donne toute la matiere , & son ouvrage tel qu'il en a été convenu pour un certain prix ; comme si un orfévre se charge de faire de la vaisselle d'argent , de telle façon , & pour un tel prix , & fournit l'argent, ce sera une vente, & non un louage. Mais si on fournit l'argent à l'orfévre , ce sera un louage , ou bien un prix fait *c.*

c Si cum Aurifice convenerit, ut is ex auro suo annulos mihi faceret , certi ponderis certæque formæ, & acceperit, verbi gratiâ, trecenta : utrùm emptio & venditio sit, an locatio & conductio , sed placet , unam esse negotium , & magis emptionem & venditionem esse. Quod si ego aurum dedero, mercede pro opera constitutâ ; dubium non est quin locatio & conductio sit. *l. 2. §. 1. ff. loc. §. 4. inst. eod.*

Il faut remarquer sur les cas dont il est parlé dans cet article & les autres semblables, que de pareils marchez renferment la condition que l'ouvrage sera bien fait , on peut dire que dans le tems de la convention, c'est comme un louage & un bail à prix fait, & que dans l'exécution c'est comme une vente. Ce qui avoit donné sujet au doute dont il est parlé dans les textes citex sur cet article, si c'étoit une vente , ou un louage. V. l'article suivant.

IV.

4. De l'Architecte qui fournit tout.

Si un architecte qui entreprend un bâtiment se charge de fournir les matériaux , ce sera un louage , & non une vente, quoiqu'il semble vendre ses matériaux. Car outre que sa principale obligation , est de donner sa conduite pour le bâtiment *d* , il ne vend pas le fonds dont le bâtiment n'est qu'un accessoire.

d Cùm insulam ædificandam loco , ut sua impensa conductor omnia faciat : proprietatem quidem eorum ad me transfert , & tamen locatio est. Locat enim artifex operam suam , id est faciendi necessitatem. *l. 22. §. 2. ff. loc.*
V. l'art. 2. de la Section 1. & l'art. 9. de la Section suivante.

V.

5. Conditions des baux.

Dans les baux à prix fait & autres conventions qui regardent le travail des personnes , on peut regler ce qui sera fourni par le bailleur ou l'entrepreneur, la qualité de l'ouvrage , un temps pour le faire, & les autres semblables conditions, & tout ce qui sera reglé par la convention doit être exécuté *e.*

e Si quis in lege conductionis convenit, si hoc non præstatur, ex conducto agetur. *l. 1. §. 1. ff. loc.* V. l'art. 7. de la Section 2. des Conventions , p. 22.

VI.

6. Ce qui se regle à dire d'Experts.

Si tout ce qui doit être fait ou fourni par l'entrepreneur, n'est pas assez expressément reglé par la convention , comme si la qualité de la matiere qu'il doit fournir, ou celle de l'ouvrage n'est pas exprimé, ou le temps marqué , toutes ces choses , & les autres semblables, feront reglées ou par l'usage, s'il y en a , ou par l'avis de personnes expertes *f.*

f V. l'article 16. de la Section 2. des Conventions , p. 22. & l'article 6. de la Section suivante.

SECTION VIII.

Des engagemens de celui qui entreprend un ouvrage ou un travail.

SOMMAIRES.

1. *Entrepreneurs responsables de leur ignorance.*
2. *Défauts de la matiere que l'ouvrier doit fournir.*
3. *De quel soin sont tenus les ouvriers & entrepreneurs.*
4. *Du vice de la chose.*
5. *Soin des voituriers.*
6. *Ouvrages au gré du maître, ou au dire d'une personne.*
7. *Ouvrage fait par l'ordre du maître.*
8. *Si l'ouvrage périt avant qu'il soit vérifié.*
9. *Si l'édifice périt pendant qu'on bâtit.*

10. *Si l'ouvrier doit tout fournir, & que tout périſſe.*

11. *Acceſſoires de l'engagement de l'entrepreneur.*

I.

1. Entrepreneurs reſponſables de leur ignorance.

OUtre les engagemens qui ſont communs à tous les preneurs, & qui ont été expliquez dans les Sections 2. & 5. ceux qui entreprennent quelque travail, ou quelque ouvrage, doivent de plus répondre des défauts cauſez par leur ignorance ; car ils doivent ſçavoir faire ce qu'ils entreprennent, & c'eſt leur faute s'ils ignorent leur profeſſion *a.*

a Imperitia culpæ adnumeratur. l. 132. ff. de reg. jur.
Celſus etiam imperitiam culpæ adnumerandam libro octavo Digeſtorum, ſcripſit. Si quis vitulos paſcendos, vel ſarciendum quid poliendum conduxit, culpam eum præſtare debere. Et quod imperitia peccavit, culpam eſſe ; quippe ut artifex, inquit, conduxit. l. 9. §. 5. ff. loc. l. 13. eod. l. 25. §. 7. eod. Poterit ex locato cum eo agi, qui vitioſum opus fecerit. l. 51. §. 1. ff. loc.
V. l'art. 6. de cette Section.

II.

2. Défauts de la matiere que l'ouvrier doit fournir.

Si l'entrepreneur eſt obligé de fournir quelque ma-tiere, comme un Architecte chargé de fournir les ma-tériaux, il doit la donner bien conditionnée, & répon-dre même des défauts qu'il ignore ; car il eſt tenu de donner bon ce qu'il doit donner, comme celui qui loue une choſe, eſt obligé de la donner telle qu'elle doit être pour ſon uſage *b.*

b Si quis dolla vitioſa ignatus locaverit, deinde vinum effluxe-rit, tenebitur in id quod intereſt, nec ignorantia ejus erit excuſata. l. 19. §. 1. ff. loc. Quod imperitia peccavit, culpam eſſe. Quippe ut artifex conduxit. l. 9. §. 5. ff. loc.
V. l'article 7. de la Section 11. du Contract de vente.

III.

3. De quel ſoin ſont tenus les ou-vriers & en-trepreneurs.

L'ouvrier ou artiſan qui prend une choſe en ſa puiſ-ſance pour y travailler, & celui qui ſe charge ſimple-ment de garder quelque choſe moyennant un prix, comme celui qui prend du bétail en garde, doivent con-ſerver ce qui leur eſt confié avec tout le ſoin poſſible aux plus vigilans. Et ſi, faute d'un tel ſoin, la choſe périt, même par un cas fortuit, ils en ſeront tenus, comme ſi elle eſt dérobée, ou brûlée, ou endommagée, faute d'avoir été miſe dans un lieu bien ſûr, ou d'avoir été bien gardée. Et il en ſeroit de même ſi un ouvrier ayant des choſes à pluſieurs perſonnes, avoit donné à l'un ce qui étoit à un autre, quoique par mégarde *c.*

c Si fullo veſtimenta pollienda acceperit, eaque mures roſe-rint, ex locato tenebitur quia debuit ab hac re cavere. Et ſi pal-lium fullo permutaverit, & alii alterius dederit, ex locato ac-tione tenebitur ; etiamſi ignarus fecerit l. 13. §. 6. ff. loc.
Poterat ea res in locum tutiorem transferre. l. 34. inf. ff. de dam. Inf. Qui mercedem accipit pro cuſtodia alicujus rei, is hujus periculum cuſtodiæ præſtat. l. 40. ff. loc. Quæcumque de furto, diximus, eadem & de damno debent intelligi. Non enim dubi-tari oportet, quin is qui ſalvum fore recipit, non ſolum à furto, ſed etiam à damno recedi videatur. l. 5. §. 1. ff. naut. caup. l. 60. §. 2. ff. loc. V. l'art. 2. de la Section 2. du Prêt à uſage; l'ar-ticle 4. de la Section 3. du Dépôt ; & l'article 5. de la Section 1. des perſonnes qui exercent quelque commerce public.

IV.

4. Du vice de la choſe.

Si ce qui eſt donné à un ouvrier pour y travailler, pé-rit entre ſes mains, ſans ſa faute, mais par le défaut de la choſe même, comme ſi une amethyſte donnée à graver vient à ſe briſer ſous la main du Graveur par quelque défaut de la matiere, il n'en ſera pas tenu, ſi ce n'eſt qu'il eût entrepris l'ouvrage à ſes périls *d.*

d Si gemma includenda, aut inſculpenda data ſit, eaque fra-cta ſit : ſi quidem vitio materiæ factum ſit, non erit ex locato actio : ſi imperitia facientis, erit. Huic ſententiæ addendum eſt, niſi periculum quoque in re artifex receperit. Tunc enim , etſi vitio materiæ id evenit, erit in locato actio. l. 13. §. ff. loc.

V.

5. Soin des voituriers.

Les voituriers par terre & par eau, & ceux qui entre-prennent de tranſporter des marchandiſes, ou d'autres choſes, ſont tenus de la garde, voiture, & tranſport des choſes dont ils ſe chargent, & d'y employer toute l'application & tout le ſoin poſſible. Et ſi quelque choſe périt ou eſt endommagée par leur faute, ou des perſon-nes qu'ils employent, ils en doivent répondre *e.*

e Si magiſter navis, ſine gubernatore in flumen navem immi-ſerit, & tempeſtate orta temperare non potuerit, & navem perdi-

---

derit, vectores habebunt adverſus eum ex locato actionem. l. 13. §. 2. ff. loc. Qui columnam tranſportandam conduxit, ſi ea dum tollitur , aut portatur, aut reponitur, fracta ſit, ita id periculum præſtat, ſi qua ipſius eorumque quorum opera uteretur, culpa ac-ciderit. Culpa autem abeſt, ſi omnia facta ſunt, quæ diligentiſ-ſimus quiſque obſervaturus fuiſſet. l. 25.§. 7. ff. eod. V. l'article 4. de la Section 2. de ceux qui exercent quelque commerce public.

¶ Ils ont un Privilége pour ce qui leur eſt dû. V. Liv. 3. Tit. 1. Sect. 5. nomb. 11.]

VI.

6. Ouvrage au gré du maître, ou au dire d'experts si ne perſonn.

S'il eſt convenu qu'un ouvrage ſera au gré du maître, ou à l'arbitrage d'une perſonne qu'on aura nommée, l'ouvrier ne ſera tenu que de le rendre bon au dire d'ex-perts *f.* Car ces ſortes de conventions renferment la condition , que ce qui ſera reglé ſera raiſonnable *g.*

f Si in lege locationis comprehenſum ſit, ut arbitratu domini opus approbetur , perinde habetur ac ſi viri boni arbitrium com-prehenſum fuiſſet. Idemque ſervatur ſi alterius cujuslibet arbitrium comprehenſum fit. Nam fides exigit, ut arbitrium tale præ-ſtetur, quale viro bono convenit. l. 24. ff. loc.
g V. l'article 11. de la Section 3. des Conventions.
Les Empereurs Gratien, Valentinien, & Theodoſe, avoient or-donné que les entrepreneurs des ouvrages publics, & leurs héritiers répondroient pendant quinze années, des défauts de l'ouvrage. l. 8. C. de oper. publ.

VII.

7. Ouvrage fait par l'or-dre du maî-tre.

Quoique l'ouvrier doive répondre des défauts de l'ouvrage ; ſi néanmoins le maître l'a lui-même conduit & reglé, il ne pourra s'en plaindre *h.*

h Poterit itaque ex locato cum eo agi , qui vitioſum opus fe-cerit. Niſi ſi ideo in operis ſingulas merces conſtituta erit. Ut ar-bitrio domini opus efficeretur. Tunc enim nihil conductor præſtare domino de bonitate operis videtur. l. 51. in f. ff. loc.

VIII.

8. Si l'ou-vrage périt avant qu'il ſoit vérifié.

Si on a donné quelque matiere à un ouvrier , pour faire un ouvrage à un certain prix de l'ouvrage entier ; l'entrepreneur n'aura ſatisfait à ſon engagement & n'en ſera déchargé qu'après que tout l'ouvrage étant vérifié, il ſe trouvera tel qu'il doive être reçû. Et ſi c'eſt un tra-vail qui ſoit de pluſieurs pieces, ou à la meſure, & à un certain prix pour chaque piece ou chaque meſure , l'en-trepreneur ſera déchargé à proportion de ce qui ſera compté, ou meſuré, & trouvé bien fait. Et il portera au contraire la perte de ſon ouvrage, & les dommages & intérêts du maître s'il y en a pour ce qui ſe trouveroit n'être pas de la qualité dont il devoit être. Que ſi dans l'un & dans l'autre cas de ces deux marchez la choſe pé-rit par un cas fortuit, avant que l'ouvrage ſoit vérifié ; le maître en portera la perte, & devra le prix de l'ou-vrage, ſur tout s'il étoit en demeure de le vérifier, ſi ce n'eſt qu'il parût que l'ouvrage ne fût pas tel qu'il dût être reçû *i.*

i Opus quod averſione locatum eſt, donec adprobatur, condu-ctoris periculum eſt. Quod vero in conductum ſit , ut in pedes , menſurave præſtetur eatenus conductoris periculo eſt, quatenus admenſum non ſit. Et in utraque cauſa nocitorum locatori , ſi per eum ſteterit, quominus opus adprobetur, vel admetiatur. Si tamen vi majore opus prius interciderit quam adprobaretur loca-toris periculo eſt. Niſi aliud actum ſit. Non enim amplius præ-ſtari locatori oportet, quam quod ſua cura atque opera conſecu-tus eſſet. l. 36. ff. loc. Si priuſquam locatori opus probaretur, vi aliqua conſumptum erit , detrimentum ad locatorem ita pertinet ſi tale opus fuit, ut probari deberet. l. 37. ff. eod. V. l'art 1. de cette Section , & l'article ſuivant.

IX.

9. Si l'édifi-ce périt pen-dant qu'on le bâtit.

Si un architecte ayant entrepris de faire une maiſon ou autre édifice, & que l'ayant fait ou ſeulement une partie, il vienne à périr par un débordement , par un tremblement de terre, ou autre cas fortuit; toute la per-te ſera pour le maître, & il ne laiſſera pas de devoir & les matériaux fournis par l'entrepreneur, & ce qui ſe trouvera dû de la façon de l'édifice ; car la délivrance lui étoit faite de tout ce qu'il étoit bâti ſur ſon fonds. Mais ſi le bâtiment périt par le défaut de l'ouvrage , l'architecte perdra ſon travail avec ce qui ſera péri des matériaux, & il ſera de plus tenu du dommage que le maître en pourra ſouffrir *l.*

l Marcius domum faciendam à Flacco conduxerat deinde ope-ris parte effecta, terræ motu concuſſum erat ædificium, Maſſurius Sabinus, ſi vi naturali, veluti terræ motu, hoc acciderit , Flacci eſſe periculum. l. 59. ff. loc. Si rivum quem faciendum conduxeras & feceris antequam eum probares, labes corrupit : tuum peri-

culum eſt. Paulus : imò ſi ſoli vitio id accidit, locatoris erit periculum : ſi operis vitio id accidit , tuum erit detrimentum. *l. ult. eod.* Redemptores , qui ſuis cœmentis ædificant , ſtatim cœmenta faciunt eorum in quorum ſolo ædificant. *l. 39. ff. de rei vend.* Voyez l'article 1. de cette Section.

X.

Si l'ouvrier devoit fournir toute la matiere & tout l'ouvrage comme dans le cas de l'art. 3. de la Sect. 7. & que la choſe périſſe par un cas fortuit, avant que l'ouvrage ait été reçu ; toute la perte & de la matiere & de la façon ſera pour l'ouvrier. Car c'eſt une vente qui n'eſt accomplie, que lorſque l'ouvrier délivre l'ouvrage *m*.

m C'eſt une ſuite de l'article 3. de la Section 7.

X I.

Celui qui a entrepris un ouvrage , un travail , une voiture, ou quelqu'autre choſe ſemblable, n'eſt pas ſeulement tenu de ce qui eſt expreſſément compris au marché ; mais auſſi de tout ce qui eſt acceſſoire à l'ouvrage, ou autre choſe qu'il a entrepris. Ainſi les maîtres des coches & carroſſes de la campagne & les rouliers payent les péages & les bacs qui ſont ſur leurs routes ; car ce ſont des frais qui regardent la voiture *n*. Mais ils ne payent pas les droits d'entrée, & autres qui ſont dûs ſur les marchandiſes qu'ils voiturent , car ces droits ne regardent pas la voiture de ces marchandiſes , mais ſe prennent ſur ceux qui en ſont les maîtres.

n Vehiculum conduxiſti ut onus tuum portaret , & ſecum iter faceret , id cùm pontem tranſiret , redemptor ejus pontis portorium ab eo exigebat. Quærebatur, an etiam pro ipſa ſola rheda portorium daturus fuerit ? Puto , ſi mulio non ignoravit eà ſe tranſiturum,cùm vehiculum locaret , mulionem præſtare debere. l. 60. §. 8. ff. loc.

SECTION IX.

Des engagemens de celui qui donne un ouvrage, ou un travail à faire.

SOMMAIRES.

I.

CElui qui baille un ouvrage à faire eſt obligé de fournir à l'entrepreneur ce qui eſt du marché , ſoit qu'il doive bailler quelque matiere, nourrir l'ouvrier ou qu'il ſoit obligé à quelque autre choſe.

a Si quid in lege conductionis convenit, ſi hoc non præſtatur, ex conducto agetur, l. 15. §. 1. ff. loc. V. l'art. 1. de la Section 6.

I I.

Il doit auſſi payer le prix, ſoit après l'ouvrage fait & reçu, ou à meſure du travail ou même par avance, ſelon qu'il aura été réglé par la convention ; & au défaut du payement au terme, il doit les intérêts du prix depuis la demande *b*.

b Voyez l'article 17. de la Section 2.

I I I.

S'il étoit convenu que le prix de l'ouvrage, ou une partie ſera payée par avance,& qu'il y eût du péril d'avancer le payement; le bailleur ne pourra y être contraint , ſi l'entrepreneur ne donne une ſureté *c*.

c Quidam in municipio balineum præſtandum, annuis viginti nummis conduxerat : & ad refectionem fornacis, fiſtularum,ſimiliumque rerum, centum nummi ut præſtarentur ei , convenerat: conductor centum nummos petebat, ita ei deberi dico , ſi in earum rerum refectionem . . . impendi ſatisdaret. l. 58. §. 2. ff. loc. V. l'article 22. de la Section 10. du contrat de vente.

I V.

Si une choſe donnée à un ouvrier pour y faire quelque ouvrage , vient à périr par les défauts de la choſe

---

même , ou par quelque fait dont le bailleur doive répondre ; il ſera tenu de payer l'ouvrier de ce qu'il avoit fait & fourni pour l'ouvrage , comme dans le cas de l'rticle 4. de la Section 8. *d*.

d C'eſt une ſuite de l'article 4. de la Section 8.

V.

S'il n'a pas tenu à l'ouvrier ou mercenaire de faire l'ouvrage dans le temps reglé par la convention, & qu'il ſoit jugé par des experts que le temps donné ne ſuffiſoit pas,le bailleur doit donner le temps néceſſaire, & ne peut prétendre aucuns dommages & intérêts pour le retardement, quand même ils auroient été ſtipulez en cas que l'ouvrage ne fût fait dans le temps; car aucune convention n'oblige à l'impoſſible *e*. Mais ſi l'ouvrage étoit promis à un jour précis , & pour un uſage qui ne pût ſouffrir de retardement, comme pour débiter à un jour de foire ou pour le jour d'un embarquement; l'entrepreneur ſeroit tenu des dommages & intérêts du retardement , & devroit s'imputer d'avoir entrepris ce qu'il ne pouvoit.

e In operis locatione erat dictum, antequam diem effici deberet. Deinde ſi ita factum non eſſet, quanti locatoris interfuiſſet, tantam pecuniam conductor promiſerat. Eatenus eam obligationem contrahi puto quatenus vir bonus de ſpatio temporis æſtimaſſet, quia id actum apparet eſſe , ut eos ſpatio abſolveretur , ſine quo fieri non poſſit. l. 58. §. 1. ff. loc. v. l. 13. §. 10. eod. V. l'article 6. de la Section 5. des Conventions , p. 30. l'article 12. de la Section 12. p. 51, & l'article 19. de la Section 2. du Contrat de vente , p. 36.

V I.

S'il n'a pas tenu à un mercenaire de faire le travail , ou rendre le ſervice qu'il avoit promis pendant un certain temps: & que pendant ce temps il n'ait pas été employé ailleurs; celui qui l'avoit engagé eſt tenu de payer le ſalaire du temps qu'il a fait perdre à ce mercenaire *f*.

f Qui operas ſuas locavit , totius temporis mercedem accipere debet , ſi per eum non ſtetit quominus operas præſtet. l. 38. ff. loc. Cùm per te non ſtetiſſe proponas, quominus locatas operas Antonio Aquilæ ſolveres, ſi eodem anno mercedes ab alio non accepiſti, fidem contractus impleri æquum eſt. l. 19. §. 9. eod. Diem functo legato Cæſaris , ſalarium comitibus reſidui temporis præſtandum , modo ſi non poſtea comites cum aliis eodem tempore fuerunt. d. l. 19. §. ult. v. l. 61. §. 1. ff. loc.

¶ Les Avocats, quoiqu'ils ne plaident pas la cauſe dont ils ont été chargez , ne ſont point tenus de rendre l'honoraire qu'ils ont reçu. l. 38. §. 1. ff. loc.]

V I I.

Si le bailleur differe de recevoir l'ouvrage , ou s'il le refuſe ſans ſujet , & que la choſe périſſe après ſon retardement, il ne laiſſera pas d'être tenu de payer le prix de l'ouvrage *g*.

g Nociturum locatori ſi per eum ſteterit quominus opus approbetur. l. 36. ff. loc.

V I I I.

Si outre l'ouvrage l'ouvrier ou entrepreneur a fait quelque dépenſe pour la conſervation de la choſe, le bailleur ſera tenu de l'en rembourſer *h*.

h V. l'article 7. de la Section 3.
¶ Les Architectes ont un privilége & un hypoteque tacite ſur la maiſon par eux bâtie. l. 1. ff. in quibus cauſis pign. vel hyp. tacité contrah.
Tous les ouvriers ont le même privilége.
Pour acquérir ce privilége, il n'eſt pas néceſſaire qu'il y ait eu aucun devis ou marché paſſez. Jugé par Arrêt du 24. Février 1678. au rapport de M. le Nain. Journ. du Palais , part. 6.
Tous ceux qui ont prêté leurs deniers ou fait quelque dépenſe pour la conſervation d'une choſe, ont un privilége ſur la choſe. Hujus enim pecunia ſalvam fecit totius pignoris cauſam. l. 6. ff. qui potior. in pig. aut hyp. habeant.
De même ceux qui ont fourni des nourritures aux Ouvriers. d. l. 6.
Les Voituriers ont un privilége ſur la marchandiſe voiturée, non-ſeulement pour les frais de leur voiture , mais auſſi pour les droits de paſſage , douanes , &c. d. l. 6. §. 1. & 2.]

SECTION X.

Des Baux Emphitéotiques.

LEs Baux Emphytéotiques ont été une ſuite des baux à ferme. Car comme les maîtres des héritages inſertiles, fertiles, ne pouvoient aisément trouver des fermiers; on inventa la maniere de donner à perpétuité ces sortes d'héritages pour les cultiver, pour y planter ou autrement les améliorer, ainsi que le signifie le mot d'emphytéose. Par cette convention le propriétaire du fonds trouve de sa part son compte en s'assurant un revenu certain & perpétuel; & l'emphytéote de la sienne trouve son avantage à mettre son travail & son industrie, pour changer la face de l'héritage, & en tirer du fruit.

Comme la matiere des baux emphytéotiques comprend les baux à cens, & autres espéces de rentes foncieres, & que les conditions des Emphytéoses sont différentes, selon la diversité des concessions, & selon les coûtumes & les usages; on ne doit pas entrer ici dans le détail de cette matiere. Ainsi, on n'y mettra pas les regles du droit de lods & ventes, ni celles du droit de retrair ou retenue qu'a le Seigneur direct sur l'héritage sujet à son cens, & les autres regles qui sont différentes en divers lieux, ou autres que celles du Droit Romain. Mais on établira seulement les principes généraux, qui sont tout ensemble & du Droit Romain, & de notre usage, qui s'observent dans toutes les coûtumes, & qui sont les fondemens de la Jurisprudence de cette matiere.

SOMMAIRES.

1. *Définition.*
2. *Tous héritages peuvent se donner à emphytéose.*
3. *Différence entre l'emphytéose & les autres baux.*
4. *Perpétuité de l'emphytéose.*
5. *L'emphytéose partage les droits de propriété.*
6. *Propriété directe & utile.*
7. *Engagemens mutuels qui naissent de l'emphytéose.*
8. *Cas fortuits.*
9. *L'emphytéote ne peut détériorer.*
10. *Résolution de l'emphytéose faute de payement.*
11. *Les dépenses ne sont pas remboursées.*

I.

1. Défi-
nition.

L'Emphytéose, ou bail emphytéotique, est un contrat par lequel le maître d'un héritage le donne à l'emphytéote, pour le cultiver & améliorer *a*; & pour en jouir & disposer à perpétuité *b*, moyennant une certaine rente en deniers, grains, ou autres espéces *c*, & les autres charges dont on peut convenir.

a C'est ce qui signifie *Jus Emphyteuticum, qui est le mot du Titre de cette matiere, qui marque que l'héritage est donné à l'emphytéote pour le cultiver, planter, & y faire des améliorations.* Meliorationes, ἀμφυτεύματα. l. 3. c. de jure emphyt.

b Ut ecce de prædiis, quæ perpetuò quibusdam fruenda traduntur. Id est, ut quamdiu pensio, sive reditus pro his domino præstetur, neque ipsi conductori, neque hæredi ejus, cuive conductor, hæresve ejus id prædium vendiderit, aut donaverit, aut dotis nomine dederit, aliove quocumque modo alienaverit, auferre liceat. §. 3. inst. de loc. & cond. l. 1. ff. si ager vect. id est, emphyt. pet. l. 1. c. de adm. rer. publ.

c Domini prædiorum id quod terra præstat accipiant, pecuniam non requirant, quam rustici optare non audent, nisi consuetudo prædii hoc exigat. l. 5. c. de agric. & cens. Pensio, sive reditus pro his domino præstetur. §. 3. inst. de loc. & cond. Reditus in auro & speciebus. l. 2. §. 1. c. de agric. & cens.

II.

2. Tous
héritages
peuvent se
donner à
emphytéose.

Quoique l'emphytéose paroisse restrainte, selon son origine, aux héritages infertiles, on ne laisse pas de donner par des baux qu'on appelle emphythéotiques, des héritages fertiles, & qui sont en bon état. Et on donne aussi à ce titre des fonds qui de leur nature ne produisent aucun fruit, mais qui produisent d'autres revenus; comme des maisons & autres bâtimens *d*.

d Loca omnia sundive reipublicæ... perpetuariis conductoribus locentur. l. 3. c. de locat. præd. civil. Vectigales ædes. l. 15. §. 26. ff. de damno infecto. Suburbanum, aut domum. Nov. 7. c. 3. §. 2.

III.

3. Diffé-
rence entre
l'emphytéo-
se & les au-
tres baux.

L'emphytéose est distinguée des baux à ferme *e*, par

e Sed talis contractus quia inter veteres dubitabatur, & à quibusdam locatio, à quibusdam venditio existimabatur; lex Zenoniana lata est, quæ emphyteuseos contractus propriam statuit naturam, neque ad locationem, neque ad venditionem inclinantem: sed suis pactionibus fulciendam. §. 3. inst. de locat. & cond. Jus Emphyteuticarium neque conductionis, neque alienationis esse titulis adjiciendum. Sed hoc jus tertium esse constituimus ab utriusque memoratorum contractuum societate, seu similitudine separatum, conceptionem, definitionemque habere propriam. l. 1. c. de jur. Emphyt.

Tome I.

deux caractères essentiels, qui sont les fondemens des regles propres à l'emphytéose. Le premier est la perpétuité *f*, & le second est la translation d'une espéce de propriété *g*.

f Perpetuò quibusdam fruenda. §. 3. inst. de locat. & cond. Perpetuarii, hoc est, emphyteuticarii juris. l. 1. C. de off. com. sacr. par. l. 1. & 5. C. de locat. præd. civ. l. 10. cod. de loc. & cond. *g* Emphyteuticarii fundorum domini. l. 12. c. de sund. pair. V. les articles suivans.

Il y a des baux emphytéotiques qui ne sont pas perpétuels, mais seulement à longues années, comme pour cent ans ou pour 99. ans.

IV.

4. Perpé-
tuité de
l'emphytéo-
se.

La perpétuité de l'emphytéose fait qu'elle passe non-seulement aux héritiers de l'emphytéote, mais à tous ceux qui en ont le droit, soit par donation, vente ou autre espéce d'aliénation. Et ils ne peuvent jamais être dépouillez par le maître du fonds & de ses successeurs *h*; sinon dans les cas qui seront expliquez dans cette Section.

h Neque hæredi ejus, cuive conductor, hæresve ejus id prædium vendiderit, aut donaverit, aut dotis nomine dederit, aliove quocumque modo alienaverit, auferre liceat. §. 3. inst. de locat. & cond.

V.

5. L'em-
phytéose
partage les
droits de
propriété.

La translation de propriété que fait l'emphytéose, est proportionnée à la nature de ce contrat où le maître baille le fonds & retient la rente. Et par cette convention il se fait comme un partage des droits de propriété entre celui qui baille à rente & l'emphytéote. Car celui qui baille demeure le maître pour jouir de la rente, comme le fruit de son propre fonds, ce qui lui conserve le principal droit de propriété, qui est celui de jouir à titre de maître, avec les autres droits qu'il s'est réservez: & l'emphytéote de sa part acquiert le droit de transmettre l'héritage à ses successeurs à perpétuité, de le vendre, de le donner, de l'aliéner, avec les charges des droits du bailleur, & d'y planter, bâtir, & y faire les autres changemens qu'il avisera, pour le rendre meilleur, qui sont autant de droits de propriété *i*.

i Jus emphyteuticarium neque conductionis, neque alienationis esse titulis adjiciendum; sed hoc jus tertium esse constituimus. l. 1. C. de jur. emphyt. Pensio sive reditus domino præstetur. §. 3. inst. de loc. & cond. Emphyteuticarii fundorum domini. l. 12. C. de sund. patrim. Cui conductor, hæresve ejus id prædium vendiderit, donaverit, aliove quocumque modo alienaverit. §. 3. inst. de loc. & cond.

VI.

6. Proprié-
té directe
& utile.

Les droits de propriété que retient le maître, & ceux qui passent à l'emphytéote, sont communément distinguez par les mots de propriété directe, qu'on donne au droit du maître, & de propriété utile, qu'on donne au droit de l'emphytéote. Ce qui signifie que le premier maître du fonds conserve son droit originaire de propriété, à la réserve de ce qu'il transmet à l'emphytéote; & que l'emphytéote acquiert le droit de jouir & de disposer à la charge des droits réservez au maître du fonds. Et c'est pourquoi l'on considéroit différemment dans le Droit Romain l'emphytéote, ou comme étant, ou comme n'étant pas le maître du fonds, selon les différentes vûes & les divers effets de ces deux sortes de propriété *l*.

l Emphyteuticarii, fundorum domini. l. 12. C. de sund. patrim. Quamvis non efficiantur domini. l. 1. §. 1. ff. si ager. vect. id est, emphyt. petat.

VII.

7. Enga-
gemens mu-
tuels qui
naissent de
l'emphytéo-
se.

L'emphytéote de sa part est obligé au payement de la rente perpétuelle, & aux autres conditions reglées par le titre de l'emphytéose, & par les coûtumes; comme sont le droit de lods que payent ceux qui acquierent de l'emphytéote, ou à toutes sortes de mutations, ou à quelques-unes, ou seulement aux ventes, selon qu'il est reglé par le titre ou par la coûtume; le droit de retrait, ou de retenue, lorsque l'emphytéote vend l'héritage, & autres semblables: & celui qui baille à emphytéose est obligé de sa part à la garantie du fonds, & à le reprendre & décharger l'emphytéote de la rente, si la trouvant trop dure il veut déguerpir *m*,

m Lex Zenoniana lata est, quæ emphyteuseos contractus pro-

I

priam ſtatuit naturam .... ſuis pactionibus fulciendam. Et ſi quidem aliquid pactum fuerit, hoc ita obtinere. §. 3. inſt. de loc. & cond.

Jus emphyteuticarium .... ſeparatam conceptionem, definitionemque habere propriam, & juſtum eſſe validumque contractum, in quo cuncta, quæ inter utraſque contrahentium partes, ſuper omnibus pactionibus ſcriptura intervenienre habitis placuerint, firma illibataque perpetua ſtabilitate, modis omnibus debeant cuſtodiri. l. t. C. de jur. emphyt. l. 2. eod.

V. l'origine du droit de lods, & de celui du retrait ou retenue, en la loi 3. au même Titre.

Le déguerpiſſement eſt le droit qu'a l'emphytéote qui ſe trouve trop chargé par la rente, d'abandonner l'héritage au maître. On ne parle pas ici des regles que ce droit a ſon fondement ſur les pertes ou diminutions du fonds qui peuvent arriver, & ſur l'injuſtice qu'il y auroit de contraindre l'emphytéote à une rente perpétuelle & exceſſive, ſi le fonds n'y ſuffiſoit point; puiſque dans les baux même de quelques années, on accorde des diminutions & des décharges du prix aux Fermiers, à cauſe des pertes des fruits. Voyez l'article ſuivant.

VIII.

8. Cas fortuits.

Il s'enſuit de la nature de l'emphytéoſe, que tous les cas fortuits qui ne font périr que les revenus, ou les améliorations de plants, bâtimens, & autres quelles qu'elles ſoient, qui ont été faites par l'emphytéote, ſont à ſes périls. Car il étoit obligé d'améliorer, & c'étoit pour lui que le fonds devenoit meilleur. Et les cas fortuits qui font périr le fonds, regardent le maître qui en ſouffre la perte, & auſſi l'emphytéote qui perd les améliorations qu'il y avoit faites n.

n Si interdum ea quæ fortuiti caſibus eveniunt, pactorum non fuerint conventione concepta, ſi quidem tanta emerſerit clades, quæ prorſus etiam ipſius rei quæ per emphyteuſim data eſt, faciat interitum, hoc non emphyteuticario, cui nihil reliquum permanſit, ſed rei domino, qui quod fatalitate ingruebat, etiam nullo intercedente contractu habiturus fuerat, imputetur. Sin verò particulare, vel aliud leve contigerit damnum, ex quo non ipſa rei penitus lædatur ſubſtantia, hoc emphyteuticarius ſuis partibus non dubitet adſcribendum. l. 1. c. de jur. emphyt. §. 3. inſt. de loc. & cond.

On n'a pas mis dans cet article le cas de la perte d'une partie du fonds, comme ſi un débordement a entraîné une moitié, ou plus ou moins de l'héritage Car encore que ce qui reſte doive la rente entiere, l'uſage du déguerpiſſement donne à l'emphytéote la liberté de ſe décharger de la rente en abandonnant le fonds, ou ce qui en reſte, dans l'état où il doit le rendre, ſuivant les regles du déguerpiſſement.

IX.

9. L'emphytéote ne peut détériorer.

C'eſt auſſi une ſuite de la nature de l'emphytéoſe, que l'emphytéote ne peut détériorer le fonds, ni même ôter les améliorations qu'il y avoit faites: & s'il détériore, le maître du fonds pourra faire réſoudre l'emphytéoſe, rentrer dans ſon héritage, & faire rétablir ce qui a été détérioré c. Mais l'emphytéote peut faire des changemens utiles & en bon pere de famille; comme arracher un vieux plant pour le remettre un nouveau, démolir ſelon le beſoin pour rebâtir, & autres ſemblables.

o Si quidem deterius fecerit prædium, aut ſuburbanum aut domum qui emphyteuſim percepit, cogi eum de ſuo diligentiam, ac reſtitutionem priſci ſtatus facere. Nov. 7. cap. 3. §. 2. Si verò quis aut locator aut emphyteuta .... deteriorem faciat rem .... damus licentiam venerabili domui ... antiquum ſtatum locatæ, ſive emphyteuticæ rei exigere, & ejicere de emphyteuſi. Nov. 120. c. 8. Si quid inædificaverit, poſtea enim neque tollere hoc, neque roſigere poſſe. l. 15. ff. de aſuſu.

Quoique cette loi ſoit pour l'uſufruitier, elle peut à plus forte raiſon s'étendre à l'emphytéote, qui ne poſſede qu'à condition d'améliorer.

X.

10. Réſolution de l'emphytéoſe faute de payement.

C'eſt encore une autre ſuite de la nature de l'emphytéoſe, que faute de payement de la rente, l'emphytéote peut être expulſé, quand même il n'y auroit pas de clauſe réſolutoire dans le contrat d'emphytéoſe p, s'il ne ſatisfait après le délai qui lui ſera accordé par le Juge q.

p Sancimus ſi quidem aliquæ pactiones in emphyteuticis inſtrumentis fuerint conſcriptæ, eaſdem & in omnibus aliis capitulis obſervari; & de rejectione ejus qui emphyteuſim ſuſcepit, ſi ſolidam penſionem vel publicarum functionum apochas non præſtiterit. Sin autem nihil ſuper hoc capitulo fuerit pactum, ſed per totum triennium neque pecunias ſolverit, poſtea apochas domino tributorum reddiderit, volenti ei licere eum à prædiis emphyteuticariis repellere. l. 2. C. de jur. emphyt. Nov. 7. c. 3. §. 2. Nov. 120. cap. 8.

q V. l'article 8. de la Section 3. du Contrat de vente, & les articles 12. & 13. de la Section 12. au même Titre.

XI.

11. Les dépenſes ne ſont pas rembourſées.

Si l'emphytéote avoit fait des améliorations dans le fonds, & qu'il en ſoit expulſé faute de payement des ar-

---

rérages de la rente; il ne pourra prétendre de rembourſement de ſes dépenſes r. Car l'héritage lui avoit été donné à condition de l'améliorer. Mais il eſt de la prudence du Juge, ſelon la qualité des améliorations, & les autres circonſtances, d'accorder un delai raiſonnable, pour mettre l'emphytéote en état ou de payer & retenir le fonds, ou de pouvoir le vendre ſ.

r Nulla ei in poſterum allegatione nomine meliorationis, vel eorum quæ emponemata dicuntur, vel pœna opponenda. l. 2. C. de jur. emphyt.

ſ Licentia emphyteutæ detur, ubi voluerit, & ſine conſenſu domini, meliorationes ſuas vendere. l. 3. eod.

Quoique ces paroles de cette loi ſoient pas pour ce cas, on peut les y appliquer, parce qu'il eſt toujours vrai que l'emphytéote peut vendre le fonds, & les améliorations. Et il eſt juſte de lui donner un délai pour exercer ce droit, dans le cas où il perdroit ſes améliorations faute de payer la rente.

¶ Les Baux des biens d'Egliſe doivent être faits publiquement après trois différentes publications.

Pareillement les Baux des biens des Communautez, ſoit Eccléſiaſtiques ou Laïques, doivent être faits après trois différentes publications, à l'iſſue de la Meſſe Paroiſſiale, au plus offrant & dernier enchériſſeur. l. 3. C. de locat. prædiorum civilium.

Les Baux des biens Eccléſiaſtiques & des Communautez ne peuvent excéder le terme de trois ans, ſuivant la diſpoſition du Droit Canon, au Titre De Rebus Eccleſiæ non alienandis, dans les Extravagantes communes.

La Juriſprudence des Parlemens de Droit-écrit y eſt conforme. Dép. Tom. 1. du Louage, p. 82. num. 6. Brodeau ſur Louet, l. B. ch. 5. num. 30.

Les Baux Eccléſiaſtiques & des Communautez ne peuvent être faits par anticipation, ſi ce n'eſt trois ou ſix mois avant l'expiration du précédent bail. Louet l. B. chap. 5. n. 1.

Les ſucceſſeurs aux Bénéfices ne ſont point obligez d'entretenir les Baux faits par leurs prédéceſſeurs, ſi ce n'eſt quand ils ont droit par réſignation. Henrys Tom. 1. Liv. 1. Queſt. 1.

Il y a même un cas où le réſignataire n'eſt pas obligé d'entretenir le bail fait par ſon réſignant. Henrys eod. Louet l. B. chap. 5. num. 1.]

TITRE V.

DU PREST A USAGE ET DU PRE'CAIRE, &c.

Notre langue n'ayant pas de mot propre qui ſignifie cette convention où l'on prête une choſe à l'autre gratuitement pour s'en ſervir & la rendre après l'uſage fini; on s'eſt ſervi du mot de prêt à uſage pour diſtinguer cette convention de celle du prêt dont il ſera parlé dans le Titre ſuivant. Car ce ſont deux conventions qu'il ne faut pas confondre, celle-ci obligeant à rendre la même choſe qu'on a empruntée, comme quand on emprunte un cheval: & l'autre à rendre une choſe ſemblable, comme quand on emprunte de l'argent, & d'autres choſes qu'on ceſſe d'avoir lorſque l'on s'en ſert.

Le prêt à uſage eſt une convention qui ſuit naturellement de la liaiſon que la ſociété fait entre les hommes. Car comme on ne peut pas toujours acheter ou louer toutes les choſes dont on manque, & dont on n'a beſoin que pour peu de temps: il eſt de l'humanité qu'on s'en accommode l'un l'autre par le prêt à uſage.

Le précaire eſt la même eſpéce de convention que le prêt à uſage, avec cette différence qu'on y met dans le Droit Romain, qu'au lieu que le prêt à uſage eſt pour un temps proportionné au beſoin de celui qui emprunte, ou même pour un certain temps reglé par la convention, le précaire eſt indéfini, & ne dure qu'autant qu'il plaît à celui qui prête.

Cette diſtinction entre le prêt à uſage & le précaire eſt peu de notre uſage; & nous ne nous ſervons preſque point de ce mot de précaire, ou que dans les immeubles, comme dans une vente ou autre aliénation, lorſque celui qui aliene un fonds, reconnoît que s'il demeure encore en poſſeſſion, ce ne ſera que précairement. Ce qu'on exprime ainſi, pour marquer qu'il ne poſſedera plus ce fonds que par la tolérance de l'acquéreur, comme poſſede celui qui a emprunté. V. l'article 7. de la Sect. 2. du contrat de vente.

SECTION I.

De la nature du prêt à usage, & du précaire.

SOMMAIRES.

I.

1. Définition du prêt à usage.

LE prêt à usage est une convention par laquelle l'un donne une chose à l'autre pour s'en servir à un certain usage, & pendant son besoin sans payer aucun prix. Car s'il y avoit un prix, ce seroit un louage *a.*

a Utendum datum. *l. 1. §. 1. ff. commod.* Res aliqua utenda datur. *§. 2. inst. quib. mod. re contr. obl.*
Commodata res tunc proprie intelligitur, si nulla mercede accepta, vel constituta; res utenda data est. Alioqui mercede interveniente, locatus tibi usus rei videtur. Gratuitum enim debet esse commodatum. *d. §. 2. inst. quib. mod. re contr. obl.*

II.

2. Définition du précaire.

Le précaire est un prêt à usage accordé à la prière de celui qui emprunte une chose pour en user pendant le temps que celui qui la prête voudra la laisser, & à la charge de la rendre quand il plaira au maître de la retirer *b.*

b Precarium est, quod precibus petenti utendum conceditur tandiù, quamdiù is qui concessit, patitur. *l. 1. ff. de prec. l. 2. §. ult. cod.* Qui precario concedit, sic dat, quasi tunc recepturus, cùm sibi libuerit precarium solvere. *d. l. 1. §. 2.*

III.

3. Le prêt à usage n'oblige que par la délivrance de la chose.

Le prêt à usage est une de ces sortes de conventions où l'on s'oblige à rendre une chose; & où par conséquent l'obligation ne se contracte que par la délivrance de la chose prêtée *c.*

c Is cui res aliqua utenda datur, id est, commodatur, re obligatur. *§. 2. inst. quib. mod. re contr. obl.*
V. l'article 9. de la Section des Conventions, p. 20.

IV.

4. Celui qui prête demeure propriétaire.

Il est de la nature de ce contrat que celui qui prête demeure propriétaire de ce qu'il a prêté, & que par conséquent celui qui emprunte rende la même chose qu'il a empruntée, & non une autre de la même espece. Car ce ne seroit pas un prêt à usage; mais un simple prêt, comme quand on emprunte des denrées ou de l'argent pour les consumer & en rendre autant *d.*

d Rei commodatæ & possessionem, & proprietatem retinemus. *l. 8. ff. commod.* Nemo enim commodando, rem facit ejus cui commodat. *l. 9. cod.* Mutuum damus recepturi, non eandem speciem, quam dedimus: alioqui commodatum erit, aut depositum. *l. 2. ff. de reb. cred.*

V.

5. Meubles & immeubles peuvent être prêtez.

On peut prêter à usage, non-seulement des choses mobiliaires, mais aussi des immeubles, comme une maison pour y habiter *e.*

e Rem mobilem. *l. 1. §. 1. ff. commod.* Commodata res dicitur & quæ soli est. *l. 1. §. 1.* Etiam habitationem commodari posse. *d. §. 1, in fine. l. 17. ff. de præsc. verb.*

Tome I.

VI.

6. Des choses qui se consument par l'usage.

On ne peut prêter à usage les choses qui se consument ou qu'on cesse d'avoir quand on en use, comme l'argent & les denrées; car les prêter pour les consumer, ce seroit faire un simple prêt, qui est une convention d'une autre nature. Mais on peut donner ces sortes de choses par un prêt à usage, pour quelque autre fin que de les consumer: comme si on les prêtoit pour faire des offres ou une consignation, à la charge de les retirer, & rendre les mêmes *f.*

f Non potest commodari id quod usu consumitur, nisi forté ad pompam, vel ostentationem quis accipiat. *l. 3. §. ult. ff. commod.* Sæpe etiam ad hoc commodantur pecuniæ, ut dicis gratia, numerarios loco intercedant. *l. 4. cod.*
V. l'article 4. de la Section 1. du Louage.

VII.

7. Prêt à usage de ce qui est à un autre.

On peut prêter à usage ce qui est à un autre. Ainsi le possesseur de bonne foi peut prêter ce qu'il possede, & qu'il croit être à lui. Et c'est même un prêt à usage, lorsqu'on prête ce qu'on possede de mauvaise foi *g.*

g Commodare possumus etiam alienam rem quam possidemus, tametsi, scientes alienam possidemus. *l. 15. ff. commod.* Ita ut, & si sit, vel quod commodaverit, habeat commodati actionem. *l. 16. cod. l. 64. ff. de Judic.*

VIII.

8. Manière & durée de l'usage doit être reglée par celui qui prête.

C'est à celui qui prête une chose à regler de quelle maniere, & pendant quel temps celui qui l'emprunte pourra s'en servir *h.*

h Modum commodati finemque præscribere ejus est, qui beneficium tribuit. *l. 17. §. 2. ff. commod.* V. l'art. 11. de la Sect. 2.

IX.

9. Prêt à usage présumé pour l'usage naturel de la chose.

Si l'usage qui doit être fait de la chose empruntée n'est pas reglé par la convention, il est borné au usage naturel & ordinaire qu'on peut en tirer. Ainsi celui qui prête un cheval, est présumé le donner pour quelque voyage, & non pour la guerre *i.*

i Qui alias se commodata utitur, non solùm commodati, verùm furti quoque tenetur. *l. 5. §. 8. ff. commod.* Si tibi equum commodavero, ut ad villam adduceres, tu ad bellum duxeris; commodati teneberis. *d. l. 5. §. 7.*

X.

10. Durée du prêt à usage proportionnée au besoin pour lequel la chose est prêtée.

Si le temps n'est pas reglé par la convention, il est borné à la durée de l'usage pour lequel la chose est prêtée. Ainsi un cheval étant prêté pour un voyage, celui qui l'emprunte en a l'usage pendant le temps nécessaire pour ce voyage *l.*

l Intempestive usum commodatæ rei auferre, non officium tantùm impedit, sed suscepta obligatio inter dandum accipiendumque. *l. 17. §. 3. ff. commod.* Non recte facies importune repetendo. *d. §.* Temporalis ministerii causa. *l. 2. C. cod.* V. l'article de la Section 3.

XI.

11. Restitution de la chose au temps & au lieu dont on convient.

S'il a été convenu que la chose prêtée sera rendue dans un certain temps, en un certain lieu, & que celui qui l'a emprunté n'y ait point satisfait, il sera tenu aux dommages & intérêts qu'il aura pû causer selon les circonstances *m.*

m Si ut certo loco vel tempore reddatur commodatum, convenit, officio judicis inest, ut rationem loci, vel temporis habeat. *l. 5. ff. commod.*

XII.

12. Prêt ou pour l'usage de celui qui emprunte, ou de celui qui prête, ou de tous les deux.

Le prêt à usage peut être fait, ou pour le seul intérêt de celui qui emprunte, & c'est la maniere d'emprunter qui est la plus commune, comme si je prête mon cheval à un ami pour faire un voyage pour sa propre affaire; ou il peut être fait pour l'intérêt seulement de celui qui prête; comme si je prête mon cheval à celui que j'envoye pour moi à la campagne, ou pour l'intérêt des deux, comme si un associé prête son cheval à son associé pour une affaire commune de leur société *n.*

n Commodatum plerumque solam utilitatem continet ejus cui commodatur. *l. 5. §. 2. in f. ff. commod.*
Si sua duntaxat causa commodavit: sponsæ forté suæ, vel uxori quo honestius culta ad se deduceretur: vel si quis ludos edens Prætor, scenicis commodavit. *d. l. 5. §. 10. l. 10. §. 1. cod.*

I ij

Si utriufque gratia (commodata fit) res, veluti fi communem amicum ad cœnam invitaverimus, inque ejus rei curam fufcepifes , & ego tibi argentum commodaverim. *l.* 18. *eod.* V. l'article 2. & les fuivans de la Section 2.

XIII

13. Le précaire finit par la mort de celui qui a prêté.

Le précaire finit par la mort de celui qui a prêté, & non le prêt à ufage. Car le précaire ne dure qu'autant que veut celui qui a prêté ; & fa volonté ceffe par fa mort. Mais dans le prêt à ufage, celui qui prête a voulu laiffer la chofe pendant le temps de l'ufage accordé *o.*

o Precarii rogatio ita facta, quoad is qui dediffet, vellet, mortę ejus tollitur. *l.* 4. *ff. loc.* V. ci-après Section 3. & *l.* 17. §. 3. *ff. commod.*

XIV

14. Qui peut prêter & emprunter.

Toutes perfonnes capables de contracter, peuvent prêter & emprunter, & outre les engagemens naturels à quoi oblige le prêt à ufage, on peut y ajouter les pactes qu'on veut, & il faut appliquer à ce contrat les autres regles générales des conventions *p.*

p Voyez l'art. 2. de la Section 2. p. 21. l'art. 1. de la Section 3. p. 24. & l'art. 1. de la Section 4. des Conventions, p. 26. V. *l.* 1. §. 2. & l. 2. *ff. commod.*

XV

15. Les engagemens du prêt à ufage paffent aux héritiers.

Les engagemens qui fe forment par le prêt à ufage, paffent aux héritiers de celui qui prête & de celui qui emprunte *q.*

q Hæres ejus qui commodatum accepit pro ea parte qua hæres eft, convenitur. *l.* 3. §. 3. *ff. commod. l.* 17. §. 2. *eud.* Voyez fur l'engagement de l'héritier l'art. dernier de la Sect. 3. du Dépôt.

SECTION II.

Des engagemens de celui qui emprunte.

SOMMAIRES.

1. *Engagemens de celui qui emprunte.*
2. *A quel foin eft obligé celui qui emprunte.*
3. *Soin de celui qui emprunte pour l'intérêt du maître de la chofe prêtée.*
4. *Soin de celui à qui le prêt eft fait pour l'intérêt commun.*
5. *Si la qualité du foin eft reglée par la convention.*
6. *Cas fortuits.*
7. *Egards qu'on doit avoir à la chofe empruntée plus qu'à la fienne.*
8. *Celui qui emprunte peut fe charger des cas fortuits.*
9. *De la chofe prêtée & eftimée.*
10. *Cas fortuits arrivez à celui qui ufe de la chofe empruntée contre l'intention du maître.*
11. *Peine du mefufage.*
12. *Si la chofe eft détériorée, ou par l'ufage qui en eft fait, ou par la faute de celui qui emprunte.*
13. *La chofe empruntée ne fe retient pas par compenfation d'une dette.*
14. *Dépenfe pour ufer de la chofe.*

I.

1. Engagemens de celui qui emprunte.

LEs engagemens de celui qui emprunte une chofe, font d'en prendre foin *a* ; d'en ufer felon l'intention de celui qui l'a prêtée *b* ; & de la rendre *c* dans le temps convenu *d*, & en bon état *e*. Ces divers engagemens feront expliquez par les regles qui fuivent.

a In rebus commodatis diligentia præftanda eft. *l.* 18. *ff. commod.*
b Modum commodati, finemque præfcribere, ejus eft , qui beneficium tribuit. *l.* 17. §. 3. *ff. commod.*
c De ea re ipfa reftituenda tenetur. §. 2. *inft. quib. mod. re contr. obl. l.* 1. §. 3. *ff. de obl. & act.*
d Ad modum finemque. *l.* 17. §. 3. *ff. commod.*
e Si reddita quidem fit res commodata, fed deterior reddita, non videbitur reddita. *l.* 3. §. 1. *ff. commod.*

II.

2. A quel foin eft obligé celui qui emprunte.

Celui qui a emprunté une chofe pour fon propre ufage eft obligé d'en prendre foin, non-feulement comme il en prend de ce qui eft à lui, s'il n'eft pas affez vigilant, mais avec toute l'exactitude des peres de famille les plus

---

foigneux ; & il doit répondre de toute perte & de tout dommage qui pourroit arriver faute d'un tel foin *f*. Car l'ufant gratuitement de ce qu'on lui prête, il doit le conferver avec tout le foin poffible aux plus vigilans.

f In rebus commodatis talis diligentia præftanda eft , qualem quifque diligentiffimus paterfamilias fuis rebus adhibet. *l.* 18. *ff. commod.* Exactiffimam diligentiam cuftodiendæ rei præftare compellitur. Nec fufficit ei, eandem diligentiam adhibere,quam fuis rebus adhibet, fi alius diligentior cuftodire potuerit. *l.* 1. §. 4. *ff. de obl. & act.* §. 2. *inft. quib. mod. re contr. obl.* Cuftodiam commodatæ rei , etiam diligentem debet præftare. *l.* 5. §. 5. *ff. commod.* V. l'art. 4. de la Sect. 3. du Dépôt, p. 82. & l'art. 3. de la Sect. 8. du Loüage , p. 63.

Il y a cette différence dans le Droit Romain entre le prêt à ufage & le précaire, pour ce qui regarde le foin dans le précaire , celui qui tient précairement la chofe d'un autre, ne répond que du dol, & des fautes qui approchent, & non des fautes légeres. Dolum folum præftat is qui precario rogavit, cùm totum hoc ex liberalitate defcendat e us qui precario conceffit : & fatis fit fi dolus tantùm præfte.ur. Culpam tamen dolo proximam continent quis meritò dixerint. *l.* 8. §. 3. *ff. de precar.* Mais la liberalité de celui qui prête doit-elle diminuer le foin de celui qui emprunte ? Et quiconque prête , foi pour un tems , ou précairement , prête-t-il autrement que pour obliger ? Ou s'il faut diftinguer leur condition , pour ce qui regarde le foin de la chofe prêtée , n'eft-ce point à caufe que celui à qui on prête pour un certain tems, doit plus veiller à la confervation de la chofe que celui à qui eft donnée indéfiniment, fans qu'il fçache pendant quel tems celui qui l'a prêtée , voudra la laiffer.

III.

3. Soin de celui qui emprunte pour l'intérêt du maître de la chofe prêtée.

Si le prêt à ufage n'a été fait que pour l'intérêt de celui qui prête, celui à qui on prête de cette maniere ne fera pas tenu du même foin que s'il empruntoit pour fon propre ufage. Mais il fera feulement tenu de ce qui pourroit arriver par fa mauvaife foi *g* ; ou par une faute groffiere qui approchât du dol *h*. Car il ne feroit pas jufte que pour faire plaifir, il fût obligé à une telle vigilance qu'il fût responsable de la moindre négligence, ou de la moindre faute.

g Interdum planè dolum folum in re commodata, qui rogavit, præftabit : ut putà fi quis ita convenit , vel fi fua duntaxat causâ commodavit. *l.* 5. §. 10. i. *l.* 10. §. 1. *ff. commod.*
h Lata culpa planè dolo comparabitur. *l.* 1. §. 1. *ff. fi menf.falf, mod. dix.* diffoluta negligentia. prope dolum eft. *l.* 29. *ff. mand.*

IV.

4. Soin de celui à qui le prêt eft fait pour l'intérêt commun.

Si le prêt à ufage a été fait pour l'intérêt commun de celui qui prête & de celui qui emprunte, comme fi l'un des affociez emprunte le cheval de l'autre pour une affaire de leur fociété, il répondra de ce qui pourroit arriver, non-feulement par fa mauvaife foi, mais par fa négligence, & fon peu de foin *i*. Car il emprunte en partie pour fon intérêt, & il reçoit un plaifir en ce qui le regarde.

i At fi utriufque (gratia commodata fit res) fcriptum quidem apud quofdam invenio , quafi dolum tantùm præftare debeas. Sed videndum eft ne & culpa præftanda fit : ut ita culpæ fiat æftimatio , ficut in rebus pignori datis & dotalibus æftimari folet. *l.* 18. verfic. at fi. *ff. com.* Ubi utriufque utilitas vertitur, ut in empto, ut in locato, ut in dote, ut in pignore, ut in focietate, & dolus & culpa præftatur. *l.* 5. §. 2. *ff. com.* Placuit (in pignore) fufficere, fi eam rem cuftodiendam exactam diligentiam adhibeat. §. ult. inft. quib. mod. re contr. oblig.

V.

5. Si la qualité du foin eft reglée par la convention.

S'il a été convenu de quel foin feroit tenu celui qui emprunte, la convention fervira de régle *l*.

l Sed hæc ita, nifi fi quid nominatim convenit , vel plus, vel minus in fingulis contractibus ; nam hoc fervabitur quod initio convenit, legem enim contractus dedit. *l.* 23. *ff. reg. jur.* Interdum planè dolum folum in re commodata , qui rogavit præftabit : ut putà fi quis ita convenit. *l.* 5. §. 10. *ff. commod.*

VI.

6. Cas fortuits.

Si celui qui emprunte n'a ufé de la chofe empruntée que pendant le temps, & pour l'ufage pour lequel elle lui a été prêtée, & qu'elle périffe, ou foit endommagée, fans fa faute, par le pur effet d'un cas fortuit, ou par la nature de la chofe, il n'en eft pas tenu. Car rien ne peut lui être imputé. Et aucune convention n'oblige naturellement à répondre de ces fortes d'événemens , qui font un pur effet de l'ordre divin, & qui regardent ceux qui font les maîtres des chofes dont la perte arrive *m*.

m Quod verò fenectute contigit , vel morbo , vel vi latronum ereptum eft , aut quid fimile accidit : dicendum eft nihil eorum effe imputandum ei, qui commodatum accepit , nifi aliqua culpa interveniat. *l. 5. §. 4. ff. commod. l. 1. C. eod. l. 23. in f. ff. de reg. jur.* Si commodavero tibi equum quo utereris usque ad certum locum, si nulla culpa tua interveniente in ipso itinere deterior equus factus sit, non teneris commodati : nam ego in culpa ero, qui in tam longum iter commodavi qui eum laborem sufficere non potuit. *l. ult. ff. commod.* Tantum eos casus non præstat, quibus resisti non possit quæ sine dolo & culpa ejus accidunt. *l. 18. ff. commod. v. l. 20. eod.* Fortuitos casus nullum humanum consilium providere potest. *l. 2. §. 7. ff. de adm. rer. ad civit. pert.* Ad eos qui servandum aliquid conducunt, aut utendum accipiunt, damnum injuria ab aliquo datum non pertincre, procul dubio est. Qua enim cura, aut diligentia consequi possumus, ne aliquis damnum nobis injuria det? *l. 19. ff. commod.* V. l'art 6. de la Sect.2. des Procurations, & l'art. 12. de la Sect. 4. de la Société.

On peut remarquer sur cet article la distinction que fait la loi divine dans ce cas où la chose empruntée périt en l'absence du maître, & du cas où la perte tombe sur le maître, & dans le premier sur celui qui avoit emprunté. Qui à proximo quidquid horum mutuo postulaverit, & debilitatum aut mortuum fuerit, domino non præsente, reddere compelletur. Quod si impræsentiarum dominus fuerit, non restituet. Exod. 22. 14. Cette distinction est-elle fondée sur ce que le maître présent voit qu'il ne peut rien imputer à celui à qui il avoit prêté, & que si on déchargeoit celui à qui a emprunté de la perte arrivée en l'absence du maître, ce seroit donner occasion à ceux qui empruntent de mésuser, ou de négliger, & de supposer même une perte qui ne seroit pas arrivée ?

¶ L'on paye toujours parmi nous quand il est arrivé accident.]

VII.

- Egard qu'il doit à la chose empruntée plus qu'à la sienne.

Si la chose périt par un cas fortuit, dont celui qui l'avoit empruntée pouvoit la garantir, y employant la sienne, il en sera tenu : car il ne devoit en user qu'au défaut de la sienne. Et il en seroit de même, si dans un incendie il laissoit périr ce qu'il lui auroit emprunté, pour garantir plutôt ce qui étoit à lui *n.*

n Proinde, & si incendio, vel ruinâ aliquid contingit, vel aliquid damnum fatale non tenebitur, nisi forte cùm possit res commodatas salvas facere: suas prætulit. *l. 5. §. 4. ff. commod.*

VIII.

8. Celui qui emprunte se peut charger des cas fortuits.

Si par la vûe du péril à craindre, il est convenu que celui qui emprunte répondra des cas fortuits, il en sera tenu *o.* Car il pouvoit ne se pas soumettre à cette condition, & c'est lui-même qui a mis la chose en péril.

o Cùm is qui à te commodari sibi bovem postulabat, hostilis incursionis contemplatione, periculum, amissionis, ac fortunam futuri damni in se suscepisse proponatur : Præses Provinciæ... placitum conventionis implere cùm compellet. *l. 1. C. de commod.* Si quis pactus sit ut ex causâ depositi omne periculum præstet, Pomponius ait pactionem valere: nec quasi contra juris formam, non esse servandum. *l. 7. §. 15. ff. de pact. l. 1. §. 1. ff. commod. v. l. 21. §. 1. eod.* V. l'art. 7. de la Sect. 3. du Dépôt.

¶ Si la convention est, ne dolus præstetur, elle n'est pas valable, & est contra bonos mores. *l. 17. eod. l. 23. de reg. jur.*]

IX.

9. De la chose prêtée & limitée.

S'il est fait un estimation de la chose prêtée entre celui qui prête & celui qui emprunte, pour régler ce que rendra celui qui emprunte, s'il ne rend la chose il sera tenu de cette valeur, quand même la chose périroit par cas fortuit *p.* Car celui qui prête de cette maniere, le fait pour assurer en toute sorte d'événemens, de recouvrer ou la chose qu'il prête, ou cette valeur si elle périt.

p Si forte res æstimata data sit, omne periculum præstandum ab eo qui æstimationem se præstaturum recepit. *l. 5. §. 3. ff. commod.* Æstimatio periculum tacit ejus qui suscepit. Aut igitur, ipsam rem debebit incorruptam reddere, aut æstimationem de qua convenit. *l. 1. §. 1. ff. de æstimat. act.*

X.

10. Cas fortuits arrivez à celui qui use de la chose empruntée contre l'intention du prêteur.

Si la chose prêtée périt par un cas fortuit à cause que celui qui l'avoit empruntée l'employoit à un autre usage que celui pour lequel elle lui avoit été donnée, il en sera tenu *q.*

q Si cui ideò argentum commodaverim, quod is amicos ad cœnam invitaturum se diceret, & peregrè secum portaverit, sine ulla dubitatione etiam Piratarum, & Latronum, & naufragii casum præstare debet. *l. 18. ff. commod.*

XI.

11. Peine de celui qui use autrement.

Si celui qui prête explique pour quel usage il donne la chose & pendant quel temps, son intention servira de regle. Et s'il n'en est rien dit, celui qui emprunte ne pourra se servir de la chose, que pour l'usage naturel & ordinaire à quoi elle est propre, & pendant le temps nécessaire pour le besoin, pour lequel elle a été prêtée. Et s'il en use autrement contre l'intention de celui qui a prêté, ou contre cet ordre, il commet une espece de

larcin : & il sera tenu des pertes, & des dommages & intérêts qui en arriveront *r.*

r Si tibi equum commodavero ut ad villam adduceres, tu ad bellum duxeris, commodati teneberis. *l. 5. §. 7. ff. commod.* Qui aliàs re commodata utitur, non solùm commodati, verum furti quoque tenetur. *d. l. 5. §. 8. §. 9. inst. de oblig. quæ ex dolo nasc.* Qui jumenta sibi commodata longius duxerit, alienave re, invito domino usus sit, furtum facit. *l. 40. ff. de furt.* Habet summam æquitatem, ut eatenus quisque nostro utatur, quatenus ei tribuere velimus. *l. 15. ff. de precar.* V. l'art 8. & le suivant de la Sect. 1.

XII.

12. Si la chose est détériorée, ou par l'usage qui en est fait, ou par la faute de celui qui emprunte.

Si la chose est détériorée sans aucune faute de celui qui l'avoit empruntée, & par le seul effet de l'usage qu'il avoit droit d'en faire, il n'en est pas tenu ; mais s'il y a de sa faute, il doit en répondre *s.*

s Eum qui rem commodatam accepit, si in eam rem usus est in quam accepit, nihil præstare, si eam in nulla parte, culpa sua deteriorem fecit, verum est. Nam si culpa ejus fecit deteriorem tenebitur. *l. 10. ff. commod.*

Sive commodata res sive deposita deterior ab eo qui acceperit, facta sit, non solùm istæ sunt actiones, de quibus loquimur, verùm etiam legis Aquiliæ. *l. 18. §. 1. eod.* Non videbitur reddita, quæ deterior facta redditur, nisi quod interest præstetur. *l. 3. §. 1. eod.*

XIII.

13. La chose empruntée, ne se retient pas par compensation d'une dette.

Celui qui a emprunté une chose ne peut la retenir par compensation de ce que peut lui devoir celui qui l'a prêtée *t.*

t Prætextu debiti, restitutio commodati non probabiliter recusatur. *l. ult. C. de commod.*

XIV.

14. Dépense pour user de la chose.

Si pour user de la chose empruntée, on est obligé à quelque dépense, celui qui l'emprunte en sera tenu *u.*

u V. l'art. 4. de la Section suivante.

SECTION III.

Des engagemens de celui qui prête.

SOMMAIRES.

1. Celui qui a prêté une chose, ne peut la retirer qu'après l'usage fini.
2. Comment on peut retirer la chose donnée à précaire.
3. Des défauts de la chose prêtée.
4. Dépenses faites pour la chose empruntée.

I.

1. Celui qui a prêté une chose ne peut la retirer qu'après l'usage fini.

CElui qui a prêté une chose ne peut la retirer qu'après qu'elle aura servi à l'usage pour lequel elle a été prêtée. Car il lui étoit libre de ne pas prêter, mais ayant prêté, il est obligé non-seulement par honnêteté, mais encore par l'effet de la convention, à laisser la chose pour cet usage ; autrement le prêt qui doit être un bienfait, seroit une occasion de tromper & causer du mal *a.*

a Sicut voluntatis, & officii magis quàm necessitatis est, commodare ; ita modum commodati, finemque præscribere, ejus est, qui beneficium tribuit. Cùm autem id fecit (id est postquam commodavit) tunc finem præscribere & retroagere, atque intempestivè usum commodatæ rei auferre, non officium tantùm impedit : sed & suscepta obligatio inter dandum accipiendumque. Geritur enim negotium invicem, & ideò invicem proposita sunt actiones ut appareat quod principio beneficii, ac nudæ voluntatis fuerat, convertì in mutuas præstationes, actionésque civiles. *l. 17. §. 3. ff. commod.* Adjuvari quippe nos, non decipi beneficio oportet. *d. §. in f.*

II.

2. Comment on peut retirer la chose donnée à précaire.

Dans le précaire celui qui a prêté peut retirer la chose avant l'usage fini, car il ne l'a pas donnée pour un certain temps ; mais au contraire à condition de la retirer quand il lui plairoit *b.* Ce qui ne doit pas s'étendre à la liberté indiscrete de retirer la chose sans aucun délai, & dans un contre-temps qui causât du dommage à

b Qui precario concedit, sic dat, quasi tunc recepturus, cùm sibi libuerit precarium solvere. *l. 1. §. 2. ff. prec.* Utendum conceditur tamdiu, quamdiu is qui concessit patitur. *d. l. 1.*

i iij

celui qui s'en fervoit ; mais on doit donner le temps que demande la raifon, felon les circonftances *c*.

c. Ut moderatæ rationi temperamenta defiderant. *l.* 10. §. 3. *ff. de quaſi.* In omnibus æquitas fpectanda. *l.* 90. *ff. de reg. jur. l.* 183. *eod.*

I I I.

Si la chofe prêtée a quelque défaut qui puiffe nuire à celui qui l'emprunte, & que ce défaut ait été connu à celui qui prête, il fera tenu du dommage qui en fera arrivé. Comme fi pour mettre du vin, ou de l'huile, il a prêté des vaiffeaux qu'il fçavoit être gâtez : fi pour appuyer un bâtiment il a prêté des bois de bout qu'il fçavoit être pourris. Car on prête pour fervir, & non pas pour nuire *d*.

d. Qui fciens vafa vitiofa commodavit, fi ibi infufum vinum, vel oleum corruptum effufumve eſt, condemnandus eo nomine eſt. *l.* 18. §. 3. *ff.* commod.
Idemque eſt fi ad fulciendam infulam, tigna commodaſti.... fciens vitiofa... adjuvari quippe nos, non decipi beneficio oportet. *l.* 17. §. 3. *in fine eod.*
Voyez l'art. 8. de la Sect. 3. du Louage.

I V.

Les dépenfes néceffaires pour ufer de la chofe empruntée, comme la nourriture & le ferrage d'un cheval prêté, font dûes par celui qui emprunte. Mais s'il furvient d'autres dépenfes, comme pour faire panfer le cheval d'un mal arrivé fans la faute de celui qui l'a emprunté, celui qui a prêté fera tenu de ces fortes de dépenfes, fi ce n'eft qu'elles fuffent fi légeres, que l'ufage tiré de la chofe y obligeât celui qui l'avoit empruntée *e*.

e Poffunt juftæ cauſæ intervenire ex quibus cum eo, qui commodaffet, agi deberet. Veluti de impenfis, in valetudinem fervi factis queve poſt fugam requirendi, reducendione ejus caufa factæ effent. Nam ciborum impenfæ, naturali fcilicet ratione ad eum pertinent qui utendum accepiffet. Sed & id, quod de impenfis valetudinis, aut fugæ diximus, ad majores impenfas pertinere debet. Medica enim impendia verius eſt, ut ficuti ciborum, ad eundem pertineant. *l.* 18. §. 2. *ff.* commod. *l.* 8. *ff. de pigu. act.*

TITRE VI.
DU PREST ET DE L'USURE.

ON a vû dans le Titre précédent la maniere dont les hommes fe communiquent gratuitement l'ufage des chofes qui font telles, qu'après l'ufage fini on puiffe les rendre, comme on rend un cheval à celui qui l'avoit prêté.

Mais il y a une autre efpece de chofes, qui font telles qu'après qu'on s'en eft fervi, il n'eft plus poffible de les rendre. Car on ne peut en ufer fans qu'on les confume, ou qu'on s'en dépouille. Comme font l'argent, les grains, les liqueurs, & les autres chofes femblables. De forte qu'il faut pour les prêter, une autre efpece de conventions ; & c'eft le prêt dont il fera parlé dans ce Titre.

Pour bien concevoir la nature de ce prêt, il faut confidérer dans cette forte de chofe deux caractères, & qui diftinguent de toutes les autres, & qui font les fondemens de quelques diftinctions qu'il faut remarquer entre le prêt & les autres contrats dont on a parlé.

Le premier de ces caractères eft qu'on ne fçauroit ufer de l'argent, des grains, des liqueurs, & des autres chofes femblables, qu'en ceffant de les avoir ; & c'eft un effet naturel de l'ordre de Dieu, qui deftinant l'homme au travail, lui a rendu ces fortes de chofes fi néceffaires, & les a fait telles qu'on ne les a que par le travail, & qu'on ceffe de les avoir lorfqu'on en ufe ; afin que ce befoin qui revient toujours, oblige à un travail qui dure autant que la vie.

Le fecond caractere qui diftingue ces chofes de toutes les autres, eft qu'au lieu que dans les autres il eft très-difficile d'en trouver plufieurs de la même efpece qui foient entierement femblables, & qui ayant la même valeur, & les mêmes qualitez, on peut aifément en celles-ci avoir les femblables, & qui foient pareilles & en

valeur & en qualitez. Ainfi, toutes les piftoles, tous les écus, & toutes les autres pieces de monnoye ont le même alloi, le même poids, le même coin, la même valeur : & chacune tient lieu de tout autre de la même efpece : & on peut auffi faire la même fomme, en d'autres efpéces. Ainfi l'on a grains pour grains, liqueurs, pour liqueurs, de femblable qualité, & de même mefure, ou de même poids.

Ces deux caracteres des chofes de cette nature, font les fondemens du commerce qu'on en fait par le prêt. Car comme on ne peut les prendre pour en ufer, & rendre les mêmes, ainfi qu'on prendroit une tapifferie, un cheval, un livre ; on s'en accommode, en les prenant à condition d'en rendre autant ; ce qui eft facile puifqu'il n'y a qu'à compter, pefer, ou mefurer : & c'eft cette convention qu'on appelle le prêt.

Ainfi on voit que dans notre langue le nom de prêt eft commun & au prêt d'argent, & au prêt d'un cheval : & qu'encore que ce foient deux fortes de conventions, qui ont leurs natures différentes, & qui ont auffi dans la langue latine de différens noms, nous ne donnons communément à l'une & à l'autre que le nom de prêt, parce qu'elles ont cela de commun, que l'un prête à l'autre pour reprendre ou la même chofe, fi elle eft telle que l'ufage ne la confume point, ou une autre toute pareille, & qui en tienne lieu, fi on ne peut en ufer, fans la confumer, ou s'en dépouiller. Mais comme il a été remarqué dans le titre précédent, qu'il ne faut pas confondre ces deux efpeces de conventions, on a cru devoir diftinguer leurs noms.

On voit par cet ufage du prêt, qui fera la matiere de ce Titre, quelle eft fa nature, & que c'eft un contrat où celui qui prête donne une chofe à condition que celui qui l'emprunte rendra, non la même chofe en fubftance, mais autant de la même efpece. De forte qu'il eft effentiel à ce contrat, que la chofe prêtée paffe tellement à celui qui l'emprunte, qu'il en devienne le maître, pour avoir le droit de la confumer. Et c'eft dans cet ufage du prêt, qu'on peut remarquer ce qu'il a de commun avec la vente, l'échange, le prêt à ufage, & le loüage : & ce qui le diftingue de ces autres efpeces de conventions.

Il eft commun à la vente & au prêt, que la chofe eft aliénée ; mais dans la vente c'eft pour un prix, & dans le prêt c'eft pour en avoir un autre femblable.

Il eft commun à l'échange & au prêt, qu'on y donne une chofe pour une autre ; mais dans l'échange, c'eft par la différence des chofes que l'on s'accommode, en fe les donnant réciproquement, & en même temps : & dans le prêt, on ne donne que pour ravoir quelque temps après, non une chofe différente, mais une autre toute pareille.

Il eft commun au prêt à ufage & au fimple prêt, qu'on emprunte une chofe gratuitement *a* ; mais dans le prêt à ufage, c'eft feulement pour ufer de la chofe, & la rendre après l'ufage fini : dans le prêt c'eft pour confumer la chofe, & en rendre une autre.

Il eft commun au loüage & au prêt, qu'on emprunte une chofe pour en ufer. Mais dans le loüage c'eft pour ufer de la chofe moyennant un prix, & rendre la même : & dans le prêt c'eft pour en ufer fans autre charge, que d'en rendre autant.

Il eft commun à ces cinq efpeces de conventions qu'on ne s'y accommode que dans la vûe de l'ufage qu'on peut en tirer ; mais on y traite des chofes en deux manieres qui regardent cet ufage bien différemment. L'une qui eft propre au prêt à ufage & au loüage, où l'on ne traite que du feul ufage, & non de la propriété des chofes, car il ne s'y fait point d'aliénation : l'autre qui eft propre à la vente, à l'échange, & au prêt où l'on ne traite que de la feule propriété des chofes, & où elles font aliénées indépendemment de l'ufage qui en fera fait, & de telle forte que quand la chofe périroit, auffi-tôt que le contrat eft accompli, fans qu'il fût poffible à celui qui la prend d'en faire aucun ufage, le contrat fubfifteroit en fon

a Il eſt de la nature du prêt qu'il ſoit gratuit, & cette vérité qu'on préſuppoſe ici, ſera prouvée dans la ſuite.

entier; au lieu que le prêt à usage & le louage ne subsistent point, si la chose périt avant que celui qui la
prend ait pû en user: le contrat s'évanouit si elle périt.
D'où il s'ensuit que celui qui a pris une chose par une
vente, par un échange, ou par prêt, 'en est devenu le
propriétaire; & que quand il en use, c'est sa chose propre qu'il met en usage; mais dans le prêt à usage, &
dans le louage, c'est de la chose d'un autre qu'use celui
qui emprunte, & celui qui loue.

Usage des remarques qu'on vient de faire. On a fait ici toutes ces remarques sur les différentes
natures des choses qu'on prête ou par le simple prêt, ou
par le prêt à usage; sur les caracteres communs au prêt
& aux autres espéces de conventions; & sur ceux qui
l'en distinguent, pour établir les fondemens des regles
du prêt, qui seront expliquées dans ce Titre. Et ces mêmes remarques serviront aussi avec les autres qui seront
faites dans la suite pour découvrir quelles sont les causes qui rendent illicite l'intérêt du prêt; & pourquoi cet
intérêt qu'on appelle autrement usure, & qui étoit permis dans le Droit Romain, l'est si peu parmi nous, que
nos loix punissent l'usure comme un très-grand crime.
On appelle usure, tout ce que le créancier qui a prêté
ou de l'argent, ou des denrées, ou autres choses qui se
consument par l'usage, peut recevoir de plus que la
valeur de l'argent, ou autre chose qu'il avoit prêtée.

De l'Usure & des cau-ses qui la rendent na-turellement illicite. Quoique cette matiere de l'usure étant autrement réglée par nos loix que par le Droit Romain, passe par les
bornes de ce dessein; comme elle fait une partie essentielle de celle du prêt, que la connoissance en est d'un
usage très-fréquent & très-nécessaire, & qu'elle a ses
principes dans le droit naturel, on a cru ne devoir pas
laisser un tel vuide dans ce Titre du Prêt. Mais pour
garder l'ordre qu'on s'est proposé, de ne mettre dans le
détail des regles que celles qui sont tout ensemble, &
du Droit Romain, & de notre usage, on ne mêlera pas
ce qui regarde l'usure, avec le détail des regles du prêt;
& on placera ici à la tête de ce Titre tout ce qu'on
croit devoir dire sur cette matiere.

Pour établir les principes sur lesquels il faut juger si
l'intérêt du prêt est licite ou non, on n'auroit besoin
que de l'autorité de la loi divine qui l'a condamnée, &
défendue si expressément & si fortement. Car quiconque a du sens, ne peut refuser de tenir pour injuste &
pour illicite tout ce que Dieu condamne & défend *b*.
Mais encore que ce soit sa volonté seule qui est la regle
de la justice, ou plutôt qui est la justice même, & qui
rend juste & saint tout-ce qu'il ordonne; il souffre &
veut même que l'on considere quelle est cette justice, &
qu'on ouvre les yeux à sa lumiere pour la reconnoître *d*.
Si on veut donc pénétrer quel est le caractere de l'iniquité, qui rend l'usure si criminelle aux yeux de Dieu,
& qui doit la faire sentir telle à notre cœur & à notre
esprit; il n'y a qu'à considérer quelle est la nature du
contrat du prêt, pour juger si l'intérêt peut y être juste.
Et on reconnoîtra par les principes naturels de l'usage
que Dieu a donné à ce contrat dans la société des hommes, que l'usure est un crime qui viole ces principes, &
qui ruine les fondemens même de l'ordre de la société.

Les deux manieres de prêter, soit par le prêt à usage
dont il a été parlé dans le Titre précédent, ou par le
prêt qui fait la matiere de ce Titre, ont leur origine
comme les autres conventions dans l'ordre de la société; & elles y sont naturelles & essentielles. Car il est
de cet ordre, où les hommes sont liez par l'amour mutuel, & où chacun a besoin de l'amour qu'il doit
aux autres, celui qu'il a pour soi, qu'il y ait des manieres dont ils puissent s'aider gratuitement & des choses
& de leurs personnes. Et comme il y a des conventions
reglées pour les communications qui ne sont pas gratuites, il doit y en avoir aussi pour celles qui le sont. Ainsi,
comme on peut faire commerce & de la propriété & de
l'usage des choses, il y a des conventions pour ces commerces, comme sont la vente, l'échange, & le louage. Ce qui fait qu'il est de la nature de ces conventions

de n'être pas gratuites. Ainsi comme on peut se communiquer gratuitement & la propriété, & l'usage des
choses; il y a des conventions pour s'en accommoder
de cette maniere, & dont la nature par cette raison est
d'être gratuites, comme sont la donation & le prêt à
usage *e*.

Il est donc certain qu'il y a deux manieres dont on
peut se communiquer l'usage des choses. L'une gratuite,
& l'autre à profit dans ces choses où ce commerce peut
être licite. Ainsi le maître d'un cheval peut le donner
ou à louage pour le prix du service que rendra ce cheval, ou gratuitement par un prêt à usage: & ces deux
sortes de conventions ont leur nature & leurs caracteres
differens qu'il ne faut pas confondre.

Il ne reste donc pour sçavoir si on peut prendre l'intérêt du prêt, que d'examiner si, comme il y a deux
manieres de donner l'usage d'un cheval, d'une maison,
d'une tapisserie, & des autres choses semblables; l'une
par le prêt à usage & gratuitement, & l'autre par un
louage pour un certain prix, & l'une & l'autre honnête
& licite; il y a aussi deux manieres de donner l'argent,
les grains, les liqueurs, & les autres choses semblables; l'une par un prêt gratuit, & l'autre par un louage
ou prêt à profit. De sorte que comme il est différemment juste & naturel, que celui qui donne son cheval, ait le choix de dire qu'il le prête, ou bien qu'il le
loue; il soit de même indistinctement naturel & juste,
que celui qui donne son argent, son bled, son huile,
son vin, ait le choix de dire qu'il le prête à intérêt, ou
sans intérêt.

C'est-là sans doute le point de la question, qui dépend de sçavoir quelles sont les causes qui rendent juste
la volonté de celui, qui au lieu de prêter son cheval,
ne veut que le louer pour en avoir un profit, & de voir
s'il se trouvera aussi des causes qui rendent juste la volonté de celui qui ne veut prêter son argent, ou ses
denrées qu'à la charge d'en avoir l'interêt. Et pour juger de ce parallele, il faut considérer ce qui se passe
dans le louage, & voir aussi ce qui se passe dans le prêt
d'argent, ou de denrées.

Dans le louage d'un cheval, d'une maison, & des
autres choses, celui qui baille peut justement stipuler
le prix du service & de l'usage que celui qui prend
une chose à louage en pourra tirer; pendant que lui
qui en est le maître cessera d'en jouir & de s'en servir:
& il a aussi pour un juste titre, cette espéce de diminution qui, quoiqu'insensible, arrive en effet à la chose louée.

Dans le bail à ferme le bailleur stipule justement le
prix des fruits & des autres revenus qui pourront naître
du fonds qu'il donne au Fermier.

Dans les prix faits, & les louages des mercénaires,
il est juste que ceux qui donnent leur temps & leur peine, s'assurent du salaire d'un travail dont l'homme doit
tirer sa vie.

On voit dans tous ces commerces, que ce qui rend
licite le profit, ou le revenu qu'on peut en tirer, est
que celui qui loue à un autre ou son travail ou son industrie, ou un cheval, ou une maison, ou un autre
fonds, ou quelqu'autre chose, stipule justement un prix
pour le droit qu'il donne de jouir ou de ce que produit
le travail, ou du service de ce cheval, ou de l'habitation de cette maison, ou du revenu de ce fonds, ou des
autres usages qui pourront se tirer de ce qui est baillé à
louage. Mais quoique cette convention paroisse un juste
titre pour prendre un salaire, un loyer, ou autre revenu; elle ne suffiroit pas pour rendre licite le profit du
louage, si elle n'étoit accompagnée des autres caracteres essentiels à ce contrat, & qui sont tels que s'ils manquoient, la convention de profit y seroit injuste. De
sorte que quand il seroit vrai qu'on pût faire une pareille stipulation de l'intérêt de l'argent, ou des denrées, pour le profit qu'en pourra tirer celui qui emprunte, ce qui ne se peut, comme il sera prouvé dans
la suite; le défaut de ces autres caracteres nécessaires

b Homo sensatus credit legi Dei. Eccl. 33. 3.
c Judicia Domini vera, & justificata in semetipsa. Psal. 18. 10.
d Cognosce justitias & judicia Dei. Eccli. 17. 24.

e Gratuitum debet esse commodatum. §. 2. inst. quib. mod.
re contr. obl.

pour rendre licite le profit du louage, rendroit illicite l'intérêt du prêt. Et pour en juger, il n'y a qu'à considérer quels sont ces caracteres qui se rencontrent dans le louage, & non dans le prêt, & sans lesquels le profit même du louage seroit illicite.

Dans le louage, il faut que celui qui prend à ce titre, puisse user de la chose, ou en jouir selon la qualité de la convention, & s'il en étoit empêché par un cas fortuit, il seroit déchargé du prix du louage. Mais dans le prêt celui qui emprunte demeure obligé, soit qu'il use de la chose empruntée, ou que quelque évenement l'empêche d'en user.

Dans le louage, le preneur n'est obligé de rendre que la même chose qu'il a louée, & si elle périt en ses mains par un cas fortuit, il n'en est pas tenu, & il ne doit rien rendre.

Mais dans le prêt, celui qui emprunte est tenu de rendre la même somme, ou la même quantité qu'il a empruntée, quand il la perdroit en même temps par un cas fortuit.

Dans le louage, la diminution sensible ou insensible, qui arrive à la chose louée par l'usage qu'en fait celui qui l'a prise, tombe sur le maître qui l'avoit louée.

Mais dans le prêt, celui qui a prêté ne souffre aucune diminution ni aucune perte.

Dans le louage, le preneur use de ce qui est à un autre, car celui qui loue une chose en demeure le maître; & s'il ne l'étoit, il n'auroit pas droit d'en prendre un loyer.

Mais dans le prêt, celui qui emprunte devient le maître de ce qui lui est prêté, & s'il ne l'étoit, il n'en sçauroit user. De sorte que quand il s'en sert, c'est sa chose propre qu'il met en usage; & celui qui l'avoit prêtée n'y a plus aucun droit.

On voit par ce paralléle, des caracteres qui distinguent le contrat du louage de celui du prêt, quelles sont dans le louage les causes naturelles qui rendent juste le profit qu'en tire celui qui loue ou son travail, ou son héritage, ou quelqu'autre chose; & que pour rendre légitime le prix du louage, il faut que celui qui loue une chose, en conserve la propriété, & que demeurant maître de la chose, il en souffre la perte ou la diminution, si elle périt ou se diminue. Et il faut de plus qu'il assure une jouissance à celui qui prend à louage, & que si cette jouissance vient à manquer, quand ce seroit même par un cas fortuit, il ne puisse prendre le prix du louage. Ce qui rend la condition de celui qui prend à louage telle qu'il faut qu'il jouisse sûrement de la chose d'un autre, sans péril de payer s'il ne ouit point, & sans hazard de perdre la chose si elle périt.

Ce sont-là les fondemens naturels qui rendent licites les commerces, où l'on met une chose à profit entre les mains d'un autre. Et on voit au contraire que celui qui prête à intérêt ou de l'argent, ou des denrées, ne répond d'aucun profit à celui qui emprunte, & qu'il ne laisse pas de s'assurer un profit certain: qu'il ne répond pas même de l'usage qui sera fait de ce qu'il donne, & qu'au contraire, encore que la chose qu'il prête vienne à périr, celui qui l'emprunte lui en rendra autant, & encore l'usure. Qu'ainsi il prend un profit sûr, où celui qui emprunte ne devoit pas avoir que de la perte: qu'il prend un profit d'une chose qui n'est pas à lui, & d'une chose même qui de sa nature n'en produit aucun; mais qui seulement peut être mise en usage par l'industrie de celui qui emprunte, & avec le hazard de la perte entiere de tout profit, & du capital, sans que celui qui prête entre en aucune part, ni de cette industrie, ni d'aucune perte.

On ne s'étend pas davantage aux conséquences qui suivent de tous ces principes; & ce peu suffit pour faire comprendre que l'usure n'est pas seulement injuste par la défense de la loi divine, & par son opposition à la charité, mais qu'elle est de plus naturellement illicite, comme violant les principes les plus justes & les plus sûrs de la nature des conventions, & qui sont les fondemens de la justice des profits dans les commerces. De sorte qu'il n'est pas étrange que l'usure soit considérée comme si odieuse & si criminelle, & qu'elle soit si

fortement condamnée par les loix divines & humaine & si sévèrement réprimée dans la Religion & dans la Police.

Il ne seroit pas nécessaire après ces preuves de l'iniquité de l'usure, de répondre aux objections que font les usuriers, puisqu'on ne peut douter qu'un commerce illicite de sa nature ne sçauroit être toléré sous aucun prétexte. Et aussi les loix n'en écoutent aucun, & condamnent l'usure indistinctement, sans aucun égard à tous les motifs dont on se sert pour la justifier, ou pour l'exculer. Mais parce que les prétextes de l'usure, tout injustes qu'ils sont, sont cet effet, que ceux qui s'en servent, prétendent que la regle générale des défenses de l'usure reçoit les exceptions qu'ils veulent y mettre; il est nécessaire de faire voir par les réponses à ces objections & à ces prétextes, que cette regle ne souffre jamais qu'on y mette aucune exception quelle qu'elle soit.

Tous les prétextes des usuriers se réduisent à dire qu'ils font plaisir: qu'ils se privent du gain qu'ils pourroient faire de leur argent, ou des autres choses qu'ils peuvent prêter: que même le prêt leur cause de la perte: & qu'enfin celui qui emprunte en titre du profit, ou y trouve quelqu'autre avantage.

Il est vrai que prêter, c'est faire plaisir; & c'est le caractere naturel & essentiel du contrat du prêt. Mais c'est par cette raison même, qu'on ne peut prêter que gratuitement, de même qu'on ne peut donner & faire l'aumóne que sans récompense: & il seroit bien étrange que par un contrat, dont l'usage essentiel est de faire un bienfait, on pût mettre en commerce ce bienfait même. Comme il seroit donc contre l'ordre, que celui qui fait une donation ou bien une aumône, vendît la grace qu'il fait en donnant; & que ce ne seroit plus ni aumône ni donation: il est aussi contre l'ordre, que celui qui prête, vende son bienfait. Car enfin, il est tellement essentiel à tout bienfait, qu'il ne soit que gratuit, que dans les conventions même où l'on peut légitimement recevoir un profit en faisant plaisir, ce ne peut être ce plaisir qu'on mette en commerce. Mais chaque profit a quelqu'autre cause. Ainsi celui qui loue sa maison à qui ne sçauroit en trouver une autre, lui fait un plaisir; mais il ne sera pas permis pour cela de tirer de ce locataire qu'il veut obliger, un plus grand loyer, qu'il n'en tireroit s'il la louoit à une personne à qui il ne penseroit nullement de faire plaisir. Autrement il faudroit dire qu'on pourroit vendre plus cher à son ami qu'à un inconnu, puisqu'on lui vendroit avec la circonstance de vouloir l'obliger, à quoi on ne penseroit pas en vendant à un inconnu.

On ne sçauroit donc se servir du prétexte de faire plaisir pour excuser l'usure, que par une illusion & un renversement de l'ordre des premieres loix, qui ne commandent de faire du bien, que parce qu'elles commandent d'aimer, & qui ne permettent pas qu'on fasse acheter l'amour qu'elles ordonnent à chacun d'avoir toujours dans le fond du cœur envers tous les autres.

Cette vérité que le bienfait ne sçauroit entrer en commerce, est si naturelle que dans le Droit Romain, où l'usure étoit permise, comme on le verra dans la suite, il n'étoit pas permis à un débiteur même de compenser avec l'usure qu'il devoit, un bon office qu'il auroit rendu à son créancier. Et on en voit un exemple remarquable dans une des loix du Digeste f, où il est dit que si le débiteur d'une somme qui de sa nature ne produit aucun intérêt, entreprend la conduite des affaires de son créancier, en son absence & à son insçu; il est obligé de lui payer les intérêts de cette somme après le terme sans aucune demande. Et bien loin que l'office qu'il rend, entre en compensation avec cet intérêt, cette loi veut que cet office même que ce débiteur rend à ce créancier, de prendre le soin de ses affaires, l'oblige à se demander à soi-même cet intérêt, & à le payer, sans qu'elle lui compense le plaisir qu'il fait, parce que comme il est dit dans cette même loi sur une autre sorte de devoir, ceux qui rendent quelque office ou quelque service, qui de sa nature doit être gratuit, doivent l'honnêteté entiere & desintéressée; & ne peuvent rien pren-

f l. 38. ff. de neg. gest.

dre

dre g. Et aussi voit-on dans des Auteurs Romains aussi peu éclairez de l'esprit de la loi divine , que l'étoient ceux de qui ont été tirées les loix du Digeste , qu'ils étoient persuadez qu'il est de la nature du bienfait , qu'on ne puisse pas le mettre à usure h.

Second & troisième prétexte, perte ou cessation de gain.

Toute la conséquence que peut donc tirer de cette bonne volonté de faire plaisir, le créancier qui dit qu'il prête par cette vûe, c'est qu'il doit prêter gratuitement ; & si le prêt ne l'accommode pas avec cette condition, qui en est inséparable, il n'a qu'à garder son argent, ou en faire quelqu'autre usage. Et il ne pourra se plaindre , ni que le prêt le prive d'un gain , ni qu'il lui cause la moindre perte. Ce qui sert de réponse à l'objection de ceux qui disent qu'en prêtant ils cessent de gagner , ou que même ils perdent, puisqu'il leur est libre de ne pas prêter , puisque le prêt n'est pas inventé pour le profit de ceux qui prêtent , mais pour l'usage de ceux qui empruntent ; & qu'enfin on peut ou donner son argent en rente , ou en faire quelque commerce autre que l'usure, qui ne sçauroit jamais devenir innocente sous aucun prétexte, puisqu'il n'y en a aucun que Dieu n'ait prévû, & que les défenses si expresses qu'il a faites de l'usure ne fussent cesser. Ainsi voit-on que l'Eglise & la Police ont défendu l'usure par tant de loix, non comme une simple injustice, mais comme un grand crime. Car les Conciles & les Canons répriment l'usure si fortement, qu'ils condamnent comme hérétiques ceux qui la justifient i, parce qu'en effet c'est une erreur contre l'esprit & les premiers principes de la loi divine. Et les Ordonnances la punissent si sévérement que la peine de l'usure est en France pour la premiere fois l'amende honorable & le bannissement ; & pour la seconde la peine de la mort l. Et par cette loi on fait pendre l'usurier, quand il allegueroit que prêtant son argent , il cessoit de gagner, ou que même il en souffroit quelque perte ou quelque dommage.

Réponse.

Quatrième prétexte. Le profit de celui qui emprunte.

Le prétexte du profit que peut faire de l'argent prêté celui qui l'emprunte, n'est pas moins considéré par les loix que le sont les autres ; & ce n'est aussi qu'une illusion, puisque ce profit, quand il y en auroit pour celui qui emprunte , ne sçauroit être un titre à celui qui prête pour prendre un intérêt. Car c'est la regle des profits à venir, que pour y avoir part il faut s'exposer aux évenemens des pertes qui peuvent arriver, au lieu des profits que l'on espéroit. Et le parti d'avoir part à un gain futur, renferme celui de ne point profiter, s'il n'y a pas de gain, & de perdre même si la perte arrive m. On ne sçauroit donc sans inhumanité, ni même sans crime, se décharger de la perte & s'assurer du gain. A quoi il faut ajouter ce qui a été dit sur les causes qui rendent les profits licites.

Répon,e.

Iniquité de l'usure.

Il ne reste donc pour tout titre de l'usure que la cupidité de celui qui prête, & l'indigence de celui qui emprunte. Et ce sont aussi ces deux maux de différent genre, dont la combinaison a été la source du commerce des usuriers. De sorte qu'au lieu que l'ordre divin forme la conjoncture qui approche celui qui est dans le besoin de celui qui peut le secourir, afin que la vûe de l'indigence engage à l'exercice de la charité, ou de l'humanité n. L'usurier fait de cette conjoncture un piège où, selon l'expression de l'Ecriture, il se tient en embûche, pour faire sa proie de ceux qui y tombent o.

On ne s'arrêtera pas aux autres caracteres de l'iniquité qui se rencontrent dans l'usure, comme la faineantise p, où elle engage l'usurier, par la facilité d'un profit, sans industrie, sans risque & sans peine ; la liberté qu'à celui qui prête de prendre incessamment son usure, & d'exiger son principal quand il lui plaira ; & l'esclavage q où l'usure réduit le débiteur sous le fardeau de payer toûjours inutilement, & de se sentir à chaque moment exposé à repayer tout dans un contre temps qui l'accablera. On ne s'étendra pas non plus au détail des inconvéniens de l'usure dans le commerce, & aux troubles & autres maux qu'elle cause dans le public. Ils sont assez connus par l'expérience, & il est facile de juger qu'un crime qui éteint l'esprit des premieres loix, & qui par là détruit le fondement de la société, y cause des maux ; & aussi sont-ils tels qu'on sçait qu'à Rome l'usure causa plusieurs séditions r, & que parmi nous, ils ont obligé les loix à aigrir la peine des usuriers jusqu'au dernier supplice.

Mauvaises suites de l'usure.

Ces divers maux que causent l'usure & les caracteres d'iniquité qu'on y découvre par les simples principes du droit naturel, sont de justes causes des défenses qu'en a faites la loi divine f. Et on ne peut douter que l'usure ne soit un grand crime, puisque les Prophetes la qualifient un crime détestable, & la mettent au rang de l'idolatrie , de l'adultere , & des autres grands crimes t. Ce qui fait bien voir que l'usure blesse l'esprit des loix naturelles. Car s'il n'y avoit pas d'autre différence entre prêter son argent sans intérêt ou à intérêt, qu'entre prêter son cheval ou bien le louer, il seroit impie & ridicule de penser que la loi divine, qui ne défend pas de prendre le prix d'un louage, eût pû défendre l'intérêt du prêt, & l'eût mis au nombre des crimes les plus énormes. De sorte qu'il faut de nécessité que le droit naturel qui n'est pas blessé par le louage, le soit par l'usure ; & il est aussi de toutes les manieres qui ont été remarquées, & qui rendent l'usure si contraire à l'humanité, & d'un caractere d'iniquité si naturellement sensible, qu'elle a été odieuse aux Nations même qui ont ignoré les premieres loix u. Car elle avoit été défendue à Rome dès les premiers siécles de la République, & long-temps avant qu'on y eût connu l'Evangile, & défendue plus sévérement que le larcin même. Puisqu'au lieu que la peine du larcin n'étoit que le double, celle de l'usure étoit le quadruple x. Ainsi l'usure y étoit regardée

Défenses de l'usure dans la Loi & les Prophetes.

Usure défendue à Rome.

---

g Cùm gratuitam , certè integram , & abstinentem omni lucro, præstare fidem deberent. d. l. 38. ff. de neg. gest.

h Benefici, liberalésque sumus, non ut exigamus gratiam ; neque enim beneficium fœneramur. Cic. de amicitia. Fœneravit isthuc hoc beneficium tibi ; pulchrè dices. Terent. in Phormione.

i Can. 1. 4. 5. D. 47. Toto tit. de usur, Clem. de usur.

l Ordonnance de Blois, art. 202.

m Secundùm naturam est commoda cujusque rei eum sequi, quem sequentur incommoda. l. 10. ff. de reg. jur. V. l'exemple de la loi derniere. §. 3. C. de furt.

n Dives & pauper obviaverunt sibi : utriusque operator est Dominus. Prov. 22. 2.

Pauper & creditor obviaverunt sibi Dominus. Prov. 9. 13. Mandavit illis unicuique de proximo suo. Eccli. 17. 12.

o Oculi ejus in pauperem respiciunt ; insidiatur in absconditô quasi leo in spelunca sua. Insidiatur ut rapiat pauperem, rapere pauperem dum attrahit eum. Ps. 9. 30.

Tome I.

p Vivant omnes Judæi de laboribus manuum suarum , vel negotiationibus sine terminis, vel usuris. S. Louis 1254. In omnibus ferè locis , ita crimen usurarum invaluit, ut (aliis negotiis prætermissis) quasi licitè usuras exerceant. C. 3. de usur.

q Qui accipit mutuum servus est fœnerantis. Prov. 22. 7.

r Sanè vetus urbi fœnebre malum & seditionum discordiarumque crebrima causa. Tacit. 6. annal. anno urbis 786.

f Si attenuatus fuerit frater tuus, & infirmus manu ; & susceperis eum quasi advenam & peregrinum ; & vixerit tecum ; ne accipias usuras ab eo, non amplius quàm dedisti. Time Deum ; ut vivere possit frater tuus apud te. Pecuniam tuam non dabis ad usuram, & frugum sup. rabundantiam non exiges. Levit. 25. 35. Non fœnerabis fratri tuo ad usuram pecuniam, nec fruges ; nec quamlibet aliam rem , sed alieno. Fratri autem tuo absque usura, id quod indiget, commodabis. Deuter. 23. 19. 20. Increpavi Optimates, & Magistratus, & dixi eis : usuráne singuli à fratribus vestris exigitis ? 2. Esdr. 5. 7.

t Domine, quis habitabit in tabernaculo tuo , aut quis requiescet in monte sancto tuo ?.... Qui pecuniam suam non dedit ad usuram. Ps. 14. 5. Ad usuram non commodaverit, & amplius non acceperit.... hic justus est, vita vivet, dicit Dominus. Ezech. 18. 8. Srd in montibus comedentem, & uxorem proxi. & fui polluentem : egenum & pauperem contristantem, rapientem rapinas, pignus non reddentem, & ad idola ad vantem oculos suos, abominationem facientem : ad usuram dantem & amplius accipientem, nunquid vivet ? non vivet. Cùm universa hæc detestanda fecerit, morte morietur. Sanguis ejus in ipso erit. Ibid. v. 13. Usuram & superabundantiam non accepisti. Ibid. 17. Usuram & superabundantiam accepisti. Ezech. 22. 12.

u Primùm improbatur hi quæstus, qui in odio hominum incurrunt, ut fœneratorum. Cic. lib. 1. de Offic.

x Majores nostri sic habuerunt, & ira legibus posuerunt. Furem dupli condemnari, fœneratorem quadrupli. M. Cato de re rust. Sanè vetus urbi fœnebre malum & seditionum discordiarumque crebrima causa, eóque cohibebatur antiquis quoque, & minùs corruptis moribus. Nam primò duodecim tabulis sancitum, ne quis unciario fœnore amplius exerceret, cùm antea ex libidine locupletum agitaretur. Dein rogatione tribunitia ad semuncias redacta : postremò vetita usura. Multísque plebiscitis obviam itum comme un crime très-pernicieux ; & auſſi voit-on qu'un Romain célebre étant un jour interrogé de ce qu'il lui ſembloit de l'uſure, ſe répondit à celui qui lui faiſoit cette queſtion, qu'en lui demandant ce qu'il lui ſembloit à lui-même de l'homicide *y*. Et celui qui a remarqué cette réponſe, a dit en autre lieu que l'uſure tue *z*. On ſçait enfin qu'un autre plus ancien , par un tour de raillerie, fait dire par une perſonne qui cherchoit de l'argent, que s'il n'en pouvoit trouver par un prêt, il en prendroit à uſure , pour marquer qu'il eſt contre la nature du prêt d'en prendre une uſure *a*.

Objection de la permiſſion aux Juifs de prêter aux uſures.

Quelqu'un pourra dire ſur les défenſes de l'uſure dans la loi divine, qu'elles n'étoient faites que pour les Juifs entr'eux, mais qu'il leur étoit permis de prêter à uſure à des étrangers *b* ; & que l'uſure n'eſt pas expreſſément défendue par l'Evangile , pour en conclure qu'elle n'eſt pas illicite par le droit naturel. Et on pourra penſer auſſi ſur cette ancienne loi Romaine qui défendoit l'uſure, qu'elle fut abolie, & que l'uſure fut enſuite permiſe à Rome , comme on le voit dans le Digeſte, & même dans le Code. Et il eſt juſte de répondre à ces dernieres difficultez pour ceux qui pourroient n'en pas voir les réponſes qui ſont bien faciles.

Réponſe.

Il eſt vrai que la loi divine qui défendoit l'uſure aux Juifs, leur permettoit de prêter à uſure à des étrangers. Mais il ne faut pas diviſer la loi contre elle-même ; & cette licence ne ſçauroit changer l'idée que Dieu nous donne de l'uſure par la loi même & par les Propheres. Car puiſqu'ils nous diſent que l'uſure eſt un crime déteſtable, il faut que cette vérité ſubſiſte inviolable, & que cette licence n'y ſoit pas contraire. Et auſſi ne l'eſt-elle pas, comme on le verra par la remarque de deux véritez que nous apprenons de cette même loi, & de l'Evangile , & qui font bien voir que cette licence qui étoit donnée au peuple Juif de prêter à uſure à des étrangers ne donne aucune atteinte à la défenſe divine de l'uſure ; & que même cette défenſe ſubſiſte encore plus forte dans la loi nouvelle.

La premiere de ces véritez , eſt que la loi étoit donnée à un peuple choiſi parmi tous les autres *c* : & qui lorſque cette loi fut donnée , vivoit au milieu d'autres nations, qu'il lui étoit commandé de tenir toujours pour des ennemis qu'il falloit détruire ſans compaſſion *d* , de crainte que ſi ceux qui compoſoient ce peuple choiſi, ceſſoient de conſidérer ces étrangers comme les ennemis de Dieu & les leurs, ils n'entraſſent avec eux dans des liaiſons qui les engageaſſent dans leur idolâtrie & leurs autres crimes *e*.

Il ſuffiroit de conſidérer cette premiere vérité pour en conclure bien ſûrement que la licence de l'uſure dans l'ancienne loi à l'égard des étrangers , jointe à la défenſe de la même uſure aux Juifs entr'eux, ne prouve autre choſe qu'une diſpenſe divine d'exercer l'uſure à l'égard de ces peuples ennemis qu'il falloit exterminer ; & que cette licence étoit la même caractere que le commandement qui fut fait à ce même peuple à ſa ſortie de l'Egypte , d'emprunter & emporter les meubles les plus précieux des Egyptiens *f*. Et comme ce commandement ne prouve pas qu'il ſoit permis de dérober, & n'empêche pas que le larcin ne ſoit un crime qui bleſſe le droit naturel ; ainſi la licence de l'uſure dans des

circonſtances toutes ſemblables , ne prouve pas que l'uſure ne ſoit telle que Dieu nous le marque , & par ſa loi écrite , & par celle qu'il a gravée dans la nature, & que les Payens mêmes n'ont pas ignoré.

L'autre vérité qu'il faut remarquer, eſt que la loi divine étoit donnée à un peuple dur & groſſier *g* , & qu'à cauſe de leur dureté, elle toléroit de certaines choſes que la loi naturelle défendoit aſſez. Ainſi , par exemple , cette loi écrite ſouffroit le divorce & le permettoit *h* , quoique contraire au droit naturel, & à cette union ſi étroite que Dieu a lui-même formée entre le mari & la femme ; & dont il eſt dit qu'il n'eſt pas permis aux hommes de les ſéparer *i*. Et comme la permiſſion du divorce dans l'ancienne loi , ſeroit un très-faux principe pour prétendre de le rendre licite aujourd'hui , ainſi, celle qui fut donnée aux Juifs de prêter à uſure à des étrangers , ne ſçauroit nous ſervir de regle laiſſe à l'Evangile. Car de même que perſonne ne doute plus que le divorce ne ſoit illicite, & que ce ne ſoit une vérité & une regle du droit naturel & du droit divin , que le mariage eſt indiſſoluble ; on ne ſçauroit douter non plus que l'uſure ne ſoit un crime contre le droit naturel & contre le droit divin ; & que la licence de l'uſure à l'égard des étrangers ne ſoit abolie par l'Evangile , auſſi-bien que la permiſſion du divorce , puiſqu'il eſt certain dans la loi nouvelle , où la vérité n'eſt développée que des ombres & des figures de l'ancienne loi *l* , qu'il n'y a plus de peuples rejettez ni diſtinguez dans le choix de Dieu *m* : que le Samaritain eſt devenu le prochain du Juif *n* : & qu'il n'y a plus de diſtinction du Juif & du Grec, ni d'autre étranger , puiſque tous ſont appellez à la loi nouvelle, & y ſont unis ſous l'obéiſſance au Seigneur commun *o*. De ſorte que la licence de prêter à uſure à des étrangers, ne peut ſubſiſter pour ceux à qui perſonne n'eſt plus étranger, & à qui il eſt commandé de regarder comme leurs freres tous les hommes de toutes nations indiſtinctement. Et on peut encore ajouter à ces véritez, que même avant l'Evangile, les Propheres qui préparoient à la loi nouvelle , condamnoient l'uſure , ſans diſtinction des freres & des étrangers , comme il paroît par les paſſages qui ont été rapportez.

Autre objection, que l'Evangile n'a pas défendu l'uſure.

Pour ce qui eſt de l'Evangile, on dit que l'uſure n'y eſt pas défendue , parce qu'en un endroit où Jesus-Christ a parlé du prêt, il n'a pas expreſſément défendu d'en prendre intérêt ; mais qu'il a ſeulement dit qu'il faut prêter ſans eſpérance même de ravoir ce qu'on a prêté. La conſéquence ſeroit bien meilleure & plus naturelle de conclure de ce même paſſage , que Jesus-Christ ayant commandé de prêter au péril de perdre, dans les occaſions où la charité le demande ainſi, de même qu'il a commandé de donner l'aumône, il veut à plus forte raiſon qu'on ne puiſſe prendre au-delà de ce qu'on a prêté ; & s'il étoit vrai qu'il eût permis l'uſure , ce qu'il a dit de lui-même ne ſeroit pas vrai, qu'il étoit venu pour donner à la loi ſa perfection, & ſon dernier accompliſſement , & non pour l'abolir *q* ; puiſqu'il auroit aboli la défenſe de l'uſure , & permis ce que cette loi défendoit comme un très-grand crime & des plus contraires à la charité.

Réponſe.

S'il eſt donc vrai qu'on n'oſeroit penſer que Jesus-Christ ait rien dit de contraire à la vérité , il faut re-

---

fraudibus , quæ toties repreſſæ , miras per artes rurſum oriebantur. Tacitus 6. annalium , anno urbis 786.

y Cùm ille qui quæſierat , dixiſſet, quid fœnerari ? tum Cato ; quid hominem , inquit , occidere. *Cic. lib.* 2. *de offic. in fine.*

z Ne fœnore trucidetur. *Cic. pro Cælio.*

a Si mutuò non potero , certum eſt ſumam fœnore. *Plaut. in aſinaria.*

b Non fœnerabis fratri tuo ad uſuram pecuniam, nec fruges, nec quamlibet aliam rem, ſed alieno. *Deuter.* 23. 19.

c Te elegit Dominus Deus tuus , ut ſis ei populus peculiaris, de cunctis populis qui ſunt ſuper terram. *Deuter.* 7. 6.

d Percuties eas uſque ad internecionem , non inibis cum eis fœdus, nec miſereberis earum. *Deuter.* 7.

e Ne forte peccare te faciant in me , ſi ſervieris Diis eorum. *Exod.* 23. 33. Non adorabis Deos eorum , nec coles eos. Non facies opera eorum , ſed deſtrues eos, & confringes ſtatuas eorum, *Exod.* 23. 24. *Deuter.* 7. 4. Certiſſimè enim avertent corda veſtra, ut ſequamini Deos eorum. 3. *Reg.* 11. 2. *Exod.* 34. 13.

f Exod. 11. 2. & 12. 35.

g Duræ cervicis *Exod.* 32. 9. Duriſſimæ cervicis. *Deuter.* 9. 6.

h Deuter. 24. 1.

i Moyſes ad duritiam cordis veſtri , permiſit vobis dimittere uxores veſtras. Ab initio autem non fuit ſic. *Matth.* 19. 8. Adhærebit uxori ſuæ, & erunt duo in carne una. Itaque jam non ſunt duo , ſed una caro. Quod ergo Deus conjunxit, homo non ſeparet. *Matth.* 19. 5. *Gen.* 2. 23.

l Hæc omnia in figura contingebant illis. 1. *Cor.* 10. 11.

m In omni genere qui timet eum , & operatur juſtitiam, acceptus eſt illi. *Act.* 10. 35. *Rom.* 3. 29. & 15. 10.

n Et quis eſt meus proximus? ſuſcipiens autem Jeſus , &c. *Luc.* 10. 30.

o Non enim eſt diſtinctio Judæi & Græci. Nam idem Dominus omnium. *Rom.* 10. 12. *Gal.* 3. 28. *Rom.* 3. 29. & 15. 10. *Act.* 10. 28. 35.

p Mutuum date nihil inde ſperantes. *Luc.* 6. 35.

q Nolite putare , quoniam veni ſolvere legem , aut Prophetas. Non veni ſolvere, ſed adimplere. *Matth.* 5. 17.

connoître que cette parole seule, qu'il est venu perfec-
tionner la loi, renferme la défense de l'usure autant que
cette défense est renfermée dans tous les préceptes si
purs & si saints qu'il nous a donnez, pour nous élever
au détachement des biens temporels. Et on ne peut penser qu'il ait souffert la licence de l'usure sans une impie-
té qui va jusqu'au blasphême ; car c'en est un contre la
sainteté divine de Jesus-Christ, de dire que lui qui est
venu donner à la loi sa perfection, ait été plus indulgent,
à l'usure, que s'étoit cette loi qu'il venoit perfection-
ner : & que ce divin Législateur de qui il avoit été pré-
dit, qu'il délivreroit son peuple & de l'usure, & de toute autre iniquité *r*, & qui devoit guérir les hommes de
tout attachement aux biens temporels, ait voulu favoriser la cupidité jusqu'à cet excès, de souffrir un commerce que l'ancienne loi, & les Prophetes avoient condamné comme un crime énorme, & qui est si opposé
aux principes de son Evangile.

Pour ce qui est de la licence de l'usure dans le Droit
Romain, c'est une autorité qui ne sçauroit balancer celle de la loi divine, ni celle des Conciles & des Ordonnances de nos Rois qui condamnent l'usure, & qui la
punissent. Mais on peut dire de plus que cette licence de
l'usure dans les livres du Droit Romain, n'est qu'un re-
lâchement des défenses qui en avoient été faites, comme il a été remarqué, de sorte que ce qu'on voit de l'u-
sure dans ces livres, n'a été qu'une condescendance à un
mal qui avoit vaincu les remedes, & un abus qui passa
pour un juste titre, & qui alla même jusqu'à cet excès,
qu'on voit dans une des loix du Digeste, que c'est une
convention licite de stipuler non-seulement l'usure depuis le prêt jusqu'au terme du payement, mais de stipuler de plus une usure plus forte, si le débiteur manquoit
de payer au terme.

Mais on peut dire de plus que cette licence de l'usure
dans le Droit Romain y étoit injuste, par les principes
des Jurisconsultes même qui l'ont favorisée. Car on voit
dans une loi tirée du premier d'entr'eux, que le profit
de l'usure n'est pas naturel. *Usura non natura pervenit,*
sed jure percipitur. l. 62. de rei vind. *Usura pecunia, quam*
percipimus, in fructu non est : quia non ex ipso corpore, sed
ex alia causa, id est, nova obligatione. l. 12. 1. ff. de verb.
signif. Et ce qui est ajouté dans cette loi 62. ff. de rei vind.
que l'usure qui n'est pas un profit naturel, s'exige par
un droit, ne signifie pas qu'elle fût dûe par aucune loi ;
mais ce droit étoit une stipulation qu'ils croyoient suffire, pour pouvoir prendre l'usure, quoiqu'eux-mêmes
jugeassent qu'un simple pacte n'y suffisoit pas *t*. Ce qui
fait bien voir qu'ils ne connoissoient point d'autre titre
pour avoir droit de prendre l'usure, que la formalité
d'une stipulation. Comme, si l'usure qu'ils reconnois-
soient être naturellement illicite, & ne pouvoir même
être demandée en vertu d'un pacte, fût devenue licite
par la simple prononciation de ces paroles qui faisoient
la stipulation.

Usure illi-
cite sans ex-
ception.

Toutes ces preuves qui font voir que l'usure n'est pas
seulement illicite, mais qu'elle est un crime, font assez
voir aussi qu'il n'y a point de cas où elle soit licite ; &
que toute convention ou commerce d'intérêt d'un prêt,
quelque prétexte qu'on y donne pour le pallier, est une
usure criminelle, très-saintement condamnée par les
loix civiles & celles de l'Eglise ; Et très-justement punie
par les ordonnances.

Ces défenses de l'usure en général, c'est-à-dire, de
tout intérêt du prêt, s'étendent à toute sorte de conventions usuraires, comme sont les antichreses, les
contrats pignoratifs & autres où l'on pallie l'usure sous
l'apparence d'un contrat licite. On n'expliquera pas
dans ce Titre les regles de ces sortes de contrats, & les
caractéres qui peuvent distinguer les conventions usuraires, de celles qui ne le sont point *u* ; parce que nos regles sur cette matiere sont differentes de celles du Droit
Romain, où il étoit permis de prêter à usure, & de

prendre même au lieu de l'usure un fonds en jouissance,
quoique les fruits se trouvassent de plus grande valeur *x*.

Intérêts lé-
gitimes pris
le terme &
le dommage
en Justice.

Il n'est pas nécessaire d'avertir que dans les défenses
de l'usure il ne faut pas comprendre les cas où celui qui
a emprunté ne payant pas au terme, le créancier demande son payement en Justice, avec les intérêts pour
le retardement depuis sa demande. Car alors celui qui
a prêté n'étant plus obligé d'attendre encore de nouveau, il est juste qu'il ait les intérêts pour le dédommager de la perte que lui cause l'injustice du débiteur qui
manque de payer au terme. Mais cet intérêt n'a rien de
semblable à celui que le créancier prend avant la demande, soit que le débiteur y consente volontairement, ou que le créancier l'exige autrement.

Comment le
constitution
de rente.

Il n'est pas nécessaire non plus de remarquer qu'on ne
doit pas comprendre dans l'usure les contrats les rentes
constituées à prix d'argent. Car il y a cette différence
essentielle entre le prêt & le contrat de rente, qu'au lieu
que dans le prêt le débiteur peut être contraint de payer
le principal au terme ; le débiteur d'une rente peut garder le principal tant que bon lui semble, en payant la
rente. Et d'ailleurs le contrat de rente est une vraie vente
que fait celui qui prend de l'argent à ce titre ; car il
vend en effet un revenu certain sur tous ses biens,
moyennant un prix.

x l. 17. C. de usur.

I.

1. Définition
du prêt.

LE prêt est une convention par laquelle l'un donne à
l'autre une certaine quantité de ces sortes de choses qui se donnent au nombre, au poids, ou à la mesure,
comme sont l'argent monnoyé, le bled, le vin & les
autres semblables, à condition que comme on cesse d'a-
voir ces mêmes choses quand on en use, qui emprunte
rendra, non la même chose, mais autant de la même
espece & de pareille qualité *a*.

a Mutuatio in his rebus consistit, quæ pondere, numero,
mensura, constant. Veluti vino, oleo, frumento, pecunia numerata, ære, argento, auro quas res numerando, aut metiendo,
aut adpendendo in hoc damus, ut accipientium fiant. Et quoniam
nobis non eædem res, sed aliæ ejusdem naturæ & qualitatis redduntur, inde vitium constantes, quia ita à me tibi
datur, ut ex meo tuum fiat. Inst. quib. mod. re contr. obl. l. 2.
§. 1. & 2. ff. de reb. cred. Quæ usu consumptur, vel minuuntur. l.
1. ff. de usufr. ear. rer. quæ us. consf. vel min. Mutuum damus
recepturi non eandem speciem quam dedimus (alioquin commodatum erit, aut depositum) sed idem genus. d. l. 2. ff. de reb.
cred.

II.

Dans le prêt, il se fait une alienation de la chose prêtée, & celui qui l'emprunte en devient le propriétaire,
car autrement il n'auroit pas le droit de la consumer *b*.

2. La chose
prêtée est
alienée.

b Inde mutuum appellatum est, quia ita à me tibi datur, ut ex
meo tuum fiat. Inst. quib. mod. re contr. obl. Voyez l'art. 1. de
la Section 2.

III.

Celui qui prête ces sortes de choses s'appelle créan-

---

r Ex usuris, & iniquitate redimet animas eorum. Ps. 71. 14.
f. l. 12. ff. de usur.

t Quamvis usuræ fœnebris pecuniæ, citra vinculum stipulationis, peti non possint. l. 3. C. de usur. l. 14. ff. de præscr. verb.

u V. la Section 1. du titre des intérêts.

Tome I.

K ij

3. Défini-
tion du
créancier &
du débiteur.

cier, à caufe de la créance qu'il a fur la foi de celui à qui il prête : & celui qui emprunte s'appelle débiteur, parce qu'il doit rendre la même fomme, ou la même quantité qu'il a empruntée. Mais on peut auffi être créancier & débiteur par d'autres caufes que par le prêt, parce qu'il y a d'autres manieres de devoir que celle du prêt. Ainfi dans une vente dont le prix eft payable à un terme, le vendeur eft créancier du prix, & l'acheteur en eft débiteur. Ainfi dans un louage, le propriétaire eft créancier des loyers, & le locataire en eft débiteur *c*.

c Creditorum appellatio non hi tantùm accipiuntur, qui pecuniam crediderunt ; fed omnes quibus ex qualibet caufa debetur. *l.* 11. *ff. de verb. fign. l.* 10.*eod.* Credendi generalis appellatio eft . . . . nam cuicumque rei affentiamur, alienam fidem fecuri, mox recepturi quid ex contractu, credere dicimur. *l.* 1. *ff. de reb. cred.*
Creditum ergo à mutuo differt quà genus à fpecie, nam creditum confiftit extra eas res quæ pondere, numero, menfurâ continentur. *l.* 2. §. 3. *eod.*

I V.

4. Quelles
chofes on
p. ut prêter.

On peut donner à titre de prêt, toutes les chofes qui font telles qu'on puiffe en rendre de femblables, en même quantité, & de pareille qualité. Ainfi, outre l'argent monnoyé, le bled, le vin, & les autres grains, & liqueurs;on peut prêter de même de l'or, ou de l'argent en maffe, du cuivre, du fer & autres métaux, des foies, des laines, des cuirs, du fable, de la chaux, du plâtre, & toutes autres matieres dont on peut rendre autant, fans différence de quantité & de qualité; de forte que ce qui eft rendu, tienne entierement lieu de ce qui étoit prêté *d*. Ainfi, au contraire on ne donne pas à titre de prêt, des animaux & autres chofes, qui quoique de même efpece, font différentes en qualitez dans l'individu, & telles qu'on ne pourroit contre le gré du créancier rendre l'une pour l'autre *e*.

d Mutuidatio in iis rebus confiftit, quæ pondere, numero, menfurâ conftant. Veluti vino, oleo, frumento, pecuniâ numeratâ, ære, argento, auro. *Inft. quib. mod. re contr. obl.* Quoniam nobis non exdem res, fed aliæ ejufdem naturæ, & qualitatis redduntur. *Ibid.* Quoniam eorum ratione poffumus in creditum ire, quia in genere fuo functionem recipiunt, fed per folutionem. *l.* 2. §. 1. *ff. de reb. cred.*
e In cæteris rebus, ideò in creditum ire non poffumus, quia aliud pro alio invito creditore, folvi non poteft. *d. l.* 2. §. 1. *in f. ff. de reb. cred.*

V.

5. Déli-
vrance ne-
cefaire dans
le prêt, pour
former l'en-
gagement.

Dans le contrat du prêt, celui qui emprunte s'obligeant à rendre une fomme d'argent, ou une certaine quantité pareille à celle qu'il a empruntée ; ce contrat eft du nombre de ceux où l'obligation ne fe forme que par la delivrance de la chofe pour laquelle on s'oblige *f*.

f Re contrahitur obligatio, veluti mutuidatione. *Inft. quib. mod. re contr. obl.* V. l'art. 9. de la Sect. 1. des Conventions, p. 20.

V I.

6. Pourquoi
ventes obli-
gations fe
convertif-
fent en prêt.

Comment l'argent fait le prix de toutes chofes qui entrent dans le commerce, & qu'il eft fouvent néceffaire de réduire en argent la valeur des chofes qu'on fe doit l'un à l'autre ; il eft fréquent & naturel que l'on convertiffe en obligation à caufe du prêt celles qui ont d'autres caufes toutes différentes. Ainfi, par exemple, quand on vient en compte de fommes ou autres chofes fournies de part & d'autre : quand on termine des diffe-rends par des tranfactions,& dans les autres cas femblables, celui qui doit par l'arrêté de compte, par la tranf-action, & par d'autres caufes, ne payant pas comptant ce qu'il doit, il s'oblige à caufe de prêt, parce qu'on eftime en argent ce qu'il peut devoir, & qu'il en devient débiteur de la même maniere que s'il empruntoit la fomme d'argent qui tient lieu de la chofe qu'il devoit donner *g*.

g Æftimatio rerum quæ mercis numero habentur, in pecunia numerata fieri poteft. *l.* 42. *ff. de fidejuff. & mand.* Si in creditum abii, filio familias, vel caufa emptionis, vel ex alio contractu : in quo pecuniam non numeravi, & fi ftipulatus fim, licet cœperit effe mutua pecunia, &c. *l.* 3. §. 3. *ff. de Senat. Maced. l.* 5. §. 18. *ff. de tribut. act.*

V I I.

7. L'effica-
tion du prêt

Le créancier peut ftipuler du débiteur moins qu'il n'a prêté, mais non davantage. Car il peut donner, mais

non prendre trop. Et s'il paroiffoit qu'une obligation fût d'une plus grande fomme que celle qui auroit été prê-tée, elle feroit nulle pour cet excédent, comme étant fans caufe *h*.

ne peut ex-
céder la cho-
fe prêtée.

h Si tibi dedero decem fic ut novem debeas : Proculus ait, & rectè, non amplius te ipfo jure debere quàm novem : fed fi de-dero ut undecim debeas, putat Proculus, amplius quàm decem condici non poffe. *l.* 11. §. 1. *ff. de reb. cred.* V. l'article 5. de la Section 1. des Conventions, p. 20.

V I I I.

Dans le prêt d'argent le débiteur n'eft obligé qu'à rendre la même fomme: & s'il arrive après le prêt une augmentation de la valeur des efpeces, il ne doit pas rendre la valeur préfente des efpeces, qu'il avoit re-çûes, mais autant qu'elles valoient quand il emprunta. Et fi au contraire la valeur des efpeces eft diminuée, le débiteur ne laiffe pas de devoir la fomme empruntée *i*.

8. Du chan-
gement de
la valeur
de l'argent.

i Quia in genere fuo functionem recipiunt per folutionem *l.* 2. §. 1. *ff. de reb. cred.* Id autem agi intelligitur, ut ejufdem generis, & eadem bonitate folvatur, qua datum fit. *l.* 3. *in f. ff. ae reb. cred.*

I X.

Dans le prêt du bled, du vin & des autres chofes fem-blables, dont le prix augmente, ou diminue, le débi-teur doit la même quantité qu'il a empruntée, & ni plus ni moins, foit que le prix en foit augmenté ou dimi-nué *l*. fi ce n'eft que dans le cas de l'augmentation du prix, il parût par les circonftances que le créancier eût fait un prêt ufuraire, comme font, par exemple, ceux qui au temps de la moiffon prêtent leur bled, qui eft à vil prix; pour en ravoir autant dans une autre faifon où il fera plus cher.

9. Du chan-
gement de la
valeur des
denrées.

l Mutuum damus recepturi idem genus. *l.* 2. *ff. de reb. cred.* Quatenus mutua vice fungantur, qua tantumdem præftent. *l.* 6. *in f. ff. eod.* V. l'art. 5. de la Sect. 3.

X.

Si on donne de l'argent pour ravoir du bled, ou d'au-tres chofes femblables, ou qu'on donne ces fortes de chofes pour ravoir de l'argent, ce n'eft pas un prêt, mais c'eft une vente licite ou illicite felon les circonftances *m*.

10. Prêt
apparent
qui eft une
vente.

m C'eft une fuite de la nature du prêt & de celle de la vente.

X I.

Si une perfonne de qui un autre veut emprunter de l'argent, lui donne de la vaiffelle d'argent, ou autre chofe pour la vendre, & en garder le prix à titre de prêt, celui qui l'a prife ne deviendra débiteur à caufe de prêt, que par la vente qu'il aura faite. Mais fi la chofe périt en fes mains avant la vente, par un cas fortuit, la perte tombera fur lui; car la chofe lui avoit été donnée pour fon intérêt. Que fi le maître de cette vaiffelle d'argent ayant deffein de la vendre, avoit prévenu de fa part, & l'avoit donnée à vendre, ajoutant en faveur de celui qui s'en chargeoit, la liberté d'en garder le prix, com-me un prêt, & qu'elle périffe avant la vente, par un cas fortuit, la perte tombera fur le maître, car c'étoit pour fon intérêt qu'il l'avoit donnée *n*.

11. Chofe
baillée à
vendre pour
en prêter le
prix.

n Rogafti me ut tibi pecuniam crederem : ego, cùm non ha-berem, lancem tibi dedi, vel maffam auri, ut eam venderes, & nummis utereris. Si vendideris, puto mutuam pecuniam factam. Quod fi lancem vel maffam fine tua culpa perdideris, priufquam venderes : utrum mihi, an tibi perierit, quæftionis eft. Mihi videtur Nervæ diftinctio veriffima exiftimantis, multùm intereffe, venalem habui hanc lancem, vel maffam, nec ne : ut fi ve-nalem habui, mihi perierit, quemadmodum fi id dediffem ven-dendam. Quod fi non fui propofito hoc ut venderem, fed hæc caufa fuit vendendi, ut tu utereris, tibi eam periiffe, & maxi-mè,fi fine ufuris credidi. *l.* 11. *ff. de reb. cred.* Qui rem venden-dam acceperit ut pretio utereretur, periculo fuo rem habebit. *l.* 4. *eod.* V. l'art. fuivant.

X I I.

Si celui qui emprunte pour acheter, ou pour employer l'argent à quelqu'autre affaire, le prend cependant en dépôt, à condition que le prêt n'aura lieu que lors de l'emploi, & que l'argent fe perde par un cas fortuit, ce dépofitaire en fera tenu, comme fi le prêt étoit con-fommé; car c'étoit pour lui-même que l'argent lui étoit laiffé *o*.

12. Argent
dépofé pour
prêter.

o Si quis nec caufam, nec propofitum fœnerandi habuerit, &

tu empturus prædia , defideraveris mutuam pecuniam , nec voliueris creditæ nomine antequam emilles fuscipere, atque ita creditor quia necessitatem forte proficiscendi habebat , depofuerit apud te hanc eamdem pecuniam , ut si emisses crediti nomine obligatus esses : hoc depositum periculo est ejus qui suscepit , nam & qui rem vendendam acceperit , ut pretio uteretur , periculo suo rem habebit. *l. 4. ff. de reb. cred.*

SECTION II.

Des engagemens de celui qui prête.

SOMMAIRES.

1. Celui qui prête doit être le maître de la chofe, pour en rendre maître celui qui l'emprunte.
2. Si la chofe empruntée appartient à un tiers.
3. Rédhibition dans le prêt.
4. On ne peut demander qu'autant que l'on a prêté.
5. Payement de la partie de la dette qui n'est pas contestée.

I.

1. Celui qui prête doit être le maître de la chofe, pour en rendre le maître celui qui l'emprunte. LE premier engagement de celui qui prête , est qu'il foit le maître de la chofe prêtée , pour donner le même droit à celui qui l'emprunte. Car on n'emprunte que pour ufer en maître de la chofe, & avoir la liberté de la confumer *a*.

a In mutuidatione oportet dominum esse dantem. *l. 2. §. 4. ff. de reb. cred.* Inde mutuum appellatum est , quia ita à me tibi datur , ut ex meo tuum fiat. *Inst. quib. mod. re contr. obl.* Et ideò fi non fiat tuum , non nascitur obligatio. *d. l. 2. §. 2. ff. de reb. cred.* V. l'art. fuivant.

II.

2. Si la chofe empruntée appartient à un tiers. Si celui qui prête n'est pas le maître de la chofe prêtée , il n'en transfere pas la propriété à celui qui l'emprunte. Et fi celui qui en est le maître la trouvant en nature , la revendique & prouve fon droit ; celui qui avoit emprunté aura fon recours & fes dommages & intérêts contre celui qui lui avoit prêté *b*.

b Si focius propriam pecuniam mutuam dedit , omnino creditam pecuniam facit, licet cæteri dissenserint. Quod si communem numeravit , non alias creditam efficit , nisi cæteri quoque consenciant , quia suæ partis tantùm alienationem habuit. *l. 16. ff. de reb. cred. v. l. 13. init. & §. 1. eod.* V. l'art. 6. de la Sect. 10. du Contrat de vente.

III.

3. Rédhibition dans le prêt. Ce fecond engagement de celui qui prête est de donner la chofe telle qu'elle foit propre à fon ufage. Car c'est pour cet ufage qu'elle est empruntée. Ainfi , il doit donner de l'argent qui ne foit ni faux ni décrié , & des grains ou liqueurs qui ne foient pas altérées ou corrompues. Et il est garant de ces fortes de défauts, felon les regles expliquées dans la Sect. 11. du contrat de vente *c*.

c C'est une fuite de la nature du prêt, où l'on n'emprunte une chofe que pour en ufer.

IV.

4. On ne peut demander qu'autant que l'on a prêté. Le troifiéme engagement de celui qui prête, est de ne rien exiger , foit en valeur ou en quantité , au-delà de ce qu'il a prêté *d*.

d Si tibi dedero decem ut undecim debeas , putat Proculus amplius quàm decem condici non posse. *l. 11. §. 1. ff. de reb. cred.*

V.

5. Payement de la partie de la dette qui n'est pas contestée. Si le débiteur d'une fomme ou autre chofe contefte avec quelque fujet une partie de la dette , & offre le furplus , le Juge peut obliger le créancier à recevoir ce qui n'est pas en contestation, car il est de l'humanité & de l'office du Juge de diminuer les fujets des procès *e*.

e Quidam exiftimaverunt neque eum qui decem peteret cogendum quinque accipere & reliqua perfequi , neque eum qui fundum fuum diceret partem duntaxat judicio profequi , fed in utraque caufa humanius facturus videtur Prætor, fi actorem compulerit ad accipiendum id quod offeratur. Cùm ad officium ejus pertineat lites diminuere. *l. 21. ff. de reb. cred.*
Quoique cette regle foit peu obfervée , on n'a pas laiffé de la mettre ici au fens expliqué dans l'article. Car elle est pleine d'équité , & il est jufte de l'obferver felon les circonftances.

SECTION III.

Des engagemens de celui qui emprunte.

SOMMAIRES.

1. Payement au terme.
2. Les cas fortuits ne déchargent pas le débiteur.
3. Intérêt après le terme & la demande en juftice.
4. Payement de la valeur des chofes prêtées.
5. Temps & lieu de l'eftimation des chofes prêtées.
6. Payement en même quantité & qualité.
7. Intérêts de la valeur de la chofe prêtée.
8. Intérêts d'intérêts illicites.

I.

1. Payement au terme. LE premier engagement de celui qui emprunte est de rendre la même fomme ou la même quantité qu'il a empruntée , & de la rendre au terme dont on est convenu *a*.

a Aliæ ejufdem naturæ & qualitatis redduntur. *Inst. quib. mod. re contr. obl. l. 1. §. 2. ff. de edendo.*

II.

2. Les cas fortuits ne déchargent pas le débiteur. Quoique la chofe prêtée foit périe par un cas fortuit, avant que celui qui l'a empruntée pût en ufer , il ne laiffe pas d'être obligé d'en rendre autant, car il en a été fait maître par le prêt , & c'est fur lui qu'en doit tomber la perte *b*.

b Is qui mutuum accepit , fi quolibet fortuito cafu amiferit quod accepit, veluti incendio, ruina , naufragio , aut latronum , hoftiumve incurfu : nihilominus obligatus remanet. *§. 2. inst. quib. mod. re contr. obl.* Incendium ære alieno non exuit debitorem. *l. 11. C. fi cert. pet.*

III.

3. Intérêts après le terme & la demande en juftice. Si celui qui a emprunté de l'argent est en demeure de payer après le terme , il en devra les intérêts depuis la demande en juftice *c* , pour dédommager le créancier du retardement.

c Mora fieri intelligitur non ex re , fed ex perfonâ , id est , fi interpellatus , opportuno loco non folverit. *l. 32. ff. de ufur.* Voyez l'art. 3. de la Sect. 1. du Titre des intérêts , & dommages & intérêts.

IV.

4. Payement de la valeur des chofes prêtées. Si celui qui a emprunté d'autres chofes que de l'argent, ne les rend pas au terme , ou ne les rend pas telles qu'il les doit , il en payera l'eftimation *d*.

d Si merx aliqua quæ certo die dari debebat , petita fit , veluti vinum , oleum , frumentum : tanti litem æftimandam, Caffius ait , quanti fuiffet. *l. 4. uls. ff. de condict. triticâ.*

V.

5. Temps & lieu de l'eftimation des chofes prêtées. L'eftimation de la chofe empruntée que le débiteur est en demeure de rendre comme du vin , du bled & autres chofes , fe fait au prix du temps & du lieu où elle devoit être rendue , parce qu'elle étoit dûe de ce lieu ; & fi le temps & le lieu n'étoient pas reglez par la convention , l'eftimation s'en fera au prix du temps & du lieu où la demande est faite *e*. Si ce n'est que les circonftances & les préfomptions de l'intention des contractans obligent à regler cette eftimation fur un autre pied *f*.

e Vinum , quod mutuum datum erat , per Judicem petitum est. Quæfitum est : cujus temporis æftimatio fieret : utrùm cùm datum effet , an cùm litem conteftatus fuiffet , an cùm res judicaretur? Sabinus refpondit , fi dictum effet quo tempore redderetur , quanti tunc fuiffet, fi non , quanti tunc cùm petitum effet. Interrogavi cujus loci pretium fequi oporteat? Refpondit, fi convenifet , ut certo loco redderetur, quanti eo loco effet , fi dictum non effet , quanti , ubi effet petitum. *l. 22. ff. de reb. cred.*
f V. ci-devant l'art. 9. de la Sect. 1.

VI.

6. Payement en même quantité & qualité. Celui qui a emprunté du bled , du vin ou autres chofes femblables , fans en faire eftimation à un certain prix , ce qui feroit une vente , doit rendre du bled & du vin : & les autres chofes non feulement en même quantité, mais de femblable qualité que celles qu'il avoit reçues *g*.

g Cùm quid mutuum dederimus , & fi non canimus ut æquæ

K iij

bonum nobis redderetur, non licet debitori deteriorem rem quæ ex eodem genere sit reddere, veluti vinum novum pro vetere : nam in contrahendo, quod agitur pro cauto habendum est : id autem agi intelligitur : ut ejusdem generis, & eadem bonitate solvatur, quâ datum sit. *l.* 3. *ff. de reb. cred. Ejusdem indorse & qualitatis.* *inst. quib. mod. re contr. obl.*

VII.

7. Intérêts de la valeur de la chose prêtée.

Si celui qui paye ces sortes de choses ne les paye au terme, ou la valeur, il en devra les intérêts sur le pied de leur estimation, à compter depuis la demande en justice *h.*

h V. ci-devant l'article 3. de cette Section, & la Sect. 1. du Titre des Intérêts.

VIII.

8. Intérêts d'intérêts illicites.

Le débiteur à cause de prêt ne peut jamais devoir les intérêts des intérêts dont il est en demeure de faire le payement *i.*

i Nullo modo usuræ usurarum à debitoribus exiguntur. *l.* 28. *C. de usur.*

Il en est de même des intérêts dûs pour d'autres causes. V. la regle générale dans le Titre des Intérêts, Sect. 1. art. 10. & 11.

SECTION IV.

Des défenses de prêter aux Fils de famille.

Causes de ces défenses.

LE prêt d'argent aux fils de famille leur étant une occasion de débauche, est un des pernicieux effets de l'usure. Et c'étoit par la facilité d'emprunter des usuriers, que la corruption des mœurs des fils de famille étoit venue dans Rome à un tel excès & à de telles suites, que pour réprimer ce désordre il fut fait un Reglement par un Sénatusconsulte, appellé Macédonien, du nom de l'usurier qui en fut l'occasion, par lequel toutes les obligations des fils de familles causées de prêt d'argent, étoient déclarées nulles indistinctement. Et si quelque créancier avoit prêté pour une cause juste & raisonnable, qui dût faire subsister l'obligation, c'étoit par une interprétation du Senatusconsulte qu'il falloit en faire l'exception selon la qualité de l'emploi que le fils de famille faisoit de l'argent qu'il avoit emprunté.

Mais parce que le prêt en général aux fils de famille n'est pas illicite de soi-même, & qu'il ne devient injuste que par les circonstances du mauvais usage qu'ils peuvent en faire ; ces défenses générales du prêt aux fils de famille n'étant pas du droit naturel, mais seulement une loi positive du Droit Romain, elles n'ont pas en France la force de loi. Et il n'est pas de notre usage d'annuller indistinctement, comme faisoit ce Senatusconsulte, toutes les obligations de prêt aux fils de famille, mais seulement celles où le prêt est une occasion de débauche ; & il dépend de la prudence des Juges d'en faire le discernement par les circonstances. Ainsi les regles qu'on va mettre dans cette Section, doivent être considérées comme des principes d'équité dont l'application doit dépendre du Juge.

Il faut remarquer sur cette matiere du prêt aux fils de famille, que ce Reglement ne regarde pas seulement les fils de famille qui sont mineurs, car leur minorité seule suffiroit pour annuller l'obligation ; mais qu'il s'étend à ceux qui étant majeurs, sont encore sous la puissance paternelle, n'ayant pas été émancipez. Voyez les articles 5. & 6. de la Section du Titre des Personnes, page 14.

SOMMAIRES.

1. Comment il est défendu de prêter aux fils de famille.
2. La mort du pere ne valide pas le prêt fait aux fils de famille.
3. Le prêt à celui qui est émancipé n'est pas défendu.
4. Si l'obligation du fils de famille a été acquittée, ou approuvée.

I.

1. Comment il est

CEux qui prêtent de l'argent aux fils de famille, sans une juste cause, mais pour leurs débauches, ne peu-

---

vent répeter ce qu'ils ont prêté de cette maniere *a.* Et il en seroit de même, si au lieu d'un prêt d'argent on avoit déguisé l'obligation sous l'apparence d'un autre contrat *b,* ou prêté d'autres choses que de l'argent *c.* Et c'est par les circonstances qu'on doit juger du motif du prêt, & s'il doit subsister ou être annullé *d.*

défendu de prêter aux fils de famille.

a Verba Senatusconsulti Macedoniani hæc sunt. Cùm inter cæteras sceleris causas Macedo quas illi natura administrabat, etiam æs alienum adhibuisset, & sæpe materiam peccandi, malis moribus præstaret ; qui pecuniam (ne quid amplius diceretur) incertis nominibus crederet : placere ne cui, qui filio familias mutuam pecuniam dedisset, etiam post mortem parentis ejus, cujus in potestate fuisset, actio petitioque daretur. Ut scirent qui pessimo exemplo fœnerarent, nullius posse filii familias bonum nomen, expectata patris morte, fieri. *l.* 1. *ff. de Senat. Macedon.*

b Is autem solus Senatusconsultum offendit, qui mutuam pecuniam filio familias dedit, non qui aliàs contraxit... quod ita demum erit dicendum, si non fraus Senatusconsulto sit cogitata. *l.* 3. §. 3. *ff. de Senat. Maced.*

c Si fraus sit Senatusconsulto adhibita, putà frumento, vel vino, vel oleo mutuo dato, ut his distractis fructibus, uteretur pecunia, subveniendum est filio familias *l.* 7. §. 3.

d Des causes légitimes du prêt aux fils de famille. V. L 7. §. 2. §. 13. & §. 14.

II.

2. La mort du pere ne valide pas le prêt fait au fils de famille.

L'obligation des fils de famille qui se trouve sujette à être annullée par le vice du motif du prêt, ne sera pas validée par la mort du pere *e.* Car elle étoit vicieuse dans son origine, & ce n'est pas tant en faveur du fils de famille qu'elle est annullée, qu'en haine du créancier qui avoit fait un prêt illicite *f.*

e Placere ne cui, qui filio familias, mutuam pecuniam dedisset, etiam post mortem parentis ejus : cujus in potestate fuisset, actio petitioque daretur. *l.* 1. *ff. de Senat. Maced.*

f Ob pœnam creditorum, actione liberantur, non quoniam exonerare eos lex voluit. *l.* 9. §. 4. *eod.*

¶ Mais si le pere a ratifié elle est valable. *l.* 7. *cod. eod.*]

III.

3. Le prêt à celui qui est émancipé n'est pas défendu.

Après que le fils de famille est émancipé, ces défenses cessent, & son obligation subsiste sans qu'on entre en connoissance des motifs du prêt *g.* Et il en seroit de même si celui qui n'étoit pas en effet émancipé, agissoit de sorte qu'il parût publiquement pere de famille *h.*

g Les défenses n'étant que de prêter aux fils de famille, elles cessent à l'égard de celui qui est émancipé : car il est devenu pere de famille. V. les art. 5. & 6. de la Sect. 2. du Titre des Personnes, p. 14.

h Si quis patrem familias esse crediderit, non vana necessitate deceptus, nec juris ignorantia, sed quia publicè pater familias plerisque videbatur, sic agebat, sic contrahebat, sic muneribus fungebatur, cessabit Senatusconsultum. Inde Julianus, libro duodecimo in eo qui vectigalia conducta habebat, scribit, & sic sæpe constitutum, cessare Senatusconsultum. *l.* 3. *ff. de Senat. Maced.* v. *l.* 3. *ff. de off. Præt.*

IV.

4. Si l'obligation du fils de famille a été acquittée, ou approuvée.

Si le pere a approuvé ou ratifié l'obligation, s'il en paye une partie, ou si le fils l'acquitte lui-même, l'obligation ou le payement ne pourront plus être révoquez *i.*

i Si tantum sciente patre creditum sit filio, dicendum est cessare Senatusconsultum. *l.* 12. *ff. de Senat. Maced.* Tum hoc amplius cessabit Senatusconsultum, si pater solvere cœpit, quod filius familias mutuam sumpserit, quasi ratum habuerit. *l.* 7. §. 15. *eod.* Sed & ipse filius (si solverit) non repetit. *l.* 9. §. 4. *eod.*

¶ Il n'y a point lieu à la révocation du payement ou de l'obligation, si le fils de famille a emprunté pour bonne cause. *l. de Sen. C. mand. l.* 15. *cod. eod.*

Sous les fils de famille sont compris filles & petit-fils. *l.* 9. §. 2. *eod. l.* 14. & 6. *cod. eod.* ce droit passe aux héritiers *l.* 7. §. 6.]

TITRE VII.

DU DEPOST ET DU SEQUESTRE.

Usage du dépost.

IL arrive souvent que les maîtres ou possesseurs des choses sont obligez de les laisser en garde à d'autres personnes, soit parce qu'ils se trouvent dans des conjonctures qui les empêchent de les garder eux-mêmes, ou parce qu'elles ne seroient pas en sûreté, s'ils les avoient en leur puissance, ou pour d'autres causes. Et dans tous ces cas où y pourvoit, en les mettant entre les mains de personnes qu'on croit fideles, & qui veulent s'en charger. C'est cette convention qu'on appelle dépôt.

Conséquen-ce de la fidelité du dépositaire. Comme le dépôt se fait le plus souvent en secret & sans écrit, & que c'est une convention dont l'usage est fréquent & très-nécessaire, & dont la sûreté dépend de la foi de celui qui s'en charge *a*, il n'y a point aussi d'engagement qui demande plus particulierement la fidelité, que celui du dépositaire.

Séquestre. Cette premiere espece de dépôt ne se passe qu'entre deux personnes, l'une qui dépose la chose, & l'autre qui s'en charge. Mais il y a une autre sorte de dépôt, lorsque deux ou plusieurs personnes étant en contestation sur les droits de propriété ou de possession que chacun d'eux prétend à une même chose, on la met entre les mains d'un tiers qu'on appelle séquestre, pour la garder jusqu'à ce que la contestation soit finie, & pour la rendre à celui qui en sera déclaré le maître. Et l'usage de ce dépôt est de prévenir les mauvaises suites qu'attireroit l'entreprise de celui des contendans qui voudroit se rendre maître de la chose, & en priver les autres. Ainsi l'effet de ce dépôt entre les mains d'un séquestre, est de conserver à chacun des droits que qui le font, le droit qu'il peut avoir en la chose séquestrée, en conservant la chose même; & de les priver tous de l'usage de ce droit en ce qui regarde la possession & la jouissance, mettant en sûreté les fruits & autres revenus, si la chose en produit, pour être rendus avec le fonds à celui qui s'en trouvera le maître.

Les séquestres peuvent être nommez ou par les parties de gré à gré, lorsqu'elles en conviennent, ou en justice, lorsque l'incertitude du vrai maître d'une chose contentieuse, & la nécessité d'en commettre à quelqu'un la garde & le soin, obligent le Juge à ordonner qu'elle soit mise en séquestre pendant le procès. Et c'est un dépôt judiciaire, different de celui qui se fait de gré à gré, en ce que celui-ci est une convention, & que l'autre est un Reglement ordonné par le Juge.

Le dépôt ou séquestre qui s'ordonne en Justice n'est pas de ce dessein, car il fait partie de l'ordre judiciaire: mais parce que les regles naturelles du dépôt conventionnel ont aussi la plûpart leur usage pour les séquestres ordonnez en Justice, on pourra y appliquer les regles de ce Titre qui s'y rapporteront.

Dépôt d'immeubles. Quoique l'usage du dépôt paroisse borné aux choses mobiliaires, à cause de l'origine de ce mot, qui marque un changement de place de ce qui est déposé, & que le séquestre soit principalement en usage pour les immeubles; on peut néanmoins séquestrer les meubles, lorsque la possession en est contestée; & on peut aussi donner en garde des immeubles par forme de dépôt selon le besoin, comme font ceux qui pendant leur absence donnent leur maison & tout ce qu'ils y ont en garde à un ami à qui ils en déposent les clefs; & la maison même est comme en dépôt en la puissance de celui à qui la garde en est commise, soit qu'il y habite, ou qu'il n'y habite point.

Gageures. Il se fait une autre sorte de dépôt dans les gageures, lorsque ceux qui en font, déposent le prix entre les mains d'un tiers. Ainsi on fait des gageures où le prix est donné à l'adresse dans quelque exercice honnête, comme des armes, de la course, & autres; & c'étoit la seule espece de jeux où il fut permis par le Droit Romain de jouer de l'argent, encore n'étoit-il permis de jouer que très-peu de chose *b*.

Comme ce dépôt de la gageure n'a pas d'autres regles que celles des autres dépôts, & la convention de ceux qui le font, on ne mettra rien dans ce Titre qui regarde les gageures en particulier.

Dépôt nécessaire. Il y a encore une autre espece de dépôt qu'on appelle nécessaire, parce que c'est la nécessité qui l'a mis en usage. Ainsi dans un incendie, dans une ruine, dans un naufrage, ou autres cas semblables, on met chez les voisins, ou l'on donne à d'autres qui s'y rencontrent, les choses qu'on sauve de ces sortes de pertes; & quoique ce soit souvent sans convention, au moins expresse, comme quand on jette les meubles des maisons qui se brûlent, dans celles des voisins, l'équité naturelle oblige étroitement ceux à qui on donne quelque chose en garde dans ces sortes d'occasions, à en prendre soin. Et les loix Romaines punissoient ceux qui ne rendoient pas le dépôt de cette nature de la peine du double *c*.

Comme ce dépôt, quoique nécessaire, est toujours une espece de convention expresse ou tacite, & qu'il oblige de même, & par les mêmes regles que les autres dépôts, on le placera aussi dans ce Titre.

Dépôt des choses judiciers. On ne met pas au rang des matieres de ce Titre le dépôt des choses qu'on saisit sur les débiteurs, & que la Justice commet à des gardiens ou commissaires. Car outre que ce dépôt n'est pas une convention, il est de l'ordre judiciaire, & n'est pas une matiere de ce dessein, quoique plusieurs des regles qui seront expliquées dans ce Titre puissent s'y appliquer.

Dépôt chez les Hôteliers. Il y a aussi une autre sorte de dépôt des hardes & des marchandises que les voyageurs mettent entre les mains des Hôteliers & Voituriers sur terre & sur mer. Mais comme ce dépôt n'est qu'une suite de l'engagement de ces sortes de personnes, & qu'elles répondent non seulement de leur fait, mais encore de celui de leurs domestiques & de leurs commis, c'est une matiere qui aura son lieu dans le Titre 16. de ce Livre, où il sera parlé des engagemens de ces personnes.

c l. 1. §. 1. & §. 4. ff. depos. §. 17. Inst. de action.

SECTION I.

De la nature du Dépôt.

SOMMAIRES.

I.

1. Définition du dépôt. LE dépôt est une convention par laquelle une personne donne à une autre quelque chose en garde *a*: & pour la lui rendre quand il lui plaira de la retirer *b*.

---

a Totum fidei ejus commissum. l. 1. depos.

b Senatusconsultum vetuit in pecuniam ludere, præterquam, si quis certet hastâ, vel pilo jaciendo vel currendo, saliendo, luctando, pugnando, quod virtutis causâ fiat. In quibus rebus ex lege Titia, & Publicia, & Cornelia, etiam sponsionem facere licet; sed ex aliis ubi pro virtute certamen non fit, non licet. l. 2. §. 1. & l. 3. ff. de aleat. v. tot. tit. C. eod.

Liceat quidem ditioribus, ad singulas commissiones, seu ad singulos congressus aut vices, unum assem, seu numisma, seu solidum deponere & ludere, cæteris autem longè minori pecunia. l. 1. in f. C. eod.

---

a Depositum est quod custodiendum alicui datum est. l. 1. ff. dep.

b Est autem & apud Julianum libro tertio-decimo Digestorum scriptum, eum qui rem deposuit, statim posse depositi actione agere. Hoc enim ipso, dolo facere eum qui suscepit; quòd depositi rem non reddat. l. 1. §. 22. eod.

II.

2. Le dépôt doit être gratuit.

Le dépôt doit être gratuit ; car autrement ce seroit un louage, où le dépositaire loueroit son soin *c*.

c Si veſtimenta ſervanda balneatori data perierunt ; ſi quidem nullam mercedem ſervandorum veſtimentorum accepit, depoſiti eum teneri, & dolum duntaxat præſtare debere puto ; quod ſi accepit, ex conducto. *l.* 1. §. 8. *dep.*

III.

3. Eſpéce de dépôt des immeubles.

Quoique le dépôt ne ſoit proprement que des meubles, on peut donner en garde des immeubles, comme une maiſon ou un autre fonds, & les fruits qui en proviendront *d*.

d Si poſſeſſionem naturalem revocem proprietas mea manet. Videamus de fructibus. Et quidem in depoſito, & commodato, fructus uſumque præſtandi ſunt, *l.* 38. §. 10. *ff. de uſur. l.* 1. §. 14. *ff. dep.*

IV.

4. On peut dépoſer la choſe d'un autre, & un voleur même peut dépoſer ce qu'il a volé.

On peut dépoſer non-ſeulement ce qu'on a en propre, mais ce qui eſt à d'autres perſonnes ; ſoit qu'on l'ait en ſa puiſſance de bonne foi, comme un Procureur conſtitué, ou qu'on le poſſede de mauvaiſe foi. Ainſi les voleurs mêmes & les larrons peuvent dépoſer ce qu'ils ont volé ou dérobé. Car il eſt juſte qu'il ſoit conſervé pour être rendu au maître *e*.

e Si prædo, vel fur depoſuerint, & hos Marcellus, libro ſexto Digeſtorum, putat recte depoſiti acturos. Nam intereſt eorum ; eo quod teneantur. *l.* 1. §. 39. *ff. dep.*

V.

5. Reſtitution de la choſe à ſon maître.

Le dépôt de ce qui eſt à un autre, n'oblige pas le dépoſitaire de le rendre à celui qui l'a dépoſé, ſi le maître le fait connoître. Ainſi ſi c'eſt un voleur qui ait dépoſé ce qu'il avoit volé, la fidélité du dépôt n'oblige plus envers ce voleur ; mais la connoiſſance du vol oblige à rendre la choſe à ſon maître *f*. Que s'il y a du doute dans le droit de celui qui ſe dit le maître, ou que ce droit lui ſoit conteſté par celui qui a dépoſé ; le dépoſitaire devient alors un dépoſitaire de juſtice, & comme un ſéqueſtre. Et il doit attendre que la conteſtation ait été reglée, pour rendre la choſe à celui qui en ſera reconnu le maître.

f Incurrit hic & alia inſpectio, bonam fidem inter eos rantùm quos contractum eſt : nullo extrinſecus aſſumpto æſtimare debemus, an reſpectu etiam aliarum perſonarum, ad quas id quod geritur pertinet exempli loco, latro ſpolia, quæ mihi abſtulit, poſuit apud Seium judicium de malitia deponentis ; utrùm latroni an mihi reſtituere Seius debet ? Si per ſe dantem accipientemque intuemur, hæc eſt bona fides, ut committam rem recipiat is qui dedit. Si totius rei æquitatem, quæ ex omnibus perſonis, quæ negotio iſto continguntur, impletur, mihi reddenda ſunt, quo facto ſceleſtiſſimo adempta ſunt, & probo hanc eſſe juſtitiam, quæ ſuum cuique ita tribuit, ut non diſtrahatur ab ullius perſonæ juſtiore repetitione. *l.* 31. §. 1. *ff. dep.*

VI.

6. Comment le dépôt peut être rendu à autre qu'au maître.

Si une perſonne dépoſe une choſe qui ſoit à une autre, ou un domeſtique celle de ſon maître, le dépoſitaire peut la rendre à celui qui l'a dépoſée, s'il n'a pas de juſte cauſe de douter qu'il la rendra mal. Comme il en auroit s'il ſçavoit que ce domeſtique, par exemple, n'eſt plus au ſervice de cette perſonne, ou qu'il dût ſe défier de ſa fidélité. Et c'eſt par les circonſtances qu'on pourra juger ſi le dépoſitaire a dû rendre à un autre qu'au maître *g*.

g Quod ſervus depoſuit, is apud quem depoſitum eſt, ſervo rectiſſimè reddet, ex bona fide. Nec enim convenit bonæ fidei, abnegare id quod quis accepit : ſed debebit reddere ei à quo accepit. Sic tamen, ſi ſine dolo omni reddat. Hoc eſt, ut nec culpa quidem ſuſpicio ſit. Denique Sabinus hoc explicuit addendo, nec ulla cauſa intervenit, quare putare poſſit dominum reddi nolle. *l.* 11. *ff. depoſ.*

VII.

7. Le dépôt peut être retiré quand le maître le veut.

Comme il eſt de la nature du dépôt, qu'il n'eſt pas fait pour l'intérêt du dépoſitaire, ainſi que le prêt à uſage, mais pour le ſeul intérêt de celui qui dépoſe, il peut le retirer lorſque bon lui ſemble, quand même il y auroit un temps reglé par le dépôt. Car il dépend du maître de reprendre la choſe dépoſée quand il le voudra, pourvû que ce ne ſoit pas dans un contre-temps où le dé-

---

poſitaire ne puiſſe la rendre par quelque obſtacle qui ne doive pas lui être imputé *h*.

h Si depoſuero apud te, ut poſt mortem tuam reddas, & tecum, & cum hærede tuo poſſum depoſiti agere, poſſum enim mutare voluntatem, & ante mortem tuam depoſitum repetere. Proinde, & ſi ſic depoſuero, ut poſt mortem meam reddatur : potero & ego, & hæres meus agere depoſiti. Ego, mutata voluntate. *l.* 1. §. 45. & §. 46. *ff. de dep.* Eſt autem & apud Julianum libro tertio decimo Digeſtorum, ſcriptum, eum qui rem depoſuit, ſtatim poſſe depoſiti actione agere. Hoc enim ipſo, dolo facere eum qui repoſcenti rem non reddat. Marcellus autem ait, non ſemper videri poſſe dolo facere eum qui repoſcenti non reddat, quid enim ſi in provincia res ſit, vel in horreis quorum aperiendorum condemnationis tempore non ſit facultas, vel conditio depoſitionis non extitit. *l.* 1. §. 22. *ff. depoſ.*

VIII.

8. Du lieu où la choſe doit être rendue.

Le dépôt n'obligeant qu'à la ſimple garde, il eſt de la nature de ce contrat que la choſe dépoſée ſoit rendue dans le lieu où elle eſt gardée ; & le dépoſitaire n'eſt pas obligé de la tranſporter pour la délivrer, ſi ce n'eſt qu'il l'eût miſe de mauvaiſe foi en un autre lieu que celui où il devoit la garder *i*.

i Depoſito eo loco reſtitui debet, in quo, ſine dolo malo ejus eſt, apud quem depoſitum eſt. Ubi verò depoſitum eſt, nihil intereſt. *l.* 12. §. 1. *ff. depoſ.*

IX.

9. Tout ce que la choſe dépoſée peut produire eſt auſſi en dépôt.

Le dépôt ne s'étend pas ſeulement à ce qui a été dépoſé, mais ſi la choſe dépoſée produit quelques fruits, ou autres revenus, ce qui en ſera provenu entrera auſſi dans le dépôt, & le dépoſitaire en ſera chargé comme de la choſe même qui lui a été donnée. Ainſi celui qui auroit pris en garde un troupeau de moutons & de brebis, rendra la laine & les agneaux qui ſeront provenus *l*.

l Hanc actionem bonæ fidei eſſe dubitari non oportet. Et ideò & fructus in dotem actionem venire, & omnem cauſam, & partum dicendum eſt, ne nuda res veniat. *l.* 1. §. 23. & 24. *ff. dep.* In depoſito, & commodato fructus quoque præſtandi ſunt. *l.* 38. §. 10. *ff. de uſur.*

X.

10. Dépôt avec la liberté au dépoſitaire d'uſer de la choſe dépoſée.

Si l'on dépoſe de l'argent ou quelqu'autre choſe, laiſſant au dépoſitaire la liberté de s'en ſervir, & qu'il n'en faſſe aucun uſage, il ne ſera tenu que des engagemens d'un dépoſitaire, & ſuivant les regles qui ſeront expliquées dans la Section 3. Mais s'il ſe ſert de la choſe dépoſée, ſon engagement changeant de nature, il ſera tenu ou ſelon les regles du prêt à uſage, ſi c'eſt une choſe qui demeure en nature, ou ſelon les regles du prêt, ſi elle eſt telle qu'il ceſſe de l'avoir quand il en uſera *m*.

m Si pecunia apud te ab initio ac lege depoſita ſit, ut ſi voluiſſet, utereris : priuſquam utaris, depoſiti teneberis. *l.* 1. §. 34. *ff. dep.*

XI.

11. Si la choſe dépoſée appartient à pluſieurs.

Si la choſe dépoſée appartient à pluſieurs perſonnes, ſoit qu'il y en eût pluſieurs propriétaires au temps du dépôt, ou qu'elle ait paſſé à pluſieurs héritiers de celui qui l'avoit dépoſée ; le dépoſitaire ne doit la rendre qu'à tous enſemble, ſi elle ne peut ſe diviſer, ou à chacun ſa portion ſi elle eſt diviſible, comme ſi c'eſt une ſomme d'argent, & que tous conviennent de leurs portions. Et ſi le dépôt étoit cacheté, il ne ſera ouvert qu'en préſence de tous enſemble pour leur être remis. Que s'il y a voit des abſens ou des conteſtations entre les préſens, le dépoſitaire ne rendra le dépôt qu'en prenant pour ſa ſûreté ſon dépôt pour ſa décharge à l'égard de tous, ou la demandant en Juſtice, & conſignant le dépôt dans les formes pour être enſuite pourvû par le Juge à l'ouverture & au partage du dépôt, avec les ſûretez pour ceux qui ſeroient abſens *n*.

n Si pecunia in ſacculo ſignato, depoſita ſit, & unus ex hæredibus ejus qui depoſuit, veniat repetens ſuam partem : ſatisfiat, videndum eſt. Promenda pecunia eſt, vel coram Prætore, vel intervenientibus honeſtis perſonis, & exſolvenda pro parte hæreditatis. Sed etſi reſignetur, non contra legem depoſui fiet, cum vel Prætore autore, vel honeſtis perſonis intervenientibus hoc eveniet, reſiduo, vel apud eum remanente, ſi hoc voluerit, ſigillis videlicet priùs ei impreſſis, vel à Prætore, vel ab

his

his quibus coram fignacula remota funt : vel fi hoc recufaverit, in æde deponendo. Sed fi res funt , quæ dividi non poffunt , offernes debebit tradere , fatisfactione idonea a petitore ei præstanda, in hoc quod fupra ejus partem eft. Satisfactione autem non interveniente , rem in ædem deponi : & omni actione depoſitarium liberari. *l. 1. §. 36. ff. dep.* Si plures hæredes exstiterint & qui depofuerit, dicitur fi major pars adierit reſtituendam rem præferibus. Majorem autem partem non ex numero utique perfonarum , fed ex magnitudine portionum hæreditariam intelligendum , cautela idonea reddenda. *l. 14. eod.*

XII.

12. Si un
de. héritiers
ayant reçu
fa portion
le dépoſitaire devient
inſolvable.

Si dans le cas d'un dépôt appartenant à plufieurs héritiers , un d'entr'eux ayant retiré fa portion , le dépoſitaire devient infolvable : cet héritier ne fera pas tenu de la rapporter à fes cohéritiers *o*. Car encore que ce qu'il a reçu fût commun à tous , pendant qu'il étoit entre les mains du dépoſitaire , cet héritier n'ayant reçu que fa portion par fa diligence , avant l'infolvabilité du dépoſitaire , les autres doivent fouffrir cet événement , ou comme un effet de leur négligence, ou comme un cas fortuit qui tombe fur eux.

o Supervacuam veterum differentiam è medio tollentes, fi quis certum pondus auri , vel argenti confecti , vel in maſſa conſtituti depofuerit : & plures fcripferit hæredes , & unus ex his contingentem à depoſitario acceperit , alter fuperfederit , vel aliàs fortuito cafu impeditus, hoc facere non potuerit : & poſtea depoſitarius incident fortunam , vel fine dolo depoſitum perdiderit: fancimus, non effe cohæredi ejus licentiam venire contra eum cohæredem fuum , & ex ejus parte avellere quod ipfe ex fua parte confequi minimè potuit. Quafi eo quod cohæres acceperit communi conſtituto. Cùm fi certæ pecuniæ depoſitæ fuerint , & fuam partem unus ex hæredibus accepit , nemini veniat in dubium bene eum accepiffe partem fuam. *l. ult. C. depoſ.*

XIII.

13 Si entre
pluſieurs
propriétaires, il eſt dit
qu'un ſeul
pourra retirer le dépoſt entier.

Si plufieurs font un même dépôt , & qu'il foit convenu que l'un d'eux , ou chacun feul pourra retirer le tout; le dépoſitaire fera déchargé en rendant le dépôt à celui qui peut feul le demander. Et s'il n'eſt pas réglé à qui il rendra le dépôt , il fera reſtitué fuivant la regle expliquée dans l'article 11. *p*

p Si duo depofuerint, & ambo agant, fi quidem fic depofuerunt ut unus uterque totum , poterit in folidum agere. Sin verò pro parte pro qua eorum intereſt, tunc dicendum eſt, in partem condemnationem faciendam. *l. 1. §. 44. ff. de poſ.*

XIV.

1. Plufieurs
dépoſitaires
d'une même
choſe.

Si deux ou plufieurs perfonnes fe font rendus dépoſitaires d'une même chofe , chacun d'eux fera tenu de rendre le tout. Car on ne rend que le dépôt , fion ne le rend entier & ils répondront l'un pour l'autre même de leur dol commun , fans que la demande contre un feul ôte le droit d'agir enfuite contre tous les autres, jufqu'à ce que le tout foit reſtitué *q*.

q Si apud duos fit depoſita res, adverfus unumquemque eorum agi poterit. Nec liberabitur alter, fi cum altero agatur. Non enim electione , fed folutione liberantur. Proinde fi ambo dolo fecerunt , & alter quod intereſt præſtiterit , alter non convenietur : exemplo duorum tutorum. Quod fi alter , vel nihil , vel minus facere poſſit, ad alium pervenietur. *l. 1. §. 43. ff. depoſ. V. l. 15. ff. de tutelæ & rat. diſt.* Nifi pro folido res non poteſt reſtitui. *l. 11. ff. depoſ.*

XV.

15. Si le dépoſitaire uſe
de la choſe
dépoſée.

Le dépoſitaire qui ufe de la chofe dépofée contre le gré du maître, commet une efpece de larcin , & il fera tenu de tous les dommages & intérêts qui en feront fuivis *r*.

r Furtum fit non folùm cùm quis intercipiendi caufa rem alienam amovet, fed generaliter cùm quis alienam rem invito domino contrectat : itaque, five creditor pignore, five is apud quem res depofita eſt , ea re utatur..... furtum committit. *§. 6. inſt. de obl. quæ ex dol. naſc.* Qui rem depoſitam, invito domino, ſciens prudenſve in ufus fuos convertit , etiam furti delicto ſuccedit. *l. 3. C. depoſ.*

XVI.

16. Dépôt
fait pour l'intérêt du dépoſitaire.

Si le dépôt eſt fait pour l'intérêt du dépoſitaire , comme fi quelque meuble lui eſt laiffé pour le vendre , & en garder le prix à titre de prêt ; ou fi une fomme d'argent lui eſt baillée à condition que s'il fait une acquifition, il s'en fervira , & qu'il arrive ce qui étoit donné à cette condition vienne à périr avant l'emploi, ce dépoſitaire en fera tenu, quand ce feroit même par

Tome I.

---

un cas fortuit *f*. Car il n'étoit pas dépoſitaire pour rendre au maître , mais pour vendre & employer pour foi ce qu'il avoit pris de cette maniere , ce qui change la nature & l'effet du dépôt.

f Si quis nec caufam , nec propoſitum fœnerandi habuerit , & tu empturus prædia, deſideraveris mutuam pecuniam, nec voluteris creditæ nomine, antequam emiſſes, fufcipere atque ita creditor quia neceſſitatem forté proficiſcendi habebat, depofuerit apud te hanc eamdem pecuniam, ut fi emiſſes crediù nomine obligatus effes : hoc depoſitum, periculo eſt ejus qui fufcepit. Nam & qui rem vendendam acceperit , ut pretio uteretur, periculo fuo rem habebit. *l. 4. ff. de reb. cred.*

XVII.

17. Dépôt
d'une caſſette où ſont
plufieurs
choſes.

On peut dépoſer des chofes qu'on ne montre point au dépoſitaire , comme fi on lui donne à garder une caſſette cachetée ou fermée à clef, fans lui faire connoître fi on y a mis de l'argent , des papiers ou autres chofes. Et en ce cas il n'eſt tenu que de rendre la caffette dans le même état, fans répondre des chofes que celui qui dépofe pourroit prétendre y avoir mifes. Mais fi on a montré au dépoſitaire le détail de ce qui eſt dépofé , il doit répondre de chacune des chofes dont il s'eſt chargé *t*.

t Si ciſta fignata depoſita fit, utrùm ciſta tantùm petatur, an & fpecies comprehendendæ fint ? & ait Trebatius ciſtam repetendam , non fingularum rerum depofiti agendum. Quod & res oftenfæ funt, & fic depoſitæ, adjiciendæ funt & fpecies. *l. 1. §. 41. ff. depoſ.*

SECTION II.

Des engagemens de celui qui dépofe.

SOMMAIRES.

1. *Frais de la garde.*
2. *Dépenſe pour la chofe dépofée.*
3. *Frais du tranſport.*
4. *Décharge du dépoſitaire.*

I.

1. Frais de
la garde.

Si le dépoſitaire fe trouve obligé ou par la qualité de la chofe dépofée, ou par quelque événement à quelque dépenſe pour la garder, il recouvrera ce qu'il aura fourni. Comme fi par exemple il avoit été obligé de louer une écurie pour garder un cheval donné en dépôt *a*.

a C'eſt une fuite de la nature du dépôt , qui n'étant fait que pour l'intérêt de celui qui dépofe, ne doit pas être à charge au dépoſitaire. V. l'article fuivant.

II.

2. Dépenſe
pour la choſe
dépoſée.

Le dépoſitaire recouvrera auffi les dépenfes faites pour conſerver ce qui eſt dépofé, comme s'il y a fait quelque réparation ; ou fi ayant en garde quelques beſtiaux, il avoit fourni la dépenfe de leur nourriture *b*.

b Actione depoſiti conventus , fervo conſtituto , cibariorum nomine apud eundem Judicem, utiliter experitur. *l. 23. ff. depoſ.* Sumptus caufa qui neceſſarié factus eſt,femper præcedit,nam deducto eo, bonorum calculus fubduci folet. *l. 8. in f. ff. eod. V.* l'art. 7. de la Section 3. du Louage , p. 58. & l'article 4. de la Sect. 3. du Prêt à ufage , p. 87.

III.

3. Frais du
tranſport.

Si pour rendre ce qui eſt en dépôt, il faut des voitures pour le tranfporter, le dépoſitaire n'en eſt pas tenu , & le maître eſt obligé de venir le prendre , & de faire les frais du tranfport , s'il y en a , ou d'en rembourfer le dépoſitaire s'il les a fournis *c*.

c Si in Afia depoſitum fuerit ut Romæ reddatur : videtur id actum ut non impenfa ejus id fiat, apud quem depofitum fit , fed ejus qui depofuit. *l. 12. ff. depoſ.*

IV.

4. Décharge
du dépoſitaire.

Si le dépoſitaire ne veut plus garder la chofe dépofée & veut s'en décharger, foit après le temps réglé par la convention, fi on y a pourvû , ou même auparavant , celui qui a dépofé , fera tenu de reprendre la chofe , pourvû que ce ne foit pas dans un contre-temps, où le dépoſitaire pouvant fans dommage garder le dépôt , le maître ne pourroit commodément le retirer. Car en ce cas il faudroit regler un temps pour décharger le dépô-

L

fitaire pouvant fans dommage garder le dépôt, le maître ne pourroit commodément le retirer. Car en ce cas
il faudroit régler un temps pour décharger le dépofitaire *d*.

*d Par la même raifon qu'il eft permis à celui qui dépofe de retirer
le dépôt avant le tems, & quand il lui plaît. V. ci-devant l'art 7.
de la Sect. 1. V. l. 1. §. 36. ff. depof. in verbis, fi hoc voluerit,
fi hoc recufaverit.*

SECTION III.

Des engagemens du dépofitaire & de fes héritiers.

SOMMAIRES.

I.

*1. Fonde-
ment du foin
du dépofi-
taire.*

Comme le dépofitaire eft obligé de garder ce qui
lui eft confié, il eft par conféquent tenu d'en prendre quelque foin *a*. Mais parce qu'il rend cet office gratuitement, & feulement pour faire plaifir, fa condition eft diftinguée de celle des perfonnes qui pour leur
propre intérêt ont en leurs mains les chofes des autres,
comme celui qui emprunte & celui qui loue, & le dépofitaire n'eft tenu que felon les regles qui fuivent.

*a Depofitum eft quod cuftodiendum alicui datum eft. l. 1. ff.
depof.*

II.

*2. Soin du
dépofitaire.*

Le dépofitaire eft tenu d'avoir le même foin pour les
chofes dépofées qu'il a pour les fiennes. Et il feroit infidele au dépôt, s'il y veilloit moins qu'à ce qui eft à
lui *b*.

*b Nifi tamen ad fuum modum curam in depofito præftat, frau-
de non caret. Nec enim, falva fide : minorem iis, quam fuis rebus diligentiam præftabit. l. 32. ff. depof. V. les articles fuivans.*

III.

*3. Faute
approchant
du dol.*

Si le dépofitaire laiffe perdre, périr ou détériorer la
chofe dépofée par quelque dol ou mauvaife foi, ou par
quelque faute ou négligence inexcufable, il en fera tenu *c*. Et la faute fera de cette qualité, fi elle eft telle
que le dépofitaire n'y fût pas tombé, felon fa conduite
ordinaire en fes propres affaires *d*.

*c Dolum fuum, & latam culpam, fi non aliud fpecialiter con-
venerit, præftare debuit. l. 1. C. depof. Quod Nerva diceret, la-
tiorem culpam dolum effe, Proculo difplicebat : mihi veriffimum
videtur. l. 32. eod.
d Nifi tamen ad fuum modum curam in depofito præftat, fraude non caret. d. l.*

IV.

4. Idem.

C'eft auffi une faute inexcufable, & dont le dépofitaire doit être tenu, s'il manque aux précautions où nul
autre ne manqueroit comme de mettre de l'argent en
lieu de fûreté *e*.

*e Latæ culpæ finis eft, non intelligere id, quod omnes intelli-
gunt. l. 223. ff. de verb. fignif. Par la loi divine le dépofitaire répond du larcin ; car il n'arrive que faute de foin. Quod fi furto
ablatum fuerit, reftituet damnum domino. Exod. 22. 10. 11.
V. l'art. 3. de la Sect. 8. du Louage, p. 63. & l'art. 2. de la
Sect. 2. du Prêt à ufage, p. 68.*

V.

*5. Dépofi-
taire négli-
gent dans
fes propres
affaires.*

Si le dépofitaire eft une perfonne de peu de fens, ou
un mineur fans expérience, ou un homme négligent en
fes propres affaires, comme feroit un prodigue ; celui
qui a dépofé entre les mains d'un tel dépofitaire, ne

pourra en exiger le foin d'un pere de famille foigneux
& vigilant. Et fi le dépôt périt par quelque faute que
cette perfonne n'ait pas été capable d'éviter, celui qui
avoit dépofé doit s'imputer d'avoir mal choifi fon dépofitaire *f*.

*f Si quis non ad eum modum quem hominum natura defide-
rat, diligens eft. l. 32. ff. depof. Ex eo folo tenetur fi quid dolo
commiferit. Culpæ autem nomine, id eft, defidiæ, ac negligentiæ, non tenetur. Itaque fecurus eft qui purum diligenter cufto-
ditam rem furto amiferit : quia qui negligenti amico rem cuftodiendam tradit, non ei, fed fuæ facilitate id imputare debet. §.
3. inft. quib. mod. re contr. obl.
Il faut entendre ces expreffions de ce texte en un fens qui s'accorde avec les regles précédentes. Car on ne doit pas décharger indiftinctement les dépofitaires des pertes qui peuvent arriver par leur pa-
reffe, & leur négligence.*

VI.

*6. Si la
chofe fe pe-
par la fa...
te du dép...
taire.*

Si la chofe dépofée vient à fe perdre ou à périr, foit
par fa nature, comme fi un cheval, quoique gardé, s'é-
chappe & fe perd ; ou par un cas fortuit, fans qu'on
puiffe l'imputer au dépofitaire, il fera déchargé, en
rendant du dépôt ce qui en pourra refter *g*.

*g Si incurfu latronum, vel alio fortuito cafu, ornamenta de-
pofita apud interfectum perierint, detrimentum ad hæredem ejus
qui depofitum accepit, qui dolum folum & latam culpam (fi
non aliud fpecialiter convenit) præftare debuit, non pertinet, l.
1. C. depof. v. l. 12. §. 3. l. 14. §. 1. ff. eod. Cafus à nullo præftantur. l. 23. in f. ff. de reg. jur. v. l. 5. §. 2. ff. de cond. caufj.
dat. cauf. n. fec. in his verbis. Si ante acceffiffe proponatur, nihil
præftabit, fi modo per eum factum non eft. V. l. 10. ff. dep. Si
cometium à beftia ; deferat ad eum quod occifum eft, & non
reftituet. Exod. 22. 13.*

VII.

*7. Con-
tion pour
qualité ...
pofitaire.*

Si par quelque confidération particuliere on avoit
réglé à quoi fera tenu le dépofitaire, fon engagement
tiendroit lieu de loi. Et il feroit tenu de répondre, foit
de ce qui pourroit arriver faute du foin qu'il s'étoit obligé de prendre, ou des événemens dont il fe feroit chargé. Car le dépôt ne lui auroit pas été confié fans cette
condition *h*.

*h Si convenit ut in depofito & culpa præftetur, rata eft conven-
tio, contractus enim legem ex conventione accipiunt. l. 1. §. 6.
ff. dep. d. l. §. 35. l. 23. ff. de reg. jur. l. 1. C. depof. Si quis pactus fit, ut ex caufa depofiti omne periculum præftet, Pomponius
ait, pactionem valere : nec quafi contra juris formam, non effe
fervandam. l. 7. §. 15. ff. de pact. Sæpe evenit ut res depofita, vel
nummi periculo fint ejus apud quem deponuntur. Ut putà, fi hoc
nominatim convenit. l. 1. §. 35. ff. depof.*

VIII.

*8. Dép...
taire qu...
s'eft ing...*

Si le dépofitaire n'étant pas prié, s'eft ingéré lui-même à fe charger du dépôt, il fera tenu non-feulement du
dol, & des fautes groffieres, mais des autres fautes. Car
celui qui vouloit dépofer, auroit pû en choifir un autre
plus fûr. Mais ce dépofitaire ne fera pas tenu de ce qui
pourroit arriver fans fa faute par un cas fortuit *i*.

*i Si quis fe depofito obtulit, idem Julianus fcribit, periculo
fe depofiti illigaffe, ita tamen non folùm dolum, fed etiam culpam & cuftodiam præftet, non tamen cafus fortuitos. l. 1. §. 35.
ff. depof.*

IX.

*9. Du
dépofitaire
a vendu
dépôt, &...
racheté.*

Si le dépofitaire ayant vendu ou autrement aliéné la
chofe dépofée, la retire & la remplace, il fera tenu
dans la fuite, non-feulement du dol & des fautes groffieres, mais des moindres fautes, en punition de fa
premiere mauvaife foi *l*.

*l Si rem depofitam vendidifti, eamque poftea redemifti in
caufam depofiti : etiam fi fine dolo malo poftea perierit, teneri
te depofiti : quia femel dolo fecifti, cùm venderes. l. 1. §. 25.
ff. depof.*

X.

*10. Si
dépofitaire
eft en d...
meure d...
rendre.*

Si le dépôt étant demandé, le dépofitaire qui peut le
rendre eft en demeure, fon retardement le rendra ref-
ponfable, non feulement de fes moindres fautes, mais
des cas fortuits qui pourroient arriver depuis la demande *m*. Mais fi la chofe périt par fa nature fans autre cas
fortuit, & qu'elle dût périr quand même le dépofitaire

*m Depofitum, eo die depofiti actum fit, periculo ejus apud
quem depofitum fuerit, eft, fi judicio accipiendi tempore potuit
id reddere reus : nec reddidit. l. 12. §. 3. ff. dep. V. l'article 3.
de la Sect. 7. du Contrat de vente, p. 41. & l'art 2. de la Sect.
4. du Titre des Dommages caufez par des fautes.*

l'auroit rendue à temps, cette perte n'étant pas un effet de son retardement, il n'en est pas tenu *n*.

n Si suâ naturâ res ante rem judicatam interciderit, veluti si homo mortuus fuerit, Sabinus & Caſsius, abſolvi debere eum cum quo actum eſt, dixerunt : quia æquum eſſet naturalem interitum ad actorem pertinere ; utique cùm interitura eſſet ea res, & ſi reſtituta eſſet actori. *l. 14. §. 1. ff. depoſ.* V. ce même art. 3. de la Sect. 7. du Contrat de vente, p. 41.

Quoique la choſe périſſe par ſa nature, il faut juger par les circonſtances ſi le retardement du dépoſitaire doit être impuni. Car ſi la choſe dépoſée étoit en bon état lors de la demande, & que le propriétaire eût pû la vendre, comme ſi c'étoit un cheval dépoſé par un Maquignon, le retardement étant ſans juſte cauſe, ce ſeroit ou une mauvaiſe foi, ou une faute du dépoſitaire qui pourroit le rendre reſponſable d'une telle perte. Si forte diſtracturus erat petior, ſi accepiſſet, moram paſſo debere præſtari ; nam ſi ei reſtituiſſet, diſtraxiſſet ; & pretium eſſet lucratus. *l. 15. §. ult. ff. de rei vind.*

XI.

11. Dépôt qui peut être rendu en l'un de pluſieurs lieux.

S'il eſt convenu que le dépôt ſera rendu en l'un de pluſieurs lieux, le dépoſitaire aura le choix du lieu *o*.

o Si de pluribus locis convenit, in arbitrio ejus eſt, quo loci exhibeat. *l. 5. §. 1. ff. depoſ.*

XII.

12. Héritier du dépoſitaire.

L'héritier du dépoſitaire eſt tenu du fait du défunt, même de ſon dol *p*.

p Datur actio depoſiti in hæredem, ex dolo defuncti in ſolidum. *l. 7. §. 1. ff. æpeſ.*

XIII.

13. Si l'héritier du dépoſitaire vend la choſe dépoſée.

Si après la mort du dépoſitaire, ſon héritier ignorant le dépôt vend la choſe dépoſée qu'il croit être de la ſucceſſion ; comme s'il arrive que le mémoire qu'avoit fait le dépoſitaire pour la conſervation du dépôt étant ſous un ſcellé avec les autres papiers, il ſoit cependant néceſſaire de vendre quelques effets mobiliers, & que la choſe dépoſée s'y trouve mêlée, ſans que rien puiſſe la diſtinguer ; comme ſi c'étoit un cheval qui ſe trouvant avec d'autres dans l'écurie, eût été vendu, celui qui l'avoit dépoſé, ayant peut-être même négligé de le retirer ; cet évenement ſeroit comme un cas fortuit qui déchargeroit cet héritier de la reſtitution du dépôt, en rendant le prix de la vente qui en auroit été faite *q*. Le propriétaire conſervant toujours ſon droit de vendiquer la choſe entre les mains de celui qui en ſeroit ſaiſi.

q Quia autem dolus duntaxat in hanc actionem venit quæſitum eſt, an hæres rem apud teſtatorem depoſitam, vel commodatam diſtraxit, ignarus depoſitam, vel commodatam ; an teneatur ? Et quia dolo non fecit, non tenebitur de re. An tamen vel de pretio tenatur, quod ad eum pervenit ? Et verius eſt teneri eum. Hoc enim ipſo, dolo facit, quod id quod ad ſe pervenit, non reddit. Quid ergo, ſi pretium nondum exegit ? Aut minoris quàm debuit venditit ? Actiones ſuas tantummodo præſtabit. *l. 1. §. ult. & l. 2. ff. depeſ.*

On a mis dans cet article les circonſtances particulieres, qui peuvent juſtifier la conduite de cet héritier. Car il pourroit y avoir d'autres circonſtances où l'héritier ne ſeroit pas facilement déchargé par la prétention d'avoir ignoré le dépôt, puiſqu'il eſt tenu du fait du défunt, comme il a été dit dans l'article précédent, & que le défunt étoit obligé de diſtinguer la choſe dépoſée de celles qui étoient à lui par quelque marque ou quelque mémoire. Ainſi, il ſemble que c'eſt par les circonſtances de la qualité des perſonnes, de celle de la choſe dépoſée, de la conduite du dépoſitaire, de celle de ſon héritier, & les autres ſemblables, qu'il faut juger à quoi cet héritier peut être obligé.

Il faut remarquer dans la loi citée ſur cet article, qu'encore qu'elle décharge l'héritier de celui qui avoit emprunté une choſe, ſi cet héritier l'a vendue, de même qu'elle décharge l'héritier du dépoſitaire ; on n'a pas mis cette regle dans le Titre du prêt à uſage. Car au lieu que le dépôt n'eſt que pour l'intérêt de celui qui dépoſe, le prêt à uſage n'eſt que pour celui qui emprunte. Et par cette raiſon il paroît plus juſte de faire tomber cette perte ſur cet héritier, que ſur celui qui avoit prêté. V. Exod. 22. 14.

XIV.

14. Le dépôt ne ſe compenſe point.

Le dépoſitaire ne peut retenir la choſe miſe en dépôt par compenſation de ce que pourroit lui devoir celui qui l'a dépoſée, quand ce ſeroit même un autre dépôt, mais chaque dépoſitaire ſeroit obligé de rendre le ſien *r*.

r Si quis vel pecunias, vel res quaſdam per depoſitionem accepit titulum, eas volenti qui depoſuit, reddere illico modis omnibus compellatur ; nullamque compenſationem, vel deductionem, vel doli exceptionem opponat, quaſi & ipſe quaſdam contra eum qui depoſuit, actiones perſonales, vel in rem, vel hypothecariam prætendens ; cùm non ſub hoc modo depoſitum recepit ut non conceſſâ ei retentio generetur, & contractus qui ex bonâ fide oritur, ad perfidiam retrahatur. Sed ſi ex utraque parte aliquid fuerit depoſitum, nec in hoc caſu compenſationis præpe-

Tome I.

ditio oriatur ; ſed depoſitæ quidem res, vel pecuniæ ab utraque parte quàm celerrimè, ſine aliquo obſtaculo, reſtituantur ei videlicet primùm, qui primus hoc voluerit. *l. 11. C. depoſ. l. ult. C. de compenſ. in f.*

SECTION IV.
Du Séqueſtre conventionnel.
SOMMAIRES.

1. *Définition du ſéqueſtre conventionnel.*
2. *Chacun de ceux qui ont établi un ſéqueſtre, peut l'obliger à ſa fonction.*
3. *Différence entre le dépoſitaire & le ſéqueſtre.*
4. *Poſſeſſion du ſéqueſtre & ſon effet.*
5. *Le ſéqueſtre doit rendre compte.*
6. *Décharge du ſéqueſtre.*
7. *Regles du dépôt qui peuvent s'appliquer au ſéqueſtre.*

I.

1. Définition du ſéqueſtre conventionnel.

LE ſéqueſtre conventionnel eſt un tiers choiſi par deux ou pluſieurs perſonnes pour garder en dépôt un meuble ou immeuble, dont la propriété ou la poſſeſſion eſt conteſtée entr'eux ; & pour le rendre à celui qui en ſera reconnu le maître. Ainſi chacun d'eux eſt conſidéré comme dépoſant ſeul la choſe entiere. Ce qui les diſtingue de ceux qui dépoſant une choſe commune entr'eux, n'y ont chacun que leur portion *a*.

a Licet deponere tam plures, quàm unus poſſunt : attamen apud ſequeſtrem nonniſi plures deponere poſſunt. Nam tùm id fit, cùm aliqua res in controverſiam deducitur. Itaque hoc caſu in ſolidum unuſquiſque videtur depoſuiſſe. Quod aliter eſt, cùm rem communem plures deponunt. *l. 17. ff. depoſ.* proprie in ſequeſtre eſt depoſitum, quod à pluribus in ſolidum, certa ditione cuſtodiendum, reddendumque traditur. *l. 6. ff. eod.*

II.

2. Chacun de ceux qui ont établi un ſéqueſtre peut l'obliger à ſa fonction.

Pendant qu'une choſe eſt en ſéqueſtre, chacun de ceux qui l'ont dépoſée eſt conſidéré comme pouvant en être déclaré le maître. Ce qui leur donne à tous & à chacun ſeul le droit de veiller à ce que le ſéqueſtre s'acquitte du ſoin que cette fonction l'oblige de prendre, ſoit pour la conſervation de la choſe ; ou ſi c'eſt un fonds pour les réparations, ou pour la culture *b*.

b Itaque hoc caſu in ſolidum unuſquiſque videtur depoſuiſſe, quod aliter eſt, cùm rem communem plures deponunt. *l. 17. ff. depoſ.* In ſequeſtrem depoſiti actio competit. *l. 1. §. 1. eod.*

III.

3. Différence entre le dépoſitaire & le ſéqueſtre.

Comme le ſéqueſtre d'un héritage doit le faire cultiver & en prendre ſoin, cette eſpéce de dépôt n'eſt pas d'ordinaire gratuite. Mais il donne un ſalaire au ſéqueſtre, outre ſes dépenſes, pour le temps & la peine qu'il employe à ſa commiſſion ; ce qui la diſtingue du ſimple dépôt qui doit être gratuit, & oblige le ſéqueſtre au même ſoin que celui qui entreprend un ouvrage à faire *c*.

c Si quis ſervum cuſtodiendum conjecerit forſan priſtinum, ſi quidem merces intervenerit cuſtodiæ : puto eſſe actionem adverſus præſtitinarium ex conducto. *l. 1. §. 9. ff. depoſ.* V. la Sect. 8. du Titre du Louage, p. 61.

IV.

4. Poſſeſſion du ſéqueſtre & ſon effet.

Pendant qu'une choſe eſt en dépôt, le maître en conſerve la poſſeſſion, & ſon dépoſitaire poſſede pour lui. Et dans le ſéqueſtre, la poſſeſſion du vrai maître demeure en ſuſpens ; car on ne peut dire qu'il en poſſede, puiſqu'au contraire, tous ſont dépouillez de la poſſeſſion. Mais parce que le ſéqueſtre ne poſſede que pour conſerver la choſe à celui qui en ſera déclaré le maître ; cette poſſeſſion après la conteſtation finie, ſera conſidérée à l'égard du maître, comme s'il avoit toujours poſſedé lui-même. Et elle lui ſera comptée pour acquérir la preſcription *d*.

d Rei depoſitæ proprietas apud deponentem manet, ſed & poſſeſſio ; niſi apud ſequeſtrem depoſita eſt. Nam tùm deminuta ſequeſter poſſidet ; id enim agitur ac depoſitione, ut neutrius poſſeſſioni id tempus procedat. *l. 17. & 1. ff. depoſ.* Intereſſe puto, qua mente apud ſequeſtrem deponitur res. Nam ſi omnienda poſſeſſionis cauſâ, & hoc apertè fuerit approbatum, & uſucapio

L ij

nem poſſeſſio ejus partibus non procederet. At ſi cuſtodiæ cauſâ deponatur, ad uſucapionem eam poſſeſſioni victori procedere conſtat. *l.* 39. *ſſ. de acq. vel am. poſſeſ.*

V.

Après que la conteſtation eſt finie, le ſéqueſtre eſt obligé de rendre compte à celui qui eſt reconnu le maître, & de lui reſtituer la choſe ſéqueſtrée, & les fruits, ſi elle en produit, étant payé de ſes ſalaires, & de ſes dépenſes *e.*

e C'eſt la condition eſſentielle de cette eſpéce de dépôt, qui n'eſt fait que pour conſerver la choſe à celui qui en ſera déclaré le maître. In ſequeſtrem depoſiti actio competit. l. 5. §. 1. ſſ. depoſ.

V I.

Si le ſéqueſtre veut être déchargé, & que ceux qui l'avoient nommé, ou quelqu'un d'eux n'y conſente pas, il doit ſe pourvoir en Juſtice, & les faire appeller tous pour en nommer un autre. Car ayant accepté une commiſſion qui a diverſes ſuites, & qui devoit durer juſqu'à ce que la conteſtation fût terminée, il ne doit pas être déchargé ſans de juſtes cauſes *f.*

f Si velit ſequeſter officium deponere, quid ei faciendum ſit. Et ait Pomponius: adire eum prætorem oportere, & ex ejus autoritate denunciatione factâ his qui eum elegerant, ei rem reſtituendam qui præſens fuerit. Sed hoc ſemper verum puto; nam plerumque non eſt permittendum, officium quod ſemel ſuſcepit, contra legem depoſitionis deponere; niſi juſtiſſima cauſa interveniente. l. 5. §. 2. ſſ. depoſ.

V I I.

On peut appliquer au ſéqueſtre les regles du dépôt qui peuvent s'y rapporter *g.*

g In ſequeſtrem depoſiti actio competit. l. 5. §. 1. ſſ. depoſ.

SECTION V.
Du Dépôt néceſſaire.

SOMMAIRES.

I.

LE dépôt néceſſaire eſt celui des choſes qu'on ſauve d'un incendie, d'une ruine, d'un naufrage, d'une aggreſſion de voleurs, d'une ſédition, ou autre occaſion ſubite & fortuite, qui oblige à mettre ce qu'on peut garantir entre les mains de ceux qui s'y rencontrent, ſoit voiſins, ou autres *a.*

a Meritò has cauſas deponendi ſeparavit prætor, quæ continent fortuitam cauſam depoſitionis, ex neceſſitate deſcendentem, non ex voluntate proficiſcentem. l. 1. §. 2. ſſ. depoſ. Tumultûs, incendii, ruinæ, naufragii cauſâ. V. d. l. 1. §. 2.

I I.

Ce dépôt, quoique néceſſaire, ne laiſſe pas d'être volontaire & conventionnel, parce que la délivrance des choſes à ceux à qui on les donne en dépôt tient lieu d'une convention expreſſe ou tacite *b.*

b Is apud quem res aliqua deponitur, re obligatur. §. 3. inſt. quib. mod. re contr. obl.

I I I.

Celui qui eſt chargé d'un dépôt néceſſaire doit autant ou plus de fidélité que tout autre dépoſitaire, non-ſeulement par la commiſération que demande la cauſe de ce dépôt, mais par la néceſſité qui le met entre les mains, ſans qu'on ait la liberté d'en choiſir un autre : & s'il manque à rendre le dépôt, ou s'il y malverſe, il eſt de l'intérêt public que cette infidélité ſoit vengée & réprimée par quelque peine, ſelon la prudence du Juge dans les circonſtances *d.*

c Prætor ait, quod neque tumultûs, neque incendii, neque ruinæ, neque naufragii cauſâ depoſitum ſit, in ſimplum; ex earum autem rerum quæ ſupra comprehenſæ ſunt, in ipſum in duplum . . . . . judicium dabo. l. 1. §. 1. ſſ. depoſ. Hæc autem ſeparatio cauſarum juſtam rationem habet. Quippe cùm quis fidem

---

elegit, nec depoſitum redditur, contentus eſſe debet ſimplo ; cùm verò extante neceſſitate deponat, creſcit perfidiæ crimen, & publica utilitas coercenda eſt vindicandæ Reipublicæ cauſâ. l. 1. §. 4. ſſ. eod.

d Comme nous n'uſons pas de cette peine du double, & que les peines ſont arbitraires en France, on a crû devoir mettre ici cette regle de la maniere qu'elle eſt dans l'article.

I X.

On peut appliquer à cette eſpéce de dépôt, les autres regles qui ont été expliquées dans ce Titre, ſelon qu'elles peuvent s'y rapporter *e.*

e Il ſera facile de diſcerner parmi les regles de ce Titre, celles qui conviennent au dépôt néceſſaire.

TITRE VIII.
DE LA SOCIETE'.

TOus les hommes compoſent une ſociété univer-ſelle où ceux qui ſe trouvent liez par leurs beſoins, forment entr'eux de différens engagemens proportionnez aux cauſes qui les rendent néceſſaires les uns aux autres. Et parmi les différentes manieres dont les beſoins des hommes les lient enſemble, celles des ſociétez, dont il ſera parlé dans ce Titre, eſt d'un uſage néceſſaire, eſt aſſez fréquent : & on en voit pluſieurs, & de pluſieurs ſortes.

L'origine de cette eſpéce de liaiſon eſt la nature de certains ouvrages de certains commerces, & d'autres affaires, dont l'étendue demande l'union, & l'application de pluſieurs perſonnes. C'eſt ainſi qu'on fait des ſociétez pour des manufactures, pour des commerces de marchandiſes, pour des fermes du Roi, ou des particuliers, & pour d'autres affaires de pluſieurs natures, ſelon qu'elles demandent le concours du travail, de l'induſtrie, du ſoin, du crédit de l'argent, & d'autres ſecours de pluſieurs perſonnes. Et l'uſage de ces ſortes de ſociétez, eſt de faciliter l'entrepriſe, l'ouvrage, le commerce, ou autre affaire pour laquelle on entre en ſociété : & de faire que chacun des aſſociez retire de ce qu'il contribue, joint au ſecours des autres, les profits, & les autres avantages qu'aucun ne pourroit avoir de lui ſeul.

Cette premiere ſorte de ſociété eſt bornée à de certaines eſpeces d'affaires, ou de commerces ; mais il y en a d'autres, où les aſſociez mettent en commun tout ce qui peut provenir de leur induſtrie & de leur travail, Il y en a même où l'on met en commun tout ce que les aſſociez peuvent acquérir par donation, par ſucceſſion, ou autrement. Et il y en a qui ſont de tous les biens ſans exception.

Ce ſont toutes ces ſortes de ſociétez différentes ſelon les intérêts, & les intentions de ceux qui les forment, dont il ſera traité dans ce Titre.

On ne doit pas mettre au nombre des ſociétez les liaiſons des perſonnes qui ont quelque choſe, ou quelque affaire commune, indépendamment de leur volonté, comme ſont les cohéritiers, les légataires d'une même choſe, & ceux qui par d'autres cauſes ſe trouvent avoir une choſe indiviſe entr'eux, ou quelque affaire qui leur ſoit commune ſans convention. Car ces manieres d'avoir quelque choſe de commun, ſont d'une autre nature que la ſociété qui ſe forme par convention, & elles feront une des matieres du ſecond Livre.

SECTION I.
De la nature de la Société.

SOMMAIRES.

7. *Egalité des portions nonobstant la différence de contributions.*
8. *Inégalité de la part au gain, & de la part à la perte.*
9. *Décharge de toute perte pour un des associez.*
10. *Société frauduleuse.*
11. *Sociétez illicites.*
12. *Différence de la société & des autres contrats pour l'étendue des engagemens.*

I.

1. *Définition de la société.* LA société est une convention entre deux ou plusieurs personnes, par laquelle ils mettent en commun entr'eux, ou tous leurs biens, ou une partie : ou quelque commerce, quelque ouvrage, ou quelqu'autre affaire, pour partager tout ce qu'ils pourront avoir de gain, ou souffrir de perte, de ce qu'ils auront mis en société *a*.

a Societates contrahuntur, sive universorum bonorum, sive negociationis alicujus, sive vectigalis, sive etiam rei unius. *l. 5. ff. pro socio.* Quæ coëuntium sunt, continuò communicantur. *l. 1. in f. ff. eod.* Sicuti lucrum à damnum quoque commune esse oportet. *l. 52. §. 1. in f. eod.* Societas cùm contrahitur, tam lucri quàm damni communio initur. *l. 67. eod. l. 52. §. 4. in f. eod.*

II.

2. *Portions des associez en la chose commune.* Les choses ou affaires communes entre associez, sont à chacun d'eux, pour la portion reglée par leur convention *b*.

b Ut fuerint partes societati adjectæ. *l. 29. ff. pro socio.*
¶ Ou par tiers auquel ils se sont rapportez. *l. 75. ff. pro socio.*]

III.

3. *Portions de gain ou de perte.* Les suites de la société, comme sont les contributions, les gains, les pertes, regardent chacun des associez, à proportion de leur part au fonds, ou selon qu'il a été convenu entr'eux *c*.

c Sicuti lucrum, ita damnum quoque commune esse oportet. *l. 52. §. 4. ff. pro soc.* Ut fuerint partes societati adjectæ. *l. 29. eod.*

IV.

4. *Ces portions sont égales, s'il n'est dit autrement.* Si les portions d'eperte & de gain nétoient pas reglees par la convention, elles seront égales ; car si les associez n'ont pas fait de distinction qui donne plus à l'un, & moins à l'autre, leurs conditions n'étant pas distinguées, celle de chacun doit être la même que celle des autres *d*.

d Si non fuerint partes societatis adjectæ, æquas eas esse constat. *l. 29. ff. pro soc. §. 1. inst. eod.*

V.

5. *La part au gain regle celle de la perte.* Quoique les associez n'ayent pas expressément marqué, & les portions du gain, & celles de la perte, si celles du gain ont été exprimées, celles de la perte seront aussi reglées sur le même pied. Et si sans parler des gains ni des pertes, on a assez exprimé ce que chacun a mis dans le fonds, les portions de gain & de perte seront les mêmes que celles du fonds *e*.

e Illud expeditum est si in una causa pars fuerit expressa (veluti in solo lucro, vel in solo damno) in altera verò omissa ; in eo quoque quod prætermissum est, eandem partem servari. *§. 3. inst. de societ.*

VI.

6. *Différence de contributions & de portions.* Comme les associez peuvent contribuer différemment, les uns plus, les autres moins de travail, d'industrie, de soin, de crédit, de faveur, d'argent, ou d'autre chose, il leur est libre de regler inégalement leurs portions, selon que chacun doit par sa condition ou plus ou moins avantageuse, à proportion de la différence de ce qu'ils contribuent *f*.

f Si placuerit ut quis duas partes, vel tres habeat, alius unam ; an valeat ? placet valere, si modò aliquid plus contulit societati, vel pecuniæ, vel operæ, vel cujuscumque alterius rei causâ. *l. 29. ff. pro soc.* Nec enim unquam dubium sit quin valeat conventio, si duo inter se pacti sint, ut ad unum quidem duæ partes & lucri, & damni pertineant, ad alium tertia. *§. 1. inst. de societ.* Ut non utique ex æquis partibus socii simus, veluti si alter plus operæ, industriæ gratiæ, pecuniæ in societatem collocaturus erat. *l. 80. ff. pro soc.*

VII.

7. *Egalité de portions nonobstant la différence de contributions.* Il n'est pas nécessaire pour rendre égales les portions des associez dans le profit de la société, que leurs contributions soient toutes égales, & que chacun fournisse autant d'argent, autant d'industrie, autant de crédit,

que chacun des autres. Mais selon qu'ils contribuent différemment, l'un plus d'argent, l'autre plus d'industrie, un autre plus de crédit ; leur condition peut se rendre égale, par l'égalité des avantages de ces différentes contributions. Et souvent on convient, & avec justice, que l'un ne contribue que son industrie, & l'autre tout le fonds, & que néanmoins le profit soit égal, parce que l'industrie de l'un vaut l'argent de l'autre *g*.

g Ita coïri posse societatem non dubitabur, ut alter pecuniam conferat, alter non conferat ; & tamen lucrum inter eos commune sit. Quia sæpè opera alicujus pro pecunia valet. *§. 2. inst. de societ. l. 1. C. eod.*
Societas coïri potest, & valet etiam inter eos qui non sunt sociis facultatibus, cùm plerumque pauperior opera suppleat, quantùm ei per comparationem patrimonii deest. *l. 5. §. 1. ff. pro soc.*

VIII.

8. *Inégalité de la part au gain, & de la part à la perte.* C'est encore un effet de l'inégalité des contributions, qu'il peut être convenu entre deux associez, que l'un aura plus de part au gain, qu'il ne portera de perte : & que l'autre au contraire portera une plus grande part de la perte, que celle qu'il pourra avoir au profit. Et qu'ainsi, l'un entrera dans la société pour deux tiers de gain, & un tiers de perte, & l'autre pour un tiers de gain, & deux tiers de perte. Ce qui s'entend de sorte que si dans plusieurs affaires de la société il y a du gain d'un côté, & de la perte de l'autre, on n'estime gain que ce qui restera, les pertes déduites *h*.

h De illa sanè conventione quærimus est, si Titius & Seius inter se pacti sint, ut ad Titium lucri duæ partes pertineant, damni tertia, ad Seium duæ partes damni, lucri tertia, an rata debeat haberi conventio ? Quintus Mutius contra naturam societatis talem pactionem esse existimavit, & ob id non esse ratam habendam. Servius Sulpitius, cujus sententia prævaluit, contra sensit. Quia sæpè quorumdam ita pretiosa est opera in societate, ut eos justum sit conditione meliore in societatem admitti. *§. 2. inst. de societ. l. 30. ff. pro soc.* Quod tamen ita intelligi oportet ut si in alia re lucrum, in alia damnum illatum sit : compensatione facta, solùm quod superest intelligatur lucro esse. *§. 2. inst. de societ.* Neque lucrum intelligitur nisi omni damno deducto, neque damnum nisi omni lucro deducto. *d. l. 30.*

IX.

9. *Décharge de toute perte pour un associez.* Cette même considération des différentes contributions des associez peut aussi rendre juste la convention qui donne à un des associez une part au gain, & le décharger de toute perte : à cause, par exemple, de l'utilité de son crédit, de sa faveur, de son industrie, ou des peines qu'il prend, des voyages qu'il fait, des périls où il s'expose *i*. Car ces avantages que lui a la société compensent celui qu'elle lui accorde de le décharger des pertes. Et il a pû justement ne s'engager qu'à cette condition, sans laquelle il ne seroit point entré dans la société, qui peut être même ne pouvoit se faire sans lui. Mais la part qu'aura cet associé dans les profits ne doit s'étendre que sur ce qui pourra rester de gain, déduction faite de toutes les pertes sur tous les profits des diverses affaires de la société, comme il a été dit dans l'article précédent *l*.

i Contra Mutii sententiam obtinuit, ut illud quoque consisteret, posse convenire, ut quis lucri partem ferat, de damno non teneatur. Quod & ipsum Servius convenienter fieri existimavit. *§. 2. inst. de soc.* Quia sæpè quorumdam ita pretiosa est opera in societate, ut eos justum sit conditione meliore in societatem admitti. *d. §. 2.* Ita coïri societatem posse, ut nullius partem damni alter sentiat, lucrum verò commune sit. Cassius putat, quod ita damnum valebit, ut & Sabinus scribit, si tanti sit opera quanti damnum est. Plerumque enim tanta est industria socii, ut plus societati conferat quàm pecunia. Item si solus naviget, si solus peregrinetur, periculo subeat solus. *l. 29. §. 1. ff. pro soc.*
l Quod tamen ita intelligi oportet, &c. *V.* ce même texte cité sur l'article précédent.

X.

10. *Société frauduleuse.* Toute société où il y auroit quelque condition qui blesseroit l'équité & la bonne foi, seroit illicite. Comme s'il étoit convenu que toute la perte seroit d'une part sans aucun profit, & tout le profit de l'autre sans aucune perte *m*.

m Societas si dolo malo aut fraudandi causâ coïta sit, ipso jure nullius momenti est. Quia fides bona contraria est fraudi & dolo. *l. 3. §. ult. ff. pro soc.*

L iij

Ariſto refert, Caſſium reſpondiſſe , ſocietatem talem coiri non poſſe , ut alter lucrum tantùm, alter damnum ſentiret. Et hunc ſocietatem leoninam ſolitum appellare. Et nos conſentimus talem ſocietatem nullam eſſe ut alter lucrum ſentiret , alter verò nullam lucrum , ſed damnum ſentiret. Iniquiſſimum enim genus ſocietatis eſt ex qua quis damnum , non etiam lucrum ſpectet. *l.* 29. §. 2. *ff. eod.*

XI.

11. Sociétez illicites.

On ne peut faire de ſociété que d'un commerce , ou autre choſe honnête & licite. Et toute ſociété contraire à cette regle ſeroit criminelle *n.*

n Si maleficii ſocietas coita ſit , conſtat nullam eſſe ſocietatem. Generaliter enim tradiur rerum inhoneſtarum nullam eſſe ſocietatem. *l.* 57. *ff. pro ſoc.* (ſocietas) flagitioſæ rei nullas vires habet. *l.* 35. §. 2. *ff. de contr. empt.* Delictorum turpis atque fœda communio eſt, *l.* 53. *ff. pro ſocio.*

XII.

12. Diffe- rence de la ſocié té, & des autres contrats pour l'eten- due des en- gagemens.

Le contrat de ſociété eſt en cela différent des autres, que chacun des autres contrats a ſes engagemens bornez & pris par ſa nature particuliere , & que la ſociété a une étendue générale aux engagemens des diffé- rens commerces,& des diverſes conventions où entrent les aſſociez. Ainſi , leurs engagemens ſont généraux & indéfinis , comme ceux d'un tuteur , ou de celui qui entreprend les affaires d'un autre en ſon abſence , & à ſon inſçu *o.* Et auſſi la bonne foi a dans ſon contrat une étendue proportionnée à celle des engagemens *p.*

o Sive generalia ſunt, (bonæ fidei judicia) veluti pro ſocio, negotiorum geſtorum , tutelæ: ſive ſpecialia , veluti mandati , commodati , depoſiti. *l.* 38. *ff. pro ſoc.* V. au commencement de la Section 2. des Tuteurs.
p In ſocietatis contractibus fides exuberet. *l.* 3. *C. pro ſoc.*

SECTION II.

Comment ſe contracte la Société.

SOMMAIRES.

I.

1. Les aſ- ſociez ſe doivent choiſir ré- ciproque- ment.

La ſociété ne peut ſe contracter que par le conſen- tement de tous les aſſociez ; qui doivent ſe choiſir, & s'agréer réciproquement *a,* pour former entr'eux une liaiſon , qui eſt une eſpece de fraternité *b.*

a Conſenſu fiunt obligationes in emptionibus, vendicionibus, locationibus, conductionibus, ſocietatibus. *Inſt.* de obl. ex conſ.
b Societas jus quodammodo fraternitatis in ſe habet. *l.* 93. *ff. pro ſoc.*

II.

2. Diffe- rence entre avoir quel- que choſe de commun & être aſ- ſocié.

Ce n'eſt pas aſſez pour former une ſociété , que deux ou pluſieurs perſonnes ayent quelque choſe de commun entr'eux, comme les cohéritiers d'une même ſucceſſion, les légataires , donataires , ou acquéreurs d'une même choſe. Car ces manieres d'avoir quelque choſe de com- mun entre pluſieurs ne renfermant pas le choix réci- proque des perſonnes ne les lient point en ſociété *c.*

c Ut ſit pro ſocio actio , ſocietatem intercedere oportet. Nec enim ſufficit , rem eſſe communem , niſi ſocietas intercedit. Communiterautem res agi poteſt , etiam citra ſocietatem , ut putà, cùm non affectu ſocietatis incidimus in communionem ; ut evenit in re duobus legatis , item ſi a duobus ſimul empta res ſit . ſeu ſi hæreditas, item ſi donatio communiter nobis obvenit ; aut ſi e duobus ſeparatim emimus partes eorum , non ſocii futuri. *l.* 31. *ff. pro ſoc.* *l.* 32. *eod.* V. ci-après l'article 7.

III.

Le choix des perſonnes eſt tellement eſſentiel pour former une ſociété , que les héritiers même des aſſociez ne ſuccedent point à cette qualité *d,* parce qu'ils peu- vent n'y être pas propres & qu'eux auſſi peuvent ne s'accommoder pas ou du commerce que faiſoit la ſo- ciété , ou des perſonnes qui la compoſoient. Et c'eſt par cette raiſon , que comme la liaiſon des aſſociez ne peut être que volontaire , la ſociété eſt rompue par la mort d'un aſſocié , de la maniere qui ſera expliquée dans la Sect. 5. & dans la 6.

3. L'héri- tier d'un aſſocié n'eſt pas aſſocié.

d Nec hæres ſocii ſuccedit. *l.* 65. §. 9. *ff. pro ſoc.* Hæres ſocius non eſt. *l.* 63. §. 8. *eod.*

IV.

S'il avoit été convenu entre des aſſociez , que la ſo- ciété ſeroit continuée entre leurs héritiers ; cette con- vention renfermeroit la condition que les héritiers ſe- roient agréez , & qu'eux auſſi agréeroient les autres. Et elle n'auroit pas cet effet que les perſonnes qui ne pourroient s'aſſortir , fuſſent contre leur gré liez en ſo- ciété *e.*

4. On ne peut ſtipu- ler que les héritiers ſe- ront aſſo- ciez.

e Adeò morte ſocii ſolvitur ſocietas , ut nec ab initio paciſci poſſimus , ut hæres etiam ſuccedat ſocietati. *l.* 59. *ff. pro ſoc.* Ne- mo poteſt ſocietatem hæredi ſuo ſic parere, ut ipſe hæres ſocius ſit. *l.* 35. *eod.* (Papinianus) reſpondit ſocietatem non poſſe ul- trà mortem porrigi. *l.* 52. §. 9. *eod.*
¶ Cette convention ſeroit abſolument nulle, ſuivant les termes de la loi citée , *quia perſonam ſibi eligit. Inſtit.* §. 5. *de ſociet.*
¶ Si un pere peut ordonner à ſes enfans de continuer ſa ſociété après ſa mort , ſi les aſſociez y conſentent. *Rep. Cod.* p. 138. num. 2.
Henrys , t. 1. l. 4. queſt. 93. rapporte un Arrêt qui a jugé que la ſociété pourroit continuer avec le fils mineur quand l'aſſocié ſurvivant eſt ſon tuteur , & qu'il n'a point fait d'acte de diſſolu- tion , principalement quand il y a du profit pour le mineur.
Par Arrêt du mois de Janvier 1689. rendu au profit de M. de Scene , Lieutenant Général de Lyon , contre les Adminiſtrateurs de l'Hôtel-Dieu de la même Ville , le contraire a été jugé , mais dans cette eſpéce il y avoit de la perte pour le mineur dans la con- tinuation de la ſociété.]

V.

Si un des aſſociez s'aſſocie une autre perſonne , ce tiers ne ſera point aſſocié des autres, mais ſeulement de celui qui l'a aſſocié *f.* Ce qui fera entr'eux une autre ſociété ſéparée de la premiere , & bornée à la portion de cet aſſocié qui s'en eſt joint un autre.

5. L'aſſo- cié de l'un des aſſociez ne l'eſt pas aux autres.

f Qui admittur ſocius , ei tantùm ſocius eſt qui admiſit , & rectè. Cùm enim ſocietas conſenſu contrahatur , ſocius mihi eſſe non poteſt, quem ego ſocium eſſe nolui. Quid ergo ſi ſocius meus eum admiſit, ei ſoli ſocius eſt. *l.* 19. *ff. pro ſoc.* Nam ſocii mei ſocius , meus ſocius non eſt. *l.* 20. *eod.* *l.* 47. §. 1. *ff. eod.*

VI.

Comme le conſentement peut ſe donner ou par écrit, ou ſans écrit , & même entre abſens par lettres , par pro- cureurs, ou autres médiateurs; la ſociété peut ſe former par toutes ces voies. Et même par un conſentement ta- cite , & par des actes qui en faſſent preuve. Comme ſi on négocie en commun , & ſi on partage les gains & les pertes *g.* Et la ſociété dure autant que les aſſociez veu- lent perſeverer dans leur liaiſon *h.*

6. La ſo- ciété peut ſe contracter ſans écrit, & com- ment.

g Societatem côire , & re , & verbis , & per nuntium poſſe non dubium non eſt. *l.* 4. *ff. pro ſoc.* V. les articles 8. 10. & 16. de la Sect. 1. des Tutelles , p. 20. 21.
h Manet ſocietas eo uſque donec in eodem conſenſu perſeve- raverint. §. 4. *Inſt.* de ſoc. Tamdiu ſocietas durat , quamdiu conſenſu partium integer perſeverat. *l.* 5. *C. pro ſoc.* V. la Sect. 5. de ce Titre.
¶ Si les aſſociés ſe ſont rapportez à un tiers pour regler leurs conventions, & s'il décede avant d'avoir donné ſon avis, il n'y a point de ſociété. *l.* 75. *ff. pro ſocio.*
La ſociété entre pluſieurs freres avec pacte de ſucceder les uns aux autres , eſt valable parmi nous.
Mais la ſurvivance des enfans la fait finir. Maſuer. des Aſſo- ciez , tit. 18. Dep. 1. 1. p. 136. n. 26. & 27.
Mais en ce cas la ſociété n'eſt diſſoule qu'à l'égard de celui qui a des enfans & non pas à l'égard des autres. Henrys , t. 2. l. 5. queſt. 15.]

VII.

Si deux ou pluſieurs perſonnes voulant acheter une même choſe conviennent pour ne pas enchérir les uns ſur les autres, de l'acheter tous enſemble, ou par l'un d'eux , ou par une perſonne tierce : cette convention

7. De ceux qui achetent une même choſe enſemble.

leur rend commune la chose achetée, mais ne les met pas en société. Car ils ne sont pas liez par le choix des personnes, mais seulement par la chose qu'ils ont en commun *i*.

i In emptionibus... qui nolunt inter se contendere, solent per nuntium rem emere in commune, quod à societate longè remotum est. l. 33. ff. pro soc. Magis ex re... quam ex persona socii actio nascitur. l. 29. ff. comm. divid.

VIII.

8. Liberté de tous pactes licites entre associez.

On peut dans une société comme en toutes autres conventions, faire toute sorte de pactes licites. Ainsi on peut faire une société conditionnelle, soit qu'on veuille qu'elle ne commence que lorsque la condition arrivera, ou qu'ayant d'abord son effet, elle soit résolue par l'évenement de la condition *l*.

l Societas coiri potest.... sub conditione. l. 1. ff. pro soc. De societate apud Veteres dubitatum est, si sub conditione contrahi potest : putà, si ille consul fuerit, societatem i... contractam. Sed ne simili modo apud posteritatem, sicut apud antiquitatem hujusmodi causa ventiletur, sancimus societatem contrahi posse, non solum purè sed etiam sub conditione, voluntates etenim legitimè contrahentium, omnimodo conservandæ sunt. l. 6. C. eod.

IX.

9. Pactes sur la durée de la société.

La société peut être contractée pour commencer ou d'abord, ou après un certain temps, & pour durer ou jusqu'au tems dont on convient, & pendant la vie des associez *m*, & de sorte que s'ils sont plusieurs, la mort de l'un n'interrompe pas la société à l'égard des autres *n*.

m Societas coiri potest vel in perpetuum, id est, dum vivunt, vel ad tempus, vel ex tempore. l. 1. ff. pro soc.

n Sans cette convention la mort d'un seul interromproit la société à l'égard des autres, comme il sera dit ci-après Sect. 5. art. 14.

X.

10. Clauses pénales.

On peut ajouter au contrat de société dès clauses pénales contre celui qui contreviendra à ce qui aura été convenu, soit en faisant ce qu'il ne devoit pas faire, ou ne faisant pas ce qu'il devoit faire *o*. Mais c'est de la prudence du Juge que dépendent les effets de ces sortes de peines selon les circonstances *p*.

o Si quis à socio pœnam stipulatus sit, pro socio non aget, si tantumdem in pœnam sit quantum ejus interfuit. Quod si ex stipulatu eam consecutus fit, postea pro socio agendo, hoc minus accipiet, pœna ei in sortem imputata. l. 41. & l. 42. ff. pro soc. V. l. 71. eod.

p Par notre usage ces sortes de peines ne sont que comminatoires, parce qu'elles ne sont ajoutées aux conventions que pour tenir lieu d'un dedommagement, & que le dedommagement ne doit être que proportionné au dommage. Ainsi, c'est par les circonstances que les evenemens qu'on juge de l'effet que doivent avoir les clauses pénales: comme il est juste de diminuer la peine, si elle excede le dommage, ou si quelques circonstances peuvent excuser l'inexécution; il peut arriver aussi qu'il soit juste d'ordonner un dedommagement plus grand que la peine ; si par exemple, il n'étoit pas juste qu'il tiendroit lieu de tout dedommagement, ou s'il a été contrevenu à la convention par quelque dol, ou quelque fautte d'une autre nature que celles qu'on avoit prévûes, & voulu prévenir. V. l'art. 15. de la Sect. 3. p. 26. & l'art. 18. de la Sect. 4. des conventions, p. 29.

XI.

11. Pactes sur le reglement des portions.

Les associez peuvent ou regler eux-mêmes les portions que chacun aura dans la société, ou s'en remettre à l'arbitrage des tierces personnes, & s'ils s'en étoient remis à d'autres personnes, ou même à l'un d'entr'eux, il en sera de même que s'ils s'en étoient remis à l'arbitrage de personnes expertes & raisonnables : & ce qui sera arbitré par les personnes nommées, n'aura pas lieu, si l'un des associez à sujet de s'en plaindre *q*.

q Societatem mecum coïsti ea conditione, ut Nerva amicus communis partem societatis constitueret. Nerva constituit, ut tu ex triente socius esses, ego ex besse : quæris utrum ratum id jure societatis sit, an nihilominus ex æquis partibus socii simus. Existimo autem melius te quæsiturum fuisse, utrùm ex his partibus socii essemus, quas constituisset, an ex his quas virum bonum constituere oportuisset. Arbitrorum enim genera sunt duo.
Unum ejusmodi ut sive æquum sit, sive iniquum, parere debeamus. Quod observatur, cùm in compromisso ad arbitrium itum est. Alterum ejusmodi, ut ad boni viri arbitrium redigi debeat, etsi nominatim persona sit comprehensa, cujus arbitratu fiat. Veluti cum lege locationis comprehensum est, ut opus arbitrio locatoris fiat. In proposita autem quæstione, arbitrium viri boni existimo sequendum esse, eo magis quod judicium pro socio bonæ fidei est. Unde si Nervæ arbitrium ita pravum est, ut ma-

nifesta iniquitas ejus appareat, corrigi potest per judicium bonæ fidei. l. 76. 77. 78. 79. & 80. ff. pro soc.
Si societatem mecum coïetis, ea conditione, ut partes societatis constitueres, ad boni viri arbitrium ea res redigenda est. Et conveniens est viri boni arbitrio, ut non utique ex æquis partibus socii simus, veluti si alter plus operæ, industriæ, pecuniæ in societatem collaturus sit. l. 6. ff. eod. V. l'art. 11. de la Sect. 3. des Conventions, p. 25.

XII.

12. Donation sous l'apparence d'une société.

Si une société n'étoit contractée que pour colorer une donation de l'un des contractans envers l'autre, de sorte que les profits ne regardassent que l'un des associez, ce ne seroit pas une société, puisqu'il n'y auroit qu'un seul qui en profitât *r*. Et si un tel contrat se passoit au profit d'une personne à qui l'autre ne pût donner, ce seroit un contrat nul & prohibé comme fait en fraude de la loi *s*.

r Donationis causâ societas rectè non contrahitur. l. 5. §. 2. ff. pro soc. Si quis societatem per donationem mortis causâ inierit, dicendum est nullam societatem esse. l. 35. §. 3. ff. de mort. caus. donat.

s Si inter virum & uxorem societas donationis causâ contracta sit Jure vulgato nulla est. l. 32. §. 24. ff. de donat. int. vir. & uxor.

SECTION III.

De diverses sortes de Sociétez.

SOMMAIRES.

1. Les sociétez sont générales ou particulieres.
2. Société de gain ou pure ou simple.
3. La société des profits ne comprend pas les successions, legs & donations.
4. Société de tous biens n'exclut rien.
5. Dédommagement personnel d'un associé, se rapporte dans une société universelle.
6. Condamnation personnelle contre un associé.
7. Profits illicites n'entrent pas dans la société.
8. Les sociétez sont bornées à ce qu'on y met.
9. S'il y a de l'obscurité dans le contrat de société pour savoir ce qui y entre.
10. Dettes de la société & des associez.
11. Ce que l'associé peut ou ne peut prendre sur le fonds de la société.
12. Dépenses extraordinaires d'un associé.
13. Dépenses illicites.

I.

1. Les sociétez sont générales, ou particulieres.

LEs sociétez sont ou générales de tous les biens des associez, ou particulieres de quelques biens, de quelque commerce, de quelque ferme ou autre chose, & les biens qu'on met en société deviennent communs, quoiqu'il ne s'en fasse pas de délivrance, & qu'ils demeurent en la possession de celui des associez qui auparavant en étoit le maître. Car leur intention en fait une délivrance tacite, & chacun d'eux possede pour tous la chose commune qui est en sa puissance *a*.

a Societates contrahuntur, sive universorum bonorum, sive negotiationis alicujus, sive vectigalis, sive etiam rei unius. l. 5. ff. pro soc. Societatem coire solemus aut totorum bonorum, quam Græci specialiter κοινοπραξίαν appellant, aut unius alicujus negotiationis, veluti mancipiorum, vendendorum emendorumque, aut olei, aut vini, aut frumenti emendi vendendique. Inst. de societ. in princ. Societate omnium bonorum omnes res quæ coeuntium sunt, continuò communicantur. Quia licet specialiter traditio non intervenit, tacita tamen creditur intervenire. l. 1. §. 1. & l. 2. ff. pro soc.

II.

2. Société de gains, ou pure ou simple.

Si dans un contrat de société on avoit manqué d'exprimer de quels biens, de quelles affaires, de quels commerces elle est contractée, & qu'il fût simplement dit que l'on s'associe, ou que la société seroit des gains & des profits que feroient les associez, sans rien spécifier, la société ne s'entendroit qu'aux profits que pourroient faire les associez par les commerces & affaires qu'ils feroient ensemble *b*.

b Coiri societatem & simpliciter licet. Et si non fuerit distinctum videtur coita esse universorum, quæ ex quæstu veniunt. Hoc est, si quod lucrum ex emptione, venditione, locatione, conductione descendit. Quæstus enim intelligitur qui ex opera cujusque descendit. *l. 7. & l. 8. ff. pro soc.* Cum quæstus & compendii societas initur, quidquid ex operis suis socius acquisierit, in medium conferet. *l. 45. §. 1. ff. de acq. vel omitt. hæred.*

III.

3. La société des profits ne comprend pas les successions, legs & donations.

Une société de gains & profits ne comprend pas les successions, les legs, les donations, soit entre-vifs, ou à cause de mort, ni ce qui pourroit être acquis aux associez d'ailleurs que de leur industrie, ou des fonds qu'ils auroient mis en société. Car ces sortes d'acquisitions ont leurs causes & leurs motifs en la personne de ceux à qui elles arrivent, comme quelque mérite, quelque liaison d'amitié ou de proximité, ou le droit naturel de succéder ; qui sont des avantages que les associez n'ont pas entendu se communiquer, s'ils ne l'ont exprimé, parce qu'ils ne sont pas les mêmes en chacun des associez. Et cette société ne comprend pas non plus les dettes actives des associez, si ce n'est celles qui seroient provenuës des affaires ou commerces de la société *c.*

c Sed & si adjiciatur, ut quæstus & lucri socii sint, verum est non ad aliud lucrum, quam quod ex quæstu venit, hanc quoque adjectionem pertineret. *l. 13. ff. pro soc.* Postea unus ex his à patrono hæres institutus est : alteri legatum datum est. Neutrum horum in medium referre debere respondit *l. 71. §. 1. eod.* Quæstus intelligitur qui ex opera cujusque descendit. Nec adjecit Sabinus hæreditatem, vel legatum, vel donationem mortis causâ, sive non mortis causâ. Fortassis hoc ideo quia non sine causâ conveniunt, sed ob meritum aliquod accedunt. Et quia plerumque vel à parente, vel à liberto, quasi debitum nobis hæreditas obvenit. Et ita de hæreditate, legato, donatione, Quintus Mutius scribit. *l. 8. 9. 10. & 11. ff. eod.* Quidquid ex operis suis socius acquisierit in medium conferet : sibi autem quisque hæreditatem acquirit. *l. 45. §. 2. ff. de acq. vel omitt. hæred.* Sed nec æs alienum, nisi quod ex quæstu pendebit, veniet in rationem societatis. *l. 22. ff. pro socio.*

IV.

4. Société de tous biens n'exclut rien.

La société universelle de tous les biens comprend tout ce qui peut appartenir, ou qui pourra être acquis aux associez par quelque cause que ce puisse être. Car l'expression générale de tous les biens, n'en exclut aucun. Et les successions, les legs, les donations & toute autre sorte d'acquisitions & de profits y sont compris, si on ne les réserve *d.*

d In societate omnium bonorum omnes res quæ coeuntium sunt continuò communicantur. *l. 1. §. 1. ff. pro soc.* Cùm specialiter omnium bonorum societas coita est, tunc & hæreditas, & legatum, & quod donatum est, aut quaqua ratione acquisitum, communioni acquiretur. *l. 3. §. 1. eod.* Duo celiberti societatem coierunt lucri, quæstus compendii. Postea unus ex his à patrono hæres institutus est : alteri legatum datum est. Quæstus intelligitur qui ex opera cujusque descendit. Neutrum horum in medium referre debere respondit *l. 71. ff. eod.*

¶ La dot de la femme de l'associé n'y entre point, mais seulement les revenus *Dep. t. 1. p. 124. n. 1.*

Les femmes ne sont pas préférées pour leurs conventions aux créanciers de la société, sur les effets de la société. *Louet, l. 5. ch. 13. n. 4.*]

V.

5. Dédommagement personnel d'un associé se rapporte dans une société universelle.

Dans la société universelle de tous les biens, chaque associé doit rapporter non-seulement tous ses biens, & tout ce qui peut provenir de son industrie ; mais s'il arrive qu'en son particulier il lui ait été fait quelque injure ou quelque dommage sur sa personne ou autrement, il doit rapporter à la société le dédommagement qu'il en recevra. Et si l'associé reçoit un désintéressement qui lui revienne à cause de quelqu'autre personne, comme de son fils ou autrement, il sera aussi tenu de le rapporter *e.* Car la société de tous biens ne laisse rien de propre à l'associé.

e Socium universa in societatem conferre debere, Neratius ait, si omnium bonorum socius sit. Et ideo sive ob injuriam sibi factam, vel ex lege Aquilia, sive ipsius, sive filii corpori nocitum sit, conferre debere respondit. *l. 52. §. 16. ff. pro socio.*

VI.

6. Condamnation personnelle contre un associé.

Que si au contraire un des associez est condamné sur une accusation, qu'il ait attiré, il portera seul toute la peine qu'il a méritée. Mais s'il est injustement condamné, l'injustice doit tomber sur toute la société & non sur lui seul. Car il y aura la même distinction dans les autres sortes de condamnations en matiere civile, selon que l'associé seroit bien ou mal fondé, & qu'il se seroit

bien ou mal défendu *f.* Ainsi dans l'un ou l'autre cas ; il sera ou de l'équité des associez, ou de la prudence de leurs arbitres, de discerner les pertes que l'associé devra porter seul, & celles qui devront regarder la société.

f Per contrarium quoque apud Veteres tractatur, an socius omnium bonorum, si quid ob injuriarum actionem damnatus præstiterit, ex communi consequatur, ut præstet. Et Artilicinus, Sabinus, Cassius, responderunt, si injuria judicis damnatus sit ; consecuturum. Si ob maleficium suum, ipsum tantùm, damnum sentire debere. Cui congruit, quod Servium respondisse, Aufidius refert, si socii bonorum fuerint, deinde unus cùm ad judicium non adesset, damnatus sit, non debere eum de communi id consequi : si verò præsens injuriam judicis passus sit, de communi sarciendum. *l. 52. §. ult. ff. pro soc.*

VII.

7. Profits illicites n'entrent pas dans la société.

Les gains illicites & malhonnêtes que pourroit faire un associé, n'entrent pas dans la société ; & celui qui les fait, doit demeurer seul chargé de rendre ce qu'il a mal pris. Que si les autres associez y prennent quelque part, ils se rendront ses complices, & sujets aux mêmes peines qu'il pourra mériter *g.*

g Neratius ait, socium omnium bonorum, non cogi conferre quæ ex prohibitis causis acquisierit. *l. 52. §. 17. ff. pro soc.* Quod autem ex furto, vel ex alio maleficio quæsitum est, in societatem non conferri palam est. Quia delictorum turpis atque foeda communio est. *l. 53. eod.* Si igitur, ex hoc conventus fuerit, qui maleficium admisit : id, quod contulit, aut solum, aut cum pœna auferre. Solum auferret, si mihi proponas, insciente socio eum in societatis rationem hoc contulisse. Quod si sciente, etiam pœnam socium agnoscere oporret. Æquuum est enim, ut cujus participavit lucrum, participet & damnum. *l. 55. in f. eod.*

VIII.

8. Les sociétez bornées à ce qu'on y met.

Les sociétez sont bornées aux especes de biens, de commerces, ou d'autres choses que les associez veulent mettre en commun ; & ne s'étendent pas à ce qu'on n'a pas eu intention d'y comprendre. Ainsi par exemple, si deux freres jouissent en commun de la succession de leur pere, & demeurent en société des profits & des pertes qui en proviendront, ils ne laisseront pas de posséder chacun en particulier tout ce qu'ils pourront acquérir d'ailleurs *h.*

h Si fratres, parentum indivisas hæreditates ideò retinuerunt ut emolumentum ac damnum in his commune sentirent : quod aliunde quæsierint, in commune non redigetur. *l. 52. §. 6. ff. pro socio.*

IX.

9. S'il y a de l'obscurité dans le contrat de société pour marquer ce qui y entre.

Si la société se trouve contractée en des termes qui fassent douter si tous les biens présens & à venir y sont compris, ou seulement les biens présens, ou qu'il y ait d'autres pareils doutes, l'interprétation s'en fera par les manieres dont les associez auront eux-mêmes exécuté leur convention, & par les circonstances qui pourront marquer leur intention, selon les regles précédentes, & les regles générales de l'interprétation des conventions *i.*

i Semper in stipulationibus, & in cæteris contractibus id sequimur quod actum est. *l. 34. ff. de reg. jur.* Quod ambigue est cum in obscuro sit, ex affectione cujusque capit interpretationem. *l. 168. eod.*

V. l'art. 8. & les suivans de la Sect. 2. des Conventions, p. 12.

X.

10. Dettes de la société & des associez.

Les dettes passives & autres charges de la société s'acquittent du fonds commun ; & la société étant finie, chaque associé en doit sa part à proportion de celle qu'il a dans la société. Mais les deniers empruntez par un associé, qui n'ont pas été mis dans le coffre de la société, ou qui ne sont pas tournez à son usage, sont la dette propre de celui qui a emprunté *l.*

l Omne æs alienum quod manente societate contractum est, de communi solvendum est, licet postea quam societas distracta est, solutum sit. Igitur, & si sub conditione promiserat, & distracta societate conditio extitit, ex communi solvendum est. Ideoque, si interim societas dirimatur, cautiones interponendæ sunt. *l. 27. ff. pro soc.* Sed nec æs alienum, nisi quod ex quæstu pendebit, veniet in rationem societatis. *l. 22. eod.* Jure societatis, per socium ære alieno socius non obligatur : nisi in communem arcam pecuniæ versæ sunt. *l. 82. ff. eod.*

XI.

11. Ce que l'associé ne peut aliéner.

Dans une société universelle de tous biens, de tous profits, de toutes dépenses, chaque associé ne peut disposer *on ne peut le prendre sur le fonds de la société*

poser que de sa portion, & ne doit prendre pour ses dépenses particulieres sur le fonds commun, que celles de son entretien & de sa famille. Ainsi, les associez de tous biens qui ont des enfans, les élevent & les entretiennent du fonds commun, mais ils ne peuvent en doter leurs filles. Car une dot est un capital que l'associé doit prendre sur sa portion, si ce n'est que la convention, ou quelque usage le reglât autrement *m*.

m Nemo ex sociis plus parte sua potest alienare, etsi totorum bonorum socii sint. *l. 68. ff. pro soc.* Idem Maximinæ respondit, si societatem universarum fortunarum ita coierint, ut quidquid erogetur, vel quæreretur communis lucri, atque impendii esset: ea quoque, quæ in honorem alterius liberorum erogata sunt, utrimque imputanda. *l. 73. §. 2. eod.* Si forte convenisset inter socios, ut de communi dos constitueretur, dixi pactum non esse iniquum. Utique si non de alterius tantùm filia convenit. *l. 81. eod.*

Col. ad hanc Leg. l. 9. quæst. l'op.

¶ Après la dissolution du mariage, si la fille est dans la puissance du pere, & qu'il l'ait retiré sa dot, il est obligé de la remettre dans le fonds de la société, à la charge de la reprendre en cas que sa fille se remarie. *d. l. 81. pro soc.*
Mais si le mari est insolvable & que le pere ne puisse pas retirer la dot de sa fille, la société n'est pas obligée de fournir une autre dot en cas qu'elle se remarie. *d. l. 81.*
Si la société est dissolue par la mort du pere avant que la dot ait été payée, la fille ne pourra demander aux autres associez. *d. l. in fine.*
De même, si la société est finie du vivant du pere sans que la dot ait été payée, la fille ne peut la demander aux associez; le pere seul en ce cas est tenu de lui fournir sa dot. *Henrys, t. 1. l. 4. quæst. 50.*]

11. Dépenses extraordinaires d'un associé.

XII.

Si dans une société universelle on étoit convenu que les dots des filles se prendroient du fonds de la société, & qu'il arrive qu'un des associez ait une fille à doter, & que les autres n'en ayent point, certe fille ne laissera pas d'être dotée du fonds commun *n*. Et cet associé aura cet avantage sur les autres sans injustice; car chacun d'eux pouvoit l'avoir. Et l'état où ils étoient tous, dans la même incertitude de l'événement & dans le même droit, ayant rendu leur condition égale, avoit rendu juste leur convention.

n Si commune hoc pactum fuit, non interesse, quod alter solius filiam habuit. *d. l. 81. ff. pro soc.*

13. Dépenses illicites.

XIII.

Les dépenses de jeu & de débauche & autres illicites ne peuvent se prendre sur le fonds commun *o*.

o Quod in alea, aut adulterio perdiderit socius, ex medio non est laturus. *l. 59. §. 1. ff. pro soc.*
Pour les dépenses qui se font à cause de la société. V. l'article 11. de la Section suivante.

SECTION IV.

Des engagemens des associez.

SOMMAIRES.

I.

1. Union & fidélité des associez.

LEs associez étant unis par un engagement général *a*, dans une espece de fraternité *b*, pour agir l'un pour l'autre comme chacun feroit pour soi-même, ils se doivent réciproquement une parfaite fidélité, & telle que chacun rapporte aux autres tout ce qu'il a de la société, & tout ce qu'il peut en tirer de profits, de fruits & autres revenus; & qu'aucun ne se rende propre, que ce que leur convention peut lui accorder *c*.

a V. l'article 12. de la Section 1.
b V. l'article 1. de la Section 2.
c Venit autem in hoc judicium pro socio bona fides. *l. 52. §. 1. ff. pro soc.* In societatis contractibus fides exuberat *l. 3. C. eod.* Quæ coëuntium sunt, communicantur. *l. 1. in f. ff. eod.* Si tecum societas mihi sit, & res ex societate communes... quosve fructus ex his rebus cœperis... me consecuturum. *l. 38. §. 1. eod.*

II.

2. Soin & vigilance des associez.

Outre la fidélité les associez doivent leur soin pour les affaires & pour les choses de la société. Mais au lieu qu'il n'y a point de bornes à la fidélité, ils ne sont obligez pour ce qui est du soin, que d'avoir la même application & la même vigilance pour les affaires de la société que pour les leurs propres *d*.

d In societatis contractibus fides exuberat. *l. 3. C. pro soc.* Sufficit talem diligentiam communibus rebus adhibere socium, qualem suis rebus adhibere solet. *§. ult. inst. de societate.*

III.

3. Associez tenus du dol & des fautes grossieres.

Ce devoir du soin & de la vigilance que se doivent les associez étant reglé par le soin qu'ils ont de ce qui est à eux, il ne s'étend pas à la derniere exactitude des personnes les plus soigneuses & les plus vigilantes; mais il se borne à les rendre responsables de tout dol & de toutes fautes grossieres. Et si un associé ayant le même soin des affaires de la société, qu'il a des siennes propres, tombe dans quelque faute legere sans mauvaise foi, il n'en est pas tenu: & les autres associez doivent s'imputer de n'avoir pas choisi un associé assez vigilant *e*.

e Utrum ergo tantùm dolum, an etiam culpam præstare socium oporteat, quæritur. Et Celsus, libro septimo Digestorum scripsit, socios inter se dolum & culpam præstare oportet. *l. 52. §. 2. ff. pro soc.* Socius socio utrum eo nomine tantùm teneatur, pro socio actione, si quid dolo commiserit, sicuti is qui deponi apud se passus est, an etiam culpæ, id est, desidiæ, atque negligentiæ nomine quæsitum est. Prævaluit tamen etiam culpæ nomine teneri eum. Culpa autem non ad exactissimam diligentiam dirigenda est. Sufficit enim talem diligentiam communibus rebus adhibere socium, qualem suis rebus adhibere solet. Nam qui parum diligentem socium sibi adsumit, de se queri, sibique hoc imputare debet. *§. ult. inst. de societ. l. 72. ff. soc.*

IV.

4. Cas fortuits.

Les associez ne sont jamais tenus d'aucun cas fortuit, s'ils n'y ont donné lieu par quelque faute dont ils doivent répondre. Comme si un associé a laissé dérober ce qu'il avoit en garde *f*.

f Damna quæ imprudentibus accidunt, hoc est, damna fatalia, socii non cogentur præstare: ideoque, si pecus æstimatum datum sit, & id latrocinio aut incendio perierit: commune damnum est: si nihil dolo aut culpa acciderit, ejus qui æstimatum pecus acceperit. Quod si à furibus subreptum sit, proprium ejus detrimentum est. Quia custodiam præstare debet, qui æstimatum accepit. Hæc vera sunt, & pro socio erit actio, si modo societatis contrahendæ causa, pascenda data sunt, quamvis æstimata. *l. 52. §. 3. ff. pro socio.* V. ci-après l'art. 12.

V.

5. Si l'associé s'approprie, ou tourne à son usage la chose commune.

Si un des associés s'approprie, ou recele ce qui est en commun, ou s'il le tourne à son usage contre l'intention de ses associez; il commet un larcin *g*: & il sera tenu de leurs dommages & intérêts: Et si ayant en ses mains des deniers de la société, il les employe à ses af-

g Rei communis nomine cum socio furti agi potest, si per fallaciam dolove malo amovit: vel rem communem celandi animo, contraxit. *l. 43. ff. pro socio.*

M

faires particulieres, il en devra les intérêts par forme de dédommagement, & de peine de son infidélité *h*.

h Socium qui in eo quod ex societate lucri faceret, reddendo moram adhibuit, cùm ea pecunia ipse usus sit, usuras quoque eum præstare debere, Labeo ait. *l. 60. ff. pro soc. l. 1. §. 1. ff. de usur.*

V I.

6. Usage de la chose commune sans mauvaise soi.

Si un associé se trouve avoir une chose de la société sans mauvaise foi, comme quelque meuble dont il ait fait quelque usage, on ne présumera pas que pour l'avoir en sa puissance, & s'en être servi, il ait fait un larcin; mais qu'en étant le maître en partie, il usoit de son droit *i*, s'assurant du consentement de ses associés.

i Meritò autem adjectum est, ita demum furti actionem esse, si per fallaciam, & dolo malo amovit : quia cùm rem dolo malo facit, furti non tenetur & sanè plerumque credendum est, eum qui partis dominus est, jure potius suo, re uti, quam furti consilium inire. *l. 51. ff. pro soc.*

V I I.

7. Perte ou dommage causé par un associé.

Si par quelque faute, quelque violence, ou autre mauvaise voie, un associé cause du dommage à la société, il sera tenu de le réparer *l*.

l Si damnum in re communi socius dedit, Aquilia teneri eum, & Celsus & Julianus, & Pomponius scribunt. Sed nihilominus, & pro socio tenetur, si hoc facto societatem læsit. Si verbi gratiâ, negociatorem servum vulneraverit, vel occidit. *l. 47. §. 1. l. 48. l. 49. ff. pro socio.*

V I I I.

8. Ce qu'un associé rend de service ne se compense pas avec ce qu'il cause de perte.

Si le même associé qui a causé quelque dommage, ou de qui la faute & la négligence a donné lieu à quelque perte, qui puisse lui être imputée, se trouve d'ailleurs avoir rapporté quelque profit à la société, il ne s'en fera pas de compensation. Car il devoit procurer ce profit, & il ne peut par conséquent le compenser avec cette perte *m*.

m Non ob eam rem minus ad periculum socii pertinet, quod negligentia ejus perisset, quod in plerisque aliis industria ejus societas aucta fuisset. Et ideo si socius quædam negligenter in societatem egisset, in plerisque societatem auxisset, non compensatur compendium cum negligentia, ut Marcellus, libro sexto Digestorum scripsit. *l. 25. & 26. ff. pro soc. l. 23. §. 1. eod.*

Si cette perte n'étoit pas causée par quelque dol, en autre mauvaise voie, si elle étoit legere, & que le profit sût considerable, & un peu l'esset de l'industrie de cet associé, cette compensation seroit-elle injuste ?

I X.

9. L'associé est tenu du fait de celui qu'il a sousassocié.

Si un des associez s'est associé quelqu'autre personne en sa portion; & qu'il l'ait laissé entremettre à quelque affaire de la société, il sera tenu du fait de cette personne, & répondra à la société de ce que ce tiers aura pû y causer de perte. Car c'est sa faute d'avoir mal choisi, & à l'insçu des autres *n*.

n Puto omni modo eum teneri ejus nomine quem ipse solus admisit, quia difficile est negare, culpæ ipsius admissum. *l. 23. ff. pro soc.*

X.

10. Perte & gain causé par le sousassocié.

Si ce sous-associé se trouve avoir causé de la perte d'une part & du profit de l'autre, il ne s'en fera pas de compensation *o*; non plus que dans le cas de la perte causée par l'associé qui avoit procuré du profit, comme il a été dit dans l'article 8. parce que le fait de ce sousassocié est le fait de l'associé même.

o Idem quærit an commodum, quod propter admissum socium accessit compensari cum damno quod culpa præbuit, debeat? & ait compensandum, quod non est verum. Nam & Marcellus, libro sexto Digestorum scribit, si servus unius ex sociis societati à domino præpositus, negligenter versatus sit : dominum societati, qui præposuerit, præstaturum : nec compensandum commodum quod per servum societati accessit cum damno : & ita divum Marcum pronuntiasse. Nec posse dici socio, abstine commodo; quod per servum accessit, si damnum petis. *l. 23. §. 1. ff. pro soc. V. la remarque sur l'art. 8.*

X I.

11. Dépenses des associez.

Les associez recouvrent sur le fonds commun toutes les dépenses nécessaires, utiles & raisonnables qui regardent la société; & qui sont employées pour les affaires communes, comme sont les voyages, voitures, ports de hardes, salaires d'ouvriers, réparations nécessaires, & les autres semblables. Et si l'associé qui a fait

ces dépenses en avoit emprunté les deniers à intérêt, ou que les ayant fournis lui-même, son remboursement fût retardé par les autres associés, il recouvrera aussi les intérêts depuis le temps qu'il aura fait l'avance, quoiqu'il n'y en ait pas de demande en Justice. Car ce n'est pas un prêt, & c'est seulement une plus grande contribution dans le fonds commun. Mais les associés ne recouvrent pas les dépenses qu'ils font sans nécessité, ou pour leur plaisir *p*.

p Si quis ex sociis propter societatem profectus sit, veluti ad merces emendas : eos duntaxat sumptus societati imputabit, qui in eam pensi sunt. Viatica igitur & meritoriorum, & stabulorum, jumentorum, carrulorum vecturas, vel sui, vel sarcinarum suarum gratiâ, vel mercium rectè imputavit. *l. 52. §. 15. ff. pro. soc.* Si tecum societas mihi sit, & res ex societate communes: quam impensam in eas fecero... me consecuturum. *l. 38. §. 1. eod.* Si in communem rivum impensa facta sit, pro socio esse actionem ad recuperandum sumptum Cassius scripsit. *l. 52. §. 12. eod.* Herennius Modestinus respondit, ob sumptum nulla re urgente, sed voluntatis causâ factos, eum de quo quæritur actionem non habere. *l. 27. ff. de neg. gest.* Si quis unus ex sociis necessariò de suo impendit in communi negotio, judicio societatis servabit, & usuras, si forte mutuatus sub usuris, dedit. Sed etsi suam pecuniam dedit, non sine causâ dicetur, quod usuras quoque percipere debeat. *l. 67. §. 2. ff. pro soc. l. 52. §. 10. eod. Voyez l. 18. §. 3. ff. fam. ercisc.*

X I I.

12. Perte particuliere d'un associé arrivée pour le fait de la société.

Si un associé souffre quelque perte particuliere en faisant l'affaire de la société, comme s'il s'expose à quelque péril, & que par exemple, dans un voyage pour la société, il soit volé de ses hardes & de l'argent qu'il portoit pour une affaire commune, ou pour la dépense de son voyage, ou qu'il soit blessé, ou quelqu'un de ses domestiques, il sera dédommagé de ces sortes de pertes sur le fonds de la société, car c'est l'affaire commune qui les a attirées: & rien de sa part n'y a donné lieu *q*.

q Quidam sagariam negotiationem coïerunt. Alter ex iis ad merces comparandas profectus, in latrones incidit, suamque pecuniam perdidit : servi ejus vulnerati sunt, resque proprias perdidit. Dicit Julianus, damnum esse commune : ideòque actione pro socio damni partem dimidiam agnoscere debere tam pecuniæ, quàm rerum cæterarum, quas secum non tulisset socius, nisi ad merces communi nomine comparandas proficisceretur. Sed & si quid in medicos impensum est, pro parte socium agnoscere debere, rectissimè Julianus probat. Proinde, & si naufragio quid perit, cùm non alias merces quàm navi solerent advehi, damnum ambo sentient. Nam sicuti lucrum, ita damnum quoque commune esse oportet, quod non culpa socii contingit. *l. 52. §. 4. ff. pro soc.* Et quod medicis pro se datum est, recipere potest. *l. 61. eod.* V. l'art. suivant, & le dernier de la Section 2. des Procurations.

La suite de cette loi 52. §. 4. fait voir qu'il faut entendre de l'argent porté pour le voyage, ou pour l'affaire de la société : car si l'associé étoit volé de son argent propre qu'il portoit pour les affaires particulieres, la perte en tomberoit sur lui; parce que c'étoit pour son affaire qu'il l'avoit porté. Et l'occasion de l'associé que lui donnoit l'affaire de la société pour faire la sienne, ne doit pas nuire à cet associé.

Il faut remarquer sur le §. 4. de cette loi 52. & sur la loi 61. citée sur cet article, que leur disposition corrige la dureté du §. dernier de la loi 60. qui veut que l'associé blessé à l'occasion d'une affaire de la société, porte la dépense employée pour se faire traiter, par cette raison, qu'encore qu'il souffre cette dépense à cause de la société, ce n'est pas pour la société qu'elle est employée.

X I I I.

13. Des gains ou pertes particulieres à l'occasion de la société.

S'il arrive qu'un associé par l'occasion de quelque affaire de la société, fasse quelque profit, comme si les affaires de la société lui donnent l'accès d'une personne de qui il tire un bienfait, ou qu'elles lui donnent une ouverture pour quelque affaire particuliere où la société n'ait aucune part, & qu'il lui en arrive du profit : ou si au contraire la société lui est une occasion de perte, comme si le soin des affaires de la société lui fait négliger les siennes: ou si en haine de la société quelqu'un cesse de lui faire du bien; ces sortes de gains & de pertes le regarderont *r*. Parce que ces événemens ont pour causes ou la conduite particuliere de cet associé,

r Si propter societatem eum hæredem quis instituere desiisset aut legatum prætermisisset, aut quidmodi suum negligentiùs administrasset, non secuturum. Nam nec compendium quod propter societatem ei contigisset, veniret in medium. Veluti, si propter societatem hæres fuisset institutus, aut quid ei donatum esset. *l. 60. §. 2. ff. pro socio.*

ou fon mérite, ou fa négligence, ou quelqu'autre faute, ou quelque hazard : & que la conjoncture qui lie ces causes avec l'occafion des affaires de la fociété, eft comme un cas fortuit qui ne regarde pas la fociété, mais feulement l'affocié à qui ces événemens peuvent arriver.

XIV.

14. Pertes des chofes deftinées pour être mifes dans la fociété.

Toutes les pertes du fonds de la fociété font communes aux affociez. Mais pour juger fi l'argent, ou autre chofe qui vient à périr, doit être regardée comme étant dans le fonds de la fociété, ce n'eft pas affez qu'elle fût deftinée pour y être mife : il faut confidérer les circonftances où font les chofes quand la perte arrive. Ainfi, par exemple, fi l'argent qu'un affocié devroit fournir pour acheter des marchandifes, périt chez lui avant qu'il l'ait mis dans le coffre de la fociété ou rapporté en commun, il eft perdu pour lui. Mais fi cet argent devoit être porté en voyage pour une emplette, & qu'il foit volé en chemin, la fociété en fouffre la perte, quoiqu'il ne fût pas encore employé : parce que c'étoit pour la fociété qu'il étoit porté, & la deftination étoit conforme de la part de l'affocié. Ainfi l'argent étoit voituré aux périls de la fociété. Et dans les autres événemens femblables, la perte regarde ou ne regarde pas la fociété, felon l'état des chofes. Et il faut difcerner fi la fociété eft déja formée, quelle eft la deftination de l'argent ou autre chofe qui doit y être mife, quelles démarches ont été faites pour l'y mettre, & les autres circonftances par où l'on peut juger fi la chofe qui périt doit être confidérée, ou comme étant déja dans la fociété, ou comme étant encore à celui qui devoit l'y mettre *f*.

f Item Celfus tractat, fi pecuniam contuliffemus ad mercem emendam & mea pecunia periiffet, cui periret ea. Et ait, fi poft collationem evenit ut pecunia periret, quod non fieret nifi focietas coita effet, utrique perire. Ut puta fi pecunia cùm peregrè portaretur ad mercem emendam, periit. Si verò ante collationem : poftaaquam eam deftinafi, tunc perierit, nihil eo nomine confequeris, inquit, quia non focietati periit. l. 58. §. 1. ff. pro foc.

XV.

15. Infolvabilité d'un affocié.

Si un des affociez a fait quelque avance, ou s'il eft entré dans quelque engagement, dont la fociété doive le garantir ; chacun des affociez le rembourfera, ou l'indemnifera felon fa portion. Et s'il ne pouvoit recouvrer celle de l'un des affociez qui feroit infolvable, ou que par d'autres caufes on ne pût en retirer le payement ; cette portion fe prendra fur tous. Car c'eft pour la fociété que cet affocié fe trouve en avance, ou qu'il eft entré dans cet engagement. Et les pertes comme les gains doivent fe partager *t*.

t An, fi non omnes focii folvendo fint, quod à quibufdam fervari non poteft à cæteris debeat ferre (focius.)Sed Proculus putat hoc ad cæterorum onus pertinere ; quod ab aliquibus fervari non poteft. Ratioque defendi poffe : quoniam focietas cùm contrahitur, tam lucri quam damni communio initur.l. 67. ff. pro foc.

XVI.

16. Un affocié ne peut engager les autres s'il n'en a charge,

Les affociez même de tous leurs biens, ne peuvent aliéner que leur portion du fonds commun, & ne peuvent pas de leur fait, engager la fociété, que felon le pouvoir qu'elle leur en donne, ou felon que l'engagement où ils font entrez a été utile ou approuvé des autres *u*. Mais fi un des affociez eft choifi pour la conduite de la fociété & pour en avoir le principal foin, ou s'il eft prépofé à quelque commerce, ou à quelqu'autre affaire, les engagemens feront communs à tous, en tout ce qui fera de l'étendue de la charge qui lui eft commife *x*.

u Nemo ex fociis plùs parte fuâ poteft alienare, etfi totorum bonorum focii funt. l. 68. ff. pro foc. l. 17. eod. Si focius propriam pecuniam mutuam dedit, omnimodò creditam pecuniam facit : licèt cæteri diffenferint. Quod fi communem numeravit, non aliàs creditam efficit, nifi cæteri quoque confentiant. Quia fuæ partis tantùm alienationem habuit. l. 16. ff. de reb. cred. v. l. unic. C. Si communis res pig. data fit. Jure focietatis per focium ære alieno focius non obligatur, ni in communem arcam pecuniæ verfæ funt. l. 82. ff. pro foc.

x Magiftri focietatum pactum prodeffe & obeffe conftat. l. 14. ff. de pact. Cui præcipua cura rerum incumbit,& qui magis quàm

Tome I.

---

cæteri diligentiam, & follicitudinem rebus quibus præfunt, debent, hi magiftri appellantur. l. 57. ff. de verb. fignif. V. l'art. 357. & le 358. de l'Ordonnance de Blois, & ces mots de la Déclaration du 7. Septembre 1581. fur l'enregiftrement des fociétez des Banquiers, afin que chacun fçache qui feront les obligez. V. l'art. 5. de la Sect. 2. des Conventions, p. 22. & auffi le Titre des Sociétez de l'Ordonnance de 1673.

¶ D. t. 1. p. 125. Brod. fur Louet. L. S. ch. 13. n. 3.]

XVII.

17. Un affocié ne peut retirer fon fonds,

Les affociez ne peuvent tirer du fonds de la fociété ce qu'ils y ont mis, parce que le total du fonds eft à la fociété, & ne peut être diverti ni diminué que du confentement de tous pendant qu'elle dure *y*. Et il n'eft pas plus permis de diminuer le fonds de la fociété que d'y renoncer de mauvaife foi *z*.

y V. ci-devant l'art. 5. de cette Section. z V. l'art. 3. & les fuivans de la Section 5.

XVIII.

18. De celui qui propofe un affocié, & qui en répond,

Si une perfonne eft reçue dans une fociété par l'ordre & fur la foi d'un tiers qui l'a propofée & qui en répond, ce tiers fera tenu du fait de cette perfonne qu'il a préfentée, comme il feroit tenu du propre fait, s'il étoit lui-même entré dans la fociété *a*.

a Quoties juffu alicujus, vel cum filio ejus, vel cum extraneo, focietas coitur : directo cum illius perfona agi poffe, cujus perfona in contrahenda focietate fpectata fit. l. ult. ff. pro foc.

XIX.

19. Bénéfice des affociez pour le payement de ce qu'ils fe doivent entr'eux.

Si un affocié fe trouve redevable envers fes affociez à caufe de la fociété, fans qu'on puiffe lui imputer ni malverfation, ni mauvaife foi : & qu'il ne puiffe payer tout ce qu'il doit, fans être réduit à une extrême néceffité ; il eft non-feulement de l'humanité, mais d'un devoir naturel à la liaifon fraternelle des affociez, qu'ils ufent de commifération envers leur affocié, foit que la fociété fût univerfelle de tous biens, ou feulement particuliere de certaines chofes. Et ils ne doivent pas exiger à la rigueur tout ce qu'il leur doit, s'ils ne le peuvent qu'en le réduifant à cette extrémité. Mais ils doivent fe rendre faciles pour leur payement, foit en prenant des fonds, des meubles & d'autres effets à un prix raifonnable, ou divifant les payemens, accordant des furféances, ou d'autres graces & facilitez felon les circonftances.Et les contraintes qu'ils exerceroient au-delà de ces bornes & de ces tempéramens, pourroient être modérées par l'office du Jugé, felon la qualité des affociez, la nature & la force de la dette, les biens du débiteur, ceux du créancier, & les autres vûes de l'état des chofes *b*.

b Verùm eft, quòd Sabino videtur, etiamfi non univerforum bonorum focii funt, fed unius rei, attamen in id quod facere poffunt, quodve dolo malo fecerint, quominùs poffint, condemnari oportere. Hoc enim fummam rationem habet, cùm focietas jus quodammodo fraternitatis in fe habeat. l. 63. ff. pro foc. In condemnatione perfonarum, quæ in id quod facere poffunt damnantur, non totum quod habent extorquendum eft, fed & ipfarum ratio habenda eft ne egeant. l. 173. ff. de reg. jur.

¶ N. dit que cela n'eft point obfervé en France, & qu'un affocié peut être contraint au payement entier de tout ce qu'il doit, Bugn. de regul abrogat. l. 1. ch. 12.]

XX.

20. Si l'affocié fe rend indigne de ce bénéfice,

Cette humanité qui fe doit entre affociez, ne fe doit pas à celui qui auroit de mauvaife foi diverti fes biens pour ne pas payer, ou qui pour éviter fa condamnation auroit nié la qualité d'affocié, ou fe feroit autrement rendu indigne d'une telle grace *c*.

c Hoc quoque facere quis poffe videtur, quod dolo fecit quominùs poffit. Nec enim æquum eft dolum fuum quemquam relevare. l. 63. §. 7. ff. pro foc. Non aliàs focius in id quod facere poteft condemnatur, quàm fi confiteatur fe focium fuiffe. l. 63½ §. alt. eod.

XXI.

21. Ce bénéfice ne s'étend pas aux cautions, ni aux héritiers de l'affocié,

Les cautions d'un affocié, ceux qui doivent répondre de fon fait, fes héritiers & autres fucceffeurs ne peuvent ufer de ce bénéfice, parce que leur obligation eft d'une autre nature, & que les cautions & ceux qui font refponfables du fait d'un affocié, font obligez pour l'entiere fûreté de tout ce qu'il pourroit devoir : & les héritiers

M ij

ayant accepté la succession ne peuvent en diminuer les charges d.

d Videndum est an & fidejussori socii id præstari debeat an vero personale beneficium sit, quod magis verum est. l. 63. §. 1. ff. pro soc. Patri autem, vel domino socii, si jussu eorum societas contracta sit, non esse hanc exceptionem dandam, qui nec hæredi socii, cæterisque successoribus hoc præstabitur. d. l. 63. §. 2.

XXII.

22. Un associé ne peut rien faire dans la société contre le gré des autres.

Les associez ne peuvent faire en la chose commune que ce qui est de leur charge, ou agréé de tous. Et si un associé veut entreprendre quelque changement, chacun des autres peut l'en empêcher. Car entre personnes qui ont le même droit, ceux qui ne veulent pas souffrir une nouveauté, sont mieux fondez pour l'empêcher, que ne le sont pour innover, ceux qui l'entreprennent. Mais si le changement qu'a fait un associé, a été fait à la vûe des autres, & qu'ils l'ayent souffert, ils ne pourront s'en plaindre, quand même il leur seroit désavantageux e.

e Sabinus, in re communi neminem dominorum jure facere quicquam invito altero posse. Unde manifestum est, prohibendi jus esse. In re enim pari, potiorem causam esse prohibentis, constat. Sed & si in communi prohiberi socius à socio, ne quid faciat, potest, ut tamen factum opus tollat, cogi non potest; si cùm prohibere poterat, hoc prætermisit. l. 28. comm. divid. Sin autem facienti consensit, nec pro damno habet actionem. d. l.

SECTION V.

De la dissolution de la Société.

SOMMAIRES.

1. La société se dissout du consentement des associez.
2. Chaque associé peut renoncer à la société.
3. Renonciation frauduleuse ne dégage pas.
4. Renonciation à contre-tems.
5. On juge du contre-tems par l'intérêt de la société.
6. Profit après la renonciation.
7. On ne peut renoncer frauduleusement ni à contre-tems.
8. La renonciation est inutile si elle n'est connue : mais elle nuit à celui qui l'a faite.
9. La société étant finie, chacun quitte impunément.
10. La société se résout par le consentement.
11. La société finit la chose étant finie.
12. Si un associé devient incapable de contribuer de son bien ou de son industrie.
13. Le curateur du prodigue & de l'insensé peut interrompre la société.
14. Mort d'un associé.
15. Mort civile d'un associé.
16. Partage des profits, des pertes & des charges.

I.

1. La société se dissout du consentement des associez.

Comme la société se forme par le consentement, elle se résout aussi de même, & il est libre aux associez de rompre & résoudre leur société, & d'y renoncer lorsque bon leur semble, même avant la fin du temps qu'elle devoit durer; si tous y consentent a.

a Diximus dissensu solvi societatem; hoc it est, si omnes dissentiunt. l. 65. §. 3. ff. pro soc. Tandiu societas durat quandiu consensus partium integer perseverat. l. 5. C. eod.

II.

2. Chaque associé peut renoncer à la société.

La liaison des associez étant fondée sur le choix réciproque qu'ils font les uns des autres, & sur l'espérance de quelque profit, il est libre à chacun des associés de sortir de la société lorsque bon lui semble, soit que l'union manque entre les associez, ou par quelque absence nécessaire, ou d'autres affaires rendent la société onéreuse à celui qui veut en sortir, ou qui n'agréé pas un commerce que veut faire la société, ou qu'il n'y trouve pas son compte, ou pour d'autres causes. Et il peut y renoncer sans le consentement des autres, même avant le terme où elle doit finir, & quand il auroit été convenu qu'on ne pourroit interrompre la société, pourvû que ce ne soit pas de mauvaise foi qu'il y renonce, comme s'il quittoit pour acheter seul ce que la société vouloit acheter, ou pour faire quelqu'autre profit au préjudice des autres par sa rupture, ou qu'il ne quitte pas lorsqu'il y a quelque affaire commencée, & dans un contre-temps qui causât quelque perte ou quelque dommage b.

b Voluntate distrahitur societas renuntiatione. l. 63. in fine ff. pro soc. Sed & si convenit ne intra certum tempus, societate abeatur, & ante tempus renuntietur, post rationem habere renuntiatio, nec tenebitur pro socio, qui ideo renuntiavit, quia conditio quædam qua societas erat coita, ei non præstatur. Aut quid, si ita injuriosus, & damnosus socius sit, ut non expediat eum pati? vel quod ea re frui non liceat, cujus gratia negotiatio suscepta sit. Idemque erit dicendum, si socius renuntiaverit societati, qui reipublicæ causa diu & invitus sit abfuturus. l. 14. l. 15. & 16. eod. Item si societatem ineamus ad aliquam rem emendam, deinde solus voluerit eam emere: ideoque renuntiaveris societi, ut solus emeres, tenebris quanti meâ interest. Sed si ideo renuntiaveris, quia emptio tibi displicebat : non teneberis, quamvis ego emero, quia hic nulla fraus est. l. 65. §. 4. eod. Nisi renuntiatio ex necessitate quædam facta sit. d. l. 65. §. 6. Tandiu societas durat, quamdiu consensus partium integer perseverat. l. 5. C. eod. §. 4. inst. eod. Si intempestive renuntietur societa i, esse pro socio actionem. l. 14. ff. eod. V. les articles suivans.

III.

3. Renonciation frauduleuse ne dégage pas.

L'associé qui se retire de la société par un dessein de mauvaise foi dégage les autres à son égard; mais ne se dégage pas lui-même des autres. Ainsi, celui qui renonceroit à une société universelle de tous biens présens & à venir, pour recueillir seul une succession qui lui seroit échue, porteroit la perte entiere si la succession qu'il auroit recueillie seul se trouvoit onéreuse; mais il ne priveroit pas les autres du profit, s'il y en avoit, & qu'ils voulussent y prendre part. Et en général, si un associé renonce dans un contre-temps qui fasse perdre quelque profit que devoit faire la société ou qui y cause quelque perte, il en sera tenu. Comme s'il quitte avant le temps que devoit durer la société, abandonnant une affaire dont il étoit chargé. Et celui qui quitte la société de cette maniere n'aura point de part aux profits qui pourront arriver ensuite; mais il portera sa part de ce qui pourra arriver de pertes de même qu'il en auroit été tenu s'il n'eût pas quitté la société c.

c Diximus dissensu solvi societatem : hoc ita est, si omnes dissentiunt. Quid ergo si unus renuntiet? Cassius scripsit, eum qui renuntiavit societati, à se quidem liberare socios suos, se autem ab illis non liberare. Quod utique observandum est, si dolo malo renuntiatio facta sit. Veluti si cum omnium bonorum societatem inissemus, deinde cùm obvenisset uni hæreditas, propter hoc renuntiavit. Ideoque si quidem damnum attulerit hæreditas, hoc ad eum qui renuntiavit, pertinebit : commodum autem communicare cogetur actione pro socio. l. 65. §. 3. ff. pro soc. Si intempestive renuntiatio in tempus coit, esse pro socio actionem. l. 14. eod. Item qui societatem in tempus coit, eam ante tempus renuntiando, socium à se, non se à socio liberat. Itaque si quid compendii postea factum erit, ejus partem non fert, at si dispendium, æque præstabit portionem. l. 65. §. 6. V. les articles suivans.

IV.

4. Renonciation à contre-tems.

L'associé qui renonce à la société dans un contre-tems, non-seulement ne se dégage pas envers les autres, mais il est tenu des dommages & intérêts que cette renonciation aura pû causer. Ainsi, si l'associé quitte pendant qu'il est en voyage, ou dans quelque autre affaire pour la société, ou si sa rupture oblige à vendre une marchandise avant le tems, il sera tenu des dommages & intérêts qu'aura causé sa renonciation dans ces circonstances d.

d Labeo posteriorum libris scripsit, si renuntiaverit societati unus ex sociis, eo tempore, quo interfuit socii non dirimi societatem, committere eum in pro socio actione. Nam si eximus mancipia inita societate, deinde renunties mihi eo tempore, quo vendere mancipia non expedit : hoc casu quia deteriorem causam meam facis, teneri te pro socio judico. l. 65. §. 5. pro soc. Si intempestivè renuntietur societati, esse pro socio actionem. l. 14. eod.

V.

5. On juge du contre-tems par l'intérêt de la société.

Pour juger si l'associé renonce à contre-tems, il faut considérer ce qui est de plus utile à toute la société, & non à l'un des associez e.

e Proculus hoc ita verum esse, si societatis non intersit, dirimi societatem. Semper enim, non id quod privatim interest unius ex sociis servari solet, sed quod societati expedit. *l.* 65. §. 5. *ff.* pro soc.

V I.

6. Prest apres la renonciation.

Si après une renonciation sans fraude, l'associé qui s'est dégagé de la société, fait de nouveau quelque affaire dont il lui revienne quelque profit, il ne sera pas tenu de le rapporter *f.*

f Quod si quid post renunciationem acquisierit, non erit communicandum, quia nec dolus admissus est in eo. *l.* 65. §. 3. *ff.* pro soc.

V I I.

7. On ne peut renoncer frauduleusement ni à contre-tems.

La renonciation frauduleuse & à contre-tems n'est jamais permise, soit que le contrat de société y ait pourvû, ou non. Car elle blesseroit la fidélité, qui étant essentielle à la société, y est sous-entendue *g.*

g In societate coëunda nihil attinet de renuntiatione cavere: quia ipso jure, societatis intempestiva renuntiatio, in æstimationem venit. *l.* 17. §. 2. *ff.* pro soc.

V I I I.

8. La renonciation est inutile si elle n'est connuë: mais elle nuit à celui qui l'a faite.

La renonciation est inutile à celui qui l'a faite, jusqu'à ce qu'elle soit connuë aux autres associez, & si dans l'entre-tems après la renonciation, & avant qu'elle soit connuë, celui qui renonce fait quelque profit, il sera tenu de le rapporter; mais s'il souffre quelque perte, elle sera pour lui. Et si dans ce même tems les autres font quelque gain, il n'y aura point de part : & s'ils souffrent quelque perte, il y contribuera *h.*

h Si absenti renuntiata societas sit, quod is scierit, quod is acquisivit qui renuntiavit, in commune redigit. Detrimentum autem solius ejus esse, qui renuntiaverit. Sed quod absens acquisiit, ad suum eum pertinere : detrimentum ab eo factum commune est. *l.* 17. §. 1. *ff.* pro soc.

I X.

9. La société étant finie chacun peut quitter impunément.

Le tems de la société étant fini, chaque associé peut s'en retirer, sans qu'on puisse lui imputer qu'il quitte frauduleusement, ou à contre-tems *i.* Si ce n'est que sa rupture nuisit à quelque affaire qui ne seroit pas encore consommée.

i Quod si tempus finitum est, liberum est recedere, quia sine dolo malo id fiat. *l.* 65. §. 6. in *ff.* pro soc.

X.

10. La société se résout par le consentement.

La société soit universelle ou particuliere peut se résoudre de même que se former, tant entre absens que présens, non-seulement par le consentement exprès de tous les associez, mais tacitement par des actes qui marquent qu'ils rompent leur société. Comme si chacun d'eux séparément les mêmes commerces qu'ils faisoient ensemble, si le commerce qu'ils faisoient vient à être defendu : s'ils entrent dans un procés, avec lequel la société ne puisse subsister, ou s'ils marquent autrement qu'ils interrompent leur société *l.*

l Itaque cùm separatim socii agere coeperint, & unusquisque eorum sibi negotietur : sine dubio jus societatis dissolvitur. *l.* 64. *ff.* pro soc. Hoc ipso quod judicium ideo dictatum est, ut societas distrahatur, renunciatam societatem, sive totorum bonorum, sive unius rei societas coïta sit. *l.* 65. eod. Renuntiare societati etiam per alios possumus, & id dictum est procuratorem quoque posse renuntiare societati. *d. l.* 65. §. 7. V. l'art. 6. de la Section 2.

X I.

11. La société finit, la chose étant finie.

Si la société n'étoit que pour un certain commerce, ou pour quelque affaire, elle finit lorsque ce commerce, ou cette affaire cesse. Et il en seroit de même si la société regardoit une chose qui vienne à périr, ou dont le commerce cesse d'être libre, comme si la société étoit pour la ferme d'une terre prise par l'enuemi dans un tems de guerre *m.*

m Item si alicujus rei societas sit, & finis negotio impositus finitur societas. *l.* 65. §. 16. *ff.* pro soc. Neque enim ejus rei quæ jam nulla sit, quisquam socius est : neque ejus quæ consecrata publicatave sit. *l.* 63. §. ult. eod.

X I I.

12. Si un associé devient incapable de contribuer de son bien.

Si un des associez est réduit à un tel état, qu'il ne puisse contribuer dans la société, ce qu'il devoit fournir, soit de son argent ou de son travail ; les autres associez pourront l'exclure de la société, comme si ses biens sont saisis, s'il les a abandonnez à ses créanciers,

s'il se trouve dans quelque infirmité, ou quelqu'autre obstacle qui l'empêche d'agir, s'il est interdit comme prodigue, s'il tombe en démence. Car dans tous ces cas, les associez peuvent justement exclure de la société ; celui qui cessant d'y contribuer, cesse d'y avoir droit *n.* Ce qui ne s'entend que pour l'avenir, & l'associé qui peut être exclus par quelqu'unes de ces causes, ne doit rien perdre des profits qui devoient lui revenir à proportion des contributions qu'il avoit déja faites.

ou de son industrie.

n Dissociamur... egestate. *l.* 4. in *f.* pro soc. Item bonis à creditoribus venditis unius socii distrahi societatem, Labeo ait. *l.* 65. §. 1. Item si quis ex sociis mole debiti prægravatus, bonis suis cesserit, & ideo propter publica, aut privata debita substantia ejus veneat, solvitur societas. Sed hoc casu si adhuc consentiant in societatem ; nova videtur incipere societas. §. 8. *inst.* de societ.

On n'a pas mis dans cet article ce qui est dit dans les textes qu'on y a rapporté, que la société est rompue par la pauvreté, & par le désordre des affaires de l'un des associez. Car notre usage n'aneantit pas ainsi les conventions sans le fait des parties, & tandis que les associez souffrent dans leur société celui dont les biens seroient saisis, & même vendu, il ne laisse pas d'être consideré comme associé, & d'avoir part aux profits, jusqu'à ce qu'on l'exclue, ce qui ne se peut qu'en lui conservant les droits qui lui sont acquis, ou dont il ne peut être privé par cette exclusion.

X I I I.

13. Le Curateur du prodigue & de l'insensé peut interrompre la société.

De même que les associez peuvent interrompre la société avec un prodigue & un insensé ; le curateur du prodigue, & celui de l'insensé peuvent aussi renoncer de leur part à la société *o.*

o Sancimus veterum dubitatione remotâ, licentiam habere furiosi curatorem, dissolvere, si maluerit, societatem furiosi, & sociis licere renuntiare. *l.* ult. C. pro soc.

X I V.

14. Mort d'un associé.

Comme la société ne peut subsister que par l'union des personnes qui se sont choisies, & que c'est quelquefois par l'industrie d'un seul qu'elle se soûtient ; la mort de l'un des associez interrompt naturellement la société à l'égard de tous. Si ce n'est qu'ils soient convenus qu'elle subsistera entre les survivans : ou que sans cette convention ceux qui restent veuillent demeurer ensemble en société *p.*

p Morte unius societas dissolvitur, etsi consensu omnium coïta sit, plures vero supersint, nisi in coëunda societate aliter convenerit. *l.* 65. §. 9. *ff.* pro soc.

Quid enim si mortuus sit, propter cujus operam maxime societas coïta sit ? aut sine quo societas administrari non possit? *l.* 59. eod. V. l'article dernier de la Section suivante.

Planè si hi qui sociis hæredes exstiterint, animum inierint societatis in ea hæreditate novo consensu, quod postea gesserint, efficitur ut in pro socio actionem deducatur. *l.* 37. *ff.* pro soc.

X V.

15. Mort civile d'un associé.

La mort civile fait le même effet à l'égard de la société que la mort naturelle. Car la personne étant hors d'état d'agir, & ses biens confisquez, il est à l'égard de la société comme s'il étoit mort *q.*

q Societas quoque distrahi societatem diximus, quod videtur spectare ad universorum bonorum publicationem, si socii bona publicantur. Nam cùm in ejus locum alius succedat, pro mortuo habetur. *l.* 65. §. 12. *ff.* pro soc. §. 7. *inst.* eod. Maxima, aut media capitis diminutione. *l.* 63. §. ult. eod.

X V I.

16. Partage des profits, des pertes & des charges.

La société étant finie, les associez se remboursent réciproquement de leurs avances, & partagent leurs profits, & s'il reste des dettes passives à acquitter, des dépenses à faire & des profits ou pertes à venir, ils prennent leurs suretez respectives pour toutes ces suites *r.*

r V. ci-devant l'art. 11. de la Section 4. Si societas distrahatur, cautiones interponendæ sunt. *l.* 27. *ff.* pro soc. Pro socio arbiter prospicere debet cautionibus in futuro damno, vel lucro pendente ex ea societate. *l.* 38. eod. Nam est distracta esset societas, nihilominus divisio rerum superest. *l.* 65. §. 13. eod. *l.* 30. eod.

¶ En Pays de Droit écrit les femmes ont un privilege sur tous les meubles de leurs maris pour leur dot & augmente, par préférence à tous créanciers, suivant l'Arrêt prononcé en Robes rouges, rapporté par Montholon, chap. 73. Henrys, tom. 2. l. 4. quest. 41.

Depuis, par Arret du 25. Janvier 1677. au rapport de M. Portail, a été jugé dans une affaire de Lyon, que la femme d'un associé n'avoit aucune préference sur les biens de la société au préjudice des associez créanciers ; aussi il paroit que les associez sont plus favorables que les autres créanciers du mari ; parce que le mari n'a rien dans la société que les dettes ne soient payées, *non censeantur bona, nisi deducto ære alieno.* Journal du Palais, partie 5. §. 115. Journal des Audiences, t. 3. l. 31. ch. 3.]

SECTION VI.

De l'effet de la société à l'égard des héritiers des associez.

SOMMAIRES.

1. Droits & engagemens de l'héritier d'un associé.
2. Comment l'héritier a part aux profits, & porte les pertes.
3. L'héritier obligé d'achever ce que le défunt étoit obligé de faire.
4. L'héritier tenu des fautes du défunt.
5. La société n'est pas interrompue par la mort d'un associé, si cette mort n'est connue.
6. De la société d'une ferme à l'égard des héritiers.

I.

1. Droits & engagement de l'héritier d'un associé.

Quoique l'héritier entre dans tous les droits de celui à qui il succede *a*, l'héritier d'un associé n'étant pas associé, n'a pas droit de s'immiscer à exercer cette qualité. Ainsi celui qui succede à un associé dont la charge étoit de tenir le livre de la société, ou de faire les emplettes ou d'autres affaires, ne peut pas s'ingérer à ces fonctions. Mais quoique cet héritier n'ait pas la qualité d'associé, il est à l'égard des autres associez, comme sont entr'eux ceux qui ont quelque chose de commun ensemble sans convention. Ce qui lui donne le droit de prendre connoissance de ce qui se passe dans la société, & de s'en faire rendre compte pour la conservation de son intérêt. Et enfin il entre dans les droits & dans les engagemens qui sont attachez à la simple qualité d'héritier, comme il sera expliqué dans les régles qui suivent.

a Hæredem ejusdem potestatis, jurisque esse, cujusque fuit defunctus, constat *l.* 59. *ff. de reg. jur. l.* 9. *§.* 12. *ff. de her. inst.* Nihil est aliud hæreditas, quàm successio universum jus quod defunctus habuit. *l.* 24. *ff. de verb. signif. l.* 62. *ff. de reg. jur.*
b Licet enim (hæres) socius non sit, attamen , emolumenti successor est. *l.* 63. *§.* 8. *ff. pro socio.* V. l'art. 3. de la Sect. 2.

II.

2. Comment l'héritier a part aux profits, & porte les pertes.

L'héritier de l'associé a part aux profits qu'auroit eu celui à qui il succede; soit qu'ils lui fussent déja acquis par les commerces ou affaires qui étoient consommées, ou qu'ils dussent suivre de celles qui restoient : Et il doit aussi porter sa portion des charges & des pertes de ces mêmes affaires *c*.

c Nec hæres socii succedit , sed quod ex re communi postea quæsitum est, item dolus & culpa in eo quod ex ante gesto pendet ab hærede , quàm hæredi præstandum est. *l.* 65. *§.* 9. *ff. pro soc. l.* 3. *C. eod.* In hæredem quoque socii, pro socio actio competit, quamvis hæres socius non sit. Licet enim socius non sit, attamen emolumenti successor est. *l.* 63. *§.* 8. *ff. pro soc.* Si in rem certam emendam , conducendamve coita sit societas : tunc , etiam post alicujus mortem, quidquid lucri, detrimentive tactum sit, commune esse , Labeo ait. *l.* 65. *§.* 2. *eod.*

III.

3. L'héritier obligé d'achever ce que le défunt étoit obligé de faire.

Quoique l'héritier ne soit pas associé, il ne laisse pas d'être obligé de parfaire les engagemens du défunt qui peuvent passer à lui ; & il doit satisfaire non-seulement aux contributions, mais aux autres suites. Ainsi, si le défunt avoit en ses mains quelque affaire ou quelque travail, dont la conduite puisse passer à son héritier, il doit achever ce qui en reste à faire, avec le même soin & la même fidélité dont le défunt auroit été tenu *d*.

d Hæres socii, quamvis socius non est, tamen ea quæ per defunctum inchoata sunt, per hæredem explicari debent. In quibus dolus ejus admitti potest. *l.* 40. *ff. pro soc.* Si vivo Titio negotia ejus administrare cœpi, intermittere mortuo eo, non debeo. Nova tamen inchoare necesse mihi non est. Vetera explicare, ac conservare necessarium est, ut accidit, cùm alter ex sociis mortuus est. Nam quæcumque prioris negotii explicandi causâ gerentur , nihilum refert , quo tempore consumentur , sed quo tempore inchoarentur. *l.* 11. *§.* 2. *ff. de neg. gest.* In hæredem socii proponitur actio ut bonam fidem præstet. *l.* 35. *ff. pro soc.* & *l.* 63. *§.* 8. *ff. pro socio.*

IV.

4. L'héritier tenu des fautes du défunt.

L'héritier de l'associé est aussi tenu envers la société du fait du défunt, & de tout ce qu'il pourroit y avoir causé de perte ou de dommage , soit par sa mauvaise foi, ou par des fautes dont il devoit répondre *e*.

e In hæredem socii proponitur actio ut bonam fidem præstet, Et acti etiam culpam, quam is præstaret, in cujus locum successit, licèt socius non sit. *l.* 35. *in fine* & *l.* 39. *ff. pro soc.*

V.

5. La société n'est pas interrompue par la mort si cette mort n'est connue.

Si la mort d'un associé arrive avant que l'on ait commencé l'affaire par laquelle la société avoit été faite, & que cette mort soit connue aux autres associez , la société est finie, au moins à l'égard de celui qui est décédé , & de son héritier , & il est libre aux associez de l'en exclure , comme à cet héritier de n'y point entrer. Mais si cette mort étant inconnue aux autres associez ils commencent l'affaire, l'héritier du défunt y aura sa part, & succédera aux charges & aux profits ou aux pertes qui en arriveront *f*. Car le contrat de société a eu cet effet, que l'ignorance de cette mort, & la bonne foi de ces associez a fait subsister l'engagement du défunt sur lequel ils avoient traité ; & en a formé un nouveau, réciproque entr'eux & l'héritier.

f Item si alicujus rei societas sit , & finis negotio impositus , finitur societas. Quod si integris omnibus manentibus, alter decesserit, deinde tunc sequatur res , de qua societatem coierunt, tunc eadem distinctione utemur , qua in mandato , ut siquidem ignota fuerit mors alterius, valeat societas : si nota, non valeat. *l.* 65. *§.* 10. *ff. pro soc.* V. l'art. 7. de la Sect. 4. des Procurations.

VI.

6. De la société d'une ferme à l'égard des héritiers.

Tout ce qui a été dit en divers endroits de ce Titre sur la dissolution de la société, soit par la mort d'un associé, ou par la volonté des associez : & sur la maniere dont les engagemens des associez passent ou ne passent point à leurs héritiers, ne doit pas s'entendre indistinctement des sociétez où des personnes terces sont intéressées ; comme sont les sociétez des fermiers ou des entrepreneurs de quelque ouvrage. Car il faut distinguer dans ces sortes de sociétez deux engagemens ; l'un des associez entr'eux, & l'autre de tous les associez avec la personne de qui ils prennent ou une ferme, ou quelque chose à faire. Et comme ce dernier engagement passe aux héritiers des associez *g* ; c'en est une suite qui se trouvant dans un engagement commun envers d'autres, ils soient liez entr'eux. Et si cette liaison ne les rend pas associez, comme le sont ceux qui se sont choisis volontairement ; elle a cet effet, que , par exemple , l'héritier d'un fermier étant obligé aux conditions du bail envers celui qui a donné à ferme, & ayant aussi le droit d'exploiter la ferme pour son intérêt, ce droit & cet engagement distinguent sa condition de celle des héritiers des autres sortes d'associez, en ce qu'il ne peut être exclus de la ferme , quand même l'exploitation n'en auroit pas été commencée avant la mort de l'associé, à qui il succede *h*.

g V. l'article 10. de la Section 1. du Louage, p. 55.
h In societate vectigalium nihilominus manet societas, & post mortem alicujus. *l.* 59. *ff. pro soc.* Licèt (hæres) socius non sit , attamen emolumenti successor est. Et circa societatem vectigalium, cæterorumque idem observamus, ut hæres socius non sit , nisi fuerit adscitus, verumtamen omne emolumentum societatis ad eum pertinet, simili modo & damnum agnoscat, quod contingit, sive adhuc vivo socio vectigalis , sive postea. Quod non similiter in voluntaria societate observamus. *l.* 63. *§.* 8. *eod.*
¶ Dans les sociétez du revenu public, la société n'est pas dissolue par la mort d'un associé.
In societate vectigalium manet societas post mortem. *l.* æd. 59. *ff. pro socio.*

TITRE X.

DES DOTS.

LE mariage fait deux sortes d'engagemens ; celui que forme l'institution divine du Sacrement , qui unit le mari & la femme, & celui qui fait le contrat de

Deux engagemens du mariage.

L'engage-ment des personnes.

mariage par les conventions qui regardent les biens *a*.

L'engagement du mariage en ce qui regarde l'union des personnes, la maniere dont il doit être célébré, les causes qui le rendent indiſſoluble, & les autres matieres ſemblables ne ſont pas de ce deſſein, comme il a été remarqué dans le plan des matieres au Chapitre quatorziéme du Traité des loix.

Les con-ventions qui regardent les biens.

pour ce qui eſt des conventions qui regardent les biens, quelques-unes ſont du deſſein de ce livre, & d'autres n'en ſont pas : & pour en faire le diſcernement, il faut en diſtinguer trois ſortes. La premiere de celles qui ne ſont pas du Droit Romain, quoiqu'elles ſoient de notre uſage, ſoit dans tout le Royaume, comme les renonciations des filles aux ſucceſſions à venir *b*, & les inſtitutions contractuelles, & irrévocables *c*, ou ſeulement en quelques Provinces, comme la communauté de biens entre le mari & la femme. La ſeconde de celles qui ſont du Droit Romain, mais qui ne ſont en uſage qu'en quelques Provinces, & qui même n'y ont pas un uſage uniforme, comme ſont les augmens de dot. Et la troiſiéme de celles qui ſont & du Droit Romain & d'un uſage univerſel dans le Royaume, comme celles qui regardent la dot, & cette ſorte de biens de la femme qu'on appelle paraphernaux, c'eſt à dire, les biens qu'elle peut avoir autres que ſa dot.

Il n'y a que cette derniere ſorte de conventions qui étant du Droit Romain & de notre uſage, eſt du nombre des matieres qui ſont du deſſein de ce livre. Mais pour la communauté de biens, les douaires, l'augment de dot, & autres matieres propres à quelques coutumes, ou à quelques Provinces, elles y ont leurs regles qu'on ne doit pas mêler ici. Il faut ſeulement remarquer que ces matieres, & auſſi celles des inſtitutions contractuelles, & des renonciations des filles, ont pluſieurs regles tirées du Droit Romain, qui ſe trouveront dans ce livre en leurs lieux propres dans les matieres où elles ont leur rapport. Ainſi pluſieurs regles de la ſociété & des autres conventions conviennent à la communauté de biens entre le mari & la femme : & pluſieurs de celles des ſucceſſions, & auſſi des conventions peuvent s'appliquer aux inſtitutions contractuelles.

Matiere de ce Titre.

Il ne reſtera donc que la matiere de ce Titre, que les regles du Droit Romain qui regarde la dot, & les biens paraphernaux : & on n'y mettra que celles qui ſont d'un uſage commun. Mais on n'y mêlera pas quelques uſages particuliers du Droit Romain, quoiqu'obſervez en quelques lieux, comme par exemple, le privilege de la dot avant les creanciers du mari antérieurs au contrat de mariage.

Fondement des regles des dots.

Les regles des dots ont leur fondement ſur les principes naturels du lien du mariage, où le mari & la femme forment un ſeul tout dont le mari eſt le chef. Car c'eſt un effet de cette union, que la femme ſe mettant elle-même ſous la puiſſance du mari, elle y mette auſſi ſes biens, & qu'ils paſſent à l'uſage de la ſociété qu'ils forment enſemble *d*.

Diſtinction des biens dotaux & para-phernaux.

Suivant ce principe, il ſeroit naturel que tous les biens de la femme lui fuſſent dotaux, & qu'elle n'en eût point qui n'entraſſent dans cette ſociété, & dont le mari qui en porte les charges, n'eût la jouïſſance. Mais l'uſage a voulu que le mari n'ait pour dot que les biens qui lui ſont donnez à ce Titre, & ſi la femme ne donne pas en dot tous ſes biens préſens & à venir ; mais ſeulement de certains biens, la dot ſera bornée aux biens qui ſont donnez ſous ce nom : & les autres qui n'y ſont pas compris ſeront paraphernaux.

Condition tacite dans les conven-tions du mariage.

Il faut remarquer cette différence entre les conventions du contrat de mariage, & celles des autres contrats, qu'au lieu que toutes les autres conventions obligent irrévocablement ceux qui s'y engagent, & dès le

moment que la convention eſt formée; celles du contrat de mariage ſont en ſuſpens juſqu'à ce que le mariage ſoit célébré, & renferment cette condition, qu'elles n'auront lieu, qu'en cas qu'il s'accompliſſe, & qu'elles demeureront nulles, s'il ne s'accomplit point *e*. Mais lorſque la célébration du mariage ſuit le contrat, elle y donne un effet rétroactif, & il a cet effet du jour de la date. Ainſi, l'hypothéque pour la dot eſt acquiſe dès le contrat & avant le temps de la célébration du mariage.

Remarque ſur les privi-léges de la dot,

Quelqu'un pourroit remarquer, & trouver à dire dans la lecture de ce Titre, qu'on n'y ait rien mis de quelques maximes du Droit Romain en faveur de la dot; comme ſont celles qui diſent en général que la cauſe de la dot eſt favorable, & qu'il eſt de l'intérêt public qu'elle ſoit conſervée *f*, que dans les doutes il faut juger pour la dot *g* : & en particulier celles qui donnent à la dot quelques priviléges, comme eſt le privilege entre créanciers, & la préférence même aux hypothéques antérieures *h* ; & celui qui en faveur de la dot validoit l'obligation d'une femme qui s'obligeoit pour la dot d'une autre *i*, quoique dans le Droit Romain les femmes ne puſſent s'obliger pour d'autres perſonnes. mais pour ce qui eſt de ces priviléges, celui de la préférence aux créanciers, même aux hypothécaires & antérieurs, n'eſt en uſage qu'en quelques lieux, & partout ailleurs il eſt conſidéré comme une injuſtice. Et la loi qui valide l'obligation d'une femme pour la dot d'une autre, eſt inutile après l'Edit du mois d'Août 1606. qui permet aux femmes de s'obliger pour d'autres, comme il a été remarqué ſur l'art. 1. de la Sect. 1. du Titre des perſonnes.

Et pour ce qui eſt de ces maximes générales, que la condition des dots eſt favorable, qu'elle intéreſſe le public, que dans le doute il faut juger en faveur de la dot ; comme elles ne déterminent à rien de particulier ſi ce n'eſt à ces priviléges du Droit Romain, & qu'elles pourroient être aiſément tournées à de fauſſes applications, on a crû ne devoir pas les mettre ici en regles.

Il eſt encore néceſſaire de remarquer qu'il y a dans le Droit Romain d'autres diſpoſitions dans la matiere des dots, qui quoique fondées ſur l'équité naturelle, n'ont pas été miſes dans ce Titre. Ainſi on n'y a pas mis cette regle, que le mari étant pourſuivi de la part de ſa femme pour la reſtitution de la dot, ou pour d'autres cauſes, ou la femme de la part du mari pour ce qu'elle pourroit lui devoir ; ils ne doivent pas être contraints avec la même ſévérité que les débiteurs pour d'autres cauſes, & qu'ils ne ſeront obligez qu'à ce qui ſont au moyen de payer, ſans être réduits à la néceſſité *l*. Et ce qui a fait qu'on n'a pas mis d'article pour cette regle, c'eſt qu'elle étoit dans le Droit Romain une ſuite du divorce qu'on y permettoit, & qui eſt illicite ; & que par notre uſage la femme n'agiſſant contre le mari, ou le mari contre la femme qu'en cas de ſéparation de corps & de biens, ou ſeulement de biens, cette regle ne ſe rapporte ni à l'un ni à l'autre de ces deux cas, & qu'enfin dans tous ceux où l'équité demande qu'on modere la dureté des pourſuites des créanciers, notre uſage en laiſſe le tempérament à la prudence des Juges ; ſelon les circonſtances.

a Ces deux ſortes d'engagement ſont marquez & diſtinguez dans le mariage de Tobie.

Deus Abraham, Deus Iſaac, & Deus Jacob vobiſcum ſit : & ipſe conjungat vos, impleatque benedictionem ſuam in vobis. Et accepta charta, fecerunt conſcriptionem conjugii. *Tob.* 7. 15.

b L. 3. C. de collat.

c L. 15. C. de pact. l. 5. C. de pact. conv.

d Bonum erat mulierem, quæ ſeipſam marito commiſerit, res etiam ejuſdem pari arbitrio gubernari. *l.* 8. C. de pact. conv.

e Omnis dotis promiſſio, futuri matrimonii, tacitam conditionem accipit. *l.* 68. ff. de jur. dot. l. 10. §. 4. eod.

f Dotium cauſa ſemper & ubique præcipua eſt. Nam & publicè intereſt dotes mulieribus conſervari. *l.* 1. ff. ſol. matr. l. 2. ff. de jur. dot.

g In ambiguis pro doribus reſpondere melius eſt. *l.* 70. ff. de jur. dot. l. 85. ff. de reg. jur.

Scimus favore dotium, & antiquos juris conditores ſeveritatem legis ſæpius mollire. *l.* ult. C. de Senat. Vell.

h L. 18. §. 1. ff. de rebus auct. jud. poſſid. l. ult. C. qui potiores. *i* L. ult. C. ad Senatus Vell.

l Non tantùm dotis nomine maritus in quantum facere poſſit condemnatur, ſed ex aliis quoque contractibus, ab uxore judicio conventus, in quantum facere poteſt condemnatur, ex Divi Pii conſtitutione. Quod & in perſona mulieris, æqua lance, ſervari æquitatis ſuggerit ratio. *l.* 10. ff. de re jud. Inſt. de act. §. 37. Reverentiæ debitum maritali. *l.* un. §. 7. C. de rei ux. act. l. 14. in f. ff. ſol. matr. Maritum in id quod facere poteſt, condemnari exploratum eſt. *l.* 11. ff. ſol. matr. In condemnatione perſonarum quæ in id quod facere poſſunt, damnantur, non totum quod habent extorquendum eſt : ſed & ipſarum ratio habenda eſt ; ne egeant. *l.* 173. ff. de reg. jur.

Sur quoi il faut voir l'article 20. de la Sect. 4. de la société.

On n'a pas mis non plus dans ce Titre cette autre regle du Droit Romain, & qui est aussi fondé sur un principe d'équité, que les fruits de la dot qui se recueillent
la derniere année du mariage, doivent se partager entre le mari & la femme à proportion du temps que le
mariage a duré pendant cette derniere année m. Par cete regle si un mariage qui avoit été contracté le premier
Juillet avant les récoltes, étoit rompu par un divorce le
premier Novembre, elle comprenoit tous les
fruits de l'année, pour quatre mois que le mariage avoit
seulement duré, étoit obligé de rendre à la femme les
deux tiers des fruits. Et cette derniere année commençoit à pareil jour que le mariage avoit commencé : ou
si le mari n'étoit entré en possession du fonds qu'après
le mariage, elle commençoit à pareil jour que le mari
avoit été mis en possession n. Mais cette regle qui dans
le cas du divorce étoit nécessaire pour faire justice & à
la femme & au mari, n'est pas de même nécessité dans
le cas de la dissolution du mariage par la mort de l'un
ou de l'autre. Car au lieu que le cas du divorce il
eût été très-injuste qu'une femme mariée à la veille de la
récolte, & répudiée après la récolte eût été dépouillée
du revenu de toute l'année ; dans le cas de la dissolution
du mariage par la mort du mari ou de la femme, la
justice qui peut être dûe à l'un ou à l'autre, ou à leurs
héritiers, n'est pas bornée précisément à cette regle. Et
outre cette maniere de partager les fruits du bien dotal
entre le survivant des conjoints & les héritiers du prédécédé, nos coutumes en ont établi d'autres différentes.
Ainsi en quelques-unes les fruits du bien dotal pendant
la derniere année demeurerent au mari, aux charges où
ces coutumes l'engagent : & en d'autres le survivant recueille tous les fruits pendans par les racines dans l'héritage qu'il reprend, à la charge de payer la moitié des
cultures & des semences ; & d'autres les fruits se partagent par moitié. Et ces différens usages ont en général
leur équité sur ce que ceux qui se marient contractent
aux conditions de ces coutumes ; s'ils n'y dérogent par
des clauses expresses, & en particulier chaque usage est
fondé ou sur l'incertitude de l'événement, qui pourra
donner quelque avantage à celui qui aura survécu, ou
sur d'autres motifs qui rendent justes ces divers partages.

m L. 7. §. 1. ff. sol. matr. d. l. 9. l. 11. eod. l. 78. §. 2. ff.
de jur. dot. l. un. §. 9. C. de rei ux. act.
n L. 5. & l. 6. ff. sol. matr.

SECTION I.

De la nature des Dots.

◄ SOMMAIRES.

1. Définition de la dot.
2. Le mari jouit de la dot pour les charges du mariage.
3. Comment le mari est maître de la dot.
4. De la dot en deniers ou en choses estimées.
5. L'estimation met la chose au péril du mari.
6. Suite de cette estimation.
7. Dot de tous biens ou d'une partie.
8. Profits de la dot qui ne sont pas des revenus.
9. Pierres des carrieres & autres matieres.
10. Fonds acquis des deniers dotaux.
11. Gains du mari.
12. Liberté de tous pactes licites & honnêtes.
13. Le fonds dotal ne peut être aliéné.
14. Ni assujetti à des servitudes ou autres charges.
15. Exception pour l'aliénation du bien dotal.
16. La constitution de dot renferme la condition que le
mariage soit accompli.

I.

1. Défini-
tion de la
dot.
LA dot est le bien que la femme apporte au mari,
pour en jouir & l'avoir toujours en sa puissance
pendant leur mariage a.

a Dotis causa perpetua est, & cum voto ejus qui dat ita con-

trahitur, ut semper apud maritum sit. l. 1. ff. de jur. dot. Fructus
dotis ad (maritum) pertinent. l. 10. §. 3. eod.

II.

Les revenus de la dot sont destinez pour aider à l'entretien du mari, de la femme & de leur famille, & aux
autres charges du mariage. Et c'est pour ces charges que
le mari a droit d'en jouir b.

2. Le mari
jouit de la
dot pour les
charges du
mariage.

b Dotis fructum ad maritum pertinere debere, æquitas suggerit. Cùm enim ipse onera matrimonii subeat, æquum est cum
etiam fructus percipere. l. 7. ff. de jur. dot.
Apud (maritum) dos esse debet, qui onera sustinet. l. 65. §.
ult. ff. pro socio. Pro oneribus matrimonii ; mariti lucro fructus
totius dotis esse. l. 20. C. de jur. dot.

III.

Le droit qu'a le mari sur le bien dotal de sa femme,
est une suite de leur union, & de la puissance du mari
sur la femme même. Et ce droit consiste en ce qu'il a
l'administration & la jouissance du bien dotal, que la
femme ne peut lui ôter, qu'il peut agir en Justice au
nom de mari pour le recouvrer contre les tierces personnes qui en sont les détenteurs, ou les débiteurs c : &
qu'ainsi il exerce de son chef comme mari les droits, &
les actions qui dépendent de la dot, d'une maniere qui
n'empêche pas que la femme n'en conserve la propriété d. Et ce sont ces divers effets des droits du mari,
& de ceux de la femme sur le bien dotal, qui font que
les loix regardent la dot, & comme un bien qui est à la
femme, & comme un bien qui est au mari.

3. Comment
le mari est
maître de la
dot.

c Dos ipsius filiæ proprium patrimonium est. l. 3. §. 5. ff. de
minor.
Si res in dotem dentur, puto in bonis mariti fieri. l. 7. §. 3.
ff. de jur. dot. Idem respondit, constante matrimonio, dotem
in bonis mariti esse. l. 21. §. 4. ff. ad municip.
d De his quæ in dotem data ac direpta commemoras, mariti tui
esse actionem, nulla est dubitatio. l. 11. C. de jur. do. Rei dotalis
nomine, quæ periculo mulieris est, non mulier furti actionem habet, sed maritus. l. 49. in fine ff. de furt. Doce ancillam de qua
supplicas dotalem fuisse, in notione præsidis, quo patefacto, dubium
non erit vindicari ab uxore tua nequivisse. l. 9. C. de rei vind.
d Cùm eædem res ab initio uxoris fuerint, & naturaliter in ejus
permanserint dominio : non enim, quod legum subtilitate transitus earum in patrimonium mariti videatur, fieri, ideò vel veritas
delata vel confusa est. l. 30. C. de jur. dot. Quamvis in bonis
mariti dos sit, mulieris tamen est. l. 75. ff. eod.
On n'a pas mis dans cet article, comme il est dit dans les textes qui
y sont rapportez, que la femme ne peut-elle-même agir en Justice
pour ses biens dotaux ; parce que par notre usage, encore que le mari
puisse agir seul, la femme peut aussi agir, non-seulement quand
elle est séparée de biens, mais quelque non séparée, pourvû que le
mari y consente, & qu'il l'autorise, ou qu'à son refus elle soit au-
torisée en Justice.

IV.

La dot en deniers, ou autres choses, soit meubles
ou immeubles, qui ont été estimées par le contrat à un
certain prix, est propre au mari ; & il devient débiteur
des deniers donnez en dot, ou du prix des choses estimées. Car cette estimation lui en fait une vente, & la
dot consiste au prix convenu e.

4. De la
dot en de-
niers ou en
choses esti-
mées.

e Si ante matrimonium æstimatæ res dotales sunt, hæc æstimatio quasi sub conditione est. Namque hanc habet conditionem ;
si matrimonium fuerit secutum. Secutis igitur nuptiis, æstimatio
rerum perficitur, & fit vera venditio. l. 10. §. 4. ff. de jur. dot.
Quoties res æstimatæ in dotem dantur, maritus dominium consecutus, summæ, velut pretii, debitor efficitur. l. 5. C. de jur. dot.

V.

Si ces choses ainsi estimées viennent à se détériorer,
ou si elles périssent pendant le mariage, c'est le mari qui
en étant le propriétaire, en souffre la perte, comme il
auroit le profit, s'il y en avoit. Mais le profit & la perte
des choses qui n'ont pas été estimées regardent la femme, qui en a toujours conservé la propriété f.

5. L'esti-
mation met
la chose au
péril du
mari.

f Plerumque interest viri, res non esse æstimatas, ne periculum rerum ad eum pertineat. l. 10. ff. de jur. dot. l. 10. C. eod.
Quoties igitur non æstimatæ res in dotem dantur, & meliores,
& deteriores mulieri fiunt. d. l. 10. ff. de jur. dot. Æstimatarum
rerum maritus quasi emptor, & commodum sentiat, & dispendium subeat, & periculum expectet. l. un. §. 9. inf. C. de rei ux. act.

VI.

Dans le cas où les choses dotales sont estimées, les regles sont les mêmes que celles qui ont été expliquées
dans

6. Suite
de cette esti-
mation.

dans le contrat de vente. Car cette estimation est une vraie vente g.

g Quia æstimatio venditio est. l. 10. §. 5. in f. ff. de jur. dot. l. x. & l. 10. C. eod.

VII.

7. Dot de tous biens, ou d'une partie.

La dot peut comprendre ou tous les biens de la femme présens & à venir, ou seulement tous ses biens présens, ou une partie, selon qu'il aura été convenu h. Et les biens de la femme qui n'entrent pas dans la dot sont appellez paraphernaux, dont il sera parlé dans la Section 4.

h Nulla lege prohibitum est universa bona in dotem marito fœminam dare. l. 4. c. de jur. dot. l. 72. ff. eod. Toto l. t it. ff. de jur. dot.

VIII.

8. Profits de la dot qui ne sont pas des revenus.

Si le mari tire du fonds dotal quelque profit qui tienne lieu de revenu, il lui appartiendra. Mais si ce profit n'est pas de la nature des fruits & revenus; c'est un capital qui augmente la dot. Ainsi les coupes des bois taillis, les arbres qu'on peut tirer des pepinieres sont des revenus. Mais si le mari fait une vente de grands arbres que le vent ait abbatus d'un bois, d'une garenne, d'un verger; s'il vend les materiaux d'un bâtiment ruiné, & qu'il n'est pas utile ou nécessaire de rétablir, tous les profits qu'il peut tirer de ces sortes de choses, les dépenses déduites, sont des capitaux qui augmentent la dot. Et il en seroit de même s'il arrivoit quelque augmentation du fonds dotal; soit dans l'étendue, comme si un heritage proche d'une riviere se trouve en recevoir quelque accroissement; ou dans sa valeur, comme si on découvre un droit de servitude, ou autre semblable i.

i Si arbores cæduæ fuerunt, vel gremiales, dici oportet in fructus cedere. Si minus, quasi deteriorem fundum fecerit, maritus tenebitur. Sed etsi vi tempestatis ceciderunt, dici oportet pretium earum restituendum mulieri: nec in fructum cedere, non magis quàm si thesaurus fuerit inventus. In fructum enim non comparabitur: sed pars ejus dimidia restituetur, quasi in alieno invenitur. l. 7. §. 11. ff. sol. matr. l. 8. ff. de fundo dot. Sive superficiem ædificii dotalis. voluntate mulieris vendiderit, nummi ex ea venditione recepti sunt dotis. l. 32. ff. de jur. dot.

Si grandes arbores essent, non posse eas cedere. l. 11. ff. de usufr. Incrementum videtur dotis non alia dos, quemadmodum si quid alluvione accessisset. l. 4. ff. de jur. dot.

IX.

9. Pierres des carrieres, & autres matieres.

Les pierres des carrieres, & les autres matieres qui se tirent d'un fonds, comme la chaux, le plâtre, le sable, & autres semblables sont des revenus qui appartiennent au mari. Soit que ces matieres parussent lors du mariage ou que le mari en ait fait la découverte l; & ce cas il recouvre les dépenses qu'il a faites pour mettre le fonds en état de produire ce nouveau revenu m. Que si ces matieres sont telles qu'on ne puisse les mettre au nombre des fruits, & qu'elles ne fassent pas un revenu annuel, mais un profit à prendre une seule fois; ce sera un capital, & la dot sera augmentée de ce qu'il y aura de profit, la dépense déduite n.

l Sed si cretisodinæ... vel cujus alterius materiæ sint, vel arenæ, utique in fructu habebuntur. l. 7. §. 14. ff. sol. matr. l. 8. eod.
m Vir in fundo dotali lapidicinas aperueret: divortio facto, quæritur, marmor quod cæsum, neque exportatum esset, cujus effet: & impensam in lapidicinas factam mulier an vir præstare deberet? Labeo, marmor, viri esse, ait, cæterum viro negat, quidquam præstandum esse à muliere, quia nec necessaria in impensa esset, & fundus deteriorem esset factus. Ego non tantum necessarias, sed etiam utiles impensas præstandas à muliere existimo, nec puto fundum deteriorem fieri, si tales sunt lapidicinæ in quibus lapis crescere possit. l. ult. ff. de fundo dot.
n Si ex lapidicinis dotalis fundi, lapidem, vel arbores quæ fructus non essent, vendiderit, nummi ex ea venditione recepti, sunt dotis. l. 32. ff. de jur. dot. Nec in fructu sit marmor, nisi tale sit, ut lapis ibi renascentur quales tunc in Gallia, sunt & in Asia. l. 7. §. 13. ff. sol. matr.
V. pour ces dépenses l'article 11. & les suivans de la Section 3. & l'article 17. de la Section 10. du Contrat de vente, p. 38. & 47.

X.

10. Fonds acquis des deniers dotaux.

Le fonds que le mari acquiert des deniers dotaux n'est pas dotal, mais est propre au mari o.

o Ex pecunia dotali fundus à marito tuo comparatus, non tibi quæritur. l. 12. C. de jur. dot. Sive cùm nuptiis, mancipia in dotem dedisti, sive post datam dotem, de pecunia dotis, maritus tuus quædam comparavit, justis rationibus dominia eorum ad eum pervenerunt. l. ult. C. de servo pig. dat. mam.

Tome I.

Il faut entendre la loi 14. & les loix 26. & 27. ff. de jure dot. de l'acquisition faite par la femme, comme il paroist par les deux dernieres loix.

XI.

11. Gain du mari.

Il peut être convenu que le mari survivant ait un certain gain sur les biens de la femme. Et ce gain peut être stipulé, en cas qu'il y ait des enfans, ou même quand il n'y en auroit point p. Et on peut aussi regler quelque gain sur la femme sur les biens du mari, en cas qu'elle survive.

p Si decesserit mulier constante matrimonio, dos non in lucrum mariti cedat, nisi ex quibusdam pactionibus. l. un. §. 6. C. de rei ux. act. Diminutio dotis. l. 19. C. de donat. ante nupt. Si pater dotem dederit, & pactus sit ut mortuâ in matrimonio filiâ, dos apud virum remaneret, puto, pactum servandum etiam si liberi non interveniant. l. 12. ff. de pact. dot. Si convenerit, ut quoquo modo dissolutum sit matrimonium, liberis intervenientibus, dos apud virum remaneret, &c. l. 2. ff. de pact. dot. l. 26. eod. l. 2. ff. de dote præleg. v. l. 9. C. de pact. convent. & Nov. 97. c.1. de æqual. dot. & props. nupt. don. & augm. dot.
Il faut remarquer sur cet article que les Coutumes reglent differemment les gains tant du mari que de la femme: & ces gains reglez par les Coutumes sont acquis de droit, quand il n'y auroit pas de convention.

XII.

12. Liberté de toute pactes licites & honnêtes.

On peut dans les contrats de mariages, comme en tous autres, faire toutes sortes de conventions, soit sur la dot ou autrement; pourvû que la convention n'ait rien d'illicite & de malhonnête; ou qui soit defendu par quelque coutume, ou par quelque loi q.

q Si qua pacta intercesserint, pro restitutione dotis, vel pro tempore, vel pro usuris, vel pro alia quacumque causa, quæ nec contra leges, nec contra constitutiones sunt, ea observare oportet. l. 1. §. ult. C. de rei ux. act. V. l'article 20. de la Section 1. des Regles du Droit, p. 4.

XIII.

13. Le fonds dotal ne peut être aliené.

Le fonds dotal ne peut être alié né, ni hipotequé par le mari, non pas même quand la femme y consentiroit r.

r Fundum dotalem non solùm hypothecæ titulo dare, non consentiente muliere maritus possit, sed nec alienare, ne fragilitate naturæ suæ in repentinam deducatur inopiam. l. un. §. 15. ff. de rei ux. act.
Cet article doit être entendu selon l'usage des Provinces où la femme ne peut aliéner son bien dotal. Mais elle le peut dans celle où cette alienation est permise avec l'autorité du mari. Il faut aussi remarquer, qu'en quelques Provinces, la femme ne peut pas même s'obliger avec l'autorité de son mari; ce qui lui conserve sa dot entiere, soit mobiliaire, ou immobiliaire.

XIV.

14. Ni assujetti à des servitudes ou autres charges.

La défense d'aliéner le fonds dotal comprend celle de l'assujettir à des servitudes; ou de laisser perdre celles qui y sont dûes, & d'en empirer autrement la condition f.

f Julianius, libro sexto decimo Digestorum scripsit, neque servitutes fundo debitas posse maritum amittere, neque alias imponere. l. 5. ff. de fund. dot.

XV.

15. Excepté l'alienation du bien dotal.

Si pendant le mariage il arrive quelque cas extraordinaire, qui paroisse obliger à l'alienation du bien dotal, comme pour racheter de captivité, ou tirer de prison, le mari, la femme, ou leurs enfans, ou pour d'autres nécessitez, l'alienation pourra être permise en Justice, avec connoissance de cause, selon les circonstances t.

t Manente matrimonio non perdatur uxori ob has causas dos reddi potest: ut sese suosque alat... ut in exilium, ut in insulam relegato parenti præstet alimonia, aut ut egentem virum, fratrem, sororemve sustineat. l. 73. §. ff. de jur. dot. v. l. 10. ff. sol. matr. Sed etsi ideò maritus ex dote expendit, ut à latronibus redimeret necessarias mulieri personas: velut mulier vinculis vindicet ea necessariis suis aliquem, reputetur ei quod expensum est, sive pars dotis sit, pro ea parte: sive tota dos sit, actio dotis evanescit. l. 21. ff. solut. matr.
On n'exprime pas dans cet article tous les cas où ces loix permettent d'employer une partie de la dot & même la dot entiere. Car nôtre usage est plus reservé: & quelques Coutumes ont borné la permission d'aliéner la dot à la necessité du mari de la famille, ou pour tirer le mari de prison. Ainsi on a crû devoir ajouter à cette regle la permission de la faire en Justice avec connoissance de cause, comme c'est notre usage.

XVI.

16. La constitution de dot.

Toute constitution de dot renferme la condition, que le mariage soit accompli. Et les conventions pour la dot, comme tous les autres du contrat de mariage, sont

N

anéanties, s'il n'est célébré, ou si pour quelque cause il est annullé n.

n Omnis dotis promissio futuri matrimonii tacitam conditionem accipit. l. 68. ff. de jur. dot. l. 10. §. 4. cod. Dotis appellatio non refertur ad ea matrimonia, quæ consistere non possunt. Neque enim dos sine matrimonio esse potest. Ubicumque igitur matrimonii nomen non est, nec dos est. l. 3. ff. de jur. dot.

SECTION II.

Des personnes qui coustituent la dot, & de leurs engagemens.

SOMMAIRES.

1. Le pere dote sa fille.
2. La fille ou la veuve qui est hors de la puissance de son pere, se dote elle-même.
3. Constitution de dot de la fille mineure.
4. Si le pere dote sa fille, il est présumé que c'est de son bien, & non de celui que sa fille peut avoir d'ailleurs.
5. La dot que le pere constitue s'appelle profectice.
6. Reversion de la dot profectice.
7. Fondement & usage de ce droit.
8. La dot profectice est sujette aux gains du mari.
9. Si le pere est insensé, ou prodigue.
10. Dot profectice qui vient de l'ayeul ou autres ascendans paternels.
11. Reversion aux étrangers.
12. Ce que le pere doit n'est pas une dot profectice.
13. Dot constituée par la mere.
14. Garantie de la dot.

I.

1. Le pere dote sa fille.

LA fille qui se marie, doit être dotée par son pere, s'il est vivant. Car le devoir du pere de pourvoir à la conduite de ses enfans, renferme celui de doter sa fille a.

a Neque enim leges incognitæ sunt, quibus cautum est omnino paternum esse officium, dotem pro sua dare progenie. l. 7. C. de dot prom. Capite trigesimo-quinto legis Juliæ, qui liberos quos habent in potestate, injuria prohibuerint ducere uxores, vel nubere, vel qui dotem dare non volunt, ex constitutione divorum Severi & Antonini, per Proconsules Præsidesque Provinciarum, cogentur in matrimonium collocare, & dotare, l. 19. ff. de ritu nupt. v. Nov. 115. c. 3. §. 11.
Ce qui est dit dans ce dernier texte du mariage des filles contre la volonté de leurs peres, oblige à remarquer la disposition que tout le monde sçait de l'Edit de 1556 & des autres Ordonnances qui defendent les mariages sans le gré des parens, aux garçons jusqu'à trente ans, & aux filles jusqu'à vingt-cinq. V. Exod. 22. 17. 34. 16. Deut. 7. 3.

II.

2. La fille ou la veuve qui est hors de la puissance de son pere, se dote elle-même, &c.

La fille ou la veuve étant hors de la puissance de son pere, se constitue elle-même sa dot, & en stipule les conditions b.

b. Tot. tit. ff. de jur. dot.

III.

3. Constitution de dot de la fille mineure.

Lors qu'une fille mineure se marie après la mort de son pere, comme elle est maîtresse de son bien, quoique sous la conduite d'un tuteur, ou d'un curateur, c'est elle-même qui se constitue sa dot, sous cette autorité c.

c Mulier in minori ætate constituta, dotem marito, consentiente generali vel speciali curatore, dare potest. l. 28. C. de jur. dot.

IV.

4. Si le pere dote sa fille il est présumé que c'est de son bien & non pas de celui que la fille peut avoir d'ailleurs.

Si un pere de qui la fille a des biens propres, soit maternels ou autres, pour lesquels il lui tient lieu de tuteur, ou de curateur, lui constitue une dot, sans spécifier si c'est du bien de la fille, ou si c'est du sien, il est réputé donner non comme tuteur ou curateur, mais comme pere, & par le devoir de doter sa fille, & de son bien propre. Et il en seroit de même quand cette fille seroit deja émancipée d.

d Cùm pater curator sit filiæ, juris sui effectæ, dotem pro ea constituisset, magis eum quasi patrem id, quam quasi curatorem fecisse videri l. 5. §. 12. ff. de jur. dot. Si pater dotem pro filia simpliciter dederit... sanximus si quidem nihil addendum existimave-

tit, sed simpliciter dotem dederit, vel promiserit ex sua liberalitate hoc fecisse intelligi, debito in sua figura remanente. l. ult. C. de dotis promiss.

V.

5. La dot que le pere constitue s'appelle profectice.

La dot que le pere a constituée de son propre bien s'appelle à son égard une dot profectice, parce que c'est de lui qu'elle est provenue e.

e Profectitia dos est, quæ à patre vel parente profecta est, de bonis vel facto ejus. l. 5. ff. de jur. dot. Si pater pro filia emancipata dotem dederit, profectitiam nihilominus, dotem esse nimini dubium est. d. l. 5. §. 11. ff. de jur. dot.

VI.

6. Reversion de la dot profectice.

La dot profectice retourne au pere qui survit à sa fille, si elle meurt sans enfans f.

f Jure succursum est patri, ut filia amissa, solatii loco cederet, si redderetur ei dos ab ipso profecta: ne & filiæ amisæ, & pecuniæ damnum sentiret. l. 6. ff. de jur. dot. Dos à patre profecta, si in matrimonio decesserit mulier filia familias, ad patrem redire debet. l. 4. C. solut. matr. l. 2. C. de bon. quæ lib. Si conditio stipulationis implicatur, & postea filia sine liberis decedat, non erit impediendus pater, quominus ex stipulatu agat. l. 40. ff. sol. matr. Si filia dotie par jure pere, mourant sans enfans fait un testament, le droit de retour empêchera-t-il l'effet de la disposition de sa fille, de sorte que le pere reprenne la dot entiere ? V. l. 59. ff. sol. matr. Il semble par cette loi que la fille puisse disposer. Ce qu'il faudroit entendre, de ce qu'elle peut donner sans blesser la legitime du pere.

VII.

7. Fondement & usage de ce droit.

Ce droit de retour ou de reversion de la dot est conservé au pere, quoique la fille eût été mise hors de la puissance paternelle par une émancipation. Car ce droit n'est pas attaché à cette espece de puissance paternelle, qui se perd par l'emancipation, mais au droit naturel inséparable du nom de pere g. & pour lui tenir lieu d'un soulagement, dans la perte qu'il fait de sa fille h.

g Non jus potestatis, sed parentis nomen dotem profectitiam facit. l. 5. §. 11. ff. de jur. dot. Etiamsi in potestate non fuerit patris, dos ab eo profecta reverti ad eum debet. l. 10. ff. sol. matr.
h Filia amissa, solatii loco. l. 6. ff. de jur. dot.
On met cet article pour faire voir, par la raison de la loi d'où il est tiré, que la mere, & les ascendans maternels ne duvent pas être distinguez du pere, pour ce droit de retour. V. l'article 11. de cette Section, & la remarque sur ce même article. V. sur l'émancipation dont il est parlé dans cet article, les articles 5. & 6. de la Section 2. des Personnes, p. 14.

VIII.

8. La dot profectice est sujette aux gains du mari.

Le droit de reversion n'empêche pas que le mari ne retienne sur la dot profectice, ce qui lui revient pour ses gains, selon qu'il en a été convenu i; ou qu'il est reglé par les coutumes des lieux.

i Si pater dotem dederit & pactus sit, ut mortuâ in matrimonio filiâ dos apud virum remaneret, puto pactum servandum: etiamsi liberi non intervenirent. l. 11. ff. de pact. dotal.

IX.

9. Si le pere est insensé ou prodigue.

Si le pere étoit sous la conduite d'un curateur, comme s'il est insensé, ou interdit, ou pour d'autres causes, ou s'il se trouvoit dans une absence, ou autre état qui oblige la Justice à pourvoir au mariage & à la dot de sa fille, la dot qui lui sera constituée des biens paternels, sera une dot profectice à l'égard du pere l.

l Si curator furiosi, vel prodigi, vel cujusvis alterius, dotem dederit, similiter dicemus dotem profectitiam esse. l. 5. §. 3. ff. de jur. dot. sed etsi proponas Prætorem, vel Præsidem decrevisse quantùm ex bonis patris vel ab hostibus capti, aut à latronibus oppressi, filiæ in dotem detur: hæc quoque profectitia videtur. d. l. 5. §. 4.

X.

10. Dot profectice qui vient de l'ayeul, ou autres ascendans paternels.

Tout ce qui a été dit du pere pour ce qui regarde la dot profectice & la reversion, s'étend à l'ayeul, & autres ascendans du côté paternel m.

m Profectitia dos est quæ à patre, vel parente profecta est. l. 5. ff. de jur. dot. V. la remarque sur l'article suivant.

XI.

11. Reversion aux étrangers.

Toutes personnes, parens ou étrangers peuvent constituer une dot n. Mais ils n'ont pas le droit de reversion, s'ils ne l'ont stipulé. Car c'est une donation libre & irrévocable qu'ils ont voulu faire o.

n Promittendo dotem omnes obligantur, cujuscumque sexûs conditionisve sint l. 41. ff. de jur. dot
o Si dotem marito libertæ vestræ dedistis, nec eam reddi soluto matrimonio vobis incontinenti pacto, vel stipulatione prospexistis; hanc culpâ uxoris dissoluto matrimonio penes maritum re-

mansisse constitit, licèt eam ingratam circa vos fuisse ostenderitis. *l. 24. C. de jur. dot.* Accedit et & alia species ab rei uxoriæ actione, si quando etenim extraneus dotem dabat nulla stipulatione, vel pacto pro restitutione ejus in suam personam facto...... nisi expressim extraneus sibi dotem reddi pactus fuerit, vel stipulatus, cùm donasse magis mulieri, quam sibi aliquod jus servasse extraneus non stipulando videatur. Extraneum autem intelligimus omnem citra parentem per virilem sexum ascendentem. *l. un. §. 13. C. de rei ux. act.*

Pourquoi la mere & les ascendans maternels n'auront-ils pas le droit de retour, comme ils semblent en être exclus par ce §. 13. qui les met au nombre des étrangers? N'ont-ils pas les mêmes raisons que le pere? Ne & filiæ amissæ, & pecuniæ damnum sentiret. *l. 6. ff. de jur. dot. Nos coutumes privent les ascendans de la succession des propres de leurs enfans, & veulent que les propres ne remontent point, de crainte qu'ils ne passent d'une ligne à l'autre. Mais elles conservent à la mere & aux autres ascendans le droit de retour, de même qu'au pere.* V. l'article 7. de cette Section.

XII.

12. *Ce que le pere doit, n'est pas une dot profectice.* Si le pere ne dote sa fille que de ce qu'il avoit à elle, ou de ce qu'il étoit obligé de lui donner, comme si un étranger avoit donné au pere à condition d'employer à doter sa fille, cette dote ne sera pas profectice *p*; mais ce sera une dot d'un bien adventif, & propre à la fille. Et il en seroit de même, si le pere lui devoit pour quelque autre cause *q*.

p Si quis certam quantitatem patri donaverit, ita ut hanc pro filia daret, non esse dotem profectitiam Julianus libro septimodecimo Digestorum scripsit. Obstrictus est enim ut det. *l. 5. §. 9. ff. de jur. dot.*

q Parentis nomen dotem profectitiam facit, sed ita demum si ut parens dederit. Cæterùm si cùm deberet filiæ, voluntate ejus dedit, adventitia dos est. *d. l. 5. §. 11.*

XIII.

13. *Dot constituée par la mere.* Quoique ce soit un devoir qui regarde le pere de doter sa fille, & qu'il ne puisse la doter des biens qui appartiennent à la mere *r*; si néanmoins la mere a des biens qui ne soient pas dotaux, elle peut en donner en dot à sa fille. Et si le pere ne peut la doter, la mere en ce cas peut donner de sa propre dot pour doter sa fille en observant les tempéramens que les coutumes peuvent y apporter *s*.

r Neque mater pro filia dotem dare cogitur, nisi ex magna & probabili causa, vel lege specialiter expressa: neque pater de bonis uxoris suæ invitæ ullam dandi habet facultatem. *l. 14. C. de jur. dot.* Cùm uxor virum suum, quam pecuniam sibi deberet, in dotem filiæ communis dare jusserit: & id fecisse dicatur, puto animadvertendum esse, utrùm eam dotem suo, an uxoris nomine dedit. Si suo, nihilominus uxori eum debere pecuniam: si uxoris nomine dederit, ipsum ab uxore liberatum esse. *l. 2. ff. de jur. dot.*

s Nisi pater aut non sit superstes, aut egens est. *l. pen. ff. de agn. & alend. lib. Quoique ces dernieres paroles ne soient pas sur ce sujet, elles peuvent s'y rapporter. Il y a des Coutumes qui ne permettent pas à la femme mariée d'aliéner son bien dotal, ni de s'obliger, mais qui lui permettent d'employer une certaine partie de sa dot pour doter sa fille, si le pere n'en a pas le moyen.*

XIV.

14. *Garantie de la dot.* Ceux qui constituent une dot, soit en deniers ou en fonds, ou d'autre nature, ne peuvent plus disposer de ce qu'ils ont donné ou promis; & ils sont obligez à la garantie des fonds donnez, des dettes cédées, & des autres choses, selon qu'il est convenu, ou selon les regles de la garantie que doivent ceux qui vendent ou transportent *t*.

t Rem quam pater in dotem genero pro filia dedit, nec recepit, alienare non potest. *l. 22. C de jur. dot. l. 17. cod.* Evictâ re quæ fuerat in dotem data, si pollicitatio, vel promissio fuerit interposita, gener contra socerum, vel mulierem, seu hæredes eorum, conditione, vel ex stipulatione agere potest. *l. 1. C. de jur. dot. l. un. §. 1. C. de rei ux. act. §. 29. inst. de act.*

SECTION III.

Des engagemens du mari à cause de la dot, & de la restitution de la dot.

SOMMAIRES.

I.

1. *Engagement du mari aux charges de la dot.* La dot étant en la puissance du mari avec le droit d'en jouir, pour porter les charges du mariage, comme pour s'entretenir & sa femme, & leur famille, le premier de ses engagemens, en ce qui regarde la dot est de porter ces charges *a*.

a Dotis fructum ad maritum pertinere debere, æquitas suggerit. Cum enim ipse onera matrimonii subeat, æquum est eum etiam fructus percipere. *l. 7. ff. de jur. dot. l. 20. C. eod.*

II.

2. *Du soin que le mari doit avoir pour les biens dotaux.* Comme le mari jouit de la dot, & qu'il l'a entre ses mains, autant pour son intérêt que pour celui de sa femme; il doit en avoir le même soin que de ses affaires, & de ses biens propres. Ainsi il doit poursuivre les débiteurs, réparer & cultiver les héritages & généralement veiller à tout ce qui regarde la conservation du bien dotal. Et si par sa faute ou sa négligence, il arrive des pertes, & des diminutions, ou qu'il détériore les héritages, il en sera tenu *b*. Et même des cas fortuits, qui pourroient être causez par des fautes dont il dût répondre *c*.

b Ubi utriusque utilitas vertitur, ut in empto, ut in locato, *ut in dote*, ut in pignore, ut in societate, & dolus & culpa præstatur. *l. 5. §. 2. ff. comm. l. 23. ff. de reg. jur.* In rebus dotalibus, virum præstare oportet tam dolum quam culpam, quia causa sua dotem accipit. Sed etiam diligentiam præstabit, quam in suis rebus exhibet. *l. 17. ff. de jur. dot. l. ult. C. de pact. conv.* Si extraneus sit qui dotem promisit, isque defectus sit facultatibus, imputabitur marito cur eum non convenerit. *l. 33. ff. de jur. dot.* V. l'art. suivant. Si fundum viro uxor in dotem dederit, isque inde arbores deciderit, si hæc fructus intelliguntur, pro portione anni debent restitui. Puto autem: si arbores cedua fuerunt, vel gremiales, dici oportet in fructus cedere. Si minus, quasi deteriorem fundum fecerit maritus tenebitur. *l. 7. §. 12. ff. solut. matrim.*

c In his rebus quas præter numeratam pecuniam doti vir habet, dolum malum, & culpam eum præstare oportere Servius ait ea sententia Publii Mutii est. Nam is in Licinnia Gracchi uxore statuit, quod res dotales in ea seditione qua Gracchus occisus erat perissent, ait, quia Gracchi culpa ea seditio facta esset, Liciniæ præstari oportere. *l. 66. ff. solut. matrim.*

III.

3. *Diligence contre les débiteurs.* Quoique le mari soit obligé à faire les diligences contre les débiteurs de la dot, & que s'il néglige d'agir, lorsque l'action lui est ouverte, il soit tenu de ce qui se trouvera perdu par sa négligence; si néanmoins le débiteur de la dot étoit le pere, ou un donateur on ne doit pas exiger du mari les mêmes diligences qu'il devroit exercer contre un étranger. Mais il est juste d'y apporter les tempéramens que les circonstances peuvent demander *d*.

d Si non petierit maritus, tenebitur hujus culpæ nomine, si dos exigi potuerit. *l. 20. §. 2. ff. de pact. dot.* Si extraneus sit, qui dotem promisit, isque defectus sit facultatibus, imputabitur marito, cur eum non convenerit. maxime si ex necessitate; non ex voluntate dotem promiserat. Nam si donavit, utcumque parcendum marito qui eum non præcipitavit ad solutionem qui donaverat, quemque in id quod facere posset, si convenisset, condemnaverat. Hoc enim Divus Pius rescripsit, eos qui ex liberalitate conveniuntur in id quod facere possunt condemnandos. Sed si vel pater, vel ipsa promiserunt: Julianus quidem libro sexto-decimo Digestorum scribit, etiamsi pater promisit, periculum respicere ad maritum: quod ferendum non est. Debebit igitur mulieris esse periculum. Nec enim quicquam Judex propriis auribus audiet mulierem dicentem, cur patrem qui de suo dotem promisit, non utserit ad exsolutionem. Multò minus, cur ipsam non convenerit. Rectè itaque Sabinus disposuit, ut diceret quod pater, vel ipsâ mulier promisit, viri periculo non esse : quod debitor, id viri esset quod alius, scilicet donaturus, ejus periculo, ait, cui adquiritur. Adquiri autem mulieri accipiemus ad quam rei commodum respicit. *l. 33.* ff. de jur. dot.

On a crû devoir apporter à cette regle le temperament qu'on y a mis dans cet article. Car notre usage n'est pas en cela aussi indulgent au mari, que le paroît cette loi 33. ff. de jur. dot. Et si d'une part il seroit trop dur qu'au mari fût obligé d'exercer contre un beau-pere, ou contre un donateur, toutes les contraintes les plus violentes, il ne seroit pas juste aussi qu'il fût absolument déchargé de toute sorte de diligences. De sorte qu'il faut un temperament, qui regle sa conduite selon les circonstances. V. l'art 20. de la Section 4. de la Société, p. 91.

IV.

4. La novation que fait le mari est à ses perils.

Si le mari change la nature d'une dette qui est du bien dotal, en l'innovant ; ce changement sera à ses perils, & il demeurera chargé de la dette, comme s'il l'avoit reçue *e.*

e Dotem à patre vel à quovis alio promissam, si vir novandi causâ stipuletur, cœpit viri esse periculum, cùm ante mulieris fuisset. *l. 35.* ff. de jur. dot. V. le Titre des Novations pour savoir ce que c'est que *Novation*, & on en a déja parlé dans le plan des matieres.

V.

5. Si le mari reçoit des interêts d'un débiteur de la dot.

Le mari qui reçoit des interêts d'un débiteur de la dot, surseyant par-là le principal qu'il pouvoit exiger, sera tenu de la dette, si ce débiteur devenoit insolvable *f.*

f Cùm dotem mulieris nomine extraneus promisit, mulieris periculum est : sed si maritus, nomen secutus, usuras exegerit, periculum ejus futurum, respondetur. *l. 71.* ff. de jur. dot.

VI.

6. Comment la prescription peut être imputée au mari.

Si le fonds dotal est possedé par une tierce personne, & que le mari laisse couler tout le temps de la prescription, il en répondra. Si ce n'est que lors du mariage la prescription fût presque encourue, & qu'il n'en restât si peu de temps, qu'on ne pût imputer au mari de n'avoir pas interrompu une prescription acquise à son insçu *g.*

g Si fundum, quem Titius possidebat bona fide, longi temporis possessio poterat sibi quærere, mulier ut suum marito dedit in dotem, eumque petere neglexerit vir, cùm id facere posset, rem periculi sui secit. *l. 16.* ff. de fundo dot. Planè si paucissimi dies ad perficiendam longi temporis possessionem superfuerint, nihil erit quod imputabitur marito. *d. l.*

VII.

7. Cas de la restitution de dot.

Le dernier engagement du mari est de rendre la dot, lorsque le cas arrive. Comme si la femme meurt sans enfans avant le mari ; si le mariage est déclaré nul ; s'il y a separation de corps & de bien, ou seulement de bien ; si la dot ayant été donnée au mari pendant les fiançailles le mariage ne s'est pas accompli. Et lorsque le mari meurt, l'engagement de rendre la dot passe à ses héritiers *h.*

h Cùm quæreretur an verbum soluto matrimonio dotem reddi, non tantùm divortium, sed & mortem contineret, hoc est, an de hoc quoque casu contrahentes sentirent. Et multi putabant, hoc sensisse, & quibusdam aliis contra videbatur: secundum, hoc motus Imperator pronuntiavit, id actum eo pacto, ut nullo casu remaneret dos apud maritum. *l.140.* ff. de verb. sign. Soluto matrimonio solvi mulieri dos debet. *l. 2.* ff. solut. matrim. Si constante matrimonio, propter inopiam mariti, mulier agere volet, unde exactionem dotis initium accipere ponamus ? Et constat exinde dotis exactionem competere, ex quo evidentissimè apparuerit mariti facultates ad dotis exactionem non sufficere. *l. 24.* ff. sol. matr. *l. 29.* C. de jur. dot. V. Novell. 97. & 6. V. la Section 5. de la Séparation de biens, p. 102.

VIII.

8. Accessoires de la dot.

La restitution de la dot s'étend non seulement à ce qui a été donné au mari à titre de dot, mais aussi à tous les accessoires qui peuvent en avoir augmenté le capital, & qui ne devoient pas appartenir au mari. Ainsi les augmentations de la nature de celles dont il a été parlé dans les articles 8. & 9. de la Section premiere, sont sujettes à la restitution de dot *i.*

i Quia ipse fundus in dote, quodcunque propter eum consecutus fuerit à muliere maritus, quandoque restituet mulieri de dote agenti. *l. 52.* ff. de jur. dot.

IX.

9. A qui la dot doit être renduë.

Lorsque le cas de la restitution de dot est arrivé, elle doit être renduë ou à la femme, si elle a survécu, &

qu'elle soit en âge pour la recevoir, ou à ses héritiers, ou à son pere s'il avoit fait la constitution, ou autres personnes à qui la dot devra appartenir *l.*

l Soluto matrimonio, solvi mulieri dos debet. *l. 2.* ff. sol. matr. Hæc si sui juris mulier est. *d. l.* Dos ab eo (patre) profectâ reverti ad eum debet. *l. 10. eod. l. 6. ff. de jur. dot. l. un. §. 13.C. de rei ux. act. l. 2.* C. de jur. dot.

X.

10. Les gains que le mari diminuent la restitution de la dot.

Si dans le contrat de mariage il a été convenu, ou qu'il soit reglé par quelque coutume, que le mari survivant doive gagner une partie de la dot, la restitution sera diminuée d'autant *m.*

m V. l'article 11. de la Section 1.

XI.

11. Réparations & autres dépenses diminuent la dot.

La restitution de la dot est aussi diminuée par les réparations, & autres dépenses que le mari, ou ses héritiers auront faites pour la conservation du bien dotal, selon la nature de ces dépenses, & les regles qui suivent *n.*

n V. les articles suivans.

XII.

12. Trois sortes de dépenses.

Les dépenses que le mari, ou ses héritiers peuvent avoir faites sont de trois sortes. Quelques-unes sont nécessaires, comme de refaire un bâtiment qui est en péril de ruine, & qu'il faut conserver. D'autres sont utiles, quoique non nécessaires ; comme le plan d'un verger, Et il y en a qui ne sont ni nécessaires, ni utiles, & qui ne se font que pour le plaisir, comme des peintures, ou autres ornemens *o.*

o Impensarum quædam sunt necessariæ, quædam utiles, quædam verò voluptariæ. *l. 1.* ff. de imp. in res dor. fact. Necessariæ hæ dicuntur, quæ habent in se necessitatem impendendi. *d. l. 1. §. 1.* Si ædificium ruens, quod habere mulieri utile erat, refecerit. *d. l. 1. §. 3.* Utiles autem impensæ sunt, quas maritus utiliter fecit, remque meliorem uxoris fecerit, hoc est dotem : veluti si novelletum in fundo factum sit. *l. 5. §. ult. & l. 6. eod.* Voluptariæ autem impensæ sunt, quas maritus ad voluptatem fecit, & quæ species exornant. *l. 7. eod.*

XIII.

13. Dépenses nécessaires.

Pour les dépenses nécessaires le mari peut retenir le fonds dotal, ou une partie selon leur valeur : & en demeurer en possession jusqu'à son remboursement, & c'est pourquoi on dit que ces sortes de dépenses diminuent la dot. *p.* Car elle est en effet diminuée par la nécessité d'en retrancher ce qui est dû au mari, pour une dépense, sans laquelle le fonds pouvoit périr, ou être endommagé, & diminué, & qu'il a été obligé de faire pour n'en pas répondre lui-même de la perte qui seroit arrivée *q.*

p Quod dicitur necessarias impensas ipso jure dotem minuere, non eo pertinet, ut si fortè fundus in dote sit, desinat aliqua ex parte dotalis esse. Sed nisi impensa reddatur, aut pars fundi, aut totus retineatur. *l. 56. §. 8. ff. de jur. dot. l. 1. §. 2. ff. de imp. l. 5. eod.*

q Id videtur necessariis impensis contineri, quod si à marito omissum sit, Judex tanti cum damnabit, quanti mulieris interfuerit, eas impensas fieri. *l. 4. ff. eod.* V. l'article 16. & la remarque qu'on y a faite.

XIV.

14. Le mari est chargé des dépenses annuelles, & ordinaires.

Les dépenses qui se font journellement & pour le courant, soit pour la conservation du fonds, comme les menues réparations d'une maison, ou pour la culture des héritages, comme pour semer & labourer, ou pour recueillir les fruits, se prennent sur les fruits mêmes ; & sur les autres revenus, & en font une charge. Car les fruits & les revenus, ne s'entendent que de ce qui reste de profit, déduction faite des dépenses nécessaires pour pouvoir jouir. Ainsi le mari ne recouvre point ces sortes de dépenses. Mais il recouvre celles qui passent les bornes de ce qui est nécessaire pour conserver les fonds en bon état, & pour en jouir *r.*

r Nos generaliter definimus mulctum interesse ad perpetuam utilitatem agri, vel ad eam quæ non ad præsentis temporis pertineat, an verò ad præsentis anni fructum. Si in præsentis, cum fructibus hoc compensandum. Si verò non fuit ad præsens tantùm apta erogatio, necessariis impensis computandum. *l. 3. §. 1. ff. de imp.* Impendi autem fructuum percipiendorum causâ, Pomponius ait, quod in arando serendoque agro impensum est, quodque in tutelam ædificiorum ægrumve servum curandum, scilicet, si ex ædificio fructus aliqui percipiantur. Sed hæ impensæ non petuntur, cùm maritus fructum totum anni retinet, quia ex fructibus priùs impensis satisfaciendum est. *l.* 7. §. *ult. ff. sol. matrim.* Et ante omnia quæcumque impensæ quærendorum fructuum causâ factæ erunt, quanquam eædem etiam colendi causâ fiant, ideóque non sohm ad percipiendos fructus, sed etiam ad conservandam ipsam rem speciemque ejus necessariæ sunt, eas vix ex suo facit : nec ullam habet eo nomine ex dote deductionem. *l. ult. ff. de imp.* Quod dicitur impensas, quæ in res dotales necessariò factæ sunt, dotem diminuere, ita interpretandum est, ut si quid extra tutelam necessariam in res dotales impensum est, id in ea causa sit. Nam tueri res dotales vir suo sumptu debet, alioqui tam cibaria doralibus mancipiis data, & quævis modica ædificiorum dotalium refectio,& agrorum quoque cultura,dotem minuent. Omnia enim hæc in specie necessariarum impensarum sunt. Sed ipsæ res ita præstari intelliguntur, ut non tam impendas in eas, quàm deducto eo minus ex his percepisse videaris. *l.* 15. *ff. eod.* Modicas impensas non debet arbiter curare. *l.* 12. *eod.* Fructus eos esse constat qui deductâ impensâ supererunt. *l.* 7. *ff. sol. matr.*

X V.

Les charges foncieres, comme les cens, les tailles & autres redevances qui sont des charges des fruits, se prennent sur les fruits *s.*

s Neque stipendium, neque tributum ob dotalem fundum præstitia, exigere vir a muliere potest. Onus enim fructuum hæc impendia sunt. *l.* 13.*ff. de imp. l.* 27. §. 3.*ff. de usufr.*

X V I.

Les dépenses qui sont utiles, quoique non nécessaires, doivent être remboursées au mari ou à ses héritiers. Et quoique ces dépenses eussent été faites sans la volonté de la femme, ils ont leur action pour les recouvrer *t.*

t Cùm necessariæ quidem expensæ dotis minuant quantitatem, utiles autem non aliter in rei uxoriæ ratione detinebantur, nisi ex voluntate mulieris, non abs re est, si quidem mulieris voluntas intercedat, mandati actionem a nostra autoritate marito contra uxorem indulgeri, quatenus possit per hanc quod utiliter impensum est, asservari. Vel si non intercedat mulieris voluntas, utiliter tamen res gesta est, negotiorum gestorum adversus eam sufficere actionem. *l.* un. §. 5. *C. de rei uxor. act.* Ego non tantùm necessarias sed etiam utiles impensas præstandas a muliere existimo. *l. ult. ff. de fund. dot.*

V. *l'article* 13. *de cette Section, il faut remarquer sur cet art.* 13. *& sur celui-ci, que ce qui a été dit dans l'art.* 13. *sur le droit qu'a le mari de retenir la dot pour les dépenses nécessaires, & ce qui est dit dans celui-ci de l'action qu'il a pour recouvrer celles qui sont seulement utiles, doit s'entendre selon notre usage qui est tel, que de quelque nature que soient les dépenses, soit utiles ou nécessaires, le mari, qui en cette qualité étoit en possession des biens dotaux, ne peut en être dépossédé, ni ses héritiers, s'ils n'y consentent, que par l'autorité de la Justice. Ce qui s'observe même quand il ne seroit dû aucun remboursement de dépenses, & c'étoit ainsi l'usage dans le Droit Romain. Dotis actione successores mariti super eo quod ei dotis nomine fuerat datum, convenire debes. Ingrediendi enim possessionem rerum dotalium, hæredibus mariti non consentientibus, sine autoritate competentis Judicis nullam habes facultatem. l.* 9. *C. sol. matr. Et c'est la regle à l'égard de ceux qui ne peuvent être dépossédez que par la Justice. V. l'article* 14. *de la Sect.* 6. *des Conventions,* p. 32. *Mais pour ce qui regarde le remboursement du mari, & le droit de retenir la dot pour les dépenses, il dépend toujours de la prudence du Juge de regler si le mari, ou ses héritiers doivent demeurer en possession jusqu'à leur remboursement. Ce qui se juge par les circonstances, comme de la valeur des dépenses, de celle du fond : des sûretez que le mari, ou ses héritiers peuvent avoir d'ailleurs : si quelques jouissances peuvent suffire au remboursement : de la qualité des personnes & de leurs biens : & des autres semblables.*

X V I I.

Comme il peut arriver des difficultez à regler quelles sont les dépenses qui sont nécessaires ou non ; & celles qui sont utiles, ou non ; il est de la prudence du Juge d'en arbitrer selon les circonstances. Ce qui dépend des diverses vûes, & des égards qu'on doit avoir à la qualité des fonds & des autres biens où les dépenses ont été faites ; comme si c'est pour conserver, ou pour améliorer une maison, ou si c'est pour le recouvrement d'une dette ; à la qualité des réparations & autres changemens ; à la commodité ou incommodité qui en peut suivre ; à la proportion qu'il peut y avoir de la dépense à l'amélioration, & aux autres considerations semblables. Ainsi, par exemple, si pour le ménagement d'un bien de campagne, il faut y faire une grange, ou autre bâtiment, ce pourra être une dépense nécessaire ; & si dans une maison il y a une place propre à faire une boutique, ce pourra être une dépense utile *u.*

u Quæ impendia secundùm eam distinctionem, ex dote deduci debeant, non tam facilè in universum definiri, quàm per

---

singula ex genere, & magnitudine impendiorum æstimari possunt. *l.* 15. *in s. ff. de imp. in res dot.* Si novam villam necessariò extruxit, vel veterem totam, sine culpa sua collapsam, restituerit, eris ejus impensæ petitio. *l.* 7. §. *ult. ff. sol. matr.* Si in domo pistrinum, aut tabernam adjecerit. *l.* 6. *ff. de imp. in res dot. s.*

X V I I I.

S'il arrive que les réparations & les améliorations périssent par un cas fortuit, le mari ou ses héritiers ne laisseront pas de les recouvrer, parce que le droit leur en étoit acquis par l'ouvrage & que la propriété en étant à la femme, elle en souffre la perte *x.*

x Si fulserit insulam ruentem, eaque exusta sit, impensas consequitur. *l.* 4. *ff. de imp.*

X I X.

Les dépenses qui se font pour le seul plaisir sans nécessité, ni utilité, ne se recouvrent point, quand même la femme y auroit engagé le mari. Car il doit s'imputer une dépense qu'il a bien voulu perdre *y.*

y In voluptariis autem, Aristo scribit, nec si voluntate mulieris factæ sint, exactionem parere. *l.* 11. *ff. de imp. l.* un. §. 5. *C. de rei ux. act.*

X X.

Si les réparations faites pour le plaisir sont telles qu'on puisse les enlever sans qu'elles périssent, le mari ou ses héritiers peuvent les enlever, en cas que la dépense leur en fût refusée. Mais si elles sont telles qu'on ne puisse profiter de rien en les enlevant, comme des peintures à fresque, il n'est pas permis de les effacer. Car ce seroit sans aucun profit *z.*

z Pro voluptatis impensis, nisi parata sit mulier pati maritum tollentem, exactionem patitur. Nam si vult habere mulier, reddere ea quæ impensa sunt debet marito, aut si non vult pati debet tollentem, si modo recipiat separationem. Cæterùm si non recipiant, relinquenda sunt. Ita enim permittendum est marito auferre ornatum quem posuit, si futurum est ejus, quod abstulit. *l.* 9. *ff. de imp.* Quod si voluntariæ sint, licèt ex voluntate ejus (uxoris) expensæ deductio operis quod fecit, sine læsione tamen prioris speciei, marito relinquatur. *l.* un. §. 5. *C. de rei ux. act.*

S E C T I O N   IV.

Des biens paraphernaux a.

O N appelle biens paraphernaux, ceux que la femme ne donne point en dot, soit qu'elle exprime ce qu'elle réserve, ou qu'elle spécifie ce qu'elle veut seulement donner à titre de dot. Car ce qui lui reste est paraphernal.

Ainsi, lorsque la femme ne donne en dot que ses biens présens, ou certains biens, le reste qu'elle peut avoir, ou qu'elle aura dans la suite par succession ou autrement, sera paraphernal. Mais si elle donne en dot tous ses biens présens & à venir ; elle ne pourra plus avoir de biens paraphernaux.

La différence entre la dot, & les biens paraphernaux consiste en ce qu'au lieu que les revenus de la dot sont au mari, & les revenus des biens paraphernaux demeurent à la femme : & elle peut disposer & de ses revenus, & du principal même sans l'autorité de son mari.

Cette nature des biens paraphernaux avec cette liberté à la femme d'employer les revenus independemment de la volonté & du consentement de son mari paroît avoir quelque chose de contraire aux principes de leur union. Car comme le mari est le chef de la femme, & chargé de la famille, il sembleroit juste qu'il fût le maître de tous les revenus des biens de la femme, qui comme ceux du mari doivent servir à leur usage commun, & de leur famille : & cette liberté d'une jouissance indépendante du mari, est même une occasion qui peut troubler la paix que demande l'union du mariage, & aussi voit-on, que dans une même loi du Droit Romain qui ôte au mari tout droit sur les biens paraphernaux ; il est reconnu, qu'il étoit juste que la femme se mettant elle-même sous la honduite de son mari, elle

a Quæ Græci παράφερνα dicunt. *l.* 9. §. 3. *ff. de jur. dot.* Id est præter dotem.

lui laiffat auffi l'adminiftration de fes biens *b*. Cependant & le Droit Romain, & nos coutumes ont reçu l'ufage des biens paraphernaux; quelques-unes ayant feulement reglé, que fi dans le contrat de mariage, la femme ne fpécifie ce qu'elle met en dot, tous les biens qu'elle péut avoir au tems des fiançailles feront réputez biens dotaux. Et il y en a qui ont tellement favorifé l'ufage des biens paraphernaux, & la liberté aux femmes d'en difpofer, qu'encore que ces mêmes Coutumes ne permettent à la femme, ni d'aliéner ni d'engager fes biens dotaux, non pas même avec le confentement & l'autorité de fon mari, elles lui permettent de jouir & de difpofer de fes biens paraphernaux, non-feulement fans l'autorité, mais auffi fans le confentement de fon mari. Et cette difpofition eft favorable dans ces Coutumes, de même que dans les Provinces du Droit écrit où elle s'obferve; parce que la communauté de biens entre le mari,& la femme n'y étant pas en ufage, comme la femme ne profite,ni des revenus de fa dot, qui font au mari, ni des biens qu'il peut acquérir pendant le mariage; on lui laiffe la liberté d'augmenter les fiens par des épargnes de ces biens paraphernaux.

b Bonum erat mulierem, quæ feipfam marito committit, res etiam ejufdem pati arbitrio gubernàri. *l.* 8. C. *de pact. conv.*

SOMMAIRES.

1. *Définition des biens paraphernaux.*
2. *La femme peut difpofer des biens paraphernaux.*
3. *Comment la femme peut jouir des biens paraphernaux.*
4. *Si les biens paraphernaux font mobiliaires.*
5. *Soin du mari pour les biens paraphernaux qui lui font délivrez.*
6. *Comment ces biens fe diftinguent de ceux de la dot.*
7. *Ce que la femme peut avoir fans titre apparent eft au mari.*

I.

1. Définition des biens paraphernaux.

LES biens paraphernaux font tous les biens que peut avoir une femme mariée, autres que ceux qui ont été donnez en dot au mari. Et ces biens font comme une efpece de pécule, qu'elle fe réferve diftingué de la dot, qui paffe au mari *a*.

a Si res dentur, in ea, quæ Græci παράφερνα dicunt, quæque Galli peculium appellant. *l.* 9. §. 3. *ff. de jur. dot.* Species extra dotem. *l.* 31. §. 1. *ff. de donat.* Res quas extra dotem mulier habet, quas Græci παράφερνα dicunt. *l.* 8. C. *de pact. conv.*

II.

2. La femme peut difpofer des biens paraphernaux.

La femme peut difpofer de fes biens paraphernaux indépendamment de l'autorité, & du confentement de fon mari; & les employer comme bon lui femble, fans que le mari ait aucun droit de l'en empêcher, quand même la femme les lui auroit délivrez *b*.

b Hac lege decernimus, ut vir in his rebus quas extra dotem mulier habet, quas Græci parapherna dicunt, nullam uxore prohibente habeat communionem : nec aliquam ei neceffitatem imponat. Quamvis enim bonum erat mulierem, quæ feipfam marito committit, res etiam ejufdem pati arbitrio gubernari, attamen, quoniam conditores legum æquitaris convenit effe fautores, nullo modo, ut dictum eft, muliere prohibente, virum in paraphernis fe volumus immifcere. *l.* 8. C. *de pact. conv.* Pecunias fortis quas exegerit (maritus) fervare mulieri; vel in caufas ad quas ipfa voluerit diftribuere (fancimus.) *l. ult. eod.*

III.

3. Comment la femme peut jouir de fes biens paraphernaux.

Comme la femme peut jouir & difpofer de fes biens paraphernaux, elle peut en faire jouir par elle-même, ou par d'autres perfonnes, ou en laiffer la jouiffance à fon mari pour leur ufage commun & de leur famille. Et fi ce font des rentes, ou des dettes actives, elle peut recouvrer ou par elle-même, ou par d'autres perfonnes, & les principaux & les rentes & intérêts, s'il en eft dû, ou en laiffer le recouvrement à fon mari, lui en donnant les titres *c*.

c Habeat mulier ipfa facultatem, fi voluerit, five per maritum, five per alias perfonas, eafdem movere actiones & fuas pecunias percipere. *l. ult.* C. *de pact. conv.* Et ufuras quidem eorum circa fe, & uxorem expendet. *d. l.* Si mulier marito fuo nomina

id eft, fœneratitias cautiones quæ extra dotem funt, dederit, ut loco paraphernorum apud maritum maneant. *d. l. ult.*

IV.

Si les biens paraphernaux, ou une partie confiftent en rentes, dettes actives, ou effets mobiliaires, la femme peut ou les retenir en fa puiffance, ou les mettre entre les mains de fon mari, & en tirer de lui un inventaire par lequel il s'en charge *d*.

d Plerumque cuftodiam eorum maritus repromittit, nifi mulieri commiffæ funt. *l.* 9. §. 3. *in f. ff. de jur. dot.* Mulier res quas folet in ufu habere in domo mariti, neque in dotem dat, in libellum folet conferre, eumque libellum marito offerre, ut is fufcribat, quafi res acceperit : & velut chirographum ejus uxor retinet, res quæ libello continentur, in domum ejus intuliffe. *d.* §. 3. *v. l. ult.* C. *de pact. conv.*

V.

Si les biens paraphernaux font mis en la puiffance du mari, il eft obligé d'en prendre le même foin que de fes biens propres, & il répondra des fautes contraires à ce foin *e*.

e Dum autem apud maritum remanent eædem cautiones, & dolum, & diligentiam maritus circa eas res præftare debet, qualem & circa fuas res habere invenitur. Ne ex ejus malignitate, vel defidia, aliqua mulieri accidat jactura. Quod fi evenerit, ipfe eadem de proprio refarcire compelletur. *l. ult. in f.* C. *de pact. conv. l.* 9. §. 3. *in f. ff. de jur. dot.* V. l'article 2. de la Section 3. de ce Titre.

VI.

Les biens paraphernaux fe diftinguent de ceux de la dot par le contrat de mariage qui doit exprimer ce qui eft dotal. Et on confidere comme paraphernal, tout ce qui n'eft pas compris dans la dot ou expreffément, foit tacitement, quand même la femme le délivreroit au mari, avec les biens dotaux; fi ce n'eft qu'il parût lors de la délivrance que ce ne fût qu'un acceffoire dont la femme voulût augmenter fa dot *f*.

f Dotis autem caufa data accipere debemus ea quæ in dotem dantur. Cærerum, fi res dentur in ea quæ Græci παράφερνα dicunt, quæ Galli periculum appellant, videamus an ftatim efficiuntur mariti : & putem, fi fic dentur ut fiant, effici mariti. *l.* 9. §. 2. & 3. *ff. de jur. dot.*

VII.

On ne doit pas mettre au nombre des biens paraphernaux, les autres biens de la femme, ni ce qui pourroit fe trouver en fa puiffance, ou qu'elle prétendroit lui appartenir, s'il ne s'en voit un jufte titre; comme fi elle l'a acquis par fucceffion, ou donation, ou fi elle l'avoit lors du mariage.Et tout autre bien qu'elle pourroit avoir dont le titre où l'origine ne parût point, appartient au mari. Car autrement il faudroit préfumer que la femme n'auroit ce bien, que par des fouftractions, ou par d'autres mauvaifes voies *g*. Et les profits mêmes qui peuvent provenir de fon ménage, de fon travail, de fon induftrie, font au mari, comme des fruits & des revenus, & comme les fervices ou offices que lui doit la femme *h*.

g Quintus Mucius ait, cum in controverfiam venit unde ad mulierem quid pervenerit, & verius & honeftius eft, quod non demonftratur unde habeat, exiftimari à viro, aut qui in poteftate ejus effet, ad eam perveniffe. Evitandi autem turpis quæftus gratia circa uxorem, hoc videtur. Quintus Mucius probaffe. *l.* 51. *ff. de donat. inter vir. & ux.* Nec eft ignotum, quod cum probari non poffit, unde id habeat, id uxor matrimonii tempore honefte quæfierit de mariti bonis eam habuiffe veteris juris autores meritò crediderint. *l.* 6. *C. eod.*

h Qui libertæ nuptiis confenfit, operarum exactionem amittit. Nam hæc cujus matrimonio confenfit, in officio mariti effe debet. *l.* 48. *ff. de oper. libert.*

SECTION V.

De la féparation des biens entre le mari & la femme.

L'uſage de cette matiere à celle de ce Titre.

LA féparation de biens entre le mari & la femme eft une des caufes de la reftitution de dot. Ainfi cette matiere eft un acceffoire de celle de la dot, & on en expliquera les regles dans cette Section.

La féparation de biens fe fait en deux cas. Le premier eft lorfque la femme fe fait féparer de corps à caufe des

févices du mari, car la féparation de corps emporte celle des biens. Et le fecond eft lorfque le défordre des affaires du mari oblige la femme à reprendre fes biens.

La féparation de corps eft une matiere qui n'eft pas
du deffein de ce livre ; car elle eft toute différente dans
notre ufage de celle que faifoit le divorce dans le Droit
Romain. Et on ne parlera ici que de la fimple fépara-
tions de biens.

SOMMAIRES.

1. *Définition de la féparation de biens.*
2. *Caufes de la féparation des biens.*
3. *Effet de la féparation.*
4. *La femme féparée ne peut aliéner.*
5. *Elle peut faifir & faire vendre les biens du mari, pour fa dot.*
6. *Et auffi pour fes biens paraphernaux, fi elle en a don-né au mari.*
7. *Et encore pour fes gains.*

I.

*1. Défini-
tion de la
féparation
de biens.*

LA féparation de biens entre le mari & la femme eft
le droit qu'a la femme de retirer fes biens des mains
de fon mari pour en reprendre l'adminiftration, & la
jouiffance ; lorfque l'état des affaires du mari met ces
biens en péril *a*.

a Cette définition réfulte des regles qui fuivent.

II.

*2. Caufes de
la fépara-
tion de
biens.*

Comme la femme eft fous la puiffance du mari, &
que la dot & les autres biens qu'elle peut donner au mari, lui font laiffez à condition qu'il porte les charges du
mariage ; elle ne peut demander la féparation, que
lorfque le défordre des affaires du mari le met hors d'é-
tat de porter ces charges, & que les biens qu'il a de fa
femme fe trouvent en péril. Ainfi la féparation doit
être ordonnée en juftice, & avec connoiffance de caufe
apres des preuves fuffifantes que le mauvais état des affaires du mari, & fon peu de bien mettent en péril les
biens de la femme *b*.

*b Si conftante matrimonio, propter inopiam mariti mulier
agere velit, unde exactionem dotis initium accipere ponamus.
Et conftat, exinde dotis exactionem competere, & quo evi-
dentiffime apparuerit, mariti facultates, ad dotis exactionem
non fufficere. l. 24. ff. folut. matr. v. l. 22. §. 8. eod. l. 30. inf.
C. de jur. dot.*

III.

*3. Effets de la
féparation.*

La féparation de biens n'étant accordée à la femme
que parce que fes biens étoient en péril, & que le mari
ne pouvoit porter les charges du mariage, l'engagement
du mari de ménager les biens de la femme & de porter
ces charges, paffe à la femme par la féparation de biens.
Ainfi elle reprend l'adminiftration de fes biens, & porte fes charges, employant les revenus pour l'entretien
de fon mari, d'elle, & de leurs enfans *c*.

*c Ubi adhuc matrimonio conftituto, maritus ad inopiam fit
deductus, & mulier fibi profpicere velit. l. 29. C. de jure dot.
Fructibus varum (rerum fuarum) ad fuftentationem tam fui
quàm mariti, filiorumque, fi quos habet, abutatur. d. l.*

IV.

*4. La fem-
me féparée
ne peut alié-
ner.*

La femme féparée de biens n'acquiert par la féparation, que le droit de jouir de fes biens, & les conferver,
mais elle ne peut les aliéner *d*, que felon que les loix,
les coutumes peuvent le permettre *e*.

*d Ita tamen, ut eadem mulier nullam habeat licentiam eas res
alienandi vivente marito, & matrimonio inter eos conftituto.
l. 29. C. de jur. dot.*
e V. les articles 13. & 15. de la Section 1.

V.

*5. Elle peut
faifir, &
faire vendre
les biens du
mari, pour
fa dot.*

Si la dot confifte en deniers, dettes ou autres effets,
qui ne foient pas en nature, la femme peut en vertu de
la féparation faifir les biens du mari, & faire vendre
les autres fujets à fon hypoteque, même entre les
mains des tiers détenteurs *f*.

*f Ubi adhuc matrimonio conftituto, maritus ad inopiam fit
deductus, & mulier fibi profpicere velit: refque fibi fuppofitas pro
dote, & ante nuptias donatione, rebufque extra dotem conftitutis, tengere; non tantùm mariti res et tenenti, & fuper his ad judi-*

cium vocatæ, exceptionis præfidium ad expellendum ab hypotheca fecundùm creditorem præftamus : fed etiam fi ipfi contra
detentatores rerum ad maritum fuum pertinentium fuper iifdem
hypothecis aliquam actionem fecundùm legum diftinctionem,
moveat, non obeffe ei matrimonium adhuc conftitutum fancimus. l. 29. C. de jur. dot.

VI.

*6. Et auffi
pour fes
biens para-
phernaux,
fi elle en a
donné au
mari.*

Si outre les biens dotaux, la femme avoit mis en la
puiffance du mari fes biens paraphernaux, qui ne foient
pas en nature, elle pourra les recouvrer de même que
fes biens dotaux *g*.

g Rebufque extra dotem conftitutis. d. l. 29. C. de jur. dot.

VII.

*7. Et en-
core pour fes
gains.*

Si par le contrat de mariage il y a des gains acquis à la
femme fur les biens du mari, elle pourra les recouvrer
de même que fa dot, foit pour en conferver la propriété,
fi la jouiffance ne doit avoir lieu qu'après la mort du mari, ou pour entrer en jouiffance ; felon que la qualité de
ces gains fe trouvera reglée, ou par le contrat de mariage, ou par les coutumes & les ufages des lieux *b*.

*b Pro dote-& ante nuptias donatione. d. l. 29. C. de jur. dot.
Nov. 97. cap. 6.*

TITRE X.

DES DONATIONS ENTRE-VIFS.

*Nature des
donations
entre-vifs.*

ON appelle donations entre-vifs celles qui ont leur
effet du vivant du donateur, pour les diftinguer
de celles qui fe font à caufe de mort, & qui n'ont leur
effet qu'après la mort de celui qui donne.

*Différences
entre les do-
nations en-
tre-vifs, &
les dona-
tions à cau-
fe de mort.*

Il y a deux différences effentielles entre ces deux fortes de donations. L'une en ce que les donations entre-
vifs font des conventions qui fe paffent entre les donateurs & les donataires, ce qui les rend irrévocables ; au
lieu que les donations à caufe de mort, font des difpofitions de la même nature que les legs & les inftitutions
d'héritier qui dépendent de la volonté feule de ceux
qui donnent, & que par cette raifon elles peuvent être
révoquées.

L'autre différence entre les donations entre-vifs, &
les donations à caufe de mort, eft une fuite de la premiere & confifte en ce que celui qui donne entre vifs fe
dépouille lui-même de ce qu'il donne, & le transfere
au donataire qui en devient le maître : & que celui qui
ne donne qu'à caufe de mort aime mieux garder que fe
dépouiller, & demeure jufqu'à fa mort le propriétaire
de ce qu'il donne, avec le droit d'en priver le donataire
& d'en difpofer comme il lui plaira. Ainfi, au lieu que
la donation entre-vifs, dépouille le donateur, la donation à caufe de mort ne dépouille que fon héritier *a*.

C'eft à caufe de cette derniere différence entre les
donations entre-vifs, & les donations à caufe de mort,
que les coutumes qui ne permettent les difpofitions à
caufe de mort au préjudice des héritiers que d'une certaine portion des biens, réduifent les donations à caufe
de mort à cette même portion, & qu'au contraire elles
permettent les donations entre-vifs au préjudice des
héritiers, parce que le donateur ne prive pas feulement
fes héritiers, mais fe prive foi même de ce qu'il donne.
Et ces fortes de donations qui dépouillent le donateur
n'ont pas d'autres bornes que celles que chaque coutume peut y avoir mifes, foit pour conferver les légitimes
des enfans, ou pour reftraindre les libéralitez entre
certaines perfonnes, ou pour d'autres caufes.

Il s'enfuit de cette nature des donations entre-vifs,
qu'étant des conventions irrévocables qui dépouillent
le donateur, toute donation qui manque de caractere
& qui laiffe au donateur la liberté de l'anéantir, eft

*a Sed mortis causâ donatio longè differt ab illa vera & abfolu-
ta donatione, quæ ita proficifcitur, ut nullo cafu revocetur. Et ibi
qui donat, illum potius quam fe habere mavult : at is qui mortis
causâ donat, fe cogitat, atque amore vitæ recipere potius quàm
dediffe mavult. Et hoc eft quare vulgò dicatur, fe potius habere
vult, quam enm cui donat : illum deinde potius quam hæredem
fuum. l. 35. §. 2. ff. de mort. causf. donat.*

une donation nulle : c'est-à-dire, qu'elle n'est pas en effet une donation entre-vifs.

C'est de ce principe que dépend cette regle commune en cette matiere, que *donner & retenir ne vaut.* Ce qui signifie que si le donateur retient ce qu'il donne, il ne se dépouille pas, & ne donne point. Cette maxime a cette étendue, qu'elle annulle non seulement les donations où les donateurs se réserveroient la liberté de disposer des choses données, mais toutes celles où il se rencontreroit des circonstances qui marquassent que le donateur ne se seroit pas dépouillé, & que le donataire n'eût pas été rendu irrévocablement le maître de ce qui lui étoit donné. Ainsi une donation dont le titre demeureroit en la puissance du donateur, sans que le donataire en eût un double, ni que la minute fût mise entre les mains d'un Notaire pour en délivrer l'expédition, seroit une donation nulle ; car le donateur retiendroit la liberté de l'anéantir.

Les donations à cause de mort sont une des matieres de la seconde partie, & ce titre ne regarde que les donations entre-vifs, parce qu'elles sont des conventions. Mais pour ne pas répeter toujours l'expression entiere de donations entre-vifs, on n'usera que du simple mot de donations.

Les donations sont des liberalitez naturelles dans l'ordre de la société, où les liaisons des parens & des amis, & les divers engagemens obligent différemment à faire du bien, ou par la reconnoissance des bienfaits, ou par l'estime du mérite, ou par le motif de secourir ceux qui en ont besoin, ou par d'autres vûes.

Les manieres de donner & faire du bien sont de diverses sortes, de même que les commerces. Et comme on fait commerce de l'industrie, du travail, des services, & aussi des choses, on en fait de même des communications gratuites; mais on n'appelle donation que cette espece de liberalité par laquelle on se dépouille des choses, & on ne donne pas ce nom aux services & aux offices qu'on rend à ceux qu'on veut obliger *b.*

Des donations entre le mari & la femme.

On ne mettra dans ce titre aucune des regles du Droit Romain qui regardent les donations entre le mari & la femme, parce que cette matiere est si différemment reglée dans les Provinces qui se régissent par le Droit écrit, & dans les Coutumes, que ce seroit s'éloigner trop du dessein de cet ouvrage, d'y recueillir des regles dont presque aucune n'est d'un usage commun partout. Mais pour y suppléer on a cru devoir remarquer les principes généraux qui sont les fondemens de ces diverses Jurisprudences sur les donations entre le mari & la femme, pour faire voir les principes l'esprit des différentes regles qui s'observent dans les Provinces du Droit écrit, ou dans les Coutumes ; ce qu'on a réduit aux remarques qui suivent.

L'union si étroite du mari & de la femme étant une occasion d'exercer entr'eux des liberalitez selon leur affection, & selon leurs biens; l'usage de ces sortes de donations fut suivi de si grands inconvéniens, qu'il fut aboli dans le Droit Romain. Car on reconnut que la facilité ou du mari ou de la femme, en dépouilloit l'un pour enrichir l'autre : Que l'application du plus interessé à s'attirer la liberalité de l'autre, l'engageoit à des soins & à des vûes opposées aux devoirs de l'éducation des enfans, ou qui l'en détournoit : Que l'un résistant aux désirs de l'autre, & ne donnant point, ils se divisoient : & on jugea enfin que l'amour conjugal devoit subsister, & s'entretenir plus honnêtement que par l'intérêt *c.*

b Labeo scribit extra causam donationum esse talium officiorum mercedes, ut putà si tibi adfuero, si satis pro te dedero : si qualibet in re opera vel gratia mea usus fueris. *l.* 19. §. 1. ff. de donat.

c Moribus apud nos receptum est, ne inter virum & uxorem donationes valerent. Hoc autem receptum est, ne mutuato amore invicem spoliarentur, donationibus non temperantes: sed profusâ erga se facilitate. Nec esset eis studium liberos potius educendi. Sextus Cæcilius & illam causam adjiciebat, quia sæpe futurum esset ut discuterentur matrimonia, si non donaret is qui posset: atque ea ratione eventurum ut venalitia essent matrimonia. Hæc ratio & oratione Imperatoris nostri Antonini Augusti electa est. Nam ita ait, majores nostri inter virum & uxorem do-

Mais comme le principal motif qui annulloit les donations entre le mari & la femme étoit d'empêcher qu'ils ne se dépouillassent l'un l'autre de leur vivant, & que celui qui avoit donné ne se trouvât sans biens après la dissolution du mariage, ou par une mort, ou par un divorce ; les donations à cause de mort ne faisant pas le même effet, leur étoient permises. Et on donnoit même cet effet aux donations entre-vifs, que si elles n'étoient révoquées du vivant de celui qui avoit donné, elles fussent confirmées par sa mort, & valussent comme donations à cause de mort.

Les dispositions des Coutumes sur les donations entre le mari & la femme sont différentes, selon l'égard qu'elles ont eu aux motifs qui annulloient ces donations dans le Droit Romain, ou selon les autres vûes de l'esprit & des principes de ces Coutumes. Ainsi quelques-unes ont permis les donations entre le mari & la femme de la propriété des meubles & conquêts immeubles, & même d'une partie des propres ; mais elles ont voulu que ces donations fussent révocables. Ainsi les mêmes Coutumes, & plusieurs autres ont permis les donations entre-vifs & irrévocables entre le mari & la femme, pourvû qu'elles soient seulement d'une jouissance des meubles & conquêts immeubles, & qu'elles soient mutuelles. Et on a jugé dans ces Coutumes que la liberalité étant réciproque, & l'un & l'autre étant dans l'incertitude de l'événement qui fera donataire celui qui aura survécu, ces sortes de donations n'ont pas les mêmes inconvéniens que si la condition des deux n'étoit pas égale, & qu'elles n'ont rien qui trouble la tranquillité du mariage, ni qui en blesse l'honnêteté.

Mais d'autres Coutumes par d'autres vûes ont défendu toutes dispositions de la femme au profit du mari, même à cause de mort ; quoique ces mêmes Coutumes permettent au mari de donner à sa femme tous ses biens par une donation entre-vifs, à la réserve seulement de la légitime pour les enfans. Et ces Coutumes le reglent ainsi, parce qu'elles rendent d'ailleurs la condition des femmes moins avantageuse, en ce que la communauté de biens n'y a pas lieu : & qu'elles veulent conserver les biens de la femme contre les dispositions où l'autorité du mari pourroit l'exiger.

nationes prohibuerunt, amorem honestum solis animis æstimantes : famæ etiam conjunctorum consulentes, nec concordia prætio consiliari viderentur, neve melior in paupertatem incideret deterior ditior fieret. *l.* 1. 2. & 3. ff. de donat. int. vir. & ux.

SECTION I.

De la nature des donations entre-vifs.

SOMMAIRES.

1. *Définition de la donation.*
2. *Acceptation.*
3. *Si le donataire est incapable d'accepter.*
4. *Qui donne ce qu'il est obligé de donner, ne fait pas une donation.*
5. *Donations rémuneratoires.*
6. *Les donations sont irrévocables.*
7. *Choses qu'on peut donner.*
8. *Donations de tous biens, ou d'une partie.*
9. *Les fruits après la donation ne l'augmentent pas.*
10. *Donation ou pures ou simples, ou sous condition.*
11. *Trois sortes de conditions.*
12. *On ne peut ajouter à la donation de nouvelles charges.*
13. *Différence entre les motifs & les conditions.*
14. *Réserve d'usufruit.*
15. *Insinuation.*
16. *Alimens fournis par liberalité ou autrement.*

I.

LA donation entre-vifs est un contrat qui se fait par un consentement réciproque entre le donateur qui se dépouille de ce qu'il donne, pour le transmettre gratuitement

1. *Définition de la donation.*

tuitement au donataire, & le donataire qui accepte & acquiert ce qui lui est donné *a*.

a Aliæ donationes sunt quæ sine ulla mortis cogitatione fiunt, quas inter vivos appellamus. §. 2. *inst. de donat.* Dat aliqui ea nuente, ut statim velit accipientis fieri. *l.* 1. *ff. de donat. v. l.* 11. *in f. eod.* in verbo *contractibus.* Donatio est contractus. *l.* 7. *C. de his quæ vi metuve c. g. f.*

II.

2. Acceptation.

Il n'y a point de donation sans acceptation. Car si le donataire n'accepte, le donateur n'est pas dépouillé, & son droit lui demeure *b*.

b Non potest liberalitas nolenti acquiri. *l.* 19. §. 2. *ff. de donat.* Invito beneficium non datur. *l.* 69. *ff. de jur. l.* 156. §. *ult. eod.* Absenti, sive mittas ut ferat, sive quod ipse habeat, sibi habere eum jubeas, donari rectè potest. Sed si nescit rem quæ apud se est, sibi esse donatam, vel missam sibi non acceperit, donatæ rei dominus non sit. *l.* 10. *ff. de donat.* Donationis acceptor. *l. ult. C. de revoc. donat.*

III.

3. Si le donataire est incapable d'accepter.

Si le donataire est incapable d'accepter, comme si c'est un enfant, il faut que l'acceptation soit faite par une personne qui puisse accepter pour lui ; comme son pere, son tuteur, ou son curateur *c*.

c Si quis in emancipatum minorem priusquam fari possit, aut habere rei quæ sibi donatur affectum, fundum crediderit conferendum, omne jus complicat, instrumentis ante præmissis. Quod jus per eum servum, quem idoneum esse constiterit, transfigi placuit. Ut per eum infanti acquiratur. *l.* 16. *C. de donat.*

IV.

4. Qui donne ce qu'il est obligé de donner, ne fait pas une donation.

La donation est une libéralité, & celui qui ne donne que ce qu'il doit, ou ce qu'il est obligé de donner, ne fait pas une donation, mais il s'acquitte d'une dette, ou de quelque autre engagement. Ainsi celui qui donne pour accomplir une condition d'un testament, ou d'une donation qui l'en charge, n'est pas donateur, quand ce seroit même du sien qu'il auroit été chargé de donner *d*.

d Donatio dicta, est a dono quasi dono datum. *l.* 35. §. 1. *ff. de mert. cauf. donat.* Donari videtur, quod nullo jure cogente conceditur. *l.* 82. *ff. de reg. jur. l.* 29. *ff. de donat.* Propter nullam aliam causam facit, quam ut liberalitatem & munificentiam exerceat. Hæc propriè donatio appellatur. *l.* 1. *eod.* Quæ liberi imposita libertatis causâ præstant, ea non donantur, res enim pro his intercessit. *l.* 8. *ff. de donat.*

V.

5. Donations rémanératoires.

Les donations qu'on appelle rémunératoires, qui sont faites pour récompense de services, ne sont véritablement donations, que lorsque ce qui est donné ne pouvoit être exigé par le donataire : & la récompense que le donataire pouvoit demander, n'est pas en effet une donation *e*.

e Aquilius Regulus juvenis ad Nicostratum Rhetorem, ita scripsit *Quoniam & cum patre meo semper fuisti, & me eloquentia & diligentia tua meliorem reddidisti, dono & permitto tibi habitare in illo cænaculo, eoque uti.* Defuncto Regulo controversiam habitationis patiebatur Nicostratus, & cùm de ea re mecum contulisset, dixi posse defendi, non meram donationem esse, verum officium magisri quadam mercede remunerantem Regulum. Ideoque, non videri donationem sequentis temporis irritam esse. *l.* 27. *ff. de donat. v. l.* 34. §. 1. *eod.* Donari videtur, quod nullo jure cogente conceditur. *l.* 82. *ff. de reg. jur.*

VI.

6. Les donations sont irrévocables.

Quoique la donation soit une libéralité, elle est irrévocable comme les autres conventions *f*; si ce n'est du consentement du donataire, ou par quelqu'une des causes qui seront expliquées dans la Section 4.

f Quæ si fuerint perfectæ, temerè revocari non possunt §. 2. *inst. de donat.* Ut siatim velit accipientis fieri, nec ullo casu ad se reverti. *l.* 1. *ff. de don.* Cùm enim in arbitrio cujuscumque sit, hoc facere quod instituit, oportet eum vel minimè ad hoc prosilire, vel cùm ad hoc venire properaverit, non quibusdam excogitatis artibus suum propositum defraudare. *l.* 35. §. *ult. C. de don.*

VII.

7. Choses qu'on peut donner.

On peut donner toutes les choses qui sont en commerce, meubles, immeubles, dettes, droits, actions, & même des biens à venir; & généralement tout ce qui peut passer d'une personne à une autre, & lui être acquis. Et c'est aussi une donation lorsque le créancier remet la dette à son débiteur *g*.

g Donari non potest, nisi quod ejus sit, cui donatur. *l.* 9. §. *ult. ff. de donat.* Spem futuræ actionis, posse intercedente donateris voluntate, posse transferri, non immeritò placuit. *l.* 3. *C. eod.* Si quis obligatione liberatus sit, potest videri cepisse. *l.* 115. *ff. de reg. jur.* Si donationis causâ furti actionem ubi remissam probetur, supervacuam geris sollicitudinem. *l.* 18. *C. de don.*

VIII.

8. Donations de tous biens, ou d'une partie.

On peut donner ou tous ses biens, ou une partie *h*, pourvû que la donation ne soit pas inofficieuse *i*, & que si elle étoit de tous les biens, il y ait une réserve ou d'usufruit, ou d'autre chose qui suffise pour la subsistance & l'entretien du donateur. Car il seroit contre les bonnes mœurs que le donataire pût dépouiller le donateur de tout son bien, & en principal & en revenu *l*.

h Sed & si quis universitas faciat donationem, sive bessis, sive dimidiæ partis suæ substantiæ, sive tertiæ, sive quartæ, sive quantæcumque, vel etiam totius, si non de inofficiosis donationibus ratio in hoc reclamaverit, confirari donatorem, legis nostræ autoritate tantum quantum donavit præstare. *l.* 35. §. 4. *C. de donat.*

i Les donations inofficieuses sont celles qui privent de la légitime les personnes à qui il est dû, & c'est une matiere de la seconde Partie.

l Divus Pius rescripsit, eos qui ex liberalitate conveniuntur in id quod facere possunt condemnandos. *l.* 28. *ff. de reg. jur. l.* 11. *ff. de don.*

IX.

9. Les fruits après la donation ne l'augmentent pas.

Les fruits & revenus que le donataire recueille des choses données après la donation n'en font pas partie, & n'augmentent pas la donation ; mais font un bien acquis au donataire, comme le fruit d'une chose qui lui appartient. Ainsi dans les donations sujettes à quelque reduction, on ne compte pas ces jouissances. Ainsi lorsqu'une donation vient à être résolue par l'événement de quelque condition, ou autrement, le donaire ne rend pas les fruits, & les revenus dont il a joui *m*.

m Ex reditu donatis fructus perceptus, in rationem donationis non computatur. *l.* 9. §. 1. *ff. de don.* Cùm de modo donationis, quæritur, neque partis nomine, neque fructuum, neque pensionum, neque mercedum ulla donatio facta esse videtur. *l.* 11. *eod.*

X.

10. Donations ou pures ou fimples, ou sous condition.

Les donations sont ou pures & simples, ou faites sous quelque condition, ou avec quelque charge. Et le donateur est obligé aux charges & condition que le donataire lui a imposées *n*.

n Legem quam rebus tuis donando dixisti, sive stipulatione tibi prospexisti, ex stipulatu, sive non, incerto judicio, id est, præscriptis verbis, apud Præsidem Provinciæ debes agere, ut hanc impleri provideas. *l.* 9. *C. de donat.*

XI.

11. Trois sortes de conditions.

Les conditions dans les donations, comme dans les autres conventions, sont de trois sortes. Quelques-unes sont telles que la donation dépend de l'événement de la condition; d'autres résolvent la donation qui avoit subsisté; & d'autres apportent seulement quelque changement, sans annuller la donation *o*. Ainsi les donations faites en faveur de mariage renferment la condition, qu'elles n'auront leur effet, que lorsque le mariage sera accompli *p*. Ainsi une donation étant faite à condition, que si le donataire meurt avant le donateur, les choses données retourneront au donateur, cette condition résout une donation qui avoit subsisté *q*. Et cette autre condition, qu'après un certain temps, ou en un certain cas, le donataire sera tenu de remettre les choses données, ou une partie à une autre personne, n'annulle ni n'accomplit pas la donation ; mais elle y fait le changement dont il a été convenu, & oblige le donaire de rendre à celui à qui la restitution devoit être faite *r*.

o V. la Section 4. des Conventions, p. 26.
p V. l'article dernier de la Section 1. du Titre des Dots, p. 97.
q Si rerum tuarum proprietatem dono dedisti, ita ut post mortem ejus accipit, ad te rediret, donatio valet. Cùm etiam ad tempus certum, vel incertum ea fieri potest. Lege scilicet, quæ si impetia est conservanda. *l.* 2. *C. de donat. quæ sub modo.*
r Quoties donatio ita conficitur, ut post tempus, id quod donatum est, alii restituatur: veteris juris autoritate rescriptum est, si is in quem liberalitatis compendium conferebatur, stipulatus non

O

fit·, placiti fide non impleta, fi ei qui liberalitatis autor fuit vel hæredibus ejus , condictitiæ actionis perfecutionem competere. Sed cùm poftea , benigna juris interpretatione, Divi Principes, ei qui ftipulatus non fit , utilem actionem juxta donatoris voluntatem competere admiferint , actio quæ forori tuæ , fi in rebus humanis ageret , competebat : tibi accommodabitur. *l.* 30. C. de donat. quæ fub modo.

XII.

12. On ne peut ajouter à la donation de nouvelles charges.

Après que la donation a été accomplie , il n'eft plus au pouvoir du donateur d'impofer au donataire aucune condition, ni aucune charge, quand ce feroit même le pere du donataire *f.*

f Perfecta donatio conditiones poftea non capit. Quare fi pater tuus donatione facta quafdam poft aliquantulum temporis fecifte conditiones videatur, officere hoc nepotibus, ejus fratris tui filiis minimè poffe, non dubium eft. *l.* 4. C. de donat. quæ fub modo.

XIII.

13. Difference entre les motifs & les conditions.

Il faut faire beaucoup de différence dans les donations entre les motifs que les donateurs expriment comme étant les caufes de leur libéralité , & les conditions qu'ils y impofent. Car au lieu que le défaut d'une condition annulle la donation conditionnelle : elle ne laiffe pas de fubfifter, quoique les motifs qui y font exprimez ne fe trouvent pas être véritables. Ainfi , s'il y a dit dans une donation qu'elle eft faite pour des fervices rendus, ou pour faciliter au donataire une acquifition qu'il vouloit faire ; la donation ne fera pas annullée, quoiqu'il n'y ait pas de fervices rendus, & que l'acquifition ne fe faffe point. Car il refte toujours la volonté abfolue de celui qui a donné , & qui a pû avoir d'autres motifs que ceux qu'il a exprimez. Mais s'il étoit dit que la donation n'eft faite qu'à condition de l'emploi pour une telle acquifition , comme pour acheter une charge, & que la charge ne foit pas achetée, la donation n'aura point d'effet *t.*

t Titio decem donavi, ea conditione ut inde Stichum fibi emeret. Quæro , cùm homo antequam emeretur, mortuus fit, an aliqua actione decem recipiam. Refpondit , facti magis quàm juris quæftio eft. Nam fi decem Titio in hoc dedi , ut Stichum emeret , aliter non daturus : mortuo Sticho , condictione repetam. Si verò alias quoque donaturus Titio decem, quia interim Stichum emere propofuerat dixerim , in hoc me cafu ut Stichum emeret : caufa magis donationis, quàm conditio dandæ pecuniæ exiftimari debebit. Et mortuo Sticho pecunia apud Titium remanebit. *l.* 2. *§. ult. ff. de donat.* Et generaliter hoc in donationibus definiendum eft , multum interefte caufa donandi fuit , an conditio. Si caufa fuit ceffare repetitionem , fi conditio repetitioni locum fore. *l.* 3. *ff. eod.*

XIV.

14. Réferve d'ufufruit.

En toutes donations foit univerfelles de tous biens, ou particulieres de certaines chofes, le donateur peut fe réferver l'ufufruit des chofes qu'il donne *u.*

u Quifquis rem aliquam donando ; vel in dotem dando , vel vendendo ufumfructum ejus retinuerit , &c. *l.* 28. C. de don. *l.* 35. *§.* 5. *eod.*

XV.

15. Infinuation.

Les donations doivent être infinuées pour faire connoître au public cet engagement, qui étant inconnu pourroit donner fujet à diverfes fraudes *x.*

x Data jampridem lege ftatuimus, ut donationes interveniente actorum teftificatione confiantur. Quod vel maximè inter neceffarias conjunctafque perfonas convenit cuftodiri. Si quidem clandeftinis , ac domefticis fraudibus facilè quidvis pro negotii opportunitate confingi poteft : vel id quod verè geftum eft abolerì. *l.* 27. C. de donat. *l.* 30. *ff. feq. eod. V. l.* 17. *§.* 1. *ff. quæ in fraud. cred.* On remarque feulement ici la regle générale de l'infinuation des donations : & on retranche tout le détail de cette matiere qui eft réglée par les Ordonnances & par notre ufage , autrement que dans le Droit Romain. V. l'Ordonnance de 1539. art. 132. & celle de Moulins article 58.

XVI.

1. Alimens fournis par libéralité ou autrement.

On peut mettre au nombre des donations les dépenfes que l'une perfonne fait pour une autre par quelque motif de libéralité , & fans efpérance de les recouvrer. Comme fi on fournit des alimens à une perfonne proche ; & ce qui a été donné de cette maniere, ne peut dans la fuite être répété. Mais c'eft par les circonftances qu'il faut juger fi l'intention a été de donner , ou non *y.*

y Titium,fi pietatis refpectu fororis aluit filiam, actionem hoc nomine contra eam non habere, refpondit. *l.* 27. *§.* 1. *ff. de neg.*

geft. Si paterno affectu privignas tuas aluifti , feu mercedes pro his aliquas magiftris expendifti, ejus erogationis tibi nulla repetitio eft. Quod fi , ut repetiturus ea quæ in fumptum mififti, aliquid erogafti , negociorum geftorum tibi intentanda eft actio. *l.* 15. C. ae neg. geft.

SECTION II.

Des engagemens du Donateur.

SOMMAIRES.

1. *Premier engagement du donateur : Ne pouvoir révoquer.*
2. *Second engagement , la délivrance.*
3. *Retention d'ufufruit fert de tradition.*
4. *Troifiéme engagement , garantie.*
5. *Si la mauvaife foi du donateur caufe quelque perte au donataire.*
6. *Donateur ne peut être contraint qu'à ce qu'il peut , fans être réduit à la néceffité.*
7. *Intérêts des chofes données.*

I.

1. Premier engagement du donateur : Ne pouvoir révoquer.

LE premier engagement du donateur eft de ne pouvoir annuller la donation, quand il a une fois donné fon confentement ; & il ne peut le révoquer *a*, que pour de juftes caufes, comme s'il avoit été forcé,s'il étoit incapable de contracter, ou s'il fe trouvoit dans un des cas qui feront expliquez dans la Sect. 3.

a Si donationem ritè fecifti , hanc autoritate refcripti noftri refcindi non oportet. *l.* 5. C. de revoc. don. *l.* 3. *l.* 6. *eod.* V. l'article 6. de la Sect. 1.

II.

2. Second engagement, la délivrance.

Le fecond engagement du donateur , & qui fuit du premier, eft d'exécuter la donation, & de délivrer la chofe donnée , & il peut y être contraint par le donataire, ou par fes héritiers *b.*

b Ad exemplum venditionis noftra conftitutio (donationes) etiam in fe habere neceffitatem traditionis voluit. Ut etiam fi non tradantur , habeant pleniffimum & perfectum robur , & traditionis neceffitas incumbat donatori. *§.* 2. *inft. de donat. l.* 35. C. eod.

III.

3. Rétention d'ufufruit, fert de tradition.

Lorfqu'il y a rétention d'ufufruit dans une donation, elle tient lieu de délivrance *c.*

c Quifquis rem aliquam donando , vel in dotem dando , vel vendendo, ufumfructum ejus retinuerit , etiamfi ftipulatus non fuerit , eam continuò tradidiffe credatur. Nec quid emplius requiratur quo magis videatur facta traditio. Sed omnimodò idem fit , in his caufis ufumfructum retinere quod tradere. *l.* 28. C. de donat. *l.* 35. *§.* 5. *eod.* V. l'art. 7. de la Sect. 2. du Contrat de vente , p. 35.

IV.

4. Troifiéme engagement, garantie.

C'eft encore un troifiéme engagement du donateur, que s'il eft obligé à la garantie des chofes données , il doit les garantir. Mais s'il n'y eft pas obligé , & qu'il fe trouve avoir donné ce qui n'étoit pas à lui , croyant de bonne foi en être le maître , il eft déchargé de la garantie. Car il eft préfumé qu'il n'a entendu exercer la libéralité que de fon bien propre *d.*

d Quoniam avus tuus , cùm prædia tibi donaret de evictione eorum cavit : poft adverfus cohæredes tuos, ex caufa ftipulationis confiftere ob evictionem prædiorum , pro portione fcilicet hæreditaria. Nunc autem pacto minimè donare donatorem hac actione teneri certum eft. *l.* 2. C. de evict. Si quis mihi rem alienam donaverit... & evincatur , nullam mihi actionem , contra donatorem competere. *l.* 18. *§. ult. ff. de donat.* V. l'art. fuivant.

V.

5. Si la mauvaife foi du donateur caufe quelque perte au donataire.

S'il y avoit de la mauvaife foi de la part du donateur, comme s'il avoit donné une chofe qu'il fçavoit n'être pas à lui, il feroit tenu des dommages & intérêts que le donataire pourroit en fouffrir *e.*

e Labeo ait , fi quis mihi rem alienam donaverit , inque eam fumptus magnos fecero , & fic evincatur, nullam mihi actionem contra donatorem competere, planè ex dolo poffe me adverfus eum habere actionem , fi dolo fecit. *l.* 18. *§. ult. ff. de donat.*

VI.

6. Donateur ne peut.

Le donateur ne peut être obligé d'acquitter ce qu'il a promis, qu'autant qu'il le peut fans être réduit à la né-

tire con-
trainte qu'à
ce qu'il peut
fans être ré-
duit à la
nécessité.

cessité. Car il seroit injuste que sa libéralité fût une occasion d'inhumanité à son donataire *f.*

f Qui ex donatione se obligavit, ex rescripto Divi Pii in quantum facere potest convenitur. *l.* 12. *ff. de donat. l.* 28. *ff. de reg. jur.* In condemnatione personarum, quæ in id quod facere possunt, damnantur, non totum quod habent extorquendum est ; sed & ipsarum ratio habenda est, ne egeant. *l.* 173. *ff. de reg. jur. V. l.* 49. *ff. de re jud.*

7. Intérêts
des choses
données.

VII.

Le donateur ne doit point d'intérêts de la chose donnée, même après le retardement, s'ils ne sont stipulez, ou s'il n'y en a une condamnation en Justice. Et ils ne seront dûs que depuis la demande, & selon que les circonstances y donneront lieu, comme si on avoit donné une somme pour une dot *g.*

g Eum qui donationis causa pecuniam, vel qui aliud promisit, de mora solutionis pecuniæ, usuras non debere, summæ æquitatis est. *l.* 12. *ff. de donat.* Doris fructus ad maritum pertinere debere æquitas suggerit, cùm enim ipse onera matrimonii subeat, æquum est eum etiam fructus percipere. *l.* 7. *ff. de jur. dot.*

SECTION III.

Des engagemens du donataire, & de la révocation des donations.

SOMMAIRES.

1. *Premier engagement du donataire, d'acquitter les charges.*
2. *Second engagement, gratitude.*
3. *Ingratitude dissimulée par le donateur.*
4. *Révocation de la donation, par la survenance d'enfans.*

I.

1. Premier
engagement
du donatai-
re d'acquit-
ter les char-
ges.

LE premier engagement du donataire est de satisfaire aux charges & conditions de la donation, lorsqu'il y en a ; & s'il y manque, la donation pourra être révoquée, selon les circonstances *a.*

a Legem quam rebus tuis donando dixisti . . . . apud Præsidem Provinciæ debes agere, ut hanc impleri provideat. *l. 9. C. de don.* Vel quasdam conventiones sive in scriptis donationi impositas, sive sine scriptis habitas, quas donationis acceptor spopondit, minimè implere voluerit. Ex his enim tantummodo causis, si fuerint in judicium dilucidis argumentis cognitionaliter approbatæ, etiam donationes in eos factas eveni concedimus. *l. ult. C. de revoc. don.*

II.

2. Second
engage-
ment, gra-
titude.

Le second engagement du donataire est la reconnoissance du bienfait ; & s'il est ingrat envers le donateur, la donation pourra être révoquée, selon que le fait du donataire y aura donné lieu. Ainsi le donateur pourra révoquer la donation, non-seulement si le donataire attente à sa vie, ou à son honneur, mais même s'il lui porte à lui faire quelque violence ou quelque outrage en sa personne, ou par des injures, ou s'il lui cause quelque perte considérable par de mauvaises voies *b.*

b Generaliter sancimus omnes donationes lege confectas, firmas illibatasque manere, si non donationis acceptor ingratus circa donatorem inveniatur. Ita ut injurias atroces in eum effundat, vel manus impias inferat, vel jacturæ molem ex insidiis suis ingerat, quæ non levem substantiæ donatoris imponat, vel vitæ periculum aliquod ei intulerit. *l. ult. C. de revoc. don.* Donationes circa filium filiamve, nepotem neptemve, pronepotem proneptemve emancipatos celebratas, pater, vel avus, vel proavus, revocare non poterit; nisi edoctis manifestissimis causis, quibus eam personam in quam collata donatio est, contra ipsum venire pietatem, & ex causis quæ legibus continentur fuisse constabit ingratam. *l. 9. eod.*

Quique ipse causes d'ingratitude qui peuvent suffire pour faire révoquer une donation soient bornées par cette loi dernière au Cod. de revoc. don. à celles qui sont exprimées dans cet article, on les peut seulement pour exemple. Car il peut y en avoir d'autres qui mériteroient qu'une donation fût révoquée ; comme, par exemple, si le donataire refusoit les alimens au donateur réduit à la nécessité.

III.

3. Ingra-
titude dissi-
mulée par
le donateur.

Le droit de révoquer une donation par l'ingratitude du donataire, ne passe pas à l'héritier du donateur, si lui-même ayant connu l'ingratitude, l'a dissimulée *c.*

c Hoc tamen usque ad primas personas tantummodò stare cen-

Tome I.

---

semus: nulla licentia concedenda donatoris successoribus hujusmodi querimoniarum primordium instituere. Etenim si ipse qui hoc passus est, tacuerit, silentium ejus maneat semper, & non à posteritate ejus suscitari concedatur, vel adversus eum qui ingratus esse dicitur, vel adversus ejus successores. *l. ult. C. de revoc. donat.* Neque enim fas est ullo modo inquietari donationes, quas is qui donaverat, in diem vitæ suæ non retractavit. *l. 1. in f. eod.*

4. Révoca-
tion de la
donation,
par la sur-
venance
d'enfans.

IV.

Si après une donation faite par une personne qui n'a point d'enfans, il lui en survient, la donation demeurera nulle, par la présomption que celui qui donnoit n'ayant point d'enfans, n'auroit pas donné s'il en avoit eu, & qu'il ne donnoit que sous cette condition, que s'il venoit à avoir des enfans, la donation seroit sans effet *d.*

d Si uniquam libertis patronus filios non habens, bona omnia, vel partem aliquam facultatum fuerit donatione largitus ; & post suscepetit liberos, totum quidquid largitus fuerat, revertatur in ejusdem donatoris arbitrio, ac ditione mansurum. *l. 8. C. de revoc. don. v. l. 6. §. 1. C. de insi. & subsi. l. 101. ff. de cond. & dem. l. 40. §. ult. ff. de part.*

Quoique cette loi ne soit qu'en faveur d'un patron qui avoit donné à son affranchi, nous l'observons pour tous & personnes indistinctement. Mais si la donation étoit modique, & faite par une personne qui eût de grands biens à son donataire peu accommodé, & pour des causes favorables ; une telle donation seroit-elle révoquée par la naissance d'un enfant ?

Si ces enfans vient à mourir avant que la donation ait révoqué la donation, doit-elle subsister, la cause de la révocation ayant cessé par cette mort; ou est-elle tellement anéantie par cette naissance, que cette mort ne puisse la faire revivre ? Ces paroles de la loi, revertatur in ejusdem donatoris arbitrio ac ditione mansurum, semblent signifier que la donation est anéantie, & que le donateur reprend irrévocablement ce qu'il avoit donné. Ce qu'on peut confirmer par la loi 6. §. 1. C. de insi. & subsi. où il est dit que si un pere charge d'une substitution son fils qui n'avoit point d'enfans, cette substitution s'évanouira lorsque ce fils aura des enfans, evanescere substitutionem. A quoi on peut ajouter que l'enfant qui survient à un donataire étant saisi par la naissance du droit de succéder à son pere, ce droit anéantit la donation; & qu'étant une fois anéantie, il ne reste pas même au donataire le droit de sentir la donation en suspens, sous pretexte que cet enfant peut mourir avant son pere. Car il est illicite de s'attendre à un evenement de cette nature. Nec enim fas est ejusmodi casus expectare. *l. 34. §. 2. ff. de contr. empt.*

TITRE XI.

DE L'USUFRUIT.

Pourquoi
on traite ici
de l'usu-
fruit.

ON a parlé dans le titre précédent des réserves d'usufruit qui se font dans les donations, & on peut aussi faire de semblables réserves dans des constitutions de dot, dans des ventes, échanges, transactions, & autres conventions *a.* On peut même par des conventions expresses constituer un usufruit au profit de quelque personne *b.* Ainsi l'usufruit pouvant s'établir par des contrats, il est une espèce de convention. Et quoiqu'il s'acquiere aussi par des testamens & autres dispositions à cause de mort, où même par des loix, comme l'usufruit que les Loix, les Ordonnances & les Coûtumes donnent aux peres & aux meres & sur les biens de leurs enfans, soit sous nom d'usufruit, ou de garde noble, ou garde bourgeoise, on place ici cette matiere, qui ne devant être qu'en un seul endroit, doit être mise au premier où il doit en être parlé, ainsi qu'il a été remarqué dans le plan des matieres.

L'usage de l'usufruit n'est pas seulement naturel dans la société par la liberté indéfinie de toute sorte de conventions, mais aussi par l'utilité de séparer en diverses occasions le droit de propriété de celui de la jouissance. Et cette séparation qui se fait naturellement par les commerces de loüages & de baux à ferme se fait aussi très-justement par d'autres vûes, soit dans les libéralitez où l'on ne veut se dépouiller que de la propriété en conservant la jouissance : soit dans le commerce des

a Quisquis rem aliquam donando, vel in dotem dando, vel vendendo, usumfructum ejus retinuerit, &c. *l. 28. C. de donat.* *b* Et sine testamento si quis velit usumfructum aut usufructum, pactionibus & stipulationibus id efficere potest. *l. 3. ff. de usufr.* §. 1. insi. eod. Sive ex testamento, sive ex voluntario contractu usufructus constitutus est. *l. 4. C. eod.*

O ij

'conventions, comme si deux personnes faisant un échange, chacun se réserve la jouissance du fonds qu'il donne : ou dans des testamens, comme si un testateur legue l'usufruit d'un fonds dont il laisse la propriété à son héritier, ou s'il legue la propriété & laisse l'usufruit ou à l'héritier, ou à un autre légataire *c*. Dans tous ces cas soit que l'usufruit ait pour titre une convention, ou un testament, ou la disposition d'une loi, ou d'une coûtume ; la nature en est toujours la même, si le titre de l'usufruit n'y apporte quelque distinction : & c'est cette matiere de l'usufruit en général dira dans ce titre.

On peut encore considérer comme une espéce d'usufruit, où plusieurs regles de ce Titre peuvent s'appliquer, le droit qu'ont les possesseurs des bénéfices de jouir des revenus qui en dépendent. Et cette espéce d'usufruit a cela de propre, que les biens qui y sont sujets n'appartiennent à aucun propriétaire particulier, mais sont à l'Eglise.

Ceux qui ont lû cette matiere de l'usufruit dans le Droit Romain, pourront trouver à dire dans ce Titre la regle qu'on voit dans la loi 8. *ff. de usufr. & us fr. leg. &* dans la loi 56. *ff. de usufr.* qui veulent que si un usufruit est acquis à une Ville, ou autre Communauté, il dure cent ans. Mais outre que le cas d'un tel usufruit est si singulier & si bizarre qu'il ne mérite pas une regle *d* ; s'il en falloit une, il ne sembleroit pas juste de faire perdre par un usufruit la jouissance de trois ou quatre générations : & il y auroit bien plus de raison de le borner à trente années. Ce qu'on pourroit fonder sur une autre loi. *V. l. 68. in f. ff. ad leg. falc.*

> *c* Ususfructus à proprietate separationem recipit, idque pluribus modis accidit. Ut ecce si quis usumfructum alicui legaverit. Nam hæres nudam habet proprietatem, legatarius verò usumfructum. Et contra si fundum legaverit deducto ususfructu, legatarius nudam habet proprietatem, hæres verò usumfructum. Idem alii usumfructum, alii deducto eo fundum legare potest. Sine testamento verò si quis velit ususfructum alii constituere, pactionibus & stipulationibus id efficere debet. *§. 1. inst. de u,us. d V. l'art. 21. de la Section 1. des regles du Droit , p. 4.*

SECTION I.

De la nature de l'usufruit, & des droits de l'usufruitier.

SOMMAIRES.

1. *Définition de l'usufruit.*
2. *Usufruit de meubles & d'immeubles.*
3. *L'usufruit comprend toutes sortes de revenus.*
4. *L'usufruitier fait siens les fruits qu'il recueille.*
5. *Le prix du bail est à l'usufruitier, comme les fruits.*
6. *Les revenus qui s'acquierent successivement, se partagent entre le propriétaire & l'usufruitier à proportion du temps.*
7. *Comment l'usufruitier peut anticiper la récolte.*
8. *Augmentation ou diminution de l'usufruit par le changement du fonds.*
9. *Des changemens du fonds que peut faire l'usufruitier pour en augmenter le revenu.*
10. *Arbres abbatus.*
11. *Arbres morts.*
12. *Usage des arbres abbatus pour réparer.*
13. *Echalas.*
14. *Servitude accessoire de l'usufruit.*
15. *Commoditez non nécessaires à l'usufruitier.*
16. *L'usufruitier a les servitudes.*
17. *Ameliorations & réparations qu'il peut faire.*
18. *Il ne peut ôter les améliorations & réparations qu'il aura faites.*
19. *L'usufruitier peut céder, vendre, & donner son droit.*
20. *Peut interrompre le bail.*

I.

1. Définition de l'usufruit. L'Usufruit est le droit de jouir d'une chose dont on n'est pas le propriétaire, la conservant entiere, & sans la détériorer, ni la diminuer *a*.

> *a* Ususfructus est jus alieni rebus utendi, fruendi, salvâ re-

rum substantiâ. *l. 1. ff. de usufr. inst. eod.* V. sur ces dernieres paroles, *sans la détériorer, ni la diminuer*, ce qui sera dit dans la Section 3.

II.

2. Usufruit de meubles & d'immeubles. On peut jouir par usufruit non-seulement des immeubles, mais aussi des meubles ; comme d'une tapisserie, d'un troupeau de bétail, & d'autres choses mobiliaires *b*, suivant les regles qui seront expliquées dans la Sect. 3.

> *b* Constitit autem ususfructus non tantùm in fundo & ædibus, verùm etiam in servis & jumentis, cæterisque rebus. *l. 3. §. 1. ff. de usufr. l. 7. eod. §. 2. inst. eod.* V. la Sect. 3.

III.

3. L'usufruit comprend toute sorte de revenus. L'usufruit consiste en la jouissance pleine & entiere de toutes les especes de fruits, de revenus, de commoditez & d'usages qui peuvent se tirer de la chose dont on a l'usufruit ; comme sont les fruits des arbres, la coupe des bois taillis, les arbres qu'on peut tirer d'une pépiniere, la laissant en bon état, toutes les récoltes, le miel des abeilles, & généralement l'usufruitier jouir & use de tout sans réserve. Et on peut même jouir par usufruit des fonds & des meubles dont il ne se tire pas d'autre usage que le simple divertissement *c*.

> *c* Omnis fructus rei ad fructuarium pertinet. *l. 7. ff. de usufr.* Quicumque reditus est ad usufructuarium pertinet. Quæque obventiones sunt ex ædificiis, ex areis, & cæteris quæcumque, ædium sunt. *d. l. §. 1.* Quidquid in fundo nascitur, quidquid inde percipi potest, ipsius fructus est. *l. 9. eod. l. 59. §. 1. eod.* Seminarii fructum puto ad fructuarium pertinere. Ita tamen ut & vendere ei, & seminare liceat. *l. 9. §. 6. eod.* Silvam cæduam posse fructuarium cædere. *d. l. §. ult.* Si apes in eo fundo sint, earum quoque ususfructus ad eum pertinet. *d. l. §. 1.* Numismatum aureorum, vel argenteorum veterum, quibus pro gemmis uti solent, ususfructus legari potest. *l. 28. ff. eod.* Statuæ & imaginis fructum posse relinqui magis est : quia & ipsæ habent aliquam utilitatem, si quo loco opportuno ponantur. Licèt prædia quædam talia sint ut magis in eo impendamus quàm de illis acquiramus, tamen ususfructus eorum relinqui potest. *l. 41. eod.*

IV.

4. L'usufruitier fait siens les fruits qu'il recueille. L'usufruitier qui au moment que son droit lui est acquis, & que son usufruit commence à courir, trouve des fruits pendans qui sont en maturité, peut les recueillir, & ils sont à lui. Et si l'usufruit venoit à finir ou par sa mort, ou autrement pendant la récolte, la portion des fruits qu'il aura recueillie, quoique restée dans l'héritage, mais séparée du fonds, appartiendra à ses héritiers : & ce qui restera sans être cueilli, demeurera au propriétaire, & aussi les fruits qui seront tombez d'eux mêmes, & où l'usufruitier n'aura pas mis la main. Car comme il n'y a qu'un droit de jouir, si ce droit finit avant la jouissance, il n'y a plus rien. Ainsi, lorsque l'usufruitier meurt avant la récolte, ses héritiers n'auront rien aux fruits *d*.

> *d* Si pendentes fructus jam maturos reliquisset testator, fructuarius eos feret, & ille legati cedente adhuc pendentes deprehendisset. Nam & stantes fructus ad fructuarium pertinent. *l. 27. ff. de usufr.* Si fructuarius messem fecit, & decessit, stipulam quæ in messe jacet hæredis ejus esse, Labeo ait. Spicam, quæ terrâ teneatur, domini fundi esse, fructumque percipi, spicâ aut fœno cæso, aut uvâ adempta, aut excussâ oleâ, quanvis nondum tritum frumentum, aut oleum factum, vel vindemia coacta sit. Sed ut verum est quod de oleâ excussâ scripsit, ita aliter observandum de ea olea quæ per se deciderit. Julianus ait fructuarii fructus tunc fieri, cùm eos perceperit. *l. 13. ff. quib. mod, usufr. vel us. am.* Fructuarius, etiamsi maturis fructibus, nondum tamen perceptis, decesserit, hæredi suo eos fructus non relinquet. *l. 8. in fine, ff. de ann. legat.*
>
> Il faut remarquer sur cet article, que comme un usufruit peut être acquis par de différens titres, comme par un testament, par une convention, par une loi, ainsi qu'il a été remarqué dans le préambule de ce Titre ; on doit suivre en chaque espéce d'usufruit, pour ce qui regarde les droits de l'usufruition, ce qui peut en être reglé par le Titre, quoique différent de la regle expliquée dans cet article. Ainsi la jouissance qu'ont les possesseurs des bénéfices des fruits qui en dépendent, est une espéce d'usufruit qui se regle d'une autre maniere. Car comme les fruits du bénéfice appartiennent au possesseur à cause des charges, les fruits de la derniere année, à commencer l'année, comme c'est la régle au mois de Janvier, se partagent entre les héritiers du titulaire & son successeur au bénéfice à proportion du tems que ce titulaire a vécu pendant cette derniere année. Ainsi les fruits de la dot aprés la dissolution du mariage se partagent différemment entre le survivant & les héritiers du prédécédé, suivant les différentes dispositions des Coûtumes, comme il a été remarqué dans le préambule du Titre des Dots. Ainsi l'usufruit des peres & la garde-noble ou bourgeoise, e reglent selon que les Coûtumes ou les usages peuvent y avoir pourvû.

Margin notes, right column:
> *2. Usufruit de meubles & d'immeubles.*
>
> *3. L'usufruit comprend toute sorte de revenus.*
>
> *4. L'usufruitier fait siens les fruits qu'il recueille.*

V.

5. Le prix du bail est à l'usufruitier comme les fruits.

Si les fruits des héritages, sujets à un usufruit étoient donnez à ferme, l'usufruitier qui a son droit acquis au temps de la récolte, recevra du fermier le prix du bail, de même qu'il auroit recueilli les fruits, s'il n'y avoit point eu de bail : & quoique l'usufruit vienne à finir entre la récolte & le terme du payement, l'usufruitier ou ses héritiers auront le prix entier du bail de cette récolte *e*.

e Defunctâ fructuariâ mense Decembri, jam omnibus fructibus, qui in his agris nascuntur, mense Octobri, per colonos sublatis, quæsitum est utrùm pensio hæredi fructuariæ solvi debeat; quamvis fructuaria ante Kalendas Martias, quibus pensiones inferri debeant, decesserit : an dividi debeat inter hæredem fructuariæ, & rempublicam cui proprietas legata est ? Respondi rempublicam quidem cum colono nullam actionem habere : fructuariæ verò hæredem suâ die, secundùm ea quæ proponerentur, integram pensionem percepturam. *l.* 58. *ff. de usufr.*

V I.

6. Les revenus qui s'acquierent successivement, se partagent entre le propriétaire & l'usufruitier à proportion du temps.

Les revenus qui s'acquierent successivement, & de moment à autre, comme les loyers d'une maison, appartiennent à l'usufruitier à proportion du temps que dure son droit. Ainsi, lorsqu'un usufruit commence au premier Janvier, & qu'il finit avant la fin de l'année, le proprietaire aura les loyers qui courront après l'usufruit fini, & l'usufruitier ou ses héritiers auront ceux du temps qu'a duré l'usufruit *f*.

f Si operas suas locaverit servus fructuarius, & imperfecto tempore locationis usufructus interierit : quod superest, ad proprietarium pertinebit. Sed & si ab initio certam summam propter operas certas stipulatus fuerit, capite deminuto eo, idem dicendum est. *l.* 26. *ff. de usufr.*

V I I.

7. Comment l'usufruitier peut anticiper la récolte.

L'usufruitier peut cueillir avant une parfaite maturité les fruits dont la nature est telle, qu'il est ou de l'usage, ou plus utile de les cueillir prématurément. Ainsi on n'attend pas la parfaite maturité des olives, du foin, d'un bois taillis. Mais l'usufruitier doit attendre la maturité pour la moisson & pour la vendange *g*.

g Silvam cæduam etiamsi intempestivè cæsa sit, in fructu esse constat; sicut olea immatura lecta : item fœnum immaturarum cæsum, in fructu est. *l.* 48. §. 1. *ff. de usufr.* In fructu id esse intelligitur, quod ad usum hominis inductum est : neque enim maturitas naturalis hic spectanda est : sed id tempus, quo magis colono dominove eum fructum tollere expedit. Itaque cum olea immatura plus habeat reditus, quàm si matura legatur : non potest videri, si immatura lecta est, in fructu non esse. *l.* pen. *ff. de us. & usufr. leg.*

V I I I.

8. Augmentation ou diminution de l'usufruit par le changement du fonds.

L'usufruit s'augmente ou se diminue à proportion de l'augmentation ou diminution qui peut arriver au fonds sujet à l'usufruit : & comme l'usufruitier souffre la perte ou la diminution de son usufruit, si le fonds périt ou est endommagé par un tremblement, par un incendie, ou autre cas fortuit *h*, il profite aussi des changemens qui peuvent rendre le fonds meilleur ou plus grand : comme si l'évenement d'un procès y acquiert une servitude, ou plus d'étendue, ou si le voisinage d'une riviere y apporte quelque accroissement *i*.

h V. les articles 4. 5. & 6. *de la Sect.* 6.
i Huic vicinus tractatus est, quod solet in eo quod accessit tractari; & placuit alluvionis quoque usumfructum ad fructuarium pertinere. *l.* 9. §. 4. *ff. de usufr.*

I X.

9. Des changemens du fonds que peut faire l'usufruitier pour en augmenter le revenu.

L'usufruitier peut ouvrir une carriere dans le fonds dont il a l'usufruit : car les pierres qu'il en tirera tiennent lieu de fruits, & il en est de même des autres matieres qu'il pourra en tirer : & il pourra même arracher un plant comme des vignes, pour y faire quelque changement de cette nature, pourvû que le fonds en devienne meilleur, & que le revenu en soit augmenté. Car l'usufruitier peut améliorer, mais il ne peut faire de changement qui empire le droit du propriétaire. Mais quoique le revenu fût augmenté par un changement de l'état du fonds, si ce n'étoit que pour un temps, ou si ce changement causoit d'ailleurs des incommoditez ou des dépenses qui fussent à charge au propriétaire, l'usufruitier en

seroit tenu, comme ayant passé les bornes de son droit *l*. Ainsi, c'est par les circonstances qu'il faut juger des changemens que l'usufruitier peut ou ne peut pas faire,

l Inde est quæsitum an lapidicinas, vel cretifodinas, vel arenifodinas ipse instituere posse, si non agri partem necessariam, huic rei occupaturus est. Proinde venas quoque lapidicinarum, & hujusmodi metallorum inquirere poterit . . . . . & cæterorum fodinas, vel quas pater familias instituit, exercere poterit, vel ipse instituere, si nihil agriculturæ nocebit. Et si forte in hoc quod instituit plus reditus sit, quàm in vineis, vel arbustis, vel olivetis quæ fuerunt, forsitan etiam hæc dejicere poterit. Si quidem instituetur meliorare proprietatem. *l.* 13. §. 5. *ff. de usufr.* Si tamen quæ instituit usufructuarius, aut cœlum corrumpant agri, aut magnum apparatum sint desiderata opificum forte, vel legulorum, quæ non posset sustinere proprietarius, non videbitur virî boni arbitratu frui. *d. l.* 13. §. 6.

X.

10. Arbres abbatus.

Les arbres abbatus par le vent, ou par quelque autre accident, appartiennent au proprietaire du fonds dont ils faisoient partie : Ainsi il est obligé de les emporter à ses frais, afin qu'ils n'incommodent point : & l'usufruitier n'en profitant pas, il n'est pas obligé d'en planter de nouveaux *m*.

m Si arbores vento dejectas dominus non tollat, per quod incommodior sit usufructus, vel iter : suis actionibus usufructuario cum eo experiundum. *l.* 19. §. 1. *ff. de usufr.* Arbores vi tempestatis, non culpâ fructuarii eversas, ab eo substitui non placet. *l.* 59. *cod.* V. l'art. suivant.

X I.

11. Arbres morts.

Les arbres morts sont à l'usufruitier comme une espéce de revenu, mais à la charge d'en planter d'autres *n*.

n In locum demortuarum arborum aliæ substituendæ sunt ; & priores ad fructuarium pertinent. *l.* 18. *ff. de usufr.*

X I I.

12. Usage des arbres abbatus pour réparer.

Si les lieux sujets à un usufruit se trouvent avoir besoin de quelque réparation où l'on puisse faire servir le bois des arbres abbatus par quelque accident, l'usufruitier pourra s'en servir *o*.

o Arboribus evulsis, vel vi ventorum dejectis usque ad usum suum, & villæ posse usufructuarium ferre Labeo ait. *l.* 12. *ff. de usufr.* Materiam ipsum succidere, quantum ad villæ refectionem, putat posse. *d. l.* 11.

X I I I.

13. Echalas.

L'usufruitier peut tirer des arbres d'un bois de quoi faire des échalas pour des vignes, pourvû que ce soit sans détériorer *p*.

p Ex silva cædua pedamenta, & ramos ex arbore usufructuarium sumpturum : ex non cædua in vineam sumpturum : dum ne fundum deteriorem faciat. *l.* 10. *ff. de usufr.*

X I V.

14. Servitude de passage dûe à l'usufruit.

Si l'usufruitier d'un héritage ne peut y entrer que par un autre fonds de celui qui a créé l'usufruit, ce passage sera dû à cet usufruitier. Ainsi si un testateur a légué l'usufruit d'un héritage où l'on ne puisse entrer que par un autre fonds de sa succession, & que cet autre fonds demeure à l'héritier, ou qu'il soit donné à un autre légataire, cet héritier ou ce légataire tenant ce fonds de ce testateur, sera obligé de souffrir la servitude du passage *q* : & de le donner tel, qu'il sera nécessaire pour la culture & la jouïssance de l'héritage sujet à cet usufruit *r*.

q Ususfructus legatus adminiculis eget, sine quibus uti frui quis non potest. Et ideò si ususfructus legetur necesse est tamen, ut sequatur cum aditus. *l.* 1. §. 1. *ff. si usuf. pet.* Si ususfructus sit legatus ad quem aditus non est per hæreditarium fundum, ex testamento utique aditum fructuarius consequetur, ut cum aditu sibi præstetur ususfructus. *d. l.* 1. §. 2. In hac specie non aliter concedendum est ususfructus legatario fundum vindicare, nisi prius jus transfeundi usufructuario præstet. *l.* 15. §. 1. *ff. de usu & usufr. leg.* *r* Utrùm autem aditus tantùm, & iter, an verò & via debeatur fructuario, legato ei usufructu Pomponius libro quinto dubitat ; & rectè putat, prout ususfructus perceptio desiderat, hoc ei præstandum. *d. l.* 1. §. 3. *ff. si usufr. pet.*

X V.

15. Commoditez non nécessaires à l'usufruitier.

Si dans le cas d'un usufruit légué, il manque à l'usufruitier quelques commoditez qui ne soient pas d'une absolue nécessité pour sa jouïssance, comme l'est un passage, il ne pourra prétendre que l'héritier doive lui fournir ces sortes de commoditez. Ainsi, il ne pourra pas demander qu'on lui donne des jours plus commodes pour une chambre, un passage plus aisé, une prise d'eau : car l'usufruit est borné à la jouissance de la chose telle qu'elle est, quand le droit en est acquis à l'usu-fruitier *f*.

f Sed an & alias utilitates & servitutes ei hæres præstare debeat, putà luminum & aquarum, an verò non ? Et puto eas solas præstare compellendum, sine quibus omnino uti non potest. Sed si cum aliquo incommodo utuntur, non esse præstandas. *l. 1. §. ult. ff. si ususfr. pet.*

XVI.

16. *L'usufruitier a les servitudes.*

L'usufruitier peut par lui-même poursuivre le droit d'une servitude, s'il en est dû à l'héritage dont il a l'usufruit, & agir contre le voisin chez qui elle est dûe, de même que le pourroit le propriétaire *t*.

t Si fundo fructuario servitus debeatur, Marcellus libro octavo apud Julianum Labeonis & Nervæ sententiam probat, existimantium, ususfructum quidem eum vindicare non posse, verùm ususfructum vindicaturum. Ac per hoc vicinum, si non patitur cum ire & agere teneri, ei quasi non patiatur uti frui. *l. 1. ff. si u. ususfr. pet.*

XVII.

17. *Améliorations & réparations qu'il peut faire.*

L'usufruitier peut faire dans l'héritage sujet à l'usufruit des améliorations & réparations utiles ou nécessaires & même pour son seul plaisir ; pourvû que ce soit sans rien empirer, ni changer l'état des lieux. Ainsi il ne peut hausser un bâtiment, changer les appartemens ni les autres dépendances d'une maison, ni les défigurer, augmenter, ou diminuer, non pas même en ajoutant ce qui seroit mieux, ou démolissant ce qui seroit inutile. Mais il peut, par exemple, prendre des jours, & mettre des peintures & autres ornemens *u*.

u Neratius libro quarto membranarum ait , non posse fructuarium prohiberi quominus reficiat. Quia nec arare prohiberi potest aut colere. Nec solùm necessarias refectiones factarum, sed etiam voluptatis causâ , ut tectoria, & pavimenta, & similia. Neque autem ampliare nec utile detrahere posse quamvis melius repositurus sit: quæ sententia vera est. *l. 7. in f. & l. 8. ff. de ususfr.* Si ædium ususfructus legatus sit, Nerva filius, & lumina immittere eum posse ait. Sed & colores, & picturas, & marmora poterit, & sigilla, & si quid ad domûs ornatum. Sed neque diætas transformare vel conjungere, aut separare ei permittetur ; vel aditus posticæve verrere, vel refugia aperire , vel immutare, vel viridaria ad alium modum convertere. Excolere enim quod inveniri potest, qualiter ædium non immutatâ. Item Nervæ cum cui ædium ususfructus legatus sit, aliæs tollere non posse, quamvis lumina non obscurentur, quia tectum magis turbatur. *l. 13. §. 7. eod. v. §. 8. eod.*

XVIII.

18. *Il ne peut faire les améliorations & réparations qu'il aura faites.*

Si l'usufruitier a fait des améliorations, ou des réparations, soit utiles ou nécessaires, ou pour son plaisir, il ne peut rien démolir de ce qu'il a bâti, ni ôter ou enlever que ce qui peut se conserver étant enlevé *x*.

x Sed si quid inædificaverit, posteà eum neque tollere hoc, neque refigere posse. Refixa planè posse vindicare. *l. 15. ff. de ususf.* V. l'article dernier de la Section 3. du Titre des Dots, p. 101.

XIX.

19. *L'usufruitier peut céder, vendre, & donner son droit.*

L'usufruitier peut jouir par soi-même, ou louer & bailler à ferme ; il peut même céder, vendre ou donner son droit : & la disposition qu'il en fait lui tient lieu de jouissance & conserve son droit *y*.

y Usufructuarius vel ipse frui eâ re , vel alii fruendam concedere , vel locare , vel vendere potest. Nam & qui locat utitur, & qui vendit utitur. Sed & si quid precario concedat, vel donet, puto eum uti atque ideò retineri ususfructum. *l. 12. §. 2. ff. de ususfr.* Cui ususfructus legatus est , etiam invito hærede, cum extraneo vendere potest. *l. 67. eod.*

XX.

20. *Il peut interrompre le bail.*

L'usufruitier a la liberté d'interrompre le bail qu'avoit fait le propriétaire , de même que l'acheteur *z*, si ce n'est que son titre le regle autrement. Car ayant le droit de jouir de tout le revenu , & d'ordinaire pendant sa vie, il est comme le maître, & il n'est pas obligé de laisser au fermier un profit qui est à lui.

z Quidquid in fundo nascitur, vel quidquid inde percipitur, ad fructuarium pertinet : pensiones quoque jam anteà locatorum agrorum si ipsæ quoque specialiter comprehensæ sint. Sed ad exemplum venditionis, nisi fuerint specialiter exceptæ, potest usufructuarius conductorem repellere. *l. 59. §. 1. ff. de ususfr.* V. l'article 4. de la Section 3. du Louage, p. 58.

SECTION II.
De l'usage & habitation.

Différence entre l'usage & l'ususfruit.

L'Usage est distingué de l'usufruit, en ce qu'au lieu que l'usufruit est le droit de jouir de tous les fruits & revenus que peut produire le fonds qui y est sujet, l'usage ne consiste qu'au droit de prendre sur les fruits du fonds la portion que l'usager peut en consumer, selon ce qui en est nécessaire pour sa personne, ou reglé par son titre ; & le surplus appartient au maître du fonds. Ainsi les usagers qui ont droit d'usage dans une forêt ou un bois taillis, ne peuvent en prendre que pour leur usage, selon qu'il a été reglé par leur titre. Et celui qui auroit l'usage d'un autre fonds, ne peut en recueillir que ce qu'il peut consumer pour le besoin qu'il peut avoir des espèces de fruits que produit ce fonds, ou même l'usage peut être restraint à de certaines espèces de fruits ou revenus, sans s'étendre aux autres. Ainsi on voit dans le Droit Romain que celui qui n'avoit qu'un simple usage d'un fonds, n'avoit rien au bled ni à l'huile *a* : & que celui qui avoit l'usage d'un troupeau de brebis étoit réduit à s'en servir pour engraisser les héritages, mais n'avoit rien à la laine, ni aux agneaux, & pour le lait même il est dit en quelques endroits qu'il n'en pouvoit en prendre qu'un peu, & en d'autres qu'il n'y avoit rien *b*.

De l'habitation.

L'habitation est pour les maisons, ce qu'est l'usage pour les autres fonds : au lieu que celui qui a l'usufruit d'une maison peut jouir de la maison entiere ; celui qui n'a que l'habitation, a sa jouissance bornée à ce qui lui est nécessaire ou reglé par son titre. Sur quoi il faut remarquer qu'encore que ce mot d'habitation paroisse restraint dans quelques loix, au sens de cette définition *c* ; il semble en d'autres que l'habitation & même l'usage d'une maison emporte la jouissance de la maison entiere. Ainsi ce n'est pas tant par le sens de ces mots d'usage & d'habitation, qu'il faut étendre ou borner la jouissance de ceux qui ont ces sortes de droits, que par les termes du titre qui peuvent faire juger de l'intention, ou du testateur, si ce droit est acquis par un testament, ou des contractans, si c'est par une convention qu'il est établi *d*.

a Neque oleo (usurum) neque frumento. *l. 12. §. 1. ff. de usu & habit.*

b Modico lacte usurum puto. *l. 12. §. 1. ff. de usu & habit.* Si pecorum vel ovium usus legatus sit, neque lacte , neque agnis, neque lana utetur usuarius, quia ea in fructu sunt. Planè ad stercorandum agrum suum pecoribus uti potest. *§. 4. inst. de usu & habit. d. l. 12. §. 2.*

c V. h. 10. ff. de usu & habit. d. l. 1. §. 1. & l. 18. eod.* Voyez l'article 9. de la Section 2. & l'article 7. de la Section 4.

d V. l. 4. l. 22. §. 1. ff. de usu & habit. l. 15. eod. l. 13. C. de ususfr. & habit.

SOMMAIRES.

I.

1. *Définition de l'usage.*

L'Usage est le droit de prendre sur les fruits qui y sont affectez ce que l'usager peut en consumer pour ses besoins, ou ce qui lui est donné par son titre *a*. Ce

a Cui usus relictus est , uti potest, frui non potest. *l. 1. ff. de usu & habit.* Minus juris est in usu quàm in usufructu. Nam is qui fundi nudum habet usum, nihil ulterius habere intelligitur, quàm ut oleribus , pomis , floribus, fœno, stramentis , & lignis ad usum quotidianum utatur. *§. 1. inst. de usu & habit. l. 10. §. 4. l. 12. §. 1. ff. eod.* Non usque ad compendium, sed ad usum scilicet, non usque ad abusum. *l. 11. §. 2. eod.*

qui se regle ou par le titre même , s'il l'a exprimé , ou par la prudence du Juge , selon la qualité de l'usager , & l'intention des personnes qui ont établi ce droit , ou par les coutumes & les usages s'ils y ont pourvû *b*.

b Usu legato si plus usus sit legatarius quàm oportet , officio judicis , qui judicat quemadmodum utatur ; continetur ne aliter quàm debet utatur. *l. 22. §. ult. ff. cod.* Largius eum usurario agendum est , pro dignitate ejus. *l. 12. §. 1. eod.*

2. Quand l'usage emporte l'usufruit.

Si les fruits dont l'usager a droit de prendre ce qui lui est nécessaire pour ses besoins , sont si modiques dans le fonds dont il a l'usage , qu'il n'y ait précisément que ce qu'il lui en faut , il aura le tout comme l'usufruitier *c*.

c Fundi usu legato , licebit usuario & ex penu quod in annum duntaxat sufficiat , capere : licet mediocris prædii eo modo fructus consumantur. Quia,& domo & servo sic uteretur,ut nihil alii fructuum nomine superesset. *l. 15. ff. de usu & habit.*

c. L'usager ne doit pas incommoder le proprietaire.

III.

L'usager a la liberté d'aller dans le fonds pour user de son droit , mais sans incommoder le propriétaire *d*.

d In eo fundo hactenus ei morari licet , ut neque domino fundi molestus sit , neque his per quos opera rustica fiunt , impedimento. *l. 11. ff. de usu & habit. §. 1. inst. eod.*

IV.

4. L'usage ne se transmet point à d'autres personnes.

Comme le droit d'usage est borné à la personne de l'usager , il ne peut ni vendre , ni louer , ni donner un droit qui lui est personnel , & qui passant à une autre personne , pourroit être plus à charge , ou plus incommode au propriétaire *e*. Que s'il y avoit quelque difficulté de sçavoir si l'usager pourroit user de son droit autrement qu'en personne , il faudroit la regler par le titre , par la qualité des personnes , & par les autres circonstances.

e Nec ulli alii jus quod habet , aut vendere , aut locare , aut gratis concedere potest. *l. 11. in f. ff. de usu & habit. §. 1. in fin. inst. cod.* Quemadmodum enim concedere alii operas poterit,cum ipse uti debeat , *l. 12. §. ult. ff. cod.* V. l'art. 10. de cette Sect.

V.

5. Comment l'usage acquis au mari ou à la femme est pour l'un & l'autre.

Le droit d'usage , comme celui de l'habitation , qui est acquis au mari ou à la femme par un legs , ou autre disposition à cause de mort , se communique de l'un à l'autre : & ils useront ensemble de ce droit pendant la vie de celui à qui il est donné *f*. Car celui qui a légué ou un usage , ou une habitation à l'un des conjoints , n'a pas voulu en exclure l'autre.Mais si un droit d'usage de quelques fruits étoit légué ou au mari , ou à la femme avant qu'ils fussent mariez , le mariage survenant n'imprimeroit pas la condition du propriétaire : & l'usage seroit borné ainsi qu'il seroit réglé par le titre. Et il en seroit de même si cet usage étoit acquis par une convention , soit avant ou après le mariage. Et dans tous ces cas c'est par les circonstances qu'il faut juger de l'effet que doit avoir le titre *g*.

f Domus usus relictus est , aut marito , aut mulieri. Si marito potest illic habitare , non solus , verùm familia cum quoque sua. *l. 2. §. 1. ff. de usu & habit.* Mulieri autem si usus relictus sit posse eam & cum marito habitare. *l. 4. §. 1. eod.* V. ci-après l'article 8. Cæterarum quoque rerum usu legato , dicendum est uxorem cum viro in promiscuo usu eas res habere posse. *l. 9. eod.* Neque enim tam strictè interpretandæ sunt voluntates defunctorum. *l. 12. §. 2. in f. eod.* Conditionum autem testamento præscribuntur , pro voluntate considerantur. *l. 101. §. 2. ff. de cond. & demonstr.*

g Semper in stipulationibus , & in cæteris contractibus id sequimur quod factum est. *l. 34. ff. de reg. jur.* V. l'article 8. & la remarque qu'on y a faite.

VI.

6. L'usage dure pendant la vie.

Le droit d'usage n'est pas seulement pour une , ou plusieurs années , mais il s'étend à la vie de l'usager si le titre de ce droit ne le regle autrement *h*.

h V. ci-après l'art. 11. de cette Sect. & l'art. 1. de la Sect. 6.

VII.

7. Définition de l'habitation.

L'habitation est le droit d'habiter dans une maison , & celui qui a ce droit a comme un usage , ou comme un usufruit selon que son titre étend , ou borne le droit d'habiter *i*.

i Domus usus. *l. 1. §. 1. ff. de usu & habit.* V. à la fin du Préambule de cette Section. V. ci-après l'article 9.

VIII.

Le droit d'habitation s'étend à toute la famille de celui qui a ce droit. Car il ne peut habiter séparément de sa femme , de ses enfans , de ses domestiques. Et il en est de même , si ce droit est acquis à la femme *l*. Ce qui s'entend de l'habitation même qui étoit acquise avant le mariage *m*.

8. L'habitation s'étend à la famille.

l Potest illic habitare non solus , verùm familia cum quoque sua. *l. 2. §. 1. ff. de usu & habit.* V. ci-après l'art. 5.
Mulieri autem si usus relictus sit, posse eam & cum marito habitare , Quintus Mutius primus admisit , ne ei matrimonio carendum foret , cùm uti vult domo. Nam per contrarium quum uxor cum marito possit habitare nec sit dubitatum. *l. 4. §. ff. de usu & habit.*

m Quid ergo si viduæ legatus sit usus ? an nuptiis contractis post constitutum usum , mulier habitare cum marito possit ? & est verum posse eam cum viro , & postea nubentem habitare. *l. 4. eod.* V. l'article 5.
Ce qui est dit dans cet article , que l'habitation s'étend à toute la famille , signifie que celui qui a ce droit peut habiter avec toute sa famille , dans les lieux sujets à son habitation. Mais cette regle ne signifie pas qu'une habitation bornée , par exemple , à un appartement , puisse s'étendre à un autre , sous prétexte du besoin de la famille de celui qui a ce droit. V. l'article 5.

IX.

L'habitation s'étend , ou à toute la maison , ou seulement à une partie , selon qu'il paroît réglé par le titre. Que si l'habitation est donnée indéfiniment sans marquer ni la maison entiere , ni quelques lieux , mais seulement une partie de la condition , ou selon le besoin de celui à qui ce droit est acquis , elle comprendra les commoditez nécessaires , quand il ne resteroit rien au propriétaire *n*.

9. A quels cas s'étend l'habitation.

n Ita uteretur (domo) ut nihil alii fructuum nomine superesset. *l. 15. ff. de usu & habit.* Si domus usus legatus sit sine fructu, communis refectio est rei in sartis tectis, tam hæredis quàm usurarii. Videamus tamen, ne, si fructum hæres accipiat, ipse reficere debeat: si verò talis sit res cujus usus legatus est,ut hæres fructum percipere non possit, legatarius reficere cogendus est.Quæ distinctio rationem habet. *l. 18. ff. de usu & habit.* On voit dans cette loi les deux cas , l'un où l'habitation s'étend à toute la maison , & l'autre où elle est bornée à une partie.V. l'article 7. de cette Section.

X.

Celui qui a l'habitation d'une maison ou d'une partie , peut céder & louer son droit , sans y habiter luimême , si ce n'est que la condition fût autrement reglée par son titre *p*.

10. Transportation du droit d'habitation.

o Si quidem habitationem quis reliquerit , ad humaniorem declinare sententiam nobis visum est : & dare legatario etiam locationis licentiam : quid enim distat sive ipse legatarius maneat, sive alii cedat ut mercedem accipiat. *l. 13. C. de usufr. §. 1. inst. de usu & habit.*
p Id sequimur quod actum est. *l. 34. ff. de reg. jur.* Voyez ci-devant l'article 4.

XI.

Le droit d'habitation comme celui de l'usage n'est pas borné à un temps , mais il dure pendant la vie de celui qui a ce droit *q*.

11. L'habitation dure pendant la vie.

q Utrum autem unius anni sit habitatio , an usque ad vitam apud Veteres quæstum est. Et Rutilius donec vivat habitationem competere, ait. Quam sententiam, & Celsus probat libro octavodecimo Digestorum. *l. 10. §. 3. ff. de usu & habit.* V. l'article 6.

SECTION III.

De l'usufruit des choses qui se consument par l'usage , ou qui se diminuent.

LEs choses mobiliaires ou se consument tout à fait ou au moins se diminuent par l'usage. Ainsi , les grains & les liqueurs se consument entierement quand on en use , & les animaux , les tapisseries , les lits & les autres meubles souffrent quelque diminution par l'usage , & même par le simple effet du temps , quand on n'en useroit point : & enfin ces choses périssent. Mais on n'a pas laissé d'établir une espece d'usufruit de toutes les choses mobiliaires & de celles même qui périssent par l'usage. Cet usufruit s'acquiert en deux manieres , ou par un titre particulier , comme si l'on don-

Usufruit des choses mobiliaires.

ne l'ufufruit ou l'ufage d'une tapifferie & d'autres meubles, ou par une titre général, fi elles fe trouvent comprifes dans une totalité de biens, comme dans une fucceffion, dont quelqu'un ait l'ufufruit. Et c'eft cette efpece d'ufufruit dont les regles feront la matiere de cette Section.

SOMMAIRES.

1. *Ufufruit de toutes fortes de chofes.*
2. *Ufufruit des effets mobiliaires dans une totalité de biens.*
3. *En quoi confifte cet ufufruit.*
4. *Ufufruit des animaux.*
5. *L'ufufruitier d'un troupeau de bétail doit remplacer.*
6. *L'ufufruitier d'animaux qui ne produifent pas de quoi remplacer, ne remplace point.*
7. *De l'ufufruit des chofes qui fe confument.*
8. *Ufage & ufufruit égaux pour ces chofes.*
9. *Bornes & étendue de l'ufage des meubles.*
10. *Si l'ufufruitier des meubles peut les louer.*

I.

1. Ufufruit de toutes fortes de chofes.

Quoiqu'il ne paroiffe pas naturel qu'on puiffe avoir l'ufufruit des chofes mobiliaires qui périffent par l'ufage, comme les grains & les liqueurs; les loix ont reçu une efpece d'ufufruit de ces fortes de chofes, comme de toutes les autres qu'on peut poffeder *a*. Car en effet, il n'y en a aucune dont on ne tire quelque ufage, & on peut y établir une efpece d'ufufruit, felon leur nature, par les regles qui fuivent.

a Senatus cenfuit, ut omnium rerum, quas in cujufque patrimonio effe conftaret, ufusfructus legari poffit : quo Senatus confulto indultum videtur, ut earum rerum quæ ufu tolluntur, vel minuuntur, poffit ufusfructus legari. *l. 1. ff. de ufufr. ear. rer. quæ ufu conf. l. 3. eod.* Sed de pecunia recte caveri oportet his à quibus pecuniæ ufusfructus legatus erit. *l. 2. eod. §. 2. inft. de ufufr.*

II.

2. Ufufruit des effets mobiliaires dans une totalité de biens.

Celui qui a l'ufufruit univerfel de tous les biens, à aufli le droit de jouir & ufer de tous les effets mobiliaires felon leur nature; de confumer ce qui fe confume: de tirer des animaux les profits qui en reviennent: de recevoir les rentes des dettes actives qui en produifent: & de fe fervir de chaque chofe felon fon ufage, ou pour le revenu, ou pour la commodité, ou pour le feul divertiffement *b*.

b Omnium bonorum ufumfructum poffe legari. *l. 29. ff. de ufufr. l. 34. §. 2. eod. V. l. 1. C. eod.* Confiftit ufusfructus non tantùm in fundo, & ædibus, verùm etiam in fervis, jumentis, cæterifque rebus. *l. 3. §. 1. ff. eod. l. 7. eod.* Numifmatum aureorum vel argenteorum veterum, quibus pro gemmis uti folent, ufusfructus legari poteft. *l. 28. eod.* Statuæ, & imaginis ufumfructum poffe relinqui. *l. 41. eod.* Poft quod omnium rerum ufusfructus legari poterit, an & nominum ? Nerva negavit : fed eft verius quod Caffius & Proculus exiftimant, poffe legari. *l. 3. ff. de ufufr. ear. rer. q. ufu conf.*

III.

3. En quoi confifte cet ufufruit.

L'ufufruit des chofes mobiliaires qui ne fe confument pas d'abord qu'on en ufe, confifte au droit d'en jouir, & de s'en fervir comme feroit le propriétaire, en les mettant à l'ufage pour lequel elles font deftinées, fans en abufer, & les confervant en bon pere de famille. Ainfi, une tapifferie dont on a l'ufufruit peut demeurer tendue, & les autres meubles peuvent de même être employez à leurs ufages: & ils feront rendus au propriétaire dans l'état où ils fe trouveront après l'ufufruit fini, quoiqu'ufez & diminuez par l'effet de l'ufage, pourvû que l'ufufruitier n'en ait pas méfufé *c*.

c Et, fi veftimentorum ufusfructus legatus fit, non ficut quantitatis ufusfructus legetur : dicendum eft, ita uti eum debere ne abutatur. *l. 15. §. 4. ff. de ufufr.* Proinde & fi fcenicæ veftis ufusfructus legetur, vel auxi, vel alterius apparatus, alibi quam in fcena non utretur. *d. l. §. 5.* Si veftis ufusfructus legatus fit, fcripfi Pomponius, quanquam hæres ftipulatus fit finito ufusfructu veftem reddi, attamen non obligari promifforem, fi eam fine dolo malo attritam reddiderit. *l. 9. §. 3. ff. de ufufr. quem cau.*

IV.

4. Ufufruit des animaux.

L'ufufruitier qui a des animaux dans fon ufufruit, peut en tirer les revenus, & les fervices qu'en tireroit le maître. Ainfi il peut employer les bœufs au charroi, &

au labourage, les chevaux ou à porter & voiturer, ou à labourer, ou à voyager felon leur ufage, les moutons & les brebis à engraiffer les champs : & il en retire aufli les agneaux, le lait & la laine *d*.

d Si bonum armenti ufus relinquatur, omnem ufum habebit, & ad arandum, & ad cætera ad quæ boves apti funt. *l. 12. §. 3. ff. de ufu & habit.* Equitii quoque legato ufu, videndum ne à domare poffit, & ad vehendum fub jugo uti : & fi forte Auriga fuit, cui ufus equorum relictus eft, non puto eum Circenfibus nu ufurum, quia quafi locare eos videtur. Sed fi teftator fciens eum hujus effe inftituti & vitæ reliquit, videtur etiam de hoc ufu fenfiffe. *d. l. 12. §. 4.* Si pecoris ei ufus relictus eft, putà gregis ovilis, ad ftercorandum ufurum duntaxat Labeo ait. Sed neque lanâ neque agnis, neque lacte ufurum. *Hæc enim magis in fructu effe. de l. §. 2.*

V.

5. L'ufufruitier d'un troupeau de bétail doit remplacer.

Si c'eft d'un troupeau de bétail qu'on ait l'ufufruit, comme d'un haras, ou d'un troupeau de moutons & de brebis, l'ufufruitier aura les poulins, les agneaux, la laine, & tous les fervices, & autres profits, felon la nature, & l'ufage de ces animaux *e* ; à la charge néanmoins de conferver le nombre qu'il aura reçu, & de remplacer autant de têtes qu'il en manquera pour remplir ce nombre. Car il lui fuffit de jouir des profits qu'il tire des animaux, & d'avoir de plus tout ce qui paffe le nombre qu'il doit conferver *f*.

e V. l'article précédent.

f Planè fi gregis vel armenti fit ufusfructus legatus, debebit ex agnatis, gregem fupplere. Id eft in locum capitum defunctorum. *l. 68. §. ult. ff. de ufufr.* Si decefferit fœtus, periculum ad fructuarii, non proprietarii : & neceffe habebit alios fœtus fubmittere. *l. 70. §. 2. eod.* Ea quæ pleno grege edita funt, ad fructuarium pertinere. *d. l. §. 42.*

VI.

6. L'ufufruitier d'animaux qui ne produifent pas de quoi remplacer, ne remplace point.

S'il fe trouve dans un ufufruit des animaux qui ne pourroient produire de quoi remplacer, comme un attelage de chevaux, ou des mulets, ou quelque bête feule; l'ufufruitier ne fera pas tenu de remplacer ce qui périra *g*, fi c'eft fans fa faute.

g Sed quod dicitur debere eum fubmittere, toties verum eft, quoties gregis, vel armenti, vel equitii, id eft, univerfitatis ufusfructus legatus eft. Cæterum fingulorum capitum nihil fupplebit. *l. 70. §. 3. ff. de ufufr.*

VII.

7. De l'ufufruit des chofes qui fe confument.

L'ufufruit des chofes qui fe confument par l'ufage en emporte la propriété, puifqu'on ne peut en ufer qu'en les confumant. Mais l'ufufruitier eft diftingué du propriétaire, en ce qu'il eft obligé après l'ufufruit fini, de rendre felon la condition de fon titre, ou une pareille quantité de même nature que celle qu'il avoit reçue ou la valeur des chofes au temps qu'il les a prifes *h*. Car c'eft de cette valeur qu'il a eu l'ufufruit.

h Si vini, olei, frumenti ufusfructus legatus erit, proprietas ad legatarium transferri debet. Et ab eo cautio defiranda eft, ut quandoque is mortuus, aut capite deminutus fit, ejufdem qualitatis res reftituatur. Aut æftimatis rebus certæ pecuniæ nomine cavendum eft, quod & commodius eft. Idem fcilicet de cæteris quoque rebus, quæ ufu continentur, intelligemus. *l. 7. ff. de ufufr. ear. rer. quæ ufu conf.* V. l'art. 2. de la Sect. 4.

VIII.

8. Ufage & ufufruit égaux pour ces chofes.

Il eft égal d'avoir ou l'ufage, ou l'ufufruit des chofes qui fe confument lorfqu'on en ufe, comme de l'argent, des grains, des liqueurs. Car celui qui en a l'ufage, en jouit autant que celui qui en a l'ufufruit, puifqu'il en difpofe comme en étant le maître *i*.

i Quæ in ufufructu pecuniæ diximus, vel cæterarum rerum quæ funt in abufu, eadem & in ufu dicenda funt. Nam idem continere ufum pecuniæ, & ufumfructum, & Julianus fcribit, & Pomponius libro octavo de ftipulationibus. *l. 5. §. ult. ff. de ufufr. ear. rer. quæ ufu confum. l. 10. §. 1. eod.*

IX.

9. Bornes & étendue de l'ufage des meubles.

L'ufage de toutes les autres chofes mobiliaires a fes bornes & fon étendue felon le titre qui l'établit ; & il fe regle ou par l'intention des contractans fi le titre eft une convention, ou par celle du teftateur, fi c'eft un teftament. Et on juge de cette intention ou par les termes du titre, ou par les circonftances, comme de la qualité de celui à qui l'ufage de ces chofes a été donné, du mo-

tif

-tif de celui qui l'a donné, de l'ufage qu'il en faifoit lui-même, & les autres femblables. On regarde auffi la coûtume s'il y en a dont la difpofition puiffe s'y rapporter. Et c'eft par ces principes qu'il faut juger, fi par exemple, un ufage de meubles comprend toutes les chofes mobiliaires fans exception, ou feulement quelques-unes, & comment on peut en faire la diftinction : s'il s'étend à toutes fortes de fervices, & de profits qu'on peut en tirer, ou s'il eft borné à quelques fervices & à quelques profits *l*.

l V. l'art. 1. & l'art. 5. de la Sect. 2. les loix citées fur l'art. 4. de cette Sect. & l'art. fuivant.

X.

10. Si l'ufufruitier des meubles peut les louer.

Celui qui a un ufufruit des chofes mobiliaires dont l'ufage confifte à les louer, comme d'un bateau pour voiturer des marchandifes, d'un vaiffeau pour trafiquer fur mer, peut louer ces fortes de chofes. Mais il ne peut louer celles qui ne font pas deftinées à cet ufage. Car encore que l'ufufruit donne un plein droit de jouir de tout le profit qu'on peut tirer des chofes qui y font fujettes, ce droit fur les meubles doit avoir fes bornes, parce que le méfufage peut les faire périr ou les endommager. Ainfi les manieres d'en ufer doivent être reglées felon le titre & felon les circonftances de la qualité des perfonnes, de la nature des chofes; de l'ufage que doit en faire un bon pere de famille, & les autres femblables *m*.

m Et fi veftimentorum ufusfructus legatus fit, non ficut quantitatis ufusfructus legetur: dicendum eft, ita uti eum debere; ne abutatur. Nec tamen locaturum, quia vir bonus ita non uteretur. l. 15. §. 4. ff. de ufufr. Proinde & fi fcenicæ veftis ufusfructus legetur, vel aulæi, vel alterius apparatus, alibi quam in fcena non uteretur. Sed an & locare poffit videndum eft, & puto locaturum. Et licet teftator commodare non locare fuerit folitus, tamen ipfum fructuarium locaturum tam fcenicam quàm funebrem veftem. d. l. §. 4. Si forte Auriga fuit, cui ufus equorum relictus eft, non puto eum Circenfibus his ufurum, quia quafi locare eos videtur. Sed fi teftator fciens eum hujus effe inftituti & vitæ, reliquit, videtur etiam de hoc ufu fenfiffe. l. 12. §. 4. ff. de ufu & habit. V. l'article précédent.

SECTION IV.

Des engagemens de l'ufufruitier & de l'ufager envers le propriétaire.

SOMMAIRES.

1. *L'ufufruitier doit faire une inventaire des chofes fujettes à l'ufufruit.*
2. *Il doit donner une fûreté pour la reftitution.*
3. *Il doit prendre foin des chofes fujettes à l'ufufruit.*
4. *Il doit jouir en bon pere de famille.*
5. *Doit acquitter les charges.*
6. *Doit faire les réparations.*
7. *Engagemens de l'ufager.*
8. *Abandon de l'ufufruit ou de l'ufage, pour éviter les charges.*

I.

1. L'ufufruitier doit faire un inventaire des chofes fujettes à l'ufufruit.

LE premier engagement de l'ufufruitier eft de fe charger des chofes dont il a l'ufufruit, foit meubles ou immeubles, & d'en faire un inventaire & procès-verbal, en préfence des perfonnes intéreffées, pour marquer en quoi elles confiftent & en quel état il les prend, afin de regler ce qu'il devra rendre après l'ufufruit fini, & en quel état il devra le rendre *a*.

a Rectè faciunt & hæres, & legatarius, qualis res fit, cum frui incipit legatarius, fi inteftatum redegerint, ut inde poffit apparere, an & quatenus rem pejorem legatarius fecerit. l. 1. §. 4. ff. ufufr. quem cav. V. pour l'ufager l'article 7.

II.

2. Il doit donner une fûreté pour la reftitution.

Le fecond engagement de l'ufufruitier eft de donner les fûretez néceffaires au propriétaire pour la reftitution des chofes données en ufufruit, foit par fa fimple foumiffion, ou en donnant caution, felon qu'il peut y être obligé par le titre de l'ufufruit, ou que les circonf-
Tome I.

rances de la nature des chofes, de la qualité des perfonnes, & autres le demanderont. Comme fi c'eft un ufufruit de chofes qui périffent par l'ufage, ou qui puiffent facilement être endommagées. Et la fûreté de la reftitution renferme auffi celle de rendre les chofes dans l'état où elles devront être *b*.

b Si cujus rei ufusfructus legatus fit, æquiffimum prætori vifum eft: de utroque legatarium cavere, & ufarum fe boni viri arbitratu, & cùm ufusfructus ad eum pertinere definet, reftituturum quod indè exstabit. l. 1. ff. ufufr. quem cav. Si cujus rei ufusfructus legatus erit, dominus poteft in ea re fatisfactionem defiderare, ut officio judicis hoc fiat. Nam ficuti debet fructuarius uti frui, ita & proprietatis dominus fecurus effe debet de proprietate. Hæc autem ad omnem ufumfructum pertinere Julianus libro trigefimo-octavo Digeftorum probat. l. 13. ff. de ufufr. l. 8. §. 4. ff. qui fatisdare cog. Ufusructu conftituto confequens eft, ut fatisfactio boni viri arbitratu præbeatur, ab eo ad quem id commodum pervenit, quod nullam libecnen ex ufu proprietati afferat. Nec intereft five ex teftamento, five ex voluntario contractu ufusfructus, conftitutus eft. l. 4. C. de ufufr. Si vini, olei, frumenti ufusfructus legatus erit, proprietas ad legatarium transferri debet: & ab eo cautio defideranda eft, ut quandoque is mortuus, aut capite deminutus fit, ejufdem qualitatis res reftituatur. l. 7. ff. de ufufr. ear. rer. q. uf. conf. l. 1. C. de ufufr.

III.

3. Il doit prendre foin des chofes fujettes à l'ufufruit.

Le troifiéme engagement de l'ufufruitier eft de conferver les chofes dont il a l'ufufruit, & d'en avoir le même foin que prend un bon pere de famille de ce qui eft à lui *c*. Ainfi celui qui a l'ufufruit d'une maifon doit veiller à prévenir un incendie. Ainfi celui qui a un ufufruit d'animaux doit les faire garder, nourrir, & panfer.

c Debet omne, quod diligens pater familias in fua domo facit, & ipfe facere. l. 65. ff. de ufufr. Ufurum fe boni viri arbitratu. l. 1. ff. de ufufr. quem cav. l. 4. C. eod.

IV.

4. Doit jouir en bon pere de famille.

Le quatriéme engagement de l'ufufruitier eft de jouir en bon pere de famille, tirant des chofes fujettes à l'ufufruit ce qui peut lui en revenir, fans méfufer, fans détériorer, ni changer même ce qui eft deftiné pour le fimple divertiffement, quoique ce fût pour augmenter le revenu. Ainfi il ne peut couper des arbres plantez en allées pour y faire un potager, ou y femer du bled *d*.

d Mancipiorum ufusfructu legato, non debet abuti, fed fecundùm conditionem eorum uti. l. 15. §. 1. ff. de ufufr. Et generaliter Labeo ait, in omnibus rebus mobilibus modum cum tenere debere, ne fua feritate, vel favitia ea corrumpat. d. l. §. 3. Fructuarius caufam proprietatis deteriorem facere non debet. l. 13. §. 4. ff. eod. Et aut funqi eft ufusfructus legatus: & non debet neque arbores frugiferas excidere, neque villam diruere, nec quicquam facere in perniciem proprietatis. Et fi forte voluptarium fuit prædium, viridaria, vel geftationes, deambulationes arboribus infructuofis opacas, atque amœnas habens, non debebit dejicere, ut forte hortos olitorios faciat, vel aliud quid quod ad reditum fpectat. d. §. 4.

V.

5. Doit acquitter les charges.

Le cinquiéme engagement de l'ufufruitier eft d'acquitter les charges des chofes dont il a l'ufufruit,comme font les tailles, & autres impofitions & charges publiques, même celles qui peuvent furvenir après que l'ufufruit lui a été acquis; les cens, les rentes foncieres & autres redevances *e*.

e Si quid cloacarii nomine debeatur, vel fi quid ob formam aquæ ductus quæ per agrum tranfit, pendatur, ad onus fructuarii pertinebit. Sed & fi quid ad collationem vix puto hoc quoque fructuarium fubiturum. Ergo & quod ob tranfitum exercitus confertur ex fructibus. l. 27. §. 3. ff. de ufufr. Quæro fi ufusfructus fundi legatus eft, & eidem fundo indictiones temporariæ indictæ fint, quid juris fit? Paulus refpondit idem juris eft in his fpeciebus, quæ poftea indicuntur, quod in vectigalibus dependendis refpondum eft. Ideoque hoc onus ad fructuarium pertinet. l. 28. ff. de ufufr.

VI.

6. Doit faire les réparations.

Le fixiéme engagement de l'ufufruitier eft de faire les dépenfes néceffaires pour conferver & tenir en bon état les lieux & autres chofes dont il a l'ufufruit. Comme de faire les menues réparations d'une maifon, de planter des arbres au lieu de ceux qui font morts fur le pied, de cultiver & ménager les héritages, & faire les autres réparations & dépenfes que peut demander la culture &

P

la conſervation des lieux. Mais il n'eſt pas tenu des groſſes réparations, comme de rebâtir ce qui eſt tombé ſans qu'il y eût de ſa faute *f*.

f Eum, ad quem uſusfructus pertinet, ſarta tecta ſuis ſumptibus præſtare debere, explorati juris eſt. *l. 7. C. de uſufr.* Quoniam igitur omnis fructus rei ad eum pertinet, reficere quoque eum ædes, per arbitrium cogi, Celſus ſcribit : hactenus tamen ut ſarta tecta habeat. Si qua tamen vetuſtate corruiſſent, neutiquam cogi reficere. *l. 7. §. 2. ff. de uſufr.* In locum demortuarum arborum aliæ ſubſtituendæ ſunt. *l. 18. eod.* Fructus deductis neceſſariis impenſis intelligitur. *l. 4. §. 1. ff. de oper. ſervo.*

VII.

7. Enga-
gemens de
l'uſager.

Tous ces engagemens de l'uſufruitier ſont communs à l'uſager à proportion de ſon droit d'uſage. Ainſi, lorſque ſon droit lui donne toute la choſe, comme s'il a une habitation qui s'étende à une maiſon entiere, il doit ſe charger de ce qui lui eſt délivré, donner les ſuretez néceſſaires, prendre ſoin des lieux, en jouir ſans détériorer & ſans meſurer, faire les réparations, & porter les autres charges, dont l'uſufruitier ſera tenu. Mais ſi ſon droit eſt borné, comme s'il n'a qu'une partie de la maiſon, il ne doit des réparations & des autres charges, qu'à proportion de ce qu'il occupe *g*.

g Si domus uſus legatus ſit ſine fructu, communis refectio eſt rei in ſartis tectis, tam hæredis, quàm uſuarii. Videamus tamen ne, ſi fructum hæres accipiat, ipſe reficere debeat. Si verò talis ſit res cujus uſus legatus eſt, ut hæres fructum percipere non poſſit, legatarius reficere cogendus eſt. Quæ diſtinctio rationem habet. *l. 18. ff. de uſu & hab.*

VIII.

8. Aban-
don de l'u-
ſufruit ou
de l'uſage,
pour éviter
les charges.

Si l'uſufruitier ou l'uſager aiment mieux abandonner leur droit, qu'en porter les charges, ils ceſſeront d'en être tenu, à la réſerve de celles de la jouiſſance qu'ils auront faite, & des détériorations qu'eux ou les perſonnes dont ils doivent répondre pourroient avoir cauſées. Et ils auront la même liberté quand ils auroient été condamnez en juſtice à acquitter les charges dont ils étoient tenus *h*.

h Cùm fructuarius paratus eſt uſumfructum derelinquere, non eſt cogendus domum reficere, in quibus caſibus uſufructuario hoc onus incumbit. Sed & poſt acceptum contra eum judicium, parato fructuario derelinquere uſumfructum, dicendum eſt abſolvi eum debere à Judice. *l. 64. ff. de uſufr.* Sed cùm fructuarius debeat, quod ſuo ſuorumque facto deterius factum ſit, reficere, non eſt abſolvendus, licet uſumfructum derelinquere paratus ſit. *l. 65. eod.*

SECTION V.

Des engagemens du propriétaire envers l'uſufruitier & envers l'uſager.

SOMMAIRES.

1. *Le propriétaire doit laiſſer la jouiſſance & l'uſage libre.*
2. *Il ne peut changer l'état des lieux.*
3. *Il doit faire ceſſer les obſtacles dont il eſt garant.*
4. *Il doit rembourſer les réparations qui le regardent.*
5. *L'uſufruitier jouit des choſes en l'état où elles ſont.*

I.

1. Le pro-
priétaire
doit laiſſer
la jouiſſan-
ce & l'uſa-
ge libre.

LE propriétaire eſt obligé de délivrer à l'uſufruitier & à l'uſager, les lieux & autres choſes ſujettes à l'uſufruit ou à l'uſage : ou de ſouffrir qu'ils s'en mettent en poſſeſſion, ſans qu'il puiſſe les y troubler ni incommoder. Et ceux qui ont ces droits peuvent pourſuivre tant le propriétaire que tous autres poſſeſſeurs des choſes qui y ſont ſujettes, pour les laiſſer jouir *a*.

a Utrùm autem adverſùs dominum duntaxat in rem actio uſufructuario competat, an etiam adverſùs quemvis poſſeſſorem quæritur ? & Julianus libro ſeptimo Digeſtorum ſcribit, hanc actionem adverſùs quemvis poſſeſſorem ei competere. *l. 5. §. 1. ff. ſi uſufr. pet.*

II.

2. Il ne
peut chan-
ger l'état
des lieux.

Le propriétaire ne peut avant la délivrance, ni après, faire aucun changement dans les lieux, & autres choſes ſujettes à un uſufruit, ou à un uſage, par où il empire

---

la condition de l'uſufruitier, ou de l'uſager, quoique ce fût pour y faire des améliorations. Ainſi, il ne peut hauſſer un bâtiment, ni en faire un nouveau, dans un fonds où il n'y avoit point ; ſi ce n'eſt du conſentement de l'uſufruitier, ou de l'uſager. Il peut encore moins dégrader un bois, démolir un édifice, y impoſer des ſervitudes, ni faire d'autres changemens qui nuiſent à l'uſufruitier, ou à l'uſager. Et s'il l'avoit fait il ſeroit tenu des dommages & intérêts qu'il auroit cauſez *b*.

b Neratius : uſufructuarius rei ſpeciem, is cujus proprietas eſt, nullo modo commutare poteſt. Paulus : deteriorem enim cauſam uſuarii facere non poteſt. Facit autem deteriorem etiam in meliorem ſtatum commutata. *l. ult. ff. de uſu & habit.* Labeo ſcribit nec ædificium licere domino in invito altiùs tollere, ſicut nec area uſufructu legato, poteſt in area ædificium poni. Quam ſententiam puto veram. *l. 7. §. 1. in fin. ff. de uſufr.* Si ab hærede, ex teſtamento, fundi uſufructus petitus ſit, qui arbores dejeciſſet, aut ædificium demolitus eſſet, aut aliquo modo deteriorem uſumfructum feciſſet, aut ſervitutem imponendo, aut vicinorum prædia liberando, ad Judicis religionem pertinet, ut inſpiciat qualiſnam judicium acceptum fundus fuerit : ut uſufructuario hoc quod intereſt, ab eo ſervetur. *l. 2. ff. ſi uſufr. pet. l. 15. §. ult. ff. de uſufr.*

III.

3. Il doit
faire ceſſer
les obſtacles
dont il eſt
garant.

Si l'uſufruitier ou l'uſager ne pouvoit jouir par un obſtacle que le propriétaire dût faire ceſſer, il en ſera tenu, & des dommages & intérêts de la non-jouiſſance. Comme s'il y avoit quelque éviction, ou autre trouble, dont il fût garant : ou s'il refuſoit à l'uſufruitier quelque ſervitude néceſſaire qu'il dût lui donner, comme dans le cas de l'art. 14. de la Section 1. *c*.

c C'eſt une ſuite du droit de l'uſufruitier. Uſufructus legatus adminiculis eget, ſine quibus uti frui quis non poteſt. *l. 1. §. 1. ff. ſi uſufr. pet.* In his autem actionibus quæ de uſufructu aguntur, etiam fructus venire, plus quàm manifeſtum eſt. *l. 5. §. 3. & §. ult. ff. eod.*

IV.

4. Il doit
rembourſer
les répara-
tions qui le
regardent.

Si l'uſufruitier a fait des réparations néceſſaires au-delà de celles dont il eſt tenu, le propriétaire doit l'en rembourſer *d*.

d Eum ad quem uſusfructus pertinet, ſarta tecta ſuis ſumptibus præſtare debere, explorati juris eſt. Proinde ſi quid ultra quàm impendi debeat erogatum potes docere, ſolemuter repoſces. *l. 7. C. de uſufr.*

V.

5. L'u-
ſufruitier
jouit des
choſes en
l'état où el-
les ſont.

Le propriétaire n'eſt pas tenu de refaire ou de remettre en bon état ce qui ſe trouve ou démoli, ou endommagé au temps que l'uſufruit eſt acquis, ſi ce n'eſt que le fût par ſon fait, ou qu'il fût chargé par le titre de remettre les choſes en bon état. Mais l'uſufruitier eſt reſtraint au droit de jouir de la choſe en l'état qu'elle eſt, quand ce droit lui eſt acquis ; de même que celui qui acquiert la propriété d'une choſe, ne doit l'avoir que telle qu'elle étoit lorſqu'il l'a acquiſe *e*.

e Non magis hæres reficere debet, quod vetuſtate jam deterius factum reliquiſſet teſtator, quàm ſi proprietatem alicui teſtator legaſſet. *l. 65. §. 1. ff. de uſufr.*

SECTION VI.

Comment finiſſent l'uſufruit, l'uſage & l'habitation.

SOMMAIRES.

1. *Ces droits finiſſent par la mort de l'uſufruitier & de l'uſager.*
2. *Et lorſque le temps qu'ils devoient durer eſt expiré.*
3. *Reſtitution d'uſufruit à un tiers uſufruitier.*
4. *Si la choſe périt.*
5. *Inondation.*
6. *Uſufruit ſur ce qui reſte du fonds.*
7. *Différence entre un uſufruit univerſel & un uſufruit particulier.*
8. *Changemens du fonds.*
9. *Ce qui reſte de la choſe périe.*

I.

1. Ces droits finissent par la mort de l'usufruitier & par la mort de l'usager.

L'Usufruit, l'usage & l'habitation finissent par la mort naturelle, & par la mort civile de la personne qui en avoit le droit, parce que ce droit étoit personnel *a.*

a Morte amitti usumfructum, non recipit dubitationem. Cùm jus fruendi morte extinguatur, ficuti fi quid aliud quod perſonæ cohæret. *l. 3. §. ult. ff. quib. mod. ufufr. amit. l. 3. C. de ufufr.* Capitis diminutione quæ vel libertatem, vel civitatem Romanam poſſit adimere. *l. 16. in f. C. de ufufr.* Finitur ufufructus morte ufufructuarii & duabus capitis diminutionibus, maxima & media. *§. 3. inſt. de ufufr.*

I I.

2. Et lorsque le tems qu'ils devoient durer est expiré.

Si le titre de l'usufruit, ou de l'usage & de l'habitation en bornoit le droit pour commencer ou finir à un certain temps, ou à l'évenement d'une certaine condition, le droit ne commencera, ou ne cessera que lorsque la condition sera arrivée, ou le temps expiré *b.*

b Si sub conditione mihi legatus fit ufusfructus, medioque tempore fit penes hæredem : poteſt hæres ufumfructum alii legare. Quæ res facit, ut fi conditio exſtiterit, mei legati uſuſfructus ab hærede relictus finiatur. *l. 16. ff. quib. mod. ufufr. vel uf. am. l. 17. eod. V. l. 12. C. de ufufr.*

I I I.

3. Restitution d'usufruit à un autre usufruitier.

Si l'usufruitier est chargé de rendre l'usufruit à une autre personne, son usufruit finira lorsque cette restitution devra être faite *c.*

c Si legatum ufumfructum legatarius alii reſtituere rogatus eſt. *l. 4. ff. quib. mod. ufufr. vel uf. am.*

I V.

4. Si la chose périt.

Le droit d'usufruit est borné à la chose sur laquelle il est assigné, & n'affecte pas les autres biens; ainsi il finit lorsque le fonds, ou autre chose, qui est sujette, vient à périr avant la mort de l'usufruitier, ou de l'usager, comme si un héritage étoit entraîné par un débordement, ou qu'une maison fût brûlée, ou ruinée. Et en ce dernier cas l'usufruitier n'auroit pas même d'usufruit sur les matériaux ni sur la place où étoit la maison. Car l'usufruit étoit spécialement sur une maison, & il étoit restraint à ce qui étoit spécifié dans le titre *d.*

d Eſt enim ufusfructus jus in corpore, quo ſublato & ipſum tolli necesse eſt. *l. 1. ff. de ufufr.* Si ædes incendio conſumptæ fuerint, vel etiam terræ motu, vel vitio ſuo corruerint, extingui ufumfructum : & ne areæ quidem ufumfructum deberi. *§. 3. in f. inſt. de ufufr.* Nec cæmentorum. *l. 5. §. 2. ff. quib. mod. ufufr. vel uf. am.* Si ædes incenſæ fuerint, ufusfructus ſpecialiter ædium legatus, peti non poteſt. *l. 34. §. ult. ff. de ufufr.*

V.

5. Inondation.

Si un héritage étoit inondé, ou par la mer ou par une riviere, l'usufruit & l'usage ne seroit perdu que pendant la durée de l'inondation, & il seroit rétabli si l'héritage ou une partie revenoit en état qu'on pût en jouir, parce que le fonds n'auroit pas changé de nature *e.*

e Si ager, cujus uſus noſter fit, flumine vel mari inundatus fuerit, amittitur ufusfructus. *l. 23. ff. quib. mod. ufufr. vel uf. am.* Cùm ufumfructum horti haberem flumen hortum occupavit, deinde ab eo receſſit, jus quoque ufusfructus reſtituum eſſe, Labeoni videtur, quia id ſolum perpetuò ejuſdem juris manſiſſet. *l. 24. eod.* Si cui inſulæ ufusfructus legatus eſt, quamdiu quælibet portio ejus inſulæ remanet, totius ſoli ufumfructum retinet. *l. 15. ff. de ufufr.*

V I.

6. L'usufruit sur ce qui reste du tout.

S'il arrive qu'une partie d'une maison vienne à périr, & qu'il en reste une autre partie, l'usufruit se conserve sur ce qui reste, & sur la place où étoit ce qui est péri. Car cette place fait partie de cette maison, & est un accessoire de la portion qui en reste *f.*

f Si cui inſulæ ufusfructus legatus eſt, quandiu quælibet portio ejus inſulæ remanet, totius ſoli ufumfructum retinet. *l. 53. ff. de ufufr.*

V I I.

7. Différence entre un usufruit borné à une chose particuliere, & celui d'un usufruit particulier.

Dans le cas où la chose sujette à un usufruit vient à périr, il faut remarquer cette différence entre l'usufruit d'une totalité de biens, & celui d'une chose particuliere, qu'au lieu que l'usufruit particulier d'une maison, par exemple, finit tellement lorsqu'elle périt, ou par une ruine, ou par un incendie, ou autrement, que l'u-

ſufruitier n'a plus d'usufruit sur la place qui reste; si au contraire son usufruit étoit universel sur tous les biens, il aura l'usufruit de la place ou étoit la maison, & des matériaux qui en pourroient reſter; car ils font partie du total des biens *g.* Et il en ſeroit de même d'un usufruit d'un bien de campagne dont les bâtimens viendroient à périr, car en ce cas l'usufruit seroit conservé sur la place qui reſteroit; comme étant un accessoire & faisant partie du total de ce bien *h.*

g Univerſorum bonorum, an ſingularum rerum ufusfructus legetur, hactenus intereſſe puto: quod, ſi ædes incenſæ fuerint, ufusfructus ſpecialiter ædium legatus peti ncn poteſt. Bonorum autem ufusfructu legato, areæ ufusfructus peti poterit. *l. 34. §. ult. ff. de ufufr.* In ſubſtantia bonorum etiam area eſt. d. *l. in fine.*

h Fundi ufusfructu legato, ſi villa diruta ſit, ufusfructus non extinguetur: quia villa fundi acceſſio eſt, non magis quàm ſi arbores deciderint. Sed & eo quoque ſolo, in quo ſuit villa, uti frui potero. *l. 8. & l. 9. ff. quib. mod. ufufr. v. uf. am.*

V I I I.

8. Changement au fonds.

S'il arrive quelque changement de la chose sujette à un usufruit, comme si un étang est mis à sec, si une terre labourable devient un marais, si d'un bois on fait des prez ou des terres labourables; dans tous ces cas & autres semblables l'usufruit ou finit, ou ne finit point, selon la qualité du titre de l'usufruit, l'intention de ceux qui l'ont établi, le tems où arrivent ces changemens, si avant que le droit ſoit acquis à l'usufruitier, ou ſeulement après, la cause des changemens, & les autres circonstances. Ainsi dans un usufruit de tous les biens, aucun changement ne fait périr l'usufruit de ce qui reste; & l'usufruitier jouit de la chose en l'état où elle est réduite. Ainsi dans un usufruit particulier legué par un testateur pour quelque héritage, s'il change lui-même la face des lieux après ſon testament, & que d'un pré, par exemple, dont il avoit legué l'usufruit, il faſſe une maison ou un jardin; dans ces cas & autres où les changemens marquent le changement de la volonté, ils anéantiſſent les legs de l'usufruit, qui étoit borné à des choses qui ne font plus. Mais dans un usufruit acquis par une convention, les changemens ne font pas libres au propriétaire. Et celui qui changeroit la nature ou l'état des choses, ſans le conſentement de l'usufruitier, ſeroit tenu de le dédommager. Et pour les changemens qui arrivent par des cas fortuits, ſoit avant ou après l'usufruit acquis il périt, on ſe conſerve, ſuivant les regles précédentes; & ce qui peut être réglé par le titre de l'uſufruitier *i.*

i Agri vel loci ufusfructus legatus, ſi fuerit inundatus, ut ſtagnum jam ſit, aut palus procul dubio extinguetur. *l. 10. §. 2. ff. quib. mod. ufufr. vel uf. am.* Sed & fi ſtagni ufusfructus legeretur, & exaruerit ſic ut ager ſit factus, mutata te ufusfructus extinguetur. d. *l. §. 3.* Si ſilva cæſa illic ſationes fuerint factæ, ſine dubio ufusfructus extinguitur. d. *l. §. 4.* Si arex ſit ufusfructus legatus, & in ea ædificium ſit poſitum, rem mutari, & ufumfructum extingui conſtat. Planè ſi proprietarius hoc fecit, ex teſtamento vel dolo tenebitur. *l. 5. §. ult. eod.*

I X.

9. Ce qui reste de la chose périe.

Si la chose sujette à un usufruit vient à périr, ou qu'elle ſoit changée de ſorte que l'usufruit ne ſubſiſte plus, ce qui peut en reſter appartient au propriétaire. Ainsi, les matériaux d'une maison démolie, les cuirs des bêtes d'un troupeau qui ſeroit péri par quelque accident, doivent être remis au propriétaire, car la chose de l'usufruitier étoit bornée à la jouiſſance de ce qui étoit en nature & il eſt fini par ce changement *l.*

l Certiſſimum eſt exuſtis ædibus, nec cæmentorum ufumfructum deberi. *l. 5. §. 2. ff. quib. mod. ufufr. vel uf. am.* Caro, & corium mortui pecoris in fructu non eſt, quia mortuo eo ufusfructus extinguitur. *l. pen. eod.*

TITRE XII.

DES SERVITUDES.

Origine des servitudes & leur usage.

L'Ordre de la société civile n'aſſujettit pas ſeulement les hommes les uns aux autres, par les beſoins qui rendent néceſſaire l'uſage réciproque des offices, des services & des commerces de perſonne à perſonne;

mais il rend de plus néceſſaires pour l'uſage des choſes, des aſſujettiſſemens, des dépendances, & des liaiſons d'une choſe à l'autre, ſans quoi on ne pourroit les mettre en uſage. Ainſi, pour les choſes mobiliaires, il n'y en a point, ou preſque point, qui viennent en nos mains, dans l'état où elles doivent être pour nous ſervir, que par l'enchaînement de l'uſage de pluſieurs autres ; ſoit pour les tirer des lieux où il faut les prendre, ou pour les mettre en œuvre, ou pour les appliquer au ſervice effectif. Ainſi pour les immeubles, il n'y en a point auſſi, ou preſque point dont on puiſſe tirer, ou les fruits ou les autres revenus, que par l'uſage de diverſes choſes; & ſouvent même en faiſant ſervir un fonds pour l'uſage d'un autre; comme on fait, par exemple, ſervir un héritage pour donner paſſage à un autre, ou une maiſon pour recevoir les eaux d'une autre maiſon voiſine. Ce ſont ces ſortes d'aſſujettiſſemens d'un fonds pour l'uſage d'un autre qu'on appelle ſervitudes, & on ne donne pas ce nom aux aſſujettiſſemens qui rendent une choſe mobiliaire néceſſaire pour l'uſage d'une autre, ſoit meuble ou immeuble.

Ces ſervitudes ont deux caracteres, qui les diſtinguent de tout autre uſage qu'on peut faire d'une choſe pour l'uſage d'une autre. Le premier eſt, qu'elles ſont perpétuelles *a* ; au lieu que chacun des autres aſſujettiſſemens n'eſt pas de durée. Et l'autre, que dans ces ſervitudes des fonds, l'héritage ſujet à la ſervitude eſt toujours à un autre maître que le fonds auquel il eſt aſſervi. Car on n'appelle pas ſervitude le droit qu'a le maître d'un fonds d'en uſer pour ſoi *b*.

Ce ſont ces ſortes de ſervitudes qui aſſujettiſſent le fonds de l'un au ſervice du fonds d'un autre, qui feront la matiere de ce Titre, qu'on a mis au rang des conventions, parce que les ſervitudes s'établiſſent le plus ſouvent par convention *c*, comme dans une vente, dans un échange, dans une tranſaction, dans un partage : & quoiqu'elles s'établiſſent quelquefois ou par des teſtamens ou par la ſeule voie de la juſtice; on a dû placer en ce lieu une matiere qui ne peut pas être miſe en divers endroits, & qui a dans celui-ci ſon ordre naturel.

a Omnes ſervitutes prædiorum perpetuas cauſas habere debent. *l.* 18. *ff. de ſerv. præd. urb.*
b Nemo ipſe ſibi ſervitu em debet. *l* 10. *ff. com. præd.* nulli enim res ſua ſervit. *l.* 16. *ff. de ſruit. præd. urb.*
c Iiſdem ferè modis conſtituitur, quibus & uſumfructum conſtitui diximus. *l.* 5. *ff. de ſerv.* §. *ult. inſt. de ſervir.* V. ci-devant au commencement du Titre de l'Uſufruit, p. 107.

SECTION I.

De la nature des ſervitudes, de leurs eſpeces, & comment elles s'acquierent.

SOMMAIRES.

I.

LA ſervitude eſt un droit qui aſſujettit un fonds à quelque ſervice, pour l'uſage d'un autre fonds, qui appartient à un autre maître; comme, par exemple, le droit qu'a le propriétaire d'un héritage de paſſer par le fonds de ſon voiſin, pour aller au ſien *a*.   *1. Définition.*

a (Servitutes)rerum, ut ſervitutes ruſticorum prædiorum,& urbanorum. *l.* 1. *ff. de ſerv.* Iter eſt jus eundi. *l.* 1. *ff. de ſervit. præd. ruſt.*

II.

Toute ſervitude donne à celui à qui elle eſt dûe un droit qu'il n'auroit pas naturellement; & elle diminue la liberté de l'uſage du fonds aſſervi, aſſujettiſſant le maître de cet héritage à ce qu'il doit ſouffrir, ou faire, ou ne pas faire, pour laiſſer l'uſage de la ſervitude. Ainſi celui de qui le fonds eſt ſujet à un droit de paſſage, doit ſouffrir l'incommodité de ce paſſage : Ainſi, celui dont le mur doit porter le bâtiment élevé au deſſus, eſt obligé de refaire ce mur, s'il en eſt beſoin ; Ainſi tous ceux qui doivent quelque ſervitude, ne peuvent rien faire qui en trouble l'uſage *b*.   *2. En quoi conſiſte la ſervitude.*

b Servitutum non ea natura eſt, ut aliquid faciat quis, veluti viridaria tollat, ut amœniorem proſpectum præſtet, aut in hoc ut in ſuo pingat : ſed ut aliquid patiatur, aut non faciat. *l.* 15. §. 1. *ff. de ſerv.* Etiam de ſervitute quæ oneris ferendi cauſa impoſita erit, actio nobis competit : ut & onera ferat, & ædificia reficiat, ad eum modum, qui ſervitute impoſita comprehenſus eſt. *l.* 6. §. ..*ff.* ſi ſervit. vindic.
Il s'enſuit de la regle expliquée dans cet article, qu'en toute conteſtation en matiere de ſervitudes, l'on veut aſſujettir le fonds de l'autre contre la liberté naturelle, & que l'autre ſoûtient, ou ve dit que cette liberté ; ce qui rend favorable la cauſe de celui qui nie la ſervitude, ainſi qu'il ſera expliqué dans l'article 9. De ſervitutibus in rem actiones competunt nobis (ad exemplum earum quæ ad uſumfructum pertinent) tam confeſſoria, quam negatoria : confeſſoria ei qui ſervitutes ſibi competere contendit : negatoria domino qui negat. *l.* 2. *ff. ſi. ſerv. vind.* §. 2. *inſt. de act.*

III.

Quoique les ſervitudes ne ſoient que pour les perſonnes, on les appelle réelles, parce qu'elles ſont inſéparables des fonds. Car c'eſt un fonds qui ſert pour un autre fonds : & ce ſervice ne paſſe à la perſonne qu'à cauſe du fonds. Ainſi, on ne peut avoir une ſervitude qui conſiſte au droit d'entrer dans le fonds d'un autre, pour y cueillir des fruits, ou s'y promener, ni pour d'autres uſages qui ne ſe rapportent pas à celui d'un fonds *e*. Mais un pareil droit ſeroit d'une autre nature, comme, par exemple, ce ſeroit un louage, ſi on en traitoit pour un prix d'argent.   *3. Les ſervitudes ſont pour les fonds.*

e Servitutes rerum. *l.* 1. *ff. de ſerv.* Ideò autem hæ ſervitutes prædiorum appellantur, quoniam ſine prædiis conſtitui non poſſunt. Nemo enim poteſt ſervitutem acquirere, vel urbani, vel ruſtici prædii, niſi qui habeat prædium. *l.* 1. §. 1. *ff. comm. præd.* §. 3. *inſt. de ſervit.* Ut pomum decerpere liceat, & ut ſpatiari,& ut cœnare in alieno poſſimus,ſervitus imponi non poteſt *l.* 8. *eod.* Neratius libris ex Plautio ait, nec hauſtum pecoris, nec appulſum,nec cretæ eximendæ, calciſque coquendæ jus poſſe in alieno eſſe, niſi fundum vicinum habeat. *l.* 5. §. 1. *ff. de ſervit. præd. ruſt.* Hau endi jus non hominis, ſed prædii eſt. *l.* 20. §. *ult. eod.*

IV.

Les ſervitudes ſont de pluſieurs ſortes, ſelon les diverſes ſortes de fonds, & ſelon les différens uſages qui ſe peuvent tirer d'un fonds pour le ſervice d'un autre. Ainſi, pour les maiſons & autres bâtimens, l'un eſt aſſujetti pour l'uſage de l'autre ou à ne pouvoir être hauſſé, ou à recevoir les eaux, ou à un droit d'appuyer & autres ſemblables: & pour les héritages de la campagne l'un eſt aſſujetti pour l'uſage de l'autre ou à un paſſage, ou à une priſe d'eau, ou à d'autres différens droits *d*.   *4. Diverſes ſortes de ſervitudes.*

d Non extollendi : Stillicidium avertendi in tectum vel aream vicini : immittendi tigna in parietem vicini. *l.* 2. *ff. de ſervit. præd. urb.* Iter, actus, via, aquæductus. *l.* 1. *ff. de ſervit. præd. ruſt.* paſſim his ut aliis.

V.

5. Deux
espèces de
servitudes.

Les servitudes sont toutes comprises sous deux espèces générales; l'une de celles qui sont naturelles, & d'une absolue nécessité, comme la décharge de l'eau d'une source, qui coule dans le fonds qui est au dessous : l'autre est de celles que la nature ne rend pas absolument nécessaires, mais que les hommes établissent pour une plus grande commodité, quoique le fonds servant ne soit pas naturellement assujetti à l'autre. Comme s'il est convenu qu'une maison ne pourra être haussée, pour ne pas nuire aux vûes d'une maison voisine: qu'elle recevra la décharge des eaux de la maison voisine : que le possesseur d'un fonds pourra prendre de l'eau d'une source, ou d'un ruisseau dans le fonds voisin soit en de certains temps, comme pour arroser son héritage, ou pour un usage continuel, comme pour conduire un aqueduc à travers l'héritage voisin pour une fontaine *e*.

e C'est une suite de la nature des servitudes. V. ci-après l'article 10. de cette Section.

VI.

6. Servitudes des maisons, & des héritages de la campagne.

Toutes les espèces de servitudes sont ou pour l'usage des maisons & autres bâtimens, ou pour l'usage des autres fonds, comme prez, terres, vergers, jardins, & autres; soit qu'ils soient situez dans les villes, ou à la campagne *f*.

f Servitutes rusticorum prædiorum, & urbanorum, *l.* 1. *ff. de servit.*

On appelle dans le Droit Romain, prædia urbana, *les bâtimens tant de la campagne que de la ville : & autres héritages comme prez, terres, vignes,* prædia rustica. Urbana prædia omnia ædificia accipimus, non solùm ea quæ sunt in oppidis, sed etsi forte stabula vel alia meritoria in villis, & in vineis, vel si prætoria voluptati tantùm de servientia. Quia urbanum prædium non locus facit, sed materia. *l.* 198. *ff. de verb. sign.* §. 3. *inst. de servit.*

VII.

7. Accessoires des servitudes.

Le droit de servitude comprend les accessoires sans lesquels on ne pourroit en user. Ainsi, la servitude de prendre de l'eau d'un puits ou d'une source emporte la servitude du passage pour y aller : Ainsi la servitude d'un passage emporte la liberté d'y faire, ou réparer l'ouvrage nécessaire pour s'en servir : & si le travail ne peut se faire dans l'endroit où la servitude est fixée, on pourra travailler dans les environs, selon que la nécessité peut y obliger; mais en réparant, on ne peut rien innover à l'ancien état *g*.

g Qui habet haustum, iter quoque habere videtur ad hauriendum. *l.* 3. §. 3. *ff. de servit. præd. rust.* Si iter legatum sit qua nisi opere facto iri non possit, licere fodiendo, substruendo iter facere Proculus ait. *l.* 10. *ff. de servit.* Refectionis gratia accedendi ad ea loca quæ non serviunt, facultas tributa est his quibus servitus debetur. Qua tamen accedere eis sit necesse, nisi in cessione servitutis nominatim præfinitum sit, qua accederetur. *l.* 11. *ff. comm. præd.* Si prope tuum fundum jus est mihi aquam rivo ducere, tacita hæc jura sequuntur, ut reficere mihi rivum liceat, & adire quo proximè possim ad reficiendum eum ego, fabrique mei, item ut spatium relinquat mihi dominus fundi, quo dextra & sinistra ad rivum adeam, & quo terram, limum, lapidem, arenam, calcem jacere possim. *d. l.* 11. §. 1. Reficere sic accipimus ad pristinam formam iter, & actum reducere. Hoc est ne quis dilatet, aut producat, aut deprimat, aut exaggeret : & aliud est enim reficere longè aliud facere. *l.* 3. §. 15. *ff. de itin. actuque priv.*

VIII.

8. Les servitudes se règlent par les titres.

Le droit & l'usage d'une servitude se règle par le titre qui l'établit : & elle a ses bornes & son étendue selon qu'il a été convenu, si le titre est une convention, ou selon ce qui a été prescrit par le testament si la servitude a été établie par un testament. Ainsi, celui à qui il est dû une servitude ne peut pas en rendre la condition plus dure, ni celui qui la doit ne peut empirer le droit de la personne à qui elle est dûe; mais l'un & l'autre doivent s'en tenir au titre, soit pour la qualité de la servitude, ou pour les manières dont l'un doit user, & l'autre souffrir. Ainsi par exemple, si un droit de passage est seulement pour les personnes, on ne peut pas s'en servir pour passer à cheval : & si on a droit d'y passer pendant le jour, on ne pourra y aller la nuit. Que si la manière d'user de la servitude étoit incertaine; comme si la place nécessaire pour un passage n'étoit pas réglée par le titre, il le seroit sur l'avis des experts *h*.

h Servitutes ipso quidem jure neque ex tempore; neque ad tempus, neque sub conditione, neque ad certam conditionem (verbi gratia quamdiu volam) constitui possint. Sed tamen, si hæc adjiciantur, pacti, vel per doli exceptionem, occurretur contra placita servitutem vindicandi. *l.* 4. *ff. de servit.* Modum adjici servitutibus posse constat : veluti quo genere vehiculi agatur, vel non agatur : veluti vi equo duntaxat, vel ut certum pondus vehatur, vel grex ille transducatur, aut carbo portetur. *d. l.* 4. §. 1. *v. l.* 19. *ff. de servit. præd. rust.* Iter mihi prohibet sic constitui, ut quis interdiu duntaxat, eat : quod ferè circa prædia urbana etiam necessarium est. *l.* 14. *ff. comm. præd. v. l.* 14. *ff. si servit. vind. d. l.* 9. 1. Latitudo actus itinerisque ea est, quæ demonstrata est. Quod si nihil dictum est, hoc ab arbitrio statuendum est. *l.* 13. §. 2. *ff. de servit. præd. rust. d. l.* §. ult. *l.* 11. §. 1. *ff. de serv. præd. urb.*

IX.

9. S'interpreter jamais comme prenant le moins pour la liberté.

Comme les servitudes dérogent à la liberté naturelle à chacun d'user de son bien, elles sont restraintes à ce qui se trouve précisément nécessaire pour l'usage de ceux à qui elles sont dûes, & on en diminue, autant qu'il se peut, l'incommodité. Ainsi celui qui a un droit de passage dans le fonds d'un autre, sans que le titre marque le lieu où il pourra passer, n'aura pas la liberté de choisir son passage où il lui plaira; mais il lui sera donné par l'endroit le moins incommode au propriétaire du fonds asservi, & non, par exemple, à travers d'un plant ou d'un bâtiment. Mais si le titre de la servitude ou la possession règle le passage, quoique par un endroit incommode au propriétaire du fonds asservi, il faut s'y tenir *i*.

i Si via, iter, actus, aquæductus legetur simpliciter per fundum, facultas est hæredi per quam partem fundi velit constituere servitutem. *l.* 28. *ff. de servit. præd. rust.* Si cui Simplicius via per fundum cujuspiam cedatur, vel relinquatur : in infinito (videlicet per quamlibet ejus partem) ire agere licebit : civiliter modò. Nam quædam in sermone taciè excipiuntur. Non enim per villam ipsam, nec per medias vineas ire agere sinendus est, cum id æquè commodè per alteram partem facere possit, minore servientis fundi detrimento. *l.* 9. *ff. de servit.* Verùm constitit, ut qua primùm viam direxisset, ea demum ire agere debebit : nec amplius mutandi ejus potestatem haberet. *d. l.* 9. Si mihi concesseris iter aqquæ per fundum tuum, non destinata parte, pet quam ducerem : totus fundus tuus serviet. Sed quæ loca ejus fundi tunc cùm ea fieret cessio, ædificiis, arboribus, vineis, vacua fuerint, ea sola eo nomine servient. *l.* 21. & *l.* 22. *ff. de servit. pr. rust.* V. l'art. 2. & la remarque qu'on y a faite.

X.

10 Servitude nécessaire.

Les servitudes s'établissent & acquièrent non-seulement par des conventions ou par des testamens; mais aussi par l'autorité de la justice, si ce sont des servitudes naturellement nécessaires qui soient refusées. Ainsi lorsque le propriétaire d'un héritage ne peut y aller que par un passage dans le fonds voisin, on oblige le propriétaire de ce fonds à donner ce passage par l'endroit le moins incommode, & en dédommagement *m*. Car cette nécessité tient lieu de titre, & il est du droit naturel qu'un héritage ne demeure pas inutile, & que ce propriétaire souffre pour son voisin ce qu'il voudroit en pareil besoin qu'on souffrît pour lui.

l Via, iter, actus, ductus aquæ iisdem ferè modis constituitur, quibus & usumfructum constitui diximus. *l.* 3. *ff. de servit.* V. ci-devant au commencement du Titre de l'Usufruit, p. 107.

m Præses etiam compellere debet, justo pretio iter præstari. Ita tamen ut Judex etiam de opportunitate loci prospiciat, ne vicinus magnum patiatur detrimentum. *l.* 12. *ff. de relig.* Voyez le cas de cette loi en l'article 4. de la Section 13. du Contrat de vente, p. 52.

XI.

11. Les servitudes s'acquièrent par la prescription.

Le droit de la servitude peut s'acquérir sans titre par la prescription *n*.

n Si quis diuturno usu, & longa quasi possessione jus aquæ ducendæ nactus sit, non est ei necesse docere de jure quo aqua constituta est veluti ex legato, vel alio modo. Sed utilem habet actionem, ut ostendat per annos forte tot usum se, non vi, non clam, non precario possedisse. *l.* 10. *ff. si servit. vind.* l. 5. §. 3. *ff. de itinere act. priv.* Si quas actiones adversùs eum qui ædificium contra veterem formam extruxit, vel luminibus tuis officeret, competere tibi existimas more solito per Judicem exercere non prohiberis. Is qui Judex erit, longi temporis consuetudinem vicem servitutis obtinere sciet : modò si is qui pulsatur, nec vi, nec clam, nec precario possidet. *l.* 1. *C. de servit.* l. 2. eod. Traditio planè & patientia servitutem inducer officium Prætoris. *l.* 2. §. ult. *ff. de servit. præd. rust.*

Il y a des Coutumes où le droit de servitude ne peut s'acquérir par prescription, sans titre; quoique la liberté s'y acquiert par prescription. V. l'art. 13. de cette Sect. & l'art. 5. & les suivans de la Section 6.

XII.

C'est encore une espece de titre pour conserver & prescrire une servitude que la preuve qui se tire de l'ancien état des lieux. Et il sert aussi pour regler la maniere & l'usage de la servitude. Ainsi, l'entrée d'un passage, les bornes d'un chemin, un jour hors de vûe, un canal plaqué contre un mur, un toit avec saillie, & les autres marques semblables des servitudes en reglent l'usage. Et il n'est permis ni à celui qui a la servitude, ni à celui qui la doit souffrir, de rien innover à l'ancien état où se trouvent les lieux *o*.

o Contra veterem formam. d. l. 1. C. de servit. Qui luminibus vicinorum officere, aliudve quid facere contra commodum eorum vellet, sciet se formam ac statum antiquorum ædificiorum custodire debere. l. 11. ff. de servit. præd. urb. an.

XIII.

On peut acquérir l'affranchissement d'une servitude par prescription, à plus forte raison que la servitude. Et si celui dont l'héritage étoit sujet à quelque servitude s'en est affranchi, pendant un temps suffisant pour prescrire, la servitude ne subsiste plus. Ainsi, celui dont la maison étoit asservie à ne pouvoir être haussée, n'est plus sujet à la servitude, il ayant haussé, il a possedé son bâtiment élevé, pendant le temps de la prescription *p*. Et il en est de même de la maniere d'user d'une servitude; ainsi celui qui avoit droit d'user d'une prise d'eau le jour & la nuit, perd l'usage de la nuit s'il la laisse prescrire: & si sa servitude étoit ou à toutes heures, ou à quelques-unes, il est restraint à celles où la prescription l'aura limité.

p Libertatem servitutum usucapi posse verius est. l. 4. §. ult. ff. sic usurp. & usuc. Itaque si cùm tibi servitutem deberem, ne mihi, puta liceret, altius ædificare, & per statutum tempus altiùs ædificatum habuero, sublata erit servitus. d. §. ult. l. 31. §. 1. de serv. præd. urb. Si is qui nocturnam aquam habet, interdiu per constitutum ad amissionem tempus usus fuerit, amisit nocturnam servitutem, qua ultus non est. Idem est in eo qui certis horis aquæductum habens, aliis usus fuerit, nec ulla parte earum horarum. l. 10. §. 1. ff. quemad. servit. amitt. V. l'art. 5. & les suivans de la Section 6.

XIV.

Les servitudes étant attachées aux fonds & non aux personnes, elles ne peuvent passer d'une personne à l'autre si le fonds n'y passe. Et celui qui a un droit de servitude ne peut le transférer à un autre en gardant son fonds, ni en céder, louer, ou prêter l'usage. Ainsi, celui qui a une prise d'eau ne peut en faire part à d'autres. Mais si le fonds pour lequel la prise d'eau étoit établie, se divise entre plusieurs proprietaires, comme entre héritiers, légataires, acquéreurs, ou autrement; chaque portion conservera l'usage de la servitude à proportion de son étendue, quoique quelques portions en eussent moins de besoin, ou que l'usage y en fût moins utile *q*.

q Ex meo aquæductu Labeo scribit, cuilibet posse me vicino commodare, Proculus contra; ne in meam partem usum aliam, quam ad quam servitus acquisita sit, uti ea possit. Proculi sententia verior est. l. 24. ff. de servit. præd. rust. Per plurium prædia aquam ducis, quoquo modo imposita servitute, nisi pactum vel stipulatio etiam de hoc subsecuta est, neque eorum cuivis, neque alii vicino poteris haustum ex vivo cedere. l. 33. §. 1. ff. de servit. præd. rust. V. l'article 5. de la Section 5.

XV.

La partie du fonds asservi sur laquelle se prend la servitude, comme le chemin sujet à un passage, appartient au maître du fonds sujet à la servitude: & celui à qui elle est n'y a aucun droit de proprieté, mais il a seulement le droit d'en user *r*.

r Si partem fundi mei certam tibi vendidero: aquæductûs jus, etiamsi alterius partis causâ plerumque ducatur, te quoque sequetur. Neque ibi aut bonitatis agri, aut usus ejus aquæ ratio habenda est: ita ut eam solam partem quæ pretiosissima sit, aut maximè usum ejus aquæ desideret, jus ejus ducendæ sequatur: sed pro modo agri detenti, aut alienati, fiat ejus aquæ divisio. l. 25. ff. de servit. præd. rust. Loci corpus non est domini ipsius cui servitus debetur, sed jus eundi habet. l. 4. ff. si servit. vind.

XVI.

Une même servitude peut servir à l'usage de deux fonds. Ainsi une décharge d'eau peut servir à deux maisons: Ainsi un passage, ou un aqueduc peuvent servir pour deux ou plusieurs fonds *s*.

s Qui per certum locum iter, aut actum alicui cessisset, eum pluribus per eundem locum, vel iter, vel actum cedere posse verum est. Quemadmodum si quis vicino suas ædes servas secisset, nihilominus aliis, quod vellet multis, eas ædes servas facere potest. l. 15. ff. comm. præd.

XVII.

Quoiqu'une servitude paroisse inutile, comme seroit une servitude à celui dont le fonds n'en auroit aucun besoin, ou qui en auroit de reste dans son héritage; on peut conserver ou acquérir une telle servitude. Car outre qu'on peut posseder des choses inutiles, il pourra arriver qu'on les mette en usage *t*.

t Ei fundo quem quis vendat servitutem imponi, etsi non utilis sit, posse existimo. Veluti si aquam alicui ducere non expediret, nihilominus constitui ea servitus possit: quædam enim habere possimus, quamvis ea nobis utilia non sunt. l. 19. ff. de servit.

XVIII.

Celui qui n'a la proprieté d'un héritage que par indivis, avec d'autres ne peut en assujettir aucune partie à une servitude sans le consentement de tous: & un seul peut l'empêcher *u*, jusqu'à ce que les portions étant partagées, chacun puisse assujettir la sienne si bon lui semble. Et aussi celui qui possede par indivis une portion du fonds pour lequel il est dû quelque servitude, ne peut seul affranchir le fonds asservi; mais la servitude, reste pour les portions des autres. Car les servitudes sont pour chaque partie du fonds où elles sont dûes, & chacun des proprietaires a intérêt à la servitude pour sa portion *x*.

u Unus ex dominis communium ædium servitutem imponere non potest. l. 2. ff. de servit. Unus ex sociis fundi communis permittendo jus esse ire agere, nihil agit. l. 34. ff. de servit. præd. rust.

x Quoniam servitutes pro parte retineri placet. d. l. 34. l. 8. §. 1. de servit. Quæcumque servitus fundo debetur, omnibus ejus partibus debetur. l. 23. §. ult. ff. de servit. præd. rust. V. l'art. 7. de la Sect. 4

XIX.

Les servitudes se conservent contre la prescription, non-seulement par l'usage qu'en font les proprietaires des fonds pour lesquels elles sont dûes, mais aussi par celui qu'en peuvent faire tous autres possesseurs qui sont au lieu du maître; comme les fermiers, les locataires, les usufruitiers, & ceux même qui possedent de mauvaise foi; car ils conservent au maître la possession de la servitude *y*.

y Usu retinetur servitus, cùm ipse cui debetur, utitur, quive in possessionem ejus est, aut mercenarius, aut hospes, aut medicus, quive ad studendum dominum venit, vel colonus aut fructuarius. l. 18. ff. quemadmodum servit. amitt. Licet malæ fidei possessor sit, retinebitur servitus. l. 24. ff. eod.

XX.

Si une servitude est dûe pour l'usage d'un fonds commun à plusieurs, la possession d'un seul la conserve entiere pour tous; car c'est au nom commun qu'il possede. Mais si plusieurs ont chacun leur droit de servitude en particulier, quoiqu'au même endroit du fonds asservi; chacun ne conserve que pour soi droit, & il peut être prescrit à l'égard des autres qui n'en usent point *z*.

z Si plurium fundo iter aquæ debitum esset, per unum eorum omnibus his iter quasi fundus communis fuisset, usurpari potuisset. l. 16. ff. quemad. serv. amitt. Aquam quæ oriebatur in fundo vicini, plures per eundem rivum jure ducere soliti sunt: ita ut suo quisque die a capite duceret. Primò per eumdem rivum quemque communem, deinde ut quisque inferior erat, suo quisque proprio rivo: & unus statuto tempore servitus amittitur, non duxit: existimo, eum jus ducendæ aquæ amisisse, nec per cæteros qui duxerunt ejus jus usurpatum esse. Proprium enim cujusque eorum jus fuit, neque per alium usurpari poterit. d. l. 16.

XXI.

Si un des proprietaires d'un fonds commun, pour lequel il est dû une servitude, a quelque qualité qui empêche qu'on ne prescrive contre lui, comme si c'est un mineur, la servitude ne se perd point, quoique l'un &

l'autre cessent de posséder, parce que le mineur la conserve pour le fonds entier *a*.

a Si communem fundum ego & pupillus haberemus, licèt uterque non uteretur : tamen propter pupillum, & ego viam retineo. *l.* 10. *ff. quemad. servit. amit.*

SECTION II.

Des servitudes des maisons & autres bâtimens.

SOMMAIRES.

1. *Servitudes des bâtimens.*
2. *Décharge d'eaux.*
3. *Egoûts.*
4. *Jours.*
5. *Servitudes pour les jours, de deux sortes.*
6. *Servitudes pour les vûes, de deux sortes.*
7. *Droit d'appuyer.*
8. *On ne peut rien entreprendre sur le fonds voisin.*
9. *Ce qu'on peut faire dans un bâtiment au préjudice du voisin.*
10. *Incommoditez, que le voisin doit, ou ne doit pas souffrir.*

I.

1. Servitudes des bâtimens.

LEs servitudes des maisons & des autres bâtimens sont de plusieurs sortes, selon les besoins, comme les décharges des eaux, les jours, les vûes, un droit d'appuyer, un passage, & autres semblables *a*. Mais il n'y en a aucune qui soit naturellement nécessaire, & de telle sorte que celui qui bâtit dans son héritage puisse obliger son voisin à souffrir une servitude pour l'usage de son bâtiment, s'il n'en a ni titre ni possession. Car il peut & doit faire son édifice dans l'étendue de son fonds, en gardant les distances nécessaires, & sans entreprendre sur le fonds qui est joignant au sien *b*. Et si quelque servitude lui est nécessaire, & qu'il ne l'ait point, il ne peut l'acquérir que gré à gré.

a Urbanorum prædiorum jura talia sunt, altiùs tollendi, & officiendi luminibus vicini, aut non extollendi : item stillicidium avertendi in tectum vel aream vicini, aut non avertendi : item immittendi tigna in parietem vicini : & denique projiciendi, protegendive, cæteraque istis similia. *l.* 2. *ff. de servit. præd. urban.* §. 1. *inst. de servit.*

b Imperatores Antoninus & Verus Augusti rescripserunt in area quæ nulli servitutem debet, posse dominum, vel alium voluntate ejus ædificare, intermisso legitimo spatio à vicina insula. *l.* 14. *ff. de servit. præd. urb.* V. *l.* 12. C. *de ædif. priv.* V. les art. 8. & 9. de cette Sect.

II.

2. Décharge d'eaux.

Le droit de la décharge des eaux d'un toit est une servitude qui peut être différemment établie, ou de telle maniere que tout le toit ait sa saillie & sa décharge dans le fonds voisin, ou que toute son eau s'amasse, & s'écoule par une seule gouttiere avancée, ou par un canal plaqué contre un mur *c*.

c Fluminum & stillicidiorum servitutem. *l.* 1. *ff. de servit. præd. urb.*

III.

3. Egoûts.

La décharge d'un égoût dans le fonds voisin est une servitude pour l'usage d'une maison, & on peut en établir d'autres semblables selon le besoin *d*.

d Jus cloacæ mittendæ servitus est. *l.* 7. *ff. de servit.* Cloacam habere licere per vicini domum. *l.* 2. *ff. de servit. præd. rust.* Quominus illi cloacam, quæ ex ædibus ejus in suas pertinet, qua de agitur, purgare, & reficere liceat, vim fieri veto. *l.* 1. *ff. de cloac.* Cette servitude est aussi à l'usage des héritages de la campagne. V. d. *l.* 2. *ff.* de serv. præd. rust.

IV.

4. Jours.

Les jours sont les ouvertures pour recevoir la lumiere dans une chambre, ou un autre lieu ; & les vûes ont de plus un aspect libre sur les environs ou de la ville, ou de la campagne *e*.

e Lumen id est ut cœlum videretur ; & interest inter lumen, & prospectum. Num prospectus etiam ex inferioribus locis est, lumen ex inferiore loco esse non potest. *l.* 16. *ff. de servit. præd. urban.*

V.

5. Servitudes pour les jours, de deux sortes.

Les servitudes pour ce qui est des jours sont de deux sortes. L'une de celles qui donnent au propriétaire d'une maison le droit d'ouvrir son mur ou un mur mitoyen, pour prendre un jour du côté du fonds de son voisin, avec le droit d'empêcher que le voisin n'eleve son bâtiment jusqu'à ôter ce jour *f* : & l'autre de celles qui donnent droit d'empêcher le voisin d'ouvrir son mur, ou un mur mitoyen pour prendre un jour sur une cour ou un autre lieu, ou qui bornent la liberté de prendre des jours, à des jours hors de vûe, ou tels autres qui se trouvent reglez par le titre *g*.

f Luminum in servitute constituta, id acquisitum videtur, ut vicinus lumina nostra excipiat. Cum autem servitus imponitur ne luminibus officiatur, hoc maximè adepti videmur, ne jus sit vicino, invitis nobis, altiùs ædificare, atque ita minuere lumina nostrorum ædificiorum. *l.* 4. *ff. de servit. præd. urb.*

g Eos qui jus luminis immittendi non habuerunt, aperto pariete communi, nullo jure fenestras immisisse respondi. *l.* 40. eod. V. l'art. 2. de la Sect. 1. & la remarque qu'on y a faite.

VI.

6. Servitudes pour les vûes, de deux sortes.

Les servitudes pour les vûes sont aussi de deux sortes. L'une de celles qui donnent le droit d'une vûe libre, avec pouvoir d'empêcher que le bâtiment ne soit si élevé, & n'ôte la vûe, & l'autre de celles qui donnent à un propriétaire le droit d'empêcher que son voisin n'ait ni vûe ni jour du côté où ils se joignent, ou qu'il ne l'ait que conforme au titre *h*.

h Est & hæc servitus, ne prospectui officiatur *l.* 3. *ff. de serv. præd. urb.* Inter servitutes ne luminibus officiatur, & ne prospectui offendatur, aliud, & aliud observatur, quod in prospectu plus quis habet, ne quid ei officiatur ad gratiorem prospectum & libertum. *l.* 15. eod. Non extollendi. *l.* 2. eod. (Jus) altiùs tollendi, & officiendi luminibus. d. *l.* 2. Qui jus luminis immittendi non habuerunt. *l.* 40. eod.

VII.

7. Droit d'appuyer.

Le droit d'appuyer est le droit de faire porter ou un plancher, ou un bâtiment ou autre chose sur le mur d'un voisin, & lorsqu'un mur est mitoyen, les propriétaires ont droit d'appuyer chacun de sa part ; & le même mur sert réciproquement à deux maîtres pour deux servitudes. Mais soit que le mur appartienne à un seul maître, ou qu'il soit mitoyen, on ne peut le charger que raisonnablement, & selon qu'il est reglé par la servitude *i*.

i Jus immittendi tigna in parietem vicini. *l.* 2. *ff. de servit. præd. urb.* Etiam de servitute quæ oneris ferendi causâ imposita erit, actio nobis competit ; ut & onera ferat. *l.* 6. §. 2. *ff.* si servit. vind. *l.* 33. *ff. de servit. præd. urb.* Si paries communis, opere abs te facto, in aedes meas se inclinaverit : potero tecum agere jus tibi non esse parietem illum ita habere. *l.* 14. §. 1. *ff.* si serv. vind.

VIII.

8. On ne peut rien entreprendre sur le fonds voisin.

Quoiqu'un propriétaire puisse faire dans son fonds ce que bon lui semble, il ne peut y faire d'ouvrage qui ôte à son voisin la liberté de jouir du sien, ou qui lui cause quelque dommage. Ainsi le propriétaire d'un fonds, où il n'y a aucun bâtiment, ne peut pas en faire un dont le toit avance sur le fonds voisin, & y décharge ses eaux. Ainsi, on ne peut faire un plant, ou un bâtiment & d'autres ouvrages, qu'à de certaines distances du confin. Ainsi, on ne peut faire une étuve, un four, ou un autre ouvrage contre un mur même mitoyen qui puisse en être endommagé : & pour ces sortes d'ouvrages qui peuvent nuire, & qu'on ne peut faire qu'à de certaines distances, ou avec d'autres précautions, il faut s'en tenir aux regles que les Coûtumes & les usages y ont établies *l*.

l Imperatores Antoninus & Verus Augusti rescripserunt, ità area quæ nulli servitutem debet, posse dominum, vel alium voluntate ejus ædificare, intermisso legitimo spatio à vicinâ insulâ. *l.* 14. *ff. de serv. præd. urb.* Domum suam reficere unicuique licet, dum non officiat invito alteri, in quo jus non habet. *l.* 61. *ff. de reg. jur.*

Si stillulæ per aquam ducas, ædibus meis applicatæ, damnum mihi dent, in factum actio mihi competit. *l.* 18. *ff. de serv. præd. urb.* Fistulam junctam parieti communi, quæ aut ex castello, aut ex cœlo aquam capit, non jure haberi Proculus ait. *l.* 19. eod. Rem non permissam facit, tubulos secundùm communem parietem extruendo. *l.* 13. eod. v. *l.* 8. §. 5. *l.* 17. §. 2. *ff.* si servit. vind. V. l'art. suivant & l'art. 2. de la Sect. 1. du Titre de ceux qui ont des héritages joignans, p. 116.

Il y a des Coûtumes qui reglent de quelle maniere doivent être faits ces sortes d'ouvrages, dont il est parlé dans cet article.

IX.

9. Ce qu'on peut faire à un bâtiment au préjudice du voisin.

Quoiqu'on ne doive point faire d'ouvrage dont le bâtiment voisin soit endommagé, chacun a la liberté de faire dans son fonds ce que bon lui semble, quand il en arriveroit quelqu'autre sorte d'incommodité. Ainsi celui qui n'est sujet à aucune servitude, peut élever sa maison comme bon lui semble, quoique par cette élévation il ôte les jours de celle de son voisin. Cette espéce d'ouvrage n'altere rien du bâtiment de l'autre maison ; & celui qui en est le maître a dû placer ses jours hors du péril de cette incommodité, qu'il n'avoit pas droit d'empêcher, & qu'il ne pouvoit prévoir *m*.

m Cum eo qui tollendo obscurat vicini ædes, quibus non serviat, nulla competit actio. l. 9. ff. de servit. præd. urb. l. 8. l. 9. C. de servit. v. l. 16. ff. de damn. inf. V. l'art. 9. & l'art. 10. de la Sect. 3. du Titre des Dommages causéz par des fautes. V. l'article précédent.

X.

10. Incommodité que le voisin doit ou ne doit pas souffrir.

Les ouvrages ou autres choses que chacun peut faire, ou avoir chez soi, & qui répandent dans les appartemens de ceux qui ont une partie de la même maison, ou chez les voisins, une fumée, ou des odeurs incommodes, comme les ouvrages des taneurs & des teinturiers, & les autres différentes incommoditéz qu'un voisin peut causer à l'autre, doivent se souffrir, si la servitude en est établie *n* : & s'il n'y a point de servitude, l'incommodité sera ou soufferte ou empêchée, selon la qualité des lieux, & celles de l'incommodité, & selon que les regles de la police ou de l'usage, s'il y en a, y auront pourvû.

n Aristo Cerellio Vitali respondit, non putare se ex taberna caseariâ fumum in superiora ædificia jure immitti posse, nisi ei rei servitus talis admittatur. l. 8. §. 5. ff. si servit. vind. In suo enim alii hactenus facere licet, quatenus nihil in alienum immittat : fumi autem, sicut aquæ elle immissionem. Posse igitur superiorem cum inferiore agere, jus illi non esse ita facere. d. §.

SECTION III.

Des servitudes des héritages de la campagne.

SOMMAIRES.

1. Servitudes des héritages de la campagne.
2. Passage.
3. Prise d'eau.
4. Aqueduc.
5. Autres sortes de servitudes.
6. Servitudes pour l'usage des animaux.

I.

1. Servitudes des héritages de la campagne.

LEs servitudes des héritages de la campagne, comme prez, terres, vignes, jardins, vergers, & autres, sont de plusieurs sortes, selon le besoin ; comme un passage pour aller d'un héritage à un autre, un droit d'aller prendre de l'eau, un aqueduc, & autres semblables *a*.

a Servitutes rusticorum prædiorum sunt hæ : iter, actus, via, aquæductus. l. 1. ff. de servit. præd. rust. In rusticis computanda sunt, aquæ haustus, pecoris ad aquam appulsus, jus pascendi, calcis coquendæ, arenæ fodiendæ. d. l. §. 1. inst de serv.

II.

2. Passage.

Le droit de passage est une servitude qui peut être différemment établie suivant son titre, ou pour le passage des personnes seulement, ou pour le passage d'un homme à cheval, ou pour une bête chargée, ou pour un charroi *b*.

b Iter est jus eundi, ambulandi homini, non etiam jumentum agendi ; actus est jus agendi vel jumentum, vel vehiculum : via est jus eundi, & agendi, & ambulandi. l. 1. ff. de servit. præd. rust.

III.

3. Prise d'eau.

La prise d'eau est le droit de prendre dans un fonds de l'eau d'une source, ou d'un ruisseau, pour la conduire à un autre fonds, ou quand on en voudra, ou

par intervalles & en certain temps, ou sans interruption *c*.

c Quotidiana aqua non illa est, quæ quotidie dicitur, sed ea qua quis quotidie possit uti, si vellet. l. 1. §. 2. ff. de aqua quot. & æst. Ea quoque dicitur quotidiana, cujus servitus intermissione temporis divisa est. d. l. §. 3. Æstivâ ea est, qua æstate solâ uti expedit. d. §. 3. V. l. 2. ff. de serv. præd. rust.

IV.

4. Aqueduc.

L'aqueduc est une conduite d'eau d'un fonds à un autre ou par des tuyaux, ou à découvert *d*.

d Aquæductus est jus aquam ducendi per fundum alienum. l. 1. ff. de serv. præd. rust. Aquam rivo ducere. l. 11. §. 1. ff. comm. præd.

V.

5. Autres sortes de servitudes.

On peut établir des servitudes d'autre nature, pour divers usages. Comme le droit de tirer d'un fonds voisin du sable, de la pierre, du plâtre pour l'usage d'un autre fonds : d'y puiser de l'eau, d'y amasser, & de déposer les fruits d'un autre fonds, jusqu'à ce qu'on les emporte dans un certain temps : d'y avoir une levée sur une riviere, un canal, un fossé, ou autre ouvrage, avec le droit d'y entrer pour le réparer : & d'autres différentes servitudes selon le besoin *e*.

e In rusticis computandæ sunt, aquæ haustus.... (jus) calcis coquendæ, arenæ fodiendæ. l. 1. §. 1. ff. de servit. rust. Cretæ eximendæ. l. 5. §. 1. eod. Nec cretæ eximendæ, calcisque coquendæ jus, posse in alieno esse, nisi fundum vicinum habeat. d. §. Ut maximè calcis coquendæ, & cretæ eximendæ servitus constitui possit, non ultrà posse, quàm quatenus ad eum ipsum fundum opus sit. d. §. & l. 6. In rusticis computandæ sunt aquæ haustus. l. 1. §. 1. eod. Ut fructus in vicina villa cogantur, coactique habeantur. l. 3. §. 1. eod. Pedamenta ad vineam, ex vicini prædio sumantur, constitui posse. d. §. Si lacus perpetuus in fundo tuo est, navigandi quoque servitus, ut perveniatur ad fundum vicinum, imponi potest. l. 23. §. 1. eod. Ut quibus agris magna sint flumina, liceat mihi scilicet in agro tuo aggeres, vel fossas habere. l. 1. §. ult. ff. de aqua & aq. pluv. Non ergo cogemus vicinum aggeres munire, sed nos in ejus agrum vicinum : eritque ista quasi servitus. l. 1. §. ult. ff. de aqua & aq. pluv.

On voit dans la loi 13. §. 1. ff. comm. præd. un exemple d'une autre espéce de servitude, d'un héritage d'où se tire de la pierre, & dont le propriétaire est obligé par quelque titre ou par quelque usage, d'en laisser prendre aux particuliers selon leur besoin, en lui payant un certain prix.

Il faut remarquer sur ce qui est dit dans cet article de la servitude pour amasser des fruits, & les garder dans un fonds, que sans aucun droit particulier, tous les propriétaires des héritages où peuvent tomber les fruits des héritages voisins, sont obligez de jouïr qu'on vienne les lever. Tit. ff. de glande legenda.

VI.

6. Servitudes pour l'usage des animaux.

On peut aussi avoir des servitudes pour l'usage des bestiaux qu'on tient dans un fonds, soit pour les abbreuver à une fontaine dans un fonds voisin, ou pour les y faire pâcager en de certains temps *f*.

f In rusticis computanda sunt.... pecoris ad aquam appulsus jus pascendi. l. 1. §. 1. ff. de servit. præd. rust. Pecoris pascendi servitutes, item ad aquam appellandi, si prædii fructus maximè in pecore consistat, prædii magis quàm personæ videtur. l. 4. eod. l. 20. §. 1. ff. si serv. vind. Item, sic possunt servitutes imponi, & ut boves per quos fundus colitur in vicino agro pascantur. l. 3. ff. de serv. præd. rust.

SECTION IV.

Des engagemens du propriétaire du fonds asservi.

SOMMAIRES.

1. Tolérance de la servitude.
2. Tolérance des ouvrages nécessaires pour l'usage de la servitude.
3. Ce que doit celui dont le mur sert à porter le bâtiment d'un autre.
4. S'il faut refaire le mur mitoyen.
5. Dépense pour refaire le mur mitoyen.
6. Le propriétaire du fonds asservi peut l'abandonner.
7. Si le fonds pour lequel il est dû une servitude est divisé.
8. Deux servitudes d'un même fonds au même.

LE

I.

1. Tolérance de la servitude.

LE propriétaire du fonds asservi est obligé de souffrir l'usage de la servitude, & de ne rien faire qui puisse ou ôter cet usage, ou le diminuer, ou le rendre incommode: & il ne doit rien changer de l'ancien état des lieux, & de tout ce qui est nécessaire à la servitude *a.*

a Si quas actiones adversùs eum, qui ædificium contra veterem formam extruxit, ut luminibus tuis officeret competere tibi existimas ; more solito ; per Judicem, exercere non prohiberis. *l.* 1. *C. de serv.* Sciet le formant, ac statum antiquorum ædificiorum, custodire debere. *l.* 11. *ff. de serv. præd. urb.*

II.

2. Tolérance des ouvrages nécessaires pour l'usage de la servitude.

Il doit aussi souffrir les ouvrages nécessaires pour les réparations & pour l'entretien des lieux, & autres choses destinées à la servitude *b.* Mais il ne doit pas lui-même à ses frais réparer les lieux *c,* si ce n'est qu'il y fût obligé par le titre, ou par une possession qui pût en tenir lieu.

b V. l'art. 7. de la Sect. 1.

c In omnibus servitutibus, refectio ad eum pertinet qui sibi servitutem asserit, non ad eum cujus res servit. *l.* 6. §. 2. *ff. si serv. vind.* V. l'art. suivant.

III.

3. Ce que doit celui dont le mur sert à porter le bâtiment d'un autre.

Celui dont le mur doit porter un bâtiment d'un autre ou une autre charge, est obligé de l'avoir tel qu'il puisse y suffire: & il est obligé aussi de l'entretenir, & de le refaire s'il en est besoin *d.* Si ce n'est que ce fût l'excès de la charge qui l'eût abbatu ou endommagé. Et en ce cas celui qui a surchargé sera tenu de décharger & réparer le mur, & des dommages & intérêts que cette surcharge aura pû causer *e.*

d Etiam de servitute, quæ oneris ferendi causa imposita erit, actio nobis competit, ut & onera ferat, & ædificia reficiat, ad eum modum qui servitute imposita comprehensus est. *l.* 6. §. 2. *ff. de servit. vind. l.* 8. *eod.* Eum debere columnam restituere, quæ onus vicinarum ædium ferebat, cujus essent ædes, quæ servirent, non eum qui imponere vellet. *l.* 33. *ff. de serv. præd. urb.*

e Si paries communis opere abs re facto , in ædes meas se inclinaverit , potero tecum agere , jus tibi non esse parietem illum ita habere. *l.* 14. §. 1. *ff. si servit. vind.*

IV.

4. S'il faut refaire le mur mitoyen.

Si un des propriétaires d'un mur mitoyen sur lequel chacun appuie de son côté, y avoit des embellissemens, comme des peintures & des sculptures, & que le mur s'entrouvre ou s'abbatte, ou que l'autre propriétaire soit obligé de le démolir, pour le refaire tel qu'il doit être pour la servitude; les deux propriétaires contribueront également à la dépense nécessaire pour remettre le mur dans l'état où il doit être. Mais la perte des embellissemens tombera sur celui qui les avoit faits *f.*

f Parietem communem incrustare licet , secundùm Capitonis sententiam ; sicut licet mihi pretiosissimas picturas habere in pariete communi. Cæterùm si demolitus sit vicinus , & ex stipulatu , actione damni infecti agatur , non pluris , quàm vulgaria tectoria æstimari debent ; quod observari in incrustatione oportet. *l.* 13. §. 1. *ff. de servit. præd. urb.* V. l'art. 5. de la Sect. 3. des Dommages causez par les fautes.

V.

5. Dépenses pour refaire le mur mitoyen.

S'il est nécessaire de refaire un mur asservi pour porter un bâtiment, ou pour un droit d'appui, celui à qui est le mur, & qui doit l'entretenir, sera tenu que de la dépense nécessaire pour refaire le mur: & toute celle qui se fera pour ou pour démolir ce qui étoit appuyé, ou pour le soutenir , sera portée par celui qui a le droit d'appuyer *g.*

g Sicut autem refectio parietis ad vicinum pertinet, ita sultura ædificiorum vicini cui servitus debetur, quamdiu paries reficitur, ad inferiorem vicinum non debet pertinere. Nam si non vult superior fulcire, deponat ; & restituat, cùm paries fuerit restiturus. *l.* 8. *ff. si serv. vind.*

VI.

6. Le propriétaire du fonds asservi peut l'abandonner.

Si le propriétaire d'un fonds asservi, ou d'un mur qui doive porter le bâtiment d'un autre propriétaire, aime mieux abandonner son droit de propriété, que de faire les réparations que la servitude l'oblige de faire, il en sera déchargé en quittant le fonds. Car c'étoit le fonds qui étoit asservi, & non pas la personne *h.*

h Evaluit Servii sententia in proposita specie, ut possit quis defendere jus sibi esse cogere adversarium reficere parietem ad onera sua sustinenda. Labeo autem , hanc servitutem non hominem debere , sed rem , denique licere domino rem derelinquere , scribit. *l.* 6. §. 2. *ff. si serv. vind.*

VII.

Si un héritage pour lequel il est dû un droit de passage, est divisé entre le propriétaire, la servitude sera conservée à chaque portion: car elle étoit dûe pour l'usage de toutes les parties du fonds. Mais le propriétaire du fonds asservi au passage ne sera tenu de le donner qu'au même lieu pour tous ces propriétaires, & ils ne pourront user de la servitude, qu'en s'accommodant entr'eux, de sorte que chacun n'entre dans le fonds asservi, que par le même endroit où la servitude étoit établie *i.*

i Quæcumque servitus fundo debetur omnibus ejus partibus debetur ; & ideò quamvis particulatim venierit, omnes partes servitus sequitur, & ita ut singuli rectè agant, jus sibi esse jundi. Si tamen fundus cui servitus debetur, certis regionibus inter plures dominos divisus est, quamvis omnibus partibus servitus debeatur, tamen opus est ut hi qui non proximas partes servienti fundo habebunt, transitum per reliquas partes fundi divisi juri habeant, aut si proximi patiantur, transeant. *l.* 23. §. ult. *de serv. præd. rust.* V. l'art. 18. de la Sect. 1.

VIII.

8. Deux servitudes d'un même fonds au même.

Si un fonds est sujet à deux servitudes, comme seroit une maison qui ne pourroit être haussée au préjudice d'une vûe de la maison voisine, & qui en devroit recevoir les eaux, & que le propriétaire du fonds asservi vienne à acquérir la liberté de l'une des deux servitudes, sans qu'il soit fait mention de l'autre, comme s'il acquiert la liberté de hausser son bâtiment & d'ôter cette vûe: il ne pourra étendre cette liberté au préjudice de la seconde servitude qui subsiste encore, & il ne haussera qu'autant qu'il puisse toujours recevoir les eaux *l.*

l Si domus tua ædificiis meis utramque servitutem deberet, ne altiùs tolleretur, & ut stillicidium ædificiorum meorum recipere deberet, & tibi concessero, ut sit invito me altius tollere ædificia tua : quod ad stillicidium meum attinet, sic statui debebit, ut si altiùs sublatis ædificiis tuis, stillicidia mea cadere in ea non possint, ea ratione altiùs tibi ædificare non liceat ; si non impediantur stillicidia mea, liceat tibi altiùs tollere. *l.* 20. *ff. de servit. præd. rust.*

SECTION V.

Des engagemens du propriétaire du fonds pour lequel il est dû une servitude.

SOMMAIRES.

1. *Celui qui a un droit de servitude ne peut rien innover.*
2. *Surcharge du mur servant.*
3. *Réparations nécessaires pour l'usage de la servitude.*
4. *Du dommage qui arrive naturellement à l'occasion d'une servitude.*
5. *Le droit de servitude ne s'étend pas hors de son usage & ne se communique pas à d'autres.*

I.

1. Celui qui a un droit de servitude ne peut rien innover.

LE propriétaire du fonds pour lequel il est dû une servitude ne peut en user que suivant son titre sans rien innover, ni dans le fonds asservi, ni dans le sien propre, qui empire la condition de la servitude. Ainsi, il ne peut surcharger un mur, élargir un passage, avancer le bord d'un toit dont le voisin doit recevoir les eaux, ni faire d'autres changemens semblables qui augmentent la servitude, ou qui la rendent plus incommode, & il peut seulement l'adoucir ou la rendre moindre *a.*

a Lenius facere poterimus, acriùs non. Et omninò sciendum est meliorem vicini conditionem fieri posse, deteriorem non posse, nisi aliquid nominatim servitute imponenda, immutatum fuerit. *l.* 20. §. 5. *inf. ff. de serv. præd. urb.* Statum antiquorum ædificiorum custodire debere. *l.* 11. *eod. l.* 1. *C. de serv.* Si nova (tigna) velis immittere, prohiberi à me potes. *l.* 14. *ff. si serv. vind.* Si paries communis opere abs re facto in ædes meas se inclinaverit, potero tecum agere, jus tibi non esse, parietem illum ita habere. *d. l.* 14. §. 1. Stillicidium quoque modo acquisitum sit, altius tolli poterit ; levior enim fit eo facto servitus, cùm quod ex alto cadet lenius, & interdum direptum, nec perveniat ad locum servientem : inferius demitti non poteſt , quia fit gravior ſervitus, id eſt pro ſtillicidio flumen. Eadem cauſa retroduci poteſt ſtillicidium, quia in noſtro magis incipiet cadere, produci non poteſt, nec alio loco cadat ſtillicidium, quàm in quo poſita ſervitus eſt. *l. 20. §. 5. ſf. de ſerv. præd. urb.*

II.

2. Surcharge du mur ſervant.

Si celui qui avoit droit d'appuyer ſur le mur d'un autre , ou ſur un mur commun, le pouſſe ou le ſurcharge de ſorte que le mur qui ſuffiſoit pour la ſervitude, en ſoit abbatu , ou endommagé ; il ſera tenu de tout le dommage qui en arrivera *b*.

b Quod ſi quia alter eum preſſerat, vel oneraverat, idcircò damnum contingat , conſequens eſt dicere detrimentum hoc quod beneficio ejus contingit, ipſum ſarcire debere. *l. 40. §. 1. ſf. de damn. inf.*

III.

3. Réparations néceſſaires pour l'uſage de la ſervitude.

Celui à qui il eſt dû une ſervitude doit faire les réparations néceſſaires pour en uſer, comme raccommoder le chemin d'un paſſage, entretenir ſon aqueduc, & les autres ſemblables *c*.

c In omnibus ſervitutibus refectio ad eum pertinet, qui ſibi ſervitutem aſſerit, non ad eum cujus res ſervit. *l. 6. §. 2. ſf. ſi ſerviit. vind.* V. les articles 2. & 3. de la Section 4.

IV.

4. Dudommage qui arrive naturellement à l'occaſion d'une ſervitude.

Si le fonds aſſervi ſouffre quelque dommage par une ſuite naturelle de la ſervitude, comme ſi un héritage eſt inondé par un torrent où la ſervitude d'une priſe d'eau donne l'ouverture, ſi un toit eſt endommagé par la chute d'une pluie extraordinaire, qui s'écoule du toit voiſin dont il doit recevoir les eaux, celui à qui eſt dû la ſervitude ne ſera pas tenu de ces ſortes de dommages. Mais s'il avoit fait quelque changement de l'état des lieux , contre le titre de la ſervitude, & que ce changement eût été l'occaſion d'un pareil dommage, il en ſeroit tenu *d*.

d Servius naturaliter non manu facto lædere poteſt fundum ſervientem, quemadmodum ſi imbri creſcat aqua in rivo, aut ex agro is in eum confluat. *l. 20. 6. 1. ſf de ſervit. præd. ruſt.* Nam ut verius quis dixerit, non aqua, ſed loci natura nocet. *l. 1. §. 14. ſf. de aqua & aquæ pluv. arc.*

V.

5. Le droit de ſervitude ne s'étend pas hors de ſon uſage, & ne ſe communique pas à d'autres.

Celui à qui il eſt dû quelque ſervitude, non-ſeulement ne peut en communiquer l'uſage à aucun autre, mais il ne peut même l'étendre pour ſon propre uſage au delà de ce qui lui eſt donné par le titre. Ainſi, celui qui a une priſe d'eau pour un héritage, ne peut en uſer pour ſes autres héritages: & ſi la priſe d'eau n'eſt que pour une partie d'un fonds, il ne peut s'en ſervir que pour celle-là *e*.

e Ex meo aquæductu Labeo ſcribit , cuilibet poſſe me vicino commodare aquam: Proculus contra ut ne in meam partem fundi alium, quàm ad quam ſervitus acquiſita ſit , uti ea poſſit. Proculi tententia verior eſt. *l. 24. ſf. de ſervit. præd. ruſt.*

Per plurium prædia aquam ducis , quoquo modo impoſita ſervitute ; niſi pactum vel ſtipulatio etiam de hoc ſubſecuta eſt, necque eorum cuivis, neque alii vicino poteris hauſtum ex rivo cedere. *l. 35. §. 1. cod.* V. l'article 14. de la Section première.

SECTION VI.

Comment finiſſent les ſervitudes.

SOMMAIRES.

I.

1. Le droit de ſervitude périt avec le fonds.

LA ſervitude ceſſe lorſque les choſes ſe trouvent en tel état qu'on ne peut en uſer, comme ſi le fonds aſſervi vient à périr , ou le fonds pour l'uſage duquel la ſervitude étoit établie ; & il en ſeroit de même ſi le fonds ſubſiſtant , la cauſe de la ſervitude venoit à ceſſer. Ainſi, par exemple, ſi une ſource où le voiſin avoit un droit de prendre de l'eau, venoit à tarir, il perdroit le droit d'entrer dans le fonds où étoit la ſource. Mais ſi elle venoit à renaître, même après le temps de la preſcription , la ſervitude ſeroit rétablie, ſans qu'on pût lui imputer, de n'avoir pas uſé de la ſervitude pendant qu'elle ne pouvoit avoir ſon uſage *a*.

a Si fons exaruerit , ex quo ductum aquæ habeo ; iſque poſt conſtitutum tempus ad ſuas venas redierit : an aquæductus amiſſus erit , quæritur? Et Aſilicinus ait , Cæſarem Stacilio Tauro reſcripſiſſe , in hæc verba ; hi qui ex fundo Sutrino aquam ducere ſoliti ſunt, adierunt me, propoſuerunt que aquam, qua per aliquot annos uſi ſunt , ex fonte qui eſt in fundo Sutrino aquam ducere non permiſſe, quod fons exaruiſſet, & poſtea ex eo fonte aquam fluere cæpiſſe , petieruntque à me, ut quod jus non negligentia , aut culpa ſua amiſerunt ; ſed quia ducere non poterant , his reſtitueretur. Quorum mihi poſtulatio , cùm non iniqua viſa ſit, ſuccurrendum his putavi , quod jus habuerunt, tunc cùm primùm ea aqua pervenire ad eos non poteſt , id eis reſtitui placet. *l. 34. in f. & l. 35. ſf. de ſervit. præd. ruſt.* V. l'art. 4. de cette Section & la remarque qu'on y a faite.

II.

2. Confuſion de la propriété des deux héritages.

Les ſervitudes finiſſent auſſi lorſque le maître du fonds aſſervi, ou celui du fonds pour lequel la ſervitude étoit établie, devient le propriétaire de l'un & de l'autre. Car la ſervitude eſt un droit ſur le fonds d'un autre, & le droit du maître ſur ſon propre bien ne s'appelle pas une ſervitude *b*.

b Servitutes prædiorum confunduntur, ſi idem utriuſque prædii dominus eſſe cœperit. *l. 1. ſf. quemad. ſerv. am.* Nemo ipſe ſibi ſervitutem debet. *l. 10. ſf. comm. præd.* Nulli enim res ſua ſervit. *l. 26. ſf. de ſerv. præd. urb.*

III.

3. Si après cette confuſion le propriétaire revend l'héritage qui ſervoit.

Si le propriétaire du fonds pour lequel la ſervitude étoit établie, acquiert le fonds aſſervi, & puis le revend ſans réſerve de la ſervitude, il eſt vendu libre. Car la ſervitude étoit anéantie , par la regle expliquée dans l'article précédent: & elle ne ſe rétablira pas au préjudice du nouvel acquéreur, à qui cette charge n'eſt pas impoſée *c*.

c Si quis ædes ædibus ſervientes cùm emiſſet , tradita ſibi accepit , conſeſtim tibi eaque ſervitus eſt. Et ſi rurſus vendere vult , nominatim imponere ſervitus eſt , alioquin liberæ venunt. *l. 30. de ſervit. præd. urb.*

IV.

4. Héritage entre deux qui empêche l'uſage de la ſervitude.

Si entre le fonds aſſervi , & celui pour lequel la ſervitude eſt établie, il ſe trouve un autre fonds, qui empêche l'uſage de la ſervitude, elle eſt ſuſpendue pendant cet obſtacle. Ainſi, par exemple, ſi entre deux maiſons dont l'une ne peut être hauſſée au préjudice d'une vûe de l'autre, il y a une troiſiéme maiſon qui n'étant pas ſujette à cette ſervitude a été hauſſée, & qui a ôté cette vûe, le propriétaire de la maiſon aſſervie pourra la hauſſer. Ainſi celui qui avoit un droit de paſſage par l'uſage de la ſervitude, ſi entre ſon fonds & le fonds aſſervi il y en a un autre qui ſe trouve ne devoir pas ce paſſage, & qui en rende l'uſage inutile. Mais ſi ces obſtacles viennent à ceſſer, comme ſi la maiſon entre deux étoit demolie, ou le paſſage acquis dans le fonds qui ſéparoit les deux; celui à qui la ſervitude étoit dûe , en reprend l'uſage *d*.

d Si forte qui medius eſt , quia ſervitutem non debebat, altius exulerit ædicitia ſua, ut tam ego non videar luminibus tuis obſflaturus ſi ædificavero ; fruſtra intendis jus mihi non eſſe , ita ædificatum habere, invito te ; ſed ſi intra tempus ſtatutum rurſus depoſuerit ædificium ſuam vicinus,renaſcetur tibi vindicatio. *l. 6. ſf. ſi ſervit. vind.* In ruſticis prædiis impedit ſervitutem medium prædium , quod non ſervit. *l. 7. §. 1. ſf. de ſervit. præd. ruſt.*

On n'a pas mis dans cet article ce que paroiſſent ſignifier ces paroles de la loi : intra tempus ſtatutum , que ce droit ne revit que lorſqu'il n'y a pas de preſcription. Car on voit au contraire par les loix citées ſur l'art. 1. de cette Sect. que la preſcription ne doit pas courir contre celui qui ne pouvoit uſer de la ſervitude. Quod jus negligentia , aut culpa fua miferat, fed quia ducere non poterat. *Et quoique ce ne foit pas dans le même cas que celui de cet article 4. il pourroit y avoir des circonftances dans des cas qui y font compris, ou il femble que la fervitude devroit fe conferver contre la prefcription. Ainfi, par exemple, fi le poffeffeur de trois maifons en retirant une, avoit vendu celle du milieu, & fait une donation de la troifième, impofant à l'acheteur & au donataire la fervitude de ne point hauffer, & qu'il arrivât que l'acquéreur de la maifon du milieu en fût évincé par un tiers, qui n'étant pas engagé à la fervitude, fû hauffer cette maifon, le donataire en ce cas pourroit-il à la vérité élever auffi, mais fi le donateur venoit à rentrer dans la maifon qu'il avoit vendue, quoiqu'après la prefcription, & qu'il voulût reprendre fa fervitude; fon donataire fe trouvant encore en poffeffion de la maifon afervie, pourroit-il fe fervir de la prefcription contre fon titre? Mais fi ce donataire avoit vendu à un tiers qui ignorât la fervitude, & qui eût prefcrit, feroit-il jufte à fon égard d'interrompre la prefcription. Ainfi ces fortes de queftions peuvent dépendre des circonftances. Et dans le cas même de l'article 1. de cette Section, fi on fuppofoit que le fonds afervi fût poffédé par un tiers acquéreur, qui ignorât la fervitude de la prife d'eau, & qui eût poffédé pendant le tems de la prefcription, fans que celui à qui la fervitude étoit düe eût fait aucune proteftation pour la conferver, devroit-elle revivre contre ce tiers poffeffeur après fi long-tems? & ne pourroit-on pas imputer à celui qui la prétendroit d'avoir négligé les précautions pour la conferver.*

a, felon la qualité & les intervalles de la fervitude, & autres circonftances g.

g Si alternis annis,vel menfibus, quis quam habeat, duplicato continuo tempore amittitur. Idem & de itinere cuftoditur. l. 7. ff. quemad. fervit. amitt. Cùm talis quæftio in libris Sabinianis volveretur, quidam enim pactus erat cum vicino fuo, ut liceret ei vel per fe, vel per fuos homines, per agrum vicini tranfitum facere, iterque habere uno tantummodò die per quinquennium, quatenus ei licentia effet in fuam filvam inde tranfire, & arbores excidere, vel facere quidquid neceffarium ei vifum fuiffet! & quæretur, quando hujufmodi fervitus non utendo amitteretur? Et quidam putarent, fi in primo vel fecundo quinquennio per eam viam itum non effet, eandem fervitutem penitùs tolli, quafi per biennium ea non utendo deperdita fingulo die quinquennii pro anno numerando: aliis autem aliam fententiam eligentibus, nobis placuit ita caufam dirimere, ut, quia jam per legem latam à nobis profpectum eft, ne fervitutes per biennium non utendo depereant, fed per decem, vel viginti annorum curricula: & in propofita fpecie, fi per quatuor quinquennia nec uno die, vel ipfe, vel homines ejus, eadem fervitute ufi funt, tunc eam penitùs amitti, viginti annorum defidia. Qui enim in tam longo prolixoque fpatio fuum jus minimè confecutus eft, tam pœnitentia ad priftinam fervitutem reverti defiderat. l. ult. c. de fervit.

V.

Les fervitudes fe perdent par la prefcription : ou elles font réduites à ce qui en eft confervé par la poffeffion pendant le temps fuffifant pour prefcrire *e*.

e Si is, qui nocturnam aquam habet, interdiù per conftitutum ad amiffionem tempus ufus fuerit, amifit nocturnam fervitutem, quia ulus non eft. Idem eft in eo qui certis horis aquæductum habens aliis ufus fuerit, nec ulla parte carum horarum. l. 10. §. 1. ff. quemad. ferv. amitt. Ut omnes fervitutes non utendo amittantur, non biennio, quia tantummodò foli rebus annexæ funt, fed decennio contra præfentes, vel viginti fpatio annorum contra abfentes. l. 13. c. de fervit. V. l'art. 11. & l'art. 13. de la Sect.1.

VI.

Les fervitudes qui confiftent en quelque action de la part de ceux à qui elles font dües, fe prefcrivent par la ceffation de l'ufage de la fervitude. Comme un paffage, & une prife d'eau qui fe prefcrivent par la ceffation de paffer & de prendre l'eau. Mais les fervitudes qui ne confiftent quà fixer un état des lieux, où il ne puiffe être innové, comme une fervitude de ne pouvoir hauffer un bâtiment à caufe d'une vûe, une décharge des eaux d'une maifon voifine, ne fe prefcrivent jamais que par un changement de l'état des lieux, qui anéantiffe la fervitude, & qui dure un temps fuffifant pour prefcrire, comme fi le propriétaire de la maifon afervie l'ayant élevée, eft demeuré en poffeffion de ce changement, ou fi les eaux ont été déchargées par un autre endroit *f*.

f Hæc autem jura, fimiliter ut rufticorum quoque prædiorum certo tempore non utendo pereunt : nifi quòd hæc diffimilia eft, quod non omnimodo pereunt non utendo, fed ita, fi vicinus fimul libertatem ufucapiat, veluti fi ædibus meis ferviant, ne altiùs tollantur, ne luminibus mearum ædium officiat, & ego per ftatutum tempus, feneftras meas præfixas habuero vel obftruxero: ita demùm jus meum amitto, fi tu per hoc tempus ædes tuas altiùs fublatas habueris. Alioquin fi nihil novi feceris, retineo fervitutem. Item, fi tigni immiffi ædes tuæ fervitutem debent, & ego exemero tignum, ita demùm amitto jus meum fi tu foramen unde exemptum eft tignum obturaveris, & per conftitutum tempus ita habueris. Alioquin, fi nihil novi feceris, integrum jus fuum permanet. l. 6. ff. de ferv. præd. urb. Si ego via quæ nobis per vicini fundum debebatur ufus fuero, tu autem conftituto tempore ceffaveris, an fuum amiferis. Et è contrario : fi vicinus, cui via per noftrum fundum debebatur, per meam partem ierit, egerit, tantam ingreffus non fuerit : an partem tuam liberaverit? Celfus refpondit : fi divifus eft fundus inter focios regionibus, quæ fervitutis attinet, quæ ei fundo debebatur, perinde eft atque fi ab initio duobus fundis debita fit : & fibi quifque dominorum ufurpat fervitutem, fibi non utendo deperdit. l. 6. §. 1. quemad. ferv. amitt.

VII.

Si l'ufage d'une fervitude n'eft pas continué, mais par intervalles de quelques années, comme une fervitude d'un paffage pour aller à un bois taillis, de laquelle on n'ufe que lorfqu'on en coupe, ou tous les cinq ans, ou tous les dix ans, ou après un autre long intervalle, & feulement pendant le temps néceffaire pour couper & tranfporter le bois ; la prefcription d'une telle fervitude ne s'acquiert pas par le temps ordinaire de dix ans, dans les lieux où la prefcription n'eft que de dix ans; mais le temps doit être réglé à vingt ans ou à plus ou moins, felon les prefcriptions des lieux, & leur ufage, s'il y en a.

VIII.

Si un droit de fervitude paffe d'un propriétaire à un autre, le temps de la prefcription, qui avoit couru contre le premier fe joint au temps qui a couru contre le fecond, & la prefcription s'acquiert contre lui par ces deux temps joints *h*. Comme au contraire un fecond poffeffeur acquiert une fervitude par la poffeffion de fon prédéceffeur jointe avec la fienne.

h Tempus quo non eft ufus præcedens fundi dominus cui fervitus debetur, imputatur ei qui in ejus loco fucceffit. l. 18. §. 1. ff. quemad. ferv. amitt.

IX.

Si l'héritage afervi eft décreté, la fervitude ne laiffe pas de fe conferver, car il eft vendu comme il fe comporte. Et elle fe conferve à plus forte raifon, fi c'eft le fonds pour lequel elle eft düe, qui foit décreté..

i Si fundus ferviens, vel is cui fervitus debetur publicaretur, utroque cafu durante fervitute, quia cum fua conditione quifque fundus publicaretur. l. 23. §. 2. ff. de fervi. præd. ruft.

TITRE XIII.

DES TRANSACTIONS.

IL y a deux manieres de terminer de gré à gré les procès, ou les prévenir. La premiere eft la voie d'une convention entre les parties, qui reglent par elles-mêmes ou par le confeil & l'entreprife de leurs amis, les conditions d'un accommodement, & qui s'y foumettent par une traité, & c'eft ce qu'on appelle Tranfaction. La feconde eft un jugement d'arbitres dont on convient par un compromis. Ainfi les tranfactions & les compromis font deux efpéces de conventions, dont la premiere fera la matiere de ce Titre, & celle des compromis fera expliquée dans le Titre fuivant.

SECTION I.

De la nature & de l'effet des Tranfactions.

SOMMAIRES.

I.

1. Définition.

LA transaction est une convention entre deux ou plusieurs personnes, qui pour prévenir ou terminer un procès, reglent leur différend de gré à gré, de la maniere dont ils conviennent ; & que chacun d'eux préfere à l'esperance de gagner, jointe au péril de perdre *a*.

a Qui transigit quasi de re dubia, & lite incerta, neque finita transigit. *l. 1. ff. de transf.* Propter timorem litis. *l. 1. c. eod.* Litigiis jam motis & pendentibus, seu postea... movendis. *l. ult. c. eod.* (controversia) certa lege finita. *l. 14. ff. eod.*

II.

2. Diverses manieres de transiger.

Les transactions terminent ou préviennent les procès en plusieurs manieres, selon la nature des différends, & les diverses conventions qui y mettent fin. Ainsi, celui qui avoit quelque prétention, ou s'en desiste par une transaction, ou en obtient une partie, ou même le tout. Ainsi, celui à qui on demande une somme d'argent, ou paye, ou s'oblige, ou est déchargé en tout ou en partie. Ainsi, celui qui contestoit une garantie, une servitude, ou quelqu'autre droit, ou s'y assujettit, ou s'en affranchit. Ainsi, celui qui se plaignoit d'une condamnation, ou la fait réformer, ou y acquiesce. Et on transige enfin aux conditions dont on veut convenir, selon les regles générales des conventions *b*.

b Transactio nullo dato, vel retento, seu promisso, minimè procedit. *l. 38. c. de transf.* Ut partem bonorum susciperet, & à lite discederet. *l. 6. eod.* Nihil in fidei congruit humanæ, quàm ea quæ placuerunt custodiri. *l. 10. eod. toto Tit. ff. &c. de transf.* Ce qui est dit dans cette loi 38. c. de transf. qu'il n'y a point de transaction si l'on ne donne, & ne promet rien, ou si on ne retient quelque chose, ne doit pas être pris à la lettre. Car on peut transiger sans rien donner, & sans rien promettre, ni rien retenir. Ainsi celui qui prétendroit être caution d'un autre, pourroit être déchargé de cette transaction sans que de part ni d'autre, il fût rien donné, rien promis, ni rien retenu.

III.

3. Les transactions sont bornées à leur sujet.

Les transactions ne reglent que les différends qui s'y trouvent nettement compris par l'intention des parties, soit qu'elle se trouve expliquée par une expression générale, ou particuliere, ou qu'elle soit connue par une suite nécessaire de ce qui est exprimé, & elles ne s'étendent pas aux différends où l'on n'a point pensé *c*.

c Transactio quæcumque fit, de his tantùm, de quibus inter convenientes placuit, interposita creditur. *l. 9. §. 1. ff de transf.* Ei, qui nondum certus, ad se querelam contra patris testamentum pertinere, de aliis causis, cum adversario pacto transegit, tantùm in his interpositum pactum nocebit, de quibus inter eos actum esse probatur. *d. l. §. 3.* Iniquum est pirimi pacto, id de quo cogitatum non docetur. *d. l. in fine §. 5. eod.*

IV.

4. Transaction avec l'un des intéressez ne fait pas de préjudice à l'égard des autres.

Si celui qui avoit, ou pouvoit avoir un différend avec plusieurs autres, transige avec un d'eux pour ce qui le regarde, la transaction n'empêchera pas son droit ne subsiste à l'égard des autres : & qu'il ne puisse ou le faire juger, ou en transiger d'une autre maniere. Ainsi, celui qui de deux tuteurs rendent compte d'une même administration peut transiger avec l'un pour son fait, & plaider contre l'autre. Ainsi, le créancier d'un défunt, ou les legataires peuvent transiger de leur droit avec l'un de deux héritiers pour sa portion, & poursuivre l'autre pour la sienne *d*.

d Neque pactio, neque transactio cum quibusdam ex curatoribus, sive tutoribus facta, auxilio cæteris est, in hisque separatim communiterve gesserunt, vel gerere debuerunt. Cum igitur tres curatores habueris, & cum duobus ex his transegeris, tertium convenire non prohiberis. *l. 1. c. de transf. l. 15. ff. de tut. & rat. distr.*

V.

5. Transaction avec autre que la Partie.

Si la personne qui a un différend, en transige avec celui qu'il croit être sa partie, & qui ne l'est pas, cette transaction sera inutile. Ainsi, par exemple, si un créancier d'une succession, transige avec celui qu'on croyoit être l'héritier, & qui ne l'étoit pas, cette transaction sera sans effet, & à l'égard de ce créancier, & à l'égard du vrai héritier *e*. Car le vrai héritier n'a pû être obligé par le fait d'un autre : & le créancier n'a pas été obligé de sa part envers cet héritier, avec qui il n'a point traité, & pour qui il pouvoir avoir moins de

considération, que pour celui qu'il avoit crû être l'héritier.

e Debitor, cujus pignus creditor distraxit, cum Mævio qui se legitimum creditoris hæredem esse jactabat, minimo transegit, postea testamento prolato, Septicium hæredem esse apparuit. Quæsitum est, si agat pignoratitia debitor cum Septico, an is uti possit exceptione transactionis factæ cum Mævio, qui hæres eo tempore non fuerit, possitque Septicius pecuniam, quæ Mævio, ut hæredi a debitore numerata est, conditione repetere quasi sub prætextu hæreditatis acceptam. Respondit, secundùm ea quæ proponerentur, non posse, quia neque cum eo ipse tran egit, nec negotium Septicii Mævius gerens accepit. *l. 3. §. 2. ff. de transf.*

VI.

6. Transaction sur un droit ne préjudicie à un autre droit semblable sur vene demeuré paisible.

Si celui qui avoit transigé d'un droit qu'il avoit de son chef, acquiert par la suite un pareil droit du chef d'une autre personne, la transaction ne sera pas de préjudice à ce second droit. Ainsi, par exemple, si un majeur a transigé avec son tuteur sur le compte de sa portion des biens de son pere, & qu'il succéde ensuite à son frere à qui le même tuteur devoit rendre compte de sa portion, la transaction n'empêchera pas que les mêmes questions qu'elle avoit reglées pour une portion, ne subsistent pour l'autre : & ce second droit reste en son entier *f*.

f Qui cum tutoribus suis de sola portione administratæ tutelæ suæ egerat, & transegerat adversus eosdem tutores ex persona fratris sui, qui hæres exstiterat, agens præscriptione factæ transactionis non summovetur. *l. v. ff de transf.*

VII.

7. Transaction avec stipulation de peine.

On peut ajouter à une transaction la stipulation d'une peine contre celui qui manquera de l'exécuter. Et en ce cas l'inexécution de ce qui est reglé donne le droit d'exiger la peine, selon qu'il en a été convenu *g*, & suivant les regles expliquées dans le Titre des Conventions.

g Promissis transactionis causa non impletis, pœnam in stipulationem deductam, si contra factum fuerit, exigi posse constat. *l. 37. c. de transf. l. 16. ff. eod.* V. les art. 4. & 15. de la Sect. 3. des Conventions, p. 24. & 26.

VIII.

8. Transaction avec la caution.

Le créancier qui transige avec la caution de son débiteur peut ne décharger que la caution, & la transaction ne lui sera pas de préjudice à l'égard de ce débiteur. Mais si c'est avec le debiteur même qu'il ait transigé, la transaction sera commune à la caution ; parce que son obligation n'est qu'un accessoire de celle du principal débiteur *h*.

h Si fidejussor conventus & condemnatus fuisset, mox reus transegisset cum eo, cui erat fidejussor condemnatus, transactio valeat, quæritur. Et puto valere, quasi omni causâ & adversus reum, & adversus fidejussorem dissoluta. Si tamen ipse fidejussor condemnatus transegit, transactione non peremit rem judicatam. *l. 7. §. 1. ff. de transf.*

IX.

9. Les transactions ont la force des choses jugées.

Les transactions ont une force pareille à l'autorité des choses jugées, parce qu'elles tiennent lieu d'un jugement d'autant plus ferme que les parties y ont consenti, & que l'engagement qui délivre d'un procès est tout favorable *i*.

i Non minorem autoritatem transactionum quàm rerum judicatarum esse, recta ratione placuit. *l. 20. c. de transf.* Propter timorem litis, transactione interposita, pecunia rectè cauta intelligitur. *l. 2. C. eod. l. 65. §. 1. ff. de cond. ind.*

SECTION II.

De la résolution & de la nullité des Transactions.

SOMMAIRES.

I.

1. Le Dol annulle les transactions.

LEs transactions où l'un des contractans a été engagé par le dol de l'autre, n'ont aucun effet. Ainsi celui qui par une transaction abandonne un droit qu'il n'a pû soûtenir, faute d'un titre retenu par sa partie, rentreroit dans son droit, si cette vérité venoit à paroître. Et il en seroit de même d'un héritier qui auroit transigé avec son cohéritier dont le dol lui auroit ôté la connoissance de l'état des biens *a*.

a Si per se vel per alium subtractis instrumentis, quibus veritas argui potuit decisionem litis extorsisse prodetur, si quidem actio supersit, replicationis auxilio doli mali, pacti exceptio removetur. *l. 19. c. de transf.* Qui per fallaciam echætedis, ignorans universa quæ in vero erant, instrumentis transactionis, sine Aquiliana stipulatione interposuit, non tam pacificitur, quam decipitur. *l. 9. §. 2. ff. eod. V. l. 65. §. 1. ff. de cond. ind.*

II.

2. L'erreur fait le même effet.

Si celui qui avoit un droit acquis par un testament, déroge à ce droit par une transaction avec l'héritier, cette transaction sera sans effet, lorsque le testament viendra à paroître ; quand même il auroit été inconnu à l'héritier. Ainsi, par exemple, si un débiteur d'une succession transige & paye une dette qui lui étoit remise par le testament : si un légataire ou un fideicommissaire transige d'un droit qui étoit reglé par un codicille, ils pourront faire résoudre la transaction. Car le testament ou le codicille étoit un titre commun aux parties, & il ne doit pas perdre son effet par une transaction qui n'a été qu'une suite de l'ignorance de cette vérité *b*.

b Cum transactio propter fideicommissum facta esset & postea codicilli reperti sunt. Quæro an quanto minus ex transactione consecuta mater defuncti fuerit, quàm pro parte sua est : id ex fideicommissi causa consequi debeat ? Respondi debere *l. 3. §. 1. ff. de transf.* Si postea codicilli proferuntur, non improbè mihi dictatum videtur, de eo duntaxat se cogitasse, quod illarum tabularum quas tunc noverat, scriptura contineretur. *l. 12. in fine eod.* De his controversiis quæ ex testamento proficiscuntur, neque transigi, neque exquiri veritas aliter potest, quàm inspectis, cognitisque verbis testamenti. *l. 6. eod.*

III.

3. Si la transaction déroge à un droit dont le titre soit ignoré.

Si celui qui par une transaction déroge à un droit acquis par un titre qu'il ignoroit, mais qui n'étoit pas retenu par sa partie, vient ensuite à recouvrer ce titre, la transaction pourra ou subsister, ou être annullée, selon les circonstances. Ainsi dans le cas de l'article précédent elle est annullée. Ainsi au contraire si c'étoit une transaction générale sur toutes les affaires que les parties pourroient avoir ensemble, les nouvelles pièces qui regarderoient l'un des differends, & qui auroient été ignorées de part & d'autre n'y changeroient rien, car l'intention a été de compenser & d'éteindre toute sorte de prétentions *c*.

c Sub prætextu specierum post repertarum, generali transactione, finita rescindi prohibent jura. *l. 29. c. de transf. l. 19. eod. v. l. 3. §. ff. de jurejur. l. 1. c. de reb. cred. & jurejur.*

IV.

4. Transaction sur pièces fausses.

Si on a transigé sur un fondement de pièces fausses qui ayent passé pour vraies, & que la fausseté se découvre dans la suite, celui qui s'en plaindra pourra faire résoudre la transaction, en tout ce qui aura été reglé sur ce fondement. Mais s'il y avoit dans la transaction d'autres chefs qui en fussent indépendans, ils subsisteroient. Et il ne seroit point d'autres changemens que ceux où obligeroit la connoissance de la vérité que les pièces fausses tenoient inconnue *d*.

d Si de falsis instrumentis transactiones, vel pactiones initæ fuerint, quamvis jusjurandum de his interpositum fit, etiam civiliter falso revelato, eas retractari præcipimus : ita demum ut, si de pluribus causis, vel capitulis eædem pactiones, seu transactiones initæ fuerint ; illa tantummodò causa vel pars retractetur, quæ ex falso instrumento composita convicta fuerit, aliis capitulis firmis manentibus. *l. pen. c. de transf. v. sit. c. si ex falsi. instr.*

V.

5. De la lésion dans les transactions.

Les transactions ne sont pas résolues par la lésion que souffre l'un des contractans, en donnant plus que ce qu'il pouvoit devoir, ou recevant moins que ce qui lui étoit dû. Si ce n'est qu'il y eût du dol. Car on compense ces sortes de pertes avec l'avantage de finir un procès, & de prévenir l'incertitude de l'évenement. Et il est de l'intérêt public, de ne pas donner d'atteintes aux transactions par des lésions dont l'usage seroit trop fréquent *e*.

e Hæres ejus, qui post mortem suam rogatus erat universam hæreditatem restituere, minimam quantitatem, quarto solum in bonis fuisse dicebat, his quibus fideicommissum debebatur, restituit. Postea repertis instrumentis apparuit quadruplo amplius in hæreditate fuisse : quæsitum est an in reliquum fideicommissi nomine, conveniri possit? Respondit, secundùm ea quæ proponerentur, si non transactum esset, posse. *l. 78. §. ult. ff. ad trebell.* Il ne faut pas entendre cette loi en un sens contraire à ce qui a été dit dans l'art. 1. Car il y avoit eu du dol de cet héritier, il ne pourrois se servir de la transaction.

Par l'Ordonnance de Charles IX. de 1560. la lésion sans dol ne force, ne suffit pas pour les transactions.

VI.

6. Transaction pour pallier un contrat.

Les transactions qui ne sont faites que pour colorer un acte illicite, & pour faire passer sous le nom & l'apparence d'une transaction, ou autre espèce de convention défenduë par quelque loi, sont nulles. Ainsi, par exemple, si ceux qui ont l'administration des affaires d'une ville traitent avec un de ces debiteurs, qui par son crédit se fasse donner une quittance, sous l'apparence d'une transaction simulée ; cette transaction sera annullée. Et il en seroit de même d'une donation faite sous le titre d'une transaction en faveur d'une personne à qui on ne pourroit donner *f*.

f Præses Provinciæ existimavit utrùm de dubia lite transactio inter te & civitatis tuæ administratores facta sit, an ambitiosè id quod indubitatè deberi possset, remissum sit. Nam priore casu, ratam manere transactionem jubebit : posteriore vero casu, nocere civitati gratuam pecuniam donatam esse. *l. 12. c. de transf. v. l. 5. §. 5. ff. de donat. int. vir. & ux.*

VII.

7. Transaction au préjudice d'une chose jugée à l'insçu des Parties.

Si après un procès jugé à l'insçu des parties, elles en transigent, la transaction subsistera, si on pouvoit appeller. Car le procès pouvant encore durer, l'évenement étoit incertain. Mais s'il n'y avoit point de voye d'appel, comme si l'affaire étoit jugée par un Arrêt, la transaction sera nulle. Car il n'y avoit plus de procès, & on ne transigeoit que parce qu'on présuposoit que le procès étoit indécis, & qu'aucune partie n'avoit son droit acquis. Ainsi cette erreur jointe à l'autorité des choses jugées, fait préférer ce que la justice a reglé, à un consentement que celui qui s'est relâché de son droit, n'a donné que parce qu'il croyoit être dans un péril où il n'étoit point *g*.

g Post rem judicatam etiamsi provocatio non est interposita, tamen si negetur judicatum esse, vel ignorari potest an judicatum sit ; quia adhuc lis subesse possit transactio fieri potest. *l. 11. ff. de transf.* Post rem judicatam transactio valet, si vel appellatio intercesserit, vel appellare potueris. *l. 7. ff. eod.* Si causa cognita prolata sententia sicut jure tradium est appellationi, vel in integrum restitutionis solemnitate suspensa non est, super judicato tu frustra transigis quod res opinionis incertæ. *l. 23. c. de transf.* Si post rem judicatam quis te insegit, & solveris, repetere poteris idcircò quia placuit transactionem nullius esse momenti. Hoc enim imperator Antoninus cum Divo patre suo rescripsit *l. 23. §. 1. ff. de cond. ind.* Quid ergo si appellabis? vel hoc ipsum incertum sit, an judicatum sit, vel an sententia valeat? magis est ut transactio vires habeat. Tunc enim rescriptis locum esse credendum est, cùm de sententia indubitata, quæ nullo remedio attentari potest, transigitur. *d. §. in fine.*

TITRE XIV.

DES COMPROMIS.

Usage des compromis.

QUoiqu'il y ait des Juges établis pour régler tous les differends, & qu'une partie ne puisse obliger l'autre de plaider ailleurs, il est naturel qu'il soit libre aux deux parties de choisir d'autres personnes pour être leurs Juges. Et ceux qui voulant s'accommoder ne peuvent convenir entr'eux des conditions de leur accommodement, peuvent s'en remettre à des arbitres, qu'on appelle ainsi, parce que ceux qui les choisissent leur donnent le pouvoir d'arbitrer & régler ce qui leur paroîtra juste & raisonnable pour terminer les différends dont on les fait Juges *a*.

On appelle compromis cette convention par laquelle on nomme des arbitres , parce que ceux qui les nomment se promettent l'un à l'autre d'exécuter ce qui sera arbitré : & on appelle sentence arbitrale, le jugement que rendent les arbitres.

Autorité des sentences arbitrales.

L'autorité des sentences arbitrales a son fondement sur la volonté de ceux qui ont nommé les arbitres. Car c'est cette volonté qui engage ceux qui compromettent à exécuter ce qui sera arbitré par les personnes qu'ils ont choisies pour être leurs Juges. Mais parce que l'effet des sentences que rendent les arbitres , ne peut pas être le même que de celles que rendent les Juges, qui ont l'autorité de juger, & de faire exécuter leurs jugemens , & que d'ailleurs les parties qui choisissent des arbitres ne se privent pas du droit de faire réformer ce qui aura été mal arbitré ; ceux qui compromettent ne s'obligent pas absolument à exécuter ce qui sera ordonné , mais ils s'engagent seulement à s'en tenir à la sentence des arbitres, ou à une certaine peine que le contrevenant sera tenu de payer à l'autre.

Temps donné aux arbitres pour juger.

Il est de l'usage, & même nécessaire dans les compromis, de marquer un temps dans lequel les arbitres rendront leur sentence ; car d'une part il faut un délai pour les instruire, & mettre les choses en état qu'ils puissent juger, & de l'autre ce temps doit être borné. Parce qu'il ne seroit pas juste que les arbitres ni les parties pussent différer jusqu'à l'infini : Ainsi le pouvoir des arbitres finit avec le temps réglé par le compromis.

a Il ne faut pas confondre les arbitres compromissaires, dont il est parlé dans ce titre , avec les tierces personnes à qui on se rapporte de quelque estimation. V. l'article 11. de la Section 3. des Conventions , p. 25. & l'article 11. de la Section 2. de la Société , p. 87. Arbitrorum genera sunt duo. Unum ejusmodi , ut sive æquum sit , sive iniquum , parere debeamus : quod observatur , cùm ex compromisso ad arbitrum itum est. Alterum ejusmodi , ut ad boni viri arbitrium redigi debeat, & si nominatim persona sit comprehensa , cujus arbitratu fiat. l. 76. ff. pro socio.

Par l'Ordonnance de François II. en 1560. confirmée par celle de Moulins article 83. les parties qui ont des différends pour des partages de succession entre proches , pour des comptes de tutelle , & autres administrations, restitution de dot , & douaire , sont tenus de nommer des arbitres parens , amis , ou voisins ; & si l'une des parties étoit refusante, elle y sera contrainte par les Juges.

Cette Ordonnance de 1560. ordonnoit la même chose entre Marchands, pour les différends sur le fait de leur marchandise. C'est par cette même Ordonnance que les appellations des sentences arbitrales se relevent aux Cours supérieures. Par l'Ordonnance de 1673. au Titre des Sociétez art. 9. & suivans , les associez sont obligez de se soumettre à des arbitres pour leurs contestations.

SECTION I.

De la nature des compromis & de leurs effets.

SOMMAIRES.

I.

1. Définition du compromis.

LE compromis est une convention par laquelle les personnes qui ont un procès, ou un différend, nomment des arbitres pour le terminer , & s'obligent réciproquement, ou à exécuter ce qui sera arbitré; ou à une certaine peine, d'une somme que celui qui contreviendra à la sentence arbitrale , sera tenu de payer à l'autre qui voudra s'y tenir *a*.

a Inter Castellianum & Seium controversa de finibus orta est, & arbiter electus est, ut arbitratu ejus res terminetur. Ipse sententiam dixit præsentibus partibus, & terminos posuit. Quæritum est, an si ex parte Castelliani arbitrio paritum non esset pœna ex compromisso commissa est ? Respondi , si arbitrio paritum non esset

in eo, quod utroque præsente arbitratus esset pœnam commissam. l. 44. ff. de recept. Ex compromisso placet exceptionem non nasci , sed pœnæ petitionem. l. 2. eod.

II.

2. Procédures dans les compromis.

Les parties qui sont en compromis expliquent leurs prétentions, & les instruisent , comme on fait en justice , par des écritures & productions , en y observant l'ordre dont ils conviennent de gré à gré, ou qui est reglé par les arbitres *b*.

b Compromissum ad similitudinem judiciorum redigitur, & ad finiendas lites pertinet. l. 2. ff. de recept. l. 14. §. 1. C. de sent.

III.

3. Le compromis n'oblige qu'à la peine.

L'effet du compromis est d'obliger au payement de la peine celui qui refusera d'exécuter la sentence arbitrale *c*.

c Ex compromisso placet exceptionem non nasci, sed pœnæ petitionem. l. 2. §. 6. ff. de recept.

IV.

4. Compromis général, ou particulier.

On peut compromettre ou en général de tous différends, ou seulement de quelques-uns en particulier. Et le pouvoir des arbitres est borné à ce qui est expliqué par le compromis *d*.

d Plenum compromissum appellatur , quod de rebus omnibus controversis ve compositum est. Nam ad omnes controversias pertinet. Sed si fortè de una re sit disputatio, licèt pleno compromisso actum sit , tamen ex cæteris omnibus actiones superesse. Et eam venit in compromissum , de quo actum est , ut veniret. l. 21. §. 6. ff. de recept.

V.

5. Le compromis finit quand le tems en est expiré.

Les compromis & le pouvoir qu'il donne aux arbitres finit lorsque le temps qui donnoit est expiré , quoique la sentence n'ait pas été rendue *e*.

e Si ultra diem compromisso comprehensum judicatum est , sententia nulla est. l. 1. C. de recept.

VI.

6. Le compromis finit par la mort.

Le compromis finit aussi par la mort de l'une des parties, & il n'oblige point celui qui survit envers les héritiers de l'autre, ni ces héritiers envers lui; si ce n'est qu'il eût été autrement convenu par le compromis *f*.

f Si hæredis mentio, vel cæterorum facta in compromisso non fuerit , morte solvetur compromissum. l. 27. §. 1. ff. de recept. L'engagement du compromis peut avoir pour motif la considération que l'un des compromettans peut avoir pour l'autre ; ce qui ne passe point à des héritiers.

VII.

7. On ne peut compromettre sur des accusations de crimes.

Les arbitres n'ayant pas d'autre pouvoir que celui que les parties peuvent leur donner, on ne peut mettre en arbitrage de certaines causes que les loix & les bonnes mœurs ne permettent pas qu'on expose à un autre évenement qu'à celui que doit leur donner l'autorité naturelle de la justice, & qu'on ne peut commettre à d'autres Juges qu'à ceux qui en exercent le ministere. Ainsi on ne peut compromettre sur des accusations de crimes, comme d'un homicide, d'un vol, d'un sacrilege , d'un adultere , d'une fausseté, & d'autres semblables . Car d'un côté ces sortes de causes renferment l'intérêt public qui y rend partie le Procureur du Roi, dont la fonction est de poursuivre la vengeance du crime, indépendamment de ce qui se passe entre les parties : Et de l'autre, l'accusé ne peut défendre ni son honneur, ni son innocence attaquée dans le public, que dans le public, & devant les Juges qui ont le ministere de la justice : & il seroit contre les bonnes mœurs, & d'ailleurs inutile qu'il soumît volontairement sa justification devant des arbitres qui n'ayant aucune part à ce ministere, ne pourroient ni le justifier ni le condamner.

g Julianus indistinctè scribit si per errorem de famoso delicto ad arbitrum itum est , vel de ea re de qua publicum judicium sit constitutum , veluti de adulteriis , sicariis , & similibus : vetare debet Prætor sententiam dicere , nec dare dictæ executionem. l. 32. §. 6. ff. de recept. V. l'article suivant.

VIII.

8. Ni sur une cause où il s'agit de l'état d'une personne ou de son honneur.

On ne peut non plus compromettre des causes qui regardent l'état des personnes *h*. Comme s'il s'agissoit de sçavoir, si un homme est légitime ou s'il est bâtard , s'il est Religieux profès ou s'il ne l'est point, s'il est gentil-

h De liberali causa compromisso facto, rectè non compellunt arbiter sententiam dicere , quia favor libertatis est , ut majores judices habere debeat. l. 32. §. 7. ff. de recept. l. ult. C. ubi caus. stat, agi debet.

X.

homme ou roturier ; ni de celles dont la conféquence peut intéreſſer l'honneur ou la dignité de telle maniere, que les bonnes mœurs ne permettent ni d'en commettre l'évenement, ni de ſe choiſir des Juges pour les décider.

SECTION II.

Du pouvoir & de l'engagement des arbitres, & qui peut être arbitre ou non.

SOMMAIRES.

1. *Sentence arbitrale doit être rendue dans le temps porté par le compromis.*
2. *Pouvoir aux arbitres de proroger le temps.*
3. *Délai pour l'inſtruction.*
4. *Arbitres ne peuvent changer leur ſentence.*
5. *Arbitres ne peuvent juger les uns ſans les autres.*
6. *Pouvoir des arbitres reglé par le compromis.*
7. *Qui peut être arbitre, ou non ?*
8. *Les femmes ne peuvent être arbitres.*

I.

1. Sentence arbitrale doit être rendue dans le temps porté par le compromis.

LEs arbitres doivent rendre leur ſentence dans le temps reglé par le compromis, & elle ſeroit nulle, ſi elle étoit rendue après ce temps expiré. Car leur pouvoir eſt alors fini, & ils ne ſont plus arbitres *a*.

a Si ultra diem compromiſſo comprehenſum judicatum eſt, ſententia nulla eſt. *l.* 1. *C. de recep.*

II.

2. Pouvoir aux arbitres de proroger le temps.

Les parties peuvent donner pouvoir aux arbitres de proroger le temps, & en ce cas leur pouvoir dure pendant le temps de la prorogation *b*.

b Hæc clauſula, *diem compromiſſi proferre*, nullam aliam dat arbitrio facultatem, quam diem prorogandi. *l.* 25. §. 3. *ff. de recept. l.* 32. §. *ult. eod.* Arbiter ita ſumptus ex compromiſſo, ut & diem proferre poſſit hoc quidem facere poteſt. *l.* 33. *eod.*

III.

3. Délai pour l'inſtruction.

Si le compromis regle un certain temps pour l'inſtruction de ce que les arbitres auront à juger, ils ne pourront rendre leur ſentence avant ce délai *c*.

c Arbiter ita ſumptus ex compromiſſo, ut in diem proferre poſſit hoc quidem facere poteſt, referre autem contradicentibus litigatoribus, non poteſt. *l.* 33. *ff. de recept.*

IV.

4. Arbitres ne peuvent changer leur Sentence.

Les arbitres ayant une fois donné leur ſentence ne peuvent plus la rétracter, ni y rien changer. Car le compromis n'étoit que pour leur donner pouvoir de rendre une ſentence, & il eſt fini quand ils l'ont rendue. Mais leur pouvoir n'eſt pas fini par une ſentence interlocutoire, & ils peuvent interloquer différemment ſelon le beſoin *d*.

d Arbiter etſi erraverit in ſententia dicenda, corrigere eam non poteſt. *l.* 20. *ff. de recept.* Videndum erit an mutare ſententiam poſſit. Et alias quidem eſt agitatum , ſi arbiter juſſit dari , mox venit : utrùm eo quod juſſit, an eo quod venuit, ſtari debeat. Et Sabinus quidem putavit poſſe. Caſſius ſententiam magiſtri ſui benè excuſat, & ait, Sabinum non de ea ſenſiſſe ſententia quæ arbitrium finiat, ſed de præparatione cauſæ : ut putà ſi juſſit litigatores Calendis adeſſe , mox Idibus jubeat. Mutare cum diem poſſe. Cæterum ſi condemnavit, vel abſolvit, dum arbiter eſſe deſierit, mutare (ſe) ſententiam non poſſe. *l.* 19. §. *ult. eod.*

V.

5. Arbitres ne peuvent juger les uns ſans les autres.

S'il y a pluſieurs arbitres nommez par le compromis , ils ne pourront rendre leur ſentence ſans que tous voyent le procès, & le jugent enſemble. Et quoique la pluralité eût rendu la ſentence en l'abſence d'un de ceux qui étoient nommez, elle ſeroit nulle ; car l'abſent devoit être du nombre des Juges, & ſon ſentiment auroit pû ramener les autres à un autre avis *e*.

e Si plures ſunt qui arbitrium receperunt , nemo unus cogendus erit ſententiam dicere, ſed ut omnes , aut nullus. *l.* 17. §. 2. *ff. de recept.* Celſus libro 2. Digeſtorum ſcribit , ſi in tres fuerit compromiſſum ſufficere quidem duorum conſenſum, ſi præſens fuerit & tertius. Alioquin abſente eo , licet duo conſentiant , arbitrium non valere : quia in plures fuit compromiſſum , & poterit præſentia ejus trahere eos in ejus ſententiam : ſicuti tribus judicibus datis, qu od duo ex conſenſu, abſente tertio judicaverint, nihil valet

quia id demum quod major pars judicavit, ratum eſt , cùm & omnes judicaſſe palam eſt. *d. l.* 17. §. *ult. & l.* 18. *eod.*

VI.

6. Pouvoir des arbitres reglé par le compromis.

Les arbitres ne peuvent connoître que de ce qui eſt ſoumis à leur jugement par le compromis & en gardant les conditions qui y ſont reglées , & s'ils jugent autrement leur ſentence eſt nulle *f*.

f De officio arbitri tractantibus ſciendum eſt , omnem tractatum ex ipſo compromiſſo ſumendum. Nec enim aliud illi licebit , quàm quod ibi ut efficere poſſit , cautum eſt. Non ergo quodlibet ſtatuere arbiter poterit , nec in qua re libet , niſi de qua re compromiſſum eſt, & quatenus compromiſſum eſt. *l.* 32. §. 15. *ff. de recept.*

VII.

7. Qui peut être arbitre ou non.

Toutes perſonnes peuvent être arbitres, à la réſerve de ceux qui ſe trouvent dans quelque incapacité, ou infirmité qui ne leur permettroit pas cette fonction *g*.

g Neque in pupillum , neque in furioſum , aut ſurdum , aut mutum compromittitur. *l.* 9. §. 1. *ff. de recept.*

VIII.

8. Les femmes ne peuvent être arbitres.

Les femmes qui à cauſe du ſexe ne peuvent être Juges , ne peuvent auſſi être nommées arbitres par un compromis *h*; quoiqu'elles puiſſent exercer la fonction de perſonnes expertes, en ce qui peut être de leur connoiſſance dans quelque art ou profeſſion qui ſoit de leur fait. Car cette fonction n'eſt pas du caractere de celle de Juge.

h Sancimus mulieres ſuæ pudicitiæ memores, & operum quæ eis natura permiſit, & à quibus eas juſſit abſtinere, licet ſummæ atque optimæ opinionis conſtitutæ , in ſe arbitrium ſuſceperint, vel ſi fuerint patronæ , etiam ſi inter libertos ſuam interpoſuerint audientiam , ab omni judiciali agmine ſeparari ex earum electione nulla pœna , nulla pacti exceptio , adverſus juſtos earum contemptores habeatur. *l. ult. C. de recept.*

TITRE XV.

DES PROCURATIONS, MANDEMENS, *& Commiſſions.*

Origine & uſage des procurations, mandemens & commiſſions.

LEs abſences , les indiſpoſitions , & pluſieurs autres empêchemens font ſouvent qu'on ne peut vaquer ſoi-même à ſes affaires , & dans ces cas celui qui ne peut agir , choiſit une perſonne à qui il donne le pouvoir de faire ce qu'il feroit lui-même , s'il étoit préſent.

Ainſi ceux qui ont à traiter quelque affaire où ils ne peuvent être préſens ; comme une vente , une ſociété , une tranſaction , ou autres affaires de toute nature , donnent pouvoir à une perſonne de traiter pour eux. Et on appelle celui à qui ils donnent ce pouvoir , un Procureur conſtitué , par ce qu'il eſt établi pour prendre ſoin de l'intérêt & procurer l'avantage de celui qui l'a propoſé.

Ainſi ceux que leur dignité ou leurs grands emplois empêchent de s'appliquer à leurs affaires domeſtiques , choiſiſſent des perſonnes à qui ils donnent pouvoir d'en prendre le ſoin ; & on appelle ces perſonnes intendans, Gens d'affaires , ou d'autres noms, ſelon la qualité de ceux qui les employent , & les affaires où ils les appliquent.

Ainſi ceux qui ont des charges , ou des emplois dont les fonctions peuvent s'exercer par d'autre qu'eux-mêmes , comme les Receveurs , les Fermiers du Roi , & pluſieurs autres , prépoſent des Commis à ces fonctions.

Ainſi ceux qui font des commerces ſur terre , où ſur mer , ſoit en leur particulier ou en ſociété , ont auſſi leurs Commis & Prépoſez pour le détail où ils ne peuvent s'appliquer eux-mêmes.

Toutes ces manieres de prépoſer d'autres perſonnes au lieu des maîtres, ont cela de commun : qu'il ſe paſſe une convention entre ceux qui commettent à d'autres le ſoin de leurs affaires , & ceux qui s'en chargent , par laquelle le maître de ſa part regle le pouvoir qu'il donne à celui qu'il conſtitue ſon Procureur , ou qu'il commet pour ſes affaires , ou pour ſes fonctions : & celui qui s'en charge accepte de la ſienne le pouvoir , & la charge qu'on lui confie : Et l'un & l'autre entrent dans les engagemens qui ſuivent de cette convention.

Ce qu'il y a de commun aux procurations & commiſſions.

Matiere de ce Titre.

C'est cette espece de convention, & ces engagemens, qui feront la matiere de ce Titre. Et comme les
regles des procurations sont presque toutes communes
aux commissions, & aux autres manieres semblables de
commettre & préposer une personne à la place d'une
autre ; il sera facile d'appliquer à chacune ce qui sera
dit des procurations.

On a ajouté à l'intitulé de ce Titre, le mot de
Mandement, parce que c'est le mot du Droit Romain
qui signifie les procurations, & que dans notre usage
il signifie aussi une maniere de donner quelque ordre,
comme fait celui qui par un billet mande à son débiteur, ou à son commis de donner ou payer une somme,
ou autre chose à quelque personne. Le Mandement en
ce sens est une espece de convention, de la nature de
celles qui font la matiere de ce Titre. Car ce créancier, par exemple, qui mande à son débiteur de payer
à un autre, s'oblige d'acquitter ce débiteur de ce qu'il
aura payé sur cet ordre. Et le débiteur qui de sa part
accepte cet ordre, s'oblige envers son créancier à l'exécuter.

Il faut remarquer sur ce mot de Mandement, qu'il
avoit encore dans le Droit Romain d'autres sens pour
signifier d'autres sortes de conventions, qui se rapportent à celles qui font la matiere de ce Titre. Ainsi on
appelloit de ce nom la convention qui se passe entre un
débiteur, & celui qui se rend sa caution, parce que le
débiteur étoit considéré comme chargeant ou priant sa
caution de s'obliger pour lui. Ainsi on exprimoit par
ce même nom de Mandement, la convention qui se
passe entre celui qui fait un transport de quelque dette,
& celui qui l'accepte ; considérant celui qui transporte,
comme donnant ordre à son debiteur de payer à un
autre, & celui qui accepte le transport, comme étant
préposé au droit du cédant, pour recevoir ce qui lui
est cédé.

Mais comme cette matiere des transports n'est pas de
ce lieu, & qu'il en a été parlé dans le Contrat de vente, dont la cession des droits est une espece, & que la
matiere des Cautions ou Fidejusseurs est aussi d'une autre nature, & d'un autre lieu, on ne comprendra pas
ces matieres sous ce Titre.

On ne parlera pas ici des Procureurs pour l'instruction des procès, car ce sont des Officiers qui ont leurs
fonctions reglées, & dont la plûpart ne dépendent pas
de la volonté de ceux qui les constituent, mais de l'ordre judiciaire, qui est une matiere qui n'est pas de ce
dessein. Et pour ce qui est des fonctions où ils doivent
suivre la volonté de leurs parties, on peut y appliquer
les regles qui seront expliquées dans ce Titre.

SECTION I.
De la nature des Procurations, Mandemens,
& Commissions.

SOMMAIRES.

1. *Définition de la procuration.*
2. *Définition du Procureur.*
3. *Comment se forme la convention entre celui qui constitue un Procureur, & le Procureur constitué.*
4. *Si le Procureur est présent.*
5. *Forme du pouvoir.*
6. *Procuration conditionnelle.*
7. *Procuration générale ou spéciale.*
8. *Pouvoir indéfini, ou reglé, & limité.*
9. *Fonction du Procureur gratuite.*
10. *Procureur pour l'affaire où il a intérêt.*
11. *Procuration pour l'affaire d'un tiers.*
12. *Effet de la procuration pour l'affaire d'un tiers.*
13. *Du conseil & recommandation.*

I.

*1. Défini-
tion de la
procura-
tion.*

LA procuration est un acte, par lequel celui qui ne
peut vaquer lui-même à ses affaires, donne pouvoir à un autre de le faire pour lui, comme s'il étoit
lui-même présent. Soit qu'il faille simplement gérer,
& prendre soin de quelque bien, ou de quelque affai-

re, ou que ce soit pour traiter avec d'autres *a*.

a Usus Procuratoris per quam necessarius est, ut qui rebus suis
ipsi superesse vel nolunt, vel non possunt, per alios possint, vel
agere, vel conveniri. *l.* 1. *§.* 2. *ff. de procur.* Id facere quod dominus faceret. *l.* 33. *§.* 3. *eod.* Ad agendum, ad administran-
dum. *l.* 43. *eod.*

II.

*2. Défini-
tion du Pro-
cureur.*

Le Procureur constitué est celui qui fait l'affaire d'un
autre ayant pouvoir de lui *b*.

b Procurator est qui aliena negotia, mandato domini administrat. *l.* 1. *ff. de procur.*

III.

*3. Comment
se forme la
convention
entre celui
qui consti-
tue un Pro-
cureur, &
le Procu-
reur consti-
tué.*

La convention qui fait les engagemens entre le Procureur constitué, & celui qui le constitue, se forme
lorsque la procuration est acceptée. Et si l'un & l'autre
ne sont pas présens, la convention est accomplie lorsque le Procureur constitué se charge de l'ordre porté
par la procuration, ou qu'il l'exécute. Car alors son
consentement se lie à celui de la personne qui l'a constitué *c*.

c Dari Procurator & absens potest. *l.* 1. *§.* ult. *ff. de procur.* Ea
obligatio quæ inter dominum & Procuratorem consistere solet,
mandati actionem parit. *l.* 42. *§.* 2. *eod.* Si mandavi tibi ut aliquam rem mihi emeres.... tuque emisti, utrimque actio nascitur.
l. 3. *§.* 1. *ff. mand.* Obligatio mandati, consensu contrahentium
consistit. *l.* 1. *ff. mand.*

IV.

*4. Si le
Procureur
est présent.*

Si le Procureur constitué est présent, & se charge
dans la procuration même de l'exécuter, la convention
se forme en même temps *d*.

d (Procurator) constitutus coram. *l.* 1. *§.* 1. *ff. de procur.*

V.

*5. Forme
du pouvoir.*

On peut donner pouvoir de traiter, agir ou faire
autre chose, non-seulement par une procuration en
forme, mais par une simple lettre, ou par un billet,
ou par une personne tierce qui fasse sçavoir l'ordre, ou
par d'autres voies qui expliquent la charge ou le pouvoir qu'on donne : & si celui à qui on le donne l'accepte
ou l'exécute, le consentement réciproque forme en
même temps la convention, & les engagemens qui en
sont les suites *e*.

e Obligatio mandati cons nsu contrahentium consistit. *l.* 1. *ff.
mand.* Vel per nuntium, vel per epistolam. *l.* 1. *§.* 1. *ff. de proc.*

VI.

*6. Procu-
ration con-
ditionnelle.*

La procuration peut être conditionnelle, & avec les
modifications, réserves, & autres clauses qu'on veut ;
pourvû seulement qu'il n'y ait rien d'illicite & de mal-
honnête *f*.

f Mandatum & in diem differri, & sub conditione contrahi
potest. *l.* 1. *§.* 3. *ff. mand.* *§.* 12. *inst. eod.* Rei turpis nullum
mandatum est. *l.* 6. *§.* 3. *eod.* *l.* 12. *§.* 6. *eod.* *§.* 7. *inst. eod.*

VII.

*7. Procu-
ration géné-
rale ou spé-
ciale.*

On peut constituer un Procureur, ou pour toutes affaires généralement, ou pour quelques-unes, ou pour
une seule. Et le Procureur constitué a son pouvoir reglé
selon l'étendue & les bornes qu'y donne la procuration *g*.

g Procurator vel omnium rerum, vel unius rei esse potest. *l.* 1.
§. 1. *ff. de procur.* Verius est eum quoque Procuratorem esse, qui
ad unam rem datus sit. *d.* *§.* in fine.

VIII.

*8. Pouvoir
indéfini, ou
reglé & li-
mité.*

La procuration peut contenir ou un pouvoir indéfini
de faire ce qui sera avisé par le Procureur constitué, ou
seulement un pouvoir borné à ce qui sera précisément
exprimé par la procuration *h*. Et les engagemens du
maître & du Procureur sont différens, (selon cette différence des procurations, & suivant les regles qui sont
expliquées dans les Sections 2. & 3.

h Cùm mandati negotii contractum certam accepisse legem
adseveres, eam integram, secundùm bonam fidem, custodiri
convenit. *l.* 12. *C. mand.*
Igitur commodissimè illa forma in mandatis servanda est,
ut quoties certum mandatum est, recedi à formâ non debeat :
at quoties incertum vel plurium causarum : tunc licet aliis præstationibus exsolura sit causa mandati, quàm quæ ipso mandato
inerant, si tamen hoc mandatori expedierit, mandati erit actio.
l. 46. *ff. mand.*

Les

IX.

9. Fonc-tion du Tit-re non-gra-tuit.

Les Procureurs conftituez exerçant d'ordinaire une honnêteté, & un office d'ami, leur fonction eft gratuite : & fi on convenoit de quelque falaire, ce feroit une efpece de louage, où celui qui agiroit pour un autre, donneroit pour un prix de fon induftrie, & de fon travail *i*. Mais la récompenfe qui fe donne fans convention, & par honneur, pour reconnoître un bon office, eft d'un autre genre, & ne change pas la nature de la procuration *l*.

i Mandatum nifi gratuitum nullum eft, nam originem ex officio, atque amicitia trahit. Contrarium ergo eft officio merces, interveniente enim pecunia, res ad locationem & conductionem potius refpicit. *l.* 1. §. *ult. ff. mand. §. ult. inft. eod.*
l Si remunerandi gratia honor intervenit, erit mandati actio *l.* 6. *eod.*

X.

10. Procu-reur pour l'affaire ou il a intérêt.

On peut conftituer un Procureur non-feulement pour l'intérêt feul de celui qui le conftitue : mais quelquefois auffi pour l'intérêt même de celui qui eft conftitué, fi l'un & l'autre fe trouvent intéreffez en la même chofe *m*. Ainfi dans un contrat de vente, le vendeur peut conftituer l'acheteur fon Procureur, pour retirer des mains d'un tiers les titres de fon droit fur l'héritage vendu ; & l'acheteur peut conftituer le vendeur fon Procureur, pour recevoir d'un dépofitaire ou d'un débiteur de l'acheteur, l'argent qu'il deftine au payement du prix de la vente.

m (Mandatum) tuâ & meâ (gratiâ) *l.* 2. §. 4. *ff.* mand §. 2. *Inft. eod.* Si quis in rem fuam procuratorio nomine agit, veluti emptor hæreditatis. *l.* 34. *ff. de procur. l.* 42. §. 2. *eod. l.* 55. *eod.*

XI.

11. Procu-ration pour l'affaire d'un tiers.

On peut par une procuration, mandement, ou commiffion charger une perfonne de l'affaire d'un tiers, foit que celui qui donne l'ordre, & celui qui l'accepte y ayent intérêt, ou non *n*. Et cet ordre met celui qui le donne dans un double engagement, car il l'oblige envers ce tiers de lui répondre de ce qui aura été mal géré par celui qu'il commet *o*, & envers ce prépofé de lui répondre des fuites de l'engagement où il le fait entrer ; comme de faire ratifier ce qu'il aura bien géré, & de le faire rembourfer des dépenfes raifonnables qu'il pourra avoir faites *p*.

n Mandatum inter nos contrahitur, five mea tantùm gratiâ tibi mandem, five aliena tantùm, five mea & aliena, five mea & tua, five tua & aliena. *l.* 2. *ff.* mand. *Inft. de mand.*
Aliena tantùm caufa intervenit mandatum, veluti fi tibi aliquis mandet, ut Titii negotia gereres. §. 3. *Inft. de mand. l.* 2. §. 2. *eod.*
o Mandatu tuo negotia mea Lucius Titius geffit : quod fi non recté geffit, tu mihi actione negotiorum geftorum teneris non in hoc tantùm ut actiones tuas præftes, fed etiam quod imprudenter eum elegeris : ut quidquid detrimenti negligentia ejus fecit, tu mihi præftes. *l.* 21. §. *ult. ff. de neg. geft.*
p Ne damno afficiatur is qui fufcipit mandatum. *l.* 15. *ff. mand. in f. eod.*
Impendia mandati exequendi gratiâ facta, fi bona fide facta funt reftitui omnino debent. *l.* 27. §. 4. *ff.* mand. V. l'art. fuiv.

XII.

12. Effet de la procu-ration pour l'affaire d'un tiers.

Quoique perfonne ne puiffe faire de conventions pour d'autres *q*, fi celui qui s'eft chargé envers l'ami d'un abfent de gérer une affaire, cultiver un héritage, ou faire autre chofe pour cet abfent, manque, fans jufte caufe, à exécuter ce qu'il a promis ; il fera tenu des fuites de l'inexécution de cet engagement felon les circonftances. Car encore que cet abfent n'ait rien ftipulé, & qu'à fon égard il n'y eût point de convention, le dommage qu'il fouffre par la faute de celui qui s'étant chargé de fon affaire, qu'on auroit commife à d'autres, n'y a pas pourvû, lui donne le droit d'un dédommagement ; comme l'ont tous ceux qui fouffrent quelque perte par le délit, ou la faute des autres *r*.

q Alteri ftipulari nemo poteft. *l.* 38. §. 17. *ff. de verb. obl.* Voyez l'article 3. de la Section 2. des Conventions, p. 22.
r Mandatum inter nos contrahitur, five mea tantùm gratiâ tibi mandem, five tua five aliena tantùm. *l.* 2. *ff.* mand. Aliena tantùm, veluti fi tibi mandem, ut Titii negotia gereres. *l.* 2. §. 2. *l.* 5. §. 4. *eod.* In damnis quæ lege Aquilia non tenetur, in factum datur actio. *l.* 33. *in f. ff. ad leg. Aq.* Sed fi non corpore damnum fuerit datum, neque corpus læfum fuerit, fed alio modo alicui damnum

Tome I.

---

contigerit, cum non fufficiat nequé directé, neque utilis legis Aquiliæ actio, placuit eum qui obnoxius fuerit in factum actione teneri. §. *ult. Inft de leg. Aquil. l.* 11. *ff. de præf. C. verb.*

XIII.

13. Dia-con eil & recommen-dation.

Il faut diftinguer les procurations, mandemens, & commiffion où l'on donne une charge expreffe, avec deffein de former une convention qui oblige, & les manieres d'engager par un confeil, par une recommandation, ou par d'autres voies qui ne renferment aucun deffein de former une convention ; mais qui regardent feulement l'intérêt de la perfonne à qui le confeil eft donné, ou celui d'une perfonne qu'on recommande : & qui laiffent la liberté entiere de faire ou ne pas faire ce qui eft confeillé, ou ce qui eft recommandé. Car dans ce cas il ne fe forme point d'engagement, & celui qui fuit un confeil, ou qui accorde quelque chofe à une recommandation, ne s'attend pas qu'on lui réponde de l'événement *f* ; mais s'il y avoit du dol de la part de celui qui confeille, ou qui recommande ; ou s'il s'engage à quelque perte qu'on puiffe lui imputer, comme s'il fait prêter de l'argent à un inconnu, à qui on ne prête que fur l'affurance qu'il donne qu'on fera bien payé, il en répondra *t*.

f Tua autem gratiâ intervenit mandatum : veluti fi mandem tibi ut pecunias tuas potiùs in emptiones prædiorum colloces, quàm fœneres, vel ex diverfo ut fœneres, potiùs quàm in emptiones prædiorum colloces, cujus generis mandatum magis confilium eft, quàm mandatum, & ob id non eft obligatorium quia nemo ex confilio obligatur, etiam fi non expediat ei cui dabatur, quia liberum eft cuique quod fe explorare, an expediat fibi confilium. *l.* 2. §. *ult. ff.* mand. §. 6. *Inft. eod.* Cùm quidam talem epiftolam fcripfiffet amico fuo : rogo te commendarum habeas Sextilium Crefcentem amicum meum ; non obligabitur mandati : quia commendandi magis hominis, quam mandandi caufa fcripta eft. *l.* 12. §. 12. *ff. eod.*
t Confilii non fraudulenti nulla obligatio eft. Cæterum fi dolus & calliditas interceffit ; de dolo actio competit. *l.* 47. *ff. de regjur.* Si tibi mandavero quod tuâ intererat, nulla erit mandati actio. Nifi mea quoque interfuit : fi non effes futurus nifi ego mandaffem, & fi mea non interfuit tamen erit mandati actio. *l.* 6. §. 5. *ff.* mand. v. *l.* 10. §. 7. *eod.* Nam quodammodo cum eo contrahitur, qui jubet. *l.* 1. *ff. quod juffu.*

SECTION II.

Des engagemens de celui qui prépofe, charge, ou commet un autre.

SOMMAIRES.

1. Comment fe forme l'engagement entre le Procureur & celui qui le conftitue.
2. Dépenfes faites par le Procureur conftitué.
3. Si le Procureur a plus dépenfé que n'auroit fait le maî-tre.
4. Intérêts des deniers avancez par le Procureur conftitué.
5. Si deux perfonnes ont conftitué un Procureur.
6. Des pertes qu'attire au Procureur conftitué l'affaire dont il fe charge.

I.

1. Com-ment fe for-me l'enga-gement en-tre le pro-cureur & celui qui le conftitue.

Celui qui a donné une procuration, une commiffion, ou un autre ordre à un abfent, commence d'être engagé envers lui dès le moment que celui à qui il a donné l'ordre, a commencé de l'exécuter, & fon premier engagement eft d'approuver & ratifier ce qui aura été fait fuivant le pouvoir qu'il avoit donné *a*.

a Si mandavi tibi, ut aliquam rem mihi emeres.... tuque emifti, utrimque actio nafcitur. *l.* 3. §. 1. *ff.* m. V. l'art. 1. de la Sect. 4.

II.

2. Dépen-fes faites par le Pro-cureur conf-titué.

Si le Procureur conftitué, ou autre prépofé a fait quelque dépenfe pour exécuter l'ordre qui lui étoit commis, comme s'il a fait quelque voyage, ou fourni quelque argent, celui qui l'a chargé fera tenu de le rembourfer des dépenfes raifonnables qu'il aura faites pour exécuter l'ordre, quand même l'affaire n'auroit pas réuffi, fi ce n'eft qu'il y eût de fa faute *b*. Mais il ne recouvrera pas fes dépenfes inutiles, ou fuperflues qu'il aura faites fans ordre *c*.

b Idem Labeo ait, & verum eft reputationes quoque hoc judicium admittere. Et ficuti fructus cogitur reftituere, is qui procurat, ita fumptum quem in fructus percipiendos fecit, deducere eum oportet. Sed & fi ad vecturas fuas, dum excurrit in prædia,

R

sumptum fecit , puto hos quoque sumptus reputare eum oporte-re. *l. 10. §. 9. ff. mand. l. 20. §. 1. C. eod.* Si nihil culpa tu[a] factum est sumptus quos in litem probabili oratione feceras, contraria mandati actione petere potes. *l. 4. C. eod.*

e Si quid procurator citrà mandatum in voluptatem fecit, permittendum ei auferre, quod fine damno domini fiat, nisi rationem sumptus istius dominus admittit. *d. l. 10. §. 10. ff. mand.*

III.

3. Si le Procureur a plus dépensé que n'auroit fait le maître.

Si les dépenses faites par le Procureur constitué excédent ce que le maître de la chose y auroit employé, s'il s'y étoit appliqué lui-même : il ne laissera pas d'être tenu de tout ce qui aura été dépensé raisonnablement & de bonne foi, quoiqu'avec moins de précaution, & moins de ménage d.

d Impendia mandati exequendi gratia facta , si bona fide facta sunt restitui omnimodò debent, nec ad rem pertinet, quòd is qui mandasset, potuisset, si ipse negotium gereret minus impendere. *l. 27. §. 4. ff. mand.*

IV.

4. intérêts des deniers avancez par le Procureur constitué.

Celui de qui la procuration, ou autre ordre a obligé à des avances, soit que le Procureur constitué, ou autre préposé ait emprunté les deniers, ou qu'il ait fourni du sien, remboursera non-seulement l'argent dépensé, mais aussi les intérêts selon les circonstances ; soit à cause des intérêts que celui qui a fait l'avance a payé lui-même, s'il a emprunté : ou pour le dédommager de la perte que cette avance a pû lui causer. Car comme il ne doit pas profiter de l'office qu'il rend, il ne doit pas aussi souffrir de perte e.

e Adversus eum cujus negotia gesta sunt , de pecunia, quam de propriis opibus, vel ab aliis mutuo acceptam, erogasti, mandati actione pro sorte, & usuris potes experiri. *l. 1. C. mand.* Nec tantum id quod impendi, verum usuras quoque consequar. Usuras autem non tantum ex mora esse admittendas, verum judicem aestimare debere.... totum hoc ex aequo & bono judex arbitrabitur. *l. 12. §. 9. ff. mand. l. 1. C. eod.* Ex mandato nondum eum qui mandatum suscepit, nihil remanere oportet; sicuti nec damnum pati debet. *l. 10. ff. eod.*

V.

5. Si deux personnes ont constitué un Procureur.

Si plusieurs ont constitué un Procureur , ou donné quelque ordre, chacun d'eux sera tenu solidairement de tout l'effet de la procuration, mandement, ou commission envers le Procureur constitué : & de le rembourser, indemniser & dédommager s'il y en a lieu, de même que s'il avoit donné seul la procuration ou autre ordre ; encore qu'il n'y soit pas fait de mention de solidité. Car celui qui a exécuté l'a fait sur l'engagement de chacun de ceux qui l'ont donné : & il peut dire qu'il ne l'auroit pas fait sans cette sûreté de l'obligation de chacun pour toutes les suites de l'ordre qu'il donnoit f.

f Paulus respondit unum ex mandatoribus in solidum eligi posse etiamsi non sit concessum in mandato. *l. 59. §. 3. ff. mand.*

VI.

6. Des pertes qu'attire au Procureur constitué l'affaire dont il se charge.

Si un Procureur constitué souffre quelque perte, ou quelque dommage à l'occasion de l'affaire dont il s'est chargé ; on jugera par les circonstances, si la perte devra tomber sur lui, ou sur celui de qui il faisoit l'affaire. Ce qui dépendra de la qualité de l'ordre qu'il falloit exécuter, du péril s'il y en avoit, de la nature, de l'événement qui a causé la perte, de la liaison de cet événement à l'ordre qu'on exécutoit, du rapport de la chose perdue ou du dommage souffert à l'affaire qui en a été l'occasion, de la qualité des personnes, de celle de la perte, de la nature & valeur des choses perdues, des causes de l'engagement entre celui qui avoit donné l'ordre & celui qui l'exécutoit, & des autres circonstances qui peuvent charger l'un ou l'autre de la perte, ou l'en décharger. Sur quoi il faut balancer la considération de l'équité, & les sentimens d'humanité que doit avoir celui dont l'intérêt a été une cause, ou une occasion de perte à un autre g.

g V. les articles 12. 13. & 14. de la Section 4. de la société & la remarque sur cet article 2. p. 90. & 91.
Non omnia quae impensurus non fuit ; mandatori imputabit. Veluti quod spoliatus sit à latronibus, aut naufragio res amiserit ; vel languore suo suorumque apprehensus ; quod in aliquem erogaverit. Nam haec magis casibus, quàm mandato imputari oportet.

---

l. 26. §. 6. ff. mand. Sed cùm servus quem mandati meo emeras, furtum tibi fecisset, Neratius ait mandati actione te consecuturum , ut servus tibi noxae dedatur. *d. l. 26. §. 7.* Quod verò ad mandati actionem attinet, dubitare se ait, num aequè dicendum sit omnimodo damnum praestari debere. Et quidem hoc amplius quàm in superioribus causis servandum, ut etiam si ignoraverit is qui certum hominem emi mandaverit, furem esse, nihilominus tamen damnum decidere cogetur. Justissimè enim procuratorem allegare, non fuisse se id damnum passurum, si id mandatum non suscepisset. Idque evidentius in causa depositi apparere. Nam licet alioquin aequum videatur, non oportere cuiquam plus damni per servum evenire, quàm quanti ipse servus sit : multo tamen aequius esse nemini officium suum, quod ejus cum quo contraxerit, non mariti sui commodi causa susceperit, damnosum esse. *l. 61. §. 5. ff. de furtis.* Nam certè mandantis culpam esse qui talem servum emi sibi mandaverit. *d. §. 5.*

On n'a pas mis dans cet article d'exemples particuliers, pour ne pas embarrasser la règle. Mais en voici quelques-uns qui peuvent donner des vûes pour aider à en faire l'application.

Si celui qui se charge des affaires d'un autre, os prend un tel soin, qu'il n'ait pas le tems nécessaire pour pourvoir aux siennes, les pertes qui pourront lui en arriver seront des évenemens qu'il doit s'imputer. Car il a dû prendre ses mesures pour ses affaires, en se chargeant de celle des autres. *

Si une personne se chargeant d'aller pour un autre à un lieu où son affaire propre l'oblige de porter quelque argent, & que se servant de l'occasion, & le portant, il lui soit volé ; celui qui l'avoit engagé à ce voyage, ne sera pas tenu de cette perte, qui ne le regarde en façon quelconque.

Si quelqu'un étant obligé à un voyage, que des voleurs, une navigation difficile ou d'autres dangers rendent périlleux ; engage à ce voyage une personne qui veut bien s'exposer à ce péril, soit par nécessité pour la récompense qu'il peut en avoir, ou par pure générosité, & que par un vol ou par un naufrage il perde ses hardes, ou que même il soit blessé, celui qui l'avoit exposé à cet évenement pour s'en garantir, n'y prendra-t-il aucune part, & ne sera-t-il pas tenu de porter ou toute la perte, ou une partie selon les circonstances ?

*Si un ami présent à son ami de l'argent qu'il faut porter à la campagne pour faire un payement se charge aussi du voyage, & y portant cet argent qu'il prête, est volé en chemin, portera-t-il pas perte de ce cas fortuit & imprévu, & ne recouvrera-t-il pas cet argent, que non-seulement il avoit promis & destiné pour ce payement, mais qu'il portoit même pour l'exécuter ** ?*

Si le pere d'un fils débauché ayant engagé un de ses amis à le tenir dans sa maison pendant quelque temps, si ce fils vole cet ami ; le pere ne sera-t-il pas tenu de réparer ce tort ?

Si une personne riche ou de qualité engage un homme d'une condition médiocre & de peu de bien à un voyage pour quelque affaire, & qu'il y soit volé & blessé ; la justice ne demandera-t-elle pas de certe personne un dédommagement qui lui seroit un devoir indispensable d'humanité ?

* V. l'art. 13. de la Sect. 4. de la Société, p. 90.

** V. l'art. 13. de la Sect. 4. de la Société, p. 91.

SECTION III.

Des engagemens du Procureur constitué & des autres préposez, & de leur pouvoir.

SOMMAIRES.

1. Liberté d'accepter l'ordre, la nécessité de l'exécuter.
2. Exécution de l'ordre en son entier.
3. Etendue & bornes du pouvoir.
4. Soin des Procureurs & autres préposez.
5. Bornes de ce soin.
6. On peut faire meilleure la condition de celui dont on exécute l'ordre , mais non l'empirer.
7. Si le Procureur achete au-dessus du prix reglé par son pouvoir.
8. Procureurs & autres préposez doivent rendre compte.
9. Les Avocats & les Procureurs ne peuvent entrer en part au procès, ni prendre des transports des droits litigieux.
10. Pouvoir de celui qui a une procuration générale.
11. Il faut un pouvoir spécial pour transiger , & pour aliéner.
12. Inexécution de la procuration les choses étant entieres.
13. Deux Procureurs pour la même chose.
14. Deux Procureurs l'un à l'insçu de l'autre.

I.

1. Liberté d'accepter l'ordre, nécessité de l'exécuter.

COmme le Procureur constitué, & les autres préposez peuvent ne pas accepter l'ordre & le pouvoir qui leur est donné ; ils sont obligez, s'ils l'ont accepté, de l'exécuter ; & s'ils y manquent, ils seront tenus des dommages & intérêts qu'ils auront causez, pour n'avoir point agi. Si ce n'est qu'une excufe légitime comme une maladie ou autre jufte caufe, les en déchargeât *a*.

a Sicut liberum eft mandatum non fufcipere , ita fufceptum confummare oportet. *l.* 22. §. *ult. ff. mand.* Si fufceptum non impleverit, tenetur. *l.* 5. §. 1. *eod.* Quod mandatum fufceperit, tenetur erfi non geffiffet. *l.* 6. §. 1. *eod.* §. 11. *inft. eod.*

Sanè fi valetudinis adverfæ , vel capitalium inimicitiarum, feu ob inanes rei actiones , feu ob aliam juftam caufam excufationes alleget, audiendus eft. *l.* 23. 24. & 25. *ff. mand.*

II.

2. Exécution de l'ordre en fon entier.

La procuration ou autre ordre doit être exécuté en fon entier, fuivant l'étendue ou les bornes du pouvoir donné *b*.

b Diligenter fines mandati cuftodiendi funt. nam qui exceffit, aliud quid facere videtur. *l.* 5. *ff. mand.* Si is qui mandatum fufcepit, egreffus fuerit mandatum, ipfi quidem mandati judicium non competit : at ei qui mandaverit , adverfus eum competit. *l.* 41. *eod.* §. 8. *inft. eod.*

III.

3. Étendue & limites du pouvoir.

Si l'ordre ou le pouvoir marquent précifément ce qui eft à faire, celui qui l'accepte & qui l'exécute, doit s'en tenir exactement à ce qui eft prefcrit. Et fi l'ordre ou le pouvoir eft indéfini, il peut y donner les bornes & l'étendue qu'on peut raifonnablement préfumer conforme à l'intention de celui qui le donne ; foit pour ce qui regarde la chofe même qui eft à faire, ou pour les manieres de l'exécuter *c*.

c Diligenter fines mandati cuftodiendi funt. *l.* 5. *ff. mand.* Cùm mandati negotii contractum, certam accepiffe legem affeveres, eam integram fecundùm bonam fidem , cuftodiri convenit. *l* 12. *c. eod.* Igitur commodiffimè illa forma in mandatis fervanda eft, ut quoties certum mandatum fit, recedi à forma non debeat : at quoties incertum vel plurium caufarum, tunc licet aliis præftationibus exfoluta fit caufa mandati , quàm quæ ipfo mandato inerant, fi tamen hoc mandatori expediret, mandati erit actio. *l.* 46. *ff. eod.* V. l'art. 4. de la Sect. 2. des Conventions, p. 22.

IV.

4. Soin des Procureurs, & autres prépofez.

Les Procureurs conftituez & autres prépofez font obligez & par honneur & par devoir, de prendre foin des affaires dont ils fe font chargez, & d'y apporter non-feulement la bonne foi, mais auffi la diligence & l'exactitude. Et fi dans leurs propres affaires ils négligent impunément , ils doivent avoir pour les affaires des autres dont ils fe chargent, plus de vigilance que dans les leurs ; & ils répondent du dommage que leur négligence aura pû caufer ; mais non des cas fortuits *d*.

d Contractus quidam dolum malum duntaxat recipiunt, quidam & dolum & culpam.... dolum & culpam mandatum. *l.* 23. *ff. de reg. jur.* A procuratore dolum & omnem culpam non etiam improvifum cafum præftandum effe, juris autoritate manifefté declaratur. *l.* 13. *c. mand. l.* 11. *eod. l.* 8. 6. 10 *ff. eod. l.* 29. *eod. l.* 5. *c. eod.* In re mandata non pecuniæ folum cujus & certiffimum mandati judicium , verùm etiam exiftimationis periculum eft. Nam fuæ quidem quifque vel moderator atque arbiter non omnia negotia , fed pleraque ex proprio animo facit ; aliena vero negotia exacto officio geruntur. Nec quicquam in eorum adminiftratione neglectum, ac declinatum culpa vacuum eft. *l.* 11. *c. eod.*

V.

5. Borner de ce foin.

On ne peut pas imputer pour une faute au Procureur conftitué, ou autre prépofé, fi dans la difcuffion de l'affaire qui lui eft commife, comme de tranfiger ou pourfuivre en Juftice, il ne recherche pas jufqu'aux dernieres fubtilitez pour l'intérêt de celui qui le prépofe. Mais il fuffit qu'il y apporte une application raifonnable, & la conduite que le bon fens & la bonne foi peuvent demander *e*.

e Nihil ampliùs quàm bonam fidem præftare eum oportet, qui procurat. *l.* 10. *ff. mand.* De bona fide enim agitur , qui non congruit de apicibus juris difputare. *l.* 29. §. 4. *eod.*

Quoique ce dernier texte regarde un Fidejuffeur , on peut l'appliquer au Procureur conftitué. Et auffi cette loi eft placée dans le Titre mandati, parce que le Fidejuffeur eft comme un Procureur conftitué , ainfi qu'il a été remarqué dans le préambule de ce Titre. V. l'art. 9. de la Sect. 3. des Cautions.

VI.

6. On peut faire meilleure la condition de celui dont on eft exécuteur ou prépofé , mais non l'empirer.

Le Procureur conftitué ou autre prépofé peut faire meilleure la condition de celui à qui il a charge, mais non l'empirer. Ainfi il peut acheter à un moindre prix que ce qu'il avoit pouvoir de donner, mais non plus cherement *f*.

f Caufa mandantis fieri poffit interdum melior , deterior verò nunquam. *l.* 3. *ff. mand.* d. *l.* §. 2. §. 8. *inft. eod*, Ignorantis domini conditio deterior per procuratorem fieri non debet. *l.* 49. *ff. de procur.* Diligenter fines mandati cuftodiendi funt. *l.* 5. *ff. mand. v. l.* 3. §. 2. *eod.*

VII.

7. Si le Procureur achete au-deffus du prix réglé par fon pouvoir.

Si celui qui avoit le pouvoir d'acheter à un certain prix, achete plus cher, & que celui qui avoit donné le pouvoir refufe de ratifier , il fera libre au Procureur conftitué de fe reftraindre à recouvrer le prix qu'il avoit pouvoir de donner ; & en ce cas la ratification ne pourra lui être refufée *g*, s'il n'y a pas d'autres circonftances.

g Quod fi pretium ftatui , tuque pluris emifti, quidam negaverunt te mandati habere actionem , etiam fi paratus effes, id quod excedit remittere. Namque iniquum eft, non effe mihi cum illo actionem, fi noluit : illi vero fi velit mecum effe. Sed Proculus recté eum ufque ad pretium ftatutum, acturum exiftimat : quæ fententia fane benignior eft. *l.* 3. §. *ult.* & *l.* 4. *ff. mand.* §. 8. *inft. eod.*

VIII.

8. Procureurs & autres prépofez.

Les Procureurs conftituez , & les autres prépofez à la conduite & adminiftration de quelque affaire, font tenus de rendre compte de leur maniement, & de reftituer de bonne foi ce qu'ils ont reçu, comme les jouiffances, s'il y en a eu, & les autres profits, & tout ce qui peut être provenu de ce qu'ils ont géré, & ils recouvrent auffi leurs dépenfes. Et s'il a été convenu d'un falaire, ou qu'il en foit dû, comme fi c'eft un Commis ou un homme d'affaires, il leur fera payé. Et en ce cas ils ne recouvreront pas les dépenfes qui doivent être prifes fur les falaires *h*.

h Procurator in cæteris quoque negotiis gerendis, ita & in litibus ex bona fide , rationem reddere debet. itaque quod ex lite confecutus fuerit, five principaliter ipfius rei nomine, five extrinfecus ob eum rem, debet mandati judicio reftituere. *l.* 46. §. 4. *ff. de procur.* Reputationes quoque hoc judicium admittere , & ficuti fructus cogitur reftituere is qui procurat, ita fumptum quem in fructus percipiendos fecit, deducere eum oportet. Sed etfi ad vecturas fuas dum excurrit in prædia, fumptum fecit, puto hos quoque fumptus reputare cum oporteret, nifi fi falarius fuit, & hoc convenit, ut fumptus de fuo faceret , ad hæc itinera ; hoc eft de falario. *l.* 10. §. 9. *ff. mand. l.* 10. §. 1. *C. eod.*

IX.

9. Les Avocats & les Procureurs ne peuvent traiter pour une portion de ce qui eft en procès , ni acheter des droits litigieux.

Quoiqu'un Procureur conftitué puiffe recevoir un falaire, celui qui eft Procureur dans un procès ne peut ftipuler une portion de ce qui eft en conteftation, car il eft contre les bonnes mœurs qu'il s'intéreffe par un tel motif dans un procès où il doit fervir la partie par fon miniftere ; & les Avocats & les Procureurs ne peuvent traiter de cette maniere *i*, non plus qu'acheter des droits litigieux *l*.

i Sumptus quidem prorogare litiganti honeftum eft, pafcifci autem , ut non quantitas , eo nomine expenfa cum ufuris licitis reftituatur, fed ex dimidia ejus quod ex lite datum erit , non licet. *l.* 53. *ff. de paft.* Si qui advocatorum exiftimationi fuæ immenfa atque illicita compendia prætuliffe, fub nomine honorariorum , ex ipfis negotiis quæ tuenda fufceperint , emolumenta fibi certæ partis cum gravi damno litigatoris, & deprecatione pofcentes fuerint inventi , placuit ut omnes qui in hujufmodi fævitate permanferint ab hac profeffione penitus arceantur. *l.* 5. *C. de poftul.* Salarium Procuratori conftitutum fi extra ordinem peti cœperit , confiderandum erit , laborem dominus remunerare voluerit, atque ideo fidem adhiberi placitis oporteat , an eventum litium majoris pecuniæ præmio contra bonos mores procurator redemerit. *l.* 7. *ff. mand.*

C'eft cette convention fi odieufe & fi juftement condamnée , qu'on appelle vulgairement pactum de quota litis , dont il eft facile de reconnoitre l'iniquité , & la conféquence pour le public.

l Litem te redemiffe contra bonos mores præcibus manifefto profeffus es , quod procurationem quidem fufcipere , quod officium gratuitum effe debet, non fit res illicita : hujufmodi autem officia non fine reprehenfione fufcipiuntur. *l.* 15. *C. de procur.* Si contra licitum , litis incertum redempti , interdicta conventionis fidei impleri , fruftra petis *l.* 20. *C. mand.* V. le préambule de la Sect. 8. du Contrat de vente , p. 43.

X.

10. Pouvoir de celui qui a une procuration générale.

Celui qui a une procuration générale pour l'adminiftration de toutes les affaires & de tous les biens, peut exiger les dettes , déférer un ferment en Juftice, recevoir les revenus, payer ce qui eft dû *m*. Et en général tout Procureur conftitué peut faire tout ce qui

m Procurator cui generaliter libera adminiftratio rerum commiffa eft , poteft exigere. *l.* 58. *ff. de procur.* Procurator quoque quod detulit (jufjurandum) ratum habendum eft : fcilicet fi aut univerforum bonorum adminiftrationem fuftinet, aut fi idiptum nominatim mandatum fit. *l.* 17. §. *ult. ff. de jurejur.* Sed & id quoque ei mandati videtur, ut folvat creditoribus. *l.* 59. *ff. de proc.*

se trouvent compris ou dans l'expression, ou dans l'intention de celui qui l'a préposé, & tout ce qui suit naturellement du pouvoir qui lui est donné, & qui se trouve nécessaire pour l'exécuter *n*. Ainsi, le pouvoir de recevoir ce qui est dû, renferme celui de donner quittance : ainsi le pouvoir d'exiger une dette, renferme celui de saisir les biens du débiteur.

n Ad rem mobilem datus Procurator, ad exhibendum rectè aget. *l. 56. ff. de Procur. v. l. ult. §. ult. ff. mand.*

XI.

11. Il faut un pouvoir spécial pour transiger & pour aliéner.

La procuration générale ne suffit pas de donner pouvoir de faire une demande en rescision, ou restitution en entier ; car il faut un changement de volonté qui doit être exprimé. Et elle ne suffit pas non plus pour transiger ou aliéner ; mais il en faut un pouvoir exprès. Car transiger & aliéner, c'est d'ordinaire diminuer les biens : & il n'y a que celui qui en est le maître qui puisse en disposer de cette manière. Mais ce Procureur peut vendre les fruits, & les autres choses qui peuvent facilement se corrompre, & qu'un bon pere de famille ne doit point garder *o*.

o Si talis intervenit juvenis cui præstanda sit restitutio: ipso postulante præstari debet. aut Procuratori ejus, cui si ipsum nominatim mandatum sit. Qui verò generale mandatum de universis negotiis gerendis allegat, non debet audiri. *l. 25. §. 1. ff. de min.* Mandato generali non continetur etiam transactionem. *l. 60. ff. de procur.* Procurator totorum bonorum cui res administrandæ mandatæ sunt, res domini neque mobiles, vel immobiles, neque servos, sine speciali domini mandatu alienare potest, nisi fructus aut alias res quæ facilè corrumpi possunt. *l. 63. eod.*

XII.

12. Inexécution de la procuration les choses étant entieres.

Si le Procureur constitué ou autre préposé a manqué d'exécuter l'ordre qu'il avoit accepté, les choses étant en état qu'il n'en arrive aucun préjudice à celui qui l'a voit constituée, la simple inexécution de l'ordre ne l'engage à rien *p*.

p Mandati actio tunc competit, cùm cœpit interesse ejus qui mandavit. Cæterùm si nihil interest, cessat mandati actio, & eatenus competit, quatenus interest. *l. 8. §. 6. ff. mand.*

XIII.

13. Deux Procureurs pour la même chose.

Si deux personnes ont été constituez Procureurs, ou préposez à une même affaire, & que l'un & l'autre s'en chargent, ils en seront tenus solidairement, si leur pouvoir ne le regle autrement. Car l'affaire est commise à l'un & à l'autre ; & chacun en répond, quand il accepte l'ordre *q*.

q Duobus quis mandavit negotiorum administrationem. Quæsitum est, an unusquisque mandati judicio in solidum teneatur? Respondi, unumquemque pro solido conveniri debere ; dummodò ab utroque non ampliùs debito exigatur. *l. 60. §. 2. ff. mand.*

XIV.

14. Deux Procureurs l'un à l'insçiu de l'autre.

Si de deux qui étoient constituez Procureurs ensemble pour faire une chose que l'un pouvoit faire sans l'autre, comme pour recevoir un payement, ou pour faire une demande en justice, l'un l'a faite seul ; il a consommé le pouvoir des deux ; & le second n'a plus de pouvoir pour ce qui est deja fait *r*. Mais si les deux étoient nommez pour traiter quelque affaire ensemble, & non l'un sans l'autre ; rien n'engageroit le constituant, que ce qui seroit geré par les deux. Car ils n'ont pû diviser le pouvoir qu'ils n'avoient qu'ensemble. Ainsi, par exemple, si deux personnes avoient un pouvoir indéfini de transiger sur un procès du constituant, & que l'un ait transigé sans l'autre, il pourra être désavoué. Car il n'avoit pas le pouvoir de transiger seul ; & la présence de l'autre auroit pû rendre la condition du constituant plus avantageuse *f*.

r Pluribus Procuratoribus in solidum simul datis, occupantis melior conditio erit. Ut posterior non sit in eo, quod prior peregit Procurator. *l. 32. ff. 9. procur.*

f Diligenter fines mandati custodiendi sunt. *l. 5. ff. mand.*

SECTION IV.

Comment finit le pouvoir du Procureur constitué, ou autre préposé.

SOMMAIRES.

1. *Le pouvoir du Procureur finit par la révocation.*
2. *Constitution d'un second Procureur révoque le premier.*
3. *Le Procureur peut se décharger après avoir accepté la procuration.*
4. *Il doit faire sçavoir son changement.*
5. *Si le Procureur ne peut faire sçavoir son changement.*
6. *Les Procurations finissent par la mort de l'un ou de l'autre.*
7. *Du Procureur qui gere, ignorant la mort de celui qui l'a constitué.*
8. *Si l'héritier du Procureur décédé gere après sa mort.*

I.

1. Le pouvoir du Procureur finit par la révocation.

LE pouvoir & la charge du Procureur constitué, ou autre préposé finissent par le changement de la volonté de celui qui l'avoit choisi. Car ce choix est libre, & il peut révoquer son ordre lorsque bon lui semble, pourvû qu'il fasse connoître sa révocation à celui qu'il révoque ; & que les choses soient encore entieres. Mais si le Procureur constitué, ou autre préposé avoit déja exécuté l'ordre, & commencé de l'exécuter, avant que la révocation lui fût connue, elle sera sans effet à l'égard de ce qui aura été exécuté : & il sera indemnisé de l'engagement où cet ordre l'avoit fait entrer *a*.

a Si mandavero exigendam pecuniam, deinde voluntatem mutavero, an sit mandati actio, vel mihi, vel hæredi meo? Et ait Marcellus cessare mandati actionem,quia extinctum est mandatum, finita voluntate. *l. 12. §. 16. ff. mand. §. 9. infr. eod.* Si mandatum tibi ut fundum emeres, postea scripsissem ne emeres : tu antequam scias me veruisse emisses, mandati tibi obligatus ero ne damno afficiaris is, qui suscipit mandatum. *l. 15. eod.* V. l'art. 1. de la Sect. 2. p. 129.

II.

2. Constitution d'un second Procureur révoque le premier.

Celui qui ayant constitué un Procureur en constitue ensuite un autre pour la même affaire, révoque par-là le pouvoir qu'il avoit donné au premier *b*. Mais si le premier avoit déja exécuté l'ordre, avant que la révocation lui fût connue, celui qui l'avoit constitué ne pourra le désavouer.

b Julianus ait cum qui dedit diversis temporibus Procuratores duos, posteriorem dando, priorem prohibuisse videri. *l. 3. §. ult. ff. de procur.*

III.

3. Le Procureur peut se décharger après avoir accepté la procuration.

Le Procureur constitué, ou autre préposé peut se décharger de son engagement, après avoir même accepté la procuration, ou commission, soit qu'il ait des causes particulieres, comme s'il lui est survenu une maladie, ou des affaires qui l'en empêchent : ou quand même il n'en auroit pas d'autre cause que sa volonté. Mais il faut, s'il manque d'exécuter l'ordre dont il s'étoit chargé, que ce soit sans fraude, & qu'il laisse les choses entieres & en tel état que le maître puisse y pourvoir ou par soi-même, ou par quelque autre ; & si le Procureur constitué ou autre préposé abandonne & laisse l'affaire en péril, il sera tenu du dommage qui en arrivera *c*, selon les regles qui suivent.

c Sicut autem liberum est mandatum non suscipere, ita susceptum consummari oportet ; nisi renuntiatum sit. Renuntiari autem ita potest ; ut integrum jus mandatori reservetur, vel per se, vel per alium eandem rem commodè explicandi. *l. 22. §. ult. ff. mand.* Hoc amplius tenebitur si per fraudem renuntiaverit. *§. in fine.* Qui mandatum suscepit, si potest id explere, deserere promissum officium non debet. Alioquin quanti mandatoris intersit, damnabitur. *l. 27. §. 2. eod.* Si valetudine, vel majore re sua distinguatur. *l. 20. ff. de procur.* V. *l. 17. §. ult. & ll. seq. ff. eod. l. 22. & seq. ff. mand.*

V. les articles suivans.

I V.

4. Il doit faire sça-voir son change-ment.

Si le Procureur constitué ou autre préposé veut se décharger de la procuration ou commission qu'il avoit acceptée, il ne le pourra qu'en le faisant sçavoir à celui qui l'avoit préposé : & s'il y manque, il sera tenu de tous ses dommages & intérêts. Car s'étant chargé de son affaire, ce seroit le tromper, s'il l'abandonnoit sans l'en avertir d.

d Si verò intelligit explore se id officium non posse, id ipsum, cùm primum poterit, debet mandatori nuntiare, ut is, si velit, alterius opera utatur. l. 27. §. 2. ff. mand. Quod si, cùm possit nuntiare, cessaverit, quanti mandatoris intersit, tenebitur. d. §. V. l'art. suivant.

V.

5. Si le Procureur ne peut faire sçavoir son change-ment.

Si celui qui avoit accepté une procuration ou un autre ordre, ne peut l'exécuter à cause d'un empêchement qui lui soit survenu, & qu'il ne puisse le faire sçavoir ; comme si dans un voyage qu'il s'étoit obligé de faire il tombe malade en chemin, & qu'il ne puisse en donner avis, ou que l'avis se trouve inutile, arrivant trop tard, les pertes qui pourront suivre de l'inéxecution de l'ordre en de pareils cas, tomberont sur celui qui l'avoit donné : parce que ce sont des cas fortuits qui regardent le maître e.

e Si aliqua ex causa non poterit nuntiare, securus erit. l. 27. §. 2. in fin. ff. mand.

V I.

6. Les pro-curations finissent par la mort de l'un ou de l'autre.

Les procurations & autres ordres finissent par la mort soit de celui qui avoit donné l'ordre, ou de celui qui s'en étoit chargé. Ce qu'il faut entendre selon les regles qui suivent f.

f Si adhuc integro mandato mors alterius interveniat, id est, vel ejus mandaverit, vel illius qui mandatum susceperit, solvi-tur mandatum. §. 10. inst. de mand. l. 26. l. 27. §. 3. l. 58. ff. eod. l. ult. ff. de solut. Mandatum re integra domini morte fini-tur. l. 15. C. mand. V. les articles suivans.

V I I.

7. Du Pro-cureur, qui gere sçachant la mort de celui qui l'a consti-tué.

Si le Procureur constitué, ou autre préposé, qui ignore la mort de celui qui l'avoit chargé, ne laisse pas d'exécuter l'ordre, ce qu'il aura fait de bonne foi dans cette ignorance sera ratifié. Car sa bonne foi donne à ce qu'il a gere l'effet du pouvoir que le défunt lui avoit donné g.

g Utilitatis causa receptum est, si eo mortuo qui tibi manda-verat, tu ignorans eum decessisse exequutus fueris mandatum, posse te agere mandati actione. Alioqui justa & probabilis igno-rantiâ, tibi damnum afferret. §. 10. inst. de mand. l. 26. ff. eod. Si præcedente mandato Titium defenderas, quamvis mortuo eo cùm ignorares, ego puto mandati actionem adversus hære-dem Titio competere ; quia mandatum morte mandatoris, non etiam mandati actio solvitur. l. 58. ff. mand. Mandatum re inte-gra domini morte finitur. l. 15. C. eod.

Mais si un Procureur constitué étoit chargé d'une affaire qui ne pût souffrir de retardement, comme seroit le soin d'une récolte ou autre affaire pressée & importante, & qu'étant sur le point d'exécuter son ordre, ou l'ayant même commencé, il apprit la mort de celui qui l'a-voit chargé, & qu'il ne pût avertir des héritiers qui seroient absens ; ne pourroit-il pas, & ne devroit-il pas même executer l'ordre ?

V I I I.

8. Si l'hé-ri tier du Procureur décedé gere après sa mort.

Si le Procureur constitué, ou autre préposé, vient à mourir avant que d'avoir commencé d'exécuter l'ordre, & que son héritier ignorant le pouvoir étoit fini par cette mort, s'ingere à l'exécuter, ce qu'il aura fait ne pourra nuire au maître, & sera annullé. Car cette igno-rance n'a pas donné à cet héritier un droit qu'il n'avoit point, & qui ne passoit pas à la personne qui avoit été choisie h.

h (Cùm non) oporteat, eum qui certi hominis fidem elegit, ob errorem aut imperitiam hæredum affici damno. l. 57. ff. mand.

Mais si l'héritier du Procureur constitué sçachant l'ordre qui lui avoit été donné, & voyant d'ailleurs que le maître al-lant ne pour-roit pourvoir à son affaire, & qu'il y auroit du péril de quelque perte s'il n'en pronoit soin ; ne seroit-il pas obligé d'y faire ce qui pourroit dépendre de lui, comme de continuer une culture d'héri-tage, ou faire une récolte ?

TITRE XVI.

DES PERSONNES QUI EXERCENT
quelques commerces publics, & de leurs com-mis ou autres préposez ; & des Lettres de change.

Matiere de ce Titre.

LEs conventions dont on a parlé jusqu'à cette heure ; à la réserve du dépôt nécessaire, se passent de gré à gré entre les personnes qui veulent traiter ensemble : & les engagements que forment ces conventions, sont précédez d'une liberté réciproque qu'ont les contrac-tans de traiter l'un avec l'autre, & de se choisir ; c'est-à-dire que si on ne peut s'accommoder avec une per-sonne, on peut traiter avec une autre, ou s'abstenir de traiter & de s'engager. Mais il y a d'autres conven-tions où l'on n'a pas le choix des personnes, ni la liberté de s'abstenir de l'engagement ; & où la nécessité oblige d'avoir affaire à de certaines personnes qui exercent des commerces publics, dont les loix par cette raison ont reglé les engagemens, afin que ces personnes n'abu-sent pas de la nécessité où l'on est de traiter avec eux, & s'y confier.

Ainsi ceux qui sont en voyage, se trouvent obligez à confier leurs hardes & leurs équipages dans les hô-telleries ; ce qui fait un engagement entr'eux & les hô-teliers.

Ainsi ceux qui ont à faire quelque voyage par des routes où il y a des voitures publiques sur terre, sur mer, ou sur des rivieres, & qui n'ont pas à eux d'é-quipages pour voyager, sont obligez de se servir de ces voitures publiques & pour leurs personnes, & pour leurs hardes & marchandises. Ce qui forme un engage-ment réciproque entr'eux & ceux qui font ces voitu-res. Et il en est de même de ceux qui sans voyager ont des hardes, ou des marchandises à faire porter d'un lieu à un autre.

Quoiqu'il semble que les engagemens des hôteliers & des voituriers ne soient pas les mêmes que ceux du louage & ceux du dépôt, puisque c'est par une es-péce de louage qu'on traite avec eux, & qu'ils se ren-dent dépositaires de ce qui leur est confié, & qu'ainsi on n'ait pas besoin pour eux d'autres regles que de celles de ces deux especes de conventions ; la consé-quence de la fidélité nécessaire dans ces sortes de pro-fessions, les assujettit à d'autres regles qui leur sont pro-pres : & il y a encore cela de particulier dans ces sor-tes de commerces, que ceux qui les exercent, ne pou-vant seuls suffire chacun au sien, à cause de la mul-titude des commerces qui ont affaire à eux & à toutes heures ; ils sont obligez d'y préposer d'autres personnes : ce qui les oblige à répondre du fait de ces préposez : & quoique cet engagement, à l'égard de ces préposez, ait plusieurs regles qui lui sont communes avec les pro-curations & les commissions, il y en a quelques-unes qui lui sont propres. Ainsi toutes ces regles qui regardent particulierement les hôteliers & les voituriers, deman-dent d'être distinguées, & elles seront expliquées dans ce Titre.

L'usage, Change, & autres com-merces.

Il y a encore des commerces d'autres natures, que l'u-tilité & la commodité publique rendent nécessaires, & qui ont ce rapport à ceux dont on vient de parler, que ceux qui exercent ces commerces, contractent & par eux-mêmes & par leurs commis des engagemens dont la sûreté intéresse le public ; comme sont les commer-ces de banque & de change, & autres qui sont exercez par des banquiers & autres négocians. Ce qui oblige à placer aussi dans ce Titre quelques regles qui regardent en général toutes ces sortes de commerces, & les engage-mens qui leur sont propres : & parce que l'un de ces commerces, qui est celui des lettres de change, fait une espéce de convention distinguée de toutes les autres, on en expliquera la nature & les principes essentiels, & ce qu'elle a de regles, qui soient tout ensemble & du Droit Romain, & de notre usage, sans entrer dans ce

Remarque fur quel-ques loix ci-tées dans ce tit.e.

qu'il y a de reglé fur cette matiere par les Ordonnances.

Il faut remarquer fur le fujet des loix citées dans ce Titre, que la plûpart des regles des engagemens des hôteliers, voituriers & autres, dont il fera parlé, font mêlées dans les Titres du Droit Romain, fur ces matieres, de forte que quelques-unes qui regardent, par exemple, les hôteliers, ne font rapportées qu'aux voituriers, & que d'autres, qui font communes non-feulement aux hôteliers & aux voituriers, mais aufli à toutes les autres fortes d'engagemens dont il fera parlé dans ce Titre, ne font appliquées qu'à quelques-unes en particulier. Ainfi on a été obligé d'appliquer des regles des uns des autres, felon qu'elles peuvent leur convenir.

SECTION I.

Des engagemens des Hôteliers.

SOMMAIRES.

1. *Engagemens des Hôteliers.*
2. *Convention expreffe ou tacite avec l'Hôtelier.*
3. *Comment l'Hôtelier eft chargé des chofes par le fait de fes domeftiques.*
4. *Soin de l'Hôtelier.*
5. *Hôteliers répondent des larcins.*
6. *Répondent du fait de leur famille, & de leurs domeftiques.*
7. *Ils ne répondent de leurs domeftiques que pour ce qui fe paffe dans l'hôtellerie.*

I.

1. Engagement des hôteliers.

IL fe forme une convention entre l'hôtelier & le voyageur, par laquelle l'hôtelier s'oblige au voyageur de le loger, & de garder fes hardes, chevaux & autres équipages *a*, & le voyageur de fa part s'oblige de payer fa dépenfe.

a Ait Prætor, nautæ, caupones, ftabularii, quod cujufque falvum fore receperint, nifi reftituant, in eos judicium dabo. *l.* 1. *ff. naut. caup. ftab.*

II.

2. Convention expreffe ou tacite avec l'hôtelier.

Cet engagement fe forme d'ordinaire fans convention expreffe, par la feule entrée du voyageur dans l'hôtellerie, & par le dépôt de hardes & autres chofes mifes entre les mains ou de l'hôtelier, ou de ceux qu'il charge du foin de l'hôtellerie *b*.

b Sunt quidam qui cuftodiæ gratia navibus præponuntur, ut ναυφύλακες, id eft navium cuftodes, & diætarii. Si quis igitur ex his receperit, puto in exercitorem dandam actionem, quia is quod ejufmodi officio præponit, committi eis permittat. *l.* 1. §. 3. *ff. naut. caup.*

III.

3. Comment l'hôtelier eft chargé des chofes par le fait de fes domeftiques.

L'hôtelier eft tenu du fait des perfonnes de fa famille, & de celui de fes domeftiques, felon les fonctions qui leur font commifes. Ainfi lorfqu'un voyageur donne aux domeftiques qui ont les clefs des chambres, une valife ou d'autres hardes, ou qu'il met fon cheval dans l'écurie à la garde du palfrenier, le maître en répond. Mais fi un voyageur mettant pied à terre donne un fac d'argent à un enfant, à un marmiton, hors de la vûe du maître & de la maîtreffe, l'hôtelier ne fera pas tenu d'un fac de cette conféquence dépofé de cette maniere *c*.

c Caupo præftat factum eorum qui in ea caupona ejus cauponæ exercendæ caufa ibi funt. *l.* 1. §. ult. *ff. furt. adv. naut. caup.*

Quia is, qui eos hujufmodi officio præponit, committi eis permittit. *l.* 1. §. 3. *ff. naut. caup. ftab.* Caupones autem, & ftabulariòs, æque eos accipiemus, qui cauponam vel ftabulum exercent : inftitorefve eorum. Cæterum, fi quis opera mediaftini fungitur, non continetur : ut putà atriarii, & focarii, & his fimiles. *d. l.* 1. §. 5.

IV.

4. Soin de l'hôtelier.

L'hôtelier eft obligé de garder ou faire garder avec tout le foin poffible, toutes les chofes que le voyageur met & confie dans l'hôtellerie, foit en fa préfence ou en fon abfence. Ainfi, il eft tenu, non feulement de

---

fes fautes, mais de la moindre négligence, foit de fa part ou de fes gens : & il n'eft déchargé que de ce qui peut arriver par des cas fortuits, que la vigilance ne peut prévenir *d*.

d In locato conducto culpa, in depofito dolus duntaxat præftatur. At hoc edicto omnimodo qui recepit tenetur, etiamfi fine culpa ejus res periit vel damnum datum eft. Nifi, fi quid damno fatali contingit. *l.* 3. §. 1. *ff. naut. caup.* V. l'art. fuiv.

Il doit avoir un plus grand foin qu'un fimple dépofitaire. V. la Sect. 3. du Dépôt, p. 82.

V.

5. Hôteliers répondent des larcins.

Quoique les hôteliers ne foient pas payez en particulier pour la garde de ce qui eft dépofé dans l'hôtellerie, mais feulement pour le logement, & les autres chofes qu'ils peuvent fournir aux voyageurs, ils ne laiffent pas d'être tenus du même foin que s'ils étoient expreffement payez pour la garde. Car c'eft un acceffoire de leur commerce : & il eft de l'intérêt public, que dans la néceffité où l'on eft de fe fier à eux, ils foient tenus d'une garde exacte & fidelle, & qu'ils répondent même des larcins. Autrement ils pourroient commettre impunément les larcins eux-mêmes *e*.

e Maxima utilitas eft hujus edicti ; quia neceffe eft plerumque eorum fidem fequi, & res cuftodiæ eorum committere. Ne quifquam putet graviter hoc adversùs eos conftitutum ; nam eft in ipforum arbitrio, ne quem recipiant, & nifi hoc effet ftatutum, materia daretur cum furibus, adversùs eos quos recipiunt, coëundi ; cùm ne nunc quidem abftineant hujufmodi fraudibus. *l.* 1. §. 1. *ff. naut. caup. ftabul.* Nauta, & caupo, & ftabularius mercedem accipiunt, non pro cuftodia, fed naura ut trajiciat vectores : caupo, ut viatores manere in caupona patiatur : ftabularius, ut permittat jumenta apud eum ftabulari. Et tamen cuftodiæ nomine tenentur. Nam & fullo, & farcinator non pro cuftodia, fed pro arte mercedem accipiunt ; & tamen cuftodiæ nomine ex locato tenentur. *l.* 5. *ff. naut. caup.* Cù n in caupona vel navi res perit, ex edicto Prætoris obligatur exercitor navis, vel caupo : ita ut in poteftate fit ejus cui res fubrepta fit, utrum mallet cum exercitore, honorario jure, an cum fure, jure civili, experiri. *l.* un. §. 3. *ff. furt. adv. naut. caup. ftab.* V. l'art. 3. de la Sect. 8. du Louage, p. 63.

VI.

6. Répondent du fait de leur famille & de leurs domeftiques.

Si quelqu'un des domeftiques, ou de la famille de l'hôtelier, caufe quelque perte à un voyageur, comme s'il lui dérobe ce qu'il n'étoit pas même donné à garder dans l'hôtellerie, ou s'il endommage fes hardes, l'hôtelier fera tenu de la valeur de la chofe perdue, ou du dommage qui fera arrivé *f*.

f In eos qui naves, cauponas, ftabula exercent, fi quid à quoquo eorum, quofve ibi habebunt, furtum factum effe dicetur, judicium datur, five furtum ope confilio exercitoris factum fit, five eorum cujus in ea navi navigandi caufa effet : navigandi autem caufa accipere debemus eos qui adhibentur ut navis naviget hoc eft nautas. *l.* 1. *ff. furti adv. naut.*

Caupo præftat factum eorum, qui in ea caupona, ejus cauponæ exercendæ caufa, ibi funt : item eorum qui habitandi caufa ibi funt ; viatorum autem factum non præftat. Namque viarorem fibi eligere caupo, vel ftabularius non videtur ; nec repellere poteft iter agentes. In habitatores verò perpetuos, ipfe quodammodo elegit, qui non rejecit, quarum factum oportet eum præftare. *d. l.* 1. §. ult. *ff. furti adv. naut. caup.* l. 6. §. 3. *ff. naut. caup.*

Quæcumque de furto diximus, eadem & de damno debent intelligi. Non enim dubitari oportet, quin is, qui falvum fore recipit, non folum à furto, fed etiam à damno recedere videatur. *l.* 5. §. 1. *ff. naut. caup. v. l.* 1. §. 2. *ff. de exerci. act.*

Item exercitor navis, aut cauponæ aut ftabuli, de dolo aut furto quod in navi, aut caupona, aut ftabulo factum erit, quafi ex maleficio, teneri videtur ; fi modo ipfius nullum eft maleficium, fed alicujus eorum, quorum opera navem, aut cauponam, aut ftabulum exercet. §. ult. *inft. de obl. quæ quafi. ex dol. nafc.*

VII.

7. Ils ne répondent de leurs domeftiques que pour ce qui fe paffe dans l'hôtellerie.

L'engagement de l'hôtelier, pour le fait de fes domeftiques, eft borné à ce qui fe paffe dans fon hôtellerie : & fi quelqu'un de fes domeftiques dérobe au fait quelque dommage en quelque autre lieu, il n'en eft point tenu *g*.

g Non aliàs præftat factum nautarum fuorum, quàm fi in ipfa nave damnum datum fit. Cæterum fi extra navem, licet à nautis non præftabit. *l.* ult. *ff. naut. caup. ftab.*

SECTION II.

*Des engagemens des voituriers par terre, &
par eau.*

ON ne parlera dans cette Section que des engagemens qui regardent le foin que les voituriers doivent avoir des hardes, & des marchandifes dont ils fe
chargent. Pour les autres engagemens, V. la Sect. 8.
du louage, & les art. 10. & 11. de la Sect. 2. des engagemens qui fe forment par des cas fortuits.

SOMMAIRES.

1. *Engagement des voituriers par mer, & leur foin.*
2. *Ils répondent du fait de leurs gens.*
3. *Voituriers par terre, & fur des rivieres.*
4. *Fautes des voituriers.*

I.

1. Engage-
ment des
voituriers
par mer, &
leur foin.

LE maître d'un vaiffeau ou autre bâtiment, qui fe
charge de voiturer fur mer des perfonnes, des hardes, ou des marchandifes, répond de ce qui eft reçu
dans fon bord par lui, ou fes prépofez. Ce qui ne s'entend pas des rameurs, par exemple, dans une galere,
car ils ne font pas commis pour ce foin. Et il eft tenu de
tout ce qui peut arriver de perte, ou de dommage dans
fon bâtiment, ou fur le port, fi les hardes ou marchandifes y ont été reçues. De même que font tenus les hôteliers, comme il a été dit dans cette Section precédente a.

a Qui funt igitur qui teneantur, videndum eft. Ait Prætor
nautæ. Nautam accipere debemus eum qui navem exercet:
quamvis nautæ appellantur omnes qui navis navigandæ caufa in
nave fint. Sed de exercitore folummodo Prætor fentit, nec enim
debet, inquit Pomponius, per remigem, aut mefonautam obligari: fed per fe, vel per navis magiftrum. Quamquam, fi ipfe
aliqui è nautis commifit juffit, fine dubio debeat obligari. Et funt
quidam in navibus, qui cuftodiæ gratia navibus præponuntur, ut
ναυφύλακες, id eft, navium cuftodes, & dixtarii. Si quis igitur ex
his receperit, puto in exercitorem dandam actionem. Quis is,
qui eos hujufmodi officio præponit, committi eis permittit. l. 1.
§. 2. & 3. ff. naut. camp. Idem ait, etiamfi nondum fint res in
navim receptæ, fed in littore perierint, quas femel recepit, periculum ad eum pertinere. l. 3. ff. naut. camp.

II.

2. Ils ré-
pondent du
fait de leurs
gens.

Le maître du vaiffeau eft tenu du fait de fes commis,
& autres prépofez, & des perfonnes qu'il employe à l'u-
fage du vaiffeau, & de la navigation. Et fi quelqu'un
d'eux caufe quelque perte, ou quelque dommage dans
fon bord, il en répondra b.

b Si cum quolibet nautarum fit contractum, non datur actio
in exercitorem: quamquam ex delicto cujufvis eorum qui navis
navigandæ caufa in nave fint, detur actio in exercitorem. Alia
enim eft contrahendi caufa, alia delinquendi. Si quidem, qui
magiftrum præponit, contrahi cum eo permittit qui nautas adhibet, non contrahi cum eis permittit. Sed culpa & dolo carere
eos curare debet. l. 1. §. 2. ff. de exercit. act. Debet exercitor
omnium nautarum fuorum, five liberi, five fervi factum præftare. Nec immeritò factum eorum præftat cùm ipfe eos fuo periculo adhibuerit: fed non aliàs præftat, quàm fi in ipfa nave
damnum datum fit. Cæterum fi extra navem, licèt à nautis,
non præftabit. l. ult. ff. naut. camp. V. les art. 6. & 7. de la
Sect. précédente.

III.

3. Voitu-
riers par
terre & fur
des rivieres.

Ceux qui entreprennent de voiturer par terre, ou fur
des rivieres, répondent des hardes, & des marchandifes dont ils fe chargent, fuivant les regles expliquées
dans cette Section, & la précédente c.

c Quia necceffe eft plerumque eorum fidem fequi, & res cuftodiæ eorum committere. l. 1. ff. naut. caup.

IV.

4. Fautes
des voitu-
riers.

Tous les voituriers par mer, par terre, ou fur des rivieres font tenus du foin, de l'induftrie, & de l'expérience que demande leur profeffion. Ainfi celui qui na-
vigeroit fans un pilote, & celui qui fur terre feroit volé
voiturant la nuit, ou hors la route en lieu périlleux, fe-

roient refponfables des cas fortuits, fi de telles fautes y
avoient donné lieu d.

d Imperitia culpæ adnumerantur. §. 7. Inft. de lege Aquil. l. 8.
§. 1. ff. eod. Culpa autem abeft, fi omnia facta funt, quæ diligentiffimus quifque obfervaturus fuiffet. l. 25. §. 7. ff. locat. Si magifter navis fine gubernatore in flumen navem immiferit, & tem-
peftate orta temperare non potuit, & navem perdiderit, yecto-
res habebunt adverfus eum ex locato actionem. l. 1. §. 2. ff. loc.
(Si) quo non debuit tempore, aut fi minus idoneæ navi impofuit,
tunc ex locato agendum. d. l. §. 1. Culpa non intelligitur, fi navem petitam, tempore navigationis trans mare mifit, licèt ea
perierit: nifi fi minus idoneis hominibus eam commifit. l. 16.
§. 1. ff. de rei vind. Culpæ reus eft poffeffor qui per infidiofa loca
fervum mifit, fi iis periit. l. 36. §. 1. eod. Et qui navem à fe petitam adverfo tempore navigatam mifit, fi ea naufragio perempta
eft. d. §. inf. V. l'art. 5. de la Sect. 8. du Louage, p. 63. & l'art.
4. de la Sect. 4. des Dommages caufez par des fautes.

SECTION III.

*Des engagemens de ceux qui exercent quelque
autre commerce public fur terre,
ou fur mer.*

SOMMAIRES.

1. *Engagemens des maîtres par le fait de leurs prépofez.*
2. *Bornes du pouvoir des Commis & autres prépofez.*
3. *De celui qui eft commis par le prépofé.*
4. *Mineur ou femme prépofez.*
5. *Des femmes & des mineurs qui exercent ces commerces.*
6. *Solidité contre les maîtres pour le fait de leurs prépofez.*
7. *Solidité contre les maîtres qui exercent enfemble un
commerce.*
8. *Le prépofé n'eft pas obligé en fon nom.*
9. *Comment finit le pouvoir du prépofé.*

I.

1. Engage-
ment des
maîtres par
le fait de
leurs prepo-
fez.

CEux qui tiennent des vaiffeaux marchands, pour
quelques commerces; ceux qui pour quelques tra-
fics ont des magafins, boutiques, ou bureaux ouverts;
les banquiers, & généralement tous ceux qui pour leurs
commerces fur terre, ou fur mer, fe fervent de commis,
agens & autres prépofez, font repréfentez en ce qui regarde ces commerces, par ceux qu'ils commettent, de
telle forte que le fait de ces prépofez, eft de leur propre.
Ainfi ils font obligez de ratifier ce qui a été traité avec
leurs commis. Ainfi ils répondent du fait, du dol, &
des tromperies des perfonnes qu'ils ont prépofées a.

a Inftitor appellatus eft, ex eo quod negotio gerendo inftet.
Nec multum facit, tabernæ fit præpofitus, an cuilibet alii nego-
tiationi. l. 3. ff. de inft. act. Inftitor eft qui tabernæ locove ad
emendum, vel vendumve præponitur. Quique fine loco ad
eundem actum præponitur. l. 18. ff. eod.
Cuicumque igitur negotio præpofitus fit inftitor, recte appel-
labitur. l. 5. eod. Quem quis ædificio præpofuit vel frumento
coemendo, pecuniis fœnerandis, agris colendis, mercaturis,
redempturifque faciendis. l. 5. §. 1. & 2 eod. Magiftrum navis
accipere debemus, cui totius navis cura mandata eft. l. 1. §. 1.
ff. de exercit. act.
Æquum Prætori vifum eft, ficut commoda fentimus, ex actu
inftitorum, ita etiam obligari nos ex contractibus ipforum, &
conveniri. l. 1. ff. de inft. act.
Utilitatem hujus edicti patere, nemo eft qui ignoret. Nam
cùm interdum ignari cujus fint conditionis, vel quales, cum magiftris, propter navigandi necceffitatem contrahamus, æquum fuit,
eum qui magiftrum navi impofuit, teneri; ut tenetur qui infti-
torem tabernæ, vel negotio præpofuit. l. 1. ff. de exercit act.
Sed, etfi in prætiis rerum emptarum fefellit magifter, exercitoris erit damnum, non creditoris. l. 11. §. 10. ff. de exercit. act.
Sed etfi in menfa habuit quis fervum præpofitum, nomine ejus
tenebitur. l. 5. §. 3. ff. de inft. act. V. l'art. de la Sect. 2. des
Conventions, p. 21.

II.

2. Bornes
du pouvoir
des commis
& autres
prépofez.

Les prépofez n'obligent par leur fait ceux qui les ont
commis, qu'en ce qui regarde le commerce ou l'affaire
pour laquelle ils font prépofez. Ainfi, celui qui eft prépofé à un vaiffeau, peut trafiquer, acheter, vendre,
échanger, engage le maître en tout ce qui regarde ces

commerces. Ainſi celui qui eſt préposé à un vaiſſeau , pour voiturer les perſonnes & les marchandiſes, engage le maître pour ce qui regarde ſes voitures. Et l'un & l'autre engagent auſſi le maître pour tout ce qui dépend de ces commerces & de ces voitures ; comme ce qui eſt néceſſaire pour équiper le vaiſſeau, ou le radouber. Ainſi tous autres préposez ont leur pouvoir réglé par la qualité de leur commiſſion *b*.

b Non tamen omne , quod cum inſtitore geritur, obligat eum qui præpoſuit : ſed ita ſi, t jus rei gratia cui præpoſitus fuerit,contractum eſt. Id eſt, duntaxat ad id, quod eum præpoſuit. Proinde ſi præpoſui ad mercium diſtractionem , tenebor nomine ejus , ex empto actione. Item , ſi forté ad emendum eum præpoſuero,tenebor duntaxat ex vendito,ſed neque ſi ad emendum & ille vendiderit,neque ſi id vendendum , & ille emerit, debebit teneri. Idque Caſſius probat. *l.* 5. §. 11. & 12. *ff. de exercit. act.* Non autem ex omni cauſa Prætor dat in exercitorem actionem, ſed ejus rei nomine cujus ibi præpoſitus fuerit. Id eſt, ſi in eam rem præpoſitus ſit: ut putà, ſi ad onus vehendum locatus ſit, aut aliquas res emerit utiles navigandi : vel ſi quid, reficiendæ navis cauſa , contractum vel impenſum eſt. Vel ſi quid nautæ, operarum nomine petent. *l.* 1. §. 7. *ff. de exercitoria act.* Sed etiam ſi mercibus emendis , vel vendendis fuerit præpoſitus , etiam hoc nomine obligat exercitorem. *l.* 1. §. 3. *ff. de exercit. act.* Igitur præpoſitio certam legem dat contrahentibus. Quare ſi eum præpoſui navi ad hoc ſolùm, ut vecturas exigat, non ut locet, quod forté ipſe locaverat, non tenebitur exercitor,ſi magiſter locaverit: vel ſi ad locandum tantùm, non ad exigendum; idem erit dicendum : aut ſi ad hoc ut vecturibus locet , non ut mercibus navem præſtet , vel contrà. Modum egreſſus, non obligabit exercitorem. *d. l,* §. 12.

III.

3. De celui qui eſt commis par le préposé.

Si celui qui eſt préposé ſur un vaiſſeau , ſoit pour les voitures ou pour le commerce , en commet un autre en ſa place , pour exercer ſa fonction, le fait de ce ſecond qui eſt commis par le premier , obligera le maître, de même que le fait du premier , quoiqu'il n'eût pas le pouvoir d'en commettre un autre. Car la néceſſité de traiter avec celui qui paroît chargé du vaiſſeau, jointe au pouvoir qu'il a du premier préposé, & à la juſte préſomption , qu'il n'exerce cette fonction que par l'ordre du maître , donne à ce qu'il fait la même force que ſi c'étoit le maître qui exerçât lui-même. Autrement les particuliers ſe trouveroient trompez ſur la foi publique. Mais cette regle ne s'étend pas indiſtinctement au commis & autres préposez à des commerces, & autres affaires ſur terre, où la néceſſité de traiter n'eſt pas la même, & où il eſt plus facile de ſçavoir qui eſt le commis, & quel eſt ſon pouvoir *c*.

c Magiſtrum autem accipimus non ſolùm quem exerciter præpoſuit , ſed & eum quem magiſter. Et hoc conſultus Julianus in ignorante exercitore reſpondit: cæterùm ſi ſcit, & paſſus eſt eum in nave magiſtro fungi, ipſe eum impoſuiſſe videtur. Quæ ſententia mihi videtur probabilis. Omnia enim facta magiſtri debent præſtare, qui eum præpoſuit. Alioquin contrahentes decipientur. Et facilius hoc in magiſtro, quàm inſtitore admittendum,propter utilitatem. Quid tamen, ſi ſic magiſtrum præpoſuit , ne alium ei liceret præponere? An adhuc Juliani ſententiam admittimus, videndum eſt. Finge enim, & nominatim eum prohibuiſſe,ne Titio Magiſtro utaris? Dicendum tamen erit , eouſque producendam utilitatem navigantium. *l.* 1. §. 5. *ff. de exercit. act.* Cùm ſit major neceſſitas contrahendi cum magiſtro, quàm inſtitore. Quippe res patitur ut de conditione quis inſtitoris deſpiciat, & ſic contrahat in navis magiſtro,non ita. Nam interdum locus,tempus non patitur pleniùs deliberandi conſilium. *d. l,* 1.

IV.

4. Mineur ou femme préposez.

Si le préposé étoit un mineur, ſes engagemens obligeront le maître, de même que s'il étoit majeur. Car celui qui l'a choiſi , doit s'imputer les ſuites du choix qu'il a fait. Et il en ſeroit de même ſi on avoit préposé une femme à un commerce qu'elle pût exercer *d*.

d Pupillus inſtitor obligat eum qui eum præpoſuit inſtitoria actione. Quoniam ſibi imputare debet qui eum præpoſuit. Nam & plerique pueros, puellaſque tabernis præponunt. *l.* 7. §. ult. *l.* 8. *ff. de inſt. act.* Nec cujus ætatis ſit, intererit, ſibi imputaturo qui præpoſuit. *l.* 1. §. 4. *ff. de exercit. act.* Parvi autem refert quis ſit inſtitor, maſculus,an fœmina... nam & ſi mulier præpoſuit competet inſtitoria , exemplo exercitoriæ actionis. Et ſi mulier ſit præpoſita tenebitur etiam ipſa. *l.* 7. §. 1. *ff. de inſt. act.* & *l.* 1. §. 16. *ff. de exercit. act. l.* 4. *C. de exerc.* & *inſt. act,*

V.

5. Des femmes & des mineurs qui exercent ces commerces,

Les femmes & les mineurs peuvent entrer dans tous les engagemens dont il a été parlé dans ce Titre. Et s'ils tiennent une banque , ou exercent quelqu'autre commerce , leurs engagemens ſeront les mêmes que ceux des majeurs *e*.

e Si mulier præpoſuit, competet inſtitoria, exemplo exercitoriæ actionis. Et ſi mulier ſit præpoſita, tenebitur etiam ipſa. *l.* 7. §. 1. *ff. de inſt. act. l.* 1. §. 16. *ff. de exercit. act.* Et ſi à muliere magiſter navi præpoſitus fuerit, & contractibus ejus ex exercitoria actione, ad ſimilitudinem inſtitoriæ, tenetur. *l.* 4. *C. de exerc.* & *inſt. act.* Sed & ſi minor viginti quinque annis erit qui præpoſuit, auxilio ætatis utetur non ſine cauſæ cognitione. *l.* 11. §. 1. *ff. de inſt. act.* Par l'Ordonnance de 1673. au titre des *Apprentifs , Négocians, &c. article 6. Tous Négocians & Marchands en gros & en détail , comme auſſi les Banquiers , ſont réputez majeurs pour le fait de leur commerce & banque , ſans qu'ils puiſſent être reſtituez ſous prétexte de minorité.*

VI.

6. Solidité contre les maîtres pour le fait de leur préposé.

Si pluſieurs maîtres d'un commerce , ou autre affaire commune entr'eux, ſe ſont ſervis d'un ſeul préposé ; ſon fait obligera chacun des maîtres ſolidairement. Car chacun l'a commis ; & celui qui a traité avec le préposé, a pû ne conſidérer qu'un ſeul des maîtres & traiter ſur la ſociété de ſon engagement *f*.

f Paulus reſpondit, unum ex mandatoribus in ſolidum elegi poſſe, etiamſi non ſit conceſſum in mandato. *l.* 59. §. 3. *ff. mand.* t. *l.* 2. *ff. de duobus reis conſt.* Si duo plureſve tabernam exerceant:& ſervum quem ex diſparibus partibus teneantur a portione mercis,an verò in ſolidum? Julianus quærit, & verius eſſe ait, exemplo,exercitorum : & de peculio actionis in ſolidum unumquemque conveniri poſſe. *l.* 13. §. 2. *ff. de inſtor. act. l.* 6. §. 1. *eod.* Si plures exerceant , unum autem de numero ſuo magiſtrum fecerint, hujus nomine in ſolidum poterunt conveniri. Sed ſi ſervus plurium navem exerceat , voluntate eorum, idem placuit quod in pluribus exercitoribus. Planè ſi unius ex omnibus voluntate exercuit in ſolidum ille tenebitur. Et ideò poſſit in ſolidum eo caſu in ſolidum omnes teneri. *l.* 4. §. 1. & 2. *ff. de act.* V. l'art. 16. de la Section 4. de la Société , p. 91.

VII.

7. Solidité contre les maîtres qui exercent un commerce.

Si deux ou pluſieurs maîtres exercent eux-mêmes en ſociété de ces ſortes de commerces publics ; celui qui aura traité avec l'un des aſſociez faiſant pour la compagnie , aura l'obligation ſolidaire de tous *g*.

g Si plures navem exerceant, cum quolibet eorum in ſolidum agi poteſt. Ne in plures adverſarios diſtinguatur , qui cum uno contraxerit. *l.* 1. §. ult. & *l.* 2. *ff. de exercit. act.* V. l'art. 7. du Titre des Sociétez de l'Ordonnance de 1673.

VIII.

8. Le préposé n'eſt pas obligé en ſon nom.

Les préposez qui ne traitent qu'en cette qualité , ne ſont pas tenus en leurs noms des engagemens où ils entrent pour le fait de leurs commiſſions , & au nom des maîtres *h*.

h Lucius Titius menſæ numulariæ , quam exercebat habuit libertum præpoſitum. Is Gaio Seio cavit in hæc verba: Octavius Terminalis, rem agens Octavii Felicis, Domitio Felici, ſalutem. Habes penes menſam patroni mei, denariorum mille, quos denarios vobis numerare debebo pridie Kalendas Maias. Quæſitum eſt Lucio Titio defuncto ſine hærede, bonis ejus venditis, an ex epiſtola jure conveniri Terminalis poſſit ? Reſpondit, nec jure his verbis obligatum , nec æquitatem conveniendi eum ſupereſſe. Cum id inſtitoris officio, ad fidem menſæ proteſtandam ſcripſiſſet, *l.* ult. *ff. de inſt. act.*

Le pouvoir des préposez eſt fini par leur révocation. Mais ſi après qu'ils ſont révoquez , ils traitent avec des perſonnes qui ignorent la révocation , ce qu'ils auront géré , obligera le maître ; ſi ce n'eſt que la révocation eût été publiée , ſi c'étoit l'uſage ; ou que par d'autres circonſtances , celui qui a traité avec le préposé, dût ſe l'imputer *i*.

9. Comment finit le pouvoir du préposé.

IX.

i De quo palàm proſcriptum fuerit , ne cum eo contrahatur,is præpoſiti loco non habetur. Non enim permittendum erit , cum inſtitore contrahere. Sed ſi quis nolit contrahi, prohibent. Cæterùm qui præpoſuit, tenebitur ipſa præpoſitione. *l.* 11. §. 2. & ſeq. *ff. de inſt. act,*

SECTION

SECTION IV.
Des Lettres de Change.

LE commerce de changer de l'argent pour de l'argent se fait en deux manieres. La premiere est celle de changer des especes d'argent pour d'autres de même valeur, comme des pieces d'argent pour de l'or, & des especes d'un pays pour celles d'un autre. La seconde est celle où l'on donne de l'argent à un Banquier ou autre, dans un lieu, pour le faire remettre à un autre lieu, soit dans le Royaume , ou dans les pays étrangers. Et c'est seulement de cette seconde espece dont on parle ici. Car l'autre n'est qu'une simple espece de change qui est un contrat dont on a expliqué les regles en son lieu. Ce commerce de remettre de l'argent d'un lieu à un autre , se fait par l'usage des lettres de change. Et pour bien entendre la nature & les regles de cette matiere, il faut considérer dans ce commerce les diverses personnes qui s'y rencontrent, & ce qui s'y passe à l'égard de chacune.

Il y a d'ordinaire dans le commerce des lettres de change trois personnes qu'il faut distinguer. Celui qui a besoin de remettre son argent d'un lieu à un autre : Celui qui le reçoit, comme fait un Banquier qui se charge de remettre cet argent : Et celui qui le délivre dans le lieu où il doit être remis , comme est le correspondant du Banquier : Et il y a souvent un quatriéme , à celui qui a donné l'argent , donne son ordre pour le recevoir , & ce quatriéme peut encore faire passer son droit à d'autres à qui il donne son ordre. Il se pourroit faire aussi qu'il n'y auroit que deux personnes, celui qui donne de l'argent , & celui qui le recevant en un lieu , le délivreroit lui-même en un autre lieu à celui qui l'auroit donné à cette condition. Il faut maintenant considérer les différentes conventions qui se passent entre ces personnes.

La convention qui se passe entre celui qui donne de l'argent , & celui qui se charge de le remettre en un autre lieu , a des caracteres particuliers qui la distinguent de toutes les autres sortes de conventions qui pourroient y avoir quelque rapport. Ce n'est pas une vente, car personne n'y vend ni n'achete , & dans le contrat de vente il y a un vendeur qui donne autre chose que de l'argent, comme il y a un acheteur qui ne donne que de l'argent. Ce n'est pas un échange , car ceux qui font des échanges donnent des choses différentes de celles qu'ils prennent ; & chacun prend pour son usage une chose dont il a besoin , & en donne une autre dont il se passe ; mais dans le commerce des lettres de change, celui qui donne son argent ne prend rien en contreéchange , & ne donne pas une chose pour une autre différente , puisqu'on peut lui remettre les mêmes especes qu'il avoit données. Ce n'est pas un dépôt , car celui qui a reçu l'argent en demeure responsable, quand il périroit par un cas fortuit. Ce n'est pas un prêt , car celui qui reçoit l'argent ne l'emprunte pas. Ce seroit un louage, si celui qui reçoit l'argent ne faisoit autre chose que le faire porter au lieu où il doit être remis, moyennant un droit pour le port , comme font les maîtres des messageries , & ceux des coches & carrosses de la campagne , qui se chargent d'un sac d'argent pour le voiturer d'un lieu à un autre , sans répondre des cas fortuits, & selon les regles qui ont été expliquées dans le Titre du louage; mais lorsque celui qui reçoit l'argent se charge par une lettre de change de le remettre à un autre lieu, cet argent demeure en ses mains , à ses périls , & ce n'est plus l'argent de celui qui l'avoit donné : Ainsi , ce n'est pas un louage, & c'est par conséquent une convention différente de toutes les autres qui consistent au commerce , qui fait passer l'argent d'une personne d'un lieu à un autre , & qui est distingué de toutes ces autres especes de conventions par les caracteres qu'on vient de remarquer.

La convention qui se fait entre celui qui a reçu l'argent , banquier ou autre , & celui à qui il donne ordre de le payer en un autre lieu, est une société , si ce sont

des associez correspondans l'un de l'autre; ou c'est une procuration , ou commission , si ce correspondant n'est que le commis ou l'agent de celui qui a reçu l'argent. Ainsi cette convention a ses regles , qui ont été expliquées dans le Titre de la société, & dans celui des procurations.

La convention entre celui qui a donné l'argent , & celui à qui il donne son ordre pour le recevoir , est , ou un transport , s'il le met à sa place & lui cede son droit, ou une procuration , s'il lui donne simplement le pouvoir de recevoir pour lui. Ainsi cette convention a ses regles dans le Titre du contrat de vente où il a été parlé des transports , ou dans celui des procurations.

Il y a enfin une derniere convention qui se passe entre celui qui a donné l'argent , & celui qui a l'ordre de l'acquitter , lorsqu'il accepte cet ordre. Et cette convention est la même que celle qui s'est passée entre celui qui a donné l'argent , & celui qui l'a reçu ; car elle ne fait autre chose qu'ajoûter l'obligation de celui qui accepte à l'obligation de celui qui a donné la lettre de change : & elle l'oblige à acquitter au jour & au lieu porté par la lettre.

Il sera facile de comprendre par ces remarques en quoi consiste la nature des lettres de change , & quelles sont les regles qu'il faut tirer des autres especes de conventions, pour les appliquer à ce qui se passe dans celleci. Il ne resteroit que d'expliquer ici les regles qui sont propres & particulieres aux lettres de change ; mais parce que le détail de cette matiere est reglé par l'Ordonnance de 1673. dans le Titre des lettres & billets de change , & dans celui des intérêts du change & rechange , il suffit d'ajoûter aux remarques qu'on vient de faire , une seule regle , qui comprend tout ce qu'il y a dans le Droit Romain sur cette matiere, qui soit naturel & de notre usage.

On n'a pas voulu se servir ici de mots propres qui sont en usage pour le commerce des lettres de change comme sont les mots, de tireur, endosseur, accepteur, afin de rendre les choses qu'on avoit à dire plus intelligibles pour ceux qui commencent , en substituant au lieu de ces mots que les autres sçavent assez, les choses mêmes qu'ils signifient.

SOMMAIRES.

1. Engagement de ceux qui reçoivent de l'argent pour acquitter la même somme dans un autre lieu.

I.

LES Banquiers ou autres qui reçoivent de l'argent à condition de faire délivrer la même somme dans un certain tems, & en un autre lieu , par eux ou leurs correspondans , sont obligez de l'acquitter ou faire acquitter au jour & au lieu ; & s'ils y manquent , ils sont tenus des dommages & intérêts de celui qui avoit donné l'argent à cette condition , selon que ces dommages & intérêts sont reglez ou par les loix ou par les usages a.

a Si certo loco traditurum se quis stipulatus sit , hac actione utendum erit. l. 7. §. 1. ff. de eo quod cert. loc. Is qui certo loco dare promittit , nullo alio loco , quam in quo promisit , solvere invito stipulatore potest. l. 9. eod. v. l. 1. C. ubi conv. qui cert. loc. d. p. V. les Titres de l'Ordonnance de 1673. citez à la fin du Préambule.

TITRE XVII.
DES PROXENETES,
ou Entremetteurs.

ON peut ajouter à toutes les différentes especes de conventions une matiere qui est comme un accessoire , c'est l'usage des Proxenetes , ou Entremetteurs qui font profession d'approcher & assortir ceux qui selon leur besoin cherchent , l'un à vendre , l'un à acheter , ou échanger, louer & faire d'autres commerces , ou affaires de toute nature.

Cet usage des Proxenetes est principalement nécessaire dans les ports & dans les villes de commerce, pour faciliter aux étrangers & a tous autres, les commerces qu'ils ont à traiter, en les adressant aux personnes à qui ils doivent avoir affaire, expliquant les intentions des uns aux autres ; servant de truchement, s'il en est besoin : & leur rendant les autres services de leur entremise. Et il y a même des Officiers publics, dont les fonctions sont de cette nature, comme les courtiers.

Cette matiere est de ce lieu, non-seulement comme une suite des conventions, mais encore parce qu'elle renferme une espece de convention qui se passe entre les Entremetteurs & ceux qui les employent, par laquelle ils reglent entr'eux les conditions de l'usage, & des suites de l'entremise.

SECTION I.

Des Engagemens des Entremetteurs.

SOMMAIRES.

1. Fonction d'un Entremetteur.
2. Usage licite des entremises.
3. Engagement des Entremetteurs.

I.

1. Fonction d'un Entremetteur. L'Engagement d'un Entremetteur est semblable à celui d'un Procureur constitué, d'un commis, ou autre préposé, avec cette différence, que l'Entremetteur étant employé par des personnes qui ménagent des intérêts opposez, il est comme commis de l'un & de l'autre, pour négocier le commerce, ou l'affaire dont il s'entremet. Ainsi, son engagement est double, & consiste à conserver envers toutes les parties la fidélité dans l'exécution de ce que chacun veut lui confier. Et son pouvoir n'est pas de traiter, mais d'expliquer les intentions de part & d'autre, & de négocier pour mettre ceux qui l'employent en état de traiter eux mêmes *a*.

a Sunt enim hujusmodi hominum ut tam in magna civitate officinæ. Est enim proxenetarum modus qui emptionibus, venditionibus, commerciis, contractibus licitis utiles, non adeò improbabili more se exhibent. *l.* 3. *in f. ff. de proxenet.* Vel cujus alterius hujusmodi proxeneta fuit. *d. l.*

II.

2. Usage licite des entremises. Tout Entremetteur a ses fonctions bornées aux commerces & affaires licites & honnêtes, & aux voies permises pour les traiter & les faire réussir. Et toute entremise pour des commerces & autres choses illicites, ou par de mauvaises voies dans celles qui sont permises, ne forme pas d'autre engagement que celui de réparer le mal qui en est suivi, & de subir les peines que pourroit mériter l'entremise illicite, selon la qualité du fait, & les circonstances *b*.

b Contractibus licitis, non improbabili more. *l.* 3. *in f. ff. de proxenet.* V. les articles 3. & 4. de la Section 4. des Vices des conventions.

III.

3. Engagement des Entremetteurs. Les Entremetteurs ne sont pas responsables des évenemens des affaires dont ils s'entremettent, si ce n'est qu'il y eût du dol de leur part, ou quelque faute qui pût leur être imputée, & ils ne sont pas non plus garants de l'insolvabilité de ceux à qui ils font prêter de l'argent ou autre chose, quoiqu'ils reçoivent un salaire de leur entremise, qu'ils parlent en faveur de celui qui emprunte; si ce n'est qu'il y eût, ou une convention expresse qui les rendit garants de leur fait, ou du dol de leur part *c*.

c Si proxeneta intervenerit faciendi nominis, ut multi solent, videamus an possit quasi mandator teneri ? & non puto teneri. Quia hic monstrat maris nomen, quam mandat : tametsi laudet nomen. idem dico, etsi aliquid philanthropi nomine acceperit: nec ex locato conducto erit actio. Plané si dolo, & calliditate creditorem circumvenerit, de dolo actione tenebitur. *l.* 2. *ff. de proxenet.*

SECTION II.

Des engagemens de ceux qui employent les Entremetteurs.

SOMMAIRES.

1. Engagement de ceux qui employent des Entremetteurs.
2. Salaire des Entremetteurs.

I.

1. Engagement de ceux qui employent des Entremetteurs. COmme ceux qui employent des Entremetteurs leur donnent leurs ordres, ils sont obligés de ratifier ce qui se trouve fait suivant le pouvoir qu'ils avoient donné, de même que ceux qui constituent des Procureurs, ou qui donnent des commissions & d'autres mandemens *a*.

a V. l'art. 1. de la Sect. 2. des Procurations, p. 129.

II.

2. Salaire des Entremetteurs. Si l'entremise n'est pas gratuite, celui qui a employé un Entremetteur lui doit un salaire, ou tel qu'il a été convenu, ou selon qu'il est reglé, comme si l'Entremetteur est un Officier qui ait son droit taxé, ou tel qu'il sera ordonné, s'ils n'en conviennent de gré à gré. Car cette fonction étant licite, doit avoir son salaire proportionné à la qualité du commerce ou autre affaire, à celles des personnes, au tems que dure l'entremise & au travail de l'Entremetteur *b*.

b Proxenetica jure licito petuntur. *l.* 1. *ff. de proxenet.* De proxenetico, quod si sordidum, solent Præsides cognoscere. Sic tamen ut in his modus esse debeat, & quantitatis, & negotii in quo opera ista defuncti sunt, & ministerium quale accommodaverunt. *l* 3. *ff. de proxenet.* v. l. 7. *ff. mand. l.* 1. C. *eod.* v. l. 15. *ff. de præsc. verb.*

TITRE XVIII.

DES VICES DES CONVENTIONS.

Qu'ils sont les vices des conventions. ON appelle vices des conventions ce qui blesse leur nature & leurs caracteres essentiels. Ainsi, c'est un caractere essentiel à toute sorte de conventions, que ceux qui les font ayent assez de raison & de connoissance de ce qu'il faut sçavoir pour former l'engagement où ils doivent entrer *a*. Et c'est un vice dans une convention, si un des contractans a manqué de cette connoissance; soit par un défaut naturel, comme s'il étoit un insensé, ou par quelque erreur, de la nature de celles dont il sera parlé dans la suite.

Ainsi, c'est un caractere essentiel à toutes conventions, qu'elles soient faites avec liberté *b* : & c'est un vice dans une convention, si un des contractans y a été forcé par quelque violence.

Ainsi, c'est un autre caractere essentiel à toutes les conventions, que l'on y traite avec sincérité & fidélité *c* : & c'est un vice dans une convention, si l'un trompe l'autre par quelque dol & quelque surprise.

Ainsi, c'est encore un caractere essentiel aux conventions, qu'elles n'ayent rien d'illicite & de malhonnête *d* : & c'est un vice dans une convention, si on y mêle quelque chose de contraire aux loix & aux bonnes mœurs.

Ainsi, enfin, c'est un caractere essentiel à toutes les conventions, que les personnes qui les font soient capables de contracter *e* : & la convention est vicieuse si

a V. l'art. 2. de la Sect. 2. des Conventions, p. 21.
b V. ce même art. 2. de la Sect. 1. des Conventions.
c V. l'art. 8. de cette même Section 2. des Conventions, & l'art. 12. de la Sect. 3. du même Titre.
d V. l'art. 1. de la Sect. 2. des Conventions.
e V. l'art. 3. & les suivans de la Sect. 5. des Conventions, p. 30.

Différences
entre le plus
ou le moins
pour l'effet
des vices
des conven-
tions.

un des contractans étoit incapable de l'engagement où il est entré.

Ces vices de conventions peuvent s'y trouver en différens degrez ; & selon le plus ou le moins, ils annullent ou n'annullent pas les conventions, & ils engagent à des suites de dommages & intérêts, ou n'y engagent pas.

Ainsi, le défaut de connoissance peut être tel qu'il annulle la convention, ou tel qu'il n'empêche pas qu'elle ne subsiste. Car, par exemple, si un légataire à qui il a été donné par un codicille qui se trouve nul, traite sur son legs, & l'abandonne à l'héritier, ne sçachant pas qu'il y avoit un second codicille qui confirmoit ce legs, & qui n'étoit pas nul ; ce légataire ne perdra pas le droit que lui donnoit ce second codicille qui lui étoit inconnu, & ce traité demeurera nul par le défaut de la connoissance de ce fait. Mais si le défaut de connoissance n'empêche pas qu'on ne sçache assez à quoi on s'oblige, ce défaut ne suffira pas pour rendre nul la convention. Ainsi, celui qui a traité avec ses cohéritiers de leurs portions de l'hérédité, pendant qu'ils ignorent tous quelques dettes ou d'autres charges qui se découvriront dans la suite, ne pourra pas prétendre que ce défaut de connoissance suffise pour annuller la convention, lorsque ces dettes & ces charges viendront à paroître. Car ce n'étoit pas sur une connoissance exacte & entiere du détail des droits, & des charges de la succession qu'étoit fondé son engagement ; mais il suffit pour l'affermir & le rendre irrévocable, qu'il connût qu'une hérédité consiste en droits & en charges ; qui souvent sont inconnues aux héritiers les plus clairs-voyans : & que dans l'incertitude du plus ou du moins qu'on ne pouvoit connoître, il ait pris le parti du hazard de perdre ou de profiter dans une nature de bien qui étoit incertain.

Ainsi, le défaut de liberté peut être tel qu'il annulle la convention, comme si un des contractans a été enlevé & menacé de la mort, s'il ne s'obligeoit. Mais s'il se plaint seulement que la dignité ou l'autorité de la personne avec qui il a traité lui a fait des impressions qui l'ont porté à donner un consentement qu'il n'auroit pas donné sans cette circonstance ; ces sortes d'impressions n'étant accompagnées ni de force, ni de menaces, laissent la liberté entiere, & n'annullent pas la convention.

Ainsi, le dol n'est pas toujours tel qu'il suffise pour annuller les conventions ; car il n'a cet effet que lorsqu'on use de quelque mauvaise voie, dans le dessein de tromper, & qu'on engage celui qui est trompé à donder un consentement qu'il n'auroit pas donné, si cette tromperie lui eût été connue. Comme si celui qui a en sa puissance le titre d'une servitude établie sur son héritage, cache ce titre, & transige avec celui à qui il doit cette servitude, & l'en fait désister ; ce dol annullera la transaction. Mais si le dol n'est pas ce qui engage, & qu'on pût se défendre de la tromperie, il pourra être tel qu'il ne suffira pas pour annuller la convention ; comme si celui qui vend un cheval n'explique pas à l'acheteur que ce cheval n'est point sensible, ou qu'il a d'autres pareils défauts qui ne soient pas suffisans pour annuller la vente. Car cette espéce de dol n'est pas réprimée, non plus que l'injustice de ceux qui vendent plus cher, ou qui achetent à meilleur marché que le juste prix ; si ce n'est que ce prix tût reglé, comme il l'est de certaines choses par la police, ou par l'usage commun du commerce. Mais hors ces cas il n'est pas possible de fixer le juste point entre le plus ou le moins du prix. C'est pourquoi il est dit dans une loi du Droit Romain, qu'il est naturellement permis de vendre plus cher, & d'acheter à meilleur marché que le juste prix, & ainsi se tromper l'un l'autre f. C'est l'expression de cette loi, qui signifie, que l'avantage que le vendeur ou l'acheteur peuvent emporter l'un sur l'autre pour le prix, n'est pas en effet une tromperie, ou que s'il n'y a pas d'autres cir-

constances, elle est impunie g.

Ainsi l'incapacité des personnes peut être telle qu'elle annulle toutes leurs conventions, comme est celle d'un insensé, ou seulement telle qu'ils soient incapables de quelques conventions, mais non pas de toutes indistinctement ; comme les femmes mariées en quelques Provinces, & les mineurs qui ne peuvent s'obliger, si l'obligation ne tourne à leur avantage.

Il n'y a que les conventions illicites & contraires aux loix & aux bonnes mœurs qui sont toutes nulles sans temperament ; car ce vice ne peut être souffert en aucun degré.

Les vices des conventions qui suffisent pour les annuller ont deux effets, l'un de donner lieu à faire résoudre la convention, si celui qui s'en plaint le désire ainsi : & l'autre d'engager celui qui a usé de quelque mauvaise voie, à réparer le dommage qu'il peut avoir causé, soit qu'on annulle, ou qu'on laisse subsister la convention. Et quelquefois aussi les vices qui ne suffisent pas pour annuller les conventions, peuvent donner lieu à des dommages & intérêts, selon les circonstances.

On ne parlera pas ici des conventions qui sont vicieuses par l'usure, & qu'on appelle contrats usuraires ; comme sont les obligations à cause de prêt, où l'on accumule les intérêts au principal, les contrats d'engagemens qui ne sont faits que pour pallier l'usure & donner une jouissance de fruits de l'argent prêté, & les autres semblables. Car, comme il a été remarqué dans le Titre du prêt, que la défense de l'usure n'est pas du Droit Romain h, cette matiere n'est pas de ce dessein, & elle a ses regles dans les loix de l'Eglise, dans les Ordonnances, dans les Coûtumes, & dans notre usage.

Pour les autres vices, on réduira ceux dont il sera parlé dans ce Titre à quatre espéces. La premiere de ceux qui sont opposés à la connoissance nécessaire pour contracter : la seconde, de ceux qui blessent la liberté : la troisiéme, de ceux qui sont contraires à la sincérité & à la bonne foi : la quatriéme, de ceux qui blessent les loix & les bonnes mœurs ; & ce sera la matiere des quatre Sections qui divisent ce Titre.

On n'y parlera point du vice qui vient de l'incapacité des personnes ; car comme il y a de différentes incapacitez, des mineurs, des femmes qui étant en puissance de mari, ne peuvent en quelques lieux s'obliger du tout, ni dans les autres qu'avec l'autorité de leurs maris, des prodigues qui sont interdits, des insensez & autres ; chacune de ces incapacitez sera expliquée en son lieu : & on peut voir sur cette matiere le Titre des personnes, la Section 5. de celui des Conventions, le Titre des Tuteurs, celui des Curateurs, & celui des Dots.

f Quemadmodum in emendo & vendendo naturaliter concessum est, quod pluris sit, minoris, quod minoris sit, pluris vendere : & ita invicem se circumscribere : ita in locationibus quoque, & conductionibus juris est, l. 22. §. ult. ff. loc.

g V. le commencement de la Sect. 3. p. 37. & l'art. 5. de la Sect. 5. du Contrat de vente, p. 40. & l'article 2. de la Section 3. de ce Titre.

h V. l. 1. §. 3. l. 11. §. 1. ff. de pign. l. 39. ff. de pign. act. l. 14. C. de usur.

SECTION I.

*De l'ignorance ou erreur de fait ou de droit * :*

SOMMAIRES.

1. *Définition de l'erreur de fait.*
2. *Définition de l'erreur de droit.*
3. *On ne peut ignorer le droit naturel.*
4. *Différence entre celui qui erre dans le fait, & celui qui erre dans le droit.*
5. *Erreur des mineurs, soit dans le fait ou dans le droit ; ne leur nuit jamais.*
6. *Erreur des majeurs dans le fait ou dans le droit a divers effets.*
7. *De l'erreur de fait qui est la cause unique de la convention.*

* V. sur cette matiere la Section 1. du Titre de ceux qui reçoivent, ce qui ne leur est pas dû.

8. *Si l'erreur de faits n'est pas la seule cause de la convention.*
9. *Ignorance des faits est présumée.*
10. *Erreur causée par un dol.*
11. *On juge de l'effet de l'erreur par les circonstances.*
12. *Erreur de calcul.*
13. *Effets de l'erreur de droit.*
14. *Si l'erreur de droit est la cause unique de la convention.*
15. *Autre effet de la regle précédente.*
16. *Cas où l'ignorance de droit ne sert de rien.*
17. *Si l'erreur de droit n'est pas la cause unique de la convention.*

I.

1. Définition de l'erreur de fait.

L'Erreur ou l'ignorance de fait consiste à ne pas sçavoir une chose qui est. Comme si un héritier institué ignore le testament qui le fait héritier ; ou si sçachant le testament, il ignore la mort de celui à qui il succede *a*.

a Si quis nesciat decessisse eum, cujus bonorum possessio defertur. *l. 1. §. 1. ff. de jur. & fact. ign.* Si nesciat esse tabulas, in facto errat. *d. l. §. ult.*

II.

2. Définition de l'erreur de droit.

L'erreur ou ignorance de droit consiste à ne pas sçavoir ce qu'une loi ordonne. Comme si un donataire ignore qu'il faut insinuer l'héritier ; ou si un héritier ignore quels sont les droits que donne cette qualité *b*.

b Si ex asse hæres institutus non puret se bonorum possessionem petere posse, ante apertas tabulas, (in jure errat.) *l. 1. §. ult. ff. de jur. & fact. ign.*

III.

3. On ne peut ignorer le droit naturel.

L'ignorance de droit ne doit s'entendre que du droit positif, & non du droit naturel que personne ne peut ignorer *c*.

c Nec in ea re rusticitati venia præbeatur, *cùm naturali ratione honor hujusmodi personis debeatur. l. 2. C. de in jus voc.* V. l'art. 9. de la Section 1. des Regles du Droit, p. 3.

IV.

4. Différence entre celui qui erre dans le fait & celui qui erre dans le droit.

Celui qui ignore qu'un certain droit lui est acquis, peut se trouver dans cette ignorance, ou par une erreur de fait, ou par une erreur de droit. Car, si par exemple, il ignore qu'il soit parent de celui de qui la succession lui est échue, il ignore son droit, mais par une ignorance de fait ; & si sçachant qu'il est parent, il croit qu'un plus proche l'exclut, ne sçachant pas que le droit de représentation l'appelle à la succession, c'est par une ignorance de droit qu'il ignore qu'il doit succéder *d*.

d Interdùm in jure, interdùm in facto errat. Nam si liberum se esse, & ex quibus natus sit sciat, jura autem cognationis habere se nesciat, in jure errat. At si quis forté expositus, quorum parentum esset, ignorat, fortasse & serviat alicui putans se servum esse, in facto magis quàm in jure errat. *l. 1. §. 2. ff. de jur. & fact. ign.*

V.

5. Erreur des mineurs soit dans le fait ou dans le droit, ne leur nuit jamais.

Les mineurs n'ayant pas acquis par l'expérience une connoissance assez ferme & assez entiere pour discerner la conséquence & les suites des engagemens où ils peuvent entrer ; ils sont relevez des conventions qui tournent à leur préjudice, soit qu'ils ignorent le droit ou dans le fait *e*. De même que lorsqu'ils se trouvent lesez par leur foiblesse, ou par quelque défaut de conduite ; ainsi qu'il sera expliqué dans le Titre des Rescisions & Restitutions en entier.

e Minoribus viginti quinque annis jus ignorare permissum est. *l. 9. ff. de juris & facti ign.*

VI.

6. Erreur des majeurs dans le fait ou dans le droit a divers effets.

Les majeurs qui ont la liberté de toutes sortes de conventions, quoiqu'elles leur soient même désavantageuses, ne peuvent pas toujours, comme les mineurs, réparer le préjudice que peut leur faire dans leurs conventions l'ignorance de droit, ou l'erreur de fait. Mais en quelques cas ils peuvent réparer ce préjudice, & dans les

autres il faut qu'ils le souffrent *f*. Comme il sera expliqué dans les regles qui suivent.

f In omni parte error in jure, non eodem loco quo facti ignorantia haberi debebit. *l. 2. ff. de jur. & fact. ign.*

V.I I.

7. De l'erreur du fait qui est la cause unique de la convention.

Si l'erreur de fait est telle, qu'il soit évident que celui qui a erré n'a consenti à la convention, que pour avoir ignoré la vérité d'un fait, & de sorte que la convention se trouve n'avoir pas d'autre fondement qu'un fait contraire à cette vérité qui étoit inconnue ; cette erreur suffira pour annuller la convention, soit qu'il se soit engagé dans quelque perte, ou qu'il ait manqué d'user d'un droit qui lui étoit acquis. Car non-seulement la convention se trouve sans cause *g*, mais elle n'a pour fondement qu'une fausse cause. Ainsi, s'il arrive que l'héritier d'un débiteur, qui de son vivant avoit payé, & dont la quittance ne s'est pas trouvée, s'oblige envers l'héritier du créancier dans l'ignorance de ce payement ; l'obligation sera sans effet, lorsque la quittance aura été trouvée. Ainsi, s'il arrive que deux héritiers partageant une succession, l'un laisse à l'autre des biens qui lui étoient donnez par un codicille, & que dans la suite ce codicille se trouve faux, il pourra demander un nouveau partage *h*.

g Voyez l'art. 5. de la Section 1, des Conventions, p. 16.
h Non videntur qui errant consentire. *l. 116. §. 2. ff. de reg. jur.* Error facti, ne maribus quidem in damnis, vel compendiis obest. *l. 8. ff. de jur. & fact. ign.*
Regula est facti ignorantiam non nocere. *l. 9. eod.* Eleganter Pomponius quærit. Si quis suspiceretur transactionem factam vel ab eo cui hæres est, vel ab eo qui procurator est, & quasi ex transactione dederit, quæ facta non est, an locus sit repetitioni ? & ait repeti posse. Ex falsa enim causa datum est. *l. 23. ff. de cond. ind.* Si post divisionem factam testamenti vitium in lucem emerserit, & his quæ per ignorantiam concessa sunt, præjudicium tibi non comparabitur. *l. 4. C. de jur. & fact. ign. l. 3. §. 1. ff. de transf. l. 12. in fine eod. l. 6. eod.* V. l'article suivant.

VIII.

8. Si l'erreur de fait n'est pas la seule cause de la convention.

Si l'erreur de fait n'a pas été la seule cause de la convention, & qu'elle en ait quelqu'autre indépendante du fait qu'on a ignoré, cette erreur n'empêchera pas que la convention n'ait tout son effet. Ainsi, ceux qui transigent de toutes affaires en général, ne peuvent se plaindre d'avoir erré dans le fait de quelqu'une en particulier : Ainsi, l'héritier qui a vendu l'hérédité n'en sera pas relevé pour avoir ignoré des effets qui en faisoient partie *i*.

i Sub prætextu specierum post repertarum generali transactione finita rescindi prohibent jura. *l. 29. C. de transf.*

IX.

9. Ignorance des faits est présumée.

L'ignorance des faits est présumée, lorsqu'il n'y a pas de preuves contraires. Mais cette présomption toujours naturelle dans les faits qui ne nous touchent point, n'a pas lieu de même pour ceux qui nous regardent. Et chacun est présumé sçavoir ce qui est de son fait *l*.

l In alieni facti ignorantia tolerabilis error est. *l. ult. in f. ff. pro suo. l. 2. ff. de jur. & f. ign.* Plurimum interest, utrùm quis de alterius causa & facto non sciret, an de jure suo ignorat. *l. 3. eod.*

X.

10. Erreur causée par un dol.

Si c'est par le dol de l'un des contractans que l'autre a été trompé par une erreur de fait ; comme si l'un retenoit caché le titre de l'autre, la convention sera annulée ; & celui qui a retenu ce titre sera tenu de tous les dommages & intérêts qui auront été les suites de ce dol *m*.

m Sanè si per se vel per alium subtractis instrumentis, quibus veritas argui potuit, decisionem litis extorsisse probetur ; & quidem actio superest, replicationis auxilio doli mali, pacti exceptio removetur : si verò jam perempta est, intra constitutum tempus tantùm actionem de dolo potest exercere. *l. 19. C. de transf.*

X I.

11. On juge de l'effet de l'erreur ar les circonstances.

Dans tous les cas où l'un des contractans se plaint d'une erreur de fait, il en faut juger par les regles précédentes, selon les circonstances, comme de la qualité & de la conséquence de l'erreur; de l'égard qu'ont eu les contractans au fait qui leur a paru, & qui étoit contraire à la vérité : de l'effet qu'auroit produit la vérité qui leur étoit cachée, si elle avoit été connue; de la facilité ou difficulté qu'il pouvoit y avoir de connoître cette vérité : si elle a été cachée par le dol d'une des parties : si ce qu'on prétend avoir ignoré étoit du fait même de celui qui allegue l'erreur, ou si c'étoit un fait qu'il pût ignorer. Si l'erreur est telle, qu'il soit naturel qu'on y soit tombé, ou qu'elle soit si grossiere qu'on ne doive pas la présumer *n* : & par les autres circonstances qui pourront faire, ou qu'on écoute la plainte de l'erreur, ou qu'on la rejette.

n In omni parte error in jure non eodem loco quo facti ignorantia haberi debebit. Cùm jus finitum & possit esse, & debeat : facti interpretatio plerumque etiam prudentissimos fallat. *l. 2. ff. de jur. & f. ign.* Plurimùm interest, utrùm quis de alterius causa & facto non sciret, an de jure suo ignorat. *l. 2. eod.* Quia in alieni facti ignorantia tolerabilis error est. *l. ult. in f. ff. pro suo.* Nec supina ignorantia ferenda est factum ignorantis, ut nec scrupulosa inquisitio exigenda. Scientia enim hoc modo æstimanda est, ut neque negligentia crassa, aut nimia securitas satis expedita sit, neque delatoria curiositas exigatur. *l. 6. eod. l. 3. §. 1. eod. l. 9. §. 2. eod.*

X I I.

12. Erreur de calcul.

L'erreur de calcul est la méprise qui fait qu'en comptant on met un nombre au lieu d'un autre qui étoit le vrai, qu'on auroit mis sans cette méprise. Ce qui est une espece d'erreur de fait différente de toute autre erreur, en ce qu'elle est toujours réparée *o*. Car il est toujours certain que les parties n'ont voulu mettre que le juste nombre, & n'ont pû faire qu'aucun autre pût en tenir la place.

o Errorem calculi sive ex uno contractu, sive ex pluribus emerserit, veritati non afferre præjudicium, sæpè constitutum est. *l. un. C. de err. calc.*

X I I I.

13. Effets de l'erreur de droit.

L'erreur de droit ne suffit pas de même que l'erreur de fait pour annuler les conventions *p*. Car les plus habiles peuvent ignorer les faits *q* ; mais personne n'est dispensé de sçavoir les loix, & l'on y est assujetti quoiqu'on les ignore *r*. Cette erreur ou ignorance du droit a ses effets différens dans les conventions par les regles qui suivent.

p In omni parte error in jure non eodem loco, quo facti ignorantia haberi debebit. *l. 2. ff. de jur. & fact. ign.*
q Facti interpretatio plerumque etiam prudentissimos fallit. *d. l. 2.*
r V. l'article 9. de la Section 1. des Regles du Droit, p. 3.

X I V.

14. Si l'erreur de droit est la seule unique de la convention.

Si l'ignorance ou l'erreur de droit est telle, qu'elle soit la cause unique d'une convention, où l'on s'oblige à une chose qu'on ne devoit pas, & qu'il n'y ait eu aucune autre cause qui pût fonder l'obligation, sa cause se trouvant fausse, elle sera nulle. Ainsi, par exemple, si celui qui achete un fief dans une Coutume où il n'est dû aucun droit pour cette acquisition, va trouver le Seigneur du fief dominant, & compose avec lui d'un droit de relief, qu'il croit être dû ; cette convention qui n'a aucun fondement que cette erreur seule, n'obligera pas à ce droit de relief qui n'étoit point dû *s*.

s Omnibus, juris error in damnis amittendæ rei suæ, non nocet. *l. 8. ff. de jur. & fact. ign.* V. l'article suivant.
Il faut remarquer sur l'exemple rapporté dans cet article & sur celui de l'article 16. que l'ignorance des dispositions des Coutumes est une ignorance de droit, de même que celle des Ordonnances & des autres loix : car encore que les dispositions des Coutumes soient

---

confidérées comme des faits, parce que n'étant que du droit positif, & différentes en divers lieux, il est naturel qu'elles ne soient pas toutes connues, même aux plus habiles ; elles ne laissent pas d'avoir la force de loix qui ont leur effet à l'égard de ceux qui les ignorent, comme à l'égard de ceux qui les sçavent.

X V.

15. Autre effet de la regle précédente.

La regle précédente n'a pas seulement lieu pour garantir celui qui erre de souffrir une perte, comme dans le cas qui y est expliqué, mais elle a lieu aussi pour empêcher qu'il ne soit privé d'un droit qu'il ignore avoir. Ainsi, par exemple, si le neveu d'un absent prend soin de ses affaires, & que l'absent venant à mourir, & son frere comme héritier demandant à ce neveu le compte de ce qu'il avoit géré des biens du défunt, le neveu rende de compte, & restitue à son oncle tout ce qu'il avoit de cette succession, faute de sçavoir qu'il succédoit aussi avec lui, par le droit de représentation de son pere, frere du défunt ; il pourra dans la suite, étant averti de son droit, demander sa part de la succession *t*.

t Juris ignorantia suum petentibus, non nocet. *l. 7. ff. de jur. & fact. ign.* Conditionem earum rerum quæ ei cesserunt, quem cohæredem esse putavit, qui fuit hæres, competere dici potest. *l. 36. in f. ff. fam. ercisc.*

X V I.

16. Cas où l'ignorance de droit ne sert de rien.

Si par une erreur ou ignorance de droit on s'est fait quelque préjudice qui ne puisse être réparé sans blesser le droit d'une autre personne ; cette erreur ne changera rien au préjudice de cette personne. Ainsi, par exemple, si celui qui a été élevé dans une Coutume où l'on est majeur à vingt ans, traite ailleurs avec un mineur de vingt-cinq ans qu'il sçait en avoir plus de vingt, & que par cette raison il croit être majeur ; & s'il lui prête de l'argent, cette erreur n'empêchera pas la restitution de ce mineur, s'il y en a lieu. Car c'est un droit qui lui est acquis par une loi, dont cette ignorance ne change pas l'effet à son préjudice. Et si cet argent n'a pas été utilement employé, l'erreur de celui qui l'a prêté n'empêchera pas qu'il n'en souffre la perte. Ainsi celui qui auroit donné un héritage en payement par une transaction, dans la pensée de le ravoir par la lésion de plus de moitié du juste prix, ne pourroit sous ce prétexte rentrer dans cet heritage acquis à sa partie par un titre que les loix ne permettent pas qu'on annulle par cette lésion *u*.

u Si quis patrem familias esse credidit, non vana simplicitate deceptus, nec juris ignorantia, sed quia publicè pater familias plerisque videbatur : sic agebat, sic contrahebat, sic muneribus fungebatur : cessabit Senatusconsultum. *l. 3. ff. de senarusc. Macedl.*
On voit par cette loi, que si ce créancier avoit erré dans le droit, il eût perdu sa dette. V. la remarque sur l'article 14.

X V I I.

17. Si l'erreur de droit n'est pas la cause unique de la convention.

Si l'erreur de droit n'a pas été la cause unique de la convention, & que celui qui s'est fait quelque préjudice puisse avoir eu quelqu'autre motif, l'erreur ne suffira pas pour annuler la convention. Ainsi, par exemple, si un héritier traite avec un légataire, & qu'il lui paye ou s'oblige lui payer son legs entier, ignorant le droit qu'il avoit d'en retrancher une partie ; parce que le testateur avoit légué au-delà de ce qu'il lui étoit permis de léguer, ou par la loi, ou par la Coutume ; cette convention ne sera pas nulle. Car cet héritier a pû s'obliger à payer les legs entiers, par le motif d'exécuter pleinement la volonté du défunt à qui il succede. Et il en seroit de même de l'héritier d'un donateur, qui auroit exécuté ou approuvé une donation, qu'il ignoroit être nulle par le défaut d'insinuation *x*.

x Is qui sciens se posse retinere, universum restituit, conditionem non habet : quin etiam si jus ignoraverit, cessat repetitio. *l. 9. C. ad leg. falc.* Si quis jus ignorans, lege Falcidia usus non sit, nocere ei dicit Epistola Divi Pii. *l. 9. §. 5. ff. de jur. & fact. ign.*

S iij

SECTION II.

De la force.

Nature &
effets de la
force sur la
liberté.

POur discerner quel est dans les conventions l'effet de la force, & quelle elle doit être pour les annuller, il faut connoître quelle est la liberté nécessaire dans les conventions, & remarquer qu'il y a bien de la différence entre le caractere de la liberté qui suffit pour rendre nos actions bonnes ou mauvaises, & le caractere de la liberté nécessaire dans les conventions.

Quand il s'agit de la liberté de faire le bien ou le mal, de commettre un crime, une injustice, une méchante action, la violence peut bien affoiblir, mais non pas ruiner cette liberté. Et celui qui cédant à la force se porte à un crime, choisit volontairement d'abandonner son devoir, pour éviter le mal d'une autre nature. Ainsi la force n'empêche pas qu'il ne se porte librement au mal. Mais dans les conventions, lorsqu'un des contractans a été forcé pour y consentir, l'état où étoit sa liberté, ne lui en laissoit pas l'usage nécessaire pour donner un consentement qui pût l'engager, & valider la convention.

La différence de ces matieres dont la force est considérée à l'égard de la liberté nécessaire dans les actions, & à l'égard de la liberté qu'on doit avoir dans les conventions, consiste en ce que dans les actions, lorsqu'il s'agit de ne pas commettre un crime, ou contre la foi, ou contre les mœurs, celui qui dans une telle conjoncture cede à la force, & se porte au mal, pouvoit & devoit souffrir plûtôt les maux dont il étoit menacé, que de manquer à ce qu'il devoit ou à la vérité, ou à la justice, dont l'attrait, s'il l'avoit aimée, l'auroit tenu ferme contre la terreur de tout autre mal, que celui d'abandonner un devoir si essentiel. Ainsi la force n'a pas ruiné sa liberté, mais l'affoiblissant, l'a engagé à en faire un mauvais usage, & à choisir librement le parti de faire le mal pour ne point souffrir. Mais quand il s'agit d'une force qui ne met pas à l'épreuve de violer quelque devoir, & qui met seulement dans la nécessité de faire une perte, celui qui se trouve dans une telle conjoncture, qu'il faut ou qu'il abandonne son intérêt, ou que pour le conserver il s'expose aux effets de la violence, est dans un état où il ne peut user de sa liberté pour prendre le parti de conserver ce qu'on peut lui faire perdre. Car encore qu'il soit vrai qu'il pût, s'il vouloit, souffrir le mal dont on le menace, la raison détermine sa liberté au parti de souffrir la perte, & se délivrer par le moindre mal de l'autre plus grand, que sa résistance auroit attiré. Ainsi on peut dire qu'il n'est pas libre, & qu'il est forcé *a* ; puisqu'il ne pourroit sagement user de sa liberté, pour choisir le parti de résister à la violence, & de s'exposer ou à la mort, ou à d'autres maux pour conserver son bien. Car enfin ce qui blesse la prudence est contraire au bon usage de la liberté ; puisque ce bon usage est inséparable de la raison comme la volonté est inséparable de l'entendement.

a Quamvis, si liberum esset, noluissem, tamen coactus volui, sed per Prætorem restituendus sum. *l. 21. §. 5. ff. quod met. cauf.*

On peut juger par cette remarque sur la liberté nécessaire dans les conventions, que si la violence est telle que la prudence & la raison obligent celui que l'on veut forcer d'abandonner quelque bien, quelque droit, ou autre intérêt, plûtôt que de résister ; le consentement qu'il donne à une convention qui le dépouille de son bien, pour se garantir d'une telle force, n'a pas le caractere de la liberté nécessaire pour s'engager, & que ce qu'il fait dans cet état contre son intérêt doit être annullé.

Quelle force
annulle les
conven-
tions.

Il faut encore remarquer sur ce même sujet de l'effet de la force dans les conventions, que toutes les voies de fait, toutes les violences, toutes les menaces sont illicites ; & que les loix condamnent, non-seulement celles qui mettent en péril de la vie ou de quelque tourment sur le corps ; mais toutes sortes de mauvais traitemens, & de voies de fait. Et il faut enfin remarquer, que comme toutes les personnes n'ont pas la même fermeté pour résister à des violences & à des menaces, & que plusieurs sont si foibles & si timides, qu'ils ne peuvent se soûtenir contre les moindres impressions ; on ne doit pas borner la protection des loix contre les menaces & les violences, à ne réprimer que celles qui sont capables d'abbattre les personnes les plus intrépides. Mais il est juste de protéger aussi les plus foibles & les plus timides, & c'est même pour eux principalement que les loix punissent toute sorte de voies de fait, & d'oppressions *b*. Ainsi comme elles répriment ceux qui par quelque dol, ou quelque surprise, ont abusé de la simplicité des autres, encore que le dol n'aille pas jusqu'à des faussetez, ou à d'autres excès *c*, elles s'élevent à plus forte raison contre ceux, qui par quelque violence impriment de la terreur aux personnes foibles, encore que la violence n'aille pas à mettre la vie en péril.

b Vel vi aliquid extorserit, &c. *Levit. 6. 2. 19. 13.*
c Ne vel istis malitia sua sit lucrosa, vel istis simplicitas damnosa. *l. 1. ff. de dolo.*

Il s'ensuit de tous ces principes, que si une convention a été précédée de quelque voie de fait, de quelque violence, ou quelques menaces qui ayent obligé celui qui s'en plaint à donner un consentement contre la justice & son intérêt, il ne sera pas nécessaire pour l'en relever qu'il prouve qu'on l'ait exposé au péril de sa vie, ou de quelqu'autre grande violence sur sa personne. Mais s'il paroît par les circonstances de la qualité des personnes, de l'injustice de la convention, de l'état où étoit la personne qui se plaint, des faits de la violence, ou des menaces, qu'il n'ait donné son consentement, qu'en cédant à la force ; il sera juste d'annuller une convention, qui n'aura pour cause que cette mauvaise voie de la part de celui qui l'a exercée, & la foiblesse de celui qu'on a engagé contre la justice & son intérêt.

On a fait ici toutes ces remarques, pour établir les principes naturels des regles de cette matiere ; & pour rendre raison de ce qu'on n'a pas mis parmi les regles de cette Section, la Regle du Droit Romain, qui veut qu'on ne considere pas comme des violences suffisantes pour annuller un consentement, celles qui ne pourroient troubler que des personnes foibles & timides ; mais qu'il faut que la violence soit telle, qu'elle imprime une terreur capable d'intimider les personnes les plus courageuses *d*, ce qu'une autre regle réduit au péril de la vie, ou à des tourmens sur la personne ; car il est très juste, & c'est notre usage, que toute violence étant illicite, on réprime celles même qui ne vont pas à de tels excès, & qu'on répare tout le préjudice que peuvent causer les violences qui engagent les plus foibles à quelque chose d'injuste, & de contraire à leur intérêt. Ce qui se trouve même fondé sur quelques regles du Droit Romain, où toute force étoit illicite, & où les voies de fait étoient défendues, lors même qu'on les employoit à se faire justice à soi-même *f*. Et ces regles sont tellement du droit naturel, qu'il ne pourroit y avoir d'ordre dans la société des hommes, si les moindres violences n'étoient réprimées.

d Metum autem non vani hominis, sed qui merito & in hominem constantissimum cadat ; ad hoc edictum pertinere dicemus. *l. 6. ff. quod met. cauf.*

e Nec tamen quilibet metus ad rescindendum ea quæ consensu terminata sunt, sufficit : sed talem metum probari oportet, qui salutis periculum, vel corporis cruciatum contineat. *l. 13. C. de Transf. l. 8. C. de resc. vend.*

f Extat enim decretum Divi Marci in hæc verba : Optimum est ut si quas putas te habere petitiones, actionibus experiaris. Cùm Marcianus diceret, vim nullam feci ; Cæsar dixit : tu vim putas esse solùm si homines vulnerentur ? vis est, & tunc quoties quis id quod deberi sibi putat, non per Judicem reposcit. Quisquis igitur probatus mihi fuerit rem ullam debitoris vel pecuniam debitam, non ab ipso sibi sponte datam, sine ullo Judice remerè possidere, vel accepisse, isque sibi jus in eam rem dixisse, jus crediti non habebit. *l. 13. ff. quod met. cauf.*

SOMMAIRES.

I.

1. Définition de la force. ON appelle force toute impression illicite, qui porte une personne contre son gré, par la crainte de quelque mal considérable, à donner un consentement qu'elle ne donneroit pas, si la liberté étoit dégagée de cette impression *a*.

a Vis est majoris rei impetus, qui repell. non potest. *l.* 2. *ff. quod. me. cauf.* Vim accipimus atrocem, & eam quæ adversus bonos mores fiat. *l.* 3. §. 1. *eod.* Metum accipiendum Labeo dicit, non quemlibet timorem, sed majoris malignitatis. *l.* 5. *eod.* Propter necessitatem impositam, contrariam voluntati. *l.* 1. *eod.*

II.

2. Effet de la force dans les conventions. Toute convention, où l'un des contractans n'a consenti que par force, est nulle : & celui qui a exercé la force en sera puni selon la qualité du fait, & sera tenu de tous les dommages & intérêts qu'il aura causez *b*.

b Ait Prætor, quod metûs causâ gestum erit, ratum non habebo. *l.* 1. *ff. quod met. cauf.* Propter necessitatem impositam, contrariam voluntati. d *l.* Si quis vi compulsus aliquid fecit, per hoc Edictum restituitur. *l.* 3. *eod.* Violentia facta & extortæ metu venditiones, & cautiones, vel sine pretii numeratione, probibeat Præses Provinciæ. *l.* 6. *ff. de of. præf.* Nihil consensui tam contrarium est, qui & bonæ fidei judicia sustinet quàm vis atque metus : quem comprobare contra bonos mores est. *l.* 116. *ff. de reg. jur.*
Toute sorte de force, toutes violences & oppressions sont défendues par diverses Ordonnances.

III.

3. Diverses manieres d'exercer la force. Quoiqu'on ne se porte pas à des violences, ni à des menaces qui mettent la vie en péril, si on use d'autres voies illicites, comme si on retient une personne enfermée jusqu'à ce qu'elle accorde ce qu'on lui demande : si on la met en péril de quelque mal, dont la juste crainte l'oblige à un consentement forcé ; ce consentement sera sans effet : & celui qui aura usé d'une telle voie, sera condamné aux dommages & intérêts, & aux autres peines qu'il pourra mériter selon les circonstances. Ainsi, si celui qui tient un dépôt des papiers, ou d'autres choses, nie le dépôt & menace de brûler ce qu'il est obligé de rendre, à moins que celui à qui le dépôt doit être rendu ne lui donne une somme d'argent, ou autre chose qu'il exige injustement ; ce qu'on aura consenti de cette maniere sera annullé : & ce dépositaire sera puni de son infidélité, & de cette exaction selon les circonstances *c*.

c Si is accipiat pecuniam qui instrumenta status mei interversurus est, nisi dem, non dubitatur quin maximo metu compellar. *l.* 8. §. 1. *ff. quod met. cauf.* Propter necessitatem impositam, contrariam voluntati, metus instantia, vel futuri periculi causâ, mentis trepidatione. *l.* 1. *eod.* Qui in carcerem quem detrusit, ut aliquid ei extorqueret, quidquid ob hanc causam factum est, nullius momenti est. *l.* 22. *eod.* Si fœnerator inciviliter custodiendo athletam, & à certaminibus prohibendo, cavere compulerit ultrà quantitatem debitæ pecuniæ, bis probata comperens Judex tem suæ æquitati restitui decernat. *l.* ult. §. 2. *eod.*
Les loix ne souffrent aucune sorte de violence, ni l'usage d'aucune force aux particuliers, non pas même pour se faire justice. Ainsi elles souffrent encore moins qu'on force, qu'on menace, qu'on intimide pour extorquer un consentement à une prétention injuste. Voyez à la fin du Préambule de cette Section la loi citée sous la lettre f. *v l'article* 7. *de cette Section & l'article* 16. *de la Section* 5. *des Conventions, p.* 31.

Anima quæ peccaverit, & contempto Domino negaverit proximo suo depositum quod fidei ejus creditum fuerat, *vel vi aliquid extorserit...* convicta delicti reddet omnia quæ per fraudem voluit obtinere : & quintam insuper partem Domino cui damnum intulerat. Pro peccato autem suo, &c. *Levit.* 6. 2.

IV.

4. Si un Magistrat abuse de son autorité pour intimider & extorquer un consentement. Si un Magistrat, ou autre Officier use de son autorité contre la justice, & que par des menaces, ou d'autres mauvaises voies, soit pour l'intérêt d'autres personnes, ou pour le sien, il engage quelque personne à donner un consentement qui ne soit donné que par la crainte du mal qu'il peut faire, ce consentement extorqué par cette violence sera annullé ; & l'Officier tenu du dommage qu'il aura causé *d*, & des autres peines qu'une telle malversation pourra mériter.

d Si per injuriam quid fecit populi Romani Magistratus, vel Provinciæ Præses. Pomponius scribit, hoc Edictum locum habere, si forte, inquit, mortis aut verberum terrore pecuniam alicui extorserit. *l.* 3. §. 1. *quod met. cauf.* Venditiones, donationes, transactiones quæ per potentiam extortæ sunt, præcipimus infirmari. *l. ult.* C. *de his quæ vi metusve. e. g.* f. Voyez la Section 8. du Contrat de vente, dans le préambule, p. 43.
Non ement in Ballivia, *dolosa impressione*, quod si fecerint contractus reputabitur nullus : & possessiones domino nostro, vel Prælatis, Baronibus & aliis subditis applicantur, nisi de nostra processerint voluntate. *Ordonnance de Philippe le Bel en* 1320.

V.

5. Violence sur d'autres personnes que celui qu'on veut contraindre. Si la violence, les menaces ou autres voies semblables sont exercées sur d'autres personnes que celui de qui on veut extorquer un consentement, & qu'on l'intimide par l'impression que fera sur lui la crainte de voir ces personnes exposées à quelque mauvais traitement, comme si c'est sa femme, ou son fils, ou une autre personne de qui le mal doive le toucher ; le consentement donné par de telles voies sera annullé, avec les dommages & intérêts & les autres peines selon les circonstances *e*.

e Hæc quæ diximus ad Edictum pertinere, nihil interest in se quis veritus sit, an liberis suis, cum pro affectu parentes magis in liberis terreantur. *l.* 8. §. *ult. quod met. cauf.* Pœnè per filii corpus pater magis quàm filius periclitatur. §. *ult. inst. de noxal. act.*

VI.

6. Ce qui est fait par force ne sera pas seulement nul à l'égard de ceux qui l'auront exercée. Tout ce qui aura été fait par force, ne sera pas seulement nul à l'égard de ceux qui l'auront exercée, mais aussi à l'égard de toute autre personne qui prétendroit s'en servir. Car ce qui de soi-même est illicite, ne peut subsister pour qui que ce soit ; quoique même ceux qui ont exercé la violence n'en profitent point *f*.

f In hac actione non quæritur utrùm is qui convenitur, an alius metum fecit. Sufficit enim hoc docere, metum sibi illatum, vel vim, & ex hac re eum qui convenitur, etsi crimine caret, lucrum tamen sensisse. *l.* 14. §. 3. *ff. quod met. cauf.* l. 9. §. 1. *eod. l.* 5. C. *eod.*

VII.

7. Les effets de la force se jugent par les circonstances. Dans tous les cas où il s'agit de donner atteinte à une convention, ou à quelque consentement qu'on prétend donné par la crainte de quelque violence, ou autre mauvais traitement, il en faut juger par les circonstances, comme de l'injustice qui a été faite à celui qui prétend avoir été forcé, de la qualité des personnes, de celles des menaces, ou autres impressions, comme si on a mis une femme en péril de son honneur : si des personnes violentes ont usé de menaces contre une personne foible, & l'ont exposée à quelque péril : si c'étoit le jour ou la nuit, dans une Ville ou à la campagne. Et c'est par ces sortes de circonstances, & les autres semblables, & par la conséquence de réprimer toute sorte de violences & de mauvaises voies, qu'il faut juger de l'égard qu'on doit avoir à la crainte où s'est trouvé celui qui se plaint, & à l'impression qu'elle a pû faire sur sa raison & sa liberté *g*.

g Metus autem causâ abesse videtur, qui justo timore mortis, vel cruciatus corporis conterritus abest : & hoc ex affectu ejus intelligitur. Sed non sufficit quolibet terrore abductum timuisse :

4. *Si un Magistrat abuse de son autorité pour intimider & extorquer un consentement.*
5. *Violence sur d'autres personnes que celui qu'on veut contraindre.*
6. *Ce qui est fait par force est nul à l'égard de ceux même qui ne l'ont pas exercée.*
7. *Les effets de la force se jugent par les circonstances.*

fed *hujus rei difquifitio Judicis eft. l.3. ff. ex quib. cauf. maj.* Quod fi dederit ne ftuprum patiatur, vir feu mulier; hoc Edictum locum habet. Cùm viris bonis ifte metus major quam mortis effe debet. *l. 8. §. 2. quod met. cauf.* Non eft verifimile compulfum in urbe, iniquè indebitum folviffe, eum qui claram dignitatem fe habere prætendebat. Cum potuerit jus publicum invocare, & adire aliquam poteftate prædirum, qui utique vim eum pati prohibuiffet. Sed hujufmodi præfumptioni debet apertiffimas probationes violentiæ opponere. *l. ult. eod.* Cùm Marcianus diceret vim nullam feci : Cæfar dixit, tu vim putas effe folùm fi homines vulnerentur. Vis eft & tunc quoties quis id quod deberi fibi putat ; non per Judicem repofcit. *l. 13. ff. quod met. cauf.* V. l'art. 3. de cette Section.

VIII.

8. Forces pour obliger à une chofe jufte.

Si la violence a été exercée au lieu des voies de la juftice, pour forcer celui qui refufoit une chofe jufte, comme un débiteur de payer ce qu'il devoit ; ceux qui en auront ufé feront tenus des dommages & intérêts, & punis des peines que la voie du fait pourra mériter, & de la perte même d'une dette exigée par de telles voies, felon que la qualité du fait pourra y donner lieu *b.*

b Julianus ait eum qui vim adhibuit debitori fuo ut ei folveret ; hoc Edicto non teneri, propter naturam metûs caufa actionis, quæ damnum exigit : quamvis negari non poffit in Juliam cum de vi incidiffe, & jus crediti amififfe. *l. 12. §. 2. ff. quod met. cauf.* Quifquis igitur probatus mihi fuerit rem ullam debitoris ; vel pecuniam debitam, non ab ipfo fibi fponte datam, fine ullo, Judice temerè poffidere, vel accepiffe, itque fibi jus in eam rem diminuiffe : jus crediti non habebit. *l. 13. in f. eod.* Negantes debitores non oportet armata vi terreri... convictos autem condemnari, ac juris remediis ad folutionem urgeri convenit. *l. 9. C. de oblig. & act.* V. la remarque fur l'art. 3. de cette Section.

IX.

9. Confeil & autorité ne forcent point.

Toutes les voies qui n'ont rien de la violence & de l'injuftice, mais qui font feulement des impreffions pour engager par d'autres motifs licites & honnêtes, ne fuffifent pas pour donner atteinte aux conventions. Ainfi, le confeil & l'autorité des perfonnes, dont le refpect engage à quelque condefcendance, comme d'un pere, d'un Magiftrat, ou d'autres perfonnes qui font dans quelque dignité, & qui s'intéreffent à exhorter & engager à quelque convention, fans violence, fans menaces, font des motifs dont l'impreffion n'a rien de contraire à la liberté, & ne donnent pas d'atteinte aux conventions. Ainfi, le fils qui par l'induction de fon pere, s'oblige pour lui, ne peut pas fe plaindre que le refpect qu'il a eu pour l'autorité paternelle l'ait engagé par force. Ainfi, celui qui s'oblige envers une perfonne de grande dignité, ne peut pas prétendre que fon obligation en foit moins valide *i.*

i Ad invidiam alicui nocere nullam dignitatem oportet. Unde intelligis, quod ad metum arguendum, per quem dicis initum effe contractum, Senatoria dignitas adverfarii tui fola non eft idonea. *l. 6. C. de his quæ vi metufve c. g. f. v. l. 2. C. ne vifcus vel refp.* Pater Seio emancipato filio facilè perfuafit, ut quia mutuam quantitatem acciperet à Septicio creditore, chirographum præfcriberet fuâ manu filius ejus, quod ipfe inutilia effet fcribere, fub commemoratione domûs ad filium pertinentis, pignori dandæ. Quærebatur an Seius, inter cætera bona etiam hanc diftinuerit, nec metuiri, ex hoc folo quod mandante patre manu fuâ perfcripfit inftrumenti chirographi, cùm neque confenfum fuum accommodaverat patri an figno vel quod alia fcriptura. Modeftinus refpondit, cùm fuâ manu pignori domum fuam futuram Seius fcripferat, confenfum ei obligationi dediffe manifeftum eft. *l. 26. §. 1. ff. de pign.*

On voit par cette loi qu'il ne faut pas entendre indéfiniment cette autre regle qui dit, que l'on ne doit pas prendre pour la volonté d'un fils ce qu'il fait par obéiffance à celle de fon pere. Velle non creditur qui obfequitur imperio patris. *l. 4. ff. de reg. jur.*

X.

10. Ordre de juftice n'eft par force.

Tout ce qui fe fait par l'obéiffance qu'on doit à l'autorité de la Juftice, & à l'ordre du Juge dans l'étendue de fon miniftere, ne peut être prétendu fait par violence ; car la raifon veut qu'on y obéiffe *l.*

l Vim accipimus atrocem, & eam quæ contra bonos mores fiat, non eam quam magiftratus rectè intulit ; fcilicet jure licito, & jure honoris fuftinet. *l. 3. §. 1. ff. quod met. cauf.* V. la Sect. 13. du Contrat de vente fur les ventes forcées, p. 52.

SECTION III.
Du Dol, & du Stellionat.

Stellionat.

ON diftingue le Stellionat du Dol en général : car encore que ce n'en foit qu'une efpéce, elle a fon nom propre. Ce nom de Stellionat a fon origine dans le Droit Romain, où l'on appelloit de ce nom les fourberies, impoftures, & autres tromperies criminelles, qui n'avoient point de nom propre. Mais on donnoit principalement ce nom à cette efpece de dol ou de crime que commettent ceux qui ayant engagé une chofe à une perfonne, la vendent à une autre, lui diffimulant cet engagement *a.*

Nous avons reftraint en France l'ufage du nom de Stellionat à ce dernier fens, & à cette efpéce de dol, de ceux qui ayant vendu, cédé, ou hypotéqué une certaine chofe, la vendent enfuite, cédent ou engagent à un autre, fans lui faire fçavoir leur engagement. Ce qui fait un caractere de dol qui va jufqu'au crime, & qui eft réprimé par des peines felon les circonftances.

a Stellionatum autem objici poffe his qui dolo qui fecerunt, fciendum eft : fcilicet, fi aliud crimen non fit ; quod objicitur. Quod enim in privatis judiciis eft de dolo actio : hoc in criminibus ftellionatus perfecutio. Ubicumque igitur titulus criminis deficit, illic ftellionatus objiciamus. Maximè autem in his locum habet, fi quis forte rem alii obligatam diffimulata obligatione, per calliditatem alii diftraxerit, vel permutaverit, vel in folutum dederit. Nam hæ omnes fpecies ftellionatum continent. *l. 3. §. 1. ff. Stellion.*

SOMMAIRES.

I.

1. Défini-tion du dol.

ON appelle dol toute furprife, fraude, fineffe, feintife, & toute autre mauvaife voie pour tromper quelqu'un *a.*

a Itaque ipfe (Labeo) fic definit, dolum malum effe omnem calliditatem, fallaciam, machinationem, ad circumveniendum, fallendum, decipiendum alterum adhibitam. *l. 1. §. 2. ff. de dolo.* Dolo malo pactum fit, quoties circumfcribendi alterius caufâ aliud agitur, & aliud agi fimulatur. *l. 7. §. 9. ff. de pact.*

II.

2. Le dol fe juge par la qualité du fait & fes circonftances.

Les manieres de tromper étant infinies, il n'eft pas poffible de réduire en regle quel doit être le dol qui fuffife pour annuller une convention, ou pour donner lieu aux dommages & intérêts, & quelles font les fineffes que les loix diffimulent. Car quelques-unes font impunies & ne donnent aucune atteinte aux conventions, & d'autres les annullent. Ainfi dans un contrat de vente, ce que dit vaguement un vendeur, pour faire eftimer la chofe qu'il vend, quoique fouvent contre la vérité, & par conféquent contre la juftice, n'eft pas confidéré comme un dol qui puiffe annuller la vente, fi ce ne font que des fineffes dont l'acheteur puiffe fe défendre, & dont la vente ne dépende pas. Mais fi le vendeur déclare une qualité de la chofe qu'il vend, & qu'il engage par-là l'acheteur ; comme s'il vend un fonds avec un droit de fervitude qui n'y foit pas dû, ce fera un dol qui pourra fuffire pour annuller la vente. Ainfi dans tous les cas où il s'agit de fçavoir s'il y a du dol, il dépend de la prudence du Juge de le reconnoître, & le réprimer, felon la qualité du fait, & les circonftances. Et comme on ne doit pas donner facilement atteinte aux conventions, pour tout ce qui ne feroit pas dans les bornes d'une parfaite fincerité ; on ne doit pas auffi fouffrir que la fimplicité, & la bonne foi foient

foient expofées à la duplicité & aux tromperies *b.*

b Quæ dolo malo facta esse dicentur, fi de his rebus alia actio non erit, & justa causa esse videbitur, judicium dabo. *l.* 1. §. 1. *ff. de dolo.* Sed an dolo quid factum fit,ex facto intelligitur. *l.* 1. §. 2. *ff. de doli mali & met. except.* Hoc edicto Prætor adversùs varios & dolofos,qui aliis offuerunt calliditate quadam, fubvenit: ne vel illis malitia sua fit lucrofa, vel iftis fimplicitas damnofa. *l.* 1. *ff. de dolo.* Quod venditor, ut commendet, dicit: fic habendum quafi neque dictum neque promiffum eft. Si verò decipiendi emptoris causa dictum eft æquè fic habendum eft, ut non nafcatur adversùs dictum, promiffumve actio, fed de dolo actio. *l.* 37. *ff. de dolo, l.* 19. *ff. de ædil. ed.* V. l'art. 12. de la Sect. 11. du Contrat de vente, p. 49.

III.

3. Le dol n'eft pas préfumé, mais doit être preuve.

Comme le dol eft une efpece de délit, il n'eft jamais préfumé s'il n'y en a des preuves *c.*

c Dolum ex indiciis perfpicuis probari convenit. *l.* 6. *de dolo.*

I.

4. Difference entre le dol perfonnel, & ce qu'on appelle dolus re ipfa.

Il faut diftinguer le dol dont on parle ici, de la léfion qui arrive fans le fait des contractans. Comme fi un des copartageans fe trouve lefé par une eftimation exceffive de ce qui lui eft échu, ou un acheteur par le vice de la chofe vendue, quoique le vendeur ignorât ce vice. C'eft cette léfion, fans dol de perfonne, qu'on appelle *dolus re ipfa,* parce que l'un des contractans fe trouve trompé par la chofe même, fans le dol de l'autre *d.* Mais le dol perfonnel, qui eft celui dont on parle dans ce Titre, renferme le deffein de l'un des contractans de furprendre l'autre, & l'événement effectif de la tromperie *e.* Comme fi un fils fupprimant le teftament de fon pere, tranfige avec un créancier qui avoit perdu le titre de fa créance reconnue par ce teftament, & la lui fait perdre. Il y a cette différence entre ces deux efpeces de léfion, que celle où il n'y a point de dol de perfonnel fait fimplement réfoudre les conventions, avec les dommages & intérêts, s'il y en a lieu *f* : & que le dol perfonnel peut quelquefois être réprimé par des peines, felon les circonftances.

d Si nullus dolus interceffit ftipulantis, fed *ipfa res in fe dolum habet. l.* 36. *ff. de verb. obl.* V. l'art. 10. de la Sect. 6. des Conventions, p. 32.
e Si eventum fraus habuit. *l.* 10. §. 1. *ff. quæ in fraud. cred.* Fraus cum effectu. *l.* 1. *in f. ff. de ftatu lib.* Fraudis interpretatio femper in jure civili non ex eventu duntaxat, fed ex confilio quoque defideratur. *l.* 79. *ff. de reg. jur.*
f V. l'art. 6. de la Sect. 11. du contrat de vente, p. 48.

V.

5. Définition du Stellionat.

Le Stellionat eft cette efpece de dol dont ufe celui qui cede, vend, ou engage la même chofe qu'il avoit déja cédée, vendue ou engagée ailleurs, & qui diffimule cet engagement *g.* Et c'eft auffi un Stellionat de donner en gage une chofe pour une autre, fi elle vaut moins, comme du cuivre doré pour vermeil doré *h* ; ou de donner en gage la chofe d'autrui *i.*

g Maximè in his locum habet *Stellionatus,* fi quis fortè rem alii obligatam,diffimulatâ obligatione, per calliditatem alii oblitraverit, vel permutaverit, vel in folutum dederit. Nam hæ omnes fpecies Stellionatus continent. *l.* 3. §. 1. *ff. Stell. l.* 1. *c. eod.*
h Si quis in pignore pro auro æs fubjeciffet creditori.... extra ordinem Stellionatus nomine plectetur. *l.* 36. *ff. de pign. act.*
i Sed & fi quis rem alienam mihi pignori dederit fciens , vel fi quis aliis obligatam mihi obligavit, nec me de hoc certioraverit , eodem crimine plectetur. *l.* 36. §. 1. *eod.* V. l'art. fuiv.

VI.

6. Exception de la regle précédente.

Si la chofe engagée à un fecond créancier après avoir été engagée à un autre, fuffit pour les deux, ce ne fera pas un Stellionat *l.*

l Planè fi *ea res ampla eft,*& ad modicum æris fuerit pignorata, dici debebit, ceffare non folùm Stellionatus crimen, fed etiam pignoratitiam, & de dolo actionem ; quafi in nullo captus fit qui pignori fecundo loco accepit. *l.* 36. §. 1. *ff. de pign. act.*
On ne regarde pas comme Stellionat toute obligation où un débiteur affecte tous fes biens à divers créanciers, ni même toutes celles où la même fonds fe trouve hypotéqué à plufieurs perfonnes, fi le débiteur n'eft d'ailleurs folvable. Mais on en juge par les circonftances qui ont pû engager le créancier, s'il fe trouve trompé.
Tome I.

VII.

7. Effet du Stellionat.

Le Stellionat n'annulle pas feulement les conventions où il fe rencontre ; mais il eft de plus réprimé, & puni felon les circonftances *m.*

m Pœna Stellionatûs nulla legitima eft , cùm nec legitimum crimen fit. Solent autem ex hoc extra ordinem plecti. *l.* 3. §. 2. *ff. Stell.*

SECTION IV.

Des conventions illicites & malhonnêtes.

SOMMAIRES.

1. *Deux fortes de conventions illicites.*
2. *Comment une convention eft contraire aux loix.*
3. *Conventions puniffables.*
4. *Effet des conventions illicites.*
5. *Quand on peut répéter ou non ce qui eft injuftement donné.*

I.

1. Deux fortes de conventions illicites.

LEs conventions illicites font celles qui bleffent les loix. Et comme il y a deux fortes de loix, celles qui font du droit naturel, & celles qui font du droit pofitif, il y a auffi deux fortes de conventions illicites ; celles qui bleffent le droit naturel & les bonnes mœurs, & celles qui font contraires au droit pofitif. Ainfi il eft contre le droit naturel & les bonnes mœurs de traiter pour commettre un vol, ou un affaffinat ; & ces fortes de conventions font d'elles-mêmes criminelles, & toujours nulles *a.* Ainfi il eft illicite par le droit pofitif de vendre aux étrangers de certaines marchandifes, lorfqu'il y en a des défenfes par quelque loi *b.*

a Pacta quæ contra leges, conftitutionefque , vel contra bonos mores fiunt , nullam vim habere , indubitati juris eft. *l.* 6. *c. de pact.*
b V. l'art. 6. de la Sect. 9. du contrat de vente, p. 45.

II.

2. Comment une convention eft contraire aux loix.

Il ne faut pas mettre indiftinctement au nombre des conventions illicites comme contraires aux loix, toutes celles où l'on convient de quelque chofe de contraire à une loi ; mais feulement celles où l'on bleffe l'efprit & l'intention de la loi, & qui font telles que la loi les défend. Ainfi, cette convention, qu'un vendeur ne garantira que de fes faits & promeffes, faite entre le vendeur & l'acheteur une regle contraire à celle de la loi, qui veut que le vendeur garantiffe de toutes évictions. Mais cette convention ne laiffe pas d'être licite : car cette loi n'étant qu'en faveur de l'acheteur, il peut renoncer à ce qu'elle ordonnoit pour lui : & c'eft ce que les loix ne défendent pas *c.*

c Omnes licentiam habent , his quæ pro fe introducta funt ; renuntiare. *l.* 29. *c. de pact.*
Nec effe periculum , ne pactio privatorum , juffui Prætoris anteponita videatur. Quid enim aliud agebat Prætor , quàm hoc ut controversias eorum dirimeret ? à quibus fi fponte recefferunt, debebit id ratum habere. *l.* 1. §. 10. *ff. de oper. nov. nunt.*
V. l'article 27. de la Section 2. des regles du droit en général , p. 10.

III.

3. Conventions puniffables.

Les conventions illicites ne font pas feulement nulles , mais elles font puniffables felon qu'elles bleffent les défenfes & l'efprit des loix *d.*

d Legis virtus hæc eft imperare, vetare, permittere, punire. *l.* 7. *ff. de legib.*

IV.

4. Effet des conven ions illicites.

Les conventions illicites n'obligent à rien, qu'à réparer le mal qui en fuit, & aux peines que peuvent mériter ceux qui les ont faites *e.*

e C'eft une fuite de l'article précédent.

I

V.

Si la convention est illicite seulement de la part de celui qui reçoit, & non de celui qui donne, comme si un dépositaire exige de l'argent pour rendre le dépôt, ou un larron pour restituer ce qu'il a dérobé, celui qui a donné cet argent pour le faire rendre, encore que celui qui l'a reçu ait exécuté la convention *f*. Mais si la convention est illicite de part & d'autre, comme si une partie donne de l'argent à son Juge pour lui faire gagner sa cause : ou qu'une personne donne à une autre pour l'engager à quelque méchante action ; celui qui a

donné est justement dépouillé de ce qu'il avoit employé pour un tel commerce, & il ne peut le répeter. Et celui qui a reçu ne peut profiter du prix de son crime : mais l'un & l'autre seront punis par les restitutions & les autres peines qu'ils pourront mériter *g*.

---

f Quod si turpis causa accipientis fuerit, etiam si res secuta sit, repeti potest. Ut putà dedi tibi, ne sacrilegium facias, ne furtum, ne hominem occidas, in qua specie Julianus scribit : si tibi dedero ne hominem occidas, condici posse. Item si tibi dedero, ut rem mihi reddas, depositam apud te, vel instrumentum mihi redderes. *l.* 1. §. *ult.* & *l.* 2. *ff. de condict. ob turpem vel injust. causs.* Ob restituenda ea quæ substraxerat accipientem pecuniam, cùm ejus tantùm interveniat turpitudo, condictione conventum, hanc restituere debere convenit. *l.* 6. *c. eod.*

g Ubi autem & dantis & accipientis turpitudo versatur, non posse repeti diximus. Veluti, si pecunia detur ut malè judicetur. *l.* 3. *ff. eod.*

On ne met pas dans cet article ce qui est dit dans quelques loix, que dans les cas où la convention est illicite de part & d'autre, la condition de celui qui a reçu est meilleure que celle de celui qui a donné ; ce qui signifie qu'on ne lui fait pas rendre ce qu'il a reçu, & qu'en ce sens sa condition est plus avantageuse. Si & dantis & accipientis turpis causa sit, possessorem potiorem esse. Et ideò repetitionem cessare. *l.* 8. *in f. ff. de cond. ob turp. causs. l.* 2. *c. etd. l.* 9. *ff. de dol. mal.* & *met. except.* Ce n'est pas la justice ni la raison qui rendent sa condition meilleure : il est au contraire de la raison & de la justice qu'il soit puni non-seulement de la privation d'un tel gain, mais des autres peines qu'il peut avoir méritées. Et aussi voit-on dans le même Droit Romain où se trouvent ces loix, que dans un autre, il est dit, que ceux qui reçoivent de l'argent pour faire à quelqu'un une chicane, un procès, ou une accusation, ou pour n'en pas faire, sont condamnez au quadruple. V. *l.* 1. *ff. de calumniat. d, l,* §. 1.

j

LES
LOIX CIVILES
DANS LEUR ORDRE NATUREL.

LIVRE SECOND.

Des Engagemens qui se forment sans convention.

Matiere de ce second livre.

ON a expliqué dans le Traité des Loix *a*, l'origine & la nature des diverses sortes d'engagemens que Dieu fait naître entre les hommes pour assortir leur société : & on a tâché de découvrir dans ces sources les principes & l'esprit des loix qui regardent ces engagemens. Car comme Dieu a rendu la société des hommes essentielle à leur nature, pour les appliquer aux devoirs de l'amour mutuel qu'il leur commande par la seconde loi ; c'est par les engagemens où il les met qu'il détermine chacun aux devoirs particuliers qu'il veut lui prescrire. De sorte que c'est dans la nature de ces différens engagemens qu'il faut reconnoître leurs diverses regles ; & en particulier les regles de ceux qui font les matieres des Loix civiles.

Pour descendre dans le détail de ces matieres des Loix civiles, on en a fait un plan *b*, où l'on a distingué deux especes d'engagemens, l'une de ceux qui se forment par la volonté mutuelle de deux ou plusieurs personnes dans les conventions, & c'est cette espece qui a fait la matiere du premier Livre, & l'autre de ceux qui se forment sans une volonté mutuelle, mais ou seulement par le fait de celui qui s'engage sans la participation de la personne envers qui il est engagé, ou même sans la volonté de l'un ni de l'autre ; & par un pur effet de l'ordre divin ; & c'est cette seconde espece d'engagement sans convention qui fera la matiere de ce second Livre.

On distinguera facilement par la seule lecture de la table des titres de ce Livre, les engagemens qui se forment par la volonté d'un seul, & ceux que Dieu fait naître indépendamment de la volonté de l'un & de l'autre.

Les engagemens qui se forment par la volonté de la personne seule qui s'engage, ont cela de commun avec les engagemens qui se font par les conventions, que les uns & les autres ayant pour cause la volonté des personnes, il peut y en avoir qui ne soient pas justes, & qui blessent les loix ou les bonnes mœurs, & en ceux-ci on ne contracte pas d'autre obligation que celle de réparer le mal qu'on y fait *c*. Mais les engagemens qui n'ont pour cause que l'ordre divin, & qui sont indépendans de nos volontez, comme sont les tutelles, les charges publiques & ceux qui se forment par des cas fortuits & par des évenemens dont Dieu fait naître les occasions, sans notre participation, ne sçauroient avoir rien qui ne soit juste ; & c'est la main de Dieu qui les formant, marque en chacun à quoi il oblige. Ainsi, au lieu que la plûpart ne regardant ces engagemens lorsqu'ils sont pénibles & sans profit, que comme un joug dur, pesant & contraire à leurs intérêts & à leurs inclinations, les abandonnent autant qu'ils le peuvent impunément ; on doit au contraire y reconnoître cet ordre de Dieu qui nous est une loi, & s'en acquitter avec la fidélité & l'éxactitude que nous devons à ce qu'il commande.

Parmi tous les engagemens qui se forment sans convention, le plus important qui renferme un plus grand nombre de devoir, & qui demande une plus grande fidélité, est celui des Tuteurs, & il fait aussi une ample matiere des Loix civiles, ce qui a obligé d'en faire le premier Titre de ce second Livre, & on expliquera ensuite les autres dans leur ordre.

c Voyez le Préambule du Titre des Vices des Conventions, p. 138. & les Sections 3. & 4. du même Titre.

TITRE PREMIER.
DES TUTEURS.

Nécessité des tutelles.

IL est également de la Religion & de la Police, que ceux qui sont privez de leurs peres avant qu'ils soient dans un âge où ils puissent se conduire eux-mêmes, soient mis jusqu'à cet âge sous la conduite de quelque personne qui leur tienne lieu de pere, autant qu'il se peut, & qui soit chargée de leur éducation, & du soin de leurs biens. Et c'est aux personnes qui sont appellées à cette charge qu'on a donné le nom de Tuteurs.

Il n'est pas nécessaire d'expliquer ici quel est cet état qu'on appelle minorité, pendant laquelle les personnes

a Chap. 1. n. 8. ch. 2. n. 3. ch. 3. ch. 4.
b Au Traité des Loix, chap. 14.

Tome I.   T ij

font en tutelle, & combien il dure : il suffit de voir ce qui a été dit sur ce sujet dans le Traité des loix chap. 11. n. 9. & dans le Titre des personnes, Sect. 8. art. 16. & Sect. 2. art. 8. & 9.

Nature de cet engagement. L'engagement des Tuteurs, est du nombre de ceux qui se forment sans convention ; car il oblige ceux qu'on appelle à cette charge indépendamment de leur volonté ; par un juste effet de l'ordre de la société des hommes, qui ne souffre pas que les orphelins soient abandonnez. Ainsi, ce devoir regarde naturellement ceux qui leur sont proches ; tant à cause que la proximité les y engage plus étroitement, que parce que le soin des biens des mineurs regarde ceux que la loi appelle à leur succéder, s'il n'y a pas de causes qui les excusent de cette charge, ou d'incapacitez qui les en excluent. Comme le tuteur est obligé indépendamment de sa volonté, à prendre le soin de la personne & des biens du mineur ; il est juste aussi que le mineur de sa part soit réciproquement obligé envers le tuteur à ratifier après sa majorité ce que le tuteur aura bien géré, & à lui allouer les dépenses qu'il aura raisonnablement employées. Ainsi la tutelle fait un engagement réciproque entre le tuteur & le mineur, de même que s'ils avoient contracté ensemble. Ce qui fait que cet engagement est appellé dans le Droit Romain un quasi-contrat, c'est-à-dire, semblable à l'engagement que fait un contrat entre ceux qui traitent ensemble *a*.

Différence entre notre usage & le Droit Romain sur les tutelles. Avant que d'exposer dans les regles des tutelles, il est nécessaire de remarquer sur ce sujet quelques différences entre notre usage & le Droit Romain, car sans la connoissance de ces différences, on seroit embarrassé en plusieurs articles sur l'application des loix qui y sont citées.

La premiere de ces différences consiste en ce que dans le Droit Romain on ne donnoit des tuteurs qu'aux impuberes, & non aux adultes, & la tutelle finissoit par la puberté ; & à l'égard des adultes jusqu'à l'âge de vingt-cinq ans, qui est la pleine majorité, on ne leur donnoit que des curateurs, & seulement en deux cas, l'un quand eux-mêmes y consentoient *b*, & l'autre lorsque les personnes qui avoient des affaires à régler avec eux, en faisoient nommer, pour exercer contre ces curateurs les actions qu'ils avoient contre les mineurs *c*. Mais le tuteur étoit déchargé par la puberté de son mineur, & ne pouvoit même être nommé curateur s'il ne vouloit pas l'être *d*. Il étoit seulement tenu après sa tutelle finie d'avertir le mineur de demander un curateur ; & s'il y avoit des affaires commencées, il devoit en prendre soin, jusqu'à ce qu'il y eût un curateur nommé en sa place *e*. En France la tutelle dure jusqu'à l'âge de vingt-cinq ans accomplis ; car par notre usage aussi-bien que par le Droit Romain, ce n'est qu'après cet âge accompli qu'on est reconnu capable de toute sorte d'engagemens, sans espérance d'en être relevé par la considération de l'âge. Ainsi on ne se servira dans ce titre que du seul nom de Tuteur & pour les impuberes, & pour les adultes, quoique dans les loix qui seront citées, les mots de tuteur & de Curateur doivent s'entendre au sens qu'ils avoient dans le Droit Romain.

Il faut remarquer dans une seconde différence entre notre usage & le Droit Romain, que dans le Droit Romain on appelloit aux tutelles de certaines personnes qui étoient préférées à tous autres, comme étoit celui qui avoit été nommé par le pere dans son testament, & au défaut de cette nomination le plus proche parent *f*, & s'ils étoient plusieurs parens au même degré, ils étoient tous appellez ensemble. Mais en France c'est l'usage que les parens du mineur sont assemblez devant le Juge de la tutelle pour faire une nomination d'un tuteur, & on ne suit pas indistinctement la volonté de pere qui auroit nommé un tuteur, ni l'ordre de la proximité. Mais les parens ont la liberté de faire un autre choix, s'ils estiment qu'il y en ait lieu. Et cette liberté n'a pas seulement son usage dans le cas où ceux que la proximité appelleroit à la tutelle auroient des moyens d'excuse, ou seroient incapables, mais on décharge souvent des plus proches qui n'ont pas d'excuses légitimes. Ce qui fait qu'on dit que les tutelles sont datives en France, & quoique cet usage ait son fondement sur un principe d'équité, parce qu'en effet il peut arriver que le plus proche, qui n'a pas de moyens suffisans pour être déchargé, n'ait pas d'ailleurs les qualitez nécessaires pour un bon tuteur ; cette liberté tourne souvent en abus, & les parens plus proches qui pensent moins au bien des mineurs, qu'à se garantir de la charge de leur tutelle y engagent par leurs brigues les parens les plus éloignez, ce qui mériteroit quelque reglement.

La troisiéme différence entre notre usage & le Droit Romain, est dans la maniere de pourvoir de tuteurs aux mineurs. Car comme il n'y avoit point à Rome d'Officier public qui fît les fonctions qu'exercent dans ce Royaume les Procureurs du Roi, il falloit que les meres des mineurs, leurs parens, leurs amis, ou leurs affranchis demandassent pour eux des tuteurs aux Magistrats *g*. Mais en France c'est le devoir des Procureurs du Roi, & de ceux qui en exercent les fonctions dans les Justices des Seigneurs, de faire pourvoir de tuteurs aux mineurs : & les meres ou les parens qui veulent y veiller, peuvent y faire pourvoir par le ministere de ces Officiers.

Les autres différences qu'il peut y avoir entre notre usage & le Droit Romain, seront remarquées en leurs lieux, & il n'est pas nécessaire d'en parler ici.

g Tit. ff. qui petant tutores.

SECTION I.

Des Tuteurs, & de leur nomination.

SOMMAIRES.

I.

1. Définition de la tutelle. LE tuteur est celui à qui on commet le soin de la personne & des biens du mineur. Et cette charge s'appelle tutelle *a*, c'est-à-dire, l'engagement à prendre le soin *b*.

a Appellantur tutores quasi tuitores, atque defensores. §. 2. inst. de tutel. l. 1. §. 1. ff. eod.
b Est tutela, ut Servius definit, vis ac potestas in capite libero, ad tuendum eum, qui propter ætatem se defendere nequit, jure civili data, ac permissa. Tutores autem sunt, qui eam vim ac potestatem habent. §. 1. & 2. inst. de tut. l. 1. ff. eod. d. l. §. 1. Tutor personæ non rei datur. l. 14. ff. de test. tut. Cùm tutor non rebus duntaxat, sed etiam moribus pupilli præponatur. l. 12. §. 5. ff. de adm. & per. tut.

II.

2. Durée de la tutelle. Le mineur est celui qui n'a pas encore vingt-cinq ans accomplis *c*. Et ceux qui se trouvent au dessous de cet âge

c Minorem autem viginti quinque annis natu, videndum est

---

a V. l. 5. §. 1. ff. de oblig. & act. §. 2. Inst. de oblig. quæ quasi. ex contr. Voyez dans ces mêmes lieux d'autres especes de quasicontrat, entre les cohéritiers : entre l'héritier & le légataire : entre celui qui fait une affaire pour un absent, & cet absent entre ceux qui se trouvent avoir quelque chose de commun ensemble sans convention : & entre celui qui reçoit ce qui ne lui étoit pas dû, & la personne à qui il faut le rendre. toutes ces matieres seront traitées chacune en son lieu.
b §. 2. Inst. de curat.
c D. §. 2. l. 2. §. 3. ff. qui petant tutores. l. 1. C. eod.
d L. 20. C. de excus. tut.
e L. 5. §. 5. ff. de adm. & per. tut. l. un. C. ut caus. post pub. addit. tut.
f L. 1. ff. de testam. tut. inst. de leg. agn. tut. l. 1. & l. 6. ff. de leg. tut. Nov. 118. C. 5. V. l'art. 8. de la Section 1.

âge à la mort de leurs peres, étant dans cet état qu'on appelle minorité, ſont mis en tutelle pendant qu'elle dure *d*.

an etiam die natalis ſui adhuc diximus, ante horam qua natus eſt : ut ſi captus reſtituitur, cùm nondum compleverit, ita erit dicendum, ut à momento in momentum tempus ſpectetur. Proinde & ſi biſſexto natus eſt, ſive priore, ſive poſteriore die Celſus ſcribat, nihil refert. Nam id biduum pro uno habetur, & poſterior dies Kalendarum intercalatur. l. 3. §. 3. ff. de minor. Voyez ſur le Biſſexte l'art. 20. de la Section 2. des Reſciſions.
d Maſculi puberes, & fœminæ viripotentes uſque ad vigeſimum quintum annum completum Curatores accipiunt. Quin licet puberes ſint, adhuc tamen ejus ætatis ſunt, ut ſua negotia tueri non poſſint. Inſt. de curat. V. la remarque dans le préambule de ce Titre, ſur la différence des impuberes & des adultes, & la durée de la tutelle.

III.

3. Tutelle aux plus prochet, s'il n'y a pas de raiſon de faire autrement.

Quoiqu'il ſoit naturel de nommer pour la tutelle d'un mineur, celui que la proximité appelle à ſa ſucceſſion *e*; comme il arrive ſouvent que les plus proches, ou ſont incapables d'être Tuteurs, ou ſe trouvent avoir des moyens d'excuſe, on peut nommer pour Tuteurs, des parens plus éloignez *f*, ou faute de parens, des alliez, & des étrangers même, s'il ne ſe trouve point de parens ou d'alliez qui puiſſe nommer, c'eſt-à-dire, qui ſoient capables d'être Tuteurs, & qui n'ayent point d'excuſe. Et ſi dans le lieu du domicile du mineur, il n'y a aucune perſonne propre à être Tuteur on peut en choiſir dans des lieux voiſins *g*.

e Legitimæ tutelæ lege duodecim tabularum agnatis delatæ ſunt, & conſanguineis, id eſt, his uſu ad legitimam hæreditatem admitti poſſunt, hoc ſumma providentia, ut qui ſperant hanc ſucceſſionem, iidem tueantur bona ; ne dilapidarentur. l. 1. ff. de leg. tut.
f Interdùm alibi eſt hæreditas, alibi tutela, ut putà : ſi fit conſanguineus pupillo : nam hæreditas quidem ad agnatam pertinet, tutela autem ad agnatum. l. 1. §. 1. ff. de legit. tut.
g Si, quando deſint in civitate, ex qua pupilli oriundi ſunt, qui idonei videantur eſſe Tutores, officium ſit magiſtratum inquirere ex vicinis civitatibus honeſtiſſimum quemque, & nominari Præſidi Provinciæ mittere, non ipſos arbitrium dandi ſibi vindicare. l. 24. ff. de tut. & cur. datis. l. 1. §. 10. ff. de mag. conve. Quæro an non ejuſdem civitatis cives teſtamento quis Tutores dare poſſit ? Paulus reſpondit, poſſe. l. 31. ff. de teſtam. tut. V. l'art. 25. de la Section 7.

IV.

4. Nomination des tuteurs par le pere ou la mere.

Les peres *h*, & les meres *i*, peuvent nommer des Tuteurs à leurs enfans mineurs. Mais quoique leur choix faſſe préſumer la capacité, & la ſolvabilité de la perſonne qu'ils ont nommée, on pourra faire une autre nomination, ſi quelque cauſe oblige à un autre choix. Car il peut arriver, ou que le pere ait mal choiſi, ou qu'il ſoit ſurvenu quelque changement, ſoit dans les mœurs, ou dans les biens de celui qu'il avoit nommé *l*.

h Lege duodecim tabularum permiſſum eſt parentibus, liberis ſuis ſive fœminini, ſive maſculini ſexûs , ſi modò in poteſtate ſint , Tutores teſtamento dare. l. 1. ff. de teſtam. tut.
i Sed & inquiri in eum, qui matris teſtamento datus eſt Tutor, oportebit. l. 4. §. 1. eod.
l Utilitatem pupillorum Prætor ſequitur, non ſcripturam teſtamenti, vel codicillorum. Nam patris voluntatem Prætor ita accipere debet, ſi non fuit gnarus ſcilicet eorum quæ ipſe Prætor de Tutore comperta habet. l. 10. ff. de teſtam. tut. Quamvis autem ei potiſſimùm, cui tutelam commiſſurum Prætor dicet, cui reſtator delegavit, attamen nonnunquam ab hoc recedet: ut putà, ſi pater minùs penſo conſilio hoc fecit : forte minor viginti quinque annis : vel eo tempore fecit, quo ille Tutor bonæ vitæ vel frugi videbatur, deinde poſtea idem cœpit malè converſari, ignorante teſtatore vel ſi contemplatione neceſſitatum ejus res ei commiſſa eſt , quibus poſtea exuitus eſt. l. 3. §. 3. ff. de adm. & per. tut.

V.

5. L'un ou pluſieurs tuteurs.

On peut nommer à un ſeul mineur, un ou pluſieurs Tuteurs, ſi ſa condition, & l'étendue de ſes biens, demandent l'adminiſtration de pluſieurs perſonnes *m*. Et les Tuteurs exercent ou ſolidairement toute la tutelle, ou chacun ce qui eſt ſéparément commis à ſa charge, ſuivant la regle qui ſera expliquée en ſon lieu *n*.

m Pupillo qui tam Romæ quàm in Provincia facultates habet, rerum quæ ſunt Romæ , Prætor : Provincialium , Præſes Tutorem dare poteſt. l. 27. ff. de tut. & cur. dat. l. 3. ff. de adm. & per. tut. d. l. § 4. l. 24. §. 1. eod.
n V. l'article 28. de la Section 3.

VI.

6. Tuteurs honoraires, tuteurs onéraires.

Outre les Tuteurs qu'on donne communément aux mineurs de toutes conditions pour gérer la tutelle, on nomme quelquefois d'autres Tuteurs, qu'on appelle honoraires, pour les tutelles qui le méritent : Et leur fonction eſt de veiller ſur l'adminiſtration de ceux qui gerent, & de les conſeiller, & pour les diſtinguer on appelle ceux qui gerent Tuteurs onéraires *o*.

o Sunt quidam Tutores qui honorarii appellantur..... ſunt qui ad hoc dantur ut gerant. l. 14. §. 1. ff. de ſolut. l. 26. §. 1 ff. de teſt. tut. l. 3. §. 2. ff. de adm. & per. tut. Cæteri igitur Tutores non adminiſtrant ; ſed erunt hi quos vulgo honorarios appellamus. dati ſunt quaſi obſervatores actus ejus qui geſſerit & cuſtodes. l. 3. §. 2. ff. de adm. & per. tut. V. l'art. 31. de la Sect. 3.

VII.

7. Tuteurs doivent être confirmez en juſtice.

Tous les Tuteurs, ſoit qu'ils ſoient nommez par le pere ou par la mere du mineur, ou appellez par leur proximité, ou qu'ils ſoient autrement choiſis, doivent être confirmez en Juſtice par le Juge de la tutelle du mineur, qui eſt celui de ſon domicile *p*.

p Magiſtratus ejus civitatis unde filii tui originem per conditionem patris ducunt, vel ubi eorum ſunt facultates, Tutores vel Curatores his quam primum ſecundùm formam perpetuam dare curabunt. l. un. C. ubi pet. tut. v. toto tit. ff. de confirm. tutor. & tit. inſt. de Atil. tut. Par notre uſage qui a été remarqué dans le Préambule, le Juge ne nomme le Tuteur, ou ne confirme celui que le pere a nommé que ſur l'avis des parens. V. 1. ult. §. 1. & 2. C. de adm. tut. où il eſt parlé de l'avis des parens ſur la nomination d'un Curateur pour un Procès.

VIII.

8. Tuteurs caution ou avec caution.

La nomination des Tuteurs peut ſe faire en deux manieres, pour ce qui regarde la ſureté de ceux des mineurs. L'une lorſque les nominateurs ſe rendent certains de la ſolvabilité des Tuteurs, ſans les obliger de donner caution : & l'autre lorſque les Tuteurs ne ſont reçus à la tutelle, qu'en donnant cette ſureté *q*. Ce qui n'a lieu qu'à l'égard de ceux qui veulent bien accepter la tutelle à cette condition.

q (Legitimos Tutores) cogi ſatiſdare certum eſt. l. 5. 6. 1. ff. de legit. tutor. Nonnunquam ſatiſdari ab eis non petitur. d. l. 5. 3. Ces textes ne regardoient que les tuteurs appellez par la proximité. Car les Tuteurs nommez par le teſtament du pere n'étoient pas obligez de donner caution. l. 17. ff. de teſt. tut. Il eſt aiſé de voir la raiſon de cette différence qu'on faiſoit dans le Droit Romain entre ces deux ſortes de Tuteurs. Mais par notre uſage aucun Tuteur n'eſt obligé de donner caution. Mais il peut arriver que ceux qui ſont nommez en donnant volontairement, pour l'intérêt qu'ils peuvent avoir à la conſervation des biens; cette ſureté leur faiſant préférer à d'autres qui pourroient être appellez à la tutelle, & qui ſeroient moins ſolvables. V. l'art. ſuiv. & l'art. 30. de la Sect. 3.

IX.

9. Préférence de celui qui donne caution.

Si deux ou pluſieurs qui peuvent être nommez Tuteurs, l'un offre caution, les autres ne donnant pas une pareille ſureté, celui qui donnera caution ſera préféré *r*, s'il n'y a pas de lieu d'en préférer un autre, ſoit pour les mœurs ou pour d'autres cauſes.

r Non omnino autem is qui ſatiſdat preferendus eſt , quid enim ſi ſuſpecta perſona ſit , vel turpis, cui tutela committi nec cum ſatiſdatione debeat..., nec ſatis non dantes temerè repelluntur, quia plerumque bene probati & idonei atque honeſti Tutores etiam ſi ſatis non dent, non debent retici. Quiniſmô ne jubendi ſunt ſatiſdare. l. 17. §. 1. ff. de teſt. tut. Fides inquiſitionis pro vinculo cedet cautionis. l. 13. in fine ff. de teſt. & curat. dat. Cum reliquis oportet magiſtratum & mores creandorum inveſtigare. Neque facultates enim , neque dignitas iis ſufficiens eſt ad fidem , ut bona electio , vel voluntas , & benigni mores. l. 21. §. 5. ff. eod. V. l'art. 30. de la Section 3.

X.

10. Le pere & celui qui ſuccure.

Le pere a l'adminiſtration des biens de ſes enfans, & il leur tient lieu à cet égard de Tuteur légitime *ſ*.

ſ Si ſuperſtite patre per emancipationem tui juris effecta, matri ſucceſſiſti relubque tuis per legitimum Tutorem partem, eandemque manumiſſerem adminiſtratis, &c. l. 5. C. de dolo. Inſt. de leg. per. tut. Quis enim talis affectus extraneus inveniatur, ut

T iij

vincat paternum ? vel cui alii credendum eſt res liberorum gubernandas, parentibus derelictis ? *l. 7. C. de Cur. fur.* V. l'art. 5.
de la Sect. 1. du Titre des Curateurs.

XI.

11. Qui
peut être
tuteur.

On peut nommer pour Tuteur toute perſonne en qui
il ne ſe trouve point d'incapacité , ou de moyen d'excuſe *t* , & il ne faut que ſçavoir qui ſont ceux que les
loix déclarent incapables , ou exempts de tutelle. Ce
qui ſera la matiere de la Section ſeptiéme.

t Dicendum primùm eſt quos creari non oportet. *l. 1. §. 3.
ff. de excuf.*

XII.

12. Serment
du tuteur.

Le Tuteur étant nommé. il prête le ſerment en Juſtice de bien exercer cette charge , & de procurer en toutes choſes le bien du mineur *u*.

u Volumus dùm celebratur decretum quod tradit curam ei qui
ad eam accedit , etiam juſjurandum eum dicere , ſacroſancta
Dei Evangelia tangentem , quia per omnem pergens viam, utilitatem adoleſcentis aget *Novell.* 72. *c. ult.* v. *l. 7. §. 5. C. de
curat. fur.* V. l'art. 1. de la Sect. 2. des Curateurs.

SECTION II.

Du pouvoir du Tuteur.

La tutelle
eſt un enga-
gement gé-
néral.

IL faut remarquer en général ſur cette Section & ſur
les ſuivantes , que comme la charge d'un Tuteur s'é-
tend à tout ce qui regarde la conduite de la perſonne, &
l'adminiſtration des biens du mineur; elle renferme
toute cette diverſité d'engagemens , que les affaires de
toute nature qui peuvent ſurvenir, rendent néceſſaires.
Ce qui diſtingue la tutelle des engagemens particuliers
qui ſe forment , par exemple , par une vente , par un
louage , par un prêt , par un dépôt , & autres ſemblables. Car au lieu que ces engagemens ont leurs bornes
reglées par leur nature, la diverſité de ce qui tombe ſous
l'adminiſtration des Tuteurs, fait que leur engagement
eſt général & indéfini *a*. On expliquera dans cette Section & dans la ſuivante , les regles qui regardent cette
adminiſtration des Tuteurs, leurs engagemens , & le
pouvoir que les loix leur donnent.

Conſeil du
tuteur.

Il faut auſſi remarquer que pour tout ce qui regarde
le pouvoir & les engagemens des Tuteurs, les manieres
de regler l'éducation des mineurs, l'emploi de leurs deniers, la conduite de leurs affaires , & les dépenſes de
toute nature , & ce qui peut être à regler dans l'adminiſtration de la tutelle , & recevoir quelque difficulté,
l'uſage eſt en France, qu'on nomme des parens , ou d'autres perſonnes de qui le Tuteur eſt obligé de prendre
l'avis & de ſe regler par leur conſeil , & c'eſt ſur les dé-
libérations & les avis de ces perſonnes qu'on examine
la conduite des Tuteurs , & qu'on alloue leurs dépenſes qui pourroient recevoir quelque difficulté, ou qu'on
les rejette.

Et pour les choſes plus importantes , comme pour le
mariage d'un mineur , ou d'une mineure , pour l'aliénation de leurs immeubles , & autres affaires de conſéquence , on aſſemble devant le Juge , ou ces perſonnes,
ou un plus grand nombre de parens , pour donner leur
avis qui ſert de regle au Tuteur. On voit bien dans le
Droit Romain qu'en de certains cas le Magiſtrat prenoit d'office l'avis des parens, comme pour regler l'éducation du mineur , lorſqu'il s'y trouvoit quelque difficulté, ou pour l'aliénation de ſes biens *b* : Et on y voit
auſſi l'exemple d'un conſeil donné au Tuteur par le pere du mineur *c* ; mais notre uſage ſur le conſeil du
Tuteur eſt différent , & s'étend en général à toute ſon
adminiſtration & c'eſt ſelon cet uſage qu'il faut entendre les regles qui regardent le pouvoir des Tuteurs.

a Sive generalia ſunt , (bonæ fidei judicia) veluti pro ſocio ,
negotiorum geſtorum , *Tutela* ; ſive ſpecialia , veluti mandati,
commodati, depoſiti. *l.* 38. *ff. depoſ.* V. l'art dernier de la Sect.
1. de la Société, p. 86.

b. L. 1. C. uti pup. educ. debeat. *l.* 5. *§.* 11. *ff. de reb. eor. qui
ſub. tut.*

c L. 5. *§.* 2. *ff. de adm. & per. tut.*

I.

1. Fonc-
tions du tu-
teur.

LE Tuteur étant nommé pour tenir lieu de pere au
mineur , cette charge renferme deux obligations
générales ; l'une pour la conduite & l'éducation de la
perſonne du mineur , & l'autre pour l'adminiſtration
& le ſoin de ſes biens. Ainſi les loix donnent au Tuteur le pouvoir & l'autorité néceſſaire pour ſes fonctions *a* , & auſſi elles l'obligent de s'en acquitter avec
l'exactitude & la fidélité que demande un tel miniſtere *b*.

a Tutela eſt vis ac poteſtas ad tuendum eum, qui propter ætatem ſe defendere nequit. *l.* 1. *ff. de tut. §.* 1. *inſt. eod.*
b V. les regles de cette Section & les deux ſuivantes.

II.

2. Pouvoir
& autorité
du Tuteur.

Le pouvoir & l'autorité du Tuteur s'étend à tout
ce qui peut être néceſſaire pour le bon uſage de ſon adminiſtration : & les loix le conſiderent comme un pere
de famille , & lui donnent même le nom de Maître.
Mais ſeulement pour adminiſtrer en bon pere de famille , & à la charge de rendre compte de l'uſage qu'il
aura fait du pouvoir qui lui eſt donné *c*.

c Generaliter quotieſcumque non fit nomine pupilli , quod
quivis pater familias idoneus facit , non videtur defendi. *l.* 10.
ff. de adm. & per. tut. Tutor qui tutelam gerit, quantum ad providentiam pupillarem domini loco haberi debet *l.* 17. *ff. de adm.
& per. tut. l.* 157. *ff. de reg. jur.* Tutor in re pupilli tunc domini
loco habetur , cùm tutelam adminiſtrat, non cùm pupillum
ſpoliat. *l.* 7. *§.* 3. *ff. pro emptore.*

III.

3. Dépenſes
que le tu-
teur peut
faire.

Le Tuteur peut faire les dépenſes néceſſaires ,
utiles , honnêtes , pour les affaires , pour des réparations, pour les frais des procès , pour des voyages , & toutes autres ſemblables, ſelon que la qualité des biens , la
nature des affaires , & les circonſtances peuvent y obliger. Et dans le doute de l'utilité ou néceſſité des dépenſes , il les fera regler *d*. Mais les dépenſes ne peuvent
excéder les revenus , ſi ce n'eſt en des cas de quelque
grande néceſſité pour le bien du mineur *e*.

d Sumptus in pupillum tuum neceſſariò & ex juſtis honeſtiſque
cauſis judici quod ſuper ea re cogniturus eſt , ſi providebuntur facti,
accepto ferentur, etiam ſi Prætoris decretum , de dandis eis non
ſit interpoſitum. Id namque quod à Tutoribus , five curatoribus
bona fide erogatur ; potius juſtitia quàm aliena autoritate firmatur. *l.* 3. *C. de adm. tut.* Item ſumptus litis Tutor reputabit , &
viatica , ſi ex officio neceſſe habuit aliquo excurrere , vel pro-
ficiſci. *l.* 1. *§.* 9. *ff. de tut. & rat. diſtr. l.* 1. *§.* 4. *ff. de contr.
tut. & ut. act.*
e Quid ergo ſi plus in eum impendit , quàm ſit in facultatibus?
videamus , an poſſit hoc conſequi? & Labeo ſcribit , poſſe. Sic
tamen accipiendum eſt , ſi expedit pupillo ita tutelam adminiſ-
trari : cæterùm ſi non expedit , dicendum eſt , abſolvi pupillum
oportere. Neque enim in hoc adminiſtrantur tutelæ, ut mergan-
tur pupilli. Judex igitur qui contrario judicio cognoſcit. utilitatem pupilli ſpectabit, & an Tutor ex officio ſumptus fecerit. *l.* 3.
ff. de contr. tut. & ut. act. V. les deux articles ſuivans.

IV.

4. Admi-
niſtration
des affaires.

L'adminiſtration du Tuteur s'étend à tout ce qui eſt
néceſſaire , ou utile au mineur. Ainſi il peut payer les
dettes paſſives qui ſont liquides, acquitter les charges ,
exiger des dettes actives, faire les réparations néceſſaires. Mais il ne peut aliéner les immeubles du mineur ,
que pour des cauſes néceſſaires, comme pour payer des
dettes , ſi elles ſont preſſantes ou onéreuſes ; & ſeule-

ment lorſque les deniers, les revenus, les dettes actives, & les autres effets mobiliaires n'y peuvent ſuffire. Et en ce cas l'aliénation ſe fait avec connoiſſance de cauſe, de l'avis des parens, après que le Tuteur a fait voir l'état des biens par un compte ſommaire, & que la vente eſt ordonnée en juſtice, & en y obſervant les formes preſcrites par ces ſortes de ventes *f*.

*f Tutor qui tutelam gerit , quantum ad providentiam pupillarem domini loco haberi debet. l. 27. ff. de adm. & per. tut. Tutoribus recte ſolvi. l. 14. §. 1. ff. de ſolut. l. 46. §. ult. ff. de adm. & per. tut. Minorum poſſeſſionis venditio, per Procuratorem, delato ad Prætorem vel Præſidem Provinciæ libello , fieri non potuit : cùm ea res confici recte aliter non poſſit , niſi apud acta , cauſis probatis quæ venditionis neceſſitatem inferant , decretum ſolenniter interponatur. l. 6. c. de præd. & al. red. n. id. ſ. d. n. al. l. 1. §. 2. ff. de red. eor. qui ſub. tut. l. 11. eod. Imprimis hoc convenit excutere , an aliunde poſſit pecunia ad exteruandum æs alienum expediri. Quærere ergo debet , an pecuniam pupillus habeat vel in numerato , vel in nominibus quæ convenri poſſunt , vel in fructibus conditis, vel etiam in redituum ſpe atque obventionum. Item requirat ; num aliæ ſint præter prædia , quæ diſtrahi poſſunt , ex quorum pretio æri alieno ſatisfieri poſſit. Si igitur deprehenderit non poſſe aliunde exolvi , quam ex prædiorum diſtractione , tunc permittet diſtrahi , ſi modo urgeat creditor , aut uſurarum modus parendum æri alieno ſuadeat. l. 5. §. 9. ff. de red. eor. qui ſub tut. Requirat ergo neceſſarios pupilli . . . jubere debet edi rationes. Itemque ſynopſin bonorum pupillarium. de l. 5. §. 11. V. l'art. 24. & les ſuivans de la Sect. 2. des Reſciſions.

ç. L'étendue & bornes du pouvoir du tuteur.

V.

Le Tuteur peut toujours faire la condition du mineur plus avantageuſe, accepter les donations qui ne ſoient pas à charge, tranſiger en ſorte que ſi le mineur eſt créancier il conſerve ſa dette, & que s'il eſt débiteur, il trouve ſon avantage ou par la diminution de la dette, ou par la facilité du payement. Mais le Tuteur ne peut donner les biens du mineur, ni tranſiger en perdant quelque droit, ou en le diminuant, ni impoſer de nouvelles charges, comme des ſervitudes aux héritages, ni intenter ou ſoûtenir de mauvais procès, ni déférer le ſerment à un débiteur, ſi ce n'eſt qu'il ne fût pas poſſible d'établir la dette du mineur, & qu'il ne pût y avoir que cette reſſource, & qu'il ne peut enfin empirer en rien la condition du mineur qui eſt ſous ſa charge *g*.

*g Tutoribus conceſſum eſt à debitoribus pupilli pecuniam exigere , ut ipſo jure liberentur : non etiam donare , vel etiam diminuendi cauſa cum iis tranſigere. Et ideò cum qui minus tutori ſolvit , in pupillo in reliquum conveniri poſſe. l. 40. §. ult. ff. de adm. & per. tut. Tutor ad utilitatem pupilli & novare , & rem in judicium deducere poteſt. Donationes autem ab eo factæ, pupillo non nocent. l. 12. eod. Simili modo dici poteſt nec ſervitutem imponi poſſe fundo pupilli vel adoleſcentis , nec ſervitutem remitti. l. 3. §. 5. ff. de red. eor. q. ſ. t. Non eſt ignotum tutores vel curatores adoleſcentium , ſi nomine pupillorum vel adultorum ſcientes calumnioſas inſtituant actiones , eo nomine condemnari oportere. l. 6. c. de adm. tut. Tutor pupilli , omnibus probationibus aliis deficientibus juſjurandum deferens audiendus eſt : quandoque enim pupillo denegabitur actio. l. 35. ff. de jurejur. l. 17. §. 1. & 2. eod. V. l'art. 5. de la Sect. 2. des Conventions , p. 22. V. ci-après l'art. 10. V. l'art. 2. de la Sect. 2. des Novations.

6. Du tuteur qui abuſe de ſon pouvoir.

VI.

Si le Tuteur abuſe de ſon pouvoir, ſoit par dol & mauvaiſe foi, ou par quelque faute, il en répondra ; comme s'il manque de prendre conſeil dans une affaire qui le mérite, s'il fait quelque mauvaiſe acquiſition, ou s'il intente ou ſoûtient un mauvais procès *h*.

h Competet adverſus tutores tutelæ actio , ſi malè contraxerint : hoc eſt , ſi prædia comparaverint , non idonea , per ſordem , aut gratiam. l. 7. §. 2. ff. de adm. & per. tut. l. 57. eod. Si nomine pupillorum vel adultorum ſcientes calumnioſas inſtituant actiones , eo nomine condemnari oportere. l. 6. C. eod. V. l'art. 9. & l'art. 11. de la Sect. 3.

Si le pere veut que tuteur ſe ſoit par conſeil de mere.

VII.

Si le pere du mineur avoit reglé que le Tuteur ſe régiroit par le conſeil de la mere du mineur, & qu'il demeureroit déchargé de l'évenement, il ne laiſſera pas d'être tenu de ce qui ſe trouvera mal géré par ce conſeil même, s'il étoit imprudent. Mais ſi le conſeil étoit raiſonnable, rien ne pourra être imputé au Tuteur pour l'avoir ſuivi *i*.

i Pater tutelam filiorum conſilio matris geri mandavit , & eo

nomine tutores liberavit : non idcirco minus officium tutorum integrum erit ; ſed viris bonis conveniet ſalubre conſilium matris admittere. Tametſi neque liberatio tutoris, neque voluntas patris, aut interceſſio matris, tutoris officium infringat. l. 5. §. 8. ff. de adm. & per. tut.

8. Comment le Tuteur agit pour le mineur.

VIII.

Le Tuteur exerce ſon pouvoir pour les affaires du mineur en deux manieres, l'une en autoriſant ſon mineur préſent, & l'autre en agiſſant comme Tuteur, ſoit que le mineur ſoit préſent ou non. Et en l'un & en l'autre cas, il eſt reſponſable, & de ce qu'il autoriſe & de ce qu'il fait *l*.

l Sufficit tutoribus ad plenam defenſionem , ſive ipſi judicium ſuſcipiant , ſive pupillus ipſis autoribus. l. 1. §. 2. ff. de adm. & per. tut. v, d, l. §. 3. & 4. Voyez l'article 9. de la Section 3.

9. Effets de l'autorité du Tuteur.

IX.

Le pouvoir & l'autorité du Tuteur ont cet effet, que tout ce qu'il gere eſt conſidéré comme le fait propre du mineur : & ſoit qu'il s'oblige pour le mineur comme ſon Tuteur, ou que d'autres s'obligent envers lui en cette qualité : qu'il obtienne des condamnations en juſtice, ou qu'il ſoit condamné, c'eſt le mineur qui devient le créancier ou le débiteur, & les obligations & condamnations ont leur effet pour ou contre lui *m*.

m Si Tutor condemnavit , ſive ipſe condemnatus eſt, pupillo & in pupillum potius actio judicati datur. l. 2. ff. de adm. & per. tut. l. 7. ff. quando ex fact. tut. Si in rem minoris pecunia profecta ſit , quæ curatori vel tutori ejus, nomine minoris mutuo data eſt , meritò perſonalis in eundem minorem actio danda eſt. l. 3. C. quando ex fact. tut. Tutor qui & cohæres pupillo erat , cùm conveniretur fideicommiſſi nomine , in ſolidum ipſe cavit. Quæſitum eſt , an in adultum pupillum pro parte danda ſit utilis actio ; reſpondit dandam. l. 8. ff. quando ex fac. tut. V. l'article ſuivant.

X.

L'autorité du Tuteur n'empêche pas que ſi le mineur ſe trouve leſé en ce que le Tuteur a géré, même de bonne foi, ſoit avec le mineur, ou ſans lui ; il ne puiſſe en être relevé s'il y en a lieu *n*, ſelon les regles qui ſeront expliquées dans le titre des reſtitutions en entier. Car le Tuteur n'a de pouvoir, que pour conſerver le bien du mineur, & non pour lui nuire.

10. Reſtitution nonobſtant l'autorité des tuteurs,

n Tutor in re pupilli tunc domini loco habetur cùm tutelam adminiſtrat , non cùm pupillum ſpoliat. l. 7. §. 3. ff. pro empt. Nulla differentia eſt , non intervenaiat autoritas Tutoris, an perperam adhibeatur. l. 1. ff. de auct. & conj. tut. Majoribus annis viginti-quinque etiam in his quæ præſentibus Tutoribus vel Curatoribus in judicio vel extra judicium geſta fuerint, in integrum reſtitutionis auxilium ſupereſſe, ſi circunvenri ſunt , placuit. l. 2. C. ſi tut. vel cur. intervo. Voyez l'art. 19. de la Section 2. des Reſciſions.

XI.

Si le Tuteur avoit en ſon nom quelque prétention contre ſon mineur, il ne pourra l'autoriſer en rien de ce qui regardera ſon intérêt propre. Mais en ce cas, on nomme un Curateur au mineur, qu'on appelle autrement Tuteur ſubrogé, pour le défendre contre ſon Tuteur. Et ſi le mineur avoit deux ou pluſieurs Tuteurs, l'un d'eux défendra le mineur contre l'autre. Mais s'il s'agiſſoit d'autoriſer le mineur pour accepter, par exemple, une ſucceſſion non onéreuſe, dont le Tuteur ſe trouvât créancier, il pourroit autoriſer ſon mineur pour le rendre héritier, quoique par une ſuite de l'engagement à la qualité d'héritier, le mineur ſe trouvât obligé envers lui *o*.

11. De l'affaire du Tuteur contre ſon mineur,

o In rem ſuam Tutorem autorem fieri non poſſe. l. 1. ff. de auth. & conſ. tut. l. 5. eod. Si pupillus pupillave cum juſto Tutore , Tutorve cum pupillo quo litem agere vult , & Curator in eam rem petitur, &c. l. 3. §. 2. ff. de tutel. l. 1. C. de in lit. dand. tut, V. Nov. 72. C. 2. Si plures Tutores ſint , à Prætore Curatorem poſci litis cauſa ſupervacuum eſt : quia altero autore cum altero agi poteſt. l. 24. ff. de teſt. tut. Quanquam regula ſit juris civilis, in rem ſuam autorem Tutorem fieri non poſſe , tamen poteſt Tutor proprii ſui debitoris hæreditatem adeunti pupillo autoritatem accommodare , quamvis per hoc debitor efficiatur integer ; primâ enim ratio autoritatis ea eſt, ut hæres fiat. Per conſequentias contingit ut debitum ſubeant. l. 1. ff. de auct. & conſ. tut. l. 7. eod.

XII.

Le Tuteur ne peut accepter un transport contre son mineur ; & s'il le fait il perdra la dette cédée *p* ; si ce n'est que les circonstances le justifient, comme si le Tuteur paye de ses deniers, pour faire cesser, ou pour prévenir une saisie des biens du mineur *q*.

p Cadat ab eis quæ ex hoc sunt quæsita propter transgressionem nostræ legis. *Nov. 72. C. 5.*

q Non sit contra senatusconsultum, si cujus Tutor creditori patris pupilli exolvit, ut ejus loco succedat. *l. 11. ff. de reb. cor. qui sub. tut.*

SECTION III.
Des engagemens des Tuteurs.

SOMMAIRES.

I.

CElui qui a été nommé Tuteur, & qui n'a point d'excuse, est obligé d'accepter la tutelle & de l'exercer : & il répondra non-seulement de ce qu'il aura mal géré, mais aussi de ce qu'il aura manqué de gérer *a*.

a Gerere atque ministrare tutelam, extra ordinem Tutor cogi solet. *l. 1. ff. de adm. & per. tut.* Ex quo scit se Tutorem datum si cesset Tutor, suo periculo cessat. *d. l. §. 1.* In omnibus quæ fecit Tutor cùm facere non deberet, item in his quæ non fecit, rationem reddet hoc judicio. *l. 1. ff. de tut. & rat.* Tam de administratis, quàm de neglectis. *l. 6. C. de test. tut.* Ex quo innotuit Tutori se Tutorem esse, scire debet periculum tutelæ ad eum pertinere. *l. 5. §. ult. ff. de adm. & per. tut.* V. ci-après l'article 9.

II.

Le premier engagement du Tuteur est de prendre

---

soin de la personne de son mineur, de pourvoir à son éducation & à sa conduite, & d'y employer les dépenses nécessaires-& honnêtes, selon que le demandent la condition & les biens du mineur *b*.

b Cùm Tutor non rebus duntaxat, sed etiam moribus pupilli præponatur, imprimis mercedes præceptoribus, non quas minimas poterit, sed pro facultate patrimonii, pro dignitate natalium constituet. *l. 12. §. 3. ff. de adm. & per. tut.* Voyez l'art. 5. & les suivans.

III.

Les meres des mineurs ont leur éducation, quoiqu'elles ne soient pas nutrices ; si ce n'est qu'il y eût de justes causes de les en priver, ce qui sera reglé par le Juge, de l'avis des parens *c*.

c Educatio pupillorum tuorum nulli magis quàm matri corum, si non vitricum eis induxerit, committenda est. Quando autem inter eum & cognatos, & Tutores super hoc orta fuerit dubitatio, aditus Præses Provinciæ, inspecta personarum qualitate & conjunctione, perpendet ubi puer educari debeat. *l. 1. C. ubi pup. educ. deb. Nov. 22. c. 38.*
On n'a pas mis dans cette regle que la mere ayant convolé en secondes noces, elle est privée de l'éducation de ses enfans d'un autre lit, comme il semble que le veut la loi citée sur cet article. Car encore que cette consideration doive quelquefois avoir cet effet, notre usage ne prive pas la mere de l'éducation de ses enfans par le simple effet du convol. V. l'art. suivant.

IV.

Si la mere du mineur a convolé en secondes noces, l'éducation pourra lui être ôtée, ou laissée avec son second mari, selon les circonstances *d*.

d C'est une suite de l'article précédent & de l'article 4. de la Section 7. où il est dit que le beau pere peut être Tuteur.

V.

L'éducation du mineur comprend ses alimens & son vêtement, le logement, les médicamens, les récompenses des Précepteurs, l'entretien aux études & aux autres exercices ; & généralement toutes les dépenses nécessaires & honnêtes, selon la qualité & les biens du mineur *e*.

e Officio Judicis, qui tutelæ cognoscit, congruit reputationes Tutoris non improbas admittere. Ut putà, si dicat impendisse in alimenta pupilli vel disciplinas. *l. 2. ff. ubi pup. educ.* Mercedes Præceptoribus. *l. 12. §. 3. ff. de adm. & per. tut.* Vestrem & tectum. *l. 3. §. 2. ff. ubi pup. educ. v. l. ult. C. de aliment. pup. præst.*

VI.

Les dépenses pour l'éducation doivent être reglées de sorte que rien d'honnête & de nécessaire ne manque au mineur, selon sa condition & ses revenus, & qu'aussi tous les revenus n'y soient pas consommez *f*. Et pour les mineurs même qui ont de plus grands biens, on doit modérer les dépenses de l'éducation *g*. Que si les biens du mineur s'augmentent ou se diminuent, les dépenses de l'éducation pourront être augmentées ou diminuées à proportion, s'il est nécessaire *h*.

f Modus autem, si quidem Prætor arbitratus est, is servari debet, quem Prætor statuit. Si verò Prætor non est aditus, pro modo facultatum pupilli debet arbitrio Judicis æstimari. *l. 2. §. 1. ff. ubi pup. educ.* Modum autem matrimonii spectat. debet (Prætor) cùm alimenta decernit. Et debet statuere tam moderatè, ut non universum reditum patrimonii in alimenta decernat, sed semper sic, ut aliquid ex reditu superstit. *l. 3. §. 1. eod. Nov. 72. c. 7.*
g In amplis tamen patrimoniis positis, non cumulus patrimonii, sed quod exhibitioni frugaliter sufficit, modum alimentis dabit. *d. l. 3. §. 3.*
h Si forte post decreta alimenta ad egestatem fuerit pupillus perductus, diminui debent quæ decreta sunt : quemadmodum solent augeri, si quid patrimonio accessit. *d. l. 3. §. ult.*

VII.

Si le pere du mineur a reglé ce qui regarde son éducation, soit pour le lieu où il doit être élevé, ou pour la maniere, ou pour les dépenses ; il faut s'en tenir à sa disposition, à moins que de justes causes n'obligent à régler ces choses d'une autre maniere. Ainsi, quand le pere se croyant plus riche qu'il n'étoit en effet, avoit reglé une éducation d'une trop grande dépense, on pourroit la modérer : comme on pourroit

au

au contraire l'augmenter ; si ce qu'il avoit réglé ne suffisoit pas, selon la condition & les biens du Mineur. Ainsi, on pourroit commettre l'éducation à d'autres personnes qu'à celles que le pere avoit nommées, s'il se trouvoit que la conduite de ces personnes mît en péril ou la vie ou les mœurs du mineur. Et si un pere avoit donné l'éducation de son fils à la personne qu'il lui auroit substituée, il seroit de la prudence du Juge & des parens du mineur, de prévenir & le péril & le soupçon même, s'ils jugeoient qu'il y en eût lieu. Ainsi dans les autres difficultez semblables, il est de la même prudence de suivre ou ne pas suivre les dispositions du pere, selon que la considération des avantages du mineur peut y obliger *i*.

i Si pater statuit alimenta liberis, quos hæredes scripserit, ea præstando Tutor reputare poterit : nisi forte ultra vires facultatum statuerit : tunc enim imputabitur ei, cui non adito Prætore desideravit alimenta minui. *l. 2. §. ult. ff. ubi pup. educ.* Solet Prætor frequentissimè adiri, ut constituat, ubi filii vel alantur vel morentur, non tantùm in posthumis verùm omninò in pueris. *l. 1. ff. eod.* Si decepetur ubi morari, vel ubi educari pupillum oporteat, causa cognita id Præsidem statuere oportebit. In causæ cognitione evitandi sunt qui pudicitiæ impuberis possunt insidiari. *l. 5. eod.* Et solet ex personâ, ex conditione & ex tempore statuere ubi potiùs alendus sit. Et nonnunquam à voluntate patris recedit Prætor. Denique cum quidam testamento suo cavisset, ut filius apud substitutum educaretur, Imperator Severus rescripsit, Prætorem æstimare debere, præsentibus cæteris propinquis liberorum. Id enim agere Prætorem oportet, ut sine ullâ maligna suspicione alatur partus, & educetur. *l. 3. §. 1. eod,* V. l'art. 18.

VIII.

8. Mineur sans biens.

Si le mineur se trouve sans bien, ou n'en a pas assez pour son entretien, le tuteur n'est pas obligé d'y fournir du sien. Car cette charge ne consiste qu'à prendre le soin que demande l'administration *l*.

l Si egeni sunt pupilli, de suo eos alere Tutor non compellitur. *l. 1. §. ult. ff. ubi pup. educ.*

IX.

9. Second engagement du Tuteur, administration des biens.

Le second engagement du Tuteur regarde l'administration des biens du mineur. Et cet engagement l'oblige de prendre le même soin des biens & des affaires de son mineur, qu'un bon pere de famille prend des siennes. Ainsi le Tuteur répondra du dol & des fautes contraires à ce soin; mais non des mauvais évenemens de ce qui aura été bien géré, ni des cas fortuits *m*.

m A Tutoribus & Curatoribus pupillorum eadem diligentia exigenda est circa administrationem rerum pupillarium, quam paterfamilias rebus suis ex bona fide præbere debet. *l. 13. ff. de adm. & per. tut.* Generaliter quotiescumque non sit nomine pupilli, quod quivis paterfamilias idoneus facit, non videtur defendi. *l. 10. eod.* Præstando dolum, culpam, & quantum in suis rebus diligentiam. *l. 1. ff. de tutelæ & rat.* Quidquid tutoris dolo, vel latâ culpâ, aut levi, seu Curatoris minores amiserint, vel cùm possent non acquisierint, non in tutelæ seu negociorum gestorum utile judicium venire non est incerti juris. *l. 7. c. arb. tut.* Sufficit Tutori benè & diligenter negotia gessisse, etsi eventum adversum habuit quod gestum est. *l. 3. §. 7. ff. de cont. tut. & ut. act.* Tutoribus vel Curatoribus fortuitos casus, adversus quos caveri non potuit, imputari non oportere, sæpè rescriptum est. *l. 4. c. de per. tut.* Voyez l'article 34.

X.

10. Inventaire des biens du Mineur.

Le premier devoir du Tuteur pour l'administration des biens du Mineur, est d'en faire un inventaire par l'autorité de la Justice, avant que de s'immiscer dans l'exercice de la tutelle, afin qu'il sçache de quoi il est chargé, & qu'il en rende compte quand la tutelle sera finie. Que si avant l'inventaire il arrivoit quelque affaire qui ne reçût point de retardement, le Tuteur y pourvoira selon le besoin *n*.

n Tutores vel Curatores, mox quàm fuerint ordinati, sub præsentia publicarum personarum, inventarium rerum omnium & instrumentorum solemniter facere curabant. *l. 24. c. de adm. tut.* Nihil itaque gerere, ante inventarium factum, eum oportet, nisi id , quod dilationem nec modicam expectare possit. *l. 7. ff. de adm. & per. tut. l. ult. §. 1, c. arbit. tut.*

XI.

L'inventaire des biens étant fait, tous les titres & papiers

Tome I.

---

piers sont remis au Tuteur, afin qu'il prenne le soin des affaires, qu'il exige des dettes, qu'il fasse les diligences qui seront à faire en Justice pour les procès, & qu'il veille à tout ce que l'intérêt du mineur pourra demander *o*. Mais dans les procès, il ne doit ni en faire pour le mineur, ni soûtenir ceux qu'on pourroit lui faire, sans l'avis des personnes de qui il doit prendre le conseil. Il doit aussi régler par ce même conseil, les poursuites contre les débiteurs du mineur, pour n'en pas faire d'inutiles contre les débiteurs qui seroient insolvables. Et enfin dans toutes les choses douteuses, c'est par ce conseil qu'il doit se conduire.

11. Les papiers & effets mis entre les mains du Tuteur,

o Inventario publicè facto secundùm morem solitum ea rei tradantur. *l. ult. §. 1. c. arb. tut.* Nomina paternorum debitorum, si idonea fuerint initio susceptæ tutelæ,& per latam culpam Tutoris minus idonea tempore tutelæ esse cœperunt : Judex qui super eâ re datus fuerit, dispiciet : & si palam dolo Tutoris, vel manifesta negligentia cessatum est , tutelæ judicio damnum quod ex cessatione accidisset, pupillo præstandum esse , statuere curabit. *l. 24. c. arb. tut. l. 57. ff. de adm. & per. tut,* V. l'article 9.

XII.

12. Tuteur en possession de tous les biens.

Tous les immeubles du mineur sont aussi mis en la puissance & en la possession du Tuteur , pour en prendre soin , & pour en recueillir les fruits & autres revenus *p*.

p Tutores possessorum loco habentur. *l. 15. §. 5. ff. qui satisf. cog.*
Par notre usage les héritages des mineurs sont baillés à ferme, après des publications & de l'avis des parens, & le Tuteur n'en jouit qu'en cas où il ne se trouve point de fermier, & aux conditions que les parens reglent avec lui.

XIII.

13. Le Tuteur doit vendre les meubles du Mineur.

Comme les meubles peuvent périr ou se perdre , & que d'ailleurs ils ne produisent aucun reveu, les Tuteurs doivent les faire vendre sans retardement; pour en employer les deniers en fonds ou en rente. Que s'il arrivoit quelque cause de retardement, comme on ne devroit pas alors imputer au Tuteur de n'avoir pas fait une diligence précipitée, on ne devroit pas aussi l'excuser s'il y avoit de sa part quelque négligence *q*.

q Si tutor cessaverit in distractione earum rerum quæ tempore depercount, suum periculum facit. Debuit enim confestim officio suo fungi. Quid si coniutores expedabat vel differentes,vel etiam volentes se excusare,an ei ignorari ? Et non facilè ignoratur : debuit enim partibus suis fungi, non quidem præcipiti festinatione, sed nec moratoriâ cunctatione. *l. 7. §. 1. ff. de adm. & per. tut. l. §. ult. c. eod.* Animalia supervacua. *22. in fine c. eod. l. ult. c. quando decr. op. n. e.* Si res pupillares quas in horreo conditas habere , eique etiam vendere debuisti , in hospitio tuo , ut observeras, vi ignis absumptæ sunt : culpam seu segnitiem tuam non ad tuum damnum , sed ad pupilli tui spectare dispendium , minus probabili ratione deposcis. *l. 3. c. de peric. tut.* Ut ex mobilibus prædia idonea comparentur. *l. 24. c. de adm. tut.*
Par l'ancien Droit Romain le Tuteur n'étoit pas seulement obligé de faire vendre les meubles, mais même les maisons , à cause du péril des incendies ; domus vel aliæ res periculo subjectæ. *l. 5. §. 9. ff de adm. & per. tut. l. 22. C. de adm. tut,* L'Empereur Constantin défendit de vendre aucun immeuble , ni même les meubles qu'avec connoissance de cause & Ordonnances du Juge, à la réserve des habits & des animaux dont l'usage n'étoit pas nécessaire au mineur, qu'il permit de vendre sans Ordonnances du Juge. *l. 22.* Par l'Ordonnance d'Orléans , art. 102. les Tuteurs sont tenus , aussi tôt après l'inventaire de faire vendre par autorité de Justice , les meubles périssables , & d'employer les deniers en rentes ou héritages de l'avis des parens & amis. V. l'article 5.

XIV.

14. Le Tuteur ne peut acheter les biens du Mineur.

Le Tuteur ne peut se rendre acheteur des biens de son mineur, ni en son nom, ni par personnes interposées. Car outre qu'il ne peut être vendeur & acheteur de la même chose, il pourroit aisément frauder & avoir à vil prix ce qu'il seroit vendre *r*.

r Idem ipse Tutor & emptoris & venditoris officio fungi non potest. *l. 5. §. 2. ff. de auct. & cons. tut.* Sed si per interpositam personam rem pupilli emerit , in ea causâ est , ut emptio nullius momenti sit. *d. l. 5. §. 3. l. 9. ff. de reb. eor. q. s. t.*

XV.

15. Exception à la re-

Si parmi les choses mobiliaires il y en a dont l'usage soit nécessaire pour le bien du mineur, comme des bel-
V.

gû de la vente des meubles.

tiaux dans une ferme, des cuves pour les vendanges, & autres semblables ; ces sortes de meubles seront conservez *s*.

s Animalia quoque supervacua quamvis minorum, quin veneant non vetamus. h. 22. in fin. C. de adm. tut. V. l'art. 17.

16. Autre exception.

XVI.

Si la tutelle ne doit durer que peu de tems, le mineur se trouvant proche de la majorité, & qu'il soit jugé plus utile de garder les meubles qui pourront lui être necessaires quand il sera devenu majeur, & qu'il faudroit même qu'il achetât ; le Tuteur pourra être déchargé de les faire vendre *t*.

t Comme les meubles des mineurs ne doivent être vendus que pour en prévenir les déperissemens, & pour employer les deniers, & que ces motifs cessent dans le cas de cet article, la disposition de la loi qui ordonne la vente des meubles, doit y cesser aussi.

17. Autre exception.

XVII.

Si par d'autres raisons il est necessaire ou utile au mineur de conserver quelques meubles, comme des pierreries, des tableaux, & d'autres meubles precieux d'une maison illustre, ou des attelages & autres choses necessaires pour la personne ou les biens du mineur, il sera pourvû dans ces cas & autres semblables à réserver ces sortes de choses, selon la qualité des mineurs, l'usage de ces meubles, & les autres circonstances le demanderont *u*.

u Gemmas, cæteraque mobilia pretiosa. l. 22. c. de adm. tut. Cette loi défendoit en général la vente des meubles des mineurs à la réserve de ce qu'il seroit jugé necessaire de vendre avec connoissance de cause & de décret de Juge : ce qui étoit contraire à l'ancien droit & à notre usage. Voyez ci-devant l'article 13. & les remarques qu'on y a faites.

XVIII.

18. Utilité du Mineur, préférée à la disposition de son pere.

Si le pere du mineur avoit fait quelque disposition pour empêcher la vente de ses meubles, le Tuteur ne laissera pas d'être obligé de les faire vendre, si ce n'est que quelque consideration particuliere oblige à les garder. Ce qui sera reglé par le Juge de l'avis des parens *x*.

x Usque adeò autem licet Tutoribus patris præceptum negligere, ut si pater caveret, ne quid rei suæ distraheretur, vel ne vestis, vel ne domus, vel ne aliæ res periculo subjectæ, liceat eis contemnere hanc patris voluntatem. l. 5. §. 9. ff. de adm. & per. tut. V. les art. précédens. V. l'art. 7. sur la volonté du pere.

XIX.

19. Vente des dettes mobiliaires.

Si dans les biens du mineur il se trouve des dettes actives qu'il soit plus utile de vendre que de discuter à cause du danger de faire des frais inutiles, comme par exemple, si dans la succession d'un Marchand en détail, il y a un grand nombre de petites dettes qu'il soit ou impossible ou trop difficile d'exiger, à cause de leur multitude, de leur modicité & des difficultez de la discussion ; ces sortes de dettes pourront être vendues en gardant les formes, & réservant celles dont il seroit plus avantageux de charger le Tuteur *y*.

y Ces sortes de dettes étant autant ou plus perissables que les meubles, il y a la même raison de les vendre.

XX.

20. Emploi des deniers.

Tous les deniers qui proviendront de la vente des meubles, & des autres effets, & ceux qui se trouveront dans les biens du mineur, seront employez par le Tuteur à acquitter les dettes passives, s'il y en a, & les autres charges. Et du surplus qui pourra rester, il sera fait un emploi en fonds, ou en rentes *z*. Et il faut mettre au nombre des dettes que le Tuteur doit acquitter, ce que le mineur pourroit lui devoir *a*.

z Ex mobilibus prædia idonea comparentur. l. 14. c. de adm. tut.
a Sicut autem solvere Tutor quod debet, ita & exigere quod sibi debetur potest, si creditor fuit patris pupilli. Nam & sibi solvere potest. l. 9. §. 5. ff. eod. l. 8. c. qui dare tut.
Par l'Ordonnance d'Orléans, art. 102. les tuteurs & curateurs sont tenus d'employer les deniers en rentes ou héritages, par l'avis des parens & amis, à peine de payer en leurs propres noms les profits des

deniers. *Cette Ordonnance ayant reglé l'emploi en fonds, ou en rentes, elle a exclu l'emploi en intérêts usuraires par un prêt, comme étant illicites.*

XXI.

21. Du Tuteur créancier qui compose avec les autres.

Si la succession du pere du mineur est chargée de dettes, & que le tuteur étant du nombre des créanciers, compose avec les autres à quelque remise, pour empêcher que le mineur ne renonce à la succession, il sera obligé à faire de sa part la même remise *b* : si ce n'est que par des considerations particulieres, le conseil du mineur ne regle autrement.

b Cùm hæreditas patris ære alieno gravaretur, & res in eo statu videretur : ut pupilla ab hæreditate paterna absineretur : unus ex Tutoribus cum plerisque creditoribus ita decidit, ut certa crediti portione contenti essent ; accipienteque .... respondi cum Tutorem qui cæteros creditores ad portionem vocaret, eadem parte contentum esse debere. l. 59. ff. de adm. & per. tut.
Si les parens du mineur trouvoient à propos de distinguer la condition du Tuteur de celle des autres créanciers par la consideration de ses soins & de l'avantage qu'il procureroit au mineur en obtenant des autres une remise qu'il n'auroit peut-être pas lui-même le moyen de faire, il pourroit être juste que le Tuteur ne fût pas obligé à la même composition.

XXII.

22. Intérêt des deniers faute de les employer.

Les deniers qui proviendront du rachat des rentes & des autres dettes actives du mineur, & ceux qu'il aura d'ailleurs par succession ou autrement, seront employez comme ceux de la vente des meubles en fonds ou en rentes. Et si le Tuteur ne fait ses diligences pour cet emploi, ou qu'il tourne à son propre usage les deniers du mineur, il sera tenu des intérêts des sommes qu'il aura manqué d'employer *c*.

c Si post depositionem pecuniæ comparare prædia Tutores neglexerunt, incipient in usuras convenire, quamquam enim à Prætore cogi eos oportet ad comparandum, certa usuris plectendi sunt, tarditatis gratia : nisi per eos factum non est quominus comparerent. l. 7. §. 3. ff. de adm. & per. tut. Pecuniæ, quam in usus suos converterunt Tutores, legitimas usuras præstabunt. l. 7. §. 4. l. 1. c. de usur. pup.
C'étoit l'usage dans le Droit Romain, que le Tuteur étoit obligé de déposer les deniers provenus des épargnes pour en faire l'emploi. Par notre usage les deniers demeurent en la puissance du Tuteur, & il doit prendre ses précautions pour en faire un emploi utile.

XXIII.

23. Délai pour l'emploi des deniers.

L'intérêt des deniers du mineur ne commence pas de courir contre le Tuteur du moment qu'il les a reçus : mais on lui donne un tems pour en faire l'emploi, soit que ce soit des deniers qui se trouvent en nature lors de l'inventaire, ou de ceux qui viennent de la vente des meubles, ou d'autres causes, ou même des épargnes des revenus dont il sera parlé dans l'article suivant *d*.

d Usuræ à Tutoribus non statim exiguntur, sed interjecto tempore ad exigendum, & collocandum duûm mensium, idque in judicio tutelæ servari solet. Quod spatium, seu laxamentum temporis tribui non oportet his qui nummos impuberum vel adolescentium in suos usus converterunt. l. 7. §. 11. ff. de adm. & per. tut.
Par notre usage le délai pour l'emploi des sommes principales que le Tuteur peut recevoir, comme des rachats de rentes & autres, dépend des circonstances, selon la qualité des sommes & les difficultez de l'emploi ; sur quoi le Tuteur doit prendre ses précautions de l'avis des parens. Et pour les sommes qui viennent des épargnes, en regle un tems pour les accumuler & en faire un fonds, comme des trois en trois ans, & un délai de six mois pour la collocation en fonds ou en rentes. Et si le Tuteur n'a pas fait l'emploi, il est obligé de compter en son nom des intérêts de ces deniers après ces délais, étant présumé qu'il les a tournez à son profit. Sur quoi il doit prendre de même ses précautions. Voyez les articles suivans.

XXIV.

24. Emploi des épargnes.

Si les revenus du mineur excedent les dépenses, le Tuteur est obligé d'accumuler ce qui reste de bon chaque année pour en faire un capital, & l'employer en fonds ou en rentes, lorsqu'il y aura une somme qui sera jugée suffisante pour faire cet emploi. Et s'il ne l'a fait, il payera les intérêts du fonds restant de ces revenus, suivant la regle expliquée dans l'article précédent *e*.

e Ita autem depositioni pecuniarum locus est, si ea summa corradi, id est, colligi possit, ut comparari ager possit. Si enim tam exiguam esse tutelam facilè probatur, ut ex nummo refecto prædium puero comparari non possit, depositio cessat. Quæ ergo tut-

tele quantitas depositionem inducat, videamus, & cùm causa depositionis exprimatur, ut prædia pupilli comparentur, manifestum est ut ad minimas summas non videatur pertinere, quibus modus præfiniri generaliter non potest, cùm facilius causâ cognita, per singulos possit examinari. *l. 5. ff. de adm. & per. tut.* V. l'art. précédent, & la remarque qu'on y a faite, & l'art. suiv.

Si le Tuteur se trouve débiteur en son nom envers son mineur, il sera tenu de comprendre dans le fonds qui proviendra des revenus, les intérêts de ce qu'il devra lui-même. Car il a dû en faire le payement; & il en est de même à son égard que s'il les avoit reçus d'un autre débiteur. A semetipso exigere eum oportuit. l. 38. ff. de neg. gest.

XXV.

25. *Emploi des revenus des nouveaux fonds.*

Les rentes & les autres revenus qui proviendront des fonds que les épargnes auront produits, seront encore accumulez pour en faire des capitaux, & les employer en fonds ou en rentes; lorsque les sommes y pourront suffire, ainsi, qu'il a été dit dans l'article précédent, & selon que la durée de la tutelle y donnera lieu. Car tous les deniers des revenus étant hors des mains des débiteurs, & en celles du Tuteur, tiennent lieu au mineur de capitaux qu'il faut employer. *f*

f Si usuras exactas Tutor vel Curator usibus suis retinuerint, earum usuras agnoscere eos oportet. Sanè enim parvi refert, utrùm sortem pupillarem, an usuras in usus suos convertêrent. l. 7. §. 12. ff. de adm. & per. tut. Ex duobus Tutoribus pupilli altero defuncto, adhuc impubere pupillo, qui supererat, ex persona pupilli sui judice accepto consecutus est cum usuris quantum ex tutela ad Tutorem defunctum pervenerat. Quæsitum est, judicio tutelæ quo experitur pubes factus, utrùm ejus tantùm portionis quæ ab initio ex tutelæ ratione pervenerat ad defunctum contutorem usuræ veniant : an etiam ejus summæ, quæ ex usuris pupillo aucta post mortem ejus ad superstitem æquè cum forte translata sit, aut transferri debuit. Respondit, si eam pecuniam in se vertisset, omnium pecuniarum usuras præstandas. Quod si pecunia manifisset in rationibus pupilli, præstandum quod bonâ fide percepisset, aut percipere potuisset, si fœnori dare cùm potuisset, neglexisset. Cùm id quod ab alio debitoris nomine usurarum cum forte datur, ei qui accipit, totum sortis vice fungitur, vel fungi debet. l. 58. §. 1. ff. de adm. & per. tut.

XXVI.

26. *S'il ne se trouve point d'occasion d'emploi.*

S'il ne se trouvoit aucune occasion de faire un emploi utile & licite, le Tuteur sera déchargé. Mais pour cette décharge, il doit prendre les suretez nécessaires ; faire ses diligences, & rapporter des actes de l'avis des personnes de qui il devoit prendre conseil, par où il paroisse que les deniers sont restez en nature, & que l'emploi n'a pû être fait *g*. Autrement il en répondra, suivant la regle expliquée dans l'article suivant.

g Si pecuniam pupillarem neque idoneis hominibus credere, neque in emptionem possessionis convertere potuisti, non ignorabile Judex usuras ejus à te exigi non oportere. l. 3. C. de usur. pup. Si Tutor pecuniam pupillarem credere non potuit, quod nom erat qui crederet, pupillo vacabit. l. 12. §. ult. ff. de adm. & per. tut. V. l'art. suivant.

XXVII.

27. *Si le tuteur néglige de faire l'emploi ou de prendre sa décharge.*

Si le Tuteur ne fait point d'emploi, & ne prend pas les précautions nécessaires pour sa décharge, il sera tenu en son nom des intérêts des deniers. Car en ce cas il est justement présumé qu'il les a tournez à son propre usage *h*.

h Si comparare prædia Tutores neglexerunt, incipient in usuras conveniri. l.7. §. 3. ff. de adm. & per. tut. Nisi per eos factum non est, quominus comparerent. d. §. 3. V. l'art précédent & l'art. 22.

XXVIII.

28. *De l'administration de deux ou plusieurs tuteurs.*

Si un mineur a deux ou plusieurs Tuteurs, & que par leur nomination on ait marqué à chacun sa charge , ils auront leur administration distinguée ; & aucun ne sera tenu de celle des autres *i*. Mais si la même administration est commise à deux ou à plusieurs , ils en seront tous tenus solidairement. Et soit qu'ils veulent l'exercer ensemble , ou séparément , ou qu'ils conviennent entr'eux de la laisser à un , ou que tous négligent l'administration , ils seront tous tenus l'un pour l'autre, parce que c'est leur charge commune *i*.

i In divisionem administrationem deducta, sive à Præside, sive à testatoris voluntate, unumquemque pro sua administratione convenire potest (adolescens) periculum invicem Tutoribus seu Curatoribus non sustinentibus l. 2. §. 1. C. de divid. tut.

l Si divisio administrationis inter Tutores sive Curatores in

Tome I,

eodem loco seu Provincia constitutos facta necdum fuerit : licentiam habet adolescens & unum eorum eligere , & totum debitum exigere. d. l. 2. l. 1. §. 11. & 12. ff. de tut. & rat. & distr. Si verò ipsi inter se res administrationis diviserunt , nen prohibetur adolescens unum ex his in solidum convenire. d. l. 2. in fine. Si quidam ex his (qui non administraverint) idonei non sint, onerabuntur sine dubio cæteri ; nec iniquè consingularum contumacia pupillo damnum in solidum dederit. l. 38. §. 2. ff. de adm. & per. tut.*

XXIX.

29. *Bénéfice de division & de discussion entre plusieurs tuteurs.*

Si deux ou plusieurs Tuteurs ont été nommez pour gérer solidairement , la solidité n'empêchera pas que le mineur venant à les poursuivre pour lui rendre compte ne soit obligé de diviser son action entre ceux qui auront géré , & les discuter chacun pour son administration , ou leurs héritiers , avant que de poursuivre les uns pour les autres ; si ce n'est qu'il y en eût d'insolvables , & s'il y en a qui n'ayent point géré , ils ne seront recherchez qu'après la discussion de ceux qui auront géré. Que si les Tuteurs avoient renoncé à ces bénéfices de division & de discussion , ils pourront être poursuivis d'abord solidairement. Mais soit que ces benefices ayent lieu ou non , ceux qui auront payé pour les autres , auront les droits du mineur pour agir contre eux , & pour recouvrer ce qu'ils auront payé au-delà de leur portion *m*.

m Licèt Tutorum conventione mutuum periculum minimè finiatur, tamen cum qui administravit si solvendo sit , primo loco, ejusque successores conveniendos esse non ambigitur. l. ult. C. de divid. tut. Si quidem omnes simul gesserunt tutelam , & omnes solvendo sunt , æquissimum erit dividi actionem inter eos pro portionibus virilibus , exemplo fidejussorum. l. 5. §. 11. ff. de tut. & rat. distr. V. l. 2. §. 2. ff. de cur. bon. dando. Et si fortè quis ex facto alterius Tutoris condemnatus præstiterit , vel ex communi gestu, nec ei mandatæ sunt actiones , constitutum est à divo Pio, & ab Imperatore nostro & divo patre ejus utilem actionem Tutori adversus Contutorem dandam. d. l. 1. §. 13. ff. de tut. & rat. distr. l. 2. C. de divid. tut.

On n'explique pas dans cet article ce que signifient ces mots de division & discussion , la suite se fait assez entenüare. V. l'art. 3. de la Sect. 1. du Titre de la Solidité entre deux , &c.

XXX.

30. *Qui de plusieurs tuteurs sera préféré.*

Si deux ou plusieurs Tuteurs nommez pour une même administration, ne veulent ni gérer ensemble , & répondre les uns pour les autres , ni confier l'administration à l'un dont les autres répondent , & qu'il y en ait un qui offre de donner caution pour gérer seul , les autres ne donnant pas la même sureté , il sera préféré , & gérera seul *n*. Que si tous offrent de donner caution, le plus capable & le plus solvable , & par foi-même , & par sa caution , sera préféré. Car il vaut mieux que la tutelle ne soit administrée que par un seul , & les autres seront déchargez de répondre de son administration *o*. Mais si aucuns ne donnent caution , & qu'ils ne conviennent pas ou de gérer tous ensemble , ou que l'un seul gere pour les autres , l'administration sera divisée : & en ce cas , chacun ne sera responsable que de la sienne. Ou si on en choisit un seul pour gérer , les autres ne voulant pas répondre pour lui , ils seront déchargez *p*.

n Cùm quis offert satisfactionem ut solus administret,audiendus est. l. 17. ff. de test. tut. l. 1. inst. de satisfat. tut. l. 4. in fine C. de tut. vel cur. qui sat. n. d.

o Quod si plures satisfacere parati sint, tunc idonior præferendus erit : ut & Tutorem persona inter se, & fidejussorum comparentur l. 18. ff. de test. tut. Apparet igitur Prætori eam fuisse in tutela per plures administretur. l. 3. §. 6. ff. de adm. & per. tut. Sanè enim facilius unus Tutor & actiones exercet,& excipit. d. l.

p Si non erit à testatore electus Tutor , aut gerere nolet, num is gerat, cui major pars Tutorum tutelam decreverit. Prætor igitur jubebit eos convocari : aut si non coibunt , aut coacti non decernent, causâ cognitâ , ipse statuet quis tutelam geret. Plane si non consentiant Tutores Prætori , sed velint omnes gerere , quia fidem non habent electo, nec patiuntur succedanei esse alieni periculi , dicendum à Prætore permittere eis omnibus gerere. Item si dividi inter se tutelam velint Tutores , audiendi sunt, ut distribuantur inter eos administratio , vel in partes , vel in regiones: & si ita fuerit divisa, unusquisque exceptione summovebitur pro eâ parte vel regione, quam non administrat. l. 3. §. 7. 8. 9. & l. 4. ff.de adm. & per. tut. l. 55. eod. §. 1. Inst. de satisfationibus tut. V. l'art. 9. de la Section premiere,

XXXI.

31. *Tuteurs honoraires.*

Quoique les Tuteurs honoraires ne soient pas tenus

V ij

d'exercer l'administration de la tutelle contre les Tuteurs onéraires ; si néanmoins par la nomination d'un Tuteur honoraire , on lui avoit prescrit quelques fonctions , & qu'il y eût manqué , ou par une connivence ou négligence inexcusable , il eût dissimulé la mauvaise conduite du Tuteur onéraire , il pourroit en être tenu selon les circonstances *q.*

q Honorarium Tutorem periculum solere pati, si malè passus sit administrari tutelam. l. 60. §. 2. ff. de rit. nupt. Cæteri igitur Tutores non administrabunt, sed erunt hi quos vulgò honorarios appellamus : nec quisquam putet ad hos periculum nullum redundare. Constat enim hos quoque excussis prius facultatibus ejus qui gesserit , conveniri oportere. Dati sunt enim quasi observatores actûs ejus , & custodes. Imputabiturque eis quandoque cur, si malè cum conversari videbant, suspectum (eum) non fecerunt. Assiduâ igitur & rationem ab eo exigere oportet, & sollicitè curare qualiter conversetur, &c. l. 3. §. 2. ff. de adm. & per. tut. Voyez l'art. 6. de la Sect. 1.
On n'a pas conçu cette regle dans la rigueur qu'elle avoit par le Droit Romain, & on l'a mise en termes qui s'accommodent avec notre usage.

XXXII.

32. Tuteur doit rendre compte après la tutelle finie.

Le dernier engagement du Tuteur est de rendre compte de son administration , de répondre de ce qu'il aura ou mal geré , ou manqué de faire : d'acquitter les sommes dont il se trouvera reliquataire avec les intérêts du jour de l'arrête de compte ; & de rendre les fruits dont il aura joui *r.* Et l'engagement de rendre compte , est si indispensable , que si le pere du mineur nommant un Tuteur , l'avoit déchargé de rendre compte , il ne laissera pas d'y être obligé : car autrement les malversations d'un Tuteur pourroient être impunies , ce qui blesseroit les bonnes mœurs & le droit public *s.*

r Tutorem quondam ut tam rationem , quàm si quid reliquorum nomine debet , reddat , apud Prætorem convenire potest. l. 9. C. arbitr. tut. In omnibus quæ fecit Tutor cùm facere non deberet, item in his quæ non fecit, rationem reddet hoc judicio. l. 1. ff. de tutelis & rat. distr. d. l. §. 3. Sciendum est Tutorem post officium finitum usuras debere in diem quo tutelam restituit. l. 7. §. ult. ff. de adm. & per. tut. Circa tutelæ restitutionem , pro favore pupillorum latior interpretatio facta est. Nemo enim ambigit hodie , sive Judex accipiatur in diem sententiæ sive sine Judice tutela restituatur , in diem eam , quo restituerit usuras præstari. l. 1. §. ult. ff. de usur. Si postea quàm pupillus ad pubertatem pervenerit, Tutor in restituendâ tutelâ aliquamdiù moram fecerit, certum est fructuum nomine & usurarum medii temporis, tam fidejussores ejus quàm ipsum teneri. l. 10. ff. de rem. pup. salv. fore.
f Quidam decedens filiis suis dederat Tutores , & adjecerat , eosque anteclogistos esse volo. Et ait Julianus , Tutores nisi bonam fidem in administratione præstiterint , damnari debere, quamvis testamento comprehensum sit, ut aneclogisti essent ... & est vera ista sententia. Nemo enim jus publicum remittere potest hujusmodi cautionibus : nec mutare formam antiquam constituere. l. 5. §. 7. ff. de adm. & per. tut.
Il faut remarquer sur cet article, que par notre usage , contraire à la disposition du Droit Romain , en la loi 4. & en la loi 5. C. de Transf. le tuteur est tellement obligé de rendre compte, que quand même le mineur devenu majeur , auroit transigé avec son Tuteur par l'administration de la tutelle, ou que par une quittance ou quelqu'autre acte , il l'auroit acquitté directement ou indirectement ; sans que le Tuteur lui eût rendu compte ; tous ces actes seroient annullez : car on présumeroit justement qu'il y auroit eu du dol du Tuteur d'ôter au mineur la connoissance de l'état de ses affaires; qu'il ne pouvoit prendre que par un compte. Ainsi ces sortes d'actes seroient contre l'honnêteté & les bonnes mœurs.

XXXIII.

33. Cas où le tuteur compte pendant la tutelle.

Les Tuteurs ne sont pas seulement tenus de rendre compte après leur charge finie : mais ils y sont encore obligez lorsque pendant leur administration il arrive quelque occasion qui peut y donner lieu. Ainsi , par exemple , si des créanciers du mineur veulent faire saisir & vendre ses biens , il faut que le Tuteur fasse connoître par un état sommaire de compte , s'il n'y a point de deniers pour acquitter les dettes *t.*

t Imprimis igitur quoties desideratur ab eo , ut remittat distrahi, requirere debet , qui se instruat de fortunis pupilli... jubere debet eâ rationes : itemque sinopsim bonorum pupillarium. l. 5. §. 11. ff. de reb. cor. qui sub. tut.

XXXIV.

34. Recettes & reprises.

Les Tuteurs doivent employer dans leurs comptes

---

toutes les recettes qu'ils ont faites ou dû faire , & ils peuvent mettre en reprises ce qu'ils n'ont pû recevoir pour en être déchargez , s'il y en a lieu ; comme s'ils ont fait les diligences nécessaires contre un débiteur qui se trouve insolvable. Car les Tuteurs , quoiqu'obligez à une administration exacte & fidelle , ne doivent pas répondre des évenemens *u.*

u Rationem reddat. l. 9. C. arbitr. tut. Sufficit Tutori benè & diligenter negotia gessisse, etsi eventum adversum habuit quod gestum est. l. 3. §. 7. ff. de contr. tut. & ut. act. V. l'art. 9.

XXXV.

35. Dépenses de la tutelle.

Les Tuteurs peuvent employer dans leurs comptes toutes les dépenses qu'une administration raisonnable obligeoit de faire *x.* Et il faut mettre en ce nombre les dépenses que le Tuteur a faites de l'avis des personnes choisies pour le conseiller *y.* & celles qui ont été reglées en Justice ; si ce n'est qu'il y eût quelque dol de sa part *y.* Que si quelque évenement rend inutiles les dépenses qui ont dû être faites , le Tuteur ne laissera pas de les recouvrer *z.*

x Si tutelæ judicio quis convenietur , reputare potest id quod in rem pupilli impendit. l. 1. §. 4. ff. de contr. tut. & ut. act. Voyez l'art. 3. de la Sect. 2.
y Manet actio pupillo si postea poterit probari obreptum esse Prætori. l. 5. §. 15. ff. de cur. qui sub tut. Quoique ce texte soit d'un autre sujet. , il peut s'appliquer ici.
z Sufficit Tutori bene & diligenter negotia gessisse, & si eventum adversum habuit quod gestum est. l. 3. §. 7. ff. de contr. tut. & ut. act. V. l'art. 7. de la Sect. 2. de ceux qui font les affaires des autres à leur insçû.

XXXVI.

36. Hypotheque du mineur sur les biens du tuteur.

Tous les biens du Tuteur sont hypotequez depuis sa nomination , pour tout ce qu'il pourra devoir pour son compte *a.*

a Pro officio administrationis Tutoris vel Curatoris bona , si debitores existant , tanquam , pignoris titulo obligata , minores sibimet vindicare minimè prohibentur : idem etsi Tutor, vel Curator quis constituitur , res minorum non administraverit. l. 10. C. de adm. tut. l. 7. §. 5. in f. C. de cur. fur. l. 1. §. 1. C. de rei ux. act. V. l'art. 6. de la Sect. 5. Tutelæ periculo omnibus imminente qui ad tutelam vocantur , & substantiis eorum minorum ætate tacitè subjacentibus, pro hujusmodi gubernatione Nov. 118. C. 5. in f. V. l'article 5. de la Sect. 2. des Hypotheques. V. ci-après l'art. 6. de la Sect. 5.
Le Mineur a hypotheque sur les biens du Tuteur du jour de l'acte de tutelle & même auparavant, s'il a geré avant d'avoir été nommé tuteur. Henrys, tom. 2. liv. 4. quest. 35. Despeisse, t. 1. p. 532. n. 12. Brodeau sur Louet , l. H, n. 23. Chenu sur Papon , l. 15. t. 5. art, 6.]

XXXVII.

37. De la mere tutrice qui convole en secondes noces.

Si la mere tutrice de ses enfans convole en secondes noces sans leur avoir fait nommer un Tuteur , & acquitté ou assuré ce qu'elle pourroit leur devoir , les biens de son second mari seront hypotequez envers les mineurs , pour tout ce qui se trouvera leur être dû par le compte , tant du passé que de l'avenir *b.*

b Si mater , legitimæ liberorum tutela suscepta, ad secundas... aspiraverit nuptias , antequam eis Tutorem alium fecerit ordinari , eisque, quod debetur ex ratione tutelæ gestæ persolverit ; mariti quoque eius, præteritæ tutelæ gestæ , ratiociniis , bona jure pignoris tenebuntur obnoxia. l. 6. C. in quib. caus. pign. v. h. t. contr. Bona ejus primùm , qui tutelam gerens afficiaverit nuptias , in obligationem veneunt & teneri obnoxia rationibus parvulorum præcipimus : ne quid incuria , ne quid fraude depereat. l. 2. C. quando mal. tut. offic. fungi pot.
Cette regle est pleine d'équité, pour prévenir les fraudes qui pourroient suivre du second mariage , & qui seroient passer les biens mobiliers des mineurs , & ceux même du second lit, ou au mari même , & c'est à cause de l'équité de cette regle , qu'encore qu'elle ne s'observe pas exactement , on a crû qu'elle ne devoit pas être supprimée.
Le Min ur n'a hypotheque sur les biens du second mari que du jour du Contrat de mariage. Despeisse, p. 537. col. 1. in principio. Chopin, de Legib. Andeg. l. 3. tit. 5, n. 1. 6. Boniface, t. 2. de la suite de ses Arrêts. l. 4. tit. 1. ch. 15. rapporte un Arrêt qui a jugé que le Mineur a hypotheque sur les biens du second mari , pour l'administration faite même avant le mariage.]

SECTION IV.

Des engagemens des cautions des Tuteurs, & de ceux qui les nomment, & de leurs héritiers.

SOMMAIRES.

1. *Cautions des Tuteurs, à quoi obligez.*
2. *Le Tuteur doit être discuté avant que de venir à sa caution.*
3. *De ceux qui attestent le Tuteur solvable.*
4. *Des Nominateurs.*
5. *Engagemens des héritiers des Tuteurs.*
6. *Devoir des héritiers du Tuteur pour les affaires qu'il avoit commencées.*
7. *Des affaires survenues après la mort du Tuteur.*
8. *Si l'héritier s'ingere à l'administration de la tutelle.*
9. *Le Fidejusseur du Tuteur est discuté avant le Cotuteur.*

I.

1. *Cautions des Tuteurs, à quoi obligez.*

Ceux qui se rendent cautions des Tuteurs sont tenus de tout ce que les Tuteurs pourront devoir à cause de leur administration *a*. Mais si après la tutelle finie, le Tuteur s'est ingeré à quelque nouvelle affaire du mineur, qui ne fût pas une suite nécessaire de la tutelle, celui qui s'étoit rendu sa caution, n'en sera pas tenu *b*.

a Si stipulatio rem salvam pupillo fore interposita est, vel cautum est in id quod à Tutore, vel Curatore servari non potest, manet fidejussor obligatus ad supplendam tibi indemnitatem. *l.* 2. C. de fidejuss. tut. Tit. ff. & C. eod. Inst. de satisf. tut. Voyez l'art. 32. de la Sect. 3. & la loi 10. ff. rem pup. salv. fore. qu'on y a citée.
b Paulus respondit, propter ea quæ post pubertatem, nulla necessitate cogente, sed ex voluntate sua Tutor administravit, fidejussorem qui salvam rem fore cavit non teneri. *l.* 46. §. 4. ff. de adm. & per. tut.

II.

2. *Le Tuteur doit être discuté avant que de venir à sa caution.*

Si les cautions des Tuteurs ne se sont obligez que comme simples Fidejusseurs sans renonciation au bénéfice de discussion, ils ne pourront être recherchez qu'après une discussion des biens des Tuteurs *c*. Et suivant les regles qui seront expliquées dans le Titre des Cautions & Fidejusseurs.

c V. Nov. 4. C. 1. Si stipulatio rem salvam pupillo fore, interposita est, vel cautum est id quod à Tutore vel Curatore servari non potest manet fidejussor obligatus ad supplendam tibi indemnitatem. *l.* 2. in f. C. de fidej. tut.
Par l'ancien Droit Romain les cautions des Tuteurs pouvoient être poursuivis avant la discussion des biens des Tuteurs. *l.* 1. ult. ff. rem pup. salv. fore. *l.* 7. ff. de fidej. tut. *l.* 1. C. eod. Mais la Novelle 4. C. 1. a donné aux cautions indistinctement le bénéfice de discussion, sans en excepter les cautions des Tuteurs. Et ce bénéfice est tout naturel à l'obligation du fidejusseur, qui est de payer au cas que le principal obligé ne paye point. Ad supplendam indemnitatem. d. *l.* 2. C. de fid. tut.

III.

3. *De ceux qui attestent le Tuteur solvable.*

Il faut mettre au nombre des cautions des Tuteurs ceux qui sans s'obliger expressément comme cautions, ont certifié que le Tuteur étoit solvable ; car ils en doivent répondre de même que s'ils s'étoient rendus cautions *d*.

d Eadem causa videtur affirmatorum, qui scilicet cùm idonee esse Tutores affirmaverint, fidejussorum vicem sustinent. *l.* 4. in f. ff. de fidej. tut.

IV.

4. *Des Nominateurs.*

Si dans la nomination d'un Tuteur il y avoit quelque malversation de ceux qui le nomment ; comme si on nommoit une personne apparemment insolvable ; les nominateurs en seroient tenus. Mais avant que le mineur puisse agir contre les nominateurs, il doit discuter le Tuteur & ses cautions *e*.

e Adversus nominatorem Tutoris vel Curatoris minus idonei non ante perveniri potest, quàm si bonis nominati, itemque

fidejussorum ejus, nec non collegarum ; ad quorum periculum consortium administrationis spectat, excussis, non fit indemnitati pupilli vel adulti satisfactum. *l.* 4. C. de magistr. conv.
On ne parle point ici de l'engagement des Magistrats envers les Mineurs, pour ce qui regarde la nomination des Tuteurs. Car notre usage est tout différent du Droit Romain qui oblige le Magistrat à donner au Mineur un Tuteur solvable, & à prendre de bonnes cautions de ceux qui en doivent donner. *l.* 1. §. 12. *l.* 6. ff. de magistr. conv. Mais par notre usage le Magistrat ne fait que confirmer la nomination du Tuteur choisi par les parens, & prend se son serment. Ainsi les Juges ne sont pas tenus de la solvabilité des Tuteurs, à moins qu'il n'y eût quelque prévarication qui pût les y obliger.

V.

5. *Engagement des héritiers des Tuteurs.*

Les héritiers du Tuteur sont tenus de répondre de toute son administration, & même des dommages causez par son dol ou sa négligence, & de ce qu'il peut avoir manqué de gerer. Et ils doivent rendre le compte pour lui, comme il auroit dû le rendre lui-même *f*.

f Hæredes eorum qui tutelam vel curam administraverunt, si quid ad eos ex re pupilli vel adulti pervenerit, restituere coguntur. In eo etiam quod Tutor vel curator administrare debuit, nec administraverit, rationem reddere eos debere non est ambigendum. *l.* ult. C. de hæred. tut. Pater vester Tutor vel Curator datus, si se non excusavit, non ideo minus hæredes ejus tutelæ vel utili judicio conveniri poterit, quod cùm tutelam seu curam administrare diciitis : nam & cessationis ratio reddenda est. *l.* 2. eod. *l.* 10. C. arb. tut. Tutelæ actio tam hæredibus quàm etiam contra successores competit. *l.* 11. eod.

VI.

6. *Devoir des héritiers du Tuteur pour les affaires qu'il avoit commencées.*

Quoique les héritiers des Tuteurs ne soient pas Tuteurs si l'héritier du Tuteur décédé est un homme en âge d'agir, & qui en soit capable, il est obligé de prendre le soin des affaires que le Tuteur avoit commencées, jusqu'à ce qu'il y ait un autre Tuteur, ou qu'il y soit autrement pourvû, & s'il y manquoit de mauvaise foi, ou par une négligence grossiere, il en seroit tenu *g*.

g Sciendum est nullam tutelam hæreditario jure ad alium transire. *l.* 16. §. 1. ff. de tut. Quamvis hæres Tutoris Tutor non est, tamen ea quæ per defunctum inchoata sunt, per hæredem, si legitimæ ætatis & masculus sit, explicari debent, in quibus dolus ejus admitti potest. *l.* 1. ff. de fidejuss. & nom. & har. tut. V. l'art. suivant & l'art. 3. de la Sect. 6.

VII.

7. *Des affaires survenues après la mort du Tuteur.*

Pour les affaires qui n'avoient pas été commencées par le Tuteur, & qui ne sont pas venues à la connoissance de son héritier, il n'est pas obligé d'en prendre le soin. Mais si par une grande négligence il abandonnoit une affaire du mineur venue à sa connoissance sans y pourvoir lui-même, ou y faire pourvoir, il en répondroit *h*.

h Negligentia planè propria hæredi non imputabitur. *l.* 4. §. 1. ff. de fidejuss. tut. Hæredes Tutorum ob negligentiam quæ non latæ culpæ comparari possit, condemnari non oportet. *l.* 1. C. de hæred. tut.

VIII.

8. *Si l'héritier s'ingere à l'administration de la tutelle.*

Si l'héritier du Tuteur s'ingere à continuer l'exercice de la tutelle, il sera tenu du même soin ques'il étoit Tuteur *i*.

i Cùm ostendimus hæredem quemque tutelæ judicio posse conveniri, videndum an etiam propria ejus dolus, vel propria administratio veniat in judicium. Et extat Servii sententia existimantis, si post mortem Tutoris hæres ejus negotia pupilli gerere perseveraverit, aut in arca Tutoris pupilli pecuniam invenerit & consumpserit, vel pecuniam quam Tutor stipulatus fuerat exegerit, tutelæ judicio eum teneri suo nomine. *l.* 4. ff. de fidejuss. & nom. & hæred tut.

IX.

9. *Le Fidejusseur du Tuteur est discuté avant le cotuteur.*

S'il y a plusieurs Tuteurs tenus d'une même administration, & que l'un d'eux ait une caution, les autres ne pourront être recherchez du chef de ce tuteur, qu'après la discussion de son fidejusseur *l*.

l Usque adeo autem ad Contutores non venitur, si sint solvendo Contutores, ut prius ad fidejussores veniatur. *l.* 1. §. 15. ff. de. tut. & rat. dist.

V iij

SECTION V.

Des engagemens des Mineurs envers leurs Tuteurs.

SOMMAIRES.

1. *Engagement général du Mineur envers le Tuteur.*
2. *Le Mineur doit allouer les dépenses raisonnables.*
3. *Homme d'affaires.*
4. *Alimens au pere, à la mere & aux freres & sœurs du Mineur.*
5. *Intérêt des avances du Tuteur.*
6. *Hypotheque du Tuteur.*
7. *Cas où le Tuteur a un privilége.*

I.

1. Engagement général du Mineur envers le Tuteur. COmme les Tuteurs son engagez à tout ce qui regarde l'administration des biens du mineur, & qu'ils ont le pouvoir de faire tout ce que demande le devoir de leur charge, les mineurs sont aussi réciproquement obligez d'approuver & ratifier après leur majorité, tout ce que les Tuteurs ont geré raisonnablement & de bonne foi. Et ils sont de plus obligez envers leurs Tuteurs aux engagemens expliquez par les regles qui suivent *a.*

a Quæ bona fide à Tutore gesta sunt rata habentur. *l.* 12. §. 1. *ff. de adm. & per. tut.* Contrariam tutelæ actionem Prætor proposuit, induxitque in utum : ut facilius Tutores ad administrationem accederent, scientes pupillum quoque sibi obligatum fore ex sua administratione. *l.* 1. *ff. de contr. tut. & ut. act.*

II.

2. Le Mineur doit allouer les dépenses raisonnables. Le mineur devenu majeur doit allouer à son Tuteur dans le compte de la tutelle, toutes les dépenses qui auront été faites pour sa personne, pour ses biens & pour ses affaires, selon qu'il paroîtra d'une nécessité ou d'un emploi utile, ou que les dépenses auront été réglées dans les cas où le Tuteur aura dû les faire regler *b.*

b Si tutelæ judicio quis convenietur, repurare potest id quod in rem pupilli impendit. *l.* 1. §. 4. *ff. de contr. tut. & ut. act.* Etenim provocandi fuerunt Tutores, ut promptius de suo aliquid pupillis impendant, dum sciunt, se recepturos id quod impenderint. *d. l.* V. l'art. 3. de la Sect. 2.

III.

3. Homme d'affaires. Si la tutelle demandoit que pour le soulagement du Tuteur, on lui donnât le secours d'un homme d'affaires, on alloüera dans sa dépense les salaires de la personne qu'il aura employée selon qu'ils auront été reglez pendant la tutelle, ou qu'il sera arbitré quand il rendra compte, & à proportion de la qualité du mineur, & de la nature de ses biens & de ses affaires, le Tuteur demeurant responsable du fait des personnes qu'il aura employées pour le soulager. Et quoique le Tuteur n'ait point eu en effet un homme d'affaires, on ne laissera pas de lui allouer cette dépense, si son administration demandoit ce secours *c.*

c Est etiam adjutor tutelæ, quem solet Prætor permittere Tutoribus constituere, qui non possunt sufficere administrationi tutelæ, ita tamen ut suo periculo eum constituat. *l.* 13. §. 1 *ff de tutelis.* Decreto Prætoris actor constitui periculo Tutoris solet, quotiescumque aut diffusa negotia sunt, aut dignitas, vel ætas, aut valetudo Tutoris id postulet. *l.* 14. *ff. de adm. & pet. tut.* Principalibus constitutionibus declaratur, sumptuum qui bona fide in tutelam, non qui in ipsos Tutores fiunt, ratio haberi solet: nisi ab eo qui eum dat, certum sasirium ei constitutum est. *l.* 3. §. ult. *ff. eod.* Ergo etsi in inquisitione propter rei notitiam fuerit datus Tutor, atque alimenta statuerint Contutores, debebit eorum ratio haberi, quia justa causa est præstandi. *l.* 1. §. 7. *ff. de tut. & rat. distr.*

IV.

4. Alimens au pere, la mere, & aux Si le pere, la mere, ou les freres & sœurs d'un mineur qui seroit en tutelle, n'avoient aucuns biens, & qu'il en eût de son chef, il seroit tenu d'allouer à son

Tuteur les dépenses des alimens fournis à ces personnes *d*, selon le reglement qui en auroit été fait. **freres & sœurs du mineur.**

d Aliud est si matri forte, aut soroti pupilli Tutor ea quæ ad victum necessaria sunt præstiterit, cùm semetipsa sustinere non possit. Nam ratum id habendum est. *l.* 13. §. 2. *ff. de adm. & per. tut.* Existimo, & si citra magistratuum decretum Tutor sororem pupilli sui aluerit, & liberalibus artibus instituerit, cùm hæc aliter ei contingere non possent, nihil eo nomine tutelæ judicio pupillo, aut substitutis pupilli præstare debere. *l.* 4. *in f. ff. ubi pup. educ.* V. l'art. 4. de la Sect. 2. des Rescisions. Par notre usage les Tuteurs ne doivent faire ces sortes de dépenses qu'en les faisant regler.

V.

5. Intérêts des avances du Tuteur. Si le Tuteur a été engagé à quelques dépenses, n'ayant aucuns fonds en ses mains, ni des revenus du mineur, ni de ses effets, de sorte qu'il ait été obligé d'emprunter ou avancer du sien; les intérêts des avances lui seront allouez, jusqu'à ce qu'il y ait du fonds des revenus, ou d'ailleurs pour le rembourser *e.*

e Consequitur autem pecuniam si quam de suo consumpsit, etiam cum usuris, sed vel trientibus, vel his quæ in regione observantur, vel his quibus mutuatus est, si necesse habuit mutuari, ut pupillo ex justa causa prorogaret. *l.* 3. §. 1. *ff. de contr. tut. & ut. act.* Usuras utrùm tamdiù consequetur Tutor, quamdiù Tutor est, an etiam post finitam tutelam videamus, an ex mora tantùm : & magis est ut quond ei reddatur pecunia consequatur. *d. l.* 3. §. 4. Si tamen fuerit in substantia pupilli, unde consequetur, dicendum est non oportere eum usuras à pupillo exigere. *d. l.* 5. Voyez l'article 5. de la Section 2. de ceux qui font les affaires, &c. *Cet intérêts ne sont pas usuraires, si le Tuteur souffre quelque perte par cette avance, mais il ne doit pas la faire imprudemment sans avis des parens.*

VI.

6. Hypotheque du Tuteur. Comme le mineur a son hypotheque sur les biens du Tuteur pour tout ce qu'il pourra lui devoir à cause de son administration, le Tuteur a aussi de sa part son hypotheque sur les biens du mineur pour les sommes que le mineur pourra lui devoir pour son compte *f.* Car l'engagement du Tuteur & celui du mineur étant réciproque, & se contractant dans le même tems, l'hypotheque qui en est l'accessoire se contracte de même. Et si par exemple, le mineur devenu majeur emprunte de quelqu'un avant que son Tuteur lui ait rendu compte, & que par ce compte le Tuteur se trouve créancier, il aura son hypotheque avant cette dette.

f Et ut plenius dotibus subveniatur, quemadmodum in administratione pupillarium rerum, & in aliis multis juris articulis tacitas hypothecas inesse accipimus, ita & in hujusmodi actione damus ex utroque latere hypothecam. *l.* un. §. 1. *C. de rei ux. act.* Etenim provocandi fuerunt Tutores, ut promptius de suo aliquid pro pupillis impendant; dum sciunt, se recepturos id quod impenderint. *l.* 1. *ff. de contr. tut. & ut. act.* Hoc casu mutuæ sunt actiones. §. 2. *inst. de oblig. quæ quasi ex contr. l.* 5. §. 1. *ff. de o. & act.* V. l'art. 36. de la Sect. 3. *Quand cette hypotheque du Tuteur ne seroit pas fondée sur ces loix, elle est une suite naturelle de son administration, & de l'obligation réciproque qui se forme entre le Tuteur & le Mineur.*

¶ Louet, l. H. ch. 23.]

VII.

7. Cas où le Tuteur a un privilége. Outre cette hypotheque, le Tuteur a aussi un privilege pour les deniers qu'il employe au recouvrement ou à la conservation des biens & des dettes. Et il est préféré sur ces biens & sur ces dettes aux autres créanciers *g.*

g V. l'art. 6. de la Sect. 3. des Curateurs, & l'art. 15. de la Sect. 5. des Gages & Hypotheques.

SECTION VI.

Comment finit la tutelle, & de la destitution des Tuteurs.

SOMMAIRES.

1. *La tutelle finit à la majorité.*
2. *De la tutelle de plusieurs mineurs.*
3. *Suite de l'administration après la majorité.*
4. *La tutelle finit par la mort du mineur.*

5. *Et par la mort du Tuteur.*
6. *Et par la mort civile du Mineur ou du Tuteur.*
7. *Destitution ou excuse.*
8. *Causes de la destitution d'un Tuteur.*
9. *Tuteur destitué pour malversation.*
10. *Des malversations punissables.*

I.

1. La tutelle finit à la majorité.

LA charge du Tuteur finit par la majorité de celui qui étoit en tutelle. Car étant devenu majeur, il peut prendre lui-même le soin de ses biens & de ses affaires. Mais le bénéfice d'âge n'a pas le même effet *a*.

a Pupilli pupillæque cùm puberes esse cœperint, à tutela liberantur. *inst. quib. mod. tut. fin. l.* 1. *c. quando tut. vel. cur. esse desinant.* Masculi quidem puberes & fœminæ viripotentes, usque ad vigesimumquintum annum completum curatores accipiunt. Quia licet puberes sint, adhuc tamen ejus ætatis sunt, ut sua negotia tueri non possint. *inst. de curat.* V. les remarques dans le préambule de ce Titre. Voyez pour le bénéfice d'âge l'art. 22. de la Sect. 2. des Rescisions.

II.

2. De la tutelle de plusieurs Mineurs.

S'il y a deux ou plusieurs mineurs sous une seule tutelle, elle finit pour chacun à sa majorité; & celui qui est devenu majeur peut obliger le Tuteur à lui rendre compte, quoique la tutelle dure encore à l'égard des autres *b*.

b Tutelæ judicium ita differri non oportet, quod fratris & cohæredis impuberis idem tutelam sustineat. *l.* 39. §. 17. *ff. de adm. & per. tut.*

III.

3. Suite de l'administration après la majorité.

Quoique la tutelle finisse au moment que le mineur est parvenu à l'âge de majorité, le Tuteur n'est pas tellement déchargé par ce changement, qu'il puisse d'abord abandonner toute sorte de soin des affaires. Mais il doit continuer son administration en celles qu'il ne pourroit négliger sans causer quelque perte ou quelque dommage. Et il doit pourvoir à tout ce qu'il y a de nécessaire, & qui ne souffre point de retardement, jusqu'à ce qu'il ait rendu compte, ou qu'en attendant le compte il remette les affaires & les papiers entre les mains de son mineur devenu majeur, afin qu'il soit en état d'y veiller lui-même *c*.

c Tutores qui necdum administrationem ad Curatores transtulerunt, defensioni causarum pupillarium assistere oportere sæpe rescriptam est. Et ideo, si ut proponis, instrumenta quibus asferri possunt causæ provocationis, etiamnum hi quorum meministi apud se detinent, aditus Præses Provinciæ periculi sui eos admoneri præcipiet. *l. un. c. ut in caus. pupil. adf. tut.* Quasi connexum sit hoc tutelæ officio, quamvis post pubertatem admittatur. *l.* 5. §. 5. *in f. ff. de adm. & per. tut. d. l.* §. 6. V. l. 27. ff. de appel. l. 13. ff. de tut. & rat. dist. V. l'art. 6. de la Sect. 4.

IV.

4. La tutelle finit par la mort du mineur.

La tutelle finit aussi par la mort du mineur *d*: mais de sorte que le Tuteur ne doit pas abandonner ce qui demande son soin, jusqu'à ce que les héritiers du mineur soient en état de l'en décharger, suivant la regle expliquée dans l'article précédent.

d Finitur tutela morte pupilli. *l.* 4. *ff. de tut. & rar. distr.* §. 3. *inst. quib. mod. tut. fin.*

V.

5. Et par la mort du Tuteur.

Si le Tuteur meurt pendant la tutelle, elle est finie *e*, non-seulement à son égard, mais aussi pour les héritiers: & ils ne seront tenus que selon les regles expliquées en la Section quatriéme, parce que *certa persona datur tutela.*

e Finitur (tutela) morte Tutoris. *l.* 4. *ff. de tut. & rat. distr.* §. 5. *inst. quib. mod. tut. fin.*

VI.

6. Et par la mort civile ou du Mineur ou du Tuteur.

La tutelle finit encore par la mort civile ou du Tuteur ou du mineur *f*. Car de la part du Tuteur, la mort

f Sed & capitis deminutione Tutoris, per quam libertas, vel civitas amittitur, omnis tutela perit. §. 4. *inst. quib. mod. tut. fin. l.* 14. *ff. de tutel. d. l.* §. 1. & 2. Pupilli & pupillæ capitis deminutio, licet minima sit, omnes tutelas tollit. *d.* §. 4. *d. l.* 14.

---

civile le rend incapable de cette charge; & de la part du mineur, elle le met hors d'état d'avoir besoin d'un Tuteur, n'étant plus maître de sa personne, & n'ayant plus de biens. Mais le tuteur est obligé après la mort civile de son mineur, de prendre soin des biens, suivant les regles 3. & 4. de cette Section, pour l'intérêt de ceux à qui il sera obligé d'en rendre compte.

VII.

7. Destitution ou excuse.

Si le Tuteur est déchargé pour quelque excuse, ou destitué pour malversation, sa charge est finie *g*.

g Si suspectus quis fuerit remotus, desinit esse Tutor. *l.* 14. §. 4. *ff. de tutel.* Desinunt etiam Tutores esse qui vel removerunt à tutela, ob id quod suspecti visi sunt: vel qui ex justa causa sese excusant, & onus administrandæ tutelæ deponunt. §. ult. *inst. quib. mod. tut. fin.*

VIII.

8. Causes de la destitution d'un Tuteur.

Le Tuteur peut être destitué, si sa mauvaise conduite mérite qu'on lui ôte l'administration; comme s'il prévarique pour faire périr les droits du mineur: s'il abandonne les affaires, s'il s'absente, & s'il disparoît, laissant la tutelle dans le désordre, s'il ne fournit aux alimens & à l'entretien du mineur, en ayant le fonds; & généralement s'il y en a d'autres justes causes, quand ce ne seroit même qu'une négligence, si elle est telle qu'elle mérite que la tutelle soit mise en d'autres mains *h*.

h Nunc videamus, ex quibus causis suspecti removeantur. Et sciendum est aut ob dolum in tutela admissum, suspectum licere postulare, si forte grassatus in tutela est, aut sordidè egit, vel perniciosè negotia, vel aliquid intercepit ex rebus pupillaribus, jam Tutor. *l.* 3. §. 5. *ff. de susp. tut.* Is Tutor qui inconsideranter pupillum, vel dolo abstinuit hæreditate, potest suspectus postulari. *d. l.* 3. §. 17. Tutor qui ad alimenta pupillo præstanda copiam sui non faciat, suspectus est, poteritque removeri. *d. l.* 3. §. 14. & §. 15. Item si quis datus Tutor non compareat, solet edictis evocari: novissimeque, si copiam sui non fecerit, ut suspectus removeri, ob hoc ipsum quod copiam sui non fecit. Quod & perraro, & diligenti habita inquisitione faciendum est. *l.* 7. §. ult. eod. Si fraus non sit admissa, sed latâ negligentiâ, quia ista prope fraudem accidit, removeri hunc quasi suspectum oportet. *d. l.* 7. §. 1. Et generaliter si qua justa causa Prætorem moverit, cur non debeat in ea tutela versari, rejicere eum debebit. *l.* 3. §. 12. eod.

IX.

9. Tuteur destitué pour malversation.

Le Tuteur destitué pour avoir malversé est noté d'infamie; mais non pas celui qui n'est destitué que pour sa négligence. Et si la cause n'étoit pas exprimée dans le Jugement de destitution, il n'y auroit pas de note d'infamie, la présomption étant en ce cas, que le tuteur n'auroit été destitué que pour sa négligence *i*.

i Suspectos Tutores ex dolo, non etiam eos qui ob negligentiam remoti sunt, infames fieri manifestum est. *l.* ult. c. de susp. tut. Qui ob segnitiem, vel rusticitatem, inertiam, simplicitatem, vel ineptiam remotus sit, in hac causa est, ut integra existimatione, tutela, vel cura abeat. *l.* 3. §. ult. ff. de susp. tut. Decreto igitur debebit causa revocandi significari, ut appareat de existimatione. Quid ergo, si non significaverit causam remotionis decreto suo? Papinianus ait, debuisse dici, hunc integræ esse famæ; & est verum. *l.* 4. §. 1. & 2. ff. de susp. tut.

X.

10. Des malversations punissables.

Si un Tuteur avoit donné de l'argent pour être appellé à la tutelle, ou si ses malversations sont telles qu'outre la destitution, elles méritent quelqu'autre peine; il pourra être puni selon que la qualité du fait le méritera *l*.

l In eos extra ordinem animadvertitur, qui probentur nummis datis tutelam occupasse. *l.* 9. *ff. de tutel.* Qui tutelam, corruptis ministeriis Prætoris, redemerant. *l.* 3. §. 5. *in f. ff. de susp. tut.* Solent ad præfecturam urbis remitti etiam Tutores, sive Curatores qui malè in tutela, sive cura versati, graviori animadversione indigerent, quàm ut sufficiat eis suspectorum infamia. Quos probari poterit, vel nummis datis tutelam occupasse: vel præmio accepto operam dedisse ut non idoneus Tutor alicui daretur: vel consulto circa edendum patrimonium quantitatem minuisse: vel evidenti fraude pupilli bona alienasse. *l.* 1. §. 7. *ff. de off. præf. urbi. l.* 3. §. ult. *ff. de susp. tut.*

SECTION VII.

Des caufes qui rendent incapable de la tutelle, & de celles qui en excufent.

ON n'a pas mis dans cette Section parmi les incapacitez & les excufes qui peuvent fuffire pour décharger de la tutelle, ce qui fut réglé par Juftinien *a*, que ceux qui feroient ou créanciers, ou débiteurs des mineurs, ne pourroient être Tuteurs. Car foit que celui qui eft nommé Tuteur fe trouve débiteur ou créancier du mineur, notre ufage pourvoit affez à la fûreté des mineurs par l'inventaire de leurs biens, qui fe fait en Juftice, & qui conferve les titres de leurs prétentions, ou de leurs défenfes contre leurs Tuteurs, & par la nomination qu'on fait d'un Curateur ou Tuteur fubrogé pour les défendre dans les affaires qu'ils peuvent avoir contre leurs Tuteurs *b*. Que fi la créance ou autre affaire entre le Tuteur & le mineur étoit telle qu'il fût plus avantageux au mineur de lui nommer un autre Tuteur, il feroit de la prudence du Juge d'obliger les parens à faire un autre choix.

a Nov. 72. c. 1.
b Voyez la remarque fur l'article 17.

SOMMAIRES.

I.

1. Différence entre l'incapacité & les moyens d'excufe. L'Incapacité exclut de la tutelle ceux même qui voudroient l'accepter *a*; & les moyens d'excufe en difpenfent ceux qui pourroient être Tuteurs s'ils y confentoient *b*.

a Ut nec volens ad tutelæ onus admittatur. §. 14. inft. de excuf. tut. vel cur.
b Excufantur Tutores vel Curatores variis ex caufis. inft. de exeuf. tut.

II.

2. Caufe des incapacitez & des excufes. Les caufes d'incapacitez ont leur fondement ou fur l'équité naturelle, ou fur quelque loi *c*.

c C'eft ce qui fe verra par les regles qui fuivent.

III.

3. Les femmes ne peuvent Les femmes font incapables d'être tutrices d'autres que de leurs enfans. Car la tutelle demande une auto-

---

rité, & oblige à des fonctions, qu'il feroit indécent *veut être* qu'une femme exerçât à l'égard d'autres perfonnes que *tutrices.* de fes enfans *d*.

d Fœminæ tutores dari non poffunt, quia id munus mafculorum eft. l. ult. ff. de tut. l. 1. c. quando mul. tut. off. f. p. ff. l. 2 ff. de reg. jur. l. 21. de tut. & curat. Tutela plerumque viril. officium eft. l. 16. ff. de tut. V. l'article fuivant.

IV.

4. Exception pour la mere & l'ayeule. Beau-pere Tuteur. Les meres & les ayeules peuvent être tutrices de leurs enfans; car l'autorité que la nature leur donne fur eux, & l'affection pour leurs intérêts, les exceptent de la regle qui exclut les femmes des tutelles *e*. Et comme la mere peut être tutrice, la tutelle peut être auffi commife à fon fecond mari, beau-pere du mineur *f*.

e Fœminæ tutores dari non poffunt, quia id munus mafculorum eft; nifi à Principe filiorum tutelam fpecialiter poftulent. l. ult. ff. de tut. Tot. tit. c. quand. mult. tut. off. f. p. Nov. 118. c. 5.
f Si pater tuus quem privigni fui tutelam adminiftraffe proponis, &c. l. 3. c. de contr. jud. tut. v. l. 2. c. de interd. mar. l. 32. §. 1. ff. de adopt.
¶ Vide fuprà Sect. 3. art. 35. pour l'hypothéque fur les biens du mari.]

V.

5. Un mineur ne peut être tuteur. Les mineurs ne peuvent être Tuteurs, puifqu'ils font eux-mêmes en tutelle *g*.

g Minores viginti quinque annis olim quidem excufabantur, noftra autem conftitutione prohibentur ad tutelam vel curam afpirare. Adeo ut nec excufatione opus fit. Qua conftitutione cavetur, ut nec pupillus ad legitimam tutelam vocetur, nec adultus. Cùm fit incivile, eos qui alieno auxilio in rebus fuis adminiftrandis agere nofcuntur, & ab aliis reguntur, aliorum tutelam vel curam fubire, §. 13. inft. de excuf. tut. l. ult. c. de leg. tut.

VI.

6. Infirmitez qui rendent incapable de la tutelle. Ceux qui font dans quelque infirmité qui les empêche d'agir en leurs propres affaires, font incapables d'être Tuteurs, comme les infenfez, les aveugles, les fourds, les muets, & ceux qui ont quelque maladie habituelle qui faffe le même effet *h*. Et fi ces fortes d'excufes furviennent à un Tuteur, après qu'il aura été nommé, & qu'il aura même exercé, on le déchargera *i*. Que fi la maladie ou l'infirmité qui furvient pendant la tutelle, n'eft que pour un temps, on pourra cependant nommer un Curateur qui gere au lieu du Tuteur, s'il en eft befoin *l*.

h Mutus Tutor dari non poteft, quoniam autoritatem præbere non poteft. l. 1. §. 1. ff. de tut. Surdum non poffe dari Tutorem, plerique & Pomponius libro fexagefimo nono ad edictum probant. Quia non tantùm loqui, fed & audire Tutor debet. d. l. §. ult. Surdus & mutus nec legitimi Tutores effe poffunt, cùm nec teftamento, nec alio modo utiliter dari poffint. l. 10. §. 1. ff. de legit. tut. Luminibus captus, aut furdus, aut mutus, aut furiofus, aut perpetua valetudine tentus, tutelæ feu curæ excufationem habent. l. un. c. qui morbo. l. 3. c. qui dare tut. Adverfa valetudo excufat: fed ea quæ impedimenti eft quominùs quis fuis rebus fupereffe poffit, ut Imperator nofter cum patre refcripfit. l. 10. in f. ff. de excuf. §. 7. inft. eod.
i Et non tantùm ne incipiant, fed à cœpta excufari debent. l. 11. ff. eod. Poft fufceptam tutelam, cœcus, aut furdus, aut mutus, aut furiofus, aut valetudinarius deponere tutelam poteft. l. 40. ff. de excuf.
l Si quis ira ægrotus fuerit, ut oporteat eum non omninò dimitti à tutela, in locum ejus Curator interim dabitur. Senatus autem hic rurfus recipiet tutelam, l. 10. §. 8. eod.

VII.

7. Fils de famille peut être Tuteur. Le fils de famille majeur, quoiqu'étant fous la puiffance de fon pere, peut être Tuteur. Mais le pere ne fera pas tenu de l'adminiftration de fon fils, s'il ne s'y oblige, ou expreffément, ou tacitement; comme s'il gere lui-même, & entre dans l'adminiftration des biens du mineur; mais un fimple confentement à la nomination & à l'adminiftration de fon fils ne l'oblige point *m*.

m Si filius familias Tutor à Prætore datus fit, fi quidem pater tutelam agnovit, in folidum debet teneri: fi non agnovit, dumtaxat de peculio. Agnoviffe autem videtur, five geffit, five gerenti filio confenfit, five omninò attigit tutelam. l. 7. c. de tut. Nec multùm videri in hoc cafu facere patris fcientiam & confenfum ad obligandum eum in folidum, l. 21. ff. de adm. & per. tut.

VIII.

8. Autres causes de ne pas conside- rer la no- mination d'un Tu- teur.

Si outre les caufes d'incapacité qui viennent d'être remarquées, il fe rencontroit en la perfonne de celui qui feroit appellé à une tutelle, quelqu'autre caufe qui le rendît indigne ou fufpect, il feroit du devoir du Juge & de la prudence de ne point confirmer une telle nomination; ainfi, par exemple, fi on découvroit que la nomination d'un Tuteur eût été faite pour de l'ar- gent qu'il auroit donné, non-feulement cette nomina- tion ne devroit pas être confirmée, mais ce delit mé- riteroit d'être réprimé. Ainfi celui qu'un pere auroit défendu de nommer Tuteur à fon fils, ne devroit pas être appellé à cette charge fans de grandes caufes n. Mais cette exclufion ne feroit aucun préjudice à l'hon- neur de cette perfonne o. Ainfi on ne doit pas facile- ment admettre à une tutelle, celui qui s'ingere pour être nommé p.

n In eos extra ordinem animadvertitur, qui probentur num- mis datis tutelam occupaffe. l. 9. ff. de tut. l. 21. §. ult. ff. de tut. & cur.

o Sed etfi quis à parentibus prohibitus fuerit Tutor effe, hunc neque creari oportet: & fi creatus fit, nec recufaverit, prohi- beri eum effe Tutorem, manente epinimia. l. 21. §. 2. ff. de tut. & cur. dat.

p Semper autem maximè obfervant Magiftratus, ne creent eos qui feipfos volunt ingerere, ut creentur, l. 21. §. ult. ff. de tut. & cur. dat. v. l. 19. ff. de teft. tut.

IX.

9. Excufes à deux for- tes.

Les moyens d'excufe, comme les incapacitez, font fondez ou fur quelque empêchement naturel, ou fur quelque loi q.

q C'eft ce qui fe verra dans les articles fuivans.

X.

10. Inca- pacité fert d'excuf.

Les caufes d'incapacité qu'on peut honnêtement allé- guer, peuvent auffi fervir de moyens d'excufe. Ainfi la minorité & les infirmitez qui rendent incapable de la tutelle, en doivent excufer r.

r Minores viginti quinque annis olim quidem excufabantur, noftra autem conftitutione prohibentur ad tutelam vel curam afpi- rare. §.13. inft. de exc. tut.

XI.

11. Excufe par l'âge de foixante- dix ans.

Ceux qui ont l'âge de foixante-dix ans accomplis, peuvent s'excufer f.

f Excufantur à tutela & curatoria, qui feptuaginta annos com- pleverunt. l. 2. ff. de excuf. §. 13. inft. eod. l. un. C. qui atate.

XII.

12. Par le nombre d'enfans.

Si celui qui eft appellé à une tutelle, a cinq enfans légitimes & vivans, il eft excufé. On ne met pas au nombre des enfans ceux qui fervir pour excufe ceux qui ne font pas encore nez, quoiqu'ils foient déja conçus. Et les petits enfans & autres defcendans des enfans décédez, font comptez comme repréfentant la perfonne de qui ils font defcendus. Ainfi plufieurs enfans d'un fils ne font comptez que pour un t.

t Remittit à tutela vel curatoria & liberorum multitudo. l. 2. §. 1. ff. de excuf. Qui ad tutelam vel curatoriam vocantur. Romæ quidem trium liberorum incolumium numero, de quorum etiam ftatu non ambigitur, in Italia verò quatuor, in Provinciis autem quinque, habent excufationem. l. 1. c. qui immu. lib. fe excuf. inft. de excuf. tut. Legitimos autem liberos effe oportet omnes, etfi non fint in poteftate. d. l. 2. §. 3 ff. de excuf. Oportet autem liberos vivos effe, quando Tutores patres dantur. d. l. 2. §. 4. l. 1. c. qui immu. lib. qui in ventre fit, etfi in multis partibus le- gum comparatur jam natis, tamen in præfenti quæftione, neque in reliquis civilibus muneribus prodeft nati. d. l. §. 6. remiffio- nem tribuunt nepotes ex filiis mafculis nati. d. l. §. 7. quot- cumque autem nepotes fuerint ex uno filio, pro uno filio nu- merantur. d. §. 7.

On n'a pas borné dans cet article ce qui eft dit des petits enfans à ceux des mâles, comme il eft borné à ce fens dans ce §. 7. Car encore que les filles & leurs enfans foient dans une autre famille, il arrive fouvent que les filles & leurs enfans font autant ou plus à charge aux peres que ne font les fils: & fi leurs dar qu'un fils un ayeul maternel, chargé des enfans de plufieurs filles décédées, fût privé de cette excufe. Ainfi notre ufage compte pour excufe d'une tutelle les enfans des filles.

XIII.

13. Par d'autres tu- telles.

Celui qui a déja la charge de trois tutelles peut s'ex- cufer d'une quatriéme. On ne regarde pas comme plu- fieurs tutelles celles de plufieurs miineurs, lorfque les biens fe régiffent par une feule adminiftration u. Et on ne met pas au rang des tutelles, pour fervir d'excufe, l'engagement des Tuteurs honoraires, ni celui des cautions des Tuteurs x.

u Tria onera tutelarum dant excufationem. Tria autem onera fic funt accipienda, ut non numerus pupillorum plures tutelas faciat; fed patrimoniorum feparatio. l. 3. ff. de excuf. l. 2. §. ult. eod. l. unic. qui num. tut. V. l'article fuivant.

x Si civitatis Princeps, id eft, magiftratus, incidente ei crea- tione obnoxius fuerit periculo tutela, hanc non connumerabit aliis tutelis: quemadmodum nec fidejuffores tutelæ, fed nequè qui ob honorem Tutores confcripti funt. l. 15. §. 9. ff. de excuf.

XIV.

14. Par une feule tutelle onéreufe.

Si une feule tutelle eft d'une telle étenduë, ou fi oné- reufe, qu'il fût trop dur d'appeller le Tuteur à une fe- conde, il fera excufé y.

y Cæterùm putatem, rectè facturum Prætorem, fi etiam unam tutelam fufficere crediderit, fi tam diffufa & negotiofa fit, ut pro pluribus cedat. l. 31. §. 4. ff. de excuf.

XV.

15. Inimi- tié.

S'il y avoit eu une inimitié capitale entre le pere du mineur, & celui qui feroit nommé fon Tuteur, & qu'il n'y eût point eu de réconciliation, il fera déchargé z.

z Inimicitiæ quas quis cum patre pupillorum vel adultorum exercuit, fi capitales fuerunt; nec reconciliatio intervenit, à tutela, vel cura folent excufare. §. 11. inft. de excuf. tut. l. 6. §. 17. ff. de excuf.

XVI.

16. Procès qui excu- fent.

S'il y a un procès entre le mineur & celui qu'on veut appeller à fa tutelle, où il s'agiffe de l'état du mineur, ou de tous fes biens, ou d'une grande partie, il fera ex- cufé: mais non pour des procès peu confidérables a.

a Amplius autem abfolvitur à tutela cum quæftionem quis pu- pillo de ftatu movet: cùm videtur hoc non calumnia facere, fed bona fide. l. 6. §. 18. ff. de excuf. Item propter litem, quam cum pupillo vel adulto Tutor vel Curator habet, excufari non poteft: nifi fortè de omnibus bonis, vel hæreditate controverfia fit. §. 4. inft. de excuf. tut. vel curat. Propter litem quam quis cum pupillo habet, excufare fe à tutela non poteft, nifi fortè de omnibus bo- nis aut plurima parte eorum controverfia fit. l. 21. ff. eod. l. 164 c. eod. V. l'article fuivant, & la remarque qu'on y a faite.

XVII.

17. Procès entre le mi- neur & les plus proches de celui qui eft nommé Tuteur.

Si le mineur fe trouve avoir un procès confidérable contre le pere ou la mere, les freres, les fœurs ou les neveux de celui qu'on veut lui nommer Tuteur, il eft de l'humanité & de l'intérêt même du mineur, que cette perfonne foit excufée. Car on ne doit pas l'engager à une tutelle où il y ait de grands différends contre les plus proches: & le mineur doit avoir un Tuteur qui ne foit pas aliéné de l'affection qu'il doit à fa tutelle b.

b Humanitatis ac religionis ratio non permittit, ut adverfus forores, vel filios fororis, actionum neceffitate tutelæ occa- fione fufpicias. Cùm & ipfius etiam pupilli, cui Tutor datus es, aliud videatur exigere utilitas: fcilicet ut eum Tutorem potiùs habeat, qui ad defenfionem ejus non inhibetur affectu. l. 25. c. de excuf. tut.

Il faut remarquer fur cet article, que c'eft par les circonftances qu'il faut juger fi le procès eft tel qu'il foit jufte qu'il ferve d'excufe, ou s'il fuffit qu'on nomme un Curateur ou Tuteur fubrogé qui en prenne le foin à la décharge du Tuteur. Car c'eft notre ufage en de pareilles occafions, & pour des procès même qu'auroit le Tuteur contre le Mineur; que s'ils ne fuffifent pas pour fervir de moyen d'excufe, on nomme un Curateur qui défende le Mineur contre le Tuteur, ou contre les autres perfonnes contre lefquelles le Tuteur ne doit pas être obligé d'agir. V. l'art. 11. de la Sect. 2.

XVIII.

18. Excufe par privi- lége.

Les perfonnes qui par leur emploi, ou pour d'autres caufes, ont quelque privilége qui les exempte d'être Tuteurs, feront excufées. Ce qui dépend ou de la qua- lité des emplois s'ils font tels que de leur nature ils doi- vent donner l'exemption d'une tutelle, comme feroit

X

un Ambaſſade, le commandement dans une garni-
ſon, celui d'une armée, ou d'une attribution expreſſe
de ce privilège, par une Déclaration, ou par un
Edit c.

*c V. l. 6. §. 1. & ſeq. ff. de excuſ. Il faut remarquer ſur ces ſor-
tes d'exemptions dont il eſt parlé dans cette loi, que notre uſage n'e-
xempte de tutelle que ceux qui ont ce privilège par quelque Edit ou
quelque Déclaration.*

XIX.

*39. Eccle-
ſiaſtiques
exempts de
tutelle.*

Les Eccléſiaſtiques ne peuvent être nommez Tuteurs
ni curateurs. Car la ſainteté du miniſtere divin qu'ils
exercent, les oblige pour y vaquer, à ſe dégager de
tout autre ſoin, & les éloigne de l'engagement d'une
adminiſtration d'affaires temporelles. Mais ſi un Eccle-
ſiaſtique vouloit ſe charger de l'éducation & de la conduite d'orphelins ſes parens, il lui ſeroit permis d'accepter leur tutelle, pour prendre le ſoin de leurs perſonnes, & par occaſion celui de leurs biens, qui en
eſt une ſuite d.

*d Generaliter ſancimus omnes viros reverendiſſimos Epiſcopos,
necnon Presbyteros, Diaconos & Subdiaconos.... immunitatem
ipſo jure omnes habere tutelæ ſive teſtamentariæ, ſive legitimæ,
ſive dativæ : & non ſolùm tutelæ eos eſſe expertes, ſed etiam curæ non ſolùm pupillorum & adultorum, ſed & furioſi, & muti,
& ſurdi, & aliarum perſonarum quibus Tutores vel Curatores à
veteribus legibus dantur. l. 52. c. de Epiſc. & Cleric. Propter hoc
ipſum beneficium eis indulgemus, ut aliis omnibus derelictis,
Dei omnipotentis miniſteriis inhæreant. d. l. Deo autem ama-
biles Epiſcopos.... ex nulla lege Tutores, aut Curatores cujuſ-
cumque perſonæ fieri permittimus; Presbyteros autem & Diaconos, & Subdiaconos jure & lege cognationis tutelam, aut curam ſuſcipere hæreditatis permittimus, &c. Nov. 123. C. 5.*

XX.

*20. Man-
que de biens
ou d'induſ-
trie.*

Si celui qui eſt appellé à une tutelle n'a pas aſſez de
bien pour en porter la charge, s'il ne ſçait écrire ni
lire, ou s'il n'a pas aſſez d'induſtrie pour la conduite
des affaires, & qu'il doive ſon travail & ſon temps aux
ſiennes, il pourra être déchargé, ou confirmé ſelon la
qualité des perſonnes, la nature des biens & les autres
circonſtances e.

*e Mediocritas & ruſticitas interdùm excuſationem præbent, ſe-
cundùm epiſtolas divorum Hadriani & Antonini. Si quis neget litteras ſcire excuſatio accipi non debet, ſi modò non ſit
expers negotiorum. l. 6. §. ult. ff. de excuſ. Eos qui litteras deſ-
ciunt eſſe accuſandos Divus Pius reſcripſit. Quamvis & imperiti
litterarum poſſunt ad adminiſtrationem negotiorum ſufficere. §.
8. inſt. eod. Paupertas ſanè dat excuſationem, ſi quis imparem
ſe oneri injuncto poſſit probare. Idéque Divorum Fratrum reſ-
cripto continetur. l. 7. l. 40. §. 1. eod. §. 6. inſt. eod.*

XXI.

*21. Tuteur
nommé doit
gérer juſ-
qu'à ſa dé-
charge.*

Quoique celui qui a été nommé Tuteur appelle de
ſa nomination, & qu'il ait une excuſe, il ne laiſſe pas
d'être tenu pour Tuteur juſqu'à ſa décharge; & il eſt
obligé de gérer cependant par proviſion f.

*f Ipſo jure Tutor eſt antequam excuſetur. l. 31. ff. de excuſ. Tu-
tor vel Curator cujus injuſta appellatio pronuntiata erit, cujuſve
excuſatio recepta non ſit, ex quo accedere adminiſtrationem
debuit, erit obligatus. l. 10. ff. de adm. & per. tut. Tutor datus
adverſus ipſam creationem provocavit: hæres ejus poſtea victus,
præteriti temporis periculum præſtabit: quia non videtur levis
culpa, contra juris authoritatem, mandatum tutelæ officium de-
trectare. l. 39. §. 6. eod. v. l. 16. c. de excuſ. tut.*

XXII.

*22. L'ac-
ceptation de
la charge
fait ceſſer
les excuſes.*

Si celui qui avoit une excuſe, a accepté la tutelle,
ou géré volontairement avant que de s'excuſer, il ne
pourra plus y être reçu g.

*g Tutores quos poſteaquam bona pupillorum adminiſtrave-
rint, à Præſide Provinciæ, quaſi re integra excuſari ſe impetraſſe
aſſeveras, periculum adminiſtrationis evitare minimè poſſe, manifeſtum eſt. l. 2. C. ſi tutor vel cur. fal. alleg. exc. ſit. l. 17. §.
5. ff. de excuſ.*

XXIII.

*23. Incapa-
cité ſurve-
nue.*

Si après que le Tuteur a accepté la tutelle, il tombe
dans quelque incapacité, comme s'il devient aveugle,
ſourd, muet, s'il tombe en démence, ou en d'autres
infirmitez qui le rendent incapable d'exercer la tutelle,

---

il ſera déchargé, & il en ſera nommé un autre en ſa
place h.

*h Complura Senatuſconſulta facta ſunt, ut in locum furioſi, &
muti, & ſurdi Tutoris, alii Tutores dentur. l. pen. ff. de tut.
Poſt ſuſceptam tutelam cœcus, aut ſurdus, aut furioſus, aut
valetudinarius deponere tutelam poteſt. l. 40. ff. de excuſ.*

XXIV.

*24. Privi-
lège après la
nomina-
tion.*

Les privilèges qu'on acquiert après la nomination à
la tutelle n'en déchargent point. Car ils ne ſont accordez que pour exempter ceux qui ne ſont pas encore
dans l'engagement. Ainſi celui qui a été prévenu par ſa
nomination, avant qu'il eût le privilège, ne peut s'en
ſervir pour être déchargé i.

*i Tutor petitus, ante decreti diem, ſi aliquod privilegium
quærit, recte petitionem inſtitutam excludere non poterit. l. 28.
ff. de excuſ. quaſi præventus. v. l. 76 ff. de jud.*

XXV.

*25. Excuſe
ſurvenue.*

Les cauſes d'excuſe qui ne ſont pas une incapacité,
& qui ſurviennent qu'après la nomination du Tuteur, ne le déchargent point. Ainſi le nombre d'enfans
ſurvenus à l'âge de ſoixante-dix ans accomplis pendant
la tutelle, n'en excuſent point l.

*l Oportet autem liberos vivos eſſe, quando patres Tutores
dantur. l. 2. §. 4. ff. de excuſ. Exceſſiſſe autem oportet ſeptuaginta annos tempore illo quo creantur. d. l. 2.*

XXVI.

*26. Diver-
ſité de do-
miciles.*

Ce n'eſt pas toûjours un moyen d'excuſe pour celui
qui eſt appellé à une tutelle, de n'être pas habitant du
lieu où eſt le domicile du mineur. Car il peut arriver
qu'il ne ſe trouve point dans ce lieu de perſonnes qu'on
puiſſe nommer. Et d'ailleurs, il peut être juſte & avantageux au mineur qu'on ne s'arrête pas à cet éloignement, lorſqu'il n'eſt pas tel qu'il rende l'adminiſtration
trop difficile & trop à charge ou au mineur, ou bien au
Tuteur. Ainſi c'eſt par les circonſtances qu'il faut juger
de l'égard qu'on doit avoir à l'éloignement de ces domiciles m.

*m Quæro an non ejuſdem civitatis Cives teſtamento qui Tuto-
res dare poſſit ? Paulus reſpondit, poſſe. l. 32. ff. de teſt. tut. Qui
in teſtamento dati Tutores, renuunt, ſecundùm leges adminiſtrationem earum quæ in alia Provincia ſunt poſſeſſionum.
l. 10. §. 4. ff. de excuſ. Sed & hoc genus excuſationis eſt, ſi
quis ſe dicit ibi domicilium non habere, ubi ad tutelam datus
eſt. l. ult. §. ult. eod. V. l'art. 3. de la Sect. 1.*

XXVII.

*27. Plu-
ſieurs
moyens dont
aucun ne
ſuffit.*

Si celui qui eſt nommé Tuteur n'a aucun moyen d'excuſe qui ſuffiſe ſeul, comme l'âge de ſoixante-dix ans,
ou le nombre d'enfans; mais ſeulement il ait, par
exemple, ſoixante ans & deux ou trois enfans; ces
moyens, dont chacun eſt inſuffiſant, ne ſuffiront pas
enſemble pour le décharger n.

*n Qui jura multa poterit dicere, quorum unumquodque per
ſeipſum ſatis validum non eſt, an poſſit excuſari quæſitum eſt ?
putà ſeptuaginta quis annorum non eſt, neque tres habet tutelas,
ſed neque quinque filios, ac aliquod aliud jus remiſſionis habet,
nimirum duas rutelas, & duos filios, & ſexaginta annorum eſt,
aut alia quædam talia dicit, per ſeipſa quidem perfectum auxilium
non præbentia, quæ tamen ſi invicem conjuncta ſint juſta appareat ? Sed viſum eſt hunc non excuſari. l. 15. §. 11. ff. de excuſ.
Mais ſi ce Tuteur avoit ſoixante-neuf ans & quatre enfans, ne
ſeroit-il pas autant ou plus juſte qu'il fût déchargé, que s'il avoit
70. ans ſans enfans, ou ſeulement 40. ans avec cinq enfans ?*

TITRE II.

DES CURATEURS.

*1. Uſage des
Curateurs.*

COmme il y a d'autres cauſes que la foibleſſe de l'â-
ge, qui rendent les perſonnes incapables de leur
propre conduite, on met ceux qui ſe trouvent dans cet
état, ſous la conduite d'autres perſonnes qui leur tiennent lieu de Tuteurs, & qu'on appelle Curateurs. Ainſi

*Curateur
d'un inſenſé
ou imbécile.*

on donne des Curateurs aux inſenſez, & à ceux qui par
quelque infirmité, ſont incapables de ſoin de leurs af-

Curateur d'un prodigue.

faites. Comme , par exemple , ceux qui font tout en-femble fourds & muets.

On met au nombre des perfonnes incapables de leur conduite les prodigues qui confomment leurs biens en folles dépenfes. Et la même raifon qui oblige à leur in-terdire l'adminiftration de leurs propres biens , fait qu'on leur donne des Curateurs pour en prendre le foin.

Curateur au mineur qui a un tu-teur.

On donne auffi quelquefois un Curateur au mineur qui a un tuteur , lorfqu'il arrive que le Tuteur & le mi-neur ont quelque différend ou quelque droit à regler l'un contre l'autre *a.*

Curateur aux chofes vacantes.

Il y a encore une autre forte de Curateurs , dont l'u-fage eft néceffaire pour prendre le foin des biens qui fe trouvent délaiffez , fans que perfonne les ait en charge. Comme fi une perfonne étoit engagée dans une longue abfence , fans avoir chargé quelqu'un du foin de fes biens ; s'il ne paroît point d'héritiers d'une fucceffion , ou fi ceux qui pouvoient l'être y ont renoncé ; fi un dé-biteur abandonne fes biens à fes créanciers. Dans tous ces cas & autres femblables , où des biens fe trouvent fans maître , ou fans que quelque perfonne en ait la conduite , on nomme des Curateurs pour les régir & les conferver à ceux qui en font ou feront les maîtres.

Matiere de ce Titre.

Toutes ces fortes de Curateurs étant chargez des biens & des affaires qui leur font commifes , & quel-ques-uns même du foin des perfonnes , comme les Cu-rateurs des infenfez , leur charge eft de la même natu-re, & fujette aux mêmes regles que celle des Tuteurs , en ce qui regarde leurs engagemens , les moyens qui peuvent fervir d'excufes pour en décharger , & le refte qui peut leur convenir. Ainfi il faut fuppléer au titre les regles du précédent qui peuvent s'y rapporter.

Autre forte de curateurs qui n'eft pas de ce Titre.

On ne met pas au nombre des Curateurs dont il fera parlé dans ce Titre ceux qu'on nomme dans des procès criminels en de certains cas à la mémoire des perfonnes à qui on fait le procès après leur mort , comme à ceux qui ont été tuez en duel , & à ceux qui fe font donner eux-mêmes. Car les fonctions de ces curateurs font d'un autre genre , & font partie de la matiere des cri-mes qui n'eft pas de ce lieu.

a V. *l'article* 11. *de la Section* 2. *des Tuteurs, p.* 151. *& le Préam-bule de la Section* 7. *du même Titre.*

SECTION I.

Des diverfes fortes de Curateurs , & de leur pouvoir.

SOMMAIRES.

1. *Curateur des infenfez.*
2. *Du mineur en démence.*
3. *La démence doit être prouvée.*
4. *Fils curateur de fon pere ou de fa mere en démence.*
5. *Fils de famille en démence.*
6. *Le mari ne peut être curateur de fa femme en démence.*
7. *Démences par intervalles.*
8. *Infirmitez qui demandent un Curateur.*
9. *Curateurs des prodigues interdits.*
10. *Prodigue doit être prouvé tel.*
11. *Le fils ne peut être Curateur de fon pere prodigue.*
12. *Durée de la charge du Curateur d'un prodigue.*
13. *Curateur aux biens d'un abfent.*
14. *Curateur à l'enfant qui n'eft pas encore né.*
15. *Curateur à une fucceffion.*
16. *Curateur aux biens vacans.*
17. *Un créancier peut être curateur aux biens d'un débiteur.*
18. *Pouvoir des Curateurs.*

I.

1. Curateur des infenfez.

LEs infenfez étant incapables de la conduite de leurs perfonnes & de leurs biens , quoiqu'ils foient majeurs on leur nomme des Curateurs qui en prennent foin *a.*

a Mente captis , quia fuius fuifupereffe non poffunt , Cura-tores dandi funt. *§.* 4. *inft. de curat.* Furiofi, licèt majores viginti quinque annis fint, tamen in curatione funt. *§.* 3. *eod.* l. 1. *c. de cur. fur.* Confilio & opera Curatoris tueri debet non folùm pa-trimonium , fed & corpus , ac falus furiofi. *l.* 7. *ff. eod.*

Tome I.

II.

2. Du mi-neur en dé-mence.

On ne nomme point de Curateur à une perfonne comme infenfée , fi elle n'a l'âge de majorité. Car fi un mineur eft dans la démence , il fuffit & il eft plus hon-nête de lui donner plûtôt un Tuteur à caufe de fa mino-rité , qu'un Curateur à caufe de fa démence , au moins en attendant fa majorité *b.*

b Putavi etfi minor viginti quinque annis furiofus fit, Curato-rem ei non ut furiofo , fed ut adolefcenti dari, quafi ætatis effet impedimentum, & ita definiemus ei quèm ætas curæ vel tutelæ fubjicit , non effe neceffe quafi dementi quæri Curatorem. Et ita Imperator Antoninus refcripfit,cùm magis ætatis quàm demen-tiæ, tantifper fit confulendum. *l.* 3. *§.* 1. *ff. de tutel.*

III.

3. La dé-mence doit être prouvée

La démence d'un majeur doit être prouvée en juftice, pour lui donner un curateur. Car outre qu'il n'y a que l'autorité de la juftice qui puiffe créer un curateur , il pourroit arriver en de certains cas, qu'il y eût quelque feinte de la part de celui qui paroîtroit infenfé , ou que par quelque intérêt , d'autres perfonnes fuppofaf-fent une démence contre la vérité.

c Obfervare Prætorem oportebit , ne cui temerè citra caufæ cognitionem pleniffimam , Curatorem det , quoniam plerique vel furorem vel dementiam fingunt, quo magis Curatore accep-to onera civilia detrectent. *l.* 6. *ff. de cur. fur. & ac.* ¶ Il eft interrogé à la Chambre du Confeil devant Meffieurs.]

IV.

4. Fils cu-rateur de fon pere ou de fa mere en démence.

Le fils peut être nommé curateur à fa mere qui eft en démence , & auffi à fon pere dans le même cas *d.*

d Furiofæ matris curatio ad filium pertinet. Pietas enim pa-rentibus, etfi inæqualis eft eorum poteftas, æqua debetur. *l.* 4. *ff. de cur. fur.* Extat Divi Pii refcriptum, filio potiùs curationem permittendam in patre furiofo , fi tam probus fit. *l.* 1. *in fine ff. eod.* Nec dubitabit (Proconful) filium quoque patri Curatorem dari. *l.* 2. *eod.*

V.

5. Fils de famille en démence.

Si un fils de famille tombe en démence , on ne lui nomme pas de curateur, car fon pere eft naturellement chargé de la conduite de fa perfonne , & de l'adminif-tration de fes biens *e.*

e Cùm furiofus quem morbus detinet perpetuus, in facris pa-rentis fui conftitutus eft, indubitatè Curatorem habere non po-teft. Quia furiofi ad gubernationem rerum quæ ex caftrenfi peculio , vel aliter ad eum pervenerunt, & vel ante furorem ei acquifita funt , vel in furore obvenient , vel in his quorum pro-prietas ei tantummodò competit , paternâ verecundiâ. Quis enim talis affectus extraneus inveniatur , ut vincat paternum ? Vel cui alii credendum eft res liberorum gubernandas, parenti-bus derelictis. *l.* 7. *c. de cur. fur.* Voyez l'article 10. de la Sect. 1. des Tuteurs, p. 149.

VI.

6. Le ma-ri ne peut être cura-teur de fa femme en démence.

Dans les cas où il peut être néceffaire de nommer un curateur à une femme mariée , à celle qui eft en fiançailles , foit pour démence , ou pour d'autres caufes, le mari *f*, ni le fiancé *g* ne peuvent être nommez cu-rateurs.

f Maritus, & fi rebus uxoris fuæ debet affectionem , mmm Curator ei creari non poteft. *l.* 2. *c. qui dare tut.* Virum uxori mente captæ Curatorem dari non oportet. *l.* 14. *ff. de cur. fur. §.* 19. *inft. de excuf. tut.*

g Non poteft Curator effe fponfæ fponfus. *l.* 1. *§.* ult. *ff. de ex-cuf. tut.*

Cette regle femble fondée, foit fur l'intérêt que pourroit avoir le ma-ri dans l'affaire qui demanderoit la nomination d'un Curateur à fa femme , ou fur les inconvéniens de rendre le mari comptable à fa femme. Et à l'égard du fiancé , ces mêmes raifons le regardent auf-fi; car le mariage peut fuivre. Et fi le mariage ne s'accomplit point, il y auroit encore moins de raifon que le fiancé demeurât Curateur. On ne nomme pas de Curateur à la femme mariée qui eft en dé-mence, car l'adminiftration de fes biens dotaux; car cette admi-niftration appartient au mari , qui a droit d'en jouir. V. l'article 3. de la Sect. 1. du Titre des Dots, p. 96. ¶ Louet l. M. chap. 1. contra dicit, Brodeau eod. Loifel inft. Cont. l. 1. t. 4. art. 3. id eft , cura , de fa femme.]

VII.

7. Démen-ce par inter-valles.

Le curateur de celui dont la démence vient & quitte par intervalles , n'exerce fa fonction que pendant la démence , & ceffe de l'exercer dans les intervalles , où

X ij

la raison est bien rétablie ; mais la charge de ce curateur dure pendant la vie de cette personne, pour éviter
de faire à chaque rechute une nouvelle nomination *h*.

h Manere (Curatorem sancimus) donec talis furiosus vivit :
quia non est penè tempus in quo hujusmodi morbus desperatur :
sed per intervalla quo perfectissima sunt nihil Curatorem agere :
sed ipsum posse furiosum dum sapit, & hæreditatem adire , &
omnia alia facere , quæ sanis hominibus competunt. Sin autem
furor stimulis suis eum accendere, Curatorem in contractu suo
conjungi , ut nomen quidem Curatoris in omne tempus habeat,
effectum autem quoties morbus redierit. Ne crebra , vel quasi
ludibriosa fiat Curatoris creatio & frequenter tam nasci quàm
desinere videatur. *l. 6. c. de cur. fur.*

VIII.

*8. Infirmi-
tez qui de-
mandent un
curateur.*

On nomme des curateurs à toutes les personnes qui
par quelque infirmité sont incapables de l'administration de leurs affaires & de leurs biens, comme seroit
un sourd & muet,& ceux qui par d'autres semblables infirmitez se trouveroient dans une pareille incapacité *i*.

i Sed & aliis dabit Proconsul Curatorem qui rebus suis superesse non possunt. *l. 2. ff. de curat. fur.* Surdis & mutis, & qui perpetuo morbo laborant, quia rebus suis superesse non possunt, Curatores dandi sunt. *§. 4. inst. de curat.* Quibus Curatores quasi
debilibus,vel prodigis dantur, vel surdo muto, vel fatuo. *l. 19.
in fine. l. 20. l. 21. ff. de reb. auth. jud. possid.* His qui in ea causa
sunt, ut superesse rebus suis non possint, dare Curatorem, Pro-
consulem oportebit. *l. 11. ff. de tut. & cur. dat.*

IX.

*9. Cura-
teurs des
prodigues
interdits.*

Ceux qui dissipent leurs biens en folles dépenses, &
dont la mauvaise conduite oblige à les déclarer prodigues, & à les interdire en Justice, sont dépouillez de la
conduite de leurs affaires , & du maniement de leurs
biens, & on en donne la charge à un curateur. Et il en
seroit de même d'une femme dont les mœurs & la conduite pourroient y donner lieu *l*.

l Lege duodecima tabularum prodigo interdicitur bonorum
suorum administratio. Quod moribus quidem ab initio introductum est , solent Prætores vel Præfides, si talem hominem invenerint , qui neque finem, neque tempus expensarum habet, sed
bona sua dissipando & dissipando profundit,Curatorem ei dare,
exemplo furiosi. *l. 1. ff. de curat. fur.* Nam æquum est prospicere nos etiam eis , qui quoad bona ipsorum pertinet , furiosum
faciunt exitum. *l. 12. §. ult. ff. de tut. & cur. dat.* Et mulieri
quæ luxuriosè vivit bonis interdici potest. *l. 15. ff. de cur. fur.*
Par l'Ordonnance de Blois art. 182. *les veuves qui ayant des enfans
se remarient à des personnes indignes de leur qualité , sont mises en
interdiction de leurs biens, & ne peuvent les vendre ni aliéner.
Mais cette interdiction n'étant que pour empêcher les aliénations afin
de conserver les biens aux enfans , elle n'a pas lieu à l'égard de la sommé à ces femmes des Curateurs.*
*¶ Quando tua bona paterna avitaque nequitia tua disperdis ,
liberosque tuos ad egestatem perducis , ob eam rem tibi ea re
commercioque interdico. Paulus 3. sent. tit. 4. §. 7.*]

*10. Prodi-
gue doit être
prouvé tel.*

L'interdiction d'un prodigue ne peut être ordonnée ,
& le curateur nommé, qu'après que la mauvaise conduite aura été prouvée *m*. Et celui que son pere auroit
déclaré prodigue par son testament , est présumé tel *n* ;
si ce n'est que par les circonstances , on dût n'avoir
point d'égard à une telle déclaration.

m Si talem hominem invenerint. *l. 1. ff. de cur. fur.*
n Per omnia judicium testatoris sequendum est , ne quem pater verè consilio prodigum crediderit, eum magistratus propter aliquod fortè suum vitium , idoneum putaverit. *l. 16. §. ult. eod.*

XI.

*11. Le fils
ne peut être
curateur de
son pere pro-
digue.*

Le fils ne peut être nommé curateur de son pere déclaré prodigue , quoiqu'il puisse l'être de son pere qui
est en démence *o*.

o Curatio autem ejus cui bonis interdicitur, filio negabatur
permittenda. *l. 1.§.1. ff. de cur. fur.Vide totam legem & l. 4.eod.*

XII.

*12. Durée
de la charge
du curateur
d'un prodi-
gue.*

La charge du curateur d'un prodigue , ne finit que
lorsque l'interdiction est levée en justice *p*.

p Tamdiù erunt ambo in curatione , quamdiù vel furiosus sa-
nitatem , vel ille sanos mores receperit , quod si evenerit , ipso
jure desinunt esse in potestate Curatorum. *l. 1. ff. de curat. fur.*

Quoiqu'il soit vrai que la résipiscence mette le prodigue & l'insensé en état de reprendre le soin de leurs affaires ; il est nécessaire à
l'égard du prodigue , que comme il est interdit en Justice , il fasse
lever l'interdiction , tant pour la décharge de son Curateur , que
pour la sureté de ceux qui auront a traiter avec lui.

XIII.

*13. Cura-
teurs aux
biens d'un
absent.*

Si une personne se trouve dans une absence de longue durée, sans avoir chargé quelqu'un de la conduite
de ses biens & de ses affaires , & qu'il soit nécessaire
d'y pourvoir ; on nomme en ce cas un curateur pour
prendre ce soin *q*.

q Ei cujus pater in hostium potestate est , Tutorem dari non
posse palam est... imò Curator substantiæ dari debet : ne in medio pereat. *l. 6. §. ult. ff. de tut.* Cùm cognatos tuos nondùm
postliminio regressos affirmas, sed adhuc in rebus esse humanis,
& bona eorum fraudibus diversæ partis dissipari, interpellatus
Rector Provinciæ providebit , cum sub observatione consueta
constituere, qui stipulante servo publico , satis idoneè dederit. *l.
3. C. de postlim. revers. v. l. 6. §. ult. ff. quibus ex causf. in possi.
eat. l. 15. ff. ex quibus causf. maj.* Si bonis Curator datus sit, vel
absentis , vel ab hostibus capti. *l. 22. §. 1. ff. de rebus auct. jud.
possid.*Quia rebus suis superesse non possunt, §. 4. *inst. de cur.*

XIV.

*14. Cura-
teur à l'en-
fant qui
n'est par en-
core né.*

Si une veuve se trouve grosse au tems de la mort de
son mari, on ne peut nommer de tuteur à l'enfant jusqu'à sa naissance. Mais s'il est nécessaire, on nomme
un curateur pour la conservation des droits de l'enfant qui pourra naître , & pour l'administration des
biens qui devront lui appartenir *r*.

r Ventri Tutor à Magistratibus Populi Romani dari non potest. Curator potest. *l. 20. ff. de tut. & cur. dat.* Bonorum ventris
nomine Curatorem dari oportet. *l. 8. ff. de cur. fur. l. 24. ff. de
reb. auct. jud. V. tit. de ventre in poss. mit. & curat. ejus l. 1. §.
17. & 18. eod.*
*S'il y avoit d'autres enfans , & qu'il ne fallût qu'une seule tuielle
pour tous, le même Tuteur serviroit pour l'intérêt des enfans qui seroient à naître.*

XV.

*15. Cura-
teur à une
succession.*

Si une succession se trouve sans héritiers, comme s'il
n'y avoit ni parent , ni héritier institué, ou que celui
qui devoit succéder , eût renoncé à la succession, ou
qu'il fût absent , ou que pendant qu'il délibère & refuse de s'immiscer, il fût nécessaire de pourvoir aux affaires, ou au ménagement des biens, on nomme un
curateur à la succession, qui exerce cette fonction pour
conserver les biens ou aux créanciers, ou à ceux à qui
la succession devra appartenir *s*.

s Si diù incertum sit, hæres extaturus, necne sit, causa cognita
permitti oportebit , bona rei servandæ causa possideri. Et si ita
res urgeat , vel conditio : bonum etiam hoc erit concedandum,
ut Curator constituatur. *l. 8. ff. quib. ex causf. in poss. eat.* Dum
deliberat hæredes instituti adire, bonis à Prætore Curator datur.
*l. 3. ff. de cur. fur. l. 22. §. 1. ff. de rebus auct. jud. poss. toto tit.
ff. de cur. bon. dando.* V. les art. suivans.

XVI.

*16. Cura-
teur aux
biens va-
cans.*

Lorsqu'un débiteur abandonne ses biens à ses créanciers, ils peuvent faire créer un curateur qui en prenne
le soin *t*, ou nommer quelques-uns d'entr'eux qui en
ayent la direction.

t De Curatore constituendo hoc jure utimur , ut Prætor adeatur,itque Curatorem Curatoresve constituat ex consensu majoris
partis creditorum. *l. 2. & toto tit. ff. de cur. bon. dando.* V. l'art.
suivant.

XVII.

*17. Un
créancier
peut être
curateur
aux biens
du débiteur.*

On peut nommer pour curateur aux biens abandonnez d'un débiteur, ou à son hérédité après sa mort , un
des créanciers, ou une autre personne qui en prenne
le soin *u*.

u Nec omnimodò creditorem oportet esse eum qui Curator
constituitur, sed possunt & non creditores. *l. 2. §. 4.ff. du curat.
bon. dand.* Si diù incertum sit hæres extaturus, necne, sit , causa
cognita permitti oportebit, bona rei servandæ causa possideri. Et
si ita res urgeat, vel conditio : bonum etiam hoc erit concedandum, ut Curator constituatur unus ex creditoribus. *l. 8. & l. 9.
ff. quibus ex causf. in pos. eat.*
*Il ne faut pas confondre ces sortes de Curateurs , ou Directeurs
dont il est parlé dans l'article précédent & dans celui-ci , avec les
Curateurs qu'on nomme pour la validité d'une saisie réelle de biens
abandonnez , comme d'une hérédité sans héritiers. Car pour cette*

dernière sorte de Curateurs, on ne nomme pas des créanciers, parce qu'ils seroient eux-mêmes leurs parties.

XVIII.

18. Pouvoir des curateurs.

Les curateurs ont leurs fonctions reglées par le pouvoir qui leur est donné, & ils ont droit de faire tout ce qui dépend de leur ministere x.

x Quæ per eum, eosve qui ita creatus, creative essent, acta, facta, gestaque sunt, rata habebuntur, eisque actione, & in eos utiles competunt. l. 2. §. 1. ff. de curat. bon. dando. V. l'article 3. de la Sect. 2.

SECTION II.
Des engagemens des Curateurs.
SOMMAIRES.

1. *Serment & administration des curateurs.*
2. *Différence entre les tuteurs & les curateurs.*
3. *Engagemens des curateurs.*

I.

1. Serment & administration des curateurs.

Toutes ces sortes de curateurs, dont il a été parlé dans la Section précédente, sont tenus comme les tuteurs de prêter le serment, & de faire un inventaire des biens dont ils sont chargez, & de prendre le même soin de ce qui dépend de leur administration que les tuteurs doivent pour la leur a.

a Tactis sacrosanctis Evangeliis edicat omnia se recte, & cum utilitate furiosi agere : neque prætermittere ea quæ utilia furioso esse putaverit, neque admittere quæ inutilia existimaverit. l. 7. §. 5. C. de cur. fur. Nov. 72. c. ult. Eadem observatione & pro jurejurando, & pro inventatio & satisdatione, & hypoteca rerum Curatoris modis omnibus adhibenda. d. l. 7. §. 6. in f. In paucissimis distant Curatores à Tutoribus. l. 13. ff. de excus. V. la loi citée sur l'art. 2. de la Section suivante. V. l'art. 12. de la Sect. 1. des Tuteurs, p. 150. & ci après l'art. 2.

II.

2. Différence entre les tuteurs & les curateurs.

Il n'y a presque pas d'autre différence entre les engagemens des curateurs & ceux des tuteurs, qu'en ce que les tuteurs sont nommez pour les personnes & pour les biens, & que leur administration va au plus tard à la majorité de ceux qui sont sous leur charge, au lieu que quelques curateurs ne sont que pour les biens, & que la charge d'aucun n'a son terms borné, mais chacune dure ou finit, selon que la cause qui a donné sujet à leur nomination, continue, ou vient à cesser b.

b In paucissimis distant Curatores à Tutoribus. l. 13. ff. de exeus. V. la Section précédente.

III.

3. Engagemens des curateurs.

Les regles qui ont été expliquées dans le Titre des Tuteurs, & qui peuvent convenir aux fonctions & aux engagemens des curateurs, doivent s'y appliquer. Comme, par exemple, qu'ils ne peuvent prendre de cession de droits ou de dettes contre ceux dont ils sont curateurs; que leurs biens sont hypotéquez du jour de leur nomination pour les sommes dont ils se trouvent redevables; qu'ils ne peuvent aliéner les biens de ceux qui sont sous leur charge, qu'en observant les formes. Et ainsi des autres, selon que les dispositions & les motifs de ces regles peuvent regarder le ministere des curateurs c.

c Et hæc dicimus in omni Curatore, in quibus omninò curas aliquorum introducunt leges, prodigorum forte, aut furiosorum, aut amentium, aut si quid aliud jam lex dixit, aut si quid inopinabile natura adinvenerit. Nov. 72. c. 5. in fine. Hypotheca rerum Curatoris modis omnibus adhibenda. l. 7. §. 6. ff. c. cur. fur. Si prædia minoris viginti quinque annis distrahi desiderentur, causa cognita Præses Provinciæ debet id permittere. Idem servati oportet etsi furiosi, vel prodigi, vel cujuscunque alterius prædia Curatores velint distrahere. l. 11. ff. de reb. eor. qui sub. tut. V. au Titre des Tuteurs les regles qui peuvent convenir aux Curateurs, p. 147.
¶ L. 15. §. 1. de cur. fur... l. 19. 20. 21. 22. 23. 24. ff. de reb. auth. jud. poss.]

SECTION III.
Des engagemens de ceux pour qui les curateurs sont établis.
SOMMAIRES.

1. *Action des curateurs aux personnes.*
2. *Action des curateurs aux biens.*
3. *Action du curateur aux biens de l'absent.*
4. *Action du curateur dont la charge est finie.*
5. *Effet de l'action du curateur.*
6. *Hypotheque des curateurs.*

I.

1. Action des curateurs aux personnes.

LEs curateurs qui sont établis pour les personnes & pour les biens, ont leur action pour le recouvrement de ce qui pourra leur être dû, & pour l'indemnité de ce qu'ils auront bien géré, & les autres suites de leur administration, ou contre les personnes même dont ils ont été curateurs, si elles deviennent capables d'ouïr leur compte, ou contre leurs héritiers ou autres à qui ce compte devra être rendu a.

a Sed etsi Curator sit vel furiosi, vel prodigi, dicendum est etiam his contrarium dandum. Idem in Curatore quoque ventris probandum est. Quæ sententia fuit Sabini, existimantis, cæteris quoque Curatoribus, ex iisdem causis dandum contrarium judicium. l. 1. §. 2. ff. de cont. tut. & ut. act.

II.

2. Action des curateurs aux biens.

Les curateurs dont l'administration n'a rapport qu'aux biens, ont leur action contre les personnes intéressées à la conservation de ces biens; comme contre les héritiers qui peuvent survenir à une succession qui avoit été vacante, & contre les créanciers des biens abandonnez b.

b Quæ per eum, eosve, qui ita creatus, creative essent, acta, facta, gestaque sunt, rata habebuntur, eisque actiones, & in eos utiles competunt. l. 2. §. 1. de cur. bon. d.

III.

3. Action du curateur aux biens de l'absent.

Le curateur aux biens d'un absent a son action contre lui après son retour, ou contre ceux que les biens regardent, à plus forte raison que celui qui s'ingere de son mouvement à prendre le soin des biens d'un absent c.

c V. l'art. 2. de cette Section. Cùm quis negotia absentis gesserit, ultrò citròque inter eos nascuntur actiones. Inst. de obl. quæ quasi ex contr. l. 5. de obl. & act. V. la Section 2. de ceux qui ont les affaires des autres, p. 170.

IV.

4. Action du curateur dont la charge est finie.

Si un curateur ayant géré, on en nomme un autre en sa place, soit qu'il cesse d'être curateur par quelque excuse, ou par d'autres causes, il aura son action pour ce qu'il aura géré contre les personnes que l'administration qui lui avoit été commise pourra regarder, & que sa nomination y engagera; & il pourra aussi agir contre le curateur nommé en sa place, qui le dénoncera à ces mêmes personnes d.

d C'est une suite des articles précédents.

V.

5. Effet de l'action des curateurs.

Par cette action les curateurs recouvrent tout ce qu'ils ont raisonnablement employé du leur, avec les intérêts de leurs avances, s'ils en avoient faits, & ce qui peut leur être dû par forme de salaire pour leur administration. Et ils font ratifier ce qu'ils ont bien géré e.

e V. les art. 1. 2. 3. & 5. de la Sect. 5. du Tit. des Tuteurs, p. 158.

VI.

6. Hypotheque des curateurs.

Les curateurs des insensez, des infirmes, des prodigues & des absens, ont leurs hypoteques sur tous les biens des perſonnes pour qui ils ont géré. Et les curateurs aux ſucceſſions vacantes & autres biens, ont la leur ſur les biens dont il ont eu l'adminiſtration. Et tous ces curateurs ont auſſi leur privilége & préférence ſur le biens dont ils ont procuré le recouvrement, ou qu'ils ont conſervé pour les deniers qu'ils y ont employé, comme, par exemple, pour des frais de Juſtice avancez, pour le recouvrement d'une dette, pour des réparations d'une maiſon, ou d'un autre fonds f.

f V. les art. 6. & 7. de la Sect. 5. des Tuteurs, p. 158. & l'art. 25. de la Sect. 5. des Gages & Hypotheques.
¶ L'hypothéque eſt du même jour que les Tuteurs, vide Sect. 5. art. 6.]

TITRE III.

Des Syndics, Directeurs & autres Adminiſtrateurs des Corps & Communautez.

Des Communautez, & de ceux qui y ſont prépoſez pour les affaires.

ON a vû dans le titre des Perſonnes qu'il y a des Corps & Communautez Eccléſiaſtiques & Laïques, comme ſont les Chapitres, les Maiſons Religieuſes, les Corps ou Communautez des Villes, les Univerſitez, les Corps des Métiers & autres ſemblables; & que ces Corps ſont conſidérez comme tenant lieu de perſonnes. Car comme les perſonnes particulieres ont leurs droits, leurs privilèges, leurs biens, leurs affaires, leurs charges; ces Communautez ont auſſi les leurs; mais avec cette différence entr'autres, qu'au lieu que chaque particulier eſt maître de ce qui eſt à lui, & qu'il en diſpoſe ſeul à ſa volonté s'il n'y a point d'obſtacle, comme minorité ou autre incapacité; chacun des particuliers qui compoſent ces Communautez, ni eux tous enſemble, n'ont pas le même droit, & ne peuvent diſpoſer de la même maniere de ce qui eſt au Corps. Ainſi ils ne peuvent aliéner leurs biens, que pour de juſtes cauſes, & en gardant les formalitez que les Loix preſcrivent. Ce qui eſt fondé ſur ce que ces Corps étant établis, ſoit dans l'Egliſe, ou dans la Police, par des vûes du bien public, qui demande qu'ils ſubſiſtent; il eſt de l'ordre qu'ils ne puiſſent aliéner leurs biens ſans de juſtes cauſes, afin qu'ils puiſſent ſe maintenir, & qu'on ne puiſſe ruiner ce fondement qui les fait durer pour le bien public.

C'eſt une ſuite néceſſaire de ces divers établiſſemens de Communautez Eccléſiaſtiques & Laiques, que pour la conduite de leurs affaires, & pour la conſervation & l'adminiſtration de leurs biens & de leurs droits, elles puiſſent prépoſer des perſonnes qui en prennent le ſoin. Ce ſont des perſonnes qu'on appelle de différens noms, comme de Maires, Eſchevins, Conſuls pour les Villes, Syndics, Directeurs, Adminiſtrateurs, ou d'autres noms pour les autres Corps. Et il ſe forme entre ces perſonnes & les Corps qui les nomment, un engagement réciproque ſans convention; car ces nominations ſe font ſouvent indépendamment de la volonté de ceux qu'on choiſit. Ainſi cette eſpéce d'engagement ſe formant ſans convention eſt une des matieres de ce Livre, & ſera celle de ce Titre.

Matiere de ce Titre.

Il ne faut pas confondre cet engagement avec celui qui ſe forme entre ces Corps ou Communautez, & ceux qu'ils conſtituent pour leurs Procureurs dans quelques affaires; car celui-ci ſe fait par une convention, & il eſt compris dans la matiere du Titre des Procurations.

On ne parlera pas en ce lieu des autres matieres qui peuvent regarder les Communautez, comme leur uſage, leur origine, les manieres dont elles ſe forment, leurs droits, leurs privilèges & le reſte; car ces matieres ne ſont pas de ce lieu, mais bien partie du droit public, dont on a parlé dans le chapitre 14. du Traité des Loix, num. 27. mais la matiere de ce Titre eſt reſtrainte à ce qui regarde en général la nomination & le pouvoir des Syndics & Directeurs, & les engagemens qui ſe forment entr'eux & ceux qui les nomment, en ce qui regarde les affaires dont ils ſont chargez.

SECTION I.

De la nomination des Syndics, Directeurs & autres Adminiſtrateurs des Corps & Communautez, & de leur pouvoir.

SOMMAIRES.

1. Uſage des Syndics & autres prépoſez.
2. Par qui ils ſont nommez.
3. Comment ils ſont nommez.
4. Celui qui eſt nommé eſt compté pour faire le nombre des nominateurs.
5. Pouvoir de celui qui eſt nommé.
6. Durée de ce pouvoir.

I.

1. Uſage des Syndics & autres prépoſez.

CEux qui ont la permiſſion de former un Corps, ou Communauté, ont auſſi leurs droits, leurs priviléges, leurs biens, leurs affaires, & ne pouvant vaquer tous enſemble à tout ce qui regarde leur Communauté, ils peuvent y prépoſer des perſonnes qui en prennent le ſoin, & qu'on appelle Syndics, ou d'autres noms a.

a Quibus permiſſum eſt corpus habere Collegii, Societatis, ſive cujuſque alterius eorum nomine, proprium eſt, ad exemplum Reipublicæ, habere res communes, arcam communem, & Actorem ſive Syndicum per quem, tanquam in Republica, quod communiter agi, fierique oporteat, agatur, fiat. l. 1. §. 1. ff. quod cuj. un. nom.

II.

2. Par qui ils ſont nommez.

Les Syndics & autres prépoſez aux affaires des Corps & Communautez, ſont nommez par ceux qui les compoſent; ſi ce n'eſt que quelque Loi eût autrement pourvû au choix de ces perſonnes. Et ſi le Corps entier eſt tel que tous ceux qui en ſont ne puiſſent s'aſſembler, ou ne doivent pas tous avoir part à la direction des affaires communes, on en choiſit un certain nombre, ſelon que les reglemens & les uſages y ont pourvû: & ce nombre, qui repréſente le Corps entier, fait la nomination de ceux qui doivent être chargez du ſoin des affaires b.

b Nulli permittetur nomine Civitatis, vel Curiæ experiri, niſi ei cui lex permittit, aut lege ceſſante ordo dedit. l. 3. ff. quod cuj. un. nom. Quibus ſumma Reipublicæ commiſſa eſt. l. 14. ff. ad munic. Secundum locorum conſuetudinem. l. 6. §. 1, in f. ff. quod cuj. un. nom.

III.

3. Comment ils ſont nommez.

Les nominations ſe font à la pluralité des voix, lorſque ceux qui doivent compoſer l'aſſemblée s'y trouvent convoquez en la maniere, & dans le nombre preſcrit par les reglemens, ou par les uſages; comme s'il doit y en avoir les deux tiers, ou autre partie, ou un certain nombre; & ceux qui ont droit de faire la nomination, doivent y obſerver les formalitez qui leur ſont prescrites c.

c Quod major pars Curiæ effecit, pro ea habetur, ac ſi omnes egerint. l. 19. ff. ad municip. Cùm duæ partes adeſſent, aut amplius quàm duæ. l. 3. ff. quod cuj. un. nom.

IV.

4. Celui qui eſt nommé, eſt compté pour faire le nombre des nominateurs.

Pour faire le nombre néceſſaire des nominateurs, on peut y compter celui qui eſt nommé, s'il étoit de ce nombre d.

d Planè ut duæ partes Decurionum adfuerint, is quoque quem decernunt numerari poteſt. l. 4. ff. quod cuj. un. nom.

V.

5. Pouvoir de celui qui eſt nommé.

Ceux qui ont été ainſi légitimement nommez, ont le pouvoir d'exercer les fonctions qui leur ſont commiſes, & ſuivant l'étendue ou les bornes qui leur ſont preſcrites e.

e Per quem, tanquam in Republica, quod communiter agi, fierique oporteat, agatur, fiat. l. 1. §. 1. in f. ff. quod cuj. un. nom.

VI.

q. Durée de ce pouvoir.

Le pouvoir de ces Syndics & autres préposez finit avec leurs charges, lorsqu'elles expirent. Et il cesse aussi par une révocation, si elle peut avoir lieu, pourvû qu'elle soit faite dans les regles, & connue à celui qui est révoqué, & à ceux qui avoient à traiter avec lui *f.*

f Quid actor datus postea decreto Decurionum prohibitus sit? An exceptio ei noceat? & puto si hoc accipiendum, ut ei permissa videatur, cui & permissa durat. *l. 6. §. 2. ff. quod. cuj. un. nom.* V. l'art. 1. de la Sect. 4. des Procurations, p. 132.

SECTION II.

Des engagemens des Syndics & autres préposez.

SOMMAIRES.

1. Soin des Syndics.
2. Leurs engagemens.
3. Idem.

I.

1. Soin des Syndics.

CEux qui sont nommez par les Corps & Communautez pour l'administration de leurs affaires, doivent y apporter le même soin & la même diligence que les Procureurs constituez. Et ils répondent non-seulement de leur dol & des fautes grossieres, mais aussi des fautes contraires à ce soin *a.*

a Actor iste procuratoris partibus fungitur. *l. 6. §. 3. ff. quod cuj. un. nom.* Magistratus Reipublicæ non dolum solummodò, sed & latam negligentiam, & hoc amplius etiam diligentiam debent. *l. 6. ff. de adm. rer. ad civ. pert.* V. l'art. 4. de la Sect. 3. des Procurations, p. 131.
Cette obligation n'a pas son effet contre les Supérieurs & les Procureurs des Maisons Religieuses, qui sont des personnes mortes civilement, contre lesquelles la Communauté n'a pas ce recours.

II.

2. Leurs engagemens.

Les Syndics & autres préposez qui entreprennent une affaire par l'ordre du Corps qui les a nommez, sont obligez de prendre soin de toutes les suites. Ainsi celui qui est chargé d'intenter un procès, est tenu d'y procéder dans toute la suite pendant la durée de son administration. Et en général il est obligé de répondre de sa conduite envers qui l'ont préposé, & de justifier de son pouvoir envers ceux contre qui il agit, ou avec qui il traite, & de faire ratifier par la Communauté ce qu'il aura géré *b.*

b Actor universitatis si agat, compellitur etiam defendere. *l. 6. §. 3. quod cuj. un. nom.* Si decreto dubietur, pro interponendum & de rato cautionem. d. §. 3.

III.

3. Idem.

Les autres engagemens de ces Syndics & autres préposez leur sont marquez par les fonctions qui leur sont commises, & par le pouvoir qui leur est donné. Ainsi ceux des Maires & Echevins sont reglez par la nature de leurs charges: & ceux d'un Syndic ou autre préposé d'un Chapitre ou d'un autre Corps, par le pouvoir & les fonctions qu'on lui attribue: & en général tous les préposez ont les fonctions propres à leurs charges, selon qu'elles leur sont attribuées par les reglemens & par les usages, ou qu'elles leur sont commises par ceux qui les nomment *c.*

c Actor ipse procuratoris partibus fungitur. *l. 6. §. 3. ff. quod cuj. un.* Diligenter fines mandati custodiendi sunt. *l. 5. ff. mand.* Pecuniam publicam tractare, sive erogandam decernere. *l. 2. §. 1. ff. ad munic.* Exigendi tributi munus. *l. 17. §. 7. eod.* Ad Rempublicam administrandam. *l. 8. ff. de mun. & bon. Tit. ff. de adm. rer. ad civ. pert.*

SECTION III.

Des engagemens des Communautez qui préposent des Syndics ou autres.

SOMMAIRES.

1. Engagement de ratifier.
2. Engagement d'allouer les dépenses.
3. Bornes des engagemens des Communautez.
4. Comment le préposé peut être tenu en son nom.
5. L'engagement d'un Corps ne se divise pas entre ceux qui le composent.

I.

1. Engagement de ratifier.

LEs Communautez qui ont nommé des Syndics ou d'autres préposez, sont tenus de ratifier ce qu'ils ont bien géré selon leur pouvoir: car comme ceux qui composent les Communautez ne peuvent agir tous, ni sçavoir même tout ce qui regarde leur Communauté, il est censé qu'ils sçavent de leurs affaires ce qu'en sçait celui qu'ils y ont commis: que ce qui vient à sa connoissance, vient aussi à la leur: & que ce qu'il gere ou qui se traite avec lui, se passe avec eux, pourvû que ce soit dans les bornes du pouvoir qu'ils lui ont donné *a.*

a Sicut municipum nomine actionem Prætor dedit, ita & adversùs eos justissimè edicendum putavit. *l. 7. ff. quod cuj. un. nom.* Municipes intelliguntur scire quod sciant hi quibus summa Reipublicæ commissa est. *l. 14. ff. ad. municip.* V. l'article 5. de la Section 2. des Conventions, p. 22.

II.

2. Engagement d'allouer les dépenses.

La Communauté est obligé d'allouer à son préposé les dépenses raisonnables qu'il a employées pour les affaires qui lui étoient commises *b.*

b Legato, qui in negotium publicum sumptum fecit, puto dandam actionem in municipes. *l. 7. ff. quod cuj. un. n.*

III.

3. Bornes des engagemens des Communautez.

Les Communautez ne sont engagées par le fait de la personne qu'elles ont préposée, que dans l'étendue des engagemens qui leur sont permis, & selon qu'ils tournent à leur avantage. Ainsi, par exemple, si une Communauté a donné pouvoir d'emprunter, elle ne sera obligée que pour les sommes dont il aura été fait un emploi utile *c*, ou si elle a donné un pouvoir de vendre, la vente ne subsistera qu'en cas qu'elle ait été faite pour une cause nécessaire, & qu'on y ait observé les formes prescrites pour ces sortes de ventes *d.*

c Civitas mutuatione obligari potest, si ad utilitatem ejus pecuniæ versæ sunt. *l. 27. ff. de reb. cred. l. 11. ff. de pig. & hyp.*
d V. l. 14. C. de sacr. Eccles. Nov. 7. c. 1. Nov. 120. V. l'art. suivant.

IV.

4. Comment le préposé peut être tenu en son nom.

Si une Communauté est déchargée de l'engagement contracté par celui qu'elle a préposé, on jugera par les circonstances, s'il en doit répondre envers les personnes qui avoient traité avec lui. Ainsi, par exemple, si des Echevins d'une Ville empruntent de l'argent pour payer des dettes, ou pour en faire quelqu'autre emploi, & que le créancier leur confie l'argent pour payer, ou faire l'emploi, ils lui en répondront en leurs noms, s'ils y ont manqué. Ainsi au contraire, si un préposé d'une Communauté en vend un héritage à un acquéreur, qui se contente pour sa sûreté d'une délibération de la Communauté qui donnoit le pouvoir de vendre, & de la vente que lui fait ce préposé en cette qualité, suivant ce pouvoir, & que dans la suite la vente soit résolue, pour avoir été faite sans nécessité, & sans garder les formes, ce préposé n'en sera pas garant. Ainsi en général les préposez qui traitent pour des Communautez, sont tenus de ce qui est de leur fait particulier envers ceux qui ont suivi leur foi, mais non du fait de la

Communauté, s'ils n'ont traité que suivant le pouvoir qu'elle avoit donné *e*.

e Civitas mutuatione obligari potest, si ad utilitatem ejus pecuniæ versæ sunt. Alioquin ipsi soli qui contraxerunt, non civitas, tenebuntur. *l.* 27. *ff. de reb. cred.* V. l'article précédent sur les aliénations, & la remarque sur l'article 1. de la Section 2. sur les engagemens des Préposez.

V.

V. L'engagement d'un Corps ne se divise par entre ceux qui le composent.

L'engagement d'une Communauté ne se divise pas entre les personnes qui la composent, de sorte que ce soit l'engagement de chacun en particulier : & ce n'est que le Corps qui est obligé par le fait de celui qu'elle a préposé. Et comme ces particuliers n'entrent pas en leurs noms dans l'obligation que le Corps contracte, s'ils ne s'y engagent expressément ; ceux qui s'obligent envers les Communautez, ne s'obligent pas par-là envers chacun de ceux qui en sont les membres *f*.

f Si municipes, vel aliqua universitas ad agendum det actorem, non erit dicendum, quasi à pluribus datum, sic haberi : hic enim pro Republica, vel Universitate intervenit, non pro singulis. *l.* 2. *ff. quod cuj. un. nom.* Si quid debetur Universitati, singulis non debetur: nec quod debet Universitas, singuli debent. *l.* 7. §. 1. *eod.*

TITRE IV.

De ceux qui font les affaires des autres à leur insçû.

Devoir de prendre soin des affaires des absens.

LA loi qui nous commande de faire pour les autres ce que nous voudrions qu'ils fissent pour nous, oblige ceux qui se trouvent dans des conjonctures où l'intérêt des personnes absentes est abandonné, de prendre le soin d'y pourvoir selon qu'ils le peuvent. Les simples sentimens d'humanité sans religion portent à ce devoir envers les absens, & engagent à prendre soin de leurs biens & de leurs affaires, ceux à qui les évenemens en font naître les occasions : & les Loix civiles invitent toute sortes de personnes à ce devoir, donnant à ceux qui prennent le soin des affaires des personnes absentes l'assurance que ce qu'ils auront fait raisonnablement sera confirmé, & qu'ils seront remboursez des deniers qu'ils auront fournis pour un emploi utile *a*.

Matiere de ce Titre.

C'est cette espéce d'Office, & les suites qui en naissent dans les regles doivent faire la matiere de ce Titre. Car il se forme un engagement sans convention, & qui est réciproque entre le Maître d'une affaire, & celui qui en prend le soin à son insçû. Ainsi cette espéce d'engagement a son rang en ce lieu.

Il faut remarquer sur ce Titre qu'il y a cette différence entr'autres de l'administration des Tuteurs & des Curateurs à celles des personnes qui font les affaires des autres à leur insçû, qu'au lieu que les Tuteurs & Curateurs étant nommez en justice, ont leur hypotheque sur tous les biens des personnes qui ont été sous leur conduite, & les Curateurs aux biens, sur les biens dont ils ont eu l'administration ; ceux qui font les affaires des autres à leur insçû ne l'ont pas de même ; mais ils ont la préference qui peut leur être acquise pour leurs deniers employez, ou à la conservation du bien, ou au recouvrement de quelque dette *b*.

Comme il y a beaucoup de rapport de l'engagement de ceux qui font les affaires des autres à leur insçû, à celui des Procureurs constituez, il faut joindre à ce Titre les regles du Titre des Procurations qui peuvent y convenir.

a Utilitatis causa receptum est invicem eos obligari. *l.* 5. *ff. de obl. & act.* Idque utilitatis causa receptum est, ne absentium qui subirâ festinatione coacti, nulli demandatâ negotiorum suorum administratione, peregrè profecti essent, desererentur negotia. Quæ sanè nemo curaturus esset, si de eo quod quis impendisset, nullam habiturus esset actionem. §. 1. *inst. de obl. quæ qu. ex contr. n. l.* 5. *ff. de obl. & act.*
b V. l'art. 6. de la Section 3. des Curateurs, p. 165. & la Sect. 5. des Gages & Hypotheques.

SECTION I.

Des engagemens de celui qui fait l'affaire d'un autre à son insçû.

SOMMAIRES.

1. Engagement de continuer l'affaire commencée.
2. Soin de l'affaire entreprise.
3. Si celui qui s'ingere aux affaires d'un absent, en néglige une partie.
4. Affaire entreprise sans nécessité.
5. De celui qui ne gere qu'une seule affaire.
6. Cas fortuits.
7. Si l'absent meurt avant la fin de l'affaire.
8. Intérêt des deniers reçûs pour l'absent.
9. De celui qui gere l'affaire d'une personne croyant gérer celle d'une autre.
10. Si une femme gere pour un absent.
11. De ceux qui gerent par nécessité.
12. Cas où celui qui gere n'est pas tenu d'un soin très-exact.

I.

1. Engagement de continuer l'affaire commencée.

LEs Loix civiles n'obligent personne à prendre le soin des affaires des autres, à la réserve de ceux qui en sont chargez par quelque devoir particulier, comme les Tuteurs, les Curateurs & autres Administrateurs. Mais celui qui s'engage volontairement à prendre le soin de l'affaire d'un autre, n'est plus libre de l'abandonner ; car il sera tenu des suites de son administration, de continuer ce qu'il aura commencé, jusqu'à ce qu'il l'acheve, ou que le Maître soit en état d'y pourvoir lui-même, il rendra compte de ce qu'il aura fait ou manqué de faire *a*. Et celui pour qui il aura agi sera de sa part, obligé envers lui aux engagemens qui seront expliquez dans la Section 2.

a Tutori vel Curatori similis non habetur, qui, citra mandatum, negotium alienum sponte gerit. Quippe superioribus quidem necessitas muneris administrationis finem, huic autem propria voluntas facit. *l.* 20. *C. de neg. gest.* Nova inchoare necesse mihi non est, vetera explicare, ac conservare necessarium est. *l.* 21. §. 2. *ff. eod.* Sicut autem is qui utiliter gessit negotia, dominum habet obligatum negotiorum gestorum, ita & contra iste quoque tenetur, ut administrationis reddat rationem. §. 1. *inst. de obl. quæ quasi ex contr.* Cùm quis negotia absentis gesserit, ultrò citròque inter eos nascuntur obligationes. d. §. Æquum est ipsum actus sui rationem reddere, & eo nomine condemnari, quidquid vel non ut oportuit, gessit : vel ex his negotiis retinet. *l.* 2. *ff. de neg. gest.*

II.

2. Soin de l'affaire entreprise.

Celui qui s'est engagé à l'affaire d'un autre à son insçû, est obligé d'en prendre le même soin que s'il étoit Procureur constitué ; car il en tient lieu ; & rendant un office, il doit le rendre tel qu'il ne soit pas nuisible ou par sa négligence, ou par quelqu'autre faute. Ainsi il sera tenu, non-seulement de ce qu'il pourroit y avoir de sa part du dol ou de mauvaise foi, mais aussi du manque de soin : & quand même il seroit négligent en ses propres affaires, il doit pour celles d'un autre dont il s'est chargé, un soin très-exact, & il répondra des fautes contraires à ce soin ; si ce n'est que les circonstances doivent y apporter quelque temperament, suivant la regle qui sera expliquée dans le dernier article *b*.

b Secundùm quæ super his quidem, quæ nec Tutor nec Curator constitutus ultrò quis administravit, cùm non tantum dolum & latam culpam, sed & levem præstare necesse habeat, à se conveniri potest. *l.* 20. *C. de neg. gest.* Quo casu ad exactissimam quisque diligentiam compellitur reddere rationem. Nec sufficit talem diligentiam adhibere quatem suis rebus adhibere solet, si modò alius diligentior eo commodius administraturus esset negotia. §. 1. *in f. inst. de obl. quæ quasi ex contr.* Si mater tua majorannis constituta, negotia quæ ad pertinent gesserit, cùm omnem diligentiam præstare debeat, &c. *l.* 24. *C. de utur.* Si negotia absentis & ignorantis geras, & culpam, & dolum præstare debes. *l.* 11. *ff. de neg. gest.* V. l'art. 4. de la Sect. 3. des Procurations, p. 131.

III.

7. Si celui qui s'ingere aux affaires d'un absent, en néglige une partie.

Si la personne qui a entrepris la conduite des affaires d'un absent en néglige une partie, & que son engagement en éloigne d'autres personnes qui auroient pu y pourvoir, il en sera tenu selon les circonstances *c*.

c Videamus in persona ejus qui negotia administrat, si quidam gessit, quædam non ? Contemplatione tamen ejus, alius ad hæc non accessit : & si vir diligens, quod ab eo exigimus, etiam ea gesturus fuit, an dici debeat negotiorum gestorum eum teneri & propter eam quæ non gessit ? quod puto verius. *l. 6. §. 12. ff. de neg. gest. v. l. 1. §. ult. ff. de eo qui pro tut. prove cur. neg. gest.* Voyez ci-après l'art. 5.

IV.

4. Affaire entreprise sans nécessité.

Que si au contraire celui qui fait les affaires d'un absent, entreprend sans nécessité quelque affaire nouvelle, que rien n'obligeoit l'absent d'entreprendre, comme s'il achete pour lui quelques marchandises, ou s'il l'intéresse dans quelques commerce, il portera seul toutes les pertes qui en arriveront, quoique s'il en arrivoit du profit, il fût pour cet absent. Mais s'il se trouvoit dans cette même affaire de la perte d'une part, & du gain de l'autre, celui qui l'auroit entreprise pourroit compenser ce qu'il y auroit de gain sur la perte qu'il devroit porter *d*.

d Interdum etiam casum præstare debere : veluti si novum negotium, quod non sit solitus absens facere, tu nomine ejus geras : veluti venales novitios coëmendo, vel aliquam negotiationem ineundo. Nam si quod damnum ex ea secutum fuerit, te seque.ur, lucrum verò absentem. Quod si in quibusdam lucrum factum fuerit, in quibusdam damnum, absens pensare lucrum cum damno debet. *l. 11. ff. de neg. gest.*

V.

5. De celui qui ne gere autre, peut se borner à une, qu'une seule affaire.

Celui que rien n'oblige à s'immiscer aux affaires d'un autre, peut se borner à une, & s'abstenir des autres, s'il n'y a pas de connexité *e*.

e Nova inchoare necesse mihi non est. *l. 21. §. 2. ff. de neg. gest. l. 16. eod.* satis abundeque sufficit si cui vel in paucis amici labore consulatur. *l. 20. C. eod.* V. ci-devant l'art. 3.

VI.

6. Cas fortuit.

Quoique celui qui fait l'affaire d'un autre s'y soit immiscé volontairement, il n'est pas tenu dès cas fortuits & des autres évenemens qui pourroient rendre inutile le bon office qu'il avoit rendu *f*

f Negotium gerentes alienum, non interveniente speciali pacto casum fortuitum præstare non compelluntur. *l. 22. C. de neg. gest. l. 22. ff. eod.* V. l'art. 7. de la Sect. 2.

VII.

7. Si l'absent meurt avant la fin de l'affaire.

Si celui de qui un autre a entrepris l'affaire vient à mourir avant que l'affaire soit consommée, ou s'il étoit deja mort avant que cette personne s'y fût immiscée, elle sera obligée de continuer pour l'intérêt des héritiers, ou des autres personnes que l'affaire pourra regarder. Car c'est une suite de son engagement qu'il faut considérer dans son origine, indépendamment des changemens de maître qui peuvent arriver *g*.

g Ait Prætor : *Si quis negotia alterius, sive quis negotia quæ cujusque, cùm is moritur, fuerint, gesserit, judicium eo nomine dabo. l. 3. ff. de neg. gest.* Hæc verba, si quis negotia, quæ cujusque, cùm is moritur fuerint, gesserit, significant illud tempus quo quis post mortem alicujus negotia gessit, de quo fuit necessarium edicere *d. l. 3. §. 6. l. 12. §. ult. eod.* Si vivo Titio negotia ejus administrare cœpi, intermittere mortuo eo non debeo... nam quæcumque prioris negotii explicandi causâ geruntur, nihilum refert quo tempore consummentur, sed quo tempore inchoarentur. *l. 21. §. 2. eod.*

VIII.

8. Intérêt des deniers reçus pour la gere.

Si dans l'administration des affaires, ou des biens d'un absent il y a quelque recette de deniers qui restent de bon entre les mains de celui qui a geré, & qu'il les tourne à son profit, ou qu'il néglige de les employer, comme s'il manquoit d'acquitter une dette de l'absent, qui produisit des intérêts ; dans ces cas & autres semblables, soit qu'il y eût de la mauvaise foi dans sa conduite, ou une négligence qui dût lui être imputée ; il

Tome I.

---

pourra selon la somme, selon le tems qu'il l'aura gardée, & les autres circonstances, en devoir l'intérêt *h*.

h Qui aliena negotia gerit, usuras præstare cogitur, ejus scilicet pecuniæ, quæ purgatis necessariis sumptibus superest. *l. 31. §. 3. ff. de neg. gest.* Non tantùm sortem, verùm etiam usuras ex pecunia aliena perceptas, negotiorum gestorum judicio præstabimus : vel etiam quas percipere potuimus. *l. 19. §. 4. eod. v. l. 6. §. ult. eod.* On a ajouté dans cet article, pour ces intérêts, qu'ils peuvent être dûs selon les circonstances. Car notre usage n'est pas tel pour les intérêts qu'il l'étoit à Rome, où l'usure étoit permise, & où l'usage en étoit fréquent & facile pour les Banquiers, qui faisoient un commerce public de prendre à usure l'argent des Particuliers. Et ce commerce étoit si établi, que ceux qui étoient obligez de mettre à profit l'argent dont ils étoient chargez, comme les Tuteurs, avoient leur décharge pourvû qu'ils l'eussent donné à un Banquier dont le crédit fût bien établi : quand même il seroit arrivé dans la suite que ce Banquier se trouve insolvable. V. *l. 10. §. 1. ff. de edend. l. 24. §. 2. ff. de rebus auct. jud. poss. l. 7. §. 2. ff. depos. l. 50. ff. de adm. & per. tut.*

IX.

9. De celui qui gere l'affaire d'une personne, croyant gerer celle d'une autre.

Si quelqu'un par erreur a geré une affaire qu'il croyoit être celle d'un de ses amis, & qui étoit l'affaire d'un autre, il ne se forme aucun engagement entre lui & cet ami de qui il croyoit que c'étoit l'affaire ; mais seulement entre le maître de l'affaire & lui, de même que si la vérité lui eût été connue *i*.

i Sed etsi cùm putavi Titii negotia esse, cùm essent Sempronii, ea gessi : solius Sempronii mihi actione negotiorum gestorum tenetur. *l. 5. §. 1. ff. de neg. gest. l. 45. §. 2. eod.*

X.

10. Si une femme gere pour un absent.

Si une femme s'étoit ingerée à la conduite des affaires d'une autre personne à son insçu, elle en seroit tenue selon les regles précédentes ; car encore que les femmes ne puissent être nommées Tutrices ni Curatrices, elles entrent dans les engagemens qui peuvent naître d'une administration où elles s'ingerent *l*.

l Hæc verba, *si quis*, sic sunt accipienda *sive quæ.* Nam & mulieres negotiorum gestorum agere posse, & conveniri non dubitatur. *l. 3. §. 1. ff. de neg. gest.*

XI.

11. De ceux qui gerent par nécessité.

Ceux qui par quelque nécessité se trouvent obligez à l'administration des affaires des autres, comme l'est, par exemple en de certains cas l'héritier d'un Tuteur *m*, entrent dans les mêmes engagemens que celui qui s'ingere volontairement. Et ils ont aussi de leur part les mêmes actions contre ceux dont ils font les affaires, à plus forte raison même que celui qui s'est engagé sans nécessité *n*.

m V. l'article 6. de la Sect. 4. des Tuteurs, p. 157.
n Hac actione tenetur non solùm is qui sponte, & nullâ necessitate cogente, immiscuit se negotiis alienis, & ea gessit : verùm & is, qui aliquâ necessitate urgente, vel necessitatis suspicione, gessit. *l. 3. §. 10. ff. de neg. gest.* Quo jure contra eos etiam, quorum te necessitate compulsum, negotium gessisse proponis, per judicium negotiorum gestorum uteris. *l. 18. C. de neg. gest.*

XII.

12. Cas où celui qui gere n'est pas tenu d'un soin très-exact.

Quoique ceux qui s'ingerent aux affaires des autres soient tenus réguliérement d'un soin très-exact, suivant la regle expliquée dans l'article 2. Si les circonstances sont telles qu'il y eût de la dureté d'exiger un tel soin de celui qui auroit geré l'affaire d'un autre, on pourroit y apporter du tempérament, & ne la pas rendre responsable des fautes qu'on ne pourroit imputer à une mauvaise foi. Ce qui doit dépendre de la qualité des personnes, de leur liaison d'amitié ou de proximité, de la nature de l'affaire, de la nécessité qu'il y avoit d'y pourvoir, comme si c'étoit pour prévenir une saisie ou une vente de biens de l'absent, des difficultez qui pourroient s'y rencontrer, de la conduite de celui qui s'y est immiscé, & des autres circonstances semblables *o*.

o Interdum in negotiorum gestorum actione Labeo scribit dolum solummodò versari : nam si affectione coactus, ne bona mea distrahantur, negotiis te meis obtuleris, æquissimum esse, dolum duntaxat te præstare, quæ sententia habet æquitatem. *l. 3. §. 9. ff. de neg. gest.*

X

SECTION II.

Des engagemens de celui de qui un autre a geré l'affaire.

SOMMAIRES.

1. *Fondement des engagemens de celui dont l'affaire a été geré.*
2. *Engagement d'approuver & d'exécuter ce qui a été bien geré.*
3. *Remboursement des dépenses.*
4. *Dépenses excessives.*
5. *Intérêts des avances*
6. *Dépenses non nécessaires.*
7. *Si ce qui a été utilement fait, périt par un cas fortuit.*
8. *Approbation de ce qui avoit été mal geré.*
9. *Des offices qu'on rend par quelque devoir, ou par libéralité.*
10. *Exception à l'article précédent.*
11. *On juge de ces sortes de dépenses par les circonstances.*

I.

1. Fondement des engagemens de celui dont l'affaire a été geré. CElui de qui un autre a fait quelque affaire à son insçu, est obligé envers lui à ce que demandent les suites de ce qui a été geré *a*. Et cette obligation se contracte quoiqu'on l'ignore, par le devoir de reconnoissance de ce bon office, & renferme les engagemens qui seront expliquez par les regles qui suivent.

a Hoc Edictum necessarium est : quoniam magna utilitas absentium versatur, indefensi rerum possessionem, aut venditionem patiantur, vel pignoris distractionem, vel poenæ committendæ actionem, vel injuria rem suam amittant. *l.* 1. *ff. de neg. gest.* Cùm quis negotia absentis gesserit, ultrà citròque nascuntur obligationes, quæ appellantur negotiorum gestorum. §. 1. *inst. de obl. quæ quasi ex cont.* Ex qua causa hi quorum negotia contracta fuerint, etiam ignorantibus obligantur. *d. §.*

II.

2. Engagement d'approuver & d'exécuter ce qui a été bien geré. Celui de qui l'affaire a été bien conduite est obligé envers celui qui en a pris le soin, de le degager & desintéresser des suites de son administration : comme d'acquitter pour lui ce qu'il a promis, de l'indemniser des engagemens où il est entré, & de ratifier ce qu'il a bien geré *b*.

b Sanè sicut æquum est ipsum actus sui rationem reddere, & eo nomine condemnari, quidquid vel ut non oportuit, gessit, vel ex his negotiis retinet : ita ex diverso justum est, si utiliter gessit, præstari ei quidquid eo nomine vel abest ei, vel absturum est. *l.* 2. *ff. de neg. gest.* Vel etiam ipse in rem absentis alicui obligaverit, *d. l.* 2. Quod utiliter gestum est necesse est apud Judicem pro rato haberi. *l.* 9. *ff. eod.*

III.

3. Remboursement des dépenses. Si celui qui a geré l'affaire d'un absent, y a fait des dépenses nécessaires ou utiles, & telles que l'absent lui même auroit pû ou dû faire, il les récouvrera *c*.

c Si quis absentis negotia gesserit, licèt ignorantis? tamen quidquid utiliter in rem ejus impenderit... habeat eo nomine actionem. *l.* 2. *ff. de neg.* Quæ utiliter in negotia alicujus erogantur.... actione negotiorum gestorum, peti possunt. *l.* 45. *eod.*

IV.

4. Dépenses excessives. Si pour une dépense nécessaire, il a été mis plus qu'il ne falloit, elle sera réduite à ce qui a dû y être employé *d*.

d Si quis negotia aliena gerens, plusquàm oportet impenderit recuperaturum eum id quod præstari debuerit. *l.* 25. *ff. de neg. gest.*

V.

5. Intérêts des avances. Si pour ces dépenses celui qui les a faites a été obligé ou d'emprunter à intérêt, ou de faire une avance qui lui soit à charge, le maître de l'affaire sera tenu des intérêts des sommes avancées, quand même celui qui

les a fournies auroit été obligé par quelque nécessité à se charger du soin de cette affaire *e*.

e Ob negotium alienum gestum, sumptuum factorum usuras præstari bona fides suasit. Quo jure contra eos etiam, quorum te necessitate compulsum negotia gessisse proponis, per judicium negotiorum gestorum actione. *l.* 10. *C. de neg. gest. l.* 19. §. 4. *in f. ff. eod. l.* 37. *ff. de usur.* V. l'art. 5. de la Sect. 5. des Tuteurs, p. 158. & l'art. 11. de la Sect. de ce Titre.

VI.

6. Dépenses non nécessaires. Les dépenses qui auront été faites imprudemment pour une personne qui ne voulût pas les faire, ou qui même ne fût pas en état de s'y engager, tomberont sur celui qui les aura faites de son mouvement. Comme si par exemple, il a fait dans une maison quelques réparations inutiles, ou quelque changement que le maître ne pût, ni ne voulût faire; car il n'a pas dû l'engager indiscrettement à une dépense qui lui fût à charge *f*.

f Sed ut Celsus refert, Proculus apud eum notat, non semper debere dari. Quid enim si eam insulam fulsit, quam dominus, quasi impar sumptui, dereliquerit : vel quam sibi necessariam non putavit? Oneravit, inquit, Dominum, secundum l abeonis sententiam : cùm unicuique liceat & damni infecti nomine rem derelinquere. Sed istam sententiam Celsus eleganter deridet. Is enim negotiorum gestorum, inquit, habet actionem, qui utiliter negotia gessit. Non autem utiliter negotia gerit, qui rem non necessariam, vel quæ oneratum est patremfamilias, aggreditur. Juxta hoc est, & quod Julianus scribit : eum qui insulam fulsit, vel servum ægrotum curavit, habere negotiorum gestorum actionem, si utiliter hoc faceret, licèt eventus non sit secutus. Ego quaro, quid si putavit se utiliter facere, sed patrisfamilias non expediebat? Dico non habiturum negotiorum gestorum actionem. Ut enim eventum non spectamus, debet utiliter esse cœptum. *l.* 10. §. 2. *ff. de neg. gest.*

VII.

7. Si ce qui a été utilement fait, périt par un cas fortuit. Si la dépense a été nécessaire, & telle que le maître auroit dû la faire, & que par quelque cas fortuit ce qui avoit été fait utilement périsse ou se perde, il ne laissera pas d'être tenu de rembourser de cette dépense celui qui l'avoit faite, & à qui on ne peut imputer cet événement. Ainsi, par exemple, si un ami d'un absent de qui la maison étoit en péril de ruine, la fait appuyer, s'il achete quelques provisions nécessaires pour l'entretien de sa famille, & que la maison ou ces provisions périssent par un incendie ou autre cas fortuit, sans la faute de celui qui avoit rendu ces services, il ne laissera pas de recouvrer ce qu'il y avoit mis *g*.

g Sive hereditaria negotia, sive ea quæ alicujus essent, gerens aliquis, necessariò rem emerit, licèt ea interierit, poterit quod impenderit, judicio negotiorum gestorum consequi. Veluti si frumentum aut vinum familiæ paraverit, idque casu quodam interierit, forte incendio, ruina. Sed ita scilicet hoc dici potest, si ipsa ruina, vel incendium sine vitio ejus acciderit. *l.* 22. *ff. de neg. gest.* Habere negotiorum gestorum actionem, qui rem non necessariam, vel quæ oneratum est patremfamilias aggreditur. Juxta hoc est, & quod Julianus scribit : eum qui insulam fulsit, vel servum ægrotum curavit, habere negotiorum gestorum actionem, si utiliter hoc faceret, licèt eventus non sit secutus. *l.* 10. §. *ult. ff. eod.* Voyez l'article 6. de la Sect. 1. Is autem qui negotiorum gestorum agit non solùm si effectum habuit negotium quod gessit, actione ista uteretur : sed sufficit si utiliter gessit, si effectum non habuit negotium, & ideò si insulam fulsit, vel servum ægrum curavit, etiam si insula exusta est, vel servus obiit, aget negotiorum gestorum. *d. l.* 10. §. 1. *ff. eod.* Voyez l'art 35. de la Sect. 3. des Tuteurs, p. 156.

VIII.

8. Approbation de ce qui avoit été mal geré. Si celui de qui un autre a geré l'affaire, a ensuite approuvé ce qui a été fait, après l'avoir connu; il ne pourra plus s'en plaindre, quand il auroit quelque sujet de ne pas l'approuver, à moins qu'il n'y eût du dol qui n'eût point paru *h*.

h Pomponius scribit, si negotium a te, quamvis malè gestum, probavero, negotiorum tamen gestorum te mihi non teneri.... quod reprobate non possim semel probatum. Et quemadmodum, quod utiliter gestum est, necesse est apud Judicem pro rato haberi, ita omne quod ab ipso probatum est. *l.* 9. *ff. de neg. gest.* Ita verum se putare, si dolus malus sit ab absit. *d. l.*

IX.

9. Des offices qu'on rend par quelque devoir, ou par libéralité. Les dépenses qu'une personne peut faire pour un autre, par un motif de libéralité, ou par quelque devoir de charité, ne se recouvrent point, & ne sont pas mises *quelque de-* *voir, ou par* *libéralité.* au rang de celles que font ceux qui gerent les affaires des autres, dans l'espérance de retirer ce qu'ils auront avancé du leur. Ainſi, par exemple, ſi un oncle donne des aliment à une niéce, & que ſe repentant dans la ſuite de ſa libéralité, ou de ce devoir de proximité, il veuille les demander, il n'y ſera pas reçu : & il en ſeroit de même à plus forte raiſon d'une mere qui auroit nourri ſes enfans. Mais ſi outre les alimens, elle avoit fourni quelque argent pour leurs affaires, & qu'il parût que ce fût dans le deſſein de le recouvrer, elle pourroit ſe le faire rendre *i.*

i Titium, ſi pietatis reſpectu ſororis aluerit filiam, actionem hoc nomine contra eam non habere reſpondi. *l. 27, in ſ. ff. de neg. geſt.* Munere pietatis fungebaris, quæ cauſa non admittit negotiorum geſtorum actionem. *l. 1. c. de neg. geſt.* Alimenta quidem, quæ filiis tuis præſtitiſti, tibi reddi non juſta ratione poſtulas : cùm id exigente materna pietate feceris. Si quid autem in rebus eorum utiliter & probabili more impendiſti, ſi non & hoc materna liberalitate, ſed recipiendi animo feciſſe te oſtenderis, id negotiorum geſtorum actione conſequi potes. *l. 11. c. eod.* V. les deux articles ſuivans.

X.

10. Excep- *tion à l'ar-* *ticle précé-* *dent.* Si une perſonne a fait pour une autre de ces ſortes de dépenſes qui ſont des devoirs de proximité ou de charité, qu'il ſoit libre d'exercer ou libéralement, ou avec le deſſein de recouvrer ce qu'on y aura employé ; l'intention de cette perſonne ſervira de regle, ou pour obliger celui que ces dépenſes regarderont, à les acquitter, ou pour l'en décharger. Et on jugera de cette intention par les circonſtances de la qualité des perſonnes, de leurs biens, des précautions priſes par celui qui fait de ces ſortes de dépenſes & les autres ſemblables *l.*

l Si paterno affectu privignas tuas aluiſti, ſeu mercedes pro his aliquas magiſtris expendiſti, ejus erogationis tibi nulla repetitio eſt. Quod ſi, tu repetiturus ea quæ in ſumptum miſiſti, aliquid erogaſti, negotiorum geſtorum tibi intentanda eſt actio. *l. 15. c. de neg. geſt.* V. l'article ſuivant.

XI.

11. On juge *de ces ſortes* *de dépenſes* *par les cir-* *conſtances.* La plus grande proximité des perſonnes ne ſuffit pas pour faire préſumer que la dépenſe que l'un a faite pour l'autre ſoit une libéralité. Et quand même il n'y auroit aucune proteſtation de recouvrer ce qui eſt avancé, s'il paroît par les circonſtances, qu'il n'y ait pas eu d'intention de donner, la perſonne qui a fait de ces ſortes de dépenſes pourra la demander. Ainſi, par exemple, ſi une mere qui prenoit le ſoin des biens & des affaires de ſes enfans, ou une ayeule de ceux de ſes petits enfans, les avoit nourris & entretenus ; il ſeroit à préſumer en ce cas que l'intention de cette mere ou de cette ayeule n'auroit été que de nourrir ſes enfans ou petits enfans de leur propre bien qu'elle adminiſtroit ; & cette dépenſe lui ſeroit allouée, quand même elle n'en auroit fait aucune proteſtation ; ce qui recevroit encore moins de difficulté, ſi elle en avoit tenu un mémoire dans le deſſein de la recouvrer *m.*

m Neſennius Apollinaris Julio Paulo ſalutem. Avia nepotis ſui negotia geſſit. Defunctis utriſque, aviæ hæredes conveniebantur à nepotis hæredibus negotiorum geſtorum actione. Reputabant hæredes aviæ alimenta præſtita nepoti. Reſpondebatur, aviam jure pietatis de ſuo præſtitiſſe : nec enim aut deſideraſſe ut decernerentur alimenta, aut decreta eſſent. Præterea conſtitutum eſſe dicebatur, ut ſi mater aluiſſet, non poſſet alimenta quæ pietate cogente de ſuo præſtitiſſet, repetere. Ex contrario dicebatur, tunc hoc rectè dici ut de ſuo mater aluiſſe probaretur : at in propoſito, aviam, quæ negotia adminiſtrabat, veriſimile eſſe de re ipſius nepotis eum aluiſſe. Tractatum eſt numquid utroque patrimonio erogata videantur ? Quero, quid tibi juſtius videatur ? Reſpondi, hæc Diſceptatio in facto conſiſtit. Nam & illud quod in matre conſtitutum eſt, non puto ita perpetuò obſervandum. Quid enim, ſi etiam proteſtata eſt filium ideò alere, ut aut ipſum, aut Tutores ejus conveniret ? Pone, peregrè patrem ejus obiiſſe, & matrem, dum in patriam revertitur, tam filium, quàm familiam ejus exhibuiſſe. In qua ſpecie etiam in ipſum pupillum negotiorum geſtorum dandam actionem Divus Pius Antoninus conſtituit. Igitur in re facti faciliùs putabo aviam, vel hæredes ejus audiendos, ſi reputare velint alimenta : maximè ſi etiam in rationem impenſarum ea retuliſſe aviam apparebit. Illud nequaquam admittendum puto, ut de utroque patrimonio erogata videantur. *l. 34. ff. de neg. geſt.* Tome I.

TITRE V.

De ceux qui ſe trouvent avoir quelque choſe de commun enſemble ſans convention.

Choſe com- *mune à* *pluſieurs* *perſonnes* *ſans con-* *vention.* Lorſqu'une choſe ſe trouve commune à deux ou pluſieurs perſonnes, ſans qu'ils en fuſſent convenus, comme une ſucceſſion entre cohéritiers, un legs d'une choſe à pluſieurs légataires ; il ſe forme entr'eux divers engagemens, ſelon que leurs intérêts peuvent le demander. Ainſi celui qui a la choſe commune entre ſes mains, doit en prendre ſoin : Ainſi ils doivent ſe rembourſer ce qui a été employé pour la conſerver : Ainſi ils doivent en faire un juſte partage : & ce ſont ces engagemens & les autres ſemblables qui feront la matiere de ce Titre.

Il peut arriver en deux manieres qu'une choſe ſoit commune à pluſieurs perſonnes. L'une, de ſorte que chacun d'eux ait ſon droit indivis ſur toute la choſe. Ainſi tous les biens d'une ſucceſſion ſont tellement communs entre les cohéritiers, que chaque choſe de la ſucceſſion appartient à tous juſqu'au partage. L'autre eſt lorſque chacun a ſa portion reglée ; quoique le partage n'ait pas été fait. Ainſi un teſtateur peut leguer à deux perſonnes un héritage dont il aſſigne à l'un une moitié à prendre d'un certain côté, & à l'autre la ſienne d'un autre côté ; ce qui rendra commune entr'eux au moins la partie de l'héritage par où il faudra regler les bornes qui doivent aſſigner à chacun ſa moitié. Et il ſe formera des engagemens entre ces perſonnes, comme pour les obliger au partage & aux reſtitutions que l'un pourra devoir à l'autre pour les jouiſſances.

On ne parlera pas ici de la communauté de biens qui eſt établie par pluſieurs Coûtumes entre le mari & la femme. Car encore que cette communauté ſe contracte ſans une convention expreſſe, par le ſimple effet du mariage ; c'eſt une matiere propre des Coûtumes, qui en ont différemment établi les regles ; & on peut y appliquer ce qui eſt dit de ce Titre & celle de la Société, ſelon qu'elles peuvent y convenir.

Ce qu'on dit ici que la communauté de biens entre le mari & la femme eſt une matiere propre des Coûtumes, ſignifie ſeulement qu'elle eſt expreſſément établie par pluſieurs Coûtumes ; ce qui n'empêche pas que dans les autres Coûtumes qui n'en parlent point, & dans les Provinces qui ſe régiſſent par le Droit écrit, on ne puiſſe convenir par le contrat de mariage d'une communauté de biens entre le mari & la femme, comme on le pouvoit auſſi dans le Droit Romain, ainſi qu'il ſe voit en la loi 16. §. 3. ff. de alim. & cib. leg. Mais c'étoit une communauté ou ſociété conventionnelle, & comme toutes ces communautés, ſoit coûtumieres ou conventionnelles, ont leurs regles ou dans les coûtumes, ou dans le contrat de ſociété, & en général dans les conventions ; il ne reſte rien de cette matiere qu'il ſoit néceſſaire d'ajouter à ce qui a été expliqué dans le Titre des conventions, dans celui de la Société & dans celui-ci.

SECTION I.

Comment une choſe peut être commune à pluſieurs perſonnes ſans convention.

SOMMAIRES.

1. *Donataires ou légataires d'une même choſe.*
2. *Cohéritiers.*
3. *Héritier d'un aſſocié.*
4. *Acquéreur de portions indiviſes.*
5. *Engagemens par la choſe commune.*

I.

1. Donatai- *res ou léga-* *taires d'une* *même choſe.* UNe choſe peut être commune à deux ou pluſieurs perſonnes, ſans qu'il y ait entr'eux de ſociété, ni même aucune convention, ni rien de leur fait. Ainſi deux donataires ou légataires d'une même chose l'ont commune entr'eux sans société ni convention *a*.

a Communiter res agi potest citra societatem : ut putà cùm non affectione focietatis incidimus in communionem , ut evenit in re duobus legata. *l.* 31. *ff. pro focio.* Si donatio communiter nobis obvenit. *d. l.* Sine focietate communis res est, veluti inter eos quibus eadem res testamento legata est. *l.* 2. *ff. com. divid.* Cùm fine tractatu , in re ipsa & negotio communiter videtur. *l.* 32. *ff. pro focio. v. §.* 3. *inst. de obl. quæ quasi ex contr.* Hos conjunxit ad focietatem , non consensus , sed res. *l.* 25. *§.* 16. *in f. ff. fam. ercisc.* V. l'art. 1. de la Sect. 2. de la Société , p. 86.

II.

2. Cohéritiers.   Les cohéritiers d'une même succession , soit par testament , ou *ab intestat*, sont liez par les droits & les charges de la succession qu'ils ont en commun : & cette liaison se forme sans convention *b*.

b Si hæreditas communiter nobis obvenit. *l.* 31. *ff. pro foc.* Cum cohærede non contrahimus , sed incidimus in cum, *l.* 25. *§.* 16. *ff. fam. ercisc.*

III.

3. Héritiers d'un assoc.ié.   L'héritier d'un associé se trouve lié sans convention avec les associez de celui à qui il succede, & quoiqu'il ne soit pas lui même associé, cette liaison est un effet du droit qui lui est acquis en la chose commune *c*.

c Licet (hæres) socius non fit, attamen emolumenti successor est. *l.* 63. *§.* 8 *ff. pro foc.* V. l'art. 3. de la Sect. 2. & toute la Sect. 6. de la Société , p. 86.

IV.

4. Acquéreur de portions indivises.   Celui qui se rend acquéreur d'une portion d'un droit, ou autre chose commune à plusieurs personnes , entre dans leurs liaisons sans société ni convention : & il en est de même si divers acheteurs acquierent chacun singulierement & séparément de différentes portions indivises d'une même chose *d*.

d Aut si à duobus separatim emimus partes eorum, non socii futuri. *l.* 31. *ff. pro focio.*

V.

5. Engagemens par la chose commune.   Dans les cas des articles précédens, & dans tous les autres évenemens semblables, qui rendent commune à deux ou à plusieurs personnes une même chose sans convention , il se forme entr'eux divers engagemens par le simple effet de leur intérêt en la chose qui leur est commune : & ces engagemens seront expliquez dans la Section suivante *e*.

e Alter eorum alteri tenetur communi dividundo judicio. *§.* 3. *inf. de obl. quæ quasi ex contr.* In re ipsa & negotio. *l.* 31. *ff. pro foc.* Hos conjunxit ad focietatem non consensus , sed res, *l.* 25. *§.* 16. *in f. ff. fam. ercisc.*

SECTION II.

Des engagemens réciproques de ceux qui ont quelque chose de commun ensemble sans convention.

SOMMAIRES.

I.

1. Engagemens généraux de une chose commune.   Les engagemens de ceux qui ont quelque chose de commun entr'eux sans convention , sont en général : De se partager quand un d'eux le voudra : De se faire justice entr'eux des gains & des pertes : De compter de leurs jouissances & de leurs dépenses : De répondre chacun de son propre fait , & du dommage qu'il peut avoir causé dans la chose commune , ainsi que ces engagemens , & leurs suites seront expliquées dans les regles qui suivent *a*.

a In communi dividundo 'udicio nihil provenit, ultra divisionem rerum ipsarum quæ communes sunt : & si quid in his damni datum factumve est: sive quid eo nomine aut abest alicui fociorum aut ad cum pervenit ex re communi. *l.* 3. *ff. comm. divid.* Idem eorum etiam , quæ vobis permanent communia , fieri divisionem providebit : tam sumptuum , si quis de vobis in res communes fecit quàm fructuum : item doli & culpæ (cùm in communi dividundo judicio hæc omnia venire non ambigatur) rationem , in omnibus æqualitas fervetur , habiturus. *l.* 4. *in f.* *c. eod.* Inter eos communicentur commoda & incommoda. *l.* 19. *in f. ff. fam. ercisc.*

II.

2. Soin de la chose commune.   Pendant que la chose commune entre cohéritiers , ou autres demeure indivise , celui des propriétaires , qui l'a en sa puissance , est obligé d'en prendre soin comme de sa chose propre : & il doit répondre non seulement de tout dol & fraude , mais aussi des fautes contraires à ce soin. Mais il n'est pas tenu des mêmes diligences que celui qui se charge volontairement de l'affaire d'un autre ; parce que c'est son intérêt qui l'a engagé à une affaire qui le regardoit, & seulement par occasion à ce qui regardoit l'autre intéressé. Ainsi il n'y a doit que le même soin qu'il auroit pour sa propre affaire *b*.

b Non tantùm dolum, sed & culpam in re hæreditaria præstare debet cohæres. Quoniam cum cohærede non contrahimus , sed incidimus in eum. Non tamen diligentiam præstare debet , qualem diligens paterfamilias , quoniam hic propter suam partem , causam habuit gerendi : & ideo negotiorum gestorum , actio ei non competit. Talem igitur diligentiam præstare debet , qualem in suis rebus. Eadem sunt si duobus res legata sit. Nam & hos conjunxit ad focietatem non consensus , sed res. *l.* 25. *§.* 16. *ff. fam. ercisc.* Cætera eadem sunt , quæ in familiæ ercifcundæ judicio tractavimus. *l.* 6. *§.* 11. *ff. comm. divid.*

III.

3. Rapport des jouissances.   Celui qui a joui de la chose commune doit en rapporter tous les fruits & tous les profits. Car sans ce rapport , l'égalité qui doit être entre copartageans se trouveroit blessée *c*.

c Si focius folus aliquid ex ea re lucratus est , velut operas fervi , mercedesve , hoc judicio eorum omnium ratio habetur. *l.* 11. *in f. ff. comm. divid. l.* 4. *§.* 3. *eod.* Sive locando fundum communem,five colendo,de fundo communi quid focius consecutus fit , communi dividundo judicio tenebitur. *l.* 6. *§.* 2. *eod.* Tam sumptuum quam fructuum (fieri divisionem.) *l.* 4. *c. eod.* Ut in omnibus æqualitas fervetur. *d. l. in f.*

IV.

4. Remboursement des avances & des intérêts.   Si un des propriétaires d'une chose ou affaire commune entr'eux y a employé quelque dépense qu'il ait fallu faire ; comme pour des réparations, des frais d'un procès , ou d'autres semblables, il la recouvrera avec les intérêts depuis son avance *d*. Car les dépenses ont conservé la chose, ou même l'ont rendue plus précieuse , & peuvent avoir été à charge à celui qui en a fait l'avance.

d Sicut autem ipsius rei divisio venit in communi dividundo judicio,ita etiam præstationes veniunt. Et ideo , si quis impensas fecerit,consequatur. *l.* 4. *§.* 3. *ff. comm. divid. l.* 11. *eod.* Qui sumptus necessarios probabiles in communi iste fecit, negotiorum gestorum actionem habet. *l.* 31. *§. ult. ff. de neg. gest.* Si quid unus ex fociis neceffariò de fuo impendit in communi negotio, judicio focietatis fervabit & ufuras. *l.* 67. §. 2. *ff. pro foc. l.* 52. §. 10. *eod.* Sumptuum quos unus ex hæredibus bona fide fecerit, ufuras quoque confequi poteft à cohærede, ex die moræ, fecundùm refcriptum Imperatorum Severi & Antonini. *l.* 18. §. 3. *ff. fam erciſc.*

V.

y. Détérioration de la choſe commune.

Ceux qui ont une affaire ou autre choſe commune enſemble, ſont tenus réciproquement l'un envers l'autre du maniement, ou de la conduite qu'ils en ont eue, & chacun répondra du dommage ou des pertes qu'il aura pû y cauſer *e.*

e In hoc judicium venit quod communi nomine actum eſt, aut agi debuit ab eo qui ſcit ſe ſocium habere. *l.* 14. *ff. comm. divid.* Venit in communi dividundo judicium, etiam ſi quis rem communem deteriorem fecerit, forte arbores ex fundo excidendo. *l.* 8. §. 2. *ff. eod. l.* 19. *e. fam. erciſc.*

VI.

f. L'un ne peut ſans l'autre faire innover en la choſe commune.

Aucun des propriétaires d'une choſe commune ne peut y faire de changement, qui ne ſoit agréé de tous; & un ſeul même peut empêcher contre tous les autres qu'il ne ſoit innové *f*: car chacun d'eux a la liberté de conſerver ſon droit tel qu'il eſt : ce qu'il faut entendre des changemens qui ne ſont pas néceſſaires pour la conſervation de la choſe: car il ne ſeroit pas juſte qu'on la laiſſât périr par la bizarrerie de l'un des propriétaires.

f Sabinus, in re communi neminem dominorum jure facere quicquam, invito altero poſſe. Unde manifeſtum eſt prohibendi jus eſſe. In re enim pari, potiorem cauſam eſſe prohibentis conſtat. *l.* 28. *ff. comm. divid.* Quod omnes ſimiliter tangit, ab omnibus comprobetur. *l.* 5. *in f. c. de auct. praeſt. Quoique ce texte ſe rapporte à un autre ſujet, on peut l'appliquer ici.*

VII.

7. Priué de celui qui fait un changement ſans le gré des autres.

Si l'un des propriétaires fait un changement en la choſe commune ſans néceſſité, l'autre y réſiſtant, il ſera tenu de remettre les choſes dans l'état où elles étoient auparavant ſi cela ſe peut, & de tous les dommages & intérêts qu'il aura cauſés *g.*

g Manifeſtum eſt prohibendi jus eſſe. *l.* 28. *ff. comm. divid.* V. le texte cité ſur l'article ſuivant.

VIII.

8. Si le changement a été ſouffert.

Si le changement a été connu & ſouffert, quoique ſans un conſentement exprès, celui qui l'aura ſouffert ne pourra obliger l'autre à remettre les choſes en leur premier état *h.*

h Sed etſi in communi prohiberi ſocius à ſocio, ne quid faciat, poteſt, ut tamen factum opus tollat, cogi non poteſt ſi, cum prohibere poterat, hoc praetermiſit. *l.* 28. *ff. comm. divid.*

IX.

9. Changement à l'inſçû de l'un des intéreſſés.

Si l'un fait un changement en l'abſence ou à l'inſçû des autres, qui leur cauſe quelque perte, ou qu'ils ayent un juſte ſujet de ne point agréer; il ſera obligé de remettre les choſes comme elles étoient *i*, autant qu'il ſera poſſible, & que l'équité le demandera : & s'il avoit cauſé quelque dommage, il en ſera tenu.

i Quod ſi quid, abſente ſocio, ad laeſionem ejus fecit, tunc etiam tollere cogitur. *l.* 28. *ff. comm. divid.*

X.

10. Changement ſouffert quoique nuiſible.

Celui qui ayant vû le changement y aura conſenti, ne pourra s'en plaindre, quand même il en ſouffriroit quelque perte ou quelque dommage *l.*

l Si facienti conſenſit, nec pro damno habet actionem. *l.* 28. *ff. comm. divid.*

XI.

11. Engagement de partager la choſe commune.

Il eſt toujours libre à chacun de ceux qui ont quelque choſe de commun entr'eux, de la partager; & ils peuvent bien convenir de remettre le partage à un certain tems, mais non pas qu'il ne puiſſe jamais être fait *m.*

m In commutatione, vel ſocietate nemo compellitur invitus detineri. Quapropter aditus Praeſes Provinciae, ea quae communia tibi cum ſorore perſpexerit, dividi providebit. *l.* uls. *c. comm. div. l.* 29. *in f. ff. comm. eod. l.* 43. *ff. fam. erciſc.* Si conveniat, ne omninò diviſio fiat, hujuſmodi pactum nullas vires habere manifeſtiſſimum eſt. Sin autem intra certum tempus, quod etiam ipſius rei qualitati prodeſt, valet. *l.* 14. §. 2. *ff. eod.*

Car il ſeroit contre les bonnes mœurs, qu'ils fuſſent forcez d'avoir toujours une occaſion de ſe diviſer, par la poſſeſſion indiviſe d'une choſe commune.

XII.

11. Si la choſe commune ne peut ſe diviſer.

Si les choſes qui ſont à partager ne peuvent ſe diviſer en portions égales, les copartageans peuvent s'égaliſer par des retours d'argent ou autrement : & ſi la choſe commune eſt indiviſible, comme un office, ou une maiſon qui ne pût être diviſée qu'avec beaucoup de pertes, ou de trop grandes incommoditez, elle peut être laiſſée à un ſeul pour un prix qui ſera partagé; ou il s'en fait une licitation : & les étrangers mêmes peuvent être reçus aux encheres, ſi quelqu'un des propriétaires qui le voudra, ou ne pourra peut-être enchérir, le demande ainſi *n.*

n Cum regionibus dividi commodè aliquis ager inter ſocios non poteſt, vel ex pluribus ſinguli, aeſtimatione juſtâ factâ, unicuique ſociorum adjudicantur, compenſatione invicem factâ, eoque cui res majoris pretii obvenit caeteris condemnato ad licitationem nonnunquam etiam extraneo emptore admiſſo : maximè ſi ſe non ſufficere ad juſta pretia uni ex ſociis ſua pecunia vincere vilius licitantem proficuntur. *l.* 3. *c. eonm. divid. l.* 1. *c. eod.* Si familia erciſcundae, vel communi dividundo judicium agatur, & diviſio tam difficilis ſit, ut pene impoſſibilis eſſe videatur, poteſt Judex in unius perſonam totam condemnationem conferre omnes res. *l.* 55. *ff. fam. erciſc.*

XIII.

13. Charge ſur l'un des héritages qui ſe partagent.

Si dans un partage de divers héritages, ou d'un héritage en deux ou pluſieurs portions, il eſt néceſſaire d'aſſujettir l'une de ces portions, ou un de ces héritages à quelque ſervitude pour l'uſage des autres, comme à un paſſage, à une priſe d'eau, ou autre ſemblable, les Arbitres ou Experts qui en connoîtront, pourront charger de la ſervitude, l'héritage qui devra y être ſujet *o*: & en ce cas on égalifera d'ailleurs la condition des copartageans, ou par un retour d'argent, ou donnant plus de fonds à celui qui ſera chargé de la ſervitude, ou par d'autres voies.

o Sed etiam cum adjudicat, poterit imponere aliquam ſervitutem, ut alium alii ſervum faciat, ex iis quos adjudicat. *l.* 22. §. 3. *ff. fam. erciſc.*

XIV.

14. Léſion en partage.

S'il ſe trouve quelque léſion conſidérable dans un partage, même entre majeurs, ſoit par quelque dol de l'un des copartageans, ou même ſans que l'un puiſſe rien imputer à l'autre; cette léſion ſera réparée par un nouveau partage *p.*

p Majoribus etiam, per fraudem, vel dolum, vel perperàm inito judicio facti diviſionibus ſolet ſubveniri. Quia in bonæ fidei judiciis, quod inæqualiter factum eſſe conſtiterit, in melius reformabitur. *l.* 3. *c. comm. utr. jud. Car notre uſage eſt ſouſ que la léſion ſoit du tiers au quart, pour reſcire un partage.* Gotof. ad h. leg.

¶ Excepté, ſi le partage a été fait par autorité de Juſtice, ſuivant les termes de la loi *Sine judicio factis. l.* 3. *c. comm. utriuſq. judic.* Si le partage a été fait par le pere pendant ſa vie, il ne peut être caſſé, pourvû que chaque enfant ait ſa légitime. *l.* 10. & 21. *c. famil. erciſcundá.* Papon dans ſes Arrêts, Liv. 15. Tit. 8. article 7. Deſpeiſſe t. 1. p. 149.

On peut revenir contre un partage quoique fait par forme de tranſaction. Chenu ſur Papon, *cod. art.* 3.

Le temps pour revenir contre un partage fait entre majeurs n'eſt que de dix ans, ſuivant l'Ordonnance de Louis XII. Papon *cod. art.* 6. Deſpeiſſe *cod. col.* 1. *in fine.*

En matiere de partage le mineur releve le majeur; parce qu'il fait remettre les choſes au même état qu'elles étoient auparavant, & par conſéquent elles redeviennent communes & indiviſes.

XV.

15. Garantie entre copartageans.

Après le partage des choſes qui étoient communes, chacun des copartageans tient lieu de vendeur envers l'autre; & ils doivent ſe garantir réciproquement leurs portions des évictions. Ainſi, par exemple, ſi un créancier d'une ſucceſſion dont les héritiers ont partagé les biens, exerce ſon hypotheque contre l'un d'eux, après leur partage; les autres doivent l'en garantir pour leurs portions, quand même il n'auroit été rien dit dans le partage ſur la garantie *q.*

q Diviſionem praediorum vicem emptionis obtinere, placuit.

Y iij

l. 1. c. comm. utr. jud. Si familiæ ercifcundæ judicio, quo bona paterna inter te ac fratrem tuum æquo jure divifa funt, nihil fuper evictione retum fingulis adjudicatarum fpecialiter inter vos convenit: id eft, ut unufquifque eventum rei fufcipiat, rectè poffeffionis evictæ detrimenta, fratrem & cohæredem tuum pro parte agnofcere Præfes Provinciæ, per actionem præfcriptis verbis, compellet. *l. 14. c. fam. erifc.* (Judex familiæ ercifcundæ) curare debet, ut de evictione caveatur, his quibus adjudicat. *l. 25. §. 21. ff. fam. ercifc.*

XVI.

16. Titre des biens partagez. Les titres des chofes communes, qui font communs à tous les copartageans, peuvent être laiffez en la puiffance de l'un d'eux qui s'en charge envers les autres, & leur en donne des copies collationnées, promettant de repréfenter les originaux quand il le faudra. Ainfi, entre cohéritiers, les titres demeurent au principal héritier. Que s'il n'y a pas de caufe d'en préférer l'un aux autres, ou qu'ils ne conviennent pas, ils peuvent tirer au fort, ou le Juge le regle, ou les titres font dépofez entre les mains d'un Notaire qui en a fait à chacun des expéditions. Mais on ne met pas en licitation à qui aura les titres *r*.

r Si quæ funt cautiones hæreditariæ, eas Judex curare debet, ut apud eum maneant, qui majore ea parte hæres fit. Cæteri defcriptum & recognitum faciant, cautione interpofitâ, ut cùm res exegerit, ipfæ exhibeantur. Si omnes iifdem ex partibus hæredes fint, nec inter eos conveniat, apud quem potiùs effe debeant, fortiri eos oportet; aut ex confenfu, vel fuffragio eligendus eft amicus, apud quem deponantur: vel in æde facra deponi debent. *l. 5. ff. fam. ercifc. l. 4. §. ult. eod.* De inftrumentis quæ communia fratrem veftrum tenere proponitis, Rector Provinciæ aditus, apud quem hæc collocari debeant exiftimavit. *l. 5. c. comm. utr. jud.* Nam ob licitationem rem deducere, ut qui licitatione vicerit hæc habeat inftrumenta hæreditaria, non placet neque mihi, neque Pomponio. *l. 6. ff. fam. ercifc. V. l. ult. ff. de fide inftr.*

XVII.

17. Des chofes qu'il n'eft pas permis de mettre en partage. Si parmi les biens communs qui font à partager entre deux ou plufieurs perfonnes, il fe trouve des chofes de telles natures qu'elles ne puiffent fervir qu'à des ufages illicites, comme des poifons dont il ne pourroit fe faire aucun bon ufage, des livres de magie, & autres chofes femblables, elles n'entreront point dans le partage, mais les partageans, ou le Juge, fi la chofe vient à la connoiffance, les mettront en état qu'on ne puiffe en faire un mauvais ufage *f*.

f Mala medicamenta, & venena veniunt quidem in judicium: fed Judex omninò interponere fe in his non debet. Boni enim & innocentis viri officio eum fungi oportet. Tantumdem debebit facere & in libris improbatæ lectionis: magicis fortè, vel his fimilibus. Hæc enim omnia protinus corrumpenda funt, *l. 4. §. 1. ff. fam. ercifc.*

XVIII.

18. Chofes mal acquifes. Les chofes acquifes par de mauvaifes voies, comme par un larcin, par un vol, par un facrilége, n'entrent pas non plus en partage, mais feront reftituées à qui il appartiendra *t*.

t Sed etfi quid ex peculatu, vel ex facrilegio acquifitum erit, vel vi, aut latrocinio, aut aggreffura, hoc non dividetur. *l. 2. §. 4. ff. fam. ercifc.*

TITRE VI.

De ceux qui ont des héritages joignans.

Il y a une autre efpéce d'engagement fans convention, qui fe forme entre les propriétaires d'héritages joignans, par le fimple effet de la fituation de ces héritages, qui oblige à les confiner, fi les bornes en font incertaines, ou à s'en tenir aux poffeffions de part & d'autre felon les confins, lorfqu'il y en a.

SECTION I.

Comment fe bornent ou fe confinent les héritages.

SOMMAIRES.

I.

1. Différence entre les bâtimens & les autres héritages. L'Ufage des bornes eft principalement pour les héritages de la campagne, où il n'y a point de bâtiment qui en regle l'étendue; mais les bâtimens & les lieux clos de muraille, foit dans les villes, ou à la campagne, ont leurs confins par des anciens murs ou mitoyens, ou propres à un feul des voifins *a*.

a Hoc judicium locum habet in confinio prædiorum rufticorum: in urbanorum difplicuit. Neque enim confines hi, fed magis vicini dicuntur: & ea communibus parietibus plerumque difterminantur. Et ideò etfi in agris ædificia juncta fint, locus huic actioni non erit. Et ifturbe hortorum latitudo contingere poteft: ut etiam finium regundorum agi poffit. *l. 4. §. 10. ff. fin. regund.* V. l'art. fuivant.

II.

2. Diftance du confin pour planter, bâtir, ou faire d'autres ouvrages. Quoique les héritages qui fe joignent foient diftinguez par la ligne qui les fépare, & qui en eft le confin qu'on marque par des bornes, & que le total de chacun des héritages qui fe joignent, appartiennent entierement & jufqu'au confin à celui qui en eft le propriétaire; il ne peut néanmoins jouir de telle forte de fon héritage, qu'il puiffe ou planter, ou bâtir, ou faire ce qu'il voudroit à fleur du confin; mais felon la qualité du plan ou du bâtiment ou autre ouvrage, il doit garder les diftances reglées par les coûtumes & par les ufages *b*.

b Sciendum eft, in actione finium regundorum illud obfervandum effe, quod ad exemplum quodammodo ejus legis fcriptum eft, quam Athenis, Solon dicitur tuliffe, nam illic ita eft, Eἀν τις αἱμασιάν παρ᾽ ἀλλοτρίῳ χωρίῳ ὀρύγῃ τὸν ὅρον μὴ παραβαίνειν. Εἀν τειχίον, πόδα ἀπολείπειν. Εἀν δὲ οἴκημα, δύο πόδας. Εἀν δὲ τάφρον, ἢ βόθρον ὀρύττῃ, ὅσον τὸ βάθος ᾖ, τοσοῦτον ἀπολείπειν. Εἀν δὲ φρέαρ, ὀργυιάν. Ἐλαίαν δὲ καὶ συκῆν ἐννέα πόδας ἀπὸ τοῦ ἀλλοτρίου φυτεύειν. Τὰ δὲ ἄλλα δένδρα, πέντε πόδας. Id eft, fi quis fpem ad alienum prædium fixerit, infoderitque, terminum ne excedito. Si maceriam, pedem relinquito. Si verò domum, pedes duos. Si fepulcrum, aut fcrobem foderit, quantum profunditatis habuerint, tantum fpatii relinquito. Si puteum, paffum latitudinis. At verò oleam, aut ficum; ab alieno ad novem pedes plantato. Cæteras arbores; ad pedes quinque. *l. ult. ff. fin. regund.* Voyez l'article 8. de la Sect. 2. des Servitudes, p. 120.
On n'a pas marqué dans cet article les diftances qu'il faut obferver pour planter, bâtir, ou faire d'autres ouvrages. Car notre ufage eft différent de la loi citée fur cet article, & on fuit pour cela les ufages & les coûtumes des lieux.

III.

3. Du mur mitoyen, & du mur propre à un feul. Lorfqu'un mur eft fur le confin, il eft mitoyen; & étant commun aux deux bâtimens, il y fert de bornes *c*. Mais celui qui bâtit dans fon propre fonds, a le mur à foi, en gardant la diftance néceffaire du mur au confin *d*.

e (Prædia urbana) communibus parietibus plerumque difterminantur. *l. 4. §. 10. ff. fin. regund.*
d V. l'article précédent.

IV.

4. Héritages féparez par un grand chemin. Les héritages féparez par un grand chemin ne fe confinent pas l'un l'autre, & les propriétaires de ces héritages n'ont pas à régler de bornes entr'eux, fi ce n'eft qu'un changement du chemin y donnât fujet *e*.

e Sive via publica intervenit, confinium non intelligitur, & ideò finium regundorum agi non poteft. Quia magis in confinio meo via publica, vel flumen fit, quam ager vicini. *l. 4. in f. & l. 5. ff. fin. regund.* V. l'art. 6. de la Sect. 2. des Engagemens qui fe forment par des cas fortuits, p. 187.

V.

5. Héritages traverfez par un ruiffeau. Les ruiffeaux qui ne font pas à l'ufage du public, & qui font propres aux particuliers, dont ils traverfent les héritages, ne reglent pas leurs bornes, mais chacun a les fiennes, telles que les lui donne fon titre, ou fa poffeffion *f*.

f Sed fi rivus privatus intervenit, finium regundorum agi poteft, *l. 6. ff. fin. regund.*

VI.

i. Diverses voies pour regler les cönfins.

S'il y a de l'incertitude pour les confins des héritages, soit de la ville ou de la campagne, ils se reglent par les Titres, lorsqu'il y en a qui marquent ou le lieu des bornes, ou l'étendue que les héritages doivent avoir : Par d'anciennes marques : Par d'anciens aveus ou autres preuves semblables. Et comme après les titres, il peut arriver divers changemens dans les confins ; ils se reglent aussi par la possession & par les égards qu'on doit avoir à ces changemens. Comme si un propriétaire de deux héritages qui avoient leurs confins, en vendant l'un le confine autrement ; ou s'il se fait d'autres changemens par de différentes acquisitions ou successions, qui confondent ou distinguent les héritages. Et enfin on peut regler les confins par les autres voies qui peuvent les faire connoître *g*.

g In finalibus quæstionibus vetera monumenta, census autoritas ante litem inchoatam sequenda est : modò si non varietate successionum, & arbitrio possessorum fines, additis vel detractis agris, postea permutatos probetur. *l. 11. ff. fin. regund. l. 2. C. eod.* Eos terminos, quantum ad dominii quæstionem pertinet, observari oportere fundorum, quos demonstravit is, qui utriusque prædii dominus fuit, cùm alterum eorum venderet. Non enim termini qui singulos fundos separabant, observari debent ; sed demonstratio affinium, novos fines inter fundos constituere. *l. 12. ff. fin. reg.* Successionum varietas, & vicinorum novi confinus additis vel detractis alteutro, determinationis veteris monumenta sæpè permutant. *l. 2. C. eod.*

VII.

7. Qui peut faire regler les bornes.

Les Emphytéotes, les Usufruitiers, les Engagistes peuvent, de même que les propriétaires, exercer l'action pour regler les bornes avec les possesseurs des héritages voisins *h*.

h Finium regundorum actio in agris vectigalibus, & inter eos qui usumfructum habent, vel fructuarium & dominum proprietatis vicini fundi, & inter eos qui jure pignoris possident, competere potest. *l. 4. §. 9. ff. fin. regund.*

VIII.

8. Question sur une contestation après celle de la possession.

Si les mêmes parties qui sont en procès pour des confins, se contestent aussi la possession des lieux qu'il faut borner ; il faudra premierement juger la possession *i* : car la question des confins regarde la propriété, qui ne doit être jugée qu'après la possession *l*.

i Si quis super sui juris locis prior de finibus detulerit quærimoniam, quæ proprietatis controversiæ cohæret, priùs possessionis quæstio finiatur. *l. 3. C. fin. reg.*
l Voyez l'article 17. de la Section 1. de la Possession.

SECTION II.

Des engagemens réciproques des propriétaires ou possesseurs d'héritages joignans.

SOMMAIRES.

1. *Distance du confin pour planter, ou bâtir.*
2. *Usurpation au-delà des confins.*
3. *S'il ne paroît pas de bornes.*
4. *De celui qui enleve les bornes.*
5. *Pouvoir de ceux qui mettent les bornes.*

I.

1. Distance du confin pour planter ou bâtir.

LE propriétaire ou autre possesseur d'un héritage, faisant un plan, un bâtiment, ou autre ouvrage, doit garder les distances entre son ouvrage & le confin, ainsi qu'elles sont reglées par les coutumes & par les usages *a*. Et s'il y contrevient, il sera obligé de démolir son bâtiment, arracher son plan, & remettre les choses dans l'état où elles doivent être, avec les dommages & intérêts que son entreprise aura pû causer *b*.

a Voyez l'article 2. de la Sect. 1.
b Culpa & dolus exinde præstatur. l. 4. §. 2. ff. fin. regund. Sed

& si quis Judici non pareat in succidenda arbore, vel ædificio in fine posito deponendo, parte ve ejus condemnabitur. *d. l. 4. §. 3.*

II.

2. Usurpation au-delà du confin.

Si le possesseur d'un héritage usurpe sur son voisin au-delà des confins, il sera tenu des dommages & intérêts pour son entreprise *c*, & de la restitution des fruits ou autres revenus depuis son usurpation. Mais celui qui se trouvera avoir joui au-delà de ses bornes sans mauvaise foi, ne devra les fruits que depuis la demande *d*.

c In judicio finium regundorum etiam ejus ratio fit quod interest. Quid enim, si quis aliquam utilitatem ex eo loco, percepit, quem vicini esse appareat ? Iniquè damnatio eo nomine fiet ? *l. 4. §. 1. ff. regund.*
d Post litem contestatam etiam functi venient in hoc judicio : nam & culpa & dolus exinde præstantur. Sed ante judicium percepti non omnimodò hoc in judicium venient ; aut enim bona fide percepit, & lucrari eum oportet, si eos consumpsit: aut malâ fide, & condici oportet. *l. 4. §. 2. ff. fin. regund.*

III.

3. S'il ne paroît pas de bornes.

Si les confins de deux héritages deviennent incertains, soit par le fait du propriétaire ou possesseur de l'un des héritages, ou par un cas fortuit ; comme si une inondation a enlevé les bornes, ou que quelqu'autre évenement ait ôté la connoissance de la séparation des héritages ; ils seront de nouveau confinés par l'avis des Experts ; ou suivant les titres, ou par les autres voies qu'on a remarquées dans l'art 6. de la Sect. 1. & celui qui aura usurpé sera tenu de la restitution des fruits ou autres revenus, & des dommages & intérêts, s'il y en a lieu *e*.

e Si irruptione fluminis fines agri confudit inundatio : ideòque usurpandi quibusdam loca, in quibus jus non habent, occasionem præstat: Præses Provinciæ alieno eos abstinere, & domino suum restitui, terminosque per mensorem declarari jubet. *l. 8. ff. fin. regund.* Ad officium de finibus cognoscentis pertinet, mensores mittere, & per eos dirimere ipsam finium quæstionem, ut æquum est, si ita res exigit, oculisque suis subjectis locis *d. l. §. 1.*

IV.

4. De celui qui enleve les bornes.

Si les bornes ont été enlevées par le fait de l'un des possesseurs, il sera non seulement tenu de la restitution des fruits & des dommages & intérêts ; mais on pourra lui faire son procès pour ce crime, & il sera condamné à telle peine que le fait pourra mériter selon les circonstances *f*.

f Divus Hadrianus in hæc verba rescripsit: quin pessimum factum sit, eorum qui terminos finium causa positos, propulerunt, dubitari non potest. De pœna tamen modus ex conditione personæ, & mente facientis magis statui potest, &c. *l. 2. & toto titulo. ff. de term. mot. l. 4. §. 4. ff. fin. regund. v. l. 4. C. eod.*

V.

5. Pouvoir de ceux qui mettent des bornes.

Les Arbitres ou Experts qui reglent des bornes, peuvent selon les circonstances de l'état des lieux, de l'obscurité des confins, & de la commodité de l'un & de l'autre des propriétaires, les partager ce qui est en contestation, si le droit de chacun y est incertain, ou l'adjuger à l'un d'eux s'il y en a lieu, ou borner les héritages par un autre endroit, en laissant d'une part autant qu'on ôte de l'autre, ou obligeant à quelque retour celui qui profiteroit de ce changement *g*.

g Judici finium regundorum permittitur, ut, ubi non possit dirimere fines, adjudicatione controversiam dirimat. Et si fortè, admovendæ veteris obscuritatis gratia, per aliam regionem fines dirigere Judex velit, potest hoc facere per adjudicationem & condemnationem. Quo casu, opus, ut ex alterutrius prædio alii adjudicandum sit. Quo nomine is cui adjudicatur, invicem pro eo quod ei adjudicatur, certa pecunia condemnandus est. Sed & loci unius controversia in partes scindi adjudicationibus potest, prout cujusque dominium in eo loco Judex competerit. *l. 2. §. 1. l. 3. & l. 4. ff. fin regund.*

TITRE VII.

De ceux qui reçoivent ce qui ne leur est pas dû,
ou qui se trouvent avoir la chose d'autrui
sans convention. *

Differentes manieres d'avoir la chose d'autrui sans convention.

IL peut arriver par divers évenemens, qu'une personne se trouve avoir une chose d'une autre, & qu'elle soit obligée de la rendre, sans qu'il y ait eu entr'eux de convention qui ait formé cet engagement. Ainsi, celui à qui on paye par erreur une chose qui ne lui étoit pas dûe, est obligé de la rendre. Ainsi celui qui se croyant seul héritier, s'étoit mis en possession de tous les biens d'une succession, est obligé de rendre aux autres qui sont appellez à la même hérédité, ce qui peut leur en revenir. Ainsi, celui qui trouve une chose perdue, doit la rendre au maître. Ainsi le possesseur d'un héritage où il s'est fait une décharge de choses qu'un débordement y a entraînées, doit les rendre, ou les laisser prendre à celui qui en est le maître.

On voit par ces exemples, qu'il arrive en deux manieres qu'une personne se trouve avoir sans convention une chose d'une autre. Car on peut l'avoir ou par un pur cas fortuit, comme dans ces deux derniers cas : ou par une suite d'un fait volontaire, comme dans les deux premiers.

De quelque maniere qu'une personne se trouve avoir une chose d'une autre, soit par un pur cas fortuit, ou par une suite de quelque fait volontaire, les engagemens sont à peu près les mêmes. Mais on a crû ne devoir pas mêler & confondre ces deux sortes d'évenemens,

Matiere de ce Titre.

& on ne traite ici que de ceux qui font qu'une personne se trouve avoir une chose d'une autre sans convention, par la suite de quelque fait volontaire, comme il arrive à celui qui reçoit ce qui ne lui est pas dû. Car l'autre maniere d'avoir une chose d'une autre personne par un pur cas fortuit, fait partie de la matiere du Titre 9. où il est traité en général des engagemens qui se forment par des cas fortuits, soit que le cas fortuit mette entre les mains d'une personne une chose d'une autre; comme dans les deux cas qu'on vient de remarquer, ou que sans cela il se forme une autre sorte d'engagement, comme il arrive à celui de qui les marchandises ont été sauvées dans un péril de naufrage par la perte d'autres marchandises qu'on a jettées dans la mer pour sauver le vaisseau, car il doit porter sa part de la perte; & cet engagement se forme sans que l'un ait une chose de l'autre. Ainsi on aura dans le 9. Titre, & dans celui-ci, toutes les regles qui regardent les différentes manieres dont une personne peut avoir une chose d'une autre; & le Titre 9. contiendra de plus les autres sortes d'engagemens qui se forment par des cas fortuits.

Comme il y a une infinité de cas, où il peut arriver que par la suite de quelque fait volontaire, soit licite ou illicite, une personne se trouve avoir une chose d'une autre sans convention, il suffit de voir en quelques cas les regles de cette matiere, qu'il sera facile d'appliquer à tous les autres qui peuvent arriver.

SECTION I.

Quelques exemples des cas qui font la matiere de ce Titre, & qui n'ont rien d'illicite.

SOMMAIRES.

1. *Celui qui reçoit ce qui ne lui est pas dû est obligé de le rendre.*
2. *Du payement fait par celui qui se croit débiteur, & qui ne l'est pas.*
3. *Du payement fait par un tiers pour le débiteur.*
4. *Le créancier ne rend pas ce qui lui est payé avant le terme.*

5. *Si on paye par erreur, ou volontairement ce qui n'est pas dû.*
6. *Payement fait dans le doute.*
7. *De celui qui doit de deux choses l'une.*
8. *Exemple d'une autre sorte.*
9. *Autre exemple.*
10. *Restitution d'une chose qu'on a sans juste titre.*
11. *Payement d'une dette qu'on pourroit ne pas payer.*

I.

1. Celui qui reçoit ce qui ne lui est pas dû est obligé de le rendre.

CElui qui reçoit un payement de ce qui ne lui est pas dû, quand même il croiroit de bonne foi qu'il lui seroit dû, & que celui qui paye le penseroit de même, n'acquiert aucun droit sur ce qui lui est payé de cette maniere, mais il doit le rendre. Ainsi celui qui a reçu un legs d'un testament, qui dans la suite se trouve faux, doit rendre ce qu'il a reçu à ce titre. Et il en seroit de même quand le testament ne seroit pas faux, si le legs se trouvoit révoqué par un codicille qui ne paroît qu'après le payement *a*.

a Si quid ex testamento solutum sit, quod postea falsum, vel inofficiosum, vel irritum, vel ruptum apparuerit; repetetur. *l.* 2. §. 1. de cond. ind. Si post multum temporis, codicilli dù celati, prolati: qui ademptionem contineant legatorum solutorum: vel diminutionem, per hoc, quia aliis quoque legata relicta sunt; (solutum repetetur.) *l.* 2. §. 1. *ff.* de cond. ind. Is cui quis per errorem non debitum solvit, quasi ex contractu debere videtur. §. 6. inst. de obl. quæ quasi ex contr.

II.

2. Du payement fait par celui qui se croit débiteur, & qui ne l'est pas.

Si un créancier reçoit un payement des mains de celui qui pensant être son débiteur ne l'étoit pas en effet, & ne payoit que croyant s'acquitter; ce payement n'acquitte pas le vrai débiteur, & oblige celui le reçoit à rendre ce qui ne lui est payé que par cette erreur. Ainsi par exemple, si un héritier présomptif sçachant la mort de son parent à qui il devroit succéder, & ignorant un testament qui le prive de toute la succession, en acquitte une dette, avant que de s'y être immiscé, croyant s'acquitter soi-même comme héritier, & y employant de son argent propre; le créancier qui aura reçu cet argent sera tenu de le rendre, & conservera son droit sur la succession *b*. Mais si ce créancier avoit anéanti le titre de sa créance, comme si c'étoit une obligation qu'on eût déchirée, de sorte que sa dette fût perdue, ou en péril, le payement en ce cas subsisteroit; & celui qui l'auroit fait devroit se l'imputer. Et il auroit son action contre l'héritier, pour recevoir ce qu'il auroit payé en son acquit.

b Indebitum non tantùm, quod omninò non debetur : sed & quod alii debetur, si alii solvatur : aut si, id quod alius debeat, alius quasi ipse debent, solvat. *l.* 65. §. ult. *ff.* de condict. indeb. Quamvis debitum sibi quis recipiat, tamen si is qui dat, non debitum dat, repetitio competit. Veluti si is qui hæredem se, vel bonorum possessorem falsò existimans, creditori hæreditario solverit. Hic enim neque verus hæres liberatus erit : & is, quod dedit, repetere poterit. Quamvis enim debitum sibi quis recipiat? tamen si is qui dat, non debitum dat, repetitio competit *l.* 19. §. 1. *ff.* de cond. indeb. V. l'art. 7. de la Sect. 1. des Vices des Conventions, p. 140.

Il faut entendre cette regle dans le cas où celui qui se croyoit héritier, & qui ne l'étoit point, auroit payé de son propre bien avant que de s'immiscer dans la succession, & où les choses seroient encore entieres. Il ne faut pas confondre le cas de cette regle avec le cas de celle qui fait.

III.

3. Du payement fait par un tiers pour le débiteur.

Si un tiers paye un créancier ce qu'il sçait lui être dû par un autre; ce créancier ne sera pas tenu de le rendre; car il n'a reçu que ce qui lui étoit dû; & ce tiers a pû vouloir acquitter le vrai debiteur *c*.

c Repetitio nulla est ab eo qui suum recepit : tametsi ab alio, quàm vero debitore, solutum est. *l.* 44. *ff.* de cond. ind.

IV.

4. Le créancier ne rend ce qui ce qui lui est payé avant le terme.

Si un débiteur paye avant le terme, quand même la chose ne seroit dûe qu'après sa mort; le créancier qui reçoit ce payement, quoiqu'il n'eût point droit de le demander, peut le retenir. Car le débiteur a pû l'avancer, *terme.*

cer, & n'a payé que ce qu'il devoit *d*. Mais si c'étoit une dette conditionnelle qui dépendît de l'évenement d'un cas qui ne pût pas arriver, & qui ne fût pas encore arrivé, celui qui en auroit reçu le payement fait par quelque erreur ne pourroit le retenir; car il n'étoit pas encore créancier. Que si le cas étoit tel qu'il dût arriver nécessairement, il n'y auroit pas de répétition d'un tel payement *e*.

d In diem debitor adeò debitor est, ut ante diem solutum repetere non possit. *l.* 10. *ff. de cond. indeb.* Si cùm moriar dare promisero, & antea solvam, repetere me posse. Celsus ait. Quæ sententia vera est. *l.* 17. *eod.* Voyez l'article 5. de la Section 1. des Payemens.

e Sub conditione debitum, per errorem solutum pendente quidem conditione repetitur. *l.* 16. *ff. de cond. indeb.* Quod si ea conditione debetur, quæ omnimodò extatura est, solutum repeti non potest: licet sub alia conditione, quæ an impleatur incertum est, si ante solvatur, repeti possit. *l.* 18. *eod.*

V.

Celui qui paye par erreur ce qu'il croyoit devoir ne le devant point, peut le recouvrer, soit que la chose ne fût en effet aucunement dûe, ou qu'ayant été dûe, il fût arrivé un fait qui anéantissoit la dette, & qui étoit ignoré par le débiteur. Ainsi, par exemple, si un débiteur ayant payé à l'héritier de son créancier, il paroissoit un testament par lequel ce créancier eût remis cette dette. Mais celui qui sçachant qu'il a des moyens pour se défendre contre son créancier, ne laisse pas de payer volontairement, ne peut demander ce qu'il a payé. Car il a pû renoncer aux raisons qu'il pouvoit avoir de ne point payer *f*.

f Si quis indebitum ignorans solvit, per hanc actionem condicere potest. Sed si sciens se non debere, solvit cessat repetitio. *l.* 1. §. 1. *ff. de cond. ind.* Indebitum autem solutum accipimus, non solùm si omninò non debeatur, sed etsi per aliquam exceptionem perpetuam peti non poterat: quare hoc quoque repeti poterit, nisi sciens se tutum exceptione, solvit. *l.* 26. §. 3. *ff. eod.*

V I.

Celui qui dans le doute, s'il doit ou non, paye à toutes fins pour se libérer, en cas qu'il se trouve débiteur, pourra recouvrer ce qu'il aura payé, s'il se trouve qu'en effet il ne devoit rien; si ce n'est qu'il paroisse que dans ce doute les parties ont voulu terminer leur différend par le payement, & qu'il ait tenu lieu de transaction; car en ce cas le payement subsiste *g*.

g Pro dubietate eorum, qui mente titubante indebitam solverint pecuniam, certamen legum latoribus incidit, idque quod ancipiti animo persolverint, possint repetere an non. Quod nos decidentes sancimus, omnibus, qui incerto animo indebitam dederint pecuniam, vel aliam quandam speciem persolverint, repetitionem non denegari: & præsumptionem transactionis non contra eos induci: nisi hoc specialiter ab altera parte approbetur. *l. ult. C. de cond. indeb.*

V I I.

Si celui qui devoit de deux choses l'une, à donné les deux, ou par une méprise, ou par ignorance, il ne sera pas libre à celui qui les a reçues de choisir celle des deux qu'il voudra garder; mais ce débiteur conservera le droit de choisir & de laisser celle qu'il voudra donner, & retirer l'autre *h*.

h Si quis servum certi nominis, aut quandam solidorum quantitatem, vel aliam rem promiserit: & cum licentia si fuerat unum ex his solvendo liberari: utrumque per ignorantiam dependerit: dubitabatur, cujus rei dareter à legibus id repetitio, utrumque servi, an pecuniæ, & utrum stipulator, an promissor habeat hujus rei facultatem. Et Ulpianus quidem . . . . nobis hæc decidentibus Juliani & Papiniani sententia placet, ut ipse habeat electionem recipiendi, qui & dandi habuit. *l. den. C. de cond. indebit.*

V I I I.

Celui qui se trouve en possession d'une chose appartenant à un autre, soit meuble, ou immeuble, à quelque titre qu'il le possede, vente, donation, ou autre, est obligé de la rendre au maître, quand il paroît & qu'il établit son droit. Ainsi un acquéreur d'un fonds en étant évincé par celui qui en étoit le maître, il doit

Tome I.

---

le lui remettre; & cet engagement est du nombre de ceux qui se forment sans convention *i*.

i V. la Section 10. du Contrat de vente, *p.* 45.

I X.

L'héritier qui pendant l'absence de son cohéritier, ou se croyant seul héritier, se met en possession de tous les biens, s'oblige sans convention à rendre à l'autre sa portion de l'hérédité, quand il paroîtra *l*.

l V. l'art. 9. de la Sect. 3. des Intérêts.

X.

Celui qui se trouve avoir une chose d'un autre sans quelque juste cause, ou à qui une chose étoit donnée pour une cause qui cesse, ou sous une condition qui n'arrive point, n'ayant plus de cause pour la retenir, doit la restituer. Ainsi, celui qui avoit reçu une dot pour un mariage qui ne s'accomplit point, ou qui est annullé, doit rendre ce qui n'étoit donné qu'à ce titre *m*. Ainsi, à plus forte raison, ceux qui ont reçu de l'argent, ou autre chose pour une cause injuste, sont tenus de le rendre.

m Constat id demùm posse condici alicui, quod vel non ex justa causa ad eum pervenit, vel redit ad non justam causam. *l.* 1. §. *ult. ff. de cond. sine causa.* Nihil refert utrumne ab initio sine causa quid datum sit, an causa propter quam datum sit, secuta non sit. *l.* 1. *eod.* Fundi dotis nomine traditus, si nuptiæ insecutæ non fuerint, condici poterit. *l.* 7. §. *ult. ff. de condict. causâ dat. l.* 8. *cod. l.* 1. §. 1. *ff. de cond. ob. turp. vel inj. caus.*

On peut recevoir quelque chose pour une cause injuste sans convention, comme par une concussion ou autre violence; & on peut aussi recevoir quelque chose par une convention injuste. Sur quoi voyez l'art. dernier de la Section 4. des Vices des conventions, *p.* 146. & & la Section suivante.

X I.

Les débiteurs qui acquittent volontairement des dettes qu'ils auroient pû faire annuller en justice; mais que l'équité naturelle rendoit légitimes, ne peuvent revenir contre cette approbation *n*. Ainsi, par exemple, une femme obligée sans l'autorité de son mari, ou même avec cette autorité dans des Coûtumes où la femme en puissance de mari ne peut s'obliger, étant revenue acquitter son obligation, qui auroit été déclarée nulle en justice, elle ne pourra revenir contre le payement qu'elle en aura fait. Ainsi un mineur devenu majeur, payant une dette dont il auroit pû être relevé, ne pourra retirer ce qu'il aura payé. Car dans ces cas il y avoit une obligation naturelle que le débiteur a pû acquitter.

n Naturales obligationes non eo solo æstimantur, si actio aliqua earum nomine competit, verùm etiam eo, si soluta pecunia repeti non possit. *l.* 10. *ff. de obl. & act.* V. l'article 4. de la Sect. 1. des Payemens.

SECTION II.

Autres exemples de la même matiere dans des cas de faits illicites.

ON appelle ici des faits illicites, non-seulement ceux qui sont défendus par des Loix expresses, mais tous ceux qui blessent l'équité, l'honnêteté ou les bonnes mœurs, quoiqu'il ne se trouvât point de loi écrite qui les exprimât. Car tout ce qui est contraire à l'équité, à l'honnêteté, ou aux bonnes mœurs, est contraire aux principes des Loix divines & humaines.

SOMMAIRES.

1. *Trois sortes de faits illicites.*
2. *Fait illicite de la part de celui qui donne.*
3. *Fait illicite de la part de celui qui reçoit.*
4. *Fait illicite de la part de l'un & de l'autre.*

I.

IL peut arriver en trois manieres, que par un fait illicite, une personne reçoive une somme d'argent ou quelqu'autre chose d'une autre personne. Car le

Z

fait peut être illicite, ou seulement de la part de celui qui donne, ou seulement de la part de celui qui reçoit, ou de la part de l'un & de l'autre *a*. Ainsi celui qui sous un prétexte d'honnêteté feroit un présent à une personne qu'il sçauroit devoir être son Juge ou son Arbitre, & lui qui de sa part ignoreroit le motif de ce présent, donneroit illicitement ce que cette personne pourroit recevoir sans blesser la Justice. Ainsi lorsqu'une personne fait par elle-même, ou par d'autres, une exaction de quelque somme d'argent, ou d'autres chofes, pour s'abstenir de quelque violence encore plus grande, ou se fait rendre les titres de quelque créance, ou de quelque droit qu'elle pourroit devoir ; le fait n'est illicite que de la part de cette personne, & non de la part de celui qui souffre cette violence. Ainsi lorsqu'une personne reçoit de l'argent d'un autre, ou par un tiers, ou par elle-même, pour commettre quelque crime, quelque délit, ou quelque injustice, le fait est illicite & de la part de celui qui reçoit, & de la part de celui qui donne.

a Omne quod datur, aut ob rem datur, aut ob caufam. Et ob rem, aut turpem, aut honeftam. Turpem datur : aut ut dantis fit turpitudo, non accipientis : aut ut accipientis duntaxat, non etiam dantis : aut utriúfque. *l.* 1. *ff. de cond. ob turp. vel inj. cauf.*

2. Fait illicite de la part de celui qui donne.

I I.

Si le fait n'est illicite que de la part de celui qui donne, celui qui a reçu ne sera pas obligé de rendre ; si ce n'est que les circonstances réglent autrement quel sera son devoir. Ainsi dans le cas de celui qui avoit reçu un présent dont il ignoroit le motif injuste, comme il a été expliqué dans le premier article ; si ce motif venoit à sa connoissance, il seroit obligé de s'abstenir de la fonction de Juge ou d'Arbitre, ou à rendre le présent qu'il auroit reçu, ou même à l'un & à l'autre, selon que la prudence & l'équité pourroient le demander dans les circonstances de la qualité des personnes, & de celle du fait *b*.

b C'est une fuite du premier cas expliqué dans l'article précédent, Ut dantis fit turpitudo. *l.* 1. *ff. de cond. ob turp. vel inj. cauf.*

3. Fait illicite de la part de celui qui reçoit.

I I I.

Lorsque le fait n'est illicite que de la part de celui qui a reçu une chofe pour une caufe injufte, celui qui l'a donnée pourra se la faire rendre, quoique l'autre ait exécuté ce que son engagement pouvoit demander *c*. Et rien ne peut dispenser celui-ci ni de la restitution, quand même on ne lui feroit aucune demande, ni des autres peines que le fait pourra mériter, si la Justice vient à le connoître.

c Quod si turpis caufa accipientis fuerit, etiamfi res fecuta fit, repeti poteft. *l.* 1. *§.* 2. *ff. de cond. ob turp. vel inj. cauf.* Forpitnò Sabinus probavit veterum opinionem exiftimantium, quod ex injufta caufa apud aliquem fit, polle condici. In qua fententia etiam Celius eft. *l.* 6. *ff. eod.*

I V.

Si le fait est illicite & de la part de celui qui donne, & de la part de celui qui reçoit, celui qui a donné perdra juftement ce qu'il avoit fi mal employé, & n'aura aucune action pour le recouvrer *d*. Et celui qui a reçu ne pourra retenir ce profit injufte ; & quand même il auroit exécuté l'engagement illicite pour lequel il avoit reçu, il fera obligé à la restitution à qui elle pourra être dûe, & tenu des autres peines qu'il aura méritées.

d Ubi autem & dantis & accipientis turpitudo verfatur, non poffe repeti dicimus. *l.* 3. *ff. de cond. ob turp. vel inj. cauf.* V. les articles 3. 4. & 5. de la Sect. 4. des Vices des Conventions, & la remarque fur cet article 5. p. 145. & 146.

SECTION III.

Des Engagemens de celui qui a quelque chofe d'une autre perfonne, fans convention.

SOMMAIRES.

1. *Reftitution de deniers & des intérêts s'il y en a lieu.*

2. *Soin de la chofe.*
3. *Reftitution des fruits.*
4. *Et de l'augmentation arrivée à la chofe.*
5. *Si celui qui avoit une chofe d'un autre, l'a aliénée.*

I.

L'Engagement de celui qui se trouve avoir une somme d'argent d'une autre personne, soit qu'il l'eût reçue en payement ne lui étant pas dûe, ou qu'il l'eût autrement, consiste à ne rendre cet argent sans intérêt *a*, que depuis la demande, pourvû qu'il l'eût reçu de bonne foi. Mais s'il y avoit de la part de la mauvaise foi, il devroit les intérêts depuis que cette mauvaise foi auroit commencé.

1. Reftitution de deniers & des intérêts s'il y en a lieu.

a Pecuniæ indebitæ, per errorem, non ex caufâ judicati folutæ, effe repetitionem jure conditionis, non ambigitur. Si quid igitur probare potueris patrem tuum, cui hæres extitifti, amplius debito creditori fuo perfolviffe, repetere potes. Ufuras autem ejus fummæ præftari tibi fruftra defideras. Actione enim conditionis ea fola quantitas repetitur, quæ indebita foluta eft. *l.* 1. *C. de cond. ind.*

I I.

Si c'eft quelque autre chofe que de l'argent qui doive être reftituée, celui qui commence de connoître cet engagement, doit prendre foin de la chofe, & la conferver jufqu'à ce qu'il la rende. Mais fi la chofe vient à être endommagée, ou que même il périffe, pendant qu'il croyoit de bonne foi qu'elle fût à lui, & avant que la demande lui en eût été faite, & qu'il fût en demeure de la reftituer, il n'en feroit pas tenu, quand il y auroit même de fa faute. Car fa condition doit être la même que s'il avoit été le maître de la chofe. Mais après la demande, s'il étoit en demeure, il feroit tenu de ce qui arriveroit même fans fa faute *b*.

2. Soin de la chofe.

b Non folùm autem rem reftitui ; verùm & fi deterior res fit facta, rationem Judex habere debebit. Finge enim debilitatum hominem, vel verberatum, vel vulneratum reftitui : utique ratio per Judicem habebitur, quantô deterior fit factus. *l.* 13. *ff. de rei vind.* Si fervus petitus, vel animal aliud demortuum fit, fine dolo malo & culpa poffefforis, pretium non effe præftandum, plerique aiunt. Sed eft verius, fi forte diftracturus erat petitor, fi accepiffet, moram paffo debere præftari. Nam fi ei reftituiffet, diftraxiffet, & pretium effet lucratus. *l.* 15. *§. ult. eod.* Si homo fit qui poft conventionem reftituitur, fi quidem à bonæ fidei poffeffore, puto cavendum effe de dolo folo : debere cæteros etiam de culpa fua : inter quos erit & bonæ fidei poffeffor, poft litem conteftatam. *l.* 45. *eod.*

I I I.

Si c'eft un héritage qu'on doive reftituer, ou une autre chofe qui produife quelques revenus, le poffeffeur qui doit la reftituer, doit auffi les fruits ou revenus qu'il en a perçus, ou feulement depuis la demande, ou même de tout le tems qu'il aura joui, felon la qualité de la caufe qui avoit fait paffer la chofe en fes mains, & les circonftances.

3. Reftitution des fruits.

c Indebiti foluti conditio naturalis eft : & ideò etiam quod rei folutæ acceffit, venit in conditionem. Ut putà partus qui ex ancilla natus fit, vel quod alluvione acceffit. Imò & fructus quos is, cui folvtum eft, bona fide percepit, in conditionem veniunt. *l.* 15. *ff. de cond. indeb.* §. 38. §. 2. *ff. de ufur.* Ei qui indebitum repetit & fructus & partus reftitui debent. *l.* 65. *§.* 5. *ff. de cond. ind.*

d Il y a plufieurs cas où la bonne foi a décharge par le poffeffeur de la reftitution des fruits. V. les articles 9. 10. & 14. de la Sect. 3. des Intérêts. V. l. 7. §. ult. ff. & l. 12. ff. de cond. cauf. dat.

Les Loix citées fur cet article ne fe rapportent pas à tous les cas expliquez dans la Section premiere, mais feulement au cas de celui qui a reçu une chofe qui ne lui étoit pas dûe ; & fi elle produit quelques fruits ou d'autres revenus, ces Loix obligent indiftinctement à la reftitution de ces fruits ou de ce poffeffeur même qui a joui de bonne foi, quoique celui qui avoit reçu de l'argent qui ne lui étoit pas dû, n'en doive pas les intérêts, comme il a été dit dans le premier article de cette Section. Mais on a cru que cette regle, qui peut être jufte en de certains cas, pourroit en d'autres reftraindre en une dureté qui feroit injufte, la reftraignant même à ce qui auroit été donné n'étant pas dû. Ainfi, par exemple, fi un héritier délivre à un pauvre légataire un fonds qui lui étoit donné par un codicille, & que ce légataire ayant joui plufieurs années, le codicille fe trouve faux, fans qu'il ait aucune part à la fauffeté ; mais qu'ayant joui de bonne foi, il ait confumé ces fruits pour faire fubfifter fa famille, & qu'il ne peut les rendre fans être réduit dans beaucoup d'incommodité, feroit-il injufte de le décharger de cette reftitution, dont un légataire riche ou accommodé pourroit être tenu par cette raifon qu'il ne devroit pas profiter de la jouïssance d'un bien où il n'auroit aucun droit, & dont le vrai maître se trouveroit dépouillé par un titre faux. C'est par les vûes de ces divers évenemens & des autres différentes causes, qui peuvent obliger à la restitution de fruits, ou en décharger, qu'on a crû que l'usage de la regle doit être laissé à la prudence du Juge, selon la cause de la jouïssance, & les circonstances.

IV.

4. Et de l'augmentation arrivée à la chose.

Si la chose qui doit être renduë se trouvoit augmentée, pendant qu'elle étoit en la possession de celui qui se trouve obligé de la rendre, comme si un troupeau de bétail étoit crû en nombre, ou un héritage joignant à une riviere devenu plus grand, le tout seroit rendu d.

d Ut putà partus qui ex ancilla natus sit, vel quod alluvione accessit. l. 15. ff. de condict. ind.

V.

5. Si celui qui avoit une chose d'un autre l'a aliénée.

Si celui qui avoit une chose d'un autre, croyant de bonne foi en être le maître, l'avoit aliénée dans cette bonne foi, il ne seroit tenu de rendre que ce qu'il en auroit tiré de profit, comme le prix qu'il en auroit reçu, s'il l'avoit venduë, quoiqu'il ne l'eût pas venduë à son juste prix e.

e Hominem indebitum (dedi) & hunc sine fraude modico distraxisti : nempe hoc solum refundere debes, quod ex pretio habes. l. 26. §. 12. ff. de condict. ind.

SECTION IV.

Des engagemens du maître de la chose.

SOMMAIRE.

Le maître doit ce qui a été dépensé pour conserver la chose.

Le maître doit ce qui a été dépensé pour conserver la chose.

Celui dont la chose étoit en la puissance d'un autre, & qui la recouvre, quand ce seroit même d'un possesseur de mauvaise foi, est obligé de lui rendre tout ce qu'il peut avoir été utilement employé pour la conserver, & s'il y a des fruits à restituer, il en faut déduire les dépenses faites pour les recueillir a.

a Ei qui indebitum repetit, & fructus & partus restitui debent deductà impensà. l. 65. §. 5. ff. de condict. ind.
Quod in fructus redigendos impensum est, non ambigitur ipsos fructus diminuere debere. l. 46. ff. de usur. V. l'art. 11. de la Sect. 3. des Intérêts, & la remarque sur cet article.

TITRE VIII.

Des dommages causez par des fautes qui ne vont pas à un crime, ni à un délit.

Matiere de ce Titre.

On peut distinguer trois sortes de fautes dont il peut arriver quelque dommage. Celles qui vont à un crime ou à un délit : celles des personnes qui manquent aux engagemens des conventions, comme un vendeur qui ne délivre pas la chose venduë, un locataire qui ne fait pas les réparations dont il est tenu : & celles qui n'ont point de rapport aux conventions, & qui ne vont pas à un crime ni à un délit ; comme si par légereté on jette quelque chose par une fenêtre qui gâte un habit : si des animaux mal gardez font quelque dommage : si on cause un incendie par une imprudence : si un bâtiment qui menace ruine n'étant pas réparé tombe sur un autre, & y fait du dommage.

De ces trois sortes de fautes il n'y a que celles de la derniere espéce qui soient la matiere de ce Titre. Car les crimes & les délits ne doivent pas être mêlez avec les matieres civiles, & tout ce qui regarde les conventions, a été expliqué dans le premier Livre.

On peut voir sur la matiere de ce Titre celui des intérêts, & dommages & intérêts.

Tome I.

SECTION I.

De ce qui est jetté d'une maison, ou qui en peut tomber & causer du dommage.

SOMMAIRES.

1. Celui qui habite la maison est tenu de ce dommage.
2. Les défenses de jetter regardent la sureté de toute sorte de lieux.
3. Condamnation d'amende.
4. Si quelqu'un est tué ou blessé.
5. Si plusieurs habitent le même lieu.
6. Si un seul tient la maison, & loue des chambres.
7. De ceux qui reçoivent dans leurs maisons des écoliers ou d'autres personnes.
8. Si on a jetté à dessein de nuire.
9. Défenses d'avoir des choses suspenduës qui puissent tomber & nuire.
10. Si la chûte des choses cause quelque mal.
11. Tuiles tombées d'un toit.

I.

Celui qui habite une maison, soit le propriétaire, locataire, ou autre, est tenu du dommage que peut causer ce qui est jetté, ou répandu de quelque endroit de cette maison, soit de jour ou de nuit. Et il en doit répondre à celui qui aura souffert le dommage, soit que ce fût lui-même qui eût jetté, ou quelqu'un de sa famille ou de ses domestiques, même en son absence, ou à son insçû a.

1. Celui qui habite la maison est tenu de ce dommage.

a Prætor ait de his qui ejecerint, vel effuderint. Unde in eum locum quem vulgò iter sit, vel in quo consistitur, dejectum, vel effusum quid erit quantum ex ea re damnum datum, factumve erit, in eum qui ibi habitaverit, in duplum judicium dabo. l. 1. ff. de his qui effud. vel dejec. Habitator suam, suorumque culpam præstare debet. l. 6. §. 2. eod. Inciente Domino. d. l. 1. Labeo ait locum habere hoc edictum, si interdù dejectum sit, non nocte : sed quibusdam locis & nocte iter sit. l. 6. §. 1. eod. V. les articles suivans.

II.

Comme les défenses de jetter ou de répandre regardent la sureté des lieux où le dommage peut arriver, elles ne sont pas bornées aux rues, aux places & autres lieux publics, mais elles s'étendent à tous les lieux où cette imprudence pourroit être suivie de quelque dommage b.

2. Les défenses de jetter regardent la sureté de toute sorte de lieux.

b Summa cum utilitate id Prætorem edixisse, nemo est qui neget. Publicè enim utile est, sine metu & periculo per itinera commeari. Parvi autem interesse debet, utrum publicus locus sit, an verò privatus, dummodò per eum vulgò iter fiat : quia iter facientibus prospicitur, non publicis viis studetur. Semper enim ea loca per quæ vulgò iter solet fieri, eamdem securitatem debent habere. l. 1. §. 1. & 2. ff. de his qui effud. vel dejec. In eum locum quo vulgò iter sit, vel in quo consistitur. d. l. 1.

III.

Outre le dédommagement du mal qu'aura pû causer ce qui aura été jetté ou répandu, celui qui tient la maison sera condamné à l'amende que la police peut avoir reglée c, ou à telle autre qui sera ordonné par le Juge, selon les circonstances d.

3. Condamnation d'amende.

c In duplum judicium dabo. l. 1. ff. de his qui effud. vel dejec.
d Les peines sont arbitraires en France.

IV.

Si ce qui aura été jetté cause la mort de quelque personne ou quelque blessure, le procès sera fait à celui qui s'en trouvera la cause. Et il sera puni selon la qualité du fait, & tenu de l'intérêt civil. Et celui qui tient la maison sera aussi tenu & de l'amende, & de tel dédommagement ou autre peine qu'il pourra mériter selon les circonstances e.

4. Si quelqu'un est tué ou blessé.

e Si eo ictu homo liber periisse dicetur, quinquaginta aureorum judicium dabo, si vivet nocitumque ei esse dicetur, quan-

Z ij

rum ob eam rem æquum Judici videbitur , eum cum quo agetur condemnari , tanti judicium dabo. *l. 1. ff. de his qui effud. vel dejeċt.*

V.

5. Si plu-sieurs habi-tent le mé-me lieu.

Si plusieurs habitent le même lieu d'où quelque chose ait été jettée ou répandue , chacun sera tenu solidairement de tout le dommage ; si ce n'est qu'on pût connoître qui l'auroit causé , ou des maîtres , ou des personnes dont chacun doit répondre. Mais si leur habitation est séparée , chacun ne sera tenu que de ce qui sera jetté des lieux qu'il occupe *f.*

f Si plures in eodem cœnaculo habitent , unde dejectum est , in quemvis hæc actio dabitur : cùm sanè impossibile est scire quis dejecisset , vel effudisset , & quidem in solidum. l. 1. §. ult. l. 2. & l. 3. ff. de his qui effud. vel dejeċt. Si verò plures , diviso inter se cœnaculo , habitent , actio in eum solùm datur , qui inhabitat eam partem , unde effusum est. l. 5. 1od. V. l'article suivant.

VI.

6. Si un seul tient la maison , & loue des chambres.

Quoique le propriétaire ou le principal locataire d'une maison n'en occupe que la moindre partie , & qu'il loue des chambres , ou s'il reçoit en quelqu'une un de ses amis , il sera tenu du fait de celui qu'il reçoit dans cette maison. Que s'il paroît de quelle chambre il a été jetté , on pourra agir contre celui qui l'occupe , ou contre celui qui tient la maison *g.* Et celui-ci aura son recours contre l'autre.

g Idem erit dicendum & si quis amicis suis modica hospitiola distribuerit. Nam & si quis cœnaculariam exercens ipse maximam partem cœnaculi habebat , solus tenebitur. Sed & si hospitaculi habeat , solus tenebitur. Sed si quis cœnaculi , ipse solus æquè tenebitur , sed si quis cœnacularii exercens modicum sibi hospitium retinuerit , residuum locaverit plurimis , omnes tenebuntur , quasi in hoc cœnaculo habitantes unde dejectum , effusumve est. Interdum tamen (quod sine captione actoris fiat) oportebit Prætorem æquitate motum , in eum potiùs dare actionem , ex cujus cubiculo vel exedra dejectum est , licet plures in eodem cœnaculo habitent. Quod ex mediano cœnaculi quid dejectum fit , verius est omnes teneri. l. 5. §. 1. & 2. ff. de his qui effud. vel dejec. V. l'article précédent.

La police des Villes s'adresse à ceux qui tiennent les maisons , parce qu'on les considere comme habitans qui répondent au public des personnes qu'ils reçoivent chez eux , pour ce qui regarde le fait de police dont on traite ici.

VII.

7. De ceux qui reçoi-vent dans leurs mai-sons des E-coliers ou d'autres per-sonnes.

Les Maîtres d'écoles , les Artisans & autres qui reçoivent dans leurs maisons des Ecoliers , des Apprentifs , ou d'autres personnes pour quelque art , quelque manufacture , ou quelque commerce , sont tenus du fait de ces personnes *h.*

h Si horrearius aliquid dejecerit , vel effuderit , aut conductor apothecæ , vel qui in hoc duntaxat conductum locum habet , ut ibi opus faciat , vel doceat , in factum actioni locus est , etiam si quis operantium dejecerit vel effuderit , vel si quis discentium. l. 5. §. 3. ff. de his qui effud. vel dejec.

VIII.

8. Si on a jetté à des-sein de nui-re.

Tous les articles précédens s'entendent de ce qui a été jetté ou répandu par mégarde & sans aucun dessein. Que s'il y a du dessein , l'injure , le délit ou le crime sera réprimé de plus grieves peines , selon la qualité du fait & les circonstances *i.*

i Interdùm injuriæ appellatione damnum culpa datum significatur , ut in lege Aquilia dicere solemus. l. 1. ff. de injur.

IX.

9. Défenses d'avoir des choses sus-pendues qui puissent tomber & nuire.

S'il y a quelque chose de suspendu d'un toit , d'une fenêtre ou d'un autre endroit , d'où la chûte puisse causer quelque mal ou quelque dommage , celui qui tient ce lieu sera condamné à une amende telle qu'elle aura été réglée par la police , ou qu'elle sera arbitrée par le Juge , selon les circonstances , quand même la chose ne seroit pas tombée , & qu'elle auroit été mise en ce lieu par un autre que lui. Car il est de l'intérêt public qu'on aille sans péril & en sûreté des accidens de cette nature *l.*

l Prætor ait : Ne quis in suggrunda , protectove , supra enim lectum

quo vulgò iter fiet , inve quo consistetur , id positum habeat , cujus casus nocere cui possit. Qui adversus ea fecerit , in eum solidorum decem in factum judicium dabo. l. 5. §. 6. ff. de his qui effud. vel dejec. Hoc edicum superioris portio est ; consequens etenim fuit , Prætorem etiam in hunc casum prospicere , ut si quid in his partibus ædium periculosò positum effet , non noceret. d. l. 5. §. 7. Ait Prætor , Ne quis in suggrunda , protectove. Hæc verba , Ne quis , ad omnes pertinent , vel inquilinos , vel dominos ædium , sive inhabitent , sive non , habent tamen aliquid expositum his locis. d. l. 5. §. 8. Positum habere etiam is rectè videtur , qui ipse ædium positum patiatur , non noxali judicio dominus , sed suo nomine tenebitur. d. l. 5. §. 10. Prætor ait , Cujus casus nocere posset. Ex his verbis manifestatur non omne quidquid positum est , sed quidquid sic positum est , ut nocere possit. d. l. 5. §. 11.

X.

10. Si la chûte de ces choses cau-se quelque mal.

Si la chose suspendue vient à tomber & cause quelque mal , celui qui habite la maison sera tenu du dommage , outre la peine de l'amende qu'il devroit , quand il n'en feroit arrivé aucun accident *m.*

m Coërcetur autem , quid positum habuit , sive nocuit id quod positum erat , sive non nocuit. l. 5. §. 11. ff. de his qui effud. vel dejec.

XI.

11. Tuiles tombées d'un toit.

Si des tuiles tombent d'un toit qui fût en bon état , & par le seul effet d'un orage , le dommage qui peut en arriver est un cas fortuit , dont le propriétaire ou le locataire ne peut être tenu. Mais si le toit étoit en mauvais état , celui qui devoit y pourvoir , pourra être tenu du dommage arrivé , selon les circonstances *n.*

n Servius quoque putat , si ex ædibus promissoris , vento tegulæ dejectæ damnum vicino dederit , ita eum teneri , si ædificii vitio id acciderit , non si violentia ventorum , vel qua alia ratione , quæ vim habet divinam. Labeo & rationem adjicit , quod si hoc non admittatur , iniquum erit. Quod enim tam firmum ædificium est , ut fluminis , aut maris , aut tempestatis , aut ruinæ , aut incendii , aut terræ motus vim sustinere possit. l. 14. §. 4. l. 43. ff. damn. inf.

Quoique les Loix citées sur cet article soient dans le cas d'un voisin qui s'étoit pourvu pour prévenir le péril , ne seroit-il pas juste qu'un propriétaire ou locataire fût puni d'une négligence qui auroit été suivie d'un tel accident. V. Deuteron. c. 22. 8.

SECTION II.

Des dommages causez par des animaux.

L'Ordre qui lie les hommes en société , ne les oblige pas seulement à ne nuire en rien par eux-mêmes à qui que ce soit ; mais il oblige aussi chacun à tenir tout ce qu'il possede en un tel état que personne n'en reçoive ni mal , ni dommage ; ce qui renferme le devoir de contenir les animaux qu'on a en sa possession , de sorte qu'ils ne puissent ni nuire aux personnes , ni causer dans leurs biens quelque perte ou quelque dommage.

Le dommage le plus fréquent que causent les animaux , est celui que font les bestiaux de la campagne , en pascageant dans les lieux , ou dans des tems où l'on n'a pas ce droit. Comme ce qui regarde ces sortes de dommages est autrement réglé par plusieurs Coûtumes que par le Droit Romain , on ne mettra ici que quelques regles générales d'un usage commun , & non ce qu'il y a dans ce Droit contraire aux Coûtumes , ni ce que les Coûtumes ont de particulier. Ainsi , par exemple , il n'étoit pas permis par le Droit Romain de renfermer les bestiaux qui avoient causé quelque dommage *a* ; mais quelques Coûtumes le permettent , & de les garder pendant quelque tems pour preuve du dommage , & condamnent même à l'amende les maîtres ou possesseurs du bétail , quoique le dommage n'ait été fait que par du bétail échappé de sa garde.

a L. 39. §. 1. ff. ad Legem Aquil.

SOMMAIRES.

4. *Chasser le bétail sans nuire.*
5. *De celui qui ne peut contenir son cheval ou autre bête.*
6. *Du bœuf qui frappe de la corne.*
7. *Des chevaux qui mordent, ou ruent.*
8. *Des chiens qui mordent.*
9. *Des bêtes farouches.*
10. *Si une bête nuit étant agaffée.*
11. *Si la bête avoit été excitée par une autre.*
12. *Si une bête en tue une autre d'un autre maître.*

I.

1. Le Maître du bétail tenu du dommage qu'il peut causer.

SI quelque bétail gardé ou échappé a pascagé dans un lieu où le maître du bétail n'en avoit pas le droit, ou en un tems auquel le pascage n'étoit pas permis, il sera tenu du dommage que son bétail aura pû causer *a*.

a Si quadrupes pauperiem fecisse dicatur, actio ea lege duodecim tabularum descendit. *l. 1. ff. si quadr. paup. fec. dic.*
De his quæ per injuriam depasta contendis, ex sententia legis Aquiliæ agere minimè prohiberis. *l. ult. c. de leg. Aquil.* Si quid ex ea re damnum cepit, habet proprias actiones. *l. 39. §. 1. ff. ad leg. Aquil. V. Exod. 2. 5.*

II.

2. Amende.

Si on fait pascager du bétail dans un lieu qui n'y soit point sujet, ou en un tems que le pascage doive cesser, le maître ou autre possesseur du bétail sera non-seulement tenu du dommage, mais condamné à une amende telle que le fait pourra mériter, selon les circonstances *b*.

b Si quis ovium vel equarum greges in saltus rei dominicæ alienus immiserit, fisco illico vindicentur. *l. 1. c. de fund. & salt. rei dom.* Insignis auctoritas tua, hac conditione à publicis pratis, ac amœnis pascuis animalia militum prohiberi præcipiat, ut universi cognoscant, de emolumentis eorum, tuique officii facultatibus duodecim libras auri, fisci commodis exhibendas, si quisquam posthac memorata prata mutilare tentaverit. Non mitiore decernenda pœna, si etiam prata privatorum Antiochenorum fuerint devastata. *l. 2. c. de pasc. publ. & privat. l. ult. eod.*

III.

3. Autre dommage que par le pascage.

Si du bétail gardé, ou non gardé, fait quelqu'autre dommage qu'en pascageant, comme s'il rompt ou endommage des arbres, le maître ou autre possesseur en sera tenu, & condamné même à une amende s'il y en a lieu *c*.

c Si quid ex ea re damnum cepit, habet proprias actiones. *l. 39. §. 1. ff. ad leg. Aquil.*

IV.

4. Chasser le bétail sans nuire.

Celui qui aura surpris dans son héritage le bétail d'un autre y pascageant, ou faisant quelqu'autre dommage, ne pourra user de voie de fait qui nuise au bétail, ni le détourner autrement qu'il feroit le sien propre. Et s'il cause quelque dommage à ce bétail, il en sera tenu *d*.

d Quintus Mutius scribit, equa cùm in alieno pasceretur in togendo, quod prægnans erat, ejecit. Quærebatur dominus ejus possetne cum eo qui coëgisset lege Aquilia agere, quia equam injiciendo ruperat. Si percussisset, an consultò vehementiùs egisset, visum est agere posse. Pomponius, quamvis alienum pecus in agro suo quis deprehendisset, sic illud expellere debet, quomodo si suum deprehendisset : quoniam si quid ex ea re damnum cepit, habet proprias actiones. Itaque qui pecus alienum in agro suo deprehenderit, non jure includit: nec agere illud aliter debet quàm ut suprà diximus, quasi suum : sed vel abigere debet sine damno, vel admonere dominum ut suum excipiat. *l. 39. ff. ad legem Aquil.*
Par quelques Coûtumes il est expressément permis de renfermer le bétail qui cause du dommage, comme il a été remarqué dans le Préambule.

V.

5. De celui qui ne peut contenir son cheval ou autre bétail.

De tout autre dommage qui peut être causé par des animaux, celui qui en est le maître, ou qui en est chargé, en sera tenu, s'il pouvoit ou devoit prévenir le mal. Ainsi un Muletier, Chartier, ou autre Voiturier, qui n'a pas la force ou l'adresse de retenir un cheval fougueux, ou une mule qui s'effarouche, sera tenu du dommage qui en arrivera. Car il ne devoit point entreprendre ce qu'il ne sçavoit ou ne pouvoit faire : Ainsi celui qui pour trop charger un cheval ou autre bête, ou

pour ne pas éviter un pas dangereux, ou par quelqu'autre faute, donne sujet à une chute qui cause du dommage à quelque passant, répondra de ce fait. Et dans tous ces cas, celui qui aura souffert le dommage, aura son action contre ce Voiturier, ou contre celui qui l'avoit employé *e*.

e Mulionem quoque, si per imperitiam impetum mularum retinere non potuerit, si eæ alienum hominem obtriverint, vulgò dicitur culpæ nomine teneri. Idem dicitur, & si propter infirmitatem sustinere mularum impetum non potuerit. Nec videtur iniquum si infirmitas culpæ adnumeretur ; cùm affectare quisque non debeat in quo vel intelligit, vel intelligere debet, infirmitatem suam alii periculosam futuram. Idem juris est in persona ejus qui imperium equi, quo vehebatur, propter imperitiam vel infirmitatem tenere non poterit. *l. 8. §. 1. ff. ad leg. Aquil.* Si propter loci iniquitatem, aut propter culpam mulionis, aut si plus justo onerata quadrupes, in aliquem onus everterit : hæc actio cessabit, damnique injuriæ agetur. *l. 1. §. 4. ff. si quadr. paup. fec. dic.*

VI.

6. Du bœuf qui frappe de la corne.

Si un bœuf a de coûtume de frapper de la corne, & qu'il blesse quelqu'un, ou cause quelqu'autre dommage, le maître qui n'aura pas renfermé ou retenu ce bœuf, ou averti de sorte qu'on pût l'éviter, sera tenu du mal qui en arrivera *f*.

f Quidam boves vendidit, ea lege uti daret experiundos : posteà dedit experiundos : emptoris servus in experiundo percussus ab altero bove cornu est. Quærebatur, num venditor emptori damnum præstare deberet ? Respondi, si emptor boves emptos haberet, non debere præstare ; sed si non haberet empros, tum si culpa hominis factum esset ut à bove feriretur, non debere præstari : si vitio bovis, debere. *l. 51. §. 3. ff. ad leg. Aquil. V. Exod. 21. 29. 36.*

VII.

7. Des chevaux qui mordent ou ruent.

Ceux qui ont des chevaux ou des mules qui ruent ou mordent, doivent en avertir, ou les faire garder, pour prévenir les occasions de péril ; autrement ils seroient tenus du dommage qui en pourra arriver *g*.

g Itaque, ut Servius scribit, tunc hæc actio locum habet, cùm commota feritate nocuit quadrupes. Putà si equus calcitrosus calce percusserit, aut bos cornu petere solitus, petierit ; aut mula propter nimiam ferociam. *l. 1. §. 4. ff. si quadr. paup. fec. dic.* Agat cùm in tabernam equum deduceret, mulam equus olfecit, mula calcem rejecit, & crus Agasonis fregit. Consulebatur, possetne cum domino mulæ agi, quòd ea pauperiem fecisset, respondi, posse. *l. ult. eod.* Si cùm equum permulsisset quis, vel pulpatus est, & calceum percusserit, erit actioni locus. *l. 5. eod.*
Il faut prendre garde sur ce dernier texte de ne pas imputer facilement au maître d'un cheval ou d'une autre bête, les accidens que peut attirer l'imprudence de ceux à qui ils arrivent. Ainsi, par exemple, si une personne qui ignore qu'un cheval rue, s'en approche trop pas nécessité, & lui met la main sur la croupe, se tenant à la portée d'une ruade, c'est une imprudence, car on doit si défier ; & cette imprudence peut attirer un coup de pied d'un cheval dans des circonstances où rien ne pourroit être imputé au maître du cheval.

VIII.

8. Des chiens qui mordent.

Si un chien qui a coûtume de mordre n'est pas retenu, ou s'il s'échappe, faute de bonne garde, & blesse quelqu'un, le maître du chien en sera tenu. Et à plus forte raison si c'étoit un chien qu'on dût enchaîner, & qui ne fut pas mis hors d'état de nuire à ceux qui pourroient s'en approcher par quelque mégarde *h*.

h Sed & si canis cùm duceretur ab aliquo asperitate sua evaserit, & alicui damnum dederit : si contineri potuisset, nec fuerat eius qui continebat : hæc actio cessabit, & tenebitur qui canem tenebat. *l. 1. §. 5. ff. si quadr. paup. fec. dic.* Si quis aliquem evitans, magistratum fortè, in taberna proxima se immisisset, ibi à cane feroce læsus esset, non posse agi canis nomine quidam putant : at si solutus fuisset, contra. *l. 2. §. 1. eod.*

IX.

9. Des bêtes farouches.

Ceux qui ont des bêtes farouches, comme des lions, des tigres, des ours & autres semblables, doivent les tenir de sorte qu'elles ne puissent nuire ; & ils répondront des dommages arrivez faute de bonne garde *i*.

i C'est une suite de l'article précédent. In bestiis autem propter naturalem feritatem, hæc actio locum non habet. Et ideò, si ursus fugit, & sic nocuit, non potest quondam dominus conveniri : quia desinit dominus esse, ubi fera evasit. Et ideò, & si eum occidj, meum corpus eſt. *l. 1. §. 10. ff. ſi quadr. paup. ſec. dic.*

Pour rendre juſte l'impunité du maître de cet oiſi, il faudroit ſuppoſer que ce fût ſans ſa faute que l'ours ſe fût échapé, comme ſi quelqu'un par malice l'avoit mis en liberté ſans qu'on pût rien imputer au maître. Car ſi c'eſt par ſa faute, il eſt de l'équité & de l'intérêt public qu'il réponde d'une faute de cette conſéquence. Et comme il profite de l'uſage qu'il pouvoit faire de cette bête, qu'il en étoit le maître, & qu'il peut même la vendiquer, ſi l'étant acquiſe ou à prix d'argent, ou par ſon induſtrie, & ayant mis ſon tems & ſa peine pour en tirer quelque profit, il doit en répondre.

X.

Si un chien ou un autre animal ne mord ou ne fait quelqu'autre dommage, que parce qu'il a été agaſſé ou effarouché, celui qui aura donné ſujet au mal arrivé, en ſera tenu; & ſi c'eſt le même qui l'a ſouffert, il doit ſe l'imputer *l.*

l Item cum eo cui carem irritaverat, & effecerat ut aliquem morderet, quamvis eum non tenuit, Proculus reſpondit, Aquiliæ actionem eſſe. l. 11. §. 5. ff. ad leg. aquil. §. 6. ff. ſi quadr. paup. ſec. dic. v. d. l. §. 7.

XI.

Si la bête qui aura cauſé le dommage avoit été effarouchée par quelqu'autre bête, le maître de celle-ci en ſera tenu *m.*

m Et ſi alia quadrupes alteram concitavit, ut damnum daret; ejus, quæ concitavit nomine, agendum erit. l. 1. §. 8. ff. ſi quadr. paup. ſec. dic. v. d. l. §. 7.

XII.

Si deux beliers ou deux bœufs appartenans à deux maîtres viennent à s'entrechoquer, & que l'un tue l'autre, le maître du bœuf ou belier qui aura le premier frappé ſera tenu ou d'abandonner la bête qui aura cauſé le dommage, ou de dédommager *n.*

n Cùm arietes vel boves commiſiſſent, & alter alterum occidit: Quintus Mucius diſtinxit, ut ſi quidem is perliſſet qui aggreſſus erat, ceſſaret actio: ſi is qui non provocaverat, competeret actio. Quamobrem, eum tibi aut noxam ſarcire, aut in noxam dedere oportere. l. 1. §. 11. ff. ſi quadr. paup. ſec. dic.

SECTION III.

Du dommage qui peut arriver de la chute d'un bâtiment ou de quelque nouvelle œuvre.

Comme dans cette matiere notre uſage eſt différent de la diſpoſition du Droit Romain, & que nous n'obſervons pas la regle qui vouloit que celui dont le bâtiment pouvoit être endommagé par la chute d'un autre qui étoit en péril de ruine, fût mis en poſſeſſion de cet héritage voiſin, ſi le propriétaire ne lui donnoit des ſuretés pour le dommage qui étoit à craindre *a*; on a tâché de tourner & accommoder à notre uſage les regles du Droit Romain, ſelon qu'elles peuvent s'y rapporter.

a Si intra diem à Prætore conſtituendum non caveatur, in poſſeſſionem ejus rei mittendus eſt. l. 4. §. 1. ff. de damn. inf.

SOMMAIRES.

I.

Si un bâtiment eſt en péril de ruine, le propriétaire du bâtiment, ou autre héritage voiſin, qui voit le ſien en danger d'être endommagé par la chute de l'autre, peut ſommer celui qui en eſt le propriétaire de le démolir, ou le réparer, de ſorte qu'il faſſe ceſſer le péril à chaque moment, & qu'il faut prévenir, s'il n'y ſatisfait promptement, il y ſera pourvû, ſelon les regles qui ſuivent.

a Damnum infectum eſt damnum nondùm factum, quod futurum veremur. l. 2. ff. de damn. inf. Hoc edictum proſpicit damno nondùm facto. l. 7. §. 1. eod. Prætor ait, damni infecti ſuo nomine promitti; alieno ſatisdari, jubebo. d. l. 7. Res damni infecti celeritatem deſiderat, & periculoſa dilatio. l. 1. eod. Hoc edictum proſpicit damno nondùm facto. l. 7. §. 1. eod: l. 2. eod.

II.

Si après la ſommation ou aſſignation en Juſtice le propriétaire du bâtiment dont la chute peut nuire au voiſin, néglige d'y pourvoir, celui qui voit ſon héritage en danger par la ruine de l'autre, peut demander par proviſion, qu'il lui ſoit permis de faire lui-même ce que les Experts jugeront néceſſaire pour prévenir la chute de ce bâtiment, ſoit en l'appuyant ou démoliſſant, s'il en eſt beſoin, & il recouvrera contre le propriétaire la dépenſe qu'il y aura faite *b.*

b Eum cui ita non cavebitur, in poſſeſſionem ejus rei cujus nomine ut caveta ut poſtulabitur, ire; & cùm juſta cauſa eſſe videbitur, etiam poſſidere jubebo. l. 7. ff. de damn. inf. Caſſius ſcribit, eum qui damni infecti ſtipulatus eſt, ſi propter metum ruinæ ea ædificia quorum nomine ſibi cavit, fulſit, impenſas ejus rei ex ſtipulatu conſequi poſſe. l. 18. eod. l. 15. §. 34. eod.

III.

Si pendant le retardement du propriétaire condamné ou ſommé de démolir ou appuyer ſon bâtiment, la chute en arrive, il ſera tenu des dommages & intérêts ſelon les circonſtances *c.*

c In eum qui neque caverit, neque in poſſeſſione eſſe, neque poſſidere paſſus erit, judicium dabo: ut tantùm præſtet, quantum præſtare eum oporteret, ſi de ea re ex decreto meo, ejuſve cujus de ea re juriſdictio fuit, quæ mea eſt, cautum fuiſſet. l. 7. ff. de damn. inf. In hac ſtipulatione venit quanti ea res intereſt. l. 28. eod. In eadem cauſa eſt detrimentum quoque propter emigrationem inquilinorum, quod ex juſto metu factum eſt. d. l. 28. Sed etſi conducere hoſpitium nemo velit propter vitium ædium, idem erit dicendum. l. 29. eod. Si à cauſa du danger de la chute de ce bâtiment, ou du dommage que ſa chute arrivée peut avoir cauſé à une maiſon voiſine, le propriétaire ou des locataires de cette maiſon ont été contraints de quitter leur logement, & que cette maiſon ſoit ou tombée, ou hors d'état de pouvoir être habitée, le propriétaire du bâtiment tombé devra-t il non-ſeulement les dommages & intérêts de la chute, ou des détériorations de cette maiſon, mais auſſi le dédommagement de la perte de ces loyers? Et tous ces dédommagemens ſeront-ils dûs en toute ſorte de cas, ſans diſtinction des différentes circonſtances qui peuvent s'y rencontrer? Et s'il arrivoit, par exemple, que le propriétaire de la maiſon qui menaçoit ruine fût dans une longue abſence, ou que n'ayant pas le moyen de réparer ſa maiſon ni de l'appuyer, il eût répondu à la ſommation, que ne pouvant y ſatisfaire, il prioit ſon voiſin qui étoit une perſonne accommodée, d'appuyer lui-même ce bâtiment, ou d'y faire les réparations néceſſaires, lui offrant ſa ſureté par l'affectation de la maiſon même, & que ce voiſin n'en voulant rien faire, la maiſon fût tombée; ne ſeroit-il pas de l'équité dans ces circonſtances de modérer le dédommagement, ou même d'en décharger ce propriétaire? Mais ſi on ſuppoſe un propriétaire riche & négligent, qui laiſſe d'appuyer ſon bâtiment, l'ait laiſſé tomber ſur la maiſon d'un voiſin pauvre; cette négligence ne devra-t-elle pas être punie d'un entier dédommagement, & de la perte du bâtiment, & auſſi des loyers?

IV.

Si le bâtiment tombe avant qu'il y eût une dénonciation au propriétaire, il ne ſera pas tenu du dommage, s'il veut abandonner & la place & les matériaux: & il ne ſera pas même obligé en ce cas de les enlever. Car celui qui a ſouffert le dommage doit s'imputer de n'avoir pas aſſez-tôt demandé au danger qu'il pouvoit connoître. Mais ſi ce propriétaire veut reprendre ſes matériaux ou garder ſa place, il ſera tenu de tout le dommage cauſé par la chute de ſon bâtiment, quoiqu'il n'y eût pas de dénonciation qui eût précédé la chute. Et il fera auſſi tenu en ce cas d'enlever non-ſeulement les matériaux qui peuvent ſervir, mais tout l'inutile *d*.

d Unicuique licet damni infecti nomine rem derelinquere. *l.* 10. §. 1. ff. de neg. geſt.

Evenit ut nonnunquam damno dato nulla nobis competat actio, non interpoſita anteà cautione : veluti, ſi vicini ædes ruinoſæ ceciderint. Adeò ut pleriſque placuerit, nec cogi quidem eum poſſe ut rudera tollat : ſi modo omnia quæ jacebant pro derelicto habeat. *l.* 6. ff. de damn. inf. Hoc edictum proſpicit damno nondum facto, cùm cæteræ actiones ad damna jam contigerunt farciendo pertineant : ut in legis Aquiliæ actione, & aliis. De damno verò facto, nihil Edicto cavetur. Cùm enim animalia quæ noxam commiſerunt, non ultra nos ſolent onerare, quàm ut noxæ ea dedamus : multò magis ii quæ anima carent, non deberent onerare : præſertim cùm res quidem animales, quæ damnum dederint, ipſæ extent ; ædes autem ſi ruina ſua damnum dederunt, deſierint extare : unde quæritur, ſi antequam caveretur, ædes deciderint, neque dominus rudera velit egerere, eaque derelinquet, an ht aliqua adverſus eum actio ? & Julianus conſultus, ſi priuſquam damni infecti ſtipulatio interponeretur, ædes vitioſæ corruiſſent, quid dicere debet is in cujus ædes rudera decidiſſent, ut damnum farciretur : reſpondit, ſi dominus ædium quæ ruerint, vellet tollere, non aliter permittendum, quam ut omnia, id eſt, ut quæ inutilia eſſent inferret : nec ſolum de futuro, ſed & de præterito damno cavere cum debere. Quod ſi dominus ædium quæ deciderunt, nihil facit, interdictum reddendum ei, in cujus ædes rudera decidiſſent, per quod vicinus compellitur, aut tollere, aut totas ædes pro derelicto habere. *l.* 7. §. 1. & 2. ff. eod. Voyez les articles 4. & 5 de la Section 2. du Titre des Engagemens qui ſe forment par des cas fortuits, p. 189.

Si par la chute d'un bâtiment qui en auroit abbatu un autre, il y a lieu de dommages & intérêts, & qu'il y eût des peintures, des ſculptures, ou d'autres ornemens pour le ſeul plaiſir dans le lieu que la ruine de ce bâtiment auroit abbatu ; il ne ſe feroit pas une eſtimation exacte des choſes de cette nature, dont l'uſage ſuperflu ne doit pas tourner à une telle perte. Mais cette eſtimation ſe feroit modérément, & avec un rempérament de juſtice & d'humanité, ſelon la qualité du fait qui auroit donné ſujet au dommage, celle des perſonnes & les autres circonſtances pourroient le demander *e*.

e Ex damni infecti ſtipulatione non oportet, infinitam vel immoderatam æſtimationem fieri, ut putà ob tectoria, & ob picturas : licet enim in hac magna erogatio facta eſt attamen ex damni infecti ſtipulatione moderatam æſtimationem faciendam : quia honeſtus modo ſervandus eſt, non immoderata cujuſque luxuria ſubſequenda. *l.* 42. ff. de damn. inf.

Il faut remarquer la différence entre ce cas & celui de l'article 4. de la Section 4. des Servitudes, où celui qui démolit le mur mitoyen pour le rendre ſuffiſant à l'uſage de la ſervitude, ne doit rien pour la valeur des peintures que ſon voiſin avoit ſur ce mur. Car dans le cas de cet article 4. chaque propriétaire a droit de démolir & refaire le mur mitoyen ſelon qu'il demande l'uſage de la ſervitude, & il ne doit par conſéquent aucuns dommages & intérêts. Et celui qui avoit fait ces dépenſes ſuperflues, doit s'imputer de les avoir expoſées à cet événement. Ici au contraire c'eſt par la faute du voiſin que ſon bâtiment a abbatu l'autre.

Si une maiſon qui menaçoit ruine, & pour laquelle le voiſin avoit dénoncé, eſt enſuite abbatue par un cas fortuit, comme par un débordement, ou par la violence des vents, & que ſa chute abbate la maiſon voiſine ; le propriétaire de la maiſon dont la chute a abbatu l'autre, ne ſera pas tenu de ce cas fortuit ; ſi ce n'eſt que le débordement ou l'orage ne l'ait abbatue, qu'à cauſe du mauvais état où elle ſe trouvoit *f*.

f Idem ait, ſi damni infecti ædium mearum nomine tibi promiſero, deinde hæ ædes vi tempeſtatis in tuo ædificia occiderint, eaque diruerint : nihil ex ea ſtipulatione præſtari, quia nullum damnum vitio mearum ædium tibi contingit : niſi forte ita vitioſæ meæ ædes fuerint, ut qualibet vel minima tempeſtate ruerint. *l.* 24 §. 10. ff. de damn. inf.

Si le bâtiment dont la chute a cauſé quelque dommage appartient à pluſieurs maîtres, ils n'en ſeront pas tenus ſolidairement, mais chacun à proportion de la part qu'il avoit au bâtiment tombé *g*.

g Si plurium ſint ædes quæ damnoſæ imminent, utrum adver-

sûs unumquemque dominorum in ſolidum competit, an in partem ? & ſcribit Julianus, quod & Sabinus probat, pro dominicis partibus conveniri eos oportere. *l.* 40. §. 3. ff. de damn. inf. *l.* 5. §. 1. eod.

Ceux qui font quelque nouvelle œuvre, c'eſt-à-dire qui font quelque changement de l'état des lieux *h*, ſoit dans des héritages de la ville ou de la campagne, ſoit dans des lieux particuliers, ou qui ſoient d'un uſage public, doivent s'accommoder de ſorte qu'ils ne bleſſent en rien le droit d'autres perſonnes intéreſſées au changement qu'ils prétendoient faire *i*. Car encore qu'on puiſſe faire chez ſoi les changemens dont on a beſoin, & ſouvent même encore qu'ils nuiſent à d'autres perſonnes, ainſi qu'il ſera expliqué dans l'article ſuivant ; on ne peut faire ceux qu'un autre peut avoir le droit d'empêcher. Ainſi, quoiqu'on puiſſe élever ſa maiſon, & par-là nuire à ceux de qui on ôte la vûe ; celui qui eſt aſſujetti à la ſervitude de ne point hauſſer ſon bâtiment, n'a plus cette liberté tandis que la ſervitude peut avoir ſon uſage *l*. Ainſi celui qui pour une ſource qu'il avoit dans ſon héritage, ou pour un ruiſſeau qui couloit à travers ſon fonds, pouvoit en laiſſer la décharge telle que le cours de cette eau devoit y donner naturellement, auroit perdu cette liberté par le droit d'un voiſin qui pourroit prendre cette eau par une décharge réglée en un certain lieu *m*. Et ſi dans ces cas le propriétaire d'un fonds y fait quelque nouvelle œuvre qui nuiſe ou au voiſin, ou à d'autres même qui ont des héritages ſéparez du ſien, mais qui auroient droit de l'en empêcher ; il ſera tenu de remettre les choſes dans l'ancien état, & de réparer le dommage que ſon entrepriſe aura pû cauſer *n*.

h Opus novum facere videtur qui aut ædificando, aut detrahendo aliquid, priſtinam faciem operis mutat. *l.* 1. §. 11. ff. de oper. nov. nunc.

i Sic debet meliorem ſuum agrum facere, ne vicini deteriorem faciat. *l.* 1. §. 4. ff. de aqua & aq. pluv. arc. Proſſe ſibi unuſquiſque, dum alii non nocet, non prohibetur. *l.* 1. §. 1. eod.

l V. l'art. 9. de la Sect. 2. des Servitudes, p. 120. & l'art. 4. de la Sect. 6. du même Titre, p. 123.

m V. l'art. 3. de la Sect. 3. des Servitudes, p. 110. & l'art. 11 de la Sect. 4. du même Titre, p. 121.

n Quem in locum nuntiatum eſt, ne quid operis novi fieret, qua de agitur, quod in eo loco, antequam nuntiatio miſſi fieret, aut in ea cauſa eſſet ; ut remitti deberet, factum eſt, id reſtituat. *l.* 20. ff. de op. nov. nunc. Quod ſi ita reſtitutum non erit, quanti ea res erit tantum præſtabit. *l.* 21. §. 4. eod. Non ſolum proximo vicino, ſed etiam ſuperiori opus facienti nuntiare opus novum potero. Num & ſervitutes quædam intervenientibus mediis locis, vel publicis, vel privat. eſſe poſſunt. *l.* 8. eod. Sive enim intra oppida, ſive extra oppida, in villis vel agris opus novum fiat, nuntiatio huic edicto locum habet, ſive in privato, ſive in publico opus fiat. *d.* l. 1. §. 14.

Celui qui faiſant une nouvelle œuvre dans ſon héritage uſe de ſon droit, ſans bleſſer ni loi, ni uſage, ni titre, ni poſſeſſion qui pourroient l'aſſujettir envers ſes voiſins, n'eſt pas tenu du dommage qui pourra leur en arriver ; ſi ce n'eſt qu'il ne fît ce changement que pour nuire aux autres ſans uſage pour ſoi. Car en ce cas ce ſeroit une malice que l'équité ne ſouffriroit point. Mais ſi l'ouvrage lui étoit utile, comme s'il faiſoit dans ſon héritage une réparation permiſe, pour le défendre contre les débordemens d'un torrent ou d'une rivière, & que l'héritage voiſin y fût plus expoſé, ou en reçût quelqu'autre incommodité, il ne pourroit en être tenu. Ainſi celui qui creuſant dans ſon héritage pour y trouver de l'eau, feroit tarir celle d'un puits ou d'une ſource de ſon voiſin, n'en ſeroit pas tenu *o*. Car dans ces cas & les autres ſemblables, ces événemens ſont des cas fortuits, & des effets naturels de l'état, où celui qui fait les changemens a eu droit de mettre les choſes. Et ce n'eſt pas ſon fait qui cauſe le dommage.

o Marcellus ſcribit cum eo qui in ſuo fodiens, vicini fontem averit, nihil poſſe agi : nec de dolo actionem. Et ſanè non debet habere, ſi non animo vicino nocendi, ſed ſuum agrum meliorem faciendi, id fecit. *l.* 1. §. 12. ff. de aq. & aq. pluv. arc. *l.* 21. eod. In domo mea aperio, quo aperto venæ putei tui præciſæ ſunt, an teneris ? ait Trebatius non teneri me damni infecti : neque enim exiſtimari, operis mei vitio damnum tibi dari, in ea re, in qua jure meo ufus fum. *l.* 24. §. 12. *ff. de dam. inf.* V. l'article 9. de la Sect. 2. des Servitudes, p. 120. Idem Labeo ait, si vicinum flumen torrentem averterit, ne aqua ad eum perveniat : & hoc modo sit effectum, ut vicino noceatur, agi cum eo aquæ pluviæ arcendæ non posse. *Aquam enim, arcere,* hoc esse curare ne influat. Quæ sententia verior est : si modò non hoc animo fecit, ut sibi noceat, sed ne sibi noceat. *l.* 2. §. 9. *ff. de aq. & aq. pluv. arc.* Neque malitiis indulgendum est. *l.* 38. *ff. de rei vind.*

X.

10. Ouvrage qu'on ne peut faire au préjudice du voisin.

Si l'ouvrage qu'un propriétaire feroit dans son fonds blessoit ou quelque Loi, ou quelque usage ; ou si c'étoit une entreprise contre un titre, ou une possession au préjudice d'un voisin qui pourroit en souffrir quelque dommage, il pourroit l'empêcher & recouvrer même les dommages & intérêts qu'il en auroit soufferts. Ainsi celui qui creusant dans son fonds au-delà de la distance reglée, mettoit en péril les fondemens du bâtiment de son voisin, en seroit tenu *p.*

p Si tam altè fodiam in meo ut paries tuus stare non possit, damni infecti stipulatio committitur. *l.* 24. §. 12. *ff. de damn. inf.*

XI.

11. On ne peut changer l'ancien cours des eaux.

Si les eaux des pluies ou autres ont leur cours réglé d'un héritage à un autre, soit par la nature du lieu, ou par quelque réglement, ou par un titre, ou par une ancienne possession, les propriétaires de ces héritages ne peuvent rien innover à cet ancien cours. Ainsi celui qui a l'héritage d'en haut ne peut changer le cours de l'eau, soit en le détournant, ou le rendant plus rapide, ou y faisant d'autres changemens, au préjudice du maître de l'héritage qui est au-dessous : Et celui qui a l'héritage de dessous, ne peut non plus empêcher que son héritage ne reçoive l'eau qu'il doit recevoir, & de la maniere qui étoit reglée *q.* Mais les changemens qui arrivent naturellement sans le fait des hommes, & qui causent quelque perte à l'un des voisins, l'autre en profitant, doivent être ou soufferts ou réparez, selon les regles qui seront expliquées dans le Titre suivant *r.*

q V. les art. 5. & 6. de la Sect. 1. du Titre suivant.

r In summa tria sunt per quæ inferior locus superiori servit, lex, natura loci, vetustas, quæ semper pro lege habetur, minuendarum litium causâ. *l.* 2. *ff. de aq. & aq. pluv. arc.* Iam sciendum est, hanc actionem vel superiori adversus inferiorem competere, ne aquam quæ naturâ suâ opere facto inhibetur per suum agrum decurrere : & interiori adversus superiorem, ne aliter aquam mittat, quam fluere naturâ solet. *l.* 1. §. 13. *eod.* Toties locum habet (hæc actio) quoties manufacto opere ægro aqua nocitura est : cùm quis manu fecerit quò aliter flueret, quàm soleret. si forte immittendo eam aut majorem fecerit, aut citatiorem, aut vehementiorem, aut si comprimendo redundare efficit. *l.* 1. §. 1. *ff. de aq. & aq. pluv. arc.* Quod si natura aqua noceret, ea actione non continetur. *d.* §. 1. *in f.* Iidem aiunt si aqua naturaliter decurrat, eaque pluviæ arceat, aut in inferiorem derivatur, aquæ pluviæ arcendæ actionem competere. *l.* 1. §. 10. *ff. de aq. & aq. pluv. arc.*

XII.

12. Défenses d'innover.

Celui qui prétend qu'une nouvelle œuvre qu'un autre entreprend lui fait préjudice, doit se pourvoir au Juge qui pourra faire défenses ou de commencer l'ouvrage, ou de continuer ce qui est commencé, jusqu'à ce qu'il soit jugé si l'ouvrage devra être permis ou défendu. Et ces défenses peuvent être ordonnées par provision, sur la seule plainte de la nouvelle entreprise, s'il y a eu du doute qu'elle puisse nuire *s.*

s Hoc edicto promittitur, ut , sive jure, sive injuria sieret, per nuntiationem inhiberetur, deinde remitteretur prohibitio hactenus, quatenus prohibendi jus is qui nuntiasset, non haberet. *l.* 1. *ff. de oper. nov. nunt.*

XIII.

13. Entreprise sur un lieu public.

Les entreprises des nouveaux ouvrages dans des lieux publics sont défendues, à plus forte raison que celles qui se font dans des lieux particuliers. Et elles sont de plus réprimées par des amendes, ou d'autres peines, selon la qualité du fait & les circonstances *t.*

t Nuntiatio ex hoc edicto locum habet, sive in privato, sive in publico opus fiat. *l.* 1. §. 14. *ff. de oper. nov. nunt.* Publici juris

tuendi gratia. *d. l.* 1. §. 16. Nuntiamus autem . . . si quid contra leges, edictave Principum, quæ ad modum ædificiorum facta sunt, fiet, vel in sacro, vel in loco religioso, vel in publico, ripave fluminis, quibus ex causis & interdicta proponuntur. *d. l.* §. 17.

SECTION IV.

Des autres especes de dommages causez par des fautes, sans crime ni délit.

Voyez sur cette matiere la Section 2. du Titre des Intérêts, Dommages & Intérêts.

SOMMAIRES.

1. *Dommages causez par des fautes sans dessein de nuire.*
2. *Défaut de délivrance.*
3. *Dommage causé par un fait innocent.*
4. *Précaution dans les ouvrages & travaux d'où il peut arriver quelque dommage.*
5. *Ignorance de ce qu'on doit sçavoir.*
6. *Incendies.*
7. *Dommage causé pour éviter un péril.*
8. *Dommage qu'on pouvoit empêcher.*
9. *Dommage arrivé par un cas fortuit, précédé de quelque fait qui y donne lieu.*
10. *Dommage causé par un cas fortuit précédé d'une faute.*

I.

1. Dommages causez par des fautes sans dessein de nuire.

Toutes les pertes & tous les dommages qui peuvent arriver par le fait de quelque personne, soit imprudence, légereté, ignorance de ce qu'on doit sçavoir, ou autres fautes semblables, si légeres qu'elles puissent être, doivent être réparées par celui dont l'imprudence ou autre faute y a donné lieu. Car c'est un tort qu'il a fait, quand même il n'auroit pas eu intention de nuire. Ainsi, celui qui jouant imprudemment au mail dans un lieu où il pouvoit y avoir du péril pour les passans, vient à blesser quelqu'un, sera tenu du mal qu'il aura causé *a.*

a Interdùm injuriæ appellatione damnum culpa datum significatur, ut in lege Aquiliâ dicere solemus. *l.* 1. *ff. de injur.* Injuriam autem hic accipere nos oportet, non quemadmodum circa injuriarum actionem, contumeliam quamdam, sed quod non jure factum est, hoc est contra jus . . . Igitur injuriam hic damnum accipiemus culpa datum, etiam ab eo qui nocere noluit. *l.* 5. §. 1. *ff. ad leg. Aquil.* Si per lusum à jaculantibus servus fuerit occisus, Aquiliæ locus est. *l.* 9. §. ult. *eod.* Nam lusus quoque noxius in culpa est. *l.* 10. *eod.* In lege Aquiliâ & levissima culpa venit. *l.* 44. *eod.*

II.

2. Défaut de délivrance.

Le défaut de s'acquitter d'un engagement, est aussi une faute qui peut donner occasion à des dommages & intérêts dont on sera tenu. Ainsi, un vendeur qui est en demeure de délivrer ce qu'il a vendu, un dépositaire qui differe de rendre le dépôt, un héritier qui retient une chose léguée, & tous ceux qui ayant en leur possession une chose qu'ils doivent délivrer, refusent ou differ ent, sont tenus non-seulement des dommages & intérêts que leur retardement aura pû causer, mais de la valeur même de la chose, si elle périt, après qu'ils auront été en demeure de la rendre, quand même ce seroit par un cas fortuit. Car cet évenement pouvoit ne pas arriver entre les mains du maître, ou il auroit pû disposer de la chose avant qu'elle périt *b.*

b Quod si mihi dare oporteat, si id posteà perierit, quàm per te factum erit : quominùs id mihi dares, tuum fore id detrimentum constat. *l.* 5. *ff. de reb. cred.* V. l'art. 17. de la Section 2. & l'art. 3. de la Section 7. du Contrat de vente, p. 33. & l'art. 10. de la Section 3. du Dépôt, p. 82.

III.

3. Dommage causé par un fait innocent.

S'il arrive quelque dommage par une suite imprévue d'un fait innocent, sans qu'on puisse imputer de faute à l'auteur de ce fait, il ne sera pas tenu d'une telle suite. Car cet évenement aura quelqu'autre cause jointe à ce fait, soit l'imprudence de celui qui aura souffert le dommage, ou quelque cas fortuit. Et c'est ou à cette imprudence

dence, ou à ce cas fortuit que le dommage doit être imputé. Ainsi par exemple, si quelqu'un va traverser un jeu de mail public pendant qu'on y joue, & que la boule déja jettée vienne à le blesser ; le fait innocent de celui qui a poussé la boule, ne se rend pas responsable d'un évenement qu'on doit imputer ou à l'imprudence de celui à qui il est arrivé, s'il ne pouvoit ignorer que ce fût un jeu de mail, ou à un cas fortuit, si ce fait lui étoit inconnu, & qu'on ne pût imputer d'imprudence à celui qui jouoit *c*.

c Si cùm alii in campo jacularentur, servus per cum locum transierit, Aquilia cessat. Quia non debuit per campum jaculatorium iter intempestivè facere. *l. 9. §. ult. ff. ad leg. Aquil.*

Item Meia scribit, si cum pila quidam luderent, vehementiùs quis pila percussa in tonsoris manus eam dejecerit.&sic servi, quem tonsor radebat, gula sit præcisa adjecto cultello : in quocumque eorum culpa sit, cum lege Aquilia teneri. Proculus, in tonsore esse culpam. Et sanè, si ibi tondebat ubi ex consuetudine ludebatur, vel ubi transitus frequens erat, est quod ei imputetur. Quamvis nec illud dicatur, si in loco periculoso sellam habenti tonsori se quis commiserit : ipsum de se queri debere. *l. 11. eod.* Voyez l'article 9.

IV.

4. Précautions dans les ouvrages & travaux, & si l'on peut avoir soin que sur dommage.

Ceux qui font quelques ouvrages ou quelques travaux, d'où il peut suivre quelque dommage à d'autres personnes, en seront tenus, s'ils n'ont usé des précautions nécessaires pour le prévenir. Ainsi les Maçons, les Charpentiers & autres, qui par des Machines élevent des matériaux ; ceux qui du haut d'un arbre en coupent & abbattent les branches, doivent avertir les personnes que leur ouvrage pourroit mettre en péril : & s'ils ne le font & à tems, ils seront tenus du dommage qui en arrivera, & même d'autres peines, selon les circonstances. Ainsi les chasseurs ou autres qui font des fosses dans des chemins, ou en d'autres lieux sans en avoir le droit, répondront du dommage qui en pourra suivre *d*.

d Si putator ex arbore ramum cùm dejecerit, vel machinarius, hominem prætereuntem occidit: ita tenetur, si is in publico decidat, nec ille proclamavit, ut casus ejus evitari posset.Sed Mucius etiam dixit, si in privato idem accidisset, posse de culpa agi. Culpam autem esse, quod cùm à diligente provideri potuit, non esset provisum, aut tum denuntiatum esset, cùm periculum evitari non possit. Secundùm quam rationem non multùm refert per publicum, an per privatum iter fieret : cùm plerumque per privata loca vulgo iter fiat. Quòd si nullum iter erit, dolum duntaxat præstare debet, ne immittat in eum quem viderit transeuntem. Nam culpa ab eo exigenda non est : cùm divinare non potuerit, an per eum locum aliquis transiturus sit. *l. 31. ff. ad leg. Aquil.* Præterea si fossam feceris in sylva publica, & bos meus in eam inciderit, agere possum hoc interdicto, quia in publico factum est. *l. 7. §. 8. ff. quod vi aut clam.* Qui foveas ursorum, cervorumque capiendorum causa faciunt, si in itineribus fecerunt, eoque aliquid deciderit factumque deterius est, lege Aquilia obligati sunt. At si in aliis locis ubi fieri solent, fecerunt, nihil tenentur. *l. 28. ff. ad leg. Aquil.*

V.

5. Ignorance de ce qu'on doit sçavoir.

Il faut mettre au nombre des dommages causez par des fautes, ceux qui arrivent par l'ignorance des choses que l'on doit sçavoir. Ainsi lorsqu'un Artisan, pour ne pas sçavoir ce qui est de sa profession, fait une faute qui cause quelque dommage, il en sera tenu. Ainsi s'il arrive qu'un Charretier ayant mal rangé des pierres sur une charrette, la chute d'une pierre cause quelque mal, il en répondra *e*.

e Celsus etiam imperitiam culpæ adnumerandam libro octavo Digestorum scripsit. Si quis vitulos pascendos, vel sarciendum quid spoliendumve conduxit, culpam præstare eum debere, & quod imperitia peccavit, culpam esse, quippe ut artifex conduxit. *l. 9. §. 5. ff. locati.*

Imperitia quoque culpæ adnumeratur. Veluti si Medicus ideò servum tuum occiderit, quia malè eum secuerit, aut perperam ei medicamentum dederit. *§. 7. inst. de leg. Aquil. l. 7. §. ult. l. 8. ff. ad leg. Aquil.* Si ex plaustro lapis ceciderit, & quid ruperit vel fregerit, Aquilia actione plaustrarium teneri placet : si malè composuit lapides, & ideò lapsi sunt. *l. 27. §. 33. eod.* V. l'article 5. de la Section 2.

VI.

6. Incendies.

Les incendies n'arrivent presque jamais que par quelque faute, au moins d'imprudence, ou de négli-

Tome I.

gence : & ceux de qui la faute, si legere qu'elle puisse être, cause un incendie, en seront tenus *f*.

f Plerumque incendia culpa fiunt inhabitantium. *l. 3. §. 1. ff. de off. præf. vig.* Qui ædes acervumve frumenti juxta domum positum combusserit, vinctus, verberatus, igni necari jubebitur, si modò sciens prudensque id commiserit : si verò casu, id est negligentia, aut noxiam sarcire jubetur, aut si minùs idoneus sit, levius castigatur. *l. 9. ff. ae incend.* In lege Aquilia & levissima culpa venit. *l. 44. ff. ad leg. Aquil.* Si fornacarius servus coloni ad fornacem obdormisset, & villa fuerit exusta : Neratius scribit, ex locato conventum præstare debere, si negligens in eligendis ministeriis fuit. Cæterum, si alius negligenter ignem subjecerit fornaci, alius negligenter custodierit : an tenebitur, qui subjecerit? nam qui custodit nihil fecit : qui rectè ignem subjecit, non peccavit. Quid ergo (est) puto utilem competere actionem, tam in eum, qui ad fornacem obdormivit, quàm in eum qui negligenter custodiit. Nec quisquam dixerit in eo, qui obdormiit, rem eum humanam passum : cum deberet vel ignem extinguere, vel ita munire, ne evagaretur. *l. 27. §. 9. ff. ad leg. Aquil.*

VII.

7. Dommage causé pour éviter un péril.

Il arrive quelquefois qu'un fait volontaire cause du dommage, sans que celui qui le cause en soit responsable. Ainsi, par exemple, si un coup de vent jette un vaisseau sur les cordes des ancres d'un autre vaisseau, ou sur des filets de pêcheurs, & que le maître du vaisseau jetté par le vent, ne pouvant souvent se dégager autrement, fasse couper ces cordes ou ces filets ; il ne sera pas tenu de ce dommage que ce cas fortuit a rendu nécessaire. Et il en est de même de ceux qui dans un incendie ne pouvant sauver une maison où le feu va prendre, abbattent cette maison pour sauver les autres. Car dans ces sortes d'évenemens, c'est le cas fortuit qui cause la perte, & chacun en souffre ce qui le regarde *g*.

g Item Labeo scribit, si cùm vi ventorum navis impulsa esset in funes anchorarum alterius, & nautæ funes præcidissent: si nullo alio modo, nisi præcisis funibus, explicare se potuit, nullam actionem dandam, idemque Labeo & Proculus & circa retia piscatorum, in quæ navis inciderat, æstimaverunt. *l. 29. §. 3. ff. ad leg. Aquil.*

Quod dicitur damnum injuria datum Aquilia persequi, sic erit accipiendum, ut videatur damnum injuria datum quod cum damno injuriam attulerit : nisi magna vi cogente fuerit factum, ut Celsus scribit, circa eum qui incendii arcendi gratia, vicinas ædes intercidit. Nam hic scribit, cessare legis Aquiliæ actionem. Justo enim metu ductus, ne ad se ignis perveniret, vicinas ædes intercidit. Et sive pervenit ignis, sive ante extinctus est, existimat legis Aquiliæ actionem cessare. *l. 49. §. 1. eod. v. l. 3. §. 7. ff. de incend. l. 7. §. 4. ff. quod vi aut clam.* V. l'art. 6. de la Sect. 2. des Interêts.

On n'a pas mis dans cet article pour le cas de l'incendie, l'exemple que donne cette Loi, d'un particulier qui démolit la maison voisine de la sienne ; car cette licence suppose une nécessité pour le public, dont un particulier ne doit pas être le Juge. Mais dans ce cas il y est pourvû par les Officiers de la Police, ou par la multitude qui voyant le péril a droit d'y pourvoir.

VIII.

8. Dommage qu'on pouvoit empêcher.

Ceux qui pouvant empêcher un dommage, que quelque devoir les engageoit de prévenir, y auront manqué, pourront en être tenus selon les circonstances. Ainsi un maître qui voit & souffre le dommage que fait son domestique, pouvant l'empêcher, en est responsable *h*.

h Quoties sciente domino servus vulnerat, vel occidit, Aquilia dominum teneri dubium non est. Sicientiam hic pro patientia accipimus, ut qui prohibere potuit, teneatur si non fecerit. *l. 44. §. 1. & l. 45. ff. ad leg. Aquil. l. 4. C. de nox. act.*

IX.

9. Dommage arrivé par un cas fortuit, précédé de quelque fait qui y donne lieu.

Lorsque quelque perte ou quelque dommage suit d'un cas fortuit, & que le fait de quelque personne qui s'y trouve mêlé a été ou la cause, ou l'occasion de cet évenement ; c'est par la qualité de ce fait, & par la liaison qu'il peut avoir à ce qui est arrivé, qu'on doit juger si cette personne en devra répondre, ou si elle devra en être déchargée. Ainsi dans le cas du premier article de cette Section & du quatriéme, l'évenement est imputé à celui de qui le fait est suivi de quelque dommage. Ainsi au contraire dans les cas de l'article 3. & de l'ar-

A a

ticle 7. l'évenement n'est point imputé *i*. Ainsi pour un autre cas différent de ceux de tous ces articles, si une personne qui feroit les affaires d'un autre à son insçu, ou un Tuteur, Curateur, ou autre Administrateur, ayant reçu une somme d'argent pour la personne de qui les affaires seroient en ses mains, mettoit cet argent en réserve pendant quelque temps, sans en faire d'emploi, pouvant même payer des dettes que son administration l'obligeoit d'acquitter, soit à d'autres créanciers, ou à soi-même, s'il étoit de ce nombre; & qu'il arrive que cet argent soit enlevé par des voleurs, ou périsse par un incendie, ou que la valeur des especes soit diminuée; cette perte pourroit tomber sur cette personne, s'il n'y avoit eu aucun sujet de garder cet argent, & qu'il y eût de sa faute de ne l'avoir pas employé, ou le prenant pour son payement, ou en acquittant d'autres créanciers; ou le mettant à d'autres usages où la perte pourroit regarder les personnes pour qui l'argent avoit été reçu, si quelque cause en avoit fait différer l'emploi. Ce qui dépendroit de la qualité de la conduite que cette personne auroit tenuë, & des autres circonstances qui pourroient ou obliger à répondre de cette perte, ou l'en décharger *l*.

i V. les articles 1. & 4. 3. & 7. de cette Section.

l Debitor meus, qui mihi quinquaginta debebat, decessit. Hujus hæreditatis curationem suscepi, & impendi decem : Deinde redacta ex venditione rei hæreditariæ centum in arca reposui : hæc sine culpa mea perierunt, quæsitum est an ab hærede, qui quandoque extitisset, vel creditam pecuniam quinquaginta petere possim, vel decem quæ impendi. Julianus scribit, in eo verti quæstionem ut animadvertamus, an justam causam habuerim seponendorum centum : nam si debuerim & mihi & cæteris hæreditariis creditoribus solvere, periculum non solum sexaginta, sed & reliquorum quadraginta (millium) me præstaturum : decem tamen, quæ impenderim retenturum. Id est sola nonaginta restituenda. Si verò justa causa fuerit propter quam integra centum custodirentur, veluti periculum erat, ne prædia in publicum committerentur, ne pœna trajectitiæ pecuniæ augeretur, aut ex compromisso committeretur : non solum decem quæ hæreditaria negotia impenderim, sed etiam quinquaginta quæ mihi debita sunt, ab hærede me consequi posse. *l.* 13. *ff. de negot. gest.*

Si quis in stipulam suam vel spinam, comburendæ ejus causa, ignem immiserit: & ulterius evagatus, & progressus ignis alienam segetem, vel vineam læserit ; requiramus, num imperitia ejus aut negligentia id accidit. Nam si die ventoso id fecit, culpæ reus est. Nam & qui occasionem præstat, damnum fecisse videtur. In eodem crimine est & qui non observabit ne ignis longiùs procederet. At si omnia quæ observanda fuit, vel subita vis venti longiùs ignem produxit, caret culpa. *l.* 30. *§.* 3. *ff. ad leg. Aquil.*

On n'a pas mis dans cet article le cas rapporté dans cette Loi 30. §. 3. ff. ad leg. Aquil. qui veut que si celui qui faisoit brûler son chaume avoit pris les précautions qu'il falloit prendre, il ne soit pas tenu de l'incendie arrivé par un vent subit. Car il semble que cet événement devoit être prévû, & qu'on pouvoit même le prévenir, arrachant au large tout ce qui pouvoit joindre la moisson voisine, ou remettant même de brûler ce chaume jusqu'après la récolte : & qu'en de pareils cas, où l'on ne peut s'engager sans prendre les précautions nécessaires pour prévenir le dommage que d'autres personnes en pourroient souffrir, on doit ou s'abstenir de ce qui peut causer du dommage, ou se charger de l'événement, si on s'y expose. Et aussi la Loi divine semble dans ce cas obliger indistinctement celui qui a mis le feu, à réparer le dommage qui en sera suivi. Si egressus ignis invenerit spinas, & comprehenderit acervos frugum, sive stantes segetes in agris, reddet damnum qui ignem succenderit Exod. 22. 6.

X.

Si le cas fortuit est une suite d'un fait illicite, & qu'il en arrive quelque dommage, celui dont le fait y a donné lieu, en sera tenu, à plus forte raison que si le cas fortuit n'étoit que la suite de quelque imprudence, comme dans le cas de l'article quatrième. Ainsi, par exemple, si un créancier prend sans autorité de justice un gage de son débiteur qui n'y consente point, & que ce gage vienne à périr par un cas fortuit entre les mains de ce créancier, il en sera tenu *m*

10. Dommage causé par un cas fortuit précédé d'une faute.

m Qui ratiario crediderat, cùm ad diem pecunia non solveretur ratem in flumine sua autoritate detinuit; posteà flumen crevit, & ratem abstulit : si invito ratiario retinuisset, ejus periculo ratem fuisse, respondit. *l.* 30. *ff. de pign. act.*

TITRE IX.

Des engagemens qui se forment par des cas fortuits.

ON verra dans ce Titre une espece d'engagemens involontaires, & qui n'ont pas d'autre cause que des cas fortuits. On appelle cas fortuits les évenemens qui sont indépendans de la volonté de ceux à qui ils arrivent, soit que ces évenemens causent des gains ou des pertes. Ainsi trouver un trésor & perdre sa bourse sont des cas fortuits de ces deux especes.

Les cas fortuits arrivent ou par le fait des hommes, comme un vol, un incendie ; ou par un pur effet de l'ordre divin ou du cours ordinaire de la nature, comme un coup de foudre, un naufrage, un débordement ; ou par un effet mêlé d'un évenement naturel & du fait des hommes, comme un incendie arrivé pour avoir enfermé du foin sans sécher.

Il faut encore distinguer dans les cas fortuits où il se rencontre du fait des hommes deux sortes de faits. L'une de ceux où il y a quelque faute, comme si jouant au mail dans un grand chemin, on blesse un passant. Et l'autre de ceux qui sont innocens, & où rien ne peut être imputé à l'auteur du fait, comme si ce même cas étoit arrivé dans un jeu de mail, par la faute de celui qui le traversant imprudemment y seroit blessé.

Lorsque le cas fortuit est une suite de quelque faute qui y a donné lieu, celui dont le fait a été la cause ou l'occasion du cas fortuit, doit réparer le dommage qui en est suivi. Et alors son engagement est plus l'effet de sa faute que du cas fortuit, qui fait une partie de la matiere du Titre précédent. Mais dans celui-ci on ne parlera que des engagemens qui n'ont aucune autre cause que le cas fortuit. Les cas fortuits qu'on ne peut imputer à aucune faute, peuvent avoir de diverses suites, pour ce qui regarde les engagemens. Quelques-uns ils rompent les engagemens. Ainsi un vendeur est déchargé de l'obligation de délivrer la chose venduë, si elle périt sans sa faute, pendant qu'il n'est pas en demeure de la délivrer, & l'acheteur ne laisse pas d'en devoir le prix *a*. Quelquefois le cas fortuit diminuë l'engagement, comme lorsqu'un Fermier souffre une perte considérable par une stérilité, ou par une grêle, par une gelée, ou d'autres cas fortuits *b*. D'autrefois le cas fortuit ne change rien à l'engagement, quoiqu'il cause des pertes. Ainsi s'il arrive que celui qui avoit emprunté de l'argent le perde par un vol, par un incendie, ou autre cas fortuit, il ne laisse pas d'être obligé de le rendre de même que s'il en avoit fait un emploi utile *c*. Et il arrive enfin par un autre effet des cas fortuits, qu'ils forment des engagemens d'une personne à une autre. Et c'est ce dernier effet des cas fortuits qui fera la matiere de ce Titre, les autres ayant leurs places dans les matieres qu'ils peuvent regarder.

Quand on parle ici des engagemens qui naissent des cas fortuits, on n'y comprend pas cette multitude infinie d'engagemens où Dieu met les hommes, par ces sortes d'évenemens qui les obligent à se rendre les uns aux autres les différens devoirs que demandent les conjonctures ; comme de secourir celui qu'on trouve tombé, d'aider de ses biens ceux qui perdent les leurs, & mille autres semblables ; mais on parle seulement des engagemens qui sont tels que les Loix civiles permettent de contraindre ceux qui s'y trouvent à s'en acquitter : Comme on le verra par les divers exemples qui seront rapportez dans la premiere Section qu'on a composée de ces différens exemples, pour faire comprendre comment se forment ces sortes d'engagemens : Et on expliquera dans la seconde Section le détail de leurs suites.

a V. l'art. 21. de la Sect. 2. du contrat de vente, p. 37.
b V. l'art 4. & les suivans de la Sect. 5. du Louage, p. 60.
c V. l'article 2. de la Sect. 3. du Prêt, p. 69.

habet in commune confertur. *l. 2. §. 2. in f. ff. de leg. Rhod.* V. l'article 8. de la Sect. 2.

SECTION I.

Comment se forment les engagemens qui naissent des cas fortuits.

SOMMAIRES.

I.

1. De celui qui trouve une chose perdue.

CElui qui trouve une chose perdue doit la rendre à son maître, s'il sçait à qui elle est, ou s'il peut le sçavoir : & s'il la retient sans dessein de la rendre, ou sans tâcher de découvrir le maître, il commet un larcin *a*.

a Qui alienum quid jacens, lucri faciendi causa sustulit, furti obstringitur, sive scit cujus sit, sive ignoravit. Nihil enim ad furtum minuendum facit, quod cujus sit ignoret. *l.* 43. §. 4. *ff. de furt.* Si jacens tulit non ut lucretur, sed redditurus ei cujus fuit, non tenetur furti. *d. l.* §. 7. Non videbis bovem fratris tui, aut ovem errantem, & præteribis: sed reduces fratri tuo, etiam si non est propinquus frater tuus, nec nosti eum : duces in domum tuam, & erunt apud te quamdiu quærat ea frater tuus, & recipiet. Similiter facies de asino, & de vestimento, & de omni re fratris tui, quæ perierit: si inveneris eam, ne negligas quasi alienam. *Deuter.* 22. 1. *Levit.* 6. 2.

Les engagemens de celui qui trouve une chose, & de celui à qui elle appartient, seront expliqués dans les articles 1. & 2. *de la Section* 2. *Il ne faut pas mettre les trésors au nombre des choses perdues; car on n'appelle trésor que ce qui ayant été caché ne trouve plus de maître.* V. *pour les trésors l'art.* 7. *de la Section* 2. *de la Possession.*

II.

2. De ce qui est laissé dans un héritage par un débordement.

Si un débordement abbat une maison, & en entraîne des matériaux ou des meubles dans quelque héritage, le propriétaire ou possesseur de cet héritage, est obligé d'y donner l'entrée au maître de cette maison, & de souffrir qu'il en enleve ce que le débordement y auroit laissé. Et il en seroit de même d'un bateau, ou d'une autre chose entraînée par la force des eaux *b*.

b Si ratis delata sit vi fluminis in agrum alterius, posse eum convenire ad exhibendum Neratius scribit. *l.* 5. §. 4. *ff. ad exhib.* V. les art. 3. 4. & 5. de la Section. 2.

III.

3. De ce qu'on jette dans la mer en péril de naufrage.

Si dans un péril de naufrage on est obligé de jetter une partie de la charge pour sauver le reste ; ceux dont les hardes ou marchandises ont été sauvées, sont obligez de porter leur part de la perte de ce qui a été jetté pour l'intérêt commun *c*, suivant les regles qui seront expliquées dans la Section suivante.

c Lege Rhodia cavetur, ut si levandæ navis gratiâ jactus mercium factus est, omnium contributione sarciatur, quod pro omnibus datum est. *l.* 1. *ff. de leg. Rhod. de jactu.* V. l'art. 6. & les suivans de la Section 2.

IV.

4. Provision de vivres dans un péril commun.

Si dans un voyage sur mer, ou autre occasion semblable où plusieurs personnes peuvent se rencontrer, les provisions des vivres viennent à manquer, & que quelques-uns d'entr'eux se trouvent en réserve pour eux en particulier, mais qu'il ne soit pas possible d'en avoir d'ailleurs pour les autres; ce qui peut rester à quelques-uns, devient commun à tous *d*.

d Cibaria si quando defecerint in navigationem, quod quisque
Tome I.

V.

5. Comment le changement des lieux arrivé par un cas fortuit, peut être réparé.

Si un cas fortuit fait un changement de l'état de quelques lieux qui nuise à quelqu'un, & qu'il soit juste de remettre les choses au premier état; cet événement obligé ceux qui le travail devra être fait, d'en laisser la liberté à celui qui souffre le dommage, ou de le faire eux-mêmes, ou d'y contribuer, s'ils en sont tenus. Ainsi, par exemple, si une eau coulante, qui traverse des héritages de diverses personnes, reste en ceux d'en haut par l'amas des ordures qu'elle charrie, ou par quelqu'autre obstacle, ceux qui en souffriront le dommage ou l'incommodité, pourront obliger le propriétaire de l'héritage où le cours de l'eau a cessé d'être libre, de souffrir que les choses soient remises au premier état, ou de les y remettre lui-même ; ou d'y contribuer selon qu'il pourra en être tenu; & s'il arrive d'autres changemens semblables qu'on doive réparer, il est de la même équité que ceux qui en souffrent quelque perte, puissent remettre les choses comme elles étoient. Car encore que ces changemens arrivent naturellement, & même sans le fait des hommes, si on peut y pourvoir quand ils sont arrivez, ceux qui souffrent de semblables pertes, ne doivent pas être privez des remedes permis & possibles, pourvû qu'en rétablissant les choses ils ne nuisent point, ou qu'ils dédommagent, s'il y en avoit lieu *e*. Mais si le changement étoit de telle nature qu'il ne fût pas juste de remettre les choses au premier état, comme si un débordement ayant détaché des rochers d'un héritage, les avoit transportez dans un autre, & par-là rendu l'un des héritages meilleur qu'il n'étoit, & endommagé l'autre, cet événement étant un pur effet de l'ordre divin, qui auroit changé la face des lieux, il auroit aussi changé les possessions des propriétaires de ces héritages ; & aucun ne pourroit faire de nouveau changement dans celui de l'autre, sinon de son gré, & il ne pourroit même faire dans le sien, que ce qui se pourroit sans blesser les droits des voisins.

e Apud Namusam relatum est, si aquâ fluens iter suum stercore obstruxerit, & ex restagnatione superiori agro noceat, posse cum inferiore agi, ut finat purgari. Hanc enim actionem non tantum de operibus esse utilem manufactis, verùm etiam in omnibus quæ non secundùm voluntatem sint. Labeo contra Namusam probat, ait enim naturam agri ipsam à se mutari posse. Et ideò, cum per se natura agri mutata, æquo animo unumquemque ferre debere sive melior, sive deterior ejus conditio facta sit. Idcircò, etsi terræ motu aut tempestatis magnitudine soli causa mutata sit, neminem cogi posse ut finat in pristinam loci conditionem redigi. Sed nos etiam in hanc casum æquitatem admisimus. *l.* 1. §. 5. 6. *ff. de aqua & aq. pluv. arc.* V. *d. l.* §. 4. V. l'art. suivant.

VI.

6. Si le changement ne pouvoit être réparé.

Si le changement des lieux arrivé par un cas fortuit est irréparable, la perte ou le gain qui en arriveront regarderont ceux à qui l'événement aura été utile ou nuisible, sans que l'un soit obligé de dédommager l'autre. Ainsi, par exemple, si une riviere quitte insensiblement un côté, & s'étend vers l'autre, ce qu'elle ôte à l'un est perdu pour lui, & ce qu'elle laisse à l'autre augmente son fonds *f*. Ou si une riviere change de lit, les lieux qu'elle occupe par son nouveau cours, seront perdus pour ceux qui en étoient les maîtres ; & les voisins de l'ancien canal pourront profiter de ce qui se trouvera ajouté à leurs héritages *g*, sans qu'il se forme aucun engagement entre ceux qui profitent, & ceux qui perdent; car l'un n'acquiert pas ce que l'autre perd. Et ceux qui ont perdu leurs héritages n'ont aucun droit au fonds que l'eau occupoit, & qu'elle a quitté : Mais

f Si fluvius paulatim ita auferat, ut alteri parti applicet, id alluvionis jure ei quæritur, cujus fundo accrescit. *l.* 1. *C. de alluv.* Quod per alluvionem agro tuo flumen adjecit jure gentium tibi acquiritur. Est autem alluvio incrementum latens. Per alluvionem autem id videtur adjici, quod ita paulatim adjicitur, ut intelligi non possit, quantùm quoque temporis momento adjiciatur. §. 20. *inst. de rer. divis.*

g Quod si naturali alveo in universum derelicto ad aliam partem fluere cœperit, prior quidem alveus eorum est qui prope ripam ejus prædia possident, pro modo scilicet latitudinis cujusque agri, quæ prope ripam sit. §. 23. *eod.*

Ils doivent souffrir un événement dont il n'y a pas d'autre cause que l'ordre divin qui leur a ôté la possession h.

h Cùm per se natura agri fuerit mutata, æquo animo unamquemque ferre debere, sive melior, sive deterior ejus conditio facta fit. l. 2. §. 6. ff. de aqua & aq. pluv. arc. V. l'art. 8. de la Sect. 2. de la Possession.

VII.

7. Mélange des choses de plusieurs personnes.

L'orsqu'il arrive de deux ou plusieurs choses qui appartiennent à divers maîtres, s'il s'en fait contre leur gré, ou à leur insçu, un tel mélange, qu'on ne peut facilement & sans inconvénient les séparer, & rendre à chacun la sienne, ce tout devient commun à ces personnes; non par indivis, car chacun n'a rien en la chose de l'autre, mêlée avec la sienne, mais selon ce que chacun peut avoir dans ce tout. Et cet événement forme entr'eux l'engagement ou de diviser la chose de la manière qu'il sera possible, ou de se faire autrement justice pour la valeur de chacune des choses qui ont été confondues. Ainsi, par exemple, s'il s'est fait une masse de deux pièces d'or fondues ensemble, & qui appartenoient à deux personnes, ou que des laines de plusieurs maîtres on ait fait une étoffe, ou qu'on ait autrement mêlé des choses de différent genre, comme de divers métaux, ou des liqueurs de diverses sortes; dans ces cas, il faut partager la chose, si elle peut être divisée, & en donner à chacun à proportion de ce que valoit ce qu'il a dans le tout, ou en faire une estimation, & partager le prix sur ce même pied. Mais si ce mélange a été fait volontairement par les maîtres des choses, l'engagement en ce cas se forme par convention, & la masse est commune entr'eux, selon les conditions qu'ils se sont prescrites i.

i Si duorum materiæ ex voluntate dominorum confusæ sint, totum id corpus quod ex confusione fit, utriusque commune est. Veluti si qui vina sua confuderint, aut massas argenti, vel auri conflaverint. Sed etsi diversæ materiæ sint, & ob id propria species facta sit, forte ex vino & melle mulsum, aut ex auro & argento electrum, idem juris est. Nam & hoc casu communem esse speciem non dubitatur. Quòd si fortuitu, & non voluntate dominorum confusæ fuerint, vel ejusdem generis materiæ, vel diversæ idem juris esse placuit. §. 27. Inst. de rerum divis.

VIII.

8. On peut chercher ce qu'on a dans le fonds d'un autre.

Si par quelque événement il arrive qu'une personne ait mis en quelque lieu caché dans le fonds d'un autre, ou de l'argent, ou d'autres choses que dans la suite lui & ses héritiers veuillent retirer, le maître du fonds sera tenu de le souffrir, en le dédommageant, s'il y en a lieu l.

*l Thesaurus meus in tuo fundo est, nec cum pateris me effodere... Labeo ait, non esse iniquum juranti mihi non calumniæ causa id postulare, vel interdictum, vel judicium ita dari, ut, si per me non steit quominùs damni infecti tibi operis nomine caveatur, ne vim facias mihi, quominùs eum thesaurum effodiam, tollam, exportem. l. 15. ff. ad exhib.
Ce qui fait le cas de cette Loi, n'est pas proprement un trésor. V. l'art. 7. de la Sect. 2. de la Possession.*

IX.

9. Engagemens réciproques, ou non réciproques.

Des engagemens qui se forment par des cas fortuits, quelques-uns sont réciproques & obligent de part & d'autre, & d'autres n'obligent que d'une part. Ainsi dans le cas de l'article premier, si celui qui a trouvé une chose perdue, sçait qui en est le maître, & s'il peut d'abord la rendre sans qu'il lui en coûte rien, l'engagement n'est que de sa part. Mais s'il a fait quelque dépense, comme pour une publication, afin de sçavoir qui étoit le maître de la chose, ou pour la lui faire tenir, le maître en ce cas doit lui rendre ce qu'il a fourni. Ainsi l'engagement sera réciproque, & dans tous les autres cas il est facile de discerner si l'engagement est réciproque, ou s'il ne l'est point m.

m C'est une suite des articles précédens.

X.

10. Pertes & gains.

Tous les cas fortuits qui causent des gains ou des pertes, ne forment pas pour cela des engagemens. Et si

par exemple, un vaisseau dans une tempête poussé contre un autre, vient à le briser, cet événement ne fait *sans engagemens.* aucun engagement de la part du maître du vaisseau qui a brisé l'autre, si ce n'est qu'il y eût de sa faute, ou des personnes dont il dût répondre, Car c'est un pur effet de ce cas fortuit, & quelquefois même celui qui souffre du dommage par un cas fortuit, dont il arrive d'ailleurs du profit à un autre, ne peut néanmoins prétendre aucun dédommagement, comme dans le cas de l'article sixiéme n.

n Si navis tua impacta in meam scapham damnum mihi dedit; quæsitum est, quæ actio mihi competeret. Et ait Proculus, si in potestate nautarum fuit ne id accideret, & culpa eorum factum sit, lege Aquilia cum nautis agendum... Sed si fune rupto, aut cùm à nullo regeretur navis, incurrisset, cum domino agendum non esse. l. 29. §. 2. ff. ad leg. Aquil. d. l. §. 4.

XXI.

11. Différens effets des cas fortuits pour les suites des pertes.

Il s'ensuit des articles précédens qu'on ne peut faire une règle générale qui distingue les cas fortuits dont il peut naître des engagemens, soit d'une part seulement, ou qui soient réciproques, ceux dont il n'arrive aucune sorte d'engagement. Mais ces différences dépendent des conjonctures qui diversifient les événemens, & qui feront juger à quoi se trouve obligé chacun de ceux que les suites du cas fortuit peuvent regarder. Ainsi, lorsqu'un vaisseau tombe entre les mains des Corsaires, s'il est racheté, tous les intéressés y contribuent à proportion de ce qu'ils conservent, & il se forme entr'eux un engagement qui est commun à tous. Mais si ces Corsaires n'enlevent qu'une partie de la charge du vaisseau sans toucher au reste, la perte tombera sur ceux de qui les marchandises & autres choses auront été enlevées, sans que les maîtres de ce qui est resté soient obligez de souffrir leur part de la perte. Et ces deux différentes régles dans des cas fortuits de même nature, dépendent d'un même principe commun à ces deux divers événemens; que la perte regarde le maître de ce qui est perdu. Ce qui fait que la perte de l'argent donné pour racheter le vaisseau, est commune à tous ceux que la perte du vaisseau auroit regardé : & que celle des marchandises volées, tombe sur ceux qui en étoient les maîtres o.

o Si navis à Piratis redempta sit : Servius, Ofilius, Labeo omnes conferre debere aiunt. Quod verò Prædones abstulerint, eum perdere cujus fuerit, nec conferendum ei qui suas merces redemerit. l. 2. §. 3. de leg. Rhod.

SECTION II.

Des suites des engagemens qui naissent des cas fortuits.

SOMMAIRES.

16. *Si on recouvre ce qui avoit été jetté dans le premier*
péril.
17. *Dans le cas de l'article précédent la contribution cesse.*
18. *Si pour avoir jetté des marchandises, d'autres sont*
endommagées.

I.

1. Engage-
ment de ce-
lui qui trou-
ve une chose
perdue.
CElui qui a trouvé un chose perdue, est obligé de
la conserver, & d'en prendre soin pour la rendre
à son maître. Et s'il ne sçait à qui elle appartient, il doit
s'en informer par les voies qui peuvent dépendre de
lui, en faisant faire même des publications pour la découvrir, si la chose le mérite, & qu'il soit de la prudence d'en user ainsi *a*. Et quand il la rendra, soit que ce
soit de l'argent ou autre chose, il ne pourra ni en retenir une partie, ni en rien exiger *b*. Mais il recouvrera
seulement ce qu'il pourra avoir dépensé, ainsi qu'il sera
dit dans l'article suivant.

a V. les textes citez sur l'article 1. de la Section précédente.
Solent plerique etiam hoc facere, ut libellum proponant conti-
nentem invenisse & rediturum ei qui desideravit. Hi ergo osten-
dunt non furandi animo se fecisse. *l.* 43. §. 8. *ff. de furt.* Quasi
redditurus ei qui desideraffet, vel qui ostendisset rem suam. *d. §.*
Voyez l'art. 1. *de la Sect.* 1. Si inveneris enim, ne negligas quasi
alienam. *Deut.* 22.
b Quid ergo, si, ευρετρα, id est, inventionis præmia, quæ dicunt
petat? Nec hic videtur furtum facere, etsi non probe petat aliquid. *l.* 43. §. 9. *ff. de furtis.*
Quoique celui qui rend une chose trouvée ne puisse rien exiger, si
néanmoins c'est une personne pauvre, elle peut recevoir licitement &
honnêtement ce qui lui sera donné, quoiqu'il fût mal-honnête à une
autre personne de recevoir quoi que ce soit pour la même chose.

II.

2. Engage-
ment de ce-
lui à qui on
rend ce
qu'il avoit
perdu.
Celui à qui on rend la chose qu'il avoit perdue, est
obligé de sa part de rendre les dépenses employées, ou
pour la conserver, ou pour la lui remettre; comme si
c'étoit quelque bête égarée, qu'il ait fallu nourrir, ou
que le transport de la chose d'un lieu à un autre, oblige
à quelque dépense, ou si on a fait quelques frais pour
des publications, afin d'avertir le maître, & si celui qui
rend la chose à son maître, n'est pas le même qui l'avoit
trouvé, & qu'il ait donné quelque chose pour la ravoir
de la personne qui l'avoit trouvée, il le recouvrera *c*.

c Hæc æquitas suggerit, *l.* 2. §. 5. *in f. ff. de aqua & aq. pluv.*
arc.

III.

3. Droit de
celui de
l'héritage
d'un autre
où s'est dé-
chargé un
débris jetté.
Le propriétaire d'un héritage où s'est déchargé le débris d'un bâtiment tombé, ou ce qu'un débordement a
détaché d'un autre héritage, est obligé de souffrir que
celui qui a fait cette perte retire ce qui en reste, & de
donner pour cela l'accès nécessaire dans son héritage *d*. Mais sous les conditions expliquées dans l'article
qui suit.

d V. le texte cité sur l'art. 2. *de la Sect.* 1. *& ceux qui sont citez*
sur l'article suivant.
De his quæ vi fluminis importata sunt, an interdictum dari possit, quæritur? Trebatius refert, cum Tiberis abundasset, & res
multas multorum in aliena ædificia detulisset, interdicium à Prætore datum ne vis fieret dominis, quominùs sua tollerent, aufer-
rent, si modo damni infecti repromitterent. *l.* 9. §. 1. *ff. de damn.*
inf.

IV.

4. Suite de
l'article pré-
cédent.
Dans les cas de l'article précédent, celui qui veut retirer les matériaux de son bâtiment tombé, ou ce qu'un
débordement avoit entraîné de son héritage dans le
fonds d'un autre, est obligé de sa part, non seulement
de dédommager le propriétaire de ce fonds du dommage qui pourra y être fait quand on en retirera ce qui
s'y étoit déchargé, mais il doit de plus réparer tout le
dommage qu'avoit déja causé la décharge qui s'y étoit
faite *e*. Que s'il aime mieux ne rien retirer, il ne devra
rien; car abandonnant au propriétaire de ce fonds tout

e Ratis vi fluminis in agrum meum delatæ, non aliter potestatem tibi faciendam quam si de præterito quoque damno mihi
caviffes. *l.* 8. *ff. de incend. l.* 9. §. 3. *ff. de damn. inf.* Alfenus
quoque scribit, si ex fundo tuo crusta lapsa sit in meum fundum,
eamque petas, dandum in te judicium de damno jam facto. *d. l.*
9. §. 2.

---

ce qui s'y trouve, il n'est point tenu d'un dommage arrivé par le seul effet de ce cas fortuit; & il suffit qu'il
perde ce que cet événement lui a enlevé *f*.

f V. les textes citez sur l'art. 4. *de la Section* 3. *du Titre des Dom-*
mages causez par des fautes, p. 182.

V.

5. Autre
suite de l'ar-
ticle 3.
Si celui de qui les matériaux, ou autres choses ont
été laissées par ces cas fortuits dans l'héritage d'un autre,
veut les retirer, il sera tenu, outre le dommage, d'enlever aussi-bien tout l'inutile dont il n'a que faire, que
ce qu'il veut prendre, & de laisser libre la face de l'héritage où cette décharge avoit été faite *g*.

g Nec aliter dandam actionem, quàm ut omnia tollantur, quæ
sunt prolapsa. *l.* 9. §. 2. *ff. de damn. inf.* Tollere non aliter permittendum quàm ut omnia, id est. & quæ inutilia essent,auferret.
l. 7. §. ult. eod. V. l'article 4. de la Sect. 3. du Titre des Dommages causez par des fautes, p. 182.

VI.

6. Contri-
bution pour
la perte de
ce qu'on
jette à la
mer dans
un péril de
naufrage.
Lorsque pour décharger un vaisseau dans un péril de
naufrage, on jette à la mer une partie de la charge, &
qu'on sauve le vaisseau, cette perte est commune à tous
ceux qui avoient à perdre quelque chose dans ce péril.
Ainsi le maître du vaisseau, tous ceux de qui les marchandises, ou autres choses, ont été garanties, & ceux
de qui les marchandises ont été jettées, porteront chacun leur part de la perte à proportion de celle qu'ils
avoient au tout. Et si par exemple, le vaisseau & toute
la charge étoit de cent mille écus, & que ce qui a été
jetté en valût vingt mille, la perte étant d'un cinquiéme, chacun contribuera d'un cinqui.me de la valeur
de ce qu'il conserve, ce qui fera en tout seize mille
écus; & par cette contribution, ceux qui avoient perdu les vingt mille écus en recouvrant seize mille, né-
resteront en perte que d'un cinquiéme, comme tous
les autres *h*.

h Lege Rhodia cavetur, ut si levandæ navis grâtia jactus mercium factus est communi contributione sarciatur, quod pro omnibus datum est *l.* 1. *ff. de leg. Rhod.* Placuit omnes quorum interfuisset jacturam fieri, conferre oportere: quia id tributum observatæ res deberent... jacturæ summam pro rerum pretio distri-
bui oportet. *l.* 2. §. 1. eod. Æquissimum enim est, commune
detrimentum fieri eorum, qui propter amissas res aliorum consecuti sunt; ut merces suas salvas haberent. *d. l.* 2. Portio autem pro æstimatione rerum quæ salvæ sunt, & earum quæ amissæ sunt, præstari solet. *l.* 2. §. 4. eod.
Sur quel pied faut-il régler la contribution pour le dédommagement
de ceux de qui les marchandises, ou autres choses ont été jettées? Il
est dit dans la Loi 2. §. 4. ff. de Lege Rhod. que ce doit être sur
le pied de l'estimation tant de ce qui est perdu, que de ce qui est sauvé, qu'il n'importe que les choses perdues auroient pû se vendre plus
cher, car il s'agit d'une perte dont on doit dédommager, & non pas
d'un gain qu'on doive faire bon; mais que pour les choses qui ont
été sauvées, & qui doivent porter la contribution, on doit les estimer sur le pied de ce qu'elles ont coûté, mais sur le pied de ce
qu'elles peuvent être vendues. C'est ce que signifie ce texte, dont voici
les termes: Portio autem pro æstimatione rerum, quæ salvæ sunt,
& earum quæ amissæ sunt, præstari solet. Nec ad rem pertinet, si
hæ quæ amissæ sunt, pluris venire potuerunt: quoniam detrimenti, non lucri sit præstatio: sed in his rebus, quarum nomine
contendum est, æstimatio debeat haberi, non quanti emptæ
sint, sed quanti venire possunt. S'il est juste que l'estimation des
choses restées se fasse sur le pied de ce qu'elles pourront être vendues,
parce que cette valeur a été sauvée du péril, pourquoi ce qui a été
perdu pour sauver le reste, ne sera-t-il pas estimé de même? & si on
suppose que de deux Marchands de qui les marchandises étoient les
mêmes, achetées au même prix, dans le même lieu, pour être reven-
dues dans la même Ville où étoit le port; celles de l'un ayant été jettées pour sauver le vaisseau à l'entrée du port où il alloit périr, &
celles qui sont restées s'y vendent sur le champ à un plus haut
prix que celui de l'achat, ne sera-t-il pas juste que celles qui n'ont
été perdues que pour sauver les autres, soient estimées de même à
puisqu'il n'y avoit aucune raison de jetter plutôt celles de l'un des
Marchands que celles de l'autre, & de distinguer leur condition. A
quoi on peut ajouter, que comme il sera remarqué sur l'article 13.
la contribution ne doit se faire qu'après que le vaisseau est arrivé
au port & en sûreté, & qu'ainsi comme ce n'est qu'alors qu'on doit
faire les contributions, il semble qu'on doive estimer le tout sur
le pied de ce que valent les choses au débarquement, tous les frais
déduits. Et c'est vraisemblablement par ces raisons qu'il y a eu des
Reglemens qui ont ordonné que les marchandises jettées seroient estimées sur le même pied que celles qui ont été sauvées, & au prix

A a iij

qu'elles sont vendues *. Mais comme les marchandises ne se vendent pas toutes en un port, qu'il y en a souvent plusieurs qui doivent être encore transportées ailleurs par mer ou par terre, & qu'elles ont par consequent à courir de nouveaux périls, qu'il peut y avoir plusieurs diminutions des profits dans les ventes, & même des pertes, par divers évenemens, il ne seroit pas juste ni possible de regler les contributions sur le pied des ventes qui seront faites après que les marchandises & les personnes seront dispersées en divers endroits; de sorte que la contribution devant se faire au port, il semble que c'est par consequent sur le prix que les estimations doivent être reglées, non sur le pied de ce que les marchandises seront venduës, ce qui est impossible; ni sur le pied de l'achat, tant par les raisons qui ont été remarquées, que parce qu'il ne seroit pas possible de sçavoir toujours au juste le prix de l'achat, & qu'il pourroit s'y faire plusieurs tromperies; mais sur le pied du prix qu'on peut donner raisonnablement aux marchandises & aux autres choses à l'arrivée au port, selon les divers vûës & les différens égards qui pourront servir à une juste estimation.

* Voyez les Jugemens d'Oleron article 8. & les Ordonnances de Wisbuy, article 20. & article 39.

7. Sur quel pied se fait cette contribution.

VII.

Tout ce qui est sauvé du naufrage par la décharge du vaisseau porte la contribution selon sa valeur, sans distinction de ce qui faisoit moins de charge, comme des pierreries, & de ce qui en faisoit plus, comme des metaux. Car on considere la valeur de ce qui pouvant perir a été sauvé. Ainsi le maître du vaisseau contribue à proportion de la valeur du vaisseau i; mais les personnes n'entrent point en contribution l, si ce n'est pour les habits, les bagues, & autres choses que chacun a sur soi m.

i Cùm in eadem nave varia mercium genera complures mercatores coëgissent, pœrteraque multi vectores servi, liberique in ea navigarent: tempestate gravi ortâ necessariò jactura facta erat. Quæsita deinde sunt hæc: an omnes jacturam præstare oporteat, & si qui tales merces imposuissent, quibus navis non onerarentur, velut gemmas, margaritas: & quæ portio præstanda est, & an etiam pro liberis capitibus dari oporteat: & qua actione ea res expediri possit. Placuit, omnes quorum interfuisset jacturam fieri, conferre oportere: quia id tributum observatæ res deberent. Itaque dominum etiam navis, pro portione obligatum esse. l. 2. §. 2. ff. de l. ge Rhod.
l Corporum liberorum æstimationem nullam fieri posse. d. §.
m Iidem agitatum est an etiam vestimentorum cujusque, & annullorum æstimationem fieri oporteat, & omnium vilium est. d. §.

8. Les vivres ne contribuent point.

VIII.

Les provisions qui ne sont dans le vaisseau que pour s'y consumer pendant la navigation, comme les vivres, n'entrent point dans la contribution n. Car ces sortes de choses sont pour l'usage commun; mais il ne faut pas mettre des vins & les grains, les vins, & les autres choses semblables, qui ne sont pas dans le vaisseau pour y être consumées, mais comme des marchandises qu'on transporte d'un lieu à un autre.

n Nisi si qua consumendi causâ imposita forent: quo in numero essent cibaria: eò magis, quod si quando ea defecerint in navigationem, quod quisque haberet, in commune conferret. l. 2. §. 2. in f. æ lege Rhod. V. l'art. 4. de la Sect. 1.

9. Précaution sous la contribution.

IX.

Ceux dont les marchandises ont été jettées pour sauver le vaisseau, peuvent pour leur sureté empêcher le débarquement de celles qui restent, ou les faire saisir si on les debarque o.

o Servius respondit, ex locato agere cum magistro navis debere, ut cæterorum vectorum merces, donec portionem damni præstent. l. 2. ff. de lege Rhod.

10. Du dommage arrivé au vaisseau.

X.

Si le vaisseau est endommagé par un orage, avec quelque perte des mats, des vergues, ou d'autres piéces ou parties du vaisseau, la dépense pour le radouber, & pour remplacer ce qui croit perdu, tombera sur le maître du vaisseau; car il est tenu de le fournir en bon état pour ce qu'il voiture, de même que les ouvriers fournissent leurs outils, & en souffrent les pertes p.

p Si conservatis mercibus, deterior facta sit navis, aut si quid exarmaverit, nulla facienda est collatio, quia dissimilis earum rerum causa sit, quæ navis gratia parentur, & earum pro quibus mercedes aliquid acceperit. Nam & si liber incudem, aut malleum fregerit, non imputaretur ei qui locaverit opus. l. 2. §. 1. ff. de

---

lege Rhod. Navis adversâ tempestate depressâ, ictu fulminis deustis armamentis, & arbore, & antenna, Hipponem delata est: ibique tumultuariis armamentis ad præsens comparatis, Ostiam navigavit, & onus integrum pertulit. Quæsitum est, an hi quorum onus fuit, nautæ pro damno conferre debeant? Respondit non debere: hic enim sumptus instruendæ magis navis, quàm conservandarum mercium gratia factus est. l. 6. ff. de lege Rhod.
Voyez l'article suivant.

11. Si à cause du péril un coupe les mâts, la perte en est commune.

XI.

Si pour prévenir un naufrage, on coupe & jette les mâts ou les vergues, ou qu'on jette d'autres choses pour la décharge du vaisseau, ou qu'il ne périsse point, cette perte sera commune. Car elle n'est pas un effet qu'ait causé l'orage; comme s'il avoit brisé les mâts ou les vergues, ou causé quelqu'autre dommage, ce qui seroit dans le cas de l'article précédent; mais c'est un effet de la crainte du péril commun, ainsi la perte doit en être commune q.

q Cùm arbor aut aliud navis instrumentum removendi communis periculi causâ dejectum est, contributio debetur. l. 3. ff. de lege Rhod. l. 5. §. 1. eod. Si voluntate vectorum, vel propter metum vel detrimentum factum sit: hoc ipsum sarciri oportet. l. 2. §. 1. in f. eod.

12. Nulle contribution si le vaisseau périt.

XII.

Si le vaisseau périt, & que dans le débris du naufrage, quelques-uns sauvent de leurs marchandises ou autres choses, il n'y aura pas de contribution de leur part à la perte que souffrent les autres. Car ce n'est pas par la perte des vaisseaux & des autres choses qui périssent, qu'ils sauvent les leurs; mais chacun tire ce qu'il peut du débris commun; & la contribution n'a lieu que lorsqu'il faut désinteresser ceux de qui la perte a sauvé ce qui reste aux autres r.

r Amissæ navis damnum, collationis consortio non sarcitur per eos qui merces suas naufragio liberaverunt. Nam hujus æquitatem tunc admitti placuit, cùm jactus remedio cæteris in communi periculo, salvâ navi consultum est. l. 5. ff. de leg. Rhod. Cùm depressa navis, aut dejecta esset: quod quisque ex ea suum servasset, sibi servare respondit; tanquam ex incendio. l. 7. ff. de lege Rhod.

XIII.

Si pour faire aborder un vaisseau, ou pour le faire entrer dans une riviere, il faut ôter une partie de sa charge, & que ce qu'on a déchargé dans une chaloupe vienne à périr; cette perte sera commune, & ce qui est resté dans le vaisseau entrera en contribution. Car c'étoit pour l'intérêt du vaisseau, que cette décharge avoit été faite s.

13. Si en déchargeant du vaisseau dans la chaloupe, & qu'elle périsse.

s Navis onustæ levandæ causâ, quia intrare flumen vel portum non poterat cum onere, si quædam merces in scapham trajectæ sunt, ne aut extra flumen periclitetur, aut in ipso ostio, vel portu: eaque scapha submersa est: ratio haberi debet inter eos qui in nave merces salvas habent cum his qui in scapha perdiderunt, perinde tanquam si jactura facta esset. l. 4. ff. de lege Rhod.

XIV.

Si dans le cas de l'article précédent le vaisseau périt, & que la chaloupe vienne à bon port, il n'y aura pas de contribution; mais la perte tombera sur ceux à qui appartenoit ce qui est perdu. Car la décharge qu'on avoit faite dans la chaloupe n'étoit pas pour l'intérêt de ceux de qui les marchandises y avoient été mises; & ce n'est que la perte du vaisseau qui les a sauvées t.

14. Si dans le même cas le vaisseau périt & que la chaloupe.

t Contrà, si scapha cum parte mercium salva est, navis periit: ratio haberi non debet eorum qui navi perdiderunt. Quia jactus in tributum nave salva venit. l. 4. ff. de lege Rhod.
S'il avoit été convenu en faisant cette décharge dans la chaloupe, que s'il arrivoit que le vaisseau seul, ou la chaloupe seule vint à périr, la perte seroit commune; cette convention seroit exécutée, n'ayant rien d'illicite. Il pourroit-on dire dans le cas où le vaisseau périt, sans qu'on eût fait cette convention, qu'elle seroit sous-entenduë, quoiqu'on ne se fût pas avisé de l'exprimer: & que la décharge ayant été faite pour le bien de tous, & peut-être même du plus précieux dans la chaloupe, dans le dessein commun de sauver tout, l'intention de tous auroit été que les évenemens leur fussent communs; & que comme la chaloupe venant à périr, la perte devoit être commune à ceux qui avoient sauvé leurs marchandises dans le vaisseau, la condition fut réciproque, & que le vaisseau venant à périr, la perte dût regarder aussi ceux qui avoient sauvé les leurs dans la chaloupe. On ne sçait-il pas dire au

contraire, suivant l'esprit de la Loi citée sur cet article, que la décharge ayant été faite dans la chaloupe, sans convention, & dans la seule vue commune de tous de faire aborder le vaisseau, leur intention étoit que les marchandises du vaisseau répondissent du péril de la chaloupe chargée pour le sauver : & que si cette décharge ne le garantissoit pas, chacun portât la perte qu'il y pourroit faire !

X V.

Si un vaisseau garanti d'un péril par une décharge de marchandises jettées dans la mer, vient ensuite à faire naufrage dans un autre lieu, & que par des plongeurs, ou autrement, on sauve une partie de ce qui étoit péri dans ce naufrage ; ceux dont les marchandises en auront été sauvées contribueront à la perte de ce qui avoit été jetté dans le premier péril *u*. Car ces marchandises y seroient péries sans la perte de ce qui avoit été jetté.

u Si navis quæ in tempestate jactu mercium unius mercatoris levata est, in alio loco submersa est : & aliquorum mercatorum merces per urinatores extractæ sunt, data mercede : rationem haberi debere ejus, cujus merces in navigatione levandæ navis causa jactæ sunt, ab his qui postea sua per urinatores servaverunt, æquum æque respondit. l. 4. § 1. ff. de leg. Rhod.
Il s'ensuit de cette regle, qu'il ne faut faire la contribution qu'après l'arrivée au port. Car si le vaisseau qu'on a garanti, en jettant à la mer, périt ensuite avant le débarquement, la perte de ce qui avoit été jetté devenant inutile à ceux qui souffrent la seconde perte, il n'y aura pas de contribution de leur part. Mais si dans la seconde perte quelques-uns sauvent leurs marchandises, ils contribueront suivant la regle expliquée dans cet article.

XVI.

Si dans le cas de l'article précédent celui dont les marchandises avoient été jettées dans le premier péril, vient à les recouvrer, il ne sera pas tenu de contribuer à la perte de ce qui périt dans le second. Car ce n'est pas par cette perte qu'il recouvre ce qu'il avoit perdu *x*.

x Eorum verò qui ita servaverunt, invicem rationem haberi non debere, ab eo qui in navigatione jactum fecit : si quædam ex his mercibus per urinatores extractæ sunt. Eorum enim merces non possunt videri servandæ navis causa jactæ esse, quæ periit. l. 4. §. 1. in fine, ff. de leg. Rhod. V. l'art. suiv.

XVII.

S'il les choses jettées viennent à se recouvrer, ou une partie, la contribution cessera à proportion. Et si elle avoit déja été faite, ceux qui l'auront reçue la rendront aux autres *y*.

y Si res quæ jactæ sunt apparuerint, exoneratur collatio. Quòd si jam contributio facta sit, tunc hi qui solverint, agent, &c. l. 4. §. 7. de leg. Rhod.

XVIII.

Si dans un péril qui a obligé de jetter des marchandises à la mer, il est arrivé que d'autres marchandises découvertes à cause de la décharge de celles qui ont été jettées, ayent reçu par là quelque dommage, comme si des flots les ont pénétrées ; cette perte sera portée par contribution comme une suite de celles des choses jettées *z*. Et celui à qui seront ces marchandises altérées, contribuera de sa part à la perte de celles qu'on a jettées, mais seulement sur le pied de leur valeur après le dommage ; car il ne sauve que cette valeur *a*.

z Cùm autem jactus de nave factus est, & alicujus res quæ in navi remanserunt deteriores factæ sunt, videndum an conferre cogendus sit : quia non debet duplici damno onerari, & collationis, & quod res deteriores factæ sunt. Sed defendendum est, hunc conferre debere pretio præsente rerum. l. 4. §. 2. ff. de leg. Rhod.
a Sed hic videamus, num & ipsi conferre oporteat. Quid enim interest jactatas res meas amiserim, an nudatas deteriores habere cœperim. Nam sicut ei qui perdiderit subvenitur, ita & ei subveniri oportet qui deteriores propter jactum res habere cœperit. Hac ita Papitius Fronto respondit. de l. 4. in fine.

TITRE X.

De ce qui se fait en fraude des Créanciers.

Quoique les fraudes au préjudice des créanciers se fassent souvent par des conventions entre les débiteurs & ceux qui sont avec eux d'intelligence, les engagemens qui naissent de ces fraudes, & qui obligent envers les Créanciers ceux qui y participent, ne laissent pas d'être du nombre des engagemens qui se forment sans convention ; car il ne s'en passe aucun entr'eux & le Créancier.

Les fraudes que font les débiteurs & ceux qui se rendent leurs complices, pour faire perdre aux créanciers ce qui leur est dû, sont de plusieurs sortes, & forment des engagemens qui feront la matiere de ce Titre.

Il faut remarquer sur cette matiere des fraudes qui se font au préjudice des créanciers, que les fraudes que peuvent faire les débiteurs par des dispositions de leurs immeubles, sont bien moins fréquentes parmi nous, qu'elles ne l'étoient dans le Droit Romain. Car on y contractoit souvent sans écrit *a* : & l'hypotheque même pouvoit s'acquérir par une convention non écrite, & par un simple pacte *b* ; ce qui rendoit les fraudes faciles. Mais par notre usage, toutes conventions qui excedent la valeur de cent livres doivent être écrites *c* : & l'hypotheque ne s'acquiert que par des actes passez pardevant des Notaires, ou par l'autorité du Juge. Ainsi les créanciers ont leur assurance sur les immeubles par leur hypotheque, qu'on ne peut leur faire perdre que par des actes faux ; ce qui est difficile, car il faut que l'acte faux soit fabriqué par les Notaires mêmes, ou par des personnes qui imitent leurs seings.

On n'a pas mis dans ce Titre la regle du Droit Romain, qui laisse au débiteur la liberté de renoncer aux successions testamentaires, & *ab intestat*, qui peuvent lui échoir, quoique ses créanciers en reçoivent du préjudice *d*. Ce qui étoit fondé sur ce que chacun peut s'abstenir d'augmenter ses biens *e*. Ainsi on ne considéroit comme fraude au préjudice des créanciers, que ce qui alloit à la diminution des biens déja acquis du débiteur. Et on ne mettoit pas non plus au nombre des fraudes au préjudice des créanciers, la délivrance que pouvoit faire un héritier du total des legs & des fideicommis, sans retenir ces portions, qu'on appelle la Falcidie & la Trebellianique, dont il sera parlé dans la seconde partie, parce qu'on jugeoit que l'héritier avoit la liberté de se priver de ce que la Loi lui donnoit droit de retrancher sur les legs & les fideicommis, & qu'ainsi il pouvoit acquitter pleinement la volonté du défunt. Et ce qui a obligé à ne pas mettre ici ces regles, c'est qu'il y a quelques Coutumes qui veulent, que si un débiteur renonce à une succession qui lui soit échue, ses créanciers puissent se faire subroger à ses droits pour l'accepter, s'ils esperent y trouver leur compte. Ce qui ne fait aucun tort au débiteur ; car si la succession est avantageuse, il est juste que ses créanciers en profitent : & si au contraire elle est onéreuse, ils ne l'engagent point, & ne s'obligent qu'eux-mêmes aux charges de cette succession. Et à l'égard de la falcidie & de la Trebellianique, si les legs & les fideicommis n'étant pas encore acquittez par l'héritier, ses créanciers en empêchoient la délivrance pour retenir la Falcidie ou la Trebellianique ; il semble qu'il seroit de l'équité qu'il leur fût permis d'exercer ce droit de leur débiteur. Car il est naturel, & de notre usage, que les créanciers puissent exercer tous les droits & les actions de leurs debiteurs, comme il est dit expressément en la Loi première *C. de præt. pign.* dont voici les termes : *Si prætorium pignus quicumque judices* dandum alicui perspexerint : non solùm super mobilibus rebus , & immobilibus , & se moventibus ; sed etiam super actionibus quæ debitori competunt , præcipimus hoc eis licere decernere. A quoi on peut ajouter qu'il se peut faire que le créancier ait eu sujet de compter parmi les assurances qu'il pouvoit prendre sur les biens de son débiteur, celles des successions qu'il pouvoit attendre.

SECTION I.

Des diverses sortes de fraudes qui se font au préjudice des créanciers.

SOMMAIRES.

1. On révoque ce que font les débiteurs en fraude de leurs créanciers.
2. Libéralitez frauduleuses.
3. Aliénation à des acquéreurs de bonne foi.
4. Aliénation à des acquéreurs de mauvaise foi.
5. Acquéreur qui connoît la fraude.
6. Dessein de fraude , suivi de l'évenement.
7. Diverses manieres de fraudes.
8. Autres sortes de fraudes.
9. Autre espece de fraude.
10. Autres fraudes.
11. Dot en fraude des créanciers.
12. Celui qui reçoit ce qui lui est dû , ne fait pas de fraude.
13. Exception de l'article précédent.

I.

1. On révoque ce que font les débiteurs en fraude de leurs créanciers.

TOut ce que font les débiteurs pour frustrer leurs créanciers , par des aliénations , & autres dispositions quelles qu'elles soient, est révoqué , selon que les circonstances & les regles qui suivent peuvent y donner lieu a.

a Necessario Prætor hoc edictum proposuit : quo edicto consulit creditoribus , revocando ea quæcumque in fraudem eorum alienata sunt. l. 1. §. 1. ff. quæ insr. cred. §. 6. inst. de act. Omnem omninò fraudem factam, vel alienationem , vel quemcumque contractum, &c. d, l. §. 1. V. l'art. 7.

II.

2. Libéralitez frauduleuses.

Toutes les dispositions que peuvent faire les débiteurs à titre de libéralité au préjudice de leurs créanciers , peuvent être révoquées, soit que celui qui reçoit la libéralité ait connu le préjudice fait aux créanciers , ou qu'il l'ait ignoré. Car sa bonne foi n'empêche pas qu'il ne fût injuste qu'il profitât de la libéralité. Mais si le donataire ayant été de bonne foi, la chose donnée n'étoit plus en nature, & qu'il n'en eût tiré aucun profit , il ne seroit pas tenu de rendre un bienfait dont il ne lui resteroit aucun avantage b,

b Simili modo dicimus , & si cui donatum est , non esse quærendum an scienté eo qui donavit gestum sit, sed hoc tantùm , an fraudentur creditores : nec videtur injuria affici is qui ignoravit, cùm lucrum extorquatur , non damnum infligatur. In hos tamen qui ignorantes ab eo qui solvendo non sit, liberalitatem acceperunt, hactenùs actio erit danda , quatenùs locupletiores facti sunt alteri non. l. 6. §. 11. ff. quæ in fraud. cred. l. 5. C. de revoc. his in fr. cred.

III.

3. Aliénation à des acquéreurs de bonne foi.

Les aliénations de meubles & immeubles que font les débiteurs à autre titre que de libéralité , à des personnes qui acquierent de bonne foi, & à titre onéreux, ignorant qu'ils soit fait prejudice à des créanciers , ne peuvent être révoquées , quelque intention de frauder qu'ait le debiteur. Car sa mauvaise foi ne doit pas causer une perte à ceux qui exercent avec lui un commerce licite , & sans part à la fraude c.

c Ait Prætor , quæ fraudationis causa gesta erunt , cum eo qui fraudem non ignoraverit... actionem dabo. l. 1. ff. quæ in fraud. cred. l. 10. eod. Hoc edictum eum coercet, qui sciens eum in

fraudem creditorum hoc facere suscepit , quod in fraudem creditorum fiebat. Quare si quidem in fraudem creditorum factum sit, si tamen is qui cepit ignoravit, cessare videntur verba Edicti. l. 6. §. 8. eod.

On peut remarquer sur cet article, qu'il s'étend pas au cas où les créanciers ont un privilége,ou une hypotheque sur la chose aliénée.

IV.

4. Aliénation à des acquéreurs de mauvaise foi.

Quoique l'aliénation frauduleuse soit faite à titre onéreux, comme par une vente ; s'il est prouvé que l'acheteur ait participé à la fraude pour en profiter , achetant à vil prix, l'aliénation sera révoquée , sans aucune restitution du prix à cet acheteur complice de la fraude d, à moins que les deniers qu'il auroit payez se trouvassent encore en nature entre les mains de ce débiteur qui lui auroit vendu e.

d Si debitor in fraudem creditorum minore pretio fundum scienti emptori vendiderit : deinde hi quibus de revocando eo actio datur , eum petant , quæstum est , an pretium restituere. debent ? Proculus existimat, omnimodò restituendum esse fundum, etiamsi pretium non solvatur, & rescriptum est secundùm proculi sententiam. l 7. ff. quæ in sr. cred.

e Ex his colligi potest, nec quidem portionem empturi reddendam ex pretio.Posse tamen dici,eam rem apud arbitrum ex causa animadvertendam, ut si nummi soluti in bonis extent, jubeat eos reddi : quia ea ratione nemo fraudatur. l. 8. eod.

V.

5. Acquéreur qui connoît la fraude.

Pour obliger à la restitution celui qui acquiert d'un débiteur, ce n'est pas assez qu'il ait sçû que ce débiteur avoit des créanciers ; mais il faut que le dessein de frauder lui ait été connu. Car plusieurs de ceux qui ont des créanciers ne sont pas insolvables, & on ne se rend complice d'une fraude qu'en y prennant part f.

f Quod ait Prætor , scienter,sic accipimus , te conscio, & fraudem participante; non enim, si simpliciter scio illum creditores habere, hoc sufficit ad contendendum, teneri eum in factum actione:sed si particeps fraudis est. l. 10. §. 2. ff. quæ in fraud. cred. Aliàs autem qui scit aliquem creditores habere , si cum eo contrahat simpliciter,hac fraudis conscientia, non videatur hac actione teneri, d, l. 10. §. 4.

VI.

6. Dessein de fraude suivi de l'évenement.

Si le dessein de frauder n'est pas suivi de l'évenement & de la perte effective des créanciers , & que par exemple , pendant qu'ils exercent leur action, ou qu'ils veulent l'exercer , le débiteur les satisfasse par la vente de ses biens ou autrement, l'aliénation qui avoit été faite à leur préjudice aura son effet. Et si dans la suite il vient à emprunter , les nouveaux créanciers ne pourront pas révoquer cette premiere aliénation , qui n'avoit pas été faite à leur préjudice g. Mais s'ils avoient prêté pour payer les premiers , & que leurs deniers eussent été employez à ce payement , ils pourroient révoquer l'aliénation faite avant leur créance. Car en ce cas ils exerceroient les droits de ceux à qui ce payement les auroit subrogez , suivant les regles expliquées en leur lieu h.

g Ita demùm revocatur , quod fraudandorum creditorum causa factum est, si eventum fraus habuit,scilicet, si hi creditores, quorum fraudandorum causa fecit , bona ipsius vendiderunt. Cæterum, si illos dimisit, quorum fraudandorum causa fecit, & alios sortitus est si quidem simpliciter dimissis prioribus, quos fraudare voluit, alios posteà fortitus est, cessat revocatio. Si autem horum pecunia quos fraudare noluit, priores dimisit, quos fraudare voluit ; Marcellus dicit , revocationi locum fore. Secundùm hanc distinctionem & ab eo imperatore Severo , & Antonino rescriptum est. Eoque jure utimur. l. 10. §. 1. ff. quæ in fraud. cred. l. 15. l. 6. eod. Utrumque in eorumdem personam exigimus , & consilium & eventum. l. 15. eod. Consilium fraudis , & eventus damni. l. 1. C. qui man. n. poss.

h V. la Section 7. des Gages & Hypotheques.

VII.

7. Diverses manieres de fraudes.

Toutes les manieres dont les débiteurs diminuent frauduleusement le fonds de leurs biens pour en priver leurs créanciers sont illicites : Et tout ce qui sera fait à leur préjudice par de telles voies, sera révoqué. Ainsi les donations, les ventes à vil prix , ou à un prix simulé , dont le débiteur donne la quittance, les transports à des personnes interposées , les acquits frauduleux , & généralement tous les contrats, & autres actes & dispositions faites en fraude des créanciers, feront annullées *i.*

i Ait ergo Prætor, *qua fraudationis causa gesta erunt.* Hæc verba generalia funt, & continent in fe omnem omnino fraudem factam, vel alienationem, vel quæcumque contractum. Quodcumque igitur fraudis causa factum est, videtur his verbis revocari, qualecumque fuerit; nam latè verba ista patent, five ergo rem alienavit, five acceptilatione, vel pacto aliquem liberavit, idem erit probandum. *l. 1. §. 2. & l. 1. ff. quæ in fraud. cred. l. 7. eod.*

VIII.

8. Autres fortes de fraudes.

Si pour frauder des créanciers un débiteur d'intelligence avec fon débiteur, fe défifte d'une hypotheque qu'il avoit pour fa fûreté *l* : fi pour éteindre la dette il fournit à fon débiteur des exceptions qui ne lui fuffent pas juftement acquifes, ou s'il lui defere le ferment fur une demande dépendant des faits qu'il pouvoit prouver *m* : s'il tranfige de mauvaife foi, ou s'il donne quittance fans payement *n* : s'il fe laiffe débouter d'une demande légitime par collufion avec fon débiteur, ou s'il fe laiffe condamner envers un créancier contre qui il avoit de juftes défenfes *o* : s'il laiffe périr une inftance *p* : s'il laiffe prefcrire une dette par intelligence avec fon débiteur *q* : Et s'il fait ou ceffe de faire quelqu'autre chofe par où il caufe une perte ou une diminution volontaire de fes biens au préjudice de fes créanciers *r* ; ce qui aura été fait par cette collufion fera révoqué, & les créanciers feront remis aux premiers droits de leurs débiteurs *f.*

l Et fi pignora liberet. *l. 1. ff. quæ in fr. cred.*

m Vel ei præbuit exceptionem. *l. 3. eod.* Si quis in fraudem creditorum jusjurandum detulerit debitori, adverfus exceptionem jurisjurandi replicatio fraudis creditoribus debet dari. *l. 9. §. 5. ff. de jurejur.*

n Omnes debitores qui in fraudem creditorum liberantur, per hanc actionem revocantur in priftinam obligationem. *l. 17. ff. quæ in fr. cred.* Si (libertus) tranfegit in fraudem patroni, poterit patronus Faviana uti. *l. 1. §. 9. ff. fi quid in fr. cred.*

o Verùm etiam fi fortè data opera ad judicium non adfuit. *d. l. 3. §. 1. ff. quæ in fr. cred.*

p Vel litem mori patiatur. *d. §. 1.*

q Vel à debitore non petit, ut tempore liberetur. *d. §. 1.*

r Et qui aliquid fecit ut definat habere quod habet ad hoc edictum pertinet. In fraudem facere etiam eum, qui non facit quod debet facere, intelligendum eft : id eft, fi non utatur fervitutibus, *d. l. 3. §. ult. & l. 4. eod.*

f Quodcumque igitur fraudis causa factum eft, videtur his verbis revocari, *qualecumque fuerit.* L. 1. §. ult. eod.

IX.

9. Autre efpece de fraude.

Si un débiteur qui avoit un terme pour payer ce qu'il devoit à un de fes créanciers, ou qui ne devoit que fous une certaine condition, qui n'étoit pas encore arrivée, colludant avec ce créancier pour le favorifer, lui avance fon payement ; les autres créanciers pourront demander à celui qui aura reçu ce payement les intérêts du tems de l'avance *t*, & même le principal, fi c'étoit une dette qui ne fût dûe que fous une condition qui ne feroit pas encore arrivée. Et en ce cas il fera pourvû à la fûreté de ceux à qui cet argent devra revenir ; foit de ce créancier, fi la condition arrive, ou de ceux qui devront le recevoir, fi elle n'arrive point.

t Si cùm in diem mihi deberetur, fraudator præfens folverit, dicendum eft, quod in eo quod fibi commodum in repræfentatione, in factum actioni locum fore. Nam Prætor fraudem intelligit etiam in tempore fieri. *l. 10. §. 12. ff. quæ in fr. cred. l. 17. in f. eod.*

X.

10. Autres fraudes.

Si un débiteur s'oblige au préjudice de fes créanciers pour des chofes qu'il ne doive point, s'il donne de l'argent ou quelqu'autre chofe à des perfonnes à qui il ne devroit rien, ou s'il fait d'autres femblables fraudes, le tout fera révoqué par fes créanciers *u.*

u Sive fe obligaverit fraudandorum debitorum causa, five numeravit pecuniam, vel quodcumque aliud facit in fraudem creditorum, palam eft edictum locum habere. *l. 3. ff. quæ in fr. cred.*

XI.

11. Dot en fraude des créanciers.

On ne doit pas mettre au nombre des libéralitez frauduleufes qui peuvent être révoquées, ce qui eft donné à titre de dot, foit par le pere de la fille, ou par

Tome I.

---

d'autres perfonnes, lorfque le mari ignore la fraude. Car encore que la dot puiffe être conftituée frauduleufement de la part de ceux qui dotent la fille, le mari qui reçoit la dot à titre onéreux, & qui fans cette dot ne fe feroit pas engagé dans le mariage, ne doit pas la perdre *x.* Mais fi le mari avoit participé à la fraude, il pourroit être tenu de ce qui feroit de fon fait, felon les circonftances *y.*

x In maritum qui ignoraverit, non dandam actionem, non magis quam in creditorem qui à fraudatore quod ei deberetur acceperit. Cum is indotatam uxorem duxiffe non fuerit. *l. 25. §. 1. in f. ff. quæ in fr. cred.*

y Si à focero fraudatore fciens gener accepit dotem, tenebitur hac actione. *d. §. 1.* Ergo & fi fraudator pro filia fua dotem defiffet fciendi fraudati creditores, filia tenetur, ut cedat actione de dote adverfus maritum. *l. 14. in fine eod.*

Si cùm mulier, fraudandorum creditorum confilium iniffet, merito fuo eidemque debitori in fraudem creditorum acceptum debitum fecerit, dotis conftituendæ causa, locum habet hæc actio. Et per hanc omnis pecunia quam maritus deberet, exigitur : nec mulier de dote habet actionem. Neque enim in dos in fraudem creditorum conftituenda eft. Et hoc certo certius eft, & fæpiffimè conftitutum. *l. 10. §. 14. eod. l. 2. C. de revoc. his quæ in fraud. er. al. f.*

Par les Ordonnances de François I. du 8. Juin 1532. & de Charles IX. en Janvier 1563. les conftitutions de dot ne pouvoient excéder de mille livres. Ce qui pouvoit avoir entr'autres motifs celui de réprimer les fraudes dans les dots. Mais cet Ordonnances ne font d'aucun ufage.

Il faut remarquer fur cet article la différence entre la condition d'un mari à qui on auroit conftitué une dot, tant qu'il eût part à aucune fraude, & qui reçoit de qui lui a été promis ou dû, ou de la perfonne qui avoit fait la conftitution, quoique cette perfonne l'eût faite en fraude de fes créanciers : & la condition d'un mari qui auroit eu part à la fraude qu'on auroit faite à des créanciers, en lui conftituant une dot exceffive. Car celui-ci pourroit être complice de la fraude, & en être tenu felon les circonftances. Mais l'autre auroit droit de recevoir la dot qui lui auroit été promife, de même que tout créancier peut recevoir ce qui lui eft dû, quoiqu'il n'en refte pas affez pour les autres créanciers.

Il faut encore diftinguer fur cet article la dot que la femme fe conftitue elle-même, & celle que fon pere ou d'autres perfonnes peuvent lui conftituer. Au premier cas, ce que la femme fe conftitue de fon bien propre ne peut pas faire de préjudice à fes créanciers ; car ils auront leur action contre le mari pour ce qu'il fe trouvera avoir reçu à titre de dot, étant en cela le débiteur de la femme. Mais au fecond cas, les créanciers de ceux qui ont fait la conftitution n'ont pas d'action contre le mari qui n'a reçu que ce qu'il devoit recevoir pour la dot de fa femme.

XII.

12. Celui qui reçoit ce qui lui eft dû, ne fait pas de fraude.

Le créancier qui reçoit de fon débiteur ce qui lui eft dû, ne fait point de fraude, mais fe fait juftice en veillant pour foi comme il lui eft permis. Et quoique fon débiteur fe trouve infolvable, & que par ce payement il n'en refte pas affez pour les autres créanciers, ou que même il ne refte rien, il n'eft pas tenu de rendre ce qu'il a reçu pour fon payement ; mais les autres créanciers doivent s'imputer de n'avoir pas veillé pour eux comme a fait celui qui s'eft fait payer *z.*

z Apud Labeonem fcriptum eft, eum qui fuum recipiat, nullam videri fraudem facere. Hoc eft, eum qui quod fibi debetur, receperat. *l. 6. §. 6. ff. quæ in fr. cred.* Sciendum, Julianum fcribere, eoque jure nos uti, ut qui debitam pecuniam recipit, antequam bona debitoris poffideantur, quamvis fciens fraudefque folvendo non effe, recipiat, non timere hoc edictum. Sibi enim vigilavit. *d. l. 6. §. 7. l. 24. eod.* Alii creditores fuam negligentiam expenfam ferre debent. *d. l. 24.* Vigilavi, meliorem meam conditionem feci. Jus civile vigilantibus fcriptum eft. Ideoque non revocatur id quod percepit. *d. l. 24. in fine.* Licet creditori vigilare ad fuum confequendum. *l. 21. ff. de pecul.* Voyez l'article fuivant.

XIII.

13. Exception de l'article précédent.

Si après une faifie des biens d'un débiteur, ou après le délaiffement qu'il en auroit fait à fes créanciers, un d'eux reçoit fon payement ou du fonds des chofes faifies, ou de ce qui étoit délaiffé aux créanciers, il rapportera ce qu'il aura reçu ; parce qu'alors il prend pour foi ce qui étoit à tous *a.* Ce qui ne s'entend pas de ce qu'un faififfant de meubles peut recevoir par l'effet de fes diligences avant qu'il y ait des oppofitions *b.*

a Qui verò poft bona poffeffa debitum fuum recepit, hunc in portionem vocandum, exæquandumque cæteris creditoribus. Neque enim debuit præripere cæteris, cùm jam par conditio omnium creditorum facta effet. *l. 6. §. 7. ff. quæ in fraud. cred.*

b Aliter atque fi creditor eft, cui permiffum eft poffidere. Poftea recepit debitum fuum. Cæteri enim poterunt præripere, boi

B b

norum venditionem. *l.* 12. *ff. de reb. auth. jud. poss.* Si debitorem meum , & complurium creditorum consecutus essem fugientem, secum ferentem pecuniam, & abstulissem ei id quod mihi debeatur : Placet Juliani sententia dicentis, multùm interesse , antequam in possessionem bonorum ejus creditores mittantur , hoc factum sit : an posteà. Si ante, cessare in factum actionem : si posteà , huic locum fore. *l.* 10. §. 16. *ff. quæ in fraud. cred.*

SECTION II.

Des engagemens de ceux qui font ces fraudes ou qui y participent.

SOMMAIRES.

1. *Engagemens qui suivent des fraudes aux créanciers.*
2. *Complices des fraudes.*
3. *Peines du débiteur qui fraude ses créanciers.*
4. *Tuteur ou Curateur participans de la fraude.*

I.

1. Engagemens qui suivent des fraudes aux créanciers.

CElui qui aura participé à une fraude faite à des créanciers, sera tenu de rendre tout ce qu'il se trouvera avoir reçu par une telle voie , après les fruits ou autres revenus , & les intérêts , si ce sont des deniers , à compter depuis le jour qu'il les aura reçus. Et toutes choses seront remises au même état où elles étoient avant cette fraude *a.*

a Per hanc actionem res restitui debet cum sua scilicet causa, & fructus non tantùm qui percepti sunt, verùm etiam hi qui percipi potuerunt à fraudatore ; veniunt. *l.* 10. §. 19. & 20. *ff. quæ in fraud. cred.* Præterea generaliter sciendum est, ex hac actione restitutionem fieri oportere in pristinum statum , sive res fuerunt , sive obligationes, ut perinde omnia revocantur, ac si libertato facta non esset. Propter quod etiam medii temporis commodum , quod quis consequeretur liberatione non facta , præstandum erit *d. l.* 10. §. 12. In Faviana quoque actione, & Pauliana, per quam, quæ in fraudem creditorum alienata sunt , revocantur , fructus quoque restituuntur. Nam Prætor id agit, ut perinde sint omnia, atque si nihil alienatum esset. Quod non est iniquum. Nam & verbum *restituat*, quod in hac re Prætor dixit, plenam habet significationem, ut fructus quoque restituantur. *l.* 38. §. 4. *ff. de usur.*

I I.

2. Complices des fraudes.

Tous ceux qui contribuent aux fraudes que font les débiteurs à leurs créanciers, soit qu'ils en profitent , ou qu'ils prêtent seulement leurs noms, sont tenus de réparer le tort qu'ils ont fait. Ainsi, ceux qui acceptent des transports frauduleux de ce qui est dû au débiteur , sont tenus de remettre aux créanciers les titres des créances

avec leurs transports , ou ce qu'ils peuvent en avoir reçu , ou fait recevoir par le débiteur qui empruntoit leur nom *b.*

b Hac in factum actione non solùm dominia revocantur, verùm etiam actiones restaurantur. Ea propter competit hæc actio & adversùs eos qui res non possident , ut restituant : & adversùs eos quibus actio competit , ut actione cedant. Proinde si interposuerit quis personam Titii ut ei fraudator res tradat, actione mandati cedere debet. *l.* 14. *ff. quæ in fr. cred.* Voyez l'article suivant.

I I I.

3. Peines du débiteur qui fraude ses créanciers.

Le débiteur qui a fraudé ses créanciers, n'est pas seulement tenu de réparer autant qu'il se peut sur ses biens l'effet de la fraude ; mais il doit aussi être condamné aux peines qu'il pourra mériter selon les circonstances *c.*

c Hæc actio in ipsum fraudatorem datur , licet Mela non putabat in fraudatorem eam dandam. Quia nulla actio in eum ex ante gesto, post bonorum venditionem daretur : & iniquum esset actionem dari in eum, cui bona ablata essent. Si verò quædam disperdidisset, si nulla restitutione recuperari possent, nihilominus actio in eum dabitur. Et Prætor non tantum emolumentum actionis intueri videtur in eo qui exutus est bonis, quàm pœnam. *l. ult.* §. *ult. ff. quæ in fr. cred.* Actionem dabo, idque etiam adversùs ipsum qui fraudem fecit; servabo. *l.* 1. *eod. V.* l'Ordonnance d'Orléans art. 143. celle de Blois art. 205. & autres , qui établissent les peines de ceux qui font des banqueroutes frauduleuses.

I V.

4. Tuteur ou Curateur participant à la fraude.

Si un Tuteur ou Curateur se rend participant de quelque fraude que fait un débiteur à ses créanciers, favorisant en cette qualité la mauvaise foi de ce débiteur par quelque acte qui regarde la personne que ce Tuteur ou Curateur peut avoir sous sa charge ; il sera tenu personnellement de la perte que son dol aura pû causer. Et celui dont ce Tuteur ou Curateur administreroit les biens , sera aussi tenu de réparer la fraude , quoiqu'elle lui ait été inconnue , mais seulement jusqu'à la concurrence de ce qui en sera tourné à son profit *d.*

d Ait Prætor, *sciente*, id est, eo qui convenietur hac actione. Quid ergo si fortè tutor pupilli scit, ipse pupillus ignoravit, videamus, an actioni locus sit, ut scientia tutoris noceat : idem & in curatore furiosi , & adolescentis ? & putem hactenus illis nocere conscientiam tutorum, sive curatorum, quatenus quid ad eos pervenit. *l.* 10. §. 5. *ff. quæ in fr. cred. d. l.* §. 11.

Quoique cette Loix ne parlent point de ce que le Tuteur peut être obligé de perter en son nom , pour son propre fait , il est sans doute tenu de la perte que son dol aura pû causer , comme le sont tous ceux qui nuisent par leur dol. Quæ dolo malo facta esse dicuntur , si de his rebus alia actio non erit , & justa causa esse videbitur , judicium dabo. *l.* 1. §. 1. *ff. de dolo.*

LES
LOIX CIVILES
DANS LEUR ORDRE NATUREL.

LIVRE TROISIÉME.

Des suites qui ajoûtent aux engagemens ou les affermissent.

APRÈS avoir expliqué les diverses sortes d'engagemens qui sont des matieres des Loix civiles, & qui se forment, ou par des conventions sont on a traité dans le premier Livre, ou sans convention, tels que sont ceux qui ont fait la matiere du second Livre; il reste pour achever la premiere partie, suivant le plan qu'on en a fait dans le dernier chapitre du Traité des Loix, d'expliquer les suites des engagemens. Et on verra dans ce Livre troisiéme les suites qui ajoûtent aux engagemens, ou qui les affermissent; & dans le quatriéme, celles qui les anéantissent, ou qui les diminuent.

TITRE PREMIER.

Des Gages & Hypothéques, & des Priviléges des Créanciers.

LA premiere & la plus fréquente de toutes les suites des engagemens, soit qu'ils naissent des conventions, ou qu'ils se forment sans convention, est le gage ou l'hypothéque, c'est-à-dire, l'affectation des biens d'une personne pour un engagement où elle se rencontre. On verra plus particulierement dans l'article premier de la Section premiere le sens & l'usage de ces deux mots.

Les gages ou hypothéques ont leur origine toute naturelle dans les engagemens dont l'exécution peut dépendre des biens. Car la plus grande force des obligations, & la plus parfaite fidélité de ceux qui sont obligez, seroient inutiles, s'ils étoient sans biens, & la sureté sur ceux même qui ont des biens ne seroit pas entiere, si l'hypothéque ne les affectoit, parce que se dépouillant de leurs biens, ou par des donations, ou par des ventes, ou par d'autres titres, & les biens aliénez n'étant plus à eux, & les envers qui ils seroient obligez n'auroient plus de ressource, s'ils n'avoient le droit de suivre ces biens aliénez en quelques mains qu'ils eussent passé. Et c'est par l'usage de l'hypothéque qu'on a établi ce droit.

Tome I.

On ne parlera pas ici des priviléges des créanciers, ce sera la matiere de la Section cinquiéme, & on n'y fera pas d'autres remarques sur la nature des hypothéques, leurs espéces, les choses qui y sont sujettes, les manieres dont elles s'acquierent, & le reste de cette matiere. Car on verra assez l'ordre & la place de chacune de toutes ces choses par la distinction des Sections de ce Titre.

SECTION I.

De la nature du gage & de l'hypothéque, & des choses qui en sont susceptibles, ou non.

COMME la nature de l'hypothéque est d'affecter les biens pour la sureté des engagemens, & que par exemple, le créancier d'une somme d'argent assure son payement sur le droit de suivre par tout la chose qui lui est hypothéquée, il est nécessaire de remarquer une difference importante entre notre usage & le Droit Romain, en ce qui regarde l'assurance sur les meubles & effets mobiliaires des débiteurs.

Dans le Droit Romain l'hypothéque avoit le même effet sur les meubles que sur les immeubles, avec ce droit de suite. Mais les inconvéniens d'assujettir à ce droit de suite les meubles, si sujets à changer de main, ont fait établir une autre Jurisprudence dans ce Royaume. Et c'est notre regle que l'hypothéque sur le meuble ne dure que tandis qu'il demeure en la puissance de celui qui est obligé, ou que celui qui l'a pour sureté s'en trouve saisi. Mais si le débiteur le fait passer en d'autres mains, ou par une aliénation, ou le donnant en gage, on ne peut plus le suivre. C'est cette regle qu'on exprime par ces mots, que *Meuble n'a point de suite par hypothéque.*

L'usage est donc en France à l'égard des meubles, que les créanciers y exercent leur droit en deux manieres. L'une, lorsque le meuble est en la puissance du créancier qui en est saisi, & qui le tient en gage. Et l'autre, lorsque le meuble est en la puissance du débiteur, ou d'autres personnes qui l'ont en son nom, comme un dépositaire, ou celui qui l'a emprunté, ou un autre créancier qui auroit en gage un meuble dont la valeur excederoit celle de la dette. Au premier cas, le créancier peut faire vendre le meuble, si le débiteur y consent, ou à son refus par autorité du Juge, pour être payé

Bb ij

sur le prix qui s'en tirera par préférence à tous autres créanciers même antérieurs, mais non au préjudice du créancier qui auroit un privilége sur ce même gage *a*. Dans le second cas le créancier peut saisir & faire vendre le meuble de son débiteur, s'il a une hypothéque sur les biens, ou une permission du Juge pour saisir. Et si d'autres créanciers concourent avec lui par d'autres saisies ou oppositions, il leur sera préféré, s'il a saisi le premier; si ce n'est que tous les biens du débiteur ne fussent pas suffisans pour tous ses créanciers. Car en cas qu'on appelle le cas de déconfiture, le premier saisissant n'est pas préféré, & il n'y a de préférence que pour ceux qui ont quelque privilége, & tous les autres viennent en contribution selon leurs créances, ainsi qu'il sera expliqué dans le Titre 5. du Livre 4. au lieu que sur les immeubles, les créanciers sont préférés les uns aux autres selon la propriété de leurs hypothéques, ce qui vient de la différence que notre usage met entre les immeubles susceptibles d'hypothéque, & les meubles sur lesquels l'hypothéque n'a pas de suite. Et quand le meuble n'est ni en la puissance du créancier, ni en celle du débiteur, ou d'autre en son nom, le débiteur l'ayant aliéné, alors le créancier n'y a plus de droit, sinon dans le cas qui sera remarqué sur l'article 4. de la Sect. 5.

a Voyez la remarque sur l'art. 4. de la Sect. 5.

SOMMAIRES.

I.

1. Signification des mots de gages & hypothéque.

LE mot d'hypothéque signifie d'ordinaire la même chose que le mot de gage, c'est-à-dire, l'affectation de la chose donnée pour sureté de son engagement; & on use indistinctement de ces deux mots dans le même sens. Mais le mot de gage se dit plus proprement des choses mobiliaires, & qui se mettent entre les mains & en la puissance du créancier; & le mot d'hypothéque signifie proprement le droit acquis au créancier sur les

immeubles qui lui sont affectez par son débiteur, encore qu'il n'en soit pas mis en possession *a*.

a Inter pignus autem & hypothecam, quantum ad actionem hypothecariam attinet, nihil interest: Nam de qua re inter creditorem & debitorem convenerit, ut sit pro debito obligata, utraque hac appellatione continetur. Sed in aliis differentia est. Nam pignoris appellatione eam propriè rem contineri dicimus, quæ simul etiam traditur creditori, maximè si mobilis sit. At enim, quæ sine traditione, nuda conventione tenetur, propriè hypothecæ appellatione contineri, dicimus. §. 7. inst. de act. Inter pignus autem & hypothecam tantùm nominis sonus differt. l. 5. §. 1. ff. de pign. & hypot. Pignus appellatum à pugno, quia res quæ pignori dantur, manu traduntur. Unde etiam videri potest, verum esse quod quidam putant, pignus propriè rei mobilis constitui. l. 238. §. 2. ff. de verb. signif. Propriè pignus dicimus, quod ad creditorem transit. Hypothecam cum non transit, nec possessio ad creditorem. l. 9. §. 2. ff. de pign. act. Et si non traditum est. l. 1. eod.

II.

2. Les hypothéques sont pour l'assurance des obligations.

L'hypothéque étant établie pour l'assurance des diverses sortes d'obligations & d'engagemens, il n'y en a aucun où l'on ne puisse donner des hypothéques pour la sureté du créancier. Ainsi ceux qui empruntent, qui vendent, achetent, louent, prennent à louage, ou entrent dans d'autres engagemens, peuvent ajouter l'hypothéque de leurs biens pour la sureté de celui envers qui ils s'obligent *b*.

b Res hypothecæ dari posse dicendum est, pro quacumque obligatione, sive mutua pecunia datur, sive dos, sive empto vel venditio contrahitur, vel etiam locatio & conductio, vel mandatum. l. 5. ff. de pign. & hyp. Vel pro civili obligatione, vel honoraria, vel tantùm naturali. d. l. Non tantùm autem ob pecuniam, sed & ob aliam causam pignus dari potest: veluti si quis pignus alicui dederit ut pro se fide jubeat. l. 9. §. 1. ff. de pign. act.

III.

3. Hypothéque pour une dette conditionnelle.

On peut hypothéquer ses biens non-seulement pour les engagemens qui ont leur effet présent & certain, comme pour une obligation à cause de prêt, d'une vente, pour un louage, & autres semblables où l'engagement est formé d'abord, quoiqu'il y ait un terme pour le payement; mais encore pour les engagemens dont l'effet dépend d'une condition, ou autre évenement qui pourroit ne pas arriver. Ainsi les engagemens qui se forment par un contrat de mariage, renferme toujours la condition, si le mariage s'accomplit, mais l'hypothéque est acquise dès le jour du contrat, & au mari sur les biens de ceux qui constituent la dor, & à la femme sur les biens du mariage pour la recouvrer quand il y en aura lieu. Et comme on peut donner une hypothéque pour une dette conditionnelle, on peut aussi donner une hypothéque sous condition, pour une dette qui soit pure & simple, de sorte que l'hypothéque n'ait son effet que lorsque cette condition sera arrivée *c*.

c Et sive pura est obligatio, vel in diem, vel sub conditione, & sive in præsenti contractu, sive etiam præcedat, vel futuræ obligationis nomine (res hypothecæ) dari possunt. l. 5. ff. de pign. & hyp. In conditionali obligatione (res) obligantur, nisi conditio extiterit. d. l. Cùm enim semel conditio exstitit, perinde habetur, ac si illo tempore, quo stipulatio interposita est sine conditione facta fuisset. l. 11. §. 1. ff. qui pot. Qui dotem pro muliere promisit, pignus sive hypothecam de restituenda sibi dote accepit: subsecuta deinde pro parte numeratione, maritus eandem rem pignori alii dedit; mox residuæ quantitatis numerario impleta est. Quærebatur de pignore? Cùm ex causa promissionis & universæ quantitatis exsoluерem qui dotem promisit compellitur, non utique solutionum observanda sunt tempora, sed dies contractæ obligationis. Nec probè dici, in potestate ejus, qui pecuniam residuam redderet, ut minus dotata mulier esse videatur. Alia causa est ejus, qui pignus accepit ad eam summam quam intra diem certum numerasset: ac fortè priùsquam numeraret, alii res pignori data est. l. 1. ff. qui pot. d. l. §. 1.

V. sur l'Hypothéque conditionnelle l'article 20. de cette Section, & l'article 17. de la Section 3. Si præsens sit debitum, hypotheca verò sub conditione. l. 13. §. 5. ff. de pignor. V. l'article suivant.

IV.

4. Il n'y a pas d'hypothéque pour un prêt à venir.

Si une personne prévoyant que dans quelque tems il lui faudra emprunter de l'argent, s'oblige par avance pour la somme qu'elle pourra emprunter dans la suite, & engage ses biens pour ce prêt à venir; l'hypothéque stipulée pour une telle cause sera sans effet. Car l'hypothéque n'est qu'un accessoire d'un engagement qui est déja formé, & jusques-là il n'y auroit point de prêt, cette personne pouvant même ne pas emprunter. Et d'ailleurs si l'hypothéque s'acquéroit ainsi, il seroit facile par une obligation de cette nature faite à un prête-nom, de frauder les créanciers de qui on pourroit emprunter ensuite d.

d Titius, cùm mutuam pecuniam accipere vellet à Mœvio, cavit ei, & quasdam res hypothecæ nomine dare destinavit; deinde postquam quasdam ex his rebus vendidisset, accepit pecuniam. Quæsitum est, an & prius res venditæ creditori tenerentur? Respondit, cum in potestate fuerit debitoris, post cautionem interpositam, pecuniam non accipere, eo tempore pignoris obligationem contractam videri, quo pecunia numerata est. Et ideò inspiciendum, quas res in bonis debitor numeratæ pecuniæ tempore habuerit. l. 4. ff. quæ res pign. vel hyp. l. 11. ff. qui potior. Re contrahitur obligatio mutui datione. Inst. quib. mod. re contr. obl. V. sur la fin du texte cité sur l'article précédent, tiré de la Loi 1. ff. qui pot.

Si l'obligation étoit causée pour un prêt déja fait, elle porteroit la preuve de la délivrance de l'argent, quoique le créancier ne se délivrât que quelque tems après l'obligation, & l'hypothéque ne laisseroit pas d'avoir son effet. Tous les jours on fait des obligations pour des sommes qui ne seront délivrées que quelque tems après, & en un autre lieu: mais l'engagement est deja formé, & la délivrance de l'argent peut être retardée par quelque obstacle sans mauvaise foi.

V.

c, Hypo-théque sur les biens à venir.

Ceux qui s'obligent à quelque engagement que ce puisse être, peuvent y affecter & hypothéquer non-seulement leurs biens présens, mais encore tous leurs biens à venir. Ce qui s'étend à toutes les choses qu'on pourra acquérir dans la suite, & qui seront susceptibles de l'hypothéque, à quelque titre qu'on puisse les acquérir, & à celles même qui ne sont pas encore en nature quand on s'oblige; ainsi les fruits qui pourront naître des héritages, seront compris dans l'hypothéque des biens à venir e.

e Conventio generalis in pignore dando bonorum, vel posteà quæsitorum recepta est. l. 1. ff. de pign. & hyp.

Et quæ nondum sunt, futura tamen sunt, hypothecæ dari possunt: ut fructus pendentes, partus ancillarum, fœtus pecorum & ea quæ nascuntur sint hypothecæ obligata. l. 15. eod.

Voyez quelles sont les choses qui ne sont pas susceptibles de l'hypothéque, l'art. 24. & les suivans.

VI.

f. Comment l'hypothéque générale s'étend à tous les biens, ou se restraint à de certains biens.

Quoique l'obligation ne soit pas expresse des biens à venir, ou que même on n'oblige que ses biens, sans y ajouter le mot de tous, elle comprendra tous les biens présens & à venir. Mais si l'hypothéque étoit seulement particuliere & restrainte à de certains biens, elle n'auroit pas d'effet sur les autres f.

f Quod dicitur, creditorem probare debere, cùm conveniebat rem in bonis debitoris fuisse, ad eam conventionem pertinet, quæ specialiter facta est, non ad illam quæ quotidie inseri solet cautionibus, ut specialiter rebus hypothecæ nomine datis, cetera etiam bona teneantur debitoris, quæ posteà acquisierit, perindè atque si specialiter hæres fuissent obligata. l. 15. §. 1. ff. de pign. & hyp. Si quis in cujuscumque contractus instrumento ae verbo posuerit, side & periculo rerum ad me pertinentium, vel per earum exactionem satisfieri sibi promisit: sufficere ea verba ad rerum tam earum quas in præsenti debitor habet, quam futurarum hypothecam sancimus l. ult. C. quæ res pign. obl. Sancimus, si res suas supponere debitori dixerit, non adjecto, tam præsentium quàm futurat, jus tamen generalis hypothecæ, etiam ad futuras res producatur. d. l. ult. in f.

Lorsqu'un débiteur qui a obligé tout ses biens vient à faire quelque acquisition, ses créanciers n'ont hypothéque sur les fonds qu'il acquiert, que du jour de son acquisition, & non du jour de leur hypothéque sur les autres biens. Car autrement il seroit fait tort aux créanciers de celui de qui ce débiteur auroit acquis ce fonds, dont l'aliénation n'a pas pû lui faire de préjudice à leurs hypothéques. Mais entre les créanciers de cet acquéreur, les plus anciens seront préférez aux autres sur ce fonds acquis après leurs hypothéques.

VII.

7. L'étendue de l'hypothéque.

Si l'hypothéque est restrainte à de certaines choses, elle ne laissera pas de s'étendre à tout ce qui pourra naître ou provenir de la chose hypothéquée, ou qui pourra l'augmenter, & en faire partie. Ainsi, les fruits qui naissent dans le fonds hypothéqué sont sujets à l'hypothéque pendant qu'ils tiennent au fonds g. Ainsi lorsqu'un haras, ou un troupeau de bétail est mis en gage

g Voyez l'article 4. ci-devant.

chez le créancier, les poulains, les agneaux, & autres animaux qui en naissent & augmentent le nombre, sont aussi affectez: & si le troupeau entier se trouve changé, ce qui l'a renouvellé est engagé de même b. Ainsi lorsque l'étendue d'un héritage hypothéqué se trouve augmentée de ce que le cours d'une riviere peut y ajouter, l'hypothéque s'étend à ce qui a augmenté le fonds i. Ainsi le bâtiment élevé sur un héritage sujet à une hypothéque, y est sujet aussi. Et si au contraire un bâtiment est hypothéqué, & qu'il périsse par un incendie, ou tombe en ruine, l'hypothéque subsiste sur le fonds qui reste l. Ainsi, lorsqu'un débiteur hypothéque un fonds dont il n'a que la simple propriété, un autre en ayant l'usufruit, lorsque cet usufruit sera fini, l'hypothéque comprendra le fonds & les fruits m.

h Grege pignori obligato, quæ posteà nascuntur, tenentur. Sed etsi prioribus capitibus decedentibus, totus grex fuerit renovatus, pignori tenebitur. l. 13. ff. de pign. l. 29. §. 1. eod.

i Si fundus est hypothecæ datus sit, deinde alluvione major factus est, totus obligabitur. l. 16. eod. l. 18. §. 1. ff. de pign. act.

l Domo pignori data, & area ejus tenebitur: est enim pars ejus. Et contra jus soli sequetur ædificium. l. 21. ff. de pign. act. v. l. 29. §. 2. ff. de pign. & hyp.

m Si nudæ proprietas pignori data sit, usufructus qui posteà accreverit, pignori erit. l. 18. §. 1. ff. de pign. act.

Quoique les animaux soient du nombre des effets mobiliers qui ne sont pas susceptibles d'hypothéque par notre usage, on peut les avoir en gage en sa puissance, comme pour un legs, pour une rente, ou autre dette. Et si en seroit de même, si un troupeau de bétail avoit été acheté des deniers d'un créancier à qui il seroit affecté. Car ce créancier conserveroit la préférence sur ce troupeau, tandis qu'il seroit en la puissance du propriétaire. Voyez la remarque sur l'article 5. de la Section 5. & ce qui a été dit dans le Préambule de cette Section, & la remarque sur l'article 4. de la Section 5.

VIII.

8. Des ce qui fait partie de l'hypothéque, & de ce qui en est séparé.

Tout ce qui a été dit dans l'article précédent, ne se doit entendre que des augmentations ou accessoires qui font partie de la chose hypothéquée & ne s'étend pas à ce qui en étant provenu en est détaché, & changé de nature. Car, par exemple, si d'une forêt hypothéquée on tire du bois pour employer à un bâtiment, ou pour en fabriquer un vaisseau, l'hypothéque sur la forêt ne passera pas à ce bois qui en est provenu n.

n Si quis caverit, ut sylva sibi pignori esset, navem ex materia factam non sibi pignori, Cassius ait: quia aliud sit materia aliud navis. Et ideò nominatim in dando pignore adjiciendum esse ait, quæque ex sylva facta, natave sint. l. 18. §. 3. ff. d. pign. act.

Par notre usage où le meuble n'a pas de suite par hypothéque, une autre raison que des sortes de changemens font perdre l'hypothéque sur ce qui devient meuble, & qui cesse d'être en la puissance du débiteur, ou qui devient meuble. Ainsi le bois séparé de la forêt, & les matériaux d'une maison ruinée étant aliénez par le débiteur, l'acquéreur les possede libres de l'hypothéque qu'avoit son créancier sur cette forêt, ou sur cette maison.

IX.

9. Du bâtiment élevé sur le fonds hypothéqué.

Si un tiers possesseur d'un héritage sujet à une hypothéque y fait un bâtiment, l'hypothéque sur le fonds s'étendra aussi sur ce bâtiment. Car c'est un accessoire qui suit la nature du fonds, & qui même appartient au maître de cet héritage. Mais le créancier qui exerce son hypothéque sur le fonds bâti, ne peut se le faire adjuger qu'à la charge de rembourser à ce possesseur qui a fait le bâtiment, les dépenses qu'il y a employées, si ces dépenses n'excedent pas la valeur de ce bâtiment; car si elles l'excedent, il ne seroit pas juste que ce créancier y fût obligé o. Mais soit que le bâtiment vaille plus qu'il n'a coûté, ou autant, ou moins, il sera libre à ce possesseur de conserver le fonds & le bâtiment, en payant la dette.

o Domus pignori data exusta est, eamque aream emit Lucius Titius, & extruxit: quæsitum est de jure pignoris? Paulus respondit, pignoris persecutionem perseverare, & ideò jus soli superficiem secum videri, id est cum jure pignoris. Sed bona fide possessores non aliter cogendos creditoribus ædificium restituere, quam sumptus in extructione erogatos, quatenus pretiosior facta est, recipiant. l. 29. §. 2. ff. de pign. & hyp.

Si quis in alieno solo sua materia ædificaverit, illius sit ædificium cujus & solum est. l. 7. §. ff. de acquir. rer. dom. §. 30. inst. de rer. div. Certè si dominus soli petat ædificium, nec solvat pretium materiæ, & mercedes fabrorum, poterit per exceptionem doli mali repelli. d, l. 7. §. 12. inst. d. §. 30.

X.

Si une maison sujette à une hypothéque, vient à être brûlée, & qu'elle soit rebâtie par le débiteur, le créancier aura sa même hypothéque, & sur le fonds, & sur le bâtiment, à plus forte raison que dans le cas de l'article précédent *p*.

p Si insula quam tibi ex pacto convento, licuit vendere, combusta est, deinde à debitore tuo restituta, idem in nova insula juris habes. *l. ult. ff. de pign. & hyp.*

XI.

Les autres changemens que peut faire tout possesseur d'un fonds sujet à une hypothéque, ne l'éteignent point, mais elle subsiste sur le fonds, soit empiré, ou amélioré, & dans l'état qu'il se trouve. Ainsi, par exemple, si une maison est mise en jardin, un champ en vigne, un bois en prairie, l'hypothéque se conserve sur la nouvelle face donnée à l'héritage *q*.

q Si res hypotheca data, posteà mutata fuerit, æquè hypothetaria actio competit. Veluti de domo data hypothecæ, & horto facta : item si de loco convenit, & domus facta sit : item de loco dato, deinde vineis in eo expositis. *l. 16. §. 2. ff. de pign. & hyp.*

XII.

Si un débiteur qui n'auroit pas obligé tous ses biens, mais seulement une partie, employe les deniers provenus des fruits de cet héritage pour en acquérir un autre, ce nouveau fonds, quoique provenu de ces fruits qui avoient été sujets à l'hypothéque, n'y sera pas sujet, non plus qu'un fonds qui seroit acquis des deniers, ou autre chose que le créancier auroit eu en gage *r*. Car l'hypothéque peut bien s'étendre aux accessoires de la chose hypothéquée, suivant la regle expliquée dans l'article 7. Mais elle ne passe pas d'une chose à une autre que l'affectation à l'hypothéque ne regarde point.

r Quamvis fructus pignori datorum prædiorum, & si id apertè non sit expressum, & ipsi pignori credantur tacita pactione inesse: prædia tamen quæ emuntur ex fructuum pretio, ad eamdem causam venisse, nulli prudentium placuit. *l. 3. C. in quib. causf. pign.* Res ex nummis pignoratis empta, non est pignori obnoxia ob hoc solum, quia pecunia pignorata erat. *l. 7. in f. ff. qui pot.*

Si un débiteur acquiert par un échange un autre héritage au lieu de celui qu'il avoit hypothéqué, cet échange du fonds fera-t-il passer l'hypothéque à l'héritage pris en cet échange ? Si l'hypothéque avoit été restrainte par une convention à l'héritage donné en échange par ce débiteur, il semble que l'hypothéque ne doit point changer non plus qu'elle ne doit pas s'étendre aux deux héritages : car outre que c'est la nature de l'hypothéque qu'elle n'affecte que le fonds engagé, & qu'elle le suit, le changement qui déchargeroit de l'hypothéque l'héritage donné en échange par le débiteur, & qui en changeroit l'héritage qu'il auroit pris, seroit suivi d'inconvéniens qui causeroient des injustices aux créanciers des compermutans, non-seulement par l'inégalité qui pourroit se rencontrer dans la valeur des deux héritages, mais par d'autres suites, dont il est facile de juger sans qu'on les explique. Mais si ce débiteur avoit hypothéqué tous ses biens présens & à venir, l'hypothéque s'étendroit aux deux héritages.

XIII.

Si un même fonds est hypothéqué à deux créanciers pour diverses causes dans le même tems, sans qu'on ait distingué une portion pour l'un, & une pour l'autre; chacun aura son hypothéque sur le fonds entier pour toute sa dette. Et si tout le fonds ne suffit pas pour les deux ensemble, leur droit se divise pour moitié, mais à proportion de la différence de leurs créances. Car chacun ayant l'hypothéque sur le tout pour toute sa dette, leur concours divise leurs droits sur ce même pied : & si par exemple, il est dû dix mille livres à l'un des créanciers, & cinq mille à l'autre, & que le fonds sujet à leurs hypothéques ne vaille pas quinze mille livres, l'un aura les deux tiers pour son hypothéque, & l'autre le tiers *f*.

f Si duo pariter de hypotheca paciscantur, in quantum quisque obligatam hypothecam habeat, an pro partibus dimidiis quæritur? & magis est, ut pro quantitate debiti pignus habeant obligatum. Sed utræque si cum possessore agat, quemadmodum ? Utrum de parte quisque, an de toto, quasi utrique in solidum res obligata sit ? Quod erit dicendum, ut si tibi decem die pignus utrique datum est separatim: sed si simul illi & illi, si hoc actum est, uterque rectè in solidum aget, si minus, unicuique pro parte. *l. 16. §. 8. ff. de pign. & hyp. l. 10. ead.* Si pluribus res

---

simul pignori detur æqualis omnium causa est. *l. 20. §. 1. ff. de pign. act.* Voyez les trois articles suivans.

XIV.

Si de deux créanciers à qui la même chose est engagée entiere dans le même temps, l'un en est mis en possession, il sera préféré : car la possession distingue leur droit en faveur de celui, qui outre l'égalité du titre, a l'avantage de posséder *t*. Mais si une partie de la chose est engagée à un créancier, & le reste à un autre, chacun aura son droit séparé sur sa portion *u*.

t In pari causa possessor potior haberi debet. *l. 128. ff. de reg. jur.*

Si debitor res tuas duobus simul pignori obligaverit, in tua virque in solidum obligatæ essent, singuli in solidum adversus extraneos Serviana utentur: inter ipsos autem si quæstio moveatur, possidentis meliorem esse conditionem, *l. 10. ff. de pign. & hyp. l. 1. §. 1. ff. de salv. inerd.* V. l'art. 13. de la Sect. 2. du Contrat de vente, p. 33. & ci-après l'article 3. de la Sect. 3.

u Si autem id actum fuerit, ut pro partibus res obligarentur, & inter ipsos, & adversus extraneos, per quam dimidiam partis possessionem adprehendant singuli. *dd. ll.* V. l'art. précédent.

XV.

Si un héritage étant commun par indivis entre deux ou plusieurs personnes, comme entre des associez, cohéritiers, ou autres, un d'eux avoit obligé à son créancier ou tous ses biens, ou ce qu'il avoit dans cet héritage, ce créancier aura son hypothéque sur la portion indivise de son débiteur *x*, tandis que le fonds demeurera en commun. Mais après le partage, le droit de ce débiteur étant fixé à la portion qui lui sera échue, l'hypothéque aussi se fixera de même : car encore qu'avant le partage tout l'héritage fût sujet à l'hypothéque pour la portion indivise de ce débiteur, & qu'on ne puisse diminuer un droit qui est acquis, comme le débiteur n'avoit pas un droit simple & immuable d'avoir cette moitié toujours indivise, mais que ce droit renfermoit la condition de la liberté à tous les propriétaires de venir à un partage pour assigner à chacun une portion qui fût entiere à lui, l'hypothéque, qui n'étoit qu'un accessoire de ce droit, renfermoit aussi cette même condition; & n'affectoit que ce qui écherroit à ce débiteur, les portions des autres devant leur être libres. Mais si dans le partage il y avoit quelque fraude, le créancier pourroit faire réformer ce qui auroit été fait à son préjudice.

x Si fundus communis nobis sit, sed pignori datus à me, vende quidem in communi dividundo : sed si pignoris creditori manebit, etiamsi adjudicatus fuerit. Nam, & si pars socio tradita fuisset, integrum maneret. Arbitrum autem communi dividundo hoc minoris partem æstimare debere, quod ex pacto eam rem vendere creditor potest ; Julianus ait. *l. 6. §. 8. ff. comm. divid.* Illud tenendum est si quis communis rei partem pro indiviso dederit hypothecæ, divisione facta cum socio, non utique eam partem creditori obligatam esse qua ei obtingit, qui pignori dedit: sed utrinque pars pro indiviso, pro parte dimidia manebit obligata. *l. 7. §. ult. ff. quib. med. pign. v. h. f. l. 3. §. ult. ff. qui pot.*

On a ajouté à la regle tirée des textes citées sur cet article, qu'après le partage l'hypothéque est fixée à la portion échue au débiteur. Car c'est notre usage, & c'est ce que demande aussi l'équité, comme il paroît par les raisons expliquées dans l'article. Ainsi nous ne suivons pas la disposition de ces textes, non plus qu'en autre semblable de la Loi 31. ff. de usu & usufr. & red. Qui veut que l'usufruitier d'une portion indivise, conserve son droit après le partage envers les propriétaires, & qu'il ait son usufruit indivis sur les portions de l'un & de l'autre. Ces Loix sont fondées sur cette subtilité que l'usufruitier ou le créancier ayant leur droit indivis sur tout l'héritage, le partage ne doit pas leur ôter ce droit. Mais ce droit n'est en effet que tel qu'on l'a expliqué dans l'article. Et aussi cette subtilité seroit suivie d'une infinité d'inconvéniens, si des copartageans, soit associez, cohéritiers, ou autres, après un partage sans fraude, pouvoient être inquiétés par les créanciers de l'un d'eux, & qu'on pût suivre & faire vendre toutes leurs portions pour la dette d'un seul. A quoi on peut rapporter les dernieres paroles de la Loi unique C. si comm. res pign. & f. Unde intelligis contractum ejus nullum præjudicium dominio vestro facere potuisse.

La difficulté seroit plus grande dans le cas du partage d'une succession qui seroit composée d'effets mobiliaires, & d'un seul fonds, qui seroit ou impossible, ou trop incommode de partager, ou même de plusieurs fonds que la commodité des héritiers obligeroit à partager, de sorte que quelques-uns n'eussent dans leurs lots que des effets mobiliers, & un seul un fonds. Car en ce cas les créanciers de l'héritier qui n'auroit dans son lot que peu ou point de fonds, se trouveroient frustrez de l'espérance qu'ils pourroient avoir d'une hypothéque sur les fonds. Mais ces créanciers doivent veiller avant le partage & sur les mes-

blet, & sur les immeubles, pour empêcher qu'il ne soit rien fait à leur préjudice. Car si le partage étoit fait sans fraude, on pourroit dire qu'ils n'avoient leur sûreté que sur ce qui pourroit échoir à leur débiteur; & si, par exemple, ce débiteur avoit consommé & dissipé les effets mobiliers de son lot, il ne seroit pas juste que les lots des autres en répondissent à sa créanciers.

X V I.

16. Hypo-
théque un
créancier
sur toutes
les portions
des héritiers
du débiteur.

Les partages que font les héritiers des fonds de la succession, n'apportent aucun changement à l'hypothéque des créanciers du défunt; & chaque héritage demeure affecté pour toute la dette. Ainsi, l'héritier qui possede un fonds de la succession, ayant payé sa portion de la dette, ne pourra empêcher que son fonds ne soit saisi pour celles des autres, non plus que si le payement n'avoit été fait que par le défunt. Car l'hypothéque affecte chaque fonds & chaque partie du même fonds pour toute la dette *y*. Mais cet héritier aura seulement son recours contre ses cohéritiers pour leurs portions.

y Si unus ex hæredibus portionem suam solverit, tamen tota res pignori data venire poterit: quemadmodum si ipse debitor portionem solvisset. l. 8. §. 2. ff. de pign. act. Actio quidem personalis inter hæredes pro singulis portionibus quæsitis scinditur, pignoris autem jure multis obligatis rebus, quas diversi possident, cùm ejus vindicatio non personam obliget, sed rem sequatur, qui possident tenentes, non pro modo singularum rerum substantiæ conveniuntur, sed in solidum: vel ut totum debitum reddant, vel eo quod detinent cedant. l. 2. C. si unus ex plur. hæred. credit. l. 16. C. de distr. pign. l. 1. C. de luit. pign.

C'est sur cette regle qu'est fondée cette maxime vulgaire, Que les héritiers sont tenus hypothécairement pour le tout, quoiqu'ils ne soient tenus personnellement que chacun pour sa portion pour laquelle il est héritier. Car l'action personnelle se divise entre les personnes des héritiers, comme il sera expliqué en son lieu. Mais l'hypothéque subsiste indivisée, & affecte également tous les héritages qui y sont sujets, & toutes les parties de chaque héritage.

X V I I.

17. Hypo-
théque pour
tous les hé-
ritiers du
créancier
sur tout ce
qu'est hypo-
théqué.

Si de plusieurs héritiers d'un créancier l'un reçoit sa portion du débiteur, l'hypothéque reste entiere aux autres héritiers pour leur portion sur tout ce que ce débiteur avoit hypothéqué à ce créancier *z*.

z Si creditori plures hæredes extiterint, & uni ex his pars ejus solvatur, non debent cæteri hæredes creditoris injuria affici: sed possunt totum fundum vendere. l. 11. §. 4. ff. de pign. act.

X V I I I.

18. l'hypo-
théque est
indivise.

L'hypothéque fait une affectation indivise de tout ce qui est hypothéqué pour tout ce qui est dû, & de telle sorte que, par exemple, si deux héritages sont hypothéquez pour une somme, cette affectation n'a pas cet effet, que chaque héritage ne soit engagé que pour une partie; mais que de quelque valeur qu'ils puissent être, ils sont l'un & l'autre affectez pour la somme; & si un de ces héritages vient à périr, l'hypothéque demeure entiere pour toute la dette sur celui qui reste *a*. Et aussi, quoique le débiteur paye une moitié, ou une autre partie de la dette, les deux héritages demeurent engagez pour tout ce qui reste. Car c'est la nature de l'hypothéque, que tout ce qui est hypothéqué serve de sûreté pour toute la dette, & les parties même de chaque héritage sont toutes affectées pour tout ce qui est dû *b*.

a Qui pignori plures res accipit, non cogitur unam liberare nisi accepto universo quantum debetur. l. 19. ff. de pign.
b Quamdiù non est integrè pecunia creditori numerata etiamsi pro parte majore eam consecutus sit, distrahendi rem obligatam non amittit facultatem. l. 6. C. de distr. pign. l. 1. C. de luit. pign. Propter indivisam pignoris causam. l. 65. ff. de evict.

X I X.

19. On ne
peut hypo-
théquer que
ce qu'on peut
vendre.

On ne peut engager & hypothéquer que les choses qui peuvent se vendre; & ce qui ne peut être vendu, ne peut aussi être hypothéqué. Car l'hypothéque n'a son usage que par l'aliénation qui peut se faire de la chose hypothéquée pour le payement de ce qui est dû sous cette sûreté *c*.

c Quod emptionem venditionemque recipit, etiam pignoratio-

nem potest. l. 9. §. 1. ff. de pign. & hypoth. Eam rem quam quis emere non potest, quia commercium ejus non est, jure pignoris accipere non potest. l. 1. §. 2. ff. quæ res pign. vel hyp. dat. obl. n. p. V. l. ult. C. de reb. al. n. alien.

On a vû dans la Section 8. du Contrat de vente, quelles sont les choses qui ne peuvent être vendues. Mais il y a d'autres choses qu'on ne peut hypothéquer, quoiqu'on puisse les vendre. V. ci-après l'art. 24. & les suivans.

X X.

20 Hypo-
théque sur
le fonds
d'autrui.

Comme on peut vendre une chose qui appartienne à une autre personne *d*, on peut de même l'hypothéquer, soit que le maître consente à l'hypothéque, ou qu'il la ratifie *e*, ou que l'hypothéque soit conditionnelle, pour avoir son effet, lorsque celui qui engage une chose dont il n'est pas le maître, pourra le devenir *f*. Mais c'est un Stellionat si le débiteur engage comme sienne une chose qu'il sçait n'être pas à lui *g*: Que dans la suite il en devient le maître, l'hypothéque alors aura son effet *h*, mais sans préjudice des hypothéques des créanciers de celui à qui elle étoit.

d V. l'art. 13. de la Sect. 4. du Contrat de vente, p. 40.
e Aliena res pignori voluntate domini potest. Sed etsi ignorante eo data sit, & ratum habuerit, pignus valebit. l. 20. ff. de pign. act.
f Aliena res utiliter potest obligari sub conditione, si debitoris facta fuerit. l. 16. §. 7. ff. de pign. & hyp.
g Si quis rem alienam mihi pignori dederit sciens prudensque... crimine (stellionatûs) plectetur. l. 36. §. 1. ff. de pign. act.
h Rem alienam pignori dedisti, deinde dominus rei ejus esse cœpisti, datur utilis actio pignoratitia creditori. l. 41. cod. Cùm res quæ necdum in bonis debitoris est, pignori data ab eo, posteà in bonis ejus esse incipit, ordinarium quidem actionem super pignore non competere manifestum est: sed tamen æquitatem facere, ut facilè utilis persecutio, exemplo pignoratitiæ, detur. l. 5. C. si alien. res pig. dat. sit. V. l'article 21. de la Section 3.

X X I.

21. Stellio-
nat dans
l'hypothé-
que.

Celui qui ayant engagé un certain fonds spécifié & désigné à un créancier, l'engage à un autre, sans lui déclarer cette premiere obligation, commet une infidélité qu'on appelle un Stellionat. Et si ce second créancier se trouvoit en perte, ce débiteur n'ayant point de quoi satisfaire ses créanciers, il devroit en être puni selon que le fait pourroit le mériter; & à plus forte raison, s'il avoit déclaré à ce second créancier, que l'héritage qu'il lui engageoit, n'avoit point été engagé à d'autres; car en ce cas le dol seroit plus grand. Et quand même le débiteur auroit d'ailleurs des biens suffisans, il seroit tenu des suites, & si, par exemple, ce fonds avoit été donné à ce second créancier pour assigner une rente, le débiteur pourroit être contraint à cause de cette fraude de racheter cette rente, ou même être puni d'autres peines selon les circonstances. Mais on n'impute pas de stellionat à celui qui ayant une fois obligé tous ses biens, oblige encore dans la suite ou tous ses biens en général, ou quelques-uns en particulier, ni à celui qui engage le même fonds à plusieurs créanciers, de qui toutes les créances ensemble n'excedent pas la valeur du fonds *i*.

i Si quis alii obligatam (rem) mihi obligavit, nec me de hoc certioravit, crimine (stellionatûs) plectetur. l. 36. §. 1. ff. de pign. act. Improbum quidem & criminosum fateris, easdem res pluribus pignorasia, dissimulando in posteriore obligatione, quod eædem aliis pignori tenentur. Verùm securitati tuæ consules, si oblato omnibus debito, creditori, criminis instituendi causam peremeris. l. 1. C. de crim. stell. Planè si ea res ampla est, & ad modicum æris fuerit pignorata: dici debebit cessare non solum stellionatûs crimen, sed etiam pignorationis, & de dolo actionem: quasi in nullo captus sit, qui pignori secundo loco accepit. l. 36. in f. ff. de pign. act.

X X I I.

22. Com-
ment le Tu-
teur, & Pro-
curateur con-
stitué peu-
vent hypo-
théquer.

Le Tuteur, le Procureur constitué, & autres qui ont le pouvoir ou par leurs charges, ou par quelque ordre, d'emprunter & engager les biens de ceux dont les affaires sont sous leur conduite, peuvent hypothéquer ces biens selon le pouvoir que leur en donnent ou leurs charges, ou les ordres de ceux pour qui ils traitent. Mais si ce sont des biens de mineurs, ou de quelque communauté, l'engagement & l'hypothéque qui en est la suite, n'ont leur effet qu'en cas que l'obligation soit tournée à leur profit, & que les formalitez aient été observées *l*.

l Curator adulti , vel Tutor pupilli , propriam rem mobilem ejus cujus negotia tuetur , pignoris jure non obligare poteft, nifi in rem ejus pecuniam mutuam accipiat. *l.* 3, *C. fi alien. res pign. d.* *f.* Procurator citra domini voluntatem domum pignori fruftra dedit : fi tamen pecuniam creditoris in rem domini verfam conftabit,non inutilis erit exceptio,duntaxat quod numeratum eft exolvi defideranti.*l.* 1. *eod.* Si is qui bona Reipublicæ jure adminiftrat, mutuam pecuniam pro ea accipiat, poteft rem ejus obligare. *l.* 11. *ff. de pign. V. l.* 27. *ff. de reb. cred.*

XXIII.

23. Hypotheque fur des chofes incorporelles.

On peut hypothéquer & engager non-feulement les chofes corporelles , c'eft-à-dire , fenfibles , & qu'on peut toucher, mais auffi les chofes incorporelles , comme les dettes, les actions & autres droits ; & cette forte de biens font compris dans l'hypotheque générale , quoiqu'ils ne foient pas fpécialement exprimez. Ainfi, le créancier pourra exercer le droit que lui acquiert l'affectation des biens , autant fur ces fortes de droits que fur les autres biens , & faifir entre les mains des débiteurs de fon débiteur , ce qu'ils peuvent lui devoir jufqu'à la concurrence de ce qui eft dû à ce créancier *m*.

m Nomen quoque debitoris pignorari & generaliter & fpecialiter poffe, jam pridem placuit. Quare fi debitor fatis tibi non fecerit , cui tu credidifti, ille cujus nomen tibi pignori datum eft, nifi ei cui debuit folvit , nondùm certum eft de obligatione tua factus, utilibus actionibus fatis tibi facere , ufque ad id quod tibi deberi à creditore ejus probaveris, compelletur: quatenùs tamen ipfe debet.*l.* 4. *C. quæ res pign. obl. poff.* Etiam nomen debitoris, in caufa judicati, capi poffe, ignotum non eft. *l.* 5. *C. de exec. rei jud. l.* 1. *C. de præt. pign.* Si convenerit , ut nomen debitoris mei tibi pignori fit , tuenda eft à Prætore hæc conventio. *l.* 18. *ff. de pign. act.*

Il faut remarquer fur cet article qu'il y a des droits qui font de la nature des immeubles ; comme les rentes , & qu'autres font de la nature des meubles , comme une obligation à caufe du prêt, & autres dettes perfonnelles. Les rentes font tellement fujettes à l'hypotheque , que le créancier y conferve fon droit , quoiqu'elles paffent hors des mains de fon débiteur. Mais les obligations , & autres perfonnelles font comme des meubles , & n'ont point de fuite. Et quoiqu'on puiffe les faire faifir pendant qu'elles font encore au débiteur , on ne peut les fuivre quand il en a fait un transport à une autre perfonne, & que ce transport a été fignifié à celui qui eft obligé envers ce débiteur , ou qu'il l'a accepté. Les Offices font immeubles , & fufceptibles d'hypotheque. Voyez l'Edit de Février 1683. Voyez fur les Saifies des effets mobiliaires la fin du Préambule de cette Section. Voyez pour les chofes corporelles & incorporelles l'article 3. de la Section 2. du Titre des Chofes, p. 17.

XXIV.

24. Chofes qui ne peuvent être hypothequées.

L'hypotheque générale en quelques termes qu'elle foit conçue, ne s'étend pas aux chofes dont l'humanité défend de dépouiller les débiteurs, & qui par conféquent ne doivent point être comprifes dans l'hypotheque. Ainfi, un créancier ne peut ni prendre en gage les habits néceffaires , ni lit , ni les autres meubles & uftenfiles d'une pareille néceffité. Et les débiteurs ne peuvent même obliger fpécialement ces fortes de chofes. Car le créancier ne pourroit ftipuler un tel engagement fans bleffer l'équité & les bonnes mœurs *n*.

n Obligatione generali rerum quas quis habuit habiturufve fit , ea non continebantur quæ verifimile eft quemquam fpecialiter obligaturum non fuiffe : ut puta fuppellex. Item veftis relinquenda eft debitori , & ex mancipiis quæ in eo ufu habebit,ut certum fit eum pignori daturum non fuiffe. Proinde de minifteriis ejus perquam erit neceffariis , vel quæ ad affectionem ejus pertinent, vel quæ in ufum quotidianum habentur, Serviana non competit. *l.* 6. *& l.* 7. *ff. de pign. & hypot.* Res quas neminem credibile eft pignori fpecialiter daturum fuiffe , generali pacti conventione , quæ de bonis fuis facta eft , in caufa pignoris non fuiffe , rationis eft.*l.* 1. *C. quæ res pign. obl. poff. vel non, V. Exod.* 22. 16. *Deuter.* 24. 6. 17. *Job* 23. 4.

V. fur cet article & les fuivans , les articles 14, 15. & 16. du Titre 13. de l'Ordonnance du mois d'Avril 1667. & celle d'Orléans art. 28. de Blois art. 57. l'Edit du 16. Mars 1595. & autres Reglemens.

XXV.

25. Chofes néceffaires pour l'agriculture.

Les bêtes de labourage, les charues, & les autres chofes néceffaires pour labourer & cultiver les héritages , ne font point fujettes à l'hypotheque, & ne peuvent être faifies, non-feulement par la préfomption que l'intention du débiteur & du créancier n'eft pas de dépouiller le débiteur des chofes deftinées à un ufage fi

néceffaire, mais auffi à caufe de la conféquence pour l'intérêt public *o*.

o Executores à quocumque Judice dati ad exigenda debita ea quæ civiliter pofcuntur , fervos aratores, aut boves aratorios, aut inftrumentum aratorium , pignoris caufa de poffeffionibus non abftrahant. *l.* 7. *C. quæ res pign. obl. poff. v. n.* Pignorum gratia aliquid quod ad culturam agri pertinet, auferri non convenit. *l.* 8. *eod.*

XXVI.

26. Chofes qui ne font point en commerce.

Les chofes qui ne font point en commerce , & qui ne peuvent être vendues, comme les chofes publiques, les chofes facrées , ne peuvent auffi être hypothéquées tandis qu'elles demeurent deftinées à ces fortes d'ufages *p*.

p Eam rem quam quis emere non poteft, quia commercium ejus non eft , jure pignoris accipere non poteft. *l.* 1. *§.* 2. *ff. quæ res pign.* Sancimus nemini licere facratiffima atque arcana vafa, vel veftes cæteraque donaria quæ ad divinam religionem neceffaria funt (cùm etiam veteres leges in quæ juris divini funt , humanis nexibus non illigari fanxerint) vel ad venditionem , vel pignus trahere. *l.* 21. *C. de facr. Ecclef.*

XXVII.

27. Bienfaits des Princes.

Les bienfaits du Prince , les appointemens des Officiers de guerre, la paye des Soldats font des biens qu'on ne peut faifir. Car il eft de l'intérêt public qu'ils ne foient pas divertis de leur ufage pour le fervice du Prince , & pour le bien public *q*.

q Stipendia retineri propterea quod condemnatus es non patietur Præfes Provinciæ , cùm rem judicatam poffit aliis rationibus exequi. *l.* 4. *C. de re judic.* Spem eorum præmiorum quæ pro coronis Athletis penfitanda funt, privata pactione pignorari minimè admittendum eft. Et ideò, nec id generale pactum de omnibus bonis pignori obligandis intervenerit. *l.* 5. *C. quæ res pign. obl. p. v. n. l. ult. C. de pign. Nov.* 53. *c.* 5.

XXVIII.

28. Antichrefe.

L'antichrefe eft l'engagement d'un fonds dont le débiteur met fon créancier en poffeffion pour l'avoir en gage, & pour en jouir, à condition d'en compenfer les fruits avec les intérêts légitimes que doit le débiteur. Ainfi, par exemple , fi un beau-pere qui doit à fon gendre la dot de fa fille , lui donne un fonds à jouir, dont les fruits tiennent lieu des intérêts de la dot , c'eft une antichrefe. Et ce contrat donne au créancier outre l'hypotheque le droit de jouir *r*.

r Si ἀντίχρησις, id eft, mutuus pignoris ufus pro credito facta fit & in fundum aut in ædes aliquis inducatur , eoufque retinet poffeffionem pignoris loco, donec illi pecunia folvatur. Cùm in ufuras fructus percipiat, aut locanda , aut ipfe percipiendo, minetur,doque. *l.* 11. *§.* 1. *ff. de pign. & hyp. V.* l'art. 4. de la Section 4.

On donne ici pour exemple de l'antichrefe l'engagement d'un fonds pour une dot, parce que les intérêts de la dot étant dûs au mari, cette convention n'a rien d'illicite de fa nature. Mais l'antichrefe pour l'intérêt du prêt qui étoit permife dans le Droit Romain , comme l'étoit l'ufure , eft illicite par notre ufage qui punit l'ufure , & les contrats qui la pallient fous l'apparence d'autres conventions. V. l'art. 4. de la Sect. 4. fur l'Ufure, p. 78. V. le Préambule du Titre du Prêt , p. 70. & la fin du Préambule du Titre des Vices des Conventions , p. 138.

XXIX.

29. Créancier qui a droit de jouir peut bailler à ferme.

Le créancier qui a droit de jouir du fonds qui lui eft hypothéqué , peut le bailler à ferme *f*.

f Creditor prædia fibi obligata ex caufa pignoris locare rectè poterit. *l.* 23. *ff. de pign. l.* 11. *§.* 1. *eod.*

XXX.

30. Si le débiteur emprunte fit meuble que'il a tn gagez.

Lorfque le créancier eft mis en poffeffion du meuble ou immeuble qui lui fert de gage, il a droit de le retenir jufqu'au payement ; & le débiteur ne peut l'en défoffeder , ni ufer de fa chofe propre fans le confentement de fon créancier. Et fi , par exemple , le gage eft un meuble dont le créancier veuille permettre l'ufage à fon débiteur , ce fera une efpece de prêt à ufage qui donnera au créancier le droit de reprendre fa poffeffion , celle du débiteur pendant l'ufage qu'il fera de fa chofe propre , n'étant que precaire *t*.

t Pignus , manente proprietate debitoris , folam poffeffionem transfert ad creditorem. Poteft tamen & precario , & pro conductore fua uti. *l.* 35. *§.* 11. *ff. de pign. obl.*

S'il

XXXI.

S'il arrive que le gagé qu'un créancier a pris pour fa fureté ne fuffife pas pour fon payement , & qu'on ne puiffe lui imputer aucune faute qui ait diminué la valeur du gage , il ne laiffera pas de recouvrer le furplus de fa dette , fur les autres biens de fon débiteur *u*.

u Creditor qui non idoneum pignus accepit, non amittit exactionem ejus debiti quantitatis in quam pignus non fufficit. *l.* 18. *ff. de reb. cred.* Si quidem minus in pignore , plus in debito inveniatur, in hoc quod nofcitur abundare , fi creditoris omnis ratio integra. *l. ult.* §. 4 *C. de jur. dam. imp.* Quæfitum eft, fi creditor ab emptore pignoris pretium fervare non potuiffet, an debitor liberatus effet putavi fi nulla culpa imputari creditori poffit, manere debitorem obligatum. *l.* 9. *ff. de diftrib. pign.* Adverfus debitorem electis pignoribus , perfonalis actio non tollitur : fed eo quod de pretio fervari potuit in debitum computato , de refiduo manet integra. *l.* 10. *C. de obl. & act.*

XXXII.

On peut hypothequer fes biens non-feulement pour fes propres dettes , mais encore pour celles des autres; de même qu'on peut s'obliger pour d'autres perfonnes *x*.

x Dare autem qui hypothecam poteft , five pro fua obligatione, five pro aliena. *l.* 5. §. *ult. ff. de pign. & hyp.*

XXXIII.

Si un débiteur engage ce qui eft à un autre , & que celui-ci confente à l'hypotheque , ou que par quelque acte il marque qu'il l'approuve, comme s'il foufcrit l'obligation, ou l'écrit de fa main, l'hypotheque aura fon effet. Car autrement il auroit impunément participé à la fraude faite à ce créancier, & il en feroit de même quand ce feroit un pere qui auroit engagé un fonds de fon fils *y*.

y Pater Seio emancipato filio facilé perfuafit, ut quia mutuam quantitatem acciperet à Septicio creditore, chirographum præfcriberet fua manu filius ejus, quod ipfe impeditus effet fcribere, fub commemoratione domus ad filium pertinentis pignori dandæ. Quærebatur, an Seius inter cætera bona etiam hanc domum jure optimo poffidere poffit , cum patris fit hæreditate abftinuerit, nec meturi ex hoc quod mandante patre manu fua præfcripfit inftrumentum chirographi : cum neque confenfum fuum accommodaverat patri , aut figno fuo , aut alia fcriptura ? Modeftinus refpondit cum fua manu pignori domum fuam futuram Seius fcripferat, confenfum ei obligationi dediffe manifeftum eft. *l.* 16. §. 1. *ff. de pign. & hyp.* V. les articles 12. & 15. de la Section 7. & la remarque fur cet article 15.

SECTION II.

Des diverfes fortes d'hypotheque, & comment elle s'acquiert.

Comme l'hypotheque eft un acceffoire des engagemens , & qu'il y a des engagemens où l'on entre par des conventions , d'autres qui fe forment fans convention ; l'hypotheque peut auffi s'acquérir ou par une convention, & c'eft une hypotheque conventionnelle : ou fans convention par le fimple effet de la Loi,& c'eft une hypotheque qu'on peut appeller légale. Ainfi, lorfqu'un vendeur oblige fes biens pour la garantie de ce qu'il vend , & l'acheteur les fiens pour le payement du prix , ce font des hypotheques conventionnelles : Ainfi lorfqu'un Tuteur eft appellé à cette charge; fes biens font hypothequez pour tout ce qu'il pourra devoir de fon adminiftration; & cette hypotheque qui eft acquife au Mineur par la Loi fans convention, peut être appellée une hypotheque légale *a*. Ainfi les biens des Officiers comptables , & ceux des perfonnes qui font appellées à ces charges qu'on appelle municipales pour la levée des deniers publics , font hypothequez pour ce qu'ils en devront *b*. Ainfi , les condamnations en Juftice donnent l'hypotheque *c*. Et c'eft par l'autorité de la Loi que toutes ces fortes d'hypotheques ont été établies indépendamment des conventions.

L'hypotheque conventionnelle s'acquéroit dans le Droit Romain par le fimple effet d'une convention , fi

a V. l'art. 36. de la Sect. 3. des Tuteurs , *p.* 156.
b V. ci-après les articles 19 & 20. de la Section 5.
c V. l'article 4. de cette Section & la remarque qu'on y a faite.

Tome I.

---

l'hypotheque y étoit ftipulée même fans écrit *d*, & fans qu'il fût befoin du miniftere d'un Officier public ; à quoi l'Empereur Leon apporta le tempérament de la préfence de trois témoins perfonnes de probité *e*. Mais par notre ufage les conventions ne donnent point d'hypotheque, quand même elle feroit exprimée , fi elles ne fe paffent pardevant Notaires. Car fans cette forme il feroit facile aux débiteurs qui voudroient frauder leurs créanciers , de donner à leurs derniers d'anciennes hypotheques par des antidates. Ainfi, quand on parlera dans la fuite d'hypotheque conventionnelle , il faut toujours l'entendre des conventions pardevant Notaires.

d L. 4. *ff. de pign.*
e L. 11. *C. qui pot.*

SOMMAIRES.

1. *L'hypotheque eft ou générale ou fpéciale.*
2. *Hypotheque fpéciale de deux fortes.*
3. *Hypotheque fimple ou privilégiée.*
4. *Trois manieres dont on acquiert l'hypotheque.*
5. *Hypotheque expreffe ou tacite.*
6. *Hypotheque conventionnelle , hypotheque légale.*
7. *Le créancier ne peut de voie de fait fe faifir d'un gage.*

I.

On peut hypothequer ou tous fes biens généralement, ou quelques-uns feulement que l'on fpécifie. Ce qui fait deux efpeces d'hypotheque , l'une générale & l'autre fpéciale : & on peut auffi joindre l'une & l'autre , obligeant en même tems , & tous fes biens en général, & encore fpécialement quelques-uns qu'on exprime en particulier *a*.

a Quod dicitur , creditorem probare debere , eùm conveniebat rem in bonis debitoris fuiffe , ad eam conventionem pertinet,quæ fpecialiter facta eft, non ad illam , quæ quotidiè inferi folet cautionibus , ut fpecialiter rebus hypothecæ nomine datis , cætera etiam bona teneantur debitoris , quæ nunc habet , & quæ poftea acquifiverit , perinde atque fi fpecialiter hæ res fuiffent obligatæ. *l.* 15. §. 1. *ff. de pign. & hyp.* Per generalem aut fpecialem nominatim hypothecam. *Novel.* 112. *c.* 1.

II.

L'hypotheque fpéciale eft de deux fortes , l'une où le créancier eft mis en poffeffion , l'autre où la chofe demeure en la puiffance du débiteur. Anfi , dans l'antichrefe , le créancier poffede fon gage , & dans le fimple engagement fpécial d'un héritage , le débiteur en demeure en poffeffion. Ainfi , on peut donner fes meubles pour fureté , foit qu'on les délivre , ou qu'on les retienne. Mais l'affectation n'eft proprement fpéciale fur un meuble , que lorfqu'il eft en la puiffance du créancier, ou qu'il a fur ce meuble une préférence *b*.

b Pignus contrahitur non folà traditione , fed etiam nudà conventione,& fi non traditum eft. *l.* 1. *ff. de pign. act.* Si ἀντίχρησις id eft , mutuis pignoris ufus pro credito , facta fir , & in fundum aut in ædes aliquis inducatur: eo ufque retinet poffeffionem pignoris loco , donec illi pecunia folvatur. *l.* 11. §. 1. *ff. de pign. & hyp.* V. la Section 5. fur les Préférences.

III.

On peut divifer l'hypotheque par une autre vûe en deux autres efpeces , l'une de la fimple hypotheque , & l'autre de celle qui donne une préférence , ou un privilége. La fimple hypotheque eft celle qui ne fait qu'une affectation de la chofe hypothequée , fans aucune différence entre plufieurs créanciers à qui la même chofe peut être engagée en divers temps,qu'en ce que le premier en date fera préféré aux autres qui n'auront aucun privilége ; & l'hypotheque privilégiée , eft celle qui donne une préférence fans égard au temps. Ainfi , celui de qui les deniers ont été employé à réparer ou rebâtir une maifon , eft préféré aux créanciers qui avoient auparavant une hypotheque fur cette maifon *c*.

c Cùm de pignore utraque pars contendit prævalet jure qui prævenit tempore. *l.* 2. *in fin C. qui pot. in pign. hab.*
Sicut prior eft tempore , ita potior eft jure. *l.* 4. *eod.*
Interdùm pofterior potior eft priori , ut putà , fi in rem iftum confervandam impenfum eft , quod fequens crediderit. *l.* 5. *ff. eod.*

C c

4. Trois manieres dont on acquiers l'hypotheque.

L'hypotheque s'acquiert en trois manieres, ou du consentement du debiteur par convention, s'il oblige ses biens *d* : ou sans que le debiteur y consente, & par la qualité & le simple effet de l'engagement dont la nature est telle que la loi y a attaché la sureté de l'hypotheque, comme dans le cas dont il est parlé dans l'article suivant *e* : ou enfin l'hypotheque s'acquiert par l'autorité de la Justice *f*, quoique la Loi ne donnât point d'hypotheque : ce *f*qui arrive lorsque le créancier qui n'avoit point d'hypotheque obtient une condamnation ; car la Sentence ou Arrêt qui condamne le débiteur, donne hypotheque au créancier, encore qu'il n'y en soit fait aucune mention.

d De pignore jure honorario nascitur pacto actio. *l.* 17. *§.* 2. *ff. de pact.* Contrahitur hypotheca per pactum conventum. *l.* 4. *ff. de pign. & hyp.*

e Eo jure utimur, ut quæ in prædia urbana inducta, illata sunt, pignori esse credantur, quasi id tacite convenerit. *l.* 4. *ff. in quib. cauf. pign. vel hyp. tac. contr.* Fiscus semper habet jus pignoris. *l.* 46. *§.* 3. *ff. de jur. fisci.*

f (Pignus) quod à Judicibus datur, & Prætorium nuncupatur *l. ult. C. de prad. pign.* Non est mirum , si ex quacumque causa magistratus in possessionem aliquam miserit, pignus constitui. *l.* 2*e*. *ff. de pign. act.*

Par l'article 53. de l'Ordonnance de Moulins & la Déclaration du 10. Juillet 1666. sur cet article , les condamnations en Justice portent hypotheque du jour de la Sentence, si elle est confirmée par Arrêt, ou qu'il n'y ait point d'appel. & par les articles 92. & 93. de l'Ordonnance de 1539. les promesses sous seing privé portent hypotheque par un seul défaut sur la demande ; & si elle est contestée , & ensuite prouvée, l'hypotheque aura lieu du jour de la dénégation ou contestation.

V.

5. Hypotheque expresse ou tacite.

Tout hypotheque est toute expresse ou tacite. On appelle expresse, celle qui s'acquiert par un titre où elle est exprimée, comme par une obligation , ou par un contrat *g*. Et on appelle tacite, celle qui sans qu'on l'exprime, est acquise de droit *h*, comme celle qu'ont les mineurs, les prodigues, les insensez , sur les biens de leurs Tuteurs ou Curateurs *i*, celle qu'a le Roi sur les biens de ses Fermiers & Receveurs *l* ; & quelques autres qui seront expliquées dans la Section cinquieme.

g Contrahitur hypotheca per pactum conventum. *l.* 4. *ff. de pign. & hyp.*

h Quasi id tacite convenit. *l.* 4. *ff. in quib. cauf. pign. vel hypot. tac. contr.*

i Pro officio administrationis Tutoris , vel Curatoris bona, si debitores existant, tanquam pignoris titulo obligata, mineres sibi vindicare minime prohibentur. *l.* 20. *C. de adm. tut. Nov.* 118. *c.* 5. *inf.* Æquissimum erit cæteros quoque quibus Curatores quasi debilibus , vel prodigis dantur , vel surdo , vel muto , vel fatuo, idem privilegium competere. *l.* 19. *§.* 1. *l.* 21. *l.* 22. *ff. de reb. auct. jud. poss. l.* 1. *§.* 1. *C. de rei ux. act.* V. l'art. 36. de la Sect. 3. des Tuteurs, p. 156.

l Pignus est ejus qui cum fisco contrahit, bona veluti pignoris titulo obligari, quamvis specialiter id non exprimatur. *l.* 2. *C. in quib. cauf. p. v. hyp. tac.* V. l'art. 19. de la Sect. 5.

VI.

6. Hypotheque conventionnelle & hypotheque légale.

La distinction expliquée dans l'article précédent, de l'hypotheque expresse, & de l'hypotheque tacite, peut se rapporter à celle de l'hypotheque conventielle & de l'hypotheque légale, dont il a été parlé dans le préambule de cette Section; car l'hypotheque conventionnelle est expressément stipulée par la convention ; & l'hypotheque légale est sous - entendue , soit qu'on l'exprime ou non *m*.

m Duplum genus hypothecarum, unum quidem quod ex conventionibus & pactis hominum nascitur : aliud quod à Judicibus datur, & Prætorium nuncupatur. *l.* 2. *C. de prar. pign.* V. l'art. 5.

VII.

7. Le créancier ne peut de voie de faire sur d'un gage.

On ne peut acquérir l'hypotheque que par l'une des voies expliquées dans l'article quatrieme ; & le créancier ne peut par son fait, ou se mettre en possession de l'immeuble, ou se saisir du meuble de son débiteur , si ce n'est qu'il y consente, ou que ce soit par l'autorité de la Justice, s'il n'y consent point. Ainsi le créancier ne peut encore moins entrer dans la maison de son débiteur pour y prendre des gages *n*. Et si un meuble enlevé de

cette maniere, sans le consentement du débiteur , venoit à périr , même par un cas fortuit, la perte en tomberoit sur ce créancier *o*.

n Nec creditor , circa conventionem , vel Præsidialem jussionem , debiti causa , res debitoris arbitrio suo auferre potest. *l.* 11. *de pign. act.*

Auritate Præsidis possessionem adipisci debent. *l.* 3. *C. de pign. & hyp.*

Cùm reperes à proximo tuo rem aliquam quam debet tibi, non ingredieris domum ejus , ut pignus auferas: sed stabis foris , & ille tibi proferet quod habuerit. *Deut.* 24. 10.

o Qui ratio crediderat, cùm ad diem pecunia non solveretur , ratem in flumine sua autoritate deduxit : postea flumen crevit , & ratem abstulit. Si invito ratiario retinuisset, ejus periculo ratem fuisse, respondit. *l.* 30. *ff. de pign. act.*

SECTION III.

Des effets de l'hypotheque & des engagemens qu'elle forme de la part du débiteur.

SOMMAIRES.

I.

1. Premier effet de l'hypotheque , droit de faire vendre le gage.

L'Usage de l'hypotheque étant de donner au créancier la sureté de son payement , le premier effet de l'hypotheque est le droit de faire vendre le gage, soit que le créancier en ait été mis en possession , ou qu'il soit demeuré en celle du débiteur *a*.

a Si in hoc, quod jure tibi debetur, satis factum non fuerit, debitoris res obligatas tenentibus, auditus Præses Provinciæ, tibi distrahendi facultatem jubebit fieri. *l.* 14. *C. de distract. pign. l.* 9. *eod.*

Sed & si non convenerit de distrahendo pignore , hoc tamen jure utimur , ut liceat distrahere. *l.* 4. *ff. de pign. act.*

Par notre usage le gage ne peut être vendu que du consentement du créancier , ou par autorité de Justice. Voyez l'article 9. & la remarque qu'on y a faite , & l'article 10.

II.

2. Second effet , droit de suivre le gage.

Le second effet de l'hypotheque est qu'en quelques mains que passe la chose hypotequée , soit que le débiteur l'engage à un second créancier , lui donnant le pouvoir de la vendre qu'il n'auroit pas donné au premier, ou qu'il en laisse même la possession à ce second, ou qu'il vende la chose, ou qu'il la donne, ou en dispose autrement, ou que sans son fait il en soit dépouillé; le créancier à qui elle avoit été auparavant hypothéquée, a droit de la suivre contre les possesseurs *b*.

b Si fundus pignoratus venierit, manere causam pignoris, quia cum sua causa fundus transeat. l. 18. §. 2. de pign. act. V. Nov. 112. c. 1.

Si priori hypotheca obligata sit, nihil verò de venditione convenerit, posterior verò de hypotheca vendenda convenerit : verius est priorem esse potiorem. Nam & in pignore placet, si prior convenerit de pignore, licet posteriori res tradatur, adhuc potiorem esse priorem. l. 12. §. ult. ff. qui pot. in pign.

III.

3. Troisiéme effet, préférence du créancier antérieur.

Le troisiéme effet de l'hypothéque, & qui est une suite des deux premiers, est qu'entre plusieurs créanciers à qui le même débiteur hypothéque le même fonds, le premier en date est préféré ; & a droit de suivre le fonds entre les mains des autres, & d'endépouiller même celui qui en seroit en possession *c*.

c Cùm de pignore utraque pars contendit, prævalet jure, qui prævenit tempore. l. 2. in fine, l. 4. C. qui pot. l. 11. ff. eod. In pignore placet, si prior convenerit de pignore, licet posteriori res tradatur, adhuc potiorem esse priorem. l. 12. in f. ff. qui pot. Voyez l'art. 2.

IV.

4. Quatriéme effet, sûreté pour les suites de la dette.

C'est encore un quatriéme effet de l'hypothéque, qu'elle sert de sûreté non-seulement pour ce qui est dû lorsqu'elle est contractée, mais aussi pour toutes les suites qui naîtront de cette dette, & qui l'augmenteront; comme sont les intérêts, dommages & intérêts, frais de justice, dépenses employées pour la conservation du gage, & autres semblables *d*. Et le créancier aura son hypothéque pour toutes ces suites, du jour qu'il l'aura pour son principal *e*.

d Quoniam ex pactione venire potest, non solùm ob sortem, sed ob cæterum quoque veluti usuras, & quæ in id impensa sunt. l. 8. §. ult. ff. de pign. act.

e Lucius Titius pecuniam mutuam dedit sub usuris, acceptis pignoribus: eidemque debitori Mævius, sub iisdem pignoribus, pecuniam dedit. Quæro, an Titius non tantùm sortis & earum usurarum nomine quæ accesserunt, potior esset? respondit, Lucium Titium in omne quod ei debetur potiorem esse. l. 18. ff. qui pot. in pign. v. l. 8. ff. de pign. act.

V.

5. Ces effets ont lieu soit que l'hypothéque soit générale ou spéciale.

Tous ces effets de l'hypothéque ont également lieu sur le fonds hypothéqué, soit que le premier créancier eût une hypothéque générale sur tous les biens, ou une hypothéque spéciale sur ce fonds ; & soit aussi que les autres créanciers ayent leur hypothéque ou générale ou spéciale. Ainsi, celui qui a le premier une hypothéque générale est préféré au second qui l'a spéciale. Ainsi encore le premier dont l'hypothéque est spéciale, est préféré au second qui l'a générale *f*.

f Qui generaliter bona debitoris pignori accepit, eo potior est, cui postea prædium ex his bonis datur. l. 2. ff. qui pot. in pign. Si generaliter bona tibi obligata, & postea res alii specialiter pignori donetur : quoniam ex generali obligatione potior habetur creditor, quia antea contraxit si ab illo priore tempore tu comparasti, non oportet te ab eo, qui postea credidit, inquietari. l. 6. C. eod. Voyez l'art. suivant.

VI.

6. Discussion en faveur du tiers détenteur.

Quoique le créancier qui a une hypothéque, soit générale, ou spéciale, puisse l'exercer sur tous les biens qui y sont sujets, sur ceux mêmes qui sont possédez par des tierces personnes, qu'on appelle tiers détenteurs ; il est de l'équité, que s'il peut acquérir son payement sur les biens restez à son débiteur, quand même son hypothéque seroit spéciale ; mais qu'avant que d'inquiéter ce possesseur, & donner sujet aux suites d'un recours contre le débiteur, il discute les autres biens qui peuvent être possédez par son débiteur *g*.

g Quamvis constet specialiter quædam, & universa bona generaliter adversarium tuum pignori accepisse, & æquale jus in omnibus habere, jurisdictio tamen temperanda est : ideoque si certum est posse eum ex his quæ nominatim ei pignori obligata sunt, universum redigere debitum, ea quæ postea ex iisdem bonis pi-

gnori, accepisti, interim tibi non auferri Præfes Provinciæ jubebit. l. 2. C. de pign. & hyp.

Quæ specialiter vobis obligata sunt, debitoribus detractantibus solutionem, bona fide debetis & solemniter vendere. Ira enim apparebit, an ex pretio pignoris debito satisfieri possit. Quod si quid deerit, non prohibemini cætera etiam bona, jure conventionis consequi. l. 9. C. de distr. pign. Moschis quædam fisci debitrix ex conductione vectigalis, hæredes habuerat, à quibus post aditam hæreditatem Faria Senilia, & alii prædia emerant : cùm convenirentur propter Moschidis reliqua, & dicebant hæredes Moschidis idoneos esse, & multos alios ex iisdem bonis emisse; æquum putavit Imperator, prius hæredes conveniri debere : in reliquum, possessorem omnem : & ita pronuntiavit. l. 47. ff. de jur. fisc. l. 1. C. de conv. fisc. deb. Sed neque ad res debitorum, quæ ab aliis detinentur veniat prius, antequam transeat viam super personalibus, &c. Nov. 4. c. 2.

On n'a pas ici cette regle de la discussion, parce qu'elle est du Droit Romain, & qu'elle s'observe en quelques Provinces. Mais en d'autres, le créancier n'est pas obligé de discuter les biens du débiteur, avant que de venir au tiers détenteur ; il peut saisir en même tems, & sans discussion, tous les biens sujets à son hypothéque, soit générale, ou spéciale, encore qu'ils soient possédez par des tiers détenteurs. Voyez l'art. 4. de la Sect. 2. des Cautions, p. 225.

Il faut remarquer sur ce sujet de l'hypothéque générale & de la spéciale, qu'encore qu'il semble que l'hypothéque spéciale marque une affectation plus particuliere sur l'héritage spécifié, que la simple hypothéque générale qui n'en désigne aucun ; il est pourtant vrai, que pour ce qui est du droit d'hypothéque & de ses effets, il est égal pour le créancier, que son hypothéque soit seulement sur tous les biens, ou qu'on y ajoute une hypothéque spéciale sur quelques-uns qui soient désignez. Car les effets de l'hypothéque sont toujours les mêmes sur les biens qui y sont sujets, comme il a été remarqué dans l'article. Et l'affectation générale donne le même droit au créancier sur chacun des fonds qu'elle peut comprendre, que pourroit lui donner une désignation expresse qui les marqueroit tous. Ainsi pour ce qui regarde l'effet & l'usage de l'hypothéque entre le créancier & le débiteur, il semble qu'il n'y ait point d'autre différence de l'hypothéque spéciale, à la générale, qu'en ce que la spéciale désigne au créancier de certains fonds sur lesquels il peut exercer son droit ; que la générale n'en désignant aucun, le créancier qui ignore quels sont les fonds de son débiteur, est obligé de s'en informer.

Que si on considere l'usage de l'hypothéque entre les créanciers d'un même débiteur, ou entre un créancier & un tiers possesseur de biens sujets à l'hypothéque de ce créancier ; il semble par les deux premiers textes citez sur cet article, que lorsque le créancier qui a une hypothéque spéciale sur quelques fonds & une hypothéque générale sur tous les biens de son débiteur, exerce son hypothéque sur d'autres biens que ceux qui lui sont spécialement affectez : & que son action intéresse ou d'autres créanciers, ou des tiers détenteurs à qui il s'adresse ; ces autres créanciers & ces détenteurs pourroient l'obliger à commencer par la discussion des biens qui lui seroient spécialement affectez, avant que de venir aux autres. Mais par cet effet de l'hypothéque spéciale, la précaution du créancier qui l'avoit stipulée tourneroit contre lui. Et c'est ce vraisemblablement ce qui a donné sujet à ceux qui outre l'hypothéque générale sur tous les biens, se faisoient affecter quelques fonds en particulier, d'ajouter la clause, que l'hypothéque spéciale ne dérogera point à la générale, ni la générale à la spéciale. Cette espece de cette clause, est ordinaire dans tous les actes où il y a des hypothéques spéciales, & qu'elle est d'une équité toute naturelle, puisque l'hypothéque spéciale n'a pas été ajoutée à la générale pour y déroger, & peut-rendre la condition du créancier moins avantageuse, il semble que par un effet de cette équité, & de l'accoutumance à cette clause, il est arrivé qu'elle est toujours sous-entendue, & que l'usage a remis les créanciers leur droit naturel d'exercer leur hypothéque indistinctement sur tous les biens qui y sont sujets, sans qu'ils soient obligez à la discussion de l'hypothéque spéciale, quand même cette clause n'auroit pas été exprimée. Ainsi, il semble qu'il ne reste aucun usage de la discussion des biens spécialement hypothéquez, avant que de venir aux autres.

Mais il y a une autre sorte de discussion, qui est celle qu'on a expliquée dans cet article, établie en faveur du tiers détenteur qui se trouve possesseur d'un héritage sujet à l'hypothéque d'un créancier. Et cette discussion n'a rien de commun avec celle de l'hypothéque spéciale à la générale. Car au contraire encore que l'hypothéque du créancier sur le fonds possédé un tiers détenteur soit une hypothéque spéciale, il ne peut l'exercer contre ce détenteur, qu'après avoir discuté les autres biens sujets à son hypothéque. Ce qui est fondé sur un principe d'équité qui semble demander, qu'on ne trouble pas le possesseur sans necessité, & qu'on ne l'engage pas à un recours contre le débiteur, & que le débiteur ne soit pas exposé aux suites de la garantie : mais qu'il soit sursis, jusqu'à ce que la discussion des autres biens fasse connoître, si le créancier pourra être payé sans venir au tiers détenteur. C'est par cette raison, & suivant le dernier texte cité sur cet article, que la discussion en faveur du tiers détenteur est d'usage en quelques Coutumes, quoiqu'en d'autres le créancier puisse agir directement contre le tiers détenteur, par une autre sorte d'équité, à cause des inconvéniens, s'il arrive que les autres biens ne suffisent pas. Car alors la discussion se trouve inutile, & n'a pas d'autre usage que de multiplier les procédures & des frais qui tournent à charge & au créancier, & au débiteur, & au détenteur même de qui l'héritage se trouvera engagé pour plus qu'il ne l'étoit avant la discussion ; au lieu que la *condition auroit pû être meilleure acquiſtant d'abord la dette pour garder ſon fonds : de ſorte qu'il ſeroit peut-être plus avantageux & au créancier, & au débiteur, & au détenteur même, qu'il n'y eût point de diſcuſſion. Car le détenteur doit prendre ſes meſures & faire ſon choix, ou de ne point demander la diſcuſſion, ou de ſe ſoumettre à en porter les frais ſi elle ſe trouve inutile par l'événement.*

On ne s'arrête pas à expliquer ici quelques autres différences qu'on voit dans le Droit Romain entre l'hypothéque ſpéciale & la générale, car elles ne ſont pas de notre uſage. V. l. 12. C. de dotat. int. vir. & ux. l. 3. C. de ſerv. pign. dat. man. Nov. 7. c. 6.

VII.

7. Comment le créancier ſubſéquent s'aſſure l'hypo-théque.

L'effet de l'hypothéque eſt inutile au créancier tandis que d'autres antérieures ont leur hypothéque ſur le même fonds pour tout ce qu'il vaut. Mais il peut s'aſſurer ſon hypothéque en payant ce qui peut être dû aux créanciers dont l'hypothéque précede la ſienne, ou le conſignant en cas de refus *h*.

h Prior quidem creditor compelli non poteſt tibi, qui poſteriore loco pignus accepiſti, debitum offerre: ſed ſi tu illi id omne quod debetur ſolveris, pignoris tui cauſa firmabitur. *l.* 5. *C. qui potior.* Qui pignus ſecundo loco accipit, ita jus ſuum confirmare poteſt, ſi priori creditori pecuniam ſolverit : aut cùm obtuliſſet, iſtque accipere noluiſſet, eam obſignavit, & depoſuit, nec in uſus ſuos convertit. *l.* 1. *cod.*

Cette conſignation doit ſe faire ſuivant les formes preſcrites par notre uſage, c'eſt-à-dire, avec la permiſſion du Juge, & la partie appellée pour voir conſigner.

Il faut remarquer ſur cet article qu'on n'y parle pas de la ſubrogation à l'ancien créancier. V. ſur cette ſubrogation l'art. 6. de la Sect. 6. p. 214.

VIII.

8. Idem.

Le payement que peut faire un créancier à un autre antérieur, ne lui aſſure ſon gage qu'à l'égard des créanciers ſubſéquens à celui qu'il paye. Mais il lui eſt inutile à l'égard de tous autres antérieurs à ſon hypothéque, & à celle qu'il a acquittée *i*.

i C'eſt une ſuite des articles précédens. Si quoniam non reſtituebat rem pigneratam poſſeſſor condemnatus ex præfatis modis, litis æſtimationem exſolverit : an perinde ſecundo creditori reneatur, ac ſoluta ſit pecunia priori, quæritur. Et rectè puto hoc admittendum eſſe. *l.* 11. §. 1. *ſ. qui pot.*

IX.

9. De la vente du ga-ge.

Soit qu'il ait été convenu que le créancier pourra vendre le gage, ou qu'il n'y ait rien d'exprimé ; il peut être vendu. Car c'eſt l'effet naturel de l'hypothéque, que le débiteur ne payant point d'ailleurs, le créancier tire ſon payement du prix qui pourra ſe tirer du gage. Ainſi le créancier qui a ſtipulé qu'il pourroit faire vendre le gage, n'a pas de préférence à celui qui n'a pas fait une pareille ſtipulation *l*.

l Si convenerit de diſtrahendo pignore, ſive ab initio, ſive poſteà, non tantùm venditio valet, verùm incipit emptor dominium rei habere. Sed & ſi non convenerit de diſtrahendo pignore, hoc tamen jure utimur, ut liceat diſtrahere. *l.* 4. *ſ. de pigu. act.* Si priori hypotheca obligata ſit, nihil verò de hypothecâ convenerit ; poſterior verò de hypothecâ vendendâ convenerit, verius eſt priorem potiorem eſſe. *l.* 12. *ſ. qui potior.*

On ne met pas dans cet article que le créancier pourra vendre le gage, mais ſeulement que le gage pourra être vendu. Car par notre uſage le créancier ne peut pas de ſon autorité vendre la choſe ſaiſie à ſon hypothéque, comme il le pouvoit dans le Droit Romain. Mais il faut qu'elle ſoit vendue ou du conſentement du débiteur, ou par l'autorité de la Juſtice. Ainſi, pour les immeubles, le fonds hypothéqué peut être vendu par le débiteur de gré à gré, ou au créancier même, pour un juſte prix, ou à un tiers, à la charge d'acquitter la dette. Mais ſi le débiteur refuſe de vendre, & ne le puiſſe, ſoit parce que ſa garantie n'eſt pas aſſez ſûre, ou pour d'autres cauſes, le créancier peut alors ſaiſir le fonds, & le faire vendre aux encheres, après les publications qu'on appelle criées, & les autres formalitez. Et cette maniere de ſaiſir & vendre dans toutes ces formes a été établie en faveur des créanciers pour parvenir à leur payement, en faveur des débiteurs pour trouver des enchériſſeurs, ou leur donner du tems pour payer, & en faveur de ceux qui achetent pour aſſurer leur acquiſition, en dégageant l'héritage de toutes ces hypothéques par l'effet d'une adjudication précédée de toutes ces formalitez. Car les créanciers ſont obligez de faire connoître leur droit, en s'oppoſant aux ſaiſies des biens de leurs débiteurs, pour leurs hypothéques & autres droits, à la réſerve de quelques-uns qui ſe conſervent ſans oppoſition : comme les cens, les ſervitudes, les droits de fief. Et ſi le créancier ne s'oppoſe point pour ſon hypothéque, il aura perdu ſon droit ſur le fonds vendu. Si eo tempore quo prædium diſtrahebatur, programmate admoniti creditores, cum præſentes eſſent, jus ſuum executi non ſunt, poſſunt videri obligationem pignoris

---

amiſiſſe. l. 6. C. de remiſſ. pign. V. Tit. C. de jur. dom. impetr. Quoique cette Loi ſe rapporte à un uſage différent du nôtre, on peut l'y appliquer.

A l'égard des meubles, ſi le créancier eſt ſaiſi d'un gage, il peut de gré à gré avec ſon débiteur, ou l'acheter lui-même pour un juſte prix, ou le laiſſer vendre à un tiers & recevoir le prix : ou ſi le débiteur ne conſent pas à la vente, le créancier peut obtenir la permiſſion du Juge pour le faire vendre. Et pour les meubles qui demeurent en la puiſſance du débiteur, le créancier qui a une hypothéque, ou une permiſſion de ſaiſir, peut faire ſaiſir & vendre, en obſervant les formalitez preſcrites pour ces ſortes de vente.

X.

10. Con-vention ſur la vente du gage.

S'il avoit été convenu entre le débiteur & le créancier, que le gage ne pût être vendu qu'après un certain temps, ou ſimplement qu'il ne pourroit être vendu ; la vente au premier cas ne pourroit s'en faire qu'après le délai : & dans le ſecond cas, le créancier pourroit ſommer le débiteur de payer, & faute de payement faire ordonner la vente après un délai qui ſeroit réglé par le Juge. Car l'effet de cette convention n'eſt pas de rendre le gage toujours inutile *m*.

m Ubi verò convenit ne diſtrahetur, creditor, ſi diſtraxerit, furti obligatur : niſi ei ter fuerit denuntiatum ut ſolvat & ceſſaverit. *l.* 4. *ſ. de pign. act.*

Ces trois ſommations ne ſont pas de notre uſage. Car comme il a été remarqué ſur l'article 9. la vente du gage ne peut ſe faire que par Juſtice, ſi le débiteur n'y conſent. Ainſi on a conçû cet article 10. ſuivant notre uſage.

XI.

11. Stipu-lation que le gage ſera au créancier, faute de payement.

Quoique le gage ſoit donné pour être vendu faute de payement, le créancier ne peut ſtipuler, que s'il n'eſt pas payé au certain tems, la choſe engagée lui demeure acquiſe pour ſon payement. Car cette convention bleſſeroit les bonnes mœurs & l'humanité, le gage pouvant être de plus grand prix, ou plus eſtimé par le débiteur que la dette ne pourroit valoir : & n'étant donné au créancier que pour ſa ſûreté, & non pour profiter de l'impuiſſance de ſon débiteur *n*. Mais le débiteur & le créancier peuvent convenir que ſi le débiteur ne paye dans un certain tems, la choſe engagée demeurera vendue au créancier pour le prix qu'ils pourront regler entr'eux, lorſque cette vente devra s'exécuter. Et c'eſt une vente conditionnelle qui n'a rien d'illicite *o*, pourvû que l'eſtimation ſe faſſe à un prix raiſonnable, ſoit en Juſtice, ou de gré à gré ; & avec la liberté au débiteur ou de laiſſer le gage à ce prix, payant le ſurplus s'il ne ſuffit pas, ou de le faire vendre aux encheres, ou de le retirer en payant la dette. Et ſi le débiteur prend ce dernier parti, le Juge pourra regler dans quel tems il devra payer.

n Quoniam inter alias captiones præcipuæ commiſſoriæ pignorum legis creſcit aſperitas, placet infirmariam, & in poſterum omnem ejus memoriam aboleri. Si quis igitur tali contractu laborat, hac ſanctione reſpiret, quæ cum præteritis præſentia quoque repellit, & futura prohibet. Creditores enim re amiſſâ jubemus recuperare quod dederunt. *l. ult. C. de pact. pign.* V. l'art. 8. de la Sect. 3. p. 38. & les articles 11. & 12. de la Sect. 12. du Contrat de vente.

o Poteſt ita fieri pignoris datio, hypothecave, ut, ſi intra certum tempus non ſit ſoluta pecunia, jure emptoris poſſideat rem, juſto pretio tunc æſtimandum. Hoc enim caſu videtur quodam modo conditionalis eſſe venditio. Et ita divi Severus & Antoninus reſcripſerunt. *l. 16. §. ult. ſ. de pign. & hyp.* V. l'art. 4. de la Sect. 5. du Contrat de vente, p. 39. & l'art. 17. de la Sect. 2. des Conventions, p. 23.

Æſtimationem autem pignoris, donec apud creditorem ejuſdemque dominium permaneat, ſive amplioris, ſive minoris, quantùm ad debitum, quantitatis eſt, judicialis eſſe volumus definitionis ; ut quod judex ſuper hoc ſtatuerit, hoc in æſtimatione pignoris obtineat. *l. ult. C. de jure dom. impetr.*

XII.

12. Si plu-ſieurs cho-ſes ſont hy-pothéquées.

Si pluſieurs choſes ſont hypothéquées pour une ſeule dette, ſoit par une affectation ſpéciale, ou en général, il eſt au choix du créancier d'exercer ſon hypothéque ſur celle qu'il veut *p*. Ainſi le créancier à qui tous les meubles ſont engagez, peut ſaiſir & faire vendre ceux de ces meubles qu'il lui ſemblera : & il peut de même choiſir entre les immeubles Mais encore que tous

p Creditoris arbitrio permittitur, ex pignoribus ſibi obligatis, quibus velit diſtractis, ad ſuum commodum pervenire. *l. 8. ſ. de diſtr. pign.*

les biens meubles & immeubles lui foient obligez, fi le débiteur eft un mineur, il ne peut faire vendre les immeubles ni les faifir, fans avoir auparavant difcuté les meubles *q*.

q In venditione pignorum captorum facienda, primò quidem res mobiles animales pignori capi jubent, mox diftrahi quarum pretium fi fufficerit bene eft, fi non fuffecerit, etiam foli pignora capi jubent, & diftrahi. *l.* 15. §. 2. *ff. de re jud.*

Cette Loi de la difcuffion des meubles eft aboli par l'article 74. de l'Ordonnance de 1539. & nous ne l'obfervons qu'à l'égard des mineurs, à la réferve de quelques Coutumes qui ordonnent une perquifition de meubles avant la faifie réelle.

XIII.

13. *Si le débiteur peut dégager un gage en donnant un autre, ou autre caution.*

Le débiteur qui a hypothéqué une chofe, ou qui l'a donnée en gage, ne peut la dégager fans le confentement de fon créancier, non pas même en donnant une caution ; car cette fureté n'eft pas égale à celle du gage. Mais s'il offre un autre gage qui vaille autant ou plus que celui qu'il a donné, & que par exemple, au lieu d'un lit, d'une tapifferie, ou autre meuble engagé, le débiteur qui en a befoin, offre de la vaiffelle d'argent de valeur fuffifante, & qui foit à lui, il feroit de l'équité de ne pas favorifer l'injufte bizarrerie de ce créancier, s'il refufoit *r*.

r Quod fi non folvere, fed aliâ ratione fatisfacere paratus eft, forte fi expromifforem dare vult, nihil prodeft. *l.* 10. *ff. de pign. act.* Neque malitiis indulgendum. *l.* 38. *ff. de rei vind.*

XIV.

14. *S'il y a plufieurs gages pour une même dette.*

Si le débiteur a engagé plufieurs chofes pour fureté d'une feule dette, il ne peut en dégager aucune, fans le confentement de fon créancier, s'il ne paye le tout *f*.

f Qui pignori plures res accepit, non cogitur unam liberare, nifi accepto univerfo, quantum debetur. *l.* 19. *ff. de pign. & hyp.*

L'équité de cet article eft plus fenfible dans notre ufage, pour les immeubles, que pour les meubles. Car pour les immeubles, chaque créancier qui ignore les hypothéques dans notre ufage, peut conferver la fienne fur tous les fonds de fon débiteur, & il n'y en a point d'inconvénient. Mais pour les meubles qui n'ont pas de fuite par hypothéque, le créancier en prenant trop, il pourroit y avoir une dureté qui mériteroit d'être reprimée.

XV.

15. *Imputation des deniers provenus du gage fur les intérêts, & puis fur le principal.*

Comme l'hypothéque eft donnée pour fureté non-feulement du principal de la dette, mais des intérêts, s'il en étoit dû, & que les intérêts font un dédommagement de la perte que caufe le retardement d'acquitter le principal ; les deniers qui peuvent fe tirer du gage, ne fuffifant pas pour payer le tout, ils feront premièrement imputez fur les intérêts. Car il faut commencer par défintéreffer le créancier du dommage que lui a caufé ce retardement *t*.

t V. l'art. 4. de cette Section.

Cùm & fortis nomine & ufurarum aliquid debetur ab eo, qui fub pignoribus pecuniam debet, quidquid ex venditione pignorum recipiatur, primum ufuris, quas jam tunc deberi conftat, deinde, fi quid fupereft, forti accepto ferendum eft. Nec audiendus eft debitor, fi cùm parum idoneum fe effe fciat, eligit quo nomine exonerari pignus fuum malit. *l.* 15. *ff. de pignor. act.* Voyez les art. 5. & 7. de la Sect. 4. des Payemens.

XVI.

16. *Effet de l'hypothéque à un terme du payement.*

Quoique le terme du payement ne foit pas échû, le créancier peut exercer fon hypothéque pour fa fureté, felon les circonftances. Ainfi il peut s'oppofer à la vente de fon gage, foit meuble ou immeuble, pour conferver fon droit *u*.

u Quæfitum eft fi nôndum dies penfionis venit, an & medio tempore perfequi pignora permittendum fit ? Et puto dandam pignoris perfecutionem, quia intereft mea. *l.* 14. *ff. de pign. & hyp.* V. l'art. fuivant.

XVII.

17. *Hypothéque pour une dette conditionnelle.*

Si une hypothéque a été donnée pour fureté d'une dette qui dépende de l'événement incertain d'une condition, celui qui pourra devenir créancier, lorfque la condition fera arrivée, n'ayant pas encore fon droit acquis, ne peut cependant exercer fon action pour l'hypothéque foit pour faire vendre le gage qui lui eft af-

fecté, ou pour demander d'en être mis en poffeffion. Mais quand la condition fera arrivée, elle aura cet effet, qu'on appelle rétroactif, qui donnera à l'obligation & à l'hypothéque leur force du jour de leur titre, de même que s'il n'y avoit point eu de condition. Ainfi ce créancier fera préféré aux créanciers intermédiaires, c'eft-à-dire, qui feront furvenus entre le titre de la créance, & l'événement de la condition. Et il pourra cependant, avant que la condition foit arrivée, veiller à la confervation de fon droit, foit en prévenant des aliénations frauduleufes, ou s'oppofant aux faifies des biens fujets à fon hypothéque, ou interrompant une prefcription contre un tiers détenteur *x*.

x Si fub conditione debiti nomine obligata fit hypotheca, dicendum eft, ante conditionem non rectè agi, cùm nihil interim debeatur. Sed fi fub conditione debiti conditio venerit, rurfus agere poterit. *l.* 13. §. 5. *ff. de pign. & hyp.*

Sed & fi hæres ob in legata quæ fub conditione dataerent, de pignore rei fuæ conveniffer, & poftea eadem ipfa pecunia ob pecuniam creditam pignori dedit, ac poft conditio legatorum extitit, hic quoque uendum eum cui priùs pignus datum effet, exiftimavit. *l.* 9. §. 2. *ff. qui pot.* Cùm enim femel conditio extitit, perinde habetur, ac fi illo tempore quo ftipulatio interpofita eft, fine conditione facta effet : quod & melius eft. *l.* 11. §. 1. *cod.* V. l'art. précédent.

Il faut entendre cette Loi 13. §. 5. ff. de pign. au fens expliqué dans l'article. Car il ne feroit pas jufte d'ôter à ce créancier futur la fûreté de fon hypothéque. Mais pour ces fortes d'obligations conditionnelles, on peut s'oppofer à une faifie, & faire affigner un tiers détenteur pour empêcher la prefcription. Et l'effet de cette diligence eft qu'à l'égard du tiers détenteur le fonds demeurera obligé fi la condition arrive : & à l'égard des faifies, on ordonne dans les ordres, que les créanciers qui fe trouveront fubfequens à l'hypothéque d'une dette conditionnelle, fe foumettront & donneront caution à celui à qui il eft dû fous condition de la rapporter ce qu'ils auront reçû, jufqu'à la concurrence de ce qui fe trouvera dû en cas que la condition arrive. Ainfi, par exemple, fi dans un contrat de mariage un parent ou autre donne une fomme à l'aîné male qui pourra naître de ce mariage, & que les biens de ce donateur foient faifis avant la naiffance d'un male, le mari & la femme pourront s'oppofer, & faire ordonner que les créanciers fubfequens qui fe trouveront utilement colloquez, fe foumettront & donneront caution de rendre en cas qu'il naiffe un enfant male de ce mariage.

XVIII.

18. *Effet de l'hypothéque d'un fecond créancier fur la chofe engagée à un autre.*

Si un débiteur qui a déja hypothéqué un fonds à un créancier l'engage à un fecond, quoique ce débiteur, pour ne pas commettre un ftellionat, déclare à ce fecond créancier, que le fonds étoit déja engagé à un autre, l'hypothéque du fecond créancier n'aura pas feulement fon effet fur ce que le fonds peut valoir de plus qu'il n'eft dû au premier ; mais elle affecte l'héritage entier, pour avoir fon effet fur tout l'héritage, après que le premier créancier aura été payé. Et il en feroit de même, quand le débiteur n'auroit affecté au fecond créancier, que ce qui refteroit après que le premier auroit été payé. Car après ce payement, ce reftant comprendroit le total du fonds *y*.

y Qui res fuas jam obligaverint, & alii fecundo obligant creditori, ut effugiant periculum quod folent pati, qui fæpius eafdem res obligant, prædicere folent, alii nulli rem obligatam effe quàm forte Lucio Titio; ut in id quod excedit priorem obligationem, res fit obligata : ut fi pignori hypothecæve id quod pluris eft, ut folidum, cum primo debito liberata res fuent. De quo videndum eft utrum hoc ita fe habeat, fi & conveniat. An effi fimpliciter convenerit de eo quod excedit, ut fit hypothecæ, & folida res ineffe conventioni videtur cùm à priore creditore fuerit liberata, an adhuc pars. Sed illud magis eft : quod prius diximus. *l.* 15. §. 2. *ff. de pign. & hyp.* Cùm pignori rem pignoratam accipi poffe placuerit, quatenus utraque pecunia debetur, pignus fecundo creditori tenetur. *l.* 13. §. 2. *cod.*

XIX.

19. *Des dépenfes que le créancier a faites pour le gage.*

Tous les effets de l'hypothéque, dont il a été parlé jufqu'à cette heure, font comme autant d'engagemens où le débiteur eft affujetti. Et c'eft encore un autre, que fi le créancier a fait quelque dépenfe néceffaire pour la confervation du gage, foit qu'il en fût en poffeffion ou non, le débiteur eft tenu de l'en rembourfer, quand même la chofe ne feroit plus en nature ; comme fi une maifon réparée par le créancier, avoit été entraînée par un débordement, ou brûlée fans fa faute. Et fi le gage eft encore en nature, & en la puiffance du créancier, il peut le retenir pour des dépenfes de

Cc iij

cette nature ; car elles augmentent la dette „ & en font partie z.

z Si neceſſarias impenſas fecerim in ſervum , aut in fundum , quem pignoris cauſa acceperim , non tantùm retentionem , ſed etiam contrariam pignerariiam actionem habeo. Finge enim medicis , cùm ægrotaret ſervus , dediſſe me pecuniam , & eum deceſſiſſe : item inſulam fulciſſe , vel refeciſſe , & poſtea deuſtam eſſe , nec habere quod poſſem retinere l. 8. ff. de pign. act. In ſumma debiti computabitur etiam id quod propter poſſeſſiones pignori datas , ad collationem viarum muniendarum , vel quodlibet aliud neceſſarium obſequium , præſtitiſſe creditore conſtiterit. l. 6. C. de pignor.
Le créancier n'a pas ſeulement une hypotheque pour ces ſortes de dépenſes , mais il a auſſi un privilége. V. l'art. 6. de la Sect. 5.

XX.

20. Amélioration du gage faite par le créancier.

Si le créancier a fait quelque dépenſe qui ne fût pas néceſſaire pour la conſervation du gage, mais qui en ait augmenté le prix ; comme s'il a amélioré un fonds qu'il tenoit par antichreſe, de telle ſorte que le débiteur n'étant pas en état d'acquitter les améliorations, ſoit réduit ou à laiſſer vendre l'héritage , ou à l'abandonner ; ces ſortes de dépenſes ſeront modérées ſelon les circonſtances. Ainſi , par exemple , ſi le débiteur avoit lui-même commencé ces améliorations, il pourra moins s'en plaindre : ou ſi le créancier en a tiré des jouiſſances au-delà de l'intérêt des deniers qu'il y avoit mis, il prétendra moins de rembourſement. Et ſelon les autres circonſtances des perſonnes , de la nature du fonds, de la qualité des améliorations, de la valeur des fruits dont le créancier aura joui , de la durée de ſa jouiſſance , & les autres ſemblables, il faudra prendre un tempérament qui ne favoriſe ni la dureté du créancier , ni les difficultez déraiſonnables du débiteur a.

a Si ſervos pigneratos artificiis inſtruxit creditor, ſi quidem jam imbuios , vel voluntate debitoris, erit actio contraria : ſi verò nihil horum interceſſit , ſi quidem artificiis neceſſariis, erit actio contraria. Non tamen ſic ut cogatur ſervis carere pro quantitate ſumptuum debitor. Sicut enim negligere creditorem dolus & culpa , quam præſtat , non patitur : ita nec talem efficere rem pignoratam , ut gravis ſit debitori ad recuperandum. Putà ſaltum grandem pignori datum ab homine , qui vix luere poteſt , nedum excolere , ut acceptum pignori excoluiſti ſic ut magni pretii faceres. Alioquin non eſt æquum , aut quem cum aliis creditoribus , aut cogi diſtrahere quod velim receptum , aut ſibi penuria coactum derelinquere. Mediè igitur hæc à judice erunt deſpicienda, ut neque delicatus debitor, neque onerosus creditor audiatur. l. 25. ff. de pignor. act. V. l. 38. ff. de rei vind. Voyez les articles 17. & 18. de la Section 10. du Contrat de vente, p. 49.

XXI.

21. La perte de l'hypotheque ne diminue pas la dette.

Si par le délaiſſement du fonds hypothéqué, le créancier ſe trouve payé, & que dans la ſuite un autre créancier vienne à l'évincer : ou ſi ayant reçu des deniers dans un ordre il eſt obligé de les rapporter , comme dans le cas remarqué ſur l'article 17. ſa dette revit. Car elle n'étoit éteinte qu'à condition que le payement , ſoit en fonds ou en deniers , auroit ſon effet b.

b Eleganter apud me quæſitum eſt, ſi impetraſſet creditor à Cæſare , ut pignus poſſideret , idque evictum eſſet , an habeat contrariam pigneratitiam ? idque videtur finita eſſe pignoris obligatio , & à contractu receſſum. Imò utilis ex empto accommodata eſt , quemadmodum ſi pro ſoluto ei data fuerit , ut in quantitatem debiti ſufficiat , vel in quantum ejus interſit. l. 24. ff. de pign. act.
Suas conditiones habeat hypothecaria actio , id eſt , ſi ſoluta eſt pecunia , aut ſatisfactum eſt. l. 13. §. 4. ff. de pign.

XXII.

22. Engagement d'une choſe pour une autre.

Le débiteur qui donne en gage à ſon créancier une choſe pour une autre; comme du cuivre doré pour vermeil doré, commet un ſtellionnat dont il peut être puni ſelon les circonſtances c.

c Si quis in pignore pro auro æs ſubjeciſſet creditori, qualiter teneatur , quæſitum eſt... ſed hic puto pigneratitium judicium locum habere. Et ita Pomponius ſcribit. Sed & extra ordinem ſtellionatûs nomine plectetur, ut eſt ſæpiſſimum reſcriptum. l. 36. ff. de pign. act. V. les art. 20. & 21. de la Section 1.

XXIII.

23. Comment le

Si un créancier veut ſe mettre en poſſeſſion du gage en vertu d'une convention qui le lui permette , & que

le débiteur n'y conſente pas , il ne peut le déposseder de voie de fait ; mais il doit ſe pourvoir en juſtice , pour être mis en poſſeſſion de l'autorité du Juge qui l'y mettra , s'il y en a lieu d.

créancier peut être mis en poſſeſſion.

d Creditores qui non reddità ſibi pecunià conventionis legem ingreſſi poſſeſſionem exercent , vim quidem facere non videntur , attamen auctoritate præſidis , poſſeſſionem adipiſci debent. l. 3. C, de pign.

XXIV.

Le débiteur de qui le gage eſt en la poſſeſſion du créancier , ſoit par leur convention , ou par l'autorité de la Juſtice, ne peut l'y troubler. Et il commettroit même une eſpéce de larcin , ſi ſans le conſentement du créancier , il reprenoit un meuble qui lui fût engagé e.

24. Le débiteur ne peut reprendre ſon gage ſans le conſentement du créancier.

e Sed etſi res pignori data ſit , creditori quoque damus furti actionem, quamvis in bonis ejus res non ſit. Quin imò non ſolùm adverſus extraneum dabimus, verùm & contra ipſum quoque do; minum furti actionem. l. 12. §. 2. ff. de furtis.

XXV.

Le créancier ne peut prétendre ſur le gage que le même droit que le débiteur pouvoit y avoir. Car c'eſt ſeulement ce droit qu'il a engagé f.

25. L'hypotheque eſt bornée au droit qu'avoit le débiteur.

f Non plus habere creditor poteſt , quàm habet , qui pignus dedit. l. 3. §. 3. ff. de pign. Quid in eâ re , quæ pignori data eſt , debitor habuerit , conſiderandum eſt. d. §. in ſ.

XXVI.

Tout ce qui a été dit dans cette Section des effets de l'hypotheque , ne doit s'entendre que des cas où les obligations dont l'hypotheque étoit une ſuite , peuvent ſubſiſter & avoir leur effet. Car comme l'hypotheque n'eſt qu'un acceſſoire de l'obligation , elle n'a ſon effet que lorſque l'obligation doit avoir le ſien. Ainſi l'obligation d'un Mineur qui auroit hypothéqué ſes biens, étant confirmée , l'hypotheque ſur ſes biens eſt confirmée auſſi. Ainſi dans les cas de ces ſortes d'obligations qu'on appelle obligations naturelles, dont il a été parlé dans l'article 9. de la Section 5. des Conventions , l'effet de l'hypotheque dépend de celui qui aura l'obligation g.

26. L'effet de l'hypothéque dépend de celui de l'obligation.

g Ex quibus cauſis naturalis obligatio conſiſtit , pignus perſeverare conſtitit. l. 14. §. 1. ff. de pign. & hyp. Res hypotheca dari poſſe ſciendum eſt , pro quacumque obligatione... vel tantum naturali. l. 5. eod.

SECTION IV.

Des engagemens du créancier envers le débiteur , à cauſe du gage ou hypotheque.

SOMMAIRES.

1. Soin du créancier pour le gage qui eſt en ſa puiſſance.
2. Si le gage périt par un cas fortuit.
3. Du créancier qui ſe ſert du gage.
4. Si le créancier reçoit de la vente du gage plus qu'il ne lui eſt dû.
5. Engagement du créancier dans l'Antichreſe.
6. Si le gage reçoit quelque augmentation.
7. Le gage eſt impreſcriptible.

I.

LE créancier qui n'eſt pas en poſſeſſion de ſon gage , ne contracte aucun engagement envers ſon débiteur ; mais s'il le poſſéde , ſon premier engagement eſt d'en prendre ſoin. Et non-ſeulement il répondra des pertes & dommages qu'il pourroit avoir cauſez par ſon fait ; mais il ſera tenu de ce qui pourra arriver par quelque négligence , ou par quelque faute où ne tomberoit pas un pere de famille ſoigneux & vigilant a.

1. Soin du créancier pour le gage qui eſt en ſa puiſſance.

a Contractus quidem dolum malum dumtaxat recipiunt quidam & dolum & culpam... Dolum & culpam mandatum, commodatum, venditum pignori acceptum. l. 23. ff. de reg. jur. Venit autem in hac actione & dolus & culpa, ut in commodato, venit &

custodia. *l. 13. §. 1. ff. de pign. act.* Ea igitur quæ diligens paterfamilias in suis rebus præstare solet, à creditore exiguntur. *l. 14. cod. §. ult. inst. quib. mod. re cont. obl.* In pigneratitio judicio venit, & si res pignori datas male tractavit creditor, vel servos debilitavit. *l. 24. §. ult. ff. de pign. act.* Si agrum deteriorem constituit (creditor) eo quoque nomine pigneratitia actione obligatur. *l. 3. in fine C. de pign. act. l. 7. eod.* Exactam diligentiam adhibeat. *§. ult. inst. quib. mod. re cont. obl.*

II.

2. Si le gage périt par un cas fortuit.

Si le gage périt en la puissance du créancier par un cas fortuit, il n'en répond point, il ne laisse pas de conserver son droit sur les autres biens de son débiteur b. Mais si le cas fortuit étoit une suite de quelque négligence ou de quelque faute, comme seroit un larcin d'un meuble, ou un incendie d'une maison, arrivé par un défaut de soin de celui qui la tiendroit à titre d'antichrese ou autre engagement, il en seroit tenu.

b Quia pignus utriusque gratia datur, & debitoris quo magis pecunia ei credatur, & creditoris quo magis ei in tuto sit creditum: placuit sufficere si ad eam rem custodiendam exactam diligentiam adhibeat: quam si præstiterit, & aliquo fortuito casu rem amiserit, securum esse, nec impediri creditum petere. *§. ult. inst. quib. mod. re cont. obl.* Vis major non venit. *l. 13. in f. ff. de pign. act.* Culpam duntaxat ei præstandam, non vim majorem. *l. 30. in f. ff. eod. l. 5. l. 6. C. eod.* Sicut vim majorem pignorum creditor præstare non habet necesse ita dolum & culpam, sed & custodiam exhibere cogitur. *l. 19. C. de pign.* V. les articles 4. & 5. de la Sect. 2. du Louage, p. 56.

III.

3. Du créancier qui s'en sert en son gage.

Le créancier qui use de la chose engagée contre le gré du maître, commet une espece de larcin. Car ce n'est point pour en user, mais pour la sureté de sa créance qu'il la tient en gage, & l'usage peut l'endommager c.

c Si pignore creditor utetur, furti tenetur. *l. 54. ff. de furt.*

IV.

4. Si le créancier reçoit plus que le prix de la vente du gage qu'il ne lui est dû.

Si le créancier reçoit de la vente du gage plus qu'il ne lui est dû, il rendra le surplus avec les intérêts du temps du retardement, quoiqu'il ne lui en ait été fait aucune demande; s'il n'a fait ses diligences pour le restituer d.

d Si creditor pluris fundum pignoratum vendiderit, si id fecerit, usuram ejus pecuniæ præstare debet ei, qui dederit pignus. Sed etsi ipse usus sit ea pecunia, usuram præstari oporter. Quod si eam depositum habuerit, usuras non debet. *l. 6. §. 1. ff. de pign. act.* V. l'art. 8. de la Sect. 1. des intérêts.

V.

5. Engagement au créancier avec l'antichrese.

Si l'engagement donne au créancier le droit de jouir, comme dans une antichrese, il doit restituer les revenus qui excedent la rente ou l'intérêt légitime qui peut lui être dû. Ainsi celui qui jouit d'un loyer de maison, ou d'une rente fonciere plus forte que la rente ou l'intérêt, doit rendre le surplus, de même qu'on devroit rendre les deniers du prix de la vente d'un gage qui excéderoient ce qui seroit dû. Mais si les fruits, ou autres revenus du fonds donné par antichrese sont incertains; & que la jouissance en soit donnée au créancier pour son intérêt, soit qu'ils l'excedent ou qu'ils soient moindres, & par une espece de forfait qui n'ait rien d'illicite, comme dans le cas de l'article 28. de la Sect. 1. il ne rendra rien de sa jouissance. Car comme il ne pourroit demander de surplus si les fruits étoient moindres que son intérêt, il n'est point aussi obligé à restituer ce qu'il peut y avoir de plus. Mais si l'antichrese étoit illicite, ou que la lésion dans les fruits parût usuraire, ou si le créancier n'avoit aucun juste titre de sa jouissance, il l'imputeroit sur ce qui pourroit lui être dû légitimement e.

e Ex pignore percepti fructus imputantur in debitum: qui si sufficiunt ad totum debitum; solvitur actio, & redditur pignus: si debitum excedant, qui supererunt, redduntur. *l. 1. C. de pign. act. l. 2. & 3. eod. l. 1. C. de astr. pign.* Si accipit jam pecuniam superfluum reddit. *l. 24. §. 2. in f. ff. de pign. act. l. ult. c. de astr. pign.*
Si en gage possessionem mater tua apud creditorem suum obligaverit, ut fructus invicem usurarum consequeretur, obtenti majo-

ris percepti emolumenti propter incertum fructuum proventum, rescindi placita non possunt. *l. 17. C. usur.* Voyez l'article 28. de la Sect. 1.

VI.

6. Si le gage reçoit quelque augmentation.

Tout ce qui peut arriver d'augmentation à la chose hypothéquée, soit par un cas fortuit, ou autrement, sans que le créancier y ait rien mis du sien, est au débiteur, & le créancier doit le lui remettre, quoique le gage fût en sa possession quand ce changement y est arrivé. Car ces augmentations sont des accessoires du droit de propriété qui est au débiteur f.

f Quidquid pignori commodi, sive incommodi fortuitò accessit id ad debitorem pertinet. *l. 21. §. 2. ff. de pign. & hyp.*

VII.

7. Le gage est imprescriptible.

C'est encore un engagement du créancier qui possede un gage, & de ses héritiers, qu'ils demeurent perpetuellement obligez à le restituer après le payement, sans que le temps de la prescription puisse leur en acquérir la propriété g.

g Nec creditores, nec qui his successerunt, adversus debitores pignori quondam res nexas petentes, reddita jure debiti quantitate, vel his non accipientibus oblata & consignata & deposita, longi temporis præscriptione muniri possunt. *l. 10. C. de pign. act. l. ult. eod.* V. l'article 11. de la Section. 5. de la Possession.

SECTION V.

Des Priviléges des Créanciers.

Trois sortes de créanciers.

IL faut distinguer trois sortes de créanciers. Ceux qui n'ont ni hypotheque ni privilége, comme est celui qui n'a qu'une simple promesse à cause de prêt: ceux qui ont hypotheque sans privilége, comme est celui qui a une obligation à cause de prêt pardevant Notaires: & ceux dont la créance a quelque privilége qui distingue leur condition de celle des autres créanciers, & qui leur donne une préférence à ceux dont la créance seroit précédente. Ainsi celui qui a prêté pour acheter un héritage, ou pour le réparer, est préféré sur cet héritage aux autres créanciers hypothequaires & plus anciens du même débiteur.

Deux sortes de priviléges.

Les priviléges des créanciers sont de deux especes. L'une, de ceux qui donnent la préférence sur tous les biens, sans affectation particuliere à aucune chose, comme sont, par exemple, le privilége des frais de justice, & celui des frais funéraires: & l'autre de ceux qui n'ont qu'une affectation particuliere sur de certaines choses, & non sur les autres biens, comme le privilége de ceux qui ont fourni les deniers pour acquérir un fonds ou pour y bâtir, celui du propriétaire d'une maison sur les meubles de son locataire pour ses loyers, & les autres semblables.

On ne mettra pas dans les regles de cette Section celles du Droit Romain, qui regardent les priviléges que Justinien accorda aux femmes pour la dot, dont il ordonna aux créanciers hypothequaires antérieurs a, & même à celui de qui les deniers avoient été employez pour l'acquisition ou réparation du fonds b: car ces priviléges ne sont pas de notre usage, à la réserve de quelques Provinces où la femme à la préférence aux créanciers hypothequaires antérieurs, & de quelques lieux où elle n'a cette préférence que sur les meubles.

On ne met pas au nombre des priviléges la préférence qu'a le créancier sur les meubles qui lui ont été donnez en gage, & qui sont en sa puissance. Car cette préférence n'est pas fondée sur la qualité de la créance, mais sur la sureté que le créancier a prise se saisissant du gage. Ce qui ne s'étend pas aux immeubles dont la possession ne donne pas de préférence au créancier, s'il ne l'a d'ailleurs. Et pour les meubles, comme ils ne sont pas sujets à l'hypotheque par notre usage, le créancier qui a un meuble en gage en sa possession y a sa sureté.

a *L. ult. C. qui pot.*
b *Nov. 97. c. 1.*

V. le préambule de la Sect. 1. & celui du Titre de la Cession des biens. V. l. 10. ff. de pign.

SOMMAIRES.

I.

1. Définition du privilège.

LE privilège d'un créancier, est le droit distingué que lui donne la qualité de sa créance, qui le fait préférer aux autres créanciers, & même aux hypothequaires quoiqu'antérieurs. *a.*

a Privilegia non tempore æstimantur, sed ex causâ. l. 32. §. de reb. auct. jud. poss. Interdum posterior potior est priori. Ut putà, si in rem istam conservandam impensum est, quod sequens credidit. Veluti si navis fuit obligata, & ad armandam eam rem, vel reficiendam ego credidero. l. 5. ff. qui potior.

II.

2. Priorité de tems indifférente entre privilégiez.

Entre créanciers privilégiez, il n'importe lequel soit le premier ou le dernier par l'ordre du tems ; car ils ne font distinguez que par la nature de leurs privilèges. Et si deux créanciers ont un pareil privilège, quoique de divers tems, ils seront payez dans le même ordre, & en concurrence *b.*

b Privilegia non tempore æstimantur, sed ex causâ. Et si ejusdem tituli fuerunt, concurrunt, licet diversitates temporis in his fuerint. l. 32. ff. de reb. auct. jud. poss.

III.

3. Effet du privilège.

De tous les privilèges des créanciers, les moindres donnent la préférence contre les créanciers chirographaires, hypothequaires, & autres qui n'ont aucun privilège. Et entre privilégiez, il y a des préférences des uns aux autres, selon les différentes qualitez de leurs privilèges *c.*

c Interdum posterior potior est priori. Ut putà si in rem istam conservandam impensum est, quod sequens credidit. l. 5. ff. qui pot.

IV.

4. Privilège du vendeur.

Celui qui a vendu un immeuble dont il n'a pas reçu le prix, est préféré aux créanciers de l'acheteur, & à tout autre sur le fonds vendu. Car la vente renfermoit la condition, que l'acheteur ne seroit le maître qu'en payant le prix. Ainsi le vendeur qui n'en est pas payé, peut ou retenir le fonds, si le prix devoit être payé avant la délivrance, ou le suivre en quelques mains qu'il ait pû passer, s'il l'a délivré avant le payement *d.*

d Quod vendidi, non aliter fit accipientis, quàm si aut pretium nobis solutum sit, aut satis eo nomine factum. l. 19. de contr. empt. l. 53. eod. §. 41. inst. de rerum divis. Venditor quasi pignus retinere potest, eam rem quam vendidit. l. 13. §. 8. ff. de act. empt. & vend. Hereditatis venditæ pretium pro parte accepit, reliquum emptore non solvente, quæ situm est, an corpora hæreditaria pignoris nomine teneantur ? Respondi, nihil proponi, cur non teneantur, l. 22. ff. de hæred. vel act. vend. l. 31. §. 8. ff. de ædil. ed.

Par l'article 3. de l'Edit du mois d'Août 1669. pour les hypotheques du Roi, ce vendeur est préféré au Roi.

La regle qui donne cette préférence au vendeur , ne doit s'entendre qu'au cas qu'il paroisse par le contrat de vente, qu'il n'ait pas été payé. Car s'il avoit donné quittance, & pris une promesse ou une obligation il auroit perdu sa préférence, le contrat s'étant acquité. Autrement ceux qui prêteroient ensuite à cet acheteur pourroient être trompez. Et d'ailleurs la novation éteint l'hypotheque. V. l'article 2. de la Section 7.

Il faut remarquer sur cet article , que par notre usage il n'a lieu que pour les immeubles , & on la restraint à ce sens. Car pour les meubles , comme ils n'ont point de suite par hypotheque , & que le vendeur en a perdu la propriété en les délivrant à l'acheteur , il peut bien les saisir entre les mains de l'acheteur ; & il aura même la préférence pour le payement du prix, mais si l'acheteur en a disposé, le vendeur ne peut les suivre entre les mains de personnes tierces pour le payement de son prix, sinon en un cas exprimé par quelques Coûtumes , savoir , lorsque la chose mobiliaire a été vendue sans jours & sans terme, le vendeur espérant d'être payé promptement. Car en ce cas l'infidélité de l'acheteur ne prive pas le vendeur de l'effet de cette convention , & il est considéré comme étant demeuré le maître jusqu'à son payement. Ainsi il agit non comme créancier du prix, mais comme maître qui vendique son meuble. V. l'article 3. de la Sect. 2. de la Cession des biens.

V.

5. Privilège de celui qui prête les deniers pour une acquisition.

Celui qui prête à l'acquéreur pour payer le prix de la vente, a le même privilège qu'auroit le vendeur, s'il n'étoit pas payé. Car ce sont ses deniers qui assurent dans les biens de cet acquéreur ce qui lui est vendu *e.* Mais pour faire passer le droit du vendeur à celui qui prête les deniers pour son payement, il faut observer les précautions qui seront expliquées dans la Section sixième.

e Qui in navem emendam credidit privilegium habet. l. 26. ff. de reb. auct. jud. poss. Licet iisdem pignoribus, multis creditoribus diversis temporibus datis, priores habeantur potiores: tamen eum, cujus pecunia prædium comparatum probatur, quod ei pignori esse specialiter obligatum statim convenit, omnibus anteferri juris authoritate declaratur. l. 7. C. qui por. in pign. Quamvis eo pecuniâ, quam in mutuo frater tuus accepit, comparaverit prædium, tamen nisi specialiter , vel generaliter hoc tibi obligaverit, cur pecuniæ numeratio in causam pignoris non deduxit. Sanè personali actione debitum apud prædium petere non prohiberis. l. 17. C. de pign.

Ce créancier est préféré au Roi par l'art. 3. de l'Edit du mois d'Août 1669. V. sur cette préférence du créancier au Roy, l. ult. ff. qui por. & l. 34. ff de reb. auct. jud. poss.

Cette préférence n'a lieu dans notre usage , à l'égard des meubles , que quand ils sont en la puissance du débiteur. Car quand ils sont alienez & hors de ses mains & de celles du créancier , le privilège non plus que l'hypotheque , n'y a plus de lieu. V. la remarque sur l'article 4.

VI.

6. Privilège de celui qui prête pour conserver la chose.

Le créancier de qui les deniers ont été employez pour conserver la chose ou pour la refaire, comme pour défendre un héritage contre le cours de l'eau, pour prévenir la ruine d'une maison, ou pour la rebâtir après sa ruine, a un privilège. Car il a fait subsister la chose pour l'intérêt commun & du propriétaire & des créanciers : & elle est comme sienne jusqu'à la concurrence de ce qu'il y a mis *f.*

f Creditor qui ob restitutionem ædificiorum crediderit, in pecuniam quam crediderit, privilegium exigendi habebit. l. 25. ff. de reb. cred. l.24. §. 1. ff. de reb. auct jud. poss. l. 1. ff. de cess. bon. Qui in navem extruendam, vel instruendam credidit, privilegium habet.

bet. *l.* 26. *ff. de reb. auct. jud. poss. l.* 5. *ff. qui pot.* Hujus enim pecunia salvam fecit totius pignoris causam. *l.* 6. *eod.* V. la Loi citée sur l'article 3.

VII.

7. Privilége pour des améliorations.

Ceux de qui les deniers ont été employez pour améliorer un fonds, comme pour y faire un plan, ou pour y bâtir, ou pour augmenter le logement d'une maison, ou pour d'autres causes semblables, ont un privilége sur ces améliorations, comme sur une acquisition faite de leurs deniers *g.*

g Quod quis navis fabricandæ, vel emendæ, vel armandæ, vel instruendæ causâ, *vel quoquo modo*, crediderit, vel ob navem venditam petat, habet privilegium. *l.* 34. *ff. de reb. auct. jud. poss. l.* 26. *eod.* V. ci-devant l'article 3.

Pignus insulæ creditori datum qui pecuniam ob restitutionem ædificii mutuam dedit. *l.* 1. *ff. in quib. cauș. pign. v. h. tac. contr.*

VIII.

8. Effet de ce privilége.

Cette préférence pour les améliorations est bornée à ce qui en reste en nature, & n'affecte pas le corps de l'héritage, comme celle des réparations qui l'ont conservé. Car s'il ne reste rien des améliorations, l'héritage n'en étant plus précieux, & devenu n'en profitant, il ne reste plus de cause de la préférence. Et lorsque les améliorations subsistent, le privilége de celui qui les a faites ne se prend que sur la valeur de ce qui en reste *h.*

h Quasi pignus retinere potest eam rem. *l.* 13. *§.* 8. *ff. de act. emp. & vend. Ces paroles qui sont pour le vendeur, peuvent s'appliquer à cet article. Car celui qui a fait les améliorations y tient lieu de vendeur.* Voyez ci-devant l'article 3.

IX.

9. Privilége des Architectes & des Ouvriers.

Les Architectes & autres Entrepreneurs, les Ouvriers, & les Artisans qui employent leur travail pour des bâtimens, ou d'autres ouvrages, & qui fournissent des matériaux, en général tous ceux qui mettent leur temps, leur travail, leur soin, ou quelque matiere, soit pour faire une chose, ou pour la refaire, ou la conserver, ont le même privilége pour leurs salaires & fournitures, que ceux qui ont fourni les deniers pour ces sortes d'ouvrages, & qu'a le vendeur pour le prix de la chose vendue *i.*

i De même à plus forte raison que ceux qui prêtent pour ces sortes de choses. V. les articles 4. 6. 10. & 11. de cette Section. V. sur ce privilége à l'égard des meubles, les remarques sur l'article 5. & sur les articles 11. & 12.

X.

10. Privilége de celui qui prête pour quelqu'un qui a ouvrage.

Si un tiers prête à un Architecte ou autre Entrepreneur des deniers qui soient employez pour un bâtiment, ou pour quelqu'autre ouvrage, & que ce prêt ait été fait par l'ordre du maître pour qui cet ouvrage aura été fait, ce tiers aura le même privilége que s'il avoit prêté au maître pour ce même usage *l.* Mais si le prêt avoit été fait à l'insçu du maître, ou sans son ordre, & qu'il eût payé cet Entrepreneur ; celui qui avoit fait ce prêt n'auroit plus d'action que contre celui à qui il avoit prêté. Que si le maître n'avoit pas payé l'Entrepreneur, le tiers pourroit exercer le privilége, soit qu'il eût prêté par ordre du maître, ou sans cet ordre, pourvû qu'il eût pris les précautions qui seront expliquées dans la Section 6.

l Divus Marcus ita edixit, creditor qui ob restitutionem ædificiorum crediderit, in pecunia quæ credita erit, privilegium exigendi habebit : quod ad eum quoque pertinet, qui redemptori domino mandante, pecuniam administravit. *l.* 24. *§.* 1. *ff. de reb. auct. jud. poss. l.* 1. *ff. in quib. cauș. pign. vel hyp. t. c.*

XI.

11. Privilége des Voituriers & autres.

Les Voituriers ont un privilége sur les marchandises qu'ils ont voiturées, pour le droit de voiture, & pour les droits de douane, d'entrées, ou autres qu'ils auront payez à cause de ces marchandises : & ce même privilege est acquis à tous ceux de qui les deniers sont employez à des dépenses d'une pareille nécessité, comme pour la garde & nourriture de quelques bestiaux, & autres semblables *m.*

m Hujus enim pecunia salvam facit totius pignoris causam,

Tome I.

quod poterit quis admittere, & si in cibaria nautarum fuerit creditum, sine quibus navis salva pervenire non poterat. Item si quis in merces sibi obligatas crediderit, vel ut salvæ fiant, vel ut naulum exolvatur, potentior erit, licet posterior sit. Nam & ipsum naulum potentius est. Tantumdem & dicetur, & si merces horreorum, vel areæ, vel vectura jumentorum debetur. Nam & hic potentior erit. *l.* 6. *d. l.* §. 1. *ff. qui pot.* V. sur cet article les remarques sur l'article 5. sur l'article 9. & sur l'article suivant.

XII.

12. Privilége du fruits pour le prix d'une ferme.

Le propriétaire d'un héritage baillé à ferme a la préférence sur les fruits qui en proviennent, pour le payement du prix de sa ferme : & cette préférence est acquise de droit, sans que le bail en fasse mention. Car ces fruits ne sont pas tant son gage, qu'ils sont sa chose propre jusqu'au payement *n.*

n In prædiis rusticis fructus, qui ibi nascuntur, tacitè intelliguntur pignori esse domino fundi locati : etiamsi nominatim id non convenerit. *l.* 7. *ff. in quib. cauș. pign. vel h. t. c. l.* 3. *C. eod. Cette préférence doit s'entendre selon notre usage à l'égard des fruits qui sont un pendant, ou encore en la puissance du débiteur. Car s'il les a vendus & livrez à un acheteur de bonne foi, ils ne peuvent être vendiquez entre ses mains. Ainsi celui qui dans un marché achete du bled d'un Fermier, ne pourra être recherché par le propriétaire du fonds d'où est venu ce bled, pour le payement du prix de sa ferme ; car il a dû veiller à son payement. Ce privilége des propriétaires, pour le prix de leur ferme, est acquis à ceux même qui n'ont aucun bail écrit. Car il suffit qu'il paroisse que les fruits qu'ils vendiquent soient venus de leurs fonds.* V. l'article 14.

XIII.

13. Privilége du ceux à qui un heritage est donné à rente emphytéotique.

Celui qui a donné un héritage à titre de cens, ou par un bail emphytéotique, a un privilége pour son cens, ou pour sa rente sur les fruits pendans de cet héritage, & aussi sur le fonds, en quelques mains qu'il puisse passer : & si le possesseur de cet héritage le vend, ou l'engage, ou le donne à ferme, ou en dispose autrement, ou qu'il soit saisi & vendu ; le premier maître sera payé de son cens ou de sa rente, tant sur le fonds, ou sur les deniers qui en proviendront, par préférence à tous créanciers de ce possesseur, que sur les fruits qui seront en nature en ses mains *o.*

o Etiam superficies in alieno solo posita pignori dari potest. Ita tamen, ut prior causa sit domini soli, si non solvatur ci solarium. *l.* 15. *ff. qui pot.* Lex vectigali fundo dicta erat, ut, si post certum tempus vectigal solutum non esset, is fundus ad dominum redeat : Postea si fundus à possessore pignori datus est. Quæsitum est, an rectè pignori datus est ? Respondit, si vectigali tam debitor, quàm creditor cessassent, & proprietas intercidit, pignus esse. Item quæsitis, si cùm in exsolutione vectigalis tam debitor, quàm creditor cessassent, & proprietas, nunciatum esse, pignus esse. Item quæsitis, si cùm in exolutione vectigalis tam debitor secundum legem domini sibi, cujus potior causa esset? Respondi, si ut proponeretur, vectigali non solvto, jure suo dominus usus esset, evanescere pignoris jus evanuit e. *l.* 31. *ff. de pign. & hypot.*

XIV.

14. Privilége sur les meubles du locataire pour les loyers & les faites du bail.

Les meubles que les locataires ont dans les maisons, qu'ils tiennent à loyer, sont affectez au propriétaire, & par préférence, pour lui répondre non-seulement des loyers, mais des autres suites du bail ; comme des détériorations, s'il y en avoit par la faute du locataire, & de tous les dépens, dommages & intérêts qu'il pourroit devoir à cause de son bail *p.*

p Eo jure utimur, ut quæ in prædia urbana inducta, illata sunt, pignori esse credantur, quasi id tacitè convenerit. *l.* 4. *ff. in quib. cauș. pign. v. h. t. c. l.* ult. *C. eod.* §. 1. *C. de eod.* Non solùm pro pensionibus, sed & si deteriorem habitationem fecerit culpâ suâ inquilinus, vel nomine ex locato eo erit actio, invecta & illata pignori erunt obligata. *l.* 2. *ff. in quib. cauș. pign.* Voyez l'article 18.

Quoique ce texte n'exprime pas le privilége, mais seulement l'hypothéque tacite, cette hypothéque est privilegiée, & c'est notre usage. Si les meubles du locataire ne se trouvoient pas dans les lieux louez, lorsque le propriétaire poursuit son payement, il ne pourroit les suivre entre les mains des tierces personnes ; si ce n'est qu'il y eût une fraude à son préjudice.

Ce privilége sur les meubles des locataires est acquis à ceux même qui n'ont aucun bail écrit. Car c'est assez que ces meubles se trouvent dans la maison tenue à loyer, pour être affectez au propriétaire. Voyez l'article 12. & la remarque sur l'article 23.

XV.

15. Des meubles des sous-locataires.

S'il y a des sous-locataires qui ne tiennent qu'un appartement, ou autre portion d'une maison, leurs meubles ne seront affectez que pour le loyer de ce qu'ils occupent : & s'ils payent au locataire qui leur a loué, le

D d

propriétaire qui n'avoit pas faisi entre leurs mains, ne peut rien prétendre ni sur leurs meubles, ni sur leurs loyers : car ils peuvent payer à celui qui leur a loué, quoiqu'ils puissent aussi payer valablement au propriétaire, si le locataire lui doit ses loyers *q*.

q Unde si domum conduxeris, & ejus partem mihi locaveris, egoque locatori tuo pensionem solvero, pignoratitia adversus te potero experiri. Nam Julianus scribit, solvi ei posse. Et si partem tibi, partem ei solvero, tantumdem erit dicendum. Planè in eam duntaxat summam invectà mea, & illata tenebuntur, in quam coenaculum conduxi. Non enim credibile est, hoc convenisse, ut ad universam pensionem insulæ, frivola mea tenerentur. *l.* 11. *§.* 5. *ff. de pign. act.* V. l'article 17.

XVI.

36. Exceptions aux deux articles précédens.

La préférence dont il est parlé dans les deux articles précédens ne s'entend que des meubles que le locataire tient dans la maison pour la meubler, ou y être à demeure : & non de ceux qu'il y auroit mis dans le dessein de les faire transporter ailleurs, comme par exemple, un ameublement qu'il auroit acheté pour le faire porter en un autre lieu *r*.

r Videndum est, ne non omnia illata, vel inducta, sed ea sola quæ, ut ibi sint, illata fuerint, pignori sint, quod magis est. *l.* 7. *§.* 1. *ff. in quib. cauf. pign.* Respondit, eos duntaxat, qui hoc animo à Domino inducti essent, ut ibi perpetuò essent : non temporis causa commodarentur, obligatos. *l.* 32. *in f. ff. de pign. & hypoth.*

XVII.

17. Autre exception.

Si un locataire reçoit & loge gratuitement une autre personne dans la maison qu'il tient à louage, les meubles de cette personne ne seront pas affectez pour les loyers du logement dont le locataire lui aura fait part *s*.

s Pomponius libro tertio decimo Variarum lectionum scribit, si gratuitam habitationem conductor mihi præstiterit, invectà à me domino insulæ pignori non esse. *l.* 5. *ff. in quib. cauf. pign.*

XVIII.

18. Privilège pour leur d'autres bâtimens que des maisons.

Ce privilège des propriétaires des maisons sur les meubles des locataires, s'étend aux propriétaires des boutiques, des greniers, & de tous autres lieux, sur les meubles que les locataires de ces lieux peuvent y avoir *t*.

t Si horreum fuit conductum, vel diversorium, vel arca, tacitam conventionem de invectis, illatis, etiam in his locum habere putat Neratius. Quod verius est. *l.* 3. *ff. in quib. cauf. pign.*

XIX.

19. Privilège du Roi.

Tous les biens de ceux qui se trouvent obligez envers le Roi, soit comme Officiers comptables, ou pour des fermes, ou pour d'autres recettes & maniemens de ses deniers, sont hypothéquez pour toutes les sommes de cette nature qu'ils pourront devoir, quoiqu'il n'y en ait ni obligation expresse, ni condamnation *u*.

u Certum est ejus, qui cum fisco contrahit, bona veluti pignoris titulo obligari, quamvis specialiter id non exprimatur. *l.* 2. *c. in quib. cauf. pign.* v. h. t. e. *l.* 3. *c. de privil. fisci.* Fiscus semper habet jus pignoris. *l.* 46. *§.* 3. *ff. de jure fisci.* V. l'article 4. de l'Edit du mois d'Août 1669.

La régle expliquée dans cet article ne regarde pas seulement les Officiers comptables & autres obligez envers le Roi ; mais elle s'applique aussi à ceux qui sont la levée des deniers publics dans les villes & à la campagne, comme Consuls, Collecteurs, & autres, soit qu'ils prêtent le serment en Justice, ou qu'ils exercent sur leur simple nomination. V. l'article suivant & l'article 23. & la remarque qu'on y a faite.

XX.

20. Date de l'hypothèque du Roi.

L'hypothèque qui est acquise au Roi sur tous les biens des Officiers comptables, Fermiers & autres qui sont les recettes de ses deniers, a son origine au moment du titre de leur engagement, comme du bail, si c'est une ferme des provisions, si c'est un Office, ou des traitez & commissions *x*.

x Si cùm pecuniam pro marito solveres, neque jus fisci in re transferri impetrasti, neque pignoris causa domum, vel aliud quid ab eo accepisti : habes personales actiones, nec potes præferri fisci rationibus, à quo dicis ei vectigal denuò locatum esse : cùm eo pacto, universa quæ habet habuitve eo tempore quo ad conductionem accessit, pignoris jure fisco teneantur. *l.* 3. *c. de priv. fisc.*

Cette hypothèque du Roi est ainsi reglée par l'article 4. de l'Edit du mois d'Août 1669.

XXI.

21. Entre hypothèques celle du Roi ne va que dans son ordre.

Les créanciers qui ont une hypothéque antérieure à celles du Roi, conservent leur droit sur les biens immeubles de leurs débiteurs : & l'hypothéque du Roi ne va que dans son ordre *y*.

y Quamvis ex causa dotis vir quondam tuus tibi sit condemnatus, tamen, si priusquam res ejus tibi obligarentur, cum fisco contraxit, jus fisci causam tuam prævenit. Quod si post bonorum ejus obligationem, rationibus meis cœpit esse obligatus, in ejus bona cessat privilegium fisci. *l.* 2. *c. de priv. fisc. l.* 8. *ff. qui pot. l. ult. eod.* V. l'art. suivant.

Il faut ajouter à cet article, qu'à l'égard des Offices le Roi a la préférence sur les deniers de l'office du chef duquel il lui est dû, non-seulement avant tous les créanciers hypothéquaires, mais avant même le vendeur, sur le prix de l'Office & droits y annexez, suivant l'article 2. de cet Edit du mois d'Août 1669. Ce qui est fondé sur ce que l'Office a été originairement donné par le Roi avec cette charge, & qu'ainsi c'est le gage propre du Roi, affecté par privilège à tout ce que l'Officier pourra devoir à cause de l'Office.

XXII.

22. Exception.

La régle précédente ne s'entend que des immeubles qui étoient acquis avant l'engagement envers le Roi. Mais sur ceux qui ne sont acquis qu'après cet engagement, le Roi est préféré aux créanciers antérieurs à son hypothéque, quoique tous les biens à venir leur fussent obligez : & dans ce concours d'hypothéques qui commencent d'avoir leur effet au moment de la nouvelle acquisition, celle du Roi prévient *z*.

z Si quis mihi obligaverat quæ habet, habiturusque esset ; cum fisco contraxerit ; sciendum est, in re posteà adquisita fiscum potiorem esse debere, Papinianum respondisse. Quod & constitutum est. Prævenit enim causam pignoris fiscus. *l.* 18. *ff. de jure fisci.*

Suivant ce texte, la même chose a été ordonnée par l'article 3. de ce même Edit du mois d'Août 1669. mais avec l'exception de la préférence du vendeur, & de celui dont les deniers auront été employez pour l'acquisition : pour-vû qu'il soit fait mention de cet emploi dans la minute & expédition du Contrat. On pourroit ajouter pour une raison de cette préférence du Roi sur les biens acquis depuis l'engagement aux recettes de ses deniers, qu'il est présumé que les deniers dont l'Officier ou autre redevable se trouve débiteur envers le Roi, ont été employez à ces nouvelles acquisitions, ou que le crédit que donnoit cet emploi les a facilitées.

XXIII.

23. Préférence du Roi à tous créanciers qui n'ont ni hypothéque ni privilège.

A l'égard des créanciers qui n'ont ni hypothéque ni privilège, mais une simple action personnelle, le Roi a la préférence sur les immeubles, parce qu'il a toujours son hypothéque tacite sans convention : & il a aussi la préférence sur les meubles avant les saisissans, & avant tous les créanciers non privilégiez : mais le créancier qui a sur le meuble un des privilèges expliquez dans cette Section, est préféré au Roi *a*.

a Respublica creditrix omnibus chirographariis creditoribus præfertur. *l.* 38. *§.* 1. *ff. de reb. auct. jud. p.* Fiscus semper habet jus pignoris. *l.* 46. *§.* 3. *de jure fisci.*

Ce mot de République dans ce texte ne signifie que le Fisc. V. l. 8. *ff. qui pot.* Le Prince a plus forte raison a ce privilege.

On a ajouté dans cet article la préférence du créancier privilégié sur les meubles avant le Roi ; parce que cette préférence est ordonnée par l'article premier de l'Edit de 1669. contraire à la disposition du Droit Romain, qui donnoit au Fisc la préférence à celui même qui avoit vendu ou réparé la chose, comme Justinien la donnoit aussi à la femme pour sa dot avant ces mêmes privilèges. V. l. 34. ff. de reb. auct. jud. poss. N. 97. c. 3. *A l'égard du privilège des loyers sur les meubles du locataire, cet Edit n'en laisse la préférence avant la créance du Roi que pour les six derniers mois. Ce qui est dit dans cet article que le Roi a toujours son hypothéque tacite, ne doit s'entendre que des sommes dûes aux Roi pour les causes dont il a été parlé dans l'article 19. & non des Tailles & autres impositions dont les particuliers sont redevables. Car pour ces impositions il n'y a pas d'hypothéque sur les immeubles, si ce n'est dans les lieux où les Tailles sont réelles : mais seulement une préférence sur les fruits, c'est pourquoi on n'a pas allégué sur le privilège du Roi ce texte de la Loi 1. C. in quib. cauf. pign. vel hyp. tac. contr. Universa bona eorum qui censentur vice pignorum tributis obligata sunt.*

XXIV.

24. Privilège des frais funéraires.

Les Marchands, les ouvriers & autres à qui sont dûs les frais funéraires, ont leur action contre les héritiers, & quand il n'y auroit point d'héritiers, ils l'ont sur les biens du défunt, comme s'ils avoient contracté avec lui ; & ils ont de plus un privilège, quand même les biens ne fuffiroient pas pour pàyer les dettes ; pourvû que ces frais n'excédent pas ce qui a dû y être employé, felon la condition & les biens du défunt. Car la nécef- fité de cette dépenfe oblige à favorifer de ce privilége, ceux qui la fourniffent. Mais fi les frais funéraires ex- cédent ces bornes, quand même le défunt les auroit reglez par fon teftament, le privilége fera reftraint à ce qui fera jugé raifonnable & jufte, felon les circonf- tances *b*.

b Impenfa funeris femper ex hæreditate deducitur: quæ etiam omne creditum folet præcedere, cum bona folvendo non fint. l. 45. ff. de relig. & fumpt. fun. Qui propter funus aliquid impen- dit, cum defuncto contraxere creditur, non cum hærede. l. 1. cod. v. l. 17. ff. de reb. auct. jud. poft. Sumptus funeris arbitrantur pro facultatibus & dignitate defuncti. l. 12. §. 5. ff. de relig. & fumpt. fun. Nam deducto ex facultatibus & dignitate ejus qui funerauus eft, ex caufa, ex tempore, ex bona fide : ut neque plus imputetur fumptus nomine, quàm factum eft, neque tantùm quantum fa- ctum eft, fi immodicè factum eft. Deberet enim haberi ratio fa- cultatum ejus in quem factum eft, & ipfius rei quæ ultra modum fine caufa confumitur. Quid ergo fi ex voluntate teftatoris impen- fum eft? Sciendum eft non voluntatem fequendam fi eos egredia- tur juftam fumptus rationem : pro modo autem facultatum fump- tum fieri. l. 14. §. 6. ff. de relig. & fumps. fun. d. l. §. 3. & 4.

X X V.

25. Frais de Juftice. Les frais des fcellez & des inventaires, ceux des ven- tes, ordres & difcuffions de meubles ou immeubles, & les autres frais de Juftice fe prennent par préférence avant toute autre dette *c*. Car ces frais regardent tous les créanciers, étant employez pour leur caufe com- mune.

c Planè fumptus caufa qui neceffariè factus eft, femper præce- dit. Nam deducto eo bonorum calculus fubduci folet. l. 8. in ff. de poff. Quantitas patrimonii, deducto etiam eo quidquid expli- candarum venditionum caufa impenditur, æftimatur. l. 72. ff. ad leg. falc. l. ult. §. 9. C. de jure delib. V. l'article 32.

X X V I.

26. Préfé- rence pour le dépôt fur les biens des dépofitaires publics. Dans la concurrence entre les créanciers des dépofi- taires publics, de qui la fonction eft de recevoir les fommes de deniers, ou autres dépôts, qui doivent être confignez par ordre de Juftice, comme font les Rece- veurs des confignations : ceux qui ont à recevoir ce qui a été configné ou dépofé, font préférez fur les biens propres de ces dépofitaires, à leurs créanciers particu- liers qui n'ont pas d'hypothéque ou de privilége. Et cette préférence eft fondée fur l'intérêt public de la fûreté des dépôts, qu'on eft obligé de mettre en leurs mains *d*.

d In bonis menfularii vendendis, poft privilegia, potiorem eorum caufam effe placuit, qui pecunias apud menfam, fidem publicam fecuti, depofuerunt. l. 24. §. 2. de reb. auct. jud. poff. Quod privilegium exercetur non in ea tantum quantitate, quæ in bonis argentarii ex pecunia depofita reperta eft, fed in omni- bus fraudatoris facultatibus. Idque propter neceffarium ufum ar- gentariorum, ex utilitate publica receptum eft. l. 8. ff. depof.

Outre le privilége expliqué dans cet article, notre ufage donne aux créanciers qui ont à recevoir des deniers, ou d'autres chofes con- fignées par ordre de Juftice, deux autres fortes de fûreté. L'une eft l'hypothéque fur tous les biens du dépofitaire chargé de ces fortes de dépôts, & cette hypothéque eft l'effet de l'autorité de la Juftice, fui- vant ce qui a été dit dans l'article quatrième de la Section 2. Car comme c'eft la Juftice qui eft la charge de ces dépôts, elle y affecte leurs biens. Ainfi ceux à qui ces dépôts devront revenir, feront préférez aux créanciers hypothéquaires du dépofitaire, fi le dépôt eft anté- rieur à leur hypothéque. L'autre fûreté eft l'affectation de la charge dans la fonction eft de recevoir les dépôts de cette nature, comme font les charges des Receveurs de Confignations & celles des Commif- faires du Châtelet, qui fe rendent dépofitaires des deniers, ou d'autres effets, quand ils précédent aux fcellés & aux inventaires, & en d'autres occafions femblables. Car comme la fonction de recevoir ces dépôts eft propre à ces charges, elles font naturellement affectées pour la fûreté de ceux que la Juftice met dans la néceffité de dépofer en leurs mains. Ainfi cette affectation de la charge pour ces dépôts, donne un privilége aux créanciers des dépôts, & leur fait préférer à tous les créanciers hypothéquaires de l'Officier, même antérieurs, ce qu'il ne faut entendre que des charges qui font defti- nées pour cette fonction. Car fi une confignation avoit été ordonnée en Juftice entre les mains d'un autre Officier de qui la charge ne renfermeroit pas cette fonction, le dépôt fait entre les mains par l'au- torité de la Juftice donneroit bien l'hypothéque fur fa charge, mais ne devroit pas donner la préférence. Car ces créanciers particu- liers fe trouveroient trompez par cette préférence qu'ils n'auroient pû prévoir ; au lieu que les créanciers de ce Receveur dépofitaire public, ne peuvent ignorer l'affectation de fa charge aux créanciers

Tome I.

---

des confignations. V. les trois articles fuivans.

On peut demander fur le fujet de l'hypothéque que les créanciers de dépôts ont fur les immeubles du Receveur, auquel jour cette hypothé- que aura fon effet ? fi ce fera du jour de la réception du Receveur à fon Office, comme celles des Mineurs qui ont hypothéque fur les biens de leurs Tuteurs du jour de leur nomination pour des fommes qu'ils ne recevront que long-tems après, ou fi ce fera feulement du jour de la confignation? Si l'hypothéque a lieu du jour de la réception du Receveur, les créanciers des dernieres confignations feront préférez aux créanciers hypothéquaires du Receveur, fi leur hypothéque n'eft antérieure à la réception de l'Officier: & fi au contraire l'hypothéque n'a lieu que du jour du dépôt, il femblera s'enfuivre que les créan- ciers de divers ordres, devront être préférez les uns aux autres fur les immeubles, felon les dates des confignations, quoiqu'ils viennent en contribution fur le prix de l'Office fans égard à ces dates, comme il fera dit dans l'article 29.

On ne prétend pas décider ici ces queftions, ni les traiter, non plus que d'autres qu'on pourroit faire fur le même fujet, on fait feule- ment cette remarque pour dire qu'il feroit à fouhaiter qu'il y fût pourvû.

X X V I I.

27. Préfé- rence pour le dépôt qui eft en natu- re. Si parmi les dépôts dont il a été parlé dans l'article précédent, il y en a quelques-uns qui fe trouvent en nature, ceux qui ont fait ces dépôts, ou ceux à qui ils devront revenir, les retireront par préférence à tous autres créanciers; car c'eft leur chofe propre *e*.

e Si tamen nummi extent, vindicare eos poffe puto à depofi- tariis, & futurum eum qui vindicat ante privilegia. l. 24. §. 2. ff. de reb. auct. jud. poff.

X X V I I I.

28. Celui qui a inno- vé per fa fon privilége. Si celui qui étoit créancier d'un dépofitaire public à caufe d'un dépôt, comme font ceux qui doivent rece- voir des deniers confignez pour un ordre, ou pour quel- qu'autre caufe, a innové la dette, & changé la nature du dépôt, comme s'il avoit pris du dépofitaire une obli- gation de prêt, il n'aura plus aucun privilége, & il feroit de même s'il avoit laiffé fon argent pour en prendre des intérêts ; car il auroit par-là changé la nature du dépôt, qu'il auroit converti en un prêt *f*.

f Qui depofitis nummis ufuras à menfulario acceperunt, à cæ- teris creditoribus non feparantur. Et meritò, aliud eft enim credere, aliud deponere. l. 24. §. 2. ff. de reb. auct. jud. poff. Celui qui prend des intérêts d'une fomme qui lui étoit dûe pour un dépôt, devient créancier d'un prêt. Car le dépôt ne produit point d'in- térêt, & le dépofitaire ne peut en devoir. Ainfi quand il paye des intérêts, c'eft parce qu'il ne garde plus l'argent en dépôt, mais qu'il le tourne à fon ufage du confentement de celui qui devoit le recevoir. Et ces intérêts, quoiqu'illicites de la part de ce créancier, marquent toujours que fon intention & celle du débiteur, eft de changer le dépôt en un prêt.

X X I X.

29. Concur- rence de créanciers pour divers dépôts. Les trois articles précédens regardent la concurrence entre les créanciers qui ont à recevoir des fommes de deniers ou d'autres chofes dépofées, & les créanciers particuliers de l'Officier dépofitaire. Mais entre les créanciers des dépôts, s'ils viennent entr'eux en concur- rence pour divers dépôts, le privilége qu'ils avoient tous fur la charge du Receveur, & leur préférence à fes créanciers leur étant commune, ils en perdent l'effet entr'eux, & ils viennent concurremment en contribu- tion *g*. De forte que, par exemple, tous les oppofans d'un ordre dont la confignation fera plus ancienne, ve- nant en concurrence avec ceux d'un autre ordre, dont la confignation n'auroit été faite que long tems après, il n'y a point de préférence pour les premiers fur le prix de l'office fujet à leur privilége ; mais il en fera laiffé pour chaque ordre à proportion du plus ou moins du fonds de chacun. Car c'eft par leur privilége que les créanciers de ces ordres doivent recevoir le prix de cet office, qui n'étoit entré dans les biens de cet Offi- cier qu'à condition de l'affectation égale pour tous les dépôts qui feroient faits enfuite.

g Quæritur, utrum ordo fpectetur eorum qui depofuerunt, an verò fimul omnium depofitariorum ratio habeatur : & conftat fi- mul admittendos. l. 7. §. ult. ff. depof.

Il faut entendre la concurrence expliquée dans cet article qu'à l'égard de tous les créanciers d'un ordre confidéré enfemble pour une feule créance, & de tous ceux des autres ordres, confidérez de même pour les fonds qui doivent leur revenir. Mais à l'égard des créanciers de chaque ordre entr'eux, il n'y a point de contribution. Car chacun d'eux doit recevoir fur l'ordre où il eft colloqué, les fommes qui doivent lui revenir felon fa collocation; de forte que le premier colloqué reçoive

D d ij

toute fa créance, fi le fonds fuffit, quoiqu'il n'y en ait pas affez pour les autres.

On n'a mis dans cet article cette concurrence entre créanciers de divers ordres, que fur les deniers de l'Office ; car c'eft leur gage commun affecté pour leur privilége : & on n'y a pas marqué la même concurrence fur les autres biens. Sur quoi on peut revoir la derniere remarque fur l'article 26.

XXX.

30. Effet des privilé- ges.

Tout privilége fait un affectation particuliere, qui donne au créancier privilégié la chofe pour gage, quoi- qu'il n'y ait ni convention, ni condamnation qui mar- que expreffément cette préference. Car elle eft atta- chée au titre de créance, par la nature de la dette, & fans qu'on l'exprime. Et fi la dette n'étoit pas d'elle- même privilégiée, on ne pourroit la rendre telle par l'effet d'une convention h.

h C'eft une fuite de tous les articles précédent.
Toto tit. ff. & Cod. in quib. cauf. pign. v. h. t. c.

XXXI.

31. Diffé- rence du pri- vilége pour l'affectation des biens.

Parmi les priviléges des créanciers, quelques-uns n'affectent qu'une chofe en particulier, & ne s'éten- dent pas au refte des biens, & d'autres affectent tous les biens fans diftinction. Ainfi, le privilége du proprié- taire d'un fonds, fur les fruits pour le prix de fa ferme, celui du vendeur pour le prix de la vente, celui de la perfonne qui a prêté pour acheter un fonds, ou pour y faire des améliorations, ne s'étendent que fur tous les biens du débiteur ; mais font bornez aux chofes qui y font affectées i. Et ces créanciers n'ont fur les autres biens que leur action perfonnelle l, ou une hypothé- que s'ils l'ont ftipulé. Mais les frais de juftice & les frais funéraires ont leur préference fur tous les biens indif- tinctement.

i v. les articles précédens. C'eft une fuite de la nature du privilége.
l Sanè perfonali actione debitum apud præfidem petere non prohiberis. l. 17. C. de pign.

XXXII.

32. Concur- rence & préférence entre privi- légiez.

Entre créanciers privilégiez, les uns font préférez aux autres, felon la nature de leurs priviléges, & les difpofitions des Loix ou des Coutumes m. Ainfi, ce- lui qui a fourni les deniers pour réparer une maifon qui étoit en péril de ruine, eft préféré au vendeur de cette maifon qui en demande le prix. Ainfi celui qui auroit loué une grange à un Fermier, feroit préféré pour le prix de fon bail, au propriétaire, à qui ce Fer- mier devroit le prix de la ferme d'où les fruits mis dans cette grange feroient provenus. Ainfi les frais de Juf- tice étant la dette de toutes les parties, font préférez à tout privilége. Ainfi ceux qui ont des priviléges fur les meubles, font préferez au privilége du Roi n. Ainfi les frais funéraires font préferez aux loyers fur les meubles des locataires o. Ainfi dans tous les cas de concurrence de priviléges, on a en regle les préferences par les dif- tinctions qu'en fait leur nature.

m C'eft une fuite de la nature des priviléges. Voyez tous les articles de cette Section.
n Voyez l'article 23.
o Si colonus vel inquilinus fit is qui mortuus eft, nec fit unde funeretur, ex invectis illatis eum funerandum Pomponius fcribit: & fi quid fuperfluum remanferit, hoc pro debita penfione teneri. l. 14. S. 1. ff. de rel. & fumpt. fun.

XXXIII.

33. Un cas de préféren- ce entre mê- mes privi- léges.

Si celui qui vend une maifon tenue par un locataire, s'en réferve les loyers pendant un certain tems, & qu'il foit convenu que les meubles du locataire feront affec- tez, tant pour les loyers réfervez au vendeur, que pour ceux qui feront dûs dans la fuite à l'acquéreur, le ven- deur fera le premier payé fur ces meubles, fi leur con- vention ne le regle autrement p.

p Infulam tibi vendidi, & dixi prioris anni penfionem mihi, fequentium tibi acceffuram : pignorumque ab inquilino datorum jus utrumque fecuturum… facti quæftio eft. Sed verifimile eft id actum, ut primam quamque penfionem pignoris cauſa fequatur. l. 13. ff. qui potior.

XXXIV.

34. Trois ordres de créanciers.

Il réfulte de toutes les régles précédentes, qu'entre créanciers il y a trois ordres. Le premier des privilégiez qui précédent tous autres, & vont entr'eux felon les diftinctions de leurs préferences. Le fecond des hypo- théquaires qui ont leur rang après les privilégiez, fe- lon les dates de leurs hypothéques. Et le troifiéme, des chirographaires, & autres purement perfonnels, qui n'étant diftinguez ni par privilége, ni par hypothéque, viennent par cette raifon en concurrence & en contri- bution q.

q C'eft une fuite de tout ce qui a été dit dans ce Titre.

SECTION VI.

De la fubrogation à l'hypothéque, ou au privilége du créancier.

Explication de la nature des fubro- gations, & de leurs ef- péces.

QUoique cette matiere de la fubrogation aux droits des créanciers, étant d'elle-même fimple & natu- relle, doive être facile; les différentes manieres d'acqué- rir la fubrogation, & les inconvéniens où l'on peut tomber, faute d'obferver en chacun ce qu'elle a d'ef- fentiel, font une multiplicité de combinaifons qui peu- vent embarraffer & rendre cette matiere obfcure & difficile. Ainfi on a crû qu'avant que d'en expliquer les regles, il feroit utile de donner en peu de paroles une idée générale de la nature de la fubrogation & de fes efpéces, & de ce qu'il peut y avoir en chacune qui lui foit propre & effentiel.

Définition de la fubro- gation.

La fubrogation dont on parle ici, n'eft autre cho- fe que ce changement qui met une autre perfonne au lieu du créancier, & qui fait que le droit, l'hypothé- que, le privilége qu'un créancier pouvoit avoir, paffe à la perfonne qui lui eft fubrogée, c'eft-à-dire, qui entre dans fon droit.

La maniere la plus fimple de fubroger, & qui fait toujours paffer les droits du créancier à celui qui eft fubrogé, eft le tranfport qu'en fait le créancier. Les tranfports font de plufieurs fortes. Quelques-uns font généraux & de plufieurs droits, comme la vente d'une hérédité, qui fait paffer à celui qui l'achete, tous les droits de l'héritier, pour les exercer comme il auroit pû le faire lui-même : D'autres font particuliers d'une cer- taine chofe, comme eft un tranfport d'une obligation : il y en a qui font gratuits, comme un tranfport que fait un donataire à un donataire, lorfqu'il y a dans la dona- tion des dettes actives, ou d'autres droits : Et il y en a qui fe font à titre onéreux, comme fi un débiteur céde une dette à fon créancier, ou fi un créancier céde à un tiers ce qui lui eft dû pour un certain prix.

Toutes ces fortes de tranfports ont cet effet, que le ceffionnaire fuccéde à la place du créancier, & qu'il peut exercer les droits qui lui font cedez de la même manie- re que le créancier l'auroit pû lui-même avant le tranf- port & avec fon hypothéque & fon privilége.

Il y a une autre maniere de fubrogation aux droits d'un créancier, lorfque fon débiteur empruntant pour payer ce qu'il lui doit, convient avec celui de qui il emprunte, que les deniers feront employez au paye- ment de ce créancier, & que celui qui les prête lui fera fubrogé. Ce qui acquiert à ce nouveau créancier le droit du premier, pourvû qu'il foit dit dans la quittan- ce, que le payement eft fait de fes deniers. Car le dé- biteur qui a pû s'obliger au premier créancier, peut s'obliger aux mêmes conditions à celui qui l'acquitte ; & le mettant en la place du premier qui reçoit fes de- niers, il ne fait aucun tort à fes autres créanciers, & ne change en rien leur condition.

On acquiert auffi la fubrogation fans le confente- ment du créancier par une Ordonnance du Juge, foit du confentement du débiteur, ou quelquefois même fans qu'il y confente. Ainfi, un Tuteur qui veut acquit- ter de fes deniers propres une dette de fon Mineur à un créancier qui refuse de le subroger, peut faire ordonner qu'en payant il sera subrogé. Et en ce cas l'autorité de la Justice fait passer le droit du créancier à celui qui le paye, pourvû qu'il rapporte l'Ordonnance du Juge, & le payement fait de ses deniers. Car le Juge ne fait à celui qui paye pour un autre que la même justice qui lui est dûe par le débiteur, & sans que personne en reçoive aucun préjudice.

Il y a encore une autre maniere d'acquérir une subrogation en Justice sans le fait de celui à qui est le droit, & même contre son gré, comme si les dettes actives d'un débiteur se vendent en Justice. Car la Justice donne à celui qui s'en rend adjudicataire le même droit qu'il auroit, si le débiteur lui avoit vendu : & il sera subrogé aux hypothéques & aux priviléges.

Il faut enfin remarquer une autre sorte de subrogation qui s'acquiert sans aucun transport du créancier, sans le consentement du débiteur, & sans Ordonnance du Juge; mais par le simple effet du payement aux créanciers. Ainsi, lorsqu'un créancier voulant s'assurer son hypothéque, & craignant qu'un autre créancier antérieur n'en grossisse sa dette ou ne fasse saisir, paye ce créancier, il lui est subrogé, pourvû qu'il paroisse par la quittance, que le payement est de ses deniers. Car la présume lui-même créancier, il ne paye que pour la sûreté de son hypothéque; & elle le subroge. Et il en est de même de celui qui ayant acquis un fonds, & craignant d'y être troublé par un créancier antérieur à son acquisition, lui paye sa dette. Et dans l'un & l'autre de ces deux cas, ces motifs rendent juste une subrogation qui ne fait préjudice à qui que ce soit.

On voit dans toutes ces sortes de subrogations, que le droit du créancier passe de sa personne à une autre qui entre en sa place, & que ce changement ne peut arriver qu'en deux manieres. L'une par la volonté du créancier qui subroge : l'autre sans cette volonté, par l'effet de la loi, qui met à la place du créancier, celui à qui l'équité fait passer son droit.

SOMMAIRES.

I.

1. Le transport subroge à l'hypothéque, & au privilége.

CElui à qui un créancier transporte une dette est subrogé à son droit; & il acquiert avec la créance, les hypothéques & les priviléges qu'elle peut avoir, soit que le transport se fasse sans prix, ou qu'il soit gratuit. Car encore qu'il soit vrai que le payement éteint la dette, & qu'il semble par cette raison, que le créancier ne puisse faire passer à un autre un droit qui s'anéantit en sa personne, par le payement; le transport qui se fait en même tems a le même effet que si le créancier avoit vendu son droit à celui qui le paye. Et il est égal pour l'effet du transport à celui qui le paye pour le débiteur, que ce soit son cooligé, ou sa caution, ou une tierce personne *a.*

a Emptori nominis etiam pignoris persecutio præstari debet : ejus quoque quod posteà venditor accepit Nam beneficium venditoris potest emptori. *l. 6. ff. de hæred. vel act. vend.* Si à creditore nomen comparasti , ea pignora, quæ venditor nominis persequi posset, apud prædium provincia vindica. *l. 7. C. de obl. & act. l. 6. eod.* V. l'article 4.
Cùm is qui reum & fidejussores habens, ab uno ex fidejussoribus acceptâ pecuniâ præstat actiones, poterit quidem dici nullas jam esse, cùm suum perceperit, & perceptione omnes liberati sunt : sed non ita est; non enim in solutum accepit : sed quodammodo

nomen debitoris vendidit. Et ideò habet actiones, quia tenetur ad ipsum, ut præstet actiones. *l. 36. ff. 6. de fidejuss.* Salvas esse mandatas actiones : cùm pretium magis mandatarum actionum solutum , quàm actio quæ fuit perempta videatur. *l. 76. ff. de solut.*

II.

2. Subrogation sans transport.

Ceux qui sans transport des créanciers font ordonner par le Juge, qu'en les payant ils leur seront subrogez, acquierent par le payement leurs droits, leurs hypothéques, & leurs priviléges, & ceux même du Roi s'ils acquierent sa dette s'y faisant subroger *b.*

b Si in te jus fisci , cùm reliqua solveres debitoris pro quò satisfaciebas , tibi competens Judex adscripsit, & transtulit : ab his creditoribus, quibus fiscus potior habetur, nec quas eo nomine tenes, non possunt inquietari. *l. ult. C. de privil. fisc.*

III.

3. Comment un tiers peut acquérir le droit d'un créancier.

Pour acquérir sans autorité de Justice le droit d'un créancier & son hypothéque, il suffit de deux choses l'une, ou que celui qui paye le créancier prenne son transport, comme il a été dit dans le premier article, ou qu'il convienne avec le débiteur que payant pour lui il sera subrogé, & qu'en ce cas il soit fait mention dans le payement que c'est de ses deniers. Car alors quoique le créancier refuse la subrogation, celui qui le paye acquerra son droit par l'effet du payement, & de la convention avec le débiteur. Et il en seroit de même si les deniers prêtez étant mis entre les mains du débiteur avec cette convention, que celui qui prête seroit subrogé, le débiteur faisoit ensuite le payement lui-même, déclarant dans la quittance que c'est des deniers empruntez de cette personne. Mais si le payement n'est fait que sur la simple quittance du créancier, & n'est pas accompagné de l'une ou de l'autre de ces deux manieres d'acquérir la subrogation, il ne produira à celui qui paye qu'une simple action contre le débiteur, pour recouvrer la somme payée en son acquit, quand même il seroit fait mention dans la quittance que ce seroit des deniers de ce tiers. Car on pourroit présumer qu'il n'auroit acquitté que ce qu'il devoit *c.*

c Res obligatas exterus , debito soluto liberando , dátum petere non earum dominium adipisci potest. *l. 21. C. de pign. & hypoth.*
Non omninò succedunt in locum hypothecarii creditoris hi quorum pecunia ad creditorem transit. Hoc enim tunc observatur, cum is qui pecuniam posteà dat, sub hoc pacto credat , *ut idem pignus ei obligetur , & in locum ejus succedat.* Quod cùm in persona mea factum non sit (judicatum est enim qui pignora non accepisse) frustra putas tibi auxilio opus esse constitutionis nostræ ad eam rem pertinentis. *l. 1. C. de his qui in prior. cred. loc. succ.* Aristo Neratio Prisco scripsit, & si in contractum sit, ut antecedens dimitteretur, non aliter in jus pignoris succedit, nisi convenerit, *ut sibi eadem res obligata.* Neque enim in jus pignoris succedere dici, qui ipse nihil convenit de pignore. *l. 3. ff. qua res pign.*
V. la remarque sur l'article 5. pour le cas où le débiteur ne fait le payement que quelque tems après qu'il a emprunté les deniers pour payer.

Cette maniere d'acquérir le droit du créancier, sans qu'il subroge, est de l'équité, pour faciliter les payemens. Et il est juste que les débiteurs puissent eux-mêmes mettre en la place de leurs créanciers ceux qui payent pour eux, puisque personne n'en reçoit aucun préjudice, & qu'il est de l'intérêt du débiteur qu'il puisse adoucir sa condition changeant de créancier. C'est sur cette équité que fut fondé l'Edit qui fut donné en 1609. après la rédaction des rentes du denier douze au denier seize, sur ce que les créanciers ne voulans point leur remboursement, refusoient de subroger, & que ceux qui vouloient prêter, pour faire les rachats, craignoient de n'être pas subrogez aux droits des créanciers qui refusoient leur subrogation, à quoi il fut pourvû, accordant la subrogation suivant cette regle.
¶ En Droit, suivant la Loi 1. C. de his qui in pr. cred. loc. succ. deux choses sont requises :
1°. Que dans l'Acte d'emprunt il soit fait mention que les deniers seront employez au payement de l'ancien créancier, avec subrogation en ses hypothéques, *ut sub hoc pacto credat, ut idem pignus ei obligetur & in ejus locum succedat.*
2°. Que l'argent ait été effectivement donné à l'ancien créancier, *ut pecunia ad primum creditorem perveniat.* Goth. hic.
Par l'Ordonnance de Henri IV. du mois de Mai 1609. Il faut encore que le débiteur fasse déclaration que les deniers proviennent du nouveau créancier.
Par le Reglement du 6. Juillet 1690. il faut encore que l'Acte d'emprunt & la Quittance soient passez par devant Notaires, & que dans la Quittance il soit fait mention que le remboursement a été fait des deniers fournis à cet effet par le nouveau créancier, sans qu'il soit besoin que la subrogation soit consentie par l'ancien créancier, ni ordonnée en Justice.]

IV.

4. Comment un tiers acquiert le privilege d'un créancier.

Celui qui paye un créancier privilégié succede à son privilége, soit par un transport du créancier qui lui cede simplement son droit, ou par une subrogation faite par le Juge, comme il a été dit en l'article 2. ou par une convention avec le débiteur, comme il sera expliqué dans l'article suivant d.

d Cùm pro patre, in cujus potestate non eras, pecuniam fisco tutuleris, & jure privilegio ejus succesisti, & ejus locum, cui pecunia numerata est, consecutus es. *l. 2. C. his qui in pr. cred. loc. succ.* Si cùm pecuniam pro marito solveres, neque jus fisci in te transferri imperasti, neque pignoris causâ domum vel aliud quid ab eo accepisti, habes personalem actionem. *l. 3. C. de priv. fisc.* Si in te jus fisci cum reliqua solveres debitoris pro quo satisfacis bas, tibi competens judex adscribit & transtulit, ab his creditoribus, quibus fiscus potior habetur, res quas eo nomine tenes, non possunt vindicari. *l. ult. cod.*

V.

5. Comment le privilege s'acquiert sans subrogation.

On peut acquérir le privilége d'un créancier sans subrogation, de même que l'hypothéque, par une convention avec le débiteur, que celui qui payera pour lui aura le privilége: & il n'importe que le payement soit fait au créancier par ce lui qui prête, ou par le débiteur à qui les deniers ayent été confiez; pourvû qu'en l'un & en l'autre cas il paroisse par la quittance, que le payement est fait des deniers de cette personne e, ainsi qu'il a été dit pour l'hypothéque dans l'article 3.

e Eorum ratio prior est creditorum, quorum pecunia ad creditores privilegiarios pervenit. Pervenisse autem quemadmodum accipimus? Utrum si statim profecta est ab inferioribus ad privilegiarios, an verò & si per debitoris personam, hoc est, si ante ei numerata est: quod quidem potest benigne dici, si modò, non post aliquod intervallum id factum sit. *l. 24. §. 3. ff. de reb. auct. jud. poss.* Ajoutez les textes citez sur l'article 4.

Quoique les deniers prêtez pour faire le payement ne soient délivrez au créancier, soit par le débiteur, ou par celui qui prête, que quelque tems après leur convention; celui qui prête les deniers ne laissera pas d'être subrogé. Car l'obligation du débiteur envers celui qui fait le prêt, sera la preuve de la cause de l'emprunt pour acquitter le créancier: & la quittance de ce créancier prouvera l'emploi des deniers. Et ce qui est dit dans la Loi citée sur cet article, qu'il ne faut point d'intervalle, doit se rapporter à l'usage du Droit Romain, où souvent les conventions ne s'écrivoient point: ainsi l'intervalle pouvoit faire perdre la preuve de l'emploi des deniers.

¶ Cela s'appelle Droit d'offrir, & ce droit est en usage dans les Parlemens de Droit écrit, sur-tout au Parlement de Toulouse où il n'y a point de décret, mais seulement des mises en possession. Dans le Parlement de Paris il n'est point en usage, mais néanmoins il produiroit le même effet.

Ce droit est en faveur du second créancier, pour empêcher que l'ancien créancier ne consume en frais le gage commun.]

VI.

6. Du créancier qui paye un autre créancier plus ancien que lui.

Celui qui étant déja créancier acquitte un autre créancier antérieur du même débiteur, succede à son hypothéque, encore qu'il n'y en ait ni convention, ni subrogation. Car sa qualité de créancier fait présumer qu'il ne paye celui qui est plus ancien, que pour se mettre en sa place, & assurer sa dette. Ce qui distingue sa condition de celui qui n'ayant pas un pareil intérêt paye une autre par subrogation, & de qui on peut dire, qu'il pouvoit être obligé envers le débiteur à payer pour lui f.

f Planè cùm tertius creditor primum de sua pecunia dimisit, in locum ejus subitituitur in ea quantitate, quam superiori exolvit. *l. 16. ff. qui par. in pign. V. l. 11. §. 4. eod. l. 12. §. 9. eod. l. 17. cod. l. 22. C. de pign. & hyp. l. 1. eod. qui potior. & l. 4. de his qui in prior. loc. succ.*

VII.

7. Subrogation d'un acquéreur aux créanciers qu'il paye.

L'acquéreur d'un héritage employant le prix de son acquisition au payement des créanciers à qui cet héritage étoit hypothéqué, est subrogé à leur droit, jusqu'à la concurrence de ce qu'il leur paye. Car en les payant du prix de leur gage pour se l'assurer, il se le conserve pour la valeur de ce qu'il leur paye, contre d'autres créanciers subséquens, quoiqu'antérieurs à son acquisition g.

g Si potiores creditores pecunia tua dimissi sunt, quibus obligata fuit possessio quam emisisse te dicis, ita ut pretium pervenerit ad eosdem priores creditores, in jus eorum succesisti: & contra eos, qui inferiores illis fuerunt, justa detensione te tueri potest. *l. 3. C. de his qui in prior. cred. loc. succ.* Eum qui à debitore suo prædium obligatum comparavit, eatenùs tuendum, quatenus

ad priorem creditorem ex pretio pecunia pervenit. *l. 17. ff. qui pot.* Voyez l'article précédent.

¶ En Droit il faut que l'acquéreur stipule qu'il sera subrogé. *Goth. hic.*]

VIII.

8. Subrogation par la saisie.

Le créancier qui en vertu de son hypothéque, ou d'une permission du Juge, saisit les droits & actions de son débiteur sur ceux qui lui doivent, se faisant adjuger ce qu'il a saisi, est subrogé aux hypothéques & aux priviléges qu'avoit son débiteur pour ces dettes saisies h.

h Si prætorium pignus quicunque judices dandum alicui perspexerint, non solum super mobilibus rebus, & immobilibus, & le moventibus, sed etiam super actionibus quæ debitori competunt, præcipimus hoc cis licere decernere. *l. 1. C. de prat. pign.* La dette saisie est adjugée au créancier saississant, telle qu'elle appartenoit au débiteur.

IX.

9. Subrogation nulle après le payement.

Lorsque la subrogation du créancier est nécessaire pour acquérir son droit à celui qui paye pour le débiteur, elle doit être faite dans le tems même du payement & de la quittance. Car si le payement étoit consommé sans rapport à l'obligation, n'étant faite qu'après, elle seroit inutile. Et le droit du créancier étant anéanti par le payement, il n'auroit pû céder ce qu'il n'avoit plus, ni subroger à un droit éteint i.

i Modestinus respondit, si post solutum sine ullo pacto omne quod ex causâ tutelæ debeatur, actiones post aliquod intervallum cessæ sint, nihil ea cessione actum, cum nulla actio superfuerit. *l. 76. ff. de solut.* V. l'article suivant.

X.

10. La validité de la subrogation dépend de l'état où se le droit lorsqu'on est subrogé.

Toutes les subrogations, transports, & autres manieres d'acquérir l'hypothéque ou le privilége d'un créancier, soit par convention, ou en Justice, ou autrement, n'ont aucun effet, si lors de la subrogation, transport ou autre acte, le droit du créancier ne subsistoit plus, soit qu'il fût éteint par une prescription, ou anéanti par un jugement, ou acquitté par un payement, ou qu'il eût cessé par quelqu'une des causes qui seront expliquées dans la Section suivante. Ainsi dans les questions de la validité des subrogations, transports, & autres manieres d'acquerir l'hypothéque, ou le privilége, il faut considérer, si au tems de la subrogation, le droit, l'hypothéque, ou le privilége subsistoit encore l.

l Si dominus solverit pecuniam, pignus quoque perimitur. *l. 13. §. 2. ff. de pign.* V. la Section suivante.

SECTION VII.

Comment l'hypothéque finit ou s'éteint.

SOMMAIRES.

I.

1. L'hypothéque s'éteint par le payement.

L'Hypothéque n'étant qu'un accessoire de la dette, le payement qui anéantit la dette éteint l'hypothéque que *a*. Mais il faut qu'il soit entier de tout ce qui est dû en principal, intérêts & frais *b*.

a Si dominus solverit pecuniam, pignus quoque perimitur. *l.* 13. §. 2. *ff. de pign. & hyp.* Pignoris causa res obligatas, soluto debito restitui debere pigneratitiæ actionis natura declarat. *l. pen. C. de pign. act.*

b Nisi univerlum, quod debetur, offerretur, jure pignus creditor vendere potest. *l.* 25. §. 14. *ff. fam. ercisc.* Nam si vel modicum de forte, vel usuris in debito perseveret, distractio rei obligatæ non potest impediri. *l.* 2. *in f. C. debit. vend. pign. imp. n. p. l.* 6. *C. de distr. pign.*

II.

2. Par une novation.

La novation qui éteint la premiere obligation la changeant en une nouvelle, éteint aussi l'hypothéque qui en étoit l'accessoire, si elle n'est réservée *c*.

c Novata debiti obligatio pignus peremit, nisi convenit, ut pignus repetatur. *l.* 11. §. 1. *ff. de pign. act.*
Voyez ce que c'est que novation au Titre des Novations.

III.

3. Par le serment déféré au débiteur qui jure n'avoir rien devoir, ou par un jugement qui l'absout.

Tout ce qui anéantit la dette dégage l'hypothéque. Ainsi, lorsqu'un débiteur à qui le serment est déféré, jure avoir payé, ou qu'il est absous par un jugement dont il n'y ait point d'appel, la dette & l'hypothéque sont anéanties : & il en est de même dans tous les cas où l'obligation ne subsiste plus *d*.

d Si deferente creditore juravit debitor se dare non oportere, pignus liberatur : quia perinde habetur atque si judicio absolutus esset. Nam & si a judice quamvis per injuriam absolutus sit debitor, tamen pignus liberatur. *l.* 13. *ff. quib. mod. pign. vel hyp. sol.* Idem dicere debemus, vel si qua ratione obligatio ejus finita est. *l.* 6. *eod.*

IV.

4. Par tout ce qui tient lieu de payement.

Tout ce qui peut tenir lieu de payement, fait que l'hypothéque ne subsiste plus. Ainsi, par exemple, si le créancier se contente ou d'une caution, ou d'un autre débiteur au lieu du premier, ou qu'au lieu de son gage il en prenne un autre, dans tous ces cas & autres semblables, l'hypothéque cesse, si l'intention des parties paroît décharger le gage, & restreindre le créancier à ces autres suretez, quoique sa condition en devienne moins avantageuse *e*.

e Item lib-ratur pignus sive solutum est debitum, sive eo nomine satisfactum est. *l.* 6. *ff. quib. mod. pign.* Satisfactum autem accipimus quemadmodum voluit creditor, licèt non sit solutum : sive aliis pignoribus sibi caveri voluit, ut ab hoc recedat : sive fidejussoribus, sive reo dato, sibi pretio aliquo, vel nuda conventione, nascitur pigneratitia actio, & generaliter dicendum erit, quoties recedere voluit creditor à pignore, videri satisfactum, si ut ipse voluit, sibi cavit, licèt in hoc deceptus sit. *l.* 9. §. 3. *ff. de pign. act. l.* 3. *C. de luit. pign.*

V.

5. Par une consignation en cas de refus du créancier de recevoir son payement.

Si c'est par un refus que fasse le créancier de recevoir son payement, qu'il retienne le gage, ou qu'il veuille le faire vendre, le débiteur peut offrir les deniers en justice, & les consigner, pour demeurer quitte, empêcher la vente, & retirer son gage, avec les dommages & intérêts que le créancier pourra lui devoir pour son retardement *f*.

f Si per creditorem stetit, quominus ei solvatur, rectè agitur pigneratitia. *l.* 20. §. 2. *ff. de pign. act.* Si offerat in judicio pecuniam, debet rem pignoratam, & quod sua interest consequi. *l.* 9. §. *uit. eod.* Debitoris denuntiatio, qui creditori suo ne sibi rem pignori obligatam distrahat, vel his qui ab eo volunt comparare, denuntiat, ita demum efficax est, si univerlum tam fortis quàm usurarum offerat debitor creditori, coque non accipiente, idonea fide probationis, ita ut oportet depositum offendat. *l.* 2. *C. debit. vend. pign. imp. n. p.* V. sur la Consignation la remarque sur l'art. 7. de la Section 3. p. 104.

VI.

6. Si le payement fait ne subsiste point, l'hypothéque revit.

Si le payement, ou ce qui devoit en tenir lieu, n'avoit point d'effet, l'hypothéque revivroit avec la créance; comme si le créancier avoit pris en payement une dette avec garantie, & qu'il ne pût en être payé, ou un fonds avec la même garantie dont il fût évincé, ou qu'un mineur eût donné une quittance dont il fût relevé : car ces sortes de payemens renferment la condition qu'ils subsisteront. Mais si un créancier majeur s'é-

---

toit contenté d'un transport d'une dette à ses périls, & avoir donné quittance, l'hypothéque & la créance demeureroient éteintes, quoique le créancier ne pût être payé de la dette cédée *g*.

g Debitum cujus meministi quod per pacti conventionem inutiliter factam remisisti, etiam nunc petere non veraris, & usitato more pignora vindicare. *l.* 5. *C. de rem. pign.*

VII.

7. L'hypothéque s'éteint si le gage est mis hors du commerce.

Si le fonds hypothéqué cesse d'être en commerce, comme s'il est destiné à une Eglise ou autre lieu public, l'hypothéque ne subsiste plus. Mais le créancier a son action sur le prix que son débiteur en pourra recevoir *h*.

h V. l'article 26. de la Sect. 1.

VIII.

8. On s'il vient à périr.

Comme l'hypothéque sur un fonds qui vient à périr par un débordement ou autre accident, ne subsiste plus; ainsi l'hypothéque qu'auroit un créancier sur un droit d'usufruit acquis à son débiteur, n'aura plus d'effet si l'usufruit cesse, quand même le débiteur survivroit à la perte de son usufruit, comme s'il ne l'avoit que pour quelque tems *i*.

i Sicut re corporali extincta, ita & usufructu extincto, pignus hypothecave perit. *l.* 8. *ff. quib. mod. pign.* V. l'art. 2. de la Sect. 6. de l'Usufruit, p. 115.

IX.

9. La prescription de la dette éteint l'hypothéque.

Si la dette pour laquelle l'hypothéque avoit été donnée, est éteinte par une prescription, l'hypothéque qui n'en étoit qu'un accessoire, est anéantie *l*.

l Item liberatur pignus sive solutum est debitum . . . . Sed etsi tempore finitum pignus est, idem dicere debemus. *l.* 6. *ff. quib. mod. pign. l.* 12. *de divers. temp. præsc. l.* 3. *C. de præsc.* 30. vel 40. ann.
Par le Droit Romain l'action hypothéquaire ne se prescrivoit que par 40. ans contre le débiteur & ses héritiers, & même contre les tiers détenteurs, si le débiteur étoit encore vivant. Ainsi l'action hypothéquaire duroit plus que la simple action personnelle. V. à la fin du préambule de la Section 4. de la Possession & des Prescriptions. Cette prescription de 40. ans s'observe en quelques Provinces. Mais on a conçu la regle suivant l'usage commun & naturel, qui ne donne pas plus de durée à l'action hypothéquaire qu'à la simple action personnelle, par la raison expliquée dans l'article.

X.

10. Si le débiteur perd son droit sur le gage, le créancier y perd son hypothéque.

Si le débiteur qui avoit hypothéqué un fonds vient à perdre le droit qu'il y avoit, comme s'il en étoit dépouillé par une éviction, ou par une faculté de rachat, ou par un retrait lignager, ou par d'autres causes, l'hypothéque qu'il avoit assignée sur ce fonds ne subsiste plus; si ce n'est que ce fût par son fait qu'il eût perdu son droit, comme, par exemple, si pouvant se défendre de cette éviction ou de ce rachat, ou de ce retrait, il y donnoit les mains; s'il négligeoit de demander la distraction d'un fonds saisi sur une tierce personne, & qui seroit à lui; s'il ne défendoit pas dans une bonne cause; ou s'il abandonnoit autrement ses droits. Car dans tous ces cas le créancier peut exercer les droits de son débiteur pour conserver les siens *m*.

m Si res distracta fuerit sic, Nisi intra certum diem meliorem conditionem invenisses, fueritque tradita, & forte emptor, antequam melior conditio offerretur, hanc rem pignori dedisset : Marcellus libro quinto Digestorum ait, finiri pignus si melior conditio fuerit allata, quamquam ubi sic res distracta est, vel emptori difficilisset, pignus finiri non putet. *l.* 3. *ff. quib. mod. pign.* Sedente (debitora) tali auxilio uti, vel præsente vel absente eo, creditores ejus possunt. *l. pen. C. de non num. pec.*

XI.

11. Effet de la rédhibition de la chose hypothéquée.

Si un débiteur qui avoit acheté un fonds, ou un meuble, & qui l'avoit ensuite engagé à un créancier, veut résoudre la vente par rédhibition, à cause de quelque défaut de la chose vendue, son créancier pourra l'empêcher, si le débiteur ne pourvoit à sa sureté, soit en lui donnant le prix que le vendeur sera obligé de rendre, ou en lui laissant la chose s'il veut la prendre pour le prix dont ils conviendront *n*.

n Si debitor cujus res pignori obligatæ erant, servum quem emerat rédhibuerit, an definat Servianæ locus esse ? Et magis est ne definat, nisi ex voluntate creditoris hoc factum est. *l.* 4. *ff. quib. mod. pign.*
V. l'art. 3. de la Sect. 11. du Contrat de vente, p. 48.

12. Le créancier qui consent à l'aliénation de son gage, perd son hypothèque s'il ne la réserve.

XII.

Le créancier qui consent à la vente, donation, ou autre aliénation que fait son débiteur du fonds qui lui étoit engagé ou qui la permet, ou la ratifie, n'a plus d'hypothéque sur ce fonds, s'il ne la réserve *o*. Car il a consenti à une aliénation qui ne pouvoit se faire à son préjudice s'il ne l'eût approuvé ; & son consentement tromperoit l'acquéreur, s'il pouvoit ensuite se servir de son hypothéque.

o Creditor qui permisit rem venire pignus dimisit. *l.* 158. *ff. de reg. jur.* Si consensit venditioni creditor, liberatur hypotheca. *l.* 7. *ff. quib. mod. pign.* Si in venditione pignoris consenserit creditor, vel ut debitor hanc rem permutet, vel donet, vel in dotem det, dicendum erit pignus liberari : nisi talem causa pignoris sui consentit vel venditioni vel cæteris. *l.* 4. §. 1. *eod.* Si probaveris te fundum mercatum, possessionemque ejus tibi traditam, sciente & consentiente ea quæ sibi cum à venditore obligatam dicit,exceptione ea removebis : nam obligatio pignoris consensu & contrahitur, & dissolvitur. *l.* 2. *C. de remiss. pign.* Sed & si non concesserat pignus venundari, si ratam habuit venditionem, idem erit probandum. *d. l.* 4. §. 1. *in fine ff. quib. mod. pign.* *V. sur ce consentement l'art.* 15. *ci-aprés.*

13. Si le vendeur se consent que son gage soit obligé à un autre.

XIII.

Si un créancier consent que son gage soit obligé à un autre, il lui remet son droit *p*. Mais ce consentement doit être tel qu'il qu'on l'expliquera dans l'article 15.

p Paulus respondit, Sempronium antiquiorem creditorem consentientem, cùm debitor eamdem rem tertio creditori obligaret, jus suum pignoris remisisse videri. *l.* 12. *ff. quib. mod. pign. v. h. s.*

14. Cette hypothéque reste si l'aliénation n'a pas son effet.

XIV.

Si la vente ou autre aliénation faite par le débiteur du consentement de son créancier, vient à être annullée, ou qu'après ce consentement elle ne soit pas accomplie ; le créancier alors rentre dans son droit. Car ce n'étoit que en faveur de cette aliénation qu'il avoit renoncé à son hypothéque ; & il en seroit de même s'il avoit consenti que son débiteur disposât du fonds hypothéqué en faveur d'un légataire, & que le legs se trouvât nul, ou que le légataire y eût renoncé *q*.

q Belle quæritur, si forté venditio rei specialiter obligatæ non valeat , an nocere hæc res creditori debeat , quod consentit ? ut putà . si qua ratio juris venditionem impediat, dicendum est , pignus valere. *l.* 4. §. ult. *ff. quib. med. pign.* Si voluntate creditoris fundus alienatus est,tit. excedendè applicari sed cum creditor desiderat,si tamen efficax sit secutus venditionis. Nam si non venierit,non est satis ad repellendum creditorem , quod voluit venire. *l.* 8. §. 6. *eod.* Venditionis autem appellatione generaliter accipere debemus, ut & si legare permittat, valeat quod concessit quod ita intelligemus, ut & si legatum repudiaverit , convalescat pignus. *d. l.* 8. §. 11. Voluntate creditoris pignus debitor vendidit, & posteà placuit inter eum & emptorem , ut à venditione discederent, jus pignoris salvum erit creditori : nam si cut debitori, ita & creditori pristinum jus restituitur : neque omnimodò creditor pristinum jus remittit : sed ita demùm , si emptor rem retineat, nec reddat venditori. *l.* 10. *eod.*

15. Connoissance qu'un créancier peut avoir de l'aliénation.

XV.

On ne doit pas prendre pour un consentement du créancier à l'aliénation de son gage, la connoissance qu'il peut en avoir, ni le silence où il demeure après cette connoissance ; comme s'il sçait que son débiteur vend une maison qui lui est hypothéquée, & s'il n'en dit rien. Mais pour le priver de son droit, il faut qu'il paroisse par quelque acte, qu'il sçait ce qui se fait à son préjudice, & qu'il y consent : & un créancier ne perd son hypothéque par son consentement, que lorsqu'il paroît évidemment que son intention est de la remettre, ou qu'on pourroit lui imputer de la mauvaise foi pour n'avoir pas déclaré son droit, devant le le déclarer. Ainsi, par exemple, si celui qui avoit affecté spécialement un fonds à un premier créancier pour une rente, l'affectoit de même à un second pour une autre rente, lui déclarant que ce fonds n'étoit engagé à personne, & que le premier créancier signât le contrat ou comme partie ou comme témoin ; il se feroit rendu complice de cette fausse déclaration, & ne pourroit se servir de son hypothéque sur ce fonds , au préjudice de ce second créancier. Ainsi, au contraire, si un créancier signe comme témoin un contrat de mariage , ou un autre acte où son débiteur oblige tous ses biens, il ne perdra pas son hypothéque pour n'en avoir pas fait de protestation. Ainsi celui qui signe comme témoin un testament où le

testateur dispose d'un fonds sujet à son hypothéque, ne la perdra pas : & en général on doit juger de l'effet de ces approbations par des signatures ou autrement , selon les circonstances de la qualité des actes , de celles des personnes , de la connoissance qu'elles peuvent avoir du tort que peut faire ou leur approbation ou leur silence à leurs intérêts & à ceux des autres , de leur bonne ou mauvaise foi , de l'intention des contractans , & les autres semblables *r*.

r Non videtur autem consensisse creditor, si sciente eo debitor rem vendiderit , cùm ideo passus est venire, quod sciebat utique pignus sibi durare. Sed si subscripserit forte in tabulis emptionis , consensisse videtur, nisi manifestè appareat deceptum esse. *l.* 8. §. 15. *ff. quib. med. pign.* Inveniebatur Mævius instrumento cautionis cum republica facta à Seio interfuisse , & subscripsisse , quo caveret Seius , fundum nulli alii esse obligatum. Quæro an actio aliqua in rem Mævio competere possit ? Modestinus respondit, pignus cui is de quo quæritur consentit, minimè cum retinere posse. *l.* 9. §. 1. *ff. quib. mod. pign.* Lucia Titia intestata oriens , à filiis suis per fideicommissum alieno servo domum reliquit. Post mortem , filii ejus sciebat quo hæredes , cum diviserunt hæreditatem matris , diviserunt etiam domum. In qua divisione dominus servi fideicommissario quasi testis affuit. Quæro , an fideicommissi persecutionem acquisitam sibi per servum , eo quod interfuit divisioni , amisisse videatur ? Modestinus respondit , fideicommissum ipso jure amissum non esse.... nisi evidenter apparuisti omittendi fideicommissi animo sese cum fecisse. *l.* 34. §. 2. ff. de leg. 2. v. l. 8. *ff. de resc. vend.* Caius Seius qui pecuniam mutuam debebat suum fundum Lucio Titio pignori dedit. Posteà pactum inter eos factum est , ut creditor pignus suam in compensationem pecuniæ suæ certo tempore possideret. Verùm ante expletum tempus creditor cùm suprema sua ordinaret , testamento cavit , ut alter ex filiis suis haberet cum fundo , & addidit quem de Lucio Titio emit , cùm non emisset. Hoc testamento inter cæteros signavit & Caius Seius , qui fuit debitor. Quæro , an hoc quod signavit præjudicium aliquod sibi fecerit : cùm nullum instrumentum venditionis proferatur , sed solum pactum ut creditor certo tempore fructus caperet ? Herennius Modestinus respondit, contractui pignoris non obesse , quod debitor testamentum creditoris , in quo se emisse pignus expressit , signasse proponitur. *l.* 39. *ff. de pign. act.* Il faut remarquer sur cet article la différence qu'il peut y avoir entre la signature d'un créancier dans quelqu'acte où il est partie , & dans un autre où il est seulement témoin. Tout ce qu'il signe comme partie , l'oblige sans doute. Mais dans les actes qu'il signe comme témoin , & où la signature n'est mise que pour témoignage de la vérité de ce qui s'est passé entre les contractans , on ne peut tirer de conséquence où la signature d'un témoin contre son intérêt , qu'en cas qu'il donne sujet par cette signature , à ce que l'un des contractans se trouve trompé , comme dans le cas de ce témoin qui signe le contrat où il est la susd. énonciation expliquée dans l'article. Car ce est ce le silence de ce témoin renferme une mauvaise foi qu'il le rend complice de celle de son débiteur. Ainsi si un témoin ne contribue en rien de la part & avoit autre surprise , & qu'il ne donne aucun consentement exprès qui déroge à son droit , la signature ne doit pas lui nuire : comme on le voit dans le cas de cette Loi 39. ff. de pign. act. citée sur cet article,qui c'est qu'il avoit engagé son fonds à un créancier, ne le peut pas pour avoir souscrit comme témoin le testament de ce créancier, qui déclare qu'il veut que ce fonds demeure à un de ses enfans , quoique même ce testateur ait ajouté qu'il avoit acquis ce fonds de ce témoin. *V. l'article* 33. *de la Section* 1.

TITRE II.

De la séparation des biens du Défunt, & de ceux de l'Héritier entre leurs Créanciers.

Matiere de ce Tit.

ON a vû dans le Titre précédent, que l'un des usages de l'hypothéque est d'affecter les biens du débiteur en quelques mains qu'ils puissent passer. Mais quand ils ne passent que du débiteur à son héritier , le créancier conserve son droit, encore qu'il n'ait aucune hypothéque, parce que l'héritier succéde aux biens qu'à la charge d'acquitter les dettes. Ainsi tous les créanciers du défunt font à l'égard de son héritier au même état où ils étoient à l'égard de leur débiteur, chacun conservant sur les biens du défunt, ou son hypothéque, ou son privilége, ou la simple créance telle qu'il l'avoit. Mais ce changement qui fait passer les biens du débiteur à son héritier, ayant cet effet que les créanciers de cet héritier auront aussi leur droit sur les biens qui lui font acquis ; il n'arrive que lorsque l'héritier n'a pas assez de ses biens propres pour ses créanciers, ceux du défunt se trouvent en péril de voir passer les biens du défunt aux créanciers de l'héritier, & il y est pourvû par la séparation

paration des biens du défunt & de ceux de l'héritier entre leurs créanciers.

C'est par l'usage de cette séparation que les créanciers du défunt, qui craignent que son héritier ne soit pas solvable, empêchent la confusion des biens du défunt avec ceux de l'héritier, afin que les biens de leur débiteur leur soient conservez, & ne passent pas aux créanciers de cet héritier.

Mais si les créanciers de l'héritier craignent de leur part que cet héritier leur débiteur, s'engageant dans une succession onéreuse, ses biens ne passent aux créanciers du défunt à leur préjudice ; il est de la même équité qu'ils puissent distinguer & séparer les biens de l'héritier de ceux du défunt. Sur quoi il faut remarquer, qu'encore que la condition des créanciers de l'héritier & celle des créanciers du défunt doivent être égales, le Droit Romain en avoit disposé autrement, & n'accordoit pas la séparation aux créanciers de l'héritier, par cette raison, qu'un débiteur ayant la liberté de s'obliger, il peut empirer la condition de ses créanciers par de nouveaux engagemens à leur préjudice *a*. Mais cette subtilité n'a pas été goûtée dans notre usage : & on a jugé que la liberté que peut avoir un débiteur de contracter de nouvelles detes, quoiqu'il en arrive du préjudice à ses créanciers, ne doit pas être tirée à une telle conséquence. Car s'il est permis à ce débiteur de se faire de nouveaux créanciers en acceptant une succession chargée de dettes, il ne doit pas être défendu à ses créanciers d'user du droit qu'ils ont sur ses biens, pour empêcher qu'il ne les assujettisse aux charges de cette succession : & il est de la même justice de leur accorder cette séparation, que de l'accorder contr'eux aux créanciers du défunt pour les biens de la succession.

Il est vrai qu'en de certains cas on accordoit dans le Droit Romain la séparation aux créanciers de l'héritier, comme s'il acceptoit une succession onéreuse pour frauder ses créanciers, & encore n'accordoit-on pas facilement la séparation dans ce cas-là même. Et elle avoit aussi lieu dans quelques autres cas dont il seroit inutile de parler ici *b* ; mais ces exceptions ne suffisoient pas pour faire justice aux créanciers de l'héritier, & notre usage leur accorde la séparation indistinctement.

Cette remarque de notre usage servira d'avertissement qu'il faut étendre aux créanciers de l'héritier les regles qui seront recueillies dans ce Titre, quoiqu'il n'y soit parlé que des créanciers du défunt.

a Ex contrario autem creditoribus Titii non impetrabunt separationem. Nam licet alicui adjiciendo sibi creditorem, creditoris sui facere deteriorem conditionem. *l. 1. §. 2. ff. de separat.*
b V. l. 1. §. 5. & seq. ff. de separat.

c Les Mineurs ont hypotheque sur les biens de leurs Tuteur & Curateur. *l. 20. eod de adm. tut.* ... quand même ils n'en auroient point geré la tutelle. *l. 20. §. 1. eod.*

Les biens des Proturers sont aussi obligez de la même maniere. *l. 25. ff. de tutelis & rat. distrah. & l. 19. §. 1. ff. de privil. cred.*

Tous les prodigues interdits, furieux, ont le même privilége sur les biens de leur Curateur. *l. 20. 21. 22. ff. eod.*

En Droit ce privilége étoit personnel & ne passoit point aux héritiers. *l. 19. ff. eod.*

Tous les Mineurs prodigues, &c. ont aussi hypotheque sur les biens de ceux qui ont fait leurs affaires par ordre du Tuteur. *Argum. l. 2. C. de negot. gesti. Negustanius de pign. & hypot. part. 2. ch. 4. n. 9.*

Les Mineurs ont cette hypotheque sur les biens de leur Tuteur, même pour la gestion faite après la majorité ; car les Mineurs sont toujours repurez tels à l'égard de leurs Tuteurs, jusqu'à ce qu'ils ayent rendu compte suivant l'Ordonnance de 1667. Titre de la reddition des comptes, art. 1.

Cette hypotheque des Mineurs, &c. est du jour de l'administration ou acte de tutelle. *Tanquam pignoris tutela obligata. d. l. 20. C. de administ. tut. & l. 6. eod. de bonis qua liber. Louet, l. H. ch. 13. Despeiss. t. 1. p. 522. n. 11.*

En Droit, à l'exemple des Mineurs, les fils de famille ont hypotheque pour leurs biens adventifs sur les biens de leur pere au jour de l'administration. *l. 6. C. de bonis qua lib.*

Il en est de même parmi nous en faveur des enfans sur les biens des gardiens & baillistres.

Les enfans ont aussi une hypotheque tacite sur les biens de leurs pere & mere qui se remarient, pour la restitution des biens qui leur doivent venir du chef du prédécédé. *Ex eo die quo ea res ad eam pervenerint. L. hac edictali. §. 2. de secundis nuptiis.*

Les Substituez ont hypotheque sur les biens des héritiers des Instituez du jour de l'administration, pour la restitution du fideicommis & les dégradations. *Argum. l. 6. §. 4. de bonis qua libetis.* Jugé par Arrêt, tom. 6. p. 81. Journal des Audiences.

Les biens des Ecclésiastiques sont hypothequez pour les réparations qui sont à faire dans les Bénéfices du jour qu'ils sont entrez en possession. La glose sur le chapitre 1. aux Décretales de *pignorious*, à la fin, donne la même hypotheque que sur les biens du Tuteur.

Les biens propres de l'héritier par bénéfice d'inventaire sont hypothequez du jour de son administration, envers les créanciers de la succession au cas qu'il se trouve reliquataire. Ainsi jugé par Arrêt en la Grand'Chambre le 7. Septembre 1675.

Enfin l'hypotheque sur les biens de toutes sortes d'Administrateurs remonte au jour de l'administration. *l. 32. de Episcop. & Clericis.*

La femme a une hypotheque tacite sur les biens de son mari du jour du contrat ou célébration de mariage s'il n'y a contrat. 1°. Pour la dot. 2°. Pour le douaire soit coutumier ou préfix. 3°. pour le remploi. 4°. Pour l'indemnité.

En pays de Droit Ecrit, elle a aussi son hypotheque de ce jour pour son deuil & l'an de viduité.

Les cohéritiers ont pour la garantie des lots une hypotheque tacite du jour du partage, Louet l. H. ch. 2. & la prescription contre cette hypotheque ne commence que du jour de l'éviction.

En Droit, le vendeur n'a point d'hypotheque sur la chose par lui vendue à moins qu'il ne se la soit réservée expressément, & en ce cas il l'a avant les créanciers même antérieurs. *l. 17. cod. de pign. & hypoth. l. 7. C. qui pot. in pignore hab. & Nov. 136. ch. 3.*

Mais en France, même dans les Parlemens du Droit Ecrit, l'hypotheque est de droit sans stipulation. Dotive, *l. 4. ch. 10.* Despeisses, tome 1. p. 24. n. 2. Henrys, quest. 107. tome 1. l. 4. Brod. sur Louet, l. H. chap. 21.

Les légataires ont une hypotheque tacite sur les biens du défunt du jour du décès. *l. 1. C. commi. de lega. l.* Mais cette hypotheque ne s'étend point sur les biens de l'héritier. *Hypothecam non esse verum ipsius heredis, sed tantummodo earum quæ a testatore ad eum pervenerint. d. l. in fine.*

Cette disposition est suivie parmi nous. Bouguier, l. H. ch. 5. Le Prét.Cent. c. 75. Baquet des droits de Justice, c. 21. n. 17. Quoique le testament soit homologué le produit hypotheque, cette hypotheque ne s'étend point au-delà du quint des propres.

Les propriétaires ont une hypotheque tacite sur les meubles des locataires. *Vide quod scripsi*, Titre du Louage de maison.

Les Ouvriers ont une hypotheque tacite sur les ouvrages qu'ils ont faits ou raccommodé. V. tit. des Privilèges.

Les Procureurs ont une hypotheque tacite sur les biens de leur Partie du jour de leur constitution. Journal des Audiences, t. 6. ch. 25. Fevr. art. 164. n. 98.

Le Fisc a une hypotheque tacite sur les biens de tous ceux qui contractent avec lui. *l. 46. §. 3. ff. de jure fisci. Sciens semper jus habet pignoris. l. 2. C. In quibus causis hypoth. tacit. conv. Certum est ejus qui cum fisco contrahit bona pignori tacite obligari, quamvis specialiter id non exprimatur.* Cette Jurisprudence est suivie parmi nous suivant l'Edit de 1669. pour les privilèges des deniers royaux.

Les Villes & Communautez n'ont point la même hypotheque que le Fisc, à moins que ce ne leur soit attribué par Lettres-Patentes. *L. ad municipalem. l. 2, C. de jur recip. Plinius. Epist. lib. 10. Lett. 109.* ou qu'elles ne jouissent de cette hypotheque par un ancien usage. *L. Anthiochensium 37. de rebus auth. jud. possid. & de privil. cred. Plinius eod. Epis. 110.*

Les Jugemens emportent hypotheque suivant l'Ordonnance de Moulins art. 53. du jour de la prononciation. Ordonnance 1667. art. XI. Titre des Requêtes Civiles.

À l'égard des Sentences & Arrêts par défaut, ils n'emportent hypotheque que du jour de la confirmation. Ordonnance de 1667. eodem.

S'il y a appel de la Sentence & qu'elle soit confirmée, l'hypotheque est du jour de la Sentence. Mais si la Sentence est confirmée en partie, & que néanmoins par l'Arrêt l'Appellant soit condamné à une somme, l'intimé aura hypotheque du jour de l'Arrêt seulement.

L'hypotheque pour les intérêts civils ou amende n'est acquise que du jour de la Sentence ou Jugement. Ferrieres rapporte les différens sentimens, art. 164. n. 99. & suivans.

Les Contrats passez devant Notaires produisent aussi une hypotheque : à l'égard de ceux passez par les Notaires des Seigneurs, ils emportent hypotheque quand ils sont passez dans leur ressort, quoique les contractans n'y soient point domiciliez : jugé par un Arrêt célèbre. Consult. class. du 7. Juillet 1659. rapporté par Auzanet, art. 165. & par Ferrieres, art. 164. n. 83.

À l'égard des Actes passez par les Notaires Apostoliques ils ne donnent point d'hypotheque. Les Actes passez pardevant les Notaires des Pays-étrangers, n'emportent point d'hypotheque : Ordonnance de 1629. art. 121.

Néanmoins les Contrats de mariage passez en Pays étrangers emportent hypotheque. Labbé, art. 167.

La novation faite d'une ancienne obligation ne change point l'hypotheque, elle est toujours du jour de la premiere obligation. *l. 3. ff. qui potiores* : de même une obligation convertie en Contrat de constitution, conserve toujours sa même hypotheque. Ferrieres, art. 164. n. 83. 84. & 85.

SECTION I.

De la nature & des effets de la séparation.

SOMMAIRES.

1. Cas de cette séparation.
2. La séparation est indépendante de l'hypothèque.
3. Les légataires ont le droit de séparation.
4. Séparation pour une dette conditionnelle, ou à terme.
5. L'aliénation faite par l'héritier empêche la séparation.
6. L'engagement fait par l'héritier n'empêche pas la séparation.
7. La séparation a lieu dans une seconde, & troisiéme succession, & au-delà.
8. Si le débiteur succede à son Fidejusseur, la séparation a lieu.
9. La séparation ne nuit pas au droit contre l'héritier.
10. Les priviléges n'empêchent pas la séparation.
11. Si un des héritiers est créancier, il peut demander la séparation.

I.

1. Cas de cette séparation.

Lorsque les créanciers d'un défunt craignent que l'héritier ne soit pas solvable, ils peuvent faire séparer les biens de la succession, de ceux de l'héritier, pour s'assûrer les biens du défunt leur debiteur, contre les créanciers de son héritier *a*.

a Sciendum est separationem solere impetrari decreto prætoris : Solet autem separatio permitti creditoribus ex his causis, ut puta debitorem quis Seium habuit : hic decessit : hæres ei extitit Titius : hic non est solvendo, patitur bonorum venditionem : creditores Seii dicunt bona Seii sufficere sibi, creditores Titii contentos esse debere bonis Titii. Et sic quasi duorum fieri bonorum venditionem. Fieri enim potest, ut Scius quidem solvendo fuerit, potueritque satis creditoribus suis : vel ita semel, & si non in assem, in aliquid tamen satisfacere : admissis autem commixtisque creditoribus Titii, minùs sint consecuturi, quia ille non è solvendo : aut minus consequantur quia plures sunt. Hic est igitur æquissimum creditores Seii desiderantes separationem audiri, impetrareque à prætore, ut separati quantum cujusque creditoribus præstetur. *l. 1. ff. de separar.* Est jurisdictionis tenor promptissimus, indemnitatisque remedium edicto prætoris creditoribus hæreditariis demonstratum, ut quoties separationem bonorum postulant causa cognita, impetrent. *l. 2. C. de bon. aud. Jud. possid.*

Quoique cette regle paroisse bornée aux créanciers du défunt, ceux de l'héritier ont le même droit suivant notre usage, comme il a été remarqué dans le préambule.

II.

2. La séparation est indépendante de l'hypothéque.

Le droit de cette séparation est indépendant de l'hypothéque, & les créanciers chirographaires peuvent la demander. Car le simple effet de leur créance les fait préferer sur les biens de leur débiteur aux créanciers de son héritier, envers qui le défunt n'étoit point obligé *b*.

b Ce n'est pas l'hypotheque qui donne ce droit, mais la simple qualité du créancier.

III.

3. Les légataires ont le droit de séparation.

Les légataires du défunt ont le même droit de demander cette séparation, car ils sont créanciers de la succession. Mais si les créanciers du défunt leur sont préferez, parce qu'il n'a pû léguer à leur préjudice *c*.

c Quoties hæredis bona solvendo non sunt, non solum creditores testatoris, sed etiam eos quibus legatum fuerit, impetrare bonorum possessionem æquum est. ita ut cùm creditoribus solidum acquisitum fuerit, legatariis vel solidum, vel portio quæratur. *l. 6, ff. de sep. l. 4. §. 1. eod.*

IV.

4. Séparation pour une dette conditionnelle, ou à terme.

Un créancier, ou un légataire de qui le droit dépendroit d'une condition qui ne seroit pas encore arrivée, ou seroit sursis par un terme qui ne seroit pas échu, pourroient néanmoins demander la séparation pour leur sûreté *d*.

d Creditoribus qui ex die, vel sub conditione debentur, & propter hoc nondum pecuniam petere possunt, æquè separatio dabitur, quoniam & ipsis cautione communi consuletur. *l. 4. ff. de separas.*

V.

Si avant que la séparation eût été demandée, l'héritier avoit aliéné de bonne foi des biens de la succession,

---

soit meubles ou immeubles, ou même la succession entiere, les créanciers du défunt ne pourront demander la séparation de ce qui aura été aliéné *e*. Car l'héritier qui en cette qualité étoit le maître des biens, a pû en disposer. Mais cette aliénation à l'égard des immeubles ne feroit aucun préjudice aux créanciers hypothéquaires du défunt : & ils pourroient exercer leur hypothéque & leur privilege s'ils en avoient contre les possesseurs, ainsi qu'ils l'auroient pû si le défunt avoit fait l'aliénation *f*.

5. L'aliénation par l'héritier empêche la séparation.

e Ab hærede vendita hæreditate, separatio frustrà desiderabitur : utique si nulla fraudis incurrat suspicio. Nam quæ bona fide medio tempore per hæredem gesta sunt, rata conservari solent. *l. 2. d. separar.*

Quoiqu'il semble que cette Loi ne regarde que la vente de l'hérédité, sa disposition & son motif comprennent les aliénations particulieres, & les dernieres paroles de cette Loi le marquent assez.

f Les aliénations en quelques mains que passent les droits hypothequez, ne sont pas de préjudice à l'hypotheque, comme on l'a vû dans le Titre précédent.

Il s'ensuit de cette regle, qu'à l'égard des immeubles aliénez par l'héritier, les créanciers du défunt qui n'avoient pas d'hypotheque, y ont perdu leur droit, & qu'il ne leur reste que l'action personnelle contre l'héritier, & le droit de séparation des biens de la succession qui peuvent rester en ses mains. Et à l'égard des meubles aliénez par l'héritier, les créanciers du défunt, même les hypothéquaires, y ont perdu leur droit de même qu'ils l'auroient perdu si l'aliénation avoit été faite par le défunt, car ils n'avoient pas acquis un droit de propriété par la mort du défunt.

VI.

6. L'engagement fait par l'héritier n'empêche pas la séparation.

Si l'héritier avoit engagé ou hypothéqué des meubles ou immeubles de la succession avant que la séparation en fût demandée, les créanciers du défunt ne laisseront pas de faire séparer ces biens engagez *g*. Car la séparation a lieu tandis que la propriété demeure à l'héritier, & cet engagement ne l'en prive pas.

g Sciendum est autem, etiam si obligata res esse proponatur ab hærede post pignoris vel hypothecæ, attamen, si hæreditaria fuit, jure separationis hypothecario creditori potiorem esse eum qui separationem impetraverit. Et ita Severus & Antoninus rescripserunt. *l. 1. §. 3. ff. de separar.*

VII.

7. La séparation a lieu dans une seconde & troisiéme succession, & au-delà.

Si les biens d'une succession passent de l'héritier à son héritier, & de celui-ci à ceux qui lui succederont, & ainsi à d'autres héritiers successivement, de sorte que la premiere succession & les suivantes se trouvent confondues entre les mains des héritiers à qui elles passent, les créanciers de chaque succession en suivront les biens d'un héritier à l'autre, & pourront en demander la séparation *h*.

h Secundum hæc videamus, si primus secundùm hæredem scripserit, secundus tertium, & tertii bona veniant : aut creditores possint separationem impetrare, & putem si quidem primi creditores petant, utique aud. eundos & adversùs secundi & adversùs tertii creditores ; si verò secundi creditores petant, adversùs tertii, utique eos impetrare posse. *l. 1. §. 8. de separar.*

VIII.

8. Si le débiteur succede à son fidejusseur, la séparation a lieu.

Si un débiteur pour qui un autre étoit obligé comme sa caution, vient à lui succéder, le créancier pourra demander contre les créanciers de son fidejusseur la séparation des biens du défunt, sans que les autres créanciers de ce fidejusseur puissent l'empêcher, non plus que ceux du débiteur son héritier : car encore que l'obligation du fidejusseur décedé, soit confondue en la personne de ce débiteur qui est son héritier, le créancier ne perd pas la sûreté qu'il avoit sur les biens du fidejusseur, non plus que celle qu'il conserve toujours sur les biens de son débiteur *i*.

i Debitor fidejussori hæres extitit, ejusque bona venierunt : quamvis obligatio fidejussionis extincta sit, nihilominus separatio impetrabitur, petente eo cui fidejussor fuerat obligatus : sive solus sit hæreditarius creditor, sive plures. Neque enim ratio juris, quæ causam fidejussionis propter principalem obligationem, quæ major fuit, excludit, damno debet afficere creditorem, qui sibi diligenter prospexerat. Quid ergò si bonis fidejussoris separatis, solidum ex hæreditate stipulator consequi non possit? Utrum portio cum cæteris hæredis creditoribus ei quærenda erit, an contentus esse debebit bonis quæ separari maluit? sed cum fidejussor isto, non adita fidejussoris à reo hæreditate, bonis fidejussoris venditis, in residuum promisceri debitoris creditoribus potuerit, ratio non patitur eum in proposito submoveri. *l. 3. ff. de separar.* Ce qui est dit dans cet article pour le cas où le débiteur succede à la caution, auroit lieu de même, à plus forte raison, dans le cas où la *caution succéderoit au débiteur, & le même créancier qui peut demander la séparation des biens du Fidejusseur contre les créanciers du débiteur qui lui succede, peut demander sans doute la séparation des biens du débiteur contre les créanciers du Fidejusseur héritier de ce débiteur.*

IX.

c. La sépa-ration ne nuit pas au droit contre l'héritier.

Le créancier qui ayant demandé la séparation n'a pû être payé sur les biens du défunt, conserve son droit contre l'héritier. Mais les créanciers de cet héritier lui seront préférez *l*, si leur créance précede l'engagement à l'hérédité.

l Sed in quolibet alio creditore, qui separationem impetravit, probari commodius est, ut si solidum ex hæreditate servari non possit; ita demùm aliquid ex bonis hæredis ferat, si proprii creditores hæredis fuerint dimissi. l. 3. §. 2. ff. de separat.

X.

10. Les privilégies n'empê-chent pas la séparation.

La séparation peut être demandée contre toutes personnes privilégiées, même contre le fisc *m*.

m Sed etiam adversus fiscum & municipes impetraretur separatio. l. 1. §. 4. ff. de separat.

XI.

11. Si un cohéritier est créan-cier, il peut demander la sépara-tion.

Si entre des cohéritiers, il y en a un qui se trouve créancier du défunt, il peut demander la séparation contre les créanciers des autres, à la réserve de la portion de sa dette qu'il doit porter lui-même *n*.

n Si uxor tua pro triente patruo suo hæres extitit, nec ab eo quicquam exigere prohibitum est: debitum à cohæredibus petere non prohiberetur. Cùm ultrà eam portionem qua successit, actio non confundatur. Sin autem cohæredes solvendo non sint, separatione postulata, nullum ei damnum fieri patiatur. l. 7. C. de bon. auth. jud. poss.

SECTION II.

Comment finit ou se perd le droit de séparation.

ON ne mettra pas parmi les regles de cette Section celle du Droit Romain, qui ne permettoit pas la séparation après cinq ans; car cette prescription n'est pas de notre usage.

¶ Cette prescription est observée en Pays de Droit écrit. *l. 1. §. 13. ff. de separat. Desp. t. 1. p. 78. n. 16.*

SOMMAIRES.

1. *La confusion empêche la séparation.*
2. *La novation l'empêche aussi.*
3. *Difficultez qui sont reglées par la prudence du Juge.*

I.

1. La con-fusion em-pêche la sé-paration.

SI les biens du défunt se trouvent confondus avec ceux de l'héritier, de sorte qu'il y en ait qu'il ne soit pas possible de distinguer, & faire voir qu'ils soient de la succession, la séparation à cet égard n'aura pas de lieu; car la confusion en empêche l'effet. Et il faut présumer que ce qui ne paroît pas être de la succession est à l'héritier. Autrement les créanciers de cet héritier seroient obligez de rendre raison du droit qu'il auroit sur toutes les choses dont il seroit saisi, ce qui ne seroit pas juste ni possible *a*.

a Prætereà sciendum est, posteaquam bona hæreditaria bonis hæredis mixta sunt, non posse impetrari separationem. Confusis enim bonis & unitis, separationem impetrari non poterit. Quid ergo si prædia extent, vel mancipia, vel pecora, vel aliud quod separari potest? Hic utique poterit impetrari separatio. l. 1. §. 12. ff. de separat.

II.

2. La nova-tion l'empê-che aussi.

Si un créancier du défunt innove sa dette, & se contente de l'obligation de l'héritier, il ne pourra demander la séparation des biens du défunt. Car il n'est plus créancier que de l'héritier *b*.

b Illud sciendum est eos demùm creditores posse impetrare separationem, qui non novandi animo ab hærede stipulati sunt. Cæterùm, si eum hoc animo secuti sunt, amiserunt separationis commodum. l. 1. §. 10. ff. de separ.
¶ Non-seulement en cas de novation expresse, mais aussi quoiqu'elle soit tacite, comme si *usuras ab eo ea mente quasi eum eligendo, stegerunt. l. 1. ff. 10. in fine eod.*
Etsi satis acceperunt ab eo. §. 11. eod.
Tome I.

Enfin toutes les fois qu'il paroît que les créanciers du défunt se sont contentez de la personne de l'héritier, *fidem hæredis secuti sunt. §. 16. eod.*]

III.

3. Difficul-tez qui sont reglées par la prudence du Juge.

Si la séparation étant demandée, il s'y trouve des difficultez, comme si la confusion des biens en rendoit la distinction incertaine, ou que par d'autres circonstances il y eût du doute si la séparation doit avoir lieu ou non, il dépendra du Juge d'en ordonner par sa prudence selon l'état des choses *c*.

c De his autem omnibus an admittenda separatio sit, necne, prætoris erit vel præsidis notio. l. 1. §. 14. ff. de separat.

TITRE III.

De la solidité entre deux ou plusieurs débiteurs, & entre deux ou plusieurs créanciers.

Nature de la solidité.

IL y a deux manieres dont il se peut faire que deux ou plusieurs personnes soient débiteurs d'une même chose. L'une dans le cas où tous doivent le tout, mais de sorte que chacun n'en doive qu'une portion. Et l'autre dans le cas où tous doivent tellement le tout, que chacun puisse être contraint de l'acquitter seul.

C'est une seconde maniere qu'on appelle solidité; qui donne au créancier le droit d'exiger la dette entiere de celui seul des débiteurs qu'il voudroit choisir. Ce droit peut s'acquérir en deux manieres, ou par l'effet d'une convention, comme si plusieurs empruntent une somme, & s'obligent solidairement envers le créancier qui ne prête qu'à tous, & à cette condition de la solidité: ou par la nature même de la dette, comme si plusieurs personnes ont commis quelque crime, quelque délit, ou causé du dommage par quelque faute qui leur soit commune. Car en ce cas, comme c'est le fait de chacun qui a causé le dommage, ils sont tous tellement obligez à le réparer que chacun d'eux en est tenu seul. Et la complicité du crime ou du délit, ou la part qu'il a dans la faute, l'en rendant coupable, le rend par conséquent responsable du tout *a*.

On ne parlera dans ce Titre que de la solidité dans les conventions, & les regles qu'on en expliquera suffiront pour l'autre, selon qu'elles peuvent s'y rapporter, & particulierement à la solidité qui peut naître de fautes sans crime ni délit *b*, & qui sont une des matieres de ce dessein, dont on a traité dans le Titre huitiéme du Livre second.

Cette solidité ne s'entend qu'en ce qui regarde l'intérêt du créancier, & n'empêche pas qu'à l'égard des débiteurs entr'eux la dette ne se divise, selon ce que chacun en doit porter pour sa portion.

Comme une dette peut être solidaire de la part des débiteurs envers le créancier, il peut y avoir aussi une autre sorte de solidité d'une dette dûe à plusieurs créanciers, soit par un seul, ou par plusieurs débiteurs, si la condition de la dette est telle que comme chacun des débiteurs obligez solidairement, peut être contraint seul de payer le tout, chacun des créanciers entre qui se trouve la solidité, ait seul le droit d'exiger la dette entiere, & d'en décharger le débiteur envers tous les autres.

a Si communi consilio plurium id factum sit, licere vel cum uno, vel cum singulis experiri. Opus enim quod à pluribus pro indiviso factum est, singulos in solidum obligare. l. 1$. §. 2. ff. quod vi aut clam.
b V. l'art. 5. de la Section 1. des Dommages causez par des fautes, &c. p. 180.

SECTION I.

De la solidité entre les débiteurs.

SOMMAIRES.

1. *Définition de la solidité.*
2. *Il n'y a pas de solidité si elle n'est exprimée.*

E e ij

3. *Division nonobstant la solidité.*

4. *On peut s'obliger solidairement pour toutes sortes d'obligations.*

5. *La condition des coobligez solidairement peut être différente.*

6. *Recours de celui qui paye pour les autres.*

7. *L'action contre un des obligez ne fait pas cesser la solidité.*

8. *L'exception personnelle de l'un des obligez ne sert pas aux autres.*

9. *La demande à un des coobligez empêche la prescription à l'égard de tous.*

I.

1. Défini-
tion de la
solidité.

LA solidité entre les débiteurs, est l'engagement qui oblige chacun d'eux envers les créanciers par la dette entiere *a*.

a Ubi duo rei facti sunt, potest ab uno eorum solidum peti. Hoc est enim duorum reorum, ut unusquisque eorum in solidum sit obligatus, possitque ab alterutro peti. *l.* 3. §. 1. *ff. de duob. reis.* Creditor prohiberi non potest exigere debitum, cùm sint duo rei promittendi ejusdem pecuniæ, à quo velit. *l.* 2. *C. eod.* Promittentes singuli in solidum teneantur. §. 1. *inst. eod.* V. l'article 3.

II.

2. Il n'y a
point de soli-
dité, si elle
n'est expri-
mée.

L'obligation de deux ou plusieurs débiteurs qui promettent une même chose, n'est pas solidaire, si on ne l'exprime. Et chacun ne devra que sa portion *b*. Et il en seroit de même, si deux ou plusieurs étoient condamnez en Justice à une même chose, & qu'ils ne fussent pas condamnez solidairement *c*. Car dans le doute, les obligations s'interpretent en faveur de ceux qui sont obligez *d*.

b Cùm ita cautum inveniretur, *tot aureos reclè dari stipulatus est Julius Carpus: spopondimus ego Antoninus Achileus, & Cornelius Dicus:* partes viriles deberi. Quia non fuerat adjectum singulos in solidum spopondisse; ita ut duo rei promittendi fierent. *l.* 11. *in fin. ff. de duob. reis.* Cùm apparebit emptorem, conductoremve, pluribus vendentem, vel locantem, singulorum in solidum intuitu personam. *l.* 47. *ff. locat.*

c Paulus respondit, eos qui unâ sententiâ in unam quantitatem condemnati sunt, pro portione virili ex causâ judicati conveniri. *l.* 43. *ff. de re judic.* Si non singuli in solidum, sed generaliter tu & collega tuus una & certa quantitate condemnati estis, nec additum est, ut quod ab alterutro servari non posset, id alter suppleret: effectus sententiæ pro virilibus portionibus discretus est. Ideoque parens pro tua portione sententiæ, ob cessationem alterius ex causâ judicati conveniri non potes. *l.* 1. *C. si plures una sent. condes.*

d V. l'art. 13. de la Sect. 2. des Conventions, p. 22.

III.

3. Division
nonobstant
la solidité.

Quoiqu'il ait été convenu que l'obligation seroit solidaire, elle se divise: & le créancier ne peut s'adresser à un seul pour tous. Mais avant que de demander aux uns les portions des autres, il doit les discuter chacun pour la sienne: & il pourra recouvrer ensuite les portions de ceux qui n'auront pû payer sur ceux qui resteront. Car l'obligation n'étant rendue solidaire que pour la sureté du créancier, la solidité renferme la condition que chacun ne s'oblige de payer pour les autres, qu'en ce cas que quelques-uns manquent de satisfaire pour leurs portions. Ainsi, lorsque quelques uns des débiteurs se trouvent insolvables, ou qu'à cause de leur absence le créancier ne peut être payé de leurs portions, les autres en répondent, & chacun en porte à raison de la sienne *e*. Mais si les coobligez solidairement renoncent à ce bénéfice que la loy leur donne, qu'on appelle le bénéfice de division, chacun d'eux pourra être contraint seul à payer le tout. Car chacun peut renoncer à ce que les loix établissent en sa faveur *f*. Et il aura son recours contre les autres, ainsi qu'il sera dit en l'art. 6.

e Si quis alterius fidejussione obligatos sumat aliquos, si quidem non adjecerit oportere & unum horum in solidum teneri, omnes ex æquo conveniri am subsistere. Si verò aliquid etiam tale adjiciatur, servari quidem pactum: non tamen mox ab initio unumquemque in solidum exigi: sed interim secundum partem quâ unusquisque obligatus est. *Nov.* 99. *c.* 1. Si verò minus idonei se habere reliqui videantur, sive omnes, sive quidam, sive in partem, sive in solidum, sive absentes fortè in illud teneri quod accipere ab aliis non potuit. Sic enim & illis servabitur pactionis modus, & nullum sustinebit damnum actor. *Ibid.*

f V. l'article 27. de la Section 2. des Regles du Droit, p. 10. C'est à cause de cette faculté qu'ont les débiteurs obligez solidairement, de faire diviser l'obligation, qu'on met dans les obligations solidaires, que ceux qui s'obligent, renoncent à ce bénéfice de division.

Et cette renonciation a cet effet, qu'encore qu'ils soient tous solvables, le créancier a la liberté de s'adresser à un seul pour le tout, sans venir à la discussion de chacun pour sa portion. Ce bénéfice de division n'est que pour les dettes civiles, & non pour les crimes.

IV.

4. On peut
s'obliger so-
lidairement
pour toutes
sortes d'o-
bligations.

L'obligation peut être solidaire de quelque nature que puisse être la cause de l'engagement. Ainsi, plusieurs peuvent s'obliger solidairement pour un prêt, pour un prêt à usage, pour une vente, pour un louage, pour un dépôt, & pour toute autre sorte d'engagemens. Et on peut aussi s'obliger solidairement pour un legs, pour une tutelle, pour un engagement qui se contracte en Justice, & pour toute autre cause *g*.

g Eandem rem apud duos pariter deposui, utriusque fidem in solidum securus, vel eandem rem duobus similiter commodavi, fiunt duo rei promittendi, quia non tantum verbis stipulationis, sed & cæteris contractibus; veluti emptione, venditione locatione, conductione, deposito, commodato, testamento. *l.* 9 *ff. de duob. reis.* Duo rei locationis in solidum esse possunt. *l.* 13. §. 9. *ff. locat.* Et stipulationum prætoriarum duo rei fieri possunt. *l.* 14. *ff. de duob. reis.*

V.

5. La coob-
ligation des
coobligez
solidaire-
ment peut
être diffé-
rente.

Quoique la solidité rende égale la condition des coobligez, en ce que chacun est obligé pour le tout, ils peuvent être distinguez d'ailleurs par des différences qui rendent l'obligation plus ou moins dure à l'égard des uns que des autres. Ainsi de deux coobligez, l'un peut donner des suretez particulieres que l'autre ne donne point, comme un gage, une caution. Ainsi l'obligation de l'un peut être pure & simple, celle de l'autre étant conditionnelle, ou le terme de payement sera plus court pour l'un que pour l'autre. Mais ces différences n'empêchent pas que le créancier ne fasse payer celui qui doit sans condition, ou de qui le terme est échû, sans attendre la condition ou le terme de l'autre *h*.

h Ex duobus reis promittendi alius in diem, vel sub conditione obligari potest, nec enim impedimento erit dies, aut conditio quominus ab eo qui purè obligatus est, petatur. *l.* 7. *ff. de duob. reis.* §. *ult. inst. eod.* Duobus autem reis constitutis, quin liberum sit stipulatori, vel ab utroque, vel ab altero dumtaxat fidejussorem accipere, non dubito. *l.* 6. §. 1. *eod.* V. *l.* 9. §. 1. *eod.*

VI.

6. Recours
de celui qui
paye pour
les autres.

Si un des obligez solidairement paye pour les autres; il aura contr'eux son recours, pour recouvrer leurs portions & ce que chacun d'eux devra porter des portions de ceux qui seroient insolvables, mais non davantage. Car comme la dette se divise à l'égard du créancier, le recours de celui qui paye pour les autres se divise aussi, & se borne à l'égard de chacun à sa portion, parce que c'est seulement cette portion qui est payée pour lui *i*.

i Creditor prohiberi non potest exigere debitum, cùm sint duo rei promittendi ejusdem pecuniæ à quo velit. Et ideò si probaveris te conventum in solidum exolvisse, Rector provinciæ adjuvare te adversus eum, cum quo communiter mutuam pecuniam accepisti, non cunctabitur. *l.* 2. *C. de duob. reis.* C'est ainsi que ce recours doit avoir son effet, si celui des débiteurs qui paye pour les autres n'a pas d'autre droit que l'indemnité qu'ils se doivent l'un à l'autre réciproquement pour leurs portions. Car c'est l'effet du bénéfice de division, & si les recours étoient solidaires, chaque obligé pourroit poursuivi le tout pourroit poursuivre chacun de même les autres, ce qui seroit une multiplicité de recours pleine d'inconvéniens. Mais s'ils ont renoncé au bénéfice de division envers le créancier, & que celui qui paye pour les autres prenne du créancier une subrogation à ses droits, ce débiteur succédant alors en la place du créancier, il a une action solidaire contre chacun des coobligez pour recouvrer le tout, à la réserve de la portion qu'il devoit lui-même.

VII.

7. L'action
contre un
des obligez,
ne fait pas
cesser la so-
lidité.

Si entre plusieurs obligez solidairement le créancier s'adresse à l'un qu'il choisit, sans poursuivre les autres, il ne laisse pas de conserver la liberté d'agir dans la suite contre les autres obligez, soit que le premier à qui il s'étoit adressé fût solvable, ou non *l*.

l Idemque in duobus reis promittendi constituimus, ex unius rei electione præjudicium creditori adversus alium fieri non concedentes. Sed remanere & ipsi creditori actiones integras & personales, & hypothecarias, donec per omnia ei satisfaciat. *l.* 28. *C. de fidejuss.*

VIII.

8. L'excep-
tion per-
sonnelle de l'un

Toutes les exceptions que les obligez solidairement peuvent avoir contre le créancier, & qui ne sont pas bornées à leurs personnes, mais qui regardent l'obli-

dit obligez, ne sera fait aux autres.

gation commune, sont à la décharge de tous les obligez. Ainsi, par exemple, si l'obligation a été consentie par force, si elle est contre les bonnes mœurs, si elle est nulle, si elle est acquittée, ces sortes d'exceptions qui regardent l'obligation sont communes à tous les obligez. Mais les exceptions personnelles à quelques-uns des obligez, comme une minorité, une interdiction d'un prodigue, ou quelque changement d'état qui rendît le recouvrement de la dette ou impossible, ou difficile au créancier, comme une mort naturelle, ou une mort civile, & les autres obstacles qui pourroient se rencontrer de la part de quelques-uns des débiteurs, n'empêcheroient pas l'effet de la solidité à l'égard des autres *m*. Car ces exceptions, & ces changemens n'éteignent pas la dette, & chaque débiteur la doit toute entière. Mais si un des débiteurs avoit une exception personnelle qui éteignît la dette pour sa portion, cette exception serviroit aux autres pour cette portion. Ainsi, par exemple, si un des débiteurs se trouvoit de son chef créancier du créancier commun, ses coobligez pourroient demander la compensation jusqu'à la concurrence de cette portion. Et pour le surplus de ce qui seroit dû par leur créancier à ce coobligé, ils ne pourroient en demander la compensation, à moins qu'ils n'eussent d'ailleurs le droit de ce coobligé *n*.

m In his qui ejusdem pecuniæ exactionem habent in solidum, vel qui ejusdem pecuniæ debitores sunt quatenus alii quoque profit vel noceat pacti exceptio, quæritur : & in rem pacta omnibus profunt, quorum obligationem dissolutam esse ejus qui pacisebatur interfuit. Itaque debitoris conventio fidejussoribus proficit. *l.* 21. §. *ult. ff. de pact.*

n Personale pactum ad alium non pertinere. *l.* 25. §. *eod. v. tot. Tit. C. de fidejuss. min.* Cùm duo eandem pecuniam debent, si unus capitis diminutione exemptus est, obligatione alter non liberatur. Multum enim interest utrum res ipsa solvatur, an persona liberetur; cum persona liberatur maneret obligatione, alter durus obligatus. Et ideò, si aqua & igni interdictum est, alicujus fidejussor postea ab eo datus tenetur. *leg. ult. ff. de duob. reis.* V. l'art. 10. de la Sect. 1. des Cautions, p. 223. & les art. 1. 2. 3. 4. 5. de la Section 5. du même Titre.

Si duo rei promittendi socii non sint, proderit alteri quod stipulator alteri reo pecuniam debet. *l.* 10. *ff. de duob. reis.*

C'est au sens de cet article qu'il faut entendre ce dernier texte. Car il ne seroit pas juste de contraindre un des obligez à payer la portion de celui qui auroit à faire une compensation avec le créancier. Puisque si cette compensation ne se faisoit point, & que ce débiteur qui pouvoit la faire de son chef se trouvât insolvable; ceux qui auroient payé pour lui seroient sans ressource, pour avoir payé ce qu'il ne devoit point, ou qu'il auroit pû justement compenser.

IX.

9. La demande à un des coobligez n'empêche la prescription à l'égard de nuls.

Si le créancier de plusieurs débiteurs d'une même chose agit contre un seul, sa demande conservera son droit entier, & empêchera la prescription à l'égard de tous *o*.

o Voyez l'art. 17. de la Sect. 5. de la Possession & des Prescriptions, & la Loi qu'on y a citée, & l'article 5. de la Section suivante.

SECTION II.

De la solidité entre les Créanciers.

SOMMAIRES.

1. *En quoi consiste la solidité.*
2. *Comment on l'acquiert.*
3. *Si un de ces créanciers fait une demande sans les autres.*
4. *S'il innove ou délègue.*
5. *La demande de l'un sert aux autres.*
6. *Un de ces créanciers ne peut nuire aux autres.*

I.

1. En quoi consiste cette solidité.

La solidité entre plusieurs créanciers n'a pas cet effet que chacun d'eux puisse se rendre propre la dette entière, & en priver les autres, mais elle consiste seulement en ce que chacun a droit de demander & recevoir le tout, & le débiteur demeure quitte envers tous, payant à un seul *a*.

a Ex pluribus reis stipulandi, si unus acceptum fecerit, liberatio contingit in solidum. *l.* 13. §. *ult. ff. de acceptil.* Et uti rectè

<br clear="all" />

solvi. *l.* 31. §. 1. *ff. de Novat.* Ex hujusmodi obligationibus & stipulationibus solidum singulis debetur. *l.* 1. *inst. de duob. reis.* Alter debitum accipiendo omnium perimit obligationem. d. §.

II.

2. Comment on l'acquiert.

Cette solidité dépend du titre qui peut la donner, & de ce qui peut marquer que ce qui se trouve dû à plusieurs personnes, soit dû à chacun d'eux solidairement. Ainsi, lorsque deux personnes prêtent une somme, ou vendent un fonds, ils peuvent traiter de telle manière que le payement pourra être fait à l'un des deux seuls; & ils seront solidairement créanciers, ou de l'argent prêté, ou du prix de la vente. Mais s'il étoit dit simplement qu'un débiteur devroit une somme à deux créanciers, sans que rien marquât la solidité, chacun ne pourroit demander que sa portion *b*.

b Cum tabulis esset comprehensum, illem & illum centum aureos stipulatos, neque adjectum, ita ut duo rei stipulandi essent, virilem partem singuli stipulati videbantur. *l.* 11. §. 1. *ff. de duob. reis.*

On voit par ce texte que ces mots duo rei stipulandi, *emportoient la solidité.*

III.

3. Si un de ces créanciers fait une demande de sans les autres.

Si de deux ou plusieurs créanciers, dont chacun peut demander le tout & le recevoir, l'un fait la demande, le payement ne pourra être fait aux autres sans lui. Car il a déterminé le débiteur à ne pas payer sans qu'il y consente : & il se pourroit faire, que ceux qui ne demandant pas eussent perdu leur droit *c*.

c Ex duobus reis stipulandi si semel unus egerit, alteri promissor pecuniam offerendo, nihil agit. *l.* 16. *ff. de duob. reis.*

IV.

4. S'il innove ou délègue.

Lorsqu'un des créanciers d'une même dette peut seul & demander le tout & le recevoir, il peut aussi innover la dette, & en faire une délégation; car il pouvoit acquitter le débiteur, & donner même quittance sans rien recevoir *d*. Mais ce créancier doit rendre compte aux autres des changemens *e*.

d Si duo rei stipulandi sint, an alter jus novandi habeat, quæritur : & quid juris unusquisque sibi acquisierit. Ferè autem convenit, & uni redè solvi, & unum judicium petentem. totam rem in litem deducere : item unius acceptatione perimi utriusque obligationem. Ex quibus colligitur unumquemque perinde sibi acquisisse, ac si solus stipulator esset, excepto eo, quod etiam facto ejus cum quo communa jus stipulantis est, amittere debitorem potest. Secundum quæ, si unus ab aliquo stipuletur, novatione quoque liberare eum ab altero poterit, cùm id specialiter agit: eo magis cum eam stipulationem similem esse solutioni existimemus. Alioquin, quid dicemus, si unus delegaverit creditori suo communem debitorem, isque ab eo stipulatus fuerit, aut mulier fundum jusserit doti promittere viro, vel nuptura ipsi, doti eum promiserit? Debitor ab utroque liberabitur. *l.* 31. §. 1. *ff. de Novat.* Voyez ce que c'est que Novation & Délégation dans les Titres où il en est traité.

e V. l'article 6.

V.

5. La demande de l'un sert aux autres.

Si de plusieurs personnes qui ont un même droit, l'un agit en Justice, sa demande interrompt pour tous la prescription *f*. *L. ult. Cod. de duobus reis.*

f V. l'art. 9. de la Section précédente, & ce qu'on y a cité.

¶ La principale difficulté regarde les intérêts, sçavoir si la demande en condamnation d'intérêts formée contre l'un des coobligez, emporte la même condamnation contre les autres. La Loi 173. au reg. jur. & l. 32. §. 4. *de usur. décide positivement que la demeure de l'un ne nuit point aux autres,* unicuique sua mora nocet quod & in duobus reis. *Despeisses t.* 1. *p.* 194. *Arrêt du..... rapporté par Brodeau sur Louet, l. P. ch.* 2. *Il semble pourtant que la condamnation obtenue contre un des coobligez, doive avoir lieu contre les autres, parce que ce n'est qu'une seule & même obligation,* una est obligatio, una summa. In cujusque persona propria singulorum consistit obligatio. *l.* 3. §. 1. & *l.* 9. §. 2. *ff. de duob. reis.* D'ailleurs la Loi derniere C. du même Titre, décide que la demande faite contre l'un est censée faite contre tous les coobligez, interruptione uni agnitione adhibita, omnes simul compelli ad persolvendum debitum. Il est certain que la demeure du principal débiteur nuit à la caution, mora rei fidejussore nocet, l. 88. ff. de verb. oblig. & que les intérêts obtenus contre lui sont censez obtenus contre l'autre. Mais les coobligez ne sont pas cautions les uns des autres, à moins que cela ne soit stipulé. Nov. 99. & Cuj. ad illam. Cependant la commune opinion est que l'intérêt est solidaire aussi-bien que le principal. Henrys tom.* 2. *l.* 4. *quest.* 40. *Brodeau sur Louet la P. ch.* 2. *Bardet t.* 1. *ch.* 1. *n.* 96. *Ferriere, article* 113. *gl.* 7. *n.* 17. & *ibid.]*

VI.

6. Un de ces créanciers ne peut nuire aux autres.

L'ufage que peut faire un des créanciers du droit de demander feul & recevoir le tout, ne peut nuire aux autres, & il doit leur rendre compte de la maniere dont il aura ufé de ce droit *g*.

g C'eft une fuite de la nature de cette efpéce de folidité entre créan-ciers. Car ils n'ont pas laiffé leur dette au hazard à qui d'eur'eux pourroit s'en faire payer.

TITRE IV.

Des Cautions ou Fidejuffeurs.

Ufage des cautions.

PErfonne n'ignore l'ufage fi fréquent des cautions ou Fidejuffeurs. On donne ces deux noms à ceux qui s'obligent pour d'autres dont l'obligation ne fe trouve pas affez fûre, foit que ce foit pour des deniers, ou pour d'autres caufes. On les appelle cautions, parce que leur obligation eft une fureté: & on les appelle Fi-dejuffeurs, parce que c'eft fur leur foi que s'affurent ceux envers qui ils s'obligent. C'eft ce que fignifient ces deux mots dans leur origine.

L'obligation des cautions ou fidejuffeurs eft donc un acceffoire d'une autre obligation. Ainfi on appelle celui pour qui la caution s'oblige, le débiteur principal, ou le principal obligé.

L'ufage des cautions s'étend à toute forte d'engage-mens, & renferme deux fortes de fureté. L'une qui regarde le payement d'une fomme, ou l'exécution de quelqu'autre engagement, comme de l'entreprife d'un ouvrage, d'une garantie, & d'autres femblables, pour affurer celui envers qui la caution s'oblige, que ce qui lui eft promis par le principal débiteur fera exécuté. L'autre forte de fureté regarde la validité de l'obli-zion dans les cas où elle pourroit être annullée, comme fi le principal débiteur étoit un mineur, quoique folva-ble, l'engagement de la caution feroit non-feulement de payer la dette fi l'obligation du mineur n'étoit pas annullée, mais de faire valoir l'obligation, en cas que le mineur s'en fît relever, & de payer pour lui *a*.

On peut diftinguer trois fortes de cautions. La pre-miere eft celle des cautions qu'on donne volontaire-ment & de gré à gré pour toute forte d'engagemens, foit par convention, ou autrement. Ainfi on donne caution pour un prêt, pour une garantie, pour le prix d'une vente, pour le prix d'un bail, & pour d'autres obligations qui fe contractent par des conventions. Ainfi les Tuteurs donnent quelquefois cautions.

La feconde forte eft des cautions ordonnées par quel-que loi. Ainfi dans le Droit Romain les demandeurs & les défendeurs étoient obligez de donner des cau-tions pour diverfes caufes qui regardoient l'ordre judi-ciaire *b*. Ainfi en France par un Edit du mois de Jan-vier 1557. les Dévolutaires font obligez de donner caution *de payer le Juge*. Et il y a d'autres cas où les Ordonnances obligent de donner caution; mais dont il feroit inutile de parler ici.

La troifiéme forte de caution eft de celles qui font ordonnées en Juftice, foit fur les demandes ou fur les offres des parties, ou d'office par le Juge. Ainfi, on adjuge quelquefois une chofe contentieufe à l'une des parties par provifion, en baillant caution de la rendre s'il eft ordonné. Ainfi on fait donner caution de re-préfenter un prifonnier élargi à cette condition. Ainfi dans un ordre entre créanciers, on ordonne que ceux qui recevront des fommes fujettes à être rapportées, donneront caution de les rapporter aux oppofans an-térieurs à qui ces fommes devront revenir, comme pour quelque dette conditionnelle, ainfi qu'il a été re-marqué fur l'article 17. de la Section 5. des Gages & Hypothéques.

a Voyez l'article 2. de la Section 5.
b V. Tit. inft. de fatisf. & ff. lib. 2. Tit. 6. 8. 9. 11.

SECTION I.

Nature de l'obligation des Cautions ou Fidejuf-feurs, & comment elle fe contracte.

SOMMAIRES.

I.

1. Défini-tion des cautions.

LEs cautions ou fidejuffeurs font ceux qui s'obligent pour d'autres perfonnes, & qui répondent en leurs noms de la fureté de quelque engagement, comme d'un prêt, d'une garantie, ou de toute autre obligation *a*.

a Aut proprio nomine quifque obligatur, aut alieno. Qui au-tem alieno nomine obligatur, fidejuffor vocatur. Et plerumque ab eo quem proprio nomine obligamus alios accipimus qui ea-dem obligatione teneantur: dum curamus, ut quod in obliga-tionem deduximus, rutius nobis debeatur. l. 1. §. 8. ff. de oblig. & act. V. l'article fuivant.

II.

2. On peut donner cau-tion pour toutes forts d'engage-mens.

Il n'y a point d'engagement honnête & licite où l'on ne puiffe ajouter la fureté d'une caution à celle que le principal obligé donne par foi-même *b*, pourvû qu'on ne bleffe pas les bonnes mœurs en donnant cette fureté; car il y a des engagemens légitimes où il ne feroit pas honnête de donner caution *c*.

b Omni obligationi fidejuffor accedere poteft. l. 1. ff. de fide-juff. Et generaliter omnium obligationum fidejufforem accipi poffe nemini dubium eft. l. 8. §. 6. cod. §. 1. inft. cod.
c V. l'article 9.

III.

3. Caution d'une obli-gation na-turelle.

Cet ufage des cautions dans toute forte d'engage-mens, ne s'étend pas feulement à ceux qui fe font de gré à gré par des conventions, à ceux des Tuteurs & des Curateurs, à ceux même des cautions; (car on peut prendre un fidejuffeur d'un fidejuffeur) & générale-ment à toute autre forte d'engagemens, où les Loix civiles donnent au créancier une action contre la perfonne obligée, & qu'on appelle par cette raifon des obliga-tions civiles *d*: mais on peut auffi donner caution de cet-te forte d'obligations qu'on appelle fimplement natu-relles, dont il a été parlé dans l'art. 9. de la Section cin-quiéme des Conventions. Car dans ces fortes d'obliga-tions, il fe trouve un engagement naturel, que celui qui s'en rend caution fait valoir en fa perfonne, encore qu'en la perfonne du principal obligé il foit inutile. Ainfi dans les Coûtumes où la femme qui eft en puiffan-ce de mari ne peut point s'obliger du tout; fi le mari fe

d Præterea fciendum, fidejufforem abhiberi omni obligationi poffe, five re, five verbis, five confenfu. Pro eo etiam qui jure honorario obligatus eft, poffe fidejufforem accipi, fciendum eft. l. 8. §. 1. & 2. de fidejuff.
A tutore, qui teftamento datus eft, fi fuerit fidejuffor datus, tenentur. d. l. 8. §. 4. ff. de fidejuff.
Pro fidejuffore fidejufforem accipi nequaquam dubium eft. d. l. 8. §. ult.
Quand on prend en Juftice une caution de la caution, on l'ap-pelle Certificateur.

rend caution de l'obligation de sa femme , il sera obligé , quoique l'obligation de la femme demeure toujours nulle *e*.

e Fidejussor accipi potest quoties est aliqua obligatio civilis, vel naturalis , cui applicetur. l. 16. §. 3. ff. de fidejuss. At nec illud quidem interest utrum civilis , an naturalis sit obligatio : cui adjicitur fidejussor. Adeò quidem , ut pro servo quoque obligetur. §. 1. inst. eod.
V. l'art. 9. de la Section 5, des Conventions , p. 30.

VI.

4. Caution d'une dette à venir.

On peut donner caution, non-seulement pour une obligation présente ou qui avoit été déja contractée ; mais aussi pour une obligation à venir; comme si celui qui prévoit une affaire où il aura besoin d'argent, donne par avance la sûreté d'une caution à celui qui devra lui faire le prêt, cette caution s'obligeant par avance pour ce prêt à venir. Ce qui pourroit arriver si , par exemple, celui qui doit être caution devoit être absent au tems qu'on fera le prêt ; ou en d'autres cas & pour d'autres causes , comme pour une garantie d'une vente ou autre engagement *f*.

f Stipulatus sum à reo , nec accepi fidejussorem, posteà volo adjicere fidejussorem ; si adjecero, fidejussor obligatur. l. 6. ff. de fidejuss. Fidejussor & præcedens obligationem, & sequi potest. §. 3. inst. eod.
Adhiberi autem fidejussor tam futuræ,quàm præsenti obligationi potest, dummodò sit aliqua, vel naturalis futura obligatio. l. 1. §. ult. ff. de fidejuss. Si ita stipulatus à Seio fuero , quantam pecuniam Titio quandoque credidero , dare spondes? Et fidejussores accepero: deindè Titio sæpius credidero : nempe Seius in omnes summas obligatus est, & per hoc fidejussores quoque. l. 55. eod. Fidejussor futuræ quoque actionis accipi potest. l. 50. ff. de pecul.

V.

5. La caution ne peut être obligée à plus que le débiteur.

De quelque nature que soit l'obligation principale , l'engagement du fidejusseur ne peut jamais être plus dur que celui du principal obligé. Car son obligation n'est qu'un accessoire de l'autre *g* ; & s'il s'obligeoit à quelque chose de plus , ou à des conditions plus onéreuses , il ne seroit caution qu'en ce qui seroit de l'obligation principale. Et le surplus ne seroit pas un cautionnement , mais le regarderoit seul , si par les circonstances l'obligation de ce surplus devoit subsister.

g Illud commune est in universis qui pro aliis obligantur, quod si fuerint in duriorem causam adhibiti , placuit eos omninò non obligari. l. 8. §. 7. ff. ut fidejuss. l. 16. §. 1. & 2. eod.
Hi qui accessionis loco promittunt in leviorem causam accipi possunt , in deteriorem non possunt. l. 34. eod.
Fidejussores ita obligati non sunt , ut plus debeant quàm debet is pro quo obligantur. Nam eorum obligatio accessio est principalis obligationis : nec plus in accessione potest esse, quàm in principali re. §. 5. inst. eod.
V. le dernier texte cité sur l'art. suivant.

6. Mais il peut être obligé à moins.

L'obligation du fidejusseur peut être moindre que celle du principal obligé. Ainsi, il peut ne s'obliger que pour une partie d'une dette ou de quelqu'autre engagement *h*. Ainsi, il peut ne s'obliger que sous quelque condition, quoique la dette soit pure & simple *i*. Ainsi , il peut prendre un terme plus long que celui de l'obligation principale *l*, ou un lieu plus commode pour le payement *m*. Et il peut enfin adoucir sa condition de toutes les manieres dont il aura été convenu.

h Fidejussores & in partem pecuniæ & in partem rei rectè accipi possunt. l. 9. ff. de fidejuss.
At ex diverso ut minus debeant obligari possunt. Itaque si reus decem aureos promiserit , fidejussor in quinque rectè obligatur. §. 5. inst. eod.
i Item si in purè promiserit , fidejussor sub conditione promittere potest. d. §. 5. l. 6. §. 1. ff. eod.
l Non solùm autem in quantitate, sed etiam in tempore minus aut plus intelligitur. Plus est enim statim aliquid dare : minus est post tempus dare. d. §. 5.
m Qui certo loco dari promisit, aliquatenus duriori conditioni obligatur... Quare si reum purè interrogavero, & fidejussorem cum adjectione loci accepero , non obligabitur fidejussor. l. 16. §. 1. ff. de fidejuss.

VII.

7. Caution à l'insçu du débiteur.

On peut se rendre caution sans ordre de celui pour qui on s'oblige , & même à son insçu *n*. Car de la part

n Fidejubere pro alio potest quisque , etiamsi promissor ignoret. l. 30. ff. de fidejuss. Fidejussori negoti... gestorum est actio, si pro absente fidejusserit. l. 20. §. 1. ... mand.

---

du créancier il est juste qu'il puisse prendre ses sûretez, indépendemment de la volonté de son débiteur : & de la part du fidejusseur, il peut rendre cet office à son ami absent, de même qu'on peut prendre soin des affaires d'une personne absente *o*.

o V. le Titre de ceux qui font les affaires des autres à leur insçu. p. 168.

VIII.

8. En délit il n'y a point de caution , non plus que de garants.

En matiere de crimes & de délits, ceux qui les commettent par ordre d'autres personnes, ou qui s'en rendent complices, ne peuvent prendre de caution ni de garantie , pour être indemnisez des évenemens qui en pourront suivre, ni pour s'assurer des profits qui pourront s'en tirer. Car l'obligation d'une telle caution & d'une telle garantie seroit un autre crime. Mais celui qui a commis un crime ou un délit, peut donner caution pour l'intérêt civil, & même pour les amendes & autres peines pécuniaires qu'il peut avoir encourues. Car il est de l'équité & du bien public qu'elles soient acquittées *p*.

p Sed & si ex delicto oriatur actio, magis putamus teneri fidejussorem. l. 8. §. 5. ff. de fidejuss. Id quod vulgo dictum est. malesciorum fidejussorem accipi non posse , non sic intelligi debet, ut in pœnam furti is cui furtum factum est,fidejussorem accipere non possit. Nam pœnas ob maleficia solvi magna ratio suadet. Sed ita potius, ut qui cum alio cum quo furtum admisit, in partem quam ex furto sibi restitui desiderat ; fidejussorem obligare non possit. Et qui alieno hortatu ad furtum faciendum provectus est , ne in furti pœna eo qui hortatus est , fidejussorem accipere possit. In quibus casibus illa ratio impedit fidejussorem obligari , quia scilicet in nullam rationem adhibetur fidejussor : cùm flagitiosæ rei societas coita nullam vim habeat. l. 70. §. ult. ff. de fidejuss.

XI.

9. Engagement honnête dont on ne peut prendre de caution.

Il y a des engagemens honnêtes dont on ne peut prendre de caution, à cause que la qualité de l'engagement rendroit mal-honnête cette sûreté. Ainsi il seroit contre les bonnes mœurs qu'un associé donnât caution à son associé de ne le point tromper : qu'un Arbitre donnât caution de rendre sa Sentence ou de bien juger. Ainsi , dans un cas d'une autre nature , on ne doit pas prendre de caution pour la restitution d'une dot , ni de la part du mari, ni d'autres personnes qui doivent la recevoir pour lui, comme de son pere ou de son tuteur. Car la dot étant un accessoire de l'engagement du mariage, il seroit indigne de l'union si étroite , qui met la femme sous la puissance du mari à qui elle se donne elle-même, qu'on exigeât cette sûreté *q*. Et ce seroit une source de division dans les familles qui doivent s'unir par les mariages. Mais le pere & la mere du mari peuvent s'obliger pour leur fils à la restitution de la dot. Car l'obligation de leurs biens n'est que celle du fils même qui doit les recueillir. Et il est ordinaire que celui qui se marie n'ait pas d'autres biens que ceux que ses parens peuvent lui donner ou dès le mariage, ou après leur mort , ce qui rend juste & honnête leur obligation pour assurer la dot.

q Sive ex jure , sive ex consuetudine lex proficiscitur , ut vir uxori fidejussorem servandæ dotis exhibeat, tamen jubemus eam aboleri. l. 1. C. de fidejuss. vel mand dot. dent.
Generali definitione constitutionem pristinam ampliantes,decimus , nullam esse satisdationem, vel mandatum pro dote exigendum vel à marito, vel à patre ejus , vel ab omnibus qui dotem suscipiunt. Si enim credendum mulier sese , suámque dotem patri mariti existimavit , quare fidejussor vel alias intercessor exigitur , ut causa perfidiæ in connubio eorum generetur. l. 2. eod. Seipsam marito committit. l. 8. C. de pact. conv.
Comme aujourd'hui on a une liberté indéfinie de toute sorte de conventions dans les contrats de mariage, & de quelques-unes même, qui seroient illicites en d'autres contrats ; comme l'institution d'héritier irrévocable ; il sembleroit que par cette considération & celle de la faveur des dots, la sûreté d'une caution pour la dot ne devroit pas être défendue, & que le fidejusseur qui s'y seroit obligé ne devroit pas être déchargé de son engagement, sur tout si la dot étoit en péril. Mais on n'a pas laissé de mettre ici cette regle établie par des Empereurs Chrétiens , & digne de l'honnêteté que la Religion ordonne dans les mariages.

X.

10. Le fidejusseur n'est pas déchargé par la restitution du principal obligé.

Quoique l'obligation du fidejusseur ne soit qu'accessoire de celle du principal obligé, celui qui s'est rendu caution d'une personne qui peut se faire relever de son obligation , comme d'un mineur, ou d'un prodigue interdit, n'est pas déchargé du cautionnement pour la restitution du principal obligé : & l'obligation subsiste en sa personne ; à moins que la restitution fût fondée sur quelque dol, ou autre vice qui annullât le droit du créancier. Mais la simple restitution du principal obligé est un évenement dont le créancier avoit prévenu l'effet, s'assûrant sa dette par la caution, qui de sa part n'avoit pû ignorer cette suite de son engagement *r*.

r Si ea quæ tibi vendidit possessionem interposito decreto præsidis, ætatis tantummodò auxilio juvatur, non est dubium fidejussorem ex persona sua obnoxium esse contractui. Verum si dolo malo apparuerit contractum interpositum esse, manifesti juris est utrique personæ tam venditoris, quàm fidejussoris consulendum esse. *l. 2. C. de fidejuss. min.* Marcellus scribit, si quis pro pupillo sine tutoris auctoritate obligato, prodigove vel furioso fidejusserit, magis esse ut ei non subveniatur. *l. 25. ff. de fidejuss.* Quod si pro furioso jure obligato fidejussorem accepero, tenetur fidejussor. *l. 70. §. 4. eod.* Rei autem cohærentes exceptiones, etiam fidejussoribus competunt, ut rei judicatæ, doli mali, jurisjurandi, quod metus causa factum est... Idem dicitur, & si pro filiofamilias contra senatusconsultum quis fidejusserit, aut pro minore viginti quinque annis circumscripto. Quod si deceptus sit in re, tunc nec ipse autem habet auxilium, quam restitutus fuerit, nec fidejussori danda est exceptio. *l. 7. in f. ff. de accept.*

Il faut remarquer sur cette derniere Loi la différence entre le fidejusseur du fils de famille pour un prêt, & celui d'un mineur. Le fidejusseur du fils de famille n'est pas obligé non plus que lui à cause du vice de l'obligation illicite. *l. 9. §. 3. ff.* du Senat. Maced. Mais le fidejusseur du mineur n'est pas déchargé avec lui, si le mineur ne se trouve trompé que dans la chose, & non par le dol du créancier, comme par exemple, s'il ayant emprunté de l'argent, il ne l'a pas utilement employé. Car en ce cas l'obligation n'est annullée qu'à cause de la minorité, & non par un vice de l'obligation. Ætatis tantummodò auxilio. *l. 2. C. de fidejuss. min.*

V. les articles 1. 2. 3. 4. 5. de la Section 5. de ce Titre, & l'art. 8. de la Section de la Solidité. Sur l'obligation du fils de famille, V. la Section 4. du Prêt, p. 78.

XI.

Le fidejusseur du mineur a son recours contre lui pour son indemnité, si l'obligation a été utile au mineur. Mais si ne lui étant pas avantageuse il en est relevé, il pourra aussi être relevé de l'indemnité envers sa caution *s*.

s Posiquàm in integrum ætatis beneficio restitutus es, periculum evictionis emptori, cui prædium ex bonis paternis vendidisti, præstare non cogeris. Sed ea res fidejussores, qui pro te intervenerunt excusare non potest. Quare mandati judicio, si pecuniam solverint, aut condemnati fuerint, convenieris: modò si eo quoque nomine restitutionis auxilio non juvaberis. *l. 1. C. de fidejuss. min.* V. l'art. 2. de la Sect. 5.

XII.

L'engagement des fidejusseurs consiste en ce qu'ils s'obligent en leurs noms, pour répondre de l'effet de l'obligation dont ils se rendent cautions. Mais ceux qui sans dessein de s'engager, recommandent celui qui doit s'obliger, ou conseillent de traiter avec lui, ne se rendent pas par-là cautions; à moins qu'il n'y eût de leur part une mauvaise foi, ou d'autres circonstances qui dûssent les rendre garans de l'évenement *t*.

t V. l'art. dernier de la Sect. 1. des Procurations, Mandemens, &c. p. 129.

XIII.

Lorsqu'un particulier reçoit une caution, il prend ou rejette comme bon lui semble ceux qu'on lui présente, & il pourvoit de gré à gré à sa sûreté. Mais lorsqu'une caution est reçue en justice, il est de l'Office du Juge de la recevoir ou la rejetter, selon que celui qui l'offre & la caution même font voir la sûreté; ce qui dépend de trois qualitez qu'il faut considérer dans les cautions, selon les engagemens dont ils doivent répondre, la solvabilité, la facilité de les poursuivre en Justice, & la validité de leur engagement. Ainsi, le défaut de biens, la dignité & les autres qualitez qui rendent les poursuites difficiles, & l'incapacité de s'obliger, sont des causes de rejetter les cautions qu'on présente en justice *u*.

u Fidejussor in judicio sistendi causa locuples videtur dari non tantùm ex facultatibus, sed etiam ex conveniendi facilitate. *l. 2. ff. qui satisd. cog.* Si fidejussor non negetur idoneus, sed dicatur habere fori præscriptionem, & metuat petitioni ne jure fori uratur: videndum quid juris sit, & Divus Pius (ut & Pomponius libro epistolarum refert, & Marcellus libro tertio digestorum, & Papinianus libro tertio quæstionum) Cornelio Proculo rescripsit, meritò petitorem recusare talem fidejussorem. Sed si alias caveri non possit, prædicendum ei, non usurum cum privilegio si conveniatur. *l. 7. eod.*

Qui satisdare promisit, ita demum impletse stipulationem satisdationis videtur, si eum dederit accessionis loco, qui obligari

---

potest & conveniri. l. 3. ff. de fidej.
Quoiqu'une partie de ces textes ne regarde pas toute sorte de cautions, on peut en faire l'application à la regle expliquée dans cet article.

XIV.

Les engagemens des cautions passent à leurs héritiers *x*, à la réserve des contraintes par corps, si l'engagement étoit tel que le fidejusseur y fût obligé. Car il a pû obliger sa personne, mais non celle de son héritier; & comme les héritiers des fidejusseurs entrent dans leurs engagemens, ils ont aussi les mêmes bénéfices que les Loix accordent aux fidejusseurs *y*.

x Fidejussor & ipse obligatur, & hæredem obligatum relinquit, cùm rei locum obtineat. *l. 4. §. 1. ff. de fidejuss. §. 1. inst. eod.* *y* Sicut ipsi fidejussori, ita hæredibus quoque eorum succurrendum. *l. 27. §. 3. eod.*
V. quels sont ces bénéfices, Sect. 2. art. 1. & 6. Sect. 4. art. 1.
V. la remarque sur cet art. 1. de la Sect. 4.

XV.

Celui qui a reçu une caution, s'en étant une fois contenté, ne peut plus en demander d'autre; quand même cette caution seroit insolvable *z*.

z Planè si non idoneum fidejussorem dederit, magis est ut satisdatum sit: quia qui admisit eum fidejubentem, idoneum esse comprobavit. *l. 3. in f. ff. de fidejuss.*

XVI.

Les cautions des Officiers, & autres personnes chargées de quelque recette, ne répondent pas des peines pécuniaires qu'ils pourront encourir *a*.

a Fidejussores Magistratuum in pœnam vel mulctam quam non spopondêrunt non debere conveniri decrevit. *l. 68. ff. de fidejuss.* Fidejussores Magistratuum in his quæ ad reipublicæ administrationem pertinent teneri, non his quæ ob culpam, vel delictum eis pœnæ nomine irrogentur, tam mihi quàm Divo Severo patri meo placuit. *l. ult. C. de per. eor. qui pro mag. int.*

SECTION II.

Des engagemens de la caution envers le créancier.

SOMMAIRES.

1. *Le fidejusseur ne peut être poursuivi qu'après la discussion du débiteur.*
2. *Exception à l'égard des cautions judiciaires.*
3. *Autre exception, absence du débiteur sans biens apparens.*
4. *La discussion ne s'étend pas aux biens aliénez par le débiteur.*
5. *Le fidejusseur ne peut obliger le créancier de faire des diligences contre le débiteur.*
6. *Comment plusieurs fidejusseurs sont obligez.*
7. *Si l'obligation de l'un des fidejusseurs est annullée, les autres en répondent.*
8. *Quelles sont les exceptions du débiteur, qui sont communes à la caution.*
9. *L'engagement du fidejusseur suit l'obligation.*

I.

L'Obligation du fidejusseur n'étant qu'accessoire & subsidiaire de celle du principal obligé; & pour satisfaire à ce qu'il manquera d'acquitter, cette obligation est comme conditionnelle, pour n'avoir son effet qu'en cas que le débiteur ne puisse payer. Ainsi le fidejusseur ne peut être poursuivi qu'après que le créancier ayant fait les diligences nécessaires pour la discussion du principal obligé, n'a pû être payé *a*.

a Qui alios pro debitore obligat, hoc maximè prospicit, ut cum facultatibus lapsus fuerit debitor, possit ab iis quos pro eo obligavit suum consequi. §. ult. inst. de replic.
Si quis igitur creditori, & fidejussorem, aut mandatorem, aut sponsorem acceperit, is non primùm adversùs mandatorem aut fidejussorem, aut sponsorem accedat: neque negligens debitoris intercessoribus molestus sit: sed veniat primùm, ad eum qui autem acceperit, debitumque contraxit, & si quidem inde receperit ab aliis abstineat. Quid enim ei in extraneis erit à debitore completo? si verò non valuerit à debitore recipere aut in partem aut in totum, secundùm quod ab eo non potuerit recipere, secundùm hoc ad fidejussores, aut sponsorem, aut mandatorem veniat: & ab illo quod reliquum est sumat. *Nov. 4. c. 1.* In id quod defuisset fidejussores conveniendos. *l. 68. §. 1. in f. ff. de fidejuss. V. l. 13. in f. l. 55. in f. eod. l. 516. ff. de verb. oblig.*

Outre

Outre ce bénéfice de discussion expliqué dans cet article, il y en a deux autres pour les cautions. V. l'art. 6. de cette Section & l'art. 1. de la Section 4. avec la remarque qu'on y a faite. Ce bénéfice de la discussion n'est accordé qu'à ceux qui sont obligez simplement comme cautions ; car leur obligation est expliquée par cette qualité. Mais si ceux qui se sont à l'égard du principal obligé que ses cautions, se rendent principaux obligés à l'égard du créancier, & s'obligent, comme il est ordinaire, en cette qualité solidairement, renoncent à ce bénéfice, ils ne sont plus regardez comme cautions. V. l'art. 3. de la Sect. 1. de la Solidité, p. 210. & la remarque qu'on y a faite. V. les deux articles suivans.

II.

2 Exception à l'égard des cautions judiciaires.

Ceux qui se sont rendus cautions judiciaires, peuvent être contraints sans discussion du principal débiteur *b*, non-seulement parce qu'ils s'obligent envers la Justice, dont l'autorité le demande ainsi ; mais à cause de la nature des dettes où cette sûreté peut se trouver nécessaire. Car elles sont telles qu'on ne doit pas y souffrir le retardement d'une discussion. Ainsi, par exemple, si dans un ordre un créancier reçoit des deniers à la charge de donner caution de les rapporter à d'autres personnes à qui ces deniers doivent revenir dans un certain cas, comme de la naissance d'un enfant appellé à une substitution, ou autre cas semblable ; cette caution n'est ordonnée qu'afin que le rapport de ces deniers soit fait incessamment si le cas arrive, & qu'ils soient remis à celui qui doit les toucher, de même que s'ils étoient demeurez dans la recette des consignations, ce qui ne doit pas être différé. Et on verra dans les autres cas des cautions judiciaires une pareille équité de n'y pas admettre la discussion.

b In stipulatione judicatum solvi, post rem judicatam statim dies cedit : sed exactio in tempus reo principali indultum differtur. l. 1. ff. jud. solv. V. inst. de satisf. & l. ult. §. 1. C. de usur. re jud.

III.

3. Autre exception, absence du débiteur sans biens apparens.

Si le débiteur principal est absent, ou s'il n'a pas de biens apparens, de sorte qu'on ne puisse agir contre lui & le faire payer, le fidejusseur pourra être poursuivi, si ce n'est qu'il obtienne un délai en justice pour indiquer des biens du débiteur, ou le faire payer ; après quoi si le créancier n'est satisfait, il pourra contraindre le fidejusseur *c*.

c Si verò intercessor, aut mandator, aut qui sponsioni se subjecerit, adsit principalem verò abesse contigerit, acerbum est, creditorem mittere alio, cùm possit mox intercessorem, aut mandatorem, aut sponsorem exigere . . . . . & causa praesidens judex det tempus intercessori. (Idem est dicere sponsori & mandatori) volenti principalem deducere, quatenus illi priùs sustineat conventionem, & sic ipse in ultimum subsidium servetur. Nov. 4. c. 1.

IV.

4 La discussion ne s'étend pas aux biens aliénez par le débiteur.

La discussion que le créancier est obligé de faire des biens du débiteur avant que de venir à la caution, ne s'étend pas aux biens sujets à son hypotheque, qui ont passé des mains du débiteur aux acquereurs & tiers détenteurs, mais seulement aux biens que le débiteur possede actuellement. Et le créancier ne peut même s'adresser aux tiers détenteurs, qu'après avoir discuté les biens du débiteur, & encore exercé l'action personnelle contre le fidejusseur. Mais il ne peut exercer l'hypotheque sur les biens du débiteur, qu'en cas qu'il ne pût être payé sur ce qui est possedé par le tiers détenteur *d*.

d Sed neque ad res debitorum, quae ab aliis detinentur, venia priùs antequam transeat viam super personalibus contra mandatores, & fidejussores, & sponsores. Sicque ad res veniens principalis debitoris, sive ab aliis derineantur, & detinentes eas convenies ; si neque sub habuerit satisfactionem tunc veniat adversus res fidejussorum, & mandatorum & sponsorum. Nov. 4. c. 2.

Il y a des Coutumes où cette discussion s'observe, mais il y en a d'autres où le tiers détenteur peut être poursuivi sans discussion. V. l'art. 6. de la Section 3. des Hypotheques, p. 203. & la remarque qu'on y a faite.

V.

5. Le fidejusseur ne peut obliger le créancier de faire des diligences contre le débiteur.

Quoique le fidejusseur ait intérêt que le créancier le fasse payer par le débiteur, il ne peut néanmoins obliger le créancier à faire des diligences contre le débiteur. Car le créancier peut différer la discussion du principal obligé, sans perdre la sûreté qu'il a prise sur la caution *e*. Mais si un mineur, de qui la tutrice auroit été caution, étant devenu majeur, & se trouvant créancier de son tuteur qui pourroit le payer, negligeoit d'a-

Tome I.

---

gir contre lui, & que cependant ce tuteur devînt insolvable ; on ne devroit pas facilement condamner sa caution envers ce Mineur *f*. Car l'engagement de cette caution n'étoit que de répondre de l'administration du tuteur, & qu'il seroit solvable après sa charge finie pour le reliqua de compte qu'il pourroit devoir. Ainsi ayant été satisfait à l'engagement de la caution, la négligence du mineur après le compte rendu, pourroit lui être imputée selon les circonstances.

e Si fidejussor creditori denunciaverit ut debitorem ad solvendam pecuniam compelleret, vel pignus distraheret, isque cessaverit : an possit eum fidejussor doli mali exceptione summovere ; Respondit non posse. l. 61. ff. de fidejuss.

V. l'art. 3. de la Sect. 3. pour les diligences que la caution peut faire de sa part contre le débiteur.

f Si fidejussores in id accepti sunt quod à curatore servari non possit, & post legitimam aetatem tam ab ipso curatore, quàm ab haeredibus ejus solidum servari non possit, & cessante eo qui pupillus fuit, solvendo esse desierit, non temerè utilem in fidejussores actionem competere. l. 41. ff. de fidejuss.

VI.

6. Comment plusieurs fidejusseurs sont obligés.

Si plusieurs se rendent cautions d'une même chose, chacun répond du tout. Car chacun promet la sureté de toute la dette, ou autre engagement, & de suppléer à ce que le principal obligé n'aura pû acquitter. Ainsi, leur obligation est naturellement solidaire entr'eux, après la discussion du principal obligé. Mais cette obligation se divise de même, & par la même raison, que celle des principaux débiteurs obligés solidairement. Ainsi, lorsque les cautions sont solvables, le créancier ne peut demander à chacun que sa portion. Mais les portions des insolvables se rejettent sur les autres, & chacun en porte sa part sur le pied de celle qu'il devoit du tout *g*.

g Si plures sint fidejussores, quotquot erunt numero, singuli in solidum tenentur. Itaque liberum est creditori à quo velit solidum petere. Sed ex epistola Divi Hadriani compellitur creditor à singulis, qui modo solvendo sunt litis contestatae tempore partes petere. Ideoque si quis ex fidejussoribus eo tempore solvendo non sit, hoc caeteros onerat. §. 4. inst. de fidejuss. Inter fidejussores non solum jure dividitur obligatio ex epistola Divi Hadriani : & ideò si quis eorum ante exactam à se partem fine haerede decesserit, vel ad inopiam pervenerit, pars ejus ad caeterorum onus respicit. l. 16. ff. eod. Ut autem si quis cum altero fidejussit non solus conveniatur, sed dividatur actio inter eos qui solvendo sunt, ante condemnationem ex ordine postulari solet. l. 10. §. 1. C. eod. Voyez l'article 1. de la Section 4.

On appelle ce droit qu'ont les cautions de diviser leurs obligations. Voyez le Bénéfice de division. Voyez l'art. 3. de la Section 1. de la Solidité, p. 210. l'art. 1. de cette Section, & ci-après l'art. 1. de la Section 4. avec les remarques sur ces articles, où l'on voit que ceux qui ont ce bénéfice y peuvent renoncer.

VII.

7. Si l'obligation de l'un des fidejusseurs, est annullée, les autres en répondent.

Si de deux ou plusieurs fidejusseurs, l'un se trouve avoir des moyens d'annuller son obligation, comme si c'étoit un mineur, ou une femme en puissance de mari, qui n'ait pû s'obliger, ou qui ne soit pas obligé dans les formes, les autres fidejusseurs seront tenus de sa portion *h*.

h Si Titius & Seia pro Maevio fidejusserint, subducta muliere dabimus in solidum adversus Titium actionem. Cùm scire potuerit, aut ignorare non debuerit, mulierem frustra intercedere. l. 48. ff. de fidejuss.

VIII.

8. Quelles sont les exceptions du débiteur qui sont communes à la caution.

Tous les moyens du débiteur contre le créancier, sont communs aux fidejusseurs. Comme si l'obligation, ou une partie se trouve acquittée : si elle est prescrite : si le serment étant déféré au débiteur, il a juré ne rien devoir, ou avoir payé ; ou s'il a d'autres exceptions semblables ; car le fidejusseur ne répond que de ce qui sera dû légitimement : & ce qui anéantit ou diminue l'obligation du débiteur, anéantit ou diminue la sienne qui en est l'accessoire : ainsi il peut se servir de ces moyens encore que le principal obligé ne voulût pas s'en servir lui-même *i*. Mais si les moyens du principal

i Ex persona rei, & quidem invito reo, exceptio & caetera rei comoda fidejussori, caeterisque accessionibus competere potest. l. 22. ff. de fidejuss. l. 19. ff. de exception.

Defensiones, sive exceptiones ad intercessores extendi, quibus reus principalis, integro manente statu, munitus est, constat. l. 11. C. de except. seu praes. §. 4. inst. de replicat. Si reus juravit ; fidejussor tutus sit. l. ult. in f. ff. de jurejur.

V. l'article 1. & les suivans de la Section 5. p. 228.

E f

obligé ne se tirent que de sa personne, comme s'il peut se faire relever parce qu'il étoit mineur quand il s'est obligé, s'il ne peut plus être poursuivi parce qu'il a abandonné ses biens, ou qu'ils ont été confisqués; ces sortes d'exceptions seront inutiles à la caution. Car c'est pour les faire cesser qu'on l'a fait obliger *l. L. 13. ff. de min.*

l Sané quædam exceptiones non solent (fidejussoribus accommodari. Ecce enim debitor si bonis suis cesserit, & cum eo creditor experiatur, defenditur per exceptionem, si bonis cesserit: sed hæc exceptio fidejussoribus non datur. Ideò scilicet quia qui alios pro debitore obligat, hoc maximè prospicit, ut cum facultatibus lapsus fuerit debitor, possit ab iis quos pro eo obligavit, suum consequi. *d. §. 4. inst. de replic.* Si Lysias adempta parte bonorum exulare jussus est, non nisi pro parte quam retinuit creditoribus obligatus est. Verùm qui pro eo suam fidem astrinxerunt, jure pristino conveniri possunt. *l. 1. C. de fidejuss.* V. l'article 6. de la Section 5. p. 229.

¶ Le bénéfice de Cession ne profite point à la caution. V. des Restitutions.]

I X.

9. L'engagement du fidejusseur suit l'obligation.

L'engagement du fidejusseur n'est pas borné envers le créancier à qui il s'oblige; mais son obligation est attachée à celle du principal obligé, & passe avec elle à ceux qui dans la suite en auront le droit. Si si, par exemple, un héritier prend une caution d'un débiteur de la succession, & qu'il se trouve obligé de rendre l'hérédité à une autre, soit par une substitution, ou parce que son institution ne subsistant point; il cesse d'être héritier; ce fidejusseur demeurera obligé envers celui à qui l'hérédité sera restituée *m.*

m Hæres a debitore hæreditario fidejussorem accepit, deinde hæreditatem ex Trebelliano restituit, fidejussoris obligationem in suo statu manere. Idemque in hac causa servandum, quod servaretur cùm hæres contra quem emancipatus filius bonorum possessionem accepit, fidejussorem accepit. Ideòque in utraque specie transeunt actiones. *l. 21. ff. de fidejuss.*

Ce fidejusseur ne pourra pas prétendre qu'il ne s'étoit obligé qu'à la consideration de cet héritier. Car outre qu'il auroit dû l'exprimer, on pourroit lui dire qu'il ne se fût obligé on auroit pû poursuivre le débiteur, ou prendre d'autres suretés.

SECTION III.

Des engagemens du débiteur envers sa caution, & de la caution envers le débiteur.

SOMMAIRES.

1. *Le débiteur doit indemniser le fidejusseur.*
2. *Indemnité pour les suites du cautionnement.*
3. *Cas où la caution peut agir contre le débiteur avant le terme.*
4. *Si le fidejusseur paye avant le terme.*
5. *Il peut payer sans demande après le terme.*
6. *S'il paye imprudemment ce qui n'étoit pas dû.*
7. *Si le fidejusseur paye, ignorant les exceptions du débiteur.*
8. *Si le fidejusseur paye, quoiqu'il eût de son chef quelque exception.*
9. *Si le fidejusseur manque, ou de se défendre, ou d'appeller de la condamnation.*
10. *Si le fidejusseur n'avertit pas le débiteur qu'il a payé pour lui.*
11. *Caution d'un prêt à usage, ou d'un dépôt.*
12. *Si le créancier remet la dette au fidejusseur.*

I.

1. Le débiteur doit indemniser le fidejusseur.

LE principal obligé est tenu d'indemniser son fidejusseur, soit en le faisant décharger de l'obligation, ou acquittant la dette. Et quand il n'y auroit point d'obligation d'indemnité, il suffit qu'il paroisse que le fidejusseur n'est obligé pour le débiteur qu'en cette qualité. Car elle emporte l'engagement de l'indemniser *a.*

a Ait prætor, si quis negotia alterius.... gesserit, judicium eo nomine dabo. *l. 3. ff. de negot. gest.* Sed videamus an si ejusfor hîc habere aliquam actionem possit, & verum est negotiorum gestorum eum agere posse. *l. 4. eod. l. 10. §. 1. ff. mand.*

I I.

Si le principal obligé ne satisfaisant pas le créancier,

---

il se fait des poursuites contre le fidejusseur, & qu'il soit obligé d'acquitter la dette; il recouvrera contre le débiteur, & le principal & les intérêts, qu'il aura payés au créancier, & aussi les intérêts, & de ce principal & de ces intérêts. Car à son égard c'est un principal dont il doit être desinteressé, de même & à plus forte raison que le Procureur constitué, ou celui qui fait les affaires d'un absent à son insçu, puisque les avances que font ceux-ci se font de leur gré, & que c'est par contrainte que la caution fait le payement. Et s'il souffre d'ailleurs les dommages & intérêts, comme si le créancier le poursuit, s'il fait saisir ses biens; il sera aussi remboursé & des frais & dépens qu'il aura faits ou soufferts, & de tous les dommages & intérêts, & encore des frais des poursuites pour son recours contre le débiteur *b.*

2. Indemnités pour les suites du cautionnement.

b C'est une suite de l'article précédent. Si quid autem fidejussor pro reo solverit, ejus recuperandi causa habet cum eo mandati judicium. *§. 6. inst. de fidejuss.* Si fidejussor multiplicaverit summam, in quam fidejussit, sumptibus ex justa ratione factis, totam eam præstabit is pro quo fidejussit. *l. 45. §. 6. ff. mand.* Sive, cùm frumentum deberetur, fidejussor Africum dedit: sive quid ex necessitate solvendi plus impendit, quàm est pretium solutæ rei... id mandati judicio consequetur. *l. 50. §. 1. eod.*
V. Pour les intérêts des sommes payées par la caution l'article 4. de la Sect. 2. des Procurations, p. 130. & l'art. 5. de la Sect. 2. de ceux qui font les affaires des autres, p. 170.
¶ Cela s'observe parmi nous. Dep. t. 1. p. 628. n. 15. art. 2. Henrys, t. 1. l. 4. quest. 33.

I I I.

3. Cas où la caution peut agir contre le débiteur avant le terme.

Si le principal obligé est en demeure de payer le créancier au terme, le fidejusseur peut le poursuivre après le terme échû pour l'y obliger, quoique le créancier ne demande rien. Et si l'indemnité du fidejusseur étoit en péril, il pourroit même agir avant le terme pour sa sureté. Ainsi, lorsque le débiteur dissipe ses biens, ou qu'ils sont saisis, le fidejusseur peut s'opposer, & faire les autres diligences que les circonstances du peril rendront nécessaires *c.*

c Non absimilis illa quæ frequentissimè agitari solet, fidejussor an & priusquam solvat, agere possit, ut liberetur. Nec tamen semper expectandum est, ut solvat, aut judicio accepto condemnetur, si diu in solutione reus cessabit, aut certe bona sua dissipabit: præsertim si domi pecuniam fidejussor non habebit, qua, numeratio creditori, mandati actione convenias. *l. 38. §. 1. ff. mand.*
¶ Le fidejusseur peut obliger le principal débiteur à le faire décharger en certains cas.
1°. Si diu in solutione reus cessat. *L. Lucius Titius. §. 1. ff. mand.* Il faut attendre un temps raisonnable, *quia intempestivè non potest revocare beneficium. l. 17. §. 1. ff. commodati.*
2°. Si bona sua dissipet, eod. & l. 10. Cod. eod.
3°. Si ab initio ita convenerit, d. l. 10. Cod. eod.
4°. Si le débiteur ne paye point les intérêts & les laisse accumuler au principal, si debitum usuris augeatur. Cap. 3. extra de fidejuss.
5°. Si inimicitia capitales intervenerint. Papon dans les Arrêts. l. 10. tit. 4. art. 20. Despeisses eod. n. 35.
6°. Si la caution est obligée de faire un long voyage. Despeisses & Papon eod.
7°. Après la condamnation intervenue contre la caution. *l. 6. & 10. C. mandat.*
La caution peut agir contre le débiteur aussitôt après la condamnation, quoiqu'on lui ait accordé un délai. *l. 15. ff. de fidejuss.* Despeisses eod. num. 34.]

I V.

4. Si le fidejusseur paye avant le terme.

Si le fidejusseur paye avant le terme, il ne pourra exercer son recours contre le débiteur qu'après le temps échû *d.* Car il n'a pû empirer la condition du débiteur qui ne doit qu'au terme.

d Si fidejussor, vel quis alius pro eo ante diem creditori solverit, expectare debebit diem quo eum solvere oportuit. *l. 31. ff. de fidejuss.*

V.

5. Il peut payer sans demande après le terme.

Le fidejusseur peut si bon lui semble payer après le terme. Et quoiqu'il n'ait été ni condamné ni poursuivi par le créancier, il ne laissera pas d'avoir son recours contre le débiteur. Car l'obligation de l'un & de l'autre étoit de payer au terme. Ainsi il acquitte l'engagement commun.

e Fidejussores & mandatores etsi sine judicio solverint, habent actionem mandati. *l. 10. §. 11. ff. mand.* Voyez les articles suivans.

V I.

6. S'il paye imprudemment ce qui n'étoit pas dû.

Quoique le fidejusseur puisse payer sans être poursuivi, il ne doit pas néanmoins faire de préjudice aux moyens que le principal obligé pouvoit avoir contre le créancier. Et si par exemple, le fidejusseur sçachant que le débiteur ou avoit payé, ou avoit des moyens qui anéantissoient la dette, & ne laisse pas de payer, il ne pourra recouvrer ce qu'il aura acquitté de cette maniere *f.*

f Si quidem sciens prætermiserit exceptionem vel doli, vel non numeratæ pecuniæ, videtur dolo versari: dissoluta enim negligentia propè dolum est. *l. 29. 1. ff. mand.* V. l'article suivant.

V I I.

7. Si le fidejusseur paye, ignorant les exceptions du débiteur.

Si le fidejusseur étant sommé de payer, acquitte la dette de bonne foi, pour prévenir une exécution ou une saisie de ses biens, & ne sçachant pas, ou que le débiteur avoit une compensation à faire, ou que même il avoit payé, ou qu'il avoit d'autres moyens pour défendre contre le créancier, il ne laissera pas d'avoir son recours. Car le débiteur doit s'imputer, de n'avoir pas averti le fidejusseur de ne point payer *g.* Mais si le fidejusseur paye legerement, sans demande, sans nécessité, & sans avertir le débiteur qui pourroit de sa part n'avoir pas eu le temps d'avertir le fidejusseur des moyens qu'il pouvoit avoir pour ne point payer; il pourroit y avoir lieu selon les circonstances, d'imputer au fidejusseur d'avoir mal payé.

g Si fidejussor conventus, cùm ignoraret non fuisse debitori numeratam pecuniam, solverit ex causâ fidejussionis, an mandati judicio persequi possit id quod solverit, quæritur. Et si quidem sciens.... Ubi verò ignoravit, nihil quod ei imputetur. Pari ratione, & si aliqua exceptio debitori competebat, pacti forte conventi, vel cujus alterius rei, & ignatus hanc exceptionem non exercebit, dici oportere ei mandati actionem competere. Potuit enim atque debuit reus promittendi certiorare fidejussorem suum, ne forté ignarus solvat indebitum. *l. 29. ff. mand.* Si cùm debitor solvisset, ignarus fidejussor solverit, puro eum mandati habere actionem. Ignoscendum est enim ei, si non divinavit debitorem solvisse. Debitor enim debuit notum facere fidejussori jam solvisse, ne forté creditor obrepat, & ignorantiam ejus circumveniat, & excutiat ei summam in quam fidejussit. *d. l. 29. 2.*

V I I I.

8. Si le fidejusseur paye, quoiqu'il eût de son chef quelque exception.

Si le fidejusseur avoit quelque moyen de son chef qui ne fût pas commun au débiteur, comme si c'étoit un Mineur qui pût se faire relever, ou qu'il eût quelqu'autre moyen personnel, & qu'il paye volontairement sans se servir de cette exception, il ne laissera pas d'avoir son recours contre le débiteur. Car pour n'avoir pas usé de son droit, il ne lui a fait aucun préjudice, & il n'a fait que l'acquitter de ce qu'il devoit *h.*

h Fidejussor si solus tempore liberatus, tamen solverit creditori, rectè mandati habebit actionem adversùs reum: quamquam enim jam liberatus solvit, tamen fidem implevit, & debitorem liberavit. *l. 29. §. 6. ff. mand.*

I X.

9. Si le fidejusseur manque ou de se défendre, ou d'appeller de la condamnation.

Si le fidejusseur étant poursuivi par le créancier, n'use pas des voyes dont il pourroit se servir pour differer; comme s'il n'allegue pas pour défenses quelques nullités de procedure qui n'iroient pas à la décharge du débiteur, & que lui ayant dénoncé la demande il paye la dette; le débiteur ne pourra pas lui imputer de ne s'être pas servi de telles défenses. Que si le fidejusseur étant condamné, soit après se'être défendu, ou sans se défendre, il n'appelle pas de la condamnation, ou s'il en appelle sans dénoncer; & en général quelque conduite que tienne le fidejusseur, d'où puisse événement qu'elle puisse avoir, c'est par les circonstances de cette conduite, & de celle du débiteur qu'il faut discerner, si le fidejusseur a dû se défendre ou non, appeller ou non, s'il s'est bien ou mal défendu, s'il a dénoncé à temps, s'il a bien ou mal payé, s'il a payé plus qu'il n'étoit dû; & par là juger s'il doit recouvrer, ou seulement ce qui étoit dû par le débiteur, ou aussi les frais, ou s'il les doit perdre *i.*

i Quædam tamen & si sciens omittat fidejussor, caret fraude. Ut putà si exceptionem procuratoriam omittat, sive sciens, sive ignarus, de bona fide enim agitur, cui non congruit de apicibus juris disputare: sed de hoc tantum debitor fuerit, nec ne. *l. 29. §. 4. ff. mand.*

Tome I.

Si hi qui pro se fidejusserant, in majorem quantitatem damnati quam debiti ratio exigebat, scientes & prudentes auxilium appellationis omiserunt, poteris mandati agentibus his æquitate judicis tueri te. Igitur, si ignoraverunt, excusata ignorantia est. Si scierunt, incumbebat eis necessitas provocandi. Cæterum dolo versari sunt, si non provocaverunt. Quid tamen, si paupertas eis non permisit, excusata est eorum inopia. Sed & si cessato convenerunt debitorem, ut si ipse putaret, appellaret, puto rationem eis constare. *l. 8. §. 8. eod.*

X.

10. Si le fidejusseur n'avertit pas le débiteur qu'il a payé pour lui.

Si le fidejusseur ayant payé sans en avertir le débiteur, celui-ci payoit une seconde fois; ce fidejusseur n'auroit plus de recours contre lui. Car ce seroit la faute d'avoir laissé le débiteur en danger de payer deux fois *l.*

l Hoc idem tractari & in fidejussore potest, si cùm solvisset, non certioravit reum: sic deinde reus solvit, quod solvere cum non oportebat. Et credo, si cum posset eum certiorare, non fecit, oportere mandati agentem fidejussorem repelli. Dolo enim proximum est, si post solutionem non denuntiaverit debitori. *l. 29. §. 3. ff. mand.*

X I.

11. Cautio de ne s'oblige qu'à l'usage, ou d'un dépôt.

L'engagement du fidejusseur n'étant qu'accessoire de celui du principal obligé; il n'est tenu que précisément de ce que doit celui pour qui il s'oblige. Ainsi par exemple, si on avoit pris une caution d'un dépositaire, ou de celui qui emprunte une chose pour en user; celui qui s'en seroit rendu caution ne seroit pas tenu de faire bon ce qui seroit deposé ou emprunté, s'il venoit à perir par un cas fortuit; mais seulement de répondre du dol & des fautes du principal obligé, car c'étoit en quoi consistoit l'obligation *m.*

m Et condemnari, & depositi fidejussor accipi potest, & tenetur. Sed ita demum, si aut dolo malo, aut culpa hi fecerunt pro quibus fidejussum est. *l. 2. ff. de fidej. & mand.*

X I I.

12. Si le créancier remet la dette au fidejusseur.

Si le créancier, ou autre ayant son droit, donne sa quittance au fidejusseur dans le dessein de lui faire un don de la dette, pour quelque recompense ou autre motif, ce fidejusseur pourra recouvrer la dette contre le débiteur, car cette grace n'est pas propre qu'à lui. Mais si le créancier a seulement voulu décharger le fidejusseur, sans lui donner la dette, le droit du créancier demeurera entier contre le débiteur, & le fidejusseur n'aura que sa décharge. Ce qui dépendra de la maniere dont le créancier se sera exprimé pour connoître son intention *n.*

n Si fidejussori donationis causâ acceptum factum sit à creditore, puto si fidejussorem remunerari voluit creditor, habere eum mandati actionem. Multò magis, si mortis causâ acceptum tulisset creditor, vel si eam liberationem legavit. *l. 10. §. ult. ff. mand.* Si verò non remunerandi causâ, sed principaliter donavit, fidejussori remisit actionem, / mandati eum non acturum. *l. 11. cod.* Si quis fidejussori donare vult, creditorem ejus habeat debitorem suum, eumque liberaverit, continuo aget fidejussor mandati: quatenus nihil intersit, utrum nummos solverit creditori, an eum liberaverit. *l. 26. §. 3. eod.*

SECTION IV.

Des engagemens des Cautions entr'eux.

SOMMAIRES.

I.

1. Comment un des fidejusseurs acquittant la dette, peut agir contre les autres.

SI un des fidejusseurs acquitte la dette, il n'aura son recours que contre le débiteur, mais non contre les autres fidejusseurs. Car il n'acquitte que son engagement & le payement qu'il fait, sans se servir du benefice de division contre les autres fidejusseurs, éteignant l'obligation principale, celle des autres qui n'en étoit qu'un accessoire ne subsiste plus. Mais si en payant il se fait subroger au créancier, il aura son droit pour recouvrer les portions de chacun des autres. Cette subrogation au créancier ayant cet effet qu'encore qu'il semble que le droit du créancier soit anéanti par le payement, ce droit subsiste pour passer de sa personne à celui qui paye pour les autres. Car c'est comme une vente que le créancier lui fait de ses droits. Que si le créancier refuse la subrogation, celui qui fait le payement pourra la faire ordonner en justice *a*.

a Cùm alter ex fidejussoribus in solidum debito satisfaciat, actio ei adversus eum qui una fidejussit, non competit. Potuisti sanè cum fisco solveres desiderare, ut jus pignoris quod fiscus habuit in te transferretur: & si hoc ita factum est, cessis actionibus uti poteris. Quod & in privatis debitis observandum est. *l.* 11. *C. de fidejuf. l.* 39. *ff. eod.* §. 4. *inst. eod.* Fidejussoribus succurri solet, ut stipulator compellatur qui solidum solvere paratus est, vendere cæterorum nomina. *l.* 17. *ff. eod.*

Cùm is qui & reum & fidejussores habens ab uno ex fidejussoribus accepta pecunia, præstat actiones, poterit quidem dici nullas jam esse cùm suum perceperit, & perceptione omnes liberati sunt. Sed non ita est, non enim in solutum accepit, sed quodammodo nomen debitoris vendidit: & ideò habet actiones, quia tenetur ad id ipsum ut præstet actiones. *l.* 36. *ff. eod. l.* 41. §. 1. *eod.* V. l'art. 6. de la Section 2.

Cette subrogation du fidejusseur au créancier pour recouvrer les portions des autres, est un troisieme bénéfice accordé aux fidejusseurs. Ainsi les fidejusseurs ont trois bénéfices qui diminuent leur engagement, & qui facilitent leurs recours. Le premier est le bénéfice de Discussion, expliqué dans l'article 1. de la Section 1. Le second est le bénéfice de Division, expliqué dans l'article 6. de la même Section 2. Et le troisieme est ce bénéfice de la Cession des droits du Créancier, expliqué dans cet article. L'effet de ce premier bénéfice de la discussion est que le fidejusseur ne peut être poursuivi qu'après que les biens du principal obligé ont été discutés. L'effet du second bénéfice de la division, est qui entre plusieurs fidejusseurs chacun ne peut être poursuivi que pour sa portion, si les autres sont solvables; car s'il y en avoit d'insolvables, ou de qui l'obligation se trouvât nulle, ou sujette à rescision, leurs portions se rejetteroient sur les autres, comme il a été dit dans l'article 6. de la Section 2. Et l'effet du troisieme bénéfice de la cession des droits du créancier, est que le fidejusseur qui paye le créancier, recouvre sur chacun des autres fidejusseurs leurs portions de ce qu'il a payé.

Il ne faut entendre l'usage des bénéfices de Discussion & de Division, qu'en faveur de ceux qui n'y ont pas renoncé. Car s'ils y ont renoncé, ils sont à l'égard du créancier dans la même condition que le débiteur. V. l'art. 3. de la Sect. 1. de la Solidité, p. 220.

2. Les cofidejusseurs répondent l'un pour l'autre.

I I.

C'est un engagement des fidejusseurs entr'eux, que si de plusieurs fidejusseurs d'un même débiteur, il y en a quelqu'un qui soit insolvable, ou de qui l'obligation soit nulle ou sujette à rescision, chacun des autres doit porter sa portion de celle du fidejusseur insolvable *b*, ou qui l'obligation ne subsiste point *c*. Car ils sont tous cautions du tout *d*.

b Si quis eorum ante exactam à se partem sine hærede decesserit, vel ad inopiam pervenerit, pars ejus ad cæterorum onus respicit. *l.* 16. *ff. de fidejuss.*

c Si Titius & Seia pro Mævio fidejusserint, subducta muliere dabimus in solidum adversus Titium actionem. Cùm scire potuerit, aut ignorare non debuerit, mulierem frustra intercedere. *l.* 48. *ff. de fidejuss.*

d. V. l'art. 6. de la Sect. 2.

SECTION V.

Comment finit ou s'anéantit l'engagement des Cautions.

SOMMAIRES.

1. *Il ne peut y avoir de caution d'une obligation illicite.*
2. *L'exception personnelle du débiteur ne décharge pas le fidejusseur.*
3. *Dol du créancier à l'égard du fidejusseur.*
4. *Circonstances qui peuvent rendre l'obligation du fidejusseur nulle ou valide.*
5. *Le fidejusseur est déchargé si l'obligation ne subsiste plus.*
6. *Ou si elle est innovée.*
7. *La caution d'un bail ne l'est pas pour la reconduction.*
8. *Si le débiteur succede au créancier, ou le créancier au débiteur.*
9. *Si le créancier ou le débiteur succede au fidejusseur, ou le fidejusseur à l'un ou à l'autre.*
10. *La demande contre l'un des cofidejusseurs ne décharge pas les autres.*
11. *Fidejusseur de la délivrance d'une chose qui périt.*

1. Il ne peut y avoir de caution d'is-

S I dans l'obligation principale il y a quelque vice essentiel qui l'anéantisse, comme si elle a été faite par force, si elle est contraire aux Loix ou aux bonnes mœurs, si elle n'est fondée que sur un dol, ou sur quelque erreur qui suffise pour l'annuller; dans tous ces cas l'obligation du fidejusseur est aussi anéantie *a*. Car on ne peut prendre des suretés pour faire valoir des engagemens vitieux d'eux-mêmes.

ne obligation illicite.

a Rei cohærentes exceptiones etiam fidejussoribus competunt .. Ut doli mali .... Quod metus causâ factum est. *l.* 7. §. 1. *ff. de except.*
Fidejussor obligari non potest ei apud quem reus promittendi obligatus non est. *l.* 16. *ff. de fidejuss.*
Voyez un exemple d'une caution pour un engagement contraire aux bonnes mœurs. Nov. 51. in Præfat. V. *l.* 46. & *l.* 56. *ff. de fidejuss.*

I I.

Si l'obligation principale n'étoit annullée que par quelque exception personnelle du principal obligé, comme si c'étoit un mineur qui se fit relever d'un engagement où il lui auroit été fait quelque préjudice, & qu'il n'y eût point de dol de la part du créancier; la restitution du mineur auroit bien cet effet, qu'elle anéantiroit son obligation envers le creancier, & l'indemnité qu'il auroit donnée à sa caution, s'il vouloit en être relevé. Mais cette restitution ne donneroit aucune atteinte à l'obligation du fidejusseur envers le créancier *b*. Car ce n'étoit que pour faire valoir l'obligation de ce mineur que le créancier avoit pris la sureté d'une caution.

2. L'exception personnelle du débiteur ne déchargepas le fidejusseur.

b In integrum ætatis beneficio restitutus es, periculum evictionis emptori, cui præsidium ex bonis paternis vendidisti, præstare non cogeris. Sed ea res fidejussores qui pro te intervenerunt excusare non potest. Quare mandati judicio, si pecuniam solveris, aut condemnati fueritis, convenietis: modò si eo quoque nomine restitutionis auxilio non juvaberis. *l.* 1. *C. de fidejuss. min.*
V. les deux articles suivans, & les art. 10. & 11. de la Sect. 1.

I I I.

Si outre l'exception personnelle qui pourroit faire annuller l'obligation du principal débiteur, sans donner atteinte à celle du fidejusseur, il y avoit quelque dol de la part du créancier, soit dans l'affaire qui seroit le sujet de l'obligation, ou dans la maniere d'engager le fidejusseur; l'obligation de ce fidejusseur seroit anéantie. Ainsi, par exemple, si une personne qui veut prêter à un mineur sous la sureté d'une caution, donne à celui qui doit se rendre caution de ce mineur de fausses preuves qui le font paroître majeur, l'obligation du fidejusseur sera annullée *c*.

3. Dol du créancier à l'égard du fidejusseur.

c Si ea quæ tibi vendidit possessiones interposito decreto præsidis ætatis tantummodo auxilio juvatur, non est dubium fidejussorem ex persona sua obnoxium esse contractui. Verùm si dolo malo apparuerit contractum interpositum esse manifesti juris est, utrique personæ tam restitutricis, quàm fidejussoris consulendum esse. *l.* 2. *C. de fidejuss. min.*

I V.

Dans tous les cas où l'obligation principale est sujette à être annullée, c'est par les circonstances qu'il faut juger si l'obligation du fidejusseur subsistera ou non. Ainsi le fidejusseur d'un mineur demeure obligé dans le cas de l'article 11. de la Section 1. Et il est au contraire déchargé dans le cas de l'article 3. de cette Section. Ainsi lorsque l'obligation a pour cause quelque commerce ou quelque disposition défendue par une Loi, comme si celui qui veut donner à une personne à qui une Loi, ou une Coutume défend de donner, fait un contrat simulé au profit de cette personne, ou d'une autre interposée qui lui prête son nom, & qu'il y donne la sureté d'une caution, l'obligation du fidejusseur sera sans effet, de même que celle du principal obligé. Ainsi en général pour juger de la validité, ou invalidité de l'engagement de la caution, il faut considérer la qualité de l'obligation principale, si elle est licite ou illicite: la bonne ou mauvaise foi des parties: le motif qui a obligé à prendre la sureté d'une caution, comme si c'étoit pour une obligation illicite, seulement pour suppléer au peu de bien ou à l'incapacité du principal débiteur, comme si c'étoit un mineur, qui à cause de sa minorité ne pût s'obliger valablement, quoique l'obligation ne fût pas illicite de sa nature: si celui qui a répondu pour une autre, a lui-même prevenu & engagé le créancier ou s'il a été

4. Circonstances qui peuvent rendre l'obligation du fidejusseur nulle ou valide.

engagé par quelque mauvaise voye de la part de ce créancier : & par ces circonstances & les autres semblables, on jugera de l'effet que doit avoir l'obligation du fidejusseur *d*.

d Intercessionis quoque exceptio, item quod libertatis onerandæ causa petitur, etiam fidejussori competit. Idem dicitur & si pro filiofamilias contra senatusconsultum quis fidejusserit , aut pro minore viginti quinque annis circumscripto. *l. 7. §. 1. ff. de excep. præst. & præjud.*

Cùm lex venditionibus occurrere voluerit, fidejussor quoque liberatur : eò magis quòd per ejusmodi actionem ad reum pervenitur. *l. 46. ff. de fidejuss.*

Marcellus scribit , si quis pro pupillo sine tutoris auctoritate obligato prodigæ, vel furioso fidejusserit , magis esse ut ei non subveniatur. *l. 25. eod.*

Si à furioso stipulatus fueris, non posse te fidejussorem accipere certum est. Quia non solùm ipsa stipulatio nulla intercessit, sed ne negotium quidem ullum gestum intelligitur. Quòd si pro furioso jure obligato fidejussorem accepero, tenetur fidejussor. *l. 70. §. 4. eod.*

In causa cognitione versabitur, utrùm soli ei succurrendum sit, an etiam aliis qui pro eo obligati sunt, ut putà fidejussoribus. Itaque sicùm scirem minorem, & ei fidem non haberem tu fidejusseris pro eo, non est æquum fidejussori in necem meam subveniri : sed potiùs ipsi deneganda erit mandati actio. In summa perpendendum erit prætori, cui potiùs subveniat utrum creditori, an fidejussori. Nam minor captus neutri tenebitur. Facilius in mandatore dicendum erit non debere ei subvenire. Hic enim velut affirmator fuit, & suasor ut cum minore contraheretur. *l. 13. ff. de min.*

V.

5. Le fidejusseur est déchargé si l'obligation ne subsiste plus.

Si le débiteur anéantit son obligation , ou par un payement , ou par quelque autre voye qui le décharge, comme si le serment lui étant deferé, il jure qu'il a payé, ou qu'il ne doit rien , ou s'il est déchargé par un Arrêt, par une transaction, ou autre convention avec le créancier ; dans tous ces cas l'engagement du fidejusseur est anéanti. Car il n'étoit obligé qu'à payer ce qui seroit dû *e*.

e Non est ambigui juris electo reo , & solvente fidejussorem liberari. *l. 1. C. de fidejuss. tut. vel cur.*

Rei autem cohærentes exceptiones, etiam fidejussoribus competunt, ut rei judicatæ, doli mali jurisjurandi. *l. 7. §. 1. ff. de excep.*

Igitur & si reus pactus sit in rem, omnino competit exceptio fidejussori. *d. §. 1. Non possunt conveniri fidejussores, liberato reo transactione. *l. 68. §. 2. ff. de fidejuss.*

V. l'article 8. de la Section p. 225.

VI.

6. Ou si elle est innovée.

Si la dette est innovée entre le créancier & le débiteur, sans que le fidejusseur s'oblige de nouveau, son obligation ne subsiste plus. Ainsi celui qui étoit créancier du prix d'une vente , & qui en avoit une caution, ayant donné quittance, & pris de l'acheteur seul une obligation à cause de prêt, ne peut plus rien demander au fidejusseur. Car encore que ce qu'il avoit promis de payer ne soit pas acquitté , & que le débiteur reste obligé pour une dette dont la vente a été l'origine , & dont ce fidejusseur avoit répondu : le créancier ayant atteint cette première obligation, celle du fidejusseur qui n'en étoit qu'un accessoire, est aussi éteinte *f*.

f Ubicumque reus ita liberatur à creditore , ut natura debitum maneat, teneri fidejussorem respondit , cùm verò genere novationis transeat obligatio, fidejussorem aut jure , aut exceptione liberandum. *l. 60. ff. de fidejuss.*

Novatione legitime perfecta, debiti in alium translati, prioris contractus fidejussores, vel mandatores liberatos esse non ambigitur. Si modò in sequenti se non obligaverunt. *l. 4. C. eod.*

¶ Cela s'observe , quelque réserve que le créancier ait fait de tous ses droits , raisons, & actions, & de ne rien innover. *Henrys. t. 2. l. 4. quest. 43.*]

VII.

7. La caution d'un bail ne l'est pas pour la reconduction.

Si une première obligation étant expirée , le débiteur l'a renouvellée par une seconde, celui qui étoit caution, de la première obligation, ne le sera pas de la seconde, s'il ne s'oblige de nouveau. Ainsi celui qui renouvelle avec son fermier un bail expiré , ou par un nouveau bail , ou par une reconduction tacite, n'en aura pas pour caution celui qui s'étoit obligé pour le premier bail, s'il ne s'oblige de nouveau. Car c'est une autre obligation *g*.

g Qui impleto tempore conductionis remansit in conductione , non solùm reconduxisse videtur, sed etiam pignora videntur

durare obligata. Sed hoc ita verum est; si non alius pro eo in priore conductione res obligaverat. Hujus enim novus consensus erit necessarius. Eadem causa erit , & si reipublicæ prædia locata fuerint. *l. 13. §. 11. ff. locati. l. 7. C. eod.*

VIII.

8. Si le débiteur succède au créancier ou le créancier au débiteur.

Si le créancier se trouve héritier du débiteur, ou le débiteur du créancier , la confusion qui se fait en la personne de cet héritier des qualités de créancier & de débiteur , fait que l'obligation ne subsiste plus , & cette confusion anéantit aussi l'obligation du fidejusseur. Car il ne peut devoir à l'héritier une dette dont l'héritier lui-même doit l'indemniser. Et il n'y a plus de dette ni de débiteur *h*.

h A Titio , qui mihi ex testamento sub conditione decem debuit, fidejussorem accepi, & hæres extiti : deinde conditio legati extitit. Quæro, an fidejussor mihi teneatur ? Respondi, si is quo tibi erat sub conditione legatum , cùm ab eo fidejussorem accepisses, hæres extiteris , non poteris habere fidejussorem obligatum : quia nec reus est pro quo debeat, sed nec res ulla quæ possit deberi. *l. 38. §. 1. ff. de fidejuss.* Quod si stipulator reum hæredem instituerit, omnimodo obligationem fidejussoris perimit, sive civilis, sive obligatio naturalis in reum fuisset : quoniam quidem nemo potest apud eumdem pro ipso obligatus esse. *l. 21. §. 3. eod. v. l. 71. eod.*

IX.

9. Si le créancier ou le débiteur succède au fidejusseur ou le fidejusseur à l'un ou à l'autre.

S'il arrive que le débiteur ou le créancier soit héritier de la caution , ou que la caution succede à l'un ou à l'autre , dans tous ces cas il se fait de différentes confusions des qualités de débiteur , de créancier , & de caution , dont chacune anéantit l'engagement du fidejusseur. Car s'il succede au débiteur , il devient lui-même le principal obligé , & il cesse par conséquent d'être caution. Et s'il succede au créancier , il n'est plus obligé, puisqu'il ne peut l'être envers soi-même. Que si c'est le créancier qui succede au fidejusseur, il ne sera pas obligé envers soi-même , mais il conservera seulement son droit contre le débiteur. Et si enfin c'est le débiteur qui succede au fidejusseur, il n'y a plus de cautionnement, mais seulement une obligation principale en la personne de ce débiteur. Et il ne pourroit pas même se servir des exceptions que le fidejusseur auroit pû avoir de son chef, comme si par exemple, il étoit mineur *i*.

i Cùm reus promittendi fidejussori suo hæres extiterit, obligatio fidejussoria perimitur. Quid ergo est : tanquam à reo debitum petatur. Et si exceptione fidejussori competente usus fuerit, in factum replicatio dari debebit , aut doli mali proderit. *l. 14. ff. de fide juss.*

Quod si creditor fidejussori hæres fuerit, vel fidejussor creditori, puto convenire confusione obligationis non liberari cum. *l. 71. in f. princ. ff. eod.*

Generaliter Julianus ait , eum qui hæres extitit ei pro quo intervenerat, liberari ex causa accessionis, & solummodo quasi hæredem ei teneri. Denique scripsit, si fidejussor hæres extiterit ei pro quo fidejussit, quasi reum esse obligatum, ex causa fidejussionis liberari. *l. 5. ff. de fidejuss.*

X.

10. La demande contre l'un des cofidejusseurs ne décharge pas les autres.

Comme l'engagement des cobligés ne laisse pas de subsister , quoique le créancier s'adresse à l'un d'eux avant que de venir aux autres ; ainsi lorsqu'il y a plusieurs fidejusseurs d'une même dette , la demande & les poursuites du créancier contre l'un d'eux, n'empêche pas qu'il ne puisse agir contre les autres *l*.

l Generaliter sancimus, quemadmodum in mandatoribus statutum est ut contestatione contra unum ex his facta alter non liberetur, ita & in fidejussoribus observari, &c. *l. 28. C. de fidejuss.*

XI.

11. Fidejusseur de la délivrance d'une chose qui périt.

Quoique l'obligation de celui qui doit donner ou rendre une chose , soit anéantie si la chose périt par un cas fortuit , & que le fidejusseur , s'il y en avoit , ne soit plus obligé ; si néanmoins la chose ne périt qu'après que ce débiteur a été en demeure de la délivrer , comme un vendeur qui ne délivre pas ce qu'il a vendu , ou celui qui ne rend pas ce qu'il avoit loué , ou emprunté , son obligation ne laisse pas de subsister , & fait subsister celle du fidejusseur *m*. Car il devoit répondre du fait de celui pour qui il s'étoit obligé.

m Cum facto suo reus principalis obligationem perpetuat, etiam fidejussoris durat obligatio : veluti si moram fecit in Sticho solvendo, & is decessit. *l. 58. §. 1. ff. de fidejuss.* V. l'art. 9 de la Sect. 3. des Conventions, p. 25. & l'art. 3. de la Sect. 7. du Contrat de vente, p. 41.

TITRE V.

Des Intérêts, Dommages & intérêts, & Restitution de fruits.

Des diverses sortes de dommages & intérêts, & de leurs causes.

C'Est une suite naturelle de toutes les especes d'engagemens particuliers, & de l'engagement général de ne faire tort à personne, que ceux qui causent quelque dommage, soit pour avoir contrevenu à quelque engagement, ou pour y avoir manqué, sont obligés de réparer le tort qu'ils ont fait.

Toutes les sortes de dommages, quelque cause qu'ils puissent avoir, peuvent se réduire à deux especes. L'une des dommages visibles que causent ceux qui font perdre ou périr quelque chose, ou qui l'endommagent; comme fait celui qui ayant emprunté un cheval, le perd ou l'estropie: ou celui qui fait pâcager son bétail dans le pré d'un autre qui ne lui doive pas cette servitude. L'autre espece est des dommages que causent ceux qui sans rien détruire ni endommager, donnent sujet à quelque perte d'une autre nature. Comme si celui qui doit une somme, ne la paye pas au terme; si celui qui vend manque de délivrer la chose vendue, si celui qui entreprend un ouvrage ne s'en acquitte point.

On peut distinguer les dommages par une autre vûe selon l'intention de ceux qui les causent. Quelques-uns sont des effets d'un mauvais dessein, comme d'un crime, d'un délit, d'une tromperie: & d'autres arrivent sans aucun mauvais dessein de celui qui en est tenu; mais seulement ou par négligence, ou par quelque faute, ou même par l'impuissance d'exécuter quelque engagement.

De quelque nature que soit le dommage, & quelque cause qu'il puisse avoir, celui qui en est tenu doit le réparer par un dédommagement proportionné ou à sa faute, ou à son délit, ou autre cause de sa part, & à la perte qui en est arrivée, selon les regles qu'on expliquera dans ce Titre.

Avant que d'expliquer ces regles, il est nécessaire de faire ici quelques réflexions sur les principes d'où elles dépendent, & dont la connoissance peut rendre & plus facile & plus utile l'usage de ces regles dans les divers cas où il faut en faire l'application.

Différences entre les intérêts & les dommages & intérêts.

Toutes les sortes de dédommagemens se réduisent à deux especes. L'une qu'on appelle simplement intérêt, & l'autre qu'on appelle dommages & intérêts. L'intérêt est le dédommagement, & le désintéressement dont un débiteur d'une somme d'argent, peut être tenu envers son créancier, pour le dommage qu'il peut lui causer faute de payer la somme qu'il doit. Comme si celui qui a emprunté une somme, ne la paye pas au terme: si un acheteur ne paye pas le prix de la vente: si un locataire n'acquitte pas les loyers de la maison qu'il tient à louage, ou un fermier le prix de son bail. Tous les autres dédommagemens, de quelque nature que soit le dommage, s'appellent dommages & intérêts, comme si un locataire manque de faire les réparations que le bail oblige de faire; & que la maison en soit endommagée: si un associé néglige l'affaire commune dont il est chargé, & qu'elle périsse: si un tuteur manque d'exiger les dettes de son mineur, & qu'elles se perdent: si un vendeur ne garantit pas l'acquereur d'une éviction. Et on donne aussi le même nom de dommages & intérêts aux dédommagemens que doivent ceux ou ont causé quelque dommage par un crime, ou par un délit. Et dans les crimes on appelle le dédommagement un intérêt civil, qui n'est que la même chose que les dommages & intérêts: mais on se sert de ce mot d'intérêt civil, pour distinguer ce dédommagement des autres peines qu'on impose aux crimes.

Il y a cette différence par les Loix, & par notre usage entre les dommages qui naissent du seul défaut de payement d'une somme dûe, & les dommages qui ont d'autres causes; que tous les dommages que peuvent souffrir ceux qui ne sont payés d'une somme au terme, sont tous uniformes, & fixés par la Loi à une certaine portion de la somme dûe pendant une année, & pour plus ou moins de temps à proportion. Ainsi on a vû les intérêts réglés au denier douze, c'est-à-dire, à la douzieme partie du principal, & puis au denier seize, au denier dix-huit, & ils sont présentement réglés au denier vingt, qui est un sol pour livre. Mais les autres sortes de dommages sont indéfinis, & ils s'étendent ou se bornent différemment, par la prudence du Juge à plus ou à moins, selon la qualité du fait, & les circonstances. Ainsi, quiconque doit de l'argent, soit pour un prêt ou pour d'autres causes, ne doit pour tout dommage, s'il ne paye pas, que l'intérêt réglé par la Loi; mais un locataire qui manque aux réparations qu'il doit par son bail, un entrepreneur qui manque de faire l'ouvrage qu'il a entrepris, ou qui le fait mal, un vendeur qui ne délivre pas la chose vendue, ou qui l'ayant délivrée, ne la garantit pas d'une éviction; doivent indéfiniment les dommages & les intérêts qui peuvent suivre du défaut d'avoir exécuté leur engagement, & on les regle différemment selon la diversité des parts qui arrivent, la qualité des faits qui les causent, & les autres circonstances.

Pourquoi les intérêts sont fixés, & les dommages & intérêts indéfinis.

Cette différence entre les intérêts fixés par la Loi, & ces dédommagemens dont l'estimation est indéfinie, a son fondement sur les différences qui se rencontrent entre le défaut de payement d'une somme dûe, & les autres diverses causes qui donnent sujet à quelque dommage.

On peut remarquer pour la premiere & la plus sensible de ces différences, que parmi toutes les causes qui peuvent donner sujet à des dommages & intérêts, il n'y en a point qui soit si fréquente que l'est le défaut de payement d'une somme due, & qu'il n'y en a point aussi dont il naisse une si grande diversité de dommages & intérêts; de sorte que si chaque créancier avoit le droit de faire estimer le dommage qu'il peut souffrir faute de l'argent qui lui étoit dû, chaque demande de payement seroit suivie d'un embarras infini de discussions des différens dommages que les créanciers pourroient alleguer. L'un faute de son payement auroit souffert la vente de son bien, & sa ruine: un autre auroit vû périr sa maison faute de son argent pour la réparer: un marchand auroit fait une perte considérable dans son commerce: & selon que les différens besoins & les conjonctures diversifieroient les événemens, chacun se distingueroit par les circonstances de sa perte & de son dommage.

Quand il n'y auroit donc pas d'autre cause qui eût obligé à fixer par une Loi un dédommagement uniforme pour toutes sortes de dommages qui peuvent naître du défaut de payement des sommes d'argent, que la considération de retrancher cette multitude infinie de différentes liquidations, & des procès qui en seroient les suites, il auroit été difficile de se passer d'un tel reglement. Mais une autre différence qui distingue l'engagement des débiteurs de sommes d'argent, de toutes les autres sortes d'engagemens, est une cause naturelle qui rend ce reglement aussi juste de soi-même, qu'il est utile pour le bien public.

Cette différence consiste, en ce que les dommages qui viennent d'ailleurs que du défaut du payement d'une somme, naissent de quelque engagement qui distingue & marque la nature du dommage qu'on pourra souffrir, si on n'y satisfait: ce qui ne se trouve pas dans l'engagement de ceux qui doivent des sommes d'argent. Ainsi, par exemple, quand un locataire s'oblige aux menues réparations de la maison qu'il prend à louage, son engagement lui marque précisément qu'il s'oblige à ces réparations pour conserver la maison dans le bon état où elle est quand on la loue, & que par conséquent, s'il y manque, il sera tenu du dommage qui en arrivera, & de remettre la maison dans le même état où elle étoit quand il l'a louée. Ainsi, quand un entrepreneur d'un bâtiment s'oblige à le rendre tel qu'il doit être suivant son marché, son engagement lui fait comprendre de quelle qualité doit être l'ouvrage qu'il entreprend, & qu'il répondra & des défauts des matériaux, s'il doit les fournir, & des fautes de sa conduite. Ainsi, celui qui eſt engagé à une tutelle ne peut ignorer que ſon engagement l'oblige à une adminiſtration exacte & fidelle, & que s'il manque, ou d'exiger des dettes, ou de veiller à la culture & aux réparations des héritages, il ſera tenu des ſuites de ſa négligence. Et il en eſt de même de toutes les autres ſortes d'engagemens, hors celui de payer de l'argent qu'on doit. Ainſi, dans ces engagemens, le fait de celui qui ſe trouve tenu du dommage, eſt une cauſe qui détermine préciſément à la qualité du dédommagement qu'il pourra devoir. Mais l'engagement de ceux qui doivent des ſommes d'argent, n'a aucun rapport précis à quelque eſpece de dommage particulier & déterminé qui doive arriver s'ils ne payent point, & ne marque pas ſi ce ſera ou la ruine d'un bâtiment ou une banqueroute, ou quel autre, de mille qui ſont tous poſſibles. Mais la qualité de ce dommage dépendra des circonſtances particulieres où ſe trouvera le créancier qui ne ſera pas payé au terme. Et comme les beſoins ſe diverſifient ſelon les différences des évenemens & des conjonctures où ſe rencontrent ceux qui manquent de recevoir ce qui leur eſt dû, les dommages qui leur en arrivent ſont auſſi de natures toutes différentes; & ils ſont imprévûs comme les beſoins d'où ils peuvent naître.

Cette diverſité infinie de dommages qui peuvent ſuivre du défaut de payement de ſommes d'argent eſt un effet de la nature de l'argent, qui de ſoi-même n'ayant pas un uſage particulier & déterminé, comme l'ont toutes les autres ſortes de choſes; mais ayant cet uſage général de faire le prix de toutes les choſes qu'on peut eſtimer, tient lieu à chacun de celles dont il a beſoin. Ainſi, l'uſage de l'argent étant différent ſelon les diverſes manieres de l'employer, & ſelon les beſoins particuliers qu'on peut en avoir; les dommages qui peuvent arriver à ceux qui ne ſont pas payés de leurs débiteurs, ſont différens auſſi, ſelon la diverſité des uſages qu'ils avoient à faire de l'argent qui leur étoit dû.

Il s'enſuit de cette différence entre l'engagement des débiteurs de ſommes d'argent, & toutes les autres ſortes d'engagemens, que comme dans toutes les autres, ceux qui ſont obligés peuvent diſtinguer par la nature de leur obligation, quel ſera le dommage qu'ils pourront devoir s'ils n'y ſatisfont, & que cette connoiſſance leur fait prévoir préciſément à quoi ils s'engagent, & où pourront aller les dommages qu'ils auront cauſés; on trouve en chacun de ces engagemens un juſte fondement pour diſtinguer le dédommagement qui pourra être dû, & pour le regler. Mais comme la ſeule qualité de l'engagement de ceux qui doivent de l'argent, ne diſtingue pas leur condition, & ne leur marque rien de précis qui leur faſſe connoître quel pourra être le dommage qui pourra ſuivre du défaut de payement; & que d'ailleurs ils ne ſont tous obligés qu'à une même choſe, qui eſt de payer une ſomme d'argent, leur engagement n'eſt pas un principe qui puiſſe diſtinguer les dédommagemens qu'ils pourront devoir, ni les obliger différemment aux divers dommages que les créanciers pourront ſouffrir ſelon la diverſité des évenemens. Mais ces évenemens ſont à l'égard des débiteurs comme des cas fortuits qu'ils n'ont pû prévoir, & que leur obligation ne renfermoit point.

Il s'enſuit de cette différence entre l'engagement des débiteurs de ſommes d'argent, & de ceux des autres ſortes d'engagemens, que dans un ſeul contrat de la nature de ceux qui obligent de part & d'autre, il peut arriver, & il arrive ſouvent, qu'encore que l'engagement des contractans ſoit réciproque, c'eſt-à-dire, que chacun de ſa part ſe trouve engagé envers l'autre, leurs engagemens ne ſont ni ſemblables dans leur nature, ni égaux dans leur eſtimation, mais qu'ils ſont de natures différentes, & que le même contrat borne l'engagement de l'un au ſimple intérêt d'une ſomme d'argent, ſi elle n'eſt pas payée au terme, celui de l'autre étant indéfini, & pouvant s'étendre à des dommages & intérêts qui pourront être beaucoup plus grands. Ainſi dans un contrat de vente l'obligation du vendeur lui apprend qu'il eſt obligé à délivrer la choſe vendue, & à la garantir avec les qualités qu'elle doit avoir; ce qui

lui fait connoître, que ſi la choſe vendue n'eſt pas délivrée, & ſi elle n'a pas ces qualités, ſi l'acheteur en eſt évincé, il répondra des dommages qui en arriveront ſuivant les regles expliquées dans la Section 2. 10. & 11. du contrat de vente. Mais ce même contrat de vente ne forme aucun engagement ſemblable de la part de l'acheteur. Car il ne lui marque pas ce que le vendeur pourra ſouffrir de dommage faute de ſon argent: s'il n'en ſouffrira aucun, ou ſi au contraire il en arrivera que ſon commerce périſſe, que ſon bien ſoit ſaiſi & vendu, ou quel autre dommage il pourra ſouffrir. Ainſi, au lieu qu'à l'égard du vendeur qui l'obligent à des dommages & intérêts ayant été prévûs, il ne peut dire quand ils arrivent à l'acheteur, que ce ſoient des cas fortuits qu'il n'ait pû prévoir, & dont il ne doive pas répondre; l'acheteur au contraire peut dire des différentes pertes qui peuvent arriver au vendeur, qu'aucune n'a été prévûe, & qu'ainſi celles qui arrivent ſont à ſon égard des cas fortuits que ſon obligation ne lui marquoit point, & que même ſi le vendeur avoit voulu ſtipuler, qu'en cas qu'ils arrivaſſent, l'acheteur en auroit été tenu, il n'auroit pas acheté ſous une telle condition, & dans le danger de ſe voir expoſé à de telles ſuites, faute de payement du prix de la vente.

On peut facilement remarquer cette même différence d'engagemens par un même contrat, dans les beaux à ferme, dans les louages de maiſons, & en d'autres ſortes d'engagemens, même ſans convention. Mais il ne faut pas tirer cette conſéquence de la différence qu'on voit de l'engagement d'une partie à celui de l'autre, que ceux qui ne doivent que de l'argent ne doivent pas de dommages & intérêts, s'ils ne payent point, ſous prétexte que leur engagement ne marque point préciſément quel ſera le dommage qu'ils pourront cauſer. Car étant ſûr qu'ils font tort à leurs créanciers ne les payant point, il eſt juſte qu'ils les dédommagent; & il a fallu pour fixer cette ſorte de dédommagement une regle préciſe commune pour tous, & qui fût fondée ſur d'autres principes que ceux qui reglent les dommages & intérêts de toute autre eſpece. Et on ne pouvoit faire de reglement plus équitable que celui qui a été fait, en fixant le dédommagement que peut devoir un débiteur d'une ſomme d'argent qu'il ne paye pas au terme, à une certaine portion de la ſomme dûe; car ce déſintéreſſement ſe trouve fondé ſur deux principes parfaitement juſtes. L'un que tous les débiteurs de ſommes d'argent étant dans le même engagement, & ne devant qu'une choſe de même nature, ils ne doivent qu'un même dédommagement. Et l'autre, que ce dédommagement devant être fixé à un même pied, on n'a pû le faire plus juſte & plus ſûr, qu'en le reglant à la valeur des profits communs qu'on peut tirer de l'argent par des commerces légitimes. Et c'eſt ce qu'on a fait en comparant l'argent, qui fait le prix de toutes choſes, à celles qui produiſent naturellement quelque profit, & reglant le profit d'une ſomme d'argent à celui qu'on tire d'une choſe de même valeur. Et comme les profits ordinaires & plus naturels ſont ceux que produiſent les fonds, on eſtime le dédommagement des créanciers de ſommes d'argent, qui ne ſont pas payés au terme, ſur le pied du revenu commun d'un fonds de même valeur que la ſomme dûe. Ainſi, par exemple, ſi la valeur commune du revenu des fonds eſt d'un ſol pour livre, le dédommagement que devra un débiteur d'une ſomme de mille livres qu'il ne paye pas, ſera de cinquante l. par an, qui ſont le revenu qu'on tire communément chaque année d'un fonds qui peut valoir mille livres. Et c'eſt ſur ce même pied que ſe reglent les rentes conſtituées à prix d'argent, & celui qui achete une rente ſur les biens de ſon débiteur, ne fait autre choſe qu'acheter un revenu annuel en argent, qui ſoit de la valeur du revenu ordinaire qu'il pourroit tirer d'un fonds qui vaudroit la ſomme qu'il donne. Mais comme la valeur des revenus des fonds, eſt ſujette à des changemens & qu'elle s'augmente, ou ſe diminue ſelon la diſette, ou l'abondance de l'argent, & les autres cauſes qui obligent à des eſtimations différentes ſelon les change mens que les temps peuvent y apporter, les loix reglent différemment le pied des intérêts & celui des rentes à prix d'argent, selon que ces changemens peuvent y obliger. Ainsi, on a vû en France, comme il a déja été remarqué, les rentes & les intérêts se réduire du denier dix au denier douze, & descendre par degrés jusqu'au denier vingt, qui est le pied présent.

Exceptions de la regle qui fixe les intérêts.

Toutes ces considérations qui rendent juste la regle de la fixation des intérêts de sommes d'argent à une certaine portion du principal, ne doivent s'entendre que des cas où rien ne peut être imputé aux débiteurs, qui mérite un dédommagement d'une autre nature. Et cette regle ne justifie pas les débiteurs, qui pouvant payer, ne le veulent point, & encore moins ceux qui plutôt que de s'acquitter, retiennent leur argent, & laissent souffrir & perir de pauvres familles. Cette sorte d'iniquité est d'un autre genre que le simple retardement des débiteurs qui n'ont pas le moyen de payer au terme, & cette dureté mériteroit de plus fortes peines qu'un dédommagement proportionné aux dommages qu'elle peut causer. C'étoit par cette raison que l'Ordonnance d'Orléans vouloit que les Juges condamnassent au double de la dette, ceux qui seroient en demeure de payer les laboureurs & les mercenaires *a*. Et quoique cela ne s'observe pas, & que ces débiteurs injustes soient impunis, on a dû faire cette remarque, pour faire voir que cette impunité n'est pas de l'esprit des loix, & qu'il y a des occasions où l'injustice criante de ces débiteurs pourroit être punie selon cet esprit.

Il faut aussi excepter de cette regle qui fixe l'intérêt des dettes d'argent, les Banquiers qui manquent d'acquitter les Lettres de change. Car cette espece d'obligation a des caracteres particulieres qui la distinguent ; sur quoi il faut voir ce qui en a été dit dans la Section 4. du Titre des Personnes qui exercent, &c. où l'on voit que l'engagement des Lettres de change, n'est pas seulement de payer une somme, mais renferme la circonstance de remettre de l'argent d'un lieu à un autre ; ce qui oblige à d'autres dommages que le simple retardement de payer ce qu'on doit ; & cette matiere est réglée par l'Ordonnance de 1673. dans le Titre des Lettres & Billets de change, & dans celui des Intérêts de change & rechange *b*.

Il ne faut pas non plus comprendre dans cette regle l'engagement des débiteurs envers leurs cautions, Car ce n'est pas de l'argent que les débiteurs doivent à leurs cautions, mais ils doivent les indemniser des dommages qu'ils pourront souffrir de la part du créancier, s'il n'est pas payé ; comme s'il fait saisir leurs biens. Ainsi, l'indemnité que le débiteur doit à sa caution, l'oblige aux dommages & intérêts qu'une saisie de ses biens de la part du créancier pourroit lui causer.

Autres remarques sur les dommages & intérêts.

Après cette distinction des dommages & intérêts, il faut remarquer sur les dommages & intérêts, que c'est par deux vûes qu'on peut juger s'il en est dû, & qu'on doit les régler. Car on doit premierement considérer la qualité du fait d'où le dommage est arrivé, comme si c'est un crime, un délit, une tromperie : ou si c'est seulement quelque faute, quelque négligence, ou l'inexécution involontaire d'un engagement. Car selon ces différences, les dédommagemens peuvent être, ou plus grands ou moindres, comme on le verra dans la suite. Et on doit aussi considérer les évenemens qui ont suivi ce fait, & s'ils sont tels qu'on doive les imputer à celui qui en est l'auteur, ou s'il s'y trouve d'autres causes jointes, & que toutes ces suites ne doivent pas lui être imputées.

Pour ce qui regarde la qualité du fait de celui à qui on demande un dédommagement, il n'est question que de sçavoir s'il y a de sa part quelque dessein de nuire, ou quelque mauvaise foi, ou s'il n'y a rien de tel. Et comme il est facile de le connoître, ou par le fait même, ou par les circonstances, sans besoin de regles, il suffit de remarquer seulement ici, que c'est par cette premiere vûe qu'on doit examiner les questions des dommages & intérêts.

a Article 60. de l'Ordonnance d'Orléans.
b V. Tit. ff. de eo quod certo loco.

Pour ce qui est des évenemens qui peuvent suivre du fait de celui à qui on impute le dommage, il peut y avoir des difficultés qui méritent des regles. Car il faut remarquer qu'il arrive souvent, que d'un fait unique, on voit naître un enchaînement de suites & d'évenemens que causent de divers dommages, soit que ces evenemens ayent été les suites immédiates de ce fait même, & dont on puisse dire qu'il en a été la cause précise, ou qu'il s'en trouve d'autres causes indépendantes de ce fait, mais dont il ait été seulement l'occasion, ou qui s'y trouvent jointes par quelques cas fortuits. Et selon ces différences d'évenemens, il peut y avoir de la différence entre les dommages, de sorte qu'il y en ait quelques-uns qu'on doive imputer à l'auteur de ce fait, & que d'autres ne doivent pas lui être imputés.

On jugera de ces diverses sortes d'évenemens, des égards qu'on doit y avoir dans les questions des dommages & intérêts, par les deux exemples qui suivent. Et on verra aussi en même-temps les divers effets que doit avoir dans ces mêmes questions le fait de celui qui est tenu du dommage, selon la qualité de ce fait, & de son motif.

On peut supposer pour un premier cas qu'un marchand ayant loué une boutique pour une foire, dans une Ville où il n'avoit pas domicile, & y ayant fait porter ses marchandises, il arrive que celui qui lui avoit loué cette boutique, en ait été dépossedé, ou par une éviction, ou par une faculté de rachat, ou par un retrait lignager, ou par une saisie réelle suivie d'un bail judiciaire, de sorte qu'il n'ait pû exécuter ce louage, & qu'ainsi ce marchand se trouve obligé de louer une autre boutique semblable, mais beaucoup plus chere : ou que ne pouvant en trouver d'autre, il perde l'occasion de sa vente, & faute du secours qu'il en attendoit pour payer une dette pressante, il fasse banqueroute. On voit dans ce cas plusieurs dommages qui peuvent suivre de ces différens évenemens qu'il faut distinguer, pour reconnoître ceux qui sont tellement une suite de l'inexécution de ce louage, qu'on doivent les imputer à celui qui devoit donner la boutique ; & ceux qui peuvent avoir quelqu'autre cause qui s'y trouve jointe, & dont il puisse n'être pas tenu.

On voit dans le premier de ces évenemens où le marchand a loué une autre boutique, que tout le dommage consiste en ce qu'il l'a louée plus cher ; & que ce dommage ayant pour cause unique l'inexécution du premier louage, il doit être dédommagé de ce qu'il lui a coûté de plus pour avoir cette autre boutique. Dans le second cas où ce marchand n'a pu trouver aucune, on voit qu'il souffre trois sortes de dommages, celui des frais des voitures de ses marchandises pour les porter & les reporter, celui de la perte du profit qu'il auroit tiré du débit de ses marchandises, & celui de la banqueroute.

La perte des frais des voitures est une suite nécessaire de l'inexécution du louage ; & comme cette perte n'a pas d'autre cause, on peut l'imputer à celui qui avoit loué la boutique.

La perte du profit qui pouvoit se faire par le débit des marchandises est encore une suite de cette inexécution du louage ; mais cette perte n'est pas de la nature de celle de ces voitures. Car au lieu que celle de ces voitures peut s'estimer facilement, & qu'elle est un effet dont la cause certaine & précise est l'inexécution du bail, la perte de ce profit ne peut pas se connoître si facilement ; car cette connoissance dépend d'évenemens à venir & incertains. On sçait que le profit que ce marchand pouvoit faire à cette foire ne dépendoit pas seulement d'y avoir une boutique, mais il pouvoit arriver ou par l'abondance de marchandises de même qualité que les siennes, ou par la disette d'argent & le peu d'acheteurs, ou par d'autres causes, qu'il n'y eût que peu de profit, ou que même il n'y en eût aucun ; & il pouvoit arriver aussi que par la rareté des ses marchandises, & par l'abondance de l'argent, & le grand nombre des acheteurs, le profit fût grand. Ainsi on ne sçauroit connoître au juste à quoi cette perte pourroit aller. Mais quand on pourroit sçavoir au vrai ce que ce marchand auroit

auroit pû vendre, & le gain qu'il auroit pû faire, jugeant de son profit par celui qu'auroient fait les autres marchands d'un même commerce; on ne devroit pas imputer toute cette perte à celui qui devoit donner la boutique. Car outre que ce marchand ayant ces marchandises pouvoit encore y profiter, & peut-être même plus qu'il n'auroit fait à cette foire; quand on traitoit du louage de cette boutique, on étoit dans l'incertitude des événemens qui pouvoient rendre le profit ou plus grand ou moindre, ou faire même qu'il n'y en eût aucun, ou qu'il n'y eût que de la perte. Ainsi on ne comptoit pas que la peine de l'inexécution du louage dût aller à la valeur du plus grand gain que ce marchand pouvoit espérer d'un heureux succès. Mais parce que celui qui a manqué de donner la boutique doit porter quelque peine de l'inexécution de ce marché, il est juste d'arbitrer par toutes ces vûes quelque dédommagement, & de le régler selon les ciconstances.

Pour le troisieme dommage qui est la banqueroute, cet événement imprévû ayant sa cause particuliere dans l'état où étoient les affaires de ce marchand, c'est un cas fortuit à l'égard de celui qui avoit promis la boutique, & qui par conséquent ne doit pas lui être imputé.

On peut supposer pour un second cas, qu'un marchand ayant traité avec le maître d'une Manufacture d'une certaine quantité de marchandises qui devoient lui être délivrées un certain jour pour un embarquement, & qu'ayant payé par avance le prix de ces marchandises, ou une partie, & étant venu avec des voitures pour les recevoir, la délivrance ne lui en soit pas faite. On voit aussi dans ce cas de divers dommages, les frais des voitures, la perte du profit que ce marchand pouvoit espérer par la vente de ces marchandises dans le lieu où il prétendoit les transporter, & celle du profit qu'il auroit pû faire sur d'autres marchandises qu'il auroit acheté dans ce même lieu, & encore les intérêts de l'argent qu'il avoit payé par avance. Les frais des voitures lui sont dûs sans difficulté, aussi bien que les intérêts de cet argent. Le profit qu'il pouvoit espérer des marchandises qu'il auroit achetées pour reporter à son retour, est trop éloigné du fait de celui qui a manqué de fournir les marchandises pour l'embarquement, & ne doit pas lui être imputé. Et pour le profit qui pouvoit se faire sur ces marchandises, si elles eussent été embarquées, il faut considérer d'une part, que faute de la délivrance de ces marchandises, ce Marchand se trouve privé de l'espérance du profit qu'il pouvoit attendre, & que celui qui devoit les délivrer ayant manqué à cet engagement, doit porter la peine de l'inexécution de sa promesse par quelque dédommagement. Et d'autre part aussi, on doit considérer que ce profit n'étoit pas certain, que le vaisseau pouvoit périr par un naufrage, ou tomber entre les mains de pirates ou d'ennemis, & que d'autres causes pouvoient faire qu'il n'y auroit point eu de profit. Ainsi dans cette incertitude d'événemens, il ne seroit pas juste que le dédommagement fût égal à ce qu'on pouvoit espérer d'un succès tout favorable. Mais il doit dépendre de la prudence du Juge d'arbitrer, & de modérer quelque dédommagement selon les circonstances & les usages particuliers s'il y en avoit.

On voit par ces exemples, & il est facile de voir en d'autres c la conséquence de distinguer les événemens pour sçavoir en quoi les dédommagemens doivent consister. Et il reste de considérer les divers effets que peuvent avoir dans les questions de dommages & intérêts, les différentes qualités des faits dont ils naissent. Ainsi, par exemple, dans le premier cas de l'inexécution du louage de la boutique promise à ce marchand, si on suppose qu'au lieu d'une éviction ou d'une saisie qui peut avoir empêché l'exécution du louage, il fût arrivé que la boutique fût périe par un incendie venu d'une maison voisine, ou que le même jour de cette foire, cette

boutique eût été destinée pour un bureau public par l'autorité de la Justice, & que le propriétaire n'eût pû avertir ce marchand de ces changemens; comme ce seroient des cas fortuits arrivés sans aucune faute de sa part, il ne seroit tenu d'aucun dédommagement, par la regle générale que personne n'est tenu des cas fortuits, s'il n'y a quelque faute d. Mais si on suppose que celui qui avoit loué cette boutique à ce marchand, l'avoit ensuite louée à un autre, qu'il en eût mis en possession pour en avoir un plus grand loyer; cette mauvaise foi l'obligera à un bien plus grand dédommagement, que si l'inexécution du louage n'avoit pour cause que quelque événement, ou une éviction de la boutique. Car au lieu que dans le cas d'une éviction ou d'une saisie, on doit modérer le dédommagement pour la perte du débit des marchandises, selon les remarques qui ont été faites, la mauvaise foi fait cesser ces temperamens : & on donne à la condamnation des dommages & intérêts, toute l'étendue que la rigueur de la Justice peut demander, parce que la mauvaise foi renferme la volonté de tout le mal qu'elle peut causer.

On peut conclure de toutes ces remarques, que dans tous les cas où il s'agit de sçavoir s'il est dû des dommages & intérêts, & en quoi ils consistent, il faut considérer la qualité du fait qui a causé le dommage, la part que peut avoir à ce fait celui à qui on l'impute, son intention, si ce fait est arrivé par un cas fortuit, quelles en ont été les suites, soit immédiates ou plus éloignées, & qui peuvent avoir d'autres causes. Et c'est par toutes ces vûes & celles des circonstances particulieres, que les Juges doivent par leur prudence régler les questions de cette nature. Sur quoi il faut encore remarquer qu'il y a des cas où la conséquence de l'inexécution d'un engagement peut être telle, qu'encore qu'il n'y eût aucune mauvaise intention de la part de celui qui en seroit tenu, il pourroit mériter non seulement un très-grand dédommagement, mais même d'autres peines. Comme dans le cas de ceux qui entreprennent de fournir des armes, des vivres, des fourages ou autres choses pour une armée, & qui manquent à leurs traités. Car dans les traités de cette importance où le Public & l'Etat est intéressé, les imprudences & les autres fautes les plus légeres sont d'une telle conséquence, qu'on doit les réprimer avec beaucoup de sévérité, & qu'on pourroit les mettre dans le rang des crimes selon les circonstances.

On peut ajouter à toutes ces remarques une distinction qu'il faut faire entre deux sortes de cas où il arrive des dommages qu'il faut estimer. L'une, des cas où le dommage se trouve présent, & où le dédommagement peut être connu & réglé par la vûe des événemens qui sont arrivés : & l'autre, des cas où le dommage n'est pas présent, mais est à venir, & dépend d'événemens futurs & incertains, quoiqu'il soit nécessaire de régler le dédommagement avant qu'ils arrivent. On peut voir dans une même espece de convention un exemple de chacune de ces deux sortes.

Si le bail d'un Fermier qui ne devoit jouir qu'une année, est interrompu à la veille de la récolte, par un changement de propriétaire, comme si celui qui avoit baillé le fonds à ferme en est évincé, ou en étoit une vente, il devra dédommager ce Fermier de la perte présente qu'il souffre par la non-jouissance de cette récolte, & il n'est pas difficile de régler ce dédommagement, parce qu'on voit en quoi consiste la perte. Mais si le bail étoit de plusieurs années, & qu'il soit interrompu dès la premiere, à la seconde année, les dommages & intérêts consisteront en une non-jouissance d'un tems à venir. Ainsi l'estimation du dédommagement dépendra des diverses vûes des événemens que ce Fermier pouvoit espérer, ou craindre selon la qualité des revenus qu'il tenoit à ferme. Il pouvoit arriver des grêles, des gelées, des stérilités, une diminution du prix des denrées, & d'autres diverses causes des pertes : & il pouvoit arriver aussi d'heureuses récoltes, une augmentation de la valeur des denrées, des occasions favorables

c V. les articles 17. & 18. de la Section 2. du Contrat de vente, p. 36. l'article 8. de la Section 3. du Louage, p. 58. les articles 12. 13. & 14. de la Section 4. de la Société, p. 90. & 91. & l'article 6. de la Section 2. des Procurations, p. 130.

d V. l'art. 9. de la Section 3. des Conventions. p. 25.

pour le débit, & d'autres caufes de profit : & il pouvoit arriver enfin que ce Fermier ne gagnât ni ne perdît rien. Mais parce que le parti ordinaire des Fermiers eft de gagner , & que c'eft même l'intention des propriétaires que leurs Fermiers gagnent ; l'incertitude de ces événemens n'empêche pas qu'il ne foit dû un dédommagement à ce Fermier. Et tout ce que peut la raifon humaine dans un cas où il eft néceffaire d'ordonner un dédommagement , & impoffible de fçavoir quel fera le dommage ; c'eft de prendre un parti moyen des profits que peuvent faire communément les Fermiers de femblables biens, en y ajoutant les confidérations que les circonftances particulieres peuvent mériter , comme fi le Fermier avoit joui la plus grande partie du tems de fon bail avec beaucoup de profit , ou beaucoup de perte; car au premier le dédommagement devroit être moindre , & plus grand au fecond : fi ce Fermier trouvoit ailleurs l'occafion d'une ferme à peu près femblable , ou s'il ne s'en trouvoit aucune : s'il reftoit plufieurs années de jouiffance ; car en ce cas on ne devroit pas donner pour chaque année le même dédommagement que s'il ne reftoit à jouir qu'une ou deux années, parceque le Fermier pourroit prendre un autre parti pendant ce long tems , & auroit à craindre plus de cas fortuits. Et on doit encore confidérer la caufe de l'interruption du bail , fi c'eft une éviction imprévûe , une vente volontaire , un cas fortuit ; car felon la caufe où il n'eft point dû de dédommagement , comme fi le fonds étoit entraîné par un débordement , ou il peut être moindre ou plus grand , felon qu'il y a plus ou moins du fait du propriétaire.

C'eft par toutes ces vûes & les autres femblables, qu'on peut régler les dédommagemens de cette nature. Ce qui fe réduit à la remarque qu'on a faite que les dédommagemens doivent fe régler par la vûe de la caufe du dommage & des événemens qui en font les fuites.

On n'a pas parlé jufqu'ici de la diftinction vulgaire dans la matiere des dommages & intérêts , entre ceux qui font dûs pour un dommage ou une perte qu'on fouffre par une diminution de fes biens préfens , & ceux qui font dûs pour un gain qui ceffe. Car il fera plus facile de diftinguer ces deux fortes de dommages après les autres diftinctions qu'on a remarquées. Ainfi , par exemple , dans le cas du marchand à qui la boutique avoit été louée , on voit que la perte des voitures eft de la premiere forte , & que celle du profit qu'il pouvoit faire par la vente de fes marchandifes eft de la feconde, de même que celle du Fermier de qui le bail eft interrompu. Et pour ce qui eft de la différence qu'il peut y avoir entre ces deux fortes de dommages en ce qui regarde l'application qu'on peut faire à l'une & à l'autre diverfes réflexions qui ont été faites ; il eft facile d'en faire le difcernement. Et on pourra juger & par ces réflexions , & par les regles qui feront expliquées dans ce Titre , de l'ufage qu'il faut en faire dans les divers cas de dommages & intérêts de toute nature.

Les dédom- magemens fe régient ou par le Juges ou par des Experts.

Il faut enfin remarquer fur le fujet de l'eftimation des dommages & intérêts , que par une fuite des remarques qui ont été faites , cette eftimation fe peut faire en deux manieres , ou par le Juge même , ou par des Experts ; ce qui dépend de la qualité des dommages & intérêts qu'il faut eftimer. Car s'ils font tels que le Juge puiffe les régler lui-même , il ne faut point d'Experts : & il n'en faut que dans les cas où cette eftimation dépend de quelque art , ou de quelques faits dont il ne feroit pas de la fonction , ou de la dignité du Juge de prendre connoiffance. On expliquera ces deux fortes de dommages & intérêts par deux exemples.

Si l'acheteur d'un héritage en étant évincé , ne demande pour fes dommages & intérêts que les lots & ventes qu'il avoit payés au Seigneur , & ce qu'on appelle les loyaux-coûts , comme font les fraits de l'expédition du contrat de vente & ceux d'une prife de poffeffion ; le Juge pourra par lui-même régler ces dommages , car il peut facilement voir en quoi ils confiftent. Mais s'il faut régler les dommages & intérêts dûs

par un Architecte pour un bâtiment défectueux , cette eftimation qui dépend de la qualité ou des matériaux ou de l'ouvrage, demande des Experts.

Que fi le cas eft tel que l'eftimation des dommages & intérêts dépende feulement des réflexions fur la qualité de fait qui a caufé le dommage , & fur les événemens qui ont été des fuites ou des effets , pour diftinguer ce qui doit entrer dans le dédommagement , & ce qui ne doit pas y entrer , fans qu'il y ait rien d'ailleurs qui demande la connoiffance des Experts ; comme ces fortes de réflexions font également & de la dignité & de la fonction du Juge , il peut en connoître & régler par fa prudence les dommages & intérêts de cette nature. Ainfi les Ordonnances veulent que les Juges reglent eux-mêmes, s'il eft poffible , les dommages & intérêts cauféspar des emprifonnemens , des faifies & des exécutions injuftes, qu'on appelle injurieufes & tortionnaires e ; parce que la liquidation de ces fortes de dommages & intérêts dépend de l'égard qu'on doit avoir à la qualité & aux circonftances des faits qui les caufent. Ainfi , par exemple , fi un créancier fait emprifonner fon débiteur n'ayant pas le droit d'exercer cette contrainte , foit que fa créance ne lui en donne pas le pouvoir , ou que l'âge de fon débiteur ou quelqu'autre caufe rende injufte l'emprifonnement , & que ce débiteur foit un mercénaire ou autre perfonne dont le travail faifoit fubfifter fa famille , à qui la privation de ce fecours caufe encore d'autres pertes ; il fera de la prudence du Juge de régler un dédommagement & de la perte des journées de ce débiteur , & des autres dommages felon que l'injuftice de ce créancier pourra le mériter dans les circonftances.

On a crû néceffaire de faire ici toutes ces remarques fur la nature & les principes de cette matiere des intérêts , & des dommages & intérêts , pour donner quelque jour aux difficultés que les Loix même y reconnoiffent , puifqu'on en voit une de Juftinien , où pour prévenir ces difficultés , & les queftions infinies qu'on en voyoit naître , la réduifit tous les cas où il arrive des dommages & intérêts , à deux efpeces. L'une de ceux où il s'agit d'une quantité certaine , ou qui ont leur nature fixe & réglée comme les ventes & louages , & il comprit dans cette efpece tous les contrats. L'autre de tous autres cas indiftinctement quelle que puiffe être la caufe du dommage.

Pour les cas de la premiere efpece qui ont leur nature fixe , & où il s'agit d'une quantité certaine , il établit pour regle, que les dommages & intérêts ne pourroient excéder le double de cette quantité : & pour tous les autres cas où il arriveroit des dommages & intérêts , il voulut qu'ils fuffent réglés à l'eftimation du dommage effectif par la prudence du Juge f.

Comme ce réglement qui borne les dommages & intérêts au double dans tous les contrats , & dans les cas où il s'agit d'une quantité certaine , & qui ont leur nature fixe & réglée , eft une maniere de décider , qui ne dénoue & ne réfout pas les difficultés , & qui fouvent ne feroit pas juftice à ceux qui fouffrent des dommages , elle n'eft pas de notre ufage ; car outre qu'elle ne diftingue pas les faits où il y a de la mauvaife foi , de ceux où il n'y en a point , il n'y a pas plus de raifon de retrancher du dédommagement légitime dans

e *Ordonnance de Blois, art. 145.*

f Cùm pro eo quod intereft dubitationes antiquæ in infinitum productæ fint, melius nobis vifum eft hujufmodi prolixitatem , prout poffibile eft, in anguftum coarctare. Sancimus itaque in omnibus cafibus qui certam habent quantitatem , vel naturam , veluti in venditionibus & locationibus & omnibus contractibus , hoc quod intereft , dupli quantitatem minimè excedere. In aliis autem cafibus qui incerti effe videntur , judices qui caufas dirimendas fufcipiunt, per fuam fubtilitatem requirere , ut hoc quod reverà inducitur damnum , hoc reddatur , & non ex quibufdam machinationibus , & immodicis perverfionibus in circuitus inextricabiles redigatur : ne dum in infinitum computatio reducitur , pro fua impoffibilitate cedat : cùm fciamus effe naturæ congruum , eas tantummodo pœnas exigi quæ vel competenti moderamine proferuntur , vel à legibus certo fine conclufæ ftatuuntur. Et hoc non folùm in damno , fed etiam in lucro noftra amplectitur conftitutio : quia & ex veteres id quod intereft ftatuerunt. Et fit omnibus, fecundum quod dictum eft , finis antiquæ prolixitatis, hujus conftitutionis recitatio. *l. un. C. de Sent. quæ pro eo quod int. prof.*

les cas où il s'agit d'une quantité certaine & dans les contrats, que dans les autres cas de natures différentes. Ainsi par exemple, si un locataire d'une maison, qui n'en payeroit que cent écus de loyer, avoit tellement négligé d'y faire les réparations dont il étoit tenu, qu'il eût causé un dommage de plus de mille livres, ou si la maison avoit été brûlée par sa faute, il ne seroit pas juste qu'il en fût quitte pour son loyer, & encore autant, ni même pour le triple.

On peut remarquer sur cette regle de Justinien, qui bornoit ainsi les dommages & intérêts à ce double dans tous ces cas, qu'elle semble avoir été faite à l'imitation d'un autre regle, qui vouloit que les intérêts du prêt ne pussent jamais exceder la valeur du principal g. Et au lieu que cette regle pour les intérêts, n'avoit lieu au commencement que dans les cas où les intérêts échûs se trouvoient accumulés jusqu'à ce double ; Justinien l'étendit à tous les cas où les intérêts payés en divers tems, excederoient le principal de la somme dûe h.

Cette regle à l'égard de intérêts, pouvoit avoir été faite en haine des intérêts usuraires, qui, quoique permis dans le Droit Romain, étoient peu favorables ; mais elle n'est pas de notre usage, sinon en quelques lieux. Car comme on n'adjuge point d'intérêts du prêt, s'il ne sont demandés, & qu'ils sont justement dûs pendant tout le tems du retardement, s'il n'y a pas de fraude à la Loi qui défend l'usure ; il ne seroit pas juste de les faire perdre. Ainsi, par exemple, si un Marchand ou autre créancier ayant besoin de son argent, & ne pouvant être payé après des condamnations, se trouve obligé de faire saisir les biens de son débiteur, ou de s'opposer à une saisie réelle déja faite par d'autres créanciers, & que le débiteur fasse durer cette saisie plusieurs années, par des appellations ou par d'autres voyes ; il seroit contre l'équité qu'après vingt ans de retardement, soit avant ou après la saisie, il fût privé du dédommagement légitime qui lui seroit dû.

Dépens. Il y a encore une autre sorte de dommages & intérêts, qui est des dépens que doit celui qui perd son procès, ce qui consiste au remboursement des frais qu'a fait pour plaider celui qui a gagné. Mais outre ce dédommagement que les Ordonnances obligent les Juges d'adjuger à tous ceux qui gagnent leurs procès i, il y avoit dans le Droit Romain d'autres dommages & intérêts contre ceux dont les défenses se trouvoient n'être qu'une injustice & une chicane l : & on usoit même de cette précaution de faire jurer dès l'entrée de cause, & le demandeur, & le défendeur, & leurs Avocats ; que ne n'étoit point pour chicaner qu'ils plaidoient, mais qu'ils estimoient leur cause juste & bien fondée m. Ce serment n'est pas de notre usage, & il n'étoit aussi qu'une occasion sûre de parjures. Mais la condamnation des dommages & intérêts contre ceux qui intentent, ou qui soutiennent des méchans procès, avoit été trouvée si juste, que François I. l'avoit renouvellée, ayant ordonné qu'en toutes matieres civiles & criminelles, on adjugeroit des dommages & intérêts, procédans de la témérité de celui qui succomberoit, s'ils étoient demandés ; & qu'ils seroient taxés & modérés par le même Juge devant qui seroit le procès n. Quoique cette Ordonnance soit aujourd'hui de bien peu d'usage, & qu'on ne voye que très-rarement de pareilles condamnations ; l'équité de cette regle n'est

g l. 27. §. 1. C. de usur. Nov. 111. 138. 160.
b Usuræ per tempora solutæ non proficiunt reo ad dupli computationem. Tunc enim ultra sortis summam usuræ non exigitur, quoties tempore solutionis summa usurarum excessit cam computationem. l. 10. C. de usur. Cùm igitur leges nostræ nihil ultra duplum solvi velint : & nos in hoc tantùm differentiam habemus cum prioribus, quod illæ quidem debita constituant usque ad duplum, si nulla particularis facta fuisset solutio : Nos verò recipiamus ut particulares etiam solutiones debita dissolvant, si usque ad duplum perringant. d. Nov. 121. C. 1.
j Ordonnance de Charles IV. en 1324. de Charles VIII. en 1493. art. 50. Ordonnance de 1667. Tit. 31. art. 1.
l Improbus litigator & damnum & impensas litis inferre adversario suo cogatur. §. 1. in f. inst. de pæn. temp. litig.
m Toto Tit. C. de jurejur. propt. cal. dando.
n Ordonnance de 1539. art. 88. & 89.

Tome I.

pas abolie & ne sçauroit l'être : & les Juges ont la liberté de l'observer dans les occasions où l'esprit de ces Loix peut y obliger.

On ne traitera pas dans ce Titre de la matiere des dépens, parce qu'elle fait partie de l'ordre judiciaire. Et pour ce qui est des dommages & intérêts que peuvent devoir ceux qui intentent ou qui soutiennent des procès injustes, ces sortes de dommages & intérêts n'ont pas d'autres regles particulieres, que ceux des autres especes. Et il suffit de remarquer ici cette regle qui aura son rang dans ce Titre en son lieu.

Restitution de fruits. Il reste pour une derniere matiere de ce Titre, ce que regarde la restitution de fruits. On joint cette matiere à celles des intérêts & des dommages & intérêts, parce que la restitution de fruits est une espece de dommages & intérêts que doit celui qui a indûement joui d'un fonds dont la jouissance appartenoit à un autre, & que les fruits sont le revenu des fonds comme les intérêts celui de l'argent, ou plutôt que les intérêts de l'argent ont été inventés sur l'exemple des fruits, & qu'ils en tiennent lieu, comme il a été déja remarqué.

SECTION I.

Des Intérêts.

APrès les remarques qu'on a faites dans le préambule de ce Titre sur les différences entre les intérêts & les dommages & intérêts, il n'est pas nécessaire d'expliquer ici quelle est la matiere de cette Section, & celle de la Section suivante. Puisqu'on voit assez que la matiere de celle-ci est le dédommagement que doivent les débiteurs de sommes d'argent qui sont en demeure de payer, & que la matiere de la Section suivante comprend toutes les autres especes de dédommagement.

SOMMAIRES.

1. *Définition de l'intérêt.*
2. *En quoi il consiste.*
3. *Quand il est dû.*
4. *L'acheteur d'un fonds doit l'intérêt du prix.*
5. *Intérêt après la demande.*
6. *Cas où l'on peut stipuler des intérêts qui ne seroient pas dûs par la nature de la dette.*
7. *Intérêts des deniers dotaux.*
8. *Intérêts que doivent ceux qui tournent à leur profit les deniers des autres.*
9. *Le débiteur ne doit jamais d'intérêts d'intérêts.*
10. *Mais il peut devoir des intérêts d'autres revenus.*
11. *Comment s'entend la défense des intérêts d'intérêts.*
12. *Cas où celui qui paye des intérêts pour un autre, n'en peut prétendre d'intérêts.*
13. *Cas où il est dû des intérêts d'intérêts.*
14. *Quatre causes d'où naissent les intérêts.*
15. *Diverses vûes pour juger s'il est dû des intérêts.*

I.

ON appelle intérêt le dédommagement que la Loi ordonne que les créanciers de sommes d'argent contre les débiteurs qui sont en demeure de payer ce qu'ils doivent a.

1. Définition de l'intérêt.

a In bonæ fidei contractibus usuræ ex mora debentur. l. 32. §. 2. ff. de usur. Propter moram solventium infliguntur. l. 17. §. 3. in fin. eod.
Le mot d'usure qu'on voit dans les textes a le même sens dans le Droit Romain, qu'a parmi nous le mot d'intérêt, avec cette différence, que nous ne prenons le mot d'usure qu'en mauvaise part, parce que nous ne donnons ce nom qu'à l'intérêt illicite, tel qu'est l'intérêt du prêt, ainsi qu'il a été expliqué dans le préambule du Titre du Prêt, & que dans le Droit Romain où l'intérêt du prêt étoit permis, & où l'on pouvoit le stipuler pour une simple obligation, ou promesse à cause du prêt, le mot d'usure ne se prenoit pas en mauvaise part.
On ne s'arrête pas à expliquer ici les principes du Droit Romain ; sur la différence entre les contrats de bonne foi, dont il est parlé dans le premier texte cité sur cet article ; & ceux du Droit étroit. Car pour ce qui regarde cette distinction en général, il suffit d'en remarquer ce qui a été dit dans l'article 12. de la Sect. 3. des Conventions : Et pour ce qui s'en rapporte à la matiere des intérêts, les principes en seront expliqués dans cette Section. V. l'article suivant.

I.

L'intérêt que doivent les débiteurs faute de paye-ment, est réglé par la Loi à un certain pied de tant pour livre, pendant chaque année & pour plus ou moins de tems à proportion *b*. Et cet intérêt se prend sur ce pied depuis qu'il commence d'être dû, jusqu'au payement.

b Usurarum modus ex more regionis ubi contractum est, consti-tuitur. l. 1. ff. de usur. Quæ in regione frequentantur. l. 37. eod.

Ce reglement de l'intérêt, de même que celui des rentes constituées à prix d'argent, dépend des Edits, qui le fixent differemment selon les temps, ainsi qu'il a été remarqué dans le préambule de ce Titre.

III.

Les débiteurs encourent la peine de l'intérêt par le retardement de payer ce qu'ils doivent, selon que ce retardement peut leur être imputé & avoir cet effet. Ce qui dépend de la qualité des créances, & des circonstances *c*. Car en quelques dettes le simple défaut de payer au terme, fait courir l'intérêt du créancier, sans qu'il le demande : & en d'autres, cet intérêt n'est dû que depuis la demande qui en est faite en Justice, encore qu'il y eût un terme pour payer, & qu'il fût échû. On jugera de cette distinction par les regles qui suivent *d*.

c Usuræ non propter lucrum petentium, sed propter moram solventium infliguntur. l. 13. §. 3. in fin. ff. de usur.

d Mora sieri intelligitur non ex re, sed ex persona. Id est si in-terpellatus opportuno loco non solverit; quod apud judicem exa-minabitur. l. 32. ff. de usur. An mora facta intelligatur, neque constitutione ulla, neque juris auctorum quæstione decidi posse : cùm sit magis facti, quàm juris. d. l. 32.

V. la remarque sur l'art. 5.

IV.

L'acheteur d'un fonds dont la délivrance lui a été fai-te, doit les intérêts du prix, s'il ne le paye au ter-me, encore qu'il ne lui en soit fait aucune demande, ou s'il ne le consigne en cas que le vendeur refusât de le recevoir. Et il devroit ces intérêts à plus forte raison, s'il n'y avoit point de terme de payement, ou qu'il fût dit qu'il payeroit comptant à la délivrance du fonds, & qu'il y eût manqué : Car cet intérêt est dû pour les fruits. Et quoique l'acheteur tire moins de revenu du fonds que ne vaut l'intérêt du prix, ou que même par quelque cas fortuit il n'en tire aucun, il ne laisse pas de devoir cet intérêt pour le droit de jouir, & les cas fortuits qui le privent de la jouissance, le regardent comme propriétaire, & ne le déchargent pas de cet in-térêt, qui ne doit pas cesser, ni être diminué par cette perte, comme il ne seroit pas augmenté de quelque grande valeur que fussent les fruits. Mais cette regle n'a son usage que pour les cas où le contrat de vente n'a pas autrement réglé ce qui regarde l'intérêt du prix. Car si les contractans s'en sont expliqués, leur convention tiendra lieu de Loi.

e Usuras emptor, cui possessio rei tradita est, si pretium vendi-tori non obtulerit, quamvis pecuniam obsignatam in depositi cau-sam habuit, æquitatis ratione præstare cogitur. l. 1. C. de usur.

Post traditam possessionem defuncto venditore, cui successor in-certus fuit, medii quoque temporis usuræ pretii, quod in causa depositi non fuit, præstabuntur. l. 18. §. 1. ff. de usur.

Veniunt autem in hoc judicium infrà scripta, imprimis pre-tium quanti ea res venit : item usuræ pretii post diem traditionis. Nam cùm emptor fruatur, æquissimum est eum usuras pretii pendere. l. 13. §. 20. ff. de act. empt. & vend. l. 2. C. eod. V. l'art. 3. de la Section 3. des Conventions, p. 24.

Pour la consignation v. l'art. 8. de la Sect. 2. des payemens.

V.

Si ce qui est dû vient d'une cause qui de sa nature ne produise aucun revenu, les intérêts n'en seront dûs qu'après une demande en Justice; & ce n'est dans ce cas que cette demande qui fait imputer le retardement *f*. Ainsi, le débiteur d'une somme à cause de prêt, ne payant pas au terme, n'en doit pas d'intérêt, & il ne commencera de le devoir qu'après qu'il lui aura été de-mandé en Justice. Ainsi celui qui a été condamné à des dépens *g*, ou à des dommages & intérêts *h*, n'en devra l'intérêt qu'après que les dépens, ou les domma-ges & intérêts étant liquidés, le créancier aura deman-dé en Justice les intérêts de la somme à laquelle ils au-ront été réglés. Car dans tous ces cas, la dette ne pro-duisant pas d'intérêt de sa nature, le débiteur ne com-mence de le devoir que lorsque le créancier marque

par sa demande le dommage qu'il souffre, & le débi-teur de sa part doit alors cet intérêt pour la peine de son retardement.

f Lite contestata usuræ currunt. l. 35. ff. de usur.

Les intérêts par notre usage courent non-seulement depuis la contes-tation en cause, comme il est dit dans cette Loi, mais depuis la de-mande faite par l'exploit. Sur quoi il faut remarquer qu'on appelle contestation en cause,ce qui se passe devant le Juge entre le demandeur, qui explique sa demande, & le défendeur qui la conteste. Lis tunc contestata videtur, cùm judex per narrationem negotii causam audire cœperit. l. un. C. de lit. contest. Post narrationem propo-sitam, & contradictionem objectam. l. 14. §. 1. C. de judic. Sur quoi le Juge donne son premier appointement.

Cette contestation en cause étoit nécessaire dans le Droit Romain, pour mettre le défendeur en demeure. Car souvent il ignoroit ce que vouloit lui demander celui qui l'ajournoit. Deducunt hominem in-vitum ad judicem datum, & nihil scientem compellunt facere li-tis contestationem. Nov. 53. cap. 3. Mais par notre usage, sui-vant les Ordonnances confirmées par celle de 1667. Titre 2. art. 1. le demandeur étant obligé de libeller sa demande, c'est-à-dire, de l'expliquer par son exploit, il est juste que cette demande mette en de-meure le défendeur, qui connoissant ce qu'on lui demande, & n'y sa-tisfaisant point, doit la peine de son retardement.

Par l'Ordonnance d'Orléans art. 60. les intérêts des sommes dûes par promesses ou obligations doivent être adjugés depuis le jour de l'ajournement.

g Les intérêts des dépens sont dûs après la demande à plus forte rai-son que ne sont pas les intérêts des dépenses & des avances que font l'un pour l'autre des associés, ou ceux qui font les affaires des autres à leur insçû, ou ceux qui ont quelque chose de commun ensemble. V. l'art. 11. de la Sect. 4. de la Société, p. 90. l'art. 5. de la Sect. 2. de ceux qui font les affaires, &c. p. 170. V. l'art. 4. de la Sect. 2. de ceux qui se trouvent, &c. p. 172.

h On a mis dans cet art. pour un des exemples des cas où les intérêts ne sont dûs qu'après la demande, celui des dommages & intérêts, ce qu'il faut entendre de ceux dont il sera parlé dans la seconde Sect. & non des intérêts dont il sera parlé dans celle-ci, qui ne peuvent produire d'intérêt, comme il sera dit dans l'art. 9. de cette Section, au lieu que des dommages & intérêts en peuvent produire, par la rai-son qui sera expliquée dans les remarques sur l'art. 10.

VI.

Il y a des cas où l'on peut stipuler les intérêts de som-mes qui de leur nature n'en produiroient point, & où la convention les rend légitimes par les circonstances qui y donnent lieu. Ainsi dans une vente de meubles qui ne produiroient aucun revenu, le vendeur peut sti-puler les intérêts jusqu'au payement ; car ces in-térêts font partie du prix. Ainsi dans une transaction où des prétentions sont réglées à une somme que l'un doit donner à l'autre, on peut convenir que les intérêts en seront dûs à commencer même si on veut dès le jour de la transaction, quoiqu'il y ait un terme accordé pour le payement. Car ces intérêts font une condition de la transaction, soit pour compenser ce que celui qui les stipule peut remettre d'ailleurs, ou par d'autres causes. Et on peut même considérer un telle stipulation comme ayant l'effet d'une condamnation portée par une Sen-tence, ou par un Arrêt. Car les transactions ont l'auto-rité des choses jugées *i*.

i Non minorem authoritatem transactionum, quàm rerum ju-dicatarum esse, recta ratione placuit. l. 20. C. de transact.

VII.

La dot doit de sa nature produire des intérêts, sans condamnation ; car elle est donnée au mari pour aider à porter les charges du mariage *l*. Ce qu'il ne faut pas entendre du débiteur de qui l'obligation seroit cédée au mari en payement de la dot ; car cette cession ne changeroit pas la nature de son obligation : mais il faut l'entendre de celui qui fait lui-même la constitution, comme un pere ou une mere qui dote sa fille. Mais si la constitution étoit conçue en termes qui fissent juger que l'intention des contractans fût, que les intérêts de la somme promise ne fussent dûs qu'après un certain tems, il faudroit s'en tenir à ce qui marqueroit cette inten-tion, soit que la dot fût promise par le pere ou la me-re, ou par d'autres personnes.

l Si aliæ res præter immobiles, vel aurum fuerint in dotem da-tæ, sive in argento, sive in muliebribus ornamentis, sive in ve-ste, sive in aliis quibuscumque, si quidem æstimatæ fuerint, simili modo post biennium & earum usuras ex tertia parte centesimæ cur-rere. l. ult. §. 2. C. de jur. dot. Voyez l'article 2. de la Section 1. des Dots, p. 96.

On n'a pas mis dans cet article le délai de deux ans, réglé par cette Loi pour ces intérêts, car notre usage ne le regle pas ainsi. Mais so-

lon les circonstances les Juges peuvent arbitrer un délai pour la délivrance de ces sortes de choses, & pour en faire courir les intérêts, s'il y en a lieu.

On ne met pas ici la regle pour les intérêts que doit le mari, qui ne restituë pas la dos mobiliaire après la dissolution du mariage, quand il n'y a point d'enfans. Car la regle du Droit Romain, qui donnoit un an au mari sans intérêts n'est pas de notre usage. V. l. un. §. 7. versic. fin autem. C. de rei ex. act. V. à la fin du préambule du Titre des Dots, pour la Dot en fonds, p. 96.

VIII.

8. Intérêts qui doivent ceux qui tournent à leur profit les deniers des autres.

Ceux qui retiennent en leurs mains des deniers appartenans à d'autres personnes, & qui les divertissent, & les tournent à leur profit, sans le consentement de ces personnes, en doivent l'intérêt, sans qu'il soit demandé. Car c'est une injustice qu'ils font à ceux de qui ils retiennent les deniers ; & cet intérêt est dû comme un dédommagement de la perte qu'ils peuvent causer, & une juste peine de leur mauvaise foi. Ainsi lorsqu'un associé se trouve avoir en ses mains des deniers de la société qu'il ait tournés à son usage, & pour ses affaires particulieres, il en doit les intérêts suivant la regle qui a été expliquée sous le titre de la société *m.* Ainsi un créancier se trouvant surpayé, ou par la vente d'un gage, ou par des jouïssances, ou autrement, doit à son débiteur les intérêts de ce qu'il a trop reçu, s'il l'a employé à son propre usage *n.*

m Socium, qui in eo quod ex societate lucri faceret reddendo moram adhibuit, cùm ea pecunia ipse usus sit, usuras quoque eum præstare debere Labeo ait. l. 60. ff. pro socio.

Socius, si ideò condemnandus erit, quod pecuniam communem invaserit, vel in suos usus converterit, omnimodò etiam mora non interveniente, præstabuntur usuræ. l. 1. §. 1. ff. de usur. Voyez l'article 5. de la Section 4. de la Société, p. 89.

n Si creditor pluris fundum pignoratum vendiderit, si id fœneret, usuram ejus pecuniæ præstare debet ei qui debet pignus. Sed etsi ipse usus sit ea pecunia, usuram præstari oportet. l. 6. §. 1. ff. de pign. act. Voyez l'article 4. de la Section 4. des Gages & Hypotheques, p. 207.

IX.

9. Le débiteur ne doit jamais d'intérêts d'intérêts.

Quelque retardement qu'il puisse y avoir de la part du débiteur de payer des intérêts, & quelle qu'en soit la cause, il ne doit jamis de seconds intérêts, pour ceux qu'il est en demeure de payer ; & le créancier ne peut accumuler des arrérages d'intérêts avec le principal, pour en faire un capital qui produise des intérêts : mais ils seront reduits à ceux de la somme principale qui peut en produire *o.*

o Ut nullo modo usuræ usurarum à debitoribus exigantur & veteribus quidem legibus constitutum fuerat, sed non perfectissimè cautum. Si enim usuras in sortem redigere fuerat concessum, & totius summæ usuras stipulari, quæ differentia erat debitoribus à quibus reverà usurarum usuræ exigebantur ? Hoc certe erat non rebus, sed verbis tantummodò legem ponere. Quapropter hoc apertissimâ lege definimus, nullomodo licere cuiquam usuras præteriti temporis vel futuri in sortem redigere, & earum iterum usuras stipulari. Sed etsi hoc fuerit subsecutum, usuras quidem semper usuras manere & nullum usurarum aliarum incrementum sentire : sorti autem antiquæ tantummodò incrementum usurarum accedere. l. 28. C. de usur.

X.

10. Mais il peut devoir des intérêts d'autres revenus.

Il faut prendre garde dans l'usage de la regle précédente de ne pas confondre avec les intérêts des deniers les revenus d'une autre nature, comme le prix d'un bail à ferme, les loyers d'une maison, & les autres semblables. Car ces sortes de revenus sont différens des intérêts, en ce que les intérêts ne sont pas un revenu naturel *p,* & ne sont de la part du débiteur qu'une peine que la Loi lui impose pour son retardement, & de la part du créancier un dédommagement de la perte qu'il souffre pour n'être pas payé ; au lieu que le prix des fruits & des loyers est un revenu naturel, qui de la part du débiteur est la valeur d'une jouïssance dont il a profité, & de la part du créancier un bien effectif qui en ses mains fait un capital comme ses autres biens. Ainsi le débiteur du prix d'un bail à ferme ou des loyers d'une maison, en doit justement les intérêts depuis la demande *p.*

p Usura non natura pervenit. l. 62. ff. de rei vendic. Usura pecuniæ quam percipimus, in fructu non est, quia non ex ipso corpore, sed ex alia causa est, id est, nova obligatione. l. 121. ff. de verb. sign.

q Ex locato qui convenitur, nisi convenerit, ut tardius pecunia

illata usuras deberet, non nisi ex mora usuras præstare debet. l. 17. §. 4. ff. de usur. Si in omnem causam conductionis etiam fidejussor se obligavit, cùm quoque exemplo coloni tardius illatarum per moram coloni pensionum præstare debere usuras. l. 4. ff. locati.

Les rentes constituées à prix d'argent sont d'une autre nature qu'on loyer ou le prix d'un bail, car ces rentes ne sont pas des fruits d'un fonds, & n'ont pour le principal qu'une somme de deniers qui a fait le prix de l'acquisition de la rente. Ainsi les arrérages de ces rentes ne peuvent jamais produire d'intérêts, ni s'accumuler avec le principal pour faire un capital dont le débiteur puisse devoir de nouveaux intérêts.

Il faut remarquer sur cette regle, que comme on ne doit pas confondre les fruits avec les intérêts des deniers dont on ne peut faire un capital pour produire d'autres intérêts, on ne doit pas confondre non plus avec ces intérêts les dommages & intérêts dont il sera parlé dans la Section 2. Car on peut obtenir une condamnation d'intérêts des sommes qui procedent des dommages & intérêts : comme si un vendeur a été condamné à des dommages & intérêts pour une éviction, ou un entrepreneur pour un ouvrage défectueux, ou d'autres, pour des causes d'autre nature. Dans tous ces cas les dommages & intérêts ayant été adjugés & liquidés, si celui à qui ils sont dûs n'en est payé, il peut en demander les intérêts en Justice. Car ces dommages & intérêts sont un capital qui tient lieu d'un bien réel, dont celui à qui ils sont dûs a été privé. Voyez l'article 5.

On doit mettre dans le même rang les dépens adjugés par une Sentence ou par un Arrêt : & celui à qui ils sont dûs peut en demander les intérêts après la liquidation en a été faite, s'ils ne sont payez dans le temps. Car c'est un capital qui tient lieu des frais employés au procés. V. ce même article V.

XI.

11. Comment s'entend la défense de prendre des intérêts d'intérêts.

La défense de prendre des intérêts d'intérêts, ne regarde que le créancier qui voudroit prendre un intérêt des intérêts qui lui seroient dûs par son débiteur ; car ces intérêts ne peuvent jamais lui tenir lieu d'un principal. Mais si un tiers paye pour un débiteur des intérêts à son créancier, c'est à l'égard de ce tiers une somme principale qu'il prête à ce débiteur : & s'il n'en étoit pas payé au terme, il pourroit demander en Justice & ce principal, & les intérêts *r.*

r Nullo modo usuræ usurarum à debitoribus exigantur. l. 28. C. de usur.

La regle n'est que pour le créancier à l'égard de son débiteur. à debitoribus.

XII.

12. Car où celui qui paye des intérêts pour un autre n'en peut prendre d'intérêts.

Il faut excepter de la regle précedente le créancier, qui pour s'assurer de son hypotheque, acquitte & le principal & les intérêts dûs par son débiteur à un autre créancier plus ancien que lui. Car ce second créancier ne pourra prétendre contre ce débiteur, les intérêts de la somme qu'il aura payée au précédent créancier pour les intérêts qui lui étoient dûs ; parce qu'il n'avoit fair ce payement que comme sa propre affaire, & rien comme celle de son débiteur, & que ne payant pour lui que par cette vûë, il n'avoit pas pû empirer sa condition *s.*

s Usurarum quas creditori primo solvit (secundus creditor,) usuras non consequitur : non enim negotium alterius gessit, sed magis suum. l. 12. §. 6. ff. qui pot.

V. l'art. 6. de la Sect. 6. des Hypotheques, p. 214.

XIII.

13. Cas où les intérêts d'intérêts.

La regle qui défend les intérêts d'intérêts, n'empêche pas qu'un Mineur n'exige légitimement de son Tuteur, non seulement des intérêts des sommes provenues des intérêts que les débiteurs du Mineur ont payés au Tuteur, mais encore les intérêts des intérêts des sommes que le Tuteur lui même pourroit lui devoir en son nom. Car tous ces intérêts entre les mains des Tuteurs sont des capitaux dont leur charge les oblige de faire un emploi. Et s'ils ne l'ont fait soit par négligence, ou pour avoir employé les deniers à leurs affaires particulieres, ils sont tenus d'en payer les intérêts pour tenir lieu au Mineur du profit qu'auroit produit ou un fonds, ou une rente, si cet emploi avoit été fait.

t V. les articles 23. 24. & 25. de la Sect. 3. des Tuteurs, p. 154. & les remarques qu'on y a faites.

XIV.

14. Quatre causes d'où naissent les intérêts.

Il résulte de toutes les regles qui ont été expliquées dans cette Section, qu'on peut réduire à quatre sortes de causes, toutes celles qui peuvent donner lieu à des intérêts. Car ils peuvent être dûs ou par l'effet d'une convention, comme s'ils sont stipulés par une transac-

G g iij

tion : ou par la nature de l'obligation, comme les intérêts d'une dot, & ceux du prix de la vente d'un fonds : ou par une Loi, comme ceux que les Tuteurs doivent aux Mineurs des deniers dont ils ont manqué de faire un emploi : ou pour la peine du débiteur qui est en demeure de payer, après que le créancier lui a fait une demande en Justice & de son principal, & des intérêts faute de l'acquitter.

u *Cet article est une suite de tous les autres de cette Section.*

X V.

15. Diverses vûes pour juger s'il est dû des intérêts.

On a réduit ici à ce peu d'articles, les régles de cette matiere des intérêts ; car outre qu'en chaque engagement on a marqué dans leurs titres propres, ceux ou il est dû des intérêts, il suffit d'avoir remarqué en général les décisions, & d'en avoir marqué l'usage dans quelques exemples, & d'y ajouter que pour le discernement des cas où il est dû des intérêts, & de ceux où il n'en est point dû, il faut considérer en chacun quelle est la créance, comme si c'est un prêt, une vente, ou autre contrat, ou quelle autre espece d'engagement, & de quelle nature : la qualité de la chose qui peut être dûe, comme si c'étoit une tapisserie, de la vaisselle d'argent, ou autres choses dont il n'y a point de revenu qu'à ceux qui les louent, ou si ce sont des choses dont le créancier auroit pû tirer quelque profit, soit de la chose même, ou en la vendant : pour juger s'il est dû, ont des intérêts pour la valeur de la chose, ou des dommages & intérêts : les circonstances du retardement : celles de la bonne ou mauvaise foi du débiteur : & les autres qui peuvent faire juger s'il y a lieu de le condamner aux intérêts, ou de l'en décharger x.

x *Videamus, an in omnibus rebus petitis, in fructu quoque condemnatur possessor. Quod enim, si argentum, aut vestimentum, aliamve similem rem : quid præterea, si usumfructum, aut nudam proprietatem, cùm alienus ususfructus sit, petierit ? Neque enim nudæ proprietatis, quod ad proprietatis nomen attinet, fructus ullus intelligi potest : neque ususfructus rursus fructus eleganter comparabitur. Quid igitur, si nuda proprietas petita sit ? ex quo perdiderit fructuarius usumfructum, æstimabuntur in petitione fructus. Item si ususfructus petitus sit, Proculus hic, in fructus perceptos condemnari. Præterea Gallus Ælius putat, si vestimenta, aut scyphus petita sint, in fructu hæc numeranda esse, quod locara ea re, mercedis nomine capi potuerint. l. 19. ff. de usur.*

Cùm multa oriri possunt, quæ pro bono sunt æstimanda. Ideoque hujusmodi varietas viri boni arbitrio dirimenda est. l. 13. §. 1. ff. de ann. legat.

Quoique ce texte regarde un autre sujet, on peut l'appliquer ici. Pour les engagemens où il est dû des intérêts, voyez les articles qui suivent.

Art. 4. Sect. 3. des Conventions, p. 24.
Art. 5. Sect. 3. du Contrat de vente, p. 38.
Art. 3. Sect. 3. du Prêt, p. 77.
Art. 3. & 11. Sect. 4. de la Société, p. 89. & 90.
Art. 4. Sect. 2. des Procurations, p. 130.
Art. 25. 24. 25. Sect. 3. des Tuteurs, p. 154. & 155.
Art. 5. Sect. 5. du même Titre, p. 158.
Art. 5. Sect. 2. des Curateurs, p. 165.
Art. 8. Sect. 1. de ceux qui font les affaires des autres, p. 169.
Art. 5. Sect. 2. au même Titre, p. 170.
Art. 4. Sect. 2. de ceux qui se trouvent avoir, &c. p. 172.
Art. 1. Sect. 3. de ceux qui reçoivent ce qui leur est pas dû, p. 178.
Art. 1. Sect. 2. de ce qui se fait en fraude des Créanciers, p. 194.
Art. 2. Sect. 3. des Cautions ou Fidejusseurs, p. 226.

SECTION II.

Des Dommages & Intérêts.

SOMMAIRES.

1. *Définition des dommages & intérêts.*
2. *Deux sortes de questions dans la matiere des dommages & intérêts. La premiere s'il en est dû.*
3. *Seconde question, en quoi les dommages & intérêts consistent. Exemple de cette question.*
4. *Autre exemple de cette question.*
5. *Troisieme question pour l'estimation des dommages & intérêts.*
6. *Deux sortes de dommages qu'il faut distinguer.*
7. *Dommages & intérêts, ou pour une perte qu'on souffre,*

ou parce qu'on manque de faire un profit.
8. *Différence dans les dommages & intérêts, selon la bonne ou mauvaise foi de celui qui les doit.*
9. *De l'égard qu'on doit avoir à la qualité du fait qui a causé le dommage.*
10. *Il peut être dû des dommages & intérêts sans qu'aucune faute y ait donné lieu.*
11. *Suites qui paroissent éloignées & qui peuvent entrer dans les dommages & intérêts.*
12. *Dommages & intérêts pour des pertes qui dépendent de l'avenir.*
13. *Prudence du Juge dans l'estimation des dommages & intérêts.*
14. *Dommages & intérêts contre les mauvais plaideurs.*
15. *Stipulation d'une somme pour tous dommages & intérêts.*
16. *Tous dommages & intérêts s'estiment en argent.*
17. *Pertes dont celui qui les cause ne doit pas répondre.*
18. *Remarque générale sur les questions des dommages & intérêts.*

I.

1. Définition des dommages & intérêts.

ON appelle dommages & intérêts, le désintéressement, ou dédommagement que doivent ceux qui sont tenus de quelque dommage a.

a *Ut damneris mihi quanti interest mea. l. 5. §. 1. ff. de præscript. verb. Quanti ea res erit. l. 29. §. 2. ff. de ædil. edict. Quanti res est, id est, quanti adversarii intersit. l. 68. ff. de rei vendic.*

I I.

2. Deux sortes de questions dans la matiere des dommages & intérêts, s'il en est dû.

Toutes les regles de la matiere des dommages & intérêts regardent ou la question de sçavoir s'il en est dû ou celle de sçavoir en quoi ils consistent. La question s'il est dû des dommages & intérêts est toujours une question de droit qui dépend de sçavoir si celui à qui on les impute doit en être tenu. Ainsi, par exemple, la question qui naît du cas expliqué dans l'article 9. de la Section 4. du Titre des dommages causés par des fautes, sur le sujet de celui qui fait couper les cordes d'un vaisseau, pour en dégager le sien, qu'un coup de vent y avoit jetté, est une question de droit, où il faut juger si ce dommage doit lui être imputé : ou si ceux qui le souffrent doivent le porter comme un cas fortuit b.

b *Toute question est ou de fait ou de droit, de facto an de jure l. ult. ff. de jurejur. On appelle questions de fait celles où il s'agit de sçavoir la vérité d'un fait ; si un évenement est arrivé ou non : si celui de la succession de qui il s'agit, a fait un testament, ou s'il n'en a point fait : si celui qui se plaint d'un dommage à souffert quelque perte, ou s'il n'en a souffert aucune.*

On appelle questions de droit celle où il s'agit de sçavoir comment il faut juger, & où il est nécessaire de raisonner sur les principes & sur les regles pour former la decision.

Sur la différence des questions de droit ; & de celles de fait, voyez la Section 1. des Vices des Conventions, p. 139.

I I I.

3. Seconde question, en quoi les dommages & intérêts consistent. Exemple de cette question.

Cette premiere question de sçavoir s'il est dû des dommages & intérêts étant décidée, s'en suit une seconde de sçavoir en quoi ils consistent, c'est-à-dire, de discerner dans toute l'étendue du dommage qui est arrivé, ce qui doit en être imputé à celui qui est obligé de dédommager, & ce qui ne doit pas lui être imputé. Car il arrive souvent, comme il a été dit dans le Préambule de ce Titre, qu'un seul fait donne lieu à divers dommages, dont une partie n'est pas imputée à celui qu'on prétend les avoir causés. Ainsi, par exemple, si celui qui a vendu du bled, & promis à l'acheteur de le lui délivrer à un certain jour, dans un certain lieu, n'y satisfait pas ; & que cet acheteur ou soit obligé d'en acheter à un plus haut prix ; ou n'en trouvant pas d'autre, manque le débit qu'il devoit en faire en un autre lieu pour y profiter, ou que même faute de ce bled destiné pour la nourriture de plusieurs ouvriers. il en souffre la perte de leurs journées, & la cessation d'un travail utile ou nécessaire ; ces évenemens feront naître la question de sçavoir, si ce vendeur sera tenu ou de toutes ces suites, ou d'une partie, & quel sera le dommage qu'il devra réparer. Et cette question où il s'agit de fixer en quoi consiste le dommage précis qu'il faut réparer, est une seconde question de droit dont on verra encore un autre exemple dans l'article suivant *c*.

c Cum per venditorem ſteterit quominùs rem tradat, omnis utilitas emptoris in æſtimationem venit, *quæ modò circa ipſam rem conſiſtit.* Neque enim ſi potuit, ex vino purâ negotiari, & lucrum facere, id æſtimandum eſt : non magis quam ſi triticum emerit, & ob eam rem quod non ſit traditum, familia ejus fame laboraverit ; ſpain pretium tritici, non ſervorum fame necatorum conſequitur. Nec major ſit obligatio quòd tardius agitur : quamvis creſcat ſi vinum hodie plutis ſit. Meritò, quia ſive datum eſſet, haberet emptor : ſive non, quoniam ſaltem hodie dandum eſt, quod jam oportuit. *l.* 21. §. 3. *ff. de act. empt. & vend.*

On n'a pas mis dans cet article l'exemple que donne la Loi qu'on y a cité, parce qu'il eſt dans l'article 18. de la Section 2. du Contrat de vente, p. 36.

IV.

4. *Autre exemple de cette même queſtion.*

Si le propriétaire d'une vigne ou autre qui en auroit la jouïſſance, ayant loué des voitures pour la vendanger à un certain jour, celui qui devoit les fournir manque à ſa promeſſe, & qu'il faille en louer d'autres à un plus haut prix : ou que ne s'en trouvant point, & la vigne n'ayant pû être vendangée, il arrive qu'une grêle emporte toute la récolte d'où cette perſonne attendoit ſa ſeule reſſource pour payer un créancier qui fait enſuite ſaiſir & vendre ſon bien ; ce voiturier devra ſans doute dans le premier cas ce qu'il aura coûté de plus pour d'autres voitures. Mais dans le ſecond cas de la perte de cette récolte, & de cette ſaiſie, ce ſera une queſtion de Droit de ſçavoir à quoi cet événement pourra l'obliger. Et on voit bien que pour la ſaiſie & vente du bien, c'eſt une ſuite trop éloignée du fait de ce voiturier, & qui d'ailleurs une autre cauſe dans le déſordre où étoient les affaires de cette perſonne ; ce qui fait que cette derniere perte ne doit pas lui être imputée *d*. Car ſa conduite n'a pû être plus mauvaiſe pour avoir manqué à une perſonne qui étoit dans la circonſtance d'un tel beſoin, que ſi c'eût été une autre perſonne dont les affaires fuſſent en meilleur état. Mais pour la perte des fruits la devra-t-il entiere, en devra-t-il une partie, n'en devra-t-il rien ? Dira-t-on que c'eſt un événement imprévû qui ne doit pas lui être imputé *e*, ou qu'il a été naturel de le prévoir, & que l'inexécution de ſon engagement mérite qu'il en ſouffre quelque peine, ſinon d'une condamnation de toute la perte de cette récolte, au moins de quelque dédommagement ? Cette queſtion doit dépendre des circonſtances, & il faut conſidérer ſi c'étoit un cas fortuit arrivé à ce voiturier, ou s'il avoit préféré un plus grand profit en un autre lieu, ou par quelle autre cauſe il n'avoit pas exécuté ſon obligation, ſi on pouvoit avoir d'ailleurs des voitures ; & ſelon les circonſtances & les autres ſemblables, on jugera s'il ſera tenu de quelque dédommagement, ou s'il n'en devra aucun ; ce qui ſeroit juſte s'il avoit été empêché d'exécuter ſon engagement par un cas fortuit dont l'événement ne pût lui être imputé.

d C'eſt une ſuite de l'article précédent, & des remarques qui ont été faites dans le Préambule de ce Titre.

e Ea quæ rarò accidunt non temerè in agendis negotiis computantur. l. 64. *ff. de reg. jur.*

V.

5. *Troiſieme queſtion pour l'eſtimation des dommages & intérêts.*

Lorſque les queſtions du Droit ont été jugées, & qu'il eſt réglé que les dommages & intérêts ſont dûs, & en quoi ils conſiſtent, il reſte une troiſieme queſtion de ſçavoir à combien il faut les eſtimer ; ce qui ne doit être regardé que comme une queſtion de fait *f*. Ainſi, par exemple, ſi celui qui avoit vendu du bled qu'il devoit livrer à un certain jour, dans un certain lieu, y ayant manqué, on juge par les circonſtances qu'il ne doive pas d'autre dommages & intérêts qu'à cauſe que cet acheteur a été obligé d'acheter d'autre bled dans le même lieu à un plus haut prix, il ne faut pour eſtimer ce dommage, que voir, & combien il a acheté plus cher *g*. Ce qui n'eſt qu'un fait.

f Quatenus cujus interſit in facto, non in jure conſiſtit. *l.* 14. *ff. de reg. jur.*

g Si merx aliqua quæ certo die dari debebat, petita ſit, veluti vinum, oleum, frumentum, tanti litem æſtimandam Caſſius ait, quanti fuiſſet eo die, qua dari debuit. Idemque juris in loco eſſe, ut æſtimatio ſumatur ejus loci quo dari debuit. *l. ult. ff. de condi. trit.*

Quoties in diem, vel ſub conditione oleum quis ſtipulatur, ejus æſtimationem eo tempore ſpectari oportet, quo dies obligationis venit. Tunc enim ab eo peti poteſt. *l.* 59. *ff. de verb. oblig.*

V I.

6. *Deux ſortes de dommages qu'il faut diſtinguer.*

On voit par les réglés expliqués dans les articles 3. & 4. que les dommages & les pertes dont les dédommagemens peuvent être demandés, ſont de deux ſortes. L'une des pertes qui ſont tellement une ſuite du fait de celui à qui le dédommagement en eſt demandé, qu'il eſt évident qu'on doit les lui imputer, comme ayant ce fait pour leur cauſe unique. Et l'autre de celles qui ne ſont que des ſuites éloignées de ce fait, & qui ont d'autres cauſes *h*. Ainſi dans les cas de l'article précédent la perte eſt de cette premiere eſpece *i*. Ainſi, pour un autre exemple de cette même eſpece, ſi un Architecte ou par ignorance, ou par le défaut des matériaux qu'il devroit fournir, rend un ouvrage défectueux, les dommages & intérêts de celui qui faiſoit bâtir, conſiſtant à refaire ce qui devra être refait ; ou à l'eſtimation que feront les Experts des défauts de l'ouvrage, s'il le ſouffre dans l'état qu'il eſt ; ces dommages ſont tels que la faute de l'Architecte en eſt la cauſe unique, & qu'ainſi on doit les lui imputer *l*. Ainſi pour la ſeconde ſorte de pertes, on voit dans le cas de l'article quatrieme que la ſaiſie des biens de celui de qui la grêle a emporté les fruits, eſt bien une ſuite du retardement des voitures, mais c'en eſt une ſuite trop éloignée, & dont il y a une autre cauſe qui fait qu'on ne doit pas l'imputer à celui qui devoit fournir ces voitures *m*.

h Voyez le Préambule de ce Titre.

i Cum per venditionem ſteterit, quominùs rem tradat, omnis utilitas emptoris in æſtimationem venit, quæ modò *circa ipſam rem conſtitit. l.* 21. §. 3. *ff. de act. empt. & vend. Cauſa omniſ reſtituenda. l.* 31. *ff. de rei. cred.*

V. l'article 17. *de la Section* 2. *du Contrat de vente, p.* 36.

l Poterit ex locato cum eo agi qui vitioſum opus fecerit. *l.* 511 §. 1. *ff. locat.*

m V. l'art. 18. *de la Sect. 2. du Contrat de vente, p.* 36. *& le Préambule de ce Titre.*

V I I.

7. *Dommages & intérêts en pour une perte qu'on ſouffre, ou par ce qu'on manque de faire un profit.*

Il faut encore diſtinguer les dommages & intérêts par une autre vûe en deux autres eſpeces. L'une de ceux qui conſiſtent en une perte effective, & une diminution qu'on ſouffre en ces biens : & l'autre de ceux qui privent de quelque profit. Ainſi, le propriétaire d'une maiſon endommagée par le défaut des réparations que le locataire devoit y avoir faites, ſouffre une perte & une diminution de ſon bien : ainſi un Fermier de qui le bail eſt interrompu, eſt privé du profit qu'il auroit pû faire s'il avoit joui *n*. Dans les dommages de la premiere eſpece, l'eſtimation qu'il faut en faire, regardant une perte qui eſt arrivée, il eſt facile de voir en quoi conſiſte la perte, & de régler le dédommagement qui peut en être dû, lorſque c'eſt toute cette perte qu'il faut réparer. Mais dans les dommages de la ſeconde eſpece, où il faut faire une eſtimation de la perte d'un profit à venir, & dépendant d'évenemens incertains qui pouvoient le rendre ou plus grand ou moindre, & qui pouvoient faire auſſi ou qu'il n'y en auroit aucun ; ou qu'il n'y auroit même que de la perte ; il n'eſt pas poſſible de faire une eſtimation préciſe d'une telle perte, & de régler un dédommagement qui faſſe une juſtice exacte & au Fermier, & à celui qui ſera tenu de le déſintereſſer. Mais pour ces ſortes de dédommagemens il faut les arbitrer ſelon les principes qu'on a expliqués dans ce Titre, & d'où l'on a tiré ce que ſera dit dans l'article douzieme.

n Colonus ſi ei frui non liceat, totius quinquennii nomine ſtatim recte aget. *l.* 24. §. 4. *ff. locati.* Et quantum per ſingulos annos compendii facturus erat, conſequetur. *d. l.* Si Colonus tuus fundo frui à te, aut ab eo prohibetur quem tu prohibere ne id faciat poſſis, tantùm ei præſtabis, quanti ejus interfuit frui. In quo certum lucrum ejus continebitur. *l.* 33. *infin. ff. locati.* V. l'article 4. de la Sect. 3. & l'article 6. de la Sect. 6. du Louage, p. 56. & 61.

Il faut remarquer ſur cet article, que dans le dédommagement de ce Fermier ; on doit diſtinguer ce qui regarde l'eſtimation des profits qu'il pouvoit eſperer, ſi ſon bail n'avoit pas été interrompu, & une autre ſorte de dommage préſent qu'il pourroit ſouffrir, comme ſi l'engagement à cette ferme l'avoit obligé à acheter des beſtiaux ou d'autres choſes néceſſaires, ou à y établir ſa demeure, ou à d'autres dépenſes ſemſa *biables, dont la perte seroit un dommage de la première espece, qui pourroit être estimé au juste, & separément de la perte sur les justifsances.*

8. Différence dans les dommages & intérêts selon la bonne ou mauvaise foi de celui qui les doit.

VIII.

Dans tous les cas où il est dû des dommages & intérêts, il faut considérer la qualité du fait qui les a causés, & distinguer entre les faits où il ne se trouve ni dol ni mauvaise foi, & ceux où il s'en trouve. Car selon cette différence les dommages & intérêts peuvent être ou plus grands ou moindres, quoique toutes les autres circonstances se trouvent égales. Ainsi, par exemples, si l'acquereur d'un fonds en est évincé après y avoir fait non-seulement les réparations nécessaires, & des améliorations qui en ont augmenté le revenu, mais encore quelques dépenses pour des embellissemens, on ne comprendra pas dans les dommages & intérêts de l'éviction ces dépenses inutiles & superflues : si c'étoit un vendeur de bonne foi, qui eût sujet de croire qu'il étoit le maître de ce qu'il vendoit. Car la garantie ne doit pas aller à telles suites, pour des dépenses que le vendeur n'avoit pas dû prévoir, & que l'acheteur n'avoit faites que pour son plaisir. Mais si c'étoit un vendeur qui sçachant bien qu'il n'étoit pas le maître du fonds, vendoit de mauvaise foi la chose d'autrui, cette circonstance de sa mauvaise foi donneroit plus d'étendue à la garantie, & il seroit tenu des dépenses superflues que cet acheteur n'auroit pas faites si cette mauvaise foi lui avoit été connue. Ainsi, pour un autre exemple, si une chose vendue se trouve avoir quelque défaut dont il arrive quelque dommage, comme si c'étoit du bétail infecté de quelque mal contagieux qui fit périr, non-seulement ce bétail, mais encore d'autre que l'acheteur avoit auparavant ; le vendeur qui auroit ignoré ce défaut, ne seroit tenu que de la perte du bétail vendu, son engagement ne s'étendant pas à cette suite de la perte de l'autre bétail. Mais, si ce vendeur avoit connu ce défaut, il seroit de plus tenu de la perte de l'autre bétail qui étoit à l'acheteur, parce qu'il devoit l'avertir de ce défaut, & que c'est sa mauvaise foi qui a donné sujet à cette autre perte. Ainsi en général, les dommages & intérêts sont plus d'étendue contre ceux que leur mauvaise foi en rend responsables, que contre ceux qui sont dans la bonne foi. Car encore qu'un vendeur, par exemple, qui vend de mauvaise foi la chose d'autrui, puisse ignorer aussi-bien qu'un vendeur de bonne foi, si l'acheteur fera des dépenses superflues dans la chose vendue, il ne peut ignorer que sa mauvaise foi renferme la volonté de tout le mal qui pourra suivre de la vente qu'il fait. Ainsi, au lieu que l'éviction est à l'égard du vendeur de bonne foi un fortuit qu'il n'avoit pas prévu ; cette éviction & les pertes qui en arrivent, sont à l'égard de l'autre une suite naturelle de sa mauvaise foi dont il doit répondre *e*.

o De sumptibus verò quos in erudiendum hominem emptor fecit, videndum est. Nam empti judicium ad eam quoque speciem sufficere existimo, non enim pretium continet tantùm, sed omne quod interest emptoris servum non evinci. l. 43 in f. ff. de act. empt. & vend. in tantum pretium excidisse proponas, ut non sit cogitatum à venditione de tanta summa, veluti si ponas agitatorem posteà factum vel pantomimum, evictumque esse enim qui minimo veniit, iniquum videtur in magnam quantitatem obligari venditionem. l. 43 in f. ff. de act. empt. & vend. l. 45. §. 1. in f. eodem. Voyez l'article 18. de la Section 10. du Contrat de vente, p. 47.

Julianus libro quinto decimo inter cum qui sciens quid, qui ignorans vendidit differentiam facit in condemnatione ex empto. Ait enim, qui pecus morbosum, aut tignum vitiosum vendidit, si quidem ignorans fecit, id tantùm ex empto actione præstaturum quanto minoris essem empturus, si id ita esse scissem : si verò sciens reticuit, & ignorantem decepit, omnia detrimenta quæ ex ea emptione emptor traxerit, præstaturum ei. Sive igitur ædes vitio tigni corruerunt, ædium æstimationem : sive pecoris contagione morbosi pecoris perierunt, quod interfuit idonea venisse, erit præstandum. l. 13. ff. eod. V. d. l. §. 1.

On peut juger par les exemples rapportés dans cet article de l'usage de cette regle, pour distinguer en toutes sortes de cas les dommages & intérêts que doivent ceux qui y donnent lieu par quelque dol ou mauvaise foi, & ceux qui peuvent être dûs quand il n'y a point de mauvaise foi. Voyez un exemple d'une autre nature dans la l. 19. §. 1. ff. locat. où il est dit que si un pâturage étant donné à ferme, le bétail y périt par des herbes venimeuses, celui qui l'avoit donné ignorant cela

vice du fonds, ne sera pas tenu de cette perte : mais seulement de décharger le Fermier du prix de son bail ; mais que s'il l'avoit connu, il seroit tenu de la perte de son bétail qui seroit peri.

Si quis dolia vitiosa ignaro locaverit, deinde vinum effluxerit, tenebitur in id quod interest, nec ignorantia ejus erit excusata. Et ita Cassius scripsit. Aliter atque si saltum pascuum locasti, in quo herba mala nasceretur : hic enim, si pecora vel demortua sunt, vel etiam deteriora facta, quod interest præstabitur, si casti : si ignorasti pensionem non petes. Et ita Servio, Labeoni, Sabino placuit. l. 19. §. 1. ff. locat.

V. les art. 6. & 7. de la Sect. 11. du Contrat de vente, p. 48. l'art. 8. de la Sect. 3. p. 58. & les art. 1. & 2. de la Sect. 8. du Louage, p. 63.

Il est remarquable qu'on faisoit cette différence dans le Droit Romain, pour les dommages & intérêts que pouvoient devoir ceux qui ne restituoient pas une chose qu'ils devoient rendre ou représenter, que s'il n'y avoit pas de mauvaise foi, la condamnation pour ces dommages & intérêts n'alloit qu'à la valeur du dommage effectif qui pouvoit souffrir celui qui y étoit interessé. Mais quand il y avoit du dol, ou de la contumace, c'est-à-dire, un retardement volontaire, on lui permettoit de jurer sur l'estimation de la perte ou dommage qu'il pouvoit souffrir, & il étoit de la prudence du Juge de ne recevoir ce serment que jusqu'à une certaine somme, & même de moderer la condamnation après le serment. *Interdùm quod interest agentis solum æstimatur, veluti cùm culpa non restituentis, vel non exhibentis punitur : cùm verò dolus, aut contumacia non restituentis, vel non exhibentis, quanti in litem juraverit actor. l. 2. §. 1. ff. de in lit. jur. Sed judex potest præfinire certam summam, usque ad quam juretur. l. 5. §. 1. eod. Item etsi juratum fuerit, licet judici vel absolvere, vel minoris condemnare. d. l. §. 2. V. tit. C. de in lit. jur.*

9. De l'égard qu'on doit avoir à la qualité du fait qui a causé le dommage.

IX.

Lorsqu'il n'y a ni dessein de nuire, ni mauvaise foi dans le fait qui a causé le dommage, il faut encore considérer, si le dommage est arrivé par quelque négligence, ou par quelque faute, ou sans que rien puisse être imputé à celui qu'on prétend en être tenu. Ainsi, par exemple, si celui qui a pris un cheval de louage, s'en servant pendant une nuit obscure, dans un lieu pierreux, plein de mauvais pas, le cheval s'estropie, ou si faute de soin il lui est derobé ; on pourra lui imputer ces sortes de fautes. Mais si sans la faute le cheval s'estropie, ou s'il est volé en plein jour dans un grand chemin, le maître du cheval en portera la perte. Car ce sont des cas fortuits qui tombent sur lui *p*.

p In judicio tam locati quàm conducti dolum & custodiam non etiam casum cui resisti non potest, venire constat. l. 28. C. de locato.

10. Il peut être dû des dommages & intérêts sans qu'aucune faute y ait donné lieu.

X.

Quoi qu'il n'y ait aucune faute de la part de celui à qui on demande un dédommagement, ce n'est pas toujours assez pour l'en décharger. Car il y a des cas où il est dû des dommages & intérêts ; sans qu'aucune faute y ait donné lieu ; mais par le simple effet d'un engagement. Ainsi celui qui avoit vendu de bonne foi une chose qu'il croyoit sienne, est obligé de faire cesser la demande de celui qui s'en prétend le maître, & s'il y manque, il devra des dommages & intérêts de l'éviction, quoiqu'il n'y ait de sa part aucune mauvaise foi, ni aucune autre espece de faute ; ainsi celui qui manque de délivrer ce qu'il a vendu, est tenu des dommages & intérêts qui suivent du défaut de la délivrance, & ces dommages & intérêts sont de simples suites des engagemens de celui qui vend *q*.

q Evicta re, ex empto actio non ad pretium dumtaxat recipiendum, sed ad id quod interest, competit. l. 70. ff. de evict. l. 60. eod. V. la Sect. 10. du Contrat de vente, p. 45.

Si res vendita non tradatur, in id quod interest agitur. Hoc est quod rem habere interest emptoris. l. 1. ff. de act. empt. & vend.

Causa omnis restituenda. l. 31. ff. de rebus cred.

V. les art. 16. & 17. de la Sect. 2. du Contrat de vente, p. 36. l'art. 4. de la Sect. 3. des Conventions, p. 24.

11. Suites qui paroissent éloignées, & qui peuvent entrer dans les dommages & intérêts.

XI.

Il a été remarqué dans l'article 6. qu'on ne doit pas imputer à celui de qui le fait a causé quelque dommage, des suites éloignées, qui peuvent avoir d'autres causes que quelque conjoncture à jointes à ce fait ; & que ces sortes de suites n'entrent point dans l'estimation des dommages & intérêts. Mais il ne faut pas mettre au nombre de ces suites éloignées, les différentes pertes qui peuvent être causées par un même fait, & les pertes ont ce fait pour leur cause unique. Ainsi, par exemple, si un Architecte ayant entrepris de bâtir une maison & de la rendre parfaite dans un certain tems, pour un locataire qui l'avoit louée, ne la rend pas en bon état

dans

dans le temps, où qu'il la rend si défectueuse qu'une partie tombe en ruine, soit par le défaut des fondemens, ou par quelqu'autre cause dont cet Architecte doive répondre; cet évenement causera trois sortes de pertes, celle de la dépense pour rebâtir la maison, celle des loyers que le propriétaire en devoit tirer, & celle des dommages & intérêts qu'il devra à ce locataire. Et quoique cette seconde perte & la troisieme soient des suites qui paroissent éloignées du fait de l'Entrepreneur, comme elles n'ont aucune autre cause, & que son traité renfermoit l'obligation de rendre la maison en état qu'on pût l'habiter; ces pertes peuvent lui être imputées. Et si ce cas étoit arrivé par la faute d'un Architecte qui pût repondre de toutes ces pertes, il en seroit tenu. Mais parce que les Entrepreneurs n'ont pas toûjours le moyen de faire de pareils dédommagemens & que l'humanité oblige à des égards qui peuvent modérer la rigueur qu'une justice exacte pourroit demander, on peut apporter des tempéramens dans l'estimation de ces sortes de dommages & intérêts, par la vûe de ces évenemens qui arrivent aux plus habiles & aux plus soigneux. Ainsi c'est toûjours par la prudence du Juge & de ceux qui doivent faire ces estimations qu'il faut les regler selon les circonstances r.

r Multa oriri possunt quæ pro bono sunt æstimanda. Ideoque hujusmodi varietas viri boni arbitrio dirimenda est. *l.* 13. §. 1. *ff. de ann. leg.*

Quoique cette Loi regarde un autre sujet, le principe d'où elle dépend peut s'appliquer ici.

Bonus judex varié ex personis, causisque constituet. *l.* 38 *ff. de evil.*

XII.

12. Dommages & intérêts pour des pertes qui dépendent de l'avenir.

La même équité qui fait souvent moderer les dommages & intérêts des pertes présentes par les motifs expliquez dans l'article précédent, obligent à plus forte raison de les moderer dans les cas où les pertes ne sont pas présentes, & où leur estimation dépendant des faits à venir, qu'on ne peut connoître, ne peut être faite sur un pied certain. Ainsi dans le cas de ce Fermier dont il a été parlé dans l'article 7. il faut arbitrer ses dommages & intérêts par diverses vûes, & considérer quelle est la cause qui le déposlede; comme si celui qui lui avoit donné le fonds à jouir en est évincé, ou s'il l'a vendu sans obliger l'acquereur d'exécuter le bail; quels avoient été les profits, ou les pertes que ce Fermier pouvoit avoir déja faites: le nombre d'années qui lui restoient à joüir: la qualité des fruits de sa ferme; selon qu'ils étoient, plus ou moins sujets aux injures du temps, & à d'autres pertes: l'incertitude de la valeur des denrées, celle des occasions qu'il auroit pû avoir ou manquer de vendre en son tems: les profits ordinaires d'autres Fermiers de revenus de même nature dans les mêmes lieux: & par toutes ces vûes, & des autres semblables, on peut balancer & les profits que ce Fermier pouvoit espérer, & les pertes qu'il avoit à craindre: & régler par ces considérations un dédommagement tel que l'équité peut le demander *s.*

s Colonus, si ei frui non liceat totius quinquennii nomine statim rectè aget. *l.* 24. §. 4. *ff. locat.* Et quantum per singulos annos compendii facturus erat, consequetur. *d. l.* Voyez l'article 7.

XIII.

13. Prudence du Juge dans l'estimation des dommages & intérêts.

Il résulte de toutes les regles précédentes, que comme les questions des dommages & intérêts naissent toûjours de faits que les circonstances diversifient, c'est par la prudence du Juge qu'elles se décident, en joignant aux lumieres que les principes doivent donner, le discernement des circonstances & des égards qu'on doit y avoir: soit pour diminuer la condamnation des dommages & intérêts, par le retranchement des prétentions des pertes éloignées, & par d'autres considérations, s'il y en a lieu, comme dans le cas où l'on ne peut imputer ni de mauvais dessein, ni aucune faute à celui qui est tenu de dédommager: ou pour donner à cette condamnation une plus grande étendue par la consideration du dessein de nuire s'il y en avoit. Ainsi, pour un exemple de la diminution des dommages & intérêts dans le cas d'une garantie pour une éviction

Tome I.

contre un vendeur de bonne foi, on retranchera du dédommagement les dépenses superflues que cet acheteur pourroit avoir faites pour son seul plaisir: & on aura encore moins d'égard aux considérations particulieres qui pourroient rendre ce fonds plus précieux à cet acheteur, ou parce que ce seroit un ancien propre de sa famille, ou qu'il s'y plairoit pour y avoir été élevé. Car le prix des choses ne se regle pas par l'attachement qui peut en augmenter l'estimation, mais seulement sur le pied de ce qu'elles valent pour l'usage de toutes personnes indistinctement *t*. Ainsi, au contraire, dans le cas d'une personne qui auroit fait périr, ou perdre par quelque délit une chose dont l'usage étoit n'écessaire pour en assortir d'autres, que la perte de celle-là rendroit inutiles, comme il peut arriver en plusieurs rencontres; celui qui auroit causé ce dommage seroit tenu non seulement de la valeur de la chose perdue, mais du dommage que cette perte causeroit d'ailleurs, par la cessation de l'usage des autres *u*. Car ce dommage qui pourroit être consideré comme un cas fortuit si la perte de la chose n'étoit arrivée que par quelque imprudence, pourroit être imputé à celui qui l'auroit causée par un dessein de nuire.

t Pretia rerum non ex affectu, nec utilitate singulorum, sed communiter funguntur. *l.* 63. *ff. ad leg. Falcid.*

Non affectiones æstimandas, sed quanti omnibus valeret. *l.* 33. *ff. ad leg Aquil.*

Si dicat patronus rem quidem justo pretio venisse, veruntamen hoc interesse sua, quòd esse venundatam, itaque hoc esse fraudem, quòd venierit possessio in quam habebat patronus affectionem, vel opportunitatis, vel vicinitatis, vel cœli, vel illud quia educatus sit, vel parentes sepulti: an debent audiri volens revocare? Sed nullo pacto erit audiendus. Fraus enim in damno accipitur pecuniario. *l.* 1. §. 15. *ff. si quid id fraud. patr. factum sit.*

Ce qui est dit dans cette Loi sur le sujet de la fraude aux droits d'un Patron, peut s'appliquer au cas d'une éviction.

u Sed utrum corpus ejus solum æstimamus, quanti fuerit, cùm occideretur: an potiùs, quanti interfuit nostra, non esse occisum? Et hoc jure utimur, ut ejus quod interest, fiat æstimatio. *l.* 21. §. 2. *ff. ad leg Aquil.* Item causæ corpori continentes æstimantur, si quis eo comœdis, aut symphoniacis, aut gemellis, aut quadriga, aut ex pari mularum unam, vel unam occiderit. Non solum enim perempti corporis æstimatio facienda est: sed & ejus ratio haberi debet, quæ cætera corpora depretiata sunt. *l.* 22. §. 1. *eod.*

XIV.

14. Dommages & intérêts contre les mauvais plaideurs.

Parmi toutes les causes dont il peut naître des dommages & intérêts, il y en a peu d'aussi fréquentes que l'injustice de ceux qui entreprenant ou soûtenant des procès injustes, causent à leurs parties & des frais que les condamnations des dépens ne réparent presque jamais, & encore d'autres dommages dont ces procès sont les seules causes; comme de la perte du temps, sur tout de ceux qui vivent de leur travail, & plusieurs autres suites de l'injustice & de la chicane des mauvais plaideurs. Ce qui rend très-juste la condamnation des dommages & intérêts, lorsque la vexation est telle qu'elle y donne lieu. Et quoique cette regle ne s'observe que si rarement qu'il semble qu'elle est abolie; comme elle a pour principe l'équité, qu'elle est du droit naturel, & qu'elle avoit été renouvellée par les Ordonnances, il est de la prudence des Juges de la mettre en usage dans les occasions où l'injustice, la chicane, la vexation peuvent le mériter *x*.

x Improbus litigator & damnum, & impensas litis inferre adversario suo cogatur. §. 1. in *f. inst. de pœna tem. litig. V. tit. C. de jurej. prop. cal. dand.*

En toutes matieres réelles, personnelles & possessoires, civiles & criminelles, y aura adjudication de dommages & intérêts procédans de l'instance, & de calomnie ou témérité de celui qui succombera en icelles, qui seront par la même Sentence & Jugement taxés & moderés à certaine somme, pourvû toutesfois que lesdits dommages & intérêts ayant été demandés par la partie qui aura obtenu, & desquels les parties pourront faire remontrance sommaire par le procès. Ordonnance de François I. en Août 1539. art. 88.

Ceux qui n'entendent pas le Latin doivent être avertis que le mot de calomnie dans cette Ordonnance, comme dans le Droit Romain, signifient la vexation & la chicane de ceux qui de mauvaise foi font ou soûtiennent des procès injustes.

XV.

15. Stipulation d'une somme pour tous dommages.

Les difficultés de régler la valeur des dommages & intérêts qui peuvent suivre de l'inexécution d'un engagement, obligent quelquefois ceux qui traitent ensemble de convenir d'une certaine somme que celui qui

Hh

mages & intérêts

manquera d'exécuter ce qu'il a promis sera tenu de payer à l'autre, pour lui tenir lieu de dédommagement. Mais comme ces sortes de stipulations sont moins une juste estimation, qu'une précaution pour engager celui qui s'oblige à une plus grande fidélité, par la crainte d'encourir la peine de payer la somme réglée, il dépend de la prudence du Juge de modérer cette somme, si elle excède le dommage effectif. Car celui qui l'a souffert n'a pû prétendre autre chose que ce qui pourroit lui être dû légitimement. Et cette stipulation a son juste effet par un dédommagement raisonnable de la perte qu'il faut réparer. Mais si la convention est conçûe en termes qui marquent que l'intention a été de borner le dédommagement à une somme en faveur de celui qui pourroit en être tenu, & pour empêcher qu'il ne soit obligé à rien au-delà, quoique le dommage se trouvât plus grand, on ne pourra l'estimer au plus qu'à cette somme. Car ceux qui traitent ainsi, ont pû modérer le dédommagement qui pourroit être dû *y*.

y In ejusmodi stipulationibus quæ quanti res est promissionem habent, commodius est certam summam comprehendere : quoniam plerumque difficilis probatio est quanti cujusque intersit : & ad exiguam summam deducitur. *l. ult. ff. de stip. præter. §. ult. inst. de verb. oblig.* Voyez l'article 18. de la Section 4. des Conventions en général, p. 29.

XVI.

16. Tous dommages & intérêts s'estiment en argent.

Les dommages & intérêts de quelque nature qu'ils puissent être, se réduisent toujours à des sommes d'argent que doivent ceux qui sont obligés de dédommager, soit pour avoir manqué d'exécuter leurs engagemens, ou pour d'autres causes. Car l'argent tient lieu de toutes les choses qu'on peut estimer *z*.

z Quia non facit quod promisit, in pecuniam numeratam condemnatur, sicut evenit in omnibus faciendi obligationibus. *l. 13. in f. ff. de re judic.*

XVII.

17. Pertes dont celui qui les cause ne doit pas répondre.

Il ne faut pas mettre indistinctement au nombre des cas où il peut être dû des dommages & intérêts, tous les évenemens où une personne peut causer par son fait quelque perte à une autre. Car il arrive souvent qu'on en cause sans qu'on en soit tenu. Et lorsque les faits qui ont causé la perte ont été licites, & que ce n'a été qu'une cessation de quelque commodité, & une suite d'un fait de celui qui usoit de son droit, il ne sera pas obligé à la réparer. Ainsi, par exemple, celui qui creusant dans son fonds, y trouve une source qu'il met à son usage, ne sera pas tenu de la perte que fera son voisin de cette même source qui cessera de naître chez lui, à moins que ce changement n'eût été fait qu'à dessein de nuire. Ainsi, celui qui n'étant pas sujet à une servitude, éleve son bâtiment, & par-là ôte le jour ou la vûe de son voisin, n'en peut être empêché. Mais si ou fait périr une chose, ou qu'on l'endommage, comme si un voisin enfance dans son fonds, affoiblit les fondemens du mur voisin, & le met en péril, il en sera tenu ; car les faits qui nuisent de cette maniere cessent d'être licites, & on ne peut creuser dans son fonds proche du voisin, ni faire d'autres ouvrages, qu'en gardant les distances, & les autres précautions prescrites par les coutumes & par les usages *a*.

a Proculus ait, cùm qui jure quid in suo faceret, quamvis promisisset damni infecti vicino, non tamen eum teneri ea stipulatione. Veluti si juxta mea ædificia habeas ædificia, eaque jure tuo altius tollas : aut si in vicino tuo agro cuniculo, vel fossa aquam meam avocas. Quamvis enim & hic aquam mihi abducas, & illic luminibus officias, tamen ex ea stipulatione actionem non mihi competere : scilicet quia non debeat videri is damnum facere, qui eo veluti lucro, quo adhuc utebatur, prohibetur, multúmque interesse utrum damnum quis faciat, an lucro quod adhuc faciebat uti prohibeatur. Mihi videtur vera Proculi sententia. *l. 26. ff. de damno inf.* Denique Marcellus scribit, cum eo quin in suo fodiens, vicini fontem avertit, nihil posse agi : nec de dolo actionem. Et sane non debet habere, si non animo vicino nocendi, sed suum agrum meliorem faciendi, id fecit. *l. 1. §. 12. ff. de aqua & aq. pluv. arc.* Si tam altè fodiam in meo, ut paries tuus stare non possit, damni infecti stipulatio committitur. *l. 24. §. 12. ff. de dam. inf.* V. les art. 8. & 9. de la Sect. 2. des Servitudes, p. 219. & 220. Et les art. 9. & 10. de la Section 3. des Dommages causés par des fautes, p. 183. & 184.

XVIII.

18. Remarque générale sur les questions des dommages & intérêts.

Comme on a remarqué sur la matiere des intérêts les diverses vûes par où l'on peut juger s'il en est dû ou non *b* ; on doit discerner aussi dans les questions des dommages & intérêts s'ils sont dûs ou non. Ce qui dépend de la qualité du fait qui peut avoir donné sujet au dommage ; si c'est un cas fortuit, une faute legere, une imprudence, un délit, l'inexécution involontaire d'un engagement, ou quelque autre cause. Et on examine ensuite en quoi les dommages & intérêts peuvent consister, leur donnent ou l'étendue, ou les bornes que l'équité peut demander selon les différentes causes des dommages, la diversité des évenemens, & les circonstances, en observant les regles qui ont été expliquées *c*.

b V. l'article 15. de la Section 2.

c C'est une suite des articles précédens. Hoc quod revera inducitur damnum, & non ex quibusdam machinationibus, & immodicis perversionibus incircuitus inextricabilis redigatur. *l. un. C. de sent. quæ pro eo quod int. prof.*

SECTION III.

De la Restitution des fruits.

SOMMAIRES.

1. *La restitution de fruits est un dédommagement.*
2. *Etendue de cette restitution.*
3. *Le mot de fruits s'entend de toute sorte de revenus.*
4. *Le possesseur de mauvaise foi restitue tous les fruits dont il a joui.*
5. *Le possesseur de bonne foi ne restitue pas les fruits dont il a joui pendant sa bonne foi.*
6. *Le possesseur de bonne foi restitue les fruits depuis la demande.*
7. *Les fruits cueillis sont au possesseur de bonne foi, quoi que restés dans le champ.*
8. *Des revenus qui viennent successivement.*
9. *Cas où le possesseur de bonne foi restitue les fruits.*
10. *Autre cas semblable.*
11. *Il faut déduire les dépenses sur la valeur des revenus qu'on doit restituer.*
12. *Les fruits sont au maître du fonds, non à celui qui seme & cultive.*
13. *Le possesseur de mauvaise foi doit les fruits qui pouvoient se tirer du fonds.*
14. *L'héritier du possesseur de mauvaise foi succede à son engagement.*
15. *Estimation des fruits, & autres revenus année par année.*
16. *Restitution de revenus de choses mobiliaires.*
17. *Il n'est point d'intérêts des fruits.*

I.

1. La restitution de fruits est un dédommagement.

LA restitution de fruits est une espece de dédommagement que doit celui qui a indûement joui du revenu d'un autre. Car cette restitution répare la perte que cette jouissance a causée à celui qui devoit jouir *a*.

a Comme les intérêts sont le dédommagement que doivent les débiteurs de sommes d'argent qui sont en demeure de payer ; la restitution de fruits est le dédommagement que doivent ceux qui ont indûement joui de revenus appartenans à d'autres.

II.

2. Etendue de cette restitution.

Ce mot de restitution de fruits ne comprend pas seulement l'obligation de rendre ceux qui sont en nature, mais quoique la jouissance ait été de plusieurs années & que les fruits en soient consommés ; comme c'est la valeur de ces fruits qui doit être rendue, & qu'elle en tient lieu, la restitution des fruits s'entend & de ceux qui sont en nature, & de ceux aussi qui sont consommés *b*.

b C'est une suite de l'article précédent.

III.

3. Le mot de fruits

Il ne faut pas borner le mot de fruits en ce lieu au sens ordinaire des fruits que la terre nous produit ;

j'entend de toute sorte de revenus.

mais ce mot signifie ici toutes les différentes sortes de revenus de quelque nature qu'ils puissent être. Et on peut les distinguer en deux especes, l'une de ceux que la terre produit, soit d'elle-même & sans culture, comme le foin, les fruits des arbres, les bois taillis; les matieres des mines, les pierres de carrieres & autres semblables : ou par la culture, comme les bleds & les autres grains *c*. L'autre espece est des revenus qui ne sont pas des fruits de la terre, ni des choses qu'elle produise ou d'elle-même, ou par la culture ; mais qu'on tire par l'industrie & par quelque soin, ou de quelque fonds, ou des animaux, ou de quelque droit reglé par les Loix. Ainsi on tire des loyers d'une maison ou autre bâtiment *d* : ainsi on tire d'un bac ou d'un navire les revenus des voitures *e* : ainsi les moulins & les colombiers ont leurs revenus : & les diverses sortes d'animaux qui sont à notre usage, ont aussi les leurs *f* : ainsi on a des droits de pêche & de chasse, des péages & divers autres droits de plusieurs natures. Et tous ces différens revenus de ces deux especes qui viennent annuellement ou journellement, sont autant de sortes de bien dont les jouïssances peuvent être la matiere de la restitution dont on parle ici.

c Quidquid in fundo nascitur, quidquid inde percipi potest, ipsius fructus est. *l. 9. ff. de usufr. l. 59. §. 1. eod.*

d Prædiorum urbanorum pensiones pro fructibus accipiuntur. *l. 36. ff. de usuf.*

e Item vecturæ navium. *l. 19. in f. ff. de hæred. pet. l. 62. ff. de rei vindic.*

f In pecudum fructu etiam fœtus est, sicut lac, & pilus, & lana. Itaque agni & hœdi & vituli statim pleno jure sunt bonæ fidei possessoris. *l. 28. ff. de usur.*

I V.

4. Le possesseur de mauvaise foi restitue tous les fruits dont il a joui.

Tous ceux qui jouïssent de mauvaise foi d'un revenu qui ne leur appartient pas, sont tenus de rendre à celui qu'ils en ont privé, la valeur de toutes les jouïssances qu'ils en ont faites, quoiqu'ils n'ayent été troublés par aucune demande. Car ils ont connu l'injustice qu'ils faisoient à celui qui devoit jouïr *g*.

g Certum est malæ fidei possessores, omnes fructus solere cum ipsa repræstare. *l. 22. C. de rei Vind. l. 17. eod. l. 3. C. de condict. ex leg.*

V.

5. Le possesseur de bonne foi ne restitue pas les fruits dont il a joui pendant sa bonne foi.

Ceux qui se trouvent de bonne foi dans la jouïssance d'un bien qu'ils croyent leur appartenir, mais qui n'est pas à eux, ne sont tenus d'aucune restitution de ce qu'ils ont joui pendant la durée de leur bonne foi. Car la bonne foi d'un possesseur est, qu'il peut se considérer comme étant le maître : & cet état qu'il a droit de prendre pour la vérité, doit lui en tenir lieu *h*. Ainsi la perte que fait le vrai maître qui ne jouit point, est à son égard un cas fortuit qu'il ne peut imputer à ce possesseur.

h Bonæ fidei possessor in percipiendis fructibus id juris habet, quod dominis prædiorum tributum est. *l. 25. §. 1. de usur.*

Bonæ fidei emptor non dubiè percipiendo fructus ; etiam ex aliena re, suos interim facit : non tantùm eos qui diligentia & opera ejus provenerunt, sed omnes. Quia quod ad fructus attinet, loco domini penè est. *l. 48. ff. de acq. rer. dom.*

Bona fides tantumdem possidenti præstat, quantùm veritas, quoties lex impedimento non est. *l. 136. ff. de Reg. jur.* V. l'art. 5. de la Section 3. de la possession. Voyez des cas où le possesseur de bonne foi rend les fruits perçus avant la demande, ci-après articles 9. & 10.

On appelle possesseur de bonne foi, celui qui a une juste cause de se croire le maître, comme : s'il a acheté un fonds qu'il croyoit appartenir à son vendeur, s'il a eu d'une succession, s'il lui a été donné, ou s'il l'a acquis par quelqu'autre juste titre, ignorant le droit du vrai maître.

V I.

6. Le possesseur de bonne foi restitue les fruits après la demande.

La bonne foi du possesseur qui lui donnoit le droit de jouïr d'un fonds, cesse en même temps qu'il est troublé par une demande. Car ayant connu le droit du maître du fonds, il ne peut plus le priver de la jouïssance. Et quoi qu'il puisse prétendre que la demande soit mal fondée, & qu'il croye avoir de justes défenses : si dans la suite il est condamné à quitter le fonds, la bonne foi qu'il pourroit avoir eue en se défendant, lui sera inutile ; & il sera obligé à la restitution des fruits depuis la

Tome I.

---

demande *i*. Car cette bonne foi, quand elle auroit été sincere, ne peut pas avoir l'effet de nuire au vrai maître, qui a connu son droit & demandé son bien, ni balancer l'autorité de la chose jugée.

i Litigator victus, qui post conventionem rei incumbit alienæ, non in sola rei redhibitione teneatur, nec tantùm fructuum præstationem eorum quos ipse percipit, agnoscat : sed etiam eos quos percipere potuisset, non quos eum redigisse constat, exolvat, ex eo tempore ex quo re in judicium deducta, scientiam malæ fidei possessionis accepit. *l. 2. C. de fructib. & lit. exp.* Ut omne habeat peritor, quod habiturus foret, si eo tempore quo judicium accipiebatur, restitutus illi homo fuisset. *l. 20. ff. de rei vind.* V. l'article 13. l. 25. §. 7. ff. de hæred. repetit.

¶ Par l'Ordonnance de 1539. art. 94. en toutes matieres où il échet restitution de fruits, ils sont dûs du jour de la demande même avant contestation : il faut excepter les cas de déguerpissement dans lesquels les arrerages des rentes foncieres ne sont dûs que du jour de la contestation en cause. art. de la Cout. 102.]

V I I.

7. Les fruits cueillis sont au possesseur de bonne foi, quoique restés dans le champ.

Si un possesseur de bonne foi est assigné à la veille de la récolte par le maître du fonds pour s'en désister, & rendre les fruits, & que par l'évenement il soit condamné, il sera tenu de rendre les fruits de cette recolte. Car n'étant pas encore cueillis lors de la demande, ils faisoient partie du fonds, & la demande avoit fait cesser le droit que ce possesseur avoit de jouïr. Mais si les fruits étoient cueillis avant la demande, quoiqu'ils n'eussent pas été encore emportés; & qu'ils fussent restés dans le champ, ils appartiendront à ce possesseur *l*. Car les ayant cueillis & séparés du fonds, ils ont été à lui : & on ne peut plus lui en ôter la propriété, ni l'empêcher d'emporter ce qui lui est acquis.

l Bonæ fidei possessoris (fructus) fiunt mox cum à solo separati sunt. *l. 13. ff. quib. mod. ususfruct. vel us. amit.*

Etiam priusquam percipiat, statim ubi à solo separati sunt, bonæ fidei emptoris fiunt. *l. 48. ff. de acq. rer. dom.*

Perceptionem fructus accipere debemus, non si perfectè collecti, sed etiam cœpti ita percipi, ut terra contincre se fructus desierint. Veluti si olivæ, uvæ lectæ, nondum autem vinum, oleum ab aliquo factum sit. Statim enim ipse accepisse fructum existimandus est. *l. 78. in fin. ff. de rei vind.*

V I I I.

8. Des revenus qui viennent successivement.

Si les revenus d'un fonds possedé par un détenteur de bonne foi, viennent successivement & de jour en jour, comme les loyers d'une maison, le revenu d'un moulin, d'un bac, d'un péage & les autres semblables, & qu'il soit évincé ; il aura ce qui se trouvera échû jusqu'à la demande, & rendra le reste *m*.

m V. l'art. 6. de la Sect. 1. de l'Usufruit, p. 109.

I X.

9. Cas où le possesseur de bonne foi restitue les fruits.

Il y a des cas où le possesseur de bonne foi est obligé de rendre les fruits dont il a joui. Ainsi, par exemple, si de deux freres cohéritiers de leur pere, l'un étant absent, l'autre a joui de tous les biens de la succession, croyant que son frere fût déja mort, il sera tenu de lui rendre quand il reviendra, toute sa part de la succession avec les jouïssances. Et il en est de même entre tous autres cohéritiers, soit *ab intestat*, ou par testament, lorsque l'un a joui de la portion d'un autre *n*. Car le titre d'un héritier ne lui donne droit qu'en sa portion, & celle de son cohéritier s'augmente par les fruits qui en proviennent. Ainsi la bonne foi de l'héritier qui jouit de tous les biens de la succession, renferme la condition ; que s'il se trouve avoir un cohéritier ; il lui fera justice de sa portion. Ce qui distingue la condition de cet héritier, de celle d'un autre possesseur de bonne foi, que rien n'oblige à penser qu'aucun autre que lui ait droit en ce qu'il possede.

n Non est ambiguum, cùm familiæ erciscundæ titulus inter bonæ fidei Justitia numeretur ; portionem hæreditatis, si qua ad te pertinet, incremento fructuum augeri. *l. 9. C. famil. ercis.*

Cohæredibus divisionem inter se facientibus juri absentis & ignorantis minimè derogari, ac pro indiviso portionem eam quæ initio ipsius fuit in omnibus communibus rebus, cum retinere certissimum est. Unde portionem tuam cum reditibus arbitrio familiæ erciscundæ percipere potes : ex facta inter cohæredes divisione nullum præjudicium timens. *l. 17. C. eod. l. 44. ff. eod.*

Hh ij

Fructus omnes augent hæreditatem, five ante aditam, five post aditam hæreditatem acceſſerint. *l. 20. §. 3. in f. ff. de hæred. petit.* Fructibus augetur hæreditas, cum ab eo poſſidetur à quo peti poteſt. *l. 2. C. petit. hæred.*

Si celui qui ſe ſeroit trouvé ſeul à recueillir une ſucceſſion dont il ne paroiſſoit point d'autres héritiers, en ayant joüi pendant pluſieurs années, il ſurvenoit un autre héritier en même degré, mais de qui la parenté étoit auparavant inconnüe, & que cet héritier qui auroit joüi de toute la ſucceſſion pendant ce long-temps, ne pût rendre les fruits de la portion de ſon cohéritier ſans être ruiné, ou beaucoup incommodé; il ſeroit de l'équité de modérer cette reſtitution par quelque temperamment ſelon les circonſtances.

X.

10. Autre cas ſemblable.

Si un des aſſociés ſe trouve avoir joüi d'un fonds commun à la ſociété, quoiqu'il crût en être le maître; & que ſa joüiſſance fût de bonne foi, il ne laiſſera pas d'être obligé à la reſtitution des fruits pour les portions de ſes aſſociés. Ainſi, par exemple, ſi dans une ſociété univerſelle de tous biens généralement, un des aſſociés à qui un parent ou un ami auroit fait un legs, ou une donation de quelque héritage, en avoit joüi en particulier, croyant par une erreur de droit que ces aſſociés n'y avoient aucune part, il ſera tenu nonobſtant ſa bonne foi, de leur apporter leurs portions des fruits de cet héritage *p.* parce que leur ſociété le rendant commun, le droit de cet aſſocié étoit reſtreint à ſa portion : & ſa bonne foi, qui n'avoit pour fondement qu'une erreur de droit, ne lui étoit pas un titre pour joüir des portions des autres *q.*

o In ſocietatibus fructus communicandi ſunt. *l. 38. §. 9. ff. de uſur.* Si tecum ſocietas mihi ſit, & res ex ſocietate communes? quos fructus ex his rebus ceperis, me conſecuturum Proculus ait. *l. 38. §. 1. ff. pro ſocio.*

p V. l'art. 4. de la Section 3. & l'art. 1. de la Sect. 4. de la Société, p. 88. & 89. V. ci-après dans l'art. 14. un autre cas où un poſſeſſeur de bonne foi reſtitüe les fruits. Voyez l'art. 3. de la Sect. 3. de ceux qui reçoivent ce qui ne leur eſt pas dû, p. 178. & la remarque ſur ce même article.

q V. l'art. 16. de la Sect. 1. des Vices des conventions, p. 141.

X I.

11. Il faut déduire les dépenſes ſur la valeur des revenus qu'on doit reſtituer.

La reſtitution des fruits ne s'étend pas à toute leur valeur, mais il en faut détruire les dépenſes néceſſaires pour jouïr, comme ſont les frais de la culture & des ſemences, & ceux qui ſont néceſſaires pour recueillir les fruits & les conſerver. Et cette déduction eſt accordée aux poſſeſſeurs même de mauvaiſe foi *r*, car ces dépenſes étant néceſſaires, elles diminuent la valeur effective des revenus, qui ne conſiſtent qu'en ce qui s'y trouve de revenant bon.

r Hoc fructum nomine continetur, quod juſtis ſumptibus deductis ſupereſt. *l. 1. C. de fruct. & lit. exp.* Fructus eos eſſe conſtat, qui deductis impenſis ſupererunt. *l. 7. ff. ſolut. matr.* Fructus intelliguntur deductis impenſis, quæ quærendorum, cogendorum, conſervandorumque eorum gratia fiunt. Quod non ſolum in bonæ fidei poſſeſſoribus naturalis ratio expoſtulat, verùm etiam in præcdonibus. *l. 36. §. ult. ff. de hæred. pet.*

Cette déduction des dépenſes néceſſaires pour joüir, eſt de la même équité que la reſtitution düe à un poſſeſſeur des dépenſes utiles & néceſſaires, qui ont été employées pour améliorer le fonds, ou pour le conſerver : & qu'on accorde auſſi aux poſſeſſeurs même de mauvaiſe foi qui ſont évincés. Benignius eſt in hujus quoque perſona (prædonis) haberi rationem impenſarum (neceſſariarum & utilium) non enim debet petitor ex aliena jactura lucrum facere. l. 38. ff. de hæred. petit.

V. l'art. 16. de la Sect. 10. du Contrat de vente, p. 46. & la Sect. 4. de ceux qui reçoivent ce qui ne leur eſt pas dû, p. 179.

X I I.

12. Les fruits ſont au maître du fonds, non à celui qui ſeme & cultive.

Quoiqu'en pluſieurs ſortes de revenus l'induſtrie de celui qui en a joüi y dût la plus grande part, ils ſont propres à celui qui eſt le maître du fonds d'où ils ont été tirés, & la reſtitution ne lui en eſt pas moins düe. Car les cultures, les ſemences, & toute induſtrie néceſſaire pour recueillir des fruits ou autres revenus, ſuppoſent le fonds qui doit le produire. Ainſi, c'eſt au droit ſur ce fonds, qui eſt attaché le droit de joüir; & le revenu qui peut s'en tirer, appartient à celui qui en eſt le maître, en déduiſant ſur la valeur de ce revenu celles

---

des dépenſes néceſſaires pour la joüiſſance *ſ.*

ſ Omnis fructus non jure ſeminis, ſed jure ſoli percipitur. *l. 25. ff. de uſur.*

In percipiendis fructibus magis corporis jus ex quo percipitur, quam ſeminis ex quo oriuntur, aſpicitur. Et ideo nemo unquam dubitavit, quin ſi in meo fundo frumentum tuum ſeverim, ſegetem & quod ex meſſibus collectum fuerit, meum fieret. *d. l. 25. §. 1.*

X I I I.

13. Le poſſeſſeur de mauvaiſe foi doit les fruits qui pouvoient ſe tirer du fonds.

Le poſſeſſeur de mauvaiſe foi n'eſt pas ſeulement tenu de la reſtitution des fruits dont il a joüi; mais ſi par ſon abſence ou ſa négligence, & faute de culture, il a ceſſé de joüir du fonds dont il étoit en poſſeſſion, ou s'il n'en a tiré qu'une partie de ce que le fonds pouvoit produire étant cultivé; il ſera tenu de la valeur des fruits qu'un bon pere de famille auroit pû recueillir *t.* Car le maître auroit pû joüir de cette maniere. Mais à l'égard d'un poſſeſſeur de bonne foi, qui doit rendre des fruits, la reſtitution peut en être reglée différemment, ſelon les circonſtances. Ainſi un poſſeſſeur de qui la bonne foi a été interrompuë par une demande, pourra être comparé à un poſſeſſeur de mauvaiſe foi, & condamné de même, ſi après la demande il a négligé la joüiſſance, ou s'il l'a diminuée faute de quelques réparations néceſſaires; & il en ſera tenu comme l'ayant fait en fraude de la reſtitution qu'il avoit à craindre. Mais celui qui doit rendre les fruits perçus de bonne foi avant la demande, comme dans le cas des articles 9. & 10. pourroit être excuſé, ſi par quelque défaut de réparations, ou autre négligence, il n'avoit pas tiré d'un fonds qu'il penſoit négliger impunément s'en croyant le maître, ce qu'il auroit pû en tirer avec un plus grand ſoin *u.*

t Fructus non modò percepti, ſed & qui percipi honeſtè potuerunt, æſtimandi ſunt. *l. 33. ff. de rei vindic.* Voyez l'article 6. de la Section 3. de la Poſſeſſion, p. 271.

Voyez les textes cités ſur l'article 6.

u Quoique le texte cité ſur cet article ne faſſe pas de diſtinction entre les poſſeſſeurs de bonne foi & ceux de mauvaiſe foi, il paroît juſte de les diſtinguer comme dans l'article.

X I V.

14. L'héritier du poſſeſſeur de mauvaiſe foi ſuccede à ſon engagement.

Les héritiers des poſſeſſeurs de mauvaiſe foi ſont tenus de la même reſtitution que ceux à qui ils ſuccedent, car ils prennent leur place. Et comme ils en ont les biens & les droits, ils en portent, les charges : & ils entrent dans les mêmes engagemens, ſans que la bonne foi où ils peuvent ſe trouver, faſſe ceſſer l'effet de la mauvaiſe foi de ceux qu'ils repreſentent *x.*

x Hæredis quoque ſuccedentis in vicium, par habenda fortuna eſt. *l. 2. in f. C. de fruct. & lit. exp.*

X V.

15. Eſtimation des fruits & autres revenus annüe par annüe.

Dans la reſtitution des revenus dont la valeur peut s'augmenter ou diminuer d'une année à autre, ſoit qu'ils conſiſtent en deniers, comme les loyers d'une maiſon, une ferme d'un moulin, d'un péage, & les autres ſemblables, ou que ce ſoient des fruits d'héritages; ou des rentes en grains, & autres eſpeces; on en liquide les arrérages ſur le pied de ce que le fonds peut avoir produit, & de la valeur des eſpeces, ſelon que les différences des temps en changent le prix : ou cette liquidation ſe fait ſuivant les baux, s'il y en a qui ne ſoient pas ſuſpects *y.*

y Quanti fuiſſet eo die quo dari debuit. *l. ult. ff. de condict. tritic.* Voyez l'art. 17. de la Sect. 2. du Contrat de vente, p. 36.

Par notre uſage cette eſtimation ſe fait ainſi qu'il eſt reglé par les Ordonnances, dont voici les termes.

En toutes matieres réelles, petitoires & perſonnelles, intentées pour héritages & choſes immeubles, s'il y a reſtitution de fruits, ils ſeront adjugés non-ſeulement depuis conteſtation en cauſe, mais auſſi depuis le temps que le condamné a été en demeure & mauvaiſe foi auparavant ladite conteſtation, ſelon toutefois l'eſtimation commune, qui ſe prendra par l'extrait des Regiſtres des Greffes des Juriſdictions ordinaires. Ordonnance de 1539. art. 94. En tous les Sieges de nos Juriſdictions ordinaires, ſoit généraux ou particuliers, il ſe fera rapport par chacune ſemaine de la valeur & eſtimation commune de toutes eſpeces de gros fruits, comme bleds, vins, foins, & autres ſemblables, &c. art. 102. & 103. Et par l'Extrait du regiſtre des Gref-

fes; & non autrement, se prouvera dorefnavant la valeur & eftimation defdits fruits, tant en exécution d'Arrêts ou Sentences, qu'en autres matieres, où il y a appréciation, article 104. S'il y a condamnation de reftitution de fruits par Sentence, Jugement ou Arrêt, ceux de la derniere année feront délivrés en efpeces: Et quant à ceux des années précédentes, la liquidation en fera faite, eu égard aux quatre faifons & prix commun de chacune année, fi ce n'eft qu'il en ait été autrement ordonné par le Juge, ou convenu entre les parties. Ordonnance de 1667. Tit. 30. art. 1. V. les autres articles de ce Titre 30.

XVI.

16. Reftitution de revenus de chofes mobiliaires.

Quoique la reftitution de fruits ne s'entende communément que des revenus des immeubles, comme il y a des chofes mobiliaires qui produifent des revenus, on peut y appliquer les mêmes regles, felon qu'elles peuvent y convenir; comme par exemple, aux revenus qui proviennent des animaux, & au profit que peuvent tirer des chofes qui fe louent, ceux qui en font commerce, comme un tapiffier d'un ameublement z.

z Si veftimenta, aut fcyphus petita fint, in fructu hæc numeranda effe, quod locata ea re, mercedis nomine cæpi potuerit. *l.* 19. *ff.* de ufur.

XVII.

17. Il n'eft point dû d'intérêts des fruits.

Quelque nombre d'années que la jouiffance dont la reftitution doit être faite puiffe avoir duré, quand ce feroit même contre un poffeffeur de mauvaife foi, il n'eft dû que la fimple eftimation de cette jouiffance, fans aucun intérêt de la valeur des fruits de chaque année. Mais s'il y a une demande de cet intérêt, il fera dû depuis la demande. Car la valeur de ces fruits qui font un bien effectif, tient lieu de capital a.

a Neque eorum fructuum qui poft litem conteftatam, officio judicis, reftruendi funt, ufuras præftari oportere: neque eorum qui prius percepti, quafi malæ fidei poffefforí condicuntur. *l.* 15. *ff.* de ufur. Fructuum poft hæreditatem petitam perceptorum ufuræ non præftantur. Diverfa ratio eft eorum qui ante actionem hæreditatis illaram percepti, hæreditatem auterunt. *l.* 51. §. 1. *ff.* de hæred. petit. Paulus refpondit, fi in omnem caufam, conductionis etiam fidejuffor fe obligavit, eum quoque, exemplo coloni, tardius illatarum per moram coloni penfionum præftare debere ufuras. *l.* 54. *ff.* locat.

TITRE VI.

Des preuves & préfomptions, & du ferment.

Ce que c'eft que prouve.

ON appelle preuve ce qui perfuade l'efprit d'une vérité: & comme il y a des vérités de diverfes fortes, il y a auffi de différentes efpeces de preuves. Il y a des vérités qui font indépendantes du fait des hommes & de toute forte d'événemens, qui font immuables & toujours les mêmes. Ainfi, fans toucher aux vérités divines de la religion, qui font au-deffus de toute certitude par l'autorité de Dieu même qui nous les revele, & qui nous les fait aimer & fentir, & encore par d'autres différentes preuves d'une force infinie, dont il ne s'agit pas de parler ici; on a dans les fciences la connoiffance d'un grand nombre de vérités fûres & immuables. Mais il y en a d'autres qu'on appelle des vérités de fait, c'eft-à-dire, de ce qui a été fait, de ce qui eft arrivé, comme, par exemple, qu'un homme a commis un vol ou un homicide, qu'un teftament eft faux, que dans un incendie, une chofe qu'on avoit tirée a été dépofée entre les mains d'un voifin qui ne le dépôt, qu'un poffeffeur d'un fonds en a joui pendant dix ou vingt ou trente ans, & une infinité de plufieurs natures.

Ce que c'eft que la vérité.

Il y a cela de commun à toutes les différentes fortes de vérités, que *la vérité n'eft autre chofe que ce qui eft:* & connoître une vérité, c'eft fimplement fçavoir fi une chofe eft ou n'eft pas, fi elle eft telle qu'on dit, ou fi elle eft différente. Mais les preuves qui conduifent à la connoiffance des vérités dans les faits font bien différentes de celles qui établiffent les vérités qu'on enfeigne dans les fciences. Car dans les fciences toutes les vérités qu'on peut y connoître, ont leur nature fixe & immuable, & font toujours les mêmes néceffairement, & indépendemment du fait des hommes, & de toute forte de changement. Ainfi, les preuves de ces vérités

Différentes fortes de preuves.

fe tirent de leur nature même; & on les connoît ou par leur propre évidence, fi ce font des premiers principes; & des vérités claires par elles-mêmes: ou fi elles dépendent d'autres vérités, leurs preuves confiftent dans l'enchaînement qui les lie entr'elles, & qui les fait connoître les unes par les autres, felon qu'elles font des fuites néceffaires les unes des autres. Mais dans les faits qui pouvoient arriver ou n'arriver point, comme dépendans de caufes dont les effets font incertains; ce n'eft pas par des principes fûrs & immuables, d'où dépendît ce qui eft arrivé, qu'on peut le connoître; mais il faut venir à des preuves d'une autre nature: & c'eft par d'autres voyes qu'il faut découvrir cette forte de vérités. Ainfi, par exemple, fi un homme a été tué fur un grand chemin, étant feul la nuit, la vérité de la caufe de cet homicide, & la queftion de fçavoir qui a tué cet homme, ne dépendra pas des principes fûrs dont l'évidence faffe connoître précifément l'auteur de ce crime, avec une certitude de la nature de celles que produifent les démonftrations dans les fciences. Et il pourra même fe faire qu'il foit impoffible de fçavoir. Mais fi on le découvre, ce ne fera que par des preuves qu'on pourra tirer des circonftances qui fe trouveront liées à ce crime, & qui dépendront d'événemens arrivés par des cas fortuits, comme la rencontre de quelques témoins, & ce qu'il pourra y avoir d'indices, de conjectures, de préfomptions. Et quand même il fe trouveroit deux témoins contre qui il ne paroîtroit point de jufte reproche, qui diroient qu'ils on vû le meurtrier, qu'ils connoiffent, poignardant cet homme, la certitude d'une telle preuve eft d'un autre genre que celle de la vérité d'une propofition évidemment prouvée dans une fcience, & n'a pas le caractere d'une démonftration; parce qu'il n'eft pas impoffible que deux témoins fe trompent, ou que même ils veuillent tromper. Mais cette preuve n'a fa force que fur ce qu'on préfume de leur bon fens qu'ils ne fe font pas trompés, & de leur probité qu'ils ne trompent point. Ainfi, cette preuve ne femble en effet fondée que fur des préfomptions. Cependant ces préfomptions de la vérité du témoignage de deux perfonnes font telles que la Loi divine & les Loix humaines ont voulu qu'elles tiennent lieu d'une preuve fûre, lorfque les difpofitions font conformes, & qu'il n'y a point de reproches contre les témoins. Et quoiqu'il foit vrai que cette efpece de preuves n'ait pas la caractere de la certitude d'une démonftration, parce qu'elle eft d'un genre tout différent; elle ne laiffe pas d'avoir une autre forte de certitude qui perfuade parfaitement; lorfque la fidélité des témoins eft bien reconnue; parce que cette preuve a fon fondement dans la certitude d'une vérité qui eft un principe fûr, & qui fe tire de la nature même de l'homme, & des caufes qui le font agir. Selon ce principe, il eft certain que deux perfonnes qui ont de la raifon, & qui ne font pas altérée par quelque impreffion de haine, de vengeance, d'intérêt, ou de quelqu'autre paffion, ne fçauroient convenir de porter un faux témoignage en Juftice, & avec ferment. Et on peut conclure fûrement des principes naturels de nos actions, que des témoins qui jurent qu'ils ne diront que la vérité, la difent en effet, & rien ne change en eux l'ordre naturel. Et quoiqu'il foit vrai que les Juges ne peuvent pas s'affurer toujours que les témoins foient finceres, & qu'ils dépofent fans intérêt & fans paffion, & que fouvent même il y ait de faux témoins, il feroit également injufte & abfurde de n'en croire aucun, parce qu'on ne peut pas s'affurer de tous qu'ils ne mentent point. Et c'eft affez pour rendre jufte la regle qui veut que deux témoins faffent une preuve, qu'il foit vrai en général que c'eft l'ordre naturel que les hommes difent la vérité qui leur eft connue, lorfqu'ils ne pourroient y manquer fans faire un parjure: & qu'en particulier dans les témoignages on ne voye aucune raifon qui faffe douter de la fidélité de ceux qui font produits pour témoins, car on juge par-là, que c'eft la vérité qu'ils ont déclarée.

Ce même principe des conféquences qu'on peut tirer des caufes naturelles qui nous font agir, fournit encore d'autres différentes preuves des faits par la liaifon qui se trouve entre ces causes & leurs effets. Ainsi Salomon fonda son jugement entre les deux femmes, sur le discernement qu'il fit de la mere, par le mouvement & le trouble qu'il avoit prévû que causeroit en elle l'amour maternel à la vûe du peril où il feignit d'exposer l'enfant.

On peut remarquer sur la nature des preuves & des faits dans cet exemple, & dans celui de la preuve par deux témoins, & on verra aussi dans toutes les autres especes de preuves des faits, qu'encore qu'elles soient différentes de celles qu'on peut avoir d'une vérité dans une science, il y a toujours cela de commun à toutes les especes de preuves en général, que leur force consiste dans la conséquence certaine qu'on peut tirer de quelque vérité connue pour en conclure celle dont on cherche la preuve; soit qu'on tire une conséquence d'une cause à son effet, ou d'un effet à sa cause, ou de la connexité d'une chose à une autre.

On a fait ici ces remarques pour faire voir par ces principes des preuves, que dans toutes les questions où il s'agit de sçavoir si un fait est prouvé, on s'il ne l'est pas, il faut en juger par la certitude du fondement sur lequel on établit la preuve, & par la liaison que peut avoir à ce fondement le fait qu'il faut prouver. Et comme il arrive très-souvent ou que ce fondement n'est pas bien sûr, ou que le fait dont il s'agit n'y est pas lié necessairement, on ne trouve alors au lieu de preuves que des conjectures qui ne suffisent pas pour établir une preuve sûre de la vérité. Ainsi, par exemple, si quelques jours après une querelle entre deux personnes, l'un se trouve tué, & qu'il n'y ait contre l'autre aucune preuve que la circonstance seule de cette querelle, on ne pourra jamais en conclure avec certitude que cette personne ait commis ce crime. Car outre que les inimitiés & les querelles ne vont qu'assez rarement à de tels excès, cet homicide peut avoir eu plusieurs autres causes. De sorte que comme il n'y a pas une liaison nécessaire de cette mort à cette querelle, cette circonstance ne suffira pas seule pour fonder une condamnation, & ne pourra que former une conjecture.

Deux sortes de présomptions. On peut juger par ces remarques qu'il y a deux sortes de présomptions. Quelques-unes qui se tirent par une conséquence nécessaire d'un principe sûr; & quand ces sortes de présomptions sont si fortes qu'on peut en conclure la certitude du fait qu'il faut prouver, sans laisser aucun lieu de doute, on leur donne le nom de preuves, parce qu'elles en ont l'effet, & qu'elles établissent la vérité du fait qui étoit contesté. Les autres présomptions sont toutes celles qui ne forment que des conjectures sans certitude, soit qu'elles ne se tirent que d'un fondement incertain, ou que la conséquence qu'on tire d'une vérité certaine ne soit pas bien sûre.

C'est à cause de la différence entre ces deux sortes de présomptions que les Loix en ont établi quelques-unes en force de preuves, & qu'elles n'ont pas laissé aux Juges la liberté de ne les considérer que comme de simples conjectures; parce qu'en effet ces sortes de présomptions sont telles qu'on y voit une liaison nécessaire de la vérité du fait qu'il faut prouver avec la certitude des faits d'où elles suivent. Ainsi, par exemple, un Edit d'Henri II. a réglé que si une femme ayant celé sa grossesse & la naissance de son enfant, sans en avoir pris un témoignage suffisant, il se trouve que l'enfant ait été privé du Baptême, & de la sépulture publique, elle soit reputée avoir fait mourir son enfant & punie de mort a. Et il y a d'autres sortes de présomptions que les loix veulent qu'on tienne pour des preuves certaines, de sorte qu'il faut bien prendre garde de ne pas distinguer tellement le sens de ce mot de présomptions de celui de preuves, qu'on ne prenne jamais pour preuves des présomptions, puisqu'il y en a de telles qu'elles suffisent pour former la preuve d'un fait. Mais au lieu que le mot de preuve se prend pour une parfaite conviction, le mot de présomption a son étendue à toutes les conséquences

a V. l'Edit de Henri II. de 1556. des femmes qui ont celé leur grossesse. V. l. 34. C. ad leg. Jul. de adult.

qu'on peut tirer des divers moyens qui peuvent servir à la preuve d'un fait, soit que ces conséquences aillent jusqu'à l'évidence qui peut faire une preuve entiere, ou qu'elles laissent de l'incertitude.

On a cru nécessaire de faire ici ces réflexions sur la nature des preuves & des présomptions, pour établir les principes des regles de cette matiere, & pour découvrir les causes naturelles de ce qui peut établir la certitude des vérités de fait. Car c'est par ces principes qu'on peut juger de la force, ou de la foiblesse des moyens dont les parties se servent pour la preuve d'un fait. Il ne reste que de distinguer les différentes manieres dont on prouve les faits, & on peut les réduire à cinq especes: l'écrit, les témoins, les présomptions, la confession des parties, & le serment. Ces cinq especes feront la matiere d'autant de Sections. Et parce qu'il y a des regles communes à toutes les sortes de preuves, on expliquera dans une premiere Section ces regles communes.

On ne comprendra pas dans ces regles, celles qui ne regardent que les procédures qui se font en justice dans la matiere des preuves, comme sont les formalités qu'il faut observer pour la vérification des écritures privées: pour ouir les témoins dans les informations & dans les enquêtes, prendre leur serment, rédiger leurs dépositions, recevoir les reproches que peuvent donner contre les témoins ceux contre qui on les fait ouir; la forme de faire interroger les parties sur des faits, de recevoir le serment déféré à une partie, & les autres différentes procedures, soit en matiere civile ou dans les crimes. Car toutes ces choses étant de l'ordre judiciaire, ne sont pas de ce lieu & sont reglées par les Ordonnances, & la plupart autrement qu'elles ne l'étoient dans le Droit Romain. Et on n'expliquera ici que les regles essentielles qui regardent la nature & l'usage des diverses sortes de preuves & de présomptions.

SECTION I.
Des preuves en général.
SOMMAIRES.

1. *Définition des preuves.*
2. *Preuves de deux sortes.*
3. *Faits qui n'ont pas besoin de preuve.*
4. *Celui qui avance un fait doit le prouver.*
5. *Le défendeur doit prouver les faits qui fondent ses défenses.*
6. *Chaque partie peut de sa part prouver le contraire des faits de l'autre.*
7. *Liberté réciproque d'alleguer des faits & de les prouver.*
8. *Pourvû que ces faits regardent l'affaire.*
9. *La chose jugée tient lieu de vérité.*
10. *L'effet des preuves dépend de la prudence du Juge.*
11. *Dans les preuves il faut examiner 1°. Si elles sont dans les formes.*
12. *2°. Si elles sont concluantes.*

I.

ON appelle preuves en Justice, les manieres reglées par les Loix pour découvrir & pour établir avec certitude la vérité d'un fait contesté a. *1. Définition des preuves.*

a Ut quod actum est faciliùs probari possit. l. 4. ff. de fid. instr. Ad fidem rei gestæ faciendam. l. 11. ff. de testib.

I I.

Il y a deux sortes de preuves: celles que les Loix veulent qu'on tienne pour sûres, & celles dont elles laissent l'effet à la prudence des Juges. Ainsi les Loix veulent qu'on prenne pour preuve sûre d'un crime ou d'un autre fait les dépositions conformes des témoins non reprochés, & qui soient au nombre qu'elles ont réglé. Ainsi elles établissent pour une preuve certaine d'une convention, si le contrat est signé par les parties, *2. Preuves de deux sortes.*

ou lorſque les parties n'ont pû ſigner, ou ne l'ont pas ſçu, s'il eſt ſigné ou par un Notaire & deux témoins, ou par deux Notaires ſans témoins, ſelon les différens uſages des lieux. Mais lorſqu'il n'y a que des préſomptions, des indices, des conjectures, des témoignages imparfaits, ou d'autres ſortes de preuves que les Loix n'ont pas ordonné que l'on tînt pour ſûres, elles laiſſent à la prudence des Juges de diſcerner ce qui peut tenir lieu de preuves, & ce qui ne doit pas avoir cet effet *b.*

b V. l'art. 5. de la Sect. 4.

III.

3. Faits qui n'ont pas besoin de preuves.

L'uſage des preuves ne regarde pas les faits qui ſont naturellement certains, & dont la vérité eſt toujours préſumée, ſi le contraire n'eſt prouvé ; mais il regarde ſeulement les faits incertains, & dont la vérité n'eſt pas préſumée ſi elle n'eſt prouvée. Ainſi, par exemple, celui qui demande une ſucceſſion, ou un legs en vertu d'un teſtament, n'a pas beſoin de prouver, que le teſtateur n'étoit pas inſenſé, pour en conclure la validité du teſtament. Car il eſt naturellement préſumé que chacun a l'uſage de la raiſon. Mais l'héritier du ſang qui pour annuller le teſtament allegue la démence du teſtateur, doit prouver ce fait. Ainſi celui qui veut ſe faire relever d'une obligation ſe prétendant mineur doit prouver ſon âge *c.* Ainſi celui qui dit, qu'il eſt propriétaire d'un fonds qu'un autre poſſede, doit en faire preuve *d.*

c Cùm re minorem viginti quinque annis eſſe proponas ; adire præſidem provinciæ debes, & de ea ætate probare. *l.* 9. C. de probat.
d Poſſeſſiones. quas ad te pertinere dicis, more judiciorum proſequere. Non enim poſſeſſori incumbit neceſſitas probandi eas ad ſe pertinere, cùm te in probatione ceſſante, dominium apud eum remaneat. *l.* 2. C. de probat.
V. l'art. 7. de la Sect. 4.

IV.

4. Celui qui avance un fait doit le prouver.

Il s'enſuit de la regle précédente, que dans tous les cas d'un fait conteſté, s'il eſt tel qu'il ſoit néceſſaire d'en faire la preuve, c'eſt toujours celui qui l'avance qui doit le prouver. Ainſi tous ceux qui font des demandes dont quelque fait eſt le fondement, doivent en établir la vérité, s'il eſt conteſté. Ainſi, celui qui demande un legs porté par un codicile doit en juſtifier. Ce qui fait qu'on dit communément que c'eſt au demandeur à prouver ſon fait *e.*

e Semper neceſſitas probandi incumbit illi qui agit. *l.* 21. ff. de probat.
Et incumbit probatio, qui dicit, non qui negat. *l.* 2. eod.
Actore non probante, qui convenitur, etſi nihil ipſe præſtat, obtinebit. *l.* 4. in f. C. de edendo.
V. l'art. 4. de la Sect. 4.

V.

5. Le défendeur doit prouver les faits qui fondent ſes défenſes.

Comme ceux qui font des demandes ſont obligés de faire la preuve des faits qu'ils alleguent pour les fonder, ſi les défendeurs de leur part alleguent des faits dont ils ſe ſervent pour le fondement de leurs défenſes, ils doivent les prouver. Ainſi un débiteur qui reconnoiſſant la dette allegue un payement, doit en faire preuve. Et quoiqu'il ſoit défendeur, il eſt conſidéré à l'égard de ce fait comme demandeur *f.*

f In exceptionibus dicendum eſt, reum partibus actoris fungi oportere. Ipſumque exceptionem, velut intentionem implere : ut putà ſi pacti conventi exceptione utatur, docere debet pactum conventum factum eſſe. *l.* 19. ff. de probat.
Nam reus in exceptione actor eſt. *l.* 1. ff. de except. præſc. & præ jud. Ut creditor qui pecuniam petit numeratam, implere cogitur, ita rurſum debitor qui ſolutam affirmat, ejus rei probationem præſtare debet. *l.* 1. C. de probat.

VI.

6. Chaque partie peut de ſa part prouver le contraire des faits de l'autre.

Quoique celui contre qui on allegue un fait qu'il faut prouver, ne ſoit pas obligé de ſa part à prouver le contraire *g*, il peut néanmoins, ſi bon lui ſemble, pour mieux établir ſon droit, prouver la vérité du fait oppoſé *h.*

g Fruſtrà veremini ne ab eo qui lite pulſatur, probatio exigatur. *l.* 8. C. de probat.

h Si quis fiducia ingenuitatis ſuæ ultrò in ſe ſuſcipiat probationes... non ab re eſſe opinor, morem ei geri probandi ſe ingenuum. *l.* 14. ff. de probat.

VII.

7. Liberté réciproque des parties d'alléguer des faits, & de les prouver.

Il eſt également libre au demandeur & au défendeur, d'alléguer les faits qui peuvent ſervir à fonder leur droit. Et chacun eſt reçu, tant à prouver les faits qu'il allegue, qu'à prouver le contraire des faits de ſa partie *i.*

i C'eſt une ſuite des articles précédens. V. l'art. ſuivant.

VIII.

8. Pourvû que ces faits regardent l'affaire.

La liberté d'alléguer & de prouver des faits, ne s'étend pas à toute ſorte de faits indiſtinctement, mais le Juge ne doit recevoir la preuve que de ceux qu'on appelle pertinens ; c'eſt-à-dire, dont on peut tirer des conſéquences qui ſervent à établir le droit de celui qui allegue ces faits : & il doit au contraire rejetter ceux dont la preuve, quand ils ſeroient veritables, ſeroit inutile. Ainſi, par exemple, celui qui prétendroit évincer l'acquereur d'un fonds, croyant en être le proprietaire, parce qu'il lui auroit prêté le prix de l'acquiſition, demanderoit inutilement d'être reçu à prouver ce fait, & cette preuve ne ſeroit d'aucun uſage à ſa prétention, puiſque le fonds n'eſt pas acquis en propre à celui qui en fournit le prix à l'acquereur *l.*

l Jure comperendi prædium, quæ in quæſtionem veniunt, dominium ad te oſtende pertinere. Nam res vindicantem ad emptore, ſuos numeratos nummos aſſeverantem erga probationem laborare non convenit : ſi quidem hujuſmodi licet probetur factum, tamen intentioni nullum præbet adminiculum. *l.* 21. C. de probat.
V. l'art. 4. de la Sect. 5.

IX.

9. La choſe jugée tient lieu de vérité.

Les choſes jugées tiennent lieu de la vérité à l'égard de ceux avec qui elles ſont jugées, s'ils n'ont appellé, ou s'il ne peut point y avoir d'appel. Ainſi, par exemple, ſi entre deux freres l'un qui prétendroit part en la ſucceſſion de leur pere a été déclaré par un Arrêt, Religieux Profès, ce fait ſera tenu pour vrai, & bien prouvé ; & il ſera incapable d'avoir part en la ſucceſſion *m.* Mais les faits jugés avec d'autres que ceux qui les conteſtent, ſont indécis à leur égard, & il faut les prouver ; car ils pourroient avoir des raiſons qui n'auroient pas été alleguées *n.*

m Res judicata pro veritate accipitur. *l.* 207. ff. de reg. jur.
n Sæpe conſtitutum eſt res inter alios judicatas, aliis non præjudicare. *l.* 63. ff. de re jud. Tot. tit. C. quib. res jud. non noc. & tit. C. inter al. act. vel jud. al. n. noc.

X.

10. L'effet des preuves dépend de la prudence du Juge.

Dans toutes les eſpeces de preuves ſoit par témoins, ou par écrit, ou par d'autres voyes, la queſtion de ſçavoir ſi un fait eſt prouvé, ou s'il ne l'eſt point, dépend toujours de la prudence du Juge, qui doit diſcerner ſi les témoignages, ou les autres ſortes de preuves ſont ſuffiſantes, ou ne le ſont point. Ce qui renferme deux ſortes de diſcuſſions qui ſeront expliquées dans les deux articles ſuivans.

o Quæ argumenta ad quem modum probandæ cuique rei ſufficiant, nullo certo modo ſatis definiri poteſt. *l.* 3. §. 1. ff. de teſtib. Hoc ergo ſolum tibi reſcribere poſſum ſummatim, non utique ad unam probationis ſpeciem, cognitionem ſtatim alligari debere, ſed ex ſententia animi tui ſe æſtimare oportere, quid aut credas, aut parum probatum tibi opinaris. *l.* 3. in fine.

XI.

11. Dans les preuves il faut examiner 1°. Si elles ſont dans les formes.

Le premier examen que doit faire un Juge, pour connoitre quel doit être l'effet d'une preuve, & quel égard on doit y avoir, eſt celui des formalités, c'eſt-à-dire, ſi elle eſt dans l'ordre preſcrit par les loix. Ainſi dans les cas où les preuves par témoins peuvent être reçues, il faut examiner s'il ſont au nombre que la Loi demande ; s'ils ont été ouïs par leur bouche ; s'il n'y a point de cauſe qui rend leur témoignage ſuſpect, s'ils ont été aſſignés, s'ils ont prêté le ſerment, & enfin ſi leurs dépoſitions ſont accompagnées de toutes les ſor-

malités que demandent les Loix *p*. Ainſi, quand c'eſt
par un écrit qu'on prétend faire la preuve d'un fait, il
faut examiner ſi c'eſt un original ou une copie, ſi c'eſt
un acte paſſé devant Notaire, & dont la date ſoit ſûre,
ou s'il eſt ſeulement ſous ſeing privé, & qu'on ait pû
dáter comme on a voulu : & ſi l'acte eſt dans les formes qui doivent le rendre authentique, & tel qu'il
ſerve de preuve *q*.

*p Si teſtes omnes ejuſdem honeſtatis, & exiſtimationis ſint,
l. 11. § 3. ff de t.ſtil. v. l. 3. vod.*
Divus Hadrianus Junio Ruſino Proconſuli M.cedoniæ reſcrip-
ſit, teſtibus ſe, non teſtimoniis crediturum. l. 3. §. 3. ff. de teſtib,
V. la Section 3.
q Non ex indice & exemplo alicujus ſcripturæ, ſed ex authen-
tico. l. 1. ff. de fide inſtr. V. la Sect. 1.

<small>12. 1°. Si
el es ſont
concluantes.</small>

XXII.

Le ſecond examen des preuves conſiſte à diſcerner ce
qui en réſulte pour établir la vérité des faits qu'il falloit
prouver, ſoit par des témoins, ou par écrit, ou autrement. Ainſi, pour les dépoſitions des témoins, le Juge
examine ſi les faits dont ils dépoſent ſont les mêmes
qu'on devoit prouver, ou ſi ce ſont d'autres faits dont on
puiſſe tirer des conſéquences ſûres de la vérité des faits
conteſtés : ſi les témoignages ſont conformes les uns
aux autres : ou ſi ſe trouvant différens, la diverſité peut
ſe concilier pour former la preuve, ou ſi elle laiſſe la
choſe incertaine : ſi la multitude des témoins ne laiſſe
aucun doute : ſi entre pluſieurs témoins qui dépoſent
différemment, la probité & l'autorité de quelques-uns
donne plus de poids à leur témoignage ; s'il n'y a point
de variation dans une dépoſition : ſi les faits ſont confirmés par une notoriété publique, & un bruit commun, dans les cas où ces circonſtances peuvent être
conſidérées : ſi quelques témoins ſont ſuſpects de favoriſer une des parties, ou de vouloir lui nuire. Ainſi dans
les preuves écrites & dans toutes les autres eſpeces de
preuves, il eſt de la prudence du Juge de diſcerner ce
qui peut ſuffire pour établir la vérité d'un fait, & ce
qui laiſſe dans l'incertitude : de conſiderer le rapport
& la liaiſon que peuvent avoir les faits qui réſultent des
preuves avec ceux dont on cherche la vérité : d'examiner ſi les preuves ſont concluantes ; ou ſi ce ſont ſeulement des conjectures, des indices, des préſomptions,
& quel égard on doit y avoir : & enfin de juger de l'effet des preuves par toutes les différentes vûes que peut
donner la connoiſſance des regles jointes aux réflexions
ſur les faits & les circonſtances *r*.

r Quæ argumenta ad quem modum probandæ cuique rei ſuffi-
ciant, nullo certo modo ſatis definiri poteſt. Sicut non ſemper,
ita ſæpè, ſine publicis monumentis cujuſque rei veritas depraehen-
ditur, aliàs numerus teſtium, aliàs dignitas & authoritas, aliàs
veluti conſentiens fama confirmat rei, de qua quæritur, fidem.
Hoc ergo ſolum tibi reſcribere poſſum ſummatim, non utique
ad unam probationis ſpeciem, cognitionem ſtatim alligari debere,
ſed ex ſententia animi tui te æſtimare oportere. quid aut credas,
aut parum probatum tibi opinaris. l. 3. §. 1. ff. de teſtib.
In teſtimoniis dignitas, fides, mores, gravitas examinanda
eſt, & ideo teſtes qui adverſus fidem ſuam teſtationis vacillant,
audiendi non ſunt. l. 2. ff. de teſtib. Si teſtes omnes ejuſdem honeſ-
tatis & exiſtimationis ſint, negotii qualitas, ac judicis motus cum
his concurrit, ſequenda ſunt omnia teſtimonia. Si verò ex his
qui tam notum aliud dixerint, licet impari numero credendum eſt.
Sed quod naturæ negotii convenit, & quod inimicitiæ, aut gra-
tiæ ſuſpicione caret. Confirmabitque judex motum animi ſui, ex
argumentis & teſtimoniis, & quæ rei aptiora, & vero proximio-
ra eſſe compererit. Non enim ad multitudinem reſpici oportet,
ſed ad ſinceram teſtimoniorum fidem : & teſtimonia quibus potius
lux veritatis aſſiſtit. l. 21. §. 3. ff. de teſtib.
Indicia certa, quæ jure non reſpuuntur non minorem probatio-
nis, quàm inſtrumenta, continent fidem. l. 19. C. de rei vindic.

SECTION II.

Des preuves par écrit.

LA force des preuves par écrit, conſiſte en ce que les
hommes ſont convenus de conſerver par l'écriture
le ſouvenir des choſes qui ſe ſont paſſées, & dont ils
ont voulu faire ſubſiſter la mémoire, ſoit pour s'en faire
des regles, ou pour y avoir une preuve perpetuelle de

---

la verité de ce qu'on écrit. Ainſi on écrit les conventions pour conſerver la mémoire de ce qu'on s'eſt preſcrit en contractant, & pour ſe faire une loi fixe & immuable de ce qui a été convenu. Ainſi on écrit les teſtamens, pour faire ſubſiſter le ſouvenir de ce qu'a ordonné celui qui avoit le droit de diſpoſer de ſes biens ;
& en faire une regle à ſon héritier, & à ſes légataires.
Ainſi on écrit les Sentences, les Arrêts, les Edits, les
Ordonnances, & tout ce qui doit tenir lieu de Titre ou
de Loi. Ainſi on écrit dans les Regiſtres publics les
Mariages, les Baptêmes, les Actes qui doivent être in-
ſinués, & on fait d'autres ſemblables Regiſtres pour
avoir un dépôt public & perpétuel de la vérité des
Actes qu'on y enregiſtre.

Le contrat écrit eſt donc une preuve des engagemens
de ceux qui ont contracté, & le teſtament écrit eſt une
preuve de la volonté de celui qui l'a fait. Et ces preuves tiennent lieu de la vérité aux perſonnes qu'elles regardent. Ainſi, un contrat écrit ſert de preuve contre
les contractans, contre leurs héritiers, & contre tous
ceux qui ont droit de les repréſenter, ou qui ſuccedent à leurs engagemens. Ainſi, un teſtament prouve la vérité des
diſpoſitions du teſtateur, & oblige les héritiers, & les
légataires à l'exécuter.

Il eſt facile de comprendre quelle a été la néceſſité de
l'uſage de l'écriture pour conſerver le ſouvenir des conventions des teſtamens, & des autres Actes de toute
nature, & qu'il ne peut y en avoir de meilleure preuve,
puiſque l'écrit conſerve invariablement ce qu'on y confie, & qu'il exprime l'intention des perſonnes par leur
propre témoignage. Mais comme toutes les perſonnes
n'ont pas l'uſage de l'écriture, on a établi pour ceux qui
l'ignorent, des Officiers publics qui ſont les Notaires,
dont la fonction eſt telle que les Actes ſignés ou de deux
Notaires, ou d'un Notaire & des témoins, ſelon les differens uſages des lieux, ſont une preuve légitime de la
vérité de ce qui eſt écrit entre les perſonnes qui ne ſçavent ni écrire ni lire. Et pour ce qui eſt des perſonnes
qui ſçavent écrire, leur ſeing ſans Notaire fait auſſi une
preuve de la vérité de ce qui eſt écrit ; mais avec cette
différence entre les Actes écrits ſans Notaire qu'on appelle écritures privées, & ceux qui ſont ſignés par des
Notaires, que ceux-ci font preuve en Juſtice. & prouvent deux faits ; l'un que l'Acte a été paſſé entre les perſonnes qui y ſont dénommées, dans le temps, & dans le
lieu qu'on y a marqué : & l'autre, que leurs intentions y
ſont expliquées. Et l'autorité de cette preuve eſt fondée
ſur la fonction publique des Notaires établis pour cet
uſage de rendre authentiques les Actes qu'ils ſignent.
Mais les écritures privées ne prouvent pas même par qui
elles ſont écrites, & il faut les vérifier, c'eſt-à-dire,
prouver par qui elles ſont ſignées.

La facilité d'écrire les conventions, & les inconveniens infinis de recevoir la preuve de celles qui ne ſont
pas écrites, comme on la recevoit dans le Droit Romain, ont été les motifs des Ordonnances qui ont défendu de recevoir d'autres preuves que l'écrit pour les
conventions lorſqu'il s'agit de plus de cent livres, comme il a été remarqué en un autre lieu *a*. Et c'eſt par cette même raiſon que les Ordonnances ont voulu qu'il
fûr fait des Regiſtres publics des Baptêmes, des Mariages, des Morts & Sépultures, de la Promotion aux Ordres, du Vœu monachal, afin qu'on puiſſe avoir aiſément par ces Regiſtres une preuve ſûre de ces ſortes de
faits *b*. Ce qui n'empêche pas qu'en cas que ces Regiſtres viennent à ſe perdre, on ne ſoit reçu à l'uſage des
autres eſpeces de preuves *c*.

a V. la remarque ſur l'art. 12. de la Sect. 1. des Conventions en
général. Il faut remarquer ſur cette défenſe des Ordonnances de
recevoir la preuve par témoins des conventions, qu'elle ne s'entend
pas au dépôt néceſſaire, ni à d'autres cas expliqués dans les ar-
ticles 3. & 4. du titre 20. de l'Ordonnance du mois d'Avril
1667.
b Ordonnance de 1539. art. 50. & 51. de Blois, art. 181. de
Moulins, art. 55. Déclaration de Juillet 1566. art. 11. Ordon-
nance de 1667. Titre 20. art. 7. 8. & 15.
c Ordonnance de 1667. Titre 20. art. 14. Ætas probatur aut
ex nativitatis ſcriptura, aut aliis demonſtrationibus legitimis.
l. 1. §. 1. ff. de excuſ.

SOMMAIRES.

I.

1. Quelles font les preuves écrites.

LEs preuves par écrit font celles qu'on tire de quelque acte écrit, comme d'un contrat, d'un teftament, ou autre qui contiennent la vérité du fait dont il s'agit *a*.

a Quibus caufa inftrui poteft. *l.* 1. *ff. de fide inftr.*

II.

2. Ufage de ces preuves.

On rédige par écrit les conventions, les teftamens & les autres actes, pour conferver la preuve de ce qui a été fait, par le témoignage des perfonnes mêmes qui y expriment leurs intentions *b*.

b Fiunt fcripturæ : ut quod actum eft, per eas facilius probari poffit. *l.* 4. *ff. de fide inft. l.* 4. *ff. de pignor.*

Les Actes écrits font de plufieurs fortes : & on peut les réduire à quatre efpeces ; les Ecritures privées, les Actes pardevant des Notaires, ceux qui fe paffent en Juftice, comme la nomination d'un Tuteur, & ceux qui fe font pardevant d'autres perfonnes publiques, comme la Bénédiction nuptiale devant le Curé, la promotion aux Ordres, & autres dont on tient des Regiftres publics.

III.

3. Les preuves écrites font les plus fortes.

Les preuves par écrit ayant leur fermeté par un témoignage que les perfonnes qui font les actes, rendent contre eux-mêmes, & un témoignage qui eft immuable ; il ne peut y avoir de meilleure preuve de ce qui s'eft paffé entre eux, que ce qu'ils en ont eux-mêmes exprimé *c*.

c Generaliter fancimus, ut fi quid fcriptis cautum fuerit pro quibufcumque pecuniis ex antecedente caufa defcendentibus, eamque caufam fpecialiter promiffor edixerit ; non jam ei licentia fit caufæ probationem ftipulatorem exigere : cùm fuis confeffionibus acquiefcere debeat. *l.* 13. *C. de non num. pecu.*

IV.

4. On ne reçoit pas de preuves contre l'écrit.

Cette fermeté des preuves écrites, fait qu'on ne reçoit pas de preuves contraires par des témoins *d*. Ainfi celui qui contefteroit un teftament en bonne forme, prétendant prouver par des témoins, ou que le teftateur auroit changé de volonté, ou que fon intention étoit autre, n'y feroit pas reçu, ni celui qui voudroit prouver par des témoins, qu'il n'auroit pas reçu une fomme dont il auroit figné la quittance.

d Contra fcriptum teftimonium, non fcriptum teftimonium non fertur. *l.* 1. *C. de teftib.*

Cenfus & monumenta publica potiora teftibus effe, Senatus cenfuit. *l.* 10. *ff. de probat.* V. l'art. 12. ci-après, & les remarques à la fin du préambule de cette Section.

V.

5. Si ce n'eft qu'il foit prétendu faux.

Il ne faut pas étendre la regle expliquée dans l'article précédent aux cas où l'on révoque en doute la foi d'un acte, comme fi on prétend qu'il foit faux, ou qu'il ait été fait par l'impreffion d'une crainte & d'une violence qui le rendent nul. Car la preuve qu'on tire d'un acte écrit, n'a pour fondement que la fidélité du témoignage que donne l'écrit de la vérité de ce qu'il contient, & lorfqu'on donne atteinte à cette fidélité, l'écrit perd fa force. Ainfi celui qui prétend prouver qu'on a contrefait fon feing dans un écrit qui paroît figné de lui, doit être reçu à prouver ce fait *e*. Ainfi celui qui prétend qu'on l'a fait obliger par force & par violence, peut faire preuve *f*. Et il en feroit de même dans tous les cas où l'acte écrit feroit débattu par quelque vice qui pourroit l'annuller, comme par quelque dol, ou par quelque erreur qui puiffent avoir cet effet *g*. Ou fi c'étoit un acte fimulé pour faire une fraude, comme une difpofition faite au profit d'une perfonne interpofée pour faire paffer quelque libéralité à une autre perfonne à qui la Loi défendroit de donner, ou pour lui acquerir une chofe dont le commerce lui feroit défendu *h*.

e Quid fit falfum quæritur & videtur id effe, quis alienum chirographum imitetur. *l.* 23. *ff. ad leg. Corn. de falf.*

f Si quis vi compulfus aliquid fecit, per hoc edictum reftituitur. *l.* 3. *ff. quod metus caufa.*

g V. le Titre des Vices des conventions, p. 138.

h Acta fimulata veluti non ipfe fed ejus uxor comparaverit, veritatis fubftantiam mutare non poffuet, Quæftio itaque facti per judicem, vel præfidem provinciæ examinabitur. *l.* 12. *C. plus val. quod agitur.* Nec an interpofitam perfonam aliquid eorum fine periculo poffit perpererari. *l.* 1. §. 3. *C. de contr. jud.* V. l. 46. *ff. de centr. emp.* V. l. 10. *ff. de his q. ut ind.* l. 1. l. 3. l. 40. *ff. de jure fifci.* V. les articles 19. & 20. de la Sect. 1. des regles du Droit, p. 4. le préambule de la Sect. 8. du Contrat de vente, p. 43. & l'art. 2. de cette même Section.

VI.

6. Les Actes écrits ne font preuve que quand ils font dans les formes.

Les actes écrits ne font preuve que quand ils font dans les formes que les Loix prefcrivent. Car ces formes font des précautions néceffaires pour leur donner l'effet de fervir de preuves, & de marques par lefquelles les Loix veulent qu'on reconnoiffe & qu'on diftingue ce qu'elles mettent au nombre des preuves, & ce qu'elles en rejettent. Ainfi, par exemple, dans les Provinces où il faut fept témoins pour un teftament, il feroit inutile de rapporter un teftament où il n'y auroit que fix témoins de la plus parfaite intégrité *i*. Car outre qu'il faut obferver la Loi, l'ouverture d'autorifer un teftament par la confidération de la probité des témoins, feroit une fource d'inconvéniens. Ainfi, pour un autre exemple, un contrat que les parties auroient voulu paffer pardevant un Notaire & des témoins, feroit fans effet, s'il n'étoit figné & par les parties, & par les témoins qui fçauroient figner, & par le Notaire. Ainfi une écriture privée, qui feroit fimplement écrite, mais non fignée par la partie, ne feroit point de preuve. *l*.

i Septem teftibus adhibitis. §. 3. *inft. de teftamentis ordin.*

l Non aliter vires habere fancimus (contractus quos in fcriptis fieri placuit) nifi inftrumenta in mundum recepta, fubfcriptionibufque partium confirmata, & ; fi per tabellionem confcribantur, etiam ab ipfo completa, & poftremò à partibus abfoluta fint. *l.* 17. *C. de fido inftr.* V. l'art. 15. de la Sect. 1. des Conventions, p. 21.

VII.

7. On ne recevroit pas les témoins d'un Acte écrit à dire le contraire.

Quand les Actes font dans les formes, non feulement on ne reçoit point de preuves contraires, mais on n'écouteroit pas même une partie qui prétendroit faire ouir en Juftice les témoins d'un acte pour y apporter quelque changement, ou pour l'expliquer. Car outre le péril d'une infidélité de la part des témoins, l'acte n'ayant été écrit que pour demeurer invariable, fa force confifte à demeurer toujours tel qu'il a été fait *m*.

m Contra fcriptum teftimonium, non fcriptum teftimonium non fertur. *l.* 1. *C. de teftib.* V. les art. 4. & 5.

VIII.

8. Les Actes écrits ne prouvent que contre ceux qui y font parties.

L'autorité des preuves qui fe tirent des actes écrits, a fon effet contre les perfonnes dont ils contiennent le confentement & contre leurs fucceffeurs, & ceux qui ont leurs droit ou qui les repréfentent, & ces actes

Tome I.   I i

servent de regle & de preuve contre ces personnes *n*. Mais ils ne peuvent faire de préjudice aux personnes tierces de qui l'intérêt y seroit blessé *o*. Et s'il étoit dit, par exemple, dans un testament qu'un héritage legué par le testateur lui appartenoit, cette énonciation ne feroit aucun préjudice à celui qui se prétendroit maître de ce fonds.

n Cum suis confessionibus acquiescere debeat. *l.* 13. *C. non num. pecu.* V. l'art. 3.

o Non debet alii nocere quod inter alios actum est. *l.* 10. *ff. de jurej.* V. l'art. suivant.

IX.
9. Personne ne peut seul se faire un titre à soi-même.

Personne ne peut s'acquerir un droit, ni se rendre créancier d'un autre par des actes qu'il puisse faire à sa volonté. Ainsi, par exemple, on ne jugera pas sur le livre journal d'une personne, où il est fait mention qu'une autre lui doit une somme, que cette somme soit dûe, s'il n'y en a aucune autre preuve, quelle que puisse être l'exactitude du livre journal, & la probité de celui qui l'a écrit *p*.

p Rationes defuncti, quæ in bonis ejus inveniuntur, ad probationem sibi debitæ quantitatis solas sufficere non posse, sæpè rescriptum est. Ejusdem juris est, & si in ultima voluntate defunctus, certam pecuniæ quantitatem, aut etiam res certas, sibi deberi, significaverit. *l.* 6. *C. de probat.*

Exemplo perniciosum est, ut si scripturæ credatur, qua unusquisque sibi adnotatione propriâ debitorem constituit. Unde neque fiscum, neque alium quemlibet in suis subnotationibus debiti probationem præbere posse oportet. *l.* 7. *C. eod. Nov.* 48. *C.* 1. §. 1. *l.* 5. *C. de conv. fisc. debit.*

X.
10. C'est par les originaux des Actes qu'on doit voir les preuves.

La vérité des actes écrits s'établit par les actes mêmes, c'est-à-dire, par la vûe des originaux. Et si celui contre qui on ne produit qu'une copie, demande la representation de l'original, elle ne peut pas être refusée, de quelque qualité que fût la personne qui ne se serviroit que d'une copie *q*.

q Quicumque à fisco conveniatur, non ex indice & exemplo alicujus scripturæ, sed ex authentico conveniendus est. *l.* 2. *ff. de fide instr.*

Les grosses ou expéditions des Contrats, des Testamens, & des autres actes, dont les minutes, qui sont les vrais originaux, ont été déposées chez des Notaires, tiennent lieu des originaux, & on ne les appelle pas des copies, car elles sont signées par les Notaires mêmes. Mais s'il y avoit une inscription de faux, ou qu'il fût nécessaire de corriger quelque erreur dans la grosse, il faudroit que la minute fût représentée.

XI.
11. Cas où les copies, & aussi d'autres preuves peuvent servir au défaut des originaux.

Si l'original d'un Acte est perdu, comme s'il est péri par un incendie ou autre accident, on peut en ce cas prouver la teneur de l'acte ou par des copies dûement collationnées ou par d'autres preuves, s'il y en a de telles qu'il soit de la prudence du Juge de les recevoir *r*. Ainsi, par exemple, une obligation se trouvant comprise dans l'inventaire des biens d'un défunt, le tuteur de l'héritier mineur pourroit se servir de cet inventaire pour prouver la vérité de cette obligation s'il étoit perie par quelque accident *s*. Ainsi, lorsqu'un créancier reçoit de son débiteur le payement d'une rente, s'il retire de lui une copie de la quittance qu'il lui en donne, & que cette copie qu'on appelle ampliation de quittance, soit signée de son débiteur ; elle pourra servir de preuve du titre de la rente, s'il vient à se perdre. Car

r Sicut iniquum est instrumentis vi ignis consumptis, debitores quantitatum debitarum renuere solutionem : ita non statim cæsum conquerentibus facile credendum est. Intelligere itaque debetis, non existentibus instrumentis, vel aliis argumentis, probate debere fidem precibus vestris adesse. *l.* 5. *C. de fide instrum.*

Si aliis evidentibus probationibus veritas ostendi potest. *l.* 7. *C. eod.*

Emancipatione factâ, etsi actorum tenor non exstet, si tamen aliis indubiis probationibus, ac personis, vel ex instrumentorum incorruptâ fide, factam esse emancipationem probari possit, actorum interitu veritas convelli non possit. *l.* 11. *C. eod.*

s Chirographi debitorum incendio exustis, cùm ex inventario tutores convenire eos possunt ad solvandam pecuniam, &c. *l.* 37. *ff. de adm. & per. tut.*

---

c'est le débiteur qui en reconnoît lui-même la vérité par cet acte qui le signe *t*.

t Si voluerit is qui apocham conscripsit, vel exemplar cum subscriptione ejus qui apocham suscepit ab eo accipere, vel antapocham suscipere, omnis ei licentia hoc facere concedatur, necessitate imponenda apochæ susceptori antapocham reddere. *l.* 19. *c. de fide inst.*

XII.
11. Enonciation d'un Acte dans un autre.

Ce n'est pas assez pour pouvoir exiger une dette, ou prétendre quelqu'autre droit, que le titre en soit énoncé dans quelque acte qui en fasse mention. Car cette simple énonciation ne fait pas de preuve, & ne paroît point ; à moins que celui contre qui on voudroit se servir de cette énonciation, eût été partie dans l'acte où elle se trouveroit, ou que par d'autres considérations il fût de l'équité & de l'esprit des Loix, que cette énonciation dût servir de preuves, comme dans le cas de l'article précédent *u*.

u Et hoc insuper jubemus, ut si quis in aliquo documento alterius faciat mentionem documenti, nullam ex hac memoria fieri exactionem : nisi aliud documentum, cujus memoria in secundo facta est proferatur : aut alia secundùm leges probatio exhibeatur, quia ex quantitas, cujus memoria facta est, pro veritate debetur. Hoc enim etiam in veteribus legibus invenitur. *Nov.* 119. *c.* 3. *V. l.* 37. §. 5. *ff. de legat.* 3. *l.* uls. *ff. de probat.*

XIII.
13. Actes contraires.

Si une même personne se sert de deux actes ou titres écrits l'un contraire à l'autre, ils se détruiront réciproquement, par les conséquences opposées, qui se tireront également de l'un & de l'autre *x*.

x Scripturæ diversæ fidem sibi invicem derogantes, ab una eademque parte prolatæ, nihil firmitatis habere poterunt. *l.* 14. *c. de fid. inst.* V. l'art. suivant.

XIV.
14. Contre lettres.

Il ne faut pas comprendre sous la regle expliquée dans l'article précédent les actes dont il se trouve des contre-lettres qui y sont contraires, ou qui y apportent quelque changement. Car les contre-lettres sont des actes que ceux qui traitent ensemble séparent de leurs conventions, lorsqu'ils ne veulent pas y comprendre ce qu'ils se reservent d'expliquer par ces contre-lettres. De sorte que la contrarieté entre un traité & une contre-lettre ne le détruit pas, mais y apporte les restrictions, ou autres changemens que les parties ont voulu y faire. Ainsi, par exemple, si dans un contrat de vente le vendeur s'oblige à garantir de toutes évictions, & que par une contre-lettre l'acheteur reconnoît qu'il consent que le vendeur ne demeure garent que de ses faits & promesses, la contrarieté de ces deux conventions n'aura pas l'effet d'anéantir l'une & l'autre. Car on voit que l'intention des parties est que le contrat subsiste avec la condition reglée par la contre-lettre. Ainsi, celui qui s'obligeant pour une somme, prend une déclaration du créancier que l'obligation n'aura son effet que pour la moitié, n'en devra que ce qui aura été convenu par cet autre écrit. Et quoique les contre-lettres soit de la même datte que les actes qu'on y explique & qu'on y change, elles sont considérées comme une seconde volonté qui revoque la premiere ou qui y déroge *y*.

y Si cum viginti deberes pepigerim ne decem petam, efficeretur per exceptionem mihi opponendam, ut tantùm reliqua decem exigere debeam. *l.* 27. §. 5. *ff. de pact.* V. l'art. suivant.

XV.
15. Les contre-lettres ne peuvent nuire aux tierces personnes.

La regle expliquée dans l'article précédent, ne doit pas s'entendre indistinctement de toute sorte de contre-lettres, mais elle bornée à celles qui peuvent avoir leur effet entre les contractans, sans blesser l'intérêt d'aucune autre tierce personne. Et les contre-lettres, & tous les actes secrets qui dérogent aux contrats, ou qui y apportent quelque changement, n'ont aucun effet à l'égard des personnes tierces dont l'intérêt y seroit blessé *z*. Ainsi, par exemple, si un pere mariant son fils lui donnoit en faveur de mariage ou une somme d'ar-

gent, ou une terre, ou une charge, prenant de lui une
contre-lettre que le don ne vaudroit que pour une
moindre somme, ou que le fils rendroit sur la terre,
ou sur la charge quelque somme dont ils seroient convenus entre eux ; cette contre-lettre n'auroit aucun effet à l'égard de la femme, & des enfans qui naîtroient
de ce mariage, ni des autres personnes tierces, qui
pourroient s'y trouver intéressées, comme des créanciers de ce fils. Car cette convention seroit une infidelité qui blesseroit les bonnes mœurs, & la foi dûe non
seulement à la femme & à ses parens, qui n'auroient
pas consenti au mariage avec les conditions de cette
contre-lettre, mais à toutes les personnes que cette
fraude pourroit regarder. Et il est de l'intérêt public
de réprimer le mauvais usage que peuvent faire les
particuliers de la facilité qu'ils ont dans leurs familles,
de colluder entre eux pour tromper par de pareils
actes a.

z Non debet alii nocere quod inter alios actum est. l. 10. ff. de
jurej. Non debet alteri per alterum iniqua conditio inferri. l. 74.
ff. de reg. jur.
Acta simulata, velut non ipse, sed ejus uxor comparaveri, veritatis substantiam mutare non possunt. Quæstio itaque facti per
judicem vel præsidem provinciæ examinabitur. l. 2. C. plus val.
quod ag. quà quod sim. cont.
Si quis gestum à se, alium egisse scribi fecerit, plus actum quàm
scriptum valet. l. 4. cod.
a Si quidem clandestinis ac domesticis fraudibus facilè quid vis
pro negotii opportunitate confingi potest, vel id quod verè gestum est aboletur. C. de donation.
Quoique ces paroles soient tirées d'une Loi qui ne regarde pas les
contre-lettres, elles s'y rapportent.

SECTION III.

Des preuves par témoins.

Matiere de cette Section. ON ne parle pas ici de la preuve que font les témoins dans les contrats, dans les testamens &
dans les autres actes où les Loix demandent la présence
de quelques témoins pour confirmer la vérité de ce qui
s'y passe ; car cette espece de preuve est comprise dans
les preuves par écrit, dont il a été parlé dans la Section
précédente. Et on ne parle dans celle-ci que de la preuve que font les dispositions des témoins qu'on entend en
Justice, pour apprendre par leur bouche la vérité des
faits dont il n'y a pas de preuves écrites, ou dont les
preuves qu'on peut en avoir ne suffisent pas. Ainsi, par
exemple, si un possesseur de bonne foi qui n'a point
de titre, mais qui a possédé pendant un tems suffisant
pour prescrire, étant troublé dans sa possession, n'a
pas de pieces pour la prouver, ou s'il n'en a que pour
une partie du tems qu'il a joui, comme s'il a des baux
de quelque années, ou quelques quittances des cens
qu'il a payés comme possesseur, il peut produire des
témoins qui déclarent ce qu'ils peuvent sçavoir de cette possession & de sa durée : & la partie peut aussi de sa
part prouver le contraire. Ainsi on prouve par des témoins tous les autres faits dont il peut être juste & necessaire de faire la preuve, comme les accusations dans
les crimes, & des faits contestés dans les matieres civiles ; à la reserve de ceux dont les Loix ne permettent
pas qu'on fasse la preuve par des témoins, comme il a
été remarqué à la fin du préambule de la Section précédente.

Il y a cette différence entre la preuve par témoins qui
fait la matiere de cette Section, & les preuves que font
les témoins dans les Actes écrits, que dans ces Actes les
témoins sont des personnes qu'on a liberté de choisir
pour y être présens, & ils doivent être au nombre reglé
par les Loix, & de la qualité qu'elles prescrivent, au
lieu que dans les preuves dont il sera parlé dans cette
Section, les témoins sont les personnes qui se rencontrent avoir connoissance des faits dont on veut faire la
preuve, sans qu'ils ayent été choisis & appellés pour
voir ce qui s'est passé, & pour en conserver le souvenir.
Ce qui fait que dans les informations pour des crimes,
& dans les enquêtes pour des matieres civiles, on reçoit des dépositions des témoins dont on ne pourroit se

Tome I.

servir pour être présens à des Actes. Ainsi, par exemple, les femmes qui ne peuvent être témoins dans un
Testament, ni dans un Contrat, peuvent être témoins
dans une information & dans une enquête.

On ne mettra rien dans les articles de cette Section, *Enquêtes*
de cette espece de preuves par témoins qu'on appelloit *d'examen à*
Examen à futur, dont on usoit dans le Droit Romain ; *futur abo-*
lies.
& qu'on observoit aussi en France avant l'Ordonnance
de 1667. parce que cette Ordonnance en a abrogé l'u-
sage a. Mais on fait ici cette remarque pour donner
seulement l'idée de ces enquêtes d'examens à futur, &
pour avertir qu'elles sont abolies.

On usoit d'examen à futur dans les cas où celui qui
prévoyoit qu'il auroit besoin d'une preuve par témoins,
craignant qu'ils ne vinssent à mourir, ou qu'il n'arrivât
d'autres changemens qui fissent périr la preuve, avant
que le procès fût en état qu'elle pût être ordonnée, &
que le Juge pût ouïr les témoins, demandoit permission
de les faire ouïr par forme d'examen à futur b. Mais
cette précaution pleine d'inconvéniens, a été jugée
d'ailleurs inutile. Car ceux qui peuvent avoir besoin de
diligence pour leurs preuves, peuvent prendre leurs
mesures, faire leurs demandes, & alleguer leurs faits
pour en faire ordonner la preuve si elle est nécessaire,
sans rapport à un usage incertain, & pour l'avenir.

On peut encore remarquer ici par occasion, que *Enquête*
cette même Ordonnance a aussi aboli une autre espece *par Turbes*
d'enquêtes qu'on appelloit par Turbes c ; dont l'usage *aussi abo-*
lies.
étoit dans les questions où il s'agissoit de l'interprétation de quelque Coutume. L'usage de ces enquêtes étoit
fondé sur ce qu'on considere les dispositions particulieres des Coutumes comme des faits d. Ainsi on recevoit
la preuve par témoins, sur l'usage & l'interprétation de
quelque article d'une Coutume. On appelloit ces enquêtes, par Turbes, parce que dix témoins n'étoient
comptés que pour un : & ces témoins étoient choisis
parmi les Officiers des lieux, & les Avocats qui pouvoient mieux sçavoir ce qui s'observoit des dispositions
de leurs Coutumes. Mais ces enquêtes avoient une infinité d'inconvéniens dont il est facile de juger, & les
Juges supérieurs peuvent connoître par de meilleures
voyes le sens des Coutumes, & interpréter ce qui peut
mériter d'être interpreté.

a Ordonnance de 1667. Titre 13.
b Si deletum chirographum mihi esse dicam, in quo sub conditione mihi pecunia debita fuerit, & interim testibus quoque id
probare possim, qui testes possunt non esse eo tempore quo conditio extiterit. l. 40. ff. ad leg. Aquil.
Finge esse testes quosdam qui dilata controversia aut mutabunt
consilium, aut decedent, aut propter temporis intervallum non
eandem fidem habebunt. l. 3. §. 5. ff. de Carbon. Ed.
c Ordonnance de 1667. Titre 13.
d V. le Chap. XI. du Traité des Loix, n. 20. à la fin.

SOMMAIRES.

23. *L'Avocat de la partie ne peut être témoin.*
24. *Frais des voyages des témoins.*
25. *Faux témoin puni.*

I.

1. Témoins & témoignages.

LEs témoins font des personnes qu'on fait appeller en Justice pour déclarer ce qu'ils sçavent de la vérité des faits contestés entre les parties. Et la déclaration qu'ils en font est leur témoignage *a*.

a Ad fidem rei gestæ faciendam. *l.* 11. *ff. de testib.*

I I.

2. Usage des témoins en toutes matieres.

L'usage des témoignages est infini, selon la multitude infinie d'évenemens qui peuvent rendre nécessaire la preuve d'un fait ; soit dans les matieres civiles, ou dans les crimes *b*.

b Testimoniorum usus frequens, ac necessarius est. *l.* 1. *ff. de testib.* Adhiberi quoque testes possunt non solum in criminalibus causis, sed etiam in pecuniariis litibus, sicuti res postulat. *d. l.* §. 1.

I I I.

3. Qui peut être témoin.

Toutes personnes de l'un & de l'autre sexe peuvent être témoins, s'il n'y en a pas d'exception reglée par quelque Loi *c*. Ainsi, par exemple, on ne peut recevoir pour témoins, des enfans & des insensés, ni des personnes dont l'honneur ait reçû quelque atteinte ou par une condamnation en Justice, ou par l'infamie de leur profession, ni ceux que d'autres causes peuvent rendre incapables de porter témoignage *d*, comme on le verra dans la suite de cette Section.

c Mulier testimonium dicere in testamento quidem non poterit : aliàs autem posse testem esse mulierem, argumento est ex Julia de adulteris, quæ adulterii damnatam testem produci, vel dicere testimonium vetat. *l.* 20. §. 6. *ff. qui test. fac. poss. l.* 18. *ff. de testib.*
d Hi quibus non interdicitur testimonium. *l.* 1. §. 1. *ff. de testib.* Quidam propter lubricum consilii sui, alii verò propter notam & infamiam vitæ suæ admittendi non sunt ad testimonii fidem. *l.* 3. §. 5. *in f. ff. de testib.* Quive impuberes erunt quique judicio publico damnatus erit : qui eorum restitutus non erit : quive in vinculis, custodiave publica erit : quæve palam quæstum faciet fecerit ve. *d.* §. 5. Qui judicio publico reus erit. *l.* 20. *eod.*

I V.

4. Deux qualités des témoins.

Les preuves qui se tirent des témoignages, dépendent principalement de deux qualités nécessaires dans les témoins. La probité *e* qui les engage à ne dire autre chose que la vérité, & la fermeté dans le recit des circonstances, qui marque l'exactitude à les observer & les retenir *f*. Et c'est par le défaut de l'une ou de l'autre de ces qualités que les témoignages deviennent suspects, & sont rejettés. Ce qui dépend des regles qui suivent.

e Fides, mores. *l.* 2. *ff. de testib.* Eos testes ad veritatem jurandam adhiberi oportet, qui omni gratiâ, & potentatui fidem religioni judiciariæ debitam possint præponere. *l.* 5. *C. de testib.*
f Quorum fides non vacillat. *l.* 1. *ff. de testib.*

V.

5. Témoins suspects.

Tout ce qui prouve le défaut de probité dans un témoin, suffit pour rejetter son témoignage. Ainsi on ne recevra pas le témoignage d'une personne condamnée en justice comme calomniateur, ou comme faussaire, ou pour avoir porté un faux témoignage, ou pour avoir composé un libelle diffamatoire, ou pour d'autres crimes *g*. Car ces condamnations flétrissent l'honneur, & font perdre la réputation de la probité. Et il en seroit de même à plus forte raison, s'il étoit prouvé que le témoin eût reçû de l'argent pour porter témoignage *h*.

g Quæsitum scio, an in publicis judiciis calumniæ damnati testimonium judicio publico perhibere possunt ? Sed neque lege Remmia prohibetur, & Julia lex de vi, & repetundarum, & peculatus, eos homines testimonium dicere non vetuerunt : verumtamen, quod legibus omissum est, non omitteretur religione judicantium. *l.* 13. *ff. de testib.*
Lege Julia de vi cavetur ne hac lege in reum testimonium dicere liceret, qui judicio publico damnatus erit. *l.* 3. §. 5. *eod.*
Repetundarum damnatus, nec ad testamentum, nec ad testimonium adhiberi potest. *l.* 15. *eod.*
Ob carmen famosum damnatus, intestabilis sit. *l.* 21. *eod.*

h Qui ob testimonium dicendum, vel non dicendum, pecuniam accepisse judicatus, vel convictus erit. *l.* 3. §. 5. *eod.*

V I.

6. Témoin intéressé.

Si le témoin a quelque intérêt dans le fait où l'on veut se servir de son témoignage, il sera rejetté *i*. Car on ne doit pas s'assurer qu'il fasse une déclaration contraire à son intérêt.

i Nullus idoneus testis in re sua intelligitur. *l.* 10. *ff. de testib.* Omnibus in re propria dicendi testimonii facultatem jura submoverunt. *l.* 10. *C. eod.*

V I I.

7. Témoins engagés dans les intérêts de la partie.

La même raison qui fait rejetter le témoignage des personnes intéressées aux faits qu'il faut prouver, fait rejetter aussi le témoignage du pere en la cause du fils, & celui du fils en la cause du pere. Car l'intérêt de l'un touche l'autre comme le sien propre. Et quand même le pere voudroit bien porter témoignage contre son fils, ou le fils contre son pere, ils n'y seroient pas reçûs. Car cette affectation les rendroit suspects, ou de vouloir favoriser, ou de vouloir nuire *l*.

l Testis idoneus pater filio, aut filius patri non est. *l.* 9. *ff. de testib.* Parentes & liberi invicem adversus se, nec volentes ad testimonium admittendi sunt. *l.* 6. *C. de testib.*

V I I I.

8. Témoins parens ou alliés.

Comme on rejette les témoignages des personnes qui sont intéressées dans les faits qu'il faut prouver, ou qui prennent part à l'intérêt de ceux que ces faits regardent, on ne reçoit pas non plus les témoignages de ceux qui sont liés de proximité ou d'alliance aux personnes intéressées. Et s'il y avoit quelque inimitié entre ces personnes & les témoins qui seroient leurs parens ou alliés, ces témoins devroient encore plus être rejettés. Et ils peuvent de leur part refuser de rendre leur témoignage sur tout dans les crimes. On peut mettre au nombre des alliés, pour l'usage de cette regle, ceux qui ne le sont que par des fiançailles, le mariage n'étant pas encore accompli *m*. Et il faut entendre les proximités & les alliances dans l'étendue des degrés reglés par les Loix *n*.

m Lege Julia judiciorum publicorum cavetur, ne invito denuntiatore ut testimonium litis dicat adversus socerum, generum, vitricum, privignum, sobrinum, sobrinam, sobrino natum, cosve qui priore gradu sunt. *l.* 4. *ff. de testib.*
In legibus quibus excipitur ne gener aut socer invitus testimonium dicere cogeretur, generi appellatione sponsum quoque filiæ contineri placet : item soceri, (sponsæ patrem. *l.* 5. *eod.*
n Par l'Ordonnance de 1667. Tit. 22. art. 11. les dispositions des parens & alliés des parties, jusqu'aux enfans des cousins issus de germain exclusivement, sont rejettées en matiere civile, soit pour ou contr'eux.

I X.

9. Témoin ami.

Les liaisons que font les amitiés étroites, ou les engagemens de familiarité peuvent aussi rendre suspect le témoignage d'un ami dans la cause de son ami. Ce qui dépend de la prudence du Juge, selon la qualité de la liaison, & celle des faits & des circonstances.

o An amicus ei sit pro quo testimonium dat. *l.* 3. *ff. de testib.*
Amicos appellare debemus, non levi notitia conjunctos : sed, quibus fuerint jura cum patrefamilias honestis familiaritatis quæsita rationibus. *l.* 223. §. 1. *ff. de verb. sign.*

X.

10. Témoins ennemis.

Les inimitiés entre les témoins & les personnes contre qui ils déposent, sont de justes causes de douter de la fidélité de leur témoignage. Car on doit se défier que leur passion ne les porte à une déclaration qui blesse l'intérêt de leur ennemi. Et si leurs témoignages n'étoient accompagnés d'aucune autre preuve, ils seroient suspects. Ainsi on doit juger par les circonstances de la qualité des personnes, des causes & des suites de l'inimitié, & de ce qui résulte des autres preuves, quel égard on doit avoir au fait de l'inimitié *p*.

p An inimicus ei sit adversus quem testimonium fert. *l.* 3. *ff. de testib.*

Facilè mentiuntur inimici. Causâ cognitâ habenda fides aut non habenda. l. 1. §. 24. & 25. ff. de quaſt. V. Nov. 90. c. 7. l. 17. C. de teſt.

X I.

11. Témoins domeſtiques ou dépendans de la partie.

Les perſonnes qui ſont dans la dépendance de celui qui veut ſe ſervir de leur témoignage, comme ſont les domeſtiques, étant ſuſpects de favoriſer l'intérêt de leur maître, & de ne déclarer que ce qu'il deſire, leur témoignage doit en être rejetté q.

q Idonei non videntur eſſe teſtes, quibus imperari poteſt ut teſtes fiant. l. 6. ff. de teſtib.
Teſtes eos quos accuſator de domo produxerit, interrogari non placuit. l. 24. eod.
Etiam jure civili domeſtici teſtimonii fides improbatur. l. 3. C. eod.

X I I.

12. Témoins qui chancellent.

Ce n'eſt pas aſſez pour affermir un témoignage que la probité du témoin ne ſoit pas révoquée en doute, il faut de plus que ſa déclaration ſoit ferme & préciſe. Car s'il varie dans ſon recit, dépoſant des circonſtances & des faits ou différens, ou même contraires, ou s'il fait une dépoſition chancelante, & qu'il ſoit lui-même en doute du fait qu'il déclare; cette incertitude, & ces variations rendant ſon témoignage incertain, le font rejetter r.

r Ab his præcipuè exigendus (teſtimoniorum uſus) quorum fides non vacillat. l. 1. ff. de teſtib.
Teſtes qui adverſus fidem ſuam teſtationis vacillant, audiendi non ſunt. l. 2. ff. de teſtib.

X I I I.

13. Deux témoins.

Dans tous les cas où la preuve par témoins peut être reçue, il en faut au moins deux, & ils peuvent ſuffire, ſi ce n'eſt dans le cas où la Loi demande un plus grand nombre. Mais un ſeul témoin de quelque qualité qu'il puiſſe être, ne fait point de preuve ſ.

ſ Ubi numerus teſtium non adjicitur, etiam duo ſufficient. Pluralis enim elocutio, duorum numero contenta eſt. l. 12. ff. de eod.
Simili modo ſanximus, ut unius teſtimonium nemo judicium in quacunque cauſâ facilè patiatur admitti. Et nunc manifeſtè ſancimus ut unius omnimodo teſtis reſponſo non audiatur, etiamſi præclaræ Curiæ honore fulgeat. l. 9. §. 1. C. de teſtib.

X I V.

14. On peut faire entendre pluſieurs témoins.

Quoique deux témoins ſuffiſent pour prouver un fait, comme cette preuve conſiſte en la conformité de leurs dépoſitions, & qu'il arrive ſouvent que les déclarations de deux témoins ne ſont pas entierement conformes, ou que des circonſtances eſſentielles ne ſont connues que de l'un, l'autre les ignorant, & qu'auſſi il ſe peut faire qu'il y aura quelque juſte reproche contre l'un des témoins, ou même contre les deux; on peut faire entendre un plus grand nombre de témoins, & pluſieurs même d'une maiſon ſeule, comme le pere & les enfans, afin que les témoignages des uns ſuppléent à ceux des autres, & que tous enſemble forment la preuve entiere de la vérité. Mais la liberté de faire entendre pluſieurs témoins doit être bornée par la prudence du Juge, ſi elle ne l'eſt par la Loi t.

t Quamquam quibuſdam legibus ampliſſimus numerus teſtium definitus ſit, tamen ex conſtitutionibus Principum hæc licentia ad ſufficientem numerum teſtium coactatur, ut judices moderentur : & eum ſolum numerum teſtium quem neceſſarium. eſſe putaverint, evocari patiantur : ne ex re nata poteſtate ad vexandos homines ſuperflua multitudo teſtium protrahatur. l. 1. §. 2. ff. de teſtib.
Pater & filius qui in poteſtate ejus eſt, item duo fratres qui in ejuſdem patris poteſtate ſunt, teſtes utrique in eodem teſtamento, vel eodem negotio fieri poſſunt. Quoniam nihil noſter ex una domo plures teſtes alieno negotio adhiberi. l. 17. eod.
Par les Ordonnances il eſt défendu de faire entendre plus de dix témoins ſur chaque fait en matiere civile. Ordonnance de 1446. art. 32. 1498. art. 13. 1535. ch. 7. art. 4. Ordonnance de 1667. Titre 22. art. 21.

X V.

15. Diverſes vûes pour juger.

Il faut ajouter à toutes ces regles, pour ce qui regarde les preuves par témoins, qu'on doit conſiderer leur condition, leurs mœurs, leurs biens, leur con-

duite, leur intégrité, leur réputation : ſi leur honneur a reçu quelque atteinte par une condamnation en Juſtice : s'ils ſont en état de déclarer la vérité ſans égard aux perſonnes intereſſées, ou s'il eſt à craindre qu'ils ayent quelque engagement, ou quelque pente à favoriſer l'une des parties, comme s'ils ſont amis, ou ennemis de l'une ou de l'autre : ſi leur pauvreté, ou quelques beſoins les expoſent à rendre un témoignage qui ſoit au gré d'une partie, ſelon ce qu'ils en peuvent eſperer ou craindre : ſi les témoignages paroiſſent ſinceres, ſans affectation : s'ils ſont conformes, & non concertés : ſi le nombre des témoins, leur conformité, le bruit commun, la vrai-ſemblance confirment leurs dépoſitions : ſi leurs variations, leurs contrariétés, leurs contradictions les rendent ſuſpects : ſi la conſéquence des faits eſt telle qu'on ſoit obligé de les conſiderer plus exactement ce qui peut rendre les témoins ſuſpects, comme dans les crimes. ou ſi les faits ſont ſi legers qu'on puiſſe y apporter moins d'exactitude, comme s'il ne s'agiſſoit que d'une ſimple action d'injures dans une querelle entre perſonnes de baſſe condition. Ainſi le diſcernement de l'égard qu'on doit avoir aux dépoſitions des témoins par toutes ces vûes, dépend & des regles qu'on vient d'expliquer, & de la prudence des Juges, pour en faire l'application ſelon la qualité des faits, & les circonſtances u.

u In teſtimoniis dignitas, fides, môres, gravitas examinanda eſt. l. 2. ff. de teſtib.
Teſtium fides diligenter examinanda eſt. Ideoque in perſona eorum exploranda erunt imprimis conditio cujuſque : utrum quis decurio, an plebeius ſit: & an honeſtæ, & inculpatæ vitæ, an verò notatus quis, & reprehenſibilis : an locuples, vel egens ſit, ut lucri cauſâ, quid facilè admittat: vel an inimicus eſt ſit adverſus quem teſtimonium fert: vel amicus eiſit pro quo teſtimonium dat. Nam ſi careat ſuſpicione teſtimonium, vel propter perſonam à quâ fertur, quod honeſta ſit, vel propter cauſam, quod neque lucri, neque gratiæ, neque inimiciæ cauſâ ſit, admittendus eſt. Ideoque Divus Hadrianus Vivio Varo legato Provinciæ Ciciliæ reſcripſit, eum qui judicat magis poſſe ſcire, quanta fides habend. ſit teſtibus. Verba epiſtolæ hæc ſunt. Tu magis ſcire potes quanta fides habenda ſit teſtibus : qui, & cujus dignitatis, & cujus æſtimationis ſint: & qui ſimpliciter viſi ſint dicere, utrùm unum eumdemque meditatum ſermonum attulerint, an ad ea quæ interrogaveris, ex tempore verifimilia reſponderint. Ejuſque quoque principis extat reſcriptum ad Valerium Verum, de excutienda fide teſtium, in hæc verba : Quæ argumenta, ad quem modum probandæ cuique rei ſufficiant, nullo certo modo ſatis definiri poteſt. Sicut non ſemper, ita ſæpe ſine publici monumentis cujuſque rei veritas deprehenditur. Alias numerus teſtium, alias dignitas & auctoritas, alias veluti conſentiens fama confirmat rei, de qua quæritur, fidem. Hoc ergò ſolùm tibi reſcribere poſſum ſummatim non utique ad unam probationis ſpeciem cognitionem ſtatim alligari debere : ſed ex ſententia animi tui ex æſtimare oporteret, quid aut credas, aut parùm probatum tibi opinaris. l. 3. d. l. §. 1. & 2. ff. de teſtib. Si teſtes omnes ejuſdem honeſtatis, & exiſtimationis ſint, & negotii qualitas, ac judicis motus cum his concurrit ; ſequenda ſunt omnia teſtimonia. Si verò ex his quidam (eorum) aliud dixerint, licet impari numero, credendum eſt. Sed quod naturæ negotii convenit, & quod inimicitiæ, aut gratiæ ſuſpicione caret, confirmatitque judex motum animi ſui ex argumentis, & teſtimoniis, & quæ rei aptiora, & vero proximiora eſſe competerit. Non enim ad multitudinem reſpici oportet : ſed ad ſinceram teſtimoniorum fidem, & teſtimonia quibus potius lux veritatis aſſiſtit. l. 21. §. 3. ff. de teſtib.

X V I.

16. Les témoins même ſans reproche peuvent ſe tromper.

Ce n'eſt pas aſſez de s'aſſurer de la fidélité des dépoſitions des témoins, que leur integrité ſoit bien établie ; mais comme il peut arriver que les plus intelligens & les plus ſinceres ayant été trompés, ou qu'ils ſe ſoient trompés eux-mêmes, ſoit dans la connoiſſance des perſonnes, ou dans quelques circonſtances, ou même dans les faits ; il eſt toujours de la prudence du Juge d'examiner dans les dépoſitions de tous les témoins, même des plus ſûts, ſi elles s'accordent avec les autres preuves claires & certaines qu'il peut y avoir de la vérité des faits & des circonſtances. Et pour donner aux témoignages leur juſte effet, il faut tirer la vérité de tout ce qui ſe trouve de certain dans toutes les preuves x.

x Ad (judicantium) officium pertinet ejus quoque teſtimonii fidem, quod integræ frontis homo dixerit, perpendere. l. 13. in ff. de teſtib.

XVII.

17. Témoins peuvent être contraints de déposer.

Les perfonnes qui font appellées pour porter témoignage, font obligées de venir déclarer ce qui eft de leur connoiffance. Car la conféquence de faire connoître la vérité des faits néceffaires pour rendre la juftice, intéreffe le public. Ainfi le Juge peut contraindre ceux qui refufent de venir faire leur déclaration, foit dans les matieres civiles, ou dans les criminelles y.

y Non eft dubitandum quin evocandi fint (teftes) quos neceffarios in ipfa cognitione deprehendent qui judicat. l. 3. in f. ff. de teftibus.
Conftitutio jubet non folùm in criminalibus judicis, fed etiam in pecuniariis, unumquemque cogi teftimonium perhibere de his quæ novit. l. 16. C. de teftib.
Si le témoin ne paroît pas à l'affignation qui lui eft donnée, le Juge le condamne à une amende pour laquelle il peut être contraint par faifie & vente de fes biens, & même par emprifonnement, en cas de défobéiffance. Voyez l'article 8. du Titre 22. de l'Ordonnance de 1667.

XVIII.

18. Doivent être ouis par le Juge.

Ce n'eft pas affez pour donner à la déclaration d'un témoin l'effet qu'elle doit avoir en Juftice, que le témoin écrive lui-même, ou faffe écrire, & qu'il donne ou envoye fon témoignage; mais il eft de néceffité qu'il comparoiffe devant le Juge, & que le Juge lui-même l'interroge, & rédige fa déclaration z.

z Divus Hadrianus Junio Rufino Proconfuli Macedoniæ refcripfit, teftibus fe, non teftimoniis crediturum. Verba epiftolæ ad hanc partem pertinentia, hæc funt. Quod crimina objecerit apud me Alexander Apro, & quia non probat, nec teftes producebat, fed teftimoniis uti volebat, quibus apud me locus non eft : nam ipfos interrogare foleo : quem remifi ad Provinciæ præfidem, ut iis de fide teftium quæreret, & nifi impleffet quod intenderat, relegaretur. l. 3. §. 3. ff. de teftib.
Gabinio quoque Maximo idem princeps in hæc verba refcripfit, alia eft auctoritas præfentium teftium, alia teftimoniorum quæ recitari folent. d. l. 3. §. 4.

XIX.

19. Doivent prêter le ferment.

Comme c'eft au Juge & à la Juftice même que le témoin rend fon témoignage, fa déclaration doit être précédée du ferment qu'il dira la vérité, afin que par le refpect qu'il doit à la Religion, il rende fon témoignage avec toute la fidélité, & toute l'exactitude que demandent la juftice & la vérité. Et s'il n'a aucune connoiffance des faits dont on l'interroge, il jurera cela même, que ces faits lui font inconnus a.

a Jurisjurandi religione teftes, priufquàm perhibeant teftimonium, jam dudum arctari præcipimus. l. 9. C. de teftib.
Cum Sacramenti præftatione. l. 16. eod.
Vel jurare fe nihil compertum habere. d. l. 16.
Voyez l'article 9. du Titre 22. de l'Ordonnance de 1667.

XX.

20. Excufes des témoins qu'on appelle Excufes.

Si les témoins ont des excufes qui les empêchent de venir rendre leur témoignage, ils peuvent en être déchargés. Ainfi ceux qu'une maladie, ou une abfence; ou quelque légitime empêchement met hors d'état de comparoître pardevant le Juge, en font difpenfés b. Mais fi leurs dépofitions étoient néceffaires, le Juge peut aller les ouïr lui-même en perfonne, ou commettre cette fonction, felon que la qualité du fait peut le demander, & que les Loix & l'ufage peuvent le permettre.

b Inviti teftimonium dicere non coguntur fenes, valetudinarii, vel milites, vel qui cum Magiftratu Reipublicæ causâ abfunt, vel quibus venire non licet. l. 8. ff. de teftib.
Lege à dicendo teftimonio excufantur. l. 1. §. 1. ff. eod. Voyez l'article fuivant.

XXI.

21. Témoins que leur dignité peut excufer.

Il y a des perfonnes que leur dignité difpenfe de venir devant le Juge pour porter témoignage, mais dans les cas où le témoignage de ces perfonnes feroit néceffaire, il faut y pourvoir felon les ufages, ou recourir au Prince, fi la qualité du fait, & celle du témoin peuvent le mériter c.

c Exceptis tamen perfonis quæ legibus prohibentur ad teftimonium cogi, & etiam illuftribus, & his qui fupra illuftres funt, nifi facra forma interveniat. l. 16. C. de teftib. Illud quoque incunctabile eft, ut, fi res exigat, non tantùm privati, fed etiam

magiftratus, fi in præfenti funt, teftimonium dicant. l. 21. §. 1. ff. de teftib.
Item Senatus cenfuit prætorem, teftimonium dare debere judicio adulterii causâ. d. §. 1. in fine. Ad perfonas egregias, tofque qui valetudine impediuntur, domum mitti oportet ad jurandum. l. 15. ff. de jurejur. Voyez l'article précédent.

XXII.

22. Commiffion rogatoire pour ouïr un témoin.

S'il arrive en matiere civile qu'un témoin ait fon domicile hors de la Jurifdiction du Juge qui devoir recevoir fa dépofition, & qu'à caufe du trop grand éloignement, ou d'une indifpofition de ce témoin, ou pour d'autres caufes, il ne puiffe être ouï que dans le lieu où il fe rencontre ; le Juge qui inftruit le procès pourra, s'il eft néceffaire, requerir le Juge de ce lieu, & le commettre pour ouïr ce témoin. Mais dans les matieres criminelles, les témoins ne peuvent être ouïs que par le Juge qui connoît du crime d.

d Et quoniam fcimus dudùm factam legem, ut fi quis his litem exerceat, oporteat autem in Provinciæ parte aliqua approbati, &c. Nov. 90. c. 5. l. 18. C. de fide inftr. Hæc omnia in pecuniariis quæftionibus intelligentes : in criminalibus enim in quibus de magnis eft periculum, omnibus modis apud judices præfentari teftes, & quæ funt eis cognita edocere. d. Nov. c. 5. in f.
Le Juge qui inftruit le procès, prie le Juge du lieu où eft le témoin de recevoir fa dépofition, & lui en donne le pouvoir par une commiffion rogatoire. V. Nov. 134. c. 5.
Outre la conféquence remarquée dans le dernier texte, lorfqu'il s'agit des preuves d'un crime, la néceffité de confronter le témoin à l'accufé, eft un autre jufte motif de faire ouïr le témoin par le Juge qui inftruit le procès.

XXIII.

23. L'Avocat de la partie peut être témoin.

Les Avocats ne peuvent être témoins dans les caufes où ils ont fervi de leur miniftere. Car leur témoignage feroit ou fufpect, s'il étoit en faveur de celui de qui ils avoient défendu la caufe, ou malhonnête, & fufpect auffi : s'il y étoit contraire. Et il en eft de même des Procureurs, & des autres perfonnes qui fe trouveroient dans des femblables engagemens e.

e Mandatis cavetur, ut præfides attendant, ne patroni in caufa cui patrocinium præftiterunt teftimonium dicant. Quod & in executoribus negotiorum obfervandum eft. l. ult. ff. de teftib.

XXIV.

24. Frais des voyages des témoins.

Les frais des voyages des témoins & de leur féjour pour rendre leur témoignage, leur font rembourfés par la partie qui les a produits, fur l'ordonnance du Juge, & fuivant fa taxe f.

f Talis debet effe cautio judicantis, ut venturis (teftibus) ad judicium, per accufatorem, vel ab his per quos fuerint poftulanti, fumptus competentes dari præcipiat. l. 11. C. de teftib. 16. in f. eod.

XXV.

25. Faux témoin puni.

S'il arrive qu'un témoin puiffe être convaincu d'avoir porté un faux témoignage, ou commis quelqu'autre malverfation, comme s'il a fait fçavoir la teneur de fa dépofition à un accufé, il pourra être puni felon la qualité du fait & les circonftances g.

g Qui falfo vel varié teftimonia dixerunt, vel utrique parti prodiderunt, à judicibus competenter puniuntur. l. 16. ff. de teft.

SECTION IV.

Des Préfomptions.

SOMMAIRES.

I.

1. Définitions des présomptions.

Les présomptions sont des conséquences qu'on tire d'un fait connu, pour servir à faire connoître la vérité d'un fait incertain, dont on cherche la preuve. Ainsi, par exemple, en matiere civile s'il y a une contestation entre le possesseur d'un fonds, & un autre qui s'en prétende le maître, c'est une présomption que ce fonds est un possesseur, & il sera maintenu si l'autre ne prouve son droit ; car il est ordinaire & naturel qu'on ne se mette pas en possession sans droit, & que le maître ne se laisse pas dépouiller de sa possession *a*. Ainsi en matiere criminelle, si un homme ayant été tué, sans qu'on ne sçache par qui, il se découvre qu'il avoit eu peu auparavant une querelle avec un autre qui l'avoit menacé de le tuer, on tire de ce fait connu de la querelle & de la menace, une présomption que celui qui l'avoit faite, pourroit être l'auteur de ce crime.

a Possessiones quas ad te pertinere dicis more judiciorum persequere. Non enim possessori incumbit necessitas probandi, eas ad se pertinere. Cùm in re probatione cessante, dominium apud eum remaneat. *l. 2. C. de probat.* In pari causa possessor potior haberi debet. *l. 128. ff. de reg. jur.* Cogi possessorem ab eo qui experit, titulum suæ possessionis dicere, incivile est. *l. 11. C. de petit. hæred. l. ult. C. de rei vindic.* V. sur la présomption en faveur du possesseur ce qui en est dit dans le préambule de la Section 4. de la possession, p. 272. V. l'art. 4. de cette Sect. & l'art. 13. de la Section 1. de la Possession, p. 275.

II.

2. Présomptions fortes ou foibles.

Les présomptions sont de deux especes. Quelques-unes sont si fortes qu'elle vont à la certitude & tiennent lieu de preuves, même dans les crimes *b*. Et d'autres ne sont que des conjectures qui laissent dans le doute.

b Indicia certa, quæ jure non respuuntur non minorem probationis, quam instrumenta continent fidem. *l. 19. C. de rei vindic.* Sciant cuncti accusatores eam se rem deferre in publicam notionem debere, quæ munita sit idoneis testibus, vel instructâ apertissimis documentis, vel indiciis ad probationem indubitatis, & luce clarioribus expedita. *l. ult. C. de probat.* V. à la fin du préambule de ce Titre la remarque de l'Edit de Henri II. des femmes qui ont celé leur grossesse.

III.

3. Fondement des présomptions.

La certitude ou l'incertitude des présomptions, & l'effet qu'elles peuvent avoir pour servir de preuves, dépend de la certitude ou incertitude des faits dont on tire les présomptions, & de la justesse des conséquences qu'on tire de ces faits, pour la preuve de ceux dont ils'agit. Ce qui dépend de la liaison qu'il peut y avoir entre les faits connus & ceux qu'il faut prouver. Ainsi on tire des conséquences des causes à leurs effets, ou des effets à leurs causes: ainsi on conclu la vérité d'une chose par sa liaison à une autre qui lui est conjointe : ainsi lorsqu'une chose est signe d'une autre, on présume la vérité de celle qui est signifiée, par la certitude de celle qui la signifie. Et c'est de ces différens principes que se forment les indices, les conjectures, les présomptions. Sur quoi il ne peut y avoir de regles précises, mais en chaque cas il est de la prudence du Juge de discerner si la présomption se trouve bien fondée, & quel effet elle peut avoir pour servir à la preuve *c*.

c Quæ argumenta ad quem modum probandæ cuique rei sufficiant, nullo certo modo satis definiri potest. *l. 3. §. 2. ff. de testib.* Ex sententia animi tui te æstimare oportet, quid aut credas, aut parum probatum tibi opinaris. *d. l. 3. §. 2. in f.*

IV.

4. Présomptions concluantes, ou incertaines.

Il y a des présomptions qui sont telles, que ce qu'on présume passe pour la vérité, sans qu'il soit besoin de preuves plus fortes, si le contraire n'est pas prouvé : & il y en a qui n'ont pas d'autre effet, si elles sont seules, que de former une simple conjecture, & qui ne sont pas passer pour vrai ce qui est présumé. Ainsi dans le cas d'un possesseur dont il a été parlé dans le premier article, sa possession fait présumer qu'il est le vrai maître, & sans autres preuves il est tenu pour tel, & sera maintenu dans sa possession, jusqu'à ce que celui qui le trouble établisse clairement son droit. Ainsi au contraire dans le cas de celui qui avoit menacé de tuer, dont il a été aussi parlé dans ce même article, cette menace qui a précédé la mort, ne fait contre lui qu'une conjecture, & quand il ne prouveroit pas son innocence, s'il n'y avoit aucune autre preuve contre lui, cette présomption ne suffiroit pas pour le condamner comme auteur du crime *d*.

d Indiciis ad probationem indubitatis, & luce clarioribus. *l. ult. de probat,* Argumentis liquidis. *l. 2. in f. C. de in lit. ju.* Voyez les articles précédens & ceux qui suivent, & le préambule de ce Titre.

V.

5. Deux sortes de présomptions.

Cette différence entre les présomptions qui ont l'effet des preuves, & celles qui laissent du doute est le fondement d'une autre distinction de deux sortes de présomptions, l'une de celles qui sont autorisées par les Loix, & qu'il est ordonné de prendre pour preuves : & l'autre de celles dont les Loix laissent l'effet à la prudence du Juge, qui doit discerner ce qui peut suffire ou ne pas suffire pour donner à une présomption la force de preuve. Ainsi, dans ce même cas d'un possesseur, la Loi veut qu'il soit tenu pour le vrai maître, s'il n'est prouvé qu'il ne le soit point *e*. Ainsi les Loix veulent qu'une chose jugée passe pour vérité *f*. Ainsi elles ordonnent que celui qui naît d'une femme mariée, & qui se trouve conçû pendant le mariage, soit réputé le fils du mari *g*. Ainsi elles ont réglé que si une femme mariée se trouve avoir quelque bien, quelques effets dont il ne paroisse pas de titre qui les lui ait acquis, il soit jugé qu'ils sont à son mari *h*. Mais au contraire il y a une infinité de présomptions que les Loix laissent dans le doute, ce qu'il est facile de comprendre sans aucun exemple.

a V. l'article 1.
f Res judicata pro veritate accipitur. *l. 207. ff. de reg. jur.*
g Pater is est quem nuptiæ demonstrant. *l. 5. ff. de in jus voc. l. 6. ff. de his qui sui vel al. jur. sunt.*
h V. l'art. 7. de la Sect. 4. du Titre des Dots, p. 102.

¶ Quand même la mere déclareroit elle-même que son enfant seroit bâtard. *l. 29. §. mulier. ff. de prob. & præs.* même avec serment. Matris jusjurandum partui non proficiet neque noscitui. *l. 3. §. 3. in fin. ff. de jurejurando, & l. 1. si mulier ventris nom. in possess*

Arrêts dans le 1. & le 2. tom. des Audientes du 5. Juill. 1655. l'autre du 26. Janvier 1664.

Quand même la déclaration seroit faite à la mort. Rara enim vel nonnulla sunt mulieres ex ipso coitu conceptionis sentiuntes. Boetius dans ses décisions, quest. 299. num. 8.
Quand même la déclaration seroit faite par le pere & la mere ensemble. *l. non nudis. C. de probat.*
Même les enfans nés d'une femme convaincue d'adultere. *l. miles. §. 9. ff. ad legem Juliam de adult.*
Cependant il faut excepter deux cas, impuissance ou maladie incurable du pere. *l. filium 6. ff. de his quæ sui vel alieni juris sunt.* Et la longue absence. *d. l.*
Papon dans ses Arrêts, *l. 22. tit. 9. art. 13.* ajoute l'absence de la femme hors la maison de son mari pendant un an.]

VI.

6. Preuves sans témoins & sans écrit par la force des présomptions.

Il s'ensuit de toutes les regles expliquées dans les articles précedens, qu'il arrive souvent non seulement dans les matieres civiles, mais aussi dans les matieres criminelles, qu'on peut avoir des preuves certaines sans écrit & sans témoins, par la force des présomptions, quand elles sont telles, que sur des faits certains & connus on peut fonder des conséquences nécessaires de la vérité de ceux qu'il faut prouver *i*. Soit qu'on juge

i Sæpe sine publicis monumentis cujusque rei veritas deprehenditur. *l. 3. §. 2. ff. de testib.* Sine (scripturis) valet quod actum est, si habeat probationem. *l. 4. ff. de fide instrum. l. 5. cod l. 4. C. de prob.* Quod licet scriptura non probetur, aliis tamen rationibus doceri nihil impedit. *l. 5. C. sam. ercis.* l'exemple de l'Edit de 1556. à la fin du préambule de ce Titre.

dès caufes par leurs effets, ou des effets par leurs caufes, ou qu'on découvre la vérité par d'autres principes.
Ainfi dans le jugement de Salomon entre les deux femmes, on voit qu'il prévit les mouvemens que caufe-
foit dans le cœur de la mere, la crainte de la mort de
fon enfant, & que connoiffant la caufe par fon effet,
il jugea de l'une par la tendreffe qui fut l'effet néceffaire de fon amour, qu'elle étoit la mere ; & par l'in-
différence & l'infenfibilité de l'autre, que cet enfant
lui étoit étranger.

VII.

7. Faits te-
nus pour
vrais. Faits
qu'il faut
prouver.

Quand il s'agit de l'égard qu'on doit avoir aux préfomptions, il faut diftinguer deux fortes de faits. Quelques-uns font tels, qu'ils font toujours réputés
vrais, jufqu'à ce que le contraire ait été prouvé ; & il
y en a d'autres qui font toujours réputés contraires à la
vérité, fi on ne les prouve. Ainfi tout ce qui arrive naturellement & communément, eft tenu pour vrai,
comme au contraire, ce qui n'eft ni ordinaire, ni naturel, ne paffera pas pour vrai, s'il n'eft point prouvé. C'eft fur ce principe que font fondées les préfomptions qu'un pere aime fes enfans : que chacun prend
foin de fes affaires ; que celui qui paye eft débiteur ;
que les perfonnes agiffent felon leurs principes & leurs
habitudes ; que chacun ordinairement fe conduit par
la raifon, & par conféquent s'acquitte de fes engagemens & de fes devoirs. Et on ne doit jamais juger fans
preuves, ni prefumer qu'un pere haïffe fes enfans,
qu'une perfonne abandonne fes intérêts, qu'un homme fage ait fait une action indigne de fa conduite ordinaire, ni qu'une perfonne ait manqué à quelque devoir. Ainfi en général, tous les faits qui font contraires
à ce qui doit arriver naturellement, ne font jamais
préfumés, fi on ne les prouve *l*.

l Rogo filia, bona tua quandoque diftribuas liberis tuis, ut
quifque de te meruerit.... fufficiet, fi non offenderint.... eos folos non admitti qui offenderunt. *l*. 77. §. 25. ff. de legat. 2. Il
faut faire voir qu'ils ayent manqué à leur devoir.

Si bonus miles anteà æftimatus fuit, prope eft ut affirmationi
ejus credatur. *l*. 5. §. 6. ff. de re milit. Plerumque credendum eft,
cum qui partis dominus eft, jure potiùs fuo de uti, quam furti
confilium inire, *l*. 51. ff. pro focio.

Præfumptionem pro eo effe qui accepit, nemo dubitat. Qui
enim folvit. numquàm ita refupinus eft ut facilè fuas pecunias
jactet & indebitas effundat. *l*. 25. ff. de probat.

VIII.

8. Prudence
du Juge
pour difcer-
ner l'effet
des préfomp-
tions.

C'eft par toutes ces regles qu'on vient d'expliquer
qu'il faut juger de l'ufage & de l'effet des préfomptions,
qu'il faut diftinguer en chaque cas la qualité des faits
conteftés, pour juger de ceux qui doivent paffer pour
vrais, & de ceux dont il faut des preuves, & qu'il faut
difcerner ce qui peut tenir lieu de preuves, ou ce qui
ne doit pas avoir cet effet. Et c'eft de la prudence du
Juge que dépend l'ufage & l'application de toutes ces
regles, felon la qualité des faits & des circonftances *m*,
comme on le verra par les exemples expliqués dans les
articles qui fuivent.

m Ex fententia animi tui te æftimare oportet, quid aut credas
aut parum probatum tibi opinaris. *l*. 3. §. 2. in f. ff. de teftib. V.
l'art. 3.

IX.

9. Exemple
d'un fait
qu'il faut
prouver.

Si la parenté entre un défunt & celui qui prétend
fon héritier legitime, étoit conteftée, cette parenté ne
feroit pas préfumée fans preuves. Car elle dépend de
faits qu'on ignore naturellement, s'ils ne font prouvés.
Ainfi celui de qui la parenté n'eft pas reconnu doit en
faire preuve *n*.

n Quoties quæreretur genus vel gentem quis haberet, necne,
eum probare oportet. *l*. 1. ff. de probat.

X.

10. Exem-
ple d'une
préfomption
bien fondée,
que ce qui a
été payé étoit
dû.

Si une perfonne ayant fait un payement à une autre,
prétend que c'eft par erreur qu'elle a payé une chofe
qui n'étoit point dûe, & que celui qui a reçu le payement foutienne que ce qu'il a reçu lui étoit bien dû ;
c'eft à celui qui a fait le payement à prouver qu'il a
payé une chofe non dûe. Car on préfume qu'il n'a pas

été fi imprudent, que de payer ce qu'il ne devoit point.
Mais fi celui à qui ce payement auroit été fait n'en convenoit point, & foutenoit n'avoir rien reçu, & qu'il
fût prouvé que le payement lui eût été fait ; ce feroit
alors à lui de prouver, que ce qu'il auroit reçu lui
étoit bien dû. Car fa mauvaife foi d'avoir nié le payement, le rendroit fufpect d'avoir reçu une chofe non
due *o*.

o Cùm de indebito quæritur, qui probare debet, non fuiffe debitum, res ita temperanda eft, ut fi quidem is qui accepiffe dicitur rem, vel pecuniam indebitam, hoc negaverit, & ipfe qui
debet legitimis probationibus folutionem approbaverit, fine ulla
diftinctione ipfum qui negavit fefe pecuniam accepiffe, fi velt
audiri, compellendum effe ad probationes præftandas, quod pecuniam debitam accepit. Peremn abfurdum eft, eum qui ab initio negavit pecuniam fufcepiffe poftquam fuerit convictus eam
accepiffe, probationem non debiti ab adverfario exigere. Sin verò ab initio confiteatur quidem fufcepiffe pecuniam, dicat autem
non indebitas ei fuiffe folutas, præfumptionem videlicet pro eo
effe qui accepit, nemo dubitat. Qui enim folvit numquam refupinus ita eft, ut facilè fuas pecunias jactet, & indebitas effundat.
Et maximè, fi ipfe qui indebitas dediffe dicit homo diligens eft,
& ftudiofus paterfamilias, cujus perfonam incredibile eft in aliquo facile erraffe. Et ideò eum qui dicit indebitas folviffe, compelli ad probationem quòd per dolum accipientis, vel aliquam juftam ignorantiæ caufam, indebitum ab eo folutum eft, & nifi hoc
oftenderit, nullam eum repetitionem habere. *l*. 25. ff. de probat.

XI.

11. Autre
exemple de
plufieurs
comptes en-
tre deux
perfonnes.

Si deux perfonnes ayant eu plufieurs affaires enfemble ont fait fouvent des comptes entr'eux de ce qu'ils
pouvoient fe devoir réciproquement, & que l'un d'eux
après la mort de l'autre, demande à fes héritiers une
fomme qu'il prétend avoir fournie avant tous ces comptes, & dont il n'ait jamais fait aucune demande, qu'il
n'en ait pas même pris de connoiffance, ni fait aucune referve dans ces comptes ; on préfumera, ou que
cette fomme n'a jamais été dûe, ou qu'elle lui a été acquittée, ou qu'il l'avoit remife. Car s'il avoit été ou
prétendu être créancier, il auroit compté de cette
fomme de même que des autres, ou il l'auroit refervée,
& n'auroit pas attendu pour la demander, la mort de
cette perfonne qui auroit pû faire voir qu'elle ne devroit rien. Il en feroit de même fi on fuppofe qu'au
lieu d'une fomme, il s'agit de quelqu'autre forte de
prétention, dont il n'eût été fait aucune demande ni
aucune referve, à moins que ce fût quelque droit tel &
bien fondé, que les circonftances fiffent voir que ces
comptes, & l'attente jufqu'après la mort ne duffent y
faire aucun préjudice. Comme feroit la garantie d'une
éviction dont le cas n'arriveroit qu'après tous ces comptes, ou autre droit femblable *p*.

p Procula magnæ quantitatis fideicommiffum à fratre fibi debitum, poft mortem ejus in ratione cum hæredibus compenfare vellet, ex diverfo autem allegaretur, nunquam id à fratre, quamdiu vixit, defideratum : cum variis ex caufis, fæpe in rationem
fratris pecunias ratio Proculæ folviffet. Divus Commodus, cùm
fuper eo negotio cognofceret, non admifit compenfationem :
quafi tacitè fratri fideicommiffum fuiffe remiffum. *l*. 26. ff. de
probat.

XII.

12. Autre
exemple,
obligation
barrée ou
déchirée.

Si une promeffe ou une obligation fe trouvoit remife
en la puiffance du débiteur, ou qu'elle eût été barrée,
alterée ou déchirée, ce feroit une préfomption qu'elle
auroit été acquittée ou annullée, à moins que celui qui
voudroit s'en fervir, n'eût des preuves claires que la
promeffe ou l'obligation feroit encore dûe, & qu'elle
n'auroit été mife en cet état *q*, on ne feroit entre les
mains du débiteur *r*, que par quelque violence ou quelque cas fortuit ou autre évenement, qui fit ceffer la
préfomption de la libération de ce débiteur.

q Si chirographum cancellatum fuerit, licet præfumptione debitor liberatus effe videtur, in eam tamen quantitatem, quam
manifeftis probationibus creditor fibi deberi adhuc oftenderit, rectè debitor convenitur. *l*. 24. ff. de probat.

r Quod debitori tuo chirographum redditum contra voluntatem
tuam affeveras, nihil de jure tuo deminutum eft. Quibufcunque
itaque argumentis jure proditis, hanc obligationem tibi proban-
ti, cum pro hujufmodi facto liberationem minimè confecutum,
judex ad folutionem debiti jure compellet. *l*. 14. C. de folut. &
liberat. V. l. 1. C. de fide inft.

XIII.

Si un Tuteur qui n'avoit pas des biens propres, ni de sa femme, avant que d'entrer dans l'administration de la tutelle, se trouve enrichi pendant la tutelle, le Mineur ne pourra pas pour cela prétendre que ces biens soient à lui, ni en conclure que le Tuteur ait malverlé dans son administration, si d'ailleurs il lui rend un compte fidele. Car il se peut faire qu'il ait acquis ce bien ou par son travail & son industrie, ou par d'autres voyes f.

f Si defunctus tutelam vestram administravit, non rerum ejus dominium vindicare, vel tenere potes : sed tutelæ contra ejus successores tibi competit actio. Debitum autem aliis indiciis comprobari oportet. Nam quòd neque ipse, neque uxor ejus quicquam ante administrationem habuerunt, non idoneum hujus continet indicium. Nec enim pauperibus industria, vel augmentum patrimonii quod laboribus & multis casibus quæritur, interdicendum est. l. 10. C. arbitr. tutela.

XIV.

Lorsqu'il s'agit de faire la preuve d'un fait ancien, & dont il n'y a ni preuves écrites, ni témoins vivans, si ce fait est tel que la preuve doive en être reçue, comme, par exemple, s'il s'agit de sçavoir depuis quel tems un fonds a été dans une famille, en quel tems un ouvrage a été fait, ou d'autres faits semblables ; on reçoit les déclarations que peuvent faire des témoins, de ce qu'ils ont oui dire sur ces faits à d'autres personnes qui vivoient alors, & la preuve qu'on tire de ces déclarations est fondée sur cette présomption, que les personnes à qui ces témoins avoient oui raconter ces faits comme notoires de leur tems, étant mortes avant que la preuve en fût nécessaire, & que rien ne les obligeât à dire autre chose que la vérité ; le recit qu'ils en avoient fait étoit véritable t.

t Idem Labeo ait, cùm quæritur an memoria extet facto opere, non diem & consulem ad liquidum exquirendum, sed sufficere si quis sciat factum : hoc est, si factum esse non ambiguatur. Nec utique necesse est, superesse, qui meminerint, verùm etiam, si qui audierint eos, qui memoria tenuerint. l. 2. §. 8. ff. de aqua, & aq. pluv. arc. l. 28. ff. de probat.

XV.

Toutes les regles qui ont été expliquées dans les articles precedens regardent des faits qui sont tels, ou qu'on puisse en prouver la vérité, ou qu'au défaut des preuves on sçache par ces regles à quoi précisément il faut s'en tenir. Ainsi, par exemple, on voit par ces principes qu'il y a des faits qui passent pour vrais, quoiqu'il n'y en ait point de preuves, si les faits contraires ne sont pas prouvés : qu'il y en a d'autres qui passent pour faux, s'ils ne sont prouvés : que parmi les preuves & les présomptions quelques-unes sont sûres, d'autres incertaines : & qu'ainsi dans ces sortes de faits la raison peut toujours se déterminer à prendre un parti ; & à juger si on doit tenir un fait pour douteux ou pour certain, pour faux ou pour vrai. Mais il y a une autre sorte de faits qui sont tels qu'il est possible de connoître la vérité de ce qui est, & où néanmoins il faut se déterminer à prendre pour vrai l'un des faits opposés, quoiqu'il n'y ait que de l'incertitude en l'un & en l'autre, & qu'il puisse aussi facilement arriver qu'on prenne le faux que le vrai. Ainsi, par exemple, si un pere & son fils se trouvent tués dans une bataille, ou si l'un & l'autre périssent dans un naufrage, de sorte qu'il n'y ait aucun moyen de sçavoir si l'un & l'autre sont morts dans le même instant ou si l'un a survêcu, & lequel des deux : & que la veuve du pere prétende qu'il soit mort le premier, pour faire passer la succession à son fils, & du fils à elle, les parens collateraux héritiers du pere prétendant au contraire que le pere ait survécu, ou que l'un & l'autre soient morts dans le même instant, & qu'ainsi le fils n'ayant pû succeder au pere ils lui ont succedé ; cette question ne peut se décider qu'en supposant, ou que le pere est mort le premier, & que le fils lui ayant succedé a fait passer à sa mere les biens de son pere, ou

que le fils est mort le premier, & n'a rien transmis à sa mere des biens de son pere, ou que les deux étant morts dans le même instant ; le fils n'ayant pas survêcu n'a pas succedé à son pere, & qu'ainsi la succession du pere passe à ses héritiers. Mais comme il n'y a aucune voye qui puisse déterminer lequel de ces événemens est le véritable, les loix ont voulu que dans un tel cas où il est nécessaire de prendre un parti, & impossible de sçavoir la vérité du fait, d'où dépend la décision, il soit présumé que le pere est mort le premier, & que le fils lui ayant succedé, la mere recueille la succession du pere dans celle du fils u. Et cette présomption est fondée d'une part sur la pente à favoriser la mere, & de l'autre sur l'ordre naturel qui veut que le fils survive à son pere. Ainsi, dans cet événement où la nature a fait demeure inconnu, la loi suppose que la nature a fait ce qu'il semble que la raison auroit souhaité.

u Cùm bello pater cum filio periisset, materque filii, quasi posteà mortui, bona vindicaret, agnati verò patris, quasi filius ante periisset, Divus Hadrianus credidit patrem priùs extinctum. l. 9. §. 1. ff. de reb. dub.

Il faut entendre la question de la succession de ce pere & de ce fils selon le Droit Ecrit, ou ce que les Ordonnances & les Coutumes donnent aux meres dans la succession de leurs enfans.

Quoiqu'il soit naturel de présumer dans le cas de cet article & dans les autres semblables, que le fils a survécu à son pere, & qu'en général les enfans & descendans survivent aux peres & aux meres & autres ascendans ; on voit une présomption contraire dans une autre Loi ; où il est dit : Que s'il avoit été convenu entre un beau-pere & son gendre, que si le gendre survivoit à sa femme, & qu'elle laissât un enfant d'un an, le mari gagnast toute la dot ; & que si au contraire l'enfant mouroit avant la mere, le mari ne gagnast qu'une partie de la dot ; & qu'il fût arrivé que la mere & l'enfant d'un an vinssent à périr dans un naufrage ; il seroit vraisemblable que l'enfant seroit mort le premier, & qu'ainsi le mari ne gagneroit que la portion de la dot dont il avoit été convenu. Inter socerum & generum convenit : ut si filia mortua superstitem anniculum filium habuisset, dos ad virum pertineret : Quod si vivente matre filius obiisset, vir dotis portionem uxore matrimonio defuncta, retineret. Mulier naufragio cùm annniculo filio periit. Quia verisimile videatur, ante matrem, infantem periisse : virum partem dotis retinere placuit. l. 26. ff. de act. dotal. Cette présomption que dans ce cas l'enfant est mort le premier, est fondée sur la foiblesse de son âge, qui fait juger qu'il a moins résisté, & que la mere a vécu quelque temps de plus.

XVI.

Il y a encore une autre sorte de présomptions qui ne regardent pas des événemens ou des faits dont il soit nécessaire de connoître la vérité, comme dans tous les cas dont il a été parlé dans les articles précédens, mais qui regardent le secret de l'intention des personnes, lorsqu'il est nécessaire de connoître cette intention, & qu'il n'y en a pas de preuves certaines. Car alors il faut la découvrir par des présomptions, s'il y en a de telles qu'elles puissent avoir cet effet. Ainsi par exemple, si de deux personnes qui auroient le même nom, l'une se trouvoit instituté héritier par un testateur, sans qu'il y eût dans le testament aucune désignation qui pût distinguer lequel de ces deux le testateur auroit entendu nommer pour son héritier ; on jugeroit de l'intention de ce testateur par les présomptions qui pourroient la faire connoître, comme par les liaisons de proximité & d'amitié qu'il pouvoit n'avoir qu'avec l'un des deux : ou des autres circonstances qui pourroient faire connoître lequel il auroit voulu nommer pour son héritier x.

x Quoties non apparet quis hæres institutus sit, institutio non valet. Quippe evenire potest, si testator complures amicos eodem nomine habeat, & ad designationem nominis singulari nomine utatur : nisi ex aliis apertissimis probationibus fuerit revelatum, pro qua persona testator senserit. l. 62. §. 1. ff. de hæred. inst. Voyez l'art. suivant & la remarque qu'on a faite.

XVII.

L'usage des présomptions dont il a été parlé dans l'article précédent regarde les doutes, les obscurités, les incertitudes de l'intention des personnes lorsqu'elle n'est pas assés expliquée. Mais il y a des cas où l'on étend ces présomptions au-delà de ce qui a été dans la pensée de celui dont il est question de sçavoir la volonté. Ainsi, par exemple, si un pere ayant institué son fils , & un enfant d'un autre fils déja decedé pour ſes heritiers , & ſubſtitué le fils au petit fils , en cas qu'il mourût avant un certain âge , il arrive que ce petit fils mourant au deſſous de cet âge laiſſe des enfans ; la queſtion de ſçavoir ſi la ſubſtitution aura lieu au préjudice des enfans de celui qui en étoit chargé , ſe décidera par cette préſomption , que le teſtateur n'avoit entendu ſubſtituer que dans le cas où ſon petit fils mourût ſans enfans , & que ſon intention ne pouvoit être d'appeller ſon fils à la ſucceſſion de ſon petit fils qui auroit des enfans *y.*

y. Cùm avus filium ac nepotem ex altero filio , hæredes inſtituiſſet , à nepote petiit , ut ſi intra annum trigeſimum moreretur , hæreditatem patruo ſuo reſtitueret. Nepos, liberis relictis, intra ætatem ſupra ſcriptam vitâ deceſſit , fideicommiſſi condictionem , conjectura pietatis, reſpondi defeciſſe, quòd minùs ſcriptum quàm dictum fuerat, inveniretur. l. 102. ff. de condit. & demonſt.

Il faut remarquer ſur cet article & ſur le précédent , que l'uſage de ces ſortes de préſomptions pour découvrir , ou conjecturer l'intention des perſonnes, ſe trouve fréquent dans l'interprétation des Contrats & des Teſtamens , lorſqu'il s'agit d'interprêter quelque ambiguïté , ou quelque obſcurité : & de juger de l'intention des perſonnes, qui font ces conventions ou des Teſtamens. Et quoique cette matiere ne ſoit pas de ce lieu , il n'eſt pas inutile d'y diſtinguer toutes les ſortes de préſomptions, pour mieux entendre leur nature & leurs differens uſages. Mais on ne doit pas mettre ici les regles de ces ſortes de préſomptions qui peuvent ſervir à l'interprétation des conventions & des Teſtamens ; car pour celles qui regardent les conventions, elles ont été expliquées en leurs lieux : & on expliquera dans la matiere des Teſtamens celles qui s'y rapportent.

SECTION V.

Des interrogatoires & confeſſions des parties.

Differentes manieres dont on peut avoir la confeſſion d'une partie ſur des faits.

C Omme il arrive ſouvent que celui qui a beſoin de prouver un fait conteſté , n'a ni écrit , ni témoins, ni de préſomptions qui puiſſent ſuffire , on a recours à tirer de la bouche de la partie , la confeſſion de la vérité , ce qui ſe fait en trois manieres. L'une ſans exiger de ſerment , lorſqu'une partie ſomme l'autre partie par quelque acte , & l'interpelle de reconnoître la vérité d'un fait , ſoit que ce ſoit le même qui eſt en conteſtation , ou quelqu'autre qui puiſſe ſervir de preuve ; & cette premiere maniere qui devroit être la ſeule , ſi chacun agiſſoit toujours par la bonne foi , peut avoir ſon effet ou lorſque celui qui eſt ſommé de déclarer la vérité , eſt aſſez ſincere pour la reconnoître : ou lorſque ſa mauvaiſe foi l'engage à des réponſes d'où l'on puiſſe tirer contre lui quelques avantages.

La ſeconde maniere d'avoir la confeſſion d'une partie , eſt celle qu'on appelle des interrogatoires ſur faits pertinens , c'eſt-à-dire , qui regardent le différend dont il s'agit. Ce qui a ſon uſage dans le cas où celui qui a beſoin de prouver un fait , n'en ayant pas de preuves, & ne voulant pas s'en remettre au ſerment de ſa partie, demande qu'elle ſoit interrogée par le Juge ſur des faits dont il fait un mémoire diſtingué en articles ; y comprenant le fait dont il s'agit , & d'autres faits , ou circonſtances qui peuvent s'y rapporter , & ſervir à la preuve. Et ſi le Juge trouve que ces faits ou ces circonſtances dont l'interrogatoire eſt demandé , puiſſe ſervir à cette preuve , il ordonne l'interrogatoire , & que celui qui doit être interrogé prêtera le ſerment de dire la vérité de ce qui ſera de ſa connoiſſance ſur chaque article : & on écrit les réponſes ; d'où celui qui a demandé l'interrogatoire tire les conſéquences qu'il peut tourner à ſon avantage , ſoit par les confeſſions ou par les dénegations , ou variations de celui qui a été interrogé.

¶ *Vide Tit. ff. de interrogatione , l. 11. tit. 1. & de confeſſ. l. 42. tit. 2. Ordonn. de 1667. tit. x. Ordonn. de 1670. tit. 14.*]

La troiſieme maniere d'avoir la confeſſion d'une partie , eſt lorſque celui qui ne peut avoir de preuves d'un fait qu'il allegue , s'en remet au ſerment de ſa partie , & conſent que la déclaration qu'elle fera , après avoir prêté le ſerment , tienne lieu de vérité , & ſerve de deciſion , ce qu'on appelle ſerment déciſoire.

Cette derniere maniere du ſerment déciſoire ſera

expliquée dans la Section ſuivante , & les autres feront la matiere de celle-ci.

Il ne faut pas confondre le ſerment déciſoire d'une partie à qui il a été deferé, & les réponſes de ceux dont on a ordonné l'interrogatoire ſur des faits allegués par leur partie. Car le ſerment de celui à qui il eſt deferé , décide pour lui ; mais les réponſes ſur ces interrogatoires ne décident pas en faveur de celui qui répond , mais ſervent ſeulement pour tirer de ſes réponſes des conſéquences qui puiſſent ſervir à la preuve du fait conteſté, & n'empêchent pas l'effet des preuves qu'il peut y avoir d'ailleurs contre lui.

Il y a encore une autre eſpece de ſerment que le Juge ordonne d'office , c'eſt-à-dire , de ſon mouvement quoiqu'il ne ſoit pas deferé , ni demandé par la partie ; ce qui dépend de la prudence du Juge dans les cas où il peut y en avoir lieu. Ainſi , par exemple , ſi un demandeur d'une ſomme ayant établi ſa demande , le défenſeur ſoutient qu'il a payé , mais ſans le prouver , le Juge pourra en condamner le défendeur , ordonner que le demandeur jugera qu'il n'a pas été payé. Ainſi , dans les ordres on ordonne que les créanciers oppoſans qui ſont colloqués, affirmeront & jugeront que les ſommes pour leſquelles ils ſont mis en ordre , leur ſont légitimement dûes. Ce qui ſe fait pour empêcher la colluſion entre des créanciers qui ſeroient payés , & le débiteur qui pour ſe conſerver conſentiroit à leur payement au préjudice des créanciers legitimes , & auſſi pour prévenir d'autres fraudes des créanciers qui abuſent des difficultés qu'il y a dans les ordres de bien connoître & diſcuter toutes les créances.

SOMMAIRES.

1. *La confeſſion de la partie ſert de preuve.*
2. *Confeſſion par une erreur de fait.*
3. *Confeſſion par une erreur de droit.*
4. *Interrogatoire de la partie ordonné par le Juge.*
5. *Comment doit répondre celui qui eſt interrogé.*
6. *Uſage des interrogatoires.*
7. *La réponſe faite par une erreur de fait ne nuit pas.*
8. *Effets des interrogatoires.*
9. *Ils n'empêchent pas l'effet des autres preuves.*
10. *Différence entre ces interrogatoires & la demande de communication des pieces d'une partie.*

I.

1. La confeſſion de la partie ſert de preuve.

S I la partie contre qui on a beſoin de prouver un fait en matiere civile , reconnoît d'elle-même , que ce fait eſt vrai ; cette reconnoiſſance ſervira de preuve , & ſuffira pour établir la condamnation qui en devra ſuivre : Et une telle confeſſion, ſi elle eſt ſerieuſe & préciſe, ne pourra pas être revoquée , ſur tout ſi c'eſt en juſtice qu'elle ait été fait *a* ; à moins qu'il n'y eût dans cette confeſſion quelque erreur qui pût être reparée , comme il ſera dit dans l'article ſuivant.

a Confeſſus pro judicato eſt , qui quodammodò ſua ſententia damnatur. l. 1. ff. de confeſſ. l. 56. ff. de re judic.
Confeſſos in jure pro judicatis haberi placet. Quare ſine cauſâ deſideras recedi à confeſſione tua , cùm & ſolvere cogaris. l. un. C. de confeſſ.
Dans les crimes capitaux la confeſſion d'un accuſé ne ſuffit pas pour le condamner , s'il n'y a pas d'autres preuves , parce qu'il ſe pourroit faire qu'une telle confeſſion ne fût que l'effet d'un trouble , ou d'un deſeſpoir. V. l. 1. §. 17. & 27. ff. de Queſtion.

II.

2. Confeſſion par une erreur de fait.

Celui qui par erreur reconnoît comme vrai un fait contraire à la vérité , peut reparer cette erreur , en juſtifiant de la vérité qu'il avoit ignorée *b.*

b Non fatetur qui errat. l. 2. ff. de confeſſ.

III.

3. Confeſſion par une erreur de droit.

Si celui qui a reconnu la vérité d'un fait , prétend ne l'avoir reconnu que par erreur , ſous pretexte que par une ignorance de droit il a fait une confeſſion contraire à ſon intérêt , il ne revoquera pas par là ſa confeſſion *c.*

c Non fatetur qui errat , niſi jus ignoravit. l. 2. ff. de confeſſ.

Ainſi, par exemple, ſi un mineur ayant emprunté de l'argent, & étant devenu majeur s'en fait relever, mais confeſſe qu'il a employé cet argent pour acquitter une dette de la ſucceſſion de ſon pere, il ne ſera pas reçu à revoquer cette déclaration, en diſant qu'il ne l'avoit faite que par erreur; croyant qu'à cauſe de ſa minorité il ne laiſſeroit pas d'être relevé. Car c'étoit dans le droit qu'il erroit & non dans le fait, ce qui ne change pas l'effet que doit avoir ſa confeſſion.

I V.

4. Interro-
gatoire de
la partie or-
donné par
le Juge.

Lorſqu'une partie demande l'interrogatoire de l'autre ſur des faits qu'elle articule, il dépend de la prudence du Juge d'ordonner l'interrogatoire, ſi les faits ſont tels qu'étant reconnus ils puiſſent ſervir à la queſtion qui eſt à juger, ou de ne le pas ordonner ſi ces faits n'y ont point de rapport *d*.

d Ubicumque judicem æquitas moverit, æquè oportere fieri interrogationem, dubium non eſt. l. 11. ff. de interrogat.
Par les Ordonnances il eſt permis aux parties de ſe faire interroger l'une l'autre en tous états de cauſe ſur faits & articles pertinens, c'eſt à dire, qui peuvent ſervir à la preuve du fait dont il s'agit, & cet interrogatoire ſe fait avec ſerment. Voyez l'Ordonnance de 1539. art. 37. & ſuivans; de 1563. art. 6. & de 1667. tit. 10. art. 1. V. l'art. 8. de la Sect. 1.

V.

5. Comment
doit répon-
dre celui qui
eſt interrogé.

Celui de qui on a ordonné l'interrogatoire eſt obligé de répondre, & de déclarer nettement & préciſément ce qui eſt de ſa connoiſſance, ſur les faits dont on l'interroge, ſans feindre ni diſſimuler, & ſans ambiguité, ni obſcurité, de ſorte qu'il s'explique ſur chaque fait, que ſes réponſes ſoient ſinceres & naturelles, & qu'elles ayent un juſte rapport à ce qu'on lui demande *e*.

e Nihil intereſt, neget quis, an taceat interrogatus, an obſcurè reſpondeat, ut incertum dimittat interrogatorem. l. 11. §. 7. ff. de interrog.
In totum confeſſiones ita ratæ ſunt, ſi id quod in conſeſſionem venit, & jus & naturam recipere poteſt. l. 4. §. eod.
Quod ait prætor omnino non reſpondiſſe poſteriores ſic exceperunt, ut omnino non reſpondiſſe videatur, qui ad interrogatum non reſpondit, id eſt, προς ὁποι. l. 11. §. 5 eod.
Voyez les Ordonnances citées ſur l'article précédent.

V I.

6. Uſage
les interro-
gatoires.

L'uſage de ces ſortes d'interrogatoires n'eſt pas ſeulement d'avoir la preuve des faits dont celui qu'on interroge aura reconnu la vérité; mais quoiqu'il la nie ou la diſſimule, ils peuvent ſervir à la faire connoître par les conſéquences, qu'on pourra tirer contre lui de toutes ſes réponſes. Comme s'il nie des faits qui lui ſont connus, & qui ſont certains: s'il en allegue qu'on ſçache être faux: s'il varie & chancelle dans ſes réponſes; ou s'il reconnoît des faits dont on puiſſe conclure la vérité de ceux qu'il a niés *f*.

f Voluit prætor adſtringere eum qui convenitur ex ſua in judicio reſponſione, ut vel confitendo, vel mentiendo, ſeſe oneret. l. 4. ff. de interrogat.

V I I.

7. La ré-
ponſe faite
par une er-
reur de fait
ne nuit pas.

S'il arrive que celui qui a été interrogé découvre par erreur qu'il ait reconnu fait qui ne fût pas vrai, ou qu'il ſe ſoit trompé dans des circonſtances, & qu'ayant ſçû la vérité, il puiſſe faire connoître qu'il s'étoit trompé; ſa confeſſion ne pourra faire aucun préjudice contre la vérité qui paroîtra d'ailleurs *g*.

g Celſus ſcribit, licere reſponſi pœnitere, ſi nulla captio ex ejus pœnitentia fit, actoris. Quod veriſſimum mihi videtur, maxime ſi quis poſtea plenius inſtructus quid faciat inſtrumentis, vel epiſtolis amicorum, juris ſui edoctus. l. 11. §. ult. ff. de interrog.

V I I I.

8. Effet des
interroga-
toires.

Si celui qui a été interrogé a reconnu la vérité des faits conteſtés, ou que ſes réponſes la faſſent connoître, ſon interrogatoire aura le même effet, que s'il avoit conſenti à la condamnation de ce qu'on lui demande, ſi cette condamnation ſe trouve fondée ſur les preuves qui peuvent réſulter de l'interrogatoire *h*.

h Qui interrogatus reſponderit, ſic tenetur, quaſi ex contractu

Tome I.

---

obligatus, pro quo pulſabatur, dum ab adverſario interrogatur. Sed & ſi à prætore fuerit interrogatus nihil facit prætoris auctoritas, ſed ipſius reſponſum, ſive mendacium. l. 11. §. 9. ff. de interrog.

I X.

9. Ils n'em-
pêchent pas
l'effet des
autres preu-
ves.

Les réponſes que font ceux de qui le Juge a ordonné l'interrogatoire ſur des faits allegués par leurs parties, ne font pas déciſoires en leur faveur; & ce qu'ils répondent ne tient pas lieu de preuve pour eux, & n'empêche pas l'effet des preuves contraires. Mais c'eſt de la prudence du Juge que dépend l'effet que doivent avoir les réponſes pour faire connoître la vérité des faits dont il s'agit *i*.

i Voyez la Loi citée ſur l'article 6.

X.

10. Diffé-
rence entre
ces interro-
gatoires, &
la demande
de communi-
cation on des
pieces d'une
partie.

On peut mettre au rang des confeſſions des parties, ce qui peut réſulter des pieces dont une partie demande la communication à l'autre, comme de ſon papier journal ou autre piece ſi elle eſt repréſentée par la partie à qui on la demande. Mais il y a cette difference entre une demande de la repréſentation des pieces d'une partie qui ne les produit pas, & celles des réponſes aux interrogatoires, qu'on peut refuſer de repréſenter des pieces ſi on ne veut pas s'en ſervir, mais on ne peut refuſer de répondre, ſi les faits ſont pertinens. Car les parties doivent reconnoître la vérité de tous les faits, dont la connoiſſance eſt néceſſaire pour juger ce qui eſt en conteſtation. Et cette connoiſſance doit être commune à toutes les perſonnes qu'elle intéreſſe. Mais les papiers journaux, & les autres pieces propres à une partie, ne ſont pas communes à l'une & à l'autre. Et il peut y avoir dans ces pieces des faits dont la vérité doive être tenue en ſecret, & qui même ne regardent pas le ſujet du procès. Ainſi une partie ne peut exiger de l'autre, qu'elle produiſe ou repréſente une piece dont cette partie ne veut de ſa part faire aucun uſage: mais il dépend de ſa bonne foi de repréſenter ou de retenir les pieces dont la communication lui eſt demandée. Et on n'eſt obligé de produire que celles ſur leſquelles on fonde ſon droit. Que ſi dans le refus de repréſenter une piece, il y avoit quelque juſte ſoupçon de mauvaiſe foi, comme ſi un créancier qui demanderoit des intérêts ou des arrerages d'une rente, refuſoit de repréſenter ſon livre journal, où le débiteur prétendroit qu'il ſeroit fait mention de ſes payemens, il dépendroit de la prudence du Juge, d'ordonner ſur ce refus ce que les circonſtances pourroient demander *l*.

l Edenda ſunt omnia quæ quis apud judicem editurus eſt : non tamen ut & inſtrumenta, quibus quis uſurus non eſt, compellatur edere. l. 1. §. 3. ff. de edendo.
Ipſe diſpice, quemadmodum pecuniam, quam te depoſuiſſe dicis, deberi tibi probes. Nam quod deſideras, ut rationes ſuas adverſaria tua exhibeat, id ex cauſa ad judicis officium pertinere ſolet. l. 1 C. eod.
Non eſt novum, enm à quo petitur pecunia, implorare rationes creditoris, ut fides veri conſtare poſſit. l. 5. eod.
Et quæ à Divo Antonino patre meo, & quæ à me reſcripta ſunt, cum juris & æquitatis rationibus congruunt. Nec enim diverſa ſunt vel diſcrepantia. Quòd multum intereſt an ex parte ejus qui aliquid petit, quique doli exceptione ſubmoveri ab intentione petitioni ipſe poteſt, rationes promi reus deſideret, quibus ſe poſſe inſtrui contendit; quod utique ipſa æquitas ſuadet : an verò ab eo, à quo aliquid petitur, actor deſideret rationes exhiberi : quando hoc caſu non oportet originem petitionis ab inſtrumentis ejus, qui convenitur, fundari. l. 8. eod.
Ce qui eſt dit dans cet article de la repréſentation des pieces ne regarde que celles qui ſont entre les mains de particuliers, & qui leur ſont propres, & n'a point de rapport aux Notaires, Greffiers & autres perſonnes publiques, & à leurs héritiers ou autres, qui ſont dépoſitaires de leurs minutes & autres papiers dont ils peuvent avoir été chargés. Car ces ſortes de perſonnes exerçant une fonction publique, ſont tenus de repréſenter les Actes qui ont été dépoſés en leurs mains, aux perſonnes qui y ſont intéreſſées, & quand ce ſeroit contr'eux-mêmes : & ils y ſont contraints par les Juges, lorſqu'ils le refuſent. Is apud quem res agitur, acta publica tam civilia, quàm criminalia adhibenda inſpicienda, ad inveſtigandam veritatis fidem jubebit. l. 1. C. de edendo. Argentarius rationes edere jubetur, nec intereſt, cum ipſo argentario controverſia ſit an cum alio. l. 10. ff. eod. Cogentur & ſucceſſores argentarii edere rationes. l. 6. §. 1. eod.

SECTION VI.

Du Serment.

Divers
usages du
serment.

LE serment est une sureté qne les Loix exigent en plusieurs occasions, ou pour affermir un engagement, ou pour confirmer un témoignage, ou une déclaration sur la vérité d'un fait ; & cette sureté consiste en la confiance qu'on peut avoir, que celui qui jure ne violera pas un devoir où il prend Dieu pour témoin de sa fidélité en ce qu'il assure, ou en ce qu'il promet, & pour Juge & vengeur de son infidelité, s'il fait un parjure *a*. Ainsi les Loix ordonnent que ceux qui entrent dans des charges publiques prêtent le serment, qu'ils s'en acquitteront suivant les regles qui leur sont prescrites. Ainsi elles obligent les Tuteurs, les Curateurs & les autres Administrateurs de jurer qu'ils s'acquitteront des devoirs de leur ministere. Ainsi elles veulent que ceux qui sont appellés pour porter un témoignage en justice, ou pour y faire quelque rapport de choses de leur connoissance, comme ceux qu'on prend pour Experts, jurent qu'ils rendront un témoignage ou un rapport fidele. Ainsi lorsqu'une partie ne pouvant prouver un fait qu'elle avance, s'en rapporte au serment de sa partie, ou que le Juge défere le serment, celui à qui il est déféré, soit par le Juge ou par sa partie, est tenu de jurer sur ce qui peut être de sa connoissance, & servir à la décision de ce qui est en contestation.

L'usage du serment dans ces sortes d'occasions & dans toutes les autres a été inventé comme une précaution contre l'inconstance & l'infidélité des hommes, & pour suppléer par la fermeté d'un engagement si étroit de religion aux autres assurances, que celui de qui on prend le serment ne sçauroit donner, ou qu'il ne seroit pas juste d'exiger de lui. Ainsi on ne peut prendre d'autre sureté d'un témoin qu'il dira la vérité, que celle que peut donner son serment de bonne foi, & qu'il ne voudra pas commettre un parjure. Ainsi il ne seroit ni juste, ni honnête d'exiger d'un Officier de Justice, qu'il donnât caution de bien exercer sa charge, ni d'autre sureté que de son serment.

Comme le serment est une précaution facile à prendre, & qu'elle redouble l'engagement de celui qui jure, l'usage du serment avoit été si fort étendu, qu'on en usoit dans les simples conventions entre particuliers, l'un jurant à l'autre qu'il exécuteroit ce qu'il promettoit : & on voit encore dans les obligations & dans les contrats, que les Notaires font mention de ce serment. Mais comme c'étoit une précaution superflue & une occasion de parjure, cet usage est aboli, & les contractans ne font aucun serment, encore qu'il en soit fait mention dans les obligations & dans les contrats. Et on a aussi aboli un autre serment que les Loix Romains exigeoient de tous les plaideurs, qu'elles obligeoient dès l'entrée de cause, tant demandeurs que défendeurs, de jurer que leurs demandes & leurs défenses étoient sinceres & de bonne foi, sans intention de vexer & de chicaner *b*. Ce qui n'étoit presque toujours qu'une occasion de parjure, ou d'une part ou de l'autre, ou souvent même de toutes les deux. Et quoique ce serment eût été renouvellé en France par des Ordonnances en de certains cas *c*, il ne s'en fait plus ni d'usage, ni de mention.

De toutes les sortes de serment dont on vient de parler on peut concevoir deux usages qui en font comme deux especes. L'une du serment dont l'usage est d'affermir un engagement, & l'autre de celui qu'on prend d'une partie au défaut des preuves, soit que le serment ait été déféré par la partie ou par le Juge. Ainsi le serment des Officiers, des Tuteurs, des Curateurs & autres de qui on prend un serment de bien exercer leurs fonctions, celui que font les témoins & les Experts, sont pour affermir leurs engagemens de s'acquitter de leurs charges, de leurs fonctions, de dire la vérité, de faire un rapport fidele : & tous ces sermens regardent des devoirs à venir. Mais pour le serment qui est déferé à une partie, quoiqu'il doive bien avoir à son égard cet effet d'affermir son engagement à dire la vérité, c'est par une autre vûe qu'on le considere comme tenant lieu d'une preuve qui fait qu'on tient pour la vérité le fait sur lequel la partie a juré. Et c'est par cette vue que cette sorte de serment fait une matiere du Titre des preuves, & dont les regles seront expliquées dans cette Section ; au lieu que les autres sermens ne font pas une matiere qui renferme un détail de regles, mais se reduisent à ce peu de remarques qu'on vient d'en faire.

SOMMAIRES.

I.

LE serment est un acte de Religion, où celui qui jure, prend Dieu pour témoin de sa fidélité en ce qu'il promet, ou pour Juge & vengeur de son infidelité, s'il vient à y manquer *a*. Ainsi un Officier promet avec serment de bien exercer sa charge ; ainsi un témoin promet & jure qu'il dira la vérité ; ainsi celui à qui le serment en déferé pour décider en sa propre cause sur un fait contesté, promet qu'il en dira la vérité qui peut être de sa connoissance.

*1. Défini-
tion du ser-
ment, &
son usage.*

a Jurisjurandi contempta religio satis Deum ultorem habet. *l. 2. C. de reb. cred. & jurej.*

¶ *Ad personas egregias & agrotas domum mitti oportet ad jurandum. l. 15. ff. eod.*

II.

Comme on ne vient à faire jurer une partie en sa propre cause, qu'au défaut de preuves, personne n'est reçû à jurer si le serment ne lui est déferé & ordonné par le Juge, qui doit connoître si les preuves sont suffisantes, ou s'il est nécessaire de venir au serment *b*.

*2. Le ser-
ment n'est
pas reçu s'il
n'est déferé.*

b Si reus juraverit nemine ei jusjurandum deferente, prætor id jusjurandum non tuebitur, sibi enim juravit. Alioquin facillimum quisque ad jusjurandum decurrens, nemine sibi deferente jusjurandum, oneribus actionum se liberabit. *l. 3. ff. de jurejurando.* V. dans l'art. suivant comment le serment est déferé & ordonné.

III.

La partie qui reconnoît n'avoir point de preuves, ou n'en avoir pas qui soient suffisantes, peut déferer le serment à sa partie ; c'est-à-dire, s'en remettre à ce qu'elle déclarera après avoir juré : & ce serment que le Juge ordónne, & reçoit, s'il y en a lieu, est d'un usage frequent & utile pour finir les procès *e*.

*3. Comment
il se défere.*

e Maximum remedium expediendarum litium in usum venit jurisjurandi religio. Qua vel ex pactione ipsorum litigatorum, vel ex auctoritate judicis decidantur controversiæ. *l. 1. ff. de jurejur.* Voyez l'article suivant.

a Sit Dominus inter nos testis veritatis & fidei. *Jerem.* 42. 5.
Ego sum judex & testis, dicit Dominus. *Jerem.* 29. 23.
¶ *Vide ff. l. 12. de jurejur. C. l. 4. de rebus credit. & jurejur.*
Quintil. inst. orator. l. 5. c. 6.]
b L. 2. C. de jur. prop. cal. dand.
c Par une Ordonnance de Philippe le Bel de l'année 1302. les Procureurs du Roi étoient obligés à ce serment dans les causes qu'ils intentoient pour l'intérêt du Roi. Et par l'article 18. de l'Ordonnance d'Orleans en toutes matieres personnelles les parties étoient obligées à ce même serment.

IV.

4. Le Juge peut ordonner le serment s'il y en a lieu.

Quoique la partie qui n'a point de preuves ne déclare pas qu'elle s'en remet au serment de sa partie ; le Juge peut ordonner le serment s'il le trouve juste. Ainsi, par exemple, si un débiteur à qui un créancier demande une somme dûe par une obligation dont il se justifie, dit qu'il a payé, mais sans le prouver, alleguant seulement quelques circonstances qui ne peuvent suffire pour le décharger de cette demande ; le Juge peut en le condamnant, ajoûter que le créancier jurera qu'il n'a reçû aucun payement *d*.

d Ex auctoritate judicis. *Voyez la Loi citée sur l'article précédent.* In bonæ fidei contractibus, nec non in cæteris causis, inopia probationum per judicem jurejurando causâ cognitâ res decidi oportet. *l. 3. C. de reb. cred. & jurejur.*

V.

5. Le refus de jurer sert de preuve.

Celui à qui sa partie défere le serment sur un fait de sa connoissance, est tenu de jurer, si le Juge l'ordonne : & s'il le refuse, le fait demeurera prouvé, & reconnu pour établir la condamnation qui en devra suivre. Ainsi, par exemple, si celui qui se prétend créancier d'une somme, dont il dit qu'il n'y a point eu d'obligation à cause de la modicité, ou que l'obligation a été perduë, n'ayant pas assez de preuves, déclare qu'il s'en remet au serment de celui qu'il prétend être son débiteur, & qui dénie ; celui-ci sera tenu de jurer qu'il ne doit rien, & s'il le refuse, le fait sera tenu pour vrai, & il sera condamné à payer la somme qui étoit demandée *e*.

e Ait prætor, *enm a quo jusjurandum petetur, solvere, aut jurare cogam.* Alterum itaque eligat reus, aut solvat, aut jurer : si non jurat, solvere cogendus erit à Prætore. *l. 34. §. 6. ff. de jurej.*

VI.

6. Serment referé à celui qui le deferoit.

Si le fait dont une partie défere le serment à l'autre est de la connoissance de tous les deux, celui à qui le serment a été déferé, a la liberté ou de jurer, ou de referer le serment à celui qui le lui défere. Et s'il ne vouloit faire ni l'un ni l'autre, le fait seroit tenu pour prouvé & reconnu, & il seroit condamné à ce qui devroit suivre la preuve de ce fait *f*.

f Datur autem & alia facultas reo, ut si malit referat jusjurandum : & si qui petit conditione jurisjurandi non utetur, judicium ei prætor non dabit. Æquissime enim hoc facit, cùm non deberet di placere conditio jurisjurandi ei qui detulit. *l. 34. §. 7. ff. de jurejur.*
Manifestæ turpitudinis, & confessionis est nolle nec jurare, nec jusjurandum referre, *l. 38. ff. eod.*
Delata conditione jurisjurandi, reus...., solvere vel jurare, nisi referat jusjurandum, necesse habet. *l. 9. C. de reb. cred. & jurej.*

VII.

7. Celui qui a deferé le serment peut l'autre.

Celui à qui le serment étoit déferé étant prêt de jurer, la partie peut le lui avoir déferé, peut l'en décharger. Et en ce cas il en sera de même que si le serment avoit été fait *g*.

g Remittit jusjurandum qui, deferente se cùm paratus esset adversarius jurare, gratiam ei fecit, contentus voluntate suscepti jurisjurandi. *l. 6. ff. de jurej.*

VIII.

8. Il peut aussi la révoquer.

Celui qui a déferé le serment peut revoquer ce consentement, si la partie n'a pas encore juré. Car il se peut faire ou qu'il ait eu de nouvelles preuves, ou qu'il ait sujet de craindre un faux serment *h*.

h Quòd si non susceperit jusjurandum (is qui delatum erat) licet postea parato jurare actor: nolit deferre, non videbitur remissum. Nam quod susceptum est, remitti debet. *l. 6. in f. ff. de jurej.*

IX.

9. Devoir du Juge sur le serment déferé, ou referé.

Il résulte de toutes les regles précedentes, que lorsqu'il s'agit du serment, soit qu'une partie le défere à l'autre, ou que celui à qui il est déferé veuille le referer ; il est de la prudence du Juge, selon les circonstances de la qualité des faits & de la connoissance que peut

en avoir celui de qui le serment est demandé, de l'ordonner, ou non : & quoique le serment ne soit pas demandé par la partie, le Juge peut l'ordonner d'office, s'il y en a lieu. Et après que le serment a été ordonné, s'il a été déferé par une partie, le devoir du Juge est de le recevoir de celui à qui il a été déferé, & d'ordonner ce qu'il devra être reglé suivant ce serment, soit pour lui adjuger ce qu'il demande, ou pour le décharger de ce qui lui est demandé. Que s'il refuse de jurer étant rendu Juge en sa propre cause, il sera ou debouté de ce qu'il demandoit, ou condamné suivant la demande qui lui étoit faite. Et à l'égard de celui qui avoit déferé le serment, & à qui il est referé, s'il a de justes causes pour ne pas jurer, comme si les faits n'étoient pas de sa connoissance, il ne doit pas y être contraint. Mais s'il refuse de jurer d'un fait qui soit de sa connoissance, il sera tenu pour prouvé : & le Juge ordonnera ce qui sera juste selon ce fait. Que s'il jure, il sera jugé selon son serment *i*.

i Non semper autem consonans est per omnia referri jusjurandum quale defertur, forsitan ex diversitate rerum, vel personarum : quibusdam emergentibus quæ varietatem inducunt. Ideòque, si quid tale inciderit, officio judicis conceptio hujuscemodi jurisjurandi terminetur. *l. 34. §. 8. ff. de jurej.*
Cùm res in jusjurandum demissa sit, judex jurantem absolvit : referentem audiet, & si actor juret, condemnet reum. Nolentem jurare reum, si solvat, absolvit : non solventem condemnat. Ex relatione non jurante actore, absolvit reum. *d. l. 34. §. ult.*

X.

10. Le serment décidé.

Lorsque le serment a été déferé à une partie, & qu'elle a juré, il sera décisif : & ce qu'elle aura déclaré tiendra lieu de vérité, & servira de regle. Car c'étoit pour décider que le serment étoit déferé. Ainsi il aura autant ou plus de force qu'une chose jugée : & fera le même effet qu'un payement, si celui à qui on demandoit une somme jure ne rien devoir, ou qu'une transaction, si c'étoit un différend d'une autre nature *l*.

l Jusjurandum speciem transactionis continet : majoremque habet auctoritatem, quàm res judicata. *l. 2. ff. de jurej.*
Dato jurejurando, non aliud quæritur quam an juratum sit : remissâ quæstione an debeatur : quasi satis probatum sit jurejurando. *l. 5. §. 2. eod. l. 56 ff. de re jus.*
Jusjurandum etiam loco solutionis cedit. *l. 27. ff. de jurejur.*
Est acceptilationi simile. *l. 40. eod.*

XI.

11. Le serment éteint l'action.

La décision du serment fait cesser toute autre question que celle de sçavoir ce qui a été juré. Et elle a cet effet qu'elle ôte le droit de celui qui l'a déferé. Car si c'étoit le demandeur, sa demande est anéantie à son égard, & à l'égard de tous ceux qui le representent. Et si c'étoit le défendeur, il perd ses défenses, & l'action du demandeur demeure établie & contre lui, & contre tous ceux qui sont en son lieu. Et il en seroit de même si celui à qui le serment auroit été déferé par sa partie, étant prêt de jurer, en étoit déchargé, la partie l'ayant dispensé du serment *m*.

m De eo quod juratum est (Prætor) pollicetur se actionem non daturum, neque in eum qui juravit, neque in eos qui in locum ejus, cui jusjurandum delatum est, succedunt. *l. 7. in f. ff. de jurej.*
Ju ejurando dato, vel remisso, reus quid am acquirit exceptionem sibi, aliisque : actor verò actionem acquirit, in qua hoc solum quæritur, an juraverit, dari sibi oportere : vel cùm jurare paratus esset, jusjurandum ei remissum sit. *l. 9. §. 1. ff. eod.*

XII.

12. Piece découverte après le serment.

Si après le serment il se trouve des pieces qui prouvent le contraire de ce qui a été juré, ces nouvelles preuves detruiront l'effet du serment, & rétabliront le droit de l'autre partie. Et cette preuve, qui est facilement reçuë lorsque le serment n'a été déferé que par le Juge, & non par la partie, peut l'être aussi quoique le serment ait été déferé par la partie même ; la qualité du fait, l'évidence de la preuve font que l'équité le demande ainsi. Comme, par exemple, si celui à qui on demande une somme en vertu d'un testament, d'un contrat, ou d'un autre titre, dont on ne justifie point reconnoissant la vérité du titre qui se trouve perdu ou égaré, mais ignorant s'il y est fait mention de ce qui lui est demandé, s'en rapporte au serment de celui qui lui fait cette demande, & qu'après son serment l'ayant payé, ce titre paroisse, sans qu'il s'y trouve rien qui pût l'obliger à ce payement, il pourra recouvrer ce qu'il avoit payé sur ce faux serment *n*.

n Admonendi sumus interdum etiam post jusjurandum exactum permitti constitutionibus Principum ex integro causam agere, si quis nova instrumenta se invenisse dicat, quibus nunc solis usuris sit. Sed hæ constitutiones tunc videntur locum habere cùm à judice absolutus fuerit. Solent enim sæpe judices in dubiis causis, exacto jurejurando secundùm eum judicare, qui juraverit. Quod si alias inter ipsos jurejurando transactum sit negotium, non conceditur eandem causam retractare. *l.* 31. *ff. de jurej.*
Causa jurejurando ex consensu utriusque partis vel adversario inferente delato & præstito, vel remisso, decisa, nec perjurii prætextu retractari potest : nisi specialiter hoc lege excipiatur. *l.* 1. *C. de reb. cred. & jurejur.*
Cùm quis legatum vel fideicommissum, utpote sibi relictum, exigeret, & testamento forté non apparente pro eo sacramentum ei ab hærede delatum esset, & his religionem suam præstasset, affirmans sibi legatum vel fideicommissum derelictum esse, & ex hujusmodi testamento id quod petebat consecutus esset, postea autem manifestum esset factum nihil ei penitùs fuisse derelictum : apud antiquos quærebatur utrùm jurejurando standum esset, an restituere deberet, quod accepisset.... nobis itaque melius visum est repeti ab eo legatum vel fideicommissum, nullumque ex hujusmodi perjurio ei lucrum accedere. *d. l. ult. C. de reb. cred. & jurej.* Nec cui ex delicto impium sibi lucrum afferre nostris legibus concedatur. *d. l. in f.*

XIII.

13. Dans quelles matieres ce serment a son usage.

Tout ce qui a été dit du serment dans les articles précedens, doit s'entendre de tous les cas qui peuvent arriver en toutes matieres civiles, lorsque les faits & les circonstances peuvent rendre juste & honnête l'usage du serment *o*. Mais dans les crimes le serment ne peut être deferé ni par l'accusateur à l'accusé, ni par l'accusé à l'accusateur, ni par le Juge à aucun des deux. Car il seroit contre la justice & les bonnes mœurs, que la justification ou la condamnation dépendissent d'un serment que l'intérêt ou la passion pourroient rendre faux, ni d'aucune autre cause que d'une preuve parfaite de la vérité.

o Quacumque actione quis conveniatur, si juraverit, proficiet ei jusjurandum, sive in personam, sive in rem, sive in factum, sive pœnali actione, vel quamvis alia agatur, sive de interdicto. *l.* 3. §. 1. *ff. de jurej.*

XIV.

14. Effet du serment à l'égard des personnes interessées avec les parties.

Si dans une cause décidée par un serment, celui qui a juré, ou celui qui a deferé le serment se trouve interessé avec d'autres solidairement, quoiqu'il n'y en ait eu en cause qu'un seul ; le serment aura son effet à l'égard de tous, soit pour ou contre eux *p*.

p In duobus reis stipulandi ab altero delatum jusjurandum etiam alteri nocebit. *l.* 28. *ff. de jurej.*
Ex duobus reis promittendi ejusdem pecuniæ, alter juravit : alteri quoque prodesse debebit. *d. l.* 28. §. 1. V. l'art. suivant.

XV.

15. Le serment ne sert ni ne nuit aux personnes tierces.

La décision que fait le serment ne regarde que les parties entre qui le serment a été ordonné, ou ceux de qui le droit étoit en leurs mains, ou leurs cautions, & les personnes qui les représentent, mais il ne peut nuire aux tierces personnes. Ainsi, par exemple, celui à qui le serment avoit été deferé sur une demande d'une chose qu'il prétendoit lui appartenir, & qui avoit juré qu'elle étoit sienne, ne pourra pas se servir de ce serment contre un autre qui prétendra droit sur la même chose *q*.

q Jurisjurandum alteri neque prodest, neque nocet. *l.* 3. §. 3. in fine *ff. de jurej.*
Si petitor juravit possessore deferente, rem suam esse, actori debebitur actio. Sed non dumtaxat adversus eum, qui jusjurandum detulit, eosque qui in ejus locum successerunt.
Cæterùm adversùs alium, si velit prærogativa jurisjurandi uti, nihil ei proderit. Quia non debet alii nocere, quod inter alios actum esset. *l.* 9. §. ult. & *l.* 10. *eod.*
Voyez pour les Cautions l'article 5. de la Section 5. du Titre des Cautions, *p.* 229.

XVI.

Il n'y a que les personnes interessées qui puissent deferer le serment, & ceux qui ont droit de le deferer pour d'autres, ou par la Loi comme un Tuteur, ou par leur volonté comme un Procureur constitué. Mais le Tuteur & le Procureur ne peuvent deferer le serment que suivant les regles qui ont été expliquées en leur lieu *r*.

16. Quels sont les personnes qui peuvent deferer le serment pour d'autres.

r V. l'art. 5. de la Sect. 2. des Tuteurs, *p.* 151. & l'article 10. de la Section 3. des Procurations, *p.* 131. V. l'art. 8. de la Sect. 1. de ce qui se fait en fraude des Créanciers, *p.* 193.

TITRE VII.

De la Possession, & des Prescriptions.

ON a joint sous un même Titre la matiere de la Possession & celle des Prescriptions, parce que c'est par la possession que s'acquiert la prescription, & qu'ainsi l'une est comme la cause, & l'autre l'effet : Et encore par cette raison, que l'une & l'autre sont des manieres d'acquerir & d'assurer la propriété. Car on verra que ce Titre que non-seulement on acquiert la propriété d'une chose par la prescription, qui n'est en effet qu'une possession continuée pendant un long-tems, mais qu'on l'acquiert aussi quelquefois par le simple effet de la possession, sans prescription.

Pourquoi on a joint la possession & la prescription.

L'usage de la possession est tel que sans elle la propriété seroit inutile. Car ce n'est que par la possession qu'on a les choses en sa puissance, qu'on en use, & qu'on en jouit, que c'est qui fait qu'on se sert assez souvent du mot de possession pour signifier la propriété *a*, quoique ce soient deux choses qu'il faut distinguer, car elles sont si différentes qu'on peut n'avoir que l'une sans l'autre *b*. Ainsi, par exemple, si une personne vend à une autre une chose d'un tiers, & la lui délivre, l'acheteur qui l'acquiert de bonne foi, l'ayant en sa puissance, & en étant consideré comme le maître ; il en a la possession, mais sans en avoir la propriété, jusqu'à ce que la longue possession, lui ait acquise : & ce tiers conserve sa propriété sans possession, jusqu'à ce qu'il agisse contre cet acquereur pour la recouvrer.

Usage de la possession, les differentes propriété, la possession & la detention.

On voit par cet exemple que la possession & la propriété pouvant être separées, ce sont deux choses qu'il ne faut pas confondre. Mais quoiqu'il semble par cette distinction que la possession ne soit autre chose que la détention de ce qu'on a en sa puissance, soit qu'on en ait la propriété ou qu'on ne l'ait point, il ne faut pas prendre pour une véritable possession toute sorte de détention, mais seulement celle d'une personne qui tient une chose à titre de maître, soit qu'il en ait la détention actuelle l'ayant en sa puissance, ou qu'il exerce son droit par d'autres à qui il laisse cette détention : comme à un dépositaire, à un locataire, à un fermier, car alors il possede la chose par les mains de ceux qui l'ont en son nom. Ainsi au lieu qu'il n'y a proprement qu'une véritable possession, qui est celle du maître ; on peut distinguer trois sortes de détention, selon trois différentes causes qu'elle peut avoir ; celle du maître quand il tient en sa puissance la chose qui est à lui : celle des personnes qui la tiennent pour lui : & celle des usurpateurs.

La premiere de ces causes de la détention d'une chose, est le droit de propriété, qui donne au propriétaire le droit d'avoir en sa puissance ce qui est à lui, pour s'en servir, en jouir, & en disposer : & c'est à cette premiere cause que la détention est liée naturellement.

Trois causes de la détention.

La seconde cause de la détention est la volonté du maître de la chose, qui fait qu'elle passe en sa puis-

a Interdùm proprietatem quoque verbum possessionis significat, sicut in eo qui possessiones suas legasset, responsum est. *l.* 78. *de verb. signif.*
b Nihil commune habet proprietas cum possessione. *l.* 12. §. 1. *ff. de acq. vel. am. poss.*

fances d'une autre perſonne ; comme ſi c'eſt une maiſon qu'il loue, des héritages qu'il donne à ferme, on en jouïſſance à un créancier : ſi c'eſt un meuble qu'il prête, qu'il loue, qu'il mette en dépôt ou qu'il donne en gage. Dans tous ces cas la détention paſſe en d'autres mains que celles du maître, mais ſans qu'il perde ſa poſſeſſion. Car conſervant toujours ſon droit de propriété, qui renferme le droit de poſſeder, & la détention n'étant entre les mains des autres qu'en ſon nom, c'eſt lui qui poſſede par les autres, & ils n'ont qu'une poſſeſſion empruntée par un uſage de quelque tems, & qui ne pourra jamais leur acquerir le droit de propriété. Et comme celui qui conſtitue un Procureur pour vendre, pour donner, ou pour tranſiger, vend lui-même, & donne & tranſige ſelon que ce Procureur le fait en ſon nom, ainſi le propriétaire de ſa poſſeſſion paſſe par ſa volonté entre les mains d'un autre, poſſede par lui c.

La troiſieme cauſe de la détention eſt l'uſurpation, ſoit par un larcin ou par une voye de fait, ou par quelqu'autre voye illicite. Et cette maniere de détention ne merite pas le nom de poſſeſſion d, Ainſi c'eſt par la cauſe de la détention qu'il faut juger ſi c'eſt une poſſeſſion, ou ſeulement une uſurpation. Et lorſque c'eſt une poſſeſſion, il faut diſtinguer ſi elle eſt entre les mains du maître à qui elle appartient naturellement, ou s'il poſſede par les mains d'un autre.

Il faut diſtinguer dans la poſſeſſion ce qui eſt de droit, & ce qui eſt de fait.

Il s'enſuit de ces remarques, qu'il faut diſtinguer dans l'idée générale que donne le mot de poſſeſſion, un droit & un fait, le droit de poſſeder, & la détention actuelle qui eſt de fait. C'eſt de-là que ſont venues, & c'eſt par là qu'il faut expliquer les différentes façons de parler qu'on voit dans les Loix. Que la poſſeſſion n'a rien de commun avec la propriété, *nihil commune habet proprietas cum poſſeſſione. L. 12. §. 1. ff. de acq. vel am. poſſ.* Que la poſſeſſion ne peut être ſéparée de la propriété : *Proprietas à poſſeſſione ſeparari non poteſt. l. 8. C. de acq. & ret. poſſ.* Que la poſſeſſion eſt de fait & non de droit : *Res facti, non juris. l. 1. §. 3. ff. de acq. vel am. poſſ.* Que la poſſeſſion n'eſt pas ſeulement de fait, mais qu'elle eſt de droit : *Poſſeſſio non tantùm corporis, ſed & juris eſt. l. 49. §. 1. eod.* Que l'uſufruitier a une eſpece de poſſeſſion naturelle : *Naturaliter videtur poſſidere is qui uſum fructum habet. l. 12. ff. de acq. vel am. poſſ.* Que l'uſufruitier n'eſt point poſſeſſeur : *Eum qui tantùm uſumfructum habet, poſſeſſorem non eſſe. l. 15. §. 1. ff. qui ſatiſd. cogentur.* Qu'il ne poſſede point : *Non poſſidet, ſed habet jus utendi, fruendi. §. 4. inſt. per. quas nob. acq. l. 1. §. 8. ff. quod leg.* D'où il faut conclure que la vraye poſſeſſion n'eſt proprement que celle du maître ; & qu'encore que d'autres que le maître puiſſent avoir droit de tenir la choſe en leur puiſſance, comme le locataire, le fermier, l'uſufruitier, qui ayant droit de jouïr, doivent par conſéquent avoir la détention, ce n'eſt en eux qu'une poſſeſſion empruntée, ou plutôt la poſſeſſion même du maître qui poſſede par eux ; le droit de la poſſeſſion ne pouvant être ſeparé de la propriété. Ce qui n'eſt pas contraire à ce qui a été dit, qu'un acquereur de bonne foi d'un fonds ou autre choſe dont le vendeur n'étoit pas le maître, poſſede, encore qu'il n'ait pas la propriété ; car cet acquereur eſt conſideré comme propriétaire, ainſi il eſt conſideré comme poſſeſſeur. Et quoique le maître puiſſe être dépouillé de la détention actuelle par la détention d'un uſurpateur, il conſerve toujours ſon droit de prendre ſa poſſeſſion s'il peut faire ceſſer l'uſurpation : & la détention injuſte de l'uſurpateur, n'a que l'apparence d'une poſſeſſion, quoiqu'il tienne en effet la choſe & qu'il en jouïſſe, parce que le vice de cette détention lui donne une autre nature que celle de la vraye poſſeſſion, qui doit être fondée ſur un juſte titre.

C'eſt à cauſe de cette différence entre la vraye poſſeſſion du maître, & toute autre détention, qu'on diſtingue deux ſortes de poſſeſſion qu'on exprime par les

mots de poſſeſſion civile & de poſſeſſion naturelle e, ou autrement par les mots de poſſeſſion de droit & de poſſeſſion corporelle ou de fait f. La poſſeſſion civile ou de droit, eſt celle du maître, & la poſſeſſion naturelle ou corporelle, eſt celle des perſonnes qui n'ont que la détention, comme l'uſufruitier, le fermier & autres. Celle-ci s'appelle naturelle ou corporelle, parce qu'elle ne conſiſte qu'en la ſimple détention naturelle ſans le droit de propriété : & l'autre s'appelle civile, ou de droit, parce qu'elle eſt jointe au droit que donne la Loi de poſſeder en maître, ſoit qu'on ait auſſi la détention naturelle par ſoi-même, ou qu'on poſſede par les mains d'un autre.

Divers ſens du mot de poſſeſſion.

Il eſt néceſſaire de remarquer ſur toutes ces différentes expreſſions des Loix, dont quelque-unes paroiſſent contraires entr'elles, qu'il ſemble qu'on puiſſe donner divers ſens à ces mots de poſſeſſion & de poſſeſſion civile ou naturelle, & entendre ces textes différemment par divers vûes, ſelon ces divers ſens, ou donnant à toute détention le nom de poſſeſſion, même à celle d'un uſurpateur ; ou ne le donnant qu'à celle du maître. Mais il importe peu qu'on qualifie les diverſes ſortes de détentions du nom de poſſeſſion, ou qu'on les diſtingue par des mots propres ; pourvû qu'en confondant les mots de poſſeſſion & de détention, on ne confonde pas les divers effets de ces différentes manieres d'avoir une choſe en ſa puiſſance ; & qu'on diſtingue les cauſes de la détention, & les différences entre la poſſeſſion du maître & celle d'un uſurpateur, entre ces deux détentions & celle des perſonnes qui ont une choſe en leur puiſſance ſans en prétendre la propriété : & qu'on diſtingue auſſi entre ces perſonnes ceux qui ont quelque droit en la choſe, comme un uſufruitier ou un fermier, & ceux qui n'y ont aucun droit, comme un dépoſitaire, & celui qui a trouvé une choſe perduë dont il ſçait le maître. Car ſelon ces différences il faut diſtinguer les regles qui regardent toutes ces perſonnes. Ainſi, par exemple, quelque nom qu'on donne à la détention d'un uſufruitier, & ſoit qu'on le conſidere comme ne poſſedant qu'au nom du maître, ou comme ayant lui-même une eſpece de poſſeſſion ou détention pour ſon uſufruit ; il faut ſçavoir qu'il n'en a pas moins le droit de ſe maintenir dans ſa jouïſſance, puiſqu'il pourroit même s'y maintenir contre le propriétaire qui voudroit le déſſeder g. Et il en ſeroit de même du fermier & du locataire h. Car ils ont tous un droit de jouïr qui ne peut avoir ſon effet ſans une détention actuelle de la choſe dont ils doivent jouïr. De ſorte qu'on peut dire, que comme ils participent au droit du maître pour jouïr, ils participent auſſi à ſon droit pour poſſeder. Et qu'ils ont une eſpece de poſſeſſion proportionnée à l'uſage que demande leur droit.

On peut juger par toutes ces remarques de l'idée qu'on doit concevoir de la nature de la poſſeſſion, quelle eſt la liaiſon avec le droit de propriété ; & que comme on ne peut exercer pleinement tous les droits de propriété, ſi on n'eſt dans une poſſeſſion actuelle de la choſe, on n'a pas auſſi une parfaite poſſeſſion d'une choſe, ſi on n'en a pas la propriété.

Liaiſon de la poſſeſſion à la propriété.

C'eſt à cauſe de cette liaiſon de la poſſeſſion à la propriété, & de ce qu'il eſt naturel que le propriétaire poſſede ce qui eſt à lui, que la poſſeſſion & la propriété s'acquierent & ſe conſervent, l'une par l'autre. Ainſi, quiconque a acquis la pleine propriété, ſoit par une vente, par une donation, par un legs, ou par d'autres titres, il a droit de ſe mettre en poſſeſſion. Ainſi celui qui poſſede de bonne foi acquiert la propriété s'il ne l'avoit pas, pourvû que ſa poſſeſſion dure pendant le tems réglé pour preſcrire ; & on acquiert auſſi la propriété par la ſimple poſſeſſion, ſans preſcription, en de certains cas, comme il a été déja remarqué, & qu'on le verra dans la Section deuxieme.

<hr>

c V. les art. 8. & 9. de la Sect. 1.

d Si vinxeris hominem liberum, eum te poſſidere non puto. l. 23. §. 2. de acq. vel amit. poſſ.

e Poſſeſſio non ſolùm civilis, ſed etiam naturalis intelligitur. l. 1. §. 1. ff. pro herede.

f Nemo ambigit poſſeſſionis duplicem eſſe rationem, aliam quæ jure conſiſtit, aliam quæ corpore. l. 10. C. de acq. & ret. poſſ.

g Voyez l'article 1. de la Section 1. de l'Uſufruit, p. 108.

h Voyez l'article 6. de la Section 6. du Louage, p. 62.

ff. de precar. V. l. 5. ff. uti possidetis. Voyez l'article 9. & l'article 10. de cette Section.

SECTION I.

De la nature de la Possession.

SOMMAIRES.

1. *Définition de la possession.*
2. *Liaison de la possession à la propriété.*
3. *Il n'y a pas deux possessions d'une même chose.*
4. *Quelles choses on peut posseder.*
5. *Espece de possession des droits.*
6. *La possession ne demande pas une détention continuelle.*
7. *Possession des animaux.*
8. *La simple détention sans droit en la chose, n'est pas une veritable possession.*
9. *On peut posseder par d'autres.*
10. *Possession précaire.*
11. *Possession de bonne foi ou de mauvaise foi.*
12. *Possession furtive ou clandestine.*
13. *Le possesseur est présumé le maître.*
14. *Détention que le maître ne peut ôter.*
15. *Le possesseur est maintenu sans titre, s'il n'y en a pas contre lui.*
16. *Si deux se prétendent possesseurs, celui qui a possedé pendant une année, est préféré.*
17. *La question de la possession se juge avant celle de la propriété.*
18. *La demande possessoire se doit faire dans l'année.*
19. *Si la possession est douteuse, on juge par les titres, ou l'on met en sequestre.*

I.

1. Définition de la possession. ON appelle proprement possession, la détention d'une chose que celui qui en est le maître, ou qui a sujet de croire qu'il l'est, tient en sa puissance ou en celle d'un autre par qui il possede *a.*

a Possessio appellata est (ut & Labeo ait) à sedibus, quasi positio : quia naturaliter tenetur ab eo qui ei insistit, quam Græci κατοχην dicunt. l. 1. ff. de acq. vel am. poss.
Cette définition resulte de ce qui a été dit dans le préambule, & des articles 2. 6. 8. 9. & 11. de cette Section. Voyez l'article 12. de la Section 2.

II.

2. Liaison de la possession à la propriété. Comme l'usage de la propriété est d'avoir une chose pour en jouir & en disposer, & que ce n'est que par la possession qu'on peut exercer ce droit ; la possession est naturellement liée à la propriété, & n'en doit pas être séparée. Ainsi la possession renferme un droit & un fait ; le droit de jouir attaché au droit de propriété & le fait de la détention effective de la chose, qui soit en puissance du maître ou d'un autre pour lui *b.*

b Proprietas à possessione separari non potest. l. 8. C. de acquir. & ret. possess. Res facti non juris (possessio). l. 1. §. 3. ff. de acq. vel am. poss. Plurimùm ex jure possessio mutuatur. l. 49. eod. Possessio non tantùm corporis, sed & juris est. d. l. 49. §. 1.
V. l'art. 13. de cette Section, l'art. 1. de la Sect. 3. & les articles 3. & 4. de la Section 2.

III.

3. Il n'y a pas deux possessions d'une même chose. Comme il ne se peut faire que de deux personnes qui contestent l'une à l'autre la propriété d'une même chose, chacun ait seul le droit de propriété ; il ne se peut faire non plus que de deux personnes qui se contestent la possession d'une même chose chacun ait seul la possession. Mais comme il n'y en a qu'un qui soit le vrai maître, il n'y a aussi qu'un vrai possesseur *c.* Et s'il se trouve que le possesseur soit autre que le maître, sa possession ne sera plus qu'une usurpation, & il sera tenu de s'en dépouiller pour la rendre au maître.

c Plures eamdem rem in solidum possidere non possunt. Contra naturam quippe est, ut cùm ego aliquid teneam, tu quoque id tenere videaris. l. 3. §. 5. ff. de acq. vel amitt. possess. Ait (Celsus) duorum in solidum dominium, vel possessionem esse non posse. l. 5. §. 15. alt. commod. Duo in solidum precariò habere non magis possunt, quàm duo in solidum vi ; o sidere, aut clam. Nam neque justæ neque injustæ possessiones duæ concurrere possunt. l. 19.

IV.

4. Quelles choses on peut posseder. On peut posseder des choses corporelles, soit meubles ou immeubles *d* ; mais selon les différences de leur nature, les marques de la possession en sont différentes. Ainsi on peut posseder des meubles, les gardant sous clef, ou les ayant autrement en sa disposition. Ainsi on possede des animaux, ou les renfermant, ou les faisant garder. Ainsi on possede une maison en y habitant, ou en ayant les clefs, ou la confiant à un locataire, ou y faisant bâtir. Ainsi on possede les héritages de la campagne en les cultivant, faisant les récoltes, y allant & venant, & en disposant à sa volonté *e.*

d Possideri possunt quæ sunt corporalia. l. 3. ff. de acq. vel amit. possess.
e Mercium in horreis conditarum possessio tradita videtur, si claves apud horrea traditæ sint : quo facto confestim emptor dominium & possessionem adipiscitur. l. 74. ff. de contr. empt.
Nerva filius res mobiles quatenùs sub custodia nostra sint hactenùs possideri : id est, quatenùs, si velimus, naturalem possessionem nancisci possimus. Nam pecus simul atque aberraverit, &c. l. 3. §. 13. ff. de acq. vel. amitt. poss. Voyez ci-après l'article 6. pour la possession des immeubles. V. l'article 17. de la Sect. 2.

V.

5. Espece de possession des droits. Il y a aussi une espece de possession des choses qui ne consistent qu'en des droits, comme un droit de Justice, une bannalité d'un four, d'un moulin, un péage, un office, & autres sortes de biens qu'on possede par l'usage & l'exercice qu'on fait de son droit dans les occasions. Et c'est cet exercice qui en fait la possession, de même que d'une servitude, qui est aussi un droit d'une autre nature, qu'on possede par l'usage qu'on en fait, encore qu'on ne possede pas le fonds sur lequel elle est dûe. Ainsi celui qui a un droit de passage à travers le fonds de son voisin, possede cette servitude en passant par cet héritage qu'il ne possede point *f.*

f Ego puto usum ejus juris pro traditione possessionis accipiendum esse. l. ult. ff. de servitut.

VI.

6. La possession ne demande pas une détention continuelle. Quoique la possession renferme la détention de ce qu'on possede, cette détention ne doit pas s'entendre de sorte qu'il soit nécessaire qu'on ait toujours ou sous sa main, ou à sa vûe, les choses dont on a la possession. Mais après qu'on l'a une foi acquise, elle se conserve sans une détention actuelle *g,* ainsi qu'il sera expliqué dans la Section deuxieme.

g Licet possessio nudo animo acquiri non possit, tamen solo animo retineri potest. l. 4. C. de acquir. & ret. possess.

VII.

7. Possession des animaux. Comme on peut posseder des animaux qu'il n'est pas possible d'avoir toujours sous sa main & en sa puissance, on en conserve la possession tandis qu'on les renferme, qu'on les fait garder, ou qu'étant apprivoisés, ils reviennent sans garde, comme sont les abeilles à leurs ruches, & les pigeons à leurs colombiers. Mais les animaux qui échapent à notre garde & ne reviennent point, ne sont plus en notre possession, jusqu'à ce que nous les recouvrions *h.*

h Quidquid eorum (ferarum & volucrum) ceperimus, eò usque nostrum esse intelligitur, donec nostra custodia coërcetur. l. 3. §. 2. ff. de acq. rer. dom.
Aves possidemus quas inclusas habemus : aut si quæ mansuefactæ custodiæ nostræ subjectæ sunt. l. 3. §. 15. ff. de acq. vel amitt. poss.
Quidam rectè putant, columbas quoque, quæ ab ædificiis nostris volant, item apes quæ ex alveis nostris evolant, & secundùm consuetudinem redeunt, à nobis possideri. d. l. 3. §. 16.
Nerva filius res mobiles quatenùs sub custodia nostra sint hactenùs possideri, id est, quatenùs si velimus naturalem possessionem nancisci possimus. Nam pecus simul atque aberraverit si non inveniatur, protinùs desinere à nobis possideri, licet à nullo possideatur. d. l. 3. §. 13.

La

VIII.

8. La simple détention sans droit en la chose n'est pas une véritable possession.

La simple détention d'une chose ne s'appelle pas proprement possession : & ce n'est pas assez pour posseder, qu'on tienne une chose, & qu'on l'ait en sa puissance ; mais il faut l'avoir avec le droit d'en jouir & d'en disposer comme en étant le maître, ou ayant un juste sujet de croire qu'on l'est *i*. Car celui qui tient une chose sans avoir ce droit, s'il la tient contre la volonté du maître, n'est pas un possesseur, mais un usurpateur : ou si c'est par sa volonté, cette détention laisse au maître sa possession, & c'est lui qui possede *l*.

i Opinione domini. *l. 22. §. 1. ff. de noxal. act.* Cogitatione domini. *l. 11. C. de furt.*
Possessio non tantum corporis, sed & juris est. *l. 49. §. 1. ff. de acq. vel amitt. poss.* Voyez l'article 2.
l Rei depositæ proprietas apud deponentem manet ; sed & possessio. *l. 17. §. 1. ff. de pos.* Voyez l'article suivant & l'article 11. de la Section 5.

IX.

9. On peut posseder par d'autres.

On peut posseder une chose, non seulement par soi-même, mais aussi par d'autres personnes. Ainsi, le propriétaire d'une maison ou d'un autre fonds, possede par son locataire, ou par son fermier. Ainsi, le débiteur qui a donné un gage à son créancier, celui qui a mis une chose en dépôt ou qui l'a prêtée ou laissée à jouir, possedent par ceux à qui ils ont confié la détention. Ainsi, le Mineur possede par son Tuteur. Ainsi on possede par un Procureur, & en général tout propriétaire possede par les personnes qui tiennent la chose en son nom *m*.

m Is cujus colonus, aut hospes, aut quis alius iter ad fundum fecit, usus videatur itinere, vel actu, vel via : & idcircò interdictum habebit. *l. 2. §. 7. ff. de itin. act. pr.*
Qui ex conducto possidet, quamvis corporaliter teneat, non tamen sibi, sed domino rei creditur possidere. *l. 1. C. comm. de usuc.*
Per procuratorem, tutorem, curatoremve, possessio nobis acquiritur. *l. 1. §. 20. ff. de acq. vel amitt. poss.*
Generaliter quisquis omnino nostro nomine sit in possessionem, veluti procurator, hospes, amicus, non possidere videmus. *l. 9. eod.*
Voyez le préambule de ce Titre.

X.

10. Possession précaire.

Ceux qui ne possedent que précairement, c'est-à-dire, comme ayant prié le maître de leur laisser la possession, ne l'en dépouillent pas, mais possedant de son consentement possedent pour lui. Ainsi, par exemple, si le vendeur d'une maison ou d'un héritage n'en fait pas la délivrance au tems du contrat, & qu'il en retienne la possession, soit pour une jouissance qu'il s'est reservée, ou pour prendre le tems de vuider les lieux & les rendre libres, ou pour d'autres causes ; on met dans le contrat, qu'il ne possedera que précairement. Ce qui a cet effet, que l'acquereur est regardé comme possedant par les mains du vendeur. Et si on considere l'un & l'autre comme ayant la possession, celle de l'acheteur qui est le maître, est distinguée par son droit, & son intention de posseder en maître : & celle du vendeur ne consiste qu'en une simple détention sans le droit de propriété, & n'est pas une véritable possession *n*.

n Is qui rogavit, ut precariò in fundo moretur, non possidet : sed possessio apud eum qui concessit, remanet. *l. 6. §. 2. ff. de prec.*
Eum qui precariò rogaverit, ut sibi possidere liceat, nancisci possessionem non est dubium. An is quoque possidcat, qui rogatus sit, dubitatum est. Placeat autem, penes utrumque esse cum hominem, qui precariò datus esset : penes cum qui rogasset, qua possederat corpore : penes dominum, quia non discesserit animo possessione. *l. 15. §. 4. eod.*
On a ajouté les dernieres paroles de cet article pour concilier la contrariété apparente de ces deux textes.

XI.

11. Possession de bonne foi, ou de mauvaise foi.

Il y a deux sortes de possesseurs, ceux qui possedent de bonne foi, & ceux qui possedent de mauvaise foi *o*. Le possesseur de bonne foi est celui qui est en effet le

o Potest dividi possessionis genus in duas species, ut possideatur aut bona fide, aut non bona fide. *l. 3. §. 22. ff. de acq. vel am. poss.*

Tome I.

maître de ce qui possede, ou qui a une juste cause de croire qu'il l'est, quoiqu'il puisse se trouver qu'en effet il ne le soit point, comme il arrive à celui qui achere une chose qu'il croit appartenir à son vendeur, & qui est à un autre. Le possesseur de mauvaise foi est celui qui possede comme maître, mais qui prend cette qualité, ou sçachant bien qu'il n'a aucun titre, ou connoissant les vices du titre, qu'il pourroit avoir. On verra les effets de ces deux sortes de possession dans la Section troisieme.

XII.

12. Possession furtive, ou clandestine.

Il faut mettre au nombre des possesseurs de mauvaise foi, non seulement les usurpateurs, mais aussi ceux qui prévoyant que le droit qu'ils prétendent avoir sera contesté, & craignant qu'on ne les empêche d'entrer en possession, prennent quelque occasion de s'y mettre furtivement à l'insçu de celui qui doit les troubler *p*.

p Clam possidere eum dicimus qui furtivè ingressus est possessionem ignorante eo quem sibi controversiam facturum suspicabatur, & ne faceret timebat. *l. 6. ff. de acq. vel am. poss.*
Clam committentes, ut contumaces plectuntur.... *l. alt. in f. ff. de ritu nupt. V. l. 10. si serv. vind.*

XIII.

13. Le possesseur est présumé le maître.

Quoique la possession soit naturellement liée à la propriété, & qu'elle n'en doive pas être séparée *q* ; il ne faut pas les confondre, de sorte qu'on croye que l'une ne puisse être sans l'autre *r*. Car il arrive souvent que la propriété d'une chose étant contestée entre deux personnes, il n'y en a qu'un des deux qui soit reconnu pour le possesseur, & il se peut faire que ce soit celui qui n'est pas le maître, & qu'ainsi la possession soit séparée de la propriété. Mais dans ce cas même la liaison naturelle de la possession à la propriété, fait que les loix présument qu'elles sont jointes en la personne du possesseur : & jusqu'à ce qu'il soit prouvé qu'il n'est pas le maître, elles veulent que par le simple effet de sa possession il soit considéré comme s'il l'étoit. Car comme c'est le maître qui doit posseder, il est naturel de présumer que celui qui est possesseur est aussi le maître, & que le vrai maître ne s'est pas laissé dépouiller de sa possession *f*.

q Voyez l'article 2.
r Possessio & proprietas misceri non debent. *l. 52. ff. de acq. vel amitt. poss.*
Nihil commune habet proprietas cum possessione. *l. 12. §. 1. eod.*
Fieri enim potest, ut alter possessor sit, dominus non sit : alter dominus quidem sit, possessor verò non sit : fieri potest, ut & possessor idem & dominus sit. *l. 1. §. 2. ff. uti possid.*
f Voyez l'article 1. de la Section 4. du Titre des Preuves, p. 255.

XIV.

14. Détention que le maître ne peut ôter.

La possession ou le droit qu'a le maître de posseder, se trouve souvent séparée de la détention actuelle, sans qu'il puisse ôter la chose à celui qui la tient. Ainsi, par exemple, si un vendeur d'un héritage s'en reserve la jouissance pour quelques années, il le retiendra sans qu'il en puisse être dépouillé, & sans qu'il soit le maître. Ainsi, celui qui a l'usufruit d'un fonds le tient & l'occupe, sans que le propriétaire puisse l'y troubler. Ainsi le débiteur ne peut ôter à son créancier ce qu'il lui a donné en gage. Mais dans ces cas la détention n'étant pas une suite du droit d'avoir la chose en propre, & d'en disposer ; ce n'est pas une véritable possession, au sens de la définition expliquée dans le premier article, & par laquelle on puisse exercer tous les droits de la possession jointe à la propriété ; mais c'est seulement un droit de tenir la chose pour l'usage qui peut avoir été accordé à ces détenteurs *t*.

t Qui usufructus nomine rem tenet non utique possidet. *l. 5. §. 1. ff. ad exhib. l. 1. §. 8. ff. de acq. vel amiss. poss.* Fructuarius non possidet. §. 4. instit. per quas pers. cuiq. acq. Voyez l'article 23. de la Section 3. des Gages & Hypotheques, p. 206.
Utrum autem adversus dominum duntaxat in rem actio usufructuario competat, an etiam adversus quemvis possessorem, quæritur ? Et Julianus, libro septimo Digestorum, scribit, hanc actio-

nem adversus quemvis possessorem ei competere. *l. 5. §. 1. ff. si usuf. pet.* V. l'art. 1. de la Section 5. de l'Usufruit, p. 114.

X V.

Il s'ensuit de la regle expliquée dans l'article treizieme que tout possesseur doit être maintenu dans sa possession & sa jouissance jusqu'à ce que celui qui le trouble établisse clairement son droit. Et si une demande de la propriété contre un possesseur n'est fondée sur de bons titres, il lui suffit d'y opposer sa possession sans autres moyens *n.*

n In pari causâ possessor potior haberi debet. *l. 126. ff. de reg. jur.* V. l'article 1. de la Section 4. du Titre des Preuves, p. 255.

Cette regle *qui maintient le possesseur, même sans titre, contre celui qui le trouble, ne doit pas s'entendre des matieres beneficiales, où les procès sont si fréquens, pour la possessoire des Benefices. Car il y a cette difference entre la possession des Benefices, & celle des biens temporels, qui sont en commerce, qu'au lieu qu'en ceux-ci tout possesseur est maintenu sans aucun titre, si celui qui le trouble n'en a point de sa part; le possesseur d'un Benefice n'est pas maintenu, si avec sa possession il n'a la capacité & un juste titre. Ce qui est fondé sur ce qu'au lieu que toute sorte de personnes peuvent posseder les choses qui sont en commerce, & que les manieres de les acquerir sont indifferentes; les Benefices ne peuvent être possedés que par des personnes qui ayent une capacité proportionnée à la qualité du Benefice, & qui en soient pourvûs par les voyes que les Loix de l'Eglise y ont établies. Ainsi on juge le possessoire des Benefices non sur la seule possession, mais sur les titres les plus apparens.* V. les Ordonnances de 1453. art. 75. 1493. art. 58. 1535. chap. 9. art. 6. 1667. Tit. 15. art. 2. & 6.

X V I.

Comme la possession suffit pour maintenir le possesseur, il arrive quelquefois que les deux parties qui prétendent la propriété d'un même héritage, prétendent aussi d'en avoir la possession, & que chacun de sa part pour être maintenu tâche de faire voir qu'il est possesseur, & qu'ainsi l'un & l'autre se troublent reciproquement par des actes qui puissent marquer leur possession. Et dans ces cas si l'un des deux se trouve avoir possedé paisiblement pendant une année avant le trouble que lui a fait l'autre, il sera maintenu *x.*

x Hoc interdicto prætor non inquirit, utrum habuit jure servitutem impositam, an non : sed hoc tantum an itinere, actuque hoc anno usus sit, non vi, non clam, non precario à tueatur eum. *l. 1. §. ff. 1. de itin. actuq. priv.*
Annum ex die interdicti retrorsum computare debemus. *d. l. §. 3.*
Vi pulsos restituendos esse, interdicti exemplo, si necdum utilis annus excessit, certissimi juris est. *l. 2. C. unde vi.*

X V I I.

Les contestations où il s'agit de regler entre deux personnes, qui prétendent être en possession d'une même chose, lequel des deux sera maintenu, doivent s'instruire & se juger indépendamment du droit de propriété. Car la discussion des titres nécessaires pour juger la propriété, demande souvent des délais que le différend de la possession ne peut pas souffrir. Et comme il est important de ne pas laisser deux possesseurs dans le peril des suites d'une telle contestation ; on regle premierement la cause de la possession, & ce n'est qu'après qu'elle est pleinement finie, qu'on vient à instruire & juger la propriété *y.* Ainsi celui qui se trouve le possesseur a l'avantage de conserver la pos-

y Exitus controversiæ possessionis hic est tantùm ut priùs pronuntiet judex uter possideat. Ita enim fiet, ut jam victus ut de possessione, petitoris paribus fungatur : & tunc de domino quæratur. *l. 35. ff. de acq. vel amitt. poss.*
Incerti juris non est, ortâ proprietatis & possessionis lite, priùs possessionis decidi oportere quæstionem competentibus actionibus : ut ex hoc ordine facto, de domini disceptatione probationes ab eo qui de possessione victus est exigantur. *l. 3. C. de interdictis. l. 35. ff. de acq. vel amitt. poss.*

Par les Ordonnances on ne peut former la demande au petitoire, c'est-à-dire, pour la propriété, qu'après que le possessoire aura été jugé, & que celui qui aura été condamné, aura pleinement satisfait à la condamnation pour la restitution de fruits & les dépens, & pour les dommages & interêts, s'il y en a, sans qu'on puisse joindre ces deux demandes du possessoire & du petitoire. V. l'Ordonnance de 1667. Titre 38. art. 4. & 5. V. l'art. suivant.

---

session, pendant que la propriété demeure indécise *z.*

z Is qui destinavit rem petere animadvertere debet, an aliquo interdicto possit nancisci possessionem: quia longè commodius est ipsum possidere, & adversarium ad onera petitoris compellere quàm alio possidente petere. *l. 24. ff. de rei vindic.*

X V I I I.

Celui qui prétend avoir été troublé dans sa possession, doit faire sa demande, qu'on appelle complainte pour le possessoire, dans l'année à compter du jour qu'il a été troublé *a.* Car s'il laisse sa partie en possession pendant une année, il a perdu la sienne, quelque droit apparent qu'il pût y avoir. Mais il lui reste son action pour la propriété.

a Vi pulsos restituendos esse, interdicti exemplo, si necdum utilis annus excessit, certissimi juris est. *l. 3. C. unde vi. l. 1. in f. ff. de interdict.*
Par les Ordonnances la demande pour le possessoire doit être faite dans l'année du trouble. V. l'Ordonnance de 1539. art. 61. & celle de 1667. Titre 18. art. 4. & 5.

X I X.

Si la question de la possession se trouvoit douteuse, ne paroissant pas assez de fondement pour maintenir l'un des possesseurs, le possessoire seroit jugé en faveur de celui qui auroit le titre le plus apparent, ou l'on ordonneroit que la chose contentieuse seroit mise en sequestre, jusqu'à ce que la question de la propriété, ou celle de la possession auroit été jugée *b.*

b C'est une suite des regles précedentes. V. les Ordonnances de 1453. art. 74. 155. chap. 9. art. 3. 1498. art. 86. de 1607. Tit. 15. art. 10. Tit. 19.
V. la Section 4. du Titre du Depôt, p. 83. l. 9. §. 3. ff. de dolo. l. 39. ff. de acq. vel amitt. poss. l. 21. §. 3. ff. de appell. l. 5. C. quor. appell

---

SECTION II.

De la liaison entre la possession & la propriété; comment on peut acquerir ou perdre la possession.

SOMMAIRES.

I.

1. Le droit de posseder s'acquiert avec la propieté.

COmme la possession est naturellement liée au droit de propriété, & n'en doit pas être separée *a*, quiconque a acquis la propriété d'une chose, ou il en acquiert en même tems la possession, ou il est en droit de l'acquerir, & de la recouvrer s'il l'avoit perdue *b*. Ainsi il y a autant de diverses causes de posseder, qu'il y a de différens titres de propriété *c*.

a V. l'art. 2. de la Section 1.
b Rem in bonis nostris habere intelligimur quoties possidentes exceptionem aut amittentes, & recipiendam eam, actionem habemus. l. 52. ff. de acq. rer. dom.
c Genera possessionum tot sunt quot & causæ acquirendi ejus quod nostrum non sit. Velut pro emptore, pro donato, pro legato, pro dote, pro hærede, pro noxæ dedito, pro suo, sicut in his quæ terra, marique, vel ex hostibus capimus : vel quæ ipsi : ut in rerum natura essent, fecimus : & in summa, magis unum genus est possidendi, species infinitæ. l. 3. §. 21. ff. de acq. vel amitt. possess.

I I.

2. Différence entre acquerir le droit de posseder, & acquerir la possession actuelle.

Il ne faut pas confondre les manieres d'acquerir le droit de posseder dont il a été parlé dans l'article precedent, & les manieres d'entrer & se mettre en possession, & d'avoir la chose en sa puissance pour en user, en jouir, & en disposer. Les manieres d'acquerir la proprieté des choses, & par la proprieté le droit de les posseder, sont infinies. Car on les acquiert par les ventes, par des échanges, par des donations, & par d'autres différens titres que les Loix ont reglés. Mais il n'y a que la détention effective qui nous mette dans la possession réelle & actuelle de ce qui est à nous. Et cette détention s'acquiert ainsi qu'il sera expliqué dans l'article 16. & les autres suivans *d*.

d Quarumdam rerum dominium nanciscimur jure gentium quod ratione naturali inter omnes homines peræque custoditur : quarumdam jure civili, id est, jure proprio civitatis nostræ. l. 1. ff. de acq. rer. dom. §. 11. inst. de rer. divis.
V. sur la distinction du droit des gens & du droit civil, dont il est parlé dans ce texte, ce qui en a été dit dans le Traité des Loix, chap. 11. n. 1. 4. 32. 33. 39. & suivans.

I I I.

3. On peut acquerir en de certains cas la proprieté par le simple effet de la possession.

La liaison de la possession à la proprieté n'a pas seulement ce premier effet que la proprieté renferme & donne toujours le droit de posseder ; mais elle a aussi ce second effet, que la possession donne souvent la proprieté. Ainsi, quiconque acquiert la possession d'une chose dont on peut avoir la proprieté, & qui n'a point de maître, le devient lui-même par le simple effet de la possession. Car ayant en sa puissance ce que personne n'a droit de lui ôter, il en demeure en même tems & possesseur & proprietaire *e*. Ce qui arrive en divers cas qu'on expliquera dans l'article cinquieme, & les autres suivans.

e Quod nullius est, id naturali ratione occupanti conceditur. §. 12. inst. de rer. divis. l. 3. ff. de acq. rer. dom.

I V.

4. Dans ces cas la possession est un titre pour la proprieté.

Toutes les manieres dont on acquiert la proprieté par la possession, sont autant de voyes qui font partie de celles que la nature & les loix donnent aux hommes pour faire passer à leur usage les diverses choses dont la possession est nécessaire pour en user. Cat il y a des choses dont on use sans les posseder, & qu'on ne peut mê-

Tome I.

me posseder ; soit à cause de la nature, ou parce que l'usage en est commun à tous : & il y en a d'autres dont on ne peut avoir l'usage sans les posseder. Ainsi, on use de l'air, de la lumiere, des mers, des rivieres, des grands chemins, & de plusieurs autres choses sans les posseder : & on ne peut user sans possession de ce qu'il faut avoir pour la nourriture & le vêtement, & pour une infinité d'autres différens usages. Et c'est cette possession qu'on acquiert, ou par les titres qui donnent la proprieté, ou sans autre titre que les événemens qui mettent les choses en nos mains, & qui les rendent nôtres, comme par une délivrance que nous en fait l'ordre divin qui regle ces évenemens *f*.

f Naturali jure communia sunt omnium hæc, aër, aqua profluens, mare. §. 1. inst. de rer. divis. l. 2. §. 1. eod. V. les articles 1. 2. 3. de la Section 1. du Titre des choses, p. 17.

V.

5. On acquiert par la possession ce qui n'est tout à personne.

Il est naturel selon les principes remarqués dans les articles precedens, que les choses que Dieu a créées pour l'usage des particuliers, & qui n'ont encore passé à la possession de personne, soient acquises à ceux qui sont les premiers à les découvrir, & mettre en usage. Ainsi, quand les hommes se sont multipliés, ceux qui les premiers sont entrés dans des terres inhabitées, & qui s'en sont mis en possession, s'en sont rendus justement les maîtres *g*.

g Quod nullius est id ratione naturali occupanti conceditur. l. 3. ff. de acq. rer. dom.

V I.

6. Comme si on trouve des pierreries & autres choses précieuses.

Ceux qui découvrent ou qui trouvent sans dessein des pierreries, & d'autres matieres précieuses, dans les lieux où il leur est permis d'en chercher, & en prendre, en deviennent les maîtres *h*.

h Lapilli & gemmæ, & cætera quæ in litore maris inveniuntur, jure naturali statim inventoris fiunt. §. 18. inst. de rer. divis. l. 3. ff. eod.
On n'a pas mis cet article dans les termes généraux d'une liberté indéfinie à toutes personnes de acquerir ces sortes de choses en les découvrant, ou en les trouvant. Car par notre usage, les matieres précieuses des mines, par exemple, n'appartiennent pas entierement à ceux mêmes qui les découvrent dans leurs propres héritages ; mais le Roi a son droit reglé par les Ordonnances. Voyez l'article 5. de la Section 2. du Titre des Choses, p. 18.

V I I.

7. On acquiert par la chasse, & la pêche.

Les bêtes sauvages, les oiseaux, les poissons, & tout ce que peuvent prendre ou à la chasse, ou à la pêche, ceux qui ont le droit, leur est acquis en propre par la prise qui le met en leurs mains *i*.

i Feræ bestiæ, & volucres, & pisces, & omnia animalia quæ mari, cœlo & terra nascuntur, simul atque ab aliquo capta fuerint, jure gentium statim illius esse incipiunt. §. 12. inst. de rer. divis. l. 1. §. 1. ff. de acq. rer. dom.
Il faut remarquer sur cet article, que la chasse & la pêche ne sont pas permises à toutes personnes, en tous lieux indistinctement. Voyez l'article 11. de la Section 1. du Tit. des Choses, p. 18. & la remarque sur l'article 1. du même Titre.

V I I I.

8. Par des prises sur les ennemis.

On acquiert aussi par la prise & par le droit de la guerre, ce qu'on prend sur les ennemis *l*.

l Ea quæ ex hostibus capimus jure gentium statim nostra fiunt. §. 17. inst. de rer. divis.
Il faut encore remarquer sur cet article, que le butin & les dépouilles des ennemis n'appartiennent pas toujours indistinctement & entierement à ceux qui font les prises. Car, par exemple, l'amiral a son droit des prises sur mer.

I X.

9. Si on trouve une chose abandonnée, on la jette pour la donner.

Celui qui trouve une chose abandonnée, c'est-à-dire, dont celui qui en étoit le maître, quitte & abandonne la possession & la proprieté, ne voulant plus qu'elle soit à lui, en devient le maître *m* ; de même que si elle n'avoit jamais été à personne. Et à plus forte rai-

m Si res pro derelicto habita sit statim nostra esse desinit, & occupantis statim fit. Quia iisdem modis res desinunt esse nostræ quibus modis acquiruntur. l. 1. ff. pro derelicto. §. 47. inst. de rer. divis. Voyez l'article 3. & les articles 28. & 29.

Ll ij

son, ceux qui ramaffent des pieces d'argent, ou autres chofes que des princes ou autres perfonnes jettent au public par magnificence, dans quelque occafions extraordinaires, acquierent ce qui tombe en leurs mains. Car uutre la poffeffion d'une chofe que celui qui en étoit le maître ne veut plus avoir, ils ont font intention qui fait paffer ces chofes à ceux qui les prennent *m*.

n Hoc amplius interdùm & in incertas perfonas collata voluntas domini transfert rei proprietatem. Ut ecce, qui miffilia jactat in vulgus, ignorat enim quid eorum quifque excepturus fit. Et tamen quia vult, quod quifque exceperit, ejus effe, ftatim eum dominum efficit. *l. 9. §. 7. ff. de acq. rer. dom. §. 46. inft. de rer. divif. Nov. 105. c. 2. §. 1.*

X.

10. Ou une chofe perdue dont on ne peut découvrir le maitre.

Si celui qui a trouvé une chofe perdue, ayant fait tout ce qu'il fe pouvoit pour en découvrir le maître & pour la lui rendre, ne peut le fçavoir, il en demeure le maître, jufqu'à ce que celui qui l'étoit, vienne à paroître & prouve fon droit *o*.

o Si le maître ne peut fe découvrir, il en eft de même que fi la chofe n'étoit à perfonne. Voyez l'article 3. Voyez les articles 1. de la Section 1. & 1. & 2. de la Sect. 2. des Engagemens qui fe forment par des cas fortuits, p. 187. & 189.

X I.

11. Ou un tréfor.

Quoique les tréfors ne foient pas au nombre des chofes ou perdues ou abandonnées, ou qui n'ont jamais été à perfonne, ceux qui les trouvent en acquierent la poffeffion & la propriété aux charges reglées par les Loix. On appelle tréfor ce qui a été caché en quelque lieu pour n'être point trouvé & dont le propriétaire ou fes héritiers, ou autres ayant fon droit, ne paroiffent point; ce qui fait le même effet que fi perfonne n'y avoit aucun droit *p*. Mais s'ils paroiffoient, ce feroit un larcin de ne le pas rendre *q*.

p Thefaurus eft vetus quædam depofitio pecuniæ, cujus non extat memoria, ut jam dominum non habeat. Sic enim fit ejus qui invenerit, quod non alterius fit. *l. 31. §. 1. ff. de acq. rer. dom.* Si in locis fifcalibus, vel publicis, religiofive, aut in monumentis thefauri reperti fuerint, Divi fratres conftituerunt, ut dimidia pars ex iis fifco vindicaretur. Item fi in Cæfaris poffeffione repertus fuerit, dimidiam æquè partem fifco vindicari. *l. 3. §. penult. ff. de jur. fifci.* Qui thefaurum in proprio fundo invenit, totius fit dominus: qui in alieno, cum domino fundi partitur, & dimidiam retinet. *l. un. C. de Thefaur. §. 39. inft. de rer. divif. l. 7. §. 12. ff. fol. matr. V. Nov. Leon. 31.*

q Alioquin fi quis aliquid vel lucri causâ, vel metûs, vel cuftodiæ confiderandi cauſâ confiderit fub terra, non eft thefaurus, cujus etiam furtum fit. *D. l. 31. §. 1. ff. de acq. rer. dom. v. l. 67. ff. de rei vind. & l. 15. ff. ad exhibendum.* Notre ufage eft different du Droit Romain pour le droit au tréfor. Mais comme cette matiere n'eft pas de ce deffein, & qu'elle eft de quelqu'étendue, on ne doit pas l'expliquer ici.

¶ Par le Droit dernier le tréfor fe partage entre le vendeur & le propriétaire du fonds fans que le Fifc y puiffe rien prétendre. *Inft. §. 39. tit. de rerum divif. & l. unica Cod. de thefaur.* Cette difpofition eft fuivie dans les pays de Droit Ecrit. Defpeiff. tom. 3. p. 129.

Dans les Pays Coutumiers il fe partage en trois, fçavoir à l'Inventeur, au Propriétaire & au Seigneur haut Jufticier. Loifel, Inft. Coutum. *l. 2. t. 2. Reg. 53.* Chopin, *de Doman. l. 2. t. 5. n. 14.* Si le propriétaire eft l'inventeur il en a la moitié, & le haut-Jufticier l'autre moitié. Loifel, *eod. Reg. 54.* Les Officiers du Domaine prétendent que les tréfors en or doivent appartenir au Roi. Loifel, *eod. reg. 52. contra cenfet Chopin, eod. num. 11.*]

X I I.

12. Ce que la nature ajoute à un fonds eft acquis au maitre du fonds.

Les propriétaires des fonds acquierent la poffeffion de ce que la nature peut y ajouter, qui augmente le fonds & qui en foit comme un acceffoire. Ainfi l'accroiffement infenfible qui peut arriver à un héritage joignant à une riviere par l'effet de l'eau, eft acquis au maître de cet héritage. Mais fi un débordement, ou le changement de lit d'une riviere, fepare une partie d'un héritage, & la joint à un fonds voifin, la propriété de cette partie demeure à fon premier maître. Car au lieu de ce qui étoit ajouté à un fonds par un accroiffement infenfible ne peut être diftingué pour être rendu à un autre maître, & peut même venir d'ailleurs que d'un fonds voifin, on peut diftinguer dans ces changemens fubits ce qui eft à chacun. Ainfi toutes ces fortes d'ac-

croiffemens n'augmentent le fonds que de ce qui ne paroît pas être demeuré à fon premier maître *r*.

r Quòd per alluvionem agro noftro flumen adjicit, jure gentium nobis acquiritur. Per alluvionem autem id videtur adjici, quod ita paulatim adjicitur, ut intelligere non poffimus, quantùm quoquo momento temporis adjiciatur. Quod fi vis fluminis partem aliquam ex tuo prædio detraxerit, & meo prædio attulerit, palam eft eam tuam permanere. *l. 7. §. 1. & 2. ff. de acq. rer. dom.* Quamvis fluminis naturalem curfum opere manufacto aliò non liceat avertere, tamen ripam fuam adverfus rapidi amnis impetum munire, prohibitum non eft. Et cùm fluvius priore alveo derelicto, alium fibi facit, ager quem circumit, prioris domini manet. Quod fi paulatim ita auferat ut alteri parti applicet, id alluvionis jure ei quæritur cujus fundo acceffit. *l. 1. C. de alluvion.* Voyez l'article 6. de la Sect. 1. des Engagemens qui fe forment par des cas fortuits, p. 187.

X I I I.

13. Poffef-fion du bâtimens ac-quife au maitre du fonds.

Les bâtimens appartiennent à ceux font les maîtres des lieux où ils font fondés. Car le bâtiment eft un acceffoire qu'on ajoute au fonds, & qui ne peut en priver le propriétaire. Ainfi lorfqu'une perfonne bâtit dans le fonds d'une autre, le bâtiment eft acquis au maître du fonds. Et lorfque le maître du fonds y bâtit de materiaux qui ne font point à lui, il en devient le maître: car les materiaux ne pouvant être feparés du fonds que par une démolition, qu'il eft de l'intérêt public de ne pas fouffrir; la poffeffion en demeure au maître du fonds, & par cette poffeffion la propriété, à la charge d'en payer la valeur. Mais s'il étoit entré dans ce bâtiment quelque piece précieufe qu'il fût jufte d'en détacher, comme une ftatue ou autre ornement, on la rendroit à celui qui en étoit le maître. Car le droit d'empêcher la féparation des materiaux eft borné à ce qui eft néceffaire pour le bâtiment, & qui en faifant partie n'en peut facilement être féparé. Que fi celui qui auroit employé ces materiaux dont il n'étoit pas le maître l'avoit fait de mauvaife foi, il feroit tenu des dommages & intérêts, & des autres peines que la qualité du fait pourroit mériter *f*.

f Cùm in fuo loco aliquis aliena materia ædificaverit, ipfe dominus intelligitur ædificii: quia omne quod inædificatur folo cedit. Nec tamen ideò is qui materiæ dominus fuit, defiit ejus dominus effe: fed tantifper neque vindicare eam poteft, neque ad exhibendum de ea agere propter legem 12. tab. qua cavetur, ne quis dignum alienum ædibus fuis junctum eximere cogatur. Sed duplum pro ea præftet. Appellatione autem tigni omnes materiæ fignificantur, ex quibus ædificia fiunt. *l. 7. §. 10. ff. de acq. rer. dom. Inft. 1. de rerum divifione. §. 30.* Ex diverfo fi quis in alieno folo fua materia ædificaverit, illius fit ædificium cujus & folum eft. *d. l. §. 12.* Certè fi dominus foli petat ædificium, nec folvat pretium materiæ, & mercedem fabrorum, poterit per exceptionem doli mali repelli. *d. §. 12.*

X I V.

14. Il en eft de même de ce qui eft planté.

Il en eft de même de ce qui eft planté dans un héritage, que des bâtimens: & s'il fe trouve que le maître d'un fonds y ait planté des arbres qui n'étoient point à lui, ou que le maître des arbres les ait plantés dans le fonds d'un autre, & qu'ils y ayent pris racines; ils demeureront propres au maître du fonds. Mais il fera tenu de payer le prix de ces arbres, & auffi les dommages & intérêts, & les autres peines, s'il y en avoit lieu, fuivant la regle expliquée dans l'article précédent.

t Si alienam plantam in meo folo pofuero, mea erit. Ex diverfo, fi meam plantam in alieno folo pofuero, illius erit: fi modò utroque cafu radices egerit. Antequam enim radices ageret, illius permanet, cujus & fuit. *l. 7. §. 13. ff. de acq. rer. dom. l. 5. §. 3. ff. de rei vindic. l. 11. C. eod.*

X V.

15. Poffef-fion de ce qui eft ajou-té à un meuble.

La même raifon qui fait que le propriétaire d'un fonds acquiert ce qu'on y bâtit ou ce quon y plante, fait auffi que dans les chofes mobiliaires, ce qui devient infeparable d'un meuble paffe à la poffeffion & à la propriété de celui qui en eft le maître. Ainfi une piece qui fait partie d'un meuble compofé de pieces rapportées, eft acquife à celui à qui eft ce meuble, en payant le prix que cette piece auroit pû valoir étant détachée. Car ce qui ne peut être féparé d'un tout, demeure à celui à qui eft le refte. Mais fi ce qui eft ajouté eſt plus précieux que n'étoit le meuble, comme une peinture ſur une toile, la valeur & la dignité du plus précieux, emportera le moindre *u* : Et le Peintre ſera maître du tableau, en payant la toile. Et il en ſeroit de même, ſi d'une matiere de peu de valeur, il en avoit été fait un ouvrage de prix, comme une ſtatue de marbre ou de bronze, on un compoſé précieux de diverſes matieres d'un prix médiocre. Car dans tous ces cas, quoiqu'il n'y eût rien d'ajouté à ces matieres que l'art qui en auroit fait l'ouvrage, celui qui met une choſe en nature doit en être le maître *x* : ſi ce n'eſt que l'ouvrage fût moins précieux que la matiere, comme ſeroit des gravures de cachets ſur des pierreries. Ainſi pour juger à qui les choſes doivent appartenir après les ſortes de changemens, il faut conſiderer les circonſtances de la qualité de l'ouvrage, de celle de la matiere, des cauſes pour leſquelles l'ouvrage a été fait, ſi c'étoit pour l'uſage de celui qui le faiſoit, ou du maître de la matiere, ou de quelqu'autre perſonne qui l'eût commandé. Et par toutes ces vûes, & les autres ſemblables, on pourra regler à qui la choſe devra demeurer : & regler ce qu'il devra rendre ou pour la matiere, ou pour la façon.

u Si quis rei ſuæ alienam rem ità adjecerit, ut pars ejus fieret, veluti ſi quis ſtatuæ ſuæ, brachium aut pedem alienum adjecerit, aut ſcypho anſam, vel fundum, vel candelabro ſigillum, aut menſæ pedem, dominum ejus totius rei effici, vereque ſtatuam ſuam dicturam, & ſcyphum. l. 23. §. 2. ff. de rei vindic.

Literæ quoque, licèt aureæ ſint, perinde chartis membraniſve cedunt, ac ſolo cedere ſolent, ea quæ ædificantur, aut ſeruntur. l. 9. §. 1. ff. de acq. rer. dom.

Sed non uti literæ chartis membraniſve cedunt, ita ſolent picturæ tabulis cedere : ſed ex diverſo placuit, tabulas picturæ cedere. d. l. §. 2.

In omnibus igitur iſtis in quibus mea res per prævalentiam alienam rem trahit, meamque efficit, ſi eam rem vindicem, per exceptionem doli mali cogar pretium ejus quod acceſſerit dare. l. 23. §. 4. ff. de rei vindic.

On ne s'eſt pas ſervi dans cet article de l'exemple de l'écriture ſur le papier ; car le texte cité ſur cet article doit s'entendre en d'autre matiere plus précieuſe que notre papier, & d'écriture qui ne mériteroit pas que la matiere ſur laquelle on auroit été ôtée à ſon maître, comme ce qui s'écriroit ſur des tablettes cirées pour être effacé. Mais pour l'écriture ſur notre papier, il eſt bien certain que le maître du papier ne deviendroit pas la maître du ce qu'on y auroit écrit, quand ce ne ſeroit qu'une ſimple lettre : & encore moins ſi c'étoit des écrits, ou des actes de quelque conſéquence.

x Vel quæ ipſi ut in natura eſſent fecimus. l. 5. §. 3. ff. de acq. vel am. poſſ.

V. un autre cas ſur une choſe ſe trouve compoſée du mélange de diverſes matieres qui appartenoient à pluſieurs perſonnes. Art. 7. Sect. 1, des Engagemens qui ſe forment par des cas fortuits, p. 188.

XVI.

16. En quoi conſiſte la poſſeſſion,

Tout ce qu'on a dit dans les articles précedens regarde les cauſes qui peuvent nous donner la poſſeſſion ou le droit de poſſeder : & il faut maintenant conſiderer comment on devient poſſeſſeur, & les manieres d'entrer dans la poſſeſſion réelle & actuelle. Comme l'uſage de la poſſeſſion eſt d'exercer le droit de proprieté, elle renferme trois choſes, une juſte cauſe de poſſeder en maître, l'intention de poſſeder en cette qualité, & la détention. Cette intention ne s'entend pas de celle d'un uſurpateur ni d'un poſſeſſeur de mauvaiſe foi, qui ont l'intention de poſſeder en maîtres, mais de celui qui eſt en effet le maître, ou qui poſſede de bonne foi. La détention ne s'entend pas ſeulement de celui qui tient la choſe en ſes mains, ou en ſa puiſſance ; mais auſſi de celui qui la tient par d'autres, comme par un dépoſitaire, par un locataire, par un fermier. Sans l'intention, il n'y a point de poſſeſſion : ainſi le poſſeſſeur d'un fonds où eſt un tréſor qui lui eſt inconnu, ne poſſede pas ce tréſor quoiqu'il poſſede le lieu où il eſt. Sans la détention l'intention eſt inutile, & ne fait pas la poſſeſſion : ainſi celui de qui la choſe a été volée, ne la poſſede plus. Et ſans une juſte cauſe, la détention n'eſt qu'une uſurpation *y*.

y Cogitatione domini, opinione domini. V. l'art. 8. de la Sect 1.

Apiſcimur poſſeſſionem corpore, & animo : neque per ſe animo, aut per ſe corpore. l. 3. §. 1. ff. de acq. vel amitt. poſſeſſ.

Solo animo non poſſe nos acquirere poſſeſſionem, ſi non antecedat naturalis poſſeſſio. d. l. 3. §. 3. l. 4. C. de acq. & retin. poſſ.

Nulla poſſeſſio acquiri niſi animo, & corpore poteſt. l. 8. ff. eod.

Sciendum eſt adverſùs poſſeſſorem hac actione (ad exhibendum) agendum : non ſolum eum qui civiliter, ſed & eum qui naturaliter incumbat poſſeſſioni. l. 3. §. ult. ff. ad exhibend. Naturalis poſſeſſio. l. 3. §. 13. ff. de acq. vel amitt. poſſ.

On a expliqué dans le préambule la difference entre cette poſſeſſion naturelle & celle que les Loix appellent civile. Quod Brutus & Manilius putant, eum qui fundum longa poſſeſſione cepit, etiam theſ urum cepiſſe, quamvis neſciat in fundo eſſe, non eſt verum. Is enim qui neſcit, non poſſidet theſaurum, quamvis fundum poſſideat. l. 3. §. 3. eod. v. l. 30. eod. V. l'art. 1. de la Sect. 1. V. l'art. 23.

XVII.

17. Poſſeſſion qu'on prend de ſoi-même ſans droit précedent.

La poſſeſſion des choſes qui nous ſont acquiſes tombant en nos mains, comme de ce qu'on trouve qui n'ait aucun maître, de ce qu'on prend à la chaſſe, & de celle qu'on a droit de prendre ſur ceux qui en ſont les maîtres, comme les dépouilles des ennemis, nous eſt acquiſe par le ſimple fait y mettant la main *z*.

z Lapilli, & gemmæ, & cætera quæ in l.tore maris inveniuntur, jure naturali ſtatim inventoris fiunt. §. 18. inſt. de rer. diviſ.

Simul atque capra fuerint, jure gentium ſtatim illius eſſe incipiunt. §. 12. inſt. eod. V. l'art. 3. de cette Section.

XVIII.

18. Poſſeſſion qui ne ſe prend que par la délivrance.

La poſſeſſion des choſes qu'on acquiert d'autres perſonnes qui les ont en leur puiſſance, ne paſſe à l'acquereur que par la délivrance qui lui en eſt faite par le vendeur, donateur, ou autre de qui il acquiert. Et ſi cette délivrance étoit refuſée, l'acquereur ne pourroit prendre la choſe de voye de fait, mais devroit ſe pourvoir en juſtice pour la demander *a*.

a Traditionibus, & uſucapionibus dominia rerum, non nudis pactis transferuntur. l. 20. C. de pact.

Res quæ traditione noſtræ fiunt, jure gentium nobis acquiruntur. Nihil enim tam conveniens eſt naturali æquitati, quam voluntatem domini volenis rem ſuam in alium transferre, ratam haberi. l. 9. §. 3. ff. de acq. rer. dom.

Si vendidero, nec tradidero rem, ſi non voluntate mea nactus ſis poſſeſſionem, non pro emptore poſſides, ſed prædo es. l. 5. ff. de acq. vel amitt. poſſeſſ. V. l'art. 7. de la Sect 1.

XIX.

19. En quoi conſiſte la délivrance qui donne la poſſeſſion.

La délivrance néceſſaire pour mettre en poſſeſſion celui qui acquiert une choſe d'un autre, conſiſte en ce qui la fait paſſer de la puiſſance de l'un en celle de l'autre. Ainſi les meubles peuvent ſe délivrer de la main à la main : ou l'on peut les transporter d'un lieu à un autre en la poſſeſſion de celui qui en devient le maître *b*.

b V. l'art. ſuivant, & les art. 5. & 6. de la Section 2. du Contrat de vente, p. 32.

XX.

20. Délivrance & priſe de poſſeſſion des meubles.

La délivrance, & la priſe de poſſeſſion des meubles ne demande pas toujours le changement d'un lieu à un autre ; mais il ſuffit pour les mettre en la poſſeſſion du nouveau maître, ou qu'on les lui laiſſe, s'il les avoit déja, comme ſi un dépoſitaire achetoit ce qu'il a en dépôt : ou que s'ils ſont gardés dans un lieu ſous clef, on lui en donne la clef. Que s'ils ne ſont ni gardés ni ſous clef, ni faciles à transporter, comme ſeroient des materiaux pour un bâtiment, on ne prend la poſſeſſion par la ſimple vûe, & par l'intention de celui qui s'en dépouille, & de celui qui en devient le maître. Et il y a encore une eſpece de délivrance tacite, qui ſe fait par la ſimple volonté des contractans, comme entre ceux qui mettent leurs biens en ſocieté. Car dès le moment de leur convention chacun d'eux commence de poſſeder par les autres les biens qu'ils veulent avoir en commun *c*.

c Non eſt corpore & actu neceſſe apprehendere poſſeſſionem. Sed etiam oculis, & affectu. Et argumento eſſe eas res quæ propter magnitudinem ponderis, moveri non poſſunt ; ut columnas. Nam pro traditis, eas haberi, ſi in re præſenti conſenſerint. l. 1. §. 21. ff. de acq. vel amitt. poſſeſſ.

Si quis merces in horreo repoſitas vendiderit, ſimul atque claves horrei tradiderit emptori, transferre proprietatem mercium ad emptorem. l. 9 §. 6. ff. de acq. rer. dom.

Vina tradita emeris, cùm claves cellæ vinariæ emptori traditæ fuerint. l. 1. §. 21. ff. de acq. vel amitt. poſſeſſ.

Incerdùm ſine voluntate, nuda voluntas domini ſufficit ad rem transferendam. Veluti ſi rem quam commodavi, aut locavi tibi, aut apud te depoſui, vendidero tibi. Licet enim ex ea cauſa tibi eam non tradiderim, eò tamen quòd patior eam eſ cauſa emptionis apud te eſſe, tuam efficio. l. 9. §. 5. ff. de acq. rer. dom. §. 44. inſt. de rer. diviſ.

Nerva filius, res mobiles quatenùs fub cuftodia noftra fint hactenùs poffideri, id eft, quatenùs, fi velimus naturalem poffeffionem nancifci, poffimus. *l.* 3. §. 13. *ff. de acq. vel amitt. poffeff.* Simul atque cuftodiam pofuiffem. *l.* 51. *eod.*

Res quæ cœuntium funt continuò communicantur : quia licet fpecialiter traditio non intervenìat, tacita tamen creditur intervenìre. *l.* 1. §. 1. & *l.* 1. *ff. pro focio.* V. l'article 6. de la Section 2. du Contrat de vente, *p.* 32.

XXI.

21. *Délivrance & prife de poffeffion des immeubles.*

Pour les immeubles, ceux qui les alienent ou par des ventes, ou par d'autres titres, fe dépouillent de la poffeffion par leur fimple déclaration ou qu'ils ne poffederont plus, ou que s'ils tiennent encore le fonds, ce ne fera que précairement, ou délivrant les clefs, fi c'eft au lieu clos. Et la poffeffion paffe au nouveau maître par le fimple effet de l'intention de poffeder jointe à quelque acte qui marque fon droit, comme s'il fe tranfporte fur le fonds pour l'occuper à titre de maître, quoiqu'il n'en parcoure pas toutes les parties. Et on peut même prendre poffeffion d'un fonds par la fimple vûe *d.*

d V. l'art. 7. de la Sect. 2. du Contrat de vente, *p.* 32. Apifcimur poffeffionem corpore & animo, neque per fe animo, aut per fe corpore. Quod autem diximus, *&* corpore, *&* animo acquirere nos debere poffeffionem, non utique ita accipiendum eft, ut qui fundum poffidere velit omnes glabas circumambulet : fed fufficit quamlibet partem ejus fundi introire : dùm mente & cogitatione hac fit, uti fundum ufque ad terminum velit poffidere. *l.* 3. §. 1. *ff. de acq. vel amitt. poff.* Si vicinum mihi fundum mercato, venditor in mea turre demonftret, vacuamque fe poffeffionem tradere dicat, non minùs poffidare cœpi, quàm fi pedem finibus intuliffem. *l.* 18. §. 1. *ff. de acq. vel amitt. poff.* Par notre ufage on fait des actes pardevant Notaires de prife de poffeffion, pour en faire preuve. Ce qui fert pour marquer en quel temps la prefcription a commencé de courir tant contre ceux qui fe préfendroient propriétaires, que contre les perfonnes qui auroient d'autres droits dont la durée n'eft que d'un certain temps, comme un retrait lignager, *&* une faculté de rachat.

XXII.

22. *Délivrance & prife de poffeffion des chofes qui confiftent en droits.*

La délivrance de ce qui confifte en droit comme une Juftice, une Banalité, un Office, une fervitude, une rente & autres biens de cette nature, fe fait en donnant les titres, s'il y en a; finon par le fimple effet de l'acquifition avec l'intention commune des contractans que l'acquereur fe mette en poffeffion. Et on s'en met en poffeffion par des actes qui puiffent avoir cet effet. Ainfi on fe met en poffeffion d'une Juftice, nommant des Officiers pour l'exercer, recevant les amendes & confifcations; & en exerçant les autres droits qui en peuvent dépendre. Ainfi on fe met en poffeffion d'un Office, prenant le rang & la féance qu'il peut donner, & en exerçant quelque fonction. Ainfi on fe met en poffeffion d'une fervitude par l'ufage qu'on peut en faire, & d'une rente qu'on a acquife, ou d'un autre droit, par la fignification du tranfport ou du titre de l'acquifition à celui qui en eft le débiteur, & par la jouiffance *e.*

e V. l'art. 5. de la Sect. 1. de ce Titre, *&* l'art. 9. de la Sect. 2. de Contrat de vente, *p.* 32.

XXIII.

23. *On ne peut poffeder qu'une chofe certaine & déterminée.*

De quelque nature que puiffe être la chofe dont on doit avoir la poffeffion, foit meuble ou immeuble, ou quelque droit, on ne peut jamais poffeder qu'une chofe certaine & déterminée, c'eft-à-dire, telle qu'on puiffe connoître précifément ce qui peut avoir été poffedé. Ainfi on peut poffeder ou un fonds entier, ou une partie diftincte de ce fonds, comme un tel arpent, ou même une portion indivife, comme un quart, ou une moitié, jouiffant des fruits à proportion. Mais on ne peut poffeder une portion incertaine d'un fonds, comme fi on avoit acquis une portion non fixée qu'une perfonne pourroit avoir dans un fonds, telle qu'elle fe trouveroit lui appartenir, fon droit n'étant pas encore reglé. Car la poffeffion renfermant la détention, on ne peut poffeder non plus que tenir indéfiniment une chofe incertaine, & dont on ignore en quoi elle confifte *f.*

f Incertam partem rei poffidere nemo poteft. Veluti fi hæc mente

fis, ut quidquid Titius poffidet, tu quoque velis poffidere. *l.* 3. §. 2. *ff. de acq. vel amitt. poff.* Locus certus ex fundo & poffideri, & per longam poffeffionem capi poteft : & certa pars pro indivifo, quæ introducitur vel ex emptione, vel ex donatione, vel qualibet alia ex caufa. Incerta autem pars nec tradi, nec capi poteft : veluti fi ita tibi tradam, quidquid mei juris in eo fundo eft. Nam qui ignorat, nec tradere, nec accipere id quod incertum eft, poteft. *l.* 26. *eod.* V. l'art. 16.

XXIV.

24. *Comment la poffeffion fe conferve.*

La poffeffion étant une fois acquife, le poffeffeur la conferve dans la fuite par le fimple effet de l'intention de s'y maintenir jointe au droit & à la liberté d'ufer de la chofe quand il le voudra; foit qu'il mette en ufage cette liberté fe fervant de la chofe, ou qu'il la laiffe fans y toucher. Ainfi on poffede non-feulement les héritages qu'on cultive & dont on perçoit les récoltes, mais ceux mêmes qu'on laiffe fans culture, & fans y entrer *g,* pourvû feulement qu'on n'en laiffe pas ufurper la poffeffion par d'autres perfonnes.

g Licet poffeffio nudo animo acquiri non poffit, tamen folo animo retineri poteft. Si ergò prædiorum defertam poffeffionem, non derelinquendi affectione, tranfacto tempore non contuliftì, fed metus neceffitate culturam eorum diftuliftì, prejudicium tibi ex tranfmiffi temporis injuria generari non poteft. *l.* 4. *C. de acq. & rer. poffeff.*

XXV.

25. *On con- ferve la pof- feffion par d'autres.*

Le propriétaire conferve auffi fa poffeffion par les mains d'autres perfonnes qui poffedent en fon nom, comme un fermier, un dépofitaire, celui qui a emprunté, le créancier qui tient en gage, l'ufufruitier, & les autres qui tiennent les chofes par des femblables titres *h.*

h Generaliter quifquis omninò noftro nomine fit in poffeffionem, veluti procurator, hofpes, amicus, non poffidere videmur. *l.* 9. *ff. de acq. vel amitt. poff.* V. les art. 8. 9. & 10. de la Sect. 1.

XXVI.

26. *On peut entrer en poffeffion ou par foi-mê- me, ou par d'autres perfonnes.*

On peut entrer en la poffeffion d'une chofe ou par foi-même, ou par un Procureur conftitué. Et celui qui fe dépouille peut auffi faire la délivrance ou par foi-même, ou par un Procureur. Et les Mineurs acquierent la poffeffion par leurs Tuteurs, qui peuvent auffi faire la délivrance de ce qui peut être aliené des biens des Mineurs *i.*

i Apifcimur poffeffionem per nofmetipfos. *l.* 1. §. 2. *ff. de acq. vel amitt. poff.* Per procuratorem, tutorem curatoremve, poffeffio nobis acquiritur. *d. l.* 1. §. 20. *l.* 20. §. 2. *ff. de acq. rer. dom. l.* 15. *eod. d. l.* §. 1.

XXVII.

27. *Le pof- feffeur fuc- cede au droit de fon auteur.*

Celui qui entre en poffeffion d'une chofe qu'il acquiert d'un autre fuccede au même droit, & ne poffede ni plus ni moins que fon auteur avoit poffedé. Ainfi celui qui achete un héritage, & qui en eft mis en poffeffion, poffedera comme faifoit fon vendeur, les fervitudes qui peuvent être dûes à cet héritage, & fera fujet à celles qu'il doit *l.*

l Traditio nihil amplius transferre debet, vel poteft ad eum qui accepit, quàm eft apud eum qui tradit. Si igitur quis dominium In fundo habuit, id tradendo transfert. Si non habuit, ad eum qui accipit nihil transfert. Quoties autem dominium transfertur ad eum qui accipit, tale transfertur, quale fuit apud eum qui tradit. Si fervus fuit fundus cum fervitutibus tranfit, fi liber, uti fuit : & fi forte fervitutes debebantur fundo qui tradius eft, cum jure fervitutum debitarum transfertur. *l.* 20. *ff. de acq. rer. dom.*

XXVIII.

28. *On perd la poffeffion de ce qu'on aliene, ou qu'on aban- donne.*

Comme la poffeffion s'acquiert par l'intention de poffeder jointe à la détention actuelle, elle fe perd auffi par l'intention de ne plus poffeder, mettant hors de fes mains & de fa puiffance ce qu'on poffedoit; foit qu'on l'aliene, ou qu'on l'abandonne, s'en dépouillant à deffein de ne l'avoir plus. Et la fimple intention de ne plus poffeder, fuffit même pour faire qu'on ne poffede plus, comme il arrive au vendeur, que l'acheteur prie de garder pendant quelque tems la chofe vendue, car ce n'est plus le vendeur qui la possede, mais l'acheteur par lui *m.*

m. Ferè quibuscumque modis obligamur, iisdem in contrarium actis liberamur. Cùm quibus modis acquirimus, iisdem in contrarium actis amittimus. Ut igitur nulla possessio acquiri nisi animo & corpore potest : ita nulla amittitur, nisi in qua utrumque in contrarium actum. *l.* 153. *ff. de reg. jur. l.* 8 *ff. de acq. vel amitt. poss.* Amitti & animo solo potest (possessio) quamvis acquiri non potest. *l.* 3. §. 6. *eod.* Pro derelicto habetur quod dominus ea mente abjecerit, ut id numero rerum suarum esse noluit. §. 47. *inst. de rer. divis.*

XXIX.

29. Les choses perdues & celles qu'on jette à la mer dans un peril de naufrage ne sont pas abandonnées.

Il ne faut pas mettre au nombre des choses abandonnées celles qu'on a perdues, ni ce qu'on jette à la mer dans un peril de naufrage pour sauver le vaisseau, ni celles qui se perdent dans un naufrage. Car encore que les maîtres de ces choses en perdent la possession, ils en conservent la proprieté & le droit de les recouvrer. Ainsi ceux qui trouvent ces sortes de choses, ne peuvent s'en rendre les maîtres ; mais ils doivent les restituer suivant les regles expliquées en leur lieu *n.*

n. Idem ait, & si naufragio quid amissum sit, non statim nostrum esse desinere. *l.* 44. *ff. de acq. rer. dom.* Non est in derelicto quod ex naufragio expulsum est, sed in deperdito. *l.* 25. §. 1. *ff. de acq. vel amitt. poss.* Idem juris esse existimo in his rebus quæ jactæ sunt. Quoniam non potest videri id pro derelicto habitum, quod salutis causa interim dimissum est. *d. l.* §. 2. V. l'art. 1. de la Sect. 1. & l'art. 1. de la Sect. 2. des Engagemens qui se forment par des cas fortuits, p. 187. & 189.

XXX.

30 On perd sa possession par la possession d'un autre.

La possession se perd aussi lorsqu'un autre vient à posseder, & qu'il a possedé, pendant une année. Car cette possession d'une année en la personne même d'un usurpateur, si elle a été paisible, le fait regarder comme un juste possesseur, & même comme maître, jusqu'à ce que le vrai maître établisse son droit pour recouvrer sa possession *o.*

o. Vi pulsos restituendos esse, interdicti exemplo, si nec dùm utilis annus excessit, certissimi juris est. *l.* 2. *C. unde vi.* V. l'article 18. de la Section 1.

SECTION III.

Des Effets de la Possession.

SOMMAIRES.

1. *Premier effet de la possession, la jouïssance.*
2. *Autre effet, d'acquerir en de certains cas la proprieté en même-temps qu'on possede.*
3. *Autre effet, d'acquerir la proprieté par une longue possession.*
4. *Autre effet, de faire considerer le possesseur comme maître.*
5. *Effet de la possession de bonne foi.*
6. *Effet de la possession de mauvaise foi.*
7. *Possession de voye de fait.*

I.

1. Premier effet de la possession, la jouïssance.

L'Effet le plus naturel de la possession, est de mettre en usage la proprieté, & de donner au proprietaire l'exercice actuel de son droit, en jouïssant de la chose, & en disposant. Et c'est pour cet usage que la possession est naturellement liée à la proprieté *a.*

a. Proprietas à possessione separari non potest. *l.* 8. *C. de acq. & vel. poss.* V. l'art. 2. de la Section 1.

II.

2. Autre effet, d'acquerir en de certains cas la proprieté en même-temps qu'on possede.

C'est encore un effet de la possession, qu'en plusieurs cas expliquez dans la Section précedente, elle donne la proprieté. Et c'est même la possession que les hommes ont naturellement commencé de se rendre les maîtres des choses *b.* Ainsi la possession est en un sens

b. Dominium rerum ex naturali possessione cœpisse, Nerva filius ait.

la cause de la proprieté, & au contraire elle en est l'effet en un autre sens dans les cas où l'on acquiert la proprieté avant qu'on puisse entrer en possession ; comme si on achete une chose dont la délivrance ne se fasse pas dans le même tems. Car en ce cas la proprieté donne le droit d'avoir la possession.

ait. Ejusque rei vestigium remanere de his quæ terra, mari, cœloque capiuntur : nam hæc protinus eorum fiunt, qui primi possessionem eorum apprehenderint. *l.* 1. §. 1. *ff. de acq. vel amitt. possess.* Statim inventoris fiunt. §. 18. *inst. de rer. divis.* §. 12. *eod.* V. les premiers articles de la Section 2.

III.

3. Autre effet, d'acquerir la proprieté par une longue possession.

La possession a encore cet effet, que si dans le tems qu'on l'acquiert, la proprieté n'y étoit pas jointe, elle suit la possession, non dans le même instant qu'on entre en possession, comme dans les cas dont il est parlé dans l'article précedent ; mais par une possession continuée pendant le tems reglé pour prescrire. Ainsi celui qui achete une chose dont il croit que le vendeur est proprietaire & qui est à un autre, n'en devient pas le maître dans le moment de la délivrance qui lui fait ce vendeur ; mais s'il continue de la posseder pendant le tems de la prescription, il deviendra le maître quand même son vendeur auroit possedé de mauvaise foi *c.*

c. Jure civili constitutum fuerat, ut qui bona fide ab eo qui dominus non erat, cùm crederet eum dominum esse, rem emerit, vel ex donatione, aliave quavis justa causa acceperit, is eam (usucaperet.) *inst. de usucap. & long. temp. præsc.* V. l. 36. *ff. de usu & usufr. leg.* Quamvis (possessor) mala fide possideat, quia intelligit se alienum fundum occupasse, tamen si alii bona fide accipienti tradiderit, poterit ei longa possessione res acquiri. §. 7. *inst. de usucap. & long. temp. præsc.*

IV.

4. Autre effet de faire considerer le possesseur comme maître.

C'est aussi un autre effet de la possession, que le possesseur est consideré comme étant le maître, quoiqu'il se puisse faire qu'il ne le soit point *d.*

d. V. l'art. 2. de la Sect. 4. des Preuves, p. 255.

V.

5. Effet de la possession de bonne foi.

La possession de celui qui possede de bonne foi a cet effet, que pendant sa bonne foi il jouït & se rend propres les fruits qu'il recueille, & non-seulement ceux qui viennent du fonds par son industrie, mais ceux même que le fond produit sans culture. Car comme il a été remarqué en un autre lieu, sa bonne foi lui tient lieu de la verité, & fait qu'il se considere lui-même, & qu'il doit être consideré comme étant le maître, tandis que cette bonne foi n'est interrompue par aucune demande. Et s'il arrive qu'il soit évincé, il ne rendra rien de ce qu'il a joui jusqu'à la demande *e.* Mais il rendra les fruits perçûs depuis la demande. Car il a dû s'acquiter, puisqu'elle étoit juste, ainsi qu'il paroit par l'événement de son éviction ; & que cette demande avoit fait cesser son ignorance du droit du maître qui étoit la cause de sa bonne foi *f.*

e. Bonæ fidei emptor non dubiè percipiendo fructus etiam ex aliena re suos interim facit, non tantum eos qui diligentia & opera ejus provenerunt, sed omnes. Quia quod ad fructus attinet, loco domini penè est. *l.* 48. *ff. de acq. rer. dom.* Bonæ fidei possessor in percipiendis fructibus id juris habet, quod dominis prædiorum tributum est. *l.* 25. §. 1. *ff. de usur.* Bona fide possessor in percipiendo fructus tantum, quantum veritas, quoties lex impedimento non est. *l.* 136. *ff. de reg. jur.*

f. V. les articles 5. & 6. de la Section 3. des Interêts, Dommages & Interêts, p. 243. V. dans la même Sect. art. 9. & 10. des cas où le possesseur de bonne foi rend les fruits perçûs avant la demande. ¶ La Loi 45. *ff. de usur.* décide le contraire.

VI.

6. Effet de la possession de mauvaise foi.

La possession de celui qui possede de mauvaise foi, a cet effet qu'elle empêche qu'il ne prescrive *g.* & qu'elle

g. Usucapio non competit (furti & ei qui per vim possidet) quia scilicet mala fide possident. §. 3. *inst. de usucap. & long. temp. præscrip.* Non capiet longa possessione (qui) scit alienum esse. *l.* 3. §. 3. *ff. de acq. vel amitt. poss.*

l'oblige à rendre, non-feulement ce qu'il a joui, mais les jouiffances qu'un bon pere de famille auroit pû tirer du fonds dont il étoit en poffeffion *h*.

h V. l'art. 13. de la Sect. 3. des Intérêts, Dommages & intérêts, &c. p. 244.

VII.

7. Poffeffion de voye de fait.

Tout ce qui a été dit de la poffeffion dans cette Section & dans les précedentes, ne doit pas s'entendre de la poffeffion des ufurpateurs & des poffeffeurs de mauvaife foi. Car non-feulement ils ne font pas confiderés comme poffeffeurs, mais ils font punis felon la qualité de leur entreprife. Et il en eft de même de ceux qui étant condamnés à quitter leur poffeffion, quoiqu'elle fût jufte dans fon origine, n'obéiffent point. Et on les dépoffede avec toute la force que leur réfiftance peut rendre néceffaire, leur impofant les peines qu'ils peuvent mériter. Mais cette force ne peut être employée que par l'autorité de la Juftice, car elle n'en fouffre pas d'autre que celle qui eft en fes mains *i*.

i Ne quid per vim admittatur, etiam legibus Juliis profpicitur publicorum & privatorum, nec non & conftitutionibus Principum. l. 1. §. 1. ff. de vi & de vi arm.
Qui reftituere juffus judici non paret, contendens non poffe reftituere; fi quidem habeat rem, manu militari officio judicis ab eo poffeffio transfertur. l. 68. ff. de rei viudic.

SECTION IV.

De la nature & de l'ufage de la Prefcription, & comment elle s'acquiert.

Nature & ufage des prefcriptions.

PErfonne n'ignore cette utilité entr'autres des prefcriptions qu'elles affurent aux poffeffeurs la proprieté des héritages après une poffeffion qui ait duré le tems reglé par la Loi. Mais quoique les prefcriptions paroiffent naturellement néceffaires pour cet ufage, elles ne l'étoient pas dans la Loi Divine, qui ordonnoit que les héritages alienés revinffent aux premiers poffeffeurs en chaque cinquantieme année du jour de l'établiffement de cet ufage, & qu'on ne pût aliéner que la jouiffance pendant le nombre d'années qui reftoient à compter du jour de l'aliénation, jufqu'à cette cinquantieme année, qui devoit remettre tous les biens dans les familles des premiers poffeffeurs. Et encore ces aliénations ne pouvoient fe faire qu'avec une faculté perpétuelle de racheter quand on le voudroit. Il n'y avoit que les maifons fituées dans les Villes murées, & qui appartenoient à d'autres qu'à des Levites, qu'on pût aliéner à perpétuité *a*.

Cette Loi fi fainte, qui défendoit les aliénations perpétuelles, pour éteindre le defir d'augmenter fes poffeffions, aboliffoit par là l'ufage des prefcriptions. Mais la lettre de cette Loi ne s'obfervant plus, & les aliénations qui dépouillent à perpétuité nous étant permifes, l'ufage des prefcriptions eft tout naturel dans cet état, & fi néceffaire, que fans ce remede tout acquereur & tout poffeffeur pouvant être troublé jufqu'à l'infini; il n'y auroit jamais d'affurance entiere d'une poffeffion fûre & paifible, & ceux même dont la poffeffion feroit la plus ancienne, auroient le plus à craindre, fi avec leur poffeffion ils n'avoient confervé leurs titres.

Quand il n'y auroit donc pas d'autre raifon qui favorifât l'ufage des prefcriptions que l'utilité publique d'affûrer le repos des poffeffeurs, il feroit jufte d'empêcher que la propriété des chofes ne demeure toujours dans l'incertitude, laiffant aux propriétaires un tems fuffifant pour rentrer dans leurs biens *b*. Mais on peut dire de plus, que les prefcriptions ont d'ailleurs leur juftice & leur équité fondée fur le principe qu'a été déja remarqué que la poffeffion étant naturellement liée au droit de propriété, il eft jufte qu'on préfume que com-

a Levit. 25. 8.
b Bono publico ufucapio introducta eft, ne fcilicet quarumdam rerum diu, & fere femper incerta dominia effent. Cùm fufficeret dominis ad inquirendas res fuas ftatuti temporis fpatium. l. 1. ff. de ufirp. & u.uc.

me c'eft le maître qui doit poffeder, celui qui poffede doit être le maître: & que l'ancien propriétaire n'a pas été privé de fa poffeffion fans des juftes caufes *c*,

Prefcription de toute forte de droits.

Les mêmes raifons qui font que la longue poffeffion acquiert la proprieté, & qu'elle dépouille l'ancien propriétaire, font auffi que toutes fortes de droits & d'acquifitions s'acquierent & fe perdent par l'effet du tems. Ainfi un créancier qui a ceffé de demander ce qui lui eft dû pendant le tems reglé par la Loi, a perdu fa dette, & le débiteur en eft déchargé. Ainfi celui qui a joui d'une rente fur quelqu'heritage pendant le tems de la prefcription, ne peut plus en être dépouillé, quoiqu'il n'ait pas d'autre titre que fa longue jouiffance. Ainfi celui qui a ceffé de jouir d'une fervitude pendant le tems fuffifant, en a perdu le droit: & au contraire celui qui jouit d'une fervitude, quoique fans titre, en acquiert le droit par une longue jouiffance, fi ce n'eft que quelque Coutume en difpofe autrement *d*. Et en général toute autre forte de prétentions & de droits de toute nature s'acquierent & fe perdent par la prefcription, à la réferve de ce que les Loix en ont excepté. Ainfi on voit deux effets de la prefcription, ou plûtôt deux fortes de prefcriptions. L'une qui acquiert au poffeffeur le droit de proprieté de ce qu'il poffede, & qu'il en dépouille le proprietaire faute de poffeder: & l'autre qui fait acquerir ou perdre toutes les autres efpeces de droits, foit qu'il y ait quelque poffeffion, comme dans la jouiffance d'une fervitude, ou qu'il n'y en ait aucune, comme dans la perte d'une dette faute de l'exiger.

Toutes ces fortes de prefcriptions qui font acquerir ou perdre des droits, font fondées fur cette préfomption, que celui qui jouit d'un droit doit en avoir quelque jufte titre, fans quoi on ne l'auroit pas laiffé jouir fi long-tems: que celui qui ceffe d'exercer un droit, en a été dépouillé par quelque jufte caufe: & que celui qui a demeuré fi long-tems fans exiger fa dette, en a été payé, ou a reconnu qu'il ne lui étoit rien dû.

Deux fortes de regles des prefcriptions.

Il faut diftinguer deux fortes de regles des prefcriptions, celles qui regardent les différentes manieres dont les Loix ont reglé le tems pour prefcrire: & celles qui regardent la nature des prefcriptions, leur ufage, ce qui peut être fujet à la prefcription, ce qui ne l'eft pas, ce qui rend la prefcription jufte ou vicieufe, quelles font les perfonnes contre qui on ne prefcrit point, quelle doit être la poffeffion pour pouvoir prefcrire, ce qui peut interrompre la prefcription & le autres femblables. Celles ci font des regles naturelles de l'équité, mais celles qui marquent le tems des prefcriptions ne font que des Loix arbitraires. Car la nature ne fixe pas quel tems il faut précifément pour pouvoir prefcrire. Ainfi ces regles peuvent être changées, & elles font différentes en divers lieux: & cette diverfité fe voit même dans le Droit Romain, où les prefcriptions ont été différemment reglées en divers tems.

Comme le deffein de ce Livre regarde principalement les regles de l'équité, on expliquera ici celles qui font de cette nature dans la matiere des prefcriptions; & pour celles qui ne reglent que le tems des prefcriptions, on a crû ne devoir pas les mettre en articles dans les Sections de ce Titre; mais qu'il fuffiroit de les marquer ici dans ce préambule. Car outre que les tems des prefcriptions fe reglent différemment en plufieurs Provinces, il y en a de celles mêmes qui fe régiffent par le Droit écrit, où l'on n'obferve pas les divers tems des prefcriptions du Droit Romain. Ainfi il fuffira de marquer ici en abregé ce qui étoit en ufage du tems de Juftinien. Et il fera facile à chacun de voir en chaque lieu quel y eft l'ufage pour les tems des prefcriptions, & en quoi les divers ufages font différens du Droit Romain, ou y font conformes.

La prefcription pour les meubles s'acqueroit par trois ans *e*.

c V. l'article 13. de la Section 1.
d V. l'article 11. de cette Section, & les lieux qu'on y a cités.
e Si quis alienam rem mobilem, feu fe moventem in quacunque terra, five in italica, five in provinciali, bona fide per continuum triennium detinuerit: is firmo jure eam poffideat, quafi

Pour

Pour les immeubles on y apportoit de différentes diſtinctions.

Le poſſeſſeur de bonne foi, qui avoit un titre, preſcrivoit par dix ans entre préſens, & par vingt ans entre abſens, quoique ſon auteur eût poſſedé de mauvaiſe foi. Et on appelloit préſens ceux qui avoient leur demeure dans une même Province *f*.

Celui qui poſſedoit ſans titre preſcrivoit par trente ans, & après ce tems-là il ne pouvoit être troublé par le propriétaire *g*.

Les actions, c'eſt-à-dire, le droit de faire des demandes en Juſtice, comme pour demander une hérédité, un legs, une dette, une ſervitude, & d'autres droits, ſe preſcrivoient par trente ans *h*.

L'action hypothequaire ne ſe preſcrivoit que par quarante ans, à l'égard du débiteur & de ſes héritiers, & même des tiers détenteurs, ſi le débiteur étoit encore vivant. Ainſi, l'action hypothequaire duroit plus en ce cas que la ſimple action perſonnelle : Et après la mort du débiteur elle ne duroit que trente ans *i*.

Toutes les autres ſortes de preſcriptions de biens ou de droits, de quelque nature que ſe pût être, & qu'on auroit pû prétendre ne devoit pas ſe preſcrire par trente ans, furent reglées à quarante ans ; même pour les biens & droits de l'Egliſe & du Public *l*.

Toutes ces différentes preſcriptions ont été réduites en pluſieurs Coutumes, & dans des Provinces même qui ſe regiſſent par le Droit écrit, à une ſeule preſcription de trente ans. Et dans les autres on obſerve ces différentes preſcriptions de dix, vingt, trente, quarante ans. Il y en a même qui y ont apporté quelques changemens, & qui n'ont reçu la preſcription de trente ans que pour les actions perſonnelles & mobiliaires, & ont

per uſucapionem eam acquiſitam. l. un. C. de uſuc. tranſſ. inſt. de uſuc. & long. temp. præſcr.

f Super longi temporis præſcriptione. quæ ex decem vel viginti annis introducitur, perſpicuo jure ſancimus ut five ex donatione ſive ex alia lucrativa cauſa, bona fide quis per decem, vel viginti annos rem detinuiſſe prohetur, adjecto ſcilicet tempore etiam prioris poſſeſſionis memorata longi temporis excepto ſive dubio ei competat, nec occaſione lucrativæ cauſæ repellatur. l. 11. C. de præſc. long. temp.

Rursus ſancimus, ut ſi quis mala fide rem poſſidens, aut per venditionem, aut per donationem, aut aliter hanc rem alienet ; qui vero putat eaſdem res competere illi, hoc agnoſcens, intra decem annos inter præſentes, & viginti inter abſentes non conteſtatus fuerit, ſecundùm leges emptorem, aut donationem accipientem, aut illum ad quem res alio quolibet modo translatæ ſunt : eum qui tales res habet, firmè eas habere, poſt decennii videlicet inter præſentes, & vicenni inter abſentes diſcurſum. Nov. 119. c. 7.

Sancimus itaque... hoc etenim magis nobis eligendum videtur, ut non in civitate concludatur domicilium, ſed magis provincia, & ſi uterque domicilium in eadem habet provincia, cauſam inter præſentes eſſe videri l. ult. C. de præſc. long. temp.

g In rem ſpeciales... actiones ultra triginta annorum ſpatium minimè protendantur. l. 3. de præſc. 30. vel 40. ann.

h. Sicut in rem ſpeciales, ita de univerſitate, ac perſonales actiones ultra triginta annorum ſpatium minimè protendantur. Sed ſi quas res, vel jus aliquod poſtuletur, vel perſona qualicunque actione vel perſecutione pulſetur, nihilominùs erit agenti triginta annorum præſcriptio metuenda. l. 3. C. de præſc. 30. vel 40. ann.

i Quàmobrem jubemus hypothecarum perſecutionem, quæ rerum movetur, gratia vel apud debitores conſiſtentium, vel apud debitorum hæredes, non ultra quadraginta annos, ex quo tempore cœpit, prorogari. l. 7. §. 1. C. de præſc. 30. vel 40 ann.

Eo quo autem in fata illam deceſſerit, vix eo quaſi ſuo nomine poſſidentem poſteriorem creditorem, meritó poſſe triginta annorum opponere præſcriptionem. d. l. §. 1.

l Quidquid præteritarum præſcriptionum vel verbis, vel ſenſibus minùs continetur, implentes, per hanc in perpetuum valituram legem ſancimus, ut ſi quis contractus, ſi qua ſit actio, quæ cùm non eſſet expreſſim ſuperadictis temporalibus præſcriptionibus concepta, quorumdam tamen vel fortuita, vel excogitata interpretatione ſæpe dictarum exceptionum laqueos evadere poſſe videatur : huic ſaluberrimæ noſtræ ſanctioni ſuccumbat, & quadraginta annorum curriculis procul dubio ſopiatur. Nullumque jus privarum, vel publicum in quacunque cauſa, vel quacunque perſona, quod prædictorum quadraginta annorum extinctum eſt jugi ſilentio, moveatur. l. 4. de præſc. 30. vel 40. ann. V. l'article 2. de la Section 5. & les remarques qu'on y a faites.

Pro temporalibus autem præſcriptionibus decem & viginti triginta annorum ſacro ſanctis Eccleſiis, & aliis venerabilibus locis, ſolam quadraginta annorum præſcriptionem opponi præcipimus : hoc ipſo ſervando & in exactione legatorum, & hæreditatum, quæ ad pias cauſas relicta ſunt. Nov. 131. c. 6.

Tome I.

étendu les autres preſcriptions à quarante ans.

Il n'eſt pas néceſſaire de conſiderer les motifs de ces différentes diſpoſitions du Droit Romain, ni les raiſons qui ont fait qu'on ne les a pas ſuivies en pluſieurs Coutumes. Chaque uſage a ſes vûes, & regarde dans les uſages oppoſés leurs inconvéniens ; & il ſuffit de remarquer ce qu'il y a de commun à toutes ces différentes diſpoſitions & du Droit écrit, & des Coutumes, pour ce qui regarde le tems des 5 preſcriptions. Ce qui conſiſte en deux vûes ; l'une de laiſſer aux maîtres des choſes, & à ceux qui prétendent quelques droits, un certain tems pour les recouvrer : & l'autre de mettre en repos ceux qu'on voudroit inquiéter en leurs poſſeſſions, ou en leurs droits après que ce tems ſe trouve expiré.

Il faut remarquer ici la différence qu'il y a dans le Droit Romain entre l'Uſucapion, & la Preſcription. L'Uſucapion ſignifie la maniere d'acquérir la propriété des choſes par l'effet du tems *m*. Et la Preſcription a auſſi la même ſignification, mais elle ſignifie de plus la maniere d'acquérir & de perdre toute ſorte de droits & d'actions par le même effet du tems reglé par la Loi. On ne fait cette remarque que pour avertir, que ces deux mots de Preſcription & d'Uſucapion, qu'on verra en diverſes Loix citées dans ce Titre, doive 1 ſe rapporter au ſens qu'aura le mot de preſcription dans les articles où elles ſeront citées. Car on ne ſe ſervira jamais du mot d'uſucapion, celui de preſcription étant commun par notre uſage, & à la maniere d'acquérir la propriété des choſes, & à celle d'acquérir & de perdre toute ſorte de droits par l'effet du tems.

Outre ces diverſes ſortes de preſcriptions du Droit Romain qu'on vient de remarquer, nous avons en France quelques autres ſortes de preſcriptions établies par les Ordonnances, & quelques Coutumes qui en ont reglé le tems que l'on peut ajouter en ce lieu aux autres ſortes de preſcriptions dont on a parlé.

L'action du retrait lignager établi en général dans ⟨*Retrait lignager.*⟩ tout le Royaume par une Ordonnance du mois de Novembre 1581. & en particulier par pluſieurs Coutumes, ſe preſcrit par un an, ſuivant cette même Ordonnance, & les Coutumes.

Les reſciſions & reſtitutions en entier ſe preſcrivent ⟨*Reſciſions.*⟩ par dix ans, ſuivant l'Ordonnance de 1510. article 46. & de 1535. c. 8. art. 30. ainſi qu'il ſera remarqué dans le Préambule de la Section 1. du Titre des Reſciſions.

Les demandes des ſalaires des domeſtiques ſe preſcri- ⟨*Salaires des domeſtiques.*⟩ vent par un an, ſuivant l'Ordonnance de 1510. article 67. & quelques Coutumes ont auſſi reglé à un an, celles des Medecins, Apoticaires, & Chirurgiens.

Les demandes des parties des Marchands vendant en ⟨*Parties des Marchands en détail & des Artiſans.*⟩ détail, & des Artiſans, ſe preſcrivent par ſix mois ſuivant l'Ordonnance de 1539. article 19.

Les inſtances qu'on ceſſe de pourſuivre pendant trois ⟨*Peremption des inſtances.*⟩ ans d'intervalle ſans aucune procedure, ſont peries par une preſcription qu'on appelle peremption, qui a cet effet que l'inſtance eſt anéantie & n'a pas même l'effet d'interrompre la preſcription. Et ſi la demande n'étoit pas preſcrite, & qu'on voulût la pourſuivre, il faudroit recommencer une nouvelle inſtance, ſuivant l'Ordonnance de 1563. article 15. Cette peremption a quelque rapport à ce que Juſtinien avoit ordonné que les inſtances ne pourroient durer plus de trois ans *n*. Ce qu'on ne doit pas expliquer ici, car outre que ce reglement n'eſt pas de notre uſage, cette matiere n'eſt pas du deſſein de ce Livre.

m V. l. un. C. de uſucap. tranſſ. inſt. de uſucap.
n V. l. 13. C. de judic.

SOMMAIRES.

1. *Définition de la preſcription.*
2. *Motif de la preſcription, & ſon effet.*
3. *Quand elle eſt acquiſe.*
4. *Le poſſeſſeur joint à ſa poſſeſſion celle de ſon auteur.*
5. *Cas où la poſſeſſion d'autres que de l'auteur ſert au poſſeſſeur.*
6. *Poſſeſſions interrompues.*
7. *Intervalle ſans poſſeſſion apparente.*

M m

I.

1. Définition de la prescription.

LA prescription est une maniere d'acquerir & de perdre le droit de propriété d'une chose, & tout autre droit, par l'effet du tems. Ainsi qu'un possesseur de bonne foi acquiert la propriété d'un héritage par une possession paisible pendant le tems reglé par la loi, & l'ancien proprietaire en est dépouillé, pour avoir cessé de le posseder ou le demander pendant ce même tems. Ainsi un creancier perd sa dette, pour avoir manqué de la demander dans le tems de la prescription, & le débiteur en est déchargé par le long silence de son creancier. Ainsi les autres droits s'acquierent par une longue jouïssance, & se perdent faute de les exercer *a*.

d Usucapio est adjectio domini per continuationem possessionis tempore lege definiti. *l. 3. ff. de usurp. & usuc.* V. l'article 9.

Longi temporis præscriptio his qui bona fide acceptam possessionem, & continuatam, nec interruptam inquietudine litis tenuerunt, solet patrocinari. *l. 2. C. de præsc. long. temp.*

II.

2. Motif de la prescription, & son effet.

Comme les prescriptions ont été établies pour le bien public, afin que la propriété des choses & les autres droits ne soient pas toujours dans l'incertitude, celui qui a acquis la prescription n'a pas besoin de titre, & elle lui en tient lieu *b*.

b Bono publico usucapio introducta est, ne scilicet quarumdam rerum diu & ferè semper incerta dominia essent. *l. 1. ff. de usurp. & usuc.*

Il ne faut entendre cet article que des prescriptions qu'on peut acquerir sans titre, & non de celle de dix & de vingt ans, dont il a été parlé dans le préambule, & qui suppose un titre.

III.

3. Quand elle est acquise.

La prescription étant fondée sur la durée de la possession pendant le tems reglé par la Loi, elle n'est acquise qu'après que ce terme se trouve expiré *c*.

c In usucapionibus non à momento ad momentum, sed totum postremum diem computamus. Ideòque qui horâ sextâ diei Kalendarum Januariarum possidere cœpit, horâ sextâ noctis pridie Kalendas Januarias implet usucapionem. *l. 6. & l. 7. ff. de usurp. & usuc.* In usucapione ita servatur, ut etiamsi minimo momento novissimi diei possessa sit res, nihilominus repleatur usucapio: nec totus dies exigitur ad explendum constitutum tempus. *l. 15. ff. de div. temp. præscr.*

On a conçu cette regle en ces termes généraux, après que le tems de la prescription se trouve expiré, parce que de quelque maniere qu'on entende ce tems, soit qu'on veüille que la prescription finisse au commencement du dernier jour, ou seulement au dernier moment de ce même jour, il est toujours vrai qu'il faut que le tems nécessaire pour prescrire soit expiré. Ce qu'on a fait pour éviter de marquer que la prescription n'est acquise, qu'au dernier moment du tems reglé pour prescrire, parce que cette expression seroit contraire aux textes cités sur cet article. Mais par notre usage la prescription n'est acquise qu'au dernier moment du jour. Et une demande faite dans le dernier jour interromproit la prescription. Car encore que l'effet de la prescription soit favorable, quand elle est acquise, cette faveur ne va pas à abreger le tems nécessaire pour dépoüiller les proprietaires. Et ce qui peut empêcher la prescription n'aura qu'elle soit acquise, est favorablement, pour rétablir le maître en son droit. Ainsi il est juste de recevoir une demande pour interrompre la prescription, pourvû que le dernier moment n'en soit pas encore expiré, suivant la regle qu'on ob-

---

servoit dans le Droit Romain, pour ces sortes d'actions qu'on appelloit temporelles, où la prescription n'avoit son effet qu'après le dernier moment expiré. In omnibus temporalibus actionibus nisi novissimus totus dies compleatur, non finit obligationem. l. 6. ff. de obl. & action. Ce qui s'observoit aussi comme nous l'observons pour compter le tems de la minorité qui ne finit qu'au dernier moment de l'âge de 25. ans, ainsi qu'il sera dit dans l'article 10. de la Section 2. des Rescissions. Et enfin s'il faut 10. ou 20. ou 30. ans pour une prescription, les années doivent s'entendre selon le calcul ordinaire qui comprend tous les momens de tous les jours nécessaires pour faire l'année. Et ce calcul est particulierement juste dans les prescriptions qu'une Loi appelle odieuse. l. ult. C. de ann. excep. V. l. 2. ff. de divers. præscr. A quoi on peut ajouter que les textes cités sur cet article ne parlent pas de toute sorte de prescriptions indistinctement, mais seulement de l'usucapion, & qu'ainsi ils ne doivent pas s'étendre aux prescriptions, que nous ne distinguons pas de l'usucapion. V. la difference entre l'usucapion & la prescription à la fin du préambule de cette Section.

IV.

4. Le possesseur joint à sa possession celle de son auteur.

Si un possesseur vient à mourir avant qu'il ait acquis la prescription, & que son héritier demeure en possession, on assemble le tems de la possession de l'un & de l'autre, & la prescription est acquise à l'héritier après que la possession de son auteur & la sienne jointes ont duré le tems reglé pour prescrire. Et il en est de même de la possession de l'acheteur jointe à celle du vendeur à qui il succede, & de celle du donataire & du donateur, du légataire & du testateur, & ainsi de tous autres qui possedent successivement ayant droit l'un de l'autre *d*.

d Plane tribuuntur (accessiones possessionum) his qui in locum aliorum succedunt; sive ex contractu, sive voluntate. Hæredibus enim, & his qui successorum loco habentur, datur accessio testatoris. *l. 14. §. 1. ff. de div. temp. præsc.* Emptori tempus venditoris ad usucapionem procedit. *l. 2. §. 20. ff. pro emptore. l. 76. §. 1. ff. de contr. empt.* Legatario dandam accessionem ejus temporis quo fuit apud testatorem, sciendum est. *l. 13. §. 10. ff. de acq. vel amit. poss.* Sed & is cui donata est accessione utetur ex persona ejus qui donavit. *l. 13. §. 11. ff. eod. l. 11. C. de præscr. long. temp.*

V.

5. Cas où la possession d'autre qui de l'auteur sert au possesseur.

La possession ne se continue pas seulement entre deux possesseurs dont l'un a le droit de l'autre; mais il peut arriver que la prescription soit acquise à un possesseur, en joignant à sa possession celle d'une autre personne de qui il ne tient pas son droit. Ainsi, par exemple, si un héritier possede pendant quelque tems une chose leguée à une autre personne avant que de lui en faire la délivrance, soit qu'on attende l'évenement d'une condition du legs, ou par un simple retardement, le tems de cette possession servira pour la prescription à ce légataire, quoiqu'il ne tienne pas son droit de cet héritier *e*. Car la possession de l'héritier, qui represente le testateur, est considerée, comme si c'étoit le testateur même qui eût possedé. Ainsi dans les cas semblables, c'est par l'équité selon les circonstances qu'il faut juger si les possessions de diverses personnes peuvent être jointes *f*.

e An hæredis possessio accedat (legatario) videamus. & puto sive purè, sive sub conditione fuerit relictum, dicendum esse, id temporis quo hæres possedit, ante existentem conditionem, vel restitutionem rei, legatario proficere. *l. 13. §. 10. ff. de acq. vel amitt. poss.*

f De accessionibus possessionum nihil in perpetuum, neque generaliter definire possumus: consistunt enim in sola æquitate *l. 14. ff. de divers. temp. præsc.*

VI.

6. Possessions interrompues.

Les possessions de divers possesseurs qui succedent l'un à l'autre, ne se joignent que dans le cas où elles se suivent sans interruption. Mais s'il y a quelque intervalle d'une autre possession d'un tiers qui ait interrompu ces possessions, celles qui avoient précedé cette interruption seront inutiles au dernier possesseur. Car la prescription ne s'acquiert que par une possession continue, & qui soit paisible pendant tout le tems reglé pour prescrire *g*.

g Accessio possessionis fit non solum temporis quod apud eum fuit, unde is emit: sed & qui ei vendidit, unde is emisit. Sed si medius aliquis de auctoribus non possederit, præcedentium auctorum possessio non proderit: quia conjuncta non est. *l. 15. §. 1. ff. de div. temp. præsc.* Possessio testatoris ita hæredi procedit, si medio tempore à nullo possessa est. *l. 20. ff. de usurp. & usuc.*

Mais si cette interruption n'étoit arrivée que par quelque usurpation, ou par un trouble sans fondement, comme si un titre avois évincé un de ces possesseurs sur un mauvais titre, par une Sentence qu'un Arrêt sur l'appel auroit infirmée ; ce trouble ayant cessé, ne seroit-il pas juste non-seulement de joindre les possessions, mais d'y ajoûter même le tems de ce trouble ? puisqu'il seroit vrai qu'n'étant pas venu de la part de celui qui feroit le nouveau trouble, il lui seroit inutile ? & que le possesseur auroit conservé son droit pendant une interruption qui se trouveroit n'avoir été qu'un trouble injuste, & qui n'auroit pas empêché qu'il ne fût toujours démeuré le maître avec l'intention de posséder ce qui avoit l'effet de la possession, & rendoit sa condition pareille à celle d'un possesseur dépouillé par force de sa possession, qui ne laisse pas d'être consideré comme possesseur. Si quis vi de possessione dejectus fit, perinde haberi debet ac si possideret, cum interdicto de vi recuperandæ possessioni facultatem habeat. l. 17. ff. de acq. vel amitt. possess. V. l'article 24. de la Section 2.

VII.

7. Intervalle sans possession apparente.

Les intervalles où le possesseur cesse d'exercer sa possession ne l'interrompent point, & n'empêchent pas qu'il ne continue sa prescription. Ainsi, lorsqu'un possesseur ou absent, ou négligent, cesse pendant quelques années d'entrer dans son héritage & le cultiver, il ne laisse pas de conserver sa possession. Et non seulement il joint les tems de l'exercice actuel qu'il en a fait, mais il y ajoûte aussi l'intervalle où il avoit cessé de l'exercer b.

b Licet possessio nudo animo acquiri non possit, tamen solo animo retineri potest. Si ergo prædiorum desertam possessionem, non derelinquendi affectione, transacto tempore non coluisti : sed merus necessitate culturam eorum distulisti, præjudicium tibi ex transmissi temporis injuria, generari non potest. l. 4. C. de acq. & ret. poss. V. l'art. 24. de la Sect. 2.

VIII.

8. Intervalle sans possesseur qui n'interrompt pas la prescription.

Il peut arriver qu'il y ait un intervalle sans possesseur, qui n'interrompe pas la prescription. Ainsi lorsqu'un héritier, ou qui étoit absent, ou qui ignoroit son droit, n'entre en possession des biens que quelque tems après l'ouverture de la succession, il ne laissera pas de joindre à sa possession celle du défunt, & même le tems de cet intervalle entre l'ouverture de l'hérédité & sa possession. Car les biens sont conservés au futur héritier, & comme possédés par l'hérédité même qui tient lieu de maître i.

i Hæreditas dominæ locum obtinet : & recté dicetur hæredi quoque competere (interdictum,) & cæteris successoribus, sive antequam successerit, sive postea aliquid fit vi aut clam admissum l. 13. §. 5. in f. ff. quod vi aut clam.
Vacuum tempus quod ante aditam hæreditatem, vel post aditam intercessit, ad usucapionem hæredi procedit. l. 31. §. 5. ff. de usurp. & usuc.
Cet article peut s'appliquer à l'héritier même qui n'est intestat, quoique par notre usage il soit saisi des biens par la mort de celui à qui il succede. Car s'il ignore son droit, il ne possede pas les biens quoiqu'il en soit le maître.

IX.

9. Quelles choses se peuvent prescrire.

On peut acquérir par la prescription toutes les choses qui sont en commerce, & dont on peut avoir la propriété l, si les Loix n'y apportent quelque exception ; comme il se verra dans la Section cinquième.

l C'est une suite des regles expliquées dans les deux premiers articles.

X.

10. Droits & actions se prescrivent.

L'usage de la prescription n'est pas seulement d'acquérir la propriété à ceux qui ont prescrit par la possession, & de dépouiller les propriétaires qui ont laissé prescrire ; mais il y a encore un autre usage des prescriptions où la possession n'est pas nécessaire, qui est celui d'anéantir les droits & les actions qu'on a cessé d'exercer pendant un tems suffisant pour prescrire. Ainsi un créancier perd sa dette, & tous droits & actions se perdent, quoique ceux qui en sont les débiteurs ne possedent rien, si on ne demande la dette : ou si on cesse d'exercer le droit pendant le tems réglé par la loi m.

m. Sicut in rem speciales ita de universitate, ac personales actiones ultra triginta annorum spatium minimè protendantur. Sed si qua res, vel jus aliquod postuletur, vel persona qualicumque actione vel persecutione pulsetur, nihilominus erit agenti triginta annorum præscriptio metuenda. l. 3. C. de præsc. 30. vel 40. an.

Tome I.

XI.

11. Cas où l'on prescrit des choses qui sont hors du commerce.

On peut acquérir ou perdre par la prescription de certaines choses qui sont hors du commerce. Et on les acquiert par leur liaison à d'autres dont on peut avoir la propriété. Ainsi celui qui acquiert une terre à laquelle est attaché un droit de patronage, ou dont le Château renferme une chapelle pour l'usage du maître, peut prescrire ce droit de patronage, & l'usage de cette chapelle n.

n Quædam quæ non possunt sola alienari, per universitatem transeunt : ut fundus dotalis ad hæredem, & res cujus aliquis commercium non habet. Nam etsi ei legari non possit, tamen hæres institutus dominus ejus efficitur. l. 61. ff. de acq. rer. dom.
Quoique ce texte n'ait pas un rapport précis aux droits dont il est parlé dans cet article, on peut l'y rapporter.

XII.

11. Servitudes se prescrivent.

Les servitudes s'acquièrent, & se perdent par la prescription o.

o V. l'art. 11. de la Sect. 1. des servitudes, p. 117. & la remarque qu'on y a faite, & l'art. 5. & les suivans de la Section 6. au même Titre.

XIII.

13. Bonne foi nécessaire pour prescrire.

Pour acquérir la prescription, il faut avoir possédé de bonne foi, c'est-à-dire, avoir crû qu'on avoit une juste cause de possession, & avoir ignoré que ce que l'on possédoit étoit à un autre. Et cette bonne foi est toujours présumée en tout possesseur, s'il n'est prouvé qu'il ait possédé de mauvaise foi p. Mais quoique la bonne foi soit une juste cause qui donne le droit de prescrire, elle ne suffit pas toujours seule, & il faut de plus que la prescription ne soit pas empêchée par quelqu'unes de ces causes qui seront expliquées dans la Section suivante q.

p Bonæ fidei emptor esse videtur qui ignoravit eam rem alienam esse aut putavit eum qui vendidit, jus vendendi habere, putà procuratorem, aut tutorem. l. 109. ff. de verb. sign.
Non procedit ejus usucapio qui non bona fide videtur possidere. l. 32. §. ff. de usurp. & usuc.
His usucapio non competit, qui malâ fide possident. §. 3. inst. de usuc. & long. temp. præf. V. l'art. 1. de la Sect. 4. du Titre des preuves. p. 255.

q Ubi lex inhibet usucapionem ; bona fides possidenti nihil prodest. l. 24. ff. de usurp. & usuc.

XIV.

14. Prescription sans titre.

Comme la possession jointe à la bonne foi, suffit pour prescrire les choses prescriptibles, & qu'elle tient lieu de titre, quoiqu'on n'en ait point d'autres, le possesseur qui a prescrit, soit qu'il ignore l'origine & la cause de sa possession, ou qu'ayant un titre il ne puisse pas en justifier, sera maintenu contre l'ancien propriétaire qui justifie d'un titre. De même que le débiteur qui a prescrit la dette, n'a pas besoin de quittance pour être déchargé de la demande de son créancier. Car la prescription anéantit les titres des propriétaires & des créanciers. Et ils doivent s'imputer d'avoir négligé leurs droits pendant un si long tems r.

r Bono publico usucapio introducta est, ne scilicet quarumdam rerum diù & ferè semper incerta domina essent. Cùm sufficere dominis ad inquirendas res suas, statuti temporis spatium. l. 1. ff. de usurp. & usucap.
In rem speciales actiones ultra triginta annorum spatium minimè protendantur. l. 3. C. de præsc. 30. vel 40. ann. V. l'art 9.
Il faut remarquer que ce qui est dit dans cet article, qu'il n'est pas nécessaire pour prescrire d'avoir un titre, doit s'entendre de sorte qu'on ne confonde pas la jurisprudence des Provinces, où il n'y a qu'une prescription de trente ans qui ne demande point de titre ; & celle des Provinces où l'on distingue suivant le Droit Romain cette prescription de 30. ans, de celle de 10. & de 20. ans qui suppose un titre, comme il a été remarqué dans le préambule de cette Section.
Il faut remarquer aussi qu'on n'a pas compris dans cet article le cas où le possesseur n'auroit jamais eu de titre, parce qu'on ne peut supposer une possession de bonne foi qui n'ait été précédée de quelque titre, c'est-à-dire, qui n'ait en quelque juste fondement dans son origine, & quelque cause légitime qui donnât le droit de posséder, quoiqu'il n'en reste point d'acte, ni d'autre preuve; autrement on posséderoit de mauvaise foi. Et celui même qui se seroit mis en possession d'un bien vacant, comme celui d'un héritage d'une succession abandonnée, ou un fonds dont le maître fût dans l'absence d'un long-tems, seroit un possesseur de mauvaise foi, ne pouvant ignorer qu'il auroit usurpé ce qui devoit avoir un

M m ij

autre maitre. Fundi alieni poteſt aliquis fine vi nancifci poſſeſſionem, quæ vel ex negligentia domini vacet, vel quia Dominus fine
ſucceſſore deceſſerit, vel longo tempore abfuerit. Quam rem ipſe
quidem non poteſt uſucapere, quia intelligit alienum ſe poſſidere,
& ob id malâ fide poſſidet. *l.* 37. §. 1. & *l.* 38 *ff. deſuſurp & uſuc.*
Ridiculum etenim eſt dicere, vel audire, quod per ignorantiam
alienam rem aliquis quaſi propriam occupaverit, *l. ult. C. unde vi.*

Mais encore qu'un tel poſſeſſeur ſoit de la même condition qu'un uſur-
pateur, (ſancimus talem poſſeſſorem (qui vacuam poſſeſſionem ab-
ſentium, ſiue judiciali ſententia detinuit) ut prædonem intelligi.
d. l. ult. C. unde vi. Si néanmoins il a poſſédé pendant trente ans qui
acquierent la preſcription ſans titre, cette même Loi, & la Loi 8. §.
1. C. de præſcrip. 30. vel 40. ann. & encore la Loi. 1. §. 1. de ann.
except. *veulent qu'après ſi longtems il ne puiſſe plus être troublé , non-*
obſtant ſa mauvaiſe foi. Ce qui ſignifie pas que ces Loix mettent ce
poſſeſſeur en ſûreté de conſcience, mais ſeulement que la police ne permet
pas qu'après une ſi longue poſſeſſion, on inquiete les poſſeſſeurs , & qu'on
oblige à juſtifier de leurs titres, ni même à déclarer l'origine de leur poſ-
ſeſſion. Car le prétexte de la recherche des poſſeſſeurs de mauvaiſe foi ,
troubleroit le repos des poſſeſſeurs légitimes. Mais par ce qui eſt de la
conſcience , il eſt bien certain que le long tems ne met pas en ſûreté les
poſſeſſeurs de mauvaiſe foi , & qu'au contraire leur longue poſſeſſion
n'eſt qu'une continuation de leur injuſtice. Et auſſi le Droit Canonique
ne permet pas qu'un poſſeſſeur de mauvaiſe foi puiſſe jamais preſcrire ,
quoique longue qu'ait été ſa poſſeſſion. Poſſeſſor malæ fidei ullo tempore non præſcribit. Reg. 2. de reg. jur. in 6.

Quoniam omne quod non eſt ex fide peccatum eſt , Synodali judicio definimus , ut nulla valeat abſque bona fide præſcriptio tam
canonica , quam civilis. Cùm generaliter fit omni conſtitutioni ,
atque conſuetudini derogandum , quæ abſque mortali peccato non
poteſt obſervari. Unde opportet , ut qui præſcribit , in nulla temporis parte rei habeat conſcientiam alienæ. C. ult. extra de præſc.

Et c'eſt auſſi notre uſage, qu'encore qu'on n'oblige pas le poſſeſſeur qui
a preſcrit à juſtifier de ſon titre , ni à déclarer l'origine de ſa poſſeſſion ,
ſi néanmoins on la découvre , & qu'il s'y trouve de la mauvaiſe foi ,
la poſſeſſion ſera inutile , contre la maitre , qui prouvera ſon droit.
Ainſi un dépoſitaire qui auroit poſſédé à ce titre plus de 30. ans , n'au-
roit pas acquis la preſcription. V. l'art. 11. de la Sect. 5.

X V.

15. Si le poſſeſſeur a perdu ſon titre.

Dans les lieux & dans les cas où la preſcription préſuppoſe un titre dont il faut juſtifier , ſi celui qui a
preſcrit a perdu le ſien , il ne laiſſera pas d'être maintenu ; pourvû qu'il ait des preuves de la vérité du titre
qui ſe trouve perdu *f.*

f Longi temporis poſſeſſione munitis , inſtrumentorum amiſſio
nihil juris aufert. Nec diuturnitate poſſeſſionis partem ſecoritatem,
maleſicio alterius turbare poteſt. *l.* 7. C. præſc. long. temp.

Il faut rapporter l'uſage de cet article aux Provinces qui obſervent
la preſcription de dix & de vingt ans ſuivant le Droit Romain. V.
le préambule de cette Section. V. l'art. 11. de la Section 2. des
Preuves , p. 250.

X V I.

16. De celui qui acquiert de bonne foi d'un poſſeſſeur de mauvaiſe foi.

La bonne foi néceſſaire pour acquerir la preſcription
ne ſe conſidere qu'en la perſonne de celui qui a poſſedé , & la mauvaiſe foi de ſon auteur ne doit pas lui
nuire. Ainſi, celui qui croit que ſon vendeur eſt le
maître de ce qu'il lui vend, ne laiſſe pas de preſcrire ,
quoique ce vendeur fût un uſurpateur *t.*

t Si (malæ fidei poſſeſſor) alii bona fide accipienti tradiderit ;
poterit ci longa poſſeſſione res acquiri. *l.* 7. inſt. de uſucap. De auctoris dolo exceptio empturi non objicitur. *l.* 4. §. 27. ff. de dol.
mal. & met. exc. Voyez l'article 3. de la Section 3. & ci-après les
articles 18. & 19.

X V I I.

17. Diffé-
rence de la
bonne ou
mauvaiſe
foi dans un
même cas.

Il peut arriver par une ſuite de la regle expliquée
dans l'article précédent , que de deux poſſeſſeurs de
deux parties d'un héritage uſurpé , l'un ſoit maintenu
par la preſcription , & que la poſſeſſion pendant le
même tems ſoit inutile à l'autre. Ainſi , par exemple ,
ſi un poſſeſſeur de mauvaiſe foi vend une moitié d'un
héritage qu'il ait uſurpé , s'en réſervant l'autre , & que
l'acquereur de cette moitié l'ayant poſſédée de bonne
foi pendant le tems de la preſcription , & ce vendeur
ayant auſſi poſſédé l'autre moitié pendant le même tems,
le propriétaire veuille rentrer dans ſon héritage , &
faſſe ſa demande contre ces deux poſſeſſeurs ; l'acquereur de cette moitié ſera maintenu par l'effet de ſa bonne foi , & le propriétaire ne pourra recouvrer que l'autre moitié contre l'uſurpateur , de qui la mauvaiſe foi
aura empêché la preſcription *u.*

u Si partem poſſeſſionis malæ fidei poſſeſſor vendidit , id quidem
quod ab ipſo tenetur , omninò cum fructibus recipi poteſt. Portio
autem quæ diſtracta eſt , ita demum rectè petitur à poſſidente , ſi

---

ſciens aliena comparavit , vel bona fide emptor nondùm implevit
uſucapionem. *l.* 5. C. de uſuc. pro empt. V. les art. 9. & 10. de la
Section 5.

X V I I I.

18. L'héri-
tier eſt tenu
de la mau-
vaiſe foi du
défunt.

Il ne faut pas comprendre ſous la regle expliquée
dans l'article ſeizième , l'héritier qui entre de bonne
foi en poſſeſſion des biens de la ſucceſſion. Car comme
c'eſt un ſucceſſeur univerſel, qui recueille tous les droits
du défunt & qui s'oblige à toutes ſes charges , il eſt auſſi
tenu de ſes faits. Ainſi, quoique l'héritier ignore le vice de la poſſeſſion du défunt qui avoit poſſédé de mauvaiſe foi , il ne pourra preſcrire ce que le défunt avoit
uſurpé *x.*

x Cùm hæres in jus omne defuncti ſuccedit ignorantia ſua , defuncti vitia non excludit. *l.* 11. ff. de diverſ. temp. præſcr. Uſucapere
(hæres) non poterit , quod defunctus non potuit. Idem juris eſt
cum de longâ poſſeſſione quæritur. Neque enim rectè defendetur ;
cùm exordium ei bonæ fidei ratio non tueatur. *d. l. V, l.* 4. §. 15.
ff. de uſurp. & uſuc. *l. ult. C. comm. de uſuc.* Vitia poſſeſſionum à
majoribus contracta perdurant & ſucceſſorem auctoris ſui culpa
comitatur. *l.* 11. C. de acq. & ret. poſſ.

Mais ſi l'héritier de celui qui avoit acquis de bonne foi ſçait que la
choſe étoit à un autre , ſa mauvaiſe foi étant bien prouvée , n'empêche-
ra-t-elle pas qu'il ne puiſſe preſcrire? Il eſt dit dans quelques Loix , que
ſi le défunt a acheté de bonne foi , ſon héritier preſcrira , quoiqu'il ſça-
che que la choſe étoit à un autre qu'au vendeur. Si defunctus bona fide
emerit, uſucapietur res, quamvis hæres ſcit alienam eſſe. *l.* 2. §. 19.
ff. pro emptore. *l.* 1. C. de uſuc. transf. *Et un autre Loi y apporte*
cette diſtinction , que ſi le défunt n'avoit pas commencé de poſſeder , &
que la délivrance de ce qu'il avoit acheté ne ſoit faite qu'à l'héritier qui
ſçait que la choſe n'étoit pas au vendeur , il ne preſcrira point , parce
qu'on regarde la bonne foi dans le commencement de la preſcription.
Mais ſi la délivrance avoit été faite au défunt , & qu'il eût poſſédé de
bonne foi , cette poſſeſſion continuée en la perſonne de l'héritier , lui ac-
querra la preſcription , quoiqu'il ſçache que la choſe n'étoit pas au ven-
deur. Hæres ejus qui bonâ fide rem emit, vel non capiet ſciens alienam , ſi modò ipſi poſſeſſio tradita ſit : continuatione verò non im-
pedietur hæredis ſcientia. *l.* 43. ff. de uſurp. & uſuc. *On peut juger*
par la remarque qui a été faite ſur l'article 14. que ſi la mauvaiſe foi
de cet héritier étoit bien prouvée , la bonne foi du défunt ne devroit pas
juſtifier ſa poſſeſſion.

X I X.

19. Non le
légataire ,
ni le dona-
taire.

Les légataires , & les donataires ne ſont pas tenus
comme l'héritier du fait des teſtateurs & des donateurs,
parce qu'ils ne ſuccedent pas à tous leurs biens & à tous
leurs droits , & qu'ils ne ſont pas tenus de toutes leurs
charges. Et s'ils ont reçu de bonne foi ce qui leur a été
légué ou donné , quoique le teſtateur , ou le donateur
fût dans une poſſeſſion de mauvaiſe foi , ils ne laiſſeront
pas de pouvoir preſcrire , s'ils poſſedent paiſiblement
pendant le tems reglé par la loi *y.*

y An vitium auctoris , vel donatoris , ejuſve qui mihi rem legavit , mihi noceat : ſi fortè auctor meus juſtum initium poſſidendi
non habuit , videndum eſt. Et puto neque nocere , neque prodeſſe.
Nam denique & uſucapere poſſum , quod auctor meus uſucapere
non potuit. *l.* 5. ff. de diverſ. temp. præſcr. V. l'art. 17.

Il ne faut pas entendre cet article des donataires & légataires uni-
verſels , ou d'une quote de l'hérédité qui tiennent lieu d'héritier ; mais
des donations & légataires particuliers d'une certaine choſe.

Quoique les légataires & les donataires particuliers d'une certaine
choſe ne ſoient pas tenus de même que l'héritier , du fait du teſtateur &
du donateur , comme néanmoins ils acquierent par un titre lucratif,
qui diſtingue leur condition de celle d'un acheteur ou autre qui acquiert
à titre onereux , peut-on douter , ſi la regle expliquée dans cet article
peut les mettre auſſi bien à couvert pour la conſcience , qu'elle leur aſ-
ſure leur poſſeſſion? Mais ſi l'on ſuppoſe , par exemple , que celui qui avoit
uſurpé un héritage d'un pauvre homme , en ait fait un legs ou une do-
nation à une perſonne riche , qui après avoir acquis la preſcription ,
dans l'ignorance du vice de l'acquiſition de ſon auteur , vienne à dé-
couvrir l'uſurpation ; ce légataire , ou ce donataire pourra-t-il uſer du
droit que la Loi lui donne , pour retenir ce bien qui lui étoit ſuperflu , &
qui ſeroit ſi néceſſaire à ceux que ſon bienfaiteur en avoit injuſtement
dépouillés? On met la queſtion dans ces circonſtances : car ſi on ſuppoſe
au contraire que ce fût un pauvre légataire , & que ceux à qui l'héri-
tage pourroit revenir fuſſent des perſonnes accommodée , la bonne foi
ſembleroit une juſte cauſe d'uſer en conſcience du droit que la Loi
donne diſtinctement à tous légataires.

Comme cette queſtion regarde la conſcience , & que par cette raiſon
elle n'eſt pas du deſſein de ce Livre , on ne s'y arrêtera pas davantage :
& on remarquera ſeulement , que les queſtions de cette nature , où il
s'agit d'examiner en ſa conſcience l'uſage que peut faire un poſſeſſeur
de la preſcription qui lui eſt acquiſe , dans le cas où quelque devoir peut
faire douter s'il faut s'en ſervir , doivent ſe décider par l'eſprit de la
ſeconde Loi, & par l'uſage qu'elle peut permettre de la preſcription.
Car comme cette Loi a été établie que pour un bien public par des
motifs qu'on a expliqués ; elle n'entre pas dans le ſecret des devoirs de
conſcience qui peuvent rendre illicite l'uſage de la preſcription. Et cha-

eun en cela doit prendre pour regle l'esprit de la seconde Loi , d'où dépend le bon usage de toutes les autres.

X X.

20. Pres- cription des arrerages de rentes,ou autres rede- vances an- nuelles.

Le débiteur d'une rente ou d'une possession , ou d'au- tres choses qui se payent annuellement , peut prescrire la redevance de chaque année , si la demande ne lui en est faite dans le tems reglé par la Loi à compter du jour qu'elle étoit échûë , quand même il ne pourroit pres- crire le principal. Ainsi ceux qui doivent des droits imprescriptibles , comme sont les cens en quelques Provinces , peuvent en prescrire les arrérages , s'ils ne sont demandés dans le tems qui en acquiert la prescription , & chaque année se prescrit en son tems z.

z In his etiam promissionibus , vel legatis , vel aliis obligatio- nibus quæ datientur per singulos annos , vel menses , aut aliquod singulare tempus continent , tempora memoratarum præscriptio- num , non ab exordio talis obligationis , sed ab initio cujusque anni , vel mensis , vel alterius singularis temporis , computari manifestum est , nulla scilicet danda licentia vel ei qui jure emphy- teutico rem aliquam per quadraginta vel quotcumque alios annos detinuerit , dicendi ex transacto tempore dominium sibi in iisdem rebus quæsitum esse , cùm in eodem statu semper manere datas jure emphyteutico res oporteat. l. 7. §. ult. C. de præscr. 30. vel 40.ann.

Par l'Ordonnance de 1510. art. 71. les arrerages des rentes cons- tituées à prix d'argent ne peuvent être demandez que de cinq années , et qui ne s'étend pas aux rentes foncieres. Et il y a des Coutumes où les arrerages des cens se prescrivent par moins de temps.

X X I.

21.La pres- cription peut s'acquerir sans qu'on possede par soi-même.

Comme la prescription s'acquiert par la possession , & qu'on peut posseder par d'autres personnes , on peut prescrire non seulement par soi-même en possedant en personne , mais aussi en possedant par d'autres ; com- me par un fermier , par un locataire , par un déposi- taire , par un usufruitier , par un tuteur , par un cura- teur , par un procureur a.

a V. les articles 8. & 9. de la Section 1.

S E C T I O N V.

Des causes qui empêchent la Prescription.

S O M M A I R E S.

I.

1. Causes qui font ces- ser la pres- cription.

L'Effet de la prescription cesse dans le cas où les Loix la rendent inutile. Ce qui arrive ou par la nature de la chose, ou par la qualité de celui contre qui on al- legue la prescription , ou par quelque vice de la posses- sion , ou par l'interruption , comme on le verra dans les articles qui suivent. a

a Cet article résulte de ceux qui suivent.

II.

2. Quelles choses on ne peut pres- crire.

Comme la prescription est une des manieres d'acque- rir la proprieté , on ne peut prescrire que les choses qui sont en commerce , & dont on peut devenir le maître. Ainsi on ne peut s'acquerir par la prescription les cho- ses que la nature ou le droit public destinent à un usage commun & public , comme les rivages nécessaires pour la navigation des fleuves , les murs & fossés des Villes , & autres lieux semblables. Et on ne peut non plus pres- crire ce que les Loix rendent imprescriptibles , comme l'est en France le domaine du Roi , qu'on ne peut ac- querir par une prescription , même de cent ans b.

b Usucapionem recipiunt maximè res corporales , exceptis rebus sacris , sanctis , publicis populi Romani , & civitatum. l. 9 ff. de usurp. & usuc. §. 1. inst. eod. Præscriptio longæ possessionis ab ob- tinenda loca juris gentium publica concediti non solet. l. 45. eod.
Res fisci nostri usucapi non potest. §. 9. inst. de usuc. l. 2. C. comm. de usuc.
Vitam publicam populus non utendo admittere non potest.l. 2. ff. de vix publica.
Par l'Ordonnance de François I. du 20. Juin 1539. tout ce qui est du Domaine du Roi est imprescriptible , meme par cent ans de posses- sion. Et par plusieurs Coutumes les cens ne peuvent se prescrire contre le Seigneur.
On n'a pas compris indistinctement dans cet article toutes les choses qui appartiennent à des villes , comme on pourroit croire qu'elles soient comprises dans le premier des textes cités sur cet article : & on n'y a mis que les choses qui sont d'un usage public. Car pour les autres choses qui sont à des villes ou à des Eglises , à des Hopitaux , à des Commu- nautés , & qui par cette raison sont hors du commerce , & ne peuvent être alienées que dans de certaines causes , il ne s'ensuit pas qu'elles soient prescrites pour ces sortes d'alienations:elles ne sont pas pour cela impres- criptibles. Mais on peut prescrire par 40. ans , même par les Loix & par les Coutumes , les biens & les droits & de l'Eglise , & des villes & des Communautés , & tous autres. Ainsi dans le Droit Romain ces sor- tes de biens & de droits se prescrivent par 40. ans , même tacite titre. Nullum jus privatum , vel publicum in quacumque causa , vel qua- cumque persona quod prædictorum quadraginta annorum extin- ctum est jugi silentio , moveatur. l. 4. C. de præsc. 30. vel 40. ann. vel 6. eod. Jubemus omnes qui in quacumque dioecesi , aut quacum- que provincia , vel quolibet saltu , vel civitate fundos patrimonia- les , vel templorum aut agnotherici , seu revelatorum jugorum , vel cujuscumque juris , per quadraginta jugiter annos , (possessio- ne scilicet non solùm eorum qui nunc detinent , verùm etiam eo- rum qui anteà possederant , computando) ex quocumque titulo , vel etiam sine titulo hactenus possederunt : vel posteà per memo- rarum quadraginta annorum spatium possederint , ita penitùs su- per domino memoratorum omnium fundorum , vel locorum , vel domorum à publico actionem , vel molestiam , aut quamlibet in- quietudinem formidare. l. ult. C. de fundis patrim. Nov. 131. c. 6. Il n'y avoit que les charges des impositions publiques sur les fonds qui s'appelloient tributa , indictiones , functiones publicæ , civiles canones , &c. qu'on ne pouvoit prescrire. l. 6. C. de præscr. 30. vel 40. ann. Et plusieurs de nos Coutumes reglent expressément , qu'on peut prescrire contre l'Eglise par trente ans.
On n'a pas non plus dans cet article les choses sacrées ; car elles sont dans une autre nature que les lieux specifiés dans l'article , qui par leur situation , & par la nécessité de leur usage sont impres- criptibles ; au lieu que les choses sacrées ne sont pas telles par leur na- ture , mais seulement par une destination expresse , ainsi elles peu- vent être profanées , & alienées , & rentrer en commerce. Une Eglise peut être profanée , ou démolie , & transferée en un autre lieu. De sorte que c'est par les circonstances qu'il faut juger si une longue pos- session peut suffire pour acquerir la proprieté d'un lieu qui auroit été autrefois sacré , & s'il y avoit lieu de présumer une alienation légitime , ou si la possession paroîtroit une usurpation. Et il en pourroit arriver de même d'un lieu public , comme d'un fossé de Ville on autre lieu semblable , si quelque changement avoit remis ces choses dans le commerce , & les avoit rendues sujetes à la prescription.
¶ Res sacra sancta religiosa publica præscriptionem non habent. §. 8. 9. 10. instit. de rebus divinis. §. 1. de usucapione rei fisci §. 14. inst. de usucap. tit. Cod. ne rei dom. vel templ. vind. temp. præscr. subm.
En France il faut distinguer quatre sortes de droits où des choses imprescriptibles comme impôts , tail- les , &c. 2°. Les biens du Domaine & tout ce qui a été remis pendant dix ans suivant l'Edit de l'Union de 1566. 3°. Les biens particuliers du Roi non réunis au Domaine se prescrivent par 30. ans : idem , des biens à lui acquis par confiscation ou autrement. 4°. Les lots & ventes , quints , reliefs , & autres profits casuels se prescrivent par 30. ans. Vide Bacquet du Droit de desherence , chap. 7. Le Bret , de la souveraineté , l. 3. ch. 2. Foi & Hom- mage art. 12. Coutume, Cens art. 124. Servitude , art. 186. Droit de Corvée , Banalité , art. 71. Faculté de racheter rentes constituées. Extravag. Regimini , & l'art. 119.
Les choses qui sont de pure faculté & le droit de faire quelque chose lorsque l'occasion ne s'en présente pas.l. 34. & 35. ff.de serv. præd. rusticorum. Despeiss. t. 1. p. 780. Henrys,t. 1. l. 4. quest. 89.
Le Droit de dismes, cap. 7. extra de præscriptione. Quid, des dis- mes inféodées; c'est une question partagée , car le ch. 7. ne parle

2. Quelles choses on ne peut pres- crire.

que des dixmes Ecclésiastiques ; néanmoins Henrys, t. 1. l. 1. quest. 25. tient qu'elles sont imprescriptibles.

Le droit de patronage de soi est imprescriptible, mais il peut être prescrit avec la terre à qui il est attaché, *quia transit cum universitate.*]

III.

3. *Prescription des dettes à terme ou conditionnelles.*

La prescription des demandes pour dettes, ou autres choses qui sont dûes sous quelque condition, & qu'on ne peut demander qu'après que la condition est arrivée, ne commence de courir que du jour de l'événement de cette condition qui a rendu la chose exigible. Et la prescription des dettes dont il y a un terme de payement, ne commence de courir qu'après le terme échû *c.*

c Illud plus quàm manifestum est, in omnibus contractibus in quibus sub aliqua conditione, vel sub die certa vel incerta stipulatioues, & promissiones, vel pacta ponuntur, post conditionis exitum, vel post institutæ diei certæ vel incertæ lapsum, præscriptiones triginta, vel quadraginta annorum, quæ personalibus, vel hypotecariis actionibus opponuntur, initium accipiunt. *l. 7. §. 4. C. de præscr. 30. vel 40. ann.*

IV.

4. *La prescription ne court pas contre les mineurs.*

On ne peut prescrire contre les mineurs pendant leur minorité, & la prescription ne commence de courir qu'après leur majorité *d.* Car le tems de la prescription étant donné aux propriétaires pour recouvrer leurs biens & leurs droits, ce tems ne court point contre des personnes, à qui les Loix ne permettent pas l'administration de leurs propres biens.

d Non est incognitum, id temporis quod in minori ætate transmissum est, longi temporis præscriptioni non imputari. Ea enim tunc currere incipit, quandò ad majorem ætatem dominus rei pervenerit. *l. 3, C. quib. non objic. long. temp. præscr.*

On ne fait pas ici la distinction du Droit Romain entre les impuberes & les adultes jusqu'à l'âge de 25. ans pour les prescriptions. Cette distinction consistoit en ce que les adultes n'étant plus en tutelle, mais sous des Curateurs, la prescription de 30. ans commençoit de courir contr'eux, mais ne couroit pas contre les impuberes. *l. 3. C. de præscr. 30. vel 40. ann. Car comme par notre usage la minorité dure jusqu'à l'âge de vingt-cinq ans, & que les mineurs étant en tutelle n'ont pas l'exercice de leurs droits, la prescription ne court pas contr'eux.*

V.

5. *Si un majeur se trouve intéressé avec un mineur.*

Si un majeur se trouve avoir un droit indivis avec un mineur, la prescription qui n'aura pû courir contre le mineur, n'aura point d'effet contre le majeur. Ainsi, par exemple, si une servitude d'un passage est dûe à un majeur & un mineur, pour un fonds qui leur est commun, & l'autre ayant cessé d'en user ce droit pendant le tems suffisant pour prescrire, la servitude que le mineur n'aura pû perdre par la prescription, sera conservée aussi pour le majeur *e.* Car elle étoit dûe pour tout le fonds, & le mineur ayant son droit indivis sur le total, il n'y avoit aucune partie du fonds où il n'eût son droit.

e Si communem fundum ego & pupillus habemus, licet uterque non uteretur, tamen propter pupillum, & ego viam retineo. *l. 10. ff. quem serv. amitt. V. l'art. 21. de la Section 1. des servitudes. p. 118. Mais si le fonds commun entre le majeur & le mineur avoit esté partagé, la servitude qui seroit conservée pour la portion du mineur, seroit perdue pour celle du majeur ; parce qu'en ce cas leur cause n'étoit pas commune.*

VI.

6. *En quel sens la prescription ne court pas contre les absens.*

La même raison qui fait que la prescription ne court pas contre les mineurs, fait qu'elle ne court point aussi contre ceux qu'une longue absence empêche d'agir. Ce qui ne s'entend pas seulement d'une absence pour des affaires publiques, mais aussi d'autres absences causées par des cas fortuits, comme une captivité. Et si l'absence n'a pas duré pendant tout le tems de la prescription, on en déduit le tems qu'elle a duré *f.* Que si le droit qu'on prétendroit faire perdre à l'absent par la prescription, lui avoit été acquis pendant son absence & à son insçû, comme un legs, une hérédité, ou si l'absence avoit duré pendant les dernieres années de la prescription, il y auroit encore plus de raison qu'il rentrât dans ses droits, car on ne pourroit lui imputer d'avoir laissé couler ce tems sans agir.

f Cum per absentiam tuam eos de quibus queretis, in res juris *tui irruisse asseveras, teque ob medendi curam à comitatu nostro discedere non posse palàm sit : præfectus prætorio noster accersitis his quos causa contingit, inter vos cognoscet. l. 2. C. quib. non obj. long. temp. præscr.*

Judices absentium sine controversia perseveravit, firmitatem suam teneat objecta præscriptio, quam contra abientes, vel reipublicæ causâ, vel maximè fortuito casu, nequaquam valere decernimus. *l. 4. eod.*

Judices absentium aut cujuslibet rei possessione privati sunt, suscipiant in jure personas, & auctoritatis suæ formidabile ministerium objiciant. Atque ita tueantur absentes, ut id solum diligenter inquirant, an ejus qui quolibet modo peregrinatur, possessio, ablata sit, quam propinquus, vel parens, vel proximus, vel amicus, vel colonus, quolibet titulo retinebat. *l. 1. C. si per vim, vel alio mod. ab f. pert. sit poss.*

* Domino quolibet tempore reverso, actionem possessionis recuperandæ indulgemus. *d. l.* Absentibus enim officere non debet tempus emensum, quod recuperandæ possessioni legibus præfinitum est. *d. l.* In primis exigendum est ut sit facultas agendi. *l. 1. ff. de divers. tempor. præscr. l. 25. ff. de stip. serv.*

Il faut distinguer dans la matiere des prescriptions, deux sortes d'absence, celle dont il est parlé dans cet article, & celle dont nous avons parlé de quelque cause éloigne de leur domicile, comme une ambassade, une captivité & autres semblables : & celle dont il a été parlé à la fin du préambule de la Section 4. sur le sujet de la prescription de 10. & 20. ans, où il est dit que la prescription s'acquiert avec un titre par vingt ans entre absens : ce qui n'a pas de rapport à l'absence qui éloigne une personne de son domicile, mais regarde seulement l'éloignement d'une personne à l'égard d'un autre, à cause de l'éloignement de leurs domiciles. On voit assez qu'il ne faut pas confondre ces deux sortes d'absence, & de quelle maniere celle qui regarde la prescription de 20. ans doit avoir son effet dans les lieux où cette prescription est en usage. Mais pour l'absence qui est l'éloignement d'une personne de son domicile, il n'est pas si facile de déterminer précisément comment elle peut empêcher la prescription. Et quoiqu'on ait conçû la regle en termes généraux dans cet article, comme elle est aussi dans quelques-uns des textes qu'on y a cités : il ne faut pas l'entendre indistinctement, de sorte que toute absence empêche toute prescription. Car par la loi de præscr. 30. vel 40. ann. il est dit que l'absence n'empêche la prescription de 30. ans. Et pour celle de 10. & 20. ans, il peut arriver des difficultés par des circonstances, ou de la cause de l'absence, ou du peu de durée, ou d'autres semblables, qui fassent douter si l'absence empêche ou n'empêche pas la prescription ; sur quoi il n'est pas possible de donner des regles précises. Et pour la prescription de 30. ans, si on suppose que celui contre qui on l'alleguerait ait été absent pour une ambassade pendant quelques années, ne seroit-il pas juste de déduire du tems de la prescription celui de cette absence ? Ainsi c'est par les circonstances qu'il faut juger de l'effet de l'absence dans ces prescriptions.

VII.

7. *En quel sens le bien dotal ne se prescrit point.*

Le bien dotal de la femme ne peut être prescrit pendant le mariage *g. Contra non valentem agere non currit præscriptio.*

g Si fundum quem Titius possidebat bona fide longi temporis possessione poterat sibi quærere, mulier ut suum marito dedit in dotem, eumque petere neglexerit vir, cùm id facere posset, rem periculi sui fecit. Nam licet lex Julia quæ vetat fundum dotalem alienari, pertineat etiam ad hujusmodi adquisitionem, non tamen interpellat eam possessionem quæ per longum tempus fit, & antequam constitueretur dotalis fundus jam cœperat. *l. 16. ff. de fund. dotal.*

Il faut entendre cet article suivant les différens usages des lieux. Dans quelques Coutumes le bien dotal peut être aliené par le mari & la femme ensemble, & non par le mari seul, ni la femme seule. En d'autres l'aliénation est nulle, quoique la femme y ait consenti. Parmi celles-ci, quelques-unes annullent absolument la prescription du bien dotal. D'autres ne l'annullent qu'en cas que le mari ou ses héritiers ne soient pas solvables pour répondre du bien dotal qui se trouve prescrit. Ainsi c'est sur ces différentes dispositions des Coutumes & leurs usages qu'il faut regler de quelle maniere la prescription peut avoir lieu sur les biens dotaux. V. l'article 13. de la Section 1. du Titre des Dots, p. 97.

VIII.

8. *La garantie ne se prescrit point.*

L'action de garantie ne se prescrit point. Car un vendeur, par exemple, & tout autre qui s'oblige à garantir ce qu'il vend ou cede, ou donne à quelqu'autre titre, s'engage par là à maintenir l'acquereur dans une possession paisible qui ne puisse jamais être troublée par aucun droit précédent à l'aliénation. Ainsi, en quelque tems qu'arrive l'éviction, comme si après une possession de cent ans, l'acquereur étoit évincé d'un fonds qui se trouveroit être du domaine du Roi, les héritiers de son auteur seroient tenus de l'en garantir *h.*

h Empti actio longi temporis præscriptione non submovetur : licet post multa spatia rem evictam emptori fuerit comprobatum. *l. 21. C. de evict.* Voyez l'article 6. de la Section 10. du Contrat de vente, p. 46.

I X.

9. La mauvaise foi empêche la prescription.

Il se rencontre souvent dans les possessions des vices ou défauts qui empêchent la prescription. Ainsi, la mauvaise foi du possesseur l'empêche de prescrire, soit qu'il ait usurpé, ou qu'ayant un titre, il n'en air pas ignoré le vice, comme s'il sçait qu'il possede ce qui est à un autre, s'il a acheté ce qu'il sçavoit que le vendeur ne pouvoit aliéner *i*. On verra dans la suite les autres vices des possessions qui peuvent empêcher la prescription.

i. Non capiet longâ possessione (qui) scit alienum esse. *l.* 3. §. 3. *ff. de acq. vel amitt. poss.* Si ab eo emas quem prætor vetuit alienare, idque tu scias, usucapere non potes. *l.* 12. *ff. de usurp. & usuc.* V. l'art. 6. de la Sect. 3.

X.

10. S'il faut joindre plusieurs possessions, la bonne foi est nécessaire en chacune.

Si un possesseur qui prétend avoir acquis la prescription, n'ayant pas possédé le tems nécessaire, a besoin de joindre à sa possession celle de son auteur, comme d'un testateur, d'un donateur, d'un vendeur ou autre de qui il tient son droit, ce n'est pas assez qu'il ait possedé de bonne foi, mais il faut aussi que la possession qu'il joint à la sienne ait été une possession de bonne foi *l*. Car toute la possession nécessaire pour prescrire, doit avoir été sans mauvaise foi.

l. Cùm quis utitur adminiculo aut persona auctoris, uti debet cum sua causa, suisque vitiis. *l.* 13. §. 1. *ff. de acq. vel amitt. poss.* De auctoris dolo excepto emptori non objicitur. Si autem accessione auctoris utitur, æquissimum visum est eum qui ex persona auctoris utitur accessione, pati dolum auctoris. *l.* 4. §. 27. *ff. de doli mali & met. except.* V. l'art. 3. de la Sect. & l'art. 16. de la Sect. 4.

X I.

11. Autre vice de la possession qui empêche de prescrire.

Ceux qui possedent pour d'autres, ne peuvent prescrire ce qu'ils possedent de cette maniere. Ainsi, celui qui possede précairement *m*, le dépositaire *n*, le créancier qui tient un gage *o*, l'usufruitier *p*, le fermier ou locataire *q*, ne peuvent acquerir par la prescription ce qu'ils tiennent à ces titres. Car pour prescrire, il faut posseder, & posseder comme maître, & dans toutes ces sortes de possessions, c'est le maître qui possede par celui qui tient la chose en ses mains. Et ceux qui tiennent les choses à ces titres, ne pourroient sans mauvaise foi s'en prétendre les propriétaires.

m Malè agitur cum dominis prædiorum, si tanta præcaria possidentibus prærogativa defertur, ut eos post quadraginta annorum spatia qualibet ratione decursa, inquicrare non liceat. Cùm lex Constantiniana jubeat ab his possessoribus initium non requiri, qui sibi potiùs quam actori possederunt. *l.* 2. *C. de præscr.* 30. vel 40. *ann.*

n Rei depositæ proprietas apud possidentem manet, sed & possessio. *l.* 17. §. 1. *ff. de poss.*

o V. l'art. 7. de la Sect. 4. des Gages & hypoth. p. 207.

Quominus . . . pignora (creditor) restituat debitori, nullo spatio longi temporis defenditur. *l. ult. C. de pign. act. l.* 10. eod. Pignori rem acceptam usu non capimus, quia pro alieno possidemus. *l.* 13. *ff. de usurp. & usuc.* Possessor non est tametsi possessionem habeat. *l.* 15. §. 2. *ff. qui satisf. cog.* Licet justè possideat, non tamen opinione domini possidet. *l.* 22. §. 1. *ff. de noxal. act.* On ajoute ces textes pour faire voir par occasion, ce qui a été déja remarqué sur les differentes idées qu'on peut concevoir de la possession. V. ce qui a été dit sur ce sujet à la fin du préambule de la possession.

p. Fructuarius non possidet. *l.* 4. *inst. per quas person. acq.*

q Colonus & inquilinus sunt in prædio, & tamen non possidemus. *l.* 6. §. 2. *ff. de precar.* Et colonus, & inquilinos non possidemus. *l.* 25. *ff. de acq. vel amitt. poss.*

X I I.

12. En quel sens le possesseur ne peut changer la cause de sa possession.

Celui qui se trouve tenir une chose qu'il n'a pas droit de posseder en maître, ne peut changer sa condition, & se faire un autre titre de possession, au préjudice du droit d'une autre personne. Ainsi, par exemple, celui qui est en possession d'un fonds comme fermier, ne peut s'en rendre acquereur par une vente simulée d'un vendeur, autre que le maître de qui il est le fermier. Car ce nouveau titre ne changeroit pas la qualité de sa possession, & ne lui donneroit pas le droit de posseder en maître, ni de prescrire contre celui de qui il s'étoit rendu le fermier. Ainsi, pour une autre exemple, l'héritier du dépositaire ne pourra pas prétendre qu'il possede comme héritier, & il aura toujours la qualité de dépositaire *r*. Mais si un héritier venant à découvrir qu'un fonds qu'il possedoit en cette qualité, n'étoit pas de la succession, l'achetoit de bonne foi de celui qui s'en diroit le maître, pour le posseder non plus en héritier, mais à titre de vente, on ne pourroit pas lui imputer qu'il eût voulu changer la cause de sa possession, pour pallier une possession vitieuse d'un titre apparent, & il acquerroit par ce nouveau titre, le droit de posseder en maître, & celui de prescrire *s*.

r. Illud à veteribus præceptum est, neminem sibi ipsum causam possessionis mutare posse. *l.* 3. §. 19. *ff. de acq. vel amitt. poss.* Cùm nemo causam sibi possessionis mutare possit, proponatque colonum nulla extrinsecùs accidente causa, excolendi occasione, ad iniquæ venditionis vitium esse prolapsum, præses provinciæ iniquitâ fide veri dominii tui jus convelli non sinet. *l.* 5. *C. de acq. & ret. poss.*

Quod vulgò respondetur, causam possessionis neminem sibi mutare posse, sic accipiendum est ut possessio non solùm civilis, sed etiam naturalis intelligatur; & proptereà responsum est, neque colonum, neque eum apud quem res deposita, aut cui commodata est, lucri faciendi causa pro hærede usucapere posse. *l.* 2. §. 1. *ff. pro hærede.*

s Quod scriptum est apud veteres, neminem sibi causam possessionis posse mutare, credibile est de eo cogitatum, qui & corpore & animo possessioni incumbens, hoc solùm statuit, se alia ex causa id possideret : non si quis dimissa possessione prima ejusdem rei, denuò ex alia causa possessionem nancisci velit. *l.* 19. §. 1. *ff. de acq. vel amitt. poss.*

X I I I.

13. Vice du titre empêche la prescription.

C'est encore un vice de la possession si elle a commencé par un mauvais titre, & dont le défaut fût tel que le possesseur dût l'avoir connu, quoiqu'il prétendît l'avoir ignoré. Ainsi, par exemple, celui qui achete d'un Tuteur un fonds de son Mineur, sans observer les formalités, ne peut pas le prescrire, sous prétexte qu'il a crû de bonne foi, que le Tuteur pouvoit l'aliéner. Car il a dû sçavoir que les biens du Mineur ne peuvent être aliénés que pour des causes nécessaires, & en observant les formalités prescrites par les Loix. Et comme c'étoit une regle dont l'ignorance ne lui servoit de rien, sa condition n'est pas distinguée de celle d'un acquereur qui auroit connu le vice du titre *t*. Ainsi, pour un autre exemple, celui qui acquiert un fonds dépendant d'un Bénéfice, & qui est aliéné par le titulaire, sans cause nécessaire, & sans garder les formes, ne pourra le prescrire.

t. Nunquàm in usucapionibus juris error possessori prodest. Et ideo Proculus ait, per errorem initio venditionis tutor pupillo auctor factus sit, vel post longum tempus venditionis peractum, usucapi non posse, quia juris error est. *l.* 31. *ff. de usurp. & usuc.* Si scias pupillum esse, pures tamen pupillis licere res suas sine tutoris auctoritate administrare, non capies usu, quia juris error nulli prodest. *l.* 2. §. 15. *ff. pro emptore.* V. l'art 9. de la Sect. 1. des Regles du Droit, p. 3.

¶ Melius est habere titulum quam habere vitiosum.]

X I V.

14. Vice du titre qui n'empêche pas la prescription.

Il peut y avoir des vices dans les titres qui pourroient suffire pour les annuller, mais qui n'empêcheroient pas la prescription. Ainsi, par exemple, si le légataire d'un fonds en a été mis en possession par celui qu'il croyoit être l'héritier, & qu'après que le légataire aura joui de ce fonds pendant un tems suffisant pour prescrire, il se trouve que celui qui s'étoit dit l'héritier, ne l'étoit pas, ou qu'il avoit des cohéritiers, & que le vrai héritier, ou les cohéritiers troublent ce légataire, & lui alleguent des nullités du testament, comme s'il n'avoit pas le nombre suffisant de témoins, ou s'il manquoit d'autres formalités, ces défauts du testament n'empêcheront pas l'effet de la prescription de ce légataire, soit qu'il les ignorât, ou qu'il les connût. Car il avoit l'approbation du testament par l'héritier apparent ; ce qui suffisoit avec sa bonne foi pour lui acquerir la prescription *u*.

u C'est une suite de l'art. 3. de la Sect. 3. Il y a cette difference entre les cas de cet article, & celui de l'article précedent, qu'en celui-ci le vice du testament cessoit par l'approbation de l'héritier, & que la validité du testateur pouvoit être executée nonobstant ces défauts de formes dans le testament : mais dans le cas de l'article précedent, la vice du Titre étoit l'incapacité de celui qui avoit aliéné contre la défense de la Loi lo bien du mineur. V. l. 25. §. 6. ff. de hæred. petit.

X V.

La prescription est interrompue, & cesse de courir par une demande en Justice contre le possesseur. Car pour prescrire, il faut que la possession ait été paisible, & de bonne foi : & la demande en Justice fait que la possession n'est plus paisible, & que le possesseur cesse d'être dans la bonne foi x.

x Nec bona fide possessionem adeptis, longi temporis præscriptio, post moram litis contestatæ completa proficit. Cùm post motam controversiam, in præteritum æstimetur. l. 10. C. de præscr. long. temp.

Ita demùm (possessio est) legitima, cùm omnium adversariorum silentio & taciturnitate firmatur. Interpellatione verò & controversiâ progressâ, non posse eum intelligi possessorem, qui licet possessionem corpore teneat, tamen ex interpositâ contestatione, & causâ in judicium deductâ, super jure possessionis vacillet, ac dubitet. l. 10. C. de acq. & ret. poss.

Il faut entendre ce qui est dit dans cet article, d'une demande qui soit libellée, c'est-à-dire, qui explique ce qui est demandé. Sur quoi il faut remarquer, qu'au lieu que par le Droit Romain celui qui assignoit sa partie, n'étoit tenu d'expliquer que devant le Juge ce qu'il prétendoit, & que même Justinien avoit ordonné qu'une assignation générale devant le Juge, sans mention d'aucune des choses que le demandeur pouvoit prétendre, suffisoit pour toutes, & interrompoit même la prescription. l. ult. C. de ann. except. Par l'Ordonnance toutes les demandes doivent être libellées, & les exploits sont nuls, si ce qu'on demande n'y est pas expliqué. V. l'Ordonnance de 1667. tit. 2. article 1. V. la remarque sur l'article 5. de la Section 1. des Intérêts, p. 236.

X V I.

Si un même droit, soit de propriété, ou autre, se trouve commun à plusieurs personnes, la demande en Justice faite par un seul d'entre eux interrompra pour tous la prescription. Car c'est le droit entier qui est demandé, & chacun conserve par cette demande ce qui lui en revient y.

y Cùm quidam rei stipulandi certos habebant reos promittendi, vel unus forte creditor duos vel plures debitores, habebat, vel è contrario multi creditores unum debitorem... nobis pietate suggerente videtur esse humanum, semel in uno eodemque contractu, qualicumque interruptione vel agnitione adhibita, omnes simul compelli ad perfolvendum debitum: sive plures sint rei, sive unus:

sive plures sint creditores, sive non ampliùs quàm unus. Sancimusque in omnibus casibus quos noster sermo complexus est, aliorum devotionem, vel agnitionem, vel ex libello admonitionem, aliis debitoribus præjudicare, & aliis prodesse creditoribus. Sit itaque generalis devotio, & neminì liceat alienam indevotionem sequi. Cùm ex una stirpe, unoque fonte unus effluxit contractus : vel debiti causa ex eadem actione apparuit. l. ult. C. de duobus reis. V. l'art. suivant & la remarque qu'on y a faite, l'article 9. de la Sect. 1. de la Solidité, p. 221. & l'art. 5. de la Sect. 2. du même Titre.

X V I I.

Si plusieurs personnes se trouvent devoir une même dette, ou posseder un fond en commun, la demande en Justice faite contre un seul d'entre eux par le créancier de cette dette, ou par le propriétaire de ce fonds, interrompra la prescription à l'égard de tous, car la demande est faite pour le droit entier z.

z. V. le texte cité sur l'article précédent.

Il faut remarquer sur cet article & sur le précédent, qu'il n'importe pas qu'il y ait de solidité ni entre les débiteurs d'une même somme, ou les possesseurs d'un même fonds, ni entre les créanciers ou propriétaires, & qu'il suffit pour interrompre la prescription à l'égard de tous par la seule demande d'un seul, ou contre un seul, que ce soit une même chose, ou un même droit qui se trouve commun. Ainsi, par exemple, si le créancier d'une succession fait une demande de toute sa dette à l'un de plusieurs héritiers du débiteur, il interrompra la prescription à l'égard de tous, encore que chacun n'en doive que sa portion. Car ce créancier peut ignorer le nombre & le droit des héritiers : & quand il le sçauroit, il peut demander le tout à un seul. Ainsi lorsqu'un des héritiers d'un créancier demande au débiteur du défunt ce qu'il lui devoit, il interrompt la prescription pour les cohéritiers. Car il fait sa demande pour toute la dette, & il a intérêt qu'elle se conserve entiere.

X V I I I.

Celui de qui la possession n'est interrompu que par une voie de fait, sans forme de Justice, ne laisse pas d'être consideré comme possesseur, parce qu'il a le droit de rentrer en possession. Ainsi le tems de la possession de l'usurpateur n'interrompt pas la sienne a.

a Si quis vi de possessione dejectus perindè haberi debet ac si possideret : cùm interdicto de vi recuperandæ possessionis facultatem habeat. l. 17. ff. de acq. vel amitt. poss.

LES
LOIX CIVILES
DANS LEUR ORDRE NATUREL.

LIVRE QUATRIEME.

Des suites qui anéantissent ou diminuent les engagemens.

L ne faut pas reſtraindre aux matieres qui ſeront traitées dans ce Livre, toutes les manieres d'anéantir ou diminuer les engagemens; car les preuves, le ſerment, les preſcriptions ont cet effet, & il faut auſſi les mettre en ce nombre. Mais on n'a pas dû en traiter ici, & leur rang a été dans le Livre précédent, par cette raiſon qui a été remarquée dans le plan des matieres a, que les preuves, le ſerment & les preſcriptions ayant des deux effets oppoſés, & d'affermer les engagemens, & de les anéantir ou diminuer, il a été naturel que ne devant en traiter qu'en un ſeul lieu, on le fît dans le premier, où il étoit néceſſaire d'en expliquer les regles. Ainſi, il faut conſiderer ces regles des preuves, du ſerment, & des preſcriptions comme une matiere commune, & au troiſieme Livre, & à celui-ci.

Trois manieres d'anéantir ou diminuer les engagemens.

Il y a trois manieres d'anéantir ou diminuer un engagement. La premiere, en l'exécutant & s'en acquittant, ſoit en tout, comme fait celui qui paye une ſomme qu'il doit : ou en partie, s'il ne fait qu'un payement en déduction. La ſeconde, en faiſant déclarer en Juſtice l'engagement nul, ſoit en tout, comme ſi c'eſt un prêt fait à un Mineur dont il n'y ait eu aucun emploi utile : ou en partie, s'il n'y en a eu qu'une partie tournée à ſon profit. La troiſieme, en ſubſtituant un ſecond engagement au lieu du premier, de ſorte qu'il n'y ait que le ſecond qui ſubſiſte, & que le premier ſoit anéanti.

Ordre des Titres de ce Livre.

Les payemens dont il ſera traité dans le premier Titre de ce Livre ſont de la premiere de ces trois manieres : & les compenſations, qui ne ſont que des payemens réciproques, dont il ſera traité dans le ſecond Titre, ſont de la même nature. Les Reſciſions & Reſtitutions en entier qui feront la matiere du dernier Titre, ſont de la ſeconde. Et les Novations & Délégations qui ſeront expliquées dans les 3 & 4 Titres, ſont de la troiſieme.

a V. le Chapitre 14. du Traité des Loix n. 11.

La ceſſion des biens, qui ſera la matiere du cinquieme Titre, eſt mêlée des deux premieres de ces trois manieres. Car elle acquitte une partie des dettes; & s'il arrive que les biens abandonnés par un débiteur ſoient des fonds qui ſuffiſent pour quelques-uns de ſes créanciers hypothécaires antérieurs, leurs dettes ſont entierement acquittées & anéanties, & celles des autres ſur qui le fonds manque, ſont diminuées à proportion de ce qu'ils reçoivent. Et s'il n'y a que des meubles qui ne ſuffiſent pas pour tous les créanciers, la ceſſion de biens n'acquittera aucune dette entiere, mais les diminuera toutes. Car chaque créancier aura ſa part du prix de ces meubles, comme il ſera expliqué dans le Titre cinquieme. Et la ceſſion de biens a encore cet effer à l'égard des créanciers qui pouvoient contraindre le débiteur par corps, qu'elle anéantit en cela ſon engagement, & qu'après la Ceſſion il n'eſt plus ſujet à cette contrainte.

Comme les matieres du Livre précédent où l'on a traité de ce qui peut ajoûter aux engagemens, ou les affermir, ſont communes à toute ſorte d'engagemens, ſoit qu'ils ayent été formés par des conventions ou ſans convention, les matieres de ce quatrieme Livre ſont auſſi communes à toute ſorte d'engagemens de ces deux eſpeces.

TITRE PREMIER.

Des payemens.

Quoiqu'on n'entende communément par ce mot de payement que cette maniere dont s'acquittent ceux qui doivent des ſommes d'argent, en donnant de l'argent, on peut appeller payement en général toute maniere de s'acquitter. Car tout ce qui fait la libération du débiteur tient lieu de payement. Et en ce ſens on peut comprendre ſous le mot de payement les Compenſations, les Novations, & les Délégations. Mais comme ces trois manieres de payement ont des caractes propres qui leur donnent une nature différente du

simple payement ; on a dû les diſtinguer ſous leurs Titres propres, & on ne traitera dans celui-ci que de ce
qui regarde les payemens en général; quelle eſt leur
nature, leurs effets, les diverſes manieres dont on peut
s'acquitter, qui peut faire un payement ou le recevoir,
& comment ſe font les imputations des payemens ; ce
qui fera les diverſes matieres des Sections de ce Titre.

On peut voir ſur la matiere des payemens, le Titre
de ceux qui reçoivent ce qui ne leur eſt pas dû, dont pluſieurs regles ſe rapportent à cette matiere.

SECTION I.

De la nature des payemens, & de leurs effets.

SOMMAIRES.

1. *Définition des payemens.*
2. *Comment on s'acquitte.*
3. *Le mot d'acquitter ſe rapporte à tous engagemens.*
4. *Payement de ce qui n'étoit point dû, ou de ce qu'on pouvoit ne pas payer.*
5. *On peut payer avant le terme.*
6. *Effet du payement.*
7. *Payement par autre que par le débiteur.*
8. *Le payement dégage les cautions & les hypotheques.*
9. *Le payement fait pour avoir un tranſport, n'éteint pas
la dette.*
10. *La vente du gage n'acquitte la dette que juſqu'à la concurrence de ce qui en provient.*
11. *Pluſieurs acquittemens pour pluſieurs débiteurs par un
ſeul payement.*
12. *Deux obligations d'un même débiteur acquittées par un
ſeul payement.*
13. *Effets des quittances générales ou particulieres.*
14. *Celui qui allegue un payement doit le prouver.*
15. *Payement des trois années d'arrerages prouve le payement des précédentes.*
16. *Le créancier n'eſt pas obligé de diviſer ſon payement.*

I.

*1. Défini-
tion des
payemens.*

LEs payemens ſont les manieres dont un débiteur
s'acquitte de ce qu'il devoit, ou d'une partie *a.*

a Liberationis verbum eandem vim habet quàm ſolutionis. *l.* 47
ff. de verb. ſignif.

II.

*2. Comment
on s'acquit-
te.*

Tout ce qui anéantit la dette ou la diminue tient lieu
de payement, ſoit que le débiteur donne au créancier
de l'argent, ou d'autres choſes qu'il peut lui devoir,
ou qu'il s'acquitte, le ſatisfaiſant par quelque autre
voye, ſuivant les regles qui ſeront expliquées dans la
ſeconde Section *b.*

b Solutionis verbo ſatisfactionem quoque omnem accipiendam
placet. *l.* 176. *ff. de verb. ſignif.* V. la Sect. 2.

III.

*3. Le mot
d'acquitter
ſe rapporte à
tous engage-
mens.*

Comme on donne le nom de dette à tout ce que peuvent devoir non ſeulement les débiteurs de ſommes
d'argent, ou de choſes d'une autre nature, mais auſſi
ceux qui ſont obligés ou à faire quelque choſe, comme
un entrepreneur d'un ouvrage ; ou à rendre une choſe
qui ne ſoit pas à eux, comme le dépoſitaire & celui qui
a emprunté une choſe pour en uſer *c* ; on regarde auſſi
comme des payemens ou acquittemens, toutes les manieres dont on s'acquitte, ou ſe délivre des engagemens de toute nature *d.*

c Credendi generalis appellatio eſt. Ideò ſub hoc titulo prætor
& de commendato, & de pignore edixit. Nam cuicumque rei aſ-
ſentiamur, alienam fidem ſecuti, mox recepturi ſint hoc contractu, credere dicimur. *l.* 1. *ff. de reb. cred.*
d Solvere dicimus eum qui fecit quod facere promiſit. *l.* 176. *ff.
de verb. ſignif.*

IV.

*4. Payement
de ce qui n'é-
toit point dû
ou de ce qu'on
pouvoit ne
pas payer.*

Le payement ſuppoſant la dette, celui qui ſe trouve
avoir payé par erreur ce qui n'étoit point dû, peut le
recouvrer *e.* Mais s'il n'a payé que ce qui étoit dû légi-

e Si quis indebitum ignorans ſolvit, per hanc actionem condicere poteſt. *l.* 1. §. 1. *ff. de cond. ind.*

timement, quand même la dette eût été telle qu'il n'auroit pû y être condamné en juſtice, il ne peut demander qu'on lui rende ce qu'il a payé *f.* Ainſi par exemple, ſi un mineur devenu majeur paye une ſomme qu'il
avoit empruntée pendant ſa minorité, par une obligation dont il n'auroit pû être relevée, il ne pourra révoquer le payement qu'il en aura fait. Car en payant, il
a reconnu & ratifié ſon obligation *g.*

f. Naturales obligationes non ex eo ſolo æſtimantur actio aliqua
earum nomine competit, verùm etiam eo ſi ſoluta pecunia repeti
non poſſit. *l.* 10. *ff. de oblig. & act.* V. ſur les Payemens de ce qui
n'eſt pas dû la Section 1. de ceux qui reçoivent ce qui ne leur eſt
pas dû, p. 176.
g Placet, ut & eſt conſtitutum, ſi quis major factus comprobaverit quod minor geſſerat, conſtitutionem ceſſare. *l.* 3. §. 1. *ff. de
minor.* V. l'art. 11. de la Sect. 1. de ceux qui reçoivent ce qui ne
leur eſt pas dû, p. 176.
*On a mis dans cet article que celui qui paye ce qui n'étoit point dû,
peut le recouvrer, & non que celui qui paye ce qu'il ne devoit pas peut
le recouvrer. Car ſi quelqu'un paye pour un autre, encore qu'il n'y ſût
point obligé, il ne pourra demander ce qu'il aura payé.* V. l'art. 2.
de la Sect. 3.

V.

*5. On peut
payer avant
le terme.*

Si le débiteur qui avoit un terme, veut payer par
avance, le créancier ne peut l'obliger d'attendre le terme. Car tout le tems du délai eſt accordé au débiteur
pour s'acquitter quand il le pourra *h.* Et s'il ne le peut
plutôt, il le doit au terme. Mais s'il paye par avance,
il ne pourra retirer ce qu'il aura payé, car il le devoit *i.*

h Quod certa die promiſſum eſt, vel ſtatim dari poteſt. Totum
enim medium tempus ad ſolvendum promiſſori liberum relinqui
intelligitur. *l.* 70. *ff. de Solut.*
i V. l'art. 2. de la Sect. 1. de ceux qui reçoivent ce qui ne leur
eſt pas dû, p. 176.

VI.

*6. Effet du
payement.*

L'effet du payement eſt d'anéantir la dette, ſi on paye
le tout *l.* ou de la diminuer à proportion de ce qui eſt
payé.

l Tollitur omnis obligatio ſolutione ejus quod debetur. *Inſt.
quib. mod. toll. obl.*

VII.

*7. Payement
par autre
que par le
débiteur.*

Si un payement eſt fait pour un débiteur par autre
que lui, il ne laiſſera pas de demeurer quitte en vers le
créancier qui aura reçu ſon payement : & la dette à l'é-
gard de ce créancier ſera anéantie, quoique le débiteur ait ignoré le payement, & quand même ce fuſt
contre ſon gré qu'il eût été fait ; parce que le créancier a pû recevoir ce qui lui étoit dû, & quand il l'a
reçu, la dette eſt acquittée *m.*

m Nec intereſt quis ſolvat, utrum ipſe qui debet, an alius pro
eo. Liberatur enim & alio ſolvente, ſive ſciente, ſive ignorante
debitore, vel invito eo ſolutio fiat. *Inſt. quib. mod. toll. obl.* Solvere pro ignorante, & invito, cuique licet. *l.* 53. *ff. de ſolur.*
*Cet article ſuppoſe qu'un tiers peut payer pour le débiteur, comme
il ſera expliqué dans l'art.* 2. de la Sect. 3.

VIII.

*8. Le paye-
ment dégage
les cautions
& les hypo-
theques.*

La dette étant anéantie par le payement, le créancier n'a plus de droit ſur les gages & les hypotheques
qu'il pouvoit avoir pour ſa ſureté : & les cautions & fi-
dejuſſeurs ne ſont pas obligés. Car c'étoit des acceſſoires de l'obligation qui ne ſubſiſtent plus quand elle eſt
acquittée *n.*

n In omnibus ſpeciebus liberationum, etiam acceſſiones liberantur : putà ad promiſſores, hypothecæ, pignora, *l.* 43. *ff. de
ſoluc.*

IX.

*9. Le paye-
ment fait
pour avoir
un tranſ-
port n'éteint
pas la dette.*

Quoique le payement éteigne la dette, ſi un créancier qui eſt payé par autre que ſon débiteur, tranſporte
ſa dette à celui qui le paye, elle ſubſiſtera, & paſſera
de la perſonne du créancier au ceſſionnaire. Car ce ſeroit
ſe paſſe entre eux, n'eſt pas un payement pour acquitter ce débiteur, mais une vente que fait le créancier
de ſon droit à celui qui le paye. Ce qu'il faut entendre
d'un tranſport fait ou avant le payement, ou en même
tems. Car ſi le payement avoir précédé, la dette
étant acquittée, le créancier n'auroit pû ceder un droit
qui n'étoit plus *o.*

o Modeſtinus reſpondit, ſi poſt ſolutum ſine ullo pacto omne quod ex caufa tutelæ debeatur, actiones poſt aliquod intervallum ceſſæ ſint, nihil ex ceſſione actuum, cùm nulla actio ſuperfuerit. Quod ſi ante ſolutionem hoc factum eſt, vel cum conveniſſet, *ut mandarentur actiones*, tunc ſolutio facta eſſet, mandatum ſubſecutum eſt, ſalvas eſſe mandatas actiones : cùm noviſſimo quoque caſu pretium magis mandatarum actionum ſolutum, quàm actio quæ fuit, perempta videatur. *l. 76. ff. de Solut.*

X.

10. La vente du gage n'acquitte la dette que juſqu'à la concurrence de ce qui en provient.

Si un créancier qui auroit pris des gages pour ſa ſureté en reçoit en payement le prix de la vente qui en ſera faite ou en juſtice, ou par le débiteur, & que ce prix ne ſuffiſe pas pour acquitter le tout ; il reſtera encore créancier du ſurplus, quoique les gages puſſent valoir plus qu'il n'étoit dû. Car l'obligation perſonnelle dont le gage étoit l'acceſſoire, ſubſiſte toûjours pour ce qui en reſte p. A moins qu'il n'eût été convenu que les gages tiendroient lieu d'un payement entier indépendemment du prix qui en provieudroit.

p Adverſus debitorem electis pignoribus, perſonalis actio non tollitur, ſed eo quod de pretio ſervari potuit, in debitum computato, de reſiduo manet integra. l. 10. C. de obl. & act.

XI.

11. Pluſieurs acquittemens pour pluſieurs débiteurs par un ſeul payement.

Il arrive ſouvent que par l'effet d'un ſeul payement, pluſieurs obligations de diverſes perſonnes ſe trouvent acquittées ; comme lorſqu'un débiteur paye par l'ordre de ſon créancier à un autre envers qui ſe créancier étoit obligé, ce qui pourroit aller à divers payemens d'un créancier à un autre. Mais quoiqu'il ne paroiſſe dans de pareils cas qu'un ſeul payement ; il s'en fait autant dans la vérité qu'il ſe trouve de dettes payées. Car il en eſt de même, que ſi chacun de ceux qui ſe trouvent payés, & qui payent d'autres par ce ſeul payement, recevoit des mains de ſon débiteur ce qui lui eſt dû, & le mettoit en celles de ſon créancier. Et ces payemens éclipſés dans l'apparence, ſont vrais en effet q.

q Cùm juſſu meo id quod mihi debes ſolvis creditori meo, & tu à me, & ego à creditore meo liberor. l. 64. ff. de Solut.
Eum rei geſtæ ordinem futurum, ut pecunia ad te à debitore tuo, deinde à re ad mulierem perveniret. Nam celeritate conjungendarum inter ſe actionum, unam actionem occultari. l. 3. §. 12. ff. de don. int. vir. & ux.

XII.

12. Deux obligations d'un même débiteur acquittées par un ſeul payement.

Il peut auſſi arriver qu'un même payement acquitte en un inſtant deux obligations d'une même perſonne envers un même créancier, comme par exemple, ſi un teſtateur créancier d'un mineur qui pourroit ſe faire relever, lui fait un legs ſous cette condition qu'il payera la dette à ſon héritier. Car en ce cas le payement que fera ſa légataire, acquittera ſa dette ; & ſatisfera à la condition impoſée pour le legs r.

r In numerationibus aliquando evenit, ut una numeratione duæ obligationes tollantur uno momento : ut ſi quis pignus pro debito vendiderit creditori. Evenit enim ut ex vendito tollatur obligatio debiti. Item ſi pupillo qui ſine tutoris auctoritate mutuam pecuniam accepit, legatum à creditore fuerit, ſub eâ conditione, ſi eam pecuniam numeravit, in duas cauſas videri eum numeraſſe : & in debitum ſuum, ut Falcidiam hæredi imputetur, & conditionis gratia, ut legatum conſequatur. l. 44. ff. de ſolut.

XIII.

13. Effet des quittantes générales ou particulieres.

Comme un débiteur peut devoir à un même créancier de différentes dettes pour diverſes cauſes, & qu'il peut ou n'en acquitter que quelques-unes, ou les acquitter toutes ; on peut comprendre dans une ſeule quittance ou tous les payemens, ſi tout eſt payé, ou une partie. Et l'effet d'une telle quittance eſt d'anéantir ou ſeulement les dettes qu'on y a expriméees, ou tout ce qui eſt dû, ſi elle eſt générale & conçue en termes qui comprennent tout ſ.

ſ Pluribus ſtipulationibus factis, ſi promiſſor ita accepto rogaſſet quod ego tibi promiſi, habeſne acceptum ? ſi quidem appareat quid actum eſt, id ſolum per acceptilationem ſublatum eſt : ſi non appareat, omnes ſtipulationes ſolutæ ſunt. l. 6. ff. de acceptil.
Et uno & pluribus contractibus, vel certis, vel incertis, vel quibuſdam exceptis, cæteris & omnibus ex cauſis una acceptilatio & liberatio fieri poteſt. l. 18. ff. de acceptil.
Pro Aquilian ſtipulatio pacto ſubdita, obligatione præcedente ſublata, & acceptilatione quæ fuit inducta, perimptâ ci qui ex nulla cauſa reſtitui poteſt, omnis agendi via præcluditur. l. uis. C. de acceptil.

Tome I.

XIV.

14. Celui qui allegue un payement doit le prouver.

Comme celui qui ſe prétend créancier doit établir ſon droit, celui qui étant reconnu débiteur allegue un payement, doit en faire preuve t.

t Solutionem aſſeveranti probationis onus incumbit. l. uls. C. de ſolut.

XV.

15. Payement de trois années d'arrerages prouve le payement des précédentes.

Le payement de trois années conſécutives des arrerages de cens ou rentes, & d'autres redevances annuelles à cet effet, que celui qui en juſtifie eſt déchargé des années précédentes, quand il en rapporteroit aucune quittance. Si ce n'eſt qu'on fit voir par de bonnes preuves qu'elles reſtoient dûes, comme s'il y en avoit ou une promeſſe, ou une reſerve. Car il eſt juſte de préſumer que le créancier n'auroit pas reçu ces trois payemens ſans rien recevoir ſur les anciens arrerages, ni les reſerver. Et cette préſomption a ſon effet à l'égard même des droits du Prince contre ceux qui en ont le recouvrement u.

¶ Obſervé parmi nous. Dep. t. 3. p. 48. n. 35.]
u Quicumque de provincialibus & collatoribus, decurſo poſthac quantolibet annorum numero, cùm probatio aliqua ab eo tributariæ ſolutionis expoſcitur ; & trium cohærentium ſibi annorum apochas ſecuritaſque protulerit : ſuperiorum temporum apochas non cogatur oſtendere, neque de præterito ad illationem functionis tributariæ coërceatur, niſi forté aut curialis, aut quicunque apparitor, vel optio, vel actuarius, vel quilibet publici debiti exactor ſive compulſor, poſſeſſorum vel collatorum habuerit cautionem : aut id quod repoſcit, debeti ſibi manifeſtra geſtorum adſertione patefecerit. l. 3. C. de apoch. public.
Mais ſi c'étoit un nouveau Fermier qui eût reçu les trois premieres années de ſa ferme, ſes quittances ne devroient pas faire préjudice au Fermier précédent pour les années qui lui reſteroient dûes.

XVI.

16. Le créancier n'eſt pas obligé de diviſer ſon payement.

Le créancier ayant droit d'exiger le payement entier de toute ſa dette, il n'eſt pas obligé de la diviſer, & d'en recevoir une partie que le débiteur voudroit acquitter x. Mais ſi le débiteur avoit quelque ſujet de conteſter une partie de la terre, & qu'il offrît le reſte ; il ſeroit de la prudence du Juge d'obliger en ce cas le créancier à recevoir ce qui ſeroit offert, ſuivant la regle expliquée en un autre lieu y.

x Quidam exiſtimaverunt, neque eum qui decem pererer, cogendum quinque accipere, & reliqua perſequi : neque eum qui fundum ſuum diceret, partem duntaxat judicio proſequi. l. 21. ff. de cred. V. l'art. 8. de la Sect. 2.
y V. l'art. 5. de la Sect. 2. du Prêt, p. 68.

SECTION II.

Des diverſes manieres dont on peut s'vquitter.

SOMMAIRES.

I.

1. Diverses manieres de payement.

LA maniere la plus naturelle de s'acquitter est de payer la même chose en espece qu'on pourroit devoir, comme de l'argent pour de l'argent, du bled pour du bled. Mais de quelqu'autre maniere qu'il arrive que le créancier soit satisfait, ou qu'il doive l'être, on regarde comme un payement tout ce qui en tient lieu, & qui éteint la dette *a*. Ainsi, par exemple, une compensation acquitte de part & d'autre ce qui est compensé, comme il sera expliqué dans le Titre suivant.

a Satisfactio pro solutione est. l. 52. ff. de solut.
Solutionis verbum pertinet ad omnem liberationem quoquo modo factam. l. 54. eod. V. l'art. 2. de la Sect. 1.

II.

2. La délégation est un payement.

Si un débiteur délegue son débiteur à son créancier, c'est-à-dire, s'il substitue en sa place son débiteur qui s'oblige envers le créancier, de sorte que le créancier se contente de ce nouveau débiteur, & décharge l'autre, cette délégation acquittera le premier débiteur *b*.

b Solvit qui reum delegat. l. 8. §. 3. ff. ad Vell.
Qui debitorem suum delegat, pecuniam dare intelligitur, quanta ei debetur. l. 18. ff. de fidejuss. V. le titre des Délégations, p. 191.

III.

3. Transport sans garentie pour demeurer quitte, est un payement.

Si un créancier accepte de son débiteur un transport d'une dette sans garentie, & qu'il rende l'obligation, ou en donne quittance; ce transport tiendra lieu d'un payement qui anéantira la dette, quand il arriveroit que le créancier n'en recevroit rien *c*.

c Satisfactio pro solutione est. l. 52. ff. de solut.

IV.

4. La novation est un payement.

Si le créancier & le débiteur conviennent d'innover la dette, c'est-à-dire, si au lieu de la premiere obligation le débiteur s'oblige par une autre d'une autre nature, comme si celui qui devoit le prix d'une vente, on les loyers d'une maison, en fait une obligation causée de prêt sans que le créancier reserve la premiere dette; la seconde obligation tiendra lieu d'un payement de la premiere, qui par cette novation sera acquittée & anéantie *d*.

d Novatio est prioris debiti, in aliam obligationem vel civilem vel naturalem, transfusio atque translatio. Hoc est, cùm ex præcedenti causa ita nova constituatur, ut prior perimatur. l. 1. ff. de novat. V. le Titre des Novations, p. 290. V. l'art. 6. de la Sect. 1. du Prêt, p. 67.

V.

5. Le serment déferé, ou une Sentence tiennent lieu de payement.

Le débiteur à qui le serment a été déferé, & qui a juré, qu'il ne devoit rien, ou qu'il a payé, demeure quitte de même qu'il avoit payé. Et si sans jurer il est déchargé par un Arrêt ou par une Sentence dont il n'y a point d'appel, la Sentence ou l'Arrêt tiendra lieu de quittance *f*.

e Jusjurandum loco solutionis cedit. l. 27. ff. de jurejur. Est acceptationi simile. l. 40. eod. V. les art. 10. & 11. de la Sect. 6. des Preuves. p. 261.
f Res judicata dicitur, quæ finem controversiarum pronunciatione judicis accipit. Quod vel condemnatione, vel absoluti incontingit. l. 1. ff. de re jud.

VI.

6. Si la chose périt, le débiteur est acquitté.

Si la chose qui étoit dûe vient à périr sans la faute du débiteur, la dette est acquittée. Ainsi, par exemple, si la chose vendue périt entre les mains du vendeur qui n'étoit pas en demeure de la déliver, il en demeure quitte *g*. Mais cette regle ne s'entend pas de ces sortes de choses qui se donne à titre de prêt, comme de l'ar-

g Naturaliter (resolvitur obligatio) cùm res in stipulationem deducta, sine culpa promissoris, in rebus humana esse desiit. l. 107. ff. de solut.
Si Stichus certo die dari promissus ante diem moriatur, non tenetur promissor. l. 33. ff. de verb. obl. l. 23. eod. l. 5. ff. de reb. cred. V. l'art. 2. de la Sect. 7. du Contrat de vente, p. 41.

gent, du bled & du vin, & des autres semblables. Car ceux qui empruntent des choses de cette nature, ne doivent pas rendre la même chose qu'ils ont empruntée, mais ils en doivent autant de la même espece *h*.

h V. l'art. 4. de la Sect. 1. du Prêt, p. 67.
Si le débiteur devoit de deux choses l'une, & que l'une des deux vienne à périr, il demeurera débiteur de celle qui reste. Surquoi V. l'art. 7. de la Sect. 7. du Contrat de vente, p. 42. V. l. 95. ff. de solut.

VII.

7. Si le créancier succede à la caution, ou la caution au créancier.

Si le créancier succede à celui qui s'étoit rendu caution de son débiteur, ou la caution au créancier, l'obligation du fidejusseur est anéantie; mais le débiteur ne laisse pas de demeurer toujours obligé. Car l'obligation de la caution, qui s'éteint par ce changement, n'étoit qu'accessoire *i*. Et s'il y avoit plusieurs débiteurs ou plusieurs créanciers d'une même somme, & que l'un des débiteurs succedât à l'un des créanciers ou l'un des créanciers à l'un des débiteurs; la confusion qui se feroit en la personne de cet héritier étant bornée à une portion, ne feroit aucun changement à l'égard des autres.

i Inter creditorem & ad promissores confusione facta, reus non liberatur. l. 41. ff. de solut. V. les art. 8. & 9. de la Sect. 5. des Cautions ou Fidejusseurs, p. 229.

VIII.

8. Consignation en cas que le créancier refuse son payement.

Lorsqu'un débiteur, offrant tout ce qu'il doit, & dans le lieu où il doit payer, le créancier refuse de le recevoir, il est permis à ce débiteur de le consigner: Et la consignation faite dans les formes, lui tiendra lieu de payement de ce qu'il devoit, & fera cesser les rentes ou intérêts, si la dette subsistant devoit en produire *l*.

l Obsignatione totius debitæ pecuniæ solemniter facta, liberationem contingere manifestum est. Sed ita demùm oblatio debeti liberationem parit, si eo loco quo debetur solutio fuerit celebrata. l. 9. C. de solut. Acceptam mutuò sortem cum usuris licitis creditoribus post contestationem offeras, ac si non suscipiant, consignatam in publico depone, ut cursus legitimarum usurarum inhibeatur. In hoc autem casu publicam intelligi oportet, vel sacratissimas ædes vel ubi competens judex super ea re aditus deponi eas disposuerit. Quo observato, etiam periculo debitor liberabitur, & jus pignorum tolletur. l. 17. C. de usur.
Comme il n'est pas permis au débiteur de consigner, s'il ne paroît que le créancier ait refusé de recevoir le payement; & comme il peut se faire qu'il ait quelque juste cause de le refuser; le débiteur ne peut consigner sûrement si la consignation n'est permise en Justice.

IX.

9. On ne peut payer une chose pour une autre.

Les payemens doivent être faits de ce qui est dû, & le débiteur ne peut contre le gré de son créancier lui payer autre chose que celle qu'il doit, quoique la valeur de ce qu'il voudroit donner fût égale, ou même plus grande. Ainsi celui qui doit de l'argent ne peut donner en payement des fonds ou dettes, si le créancier n'y veut consentir *m*.

m Aliud pro alio invito creditori solvi non potest. l. 2. §. 1. in f. de reb. cred. Eum à quo mutuam sumpsisti pecuniam, in solutum nolentem suscipere nomen debitoris tui, compelli juris ratio non permittit. l. 16. C. de solut.
Manifesti juris est, tam alio pro debitore solvente, quàm rebus pro numerata pecunia, consentiente creditore, datis, utili paratam obligationem. l. 7. C. eod.
Par la Novelle 4. C. 3. Justinien avoit ordonné, que les débiteurs de sommes d'argent qui n'avoient que des fonds qu'ils ne pourroient vendre, fussent reçus à payer en fonds à une juste estimation, avec les garanties qu'ils pourroient donner, laissant à leurs créanciers leurs fonds les plus précieux. Cette disposition étoit fondée sur un motif d'humanité pour les débiteurs, & sur l'intérêt même des créanciers, qui ne pouvoient empêcher que les débiteurs réduits à l'extrémité ne fussent reçus à leur abandonner leurs fonds en payement. Mais les difficultés & les inconvéniens de l'exécution de cette Loi en ont empêché l'usage: & il seroit à souhaiter qu'il y fût pourvû, aussi bien qu'aux maux infinis qu'on voit dans les décrets.

X.

10. Ouvrages qui doit être fait de

Comme les Entrepreneurs & les Artisans sont débiteurs des ouvrages qu'ils entreprennent, & qu'il y a de tels ouvrages, qu'il est important de les avoir de la main même de l'Entrepreneur ou Artisan qui s'en est chargé ; ceux qui sont obligés à faire de leur main des ouvrages de cette nature, ne peuvent s'en acquitter en donnant l'ouvrage d'un autre *n*.

la main d'un Entre-preneur.

n Inter artifices longa differentia est & ingenii, & naturæ, & doctrinæ, & institutionis. Ideo si navem à se fabricandam quis promiserit, vel insulam ædificandam, fossamve faciendam, & hoc specialiter actum est, ut suis operis id perficiat, fidejussor ædificans, vel fossam fodiens, non consentiente stipulatore, non liberabit reum, l. 31. ff. de solut. V. l'art. 9.

XI.

11. *La cession de biens fait un payement en autre chose que ce qui est dû.*

Les débiteurs qui sont reçus à faire la cession de biens à leurs créanciers, donnent en payement autre chose que ce qu'ils doivent. Et c'est encore une autre maniere de payement dont il sera parlé en son lieu *o*.

o V. le Titre de la Cession de biens, p. 293.

XII.

12. *Si on donne en payement d'une somme autre chose que de l'argent, c'est une vente.*

Si un créancier consentoit de recevoir en payement d'une somme un fonds ou autre chose, ce seroit une vente dont la somme dûe seroit le prix. Ainsi le débiteur demeureroit garand des évictions, & ne seroit acquitté qu'à la charge de la garantie, le payement demeurant sans effet si le créancier étoit évincé de l'héritage pris en payement *p*. si ce n'est qu'il eût été autrement convenu. Et comme les diminutions qui pourroient arriver à la chose donnée en payement tomberoient sur le créancier, il profiteroit aussi de tout ce qui pourroit la rendre meilleure ou plus précieuse *q*.

p Si quis aliam rem pro alia volenti solverit, & evicta fuerit (res) manet pristina obligatio. l. 46. ff. de solut. v. l. 24. ff. de pign. act.

q Cùm pro pecunia, quàm mutuò acceperas, secundùm placitum, Evandro te fundum dedisse profiteris, ejus industriam, vel eventum meliorem, tibi non ipsi prodesse, contrarium non postulaturus si minoris distraxisset, non justè petis. l. 24. C. de solut.

XIII.

13. *S'il y a éviction d'une partie d'un fonds donné en payement.*

Si dans le cas de l'article précédent, le créancier ayant pris un fonds en payement étoit évincé d'une partie de ce fonds, il pourroit obliger le débiteur à reprendre le reste. Car il pourroit se faire qu'à cause de l'éviction de cette partie le reste du fonds lui seroit à charge, & qu'il n'eût pas pris le fonds en payement que pour l'avoir entier *r*.

r Si quis aliam rem pro alia volenti solverit, & evicta fuerit (res) manet pristina obligatio. Et si pro parte fuerit evicta, tamen pro solido durat obligatio. Nam non accepisset re integra creditor, nisi pro solido ejus fieret. l. 46. ff. de solut.

XIV.

14. *Payement en argent, la veille d'un décri.*

Les payemens en deniers doivent être faits en especes qui ne soient ni décriées, ni suspectes *s*. Que si le créancier ayant differé de recevoir son payement, il arrivoit un décri de monnoyes, avant que le débiteur eût fait des offres réelles au créancier, la perte que pourroit causer le décri des especes qui seroient encore entre les mains du débiteur, tomberoit sur lui. Car il en seroit demeuré le maître *t*.

s Non esse cogendum (creditorem) in aliam formam nummos accipere, si ex ea re damnum aliquod passurus sit. l. 99. ff. de solut.

t Creditor oblatam à debitore pecuniam, ut alia die accepturus, dissulit : mox pecunia quæ à la respublica utebatur, quasi ærosa jussu præsidis sublata est : item pupillaris pecunia, ut possit idoneis nominibus credi, servata, ita interempta est. Quæsitum est cujus detrimentum esset ? Respondi secundùm ea quæ proponerentur, nec creditoris, nec tutoris detrimentum esse. l. 101. eod.

SECTION III.

Qui peut faire un Payement, ou le recevoir.

SOMMAIRES.

1. Les coobligés & les cautions peuvent payer pour le débiteur.
2. Toute personne peut payer pour un autre.
3. Du débiteur qui de l'argent d'un autre paye pour soi-même au créancier commun.
4. Le Procureur peut faire un payement, & le recevoir.
5. Payement à celui qui n'a pas le pouvoir de donner quittance.
6. Tuteurs & Curateurs peuvent payer & recevoir le payement.
7. Payement à l'un des créanciers qui ont un droit solidaire.
8. Un des héritiers ne peut recevoir que sa portion.
9. Quittance d'un accusé de crime.

I.

1. *Les coobligés & les cautions peuvent payer pour le débiteur.*

Les personnes qui ont intérêt qu'une dette soit acquittée peuvent en faire le payement. Ainsi les coobligés solidairement peuvent payer les uns pour les autres ; ainsi les cautions peuvent acquitter ce qu'ils sont obligés de payer pour d'autres. Et les payemens que font ces personnes acquittent les débiteurs pour qui ils les font & annullent leur obligation envers le créancier. Mais ces débiteurs demeurent obligés envers celui qui acquitte leur dette *a*.

a Si ex pluribus obligatis uni accepto feratur, non ipse solus liberatur, sed & hi qui secum obligantur. Nam cùm ex duobus, pluribusve ejusdem obligationis participibus accepto fertur, cæteri quoque liberantur : non quoniam ipsis accepto latum est, sed quoniam velut solvisse videtur is qui acceptatione solutus est. l. 16. ff. de acceptil.

Creditor prohiberi non potest exigere debitum, cùm sint duo rei promittendi ejusdem pecuniæ, a quo velit : & ideò si probaveris te conventum in solidum exolvisse, rector provinciæ juvare te adversùs eum cum quo communiter mutuam pecuniam accepisti, non cunctabitur. l. 2. C. de duobus reis.

II.

2. *Toute personne peut payer pour un autre.*

Un payement peut être fait non-seulement par une personne interessée avec le débiteur, mais aussi par d'autres personnes que la dette ne regarde point ; & celui pour qui on a payé demeure acquitté ; soit qu'il sçache ou qu'il ignore le payement, & quand même il ne l'agréeroit point. Car le créancier peut recevoir ce qui lui est dû : & celui qui paye pour un autre peut faire ce plaisir, ou au créancier, ou au débiteur, ou en avoir d'autres justes causes *b*.

b Solvendo quisque pro alio, licet invito & ignorante, liberat eum. l. 39. ff. de neg. gest.

Repetitio nulla est ab eo qui suam recepit : tametsi ab alio quàm vero debitore solutum est. l. 44. ff. de cond. indeb.

Solutione pro nobis, & inviti & ignorantis liberari possumus. l. 23. ff. de solut.

Solvere pro ignorante & invito cuique licet : cùm sit jure civili constitutum, licere etiam ignorantis Invitique meliorem conditionem facere. l. 53. eod. l. 17. C. eod.

Quoiqu'il soit permis de payer pour un autre, il ne faut entendre cette regle que des dettes légitimes, & de personnes qui les acquittent de bonne foi. Car il n'est pas permis, sous prétexte de payer pour un autre, de faire un payement d'une dette que le débiteur prétendroit ne pas devoir. Et il est encore moins permis de payer pour acheter des droits litigieux, & pour vexer ceux qu'on prétend en être les débiteurs. L'Empereur Anastase avoit défendu ce commerce par une Loi qui est la 22. C. de mand. Et comme les transports de droits litigieux ne se font que pour de moindres sommes que celles qui sont prétendues, il avoit ordonné que le cessionnaire ne pourroit exiger que la même somme qu'il avoit payée effectivement. Mais parce que plusieurs éludoient ces défenses faisant des transports mêlés de vente d'une partie pour un certain prix, & de donation du surplus, Justinien par une autre Loi qui est la vingt-trois au même Titre, défendit ce mélange de vente & de donation, permettant ces transports, quand ils seroient faits purement à titre de donation ; & pour les autres qui se trouveroient faits pour un certain prix, il laissa au débiteur la faculté de s'acquitter, en ne payant que le prix effectif que le cessionnaire auroit déboursé. Mais toutes ces précautions n'em-

péchant pas qu'on ne feigne une donation au lieu d'une vente, ni qu'on fasse paroître dans le transport un plus grand prix que le véritable ; il n'a pas été difficile d'éluder ces Loix. Et d'ailleurs, il y a bien des occasions où les transports de dettes contestées peuvent être légitimes. Car outre les exceptions que fait cette Loi d'Anastase des transports entre cohéritiers pour des droits de la succession, & de quelques autres cas où ceux qui acceptent un transport s'y trouvent obligés pour quelque intérêt légitime ; il peut arriver, & il arrive souvent qu'une dette est rendue litigieuse par une mauvaise contestation du débiteur. Il se peut faire aussi qu'un créancier d'une dette légitime, quoique douteuse & contestée, n'aura pas d'autre fonds dont il puisse tirer quelque secours dans ses affaires, ou qu'il puisse donner en payement à un créancier : & dans ces cas & autres semblables les transports de droits contestés peuvent n'être pas injustes : ce qui fait que l'usage de ces Loix d'Anastase & de Justinien doit beaucoup dépendre de la prudence des Juges, selon la qualité des faits & les circonstances qui peuvent faire juger si les transports sont justes ou illicites, & s'ils doivent avoir leur effet entier, ou si le débiteur peut être reçû à rembourser au cessionnaire ce qu'il a effectivement payé au créancier, ou même si celui qui a accepté le transport ne doit pas être puni, s'il y a quelque malversation de sa part qui puisse le mériter. C'est à cause de ces différens effets des transports de droits litigieux que quelques-uns ont crû que ces Loix ne s'observent pas dans ce Royaume, parce qu'ils ont vû qu'en plusieurs cas on ne les a pas suivies par des raisons particulieres qui en faisoient des exceptions ; au lieu que d'autres estiment qu'elles y sont en usage, parce qu'en effet il y a plusieurs cas où elles sont observées, & qu'il est juste de réprimer le commerce des transports de droits litigieux dans toutes les occasions où l'équité peut y obliger. Voyez sur les Transports de droits litigieux les Remarques à la fin du Préambule de la Sect. 8. du Contrat de vente, p. 45.

○

III.

<small>3. Du débiteur qui de l'argent d'un autre paye pour soi même au créancier commun.</small>

Si un débiteur ayant donné son argent à une autre personne pour payer son créancier, ce tiers se trouvant débiteur du même créancier lui donne cet argent pour acquitter ce qu'il lui devoit ; ce payement sembleroit inutile pour l'un & l'autre des débiteurs. Car celui qui portoit l'argent ne pouvoit l'employer au payement de ce qu'il devoit : & celui qui l'avoit donné n'est pas acquitté par un payement qui n'est pas fait pour lui. Ainsi, tandis que les choses seroient entieres, & que l'effet de ce dol pourroit être réparé, le payement seroit réformé & imputé à celui qui avoit donné l'argent. Mais si le créancier ignorant la mauvaise foi de celui qui lui a porté l'argent, lui avoit rendu son obligation, & qu'il n'eût plus l'argent en sa puissance, il ne resteroit à celui qui l'avoit donné que son action contre cette personne qui s'en étoit chargée. Que si au contraire, dans ce même cas le créancier qui avoit rendu cette obligation, avoit encore l'argent en sa puissance, il ne pourroit le retenir non plus qu'une chose dérobée qu'il faudroit rendre au maître *c*. Mais celui qui avoit donné cet argent ne pourroit l'y obliger, qu'en lui faisant remettre l'obligation rendue au porteur de l'argent dans le même état où elle étoit avant le payement. Car autrement celui qui avoit donné l'argent, devroit s'imputer cette suite de son imprudence. Et il ne lui resteroit que son action contre celui à qui il avoit confié l'argent. Mais celui-ci seroit tenu envers les deux autres, des dommages & intérêts & des autres peines que sa mauvaise foi pourroit mériter.

<small>*c* Cassius ait si, cui pecuniam dedi ut eam creditori meo solveret, si suo nomine dederit, neutrum liberari : me, quia non meo nomine data sit : illum, quia alienam dederit. Cæterùm mandati eum teneri. Sed si creditor eos nummos dolo malo consumpsisset, is qui suo nomine eos solvisset, liberatus ; ne si aliter observaretur, creditor in lucro versaretur. l. 17. ff. de solut. v. l. 94. d. l. §. 2. V. §. 6. & §. ult. inst. de obl. quæ ex del.</small>

<small>L'obligation de ce créancier à rendre l'argent s'il est en nature, ou à l'imputer sur ce que lui devoit le maître de l'argent, résulte des termes de cette Loi, qui veut que si les deniers ne sont plus en nature, celui qui les avoit portés demeure acquitté. & où il s'agit, qu'il en seroit autrement, si les deniers étoient encore en nature en la puissance du créancier. Car en ce cas le maître les vendiqueroit comme une chose dérobée, les Loix mettant au nombre des larcins les faits de la qualité de celui dont porteur de cet argent, & donnant au maître de la chose dérobée le droit de la vendiquer où elle se trouve. V. d. §. & §. ult. inst. de obl. quæ ex del. §4. ff. de furt. d. l. §. 1.</small>

IV.

Les Procureurs constitués peuvent également faire des payemens pour les débiteurs, & les recevoir pour les créanciers ; s'ils ont une procuration spéciale qui leur en donne le pouvoir, ou une procuration générale pour l'administration de toutes affaires : car leur fait est celui des personnes qui les ont préposés *d*.

<small>4. Le Procureur peut faire un payement, & le recevoir.</small>

<small>*d* Vero procuratori rectè solvitur. Verum autem accipere debemus eum cui mandatum est vel specialiter, vel cui omnium negotiorum administratio mandata est. l. 12. ff. de solut. V. l'article 10. de la Section 3. des Procurations, p. 131.</small>

V.

Si un débiteur paye à celui qu'il croyoit être Procureur constitué du créancier, & qui ne l'étoit point ; ce payement ne l'acquittera pas *e*. Mais si le créancier qui avoit donné ordre à une personne de recevoir pour lui, révoque cet ordre, & que le débiteur ignorant cette révocation paye à cette personne, il aura bien payé, & demeurera quitte ; comme au contraire, il payeroit mal après que la révocation lui seroit connue *f*.

<small>5. Payement à celui qui n'a pas le pouvoir de donner quittance.</small>

<small>*e* Procuratori qui se ultrò alienis negotiis offert solvendo, nemo liberabitur. l. 34. §. 4. ff. de solut.
Si quis offerunt se negotiis alienis bona fide solverit, quando liberetur ? & ait Julianus, cùm dominus ratum habuerit, non liberari. l. 58. eod.</small>

<small>*f* Sed & si mandaveris ut Titio solvam, deinde vetueris, eum accipere, si ignorans prohibitum eum accipe. e, solvam, liberabor : sed si sciero, non liberabor. l. 12. §. 1. eod. l. 34. §. 3. eod.</small>

VI.

Les Tuteurs & les Curateurs peuvent payer & recevoir des payemens pour les personnes qui sont sous leur charge *g*.

<small>6. Tuteurs & Curateurs peuvent payer & recevoir le payement.</small>

<small>*g* Tutori rectè solvitur. l. 14. §. 1. ff. de solut. Curatori quoque furiosi rectè solvitur ; item curatori sibi non sufficiencis vel per ætatem vel per aliam justam causam : sed & pupilli curatori rectè solvi constat. d. l. 14. §. 7. V. l'art. 4. de la Sect. 2. des Tuteurs, p. 150.</small>

VII.

Si une chose est dûe à deux ou à plusieurs créanciers solidairement, de sorte que chacun ait le droit entier de recevoir le tout, le payement fait à l'un d'eux, acquittera le débiteur envers tous les autres *h*.

<small>7. Payement à l'un des créanciers qui ont un droit solidaire.</small>

<small>*b* Ex pluribus reis stipulandi, si unus acceptum fecerit, liberatio contingit in solidum. l. 13. §. ult. ff. de acceptil. V. la Section 2. de la Solidité entre deux, &c. p. 221.</small>

VIII.

S'il n'y a point de solidité entre plusieurs creanciers d'une même chose, & que chacun n'ait droit de recevoir que sa portion, comme des cohéritiers, aucun d'eux ne pourra recevoir le tout pour les autres, si tous n'y consentent *i*.

<small>8. Un des héritiers ne peut recevoir que sa portion.</small>

<small>*i* C'est une suite de l'article précédent. V. les art. 11. & 13. de la Sect. 1. du Dépôt, p. 80. v. l. 81. §. 1. ff. de solut.</small>

IX.

Les accusés de crimes qui peuvent mériter la confiscation de biens, peuvent avant la condamnation recevoir ce qui leur est dû, & payer ce qu'ils doivent. Car autrement les innocens qui seroient accusés perdroient injustement l'usage de leurs biens *l*. Mais cette liberté de recevoir & de payer doit être entendue de sorte qu'il n'y ait point de fraude pour éluder la confiscation, & que l'accusé ne donne pas de quittance sans être payé, & qu'il ne paye que ce qu'il doit légitimement *m*.

<small>9. Quittance d'un accusé de crime.</small>

<small>*l* Reo criminis postulato, interim nihil prohibet rectè pecuniam à debitoribus solvi, alioquin plerique innocentium necessario sumptu egebunt : sed nec illud prohibitum videtur, ne à reo creditori solvatur. l. 41. & 41. ff. de solut.</small>

<small>*m* Vide l. 15. ff. de donat.</small>

SECTION IV.
De l'Imputation des Payemens.

SOMMAIRES.

1. *Le débiteur de plusieurs dettes acquitte celle qu'il veut.*
2. *Les payemens s'imputent au choix du débiteur, & en sa faveur.*
3. *L'imputation se fait sur la dette dont il est plus avantageux au débiteur de s'acquitter.*
4. *Imputation de l'excedent d'un payement sur les autres dettes.*
5. *Imputation premierement sur les intérêts.*
6. *Idem, quoique la quittance soit sur le principal & intérêts.*
7. *Imputation du prix du gage hypothequé pour plusieurs dettes.*

I.

1. Le débiteur de plusieurs dettes acquitte celle qu'il veut.

SI un débiteur qui doit à un créancier de différentes dettes vent en payer une , il a la liberté d'acquitter à son choix celle qu'il voudra , & le créancier ne peut refuser de la recevoir *a.* Car il n'y en a aucune que le débiteur ne puisse acquitter , encore qu'il ne paye rien sur toutes les autres , pourvû qu'il acquitte entierement celle qu'il veut payer *b.*

a Quoties quis debitor ex pluribus causis unum debitum solvit, est in arbitrio solventis dicere quod potius debitum voluerit solutum : & quod dixerit, id erit solutum. Possumus enim certam legem dicere ei quod solvimus. *l. 1. ff. de solut.*
b Voyez l'article 6. de la Section I.

II.

2. Les payemens s'imputent au choix du débiteur, & en sa faveur.

Si dans le même cas d'un débiteur qui doit plusieurs dettes à un même créancier , ce débiteur lui fait un payement sans en faire en même tems l'imputation sur quelqu'une de ces dettes , soit qu'il lui donne de l'argent indéfiniment sur ce qu'il lui doit , ou qu'il se trouve avoir à faire, quelque compensation ou autrement , il aura toujours cette même liberté d'imputer ce payement sur la dette qu'il voudra acquitter. Que si le créancier faisoit l'imputation , il ne pourra la faire que sur celle de ces dettes qu'il voudroit lui-même acquitter la premiere s'il le devoit : & quand il est de l'équité qu'il fasse l'affaire de son débiteur comme il feroit la sienne. Et si , par exemple , de deux dettes , l'une étoit contentieuse , & l'autre liquide , il ne pourroit imputer le payement sur la dette qui seroit en contestation *c.*

c Quoties verò non dicimus id quod solutum sit, in arbitrio est accipientis cui potiùs debito acceptum fuerat : dummodo in id constituat solutum , in quod ipse , si deberet , esset soluturus , quoque debito se exoneraturus esset , si deberet , id est , in debitum quod non est in controversia. *l. 1. ff. de solut.*
Æquissimum enim visum est, creditorem ita agere rem debitoris , ut suam ageret. *l. d. 1.* In duriorem causam semper videtur (creditor) sibi deberi accepto ferre : ita enim & in suo constituret nomine. *l. 3. eod.*

III.

3. L'imputation se fait sur la dette dont il est plus avantageux au débiteur de s'acquitter.

Dans tous les cas où un débiteur de plusieurs dettes envers un même créancier se trouveroit avoir fait des payemens dont l'imputation n'eût pas été faite de gré à gré entre les parties , & où elle devoit être reglée en Justice , ou par des Arbitres ; l'imputation doit se faire sur la dette la plus dure au débiteur , & dont il lui importe le plus de s'acquitter. Ainsi on impute plûtôt sur une dette dont le défaut de payement pourroit être suivi de quelque peine & de quelques dommages & intérêts ou qui pourroit interesser l'honneur du débiteur , que sur une autre dont il n'y auroit pas à craindre de pareilles suites. Ainsi on impute sur une dette pour laquelle un fidejusseur seroit obligé , avant que d'acquitter ce que le débiteur devroit sans caution , ce qu'il devoit en son nom avant que de payer ce qu'il ne devoit que comme caution d'un autre. Ainsi on impute plûtôt sur une dette pour laquelle le débiteur auroit

donné des gages & hypotheques , que sur une simple promesse : plûtôt sur une dette dont le terme seroit échû , que sur une dette non encore échûe : Ou sur une dette plus ancienne que sur une nouvelle : Et plûtôt sur une dette liquide , que sur celle qui seroit en contestation : Ou sur une dette pure & simple , que sur une dette conditionnelle *d.*

d Quod si forté à neutro dictum sit, In his quidem nominibus quæ diem vel conditionem habuerant , id videtur solutum cujus dies venit , & magis quod meo nomine , quàm quod pro alio fidejussoris nomine debeo : & potius quod cum pœna , quàm quod sine pœna debetur : & potius quod satisdato , quàm quod sine satisdato debeo. *l. 5. §. 1. & l. 4. ff. de solut.*
Cùm ex pluribus causis debitor pecuniam solvit , utriusque demonstratione cessante , potior habebitur causa ejus pecuniæ quæ sub infamia debitor : mox ejus quæ pœnam continet : tertio quæ sub hypotheca , vel pignore contracta est : post hunc ordinem potior habebitur propria , quam aliena causa , veluti fidejussoris. Quod veteres ideo definierunt , quod verisimile videretur diligentem debitorem admonitum ita negotium suum gesturum fuisse. Si nihil eorum intervenial , vetustior contractus videtur solutum. *l. 97. eod.* In debitum quod non est in controversia. *l. 1. eod.* In his quæ præsenti die debentur , constat quoties indistinctè quid solvitur , in graviorem causam videri solutum. Si autem nulla præagravaret , id est , si omnia nomina simjlia fuerint , in antiquiorem. Gravior videtur quæ & sub satisdatione videatur , quàm ea quæ pura est. *l. 5. eod.*

IV.

4. Imputation de l'excedent d'un payement sur les autres dettes.

Lorsqu'un payement fait à un créancier à qui il est dû de diverses dettes , est plus fort que celle sur laquelle l'imputation doit en être faite , le surplus doit être imputé sur celle qui suit , selon l'ordre expliqué dans l'article précédent *e* , si ce n'est que le débiteur fasse un autre choix.

e Si major pecunia numerata sit quàm ratio singulorum (contractuum) exposcit , nihilominùs primo contractu soluro qui potior erit , superfluum ordini secundo , vel in totum , vel pro parte minuendo , videbitur datum. *l. 97. in f. ff. de solut.*

V.

5. Imputation premierement sur les intérêts.

Si un débiteur fait un payement sur des dettes qui de leur nature produisent des intérêts , comme une dot ou un contrat de vente , ou dont il en soit dû par une condamnation en Justice , & que le payement ne suffise pas pour acquitter & le principal & les intérêts qui s'en trouveront dûs ; l'imputation se fera premierement sur les intérêts , & le surplus sera déduit sur le principal *f.*

f Quod generaliter constitutum est priùs in usuras nummum solutum accepto ferendum , ad eas usuras videtur pertinere quas debitor exolvere cogitur. *l. 5. §. 2. in f. ff. de solut.*
Si forte usurarum rationem arbiter dotis recuperandæ habere debuerit , ita est computandum , ut prout quidque ad mulierem pervenit mox ex universa summa decedat , sed priùs in eam quantitatem quam usurarum nomine mulierem consequi oportebat : quod non est iniquum. *l. 48. eod.*
Quæri poterit an in vicem usurarum hi fructus cedant , quæ in fideicommissis debentur. Et cùm exemplum pignorum sequimur , id quod ex fructibus percipitur , primùm in usuras , mox , si quid superfluum est , in sortem debet imputari. *l. 5. §. 11. ff. ut in poss. legat. vel fideic. serv. causf. ist.*

VI.

6. Idem , quoique la quittance soit sur le principal & intérêts.

Si dans les cas de l'article précédent le créancier avoit donné une quittance indistinctement sur le principal & sur les intérêts , ou tant sur le principal que sur les intérêts , l'imputation ne se feroit pas au sol la livre en partie sur le principal , & en partie sur les intérêts , mais premierement sur les intérêts , & du surplus sur le principal *g.*

g Apud Marcellum quæritur , si quis ita caverit debitori *in sortem & usuras* se accipere , utrùm pro rata & sorti , & usuris decedant , an verò priùs in usuras , & si quid supereset , in sortem. Sed ego non dubito quin hæc cautio *in sortem & in usuras* , priùs usuras admittat : tunc deinde , si quid superfuerit , in sortem cedat. *l. 5. §. ult. ff. de solut.*

VII.

7. Imputation du prix du gage hypothequé pour plusieurs dettes.

Quand un débiteur s'obligeant envers un créancier pour diverses causes dans le même tems , lui donne des gages ou des hypotheques qu'il affecte pour toutes ; les *pothequé pour plusieurs dettes.*

deniers qui en proviendront, si on vient à les vendre, seront imputés au sol la livre sur chaque dette. Mais si les dettes sont de divers tems sur les mêmes gages & hypotheques, de sorte que le débiteur ait affecté pour les dernieres, ce qui pourroit rester du gage après le payement des premieres ; l'imputation des deniers qui en proviendront, se fera premierement sur la dette la plus ancienne *b*. Et dans l'un & l'autre cas s'il se trouve dû des intérêts de la dette sur laquelle le payement devra être imputé, ils seront payés avant que rien soit acquitté sur le principal *i*.

b Cùm eodem tempore pignora duobus contractibus obligantur, pretium eorum pro modo pecuniæ cujusque contractûs creditor accepto facere debet. Nec in arbitrio ejus electio erit, cùm debitor pretium pignoris consortioni subjecerit. Quòd si temporibus diferetis superfluum pignorum obligari placuit, priùs debitum pretio pignorum jure solvetur, secundùm superfluo compensabitur. *l. 96. §. 3. ff. de solut.*

i Cùm & fortis nomine, & usurarum aliquid debetur ab eo qui sub pignoribus pecuniam debet quidquid ex venditione pignorum recipiatur, primùm usuris quas jam tunc deberi constat, deinde si quid superfluum est forti accepto ferendum est : nec audiendus est debitor, si cùm parùm idoneum se esse sciat, eligit quo nomine exonerari pignus suum malit. *l. 35. ff. de pign. act.* Voyez l'article 15. de la Section 3. des Gages & Hypotheques, p. 105.

TITRE II.

Des Compensations.

Matiere de ce Titre.

I L arrive souvent qu'une personne se trouve en même tems & créancier & débiteur d'une autre ; comme si un héritier est chargé d'un legs envers un légataire qui étoit son débiteur : si deux personnes se doivent réciproquement des sommes prêtées : si l'un a fait des recettes & des dépenses pour l'autre : & deux personnes peuvent se devoir réciproquement, de sorte qu'un seul doive de différentes dettes, ou même les deux. Dans ces cas & autres semblables qui sont infinis, il est naturel qu'on ne fasse pas autant de payemens qu'il y a de dettes, de sorte que l'un des deux paye à l'autre ce qu'il lui doit, & qu'il reçoive ensuite ce qui lui est dû ; mais on compense ces dettes, c'est-à-dire, que chacun retient en payement de ce qui lui est dû ce qu'il doit à l'autre, soit pour le total si les sommes sont égales, ou jusqu'à la concurrence de la moindre dette sur la plus grande. Ainsi les compensations ne sont autre chose que deux payemens réciproques qui se font en même tems, sans que les débiteurs se donnent autre chose l'un à l'autre que leurs seules quittances, & les dettes demeurant anéanties pour tout ce qui se trouvera acquitté par la compensation.

Il y a des dettes qui ne se compensent point.

Quoiqu'il semble naturel que tout débiteur qui se trouve de sa part créancier de la personne à qui il doit, puisse compenser, l'usage de la compensation ne s'étend pas indistinctement à toute sorte de dettes. Car il y en a que les débiteurs sont tenus d'acquitter à ceux qui leur doivent d'ailleurs, sans qu'ils puissent user de compensation, comme on le verra dans la Section 2.

SECTION I.

De la nature des Compensations, & de leur effet.

SOMMAIRES.

1. *Définition de la compensation.*
2. *La compensation évite le circuit de deux payemens.*
3. *Elle se fait jusqu'à la concurrence de la moindre dette.*
4. *Elle se fait de droit.*
5. *Calcul année par année pour faire les compensations dans leur tems.*
6. *Le Juge peut compenser d'office.*

I.

1. Définition de la compensation.

LA compensation est l'acquittement réciproque entre deux personnes qui se trouvent débiteurs l'un de l'autre *a*.

a Compensatio est debiti & crediti inter se contributio. *l. 1. ff. de compens.*

II.

2. La compensation évite le circuit de deux payemens.

L'usage des compensations est nécessaire pour éviter le circuit de deux payemens, s'il falloit que chacun des deux qui compensent payât ce qu'il doit, & puis le reprit pour être payé. Et il est naturel que sans ce détour chacun retienne en payement de qui lui est dû ce qu'il doit de sa part. Ainsi toute compensation fait deux payemens *b*.

b Compensatio necessaria est : quia interest nostra potiùs non solvere, quàm solutum petere. *l. 3. ff. de compens.* Unusquisque creditorem suum eundemque debitorem petentem summovet, si paratus est compensare. *l. 2. eod.* Nec enim inter esse solventi, an pensaverit. *l. 4. in f. ff. qui potier.*

III.

3. Elle se fait jusqu'à la concurrence de la moindre dette.

Quoique les dettes réciproques ne soient pas égales pour compenser le tout, la compensation ne laisse pas de se faire de la moindre dette sur la plus grande qui s'acquitte d'autant *c*.

c Si quid invicem præstare actorem oporteat, eo compensato in reliquum is cum quo actum est debeat condemnari. §. 30. inst. de action. Quoad concurrentes quantitates. *l. 4. C. de compens.*

IV.

4. Elle se fait de droit.

La compensation étant naturelle, elle a d'elle-même son effet & de plein droit, quoique ceux qui peuvent compenser ne s'en avisent pas, & quand même l'un & l'autre ignoreroit les dettes qu'ils ont à compenser. Car l'équité & la vérité font que chacun d'eux étant en même tems & créancier & débiteur de l'autre, ces qualités se confondent & s'anéantissent. Ce qui a cet effet que, si, par exemple, deux héritiers de deux successions dont ils ne connoîtroient pas encore les biens, se trouveroient en cette qualité réciproquement débiteurs, l'un d'une somme qui produiroit des intérêts ; & l'autre d'une somme qui n'en produiroit point ; ces intérêts cesseroient de courir, ou en tout si les dettes étoient égales, ou jusqu'à la concurrence de la moindre dette, & à compter du jour que la derniere dette se trouveroit dûe *d*.

d Placuit inter omnes id quod debetur ipso jure compensari. *l. 21. ff. de compens. l. ult. C. eod.* Si constat pecuniam invicem deberi ipso jure pro soluto compensationem haberi oportet, ex eo tempore ex quo ab utraque parte debetur, utique quod ad concurrentes quantitates, ejusque solius quod amplius apud alterum est, in modo petitio earum subsistit. *l. 4. C. eod.* Ejus quantitatis, cujus petitionem ratio compensationis excludit, usuras non posse reposci manifestum. *l. 7. C. de solut.* Cùm alter alteri pecuniam sine usuris, alter usurariam debet, constitutum est à Divo Severo : concurrentis apud utrumque quantitatis usuras non esse præstandas. *l. 11. ff. de compens.*

V.

5. Calcul année par année pour faire les compensations dans leur tems.

Il s'ensuit de la regle précédente, qu'entre personnes qui se doivent réciproquement, comme entre un Tuteur & son Mineur, entre cohéritiers, associés & autres, s'il y a des sommes qui produisent des intérêts, les comptes & les calculs doivent se faire année par année, & de sorte qu'on fasse les compensations & les déductions dans les tems où les sommes se trouvent concourir pour les compenser, afin que les intérêts courent ou cessent de courir, selon les changemens que les compensations & déductions peuvent y apporter *e*.

e Compensationem haberi oportet ex eo tempore ex quo ab utraque parte debetur, utique quod ad concurrentes quantitates, ejusque solius quod amplius apud alterum est usuræ debentur, si modo petitio earum subsistit. *l. 4. C. de compens. l. 7. C. de solut.*

Comme

V I.

6. Le Juge peut compenfer d'office.

Comme la compenfation fe fait de droit, il eft au pouvoir du Juge & de fon devoir, dans les cas de demandes refpectives entre des parties, de compenfer d'office les dettes réciproques dont il y aura lieu de faire la compenfation; foit qu'elle ait cet effet d'acquitter les parties, ou qu'après la compenfation l'une doive être condamnée envers l'autre à quelque furplus *f*.

f In bonæ fidei judiciis libera poteftas permitti videtur judici ex bono & æquo æftimandi quantum actori reftitui debeat. In quo & illud continetur, ut fi quid invicem præftare actorem oporteat, eo compenfato, in reliquum is cum quo actum eft debeat condemnari. Sæd & in ftricti juris judiciis, ex refcripto Divi Marci, oppofita doli mali exceptione compenfatio inducebatur. Sed noftra conftitutio cafdem compenfationes quæ aperto jure nituntur latius introduxit, ut actiones ipfo jure minuant, five in rem, five in perfonam, five alias quafcunque. §. 30. inft. de action.

SECTION II.

Entre quelles perfonnes fe peut faire la compenfation, & de quelles dettes.

SOMMAIRES.

1. *On ne compenfe que de fon chef.*
2. *Pour compenfer, il faut que les dettes foient liquides.*
3. *Et qu'il n'y ait point d'exception qui annulle la dette.*
4. *Les dettes non échûes ne fe compenfent pas.*
5. *Il n'y a pas de compenfation contre les redevances pour des charges publiques.*
6. *Le prêt & le dépôt ne fe compenfent point.*
7. *Compenfation en crimes & délits, comment a lieu on non.*
8. *Si on compenfe deux dettes égales en fommes, mais d'ailleurs inégales.*
9. *On ne peut compenfer que ce qui peut être donné en payement.*

I.

1. On ne compenfe que de fon chef.

LA compenfation ne peut fe faire qu'entre les perfonnes qui fe trouvent avoir le double qualité de créancier & de débiteur : Et fi un débiteur exerce contre fon créancier un droit qui ne foit pas à lui, comme fait un Tuteur qui demande la dette dûe à fon Mineur, ou un Procureur conftitué qui pourfuit le débiteur de celui qui l'a prépofé ; il ne fera pas de compenfation de ce que ce Tuteur ou ce Procureur pourroient devoir en leurs noms ce debiteur *a*.

a Id quod pupillorum nomine debetur, fi tutor petat, non poffe compenfationem objici ejus pecuniæ, quam ipfe tutor fuo nomine adverfario debet. l. 23. ff. de compenf.

I I.

2. Pour compenfer, il faut que les dettes foient liquides.

Ce n'eft pas affez pour faire une compenfation qu'il y ait une dette de part & d'autre, mais il faut de plus que l'une & l'autre de ces dettes foient claire & liquide, c'eft-à-dire, certaine & non fujette à conteftation. Ainfi on ne peut pas compenfer avec une dette claire & liquide, une dette litigieufe, ni une prétention qui ne foit pas réglée. Mais c'eft à la prudence du Juge que dépend le difcernement de ce qui eft liquide & de ce qui n'eft l'eft pas. Et comme il ne doit pas différer la condamnation d'une dette liquide, par une demande d'une compenfation qui obligeroit à une longue difcuffion, & qu'une telle demande doit être réfervée pour être jugée dans la fuite, il ne doit pas auffi refufer un délai modique pour cette difcuffion, fi elle fe peut faire aifément & en peu de tems *b*.

b Ita compenfationes objici jubemus, fi caufa ex qua compenfatur liquida fit, & non multis ambagibus innodata, fed poffit judici facilem exitum fui præftare. l. uls. C. de compenf.

Hoc itaque judices obfervent, & non proclivius ad admittendas compenfationes exiftant : nec molli animo eas fufcipiant, fed jure ftricto utentes, fi invenerint eas majorem & ampliorem expofcere indaginem, eas quidem alii judicio refervent : litem autem priftinam jam pene expeditam fententia terminali componant, d. l. uls.

Tome I.

Il faut mettre au nombre des dettes qui n'entrent point en compenfation, celles qui, quoique paroiffant d'elles-mêmes claires & liquides, peuvent être annullées par quelque exception que le débiteur peut y oppofer *c*. Ainfi celui qui doit à un Mineur ne compenfera pas ce que ce Mineur lui devra par une obligation dont il pourra être relevé.

3. Et qu'il n'y ait point d'exception qui annulle la dette.

c Quæcunque per exceptionem perimi poffunt, in compenfationem non veniunt. l. 14. ff. de compenf.

¶ La dette du Mineur, quoiqu'il puiffe fe faire relever, eft une dette naturelle, & par conféquent la compenfation a lieu dans le cas d'une dette de Mineur, *etiam quod natura debetur venit in compenfationem. l. 6. ff. de compenf.*]

I V.

Les dettes dont le terme n'eft pas échu, ne fe compenfent pas avec celles qui font dûes fans terme, ou qui font échûes *d*. Et les dettes conditionnelles dont l'effet dépend de l'événement d'une condition, ne peuvent fe compenfer qu'après que la condition fera arrivée.

4. Les dettes non échûes ne fe compenfent pas.

d Quod in diem debetur non compenfabitur antequam dies venit, quamquam dari oporteat. l. 7. ff. de compenf.

V.

Les redevables de charges publiques, comme de Tailles, Aydes & autres, ne peuvent compenfer avec ces fortes de charges ce que le Prince pourroit leur devoir d'ailleurs. Car la nature & l'ufage de ces contributions fait que rien ne peut en retarder le recouvrement. Et ils peuvent encore moins compenfer ce qui pourroit leur être dû par les perfonnes chargées de ce recouvrement. Ainfi, un particulier cotifé au Role des Tailles, ne compenfe pas avec fa cotifation ce qui peut lui être dû par le Collecteur. Ainfi, un Receveur des Tailles ne peut compenfer avec les deniers de fa recette, ce que le Receveur général pourroit lui devoir. Mais les autres dettes non privilegiées qu'on peut devoir au fifc peuvent fe compenfer avec ce qu'il doit. Ainfi, par exemple, fi dans des biens acquis au Roi par confifcation, par déshérence, ou par droit d'aubaine, il y a des dettes actives dont les débiteurs fe trouvent créanciers de celui à qui ces mêmes biens avoient appartenu, la compenfation en fera reçûe *e*.

5. Il n'y a pas de compenfation contre les redevances pour des charges publiques.

e In ea quæ reipublicæ te debere fateris compenfari ea quæ invicem ab eadem tibi debentur, is cujus de ea re notio eft, jubebit : fi neque ex Kalendario, neque ex vectigalibus, neque ex frumento vel olei publici pecunia, neque tributorum, neque alimentorum, neque ejus qui ftatutis fumptibus fervit, neque fideicommiffi civitatis debitor fis. l. 3. C. de compenf. l. 20. ff. eod. l. 46. §. 5. ff. de jure fifci.

V I.

Le dépofitaire, & celui qui a emprunté par un prêt à ufage, ne peuvent compenfer ce qu'ils ont à l'un de ces titres avec une dette que le maître de la chofe dépofée ou empruntée pourroit leur devoir. Et fi deux perfonnes étoient dépofitaires l'un de l'autre, il n'y auroit point entr'eux de compenfation ; mais chacun rendroit la chofe qu'il auroit en dépôt *f*.

6. Le prêt & le dépôt ne fe compenfent point.

f Exceptâ ratione depofiti, fecundum noftram fanctionem in qua nec compenfationi locum effe difpofuimus. l. uls. in f. C. de compenf.

Si quis vel pecunias, vel res quafdam per depofitionis acceperit titulum, vel fi depofuit, reddere illico modis omnibus compellatur : nullamque compenfationem, vel deductionem, vel doli exceptionem opponat. l. 11. C. depof.

Sed etfi ex utraque parte aliquid fuerit depofitum, nec in hoc cafu compenfationis præpeditio oriatur : fed depofitæ quidem res, vel pecuniæ ab utraque parte quam celerrimè, fine aliquo obftaculo, reftituantur. d. l.

Prætextu debiti, reftitutio commodati non probabiliter recufatur. l. uls. C. de commod. v. 18. §. uls. ff. commod. V. l'article dernier de la Section 3. du Dépôt, p. 83. & l'article 13. de la Section 2. du Prêt à ufage, p. 69.

V I I.

Dans les crimes & délits on ne compenfe ni les accu-

7. Compensation en crimes & délits commant a lieu ou non.

fations, ni les peines *g.* Mais quand il ne s'agit que des dommages & intérêts, ou de l'intérêt civil de la partie, si l'accusé se trouve son créancier, il pourra compenser *h.*

g Non est ejusmodi compensatio admissa. *l. 2. §. 4. ff. ad leg. Jul. de adult.*

h Quoties ex maleficio oritur actio : ut putà ex causâ furtivâ, cæterarumque maleficiorum, si de ea pecuniariè agitur, compensatio locum habet. *l. 10. §. 2. ff. de compens.*

VIII.

8. Si on compense deux dettes égales en sommes, mais d'ailleurs inégales.

Si on compense deux dettes, qui quoiqu'égales en sommes, soient distinguées par quelque différence qu'on puisse estimer ; on pourra y avoir égard en faisant la compensation. Ainsi, par exemple, si celui qui devoit payer une somme en un certain lieu où le créancier avoit intérêt qu'elle fût acquittée, la compense en un autre lieu, & demeure déchargé de ce qu'auroit coûté la remise de cet argent au lieu où le payement devoit en être fait, on pourra estimer dans la compensation la valeur de cette remise *i.*

i Pecuniam certo loco à Titio dari stipulatus sum : is perit : à me quam ei debeo pecuniam : quæro, an hoc quoque pensandum sit, quanti mea interfuit certo hoc loco dari ? Respondit, si Titius petit eam quoque pecuniam quam certo loco dare promisit, in compensationem deduci oportet : sed eum hac causâ, id est, ut ratio habeatur, quanti Titii interfuerit, eo loco quo convenerit, pecuniam dari. *l. 15. ff. de compens.*

IX.

9. On ne peut compenser que ce qui peut être donné en payement.

Comme les compensations sont des payemens *l,* & qu'on ne peut payer une chose pour une autre contre le gré du créancier *m ;* on ne peut non plus compenser que ce qui pourroit être donné en payement. Ainsi un héritier chargé de donner un héritage à un légataire, ne pourroit l'obliger à compenser avec une somme d'argent une autre somme que le légataire pourroit lui devoir. Ainsi celui qui devroit une rente foncière non rachetable, ne pourroit amortir par compensation d'une somme que le créancier de la rente pourroit lui devoir. Mais il pourroit seulement compenser les arrérages de cette rente qui seroient échûs.

l Nec interesse solverit, an pensaverit. *l. 4. in f. ff. qui pot.* Voyez l'article 2. de la Section 1.

m Aliud pro alio invito creditori solvi non potest. *l. 2. §. 1. in f. ff. de reb. cred.* Voyez l'article 9. de la Section 2. des payemens, p. 284.

¶ Entre deux dettes dont l'une produit intérêt & l'autre non, la compensation a lieu & fait cesser l'intérêt. *l. 11. ff. de compens.*

Quid juris en matiere de rente constituée ? il faut distinguer entre le créancier & le débiteur de la rente ; il n'y a que le débiteur qui puisse demander la compensation. Dep. t. 1. p. 715. n. 22. Brodeau sur l'art. 105. de la Cout. n. 4. Ferriere eod. n. 6.]

TITRE III.

Des Novations.

Matiere de ce titre.

IL a été remarqué dans le préambule de ce Livre qu'on peut anéantir ou diminuer les engagemens, en substituant un second engagement au lieu d'un premier ; de sorte qu'il n'y ait que le second qui subsiste, & que le premier soit anéanti, ce qui peut arriver en deux manieres. L'une sans aucun changement de personnes, en changeant seulement la nature de l'obligation : & l'autre par un changement de débiteur, soit que la premiere obligation subsiste ; le second débiteur s'en chargeant au lieu du premier qui en demeure quitte, ou que le nouveau débiteur en fasse une nouvelle. Ainsi pour un exemple de la premiere de ces deux manieres, si un héritier chargé d'un legs convient avec le légataire de lui faire une obligation causée de prêt pour la même somme qui lui a été léguée, sans que dans cette obligation il soit fait aucune mention du legs, & que le légataire en donne sa quittance à cet héritier ; il n'y aura aucun changement de personnes, mais on aura seulement changé la nature de l'engagement, substituant une obligation de prêt au lieu d'un legs dû par un testament. Et c'est cette premiere maniere qu'on

appelle novation qui fera la matiere de ce Titre. Ainsi, pour un exemple de la seconde maniere par le changement de la personne du débiteur, si celui qui doit une obligation causée de prêt, substitue en sa place un autre débiteur qui s'oblige envers le créancier, de sorte que ce premier débiteur demeure déchargé ; le premier engagement sera anéanti à l'égard du premier débiteur qui ne devra plus l'obligation, & celui qui est délégué deviendra le débiteur en la place de l'autre. Et c'est cette seconde maniere qu'on appelle Délégation, soit que le nouveau débiteur se charge d'acquitter cette premiere obligation, qu'on laisse subsister, ou qu'on la supprime, & qu'il s'oblige à quelque autre titre ; mais toujours pour que l'engagement du premier débiteur soit anéanti par celui du nouveau débiteur qui succede en sa place : ce qui sera la matiere du Titre suivant.

SECTION I.

De la nature de la Novation, & de son effet.

SOMMAIRES.

1. *Définition.*
2. *La Novation n'est pas présumée si elle ne paroît.*
3. *Les changemens qu'on peut faire à une premiere obligation, ne l'innove pas.*
4. *Novation de plusieurs dettes en une.*
5. *La Novation anéantit les hypotheques & autres accessoires de l'obligation.*

I.

1. Définition.

LA Novation est le changement que font le créancier & le débiteur, qui au lieu d'une dette en substituent une autre ; de sorte que la premiere ne subsiste plus, & que le débiteur ne reste obligé que par la seconde *a.* Ainsi, par exemple, si après un contrat de vente dont le prix n'étoit pas encore payé, le vendeur prend une obligation de l'acheteur causée de prêt pour la même somme qu'il devoit du prix de la vente ; de sorte que le contrat de vente demeurera acquité, & sans que dans la nouvelle obligation il en soit fait aucune reserve, le vendeur aura innové sa dette.

a Novatio est prioris debiti in aliam obligationem, vel civilem, vel naturalem transfusio, atque translatio. Hoc est cùm ex præcedenti causâ ita nova constituatur, ut prior perimatur. Novatio enim à novo nomen accepit, & à nova obligatione. *l. 1. ff. de novat. & de leg.*

II.

2. La novation n'est pas présumée, si elle ne paroît.

Il n'y a jamais de novation par le simple effet d'une seconde obligation, s'il ne paroît que le créancier & le débiteur ont eu l'intention d'éteindre la premiere. Car autrement les deux subsisteroient *b.*

b Novatio ita demùm fit si hoc agatur, ut novetur obligatio. Cæterùm si non hoc agatur, duæ erunt obligationes. *l. 2. in f. ff. de nov. & deleg.*

Nisi ipsi specialiter remiserint quidem priorem obligationem, & hoc expresserint, quod secundam magis pro anterioribus elegerint. *l. ult. C. eod.* Voyez l'article suivant. ¶

III.

3. Les changemens qu'on peut faire à une premiere obligation, ne l'innovent pas.

Si le créancier & le débiteur font entr'eux quelques changemens à une premiere obligation, soit en y ajoutant une hypotheque, une caution, ou autre sureté, ou en les ôtant : soit en augmentant, ou diminuant la dette, ou en donnant un terme plus long ou plus court, ou la rendant conditionnelle si elle étoit pure & simple, ou pure & simple si elle étoit conditionnelle ; tous ces changemens & les autres semblables ne font pas de novation, parce qu'ils n'éteignent pas la premiere dette, à moins qu'il fût dit expressément qu'elle demeureroit nulle. Ainsi elle subsiste encore qu'il ne soit pas dit qu'elle est reservée, ou que ces changemens se font sans innovation *c.*

c Novationum nocentia corrigentes volumina, & veteris juris ambiguitates resecantes, sancimus, si quis vel aliam personam adhibuerit, vel mutaverit, vel pignus acceperit, vel quantitatem augendam, vel minuendam esse crediderit, vel conditionem, seu tempus addiderit vel detraxerit, vel cautionem minorem accepesit, vel aliquid fecerit ex quo veteris juris conditores introducebant novationes : nihil penitùs prioris cautelæ innovari. Sed anteriora stare & posteriora incrementum illis accedere : nisi ipsi specialiter remiserint quidem priorem obligationem, & hoc expresserint quòd secundam magis pro anterioribus elegerint. Et generaliter definimus : voluntate solùm esse, non lege novandum. Etsi non verbis exprimatur, ut sine Novatione (quod solito vocabulo, ἄνευ καινώσεως Græci dicunt,) causâ procedat. Hoc enim naturalibus inesse rebus volumus, & non verbis extrinsecùs supervenire. *l. ult. C. de novat. & deleg.*

Si ita fuero stipulatus, *Quanto minus à Titio debitore exegissem, tantùm fidejubes,* non fit novatio : quia non hoc agitur, ut novetur. *l. 6. ff. eod.*

I V.

4. Novation de plusieurs dettes en une.

On peut innover plusieurs dettes par une seule qui les comprenne & éteigne toutes d. Ainsi celui à qui il est dû pour diverses causes, peut réduire à une somme tout ce qui lui est dû, & en prendre une seule obligation causée de prêt qui comprenne toutes les autres, & qui les annulle.

d In summa admonendi sumus, nihil vetare una stipulatione plures obligationes novari. *l. ult. §. 2. ff. de novat. & deleg.*

V.

3. La novation anéantit les hypothèques & autres accessoires de l'obligation.

Comme l'effet de la novation est d'anéantir l'obligation précédente, les hypothèques, les cautions, & les autres accessoires de cette première obligation ne subsistent plus, & les intérêts, si elle en produisoit, cessent de courir e.

e Ut prior perimatur. *l. 1. ff. de novat.* Voyez l'article 1.
Novatione legitimè factâ liberantur hypothecæ & pignus, usuræ non currunt. *l. 18. eod.*

SECTION II.

Qui peut faire une novation, & de quelles dettes.

SOMMAIRES.

1. *Qui peut innover.*
2. *Le Tuteur le peut à l'avantage du Mineur.*
3. *Et le Procureur constitué qui en a l'ordre.*
4. *L'un des créanciers qui peut recevoir peut innover.*
5. *Novation pour un autre.*
6. *Toutes dettes peuvent s'innover.*

I.

1. Qui peut innover.

Toute personne capable de contracter, peut innover & ce qu'il doit, & ce qui lui est dû. Et ceux qui n- peuvent s'obliger, comme les prodigues interdits, ne peuvent faire de novation, si ce n'est qu'elle rendît leur condition plus avantageuse a.

a Cui bonis interdictum est novare obligationem suam non potest, nisi meliorem suam conditionem fecerit. *l. 3. ff. de novat. & deleg.*

I I.

2. Le Tuteur le peut à l'avantage du Mineur.

Les Tuteurs & Curateurs peuvent faire des Novations pour ceux qui sont sous leur charge, pourvû que ce soit à leur avantage b.

b Tutor (novare) potest, si hoc pupillo expediat. *l. 10. §. 1. ff. de novat. & deleg.* Agnatum furiosi, aut prodigi curatorem novandi jus habere minimè dubitandum est : si hoc furioso vel prodigo expediat. *l. ult. §. 1. eod.*

I I I.

3. Et le Procureur constitué qui en a l'ordre.

Les Procureurs constitués qui ont un ordre exprès ; ou une procuration générale pour l'administration de tous les biens & de toutes affaires, peuvent innover c.

c Novare possumus, aut ipsi , si suris juris sumus : aut per alios qui voluntate nostra stipulantur. *l. 20. ff. de Novat.* Procurator omnium bonorum (novare potest.) *d. l. §. 1.*

I V.

4. L'un des créanciers qui peut recevoir peut innover.

Si deux personnes sont solidairement créanciers d'une même dette, de sorte que chacun ait seul le droit de l'exiger & d'en acquiter le débiteur, il peut l'innover d.

d Si duo rei stipulandi sint, an alter jus novandi habeat quæri-
Tome I.

---

tur ; & quid juris unusquisque sibi acquisierit ? Ferè autem convenit & uni rectè solvi, & unum judicium petentem totam rem in litem deducere : item unius acceptilatione perimi utriusque obligationem. Ex quibus colligitur, unumquemque perinde sibi acquisiisse, ac si solus stipularetur esset, excepto eo quòd etiam facto ejus, cum quo commune jus stipulatus est, amittere debitorem potest. Secundùm quæ , si unus ab aliquo stipuletur novatione quoque liberare eum ab altero poterit, cùm id specialiter agit. *l. 31. §. 1. ff. de novat. & deleg.* V. l'article 7. de la Section 5. des Payemens, p. 286, & l'art. 4. de la Sect. 2. de la Solidité entre deux, &c. p. 221.

V

5. Novation pour un autre.

Comme un tiers qui ne seroit pas intéressé avec le débiteur peut payer pour lui, il peut de même innover sa dette sans lui, s'obligeant en sa place envers le créancier dans le dessein d'innover cette dette & l'anéantir e.

e Quod ego debeo si alius promittat, liberare me potest, si novationis causâ hoc fiat. *l. 8. §. 5. ff. de novat.* Liberat me is qui quod debeo , promittit, etiam si nolim. *d. l. 8. in f.* V. l'article 2. de la Section 3. des Payemens , p. 285.

V I.

6. Toutes dettes peuvent s'innover.

On peut innover toute sorte de dettes indistinctement , de même qu'on peut les anéantir par les autres voyes qui les acquittent & les annullent. Ainsi on peut innover une dette qui étoit sujette à restitution ou rescision, un legs, une dette dûe par une transaction ou par une condamnation en Justice, & toute autre, quelque cause qu'elle puisse avoir f. Et la novation subsiste, quoique la nouvelle dette puisse ne pas subsister ; comme si elle étoit sujette à rescision , ou que subsistant elle fût inutile, comme si le nouveau débiteur étoit insolvable. Car ces évenemens ne feroient pas revivre la première obligation qui étoit éteinte par la Novation g.

f Illud non interest qualis processit obligatio, utrùm naturalis, an civilis, an honoraria : & utrùm verbis, an re, an consensu. Qualiscumque igitur obligatio sit quæ præcessit , novari verbis potest : dummodò sequens obligatio aut civiliter teneat, aut naturaliter, ut putà si pupillus sine tutoris auctoritate promiserit. *l. 1. §. 1. ff. de novat.* Legata vel fideicommissa si in stipulationem fuerint deducta, & hoc actum ut novetur, fiet novatio. *l. 8. §. 1. eod.*
g V. l'article 1. de la Section 1.

TITRE IV.

Des Délégations.

Matiere de ce Titre.

ON a expliqué dans le préambule du Titre précédent la nature des Novations & des Délégations, & leur différence. Et on y a remarqué, que la Délégation peut se faire en deux manieres. Car on peut déléguer de sorte que l'obligation de celui qui délegue un autre débiteur en sa place, soit anéantie & ne subsiste plus, comme si c'étoit une obligation qu'on ait déchirée, le nouveau débiteur s'obligeant par une autre obligation, soit de la même nature, ou d'une autre différente. Et on peut aussi déléguer de sorte que la première obligation subsistant , le premier débiteur en soit déchargé, & qu'il n'y en ait pas d'autre que celui qui est délégué. Et dans l'une & l'autre de ces deux manieres, il est toujours vrai que l'obligation du premier débiteur est anéantie ; puisqu'il ne reste plus obligé, & que la Délégation faisant un nouveau débiteur fait aussi par cette raison une nouvelle obligation.

On fait ici cette remarque, parce qu'encore que cette distinction de ces deux manieres de Délégations ne se trouve pas marquée expressément & précisément dans les textes qui sont rapportés sur les articles de ce Titre , elle est une suite naturelle de ce qu'ils contiennent de la nature & des effets de la Délégation.

Il s'ensuit de ces remarques de la nature de la Novation , & de celle de la Délégation , que toute Délégation renferme une Novation , puisqu'au lieu d'une première obligation on en substitue une nouvelle. Mais toute Novation ne renferme pas une Délégation , puisque le débiteur peut innover sa première obligation par une nouvelle où il s'oblige seul , sans autre nouveau débiteur.

Oo ij

I.

*1. Défi-
nition.*

LA Délégation est le changement d'un débiteur au lieu d'un autre, lorsque celui qui doit, substitue un tiers qui s'oblige en sa place envers le créancier, de sorte que le premier débiteur demeure acquitté & sa dette éteinte, & que le créancier se contente de l'obligation du second débiteur *a*.

a Delegare est vice sua alium reum dare creditori. *l.* 11. *de novat. & deleg.* Solvit qui reum delegat. *l.* 8. §. 3. *ff. ad Velleian.* Bonum nomen facit creditor qui admittit debitorem delegatum. *l.* 26. §. 2. *ff. mand.* V. l'article 7.

II.

*2. La délé-
gation de-
mande le
consente-
ment de
toutes les
parties.*

Il y a cette différence entre la Novation & la Délégation, qu'au lieu qu'un tiers peut innover la dette du débiteur sans qu'il y consente *b*; la Délégation ne se fait que par consentement & du débiteur qui en délègue un autre, & de celui qui est délégué, & du créancier qui accepte la Délégation, & qui se contente du nouveau débiteur *c*.

b Voyez l'art. 5. de la Sect. 2. des Novations, p. 291.
c Delegatio debiti nisi consentiente & stipulante promittente debitore, jure perfici non potest. *l.* 1. *C. de Novat. & deleg.*

III.

*3. Différen-
ce entre le
transport &
la déléga-
tion.*

Il ne faut pas confondre la Délégation avec le transport que fait un débiteur à son créancier de ce que peut lui devoir une autre personne. Car au lieu que la Délégation renferme la volonté de celui qui s'oblige en la place d'un autre, & qu'elle acquitte le premier débiteur; le transport est comme une vente de la dette d'un tiers, qui peut se faire sans qu'il y consente, & on peut convenir que celui qui fait un transport restera obligé comme auparavant *d*.

d Delegatio debiti, nisi consentiente promittente debitore, jure perfici non potest. Nominis autem venditio & ignorante, vel invito eo adversus quem actiones mandantur contrahi solet. *l.* 1. *C. de novat. & deleg.*
¶ Quand il n'y auroit aucune convention pour cela, celui qui transporte est toujours obligé de garantir, *debitum subesse. l.* 4. *ff. de hered. vel act. vend.*]

IV.

*4. Autre
différence.*

Il y a encore cette différence entre le transport & la Délégation, que celui qui a fait un transport peut recevoir ce qu'il a cédé, si la signification n'en a pas encore été faite à celui qui doit la somme cédée. Et la mauvaise foi de celui qui reçoit qu'il avoit transporté n'empêche pas que le débiteur qui l'a payé ne soit acquitté. Mais après la Délégation celui qui est délégué ne peut s'acquitter qu'en payant au créancier qui l'a acceptée *e*.

e Si delegatio non est interposita debitoris tui, ac propterea actiones apud te remanserunt, quamvis creditori tuo adversus eum solutionis causa mandaveris actiones: tamen antequàm lis contestetur, vel aliquid ex debito accipiat, vel debitori tuo denuntiaverit, exigere à debitore tuo debitam quantitatem non vetaris: & eo modo tui creditoris exactionem contra eum inhibere. *l.* 3. *C. de novat. & deleg.*

V.

*5. Le trans-
port d'une
dette ni l'o-
bligation
d'un tiers*

Si un débiteur transporte à son créancier ce que lui doit un tiers, ou si ce tiers s'oblige pour ce débiteur envers ce créancier, de sorte que dans l'un & dans l'autre cas le premier débiteur demeure obligé; ce ne sera

---

ni une Délégation, ni une Novation, mais une sureté que ce débiteur demeurant obligé donnera de nouveau à son créancier, la première dette subsistant toujours *f*.

*pour le dé-
biteur ne
font pas de
délégation.*

f Si quis aliam personam adhibuerit, vel mutaverit.... nihil penitus prioris cautulæ innovari: sed anteriora stare, & posteriora incrementum illis accedere. *l. ult. C. de novat. & deleg.*
¶ Cela s'appelle une acceptation de transport, mais ce n'est point une délégation dans laquelle il faut que les trois parties soient présentes & stipulantes, au lieu que le tiers peut être accepté sans la présence ni le consentement du cédant.)

VI.

*6. Déléga-
tion au
créancier,
ou autre par
son ordre.*

Le créancier à qui son débiteur en délègue un autre, peut ou accepter la délégation lui-même en son nom, ou donner son ordre pour la faire accepter par une autre personne. Et dans ce second cas la délégation fait un changement & du débiteur & du créancier *g*.

g Delegare est vice sua alium reum dare creditori, vel cui jusserit. *l.* 11. *ff. de novat. & deleg.*

VII.

*7. Déléga-
tion, espece
de novation.*

La Délégation fait une espece de Novation. Car la première dette de celui qui délègue demeure éteinte par l'obligation de celui qui est délégué *h*.

h Ex contractu pecuniæ creditæ actio inefficax dirigetur, si delegatione personæ rite facta, jure novationis vetustior contractus evanuit. *l.* 1. *C. de novat. & deleg.* Si delegatio non est interposita debitoris tui, ac propterea actiones apud te remanserunt, &c. *l.* 3. *eod.* Quod si delegatione facta jure novationis tu liberatus es, &c. *d. l.* 3. V. l'article 1.

VIII.

*8. Le délé-
gué ne peut
faire revi-
vre la pre-
mière obli-
gation.*

Celui qui est délégué par le débiteur s'étant obligé envers le créancier, ne peut plus faire revivre la première dette anéantie par la délégation, ni engager les biens que le premier débiteur avoit obligés. Et le créancier de sa part n'a plus de recours contre celui qui a délégué; soit que le nouveau débiteur devienne insolvable, ou qu'il le fût déja au tems de la Délégation. Car on ne considère plus l'origine de la première dette, mais la seconde seulement qui l'a annullée. Ce qu'il faut entendre dans le cas d'une véritable Délégation qui ait innové *i*.

i Paulus respondit, si creditor à Sempronio novandi animo stipulatus esset, ità ut à prima obligatione in universum discederetur, rursùm easdem res à posteriore debitore sine consensu prioris obligari non posse. *l.* 30. *ff. de novat. & deleg.*
Si delegatione facta jure novationis tu liberatus es, frustra vereris ne eo quod quasi à debito non faciat exactionem, ad te periculum redundet: cùm per verborum obligationem, voluntate novationis interposita, à debito liberatus sis. *l.* 3. *in f. C. eod.* Bonum nomen facit creditor qui admittit debitorem delegatum. *l.* 26. §. *in f. ff. mand.*

IX.

*9. Le délé-
gué ne peut
se servir de
moyens qu'il
avoit contre
le déléguant.*

Dans ce même cas d'une véritable Délégation qui ait innové, si celui qui est délégué avoit de justes défenses contre le premier débiteur qu'il n'ait pas réservées, il ne pourra s'en servir contre le créancier, quand même il se trouveroit qu'il eût à se défendre par quelque dol de celui qui l'a délégué. Car la première obligation ne subsistant plus, la seconde prend sa nature de ce qui s'est passé dans la Délégation entre le délégué & le créancier dont l'intérêt est indépendant de tout ce qui avoit précédé entre son débiteur & celui qui est délégué. Ainsi par exemple, si celui qui est délégué ne devoit au déléguant qu'à cause d'une donation qu'il lui avoit faite, ce délégué ne pourra se servir des exceptions qu'ont les donateurs contre les donataires, comme seroit le droit de révoquer la donation par l'ingratitude du donataire, ou de faire modérer les contraintes pour le payement d'une somme donnée. Ainsi pour un autre exemple, si le délégué devoit au déléguant une obligation dont il pouvoit être relevé, l'ayant consentie dans sa minorité sans un emploi utile, il ne pourroit être relevé contre le créancier, si dans le tems de la délégation il étoit majeur *l*.

l Doli exceptio quæ poterat deleganti opponi, cessat in persona creditoris cui quis delegatus est, & in cæteris similibus excep-

tionibus. l. 19. ff. de novat. & deleg. (qui) jam excessit ætatem viginti quinque annorum, quamvis adhuc possit restitui adversus priorem creditorem (delegatione exceptionem amittit.) Ideò autem denegantur exceptiones adversùs secundum creditorem, quia in privatis contractibus, & pactionibus non facilè scire petitor potest, quod inter eum qui delegatus est, & debitorem actum est; aut etiam si sciat, dissimulare debet, ne curiosùs videatur. Et ideò meritò denegandum est adversùs eum exceptionem ex persona debitoris. *d. l. 19.*

Si Titius donare mihi volens, delegatus a me creditori meo stipulanti spopondit, non habebit adversus eum illam exceptionem, ut quatenus facere potest, condemnetur. Nam adversus me tali defensione meritò utebatur; quia donatum ab eo petebam, creditor autem debitum persequitur. *l. 33. eod.* Voyez l'article 6. de la Section 2. des Donations, p. 106. & l'article 2. de la Section 3. au même Titre.

TITRE V.

De la Cession de biens, & de la Déconfiture.

Liaison de ces deux matieres.

LA cession de biens & la déconfiture, sont deux suites de l'insolvabilité des débiteurs de qui les biens ne peuvent suffire à leurs créanciers. Et c'est à cause de cette liaison entre ces deux matieres, qu'on les a mises sous un même titre. On verra dans la premiere Section ce qui regarde la cession de biens, & la déconfiture sera la matiere de la seconde.

SECTION I.

De la Cession de biens.

Matiere de cette Section.

LA cession de biens dont il sera traité dans cette Section, est un bénéfice que les Loix ont accordé aux débiteurs, pour se délivrer des contraintes par corps par l'abandonnement de leurs biens à leurs créanciers.

Il faut remarquer sur cette matiere, qu'au lieu que dans le Droit Romain la cession de biens pouvoir se faire non-seulement en Justice, mais aussi en particulier, ou par le débiteur, ou par une autre personne qui eût charge de lui *a* ; les Ordonnances ont défendu de recevoir la cession de biens autrement que par le débiteur en personne, devant le Juge, à l'audience avec les formalités qu'elles ont réglées *b* pour accompagner de honte & de confusion la cession de biens, afin d'en reprimer la facilité. Et quoiqu'il semble qu'on dût excepter de cette honte ceux qui se trouvent réduits à la cession de biens par des pertes arrivées sans leur faute, & qu'on dût distinguer leur condition de celle des débiteurs que leur mauvaise foi ou leur mauvaise conduite a réduits à cet état *c* ; l'Ordonnance n'a pas fait cette distinction, pour ne pas laisser d'ouverture à la facilité de la cession de biens.

Outre le bénéfice de la cession de biens, les Loix ont donné aux débiteurs celui des répits ou surséances d'un an ou de cinq ans, que les Ordonnances permettent aux Juges d'accorder aux débiteurs avec connoissance de cause, les créanciers appellés *d*.

Les répits dépendoient dans le Droit Romain des créanciers même qui avoient le choix, ou d'obliger le débiteur à la cession de biens, ou de lui accorder le répit de cinq ans. Et c'étoit par la pluralité entre les créanciers que ce choix étoit réglé, en comptant la pluralité, non par le nombre des créanciers, mais par la force de leurs créances; de sorte qu'un seul dont la créance étoit plus forte que celle de tous les autres ensemble en étoit le maître *e*. Et le débiteur étoit obligé de donner caution pour avoir une surséance *f*.

a Bonis credi non tantum in jure, sed etiam extra jus potest, & per nuntium, vel per epistolam id declarari. *l. ult. ff. de cess. bon.*
b Le débiteur en personne & en jugement durant l'audience desceint & tête nue. Ordonnance de 1510. art. 70. & de 1490. art. 34.
c Ubi enim locorum justum est, ut is qui in universam ex accidenti, non supina negligentia, res suas amisisse traditus esset, denuò per vim ad ignominiosam vitam transponatur. *Novel. 135. in præfatione.*
d Ordonnance d'Orléans, art. 61.
e Voyez l. ult. C. qui bon. ced. poss.
f Voyez l. 4. C. de præcib. imp. off.

¶ Ordonnance de 1669. tit. 6. art. 11. Cout. de Paris, art. 111.
La cession a lieu pour toutes les dettes civiles, c'est ce que les Loix appellent *miserabile beneficium, flebile auxilium.*

Pour demander le bénéfice de cession, il faut que le débiteur soit en prison.]

Tous les débiteurs ne sont pas reçus indistinctement à la cession de biens, ni au répit, mais plusieurs causes empêchent l'effet de ces graces, tant de la part du débiteur qui s'en trouve indigne, que de la part du créancier à qui on ne peut faire ce préjudice, soit à cause du privilege de la créance, ou pour d'autres causes. Ainsi on ne reçoit pas à la cession de biens celui qui doit un intérêt civil adjugé pour un crime : Ainsi un fermier qui a joui n'y est pas reçu : Ainsi la cession de biens n'a pas de lieu à l'égard d'un créancier qui est nanti d'un gage, & ne lui ôte pas cette sureté sur un bien dont le débiteur s'étoit dépouillé. Ainsi les Coutumes ont différemment réglé plusieurs cas où le répit même n'a pas de lieu comme pour le dépôt, pour une dette adjugée par Sentence contradictoire, pour loyers de maisons, fermes, pensions, dépens taxés, vente en marché, vente d'héritages, alimens, médicamens, frais funéraires, deniers dotaux demandés par le mari aux débiteurs de la dot, ou par la veuve aux héritiers du mari, arrerages de rentes, ce que quelques Coutumes restreignent aux rentes foncieres, salaires & gages de mercenaires & de domestiques, dettes dûes à personnes pauvres qui n'ont pas le moyen d'attendre, dettes dûes à des mineurs, contractées pendant leur minorité, reliquats d'administration de biens d'Eglise, de chose publique, de tutelle, & de curatelle.

Tous ces divers cas sont ceux que les Coutumes ont spécifiés, quoiqu'aucune ne les comprenne tous. On y voit cela de commun, que la cession de biens & le répit sont refusés, ou parce que le débiteur s'en est rendu indigne, comme dans les dettes qui viennent de crimes & de délits, dans le dépôt & en quelques autres : ou à cause du privilege de la dette : comme dans les dettes d'alimens & de salaires, ou par la qualité du créancier comme dans les dettes de mineurs & de pauvres personnes qui ne peuvent attendre.

On peut juger par ces différentes causes qui font cesser l'usage de la cession de biens & du répit, qu'il peut y avoir d'autres divers cas où les mêmes principes peuvent s'appliquer selon la qualité de la créance, la mauvaise foi du débiteur, & les conséquences pour l'intérêt public. Et comme la plûpart de ces régles qui exceptent de certaines dettes du bénéfice de la cession de biens & de celui du répit, s'observent dans toutes Coutumes, quoique toutes ne les expriment pas, & que plusieurs ne parlent d'aucunes, & qu'aussi on les observe presque toutes dans les Provinces qui se régissent par le Droit écrit; on peut en tous lieux mettre en usage les régles de l'équité, qui distinguent les cas où la cession de biens & le répit peuvent avoir lieu, & ceux où l'usage n'en seroit pas juste. Ainsi on peut les appliquer dans des cas où le dol du débiteur pourroit le mériter, quoique ces cas fussent différens de ceux que les Coutumes ont spécifiés.

On a dû expliquer ici ce détail des causes qui empêchent la cession de biens & le répit, parce que n'étant expliquées que dans nos Coutumes, on n'a pas dû les mettre en régles dans les articles de cette Section.

Il ne reste que de remarquer sur la cession des biens, que non-seulement elle n'a pas lieu dans les banqueroutes, mais que par les Ordonnances les Banqueroutiers frauduleux sont punis exemplairement, & même de mort, & que ceux qui participent à leurs fraudes sont punis comme leurs complices *g*.

g Ordonnance d'Orléans, art. 143. de Blois, art. 205. d'Henri IV. en 1609.

SOMMAIRES.

1. *Définition.*
2. *La cession de biens n'acquitte pas le débiteur.*
3. *La cession comprend les droits acquis au débiteur.*
4. *Des biens acquis au débiteur après la cession.*
5. *Serment du débiteur en faisant la cession de biens.*
6. *La cession ne dépouille pas d'abord le débiteur.*

O o iij

7. *La ceſſion n'eſt reçûe qu'en avouant la dette.*
8. *La ceſſion ne décharge pas les cautions.*
9. *La ceſſion faite à quelques créanciers a lieu à l'égard de tous.*

I.

1. Définition.

LA ceſſion de biens eſt l'abandonnement que fait un débiteur de tous ſes biens à ſes créanciers, pour ſortir de priſon ou pour l'éviter *a*.

a Qui bonis ceſſerint, niſi ſolidum creditor receperit, non ſunt liberati. In eo enim tantummodò hoc beneficium eis prodeſt, ne judicati detrahantur in carcerem. *l.* 1. C. qui bon. ced. poſſ. *l. ult. eod.*

II.

2. La ceſſion de biens n'acquitte pas le débiteur.

La ceſſion de biens n'acquitte le débiteur que juſqu'à la concurrence de la valeur des biens qu'il abandonne, & n'empêche pas qu'il ne demeure débiteur du ſurplus *b*.

b Niſi ſolidum creditor receperit, non ſunt liberati. *l.* 1. C. qui bon. ced. poſſ.

III.

3. La ceſſion comprend les droits renuis au débiteur.

Les biens dont le débiteur n'étoit pas encore en poſſeſſion quand il a fait la ceſſion de biens, mais dont il avoit le droit acquis, comme une ſucceſſion qu'il n'avoit pas encore recueillie, ſont compris dans l'abandonnement; & les créanciers peuvent exercer ſur ces biens les droits du débiteur *c*.

c Si qua ipſi jura lex vel ex hæreditate, vel cognatorum donatione, in rebus mobilibus præſtet, in quarum poſſeſſione nondùm conſtitutus ſit, competere tamen ipſi videantur, poſſintque creditores, vel partem ex iis, vel etiam totum colligere; *Nov.* 135. c. 1.

IV.

4. Des biens acquis au débiteur après la ceſſion.

Les biens que le débiteur pourra acquerir après la ceſſion, ſeront ſujets à ſes créanciers pour ce qui ſe trouvera leur être encore dû, mais il ne pourront exercer de contrainte par corps pour les dettes précédentes à la ceſſion, ni dépouiller le débiteur de ſes nouveaux biens, de ſorte qu'il ne lui reſtât rien pour ſa ſubſiſtance. Et on doit lui laiſſer de quoi ſe nourrir, ſur-tout ſi ce qui lui ſeroit acquis de nouveau lui avoit été donné à ce titre, & qu'il n'en tirât que le néceſſaire pour ſes alimens *d*.

d Si quid poſteà eis pinguius acceſſerit, iterùm uſque ad modum debiti poſſe à creditoribus legitimo modo avelli. *l.* 7. in f. C. qui bon. cedere poſſ.
S. debitoris bona venierint, poſtulantibus creditoribus permittitur rurſum ejuſdem debitoris bona diſtrahi, donec ſuum conſequantur, ſi tales tamen facultates acquiſivit ſunt debitori quibus præto moveri poſſit. *l.* 7. ff. de ceſſ. bon. *l.* 3. C. ne bon. auth. jud. poſſ.
Is qui bonis ceſſit ſi quid poſteà acquiſierit, in quantum facere poteſt convenitur. *l.* 4. ff de ceſſ. bon.
Qui bonis ſuis ceſſit, ſi modicum aliquid poſt bona ſua vendita acquiſierit, iterùm bona ejus non veneunt. Unde ergo modum hunc æſtimabimus, utrùm ex quantitate ejus quod acquiſitum eſt, an verò ex qualitate? Et putem ex quantitate id æſtimandum eſſe eius quod quæſitum, dummodò illud ſciamus ſi quid miſericordiæ cauſa ei fuerit relictum, putà menſtruum, vel annuum à'imentorum nomine, non oportere propter hoc bona ejus iterato renundari: nec enim fraudandus eſt alimentis ſuis. Idem & ſi uſusfructus ei ſit conceſſus vel legatus, ex quo tantùm percipiat, quantum ei alimentorum nomine ſatis eſt. *l.* 6. eod.

V.

5. Serment du débiteur en faiſant la ceſſion de ſes biens.

Le débiteur qui eſt reçû à la ceſſion de biens, doit prêter le ſerment qu'il a fait ſans aucune fraude, & qu'il ne recele pas ces biens pour en retenir une partie au préjudice de ces créanciers *e*.

e Jusjurandum per adoranda præbeat reliquia, quod nullam rerum cauſa occaſionem, aut aurum reliquum habeat, unde æris alieni ſupplementum faciat. Novell. 135. c. 1.
Ce ſerment doit renfermer qu'il n'y a point un d'aliénations frauduleuſes, & que le déclaration que le débiteur fait de ſes biens eſt veritable. C'eſt ainſi que quelques Coûtumes s'expliquent, & elles ajoûtent que le débiteur doit auſſi promettre par ce ſerment, que s'il vient à meilleure fortune, il payera ſes dettes.

VI.

6. La ceſſion ne dépouille pas d'abord celui qui la fait de la propriété des biens qu'il abandonne à ſes créan-

ciers. Mais ſi avant qu'ils les ayent vendus, il ſe trouvoit en état ou de payer ſes créanciers, ou d'alléguer de juſtes exceptions contre leurs créances; il pourroit par-là reprendre ces biens. Ce qu'il ne faut pas entendre de celui qui ſans faire cette ceſſion auroit donné ſes biens en payement à ſes créanciers *f*.

pas d'abord le débiteur.

f Is qui bonis ceſſit, ante rerum venditionem utique bonis ſuis non caret. Quare ſi paratus fuerit ſe defendere, bona ejus non veneunt. *l.* 3. ff. de ceſſ. bon.
Quem pœnitet bonis ceſſiſſe, poteſt, defendendo ſe, conſequi ne bona ejus veneant. *l.* 5. eod.
Non tamen creditoribus ſua autoritate dividere hæc bona, & jure dominii detinere, ſed venditionis remedio, quatenus ſubſtantia patitur, indemnitati ſuæ conſulere permiſſum eſt. Cum itaque contra juris rationem res jure dominii teneas ejus qui bonis ceſſit, te creditorem dicens, longi temporis præſcriptione peritorem ſubmoveri non poſſe manifeſtum eſt. Quod ſi non bonis eum ceſſiſſe, ſed res ſuas in ſolutum tibi dediſſe monſtretur, præſes provinciæ poterit de proprietate tibi accommodare notionem. *l.* 4. C. qui bon. ced. poſſ.

VII.

7. La ceſſion n'eſt reçûe qu'en avouant la dette.

Pour être reçû à la ceſſion de biens, il faut reconnoître qu'on eſt débiteur *g*.

g Qui ceſſit bonis antequam debitum agnoſcat, condemnetur, vel in jus confiteatur, audiri non debet. *l.* 8. ff. de ceſſ. bon.

VIII.

8. La ceſſion ne décharge pas les cautions.

La ceſſion de biens ne décharge pas les cautions de celui qui l'a faite *h*.

h Ubicumque reus ita liberatur à creditore ut natura debitum maneat, teneri fidejuſſorem reſpondit. *l.* 60. ff. de fidejuſſ.
Si poſſeſſio rerum debitoris data ſit creditori, videndum eſt fidejuſſorem manere obligatum. *l.* 21. §. 3. in f. eod.
¶ Argum. *l.* 13. de min. argum. de l'art. 10. des Repits. Ordonnance de 1669.

IX.

9. La ceſſion faite à quelques créanciers a l'égard de tous.

Si le débiteur a fait la ceſſion de biens à quelques-uns de ſes créanciers, elle a ſon effet à l'égard des autres. Car c'eſt à tous les créanciers que les biens de celui qui l'a faite, ſont abandonnés *i*.

¶ La déconfiture a pareillement lieu dans le cas de la banqueroute.
i Sabinus & Caſſius putabant eum qui bonis ceſſit, ne quidem ab aliis quibus debet poſſe inquietari. *l.* 4 ff. de ceſſ. bon.
¶ L. major. ff. de pact. Ordonnance du 1673. tit. des Faillites & Banqueroutes, art. 5. 6. 7.

SECTION II.

De la Déconfiture.

Manière de traiter cette Section.

POur entendre ce que c'eſt que la déconfiture, il faut diſtinguer trois ſortes de créanciers. Ceux qui ont un privilege, ceux qui ſans privilege ont une hypotheque, & ceux qui n'ont ni privilege, ni hypotheque.

Entre les créanciers privilegiés & les hypothecaires, les biens du débiteur ſe diſtribuent ſelon l'ordre que leur donne ou la préference de leurs privileges, ou la priorité de leurs hypotheques, ſuivant les régles qui ont été expliquées dans le Titre des Gages & Hypotheques, & des privileges des créanciers. Et entre les créanciers qui n'ont ni privilege, ni hypotheque, comme il n'y a ni préference, ni priorité, les biens ſe diſtribuent par cette raiſon au ſol la livre, c'eſt-à-dire, que la condition des créanciers étant égale, chacun a ſa portion des biens du débiteur ſelon ſa créance : & ſi, par exemple, toutes les dettes ſe montent au double de ce qui doit être diſtribué, chaque créancier ne recevra que la moitié de la ſomme qui lui ſera dûe. C'eſt ce qu'on appelle contribution, qui arrive en deux manieres, ou lorſque les biens ſont d'une nature qui n'eſt pas ſujette à l'hypotheque, comme ſont les meubles en France, ou que les créanciers n'ont ni hypotheque, ni privilege ſur les immeubles. Car alors ſi les biens du débiteur ne ſuffiſent pas pour tous les créanciers, ils viennent en contribution, & on appelle déconfiture cet effet de l'inſolvabilité du débiteur; qui fait que ſes biens ſur leſquels les créanciers n'ont ni hypotheque, ni privilege, se distribuent de cette maniere.

¶ *Les créanciers privilegiés ne viennent point à contribution.*]

SOMMAIRES.

I.

§ 1. Défini-
tion.

LA déconfiture est l'état où se trouve un débiteur, lorsque ses biens ne suffisent pas à ses créanciers pour les payer tous, & qu'il y a des biens dont le prix doit être distribué par contribution, sans privilege & sans hypotheque ; & de sorte que chaque créancier y ait sa part à proportion de ce qui lui est dû *a*.

a Tributio fit pro rata ejus quod cuique debeatur. *l.* 5. §. *ult.* *ff. de tribut. act.* V. ce qui a été dit dans le préambule.

2. Le créan-
cier saisi
d'un gage,
y est préferé.

En cas de déconfiture le créancier qui se trouve saisi d'un gage que le débiteur lui avoit donné pour sa sureté, est préferé sur ce gage aux autres créanciers *b*.

b Si qui contrahebant, ipsam mercem pignori acceperint, puto debere dici præferendos. *l.* 5. §. 8. *ff. de tribut. act.*

Il ne faut pas étendre cette regle au cas n'un créancier qui a fait saisir des meubles de son débiteur, si la déconfiture arrive pendant la saisie ; car en ce cas le premier saississant n'est pas préferé aux autres. Ce qui est ainsi réglé par quelques *Coutumes.* Idem dicendum, du depot quand il est en nature. Coutume de Paris art. 182.

III.

3. Et aussi
le vendeur
sur la chose
vendue.

Le vendeur qui est resté créancier du prix, & qui trouve la chose vendue en la puissance de l'acheteur, peut la retirer, & il n'entre pas en contribution avec les autres créanciers de cet acheteur. Et il en seroit de même à plus forte raison si c'étoit une chose qui eût été donnée au débiteur pour être vendue *c*.

c Si dedi mercem meam vendendam, & extat : videamus, ne iniquum sit in tributum me vocari. Sed si quidem in creditum ei abii, tributio locum habebit. Enimvero si non abii, quia res vendita non alias desinunt esse meæ, quamvis vendi ero, nisi aut soluto, vel sidejussore dato, vel alias satisfacto, dicendum erit, vendicare me posse. *l.* 5. §. 18. *ff. de trib. act.*

Mais si la chose vendue n'est plus entre les mains de l'acheteur, le vendeur aura-t-il la préference aux créanciers d'un tiers qui l'aura acquise de cet acheteur ? Il y a des Coutumes où l'on distingue la condition du vendeur qui a vendu sans jour & sans terme, espérant être payé promptement, & celle du vendeur qui a donné un terme, & elles donnent au premier cas la préference, & non au second. A quoi on peut rapporter ces paroles sur l'art. 4. de la Sect. 5. des Gages & Hypotheques, p. 208.

IV.

4. Dette
condition-
nelle.

Si parmi les créanciers qui viennent en contribution dans les cas de déconfiture, il s'en trouvoit quelqu'un de qui la dette dépendît de l'événement d'une condition, ou ne dût être payé que long-tems après ; il faudroit ou laisser le fonds de ce qui pourroit revenir à ce créancier, ou que ceux qui le recevroient se soumissent, & donnassent caution, s'il en étoit besoin, de le lui rapporter après que la condition seroit arrivée, ou le terme échû *d*.

d Illud quoque cavere debet, si quid aliud domini debitum emererit, refusurum se ei pro rata singe enim conditionale debitum imminere, vel in occulto esse, hoc quoque admittendum est. *l.* 7. *ff. de trib. act.*

TITRE VI.

Des Rescisions, & Restitutions en entier.

Difference
entre la ma-
tiere de ce
Titre &
celles des
autres Titres
de ce Livre.

IL y a cette différence entre toutes les autres maniéres d'anéantir ou de diminuer les engagemens qu'on a expliquées dans ce Livre, & celles qui font la matiere de ce Titre, que toutes les autres font cesser les engagemens sans donner aucune atteinte à leur validité, au lieu que les rescisions & restitutions en entier regardent la validité des engagemens, & les annullent, ou

y font les changemens qui peuvent être justes. Ainsi, lorsqu'un mineur est relevé d'une obligation qu'il avoit consenti dans sa minorité ; cette obligation est annullée, ou pour le tout si rien n'est est tourné à son profit, ou pour ce qui se trouve pas utilement employé, & il n'en paye rien. Ainsi, lorsqu'un majeur est restitué d'un contrat consenti par force, son engagement est anéanti.

Ces mots de rescision & de restitution en entier ne signifient proprement que la même chose, qui est ce bénéfice que les Loix accordent à ceux qui se plaignent de quelque dol, de quelque erreur, de quelque surprise dans des Actes où ils ont été parties, pour les remettre au même état où ils étoient avant ces Actes.

Quoiqu'il semble que le mot de restitution se rapporte particulierement aux personnes qui à cause de quelque qualité sont relevées de leurs engagemens, comme les mineurs & les femmes matiées qui se sont obligées sans l'autorité de leurs maris, ou même avec cette autorité dans les Provinces où elles ne peuvent point s'obliger du tout : & que le mot de rescision se rapporte particulierement à l'Acte qui est rescindé & annullé par quelqu'autre vice, comme si c'est une obligation consentie par force, ou par quelque erreur, & quelque surprise qui puisse l'annuller, cette distinction des restitutions en entier & des rescisions, n'empêche pas que souvent on ne les confonde, parce que l'une & l'autre tendent à annuller l'Acte qui peut y être sujet. Ainsi on usera dans ce Titre de l'un & de l'autre de ces mots dans le même sens.

Il ne faut pas confondre la matiere des rescisions ou restitutions en entier avec celle qui a été traitée dans le Titre des vices des conventions ; car encore que les vices des conventions soient autant de causes de rescision, & que même il n'y ait aucune cause de rescision qui ne se trouve comprise dans ce qui a été dit des vices des conventions *a*; il y a cette difference entre la matiere de ce Titre, & celle du Titre des vices des conventions, que dans celui-là on n'a expliqué que la nature de ces vices & leurs effets, & qu'encore qu'on y ait touché celui de donner sujet de résoudre ou annuller les conventions, on n'y a pas expliqué les régles des rescisions & restitutions en entier ; mais dans celui-ci on doit expliquer ces régles ; comme sont celles qui regardent en général la nature des rescisions, leurs effets, leurs suites, & celles qui regardent en particulier les différentes especes de rescisions, les cas du droit des lieu ; les restitutions des Mineurs, & les autres régles semblables.

Toutes ces sortes de régles qui doivent faire la matiere de ce Titre, peuvent se réduire sous trois idées qui les comprennent toutes, & on les divisera en trois Sections. La premiere de celles qui sont communes à toutes sortes de rescisions & de restitutions : la seconde de celles qui regardent les restitutions des Mineurs : & la troisiéme de celles qui se rapportent à la restitution des Majeurs, dans les cas où ils peuvent avoir de justes causes de rescision.

a V. le préambule du Titre des Vices des Conventions, p. 138.

SECTION I.

Des Rescisions, & Restitutions en général.

IL faut remarquer sur cette matiere des rescisions & restitutions en général, que par notre usage les voies de nullité n'ont pas de lieu, c'est-à-dire, qu'on ne fait pas annuller un Acte où l'on ait été partie, en alleguant simplement les moyens qui le rendent nul ; mais qu'il faut obtenir des Lettres du Prince pour les rescisions & restitutions en entier.

Il faut remarquer aussi, que toute rescision & restitution sur quelque cause qu'elle soit fondée, soit dol, violence, lésion de plus de moitié de juste prix, ou autre quelconque, se prescrit par dix ans, à compter du jour de l'Acte dont on se plaint, ou que la violence ou

autre caufe qui ait empêché d'agir aura ceffé : & à l'é-
gard des Mineurs la reftitution fe preferit par dix ans,
à compter du jour de leur majorité, & après trente-
cinq ans accomplis, on n'y eft plus reçu *a*. On fait ici
cette remarque, parce que le tems de la refcifion étoit
moindre dans le droit Romain *b*, & que par cette raifon on n'a pas marqué ce tems précis dans l'article 13.
de cette Section, où il eft parlé du tems des refcifions
& reftitutions.

*a V. l'Ordonnance de 1510. art. 46. 1535. chap. 8. art. 30. de
1539. art. 134.*
b V. l. ult. C. de tempor. in int. reftit.

SOMMAIRES.

1. *Définition.*
2. *Refcifion indépendante du dol de la partie.*
3. *Reftitution contre des Arrêts.*
4. *Les refcifions dépendent de la prudence du Juge.*
5. *Ne doivent pas s'accorder facilement.*
6. *Effet de la refcifion contre les tierces perfonnes.*
7. *L'héritier peut être rélévé du chef du défunt.*
8. *Il faut une procuration expreffe pour demander la refcifion.*
9. *La ratification empêche la refcifion.*
10. *Effets réciproques de la refcifion.*
11. *Bornes de la refcifion s'il y a dans l'acte des chefs qu'elle
ne regarde point.*
12. *Refcifion d'une partie qui a fon effet pour le tout.*
13. *Tems de la refcifion.*
14. *Quand ce tems commence de courir.*
15. *Comment il fe compte à l'égard des héritiers.*

I.

1. *Défini-
tion.*

LA refcifion ou reftitution en entier eft un bénéfice
que les Loix accordent à celui qui a été lezé dans
quelque Acte où il a été partie, pour le remettre au
même état où il ait été avant cet Acte, s'il y en a quelque jufte caufe *a*.

*a Sub hoc titulo plurifariam prætor hominibus vel lapfis, vel
circumfcriptis fubvenit. l. 1. ff. de in int. reft. Omnes in integrum
reftitutiones caufa cognita à prætore promittuntur. l. 3. eod.
On a expliqué dans le préambule de ce Titre, la différence qu'il
peut y avoir entre la reftitution & la refcifion.*

I I.

2. *Refcifion
indépen-
dante du dol
de la partie.*

Il n'eft pas toujours néceffaire pour obtenir la refcifion ou reftitution en entier, que celui qui la demande
faffe voir que c'eft par le dol de fa partie qu'il a été
trompé ; mais il fuffit en plufieurs cas, qu'il y ait une
léfion d'un autre nature, fi elle eft telle qu'elle doive
avoir cet effet *b*. Ainfi, par exemple, fi un Mineur a
emprunté de l'argent qu'il ait mal employé, la bonne
foi de fon créancier n'empêchera pas la reftitution. *c*.
Ainfi un Majeur qui fe trouve beaucoup lezé dans un
partage, le fera reformer, encore qu'on ne puiffe imputer aucun dol au copartageant *d*.

*b Si nullus dolus interceffit ftipulantis, fed ipfa res in fe dolum
habet. l. 36. ff. de verb. obl. V. l art. 9. de la Sect. des Conventions, p. 32. & l'art. 4. de la Sect. 3. des Vices des Conventions,
p. 145.
c V. l'art. 2. de la Sect. 2. p. 141. des Vices des Conventions.
d V. l'art. 3. de la Sect. 3. au même Titre, p. 145.*

I I I.

3. *Reftitu-
tion contre
des Arrêts.*

On peut faire refcinder ou annuller par la refcifion
ou reftitution en entier, non-feulement des conventions, ou d'autres Actes qu'on ait fait volontairement,
mais même des Arrêts que l'on auroit été partie, s'il y
en a quelque jufte caufe ; comme fi celui qui fe plaint
eft un Mineur qui n'ait pas été défendu, ou même un
Majeur, s'il y a quelque dol de fa partie, ou quelque
autre moyen de ceux que les Loix reçoivent *e*.

*e Nec intra has folum fpecies confiftet hujus generis auxilium.
Etenim deceptis, fine culpa fua, maxime fi fraus ab adverfario
intervenerit fuccurri oportebit. l. 7. §. 1. ff. de in int. reft.
Sed & in judiciis fubvenitur, five dum agit, five dum conve-
nitur, captus eft. l. 7. §. 4. ff. de min. d l. §. ult.
C'eft le fondement de l'ufage des Requêtes civiles ; même pour les*

Majeurs, les moyens de Requête civile font expliqués par les Ordonnances. V. l'Ordonnance de 1667. Titre des Requêtes Civil.s,
articles 34. 35. 36.

I V.

4. *Les ref-
cifions dé-
pendent de
la prudence
du Juge.*

Les refcifions étant fondées fur des faits & des circonftances, comme s'il y a du dol de la partie, une
violence exercée fur celui qui veut être relevé, quelque
erreur, quelque furprife, ou autre caufe qui puiffe y
donner lieu ; on ne les ordonne qu'avec connoiffance
de caufe. Et il dépend de la prudence du Juge de difcerner fi les moyens qu'on allegue font fuffifans ; & fi
l'équité demande la refcifion *f*.

*f Sub hoc titulo plurifariam prætor hominibus vel lapfis, vel
circumfcriptis fubvenit : five metu, five callidate, five ætate,
five abfentia incerint in captionem. l. 1. ff. de in integ. reft.
Omnes in integrum reftitutions caufâ cognitâ à prætore promittuntur : fcilicet ut juftitiam earum caufarum examinet, an
veræ fint, quarum nomine fingulis fubvenit. l. 3. eod.
Ubi æquitas evidens pofcit, fubveniendum eft. l. 7. eod.*

V.

5. *Ne doi-
vent pas
s'accorder
facilement.*

Parmi les circonftances qu'il faut pefer dans une refcifion, on doit confidérer quelle eft la conféquence de
la chofe dont il s'agit, & quelles feront les fuites de la
refcifion fi elle eft accordée. Car on ne doit pas l'ordonner facilement dans des circonftances, où pour réparer une legere léfion, la refcifion auroit des fuites
qui pourroient aller à quelque injuftice *g*.

*g Scio illud à quibufdam obfervatum, ne propter fatis minimam
rem vel fummam, fi majori rei vel fummæ præjudicetur, audiatur is qui in integrum reftitui poftulat. l. 4. ff. de in int. reft.*

V I.

6. *Effet de
la refcifion
contre les
tierces per-
fonnes.*

Lorfqu'il y a lieu de refcifion, elle a fon effet non
feulement contre les perfonnes de qui le fait y a donné
lieu, mais auffi contre ceux qui les repréfentent, & les
tiers poffeffeurs. Ainfi, par exemple, fi celui qui avoit
acheté un héritage d'un Mineur, le vend à un tiers, la
Reftitution pourra être exercée contre ce tiers, & contre tout autre poffeffeur, & il n'aura que fon recours
contre fon vendeur. Ainfi, un propriétaire dépouillé
de fon héritage par une vente ou autre titre confenti
par l'effet d'une violence, pourra agir contre tout poffeffeur de cet héritage & l'évincera, quoique la violence ne fût pas de fon fait *h*.

*h Interdum autem reftitutio & in rem datur minori, id eft, ad-
verfus rei ejus poffefforem, licet cum eo non fit contractum. Ut
putà, rem à minore emifti, & alii vendidifti : poteft defiderare
interdum adverfus poffefforem reftitui, ne rem fuam perdat, vel
re fua careat. l. 13. ff. de minor. V. l'art. 27. de la Sect. 2.
In hac actione non quæritur utrùm is qui contraxit, an alius
metum fecit : fufficit enim hoc docere, metum fibi illatum, vel
vim. l. 14. §. 3. ff. quod metus cauf. V. l'art. 6. de la Sect. 2. des
Vices des Conventions, p. 143.*

V I I.

7. *L'héri-
tier peut être
relevé du
chef du dé-
funt.*

Les héritiers de ceux qui pouvoient être relevés peuvent exercer la refcifion *i*. Car encore qu'elle femble
ne regarder que la perfonne qui a été lezée, le droit de
réparer le préjudice fouffert en fes biens paffera à fon
héritier. Et le pere même héritier de fon fils mineur,
peut demander la reftitution du chef de fon fils *l*.

*i Non folùm minoris, verùm quoque eorum qui reipublicæ cau-
fa abfuerunt : item omnium, qui ipfi potuerunt reftitui in integrum, fucceffores in integrum reftitui poffunt. Et ita fæpiffimè
eft conftitutum. l. 6. ff. de in integ. reft.
Non folùm minoribus, verùm fuccefforibus quoque minorum
datur in integrum reftitutio, etfi fint ipfi majores. l. 18. §. ult. ff.
de min.
l Pomponius adjicit, ex caufis ex quibus in re peculiari filiifami-
lias reftituuntur, poffe & patrem quafi hæredem nomine filii poft
obitum ejus impetrare cognitionem. l. 3. §. 9. eod. V. l'art. 15.*

V I I I.

8. *Il faut
une procu-
ration ex-
preffe pour
demander
la refcifion.*

La refcifion ne peut être demandée par un Procureur
conftitué, quoiqu'il eût une procuration générale ; mais
il en faut une expreffe pour une demande de cette qualité *m*. Car le filence de celui qui pourroit fe plaindre

*m Si talis interveniat juvenis cui præftando fit reftitutio, ipfo
d'un*

d'un acte en est une approbation : & il est juste de présumer que ne manquant pas expressément qu'il veuille être relevé, il veut s'en tenir à ce qu'il a fait.

postulante præstati debet, aut procuratori ejus cui idipsum nominatim mandatum sit. Qui verò generale mandatum de diversis negotiis gerendis alleget, non debet audiri. *l.* 25. §. 1. *ff. de min.*

IX.

Si la cause de la restitution ayant cessé, celui qui auroit pû être relevé a ratifié l'Acte dont il pouvoit se plaindre, il n'y sera plus reçu; car l'approbation fait un nouvel acte qui confirme le premier. Ainsi, par exemple, si un Mineur étant devenu Majeur ratifie une obligation dont il auroit pû être relevé; il ne pourra plus l'être *n*. Ainsi, celui qui étant en pleine liberté ratifie un Acte qu'il prétendoit avoir consenti par force, ne pourra plus s'en plaindre.

n Qui post vigesimum quintum annum ætatis, ea quæ in minore ætate gesta sunt rata habuerint, frustra rescisionem eorum postulant. *l.* 1. *C. si maj. fact, rat, habuer. l.* 30. *ff. de min.* V. l'art. 23. de la Sect. 2.

X.

Si la rescision ou restitution est ordonnée, les choses seront remises de la part de celui qui est relevé au même état où elles auroient dû être, si l'Acte qui est annullé par la rescision n'avoit pas été fait. Mais comme il rentre dans ses droits, & recouvre ce qui doit lui être rendu, soit en principal ou intérêts & fruits s'il y en a lieu; il doit aussi de sa part remettre à sa partie ce qui pouvoit être tourné à son profit, de sorte qu'il ne profite de la rescision que le simple effet de rentrer dans ses droits, sa partie rentrant aussi de sa part dans les siens, autant que l'effet de la rescision pourra le permettre. Ainsi, le vendeur qui fait annuller un contrat de vente dont il avoit reçu le prix, doit rendre ce prix. Mais si un Mineur est relevé d'une vente qu'il auroit faite, ou d'un contrat de rente qu'il auroit consenti pour de l'argent qu'il eût emprunté, il ne rendra ni du prix de cette vente, ni du capital de rente, que ce qu'il s'en trouvera tourné à son profit par un emploi utile. Ainsi la rescision est réciproque ou non, selon la justice qui peut être dûe à celui qui est rélevé *o*.

o Qui restituitur in integrum sicut in damno notari non debet, ita nec in lucro. Et ideò, quidquid ad eum pervenit, vel ex emptione, vel ex venditione, vel ex alio contractu, hoc debet restituere. *l. un. C. de rupt. qua f. in jud. in int. rest.*
Restitutio ita facienda est, ut unusquisque jus suum recipiat. Itaque, si in vendendo fundo circumscriptus restituetur, jubeat prætor emptorem fundum cum fructibus reddere, & pretium recipere : nisi si tunc eum dederit cùm eum perditurum non ignoraret. *l.* 14. §. 4. *ff. de minor.*
Sed & cum minor adiit hæreditatem & restituitur, mox quidquid ad eum ex hæreditate pervenit, debet præstare. Verùm & si quid dolo ejus factum est, hoc eum præstare convenit. *d. l. un.* §. 1. *C. de reput, qua f. in jud. in integ. rest.*

XI.

Si dans l'Acte dont on demande la rescision il y avoit d'autres chefs que ceux dont celui qui veut être relevé pourroit avoir sujet de se plaindre; & qu'il n'y eût point de liaison des uns aux autres; la rescision seroit bornée à ce qui pourroit y donner sujet, & ne s'étendroit pas au surplus de l'acte. Mais s'il y avoit quelque liaison entre ces différentes parties de l'acte, l'effet de la rescision s'étendroit à tout, soit en faveur de celui qui la demanderoit, ou pour l'intérêt de sa partie, en tout ce qui devroit être remis au premier état *p*.

p Ex causa curationis condemnata pupillo, adversus unum caput sententiæ restitui volebat. Et quia videtur in cæteris litis speciebus relevata fuisse, in cæteris speciebus major ætate qui acquievit tunc temporis sententiæ, dicebat totam debere lutem restaurare. Herennius Modestinus respondit, si species in una pupilla in integrum restitui desiderat, cæteris speciebus non cohæret, nihil proponi cur à tota sententia actor postulans audiendus est. *l.* 29. §. 1. *ff. de min.*

XII.

Si un tuteur avoit vendu un fonds commun entre son

Tome I.

mineur & lui; & que ce mineur se fît relever, l'acquéreur pourroit obliger ce tuteur son vendeur à reprendre sa portion, par cette raison qu'il ne seroit pas tenu de diviser l'effet du contrat, & de garder une portion qu'il n'auroit pas voulu acheter séparée du reste *q*.

q Curator adolescentium prædia communia sibi & his quorum curam administrabat, vendidit. Quæro, si decreto prætoris adolescentes in integrum restituti fuerint; an eatenùs venditio rescindenda sit, quatenùs adolescentium pro parte fundus communis fuit ? Respondit eatenùs rescindi, nisi si emptor à toto contractu velit discedi, quòd partem empturus non esset. *l.* 43. §. 1 *ff. de minor.*

XIII.

Les rescisions & restitutions doivent être demandées dans le temps prescrit par les Loix, & quand il est expiré on n'y est plus reçu *r*.

r l. ult. C. de temp. in integ. rest.
On ne rapporte pas ici le texte de cette Loi, car le temps des rescisions & restitutions en entier est autrement réglé par les Ordonnances. Voyez ce qui a été dit dans le préambule de cette Section.

XIV.

Le temps de cette prescription commence de courir du jour que la cause de la rescision a cessé. Ainsi il commence contre les mineurs du jour de leur majorité, & contre les majeurs du jour qu'ils auront eu la liberté d'agir *s*.

s Et quemadmodum omnis minor ætas excipitur in minorum restitutionibus, ita & in majorum tempus quo reipublicæ causa abfuerint, vel aliis legitimis causis, quæ veteribus legibus enumeratæ sunt, fuerint occupati, omne excipiebatur. Et non absimilis sit in hac parte minorum & majorum restitutio. *l. ult. C. de temp. in int. rest.* V. le préambule de cette Section.

XV.

Ce temps de la prescription se compte à l'égard des héritiers qui demandent la restitution, en sorte qu'il faut joindre le temps qui avoit couru contre la personne à qui ils succedent, avec celui qui a couru contr'eux. Mais si l'héritier étoit mineur, son temps ne commenceroit d'être ajouté à celui du défunt que du jour de sa majorité : car il seroit relevé de cela même qu'il auroit manqué de demander la restitution pendant sa minorité *t*.

t Interdum tamen successori plusquàm annum dabimus, ut est ex edicto expressum : si forte ætas ipsius subveniat. Nam post annum vicesimum quintum habebit legitimum tempus, hoc enim ipso deceptus videtur, quòd cùm posset restitui intra tempus statutum ex persona defuncti, hoc non fecit. Plané si defunctus ad in integrum restitutionem modicum tempus ex anno utili habuit, huic hæredi minori post annum vicesimum quintum completum non totum statutum tempus dabimus ad in integrum restitutionem, sed in demtaxat tempus, quod habuit is cui hæres extitit. *l.* 19. §. 1. *ff. de minor.*

SECTION II.

De la Restitution des Mineurs.

PErsonne n'ignore quelles sont les personnes qu'on appelle mineurs, & ce qui les distingue de ceux qu'on appelle majeurs. Sur quoi on peut voir ce qui a été dit dans l'art. 16. de la Sect. 1. du Titre des personnes, & dans l'art. 9. de la Sect. 2. du même Titre.

SOMMAIRES.

P p

8. *Les mineurs font relevés de toutes léfions hors les cas des articles précédens.*

9. *Le mineur eft relevé de toutes fortes d'actes, où il eft lefé.*

10. *Il eft relevé d'avoir accepté un legs ou une fucceffion, ou d'y avoir renoncé.*

11. *Si la fucceffion devient onereufe par des cas fortuits.*

12. *Si la fucceffion à laquelle le mineur a renoncé, eft rétablie par un autre héritier.*

13. *La reftitution a lieu pour les profits dont le mineur a été privé.*

14. *Le mineur eft relevé pour éviter des procès & des affaires difficiles.*

15. *Le mineur eft relevé d'un compromis.*

16. *Reftitution contre une omiffion.*

17. *Le mineur eft relevé du prêt s'il n'y a pas d'emploi utile des deniers.*

18. *Reftitution entre deux mineurs.*

19. *L'autorité du tuteur n'empêche pas la reftitution. Et le mineur eft auffi relevé du fait du tuteur.*

20. *La minorité finit à 25 ans accomplis.*

21. *Du fidejuffeur d'un mineur.*

22. *Bénéfice d'âge.*

23. *La ratification empêche la reftitution.*

24. *Les immeubles des mineurs ne peuvent être alienés fans neceffité.*

25. *Formalités pour la vente des immeubles des mineurs.*

26. *Vente faite par le tuteur fans garder les formes.*

27. *Effet de la refcifion contre le tuteur, s'il y en a lieu, contre le poffeffeur.*

28. *Améliorations faites par l'acquereur du fonds d'un mineur.*

29. *Reftitution d'une acquifition faite par un mineur.*

I.

1. Caufe de la reftitution des mineurs.

LA reftitution des mineurs eft fondée fur la foibleffe de l'âge, & fur le peu de fermeté que peut avoir leur conduite, faute de connoiffance des affaires, & d'expérience. Et comme cet état les expofe non-feulement à être trompés, mais à fe tromper eux-mêmes ; les Loix les relevent de tous les actes où leur minorité les a engagés dans quelque léfion *a*.

a Hoc Edictum prætor naturalem æquitatem fecutus propofuit, quo tutelam minorum fufcepit. Nam cum inter omnes conftet, fragile effe, & infirmum ejufmodi ætatum confilium, & multis captionibus fuppofitum, multorum infidiis expofitum : auxilium eis prætor hoc edicto pollicitus eft, & adverfus captiones opitulationem. *l. 1. ff. de minor.*

II.

2. Cette reftitution eft indépendante de la bonne ou mauvaife foi de la partie.

Il s'enfuit de la régle précédente, que la reftitution des mineurs étant fondée fur leur foibleffe, & fur le défaut de connoiffance des affaires, & d'expérience ; elle eft indépendante de la bonne ou mauvaife foi de ceux qui ont traité avec eux. Et foit qu'eux-mêmes fe foient trompés, ou que leurs parties ayent ufé contre eux de quelque furprife, la reftitution leur eft également accordée avec l'effet qu'elle doit avoir. Ainfi les Loix protegent les mineurs & contre leur propre fait, & contre celui des perfonnes qui pourroient abufer de leur facilité & de leur foibleffe *b*.

b Vel ab aliis circumventi, vel fua facilitate decepti. *l. 44. ff. de minor.*
Minoribus in integrum reftitutio in quibus fe captos probare poffunt, etfi dolus adverfarii non probetur, competit. *l. 5. C. de in integ. reft. n 11.*
Lex confilio ejus quafi fumo reftituit, *l. 4. in f. ff. de ferv. export.*

III.

3. Le mineur n'eft pas relevé indiftinctement.

Il s'enfuit auffi de cette même régle expliquée dans l'article premier, que les mineurs n'étant relevés que lorfqu'ils fe trouvent lefés par la foibleffe de l'âge & leur facilité, ils ne font pas indiftinctement reftitués de tous les actes dont ils pourroient fe plaindre. Mais c'eft par les circonftances de leur conduite & de celle de leurs parties, de la qualité du fait dont ils fe plaignent, des caufes & des fuites de la léfion, & les autres fem-

blables, qu'il faut examiner s'il eft jufte qu'ils foient relevés. Car l'intention des Loix n'eft pas de leur interdire l'ufage de toutes affaires & de tous commerces ; mais feulement d'empêcher qu'ils ne fe trompent eux-mêmes, ou qu'ils ne foient trompés *c*. Ainfi ils font relevés ou ne le font point par les régles qui fuivent.

c Prætor edicit, quod cum minore quàm viginti quinque annis natu geftum effe dicetur, uti quæque res erit, animadvertam. *l. 1. §. 1. ff. de minor.*
Non omnia quæ minores annis viginti quinque gerunt irrita funt. *l. 44. eod.*
Sciendum eft non paffim minoribus fubveniri, fed caufa cognita fi capti effe proponantur. *l. 11. §. 3. eod.*
Non femper autem ea quæ cum minoribus geruntur refcindenda funt, fed ad bonum & æquum redigenda funt : ne magno incommodo hujus ætatis homines afficiantur, nemine cum iis contrahente : & quodammodo commercio eis interdicetur. Itaque, nifi aut manifefta circumfcriptio fit, aut tam negligenter in ea caufa verfati funt, prætor interponere fe non debet. *l. 24. §. 1. eod.*

IV.

4. Il n'eft pas relevé de ce qui a été fait pour de juftes caufes.

Si un mineur qui veut être relevé n'allegue rien qu'on puiffe imputer ou à fa mauvaife conduite, ou à quelque furprife de fa partie, & qu'il n'ait fait que ce que fon intérêt ou que que devoir l'obligeoit de faire ; comme s'il a emprunté pour payer une dette légitime dont il fe foit acquitté, ou s'il a acheté des chofes néceffaires quand même elles viendroient à périr par un cas fortuit, il ne pourra pas être relevé *d*. Ainfi un mineur ne fera pas reftitué contre celui qui par fon ordre auroit fourni des alimens à fon pere ou à fa mere dans leur néceffité, felon que fa condition & fes biens pourroient le demander, puifqu'il pourroit être contraint en juftice à les leur fournir *e*. Ainfi un mineur qui aura pardonné une injure dont il auroit pû fe plaindre en juftice, ne fera pas relevé pour en pourfuivre la réparation *f*.

d Non reftitueur qui fobriè rem fuam adminiftrans occafione damni non inconfultè accidenti, feu fato, velit reftitui. Nec enim eventus damni reftitutionem indulget, fed inconfulta facilitas. Et ita Pomponius libro vicefimo octavo fcripfit. Unde Marcellus apud Julianum notat, fi minor fibi fervum neceffarium comparaverit, mox decefferit, non debere eum reftitui, neque enim captus eft, emendo fibi rem pernceffariam, licet mortalem. *l. 11. §. 4 ff. de min.*
Non videtur circumfcriptus effe minor, qui jure fit ufus communi. *l. ult. C. de int. reft. min.*
e Filia tua non folum reverentiam, fed etiam fubfidium vitæ ut exhibeat tibi, rectoris provinciæ auroritate compelletur. *l. 5. C. de patr. poteft. v. l. 5. de agnofc. & al. lib. d. l. §. 2. V. l'art. 4. de la Section 5. des Tuteurs, p. 158.*
f Auxilium in integrum reftitutionis exactionibus pænarum paratum non eft : ideoque injuriarum judicium femel omiffum, repeti non poteft. *l. 37. ff. de min.*

V.

5. Le Mineur n'eft pas relevé, lorfqu'il trompe ou fait quelque mal.

Le mineur qui aura trompé quelqu'un, ou caufé quelque dommage, ne fera pas relevé par fa minorité, pour être déchargé de réparer le tort qu'il aura fait. Ainfi, un mineur qui endommage une chofe qu'il a empruntée, ou qu'il tient en dépôt, ne fera pas reftitué pour être quitte du dommage qu'il aura caufé *g*.

g Nunc videndum, minoribus utrum in contractibus captis dumtaxat fubveniatur, an etiam delinquentibus, ut putà dolo aliquid minor fecit in re depofita, aut commodata, vel alias in contractu : an ei fubveniatur, fi nihil ad eum pervenit : & placet in delictis minoribus non fubveniri, nec hic itaque fubveniri. *l. 9. §. 2. ff. de min.*
Si damnum injuria dedit, non ei fubvenitur. *d. §. 2.*
Errantibus, non etiam fallentibus minoribus, publica jura fubveniunt. *l. 2. C. fi min. fe maj. dix.*
Deceptis, non decipientibus opitulandum. *l. 2. §. 3. ff. ad Vellei.*

VI.

6. Ni dans les crimes & délits.

Dans les crimes & dans les délits la minorité peut bien donner lieu de moderer les peines, mais elle n'empêche pas que le mineur ne foit condamné au dédommagement du mal qu'il a fait *h*.

h In delictis minor annis viginti quinque non meretur in integrum restitutionem, utique atrocioribus, nisi quatenus interdùm miseratio ætatis ad mediocrem pœnam judicem produxerit *l.* 57. §. 1. *ff. de minor.*

Non sit ætatis excusatio adversus præcepta legum, ei qui dum leges invocat, contra eas committit. *d. l.* 37. *in fine. in criminibus ætatis suffragio minoribus non juvantur. Etenim malorum mores infirmitas animi non excusat. l.* 1. *C. si adv. delict,* Malitia supplet ætatem. *l.* 3. *C. si min. se maj. dix.*

VII.

7. Si un mineur s'est déclaré majeur.

Si un Mineur s'est dit Majeur, & par un faux Acte batistare, ou par quelqu'autre voie s'est fait voir Majeur; il ne pourra être relevé des Actes où il n'aura engagé quelqu'un par cette surprise. Ainsi un Mineur ayant emprunté de l'argent par une telle voie, quoiqu'il n'en ait pas fait un emploi utile, son obligation ne laissera pas d'avoir le même effet que celle d'un Majeur *i.*

i Si is qui minorem nunc se esse asseverat, fallaci majoris ætatis mendacio te deceperit, cùm juxta statuta juris, errantibus non etiam fallentibus minoribus publica judicia subveniant, in integrum restitui non debet. l. 2. *C. si min. se maj. dix. l.* 3. *eod. l.* 32. *ff. de minor.*
Il ne faut entendre cette régle que dans les cas où le créancier a eu quelque juste sujet de croire la majorité. Car s'il n'y avoit qu'une simple déclaration du mineur qui se seroit dit majeur, le créancier devroit s'imputer sa crédulité. C'est pourquoi on a conçû la régle dans ces circonstances.

VIII.

8. Les mineurs sont relevés de toute lésion lors les cas des articles précédens.

Comme les Mineurs ne sont pas relevés indistinctement, mais selon que la qualité des faits & les circonstances peuvent y donner lieu, & qu'on a vû dans les articles précédens les régles qui regardent les cas où la restitution n'est pas accordée; on verra dans ceux qui suivent où elle a lieu, soit que les Mineurs ayent été trompés par le fait des autres, ou qu'eux-mêmes se soient trompés. Car la bonne foi de celui qui traite avec un Mineur n'empêche pas la restitution; mais il doit s'imputer de n'avoir pas pris les précautions de sçavoir la condition de celui avec qui il traitoit, & le sçachant Mineur, de ne traiter avec lui qu'en sorte que ce fût à son avantage *l.*

l Minoribus in integrum restituto, in quibus se captos probare possunt, etsi dolus adversarii non probetur, competit. l. 5. *C. de in integr. rest. min.* Voyez l'article 3. & l'article 17. *Qui cum alio contrahit, vel est, vel debet esse non ignarus conditionis ejus. l.* 19. *ff. de reg. jur.*

IX.

9. Le mineur est relevé de toutes les Actes où il est lésé.

La restitution des Mineurs a son étendue à toute sorte d'Actes indistinctement. Ainsi, ils sont relevés non seulement lorsqu'ils se trouvent engagés envers d'autres personnes, comme par un prêt, par une vente, par une société, ou par d'autres sortes de conventions s'ils y ont été lésés; mais aussi lorsque d'autres personnes s'obligent envers eux, si l'obligation faite à leur profit n'étoit pas telle qu'elle devoit être, soit pour la chose dûe, ou pour les sûretés. Ainsi, ils sont restitués d'autres Actes que des Conventions, & ils font même rescinder les Arrêts où ils ont été parties, si leur intérêt n'a pas été assez défendu. Ainsi, ils sont relevés s'ils ont renvoié une dette rendant leur condition moins avantageuse, ou s'ils ont donné quittance d'un payement qui n'ait pas été fait à leur Tuteur, mais à eux-mêmes, soit qu'ils n'en ayent pas reçu les deniers, ou qu'ils n'en ayent pas fait un emploi utile. Ainsi, un Mineur qui avoit un choix ou comme créancier, ou comme débiteur, de prendre ou donner de deux choses l'une, ayant mal choisi, sera relevé. Et généralement les Mineurs sont restitués de tout ce qu'ils ont pû faire, ou souffrir, ou manquer de faire, d'où il leur soit arrivé quelque préjudice *m.*

m Ait prætor gestum esse dicitur. Gestum sic accipimus, qualiter qualiter, sive contractus sit, sive quidquid aliud contigit. Proinde si emit aliquid, si vendidit, si societatem coiit: si mutuam pecuniam accepit & captus est, ei succurretur. Sed etsi ex pecunia a debitore paterno soluta sit, vel proprio, & hanc perdidit, succurrendum est ei subveniri quasi gestum sit cum eo. l. 7. §. 1. *ff. de minor. Sed & in judiciis subvenitur sive dum agit, sive dum*

Tome I.

X.

10. Il est relevé d'avoir accepté une succession onéreuse, ou d'y avoir renoncé.

Si un Mineur a renoncé à une succession qui pût lui être avantageuse, il sera relevé de sa renonciation, & pourra se rendre héritier *n.* Et si au contraire, il a accepté une succession onéreuse, il peut être restitué pour y renoncer *o,* les créanciers appellés pour leur remettre les biens de la succession *p.* Et il peut de même être relevé de la renonciation à un legs *q,* s'il lui en revenoit du profit; ou de l'acceptation qu'il en auroit faite s'il étoit onéreux par quelque charge, ou quelque condition desavantageuse.

n Minores viginti quinque annis, non tantùm in his quæ ex bonis propriis amiserunt, verùm etiam si hæreditatem sibi delatam non adierint, posse in integrum restitutionis auxilium postulare, jamdudum placuit. l. 1. *C. sicut om. hæred.*

o Sed etsi hæreditatem minor adiit minus lucrosam, succurritur ei, ut si possit abstinere. l. 7. §. 5. *ff. de minor.*
Sed tamen & puberibus minoribus viginti quinque annis, si temere damnosam hæreditatem parentis appetierint, ex generali edicto quod est de minoribus viginti quinque annis, succurret. Cùm & si extranei damnosam hæreditatem adierint ex eâ parte edicti in integrum eos restituet. *l.* 57. §. 1. *ff. de acq. vel om. hæred.* Voyez les deux articles suivans.

p Voyez la Nov. 119. *c.* 6.

q Et si sine dolo cujusquam legatum repudiaverit. l. 7. §. 7. *ff. de minor.*

XI.

11. Si la succession devient onéreuse par des cas fortuits.

Si après qu'un Mineur aura recueilli une succession avantageuse, il arrive dans la suite que les biens soient diminués par des cas fortuits, comme si une maison de la succession périt par un incendie, si des héritages sont entraînés par un débordement, ou qu'il arrive d'autres pertes semblables; le Mineur n'ayant fait alors que ce que tout autre auroit fait, & dû faire, il ne pourra pas être relevé pour retirer des créanciers de cette succession ce qu'il auroit payé.

r Si locupleti hæres extitit, & subitò hæreditas lapsa sit (puta prædia fuerunt quæ chasmate perierunt, insulæ exustæ sunt, servi fugerunt aut decesserunt) Julianus quidem libro quadragesimo sexto sic loquitur, quasi possit minor in integrum restitui. Marcellus autem apud Julianum notat, cessare in integrum restitutionem. Neque enim ætatis lubrico captus est, adeundo locupletem hæreditatem, & quod fato contingit, cuivis patrifamilias quamvis diligentissimo potest contingere. Sed hæc res asserre potest restitutionem minori, si adiit hæreditatem in qua res erant multæ mortales, vel prædia urbana, æs autem alienum grave, quod non prospexit posse evenire ut demorirentur mancipia, prædia ruant, vel prædia urbana non citò detraxerit hæc quæ multis casibus obnoxia sunt. l. 11. §. 5. *ff. de min.*

On n'a pas mis dans cet article que le Mineur qui a recueilli une succession dont les biens peuvent être sujets à périr, peut par cette raison en être relevé; car les Tuteurs sont obligés par les Ordonnances de vendre ces sortes de biens, comme il a été dit dans l'article 131. de la Section 3. des Tuteurs. Et d'ailleurs, lorsqu'un mineur recueille une succession, il est pourvû à sa sûreté, & à celle des créanciers de la succession par l'inventaire que le Tuteur est obligé d'en faire. Car, par l'effet de cet inventaire, il est toujours en état de faire justice aux créanciers de la succession, & si la succession lui devient onéreuse par des pertes de biens de la nature de celle dont il est parlé dans cet article, il est juste que sa condition soit la même que celle d'un héritier bénéficiaire, qui n'est jamais tenu au-delà des biens de la succession, puisque l'inventaire met le Mineur & les créanciers dans le même état. Mais si le Mineur ou son Tuteur ayant employé les effets mobiliers de la succession pour acquitter une partie des dettes, & ayant payé le reste des deniers propres du Mineur, pour lui en conserver les immeubles, il arrive dans la suite que ces immeubles viennent à périr par des débordemens, des incendies, ou par d'autres évenemens, cette perte qui pouvoit arriver aux personnes les plus prudentes, ne donnera pas au droit au Mineur de faire rendre aux créanciers ce qu'il leur avoit donné en payement de ses propres deniers. Car de sa part il s'étoit acquitté d'un juste devoir, & avoit agi en bon pere de famille, & les créanciers de la leur n'avoient reçu que ce qui leur étoit dû légitimement, & dont ils auroient pû être payés sur les biens de la succession qui périssent, cette perte qui pouvoit arriver aux personnes les plus prudentes si le Mineur eût renoncé à la succession, ou s'il demeurant héritier il n'avoit prévenu leurs diligences par ce payement.

X I I.

12. Si la succession à laquelle le Mineur a renoncé est rétablie par un autre héritier.

Si un Mineur ayant renoncé à une succession, celui qui en sa place se trouve l'héritier, soit par une substitution, ou comme plus proche, accepte l'hérédité, & que le mineur veuille la reprendre, il sera relevé tandis que les choses sont encore en entier. Mais si la succession étant embarrassée d'affaires & de dettes, avoit été liquidée par les soins de cet héritier qui auroit vendu des biens pour payer, & fini les affaires ; ce Mineur ne pourroit pas être relevé dans ces circonstances pour dépouiller cet héritier du fruit de ses soins *s*.

s Scævola noster aiebat, si quis juveni levitate ductus omiserit, vel repudiaverit hæreditatem, vel bonorum possessionem : si quidem omnia in integro sint, omnimodo audiendus est. Si verò jam distracta hæreditate, & negotiis finitis, ad paratam pecuniam laboribus substituti veniat, repellendus est. *l.* 14. *§.* 2. *ff. de min.*

X I I I.

13. La restitution a lieu pour les profits dont le Mineur a été privé.

Les Mineurs sont relevés non-seulement lorsqu'ils sont en perte, mais aussi lorsqu'ils se trouvent privés de quelque profit qui devoit leur revenir *t*. Ainsi, par exemple, si un Mineur héritier d'une personne qui étoit intéressée dans une société, avoit renoncé à la part qu'il pouvoit y avoir dans le temps qu'une affaire commencée avec le défunt, devoit rapporter quelque profit, il seroit relevé. Ainsi, les Mineurs sont restitués s'ils ont renoncé à des successions, ou à des legs, comme il a été dit dans l'article dixiéme.

t Hodie certo jure utimur ut & in lucro minoribus succurratur. *l.* 7. *§.* 6. *ff. de minor.* Aut quod habuerunt amiserunt, aut quod acquirere emolumentum potuerunt, omiserunt. *l.* 44. *eod.* Placuit minoribus etiam in his succurri quæ non acquirerunt. *l.* 17. *§.* 3. *ff. de usur.* Voyez l'article 10.

X I V.

14. Le Mineur est relevé pour éviter des procès & des affaires difficiles.

Quoique l'engagement où un Mineur seroit entré pût ne lui causer aucune perte présente en ses biens, il ne laissera pas d'être relevé, si d'ailleurs il lui étoit desavantageux. Comme s'il étoit engagé dans quelque affaire ou quelque commerce qui dût lui attirer des procès, des dépenses, ou d'autres suites qu'il eût intérêt d'éviter ou de prévenir, ou qu'il eût accepté une succession embarassée d'affaires d'une discussion longue & difficile *u*.

u Minoribus viginti quinque annis subvenietur per in integrum restitutionem, non solùm ex bonis eorum aliquid minuitur, sed etiam cùm intersit ipsorum litibus & sumptibus non vexari. *l.* 6. *ff. de minor.*

Neque istud inquiritur solvendo sit hæreditas, an non sit : opinio enim, vel metus, vel color ejus qui nolait adire hæreditatem inspicitur, non substantia hæreditatis : nec immeritò. Nam etsi præscribi hæredi instituto debet, cur metuat hæreditatem adire, vel cur nolit, cùm variæ sint hominum voluntates, quorumdam negotia timentium, quorumdam vexationem, quorumdam ætis alieni cumulum, tametsi locuples videatur hæreditas. *l.* 4. *in f. ff. ad Senat. Trebell.*

Quoique cette Loi soit d'un autre sujet, ses paroles peuvent se raporter ici.

Voyez l'article 10.

X V.

15. Le Mineur est relevé d'un compromis.

Si un Mineur avoit compromis sur quelque différend, il pourroit en être restitué, quand même il auroit été autorisé de son Tuteur *x*. Car encore qu'il soit de la conduite d'un bon pere de famille de mettre son droit entre les mains d'Arbitres, le Mineur pourroit avoir été trompé ou dans le choix des Arbitres, ou merrant en compromis un droit incontestable. Et quoique son Tuteur l'eût autorisé dans ce compromis, il ne laisseroit pas d'en être relevé *y*.

x Minores si in judicem compromiserunt, & tutore auctore stipulati sint, integri restitutionem adversùs talem obligationem jure desiderant. *l.* 34. *§.* 1. *ff. de minor.*

y Voyez l'article 19.

X V I.

Les Mineurs ne sont pas seulement relevés de ce

qu'ils peuvent avoir fait à leur préjudice, mais ils peuvent l'être aussi pour avoir manqué à ce qu'ils étoient obligés de faire dans les cas où cette omission peut être réparée. Ainsi par exemple, si le pere d'un Mineur ayant acheté un héritage à condition que si le prix n'en étoit pas payé dans un certain temps, la vente seroit résolue, le Mineur héritier de son pere manque de payer dans le temps, & que même il y ait eu des sommations de payement faites à son Tuteur, & que faute de payement le vendeur ait été remis dans son héritage, soit du consentement du Tuteur, ou par une Sentence, le Mineur pourra être reçu à rentrer dans cet héritage en payant le prix *z*. Si ce n'est que par des circonstances particulieres ces choses ne fussent plus en état qu'il dût être reçu à ce payement, comme si cette vente n'avoit été résolue qu'après un long-temps, & plusieurs délais accordés au Mineur pour payer ce prix au vendeur, qui devant l'employer à acquitter des dettes pressantes, auroit été obligé de vendre cet héritage pour faire cesser une saisie qu'un créancier auroit fait de ses biens.

16. Restitution contre une omission.

z Minoribus in his quæ vel prætermiserunt, vel ignoraverunt, innumeris auctoritatibus constat esse consultum. *l. pen. C. de in int. rest. minor.*

Æmilius Larianus ab Obinio fundum Rutilianum lege commissoria emerat, data parte pecuniâ, ita ut si intra duos menses ab emptione, reliqui pretii partem dimidiam non solvisset, iisemptus esset : item, si intra alios duos menses reliquum pretium non numerallet, similiter esset inemptus. Intra priores duos menses Lariano defuncto, Rutiliana pupillaris ætatis successerat, cujus tutores in solutione cessaverunt : venditor denuntiationibus turoribus sæpe datis, post annum eandem possessionem Claudio Telemacho vendiderat. Pupilla integrum restitui desiderabat : victa tam apud prætorem, quàm apud præfectum urbi, provocaverat. Putabam bene judicatum, quod parer ejus, non ipsa contraxerat. Imperator autem motus est quod dies committendi in tempus pupillæ incidisset, eaque effecisset ne pareretur legi venditionis. Dicebam posse magis ea ratione restitui eam, quod venditor denunciando post diem quo placuerat esse commissum, & pretium petendo, recessisse à lege sua videretur. Non me moveri, quod dies postea transisset, non magis quàm si creditor pignus distraxisset post mortem debitoris dic solutionis finita. Quia tamen lex commissoria displicebat, ei pronuntiavit in integrum restituendam. *l.* 38. *ff. de minor.* Voyez l'article 18. de la Section 4. des Conventions, p. 19. & l'article 22. de la Section 12. du Contrat de vente, p. 51.

X V I I.

Ce n'est pas assez pour empêcher la restitution d'un Mineur obligé par un prêt qu'il ait effectivement reçu la somme prêtée, mais il faut de plus qu'il en ait fait un emploi utile. Ainsi le Mineur qui ayant emprunté une somme d'argent l'a mal employée, comme s'il l'a consommée inutilement, ou même s'il l'a prêtée à un débiteur insolvable, sera relevé en cedant son droit à son créancier *a*. Car celui qui prête doit connoître la condition de son débiteur, s'il est Majeur ou Mineur *b*, & le Mineur Mineur a dû prendre soin de l'emploi des deniers qu'il vouloit lui prêter *c*.

17. Le Mineur est relevé du prêt s'il n'y a pas d'emploi utile des deniers.

a Si mutuam pecuniam accepit & captus est, ei succurretur. *l.* 7. *§.* 1. *ff. de min.*

Si pecuniam quam mutuam minor accepit, dissipavir, denegare debet proconsul creditori adversus eum actionem. Quòd si egenti minor credideri, ulteriùs procedendum non est, quam ut jubeatur juvenis actionibus suis quas habet adversus eum cui ipse credidisset, cedere creditori suo. *l.* 17. *§.* 1. *ff. de min.*

b Voyez l'article 7. de la Section 5. des Conventions, p. 30. & le second texte ci-devant sur l'article 8.

c Curiosus debet esse creditor quo vertatur. *l.* 3. *§.* 9. *in fine ff. de in rem verso.*

X V I I I.

Si deux Mineurs traitant ensemble, l'un des deux se trouve lésé par le dol de l'autre, il sera relevé, de même que contre un Majeur. Et si celui qui a trompé l'autre, a reçu de l'argent, il sera tenu de le rendre, quand il ne l'auroit pas en sa puissance, & qu'il n'en auroit tiré aucun profit : Et il sera tenu aussi des dommages & intérêts que son dol aura pû causer. Et il en seroit tenu de même envers un Majeur qu'il aura trompé *d*. Que si un de deux Mineurs se trouve dans un engagement envers l'autre, à faire ou donner quelque

18. Restitution entre deux Mineurs.

d Militia supplet ætatem. *l.* 3. *C. si min. se maj. dix.* Voyez les articles 5. & 6.

chofe qui tourne à fon préjudice, il en fera auffi relevé, quoiqu'il n'y eût aucun dol de la part de ce Mineur envers qui il eſt engagé. Car la léſion dans ſa minorité doit le faire relever de fon engagement indépendemment de la qualité de la perſonne envers qui il eſt obligé, & quand même ſa reſtitution tourneroit en perte à l'autre Mineur. Ainſi, par exemple, ſi un Mineur s'étoit rendu caution d'un débiteur d'un autre Mineur, il feroit reſtitué, quoique cet autre débiteur ſe trouvant inſolvable, le Mineur créancier dût perdre ſa dette. Et ſi les deux Mineurs ſe trouvoient léſés, ſans qu'il y eût aucun dol de l'un ni de l'autre, celui qui ſe trouveroit dans un engagement envers l'autre dont l'exécution lui feroit nuiſible, en ſeroit relevé. Ainſi, par exemple, ſi un Mineur ayant emprunté de l'argent d'un autre Mineur, n'a plus cet argent en ſa puiſſance, & n'en a pas fait un emploi utile, il ſera relevé de ſon obligation de rendre cet argent, quoique l'autre s'en trouve en perte. Car dans tous les cas de cette nature, l'obligation du Mineur pour une cauſe dont rien n'eſt tourné à ſon avantage, devant être annullée, la ſuite de la perte qui en arrive à celui qui avoit traité avec le Mineur, ne change pas ſon droit, & ne valide pas ſon obligation. Mais cette perte eſt conſidérée ou comme un cas fortuit, ou comme un évenement que doit s'imputer celui qui avoit traité avec un Mineur. Ainſi en général, lorſque deux Mineurs ont traité enſemble, & qu'il y a quelque léſion, ou de l'un ſeulement, ou de tous les deux, & qu'il n'eſt pas poſſible de remettre l'un & l'autre dans l'état où ils étoient auparavant; le jugement de la reſtitution doit dépendre de la qualité des faits & des circonſtances, & de l'état où l'évenement aura mis la condition de l'un & de l'autre, pour relever celui qui ſe trouvera dans un engagement, dont l'exécution dût lui faire un préjudice qui rende juſte la reſciſion *e*.

e Item quæritur ſi minor adverſus minorem reſtitui deſiderat, an ſit audiendus. Et Pomponius ſimpliciter ſcribit, non reſtituendum. Puto autem inſpiciendum à prætore quis captus ſit. Proinde ſi ambo capti ſunt, verbi gratia, minor minori pecuniam dedit; & ille perdidit, melior eſt cauſa ſecundùm Pomponium, ejus qui accepit, & vel dilapidavit, vel perdidit. *l. 11. §. 6. ff. de min.*
Melior eſt cauſa conſumentis, niſi locupletior ex hoc inveniatur, litis conteſtatæ tempore. *l. 34. eod.*

19. L'autorité du Tuteur n'empêche pas la reſtitution, &c le Mineur eſt auſſi relevé du fait du Tuteur.

X I X.

Encore que le Mineur ait été autoriſé de ſon Tuteur dans l'acte dont il demande d'être relevé, la reſtitution ne laiſſera pas d'avoir ſon effet, quand ce Tuteur ſeroit même le pere du Mineur chargé de ſes biens. Et quoique ce fût un acte fait en Juſtice, le Mineur pourra en être relevé, s'il y en a lieu. Et il ſeroit de même de ce que le Tuteur auroit fait en cette qualité ſans que le Mineur y eût été préſent, s'il ſe trouvoit léſé par le fait du Tuteur. Car le pouvoir du Tuteur eſt borné à ce qui peut être utile au Mineur *f*.

f Minoribus annis viginti quinque etiam in his quæ præſentibus tutoribus vel curatoribus, in judicio, vel extra judicium geſta fuerint, in integrum reſtitutionis auxilium ſupereſſe, ſi circumventi ſunt placuit. *l. 1. C. ſi tut. vel cur. interv.*
Etiamſi patre, eodemque tutore auctore, pupillus captus probari poſſit, curatorem poſteà eidem nomine ipſius in integrum reſtitutionem poſtulare non prohibeti. *l. 29. ff. de minor. v. l. 3. §. 5. & 7. eod.*
Tutor in re pupilli tunc domini loco habetur cùm tutelam adminiſtrat, non cùm pupillum ſpoliat. *l. 7. §. 5. ff. pro emptore.*
V. l'article 24. de cette Section, & l'article 10. de la Section 2. des Tuteurs, p. 151.

20. La minorité finit à 25. ans accomplis.

X X.

La minorité ne finit qu'au dernier moment de la vingt-cinquième année accomplie, à compter du moment de la naiſſance de celui qui prétend être relevé. Ainſi le Mineur peut être reſtitué des actes qui ont précédé ce dernier moment. Et les années ſe comptent de ſorte que les deux jours qu'on appelle de biſſexte, qui dans notre uſage ſont le 28. & le 29. Février, ne ſoient comptés que pour un. Car l'un & l'autre ſont de la même année à quelque moment qu'elle ait commencé *g*.

g Minorem autem viginti quinque annis natu, videndum an

etiam die natalis ſui adhuc dicimus, ante horam quà natus eſt, ut ſi captus ſit, reſtituatur. Et cum nondum compleverit, ita erit dicendum, ut à momento in momentum tempus ſpectetur. Proinde & ſi biſſexto natus eſt, ſive priore, ſive poſteriore die, Celſus ſcribit, nihil referre. Nam id biduum pro uno die habetur, & poſterior dies Kalendarum intercalatur. *l. 3. §. 3. ff. de min.*
Ou ſçait aſſez l'origine de ce mot de Biſſexte, & il n'eſt pas néceſſaire de l'expliquer ici. Il ſuffit d'y remarquer, que comme le jour qu'on ajoute à l'année du biſſexte, & que nous comptons le 29. Février, eſt un jour compoſé des heures dont le cours annuel du ſoleil excede 365. jours, & qui font un jour tous les quatre ans: ce jour fait partie de ces quatre années. Ainſi il doit être compté dans le nombre d'années néceſſaires pour parvenir à la majorité. Et on ne compte chaque année de biſſexte que pour une année, quoiqu'elle ait 366. jours & les autres. D'où il s'enſuit que celui, par exemple, qui eſt né le 28. Février, & de qui la vingt-cinquiéme année arrivera une année de biſſexte, demeurera Mineur juſqu'au 29. à l'heure de ſa naiſſance.

21. L'identité d'une Alienant.

X X I.

La reſtitution qui anéantit l'obligation du Mineur, n'anéantit pas celle de ſa caution, ſi ce n'eſt que la reſtitution du Mineur ſe trouvât fondée ſur le dol de ſa partie *h*, ou ſur quelqu'autre vice de l'obligation qui dût avoir cet effet; ſuivant les régles qui ont été expliquées dans le Titre des Cautions *i*.

h Si ea quæ tibi vendidit poſſeſſiones, interpoſito decreto præſidis, ætatis tantummodo auxilio juvatur; non eſt dubium fidejuſſorem ab obnoxium eſſe contractui. Verùm ſi dolo malo apparuerit contractum interpoſitum eſſe, manifeſti juris eſt utrique perſonæ tam venditricis, quàm fidejuſſoris condictionem eſſe. *l. 2. C. de fidejuſſ. minor.* V. l'article 10. de la Section 1. des Cautions, p. 223.
i Voyez les articles 2. 3. 4. de la Section 5. du même Titre des Cautions, p. 228.

22. Bénéfice d'âge.

X X I I.

Lorſque la conduite des Mineurs paroît telle qu'avant leur majorité ils ſont jugés capables de l'adminiſtration de leurs biens, les Loix permettent qu'on la leur confie par des Lettres de bénéfice d'âge, que les garçons peuvent obtenir à l'âge de vingt ans accomplis, & les filles après dix-huit ans. Et ce bénéfice a cet effet qu'ils peuvent jouir de leurs biens par leurs mains, & en prendre le ſoin, mais non les aliéner ni les engager *l*. Ainſi le bénéfice d'âge n'empêche la reſtitution que pour ce qui regarde cette jouiſſance, & non pour les actes que les Mineurs pourroient enſuite à leur préjudice, ſoit en aliénant ou hypothequant leurs biens, ou autrement. Et ce bénéfice n'a pas non plus l'effet de faire reputer majeurs ceux qui l'ont obtenu, lorſqu'il s'agit d'accomplir une condition d'un legs, d'une ſubſtitution, ou autre qui dût avoir ſon effet par leur majorité; à moins que cette condition exprimât le cas du bénéfice d'âge *m*.

l Omnes adoleſcentes qui honeſtate morum præditi, paternam frugem, vel avorum patrimonia gubernare cupiunt, & ſuper hoc imperiali nutu adigere cœperint, ita demùm ætatis veniam imperare audeant; cum viceſimi anni metas impleverint. *l. 2. C. de his qui ven. ætat. impetr.*
Fœminas quoque quas morum honeſtas, mentiſque ſolertia commendat, cum octavum & decimum annum egreſſæ fuerint, veniam ætatis impetrare ſancimus. *d. l. §. 1. v. l. 3. ff. de min.*
Qui veniam ætatis à principali clementia impetraverunt vel impetraverint, non ſolùm alienationem, ſed etiam hypothecam minimè poſſint, ſine decreti interpoſitione, rerum ſuarum immobilium facere jubentur, in quarum alienatione, vel hypotheca decretum illis neceſſarium eſt, qui necdum veniam ætatis meruerunt: ut ſimilis ſit in ea parte conditio minorum omnium: ſive petita ſit, ſive non ætatis venia. *l. 3. eod.*
Eos qui veniam ætatis à principali clementia impetraverunt, etiamſi minùs idoneè rem ſuam adminiſtrare videantur, in integrum reſtitutionis auxilium impetrare non poſſe, manifeſtiſſimum eſt, ne hi, qui cum eis contrahunt, principali auctoritate circumſcripti eſſe videantur. *l. 1. eod.*
m Si quis aliquid dati vel fieri voluerit, & legitimæ ætatis fecerit mentionem, vel (ſi) abſolutè dixerit perfectæ ætatis, illam tantummodo ætatem intellectam eſſe videri volumus, quæ & viginti quinque annorum curriculis compleverit, non quæ ab imperiali beneficio ſuppletur. Et præcipuè quidem in ſubſtitutionibus, vel reſtitutionibus hoc intelligi ſancimus, nihilominus tamen & aliis : niſi ſpecialiter quiſquam addiderit, ex venia ætatis velle aliquid procedere. *l. ult. C. de his qui ven. ætat. impetr.*

X X I I I.

Si l'exécution d'un acte conſenti par un Mineur ne devoit ſe faire qu'après ſa majorité, il ne laiſſera pas d'être reſtitué, s'il s'y trouve léſé. Mais ſi étant devenu

23. La ratification du Mineur après la reſciſion.

Majeur, il l'exécute, ou en fait quelqu'autre approbation, il ne pourra plus en être relevé. Et en général toute approbation faite par un Majeur de ce qu'il avoit fait en minorité fait cesser la restitution. Ainsi celui qui pendant sa minorité avoit approuvé le testament de son pere qu'il pouvoit faire annuller, & qui auroit pû être relevé de cette approbation, n'y sera pas reçû si après sa majorité il reçoit ou demande un legs que son pere lui avoit fait par ce testament. Ainsi celui qui pouvant se faire relever d'une obligation qu'il avoit contractée dans sa minorité, étant devenu Majeur, fait un payement à son créancier ou du tout, ou d'une partie, ne peut plus demander la restitution. Mais si un Mineur qui pendant sa minorité se seroit engagé dans une affaire qui eut beaucoup de suites & un grand détail, comme une succession, & qui peu après sa majorité recevroit un payement de quelque dette de cette succession, soit pour prévenir la perte de cette dette, ou pour en acquitter quelqu'autre pressante, & demanderoit en même-temps d'être relevé, pourroit être excusé, si les circonstances faisoient juger que ce qu'il avoit fait après sa majorité étoit moins une approbation de la qualité d'héritier, qu'un acte nécessaire pour le bien de l'hérédité *n*.

n Si quis cum minore contraxerit, & contractus inciderit in tempus quo major efficitur: utrum initium spectabimus, an finem? Er placet (ut & est constitutum) si quis major factus comprobaverit quod minor gesserat, restitutionem cessare. *l. 3. §. 1. ff. de minor.*

Qui post vigesimum annum ætatis, ea quæ in minore ætate gesta sunt, rata habuerint, frustra rescissionem eorum postulant. *l. 2. C. si maj. fact. rat. hab.*

Si filius emancipatus contra tabulas non accepta possessione, post inchoatam restitutionis quæstionem, legatum ex testamento patris major viginti quinque annis petiisset, liti renunciare videtur; cùm etsi bonorum possessionis tempus largiretur, electo judicio defuncti, repudiatum beneficium prætoris æstimaretur. *l. 30. ff. de minor.*

Si paterfamilias factus solverit partem debiti, cessabit senatusconsultum. *l. 7. §. ult. ff. de Senatusc. Maced.*

Quoique cette Loi regarde un autre sujet, elle peut s'appliquer ici.

Scio illud aliquando incidisse: minor viginti quinque annis miscuerat se paternæ hæreditati, majorque factus exegerat aliquid à debitoribus paternis: mox desiderabat restitui in integrum, quo magis abstineret paterna hæreditati, quasi quod major factus comprobasset, quod minori sibi placuit. Putavimus tamen restituendum in integrum, causa inspecta. Idem puto etsi alienam adiit hæreditatem. *l. 5. §. 2. ff. de minor.*

Cet héritier recevant ainsi un payement, pourvoiroit mieux à se conserver la restitution, en faisant une protestation par quelque acte.

XXIV.

24. Les immeubles des Mineurs ne peuvent être aliénés sans nécessité.

Les Loix n'ont pas seulement pourvû à la restitution des Mineurs, mais elles ont de plus défendu l'aliénation de leurs biens immeubles. Et quand il ne se trouveroit pas de lésion pour le prix dans la vente du fonds d'un Mineur, il seroit relevé par la seule raison de r'avoir des biens qu'il lui est plus utile de conserver que d'en avoir le prix. Ainsi les Mineurs sont relevés de toutes les ventes de leurs fonds, soit qu'elles ayent été faites par eux-mêmes, ou par leurs Tuteurs sous prétexte de transaction, d'échange, de stérilité du fonds, ou d'autre quelconque *o*. Mais s'il étoit nécessaire de vendre les immeubles d'un Mineur pour acquitter des dettes, la vente pourroit se faire après qu'elle auroit été ordonnée en Justice, & en y observant les formalités qui sont expliquées dans l'article suivant *p*.

o Imperatoris Severi oratione prohibiti sunt tutores & curatores prædia rustica, vel suburbana distrahere. *l. 1. ff. de reb. eor. qui sub tut.*

Non solum per venditionem rustica prædia, vel suburbana pupilli vel adolescentes alienare prohibentur: sed neque transactionis ratione, neque permutatione & multò magis donatione, vel alio quoquo modo ea transferre, sine decreto à dominio suo possunt. *l. 4. C. de præd. & al. reb. min. f. d. n. al.*

Si fundus sit sterilis, vel saxosus, vel palustris, videndum est an alienare eum non possit: & Imperator Antonius, & D. Pater ejus in hac versa rescripserunt, quod allegatis infructuosum esse fundum quem vendere vultis, movere non potest. Cùm utique pro fructuum modo ea pretium inventurus sit. *l. 13. ff. de reb. eor. qui sub. tut.*

Et domus, & cætera omnia immobilia in patrimonio minorum

permaneant. *l. 22. C. de adm. tut.* V. la remarque sur l'article 13. de la Sect. 3. des Tuteurs, 153.

p Ob æs alienum tantùm, causa cognita præsidiali decreto, prædium rusticum minoris æstimet quæ possunt alienari, obligari debeant, manente pupillo actione, si postea potuerit probari obreptum esse prætori. *l. 12. C. de præd. & al. reb. min.* Voyez l'article suivant, & l'article 4, de la Section 2. des Tuteurs, p. 150.

XXV.

25. Formalités pour la vente des immeubles des Mineur.

Pour l'aliénation du fonds d'un Mineur, il faut que la vente se fasse pour une cause nécessaire, comme pour payer des dettes pressantes, dont on ne puisse différer le payement, & qu'on ne puisse acquitter que par cette voie: que cette vente soit ordonnée en Justice, après qu'on aura par l'inventaire des biens du Mineur, & par un état de compte rendu par le Tuteur, il paroisse qu'il n'y ait ni deniers, ni meubles, ni dettes actives, ni de revenus présens ou à venir, ou d'autres effets qui puissent suffire pour le payement; de sorte qu'il soit nécessaire d'aliéner le fonds. Et il faut aussi qu'on choisisse parmi les fonds ceux qui sont les moins précieux, & qui peuvent suffire; & que la vente se fasse aux encheres, par decret du Juge après les délais réglés, & des publications pour avertir les personnes intéressées & les encherisseurs, & qu'enfin le prix de la vente soit employé au payement des dettes *q*.

q Quod si fortè æs alienum tantùm erit, ut ex rebus cæteris non possit exolvi, tunc prætor urbanus vir clarissimus adeatur: de la Sect. 3. des Tuteurs, 153. qui pro sua religione æstimet quæ possint alienari, obligarive debeant, manente pupillo actione, si postea potuerit probari obreptum esse prætori. *l. 1. §. 2. ff. de reb. eor. qui sub tut.*

Non passim tutoribus, sub obtentu æris alieni, permitti debuit venditio. Namque non esse viam eis distractionis tributam: & ideò prætori arbitrium hujus rei Senatus dedit, cujus officio imprimis hoc convenit, excutere an aliunde possit pecunia ad extenuandum æs alienum expediri. Quærere ergò debet, an pecuniam pupillus habeat: vel innumerato, vel in nominibus quæ conveniri possunt, vel in fructibus conditis, vel etiam redituum spe atque obventionum, item requirat, num aliæ res sint præter prædia quæ distrahi possint, ex quorum prætio æri alieno satisfieri possit. Si igitur deprehenderit, non posse aliunde exolvi quàm ex prædiorum distractione, tunc permitere distrahi, si modo urgeat creditor, aut usurarum modus patendum æri alieno suadeat. *l. 5. §. 9. ff. de reb. eor. qui sub tut.*

Jubere debet (prætor) edi rationes, itemque synopsin bonorum pupillarium. *d. l. 5. §. 11.*

Etsi præses provinciæ decrevit alienandum, vel obligandum pupilli suburbanum, vel rusticum prædium tamen, actionem pupillo; si falsis allegationibus circumventam religionem ejus probare possit, Senatus reservavit: quam exercere tu quoque non vetaberis. *l. 5. C. de præd. & al. reb. min.*

Manet actio pupillo si posteà potuerit probari obreptum esse prætori. *l. 5. §. 15. ff. de reb. eor. qui sub tut.*

Les formalités par la vente des biens des Mineurs sont les mêmes que celles des Criées & des Decrets. Et ce n'est aussi que par un Decret dans les formes qu'il peut être pourvû à la sureté d'un acquereur des biens des Mineurs.

XXVI.

26. Vente faite par le Tuteur sans garder les formes.

Si le Tuteur pressé par les créanciers du Mineur, & pour prévenir ou faire cesser une saisie de ses biens, vend quelque héritage sans observer les formes, le Mineur pourra en être relevé *r*.

r Tutor urgentibus creditoribus, rem pupillarem bona fide vendidit, denuntiante tamen matre & emptoribus. Quæro, cum urgentibus creditoribus distracta sit, nec de sordibus tutoris meritò quippiam dici potest, an pupillus in integrum restitui potest? Respondi, cognita causa æstimandum: nec idcircò, si justum sit restitui, denegandum id auxilium, quod tutor delicto vacaret. *l. 47. ff. de minor.* Voyez l'article 19. & les articles 24. & 25.

XXVII.

27. Effet de la Rescission contre le Tuteur, s'il y a lieu, & contre le possesseur.

Si l'aliénation du fonds d'un Mineur se trouve sujette à rescision, il aura son action non-seulement contre son Tuteur, s'il y en avoit lieu; mais aussi contre le possesseur du fonds aliéné *s*.

s Manet actio pupillo, si posteà potuerit probari obreptum esse prætori. Sed videndum est, utrùm in rem, aut in personam dabimus is actionem. Et magis est ut in rem detur, non tantùm in personam adversus tutores sive curatores. *l. 5. §. 15. ff. de reb. eor. qui sub tut.* Voyez l'article 6. de la Section 1.

XXVIII.

28. Amélio-rations fai-tes par l'ac-quereur du fonds d'un Mineur.

Si celui qui a acquis l'héritage d'un mineur y a employé des dépenses qui l'ayent beaucoup amelioré, comme si n'ayant acheté qu'une mafure, il y a fait un grand bâtiment, & que le mineur ayant de juftes caufes de reftitution, demande d'être relevé, il ne pourra rentrer dans ce fonds qu'en rembourfant ces dépenfes, dont il ne doit pas profiter au préjudice de cet acque-reur, fur-tout, s'il fe trouvoit que le tuteur de ce mi-neur dût répondre de cette aliénation, & qu'il fût fol-vable. Car en ce cas le mineur recouvreroit les dom-mages & intérêts contre fon tuteur *t*. Mais s'il rentre dans fon héritage, en rembourfant l'acquereur de fes améliorations, on ne comprendra pas en ce nombre les dépenfes faites pour le feul plaifir. Et il feroit feule-ment permis à cet acquereur d'en lever ce qu'il pourroit reprendre, fans changer l'état où étoient les lieux avant l'aliénation *u*.

t Vendentibus curatoribus fundum, emptor extitit Lucius Ti-tius, & fex feré annis poffedit, & longe longeque rem meliorem fecit. Quæro, cùm fint idonei curatores, an minor adverfus Ti-tium emptorem in integrum reftitui poffit? Refpondi, ex omni-bus quæ proponerentur vix effe eum reftituendum: nifi fi malue-rit omnes expenfas, quas bona fide emptor fecifle approbaverit ei præftare: maximé cum fit ei paratum promptum auxilium, curatoribus ejus idoneis conftitutis. *l.* 39. §. 1. *ff. de minor.*

u Idem refpondit, *fumptibus voluptatis caufa ab emptore factis adolefcentem onerandum non effe.* Quæ tamen ab eodem ædificio ita auferri poffunt, ut in facie priftina (id eft quæ fuit ante ven-ditionem) ædificium effe poffit, emptori auferre permitti opor-tere. *l.* 32. §. 5. *ff. de admin. & peric. tut.* V. l'art. 16. & les fui-vans de la Sect. 10. du Contrat de vente, *p.* 46. & l'article 12. & les fuivans de la Sect. 3. du Titre des Dots, *p.* 100.

Mais fi le mineur qui pouvoit rentrer dans fon fonds, en rembour-fant les dépenfes de ces ameliorations, n'avoit pas le moyen de faire ce rembourfement, & que l'héritage n'eût pas été vendu à fon jufte prix, il feroit jufte que l'acquereur, de qui le titre feroit fujet à refcifion, fift un fupplément du prix au mineur.

XXIX.

29. Reftitu-tion d'une acquifition faite par un Mineur.

Quoique le mineur acquerant un fonds faffe fa con-dition plus avantageufe, fi néanmoins il achete trop cher, ou s'il achete un fonds qui lui foit à charge, il fera relevé, foit qu'il eût payé le prix de fes deniers, ou qu'il l'eût emprunté. Et dans l'un & l'autre cas, il recouvrera les intérêts du prix du jour qu'il l'auroit payé, rendant au vendeur la valeur des fruits tournés à fon profit *x*. Si ce n'eft qu'il fût jufte de compenfer ces fruits & ces intérêts.

x Prædium quoque fi ex ea pecunia (quam mutuam accepit) pluris quam oporteret emit, ita temperanda res erit, ut jubeatur venditor reddito pretio recuperare prædium, ita ut fine alterius damno, etiam creditor à juvene fuum confequatur. Ex quo fcili-cet fimul intelligimus quid obfervari oporteat, fi fuâ pecuniâ plu-ris quam oportet emerit. Ut tamen bonâ & fuperiore cafu vendi-tor qui pretium reddidit, etiam ufuras, quas ex ea pecuniâ per-cepit, aut percipere potuit, reddat, & fructus quibus locuplet-tior factus eft juvenis, recipiat. *l.* 27. §. 1. *ff. de minor.*

SECTION III.

Des Refcifions pour les Majeurs.

Matiere de en e Sec-tion.

IL y a des caufes de refcifion pour les majeurs, qui font communes à toutes perfonnes de l'un & l'autre fexe, comme fi on a été furpris par quelque dol, ou forcé par quelque violence : & il y en a d'autres qui font propres à quelques perfonnes. Ainfi par notre ufa-ge les femmes mariées, quoique majeures, ne peuvent s'obliger fans l'autorité de leurs maris, & dans quelques Coutumes elles ne le peuvent pas même étant autori-fées. Ainfi les peres de qui les enfans, quoique ma-jeurs, empruntent pour des débauches, peuvent faire annuller leurs obligations, s'il paroît qu'elles ayent eu vice, & les fils de famille peuvent eux-mêmes en être relevés felon les circonftances. On a expliqué ce qui regarde les obligations des femmes mariées dans les remarques fur l'article 1. de la Section 1. du Titre des perfonnes, & ce qui regarde celles des fils de famille

dans la Section 4. du Titre du Prêt & de l'Ufure, & on ne parlera ici que des autres refcifions communes à tous les majeurs.

Comme les refcifions que les majeurs peuvent obte-nir, font fondées fur les vices qui fe rencontrent dans les actes dont ils fe plaignent, tels que font ceux dont il a été traité dans le Titre des vices des conventions, on ne repetera pas ici ce qui en a été dit dans ce Titre, il fuffit d'avertir que les régles qu'on y a expliquées doi-vent s'appliquer aux refcifions pour les majeurs, felon qu'elles peuvent y convenir ; & que c'eft principale-ment de ces régles qu'il faut tirer tous les principes de cette matiere ; de forte qu'il en refte peu à mettre dans ce Titre.

SOMMAIRES.

1. *Les vices des conventions font des caufes de refcifion pour les Majeurs.*
2. *Dol entre cohéritiers.*
3. *Refcifion d'un partage.*
4. *Refcifion d'une vente par la léfion dans le prix.*
5. *Reftitution pour une abfence ou autre jufte caufe.*

I.

1. Les vices des conven-tions font des caufes de refcifion pour les Majeurs.

LEs vices des conventions font autant de caufes de refcifion dont les majeurs peuvent fe fervir pour être relevés des actes où il fe rencontre quelqu'un de ces vices, s'il eft tel qu'il puiffe fuffire pour fonder la refcifion. Ainfi un majeur qui eft obligé étant en dé-mence, ou étant interdit, peut être relevé Ainfi un majeur qui s'eft engagé par quelque erreur, ou par le dol & la furprife de la partie, ou par une violence qui l'ait forcé à donner fon confentement, fera refcindé les actes où quelqu'une de ces caufes fe rencontrera, fuivant les régles qui ont été expliquées dans le Titre des vices des conventions *a*.

a Voyez tout le Titre des Vices des Conventions, *p.* 138. & la remarque qu'on y a faite fur les Contrats ufuraires, à la fin du Préambule, *p.* 139.

II.

2. Dol en-tre cohéri-tiers.

Si entre deux des cohéritiers l'un ignorant des titres ou des effets de la fucceffion que l'autre connoiffoit, a été engagé par fon cohéritier à traiter avec lui dans cette ignorance, fans qu'il lui ait été fait juftice de ce qui pouvoit lui revenir fur les biens que fon cohéritier lui tenoit cachés. il fera annuller ce qui aura été fait par cette furprife, avec les dommages & intérêts que la qualité du fait pourra mériter, quand il y auroit même une tranfaction, s'il eft évident que ce dol y ait donné lieu *b*.

b Qui per fallaciam cohæredis, ignorans univerfa quæ in vero erant inftrumentum tranfactionis, fine Aquiliana ftipulatione, interpofuit, non tam pacifcitur, quam decipitur. *l.* 9. §. 2. *ff. de tranfact.*

III.

3. Refcifion d'un parta-ge.

Si dans un partage entre majeurs il y a quelque lé-fion confidérable, encore qu'il n'y ait eu ni dol, ni mauvaife foi de la part d'aucun des copartageans; celui qui fe trouvera lefé pourra demander un nouveau par-tage *c*.

c Majoribus etiam per fraudem, vel dolum, vel perperam fine judicio factis divifionibus, folet fubveniri. Quia in bonæ fidei judiciis, quod inæqualiter factum effe conftiterit, in melius re-formabitur. *l.* 3. C. comm. utr. jud. tam fam. erc. q. e. d. V. l'article 9. de la Sect. 6. des conventions, *p.* 32.

Par notre uf. ge on eft reçu à demander un nouveau partage, s'il y a une léfion du tiers au quart.

IV.

4. Refcifion d'une vente par la léfion dans le prix.

Les majeurs font auffi refcinder les ventes, s'ils ont vendu quelque fonds au-deffous de la moitié de fon jufte prix, fuivant les régles qui ont été expliquées en leur lieu *d*.

d Voyez la Sect. 9. du Contrat de vente, *p.* 44.

V.

Les majeurs ne font pas feulement refcinder les actes où ils ont été parties, lorsque la rescision peut y avoir lieu ; mais ils sont aussi réparer ce qui peut avoir été fait à leur insçû, s'ils en ont reçû quelque préjudice, & qu'ils ayent quelque juste cause pour le faire annuller. Ainsi un majeur absent est relevé d'une prescription suivant la régle qui a été expliquée en son lieu. Ainsi un absent condamné par contumace sur quelque accusation, est reçû à se défendre quand il comparoît. Et en général les majeurs peuvent faire réparer le tort qu'ils ont pû souffrir étant hors d'état d'exercer leurs droits ou de se défendre de quelque entreprise à leur préjudice. Et soit qu'il s'agisse de rentrer dans leur bien usurpé, & de réparer quelque perte, ou même de recouvrer quelque droit qui leur étoit échû, comme un legs ou une succession, & en tous autres cas, il y sera pourvû selon la cause qui pourra fonder leur prétention, & que l'équité pourra le demander dans les circonstances : en observant aussi contre les majeurs qu'ils ne profitent pas ou de leur absence, ou des autres causes qui peuvent les faire rentrer dans leurs droits, pour faire quelque préjudice à d'autres personnes e.

e Hujus edicti causam nemo non justissimam esse confitebitur. Lasum enim jus per id tempus quo quis reipublicæ operam dabat vel adverso casu laborabat, corrigitur. Nec non adversus eos succurritur ne vel obsit, vel profit quod evenit. l. 1. ff. ex quib. causf. maj.

Item si qua alia mihi justa causa esse videbitur, in integrum restituam, quod ejus per leges, plebiscita, senatusconsulta, edicta, decreta principum, licebit. d. l. in f.

Hæc clausula (si qua alia mihi justa causa videbitur) Edicto inserta est necessario. Multi enim casus evenire potuerunt, qui deferrent restitutionis auxilium : nec singulatim enumerari potuerunt. Ut quoties æquitas restitutionem suggerit, ad hanc clausulam erit descendendum. l. 16. §. 9. eod.

Et sive quid amiserit, vel lucratus non sit, restitutio facienda est : etiam si non ex bonis quid amissum sit. l. 27. eod.

In contractibus qui bonæ fidei sunt, etiam majoribus officio judicis causâ cognitâ, publica jura subveniunt. l. 3. C. quib. ex causf. maj. in int. rest.

Si propter officium legationis ad me bona fide facta, absens & indefensus condemnatus es, instaurationem judicii jure desideras : ut ex integro defensionibus tuis utaris. l. 1. eod.

Absentia ejus qui reipublicæ causâ abest, neque ei, neque alii damnosa debet. l. 140. ff. de reg. jur.

Quemadmodum succurrit (prætor) suprà scriptis personis, ne capiantur : ita & adversùs ipsas succurrit, ne capiant. l. 21. ff. ex quib. causf. maj.

V. l'art. 6. de la Sect. 5. de la Possession, p. 278.

On n'a pas mis dans cet article ce qui regarde l'effet de l'absence des Majeurs selon l'usage du Droit Romain, à l'égard des Sentences rendues contr'eux. Car par notre usage les absens pouvant être assignés, ainsi qu'il est réglé par les Ordonnances, & ayant la voie d'appel contre les Sentences rendues pendant leur absence, après qu'ils ont été assignés, la restitution contre les Sentences n'est pas de notre usage.

LES
LOIX CIVILES
ᐧ DANS LEUR ORDRE NATUREL ᐧ

SECONDE PARTIE᠊

DES SUCCESSIONS.

PREFACE,

Contenant diverses remarques, & plusieurs principes importans dans les matieres de cette seconde Partie.

I.

Pourquoi on a distingué les successions des Engagemens.

O N a distingué les matieres des successions de celles des engagemens dont il a été traité dans la premiere partie. Car encore que les successions renferment quelques especes d'engagemens, comme sont ceux de l'héritier envers les créanciers & les légataires de la personne à qui il succede, & ceux des cohéritiers entr'eux ; on n'a pas dû considerer les successions par cette vûe des engagemens qui peuvent s'y rencontrer, parceque ces sortes d'engagemens ne sont pas essentiels aux successions, & n'en sont que des accessoires ; & il peut même arriver qu'une succession ne renferme aucun engagement, comme s'il n'y a qu'un seul héritier d'une succession qui n'ait que des biens sans aucunes dettes , sans aucuns legs , sans aucunes charges ; au lieu que dans les matieres qui composent la premiere partie, comme sont les conventions, les tutelles, les curatelles, l'administration des affaires des Communautés , & toutes les autres , l'engagement est essentiel à leur nature : & toutes ces matieres sont par elles-mêmes des engagemens , & des liens dont Dieu s'est servi pour maintenir la société des hommes dans tous les lieux, comme la nature des successions est d'en maintenir la durée dans tous les temps *a*. Ainsi on a dû distinguer les suc-

a V. le chap. 14. du Traité des Loix n. 2.
Tome I.

cessions de toutes ces autres matieres , comme étant d'un autre ordre qui doit avoir son rang séparé.

I I.

Nécessité des Successions , & comment elles ont été réglées par les Loix.

Les successions sont les manieres dont les biens , les droits & les charges des personnes qui meurent , passent à d'autres personnes qui entrent en leur place. *Nature des successions ; & leur usage.*

On voit assez que les successions sont naturelles dans l'ordre de la société des hommes , & quelle a été la nécessité de transmettre l'usage des biens de la génération qui passe à celle qui suit. Mais on ne voit pas aussi clairement de quelle maniere ce changement a dû être réglé, & quel en est l'ordre naturel, c'est-à-dire, si cet ordre est tel naturellement que les biens de ceux qui meurent doivent passer entierement à leurs enfans, & au défaut des enfans à leurs autres proches, ou s'ils peuvent en disposer entierement, ou en partie, en faveur d'autres personnes étrangeres : ou même s'il pourroit y avoir quelqu'autre maniere de faire passer les biens d'une génération à l'autre successivement.

Si l'on suppose que dans le commencement de la société des hommes, les premiers qui l'ont composée eussent délibéré sur les manieres de faire passer l'usage des biens d'une génération à l'autre ; il y en avoit trois principales qu'ils auroient pû se proposer entre les autres qu'on auroit pû penser dans une telle délibération. *Trois manieres de faire passer l'usage des biens d'une generation à l'autre,*

La premiere en considerant tous les biens comme s'ils devoient être communs à tous les hommes, chacun n'ayant en propre que ce qu'il consumeroit pour son usage. Et dans cette supposition , de quelque maniere

Q q

que fût réglée cette Communauté de tout entre tous, il n'y auroit eu ni héritiers, ni succeffions, de même qu'il n'y en a point dans les Communautés régulieres, dont tous les biens appartiennent au corps, fans qu'aucun des particuliers qui les compofent, en ait rien en propre.

Succeffions légitimes & teftamentaires.

Les deux autres manieres fuppofent que tous les biens ne foient pas communs entre tous, mais que chacun puiffe en avoir en propre. L'une eft celle des fucceffions légitimes, qu'on appelle ainfi, parce qu'elles font paffer tous les biens de ceux qui meurent fans en avoir difpofé, aux perfonnes que les Loix y appellent par la proximité, felon leur ordre de Defcendans, Afcendans & Collateraux. Et l'autre des fucceffions teftamentaires, qui fait paffer les biens de ceux qui meurent aux perfonnes qu'ils y ont appellés par un teftament.

De ces trois manieres, la premiere qui rendroit toutes chofes communes à tous, feroit fi pleine d'inconveniens, qu'on voit bien qu'elle eft impoffible. Car l'amour de la juftice & de l'équité n'étant pas un bien commun, & qui foit le feul principe de la conduite de chaque particulier; la communauté univerfelle de tous les biens feroit un fyftême dont l'exécution ne conviendroit pas à un fi grand nombre d'affociés fi pleins d'amour propre. Et il feroit également injufte, & impoffible que toutes chofes fuffent toujours en commun aux bons & aux méchans; & à ceux qui travailleroient, & à ceux qui ne feroient rien, & à ceux qui fçauroient faire un bon ufage, & une jufte difpenfation des biens, & à ceux qui n'auroient pas la fidelité néceffaire pour les conferver à la fociété, ni la prudence pour en difpofer, & qui ne feroient que les confumer & les diffiper. De forte que l'état d'une communauté univerfelle qui auroit pû être jufte & d'ufage entre les hommes parfaitement équitables, & qui euffent été dans l'innocence & fans paffions, ne fçauroit être qu'injufte, chimerique, & plein d'inconveniens entre des hommes faits comme nous fommes. Et on ne doit pas tirer de conféquence des fociétés qu'on voit entre les particuliers qui compofent les communautés régulieres, à une fociété univerfelle de toute une nation & de tout un peuple, ou même feulement d'une ville ou d'un autre lieu. Car ce qui fait durer ces communautés régulieres, c'eft qu'elles ne font pas compofées de plufieurs familles qu'on doive faire fubfifter felon leurs conditions, & felon le nombre des perfonnes de chacune; mais de fimples particuliers foumis à des fupérieurs, fans part à l'adminiftration des biens, & des affaires, & fans autres ufages, ni de fes biens, ni de leur liberté même que celui que leur prefcrivent les régles dont ils ont embraffé la profeffion; ce qui ne fçauroit être d'ufage dans un corps compofé de plufieurs familles.

III.

Des deux fortes de Succeffions qu'on appelle légitimes, ou teftamentaires.

Ce n'eft donc pas fans raifon qu'aucune police, où il y ait eu quelque ordre, n'a mis en ufage la communauté univerfelle de tout entre tous, mais qu'on a obfervé les deux autres manieres de fucceffions, fçavoir des légitimes qu'on appelle auffi *ab inteftat*, parce qu'elles ont lieu quand il n'y a point de teftament, & des teftamentaires : Et on a differemment mêlé l'ufage de toutes les deux. Car comme l'une & l'autre a fon fondement dans l'ordre de la fociété, on les a reçues par tout. Et comme elles dérogent l'un à l'autre réciproquement, on les a diverfement conciliées, ainfi qu'il fera expliqué dans la fuite.

IV.

Ordres des Succeffions légitimes.

Trois fortes d'héritiers, defcendans, afcendans, collateraux.

Il y a trois ordres des fucceffions légitimes felon trois ordres de perfonnes que les Loix y appellent. Le premier eft celui des enfans & autres defcendans : Le fecond, des peres & meres & autres afcendans : Et le troifiéme, des freres & fœurs & des autres proches, qu'on appelle collateraux; parce qu'au lieu que les defcendans & les afcendans font dans une même ligne qui les lie fucceffivement de l'un à l'autre, les freres & tous les autres plus éloignés, font entr'eux les uns à côté des autres, chacun dans fa ligne fous les afcendans qui leur font communs.

Premier ordre, fucceffion des enfans aux parens.

Le premier de ces trois ordres, qui appelle les enfans à la fucceffion des parens, eft tout naturel, comme une fuite de l'ordre divin qui donne la vie aux hommes par la naiffance qu'ils tiennent de leurs parens. Car comme la vie eft un don qui rend néceffaire l'ufage des biens temporels, & que Dieu les donne par un fecond bienfait qui eft une fuite de ce premier; il eft naturel que les biens étant un acceffoire de la vie, ceux des parens paffent aux enfans, comme un bienfait qui doive fuivre celui de la vie. Et cette régle, qui eft également de la loi divine & des loix humaines, eft fi jufte & fi naturelle, qu'elle eft gravée dans le fond de tous les efprits *a*.

Second ordre, fucceffion des parens aux enfans.

Le fecond ordre qui appelle les afcendans à la fucceffion des defcendans n'eft pas naturel, comme l'eft le premier qui fait fuccéder les defcendans aux afcendans. Car comme il eft de l'ordre de la nature que les enfans furvivent aux parens, il eft contre ce même ordre que les parens furvivent à leurs enfans. Mais quand ce cas arrive il feroit contre l'équité naturelle que les parens fuffent privés du trifte foulagement de fuccéder à leurs enfans, & qu'ils fouffriffent en même-temps & la perte de leurs perfonnes, & celle de leurs biens *b*. Et la même raifon qui lie au bienfait de la vie celui des biens temporels, & qui fait que les enfans reçoivent l'un & l'autre de leurs parens, demande auffi que lorfque les afcendans furvivent aux defcendans qui meurent fans enfans, ils ne foient pas privés de leurs biens; puifque les enfans & les autres defcendans tenant la vie de leurs parens, les biens des enfans font naturellement deftinés pour les néceffités de la vie de ceux de qui ils tiennent la leur. Ainfi la fucceffion des afcendans aux defcendans eft en un fens du droit naturel, comme celle des defcendans aux afcendans : Et l'une & l'autre font une fuite de la liaifon fi étroite de ces perfonnes, & des devoirs mutuels que Dieu forme contr'eux. Car un des principaux effets de cette liaifon, & de ces devoirs eft l'ufage réciproque que la nature donne aux enfans des biens de leurs parens, & aux parens de ceux de leurs enfans, les leur rendant comme communs. Ce qui a fait que les loix des Romains, avant même qu'ils connuffent la Religion, confideroient les biens des parens comme propres à leurs enfans, & ceux des enfans comme propres à leurs parens, & regardoient leurs fucceffions réciproques non tant comme une hérédité qui leur acquiert un nouveau droit, que comme une continuation de celui qui paroiffoit les rendre maîtres des biens les uns des autres *c*.

Remarque fur la fucceffions des afcendans.

Il faut remarquer fur cette équité naturelle qui appelle les afcendans à la fucceffion des defcendans, & qui a été fuivie dans le droit Romain, que par un autre principe d'équité nos Coutumes ont fait une régle que

---

a V. au chap. 3. Traité des Loix n. 3.
Qui egredietur de utero tuo ipfum habebis hæredem. *Genef.* 15. 4. Si filii & hæredes. *Rom.* 8. 17. Bonus relinquit hæredes filiios & nepotes. *Prov.* 13. 22. Ratio naturalis, quafi lex quædam tacita, liberis parentum hæreditatem addicit, velut ad debitam fucceffionem eos vocando. Propter quod & in jure civili fuorum hæredum nomen eis indictum eft. Ac ne judicio quidem parentis, nifi meritis de caufis, fummoveri ab ea fucceffione poffunt. *l. 7. ff. de bon. damn.*

b Non fic parentibus liberorum, ut liberis parentum debetur hæreditas. Parentes ad bona liberorum ratio miferationis admittit : liberos naturæ fimul & parentum commune votum. *l. 7. §. 1. ff. fi tab. teft. nul. ext. unde lib.* Ne & filiæ amiffæ & pecuniæ damnum fentiret. *l. 6. ff. de jure dot.* Nam etfi parentibus non debetur filiorum hæreditas, propter votum parentum, & naturalem erga filios charitatem, turbato tamen ordine mortalitatis, non minus parentibus, quam liberis, piè relinqui debet. *l. 15. ff. de inoff. teft.*

c In fuis hæredibus evidentius apparet continuationem dominii eò rem perducere, ut nulla videatur hæreditas fuiffe, quafi olim hi domini effent, *qui etiam vivo patre quodammodo domini exiftimantur. l. 11. ff. de lib. & poft.*

Largius tempus *parentibus liberifque* petendæ bonorum poffeffionis, tribuitur : in honorem fanguinis videlicet, quia artandi non erant, *qui peni ad propria bona venerunt. l. 1. §. 12. ff. de Succeff. ed.*

les propres ne remontent point ; c'eſt-à-dire que le pere & les autres aſcendans paternels ne ſuccedent pas aux biens de leurs deſcendans qui leur ſont venus du côté maternel ; & qu'on appelle propres maternels : Et qu'auſſi les meres & les autres aſcendans maternels ne ſuccedent pas aux biens de leurs deſcendans qui leur ſont venus du côté paternel, & qu'on appelle propres paternels. Cette regle eſt une ſuite d'une autre des mêmes Coutumes, qui veut que les propres paternels ſoient affectés aux héritiers du ſang plus proche du côté paternel : & que les propres maternels ſoient affectés de même aux héritiers du ſang plus proches du côté maternel. Et cette regle qu'on exprime communément par ces mots, *paterna paternis, materna maternis,* a ſa juſtice dans le même droit naturel qui affecte les biens aux proches. Car cette affectation des biens aux héritiers du ſang regarde naturellement ceux qui ſont de la famille d'où les biens ſont venus. Ce qui rend juſte la regle qui prive les aſcendans de la propriété des propres d'un deſcendant venu d'un autre eſtoc ; afin que les biens venus d'une famille ne paſſent pas à un autre, comme il arriveroit ſi les biens aſcendans remontoient aux aſcendans maternels, ou les biens maternels aux aſcendans paternels qui les tranſmettroient à leurs héritiers, & en priveroient ceux de la famille d'où les biens étoient venus. Mais ces Coutumes laiſſent aux aſcendans les meubles & les acquêts de leurs deſcendans, & les propres venus de leur eſtoc, avec l'uſufruit des propres venus de l'autre eſtoc. Ce qui a ce double effet de conſerver les propres dans les familles d'où ils ſont venus, & de pourvoir à ce que l'équité demande pour les aſcendans.

Troiſième ordre, ſucceſſion des collateraux.

Le troiſiéme ordre des ſucceſſions légitimes, qui eſt celui des collateraux, a ſon fondement ſur la même équité naturelle qui appelle aux ſucceſſions les deſcendans & les aſcendans. Car les biens qui devoient paſſer du défunt à ſes deſcendans, ou à leur défaut à ſes aſcendans, paſſent naturellement à ceux qui repréſentent ces aſcendans & qui tiennent d'eux leur origine commune avec ce défunt. Ainſi on peut dire en général de ces trois ſortes de ſucceſſions des deſcendans, aſcendans & collateraux, que toutes les perſonnes qui ſont liées par la naiſſance dans l'un de ces ordres, ſont conſiderées comme une famille à laquelle Dieu avoit deſtiné les biens de ceux qui la compoſent, pour les faire paſſer de l'un à l'autre ſucceſſivement, ſelon le rang de leur proximité. Et enfin cette ſucceſſion par la proximité eſt ſi naturelle, qu'elle a été confirmée par la Loi divine. *d.*

d Homo cùm mortuus fuerit abſque filio, ad filiam ejus tranſibit hæreditas, ſi filiam non habuerit, habebit ſucceſſores fratres ſuos. Quod ſi & fratres non fuerint, dabitis hæreditatem fratribus patris ejus. Sin autem nec parruos habuerit, dabitur hæreditas his qui ei proximi ſunt. Eritque hoc filiis Iſrael ſanctum lege perpetua, *Num.* 27. 8.

On peut ajouter pour un autre principe de l'équité de la ſucceſſion des proches, qui eſt une ſuite de ce premier, que quand il n'y auroit pas d'autre loi pour les ſucceſſions que la volonté de ceux qui diſpoſent de leurs biens, il ſeroit juſte & naturel que chacun appellât ſes proches à ſa ſucceſſion. s'il n'y avoit pas de raiſons particulieres qui obligeaſſent à d'autres diſpoſitions. Car la liaiſon que fait la naiſſance entre les aſcendans, les deſcendans & les collateraux étant la premiere que Dieu a formée entre les hommes pour les unir en ſociété, & les attacher aux devoirs de l'amour mutuel ; chacun doit conſiderer dans le choix d'un héritier les perſonnes envers qui Dieu l'engage par ce premier lien plus qu'envers les autres : & ne peut priver de ſes biens ſans de juſtes cauſes. Ainſi on peut dire que les ſucceſſions légitimes ont tout enſemble la faveur de l'ordre naturel qui appelle les proches par le droit du ſang, & par l'affectation des biens aux familles, & la faveur de l'affectation que leur doivent ceux qui diſpoſent de leurs biens s'ils n'en ſont pas indignes, ou ſi d'autres motifs raiſonnables ne rendent juſtes d'autres diſpoſitions : c'eſt ſur cette équité que ſont fondées nos Coutumes qui affectent tellement les biens aux fa

Tome I.

milles, qu'elles ne permettent pas de diſpoſer de tous les biens au préjudice des collateraux même les plus éloignés, comme il ſera remarqué dans la ſuite.

V.

Origine des Succeſſions teſtamentaires.

Uſage des teſtamens.

Les ſucceſſions teſtamentaires ont auſſi leur fondement dans l'ordre de la ſociété, & on peut remarquer dans cet ordre de différentes cauſes qui rendent juſte la liberté de diſpoſer des biens par un teſtament. Ainſi, il peut arriver qu'une perſonne n'ait aucuns parens, ou que ceux qu'il auroit ſe feroient rendus indignes de lui ſucceder, & en ce cas l'équité d'un teſtament eſt toute évidente. Ainſi, une perſonne qui auroit peu de biens venus de quelque liberalité, ou du ſecours d'un bienfaiteur qui ſe trouveroit dans la néceſſité, pourroit juſtement lui donner ou tous ſes biens, ou une partie, & en priver des collateraux éloignés, & qui ſeroient riches. Ainſi, il eſt juſte que ceux de qui les héritiers préſomptifs ſeroient des étrangers, qu'on appelle Aubains, incapables de ſucceder, puiſſent diſpoſer de leurs biens en faveur d'autres perſonnes. Ainſi, les bâtards n'ayant pas la naiſſance légitime que donne le mariage, n'ont point de proches qui puiſſent leur ſucceder, & s'ils n'ont point d'enfans légitimes, ils ne peuvent avoir aucun héritier *ab inteſtat*, non pas même leur mere. De ſorte qu'il eſt juſte qu'ils puiſſent diſpoſer de leurs biens par un teſtament. Ainſi enfin, il eſt juſte en général que toute perſonne capable de diſpoſer de ſes biens puiſſe s'acquitter des devoirs de reconnoiſſance & des autres engagemens qui peuvent l'obliger à donner ſinon tous ſes biens, au moins une partie, à d'autres perſonnes qu'à ſes héritiers légitimes. Et cette liberté de diſpoſer eſt ſur tout favorable pour les biens qu'un teſtateur peut avoir acquis par ſon travail & ſon induſtrie. Ainſi Jacob diſpoſa de ce qu'il avoit enlevé par ſes armes des dépouilles des Amorrhéens, en faveur de Joſeph par-deſſus ſes freres *a.*

De toutes ces conſiderations on peut conclure, que comme les ſucceſſions legitimes ſont naturelles dans l'ordre de la ſociété, les diſpoſitions à cauſe de mort, ſoit de tous les biens ou d'une partie, ont auſſi leur juſtice & leur équité : & on voit même que les teſtamens ſont autoriſés par la Loi divine *b.*

a Do tibi partem unam extra fratres tuos; quam tuli de manu Amorrhæi in gladio & arcu meo. *Geneſ.* 48. 12.
b Hominis confirmatum teſtamentum nemo ſpernit, aut ſuperordinat. *Galat.* 3. 15. *Hebr.* 9. 16. *& ſeq.* v. *Geneſ.* 48. 5. 4. *Reg.* 20. 1. *Iſai.* 38. 1.

V I.

Conciliation de l'uſage des teſtamens avec les Succeſſions légitimes.

Origine des différentes Juriſprudences du Droit Romain & des Coutumes pour les teſtamens.

C'eſt à cauſe de cette faveur naturelle de la ſucceſſion des proches, & de cette faveur naturelle auſſi des teſtamens, qu'on voit par tout & l'uſage des ſucceſſions légitimes, & l'uſage des teſtamens. Mais s'il eſt juſte & naturel que les ſucceſſions paſſent aux proches que la Loi y appelle, comment ſera-t-il juſte auſſi & naturel qu'ils puiſſent en être dépouillés par un teſtament ; & les Loix qui appellent les proches aux ſucceſſions n'auront-elles leur effet que quand il n'y aura pas de diſpoſitions qui les en privent ; ou ces loix étant du droit naturel, ne ſera-t-il pas juſte qu'elles ayent leur effet indépendemment de la volonté de ceux qui ont des biens à laiſſer après leur mort, & qu'au moins ils ne puiſſent priver leurs proches que d'une partie de leur ſucceſſion ?

Tous ceux qui ont fait des Loix pour régler les ſucceſſions, ont ſans doute examiné cette queſtion, car ils ont ſenti l'équité naturelle qui appelle les proches aux ſucceſſions, & ils ont auſſi reconnu qu'il eſt juſte de permettre à ceux qui ont des biens d'en faire des diſpoſitions qu'on exécute après leur mort. Ainſi, ayant tous vû la contrariété où ſemble conduire l'uſage de ces deux principes, ils ont dû examiner par toutes ces vûes, & de quelle maniere ils devoient les concilier *a.*

a V. au *Traité des Loix*, *chap.* 11. *n.* 7. *& n.* 31.

Qq ij

Ils n'ont pas ignoré que pour faire un juste usage de ces deux Loix, on doit regarder celle qui appelle les héritiers du sang comme une premiere regle générale qui leur donne tous les biens des successions, lorsqu'il n'y a aucune juste cause de les en priver. D'où il s'ensuit, que quand ils ont permis de disposer, soit de tous les biens, ou d'une partie, ils on supposé que celui qui choisit d'autres héritiers que ceux de son sang; ou qui donne une partie de ses biens à d'autres personnes, doit avoir des considerations particulieres qui l'obligent à disposer de sa succession autrement que la Loi n'en disposeroit. Car on n'a pas entendu favoriser les dispositions déraisonnables, & qui n'auroient pour principe qu'une passion, ou une fantaisie, & laisser une liberté indiscrette de toutes sortes de dispositions justes ou injustes; puisque le bon ordre ne permet pas en ce qui se passe même pendant la vie, les dispositions qui peuvent blesser l'honnêteté & les bonnes mœurs, & qu'on interdit aux prodigues l'administration de leur propre bien. Ainsi, la liberté que les Loix peuvent donner de disposer de ses biens par un testament, renferme sans doute dans leur esprit, la condition que les dispositions d'un acte aussi serieux seront raisonnables. Mais quoique l'intention des Loix qui permettent les testamens, ne doivent pas s'entendre autrement, puisqu'on n'oseroit dire qu'elles approuvent toutes dispositions indistinctement; il y auroit eu trop d'inconveniens d'ajouter à la Loi, qui permet les testameus, la condition que les dispositions fussent raisonnables. Car cette reserve mettroit en question tous les testamens, & ceux-mêmes qui seroient les plus réglés par la prudence, & par l'équité; puisqu'on pourroit les examiner, & que d'autres vûes que celles du testateur les mettroient en doute. Comme il n'étoit donc pas utile d'ajouter à la Loi une telle condition, & qu'il n'étoit aussi ni juste, ni possible de régler à chacun ses dispositions particulieres; il a été nécessaire que la Loi qui les permet laissât à chacun l'usage des siennes, soit en donnant une liberté indefinie de disposer de tout, ou y mettant des bornes.

De tous ces principes généraux, dont tout le monde doit convenir, il semble qu'on peut tirer cette conséquence, que puisqu'il est du droit naturel que les successions passent aux proches, & qu'il est aussi de l'équité que ceux qui ont des biens puissent en faire des dispositions; l'esprit des Loix qui les ont permises a été que la liberté de disposer fût réglée en chacun suivant la prudence, qui arbitreroit l'usage de cette liberté à plus en à moins, selon l'état de ses biens, & de sa famille, & ses différens devoirs envers d'autres personnes que ses proches s'il en avoir, des autres proches; car c'est par ces circonstances & les autres semblables dont les combinaisons sont infinies, que chacun devroit régler ses dispositions & les proportionner à ses biens & à ses devoirs. Ainsi, ceux qui ont peu de biens & beaucoup d'enfans ont moins de liberté de disposer que ceux qui sans enfans ont beaucoup de biens. Ainsi, l'engagement envers les proches est plus grand en ceux qui en ont de pauvres, qu'en ceux de qui les proches sont riches. Ainsi, en général les circonstances où chacun se trouve, lui marquent l'usage de la prudence qui doit être sa regle.

Si on ne consulte donc que l'équité naturelle qui doit être l'esprit des Loix, on jugera que le principe qui rend juste la liberté des dispositions testamentaires, n'est autre que l'équité de l'usage de cette prudence. Ainsi, il semble qu'on peut supposer, que ceux qui ont fait les Loix des Successions ne sont pas disconvenus de ce principe; mais qu'ils se sont divisés sur les conséquences qu'ils en ont tirées, & ont fait comme deux partis, d'où sont venues les deux sortes de Jurisprudence que nous avons sur cette matiere.

L'une est celle du Droit Romain dont les Auteurs ont jugé qu'il falloit laisser à chacun la liberté entiere de régler ses dispositions par sa propre volonté b. & que les inconveniens du mauvais usage que quelques-uns pourroient faire de cette liberté, ne devoient pas empêcher qu'on ne la laissât commune pour tous, afin que la condition de ceux qui sont raisonnables ne fût pas restrainte à des bornes que la conduite des autres pourroit demander.

L'autre Jurisprudence est celle de nos Coutumes, dont les Auteurs ont jugé qu'il ne falloit pas laisser aux particuliers la liberté de n'avoir aucun égard à l'équité naturelle qui appelle les proches aux successions, sous prétexte des occasions si rares qui pourroient rendre juste un tel usage de cette liberté. Et ils ont voulu prévenir l'inconvenient du mauvais usage que pourroient faire de cette licence ceux qui ne prennent pour regle dans leurs testamens que leurs passions, & par ces vûes, ne pouvant pas faire de diverses regles pour les différentes sortes de personnes, & n'ayant pas crû devoir supposer que la plus grande partie régleroit ses dispositions par une conduite sage & prudente, ils ont borné la liberté de disposer pour toute sorte de personnes indistinctement. On verra dans l'article qui suit quelques différences qu'il faut remarquer entre l'esprit de cette Jurisprudence du Droit Romain, & l'esprit de celle de nos Coutumes.

V I I.

Différence entre l'esprit du Droit Romain, & celui des Coutumes.

Il semble que la matiere dont les Romains mirent en usage cette Loi d'une liberté générale & indefinie de disposer de tous ses biens, qu'ils avoient tirée des Grecs, ait été une suite de cet esprit de domination dont on voit tant d'autres marques dans toute leur conduite dès leur origine; soit à l'égard des autres peuples qu'ils s'étoient soumis, ou à l'égard même de leurs propres familles, où ils s'étoient donné un droit absolu de vie & de mort non-seulement sur leurs esclaves a, mais sur leurs enfans b. Selon cet esprit ils s'étoient donné la liberté de disposer à leur gré de tous leurs biens, & d'en priver non-seulement leurs proches, mais leurs enfans même sans aucune cause. Il est vrai que ce pouvoit être une voie pour contenir les enfans dans leurs devoirs envers leurs parens; mais le mauvais usage qu'on vit de cette liberté, plusieurs deshéritant leurs enfans sans de justes causes, fit recevoir les plaintes des enfans contre ces testamens qu'ils appelleroient inofficieux c, comme contraires aux devoirs de la piété paternelle. Et encore ces plaintes ne furent reçues qu'avec cette précaution, que pour leur donner quelque couleur, & l'effet d'annuller ces testamens, ils seroient considerés comme faits par des personnes qui eussent été dans quelque égarement & privés de l'usage de la raison. On régla aussi une legitime pour les enfans, à qui on affecta le quart des biens qu'ils auroient eu ab intestat d, & on reçut de même les peres & les meres & autres ascendans à la plainte de l'inofficiosité des testamens de leurs enfans e. Et enfin Justinien crut faire beaucoup en faveur des enfans, d'augmenter leur légitime, & de la régler au tiers des biens quand il y auroit quatre enfans, ou un moindre nombre, & jusqu'à la moitié quand il y en auroit cinq ou un plus grand nombre f, mais pour les collateraux on laissa toujours la liberté entiere de les priver de tout, à la réserve du seul cas, & en faveur seulement des freres & des sœurs à qui on permit de se plaindre des testamens de leurs freres ou sœurs, lorsque l'héritier institué seroit une personne infame, ou d'une condition honteuse. Et encore ne donnoit-on pas cette liberté à ceux qui n'étoient que freres ou sœurs uterins g. Ainsi, on voit que le Droit Romain a consideré chaque testateur comme un législateur dans sa famille, lui laissant le pouvoir absolu de disposer de ses biens à sa

a l. 1. §. 1. ff. de his qui sui vel al. jur.
b l. 11. in f. ff. de lib. & post. l. ult. C. de patr. potest.
c Hoc colere in officioso testamento agitur, quasi non sanæ mentis fuerunt, ut testamentum ordinarent. l. 2. ff. de inoff. test.
d l. 8. §. 8. ff. de inoff. test. l. 6. C. eod.
e l. 14. & 15 ff. de inoff. test.
f Novell. 18. C. 1.
g l. 27. C. de inoff. test.

b Uti quisque legassit suæ rei, ita jus esto. Instit. de lege fact.

volonté fous les feules réferves qu'on vient de remarquer.

Cette Jurifprudence du Droit Romain qui laiſſe la liberté entiere de difpofer de tous fes biens par un teftament, à la réferve des légitimes aux perfonnes à qui il en eſt dû, s'obſerve dans les Provinces de ce Royaume, qui fe régiſſent par le droit écrit, c'eſt-à-dire par le Droit Romain : & celle qui borne la liberté des difpofitions dans les teftamens, en faveur même des collateraux les plus éloignés, a été fuivie dans toutes les Provinces qui ont leurs Coutumes propres, mais comme il n'y a pas de régle naturelle qui marque des bornes précifes à la liberté des teftamens & des autres difpofitions à cauſe de mort, & de quelle portion de fes biens on peut priver les héritiers légitimes, & que ce n'eſt que par des vûes arbitraires qu'on peut régler ces bornes ; elles font différemment réglées par les Coutumes. Et on voit feulement cela de commun en toutes, qu'elles ont deux régles générales, qui fuivent des principes qu'on vient de remarquer. L'une qui diftingue les biens paternels, & les maternels, afin de conferver aux parens de chaque côté ceux de leur eftoc : Et l'autre qui veut qu'il n'y ait pas d'autres héritiers que les proches que la Coutume appelle à la fucceſſion, & qui ne donne que la qualité de légataires univerfels à ceux à qui on laiſſe par un teftament ou autre difpofition à cauſe de mort tout ce qu'on peut donner, le nom d'héritier demeurant propre au feul héritier du fang. avec cette affectation qui eſt commune à toutes les Coutumes, que l'héritier légitime eſt fait héritier au moment de la mort de celui à qui il fuccede, quoique même cette mort lui foit inconnue. C'eſt cette régle que les Coutumes expriment par ces termes *le mort faifit le vif fon prochain lignager habile à lui fucceder*, c'eſt-à-dire, que l'hérédité lui eſt acquiſe avec tous fes droits à l'inſtant de la mort de fon héritier à qui il fucede : ce qui a cet effet, que fi cet héritier venoit à mourir fans avoir fçû que cette fucceſſion lui étoit échûe, il la feroit paſſer à fes héritiers, de même que s'il l'avoit recueillie, & qu'il s'en fût mis en poſſeſſion. Mais hors de ces régles générales & communes à toutes les Coutumes, leurs autres difpofitions, & particulierement celles qui réglent les bornes de la liberté des teftamens, ne font pas les mêmes. Quelques-unes laiſſent la liberté de difpofer de tous les acquêts & de tous les meubles, & n'affectent aux héritiers du fang que les propres, ne permettant d'en léguer qu'une partie, comme un quart ou un cinquiéme. D'autres fans diftinction des diverfes natures de biens, meubles ou immeubles, propres ou acquêts *b*, ne permettent de difpofer que d'une partie de tous les biens, comme d'un quart. Et d'autres ne permettent à ceux même qui n'ont point d'enfans de difpofer que d'une partie de leurs acquêts immeubles. Et outre ces précautions des Coutumes, pour la conſervation des biens dans leurs familles, il y en a où l'on a borné d'une autre maniere la liberté des teftamens, & où pour prévenir la facilité d'engager les perſonnes mourantes à des difpofitions fuggerées, on a déclaré nuls les teftamens qui n'auroient pas précédé la mort du teftateur d'un temps qu'elles réglent.

On voit bien que ces difpofitions des Coutumes font fondées fur cette vûe, d'affecter aux héritiers du fang la plus grande partie des biens ou de certains biens, mais toutes n'ont pas également pourvû à cette affectation. Car dans les Coutumes qui permettent de difpofer de tous les acquêts & de tous les meubles, ceux qui n'ont point de propres ont la même liberté que donne le Droit Romain, & peuvent priver de tous leurs biens les collateraux les plus proches, & même leurs freres.

On ne doit pas entrer ici dans une difcuſſion particuliere du parallele de ces Coutumes, pour confiderer lefquelles ont plus ou moins d'inconveniens. Chacune a fes fiens & fes avantages. Et cette diverfité d'avantages ou d'inconveniens qui peuvent les diftinguer les unes des autres, font des effets naturels des Loix arbi-

h V. les diftinctions de ces diverfes fortes de biens, au Titre des chofes. Sect. 1. art. 8, 9. 10. 11. & 11. p. 17.

traires. Mais il a cette utilité commune en toutes, que chacune a fes régles fixes qu'on y prend pour juftes, & qui affurent le repos des familles. Ce qui n'empêche pas que la multitude des Coutumes que nous avons en France fi différente les unes des autres, non-feulement dans la matiere des fucceſſions, mais en plufieurs autres, ne faſſe naître naturellement la queſtion de fçavoir ce qui feroit plus utile, ou cette diverfité de régles bornées chacune en fon lieu, ou une feule régle commune par tout. Mais on ne doit pas s'arrêter à toucher ici inutilement une queſtion de cette importance.

VIII.

Laquelle des deux Succeſſions eſt plus favorable, la teſtamentaire, ou la légitime.

Tout ce qui a été dit jufqu'ici oblige à une derniere réflexion fur la comparaiſon ou le parallele des fucceſſions légitimes & des fucceſſions teftamentaires, pour reconnoître laquelle de ces deux fortes de fucceſſion eſt plus favorable, ou celle des héritiers légitimes, ou celle des héritiers appellés par un teftament. C'eſt-à-dire, fi dans une cauſe où il s'agiroit des intérêts oppoſés d'un héritier teftamentaire & d'un héritier légitime, le droit de l'un & de l'autre fe trouvant douteux & en balance, on devroit pencher pour l'un ou pour l'autre, & pour lequel des deux, comme dans les cauſes entre un demandeur & un défendeur, un poſſeſſeur & celui qui veut le dépoſſeder, un accuſateur & un accuſé, on penche dans le doute en faveur du défendeur, du poſſeſſeur & de l'accuſé, par la feule confideration de ces qualités.

On propoſe ici cette queftion, parce qu'il peut arriver des cas où il faut juger de la préférence entre ces deux fortes d'héritiers, & que la régle qui en décide, doit faire dans cette matiere un principe qu'on ne peut fe difpenfer de confiderer, pour l'uſage des queſtions qui peuvent en dépendre. Ainfi, par exemple, fi on fuppoſe qu'un teftateur en pays de Droit écrit ayant nommé par un premier teftament en bonne forme, un héritier autre que celui qui devroit lui fucceder *ab inteſtat*, fait un fecond teftament, où il inftitue cet héritier légitime, & que ce fecond teftament n'ait que cinq témoins dans un lieu où il en faut fept ; la queſtion de fçavoir lequel de ces deux teftamens devra fubfiſter, dépendra de fçavoir lequel de ces deux héritiers devra être plus favoriſé ou le teftamentaire, ou le légitime. Car fi c'eſt le teftamentaire, ou fi même ils font en balance & en parité de confideration dans l'eſprit de la Loi ; il fera certain qu'entre ces deux teftamens, le premier qui eſt dans les formes devra l'emporter fur le fecond qui eſt nul. Et fi au contraire la condition de l'héritier du fang eſt plus favorable, fe trouvant foutenue par la feconde volonté de ce teftateur, quoique défectueuſe dans les formes, il pourra devenir douteux fi ce fecond teftament, quoiqu'imparfait, mais qui appelle l'héritier du fang, fuffira pour annuller le premier qui étoit dans les formes, mais qui faifoit paſſer les biens à un étranger.

On voit aſſez quelle eſt la conſequence du principe qui doit décider cette queftion ; puifqu'il doit fervir de fondement pour en juger d'autres, & qu'il eſt important de fixer par quelque régle fure les différens égards que les Juges doivent avoir, ou à la faveur des héritiers du fang, ou à celles des difpofitions à cauſe de mort, foit dans les cas où la validité de ces difpofitions peut être douteuſe : ou en d'autres queſtions qui peuvent dépendre du difcernement de ce qui peut être dû à la faveur du fang, ou à celle de la volonté du teftateur ; comme, par exemple, fi dans un teftament qui appelleroit l'héritier légitime avec un étranger, il y avoit une clauſe obfcure ou équivoque, dont un fens favoriferoit l'héritier légitime, & l'autre l'étranger.

Pour examiner donc cette queftion, de la préférence, foit en faveur des héritiers teftamentaires, on des légitimes, il faut ajouter à toutes les remarques qu'on vient de faire, trois réflexions fur trois différences entre les fucceſſions légitimes & les teftamentaires.

La premiere de ces différences confiſte en ce que l'ordre des fucceſſions *ab inteſtat* eſt fi juſte & fi naturel, qu'il a été établi comme tel par la Loi divine qui en a confirmé l'usage ; au lieu que celui des testamens n'a pas d'autre origine que la volonté des hommes. Et quoique les testamens soient approuvés dans les livres saints ; ce n'est pas par des dispositions qui en fassent une Loi, comme on y voit en Loi l'usage des successions légitimes. Et dans le lieu même où les successions sont réglées, il ne fait aucune mention des testamens *a*. Ainsi on peut dire que la Loi qui permet les testamens est comme une exception de la Loi naturelle & générale, qui appelle les proches aux successions.

La seconde différence entre les successions testamentaires, & celles des héritiers du sang, consiste en ce que celles-ci sont d'une nécessité absolue pour l'ordre de la société ; car il faut que les biens des mourans qui n'ont pû en disposer, ou qui l'ont négligé, passent à des personnes que les Loix y appellent, & elles y ont appellé les proches ; au lieu que cet ordre de la société pourroit subsister sans l'usage de la succession des héritiers testamentaires, par le simple usage de la succession des héritiers du sang, & les Coutumes ne reconnoissent pas même d'autres héritiers, comme il a été déja remarqué.

La troisiéme différence consiste en ce qu'il y a plusieurs inconvéniens qui arrivent de la liberté de choisir des héritiers. Car plusieurs prévenus de leurs passions, font des choix injustes : & c'est à leur faute qu'on peut imputer ces sortes d'inconvéniens ; au lieu qu'il en arrive moins des successions légitimes : & que ceux qui en arrivent, ne peuvent être imputés à qui que ce soit, mais sont des effets de l'ordre divin, & des suites naturelles d'une régle juste, telle qu'on en voit arriver des Loix les plus saintes.

De toutes ces réflexions on peut tirer cette conséquence, qu'il semble que les successions légitimes étant plus naturelles, plus nécessaires & suivies de moins d'inconvéniens que les successions testamentaires, dont l'usage n'a été qu'une exception de la régle qui donne l'hérédité aux proches ; la condition des héritiers légitimes est plus favorable, que celle des héritiers appellés par un testament : & que dans les doutes où la faveur de l'une ou l'autre de ces deux sortes d'héritiers peut-être considerée, on doit décider pour celui du sang. Ainsi, dans la question proposée de ces deux testamens, dont le premier qui étoit dans les formes, appelloit à la succession un héritier étranger, le second qui n'ayant que cinq témoins, auroit été déclaré nul, s'il eût été fait en faveur d'un autre étranger, subsiste & annulle le premier, parce qu'il appelle à la succession l'héritier légitime *b*. Cette décision est d'autant plus remarquable qu'elle est du droit Romain même, qui a le plus favorisé les successions testamentaires, & qui d'ailleurs est si scrupuleux quand il s'agit des formes. Ainsi on peut en conclure par le sentiment même de ceux qui ont le plus favorisé les testamens, que la condition de l'héritier testamentaire est moins favorable que celle de l'héritier du sang.

a Numer. 17.

b Tunc prius testamentum rumpitur, cùm posterius rite perfectum est. Nisi forte posterius vel jure militari sit factum, vel in eo scriptus est, qui ab intestato venire potest. Tunc enim & posteriore non perfecto, superius rumpitur. *l.* 2. *ff. de iniust. rupt. irr. f. test.*
Si quis testamentum jure perfecto, postea ad aliud venerit testamentum, non alias quod ante factum est, infirmari decernimus, quam si id quod secundo facere testator instituit, jure fuerit consummatum : nisi forte in priore testamento scriptis his qui ab intestato ad testatoris hæreditatem vel successionem venire non poterant : in secunda voluntate posteriori, eos scribere instituit, qui ab intestato ad ejus hæreditatem vocantur. Eo enim casu licet imperfecta videatur scriptura posterior, infirmato priore testamento, secundam ejus voluntatem non quasi testamentum, sed quasi voluntatem ultimam intestati valere sancimus. In qua voluntate quinque testium juratorum dispositiones sufficiant. Qua non facto valebit prius testamentum, licet in eo scripti videantur extranei. *l.* 21. §. 3. *C. de testam. V. Part.* 5. *Sect.* 54. *des Testamens.*

IX.

Pourquoi on a fait toutes ces remarques.

On a crû devoir faire ici toutes ces remarques sur les deux espèces de successions, avant que d'entrer dans le détail des régles de cette matiere : & deux principales vûes y ont engagé. L'une de donner comme dans un plan ces idées générales de la nature des successions, qui sont une matiere extrêmement vaste. Et l'autre d'établir dans ce plan les fondemens d'où dépendent plusieurs régles qui seront expliquées dans le détail. Et parce que nous avons dans notre usage quelques autres sortes de successions, ou qui sont inconnues dans le Droit Romain, ou qui ont en France quelques régles propres, on a été obligé d'en faire les remarques qui suivent.

X.

Des Institutions contractuelles.

Outre les deux sortes de successions légitimes & testamentaires dont il a été parlé jusqu'à cette heure, nous avons en France une troisiéme espece de succession d'une autre nature toute différente, qui est celle des héritiers contractuels ou conventionnels, c'est-à-dire, qui sont institués héritiers par une convention de succeder, dont l'usage est fréquent dans les contrats de mariage en faveur de ceux qui se marient, soit qu'ils soient institués héritiers par leurs peres & ou autres ascendans, ou par des collateraux, ou même par des étrangers, & quelques Coutumes reçoivent même ces dispositions en faveur d'autres contrats que ceux du mariage, comme dans une association universelle.

On appelle ces sortes d'institutions d'héritier, des institutions contractuelles, licites & même favorables parmi nous, à cause des facilités qu'elles apportent aux mariages par l'avantage des assurances de ces institutions, qui par cette raison sont irrévocables ; au lieu que dans le Droit Romain les institutions conventionnelles étoient illicites, comme contraires à la liberté de disposer de ses biens par un testament *a*.

Comme cette matiere des institutions contractuelles n'étant pas du Droit Romain, & y étant même contraire, n'est pas du dessein de ce Livre, on n'y en traitera point. Mais le lecteur y trouvera ce qu'il y a de principes essentiels, & de régles nécessaire pour ces sortes d'institution, c'est-à-dire, toutes les régles qui sont de l'équité naturelle, & sur lesquelles on peut raisonner. Car il faut remarquer que tout ce qu'il peut y avoir de régles qui regardent les institutions contractuelles, se réduit à trois especes. La premiere est des régles propres que chaque Coutume a établies pour ces sortes d'institutions : & toutes ces régles ne sont que de statuts arbitraires, différens selon les Coutumes, & qu'il est facile de voir en chacune. La seconde comprend les régles des successions, soit légitimes ou testamentaires, qui sont de l'équité naturelle, & qui peuvent se rapporter à ces institutions contractuelles : & ces sortes de régles seront expliquées dans cette seconde Partie chacune en son lieu. Et la troisiéme est des régles des conventions, comme par exemple, celles qui en regardent l'interprétation, & les autres qui peuvent se rapporter aux conventions de succeder : & celles-ci ont été expliquées dans la premiere Partie. Ainsi on aura dans ce Livre tout ce qu'il y a de régles naturelles & de l'équité,

Remarque de quelques principes où les institutions contractuelles.

a Pactum quod dotali instrumento comprehensum est, *ut si* pater vita fungeretur, *ix aqua portione ex qua nubebat cum fratre* hæres sui patris esset, neque ullam obligationem contrahere, neque libertatem testamenti faciendi mulieris patri potuit auferre. *l.* 11. *C. de pactis.*
¶ Ricard, *des Donations partie* 1. *chap.* 4. *Sect.* 1. *dist.* 3. Dep. *t.* 1. *des Donat.* p. 375. n. 17. Brodeau sur Louet, L. S. ch. 9. Henrys, t. 1. l. 5. quest. 59
Les institutions contractuelles sont reçues dans toute la France elles sont irrévocables… cela n'empêche pourtant pas l'Instituant de faire des dispositions modérées au profit de ses autres enfans, même des filles qui ont renoncé par leur contrat de mariage. Henrys & Ricard, *eodem ac infra paginam.*
L'institué même du moment du contrat est saisi ensorte qu'il doit les lors dès ce moment, Henrys *eodem.*
Les enfans de l'Institué le représentent quoiqu'il soit décédé avant l'Instituant, ce qui est contraire à la régle de l'institution des testamens qui deviennent caducs par le prédecés de l'héritier institué, *ibidem & Cambolas,* l. 6. *chap.* 20.
Dans les fideicommis contractuels la distraction de la trebellianique n'a pas lieu, Glosse *l.* 12. *Cod. ad legem falcidiam :* Papon 1°. *Notar. de fideicom. subst.*]

& des principes d'où peuvent dépendre les décisions dans la matiere des successions contractuelles; & il suffira de faire ici une remarque d'un principe essentiel & d'un grand usage dans cette matiere, & sur lequel on doit examiner l'usage de toutes les régles particulieres qui peuvent s'y rapporter.

Ce principe consiste en ce que les institutions contractuelles ayant leur nature mêlée de celle des testamens & de celle des conventions, & leurs régles étant par conséquent mêlées de ces deux natures; on doit distinguer en chaque difficulté, lesquelles de ces deux sortes de régles on doit y appliquer : & si c'est par des régles des conventions que la difficulté doive se résoudre, ou si c'est par des régles des testamens selon que les unes ou les autres peuvent y convenir ; car il arrive tous les jours dans cette matiere des questions de ces deux natures. Et pour faire mieux comprendre la vérité de ce principe, & quel en doit être l'usage, on peut en remarquer l'application dans quelques exemples de difficultés générales & faciles à résoudre, mais qui serviront à juger des autres.

On peut supposer pour un premier exemple, qu'il fût question de sçavoir si un héritier institué par son contrat de mariage, a la liberté après la mort de celui qui l'a fait héritier, de renoncer à sa succession, ou s'il est obligé de l'accepter. Si on devoit juger cette question par les régles des conventions, il pourroit sembler que comme elles forment des obligations réciproques; celui qui a fait un héritier par une institution contractuelle, ne pouvant la révoquer, l'héritier institué de cette maniere, seroit obligé de sa part d'accepter la succession. Mais comme il est essentiel à la qualité d'héritier, qu'on ne l'accepte que librement, & qu'il seroit injuste que celui qui pourroit s'assurer d'avoir un héritier nécessaire, eût la liberté de le ruiner en chargeant sa succession de dettes, de legs & autres charges au-delà des biens; on voit bien que cette question doit se décider par les régles des successions, qui donnent aux héritiers la liberté de les accepter, ou d'y renoncer.

Si on suppose pour un second exemple, qu'il fût question de sçavoir si celui qui a fait un héritier par un contrat de mariage, peut révoquer cette institution à sa volonté, & qu'on voulût juger cette question par les régles des successions; il sembleroit juste qu'il pût changer cette disposition, & nommer un autre héritier. Mais parce que cette liberté seroit directement contraire au motif de ces sortes d'institutions, qui est d'assurer la succession à celui qui est nommé héritier par son contrat de mariage, & de donner cette assurance par une convention irrévocable; se seroit par les régles des conventions qu'il faudroit décider cette question, & suivant ces régles qui rendent ferme & irrévocable ce qui a été réglé par une convention, il est essentiel à une telle institution, qu'elle ne puisse pas être révoquée.

Si on suppose pour un troisiéme exemple, qu'il fût question de sçavoir, si celui qui auroit fait un héritier contractuel, ne pouvant révoquer cette institution ; pourroit aliéner ses biens & en disposer pendant sa vie à sa volonté de même que s'il n'avoit pas fait une telle institution, & qu'on jugeât cette question par les régles des conventions; on pourroit douter si les aliénations seroient permises sans aucunes bornes, de sorte que cette institution pût être renduë inutile; celui qui l'auroit faite ayant aliéné tous ses biens, ou contracté des dettes qui les consommassent. Mais comme cette institution, n'est distinguée de celles qui se font par des testamens, qu'en ce qu'elle est irrévocable; pour assurer à l'héritier contractuel, qu'il aura les biens qui se trouveront après la mort de celui qui l'a fait héritier; cette question seroit jugée par les régles des testamens, qui ne donnent à l'héritier que les biens que le testateur peut avoir au temps de sa mort, sans qu'il perde la liberté de les aliéner & les engager. Ainsi, cet héritier contractuel ne pourroit se plaindre que des donations ou autres aliénations frauduleuses, qui paroîtroient faites pour éluder l'institution.

On peut juger par ces trois exemples, de quelle maniere il faut discerner dans les questions qui peuvent

naître des institutions contractuelles, si les difficultés dépendent des régles qui regardent la matiere des conventions, ou de celles qui sont propres aux testamens, ou si ces deux sortes de régles peuvent y convenir, en ce qui ne se trouveroit pas réglé par les Coutumes.

X I.

Succession de ceux qui meurent sans parens, & sans testament.

Les manieres de succéder dont on a parlé jusqu'ici, ont pour fondement, ou la proximité entre l'héritier & celui à qui il succede, ou la volonté de celui qui fait un héritier. Mais il y a une autre sorte de succession qui n'a ni l'un ni l'autre de ces fondemens, & qui au contraire n'a lieu que lorsque celui qui laisse des biens après sa mort n'a aucuns parens, & qu'il n'a fait aucune disposition. Car alors il est nécessaire, que les biens qu'il laisse trouvent un maître, & c'est à quoi les Loix ont pourvû.

Par le Droit Romain le mari & la femme succedent l'un à l'autre, si le premier mourant ne laisse ni descendans, ni ascendans, ni collateraux, & meurt sans testament *a*. Et si celui qui n'est pas marié, & qui n'a de même aucun héritier légitime, meurt sans disposer de ses biens, ils sont acquis au Fisque qui tient lieu d'héritier *b*.

Succession du mari à la femme, & de la femme au mari.

Cette succession du mari à la femme, & de la femme au mari, est ainsi réglé par quelques Coutumes. D'autres au contraire ont expressément réglé que le Fisque exclut le mari & la femme : Et quelques-unes par une dureté singuliere préférent le Fisque, ou le Seigneur Justicier qui en a les droits, non-seulement au mari & à la femme, mais aux parens les plus proches, s'ils ne sont de l'estoc d'où viennent les biens. Mais dans les autres Coutumes qui n'en disposent point, & dans les Provinces qui se régissent par le Droit écrit, il semble juste de suivre la régle du Droit Romain : & on voit aussi qu'elle est établie en usage par divers exemples. Car comme le Droit Romain est le Droit commun en tout ce qui n'est pas aboli, & au contraire à notre usage, il doit à plus forte raison nous servir de loi, quand ce qu'il ordonne est du droit naturel & de l'équité : & ce que dire de la succession du mari à la femme, & de la femme au mari, qu'elle est de cet ordre, lorsque les autres héritiers viennent à manquer. Et on ne doit pas considerer cette maniere de succession comme dérogeant aux droits du Fisque; car outre que ce cas est si rare, que la conséquence doit en être comptée pour rien, le droit du Fisque aux successions ne doit avoir lieu que lorsqu'il n'y a aucune personne qu'aucune Loi appelle à l'hérédité. Et on ne peut pas dire que le mari & la femme ne soient appellés à succeder l'un à l'autre par aucune Loi, puisqu'ils le sont par ce droit commun, & que cette Loi qui les appelle à la succession l'un de l'autre a son fondement sur le droit naturel & le droit divin, qui a formé l'union si étroite du mari & de la femme, & qui des deux n'a fait qu'un seul tout, pour être la source de la naissance des hommes, & des parentés, dont les plus proches sont un lien moins étroit que celui du mariage. Ainsi, comme le mariage est la source des parentés qui donnent le droit de succéder, il est tout naturel de donner au mari & à la femme cette exclusion du Fisque.

Pour la succession du Fisque qui succede quand il n'y a pas d'autres héritiers, elle a son fondement sur ce que les biens qui se trouvent n'avoir aucun maître, passent naturellement à l'usage du public, & sont acquis au Prince qui en est le chef. Ainsi, en France les successions de ceux qui meurent sans aucun héritier, & sans avoir disposé de leurs biens, sont acquises au Roi. C'est ce droit qu'on appelle de Déhérence; qui comme les

Succession du mari à la femme, & de la femme au mari.

Succession du fisque au défaut d'héritiers.

a Maritus & uxor ab intestato invicem sibi in solidum, pro antiquo jure succedant, quoties deficit omnis parentum, liberorumve, seu propinquorum legitima vel naturalis successio, fisco excluso. *l. un. C. une de vir. & uxor.*

b Scire debet gravitas tua, intestatorum res, qui sine legitimo hærede decesserint, fisci nostri rationibus vindicandas, *l. 1. C. de bon. vacant.*

droits de Bâtardife, d'Aubaine , & de Confifcation , dont il fera parlé dans les trois articles fuivans, fait une matiere qui n'eft pas du deffein de ce Livre. Ainfi il fuffit de remarquer ici en général le rapport de ces droits à la matiere des fucceffions, fans toucher même à ce qui regarde fur ces droits les conceffions qui en ont été faites, ou d'une partie aux Seigneurs dans leurs terres.

XII.

Succeffions des Bâtards.

Il faut mettre au même rang des fucceffions acquifes au Prince, celles des Bâtards qui meurent fans enfans légitimes, & fans avoir difpofé de leurs biens. Car par notre ufage perfonne ne leur fuccede *ab inteftat* que leurs enfans, s'ils en ont de légitimes : & ils ne fuccedent auffi à perfonne, que par teftament. Ce droit qu'on appelle de Bâtardife, eft fondé fur ce que la fucceffion *ab inteftat* fe défere par la parenté entre l'héritier & celui à qui il fuccede, & que nous ne reconnoiffons pas d'autre parenté, que celle que donne la naiffance d'un mariage légitime. Ainfi, pour les fucceffions des Bâtards notre Jurifprudence eft différente du droit Romain. Sur quoi il n'eft pas néceffaire de s'étendre ici *c*.

c V. §. 4. inft. de Succeff. cogn. §. ult. inft. de Senatufc. Tertyll. §. 3. inft. de Senat. Orphit. l. 29. §. 1. ff. de inoff. teft. l. 1, & l. 4. ff. unde cogn. Nov. 89. ¶. 11. v. 15. eod. V. l'art. 8. de la Sect. 2. des Héritiers en général, p. 319. & la remarque qu'on y a faite. V. Genef. 21. 10. 25. 6. Deuter. 23. 2. Gal. 4. 30.

XIII.

Succeffion des Etrangers, qu'on appelle Aubains.

Il y a encore une autre forte de fucceffion qui appartient au Roi. C'eft celle des Etrangers, qu'on appelle Aubains, c'eft-à-dire, qui font d'un pays non fujet au Roi, ou à qui nos Rois n'ont pas accordé le droit de Naturalité, comme ils l'ont accordé à quelques pays voifins. Le droit à fes fucceffions s'appelle droit d'Aubaine, qui acquiert au Roi la fucceffion de l'Etranger qui n'a pas été naturalifé en France par des Lettres qu'on appelle de naturalité. Ce qui eft fondé non-feulement fur le Droit Romain *a* : mais fur l'ordre naturel qui diftingue la fociété des hommes en divers Etats, Royaumes, ou Républiques. Car c'eft une fuite naturelle de certe diftinction, que chaque Nation, chaque Etat regle par fes loix propres ce qu'il peut y avoir & dans les fucceffions & dans les commerces des biens, qui dépendent de loix arbitraires, & qu'on y diftingue la condition des Etrangers de celles des Originaires. Ainfi, on exclut les Etrangers des charges publiques, parce qu'ils ne font pas du corps de la fociété qui compofe l'Etat d'une Nation, & que ces charges demandent une fidélité & une affection au Prince & aux loix de l'Etat qu'on ne préfume que dans un Etranger. Ainfi, ils ne fuccedent à perfonne, & perfonne ne leur fuccede, non pas même leurs proches, afin que des biens du Royaume n'en foient pas diftraits, & ne paffent pas aux fujets d'autres Princes *b*.

a V. l. 6. §. 2. ff. de hered. inft. l. 1. C. eod. Ulp. tit. 17. §. 1. Tit. 22. §. 2.
b V. l'art. 9. de la Section 2. des Héritiers en général, p. 320. & les autres articles qui y font citez, l'art. 3. de la Sect. 4. du même Titre p. 330. & la remarque qu'on y a faite, l'art. 12. de la Sect. 2. des Teftamens.

XIV.

Confifcation.

On appelle Confifcation le droit qui acquiert au Roi, les biens de ceux qui font condamnés à mort, ou à quelque peine qui emporte la mort civile *a*. Ainfi, la Confifcation eft comme une efpece de fucceffion, qui fait paffer au Roi, tous les biens du condamné, comme ils auroient paffé à fes héritiers, s'ils en avoient eu. Et comme dans les fucceffions les biens demeurent fujets aux charges, celles des biens confifqués les fuivent auffi. Et il en eft de même dans les cas d'Aubaine, de Bâtardife, & de Déhérence.

a V. l'art. 11. de la Sect. 2. des Héritiers en général, p. 320, & les autres articles qui y font citez.

XV.

Succeffion des perfonnes de condition ferve.

Outre toutes ces fortes de fucceffions qu'on vient d'expliquer, il y en a encore une autre efpece, dont on voit l'ufage en quelques Coutumes de ce Royaume, où il y a des biens dont les propriétaires ne peuvent difpofer par un teftament, & qui paffent au Seigneur, fi le tenancier décede fans enfans. Ce qui eft différemment réglé en divers Coutumes, felon les conditions dont on eft convenu pour ce droit dans fon origine ; de même qu'on a différemment réglé les conditions des fiefs dans leurs conceffions. On appelle les perfonnes qui poffedent ces fortes de biens, des perfonnes de condition ferve, & les biens tenus à cette condition retournent au Seigneur quand le cas arrive, comme une efpece de fucceffion ouverte par la mort du poffeffeur, & qu'on pourroit appeller un retour conventionel *a*.

a V. à la fin du préambule de la Section 4. des Héritiers en général, p. 330.

XVI.

Ufage de ces dernieres remarques fur ces diverfes fortes de fucceffions.

De toutes ces fortes de fucceffions dont on vient de parler, qui font paffer les biens au Roi, ou au Seigneur Jufticier, il n'y en a aucune qui foit du deffein de ce Livre, comme il a été déja remarqué. Car ce font des matieres du Droit Public, ou propres aux Coutumes. Mais quoique ces fortes de fucceffions ne foient pas du deffein de ce Livre, il a été néceffaire d'en faire ces remarques générales, non-feulement pour donner l'idée de tout ce qui peut être compris fous le mot de fucceffions *a*, & pour diftinguer ce qui regarde les fucceffions dont on doit traiter dans cette feconde partie, de tout ce qui peut y avoir quelque rapport ; mais principalement pour avertir les Lecteurs, que dans les matieres même de ces fortes de fucceffions, qui font ou du Droit Public, ou propres aux Coutumes, on peut y appliquer les régles des fucceffions qui feront expliquées dans cette feconde partie ; felon qu'elles peuvent s'y rapporter ; comme celles qui regardent en général la qualité d'héritier, les droits & les charges des héritiers, leurs engagemens, & les autres dont il fera facile de juger, fi elles peuvent avoir leur ufage à l'égard de ces autres efpeces de fucceffions ; quoiqu'il n'en foit fait aucune mention dans les lieux où ces régles feront expliquées.

a On n'a pas compris, fous ce mot de Succeffion le Pecule que quelques Religieux profés peuvent laiffer après leur mort. Car comme ils n'y avoient aucun droit de propriété, ce n'eft pas par fucceffion que ce Pecule paffe à ceux qui doivent l'avoir.

LES
LOIX CIVILES
DANS LEUR ORDRE NATUREL.

LIVRE PREMIER.
Des Succeſſions en général.

Matiere de ce Livre.

L n'eſt pas néceſſaire d'expliquer ici quelles ſont en détail les matieres de ce premier Livre. On le voit aſſez par la table, & par le plan des matieres qui en a été fait dans le traité des Loix *a*. Et il ſuffit de remarquer en général, que comme il a quelques matieres communes aux deux eſpéces de ſucceſſions Légitimes & Teſtamentaires ; ce ſont ces matieres communes dont on doit traiter dans ce premier Livre, avant que de venir aux matieres propres à chaque eſpéce de Succeſſion.

a Voyez le Chap. 15. n. 14. 15. & 16. de ce Traité.

TITRE PREMIER.
DES HERITIERS EN GENERAL.

LE nom & la qualité d'héritier conviennent également & à l'héritier légitime que la loi appelle à la ſucceſſion, & à l'héritier inſtitué par un teſtament ; de même que les mots de ſucceſſions ou d'hérédité ſont communs aux deux eſpeces de ſucceſſion teſtamentaire & *ab inteſtat* ; & quoiqu'il y ait cette différence entre les Provinces qui ſe régiſſent par les Coutumes & celles qui ſe régiſſent par le Droit écrit, que dans les Coutumes on ne donne le nom d'héritier ; comme il a été remarqué dans la Préface de cette ſeconde partie *a*, qu'aux héritiers du ſang qui ſont les héritiers légitimes, & qu'on n'y donne que le nom de légataires univerſels à ceux qui ſont inſtitués héritiers par un teſtament, au lieu que dans les Provinces qui ont pour loi le Droit écrit on donne le nom d'héritier à celui qui eſt inſtitué par un teſtament, auſſi-bien qu'à celui qui eſt l'héritier du ſang ; cette différence ne conſiſtant que dans le nom, on les conſidere tous également comme héritiers, & on peut appliquer aux légataires univerſels dans les Coutumes de même qu'à toutes les autres ſortes d'héritiers, les régles qui ſeront expliquées dans ce titre, & auſſi dans les autres ; ſelon que l'uſage de ces régles pourra leur convenir.

a Voyez la Préface n. 7.

Pour ce qui eſt du détail de ce premier Titre des héritiers en général, la table des Sections qui le compoſent fait aſſez connoître quelles ſont les matieres qu'on doit y traiter.

SECTION I.
De la qualité d'héritier, & de l'hérédité.

TOus les articles de cette Section conviennent & aux héritiers teſtamentaires & aux héritiers *ab inteſtat.*

SOMMAIRES.

I.

L'Héritier eſt le ſucceſſeur univerſel de tous les biens & de tous les droits d'un défunt, & qui eſt tenu de charges de ces mêmes biens *a.*

1. Définition de l'héritier.

a Hæredes juris ſucceſſores ſunt. l. 9. §. 12. ff. de hæred. inſt. Hæ-

R c

res in omne jus mortui, non tantùm singularum rerum dominium succedit. *l.* 37. *ff. de acquir. vel om. hæred.*

Hæredes nostra hæreditaria agnoscere placuit. *l.* 1. *C. de hæred. &c.* V. l'art. 5. sur ces mots De tous les biens & de tous les Droits d'un défunt, & sur les Charges, l'article 7.

On a mis dans la définition ce qui est dit dans le second de ces textes, que l'héritier succede à tous les biens & à tous les droits, quoiqu'il puisse y avoir des légataires qui ont une partie des biens ; car il est le successeur universel, & les legs sont du nombre des charges qu'il doit acquitter.

II.

2. *Deux sortes d'hé-ritiers.*

Il y a deux sortes d'héritiers. Ceux qui sont institués, c'est-à-dire, nommés par un testament, qu'on appelle héritiers testamentaires : Et ceux à qui la Loi défere la succession par la proximité, qu'on appelle par cette raison héritiers légitimes. Et on les appelle aussi héritiers *ab intestat*, parce qu'il succedent s'ils ne sont exclus par un testament *b.*

b Duplex conditio est hæreditatum. Nam vel ex testamento, vel ab intestato ad vos pertinent. *§. ult. in f. instit. per quas pers. cuique-acquir.*

III.

3. *Définition de l'hé-rédité.*

On appelle succession ou hérédité la masse des biens, des droits & des charges qu'une personne laisse après sa mort, soit que les biens excedent les charges, ou que les charges excedent les biens *c.* Et on appelle aussi hérédité ou succession, le droit qu'a l'héritier de recueillir les biens & les droits d'un défunt tels qu'ils pourront être *d.*

c Hæreditas etiam sine ullo corpore intellectum haber. *l.* 50. *ff. de petit. hæred.* Bona ita accipienda sunt, universitatis cujusque successionem, qua succeditur in jus demortui, suscripiturque ejus rei commodum. Nam sive solvendo sunt bona, sive non sunt, sive damnum habeat, sive lucrum : sive in corporibus sunt, sive in actionibus, in hoc loco propriè bona appellantur. *l.* 3. *ff. de bon. possef.*

d Hæreditas nihil aliud est quam successio in universum jus quod defunctus habuerit. *l.* 62. *ff. de reg. jur. l.* 24. *ff. de reg. sig.* Bonorum possessionem ita rectè definiemus, jus persequendi retinendique patrimonii, sive rei quæ cujusque, cum moritur, fuit. *l.* 3. *§.* 2. *ff. de bon. poss.* V. l'art. 5. sur ces mots, *laisse après sa mort.*

IV.

4. *Deux sortes de héré-dité.*

Il y a deux sortes de succession, de même que deux sortes d'héritiers, comme il a été dit dans l'article second. Celle qu'on appelle légitime, ou *ab intestat*, que la Loi défere, & la testamentaire. Ce qu'il faut entendre en prenant ce mot de succession au sens expliqué à la fin de l'article troisiéme.

e Voyez le texte cité sur l'article 2. *Ces deux sortes de successions sont la matiere du second & du troisiéme Livre.*

V.

5. *Tous les biens du dé-funt ne sont pas toujours de l'hérédi-té.*

L'hérédité ne comprend que les biens & les droits qui peuvent passer à un successeur. Car il peut y en avoir d'autres que le défunt n'auroit pû laisser à ses héritiers, & ceux-là ne sont pas de l'hérédité. Ainsi les droits attachés à la personne & qui s'éteignent par la mort, comme une pension viagere, un usufruit, un privilege personnel, n'entrent pas dans la succession. Ainsi, il y a des offices qui se perdent par la mort de l'Officier, & ne passent pas à ses héritiers. Ainsi, les biens sujets à une substitution. ne demeurent pas dans l'hérédité de celui qui est chargé de les rendre *f.*

f Morte amitti usumfructum non recipit dubitationem. Cùm jus fruendi morte extinguatur : sicuti & quid aliud quod personæ cohæret. *l.* 3. *§. ult. ff. quib. mod. usufr. amitt. l.* 3. *C. de usufr.* On expliquera ce que c'est que Substitution dans le 5. Livre.

VI.

6. *L'né hé-rédité peut être sans biens.*

Comme une hérédité consiste aux biens & aux droits sujets aux dettes, & aux autres charges, & qu'il peut arriver, ou que les dettes & les charges excedent les biens, ou que les biens, s'il y en avoit au-delà des charges, se diminuent, ou même périssent ; ce mot d'hérédité est un nom de droit, c'est-à-dire, qui ne marque aucune sorte de bien en particulier ; mais qui signifie en général le droit qu'a l'héritier, & qui con-vient autant à une succession onéreuse & ruinée en charges, qu'à une succession où il reste des biens. Ainsi, l'héritier peut n'avoir que ce nom sans aucun profit, ou même avec perte *g.*

g Hæreditatis appellatio sine dubio continet etiam damnosam hæreditatem, juris enim nomen est, sicuti bonorum possessio. *l.* 119. *ff. de verb. signif.* Hæreditas juris nomen est, quod & accessionem & decessionem in se recipit. *l.* 178. *§.* 1. *eod.*

VII.

7. *Trois sortes de charges de l'hérédité.*

Les charges de l'hérédité sont de trois sortes. La premiere, de celles qui sont dûes indépendamment de la volonté du défunt, comme les dettes passives, la restitution d'un bien substitué, s'il en étoit chargé. La seconde, de celles qu'il peut avoir ordonnées, comme des legs. Et la troisiéme de celles qui peuvent survenir après sa mort, comme les frais funéraires *h.*

h Ces diverses sortes de charges seront expliquées chacune en son lieu. V. la Section 6. & les suivantes.

VIII.

8. *L'héritier tient la place du dé-funt.*

L'héritier succedant aux biens & aux charges, il se met en la place du défunt : & sa condition est la même que s'il avoit traité avec lui, qu'en prenant ses biens, après sa mort, il seroit tenu d'acquitter ses dettes & les autres charges, comme s'il étoit obligé à ceux envers qui cette qualité d'héritier pourra l'engager. Ainsi la condition de l'héritier est en un sens la même que celle du défunt, en ce qu'il a tous les mêmes biens & les mêmes droits, & qu'il doit en porter les charges selon que ces biens & ces droits peuvent passer à lui, ainsi qu'il a été dit dans l'article cinquiéme.

i Si pupillus hæres extiterit alicui, exque ea causa legata debeat, videndum est, an huic edicto locus sit. Magisque est, ut Marcellus scribit, etiam pupilli posse bona possidere, essèque in arbitrio hæredi ariorum creditorum, quid potius eligant. *Etenim videtur impubes contrahere cùm adiit hæreditatem. l.* 3. *§. ult. ff. quib. ex caus. in posef. eatur.* (Hæres) quasi in contractu debere intelligitur. *§.* 5. *in f. inst. de obi. quæ quasi ex contr. nasc.*

Hæredem ejusdem potestatis jurisque esse cujus fuit defunctus constat. *l.* 59. *ff. de reg jur.*

Nemo plus commodi hæredi suo reliquit quàm ipse habuit. *l.* 120. *eod.*

*On ne peut considérer l'engagement de l'héritier comme une espece de contrat, ainsi qu'il est dit dans ces textes, qu'en supposant que c'est envers quelqu'un qu'il s'engage. Ce qui se peut rapporter à un engagement envers le défunt par un effet retroactif * ou envers sa mémoire & à un engagement envers les créanciers & les légataires.* V. sur l'engagement envers le défunt l'article 14. * On appelle effet rétroactif ce qui fait considérer une chose arrivée après une autre, comme si la derniere étoit arrivée au temps de la premiere.*

IX.

9. *Trois caracteres de l'engagement de l'héritier.*

Cet engagement qui oblige l'héritier à toutes les charges, & à toutes les suites de l'hérédité, a trois caracteres essentiels qu'il est nécessaire de remarquer & de distinguer. Il est irrévocable, il est universel, il est indivisible : & ces trois qualités ont les effets qu'on expliquera par les régles qui suivent *l.*

l Ceci résulte des articles précédens, & de ceux-qui suivent.

X.

10. *Cet engagement est irrévocable.*

L'engagement de l'héritier est irrévocable, & celui qui étant majeur, s'est une fois rendu héritier, le sera toujours sans qu'aucun prétexte puisse lui servir pour abandonner cette qualité, & se décharger des engagemens qui en sont les suites ; non pas même le défaut de biens qui seroient moindres que les charges, ni les pertes & les diminutions qui pourroient arriver des biens effectifs, ni les charges qui pourroient lui avoir été inconnues. Car il avoit dû prévoir ces événemens ; & on pourroit lui imputer d'avoir trouvé dans la succession des biens qu'il auroit supprimés *m*, à moins qu'il n'eût accepté l'hérédité avec la précaution d'un bénéfice d'inventaire, dont il sera parlé dans le titre second.

m Sine dubio hæres manebit, qui semel extitit. *l.* 7. *§.* 10. *in*

f. ff. de minor. Hæreditas quin obliget nos æti alieno, etiam si non sit solvendo, plus quam manifestum est. l. 8. ff. de acquir. vel omit. hæred.

Sicut major viginti quinque annis antequam adeat, delatam repudians successionem post quatere non potest, ita quaturam renuntiando nihil agit. Sed jus quos habuit retinet. l. 4. C. de repud. hæred. V. l'article 17.

On a ajouté dans l'article ces mots, qui étant majeur, pour ne pas comprendre les mineurs dans cette regle, sur quoi voyez l'article 10. & les suivans de la Section 2. des Rescisions, p. 299.

XI.

 11. Il est universel. L'engagement de l'héritier est universel, & il s'étend à toutes les dettes passives, & à toutes les especes d'obligations où celui à qui il succede pouvoit être entré, & qui pouvoient affecter ses biens. Comme s'il étoit engagé par des ventes, achats, échanges, louages & autres conventions : s'il étoit chargé d'une tutelle ou autre administration : s'il étoit caution pour d'autres : s'il avoit recueilli quelque hérédité. Et en général l'héritier qui a accepté cette qualité s'est obligé indéfiniment aux charges que devoit le défunt, & aussi à celles qu'il peut lui avoir imposées par un testament ou autre disposition. Car succedant à tous les biens de l'hérédité, il s'assujettit aussi indistinctement à toutes les charges *n*.

n Hæreditas nihil aliud est quam successio in universum jus quod defunctus habuerit. l. 62. ff. de reg. jur. Hæredes onera hæreditaria agnoscere placuit. l. 2. C. de hæred. act. V. l'art. 16.

XII.

12. Il est indivisible. L'engagement de l'héritier est indivisible, car il ne peut restreindre l'acceptation de l'hérédité, ou à une certaine nature de biens, ou à une certaine partie de ceux de même nature, pour diminuer les charges à proportion. Et quand ce seroit même un héritier testamentaire institué pour deux différentes portions de l'hérédité, dont l'une lui fût laissée sous des conditions qu'il agréoit, & l'autre sous d'autres conditions qu'il n'agréoit point ; il ne pourroit renoncer à l'une & accepter l'autre. Et l'héritier peut encore moins, ayant accepté l'hérédité, diviser les charges pour se décharger ou de quelques-unes, ou d'une partie de chacune sous prétexte du défaut de biens, ou même d'une perte entiere de tous les biens & de tous les droits de l'hérédité *o*.

o Qui totam hæreditatem acquirere potest, is pro parte eam scindendo adire non potest. Sed & si quis ex pluribus partibus in ejusdem hæreditate institutus sit, non potest quasdam partes repudiare, quasdam agnoscere. l. 1. & 2. ff. de acq. vel omit. hæred. vel omnia admittantur, vel omnia repudientur. l. 20. C. de jur. delib. Si ex asse hæres destinaverit partem habere hæreditatis, videtur in assem pro hærede gessisse. l. 10 ff. de acq. vel omit. hæred.

La Règle expliquée dans cet article n'est pas contraire à cette règle des Coutumes, que la succession de celui qui laisse des biens paternels & des biens maternels doit se diviser : & que les parens paternels qui succedent aux biens paternels, ne sont pas tenus des dettes, & des charges qui doivent porter les biens maternels : comme au contraire les héritiers maternels ne sont pas tenus de celles qui regardent les biens paternels. Car on considere ces deux sortes de biens, comme deux successions différentes qui passent à divers héritiers.

XIII.

13. L'hérédité se divise entre co-héritiers. Quoique la qualité d'héritier soit indivisible au sens expliqué dans l'article précédent ; les biens & les charges de l'hérédité qu'un seul héritier ne peut diviser pour se décharger d'une partie, ne laissent pas de se diviser entre les héritiers s'il y en a plus d'un, selon les portions qui peuvent leur appartenir, soit par la Loi, si ce sont des héritiers *ab intestat*, appellés ensemble à la succession, ou par un testament si ce sont des héritiers testamentaires. Et ils peuvent aussi dans leurs partages, diviser entr'eux les biens & les charges comme bon leur semble, ainsi qu'il sera expliqué en son lieu *p*.

p Voyez la Sect. 9. de ce Titre, & la Sect. 1. des Partages, p. 353.

XIV.

14. L'hérédité non encore recueillie représente le défunt. Comme il arrive souvent que l'hérédité demeure quelque temps sans maître, ou parce que celui qui doit être héritier se trouve absent, ou qu'il délibere s'il acceptera cette qualité, ou qu'il y renonce, & que pen-

Tome I.

dant ces intervalles, il peut arriver que quelque droit sera acquis à l'hérédité, ou qu'il y surviendra de nouvelles charges ou quelques affaires ; on considere cette hérédité, comme tenant lieu de maître, & représentant le défunt à qui étoient les biens *q*.

q Hæreditas personæ defuncti, qui eam reliquit, vice fungitur. l. 116. §. 3. ff. de legat. 1. Creditum est hæreditatem dominium esse, defuncti locum obtinere. l. 31. in f. ff. de hæred. instit.

XV.

 15. L'héritier est reputé tel depuis le moment de la mort de celui à qui il succede. Après que l'hérédité qui avoit été quelque temps sans maître, est acceptée par l'héritier, son acceptation ou adition de l'hérédité à cet effet rétroactif, qui le fait considerer comme s'il avoit recueilli la succession dans le même temps qu'elle a été ouverte par la mort de celui à qui il succede. Et quelque intervalle qu'il y ait eu entre cette mort & l'acte qui le rend héritier, il en sera de même que s'il s'étoit rendu héritier au temps de la mort. Et comme il aura tous les biens qui auront pû augmenter la succession, il sera aussi tenu de toutes les charges qui seront survenues *r*.

r Hæres quandoque adeundo hæreditatem, jam tunc à morte successisse defuncto intelligitur. l. 54. ff. de acq. vel omit. hæred. Omnia feré jura hæredum perinde habentur, ac si continuò sub tempus mortis hæredes extitissent. l. 193. ff. de reg. jur. Omnis hæreditas quamvis posteà adeatur, tamen cum tempore mortis continuatur. l. 138. ff. de reg. jur. V. l'art. 3. de la Sect. 6.

On n'a pas expliqué cet article ce que signifie ce mot rétroactif, on l'a expliqué dans la remarque sur l'article 8.

XVI.

16. Plusieurs successions d'un héritier à l'autre passent toutes au dernier héritier. Il s'ensuit des régles précédentes que l'héritier étant le successeur universel de tous les biens, & tenu irrévocablement & indistinctement de toutes les charges, si la personne à qui il succede avoit aussi succedé à d'autres, les biens & les charges qui restent des successions que le défunt avoit recueillies passent à cet héritier. Et quelque longue suite qu'il y ait eu d'héritiers successivement les uns des autres, soit par testament ou *ab intestat* ; celui qui succede au dernier de ces héritiers, succede à tous les autres, & sera tenu de toutes les charges de ces successions *s*, encore que dans la derniere il n'y eût aucun bien d'aucune des précédentes, car les charges de chacune se transmettent d'un héritier à un autre. Ainsi le dernier se les rend toutes propres.

s In omni successione, qui ei hæres extitit, qui Titio hæres fuit, Titio quoque hæres videtur esse : nec potest Titii omittere hæreditatem. l. 7. §. 1. ff. de acq. vel omit. hæred. l. 3. de hæred. petit.

Qui per successionem quamvis longissimam defuncto hæredes constiterunt, non minus hæredes intelliguntur, quam qui principaliter hæredes existunt. l. 194. ff. de reg. jur. Hæres testatoris est hæres. l. ult. C. de hæred. instit. Hæredis appellatio non solum ad proximum hæredem, sed & ad ulteriores refertur, nam & hæredis hæres, & deinceps, hæredis appellatione continetur. l. 65. ff. de verb. signif.

XVII.

17. L'héritier qui se dépouille de l'hérédité ne laisse pas d'être sujet aux charges. Il s'ensuit aussi de ces mêmes régles que celui qui a une fois recueilli une succession, ou fait quelqu'acte qui l'engage à la qualité d'héritier, selon les régles qui seront expliquées dans la Section 1. du Titre 3. demeurera toujours héritier, & quoiqu'il vienne dans la suite à se dépouiller de l'hérédité, soit qu'il la donne, ou qu'il la vende, ou qu'il la laisse à celui qui à son défaut devoit succeder, ou qu'il l'abandonne, ou qu'il en dispose autrement, en quelque maniere que ce puisse être, il ne laissera pas d'être consideré comme étant toujours héritier, & tenu de toutes les charges. Car l'engagement à la qualité d'héritier est irrévocable. Mais il pourra être garanti des charges par celui à qui il aura vendu, ou cedé son droit *t*.

t Quamvis hæres institutus hæreditatem vendiderit, tamen legata & fideicommissa ab eo peti possunt : & quod eo nomine datum fuerit, venditor ab emptore, vel fidejussoribus ejus petere poterit. l. 2. C. de legat. Sine dubio hæres manebit qui semel extitit. l. 7. in f. ff. de minor. Voyez l'article suivant & les articles 8. 9. & 19. de la Section 1. du Titre 3.

XVIII.

18. Celui qui reçoit une somme pour s'abstenir de l'hérédité est reputé heritier.

On peut mettre au rang de l'héritier qui ayant accepté la succession en dispose ensuite, celui qui renonce pour un certain prix, afin qu'elle passe à la personne qui à son défaut devra succéder. Car encore qu'il semble n'être pas héritier, puisqu'il renonce à l'hérédité; c'est en effet une vente qu'il fait de son droit, ce qu'il ne peut faire que comme héritier. De même que quiconque vend toute autre chose s'en déclare le maitre, & s'en dépouillant, exerce par-là même un droit de propriété. Ainsi cet héritier qui renonce à l'hérédité pour un prix renonce à l'hérédité, demeure héritier à l'égard des créanciers & des légataires, quoi qu'il perde les droits de cette qualité à l'égard de celui à qui il les remet *u*.

u Licet pro hærede gerere non videatur, qui pretio accepto prætermisit hæreditatem, tamen dandam in eum actionem, exemplo ejus, qui omissa causa testamenti, ab intestato possidet hæreditatem, Divus Adrianus rescripsit. Proinde legatariis, & fideicommissariis tenebitur. l. 2. ff. si quis em. caus. test. Si pecunia accepta (hæres) omisit aditionem, legata & fideicommissa præstare cogitur. l. 1. C. si emissa sit caus. test. V. l'art. 9. de la Sect. 1. du Tit. 3.

XIX.

19. La succession ab intestat n'a pas de lieu, s'il y a un testament qui subsiste.

Quand il est question de sçavoir à qui la succession d'un défunt doit appartenir, il faut commencer par sçavoir s'il en a disposé par un testament. Car soit que le testateur ait des enfans, ou qu'il n'en ait point; il peut faire des dispositions qui changent l'ordre de la succession ab intestat; & qui devront être exécutées. Ainsi, c'est toujours par les testamens qu'il faut commencer la question de sçavoir à qui seront les biens *x*.

x Quamdiu potest ex testamento adiri hæreditas, ab intestato non defertur. l. 39. ff. de acquir. vel om. hær. In plurium hæredum gradibus hoc servandum est, ut si testamentum proferatur, prius à scriptis incipiatur. Deinde transitus fiat ad eos ad quos legitima hæreditas pertinet. l. 70. eod.
La regle expliquée dans cet article n'a rien de contraire à ce qui a été dit dans la Préface n. 8. sur la question de sçavoir laquelle des deux sortes de successions est plus favorable, ou celle des héritiers testamentaires, ou celle des heritiers du sang; car il ne s'agit ici que des cas où le testament doit avoir son effet.

XX.

20. Si les portions des heritiers ne sont pas reglées elles seront égales.

S'il y a plusieurs héritiers testamentaires dont les portions ne soient point réglées par le testament, ou plusieurs héritiers ab intestat, dont la Loi ne régle pas les parts qu'ils devront avoir, elles seront égales. Car étant nécessaire de partager la succession, & n'y ayant pas de raison d'inégalité, les héritiers doivent tous avoir autant l'un que l'autre *y*.

y Si plures instituantur hæredes, dividi inter eos jus à testatore oportet. Quod si non fiat, omnes æqualiter hæredes sunt. l. 4. §. 12. ff. de hæred. instit.
On a marqué dans cet article à l'égard des héritiers ab intestat, que leurs portions seront égales, si la Loi ne les régle pas. Car il peut arriver entre cohéritiers ab intestat que leurs portions ne seront pas égales, à cause du droit de représentation. Par exemple, s'il y a plusieurs enfans d'un fils décédé, qui partagent avec leur oncle la succession de leur ayeul; ils n'auront tous ensemble que la moitié qu'auroit eu leur pere, & l'autre moitié sera à leur oncle. Et il arrive souvent dans les Coutumes qu'il y a divers héritiers de differens biens.

SECTION II.

Qui peut être héritier, & quelles sont les personnes incapables de cette qualité.

Pour sçavoir qui peut être héritier, il faut sçavoir quelles sont les personnes qui ne peuvent l'être; car hors ceux-là, tout autre peut l'être. Il y a deux sortes de personnes qui ne peuvent être héritiers : ceux qui en sont incapables, & ceux qui s'en sont rendus indignes. On expliquera dans cette Section quelles sont les causes qui rendent les personnes incapables de succéder, & dans la suivante, quelles sont les causes qui en rendent indignes.

Les incapacités de succéder peuvent regarder les successions ab intestat; & les successions testamentaires : & il sera facile de voir en chaque article l'effet de l'incapacité à l'égard de ces deux sortes de succession.

Il faut remarquer sur les causes d'incapacité de succéder, qu'outre celles qui seront expliquées dans cette Section, on en voit une en quelques Coutumes qui excluent la fille mariée par son pere, même sans dot, non seulement de sa succession, mais de toutes autres directes & collaterales ab intestat, quand il y a des mâles ou descendans de mâles. Et par un usage universel on a étendu cette exclusion aux filles qui étant dotées par leur pere, renoncent à toutes successions ab intestat en faveur des mâles. Ce qui fait une incapacité, ou plutôt une exclusion conventionnelle de ces successions, fondée sur la considération des mâles, pour conserver les biens dans les familles, les filles qui se marient trouvant dans la famille de leurs maris les avantages qu'elles laissent à leurs freres ou aux descendans de leurs freres en quittant la leur. Et cet usage a son exemple dans la Loi divine qui excluoit les filles de l'hérédité de leurs peres quand il y avoit des mâles *a*. On considere outre pour une autre raison de cet usage de l'exclusion des filles, qui par leurs mariages renoncent aux successions légitimes en faveur des mâles & de leurs descendans, l'incertitude des évenemens, qui a fait juger que le pere donnant à sa fille une dot certaine, peut lui imposer cette condition, que ce qu'il lui donne présent & certain, lui tiendra lieu de l'espérance incertaine de toutes successions ab intestat, qui pourroient échoir dans la suite. Mais cette exclusion ne s'étend pas aux dispositions testamentaires : & cette renonciation de la fille mariée ne fait aucune incapacité des dispositions à cause de mort en sa faveur, soit de celles d'autres personnes, ou de son pere même.

Comme cette exclusion des filles par une renonciation dans leur contrat de mariage, n'est pas du Droit Romain, & que même elle y est contraire *b*, ce n'est

a Num. 17.
b Pater instrumento dotali comprehendi filiam ita cohæ redem, ne quid aliud ex hæreditate patris speraret. Eam scripturam jus successionis non mutasse, constitit. Privatorum enim cautionem legum auctoritate non censeri. l. ult. ff. de juis. l. 3. C. de collat.

¶ En Droit la renonciation aux successions futures n'est pas valable. l. pater. ff. de jus & legit. l. pactum C. de collationibus.   *Ricard sur l'Ed. des secondes nôces*
Par le Droit Canon les renonciations ont été reçues quand elles sont autorisées par le serment. Cap. 2. de quad. si sint.
En France, tant dans les Pays Coutumiers que de droit écrit, les renonciations sont reçues.   *son Traité des Disp. p. 312.*
1°. Que la renonciation soit faite par le contrat de mariage.
2°. Que la fille qui renonce soit dotée, & que la dot soit payée effectivement.   *Ferriere art. 218. dis-*
3°. Que la renonciation soit faite aux successions futures, valables inter interentum imminet; mais quand elle est faite à un droit acquis & certain, elle n'est pas valable.   *à la fin de son Traité*
La renonciation n'empêche pas que le pere & la mere ne puissent appeller leur fille à leur succession, l'instituent leur héritiere & l 1 faire des legs, parce que cette renonciation ne regarde que les successions ab intestat. Henrys t. 1. l. 4. quest. 11. 12. 1. 2. l. 4. quest. 6. Ferriere art. 199. n 63.   *Le Brun sur Successions. Pap. en ses Arrêts l. 1.*
Semblable renonciation en Pays Coutumier, exclud la fille de la demande en supplément de légitime, ce qui n'a pas lieu en Pays de Droit écrit. Ferriere art. 318. n. 118. Despeisses t. 2. p. 310. n. 14.   *La Peyrere, L. R. n. 46.*
La renonciation ne comprend par pas la part que la fille a en l'augment de la mere, à moins qu'il n'y en eut une renonciation expresse. Henrys t. 1. l. 4. quest. 61.   *Bonif. t. 2. liv. 1. t. 20.*
Elle ne comprend par non plus les avantages que les peres & meres perdent en se mariant. Henrys eod. Papon dans ses Arrêts, l. 16. t. 4. arrêt 9. Despeisses t. 2. p. 400. n. 75. Brodeau sur Louet, l. N. ch. 3. n. 19.   *Ferr. art. 279. n. 1611.*
Néanmoins Ricard, des Donations, chap. 9. gloss. 4. n. 1265, & le Brun sont d'avis contraires.
La fille qui a renoncé ne laisse pas que d'être comptée pour fixer la légitime des autres enfans. Henrys, t. 1. l. 5. quest. 55. Ricard des Donations, part. 3. chap. 8. Sect. 7. n. 1063.
Les enfans de la fille qui a renoncé sont exclus de la succession de leurs ayeux. Monthol. Arrêt 11. & 79. Henrys t. 2. l. 4. quest. 4. la Peyrere, L. R. n. 46.
Les filles qui ont renoncé ne sont point obligées de rapporter pour la légitime de leurs freres, parce que comme elles n'ont point part à la bonne fortune, elles ne doivent point aussi en avoir à la mauvaise.
Henrys t. 2. l. 6. quest. 4. Ricard des Donations, part. 3. chap. 8. Sect. 9. n. 1118. Ferriere art. 298. p. 30.
La renonciation faite par une fille impubere quoique le mariage

pas une matiere du dessein de ce Livre ; mais on a dû en faire ici la remarque : & on peut ajouter que le lecteur y aura toutes les régles essentielles de la matiere de cette renonciation, car elles dépendent des régles des conventions & celles des successions qui y sont expliquées ; de même qu'il y aura aussi les régles des institutions contractuelles, suivant la remarque qui a été faite sur ce sujet dans la Préface ci-devant num. 10.

On peut enfin remarquer sur ce même sujet de l'incapacité de succéder, qu'outre celle des filles qui ont renoncé aux successions *ab intestat*, il y a une autre sorte d'incapacité que font les Ordonnances & quelques Coutumes à l'égard des successions testamentaires dont elles excluent quelques personnes. Ainsi les Ordonnances annullent *toutes dispositions entre-vifs, ou testamentaires des donateurs ou testateurs au profit de leurs tuteurs, curateurs & autres administrateurs pendant leur administration, ou à personnes interposées* c : ce que quelques Coutumes étendent à d'autres personnes de qui les donateurs ou testateurs peuvent recevoir des impressions qui diminuent la liberté de disposer. Ainsi par de semblables considérations ou par d'autres vûes, quelques Coutumes excluent le mari & la femme des dispositions l'un de l'autre : ce que quelques-unes bornent aux dispositions de la femme en faveur du mari, ne défendant pas celles du mari en faveur de la femme d. Mais il y a cette différence entre ces incapacités ou exclusions réglées par les Ordonnances & par les Coutumes ; & les incapacités dont il est traité dans cette Section, que celles-ci sont fondées sur des qualités qui regardent l'état des personnes, & les rendent incapables par quelque défaut personnel ; au lieu que les autres sont fondées sur des motifs qui n'ont aucun rapport ni à l'état des personnes, ni à aucun défaut ; mais qui regardent seulement quelque utilité pour le bien des familles.

ait continué dans la puberté. Henrys t. 1. s. 4. quest. 60.

La renonciation n'a point d'effet quand le mariage ne s'accomplit pas. *eod.* quest. 61.

De même, si le mariage est dissolu par l'impuissance du mari. *eod.*

Idem, si le pere meurt avant le mariage, *eod.* & *Robert de Autoritate rerum judicatarum.* l. 2. chap. 4.]

c *Ordonnance de* 1539. art. 131. & *de* 1549. art. 2.

d *Par le Droit Romain le mari & la femme pouvoient se donner l'un à l'autre à cause de mort, mais non entre-vifs.* V. 1. ss. de donat. int. vir. & ux. l. 32. eod. d. l. 1. §. 2. & 3. Voyez le *Préambule du Titre des Donations,* p. 104.

SOMMAIRES.

I.

Toute personne peut être héritier, soit *ab intestat*, si la Loi l'y appelle, ou par un testament, pourvû qu'il n'y ait point de cause qui l'exclue du droit de succeder a.

1. Toute personne peut être héritier s'il n'y a point d'obstacle.

a *La capacité résulte de ce qu'il n'y a pas d'incapacité.*

II.

Il y a des personnes qui ne sont incapables que des successions *ab intestat*, & qui sont capables des successions testamentaires, tels que sont les bâtards. Et il y en a qui sont incapables des deux sortes de successions, comme les étrangers qu'on appelle Aubains, & autres dont il sera parlé dans la suite b.

2. Deux sortes d'incapacités par rapport aux deux sortes de successions.

b *Voyez les articles* 8. 9. 10. & 11.

III.

Les causes d'incapacité de succeder sont de deux sortes. Il y en a qui sont naturelles comme la cause de l'incapacité des enfans mort-nés, & il y en a d'autres réglées par les Loix, comme celle de l'incapacité des Religieux Profés c.

3. Deux sortes d'incapacités par rapport à leurs causes.

c *V. l'article suivant & l'article* 10.

IV.

Les enfans mort-nés, quoiqu'ils fussent vivans dans le sein de leurs meres lorsqu'il est échû quelque succession, soit *ab intestat*, ou testamentaire, qui les regardât, ne succedent point : & par conséquent ne transmettent pas cette succession aux personnes qui leur succederoient s'ils n'étoient morts qu'après leur naissance. Car on n'a jamais pû les compter au nombre des personnes capables d'acquerir des biens ; puisqu'on peut dire que jamais ils n'ont été au monde : & qu'ainsi ils n'ont pû y avoir part à rien d. Et la même incapacité exclut à plus forte raison ce qui peut naître d'une femme sans la forme humaine, quoiqu'il ait eu vie ; car c'est ou un monstre, ou une masse de chair qu'on ne peut mettre au nombre des personnes e.

4. Des enfans mort-nés, & de ceux qui naissent sans la forme humaine.

d Qui mortui nascuntur, neque nati, neque procreati videntur ; quia nunquam liberi appellari potuerunt. *l.* 129. ff. de verb. signif. Uxoris abortu testamentum mariti non solvi. . . . juris evidentissimi est. *l.* 2. C. de post. hæred. inst. V. l'article suivante.

e Non sunt liberi qui contra formam humani generis converso more procreantur : veluti si mulier monstruosum aliquid aut prodigiosum enixa sit. *l.* 14. ff. de stat. hom v. *l.* 135. ff. de verb. signif. Voyez l'article 4. de la Section 1. des Personnes, p. 12. & ces dernieres paroles de la Loi 3. C. de post. hæred. inst. citée sur l'article suivant, si vivus ad orbem totus processit, ad nullum declinans monstrum vel prodigium.

V.

5. Ceux qui meurent auſſitôt qu'ils ſont nés, ſuccedent.

Les enfans qui naiſſent vivans, quoiqu'ils meurent auſſitôt après leur naiſſance, ſont capables des ſucceſſions échues dans l'intervalle de leur conception & de leur mort. Ainſi un enfant qui naîtroit vivant même-temps, lui au-roit ſuccedé. Et s'il y avoit un teſtament, qui appellât un autre héritier, il ſeroit annullé par cette naiſſance f.

f Uxoris abortu teſtamentum mariti non ſolvi, poſthumo verò præterito, quamvis natus illicito deceſſerit, non reſtitui ruptum juris evidentiſſimi eſt. l. 2. C. de poſt hared. inſtit. Quid ſi non in-tegrum animal editum ſit, cum ſpiritu tamen, an adhuc teſtamen-tum rumpat : & hoc rumpit. l. 12.§. 1 ſf. de lib. & poſt. hæred. inſt.

Quod certarum eſt apud veteres non decidimus, cum igitur qui in ventre portabatur præteritus fuerit, qui ſi ad lucem fuiſſet re-dactus, ſuus hæres patri exiſteret, ſi non alius eum antecederet, & naſcendo ruptum teſtamentum faceret, ſi poſthumus in hunc quidem orbem devolutus eſt, voce autem non emiſſa ab hac luce ſubtractus eſt : dubitabatur ſi is poſthumus ruptum facere teſta-mentum poſſet, Et veterum animi turbati ſunt quid de Paterno elogio ſtatuendum ſit. Cumque Sabiniani exiſtimabant : ſi vivus natus eſſet, etſi vocem non emiſit, rumpi teſtamentum : apparet-que quòd & ſi mutus fuerat, hoc ipſum faciebat. Eorum etiam nos laudamus ſententiam : & ſancimus, ſi vivus perfectè natus eſt, licet illicò poſtquam in terra cecidit, vel in manibus obſtetricis deceſſit, nihilominus teſtamentum rumpit. Hoc tantummodo requirendo, ſi vivus ad orbem totus proceſſit, ad nullum decli-nans monſtrum vel prodigium. l. 3. C. de poſt. hæred. inſt.

Si l'enfant qui n'eſt pas à terme étant né vi-vant, a pû ſucceder.

☞ Il eſt tout naturel de faire ſur la régle expliquée dans cet article & ſur les Loix qu'on y a citées, une queſtion qui arrive aſſez ſouvent, de ſçavoir ſi dans le nombre des enfans qui peuvent ſucceder on doit met-tre ceux qui n'ayant pas une naiſſance à terme ne ſçau-roient vivre, & ne naiſſent que pour mourir. Ce qui peut faire cette queſtion n'eſt jamais l'intérêt de ces en-fans même, mais celui d'autres perſonnes qui s'y trou-vent intéreſſées. Ainſi, par exemple, ſi une veuve en-ceinte accouche après la mort de ſon mari d'un enfant de quatre ou cinq mois, qui meurt auſſitôt après ſa naiſſance, la queſtion ſera entre cette veuve qui de-mandera ce que les Loix lui donnent ſur les biens paternels de ſon enfant, qu'elle prétendra avoir ſuc-cedé à ſon pere, & les héritiers du pere, qui préten-dront que cet enfant n'ayant pû vivre, n'a pû ſucceder. Sur quoi il faudra juger s'il a ſuccedé à ſon pere, ou non. Et il en ſeroit de même pour les biens maternels de l'enfant, ſi ayant ſurvécu à ſa mere morte de l'ac-couchement, ſes héritiers demandoient contre les héritiers de la mere ce qui lui reviendroit des biens maternels de cet enfant.

Dans cette queſtion les héritiers du pere, ou ceux de la mere diroient en un mot, que cet enfant n'ayant pû vivre, n'a pû ſucceder ; que l'incapacité du beſoin & de l'uſage des biens temporels, a fait l'incapacité d'en acquerir, & par conſequent celle d'avoir part à une hé-rédité. Et le pere ou la mere diroient au contraire, que c'eſt aſſez qu'un enfant ſoit né pour être compté au nombre des enfans. Que toute naiſſance d'une perſonne la met au monde au nombre des hommes véritable-ment enfans de ceux de qui ils naiſſent : Que la naiſ-ſance de cet enfant, & les ſoins & les peines qui l'ont précédé ont coûté aux parens ce que peuvent leur coû-ter tous autres enfans, & leur ont été à la même char-ge ; & qu'ainſi ſa mort leur eſt une veritable perte d'un enfant, plus dure en un ſens que celle des autres, & qui demande la conſolation qu'ils auroient à la mort des autres enfans en leur ſuccedant, ce qui ne ſe peut qu'en donnant à cet enfant le droit de ſucceder pour laiſſer à ſon pere, ou à ſa mere qui lui ſurvit, ce que les Loix donnent aux parens ſur les biens de leurs enfans. Que les Loix appellent indiſtinctement tous les enfans aux ſucceſſions, & n'excluent de ce nombre que ceux qui naiſſent ſans la figure humaine, ne peuvent être mis au rang des perſonnes a. Qu'encore que ces enfans ne puiſſent faire que bien peu d'uſage des biens, leur condition en ce point n'eſt pas différente de celle des

enfans qui étant à terme naiſſent incapables de vivre & meurent auſſitôt après leur naiſſance, ou par l'effet de l'accouchement dont le travail leur ôte la vie, ou par quelqu'infirmité, ou défaut de conformation ou autre cauſe, qui leur rendant la vie impoſſible, & l'uſage des biens inutiles, ne les rend pas pour cela incapables des ſucceſſions. Qu'encore que le peu de beſoin que les enfans qui ne ſont pas à terme peuvent avoir de l'uſage des biens, finiſſent en peu de jours, ou même en peu d'heures, on peut dire, & il eſt vrai qu'ils en ont be-ſoin, & avant leur naiſſance, & même après s'ils vivent quelque temps, & que c'eſt ſur les biens qui les regar-doient, que cet uſage doit leur être donné. Que c'eſt indiſtinctement pour tous enfans avant leur naiſſance, que les Loix donnent aux veuves enceintes, & à celles même qui ont des biens propres, des proviſions ſur la ſucceſſion de leurs maris pendant leur groſſeſſe, pour la conſervation de l'enfant b : & qu'on nomme même des curateurs aux enfans qui ne ſont pas nés pour le ſoin des biens que l'attendent c, parce qu'ils ſont héri-tiers avant leur naiſſance, & que les Loix les conſide-rent comme étant déja au monde pour acquerir les biens qui peuvent les regarder d. Que les ſucceſſions du pere ou de la mere de ces enfans, ne doivent pas demeurer en ſuſpens après leur naiſſance : & comme elles leur étoient déja acquiſes avant qu'ils vinſſent au monde, ſous cette condition ſeulement que la naiſſance les y fît venir ; & que pendant le temps qu'ils reſtent en vie ces ſucceſſions ne peuvent être par aucune autre tête que ſur la leur ; il ſemble juſte que joignant à ces conſidérations la grande faveur de la cauſe du pere ou de la mere qui leur ſurvit, on regarde ces ſucceſſions comme acquiſes à ſes enfans & par le motif du droit qu'ils y avoient même avant leur naiſſance, & par le motif ſi naturel aux Loix de donner au pere ou à la mere la conſolation de ne pas perdre en même-temps l'enfant & les biens e : & encore par cette raiſon que la ſucceſſion du pere ou de la mere de cette enfant ne peut, pendant qu'il vit, paſſer à autre qu'à lui, & ne peut auſſi demeurer un temps ſans être à perſonne. Que les Loix citées ſur cet article ne demandent autre choſe pour rendre les en-fans capables de ſucceder, ſinon ſeulement qu'ils ayent à leur naiſſance un moment de vie. Que la premiere de ces Loix oppoſe à l'enfant mort-né qui ne ſuccede point, l'enfant qui meurt auſſitôt après ſa naiſſance, & le déclare capable de ſucceder ; au lieu que celui qui eſt né mort, en eſt incapable. Que la ſeconde de-mande ſeulement que l'enfant ſoit un homme formé, qui ſoit né vivant, integrum animal cum ſpiritu. Que pour la troiſiéme on voit que Juſtinien y a décidé une queſtion qui étoit entre deux partis de Juriſconſultes ; les uns prétendant que l'enfant qui avoit donné quel-que marque de vie à ſa naiſſance, quoiqu'il n'eût pas jetté les cris ordinaires, pouvoit ſucceder : & les autres étant d'avis que pour prouver la vie de l'enfant il fal-loit des cris, ce qui étoit vraiſemblablement fondé ſur l'incertitude de tous les autres ſignes de vie. Ainſi, il ſemble que la queſtion entre ces Juriſconſultes n'étoit pas de ſçavoir ſi l'enfant qui n'étoit pas à terme, & qui étoit né vivant pouvoit ſucceder, mais ſeulement de ſçavoir ſi on pouvoit juger par d'autres ſignes que par des cris, que l'enfant fût né vivant. Ce qui paroît prouver que les deux partis convenoient qu'encore que l'enfant ne fût pas à terme, il pouvoit ſucceder, s'il avoit vécu. Et auſſi ſur cette conteſtation, Juſtinien ne décide pas, que les enfans à terme qui ſeroient nés vivans ſuccederoient, & que ceux qui ne ſeroient pas à terme ne ſuccederoient point quand même ils ſeroient nés vivans, ce qui auroit dû ordonner, ſi c'eût été la queſtion ; mais il décide ſeulement en général & indé-finiment que les enfans qui étoient vivans à leur naiſ-ſance pourront ſucceder, quoiqu'ils meurent auſſitôt après. Qu'il eſt vrai que cette Loi s'exprime en ces ter-

a l. 14.ſf. de ſtat. hom. Voyez l'article précédent.

b V. l'art. 8. de la Sect. 2. comment ſuccedent les enfans.
c V. l'art. 7. de cette même Sect. 2. comment ſuccedent les enfans.
d 1. 7. l. 26. ſf. de ſtat. hom. l. 7. ſf. de ſuis & legit. l. 1. ſf. de vent. in poſſ. mit.
e l. 6. ſf. de jur. dot.

mes, *si vivus perfectè natus est* ; mais soit que ce mot *perfecté* se rapporte au mot précédent *vivus*, ou au mot suivant *natus*, & que cette expression signifie ou parfaitement né, ou parfaitement vivant, aucun de ces deux sens ne suffit pour en conclure que ces paroles ne puissent s'entendre que d'un enfant né à terme ; puisqu'un enfant naissant avant le terme peut naître de telle maniere qu'on ne puisse douter qu'il ne fût parfaitement en vie, & qu'il ne fût parfaitement né, c'est-à-dire, qu'il ne fût sorti du sein de sa mere, soit par une naissance naturelle & ordinaire, ou par l'ouverture du corps de la mere morte. Et les paroles qui suivent semblent l'expliquer ainsi, puisqu'elles veulent que la seule question ne soit que de sçavoir si l'enfant est entierement né & si c'est un enfant, & non pas un monstre. *Hoc tantummodo requirendo si vivus ad orbem totus processit, ad nullum declinans monstrum vel prodigium.* Que si on donnoit à cette loi l'effet d'exclure des successions tous les enfans qui pour n'être pas à terme ne peuvent vivre, il faudroit en exclure aussi les enfans de huit mois dont on tient communément ne se peuvent vivre. Que les loix même où il est parlé des enfans qui ne sont pas à terme, ne considerent en eux ce défaut que lorsqu'il s'agit de juger de leur état, & de sçavoir s'ils sont légitimes ou non, soit pour être nés trop tôt après le mariage ; ou trop tard après la mort du mari. Il est vrai que cette question regarde aussi le droit de succeder, car ceux qui ne sont pas légitimes ne succedent point ; mais aucune de ces loix ne considere dans ces enfans la capacité ou incapacité de vivre, pour exclure des successions ceux qui pour n'être pas à un juste terme ne sont pas capables de vivre. C'est par rapport à cette question de l'état de ces enfans, qu'il est dit dans une loi, qu'un enfant né dans le septiéme mois après le mariage est légitime enfant du mari *f*. Que dans une autre il est dit, que l'enfant né après le dixiéme mois de la mort du mari ne lui succede point, la loi jugeant qu'il a un autre pere ; & il y est ajouté, que l'enfant né le cent quatre-vingt-deuxiéme jour est né à un juste terme ; & que si une femme esclave étant affranchie accouche ensuite le cent quatre-vingt-deuxiéme jour après sa liberté, son enfant aura été conçu libre *g*. Ainsi, ce qu'il y a dans ces loix qui se rapporte à la capacité ou incapacité de ces enfans pour succeder, ne regarde que leur état & la qualité de légitimes, indépendemment de sçavoir s'ils peuvent ou ne peuvent vivre. Il y a un autre texte hors le corps de Droit, mais qui a quelque autorité, parce qu'il est du Jurisconsulte Paulus, l'un des premiers Auteurs des Loix, où il est dit, que l'enfant de sept mois est compté au nombre des enfans, & sert à sa mere *b* ; d'où il s'ensuit que celui qui est né avant ce terme ne lui sert de rien. Mais c'est seulement sur le sujet de l'ancien Droit Romain, qui ne donnoit à la mere le droit de succeder à ses enfans que lorsqu'elle en avoit trois. Ainsi, cette régle ne regardoit pas non plus que les autres la capacité ou incapacité de ces enfans pour les successions, & son usage étoit seulement d'exclure du nombre d'enfans nécessaire pour donner ce droit à la mere, ceux qui étoient nés avant le terme de sept mois. Ce qui étoit fondé sur ce que la Loi vouloit que la mere eût trois enfans pour avoir ce droit, regardoit l'utilité qui revenoit à la République de la multiplication des enfans, & que ceux qui ne pourroient vivre étoient inutiles pour cet usage. Qu'enfin si les enfans qui ne sont

pas à terme, sont incapables de succéder, il y aura beaucoup d'inconvéniens par les difficultés de juger du temps de la conception d'un enfant, pour sçavoir s'il étoit à terme ou non, & aussi par l'incertitude qu'il peut y avoir dans la régle même du temps nécessaire pour une naissance à un juste terme ; comme il sera remarqué en son lieu *i*.

Sur cette question si importante par les conséquences dans les cas où elle entre, il sembleroit qu'on pût dire après toutes ces remarques, que s'il falloit le juger par ces Loix qu'on a rapportées, tout enfant qui vit un moment après sa naissance a pû succeder, soit qu'il fût à terme ou ne le fût point. Et on voit aussi qu'il a été jugé, que des enfans de cinq ou six mois, qui selon la régle ne sont pas à terme, ayant vécu quelques momens, avoient succedé. Et quoiqu'il y ait d'autres exemples où il a été jugé, que les enfans de ce même temps n'avoient pas succedé, ce pouvoit être dans des cas où il n'étoit pas certain qu'ils eussent vécu. Et en effet, on voit dans l'Auteur le plus considéré de ceux qui ont recueilli des Arrêts, qu'il en rapporte un *l*, qui fonde cette conjecture. C'étoit dans le cas d'un enfant de quatre ou cinq mois tiré du ventre de sa mere morte, & que son pere prétendoit avoir vécu, les héritiers de la mere soutenant au contraire, que cet enfant n'avoit donné aucun signe de vie ; de sorte que la contestation des parties n'étoit que sur la question du fait, de sçavoir si cet enfant avoit vécu ou non. Sur quoi il fut jugé que cet enfant étoit né mort. Ce qui paroit supposer que s'il avoit été certain qu'il fût né vivant, il eût succedé. Car comme cet enfant n'étoit pas à terme, s'il avoit été jugé par cette raison, qu'encore qu'il fût né vivant il ne pouvoit succeder, il n'auroit pas été prononcé qu'il étoit né mort ; puisque le fait de sa vie ou de sa mort auroit été indifferent & inutile pour qui regardoit la succession. Et aussi un autre Auteur *m*, rapportant un Arrêt qui a jugé, qu'un enfant de cinq ou six mois étant né vivant, avoit succedé, dit qu'il fut décidé que les sept mois que les Loix demandent pour le terme d'une naissance légitime, ne doivent s'entendre, comme il a été déja remarqué, que pour la question de l'état de l'enfant, sçavoir s'il est légitime ou non, *cum agitur de statu, & fit quæstio status* ; & ne regardent pas la question de sçavoir s'il a succedé pour transmettre la succession, *non cùm agitur de transmissione hæreditatis*, ce sont les termes de cet Auteur. Ainsi il semble par ces Arrêts qu'on n'ait pas pris pour régle, que l'enfant qui n'est pas à terme ne pouvant vivre, ne peut succeder, & qu'on ait au contraire pris pour régle, que l'enfant qui est né vivant quoiqu'avant le terme nécessaire pour pouvoir vivre, ne laisse pas de succeder, pourvû que les preuves de sa vie soient parfaites, & qu'on ne prenne pas pour des preuves de la vie d'un enfant, quelques apparences de mouvemens des membres qui peuvent arriver à ceux même qui naissent morts, & qui sont d'ordinaire les seules marques de vie des enfans qui naissent à des termes si avancés, comme il étoit arrivé dans le cas du premier de ces deux Arrêts, ainsi que l'Auteur l'y a remarqué en rapportant les moyens des parties. C'étoit sans doute l'incertitude de pareilles marques de vie dans ces enfans, qui avoit obligé ces Jurisconsultes dont il a été parlé, de demander pour preuve de la vie de l'enfant, qu'on l'eût oui crier.

i V. l'article 5, de la Section 1. comment succedent les enfans ; & la remarque qu'on y a faite.
l Louet, l. E. n. 5.
m Bougier, l. C. n. 4.

V I.

Il faut mettre au nombre des enfans capables de succéder celui qu'on tire du ventre de sa mere, après qu'elle est morte quand il n'auroit vécu que quelques momens. Car encore qu'il ne fût pas né quand la succession de sa mere a été ouverte, l'operation qui le met au monde tient lieu de naissance : & il suffit qu'il ait survécu à sa mere *g*. Et on peut même dire qu'il lui avoit succedé avant sa naissance.

6. Enfant né après la mort de sa mere.

---

f Septimo mense nasci perfectum partum jam receptum est, propter auctoritatem doctissimi viri Hippocratis. Et ideò credendum est quam qui ex justis nuptiis septimo mense natus est, justum filium esse. *l. 12. ff. de stat. hom.*

g Post decem menses mortis natus non admittitur ad legitimam hæreditatem. De eo autem qui centesimo octogesimo secundo die natus est, Hippocrates scripsit, & Divus Pius pontificibus rescripsit, justo tempore videri natum, Nec videri in servitutem conceptum, cùm mater ipsius ante centesimum octogesimum secundum diem esset manumissa. *l. 3. §. pen. & ult. ff. de suis & legit. hered.*

h Septimo mense natus matri prodest. Ratio enim Pythagorei numeri hoc videtur admittere, ut aut septimo pleno, aut decimo mense partus maturior videatur. *Paul. sent. 4. tit. 9.*

g Quod dicitur filium natum rumpere testamentum, natum accipi

cipe, etſi ex ſecto ventre editus ſit. *l.* 12. *ff. de liber. & poſt hæred.*
inſt. l. 6. de inoſſ. teſt. v. l. 132. *& l.* 141. *ff. de verb. ſignif.*

Ce qui eſt ajoute dans l'article, qu'on peut dire que cet enfant
avoit ſuccedé à ſa mere avant ſa naiſſance, eſt fondé ſur ce que les
Loix conſiderent les enfans qui ne ſont pas nés, comme s'ils é-
toient, quand il s'agit de leurs interêts, & des ſucceſſions qui peuvent les regarder. Voyez les Loix citées ſous la lettre D, dans la
remarque ſur l'article précédent.

VII.

7. *Inſenſés,* *ſourds & muets, prodigues, interdits, ſuccedent.*

Ceux qui naiſſent ſourds & muets, ou avec d'autres
infirmitez qui rendent les perſonnes incapables de l'adminiſtration de leurs biens, ne laiſſent pas d'être capables de ſucceder, de même que les autres enfans. Et
les inſenſés même acquierent les ſucceſſions qui peuvent leur échoir, auſſi-bien que les prodigues qui ſont
interdits. Mais on donne à toutes ces ſortes de perſonnes des curateurs qui prennent le ſoin de leurs biens,
comme les tuteurs de ceux des mineurs. Et quoique ces
qualitez les rendent incapables de s'obliger, & que
celle d'hériter puiſſe renfermer des engagemens; leurs
tuteurs & leurs curateurs les contractent pour eux. Mais
toujours à condition que ſi les ſucceſſions leur ſont onereuſes, ils peuvent y renoncer, & ſe faire relever de
ces engagemens *b*.

h V. tit. ff. de bon. poſ. furioſo in f. muto, ſurdo, cæco competit.
Furioſus, & mutus, & inſans, & filius familias . . . . teſtamentum
factionem habere dicuntur. Licet enim teſtamentum facere non
poſſunt; attamen ex teſtamento, vel ſibi, vel alii acquirere poſſunt. §. 4. in f. inſt. de hæred. qual. & diff. Mutus & ſurdus rectè
hæres inſtitui poteſt. *l.* 1. §. 2. ff. de hæred. inſtit. *l.* 5. ff. de acquir. vel omitit. hæred. Eum qui lege bonis interdicitur, hæredem inſtitutum poſſe adire hæreditatem conſtat. *d. l.* 5. §. 1. ff. de
acquir. vel omit. hæred.

Toutes ces ſortes de perſonnes ſont capables d'avoir des biens en
propre; & ce n'eſt qu'à cauſe de cette capacité qu'on leur nomme des
tuteurs & des curateurs. Et pour ce qui eſt des engagemens de la qua-
lité d'heritier, ils n'y entrent que juſqu'à la concurrence de la valeur
des biens. Car quand une ſucceſſion leur eſt échue, on en fait un in-
ventaire pour n'en charger le tuteur ou le curateur. Ainſi les créanciers
ont leur ſureté, de même qu'ils l'ont contre les heritiers majeurs,
qui ne prennent la qualité d'héritiers que ſous le bénéfice d'inventaire.
Ce qui fera la matiere du Titre ſuivant. Voyez les articles 11. 12.
13. *de la Section* 1. *des Perſonnes,* p. 13.

VIII.

8. *Les Bâtards ne ſuccedent point ab inteſtat.*

Les bâtards ſont incapables de toutes ſucceſſions *ab*
inteſtat, à la ſeule réſerve de celles de leurs enfans, s'ils
en avoient de légitimes: & ils ne ſuccedent pas même
à leurs meres. Car on ne compte dans les familles au
nombre des proches capables de ſucceder, que ceux à
qui une naiſſance d'un mariage légitime a donné ce
rang. Et comme les bâtards ne peuvent ſucceder *ab in-*
teſtat à perſonne auſſi, hors leurs enfans légitimes, ne
leur ſuccede à ce même titre, non pas même leurs meres *i.* Mais on peut leur donner, & ils peuvent diſpoſer de leurs biens par un teſtament.

i Vulgò quæſitos nullos habere agnatos manifeſtum eſt. §. 4.
inſt. de jureij. reg.

Quoique ce texte ne regarde que les ſucceſſions du côté paternel, &
que par le Droit Romain les Bâtards puiſſent ſucceder à leurs parens
*maternels, * on n'a pas laiſſé de mettre ici la règle en général, &*
ſuivant notre uſage qui les exclut de toute ſorte de ſucceſſion ab in-
teſtat. Car encore que quelques Coutumes ſingulieres appellent les
bâtards à la ſucceſſion de leurs meres avec les enfans legitimes, ces
uſages particuliers n'empêchent pas que la règle contraire ne mérite
ſeule d'être conſiderée comme notre uſage, & comme plus conforme à
l'honnêteté & aux bonnes mœurs. Voyez la Préface ci-devant n. 12.
& ci-apres les articles 17. 22. & 30. *de cette Section, & l'article* 5.
de la Section 1. *comment ſuccedent les enfans & les deſcendans.*
* V. l. 2. ff. unde cogn. §. 4. inſt. de ſucceſſ. cogn.*

Par la Novelle 18. *de Juſtinien C.* 5. *les enfans d'une concubine*
avoient un ſixiéme de la ſucceſſion de leur pere, s'il mouroit ſans en-
fans légitimes; & leur mere avoit à ce ſixiéme la même part que cha-
cun de ſes enfans ſelon leur nombre.

¶ Les bâtards ne peuvent poſſeder Bénéfices. Bacquet, du droit
de Bâtard. part. 1. *ch.* 2. *n.* 4. *mais bien des Offices quoiqu'ils*
ne ſoient légitimes. Bacquet, eodem n. 5. *l.* 29. §. 1. *ff. de inoſſ.*
teſt. La Loi 5. *Cod. ad ſenatuſc. Orphit. excepté les bâtards des*
femmes illuſtres.

Ils ſont capables de ſucceſſions teſtamentaires à la réſerve de
celles de leurs pere & mere; le pere & la mere ne peuvent cepen-
dant à leur exclusivum fiſcum, quia vitium paternum refrænandum
eſt. l. ult. Cod. de naturalibus liberis.]

☞ Il a été ajouté à la fin de l'article, qu'on peut

donner aux bâtards, & qu'ils peuvent diſpoſer de leurs
biens; ſur quoi il faut remarquer, pour ce qui regarde
les diſpoſitions qu'ils peuvent faire de leurs biens, que
leur condition eſt la même que celle des autres perſonnes, & qu'ils ont la même liberté. Mais pour les
libéralitez qu'on peut leur faire, le Droit Romain,
les Coutumes, & l'uſage y ont apporté divers tempéramens.

Pour le Droit Romain, les Empereurs avoient défendu au pere qui auroit ſa femme, ou des enfans légitimes, de donner à des bâtards, ni à leur mere, plus
d'un vingt-quatriéme de ſes biens *a.* Ce que Juſtinien
par la Novelle 89. c. 12. étendit à un douziéme, laiſſant aux peres qui n'auroient point d'enfans légitimes
ou d'aſcendans, la liberté de donner tout aux enfans
naturels; & s'il n'y avoit que des aſcendans, il n'en excepta que leur légitime.

Pour les Coutumes pluſieurs permettent aux parens
des bâtards de leur donner, mais différemment. Quelques-unes étendent cette liberté juſqu'à la licence de les
inſtituer héritiers par leur contrat de mariage, ou leur
faire des donations, avec cet effet, que ces diſpoſitions
tiennent à la réſerve de la légitime aux enfans, ce qui
bleſſe groſſierement & l'équité & l'honnêteté; il y en
a d'autres qui permettent aux peres & aux meres des
enfans bâtards de leur donner pour leurs alimens & en-
tretiens; ce qui ſemble défendre des libéralitez plus
conſidérables. Et ces bornes indiſtinctement établies
pour toute ſorte de bâtards, & qui ont à l'égard de tous
un juſte fondement ſur les bonnes mœurs & l'honnêteté, ſont encore plus juſtes à l'égard des bâtards nés d'un
inceſte, d'un adultere, ou d'un autre crime; puiſque
par une Loi de Juſtinien ceux-ci ne pouvoient pas même prétendre leurs alimens contre leurs parens *b,* quoiqu'il ſoit de l'équité naturelle, du Droit Canonique &
de notre uſage, qu'on les leur accorde *c.*

C'eſt aſſez de remarquer ici ces principes de l'honnêteté, & les differences qui font faire entre les diverſes ſortes de bâtards, ſans entrer dans le détail des
queſtions qu'on pourroit faire ſur les bornes ou la liberté des diſpoſitions en leur faveur; car ce détail n'eſt
pas réglé de même dans le Droit Romain que par les
Coutumes & par notre uſage. Ainſi cette matiere n'ayant
pas de régles préciſes, uniformes & communes par
tout, il ſeroit à ſouhaiter qu'il y en eût: Et ce n'eſt pas
une matiere du deſſein de ce Livre.

a l. 2. *C. de natur. lib.*
b V. Nov. 89. *C. ult.*
c C. 5. *in f. de eo qui duxit in matr. quam poll. per adult.*
¶ Quand ce ſont de ſimples bâtards, les parens peuvent leur
donner une partie de leurs biens, pourvû que ce ne ſoit pas à
titre univerſel.
Dans notre uſage l'on n'adjuge en Juſtice que des alimens aux
bâtards adulterins ou inceſtueux.
Les enfans légitimes des bâtards leur ſuccedent à l'excluſion du
Fiſc. Bacq. du Droit de Bâtard. part. 1. *chap.* 8. *Dep. tom.* 2.
page 385.

IX.

9. *Les Etrangers ou Aubains ne ſuccedent point.*

Les Etrangers qu'on appelle Aubains ſont incapables de toutes ſucceſſions, ſoit teſtamentaires, ou *ab*
inteſtat l.

l Peregrini capere non poſſunt (hæreditatem) l. 1. *C. de hæred.*
inſt. l. 6. §. 2. *ff. eod. V. ce qui a été dit des Etrangers dans la*
Préface ci-devant n. 13. *V. l'art.* 11. *de la Section* 1. *des Perſon-*
nes, p. 15. *les articles* 18. 23. & 31. *de cette Section, l'art.* 2. *de*
la Section 13. *de ce Titre, & l'art.* 3. *de la Section* 4. *de ce même*
Titre, avec la remarque qu'on y a faite.
Les Etrangers ne ſont pas ſeulement incapables de ſucceder, ils le
ſont auſſi de teſter. V. l'art. 12. *de la Sect.* 1. *des Teſtamens.*

X.

10. *Les Religieux profès ne ſuccedent point.*

Les Religieux Profès ne ſuccedent point: & ils ſont
également exclus par leurs vœux, & des ſucceſſions *ab*
inteſtat, & des teſtamentaires *m.*

m Par la Novelle 5. *de Juſtinien, C.* 5. *les biens de ceux qui en-*
troient dans un Monaſtere étoient acquis à la Maiſon où ils entroient,
& ils ne pouvoient plus en diſpoſer: leurs enfans même ne pouvoient
retenir que leur légitime. En France les biens de celui qui entre en
Religion, non-ſeulement ne ſont pas acquis au Monaſtere ou autre
Maiſon

Maison Religieuse où il peut entrer : mais il ne peut même en disposer en faveur d'aucun Monastere ou Maison Religieuse. Mais il peut disposer de ses biens avant sa profession, en faveur de ses parens ou d'autres personnes, & non après la profession. V. l'article 29. de l'Ordonnance d'Orléans, & l'article 28. de celle de Blois. Voyez sur les Religieux Profés l'article 13. de la Section 2. des Personnes, p. 15. & les articles 19. 24. & 32. de cette Section.

X. I.

Ceux qui sont condamnés à mort, ou à d'autres peines qui emportent la mort civile, ne succedent à personne ni par testament, ni *ab intestat*. Et cette incapacité fait passer les biens qui devoient leur écheoir aux autres personnes que les Loix y appellent *n*.

n Edicto prætoris bonorum possessio his denegatur qui rei capitalis damnati sunt, neque in integrum restituti sunt. l. 13. ff. de bon. poss. Voyez les articles 20. 25. 33. & suivans de cette Section, l'article 5. de la Section 4. l'article 1. de la Section 13. & l'article 14. de la Section 2. des Testamens.
Par ... donnance de 1670. art. 29. des Défants, les peines qui emportent la mort civile, sont la condamnation à mort, ou aux galeres perpetuelles, ou au bannissement du Royaume à perpetuité.

X I I.

Les Corps & Communautés, comme les Villes, les Universités, les Colleges, les Hôpitaux, les Chapitres, les Maisons Religieuses & autres, soit Laïques ou Ecclésiastiques légitimement établies & approuvées, tiennent lieu de personnes, & pouvant posseder des biens, sont capables des successions testamentaires. Et ceux qui ont le pouvoir de disposer de leurs biens, peuvent instituer ces corps héritiers, si quelque Loi n'en dispose autrement *o*.

o Habeat unusquisque licentiam sanctissimo catholico venerabilique concilio decedens bonorum quod optaverit relinquere, & non sint cassa judicia ejus. l. 1. C. de sacros. sanct. Eccl.
Collegium, si nullo speciali privilegio subnixum est, hæreditatem capere non posse dubium non est. l. 8. C. de hæred. instit.
Il faut entendre le privilege dont il est parlé dans ce texte de la permission de former un corps. Car il ne peut y en avoir aucun de licite sans la permission du Prince. Voyez l'article 15. de la Section 2. des Personnes, p. 15.
Il y a des Communautés incapables des successions, comme celles des Religieux mendians. Voyez sur les dispositions en faveur des Maisons Religieuses, la remarque sur l'article 10.

X I I I.

Il ne faut pas mettre au nombre des personnes incapables de succeder, les enfans qui ne sont pas encore nés lorsque la succession est échue, s'ils étoient conçus. Car les posthumes qui ne naissent qu'après la mort de leurs peres, ne laissent pas de leur succeder. Et on peut même instituer héritier le posthume d'une autre personne. Ainsi, ces enfans sont également capables de toutes successions qui peuvent les regarder, soit testamentaires ou *ab intestat* p.

p Furiosus, & mutus, & posthumus, & infans, & filius-familias, & servus alienus testamenti factionem habere dicuntur. Licet enim testamentum facere non possunt, attamen ex testamento vel sibi, vel alii acquirere possunt. §. 4. in f. inst. de hæred. qual. & acqu. (Posthumus alienus) hodie rectè hæres instituitur. Inst. de bon. poss.

X I V.

Toutes les causes d'incapacité de succeder qu'on a expliquées, ont leurs effets différens selon leur nature, & selon les temps où les personnes se trouvent dans l'incapacité *q*. Ce qui dépend des régles qui suivent.

q Voyez les articles qui suivent.

X V.

Pour ce qui regarde la nature des diverses sortes d'incapacité, sçavoir des bâtards, des étrangers, des Religieux profés, & des comdamnés à une peine qui emporte la mort civile, celle des bâtards est distinguée des autres en ce qu'ils ne sont absolument incapables que des successions légitimes, & qu'ils sont capables ou de succeder par un testament, ou d'en recevoir quelque libéralité selon les distinctions qui ont été remarquées sur l'article huitiéme, mais les autres incapacités

Tome I.

---

excluent également des deux sortes de successions & de toutes dispositions à cause de mort *r*.

r V. l'article 8. & la remarque qu'on y a faite.

X V I.

Il faut encore remarquer sur la nature de ces quatre sortes d'incapacité, qu'il y en a qui durent toujours, & d'autres qui peuvent cesser *f*, comme on le verra par les régles qui suivent.

f Voyez les articles qui suivent jusqu'au 26.

X V I I.

L'incapacité du bâtard, de qui le pere ou la mere auroient pû se marier ensemble au temps de sa conception, cesse en cas que se mariant ils le reconnoissent pour légitime, & il est légitimé par ce mariage *t*.

t Mox postquam nuptiæ cum matribus eorum fuerint celebratæ, suos patri & in potestate fieri jubemus. l. 10. eod. Nuper legem conscripsimus qua jussimus si quis mulierem in suo contubernio collocaverit non initio affectione martiali (eam tamen cum qua poterat habere connubium) & ex ea liberos sustulerit, &c. l. 11. cod. v. Nov. 12. c. 4. Nov. 74. c. 1. Nov. 89. c. 8.
V. sur l'incapacité des bâtards les articles 1. & 30.
On ne parlera pas ici de la maniere de légitimation d'un bâtard par Lettres du Prince, c'est une matiere qui n'est pas du dessein de ce Livre.

X V I I I.

L'incapacité des étrangers peut cesser par des Lettres de naturalité. Car l'effet de ces Lettres est de leur donner les droits de ceux qui sont nés sujets du Prince qui leur fait cette grace *u*.

u Cives allectio facit. ex l. 7. C. de incol.
Quoique ce texte ne regarde pas les Lettres de naturalité, ces mots peuvent se rapporter à l'effet de ces Lettres. V. les articles 13. & 31.

X I X.

L'incapacité des Religieux Profés peut cesser si leurs vœux se trouvent nuls, & qu'ayant reclamé dans le temps, ils les fassent annuller en Justice; comme ils le pourroient si la profession avoit été faite avant l'âge prescrit par les Loix, ou avant l'année de probation, ou qu'il y en eût d'autres justes causes *x*. Mais si la profession ne peut être annullée, l'incapacité durera toujours.

x Les vœux seroient nuls, s'ils n'étoient précédés d'une année de probation après la prise d'habit, & si celui qui f ut profession n'avoit l'âge de 16. ans accomplis. V. le Concile de Trente, Section 25. C. 15. & l'Ordonnance de Blois article 28. V. sur l'incapacité des Religieux Profés les articles 24. & 32.

X X.

L'incapacité que fait la mort civile du condamné peut cesser, s'il fait annuller sa condamnation. Et s'il mouroit avant l'accusation, ou même avant la condamnation, il n'y auroit point eu d'incapacité *y*.

y Voyez ci-après les articles 25. 33. & autres suivans.

X X I.

Entre les incapacités qui peuvent cesser, il faut distinguer celles qui cessent de telle sorte que la personne qu'elles rendoient incapable, ne cesse de l'être que pour l'avenir, sans que pour le passé il soit fait aucun changement à l'état où elle étoit alors ; & celles qui cessent de telle maniere que la personne soit considerée comme si elle n'avoit jamais été incapable, & rentre tellement dans les droits, qu'elle se trouve capable de successions, même qui lui étoient échuës pendant que son incapacité paroissoit durer. Cette différence entre ces diverses sortes d'incapacités, est un effet naturel de la différence entre leurs causes, qui consiste en ce que les causes de quelques-unes peuvent être tellement anéanties, qu'il en est de même que si elles n'avoient jamais été, comme la profession en religion, qui est la

S f

Marginal notes (left column):
11. *Ni les condamnés qui sont dans la mort civile.*
12. *Les Communautés peuvent succeder par le testament.*
13. *Ceux qui n'étoient pas nés avant que la succession soit échue, peuvent succeder.*
14. *Les differentes incapacités ont leurs effets differens.*
15. *Difference entre les incapacités par rapport aux deux sortes de successions.*

Marginal notes (right column):
16. *Quelques incapacités peuvent cesser & d'autres durent toujours.*
17. *L'incapacité des bâtards cesse par le mariage de leur pere avec leur mere.*
18. *Les Lettres de naturalité font cesser l'incapacité de l'étranger.*
19. *Et la nullité des vœux, celle du Religieux profés.*
20. *Celle d'un condamné cesse par une absolution, & en d'autres cas.*
21. *Incapacités qui cessent pour le passé & pour l'avenir, ou seulement pour l'avenir.*

caufe de l'incapacité du Religieux profés, & la condamnation qui eſt la cauſe de l'incapacité du condamné. Car ſi la profeſſion eſt annullée, & ſi la condamnation eſt anéantie, l'un & l'autre rentrent dans leur premier état, de même que s'il n'y avoit eu ni poſſeſſion,
ni condamnation. Mais les cauſes de l'incapacité du
bâtard, & de celle de l'étranger ne peuvent pas être
anéanties de cette maniere. Car le vice de la naiſſance
du bâtard ne ſçauroit être réparé de telle ſorte que cette
naiſſance ſoit la même que ſi elle avoit été légitime : &
le défaut d'origine de l'étranger ne ſçauroit non plus
être réparé, de ſorte que ſon origine ſoit la même que
s'il étoit originaire du pays où il eſt naturaliſé. Ainſi,
lorſque le bâtard eſt légitimé par le mariage de ſon pere
avec ſa mere, & l'étranger naturaliſé par des Lettres du
Prince, ces changemens n'anéantiſſent pas le vice de la
naiſſance du bâtard & le défaut d'origine de l'étranger,
mais ſont ſeulement ceſſer l'incapacité qui étoit l'effet
de ces cauſes. Ce qui fait qu'ils ne peuvent devenir capables de ſucceder que pour l'avenir. On verra dans les
articles qui ſuivent l'uſage de cette diſtinction en chaque ſorte d'incapacité z.

z Voyez les articles qui ſuivent.

X X I I.

Lorſqu'un bâtard eſt légitimé par le mariage de ſon
pere avec ſa mere, comme ſa légitimation ne le rétablit pas dans une capacité qui lui eût été naturelle, ainſi
qu'il a été dit dans l'article précédent, elle ne le rend
capable de ſucceder que pour l'avenir, & n'a pas l'effet
de lui acquerir les ſucceſſions qui étoient échûes pendant que ſon incapacité ſubſiſtoit encore a. Ainſi, par
exemple, ſi on ſuppoſe que celui qui auroit un bâtard
ſans autres enfans, renonce à une ſucceſſion qui lui fût
échûe, & qu'enſuite il vienne à ſe marier avec la
mere de ce bâtard & le légitimer, cette ſucceſſion qui
par la renonciation du pere auroit paſſé à ce bâtard,
s'il eût été alors légitime, & qu'il eût voulu la recueillir au défaut de ſon pere, ne lui ſera pas acquiſe par ſa
légitimation, qui n'eſt venue qu'après : mais cette ſucceſſion demeurera à l'héritier qui ſe trouvant le plus
proche & en étant capable, aura voulu la prendre. Et il
en ſeroit de même, dans le cas d'une ſucceſſion échûe
à un étranger qui auroit un bâtard non encore légitimé, mais qui ſeroit naturel François, ou naturaliſé.
Car ſi cet étranger incapable de cette ſucceſſion, ſe mariant enſuite avec la mere de ce bâtard le légitimoit,
cette légitimation n'auroit pas l'effet de lui donner droit
à cette ſucceſſion dont il étoit incapable, n'étant pas
légitimé lorſqu'elle fut ouverte, & dont ſon pere comme un étranger étoit incapable auſſi. Mais cette ſuccef-
ſion demeureroit à celui qui à leur défaut l'auroit recueillie.

a C'eſt une ſuite du vice de la naiſſance du bâtard.

X X I I I.

Il en eſt de même de l'incapacité de l'étranger. Et
lorſqu'il eſt naturaliſé, il n'eſt rendu capable que des
ſucceſſions qui pourront lui écheoir enſuite. Mais toutes celles qui étant échûes auparavant auroient pû la regarder, demeurent acquiſes à ceux qui à ſon défaut
y étoient appellés. Car cette incapacité, comme celle
du bâtard, étois naturelle à l'état de ſon origine. Ainſi
la capacité de ſucceder que lui donne le bénéfice des
Lettres de naturalité, ne peut avoir pour effet que pour
l'avenir b, comme il a été dit dans l'article 21.

b C'eſt une ſuite de cet état d'étranger. V. l'article 31. & la remarque qu'on y a faite.

X X I V.

Il n'en eſt pas de même de l'incapacité du Religieux
profés que de celles du bâtard, & de l'étranger. Car
comme le Religieux profés n'avoit pû être rendu incapable que par des vœux qu'on appelle ſolemnels, & qui
fuſſent ſans nullité; celles qui ſe rencontrent dans les
liens étant reconnues, le jugement qui annulle ſa pro-

feſſion, anéantit la cauſe de ſon incapacité, & le remet au même état où il étoit avant qu'il les fît. Ainſi il
rentre dans ſon premier droit, & ſon incapacité ceſſe
avec ſa cauſe, & pour le paſſé & pour l'avenir. Ce qui
diſtingue ſa condition de celle du bâtard, & de l'é-
tranger c.

c C'eſt une ſuite de la nullité des vœux. V. les deux articles précédens ſur la différence entre cette incapacité & celle du bâtard &
de l'étranger.

X X V.

L'incapacité du condamné à quelque peine qui emporte la mort civile, n'ayant pour cauſe que ſa condamnation, ſi cette cauſe vient à ceſſer il eſt remis dans ſon
premier état, comme le Religieux qui a fait annuller
ſes vœux : Et il rentre dans ſes droits de même que s'il
n'y avoit jamais eu de condamnation d.

d V. l'article 33. & autres ſuivans.

X X V I.

Toutes les régles qu'on vient d'expliquer regardent
la nature, & les différences de diverſes ſortes d'incapacités qu'il a été néceſſaire de diſtinguer pour l'uſage
de la régle expliquée dans l'article 14. Et il faut auſſi
pour ce même uſage diſtinguer les temps où les incapacités doivent être conſiderées, ſoit pour les ſucceſſions
teſtamentaires, ou pour les ſucceſſions ab inteſtat e, &
ce qui dépend des régles qui ſuivent.

e V. les articles ſuivans.

X X V I I.

Pour les ſucceſſions teſtamentaires la capacité ou incapacité de l'héritier peut être conſiderée en trois divers temps. Sçavoir dans le temps du teſtament, dans le
temps de la mort du teſtateur, & dans le temps de l'a-
dition de l'hérédité, c'eſt-à-dire, lorſque l'héritier veut
accepter cette qualité f. On verra dans la ſuite l'uſage
de la diſtinction de ces divers temps.

f In extraneis hæredibus illa obſervantur, ut ſit cum eis teſtamenti factio : ſive ipſi hæredes inſtituantur : ſive hi qui in poteſtate
eorum ſunt. Et id duobus temporibus inſpicitur : teſtamenti facti,
ut conſiſteric inſtitutio, & mortis teſtatoris, ut effectum habeat.
Hoc amplius & cùm adibit hæreditatem, eſſe debet cum eo teſtamenti factio : ſive purè, ſive ſub conditione hæres inſtituus fit.
Nam jus hæredis eo vel maximè tempore inſpiciendum eſt, quo
adquiric hæreditatem. Medio autem tempore inter factum teſtamentum & mortem teſtatoris, vel conditionem inſtitutionis exi-
ſtentem mutatio juris hæredi non nocet : quia ut dixi tria tempora
inſpicimus. l. 49. §. 1. ff. de hæred. inſtit.
Solemus dicere media tempora non nocere, ut purà : civis Romanus hæres ſcriptus vivo teſtatore factus peregrinus : mox civitatem Romanam pervenit : media tempora non nocent. l. 6. §. 2.
eod. d. l. 49. §. 2. eod.
On n'a pas mis dans cet article ce qui eſt dit dans ces textes que
l'incapacité qui ſe rencontre dans l'un de ces trois temps, exclut l'héritier. Car il faut apporter à cette régle du Droit Romain des temperamens qui réſultent des régles ſuivantes, & des remarques qui y
ſeront faites, & particulierement ce qui ſera dit ſur l'article 31.
Voyez ſur ce même ſujet le Préambule de la Section 10. des
Teſtamens.

X X V I I I.

Pour les ſucceſſions ab inteſtat la capacité ou incapacité de l'héritier ne doit être conſiderée qu'au temps de
la mort de celui à qui il ſuccede. Car c'eſt cette mort
qui fait l'ouverture de la ſucceſſion : & par notre régle,
Que le mort ſaiſit le vif, ſon plus prochain héritier habile à
lui ſucceder, le droit de l'héritier légitime lui eſt acquis au moment de cette mort, & de telle ſorte que
s'il vient à mourir auſſi-tôt après, ſans l'avoir ſçûe,
ayant même ignoré qu'il dût ſucceder; il ne laiſſe pas
de tranſmettre ſon droit à ſes héritiers g. D'où il s'enſuit, que ſi l'héritier à qui il eſt échû une ſucceſſion ab
inteſtat, pendant qu'il en étoit capable, devient inca-

g On a mis cette régle conforme à notre uſage, ſuivant la maxime
de France, Que le mort ſaiſit le vif, ſon plus prochain héritier
habile à lui ſucceder, quoique dans le Droit Romain cette régle ne
fût pas commune à tous héritiers ab inteſtat, comme il ſera expliqué
dans le Préambule de la Section 10. des Teſtamens.

pable même que d'avoir exercé ni connu son droit, comme s'il fait profession en Religion, ou s'il est condamné à mort ou autre peine qui emporte la mort civile ; cette incapacité survenue n'aura pas l'effet de faire passer les biens de cette succession aux autres héritiers qui à son défaut devoient succeder ; mais elle aura seulement l'effet expliqué dans l'article qui suit *b*.

b V. sur cet article & sur le suivant l'article 31. & les remarques qu'on y a faites.
On n'a parlé dans cet article & dans le suivant que de l'incapacité du Religieux profès, & de celle du condamné, & non de celle de l'Etranger, à cause des difficultés remarquées sur l'article suivant.

X X I X.

29. Effet de l'incapacité survenue après l'ouverture de la succession ab intestat.

Si l'héritier *ab intestat* capable de succeder au temps de la mort qui a fait l'ouverture de la succession, en devient incapable par une profession en Religion ou par une condamnation, avant que d'avoir fait aucune démarche pour exercer son droit, ou avant même qu'il l'eût connu, les biens de cette hérédité lui ayant été acquis de même que ses autres biens, ils passeront à ceux qui auront ses droits, créanciers ou autres *i*. Ainsi, les biens du Religieux Profès seront à ses héritiers : & ceux du condamné seront acquis au Roi, ou au Seigneur à qui la confiscation en appartiendra.

i C'est encore une suite de la regle, le mort saisit le vif.

☞ Il faut remarquer sur l'article précédent & sur celui-ci, que l'incapacité des successions *ab intestat* survenue après la mort qui en fait l'ouverture, & avant l'adition d'hérédité, ne peut regarder que l'étranger, le Religieux Profès & le condamné. Car pour le bâtard, comme il ne peut cesser d'être légitime après qu'il a été une fois légitimé, il ne peut lui survenir d'incapacité. Et pour les autres il faut distinguer leurs conditions à ce qui regarde l'effet de cette incapacité survenue, & y considerer une différence entre celle du Religieux Profès & du condamné, & celle de la personne qui tombe dans la condition d'étranger. Cette différence consiste en ce que l'incapacité survenue au Religieux profès & au condamné les dépouille des successions qui leur étoient acquises auparavant, de même que de tous leurs biens; & les fait passer à ceux qui ont leurs droits ; au lieu que l'incapacité survenue à celui qui devient étranger ne le dépouille pas des biens qui lui étoient acquis avant cette incapacité. Ainsi, par exemple, si on suppose qu'un étranger d'un pays à qui nos Rois auroient accordé le droit de naturalité, ayant recueilli une succession *ab intestat* & s'en étant mis en possession, vînt ensuite à perdre le privilège de naturalité par une révocation générale qui remît à la condition d'étrangers, ceux de ce pays-là ; ce changement ne le dépouilleroit pas de cette succession qui lui étoit déja acquise : & il en conserveroit les biens de même que les autres qui seroient à lui. Ainsi au contraire l'incapacité survenue au Religieux Profès & au condamné fait passer les successions qui leur étoient acquises, de même que leurs autres biens, à ceux qui ont leurs droits, comme il est dit dans l'article.

On fait ici cette remarque entre l'effet de l'incapacité survenue à celui qui devient étranger, & l'effet de l'incapacité survenue au Religieux Profès & au condamné, pour rendre raison de ce que dans l'article précédent & dans celui-ci, on n'a parlé que du Religieux Profès & du condamné, & non de l'étranger, à cause d'une difficulté particulière à l'étranger, & qui résulte de cette différence entre sa condition & celle des autres.

Cette difficulté consiste en ce que d'une part il est certain par notre régle expliquée dans l'art. 28. que la succession *ab intestat* est acquise à l'héritier au moment de la mort de celui à qui il succede, sans aucun fait de sa part; d'où il s'ensuit qu'encore qu'après cette mort cet héritier devienne incapable, son droit lui demeure ou passe à ceux qui lui succedent ou qui ont de ses droits, comme il arrive dans le cas du Religieux Pro-

Tome I.

fès & du condamné : & qu'ainsi il sembleroit que l'héritier devenu étranger dans le cas qu'on vient de remarquer devroit pouvoir recueillir la succession qui lui seroit échue, & se conserver un bien qui étoit à lui, puisqu'il n'est pas devenu incapable de demeurer en possession de ce qu'il avoit, comme le Religieux & le condamné, & qu'il semble même que si avant cette incapacité & sans avoir fait aucun acte d'adition, il eût vendu, cedé, donné ou autrement transporté son droit à une personne capable, cette disposition ne seroit pas annullée par son incapacité survenue ensuite. Mais d'autre part on pourroit par une autre vûe douter que cette incapacité survenue avant l'adition de cette hérédité ne l'empêchât de la recueillir ; car on pourroit dire contre lui, que n'ayant pas recueilli cette succession avant son incapacité, il se trouveroit dans le cas du motif de la loi qui rend l'étranger incapable de succeder, parce que ce motif est d'empêcher que les biens qui sont dans le Royaume ne passent à des étrangers, ce qui arriveroit en sa personne, si étant devenu étranger, il prenoit ses biens. Qu'ainsi cette loi qui est du droit public devroit faire cesser à son égard l'effet de la loi qui veut que l'héritier soit saisi de l'hérédité au moment de la mort de celui à qui il succede, qui n'est qu'une regle du droit privé, c'est-à-dire, qui ne regarde que l'intérêt des particuliers. A quoi l'on pourroit ajouter que c'est l'usage à l'égard même des naturels François qui ont été long-temps établis dans un pays étranger, quoique sans y être naturalisés, que s'ils reviennent en France pour recueillir une succession qui leur soit échûe, on les oblige à rétablir leur séjour en France, & on leur impose la condition de ne point aliéner les biens de la succession qu'ils prétendent. D'où l'on pourroit tirer cette conséquence, que si on use en de pareils cas d'une telle précaution à l'égard d'un naturel François, de crainte qu'il ne fît passer dans un pays étranger les biens de cette succession, & le prix qu'il pourroit tirer de la vente des immeubles ; il y auroit autant ou plus de raison d'exclure d'une succession celui qui seroit actuellement étranger quand il voudroit la recueillir, à moins qu'on ne se contentât de lui défendre l'aliénation, ou qu'il n'obtînt des Lettres de rehabilitation, car en ce cas sans doute il succederoit. Cette difficulté conduit à une autre qui arriveroit si celui qui seroit devenu étranger étoit mort dans cet état ; & dans l'intervalle entre l'ouverture de la succession dont il avoit été saisi en étant capable, & l'adition que sa mort auroit prévenu. La difficulté seroit dans ce second cas, entre ceux qui exerceroient le droit du Roi pour l'Aubaine de la succession de celui qui seroit devenu étranger seroit mort dans cet état, & ceux qui lui contesteroient cette hérédité, & qui auroient succedé à son défaut si l'incapacité survenue avoit dû l'exclure. Dans cette contestation l'intérêt du Roi seroit que cette succession demeurât acquise à cet héritier devenu étranger ; afin qu'elle se trouvât dans la sienne pour grossir le droit d'Aubaine. Et pour cette prétention on pourroit dire que le motif de la loi qui exclut les étrangers des successions, cesseroit en ce cas, puisque les biens demeureroient dans le Royaume, & seroient acquis au Roi. De sorte qu'il n'y auroit pas de prétexte de déroger à la regle, *le mort saisit le vif*, comme il y en a dans le cas où cet héritier devenu étranger & restant en vie, veut recueillir la succession. Qu'ainsi cet étranger étant mort saisi de cette hérédité, elle seroit acquise au Roi, de même que les autres biens qu'il laisseroit dans la sienne. Que ce ne seroit pas la considération de favoriser le droit d'Aubaine qui obligeroit d'en juger ainsi ; mais que cette décision seroit un effet naturel des regles. Car comme le Religieux profès & le condamné se trouvent capables au temps de l'ouverture de la succession qui peut les regarder, n'en sont pas exclus par l'incapacité survenue avant l'adition, & que cette incapacité n'a pas l'effet de faire passer cette succession aux autres héritiers qui devroient succeder à leur défaut, mais qu'au contraire elle demeure dans leurs biens, & passe à ceux qui ont leurs droits ; il devroit en être de même de la succession échûe à cet héritier devenu ensuite étranger ;

& qu'elle devroit lui être acquise pour lui demeurer pendant qu'il vivroit, de même que tous les autres biens qu'il auroit pû acquerir par toute autre voye, & qu'il ne perdroit pas par ce changement, & qu'après sa mort cette succession de même que ses autres biens, devroit passer à ceux qui auroient ses droits.

On ne propose pas ici ces différens cas par une simple curiosité ; mais pour faire voir par les difficultés qui s'y rencontrent, & par les principes qu'on vient d'expliquer, & d'où il semble qu'on doive en tirer les décisions, quelles ont été les raisons qui ont fait juger, qu'encore que par le Droit Romain la capacité de succeder soit necessaire au temps de l'adition d'hérédité pour les successions même *ab intestat* a, on devroit mettre la regle de cet article conforme à notre regle, *le mort saisit le vif*, qui ne rend la capacité necessaire pour ces successions qu'au temps de la mort qui en fait l'ouverture, ainsi qu'il paroît dans les cas du Religieux profés & du condamné. De sorte qu'on n'a pas dû mettre dans l'article comme une regle de notre usage, que pour les successions *ab intestat* la capacité de l'héritier soit necessaire en deux temps, sçavoir, au temps de la mort qui fait l'ouverture de la succession, & au temps de l'adition. Et quand même on jugeroit sur l'incapacité de celui qui seroit devenu étranger avant l'adition d'hérédité qu'il ne pourroit la recueillir, on ne devroit pas en conclure que ce fût par la regle du Droit Romain qui demande la capacité au temps de l'adition, puisque nonobstant cette regle ceux qui ont les droits du Religieux profés & du condamné, recueillent les successions qui leur étoient échues avant leur incapacité, quoiqu'ils eussent même ignoré leur droit, & qu'ils fussent devenus incapables avant l'adition. Ainsi, cette regle se trouvant fausse dans deux cas de trois qu'elle peut comprendre, pour ce qui regarde les incapacités, elle ne peut être mise au nombre des regles, & ne pourroit être donnée pour raison de l'exclusion de celui qui seroit devenu étranger avant l'adition. Mais s'il étoit en effet jugé qu'il dût être exclus, il faudroit que ce fût par d'autres raisons, comme celles qu'on a remarquées.

Tout ce qu'on a dit jusqu'ici dans cette remarque sur le temps qu'il faut considerer la capacité ou incapacité de l'héritier, ne regarde que les successions *ab intestat*, dont il est seulement parlé dans l'article. Et pour les trois temps où la regle du Droit Romain demande la capacité pour les successions testamentaires b, il faut voir la fin de la remarque sur l'art. 31. & le préambule de la Section 10. des Testamens, où l'on a traité de la transmission qui renferme la necessité de sçavoir en quel temps un héritier a son droit acquis, pout faire juger s'il le transmet à ses héritiers. Ainsi, il faut assembler tout ce qui est dit en ces deux endroits, où l'on a tâché d'expliquer les différens principes du Droit Romain & de notre usage sur cette matiere, & d'y ajouter ceux du Droit naturel & de l'équité qu'on a jugé pouvoir y servir.

a *Par le Droit Romain l'héritier* ab intestat, *qui mouroit avant l'adition, ne transmettoit pas son droit à ses héritiers : ainsi l'hérédité que lui étoit acquise que par l'adition. D'où il s'ensuit que l'incapacité survenue l'excluoit de l'heredité.* Voyez le Préambule de la Section 10. des Testamens.

b *Voyez l'article* 27.

XXX.

L'incapacité des bâtards ne regardant que les successions *ab intestat*, ils en sont ou incapables ou capables selon l'état où ils se rencontrent au temps de la mort qui en fait l'ouverture. Ainsi le bâtard qui ne seroit pas légitimé par le mariage de son pere avant sa mere avant cette mort, ne succederoit pas, quand il seroit légitimé avant que la succession fût recueillie. Car son incapacité au temps de l'ouverture de la succession l'en ayant exclus, elle auroit passé à celui qui devoit succeder c. Mais il pourroit recueillir les successions *ab intestat* qui lui écherroient après qu'il auroit été légitimé par le mariage.

c *C'est une suite de la nature de cette incapacité.*

On suppose dans cet article la capacité des bâtards pour les successions testamentaires ; mais il faut remarquer sur ce sujet ce qui en a été dit sur l'article 8.

XXXI.

L'incapacité de l'étranger regarde également les successions *ab intestat*, & les successions testamentaires. Ainsi celui qui se trouvant étranger au temps de la mort de la personne à qui il devroit succeder, ne seroit naturalisé qu'après cette mort, n'ôteroit pas la succession, soit testamentaire, ou *ab intestat*, à l'héritier qui à son défaut auroit succedé m.

m *C'est une suite de l'incapacité, & de ce que la succession testamentaire est ouverte par la mort du testateur, de même que la succession ab intestat est ouverte par la mort de celui de l'hérédité de qui il s'agit. Car c'est dès le moment de cette mort que tout héritier doit avoir son droit. De sorte que l'enfant même qui n'est pas né au temps de la mort de celui à qui il doit succeder, & l'héritier qui ne recueille la succession que long-temps après qu'elle étoit échue, sont considerés comme s'ils avoient succedé au moment de cette mort, suivant la regle expliquée dans l'article 15. de la Section 1. Ainsi l'héritier qui se trouve incapable au temps de cette mort est exclus de l'hérédité par celui à qui elle doit passer.*

On ne doit pas supprimer ici quelques réflexions sur des difficultés qui naissent de la regle expliquée dans cet article, & de celle de l'article 27. soit pour les successions *ab intestat*, ou pour les successions testamentaires.

Si on suppose pour une premiere difficulté, qui regarde des successions *ab intestat*, qu'un fils d'un naturel François s'étant établi hors du Royaume, & devenu étranger par des engagemens dans un pays sujet à un autre Prince, étant revenu en France dans le dessein d'obtenir des Lettres de réhabilitation, c'est-à-dire, qui le rétablissent dans son premier état ; n'eût pû obtenir ces Lettres que quelques jours après la mort de son pere, seroit-il exclus de sa succession par un héritier collateral, ou même par ses freres s'il en avoit? & ne seroit-il pas juste en ce cas, que par l'effet de ces Lettres, étant remis dans son premier état, ainsi que le Religieux profés qui fait annuller ses vœux rentre dans le sien, il pût succeder comme s'il étoit toujours demeuré naturel François, tel qu'il l'étoit par sa naissance ? Et quand même il seroit né étranger fils d'un étranger qui auroit été naturalisé sans lui, ne suffiroit-il pas qu'il fût naturalisé après la mort de son pere pour recueillir sa succession, que personne n'auroit encore recueillie, puisque l'incapacité des étrangers n'est pas du droit naturel ; & qu'elle y seroit même contraire en ce cas, où il faudroit préferer à ce fils le fisque, ou des collateraux, s'il y en avoit qui prétendissent la succession. Et ne seroit-il pas au contraire de l'humanité & de l'équité d'user pour ce fils de l'esprit des loix qui dispensent de leur rigueur, lorsque l'équité demande autre chose que ce qui est réglé par la lettre, & sur tout dans les cas où comme en celui-ci l'esprit de la loi subsiste avec le temperament de l'équité. Car le motif de la loi qui exclut l'étranger des successions, est d'empêcher que les biens qui sont dans le Royaume ne passent à des Pays étrangers, ce qui n'arriveroit pas en la personne de ce fils naturalisé, quoique seulement après la mort de son pere. C'est par une semblable raison d'équité, qu'encore que ceux qui meurent étrangers ne puissent avoir d'héritiers, comme il sera dit dans l'article 3. de la Section 4. les enfans des étrangers qui meurent en France succedent à leurs peres, si ces enfans sont nés en France, ou y ont été naturalisés. Et non-seulement les enfans sont exceptés de cette regle ; mais il semble que l'usage en étend aussi les héritiers collateraux des étrangers, si ces héritiers sont naturels François, ou s'ils ont été naturalisés ; car le motif de la loi cesse à leur égard. Et il y a quelques Coutumes qui appellent à la succession des Aubains leurs héritiers habiles à leur succeder.

On pourroit faire d'autres questions, en supposant, par exemple, qu'au lieu d'un fils, ce fût un frere naturalisé seulement après la mort de son frere de qui il demanderoit la succession comme d'autres freres, ou contre un cousin qui voudroit l'exclure, ce qui pourroit arriver dans plufieurs manieres, felon qu'il feroit fa demande pendant que les chofes feroient entieres, perfonne n'ayant encore recueilli la fucceffion, ou feulement après qu'un autre héritier auroit été en poffeffion des biens, & en auroit même difpofé. Mais on ne doit pas entrer ici dans le détail de femblables queftions, & on n'a touché celles-ci qu'à caufe des difficultés qu'elles font naître dans l'ufage des principes, en ce qu'elles paroiffent demander des décifions qui pourroient fembler y être contraires. Car fi c'eft la regle abfolue, que tout héritier qui fe trouve incapable au temps de la mort de celui à qui il devoit fucceder, doit être exclus de l'hérédité, le fils, qui, comme il a été dit, fe trouveroit étranger au moment de la mort de fon pere, n'ayant pas eu le temps d'obtenir des Lettres de naturalité, qu'il n'aura que quelques jours après, fera exclus de toute part aux biens de fon pere, ou par fes freres, ou par des collateraux, s'il n'a point de freres. Ce qui paroît tellement bleffer l'équité, qu'il femble qu'en ce cas on doive décider contre cette regle. Comme c'eft donc le deffein de ce Livre d'expliquer, autant qu'on le peut, les principes & les regles d'où dépendent les décifions des difficultés dans les matieres dont on y traite, & que le cas de ce fils femble devoir être excepté de la regle, on n'a pas dû fupprimer une remarque de cette conféquence, & la réflexion que demande une telle difficulté. On voit qu'elle confifte en ce que la regle qui exclut l'étranger de l'hérédité, & qui n'eft qu'une regle arbitraire du droit pofitif, étant appliquée à la lettre à ce fils, qui fe trouveroit étranger au moment de la mort de fon pere, blefferoit un principe de l'équité naturelle, qui appelle ce fils à la fucceffion de fon pere. De forte que dans une difficulté de cette nature, il femble qu'on puiffe dire que l'efprit des Loix demande en faveur de ce fils, que pour lui conferver fon droit on donne à ces Lettres de naturalité l'effet de le rétablir dans ce droit de fucceder qu'il avoit naturellement, & qui étoit comme fufpendu en fa perfonne par cette regle arbitraire dont la grace du Prince fait ceffer l'effet. Ainfi, dans ce cas on ne fait autre chofe en faifant fucceder ce fils, qu'obferver les premiers principes de l'interprétation des Loix qui veulent qu'on les concilie par l'efprit univerfel de l'équité qui regne en toutes, & qui fait le bon ufage & des loix naturelles & des loix arbitraires, felon les regles qu'on a expliquées dans le Titre des Regles du Droit.

La même confideration qui a obligé à faire cette remarque du cas de ce fils, oblige auffi à confiderer ce même cas dans des circonftances où la difficulté feroit plus grande, comme s'il ne venoit demander la fucceffion de fon pere que plufieurs années après que fes freres, ou même des collateraux l'auroient recueillie; feroit-il jufte en ce cas de rétablir ce fils naturalifé dans fon premier droit? troubler le repos des familles de ceux qui auroient fuccedé à fon défaut: renverfer l'état de leurs affaires: révoquer les aliénations qu'ils auroient faites? Ou faudroit-il faire quelque part des biens à ce fils, & fur quel pied cette part fe régleroit-elle?

On voit par ces fortes de difficultés, & les autres qu'on peut fuppofer dans le cas d'enfans ou de freres qui demanderoient part aux fucceffions après qu'ils feroient naturalifés, que felon les diverfes circonftances du temps qui fe feroit écoulé depuis l'ouverture de la fucceffion, des changemens qui feroient arrivés, & des autres femblables, il feroit à fouhaiter qu'il y fût pourvû par quelques regles. Sur quoi il y auroit à examiner, laquelle des voyes qu'il y auroit à prendre feroit plus utile, ou de rendre inflexible la regle qui exclut l'héritier quand il fe trouve étranger au temps de l'ouverture de la fucceffion, & borner l'effet de toutes les Lettres de naturalité aux fucceffions à venir: ou de donner à ces Lettres l'effet d'anéantir l'incapacité autant pour le paffé que pour l'avenir, & rendre en ce point la condition de l'Etranger égale à celles du Religieux profés & du condamné qui rentrent dans leurs droits, lorfque la profeffion & la condamnation font anéanties, comme il fera dit dans les deux articles qui

fuivent: ou de laiffer l'ufage de la regle & l'effet des Lettres de naturalité à la prudence des Juges felon les circonftances, ou de régler un certain temps comme d'un an, ou autre terme moindre ou plus long, après lequel les Lettres de naturalité feroient inutiles pour le paffé, donnant un terme plus long pour les fucceffions directes que pour les collaterales. De toutes ces voyes la premiere renfermeroit de la dureté à l'égard du fils, par les raifons qu'on a remarquées; la feconde iroit à trop de mauvaifes fuites par le renverfement des familles qui n'eft pas à craindre de même de la part des Religieux profés & des condamnés, dont l'état eft toujours connu, & ne peut être fi long-temps en fufpens que celui d'un étranger abfent & inconnu: la troifiéme auroit l'inconvenient de rendre incertaine une Jurifprudence, qui comme celles des autres matieres doit avoir des principes fûrs: & la derniere fembleroit avoir plus d'équité & beaucoup moins d'inconveniens. Mais ces difficultés font d'une nature dont les bornes du deffein de ce Livre ne permettent pas la difcuffion, & peut-être même en a-t-on trop dit.

Pour les fucceffions teftamentaires, on fe réduira à une feule réflexion fur la regle du Droit Romain, qui demande la capacité de l'héritier inftitué, non-feulement au temps de la mort & au temps de l'adition d'hérédité; mais auffi au temps du teftament, afin que l'inftitution foit valide dans fon origine, *ut confifterit inftitutio*, ce font les termes du texte cité fur l'article 27. & cette regle fe rapporte à deux autres du Droit Romain, l'une générale qui veut que ce qui eft nul ou défectueux dans fon origine, ne puiffe être valide par la fuite du temps *a*: & l'autre qui eft une fuite de cette premiere, qu'on appelle la *Catoniene*, qui veut que les difpofitions du teftateur qui auroient été nulles, s'il étoit mort au temps de fon teftament, demeurent toujours telles en quelque temps qu'il vienne à mourir *b*. D'où il s'enfuit que comme l'inftitution d'un étranger au temps du teftament feroit nulle, fi le teftateur mouroit dans ce même temps, puifque cet héritier fe trouveroit alors incapable de recueillir la fucceffion; il ne laiffera pas d'en être exclu de même par le vice de fon incapacité au temps du teftament, quoiqu'il fe trouve naturalifé au temps de la mort. On ne s'arrêtera pas à la difcuffion de l'ufage de cette regle *Catoniene*, dont il fera parlé en un autre lieu *c*. On remarquera feulement ici, fur la regle du Droit Romain, qui demande la capacité de l'héritier au temps du teftament, que s'il étoit queftion d'examiner la juftice de cette regle, foit par les principes de l'équité naturelle, & de notre ufage juftement oppofé aux fubtilités du Droit Romain, ou par quelques-uns des principes même de ce droit, on pourroit peut-être dire, que comme ceux qui ont inventé la regle *Catoniene*, ont reconnu qu'elle eft fauffe en de certains cas *d*, la regle qui demande la capacité de l'héritier au temps du teftament, pourroit l'être auffi.

Si on confidere les principes de l'équité naturelle, & ceux du Droit Romain, qui tiennent le plus de cette équité, on trouvera par ces deux fortes de principes que les teftamens n'ont leur effet que par la mort du teftateur: & que comme jufques-là ils font révocables, ce n'eft qu'à ce moment qu'ils font valides. Et ce n'eft par confequent qu'à ce moment qu'ils ont leur effet, & que les difpofitions du teftateur commencent d'avoir la force de Loix que la Loi leur donne. D'où il s'enfuit que l'héritier inftitué par un teftament ne commence d'avoir fon droit que par cette mort. Ce qui vient de ce principe, qu'on peut dire naturel, & de l'efprit même du Droit Romain, que tout teftament renferme la condition que le teftateur perfeverera dans la même volonté jufqu'à fa mort. Ainfi c'eft une vérité réelle & fans fiction ni fubtilité, que la volonté du teftateur n'a dans fon intention même aucune autre force, que

a *l. 29. ff. de reg. jur.*
b *l. 1. ff. do reg. Caton.*
c *l'. la Sect. 11. des Legs, art. 5.*
d *l. 1. ff. de reg. Caton.*

celle qui donnera à son testament sa persévérance dans ses dispositions jusqu'à sa mort, de même que s'il avoit dit expressément dans son testament, qu'il vouloit que ses dispositions eussent leur effet, en cas qu'il mourût dans cette même intention, sans y rien changer. Car cette condition exprimée de cette maniere ne feroit pas que le testament en dépendît plus qu'il n'en dépend quand elle est seulement tacite. Et il est également vrai de tous testamens, qu'ils ne vaudront qu'en cas que les testateurs meurent sans les révoquer, comme ils le pourroient faire. D'où il s'ensuit que c'est toujours la mort du testateur qui accomplissant la condition de sa perseverance dans la même volonté jusqu'à son dernier moment, donne dans ce moment même à son testament sa validité ; ce qui a le même effet, que si le testateur avoit réiteré son testament au temps de sa mort, ou s'il ne l'avoit fait qu'alors ; auquel cas son héritier qui étant auparavant étranger se trouveroit alors naturalisé, succederoit sans difficulté. On voit même qu'il est certain par une regle expresse dans le Droit Romain, que si un étranger étoit institué héritier, à condition qu'il fût naturalisé au temps de la mort du testateur, cette disposition auroit son effet, le cas arrivant *e*, nonobstant l'incapacité de l'héritier au temps du testament, par la seule raison de ce que la condition seroit exprimée par le testateur, & de ce que la regle Catonienne n'a point de lieu pour les institutions conditionnelles *f*, comme il sera expliqué dans la même endroit où l'on vient de dire qu'il en sera parlé. Ainsi cette condition exprimée ayant cet effet, ne pourroit-on pas supposer que le testateur qui ne l'a pas exprimée, l'a sous-entendue ? puisqu'il a voulu que sa volonté fût exécutée comme s'il se pourroit. Et quel seroit l'inconvenient de considerer l'institution d'un héritier qui seroit étranger au temps du testament, comme renfermant la condition qu'il eût cessé de l'être au temps de la mort du testateur ? Car cet héritier ne pourroit-il pas dire, que son institution n'étoit nulle & ne devoit demeurer telle, qu'en cas qu'il ne fût pas naturalisé au temps de la mort du testateur, & que cependant elle demeuroit en suspens pour avoir son effet, ou ne l'avoir pas, selon l'état où il se trouveroit au temps de cette mort ; qui devoit donner aux dispositions du testateur le caractere d'une derniere volonté ? puisque c'est ce caractere essentiel que l'on considere dans les dispositions à cause de mort, & qui faisant leur validité leur donne l'effet qu'elles doivent avoir. A quoi on peut ajouter, qu'on voit plusieurs cas dans le Droit Romain, où la regle générale, *que ce qui est nul dans son origine demeure toujours tel*, se trouve fausse aussi-bien que la regle Catonienne. Ainsi, par exemple, les donations du mari à la femme & de la femme au mari étoient nulles dans le Droit Romain *g*; mais si la donation n'étoit pas révoquée avant la mort du donnant, cette mort la faisoit valoir pour le survivant *h*. Ainsi, pour un autre exemple : Si un Senateur avoit épousé une affranchie, le mariage étoit nul ; mais si ce Senateur venoit à perdre sa dignité, ils commençoient d'être mariés *i*. Ainsi, pour un troisiéme exemple singulier au sujet dans ce même Droit Romain : Si un testateur avoit fait un fideicommis en faveur d'un esclave de qui le maître étoit condamné à une peine qui le rendoit incapable, comme le feroit dans notre usage un bannissement du Royaume à perpétuité, ce fideicommis qui devoit être acquis par l'esclave au maître, avoit son effet si ce condamné étoit rétabli *l*, quoique l'incapacité au temps du testament dût le rendre nul. Et si on veut dire que dans cet exemple le bienfait du Prince rétablissoit cet incapable dans sa premiere capacité, comme s'il n'avoit point été condamné ; c'est assez pour la conséquence qu'on veut en tirer, qu'encore que la disposition de ce testateur ne fût pas conditionnelle, & que s'il fût mort

au temps de son testament, le fideicommis eût été nul, il cessoit de l'être par ce changement. Ainsi ces regles cessoient dans ce cas, & s'y trouvoient fausses. Et on peut dire enfin, que cette regle qui demande la capacité de l'héritier au temps du testament, a été vrai-semblablement une suite de cette ancienne forme de testamens qui fut long-temps la seule en usage à Rome, qu'on appelloit *per æs & libram* m, où le testateur faisoit une vente imaginaire de sa succession à son héritier présent, qui étoit l'acheteur pour un prix d'argent qu'il mettoit dans une balance. Ainsi il falloit que cet acheteur fût Citoyen Romain & capable d'acquerir le droit à la succession ; & comme c'étoit une pure & vaine subtilité qui fut enfin abolie, cette regle qui en est restée de la capacité de l'héritier au temps du testament, pourroit bien l'être aussi, & avec d'autant plus d'équité, qu'il semble que la regle qui annulloit l'institution d'héritier & les legs qui auroient été nuls si le testateur fût mort au temps de son testament, étoit une loi fiscale, pour étendre l'effet de l'incapacité, en faveur du fisque qui en profitoit, ce qui est très-opposé à l'esprit de nos Loix.

Si l'on suppose donc qu'un étranger naturalisé qui n'auroit point d'enfans, ayant plusieurs freres naturalisés aussi, à la reserve d'un qui fût encore étranger, instituât tous ses freres ses héritiers, & que celui qui n'étoit pas naturalisé au temps de ce testament, le fût ensuite avant la mort du testateur ; les freres naturalisés avant le testament pourroient-ils exclure de l'hérédité leur frere naturalisé seulement après, & lui alléguer que son incapacité au temps du testament rendroit nulle son institution, quoiqu'il s'en trouvât capable au temps de la mort : & qu'ainsi le testament subsistant à leur égard, la portion de ce frere devoit leur être acquise par ce droit qu'on appelle d'accroissement, qui sera expliqué en ce lieu *n*. Il faudroit sans doute que ces freres fussent instruits du Droit Romain pour s'aviser de contester à leur frere sa part à cette hérédité, & il paroît sûr que sans cette science non-seulement on ne penseroit pas à faire une pareille contestation ; mais que même quiconque agiroit naturellement, s'écrieroit contre une regle qui dût avoir cet effet d'exclure ce frere. Et il en seroit de même si ces héritiers étoient d'autres collateraux, qui devant succeder ensemble *ab intest.at*, seroient appellés par un testament. Ainsi on peut dire que cette regle tient plus du caractere des subtilités du Droit Romain que de l'équité ; & que par cette raison il semble que notre usage la rejetteroit. Et quoi qu'il soit vrai que cette regle dont l'application se trouve odieuse dans les cas où les héritiers institués sont les héritiers *ab intest.at*, seroit moins dure dans les cas où l'héritier institué seroit autre que l'héritier légitime, ou pourroit même y être favorable selon les circonstances ; comme elle est pure & simple, & générale pour toute sorte d'héritiers testamentaires, parens ou autres indistinctement, il faudroit une regle expresse pour y mettre des bornes. D'où il semble qu'on puisse conclure qu'il seroit juste & à souhaiter, ou que cette regle fût abolie, ou que l'usage en fût réglé par quelque Loi qui en fît cesser les inconveniens.

Tout ce qu'on a dit jusqu'ici de l'institution d'héritier regarde aussi les legs, & les autres dispositions à cause de mort qui comme l'institution étoient nulles par les regles du Droit Romain qu'on a remarquées *o*; de sorte qu'un legs, par exemple, d'une somme à un ami du testateur, ou à quelque pauvre personne demeureroit nul, suivant ces regles, si le légataire qui en étoit capable au temps de la mort, ne l'avoit été aussi au temps du testament.

On a cru ne pouvoir se dispenser de toutes ces reflexions non-seulement à cause de la conséquence de toutes ces difficultés, mais aussi pour rendre raison de

e V. l. 26. ff. de hæred. instit.

f Placet Catonis regulam ad conditionales institutiones non pertinere, l. penult. ff. de reg. Caton.

g l. 1. ff. de donat. int. vir. & uxor.

h l. 32. §. 1. & seq. ff. de donat. int. vir. & uxor.

i l. 27. ff. de rit. nupt.

l l. 7. ff. de legat. 3.

m §. 1. instit. de testam. v. Ulp. tit. 20. Hodie solum in usu est quod pet æs & libram fit. de t. Ulp. §. 2.

n V. la Sect. 9. des Testamens.

o l. 1. ff. de reg. Caton.

ce que dans l'article 27. on a feulement marqué que dans les fucceffions teftamentaires il faut confiderer pour la capacité ou incapacité de l'héritier le temps du teftament, le temps de la mort du teftateur, & le temps de l'adition d'hérédité fans mettre en régle que la capacité foit néceffaire dans ces trois temps. Et on peut conclure de toutes ces remarques, & de celles qui ont été faites fur l'article 29. & encore de ce qui refulte de celles qu'on a faites fur le droit de tranfmiffion dans le préambule de la Section 10. des Teftamens, qu'il femble que pour ce qui regarde les fucceffions teftamentaires, il feroit de l'efprit de ce droit, oppofé aux fubtilités du Droit Romain, de ne confiderer l'incapacité de l'héritier qu'au temps de la mort du teftateur, comme dans les fucceffions ab inteftat, & d'apporter même à cette régle les temperamens qui paroiffent demander les reflexions qui ont été faites dans toutes ces remarques, & qu'il n'eft pas néceffaire de repeter ici.

XXXII.

32. Effet de celle du Religieux profès. L'incapacité du Religieux Profès, comme celle des étrangers regarde les deux fortes de fucceffions ab inteftat, & teftamentaires. Et celui qui fe trouve dans cet état au temps de la mort de la perfonne à qui il devroit fucceder, foit ab inteftat ou par teftament, n'a aucune part à l'hérédité. Ainfi, il ne tranfmet pas à fes héritiers; mais elle paffe à ceux qui à fon défaut doivent fucceder. Que fi le Religieux Profès vient à faire annuller fes vœux: comme alors il eft remis au même état que s'il n'avoit jamais fait de profeffion, il fe trouve capable non-feulement des fucceffions qui pourroient lui échoir enfuite, mais auffi de celles qui auroient été ouvertes après fa profeffion p; pourvu qu'il eût reclamé dans le temps contre fes vœux, & qu'il eût fait juger la caufe avec les perfonnes intéreffées à lui contefter la fucceffion dont il s'agiroit.

p C'eft une fuite de la nullité des vœux.

XXXIII.

33. Effet de l'incapacité des condamnés. L'incapacité des condamnés à mort, ou aux autres peines qui emportent la mort civile q, les exclut comme celle des Religieux Profès ancien des deux fortes de fucceffions r. Et celles qui pourroient leur échoir, paffent aux perfonnes qui à leur défaut devoient fucceder, de même que fi les condamnés étoient morts avant l'ouverture de ces fucceffions. Ainfi le fils du condamné fuccede à fon ayeul à qui fon pere ne peut fucceder f. Mais fi leur incapacité vient à ceffer, ils rentreront dans leur premier état: & feront également capables de toutes fucceffions, & même de celles qui étoient échues avant que leur incapacité fût anéantie t.

q V. la remarque fur l'article 11. quelles font les condamnations qui ont cet effet.

r Edicto prætoris bonorum poffeffio his denegatur, qui rei capitalis damnati funt, neque in integrum reftituti funt. l.43. ff. de bonor. poffeff.

f Si qua pœna pater fuerit affectus, ut vel civitatem amittat vel fervus pœnæ efficiatur: fine dubio nepos filii loco fuccedit. l. 7. ff. de his qui fui vel al. jur. f.
Si deportatus patronus fit, filio ejus competit bonorum poffeffio in bonis liberti, nec impedimento eft ei talis patronus, qui mortui loco habetur. l. 4. §. 2. ff. de bon. libert.

t Voyez fur tout cet article les régles qui fuivent.

XXXIV.

34. Cette incapacité ne commence que par la condamnation. Comme le condamné n'eft rendu incapable que par la condamnation qui le met dans l'état d'incapacité que fait la mort civile; les fucceffions foit ab inteftat, ou teftamentaires, qui peuvent lui être échues avant cette condamnation, & même après l'accufation, lui demeurent acquifes comme les autres biens, jufqu'à ce que la condamnation l'en ait dépouillé u. Car jufques-là il eft incertain fi fa mort préviendra fon jugement, s'il fera juftifié, fi le crime lui fera remis par le Prince. Ainfi fon état jufqu'à la condamnation, ne renferme point d'incapacité.

u Si quis poft accufationem in cuftodia fuerit defunctus, teftamentum ejus valebit. l. 9. ff. qui teft. fac. poff. l. 1. §. 3. ff. de ligat. 3. l. 3. ff. de publ. judic.

Le capacité de tefter & de fucceder eft la même. Ainfi ce texte prouve l'une par l'autre. V. l'art. 14. de la Sect. 2. des Teftamens.

XXXV.

Si après une condamnation qui pût être anéantie, le cas arrivoit d'une fucceffion qui auroit dû être acquife au condamné, fon droit feroit en fufpens jufqu'à l'évenement qui confirmeroit la condamnation, ou l'annulleroit: & fi elle fubfiftoit, elle feroit fubfifter l'incapacité x. Comme au contraire la fucceffion lui demeureroit fi l'effet de la condamnation venoit à ceffer, ainfi qu'il fe peut par quelqu'une des caufes expliquées dans l'article qui fuit.

35. Si la condamnation fubfifte, elle fait fubfifter l'incapacité.

x Voyez le texte cité fur l'article 33.

XXXVI.

L'effet de la condamnation peut ceffer ou par des Lettres du Prince y, ou par un Arrêt qui annulle la Sentence de condamnation z, ou par le fimple acquit, fi le condamné meurt avant que cet appel ait été jugé a. Et dans tous ces cas l'incapacité ceffe pour tout le paffé. Ainfi les fucceffions qui pourroient être échues à ce condamné, lui feront acquifes, ou à ceux qui auront fes droits.

36. Cette incapacité ceffe en divers cas.

y Oblatus eft ei (Antonino) Julianus Lucianus ab Opilio Ulpiano tunc legato in infulam deportatus: tunc Antoninus Auguftus dixit, reftituo te in integrum provinciæ tuæ: & adjecit, ut autem fcias, quid fit in integrum reftituere, honoribus & ordini tuo & omnibus cæteris te reftituo. l. 3. C. de fent. paff. & reft.

z La condamnation peut être annullée par un Arrêt d'abfolution, ou qui modere la peine, & en ordonne une autre qui n'emporte pas la mort civile.

a Provocationis remedio condemnationis extinguitur pronuntiatio. l. 1. §. ult. ff. ad Senat. Turpill. Si quis cum capitali pœna, vel deportatione damnatus effet, appellatione interpofita, & in fufpenfo conftituta, fati diem functus eft, crimen morte finitum eft. l. ult. C. fi reus vel accuf. mort. fuer. l. 2. C. fi pœna app. m. int. Si quis in capitali crimine damnatus appellaverit, & medio tempore pendente appellatione fecerit teftamentum, & ita decefferit, valet ejus teftamentum. l. 13. §. 2. ff. qui teft. fac. poff. l. 6. §. 6. ff. de injuft. rupt. Ce dernier texte prouve la capacité par l'effet de l'appel.

☞ V. à la fin de la remarque qui fuit une autre maniere qui anéantit la condamnation dans notre ufage, lorfque le condamné meurt dans le délai pour purger la contumace.

Il faut remarquer fur cet article & les trois précédens, une différence entre nos régles & celles du Droit Romain, en ce qui regarde l'ufage des condamnations. Par le Droit Romain, il ne pouvoit y avoir de condamnation contre une accufé, qu'il ne fût oüi, mais on confifquoit fes biens irrévocablement, s'il ne comparoiffoit dans un certain temps, & on remettoit le jugement de l'accufation jufqu'à ce qu'il eût comparu *. Par nos régles, qui font les Ordonnances, il y a deux fortes de condamnation: celle qui fe prononce contre l'accufé préfent, & celle qui eft rendue, s'il ne comparoît point, par laquelle on le condamne aux peines du crime; ce qu'on appelle condamnation par contumace, à caufe de la défobéïffance de l'accufé au décret rendu contre lui. Il y a cela de commun à ces deux fortes de condamnation, que l'une & l'autre emporte la mort civile du condamné, & par conféquent fon incapacité. Mais au lieu que la condamnation contre l'accufé préfent s'exécute fur fa perfonne pour les peines corporelles, & fur fes biens pour les confifcations, amendes & intérêt civil de la partie, & qu'ainfi fon incapacité eft comptée du jour de fa condamnation; l'incapacité que fait la condamnation par contumace, dépend de ce qui arrive dans la fuite, & de la régle établie par les Ordonnances, qui veut que la condamnation par contumace n'ait fon effet fur les biens du condamné pour acquerir les confifcations, amendes, & intérêt civil à qui il appartiendroit, qu'après que le condamné a laiffé paffer cinq ans du jour de fa condamnation fans fe préfenter pour efter à droit, c'eft-à-dire, pour fe défendre, & être jugé. C'eft ce qui refulte de

* l. 1. ff. de reg. vel abf. damn. l. ult. eod. l. C. de req. reis. l. 2. eod.

l'Ordonnance de Moulins article 28. & par ce même article, le Roi se reserve de recevoir l'accusé à ester 1 droit après les cinq ans, *selon les circonstances des causes, des personnes, & du temps, & autres considerations*, ce sont les termes de cette Ordonnance : & la même chose est ordonnée par l'article 28. du titre des défauts & contumaces de l'Ordonnance de 1670. qui ne fait courir les cinq ans que du jour de l'exécution de la Sentence, c'est-à-dire, de cette exécution qui se fait par effigie, & non du jour de la condamnation. Et par l'article 29. de cette même Ordonnance de 1670. le condamné qui meurt après avoir laissé passer les cinq ans sans se représenter, ou avoir été constitué prisonnier, est réputé mort civilement du jour de l'exécution de la Sentence de contumace. Suivant ces Ordonnances si le condamné vient à mourir pendant les cinq ans, sa condamnation ne sera effet, puisqu'elle ne doit l'avoir par la contumace du condamné, qui a demeuré cinq ans sans comparoître. D'où il paroît suivre qu'il meurt sans incapacité, & que les successions qui pourroient lui être échûes même depuis sa condamnation, passent à ses héritiers, ou à ceux qui ont ses droits. Et c'est ainsi qu'on l'observe, quoiqu'en quelques lieux il soit jugé autrement. De sorte qu'on peut ajoûter aux trois causes qui font cesser l'incapacité, comme il a été expliqué dans l'article, & qui sont communes au Droit Romain & à notre usage, cette quatriéme propre à notre usage qui est la mort du condamné par contumace, lorsqu'il meurt pendant les cinq ans.

Il faut aussi remarquer sur cet article, qu'on ne doit pas entendre ce qui regarde l'appel de la condamnation, de toutes sortes de condamnations indistinctement. Car il en faut excepter elles des crimes qui se poursuivent après la mort des accusés, comme du crime de leze-Majesté, & autres dont il seroit inutile de parler ici. *V. l. ultim. ff. ad l. Jul. Majestatis. l. 6. 7. 8. C. eodem. l. 5. Cod. si reus vel accusat. mort. fuerit.*

XXXVII.

37. On ne peut donner à un incapable par des personnes interposées.

Toutes les incapacités ont cet effet qui leur est commun, que non-seulement on ne peut disposer en faveur d'un incapable, le nommant dans un testament ; mais que ces dispositions qu'on appelle *Fideicommis tacites*, où l'on donne à quelque personne interposée pour faire passer à un incapable ou l'hérédité entiere, ou quelque legs, sont annullées à l'égard de l'incapable, & à l'égard de celui qui prête son nom à cette fraude *b*.

b Ex causa taciti fideicommissi bona ad fiscum pertinent. l. 3. §. 4. ff. de jur. fisc. l. 1. eod. l. 18. ff. de his qua ut ind.
On voit dans ces textes, que dans le Droit Romain ce qui étoit donné par un fideicommis tacite, étoit acquis au Fisc, lorsque la fraude étoit bien prouvée. Mais par notre usage les dispositions de cette qualité sont simplement annullées, & l'héritier revient ce qui étoit donné en fraude de la Loi ou de la Coutume. Voyez l'article 11. de la Section suivante.

SECTION III.

Qui sont les personnes indignes d'être héritiers.

I L y a cette différence entre les causes qui rendent les personnes incapables de succeder, & celles qui les en rendent indignes, que les causes qui rendent l'héritier incapable de la succession, n'ont aucun rapport particulier à ses devoirs envers le défunt à qui il devoit succeder, & que même des quatre sortes d'incapacité qui ont été expliquées dans la Section précédente, il y en a trois dont les causes n'ont rien au blessé aucune sorte de devoir. Mais les causes qui rendent l'héritier indigne de succeder, regardent quelque devoir qu'il peut avoir blessé envers le défunt dont il prétendroit la succession, soit contre sa personne pendant qu'il vivoit, ou après sa mort contre sa memoire, ou même quelqu'autre sorte de devoir comme dans le cas de l'article 11. Ainsi c'est toujours ou par quelque crime, ou par

quelqu'espece de délit, qu'un héritier est déclaré indigne d'une succession.

Il faut remarquer sur cette matiere des personnes qui se font rendues indignes de succeder, une différence entre notre usage & le Droit Romain, qui consiste en ce que par le Droit Romain la succession dont on privoit l'héritier qui s'en étoit rendu indigne, étoit acquise au Fisc *a*, ce qui s'observoit même à l'égard de l'héritier *ab intestat*, quoiqu'il tînt la succession de la Loi & non de la volonté du défunt *b*. Mais par notre usage lorsque l'héritier se trouve indigne de la succession, elle passe à la personne qui doit succeder à son défaut, soit qu'il s'agisse d'une succession testamentaire ou d'une succession *ab intestat*. Car la peine de l'héritier indigne ne doit tomber que sur lui, & non sur celui à qui l'hérédité doit appartenir par son exclusion. Ainsi on voit dans notre usage plus d'humanité que dans le Droit Romain, & plus d'équité.

Comme les causes qui rendent l'héritier indigne peuvent regarder ou les deux sortes de succession testamentaire & *ab intestat*, ou seulement une testamentaire, il est facile de distinguer sur chaque cause ; ou par les termes de l'article, ou par les remarques qu'on y a faites, à quelle sorte de succession elle se rapporte.

a V. l. 1. ff. de jure fisci. Toto titulo. ff. & C. de his qua ut indign.
b Cùm fratrem tuum veneno peremptum esse asseveres, tu effectus successionis ejus tibi non auferatur, mortem ejus ulcisci te necesse est, licet enim hæreditatem eorum qui clandestinis insidiis perimuntur hi qui jure vocantur adire non vetantur, tamen si intestatum non fuerint ulti, successionem obtinere non possunt. l. 9. C. de his quib. ut indign.

SOMMAIRES.

1. *L'héritier indigne est exclus de l'hérédité.*
2. *Des causes qui rendent l'héritier indigne.*
3. *S'il attente à la vie de celui à qui il devoit succeder.*
4. *S'il a quelque part à sa mort même seulement par négligence.*
5. *S'il attente à son honneur.*
6. *S'il survient entr'eux une inimitié capitale.*
7. *S'il lui fait un procès sur son état.*
8. *S'il ne poursuit l'accusation contre les auteurs de sa mort.*
9. *S'il traite de sa succession de son vivant, & à son insçû.*
10. *S'il l'empêche de faire un testament.*
11. *S'il a prêté son nom pour un fideicommis tacite.*
12. *L'héritier indigne restitue les fruits & les intérêts.*
13. *Distinction entre les causes qui rendent indigne.*
14. *De celles qui rendent indigne au temps de sa mort.*
15. *De celles qui ont cessé au temps de la mort.*
16. *Distinction des causes à l'égard des deux sortes de succession.*

I.

1. L'héritier indigne est exclus de l'hérédité.

C Eux qui étant incapables de succeder s'en rendent indignes, sont exclus des successions, soit *ab intestat*, ou testamentaires *a*, & les biens passent à ceux, qui à leur défaut y sont appellés *b*, ainsi qu'il sera expliqué par les régles qui suivent.

a Toto titulo. ff. & Cod. de his qua ut indig. Voyez les articles suivans, & le texte cité dans le Préambule.
b On a ajoûté ces derniers mots, que les biens passent à ceux qui y sont appellés, parce que comme il a été remarqué dans le Préambule de cette Section, les successions dont les héritiers se rendent indignes ne sont pas acquises au Fisc par notre usage comme dans le Droit Romain, mais passent aux autres héritiers qui doivent succeder au défaut de l'héritier indigne.

I I.

2. Des causes qui rendent l'héritier indigne.

Les causes qui peuvent rendre l'héritier indigne de la succession sont indéfinies, & le discernement de ce qui peut suffire, ou ne pas suffire pour avoir cet effet, dépend de la qualité des faits & des circonstances *c*. Ainsi on ne doit pas borner ces causes à celles qui seront expliquées dans les articles qui suivent, où l'on n'a compris que celles que les Loix expriment. Mais s'il arrivoit quelqu'autre cas où il fût des bonnes moeurs & de l'équité de déclarer un héritier indigne, il seroit

c Voyez les articles suivans.

juste

jufte de le priver de l'hérédité. Ainfi, par exemple, fi celui qui auroit eu des habitudes criminelles avec une perfonne de mauvaife vie l'inftituoit héritiere, une telle inftitution devroit être annullée *d*.

d Mulier in quam turpis fufpicio cadere poteft , nec ex tefta-mento militis aliquid capere poteft, ut divus Hadrianus refcripfit. l. 41. §. 1. ff. de teftam. mil. l. 14. ff. de his qua ut indign.
Quoique la regle qui refulte de ce texte, foit bornée aux difpofi-tions des foldats, l'honnêteté qui en eft le principe, doit la rendre commune à toutes autres perfonnes. Car il n'y en a point qui ne doi-vent s'éloigner auffi bien que les foldats de tout ce qu'il y a de con-traire à l'honnêteté & aux bonnes mœurs.

III.

3. S'il at-tente à la vie de celui à qui il de-voit fucce-der.

Si celui qui devoit être héritier ou *ab inteftat*, ou par un teftament, attente à la vie de la perfonne à qui il devoit fucceder, il fera privé de la fucceffion, quoi-que l'attentat demeurât fans effet, pourvû qu'il foit prouvé *e*.

e Cette caufe rend l'héritier indigne , à plus forte raifon que celles qui font expliquées dans les articles fuivans.

IV.

4. S'il a quelque part à fa mort, même, feule-ment par négligence.

Quoique l'héritier n'ait pas attenté à la vie de celui dont la fucceffion devoit lui écheoir, fi on peut impu-ter fa mort ou à la négligence ou à quelqu'autre faute de cet héritier, comme fi fçachant que d'autres vou-loient ou le tuer, ou l'empoifonner, il a manqué de le découvrir; fi le voyant en péril de la vie, il a né-gligé le fecours qu'il pouvoit lui donner; il fera privé de fon hérédité de même que s'il avoit été l'auteur de fa mort *f*.

f Indignum effe D. Pius illum decrevit, ut & Marcellus refert, qui manifeftiffimè comprobatus eft id egiffe , ut per negligentiam & culpam fuam mulier à qua hæres inftituus erat, moreretur. l. 3. ff. de his qua ut indign.
Quoique ce texte ne parle que de la fucceffion teftamentaire, la regle eft également jufte pour les deux fortes de fucceffions.

V.

5. S'il at-tente à fon honneur.

L'héritier légitime ou teftamentaire, qui attente à l'honneur de celui à qui il devoit fucceder, foit en fe rendant fon accufateur en juftice, ou prenant part à une accufation intentée contre lui, n'eft pas moins indigne de lui fucceder que s'il avoit attenté à fa vie *g*.

g Seia teftamento fuo legavit auri pondo quinque. Titius accu-favit eam quod patrem fuum mandaffet interficiendum. Seia poft inftitutam accufationem codicillos confecit; nec ademit Titio pri-vigno legatum : & ante finem accufationis deceffit. Acta caufa pro-nunciatum eft patrem Titii fcele.S iæ non interceptum. Quæro cùm codicillis legatum quod teftamento Titio dederat non ademe-rit , an ab hæredibus Seiæ Titio debeatur ? Refpondit fecundùm ea quæ proponerentur, non deberi. l. penult. §. penult. ff. de adim. vel transf. legat.
On pourroit mettre au même rang l'héritier qui auroit attenté à l'honneur de la femme de celui à qui il devoit fucceder.
Quoique le texte cité fur cet article , ne parle que du Légataire , fa décifion femble devoir à plus forte raifon s'appliquer aux héritiers teftamentaires & ab inteftat. Voyez la remarque fur l'article fui-vant. Voyez les textes cités fur les deux articles fuivans.

VI.

6. S'il fur-vient en-tr'eux une inimitié ca-pitale.

S'il étoit furvenu entre l'héritier teftamentaire & le teftateur une inimitié capitale, & telle & fi forte qu'on dût en préfumer le changement de fa volonté, ce feroit une caufe qui excluroit cet héritier de la fuc-ceffion, fi la réconciliation n'avoit précédé la mort de ce teftateur. Mais une querelle legere n'auroit pas cet effet.

h Si inimicitiæ capitales intervenerunt inter legatarium & tefta-torem, & verifimile effe cœperit teftatorem noluiffe legatum five fideicommiffum præftari ei cui adfcriptum relictum eft, magis eft ut legatum ab eo peti non poffit. l. 9. ff. de his qua ut indign. auger. Si quidem capitales , vel graviffimæ inimicitiæ intercefferint ademptum videri , quod relictum eft. Sin autem levis offenfa, manet fideicommiffum. l. 3. in f. ff. de adim. vel transf. leg.
Quòd fi iterum in amicitiam redierunt, & pœnituit teftatorem prioris offenfæ, legatum vel fideicommiffum relictum redintegra-tur. Ambulatoria enim eft voluntas defuncti ufque ad vitæ fupre-mum exitum. l. 4. eod. v. §. 11. inftit. de excuf. tut.

Tome I.

☞ Quoique ces Loix ne parlent que d'un Légataire & non d'un héritier teftamentaire, la regle femble à plus forte raifon jufte à l'égard de l'héritier; puifque le bienfait eft plus grand & l'ingratitude plus grande auffi, & que celui qui eft indigne d'une moindre gra-ce, eft à plus forte raifon indigne d'une autre plus confidérable.

Cette regle eft fondée fur un effet naturel de l'ini-mitié. Car comme tout teftateur ne choifit fon héritier que par la confidération de quelque mérite qu'il trou-ve en lui *a*, & que rien n'eft plus oppofé à ce qui peut faire le mérite d'une perfonne dans l'efprit d'une autre, que ce qui peut attirer fon inimitié; celle qui furvient entre l'héritier & le teftateur, a néceffairement l'effet de changer la volonté qui appelloit à la fucceffion celui que le teftateur ne regarde plus que comme fon enne-mi, & d'annuller par conféquent une difpofition qu'il eft vrai-femblable qu'il n'auroit pas voulu être exécu-tée. C'eft ce qui réfulte des termes du premier des tex-tes cités fur cet article. Et quoiqu'il foit vrai que les inimitiés renferment deux haine réciproque entre deux perfonnes, font toujours illicites de la part même de ceux qui n'en ont pas été les premiers auteurs, & que tout homme doit conferver toujours l'efprit de la fe-conde Loi envers tous les autres *b*; cette vérité ne rend pas injufte la Loi qui anéantit les difpofitions des tefta-teurs en faveur de perfonnes de qui ils ont été depuis divifés par inimitié capitale , non pas même lorfque c'eft leur faute. Car il eft toujours vrai que fi cette inimitié dure jufqu'à la mort du teftateur , elle a deux effets qui annullent l'inftitution de l'héritier devenu ennemi. L'un de la part du teftateur , par la preuve qu'elle fait que fa volonté à l'égard de cet héritier a été changée : & l'autre, de la part de l'héritier qu'elle rend indigne de la fucceffion. De forte que comme cet hé-ritier n'avoit pour titre que la volonté de ce teftateur , & ce qu'il pouvoit avoir mérité de lui, il n'a pas de titre ni de droit à l'hérédité. Ainfi, encore que l'inimitié de la part de ce teftateur fût plus jufte que celle de cet héritier, l'effet qu'elle a par la Loi d'annuller l'inftitu-tion n'en eft pas moins jufte. Car de la part de cet hé-ritier il eft juftement privé de l'hérédité dont il eft in-digne : & de la part de ce teftateur, l'injuftice de fa haine contre cet héritier ne confifte pas en ce qu'elle anéantit l'inftitution, mais feulement en ce qu'il man-que au devoir de l'aimer de l'amour qu'il doit à tous les autres. Et comme ce devoir ne l'oblige pas à du fûr pour héritier une perfonne qui non-feulement n'a au-cun droit à fon hérédité, mais qui en eft indigne, & qu'au contraire ce devoir lui laiffe fa liberté entiere ou de laiffer fes biens à fon héritier légitime, ou d'en choi-fir un autre ; c'eft fans aucune injuftice que la loi anéan-tit l'inftitution fuivie d'une inimitié capitale entre l'hé-ritier & le teftateur.

On a reftreint cette regle à l'héritier teftamentaire. Car outre que les loix citées fur cet article ne regardent que les difpofitions des teftamens, la condition des hé-ritiers *ab inteftat* doit être diftinguée de celle des héri-tiers teftamentaires, pour ce qui regarde l'effet de l'ini-mitié entre l'héritier & le teftateur. Puifqu'au lieu que l'héritier teftamentaire ne tient l'hérédité que de la vo-lonté feule du teftateur , l'héritier légitime la tient de la Loi. De forte qu'on peut dire qu'une inimitié qui n'iroit pas aux excès dont il a été parlé dans les articles précédens, ne fuffiroit pas pour exclure de la fucce-fion l'héritier légitime de celui qui ayant voulu mourir fans faire aucune difpofition , auroit pû par-là mar-quer qu'il ne vouloit pas faire paffer fes biens à d'autres qu'à ceux que la Loi y appelleroit. Et l'inimitié devroit au moins exclure l'héritier légitime dans les Provinces qui fe régiffent par les Coutumes où il n'eft pas permis de priver les héritiers du fang des biens qu'elles leur affectent ; puifque fi l'inimitié devoit avoir cet effet, il pourroit arriver qu'un teftateur qui auroit quelque

a Non fine caufa obveniunt (hæreditas , vel legatum, vel do-nario mortis caufa) fed ob meritum aliquod accedunt. l. 9. ff. pro focio.
b V. les chapitres 4. & 6. du Traité des Loix.

T t

querelle avec son héritier légitime, la tourneroit en
inimitié qu'il pourroit aigrir pour avoir un prétexte de
disposer à son préjudice, & frauder la loi.

VII.

7. S'il lui fait un procès sur son état.

Si l'héritier institué par un testament a fait quelque
injure atroce au testateur, ou quelque mauvais traitement qui le rend indigne de ce bienfait, il en sera privé. Et à plus forte raison s'il s'étoit rendu auteur ou
complice d'un libelle diffamatoire contre son honneur,
ou s'il lui avoit fait un procès sur son état ; comme si ce
testateur se prétendant Gentilhomme, il avoit contri-
bué à lui faire perdre cette qualité : ou s'il avoit entrepris de le faire déclarer bâtard i.

i Sed & si palam & aperte testatori maledixerit (legatarius,)
& infaustas voces adversus eum jactaverit, idem erit dicendum.
Si autem status ejus controversiam movit, denegatur ejus quod
testamento acceperit, persecutio. l. 9. §. 1. & 2. ff. de his qua
ut indig. auf.

Les libelles diffamatoires sont mis au nombre des crimes capitaux
V. l. uu. C. de iam. lib. & méritent encore plus cette peine qu'aucune injure & aucune insulte.

Il faut sçre ici la même remarque que le texte cité sur cet article
est dans le cas d'un légataire, mais on peut à plus forte raison l'appliquer à l'héritier.

Si dans le cas de deux personnes qui prétendroient une même succession, & où l'on contesteroit l'état de l'autre pour l'en exclure,
ayant quelque sujet de le croire en non légitime ou étranger, & incapable de succéder, il étoit jugé qu'il fut légitime ou naturel François, & qu'ensuite il vint à mourir & ayant pour héritier légitime celui
qui avoit contesté son état ; celui-ci ne seroit pas pour cela jugé indigne de lui succéder. Car sa contestation dans ces circonstances ne seroit pas être imputée à un dessein de nuire ; puisqu'elle ne tendoit
qu'à la connoissance d'une vérité incertaine ; & où dépendoient les
droits des parties. Mais pour les libelles diffamatoires, les injures
atroces, & les mauvais traitemens, comme ce sont des especes de
crimes que les Loix punissent, & qui blessent l'honneur plus cher que
la vie, il sembleroit juste que l'héritier légitime qui en seroit coupable fut déclaré indigne.

VIII.

8. S'il ne poursuit l'accusation contre les auteurs de sa mort.

L'héritier soit testamentaire, ou ab intestat, qui néglige de poursuivre en justice la punition des coupables
de la mort de celui à qui il devoit succéder, se rend
par-là indigne de la succession l A moins que la foiblesse de l'âge, si cet héritier étoit un mineur, ou quelqu'autre cause ne méritât qu'il fût excusé selon les circonstances m.

l Hæredem qui sciens defuncti vindictam insuper habuit, fructus omnes restituere cogendum existimavi. l. 17. ff. de his qua
ut indig.

Hæredes quos necem testatoris inultam omisisse constiterit,
fructus integros cogantur reddere. Neque enim bonæ fidei possessores ante controversiam illatam videntur fuisse, qui debitum
officium pietatis scientes omiserunt. l. 1. C. eod.

m Minoribus viginti quinque annis hæredibus non obesse crimen inultæ mortis placuit. l. 6. C. eod.

IX.

9. S'il trai-
te de sa suc-
cession de
son vivant,
& à son in-
su.

Celui qui avant la mort de la personne dont il devoit avoir la succession, soit par testament, ou ab intestat, auroit disposé dans cette vûe de quelques biens
de cette succession, sans le consentement de cette personne, se seroit rendu indigne de lui succéder n.

n Donationem quidem partis bonorum proximæ cognatæ viven-
tis nullam fuisse contestabat. Verùm ei qui donavit, ac postea
jure prætorio successit, quoniam adversus donatæ mores & ius gentium festinasset actiones hæreditarias in totum denegandas res-
pondit. Nam ei qui ignoranti bona, vel patrem bonorum alicujus ausfert hæreditas. l. 19. & l. 30. ff.
de donat.

Si qui vivi ignoranti bona, vel patrem bonorum alicujus cognati donaverit, quasi indigno aufertur. l. 1. in f. ff. de his qua
tu indign.

X.

10. S'il
l'empêche de
faire un tes-
tament.

Celui qui ayant été institué héritier par un testament, auroit empêché le testateur d'en faire un second,
soit par quelque violence ou par quelqu'autre mauvaise voye, seroit indigne de lui succeder ; il en seroit de même de celui qui devant succéder ab intestat
auroit empêché par les mêmes voyes que la personne
de qui la succession le regardoit, ne fît un testament.

Et celui qui auroit usé de violence, ou de quelque autre voye illicite pour extorquer un testament en sa faveur, ou des personnes interposées, seroit à plus forte
raison privé de l'effet de ce testament. Et dans tous ces
cas les auteurs & complices de ces voyes illicites en
seroient punis selon la qualité des faits & les circonstances o.

o Qui dum captat hæreditatem legitimam, vel ex testamento
prohibuit testamentariam introire, volente eo facere testamentum, vel mutare : Divus Hadrianus constituit, denegari ei debere actiones. l. 1. ff. si quis alicq. test. prohib. vel eog.

Si quis dolo malo fecerit ut testes non veniant, & per hoc defi-
ciatur facultas testamenti faciendi ; denegandæ sunt actiones ei
qui dolo fecerit, sive legitimus hæres sit, sive priore testamento
scriptus. l. 1. eod.

Eos qui ne testamentum ordinaretur impedimento fuisse mon-
strantur, veluti indignas personas, à successionis compendio
removeri, celeberrimi juris est. l. 2. C. eod.

Civili disceptationi crimen adjungitur, si testator non sua sponte
testamentum fecit, sed compulsarius ab eo qui hæres est institutus,
vel quolibet alio : quos noluerit scripsit hæredes. l. 1. C. eod.

V. l'article 4. de la Section 2. des Legs V. l'art. 25. & les suivans de la Section 5. des Testamens.

XI.

11. S'il a
prêté son
nom pour un
fideicommis
tacite.

On peut mettre au rang des personnes indignes des
successions ceux qui prêtent leurs noms à des testateurs
pour être nommés héritiers, afin de faire passer les
biens à des personnes que la loi en exclut. Et ces sortes
de dispositions qu'on appelle des fideicommis tacites,
demeurent sans effet, si la fraude paroît. Et l'héritier
nommé aussi-bien que celui à qui il devoit rendre la
succession en seront privés, l'un comme incapable, &
l'autre comme coupable d'une tromperie que les loix
comparent au vol ou au larcin p.

p In fraudem juris fidem accommodat, qui vel id quod relinquitur, vel aliud tacite promittit restitutum se personæ quæ legibus ex testamento capere prohibetur. Sive chirographum eo nomine dederit, sive nuda pollicitatione repromiserit. l. 10. ff. de
his quæ ut ind. auf. Prædonis loco intelligendus est is, qui tacitam fidem interposuerit, ut non capienti restitueret hæreditatem.
l. 46. ff. de hæred. petit. V. l'art. dernier de la Section précédente.

XII.

12. L'héri-
tier indigne
restitue les
fruits & les
intérêts.

L'héritier indigne qui auroit déja joui de quelque
bien de l'hérédité, doit en rendre tous les fruits, &
autres revenus de tout le temps de sa jouissance, & aussi
les intérêts des deniers qu'il pourroit avoir reçus, soit
des débiteurs de la succession, ou de la vente de quelques meubles de la succession, ou de la vente de quelques meubles, ou pour d'autres causes. Car il est au
rang des possesseurs de mauvaise foi, même avant la
demande q.

q Hæredes, quos necem testatoris inultam omisisse constiterit,
fructus integros cogantur reddere. Neque enim bonæ fidei possessores ante controversiam illatam videntur fuisse, qui debitum
officium pietatis scientes omiserunt. Ex hæreditate autem rerum
distractarum, vel à debitoribus acceptæ pecuniæ, post motam litem bonorum, usuras inferant. Quod in fructibus quoque locum
habere quos in prædiis hæreditariis inventos, aut perceptos post perceptos vendiderint, procul dubio est. l. 1. C. de his quib. ut. ind.

Quoique ce texte ne parle que de l'héritier qui n'a pas vangé la
mort du défunt, cette regle convient à tous les cas des autres causes
qui peuvent rendre l'héritier indigne.

Puisque cet héritier indigne est qualifié dans ce texte possesseur de
mauvaise foi, même avant la demande, ante controversiam illatam, pourquoi ne devroit-il les intérêts des deniers qu'il aura reçus
ou des débiteurs de l'hérédité, ou des ventes qu'il en aura faites, que
depuis la demande, comme il est dit dans ce même texte ? A moins
qu'on ne l'entende des deniers qui seroient en nature, ou encore dûs
par ceux qui auroient acheté de cet héritier.

XIII.

13. Distinc-
tion entre
les causes
qui rendent
indignes.

Parmi toutes ces causes qu'on vient d'expliquer, &
qui peuvent rendre un héritier indigne de la succession,
il faut distinguer celles qui peuvent cesser d'avoir leur
effet & celles dont l'effet ne sçauroit cesser. Ce qui dépend de l'état où sont les choses au temps de la mort de
celui de la succession de qui il s'agit, & des regles qui
suivent r.

r V. les articles suivans.

X I V.

14. De cel-
les qui ren-
dent indi-
gne au
temps de la
mort.

Si la cause qui pouvoit rendre l'héritier indigne subsiste au temps de la mort qui fait l'ouverture de la succession, sans que cet héritier puisse s'en justifier, il sera
irrévocablement exclus comme indigne. Car se trouvant tel au moment que la succession lui est déferée ;
elle ne peut lui être acquise, & les biens passent à celui que la loi y appelle *f*.

f C'est l'effet de la cause qui la rend indigne.

X V.

15. De cel-
les qui ont
cessé au
temps de la
mort.

Si la cause qui auroit pû rendre l'héritier indigne
avoit cessé, comme si c'étoit une inimitié capitale, ou
autre cause qu'une réconciliation avec le défunt, ou
une justification de cet héritier auroit anéantie ; l'obstacle cessant il pourroit succéder *t*.

t Voyez l'article 6.

X V. I.

16. Distin-
ction des
causes à l'é-
gard des
deux sortes
de succes-
sions.

Il faut aussi distinguer entre les causes qui rendent
l'héritier indigne, celles qui peuvent regarder également les successions *ab intestat*, & les successions testamentaires, & celles qui ne peuvent regarder que les
successions testamentaires. Car cette distinction est nécessaire pour ne pas donner aux causes qui rendent
l'héritier indigne, un autre effet que celui que la Loi
& l'équité doivent y donner *u*. Et on peut juger par la
lecture de chaque article à laquelle des successions chacune de ses causes doit se rapporter.

u Cet article est une suite des précedens.

SECTION IV.

De ceux qui ne peuvent avoir d'héritiers.

APrès avoir expliqué quelles sont les personnes qui
ne peuvent être héritiers, il est de l'ordre d'expliquer quelles sont les personnes qui ne peuvent avoir
d'héritiers. Ce qui regarde différemment les successions
testamentaires, & les successions *ab intestat*. Car comme il sera expliqué dans cette Section, il y a des personnes qui peuvent avoir des héritiers *ab intestat*, &
qui ne peuvent en avoir de testamentaires *a*. Il y en a
qui au contraire ne peuvent avoir d'héritiers *ab intestat*,
mais qui peuvent en avoir de testamentaires *b*. Et il
y en a qui ne peuvent avoir d'héritiers ni *ab intestat*,
ni testamentaires *c*.

On pourroit comprendre au nombre des personnes
qui ne peuvent avoir d'héritiers, ceux qui ne posséde-
roient que de ces sortes de biens qu'on voit en quelques
Coutumes, & qu'elles appellent des biens de condition serve, ou de main-morte, dont il a été parlé dans
la préface ci-devant n. 15. Car à l'égard des biens de
cette nature, le Seigneur succede s'il n'y a point d'enfans : & il exclut tout autre héritier, soit testamentaire, ou *ab intestat*, comme il a été remarqué dans ce
même lieu.

a V. l'art. 1. de cette Section & la remarque qu'on y a faite.
b V. l'article 2.
c V. l'article 3.

S O M M A I R E S.

1. *Les incapables de tester ne peuvent avoir d'héritiers tes-*
tamentaires.

2. *Les bâtards ne peuvent avoir d'héritiers ab intestat que*
leurs enfans.

3. *Les étrangers ne peuvent avoir d'héritiers ni testamen-*
taires ni ab intestat.

4. *Les Religieux profés ont des héritiers ou testamentaires,*
ou ab intestat.

5. *Les condamnés n'ont point d'héritiers.*
Tome I.

---

6. *Ceux qui n'ont pas de parens n'ont pas d'héritiers ab*
intestat.

I.

TOutes les personnes qui sont incapables de faire
un testament, soit par le défaut d'âge, ou par
d'autres causes qui seront expliquées en leur lieu *a*, ne
peuvent par conséquent avoir d'héritiers testamentaires ; mais leur succession passe nécessairement aux personnes que la loi y appelle *b*.

1. Les inca-
pables de te-
ster ne peu-
vent avoir
d'héritiers
testamentai-
res.

a V. la Section 2. du Titre 1. du troisiéme Livre.
b On peut mettre en un sens au nombre des personnes qui ne
peuvent pas avoir d'héritiers testamentaires, ceux de qui les biens
sont situez dans des Coutumes. Car elles ne reconnoissent pas d'au-
tres héritiers que ceux du sang, & ne donnent que le nom de Léga-
taires universels à ceux qui n'étant pas appelez par la Loi à la suc-
cession, sont institués héritiers par un testament.

I I.

Les bâtards qui ont des biens peuvent en disposer
par un testament : & ils peuvent aussi avoir pour héritiers *ab intestat* leurs enfans, s'ils en ont de légitimes.
Mais s'ils meurent sans enfans & sans disposer, comme
ils n'ont point de parenté légitime avec personne, ils
ne peuvent aussi avoir aucun héritier légitime, ou *ab*
intestat.

2. Les bâ-
tards ne
peuvent a-
voir d'hé-
ritiers ab in-
testat que
leurs en-
fans.

c Si spurius intestato decesserit jure consanguinitatis aut agna-
tionis hæreditas ejus ad nullum pertinet. l. 4. ff. unde cogn.
V. l'art. 8. de la Sect. 2. & la remarque qu'on y a faite.
Les successions des bâtards appartiennent au Roi par ce droit qu'on
appelle de bâtardise, ou au Seigneur Haut-Justicier.

I I I.

Les étrangers qui meurent sans être naturalisés, ne
peuvent avoir aucun héritier ni testamentaire, ni *ab*
intestat d.

3. Les étran-
gers ne peu-
vent avoir
d'héritiers
ni testa-
mentaires ni
ab intestat.

d V. l'article 9. de la Section 2. & les articles qui y sont cités.
Il faut excepter de cette regle les étrangers qui ont des enfans ou
parens nés en France, ou naturalisés : car ils peuvent leur succéder,
comme il a été remarqué sur l'art. 31. de la Sect. 2. & il faut ex-
cepter aussi les Etrangers qui se trouvent dans le cas des Ordonnan-
ces de 1463. 1583. & 1599. qui permettent aux Marchands étran-
gers frequentans les Foires de Lyon de tester, & à leurs héritiers lé-
gitimes de leur succéder ab intestat.
Les successions des Etrangers appartiennent au Roi par ce droit
qu'on appelle d'Aubaine.

I V.

Les Religieux profés ont pour héritiers, ou ceux
qu'ils peuvent instituer par un testament, s'ils veulent
en faire avant la profession, ou ceux qui se trouvent
appelés à leur succession *ab intestat*, s'ils n'en disposent point. Et les biens qu'ils peuvent avoir au temps
de leur profession, passent à leurs héritiers. Car leurs
vœux les mettent dans l'état d'une mort civile, qui les
tendant incapables de posseder des biens, a le même
effet que la mort naturelle pour faire l'ouverture de
leur succession *e*.

4. Les Reli-
gieux profés
ont des héri-
tiers ou tes-
tamentai-
res, ou ab
intestat.

e V. l'art. 10. de la Sect. 2. & la remarque qu'on y a faite.

V.

Les condamnés à mort, ou à d'autres peines qui emportent la mort civile, venant à mourir dans cet état,
ne peuvent avoir aucun héritier. Car leur condamnation les a dépouillés de leurs biens, qu'elle fait passer
ou au Roi, ou au Seigneur à qui la confiscation doit
appartenir *f*. Mais si leur condamnation est anéantie par quelqu'une des voyes expliquées dans l'article 36. de la Section 2. ils laisseront leurs biens à leurs
héritiers.

5. Les con-
damnés
n'ont point
d'héritiers.

f C'est une suite nécessaire de l'état de ces condamnés. V. l'art. 11.
de la Sect. 2. & les autres art. qui y sont cités.

V I.

Ceux qui se trouvent n'avoir aucuns parens, ou de
qui les parens sont des étrangers non naturalisés, n'ont
aucuns héritiers *ab intestat g*. Mais ils peuvent disposer

6. Ceux qui
n'ont pas de
parens n'ont

T t ij

pas d'héri-
tiers ab in-
teflat.

de leurs biens par un teſtament, s'il n'y a point en eux d'incapacité.

g Scire debet gravitas tua inteſtatorum res , qui fine legitimo hærede deceſſerit , fiſci noſtri rationibus viadicandas. l. 1. C. de bon. vacant.

Les biens de ces perſonnes qui ne laiſſent aucuns héritiers ni teſta-mentaires , ni ab inteſtat , appartiennent au Roi par ce droit qu'on appelle de Desherence. V. la Préface n. 13. & l'art. 1. de la Sect.on 13. de ce Titre.

SECTION V.

Des Droits qui ſont attachés à la qualité d'Héritiers.

Toute cette Section qui regarde les droits des héri-tiers en général, & les trois ſuivantes qui regar-dent les charges des héritiers auſſi en général, ſont comme un Plan où il a été néceſſaire de diſtinguer ces droits & ces charges, & d'en donner cette premiere vûe, pour en faire concevoir l'ordre avant que d'en expliquer le détail. Car ce détail contenant un grand nombre de regles qui doivent être traitées en divers lieux, & qui ſont des matieres différentes, il eſt né-ceſſaire de donner l'idée de ces matieres en un ſeul en-droit, & d'y comprendre les principes & les regles gé-nérales qui doivent entrer dans ce Plan, & précéder le détail de toutes ces matieres qui auront chacune le leur en ſon lieu ; ainſi qu'il ſera expliqué dans la re-marque ajoutée à la fin de la Section 8.

La même raiſon qui a obligé à faire ce Plan oblige auſſi d'avertir qu'il ne faut pas conſiderer comme des redites ce qui pourra ſe trouver ou dans les Sections pré-cédentes, ou dans toute la ſuite de ce premier Tome, qui paroiſſe ſemblable à ce qui ſera expliqué dans ces quatre Sections. Car ou il s'y trouvera quelque diffé-rence, ou ce qu'il pourra y avoir de ſemblable en dif-férens lieux, ſera néceſſaire en chacun, ſoit pour l'or-dre, ou pour d'autres vûes.

SOMMAIRES.

1. *Droit d'accepter la ſucceſſion, & en recueillir les biens.*
2. *L'adition de l'hérédité a ſon effet du jour de la mort.*
3. *L'héritier peut renoncer à l'hérédité.*
4. *L'héritier peut délibérer s'il acceptera la ſucceſſion.*
5. *L'héritier peut accepter la ſucceſſion par bénéfice d'in-ventaire.*
6. *Il peut faire réduire les legs & les fideicommis lorſqu'il y en a lieu.*
7. *L'héritier peut vendre ou donner l'hérédité, ou en diſ-poſer autrement.*
8. *Droit de tranſmettre l'hérédité à ſon héritier.*
9. *Il y a des droits qui ne paſſent pas aux héritiers.*
10. *Droits des héritiers du ſang ſur les biens que la Loi leur affecte.*
11. *Droit de venir en partage entre cohéritiers.*
12. *Droit d'accroiſſement entre cohéritiers.*
13. *Droit de rapport.*
14. *Droit de retour & de reverſion.*

I.

1. Droit
d'accepter
la ſucceſ-
ſion, & en
recueillir ſur
les biens,

Comme l'héritier eſt le ſucceſſeur univerſel, le pre-mier des droits que donne cette qualité eſt celui d'accepter & recueillir la ſucceſſion, de ſe mettre en poſſeſſion des biens, de vendiquer ceux qui ſeroient entre les mains de tierces perſonnes, d'exiger les det-tes, & d'uſer en maître de tout ce qui compoſe la ſuc-ceſſion a.

a Hæres in omne jus mortui , non tantum ſingularum rerum dominium ſuccedit. l. 37. ff. de reg. jur. V. l'art. 1. de la Sect. 1.

Il ne faut pas confondre le droit d'accepter & recueillir une ſuc-ceſſion dont il eſt parlé dans cet article avec le droit on le titre qui rend héritier. Le droit d'accepter la ſucceſſion dépend de la volonté de l'héritier, mais non le titre qui le rend héritier, ſçavoir le teſta-ment pour les ſucceſſions teſtamentaires, & la proximité pour les ſucceſſions ab inteſtat.

V. ſur l'acceptation de l'hérédité, & ſur la différence entre le droit à la qualité d'héritier & le droit de faire cette acceptation, ce qui en eſt dit dans le préambule du Titre 1. de ce premier Livre, & dans les lieux cités à la fin de ce même préambule.

I I.

2. L'adition
de l'hérédité
a ſon effet
du jour de
la mort.

Ce droit de l'héritier a cet effet, qu'encore qu'il ne ſçache que la ſucceſſion lui eſt échue que long-temps après, ou que le ſçachant il differe de la recueillir; dès qu'il commence de s'y immiſcer. il en acquiert tous les droits, comme s'il l'avoit recueillie au temps de la mort de celui à qui il ſuccede. Et tout ce qui pourra avoir augmenté la ſucceſſion dans cet entre-temps, lui appartiendra b.

b Omnis hæreditas quamvis poſtea adeatur, tamen cum tem-pore mortis continuatur. l. 138. ff. de reg. jur. V. l'art. 1. de la Section 8.

I I I.

3. L'héritier
peut renon-
cer à l'hé-
dité.

Comme les ſucceſſions peuvent être plus onereuſes que profitables, l'héritier ſoit teſtamentaire ou ab inte-ſtat, qui croit ne devoir pas accepter cette qualité a droit d'y renoncer c ; mais ſeulement pendant que les choſes ſont encore entieres, c'eſt-à-dire, avant qu'il ait fait aucun acte qui emporte l'acceptation de l'héré-dité. Car il a été dit en un autre lieu, celui qui a été une fois héritier ne peut ceſſer de l'être d.

c Is qui hæres inſtitutus eſt , vel is cui legitima hæreditas delata eſt , repudiatione hæreditatem amittit. l. 13. ff. de acquir. vel omitt. hæred.

Nec emere , nec donatam aſſequi , nec damnoſam quiſquam hæreditatem adire compellitur. l. 16. C. de jure deliber. V. la Sec-tion 4. du Titre 3. de ce premier Livre.

d. V. l'article 10. de la Sect. 1. de ce Titre.

I V.

4. L'héritier
peut délibe-
rer s'il ac-
ceptera la
ſucceſſion.

Si l'héritier doute que la ſucceſſion ſoit avantageuſe, il peut prendre un temps pour délibérer s'il l'acceptera, ou y renoncera e ; ainſi qu'il ſera expliqué dans la Sec-tion premiere du Titre ſecond.

e Ait prætor ſi tempus ad deliberandum petet , dabo l. 1. §. 1. ff. de jure deliber. Ut inſtruere ſe poſſint , expedire necne agnoſcere hæreditatem. l. 5. eod.

V.

5. L'héritier
peut accepter
la ſucceſſion
par bénéfice
d'inventai-
re.

Dans le même cas de l'article précédent, l'héritier peut ſans danger, ſi bon ne lui ſemble, ſe déclarer héritier par bénéfice d'inventaire, c'eſt-à-dire, en fai-ſant faire dans les formes un inventaire de tous les biens. Ce qui aura cet effet, qu'il ne ſera tenu des charges que juſqu'à la concurrence de la valeur des biens, & d'en rendre compte, & que s'il a des droits ſur l'hérédité, il les conſervera f. C'eſt ce bénéfice d'inventaire qui ſera la matiere du Titre ſecond.

f Sin autem dubius eſt (hæres ,) utrumne admittenda ſit necne defuncti hæreditas, non putet ſibi eſſe neceſſariam deliberatio-nem, ſed adeat hæreditatem, vel ſeſe immiſceat, omni tamen modo inventarium ab eo conficiatur. l. ult. §. 2. C. de jure delib.

Si verò & ipſe aliquas contra defunctum habebat actiones , non hæ confundantur , ſed ſimilem cum aliis creditoribus per omnia habeat fortunam, temporum tamen prærogativa inter creditores ſervanda. d. l. §. 9. in ſ. V. le Titre 2.

V I.

6. Il peut
faire rédui-
re les legs &
les fideicom-
mis lorſqu'il
y en a lieu.

Quoique les biens de la ſucceſſion excedent les dettes paſſives, ſi l'héritier ſoit teſtamentaire ou ab inteſtat, eſt chargé par un teſtament ou un codicile de legs, de fideicommis, ſubſtitutions, ou autres diſpoſitions, qui diminuent la part que les loix affectent à l'héritier ſur les biens de l'hérédité, il a droit de faire moderer ces ſortes de diſpoſitions, ainſi qu'il ſera expliqué en ſon lieu g.

g Quicumque civis Romanus poſt hanc legem rogatam teſta-mentum faciet , is quantum civi Romano pecuniam jure publico dare, legare volet, juſque poteſtaſque eſto, dum ita detur legatum, ne minus quàm partem quartam hæreditatis eo teſta-mento hæredes capiant. l. 1. ff. ad leg. falc. V. le Titre 3. du Li-vre 4. & le Titre 4. du 5. Livre.

VII.

7. l'héritier peut vendre ou donner l'héredité, ou en disposer autrement.

Quoique l'héritier qui a une fois pris cette qualité ne puisse plus s'en dépouiller, de forte qu'il cesse d'être sujet aux charges de l'hérédité qu'il avoit acceptée, il ne laisse pas d'avoir le droit de la vendre, de la donner, ou d'en disposer à d'autres titres au profit d'une personne qui entre en ses droits, & qui s'oblige d'acquitter les charges *h*. Mais quoique cet héritier se soit dépouillé des biens, il demeure toujours tenu de toutes les charges, & il a seulement son recours contre celui qui ayant acquis l'hérédité doit l'en garantir *i*.

h Toto titulo ff. & C. de hæreditat. vel act. vend.
i Quamvis heres institutus hæreditatem vendiderit, tamen legata & fideicommissa ab eo peti possunt. Et quod eo nomine darum fuerit, venditor ab emptore vel fidejusforibus ejus petere poterit. *l.* 2, C. *de legat.*

VIII.

8. Droit de transmettre à son héritier.

On peut mettre au nombre des droits de l'héritier celui de faire passer après sa mort l'hérédité qui lui étoit échûe, aux personnes qui lui succederont, quoiqu'il n'eût pas recueilli la succession, ni fait aucun acte d'héritier. C'est ce droit qu'on appelle Transmission, qui sera expliqué en son lieu *l*.

l V. la Section 10. des Testamens.

IX.

9. Il y a des droits qui ne passent point aux hérédités.

Il ne faut pas comprendre dans les droits de l'héritier tous ceux que pouvoit avoir la personne à qui il succede. Car il y en a plusieurs qui sont restreints aux personnes, & ne passe point à leurs héritiers *m*.

m V. l'article 5. de la Section 1.

X.

10. Droit des héritiers du sang sur les biens que la loi leur affecte.

Il faut remarquer parmi les droits des héritiers le droit distingué qu'ont les enfans & autres descendans, & les ascendans, d'une légitime dont ils ne peuvent être privés, & dont il sera traité en son lieu, *n*. Et aussi le droit des collatéraux dans les Coutumes sur les biens qui leur sont affectés, & dont on ne peut disposer à leur préjudice *o*.

n V. le Titre 3. du 3. Livre.
o V. la Préface ci-devant n. 7.

XI.

11. Droit de venir en partage entre cohéritiers.

Lorsqu'il y a plusieurs héritiers, chacun a droit d'obliger les autres à venir entr'eux en partage des biens & des charges de l'hérédité *p*.

p V. le Titre 4. de ce premier Livre.

XII.

12. Droit d'accroissement entre cohéritiers.

Dans le même cas où il y a plusieurs héritiers, ils ont entr'eux réciproquement ce droit qu'on appelle d'Accroissement, qui fait qu'au défaut d'un d'eux son droit passe aux autres, suivant les regles de cette matiere qui seront expliquées en leur lieu *q*.

q V. la Section 9. des Testament.

XIII.

13. Droit de rapport.

Entre cohéritiers d'un ascendant, soit qu'ils succedent *ab intestat*, ou qu'ils soient appellés par un testament, chacun a le droit d'obliger ses cohéritiers qui peuvent avoir des biens venus de cet ascendant à qui ils succedent, à les rapporter, c'est-à-dire, à les mettre dans la masse de l'hérédité, pour être compris dans leur partage. C'est ce droit qu'on appelle de Rapport, qui fait une matiere dont les regles seront expliquées dans leur titre propre *r*.

r V. le Titre quatriéme du Livre second.

XIV.

14. Droit de retour ou de réversion.

Lorsque les ascendans succedent à leurs descendans se trouvent avoir des cohéritiers, comme il arrive dans les cas qui seront expliqués en leur lieu *f*, si ces ascendans avoient fait quelques donations à leurs descendans à qui ils succedent, ce qu'ils avoient donné n'entre point dans le partage, mais leur revient par ce droit qu'on appelle de Retour ou Reversion, qui sera expliqué en son lieu *t*.

f V. la Sect. 1. du Titre 2. du Livre second.
t V. la Section 3. de ce même Titre 2. du second Livre.

SECTION VI.

Des diverses sortes d'Engagemens des Héritiers.

SOMMAIRES.

I.

1. Engagement à l'hérédité par le simple effet de l'adition.

L'Héritier soit *ab intestat*, ou testamentaire, qui a accepté cette qualité, ou fait quelque acte qui le rend héritier, ainsi qu'il sera expliqué dans la Section 1. du Titre 3. entre dans un engagement général qui l'oblige à toutes les suites de cette qualité d'héritier, & à toutes les charges de l'hérédité, par le simple effet de l'adition. Car l'acte qui le fait héritier est comme un contrat entre lui & ceux envers qui cette qualité pourra l'obliger ; par lequel il prend les biens à condition d'acquitter les charges *a*.

a Is qui miscuit se (hæreditati) contrahere videtur. *l.* 4. ff. *quib. ex cauf. in post. eat. l.* 3. *in f. eod. l.* 5. §. 2. ff. *de oblig. & act.* §. 5. *inst. de oblig. qua quaf. ex contr. naf.* V. l'art. 1. de la Sect. 8.

II.

2. Plusieurs sortes d'engagemens des héritiers.

Les engagemens des héritiers sont de plusieurs sortes, de même que les charges de l'hérédité. Et pour bien concevoir la nature de chacun, & l'ordre de tous, il faut en faire les distinctions qui suivent *b*.

b Voyez les articles suivans.

III.

3. Premier engagement général à toutes les charges de l'hérédité.

Le premier engagement d'un héritier est cette obligation générale & indéfinie qu'il contracte envers toutes les personnes qui pourront avoir quelque droit sur l'hérédité, quoiqu'il ignore quelles sont toutes ces personnes, & quels sont leurs droits, & quoique les biens de l'hérédité n'y suffisent pas; si ce n'est qu'il use de la précaution dont il a été parlé dans l'article 5. de la Section 5. *c*.

c C'est une suite de l'article premier.
Hæreditas quin obliget nos æri alieno, etiam si non fit solvendo, plusquam manifestum est. *l.* 8. ff. *de acquir. vel omitt. hared.*

IV.

4. Tous les engagemens particuliers se réduisent à deux especes.

Tous les engagemens particuliers, qui peuvent être compris dans cette obligation générale & indéfinie, se distinguent en deux especes qui les comprennent tous sans exception. La première est de ceux que la personne à qui l'héritier succede, peut lui imposer ; & la seconde, de tous ceux qui sont indépendans de la volonté de cette personne. Ainsi les legs sont de la premiere de ces deux especes ; & les dettes paſſives du défunt , c'eſt-à-dire , qu'il pouvoit devoir , ſont de la ſeconde *d*.

d Il ne peut y avoir aucun engagement qui ne ſoit de l'une ou de l'autre de ces deux eſpeces.

V.

5. Diverſes charges qu'on peut impoſer à l'héritier.

Les charges qu'on peut impoſer à un héritier ſont de pluſieurs ſortes, comme les legs & donations à cauſe de mort, dont il ſera traité dans le 4. Livre des Subſtitutions & Fideicommis, qui font la matiere du 5. Livre : Et toutes autres diſpoſitions que le défunt peut avoir faites, & qui impoſent à ſon héritier quelqu'engagement ; comme ce qui peut regarder ſes reſtitutions, les frais funéraires, s'il y a pourvû, & les autres ſemblables *e*.

e V. les Livres 4. & 5. & la Section 11. de ce Titre.

V I.

6. Charges dont l'héritier eſt tenu quoique le défunt ne l'y ait pas obligé.

Les charges dont l'héritier eſt tenu, quoique celui à qui il ſuccede n'en ait rien ordonné, ſont auſſi de pluſieurs ſortes ; comme les dettes paſſives du défunt, ſoit qu'il dût pour ſa propre affaire, ou pour d'autres pour qui il fût obligé ; les redevances des fonds de l'hérédité ; les dettes & autres charges des ſucceſſions que le défunt auroit recueillies ; la réparation des dommages qu'il eût cauſés par quelque délit ou par d'autres voyes, les frais funéraires, & tout ce qu'il peut y avoir d'engagement ou de la perſonne, ou des biens du défunt, qui regardent ſon hérédité, encore qu'il n'y ait obligé ſon héritier par aucune diſpoſition *f*.

f Ces charges s'entendent d'elles-mêmes, & ce qui pourroit demander quelque explication l'aura en ſon lieu. V. l'art. 16. de la Sect. 1. & la Sect. 10. de ce Titre.

V I I.

7. Deux ſortes d'engagemens du défunt qui ne paſſent pas à l'héritier.

Comme il ne faut pas comprendre indiſtinctement dans les biens d'une hérédité tout ce qui peut avoir appartenu au défunt à qui l'hérédité ſuccede, ainſi qu'il a été dit dans l'article 5. de la Section 1. il ne faut pas non plus comprendre indiſtinctement dans les engagemens de l'héritier tous ceux où le défunt pouvoit être entré. Car il y a deux ſortes d'engagemens qui finiſſent avec la perſonne, & qui ne paſſent pas à ſes héritiers, comme on le verra dans les deux articles qui ſuivent *g*.

g Voyez ces deux articles.

V I I I.

8. Premiere ſorte d'engagemens qui ne paſſent pas à l'héritier.

La premiere ſorte d'engagemens qui ne paſſent pas aux héritiers, comprend de certaines fonctions où l'ordre public demande qu'on engage quelques perſonnes independemment même de leur volonté. Ainſi l'engagement de ceux qui ſont appellés à des charges d'Echevins, Conſuls, Collecteurs, & autres qu'on appelle Municipales, ou à l'adminiſtration d'un Hôtel-Dieu, d'un Hôpital général, ou autre ſemblable, celui d'un Tuteur ou d'un Curateur, les Commiſſions qu'on ordonne pour des fonctions que l'ordre de la Juſtice rend néceſſaire, comme de ſequeſtres de biens contentieux, & autres ſemblables, ſont autant d'engagemens, dont l'exercice finit par la mort des perſonnes qui avoient été choiſies pour ces ſortes de fonctions *h*. Car elles ſont telles que l'héritier pourroit ou non être incapable, ou avoir quelque privilege qui l'en exemptât. Mais quoique ces charges ne paſſent pas aux héritiers, & qu'elles finiſſent par la mort de ceux qui y étoient engagés, leurs héritiers ſeront tenus des ſuites qui peuvent les regarder, ſuivant les regles qui ont été expliquées en un autre lieu *i*.

h V. l'art. 5. de la Sect. 6. des Tuteurs, p. 159. Voyez le Titre des Syndics Directeurs, &c.
i V. les art. 5. 6. 7. & 8. de la Sect. 4. des Tuteurs, p. 157.

I X.

9. Seconde ſorte d'engagemens.

La ſeconde ſorte d'engagemens qui ne paſſent pas aux héritiers, en comprend quelques-uns de ceux où

---

l'on ne peut entrer que volontairement, & de gré à gré, & qui ſont tels que les intéreſſés ſe choiſiſſent réciproquement l'un l'autre par des conſidérations qui ſe bornent à leurs perſonnes. Ainſi ceux qui chargent des Procureurs conſtitués, ou de toutes leurs affaires généralement, ou de quelqu'affaire particuliere, & ceux qui acceptent les procurations, entrent dans un engagement volontaire & réciproque par la confiance qu'ils ont l'un en l'autre *l*. Ainſi ceux qui contractent des ſociétés ou univerſelles de tous biens, ou particulieres pour quelque commerce, forment entr'eux une liaiſon volontaire dans la vûe des avantages qu'ils peuvent tirer l'un de l'autre par l'induſtrie, la fidelité, & les autres qualités que chacun d'eux conſidere en l'autre *m*. Ainſi ceux qui ayant des différends entr'eux conviennent par un compromis de les faire juger par des arbitres, peuvent ne prendre cette voye que par des conſidérations particulieres d'honnêteté ou autres qu'ils peuvent avoir l'un pour l'autre *n*. De ſorte que dans tous ces cas les engagemens de l'un envers l'autre ont leur fondement ſur des motifs reſtreints aux perſonnes : & par cette raiſon il eſt juſte que leurs liaiſons finiſſent par leur mort. Mais leurs héritiers, comme ceux des Tuteurs, ſont tenus des ſuites qui peuvent les regarder, ſuivant les regles qui ont été expliquées en leurs lieux *o*.

l V. l'art. 6. de la Section 4. des Procurations, p. 132.
m V. l'art. 14. de la Sect. 5. de la Société, p. 93.
n V. l'art. 6. de la Sect. 1. des Compromis, p. 126.
o V. la Section 6. de la Société, p. 94. les art. 6. 7. & 8. de la Section 4. des Procurations, p. 133. & l'art. 6. de la Section 1. des Compromis, p. 126.

SECTION VII.

Des Engagemens qu'on peut impoſer à un Héritier, & par quelles diſpoſitions.

SOMMAIRES.

1. *Charges qu'on peut impoſer à un héritier.*
2. *Par quelles diſpoſitions on peut impoſer ces charges.*
3. *Quelles doivent être ces diſpoſitions.*
4. *Premiere regle, que les perſonnes qui diſpoſent en ſoient capables.*
5. *Deuxieme regle, que les perſonnes qui en doivent profiter n'en ſoient pas incapables.*
6. *Troiſieme regle, que les diſpoſitions ſoient dans les formes.*
7. *Quatrieme regle, que les diſpoſitions n'excedent pas les bornes reglées par les Loix.*
8. *Différence entre ce qui eſt défectueux par la quatrieme regle, & ce qui l'eſt par les autres.*
9. *Le détail qui regarde ces quatre Regles, ſera expliqué en ſon lieu.*
10. *Comment s'executent ces diſpoſitions.*

I.

1. Charges qu'on peut impoſer à un héritier.

ON peut impoſer à un héritier, ſoit teſtamentaire ou *ab inteſtat*, toutes ces ſortes de charges dont il a été parlé dans l'article 5. de la Section précedente, & en général toutes ſortes de charges indiſtinctement ; pourvû qu'elles ſoient poſſibles, honnêtes & licites. Car ce qui ſeroit impoſſible, ou qui bleſſeroit les bonnes mœurs & l'honnêteté, ou que quelque Loi rendroit illicite, n'obligeroit à rien *a*.

a Diſponat unuſquiſque ſuper ſuis ut dignum eſt, & ſit lex ejus voluntas. Nov. 22. C. 2.
Publicè expedit ſuprema hominum judicia exitum habere. l. 5. ff. 108. quemad. aper. Impoſſibilium nulla obligatio eſt. l. 185. ff. de reg. jur.

I I.

2. Par quelles diſpoſitions on peut impoſer ces charges.

Toutes les charges en général qu'on peut impoſer à des héritiers, ſe reglent par deux ſortes de diſpoſitions. L'une de celles qu'on appelle diſpoſitions à cauſe de mort, qui ſont révocables, & qui n'ont leur effet que par la mort de celui qui a difposé, comme font les teftamens, les codiciles, & les donations à caufe de mort ; ce qui comprend les legs, les fideicommis, les fubftitutions, & tout ce qu'on peut ordonner par ces fortes de difpofitions. Et l'autre de celles qui font irrévocables, comme les donations entre-vifs, & autres actes de même nature, qui peuvent contenir quelque engagement qu'on impofe à des héritiers. Ainfi, par exemple, celui qui feroit une donation entre-vifs d'une maifon ou autre héritage, pourroit par le même contrat charger fon héritier de fouffrir après fa mort une fervitude pour cet héritage fur un autre fonds de fa fucceffion, ne voulant pas s'affujettir lui-même à cette fervitude pendant qu'il vivroit. Ainfi on peut faire un contrat de fondation, dont l'exécution ne commence qu'après la mort du fondateur, quoique le contrat foit irrévocable *b*.

b C'eft une fuite de l'art. précédent.

III.

3. Quelles doivent être ces difpofitions.

Pour former l'engagement de l'héritier aux charges que veut lui impofer celui à qui il fucæde, il faut que les difpofitions qui reglent ces charges, foient telles qu'elles puiffent avoir leur effet. Et pour le leur donner il faut qu'on y ait obfervé les regles qui fuivent. Après quoi elles tiennent lieu de Loix à l'héritier *c*.

c. Voyez les articles fuivans.

IV.

4. Premiere regle, que les perfonnes qui difpofent en foient capables.

La premiere regle pour la validité des difpofitions qui contiennent les charges qu'on impofe à un héritier, eft que ces difpofitions foient faites par des perfonnes qui en ayent le pouvoir, & en qui la liberté de difpofer n'ait aucun obftacle, comme feroit une incapacité du nombre de celles qu'on a expliquées dans la Section 2. ou d'autres qui feront expliquées en leur lieu *d*.

d Voyez la Section 2. des Teftamens.

V.

5. Douxiéme regle, que les perfonnes qui en doivent profiter n'en foient pas incapables.

On peut mettre pour une feconde regle, que les difpofitions qui impofent quelque charge à un héritier en faveur de quelque perfonne, comme un legs, un fideicommis ou autres femblables, doivent être faites en faveur de perfonnes capables de recevoir ces fortes de bienfaits *e*.

e On ne peut donner à ceux que les Loix rendent incapables de recevoir. V. la Section 2. des Teftamens.

VI.

6. Troifieme regle, que les difpofitions foient dans les formes.

La troifieme regle eft que ces difpofitions foient faites dans les formes prefcrites par les Loix. Ainfi, pour les difpofitions à caufe de mort, il faut y obferver le nombre des témoins, & les autres formalités qui feront expliquées en leurs lieux *f*. Ainfi pour les difpofitions entre vifs, il faut qu'elles foient telles que les Loix l'ordonnent, comme fi c'eft une donation entre vifs, qu'elle ait été acceptée par le donataire, & infinuée *g*.

f V. la Sect. 3. des Teftamens, & la Section 1. des Codiciles.
g V. l'art. 2. & l'art. 15. de la Sect. 1. des Donations, p. 105.

VII.

7. Quatriéme regle, que les difpofitions n'excedent pas les bornes reglées par les Loix.

La quatrieme regle eft que les charges impofées par ces difpofitions, n'excedent pas les bornes que les Loix ont mifes à la liberté de difpofer, pour conferver aux heritiers foit teftamentaires ou *ab inteftat*, les biens qu'elles leur affectent. Ainfi le teftateur ne peut diminuer par aucune charge la légitime de fes enfans ou afcendans. Ainfi dans les Provinces qui fe regiffent par le droit écrit, le teftateur ne peut pas leguer au de-là des trois quarts des biens qu'il peut laiffer ; & l'héritier peut faire réduire les legs, de forte qu'il lui refte au moins un quart de l'hérédité. Et les fideicommis ont auffi leurs bornes *h*. Et dans les Coutumes on ne peut leguer que felon qu'elles le permettent.

h V. le Titre de la Légitime, celui de la Falcidie, & celui de la Trebellianique.

VIII.

8. Différence entre ce qui eft défectueux par la quatriéme regle, & ce qui eft par les autres.

Il y a cette différence entre les difpofitions qui fe trouvent défectueufes par l'une des trois premieres de ces regles qu'on vient d'expliquer, & celles qui fe trouvent contraires à la quatriéme, que celles-ci ne font pas nulles pour paffer les bornes de la liberté de difpofer, mais font réduites felon ces bornes, & que les difpofitions faites contre l'une des trois autres regles, c'eft-à-dire, ou par des perfonnes qui n'en ont pas le pouvoir, ou en faveur de perfonnes à qui on ne peut donner, ou qui manquent de quelque formalité dont le défaut fuffife pour les annuller, n'ont aucun effet & n'obligent à rien *i*.

i C'eft une fuite des quatre articles précédens.

IX.

9. Le détail qui regarde ces quatre regles fera expliqué en fon lieu.

Toutes ces caufes qui peuvent ou annuller les teftament & autres difpofitions, ou empêcher qu'elles n'ayent leur entier effet, feront expliquées dans leurs lieux propres *l*. Et il fuffit ici de donner cette idée en abregé de ces principes généraux, & en marquer l'ordre.

l Voyez les lieux cités fur les art. 4. 5. 6. & 7.

X.

10. Comment s'exécutent ces difpofitions.

Lorfque la charge impofée à l'héritier, foit legs ou autre, doit avoir fon effet en tout ou en partie, il doit s'en acquitter de la maniere qui lui eft prefcrite par le teftament ou autre difpofition. Et s'il y furvient des difficultés, elles fe décideront par les regles qui feront expliquées en leurs lieux *m*.

m V. les Sections 6. 7. & 8. des Teftamens, & la Section 11. du même Titre.

SECTION VIII.

Des engagemens qui fuivent de la qualité d'héritier, quoique celui à qui il fuccede n'en impofe aucun.

SOMMAIRES.

1. *L'héritier eft tenu des charges de l'hérédité même inconnues au défunt.*
2. *De celles des fucceffions échues à celui à qui il fuccede.*
3. *Des fubftitutions ou fideicommis dont le défunt étoit chargé.*
4. *De toutes autres charges, actions & prétentions fur l'hérédité.*
5. *Des délits du défunt.*
6. *Des dettes qui ne doivent être payées qu'après fa mort.*
7. *Des frais funeraires.*

I.

1. L'héritier eft tenu des charges de l'hérédité même inconnue au défunt.

Tout héritier, foit teftamentaire ou *ab inteftat*, qui accepte une fucceffion, s'engage par-là à toutes les charges indiftinctement, & à celles même que celui à qui il fuccede, pouvoit avoir ignorées. Et comme il a tous les biens & tous les droits de l'hérédité, & ceux même qui n'y font acquis qu'après la mort de celui à qui il fuccede, il eft auffi tenu des charges furvenues après cette mort *a*.

a V. l'art. 2. de la Sect. 5. l'art. 1. de la Sect. 6. & l'art. 2. de la Section fuivante.

II.

2. De celles des fucceffions échues à celui à qui il fuccede.

Si dans la fucceffion qui paffe à un héritier, il fe trouve d'autres fucceffions que celui à qui il fuccede ou fes auteurs avoient recueillies, toutes les charges qui peuvent refter de ces diverfes fucceffions, fe confondent & réuniſſent en la perſonne de cet héritier, & lui deviennent propres *b*.

b Voyez l'article 16. de la Section 1.

III.

3. Des Subſtitutions ou fideicommis dont le défunt étoit chargé.

Si dans une ſucceſſion il y a des biens ſujets à quelque Fideicommis ou ſubſtitution, dont le défunt ou ſes auteurs euſſent été chargés, l'héritier ſera tenu de les reſtituer aux perſonnes qui s'y trouveront appellés quand les cas ſeront arrivés *c*.

c V. le Titre des Subſtitutions au cinquieme Livre.

IV.

4. De toutes autres charges, actions & prétentions ſur l'hérédité.

L'héritier eſt auſſi tenu en général & indiſtinctement de toutes dettes paſſives, & autres ſortes de charges quelles qu'elles ſoient, & des actions, & prétentions que les créanciers ou d'autres perſonnes pouvoient avoir contre le défunt, ou ſur les biens de l'hérédité *d*.

d Hæredes onera hæreditaria agnoſcere....placuit. l. 2. C. de hæred. act. V. la Section ſuivante.

V.

5. Des délits du défunt.

Il faut comprendre dans les charges dont l'héritier eſt tenu, quoique le défunt n'en ait rien ordonné, les reſtitutions & dédommagemens qu'il pouvoit devoir par quelque crime ou quelque délit *e*. Ce qui ſera la matiere de la Section 10.

e V. cette Section 10.

VI.

6. Des dettes qui ne doivent être payées qu'a-près ſa mort.

On peut encore mettre en ce même rang les dettes dont le payement ne pouvoit être demandé au défunt pendant qu'il vivoit; comme s'il s'étoit obligé pour une ſomme qui ne dût être payée qu'après ſa mort : ou ſi celui qui s'étoit rendu ſa caution ayant payé après ſa mort, demandoit à l'héritier ſon payement qu'il ne pouvoit demander au défunt *f*.

f Hæreditarium æs alienum intelligitur etiam id de quo cum defuncto agi non poterit : veluti quod is cum moreretur daturum ſe promiſiſſet. l. 7. ff. de reb. auth. jud. poſſid. Item quod is qui pro defuncto fidejuſſit poſt mortem ſua ſolvit. d. l. 11 ſ.

VII.

7. Des frais funeraires.

L'héritier eſt enfin tenu des frais funeraires de la perſonne à qui il ſuccede *g*, ce qui ſera la matiere de la Section 11.

g Voyez la Section 11.

Table du Plan des Droits, & des Charges des Héritiers.

Il faut ajouter ici pour une eſpece de concluſion, ou de récapitulation des trois Sections précédentes & de celle-ci, que comme il a été remarqué dans le préambule de la Section 5. on a tâché d'y donner une idée générale comme dans un plan, des droits des héritiers, & de leurs engagemens, où l'on pût les voir enſemble & en ordre, ſans y joindre le détail des regles de ces diverſes matieres qui doivent être expliquées en divers lieux. Et il eſt maintenant néceſſaire de donner ici une vûe abregée de ces droits & de ces engagemens, comme dans une table, de ce Plan, & d'y marquer les lieux où eſt ce détail de leurs regles.

Il pourroit ſembler qu'on auroit dû avoir mis cette Table à la Tête de la Section 5. enſuite de la remarque qu'on y a faite, mais on a jugé qu'il falloit auparavant expliquer ces droits & ces engagemens, pour éviter & la confuſion & l'obſcurité, & que cette Table ſeroit bien plus facile à comprendre ici après la lecture de ces quatre Sections, que ſi elle avoit précédé cette lecture.

Droits des Héritiers, & les lieux où il en eſt traité.

1. Le droit de recueillir la ſucceſſion ou d'y renoncer, ce qui renferme le droit de délibérer. *V. la Sect. 1. du*

Titre 2. *de ce premier Livre,* & *le Titre 3. de ce même Livre.*

2. Le droit d'accepter l'hérédité par bénéfice d'inventaire. *V. le Titre 2. de ce même Livre.*

3. Le droit d'une légitime pour les héritiers à qui elle eſt dûe. *V. le Titre 3. du troiſieme Livre.*

4. Le droit de faire réduire les legs, les fideicommis, & les ſubſtitutions à ce qui eſt reglé par les Loix. *V. le Titre 3. du 4. Livre,* & *ce Titre 4. du 5: Livre.*

5. Le droit de vendre ou donner à d'autres l'hérédité, ou d'en diſpoſer autrement. *V. l'art. 7. de la Sect. 13. de ce Titre, l'art. 2. de la Sect. 4. du contrat de vente,* & *les art. 14: & 25. de la Sect. 10. du même Titre.*

6. Le droit de transmettre l'hérédité à ſes héritiers. *V. la Section 10. des Teſtamens.*

7. Le droit des cohéritiers de venir entr'eux en partage. *V. le Titre 4. de ce premier Livre.*

8. Le droit d'accroiſſement entre les cohéritiers. *V. la Section 9. des Teſtamens.*

9. Le droit de rapport entre cohéritiers. *V. le Titre 4. du ſecond Livre.*

10. Le droit de retour ou de reverſion à ceux qui doivent l'avoir. *V. la Sect. 3. du Titre 2. du ſecond Livre.*

Charges impoſées à l'Héritier par la volonté de celui à qui il ſuccede, & les lieux où il en eſt traité.

1. La charge d'acquitter les legs. *V. le Titre 2. du quatrieme Livre.*

2. La charge de reſtituer les Fideicommis. *V. ce même Titre 2. du quatrieme Livre,* & *le Titre 3. du cinquiéme Livre.*

3. La charge d'exécuter toutes les autres diſpoſitions de celui à qui l'héritier ſuccede. *V. la Section 11. des Teſtamens,* & *le Titre des legs,* & *celui des Subſtitutions directes & des Fideicommiſſaires.*

Charges de l'Héritier indépendantes de la volonté de celui à qui il ſuccede, & les lieux où il en eſt traité.

1. La charge d'acquitter les dettes paſſives de la ſucceſſion, & tout ce qui peut être dû par l'héritier. *Voyez la Section ſuivante.*

2. La charge d'acquitter les dommages & intérêts à cauſe des crimes & des délits de celui à qui l'héritier ſuccede. *V. la Section 10. de ce Titre.*

3. La charge d'acquitter les frais funeraires. *Voyez la Section 11. de ce Titre.*

SECTION IX.

Comment les héritiers ſont tenus des dettes paſſives, & de toutes autres charges de l'hérédité.

Quoique tous les articles de cette Section n'expriment pas d'autres charges en particulier que les dettes paſſives, les regles qu'on y explique doivent s'appliquer aux autres ſortes de charges, comme des legs de diverſes eſpeces de choſes, des frais funeraires, & toutes autres. Car il n'y en a point qui ne ſe convertiſſent en dettes paſſives par des eſtimations en deniers, ſi les héritiers manquent de les acquitter *a*. Ainſi les regles de cette Section ſont communes à toutes les eſpeces de charges d'une hérédité, ſelon qu'on peut y en faire l'application.

a Ubi quid fieri ſtipulemur, ſi non fuerit factum, pecunia dari oportere. l. 72. ff. de verb. obl. V. l'art. 1. de la Sect. 8. des Legs.

SOMMAIRES.

1. Diverſes eſpeces de charges.
2. L'héritier eſt tenu des dettes au-delà des biens de l'hérédité.
3. Trois ſortes de dettes, les pures perſonnelles, les hypothecaires, & les privilegiées.
4. Définition de ces trois ſortes de dettes:
5. Préference

5. *Préférence des créanciers du défunt à ceux de l'héritier sur les biens de l'hérédité.*

6. *Préférence des créanciers de l'héritier à ceux du défunt sur les biens de l'héritier.*

7. *Contribution entre les créanciers qui n'ont ni hypotheque ni privilege.*

8. *Concurrence entre les créanciers du défunt sur les biens de l'héritier.*

9. *Séparations des biens de l'hérédité de ceux de l'héritier.*

10. *Les héritiers sont tenus personnellement pour leurs portions & hypothecairement pour le tout.*

11. *La dette hypothecaire ou privilégiée se divise à l'égard des héritiers.*

12. *Comment se divisent toutes les dettes entre les cohéritiers.*

13. *Les dettes se divisent entre cohéritiers, même contre le Fisque.*

14. *L'insolvabilité d'un héritier n'empêche pas cette division.*

15. *Les dettes se divisent selon les portions hérédiraires.*

I.

1. Diverses espece de charges.

IL faut comprendre sous ces mots de dettes passives & charges de l'hérédité dont l'héritier peut être tenu, non-seulement tout ce que le défunt pouvoit devoir de son chef, & tout ce qu'il auroit imposé à son héritier : mais en général tout ce qu'il peut y avoir de droits qui ayent une affectation sur l'hérédité *a*.

a Toutes ces diverses charges s'acquittent par les héritiers, suivant les regles qui seront expliquées dans cette Section.

I I.

2. L'héritier est tenu des dettes au-delà des biens de l'hérédité.

L'héritier pur & simple, c'est-à-dire, qui ne se sert pas du bénéfice d'inventaire, dont il a été parlé dans l'art. 5. de la Section 5. est tenu indistinctement & indéfiniment de toutes les charges du défunt, & de toutes autres charges de l'hérédité, à quelques sommes qu'elles puissent se monter, & quoiqu'elles excedent de beaucoup la valeur des biens. Car il n'a tenu qu'à lui ou de ne pas accepter la succession, ou de se servir de ce bénéfice. Et s'étant rendu héritier sans cette précaution, il s'est engagé irrévocablement à toutes les charges quelles qu'elles fussent *b*.

b Hæreditas quin obliget nos æri alieno, etiamsi non sit solvendo, plus quàm manifestum est. l. 8. ff. de acquir. vel omitt. hæred.

I I I.

3. Trois sortes de dettes, les pures personnelles, les hypothecaires, & les privilégiées.

Les engagements des héritiers pour les dettes passives sont différens, selon trois différentes especes de dettes. La premiere de celles qu'on appelle pures personnelles : La seconde des dettes hypothecaires : Et la troisiéme de celles qui sont privilégiées. Il faut distinguer ces trois différentes sortes de dettes pour distinguer aussi les droits des créanciers contre l'héritier, & les différens engagemens de l'héritier envers les créanciers *c*.

c Voyez les articles suivans.

I V.

4. Définition de ces trois sortes de dettes.

On appelle dettes pures personnelles celles qui ne consistent qu'en une simple promesse, ou autre titre ou sureté, qui n'oblige que la personne du débiteur *d*, sans hypotheque ni privilege sur aucuns biens. Les hypothecaires sont les dettes dont le créancier a une hypotheque *e*. Et les dettes privilégiées sont celles qui ont quelqu'un des privileges qu'on a expliqués dans la Sect. 5. des gages & hypotheques.

d Actiones in personam per quas intendit adversarium ei dare, aut facere oportere, & aliis quibusdam modis §. 1. inst. de act. l. 25. ff. de oblig. & act.
e V. l'art. 1. de la Sect. 1. des Gages & hypotheques, p. 196.

V.

5. Préférence des créanciers du défunt à ceux de l'héritier

Les créanciers du défunt pour dettes purement personnelles, comme sont ceux qu'on appelle chirographaires, c'est-à-dire, qui n'ont que de simples promesses, & généralement tous ceux qui n'avoient point d'hypotheque sur les biens du défunt leur débiteur, ne

Tome I.

laissent pas d'être préferés sur ces biens aux créanciers de son héritier, même hypothecaires. Car encore que les biens du défunt soient hypothequés aux créanciers de son héritier, s'il leur avoir hypothequé ses biens à venir; ceux de cette hérédité sont premierement affectés aux dettes du défunt, & n'ont passé à l'héritier qu'avec cette condition de les acquitter. Et il en est de même à plus forte raison des créanciers du défunt, qui avoient une hypotheque ou un privilege sur ces mêmes biens *f*.

f Quoties hæredis bona solvendo non sunt, non solùm creditores testatoris, sed etiam eos quibus legatum fuerit, imperrare bonorum possessionem æquum est. l. 6. ff. de separat. V. l'art. 9.

VI.

6. Préférence des créanciers de l'hérédité à ceux du défunt sur les biens de l'héritier.

Les créanciers du défunt, même hypothécaires, n'ont pas d'hypotheque sur les biens propres de l'héritier, jusqu'à ce qu'il leur oblige ses biens, ou qu'ils obtiennent contre lui une condamnation en justice. Mais cette hypotheque qu'ils pourront avoir sur les biens de cet héritier, ne viendra qu'après celle de ses créanciers à qui il avoit auparavant obligé ses biens. Car le défunt leur débiteur ne leur avoir pas hypothequé ni pû hypothequer les biens de son héritier *g*.

g Paulus respondit generalem quidem conventionem sufficere ad obligationem pignorum, sed ea quæ ex bonis defuncti non fuerint, sed posteà ab hærede ejus ex alia causa acquisita sunt, vendicari non posse à creditore testatoris. l. 29. de pign. & hypoth. Hypothecam esse non ipsius hæredis... rerum, sed tantummodo earum quæ à testatore ad (hæredem) pervenerint. l. 1. in f. C. comm. de legat.

VII.

7. Contribution entre les créanciers qui n'ont ni hypotheque ni privilege.

Lorsqu'il y a plusieurs créanciers du défunt qui n'ont ni hypotheque, ni privilege, ils viennent entr'eux en concurrence, tant sur les biens de l'héritier, que sur ceux du défunt, & chacun en reçoit à proportion de ce qui lui est dû s'il n'y en a pas assez pour les payer tous *h*.

h Tributio fit pro rata ejus quod cuique debeatur. l. 1, §. ult. ff. de tribut. act. V. la Sect. 2. de la Section des biens, p. 294.

VIII.

8. Concurrence entre les créanciers du défunt sur les biens de l'héritier.

S'il y a des créanciers hypothecaires du défunt, ils sont payés sur les biens qui avoient appartenu à leur débiteur suivant l'ordre de leurs hypotheques, & sur les biens de l'héritier seulement en concurrence entr'eux & les autres créanciers du défunt qui n'ont pas d'hypotheque. Car ils n'ont tous leurs droits contre l'héritier que du même temps, & du jour de l'addition de l'hérédité. Mais les créanciers du défunt hypothecaires ou autres, qui auroient les premiers acquis une hypotheque sur les biens de l'héritier, soit qu'il s'oblige, ou soit condamné, seront préferés aux autres sur les biens de cet héritier *i*.

i Cum de pignore utraque pars contendit, prævalet jure qui prævenit tempore. l. 2. in f. l. 4. C. qui potior. l. 11. ff. eod. Voyez les deux articles précédens.
Il ne faut pas confondre dans cet article le droit des créanciers du défunt contre l'héritier avec leur hypotheque sur les biens de l'héritier. Car ces créanciers du défunt, soit hypothecaires ou autres, ont bien leur droit acquis contre l'héritier dans le même temps de l'addition de l'hérédité, comme il est dit dans l'article : mais ils n'ont chacun leur hypotheque sur les biens de l'héritier que lorsqu'il s'oblige, ou qu'il est condamné.

XI.

9. Séparation des biens de l'hérédité de ceux de l'héritier.

Dans tous les cas où il y a concurrence entre les créanciers du défunt, & ceux de l'héritier, tous les créanciers du défunt sont préferés sur les biens à tous les créanciers de son héritier. Et pour exercer leurs droits ils peuvent faire séparer les biens de l'hérédité de ceux de cet héritier *l*.

l Est jurisdictionis tenor promptissimus, indemnitarisque remedium edicto prætoris creditoribus hæreditariis demonstratum, ut quoties separationem bonorum postulant, causa cognita impetrent. l. 1. C. de bon. auth. jud. possid. Voyez le Titre de la Séparation des biens du défunt, &c. p. 117.

V v

Les créanciers de l'héritier ont la même préférence de leur part sur ses biens, & peuvent demander cette séparation, comme il a été dit dans le Préambule de ce même Titre de la Séparation des biens, p. 217.

X.

10. Les héritiers sont tenus personnellement pour leurs portions & hypothecairement pour le tout.

Lorsqu'il y a deux ou plusieurs héritiers, les créanciers du défunt doivent diviser leurs demandes contre chacun d'eux, selon leurs portions dans l'hérédité, sans qu'ils puissent poursuivre les uns pour les portions des autres, ni demander le tout à un seul. Mais pour les dettes qui ont une hypotheque, ou un privilege, les créanciers peuvent s'en faire payer sur les biens qui y sont sujets, quoiqu'un seul héritier les ait dans son lot. Et c'est ce qu'on dit communément, *Que les héritiers sont tenus des dettes de la succession personnellement chacun pour sa part, & hypothecairement pour le tout m.* Ainsi les créanciers conservent leurs droits entiers sur l'hérédité, car ils exercent leur hypotheque & leur privilege sur les biens qui y sont sujets : & ils usent de leur droit sur tous les autres biens, pouvant agir contre chaque héritier selon ce qu'il doit en avoir pour sa portion.

m Pro hæreditariis partibus hæredes onera hæreditaria agnoscere etiam in fisci rationibus placuit, nisi intercedat pignus vel hypotheca : tunc enim possessor obligatæ rei conveniendus est. l. 2. C. de hæredit. act.
Legatorum petitio adversus hæredes pro partibus hæreditariis competit. Nec pro his qui solvendo non sunt, onerari cohæredes oportet. l. 33. ff. de legat. 2.
V. l'art. 12. & l'art. 15. de cette Sect. & l'art. 16. de la Sect. 1. des Gages & Hypotheques, p. 181.

XI.

11. La dette hypothecaire ou privilegiée se divise à l'égard des héritiers.

Quoique la dette hypothecaire ou privilegiée ne se divise pas à l'égard du créancier, & qu'il puisse la demander entiere à l'héritier possesseur des biens qui y sont sujets, elle se divise entre les héritiers. Et celui qui étant possesseur du fonds sujet à l'hypotheque ou au privilege aura payé le tout, ou sera poursuivi pour le payement, en sera garanti par ses cohéritiers, ainsi qu'il sera dit dans l'article suivant *n.*

n C'est une suite de l'article précédent. V. les articles suivans & l'article 16. de la Section 1. des Gages & Hypotheques, p. 181.

XII.

12. Comment se divisent toutes les dettes entre les cohéritiers.

Toutes les dettes, soit pures personnelles, hypothecaires, ou privilegiées se divisent entre les héritiers, de sorte que chacun en doit porter sa part à proportion de celle qu'il prend dans l'hérédité ; si ce n'est qu'un des héritiers eût été chargé par le défunt d'acquitter le tout, ou d'en payer plus que sa portion. Ainsi l'héritier poursuivi pour plus que ce qu'il doit à l'égard d'une dette pure personnelle, ne peut être condamné envers le créancier que pour sa portion. Car de la part des héritiers, il ne seroit pas juste que l'un fût tenu de payer la portion de l'autre ; Et de la part du créancier il a la liberté de saisir le total du bien, avant qu'aucun héritier en prenne sa part, & s'il ne le fait, il est juste que la sûreté qu'il pouvoit avoir sur tous les biens du défunt pour toute la dette, suive ces mêmes biens, & se divise comme ils se divisent. Mais à l'égard des dettes hypothecaires ou privilegiées, comme il est juste que le créancier conserve son hypotheque, ou son privilege, il peut ou suivre les fonds qui y sont sujets, ou sans déroger à ce droit, agir contre chaque héritier pour sa portion. Et si l'héritier possesseur de l'héritage sujet à l'hypotheque ou au privilege, est poursuivi pour le tout, il aura son recours contre ses cohéritiers qui l'en indemniseront chacun pour sa portion *o.*

o Actio quidem personalis inter hæredes pro singulis portionibus quæsitis scinditur : pignoris autem jure multis obligatis rebus quas diversi possident, cùm ejus vindicatio non personam obliget, sed rem sequatur : qui possident tenentes non pro modo singularum rerum substantiæ conveniuntur, sed in solidum, ut vel totum debitum reddant, vel eo quod detinent cedant. l. 2. C. si unus ex plur. hæred. credit. V. l'art. 15.

XIII.

La liberté qu'ont les héritiers de faire diviser entre

---

eux les dettes pures personnelles, a son effet à l'égard de toute sorte de créanciers indistinctement, même contre le Fisque *p.*

13. Les dettes se divisent entre cohéritiers, même contre le fisc.

p Pro hæreditariis partibus hæredes onera hæreditaria agnoscere, etiam in fisci rationibus placuit. l. 2. C. de hæred. act.

XIV.

Cette même liberté de diviser les dettes pures personnelles entre cohéritiers, ne laisse pas d'avoir son effet dans le cas où l'un d'eux seroit insolvable. Car le créancier doit s'imputer de n'avoir pas pris ses sûretés sur tous les biens de l'hérédité avant le partage entre les héritiers *q.*

14. L'insolvabilité d'un héritier n'empêche pas cette division.

q Nec pro his qui solvendo non sunt, onerari cohæredes oportet. l. 33. ff. de legat. 2.

XV.

Comme les dettes se divisent entre les cohéritiers, selon leurs portions dans l'hérédité, c'est sur ce pied que chacun d'eux en paie sa part ; & quoiqu'il puisse arriver entre cohéritiers qu'outre leurs portions héréditaires, soit égales ou inégales, il y ait quelque legs ou autre avantage à l'un plus qu'aux autres, ils ne seront chargés des dettes qu'à proportion de leurs parts dans l'hérédité *r.*

15. Les dettes se divisent selon les portions héréditaires.

r Neque æquam, neque usitatam rem desideras, ut æs alienum patris tui non pro portionibus hæreditariis exolvatis tu & frater cohæres tuus, sed pro æstimatione rerum prælegatarum : cùm sit explorati juris hæreditatis onera ad scriptos hæredes, pro portionibus hæreditariis, non pro modo emolumenti pertinere. l. 1. C. si certum pet. V. l'art. 12.

SECTION X.

Des engagemens de l'héritier à cause des crimes & des délits de celui à qui il succede.

Quoique les principales regles de l'engagement des héritiers pour les crimes & les délits de ceux à qui ils succedent, soient autres par notre usage que dans le Droit Romain, on n'a pas dû retrancher cette matiere qui fait une partie essentielle de celle des successions, & dont les regles sont d'un usage nécessaire & assez fréquent.

Pour bien entendre la différence entre notre Jurisprudence & celle du Droit Romain sur cette matiere, & quelles sont les regles que nous observons, & celles que nous rejettons, il est nécessaire d'en remarquer les principes qui la suivent.

Il résulte des loix du Digeste, & de celles du Code qui regardent cette matiere, & qui sont répandues en divers endroits, que pour les condamnations contre les héritiers des coupables de crime & de délits, on faisoit une premiere distinction générale entre les délits, qu'on appelloit privés, où chacun ne pouvoit agir que pour son intérêt particulier, comme étoit le larcin, les injures, & quelques autres, & les crimes qu'on appelloit publics par cette raison que toutes personnes étoient reçues pour en poursuivre la punition, & ceux même qui n'y avoient aucun intérêt, comme étoient le crime de leze-Majesté, le Parricide, le Sacrilege, & autres *a.*

Pour ce qui étoit des délits privés on y distinguoit le désintéressement, que nous appellons l'intérêt civil, de la personne qui avoit souffert le dommage, & les peines pécuniaires que méritoit le coupable du délit, outre ce dédommagement. Ainsi, par exemple, dans le larcin, lorsque celui qui l'avoit souffert ne poursuivoit pas le larron extraordinairement par une accusation, c'est-à-dire, criminellement, comme il auroit pû le faire s'il l'avoit voulu *b,* & qu'il ne le poursuivoit que civilement, c'est-à-dire, pour son intérêt civil, & non pour la punition du crime qui regarde le public ; son

a §. 1. instit. de publ. jud.
b V. l. ult. ff. de furt. l. 15. ff. de condict. caus. dat.

defintereffement confiftoit en la reftitution de la chofe dérobée, ou de fa valeur avec les dommages & intérêts, & il avoit de plus pour la peine pécuniaire le quadruple de la valeur de la chofe dérobée, fi le larron étoit pris en flagrant délit, ou le double s'il n'étoit pas furpris en délit *c*. On diftinguoit auffi le cas où il y avoit une demande faite contre celui qui avoit commis le délit, & le cas où cette demande n'étoit faite qu'après fa mort à fon héritier. Suivant ces diftinctions, lorfque celui qui avoit commis le délit avoit été affigné de fon vivant, s'il venoit à mourir avant la condamnation, fon héritier étoit condamné non-feulement au defintereffement, mais encore à la peine pécuniaire, felon la qualité du délit, comme du double ou du quadruple pour le larcin. Et on jugeoit que le défunt ayant été prévenu par une demande, qui dans la fuite fe trouvât bien fondée, il avoit encouru cette peine, & que l'héritier devoit la payer. Mais s'il n'y avoit eu aucune demande contre le défunt, & qu'elle n'eût été faite que contre l'héritier, il n'étoit pas tenu de la peine pécuniaire *d*. Et pour le defintereffement, on faifoit encore une autre diftinction entre le cas où l'héritier de celui à qui la demande n'avoit pas été faite, fe trouvoit profiter du délit, comme fi une chofe dérobée étoit en nature en fa puiffance, ou que la fucceffion s'en trouvât augmentée, & le cas où il n'en reftoit aucun profit dans l'hérédité. Dans le premier cas l'héritier qui profitoit du délit étoit tenu de la reftitution de ce qui lui en revenoit de bon ; & dans le fecond, ne profitant pas du délit, il n'étoit tenu de rien *e*.

Pour les crimes publics, comme il y a deux fortes de peines, celles qui touchent à la perfonne, telles que font les peines corporelles, la deftitution d'une charge, & autres femblables, & les peines pécuniaires, comme les amandes & confifcations *f*, & qu'il n'y a que celles-ci qui puiffent paffer aux héritiers, il y avoit cette différence entre les peines pécuniaires des délits privés & celles des crimes publics, que pour celles-là les héritiers, comme on vient de le dire, en étoient tenus fi la demande en avoit été faite à l'auteur du délit, quoiqu'il fût mort avant la condamnation, parce que fa mort n'éteignoit pas l'action pour le délit : mais pour les peines pécuniaires des crimes publics, elles ne tomboient fur les héritiers que lorfqu'il y avoit eu une condamnation contre le défunt : Et quoiqu'il eût eu une accufation, fi l'accufé mouroit avant la condamnation, comme fa mort éteignoit le crime, les fuites auffi n'en fubfiftoient plus *g*. Il n'y avoit que

deux fortes de crimes exceptés, & dont la condamnation fe pourfuivoit après la mort de l'accufé. L'une du crime de leze-Majefté *b*, & du crime de ceux qui pour prévenir leur condamnation fe faifoient mourir *i*. Et l'autre des crimes dont l'accufation regardoit principalement un intérêt pécuniaire, comme le Péculat, la Concuffion, & le crime de ceux qui étoient Reliquataires & Retentionnaires de deniers publics *l*. Dans les deux crimes de la première forte, c'étoit la nature du crime même, qui en demandoit la pourfuite après la mort : & dans les autres de la feconde forte, c'étoit la qualité de l'effet du crime qui caufoit une perte qu'il étoit néceffaire de réparer. Et cette même raifon faifoit que dans quelques autres crimes, la conféquence de l'intérêt pécuniaire obligeoit à pourfuivre après la mort du coupable ce qui regardoit cet intérêt. Ainfi dans le crime d'Adultere, comme le mari de la femme convaincue de ce crime devoit gagner la dot, & que les héritiers de la femme ne pouvoient la demander au mari, il pouvoit faire la preuve de l'adultere après la mort de la femme *m*. Ainfi, on pourfuivoit l'héritier pour la confifcation des marchandifes acquifes au fifque par le crime du défunt qui en avoit fraudé les droits *u*. Ainfi, dans le cas d'un héritier qui avoit negligé de pourfuivre la vengeance de la mort de celui à qui il avoit fuccédé, comme cette fucceffion devoit par cette raifon être acquife au Fifque, cet intérêt pécuniaire faifoit que l'accufation contre cet héritier étoit pourfuivie après fa mort *o*. Ainfi, dans le crime de faux, il étoit néceffaire après la mort de l'accufé, d'en faire les preuves, pour recouvrer contre l'héritier ce qu'il pouvoit avoir profité du faux *p*. Et dans ce cas & autres femblables, comme après la mort de l'accufé, il ne s'agit plus des peines perfonnelles contre fa perfonne, mais feulement de l'intérêt pécuniaire, la connoiffance en étoit ôtée au Juge du crime, & laiffée à celui qui devoit connoître du civil dont il s'agiffoit *q*. On peut encore remarquer fur ce même fujet, qu'il y avoit dans le Droit Romain une autre efpece de crime dont l'accufation étoit pourfuivie contre le fils de l'accufé, quoiqu'il ne fût pas même héritier de fon pere. C'étoit le cas où l'Officier de guerre, chargé des deniers de la fubfiftance des foldats, mouroit reliquataire de ce fonds *r*. Ce qui étoit établi à caufe de la conféquence de la fûreté de ces deniers pour le bien public, & pouvoit être fondé fur la préfomption que la famille de cet Officier avoit profité de ces deniers divertis, & fur une efpece d'équité de rendre les enfans caution de leurs peres pour une dette auffi privilegiée, à caufe des biens & avantages qu'ont reçu de leurs peres les enfans même qui abandonnent leur fucceffion : & cette loi pouvoit encore avoir ce motif d'engager les peres à ne pas tomber dans une infidelité qui pouvoit être punie en la perfonne de leurs enfans. Sur quoi on peut remarquer & dans le Droit Romain, & dans notre ufage, qu'il y a des crimes dont quelques peines même perfonnelles paffent aux enfans des criminels, comme dans le crime de leze-Majefté & le Péculat *f*.

Il faut remarquer ici fur ce qu'on vient de dire des

---

c §. 5. & §. ult. inftit. de obl. quæ ex delict. nafc.

d Conftitutionibus quibus oftenditur hæredes pœna non teneri placuit, fi vivus conventus fuerat, etiam pœnæ perfecutionem tranfmiffam videri, quafi lite conteftata cum mortuo *l*. 33. ff. de obl. & act. l. 58. eod. §. 1. in f. inft. de perpet. & tempor. act. l. 164. ff. de reg. jur. l. 139. eod. l. 87. eod.

Puifque l'héritier de celui à qui la demande avoit été faite, étoit tenu de la peine pécuniaire, il étoit à plus forte raifon tenu du defintereffement.

e Sicuti pœna ex delicto defuncti hæres teneri non debeat, ita nec lucrum facere, fi quid ex ea re ad eum pervenifiet. *l*. 38. ff. de reg. jur.

In hæredem eatenus daturum fe actionem (de dolo) Proconful pollicetur, quatenus ad eum pervenerit. Id eft, quatenus ex ea re locupletior ad eum hæreditas venerit. *l*. 26. ff. de dolo.

Toties in hæredem damus de eo quod ad eum pervenit, quoties ex dolo defuncti convenitur, non quoties ex fuo. *l*. 44. ff. de reg. jur.

Poft litis conteftationem eo qui vim fecit, vel concuffionem intulit, vel aliquibus deliquit, defuncto, fucceffores ejus in folidum, alioquin in quantum ad eos pervenit conveniri, juris abfolutiffimi eft : ne alieno fcelere ditentur. *l*. un. C. ex delict. def. in quant. hæred. conven. v. l. 2. §. ult. ff. vi bon. rapt. v. l. 4. in f. ff. de incend. ruin. nauf. l. 2. §. ult. ff. vi bon. rap.

f Pœnæ bonorum ademptionis. *l*. 20. ff. de accuf. Pœnæ pecuniariæ. *l*. 1. in f. ff. de pœnit.

g Ex judiciorum publicorum admiffis, non alias tranfeunt adverfus hæredes pœnæ bonorum ademptionis, quam fi lis conteftata, & condemnati fuerit fecuta, excepto repetundarum, & majeftatis judicio quæ etiam mortuis reis, quam quibus nihil actum eft, adhuc exerceri placuit, ut bona eorum fifco vindicetur. Adeo ut Divi Severus & Antoninus refcripferint : Eo quis aliquod ex his caufis crimen contraxit, nihil ex bonis fuis alienare aut manumittere eum poffe. Ex cæteris verò delictis pœna incipere ad hæredem ita demum poteft, fi vivo reo accufatio mota eft : licet non fuit condemnario fecuta, *l*. 20. ff. de accufat. *l*. 2. C. ad leg. Jul. repet.

b V. d. l. 20. ff. de accufat. *l*. ult. ff. ad leg. Jul. Maj.

i *l*. penult. C. fi reus vel accuf. mort. fuer. toto tit. C. de bon. eor. qui mort. fibi confc.

l Publica judicia peculatus, & de refiduis, & repetundarum fimiliter adverfus hæredem exercentur. Nec immerito, cùm in his quæftio principalis ablata pecunia moveatur. *l*. ult. ff. ad leg. Julian. pecul.

m *l*. uit. C. ad leg. Jul. de adult.

n Fraudati vectigalis crimen ad hæredem ejus in fraudem contraxit commiffi ratione tranfmittitur. *l*. 8. ff. de publican.

o *l*. 22. ff. de fenat. Sylan. *l*. 9 ff. de jure fifci.

p *l*. 12. ff. de lege Corn. faif.

q Defuncto vero fuit criminis, & pœna extincta in quacumque caufa criminis extincti debet fe cognofcere cujus de pecuniaria re cognitio eft. *l*. 6. ff. de publ. jud.

r Cùm ex fola Primipili caufa liberos, etiamfi patribus hæredes non exiftant, teneri Divus Aurelianus fanxerit, &c *l*. uit. C. de Primipilo.

f V. *l*. 5. 3. ad leg. Jul. major. V l'Ordonnance de Blois article 183. & de François I. en Mars 1545. art. 1.

peines des crimes, que dans le Droit Romain il ne faut pas confondre les crimes capitaux, c'est-à-dire, dont la peine est la mort naturelle ou la mort civile, & les crimes qu'on appelloit publics. Car il y avoit des crimes capitaux qui n'étoient pas publics, c'est-à-dire, dont l'accusation n'étoit pas permise à toutes personnes; & il y avoit aussi des crimes publics qui n'étoient pas capitaux : ce qu'on est obligé de remarquer, pour prévenir quelques difficultés qui pourroient embarrasser ceux qui n'étant pas instruits de ces principes, voudroient voir dans le Droit Romain ce détail qu'il seroit inutile d'expliquer ici.

Il ne reste pour cette Jurisprudence du Droit Romain que d'ajouter que pour l'intérêt civil & la réparation du dommage causé par tous autres crimes que ceux où il s'agissoit principalement d'un intérêt pécuniaire, comme on vient de l'expliquer, l'accusé venant à mourir avant la condamnation, le crime étoit éteint : & quoiqu'il eût été accusé avant sa mort, son héritier qui ne tiroit aucun profit du crime, n'étoit tenu d'aucun dédommagement : mais on se contentoit d'empêcher que les héritiers des auteurs & complices des crimes n'en tirassent aucun profit *t*.

Par notre usage conforme en partie, & en partie opposé à cette Jurisprudence du Droit Romain, les héritiers ne sont jamais sujets aux peines pécuniaires que nous appellons amendes, ni aux confiscations, que lorsqu'il y en a une condamnation contre le défunt de laquelle il n'y ait point d'appel, quand même la demande en auroit été faite contre lui. Et toute poursuite du crime cesse par la mort de l'accusé, hors le crime de leze-Majesté divine ou humaine, le Duel, l'homicide de soi-même, quoiqu'il n'y eût aucun crime précédent, & la Rebellion à Justice avec force ouverte, si l'accusé y a été tué *u*. Mais pour l'intérêt civil & la réparation du dommage causé par un crime ou par un délit, les héritiers de celui qui l'a causé en sont tenus indistinctement de quelque nature que soient les crimes & les délits, & sans différence des cas où le défunt a été accusé & poursuivi en Justice, ou de la demande n'a été faite qu'à l'héritier : & aussi sans distinction des cas où l'héritier profite du crime ou du délit, & de ceux où il ne lui en revient aucun avantage.

Cette Jurisprudence est si naturelle & si équitable, qu'il paroît étrange qu'on ait pû suivre d'autres régles. Car encore qu'un héritier ne se trouve profiter de rien du délit de celui à qui il succede, & qu'il n'y ait eu aucune accusation, ni aucune demande contre le défunt pour le dommage qu'il avoit causé; c'est bien assez pour obliger l'héritier à le réparer, qu'il succede à tous les biens; puisqu'il est par-là tenu de toutes les charges & que ces biens qui possedés par le défunt devoient répondre de ses engagemens de toutes natures, ne peuvent passer qu'avec cette condition à son heritier qui entre en sa place, & le représente. Et s'il est juste de mettre au nombre des charges de l'hérédité, non-seulement toutes celles dont il y avoit des titres exprès contre le défunt, comme des obligations, promesses & autres, mais aussi celles dont il n'y avoit aucun Titre au temps de sa mort, pourvû seulement qu'on puisse en faire une preuve que les loix reçoivent; il est de la même justice de mettre au nombre de ces charges l'obligation que contracte celui qui cause quelque dommage par un crime ou par un délit, puisqu'il s'oblige aussi efficacement par son fait que par sa parole. Et si sa volonté l'engage quand il promet ou s'oblige envers quelqu'un pour de justes causes, & qui ne tournent qu'à l'avantage de ceux envers qui il s'oblige, elle l'engage bien plus quand il se porte à nuire & faire du mal; puisque par-là il s'oblige non-seulement envers celui à qui il fait tort de le réparer, mais envers le public à la

peine que son crime ou son délit peuvent mériter. De sorte que de toutes les manieres dont il est possible de s'obliger, la validité d'aucune n'intéresse autant & le public les particuliers, que le fait la validité de l'engagement où l'on entre par des crimes ou par des délits ; puisqu'il importe infiniment plus & à la société des hommes, & aux particuliers qui souffrent les suites des crimes & des délits, que ces suites soient réparées autant qu'on le peut, qu'il n'importe ni au public ni aux particuliers de faire exécuter les autres engagemens les plus légitimes.

Il s'ensuit de ces vérités qui peuvent être mises au nombre des premieres notions de l'équité, que l'héritier qui par cette qualité ayant tous les biens de la succession est tenu de tous les engagemens de celui à qui il succede, ne peut être déchargé de l'obligation de réparer les dommages qu'il avoit causés par des crimes ou par des délits, ni sous prétexte qu'il ne revient aucun profit à cet héritier, ni parce qu'il n'y auroit eu aucune condamnation, accusation, ou demande contre le défunt. Car à l'égard du prétexte de l'héritier qui n'auroit profité de rien, outre que tous les crimes dont le défunt avoit profité comme d'un vol, d'un larcin, d'une fausseté, ou autres semblables, quoiqu'il n'en reste rien en nature dans l'hérédité, il est juste de présumer qu'elle en a été augmentée, puisqu'il peut y rester des biens & des effets acquis des deniers venus du délit ; quand le crime seroit d'une nature à n'avoir produit aucun profit, comme un incendie, un homicide, ou autres semblables ; les avantages que l'héritier trouve dans les biens de l'hérédité lui tiennent lieu d'un profit destiné à l'engagement de réparer les dommages causés par le crime ou le délit de celui de qui il a tous ces biens : & cet engagement ne doit pas être distingué des autres. Et pour ce qui regarde le défaut de demande contre le défunt, il est vrai que dans les cas où le désinteressement n'est demandé que contre l'héritier, cette circonstance pourroit servir à sa décharge, si la demande n'étoit faite que long-temps, ou quelque temps après la mort de l'auteur du crime ou du délit contre qui il n'auroit été fait aucune poursuite, quoiqu'il eût vécu quelque temps après le crime. Car en ce cas ce retardement pourroit être l'effet de la crainte que le défunt n'eût pû se justifier, si la demande lui avoit été faite, ou l'accusation intentée pendant qu'il vivoit. Et ce seroit par les circonstances qu'il faudroit juger de l'effet que devroit avoir ce retardement. Mais comme il peut facilement arriver que celui qui a causé quelque dommage par un crime ou par un délit meurt avant qu'on puisse agir contre lui, & qu'il se peut faire aussi qu'on ignore long-temps quel est l'auteur du délit ou du crime ; ces événemens & d'autres semblables peuvent être de justes causes qui excusent le retardement de celui qui ayant souffert le dommage, n'a commencé d'agir que contre l'héritier de la personne qui l'avoit causé. Ainsi, notre usage a justement rejetté la regle générale & indéfinie qui déchargeoit l'héritier de la demande du dédommagement, lorsqu'elle n'est faite que contre lui, & qu'il ne se trouve pas avoir fait profit du fait du défunt qui a causé le dommage. Et nous observons que dans les cas où les demandes de l'intérêt civil, même pour des crimes capitaux, ne sont faites que contre l'héritier, ou n'ont pas été jugées contre le défunt, l'héritier est obligé ou de réparer le dommage, ou de justifier le défunt, ce qu'on appelle purger sa mémoire. De sorte que notre Jurisprudence est en un sens moins indulgente aux héritiers que le Droit Romain, pour ce qui regarde les dommages-intérêts : Et elle est au contraire moins severe en un autre sens, en ce qui regarde les peines pécuniaires, dont les héritiers ne sont pas tenus par notre usage, même pour de simples délits, si la condamnation n'a été rendue contre le défunt. Et l'une & l'autre de ces deux regles opposées à celles du Droit Romain sont fondées sur des principes de l'équité, qui d'une part, pour ce qui regarde le dédommagement, oblige l'héritier à l'engagement où étoit le défunt de réparer les dommages qu'il avoit causés, & qui de l'autre, pour

t Nam est constitutum, *Turpia lucra hæredibus quoque extorqueri liceat crimina extinguantur* : ut putà ob falsum, vel judici ob gratiosam sententiam datam, & hæredi extorquebitur si quid aliud scelere quæsitum. *l.* 5. *ff. de enim.* Ne alieno scelere ditentur, *l. iiv. C. ex del. def. in quant. hæred. conven.* V. ce dernier texte cité sous la Lettre E.

u V. l'art. 1. du Titre 22, de l'Ordonnance du mois d'Août 1670.

ce qui regarde les amendes ou peines pécuniaires, décharge l'héritier d'une peine qui devoit être purement personnelle à l'auteur du crime ou du délit, & qui ne doit passer à l'héritier, qu'après qu'une condamnation contre le défunt en a fait une dette exigible, & une charge de l'hérédité. Mais sa mort arrivant avant la condamnation, on fait cesser les poursuites pour toutes peines, à la réserve des crimes que les Loix punissent après la mort des coupables, comme l'on a déja remarqué.

Ces regles de notre usage qui chargent les héritiers de l'intérêt civil & des restitutions pour les crimes & les délits de ceux à qui ils succedent, soit qu'il y ait eu une demande contre le défunt, ou qu'elle n'ait été faite qu'à l'héritier, & soit que l'héritier en profite ou non, sont aussi du Droit Canonique, qui oblige les héritiers à la restitution & au désintéressement sans ces distinctions x. Ainsi, ces regles étant également & de la Religion & de la Police, & aussi du droit naturel, on a crû qu'encore qu'elles soient différentes de celles du Droit Romain, on devoit les mettre en leur rang dans cette Section qui est leur lieu propre : & qu'il n'y auroit en cela rien de contraire au dessein de ce Livre, qui doit comprendre sur chaque matiere ce qu'il y a du droit naturel, & de notre usage. On peut même remarquer sur ce qui regarde les engagemens des héritiers pour les crimes & les délits de ceux à qui ils succedent, que le Jurisconsulte Julien, un des plus célebres Auteurs des Loix du Digeste, avoit été dans ce sentiment que l'héritier d'un Juge qui avoit exigé de l'argent, ou quelque présent, ou commis quelque autre malversation dans sa fonction de Juge, en étoit tenu. Mais l'opinion de ce Jurisconsulte conforme à nos principes & à l'équité fut rejettée par tous les autres Jurisconsultes, & elle n'a été remarquée dans le Droit Romain, que pour faire voir que Julien avoit été seul dans son sentiment y.

On peut ajouter deux dernieres réflexions sur ce qui regarde le Droit Romain dans cette matiere. L'une qui résulte des marques qu'on a faites des divers cas où l'on pouvoit, suivant les principes de ce droit, poursuivre contre les héritiers, les réparations en certains crimes, quoiqu'il n'y eût point eu d'accusation contre le coupable, parce qu'il s'y s'agissoit principalement d'un intérêt pécuniaire. On peut dire de cette regle, que si elle étoit juste lorsqu'il s'agissoit principalement de cet intérêt, elle ne l'étoit pas moins, lorsqu'il s'agissoit d'un intérêt pécuniaire, quoiqu'avec la circonstance qui pouvoit joindre la demande de cet intérêt à quelqu'autre chef principal dont elle fût un accessoire. Car ce qu'il y a de réel dans un intérêt pécuniaire, soit qu'il fasse un principal ou un accessoire, est également essentiel à celui qui souffre la perte. Et la subtilité qui distingue ces deux manieres de considerer cet intérêt, ou comme principal, ou comme accessoire, ne sçauroit être un juste principe de favoriser l'héritier, & ruiner celui qui souffre la perte. t.

L'autre réflexion regarde un autre principe du Droit Romain, qui dans des cas même où l'intérêt pécuniaire de celui qui souffre un dommage est un accessoire, l'héritier de celui qui l'a causé ne laisse pas d'en être tenu. C'est dans tous les cas de divers engagemens, soit par des conventions ou d'autre nature où il se trouve de la fraude, du dol qui cause quelque perte ou quelque dommage. Dans tous ces cas l'héritier en étoit tenu z.

v V. l'article 3.

y Judex tunc litem suam facere intelligitur, cùm dolo malo in fraudem legis sententiam dixerit. Dolo malo autem videtur hoc facere, si evidens arguatur ejus vel gratia, vel inimicitia, vel etiam sordes : ut veram æstimationem litis præstare cogatur. Julianus autem in hæredem judicis, qui litem suam fecit, putat actionem competere. Quæ sententia vera non est, & à multis notata est. l. 15. §. 1. & l. 6. ff. de judiciis.

z Ex contractibus venientes actiones in hæredes dantur, licet delictum quoque versetur. Veluti cùm tutor in tutela gerenda dolo fecit, aut is, apud quem depositum est. l. 49. ff. de oblig. & act.

Et depositi, & commodati, & mandati, & tutelæ, & negotiorum gestorum ob dolum malum defuncti hæres in solidum tenetur. l. 11. eod.

Ainsi, l'héritier d'un dépositaire étoit tenu du dol du défunt, qui contre le devoir du dépôt avoit ou diverti, ou endommagé la chose déposée. Ainsi, l'héritier d'un tuteur étoit obligé de réparer le dommage que ce tuteur pouvoit avoir causé au mineur par quelque malversation pendant la tutelle. Ainsi l'héritier de celui qui avoit vendu une chose pour une autre, ou une marchandise alterée, étoit tenu des dommages & intérêts que l'acheteur en pouvoit souffrir. Et on voit dans le dernier des textes cités ici, que l'engagement de l'héritier dans ces sortes de cas étoit fondé sur ce qu'il s'y agit d'un dol contre la foi d'un contrat, comme s'il n'étoit pas aussi juste de reprimer les injustices, les violences, les crimes, & réparer les dommages qui en ont les suites, & qui blessent l'engagement général que fait entre tous les hommes la liaison qui forme leur société, que de punir & réparer les infidélités qui blessent les engagemens particuliers des conventions a, & que le précepte de ne faire tort à personne ne fût pas universel, & pour toutes sortes de cas indistinctement. Comme il ne peut donc y avoir personne qui ne soit engagé envers tout autre à tous les devoirs que demande la société que unit tous les hommes a, il s'ensuit que le même devoir qui oblige les héritiers à réparer les dommages qu'ont pû causer ceux à qui ils succedent lorsqu'ils étoient obligés par quelque engagement particulier, ne les oblige pas moins à réparer les dommages causés par des faits qui blessent l'engagement général de ne faire tort à qui que ce soit.

Datur actio depositi in hæredem ex dolo defuncti in solidum. Quamquam enim alias ex dolo defuncti non solemus teneri, nisi pro ea parte quæ ad nos pervenit; tamen hic dolus ex contractu, reique persecutione descendit. Ideòque in solidum unus hæres tenetur : plures verò pro ea parte qua quisque hæres est. l. 7. §. 1. ff. depos.

a Quoniam sumus invicem membra. Ephes. 4. 25.
Mandavit illis unicuique de proximo suo. Eccli. 17. 12.

SOMMAIRES.

I.

Dans tous les cas où il s'agit de l'engagement d'un héritier pour les crimes & les délits de celui à qui il succede, il faut distinguer ce qui regarde la peine imposée pour l'intérêt public, & ce qui regarde la réparation du dommage que le crime ou le délit peut avoir causé. Ainsi, les peines corporelles, & les peines pécuniaires, qu'on appelle amendes, regardent cet intérêt public : & les restitutions & désintéressemens à cause des pertes & dommages regardent cette réparation dûe aux personnes qui les ont souffertes b.

1. Il faut distinguer la peine pécuniaire & l'intérêt civil.

a Pœnæ bonorum ademptionis. l. 20. ff. de accusation. Pœnæ pecuniaria. l. 1. in f. ff. de pœnis.
b Rei persecutio. inst. vi bon. rapt. Rei æstimatio. §. 15. inst. de oblig. quæ ex delict. nasc. Quantum mea interfuit : quantum mihi adest. l. 13. ff. ratam rem haberi.

II.

Quand il s'agit de la peine pécuniaire, & qu'il n'y a point eu de condamnation contre le défunt, l'héritier ne pourra en être tenu, s'il n'a point été complice du crime ou du délit. Car cette peine ne regarde que celui qui l'a mérité, & sa mort en fait cesser la condamnation Mais s'il y avoit eu contre lui une condamnation, la peine pécuniaire à laquelle il auroit été condamné seroit une charge & une dette de sa succession, que l'héritier seroit tenu d'acquitter comme toutes les autres c.

2. Comment l'héritier peut être tenu de la peine pécuniaire.

c Ex judiciorum publicorum admissis non alias transeunt adversus hæredes pœnæ bonorum ademptionis, quàm si lis contestata, & condamnatio fuerit secuta. l. 20. ff. de accusat.
Quoique ce texte ne regarde que les crimes publics, notre usage tend la regle commune à tous délits, comme il a été dit dans le préambule.

III.

Quand il s'agit de la réparation du dommage causé par quelque crime ou quelque délit, soit que la succession de celui qui en étoit coupable, en ait été augmentée ou non, son héritier en sera tenu, quand même il n'y auroit en aucune accusation ni aucune demande contre le défunt *d*; pourvû que le fait soit prouvé dans les formes qui doivent s'observer en de pareils cas *e*.

d Cur enim quod in principalibus personis justum est, non ad hæredes, & adversus eos transmittatur. l. 13. C. de contr. & commis. stipul.

Hæredis quoque succedentis in vitium par habenda fortuna est. l. 2. in fine C. de funct. & lit. exp. Hæres vitiorum defuncti successor est. l. 11. §. 2. in fine ff. de publ. in rem act.

Quoique ces textes regardent d'autres matieres, on peut les appliquer ici; puisqu'ils se rapportent à cette verité du Droit naturel, que l'héritier est tenu du fait du défunt à qui il succede. Et parce que c'est notre regle conforme au Droit Canonique, & que nous la preferons au Droit Romain qui y est contraire, on en a fait cet article, ayant jugé qu'il étoit mieux, par les raisons qu'on vient d'expliquer dans le Preambule, de mettre cette regle au nombre des autres, & de l'appuyer de ces textes, & de ceux qui servent du Droit Canonique, que de laisser un vuide de cette consequence.

Si Episcopum talem culpam admisisse nstiterit (quod absit) nt constet cum non irrationabiliter fuisse oepositum, cadem ejus depositio confirmetur, & Ecclesiæ res suæ omnes restituantur quæ ablatæ claruerunt: quia delictum personæ in damnum Ecclesiæ non est convertendum. Si enim, ut dicunt, Comitiolus defunctus est, ab hærede ejus, quæ injustè ab illo ablata sunt, sine excusatione reddantur. 16. q. 6. c. 3. v. 12. q. 2. c. 34. C. 3. extr. de pign.

Parochiano tuo, qui excommunicatus pro manifestis excessibus, videlicet homicidio, incendio, violenta manuum injectione in personas Ecclesiasticas, Ecclesiarum violatione, vel incestu, fuit, dum ageret in extremis per presbyterum suum juxta formam Ecclesiæ absolutus, non debent cœmeterium & alia Ecclesiæ suffragia denegari. Sed ejus hæredes & propinqui ad quos bona pervenerunt ipsius, ut pro eodem satisfaciant, censura sunt Ecclesiastica compellendi. c. ult. de sepult.

In litteris tuis continebatur, quod cùm H. multis fuisset criminibus irretitus, qui Ecclesiarum incendium, diabolo instigante, commiserat, tandem in ægritudine constitutus, accepta pœnitentia de commissis per manum Capellani sui fuit à temerario anathematis absolutus: sed moriens Ecclesiasticam sepulturam habere nequivit. Quapropter, si ita res se habet, quòd in cœmeterio sepeliri: & hæredes ejus moneas, & compellas, ut his quibus ille per incendium, vel alio modo, damna contra justitiam irrogaverat, juxta facultates suas, condignè satisfaciant, ut sic à peccato valent liberari. c. 5. de raptor. & incend.

On voit par ces textes que non-seulement il n'y est fait aucune mention des distinctions d'une demande contre le défunt, & du cas où l'héritier auroit profité; mais que ce dernier oblige les héritiers à reparer l'accusation ou autrement les dommages que le défunt auroit pû causer, ce qui renferme même le devoir de s'en informer pour y satisfaire. e Quand il s'agit du cas d'un incendie dont il est parlé dans ce Chapitre, qu'il n'importe que l'héritier n'ait tiré aucun profit du crime de son auteur.

e Quand il s'agit de l'intérêt civil, & de la réparation du dommage contre l'héritier de celui qui ayant commis le crime ou le délit, est mort avant l'accusation ou avant la condamnation; on ne laisse pas de recevoir celui qui se plaint aux preuves du crime ou du délit: & l'héritier de sa part, est aussi reçu à purger la mémoire du défunt, c'est-à-dire, à le justifier, s'il y en a lieu, soit en faisant voir que les preuves de l'accusation ne suffisent pas, ou par des faits justificatifs, qui puissent prouver son innocence, & faire décharger l'héritier de la condamnation de l'intérêt civil, ou du dédommagement dont il peut s'agir.

SECTION XI.

Des frais funeraires.

ON a expliqué dans la Section 6. quelles sont en général les différentes sortes de charges dont l'héritier peut être tenu, comme dettes passives, restitutions, legs, frais funeraires & autres. Et comme chacune de ces charges renferme un détail qui doit être mis en son lieu, on traitera des legs, des fideicommis, des substitutions dans les 4. & 5. Livres, parce que ce sont des charges ordonnées par des testamens, ou au-tres dispositions. Et pour les autres charges qui sont communes aux successions testamentaires, & aux successions *ab intestat*, on les a expliquées dans les trois Sections précédentes à la réserve des frais funeraires qui feront la matiere de celle-ci.

Quoique les textes du Droit Romain cités sur les articles de cette Section se rapportent aux cérémonies profanes des honneurs funebres qui étoient en usage à Rome, avant que la Religion Chrétienne y eût été connue; ils ne laissent pas de convenir aux regles expliquées dans ces articles, qu'il faut entendre des frais funeraires qui s'employent aux usages reçus dans l'Eglise,

SOMMAIRES.

1. *Quels sont les frais funeraires.*
2. *Les frais funeraires sont privilegiés.*
3. *Ils doivent être reglés selon les biens & la qualité du défunt & autres circonstances.*
4. *Sans égard aux dispositions déraisonnables des testateurs.*
5. *Si un autre que l'héritier avoit fait ces frais, comment il les recouvreroit.*

I.

ON appelle frais funeraires toutes les dépenses nécessaires après la mort, soit pour le corps du défunt, comme pour l'embaumer, & le transporter, s'il en est besoin, & pour l'inhumer, ou pour les services & honneurs funebres.

a Funeris sumptus accipitur quidquid corporis causa, veluti unguentum, erogatum est, & pretium loci in quo defunctus humatus est: & si qua vectigalia sunt vel Sarcophagi, & vectura; & quidquid corporis causa, antequam sepeliatur consumptum est: funeris impensam esse existimo. l. 37. ff. de religios. & sumpt. fun v. l. 14. §. 3. & seq. eod.

II.

La charge des frais funeraires affecte tous les biens du défunt, de même que si celui qui fournit les choses nécessaires en avoit traité avec lui *b*. Et il a de plus un privilege sur ces biens *c*, ainsi qu'il a été dit dans l'article 14. de la Section 5. des Gages & Hypothéques.

b Qui propter funus aliquid impendit, cum defuncto contrahere creditur, non cum hærede. l. 1. ff. de religios. & sumpt. fun.
c Impensa funeris semper ex hæreditate deducitur: quæ etiam omne creditum solet præcedere, cùm bona solvendo non sunt. l. 45. eod.

III.

Si ces frais sont reglés & fournis par autre que l'héritier, soit en son absence, ou à son insçû, ils doivent être moderés selon les circonstances de la qualité & des biens du défunt, de l'usage des lieux & autres qui pourroient justifier de la prudence & de la bonne foi de celui qui les auroit faits. Et l'héritier ne seroit pas tenu d'acquitter ce qui auroit été employé au-delà des bornes que ces circonstances pourroient demander *d*.

d Hæc actio, quæ funeraria dicitur, ex bono & æquo oritur. Continet autem funeris causa tantùm impensam, non etiam cæterorum sumptuum. Æquum autem accipitur ex dignitate ejus qui funeratus est, ex causa, ex tempore, & ex bona fide; ut neque plus imputetur sumptus nomine quam factum est: neque tantùm quantum factum est, si immodicè factum est. Deberet enim haberi ratio facultatum ejus in quem factum est, & ipsius rei quæ ultra modum fine causa consumitur. l. 14. §. 6. ff. de relig. & sumpt. fun. Sumptus funeris arbitrantur pro facultatibus, vel dignitate defuncti. l. 12. §. 5. eod.

IV.

Si le défunt avoit lui-même reglé ce qui regarderoit les frais funeraires, l'héritier seroit obligé d'exécuter cette volonté, pourvû qu'elle n'eût rien de contraire aux Loix & aux bonnes mœurs, & que la dépense n'excedât pas les bornes que demanderoient la condition & les biens du défunt, selon l'usage commun, & les circonstances. Car les héritiers ne sont pas tenus d'exécuter les volontés déraisonnables de ceux à qui ils succedent *e*.

e Quid ergo si ex voluntate testatoris impensum est, sciendum est nec voluntatem sequendam, si res egrediatur justam sumptus rationem. Pro modo autem facultatum sumptum fieri, l. 14. §. 6. in f. ff. relig. & sumpt. fun.

V.

5. Si un autre que l'héritier avoit fait ces frais, comment il les recouvreroit.

Si un autre que l'héritier avoit fait les frais funéraires dans le dessein d'exercer cette honnêteté ou cette charité envers le défunt, sans en vouloir de remboursement, l'héritier en seroit déchargé, pourvû que cette intention fût assez prouvée, car il ne seroit pas juste de la présumer. Mais pour prévenir toute incertitude, ceux qui pourroient se trouver en termes de fournir aux frais funéraires doivent expliquer leur intention, soit de les recouvrer ou de les donner, si les circonstances pouvoient rendre cette intention douteuse f.

f Sed interdùm is qui sumptum in funus fecit, sumptum non recipit, si pietatis gratia fecit non hoc animo quasi recepturus sumptum quem fecit : Et ita imperator noster rescripsit. Igitur æstimandum erit arbitro, & perpendendum, quo animo sumptus factus sit : utrùm negotium quis vel defuncti, vel hæredis gerit, vel ipsius humanitatis : an verò misericordiæ vel pietati tribuens, vel affectioni. Potest tamen distingui & misericordiæ modus : ut in hoc fuerit misericors vel pius qui funeravit, ut eum sepeliret, ne insepultus jaceret, non etiam ut suo sumptu fecerit. Quod si judici liqueat, non debet eum qui convenitur absolvere : quis enim sine pietatis intentione alienum cadaver funerat? oportebit igitur testari quem quo animo funerat : ne posteà patiatur quæstionem. l. 14. §. 7. ff. de religios. & sump. fun. V. l'art. 4. de la Section 2. du Titre 3.

SECTION XII.

Des Engagemens des cohéritiers entr'eux.

LOrqu'il y a deux ou plusieurs héritiers qui recueillent une succession, soit testamentaire ou ab intestat, il se forme entre eux diverses sortes d'engagemens par le simple effet de leur qualité de cohéritiers. Car ayant à posseder ensemble, ou à partager les biens de la succession, ils sont engagés réciproquement aux suites de la possession qu'ils en ont en commun, & celle du partage qu'ils peuvent en faire.

Ces engagemens des cohéritiers entre eux, sont de deux sortes. L'une de ceux qui précédent le partage, & l'autre de ceux qui se forment par le partage même, ou qui en sont les suites. L'engagement, par exemple, de partager, & celui de prendre soin de la chose commune précédent le partage ; & la garantie des évictions qu'un héritier peut souffrir des fonds de sa portion, & le payement des charges qui lui sont échûes, sont du nombre des engagemens qui suivent du partage.

On expliquera dans le Titre quatrième, les engagemens qui regardent le partage ; car c'est une matiere dont l'étendue demande un Titre exprès en son lieu, & les autres feront la matiere de cette Section.

SOMMAIRES.

1. Les cohéritiers doivent se faire part réciproquement de ce qu'ils ont ou sçavent de l'hérédité.

2. Soin que les cohéritiers doivent prendre des biens communs.

3. Ils doivent se rapporter leurs jouissances.

4. Et même ce que l'industrie a pû y ajouter, les dépenses déduites.

5. Ils doivent se rembourser les intérêts des avances.

6. Doivent rapporter les choses sujettes à rapport.

7. Un héritier ne peut faire de changemens sans le consentement des autres.

8. Engagement à partager.

I.

1. Les cohéritiers doivent se faire part réciproquement de ce qu'ils ont ou sçavent de l'hérédité.

LE premier engagement des héritiers entre eux avant le partage, est de se donner la connoissance les uns aux autres réciproquement de ce que chacun d'eux peut avoir ou sçavoir des biens & des charges de l'hérédité. Et ceux qui se trouvent en avoir des biens, ou qui en sont chargés, doivent en prendre le soin que demande la regle qui suit a.

a Voyez l'art. suivant.

I I.

1. Soin que les cohéritiers doivent prendre des biens communs.

Celui des héritiers qui se trouve chargé des biens de la succession ou d'une partie, ou de quelque affaire, ou autre chose en particulier, doit en prendre le même soin qu'il prend de ses affaires propres ; & il répondra à ses cohéritiers des événemens qu'on pourra lui imputer faute d'un tel soin. Mais si manque d'intelligence ou d'expérience, cet héritier étoit sans le soin de ses affaires propres, & que par ce défaut il eût manqué de faire pour les biens de l'hérédité, qui étoient à sa charge, ce qu'un autre plus habile & plus vigilant n'auroit pas omis, il n'en répondra point b, comme feroit celui qui se seroit immiscé aux affaires d'un autre en son absence ou à son insçû c ; ou un tuteur d, un curateur e, un Procureur constitué f, ou autre dont les devoirs obligent à la diligence & à la vigilance d'un pere de famille exact & soigneux. Car au lieu que ces sortes de personnes, ou s'ingerent d'eux-mêmes, ou sont choisis & proposés pour ces sortes de fonctions, avec la nécessité de s'en bien acquitter, parce qu'elles ne regardent pas leurs affaires propres, mais celles des autres, & qu'ainsi ils y doivent toute application ; les cohéritiers ne se choisissent pas, mais se trouvent liés, ou par la volonté d'un testateur, ou par la Loi qui les appelle ensemble à l'hérédité. Ainsi chacun d'eux doit prendre ses mesures sur la confiance qu'il peut avoir aux autres, & s'imputer les suites de la conduite de son cohéritier à qui il s'est fié. Et d'ailleurs, les affaires de l'hérédité leur étant communes, chacun d'eux n'est tenu que d'en prendre le même soin qu'il a pour les siennes, de même qu'un associé g.

b Non tantùm dolum, sed & culpam in re hæreditaria præstare debet cohæres ; quoniam cum cohærede non contrahimus, sed incidimus in eum. Non tamen diligentiam præstare debet, qualem diligens paterfamilias : quoniam hic propter suam partem causam habuit gerendi : & ideò negotio rum gestorum & actio non competit. Talem igitur diligentiam præstare debet, qualem in suis rebus. l. 25. §. 16. ff. fam. ercisc.

c V. l'art. 2. de la Sect. 1. de ceux qui font les affaires des autres à leur insçû, p. 169.

d V. l'art. 9. de la Sect. 3. des Tuteurs, 153.

e V. l'art. 1. de la Sect. 2. des Curateurs, p. 165.

f V. l'art. 4. de la Sect. 3. des Procurations, p. 132.

g V. les art. 2. & 3. de la Sect. 4. de la Société, p. 87.

I I I.

3. Ils doivent se rapporter leurs jouissances.

L'héritier qui avant le partage, se trouvera avoir joui d'un fonds, d'une rente ou autre bien commun de l'hérédité, doit en rapporter à ses cohéritiers les fruits & autres revenus qu'il aura perçûs. Et l'héritier même qui se trouveroit seul à jouir du total de l'hérédité, pendant que ses cohéritiers ignoreroient leur droit, ou seroient absens, doit leur compter de ces jouissances h.

b Non est ambiguum, cùm familiæ erciscundæ titulus inter bonæ fidei judicia numeretur, portionem hæreditatis, si qua ad eo pertinet, incremento fructuum augeri. l. 9. C. fam. ercisc.

Non solùm in finium regundorum, sed & familiæ erciscundæ judicio præteriti quoque temporis fructus veniunt. l. 56. eod.

Fructibus augetur hæreditas, cùm ab eo possideretur a quo peti potest. l. 2. C. de petit. hared. Fructus omnes augent hæreditatem, sive ante aditam, sive potest aditam hæreditatem accesserint. l. 20. §. 3. in f. de hared. pet.

Cohæredibus divisionem inter se facientibus juri absentis & ignorantis minimè derogari, ac pro indiviso portionem eam, quæ initio ipsius fuit in omnibus communibus rebus, cum retinere certissimum est. Unde portionem tuam cum restitutione fructuum familiæ erciscundæ, percipere potes, ex facta inter cohæredes divisione, nullum præjudicium timens. l. 17. C. fam. erc. V. les articles 9. & 10. de la Section 3. des intérêts, dommages & intérêts, & restitution de fruits, p. 243. & 244.

I V.

4. Et même ce que l'industrie a dû ajouter, les dépenses déduites.

Si celui qui a joui des fruits ou autres revenus de l'hérédité, en avoit tiré par son industrie plus que n'en auroient sçû tirer ses cohéritiers, il ne laissera pas d'être tenu de rendre la valeur de sa jouissance. Car il n'y a point ou presque point de fruit sans quelque industrie : & c'est toujours le fonds qui les a produits i. Mais on lui déduit sur les jouissances les dépenses qu'il peut y avoir employées, comme elles feroient déduites à un poſſeſſeur même de mauvaiſe foi *l*.

i Cùm hæreditas petita ſit, eos fructus quos poſſeſſor percepit, omnimodo reſtituendos, etſi petitor eos percepturus non fuerat. *l.* 56. *ff. de hæred. petit.*

l Fructus intelliguntur deductis impenſis, quæ quærendorum, cogendorum, conſervandorumque eorum gratia fiunt. Quod non ſolùm in bonæ fidei poſſeſſoribus naturalis ratio expoſtulat, verùm etiam in prædonibus, ſicut Sabino quoque placuit. *l.* 36. §. *ult. ff. eod.*

V.

Si un héritier a fait des dépenſes néceſſaires ou utiles pour des affaires de l'hérédité, il les recouvrera avec les intérêts depuis l'avance qu'il en aura faite *m*.

m Sumptuum quos unus ex hæredibus bona fide fecerit, uſuras quoque conſequi poteſt à cohærede, ex die moræ; ſecundùm reſcriptum ImperatorumSeveri & Antonini. *l.* 18. §. 3. *ff. fam. erciſc.* Si quid unus ex ſociis neceſſariò de ſuo impendit in communi negotio, judicio ſocietatis ſervavit, & uſuras, ſi forte mutuatus ſub uſuris, dedit. Sed etſi ſuam pecuniam dedit, non ſine cauſa dicetur, quod uſuras quoque percipere debeat. *l.* 67. §. 2. *ff. pro ſocio. l.* 52. §. 10. *eod.*

La condition des cohéritiers doit en cela être la même que celle des aſſociés. V. l'article 11. de la Section 4. de la Société, p. 89. & l'article 4. de la Sect. 2. de ceux qui ſe trouvent, &c. p. 166.

On a mis dans l'article que l'héritier recouvre les intérêts des dépenſes néceſſaires ou inutiles, quoiqu'il ſoit dit dans le premier des textes cités ſur cet article, que s'il héritier a fait des dépenſes de bonne foi, il en aura les intérêts. Car il ſe pourroit faire qu'un héritier mal habile fit de bonne foi de folles dépenſes. Ainſi cet bonne foi doit ſe réduire aux dépenſes qu'il eſt juſte d'allouer, c'eſt-à-dire, celles qui ſont néceſſaires ou utiles.

On a mis auſſi dans l'article, que ces intérêts ſont dûs depuis l'avance, quoiqu'il ſoit dit dans ce même texte, qu'ils ſont dûs depuis le retardement, ex die moræ. Car ces intérêts ſont dûs à cet héritier, de même qu'à un aſſocié, ainſi qu'il a été dit dans cet article 11. de la Section 4. de la Société, & la bonne foi réciproque que ſe doivent des cohéritiers demande cette juſtice mutuelle entr'eux.

VI.

Dans les cas où les cohéritiers peuvent avoir des biens ſujets au rapport, ils ſont obligés de ſe rapporter réciproquement tout ce que chacun d'eux peut avoir de biens de cette nature, pour augmenter le fonds de l'hérédité, & être compris au partage, ſuivant les regles de cette matiere expliquée en ſon lieu *n*.

n V. ſur cette matiere du rapport, le Titre 4. du Livre ſecond. Voyez l'article 13. de la Section 5. & l'article 4. de la Section 1. des partages. p. 354.

VII.

Pendant que les biens de l'hérédité ſont à partager, aucun des cohéritiers ne peut y faire de changement contre le gré, ou à l'inſçu des autres; & il peut encore moins les aliéner. Et un ſeul qui n'agiteroit pas ou le changement, ou l'aliénation, pourroit l'empêcher *o*; ſi ce n'eſt qu'il y en eût quelque néceſſité pour le bien commun; comme s'il falloit faire quelque réparation néceſſaire, ou vendre des choſes qui pourroient périr. Car dans ce cas le Juge n'auroit égard à la réſiſtance déraiſonnable d'un cohéritier *p*.

o Sabinus in re communi neminem dominorum jure facere quicquam, invito altero, poſſe. Undè manifeſtum eſt prohibendi jus eſſe. In re enim pari, potiorem eſſe cauſam prohibentis, conſtat. *l.* 28. *ff. comm. divid.*

p Alienationis poſt judicium acceptum interdictæ, dumtaxat voluntariæ, non quæ vetuſtiorem cauſam, & originem juris habent neceſſariam. *l.* 13. *ff. fam. erciſcund.*
Ne in totum diminutio impedita, in aliquo etiam utilitates alias impediat. *l.* 5. *ff. de hæred. per.* Sed & res tempore perituras permittere debet prætor diſtrahere. *d. l. in f. pr.* V. les articles 6. 7. 8. 9. & 10. de la Section 2. de ceux qui ſe trouvent, &c. p. 173. où ſont expliquées d'autres regles ſur le même ſujet.

VIII.

On peut mettre pour un engagement qui précede le partage celui-là même qui oblige les héritiers à venir en partage quand un d'eux le demande; car chacun d'eux a droit d'avoir à ſoi ce qui peut lui revenir des biens de l'hérédité, quoique les autres vouluſſent les garder en commun *q*.

q Arbitrium familiæ erciſcundæ vel unum petere poteſt. Nam

---

provocare apud judicem vel unum hæredem poſſe palam eſt. Igitur & præſentibus cæteris, & invitis poterit vel arbitrium poſcere. *l.* 34. *ff. fam. erciſc.* V. l'article 11. de la Section 2. de ceux qui ſe trouvent avoir quelque choſe de commun enſemble, p. 173.

SECTION XIII.

De ceux qui tiennent lieu d'Héritiers, quoi-
qu'ils ne le ſoient pas.

IL n'y a proprement que deux ſortes d'héritiers, ceux à qui la Loi défere la ſucceſſion, & ceux qui y ſont appellés par un teſtament : & on ne donne ce nom d'héritier qu'à ceux qui ſuccedent à l'une ou à l'autre de ces deux manieres. Mais il y a d'autres biens que ſont paſſer tous les biens d'une perſonne après ſa mort à d'autres ſortes de ſucceſſeurs, ou plutôt poſſeſſeurs, qui ſans être héritiers ont les mêmes droits que donne cette qualité, & ſont ſujets aux mêmes charges. Ce qui ſera la matiere de cette Section.

SOMMAIRES.

I.

TOus les biens des condamnés à mort, ou à d'autres peines qui emportent la confiſcation, ſont acquis au Roi, & il tient lieu de ſucceſſeur univerſel; mais la qualité d'héritier ne lui convient pas. Car au lieu que les biens ne paſſent à l'héritier que par la mort de celui à qui il ſuccede; la confiſcation eſt un titre qui dépouille le condamné de ſes biens avant ſa mort, & les acquiert au Roi, comme exerçant l'autorité ſouveraine de la Juſtice, & les droits qui en dépendent. Et les Seigneurs Juſticiers qui ont dans leurs terres le droit de confiſcation, ne l'ont que comme une ſuite du droit de Juſtice, & ne ſont pas non plus héritiers, mais deviennent maîtres des biens confiſqués *a*.

a Damnatione bona publicantur, cùm vita adimitur, aut civitas. *l.* 1 *ff. de bon. dam.* V. la Préface ci-devant n. 14.
La confiſcation n'avoit pas le même effet par le Droit Romain que par notre uſage. Car pour notre uſage les enfans de ceux à qui les biens ſont confiſqués ne leur ſuccedent pas, & n'ont rien en leurs biens. Mais par le Droit Romain on leur en faiſoit part. Ce qui étoit fondé ſur des motifs d'équité, & d'humanité, pour ne pas faire porter aux enfans la peine du crime de leurs peres, où ils n'avoient point de part, & pour ne les pas priver d'une ſucceſſion que la nature leur deſtinoit, & les réduire à une néceſſité qui put avoir de mauvaiſes ſuites. C'eſt ce qui eſt marqué par ces paroles d'une Loi. Cùm ratio naturalis, quaſi lex quædam tacita liberis parentum hæreditatem addiceret, velut ad debitam ſucceſſionem eos vocando, propter quod & in jure civili ſuorum hæredum nomen eis inditum ſit: ac in judicio quidem parentis, niſi meritis de cauſis ſummoveri ab ea ſucceſſione poſſunt : æquiſſimum exiſtimatum eſt eo quoque caſu quo propter pœnam parentis aufert bona damnatio, rationem haberi liberorum, ne alieno admiſſo, graviorem pœnam luerent, quos nulla contingeret culpa: interdum in ſummam egeſtatem devoluti. Quod cum aliqua moderatione definiri placuit, ut qui ad univerſitatem venturi erant, jure ſucceſſionis ex à portione conceſſas haberent. l. 7 ff. de bon. dam. Il n'eſt pas néceſſaire de s'arrêter au paralléle de cette Juriſprudence, & la nôtre, car cette matiere n'eſt pas du deſſein de ce Livre. Il faut ſeulement remarquer, qu'il y a des Coutumes où il n'y a point de confiſcation.

I I.

Les biens des Etrangers qui meurent ſans avoir été naturaliſés, & qui n'ont point d'héritiers légitimes nés en France, ou naturaliſés qui puiſſent leur ſucceder, ſont acquis au Roi par ce droit qu'on appelle d'Aubaine *b*. Et il prend ces biens, non comme héritier, mais

b V. l'art. 9. de la Sect. 2. en ce Titre, & l'art. 11. de la Sect. 2. des Perſonnes, p. 15.
V. l'art. 3. de la Sect. 4. de ce Titre & la remarque qu'on y a faite.

comme

comme maître des biens où personne ne peut avoir droit.

III.

3. Et des bâtards.

Les bâtards qui meurent fans enfans légitimes, & fans avoir difpofé, n'ayant point d'héritiers, leurs biens par cette raifon font acquis au Roi, & il leur fuccede, non comme héritier, mais comme occupant en maître un bien qui ne peut paffer à aucun fucceffeur e.

e V. l'art. 8. de la Sect. 2. de ce Titre, & l'art. 3. de la Sect. 1.
des perfonnes, p. 12.
Ce qui eft dit dans cet article que le Roi fuccede aux bâtards, s'entend auffi des Seigneurs haut-Jufticiers dans leurs Terres.

IV.

4. Et de ceux qui n'ont aucuns parens.

Ceux qui meurent fans defcendans, ni afcendans, & fans aucuns parens paternels, ni maternels, & qui n'ont pas difpofé de leurs biens, mourant fans héritiers; leurs biens font au Roi par ce droit qu'on appelle de Deshérence, c'eft-à-dire, défaut d'héritiers d.

d Scire debet gravitas tua, inteftatorum res qui fine legitimo hærede decefferint, fifci noftri rationibus vindicandas. l. 1. C. de bon. vac. & de inc.
Vacantia mortuorum bona tunc ad fifcum jubemus transferri, fi nullum ex qualibet fanguinis linea, vel juris titulo legitimum reliquerit inteftatus hæredem. l. 4. eod.
Ce qui eft dit dans cet article du droit du Roi fur les fucceffions de ceux qui meurent fans héritiers, fe doit entendre auffi des Seigneurs hauts-Jufticiers dans leurs Terres.
Il faut remarquer fur cet article ce qui a été dit dans la fucceffion du mari à la femme, & de la femme au mari au défaut de parens, dans la Preface ci-devant n. 11. & ce qui en fera dit dans la Section 3. du Titre 3. du Livre 2. qu'au défaut d'héritier teftamentaire, on ab inteftat, le mari fuccede à la femme, & la femme au mari, & excluent le fifque.
On peut remarquer auffi fur le fujet des fucceffions au défaut de parens, qu'il y a des Coutumes qui au défaut d'héritiers d'un eftoc préferent le Seigneur Jufticier à ceux de l'autre; de forte que dans ces Coutumes ceux qui n'ont que des biens d'un eftoc, ne laiffant des parens que d'un autre eftoc, meurent fans héritiers.

V.

5. Toutes ces fortes de biens paffent au Fife avec leurs charges.

Ces quatre manieres dont les biens font acquis au Roi, fçavoir, par confifcation, par aubaine, par bâtardife, & par deshérence, ont cela de commun, que comme elles font paffer tous les biens au Roi, il tient lieu de fucceffeur univerfel, & ces biens demeurent fujets à toutes les dettes, & aux autres charges e.

e Si, ut proponis, bona ejus qui tutelam tuam adminiftrabat fententiam paffi, ad fifcum funt devoluta, procuratorem noftrum adire cura. Qui, fi quid jure pofci animadverterit, non negabit.
l. 5. C. de bon. prof er. feu dam.
Lorfque des biens font acquis au Roi par quelqu'une des manieres expliquées dans cet article, ils appartiennent ou aux Engagistes des Domaines, ou aux Fermiers, ou s'il n'y a ni engagistes, ni Fermiers à qui ces droits doivent être acquis, le Roi en fait d'ordinaire des dons, qui fuivant les Ordonnances font toujours à cette condition d'acquiter les charges. V. l'Ordonnance de Charles VII. du 30. Janvier 1455. V. l. 1. & 2. C. de petit bon. fubl.

VI.

6. Le donataire univerfel tient lieu d'héritier.

On peut mettre au nombre de ceux qui tiennent lieu d'héritiers, quoiqu'ils n'ayent pas cette qualité, les donataires univerfels, par des donations entre-vifs de tous biens préfens & à venir. Car ayant tous les biens, ils font tenus de toutes les charges par l'effet de leur titre. Mais le nom d'héritiers ne leur convient pas, parce que les biens que le donateur poffedoit au temps de la donation leur étoient déja acquis irrévocablement, & le donateur ne pouvoit les aliéner. Et quoiqu'il pût difpofer des autres acquis enfuite, par des aliénations qu'il pouvoit en faire, il ne pouvoir appeller d'autres héritiers. Ainfi, c'eft comme donataires qu'ils les recueillent, non comme héritiers f.

f V. l'art. 8. de la Sect. 1. des Donations, p. 105. & la Loi 35 §.
4. C. de donat. qu'on y a cuée, & qui approuve les donations univer-felles de tous les biens. Sed & fi quis univerfitatis facit donationem, five beffis, five dimidiæ partis fuæ fubftantiæ, five tertiæ, five quartæ, five quantæcunque, vel etiam totius, &c. On a donté
Tome I.

sur cette Loi, fi par le Droit Romain on peut donner outre tons les biens préfens, les biens à venir, parce qu'il ne peut pas y en avoir de tradition comme des préfens, & on pourroit avoir donné cette autre raifon, que par le Droit Romain on ne peut s'ôter la liberté de tefter par une inftitution d'héritier irrévocable même en faveur de mariage.

Pactum quod dotali inftrumento comprehenfum eft, ut fi pater vita fungeretur, ex æqua portione ex qua nubebat cum fratre; hæres fui patris effet, neque ullam obligationem contrahere, neque liberatem teftamenti faciendi mulieris patri potuit auferre.
l. 15. C. de pactis. Mais par notre ufage l'on peut faire un héritier univerfel par une inftitution contractuelle & irrévocable, ainfi il a été dit dans la Préface ci-devant n. 10. Et on peut auffi donner tous les biens préfens & à venir, pourvû que le Donateur fe réferve ou fon ufufruit, ou autre chofe pour pouvoir fubfifter. Car il feroit contre l'équité & les bonnes mœurs, qu'il pût être dépouillé de tout. Ainfi le Donataire univer-fel peut après la mort du Donateur recueillir tous les biens comme l'héritier. Mais parce que celui qui a donné tous fes biens préfens & à venir, peut aliéner des biens acquis depuis la donation, & contrac-ter de nouvelles dettes; il eft jufte qu'après la mort du Donateur, le Donataire ait la liberté de s'en tenir aux biens qu'avoit le Donateur au temps de la donation, & d'en porter les charges qu'il devoit alors, & fe décharger par-là des dettes & des charges contractées enfuite. Ce qui fait qu'on diftingue en ce cas deux donations dans une donation univerfelle de tous biens préfens & à venir: l'une des biens préfens, & l'autre de ceux que le Donateur pourra acquerir enfuite. Ce qu'en fonde communément fur ce que dans ces ftipulations qui contiennent plufieurs fommes ou plufieurs chofes, il y a autant de ftipulations qu'il y a de fommes ou de chofes a, car il eft vrai que celui qui a ftipulé d'un débiteur des chofes de plufieurs natures, peut n'en demander que celles qui lui plaira. Mais cette maxime ne prouveroit pas qu'on pût divifer toutes fortes de conventions, & fi cette divifion bleffoit l'in-térêt d'une des parties, il faudroit, felon une autre regle, ou exé-cuter la convention entiere, ou la rompre en tout; parce que quand il y a une obligation de part & d'autre, les engagemens réciproques doivent fubfifter b. Ainfi on peut ajouter par des raifons plus parti-culieres qui font fubfifter la donation des biens préfens, premierement que cette donation eft pure & fimple par le contrat, & que fouvent des biens à venir renferme la condition qu'il furvienne des biens; & il n'en furvient pas s'il n'y en a que pour les dettes; car on n'appelle biens que ce qui refte, les dettes payées. Et en fecond lieu, il ne feroit pas jufte que le Donateur pût anéantir la donation en contractant des dettes. Ce qui a fait un motif pour faire valoir la donation à l'égard des biens préfens; en quoi il n'eft fait aucun tort aux créanciers qui n'ont contracté qu'après la donation qu'ils ont dû connoître. Mais fi le Donataire s'étoit mis en poffeffion des biens après la mort du Donateur fans en faire un inventaire, il ne pourroit point les divifer ta donation: & fa condition feroit la même que s'il étoit héritier pur & fimple. V. fur la divifion d'un acte la remarque fur l'article 19. de la Sect. 5.
des Teftamens.
a Scire debemus in ftipulationibus, tot effe ftipulationes quot fummæ funt, totque effe ftipulationes quot fpecies funt. l. 29. ff. de verb. oblig.
b V. l'art. 7. de la Sect. 2. des Conventions, p. 22. & les articles 10. & 11. de la Sect. 1. des Refcifions, p. 197. Non debet ex parte obligationem comprobare, ex parte tanquam de iniqua queri. l. 39. in f. ff. de oper. lib. Aut in totum agnofcere aut à toto rece-dere. l. 16. in f. ff. de adm. & per. tut.

VII.

7. L'achee-teur de l'hé-redité tient lieu d'héri-tier.

On peut encore confiderer comme tenant lieu d'héri-tier, celui à qui une hérédité a été vendue, quoiqu'il ne foit pas en effet héritier, n'ayant pas fuccedé au dé-funt, & n'ayant les biens qu'à titre de vente. Mais comme il a les droits de l'héritier, & qu'ayant tous les biens, il eft tenu de toutes les charges, il tient lieu d'héritier g.

g Sicuti lucrum omne ad emptorem hæreditatis refpicit, ita damnum quoque debet ad eumdem refpicere. l. 2. § 9. ff. de hæred. vel. act. vend. V. l'art. 8. de la Sect. 1. du Titre 3.

VIII.

8. Le cura-teur à une fucceffion vacante re-préfente l'héritier.

Lorfqu'une fucceffion eft abandonnée, & que les créanciers y font créer un Curateur, ou qu'on en fait nommer aux fucceffions qui fe trouvent fans aucun hé-ritier apparent pour prendre le foin des biens; ces Cu-rateurs exercent les actions héréditaires, & acquitent les charges: & ceux qui ont des droits ou prétentions fur l'hérédité, agiffent contre eux. Ainfi ils y repréfen-tent en ce fens les perfonnes ou des héritiers, s'il doit y en avoir, ou de ceux à qui les biens pourront être acquis h.

h Eifque curatoribus actiones, & in eos utiles competunt. l. 2. §. 1. ff. de cur. bon. dando. V. l'art. 15. de la Sect. 1. des Cura-teurs, p. 164.
Les fucceffions vacantes où il n'y a point d'héritiers apparens, font

X x

mises sous l'administration d'un Curateur, jusqu'à ce qu'il paroisse un héritier, ou que les biens soient acquis au Roi ou au Seigneur-Justicier. Et on nomme aussi des Curateurs aux successions abandonnées aux créanciers jusqu'à ce que les biens soient vendus, pour payer les dettes.

TITRE II.

Des Héritiers bénéficiaires.

ON a vû dans l'article 4. de la Section 5. du Titre 1. que l'héritier qui doute que la succession soit avantageuse, peut prendre un temps pour délibérer s'il l'acceptera : & dans l'article 5. de cette même Section, que dans ce doute l'héritier peut sans délibérer se déclarer héritier par bénéfice d'inventaire. Ce qui a cet effet, que si les charges se trouvent dans la suite exceder la valeur des biens, il n'en sera tenu que jusqu'à la concurrence de cette valeur ; au lieu que s'il n'usoit pas de ce bénéfice, il seroit héritier pur & simple, & tenu de toutes les charges de l'hérédité, encore que les biens n'y pussent suffire.

De ces deux voyes que les Loix ont établies pour la sureté des héritiers, la premiere qui fut en usage à Rome étoit le droit de Délibérer. Ce droit fut inventé, comme il est dit dans une Loi, & pour l'intérêt des mourans, afin qu'il se trouvât des héritiers attirés par la liberté de prendre connoissance de l'état des biens & des affaires de la succession avant que de s'y engager, & pour l'intérêt des héritiers même, afin qu'ils ne fussent pas forcés à s'engager précipitamment à cette qualité *a*.

L'usage de ce droit de délibérer étoit tel que l'héritier qui étoit appellé à la succession, ou par testament, ou *ab intestat*, demandoit au Magistrat un délai pour délibérer, & on l'accordoit au moins de cent jours *b*. Pendant ce temps on communiquoit à l'héritier les papiers du défunt, & il prenoit connoissance des dettes passives par les titres des créanciers, afin de prendre ses mesures pour accepter ou abandonner la succession *c*. Et ceux même qui nommoient des héritiers, pouvoient, selon l'ancien droit, regler par leur testament un certain temps qu'ils leur donnoient pour délibérer, après quoi l'héritier qui n'acceptoit pas la succession dans ce temps, en étoit exclus *d*, ce qui fut ensuite aboli *e*.

Cette faculté de délibérer n'avoit pas d'autre usage, que de donner à l'héritier un temps pour examiner s'il lui étoit avantageux d'accepter la succession, ou s'il feroit mieux de l'abandonner : & comme il falloit qu'après ce temps il prît son parti ou d'accepter purement & simplement l'hérédité, & s'engager à toutes les charges, ou d'y renoncer, sans pouvoir prendre un parti moyen ; il en arrivoit plusieurs inconvéniens & pour les héritiers, & aussi pour les légataires & les créanciers. Car les héritiers pouvoient facilement être trompés par l'apparence des biens, dont il étoit difficile ou même impossible de connoître les charges qui souvent sont secrettes : & s'étant une fois engagés dans des successions onereuses ; il ne leur étoit plus libre d'y renon-

a Qui interrogatur an hæres, vel quota ex parte sit... ad deliberandum tempus impetrare debet. Quia si perperam confessus fuerit, incommodo afficitur. Et quia hoc defunctorum interest, ut habeant successores; interest & viventium, ne præcipitentur quamdiu justè deliberant. *l. 5. & l. 6. ff. de interrog. in jur. fac.*
b Ait prætor, si tempus ad deliberandum petet, dabo. *l. 1. §. 1. ff. de jur. delib.* Pauciores centum dierum non sunt dandi. *l. 2. eod.*
c Aristo existimat prætorem aditum facultatem facere debere hæredi rationes defuncti ab eo petere, penes quem depositæ sunt, deliberandi de adeunda hæreditate. *l. 18. ff. de acq. vel omitt. hæred.* Aristo scribit, non solùm creditoribus, sed & hæredi instruto prætorem subvenire debere, hisque copiam instrumentorum inspiciendorum facere, ut perinde instruere se possint, expedire, necne agnoscere hæreditatem. *l. 5. ff. de jure delib.*
d Titius hæres esto : cernitoque in diebus centum proximis quibus scies, poterisque. Nisi ita creveris, exhæres esto. V. l'*Inst. Tit. 22. §. 27. & seq.*
e l. 17. C. de jure delib.

cer : Et ils pouvoient aussi se tromper d'une autre maniere, renonçant à des successions qui pouvoient avoir plus de biens & moins de charges qu'il n'en paroissoit ; ce qui tournoit au préjudice des créanciers & des légataires.

Ces inconvéniens durerent pendant plusieurs siécles, & jusqu'au temps de Justinien, sans autre remede qu'une exception qu'avoit fait l'Empereur Gordien en faveur des soldats qui se trouvoient engagés dans une hérédité onereuse, cet Empereur leur ayant accordé ce privilege que leurs propres biens ne seroient pas sujets aux charges de l'hérédité *f*, ce qu'il étoit difficile de mettre en usage sans un inventaire qui fit voir en quoi consistoit les biens de la succession. Et enfin, Justinien établit pour tous héritiers testamentaires & *ab intestat*, de quelque qualité & condition qu'ils soient indistinctement, la liberté d'accepter sous bénéfice d'inventaire la succession qui leur est déferée, c'est-à-dire, à condition qu'ils ne seront obligés aux charges que jusqu'à la concurrence des biens, dont il doit être fait un inventaire par un Officier public. Ce qui a cet effet que les créanciers, les légataires, & autres intéressés peuvent avoir connoissance des biens de l'hérédité qui leur sont affectés, & que l'héritier n'engage pas les siens, mais s'oblige seulement à compter du contenu dans cet inventaire : & par cette voye il est fait une pleine & entiere justice, & aux héritiers, & aux légataires, & aux créanciers *g*.

Comme le premier usage du bénéfice d'inventaire est de donner à l'héritier la liberté de délibérer s'il acceptera l'hérédité, & de la faire plus surement sur la connoissance des biens & des charges que l'inventaire peut lui donner ; ce bénéfice d'inventaire n'a pas aboli l'usage de délibérer, & Justinien l'a réservé dans la même Loi où il a établi le bénéfice. Ce qui a cet effet, que ceux qui douteront s'il leur est plus avantageux de n'accepter point du tout l'hérédité, même sous bénéfice d'inventaire, que de s'y engager, peuvent se déterminer en délibérant, & qu'ils peuvent aussi sans délibérer accepter l'hérédité sous ce bénéfice, qui met leurs intérêts en sureté, puisqu'ils ne s'engagent pas au-delà des biens. Ainsi on peut distinguer dans cette matiere le droit de délibérer, & celui d'user du bénéfice d'inventaire, ce qui sera expliqué dans les deux premieres Sections de ce Titre : & on expliquera dans la troisiéme les effets de ce bénéfice.

f l. ult. in princip. C. de jur. delib.
g V. la Section 2. de ce Titre.

SECTION I.

Du Droit de Délibérer.

SOMMAIRES.

1. *L'héritier peut déliberer.*
2. *Il s'instruit par l'inventaire.*
3. *Curateur à la succession pendant que l'héritier délibere.*
4. *Vente des choses qui pourroient périr.*
5. *Acquittement des charges pressées.*
6. *Alimens aux enfans pendant qu'ils déliberent.*
7. *Plusieurs héritiers successivement ont chacun le droit de déliberer.*
8. *L'héritier qui meurt pendant qu'il délibere transmet son droit à ses successeurs.*

I.

L'Héritier, soit testamentaire, ou *ab intestat*, qui ignorant les charges de l'hérédité craint de s'y engager, peut prendre le temps reglé par la Loi pour déliberer avant que de faire sa déclaration s'il veut être héritier ou non *a*.

1. L'héritier peut déliberer.

a Illud sciendum est nonnumquam semel, nonnumquam sæpius diem ad deliberandum datum esse : dum prætori suadetur tempus quod primùm aditus præstituerat, non suffecisse. *l. 3. ff. de jure delib.* Ne quis nos putaverit antiquitatis penitùs esse contemptores, indulgemus quidem (hæredibus) petere deliberationem, vel à nobis, vel à nostris judicibus. Non tamen amplius ab imperiali quidem culmine uno anno, à nostris verò judicibus, novem mensibus. *l. ult.* §. 13. *in f.* C. *cod.*

Par l'Ordonnance de 1667. au Titre des Délais pour délibérer, l'héritier a trois mois depuis l'ouverture de la succession pour faire l'inventaire, & ensuite quarante jours pour délibérer.

I I.

1. Il s'instruit par l'inventaire.

Pour mettre l'héritier en état de délibérer, il faut qu'il puisse prendre connoissance des biens & des charges de l'hérédité, & pour lui donner cette connoissance & à tous autres intéressés, on ordonne en Justice un inventaire des titres & papiers de l'hérédité qu'on leur communique *b*.

b V. les textes cités sous la Lettre C. dans le préambule de ce Titre.
Comme ce n'est par l'inventaire que l'héritier peut prendre cette connoissance ; l'Ordonnance citée sur l'article précédent y a pourvû comme on l'a remarqué, en faisant courir le tems qu'elle donne pour délibérer qu'après l'inventaire.

I I I.

2. Curateurs à la succession pendant que l'héritier délibère.

Si pendant que l'héritier délibere il survenoit quelque affaire, où il fût nécessaire d'agir pour la conservation de quelque droit de l'hérédité, ou de la défendre contre quelque prétention, & que la chose ne pût être différée, il faudroit nommer un curateur à l'hérédité pour exercer les droits & pour la défendre, jusqu'à ce que l'héritier l'acceptant pût agir lui-même *e*.

e Dum deliberant hæredes instituti adire, bonis à prætore curator datur. l. 3. ff. de curat. fur. V. *l'article 15. de la Section 1. des Curateurs, p. 164.*
Comme le tems donné à l'héritier pour délibérer est beaucoup moindre par l'Ordonnance remarquée sur l'article premier, qui ne l'étoit par le Droit Romain, & que le délai pour délibérer ne court qu'après que l'inventaire a été fait ; il faut entendre ce qui est dit dans cet article & dans les suivans, non-seulement de ce qui arrive pendant le délai pour délibérer après l'inventaire ; mais aussi du tems qui se passe pendant l'inventaire & auparavant.

I V.

4. Vente des choses qui pourroient périr.

Si dans ce même cas du retardement de l'héritier à recueillir la succession, ou y renoncer, il y avoit des biens de l'hérédité qui dussent périr, ou être endommagés, ou diminuer de prix, comme des fruits, des grains, des liqueurs, ou des choses qu'il fût plus utile de vendre que de garder, comme des chevaux ou autres bestiaux non nécessaires, & qui causeroient de la dépense ; l'héritier ou le curateur pourroient vendre ces sortes de choses pour en conserver le prix dans l'hérédité, observant dans ces ventes les formes prescrites en de pareils cas *d*.

d Si major sit hæreditas & delibérat hæres, & res sunt in hæreditate quæ ex tractu temporis deteriores fiunt, adito prætore, potestis qui deliberat, sine præjudicio, eas justis pretiis vendere : qui venalitis, item ea quæ mora deteriora fiant, vendere. l. 5. §. 1. ff. de jure delib.
Ces ventes se font aux encheres par permission du Juge, si ce n'est que la vilité des choses, & le consentement des parties intéressées ne doivent dispenser des frais des formalités. V. *l'art. suivant.*

5. Acquittemens des charges pressées.

S'il y avoit des dettes passives dont il fût nécessaire d'acquitter promptement la succession, on y employeroit les deniers provenans des ventes qu'il y auroit à faire, suivant la regle expliquée dans l'article précédent, ou l'on pourroit vendre des choses moins nécessaires, ou exiger les dettes pour ces payemens, ou pour les autres dépenses d'une pareille nécessité, comme pour les frais funéraires, pour la culture des héritages, pour des réparations pressantes, & autres semblables, ainsi qu'il seroit réglé par le Juge *e*.

e Igitur si quidem in hæreditate sit vinum, oleum, frumentum, numerata pecunia : inde fieri debebunt impendia : si minus à debitoribus hæreditaris exigenda pecunia. Quòd si nulli sunt debitores, aut judicem provocet, venire debent res supervacuæ. l. 6. ff. de jur. delib.
In causæ ergo cognitione hoc vertetur, an justa causa sit ut diminuere prætor permittat. Ergo & funeris causa diminui permittet : item eorum quæ sine piaculo non possunt præteriti ; vesconi-

Tome I.

---

di gratia æque diminui permittet, Sed & ubi urget ex aliis quoque causis permittere eum oportet. Ut ædificia sarciantur, ne agri inculti sint, si qua pecunia sub pœna debetur ut restituatur ne pignora distrahantur. Ex aliis quoque justis causis prætor aditus deminutionem permittet. Neque enim sine permissu ejus debet deminutio fieri. *l. 7. in f. eod. d. l. 7. in princip. l. 5. §. 1. in f. eod.*

V I.

6. Aliment aux enfant pendant qu'ils délibèrent.

Si les héritiers sont des enfans qui délibèrent de l'hérédité de leur pere ou mere, ou autres ascendans, & qu'ils n'ayent rien d'ailleurs pour subsister pendant le temps qu'ils ont pour délibérer, ils peuvent cependant obtenir du Juge une provision moderée sur les biens de la succession pour leurs alimens *f*. Car il y a moins d'inconvéniens qu'une provision de cette nature se prenne sur l'hérédité, quand ils viendroient à y renoncer, qu'il n'y en auroit de les en priver pendant ce délai que la loi leur donne. Et s'il s'agissoit de la succession d'un pere sur laquelle les enfans eussent des droits du chef de leur mere déja décédée, la provision en déduction de leurs droits recevroit encore moins de difficulté.

f Filius dum deliberat alimenta habere debet ex hæreditate. l. 9. ff. de jure delib. Ut ex iisdem (bonis) si aliqua facultas esse non poterit, tantùm litis sumptus & alimonia homini subministretur, quantum moderato judicis arbitrio fuerit æstimatum. l. ult. C. de ord. cog. v. l. 51. ff. de hæred. pet.
Quoique ces paroles du second texte cité sur cet article, & cette Loi 51. ff. de hæred. pet. regardent d'autres sujets, on les peut appliquer ici ce qui regarde la modération de ces sortes de provisions qui ont leur équité sur la nécessité de la nourriture des enfans ; mais qui ne doivent être à charge aux créanciers que le moins qu'il se peut.
Il faut remarquer sur cet article que les provisions dans le cas de cet article ont moins d'inconvénient dans notre usage présent qu'elles n'en avoient dans le Droit Romain, où le temps pour délibérer étoit bien plus long. V. *la remarque sur l'art. 1.*

V I I.

7. Plusieurs héritiers successivement ont chacun le droit de délibérer.

Si plusieurs étoient appellés à une même hérédité l'un au défaut de l'autre, comme si un testateur ayant constitué un héritier & prévû le cas, ou que cet héritier mourût avant lui, ou qu'il ne voulût pas se rendre héritier, en avoit substitué un autre à sa place, ou que l'héritier testamentaire ou ab intestat, renonçant à l'hérédité, le parent plus proche voulût l'accepter ; dans tous ces cas, l'héritier appellé au défaut d'un autre, auroit le même droit de délibérer, qu'avoit celui dont il prend la place *g*. Car le délai pour délibérer ne peut commencer de courir à l'égard de chaque héritier, qu'après qu'il est appellé à l'hérédité.

g Si plures gradus sint hæredum institutorum, per singulos observaturum se ait prætor id quod præfiniendo tempore deliberationis edidit. Videlicet, ut à primo quoque ad sequentem transfat hæreditate, quam primùm inveniat successorem, qui possit defuncti creditoribus respondere. l. 10. ff. de jur. delib. V. *le titre de la Substitution vulgaire.*
Il ne faut pas confondre la condition de celui qui succede à un héritier comme son héritier & simple, avec la condition des héritiers substitués l'un à l'autre, ou qui prennent la place du premier héritier pour succeder à son défaut. Car au lieu que ceux-ci ont le droit de délibérer s'ils acceptent cette même succession, ainsi que l'avoit l'héritier dans les termes de l'article ; celui qui se rend héritier pur & simple d'un autre qui avoit recueilli une succession, n'a pas droit de délibérer s'il recueillera cette succession ; mais elle passe à lui avec les mêmes engagemens de celui qui l'avoit acceptée, & à qui il succede.

V I I I.

8. L'héritier qui meurt pendant qu'il délibère transmet son droit à ses successeurs.

Si l'héritier qui délibéroit vient à décéder avant que d'avoir fait sa déclaration, il transmet son droit à son héritier, soit testamentaire ou ab intestat, qui pourra aussi délibérer s'il acceptera ou abandonnera la succession qui étoit échue au défunt *b*.

b Sancimus si quis vel ex testamento, vel ab intestato vocatus meruerit : vel si hoc quidem non fecerit, non tamen successioni renuntiaverit, ut ex hâc causâ deliberare videatur : sed nec aliquid gesserit, quod additionem, vel pro hærede gestionem inducat, prædictum arbitrium in successionem suam transmittat. l. 19. C. de jur. delib. V. *sur ce droit de transmission la Section 10. des Testamens.*

X x ij

SECTION II.

Comment on se rend héritier par bénéfice d'inventaire.

SOMMAIRES.

1. *On peut se rendre héritier par bénéfice d'inventaire sans délibérer.*
2. *L'inventaire doit être fait dans les formes.*
3. *Doit comprendre tous les biens.*
4. *On peut en réparer les omissions.*
5. *Peine des divertissemens des effets.*

I.

1. On peut se rendre héritier par bénéfice d'inventaire sans délibérer.

TOut héritier, soit testamentaire ou *ab intestat*, qui doute que l'hérédité soit avantageuse, & qui craint de s'y engager, peut auparavant demander qu'il soit fait un inventaire des biens & des titres & papiers de l'hérédité : & sans prendre le temps pour délibérer, faire sa déclaration qu'il se rend héritier par bénéfice d'inventaire. Et par cette voye il ne sera tenu des dettes & des charges de l'hérédité, qu'autant que les biens pourront y suffire, sans que les siens y soient engagés *a*.

a Sin autem dubius est, utrumne admittenda sit, necne, defuncti hæreditas, non putet sibi esse necessariam deliberationem : sed adeat hæreditatem, vel sese immisceat : omni tamen modo inventarium ab ipso conficiatur. l. ult. §. 1. C. de jur. deliber. Ut in tantum hæreditariis creditoribus teneantur, in quantum res substantiæ ad eos devolutæ valeant. d.l. §. 4. Et nihil ex sua substantia penitus hæredes amittant, ne dùm lucrum facere sperant, in damnum incidant. d. §. 4.

II.

2. L'inventaire doit être fait dans les formes.

Cet inventaire intéressant les créanciers, les légataires, & tous autres qui peuvent avoir quelque droit sur l'hérédité; l'héritier ne peut pas le faire en particulier; mais il doit être fait par un Officier public, & dans les formes que les Loix & l'usage y ont établies *b*.

b Hoc inventarium.... modis omnibus impleatur sub præsentia tabulariorum, cæterorumque qui ad hujusmodi confectionem necessarii sunt. l. ult. §. 2. C. de jur. delib.
Par notre usage l'inventaire doit être fait par l'autorité de Justice ; après que le scellé a été mis aux lieux où sont les papiers, & autres effets de l'hérédité.
¶ Il faut que l'inventaire soit fait dans les trois mois. Papon, Arrêts, l. 21. tit. 10. n. 5. Dep. t. 2. p. 428. n. 32. l'Ordonnance de 1667. tit. 7. art. 1.

III.

3. Doit comprendre tous les biens.

On doit comprendre dans cet inventaire tout ce qui peut se trouver des biens de l'hérédité mis sous le scellé, ou déclaré par les personnes qui peuvent en avoir quelque connoissance. Et l'héritier doit aussi faire connoître ce qu'il peut en sçavoir, & jurer qu'il ne retient ni recele aucuns effets de l'hérédité *c*.

c Subscriptionem supponere hæredem necesse est, significantem & quantitatem rerum. Et quod nulla malignitate circa eas ab eo facta, vel facienda, res apud eum remanebant. l. ult. §. 2. C. de jur. delib.
Par notre usage on prend les déclarations & le serment, non-seulement de l'héritier, mais des domestiques du défunt sur la connoissance qu'ils peuvent avoir des biens de l'hérédité.

IV.

4. On peut en réparer les omissions.

Si les créanciers ou les légataires, & autres intéressés, découvroient qu'il y eût des omissions dans l'inventaire, ou s'en défioient, ils seroient reçus aux preuves des omissions & des fraudes qu'ils allegueroient *d*.

d Licentia danda creditoribus, seu legatariis vel fideicommissariis, si majorem putaverint esse substantiam à defuncto derelictam quàm hæres in inventario scripsit, quibus voluerint legitimis modis quod superfluum est approbare. l. ult. §. 10. C. de jur. delib. Ut undique veritate exquisita, neque lucrum, neque damnum aliquod hæres ex hujusmodi sentiat hæreditate. d. §.

V.

5. Peine des divertissemens des effets.

Si l'héritier avoit diverti des effets de la succession, ou manqué d'en déclarer qui fussent de sa connoissance, cette mauvaise foi seroit punie de telle peine que la qualité du fait pourroit mériter selon les circonstances. *e.*

e Illo videlicet observando ut si ex hæreditate aliquid hæredes surripuerint, vel celaverint, vel amovendum curaverint, postquam fuerint convicti, in duplum hoc restituere, vel hæreditatis quantitati computare, compellantur. l. ult. §. 10. in f. C. de jur. delib.
Cette peine du double n'est pas de notre usage ; mais on ordonneroit contre cet héritier ce qui paroîtroit juste selon les circonstances. Et si elles étoient telles que l'héritier se fût rendu indigne du bénéfice d'inventaire, on pourroit l'en priver.
¶ Parmi nous il faut distinguer si le recelé a été fait avant que l'héritier ait pris qualité, en ce cas il s'est immiscé. Si le recelé n'est qu'après les lettres de bénéfice d'inventaire il sera puni selon les circonstances. Dep. t. 2. p. 428. col. 1. rapporte plusieurs Auteurs qui estiment que l'héritier qui a recelé doit être reputé héritier pur & simple sans distinction. Cujas, Novelle première, dit qu'il n'est puni que du double.]

SECTION III.

Des effets du bénéfice d'inventaire.

SOMMAIRES.

1. *L'héritier bénéficiaire n'est tenu que jusqu'à la concurrence des biens.*
2. *Les legs sont réduits selon les biens.*
3. *L'héritier créancier conserve sa dette.*
4. *Et recouvre ses dépenses.*
5. *Il doit faire vendre les meubles.*
6. *Il n'est tenu que de rendre compte.*
7. *Il n'est pas tenu en payant les créanciers de garder leur ordre.*
8. *Il peut payer les légataires si les créanciers ne paroissent point.*
9. *Les fonds donnés en payement demeurent sujets aux hypotheques.*

I.

1. L'héritier bénéficiaire n'est tenu que jusqu'à la concurrence des biens.

CElui qui ayant fait faire un inventaire dans les formes, s'est déclaré héritier bénéficiaire, ne sera tenu des charges de la succession que jusqu'à la concurrence de la valeur des biens du défunt, sans que les siens y soient obligés *a*, comme il a été dit dans l'art. 1. de la Sect. 2.

a In tantum hæreditariis creditoribus teneantur, in quantum res substantiæ ad eos devolutæ valeant. l. ult. §. 4. C. de jur. delib. Et nihil ex sua substantia penitus hæredes amittant, ne dum lucrum facere sperant, in damnum incidant. d. §. 4.
¶ L'héritier ne peut être inquieté ni par les créanciers ni par les légataires pendant le temps de l'inventaire, mais pendant ce temps-là, la prescription ni la peremption ne court point contre les créanciers. d. l. §. 11.
Lo testateur ne peut directement défendre à son héritier d'accepter sa succession par bénéfice d'inventaire, parce que la Loi le donne, privatorum pactis juri publico derogari non potest. l. 38. de pactis.
Maynard, l. 1. ch. 53. La Roche, l. 6. tit. 55. Dolive, l. 5. ch. 30. Henrys, tom. 1. livre 5. quest. 29. & 30. Despeisses, t. 2. p. 415. n. 14.
Mais il peut indirectement en substituant au premier héritier en cas qu'il accepte sa succession par bénéfice d'inventaire. Henrys, eod. Faber dans son Cod. de jure delib.
Dans le pays de Droit Ecrit l'héritier simple n'exclud point le bénéficiaire. Papon en ses Arrêts, l. 21. tit. 10. art. 2. Dolive & Despeisses, eod.
Secus, dans les Pays Coutumiers, où en ligne collaterale l'héritier simple exclud le bénéficiaire à moins que l'héritier simple ne fut mineur. Coutume, art. 342. & 343.
Les héritiers de comptables ne peuvent jouir du bénéfice à l'égard du Roi ou du Public. Louet & Brodeau, l. H. ch. 18.]

II.

2. Les legs sont réduits selon les biens.

Si l'héritier bénéficiaire étoit chargé de legs qui excedassent ce qu'il est permis de léguer *b*, il les feroit

b V. le Titre 3. du Livre 4.

réduire sur ce pied, à proportion de ce qui pourroit rester de biens, les dettes & autres charges en étant déduites *c*.

e Hæreditatem fine periculo habeant, & legis falcidiæ adverfus legatarios utantur beneficio. *l. ult. §. 4. C. de jur. delib.* Bona intelliguntur cujufque quæ deducto ære alieno fuperfunt. *l. 39. §. 1. ff. de verb. fignif.*

I I I.

3. *L'héritier créancier conferve fa dette,*

Si cet héritier bénéficiaire étoit de fon chef créancier du défunt, il ne fe fera pas de confufion de fa qualité de créancier avec celle d'héritier qui le rend débiteur envers foi-même; mais il confervera fon droit en entier, de même que les autres créanciers, & avec les hypotheques & les privileges qu'il pourroit avoir *d*.

d Si verò & ipfe aliquas contra defunctum habeat actiones non hæ confundantur; fed fimilem cum aliis creditoribus habeat fortunam : temporum tamen prærogativam inter creditores fervanda, *l. ult. §. 9. in f. C. de jur. delib.*

I V.

4. *Et recouvre fes dépenfes.*

Toutes les dépenfes que l'héritier bénéficiaire pourra avoir faites, comme pour les frais funéraires, pour ceux de l'inventaire, réparations & autres néceffaires, lui feront déduites fur ce qu'il aura reçu des biens de l'hérédité *e*.

e In compuratione autem patrimonii damus ei licentiam excipere, & retinere quidquid in funus expendit, vel in teftamento infinuationem, vel in inventarii confectionem, vel in alias neceffarias caufas hæreditatis approbaverit fefe perfolviffe. *l. ult. §. 9. C. de jur. delib.*

V.

5. *Il doit faire vendre les meubles.*

L'héritier bénéficiaire n'étant tenu d'acquitter les charges que des biens de l'hérédité, il doit faire vendre les effets mobiliaires, comme le plus prompt fecours pour y fatisfaire *f*.

f V. le texte cité fur l'article 4. de la Section 1.
Cette vente doit fe faire après des publications qui font néceffaires pour attirer des encheriffeurs, & pour prévenir les fraudes de ventes fecretes, & cela eft ainfi reglé par quelques Coutumes.

V I.

6. *Il n'eft tenu que de rendre conte.*

Lorfque l'heritier prétendra que les biens de la fucceffion foient épuifés en payement de dettes, de legs, & autres charges, il ne fera plus tenu envers ceux qui pourroient avoir quelque droit fur les biens de la fucceffion, que d'en rendre un compte, où il employera les biens en recette fuivant l'inventaire, & mettra en dépenfe tout ce qu'il pourra avoir acquitté de dettes & autres charges *g*.

g In tantum hæreditariis creditoribus teneantur, in quantum res fubftantiæ ad eos devolutæ valeant. *l. ult. §. 4. C. de jur. delib.*
Ce n'eft que par un compte que l'héritier bénéficiaire peut juftifier de l'emploi des biens pour fatisfaire aux charges.

V I I.

7. *Il n'eft pas tenu en payant les créanciers de garder leur ordre.*

Quoique les biens de l'hérédité ne fuffifent pas pour acquitter toutes les charges, l'héritier bénéficiaire peut payer les créanciers qui fe préfentent par les premiers, s'il n'y a pas de faifie, ou autre empêchement de la part des autres. Car il n'eft pas tenu de fçavoir qui font les créanciers, ni quel eft leur ordre. Et ceux qui fe fonds pourroit manquer doivent s'imputer leur retardement *h*.

h Eis fatisfaciat qui primi veniant creditores. Et fi nihil reliquum eft pofteriores venientes repellantur. *l. ult. §. 4. C. de jur. delib.*

V I I I.

8. *Il peut payer les légataires fi les créanciers ne paroiffent point.*

Si les créanciers ne paroiffent point, l'héritier peut acquitter les legs. Mais s'il ne reftoit pas affez de fonds pour les créanciers, ils pourront obliger les légataires à leur rendre ce qu'ils auront reçu. Car les legs ne font dûs qu'après les dettes payées *i*. Et dans le cas on doit avoir plus d'égard à l'intérêt des créanciers, qui eft de ne pas perdre ce qui leur eft dû légitimement, qu'à celui des légataires, qui ne confifte qu'à profiter d'un

bienfair à prendre feulement fur ce qui peut refter de biens dans l'hérédité *l*.

i Sed legatarii interea venerint, eis fatisfaciant ex hæredirate defuncti, vel ipfis rebus, vel ex earum fortiran venditione. *l. ult. §. 4. in f. C. de jur. delib.*

Sin verò creditores, qui poft emenfum patrimonium nec dum completi funt, fuperveniant, neque ipfum hæredem inquietare concedantur, neque eos qui ab eo comparaverint, res quarum prætia in. legata, vel fideicommiffa, vel alios creditores proceffe-runt. Licentia creditoribus non denegada adverfus legatarios venire, vel hypothecis, vel indebiti conditione uti, & hæc quæ acceperint recuperare. Cùm fatis abfurdum fit creditoribus quidem jus fuum perfequentibus legitimum auxilium denegari, legatariis verò qui pro lucro certant, fuas partes legis accommodare. *d. l. ult. §. 5.*

l In re obfcura melius eft favere repetitioni, quàm adventitio lucro. *l. 41. §. 1. ff. de reg. jur.*
Il eft difficile dans notre ufage, qu'il arrive qu'un héritier acquitte le legs avant les dettes. Car le bénéfice d'inventaire fe vend publie, foit parce que les actes s'en font en Juftice; ou par les publications pour la vente des meubles, comme il a été remarqué fur l'article 5. Mais il peut arriver que quelque créancier n'ait pu exercer fon droit, foit par une abfence ou par quelque autre caufe, ce qui ne doit pas nuire à l'héritier, qui de bonne foi auroit acquitté des legs.

I X.

9. *Les fonds donnés en payement demeurent fujets aux hypotheques*

Si quelques créanciers avoient pris en payement des fonds de l'hérédité, & que des créanciers plus anciens paruffent enfuite; ceux-ci pourroient exercer leurs hypotheques, s'ils en avoient fur ces fonds donnés aux autres : & l'héritier bénéficiaire ne feroit tenu, ni de la garantie envers ceux qui avoient pris ces fonds, ni de ce qui pourroit manquer au payement des autres, que jufqu'à la concurrence de ce qui pourroit refter des biens de l'hérédité *m*.

m Sin verò hæredes res hæreditarias creditoribus hæreditariis, pro debito dederint in folutum, vel per dationem pecuniarum fatis eis fecerint, liceat aliis creditoribus qui ex anterioribus veniunt hypothecis, adverfus eos venire, & à pofterioribus creditoribus fecundùm leges in abftrahere : vel per hypothecariam actionem, vel per condictionem ex lege, nifi voluerint debitum eis offerre. Contra ipfum tamen hæredem (fecundùm quo ! fæpius dictum eft) qui quantitatem rerum hæreditariarum expendit, nulla actio extendatur. *l. ult. §. 6. & 7. C. de jur. delib.*

T I T R E I I I.

Comment on acquiert une hérédité, & comment on y renonce.

LE Lecteur voit bien que ces paroles de ce Titre, *comment on acquiert une hérédité*, ne regardent pas la maniere dont on eft appellé à la qualité d'héritier; car il a été affez dit qu'on eft fait héritier ou par la difpofition du teftateur, ou par celle de la Loi; mais elles regardent feulement la maniere dont celui à qui une fucceffion eft échûe, foit par teftament, ou *ab inteftat*, & qui n'a encore rien fait pour accepter cette qualité, peut fe déclarer héritier, s'il veut ufer de fon droit, & s'acquerir les biens de l'hérédité. Et ces autres paroles qui fuivent, *comment on y renonce*, s'entendent des manieres dont celui qui étoit appellé à la qualité d'héritier, peurfaire connoître qu'il ne veut point l'être. Car il peut accepter cette qualité, ou y renoncer. Et comme il peut s'expliquer en plufieurs manieres, & qu'il pourroit même faire des actes qui le rendroient héritier fans qu'il eût cette intention : les différentes manieres de la conduite d'un héritier à l'égard de la fucceffion qui lui eft échûe, foit pour l'accepter ou y renoncer, feront la matiere de ce Titre. Et on y expliquera dans la premiere Section quels font les actes qui engagent à la qualité d'héritier, & qui renferme l'adition, c'eft-à-dire, l'acceptation de l'hérédité. Dans la feconde, quels font les actes qui peuvent avoir quelque rapport à la qualité d'héritier, mais fans y engager. La troifieme fera des effets & des fuites de l'adition de l'hérédité. Et dans la quatrieme, on expliquera ce qui regarde la renonciation à l'hérédité.

SECTION I.

Des Actes qui engagent à la qualité d'héritier.

SOMMAIRES.

1. *En quoi consiste l'engagement à l'hérédité.*
2. *On peut accepter l'hérédité, ou par des actes exprès, ou autrement.*
3. *Quels sont les actes d'héritier.*
4. *L'héritier qui en cette qualité reçoit un payement, fait un acte d'héritier.*
5. *Et s'il paye une dette de l'hérédité.*
6. *S'il en prend des biens, ou en jouit.*
7. *Quoiqu'il erre dans le fait.*
8. *Celui qui dispose de l'hérédité, se rend héritier.*
9. *Et aussi celui qui reçoit une somme pour y renoncer.*
10. *Et celui qui renonce d'intelligence avec l'héritier ab intestat.*
11. *Et aussi celui qui a fait des soustractions.*
12. *S'il soustrait ayant renoncé, il commet un larcin.*
13. *L'héritier ab intestat institué, ne peut s'en tenir à la succession légitime au préjudice des légataires.*
14. *Le mineur est relevé des actes d'héritier.*
15. *Le majeur cohéritier du mineur relevé, demeure héritier.*
16. *Il faut joindre aux regles précédentes celles de la Section 2.*

I.

1. En quoi consiste l'engagement à l'hérédité.

L'Engagement à la qualité d'héritier doit avoir le même effet, que si l'héritier avoit traité avec le défunt à qui il succede, comme il a été dit en lieu : & il en est de même dans la vérité que s'il avoit été convenu entre eux, que si l'héritier vouloit accepter cette qualité, il auroit tous les biens de la succession, & seroit aussi tenu de toutes les charges *a*. Ainsi, pour juger par les actes que fait l'héritier, s'ils l'engagent à cette qualité, il faut y considerer le rapport qu'ils peuvent avoir à cette intention du défunt, que l'héritier prenant les biens, il s'assujettira à toutes les charges. Et selon que sa conduite marquera qu'il veut accomplir cette intention, elle prouvera son engagement, ainsi qu'il sera expliqué par les regles qui suivent.

a V. l'art. 8. de la Sect. 1. du Titre 1.
Cette espece de traité entre le défunt & son héritier se passe de la part du défunt dans son testament, lorsqu'il y en a, & de la part de l'héritier au moment qu'il accepte l'hérédité. Car le testateur explique par son testament son intention de laisser ses biens à son héritier, à condition qu'il satisfera à toutes les charges : & l'héritier acceptant la succession fait le même chose que s'il souscrivoit cette condition sur le testament. Et lorsqu'il n'y a pas de testament, l'engagement ne laisse pas d'être de même. Car la Loi qui defere la succession, impose à l'héritier qu'elle y appelle, cette même condition d'acquitter les charges. Ainsi en ce cas l'héritier recevant de la Loi la succession, s'oblige de même.
On peut rapporter à cet engagement de l'héritier aux charges qui lui sont imposées par le défunt, l'usage de l'ancien Droit Romain où les testamens se faisoient par une vente imaginaire que le testateur faisoit à son héritier. V. la remarque sur l'art. 31. de la Sect. 2. des Héritiers en général, p. 324.

II.

2. On peut accepter l'hérédité ou par des actes exprès, ou autrement.

Suivant cette premiere regle, il faut distinguer deux sortes d'actes qui peuvent former l'engagement de l'héritier aux charges de l'hérédité : ceux qui expliquent expressément son intention de prendre les biens & de s'engager à toutes les charges, comme s'il déclare qu'il accepte la succession *b* ; & ceux qui sans qu'il s'explique ont le même effet ; comme s'il se met en possession des biens de l'hérédité, ou s'il fait quelqu'autre acte qui marque que son dessein est d'avoir les biens *c*.

b An admiserit hæreditatem, vel bonorum possessionem. l. 4. C. unde legitim. & unde cognat.
c Si avia tua patrem tuum ex duabus unciis scripsit hæredem, ex sola animi intentione pater tuus hæres fieri poterat. l. 6. C. de jure delib. V. les articles suivans.

III.

Tous les actes qu'un héritier peut faire en cette qua-

lité, c'est-à-dire, agissant en héritier, l'oblige comme tel, soit qu'il fasse ce qu'il ne peut faire que comme héritier, ou que ce qu'il fait marque qu'il veut l'être. On jugera par les articles qui suivent, du sens de cette regle, & de son usage *d*.

d Voyez les articles suivans.
¶ Pro herede gerere non est tam facti quam animi. l. 20. de acquir. vel amitt. hæred.

IV.

3. Quels sont les actes d'héritier.

L'héritier qui reçoit ce qu'il ne peut recevoir qu'en cette qualité, fait un acte d'héritier : car il le reçoit un payement d'un débiteur de la succession ; car le recevant, il marque son intention d'user du droit d'héritier *e*.

e Tunc pro hærede geri dicendum esse ait, quoties accepit quod citra nomen & jus hæredis accipere non poterat. l. 20. §. 4. in f. ff. de acquir. vel omitt. hæred.

4. L'héritier qui en cette qualité reçoit un payement fait un acte d'héritier.

V.

5. Et s'il paye une dette de l'hérédité.

Si l'héritier fait un payement à un créancier de la succession, il déclare par là qu'il accepte la succession, & s'engage aux charges *f*, puisqu'il reconnoît devoir ce qu'il paye, & qu'il ne le doit que comme héritier.

f Cùm debitum paternum te exolvisse alleges pro portione hæreditaria, agnovisse te hæreditatem defuncti non ambigitur. l. 2. C. de jur. delib. Agnovit judicium defuncti eo quod debitum paternum pro hæreditaria parte persolvit. l. 8. C. de inoff. test.

VI.

6. S'il en prend des biens, ou en jouit.

Si celui qui étoit appellé à une hérédité en prend quelque bien lorsqu'elle est ouverte, comme s'il jouit de quelque héritage, s'il le cultive, s'il le donne à ferme, s'il prend des meubles de la succession, s'il les vend ou en dispose autrement, & en général s'il prend ce qu'il ne pouvoit prendre que comme héritier ; ou s'il dispose en maître de quelques biens de la succession, il se rend héritier *g*.

g Pro hærede autem gerere quis videtur, si rebus hæreditariis tanquam hæres utatur, vel vendendo res hæreditarias, vel prædia colendo, locandove, & quoquo modo voluntariò suam declaret vel re, vel verbo de adeunda hæreditate. §. 7. inst. de hæred. qual. & diff. Pro hærede enim gerere est pro domino gerere. Veteres enim hæredes pro dominis appellabant. d. §. V. le texte cité sur l'article 2.

VII.

7. Quoiqu'il erre dans le fait.

L'héritier qui s'est mis en possession d'un bien qui n'étoit pas de l'hérédité, mais que par une erreur de fait, il croyoit en être, il fait en cela même un acte d'héritier, car il explique son intention d'accepter cette qualité, & par-là s'y oblige *b*.

b Gerit pro hærede qui animo adquisset successionem, licet nihil attingat hæreditarium. Unde & si domum pignori datam, sicut hæreditariam retinuit, cujus possessio qualis qualis fuit in hæreditate, pro hærede gerere videtur. Idemque est & si alienam rem ut hæreditariam possedisset. l. 88. ff. de acquir. vel omitt. hæred.

VIII.

8. Celui qui dispose de l'hérédité, se rend héritier.

L'héritier qui avant même que de s'engager dans l'hérédité la vend, ou la donne à un autre, ou en dispose autrement, se rend héritier & demeure obligé à toutes les charges, de même que s'il avoit accepté la succession ; car la vendre ou en disposer, c'est en user en maître *i*.

i Quamvis hæres institutus hæreditatem vendiderit, tamen legata & fideicommissa ab eo peti possunt. Et quod eo nomine datum fuerit, venditor ab emptore vel fidejussoribus ejus petere poterit. l. 2. C. de legat. V. l'article 18. de la Section 1. des Héritiers en général, p. 316.
Quoique le texte cité sur cet article ne parle que de celui qui a vendu l'hérédité, toute autre disposition a le même effet.

IX.

9. Et aussi celui qui reçoit une somme pour y renoncer.

Si celui qui étoit appellé à une succession reçoit une somme d'argent, ou autre chose pour y renoncer, & la faire passer à la personne qui devra succeder en sa place ; il fait par cette renonciation même un acte d'héritier ; car recevant un prix de l'hérédité, il en fait une vente *l*.

l Licèt pro hærede gerere non videatur qui pretio accepto præ-

termifit hæreditatem, tamen dandam in eum actionem, exemplo ejus qui omiſſa cauſa teſtamenti ab inteſtato poſſidet hæreditatem, Divus Hadrianus reſcripſit. Proinde legatariis, & fideicommiſſariis tenebitur. *l.* 1. §. *ſi quis omiſſ. cauſ. teſtam.* Si pecunia accepta hæres omiſit aditionem, legata & fideicommiſſa præſtare cogitur. *l.* 1. C. *ſi omiſſ. ſit cauſ. teſt,* V. l'art. précédente, & l'art. 18. de la Sect. 1. des Héritiers en général, p. 316.

X.

10. *Et celui qui renonce d'intelligence avec l'héritier ab inteſtat.*

Si l'héritier teſtamentaire étant d'intelligence avec l'héritier *ab inteſtat*, renonçoit à l'hérédité pour lui en laiſſer les biens, même gratuitement, dans la penſée qu'auroient l'un & l'autre, que par cette fraude le teſtament ſeroit ſans effet; il ne laiſſeroit pas de demeurer obligé au payement des legs & des autres charges; car cette colluſion ſeroit une diſpoſition qu'il feroit de l'hérédité, & ſa mauvaiſe foi mériteroit cette juſte peine *m*.

m Si quis per fraudem omiſerit hæreditatem, ut ad legitimum perveniat, legatorum petitione tenebitur. *l.* 1. §. *ult. ff. ſi quis omiſſ. cauſ. teſt. ab int. vel al. m. p. b.*
L'héritier ab inteſtat eſt auſſi tenu des legs en ce cas. Sur quoi il faut voir les articles 18. *&* 19. *de la Sect.* 5. *des teſtamens & les remarques qu'on y a faites.*

XI.

11. *Et auſſi celui qui a fait des ſouſtractions.*

Si un fils ou autre héritier du défunt qui prétendroit s'abſtenir de l'hérédité, en avoit ſouſtrait des effets, il ſe feroit par-là engagé aux charges; car ſa condition ne doit pas être meilleure pour avoir ſouſtrait de mauvaiſe foi, que s'il avoit pris comme héritier ce qu'il a diverti de cette maniere *n*.

n Si quis ſuus ſe dicit retinere hæreditatem nolle, aliquid autem ex hæreditate amoverit, abſtinendi beneficium non habebit. *l.* 71. §. 4. *ff. de acquir. vel omiſſ. hæred.*

XII.

12. *S'il ſouſtrait ayant renoncé, il commet un larcin.*

Il n'en ſeroit pas de même de l'héritier, qui ayant renoncé, feroit enſuite quelque ſouſtraction de biens de l'hérédité. Car celui-ci ne ſe rendroit pas héritier, ſi les circonſtances n'étoient telles qu'elles duſſent avoir cet effet; mais il commettroit un larcin dont il ſeroit puni *o*.

o Hæc verba edicti ad eum pertinent qui ante quid amovit, deinde ſe abſtinet. Cæterum ſi ante ſe abſtinuit, deinde tunc amovit, hoc videamus, an Edicto locus ſit. Magiſque eſt ut putem iſtic Sabini ſententiam admittendam. Scilicet, ut furti potius actione creditoribus teneatur Etenim qui ſemel ſe abſtinuit; quemadmodum ex poſt delicto obligatur. *l.* 71. §. *ult. ff. de acquir. vel omiſſ. hæred.*

XIII.

13. *L'héritier ab inteſtat inſtitué ne peut s'en tenir à la ſucceſſion légit me au préjudice des légataires.*

Si l'héritier teſtamentaire étoit le même qui devoit ſuccéder *ab inteſtat*, & que croyant éviter le payement des legs & autres charges du teſtament, il renonçât à la ſucceſſion teſtamentaire, pour s'en tenir à ſon droit de la ſucceſſion légitime, il ne ſeroit pas par-là privé de l'hérédité *p*; mais il ne laiſſeroit pas d'être tenu d'exécuter le teſtament. Car le teſtateur pouvoit faire un autre héritier: & il ne peut profiter de ſes biens qu'en exécutant ſes diſpoſitions *q*.

p Hæres inſtitutus idemque legitimus, ſi quaſi inſtitutus repudiaverit, quaſi legitimus, non amittit hæreditatem. *l.* 17. §. 1. *ff. de acq. vel. omiſſ. hæred.*
q Prætor voluntatem defunctorum tuetur, & eorum callidati occurrit qui omiſſa cauſa teſtamenti, ab inteſtato hæreditatem, partemve ejus poſſident, ab hoc ut eos circumveniant, quibus quid ex judicio defuncti deberi potuit, ſi non ab inteſtato poſſideretur hæreditas: & in eos actionem pollicetur. *l.* 1. §. *ſi quis omiſſ. cauſ. teſt.* Quocumque enim modo hæreditatis lucri facturus quis ſit, legata præſtabit. *d. l.* §. 9. *in f. l.* 3. C. *ſi omiſſ. ſit cauſ. teſt.*
il faut remarquer ſur cette regle, que comme les Provinces qui ſe régiſſent par les Coutumes; ſi le teſtateur charge ſon héritier légitime de plus que ce qu'il peut donner ſuivant la Coutume; cet héritier pourra s'en tenir au droit qui lui eſt acquis par la Coutume, & faire réduire les diſpoſitions du teſtament qui bleſſeroient ſon droit. Car le teſtateur ne pouvoit diſpoſer à ſon préjudice.

XIV.

14. *Le mineur eſt re-*

L'héritier mineur ne peut faire d'acte d'héritier qui l'engage irrévocablement à cette qualité. Et ſi la ſuc-

---

ceſſion où il s'eſt immiſcé ſe trouve onereuſe; il en eſt relevé *r*.

15. *levé des actes d'héritier.*

r Minoribus viginti quinque annis, ſi damnoſam hæreditatem parentis appetierint, ex generali Edicto, quod eſt de minoribus viginti quinque annis ſuccurrit (Proconſul) cùm etſi extranei damnoſam hæreditatem adierint; ex ea parte Edicti in integrum eos reſtituit. *l.* 57. §. 1. *ff. de acq. vel omiſſ. hæred.*
V. l'art. 10. *& les ſuivans de la Section* 2. *des Reſciſſions & Reſtitutions en entier, p.* 299. *Il ne peut pas y avoir d'inconvénient pour les créanciers, qu'un mineur renonce à une ſucceſſion qu'il avoit recueillie. Car comme on fait toujours un inventaire des biens lorſque l'héritier eſt mineur; cet inventaire conſerve les droits des créanciers, & le mineur eſt comme un héritier bénéficiaire.*

XV.

Si le mineur qui renonce à la ſucceſſion qu'il avoit déja recueillie, avoit un cohéritier majeur qui l'eut auſſi acceptée pour ſa portion; celui-ci demeurera héritier après la renonciation du mineur. Mais il ne ſera tenu des charges que pour ſa portion, & ne ſera point obligé pour celle du mineur; les créanciers conſervant leurs droits pour les exercer ſuivant les regles qui ont été expliquées dans la Section 9. du Titre premier *ſ*.

15. *Le majeur cohéritier du mineur relevé demeure héritier.*

ſ Si minorannis poſteaquam ex parte hæres extitit, in integrum reſtitucus eſt, D. Severus conſtituit, ut ejus partis onus cohæres ſuſcipere non cogatur, ſed bonorum poſſeſſio creditoribus detur. *l.* 61. *ff. de acquir, vel omit. hæred.* V. la remarque ſur l'article précédent.

XVI.

On peut juger par les regles expliquées dans cette Section, & par les exemples des cas qu'on y a rapportés, quels ſont les actes qui peuvent engager à la qualité d'héritier. Et il ſera facile d'appliquer aux faits particuliers qui peuvent arriver, & aux circonſtances l'uſage de ces regles, y joignant celles qui ſeront expliquées dans la Section ſuivante *t*.

16. *Il faut joindre aux regles précédentes celles de la Section ſuivante.*

t Cet article réſulte des précédens, & de la Section ſuivante.

SECTION II.

Des Actes qui ont quelque rapport à la qualité d'héritier, mais ſans y engager.

SOMMAIRES.

1. *Pour faire un acte d'hériter il faut ſçavoir qu'on l'eſt.*
2. *Et que l'acte n'ait pas d'autre cauſe.*
3. *L'héritier légitime qui ignore le teſtament, ne l'approuve pas ſe rendant héritier.*
4. *Il faut diſtinguer les motifs des Actes. Premier exemple.*
5. *Second exemple.*
6. *Autre exemple.*
7. *Un acte d'héritier fait par violence n'engage point.*
8. *Précaution pour l'héritier qui craint de s'engager par quelque acte.*

I.

1. *Pour faire un acte d'héritier il faut ſçavoir qu'on l'eſt.*

LES actes que peut faire un héritier, pendant qu'il ignore la mort de celui à qui il ſuccede, & que d'autres vûes le font agir, ne l'engagent point. Car pour faire un acte d'héritier, il faut ſçavoir qu'on l'eſt, & que la ſucceſſion eſt ouverte, c'eſt-à-dire, que celui à qui on doit ſuccéder eſt mort. Ainſi celui qui étant héritier préſomptif d'une perſonne abſente, ſoit par teſtament ou *ab inteſtat*, prenoit ſoin de ſes affaires pendant ſon abſence, & continue de prendre ce ſoin après la mort de cette perſonne, avant que cette mort ſoit venue à ſa connoiſſance, ne s'engage pas à l'hérédité: Et il s'y engageroit auſſi peu, s'il ignoroit qu'il fût héritier quand il ſçauroit la mort *a*.

a Qui hæreditatem adire, vel bonorum poſſeſſionem petere volet, certus eſſe debet defunctum eſſe teſtatorem. *l.* 19. *ff. de acquir. vel omit. hæred.* Neminem pro hærede gerere poſſe, vivo eo cujus in bonis gerendum ſit; Labeo ait. *l.* 27. *eod.*

I I.

2. Et que
l'acte n'ait
cas d'autre
partie.

Il peut arriver qu'un héritier qui n'ignore pas la mort de celui à qui il doit succeder, fasse des actes, qui de leur nature seroient des actes d'héritier ; mais qui par les circonstances en sont distinguez. Ainsi, par exemple, si un fils qui demeuroit dans une maison que son pere lui avoit laissée précairement, y continue sa demeure pendant quelque temps après la mort de son pere, sans s'expliquer sur la qualité d'héritier ; cette possession où il se trouve, n'aura pas l'effet de faire juger que c'est comme maître qu'il est demeuré dans cette maison, & n'empêchera pas qu'il ne renonce à l'hérédité, si rien d'ailleurs ne l'y engageoit. Car encore que son titre de précaire fût fini par la mort de son pere, cette simple continuation de la détention d'un fonds de l'hérédité, n'ayant pas de rapport à la qualité d'héritier, l'obligeroit seulement au payement des loyers à celui qui auroit cette qualité, ou aux créanciers de la succession *b*.

b Si paterna hæreditate te abstinuisse constiterit, & non ut hæredem in domo, sed ut inquilinum, vel custodem, vel ex alia juxta ratione habitasse, liquido fuerit probatum, ex persona patris conveniri te procurator meus prohibebit. *l. 1. C. de repud. vel abst. hæred.*

Non hoc an tenuerit quis res hæreditarias, necne, sine voluntate acquirendæ tibi hæreditatis, quærendum est : sed an admiserit hæreditatem, vel bonorum possessionem. *l. 4. C. ubi. legit. & simile cognati.*

On a mis cette regle dans le cas d'une autre maison que celle où logeoit le pere de cette personne, pour ne parler que du fait de l'habitation dans une maison de l'héritier, & pour éviter la confusion des autres actes d'héritier que ce fils auroit à prévenir à l'égard des meubles & des papiers qui seroient dans la maison où habitoit le pere, si après sa mort son fils continuoit sa demeure. Car à cause de ces meubles & papiers, il seroit obligé d'y faire mettre promptement le scellé pour en faire ensuite l'inventaire, s'il ne vouloit pas se rendre héritier pur & simple. Voyez sur ce qui est dit du précaire les articles 2. & 13. de la Section 1. du Prêt à usage, p. 67. & 68.

I I I.

3. L'héritier
légitime qui
ignore le te-
stament, ne
l'approuve
pas se ren-
dant héri-
tier.

Ce n'est pas toujours assez pour engager un héritier aux charges de l'hérédité qu'il fasse quelque acte d'héritier, sçachant même qu'il l'est, & n'ignorant pas la mort de celui à qui il succede, s'il n'ignore à quel titre il doit succeder. Ainsi, par exemple, si un héritier *ab intestat*, qui seroit institué par un testament, ignorant ce testament, recueilloit la succession comme *ab intestat*, & que les légataires vinssent ensuite à justifier d'un testament qui l'obligeroit à de telles charges, qu'il aimeroit mieux renoncer à l'hérédité que de la garder, il pourroit s'en abstenir : & il cesseroit d'être héritier de même qu'un héritier institué par un testament, qui le croyant bon, & n'étant pas héritier *ab intestat*, auroit recueilli la succession, dont il seroit ensuite dépouillé par les nullitez qui se trouveroient dans ce testament *c*.

c Ut quis pro hærede gerendo obstringat se hæreditati, scire debet qua ex causa hæreditas ad eum pertineat veluti agnatus proximus justo testamento scriptus hæres, antequam tabulæ proferantur, certò existimaret intestato patremfamilias mortuum, quamvis omnia pro domino fecerit, hæres tamen non erit. Sic idem juris erit, si non justo testamento hæres scriptus, prolatis tabulis, cum putaret justum esse quamvis omnia pro domino administraverit, hæreditatem tamen non acquiret. *l. 22. ff. de acquir. vel omitt. hæred.*

Quoique les dispositions des testamens qui chargent trop l'héritier, puissent être réduites, ainsi qu'il sera dit dans le troisième Titre du Livre 4. & dans le Titre 4. du 5. Livre ; comme il peut y avoir des dispositions qui ne soient pas sujettes à cette réduction, ainsi qu'il sera expliqué dans ces mêmes lieux, & que d'autres considerations & celle même des procès sur les réductions, peuvent obliger l'héritier à ne pas accepter les conditions du testament, il peut y avoir des cas où la regle expliquée dans cet article, pourroit avoir son usage.

I V.

4. Il faut
distinguer
les motifs
à 2 actes.
1. Exemple.

Il faut distinguer entre les actes que peut faire un héritier, ceux dont il ne peut y avoir d'autre cause qu'une intention qui renferme l'adition de l'hérédité, & ceux qui peuvent avoir quelques autres causes, & dont il ne sçait pas qu'on soit héritier. Ainsi, ce qu'on fait par quelque devoir, comme si un fils fait inhumer son pere. cet office n'est pas réputé un acte d'héritier. Ainsi, l'héri-

tier qui pendant qu'il délibere, met les choses en sureté, ne marque pas par-là qu'il soit héritier. Mais dans ces cas & les autres semblables, on distingue par la qualité des faits & les circonstances, ce qui peut faire un acte d'héritier, & ce qui ne doit pas avoir cet effet *d*.

d Pro hærede gerere videtur is, qui aliquid facit quasi hæres, & generaliter Julianus scribit, eum demum pro hærede gerere, qui aliquid quasi hæres gerit. Pro hærede autem gerere non esse facti, quam animi. Nam hoc animo esse debet, ut velit esse hæres. Cœterum si quid pietatis causa fecit, si quid quasi non hæres egit, sed quasi alio jure dominus, apparet non videri pro hærede gessisse. *l. 20. ff. de acquir. vel omitt. hæred.* Ut puta patrem sepelivit, vel justa ei fecit : si animo hæredis, pro hærede gessit. Enim verò si pietatis causâ hoc fecit, non videtur pro hærede gessisse. *d. l. 20. §. 1.* Aut si non ut hæres, sed ut custodiat : aut putavit sua, aut dum deliberat quid fecit consulens ut salvæ sint res hæreditariæ. Si fortè si non placuerit pro hærede gerere, apparet non videri pro hærede gessisse. *d. §. 1. v. l. 4. ff. de relig. & sump. fun.*

V.

5. Second
exemple.

L'héritier qui sans dessein d'accepter cette qualité, mais pour ne pas laisser perdre ou perir une chose de l'hérédité, en prend quelque soin, ou ayant quelque juste sujet de la croire sienne, s'en met en possession, ne s'engage pas ; pourvû que les circonstances fassent paroître son intention & sa bonne foi *e*.

e Si quid quasi non hæres egit, sed quasi alieno jure dominus, apparet non videri pro hærede gessisse. *l. 20. ff. de acquir. vel omitt. hæred.* Aut si non ut hæres, sed ut custodiat, aut putavit sua. *d. l. §. 1.*

V I.

6. Autre
exemple.

Si l'héritier étoit en société avec le défunt à qui il devoit succeder, ou s'ils avoient quelque chose de commun ensemble, & que cet associé institué héritier exerçant ses droits sur la chose commune après la mort de l'autre, en use de sorte que cet usage se borne à son droit, sans le confondre avec celui qu'avoit le défunt, & que la qualité d'héritier lui avoit acquis ; ces actes restraints à son droit propre ne le feront pas déclarer héritier, non plus que le soin qu'il auroit pû prendre de la chose commune *f*.

f Duo fratres fuerant, bona communia habuerant : eorum alter intestato mortuus suum hæredem non reliquerat : frater qui superperat nolebat ei hæres esse : consulebat num ob eam rem quòd communibus, cùm sciret eum mortuum esse, usus esset, hæreditati se alligasset. Respondit, nisi eo consilio usus esset, quòd vellet se hæredem esse, non astringi. Itaque cavere debet, ne qua in re plus suâ parte dominationem interponeret. *l. 78. ff. de acquir. vel omitt. hæred.*

V I I.

7. Un acte
d'héritier
fait par vio-
lence n'eu-
gage point.

S'il arrivoit qu'un héritier eût été forcé par quelque personne à faire quelque acte, qui, s'il étoit libre, auroit pû le rendre héritier ; cette violence étant bien prouvée, rendroit l'acte inutile, & il ne laisseroit pas d'être reçu à renoncer à l'hérédité *g*.

g Si metus causâ adeat aliquis hæreditatem, fiet ut quia invitus hæres existat, detur abstinendi facultas. *l. 85. ff. de acquir. vel omitt. hæred.*

V I I I.

8. Précau-
tion pour
l'héritier qui
craint de
s'engager
par quelque
acte.

L'héritier qui se trouveroit obligé à faire quelques actes dont il craindroit qu'on se servît pour l'engager à accepter cette qualité, peut auparavant expliquer son intention par quelque acte, où il proteste que ce qu'il fait ou fera, sera sans approuver la qualité d'héritier, mais seulement, ou pour la conservation des biens, ou pour les autres causes qui l'y obligeront, & qu'il expliquera par sa protestation. Et en ce cas, si ce qu'il aura fait se trouve sincere, les actes faits suivant cette protestation, ne lui nuiront point. C'est par cette précaution que les héritiers qui ne veulent pas s'engager à accepter la succession, doivent en de pareils cas pourvoir à leur sureté *b*.

b Et ideo solent testari liberi qui necessarii existunt, non animo hæredis se gerere quæ gerunt, sed aut pietatis, aut custodiæ causâ, aut pro suo. *l. 20. §. 1. ff. de acquir. vel omit. hæred.* Plerique filii cùm parentes suos funerant, vel alii qui hæredes fieri possunt, licet

licet ex hoc ipso neque pro hærede geritio, neque aditio præsumitur: tamen, ne vel miscuisse se necessarii, vel cæteri pro hærede gessisse videantur, solent testari pietatis gratia facere se sepulturam. *l. 14. §. 8. ff. de relig. & sump. fun.*

SECTION III.

Des effets & des suites de l'adition & de l'hérédité.

SOMMAIRES.

1. Deux effets de l'adition, le droit aux biens, & la possession.
2. La possession n'est pas nécessaire pour se rendre héritier.
3. L'adition d'hérédité remonte au tems de la mort qui en a fait l'ouverture.
4. Effet de l'adition, d'obliger aux charges.
5. Autre effet, le droit de transmission de l'hérédité.
6. En quel sens l'adition regarde les biens qui ne demeurent pas dans l'hérédité.

I.

1. Deux effets de l'adition, le droit aux biens, & la possession.

IL faut distinguer deux effets de l'adition d'hérédité. L'un qui rend l'héritier le maître de tous les biens & de tous les droits de l'hérédité, encore qu'il n'en soit pas en possession, & l'autre qui est une suite de ce premier, est celui de pouvoir s'en mettre en possession. L'héritier devient le maître des biens par un simple acte, par où il déclare, ou marque qu'il est héritier, quoiqu'il ne possède encore rien de l'hérédité *a*. Et il n'acquiert la possession des biens que lorsqu'il commence de les posséder selon les règles qui ont été expliquées dans le titre de la possession.

n Ex solâ animi destinatione. l. 6. de jure delib. Voyez l'article 2. de la Section 1.
Bonorum possessio admissa, commoda & incommoda hæreditaria, itemque dominium rerum quæ in his bonis sunt, tribuit. Nam hæc omnia bonis sunt conjuncta. l. 1. ff. de bon. poss. Voyez l'article suivant.

II.

2. La possession n'est pas nécessaire pour se rendre héritier.

Aussi-tôt que l'héritier a fait un acte qui l'engage à cette qualité, soit qu'il possède les biens de l'hérédité, ou une partie, ou qu'il n'en possède encore aucun, il peut en exercer les droits, & il est aussi tenu de toutes les charges *b*.

b Gerit pro hærede qui animo agnoscit successionem, licet nihil attingat hæreditarium. l. 88. ff. de acquir. vel omitt. hæred.

III.

3. L'adition d'hérédité remonte au tems de la mort qui en a fait l'ouverture.

Comme l'héritier qui n'accepte la succession que quelque tems après la mort de celui à qui il succede, est réputé héritier du moment de cette mort, ainsi qu'il a été dit en un autre lieu *c*; tout ce qu'il peut y avoir du biens ou du charges qui surviennent après cette mort, le regardera. Et ce qui aura été fait pour la conservation des biens, ou payement des charges, soit par un curateur, s'il y en avoit, ou par d'autres personnes, sera son affaire *d*, s'il n'a de justes causes de ne pas l'approuver.

c V. l'article 15. de la Section 1. du Titre 1.
d Omnis hæreditas, quamvis posteà adeatur, tamen cum tempore mortis continuatur. l. 138. de reg. jur. Illud quæsitum est an heredi futuro servus hæreditarius stipulari possit? Proculus negavit, quia is eo tempore extraneus est. Cassius respondit, posse: quia qui posteà hæres extiterit videretur ex mortis tempore defuncto successisse. l. 28. §. ult. ff. de stip. serv.

IV.

4. Effet de l'adition, d'obliger aux charges.

L'héritier majeur qui a une fois pris cette qualité sans bénéfice d'inventaire, entre irrévocablement dans les engagements qui en sont les suites *e*.

e Voyez les articles 9. 10. 11. & 12. de la Section 1. du Titre 1. & la Section 6. & autres suivans du même Titre.

V.

5. Autre effet, le droit de transmission de l'hérédité.

Il y a un autre effet de l'adition d'hérédité, qui est le droit, qu'elle donne à l'héritier, s'il vient à mourir

après cette adition, de transmettre, c'est-à-dire, de faire passer l'hérédité à son héritier. C'est ce droit qu'on appelle transmission de l'hérédité, dont il sera traité en son lieu *f*: Et c'est assez d'en faire la remarque ici.

le droit d'une subst. sion de l'hérédité.

f Voyez la Section 10. du Titre des Testamens.

VI.

Quoique l'adition d'hérédité soit bornée aux biens qui se trouvent y rester après la mort de celui à qui l'héritier succede, & qu'elle ne s'étende pas aux biens dont le droit que le défunt pouvoit y avoir, finit par sa mort, ainsi qu'il a été remarqué en un autre lieu *g*; l'héritier ne laisse pas d'entrer dans la possession de ces sortes de biens, ou pour les conserver à ceux à qui ils doivent revenir; comme si c'étoit des biens substitués, ou pour en continuer même la jouissance, selon les conditions de la substitution. Et il entre aussi dans les engagemens du défunt qui regardoient ces biens. Ainsi, par exemple, s'il les avoit détériorés; l'héritier seroit tenu des dommages & intérêts des propriétaires, & des charges de ces biens que le défunt auroit manqué d'acquitter pendant sa jouissance.

6. En quel sens l'adition regarde les biens qui ne demeurent pas dans l'hérédité.

g V. l'article 5. de la Section 1. des Héritiers en général, p. 314.

SECTION IV.

De la renonciation à l'hérédité.

SOMMAIRES.

1. Tout héritier peut renoncer à l'hérédité.
2. Comment on renonce à l'hérédité.
3. Pour renoncer il faut sçavoir son droit, & que la succession soit ouverte.
4. L'héritier qui a renoncé ne peut revenir.
5. On ne peut renoncer en partie à l'hérédité.

I.

1. Tout héritier peut renoncer à l'hérédité.

TOut héritier, soit légitime ou testamentaire, a la liberté d'accepter la succession, ou de s'en abstenir & y renoncer; pourvû qu'il n'ait fait aucun acte qui l'y ait engagé *a*.

a Is qui hæres institutus est, vel is cui legitima hæreditas delata est, repudiatione hæreditatem amittit. l. 13. ff. de acquir. vel omitt. hæred.

II.

2. Comment on renonce à l'hérédité.

L'héritier qui veut renoncer à la succession, peut le faire par des actes qui marquent cette volonté. Ainsi il pourroit faire signifier aux créanciers & aux légataires, qu'il ne veut pas accepter la succession, & qu'il y renonce. Et il pourroit faire aussi une pareille signification à celui qui doit succeder à sa place. Et cette renonciation doit se faire en Justice, ou autrement par un acte signifié à qui il doit l'être, & exécuté dans la bonne foi *b*.

b Recusari hæreditas non tantùm verbis, sed etiam re potest, & alio quovis indicio voluntatis. l. 95. ff. de acq. vel omitt. hæred.
Comme la renonciation à l'hérédité doit avoir des suites qui rendent nécessaire qu'il en subsiste des preuves, soit pour la décharge de l'héritier qui renonce, ou pour l'intérêt de l'héritier qui pourroit succeder à son défaut, ou pour l'intérêt des créanciers; la renonciation ne peut se bien faire que par un acte écrit & connu.

III.

3. Pour renoncer il faut sçavoir son droit, & que la succession soit ouverte.

Comme pour faire un acte d'héritier, il est nécessaire que l'héritier sçache la mort de celui à qui il doit succeder, & qu'il sçache aussi qu'il est appelé à l'hérédité *c*; il est nécessaire de même pour y renoncer, que l'héritier n'ignore ni la mort, ni le droit qu'il a de succeder. Car pour renoncer à un droit, il faut pouvoir l'acquérir *d*, & l'avoir connu.

c Voyez l'article 1. de la Section 2.
d Is potest repudiare, qui & acquirere potest. l. 18. ff. de acquir. vel omitt. poss. Nolle adire hæreditatem non videtur qui non potest adire. l. 4. eod.
e In repudiandâ hæreditate vel legato, certus esse debet de suo

Y y

jure is qui repudiat. *l. 23. ff. de acquir. vel omitt. hared.*

Cete règle ne se rapporte pas aux renonciations des filles dont il a été parlé dans le preambule de la Section 2. des Héritiers en général. Car ces renonciations ne regardent que des successions à venir & sont fondées sur des motifs qui les rendent licites & honnêtes, & par consequent raisonnables ; au lieu qu'il seroit malhonnête & déraisonnable qu'un héritier renonçât à une hérédité, s'il n'étoit dans les circonstances marquées dans l'article.

IV.

4. L'héritier qui a renoncé ne peut y revenir.

Quoique la renonciation à l'hérédité semble n'avoir pas d'autre effet que de dégager de la qualité d'héritier celui qui pouvoit l'être, sans obliger à rien ; elle a cet effet, que celui qui a une fois renoncé à une succession ne peut plus la reprendre, si celui qui devoit succeder à son défaut, s'est mis en sa place. Ainsi, cet héritier qui a renoncé, s'est obligé envers l'autre à le laisser jouir paisiblement de l'hérédité dont il lui a laissé les biens, & les charges *f*.

f Si major quinque & viginti annis hæreditatem fratris tui repudiasti, nulla tibi facultas ejus adeundæ relinquitur. l. 1. C. de dolo.

Si après une renonciation l'héritier qui l'auroit faite venoit à s'en repentir, les choses étant encore au même état, sans qu'aucun autre héritier se fût présenté, rien n'empêcheroit qu'il ne reprît son droit.

¶ *Il faut excepter deux cas, le premier, en faveur du mineur qui peut se faire restituer, & la Loi lui accorde 3. ans après la majorité & le tems de la restitution. l. 24. §. 2. ff. de minorib. l. ult. Cod. de repr. vel abst. §. 2.*

Le second, en faveur des enfans qui peuvent après avoir renoncé à la succession de leurs pere & mere, y revenir pendant 5. ans, pourvû que les effets n'ayent point été vendus. *l. ult. Cod. de repr. vel abst. hared.*

Quid, si les affaires de la succession ont été débrouillées par le second héritier. la Loi 24. de min. §. 2. décide qu'autrefois le mineur même n'étoit pas recevable en ce cas, si verò jam distractâ hæreditate & negotiis finitis ad paratam pecuniam laboribus subsitui veniat, repellendus est.

L'on peut appliquer cette décision qui paroît plus forte dans l'espèce du majeur. Un héritier a la liberté d'accepter ou de renoncer pendant 30. ans. *l. 8. C. de jure delib. Louet, l. S. ch. 15.*

Mais il faut observer en ce cas, qu'après le tems de faire inventaire & de délibérer est passé, il ne peut plus accepter par bénéfice d'inventaire. *L. Scimus. Cod. de jure delib. §. 11.*

Et en ce cas, il est tenu de payer tous les creanciers & les legataires sans pouvoir leur opposer aucune prescription, parce que l'adition d'hérédité a un effet retroactif au jour du décès du défunt. *l. 54. ff. de acq. vel omitt. hared. l. 138. & 193. ff. de regulis juris.*

Cela fait que les prescriptions ne commencent à courir que du jour qu'il se porte héritier, & que tout le tems qui s'est écoulé depuis le jour du décès du défunt jusqu'au jour de l'acceptation, n'est compté pour rien, quia contra non valentem agere non currit præscriptio.]

V.

5. On ne peut renoncer en partie à l'écriture.

Comme l'héritier ne peut diviser l'adition de l'hérédité pour n'en prendre qu'une partie & laisser le reste, ainsi qu'il a été dit dans l'article 5. de la Section 3. il ne peut non plus diviser la renonciation pour laisser une partie de l'hérédité & avoir le surplus. Mais il doit ou renoncer à toute hérédité, ou la garder entiére. *g*.

g vel omnia admittantur, vel omnia repudicentur. l. 10. C. de jure delib.

TITRE IV.

Des Partages entre Cohéritiers.

C'Est un engagement de tous ceux qui ont quelque chose de commun entre eux, d'en faire le partage lorsqu'un d'eux le veut. Car ils peuvent bien tou jouïr ensemble de la chose qui leur est commune, si cette jouïssance indivisible leur agrée & les accommode ; mais si un d'eux veut avoir sa portion à soi, il seroit contre la justice & les bonnes mœurs, qu'il fût forcé de l'avoir toujours indivise, puisque ce leur seroit à tous une occasion continuelle de division & de différens, ainsi qu'il a été dit dans un autre titre *a*.

Comme on a expliqué dans ce même endroit les engagemens réciproques de ceux qui ont quelque chose de commun ensemble sans convention, on y a mis les regles qui conviennent à leur engagement de partager la chose commune, & ces regles peuvent s'appliquer aux partages entre cohéritiers. Mais comme on n'y a pas expliqué cette sorte de partage en particulier, ni même en général, la nature du partage qui a plus d'étendue entre cohéritiers qu'entre tous autres, on a expliqué dans ce Titre ce qu'il peut y avoir de cette matière ; ou qui n'ait pas été expliqué dans cet autre Titre, ou qui demande qu'on en parle ici.

Si quelque Lecteur trouve à dire dans ce Titre la regle du Droit Romain, qui regarde les partages que les peres peuvent faire de leurs biens entre leurs enfans, il peut voir ce qui est dit sur ce sujet dans le preambule de la Section 1. du Titre des Testamens.

On doit avertir ici le Lecteur qu'encore que la matiere du rapport des biens que les cohéritiers sont tenus de rapporter à la masse de l'hérédité pour être compris dans le partage, semblât devoir être expliquée dans ce Titre, on n'y en traitera point. Car cette matiere renferme un détail qui doit être distingué de la matiere des partages, & on l'expliquera dans un Titre propre qui sera la 4. du Livre second.

SECTION I.

De la nature du partage, & comment il se fait.

SOMMAIRES.

I.

1. Définition du partage.

LE partage des biens de l'hérédité entre cohéritiers, n'est autre chose que l'usage qu'ils font entre eux du droit qu'ils ont tous réciproquement, de prendre sur ces biens qui leur étoient communs, chacun une portion séparée de celles des autres, & qui lui tienne lieu de celle qu'il avoit indivise au tout *a*. Et il en est de même en tout autre partage d'une chose que deux ou plusieurs avoient en commun. Car ceux qui ont une chose commune entre eux ne peuvent être contraints de la posséder toujours indivise. Ainsi chacun des cohéritiers peut obliger les autres à venir en partage de l'hérédité *b*.

a Cohæredibus volentibus à communione discedere, necessarium videbatur aliquam actionem constitui, quâ inter eos res hæreditariæ distribuerentur. l. ff. fam. ercisc.

Bona quæcunque tibi sunt communia cum fratre tuo ex hæreditariâ successione patris vel matris, eum eodem familiæ ercisundæ judicio experiens, ut dividantur impetrabis. l. 8. C. eod.

b Arbitrium familiæ ercisundæ vel uno petere potest. Nam provocare apud judicem, vel unum hæredem posse palàm est. Igitur & præsentibus cæteris & invitis, vel uno arbitrium poscere. l. 43. ff. fam. ercisc. Voyez l'article 11. de la Section 2. De ceux qui se trouvent avoir, &c. p. 173.

II.

2. Le partage est comme un échange.

Il s'ensuit de cette nature du partage, que c'est comme un échange que font entre eux les copartageans ;

a Voyez l'article 11. de la Section 2. De ceux qui se trouvent avoir, &c. p. 173.

l'un donnant son droit en la chose qu'il laisse pour celui de l'autre en celle qu'il prend. Ainsi, par exemple, lorsqu'entre deux cohéritiers l'un prend une terre, l'autre une maison, celui qui prend la terre conserve le droit qu'il y avoit pour une moitié, & acquiert le droit de l'autre sur l'autre moitié, & celui qui prend la maison y conserve de même son droit pour une moitié, & acquiert la moitié qui étoit à l'autre *c*.

c Permutatio rerum discernens communionem. *l.* 77. §. 18. *ff. de legat.* 1. Quasi certa lege permutationem fecerint, *l.* 10. §. 3. *in f. ff. fam. ercisc.*

I I I.

3. On compare ce au contrat de vente.

On peut aussi par une autre vûe comparer le partage au contrat de vente. Car encore que chacun des copartageans n'achete rien de l'autre, ils font entre eux les estimations de ce qu'ils partagent, & chacun en prend pour la portion qu'il avoit dans le prix qu'ils donnent à tous les biens de l'hérédité *d*.

d Divisionem prædiorum vicem emptionis obtinere placuit. *l.* 1. *C. comm. utriusq. judic. tam. fam. q. t. d.*

Comme les estimations que les héritiers peuvent faire entr'eux des biens qu'ils partagent, n'ont pas d'autre usage que pour en donner à chacun ce qu'il lui en faut pour sa portion, cette ressemblance du partage au contrat de vente, est bornée à l'idée qu'en donne cet article; & comme il n'a pas les autres caractères de ce contrat, il ne doit pas aussi en avoir les suites. Ainsi les héritiers qui partagent les biens de l'hérédité n'en doivent pas le droit de lods & ventes, & les autres droits qu'ils pourroient devoir d'un contrat de vente, non pas même pour les deniers qu'un des héritiers pourroit être obligé de rendre à son cohéritier pour égaliser leurs portions, ce qu'on appelle soulte de partage. C'est ce qui arrive lorsqu'il n'est pas possible de partager tellement tous les biens de l'hérédité, que toutes les portions puissent être égales, comme s'il y avoit des choses qui ne pussent être divisées, & qui excedassent la valeur d'un lot : ou qu'on ne pût sans un retour de deniers assortir les biens dans les portions, de sorte qu'il n'y eût aucune inégalité. Car dans ce cas il y a cette différence entre les deniers donnés pour cette soulte, & le prix d'une vente, que dans la vente celui qui achete n'avoit rien en la chose vendue, & l'acquiert entiere par un commerce où il s'engage volontairement ; mais dans le partage celui qui rend des deniers avoit son droit par tout ce qu'il prend, & un droit acquis par un titre indépendant de sa volonté. Ainsi il n'achete rien, mais étant engagé à prendre pour sa portion un bien qui vaut plus, il est obligé de rendre la condition de son cohéritier égale à la sienne. De sorte que ce retour d'argent n'étant qu'un accessoire essentiel au partage, il n'en change pas la nature, mais en fait partie, & n'y donne pas les caractères tout différens d'un contrat de vente.

I V.

4. On partage tous les biens de l'hérédité.

Le partage doit comprendre tous les biens sans exception, meubles & immeubles, rentes, dettes actives, & autres généralement de toute nature qui se trouvent dans l'hérédité, & qui doivent passer aux héritiers *e*. Et il faut aussi comprendre dans les biens sujets au partage ceux que les héritiers, ou quelques-uns d'eux doivent rapporter, suivant les regles qui seront expliquées au Titre du rapport des biens. Que si dans la suite après un partage il paroissoit des biens qu'on n'y eût pas compris, il seroit réformé, ou il en seroit fait un autre, soit du total, ou de ces biens seuls *f*.

e Per familiæ erciscundæ actionem dividitur hæreditas, *l.* 2. *ff. famil. ercisc.* Judex familiæ erciscundæ nihil debet indivisum relinquere. *l.* 25. §. 20. *eod.*
f Quòd si quædam res indiviso relictæ sunt, communi dividundo de iis agi potest. *l.* 20. §. 4. *ff. fam. ercisc.*

V.

5. Et toutes les charges.

Comme les héritiers partagent les biens de l'hérédité qui leur sont connus, ils doivent aussi de même en partager les dettes passives, & les autres charges. Car il n'y a de biens que ce qui peut rester, les charges déduites *g*.

g Bonorum possessio admissa commoda & incommoda hæreditaria itemque dominium rerum quæ in his bonis sunt tribuit. Nam hæc omnia bonis sunt conjuncta. *l.* 1. *ff. de bonor. possess.*
Bona intelliguntur cujusque, quæ deducto ære alieno supersunt. *l.* 39. §. 1. *ff. de verb. signif.*

V I.

6. Garantie pour les é-

Si après le partage il paroît de nouvelles charges, dettes ou autres, ou qu'il y ait des évictions des fonds

Tome I.

---

partagés ; les héritiers s'en garantiront, & se feront justice réciproquement, soit par un nouveau partage ou autrement, suivant les regles qui seront expliquées dans la Section 3 *h*.

victions, & pour les charges.

h Judex familiæ erciscundæ nihil debet indivisum relinquere. Item curare debet ut de evictione caveatur his quibus adjudicat. *l.* 25. §. 20. & 21. *ff. fam. ercisc.* V. la Section 3.

V I I.

7. Egalité de la portion des co-part-géans.

Les biens & les charges se partagent entre cohéritiers selon les portions qu'ils ont dans l'hérédité ; de sorte que ce qu'aura chacun pour sa portion soit estimé sur le même pied que ce qu'auront les autres pour les leurs ; & qu'ils portent de même leurs portions des charges, en rendant toujours leur condition égale autant qu'il sera possible, soit pour les commodités ou les incommodités des biens & des charges *i*.

i Inter cohæredes communicentur commoda & incommoda. *l.* 19. *in f. ff. fam. ercisc.*

V I I I.

8. Si l'égalité ne peut être parfaite, comment on y supplée.

Si les biens & les charges qui seront à partager étoient de telle nature qu'il ne fût pas possible de donner à tous des biens de même qualité, & de partager de même les charges, & de telle sorte que la condition de chacun fût pareille à celle des autres : on suppléeà l'égalité mettant avec les biens plus précieux les charges plus dures, ou désinteressant autrement ceux qui souffriroient quelque desavantage, soit par des retours d'argent d'un lot à un autre, ou par d'autres accommodemens qui rendent égale autant qu'il se peut la condition des cohéritiers. Ainsi, par exemple, si pour l'usage d'une maison ou autres fonds d'un lot il étoit nécessaire d'assujettir à quelque servitude une autre maison ou un autre fonds dans un autre lot, on établiroit cette servitude, compensant d'ailleurs cette incommodité, soit par l'estimation des fonds ou autrement. Et enfin les copartageans doivent s'incommoder pour s'accommoder réciproquement, & toujours de telle sorte qu'on préfere ce qui est de plus utile pour tous à ce qui seroit de l'interêt de quelques-uns en particulier. *l.*

l Familiæ erciscundæ judicium ex duobus constat, id est, rebus atque præstationibus. *l.* 22. §. 4. *ff. famil. erciscund.* Sed etiam cùm (judex familiæ erciscundæ fundum) adjudicat, poterit imponere aliquam servitutem, ut alium alii servum faciat, ex iis quos adjudicat. *l.* 22. §. 3. *eod.*
Ut in omnibus æqualitas servetur. *l.* 4. *in f. comm. divid.*
Judicem in prædiis dividundis quod omnibus utilissimum est, vel quod malint litigatores, sequi convenit. *l.* 21. *ff. comm. divid.*

I X.

9. Ce que le défunt devoit à l'héritier entre dans les charges.

Il faut mettre au nombre des charges de l'hérédité ce que le défunt pouvoit devoir à l'un des héritiers Car cette qualité ne se confond avec celle de créancier que pour la part que cet héritier devra porter de sa propre dette : & il demeurera créancier des autres héritiers pour tout le surplus *m*.

m Si filius familias jussu patris obligatus sit, debebit hoc debitum præcipere. Sed etsi in rem patris vertit, idem placet. *l.* 10. §. 1. *ff. fam. ercisc.*

X.

10. Licitation des biens qui ne peuvent être partagés.

Lorsqu'il se trouve dans l'hérédité de ces sortes de biens qui ne peuvent se partager, comme un office, ou une maison qui ne pourroit se diviser, ou d'autre fonds qu'aucun des héritiers ne pût, ou ne voulût prendre, soit à cause du prix, ou pour d'autres causes qui obligeroient à les mettre en vente pour en partager les deniers ; il y aura une licitation, ainsi qu'il a été dit dans un autre lieu *n*. Ou si quelqu'un des héritiers veut prendre ce bien pour le prix dont il sera convenu entre eux, il en prendra moins d'ailleurs, ou remboursera aux autres ce qui devra leur revenir *o*.

n Voyez l'article 12. de la Section 2. De ceux qui se trouvent, &c. p. 171.
o Voyez ce même article.
Si familiæ erciscundæ vel communi dividundo judicium agatur.

& diviſo tam difficilis ſit , ut penè impoſſibilis eſſe videatur : poteſt judex in unius perſonam totam condemnationem conferre &
adjudicare omnes res. *l. 55. ff. fam. ercisc.*

¶ En matiere de Licitation il n'eſt point dû de droits Seigneuriaux , ſi l'héritage eſt adjugé à un des cohéritiers, Coutume de
Paris, art. 80.]

X I.

11. La lici-
tation ſe
peut faire
publique-
ment.

Comme cette licitation doit ſe faire pour le bien
commun des cohéritiers , chacun d'eux a la liberté de
la rendre publique , & d'y enchérir , & faire recevoir
les encheres de toutes perſonnes pour faire valoir ce
qu'aucun des copartageans ne pourroit ou ne voudroit
prendre dans ſon lot *p*.

*p. Ad licitationem nonnunquam etiam extraneo emptore admiſ-
ſo : maximè ſi ſi non ſufficere ad juſta pretia alter ex ſociis ſua pecunia vincere vilius licitantem proficeatur. l. 3. C. com. divid.
Voyez le lieu cité ſur l'article précédent.*

X I I.

12 Si un des
héritiers ſe
rend adju-
dicataire ,
les autres ne
pouvant y
avoir part
offrant leur
part du
prix.

Si c'eſt un des héritiers qui ſe rende adjudicataire de
la choſe miſe en licitation , il en demeurera propriétaire incommutable , & aucun des autres héritiers ne
pourra prétendre d'y avoir part en rembourſant ſa portion du prix , quand ce ſeroit même un bien qui pût ſe
partager. Car c'eſt une aliénation volontaire & irrévocable , & celui qui s'eſt rendu adjudicataire , peut
dire qu'il n'avoit encheri que pour avoir le tout , & les
autres ne peuvent diviſer ſon titre *q*.

*q. C'eſt une ſuite de la Licitation qui n'eſt faite que pour aliéner la
choſe qu'on ne pouvoit ou qu'on ne vouloit diviſer , afin d'en partager
le prix. V. l. 7. §. 15. ff. comm. divid.*

X I I I.

13. Où doi-
vent être
mis les titres
de la ſucceſ-
ſion.

Comme le partage des biens & des droits de la ſucceſſion donne à chacun des héritiers en particulier ce
qui lui en revient pour ſa portion , chacun auſſi doit
avoir les titres qui ne regardent que les biens & les
droits qu'il a dans ſon lot. Et s'il y a des titres dont l'u-
ſage ſoit commun à pluſieurs héritiers , le principal
d'entre eux demeure ſaiſi des originaux pour les repréſenter quand il le faudra , & on en donne cependant
des copies aux autres ; ou s'ils ne conviennent d'en
uſer ainſi , les titres ſont dépoſés chez un Notaire , ou
il y ſera autrement pourvû par le Juge *r*. Et pour les
diſpoſitions du défunt , teſtament , codicile , ou autres , elles demeurent en la puiſſance du Notaire qui
les a reçues dont en faire des expéditions aux héritiers ;
ou ſi elles étoient parmi les papiers du teſtateur , ou en
la puiſſance d'autres perſonnes , il y eſt pourvû ſelon
que les héritiers en conviennent, ou qu'il y eſt ordonné
en Juſtice , s'ils ne s'accordent point *ſ*.

*r Si quæ ſunt cautiones hæreditariæ, eas Judex curare debet ut
apud eum maneant , qui majore ex parte hæres ſit : cæteri deſcrip-
tum & recognitum faciant : cautione interpoſita , ut cum res exegerit, ipſæ exhibeantur. Si omnes iiſdem ex partibus hæredes ſint,
nec inter eos conveniat , apud quem potius eſſe debeant, ſortiri
eos oportet : aut ex conſenſu , vel ſuffragio eligendum amicum
apud quem deponantur, vel in æde ſacra deponi debent, l. 5. ff.
fam. ercisc.*

*ſ Sed & tabulas teſtamenti debebit apud eum qui ex majo-
re parte hæres eſt , jubere manere , aut in æde deponi. l. 4. §.
ult. ff. fam. ercisc. V. l'art. 16. de la Section 2. De ceux qui ſe trouvent , &c. p. 173. On a conformé l'article à notre uſage.*

X I V.

14. Qui eſt
le deman-
deur dans
l'inſtance de
partage.

Si pour parvenir au partage , les cohéritiers entrent
en procès , comme ils ont tous à demander ce qui leur
revient , & que leurs engagements ſont réciproques ; ils
tiennent auſſi tous lieu de demandeurs , de même que
dans les autres ſortes de partages de choſes communes.
Mais quoiqu'ils ſoient tous en effet demandeurs ſelon
cette vûe , on ne conſidere pour demandeur, que celui
qui a le premier intenté l'inſtance. Car dans la procé-
dure , cette qualité ne regle pas par la nature des
droits que ceux qui plaident enſemble peuvent avoir
l'un contre l'autre , mais par la premiere demande qui
attire l'affaire en Juſtice *t*. Ainſi , dans les cauſes même
où un ſeul eſt obligé envers l'autre , comme un débiteur
envers ſon créancier , qui a naturellement de ſa part le
droit de demander ce qui lui eſt dû ; il ſe peut faire que
ce débiteur ſoit le demandeur , comme s'il fait aſſigner
ſon créancier pour lui rendre une obligation qu'il prétend être nulle ou acquittée , ou pour imputer ſur ſa
dette quelque payement. Car ce ſont en effet des demandes qu'il fait à ſon créancier.

*t In tribus iſtis duplicibus judiciis, familiæ erciſcundæ, com-
muni dividundo , finium regundorum , quæritur, quis actor intelligatur, quia par cauſa omnium videtur. Sed magis placuit eum
videri actorem qui ad judicium provocaſſet. l. 2. §. 1. ff. comm.
divid.*

X V.

15. Nou-
veau parta-
ge pour un
ſurvenu.

S'il arrivoit qu'après le partage il ſurvint un cohéritier dont la longue abſence avoit fait préſumer la mort,
ou de qui le droit étoit inconnu , comme ſi un ſecond
teſtament qui n'avoit pas paru l'appelloit avec les autres
à l'hérédité ; ce premier partage ſeroit annullé , & il
faudroit en faire un nouveau avec lui de tous les biens
qui ſeroient en nature , & de la valeur de ceux qui auroient été conſommés ou alienés , afin qu'il eût au tout
ſa part qui devroit lui en revenir *u*.

*u Cohæredibus diviſionem inter ſe facientibus, juri abſentis &
ignorantis minimè derogari, ac pro indiviſo portionem eam quæ
initio ipſius fuit , in omnibus communibus rebus eum retinere,
certiſſimum eſt. Unde portionem tuam cum reditibus arbitrio familiæ erciſcundæ percipere potes ex facta inter cohæredes diviſio-
ne nullum præjudicium timens. l. 17. C. fam. ercisc.*

X V I.

16. Léſion
en partage.

Lorſqu'il y a quelque léſion conſidérable dans un partage , quand même les copartageans ſeroient tous majeurs , cette léſion peut être reparée ſuivant la regle expliquée en un autre lieu *x*. *L. maj. c. comm. utriuſque
jud.*

*x V. l'art. 14. de la Sect. 2. De ceux qui ſe trouvent, &c. & la
Remarque qu'on y a faite , p. 173.
V. auſſi l'art. 9. de la Sect. 6. des Conventions, p. 33. l'art. 4. de
la Sect. 3. des Vices des Conventions, p.145. & l'art. 3. de la Sect. 3.
des Reſciſions , p. 303.*

X V I I.

17. Trois
manieres de
faire un par-
tage.

Les partages peuvent ſe faire en trois manieres , ou
par les héritiers même , s'ils connoiſſent la valeur des
choſes, & qu'ils puiſſent s'accorder entre eux : ou par des
arbitres ou Experts dont ils conviennent de gré à gré :
ou en Juſtice , s'ils ne peuvent convenir entre eux ,
ce qui ſe fait par des Experts que le Juge nomme , ſi
les héritiers n'en nomment eux-mêmes chacun de ſa
part *y*.

*y Arbitrio accepto fratres communem hæreditatem conſenſu di-
videntes pietatis officio funguntur. l. ult. ff. fam. ercisc.*

*On peut faire un partage de gré à gré , ſoit que les héritiers le faſ-
ſent par eux-mêmes , ou par des Arbitres ou Experts. Et s'ils ne conviennent entr'eux , il eſt ordonné en Juſtice , & il ſe fait par des Experts dont les parties conviennent par devant le Juge , en nommant chacun de ſa part , ou s'ils ne veulent en nommer, le Juge les nomme. Et
c'eſt ce qu'on appelle une nomination d'office par le Juge, qui n'empêche
pas que la partie qui auroit des cauſes de récuſation contre les Experts
nommés par le Juge , ne faſſe faire une autre nomination d'Experts
non ſuſpects. Voyez le Titre 11. de l'Ordonnance du mois d'Avril
1667.*

S E C T I O N II.

*De ce qui entre ou n'entre point en partage, &
des dépenſes que les héritiers qui les ont
faites peuvent recouvrer.*

O N ne mettra ici au nombre des biens qui entrent dans le partage , ceux qui ſont ſujets au rapport , quoiqu'ils doivent être partagés comme les autres ; parce que la matiere du rapport de biens eſt expliquée en un autre lieu, comme il a été dit à la fin du
préambule de ce Titre.

SOMMAIRES.

I.

1. Trois fortes de biens qu'un défunt pouvoit avoir.

IL faut diftinguer dans les biens qu'avoient ceux qui meurent, trois differentes fortes qu'il peut y en avoir. La premiere, de ceux dont le droit que le défunt pouvoit y avoir, a ceffé par fa mort, comme ceux dont il n'avoit qu'un ufufruit, ou qui étoient fujets à une fubftitution, & autres dont il a été parlé dans l'article 5. de la Section 1. du Titre premier. La feconde, des biens dont le défunt auroit difpofé par des legs ou autrement, en faveur d'autres perfonnes que de fes héritiers. Et la troifieme, de ce qui refte pour les héritiers. Et c'eft de cette troifieme efpece de biens, qu'ils viennent en partage ; foit qu'ils fuccedent par teftament, ou *ab inteftat a.*

a Per familiæ ercifcundæ actionem dividitur hæreditas, five ex teftamento, five ab inteftato, *l. 1. ff. fam. ercif.*

II.

2. Comment des biens légués ou fubftitués peuvent entrer dans un partage.

Quoique les chofes léguées par un teftateur, & les biens qu'il pouvoit avoir fujets à une fubftitution ou fideicommis ne foient pas compris dans les biens de l'hérédité qui font à partager entre fes héritiers ; fi néanmoins le legs étoit conditionnel, de forte que le légataire ne dût avoir la chofe léguée que fous une condition, ou dans un cas dont l'évenement feroit incertain, où que le fideicommis ne dût avoir lieu qu'en un temps qui ne feroit pas encore arrivé : dans tous ces cas les héritiers pourroient cependant partager ces fortes de chofes, en prenant entre eux les précautions néceffaires pour les évenemens qui obligeroient à les rendre, & donnant au légataire & fubftitué les fûretés dont il fera parlé en fon lieu *b.*

b Res quæ fub conditione legata eft, interim hæredum eft. Et ideo whiâr in familiæ ercifcundæ judicium, & adjudicari poteft eum fua fcilicet caufa, ut exiftente conditione, eximatur ab eo cui adjudicata eft, aut deficiente conditione, ad eos revertatur a quibus relicta eft. *l. 11. §. 2. ff. fam. ercif.*
Si fcriptus ex parte hæres fuerit in præcipere pecuniam, & iis quibus teftamento legatum erat, diftribuere : Id quod fub conditione legatum eft tunc præcipere debebit, cùm conditio extiterit : interim aut ei, aut his quibus legatum eft, fatisdari oportet. *l. 96. §. pen. ff. de log.* 1. Voyez l'article 7. de la Section 10 des Legs, & l'article 19. de la Section 1. des fubftitutions directes & des Fideicommiffaires.

III.

3. Les préciputs n'entrent point au partage.

On peut mettre au nombre des chofes qui n'entrent point dans le partage ce qu'un teftateur peut donner en préciput à quelqu'un de fes héritiers, c'eft-à-dire, en avantage au-deffus des autres ; car cet héritier doit le prendre avant le partage *c.*

c Si uni ex hæredibus fuerit legatum, hoc deberi ei officio judicis familiæ ercifcundæ manifeftum eft. *l. 17. §. 2. ff. de legat.* 1.

IV.

4. Les biens qu'il faut reftituer fe partagent point.

Il faut auffi mettre hors du partage ce qu'il pourroit y avoir dans l'hérédité des biens acquis par des voies qui obligent à les reftituer ; comme ce qui auroit été volé ou dérobé *d.*

d Sed & fi quid ex peculatu, vel ex facrilegio acquifitum erit, vel vi, aut latrocinio, aut aggreffura, hoc non dividetur. *l. 4. §. 1. ff. fam. ercif.* V. l'article dernier de la Sect. 2. De ceux qui fe trouvent, &c. p. 175.

V.

5. Ni les chofes qui ne peuvent fervir qu'à de mauvais ufages.

On doit encore mettre au même rang ces fortes de chofes dont il ne fe peut faire qu'un mauvais ufage, comme des livres de Magie, & autres chofes femblables qu'il faut fupprimer *e.*

e Mala medicamenta, & venena veniunt quidem in judicium, fed judex omnino interponere fe in his non debet. Boni enim & innocentis viri officio eum fungi oportet. Tantumdem debebit facere & in libris improbatæ lectionis, magicis forte vel his fimilibus. Hæc enim omnia protinus corrumpenda funt. *l. 4. §. 1. ff. fam. ercif.* V. l'article 17. de la Section 2. De ceux qui fe trouvent avoir, &c. p. 174.

VI.

6. Les revenus dont chaque héritier a joui fe rapportent au partage.

Outre les biens qui peuvent fe trouver en nature dans l'hérédité au temps du partage, ou qui doivent s'y rapporter, la maffe de l'hérédité doit être augmentée des fruits & revenus des biens communs dont chaque héritier peut avoir joui ; car il doit en compter fuivant la regle expliquée dans l'article 3. de la Section 11. des héritiers en général, & ces fruits font partie des biens de l'hérédité fujets au partage *f.*

f Fructus omnes augent hæreditatem, five ante adiram, five poft aditam hæreditatem accefferint. *l. 10. §. 3. ff. de hæred. pet.*
Fructibus augent hæreditas, cum ab eo poffidetur a quo peti poteft. *l. 2. in f. c. de pet. hæred.* V. l'art. 3. de la Sect. 11. des Héritiers en général, & les autres textes qu'on y a cités, p. 343.
C'eft au fens expliqué dans cet article qu'il faut entendre ce qui eft dit dans ces textes, que les fruits augmentent l'hérédité. Mais s'il étoit queftion d'eftimer les biens d'une fucceffion pour regler par exemple une Falcidie ou une Légitime, on n'y comprendroit pas les fruits & autres revenus dont les héritiers qui feroient en poffeffion de l'hérédité, auroient pû jouir. Car ces fruits ne groffiroient pas la maffe des biens du défunt ; mais feroient feulement un acceffoire qui appartiendroit à chacun des héritiers pour fa portion. V. l'article 7. de la Section 1. de la Falcidie, & l'article 2. de la Section 3. de la Légitime.

VII.

7. Sur les revenus on déduit les dépenfes faites pour jouir.

Sur les fruits que les cohéritiers doivent fe rapporter réciproquement, ils déduifent les dépenfes qui ont été employées ou pour les faire venir, ou pour les recueillir & les conferver. De forte qu'il n'entre au partage que ce qui peut refter de la valeur des fruits, ces dépenfes déduites *g.*

g Fructus intelliguntur, deductis impenfis, quæ quærendorum, cogendorum, conferuandorumque eorum gratia fiunt. *l. 36. §. ult. ff. fam. ercif.*

VIII.

8. Quoiqu'il n'y ait point de fruits, l'héritier recouvre les dépenfes faites pour jouir.

Quoique les dépenfes employées par un des héritiers pour recueillir des fruits, comme pour la culture des héritages & autres femblables, deviennent inutiles, s'il n'y a point de récolte, ou fi elle étoit moindre que les dépenfes ; l'héritier qui les auroit faites ne laifferoit pas de les recouvrer, car elles étoient néceffaires pour l'intérêt commun *g.*

h Quòd fi fumptus quidem fecit, nihil autem fructuum perceperit, æquiffimum eft, rationem horum quoque in bonæ fidei poffefforibus haberi. *l. 37. ff. de hæred. pet.* Voyez l'article fuivant.

IX.

9. Les héritiers recouvrent les dépenfes néceffaires, & utiles, quoique l'évenement les rende inutiles.

Il en feroit de même d'une dépenfe qu'un héritier auroit faite pour conferver quelque bien de l'hérédité, quand même ce bien viendroit à périr, comme fi une maifon qu'il auroit fait appuyer pour en prévenir la ruine, périffoit par un incendie. Car il y a cette différence entre la condition de cet héritier, comme de toute autre possession de bonne foi, & celle d'un possesseur de mauvaise foi, qu'au lieu que celui-ci ne peut recouvrer les dépenses nécessaires ou utiles qu'il a faites en la chose qu'il possedoit de mauvaise foi, qu'en cas qu'elle subsiste, & que ces dépenses l'ayant améliorée, & qu'au contraire il les perd si elle est périe, ou n'en vaut pas mieux ; l'héritier & tout autre possesseur de bonne foi recouvre ces sortes de dépenses, quoiqu'il n'en reste rien *h.*

i Planè in cæteris necessariis & utilibus impensis posse separari, ut bonæ fidei quidem possessores has quoque imputent, prædo autem de se queri debeat, qui sciens in rem alienam impendit. Sed benignius est, in hujus quoque persona haberi rationem impensarum. Non enim debet petitor ex aliena jactura lucrum facere ; & idipsum officio judicis continebitur, nam nec exceptio doli mali desideratur. Planè potest in eos differentia esse , ut bonæ fidei quidem possessor omnimodo impensas deducat, licet res non exstet, in quam fecit, sicut tutor vel curator consequuntur. Prædo autem non aliter quam si res melior sit. *l. 38. ff. de hæred. pet.* Quia nullus casus intervenire potest qui hoc genus deductionis impediat. *l. 51. ff. fam. ercisc.*

X.

Parmi les dépenses qu'un héritier peut avoir faites dans les biens de l'hérédité, il faut en distinguer trois diverses sortes. Celles qui sont nécessaires , celles qui, quoique non nécessaires , se trouvent utiles, & celles qui n'ont été faites que pour le plaisir sans nécessité ni utilité *l.* Et selon ces différences , l'héritier recouvre ou ne recouvre pas ses dépenses par les regles qui suivent.

l Impensarum quædam sunt necessariæ, quædam utiles, quædam verò voluptariæ. *l. 1. ff. de impens. in res dot. fact.*

Quoique cette Loi regarde une autre matiere, l'application peut s'en faire ici, comme de celles qui sont rapportées sur les articles suivans. Voyez sur les diverses sortes de dépenses, l'article 11. & les autres suivans de la Section 3. des Dots, p. 100. & l'article 16. & les suivans de la Section 10. du Contrat de vente, p. 46.

XI.

Les dépenses nécessaires sont celles qu'on est obligé de faire pour conserver les biens, & pour empêcher ou qu'ils ne périssent, ou qu'ils ne soient endommagés ; telles que sont les réparations ordinaires dans les bâtimens, celles qui en préviennent la ruine , ce qui seroit employé pour un plant d'arbres au lieu d'arbres morts ou abattus , & les autres semblables dépenses dont le défaut causeroit quelque perte dans l'hérédité. Ce qui fait que les héritiers qui ont fait des dépenses de cette nature , doivent les recouvrer *m.*

m Necessariæ hæ dicuntur quæ habent in se necessitatem impendendi. *l. 1. §. 1. ff. de impens. in res dot. fact.*

Si ædificium ruens quod habere mulieri utile erat , refecerit, aut si olivera rejecta restauraverit, *d. l. 1. §. 3.*

Impensæ necessariæ sunt quæ si factæ non sint res aut peritura aut deterior futura sit, *l. 79. ff. de verb. sig. v. l. 39 ff. de hæred. petit.*

XII.

Les dépenses utiles sont celles qui , quoique faites sans nécessité , augmentent les biens comme un plant d'un verger , ou quelque bâtiment dans une maison pour en avoir un plus grand loyer. Et ces sortes de dépenses doivent aussi être remboursées aux héritiers qui les auront faites.

n Utiles autem impensæ sunt quas maritus utiliter fecit, remque meliorem uxoris fecerit, hoc est dotem. Veluti si novelletum in fundum factum sit , aut si in domo pristinam , aut tabernam adjecerit. *l. 5. ult. & l. 6. ff. de impens. in res dot. fact.*

Utiles non quidem minuunt ipso jure dotem ; veruntamen habent exactionem. *l. 7. in f. eod.*

Utiles impensas esse Fulcinius ait, quæ meliorem domem faciant, non deteriorem esse non sinant : ex quibus reditus mulieri acquiratur : sicut arbusti pastinatio ultra quàm necesse fuerat. *l. 79. §. 1. ff. de verb. signif.* In his impensis & horreorum insulæ dotali adjectum plerumque dicimus. *d. §. in fin.*

XIII.

Les dépenses qui n'étant ni nécessaires ni utiles, ne

---

font faites que pour le plaisir, comme un bâtiment superflu, des jets d'eau, de peintures, de sculptures, & autres semblables, qu'un héritier auroit faites sçachant qu'il avoit des cohéritiers, ne se recouvrent point , & celui qui les fait doit se l'imputer *o.* Mais on peut lui faire la justice de laisser , s'il se peut , dans son lot le fonds où ces dépenses auroient été faites, sans qu'elles en augmentent l'estimation , ou même de rembourser à cet héritier ce que le fonds où ces sortes de réparations auroient été faites, en vaudroit de plus ; car en ce cas ces dépenses se trouveroient utiles. Que si cet héritier avoit fait ces sortes de dépenses ignorant qu'il eût des cohéritiers, & se croiant seul maître , il seroit de l'équité que sa bonne foi ne lui nuisît pas, & que dans le partage on y eût égard selon que les circonstances pourroient y obliger *p.*

o Voluptariæ autem impensæ sunt quas maritus ad voluptatem fecit , & quæ species exornant. *l. 7. ff. de impens. in res dot. fact.*

Voluptariæ sunt quæ speciem duntaxat ornant , non etiam fructum angent. Ut sunt viridaria , & aquæ salientes, incrustationes, loricationes , picturæ. *l. 79. §. ff. de verb. signif.*

Ex duobus fratribus uno quidem suæ ætatis alio verò minore annis, cum haberent communia prædia rustica , major frater in saltu communi habenti habitationes paternas ampla ædificia ædificaverat , cumque eundem saltum cum fratre dividere , sumptus sibi, quasi re meliore ab eo facta, desiderabat, fratre minore etiam legitimæ ætatis constituto. Herennius Modestinus respondit , ob sumptus nulla re urgente , sed voluptatis causa factos, eum de quo quæritur , actionem non habere. *l. 27. ff. de negot. gest.*

Quoique ce frere ne pût pas prétendre de remboursement de ces sortes de dépenses, il seroit de l'équité qu'on lui fît justice d'ailleurs de la maniere expliquée dans l'article.

p. Videamus tamen ne & ad picturarum quoque & marmorum , & cæterarum voluptariarum rerum impensas æquè proficiat nobis doli exceptio, si modo bonæ fidei possessores simus. *l. 39. §. 1. de hæred. petit.*

XIV.

Il ne faut pas mettre au nombre des dépenses faites pour le seul plaisir , celles qu'on peut faire pour des embellissemens dans un fonds, ou autre chose qui fût en commerce par ses ornemens *q.*

q Quod si hæres in quibus impensæ factæ sunt promercales fuerint, tales impensæ non voluptariæ, sed utiles sunt. *l. 10. ff. de emp. in res dot. fact.*

XV.

Si un des héritiers étoit en demeure de partager les biens de l'hérédité, & d'y rapporter des choses qui pourroient perir , comme des bestiaux & autre chose en sa puissance, & qu'il arrivât que pendant son retardement ces sortes de choses qu'on auroit pû vendre , vinssent à perir , il en seroit tenu ; car cette perte pourroit lui être imputée. Ce qu'il faut entendre dans le cas où l'hérédité n'étant pas contentieuse entre les héritiers, celui qui differe le partage ne peut être excusé du retardement. Mais si un héritier qui seroit en possession de bonne foi, se prétendant héritier unique , contestoit le droit de celui qui se prétendant aussi héritier , lui demanderoit les biens de l'hérédité ; ces sortes de pertes qui arriveroient pendant leur contestation , ne devroient pas lui être imputées. Car ce seroit comme un cas fortuit & imprévu. Et quand même il l'auroit prévû, la crainte de cet évenement ne l'obligeroit pas à abandonner le droit qu'il prétendoit avoir seul sur les biens de l'hérédité *r.*

r Illud quoque quod in oratione Divi Hadriani est , ut post acceptum judicium id actori præstetur, quod habiturus esset, si eo tempore quo petit restituta esset hæreditas , interdum durum est. Quid enim si post litem contestatam mancipia aut jumenta , aut pecora deperierint? damnari debebit secundum verba orationis: quia potuit petitor restituta hæreditate , distraxisse ea , & hoc justum esse in specialibus petitionibus Proculo placet. Cassius contra sensit. In prædonis persona Proculus rectè existimat: in bonæ fidei possessoribus, Cassius. Nec enim debet possessor aut mortalitatem præstare , aut propter metum hujus periculi temere in defensum jus suum relinquere. *l. 40. ff. de hæred. pet.*

SECTION III.

Des garanties entre cohéritiers, & des autres suites du partage.

IL n'est pas nécessaire de répeter ici ce que c'est que la garantie, ni les regles générales de cette matiére, qui a été expliquée dans le Titre du contrat de vente ; & il ne s'agit dans cette Section que des regles propres à la garantie entre cohéritiers.

a *V. l'art. 3. de la Sect. 2, du contrat de vente , p. 33. & la Sect. 10. du même Titre , p. 45.*

SOMMAIRES.

1. *Garantie réciproque entre cohéritiers.*
2. *Deux divers effets de cette garantie.*
3. *Garantie des dettes passives & des autres charges.*
4. *Les héritiers peuvent régler différemment les garanties.*
5. *Les héritiers se garantissent des charges pour leurs portions.*
6. *Et de celles qui ne paroissent qu'après le partage.*
7. *Les cas fortuits après le partage regardent ceux à qui ils arrivent.*
8. *L'héritier est tenu d'une perte arrivée par une suite de son fait qu'on puisse lui imputer.*
9. *L'héritier qui usurpe , porte seul les pertes qui en peuvent suivre.*

I.

1. *Garantie réciproque entre cohéritiers,*

COmme les cohéritiers ont leurs portions de l'hérédité par le même titre & le même droit qui leur est commun ; leur condition doit être la même, & ils doivent avoir tous la même sûreté de ce qui leur est donné dans leurs lots. Ainsi le partage renferme la condition que les portions des cohéritiers demeurent affectées réciproquement pour les garantir les unes des autres *a* , par les regles qui suivent.

a Curare debet judex familiæ erciscundæ , ut de evictione caveant his quibus adjudicat. l. 25. §. 21. ff. fam. ercisc.

¶ L'action de garantie est perpétuelle & dure 30. ans ; elle ne commence que du jour que l'héritier a été troublé , parce qu'elle n'est ouverte que de ce jour-là : qua temporalia sunt ad agendum sunt perpetua ad excipiendum.]

II.

2. *Deux divers effets de cette garantie.*

Il faut distinguer deux différens effets de la garantie entre cohéritiers, selon deux diverses especes de biens qu'il peut y avoir dans l'hérédité. L'une des choses qui sont réellement en nature, meubles ou immeubles, & que l'on peut voir & toucher, comme un cheval, une tapisserie, des pierreries, & autres meubles : une maison, une vigne, un pré, & autres immeubles. Et l'autre des droits, comme une obligation, une rente, une condamnation en Justice, une transaction, ou autre titre qui produise une dette, ou quelqu'autre droit *b*. Dans le partage des choses qui sont réellement en nature meubles & en évidence, la garantie n'est pas qu'elles existent, & qu'elles soient en nature, car on les y voit. Mais comme elles pourroient n'être pas de l'hérédité ; s'il arrivoit que quelqu'un y prétendît un droit de propriété, les héritiers doivent se garantir qu'elles soient un bien de la succession *c*. Et dans le partage des dettes actives, & des autres droits, comme on peut ignorer s'ils sont, ou ne sont point : si une rente est encore dûe, ou si elle a été rachetée : si une obligation est annullée par un payement, ou par quelqu'autre cause ; la garantie des dettes & des droits renferme que non-seulement ils soient de l'hérédité, mais qu'ils subsistent tels qu'ils paroissent, qu'ils soient dûs effectivement,

b Quædam res corporales sunt , quædam incorporales. Corporales hæ sunt quæ tangi possunt , veluti fundus, homo, vestis, aurum , argentum , & denique aliæ res innumerabiles. Incorporales autem sunt quæ tangi non possunt, qualia sunt ea quæ in jure consistunt , sicut hæreditas, ususfructus, usus & obligationes quoquo modo contractæ. inst. de reb. corp. & incorp.

c De evictione caveatur. l. 25. ¶. 21. ff. fam. ercisc. Voyez les articles 2. & 3. de la Section 1.

& qu'ils soient acquis à l'héritier à qui ils sont donnés en partage *d* ; si ce n'est que cette garantie fût autrement reglée entre les héritiers, comme il sera dit dans l'article quatriéme.

d Si nomen sit distractum , Celsus libro nono Digestorum scribit locupletem esse debitorem , non debere præstare : debitorem autem esse præstare , nisi aliud conveniat. l. 4. ff. de hæred. vel act. vind. Duntaxat ut sit, non ut exigi etiam aliquid possit. l. 74. §. ult. ff. de evict.
Quoique ces textes regardent d'autres matieres , ils peuvent s'appliquer ici.

III.

3. *Garantie des dettes passives & des autres charges.*

Outre cette garantie que se doivent les héritiers à l'égard de ce qui entre dans le partage , que ce qu'aura chacun dans son lot, soit un bien de l'hérédité, & qui n'appartienne pas à d'autres personnes ; ils doivent aussi se garantir de toutes recherches des créanciers de l'hérédité, ou autres qui exerceroient leurs hypotheques ou autres droits sur ce qui seroit échû à un des héritiers *e*.

e Voyez l'article suivant.

IV.

4. *Les héritiers peuvent régler différemment les garanties.*

Les garanties expliquées dans les deux précédens articles, sont naturelles & de justice. Et quoique rien n'en fût exprimé dans un partage, elles seroient sous-entendues, & les héritiers y seroient obligés réciproquement. Mais s'ils conviennent ou d'ajoûter à ces garanties, ou d'en retrancher, leur convention tiendra lieu de loi. Ainsi pour les dettes actives, ils peuvent convenir qu'ils se garantiront non-seulement qu'elles sont dûes, mais que les débiteurs sont solvables & les acquitteront , ou que les héritiers se les feront bonnes, soit après un simple refus du payement de la part du débiteur, ou après les diligences dont ils conviendront. Et ils peuvent au contraire partager ces dettes sans aucune garantie de part ni d'autre, non pas même de celles qui auroient été acquittées, ou dont il ne seroit rien dû pour quelqu'autre cause. Ce qui peut avoir son équité par plusieurs motifs, comme entr'autres, si c'étoit des héritiers d'un Marchand en détail qui auroit laissé un grand nombre de petites obligations dont les garanties ne seroient que des occasions de divers procés *f*.

f Si familiæ erciscundæ judicio, quo bona paterna inter te & fratrem tuum æquo jure divisa sunt, nihil super evictione rerum singulis adjudicatarium specialiter inter eos convenit : id est , ut unusquisque eventum rei suscipiat : recte possessionis evictæ detrimentum fratrem & cohæredem tuum pro parte agnoscere præfes provinciæ per actionem præscriptis verbis , compellet. l. 14. s. fam. ercisc. Voyez l'article 14. & les suivans de la Section 10. du Contrat de vente , p. 47.

V.

5. *Les héritiers se garantissent des charges pour leurs portions,*

Si dans le partage d'une succession où il y auroit des dettes passives , ou autres charges , les héritiers se sont obligés les uns envers les autres d'en acquitter chacun quelque portion, ils s'en garantiront réciproquement , & chacun acquittera celles dont il s'est chargé. Et s'ils n'en ont rien réglé , ils les acquitteront selon les portions qu'ils ont dans l'hérédité, & chacun garantira les autres pour la sienne. *g*.

g Neque æquam , neque usitatam rem desideras , ut æs alienum patris tui non pro portionibus hæreditarijs exolvas tu & fratres cohæres tuus. l. 1. c. si cert. petatur.

VI.

6. *Et de celles qui ne paroissent qu'après le partage,*

Si après le partage il paroissoit de nouvelles dettes , ou de nouvelles charges qu'on auroit ignorées ; comme si un héritage se trouvoit sujet à quelque rente emphithéotique, ou à d'autres charges que celles des droits & redevances ordinaires des cens & autres semblables, & qu'une partie des biens se trouvât sujette à quelque substitution ; ces nouvelles charges quelles qu'elles fussent, regarderoient tous les héritiers , & ils s'en garantiroient réciproquement *h*.

h Pro hæreditariis partibus hæredes onera hæreditaria agnoscere, etiam in fisci rationibus, placuit. l. 2. c. de hæred. pet.

VII.

7. Les cas fortuits ap-près le par-tage regar-dent ceux à qui ils arri-vent.

Les pertes qui peuvent arriver par des cas fortuits après le partage, regardent celui à qui étoit échûe la chose qui périt ou est endommagée. Comme si c'étoient des grains, des liqueurs, des animaux, ou autres choses sujettes à ces sortes de pertes : ou quelque héritage situé sur une riviere, & qu'un débordement auroit entraîné, ou une maison périe par un incendie. Car dans tous ces cas, & même les plus imprévûs, la chose n'étant plus commune, celui que le partage en avoit rendu le maître en souffre la perte *i*.

i Quæ fortuitis casibus accidunt, cum prævideri non potuerint (in quibus etiam aggressata latronum est) nullo bonæ fidei judicio præstantur. *l. 6. c. de pignor. act.*

VIII.

8. L'héritier est tenu d'u-ne perte ar-rivée par une suite de son fait qu'on puisse lui imputer.

Si par une suite qu'on puisse imputer au fait d'un des héritiers, il arrive quelque perte ou quelque dommage de quelques biens de l'hérédité, il en sera tenu. Ainsi, par exemple, si un héritier étant tombé dans quelque crime ou quelque délit, on enveloppoit dans la saisie de ses biens quelques-uns de ceux de l'hérédité ; & que cette saisie fût suivie ou de non jouïssances, ou de quelques détériorations des héritages saisis, ou d'autres dommages, celui de qui le crime ou le délit auroit eu cette suite, porteroit seul une perte que son fait auroit attirée, & il en garantiroit ses cohéritiers *l*. Et il en se-

l Si is cum quo fundum communem habes ad delictum non respondit, & ob id motu judicis villa diruta est, aut arbusta succisa sunt, præstabitur tibi detrimentum judicio communi dividendo. Quidquid enim culpâ socii admissum est, eo judicio continetur. *l. 10. ff. comm. divid.*

roît de même quand il n'y auroit aucun délit de cet héritier, si le dommage venoit de son fait. Comme si un créancier de l'hérédité qu'il devroit acquitter, faisoit saisir d'autres biens de la succession que ceux de son lot; car en ce cas il seroit tenu des dommages & intérêts qu'en pourroient souffrir ses cohéritiers.

On a donné dans cet article un autre exemple que celui de la Loi qu'on y a citée, pour rendre la regle conforme à notre usage, où la contumace n'est pas punie de cette rigueur, qui pourroit souvent se trouver injuste. Mais cette matiere n'est pas de ce lieu.

IX.

9. L'héritier qui usurpe, porte seul les pertes qui en peuvent sui-vre.

Si un héritier dispose en son particulier de quelque bien de l'hérédité pour en profiter à l'insçû des autres, comme s'il le vend, ou le loue, ou le donne à ferme, il ne sera pas seulement tenu de rapporter à ses cohéritiers le profit qu'il aura pû faire, mais si son fait est suivi de quelque perte, comme si celui à qui cet héritier avoit vendu ou loué, se trouve insolvable, il portera seul la perte qui en arrivera, au lieu du profit qu'il vouloit faire seul. Et il répondra à ses cohéritiers, & des jouïssances des fonds qu'il avoit loués ou baillés à ferme, & de la valeur des choses qu'il avoit vendues *m*.

m Sive autem locando fundum communem, sive colendo, de fundo communi quid socius consecutus sit, communi dividundo judicio tenebitur. Et si quidem communi nomine id fecit, neque lucrum, neque damnum sentire eum oportet. Si verò non communi nomine, sed ut lucretur solus, magis esse oportet ut & damnum ad ipsum respiciat. *l. 6. §. 2. ff. comm. divid. v. l. 5. c. de ædif. priv.*

Ce qui est dit dans ce texte de l'associé, peut s'appliquer au cohéritier.

LES
LOIX CIVILES
DANS LEUR ORDRE NATUREL.

SECONDE PARTIE.
DES SUCCESSIONS.

LIVRE SECOND.
Des Successions légitimes, ou ab inteſtat.

A PRE'S avoir expliqué dans le premier Livre, ce qu'il y a de commun & aux ſucceſſions légitimes ou *ab inteſtat*, & aux ſucceſſions teſtamentaires : il faut paſſer aux matieres propres à ces deux ſortes de ſucceſſions, & expliquer le détail de chacune ſelon leur ordre. Sur quoi il faut remarquer que les Livres du Droit Romain donnent le premier rang aux ſucceſſions teſtamentaires *a* ; mais on a eſtimé qu'il eſt plus naturel de commencer par les ſucceſſions légitimes : Et deux conſidérations principales y ont obligé. La premiere eſt, que, comme il a été remarqué en un autre lieu *b*, les ſucceſſions légitimes ſont plus naturelles que les ſucceſſions teſtamentaires, & elles ſont auſſi d'un uſage bien plus univerſel & plus néceſſaire ; puiſqu'on pourroit ſe paſſer de l'uſage des ſucceſſions teſtamentaires, mais non de celui des ſucceſſions légitimes ou *ab inteſtat*. Et nos Coutumes, ne reconnoiſſent pas même d'autres héritiers que ceux de la famille. De ſorte qu'on peut dire que les ſucceſſions teſtamentaires ſont comme des exceptions de la Loi naturelle des ſucceſſions légitimes, & que la liberté de diſpoſer de ſes biens par un teſtament en faveur d'autres perſonnes que des héritiers du ſang, & ſur-tout le pouvoir de faire d'autres héritiers, eſt comme une diſpenſe de la regle commune & univerſelle, qui appelle les héritiers légitimes aux ſucceſſions. Ainſi, comme on doit connoître ce qui eſt de l'ordre commun, avant que de venir à ce qui peut avoir été changé de cet ordre ; les matieres des ſucceſſions légitimes doivent précéder. Et avant que de traiter, par exemple, de la liberté que peut avoir un teſtateur de diſpoſer de ſes biens par un teſtament au préjudice de ſes enfans, il faut avoir ſçû que les enfans doivent naturellement ſucceder à leur pere.

La ſeconde conſidération qui a fait juger qu'on devoit commencer par les ſucceſſions légitimes, eſt que les matieres de ces ſucceſſions ſont beaucoup plus courtes & plus faciles que les matieres des teſtamens, qui renferment un vaſte détail plein de diverſes ſortes de difficultés : & qu'il eſt de la méthode dans les Arts & dans les Sciences, de commencer autant qu'il ſe peut par le plus facile, qui conduit à l'intelligence du plus difficile. Ainſi, on a eu ſujet de croire, qu'il ſeroit d'une part plus naturel de donner aux ſucceſſions légitimes le premier rang que leur donne l'ordre de la ſociété des hommes, qui regle l'uſage des ſucceſſions : & de l'autre plus méthodique pour expliquer ces deux matieres qu'on doit diſtinguer, d'y obſerver l'ordre des ſciences, qui fait preceder ce qui eſt de plus ſimple, de plus facile & plus naturel à ce qui l'eſt moins. Et quoiqu'il ſoit vrai que quand il s'agit de juger en particulier qui doit ſucceder, il faut commencer par ſçavoir s'il y a un teſtament qui puiſſe avoir ſon effet, parce que s'il y en a, l'héritier teſtamentaire exclud le parent *c* ; il ne s'enſuit pas de cette conſidération particuliere, qui ne regarde que la queſtion de ſçavoir qui ſuccedera, qu'en général le droit de ſucceder par un teſtament ſoit

---

a Poſtea quàm Prætor locutus eſt de bonorum poſſeſſione ejus qui teſtatus eſt, tranſitum fecit ad inteſtatos, cum ordinem ſecutus, quem & lex duodecim tabularum ſecuta eſt. Fuit enim ordinarium ante de judiciis teſtantium, dein ſic de ſucceſſione ab inteſtato loqui. *l. 1. ff. ſi tab. teſt. ull. ext.*
b Voyez *la Préface ci-devant. n. 8.*

c Perſpicis quod teſtamentariæ ſucceſſionis ipſe durante inteſtato bona defuncti non rectè vindicantur. *l. 8. C. comm. de ſucceſſ.*

une matiere dont les regles doivent précéder celles des
fucceſſions *ab inteſtat*. Car l'ordre des queſtions qui ſe
rencontrent dans une cauſe, & l'ordre des regles pour
les juger n'ont rien de commun.

Il n'eſt pas néceſſaire de marquer ici l'ordre particulier du détail des matieres qui compoſent ce ſecond Livre des fucceſſions légitimes ou *ab inteſtat*, puiſqu'il
s'entend aſſez par les Titres de ces matieres. Et on ne
s'arrêtera pas non plus à expliquer les principes de l'é-
quité naturelle qui fait paſſer les fucceſſions aux héritiers du ſang. Le Lecteur peut voir ſur ce ſujet ce qui en
a été dit en un autre lieu *d*.

Il y a trois ordres de perſonnes qui ſuccedent *ab inteſtat* : Celui des enfans & autres deſcendans : Celui des
peres & meres & autres aſcendans : & celui des freres
& ſoeurs, & autres collateraux. Et ces trois ordres feront la matiere des trois premiers Titres de ce Livre.

On peut ajouter comme un quatrieme ordre d'héritier *ab inteſtat*, celui qui au défaut des parens appelle
le mari à la fucceſſion de ſa femme, & la femme à la
fucceſſion de ſon mari *e*. Mais comme cette eſpece de
fucceſſion étant réduite à une regle unique, ne mérite
pas qu'on la diſtingue ſous un Titre ſéparé ; on l'ajoutera ſous une Section à la fin du Titre troiſieme.

d *V. la Préface ci-devant n. 4.*
e *V. la Préface ci-devant n. 11.*

TITRE PREMIER.

Comment ſuccedent les enfans & les deſcendans.

SECTION I.

Qui ſont les enfans & les deſcendans.

SOMMAIRES.

1. *Qui ſont les enfans.*
2. *Qui ſont les deſcendans.*
3. *Tous deſcendans ſont compris ſous le nom d'enfans.*
4. *Les bâtards ne ſont pas compris ſous le nom d'enfans.*
5. *Des enfans de ſept & onze mois.*
6. *Des poſthumes.*
7. *Des enfans mort-nés.*
8. *Des monſtres.*
9. *L'enfant né pendant le mariage, eſt préſumé l'enfant du mari.*

I.

ON appelle proprement enfans, ceux qui ſont au
premier degré, c'eſt-à-dire, le fils ou la fille qui
ſont nés immédiatement de la perſonne à qui ils doivent ſucceder. Et on appelle auſſi enfans en un ſecond
ſens tous les deſcendans dont il eſt parlé dans l'article
ſuivant. Et quand on veut diſtinguer ceux-ci des enfans du premier degré, on leur donne le nom de petits
enfans.

a Liberorum appellatione nepotes, & pronepotes, cæterique
qui ex his deſcendunt, continentur. *l.* 220. ff. *de verb. ſignif. V.*
§. *ult. inſt. qui teſt. tut. dar. poſſ.*

II.

Les deſcendans ſont ceux qui naiſſent du fils ou de la
fille, ſoit qu'ils ſoient au ſecond degré du petit fils,
petite fille, ou au troiſieme, ou autre plus éloigné. Car
en quelque degré que ce ſoit juſqu'à l'infini, on les appelle deſcendans, ou petits enfans : & on leur donne
auſſi le nom général d'enfans de tous ceux de qui ils
ſont deſcendans *b*.

b Natorum appellatio & ad nepotes extenditur. *l.* 104. ff. *de
verb. ſignif.*

III.

On comprend ſous le nom d'enfans & de deſcendans
les fils & les filles, petits fils & petites filles ſans diſtinction de ſexe ni de degrés : & ſoit qu'ils deſcendent de
fils ou de filles, & qu'ils ſoient ſous la puiſſance paternelle, ou qu'ils n'y ſoient pas *c*.

e Liberorum appellatione continentur non tantùm qui ſunt in
poteſtate, ſed omnes qui ſui juris ſunt, ſive virilis, ſive foeminini ſexus ſunt, exve foeminini ſexus deſcendentes. *l.* 56. ff. *de verb.
ſignif. l.* 220. *de verb. ſignif.*

VI.

On n'entend par le nom d'enfans que ceux qui ſont
légitimes : & on ne donne ce nom aux bâtards qu'en y
ajoûtant quelque impreſſion comme celle d'enfans naturels, ou autre qui diſtingue leur condition de celle des
enfans légitimes. Et quand il s'agit de ſucceſſion *ab inteſtat*, comme ils n'y ont aucune part, ils n'y ſont pas
compris ſous le nom d'enfans *d*.

*4. Les bâ-
tards ne ſont
pas compris
ſous le nom
d'enfans.*

d *V. l'art.* 2. *de la Sect.* 2. *des Héritiers en général, p.* 319.

V.

Il faut mettre au rang des enfans qui ne ſont pas légitimes, ceux qui naiſſent ſi peu de temps après le mariage de leur mere, que le mari puiſſe juſtement prétendre n'en être pas le pere *e* : & ceux auſſi qui naiſſent
ſi long-temps après la mort du mari, qu'on doive juger qu'ils n'ont été conçus qu'après cette mort *f*.

*5. Des en-
fans de* 7.
& 11. mois.

e De eo qui centeſimo octogeſimo ſecundo die natus eſt, Hippocrates ſcripſit, & Divus Pius Pontificibus reſcripſit, juſto tempore videri natum. *l.* 3. §. *ult.* ff. *de ſuis & legit. hared.* Septimo
menſe naſci perfectum partum jam receptum eſt, propter auctoritatem doctiſſimi viri Hippocratis. Et ideò credendum eſt eum
qui ex juſtis nuptiis ſeptimo menſe natus eſt, juſtum filium eſſe.
l. 12. ff. *de ſtatu hom.*
f Poſt decem menſes mortis natus, non admittitur ad legitimam hæreditatem. *l.* 3. §. *penult.* ff. *de ſuis & legitim. hared.* De
muliere quæ parit undecimo menſe. *V. Nov.* 39. *C.* 2.

☞ On n'a pas mis dans cet article le temps précis
marqué par les textes qu'on y a cités, car le moins de
temps pour une naiſſance avancée, & le plus long-temps
pour une naiſſance retardée, pourroient ſe rencontrer
dans des circonſtances qui feroient douter de la certitude de la regle du temps néceſſaire pour une naiſſance
légitime. Et il ne paroit pas même de principes naturels qui puiſſent démontrer, qu'il faut qu'un enfant ait
été conçu cent quatre-vingt-deux jours avant ſa naiſſance pour être à un juſte terme, & qu'un enfant né un
peu moins de temps après ſon mariage, ne fût pas légitime. Et il n'en paroit pas non plus qui démontrent
qu'une naiſſance ne peut être retardée au-delà du dixieme mois. Car pour la naiſſance avancée, quand on
auroit des expériences d'enfans certainement conçus à
un certain jour, nés enſuite au cent quatre-vingt-deu-
xieme jour, & qui euſſent vécu long-temps, & d'autres
expériences d'enfans d'un ou de deux jours moins qui
n'euſſent pû vivre ; on ne pourroit pas en conclure que
le terme de cent quatre-vingt-deux jours, fût ſi préciſément néceſſaire, qu'il fût abſolument impoſſible
qu'un enfant vêquit, s'il lui manquoit un jour de ce
terme. Et s'il arrivoit même qu'un enfant qui ſeroit certainement conçu environ cinq mois ſeulement avant
ſa naiſſance, ne laiſſât pas de vivre pluſieurs années,
& que des perſonnes très-dignes de foi diſent avoir vû,
on ne regarderoit pas cet événement comme un effet
impoſſible à la nature, mais comme naturel, quoique
ſingulier. Et pour la naiſſance dans l'onzieme mois
après la mort du mari, on ſçait qu'il y a des exemples
anciens & nouveaux d'enfans jugés légitimes, quoique
nés bien plus long-temps de dix mois après la mort de
leur pere. De ſorte qu'il ne ſemble pas qu'on puiſſe regler les juſtes termes de la durée d'une groſſeſſe, pour
faire juger qu'un enfant ſoit illégitime, s'il eſt né quelques jours plûtôt ou plûtard : & qu'on doive faire dépendre une queſtion de cette importance d'une regle
qui entreprenne de fixer le temps des opérations de la
nature, & ſur tout de celles que les combinaiſons de
différentes cauſes diverſifient, & où il ne paroit pas
poſſible de marquer les bornes préciſes de la nature
peut, ou ne peut pas. Mais il ſemble que dans
les cas particuliers où il eſt queſtion de ſçavoir ſi un
enfant eſt légitime, ou s'il ne l'eſt pas, le doute venant
de ce que ſa naiſſance eſt ou trop avancée, ou trop retardée ; on doit joindre aux regles communes qui ré-

tent des textes cités fur cet article, pour ce qui regarde le temps de la grolleffe, la confidération des circonftances particulieres, pour décider fagement une queftion d'une auffi grande conféquence, & où il s'agit tout enfemble de l'honneur d'une mere, de l'état d'un enfant, & du repos des familles intéreffées à l'un & à l'autre.

V. l'art. 5. de la Sect. 2. des Héritiers en général, & la remarque qu'on y a faite, p. 318.

VI.

6. Des Pofthumes.

Ceux qui ne font pas encore nés quand leurs peres meurent, qu'on appelle pofthumes, & ceux qu'on tire du ventre de leurs meres mortes avant l'accouchement, font du nombre des enfans qui fuccedent. Et quoiqu'ils ne foient pas encore au monde, quand les fucceffions qui doivent leur appartenir fe trouvent échûës par le décès de leur pere ou de leur mere, ou d'autres leurs proches, elles leur font acquifes fous la condition qu'ils naîtront vivans : & on les confidere comme déja héritiers avant leur naiffance g.

g Sicuri liberorum eorum qui jam in rebus humanis funt curam prætor habuit, ita etiam eos qui nondum nati fint, propter fpem nafcendi, non neglexit. Nam & hac parte Edicti eos tuitus eft, dum ventrem mittit in poffefficonem. l. 1. ff. de ventre in poff. mitt.
Quoique ces pofthumes ne foient pas encore nés quand la fucceffion leur eft échûë, elle leur eft acquife, & on la leur conferve jufqu'à leur naiffance. V. l'art. 7. de la Sect. fuivante, & l'art. 14. de la Sect. 1. des Curateurs, p. 164.

VII.

7. Des Enfans mortis-nés.

Les enfans morts-nés, ne font pas comptés au nombre des enfans qui fuccedent. Et quoiqu'ils fuffent vivans dans le fein de leurs meres lorfque les fucceffions qui les regardoient fe trouvoient ouvertes, ils n'y ont point de part; car ils font confiderés de même que s'ils n'avoient jamais été au monde h.

h V. l'art. 4. de la Sect. 2. des Héritiers en général, p. 317. & les art. 4. & 5. de la Sect. 1. des Perfonnes, p. 12.

VIII.

8. Des monftres.

On doit encore moins mettre au nombre des enfans ces maffes de chair, ou monftres qui naiffent fans la forme humaine i.

i V. l'art. 4. de la Sect. 2. des héritiers en général, p. 317. & l'art. 14. de la Sect. 1. des Perfonnes, p. 13.

IX.

9. L'enfant né pendant le mariage eft prefumé l'enfant du mari.

Celui qui naît d'une femme mariée, eft préfumé enfant du mari : Et il eft tenu pour légitime, s'il n'eft prouvé qu'il ne le foit point l.

l Pater is eft quem nuptiæ demonftrant. l. 5. ff. de in jus vocando.

SECTION II.

Ordre de la fucceffion des enfans & des defcendans.

IL n'eft pas néceffaire de rapporter ici les diverfes difpofitions du Droit Romain fur la fucceffion des enfans au nombre defquels on comprenoit ceux à qui on donnoit ce nom par l'adoption, & les différences qu'on y avoit faites entre les enfans émancipés, & ceux qui étoient demeurés fous la puiffance du pere : entre les enfans des fils & ceux des filles : entre la parenté par hommes qu'on appelloit Agnation; & la parenté par femmes qu'on appelloit Cognation. Ces différences, pour ce qui regardoit les fucceffions, avoient donné fujet à diverfes regles; de forte que par l'ancien droit les enfans émancipés étoient exclus par leurs freres qui étoient demeurés dans la famille fous la puiffance paternelle; ceux des filles étoient exclus de la fucceffion de leur ayeul maternel, par les fils & par leurs enfans, & même par les collatéraux qui avoient ce droit d'Agnation. Sur ces différences, la fuite du temps apporta divers tempéramens a : & Juftinien abolit enfin ces

a V. l. 1. 6. 2. & 4. ff. de fui; & l. 9. c, cod. l. 12. eod. l. 13; Tome I.

diftinctions, & appella indistinctement aux fucceffions les enfans émancipés & non émancipés fans différence de fexe ni de parenté par Agnation ou Cognation. b.

C. de leg. hæred, Tit. inft. de hæred. quæ ab int. §. 14. & feqq. & tit de Senat. Terryl. & de Senat. Orphit.
b Nov. 118. c. 1. c. 4.

SOMMAIRES.

1. Tous les enfans fuccedent par portions égales.
2. Les enfans des enfans viennent par repréfentation avec les enfans du premier degré.
3. Et auffi entre eux quoiqu'il n'y ait point d'enfans du premier degré.
4. Comment fuccedent les enfans de diverfes mariages.
5. Les enfans de divers mariages prennent les droits de leurs peres & meres.
6. Portion de l'enfant qui n'eft pas encore né.
7. Curateur à l'enfant à naître.
8. Provifion à la veuve enceinte.
9. Provifion pour l'enfant de qui l'état eft contefté.
10. Les defcendans excluent les afcendans des fucceffions.
11. Du cas où le pere & le fils meurent dans le même-temps.
12. Du cas où la mere & l'enfant à la mamelle meurent en même-temps.
13. Les enfans ont le droit de Tranfmiffion.
14. Provifion aux enfans qui déliberent fur l'adition d'hérédité.
15. Ufufruit aux peres fur les fucceffions échûës à leurs enfans.
16. Droits qui paffent à ceux de la famille qui ne font pas héritiers.

I.

1. Tous les enfans fuccedent par portions égales.

SI la perfonne qui meurt, foit homme ou femme, laiffe des enfans, ils lui fuccederont par portions égales fans diftinction de fexe, & fans différence entre ceux qui feroient émancipés, & ceux qui feroient reftés fous la puiffance paternelle; & s'il n'y a qu'un feul enfant, fils ou fille, il aura le tout a.

a Recte Prætor à liberis initium fecit ab inteftato fucceffionibus ut fecuti contra tabulas ipfis defert, ita & ab inteftato ipfos vocet. l. 1. §. 5. ff. fi tab. teft. nul. ext. unde lib.
Si quis igitur defcendentium fuerit is qui inteftatus moritur, cujuflibet naturæ, aut gradus, five ex mafculorum genere, five ex fœminarum defcendens, & five fuæ poteftatis, five fub poteftate fit, omnibus afcendentibus, & ex latere cognatis præponatur. Nov. 118. c. 1.
Il faut excepter de cet article les cas où il y a un droit d'aîneffe : & il en faut excepter auffi les filles mariées qui ont renoncé aux fucceffions en faveur des mâles, ou qui fans renoncer en font excluës par quelques Coutumes. V. le préambule de la Section 2. des Héritiers en général, p. 316. Cette exclufion des filles ceffe quand il n'y a point de mâles, ni de defcendans de mâles.

II.

2. Les enfans des enfans viennent par repréfentation avec les enfans du premier degré.

Si outre les enfans du premier degré, il y avoit des enfans d'autres fils ou d'autres filles décédés, ces enfans du fecond degré, ou leurs defcendans, foit mâles ou filles, en quelque degré que ce fût, feroient appellés à la fucceffion avec les enfans du premier degré, pour y prendre la part qu'auroit eu la perfonne de qui ils defcendent, fi elle étoit vivante; car ils la repréfentent, c'eft-à-dire, prennent fa place, & entrent en fon droit. Ce qui fait que la fucceffion fe partage entre les enfans du premier degré, & les defcendans d'autres enfans décédés, non par têtes & en portions égales, felon le nombre des perfonnes qui fuccedent, mais par fouches; les defcendans de chaque fils ou fille, n'ayant tous entre eux que la portion que prendroient leur pere ou leur mere s'ils étoient vivans b.

b Si quem horum defcendentium filios relinquentem mori contigerit, illius filios, aut filias, aut alios defcendentes in proprii patentis locum fuccedere; five fub poteftate defuncti, five fuæ poteftatis inveniantur. Tantam de hæreditate morientis accipientes partem, quanticumque fint, quantam eorum patens, fi viverer, habuiffet. Quam fucceffionem in ftirpes vocavit antiquitas. In hoc enim ordine gradum quæri nolumus. Sed cum filiis & filiabus ex præmortuo filio aut filia, nepotes vocari fancimus: nulla introducenda differentia, five mafculi, five fœminæ fint: & feu ex mafculorum, five fœminarum prole defcendant : five fuæ poteftatis, five fub poteftate fint conftituti. Nov. 118. c. 1.
Ce droit de repréfentation a lieu en ligne directe des defcendans juf-

Zz ij

qu'à l'infini. Mais il n'a pas lieu dans la ligne des *ascendans*. Voyez l'article 5. & l'article 6. de la Section 1. du Titre suivant. *Et pour la représentation entre collateraux.* V. les articles 3. 4. 6. 7. & 8. de la Section 1. du Titre 3.

On peut remarquer sur le droit de représentation qu'ont les descendans, que comme il est de l'équité naturelle, il est en usage dans les Coutumes comme dans les Provinces qui se régissent par le Droit écrit. Cependant il y a quelques étranges Coutumes, où les descendans n'ont pas le droit de représentation. De sorte que les enfans excluent de la succession de leur pere les enfans de leurs freres ses petits enfans.

3. Et aussi entre ceux quoiqu'ils n'ait point d'enfans du premier degre.

III.

Si tous les enfans du premier degré étant décédés, il ne restoit que des petits enfans de fils ou de filles, ces petits enfans succederoient par représentation de leur pere ou mere. Et quoiqu'ils fussent tous en pareil degré, tous les enfans de chaque fils ou de chaque fille, en quelque nombre qu'ils fussent, n'auroient pour eux tous, que la portion qu'auroit eu leur pere ou leur mere *c*.

c Nepotes ex diversis filiis varii numeri avo succedentes ab intestato, non pro viribus portionibus, sed ex stirpibus succedunt. *l. 2. C. de suis & legit. Nov. 118. c. 1.*

4. Comment succedent les enfans de divers mariages.

IV.

S'il y a des enfans ou des descendans de divers mariages, soit du pere ou de la mere, tous ceux d'un même pere, ou tous ceux d'une même mere leur succedent par portions égales sans distinction du premier ou second mariage *d*.

d Matris intestatæ defunctæ hæreditatem ad omnes ejus liberos pertinere, etiamsi ex diversis matrimoniis nati fuerint. *l. 4. ff. ad Senat. Tertull. & Orphit.* Ex rerum vero consequentia hoc ipsum & in patribus sit secundas nuptias facientibus. *Nov. 22. c. 29.*

V.

5. Les enfans de divers mariages prennent les droits de leurs peres & meres.

Dans le cas de l'article précédent les enfans de divers mariages de leur pere venant à lui succeder, ceux du premier lit prennent sur ses biens avant le partage ce qui doit leur revenir des droits de leur mere ; & ceux du second ou autre mariage, s'il y en a, prennent aussi sur ces mêmes biens ce qui peut leur revenir des droits de la leur. Et si c'est la succession d'une mere qui eût des enfans de divers lits, ceux de chaque lit retirent avant le partage ce qui peut leur revenir sur ces biens des droits de leur pere *e*.

e Si mulier ex pluribus matrimoniis liberos susceperit singulis patrum sponsalitia largitates custodiendæ. *l. 4. C. de secund. nupt.*
Absolutè unaquæque soboles proprii parentis accipiat sponsalitiam largitatem. *Nov. 22. c. 29.*
Ex rerum verò consequentia hoc ipsum & in patribus sit secundas nuptias facientibus. *d.c. 29.* V. le Titre 4. du troisième Livre.

VI.

6. Portion de l'enfant qui n'est pas encore né.

Si dans le cas de la succession d'un pere qui laisse un ou plusieurs enfans, sa veuve se trouvoit enceinte ; on compteroit au nombre des enfans celui qui pourra naître. Et si les autres vouloient faire le partage des biens, il faudroit faire la portion de l'enfant à naître, & lui nommer un Curateur qui défendît ses droits, ou surseoir le partage jusqu'à sa naissance, soit à cause de l'incertitude s'il naîtra vivant, ou parce qu'il pourroit arriver qu'il naquît plus d'un enfant de cette grossesse *f*.

f Antiqui libero ventri ita prospexerunt, ut in tempus nascendi omnia ei jura integra reservarent, sicut apparet in jure hæreditatum : in quibus, quia post eum gradum fuerat admissus, quo est id, quod in utero est, non admittuntur, dum incertum est an nasci possit. Ubi autem eodem gradu fuerat quo & venter, tunc quæ portio in suspenso esse debeat, quæsierunt : ideo, quia non poterant scire quot nasci possunt, ideò tamen multa de ea re tam varia & incredibilia creduntur, ut fabulis adnumerentur. Nam traditum est & quatuor pariter puellas à matre familias natas esse. Alioquin traditæ non leves auctores quinquies quaternos enixam Peloponesi : multas Ægypti ubi post septenos. Sed & tergeminos Senatores cinctos vidimus Horatios. Sed & Lælius scribit, se vidisse in Palatio mulierem liberam, quæ ab Alexandria perducta est, ut Hadriano ostenderetur, cum quinque infans, ex quibus quatuor eodem tempore enixa (inquit) dicebatur, quintum post diem quadragesimum. Quid est ergo : Prudentissime juris auctores mediastem quandam secuti sunt, ut quod fieri non rarum admodum potest, inuerentur. Id est, quia fieri poterat ut tergemini nascerentur, quartam partem superstiti filio assignaverunt. Τὸ γὰρ ἅπαξ ἢ δὶς, id est, quod enim semel aut bis existit, ut ait Theophrastus, παραβαίνουσι οἱ νομοθέται. Id est, prætertunt legislatores. Ideòque &

si unum peritura sit, non ex parte dimidia, sed ex quarta interim hæres erit. Et si pauciores fuerint nati, residuum ei pro rata accrescere : si plures quam tres decrescere de ea parte ex qua hæres factus est. *l. 3. & 4. ff. si pars hæred. pet. v. l. 28. in fin. de judic. l. 36. ff. de solut.*

☞ Le cas dont il est parlé dans ce texte de la naissance de trois enfans d'une grossesse, est si extraordinairement rare, qu'il y auroit de la bizarrerie de laisser trois portions pour les enfans qui pourroient naître de toute grossesse d'une femme veuve. Et quoiqu'il arrive quelquefois qu'il y ait deux enfans, on ne feroit pas même pour cela deux portions, si on faisoit un partage pendant la grossesse ; car il faudroit trop souvent refaire ces partages. Et l'inconvénient est bien moindre de refaire un partage, lorsqu'il naît deux enfans d'une grossesse, que de le refaire toutes les fois qu'il n'en naîtroit qu'un. Mais le parti des enfans qui ont à partager est bien commode & plus naturel d'attendre l'accouchement ; pour sçavoir s'il y aura un enfant qui vive, s'il y en aura deux, ou seulement un. Et s'il n'y avoit que des filles vivantes dans un cas où il y eût un précipput pour l'aîné mâle, il faudroit encore attendre par cette raison de sçavoir s'il naîtroit un mâle ou une fille. C'est par ces considérations qu'on n'a pas suivi la regle expliquée dans ce texte, & qu'on l'a rendue conforme & à l'équité & à notre usage.

VII.

7. Curateur à l'enfant à naître.

Dans le cas d'une veuve enceinte, si les droits de l'enfant qui pourra naître obligent à prendre pour lui quelque sureté ; soit pour un partage, s'il est nécessaire qu'il en soit fait, ou pour d'autres causes, comme pour exercer les droits, & régir les biens qui les regarderoient ; on nomme un Curateur pour ces fonctions comme il a été dit en son lieu *g*.

g Quoties autem venter mittitur in possessionem, solet mulier curatorem ventri petere, solet & bonis. *l. 1. §. 17. ff. de vent. in poss. mitt. & cur ej.* V. l'article 14. de la Section 1. des Curateurs, p. 164.

VIII.

8. Provision à la veuve enceinte.

Si dans le cas de l'article précédent la veuve demandoit une provision sur les biens de la succession pour sa subsistance & son entretien pendant sa grossesse, à cause de l'enfant ; on la lui accorderoit selon la qualité des personnes & selon les biens du défunt, quoiqu'elle en eût à elle. Car cette provision regardant un enfant à naître qui doit avoir sa part à l'hérédité ; il est également & de l'intérêt public, & de l'humanité, & de la religion, qu'on n'ait encore plus de soin que de ceux qui sont déja nés. Et cette provision se prendroit sur les deniers de la succession, s'il y en avoit, ou sur les autres effets qui pourroient en produire plus commodément, & plus promptement *h*. Que si la veuve qui auroit eu cette provision se trouvoit avoir supposé de mauvaise foi qu'elle étoit enceinte, elle seroit obligée de rendre aux héritiers ce qu'elle auroit reçu à ce titre *i*.

h Mulier autem in possessionem missa, ea sola fine quibus fœtus sustineri, & ad partum usque produci non possit, sumere ex bonis debet. Et in hanc rem curator constituendus est, qui cibum, potum, vestitum, tectum mulieri præstet, pro facultatibus defuncti, & pro dignitate ejus atque mulieris. Deminutio autem ad hos sumptus fieri debet, primùm ex pecunia numerata : si ea non fuerit, ex his rebus quæ patrimonia onerare magis impendio, quàm augere fructibus consueverunt. *l. 1. §. 19. & 20. ff. de vent. in poss. mitt. & curat. ejus.*
Curator ventris alimenta mulieri statuere debet, nec ad rem pertinet an dominam habeat unde sustentare se possit : quia videntur, quæ ista præstantur, ipsi præstari qui in utero est. *l. 5. eod.*
Favorabilior est causa partus quàm pueri. Partui enim in hoc favetur, ut in lucem producatur : puero, ut in familiam inducatur. Partus enim iste alendus est, qui non tantum parenti, cujus esse dicitur, verum etiam reipublicæ nascitur. *l. 1. §. 15. eod.*
i Et si sciens prudensque se prægnantem non esse consumpserit, de suo id consumpsisse Labeo ait. *l. 1. §. ult. ff. de ventre in poss. mitt.*
¶ Les alimens ne se rapportent pas dans les partages.]

IX.

9. Provision pour l'enfant

Si dans ce même cas il y avoir d'autres enfans d'un premier lit, ou des héritiers du sang au défaut d'enfans *pour l'enfant de qui l'état est contesté.*

qui prétendissent que celui dont la veuve se trouveroit enceinte , ou qui seroit déja né , ne fût pas légitime , de sorte qu'il fallut juger l'état de cet enfant né ou à naître *l*; pendant que cette question seroit indécise , sa mere , ou son curateur pourroient demander une provision sur les biens de la succession pour ses alimens. Et si le procès duroit un long-temps , les provisions seroient augmentées selon la dépense , y comprenant même celles des études & autres nécessaires selon la qualité des personnes , & la valeur des biens. Car dans une telle contestation on doit présumer pendant qu'elle est encore indécise , & en faveur de la mere , qu'elle n'a pas été infidéle à son mari ; & en faveur de l'enfant , qu'il est légitime ; & la conséquence seroit bien plus grande de l'avoir privé de sa nourriture & de son éducation , s'il se trouvoit légitime , que d'avoir diminué la succession de ce qui auroit été employé à un tel usage , quand il seroit jugé dans la suite qu'il ne le fût point *m*. Ainsi cette provision n'est pas refusée , quoique l'état de cet enfant se trouve douteux , comme elle devroit l'être s'il étoit évident qu'il n'eût aucun droit *n*.

l Si cui controversia fiet , an inter liberos sit , & impubes sit causa cognita perinde possessio datur , ac si nulla de ea re controversia esset. *l.* 1. *de Carbon. Editio.*

On a retranché le reste de cette Loi qui veut que le jugement de l'état de cet enfant soit différé jusqu'à ce qu'il ait l'âge de puberté , si ce n'est comme il est dit dans la Loi 3. §. 5. au même Titre , qu'il fut de son intérêt de ne pas différer ce jugement , comme s'il y avoit du danger que les preuves qui pourroient lui servir vinssent à périr. Mais si les autres enfans , ou les héritiers du possesseur de l'état de cet enfant , ne consentoient pas à un tel delai , & à le laisser cependant en possession , notre usage n'approuveroit pas ce retardement : Et il seroit juste pour l'intérêt commun & de cet enfant & de ses parties , de faire juger la question de son état avec son tuteur ou son curateur. Que si la cause étoit jugée contre lui , le jugement qui auroit été rendu , ne seroit que comme provisionnel , & n'empêcheroit pas que dans la suite il ne revint contre ; de même que tout mineur qui n'auroit pas été assez défendu.

m An autem vescendi causa deminuere possit is qui ex Carboniano missus est , videamus : Et si quidem satis impubes dedit , sive decrevit præses , sive non , deminuet vescendi causa : sic minus restituet hæreditati petitori. Quòd si satisface non potuit , & aliter alere se videatur non posse , deminuendi causa usque ad id quod alimenta ejus necessarium est , mittendus est. Nec mirum debet videri hæreditatem propter alimenta minui ejus quem fortasse judicabitur filium non esse , cùm omnium edictis venter in possessionem mittatur , & alimenta mulieri præstentur propter eum qui prodest non nasci , majorque cura debeat adhiberi ne sanè pereat filius , quàm ut minor hæreditas ad petitorem perveniat , si appareat filium non esse. *l.* 5. §. 3. *ff. de Carbon. Ed.* Non solum alimenta pupillo præstari debent , sed & in studia , & in cæteras necessarias impensas debet impendi , pro modo facultatum. *l.* 6. §. 5. *eod.*

n Causæ cognitio in eo vertitur , ut si manifesta calumnia appareret eorum infantibus bonorum possessionem peterent , non daretur bonorum possessio. Summatim ergo cùm petitur ex Carboniano bonorum possessio debet prætor cognoscere. Et si quidem absolutam causam invenerit , evidenterque probavit filium non esse , negare debet : ei bonorum possessionem Carbonianam. Si verò ambiguam causam , hoc est , vel modicum , pro puero facientem , ut non videatur evidenter filius non esse , dabit ei Carbonianam bonorum possessionem. *l.* 3. §. 4. *eod.*

Quoique ce dernier texte ne regarde que la provision pour les alimens , mais l'hérédité même , il peut convenir à l'une & à l'autre.

X.

10. Les descendans excluent les ascendans des successions.

Si le défunt a laissé des enfans , ou seulement des petits enfans , & que son pere , ou sa mere , ou autres ascendans lui ayent survécu , les enfans ou petits enfans de l'un & de l'autre sexe , en quelque degré qu'ils soient , excluront son pere & sa mere , & ils en excluront aussi tous autres ascendans , à plus forte raison tous collatéraux. Car c'est l'ordre naturel que les biens passent des peres aux enfans *o*.

o Si matre superstite filius vel filia , qui quæve moritur , filios dereliquerit , omnimodo patri suo matrive suæ ipso è jure succedant. Quod sine dubio & de pronepotibus observandum esse censemus. *l.* 11. *C. de suis & legit. lib.*
Si quis igitur descendentium fuerit ei qui intestatus moritur , cujuslibet naturæ , aut gradus , sive ex masculorum genere , sive ex fæminarum descendens , & sive suæ potestatis , sive sub potestate sit , omnibus ascendentibus , & ex latere cognatis præponatur. *Nov.* 118. *c.* 1.

XI.

11. Du cas où le pere & le fils meurent.

Comme le fils ne succede au pere que quand il survit , & qu'il peut arriver qu'ils meurent ensemble , de sorte qu'on ignore lequel est mort le premier , il faut

en ce cas regler à qui passeroit les biens de l'un & de l'autre. Ainsi , par exemple , s'il arrivoit qu'un pere & son fils vinssent à périr ensemble dans une bataille , ou dans un naufrage , sans qu'il fût possible de sçavoir lequel auroit survécu & succedé , ou le fils au pere , ou le pere au fils , pour faire passer les biens du premier mort aux héritiers de l'autre ; on présumeroit que le fils auroit survécu , & succedé au pere. Et il en seroit de même si c'étoit la mere & le fils. Car comme c'est l'ordre naturel , on suppose que l'événement y a été conforme , & cette présomption peut encore avoir ce fondement , qu'il est naturel qu'à cause de la différence de l'âge le fils le plus robuste ait résisté plus long-temps à la mort *p*.

11. Du cas où le pere & le fils meu- rent dans le même-tems.

p Cùm bello pater cum filio periisset , materque filii quasi posteà mortui bona vindicaret , agnati verò patris , quasi filius ante periisset , Divus Hadrianus credidit patrem prius mortuum. *l.* 9. §. 1. *ff. de reb. dub.*
Cùm pubere filio mater naufragio periit : cum explorari non possit , uter prior extinctus sit , humanius est credere filium diutius vixisse. *l.* 22. *eod.*
Si Lucius Titius cum filio pubere quem solum testamento scriptum hæredem habebat , perierit , intelligitur superstitisse filius patri , & ex testamento hæres fuisse : & sibi hæreditas successoribus ejus deferetur , nisi contrarium approbetur. *d.* l. §. 4. *Voyez l'article suivant , & les remarques qu'on y a faites. Voyez aussi l'article* 15. *de la Section* 4. *des Preuves & Présomptions , & la remarque qu'on y a faite , p.* 257.

XII.

Quoique dans le cas de l'article précédent il soit présumé que le pere est mort le premier ; si pour un autre cas on supposoit que ce fût un enfant à la mamelle mort avec sa mere , soit dans un naufrage , ou un incendie , ou autre accident ; on présumeroit qu'à cause de la foiblesse de l'enfant sa mere auroit survécu. Et on présumeroit de même de tout enfant qui n'auroit pas encore l'âge de puberté , soit que le cas fût arrivé au fils & à la mere , ou au fils & au pere *q*.

12. Du cas où la mere & l'enfant à la ma- melle meu- rent en mê- me-temps.

q Inter socerum & generum convenit , ut si filia mortua superstitem anniculum filium habuisset , dos ad virum pertineret : Quòd si vivente matre filius obiisset , in totum dotis portionem uxore in matrimonio defuncta restitueret. Mulier naufragio cum annunculo filio periit. Quia verisimile videbatur ante matrem infantem periisse , virum partem dotis retinere placuit. *l.* 16. *ff. de pact. dotal.*
Si mulier cum filio impubere naufragio periit , priorem filium necatum esse intelligitur. *l.* 23. *ff. de reb. dub.* Quod si impubes cum patre filius perierit , creditur pater supervixisse , nisi & hic contrarium approbetur. *l.* 9. *in f. eod.*

☞ Il faut remarquer sur l'article précédent & sur celui-ci , que ces regles paroissant fondées sur les présomptions de ce qui arrive naturellement , il semble qu'elles devroient être fixes & toujours les mêmes en toutes sortes de cas indistinctement. C'est-à-dire , que quelque conséquence qui dût en suivre ou pour ou contre les personnes intéressées au prédecès du pere ou du fils , & indépendamment de la considération que pourroit mériter l'intérêt de l'une des parties au-dessus de celui de l'autre ; il faudroit toujours en juger de même. Cependant on voit en quelques loix , que dans ces sortes de cas , où l'on ignore lequel des deux est mort le premier , les présomptions sont différentes , selon la considération des personnes intéressées. Ainsi , par exemple , dans le cas du premier des textes cités sur l'article précédent , où il s'agissoit de sçavoir si les parens du pere devoient recueillir la succession ; ce qui auroit été juste , s'il eût survécu , ou si la mere devoit avoir les biens du pere , comme ayant passé à son fils , s'il n'étoit mort qu'après le pere , l'Empereur Adrien décida en faveur de la mere que le fils avoit survécu. Ainsi , au contraire dans un cas pareil , où un affranchi étoit mort avec son fils dans le même accident , de sorte qu'on ignoroit l'un d'eux & lequel avoit survécu , une autre loi présume en faveur du Patron , c'est-à-dire , du maître qui avoit donné la liberté à cet affranchi , que le fils n'avoit pas survécu à son pere , afin que la succession du pere pût passer au Patron *a*; car il devoit succeder à son affranchi qui mourroit sans enfans : & cette loi le prefere à celui qui devoit être l'héritier du fils , s'il n'étoit prou-

a *l.* 9. §. 2. *ff. de reb. dub.*

Z z iij

vé que le père fût mort le premier. *Si cum filio suo libertus simul perierit, intestati patrono legitima defertur hæreditas : si non probatur supervixisse patri filius.* Ce font les termes de cette loi qui explique ensuite le motif de cette décision, fondée sur la considération de la personne du Patron , *hoc enim reverentiâ patronatus suggerente dicimus.*

On voit encore que dans un pareil événement un père & un fils étant morts ensemble dans un naufrage ou autre accident , une autre loi présume par une autre vûe , que le fils n'a pas survêcu au père. C'est dans le cas où un testament auroit chargé son héritier de remettre son hérédité ou une partie , ou quelque chose en particulier à une autre personne après la mort de cet héritier , s'il mouroit sans enfans. Il est dit dans cette loi , que si celui qui étoit chargé de ce fideicommis b , n'ayant qu'un fils , ce fils & son père mouroient ensemble par quelque accident , sans qu'on pût sçavoir lequel auroit survêcu, il feroit présumé que le fils n'auroit pas survêcu , & qu'ainsi le cas du fideicommis feroit arrivé, celui qui en étoit chargé étant mort sans enfans. Ce qui feroit passer ces biens au fideicommissaire , c'est-à-dire, à la personne qui étoit appellée au fideicommis ; au lieu que s'il étoit présumé que le fils eût survêcu , il auroit fait cesser le cas du fideicommis : & ayant succedé à son père , il auroit fait passer ces biens à son héritier. *Si quis susceperit quidem filium , verum vivus amiserit , videbitur sine liberis decessisse. Sed si naufragio , vel ruina , vel aggressu , vel quo alio modo simul cum patre perierit (filius) an conditio , si sive liberis pater decederet , deseceret videamus , & magis non defuisse arbitror. Quia non est verum filium ejus supervixisse. Aut igitur filius supervixit patri , & extinxit conditionem fideicommissi : aut non supervixit , & exstitit conditio. Cùm autem quis ante & quis postea decesserit non apparet , extitisse conditionem fideicommissi magis dicendum est. l. 17. §. 7. ff. ad Senat. Trebell.* Il semble qu'on puisse conclure de cette décision, que puisqu'elle présume contre l'ordre naturel & contre la regle expliquée dans l'article onziéme, que le fils n'a pas survêcu au père , elle n'est fondée que sur la faveur du fideicommis , pour le faire subsister contre l'héritier du fils. Et comme c'étoit assez au fideicommissaire que le fils n'eût pas survêcu , soit qu'il fût mort avant son père , ou seulement dans le même instant c ; la loi suppose simplement que le fils n'a pas survêcu , & qu'ainsi la condition du fideicommis est arrivée, qui accomplit l'intention du testateur , de ne préférer au fideicommissaire les enfans de son héritier , en cas qu'il en eût qui lui succedassent.

On voit dans ces diverses questions qui naissent de l'évenement où le père & le fils meurent ensemble, que les loix décident différemment l'ordre de leur mort, selon les différences des personnes intéressées ; jugeant en faveur de la mere que le père est mort le premier ; décidant au contraire en faveur du Patron que le fils n'a pas survêcu ; & en faveur du fideicommis, que la condition en est arrivée de la mort du père , sans laisser d'enfans vivans après lui. Et dans ce dernier cas , ce n'est pas la faveur de la personne du fideicommissaire qui attire la décision , mais simplement la qualité d'une cause d'un fideicommis singulierement favorable dans le Droit Romain, Mais si dans ce même cas de ce fideicommis, c'étoit la veuve du père & mere du fils décédés ensemble, qui prétendit que suivant la regle de l'article onziéme & l'ordre naturel le fils est survêcu, & qu'ainsi le cas du fideicommis ne fût pas arrivé , puisque le père étant mort le premier , il ne feroit pas mort sans enfans ; présumeroit-on contre la mere en faveur du fideicommissaire , que le fils n'auroit pas survêcu au père, & ne feroit-il pas juste au contraire de présumer en faveur de la mere que le fils auroit survêcu , puisque cette mere auroit d'une part la présomption naturelle que le fils doit survivre au père, & de l'autre la faveur de sa qualité de mere , qui, selon l'esprit des loix qu'on vient de rapporter, semble devoir décider pour elle. La

conséquence paroît assez bien fondée , & pour en mieux juger on peut remarquer qu'il résulte des loix qu'on a rapportées , & des autres qu'on a sur cette matiere , trois différentes manieres de décision dans les cas de cette nature. La premiere , qui suppose que selon l'ordre naturel le fils a survêcu au père ; la seconde , qui fait une exception de cette premiere dans le cas d'un enfant impubere : & la troisiéme , qui suppose que le père & le fils sont morts dans le même instant. Et il est bien certain qu'il faut de nécessité qu'il arrive un de ces cas. C'est-à-dire, ou que le père meure le premier , ou qu'il meure le dernier , ou que l'un & l'autre meurent au même moment. On peut dire de la troisiéme de ces trois manieres de présomptions, qu'il faudroit l'abolir , si c'étoit la regle qu'on dût toujours présumer que le fils adulte survit au père, & que le père survit au fils impubere. Car par cette regle on ne devroit jamais présumer , que les deux fussent morts dans le même instant : & toutes les questions feroient décidées par l'âge du fils. Puisqu'il est donc certain que les loix présument quelquefois que le fils même adulte n'a pas survêcu ; il s'ensuit que ces loix supposent qu'il peut arriver naturellement , ou que le fils meure le premier , ou que l'un & l'autre meurent dans le même instant : & c'est aussi une vérité que la raison fait assez sentir. Car il peut arriver en plusieurs manieres que la mere périsse sous les ruines d'un bâtiment , plûtôt que l'enfant qu'elle allaiteroit. Il peut arriver que le fils soit tué avant son père dans une bataille : & dans ces mêmes occasions & en toutes autres, il peut arriver que les deux meurent dans le même instant , ou que même celui des deux qui à cause de son âge ou de quelque infirmité devroit mourir le premier , meure le dernier. C'est sur cette diversité naturelle d'évenemens que peuvent être fondées les différentes manieres dont les loix décident les questions de cette nature , présumant quelquefois que la mort des deux est arrivée dans le même instant, comme il se peut faire , & d'autres fois que l'un des deux est mort le premier non par les présomptions de l'égalité & des différences de l'âge , ou d'autres causes, mais en présumant qu'il est arrivé ce qui peut être plus avantageux à la partie de qui la cause est plus favorable. Car au lieu que si on sçavoit la vérité de l'événement quel qu'il fût , il faudroit qu'il fît la décision , l'incertitude de ce qui est arrivé lorsqu'on ne peut avoir de preuves , fait que la loi détermine par autorité qu'il est arrivé ce que la pente naturelle semble demander , comme il a paroît dans les exemples qu'on vient d'expliquer. Et cette maniere de décider peut avoir son fondement sur un principe d'équité assez naturel ; puisqu'étant impossible d'une part de sçavoir le vrai , & nécessaire de l'autre de prendre un parti qu'on ne peut prendre qu'en supposant un des cas qui ont pû arriver ; il n'y a que la loi qui puisse substituer son autorité à la décision qui feroit la vérité , si elle étoit connue. C'est ainsi qu'il semble qu'on doive concilier ces décisions si différentes; d'où il paroit suivre, que dans les questions de cette nature , il faut joindre à la connoissance du fait ; telle que les circonstances peuvent la donner, la considération des personnes intéressées , pour décider par toutes ces vûes suivant les principes qui résultent de ces réflexions sur toutes ces loix.

Si pour l'usage de ces principes on suppose qu'un père & son fils unique âgé de treize ans étant morts ensemble, la veuve mere de ce fils demande les biens du père avec ceux du fils, prétendant que le fils a survêcu au père , & par conséquent lui a succedé : & que des parens collatéraux du père demandent sa succession , encore de plus ce qui pouvoit revenir au père des biens de son fils ; & fondent leur prétention sur ce que le fils n'ayant pas encore l'âge de puberté , on doit présumer que le père lui a survêcu. Comment faudra-t-il décider cette question ? Jugera-t-on qu'à cause de l'âge le fils est mort le premier , & qu'ainsi la mere n'aura aucune part aux biens de son fils? ou présumera-t-on par la faveur de la mere , que le fils doit avoir survêcu au père ? Et quand ce feroit un enfant en plus bas âge , privera-t-on la mere de ce qu'elle devroit avoir , s'il étoit cet-

---

b C'est ainsi qu'on nomme ces sortes de dispositions dont il sera traité dans le cinquiéme Livre.

c Aut non supervixit filius , & extitit conditio. d. l.

tain que son fils eût survêcu, puisqu'il peut même être arrivé que le pere soit mort avant le fils, par d'autres circonstances que celle de l'âge, qui ne fait pas une preuve certaine que le fils soit mort le premier : ou prendra-t-on le parti de supposer que l'un & l'autre sont morts dans le même instant, pour donner à la mere le bien de son fils à qui le pere n'a pas survêcu, & aux collatéraux les biens du pere à qui le fils n'ayant pas survêcu non plus, n'a pas succedé ? La premiere de ces trois manieres de juger cette question paroîtroit trop dure. Et puisqu'il se peut faire que le fils ait survêcu, il semble qu'on ne doit pas décider le doute par la supposition contraire, qui ôte à la mere toute part aux biens de son fils venus de son pere ; ce qui conduit à décider suivant la seconde ; puisque la troisieme auroit encore la dureté de cet inconvénient, que la mere seroit privée de ce que les Coutumes mêmes qui affectent les biens à ceux de l'estoc, lui donnent sur les biens que le fils a eus de son pere.

Si on suppose pour un autre cas qu'un pere qui auroit plusieurs fils, meurt avec l'un d'eux, sans qu'on puisse sçavoir lequel est mort le premier, que ce fils qui avoit quelques biens en propre, eût fait un testament par lequel il eût institué un de ses amis, son héritier universel, & que ses freres venant à partager entre eux les biens de leur pere, cet héritier de leur frere prétendit que le fils auroit survêcu au pere, & qu'ainsi il devroit avoir non-seulement les biens de ce fils, mais aussi la part qui lui revenoit des biens de son pere. Décidera-t-on pour cet héritier par la présomption que le fils est mort le dernier, ou pour les freres par la présomption qu'ils sont morts dans le même instant, & qu'ainsi l'héritier du frere n'a rien aux biens du pere, mais qu'il doit seulement prendre les biens que leur frere pouvoit avoir d'ailleurs. Cet héritier sera fondé sur la présomption que le fils a survêcu & succedé au pere : & les freres auront pour eux, non-seulement la considération si favorable de l'équité naturelle, qui les appelle aux biens de leur pere, & qui en exclut cet étranger ; mais encore cette raison, que n'y ayant aucune preuve qui fasse connoître lequel des deux est mort le premier, ni aucune raison de présumer en faveur de l'étranger contre l'intérêt des freres ; on doit présumer que l'un & l'autre sont morts dans le même instant, avec autant ou plus de raison que dans le cas du fideicommis dont on a parlé. Ainsi, suivant les principes qu'on vient de remarquer, ce seroit bien assez à cet héritier qu'il eût les biens propres du fils, sans aucune part à ceux que le fils auroit eus de son pere, s'il étoit certain, comme il ne l'est pas, qu'il lui eût survêcu.

On pourroit donner encore d'autres exemples de pareils cas, mais ce peu suffit pour une matiere d'un usage aussi rare : & c'est assez d'avoir remarqué ces divers principes, qui semblent suffire pour tous les différens cas de cette nature.

V. l. 32. §. 1. ff. de religios. & sumpt. fun. l. 9. §. 1. ff. de reb. dub. d. l. §. ult. l. 16. eod. d. l. 16. §. 1. l. 17. & 18. eod. d. l. 18. §. 1.

Il paroît par ces textes, dont on ne rapporte pas ici les termes, que la présomption ordinaire est que les deux sont morts dans le même instant, puisqu'on ne peut dire d'aucun qu'il ait survêcu. De sorte que ce n'est que par des circonstances ou considérations particulieres qu'on présume autrement.

Voyez l'article 15. de la Section 4. des Preuves & Présomptions, p. 157. l'article 7. de la Section 2. de la Substitution Pupillaire, & l'article 18. de la Section 1. des Substitutions directes & des Fideicommissaires.

XIII.

Les enfans & autres descendans sont considerés comme en quelque façon, maîtres des biens de leur pere ou mere, ayeul ou ayeule, & autres ascendans, même avant leur mort. Et quand ils arrive ce n'est pas tant une succession acquise aux enfans, qu'une continuation d'un droit qu'ils avoient déja, avec cette différence entre ce droit & l'hérédité, qu'au lieu que pendant la vie de l'ascendant à qui ils succedent, ils avoient comme en part ses biens avec lui, & que sa possession les leur conservoit ; ils ont seuls le droit entier aux biens après cette mort. Ainsi, quoiqu'elle puisse leur être inconnue, & que même ils ignorent leur droit, comme si

c'étoit des enfans en bas âge, les biens leur sont pleinement acquis *r*. Car si cet effet que si le fils qui a survêcu à son pere, & qui n'a pas renoncé à la succession, venoit à mourir avant qu'il l'eût recueillie, ou même avant qu'il sçût qu'elle fût ouverte, il transmettroit, c'est-à-dire, feroit passer son droit à ses héritiers. Et c'est ce qu'on appelle droit de transmission, dont il sera traité en son lieu *s*.

r In suis hæredibus aditio non est necessaria, quia statim ipso jure hæredes existunt. l. 14. ff. de suis & legit. hæred.

In suis hæredibus evidentius appatet continuationem dominii ad rem perducere ut nulla videatur hæreditas fuisse quasi olim hi domini essent, qui etiam vivo patre quodammodo domini existimantur. l. 11. ff. de lib. & post. Sui autem hæredes fiunt etiam ignorantes. §. 3. inst. de hæred. quæ ab int.

Et statim more parentis quasi continuatur dominium. d. §. Encore que ce mot suus hæres ne convienne pas à tous les enfans dans le Droit Romain, & que les enfans émancipés perdissent cette qualité, ces textes ne laissent pas de convenir à notre usage, qui ne fait pas cette distinction entre les enfans pour ce qui regarde les successions & dans le Droit Romain même, Justinien l'avoit abolie. Voyez Nov. 118. c. 1.

s Voyez la Section 10. des Testamens.

XIV.

Quoique les enfans & autres descendans qui survivent à leurs peres & meres, & autres ascendans, soient saisis des biens, ainsi qu'il est dit dans l'article précédent, ils ne laissent pas d'avoir la liberté de délibérer s'ils accepteront l'hérédité, ou s'ils s'en abstiendront. Et si pendant le temps qui leur est donné pour délibérer, ils demandent quelque provision pour leur subsistance, on la leur accorde, comme il a été dit en un autre lieu *t*.

t V. l'article 6. de la Section 1. des Héritiers bénéficiaires, p. 347.

XV.

Il faut remarquer sur les successions des ascendans échûes aux enfans & autres descendans, qu'ils n'y ont pas toujours un plein droit. Car si le fils qui est sous la puissance de son pere succede à sa mere, ou autre ascendant maternel, son pere aura l'usufruit des biens de cette succession, ainsi qu'il sera expliqué dans le Titre suivant *u*.

u Voyez la Section 2. du Titre suivant.

XVI.

Il faut aussi remarquer sur le même sujet de la succession des enfans & autres descendans, & même en général sur toutes les successions *ab intestat* de descendans, ascendans & collatéraux, qu'il peut y avoir dans l'hérédité de certains droits qui passent aux héritiers *ab intestat*, encore qu'ils soient privés de la succession par un testament, ou que même ils viennent à y renoncer. Ainsi le droit de Patronage attaché à une famille, passe à ceux à qui le titre le donne, quoiqu'ils ne soient point héritiers *x*. Ainsi le droit de la sépulture dans les tombeaux de la famille, passent également à ceux qui en sont, soit qu'ils soient héritiers ou non *y*.

x Filii hæreditate paterna se abstinentes, jus quod in libertis habent paternis, non amittunt. l. 9. ff. de jur. patron. l. 47. §. 4. ff. de bon. libert.

Quoique le droit de Patronage dont il est parlé dans cet article, soit d'une autre nature que celui dont il est parlé dans cette Loi, on peut s'y appliquer, puisque ces deux droits ont le même usage, que l'un comme l'autre passent aux proches, quoiqu'ils ne soient pas héritiers. Le Patronage dont il est parlé dans l'article, est le que l'Eglise a accordé aux Fondateurs de quelques Bénéfice, & à leurs descendans, de présenter un collateur des personnes capables. Ce qui fait une matiere qui n'est pas du dessein de ce Livre.

y Voyez l. 6. ff. de religios. & sumpt.

SECTION III.

Des lignes & degrés de proximité.

Quoique la matiere de ce Titre soit bornée à ce qui regarde les enfans & autres descendans, & qu'il semble par cette raison qu'on ne dût parler ici que des lignes & degrés des descendans ; la connexité des lignes & degrés d'ascendans, descendans & collatéraux, ne permet pas de diviser cette matiere ; mais comme on doit expliquer ici les lignes & degrés des descendans, il faut aussi y joindre les autres.

Comme les lignes & les degrés de proximité ou de parenté se distinguent plus facilement dans une figure, on en donne une qui sera placée à la fin de cette Section. Mais il est nécessaire d'expliquer auparavant ce que c'est que les degrés de proximité & les lignes que ces degrés composent : car c'est par ces lignes ; & ces degrés qu'on voit quelle est la proximité entre deux personnes, & c'est ce qui sera la matiere de cette Section.

La connoissance des degrés de proximité n'est pas seulement nécessaire dans la matiere des successions, mais elle l'est aussi en d'autres matieres ; comme dans les tutelles pour pouvoir y appeller ceux qui sont parens des mineurs, & en excuser ceux qui ne le sont point ; dans les recusations de Juges parens : dans les enquêtes ou informations, pour recevoir ou rejetter les témoignages de ceux qui se trouvent parens des parties a ; dans les mariages qui sont illicites entre parens & alliés en certains degrés b.

Les défenses des mariages dans les degrés de proximité & d'affinité que le Droit Romain avoit établies, ont été beaucoup plus étendues par le Droit Canonique que nous observons c. Mais cette matiere n'est pas de ce lieu, où il suffit de marquer l'ordre des degrés de parenté pour ce qui regarde les successions. Et pour les degrés d'affinité ou alliance, comme elle n'a aucun rapport aux successions, les alliés n'y ayant droit, on n'en parlera point d. Ces degrés d'affinité se distinguent assez par ceux de proximité ; car pour connoître le degré d'affinité entre le mari & les parens de sa femme, & entre la femme & les parens de son mari, il n'y a qu'à mettre les maris au même degré où sont leurs femmes, & les femmes au même degré où sont leurs maris.

Comme tous les articles de cette Section se rapportent à la figure des parentés qui est à la fin, & que sans la vûe de cette figure il seroit difficile à ceux qui commencent de bien entendre tout ce détail ; on les avertit d'avoir toujours la figure présente à la lecture de chaque article, & de lire avant que d'y regarder l'avis qu'on a mis à la fin de cette Section pour faire entendre l'usage de cette figure.

a Jurisconsultus cognatorum gradus & affinium nosse debet. Quia legibus hæreditates & tutelæ ad proximum quemque agnatum redire conveverunt. l. 10. ff. de gradibus & affini. Præterea lege judiciorum publicorum, contra affines & agnatos testimonium inviti dicere non coguntur. d. l.

b Nemini liceat contrahere matrimonium cum filia, nepte vel pronepte, itemque cum matre, avia vel proavia : & ex latere amita ac matertera, sorore, sororis filia, & ex ea nepte : præterea fratris tui filia, & ex ea nepte. Itemque ex affinibus, privigna, noverca, nuru, socru, cæterisque quæ jure antiquo prohibentur à quibus cunctos volumus se abstinere. l. 17. C. de nuptiis.

c Voyez 15. 9. 4.

d Affinitatis jure nulla successio permittitur. l. 7. C. comm. de success.

I.

Comme la proximité entre deux personnes vient ou de ce qu'elles descendent l'une de l'autre, ce qui fait la liaison des ascendans & des descendans, ou de ce que les deux descendent d'une même personne, ce qui fait celle des collatéraux ; on juge de la proximité entre deux personnes par le nombre des générations qui font l'une & l'autre de ces liaisons. Et on appelle ces générations des degrés par où l'on va d'une personne à l'autre, pour faire le calcul de leur parenté a ; de la maniere qu'il sera expliqué dans les articles qui suivent.

1. Ce que c'est que degré de proximité, ou de parenté.

a Gradu dicti sunt à similitudine scalarum locorumve proclivium, quos ita ingredimur, ut à proximo in proximum, id est, in eum qui quasi ex eo nascitur, transeamus. l. 10. §. 10. ff. de gradibus & affin.

II.

On appelle lignes, la suite des degrés ou générations qui se trouvent d'une personne à l'autre. Et comme il y a trois ordres de proximité, celui des ascendans, celui des descendans & celui des collatéraux, il y a aussi trois ordres de lignes b.

2. Ce que c'est que ligne de parenté.

b Gradus cognationis alii superioris ordinis sunt, alii inferioris, alii ex transverso sive à latere. Superioris ordinis sunt, parentes : inferioris liberi : ex transverso sive à latere, fratres & sorores, liberique eorum. l. 1. ff. de gradib. & affin.

III.

Dans l'ordre des ascendans de celui de qui il s'agit, on place au dessus de lui son pere, son ayeul, son bisayeul & ses autres ancêtres, chacun en son rang selon leurs degrés, dont le premier est celui qui monte du fils au pere ; du second, du pere à l'ayeul ; le troisieme, de l'ayeul au bisayeul, & les autres ensuite, suivant ce même ordre. Ainsi le pere est au fils dans le premier degré, & l'ayeul au petit-fils est dans le second, & ainsi des autres. Ce sont ces degrés dont la situation de l'un au dessus de l'autre fait la ligne des ascendans, qui, jointe avec celle des descendans, dont il sera parlé dans l'article qui suit, ne fait avec elle qu'une seule ligne c.

3. Ligne des ascendans.

c Primo gradu sunt, supra pater, mater. l. 1. §. 3. ff. de gradib. & affinib.
Secundo gradu sunt, supra avus, avia. d. l. §. 4.
Tertio gradu sunt, supra proavus, proavia. d. l. §. 5.

IV.

Dans l'ordre des descendans de celui dont il s'agit, on place au dessous de lui son fils, son petit fils & les autres descendans chacun en son rang selon leurs degrés, dont le premier est celui qui descend du pere au fils, le second du fils au petit fils, le troisieme du petit fils à son fils, & les autres ensuite suivant ce même ordre. Ainsi le fils est au pere dans le premier degré, & le petit-fils est à l'ayeul dans le second, & ainsi des autres d. Ce sont ces degrés dont la situation de l'un au dessous de l'autre, fait la ligne des descendans, qui, comme il a été dit dans l'article précédent, ne fait avec celles des ascendans qu'une seule ligne.

4. Ligne des descendans.

d Primo gradu sunt .... infrà filius, filia. l. 1. §. 3. ff. de gradibus & affin.
Secundo gradu sunt.... infrà nepos, neptis. d. l. §. 4.
Tertio gradu sunt .... infrà pronepos, proneptis. d. l. §. 5.

V.

Dans l'ordre des collatéraux, il y a cette différence qui le distingue des ordres des ascendans & des descendans, qu'au lieu qu'il n'y a qu'une seule ligne d'ascendans & de descendans, il y a autant de lignes de collatéraux qu'il y a des places d'ascendans & de descendans, y comprenant la place de celui de qui il s'agit. Car à côté de lui sont ses freres, à côté de son pere, ses oncles, à côté de son fils, ses neveux, & ainsi les autres en diverses lignes en montant & en descendant, comme il sera expliqué dans l'article 10. & autres suivans, & que la figure le fait assez voir. Ce sont ces lignes que l'on appelle collatérales, parce qu'elles sont à côté de la ligne directe

5. Ligne des collatéraux.

directe des ascendans & des descendans: Ce qui fait que pour compter les degrés de parenté entre deux collatéraux, il faut trouver dans la ligne directe le premier des ascendans qui leur est commun, c'est-à-dire, le premier de qui l'un & l'autre sont descendus, & compter les degrés qui montent de l'un d'eux à cet ascendant, & ceux qui de cet ascendant descendent à l'autre. Ainsi entre deux freres il y a deux degrés : le premier qui monte de l'un des freres à leur pere, & le second qui descend du pere à l'autre frere. Ainsi d'un cousin germain à l'autre il y a quatre degrés, deux qui montent de l'un d'eux à son pere & à son ayeul, & deux qui descendent de ce même ayeul à l'autre cousin. Et c'est ainsi qu'on comptoit la proximité entre ces personnes dans le Droit Romain, plaçant les freres au second degré, & les cousins germains au quatrieme *e*. Mais par le droit Canonique que nous observons comme il a été dit dans le préambule de cette Section, ces mêmes degrés se considerent par une autre vûë, & on en fait un autre calcul qui place les freres au premier degré, & les cousins germains au second. Car on les compare entre eux selon leur situation sous l'ascendant commun. Ainsi les deux freres sont au premier degré sous leur pere, & les deux cousins germains sont au second degré sous leur ayeul. On verra dans l'article dixieme & les autres suivans, ce qui regarde les autres collatéraux ; mais cette difference entre le Droit Canonique & le Droit Romain, est bornée aux collatéraux, car pour les ascendans & les descendans, les degrés sont les mêmes dans l'un & dans l'autre.

e Secundo gradu sunt.... ex transverso frater, soror. *l.* 1. §. 4. *ff. de gradibus & affin.*

Comme par la maniere de compter les degrés selon le Droit Romain, les freres sont au second, & qu'ils sont les premiers, & plus proches dans l'ordre des collatéraux, on dit que dans cet ordre il n'y a pas de premier degré. Superior quidem & inferior cognatio à primo gradu incipit. Et transverso, sive à latere, nullus est primus gradus, & ideo incipit à secundo. d. l. §. 1.

Quarto gradu sunt..., fratres patrueles, sorores patrueles : id est qui, quæve ex duobus fratribus progenerantur. Item consobrini consobrinæque, id est, qui, quæve ex duabus sororibus nascuntur, quasi consororini. Item amitini, amitinæ ; id est, qui quæve ex fratre & sorore propagantur. Sed fere vulgus istos omnes fratres communi appellatione consobrinos vocant. d. l. 1. §. 6. l. 10. §. 15. eod.

VI.

6. Diverses lignes d'ascendans, & de descendans.

Quoiqu'on ne compte qu'une ligne d'ascendans, & une de descendans, qui ne font ensemble qu'une seule ligne que l'on appelle des enfans aux peres, & descend des peres aux enfans, & qu'on appelle directe ; chacun de ces deux ordres d'ascendans & descendans a par d'autres vûës diverses lignes qu'il faut distinguer pour divers usages. Car au lieu que par exemple, on n'a besoin de considerer qu'une seule ligne d'ascendans & de descendans paternels, quand il s'agit de compter les degrés de pere en fils entre un ascendant & un descendant *f* ; si on veut distinguer les ascendans paternels & les maternels d'une même personne, & ses descendans de fils & de filles, il se fait plusieurs lignes, comme on l'expliquera dans les trois articles suivans.

f C'est une suite du premier article.

VII.

7. Lignes des ascendans paternels & maternels.

Si on veut monter d'une personne à tous ceux qui sont dans l'ordre de ses ascendans, il y en a une premiere ligne qui monte de cette personne à son pere, à son ayeul paternel, à son bisayeul paternel, & aux autres de pere en pere : & il y a une autre ligne qui monte de cette même personne, à sa mere, à son ayeule maternelle, & aux autres de mere en mere. Mais ces lignes ne parcourant pas tous les ascendans, il y en a plusieurs autres qu'il faut concevoir pour aller à tous, ainsi qu'on l'expliquera dans l'article qui suit *g*.

g C'est aussi une suite du premier article.

VIII.

8. Multiplication des ascendans

Pour concevoir l'ordre de ces autres lignes d'ascendans, outre les deux dont il a été parlé dans l'article précédent, il faut considerer que le nombre des ascendans

Tome I.

va toujours en doublant à chaque degré. Ainsi chacun n'a & de leurs lignes. dans le premier degré que son pere & sa mere, & dans le second il a son ayeul paternel & son ayeule paternelle, & aussi son ayeul maternel & son ayeule maternelle. De sorte qu'au lieu de deux personnes dans le premier, il y en a quatre dans le second : & dans le troisieme il y en a huit, qui sont le pere & la mere de l'ayeul paternel, le pere & la mere de l'ayeule paternelle, le pere la mere de l'ayeul maternel, & le pere & la mere de l'ayeule maternelle. Et suivant cet ordre en montant toujours aux ascendans de chaque personne, on ira par diverses lignes qui fourchent à chaque génération. Et par ce progrès on trouvera 16. personnes dans le quatrieme degré, 32. dans le cinquieme, 64. dans le sixieme, 128. dans le septieme *h*, & ainsi dans la suite. Ce qui feroit plus de trente millions de personnes dans la vingt-cinquieme génération en remontant. De sorte qu'en continuant on trouveroit en bien moins de générations qu'il n'y en a eu jusqu'au premier homme beaucoup plus d'ascendans de chaque personne, qu'il n'y a eu d'hommes depuis ce premier. Mais comme plusieurs des ascendans d'une personne, sont descendus des mêmes ayeuls ; les lignes qui étoient fourchées se rejoignent au premier ascendant commun, d'où descendoient les autres. Ainsi cette multiplication souvent interrompue par ces ascendans communs, cesse & se réduit, de sorte qu'on arrive enfin au seul ascendant commun de qui tous les hommes sont descendus.

h Tritavi, itemque tritaviæ pater mater personas efficiunt centum viginti octo. l. 10. §. 18. ff. de gradib. & affin.

Admonendi sumus parentium personas semper duplari : avum enim & aviam tam maternos, quàm paternos intelligimus. l. 3. §. ult. eod.

IX.

9. Difference entre les lignes des ascendans & celles des descendans.

Pour les descendans il y a cette difference entre leurs lignes & celles des ascendans, que celles-ci sont les mêmes pour tous, car tout homme a le même ordre d'ascendans que chacun des autres, quoique le nombre des ascendans de tous devienne inégal, selon qu'ils ont plus ou moins d'ascendans communs au sens expliqué dans l'article précédent. Mais il n'en est pas de même pour les lignes des descendans ; car ces lignes fourchent differemment selon le nombre des enfans & des descendans ; & elles finissent ou durent plus ou moins, selon que les générations cessent ou se continuent. De sorte que de plusieurs familles, tous les descendans viennent à finir, & que de plusieurs autres il en restera à la fin du monde. Ainsi les lignes des descendans de chaque famille se diversifient. Mais si on a besoin de voir les degrés ou générations entre un seul ascendant & un seul descendant de pere en fils, on n'a besoin de figurer qu'une seule ligne, quelque nombre de degrés qu'il y ait entre deux *i*.

i C'est une suite des articles précédens.

X.

10. Diverses lignes de collatéraux.

Comme il y a plusieurs lignes d'ascendans & de descendans au sens expliqué dans les articles précédens, quoiqu'on n'en compte qu'une quand il s'agit des degrés d'un ascendant à un descendant, ou d'un descendant à un ascendant, on peut aussi distinguer plusieurs lignes de collatéraux, selon les divers degrés qu'ils occupent *l*, ainsi qu'on l'expliquera dans les articles qui suivent.

l Voyez les articles suivans.

Pour bien entendre cet article & les suivans ; il faut avoir la figure devant les yeux.

X I.

11. Trois ordres de collatéraux.

Pour rendre plus facile la connoissance de ces diverses lignes de collatéraux, & en éviter la confusion, on peut distinguer ces lignes en trois ordres. Le premier n'en contient qu'une, qui est celle où sont les freres, les cousins germains, les cousins seconds & les autres cousins qui se trouvent à côté de la personne dont il s'agit, & de telle sorte qu'ils soient tous avec cette per-

A a a

fonne en égale diſtance des aſcendans qui lui font communs. Le ſecond ordre contient pluſieurs lignes qui font au-deſſus de celle des freres, & dans la premiere de ces lignes ſont les oncles, dans la ſeconde les grands-oncles, & ainſi des autres en montant de ligne en ligne. Et en chacune à côté des oncles & des grands-oncles, & des autres au-deſſus, ſont les couſins moins éloignés que cette perſonne de l'aſcendant qui leur eſt commun. Et le troiſieme ordre de ces lignes en contient auſſi pluſieurs qui ſont au-deſſous de celle des freres : & dans la premiere de ces lignes ſont les neveux, dans la ſeconde les petits-neveux, & ainſi des autres en deſcendant de ligne en ligne. Et en chacune à côté des neveux & petits-neveux, & des autres au-deſſous, ſont les couſins plus éloignés que cette même perſonne, de l'aſcendant qui leur eſt commun. Ainſi tous les collatéraux ſont compris dans les diverſes lignes de ces trois ordres, ſous les noms de freres, oncles, neveux & couſins de l'un & de l'autre ſexe *m*.

m Voyez la figure & les articles 8. 9. & 10. de la Section 1. du Titre 3.

XII.

11. *La proximité des degrés des collateraux ne ſe regle pas par l'ordre des lignes.*

Cette diſtinction de trois ordres de lignes des collatéraux n'a pas cet effet, que tous ceux d'une ligne ſoient ou plus proches ou plus éloignés de la perſonne dont on veut voir les parentés, que tous ceux d'un autre ; mais il y en a dans chaque ligne qui ſont plus proches de cette perſonne que quelques-uns de toutes les autres lignes : & il y en a auſſi dans chaque ligne qui en ſont plus éloignés que quelques-uns de toute autre ligne. Ainſi l'oncle qui eſt dans la premiere ligne du ſecond ordre, & le neveu qui eſt dans la premiere ligne du troiſieme ordre, ſont plus proches que le couſin germain, qui eſt dans la ligne du premier ordre. Et il eſt facile de voir par la figure, les différentes proximités de tous les degrés dans toutes les lignes de ces divers ordres *n*.

n. Voyez la figure.

XIII.

13. *Situation des lignes des collateraux.*

De ces trois ordres, le premier qui commence par les freres, n'a, comme il a été dit, qu'une ſeule ligne, qui traverſe & coupe celle des aſcendans & des deſcendans dans le point où eſt placée la perſonne de qui on cherche les parentés. Mais des deux autres ordres, l'un a autant de lignes qu'il y a d'aſcendans, & l'autre autant qu'il y a de deſcendans. Et de toutes ces lignes qui ſont

paralleles à celles des freres, celles du ſecond ordre ſont au-deſſus, & chacune traverſe la place d'un des aſcendans : Et les lignes du troiſiéme ordre ſont au-deſſous, & chacun traverſe la place d'un des deſcendans. Ainſi on peut remarquer cette différence entre ces trois ordres, que dans le premier qui n'a qu'une ſeule ligne, tous ceux qui s'y trouvent, & la perſonne dont il s'agit, ſont en même diſtance des aſcendans qu'ils ont communs enſemble. Que dans le ſecond compoſé des lignes qui ſont au-deſſus des aſcendans, tous ceux qui s'y trouvent ſont plus proches que celui dont il s'agit, des aſcendans qu'ils ont communs avec lui. Et que dans le troiſiéme compoſé des lignes qui traverſent les places des deſcendans, tous ceux qui s'y trouvent ſont plus éloignés que cette même perſonne, des aſcendans qui leur ſont communs *o*.

o Voyez la figure.

XIV.

14. *Deux manieres de compter les degrés : l'une ſuivant le Droit Romain, & l'autre ſuivant le Droit Canonique.*

Suivant ces ordres de collateraux pour compter les degrés de parenté entre deux perſonnes, comme on les comptoit dans le Droit Romain, il n'y a qu'à ſuivre les générations de l'un à l'autre, comme il a été dit dans l'article 5. en montant de l'une des deux à leur aſcendant commun, & deſcendant à l'autre. Ainſi d'une perſonne à ſon frere, il y a deux degrés, comme il a été expliqué dans ce même article. Ainſi d'une perſonne à ſon oncle, il y a trois degrés, deux qui montent de cette perſonne à ſon ayeul, qui eſt leur premier aſcendant commun, & un troiſiéme de cet aſcendant à l'oncle. Et par ce calcul les freres ſont entr'eux, comme il a été dit, au ſecond degré, & l'oncle & le neveu ſont au troiſiéme *p*. Mais par le Droit Canonique, les deux freres ſont au premier degré, & l'oncle & le neveu ſont au ſecond. Car entre collateraux, c'eſt la regle que ceux qui ſont également diſtans de leur aſcendant commun, ſont entr'eux au degré de la diſtance de chacun d'eux à cet aſcendant : Et que ceux qui ſont en diſtances inégales de leur aſcendant commun, ſont entr'eux au degré où ſe trouve au-deſſous de cet aſcendant, celui qui en eſt le plus éloigné *q*. Ce qui rend facile le calcul de tous les degrés des collateraux.

p Tertio gradu ſunt.... ex tranſverſo, fratris ſororiſque filius, filia, & convenienter patruus, amita, avunculus, matertera. l. 1. §. ff. de gradib. & affin.

q. Voyez la figuer.

AVIS POUR L'USAGE DE LA FIGURE.

Comme on peut avoir beſoin de compter les degrés de proximité, ou ſuivant la maniere du Droit Romain, ou ſuivant celle du Droit Canonique, la Figure qui ſuit ſert pour l'une & l'autre. Car en chaque place le nombre des degrés eſt différemment marqué pour les deux ; le chiffre d'en-haut marquant les degrés ſuivant le Droit Canonique, & celui d'en-bas ſuivant le Droit Romain. Pour les lignes elles ſont marquées par les places qui les compoſent. Et il eſt facile de les diſtinguer toutes par la ſimple vûe de la Figure, où elles ſont telles qu'on vient de les expliquer.

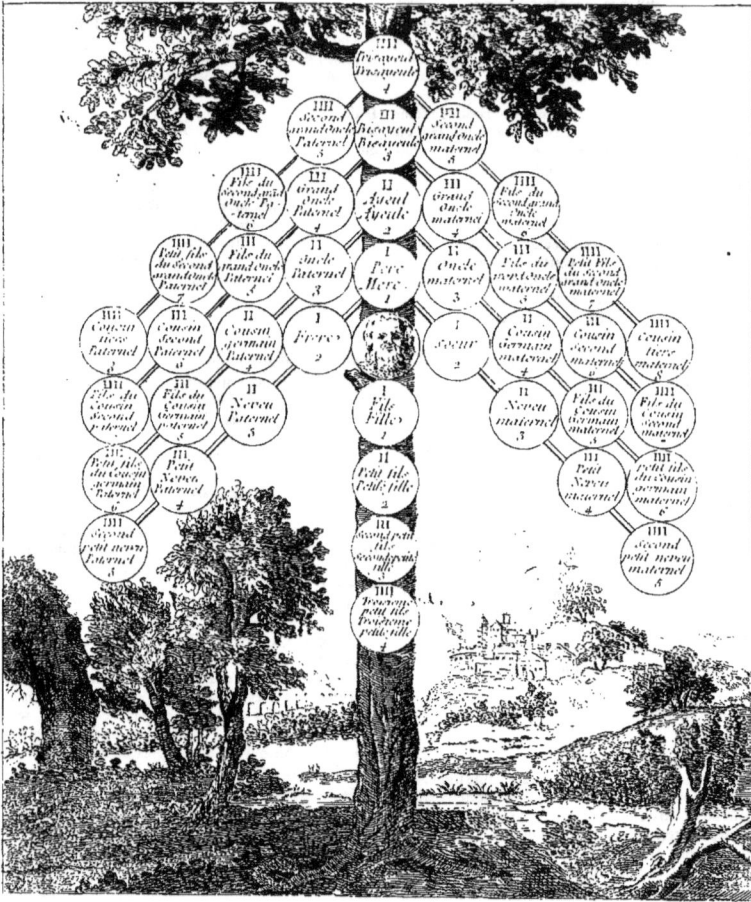

TITRE II.

Comment succedent les peres & meres, & les ascendans.

LA succession des parens aux enfans n'est pas de l'ordre naturel, ainsi que l'est celle des enfans aux parens. Mais quand il arrive que les parens survivent à leurs enfans qui meurent sans enfans, il est juste qu'ils ne souffrent pas la double perte & de leurs enfans & des biens qu'ils peuvent laisser : & cette sorte de succession des ascendans, qui en un sens n'est pas naturelle, est en un autre du droit naturel, qui les y appelle comme les plus proches, & de l'équité qui leur donne ce soulagement.

C'est peut-être par une suite de ce que la succession des ascendans n'est pas de l'ordre naturel qu'elle a été si différemment réglée par diverses Loix dans le Droit Romain, & à l'égard des peres, & à l'égard des meres. Pour les peres, comme ils avoient la propriété de tout ce que leurs enfans non émancipés pouvoient acquérir, à la réserve des pécules, dont il sera parlé dans le préambule de la Section 2. de ce Titre, les biens de ces enfans à qui les peres survivoient, ne passoient à aucun héritier, mais ils demeuroient aux peres qui avoient

aussi ces pécules, si leurs enfans ne laissoient point d'enfans, & mouroient sans en disposer. Et pour les enfans qui étoient émancipés, & qui avoient acquis quelques biens, les peres ne leur succedoient par l'ancien Droit qu'en cas que, lorsqu'ils les émancipoient, ils eussent pris une sûreté pour s'assurer du droit de leur succeder, en observant une formalité qui avoit cet effet, & sans quoi ils ne leur succedoient point *a.*

Pour leurs meres, elles n'avoient au commencement aucune part à la succession de leurs enfans émancipés ou non : & les enfans aussi ne succedoient point à leurs meres. Dans la suite les meres succederent, mais différemment, selon les divers tems & les changemens bizares que firent plusieurs Loix, par les distinctions des cas où les meres concouroient avec le pere seul, ou avec le pere & les freres de leurs enfans décédés, ou avec le pere & les freres & sœurs, ou avec les freres & sœurs sans le pere, ou avec les freres sans sœurs, ou avec les sœurs sans freres. Ce qui faisoit plusieurs différentes combinaisons & autant de regles qui diversifioient les manieres dont les peres & les meres *b* succe-

a. Voyez §. ult. inst. de legit. agn. success.
b. l. 10. ff. de suis & legit. l. 2. §. 5. ff. ad Senat. Tertyll. & Orphit. d. l. §. 18. Tit. inst. de Senat. Tertyll. & Tit. de Senat. Orphit. l. 2. C. ad Senat. Tert. l. 4. cod. l. 7. cod. d. l. §. 1. l. 9. C. de leg. hæred. l. 14. cod. l. 15. cod. Nov. 22. c. 47. §. 2. Nov. 118. c. 1. Nov. 84. c. 1.

doient à leurs enfans. Mais fans entrer dans tout ce détail qui ne feroit d'aucun ufage, on fe reftreindra aux dernieres Loix qui ont fixé tous ces changemens, & qui font en ufage dans les Provinces où l'on a pour Coutume le Droit écrit.

On peut remarquer ici l'inconvénient de la fucceffion des afcendans, de faire paffer les biens d'une famille à une autre, lorfqu'une mere, par exemple, fuccédant à fon fils qui avoit déja recueilli la fucceffion de fon pere, tranfmet fes biens paternels ou à des enfans d'un fecond lit, ou à d'autres perfonnes. Et il en eft de même du pere & des autres afcendans qui fuccedent à leur enfans.

C'eft à cet inconvenient qu'il a été pourvû par cette regle de nos Coutumes que les propres ne remontent point. Ce qui a été expliqué en un autre endroit c, & parce que cette regle ne s'étendoit pas aux Provinces qui ont pour Coutume le Droit écrit, il y fut pourvû par cette Ordonnance qu'on appelle l'Edit des meres d, qui ordonne que les meres ne fuccedent qu'aux meubles & conquêts provenus d'ailleurs que du côté & ligne parternelle, & qu'elles jouiffent de l'ufufruit de la moitié des propres. Mais cet Edit eft reftreint aux meres, & ne change rien à l'égard des peres & autres afcendans.

c Voyez la Préface ci-devant n. 4. & la remarque fur l'article 6. de cette Section.
d Du Roi Charles IX. en 1567.

SECTION I.

Qui font ceux qu'on appelle afcendans, & comment ils fuccedent.

SOMMAIRES.

1. *Qui font les afcendans.*
2. *Qui font les ayeuls & ancêtres.*
3. *Afcendans des deux fexes.*
4. *Comment fuccedent le pere & la mere.*
5. *Les afcendans plus proches excluent les plus éloignés.*
6. *Efpece de repréfentation entre afcendans.*
7. *Les freres germains & les fœurs germaines fuccedent avec les afcendans.*
8. *Concours d'afcendans de freres & de neveux.*
9. *Les afcendans ont le droit de tranfmiffion.*
10. *Afcendans des bâtards.*

I.

1. Qui font les afcendans.

ON ufe fouvent des noms de parens & afcendans pour fignifier indiftinctement toutes les perfonnes de qui chacun tire fa naiffance. Et en ce fens le pere & la mere font du nombre des afcendans, & ils font placés dans la même ligne a. Mais par ce qu'ils font au premier dégré, on les diftingue des autres afcendans : & ce dernier non eft plus proprre aux ayeuls & autres qui font au-deffus.

a Quidam parentem ufque ad tritavum appellari aiunt : fuperiores, majores dici. Hoc veteres exiftimaffe, Pomponius tefert. Sed Caius Caffius omnes in infinitum parentes dicit : quod & honeftius eft, & meritò obtinuit. l. 4. §. 2. ff. de in jus voc.
Quoique le mot de parens dans notre langue comprenne fouvent les collateraux ; on en ufe auffi pour les afcendans, comme quand on parle des devoirs des enfans envers leurs parens.

I I.

2. Qui font les ayeuls & ancêtres.

Au-deffus du pere & de la mere on appelle proprement ayeuls ceux qui font au dégré fuivant. Ainfi le nom d'ayeul convient au grand-pere paternel & au grand-pere maternel. Et on appelle auffi en général du nom d'ayeuls le bifayeul & les autres qui font au-deffus, & on leur donne encore le nom d'ancêtres. Mais ce dernier nom ne fe dit jamais au fingulier d'un feul afcendant b.

b Parentes ufque ad tritavum apud Romanos proprio vocabulo neminantur. Ulteriores qui non habent fpeciale nomen majores appellantur. l. 10. §. 7. ff. de gradibus & affin.

I I I.

3. Afcendans des deux fexes.

Le rang des ayeuls comprend les deux fexes. Et pour ce qui regarde les fucceffions, ceux de l'un & de l'autre fexe font appellés indiftinctement à celles qui peuvent les regarder c, ainfi qu'il fera expliqué dans les articles qui fuivent.

c Differentia nulla fervanda inter perfonas iftas, five fœminæ, five mafculi fuerint, qui ad hæreditatem vocantur. Et five per mafculi, five per fœminæ perfonam copulantur : & five fux poteftatis, five fub poteftate fuerit is cui fuccedunt. Nov. 116. c. 2. in f.

I V.

4. Comment fuccedent le pere & la mere.

Le pere & la mere fuccedent également à leurs fils ou filles qui meurent fans enfans. Et fi l'un & l'autre furvit, ils partagent la fucceffion : ou celui des deux qui fe trouve feul la recueille entiere d ; à la réferve des biens dont il fera parlé dans la Section fuivante e. Mais fi le fils ou la fille à qui fon pere ou fa mere, ou tous les deux doivent fucceder, avoit des freres germains, ou des fœurs germaines ; ces freres & fœurs auroient leur part à la fucceffion, ainfi qu'il fera expliqué dans l'article feptieme f.

d Si igitur defunctus defcendentes quidem non relinquat hæredes, pater antem, aut mater, aut alii parentes ei fuperfint, omnibus ex latere cognatis hoc præponi fancimus : exceptis folis fratribus ex utroque parente conjunctis deuncto. Nov. 118. c. 2.
Voyez à l'égard de la mere ce qui a été remarqué dans le préambule de ce Titre.
e Voyez les articles 15. 16. & 17. de la Section fuivante.
f Voyez cet article 7. & la remarque qu'on y a faite.

V.

5. Les afcendans plus proches excluent les plus éloignés.

Si plufieurs afcendans fe trouvent furvivre à leur defcendant commun, ceux qui feront en dégré plus proche excluront les plus éloignés g. Ainfi le pere feul ou la mere feule, ou les deux enfemble excluent les ayeuls & ayeules : & les ayeuls excluent les bifayeuls. Car il n'y a point de répréfentation entre afcendans comme entre defcendans h.

g Si autem plurimi afcendentium vivunt, hos præponi jubemus qui proximi gradu reperiuntur, mafculos & fœminas, five paterni, five materni fint. Nov. 118. c. 2.
h Voyez les articles 2. & 3. de la Section 2. du Titre précédent.
La regle expliquée dans cet article, eft oppofée à l'efprit de nos Coutumes, qui par la regle paterna paternis, materna maternis, dont on a parlé en d'autres endroits, préfere les accidens plus éloignés aux plus proches pour les biens venus de leur eftoc. Ce qui femble plus équitable & plus naturel : & il paroit même de la dureté dans la regle contraire. Voyez la remarque fur l'article fuivant.

V I.

6. Efpece de répréfentation entre afcendans.

Quoiqu'il n'y ait pas de droit de repréfentation entre les afcendans pour faire concourir les plus éloignés avec les plus proches ; il y a entr'eux une autre efpece de repréfentation qui a un autre effet. C'eft quand ils fe trouvent plufieurs qui concourent en même dégré, les uns paternels les autres maternels ; car fi ce cas arrivoit, la fucceffion du defcendant fe diviferoit en deux portions, dont l'une feroit laiffée aux afcendans paternels, & l'autre aux maternels, encore que le nombre fût moindre d'un côté que de l'autre. Les paternels étant confidérés comme prenant la place du pere, & les maternels comme prenant celle de la mere. i.

i Si autem eundem habeant gradum, ex æquo inter eos hæreditas dividatur, ut medietatem quidem accipiant omnes à patre afcendentes, quanicunque fuerint : medietatem verò reliquam à matre afcendentes quantofcunque eos inveniri contigerit. Nov. 118. c. 2.
Il ne faut pas étendre cette regle hors les Provinces qui fe regiffent par le Droit écrit. Car dans les Coutumes, les biens paternels étant affectés aux parens paternels, & les biens maternels aux parens maternels ; les afcendans d'un côté excluent ceux de l'autre des biens de leur eftoc, & ils y fuccedent nonobftant cette autre regle des Coutumes que les propres ne remontent point, c'eft-à-dire, ne paffent pas aux afcendans. Car le motif & l'ufage de cette regle eft feulement d'empêcher que les afcendans d'un eftoc ne fuccedent aux biens venus de l'autre eftoc, afin que ces biens ne foient pas tranfmis d'un eftoc à l'autre.

VII.

7. Les freres germains & les sœurs germaines joüissent avec les ascendans.

Le pere & la mere & tous les autres ascendans excluent tous les collateraux de la succession de leurs enfans & autres descendans, à la reserve des freres germains & des sœurs germaines qui concourent par têtes avec le pere & la mere ou autres ascendans dans la succession de leur frere ou sœur. De sorte que si, par exemple, le pere & la mere, ou l'un d'eux, ou à leur défaut d'autres ascendans survivent à un de leur fils, la succession sera partagée entr'eux & leurs autres enfans, freres germains ou sœurs germaines du défunt par portions égales & par têtes selon le nombre que composeront le pere, la mere, ou à leur défaut d'autres ascendans avec ses enfans *l*.

l Si verò cum ascendentibus inveniantur fratres aut sorores ex utriusque parentibus conjuncti defuncto, cum proximis gradu ascendentibus, vocabuntur, si & pater aut mater fuerint : dividenda inter eos quippe hæreditate secundùm personarum numerum. Uti & ascendentium, & fratrum singuli æqualem habeant portionem, *Nov. 118. c. 2.* Voyez l'article suivant.

☞ Il faut remarquer sur cette regle du concours des freres germains & des sœurs germaines avec le pere ou la mere & les autres ascendans, que plusieurs interprêtes ont crû que ce concours n'avoit lieu qu'à l'égard du pere & de la mere : & que les autres ascendans devoient être exclus par les freres. Et leur sentiment est fondé sur ces mots du texte, *si & pater aut mater fuerint*, qu'ils ont crû signifier qu'il n'y a que le pere & la mere qui puissent concourir avec les freres, & qu'ainsi les autres ascendans ne concourent pas. Mais outre que toute la suite de ce texte appelle avec les freres les ascendans indistinctement qui seront en dégré plus proche, & que la condition des ascendans les plus éloignés est encore plus favorable que celle des freres ; il n'y a qu'à remarquer que ce qui a engagé ces interprêtes dans ce sentiment a été la faute du Traducteur de cette Novelle, qui au lieu de ces mots de l'original Grec, *εἰ καὶ πατήρ ἢ μήτηρ ὔσαν* qui signifient, *Et si pater aut mater fuerint*, c'est-à-dire, quand ce seroit même le pere ou la mere, a mis, *si & pater aut mater fuerint*, c'est-à-dire, pourvû que ce soit le pere ou la mere, ayant pris par une équivoque le mot καὶ *etsi*, pour ἢ *si*. De sorte qu'au lieu qu'il y a dans l'original, que les freres concourent même avec le pere & la mere qui sont les plus proches des ascendans ; il ont crû qu'il n'y avoit que le pere & la mere qui dûssent concourir avec les freres, comme si c'étoit une grace au pere & à la mere de n'être pas exclus par les freres.

VIII.

8. Concours d'ascendans de freres & de neveux.

Si avec le frere germain ou la sœur germaine qui succederoient à leur frere ou à leur sœur avec le pere ou la mere ou autre ascendant, ainsi qu'il a été dit dans l'article précédent, il y avoit des enfans d'un autre frere germain qui fût décédé ; ces enfans de ce frere succederoient aussi avec les ascendans & avec les freres & sœurs du défunt, & auroient entr'eux la part qu'auroit eu leur pere, frere du défunt, s'il avoit vêcu *m*.

m Sancimus ut si quis moriens relinquat ascendentium aliquem & fratres qui possint cum parentibus vocari, & alterius præmortui fratres filios, cum ascendentibus & fratribus, vocentur etiam præmortui fratris filii, & tantam accipiant portionem, quantam eorum futurus erat pater accipere, si vixisset. Hoc verò sancimus de illis filiis fratris, quorum pater ex utroque parente jungebatur defuncto, & absolutè dicimus ordinem, quando cum solis vocantur fratribus, eundem eos habere jubemus & quando cum fratribus vocantur aliqui ascendentium ad hæreditatem. *Nov. 127. c. 1.*

☞ Quoiqu'il ne soit parlé dans ce texte que des enfans d'un frere & non de ceux d'une sœur, il ne paroît pas de raison de les distinguer. Et il semble que comme la regle expliquée dans l'article précédent appelle aussi-bien les sœurs que les freres avec les ascendans ; celle de cet article ne doit pas exclure les enfans des sœurs ;

puisqu'ils representent aussi-bien leurs meres que les enfans des freres representent leurs peres.

Mais il resulte de la regle de cet article un autre difficulté qui vient de ce que cette Novelle 127. ne parle que du cas où les enfans d'un frere concourent avec leur oncle, frere du défunt, & avec un ascendant, & qu'elle ne fait aucune mention du cas où il n'y auroit aucun frere du défunt, mais seulement quelque ascendant & des enfans d'un frere décédé. Ainsi on pourroit douter si dans ce dernier cas, ces enfans du frere décédé succederoient avec un ascendant, ou si l'ascendant les excluroit de même qu'il les auroit exclus avant cette Novelle 127. qui a établi ce nouveau droit en leur faveur contre la disposition de la Novelle 118. qui n'appelloit que les freres seuls avec les ascendans. Mais comme cette Novelle 127. qui appelle les enfans des freres à la succession de leur oncle avec ces autres freres & avec les ascendans, n'a exprimé que le cas où il y a des freres, du défunt, & non le cas où il n'y auroit point de freres, les plus habiles Interprêtes ont crû que cette Loi a laissé le cas, dont elle ne parle point ; à la disposition de la Novelle 118. qui ne les appelloit pas les laissoit exclus. Il n'auroit pas été difficile à Justinien de s'expliquer, de sorte que cette difficulté ne fût pas restée. Mais peut-être que cette Loi, comme plusieurs autres, a été faite pour quelque cas particulier, plûtôt que dans la vûë de faire un réglement qui pourvût à tous les cas qu'on auroit pû y comprendre, & qu'ainsi on s'y borna à celui qui donnoit l'occasion à la Loi. A quoi il faut ajouter que s'il falloit examiner la question de sçavoir, & si quand il n'y a point de freres du défunt, mais seulement des neveux avec un ascendant, les neveux doivent concourir avec l'ascendant ; on pourroit à la verité dire en faveur des neveux que le hazard qui fait qu'il n'y ait point de freres du défunt, ne devroit pas rendre leur condition moins favorable, ni les priver du droit de réprésentation qui leur est accordé quand il y a des freres. Mais en raisonnant sur ce qu'il y a de reglé par ces Novelles 118. & 127. on diroit contr'eux, que d'une part il est des regles de réprésentation des loix, que les loix nouvelles qui dérogent aux anciennes doivent se borner à ce qu'elles reglent *a* : & que de l'autre les neveux n'ont le droit de réprésentation que dans les cas où ces deux loix le leur ont donné, & que par l'ancien droit lorsqu'il n'y avoit que des neveux du frere à lui succeder, ils partageoient la succession par tête, selon leur nombre sans aucune réprésentation *b*.

a Voyez les articles 16. & 18. de la Sect. 2. des Regles du Droit ; p. 8.

b Voyez la derniere remarque sur l'article 8. de la Section 2. du Titre 3. de ce Livre.

IX.

9. Les ascendans ont le droit de transmission.

Comme les enfans & autres descendans succedent à leurs peres & meres & autres ascendans, de sorte que les biens leur sont acquis avant qu'ils fassent aucun acte d'hériter, ou que même ils sçachent la mort de l'ascendant à qui ils succedent ; les peres & meres & autres ascendans ont le même droit. Et si ayant survêcu à leurs descendans à qui ils succedent, ils venoient à mourir avant que d'avoir recueilli la succession, ils la transmettroient à leurs héritiers *n*.

n Voyez l'art. 13. de la Sect. 2. du Titre précédent, & la remarque qu'on y a faite, & la Section 10. des Testamens, p. 441.

X.

10. Ascens dans des bâtards.

Comme on ne met pas au nombre des enfans qui succedent à leurs peres & meres & autres ascendans, ceux de qui la naissance n'est pas légitime ; on ne met pas aussi au nombre des personnes qui peuvent succeder à leurs descendans, les peres & meres ou autres ascendans de ces sortes d'enfans *o*.

o Voyez l'article 8. de la Sect. 2. des Héritiers en général, p. 310.

SECTION II.

Des droits que quelques ascendans peuvent avoir à l'exclusion des autres sur les biens des enfans.

Tout ce qui a été dit dans la succession des ascendans dans la Section précédente, regarde l'ordre que mettent entr'eux les loix qui les appellent aux successions de leurs descendans, & comment ils y viennent selon leurs rangs. Et en celle-ci on expliquera quelques droits propres que peuvent avoir des ascendans à l'exécution des autres sur les biens de leurs descendans.

Pour mieux entendre cette matiere des droits des parens sur les biens des enfans & les loix qui s'y rapportent, il faut remarquer que par l'ancien Droit Romain les fils de famille, c'est-à-dire, les enfans non émancipés qui étoient encore sous la puissance de leur pere, ne pouvoient avoir aucun bien en propre. Et tout ce qui pouvoit leur écheoir ou par succession, ou par quelque libéralité, ou qui pouvoit leur être acquis par quelqu'autre voye, & même par leur industrie, étoit propre au pere *a*, à la seule réserve de ce que le fils qui étoit encore sous la puissance de son pere pouvoit acquerir, ou par le service dans les armes, ou par sa capacité dans le barreau *b*. Car ce que le fils de famille avoit acquis par l'une ou l'autre de ces deux voyes lui étoit entierement propre, sans que le pere y eût aucun droit, ni aucun usufruit ; à quoi on ajouta ce qui seroit acquis au fils de famille par l'exercice de quelque dignité ou charge publique, ou de quelque emploi dont il y eût un salaire public *c*. C'étoit cette sorte de biens qu'on appelloit *pecule*, & qu'on distinguoit par des mots de *peculium castrense* pour ce qui étoit acquis par les armes, & de *peculium quasi castrense* pour ce qui étoit acquis par ces autres voyes. Il y a aussi une autre sorte de pecule de ce que le pere laissoit de son bien au fils de famille, soit en argent, ou autres choses pour l'administrer séparément, & le faire valoir. Mais le profit de ce pecule étoit au pere, comme venant de son propre bien *d*.

Pour les enfans émancipés tout ce qu'ils pouvoient acquerir leur étoit propre : & c'étoit un des effets de l'émancipation, qu'on appelloit par cette raison la grace de pouvoir acquerir des biens. *Beneficium bonorum quaerendorum e.*

Dans la suite les Empereurs laisserent aux enfans qui étoient encore sous la puissance de leurs peres la propriété de leurs biens maternels, & de ce qui leur étoit acquis par leur mariage, ou par quelque libéralité, & l'usufruit de ces biens demeuroit aux peres *f*. Enfin Justinien ordonna que tous les biens qui pourroient être acquis aux enfans mêmes, non émancipés, leur appartiendroient en propre, de quelque maniere que ces biens leur fussent acquis, soit par leur industrie, ou par succession, ou par quelque libéralité, ou autrement, mais sous deux réserves : l'une de ce qui seroit provenu d'un profit qu'auroit pu faire le fils de famille d'un bien de son pere dont il eût l'administration ou le ménagement, la propriété de ce profit demeurant au pere comme auparavant selon l'ancien droit : & l'autre de l'usufruit que Justinien donna au pere de tout ce qui seroit acquis aux enfans non émancipés ; excepté de ces sortes de pecules dont la propriété & la jouïssance étoit aux enfans par l'ancien droit, ce qu'il laissa de même *g*.

Ces différentes dispositions du Droit Romain à l'é-

gard des droits des peres sur les biens de leurs enfans, étoient communes à l'ayeul paternel qui avoit retenu ses petits enfans sous sa puissance, & il avoit les mêmes droits sur leurs biens. Mais on n'a parlé ici que du pere seul, & non de l'ayeul, par une raison qui sera expliquée dans la remarque sur le premier article de cette Section.

Comme la matiere de cette Section renferme la distinction des enfans émancipés, & de ceux qui ne le sont point, il faut remarquer sur l'émancipation ce qui en a été dit dans les articles 5. & 6. de la Section 2. des personnes, & y ajouter qu'on voit dans les Coutumes la distinction des enfans émancipés, & de ceux qui ne le sont point. Mais avec des différentes remarquables qui distinguent ces Coutumes entr'elles, & qui les distinguent aussi des Provinces qui se regissent par le Droit écrit. Ces différences consistent en ce qui regarde les droits des parens sur les biens des enfans non émancipés ; mais aussi dans les manieres dont les enfans sont tenus pour émancipés. Ainsi, pour les droits des parens sur les biens des enfans non émancipés, il y a des Coutumes qui donnent l'usufruit, non-seulement au pere, mais à la mere & au survivant d'eux sur les biens de leurs enfans jusques à leur majorité. Il y en a qui tiennent encore de l'ancien Droit Romain ; en ce que dans ces Coutumes les donations faites à des enfans non émancipés sont acquises au pere, nonobstant le changement que Justinien avoit fait de cet ancien Droit, comme on l'a remarqué. Quelques autres donnent en propre au pere tous les meubles que le fils peut acquérir avant l'âge de vingt-cinq ans : Et d'autres ont sur cette matiere d'autres différentes dispositions. Et il est dit même en quelques-unes que la puissance paternelle n'y a point de lieu.

Pour ce qui regarde les manieres dont les enfans sont tenus pour émancipés, la plus universelle est celle qui se fait presque par tout par le mariage, parce qu'il rend le mari le chef de sa femme & de sa famille. L'émancipation se fait aussi par un acte exprès dans les formes *h* : il y a des Coutumes où le fils de famille est émancipé par l'âge de vingt-ans, en d'autres, à vingt-cinq ans, ou s'il a une charge publique *i*, ou s'il fait une négociation à part au vû & sçû de ses pere & mere. Il y en a où le fils est tenu pour émancipé par l'habitation séparée de celle de son pere, ce qui peut être tiré de la Novelle 25. de l'Empereur Léon. En quelques-unes, le mariage n'émancipe pas les enfans Nobles, si l'émancipation n'y est exprimée, & n'émancipe que les Roturiers qu'après qu'étant mariés, ils ont demeuré an & jour hors la maison & compagnie de leurs peres. Et il y a aussi des Provinces qui se regissent par le Droit écrit, où le mariage n'émancipe point.

On a fait ici les remarques des différentes dispositions du Droit Romain & de nos Coutumes, non-seulement à cause du rapport qu'elles ont à la matiere de cette Section ; mais pour faire voir par cette diversité de dispositions, sans y en comprendre d'autres du Droit Romain même, qu'il auroit été inutile d'expliquer ici, que comme il a été remarqué en d'autres endroits, les matieres qui peuvent être reglées par des loix arbitraires, sont sujettes, à cette multiplicité des regles, non-seulement selon les lieux, mais dans les mêmes lieux selon le tems & les différentes vûes de ceux qui ont le droit de faire les regles *l*.

Il ne reste que d'avertir le Lecteur, que parmi les diverses regles de la matiere de cette Section, on s'y est restreint à celles qui sont tout ensemble du Droit Romain, & d'un usage plus universel. Ce qui renferme tout ce qu'il y a de principes & de regles essentielles sur cette matiere.

---

a §. 1. Inst. per quas pers. cuiq. acquir.
b d. §. 1. l. 1. §. 15. ff. de collat. l. 1. §. 6. ff. ad Senat. Trebell. l. 3. §. 5. ff. de bon. poss.
c l. ult. C. de snoff. test. Voyez l'article 3. de cette Section.
d Toto tit. ff. de pecul.
e l. 1. ff. si à parent. quis manum. sit,
f l. 1. C. de bon. mat. l. 1. C. de bon. quelib. l. 5. eod.
g l. 6. C. de bon. quelib.

h Voyez l. ult. C. de emancip. lib.
i V. §. 4. Inst. quib. mod. jus pat. pot. solv. l. ult. C. de Consul.
l V. le chap. 11. du Traité des Loix, p. j.

SOMMAIRES.

5. *Le pere n'a rien sur la propriété des biens acquis aux enfans.*

2. *Le pere a l'usufruit des biens des enfans non émancipés.*

3. *Le pere n'a pas d'usufruit sur le pécule de son fils.*

4. *Ni sur les dons du Prince.*

5. *Ni sur ce qui seroit donné à condition que le pere n'auroit pas l'usufruit.*

6. *Le pere succedant à son fils avec les freres n'a pas d'usufruit sur leurs portions.*

7. *Devoir du pere sur les biens dont il a l'usufruit.*

8. *Le pere a la propriété de tout ce qu'il profite de l'usufruit.*

9. *Si le pere laisse jouir son fils, cette jouissance demeure propre au fils.*

10. *Les parens ont leurs alimens & autres nécessités sur les biens de leurs enfans.*

11. *Les parens sont tenus de nourrir & entretenir leurs enfans.*

12. *Les parens & les enfans ne sont pas tenus des dettes les uns des autres.*

13. *La mere n'est obligée qu'au défaut du pere de fournir l'entretien des enfans.*

14. *Il en est de même de l'ayeul maternel.*

15. *Deux sortes de droits des ascendans sur les biens des enfans.*

16. *Retour aux ascendans des choses par eux données.*

17. *Le pere reprend les profits venus de son bien.*

18. *Changement que font les secondes nôces.*

I.

1. Le pere n'a rien sur la propriété des biens acquis aux enfans.

DE tous les biens que les enfans peuvent acquerir par leur travail ou leur industrie, ou qui peuvent leur écheoir à quelque autre titre que ce puisse être, soit qu'ils soient émancipés ou non, adultes ou impuberes, de l'un ou de l'autre sexe, le pere n'a rien en la propriété, & elle est entierement acquise aux enfans *a*, à la reserve de ce qui pourroit être provenu du profit des biens du pere, qu'un fils non émancipé auroit pû avoir en ses mains, car la propriété de ce profit appartiendroit au pere *b*; mais il a sur les biens acquis à son fils, un droit d'usufruit qu'on expliquera dans les articles qui suivent.

a Si quis itaque filius-familias vel patris sui, vel avi, vel proavi in potestate constituatus, aliquid sibi acquisierit, non ex ejus substantia cujus in potestate sit, sed ab aliis quibuscumque causis, quæ ex liberalitate fortunæ, vel laboribus suis ad eum perveniant, eas suis parentibus non in plenum, sicut antea fuerat saucitum, sed utque ad usumfructum solum acquirat. Et eorum ususfructus quidem apud patrem, vel avum, vel proavum, quorum in sacris sit constitutus, permaneat: dominium autem filiis-familias inhæreat, ad exemplum tam maternarum, quàm ex nuptialibus causis filiis-familias acquisitarum rerum Sic etenim & parenti nihil derogabitur, usumfructum rerum possidenti: & filii non lugebunt quæ ex suis laboribus sibi possessa sunt, ad alios transferenda aspicientes, vel ad extraneos, vel ad fratres suos, quod etiam gravius multis esse videtur. *l. 6. C. de bonis quæ lib.*

b Si quid ex re patris obveniat, hoc secundum antiquam observationem totum parenti acquiratur. Quæ enim invidia est quod ex patris occasione profectum est, hoc ad eum reverti ? §. 1. *inst. per quas pers. cuiq. acquir.*

On n'a parlé dans cet article que du pere, & non de l'ayeul pour ce qui regarde l'usufruit; & on n'a aussi compris que le pere dans les articles qui suivent, car au lieu que par le Droit Romain le fils marié demeuroit en la puissance de son pere, & qu'ainsi les petits enfans de même que leurs peres demeuroient aussi sous la puissance de leur ayeul, qui avoit par cette raison l'usufruit de leurs biens ; par notre usage le fils de famille qui se marie étant affranchi par le mariage de la reserve de quelques lieux, comme il a été remarqué dans le préambule de cette Section, le pere n'a ni propriété ni usufruit sur ce que le fils marié peut acquerir. Et l'usufruit de ce qui peut être acquis aux enfans de ces fils marié lui appartient, & non à leur ayeul. Que s'il arrivoit que l'ayeul qui n'a rien n'essent pas assez de biens propres, ni aucun usufruit sur les biens de leurs enfans ou petits enfans, ils auroient toujours le droit de prendre leurs alimens sur les biens de leurs enfans, comme il sera dit dans l'article 10.

II.

2. Le pere a l'usufruit des biens des enfans non émancipés.

Le pere a l'usufruit pendant sa vie des biens qui peuvent être acquis à ses enfans non émancipés, à la réserve des biens qui en sont exceptés par les regles qui suivent *c*.

c V. le premier des textes cités sur l'article précédent.

III.

3. Le pere n'a pas d'usufruit sur le pécule de son fils.

Le pere n'a pas d'usufruit sur ce que son fils non émancipé peut avoir de ces sortes de pécules qui s'ac-

quierent ou par les armes, ou dans l'exercice du barreau, ou dans les fonctions de quelque dignité, de quelque charge, ou emploi public *d*.

d Exceptis castrensibus peculiis, quorum nec usumfructum patrem, vel avum, vel proavum habere veteres leges concedunt : in his enim nihil innovamus, sed vetera jura intacta servamus. Eandem observando etiam in his peculiis, quæ, quasi castrensia pecunia, ad instar castrensis peculii accesserunt : *l. 6. C. de bon. quæ lib. V. l. ult. §. de inoff. test. & l. un. c. de castr. omn. palat. pecul.* Si un fils de famille faisoit un commerce séparé de celui de son pere, qui y consentit, ne seroit-il pas juste qu'il en eût le profit en propre, ainsi qu'il est reglé par quelques Coutumes, comme on l'a remarqué dans le préambule ? V. Nov. Leon. 25.

IV.

4. Ni sur les dons du Prince.

Il faut aussi excepter des biens du fils non émancipé sujets à l'usufruit du pere, ce que le fils peut avoir reçu d'un don de Prince. Car un bienfait de cette nature suppose un mérite autant ou plus distingué que le simple service dans les armes : Et les graces du Prince ne souffrent pas qu'on en fasse aucune diminution à ceux qu'il en honore *e*.

e Cùm multa privilegia imperialibus donationibus jam præstita sunt, dignum incrementum & his conferre nostra dignata est clementia. Si quis igitur à serenissimo principe, vel à pissima augusta, sive masculus, sive fœmina donationes sit consecutus, vel consecuta, sive mobilium, sive immobilium, sive de moventium rerum, filiius-familias tamen constitutus, vel constituta, habeat hujusmodi res omni acquisitione absoluras, & nemini eas acquirat, neque earum usumfructum pater, vel avus, vel proavus sibi vindicet. Sed ad similitudinem castrensis peculii omnem facultatem in eas filii vel filiæ familias habeant ; ne enim imperialis fortuna omnes superent alias, ita oportet & principales liberalitates culmen habere præcipuum. *l. 7. C. de bon. quæ lib.*

V.

5. Ni sur ce qui seroit donné à condition que le pere n'auroit pas l'usufruit.

Les biens donnés au fils non émancipé, soit par quelques-uns de ses ascendans, ou par d'autres personnes, avec cette condition que le pere n'y aura aucun droit d'usufruit, sont encore exceptés de la regle qui donne l'usufruit au pere : & cette condition aura son effet *f*.

f Sancimus igitur licentiam esse matri & aviæ aliisque parentibus, postquam reliquerint filiis partem quæ lege debetur quod reliquum est suæ substantiæ, sive in solidum voluerint, sive in partem filio vel filiæ, nepoti vel nepti, & deinceps descendentibus donare, aut etiam per ultimam relinquere voluntatem, sub hac definitione atque conditione, si voluerint, ut pater, aut qui omninò eos habent in potestate, in his rebus neque usumfructum, neque quodlibet penitus habeant particip[i]um. Hæc enim & extranei relinquere poterant, unde nulla parentibus utilitas nasceretur. Hoc itaque non solum parentibus, sed etiam omni personæ licere præcipimus. *Nov. 117. C. 1.* Il y a quelques Coutumes qui font cette même exception à l'usufruit du pere qui est expliquée dans cet article.

VI.

6. Le pere succedant à son fils avec les freres, n'a pas d'usufruit sur leurs portions.

Dans le cas où le pere survivant à un de ses enfans qui avoir des freres germains, lui succede avec les freres, ainsi qu'il a été dit dans l'article 7. de la Section 1. comme il a la propriété d'une portion des biens de son enfant décédé, il n'aura aucun usufruit sur les portions acquises à ses autres enfans freres du défunt *g*.

g Ascendentium & fratrum singuli æqualem habeant portionem, nullum usum ex filiorum, aut filiarum portione, in hoc casu, valente patre filii penitus vindicare. Quoniam pro hac usu portione hæreditatis jus secundùm proprietatem per præsentem dedimus legem. *Nov. 118. c. 2.*

VII.

7. Devoir du pere sur les biens dont il a l'usufruit.

Le pere qui a l'usufruit sur les biens de ses enfans, est tenu de prendre le soin de toute ce qui peut regarder ces biens, conserver les droits, recouvrer les dettes, poursuivre & défendre les causes, faire les dépenses nécessaires, & en général agir en tout selon ce que demande une juste administration *h*.

h Parentes autem penes quos maternarum rerum utendi fruendique tantum potestas est, omnem debent tuendæ rei diligentiam adhibere ; & quod jure filiis debetur, in examine per se, vel per procuratorem poscere ; & sumptum ex fructibus impigrè facere ; & litem inferentibus resistere ; atque ita omnia agere, quasi solidum perfectumque dominium eis acquisitum fuisset. *l. 1. C. de bon. mat.* V. dans le Titre de l'usufruit les regles qui peuvent convenir à l'usufruit des peres.

VIII.

8. Le pere a la propriété de tout ce qu'il profite de l'usufruit.

Si le pere ayant profité de cet ufufruit en a fait des acquifitions, ou autrement augmenté ſes biens, il pourra difpofer à ſa volonté de ce qui en ſera provenu, & ce qui s'en trouvera refter dans ſa fucceſſion ſera commun à tous ſes enfans, ſans que celui de qui les biens avoient produit cette jouiſſance en ait plus que les autres. Car c'étoit un droit acquis au pere & qui lui étoit propre comme ſes autres biens *i*.

i Et ſi quid ex uſu earum (rerum) pater, avus vel proavus collegerit, habet licentiam ipſemadmodum cupit hoc diſponere, & in alios hæredes tranſmittere. Vel ſi ex earum rerum fructibus res mobiles, vel immobiles, vel ſe moventes comparaverit, eas etiam quomodo voluerit habeat, & tranſmittat, & in alios tranſferat, ſive extraneos, ſive liberos ſuos, ſive quamlibet perſonam. *l. 6. §. 2. c. de bon. quæ liber.*

IX.

9. Si le pere laiſſe jouir ſon fils, cette jouiſſance demeure propre au fils.

Que ſi au contraire le pere qui avoit l'uſufruit des biens d'un de ſes enfans l'en laiſſe jouir, les autres enfans ne pourront demander après la mort du pere, ni pour ce qui pourroit en être provenu. Car il a été libre au pere de s'en abſtenir, & d'en laiſſer jouir ſon fils à qui étoient les biens *l*.

l Sin autem res ſibi memorato modo acquiſitas parens noluerit retinere: ſed apud filium aut filiam vel deinceps perſonas reliquerit, nullam poſt obitum ejus licentiam habeant hæredes alii patris, vel avi, vel proavi, eundem uſumfructum vel quod ex hoc ad filios-familias pervenit utpote (patri debitum) ſibi vindicare. Sed quaſi diuturna donatione in filium celebranda, qui uſumfructum detinuit, quem parentem ejus habere opportuerat, ita cauſa intelligatur, ut eundem uſumfructum poſt obitum patris ipſe lucretur, parente jus exactionis quaſi ſibi debita à filio qui uſumfructum conſenſu ejus poſſidebat, ſuæ poſteritati, vel ſucceſſioni minimè tranſmittente. Quatenus in omni pace inter ſe ejus ſucceſſio permaneat, nec altercationis cujuſdam maximè inter fratres orjatur occaſio. *l. 6. §. 2. c. de bon. quæ liber.*

X.

10. Les parens ont leurs alimens & autres néceſsités ſur les biens de leurs enfans.

Soit que le pere ait quelque uſufruit ſur les biens de ſes enfans qui ne ſuffiſe pas pour ſon entretien, ou qu'il n'en ait aucun, il doit avoir ſur les biens de ſes enfans non émancipés, ou émancipés, ce qui peut être néceſſaire pour les alimens, pour ſon entretien, pour ſes néceſſités dans les maladies, & les autres ſemblables beſoins, ſelon ſa qualité & la valeur des biens. Et la mere, & tous les aſcendans paternels & maternels qui ſe trouvent en pareil beſoin, ont le même droit *m*.

m Parentum neceſſitatibus liberos ſuccurrere juſtum eſt. *l. 1. c. de alend. lib. ac parent.*

Competens judex à filio te ali jubebit, ſi in eâ facultate eſt, ut tibi alimenta præſtare poſſit. *l. 2. eod.*

Utrum autem tantum parem, avumve paternum, proavumve paterni avi patrem, cæterofque viriliſ ſexus parentes alere cogamur, an verò etiam matrem, cæterofque parentes, & per illum ſexum contingentes cogamur alere, videndum. Et magis eſt ut utroique ſe judex interponat, quorumdam neceſſitatibus facilius ſuccurſurus, quorumdam ægritudini, & cùm æquitate hæc res deſcendat caritateque ſanguinis, ſingulorum deſideria dependere judicem oportet. Idem in liberis quoque exhibendis à parentibus dicendum eſt. Ergo & matrem cogemus præſertim vulgò quæſiros liberos alere, nec non ipſos eam. *l. 5. §. 2. 3. & 4. ff. de agnoſc. & al. lib.* Alimenta autem pro modo facultatum erunt præbenda egentibus. *d. l. 5. §. 19.* Filia tua non ſolùm reverentiam, ſed etiam ſubſidium vitæ ut exhibeat tibi, rectoris provinciæ auctoritate compellitur. *l. 5. c. de patr. pot.*

Il faut remarquer ſur cet article que les peres & les meres des enfans illegitimes ont le même droit. Et quoique le texte cité ſur ce ſujet ne parle que de la mere, il eſt de la même équité à l'égard du pere quand il eſt connu. Et ce devoir eſt auſſi réciproque des parens envers les enfans de cette qualité.

V. la remarque ſur l'art. 8. de la Sect. 2. du Titre 1. du premier Livre.

XI.

11. Les parens ſont tenus de nourrir & entretenir leurs enfans.

Comme les enfans ſont obligés à la nourriture & entretien de leurs parens; les parens de leur part ſont tenus du même devoir envers leurs enfans, non ſeulement à cauſe de l'uſufruit qu'ils peuvent avoir de leurs biens, mais par le droit du ſang, & ſelon que les biens des parens peuvent y ſuffire, ſi ce n'eſt que les

enfans s'en rendent indignes. Et en général c'eſt un devoir réciproque entre les aſcendans & les deſcendans, que ceux d'entre eux qui en ont le moyen fourniſſent les alimens à ceux qui en manquent *n*.

n Idem in liberis quoque exhibendis à parentibus dicendum eſt. *l. 5. §. 3. ff. de agn. & al. lib.*

Si patrem tuum officio debito promerueris, paternam pietatem tibi non denegabit. Quod ſi ſponte non fecerit, aditus competens judex alimenta pro modo facultatum præſtari tibi jubebit.... *l. ult. c. de alen. lib. ac parent.*

Ipſum autem filium, vel filiam, filios vel filias, & deinceps alere patri neceſſe eſt: non propter hæreditatem, ſed propter ipſam naturam, & leges quæ à parentibus aliendos eſſe liberos imperarunt: & ab ipſis liberis parentes, ſi inopia ex utraque parte verritur. *l. ult. §. 5. de bon. quæ lib.* Non tantùm alimenta, verùm etiam cætera quoque opera liberorum patrem ab judice cogi præbere, reſcriptis continetur. *l. 5. §. 12. ff. de agnoſc. & alend. lib.* Quod de alendis matre & filiis indigentibus definimus, hoc quoque in omnibus aſcendentibus, deſcendentibuſque perſonis utriuſque naturæ valere præcipimus. *Nov. 117. c. 7. in ſ.*

XII.

12. Les parens & les enfans ne ſont pas tenus des dettes les uns des autres.

Il ne faut pas comprendre dans les néceſſités des parens qui peuvent ſe prendre ſur les biens de leurs enfans, leurs dettes paſſives. Car le devoir des enfans envers leurs parens, eſt borné à ce qui peut regarder leurs perſonnes. Et il en eſt de même des dettes des enfans à l'égard des parens. Mais ſi un pere ou autre aſcendant étoit priſonnier pour dettes, & que ſon fils pût l'en tirer s'obligeant de le repréſenter, ou de payer s'il en avoit le moyen; l'ingratitude du fils qui manqueroit à ce devoir, pourroit mériter l'exhéredation ſelon les circonſtances *o*.

o Parens quamvis alii à filio ratione naturali debeat, tamen æs alienum ejus non eſſe cogendum exſolvere filium, reſcriptum eſt. *l. 5. §. 16. ff. de agnoſc. & al. lib.* Neque ex ejus filii perſona qui cùm ſui juris eſſet, mutuam pecuniam accepit, pater ejus, ſi non fidem ſuam obſtrinxit, conveniri poteſt: neque ex ejus quem in poteſtate habet, niſi juſſu ejus contractum eſt. *l. 1. c. ne fil. pro parr. vel pat. pro fil.*

V. ſur ce qui eſt dit de l'exhédération l'article 3. de la Section 2. du Teſtament inofficieux, p. 451.

XIII.

13. La mere n'eſt obligée de même à fournir qu'au défaut du pere de fournir l'entretien des enfans.

Car ce devoir de la nourriture & entretien des enfans regarde le pere principalement, & plus n'en eſt tenue qu'en cas que les biens du pere n'y ſuffiſent pas. Ainſi la mere qui au défaut ou refus du pere, ou en ſon abſence auroit été obligée de fournir à cette dépenſe de ſon propre bien, pourroit le recouvrer ſur celui du pere, ſi ce n'eſt qu'il parût qu'elle n'eût donné que des choſes qu'elle auroit pû donner par l'affection maternelle, quand même le pere auroit fourni du ſien à cet entretien *p*.

p Si mater alimenta quæ fecit in filium à patre repetat, cum modo eam audiendam, ita Divus Marcus reſcripſit Antoniæ Montanæ, in hæc verba: Sed & quantum tibi alimentorum nomine, quibus neceſſariò filiam tuam exhibuiſti, à patre ejus præſtari oporteat, judices æſtimabunt. Nec impetrare debes ea quæ exigente maternâ affectu in filiam tuam erogatura eſſes, etiamſi à patre ſuo educata retur. *l. 5. §. 14. ff. de agn. & al. lib.*

XIV.

14. Il n'eſt dû des filles que du bien de l'ayeul maternel.

Les enfans des filles ne peuvent prétendre leurs alimens ſur les biens de leur ayeul maternel, ſinon en cas que leur pere ou ayeul paternel n'y puſſent fournir. Car les enfans de la fille mariée, ſont ſous la puiſſance de leur pere, & hors de la famille de l'ayeul maternel *q*.

q Non quemadmodum maſculorum liberorum noſtrorum liberi ad noſtrum onus pertinent, ita & in fœminis eſt. Nam manifeſtum eſt, id quod filia parit, non avo, ſed patri eſſe ſuo oneri: niſi pater aut non ſit ſuperſtes, aut egens eſt. *l. 8. ff. de agn. & al. lib.*

XV.

15. Deux ſortes de droits des aſcendans ſur les biens des enfans.

Toutes les regles précédentes regardent les droits des parens ſur les biens de leurs enfans, pendant que les enfans vivent. Et pour les biens qu'ils laiſſent par leur mort, s'ils meurent ſans enfans, leurs aſcendans plus proches qui leur ſurvivent & ſuccedent, ainſi qu'on l'a expliqué dans la Section précédente, à la réſerve de ce qui en eſt excepté par les regles qui ſuivent *r*.

r V. les lieux cités dans l'article.

Sij

XVI.

16. Retour aux ascendans des choses par eux données.

Si dans l'hérédité d'une personne qui meurt sans enfans, & à qui son pere & la mere ou autres ascendans se trouvent survivre, il y avoit des biens qui eussent été donnés à cette personne par un des ascendans qui lui survivent, celui qui avoit donné ces biens pourra les reprendre, par ce droit qu'on appelle de Retour ou de Reversion, & il en exclura tous autres ascendans, même les plus proches qui l'excluroient du reste des biens *f*.

[*V*. la Section suivante où il est traité du droit de Retour.

XVII.

17. Le pere reprend les profits venus de son bien.

Il faut encore remarquer par une exception de la regle qui appelle concurremment les ascendans en même degré, que si un fils non émancipé, à qui son pere auroit donné le ménagement de quelque bien, y avoit fait quelque profit ; son pere & sa mere venant à lui survivre, ce qui seroit provenu de ce bien du pere lui demeureroit, comme lui étant déja acquis avant la mort de son fils, ainsi qu'il a été dit dans l'article premier, & la mere n'auroit part qu'aux autres biens que ce fils auroit eû d'ailleurs. Et il en seroit de même dans les cas où les freres germains succederoient aussi, soit avec le pere seul, ou avec le pere & la mere *t*.

t Si quid ex re patris ei obveniat, hoc secundum antiquam observationem, totum parenti acquiratur. §. 1. Inst. per quas pers. cuiq. acquir.

V. la Loi citée sur le premier article où sont ces mots, Non ex ejus substantia cujus in potestate sit.

XVIII.

18. Changement que font les secondes nôces.

Il faut enfin remarquer pour une derniere cause qui apporte du changement aux droits des peres & meres & autres ascendans sur les biens de leurs enfans, le cas où le pere, la mere, ou autre ascendant qui a des enfans, vient à se remarier, ce qui fait une matiere qu'il faut distinguer, & qui sera traitée en son lieu *u*.

u Voyez le Titre 4. du 3. Livre.

SECTION III.

[Du Droit de Retour ou de Reversion.

ON a déja parlé du droit de Retour dans l'article 16. de la Section précedente ; où il a été nécessaire d'en faire mention, comme d'un des droits des ascendans sur les biens des descendans ; mais on n'y en a parlé qu'en général & seulement pour l'ordre. Et comme cette matiere a quelques regles qui y sont propres, elles seront expliquées dans cette Section.

Le droit de Retour qui remet aux ascendans les choses qu'ils avoient données à leurs descendans qui meurent avant eux sans laisser d'enfans, est si naturel, qu'il a été également reçu & dans l'ancien Droit Romain, & dans le nouveau : & il est aussi de notre usage autant dans les Coutumes que dans les Provinces qui se regissent par le Droit écrit. On voit dans les Loix deux motifs d'équité qui rendent ce Retour juste & favorable. L'un est de donner aux ascendans ce soulagement, de ne pas souffrir en même-temps la double perte & de leurs enfans, & des biens dont ils s'étoient dépouillés pour eux *a*. Et l'autre, qui est une suite de ce premier, de ne pas détourner les ascendans de faire des libéralités à leurs descendans, comme il pourroit arriver, s'ils avoient à craindre cette double perte *b*. Mais quoique ces motifs du droit de Retour regardent également le pere & la mere & tous ascendans paternels & maternels, le retour étoit borné dans le Droit Romain au

a Jure successum est patri, ut filia amissa, solatii loco cederet, si redderetur ei dos ab ipso profecta, ne & filiæ amissæ, & pecuniæ damnum sentiret. *l. 6. ff. de jure dot. l. 4. C. solut. matr.*

b Prospiciendum est enim, ne hac injecta formidine, parentum circa liberos munificentia retardetur. *l. 2. C. de bon. quæ lib.*

Tome I.

pere & aux ascendans paternels qui avoient sous leur puissance les enfans à qui ils avoient donné : & la mere & les ascendans maternels n'avoient pas ce droit s'ils ne l'avoient stipulé *c*. Et quelques interpretes ont même crû que Justinien avoit entierement aboli ce droit, & que le pere & l'ayeul paternel en étoient exclus par sa Novelle 118. en ce que par cette loi il appelle également aux successions des descendans selon l'ordre de leur proximité sans leur réserver ce droit de Retour ; d'où ils ont conclu que si, par exemple, un ayeul paternel avoit fait un don à son petit fils qui vînt à mourir, sa mere & cet ayeul lui survivant, il seroit exclus par la mere de ce qu'il avoit donné à son petit fils.

Cette interprétation, si peu conforme à l'esprit de cette loi n'a pas été reçue dans notre usage, & on peut même dire que les termes de cette Novelle de Justinien ne sçauroient avoir cet effet. Car ce droit de Retour si expressément établi par diverses loix, & si plein d'équité qu'il est comme du droit naturel, n'a pû être aboli par une loi qui n'en parle point. Et on auroit raison de s'écrier contre la dureté d'une loi qui ordonneroit que dans le cas qu'on vient d'expliquer la mere excluroit l'ayeul du droit de Retour. Ainsi Justinien n'ayant pas expressément aboli ce droit par cette Novelle, il doit subsister suivant cette regle de l'interprétation des loix qui veut que l'on concilie les loix anciennes avec les nouvelles, les interprétant les unes par les autres, & leur donnant à toutes le juste effet que demande leur intention, en tout ce qu'elles n'ont pas de contraire entre elles, & en ce que les dernieres n'ont pas abrogé *d*. Mais si cette regle comprend même les loix arbitraires, elle doit à plus forte raison s'entendre des loix dont l'équité naturelle est le fondement, & sur tout de celles qui, comme cette loi du droit de Retour aux ascendans, ont pour principes des vérités qu'on ne sçauroit contester sans une espece d'inhumanité.

Si on examine donc cette Novelle 118. selon cette regle, on n'y verra rien qui oblige à penser que Justinien ait voulu abolir le droit de Retour. Et on peut même ajouter que l'effet naturel du droit de Retour, est de faire que les biens qui y sont sujets, ne soient pas considerés comme des biens de la succession de celui à qui ils avoient été donnés ; mais qu'ils en soient exceptés & séparés pour être remis à l'ascendant qui a ce droit. Car les libéralités des ascendans envers les descendans renferment cette condition tacite & sousentendue, que s'il arrive que le donateur survive au donataire qui meurt sans enfans, il reprendra un bien dont il ne se dépouilloit que pour le faire passer à ses descendans. Ainsi ce bien à l'égard de l'ascendant qui l'avoit donné, peut être consideré comme n'étant pas de l'hérédité du donataire, ni par conséquent sujet à la disposition des loix qui reglent les successions.

c V. les textes cités sur l'art. 2. & la remarque qu'on y a faite.
V. *Nov. Leon. 25.*
d V. l'art. 18. de la Sect. 2. des Regles du Droit, p. 8.

SOMMAIRES.

I.

1. Définition du Retour.

ON appelle droit de Retour, ou de Reversion, le droit que peut avoir un donateur survivant à son donataire, de reprendre les choses données, ainsi qu'il sera expliqué par les regles qui suivent *a*.

a Quod dedit iterum ad eum revertatur. l. ult. C. comm. utr. jud.

I I.

2. Deux sortes de Retour, ou par la Loi, ou par une convention.

Il faut distinguer deux sortes de droit de Retour. Celui que la loi donne aux peres & aux ascendans, encore qu'il n'y en ait point de convention : & celui qui peut avoir été stipulé par une convention expresse, soit par un ascendant ou autre donateur, même un étranger *b*, c'est-à-dire, de qui le donateur ne soit point parent.

b Si quis pro filio suo ante nuptias donationem conscripserit, vel dederit, vel pro filia sua dotem ; & hoc quod dedit, iterum ad eum revertatur, vel stipulatione, vel lege hoc faciente, &c. l. ult. C. comm. utr. jud. Si non specialiter extraneum dotem dando, in suam personam dotem stipulatus sit, vel pactum fecerit, &c. l. un. §. 13. C. de rei ux. act. Extraneum autem intelligimus omnem citra parentem per virilem sexum ascendentem, & in potestate datam personam non habentem. d. §. in f. V. tit. Ulp. 6. §. 5. Voyez Nov. Leon. 25.

Quoique le Retour dont il est parlé dans ces derniers textes eût plus d'étendue que celui dont on traite ici ; & qu'il eût cet effet que la dot étoit rendue au donateur non-seulement au cas de la mort de la fille dotée, mais de son vivant même, en cas de divorce ; on a ajouté ces deux textes pour y faire remarquer deux choses. L'une, que l'étranger qui avoit doté la fille, n'avoit pas ce droit, s'il ne l'avoit stipulé ; & l'autre, qu'on mettoit au nombre des étrangers la mere même & les ascendans maternels, parce qu'ils n'avoient pas la fille sous leur puissance. V. sur cette remarque celle de l'article 4.

I I I.

3. Le Retour conventionnel se regle par la convention.

Le retour conventionnel a son effet tel qu'il est reglé par la convention, soit entre ascendans & descendans, ou autres personnes *c*.

c La convention du retour n'ayant rien d'illicite, elle a son effet selon les regles des conventions.
V. les textes cités sur l'article précédent, & l'art. 11. de la Sect. 2. des Dots, p. 160.
V. la fin de la remarque sur l'article 5.

I V.

4. Retour des choses données en faveur du mariage.

Si un pere, une mere, ou autre ascendant ayant doté une fille, ou fait quelque libéralité à un de ses enfans ou descendans en faveur de son mariage, survit au donataire qui meurt sans enfans, il reprendra les choses données. Et quoique le Retour n'en eût pas été stipulé, il en exclura tout autre héritier, & même l'ascendant plus proche qui pourroit l'exclure de l'hérédité de ce donataire *d*.

d Jure succursum est patri, ut filia amissa solatii loco cederet, si redderetur ei dos ab ipso profecta : ne & filiæ amissæ, & pecuniæ damnum sentiret. l. 6. ff. de jure dot.
Dos à patre profecta, si in matrimonio decesserit mulier filiafamilias, ad patrem redire debet. l. 4. C. sol. matrim. l. 17. in f. ff. de Senat. Maced.
Constitutionis novæ capitulum clariore interpretatione sancimus, ut quæ per filios, nepotes, pronepotes, itemque filias, neptes, proneptes, quamvis in potestate sint, minimè acquiri patri decrevimus, à marito vel uxore, quocunque titulo collata, sive ultima transmissâ voluntate, nullus ad id quoque pertinere existimet, quod ab ipso parente datum, vel dotis, vel ante nuptias donationis causâ, pro una vel memoratis personis præstitum fuerat : ut minimè ad eum si casus tulerit, revertatur. Prospiciendum est enim in hac injectâ formidine parentum circa liberos munificentia retardetur. l. 1. C. de bon. quæ lib.
V. les art. 6. 7. & 8. de la Sect. 2. du Titre des Dots, p. 99.

☞ Quoique les textes cités sur cet article, & ceux qui ont été cités sur les articles 1. & 2. ne s'étendent pas à la mere & aux autres ascendans maternels, on n'a pas laissé de comprendre indistinctement dans l'article tous les ascendans ; car c'est notre usage qu'ils ont tous ce droit de Retour, & la même équité rend le Retour aussi juste à leur égard qu'à l'égard du pere. Il y a même des Coutumes qui étendent le droit de Reversion, non-seulement à la mere & aux ascendans maternels, mais encore aux collatéraux, quoiqu'il n'y en ait point de convention : & on le donne aussi aux collatéraux en quelques lieux qui se régissent par le Droit écrit, mais ailleurs ils ne l'ont point s'il n'est stipulé.

Il faut remarquer sur cet article, qu'encore que les dispositions du Droit Romain ne regardent que les dots & les donations en faveur de mariage ; comme le Retour n'est pas moins juste dans les autres sortes de donations, la plûpart des Coutumes l'y ont étendu par des dispositions expresses. Et c'est notre usage commun & dans les Coutumes qui n'en disposent pas expressément, & aussi dans les Provinces qui se régissent par le Droit écrit, que le Retour aux ascendans a lieu en toutes sortes de donations, encore qu'il n'y en ait point de stipulation.

Il faut encore remarquer sur ces mêmes dispositions du Droit Romain, qu'elles ne distinguent point le cas où le descendant donataire par son contrat de mariage mourroit sans enfans, & le cas où il laisseroit des enfans. Ce qui avoit fait naître une question sur l'usage a décidée entre deux partis, dont l'un prétendoit qu'encore que le descendant donataire eût laissé des enfans, le retour avoit lieu ; l'autre soutenant que le Retour n'avoit lieu qu'en cas qu'il n'y eût point d'enfans *a*. C'est ce second sentiment qui a passé en regle : & il est si juste & si naturel, qu'on peut dire que ce n'est pas seulement la pluralité, mais que c'est aussi la raison qui a fait cette regle : puisque les donations en faveur de mariage & des dots des filles ont la même fin que le mariage, & regardent, non-seulement les donataires, mais leurs descendans. D'où il s'ensuit que s'il y a des enfans qui survivent à leurs peres ou meres à qui le don avoit été fait en faveur du mariage, le motif de la donation subsiste en leurs personnes : & ils font cesser celui de Retour, qui est d'empêcher que le donateur ne tombe en même-temps dans la double perte de son bien & de son enfant, comme il a été remarqué dans le préambule de cette Section. Car si le donataire laisse des enfans, l'ascendant donateur qui lui survit, regarde en ces enfans la personne de qui ils tiennent la place, & il voit passer les biens qu'il avoit donnés à l'usage qui l'avoit obligé à s'en dépouiller.

Comme la considération des enfans du donataire fait cesser le Retour quand ils lui survivent ; c'est une question qu'on a faite de sçavoir si en ce cas ce droit a cessé ; de sorte que si ces enfans venoient à mourir avant l'ascendant donateur, il fût privé du droit de Retour. Mais parce que ces enfans sont considérés eux-mêmes comme donataires de leur ayeul, ainsi qu'on vient de le remarquer, il semble qu'on peut dire que la donation étant continuée en leurs personnes, le droit de Retour n'étoit que suspendu en leur faveur, & qu'il commence d'avoir son effet quand la donation cesse d'avoir le sien par leur mort. Car alors ce donateur qui survit & au donataire & à ses enfans, se trouve dans le même état que s'il survivoit au donataire qui fût mort sans enfans. Puisque survivant à toute cette branche de ses descendans pour qui la donation avoit été faite, il survit en effet à ses donataires, & se trouve dans le motif des Loix qui donnent le droit de Retour.

Quoique la donation ne fût pas en faveur de mariage, il semble qu'il y auroit la même équité que les enfans du donataire fissent cesser le Retour : & qu'au contraire il eût lieu si le donateur survivoit & au donataire & à ses enfans. Car toute donation d'un ascendant à un descendant, regarde l'établissement de la personne & de la famille du donataire, & les motifs des regles du Retour qu'on vient d'expliquer, semblent communes à toute sorte de donation en faveur d'enfans.

a On peut remarquer sur ces opinions, que l'une & l'autre avoient quelque fondement dans le Droit Romain. V. l. 11. ff. de pact. dotal. Ulp. T. 6. §. 4.

V.

5. Ce droit n'empeche pas les gains sur les biens sujets au Retour.

Dans le cas de l'article précédent, les gains que la femme du donataire pourroit faire sur la donation faite au mari par son pere ou autre ascendant en faveur de leur mariage, & ceux que le mari pourroit faire de même sur la dot de la femme, auroient leur effet : & le retour seroit diminué par ces sortes de gains, soit qu'ils fussent reglés par le contrat même, ou par la Coutume, ou quelqu'autre Loi. Car cette donation & cette dot étant en faveur du mariage, doivent en suivre les conditions, qui sont telles que ce qui est donné à la femme, est affecté aux droits du mari : & que ce qui est donné au mari est affecté à ceux de la femme, fi ce n'eſt qu'on en ſoit convenu autrement *e*.

e Si pater dotem dederit, & pactus fit , ut mortua in matrimo-
nio filia, dos apud virum remaneat, puto pactum ſervandum etiam
ſi liberi non interveniant. l. 12. ff. de pact. dot.

☞ Quand il n'y auroit pas de convention qui reglât ces gains , comme il y en avoit dans le cas de ce
texte , s'ils ſont reglés par la Coutume , il eſt de la même juſtice qu'ils diminuent le retour. Car celui qui a
donné a connu cette ſuite de ſa donation , & l'affectation des biens qu'il donnoit à ces ſortes de gains. Ce qui
regarde autant les gains que la femme peut prendre ſur
les choſes données au mari , que ceux que le mari peut
avoir à prendre ſur la dot. Et comme le texte cité ſur
cet article regarde la dot entiere malgré la ſtipulation
qui avoit été faite, on peut à plus forte raiſon l'appliquer aux gains qui n'en conſument qu'une partie.

Si outre les gains que la femme pourroit avoir à prendre ſur les choſes données à ſon mari , elle avoit à recouvrer ſa dot , & que les autres biens n'y puſſent ſuffire ; le retour dont le cas ſeroit arrivé , le mari étant
mort ſans enfans, empêcheroit-il que la femme ne reprît
ſa dot ſur les choſes données au mari ? Comme cette
reſtitution de la dot eſt une ſuite du contrat de mariage, les choſes données doivent être compriſes dans les
biens du mari, qui répondent de la dot : & c'eſt une
charge que le donateur ne pouvoit ignorer, puiſque la
dot n'avoit été promiſe que ſur l'aſſurance que tous les
biens acquis au mari y ſeroient ſujets ; ce qui comprenoit ſinguliérement les choſes données pour le mariage, à moins qu'une clauſe expreſſe n'y eut dérogé *a*.

a Voyez l'art. 5. de la Sect. 1. des Subſtitutions. p. 509.

Mais ſi le donataire avoit contracté des dettes paſſives , les créanciers empêcheroient-ils l'effet du retour ?
Ou le donateur pourroit-il leur dire que les biens qu'il
avoit donnés lui ſont affectés pour le cas de ce retour ,
& que le donataire n'a pû les hypothequer à ſon préjudice, de même que l'héritier chargé d'une ſubſtitution ,
ne peut engager les biens qui y ſont ſujets ? Et droit-on
auſſi que ce donataire ne pourroit aliener les biens ſujets au retour, ni en diſpoſer par un teſtament ?

Pour ce qui regarde l'aliénation & l'hypotheque des
biens donnés , il faut conſiderer quels ſont les motifs
des donations que font les aſcendans à leurs deſcendans , & juger par ces motifs, de l'uſage que peut faire
le donataire des choſes données , & quel y eſt ſon droit
& celui qui peut reſter au donateur. L'intention des
aſcendans qui font des donations à leurs deſcendans ,
eſt toujours ſans doute que les biens donnés ſervent à
l'établiſſement du donataire, & à tous les uſages qui en
ſeront les ſuites, ce qui renferme tout uſage qu'un pere de famille peut faire des biens pour ſa perſonne &
pour ſa famille. Ainſi ce donataire a ſur ces biens le
droit d'en uſer ſelon que ſes affaires le demanderont,
ce qui ſuppoſe la liberté de l'uſage que peut avoir tout
propriétaire des biens qui ſont à lui. Et le donateur a
de ſa part ſon droit de retour de ces biens , ſi le cas arrive.

Si on met en balance ce droit du donateur & celui
du donataire , pour donner à l'un & à l'autre leur juſte
effet, on voit que le donataire étant le maître des choſes données, & données pour ſon établiſſement ; c'eſt
une ſuite d'une telle donation , qu'il puiſſe en uſer ſelon que ſes affaires l'y obligeront, & que le demandera
cet établiſſement & toutes les ſuites. Ce qui renferme
la néceſſité de l'uſage de l'hypotheque & de l'aliénation.
Car ſi , par exemple , ce donataire eſt une perſonne qui
doive acheter une charge , il deviendra juſte & néceſſaire que les créanciers qui lui prêteront ſur l'hypotheque des biens donnés ou à qui il les vendra, pour employer les deniers au prix de la charge, n'ayent rien à
craindre du droit de retour, puiſque leur ſûreté ſur la
charge pourroit manquer par une ſuppreſſion ou par
une diminution du prix. D'où il s'enſuit que pour toute autre affaire un donataire peut affecter les biens donnés comme tous les autres , & que ce qu'il peut pour
une affaire , il le peut pour toutes , puiſque le droit

Tome I.

de retour ne met pas le donataire en tutelle , & ne l'o-
blige pas au diſcernement de l'utilité de l'emploi qu'il
pourra faire des biens dont la donation l'a rendu le
maître : & que les créanciers de ce donataire ne ſont
pas tenus de leur part à d'autres précautions que celles
qu'on prend avec tous débiteurs qui ne poſſedent que
les biens libres , dont ils peuvent diſpoſer comme en
étant abſolument maîtres, puiſque le retour ne doit
pas être comparé à une ſubſtitution qui ne laiſſe aucune liberté de diſpoſer au préjudice du ſubſtitué ; autrement il faudroit qu'un contrat de mariage où un pere
dote ſa fille , fût rendu public comme une ſubſtitution , pour lui conſerver ſon droit de retour. Et il eſt
ſi juſte & ſi naturel que le retour ceſſe à l'égard des
créanciers du donataire, que quelques Coutumes qui
veulent que les choſes données par leur aſcendant leur
retournent ſans charge de detre du donataire , ajoûtent
que les biens donnés ſont néanmoins ſujets ſubſidiaire-
ment aux dettes du donataire, ſi ſes autres biens n'y
ſuffiſent pas.

On peut dire enfin que la nature & le caractere propre du droit de retour eſt de diſtinguer dans la maſſe
des biens de l'hérédité du donataire , les choſes données & ſujettes à ce droit pour les tirer de cette maſſe
& les remettre au donateur, non comme s'il en étoit
demeuré propriétaire, mais comme ſuccédant pour ce
qui en reſte. Ainſi c'eſt par une eſpece de ſucceſſion
que le donateur reprend les choſes données ; & on voit
auſſi que quelques Coutumes, au lieu de donner aux
peres & meres & autres aſcendans le retour des choſes
données à leurs enfans & deſcendans, ordonnent ſimplement qu'ils leur ſuccederont aux choſes par eux données. Il s'enſuit de cette nature du retour, ſoit qu'on
veuille le conſiderer comme une ſucceſſion aux choſes
données, ou comme un droit indépendant de la qualité d'héritier, & acquis à l'aſcendant donateur par la
donation même, que l'effet de ce droit eſt borné ſelon
la nature d'une telle donation à diſtinguer dans l'hérédité les choſes données pour les ôter à l'héritier autre
que celui qui a le droit de retour ; mais que le retour
ne doit pas avoir l'effet rétroactif d'une affectation qui
empêche l'hypotheque & les aliénations, & qui tourne
non ſeulement au préjudice du donataire , mais au préjudice même des tierces perſonnes qui ont dû compter
au nombre de ces biens les choſes données, de même
que ce qu'il pouvoit avoir à tout autre titre. Et quoiqu'on pût dire contre les créanciers antérieurs aux donations, qu'ils n'avoient pas compté ſur les biens donnés à leur débiteur après leurs créances , leur condition ne doit pas être diſtinguée de celle des créanciers
poſterieurs à la donation. Car outre que la condition
des derniers créanciers ne doit pas être meilleure que
celle des premiers, les biens à venir leur étoient engagés , & la deſtination des choſes données à l'uſage
des affaires du donataire renfermoit bien plus l'acquittement de ce qu'il devoit, que la facilité d'emprunter
& de faire de nouvelles dettes.

Quoique le donataire puiſſe diſpoſer des biens donnés au préjudice du retour par des aliénations , & les
engager à des hypotheques, il ne s'enſuit pas que s'il
tombe dans un crime , il engage ces mêmes biens à une
confiſcation. Car cette eſpece d'engagement n'eſt pas
de la nature de ceux qui empêchent l'effet du retour ,
puiſqu'au contraire la mort civile du donataire condamné, doit avoir le même effet pour faire l'ouverture
de ce droit, que pourroit avoir ſa mort naturelle. Que
ſi le condamné avoit des enfans , on pourroit dire pour
la confiſcation, que le cas du retour ne ſeroit pas arrivé, & qu'ainſi la confiſcation devroit avoir lieu ; puiſque les enfans empêchant l'effet du retour, les choſes
données demeureroient acquiſes au donataire condamné, & ſeroient par conſéquent compriſes dans la confiſcation. Mais comme les enfans font ceſſer le droit
de retour quand ils ſurvivent après la mort naturelle du
donataire leur pere, & que les biens leur ſont acquis
par cette mort, ne pourroit-on pas donner le même
effet à la mort civile, & faire paſſer ces biens aux enfans de ce donataire, non comme une ſucceſſion qui

leur acqueroit le droit de leur pere, car le condamner n'a point d'héritiers ; mais comme un effet de la donation & de l'intention du donateur, qui à cause de l'incapacité survenue au donataire, feroit passer à ses enfans les choses données ; car elles n'étoient pas seulement données à ce donataire, mais l'intention du donateur étoit que les enfans les eussent après leur pere par préférence à lui Ou l'on pourroit par une autre vue considerer le donataire comme mort sans enfans, puisqu'il mourroit sans héritiers, & remettre les choses données au donateur, le chargeant de les conserver aux enfans de son enfant à qui il avoit fait la donation. Ce qu'on a cru devoir proposer, parce qu'il a été ainsi jugé dans un Parlement, & que ce tempérament semble également & de l'équité & de l'esprit des regles.

Pour les dispositions que le donataire pourroit faire par un testament, on voit que quelques Coutumes ont borné le droit de retour au cas qu'il n'ait point d'enfans, ni de dispositions du donataire ; ce qui laisse la liberté de disposer au préjudice du retour, & par des aliénations & par des dispositions à cause de mort. Et cette regle semble tirée de la Novelle 25. de Leon, où il blâme, comme un abus qui s'étoit glissé contre l'ancienne Jurisprudence, l'usage de ne pouvoir disposer par un testament au préjudice du retour : & il rétablit cette liberté, réservant seulement au donateur sa légitime, ou la falcidie. Mais on voit au contraire en quelques Provinces qui se régissent par le Droit écrit une Jurisprudence toute opposée, qui favorise tellement le droit de retour, que non seulement le donataire ne peut disposer des choses données par un testament, mais qu'il ne peut même les aliener & les engager.

De ces deux extrémités, l'une qui permet indistinctement au donataire l'aliénation & l'hypotheque, & les dispositions par un testament, & l'autre qui lui ôte toute liberté de toute disposition, il est arrivé que dans quelques lieux où la Jurisprudence de cette matiere n'a pas ces regles précises, on a vû naître plusieurs procès sur la validité des dispositions faites par les donataires au préjudice du retour que la loi donne aux ascendans donateurs ; ce qui a fait souhaiter qu'il y fût pourvû. Et s'il est cependant permis de faire une simple reflexion sur ces regles opposées, il semble qu'à l'égard de l'aliénation & de l'hypotheque, les raisons qu'on a remarquées rendent favorable la regle ou l'usage qui les permet, & que pour les dispositions testamentaires, comme elles ne sont pas de la même nécessité pour l'usage du donataire que l'est la liberté d'engager & d'aliener, & qu'elles ne sont pas non plus de l'intention du donateur ; mais qu'au contraire on ne doit point présumer qu'il ait entendu qu'un légataire lui fût préféré ; il ne paroîtroit pas injuste que le retour ôtât la liberté de disposer par un testament. Et si par exemple, un ayeul paternel avoit donné à son petit-fils une terre située dans un pays de Droit écrit, & que ce petit-fils en eût fait un legs à sa mere qui lui survivroit avec cet ayeul, ou s'il avoit légué cette terre à un de ses amis, il sembleroit être de l'humanité & de l'équité que cet ayeul eût cet effet du droit de retour, qu'il fût préféré & à cette mere & à cet étranger : & qu'on pourroit d'assez bon sens, & sans blesser les principes ni l'esprit des Loix, juger que le legs auroit pour principe, ou l'ingratitude de ce donataire, s'il avoit cru que le donateur dût lui survivre, ou la pensée qu'il auroit eû que son ayeul mourroit avant lui. Et l'une ou l'autre de ces considérations jointe à la faveur du droit de retour, pourroit injustement faire ceder ce legs à ce droit, & y mettre en usage la regle des Provinces qui défendent les dispositions testamentaires au préjudice du retour. Et comme il ne seroit ni juste ni possible de faire dépendre de la validité des dispositions des donataires au préjudice du retour, de la qualité & des circonstances de ces dispositions, pour en confirmer quelques-unes qui pourroient être favorables, & en annuller d'autres, parce qu'elles auroient quelque dureté, & que la regle doit être simple & uniforme, il sembleroit juste s'il

falloit choisir entre ces deux regles opposées, d'annuller plutôt toutes les dispositions des donataires au préjudice du retour, que de les confirmer toutes indistinctement, & cette regle aussi-bien que celle qui permet l'aliénation & l'hypotheque seroient sans aucun inconvénient. Car ceux qui craindroient l'effet & les suites de l'une ou de l'autre, pourroient regler les conditions des donations & du retour comme ils l'entendroient, & borner ou étendre par leurs conventions la liberté d'aliener & d'engager & de disposer par un testament, car des conventions de cette nature seroient très-permises b.

Tout ce qu'on a dit jusqu'ici regarde le droit de retour réglé par la Loi, encore qu'il n'y en ait pas de convention. Mais si le retour est stipulé par une convention expresse, soit par un ascendant ou toute autre personne, parent ou étranger au donataire, le retour alors aura l'effet que devra y donner la convention. Et si elle n'exprime rien pour la liberté de disposer, on estime communément que, comme la stipulation expresse semble avoir plus de force que ce qui est simplement donné par la loi, le retour conventionnel empêche toute disposition. Ce qui est encore plus juste pour les donateurs autres que des ascendans. Car comme ils n'ont pas la même affection pour l'établissement des donataires & pour leurs familles que les ascendans, il est naturel de présumer que la convention du retour ôte au donataire la liberté de toutes dispositions à leur préjudice.

On s'est peut-être trop étendu sur une matiere qui n'a que peu de regles dans le droit Romain, & peut-être aussi en dit-on trop peu sur une matiere d'un usage frequent, & assez fécond en difficultés. Mais on a crû, sans entrer dans un détail inutile des diverses sortes de difficultés, qu'il étoit nécessaire de remarquer les principales, & qu'il suffisoit pour toutes celles qui peuvent naître, d'établir les principes d'où il semble que doivent dépendre les décisions.

b Voyez l'art. 27. de la Sect. 2. des Regles de Droit, p. 20.

VI.

Si une fille dotée par son ayeul paternel lui ayant survécu, meurt sans enfans, son pere vivant ; il reprend la dot, comme s'il l'avoit lui-même donnée, encore qu'il ne fût pas héritier de son pere ayeul de cette fille, & il en exclut la mere & leurs enfans communs qui pourroient succeder avec lui. Car comme c'est le devoir du pere de doter sa fille, c'étoit pour le pere que l'ayeul avoit doté sa petite-fille. Et cette dot lui revient par un double droit, & comme représentant l'ayeul, & comme reprenant un don que son pere avoit fait pour lui. Ce qui fait que ce droit est indépendant en sa personne de la qualité d'héritier de son pere ayeul de la fille, & qu'il lui étoit comme acquis dès le moment du don pour avoir son effet le cas arrivant f.

6. Le pere a le retour de la dot donnée par l'ayeul paternel.

f Dotem quam dedit avus paternus, an post mortem avi, mortua in matrimonio filia, patri reddi oporteat, quæritur. Occurrit æquitas rei, ut quod parer meus propter me filiæ meæ nomine dedit, proindè* sit atque ipse dedissem. Quippe officium avi circa neptem ex officio patris erga filiam pendet. Et quia pater filiæ, ideo avus propter filium nepti dotem dare debet. l. 6. ff. de collat. Quoique cette Loi estée fur cet article paroisse contraire à la Loi 79. ff. de jure dot. on a cru que l'équité qui en a été le motif, devoit faire la regle, sans qu'il soit nécessaire d'examiner comment ces deux Loix peuvent se concilier.

*perindè.

TITRE III.

Comment succedent les freres, les sœurs, & les autres collateraux.

ON a vû dans le preambule de ce second Livre qu'il y a trois ordres de personnes que les loix appellent aux successions. Le premier des enfans & autres descendans : Le second des peres & meres & autres ascendans : & le troisiéme des collateraux, qu'on appelle ainsi ; parce qu'ils descendent chacun par sa ligne de pere en fils d'un afcendant qui leur eft commun ; ce qui fait qu'ils font l'un à côté de l'autre au deffous de la perfonne de qui ils defcendent.

SECTION I.

Qui font les Collateraux.

SOMMAIRES.

1. *Définition.*
2. *Trois fortes de freres ; germains, confanguins, uterins.*
3. *Oncles, tantes, neveux, nieces.*
4. *Diverfes fortes d'oncles, tantes, neveux & nieces.*
5. *Grands oncles, grandes tantes.*
6. *Petits neveux, petites nieces.*
7. *Coufins.*
8. *Premier ordre de collateraux.*
9. *Second ordre de collateraux.*
10. *Troifiéme ordre de collateraux.*

I.

1. Défini-
tion.

ON appelle collateraux tous ceux qui n'étant ni afcendans, ni defcendans les uns des autres, defcendent ou d'un même pere, ou d'une même mere, ou d'un autre afcendant qui leur eft commun. Ainfi les freres & les fœurs font entre eux collateraux : Ainfi l'oncle & le neveu font collateraux l'un à l'autre : Et les coufins de même *a*.

a Gradu cognationis alii fuperioris ordinis, alii inferioris, alii ex tranfverfo, five à latere. l. 1. ff. de grad. & affin. Ex latere ve-nientes. l. 9. §. 1. c. de natur. lib.

II.

2. Trois for-
tes de fre-
res : ger-
mains, con-
fanguins,
uterins.

Entre les collateraux, les plus proches font les freres & les fœurs *b*, qui font de trois fortes. Ceux qui font nés d'un même pere & d'une même mere *c*, que nous appellons germains : ceux qui font nés d'un même pere, mais de différentes meres, que nous appellons confanguins, & ceux qui ont une même mere, mais de différens peres, qu'on apelle uterins *d*.

b Ex tranfverfo five à latere fratres, & forores. l. 1. ff. de grad. affin.
c Fratres & forores ex eodem patre, & ex eadem matre natos. Nov. 118. c. 3.
d Qui ex uno parente conjuncti funt defuncto five per patrem folum, five per matrem. d. c. 3.

III.

3. Oncles,
tantes, n-
veux & nie-
ces.

Les plus proches après les freres & les fœurs, font les oncles & les tantes, c'eft-à-dire, les freres & fœurs du pere ou de la mere : Et les neveux & les nieces, c'eft-à-dire, les enfans des freres ou des fœurs *e*.

e Ex tranfverfo fratris fororifque filius filia, & convenienter patruus amita, avunculus matertera. l. 1. §. 5. ff. de grad. & affin.

IV.

4. Diverfes
forte d'on-
cle, tan-
tes, neveux
& nieces.

Comme il faut diftinguer entre les freres & les fœurs, les germains, les confanguins & les uterins : on peut diftinguer auffi entre les oncles & les tantes, ceux qui font freres germains du pere ou de la mere, & ceux qui leur font ou feulement confanguins, ou feulement uterins. Et on peut diftinguer de même entre les neveux & les nieces ceux qui font enfans des freres germains ou fœurs germaines, & ceux qui font enfans des freres ou fœurs feulement confanguins ou feulement uterins *f*.

f On remarque ici ces diverfes fortes d'oncles & de tantes, & de ne-veux & nieces pour diftinguer ces différentes forte de parentés. Car encore que ces différences foient pas confiderées dans le Droit Romain qui borne aux freres & aux fœurs la diftinction de germains, confan-guins & uterins, & appelle tous les autres collateraux felon leurs de-grés, fans diftinction de ceux qui font liés par le pere feul, ou la mere feule, ou par tous les deux, comme il fera dit dans l'article 9. de la Section fuivante ; il eft néceffaire de connoitre ces diverfes fortes de pa-rentes, & elles ont leur ufage dans les Coutumes qui affectent les pro-pres aux plus proches du côté & ligne d'où ils font venus, comme il a été déja remarqué.

V.

5. Grands
oncles, gran-
des tantes.

Le grand oncle eft le frere de l'ayeul ou de l'ayeule, foit paternels ou maternels. Et les freres des afcendans plus éloignés bifayeuls, trifayeuls & autres, font auffi compris dans notre langue fous le nom de grands on-cles, qu'on peut diftinguer par degrés de premier ou fecond grand oncle. Et il en eft de même des grandes tantes, foit que ces grands oncles & ces grandes tantes foient germains, confanguins ou uterins de l'afcendant de qui ils font les freres ou les fœurs *g*.

g Ex tranfverfo.... patruus magnus, amita magna, id eft, avi frater & foror, avunculus magnus, matertera magna, id eft, aviæ frater & foror. l. 1. §. 6. ff. de grad. & affin. v. l. 10. §. 15. & feqq. 3.

VI.

6. Petits ne-
veux, peti-
tes nieces.

Le petit neveu eft le fils du neveu, petit fils du frere ou de la fœur, foit qu'il defcende de germains ou de confanguins ou uterins. Et on appelle auffi petits ne-veux tous les defcendans des neveux, qu'on peut dif-tinguer par degrés de premier ou fecond petit neveu. Et ce qu'on vient de dire des petits neveux, doit s'en-tendre de même des petites nieces *h*.

h Ex tranfverfo fratris fororifque nepos neptis. l. 1. §. 6. ff. de grad. & affin. V. l. 10. §. 15. & feqq.

VII.

7. Coufins.

Tous les autres collateraux font compris dans cette langue fous le nom de coufins, dont les plus proches font les enfans des freres & des fœurs, que nous appel-lons coufins germains, foit qu'ils foient enfans des fre-res germains, ou des freres feulement confanguins, ou feulement uterins. Et il en eft de même des enfans des fœurs germaines, ou confanguines ou uterines, & des enfans de freres & fœurs. Car de quelque maniere que foient liés les freres & les fœurs, on donne le nom de coufins germains indiftinctement aux enfans de l'un à l'égard des enfans de l'autre. Et pour les autres cou-fins plus éloignés, il faut en faire les diftinctions felon leurs rangs, dans les ordres de collateraux qui feront expliqués par les articles qui fuivent *i*.

i Eodem gradu (quarto) funt & illi qui vocantur fratres pa-trueles amitini amitinæ, confobrini confobrinæ : hi autem funt qui ex fratribus vel fororibus nafcuntur, quod quidem ita diftin-xerunt, ut eos quidem qui ex fratribus nati funt, fratres patrueles, item eas quæ ex fratribus natæ funt, forores patrueles, ex fratre autem & forore amitinos, amitinas, eos verò & eas qui quæve ex fororibus nati natæve funt, confobrinos confobrinas, quafi con-fororinos : fed plerique hos omnes confobrinos vocant l. 1c. §. 15. ff. de grad. & affin.

VIII.

8. Premier
ordre de col-
lateraux.

Il faut diftinguer entre les collateraux d'une perfon-ne trois differens ordres. Le premier eft de ceux qui fe trouvent à côté de cette perfonne dans la même ligne, de forte qu'ils foient tous en même diftance qu'elle du premier afcendant qui leur eft commun. Ainfi les fre-res & les fœurs font en même diftance de leur pere. Ainfi les coufins germains font en même diftance de leur ayeul, & les coufins feconds font en même diftan-ce de leur bifayeul *l*.

l C'eft une fuite des articles précédens, & qui peut s'entendre faci-lement par la vûe de la Figure des parentés.

IX.

9. Second
ordre de col-
lateraux.

Le fecond ordre des collateraux d'une perfonne, eft de ceux qui font moins éloignés qu'elle du premier af-cendant qui leur eft commun. Ainfi l'oncle eft moins éloigné de fon pere que ne l'eft fon neveu qui en eft le petit fils. Ainfi le coufin germain du pere d'une per-fonne qu'on appelle oncle à la mode de Bretagne, étant petit fils du bifayeul de cette perfonne, il eft moins éloigné qu'elle de ce bifayeul. Ainfi les coufins ger-mains de tous les autres afcendans d'une perfonne font moins éloignés qu'elle des premiers afcendans qui leur font communs *m*.

m Voyez la Figure.

B bb iij

X.

Le troisiéme ordre des collateraux d'une personne est de ceux qui sont plus éloignés qu'elle du premier ascendant qui leur est commun. Ainsi le neveu est plus éloigné de son ayeul que ne l'est son oncle qui en est le fils. Ainsi le fils du cousin germain d'une personne qu'on appelle neveu à la mode de Bretagne, est plus éloigné de son bisayeul, qui est leur premier ascendant commun. Ainsi tous les descendans des cousins germains & des autres qui sont dans le premier ordre, sont plus éloignés que cette même personne de l'ascendant d'où ils descendent tous *n*.

n Voyez la figure.

SECTION II.

Ordre de la succession des Collateraux.

IL faut remarquer sur cette Section que tout ce qu'on y dira de la proximité entre collateraux qui s'excluent les uns des autres, selon qu'ils sont proches, ne doit s'entendre que pour les Provinces qui se régissent par le Droit écrit. Car dans les Coutumes il y a deux regles contraires : l'une commune à toutes les Coutumes, qui appelle à la succession des propres, non les collateraux plus proches indistinctement, mais ceux qui sont plus proches du côté d'où les propres sont venus. Ainsi le cousin germain paternel du défunt lui succedera pour les propres paternels, encore que le défunt ait laissé un frere uterin plus proche que ce cousin germain. L'autre regle propre à quelques Coutumes est celle qui reçoit la représentation en ligne collaterale jusqu'à l'infini : ce qui fait que des collateraux plus éloignés ne sont pas exclus par d'autres plus proches.

SOMMAIRES.

1. *Les freres sont les premiers dans l'ordre des collateraux.*
2. *Les freres germains excluent les autres.*
3. *Les enfans des freres germains concourent avec leurs oncles.*
4. *Les enfans des freres germains excluent les freres consanguins & les uterins.*
5. *Les consanguins & les uterins concourent ensemble.*
6. *Les enfans des freres consanguins & uterins représentent leurs peres.*
7. *Le droit de représentation est borné aux enfans des freres.*
8. *Le neveu est préferé à l'oncle, quoiqu'en même degré.*
9. *Tous les autres collateraux viennent selon leur proximité.*

I.

LA succession d'une personne qui meurt sans enfans ou autres descendans, & sans pere ou mere ou autres descendans, passe aux collateraux. Et s'il avoit des freres ou sœurs, ils seront appellés les premiers *a*, & excluront tous autres. Mais les freres & sœurs succedent différemment selon les distinctions qui seront expliquées dans les articles qui suivent.

a Si igitur defunctus neque descendentes neque ascendentes requirit, primos ad hæreditatem vocamus fratres & sorores. Nov. 118. c. 3.

II.

Si la personne de qui la succession doit passer à ses freres seuls, quand il n'y a aucun descendant ni ascendant, a laissé des freres germains, & encore d'autres freres ou consanguins, ou uterins, ou de ces deux sortes ; les freres germains qui concouroient avec les ascendans, s'il y en avoit, succederont seuls, & excluront les autres *b*, & leurs descendans *c*. Et cette regle

b Primos ad hæreditatem vocamus fratres & sorores ex eodem patre & ex eadem matre natos, quos etiam cum patribus ad hæreditatem vocavimus. Nov. 118. c. 3.

Voyez sur ce qui est dit dans cet article que les freres concourent avec le pere & la mere & autres ascendans dans la succession de leur frere, l'article 7. de la Section 1. du Titre 1.

& celles qui suivent doivent s'entendre autant des sœurs que des freres, soit qu'il n'y ait que des sœurs, ou qu'avec les sœurs il y ait des freres, leur condition devant être égale. Mais pour la clarté & la brieveté on ne nommera plus que les freres seuls.

c Ex diverso siquidem superstes frater ex utroque parente conjungitur defuncto, præmortuus autem per unum parentem jungebatur, hujus filios ab hæreditate excludimus : sicut ipse si viveret ab hæreditate excludebatur. d. Nov. 118. c. 3.

III.

Si avec les freres germains il y a des enfans d'un autre frere germain décedé avant son frere de la succession de qui il s'agiroit, ces enfans représenteront leur pere, & concourront avec leurs oncles freres du défunt, & auront entre eux la part qu'auroit leur pere s'il étoit vivant *d*.

d Si autem defuncto fratres fuerint, & alterius fratris aut sororis præmortuorum filii, vocabuntur ad hæreditatem isti cum de patre & matre thiis masculis & fœminis, & quantacumque fuerint, tanquam ex hæreditate præcipient portionem quantam eorum parens futurus esset accipere, si superstes esset. Nov. 118. c. 3.

Il faut remarquer dans cet article le premier cas de la représentation entre collateraux. Voyez sur cette représentation les articles 4. 6. 7. & 8. & pour la représentation en ligne directe, voyez les articles 2. & 3. de la Section 2. du Titre 1.

On peut remarquer sur le sujet du droit de représentation entre collateraux, que ce droit a ses bornes, ainsi qu'il est expliqué dans cet article, & dans les articles 4. 6. 7. & 8. & qu'il a aussi ses mêmes bornes en plusieurs Coutumes ; mais qu'en quelques-unes la représentation a lieu en ligne collaterale jusqu'à l'infini, comme il a été remarqué dans le Préambule de cette Section ; & qu'en d'autres Coutumes il n'y a point de représentation en collaterale, s'il n'en est convenu, & qu'il y a même des Coutumes qui ont aboli la représentation en ligne directe des descendans, comme il a été remarqué sur l'article 2. de la Section 2. du Titre 1.

IV.

S'il ne restoit pas des freres germains du défunt, mais seulement des enfans d'un frere germain décedé avant lui, & qu'il y eût des freres ou consanguins, ou uterins, ou tout ensemble de ces deux sortes ; les enfans du frere germain neveux du défunt, seroient préférés à leurs oncles ses freres consanguins & uterins, & les excluroient de la succession, de même qu'auroit fait leur pere s'il étoit vivant : & quoiqu'ils soient en un degré plus éloigné, représentant leur pere, ils prennent la place *e*.

e Unde consequens est, ut si forté præmortuus frater, cujus filii vivunt, per utramque parentem nunc defunctæ personæ jungebatur, superstites autem fratres per patrem solum forsan aut matrem ei jungebantur, præponantur istius filii propriis thiis, licet in tertio sint gradu : sive à patre, sive à matre sint thii, & sive masculi, sive fœminæ, sicut eorum parens præponeretur si viveret. Nov. 118. c. 3.

V.

Lorsqu'il n'y a ni freres germains, ni leurs enfans, & qu'il y a des freres consanguins ou des freres uterins, ou tout ensemble de ces deux sortes, ils partagent entre eux indistinctement la succession par têtes, & en portions égales *f*.

f His autem non existentibus (fratribus scilicet ex utroque parente conjunctis) in secundo ordine illos fratres ad hæreditatem vocamus qui ex uno parente conjuncti sunt defuncto, sive per patrem solum, sive per matrem. Nov. 118. c. 3.

☞ On peut remarquer sur cet article que quelques interpretes ont cru que dans le cas où les freres consanguins nés d'un même pere & d'une autre mere, concourent avec les freres uterins, ceux-ci doivent avoir les biens maternels de leur frere, & ceux-là ses biens paternels, & qu'ils ne partagent que les autres biens venus d'ailleurs. Ce sentiment est fondé sur ce que Justinien avoit fait une Loi avant cette Novelle 118. par laquelle il avoit ordonné que dans la succession d'une personne, qui mourant sans enfans, laisseroit son pere & des freres, le pere n'auroit rien en propre ; mais seulement l'usufruit, & que les freres auroient la propriété : & que s'il y avoit des biens maternels, les freres de la même mere que le défunt, seroient préférés pour ces biens aux autres *a*. C'est cette Loi qui paroît être l'origine de la règle de nos Coutumes, qui fait passer les biens aux familles d'où ils sont venus, & qui affectent les biens paternels aux parens du côté paternel, & les biens maternels à ceux du côté maternel, *paterna paternis, materna maternis*, qu'on a étendue à tous degrés des collateraux. Mais les autres interpretes ont cru que Justinien a aboli cette distinction des biens paternels & maternels par la Novelle 118. & qu'il a abrogé cette Loi qui l'avoit établie, n'ayant fait aucune mention de la distinction des biens dans cette Novelle 118. non plus que dans sa Novelle 84. où reglant une succession entre des freres germains, des freres consanguins & des freres uterins d'une même personne, il prefere les freres germains, & ne fait aucune distinction de ces deux sortes de biens, quoique l'occasion le demandât. Et il auroit pû s'en expliquer, soit qu'il voulût abolir cette distinction, ou que sans l'abolir, son intention fût de laisser aux freres consanguins les biens paternels, & aux uterins les biens maternels, & de ne leur preferer les freres germains que pour les autres especes de biens. Un mot ajouté à ces deux Novelles, ou au moins à la Novelle 118. auroit fait cesser cette difficulté ; mais comme cette Novelle exclut indistinctement les freres qui ne font joints que d'un côté, de la succession de leurs freres, quand il y a des freres germains, il semble qu'elle les exclut également de toute nature de biens. Et c'est vrai-semblablement ainsi qu'on a entendu cette Novelle dans une des Provinces qui se régissent par le Droit écrit, puisqu'on y a dérogé par une regle contraire, qui veut que les freres, ou seulement de pere, ou seulement de mere, succedent avec les freres germains aux biens de leur estoc *b*.

a l. 13. §. 2. C. de legit. hared.
b Voyez l'article 65. du chap. 5. de la Coutume de Bourdeaux & Pays de Guyenne.

V I.

6. Les enfans des freres consanguins & uterins représentent leurs peres.

Comme les enfans des freres germains concourent avec leurs oncles qui étoient aussi freres germains du défunt ; les enfans des freres consanguins, & ceux des freres uterins concourent aussi avec leurs oncles de même qualité, quand ces oncles succedent à leur frere oncle de ces enfans : & représentant chacun leur pere, ils prennent entr'eux la portion qu'il auroit eue s'il avoit vêcu *g*.

g Ipsis fratrum filiis tunc hoc beneficium conferimus quandò cum propriis judicantur thiis masculis & fœminis, sive paterni, sive materni sint. Nov. 118. c. 3.

V I I.

7. Le droit de représentation est borné aux enfans des freres.

Le droit de représentation qui met les enfans en la place de leur pere décédé, pour succeder comme eux s'ils étoient vivans, est borné aux enfans des freres, & ne s'étend pas aux enfans des autres collateraux, qui tous viennent par têtes selon leur nombre & leur degré de proximité, les plus proches excluant les plus éloignés. Ainsi lorsqu'il n'y a aucun frere du défunt, mais seulement de ses oncles, & des enfans d'un autre oncle décédé, les enfans de cet oncle sont exclus par les oncles vivans *h*.

h Hujusmodi verò privilegium, in hoc ordine cognationis, solis præbemus fratrum masculorum & fœminarum filiis aut filiabus, ut in suorum parentum jura succedant. Nulli enim alii omninò personæ, ex hoc ordine venienti, hoc jus largimur. Nov. 118. c. 3.

V I I I.

8. Le neveu est préféré à l'oncle quoiqu'en même degré.

Si celui qui décede n'ayant ni descendans, ni ascendans, ni freres, ni sœurs, avoir un oncle & un neveu, le neveu lui décederoit, & excluroit l'oncle. Car encore qu'ils soient en pareil degré, le neveu a le droit de représentation de son pere frere du défunt, qui seroit préféré à l'oncle *i*, & l'oncle de sa part n'a aucun droit de représentation, suivant la regle expliquée dans l'article précédent.

i Quandoquidem igitur fratris & sororis filiis tale privilegium

dedimus, ut in propriorum parentum succedentes locum, soli in tertio constituti gradu cum iis qui in secundo gradu sunt ad hæreditatem vocentur, illud palam est, quia thiis defuncti masculis & fœminis, sive à matre, sive à matre præponuntur : si etiam illi tertium cognationis similiter obtineant gradum. Nov. 118. c. 3.

☞ Quelques interprêtes ont crû que la regle expliquée dans cet article, ne doit s'entendre que des cas où il y a des freres du défunt qui excluent l'oncle ; mais que lorsqu'il n'y a que des oncles & des neveux sans freres du défunt, ils doivent concourir ; & il y a des Coutumes qui le reglent ainsi. Mais il semble que plusieurs considérations déterminent à préférer les neveux du défunt à ses oncles, dans le cas même où il n'y a point de freres. Car outre la raison remarquée dans l'article, qu'il n'y a que les enfans des freres qui ayent le droit de représentation, comme il a été dit dans l'article précédent, & que les oncles ne représentent par leur ayeul du défunt ; si on examine les termes du texte cité sur cet article, ils ont naturellement ce sens de préferer toujours les neveux du défunt à ses oncles, qu'il ne semble pas qu'on puisse y en donner d'autre. Car il y est dit, premierement, que les neveux sont considerés comme étant au degré de leurs peres par le droit de représentation. Ainsi la loi leur donne un rang qui précède celui des oncles du défunt. Et en second lieu, il y est dit expressément, que les neveux du défunt sont préferés à ses oncles, ce qui ne seroit pas vrai si les oncles pouvoient concourir avec les neveux, & s'ils n'étoient exclus que par les freres.

Pourroit-on ajouter à ces raisons, qu'il est naturel que les successions descendent plûtôt qu'elles ne remontent ? Et qu'ainsi les neveux étant dans un rang des descendans, doivent être préferés aux oncles qui sont dans un rang d'ascendans. Mais cet argument prouveroit trop, si on l'étendoit aux collatéraux plus éloignés que les oncles & les neveux ; car comme il sera expliqué dans l'article suivant, la Novelle 118. appelle indistinctement tous les collatéraux, à la réserve des freres & des enfans des freres, selon leurs degrés, les plus proches excluant les plus éloignés, & ceux qui sont en même degré concourant ensemble, sans distinction des lignes qui sont au-dessous, de celles des freres, & de celles qui sont au-dessus, & sans aucune représentation.

Mais si on suppose que les neveux, enfans des freres du défunt, sont enfans d'un frere seulement consanguin, ou seulement uterin, doivent-ils être préferés à l'oncle du défunt ? il semble que les mêmes raisons qui donnent la préférence aux enfans des freres germains, la donnent aussi aux enfans des freres consanguins, & à ceux des freres uterins. Car outre que le double lien n'est considéré qu'entre les freres, & qu'en tous autres collatéraux la proximité seule distingue leurs rangs, suivant cette regle de l'article qui suit ; les enfans des freres consanguins ou uterins représentent leurs peres qui excluroient les oncles du défunt, ils ont le même droit.

On ne doit pas se dispenser d'ajoûter ici une remarque d'un autre cas qui arrive assez souvent, & où quelques interprêtes ont fait naître une question. C'est le cas où la succession seroit à partager entre les enfans des freres du défunt sans qu'il restât aucun de ses freres, ces enfans se trouvant en nombre inégal, trois par exemple, d'un frere & quatre d'un autre. Sçavoir si ces enfans des freres doivent succeder par têtes ou par représentation, chacun de chaque frere prenant la portion qu'auroit eu leur pere. Cette question étoit décidée avant la Novelle 118. de Justinien par la Loi. 2, §. 2. *ff. de suis & legit. hared.* qui regloit que les enfans des freres succederoient par têtes suivant leur nombre. *Hæc hæreditas proximo agnato, id est, ei quem nemo antecedit, defertur : & si plures sint ejusdem gradus omnibus in capita scilicet. Ut putà, duos fratres habui, vel duos patruos : unus ex his unum filium, alius duos reliquit : hæreditas mea in tres partes dividitur.* Il est vrai que cette Novelle 118. a donné aux enfans des freres le droit de représentation, ce qui a fait que quelques-uns ont crû que dans ce cas les enfans des freres décédés doivent avoir ce droit ; mais l'ufage de la repréfentation que cette Novelle donne aux enfans des freres, n'eſt que de les faire concourir avec leurs oncles freres du défunt, pour prendre la part qu'auroit leur pere s'il étoit vivant : Et le motif de cette Loi n'eſt pas de diſtinguer la condition des enfans des freres entr'eux quand il n'y a point de freres du défunt, & de faire que des neveux de divers freres partagent inégalement, ſelon que les enfans d'un des freres feroient en plus grand nombre que ceux d'un autre ; ainfi ce motif de la repréfentation ceſſe entr'eux quand ils ſuccedent ſeuls & ſans freres du défunt. Et ils ne viennent alors que ſelon leur proximité qui étant égale les fait ſuccéder par têtes. Et c'eſt ainfi qu'il eſt reglé par les Loix des Wifigots, la plûpart tirées du Droit Romain. *Qui moritur, fi fratres aut forores non reliquerit, & filios fratrum & fororum reliquerit : ſi ex uno fratre ſit unus filius, & ex alio fratre vel forore forſitan plures, omnem hereditatem defuncti capiant : & equaliter per capita devidant portiones.* lib. 4. legis Wifigotorum, tit. 2. cap. 8.

I X.

Après les freres & les enfans des freres, tous les autres collatéraux viennent ſelon leurs degrés de proximité, ſans aucune diſtinction, les plus proches excluant toujours les plus éloignés. Et s'il s'en trouve pluſieurs en même degré, ils ſuccedent également par têtes & ſelon leur nombre *l*.

l Si verò neque fratres neque filios fratrum, ficut diximus defunctus reliquerit, omnes deinceps à latere cognatos ad hæreditatem vocamus, ſecundùm uniuſcujuſque gradus præerogativam. Ut viciniores gradu ipfi reliquis præponantur. Si autem plurimi ejufdem gradus inveniantur, ſecundùm perfonarum numerum inter eos hæreditas dividatur. Quod in capita noſtræ leges appellant. *Nov.* 118, *c.* 3.

SECTION III.

De la Succeſſion du mari à la femme, & de la femme au mari.

IL n'eſt pas néceſſaire de redire ici ce qui a été dit ſur cette eſpece de ſuccéſſion, dans la Préface civant, n. 11. & dans le préambule de ce ſecond Livre, où le Lecteur verra ce qui a obligé à mettre ici cette regle.

SOMMAIRE.

1. *Comment le mari ſuccede à la femme, & la femme au mari.*

I.

1. *Comment le mari ſuccede à la femme, & la femme au mari.*

LE mari ſuccede à la femme, la femme à ſon mari, ſi le prédécedé meurt ſans enfans, ſans parens & ſans teſtament, & le furvivant exclura le Fiſque *a*.

a Marius & uxor ab inteſtato invicem fibi in ſol dum, pro antiquo jure ſuccedant, quoties deficit omnis parentum, liberorumve, ſeu propinquorum legitima vel naturalis ſucceſſio, fiſco excluſo. *l. un. C. unde vir & uxor. l. un. ff. eod.*

TITRE IV.

Du Rapport de biens.

LOrſqu'il y a des enfans ou autres deſcendans qui ſuccedent à leur pere ou à leur mere, ou autres aſcendans, ſoit par teſtament, ou *ab inteſtat a*, ils doivent ſe rapporter entr'eux réciproquement ce qu'ils avoient reçu des biens de la perſonne à qui ils ſuccedent, c'eſt-à-dire, le joindre à la maſſe des biens de l'hérédité, pour le mettre en commun, & le partager entr'eux avec les autres biens, ſelon qu'ils peuvent être obligés à rapport par les regles qui ſeront expliquées dans le Titre.

Le premier uſage qu'on fit dans le Droit Romain du rapport des biens, & qui en a été l'origine, fut une ſui-

a Voyez l'article 10. de la Section 3. de ce Titre.

---

re de l'ancien droit qui excluoit les enfans émancipés de la ſucceſſion de leurs peres quand il y auroit des enfans non émancipés. Car comme dans la ſuite on fit part de la ſucceſſion aux émancipés, on les obligea à rapporter au partage de la ſucceſſion commune entr'eux & leurs freres qui étoient demeurés ſous la puiſſance du pere, ce que ces enfans émancipés pouvoient avoir acquis depuis leur émancipation. Parce que, comme il a été remarqué en d'autres endroits, ce que le fils émancipé pouvoit acquerir après l'émancipation, lui demeuroit propre, au lieu que tout ce que le fils non émancipé pouvoit acquerir de ſa part étoit propre au pere, à la réferve des pécules, dont il a été parlé en ſon lieu *b*. Ainfi deux conſidérations favoriſoient ce droit de rapport. L'une, de ce que le fils émancipé ſuccedant à ſon pere, profitoit des acquiſitions de ſon frere non émancipé : Et l'autre, de ce qu'encore qu'il n'y eût aucune acquiſition du fils non émancipé, c'étoit par grace que l'émancipé partageoit avec lui la ſucceſſion, & qu'ainfi il étoit juſte qu'elle fût augmentée de ce qu'il n'avoit acquis que par le bienfait de l'émancipation.

Dans la ſuite tous les enfans émancipés ou non émancipés indiſtinctement, ayant eu en propre tout ce qui pouvoit leur être acquis, comme il a été remarqué dans le préambule de la Section 2. du Livre 2. de ce Livre ; cette premiere ſorte de rapport ceſſa *c*. Et l'uſage du rapport fut réduit aux biens acquis aux enfans émancipés ou non émancipés par la libéralité de l'aſcendant à qui ils devoient ſuccéder avec les autres enfans qui n'avoient pas reçu de ce même aſcendant de pareilles libéralités.

C'eſt de cette eſpece de rapport qu'on doit traiter dans ce Titre. Et comme cette matiere renferme ce qui regarde la nature du rapport ; les perſonnes qui y ſont obligées & envers qui, & les biens qui y ſont ſujets, ces trois parties feront la matiere de trois Sections.

b Voyez l'art. 5 de la Section 2. des Perſonnes, p. 14 le commencement du Préambule de la Section 2. du Titre 2. de ce ſecond Livre, & l'art. 3. de la Section 3. de ce Titre.
c V. l. ult. C. de collat.

SECTION I.

De la nature du Rapport de biens.

SOMMAIRES.

1. *Définition du rapport.*
2. *On n'appelle pas rapport ce qui doit être reſtitué.*
3. *Tous les enfans ſont obligés à ce rapport indiſtinctement.*
4. *Rapport reglé par la Loi, ou par quelque diſpoſition du teſtateur ou donateur.*
5. *Comment ſe reglent ces deux ſortes de rapport.*
6. *Rapport des revenus.*
7. *Celui qui doit rapporter recouvre les dépenſes faites pour les biens ſujets au rapport.*
8. *Il faut ou rapporter, ou moins prendre.*
9. *Celui qui rapporte augmente le nombre des copartageans.*

I.

LE rapport de biens eſt l'engagement des enfans & autres aſcendans à remettre dans la maſſe de l'hérédité de leur pere, mere ou autre aſcendant à qui ils veulent ſuccéder, les choſes à eux données par cet aſcendant, pour être partagées entr'eux & leurs cohéritiers, de même que les autres biens de l'hérédité : Et ce rapport eſt d'une équité toute évidente *a*, qui a ſon fondement ſur l'égalité naturelle entre les enfans dans la ſucceſſion de leurs aſcendans : & ſur ce qu'on préſume d'un tel don, qu'il n'avoit été fait que pour avancer au donataire une partie de ce qu'il pouvoit eſpérer de l'hérédité.

1. *Définition du rapport.*

a Hic titulus manifeſtam habet æquitatem. *l. 1. ff. de coll. bon.*
On ne met pas ici la ſuite de ce texte ; car il n'eſt pas de notre uſage. Mais ces premiers mots peuvent ſe rapporter en général à tous les cas où le rapport doit avoir lieu. V. l'article 7. & les ſuivans de la Section 3.

II.

2. On n'appelle pas Rapport ce qui doit être restitué.

Il s'ensuit de la regle expliquée dans l'article précédent, que le rapport ne devant s'entendre que d'un bien qui étoit déja acquis à l'héritier obligé au rapport, on ne doit pas comprendre dans cette matiere de rapport de biens, ce qu'un héritier pourroit avoir de l'hérédité à quelqu'autre titre ; comme s'il étoit dépositaire d'une chose que le défunt eût mise en ses mains, ou débiteur d'une somme qu'il lui eût prêtée, ou qu'il eût en sa puissance des biens de l'hérédité par quelque autre cause. Car cet héritier seroit tenu à la restitution de ces sortes de choses par d'autres titres que celui du rapport. Et il ne faut pas mettre non plus au rang des rapports dont on traite ici ce qu'un testateur qui donneroit par son testament à un de ses enfans une terre ou une charge, l'obligeroit de rapporter aux autres, comme une somme en diminution de cet avantage b.

b Comme le Rapport ne s'entend que des choses qui avoient été données aux enfans par les ascendans à qui ils succedent, ce n'est qu'improprement qu'on peut donner le nom de Rapport aux restitutions dont il est parlé dans cet article.

III.

3. Tous les enfans sont obligés à ce Rapport indistinctement.

L'engagement de l'héritier d'un ascendant obligé au rapport envers les autres héritiers du même ascendant, étant fondé sur les motifs expliqués dans le premier article, qui conviennent également aux enfans de l'un & de l'autre sexe, aux enfans émancipés & à ceux qui ne le sont point, aux enfans & petits enfans en tous degrés ; cet engagement est commun indistinctement à toutes les sortes d'enfans & de descendans, pour toutes les choses qui peuvent être sujettes au rapport, suivant les regles qui seront expliquées dans la Section troisieme c.

c Ut liberis tam masculini quam fœminini sexûs, sive sui juris sive in potestate constituti, quocumque jure intestatæ successionis, id est, aut testamento penitus non condito, aut si factum fuerit, contra tabulas bonorum possessione petita, vel inofficiosi querela mota rescisso, æqua lance parique modo prospici possit : hoc etiam æquitatis studio præsenti legi credidimus inferendum, ut in dividendis rebus ab intestato defuncti parentum, tam dos, quam ante nuptias donatio conferatur. l. 17. C. de collat.

Quoique ce texte ne regarde que le Rapport à la Succession ab intestat, il a lieu aussi dans les Successions testamentaires. V. l'art. 10. de la Section 3.

IV.

4. Rapport reglé par la Loi, ou par quelque disposition du testateur ou donateur.

Le rapport de biens entre cohéritiers se fait en deux cas, & différemment. L'un est le cas où l'ascendant, à qui ses enfans ou autres ascendans doivent succeder, n'auroit rien ordonné sur le rapport des biens qu'il auroit donnés à un de ses enfans ; ce qui n'empêcheroit pas que ce donataire ne fût obligé au rapport par le simple effet des regles précédentes & de celles qui seront expliquées dans la Section troisieme, & ce rapport est fondé sur l'équité, & sur la loi qui l'a établi. L'autre est le cas d'un rapport ordonné par quelque disposition du donateur, comme par la donation même, ou par un testament qui en auroit reglé les conditions d.

d V. l'art. 11. de la Sect. 3.

V.

5. Comment se reglent ces deux sortes de Rapports.

Si la personne à qui deux ou plusieurs héritiers doivent succeder, a fait quelque disposition pour regler les rapports qu'ils feront entr'eux ; cette disposition servira de loi, suivant les regles qui seront expliquées en leur lieu e. Et s'il n'y a rien de reglé par le défunt pour les rapports entre ses héritiers, on aura pour regles celles qui sont expliquées dans ce Titre.

e V. l'art. 7. de la Sect. 1. du Titre 1. du Livre 3.

VI.

6. Rapport des revenus.

L'héritier qui doit rapporter à ses cohéritiers ce qui lui avoit été donné, doit aussi en rapporter les fruits ou autres revenus selon la nature des biens, comme les

Tome I.

intérêts, si ce sont des deniers ; à compter ces revenus depuis l'ouverture de la succession f.

f Filia quæ soluto matrimonio dotem conferre debuit, moram collationi fecit : viri boni arbitratu cogeretur usuras quoque doris conferre : cùm emancipatus frater etiam fructus conferat, & filia partis suæ fructus percipiat. l. 5. §. 1. ff. de dot. collat.

Quoique ce texte ne parle que de la dot, la raison est la même pour tous Rapports. Et quoiqu'il y soit dit que les intérêts sont dûs par celui qui est en demeure de rapporter, & qu'on pourroit douter s'ils sont dûs avant la demande, il est juste qu'ils courent depuis le moment de l'ouverture de la succession à laquelle il faut rapporter ; & comme les autres biens de la succession, & les revenus qu'ils peuvent produire, se comptent dans le partage dès ce même-temps, les biens sujets au Rapport étant de la même nature, & leur partie de l'hérédité ; ainsi les fruits & les intérêts en sont comme des autres biens. Cela est ainsi reglé par quelques Coutumes, & suit de la regle expliquée dans l'article sixieme de la Section seconde des Partages. Et on peut même dire que tout héritier qui a des biens sujets au Rapport est de mauvaise foi s'il ne les rapporte, ou ne déclare ce qu'il a de cette nature.

VII.

7. Celui qui doit rapporter recouvre les dépenses faites pour les biens sujets au Rapport.

Si pour la conservation de la chose sujette à rapporter, ou pour d'autres causes nécessaires, l'héritier qui doit la rapporter avoit fait quelques dépenses, il en recouvrera la valeur, ou la reprendra ; comme s'il avoit fait quelques réparations nécessaires dans une maison, ou s'il avoit soutenu un procès pour le recouvrement d'une dette ou pour quelque droit ; car ces sortes de dépenses diminuant les biens, le rapport en est diminué d'autant g.

g Cùm dos confertur, impensarum necessariarum sit detractio : cæterarum non. l. 1. §. 5. ff. de dot. collat. Voyez l'article 11. & les suivans de la Section 3. des Dots, p. 100.

VIII.

8. Il faut ou rapporter ou moins prendre.

L'héritier tenu d'un rapport peut y satisfaire en deux manieres. L'une, en rapportant effectivement la chose sujette à rapport, & la faisant comprendre dans la masse des biens pour être partagée avec tout le reste. Et l'autre, en retenant ce qu'il devoit rapporter, & prenant d'autant moins du reste des biens. Ce sont ces deux manieres de rapport qu'on exprime par ces mots, *rapporter ou moins prendre* h.

h Sed & si tantum fortè in bonis paternis emancipatus remittat, quantum ex collatione suus habere debet, diceudum est emancipatum satis contulisse videri. l. 1. §. 11. ff. de coll. bon. Eo minus conferre. l. 5. C. eod.

Conferre, aut minus tanto accipere. Nov. 97. c. 6.

IX.

9. Celui qui rapporte augmente le nombre d coparta-geans.

Le rapport se fait de sorte que ce qui est rapporté étant joint à la masse, le tout se partage en autant de portions qu'il y a d'héritiers, y comprenant & ceux qui rapportent, & ceux à qui le rapport est fait i.

i Collatio in eundem modum fiet, ut quicumque confert etiam suam personam numeret in partibus faciendis. l. 1. in f. ff. de coll. bon.

SECTION II.

Des personnes qui sont obligées au Rapport, & à qui on doit rapporter.

SOMMAIRES.

1. Il n'y a point de Rapport qu'entre enfans.
2. Celui qui renonce à l'hérédité ne rapporte point, si ce n'est pour la légitime des autres.
3. A qui on doit rapporter.

I.

1. Il n'y a point de Rapport qu'entre enfans.

IL n'y a que les enfans ou autres descendans héritiers de leurs peres ou meres, ou d'autres ascendans, qui soient obligés entr'eux au rapport dont il est traité dans ce Titre. parce que les motifs des loix qui ordonnent ce rapport ne conviennent qu'à eux.

C c c

a *V. les articles* 1. *&* 3. *de la Section* 1. *& les textes qu'on y a cités.* Voyez les articles suivans.

De trois ordres d'héritiers, descendans, ascendans & collateraux, il n'y a que le premier où se trouvent les motifs du droit de Rapport expliqués dans la Section précédente. Et même le cas du Rapport n'arrive point entre ascendans. Car les descendans ne leur sont pas de donations. Es pour les successions collaterales, comme les motifs du Rapport n'y conviennent pas, il ne s'y en fait point à moins qu'il ne fût ordonné par celui de la succession de qui il s'agiroit.

II.

2. Celui qui renonce à l'hérédité, ne rapporte point, si ce n'est pour la légitime des autres.

Si les enfans ou autres descendans qui avoient des biens sujets à rapport, s'abstiennent de l'hérédité, le rapport cessera. Et comme ils ne prennent point de part aux autres biens de l'hérédité, ils n'en feront point aux autres enfans ou descendans des biens qui leur étoient déja acquis avant qu'elle fût ouverte b. Mais si ce qui resteroit dans l'hérédité ne suffisoit pas pour la légitime des autres enfans, en comprenant dans les biens du défunt ceux qu'auroit dû rapporter celui qui s'abstiendroit de l'hérédité, s'il se fût rendu héritier : il seroit tenu d'en faire part aux autres jusqu'à la concurrence de ce qui manqueroit pour leur légitime c.

b *Ex causâ donationis, vel aliundè tibi quæsita, si successionem respueris, conferre fratribus compelli non potes. l. 25. C. fam. erciscund.*

Fuit quæstionis, an si sua hæres filia patri cum fratribus, contenta dote abstineat se bonis, compellatur eam conferre ? & Divus Marcus rescripsit, non compelli abstinentem se ab hæreditate patris. Quod non tantùm data apud maritum remanebit, sed & promissa exigetur etiam à fratribus : & est æris alieni loco, abscessit enim à bonis patris. l. ult. ff. de dot. coll.

Cette liberté de ne pas rapporter en renonçant à l'hérédité est de l'usage commun en France, à la réserve de quelques Coutumes où les enfans donataires dans les familles des roturiers sont tenus de rapporter ce qui leur a été donné par le pere ou la mere, ou autres ascendans, encore qu'ils renoncent à la succession du donateur.

c Cum omnia bona à matre tua in dotem dicantur exhausta, leges legibus concordare promptum est : ut ad exemplum inofficiosi testamenti, adversus dotem immodicam exercendæ actionis copia tribuatur, & filiis conquerentibus æqua debita conferantur. l. 14. C. de inoff. dot. Debitum bonorum subsidium consequantur. l. 3. C. de inoff. donat.

III.

3. A qui on doit rapporter.

Comme le rapport n'a lieu qu'entre enfans cohéritiers, il n'est dû qu'à ceux qui ont ces deux qualités. Ainsi les enfans qui n'ont pas de part à l'hérédité, soit qu'ils y renoncent, ou qu'ils en soient exclus par une exhérédation, n'ont point aussi de part au rapport d.

d *C'est une suite de l'article 1.*

SECTION III.

De ce qui est sujet au Rapport, & de ce qui n'y est pas sujet.

SOMMAIRES.

13. *Les choses péries sans la faute du donataire ne se rapportent point.*
14. *Ce qui se consume par l'usage, doit se rapporter.*

I.

1. Deux sortes de biens des enfans.

IL faut distinguer deux sortes de biens que peuvent avoir les enfans ou autres descendans, qui ont à partager entr'eux la succession de leur pere, ou de leur mere, ou autre ascendant. L'une, des biens qui leur sont venus du pere, ou de la mere, ou autre ascendant, par quelque titre, que les regles qui suivent, rendent sujet au rapport. Et l'autre, des biens qu'ils peuvent avoir eu d'ailleurs à quelque titre que ce puisse être, soit par des libéralités d'autres personnes que leurs ascendans, ou par leur industrie, ou par d'autres voyes a.

a *Il ne peut y avoir de biens qui ne soient de l'une ou de l'autre de ces deux natures.*

II.

2. Ce qui vient d'ailleurs que des ascendans n'est pas sujet au Rapport.

Tout ce que les enfans peuvent avoir acquis d'ailleurs que des biens de leurs ascendans, soit qu'ils l'ayent acquis par succession testamentaire, ou ab intestat, ou par donation, ou autre bienfait d'autres personnes, ou par leur industrie, leur demeure propre, & n'est point sujet au rapport b.

b *V. l'art. 1. de la Sect. 2. Comment succedent les Peres, p. 375.*

III.

3. Les pecules propres au fils ne se rapportent point.

Les pecules dont il a été parlé dans l'article 3. de la Section 2. du Titre 2. sont un bien propre du fils de famille, qui n'étant point venu du pere, ou autre ascendant, n'est point aussi sujet au rapport : Et puisqu'il est tellement acquis au fils de famille que son pere n'y a pas même un simple usufruit, il ne seroit pas juste que ses cohéritiers y eussent quelque part c. Mais ce qu'un fils de famille pourroit avoir profité d'un bien que le pere lui auroit laissé pour en avoir l'administration, seroit propre au pere & sujet au rapport d.

c *Nec castrense, nec quasi castrense peculium fratribus conferatur. Hoc enim præcipuum esse oportere, multis constitutionibus continetur. l. 1. §. 15. ff. de collat. bon. l. ult. C. eod.*

d *Cum fratres tui durantes in familias patris peculium (si hoc neque castrense, neque relictum sit) præcipuum habere non possint. Sed in divisionem paternæ veniat hæreditatis. l. 12. C. de collat. V. les articles 1. & 17. de la Section 2. du Titre 2.*

IV.

4. Le fils ne rapporte pas ce que son pere étoit chargé de lui rendre.

Si un pere avoit été chargé par un testament ou autre disposition de quelque personne, de donner à son fils une somme de deniers, ou autre chose ; ce que ce fils auroit à ce titre, ne seroit pas sujet au rapport à la succession de son pere ; car ce ne seroit pas de sa libéralité qu'il tiendroit ce bien e.

e *Si ab ipso patre hærede instituto fideicommissum fuerit relictum, cùm morietur, an id conferendum est, quoniam utile est hoc fideicommissum ? & eveniet ut pro eo habeatur atque si post mortem patris relictum fuisset : nec cogetur hic conferre, quia moriente eo ejus non fuisset. l. 1. §. 19. ff. de collat.*

V.

5. Les dépenses de l'éducation ne se rapportent point.

Les enfans ou autres descendans venant à la succession de leur pere ou mere, ou autre ascendant, ne rapportent pas ce qui peut avoir été employé pour les entretenir dans les études, ou pour d'autres dépenses que leur éducation pouvoit demander. Car ces sortes de dépenses sont du devoir des peres envers les enfans, & comme une dette qu'ils les doivent acquitter f.

f *Quæ pater filio emancipato studiorum causâ peregrè agenti subministravit, si non credendi animo pater misisse fuerit comprobatus, sed pietate debita ductus : in rationem portionis, quæ ex defuncti bonis ad eundem filium pertinuit computari æquitas non patitur. l. 50. ff. fam. ercisc.*

VI.

6. Les choses données

Les choses données à des enfans ou autres descendans pour leur demeurer en préciput ou avantage sur les au-

en précipus ne se rapportent point.

tres enfans leurs cohéritiers, ne se rapportent point, si la volonté du donateur paroît bien expresse que ce qu'il donnoit fût un préciput, ou ne fût pas sujet au rapport *g*. Mais si comptant les choses données en préciput avec les biens qui restent dans l'hérédité, les autres enfans se trouvoient n'avoir pas leur légitime sur ce total ; le donataire seroit tenu de rapporter aux autres jusqu'à la concurrence de leur légitime, quand même il voudroit se tenir au don & renoncer à l'hérédité *h*.

g (Sancimus) omnino esse collationes, & exinde æqualitatem secundùm quod olim dispositum est. Nisi expressim designaverit ipse se velle non fieri collationem, sed habere eum qui cogitur ex lege conferre, & quod jam datum est, & ex jure testamenti. Nov. 18. c. 6.*
S'il y avoit une donation, ou autre disposition contenant un don en précipus, cette simple expression de précipus seroit cesser le Rapport, sans qu'il en fût fait mention ; car autrement ce ne seroit pas un préciput.
h Si quis donationem immensam in aliquam aut aliquos filiorum fecit, &c. Nov. 92. c. 1. V. les articles 4. & 5. de la Section 3. de la Légitime.

VII.

7. Les dots & donations en faveur de mariage, se rapportent.

Tout ce qu'un pere, ou une mere, ou autres ascendans, soit paternels ou maternels, de l'un & de l'autre sexe, donnent à leurs enfans, ou autres descendans, à l'occasion de leur mariage, soit à un fils, par donation qu'on appelle en faveur de mariage, ou à une fille pour sa dot, ou autrement, selon les divers usages de biens de cette nature, est sujet au rapport. Ainsi les enfans fils ou filles venant à la succession de l'ascendant de qui ils antoient reçu de pareilles libéralités, doivent les rapporter *i*.

i Ut liberis tam masculini quam fœminini sexûs, sive sui juris, sive in potestate constitutis, quocumque jure intestatæ successionis, id est, aut testamento penitùs non condito, aut si factum fuerit, contra tabulas bonorum possessione perita, vel inofficiosi querela mota rescisso, æqua lance parique modo prospici possit : hoc etiam æquitatis studio præsenti legi credimus inserendum, ut in dividendis rebus ab intestato defunctorum parentum, tam dos quàm ante nuptias donatio conferatur, quam pater vel mater, avus vel avia, proavus vel proavia, paternus vel maternus dederit, vel promiserit pro filio vel filia, nepote vel nepte, pronepote vel pronepte, nulla discretione intercedente, utrum in ipsas sponsas pro liberis suis memoratis parentes donationem contulerint, an in ipsos sponsos earum, ut per eos eamdem in sponsas donatio celebretur : ut in dividendis rebus ab inestato defuncti parentis, cujus de hæreditate agitur, eadem dos, vel ante nuptias donatio ex substantia ejus profecta, conferatur. l. 17. C. de collat.
Quoique ce texte ne parle que de la succession ab intestat, il en est de même quand il y a un testament. V. l'article 11.
Faut-il comprendre dans les libéralités en faveur de mariage sujettes au rapport, ce qu'un pere, une mere, ou autre ascendant peut donner en présent à son fils ou à sa belle fille, à sa fille ou à son gendre, comme il est dit dans cette Loi, les frais de la nôce, le trousseau, les habits nuptiaux, ou autres présens selon les usages. Il y a des Coutumes qui ordonnent le rapport de ces sortes de présens, & d'autres qui en déchargent. Ainsi on doit en juger selon les usages, s'il y en a, ou selon les circonstances de la qualité des personnes, de la nature des présens, & de leur valeur.

VIII.

8. Rapport de la dot, le mari étant insolvable.

Si une fille ayant été dotée par son pere, ou sa mere, ou autre ascendant, venoit à lui succéder, & que son mari qui auroit reçu & consommé la dot, se trouvât insolvable, elle ne laisseroit pas d'être obligée à la rapporter aux autres héritiers, si dans les circonstances cette perte pouvoit lui être imputée ; comme si elle avoit manqué de se pourvoir par une séparation de biens, ou de prendre d'autres précautions pour la sureté de sa dot *l*. Mais si rien ne pouvoit lui être imputé, comme si c'étoit une mineure, & que cette perte fût arrivée par la faute de la personne qui auroit constitué la dot, son pere, par exemple, ou son ayeul paternel, qui au défaut du pere mort, absent, interdit ou en démence, ayant dû doter sa petite fille, eût payé la dot au mari

l Quia enim dedimus mulieribus electionem esse constante matrimonio, si male res maritus gubernet, & accipere eas, & gubernare, & secundùm decentem modum, & secuti nostra constitutio dicit : siquidem suæ potestatis est, & habere ætatis mulier est sibimet culpam inferat, cur mox viro inchoante malè substantia uti non percepit, & non amplius est sibi. Sic enim habitura erat in collationis ratione proprias res undique, & sine diminutione, & in ea minus collationem facere. Nov. 97. c. 6.
Tome I.

dont l'insolvabilité fût apparente, ou dût être à craindre; elle pourroit être déchargée de ce rapport selon les circonstances, en rapportant seulement l'action de la restitution de dot contre le mari ou ses cohéritiers *m*. Mais si c'étoit un ayeul maternel, ou autre ascendant, qui, sans être obligé de doter la fille, lui eût donné une somme en dot par une pure libéralité, la fille étant ou majeure, ou sous la conduite de son pere, de sa mere, ou d'un tuteur, la perte de cette dot, quoique payée par le donateur au mari insolvable, n'empêcheroit pas que cette fille voulant lui succéder ne fût obligée à la rapporter à ses cohéritiers. Car cette perte seroit un cas fortuit qui ne pourroit être imputé, ni à la personne de ce donateur, ni à ses héritiers.

m Sin autem illa quidem hæc contestata est patrem, ille autem neque movir, neque consensit, & neque dedit licentiam filiæ hoc agere, non eam periculum pati, sed & conferri nudam actionem contra inopis mariti res, & fortinam esse communem & ipsi & ejus fratribus, non tamen ex collatione damnificari : sed competentem ei partem dari ex paternis rebus, actionem illa qui tenet conferre. d. c. 6. §. 1.
On a tâché de former cet article sur ce qu'il y a dans ce texte qui convienne à notre usage.

IX.

9. Toutes autres donations se rapportent.

Outre les donations en faveur de mariage, & les dots des filles, toutes autres donations faites par un pere, ou une mere, ou autre ascendant, à un fils, ou à une fille, ou autre descendant marié, ou non, doivent être rapportées à l'hérédité, soit testamentaires, ou ab intestat ; si ce n'est que le donataire ait été déchargé du rapport par le donateur, ainsi qu'il a été dit dans l'article 6. Et quoique le rapport ne soit pas ordonné par le testament lorsqu'il y en a, le donataire ne laisse pas d'y être obligé *n*.

n Illud quoque bene se habere credimus hac lege complecti: prioribus enim legibus valentibus, in collationibus, si quidem sine testamento morerentur parentes, collationes secundùm earum virtutem fieri : si verò testati nihil dicentes de eis, locum non fieri collationibus sed res habere per dotem fortè, aut alio modo datas, & quasi reli-
licta defendere. Non sancimus, non esse omnino talem opinionem : sed sive quispiam intestatus moriatur, sive testatus (quoniam incertum est ne forsan oblitus datorum, aut præ tumultu mortis angustias, hujus non sit memoratus : omninò esse collationes, & exinde æqualitatem, secundùm quod olim dispositum est. Nisi expressim designaverit ipse se velle non fieri collationem, sed habere eum qui cogitur ex lege conferre & quod jam datum est, & ex jure testamenti. Omnibus quæ prius de collationibus a nobis tra tata sunt in sua virtute manentibus. Nov. 18. c. 6. V. l'article 11.
Si filiæ familias constitutæ tibi (fundus) à patre donatus est, cum sorore patri communi successeris eum præcipuum habere, contra jura postulas. l. 13. C. de collat.
Ex causâ donationis, vel aliunde illis quæsita, si avi successionem respueris, conferre fratribus compelli non potes. l. penult. C. fam. ercisc.
Comme cette Loi parle des donations indifféremment, & ne décharge du Rapport que celui qui renonce à l'hérédité, il s'ensuit qu'au contraire celui qui ne renonce pas doit rapporter toute sorte de donation.

X.

10. Ce qui peut être imputé à la légitime, est rapporté.

Tous ce que les enfans, & les autres descendans peuvent avoir reçu de leur pere, ou mere, ou autres ascendans, qui pût leur être imputé sur leur légitime, est sujet au rapport. Ainsi les deniers employés pour acheter une charge à un des enfans, & les autres semblables libéralités, doivent se rapporter. Car autrement ces bienfaits seroient des avantages qui blesseroient l'égalité entre les enfans *o*.

o Omnia quæ in quætam portionem ab intestato successionis computantur his qui ad actionem de inofficioso testamento vocantur, etiamsi intestatus is decesserit ad cujus hæreditatem veniunt, omnimodo cohæredibus suis conferunt. Quod tam in aliis, quam in his quæ occasione militiæ uni hæredum ex defuncti pecuniis acquiluntur est qui militiam meruit, locum habebit : ut lucrum quod tempore mortis defuncti ad eum pervenire potuit, non solùm testamento condito quartæ patri ab intestato successionis computetur, sed etiam ab intestato conferatur. l. 10. C. de collat.

XI.

11. Le rapport est dû, soit qu'il y ait un testament.

Comme le rapport que se doivent réciproquement les enfans & autres descendans qui succedent à leur pere ou mere, ou autres ascendans, est également dû, soit que l'ascendant à qui ils succedent l'ait ordonné par

C c c ij

quelque difpofition, ou qu'il n'ait rien dit, il eft indifférent pour le rapport qu'il y ait un reftament de celui qui avoit donné, ou qu'il n'y en ait point : & indifférent auffi, quand il y a un teftament, que le rapport y foit ordonné, ou qu'il n'y en foit fait aucune mention. Car il n'y a qu'une volonté expreffe du donateur qui puiffe décharger le donataire de rapporter le don *p*. Et fi un teftateur a manqué d'ordonner par fon teftament le rapport des donations qu'il pouvoit avoir faites auparavant, la loi y fupplée, & préfume qu'il avoit oublié les dons fujets au rapport *q*.

p Sive quifpiam inteftatus moriatur, five reftatus, omnino effe collationem, nifi expreffim defignaverit ipfe fe velle non fieri collationem. *Nov.* 18. *c.* 6. V. ce texte entier fur l'article 9.

q Quamiam incertum eft ne forfan oblitus fatorum, aut præ tumultu mortis anguftiatus, hujus non eft memoratus. *Nov.* 18. *c.* 6.

XII.

Si un feul ayeul paternel avoit doté fa petite fille, le pere vivant, & qu'après la mort de cet ayeul le pere qui lui auroit furvécu laiflât avec cette fille d'autres enfans ou petits enfans qui lui fuccedaffent, elle feroit obligée de rapporter à la fucceffion du pere la dot que l'ayeul lui avoit donné. Car comme c'étoit le devoir du pere de doter fa fille, c'étoit pour lui que l'ayeul avoit conftitué la dot. Ainfi il en étoit de même que fi c'eût été le pere qui l'eût donnée de fon propre bien. Ce qui rend cette dot fujette au rapport aux autres enfans héritiers du pere *r*.

r Dotem quam dedit avus paternus an poft mortem avi, mortua in matrimonio filia, patri reddi oporteat, quæritur : Occurrit æquitas ici, ut quod pater meus propter me filiæ meæ nomine dedit, proinde fit atque ipfe dederim, quippe officium avi circa neptem ex officio patris erga filiam pendet. Et quia pater filiæ, ideo avus propter filium nepti dotem dare debet. *l.* 6. *ff. de collat.*

☞ Quoique cette loi ne parle que du droit de Retour de cette dot en faveur du pere, on a crû devoir en tirer la règle expliquée dans cet article pour le rapport : & deux confidérations y ont obligé. L'une, que cette loi fe trouvant placée dans le Titre du rapport, on peut en conclure qu'il y a été mife par cette vûe que le rapport eft dû dans le cas : & l'autre, que la même équité qui fait confidérer la dot conftituée par l'ayeul comme fi le pere l'avoit donnée, afin de donner au pere le droit de Retour de cette dot comme d'un bien qui feroit venu de lui ; fait auffi que cette même dot doit être rapportée à la fucceffion du pere puifqu'elle doit être regardée comme fi c'étoit au pere qui eût doté fa fille, & qu'il lui avoit furvécu, le Retour de cette dot auroit augmenté fa fucceffion. Et d'ailleurs comme cette fille trouve dans la fucceffion de fon pere celle de l'ayeul, il eft encore jufte par cette raifon que cette dot y foit rapportée. Ainfi comme on a mis la règle tirée de cette loi pour le droit de Retour parmi les autres règles de cette matière *a*, la même raifon a obligé d'en faire ici une pareille règle pour le droit de rapport.

Il femble fuivre de la règle expliquée dans cet article, que fi un ayeul avoit fait quelque don à fes petits enfans, leur pere vivant, qui vint à lui fucceder, il devroit rapporter ces dons. Et cela eft ainfi réglé par quelques Coutumes, qui ont réglé de même que le petit fils

a V. l'art. 6. de la Sect. 3, du Titre 2. de ce fecond Livre.

fuccedant à fon ayeul par repréfentation de fon pere décédé, doit rapporter ce que cet ayeul avoit donné à fon pere. Ce qui eft fondé fur ce que ce fils venant à la fucceffion de fon ayeul au lieu de fon pere, il eft jufte qu'il rapporte ce que fon pere auroit dû rapporter, s'il eût fuccedé ; & en général il eft de l'équité dans tous les cas, que l'égalité, qui eft le fondement du droit de Rapport, foit confervée entre tous les defcendans qui ont à partager les fucceffions de leurs afcendans. *Voyez la fin de l'article fuivant.*

XIII.

Si les chofes données étoient péries fans la faute du donataire, foit après l'ouverture de la fucceffion ou auparavant ; il ne feroit pas tenu d'en rapporter l'eftimation. Car ce qui périt fans qu'on puiffe en imputer la perte au fait de quelque perfonne, périt pour fon maître, & pour tous ceux qui pourroient y avoir quelque droit *f*. Et pour les jouiffances que le donataire pouvoit avoir faites ; celles qui avoient précédé l'ouverture de la fucceffion étoient à lui feul, & n'étoient pas un bien de l'hérédité. Mais fi la chofe n'étoit périe qu'après cette ouverture, les jouiffances qui l'auroient fuivie feroient un bien de l'hérédité fujet au rapport. Et en général les enfans cohéritiers de leurs afcendans doivent fe rapporter réciproquement tout ce que la raifon & l'équité peuvent demander, pour rendre égale autant qu'il fe peut, leur condition *t*.

f De illis, quæ fine culpa filii emancipati poft mortem patris perierunt, quæritur ad cujus detrimentum ea pertinere debeant. Et plerique putant ea, quæ fine dolo & culpa perierint, ad collationis onus non pertinere. Et hoc ex illis verbis intelligendum eft, quibus prætor viri boni arbitratu jubet conferri bona. Vt autem bonus non fit arbitraturus conferendum id, quod nec habet, nec dolo culpa defiit habere. *l.* 1. *§. 12 ff. de collat.*

t Prætor viri boni arbitratu jubet conferri bona. *d. §. 2.* V. l'article 6. de la Sect. 1.

XIV.

Il ne faut comprendre au nombre des chofes péries ; dont il eft parlé dans l'article précédent, que celles qui périffent par des cas fortuits, comme une maifon par un incendie, un héritage entraîné par un torrent ou un débordement, des meubles enlevés par un vol. Mais on ne doit pas mettre en ce rang les chofes qui périffent par leur nature, comme des beftiaux, & qui fe confument par l'ufage, comme des deniers, des grains, des liqueurs. Car encore que ces fortes de chofes ne foient plus en nature quand le cas du rapport en eft arrivé, le donataire ne laiffe pas d'être obligé d'en rapporter la valeur ; parce que la délivrance qui lui en avoit été faite, lui en avoit donné l'ufage qui pouvoit s'en faire *u*.

u C'eft une fuite de la nature de ces fortes de chofes.

☞ On ne doit pas s'étendre ici aux diverfes queftions qui peuvent naître dans cette matière du rapport ; car outre que ces queftions n'étant pas dans les loix, elles ne font pas du deffein de ce Livre ; c'eft affez qu'on y établiffe les principes d'où dépendent les décifions de celles qui n'ont pas leurs règles propres dans les Coutumes. Et au lieu que la diverfité de queftion ne feroit que confondre & embarraffer, la fimple vûe des principes bien entendus donne les lumières néceffaires pour toutes fortes de difficultés.

LES
LOIX CIVILES
DANS LEUR ORDRE NATUREL.

SECONDE PARTIE.
DES SUCCESSIONS.

LIVRE TROISIEME.
Des Successions Testamentaires.

ES réflexions générales qu'on pourroit faire ici sur la matiere des Successions testamentaires avant que d'en expliquer le détail, ayant été nécessaires, & mieux placées en un autre lieu, on n'en doit rien répeter ici : & il suffit d'avertir le Lecteur qu'il peut voir sur ce sujet ce qui en a été dit dans la Préface ci-devant *a*.

On n: doit pas répeter non plus ce qui a été dit dans le préambule du second Livre, pour rendre raison de ce qu'on a crû devoir traiter les matieres des Successions *ab intestat* avant celles des Successions testamentaires, quoique celles-ci soient expliquées avant les autres dans le Droit Romain.

a Voyez cette Préface n. 5. & suivans.

TITRE PREMIER.
DES TESTAMENS.

ON ne donne proprement le nom de testament dans le Droit Romain, & dans les Provinces qui se régissent par le Droit Ecrit, qu'aux dispositions qui contiennent une institution d'héritier : & on appelle codiciles, ou donations à cause de mort, toutes les autres dispositions où il n'y a point d'héritier nommé.

Selon cette distinction des testamens & des codiciles ou donations à cause de mort, il ne devroit point y avoir de testamens dans les Provinces qui se régissent par les Coutumes, mais seulement des codiciles ou des donations à cause de mort ; puisque dans les Coutumes il ne peut y avoir d'autres héritiers que ceux du sang, & qu'on n'y donne que le nom de légataires universels aux personnes qui succedent à tous les biens dont il est permis de disposer. Mais on ne laisse pas d'y donner le nom de testamens aux dispositions à cause de mort qui ne contiendroient que des legs particuliers. Et on peut à plus forte raison nommer testamens les dispositions qui nomment des légataires universels, puisqu'ils sont tenus des charges à proportion de la part qu'ils ont dans les biens, de même que s'ils étoient héritiers, & qu'ils peuvent même avoir tous les biens dans les Coutumes où le testateur peut disposer de tous ses acquêts & de tous ses meubles, si c'étoit un testateur de qui tous les biens fussent seulement de ces deux natures, & sans aucuns propres.

On fait ici cette remarque pour avertir qu'on usera dans la suite du mot de testament en l'un & l'autre de ces deux sens qui comprennent toutes dispositions à cause de mort ; mais on le fera de telle sorte, qu'il sera facile de distinguer en chaque endroit s'il faudra l'entendre, ou seulement des dispositions qui contiennent une institution d'héritier, ou seulement des autres.

On n'a pas mis dans ce titre cette regle du Droit Romain : Que le pouvoir de faire un testament est du Droit public *a*. Car outre que dans toutes les Coutumes il est au contraire d'un droit universel, & comme public, qu'on ne puisse faire de testament, c'est-à-dire, d'institution d'héritier ; nous ne donnons proprement ce caractere de Droit Public qu'à ce qui regarde les matieres où le public est intéressé, comme les ma-

a Testamenti factio non privati, sed publici juris est. l. 3. ff. qui testi fac. poss.

Ccc iij

tieres Fifcales, les crimes & autres *b*. Et quoiqu'il foit vrai que le pouvoir de faire un teftament étant établi & reglé par des Loix qui font une des principales parties de l'ordre univerfel de la fociété des hommes, on puiffe dire en ce fens que le pouvoir de refter eft du Droit Public ; la nature des teftamens n'eft pas par-là diftinguée de celles de plufieurs autres matieres autant ou plus néceffaires dans cet ordre de la fociété que les teftamens ; comme font diverfes fortes de conventions, les tutelles & autres, dont l'ufage eft établi & reglé par les Loix. Ainfi les teftamens ne font pas plus du Droit Public que les tutelles & d'autres matieres, fi ce n'eft que quelqu'un penfât qu'on pût dire que les teftamens étoient en un autre fens du Droit Public dans le Droit Romain, parce qu'au commencement on pouvoit faire les teftamens dans les affemblées publiques *c*. Mais il ne femble pas que ce foit par cette raifon qu'il eft dit dans le Droit Romain que les teftamens font du Droit Public, puifqu'il y avoit d'autres manieres de faire fon teftament en particulier, lors même que celle-là étoit en ufage.

b l'. le chap. 14. du Traité des Loix, n. 17.
c Calatis comitiis. §. 1. Inft. de teft. ord.

SECTION I.

De la nature des Teftamens, & de leurs efpeces.

Teftamens holographes.

ON doit avertir le Lecteur qu'il ne trouvera rien dans cette Section de cette efpece de teftamens qu'on appelle holographes, c'eft-à-dire, entierement écrits & fignés de la main du teftateur, fans aucuns témoins. Car encore qu'ils euffent été approuvés par une Novelle de Théodofe & Valentinien *a*, qu'ils foient en ufage en quelques Coutumes, & que le témoignage de la volonté d'un teftateur puiffe être autant ou plus authentique par fon écrit, que par fa déclaration devant des témoins, comme les teftamens holographes fans témoins ne font pas d'un ufage univerfel, & qu'ils ne font reçûs dans le Droit Romain qu'avec le témoignage de fept témoins, le teftateur y étant feulement difpenfé de figner le teftament écrit de fa main *b*; on a crû ne devoir pas mettre ici une regle de l'ufage de ces teftamens fans témoins contre la difpofition expreffe du Droit Romain fuivie en plufieurs lieux.

Teftamens des pauvres gens de la campagne.

On ne parlera pas non plus dans cette Section des teftamens des pauvres gens de la campagne qu'on appelle *Teftamenta rufticorum*, où les Loix difpofent de l'exactitude des formalités, comme on le voit en la Loi derniere C. de teftam. Car comme le privilege que donne cette Loi pour ces fortes de teftamens, n'eft que de difpenfer du nombre de fept témoins dans les lieux où il ne pourroit s'en trouver autant qui fçuffent figner, & à rendre fuffifant le nombre de cinq ; ce privilege femble inutile dans notre ufage, où il faut un Notaire avec des témoins, & où il n'importe qu'ils fçachent figner. Car on en trouve affez de ceux-là où il y a des Notaires.

Teftamens entre enfans.

Il y a encore une autre efpece de teftamens qu'on a crû devoir retrancher de cette Section, qui eft celle des teftamens qu'on appelle entre enfans, c'eft-à-dire, des difpofitions qu'un pere peut faire entre fes enfans, foit en forme de teftament ou en forme de partage. On diftingue cette forte de teftamens de toutes les autres par cette raifon que ces fortes de difpofitions étoient fi favorables dans le Droit Romain, que de quelque maniere qu'un pere fe fût expliqué de fon intention pour la difpofition de fes biens entre fes enfans, foit par un teftament commencé & non achevé, *five cœptum, neque impletum teftamentum*, ou par une lettre, *five per epiftolam*, ou par quelque autre écrit que ce fût, *five quocumque alio modo fcripturæ quibufcumque verbis vel indiciis inveniantur relicta*; cette volonté toute informe qu'elle étoit, devoit être exécutée *c*. Ce qui paroît être de ce

a Nov. 7. §. 1. de Teftam.
b l. 28. §. l. C. de Teftam.
c l'. l. 16. 21 24. 28. l. C. fam. ercifc l 21. §. 1. C. de teftam.

même efprit du Droit Romain, qui donnoit aux peres une autorité fi abfolue fur leurs enfans, qu'au commencement ils pouvoient les déshériter fans aucune caufe, comme il a été remarqué en un autre lieu *d*. Car cette licence dans les difpofitions des peres entre leurs enfans, ne femble pas fondée fur la faveur de l'intérêt des enfans, puifqu'au contraire l'intérêt commun des enfans eft que leurs peres confervent l'égalité naturelle entre eux. Ainfi la confidération des enfans n'eft pas un motif qui rende favorables les difpofitions des peres, lorfqu'ils font des avantages à quelques-uns de leurs enfans au-deffus des autres. Et fi cette faveur des enfans devoir être confidérée dans les difficultés de la validité des difpofitions des peres entre leurs enfans, elle porteroit plûtôt à les annuller fi elles manquoient de formes, qu'à fuppléer aux formes pour les faire valoir, quand elles bleifferoient l'égalité qui doit conferver l'union des freres.

Cette licence fi vague des difpofitions informes à l'égard des enfans, fut bornée par Juftinien, qui par fa Novelle 18. c. 7. ordonna qu'elles feroient fignées ou par le pere, ou par les enfans. Et par fa Novelle 107. il ajouta que fi le pere foufcriroit la datte, qu'il écriroit de fa propre main les noms de fes enfans, & qu'il écriroit auffi de fa main tout du long & non en chiffres ni en abregé, les portions qu'il regleroit pour chacun. Mais quoiqu'il femble que toutes ces précautions devroient fuffire pour la validité de ces teftamens, même fans témoins, plufieurs interpretes ont crû qu'aucune de ces Loix ne difpenfe de la néceffité des témoins. Et celui de ces interpretes qu'on peut dire le plus habile, étant confulté fur une queftion de la validité d'un teftament d'un pere entre fes enfans, a été d'avis que le nombre de temoins y eft néceffaire, & que tout teftament d'un pere entre fes enfans eft nul fans cette formalité, & il répond à toutes les Loix qu'on vient de remarquer qu'aucune n'en difpenfe.

C'eft par toutes ces confidérations qu'on a crû qu'encore que l'ufage de ces teftamens ou partages entre enfans foit reçû dans quelques Provinces, & qu'on les y confirme, quoiqu'ils manquent de formalités; comme ce n'eft pas un ufage univerfel, on ne devoit pas donner indiftinctement pour regle, que des difpofitions informes d'un pere entre fes enfans doivent fubfifter. Car ce feroit une Jurifprudence trop vague & trop incertaine, puifqu'elle laifferoit la liberté aux peres de fe difpenfer de toutes fortes de formalités dans leurs teftamens, & qu'il n'y en auroit point de fi informe qu'on ne fît valoir, fi on donnoit aux termes de ces Loix l'étendue indéfinie qu'ils femblent avoir, & qui paroît convenir peu au caractere de la netteté & de la clarté néceffaire pour rendre les regles précifes comme elles doivent l'être. Ainfi il feroit à fouhaiter qu'il y eût fur ce fujet quelques regles fixes, foit pour affujettir ces teftamens aux formes des enfans, ou pour regler celles dont on ne pourroit s'y difpenfer, ainfi qu'il a été fait en quelques Coutumes qui ont reglé les formes des partages que font entre leurs enfans les peres. Quelquesunes ne reçoivent ces partages que lorfque les enfans y ont confenti : & d'autres ordonnent qu'on y obferve la préfence d'un Notaire & de deux témoins de même qu'en tous autres teftamens, ayant jugé néceffaire qu'une difpofition auffi férieufe & auffi importante qu'un teftament entre les enfans, foit faite avec autant d'application & d'exactitude, qu'un teftament qui appelle des héritiers étrangers ; fur-tout lorfqu'un pere veut faire quelques inégalités entre fes enfans, & qu'il y a moins d'inconvéniens de favorifer l'égalité entre les enfans, & d'exiger dans les difpofitions des peres des formalités qui font faciles, que d'approuver indiftinctement des difpofitions informes & mal concertées, & qui donnent fujet aux enfans de fe divifer.

d l'. la Préface ci-devant. n. 7.
¶ Dans les Pays de Droit Ecrit il y a trois fortes de Teftamens, Nuncupatifs, Solemnels & Militaires.
Le Nuncupatif eft la déclaration du teftateur devant fept témoins ; la queftion eft de fçavoir s'il doit être rédigé par écrit, ratio dubitandi eft tirée de l'Ordonnance de Moulins, qui dé-

Fend la preuve par témoins au-deſſus de cent.

Dans le reſſort du Parlement de Paris il n'eſt pas valable s'il n'eſt rédigé par écrit. Papon, l. 10. Arrêt 8. *in additionibus* ſur le Titre des Teſtamens. Henrys, t. 1. l. 5. queſt. 7. & 9. Louet, l. T. ch. 8. Ricard, des Donat. partie 1. chap. 7. Sect. 3.

Mais dans les Parlemens du Droit Ecrit il eſt valable. Dolive, l. 5. ch. 5. Maynard, l. 5. ch. 5. 4. Baſſet, l. 5. tir. 1. chap. 4. Deſpeiſſes, t. 2. p. 76. n. 124.

Ces teſtamens ſont reçus dans tous les Pays de Droit Ecrit.

Henrys, t. 1. l. 5. queſt. 52. Dolive, l. 5. ch. 1. Deſpeiſſes, t. 2. p. 61. n. 83. Henrys diſtingue cependant entre le Teſtament Solemnel & le Nuncupatif; Dolive, l. 5. ch. 1. au premier, il n'eſt pas néceſſaire d'aucune formalité; dans le ſecond, il prétend qu'il faut l'obſerver.

Cujas, requiert ſept témoins dans le Teſtament Nuncupatif, mais deux ſuffiſent. Papon, l. 20. t. 1. Arrêt 1. Dolive & Deſpeiſſes, *eodem.*

Le même privilege eſt accordé à la mere & à tous les aſcendans, Dolive & Deſpeiſſes *eodem.* Ricard, des Donat. part. 1. ch. 5. Sect. 4.

Les formalités des teſtamens, tant pour les Pays de Droit Ecrit, que pour les Pays Coutumier, ont été reglées par l'Ordonnance de 1735.]

SOMMAIRES.

I.

1. *Définition du teſtament.*

LE teſtament eſt une inſtitution d'héritier faite dans les formes preſcrites par les Loix, ſoit qu'avec cette inſtitution il y ait d'autres diſpoſitions, ou qu'elle ſoit ſeule *a.*

a Quinque verbis poteſt (quis) facere teſtamentum : ut dicat Lucius Titius mihi hæres eſto. *l. 1. §. 3. ff. de hæred. inſt.*

Teſtamentum eſt voluntatis noſtræ juſta ſententia, de eo quod quis poſt mortem ſuam fieri velit. *l. 1. ff. qui teſt. fac. poſſ.*

Il réſulte du premier de ces deux textes que l'eſſentiel d'un Teſtament eſt l'inſtitution d'héritier, puiſque ces paroles : Je veux qu'un tel ſoit mon héritier, ſont un teſtament.

Les Interprétes ſont diviſés ſur la queſtion de ſçavoir ſi la définition du teſtament qu'on voit dans ce ſecond texte, eſt dans l'exactitude & dans la juſteſſe que doit avoir une définition : & pluſieurs même des plus habiles prennent le parti de la défendre, contre ceux qui diſent qu'elle n'eſt pas exacte. Sur quoi on peut dire que ſi les Auteurs des Loix n'ont pas toujours dans leurs définitions, & dans leurs autres expreſſions, la juſteſſe & l'exactitude des Logiciens & des Géometres ; il eſt juſte qu'on y ſupplée pour donner aux Loix le ſens naturel qu'on voit bien que demande leur intention. Mais comme on tâche dans ce Livre de rendre tout intelligible à tous les Lecteurs ; & d'obſerver par tout, autant qu'on le peut, cette exactitude, on a cru pour donner l'idée préciſe d'un teſtament, & qui le diſtingue des autres diſpoſitions à cauſe de mort, on devoit fermer la définition du teſtament de la maniere dont elle eſt couchée dans cet article. Car au lieu que les autres diſpoſitions ne ſont que d'une partie des biens, il eſt eſſentiel à un teſtament qu'on y nomme un héritier qui eſt le ſucceſſeur univerſel. V. l'art. 1. de la Sect. 1. des Héritiers en général, p. 313.

Il faut remarquer ſur cette définition qu'elle ne convient pas aux diſpoſitions de ſes biens qu'on peut faire dans les Coutumes. Car comme il a été remarqué dans le préambule de ce Titre, on ne peut avoir d'autres héritiers dans les Coutumes que ceux du ſang.

VI.

2. *La ſimple inſtitution d'héritier fait un teſtament.*

Il réſulte de cette définition du teſtament qu'il renferme deux caracteres eſſentiels qu'il faut diſtinguer. L'un, qu'il contient la diſpoſition de tous les biens : & l'autre, que c'eſt une diſpoſition à cauſe de mort qu'on

---

peut révoquer *b.* On expliquera dans les deux articles qui ſuivent les effets de ces deux caracteres, & comment ils ſont compris dans la définition expliquée par le premier article :

b C'eſt une ſuite de la définition du Teſtament. V. les deux articles qui ſuivent.

III.

3. *Le Teſtament renferme la diſpoſition de tous les biens.*

Comme il eſt eſſentiel à un teſtament qu'il contienne l'inſtitution d'un héritier, & que l'héritier eſt le ſucceſſeur univerſel de tous les biens dont il n'y a pas de diſpoſitions particulieres ; tout teſtament renferme la diſpoſition de tous les biens, ſoit que le tout ſoit laiſſé à des héritiers, ou que d'autres y doivent avoir part. Ce qui ne change rien à la nature du teſtament : & toutes les différentes diſpoſitions qu'il peut contenir, ne ſont qu'un ſeul acte qui contient le témoignage de ce que le teſtateur a voulu ordonner de tous les biens qui pourroit reſter dans la ſucceſſion *c.*

c C'eſt encore une ſuite de la définition. V. l'art. 1. de la Section 1. des Héritiers en général, p. 313.

IV.

4. *Le teſtament n'a ſon effet que par la mort du teſtateur.*

Le teſtament eſt une diſpoſition à cauſe de mort, c'eſt-à-dire, faite dans la vûe qu'a de ſa mort celui qui diſpoſe de ſes biens par un teſtament, & dans le deſſein que ſa diſpoſition n'aura ſon effet que quand il mourra ; car l'héritier n'a ſon droit que par cette mort. D'où il s'enſuit que le teſtament n'ayant aucun effet juſqu'à la mort du teſtateur, il eſt toujours dans la liberté de le révoquer, ou y changer en en faiſant un autre, ou de l'anéantir ſans en faire d'autre en le ſupprimant. Ainſi quand il ſe trouve pluſieurs teſtamens d'une même perſonne, c'eſt toujours le dernier ſeul qui doit ſubſiſter, à la réſerve de ce que ce dernier teſtament confirmeroit des diſpoſitions des autres précédens *d.*

d De eo quod quis poſt mortem ſuam fieri velit. *l. 1. ff. qui teſt. fac. poſſ.*

Prius teſtamentum rumpitur cùm poſterius ritè perfectum eſt. *l. 2. ff. de inſt. rupt. in fact. teſt.*

Ambulatoria eſt voluntas defuncti uſque ad vitæ ſupremum exitum, *l. 17. ff. de adim. vel transf. leg.*

Quoique ce dernier texte ne regarde pas préciſément ce qui eſt dit dans cet article, il peut s'y rapporter.

V. ſur la nature des diſpoſitions à cauſe de mort, ce qui en a été dit dans le préambule du Titre des Donations entre-vifs, p. 103.

V.

5. *L'héritier légitime eſt héritier teſtamentaire, s'il eſt inſtitué.*

Quoique le teſtateur ne nomme pas d'autre héritier que celui qui devoir lui ſucceder *ab inteſtat* ; s'il accepte l'hérédité, il ſera héritier teſtamentaire : & en cette qualité tenu d'acquitter les legs, & toutes les charges du teſtament *e.* Car il n'a qu'à ce titre une hérédité que le teſtateur auroit pû laiſſer à d'autres s'il l'avoit voulu.

e V. l'art. 17. de la Sect. 5. & les textes qu'on y a cités.

VI.

6. *Le teſtament doit contenir une inſtitution d'héritier.*

Les diſpoſitions à cauſe de mort, qui ne contiennent pas d'inſtitution d'héritier, ne ſont pas proprement des teſtamens, mais des codicilles, ou des donations à cauſe de mort *f.*

f Codicillis hæreditas neque dari neque adimi poteſt : ne confundatur jus teſtamentorum & codicillorum. *§. 2. Inſt. de codicill.*

VII.

7. *Les diſpoſitions des teſtateurs tiennent lieu de Loix.*

Il s'enſuit de la liberté que donnent les Loix de diſpoſer de ſes biens par un teſtament, que toutes les volontés d'un teſtateur, ſoit en ce qui regarde l'inſtitution d'héritier, ou les autres diſpoſitions particulieres qu'il peut avoir faites, tiennent lieu de Loix, & à l'héritier, s'il accepte l'hérédité, & aux légataires, s'ils reçoivent les legs *g* ; ce qui doit s'entendre ſous cette

g Verbis legis duodecim tabularum his, *uti legaſſit ſua rei, ita jus eſto*, latiſſima poteſtas tributa videtur, & hæredis inſtituendi, & legata, & libertates dandi, tutelas quoque conſtituendi. Sed id interpretatione conanguntatem eſt vel legum, vel auctoritate jura conſtituentium. *l. 120. ff. de verb. ſignif. inſt. de leg. falcid.*

Diſponat unu'quiſque ſuper ſuis, ut dignum eſt, & ſi lex ejus voluntas. *Nov. 22. c. 2.*

réserve que le teſtateur n'ait rien ordonné de contraire aux Loix & aux bonnes mœurs *h*. Car de la part du teſtateur ſes diſpoſitions ont l'autorité de la Loi qui les a permiſes : & de la part de ceux qui reçoivent quelque bienfait par un teſtament, l'acceptation qu'ils en font les engage aux charges qu'il peut contenir, de même que s'ils avoient traité avec le teſtateur, lui laiſſant ſes biens ſous les conditions & les charges qu'il a expliquées, & eux acceptant les biens avec ces charges : & de même auſſi que s'ils avoient traité avec les perſonnes envers qui le teſtament peut les engager *i*.

h Nemo poteſt in ſuo teſtamento cavere, ne leges in ſuo teſtamento locum habeant. *l.* 55. *ff. de Legat.* 1.

Teſtandi cauſa de pecunia ſua legibus certis facultas eſt permiſſa : non autem juriſdictionis mutare formam, vel juri publico derogare, cuiquam permiſſum eſt. *l.* 13. *ff. de teſtam.*

Quæ facta lædunt pietatem, exiſtimationem, verecundiam noſtram, & ut generaliter dixerim contra bonos mores ſiunt, nec facere nos poſſe credendum eſt. *l.* 15. *ff. de condit. inſtit.*

Cette liberté indéfinie des Teſtateurs a naturellement ſes bornes à ce qui n'eſt point contraire aux Loix, comme il eſt dit dans l'article : Et un Teſtateur ne peut rien ordonner qui ſût contre la diſpoſition & l'eſprit de quelque Loi. Ainſi, il ne peut pas défendre à ſes héritiers de partager ſes biens. Ainſi il ne peut pas ordonner qu'une Subſtitution qu'il auroit faite par ſon teſtament ne ſoit pas publiée & inſinuée. Ainſi il ne pourra pas priver ſes enfans de leur légitime.

i Quaſi ex contractu debere intelligitur. §. 5. *in f. inſt. de oblig. quæ quaſ. ex contr. naſc.* Videtur impubes teſtamento cum adiit hæreditatem. *l.* 3. *in f. quibus ex cauſ. in poſſ* entur.

V. pour l'engagement de l'héritier l'art. 8. *de la Sect.* 1. *des Héritiers en général, p.* 314.

VIII.

8. *Le teſtament ne doit dépendre d'autre perſonne que du teſtateur.*

Comme les diſpoſitions d'un teſtament ont leur effet par la volonté du teſtateur qui tient lieu de Loi, ce n'eſt que de cette volonté qu'elles ont leur force. Et ſi un teſtateur au lieu de choiſir & nommer lui-même ſon héritier, avoit dit dans ſon teſtament qu'il vouloit avoir pour héritier celui qu'une perſonne qu'il nommeroit voudroit choiſir & appeller à ſa ſucceſſion ; cette inſtitution ſeroit vitieuſe, & n'auroit point d'effet. Car elle manqueroit du caractère eſſentiel à un teſtament de contenir la volonté propre du teſtateur, & non celle d'un autre. Et il ſeroit même contre l'équité que le choix d'un héritier dépendît d'autre que de celui qui doit diſpoſer de ſes biens ; puiſque d'une part le teſtateur pourroit être trompé par cette perſonne, qui après ſa mort pourroit abuſer en pluſieurs manieres d'une telle diſpoſition, & que d'ailleurs l'héritier qui ſeroit choiſi tiendroit moins ce bienfait de la volonté vague du teſtateur, que du choix de celui qui auroit droit de nommer l'héritier *l*.

l Illa inſtitutio *quos Titius voluerit*, ideo vitioſa eſt, quòd alieno arbitrio permiſſa eſt. Nam ſatis conſtanter veteres decreverunt, teſtamentorum jura ipſa per ſe ſirma eſſe oportere : non ex alieno arbitrio pendere. *l.* 32. *ff. de hæred. inſtit.* V. l'art. 25. de la Sect. 5. de ce Titre ; & la remarque qu'on y a faite.

☞ Quoiqu'on ait tâché dans toute la ſuite de ce Livre de s'y reſtreindre aux regles & aux remarques qu'on juge néceſſaires, & de s'abſtenir de tout ce qui n'iroit qu'à une ſimple curioſité ; on ne peut s'empêcher de remarquer ici qu'on voit dans les Loix d'Eſpagne une regle directement contraire à celle qui eſt expliquée dans cet article. Car il y eſt permis à chacun de nommer une perſonne à qui il donne le pouvoir de faire ſon teſtament & de diſpoſer de ſes biens après ſa mort, & lui choiſir tels héritiers qu'il aviſera. Et ce qui eſt ordonné par ce Commiſſionaire pour faire un teſtament, qu'ils appellent *Cometido a fazer teſtamento*, eſt obſervé de même que ſi le défunt l'avoit ordonné, à la réſerve ſeulement qu'il ne peut s'inſtituer ſoi-même héritier, ni deſhériter les enfans ou autres aſcendans de celui de qui il fait le teſtament, ni leur ſubſtituer par aucune ſorte de ſubſtitution, ni leur nommer un teſtateur s'il n'en a un pouvoir exprès. *V. la Loi* 31. *de Thoro, & les additions aux Loix d'Alphonſe IX. ſixiéme Partie, Titre des Teſtamens.*

IX.

9. *Deux ſortes de* …

Il s'enſuit des regles expliquées dans les articles précédens, qu'il n'y a que deux ſortes de queſtions qui

puiſſent naître des diſpoſitions d'un teſtament lorſqu'il eſt dans les formes & doit ſubſiſter. L'une de celles où il s'agit de ſçavoir ſi la diſpoſition du teſtateur n'a rien de contraire aux Loix : & l'autre de celles où il s'agit de ſçavoir quelle a été ſon intention. Car c'eſt cette intention qui doit ſervir de regle, ſi elle n'eſt pas contraire à la Loi *m*.

queſtions ſur les teſtamens, ce que le teſtateur a pû, ce qu'il a voulu.

m Toties ſecundùm voluntatem teſtatoris facere compellitur (hæres) quoties contra legem nihil ſit ſuturum. *l.* 37. *ff. de cond. & dem.*

V. ſur les difficultés de l'interprétation des Teſtamens la Sect. 6. *& les autres ſuivantes.*

X.

Comme l'héritier qui eſt nommé par un teſtament doit être le ſucceſſeur univerſel de tous les biens & de toutes les charges, un teſtateur ne peut inſtituer un héritier pour commencer d'avoir ſon effet que dans un certain temps après la mort du teſtateur, ou à ceſſer de l'avoir après un tel cas. De ſorte que dans le premier cas la ſucceſſion ſût ſans aucun héritier pendant tout ce temps, & que dans le ſecond il n'y eût plus d'héritier après ce terme expiré. Car il eſt eſſentiel à la qualité d'héritier qu'il prenne la place du défunt après ſa mort, & que l'hérédité ne demeure pas vacante & ſans maître, qui puiſſe en exercer les droits & acquitter les charges. Mais quoique cette diſpoſition n'eût aucun effet, le teſtament qui la contiendroit ne ſeroit pas nul pat ce ſeul défaut, & l'héritier ſeroit reputé tel dès le temps de mort du teſtateur & pour tout l'avenir, de même que l'inſtitution n'avoit pas été bornée de cette maniere.

10. *On ne peut faire un héritier à commencer ou ceſſer de l'être après un certain temps.*

n Hæreditas ex die, vel ad diem non recté datur : ſed vitio temporis ſublato, manet inſtituto. *l.* 34. *ff. de hæred. inſt.*

Il n'en eſt pas de même des Legs & des Fideicommis qui peuvent commencer d'être dûs, ou ceſſer à un certain jour. Car il n'y en a aucun inconvénient ; le droit à la choſe léguée demeurant à l'héritier tandis que le Légataire ne l'a pas encore, & lui revenant quand le Légataire ceſſe de l'avoir.

Cette regle n'eſt pas contraire à celle qui permet de charger un héritier de remettre l'hérédité après un certain temps à une autre perſonne qui ſuccede en ſa place, par un Fideicommis dont il ſera parlé en ſon lieu. Car l'hérédité ne demeure pas vacante : Et d'ailleurs cet héritier qui rend l'hérédité ne laiſſe pas de demeurer héritier & tenu des charges dont ce Succeſſeur peut le garantir. V. l'art. 8. de la Sect. 1. des Subſtitutions.

XI.

Quoique la nature du teſtament & ſa validité conſiſte en ce qu'il contient la volonté du teſtateur, & que ce ſoit par cette volonté qu'il doit avoir ſon effet ; il ne l'a que lorſque l'héritier acceptant cette qualité, s'engage par-là à toutes les diſpoſitions du teſtament, & à toutes les charges de l'hérédité *o*.

11. *Le teſtament a ſon effet par l'acceptation de l'héritier.*

o Cùm ſemel adita eſt hæreditas, omnis defuncti voluntas rata conſtituitur. *l.* 55. §. 2. *ff. ad Senat. Trebell.* V. l'art. 7.

XII.

Il y a des teſtamens de diverſes ſortes, & qui ſont diſtingués, non par l'eſſentiel de leur nature, qui eſt l'inſtitution d'héritier commune à tous ; mais par les différentes formalités que les Loix ont établies pour l'uſage des perſonnes qui veulent diſpoſer de leurs biens, ſelon que ces formalités peuvent convenir ou à la qualité de la perſonne, ou aux circonſtances de l'état où elle ſe trouve, comme on le verra par les articles qui ſuivent *p*.

12. *Diverſes ſortes de teſtamens.*

p V. les articles ſuivans.

XIII.

Pour ce qui regarde les perſonnes des teſtateurs, on peut faire une premiere diſtinction des teſtamens que peuvent faire ceux que quelques infirmités rendent incapables de certaines manieres dont les autres perſonnes peuvent teſter. Ainſi les aveugles, les ſourds, les muets, ne ſçauroient faire leurs teſtamens que dans les formes qui peuvent leur convenir, comme on l'expliquera dans la Section ſuivante *q*.

13. *Teſtamens des aveugles, des ſourds, des muets.*

q V. les art. 7. 8. 9. 10. & 11. de la Sect. ſuivante, & les remarques qu'on y a faites.

Par

X I V.

14. Testa-mens mili-taires.

Par cette même vûe de la différence des testateurs, on doit distinguer aussi les testamens que font les Officiers de guerre & les Soldats qui sont actuellement dans les fonctions militaires, occupés de sorte qu'ils ne pourroient observer les formalités que les loix prescrivent pour les testamens. Car elles dispensent ceux qui sont dans cet état des formalités qui leur sont impossibles, & facilitent leurs dispositions, ainsi qu'il sera expliqué dans la Section troisieme *r*.

r V. l'art. 15. de la Sect. 3.

X V.

15. Testa-mens en tems de peste.

Cette même consideration des conjonctures où les testateurs ne peuvent observer les formalités nécessaires pour un testament, a fait que les Loix dispensent aussi ceux qui se trouvent obligés à faire leur testament dans un temps de peste, d'y observer en rigueur toutes les formalités qu'elles ont prescrites. On expliquera dans la Section troisieme le tempérament qu'elles permettent quand ce cas arrive *s*.

s V. l'art. 16. de la Section 3.

X V I.

16. Testa-mens se-crets.

Comme un testateur peut souhaiter raisonnablement que ses dispositions demeurent secrettes jusqu'après sa mort; il peut faire un testament clos & secret, de la maniere qu'on expliquera dans la Section troisieme *t*.

t V. l'art. 17. de la Section 3.

X V I I.

17. Plu-sieurs origi-naux d'un seul testa-ment.

De quelque maniere que soit fait un testament, le testateur peut, si bon lui semble, ou n'en faire qu'un original, ou en faire deux ou plusieurs, pour conserver plus sûrement ses dispositions, les déposant en divers endroits, ou pour en avoir un original en sa puissance, & en déposer un autre en d'autres mains *u*.

u Unum testamentum pluribus exemplis consignare quis potest. Idque interdum necessarium est. Fortè si navigaturus & secum ferre, & relinquere judiciorum suorum testationem velit. l. 14. ff. qui test. fac. poss. V. l'article 9. de la Section 7.

X V I I I.

18. Le Tes-tament est commun à tous les in-teressez.

Comme un testament est un titre commun & aux héritiers, & aux légataires, & aux substituez, ou autres personnes intéressées à quelques dispositions du testateur; chacun de ceux qui peuvent y avoir intérêt a droit d'avoir ce titre en sa puissance. Mais comme tous ne peuvent en avoir l'original, chaque intéressé peut en retirer des grosses ou expéditions, c'est-à-dire des copies en bonne forme signées par l'Officier public, qui est dépositaire de la minute: & ces copies dans cette forme, tiennent lieu de l'original *x*.

x Tabularum testamenti instrumentum non est unius hominis, hoc est haeredis, sed universorum quibus illic adscriptum est. l. 2. ff. test. quem aper. inspic. & desc.

SECTION II.

Qui peut faire un Testament: & qui on peut faire héritier ou légataire.

IL y a deux choses à considérer dans un testament pour en reconnoître la validité & l'effet qu'il peut avoir. L'une est de sçavoir si celui qui a fait un testament en avoit le pouvoir, & si les personnes en faveur de qui le testateur a disposé sont capables de recevoir ce qui leur est donné; & ce sera la matiere de cette Section. L'autre, de sçavoir si le testament est fait dans les formes, ce qui sera expliqué dans la Section suivante *a*.

a Si quaeramus an valeat testamentum, imprimis animadvertere debemus, an is qui fecerit testamentum, habuerit testamenti factionem: deindè si habuerit, requiremus an secundùm regulas juris testatus sit. l. 4. ff. qui test. fac. poss.

Tome I.

Il faut remarquer sur la matiere de cette Section, qu'outre les causes d'incapacité de recevoir un bienfait par un testament qui y sont expliquées, nous avons en France deux regles qui rendent nulles les dispositions de quelques personnes en faveur d'autres à qui il leur est défendu de donner. L'une est de l'Ordonnance de François I. de 1539. art. 131. & de Henri II. de 1549. art. 2. qui annulle toutes donations entrevifs ou testamentaires que pourroient faire des mineurs à leurs tuteurs, curateurs, gardiens, baillistes, & autres administrateurs pendant leur administration, ou à des personnes interposées. Et l'autre est de quelques Coûtumes qui défendent les dispositions de la femme en faveur de son mari, & du mari en faveur de sa femme, ce que quelques-unes bornent aux dispositions de la femme en faveur du mari; ne défendant pas celles du mari en faveur de la femme.

On peut aussi remarquer sur la capacité de tester, qu'il y a des Coûtumes où la femme mariée ne peut tester qu'avec la permission de son mari; si ce pouvoir ne lui est donné par leur mariage.

Il faut remarquer sur ce sujet de l'incapacité de tester, qu'on n'a pas mis dans cette Section une regle du Droit Romain, que quelque Lecteur pourroit y trouver à dire, ce qui fait qu'on a crû devoir en rendre raison. C'est cette regle qui veut que les personnes qui doutent de leur état, ne puissent tester *b*; dont on exceptoit les soldats *c*, qui le pouvoient nonobstant ce doute. Ainsi celui qui doutoit s'il étoit fils de famille ou émancipé, ne pouvoit faire de testament *d*, parce que le fils de famille ne pouvoit tester.

On a crû ne devoir pas mettre ici cette regle. Car il semble qu'il ne puisse arriver aucun cas où l'on doive la mettre en usage, & que quand il y a un testament il est naturel de supposer que celui qui l'a fait n'a pas douté qu'il ne le pût faire; & on ne feroit pas naître la question de sçavoir s'il étoit dans ce doute ou non. Mais quand on supposeroit même qu'un testateur auroit quelque sujet de douter de son état, & qu'il en douteroit en effet; cette raison seule devroit-elle l'empêcher de faire un testament? Ainsi, par exemple, si on suppose un jeune homme âgé de quatorze ans accomplis qui se trouveroit hors de son pays, & ne sçachant pas le jour précis de sa naissance, tomberoit malade, & feroit un testament dans l'incertitude s'il auroit l'âge pour tester; mais dans la pensée qu'il vaudroit mieux faire un testament qui pût valoir, s'il se trouvoit qu'il eût l'âge nécessaire, que de manquer de faire un, parce que celui qu'il feroit demeureroit nul s'il n'avoit pas l'âge; diroit-on d'une telle disposition qu'elle dût être annullée, parce que le testateur ne sçavoit pas un fait dont la connoissance ne l'auroit rendu ni plus âgé, ni plus experimenté. Mais s'aviseroit même de demander si ce jeune homme sçavoit son âge, & quand on s'aviseroit de faire naître ce doute, ce qui paroîtroit étrangement bizarre, ne suffiroit-il pas que ce testateur eût dans la vérité l'âge & le pouvoir de faire un testament pour le faire valoir dans ces circonstances? A quoi on peut ajoûter que comme cette regle n'avoit pas de lieu pour les soldats, on pourroit en conclure que ceux même qui l'avoient faite avoient bien jugé qu'elle n'étoit pas de droit naturel; car il n'auroit pas été juste d'en dispenser les soldats. Mais il est du droit naturel que la vérité ait son effet, & que celui qui a un droit acquis n'en soit pas privé, sous prétexte qu'il doute si son droit est sûr. Cet effet de la vérité a été trouvé si juste par les auteurs mêmes des subtilités du Droit Romain, qu'on voit dans une Loi que celui qui étant pere de famille, & par cette qualité capable de recueillir une hérédité qui lui étoit échûë, pouvoit la recueillir, quoiqu'il fût non dans le doute s'il étoit pere de famille, mais même dans la fausse créance qu'il ne l'étoit pas, & qu'il n'étoit que fils de famille *e*. Ainsi on reconnoissoit que la vérité devoit

b l. 15. ff. de test. mil.
c l. 11. §. 1. ff. eod.
d l. 9. ff. de jur. codicil.
e l. l. 11. ff. de cond. & dem.

D J d

suppléer non seulement au doute, mais même à une erreur de cette nature.

SOMMAIRES.

I.

1. Ceux qui n'ont point d'incapacité peuvent tester.

POur connoître quelles sont les personnes qui ont le pouvoir de tester ou de recevoir quelque liberalité par un testament, il faut sçavoir qui sont ceux que les Loix en rendent incapables. Car quiconque ne se trouvera dans aucune incapacité, pourra tous les deux *a.*

a Si quæramus an valeat testamentum, imprimis animadvertere debemus an is qui fecerit testamentum habuerit testamenti factionem. *l. 4. ff. qui test. fac. poss.*

II.

2. Les impuberes ne peuvent tester.

Les causes qui rendent les personnes incapables de tester, se tirent de quelques-unes de ces qualités qu'on a expliquées dans le titre des Personnes, comme les qualités d'impubere, étranger, condamné à mort, & autres. Ainsi on peut mettre pour la premiere cause d'incapacité de faire un testament, le défaut de cet âge qu'on appelle la puberté, qui est de quatorze ans accomplis pour les garçons, & de douze de même accomplis pour les filles. Car ceux qui n'ont pas cet âge accompli ne peuvent tester *b.* Et quand même celui qui auroit fait son testament avant la puberté ne mourroit que long-tems après, de sorte qu'on pût dire qu'étant adulte & capable de tester, il l'eût approuvé ne le changeant pas, ce testament nul dans son origine ne seroit pas validé par cette circonstance *c.*

b Testamentum facere non possunt impuberes quia nullum eorum auimi judicium est. §. 1. inst. quib. non est perm. fac. test.
Il semble qu'on eût autrefois douté dans le Droit Romain si les Eunuques pouvoient tester, parce qu'ils ne pouvoient atteindre une vraie puberté. Et on ne leur avoit permis qu'à l'âge de 18. ans. Spadones eo tempore testamentum facere possunt quo plerique pubescunt, id est, anno decimo octavo. Paulus 3. sent. 4. 2. Mais l'Empereur Constantin leur permit de tester de même que tous les autres. Eunuchis liceat facere testamentum, componere postremas exemplo omnium voluntaris conscribere codicillos, salva testamentorum observantia. l. 5. c. qui test. fac. poss.
A qua ætate testamentum vel masculi vel fœminæ facere possunt, videamus. Verius in masculis quidem quartum decimum annum spectandum : in fœminis vero duodecimum completum. Utrum autem excessisse debeat quis quartum decimum annum ut

testamentum facere possit, an sufficit complesse ? propone aliquem Kalendis Januariis natum, testamentum ipso natali suo fecisse, quarto decimo anno, an valeat testamentum ? Dico valere. Plus arbitror, etiam si pridie Kalendarum fecerit, post sextam horam noctis, valere testamentum, Jam enim complesse videtur annum quartum decimum, ut Marciano videtur. l. 5. ff. qui test. fac. poss. v. l. 1. ff. qui test. fac. poss. v. l. 1. ff. de manumiss.

c Si filius familias aut pupillus tabulas testamenti fecerit, signaverit, secundum eas bonorum possessio dari non potest. Licet filius familias sui juris, aut pupillus pubes factus decesserit. Qua nullæ sunt tabulæ testamenti, quas is fecerit, qui testamenti faciendi facultatem non habuerit. l. 19. ff. qui test. fac. poss.

☞ On a mis dans l'article qu'il faut avoir cet âge accompli, *annum completum*, comme il est dit dans le second de ces textes. Mais ce qui s'y trouve ajouté dans la suite, fait une difficulté qu'on ne doit pas dissimuler. Car encore que le sens naturel de ces mots *quatorze ans accomplis*, semble demander que le dernier moment de la quatorzieme année soit expiré, puisque ce n'est qu'à ce moment qu'elle est accomplie : ce qui est dit dans la suite de cette Loi y paroît contraire : Et ces paroles, *utrum excessisse debeat, an sufficit complesse*, & le reste qui suit, marquant que le testament est bon s'il est fait le jour de la naissance, ou même la veille, signifient assez que l'année est tenue pour accomplie avant que le dernier moment en soit expiré, de quelque maniere qu'on entende la veille de la naissance. Car on peut l'entendre en deux manieres. L'une en prenant la veille du jour de la naissance selon le calcul des jours de l'année, de sorte que dans le cas d'une personne née le premier Janvier, qui est le cas de cette Loi, la veille du jour de cette naissance fut le dernier Décembre. L'autre, en prenant pour la veille du jour de sa naissance les vingt-quatre heures qui précédent le moment de cette naissance.

Il semble que c'est à la premiere de ces deux manieres que cette Loi détermine la veille du jour de la naissance ; puisqu'elle suppose un testament fait le jour de cette veille dès le matin, sans distinguer à quelle heure le testateur seroit né. De sorte que comme dans l'usage de Rome le jour commence à minuit, il semble que selon cette regle il pourroit arriver qu'un testament seroit bon, quoiqu'il précédât de plus de vingt-quatre heures le moment de la naissance du testateur. Car si on suppose suivant cette Loi que le jour de la naissance soit le premier Janvier, & que la veille de ce jour commence à minuit du jour précédent, c'est-à-dire, à la minuit entre le 30. & 31. Décembre, & que ce testateur né le premier Janvier après midi fasse son testament le matin du 31. Décembre, il sembleroit par les termes de cette loi que ce testament devroit être bon, quoiqu'il précédât de plus d'un jour entier le moment de la naissance de ce testateur, puisqu'il seroit vrai qu'il auroit été fait le jour précédent à celui de sa naissance : ce qui sembleroit n'être ni bien régulier, ni de notre usage, comme il sera dit dans la suite.

On peut remarquer sur cette maniere de tenir l'année pour accomplie au commencement du dernier jour, qu'il n'en étoit pas de même en toutes sortes de cas. Car non seulement les prescriptions demandent l'entier accomplissement de l'année, comme il a été dit en son lieu, mais pour l'âge même qui excuse d'une tutelle, il faut que le dernier moment de la derniere année soit expiré *b.* Sur quoi on peut dire qu'il y auroit bien autant ou plus de raison d'accorder la décharge d'une tutelle au dernier jour de la soixante-dixiéme année, que la permission de tester au dernier jour de la quatorziéme. Et pour ce qui regarde l'accomplissement de l'âge pour tester, il semble que le sens de ce mot d'une année accomplie, s'entend dans notre usage d'une année expirée, sur tout dans les Coutumes. Car celles qui marquent l'âge pour tester demandent les années accomplies, encore que celles qui en parlent ne permettent presque toutes de tester qu'à vingt ans aux garçons, & à dix-huit aux filles pour les biens autres que les propres ; & à l'égard des propres elles demandent vingt-cinq ans. De sorte que l'esprit de ces Coutumes

a V. l. 8. ff. de feriis
b Excessisse oportet 70. annos l. 2. ff. de excus. l. un. c. qui ætati,

n'est pas de favoriser la dispense du tems. Et aussi elles ne marquent pas , comme fait cette Loi, que l'année soit tenue pour accomplie au commencement.du dernier jour , encore moins la veille. Ainsi on s'est restraint dans l'article à marquer qu'il faut que l'âge soit accompli , c'est-à-dire , qu'on ait l'âge que la Loi demande. Car cette expression pourroit s'accommoder aux usages même qui demanderoient seulement que le dernier jour fût commencé , à la prendre au sens de ces termes du second des textes cités sur cet article. *Utrum excessisse debeat an sufficit complesse.* La difficulté qui a obligé à faire cette remarque , pourroit être mise au nombre de celles qui peuvent demander quelque reglement.

I I I.

3. *Les fils de famille ne peuvent tester.*

Les fils de famille , c'est-à-dire , ceux qui sont sous la puissance de leurs peres, n'ayant pas été émancipés; ne peuvent faire de testament *d* , si ce n'est de ces sortes de pécules qu'ils peuvent avoir en propre , & dont il a été parlé en son lieu *e.*

d Qui in potestate parentis est, testamenti faciendi jus non habet. *l.* 6. *ff. qui test. fac. poss.*

Nemo ex lege quam nuper promulgavimus in rebus quæ parentibus acquiri non possunt existierent aliquid iste innovandum , aut permissum esse filiis familias cujuscumque gradûs vel sexûs testamenta facere sive sine patris consensu fideicommissorum secundùm nostræ legis distinctionem, sive cum eorum voluntate. *l. penult. C. qui test. fac. poss.*

e Omnes omnino quibus quasi castrensia peculia habere ex legibus concessum est , habeant licentiam in ea tantummodo ultima voluntate condere. *l. ult C. eod.*

Cette regle avec l'exception pour ces pécules s'observe en quelques Coutumes.

Voyez sur ces pécules & sur l'émancipation ce qui en a été dit dans le préambule de la Section 2. Comment succedent les Peres, p. 374. & dans l'article 3. de cette même Section , p. 375.

Quoiqu'il semble que cette regle que rend le fils de famille incapable de tester , soit dans le Droit Romain une suite de ce que le fils de famille ne pouvoit rien acquerir qui ne fût en même-tems à son pere, à la reserve de ces pécules dont il est parlé dans l'article * ; il paroît par le second texte cité sur cet article que Justinien qui donna aux fils de famille la propriété des biens qui pourroient leur être acquis , n'en laissant aux peres que l'usufruit , ne leur permit pas néanmoins de pouvoir tester d'autres biens que de ces pécules. Ce qui fait voir qu'il jugea que la liberté de disposer de ces pécules n'étoit pas tant un effet du droit de propriété , que du mérite du fils de famille qui , s'étant rendu digne de les acquerir , avoit aussi le privilege d'en disposer : Et que pour les autres biens il ne pouvoit devenir capable d'en disposer que par l'émancipation.

* Filiusfamilias testamentum facere non potest , quia nihil suum habet , de eo testari possit. Sed Divus Augustus Marcus constituit ut filiusfamilias miles , de eo peculio quod in castris acquisivit testamentum facere possit. *Ulpian. tit. 20. §. 10.*

I V.

4. *Les insensés ne peuvent tester que dans un bon intervalle.*

Ceux qui sont dans la démence ne peuvent faire de testament , si ce n'est qu'ils ayent des intervalles de raison qui puissent suffire pour une telle disposition , & que le testament soit commencé & accompli dans toutes ses formes dans une intervalle où l'usage de la raison ait été parfaitement libre *f.*

f In eo qui testatur, ejus temporis quo testamentum facit, integritas mentis, non corporis sanitas exigenda est. *l. 2. ff. qui test. fac. poss.*

Furiosum in suis judiciis ultimum condere elogium posse, licèt ab antiquis dubitabatur , tamen & retro principibus , & nobis placuit. Nunc autem hoc decidendum est , quod simili modo antiquos animos movit : si coepto testamento furor eum invasit. Sancimus itaque tale testamentum hominis qui in ipso actu testamenti adversâ valetudine tentus est , pro nihilo esse. Si verò voluerit in dilucidis intervallis aliquid condere testamentum , vel ultimam voluntatem : & hoc sanâ mente incipiat facere & consummaverit , nullo tali morbo interveniente , stare testamentum , sive quamcumque ultimam voluntatem censemus : si & alia omnia accesserint quæ in hujusmodi actibus legitima observatio acquirit. *l. 9. C. qui test. fac. poss. §. 1, inst. Quib. non est perm. fac. test.*

V.

5. *Vieillesse, maladies, & infirmités, peuvent tester.*

Les infirmités de la vieillesse , & les maladies ne laissent la liberté de l'esprit, n'empêchent pas que ceux qui sont dans cet état ne puissent tester *g.*

g Senium quidem ætatis , vel ægritudinem corporis sinceritatem mentis tenentibus testamenti factionem certum est non auferre. *l. C. qui test. fac. poss.*

Tome I.

In eo qui testatur , ejus temporis quo testamentum facit , integritas mentis non corporis sanitas exigenda est. *l. 2. ff. eod.*

Il y a des Coutumes où les dispositions à cause de mort sont nulles , si ceux qui les ont faites n'ont vecu trois mois après ces dispositions. V. la Préface ci-devant , n. 7.

V I.

6. *L'interdiction du prodigue ne peut tester.*

Les prodigues qui sont interdits , étant incapables de disposer de leurs biens pendant leur vie , sont incapables aussi d'en disposer à cause de mort. Car la même cause qui mérite la peine de l'interdiction mérite aussi celle de l'incapacité de disposer par un testament. Et soit que l'on considere le mauvais usage que pourroit faire le prodigue interdit de la liberté des dispositions à cause de mort , ou la conséquence de le punir de sa mauvaise conduite par la privation de cette liberté , quand il pourroit même en faire quelque bon usage ; il est de l'intérêt des familles & du public qu'une personne d'aussi mauvaise conduite qu'un prodigue interdit ne puisse tester *h.*

h Is qui lege bonis interdictum est , testamentum facere non potest. Et sic fecerit , ipso jure non valet. Quod tamen interdictione vetustius habuerit testamentum , hoc valebit. *l. 18. ff. q.i test. fac. poss. §. 2. inst. quib. non est perm. fac. test.*

☞ On peut distinguer sur ce sujet du testament d'un prodigue celui qu'il pourroit faire après son interdiction & celui qu'il auroit pû faire auparavant. Et l'Empereur Leon avoit encore distingué par sa Novelle 39. entre les testamens faits par des prodigues après leur interdiction , ceux qui contiendroient des dispositions raisonnables , & les confirmoit. Mais outre que nous n'observons pas ces Novelles de Leon ; ce discernement ne serviroit qu'à faire naître des procès. Et il est plus simple & plus juste d'annuler simplement tout testament d'un prodigue après son interdiction. Mais pour le testament qui précéderoit l'interdiction , il y a plus de difficulté de sçavoir s'il doit subsister. Et quoique la question soit décidée par les textes cités sur cet article , qui veulent que ce testament ait son effet ; il n'est pas défendu de considerer quelques inconveniens qui peuvent suivre cette regle. Car comme il est certain que les prodigues ne sont interdits que par une mauvaise conduite qui a dû avoir précédé l'interdiction , & que c'est par une mauvaise conduite qu'ils sont incapables de tester ; la même raison qui veut qu'on annule le testament fait après l'interdiction , semble demander qu'on annule aussi celui qui l'a précédée ; car il est naturel de présumer , que comme un prodigue ne s'avise pas de faire un testament , s'il n'y est porté par d'autres personnes , il n'auroit fait le sien que par l'impression des complices de ses débauches , & en leur faveur. Et il pourroit arriver aussi qu'un testament dont les dispositions devroient être changées à cause des changemens qui seroient survenus dans la famille du prodigue après son interdiction , ne pourroient néanmoins être réformées , puisqu'étant incapable de tester , il ne pourroit faire de nouvelles dispositions.

V I I.

7. *Celui qui est tout ensemble sourd & muet, ne peut tester.*

Celui qui seroit tout ensemble sourd & muet , soit de naissance ou autrement , & qui ne sçauroit écrire ni lire , étant incapable de donner aucune marque de sa volonté , ne pourroit tester. Mais si celui qui n'étant ni sourd , ni muet , auroit fait un testament en bonne forme , venoit à tomber ensuite dans ces deux infirmités , quoique cet évenement le rendît incapable de confirmer sa volonté , ni de la changer quand il le voudroit ; le testament qu'il auroit fait dans le tems qu'il pouvoit le faire , subsisteroit toujours *i.*

i Surdus , mutus testamentum facere non possunt. Sed si quis post testamentum factum valetudine , aut quolibet alio casu mutus , aut surdus esse coeperit , ratum nihilominus permanet testamentum. *l. 6. §. 1. ff. qui test. fac. poss.*

Sancimus si quis utroque morbo simul laboret, id est , ut neque audire , neque loqui possit , & hoc ex ipsa natura habeat , neque testamentum facere , neque codicillos , neque fideicommissum relinquere , neque mortis causâ donationem celebrare concedatur. *L. 10. C. qui test. fac. poss.*

D d d ij

Il paroît par le premier de ces deux textes, que par l'ancien Droit celui qui étoit seulement sourd sans être muet, & celui qui étoit seulement muet sans être sourd, ne pouvoient faire de testament. Parceque le sourd ne pouvoit entendre les personnes dont la présence étoit nécessaire à son testament, & que le muet ne pouvoit faire entendre aux témoins son intention. Mais ils pouvoient faire un testament s'ils en obtenoient la permission du Prince. V. l. 7. eod. t eyez les trois articles suivans.

VIII.

Celui qui n'étant pas tout ensemble sourd & muet de naissance le deviendroit par quelque accident après avoir appris à écrire, pourroit faire son testament. Car il pourroit expliquer sa volonté l'écrivant lui-même, & y observant les formalités qui seront expliquées dans la Section troisième *l*.

l Surdus, mutus testamentum facere non possunt. l. 6. §. 1. ff. qui test. fac. poss. Ubi autem & hujusmodi vitii non naturalis five masculo, five fœminæ accidit calamitas, sed morbus posteà supervenientes & vocem abstulit, & autem excludit : si ponamus hujusmodi personam literas scientem, omnia quæ priori interdiximus, hæc ei sua manu scribenti permittimus. l. 10. C. qui test. fac. poss. V. les art. 17. & 20. de la Sect. & la Remarque sur l'art. 17.

IX.

Ceux qui sont seulement sourds, mais non pas muets, comme s'ils n'étoient devenus sourds qu'après avoir acquis l'usage de la parole, peuvent faire un testament. Car ils peuvent expliquer leurs intentions, & à plus forte raison s'ils sçavent écrire.

m In eo qui morbus posteà superveniens auditum tantummodo abstulit, nec dubitari potest quin possit omnia sine aliquo obstaculo facere. l. 10. C. qui test. fac. poss. V. l'art. 20. de la Sect. 3. & la Remarque sur l'art. 17. de la même Section.

X.

Les muets, quoique de naissance, qui ne sont pas sourds, & qui sçavent écrire, pouvant expliquer leur volonté . ils peuvent tester. Mais s'ils ne sçavent pas écrire . ne pouvant s'expliquer que trop imparfaitement & par des signes, ils n'ont pas la liberté de faire un testament *n*.

n Sin verò aures quidem apertæ sint, & vocem recipientes, lingua autem ejus penitus præpedita, licèt à veteribus auctoribus sæpius de hoc variatum est, attamen si hunc peritum litterarum esse proponamus, nihil prohibuer eum scribentem hæc omnia facere, sive naturaliter, sive per interventum morbi hujus, infortunium ei accesserit. Nullo discrimine neque in masculis, neque in fœminis in omni ista constitutione servando. l. 10. C. qui test. fac. poss. V. les art. 17. & 20. de la Section 3.

XI.

Les aveugles, soit de naissance, ou autrement, peuvent faire leur testament en y observant les formalités qui seront expliquées dans la Section troisième *o*.

o Voyez l'art. 20. de la Section troisième.

XII.

Les Etrangers qu'on appelle Aubains ne peuvent faire de testament, ni autre disposition à cause de mort *p*.

p Voyez l'art. 11. de la Sect. 2. des Personnes, p. 15. l'art. 9. de la Sect. 2. des Héritiers en général , p. 320. & les autres articles qui y sont cités.
Il faut faire sur cette regle l'exception du cas remarqué sur l'article 3. de la Section 4. des Héritiers en général , p. 331.

XIII.

Les Religieux profès sont dans la même incapacité après qu'ils ont fait leurs vœux. Mais ils peuvent auparavant faire un testament, encore qu'ils ayent l'habit de Religion pendant qu'ils sont dans le tems de la Probation ou Noviciat. Et leur testament aura son effet aussi-tôt qu'ils auront fait la Profession. Car elle est considerée comme une mort civile qui les dépouillant de leurs biens , fait le même effet à l'égard de leur testament que la mort naturelle *q*.

q Voyez l'art. 13. de la Sect. 2. des Personnes, p. 15. l'art. 10. de la Section 2. des Héritiers en général. p. 320. & les autres articles qui y sont cités.

XIV.

Les condamnés à mort ou à d'autres peines qui emportent la mort civile & la confiscation des biens , ne peuvent tester. Et cet état annulle même le testament qu'ils auroient fait avant la condamnation , & avant le crime *r*. Mais si celui qui ayant appellé de sa condamnation , & fait ensuite un testament, venoit à mourir avant que son appel eût été jugé ; ce testament , ou autre qu'il auroit fait auparavant , auroit son effet. Car en matiere de crimes l'appel éteint la Sentence. Et comme après la mort de l'accusé il ne peut plus y avoir de condamnation , son état demeure tel qu'il étoit avant qu'il fût condamné *f*. Mais il faut excepter de cette regle ceux qui seroient condamnés ou accusés pour ces sortes de crimes dont l'accusation se poursuit après la mort. Car dans ces cas la validité du testament dépend de l'évenement qu'aura l'accusation *r*.

r Si cui aqua & igni interdictum sit, ejus nec illud testamentum valet quod ante fecit, nec id quod posteà fecerit. l. 8. §. 1. ff. qui test. fac. poss. l. 1. §. 2. ff. de leg. 3. l. 6. §. 8. ff. de inj. rupt.
f Si quis accusationem in custodia fuerit defunctus indemnatus , testamentum ejus valebit. l. 9. ff. qui test. fac. poss. l. 1. §. 3. ff. de leg. 3.
Si quis in capitali crimine damnatus appellaverit, & medio tempore , pendente appellatione, fuerit testamentum, & ita decesserit , valet ejus testamentum. l. 13. §. 2. ff. qui test. fac. poss.
Provocationis remedio condemnationis extinguitur pronunciatio. l. 1. §. ult. ff. ad Senat. Turpill.
t Ex judiciorum publicorum admissis non alias transeunt adversus hæredes pœnæ bonorum ademptionis, quam si sit contestata & condemnatio fuerit secuta, excepto repetendarum & majestatis judicio , qua etiam mortuis reis cum quibus nihil actum est adhuc exercet placuit, ut bona eorum fisco vindicentur. Ex quo quis aliquod ex his causis crimen contraxit , nihil ex bonis suis alienare , aut manumittere cum possit. l. 20. ff. de accus. & inscript. V. l'art. 11. de la Section 2. des Héritiers en général, p. 321. & les autres articles qu'on y a tités.

XV.

L'incapacité des bâtards est bornée à les exclure des successions *ab intestat* ; & n'empêche pas qu'ils ne puissent disposer de leurs biens par un testament *u*,

u V. l'art. 8. de la Sect. 2. des Héritiers en général, & les articles qu'on y a cités, p. 321.

XVI.

Il faut remarquer cette difference entre les diverses incapacités qu'on vient d'expliquer, que celle des Etrangers , & celle des condamnés à mort n'annullent pas seulement les testamens de ceux qui sont dans l'une ou l'autre de ces deux sortes d'incapacité dans le tems de leur testament , mais que si elles surviennent à celui qui avoit fait son testament n'étant dans aucune incapacité, & qu'il se trouve dans l'une ou dans l'autre au tems de sa mort , le testament sera annullé. Car ceux qui meurent dans cet état ne peuvent point avoir d'héritier. Mais les autres incapacités qui peuvent survenir à un testateur après son testament, & durer jusqu'à sa mort, ne changent rien au testament. Ainsi la profession en Religion après un testament est comme une espece de mort civile, mais qui loin d'annuller le testament comme celle du condamné , a l'effet contraire de le confirmer, & de faire l'ouverture de la succession , pour y appeller l'héritier institué. Ainsi la démence & les autres infirmités qui surviennent au testateur après son testament , & le rendent incapable d'en faire un nouveau , fixent sa volonté à l'état où elle s'est trouvée au dernier moment de l'usage qu'il a pû en faire *x*.

x Si cui aqua & igni interdictum sit, nec illud testamentum valet quod ante fecit , nec id quod posteà fecerit. l, §. 1. ff. qui test. fac. poss. l. 1. §. 2. ff. de legat. 3. l. 6. §. 8. ff. de injust. rupt. irr.

☞ On peut entendre au sens de la regle expliquée au commencement de cet article , cette autre regle vulgaire qui veut qu'une disposition qui pouvoit subsister dans son origine devienne nulle , si dans la suite les choses se trouvent dans un état où elle ne pourroit commencer d'avoir son effet. *Qui in eam perveneruns , à qua incipere non poterat , pro non scriptis habentur. l. 3. §. ult. ff. de his quæ pro non script. Quia in eum cafum res pervenit à quo incipere non potest. l. 19. ff. ad leg. Aquil.* Mais cette derniere regle appliquée indistincte-ment tromperoit souvent. Car souvent il arrive qu'un acte subsiste, quoique celui qui l'avoir fait , tombe dans un état où il ne pourroit le faire ; ainsi un mariage n'est pas annullé par la démence survenue au mari ou à la femme , ni un contrat de vente si le vendeur est in-terdit ensuite comme prodigue. Et il en est de même des testamens dans les cas expliqués dans la suite de cet article. Et aussi est-il dit dans une autre regle , qu'il n'est pas nouveau que ce qui a eu sa validité ne cesse pas de l'avoir , quoique le cas arrive où l'on soit en état qu'on le feroit inutilement. *Non est novum ut quæ semel utiliter constituta sunt , durent , licet ille casus extiterit à quo initium sapere non potuerunt. l. 85. §. 1. ff. de regul. juris.*

XVII.

17. Matie-re des arti-cles qui sui-vent.

On a expliqué dans les articles précédens ce qui re-garde la capacité ou incapacité de tester , & il reste de voir quelles sont les personnes qui peuvent être instituées héritieres , ou recevoir quelque bienfait par un testament. Ce qui dépend de sçavoir quels sont ceux qui n'ont pas ce droit ; car hors ceux-là tous les autres l'ont. Et il y a de deux sortes de personnes qui ne l'ont pas , ceux qui en sont incapables , & ceux qui en sont indignes.

y *V. les articles qui suivent.*

XVIII.

18. Diffé-rence entre l'incapacité de tester & celle de re-cevoir par un testa-ment.

Les incapacités de tester & celles de recevoir par un testament ne sont pas les mêmes , car il y a des person-nes incapables de tester , & qui ne sont pas incapables de recevoir par un testament. Et il n'y en a point qui soient capables de tester , & qui ne soient aussi capa-bles de recevoir par un testament. Et il y en a qui sont incapables de l'un & de l'autre , comme on le verra par les articles qui suivent z.

y *V. les articles qui suivent.*
On peut remarquer sur ce qui est dit dans cet article , que tous ceux qui sont incapables de tester sont aussi incapables de recevoir par un testamens , qu'encore que tout Etranger ne puisse rien recevoir par un testament , il peut arriver qu'un Etranger puisse tester dans le cas remarqué sur l'article 3. de la Section 4. des Héritiers en général , p. 331. Mais ce cas n'empêche pas la vérité de la regle en général ; car cet Etranger ne peut tester que par une dispense qui suspend seulement son incapacité , mais qui ne la fait pas cesser.

XIX.

19. Person-nes incapa-bles de tes-ter , mais capables de recevoir par un testa-ment.

Les impuberes , les insensés , ceux qui sont tout en-semble sourds & muets de naissance , les prodigues in-terdits , & ceux que quelques infirmités rendent inca-pables de tester , ne sont pas pour cela incapables d'être institués héritiers , ou de recevoir quelque autre bien-fait par un testament. Car quoiqu'ils puissent être inca-pables d'aliener leurs biens,& d'en disposer , rien n'em-pêche qu'ils ne puissent être capables d'en posseder & d'en acquerir a.

a *V. l'art. 7. de la Sect. 2. des Héritiers en général , p. 320.*

XX.

20. Person-nes incapa-bles de l'un & de l'au-tre.

Les Etrangers , les Religieux profès , & les condam-nés à mort sont incapables de recevoir par un testa-ment , pendant qu'ils demeurent dans ces sortes d'inca-pacités , comme on l'a expliqué en son lieu b.

b *V. les articles 9, 10. & 11. de la Section 2. des Héritiers en général , & les autres articles cités sur ceux-là , p. 321.*

XXI.

21. Bâtards capables de recevoir par un testa-ment.

Quoique les bâtards soient incapables des successions ab *intestat* ; ils peuvent être institués héritiers , & rece-voir tout autre bienfait par un testament , à la réserve de quelques exceptions qui ont été expliquées en leur lieu c.

c *V. l'art. 8. de la Sect. 2. des Héritiers en général , p. 320. & les articles qu'on y a cités , & les remarques sur cet article 8.*

XXII.

22. Des en-fans qui ne

Les enfans qui ne sont pas encore nés peuvent être institués héritiers par un testament , non seulement par

leurs peres & meres , mais par toute autre personne , &. sont pas hés. même par des Etrangers. Et on peut faire en leur faveur des legs & d'autres dispositions d.

d *V. l'art. 13. de la Section 2. des Héritiers en général , p. 321.*

XXIII.

23. Des en-fans qui ne sont pas en-core con-çus.

Il faut encore mettre au nombre de ceux qui peuvent recevoir quelque bienfait par un testament les enfans même qui ne sont pas encore conçus & qui viendront à naître. Car non seulement ceux de qui ces enfans naî-tront peuvent les instituer héritiers , ou les substituer , mais toute autre personne capable de disposer peut in-stituer héritier un enfant qui naîtra d'un mariage de personnes à qui il voudra faire ce bienfait , quoiqu'il n'ait aucune liaison ni parenté avec ces personnes. Et cette institution aura son effet , si au temps de la mort de ce testateur il y a quelque enfant conçu de ce ma-riage quoiqu'il ne naisse qu'après cette mort .e Et on peut aussi substituer des enfans qui ne naîtront que plusieurs années après la mort de celui qui aura fait une telle dis-position f.

e *Posthumus alienus recte hæres instituitur. Inst. de bonor. poss. §. 7. V. l'art. 13. de la Section 2. des Héritiers en général , p. 321. Une telle institution seroit comme conditionnelle en cas que cet en-fant fût conçu au tems de la mort du testateur. Il est assez ordinaire qu'en faveur des Contrats de mariage on fait de pareilles Institutions des enfans qui en pourront naître ; ou qu'on donne des précipûts ou autres avantages aux aînés ou mâles qui en naîtront.*
f *V. le titre. 3. du Livre 5.*

XXIV.

24. On peut instituer un héritier sans le nommer , en le desi-gnant.

Il n'est pas necessaire pour instituer un héritier qu'il soit nommé par son nom dans le testament ; & l'institu-tion ne laissera pas d'avoir son effet , s'il est désigné par sa qualité , ou quelques circonstances qui le distin-guent , & le fassent si bien connoître qu'il ne puisse y avoir de doute que l'institution ne soit en sa faveur. Comme si le testateur avoit institué un Evêque , un Pre-mier Président , un Procureur Général , un Doyen d'un Chapitre ou autre qui par quelque qualité singuliere dans un certain lieu distingueroit bien & marqueroit préci-sément g.

g *Si quis nomen hæredis quidem non dixerit , sed indubitabili signo eum demonstraverit quòd penè nihil à nomine distat , non tamen eo quod contumeliæ causâ solet addi , valet institutio. l. 9. §. 8. ff. de hæred. inst.*

☞ Ce qui est dit dans ce texte d'une institution qui seroit faite en termes injurieux à l'héritier pour le desi-gner par cette distinction , n'a pas été mis dans l'article. Car outre qu'il n'arrive vraisemblablement jamais , au moins parmi nous , qu'un testateur veuille faire un ou-trage à son héritier en lui donnant ses biens , il pour-roit arriver qu'un pere justement irrité contre son fils à cause de ses désordres , & ne voulant pourtant pas , ou ne pouvant pas même le desheriter ; mais voulant seu-lement marquer le juste sujet qu'il auroit eu pendant sa vie d'être mécontent de ce fils , & lui faire sentir son indignation pour le ramener à son devoir , déclarât par son testament , qu'encore que son fils se fût rendu indi-gne de sa succession par sa vie déréglée , il ne laissoit pas de le faire son héritier ; & cette disposition ne seroit pas nulle. * Que si l'héritier qui ne feroit pas fils du tes-tateur étoit institué avec quelque expression ou désigna-tion infamante ou injurieuse , on jugeroit par les cir-constances si une telle disposition pourroit avoir quel-que cause qui dût la faire subsister , l'héritier voulant accepter la succession ; ou si elle blesseroit la raison & les bonnes mœurs de telle sorte qu'on dût l'annuller.

* *Illa institutio valet filius meus impiissimus malè de me meritus hæres esto. Purè enim hæres instituitur cum maledicto & omnes hu-jusmodi institutiones receptæ sunt. l. 48. §. 1. ff. de hæred. inst.*

XXV.

25. L'héri-tier peut être inconnu au testateur.

On peut aussi instituer héritier une personne incon-nue , pourvû que le testateur qui pourroit n'avoir ja-mais vû cet héritier marque sa personne par des circon-stances qui puissent le faire connoître. Comme si c'étoit le fils d'un de ses freres, ou autre proche qui n'eût jamais vû à cause d'une longue absence, ou même une personne étrangere distinguée par quelque marque, comme par quelque bienfait que le testateur en auroit reçu, & qu'il expliqueroit de telle sorte qu'encore que l'auteur de ce bienfait lui fût inconnu, cette circonstance pût dans la suite le faire connoître *b*.

b Extraneum, etiam penitus ignotum, hæredem quis instituere potest. *l.* 11. *C. de hæred. inst.* In quos nunquam testator vidit hæredes instituī possunt. Veluti si fratris filios peregrinantes, ignorans qui essent, hæredes instituerit. Ignorantia enim testantis inutilem institutionem non facit. §. *ult. inst. eod.* v. *l.* 46. *ff. eod.* V. l'article suivant.

X X V I.

26. *Institution nulle par l'incertitude de l'héritier.*

Si l'expression du testateur dans l'institution de son héritier étoit ou si obscure, ou si équivoque, qu'il fût impossible de sçavoir qui il auroit voulu nommer pour son héritier, une telle institution ne pouvant avoir son effet, demeureroit nulle. Ainsi, par exemple, si de deux personnes qui auroient un même nom & qui seroient également amis du testateur, il avoit institué l'un sans qu'il fût possible de le distinguer de l'autre, cette incertitude excluroit l'un & l'autre de l'hérédité *i*. Car on ne pourroit dire que les deux fussent héritiers puisqu'il n'en vouloit qu'un : & on ne pourroit dire d'aucun des deux que ce fût celui qu'il avoit voulu choisir. Ainsi, dans ce cas, s'il étoit possible qu'il arrivât, il seroit plus juste de laisser la succession à l'héritier *ab intestat*, que de hazarder de la donner à l'un des deux que le testateur n'auroit pas voulu être son héritier. Et on devroit imputer cet événement au peu d'exactitude de ce testateur.

i Quoties non apparet quis hæres institutus sit, institutio non valet. Quippe evenire potest, si testator complures amicos eodem nomine habeat, & ad designationem nominis singulari nomine utatur: nisi ex aliis apertissimis probationibus fuerit revelatum pro qua persona testator senserit. *l.* 62. §. 1. *ff. de hæred. inst.* V. l'art. 25. de la Sect. 11. des Legs, p. 496.

☞ Si le cas de cet article pouvoit arriver, & que ces deux personnes de même nom convinssent entr'eux de partager la succession ; l'héritier *ab intestat* pourroit-il l'empêcher par la nullité que cause l'incertitude qui rend impossible le discernement de celui des deux qui est l'héritier ? Ou pourroient-ils dire que l'un d'eux est certainement celui que le testateur appelloit à l'hérédité, & qu'ainsi l'un à l'autre s'entrecedant réciproquement le droit que chacun pourroit y avoir, leur convention auroit l'effet de leur rendre commune la succession ; puisque l'un des deux y est appelé, & en fait part à l'autre, & qu'il doit être indifferent à l'héritier légitime privé de la succession par le testament, qu'elle demeure entiere à un seul, ou que deux la partagent. Mais comme la qualité d'héritier testamentaire ne peut s'acquerir que par la volonté du testateur, la convention de ces deux personnes ne sçauroient les rendre tous deux héritiers. Car outre que celui même que le testateur auroit voulu être son héritier, ne pourroit s'assurer qu'il eût cette qualité ; il seroit certain de l'autre que non-seulement il ne pourroit être héritier, mais qu'il ne pourroit non plus être cohéritier : puisque quand même celui de qui il auroit son droit seroit reconnu pour le vrai héritier, il ne pouvoit faire un cohéritier qui succedât immédiatement au testateur pour une moitié. Et son transport ne feroit qu'un acheteur de cette moitié & non un héritier choisi par le testateur. Ainsi aucun des deux ne pouvant sûrement ni surement héritier, ni en aucune maniere cohéritier, une telle disposition, dont l'exécution se trouve impossible, doit demeurer nulle.

X X V I I.

27. *Les personnes indignes ne peuvent recevoir par un Testament.*

On peut mettre au nombre des personnes qui ne peuvent profiter des dispositions d'un testament ceux qui s'en sont rendus indignes. Et comme les causes qui peuvent avoir cet effet ont été expliquées en leur lieu *1*, & qu'il n'y a rien qu'on n'en doive répéter ici : c'est assez pour l'ordre de la matiere de cette Section d'en faire la remarque.

1 V. la Section 3. des Héritiers en général, p. 328.

S E C T I O N I I.

Des formes ou formalités nécessaires dans les Testamens.

ON appelle formes ou formalités d'un acte les manieres reglées par les loix pour faire preuve de sa vérité & par-là établir sa validité. Ainsi, pour faire une vente, un échange, un louage, un prêt, ou autre convention qui ait son effet, il faut en faire un acte, c'est-à-dire, un écrit qui explique l'intention des parties, & qu'elles le signent, ou si l'un ou l'autre ne sçait signer ; qu'il soit fait en présence d'un Notaire & de deux témoins, ou de deux Notaires sans témoins *a*. Ainsi, pour avoir un droit d'hypotheque dans notre usage, une convention sous seing privé ne suffiroit pas ; mais il faut que l'acte qui doit donner l'hypotheque soit passé ou en justice, ou pardevant deux Notaires, ou un Notaire & deux témoins. Ainsi, pour la validité d'une donation entrevifs, ce n'est pas assez que le contrat en soit écrit de même pardevant des Notaires, mais il faut de plus qu'il soit insinué *b*.

On voit dans toutes ces sortes d'actes que ces formalités ont été inventées pour les rendre valides, c'est-à-dire, pour faire qu'ils ayent leur effet par la preuve qu'elles font de leur vérité. Que s'il est nécessaire en toutes sortes d'actes qu'ils ayent quelque forme qui en prouve la vérité pour leur donner l'effet qu'ils doivent avoir, il y a autant ou plus de nécessité qu'un acte aussi sérieux & important que l'est un testament, soit accompagné de preuves de la volonté du testateur, qui non-seulement excluent tout soupçon d'une supposition d'autre volonté que de la sienne ; mais qui donnent à ses dispositions le caractere d'une volonté bien concertée, & dont la fermeté & l'autorité doit établir le repos des familles que ces dispositions peuvent regarder.

C'étoit par ces considérations que dans le Droit Romain où l'on pouvoit faire son testament verbalement & sans écrit, il avoit été reglé qu'on ne pourroit le faire qu'en présence de sept témoins adultes Citoyens Romains. Et ce nombre fut aussi rendu nécessaire pour les testamens écrits. Cet usage pour le nombre de sept témoins s'est conservé dans les Provinces qui se régissent par le Droit écrit ; mais dans les autres il ne faut pas plus de témoins pour les testamens que pour les contrats : Et deux témoins suffisent avec un Notaire, ou deux Notaires sans autres témoins. Et il y a même des lieux qui se régissent par le Droit écrit, où cette formalité suffit pour les testamens. Mais au lieu de ce grand nombre de témoins, quelques Coutumes ont prescrit d'autres formes, comme de faire lire & relire aux testateurs les testamens dictés aux Notaires, & y faire mention expresse que cette formalité y a été observée. On peut ajouter sur ce qui regarde les formalités des testamens que par les Ordonnances d'Orleans article 27 & de Blois article 63. on peut faire un testament pardevant un Curé ou un Vicaire au lieu de Notaire, y observant les formalités ordinaires.

On a crû ne pas mettre parmi les regles de cette Section, celle du Droit Romain qui vouloit que les témoins fussent appellés expressément. Cette formalité avoit été jugée nécessaire pour des testamens qui n'étoient pas écrits *c*. Mais par notre usage où il faut que le testament soit écrit, il suffit que les témoins se trouvent à la lecture & signature du testament. Et quoique les Notaires fassent d'ordinaire mention dans les testamens que les témoins ont été appellés expressément, il semble que le testament ne devroit pas être nul quand cette formalité y seroit ohmise. Car il est toujours certain que les témoins ont été priés de rendre

a V. sur la nécessité de faire les actes par écrit la remarque sur l'article 12. de la Section 1. des Conventions, p. 11. & le preambule de la Section 2. des Preuves, p. 248.
b V. l'art. 15. de la Sect. 1. des Donations, p. 106.
c V. les remarques sur l'art. unique de la Section 4.

cet office. Et cette vérité est assez prouvée par leur présence & leur signature. Et on voit même dans le Droit Romain, qu'encore que les témoins n'eussent pas été appellés exprès pour le testament, il suffiroit de les avertir qu'on y souhaitoit leur témoignage. *Licet ad aliam rem sint rogati, vel collecti, si tamen ante testimonium certiorentur ad testamentum se adhibito, posse eos testimonium suum rectè perhibere. l. 21. §. 2. ff. qui test. fac. poss.*

SOMMAIRES.

1. *Il faut sept témoins dans un testament.*
2. *Les témoins doivent être présens, & signer s'ils le sçavent.*
3. *Les témoins doivent avoir l'âge de puberté.*
4. *Les femmes ne peuvent être témoins.*
5. *Les insensés, sourds, muets, prodigues ne peuvent être témoins.*
6. *Ni les personnes notées d'infamie.*
7. *Ni les Etrangers qu'on appelle aubains.*
8. *La capacité du témoin se considere au temps du testament.*
9. *L'héritier ne peut être témoin.*
10. *Ni ses enfans, son pere & ses freres.*
11. *Le pere, les enfans, & les freres du testateur ne peuvent être témoins.*
12. *Plusieurs d'une même famille peuvent être témoins.*
13. *On peut faire un testament à toutes heures.*
14. *Différentes formalités pour diverses sortes de testamens.*
15. *Testament militaire.*
16. *Du testament fait en tems de peste.*
17. *Testament secret.*
18. *Forme de l'ouverture du testament secret.*
19. *Vérification des seings avant l'ouverture.*
20. *Testament d'un aveugle.*
21. *Maniere de testament pour toutes personnes.*
22. *Le testament est nul s'il y manque quelque formalité.*

I.

1. Il faut 7. témoins dans son testament.

POur la validité d'un testament il faut que le testateur le fasse lire en présence du Notaire & de sept témoins qui signent avec lui : Et si le testateur ou les témoins ne sçavent ou ne peuvent signer, qu'il en soit fait mention dans le testament *a*.

a Septem testibus adhibitis, & subscriptione testium. §. 3. inst. de test. ord. Si unus de septem testibus defuerit, vel coram restatore omnes eodem loco testes suo, vel alieno annulo non signaverint, jure deficit testamentum. l. 12. c. de testam. Septem testium præsentia in testamentis requiratur, & subscriptio à testatore fiat. l. 28. §. 1. eod. V. l'article suivant.

Au lieu des cachets des témoins dont il est parlé dans cette Loi, & qui ne sont pas de notre usage à la réserve de quelques lieux, il ne faut que la signature du témoin qui écrit son nom, s'il sçait & peut signer : sinon que le témoin en fasse mention, ainsi qu'il a été reglé par l'Ordonnance d'Orleans, article 84. & celle de Blois, article 165. V. une autre forme de testament, article 19.

Il faut entendre la regle expliquée dans cet article selon l'usage des Provinces qui se régissent par le Droit Ecrit. Car dans les Coûtumes il ne faut pas un si grand nombre de témoins, comme il a été expliqué dans le préambule de cette Section. Sur quoi il faut remarquer qu'en général les formalités des testamens on doit observer celles qui sont en usage dans le lieu où se fait le testament. Car les formalités étant differentes en divers lieux, on se tient en chacun aux siennes; & on ne doit pas les laisser pour se servir de celles des autres lieux qui pourroient même y être inconnues, & telles que les Notaires ne voudroient au ne sçauroient pas les substituer au lieu de celles qu'ils auroient accoûtumées. Ainsi chaque lieu étant en droit de s'en tenir à son usage approuvé, & qui ait passé en Loi ; il suffit pour la validité d'un testament d'y observer les formalités accoutumées dans le lieu où est il fait. V. l. 9. C. de test.

¶ *Un testament fait à Paris par des gens du Pays de Droit Ecrit suivant les formes prescrites des Coutumes est valable, même pour les biens du Pays du même Droit Ecrit. Henrys, t. 2. l. 9. quest. 32.]*

I I.

2. Les témoins doivent être présens, & signer s'ils le sçavent.

Tous les témoins doivent être présens dans le même lieu, & dans le même tems où se fait le testament, de sorte qu'ils en entendent tous toute la teneur. Et quoique le testament eût été écrit auparavant, & en leur absence, il suffit qu'ils soient tous présens pour en ouir la lecture en présence du testateur, qui leur décla-

re que ce testament contient sa volonté, dont l'écrit & leur témoignage uniforme de tous à la fois doit faire la preuve, & qu'en même tems sans interruption à d'autres actes les témoins voyent signer le testateur, & signent avec lui *b*. Car c'est par les seings que le testament doit être accompli & avoir sa forme *c*.

b In omnibus autem testamentis, quæ præsentibus vel absentibus testibus dictantur, superfluum est uno eodemque tempore exigere testatorem & testes adhibere, & dictare suum arbitrium, & finire testamentum. Sed licet alio tempore dictatum, scripturmvé proferatur testamentum, sufficit uno tempore, eodemque d.e; nullo actu extraneo interveniente, testes omnes videlicet simul, nec diversis temporibus scribere, signareque testamentum. l. 21. c. de testam.

c Finem autem testamenti subscriptiones; & signacula testium esse decernimus. §. 1. V. pour les seings du testateur & des témoins ce qui en a été dit dans l'article 1.

III.

3. Les témoins doivent avoir l'âge de puberté.

Les témoins doivent avoir l'âge de puberté; & n'avoir aucun des défauts ou autres causes qui rendroient leur témoignage nul *d*, ainsi qu'il sera expliqué par les regles qui suivent.

d Rogatis testibus septem numero, civibus Romanis, puberibus omnibus. l. 21. c. de testam. §. 6. inst. de test. ord.

IV.

4. Les femmes ne peuvent être témoins.

Quoique les femmes puissent porter témoignage quand il s'agit de faits dont les preuves dépendent des déclarations de personnes qui ont pû en avoir quelque connoissance, même dans les crimes, elles ne peuvent être témoins dans les testamens *e*. Car il y a cette difference entre les actes volontaires où il faut des témoins, & les autres cas de preuves des faits, qu'en ceux ci on peut choisir les témoins, mais que dans les testamens & autres actes le choix des témoins est tout volontaire: & qu'ainsi la fonction d'un témoignage de cette nature étant plus naturel aux hommes, on ne doit pas y mêler de femmes.

e Neque mulier. §. 6. inst. de testam. ord. Mulier testimonium dicere in testamento quidem non poterit : alias autem posse testemessa mulierem, argumento est lex Julia de adulteriis, quæ adulterii damnatam testem produci, vel dicere testimonium vetat. l. 20. §. 6. ff. qui test. fac. poss.

V.

5. Insensés, sourds, muets, prodigues ne peuvent être témoins.

Les insensés, les sourds, les muets & les prodigues qui sont interdits, ne peuvent être témoins dans un testament *f*.

f Neque furiosus, neque mutus, neque surdus, neque is cui bonis interdictum est.... possunt in numerum testium adhiberi. §. 6. inst. de test. ord. Merito (qui bonis interdictus est) nec testis ad testamentum adhiberi possit, cùm neque testamenti factionem habeat. l. 18. ff. qui testam. fac. poss.

VI.

6. Ni les personnes notées d'infamie.

Les personnes notées d'infamie ne peuvent être témoins dans un testament, non plus qu'en d'autres actes *g*. Ainsi tous ceux qui ont été condamnés à quelque peine qui les rende infames, soit que la condamnation marque la note d'infamie, ou que cette note en soit une suite, ne peuvent être témoins. Et ceux que leur profession pourroit rendre infames, sont dans la même incapacité *h*.

g Neque ii quos leges jubent improbos intestabilesque esse, possunt in numerum testium adhiberi. §. 6. inst. de testam. ord. Cum lege quis jubetur improbus intestabilisque esse eo pertinet ne ejus testimonium recipiatur. l. 26. ff. qui test. fac. poss.

h V. les art. 3. & 5. de la Sect. 3. des Preuves, p. 252.

VII.

7. Ni les Etrangers qu'on appelle Aubains.

Les Etrangers qu'on appelle aubains ne peuvent être témoins dans un testament *i*. Car les loix étendent l'incapacité de tester & de recevoir par un testament à

i Rogatis testibus septem numero, Civibus Romanis. l. 21. de testam. Testes adhiberi possunt si cum quibus testamenti factio est. §. 6. inst. de test. ord.

Par la raison de la regle expliquée dans ce dernier texte, les condamnés à quelque peine qui emporte la mort civile, ne peuvent être témoins, ce qui s'étend dans notre usage aux Religieuses.

celle d'y être témoin. Et il pourroit se faire que l'Etranger pris pour témoin eût quelque incapacité qui fût inconnue.

VIII.

8. La capacité du témoin se considere au tems des testamens.

La qualité du témoin sur laquelle il faut juger si son témoignage doit être reçu, ne se considere qu'au tems du testament; car il suffit qu'il ait été alors capable d'être témoin. Et l'incapacité, ou qui auroit précédé, mais auroit cessé, ou qui ne seroit venue qu'ensuite, n'empêcheroit pas que son témoignage ne dût subsister; car ce n'étoit qu'au tems du testament qu'il exerçoit la fonction de témoin l.

l Conditionem testium tunc inspicere debemus, cùm signarent, non mortis tempore. Si igitur tunc cùm signarent tales fuerint, ut adhiberi possint, nihil nocet; si quid posteà eis contigerit. l. 22. §. 1. ff. qui testam. fac. poss.

IX.

9. L'héritier ne peut être témoin.

L'héritier nommé par un testament ne peut y être témoin. Car c'est sa propre affaire, & il est le principal interessé à la validité de ce testament m.

m Qui testamento hæres instituitur, in eodem testamento testis esse non potest: quod in legatario contra habetur. l. 20. ff. qui test. fac. poss. l. 14. ff. de reb. dub. l. 22. c. de testam. §. 11. instit. de test. ord.

☞ Si c'étoit un testament clos & secret en la forme qui sera expliquée dans l'article 17. & que le testateur l'eût fait signer par celui qu'il y nommeroit son héritier, le prenant pour un des témoins afin de mieux cacher cette disposition; ce témoignage seroit-il rejetté, & le testament en seroit-il nul? Ce qui en fait douter, c'est que dans ces sortes de testamens les témoins ne rendent pas témoignage des dispositions du testateur qui leur sont inconnues, mais seulement de la déclaration qu'il leut a faite qu'elles sont expliquées dans l'acte clos qu'il leur représente. Ainsi l'héritier qui ignoreroit qu'il fût nommé par ce testament dont on le feroit témoin, ne rendroit pas témoignage qu'il fût héritier; car il n'en sçauroit rien: mais seulement de la simple déclaration du testateur, que ces dispositions seroient contenues dans cet acte clos & secret, ce qu'il pourroit témoigner sans que son interêt rendît suspecte la foi de son témoignage. De sorte qu'il sembleroit que le motif de la loi qui rejette le témoignage de l'héritier, cesseroit dans un pareil cas, à moins que des circonstances particulieres n'y apportassent quelque changement, & qu'ainsi cette institution pourroit par ces considerations avoir son effet.

On n'a pas mis dans l'article que les légataires peuvent être témoins dans un testament, comme il est dit dans le texte d'où il est tiré. Car outre qu'il semble que cette Jurisprudence étoit dans le Droit Romain une suite d'un usage de donner quelque chose aux témoins d'un testament par reconnoissance de cet office, ce qui n'iroit qu'à des legs très-modiques a; la liberté de prendre indifféremment pour témoins des légataires de sommes considerables paroit contraire à la regle générale qu'on ne peut être témoin dans un cas où l'on ait interêt, comme il a été expliqué en son lieu b: & notre usage n'approuveroit pas même qu'on eût des témoins pour de l'argent. Car encore que l'integrité des témoins pour un testament ne soit pas aussi suspecte pour recevoir quelque bienfait, que le seroit celle de témoins pour d'autres sortes de témoignages pour lesquels il étoit défendu dans le Droit Romain aussi-bien que parmi nous de rien prendre, & de rien donner c; il n'est pas de l'honnêteté qu'on achete des témoignages pour un testament. C'est par ces considerations jointes à la regle qui veut que personne ne puisse être témoin en sa propre affaire, qu'on voit en plusieurs Coutumes qu'elles ont expressément réglé que les légataires ni autres interessés au testament ne peuvent être témoins. Et

a V. d. l. 14. ff. de reb. dub. l. 22. C. de test.
b V. l'art. 6. de la Sect. 3. des Preuves, p. 252.
c. l. 2. §. 2. ff. de leg. Cornel. de falss. & de Senat. Libon.

quoiqu'il y ait cette différence entre les Coutumes & le Droit écrit, qu'en la plûpart des Coutumes il ne faut que deux témoins avec un Notaire, pour la validité d'un testament, au lieu qu'il en faut sept dans le Droit écrit, il est si facile par tout d'avoir des témoins, qu'on n'a pas besoin de les attirer, par des legs ou d'autres bienfaits. Et il pourroit arriver plutôt même dans les lieux qui se regissent par le Droit écrit, que dans les Coutumes, qu'un testateur épuisât son hérédité, soit par un testament, ou même par un codicile, en plusieurs legs considerables; ainsi il semble qu'il seroit d'une trop grande conséquence que le témoignage des légataires fût reçu indistinctement. Et comme la validité ou nullité du témoignage des légataires ne doit pas dépendre des circonstances particulieres, de sorte qu'il soit à l'arbitrage des Juges de le recevoir ou le rejetter; mais qu'il faudroit une regle fixe, ou qui reçût ou qui rejettât indistinctement le témoignage de tous les légataires; il paroîtroit plus juste de le rejetter, puisqu'il ne peut y en avoir d'inconveniens; & qu'il pourroit y en avoir en le recevant: & que d'ailleurs il est juste que pour dépouiller les héritiers du sang, un testateur prenne de justes mesures.

X.

10. Ni ses enfans, son pere & ses freres.

La même raison qui fait rejetter le témoignage de l'héritier fait aussi qu'on ne reçoit pas celui de ses enfans, de son pere, ni de ses freres; car le testament étant l'affaire de l'héritier, il y faut d'autres témoins que des personnes qui lui sont si proches, & qui par eux-mêmes peuvent être interessés à la validité d'une institution qui peut en plusieurs manieres tourner à leur avantage n.

n Sed neque hæres scriptus, neque is qui in potestate ejus est, neque pater ejus qui eum habet in potestate, neque fratres qui in ejusdem patris potestate sunt, testes adhiberi possunt. Quia hoc totum negotium quod agitur testamenti ordinandi gratia, creditur hodie inter testatorem & hæredem agi. §. 10. inst. de test. ordin.

☞ Quoique ce texte soit restraint aux enfans non émancipés, qui sont encore sous la puissance d'un même pere, il semble que cette distinction ne seroit pas de notre usage. Et si la regle ne s'étendoit pas aux enfans émancipés aussi-bien qu'à ceux qui ne le sont pas, il pourroit plus facilement arriver que comme par la regle qui sera expliquée dans l'article 12. on peut prendre plusieurs témoins d'une maison, tous les témoins ou la plus grande partie seroient le pere, les enfans, ou les freres de l'héritier.

Si les témoins étoient des oncles, cousins germains, & autres proches de l'héritier, leur témoignage seroit-il reçu? Il semble que la loi n'ayant parlé que des freres & même seulement des freres non émancipés, elle n'ait pas rejetté le témoignage des autres proches. Sur quoi on peut remarquer une différence entre l'effet de la preuve par témoins dans une enquête, ou dans une information, & l'effet de la preuve par témoins dans un testament, dans une donation, dans une vente, dans une transaction, ou autre contrat. Dans les enquêtes & informations il n'y a souvent que la seule foi des témoins qui fait la preuve, ainsi on y rejette les témoins parens, comme il a été expliqué dans l'article 8. de la Section 3. Mais dans les testamens & dans les contrats la principale preuve consiste dans l'écrit signé par les personnes qui font ces actes s'ils sçavent signer, & par le Notaire; ainsi la proximité, qui dans les enquêtes & dans les informations fait rejetter les témoins parens, semble n'être pas de la même consideration dans les testamens ni dans les contrats. Mais si tous les témoins d'un testament étoient oncles ou cousins germains de l'héritier d'un testateur qui ne sçauroit ni lire ni signer, la validité de ce testament seroit-elle sans contestation? Il semble qu'oui, par cette loi qui ne rejette que le témoignage des freres: il semble que non, par la regle générale que le témoignage des proches est rejetté, & qu'en ce cas la volonté du testateur n'étant pas prouvée par sa signature, la foi des témoins seroit d'une plus grande nécessité. Ainsi c'est une difficulté digne d'une regle à moins qu'on ne pût y étendre

dre celle de l'Ordonnance qui rejette le témoignage des parens. * Mais cette Ordonnance ne regarde que les enquêtes, & exclut du témoignage jusqu'aux enfans des cousins issus de germains.

On peut encore remarquer sur ce même sujet une autre différence entre les testamens & les contrats, qui consiste en ce que dans les contrats les parties sont présentes, & que leur consentement réciproque est assez prouvé par leur présence & leur signature, si ce sont des personnes qui sçachent signer, ou par celles des Notaires : & qu'ainsi les témoins sont peu nécessaires si la vérité du contrat n'est pas révoquée en doute. Mais dans les testamens les héritiers du sang qui font les parties intéressées, n'y sont pas présens, & le testateur dispose seul comme bon lui semble ; ce que la Loi ne lui permet qu'en observant les formalités plus grandes que celles qui suffisent pour les preuves des conventions, & pour celles même des crimes où deux témoins suffisent. Ainsi il semble qu'il est de l'esprit des Loix que rien ne rende suspecte la foi des témoins dans un testament, & que le motif de la Loi, qui exige ce nombre de témoins au delà du nombre suffisant pour toute autre preuve, semble demander aussi que la foi des témoins ne soit pas suspecte par une trop grande proximité avec l'héritier, sur quoi il seroit à souhaiter qu'il y eût quelque regle fixe.

V. l'Ordonnance de 1667. Titre 22. art. 11.

XI.

11. Le pere, les enfans & les freres du testateur ne peuvent être témoins.

Comme le testament est l'affaire du testateur aussi-bien que de l'héritier, le pere, les enfans & les freres du testateur, ne peuvent servir de témoins dans son testament : Et on rejette en cette matiere le témoignage domestique de ces personnes, qui tous ne composent qu'une seule famille *o*.

o Hoc totum negotium quod agitur testamenti ordinandi gratia, creditur hodie inter testatorem & hæredem agi. §. 10. Inst. de test. ordin.

In testibus autem non debet esse is qui in potestate testatoris est. Sed si filiusfamilias de castrensi peculio, post missionem, faciat testamentum, nec pater ejus recte adhibetur testis, nec is qui in potestate ejusdem patris est : reprobatum est enim in ea re domesticum testimonium. §. 9. Inst. de testam. ord.

Comme toutes les dispositions des testamens sont au préjudice des héritiers légitimes, il n'est gueres naturel qu'un testateur prenne pour témoins des personnes qu'il veut priver de sa succession. Mais s'il arrivoit qu'un fils se plaignît du testament de son pere où ses freres avantagés par ce testament auroient été pris pour témoins, la regle à son égard se trouveroit juste. Mais si les héritiers légitimes étoient des freres du testateur qui eussent été témoins dans un testament de leur frere, fait après la mort de leur pere, il ne sembleroit pas qu'ils pussent se plaindre d'un testament qu'ils auroient approuvé de cette maniere.

XII.

12. Plusieurs d'une même famille peuvent être témoins.

Plusieurs personnes d'une même famille peuvent être témoins dans un testament. Ainsi le pere & plusieurs de ses enfans peuvent rendre cet office à un testateur *p*. Car s'ils sont tous également capables de cette fonction leur proximité entre eux n'y fait point d'obstacle.

p Pater, necnon is qui in potestate ejus est, item duo fratres qui in ejusdem patris potestate sunt, utique testes in uno testamento fieri possunt. Quia nihil vetat ex una domo plures testes alieno negotio adhiberi. §. 8. Inst. de test. ordinand. Ad testium numerum simul adhiberi, possumus ego & pater, & plures qui fuimus in ejusdem potestate. l. 22. ff. qui test. fac. poss.

XIII.

13. On peut faire un testament à toutes heures.

Il n'y a point d'heures indues pour faire un testament, & on le peut faire à toutes heures du jour & de la nuit *q*.

q Posse & nocte signari testamentum nulla dubitatio est. l. 22. §. 6. ff. qui testam. fac. poss.

XIV.

14. Différentes formalités pour diverses sortes de testamens.

De toutes les regles qu'on vient d'expliquer, les deux premieres regardent les testamens qui se font en la maniere ordinaire, où le testateur explique sa volonté en présence de tous les témoins. Et toutes les autres sont communes à toutes les espèces de testamens. Et il faut

maintenant expliquer les formalités propres à chacune *r*

r Pour reconnoître la validité des diverses sortes de testamens, il faut examiner chaque espèce de testamens sur les formalités qui y sont propres.

XV.

15. Testamens militaires.

Les Officiers de guerre & les soldats qui sont actuellement dans l'expédition, hors d'état de pouvoir observer toutes les formalités que les Loix ordonnent pour les testamens, sont dispensés de celles que l'état où ils se trouvent, ne leur permet pas. Et ils peuvent expliquer leur volonté de la maniere que la conjoncture où ils se rencontrent pour leur rendre possible, pourvu que leur intention paroisse par de bonnes preuves. Et c'est cette espèce de disposition qu'on appelle testamens militaires, qui subsistent ou non, selon que les circonstances du temps & du lieu donnent ou ne donnent pas l'occasion d'user de ce privilege, & selon que les formalités qu'on y a observées, peuvent suffire pour en établir la validité, par la preuve qui en résulte de l'intention des personnes à qui ces sortes de testamens peuvent être permis *s*.

s Secutus animi mei integritudinem erga optimos fidelissimosque commilitones, simplicati eorum consulendum existimavi : ut quoquo modo testati fuissent, rata esset eorum voluntas. Faciant igitur testamenta quomodo potuerint : sufficiatque ad bonorum suorum divisionem faciendam nuda voluntas testatoris. l. 1. ff. de testam. milit. l. un. ff. de bon. poss. ex test. mil.

Id privilegium, quod militantibus datum est, ut quoquo modo facta ab his testamenta rata sint, sic intelligi debet, ut utique prius constare debeat testamentum factum esse. Si ergo miles de cujus bonis apud te quæritur, convocatis ad hoc hominibus ut voluntatem suam testaretur, ita locutus est, ut declararet quem vellet sibi esse hæredem, & cui liberatatem tribuere, potest videri sine scripto hoc modo esse testatus : & voluntas ejus rata habenda est. Cæterùm, si ut plerumque sermonibus fieri solet, dixi alicui, Ego te hæredem facio, aut tibi bona mea relinquo, non oportet hoc pro testamento observari. Nec ullorum magis interest quàm ipsorum quibus id privilegium datum est, ejusmodi exemplum non admitti. Alioquin non difficulter post mortem alicujus militis testes existent, qui affirmarent se audisse dicentem aliquem relinquere te bona cui visum sit, & per hoc judicia vera subvertuntur. l. 24. ff. testam. milit.

Lucius Titius miles Notario (suo) testamentum scribendum notis dictavit, & antequam litteris præscriberetur, vita defunctus est. Quæro, an hæc dictatio valere possit ? Respondit militibus quoquo modo velint, & quoquo modo possint testamentum facere concessum esse : ita tamen ut hoc ita subsecutum esse legitimis probationibus ostendatur. l. 40. eod.

Ne quidam putarent in omni tempore licere militibus testamentum quoquo modo voluerint componere, sancimus, his solis qui in expeditionibus occupati sunt testamentorum indulgeri circa ultimas voluntates conficiendas beneficium. l. 17. C. eod.

Supradicta diligens observatio in ordinandis testamentis militibus, propter nimiam imperitiam eorum, constitutionibus principalibus remissa est. Nam quamvis ii, neque legitimum numerum testium adhibuerint, neque aliam testamentorum solemnitatem observaverint, recte nihilominus testantur : videlicet cùm in expeditionibus occupati sunt : quod merito nostra constitutio introduxit. Inst. de milit. test.

Illis autem temporibus per quæ citra expeditionum necessitatem in aliis locis vel suis ædibus degunt, minimè ad vindicandum tale privilegium adjuvantur. Ibid.

Le Lecteur pourra juger par la remarque qui suit pourquoi on a rapporté ici tous ces textes.

☞ La faveur des testamens militaires est de notre usage, confirmé par les Edits de 1576. article 31. & de 1577. article 32. qui étant rendus pour la pacification des troubles, confirmerent les testamens militaires, qui auroient été faits de part & d'autre suivant la disposition du Droit. Ce sont les termes, c'est-à-dire, de la maniere dont il étoit permis de faire ces testamens dans le Droit Romain.

On auroit souhaité pouvoir rendre plus précise la regle expliquée dans cet article, & marquer jusqu'où doit aller la dispense des formalités dans les testamens militaires. Mais il n'a pas été possible de fixer une forme reglée où l'on doive y observer, & sans laquelle ces sortes de testamens n'ayent aucun effet. Car nous n'avons point sur cela de regles qui déterminent quelle doit être la forme des testamens militaires. Et les regles du Droit Romain, qui résulte des textes cités sur cet article, & de quelques autres, sont si indéfinies, qu'on peut dire que notre usage ne les recevroit pas indiſtinctement. Ainſi, par exemple, il ſemble qu'on ne confirmeroit pas un teſtament qu'on ſoldat écriroit ſur la pouſſiere avec ſon épée, quoiqu'un tel teſtament ſoit approuvé dans la Loi 15. *C. de teſtament. milit.*

Dans cette incertitude de la Juriſprudence ſur cette matiere, on peut réduire à trois eſpeces toute ſorte de teſtamens militaires. La premiere, de ceux dont il n'y auroit aucun écrit, & que l'héritier inſtitué ou des légataires prétendroient prouver par des témoins à qui le teſtateur auroit déclaré ſa volonté. La ſeconde, d'un teſtament écrit & ſigné de la main du teſtateur, ſoit en forme de teſtament ou de mémoire contenant ſes intentions, ou écrit d'une autre main, & ſigné de lui. Et la troiſieme, d'un teſtament en préſence de témoins, rédigé par écrit.

Pour la premiere de ces trois eſpeces, qui étoit en uſage ſelon le Droit Romain pour toutes perſonnes, comme il a été remarqué dans le préambule de cette Section, il ſemble qu'elle ne doit pas être reçûe à cauſe des inconvéniens de la facilité de ſuppoſer un teſtament, & qu'elle ſeroit contraire à notre uſage fondé ſur les Ordonnances qu'on a remarqué dans ce préambule.

La ſeconde eſpece d'un teſtament écrit & ſigné par le teſtateur, ou écrit d'une autre main & ſigné de lui, n'a pas les mêmes inconvéniens. Car l'écrit eſt une eſpece de preuve authentique de ſa nature, & qui ſuffiroit pour obliger une perſonne au-delà même de ſes biens. De ſorte que ſi le teſtament militaire doit être diſpenſé des formes, il paroît ſuivre de ce principe qu'il peut ſuffire qu'on y obſerve une formalité qui de ſa nature fait une preuve parfaite, que celui qui écrit & ſigne quelque acte, veut & approuve ce qu'il a ſigné, & une preuve qui ſuffit en pluſieurs lieux pour les teſtamens ordinaires.

Pour la troiſiéme maniere d'un teſtament militaire en préſence de témoins, rédigé par écrit, il peut s'y trouver deux ſortes de difficultés. L'une, de ſçavoir quel doit être le nombre de témoins dans ce teſtament: & l'autre, de ſçavoir ſi les témoins y ſuffiroient ſans Notaire, Curé ou Vicaire, ou autre Officier public.

Pour ce qui regarde le nombre ordinaire des témoins la Loi en diſpenſe; mais ne marque pas combien il en faut. *Quamvis iis neque legitimum numerum teſtium adhibuerint a.* En faudra-t-il cinq dans les lieux où il en faudroit ſept pour un teſtament non militaire, ou deux ſuffiront-ils en tous lieux, comme ils ſuffiſent en pluſieurs? La même raiſon qu'on vient de remarquer ſur les teſtamens écrits, ſemble prouver que ce ſeroit aſſez de deux, puiſque ce nombre ſuffit réguliérement pour faire une preuve b.

Pour l'autre difficulté, s'il faut un Notaire ou autre perſonne publique, il ſemble que comme dans les preuves par témoins, ſoit dans les enquêtes pour des matieres civiles, ou dans des informations pour des crimes, il faut que les témoins dépoſent devant le Juge, il faudroit auſſi que le témoignage de ceux qu'on appelle pour un teſtament, fût en la préſence d'un Notaire, Curé, ou Vicaire, ou autre qui en exerçât les fonctions, ſi ce n'eſt que le teſtament fût ſigné par le teſtateur. Car autrement il y auroit la même facilité de trouver deux témoins qui ſignaſſent un écrit qu'il ſeroit facile de fabriquer, que d'en trouver qui dépoſaſſent d'une volonté non écrite.

On ne prétend pas donner ici ces remarques pour des regles, mais ſeulement comme des reflexions ſur les principes d'où il ſemble que doive dépendre la Juriſprudence de cette matiere, & pour rendre raiſon de ce qu'on a conçu cet article en termes généraux, ſans marquer préciſément quelles doivent être les formalités des teſtamens militaires. Car d'une part, comme ces teſtamens ſont de notre uſage, il a été néceſſaire d'en marquer la regle: & de l'autre on n'a pas dû fixer ces formalités, puiſqu'il n'y auroit qu'une Loi qui pût le faire; ce qui fait ſouhaiter qu'il y fût pourvû.

a *Inſt. de milit. teſt.*
b *V. l'art. 13. de la Section 3. des Preuves, p. 253.*

XVI.

16. Du teſtament fait en temps de peſte.

Les empêchemens particuliers, qui peuvent arriver à des teſtateurs, & qui leur rendroient impoſſibles les formalités des teſtamens, ne ſuffiſent pas pour en diſpoſer, & faire valoir les teſtamens où elles manqueroient; car ce prétexte auroit trop de mauvaiſes ſuites. Mais dans le cas de la miſere commune d'une peſte, où la juſte crainte du péril fait un obſtacle invincible à la formalité de joindre enſemble les témoins & le teſtateur, les Loix en diſpenſent: Et il ſuffit que ſans aſſembler les témoins on leur faſſe entendre ſéparément les diſpoſitions du teſtateur, & qu'on les faſſe ſigner de même. Mais pour le nombre des témoins le temps de la peſte n'en diſpenſe point t.

t *Caſus majoris ac novi contingentis ratione adverſus timorem contagionis, quæ teſtes deterret, licet aliquid jure laxatum eſt, non tamen prorſus reliqua teſtamentorum ſolemnitas perempta eſt. Teſtes enim hujuſmodi morbo oppreſſos eo tempore jungia quæ ſociari remiſſum eſt: non etiam conveniendi numeri eorum obſervatio ſublata eſt. l. 8. C. de teſtam.*

☞ Quoique ce texte marque aſſez préciſément que ceux qui font teſtament dans un temps de peſte, ne ſont diſpenſés que de la formalité d'aſſembler les témoins, & non de leur nombre; pluſieurs Interpretes ont penſé que cinq témoins pouvoient ſuffire dans ces ſortes de teſtamens, & qu'on pouvoit s'y diſpenſer auſſi de quelques autres formalités, ce qui a fait naître pluſieurs procès. Mais on a crû devoir fixer cette regle au ſens de la Loi. Car quand la diſpoſition d'une Loi paroît préciſe, on n'a pas beſoin d'interprétation. Et ce n'eſt pas interpréter une Loi, mais en faire une, de diſpenſer du nombre de témoins dont la Loi n'a point diſpenſé, quoique rien ne fût plus naturel & plus néceſſaire que d'y exprimer la licence de teſter avec cinq témoins, ſi on n'eût pas jugé qu'il en falloit ſept. L'ouverture de pareilles interprétations, ſelon que chacun pourroit croire juſte, ôteroit toute force aux regles, & jetteroit tout dans l'incertitude. C'eſt aſſez de donner à l'équité l'étendue que le ſens & l'eſprit de la Loix peuvent demander, ſur-tout quand il s'agit de Loix arbitraires, & de celles qui ont réglé les formalités préciſes qu'il faut obſerver dans les teſtamens *. Car il y a bien moins d'inconvénient de ne pas favoriſer les teſtamens contre les regles qui en preſcrivent les formalités, que de paſſer par-deſſus ces formes, puiſqu'en général les nullités des teſtamens n'ont pas d'autre inconvénient que de laiſſer les choſes dans l'ordre naturel, qui appelle les héritiers du ſang aux ſucceſſions, & d'obliger les teſtateurs à bien prendre leurs meſures quand il leur plaît de changer cet ordre.

* *V. l'art. 4. de la Sect. 1. des Regles du Droit, p. 6.*

XVII.

17. Teſtament ſecret.

La conſéquence pour les teſtateurs & pour leurs familles, que les diſpoſitions qu'ils peuvent faire par leurs teſtamens demeurent inconnues à tout autre qu'à eux, juſqu'après leur mort, s'ils le veulent ainſi, a fait inventer une maniere de teſtament qui a cet effet, & où les témoins ne laiſſent pas de rendre un témoignage certain de la volonté du teſtateur, quoique ſes diſpoſitions leur ſoient inconnues. Et c'eſt cette ſorte de teſtament qu'on appelle clos & ſecret, dont la forme eſt telle que le teſtateur qui ſçait lire & écrire, ou ſeulement lire, écrit lui-même, ou fait écrire par une autre perſonne, & relit ſes diſpoſitions, & les trouvant conformes à ſes intentions, préſente cet écrit clos & cacheté, au Notaire & à ſept témoins aſſemblés dans le même temps, leur déclarant que c'eſt ſon teſtament, mais ſans leur laiſſer lire l'écrit, ni leur expliquer ſes diſpoſitions: Et l'ayant ſigné en leur préſence ſur le dos ou ſur l'enveloppe, s'il ſçait ou peut ſigner, le fait ſigner par les témoins ou par le Notaire, obſervant ce qui a été dit dans l'article premier à l'égard du teſtateur & des témoins qui ne ſçavent ou ne peuvent ſigner u.

u *Hac conſultiſſima lege ſancimus, licere ſcripturam conſcientibus teſtamentum ſi nullum ſcire volunt ea quæ in eo ſcrip-*

pra funt, confignatam, vel ligatam, vel tantùm claufam involutamque proferre fcripturam, vel ipfius teftatoris, vel cujuflibet alterius manu confcriptam, camque rogatis teftibus feptem numero civibus Romanis, puberibus omnibus fimul offerre fignandam & fubfcribendam : dum tamen teftibus præfentibus teftator fuum effe teftamentum dixerit, quod offerret, eique ipfe coram teftibus fua manu in reliqua parte teftamenti fubfcripferit, quo facto, & teftibus uno eodemque die ac tempore fubfcribentibus & confignantibus, teftamentum valere. Nec ideo infirmari quò d teftis nefciant qux in eo fcripta funt teftamento. Quod fi litteras teftator ignoret, vel fubfcribere nequeat, octavo fubfcriptore pro eo adhibito eadem fervari decernimus. l. 21. c. de teftam.

On s'eft fervi dans cet article de ces termes clos & cacheté, qui font les mêmes du texte. Car encore qu'il femble par la fuite de ce texte qu'il fuffit que le teftament foit plié ou configné, l'ufage eft de le cacheter : Et il eft néceffaire de le faire ainfi, lorfque le teftament eft mis fans l'enveloppe figné par le Notaire & les témoins. Car autrement il feroit facile de mettre un autre teftament fous cette enveloppe.

☞ Quoique les dernieres paroles de ce texte femblent pouvoir comprendre les teftateurs qui ne fçavent pas lire, on a crû par deux confidérations ne devoir pas y donner de fens. La premiere, que ces mots, *Si litteras teftator ignoret*, étant fuivis de ceux-ci, *vel fubfcribere nequeat*, ils peuvent s'entendre naturellement de celui qui ne fçait pas écrire, quoiqu'il fçache lire. Et l'entendant ainfi, ce texte fe rapporte à deux cas ; l'un, où le teftateur ne fçauroit pas écrire, quoiqu'il fçût lire ; & l'autre, où le teftateur qui fçauroit écrire feroit empêché de figner par quelque indifpofition, ce que marquent ces mots *vel fubfcribere nequeat*. Et comme il eft dit dans ce texte que le teftateur peut faire écrire fon teftament par une autre perfonne, cette claufe marque affez qu'il n'eft pas néceffaire que le teftateur fçache écrire, pourvû qu'il puiffe lire. La feconde confidération eft qu'il y auroit trop d'inconvéniens de confirmer les teftamens fecrets des perfonnes qui ne fçavent point lire, puifqu'il pourroit arriver que la perfonne qui écriroit leur teftament, abuferoit de leur confiance, & écriroit autre chofe que leur volonté : & on pourroit dire, qu'un tel teftament feroit fans aucunes preuves. Car le teftateur n'auroit pas lui-même une parfaite certitude que ce fût fa volonté qu'on auroit écrite, & les témoins n'en auroient aucune connoiffance. Ainfi un tel teftament feroit contraire à l'efprit des loix. Car elles n'exigent les formalités dans les teftamens, que pour donner une affurance parfaite que ce qu'ils contiennent eft la volonté de ceux qui les font. Il eft vrai qu'un teftateur qui ne fçauroit écrire ni lire pourroit choifir pour écrire fon teftament une perfonne d'une probité qui ne laiffât aucun doute que fa volonté ne fût écrite bien fidellement ; mais il refteroit toujours la conféquence des inconvéniens pour ceux qui ne pourroient faire, ou qui n'auroient pas fait un femblable choix, & en général un tel teftament feroit fans aucune preuve, puifqu'il dépendroit de la foi d'un témoin unique, c'eft-à-dire, de celui qui l'auroit écrit.

Comme il y a des fourds & muets qui fçavent écrire, rien n'empêche qu'ils ne puiffent faire leur teftament de la maniere expliquée dans cet article.

XVIII.

18. Forme de l'ouverture du teftament fecret.

Comme la preuve d'un teftament fait en la forme expliquée dans l'article précédent fe tire de la déclaration que le teftateur a faite aux témoins, que fes difpofitions font contenues dans l'acte qu'il leur a repréfenté ; il eft néceffaire pour cette preuve, qu'après la mort du teftateur l'acte fecret où doit être le teftament foit mis entre les mains du Juge pour en faire l'ouverture après que les témoins & le Notaire auront été affignés devant lui pour reconnoître leurs feings & rendre leur témoignage que c'eft le même acte que le teftateur leur a déclaré être fon teftament : & après cette vérification on en fait l'ouverture *x*.

x Cùm ab initio aperiendæ funt tabulæ, prætoris id officium eft. Cogat fignatores convenire, & figilla fua recognofcere, vel negare fe fignaffe. Publicè enim expendit, fupremâ hominum judicia exitum habere. l. 4. c de 5. ff. teftam. quaemad. aper.

XIX.

Si quelques-uns des témoins n'avoient pas figné, ou
Tome I.

---

que de ceux qui auroient figné il y en eût de morts ou d'abfens, la vérification & l'ouverture fe feront en la préfence de ceux qui s'y trouveront & qui auront figné, & du Notaire, s'il n'eft pas mort ou abfent. Et fi le Notaire ou quelques-uns des témoins ne pouvoient comparoître devant le Juge, par quelque légitime empêchement, comme d'une maladie, la vérification à leur égard fe feroit au lieu où ils feroient. Que fi tous étoient ou morts ou abfens, & qu'on dût faire l'ouverture fans retardement, le Juge pourroit faire appeller quelques perfonnes de probité qui connuffent les feings du Notaire & des témoins, & après la vérification faire l'ouverture : Et on pourroit dans la fuite confirmer la vérification par la reconnoiffance que pourroient faire de leurs feings & le Notaire & les témoins qui au temps de l'ouverture avoient été abfens *y*.

19. Vérification des feings avant l'ouverture.

y Sed fi major pars fignatorum fuerit inventa, poterit ipfis intervenientibus refignari teftamentum, & recitari. l. 6. ff. teftam. quemadmod aper.

Si forte omnibus abfentibus caufa aliqua aperire tabulas urgeat, debet Proconful curare ut intervenientibus optimæ opinionis viris aperiantur. l. 7. eod. Tunc deinde cò mittantur ubi ipfi fignatores fint, ad infpicienda figilla fua. d. l. 7. in f.

On a pris de cette Loi 7. que ce qui peut s'en rapporter à notre ufage qui n'eft pas de difpenfer facilement les témoins du comparoître, & il ne faut entendre le dernier texte que du cas où le témoin ne pourroit comparoître devant le Juge.

XX.

Quoique les aveugles ne puiffent écrire, ni lire, ni voir les perfonnes qui peuvent être préfentes à leur teftament, ils ne laiffent pas de pouvoir tefter, de même que les autres perfonnes qui ne fçavent écrire ni lire. Car ils peuvent expliquer & faire écrire leurs difpofitions, & déclarer en préfence de fept témoins & d'un Notaire que ce qu'ils ont fait écrire, & qui fera lû en préfence des témoins & du Notaire, eft leur teftament qui aura fon effet étant figné des témoins qui fçauront figner, & du Notaire. Et s'il y a des témoins qui ne fçachent ou ne puiffent figner, le Notaire en fera méntion, comme il a été dit dans l'article 1. 2.

20. Teftament d'un aveugle.

z Hac confultiffima lege fancimus, ut carentes oculis, feu morbo virove, feu ita nati, per nuncupationem fuæ condant moderamina voluntatis. Scilicet præfentibus teftibus feptem, quos aliis quoque teftamentis intereffe juris eft : tabulario etiam : ut cunctis ibidem collectis, primum ad fe convocatos omnes, ut fine fcriptis teftentur, deinde l. 7. eod. l. 8. C. qui teft. fac. poff. At cùm humana fragilitas, mortis præcipuè cogitatione perturbara, minus memoria poffit res plures confequi : patebit iis licentia voluntatem fuam, five in teftamenti, five in codicilli tenore compofitam, cui velint fcribendam credere, ut in eodem loco poftea convocatis teftibus & tabulatio, &c. d. l.

On voit dans ce texte les deux manieres de tefter par écrit ou fans écrit. Mais comme par notre ufage tout teftament doit être écrit & en préfence d'un Notaire, les aveugles peuvent à plus forte raifon tefter de la maniere expliquée dans cet article.

XXI.

Toutes perfonnes capables de tefter peuvent faire leur teftament, l'écrivant, ou le faifant écrire par qui ils voudront, & déclarant en préfence du Notaire & de fept témoins, en qui il n'y ait point d'incapacité de cette fonction, que cet écrit qui fera lû en leur préfence & du teftateur, eft fon teftament, & le fignant & faifant figner, ainfi qu'il a été dit dans les deux premiers articles. Et c'eft cette maniere de teftament qui eft la plus commune, & qui peut convenir & aux aveugles, & aux fourds, & aux muets, & à ceux qui ne fçavent ni écrire ni lire *a*.

21. Maniere de teftament pour toutes perfonnes.

a Voyez les textes cités fur les articles 1 & 2.

XXII.

On peut difcerner par les regles expliquées dans cette Section quelles font les formalités néceffaires dans les diverfes fortes de teftamens, & quels font par conféquent les défauts qui peuvent les rendre nuls. Et il ne refte que de remarquer pour une derniere regle fur ce qui regarde les formalités, que tout teftament où il en manque quelqu'une de celles qui font prefcrites par les loix, doit être annullé ; puifqu'autrement il feroit inu

22. Le teftament eft nul, s'il y manque quelque formalité.

tile de les ordonner *b*. Ainsi un testament seroit nul s'il n'avoit que six témoins dans des lieux où il en faudroit sept, ou s'il n'étoit pas signé par le testateur, ou par les témoins qui sçauroient signer. Et la faveur des personnes appellées ou à l'hérédité ou à quelque legs n'est d'aucune considération pour dispenser des formes. Car il faudroit pour cela une dispense expresse des loix, & elles ont au-contraire expressément marqué, que le Prince même ne peut rien recevoir d'un testament qui manque des formes *c*.

b Testamentum non jure factum dicitur, ubi solemnia juris defuerunt. *l.* 1. *ff. de imperf. rupt. irr. fact. test.*

c Cum hæredes instituuntur Imperator seu Augusta, jus commune cum cæteris habeant. Quod & in codicillis, & fideicommissariis epistolis jure scriptis observandum erit. *l.* 7. *C. qui test. poss.*

Ex imperfecto testamento, nec Imperatorem hæreditatem vindicare posse, sæpè constitutum est. Licèt enim lex imperii solennibus juris imperatorem solverit, nihil tamen tam proprium imperii est, quàm legibus vivere. *l.* 3. *C. de testam.*

Ex imperfecto testamento legata vel fideicommissa Imperatorem vindicare, inverecundum est. Decet enim tantæ majestatis eas servare leges, quibus ipse solutus esse videtur. *l.* 23. *ff. de legat.* 3.

☞ Quelques interprètes ont crû qu'on doit dispenser de la regle expliquée dans cet article les legs pieux, & qu'ils doivent subsister dans un testament même qui n'auroit que deux témoins, & quoiqu'un des témoins ne fût qu'une femme. Et ils ont encore étendu la faveur de ces sortes de legs à faire valoir des testamens nuls par d'autres défauts plus essentiels que ceux des formalités. Mais quelle que soit la faveur des legs pieux, les loix ne les ayant point exceptés de cette regle, ils y sont compris, de même que d'autres dispositions aussi favorables, comme des legs à des domestiques, à des parens peu accommodés, ou à d'autres pauvres personnes, ou pour des restitutions auxquelles le testateur se croiroit obligé. La liberté de faire de pareilles exceptions des regles passe les bornes de l'interprétation : & il y auroit trop d'inconvéniens à cette licence qui n'est bonne qu'à multiplier les procès dont on a assez d'autres sources. Ainsi il paroît plus juste & plus naturel de s'en tenir à la loi, & de préférer à la liberté d'y donner atteinte, la nécessité d'avoir des regles fixes, en attendant qu'il soit pourvû par une autre loi à la faveur des legs pieux, s'il est necessaire. Puisque d'ailleurs si les testateurs craignent que quelques nullités n'anéantissent les dispositions pieuses qui pourroient faire dans leurs testamens, ils ont deux voyes pour y pourvoir ; l'une & la plus sure, d'exécuter eux-mêmes leurs bonnes intentions & de faire leurs libéralités pendant leur vie, plutôt que de les remettre à prendre après leur mort sur un bien où ils n'auront rien. Et l'autre, de prendre un bon conseil pour leurs testamens.

SECTION IV.

De la clause codicillaire.

SOMMAIRE.

1. *Définition & usage de la clause codicillaire.*

I.

C Omme les testateurs les plus habiles peuvent douter, & justement craindre qu'il n'y ait des nullités dans leurs testamens, comme si quelqu'un des témoins se trouvoit dans une incapacité de porter témoignage que le testateur auroit ignorée, ou par d'autres causes, plusieurs usent de cette précaution pour l'exécution de leurs volontés, d'ajouter à leurs testamens cette clause qu'on appelle *Codicillaire*, par laquelle ils ordonnent, *Que si leur disposition ne peut valoir comme un testament, elle vaille comme un Codicille, ou autrement en la meilleure forme qu'elle pourra valoir a.* Et cette clau-

a Plerique pagani solent cùm testamenta faciunt per scripturam adjicere : velle hoc etiam vice codicillorum valere. *l.* 3. *ff. de testam. mil.*

Si non valuit testamentum, ea scriptura, quem testamentum esse voluit, codicillos non facit, nisi hoc expressum est. *l.* 41. §. 1. *ff. de vulg. & pupill. subst. l.* 8. §. 1. *C. de codicil.*

se exprimée dans un testament a cet effet, qu'au lieu que si elle y manquoit, & qu'il s'y trouvât quelque nullité, il ne vaudroit pas même comme un codicille *b* ; elle donne au testament où elle a été mise, la nature & la validité d'un codicille, pourvû qu'il y reste ce qui suffit des formalités pour les codicilles, & que par exemple, s'il y avoit quelques témoins dont le témoignage dût être rejetté, il en restât cinq au moins dont le témoignage dût être reçu ; parce que, comme il sera dit en son lieu, il faut cinq témoins pour un codicille *c*.

b Sæpissimè rescriptum & constitutum est, eum qui facere testamentum opiniatus est, nec voluit quasi codicillos id valere, videri nec codicillos fecisse. Ideoque quod in illo testamento scriptum est, licèt quasi in codicillis poterit valere, tamen non debetur. *l.* 1. §. 1. *ff. de jure codicill. l.* 8. §. 1. *C. de codicill.*

c Voyez l'art. 14. de la Section 1. des codicilles.

La clause codicillaire doit être exprimée & ne peut être suppléée qu'en certains cas : 1°. In testamento inter liberos, Mantica, de conjecturis ultimis voluntatum, l. 1. tit. 9. 2°. In testamento militis : Mantica cod. 3°. Favore piæ causæ, eodem. 4°. S'il y a la clause omni modo. Henrys, tom. 2. l. 5. quest. 14.

Celui qui a une fois agi en vertu du testament, ne peut plus se servir de la clause codicillaire. *l.* 8. *C. de codicil.*

Papon dans ses Notaires, T. 1. l. 7. des Cod. dit que les enfans & les héritiers du sang peuvent varier. Henrys cod. quest. 16. dit que tous les héritiers indistinctement ont cette permission.

C'est une question de sçavoir si la clause codicillaire couvre la préterition des enfans. Barthole, Loy 1. C. de Codic. distingue si le testateur sçavoit qu'il y eût des enfans ou non ; dans le premier cas il estime que la clause codicillaire couvre la préterition ; dans le second elle ne la couvre pas, parce qu'on présume que si le testateur eût cru avoir des enfans il les auroit institués, argumento de la survenance des enfans dans le cas de la donation, *l. si unquam Cod. de donat.* Son sentiment a été suivi par les Arrêts. Guy Pape, quest. 623. Faber dans son Code de Codice, definit. 1. La Roche-Flavin, l. 4. des Testamens, art. 1. Cambolas, l. 3. chap. 31. Despeisses, t. 2. §, 81. vers. 4.

Henrys, tom. 2. l. 5. quest. 44. est d'avis que la clause codicillaire couvre la préterition sans aucune distinction.

Lorsque le testament ne vaut que par la clause codicillaire, les enfans ou les ascendans ne peuvent demander qu'une légitime sans trébellianique.

Papon dans ses Arrêts, l. 20. t. 1. Arrêt 8. Guy Pape quest. 513. Cambolas, l. 4. ch. 42. Henrys cod. quest. 25. J.

☞ Quoiqu'il ne soit pas dit dans les loix citées sur cet article, que pour faire valoir un testament comme codicile, il doive y rester les formalités nécessaires pour un codicille ; on ne peut douter que ces formalités au défaut de celles d'un testament n'y soient nécessaires. Parce qu'autrement ce ne seroit pas comme un codicille qu'il pourroit valoir ; mais on pourroit dire que quelque défectueux qu'il pût être, il devroit subsister, ce qui n'est ni de l'équité, ni de l'esprit des Loix, qui ont reçu cette maniere de suppléer au défaut des formalités dans un testament : car ces loix ne font pas faites pour donner aux testateurs la liberté de faire valoir leurs testamens, quoique manquant des formes, en disant seulement que tels qu'ils seront ils ayent leur effet. Mais le principe de ces loix est que, comme il est libre à toute personne qui peut tester de faire ou un testament ou un codicille, il est libre par conséquent de donner à un acte qui ne pourra valoir comme un testament, la validité d'un codicile, s'il peut en avoir l'effet. Ce qu'il faut accorder avec cet autre principe général dans la matiere des testamens & des codicilles, que dans ces deux sortes de dispositions il faut observer les formalités prescrites par les Loix. D'où il s'ensuit qu'aucun acte ne peut valoir comme codicile, s'il n'en a les formes. Ainsi l'usage de la clause codicillaire supposant d'une part la liberté de faire ou un testament ou un codicile, & de l'autre la nécessité de faire une disposition qui soit dans les formes ; cette clause renferme deux intentions de celui qui la met dans son testament. L'une première ; qui est pure & simple, de faire un testament : & l'autre conditionnelle ; que si cet acte qu'il fait pour un testament ne peut en avoir l'effet, il soit un codicile. Et c'est par cette seconde volonté que l'acte qui dans cette clause seroit un testament nul par le défaut des formalités nécessaires pour un testament, subsistera comme un codicile, pourvû qu'il puisse en avoir la nature, c'est-à-dire, qu'il en ait les formes. Parce que ces formes jointes à cette seconde volonté font en effet de cet acte un vrai codicile ; au lieu que si un testateur voulant faire un testament sans cette clause, n'y avoit appellé que cinq témoins, ou voulant faire un codicile, il n'y en avoit appellé que quatre, il n'auroit fait ni un testament, ni un codicile. Car dans le premier cas ne voulant faire qu'un testament il l'auroit fait nul : & ne voulant pas faire de codicile, on ne pourroit pas dire qu'il eût fait ce qu'il ne vouloit pas faire : & dans le second, l'acte qui n'auroit que quatre témoins ne pourroit être ni un testament, ni un codicile.

C'est sur ces considérations que doit avoir été fondée l'invention des clauses codicillaires. Et si leur usage étoit aujourd'hui borné à faire valoir comme codiciles les testamens où les clauses se trouvent expresses, cette matiere seroit bien simple & facile. Mais les diverses dispositions qu'on en voit dans le Droit Romain, & les Commentaires des interprétes y ont jetté beaucoup de confusion & d'incertitude, & y ont fait naître des difficultés, qui depuis plusieurs siécles donnent sujet à divers procès dans les Provinces qui se régissent par le Droit écrit. Et comme il est impossible d'entendre seulement ces difficultés sans une explication exacte de ce qu'il y a d'essentiel dans la Jurisprudence des clauses codicillaires, on tâchera pour y donner quelque jour, d'expliquer ici l'origine & le progrès de l'usage de ces clauses. afin de découvrir dans ces sources les causes des difficultés qui embarassent cette matiere, & les principes qui pourroient les faire cesser.

L'origine des clauses codicillaires a été une suite naturelle des formalités embarassantes que le Droit Romain demandoit pour un testament : & ces formalités avoient été l'effet de la liberté qu'on avoit à Rome de faire un testament sans aucun écrit *a*. Car comme il falloit que le souvenir des dispositions du testateur fût conservé sans écrit, & seulement par la foi des témoins, qu'il avoit appellés pour leur en faire le récit ; on avoit eu raison de ne pas souffrir qu'un acte aussi sérieux fût fait en passant en présence de deux témoins, rencontrés à l'avanture : & c'étoit pour cela qu'on avoit réglé qu'il y auroit sept témoins Citoyens Romains appellés exprès, & qui fussent présens à toute la suite de l'acte, & sans interruption. Et on avoit encore ajouté à ces formalités pour rendre le testament plus authentique, qu'on ne pourroit instituer un héritier, ou faire des legs qu'en usant de certaines expressions, & que ces dispositions en d'autres termes demeureroient nulles *b*. Et quoique ces formalités fussent moins nécessaires dans les testamens écrits, on ne laissa pas de les y observer par une espece de tradition ou d'habitude, de même qu'en ceux qui se faisoient seulement de vive voix & sans écrit, qu'on appelloit *Nuncupatifs* ; car on conservera l'usage de ces deux sortes de testamens écrits ou non écrits.

Comme donc ce nombre de témoins & ces autres formalités rendoient difficiles la maniere de faire un testament, & que ceux qui faisoient les leurs avec le plus d'exactitude pouvoient facilement y être trompés ; on s'avisa de suppléer au défaut de formalités ajoutant au testament une clause codicillaire. Et on donna même l'effet de cette clause à quelques testamens où l'on jugea que les expressions des testateurs pouvoient y suppléer ; ce qui fit diverses regles. Car d'une part on voit en quelques Loix que le testament défectueux ne pourra valoir comme codicile, dans les cas où le testateur marque expressément que c'est son intention. *Si non valuit (testamentum) ea scriptura quam testamentum esse voluit, codicillos non faciet, nisi hoc expressum est. l. 41. §. 3. ff. de vulg. & pupill. subst. Nisi id ille complexus sit, ut vim etiam codicillorum scriptura debeat obtinere. l. 8. §. 1. C. de codic.* Et cette expression étoit si nécessaire, qu'il est dit dans une Loi, que le legs même de la liberté à un esclave demeuroit nul, si la nullité du testament n'étoit réparée par l'expression de la clause codicillaire.

a §. ult. inst. de testam. ord. l. 21. §. 2. c. de testam.
b V. Ulp. Tit. 1. l. 15. C. de test. l. 26. eod. l. 21. C. de legat. L 2. C. commun. de leg.

Si purè non subsistit testamentum, in hoc nec libertates (cum non fuisse adjectum, ut pro codicillis scriptum valeret, proponas) rectè datas constabit. l. 11. C. de testam. manum. Mais d'autre part il y a d'autres Loix qui donnent l'effet des codiciles à des testamens où il manquoit des formalités sans que la clause codicillaire y fût exprimée. Ainsi on voit dans une Loi qu'un testateur ayant déclaré dans son testament qu'il l'avoit écrit, sans le secours d'aucun Jurisconsulte qui lui en fit observer les formalités, aimant mieux suivre ce que sa raison lui inspiroit, que de s'assujettir à l'exactitude gênante de toutes ces formalités, & jugeant que s'il manquoit à quelqu'une, la volonté d'une personne bien sensée, devoit être tenue pour juste & légitime ; il fût décidé que ces expressions auroient le même effet qu'une clause codicillaire expresse. *Lucius Titius hoc meum testamentum scripsi sine ullo Jurisperito, rationem animi mei potius secutus, quam nimiam & miseram diligentiam. Et si minus aliquid legitimè, minùsve peritè fecero, pro jure legitimo haberi debet hominis sani voluntas : deinde haeredes instituit. Quaesitum est, intestati ejus bonorum possessione petita, an portiones ascripta ex causa fideicommissi peti possunt ? respondi secundum ea quae proponerentur, posse. l. 88. §. ult. ff. de legat.* 2. Ainsi on voit en d'autres Loix qu'elles donnent l'effet des clauses codicillaires à des expressions qui marquoient le desir du testateur que ses dispositions fussent exécutées ; comme par exemple s'il étoit dit dans un testament, que le testateur vouloit qu'il subsistât de quelque maniere ce que fût qu'il pourroit avoir son effet. *Ex his verbis, quae scriptura paterfamilias additit. Ταύτην τὴν διαθήκην βούλομαι εἶναι κυρίαν ὅπωσ ἐξέσται. Hoc testamentum volo esse ratum quacumque ratione potuerit ; videri eum voluisse omnimodò valere ea quae reliquit, etiamsi intestatus decessisset. l. 19. §. 1. ff. qui testam. fac. poss.* Ou si un testateur avoit dit, qu'en cas que ses dispositions ne pussent valoir comme un testament, il prioit ceux qui seroient ses héritiers *ab intestat* d'exécuter ses intentions. *Ex testamento quod jure non valet : nec fideicommissum quidem, si non ab intestato quoque succedentes rogati probentur, peti potest. l. 19. C. de fideicomm.* On peut encore ajouter sur ce même sujet qu'on voit dans une autre Loi, que la seule consideration de l'affection singuliere du testateur pour un légataire, & de la qualité du legs favorable de sa nature, fait suppléer la clause codicillaire dans un testament nul, pour obliger les enfans du testateur ses héritiers d'acquitter les legs. *In testamento quod perfectum non erat, alumnae suae libertatem & fideicommissa dedit : cùm omnia ut ab intestato egissent, quaesit imperator, an ut ex causa fideicommissi manumissa fuisset ? interlocutus est. Etiamsi nihil ab intestato pater petiisset, pios tamen fiisse debuisse manumittere eam quam pater dilexisset. Pronuntiavit igitur rectè eam manumissam : & ideò fideicommissa etiam ei praestanda. l. 38. ff. de fideicomm. libert.*

Tous ces exemples, & quelques autres qu'on voit en d'autres Loix, ont donné occasion aux Interpretes de suppléer en plusieurs cas la clause codicillaire : & quelques-uns même, & du premier rang, ont cru qu'on pouvoit la suppléer dans tous les testamens, comme y étant sous entendue, parce qu'on la met dans la plûpart, & que c'est l'intention de tous les testateurs que leurs volontés ayent leur effet autant qu'il sera possible.

Ces premieres remarques suffisent pour faire connoître d'où est venu l'usage des clauses codicillaires, quel en a été le premier progrès, & que ce progrès ne s'est pas fait sans plusieurs procès sur les seules questions de sçavoir, si des testamens où se trouvent quelques nullités, peuvent subsister : soit par l'effet de quelque expression qui tienne lieu d'une clause codicillaire, ou par quelque consideration de la qualité des legs, ou autres circonstances. Mais outre ces sortes de difficultés ou de questions, il y en a d'une autre sorte qui regarde l'effet que doivent avoir les clauses codicillaires lorsqu'il y en a. Et pour bien entendre la nature de ces questions, il faut premierement remarquer ce qui a été dit dans le préambule du titre des Testamens sur la différence que fait le Droit Romain entre les testamens

& les codiciles, qui confiste en ce que par un testament on peut instituer un héritier & faire des legs, & que par un codicile on ne peut faire que des legs & non instituer un héritier *c* : Et il faut remarquer aussi dans le Droit Romain un second usage des codiciles, qui consiste en ce qu'encore qu'on ne puisse instituer un héritier par un codicile, on peut y disposer indirectement de l'hérédité, en priant ou chargeant l'héritier *ab inestat* de la rendre à celui qui est nommé par le codicile. Ce qui a cet effet que les héritiers *ab intestat* priés & chargés par un codicile de rendre la succession à un autre héritier, doivent la lui rendre à la réserve d'un quart que les Loix laissent à l'héritier trop chargé de legs & de fideicommis *d*. De sorte que selon cette Jurisprudence du Droit Romain on peut & on ne peut pas faire un héritier par un codicile ; ce qui dépend de la maniere dont on s'y exprime. Car si on usoit de ces termes que les Loix Romaines appellent *directs & imperatifs*, comme quand on dit, *Titius hæres esto, qu'un tel soit mon heritier*, cette sorte d'expression qui ne convenoit qu'aux testamens, ne serviroit de rien dans un codicile. Mais si on usoit dans un codicile de ces sortes d'expressions que ces mêmes Loix appellent *inflexes* ou *indirectes*, qui sont *en termes de prieres*, *e* comme si on disoit, *je prie mon héritier de rendre mon hérédité à un tel* ; ce tour d'expression qui n'institue pas directement héritier celui à qui on veut laisser l'hérédité, mais qui s'adresse à l'héritier légitime pour le prier de la lui rendre, fait un fideicommis, c'est-à-dire, une disposition que celui qui s'explique ainsi recommande à la foi de son héritier légitime, & qu'il oblige à exécuter cette volonté.

Par cette ouverture qui donna à ces morts *inflexes* ou *obliques* ou *indirects* la vertu de faire un héritier dans un codicile, il n'y eut plus d'autre différence entre une institution en termes directs par un testament, & cette institution en termes inflexes par un codicile, sinon en ce que l'héritier nommé par le codicile devant recevoir l'hérédité de l'héritier légitime prié de la lui rendre, il n'avoit que les trois quarts *f*, & que l'héritier institué directement par un testament, avoit le total. Ainsi il pouvoit résulter un doute de tous ces principes, qui étoit de sçavoir, si la clause codicillaire se trouvant dans un testament nulle, qui appelloit un autre héritier que celui du sang, elle pouvoit avoir l'effet de faire considerer ce testament comme un codicile qui auroit contenu un fideicommis de l'hérédité. C'est-à-dire, si cette clause donnoit à ce testament le même effet qu'auroit eu un codicile, par lequel la personne qui disposoit eût prié son héritier légitime de rendre l'hérédité à l'héritier institué par le testament nul : ou si cette clause ne devoit pas avoir d'autre effet que de faire valoir le testament comme un simple codicile, qui ne contiendroit aucun fideicommis de l'hérédité, & si elle donneroit seulement à ce testament sa validité pour les legs & les autres dispositions particulieres qu'on peut faire par un codicile, puisqu'à l'égard de l'hérédité il manquoit dans ce testament l'expression de la priere à l'héritier *ab intestat*, de la rendre à celui qui étoit institué, en cas que le testament se trouvât nul. Mais on jugea que la clause codicillaire suppléoit à cette expression. Et on voit en plusieurs Loix que cette clause avoit l'effet de faire considerer le testament nul comme un codicile qui auroit contenu le fideicommis de l'hérédité, & que l'héritier légitime étoit obligé de la rendre à celui qui étoit nommé héritier par le testament nul que la clause codicillaire faisoit subsister. Et cet héritier légitime n'avoir que son quart de l'hérédité ; avec cet autre avantage reglé par l'Empereur Théodose, que l'héritier institué par le testament qui contenoit la cause codicillaire, étoit obligé de prendre son parti entre les deux manieres dont il pouvoit demander l'hé-

rédité ; l'une en fondant sa demande sur la clause codicillaire ; & l'autre ; en se servant de l'institution portée par le testament. Car s'il avoit commencé par ce second parti, & que le testament se trouvât nul, il ne pouvoit plus venir à l'usage de la clause codicillaire *g*, si ce n'étoit que cet héritier institué fût un descendant ou un ascendant du testateur, la Loi donnant aux héritiers de cette qualité le droit de venir à la clause codicillaire si le testament étoit annullé, pourvû que cet héritier descendant ou ascendant fût dans le rang reglé par cette loi *h*.

Il faut enfin remarquer sur les principes du Droit Romain dans cette matiere des formalités des testamens, qu'on avoit rendues si difficiles & embarassantes, & où l'on avoit restraint les expressions des testateurs à de certains termes, comme on a déja remarqué ; que la distinction des paroles *directes* & des paroles *inflexes* pour l'institution d'héritier, fut abolie par l'Empereur Constantin *i*, de même qu'il avoit aboli les formules pour les actions *l*, c'est-à-dire, de certaines paroles dont ceux qui vouloient faire quelque demande en justice, étoient obligés de se servir, à peine de la perte de ce qu'ils avoient à demander. Et l'Empereur Justinien abolit aussi dans la suite cette distinction de paroles directes ou inflexes dans les legs & les fideicommis, donnant à ces deux sortes de dispositions la même nature & la même forme : d'où il s'ensuit que les Empereurs avoient aboli ce qui faisoit auparavant la différence entre un testament & un codicile, pour ce qui regardoit la maniere de faire une institution d'héritier dans l'un ou dans l'autre. Car ce qui faisoit cette différence étoit l'usage de paroles directes pour faire un héritier dans un testament, & l'inutilité de ces mêmes paroles pour faire un héritier dans un codicile. Ainsi, comme l'ancien droit avoit permis une institution d'héritier dans un codicile par paroles inflexes, il semble que si après ces Loix il étoit arrivé un procès où il eût été question de sçavoir, si une institution d'héritier en paroles directes dans un codicile auroit pû valoir, celui qui se trouvant institué héritier de cette maniere, auroit prétendu que cette institution devoit subsister, n'auroit pas trop mal augmenté, s'il avoit dit qu'à la vérité par l'ancien droit son institution étoit nulle, parce qu'elle étoit en termes directs dans un codicile ; mais puisque par ce même ancien droit elle eût été bonne en paroles inflexes, elle devoit avoir son effet après les Loix qui avoient aboli les différences de ces expressions directes & inflexes, sans réserver l'usage des paroles inflexes pour les codiciles. Et si cette cause avoit été plaidée en la présence de Constantin, il y a apparence, ou qu'il auroit jugé en faveur de cet héritier, ou que s'il eût voulu conserver la distinction des testamens & des codiciles pour l'institution d'héritier, il auroit aboli l'institution d'héritier par un codicile en quelques termes qu'elle fût conçue, ou qu'enfin il auroit mis une restriction à sa Loi, & auroit rendu nécessaire l'usage des paroles inflexes pour faire un héritier par un codicile, ce qui paroit convenir peu à l'esprit de sa Loi, puisqu'elle abolissoit la différence des deux sortes d'expressions directes & inflexes.

Il est vrai qu'il semble qu'on n'a pas donné ce sens à cette Loi de Constantin, puisque les Compilateurs du Digeste & du Code n'ont pas laissé d'y recueillir plusieurs Loix qui conservent cette ancienne Jurisprudence de la nécessité de paroles inflexes pour faire un héritier dans un codicile. Mais on sçait qu'ils y ont mis plusieurs autres qui devoient avoir été retranchées, si on avoit pris le soin de n'y rien mettre qui eût été changé. Et quelque sens qu'on veuille donner à cette Loi, il reste toujours dans la Jurisprudence de cette matiere aussi bien qu'en d'autres, beaucoup de confusion, d'incertitude & d'obscurité.

c V. §. 2. inst. de codicill. l. 2. C. eod.

d l. 2. §. ult. ff. de jur. codicill. §. 2. inst. de codicill. idem v. l. 12. §. 1. ff. de injust. rupt. irr. fact. test. l. 2. C. de codic.

e Verba directa. §. 1. inst. de codic. verba inflexa. l. 15. C. de test. verba precaria. l. 41. §. 2. ff. de vulg. & pup. l. 1. c. comm. de legat.

f Voyez le Titre 4. du 5. Livre.

g l. ult. c. de codic.

h d. l. ult. §. 2. c. de codic.

i l. 15. c. de testam.

l l. 1. c. de formul.

m l. 3. c. de comm. de legat.

On auroit souhaité pouvoir s'abstenir de faire ici toutes ces remarques, & se dispenser d'expliquer ce détail des subtilités du Droit Romain ; puisqu'il semble qu'elles ne devroient pas convenir à notre usage qui demande des regles plus simples & plus naturelles. Mais comme ces subtilités sont les sources de la matiere des clauses codicillaires qui sont en usage en plusieurs Provinces, & qu'elles renferment les principes de la Jurisprudence de ces clauses ; il a été nécessaire d'expliquer tout ce détail, pour y voir à fonds la nature & les difficultés des questions qu'on voit dans cette matiere.

Ces questions, comme il a été déja dit, sont de deux sortes ; quelques-unes regardent l'effet que doivent avoir les clauses codicillaires : Et les autres regardent la distinction des dispositions qui peuvent ou ne peuvent pas avoir l'effet d'une clause codicillaire. Ainsi, pour un premier exemple des difficultés qui regardent l'effet des clauses codicillaires, il y a des Interpretes qui ont fait la question de sçavoir si un héritier institué par un premier testament nul, seroit obligé de remettre l'hérédité à celui qui seroit institué par un second testament nul, où il y auroit une clause codicillaire, de même que l'héritier *ab intestat*, y seroit obligé : Et en cas qu'il dût la remettre, sçavoir s'il retiendroit le quart comme l'héritier *ab intestat*, ou s'il n'auroit rien. Ainsi, pour un second exemple, quelques Interpretes ont fait la question de sçavoir si une clause codicillaire dans un testament inofficieux auroit l'effet d'obliger le fils exheredé, qui auroit fait annuller le testament, de rendre l'hérédité à l'héritier institué à la réserve de sa légitime. Et ils ont été d'avis dans le premier de ces deux cas que la clause codicillaire devoit faire subsister le testament nul par le défaut de formalités, laissant le quart à l'héritier institué par le premier testament ; & que dans le second cette clause devoit faire subsister le testament même inofficieux : Et qu'encore qu'il fut annullé, la clause codicillaire obligeoit le fils injustement desherité à rendre la succession à l'héritier institué par ce testament. Et ils ont fondé leur décision sur ce que la vertu de la clause codicillaire, qu'ils ont jugé pouvoir aussi-bien dépouiller l'héritier testamentaire institué par un premier testament en bonne forme, qu'un héritier *ab intestat*. Et pour la décision du second cas ils l'ont fondée sur la Novelle 115. de Justinien ch. 3. parce qu'il y est dit que si dans un testament nul par l'exhérédation ou la préterition des enfans, il y avoit quelques legs ou quelque fideicommis, *quædam legata*, *vel fideicommissa*, ils ne laissent pas de subsister, & qu'il faudroit les acquitter, *dari illis quibus fuerint derelicta*. D'où ces Commentateurs concluent qu'un fideicommis général étant plus favorable qu'un fideicommis particulier, ce mot de fideicommis dans cette Novelle doit comprendre le fideicommis universel de l'hérédité, comme si ce testateur exhéredant son fils l'avoit chargé de rendre la succession à l'héritier institué, en cas que le testament fût annullé : Et qu'ainsi si ce fils fait casser le testament, il sera tenu de rendre l'hérédité à cet héritier, n'en retenant que sa légitime.

On voit dans ces questions & dans les décisions de ces Docteurs l'usage & les suites des subtilités, & que dans la seconde de ces questions leur interprétation va d'une part à une dureté excessive contre un fils mal exhéredé, & que de l'autre elle est opposée à la lettre même de cette Novelle de Justinien, qui s'entend naturellement des legs & des fideicommis particuliers, qui font de la même nature que les legs, mais non d'un fideicommis universel de l'hérédité, dont il ne peut avoir entendu parler en ce lieu.

Pour l'autre sorte de difficulté où il s'agit de sçavoir si l'expression du testateur doit avoir l'effet d'une clause codicillaire, ou si elle ne doit pas avoir cet effet ; comme on a vû que quelques-unes des Loix qui ont été remarquées sur ce sujet, y ont donné l'effet de clauses codicillaires à des expressions qui manquoient une volonté forte du testateur que son testament fût exécuté, & que quelques autres ont même confirmé des legs par la considération des personnes des légataires qui pouvoir rendre favorables les dispositions des testateurs ; ces exemples ont fait qu'il est resté une liberté indéfinie de donner l'effet des clauses codicillaires à des dispositions qui n'ont rien d'exprès du sens de ces clauses.

Il est facile de comprendre, que selon ces principes il doit arriver plusieurs questions sur des dispositions dont on peut prétendre, ou que leurs expressions soient équivalentes à des clauses codicillaires, ou qu'elles doivent être exceptées des regles des formes par des considérations particulieres. Et si la seule conjecture d'une volonté forte du testateur, peut avoir l'effet d'une clause codicillaire, on n'est gueres loin de la suppléer par cette raison en tout testament, comme les plus habiles Interpretes ont crû qu'on devoit le faire, ainsi qu'il a été déja remarqué. Car on peut dire sûrement que tout testateur veut autant qu'il peut vouloir, que sa volonté soit exécutée. Et d'ailleurs il n'y auroit aucun inconvénient que les testamens ; qui faute de quelque formalité se trouveroient nuls, eussent l'effet des codicilles, s'ils en avoient les formes. Et il ne semble pas non plus qu'il y eût d'inconvénient, si les formes des codicilles se reduisoient à la présence d'un Notaire & de deux témoins, ou de deux Notaires ; ce qui feroit cesser l'usage des clauses codicillaires ; comme on le voit par expérience dans les Coutumes qui ne demandent pas d'autres formalités. Car comme il n'en faut que ce peu : & qu'elles sont essentielles, rien n'y doit manquer : & s'il n'y avoit qu'un témoin seul au lieu de deux qui sont nécessaires, ou un seul Notaire au lieu de deux sans aucun témoin ; ces nullités ne seroient pas reparées par une clause codicillaire. Ainsi de tous les procès qui peuvent naître des défauts de formalités, & de ces subtilités & divers effets des clauses codicillaires, on n'en voit presque aucun dans les Coutumes par le seul effet de cette simplicité de formalités des dispositions à cause de mort, sans qu'il en arrive aucune sorte d'inconvéniens.

Quelqu'un pensera que les Coutumes ne permettant pas l'institution d'héritier, & ne reconnoissant pas d'autres héritiers que ceux du sang, on ne doit pas donner le nom de testamens, mais seulement celui de codicilles aux dispositions à cause de mort qu'on peut faire dans les Coutumes, & qu'ainsi la liberté de disposer de ses biens par un testament & étant moindre que dans les Provinces qui se regissent par le Droit écrit, où l'on peut faire des héritiers, il y faut moins de formalités. Mais on peut dire au contraire qu'il y auroit plus de raison de multiplier ces formalités dans les Coutumes que dans les lieux qui se regissent par le Droit écrit. Car outre que selon en general les dispositions qui font passer les biens à d'autres qu'aux héritiers du sang sont odieuses dans les Coutumes, comme on peut dans quelques-unes disposer de tous les acquêts & de tous les meubles, l'héritier institué qu'on appelle légataire universel, emporte tous les biens ; s'il n'y en a que de ces deux sortes. Ainsi il y auroit autant ou plus de raison d'exiger beaucoup de formalités pour les testamens dans les Coutumes que dans les Provinces qui se regissent par le Droit écrit. Et on voit même que quelques Coutumes ont inventé une autre espece de formalité plus gênante en un sens que ne sont celles du Droit Romain, mais aussi plus propre pour prévenir des défauts plus essentiels dans les testamens que n'est celui des formalités. Car pour empêcher les suggestions & les autres méchans effets de la foiblesse des testateurs qui font leurs testamens dans leurs dernieres maladies, ces Coutumes déclarent nuls les testamens qui n'auront pas précédé la mort du testateur de quelque temps qu'elles ont reglé, comme on l'a remarqué en d'autres endroits *n* : Et cette précaution a cet effet, qu'au lieu que ceux qui ne font leurs testamens que quand ils sont malades & craignent la mort, n'ont pas tous la liberté d'esprit, ni la fermeté nécessaire pour faire des dispo-

n V. la Préface ci-devant, n. 7. V. l'art. 5. de la Sect. 2 de ce Titre, & la Remarque qu'on y a faite.

fitions bien concertées, & qu'ils font expofés à des fug-geftions de perfonnes qui les obfedent, & qui fou-vent empêchent l'entrée de ceux qui pourroient don-ner des confeils utiles, mais contraires à leurs inté-rêts ; ceux qui font leurs teftamens en pleine fanté ne font expofés à aucun de tous ces inconvéniens : & per-fonne ne peut fe plaindre que s'il veut faire un tefta-ment, la Loi l'oblige à y apporter fon intérêt pro-pre des précautions qui font de la prudence, & qui font faciles.

Ce n'eft donc pas la plus grande ou la moindre liber-té de difpofer de fes biens par un teftament qui diftin-gue l'ufage des Coutumes de celui du Droit écrit, pour ce qui regarde les formalités des teftamens. Et on fçait auffi qu'en quelques lieux où le Droit Romain eft plus exactement obfervé, il ne faut que deux témoins pour un teftament, & que par le Droit Canonique il n'en faut pas un plus grand nombre *o*. Mais comme en tous lieux il eft néceffaire que les teftamens de même que tous autres actes foient faits dans les formes qui faffent la preuve de leur vérité, & que cette preuve peur fe faire en plufieurs manieres par diverfes fortes de for-malités ; il a été libre à ceux qui ont fait les Loix d'en faire le choix. Ainfi dans le Droit Romain on avoit eu raifon d'exiger ce grand nombre de témoins & les au-tres formalités dont il a été parlé, pour établir la preu-ve d'un teftament qui pouvoit fe faire fans aucun écrit, & dont la mémoire ne pouvoit par conféquent fe con-ferver que par de pareilles précautions. Ainfi au con-traire dans toutes les Provinces de ce Royaume tout teftament devant être écrit, ce grand nombre de té-moins eft moins néceffaire : & on ne voit pas d'incon-véniens dans les lieux où deux témoins fuffifent pour les teftamens de même que pour tous autres actes. Mais quand il feroit néceffaire qu'il y eût fept témoins dans un teftament, on pourroit au moins fe paffer de la dif-tinction des ces différentes manieres de faire des héri-tiers ou par un teftament en paroles directes, ou par un codicille en termes de fideicommis. Ainfi il feroit fa-cile de faire ceffer toutes ces difficultés par des regles fimples, qui fubftituaffent aux fubtilités incommodes & inutiles l'ordre naturel d'une maniere uniforme de difpofitions. Ce qui feroit conforme à l'efprit même du Droit Romain, où il eft reconnu que la fimplicité eft un caractère effentiel aux Loix *p*. Que fi cette vérité eft commune à toutes les Loix, elle eft fur-tout pro-pre à celles qui regardent des matieres où la multi-plication des regles peut multiplier les inconvéniens.

On a fait ici toutes fes remarques & toutes ces refle-xions fur la claufe codicillaire, & fur ces différentes ma-nieres de faire un heritier par un teftament ou par un co-dicille, pour expliquer ce qui fait les difficultés dans cette matiere, & pour rendre raifon de ce qu'on n'a mis dans cette Section qu'une regle feule de la nature & de l'ufage de la claufe codicillaire quand elle eft expreffe, & de ce qu'on s'eft abftenu de mettre au nombre des re-gles ce qu'on voit dans ce détail du Droit Romain peu naturel & peu conforme à cette fimplicité effentielle aux Loix, & très-propre au contraire à multiplier les difficultés.

Que fi quelques Lecteurs jugent qu'on devoit avoir mis ici celles de ces regles du Droit Romain, qui peu-vent être en ufage en quelques Provinces, on croit que c'eft affez pour les fatisfaire, que dans une matiere auffi arbitraire, & où les regles même font fi pleines de diffi-cultés, on ait expliqué ce qu'il y en a dans le Droit Ro-main, puifqu'ils ont dans ces remarques ce qu'on au-roit pû réduire en regles, & que cette maniere de trai-ter une matiere de cette nature, expliquant quels en

font les principes & quelles en font les difficultés, peut convenir à tous les ufages, & n'en bleffe aucun ; mais marque feulement le befoin qu'on auroit de regles plus fimples.

SECTION V.

Des diverfes caufes qui peuvent annuller un Te-ftament en tout ou en partie, quoiqu'il foit dans les formes, & des claufes dérogatoires.

QUoique l'ufage des claufes dérogatoires foit une matiere comprife dans l'ordre de celles de cette Section, & qu'il en foit fait mention dans l'intitulé, on a crû ne devoir mettre parmi les regles de cette Section aucune regle qui regarde ces claufes, & qu'il fuffiroit d'y en marquer l'ordre, & d'expliquer ici les raifons qui ont obligé à n'en parler que dans ce préambule.

On appelle claufes dérogatoires, des claufes que met-tent dans leurs teftamens ceux qui craignent que dans la fuite ils ne fe trouvent obligés à faire d'autres difpo-fitions contre leur gré par des confidérations qui pour-roient les y obliger, & qui veulent annuller par avance ces difpofitions, & faire fubfifter celles du premier tef-tament. C'eft dans cette vûe que ces teftateurs qui veu-lent que leur premier teftament ne foit pas révoqué par un fecond, mettent dans le premier une claufe par la-quelle ils ordonnent que fi dans la fuite ils viennent à faire quelqu'autre teftament, il n'ait aucun effet, s'il ne contient de certaines paroles qu'ils expriment dans le premier, & qu'ils y mettent pour enfeigne que fi elles font répétées dans le fecond, il fubfiftera, & qu'il fera nul s'il ne les contient. On appelle ces claufes *Dé-rogatoires*, parce qu'elles dérogent à la validité du fe-cond teftament fi elles n'y font exprimées : Et il n'im-porte quelles que foient ces paroles, ni qu'elles ayent ou n'ayent point de fens non plus que le mot du guet.

On a crû devoir retrancher des regles de cette Se-ction ce qui regarde ces claufes dérogatoires, parce qu'encore qu'elles foient beaucoup en ufage, elles font inconnues dans le Droit Romain, & que ceux qui les ont inventées ne fe font fondés que fur des conféquen-ces tirées de quelques Loix qui n'ont rien d'exprès & précis pour ces fortes de claufes, & qu'au contraire l'ef-fet qu'on y donne eft oppofé aux principes & aux dif-pofitions du Droit Romain, qui ne permettent pas qu'on fe prive de la liberté de faire de nouvelles dif-pofitions, & de changer ou révoquer les premieres quand on le voudra.

Les inventeurs des claufes dérogatoires fe font fon-dés fur ce qu'il eft dit dans une Loi *a*, que fi un teftateur avoit déclaré dans le commencement de fon teftament qu'il ne donne pas à un tel ce qu'il lui donneroit dans la fuite du teftament, *Quod Titio infra leg-avero, id neque do neque lego* ; le legs qui feroit fait à cette perfonne dans la fuite de ce teftament, demeureroit nul par l'ef-fet de cette premiere volonté. D'où des Docteurs ont tiré cette conféquence qu'un teftateur peut annuller un fecond teftament par une femblable claufe dans un premier. On ajoute fur ce même fujet ce qui eft dit dans une autre Loi *b*. Que fi un teftateur avoit dit dans fon teftament, *que s'il s'y trouvoit deux legs à une même perfonne, il vouloit qu'il n'en fût dû qu'un feul*, & que par ce même teftament il eût fait deux legs à un léga-taire, il n'y en auroit qu'un qui dût fubfifter. Et on fe fert encore d'une addition de Tribonien à un autre texte *c*. C'eft dans un cas où le teftateur ayant dit au commencement de fon teftament, *que fi dans la fuite il faifoit deux legs à une même perfonne, il n'en feroit dû qu'un*, avoit fait plufieurs legs à un légataire, la Loi décide qu'ils feroient tous dûs ; parce que ce teftateur

o C. ¹o. *de teftam.*

p Nobis in legibus magis fimplicitas quàm difficultas placet. §. 7. *inft. de fideicomm. hæredit.* Lex duodecim tabularum fimplici-tatem legibus amicam amplexa. §. 3. *inft. de legit. agn. fucr. à quoi on peut ajouter ces autres paroles de Juftinien dans une autre forte de difficultés qui naiffoient de la fubtilité des Loix dans une matiere moins importante que celle-ci.* Tales itaque ambiguitates ve-terum imò magis quod melius dicendum eft ambages, nobis dé-cidentibus in tanta rerum difficultate fimplicior fententia placuit. *l.* 22. §. 1. C. *de furt. & ferv. corr.*

a l. 12. §. 3. *ff. de legat.* 1.
b l. 14. *ff. eod.*
c l. 22. *ff. de legat.* 3.

n'avoit

n'avoit pû s'impofer la néceflité de ne pouvoir changer fa première difpofition. Mais par cette addition, il eft dit que ce légataire n'aura tous ces legs qu'en cas que le teftateur l'ait ainfi ordonné par une feconde difpofition expreffe qui déroge à la première. D'où ces Docteurs ont tiré cette conféquence que lorfque le teftateur annulle fa feconde difpofition par une première, comme par une claufe dérogatoire, cette feconde difpofition demeure nulle, à moins que le teftateur n'exprime qu'il veut que nonobftant la claufe dérogatoire fa feconde volonté foit exécutée. Mais comme cette exception ajoutée à cette Loi eft une addition de Tribonien facile à connoître par le ftile, on peut dire que cette Loi prouve plutôt que la feconde difpofition révoque la première. Et c'eft auffi un principe sûr dans la matiere des teftamens, comme il fera expliqué en fon lieu d. Et d'ailleurs cette addition même de Tribonien n'a pas de rapport à deux teftamens, pour avoir l'effet d'annuller le fecond par une claufe dérogatoire dans le premier ; mais elle eft bornée à faire valoir la premiere difpofition d'un teftament qui annulle d'autres difpofitions du même teftament, ou d'un codicille, qui dans le Droit Romain fait partie du teftament & en tire fa force e. Ainfi cette Loi de même que les autres qu'on vient de remarquer, eft dans le cas d'un feul teftament qui contient deux difpofitions oppofées, & dont l'une doit néceffairement empêcher l'effet de l'autre, ce qui n'a pas un rapport jufte & precis aux difpofitions de deux teftamens faits en divers tems. De forte qu'aucune de ces Loix ne prouve qu'on pût dans le Droit Romain faire une difpofition dans un premier teftament qui annullât celles d'un fecond : & au contraire ces mêmes Loix & toutes les autres qui peuvent fe rapporter à cette matiere, prouve deux vérités oppofées à l'ufage des claufes dérogatoires mifes dans un premier teftament pour annuller ceux que le teftateur pourroit faire enfuite. L'une, que c'eft toujours la derniere volonté qui annulle les précedentes quand elle y eft contraire f. Et l'autre, qu'on ne peut fe priver de la liberté de difpofer & de révoquer les premieres difpofitions g. C'eft fuivant ces deux principes qu'il eft décidé dans la Loi 6. §. 2. de jure codicill. que fi un teftateur ayant déclaré qu'il ne vouloit pas qu'on eût égard au codicille qu'il pourroit faire, s'il n'étoit écrit & figné de fa main, venoit à faire enfuite un codicille qu'il n'auroit ni écrit ni figné de fa main : ce codicille ne laifferoit pas d'être confirmé, parce que comme il eft dit dans cette Loi, les dernieres volontés des teftateurs dérogent aux premieres, quæ poftea geruntur prioribus derogant h. Ainfi on peut dire que l'ufage des claufes dérogatoires n'eft pas de l'efprit du Droit Romain, & que même il y eft contraire. Et c'eft ainfi qu'en a jugé celui des Interpretes qui a le mieux entendu ce Droit.

Pour les raifons autres que l'autorité des Loix, on voit d'une part que l'utilité des claufes dérogatoires confifte à donner aux teftateurs la facilité de faire un fecond teftament qu'ils voudront ne fervir de rien, après qu'ils en auront fait un premier qu'ils voudront être exécuté ; afin que ce fecond puiffe avoir l'ufage d'amufer les perfonnes en faveur de qui il pourra être fait, le teftateur penfant en même tems que rien n'eft plus éloigné de fon intention, que ce fecond teftament déja annullé par avance dans fon efprit. On fçait qu'il y a eu des Payens qui fe feroient pas accommodé d'un expédient de cette nature. Mais fi cet expédient pouvoit avoir quelque bon ufage, il n'eft pas fans de grands inconvéniens. Car il peut arriver que celui qui veut obliger un teftateur à faire un teftament en fa faveur, prenne fes mefures avant qu'il y ait aucun autre teftament, & en faffe faire un fecret & cacheté qui demeure en fa puiffance, & où il ait fait mettre une claufe dérogatoire dont le teftateur pourroit n'être pas capa-

ble de comprendre la conféquence, ou qu'il pourroit oublier : & qu'ainfi le fecond teftament qu'il voudroit faire, feroit inutile. Et il fe pourroit faire auffi que les perfonnes qui engageroient à un fecond teftament précédé d'un premier où il y auroit une claufe dérogatoire, feroient ajouter dans le fecond une claufe qui dérogeroit à la claufe dérogatoire du précedent, faifant déclarer au teftateur qu'il en auroit oublié les termes, ou fe fervant d'autres expreffions qui rendroient inutile la précaution de la claufe dérogatoire du premier teftament. Il pourra même arriver qu'un teftateur qui voudra raifonnablement changer un premier teftament, ait oublié qu'il y eût mis une claufe dérogatoire, comme s'il y avoit plufieurs années qu'il avoit fait ce teftament, ou que même il eût oublié qu'il en eût fait un, & qu'infi le fecond qu'il voudroit faire, feroit inutile. Il fe pourroit faire auffi qu'un teftateur eût fait un premier teftament par quelque paffion qui eût aliené de fes proches, & l'eût porté à donner fes biens à quelque étranger qui auroit eu la précaution de faire mettre un claufe dérogatoire dans ce teftament ; & que ce teftateur s'en repentît enfuite, & voulant laiffer fes biens à fes proches, freres ou autres, il fît un fecond teftament dans cette penfée : mais qu'il eût manqué ou par oubli, ou par ignorance, de faire mention de la claufe dérogatoire du premier teftament, de forte que l'effet de cette claufe feroit en ce cas de faire préférer une volonté injufte à une difpofition très-équitable. Ainfi on peut dire que cette précaution des claufes dérogatoires a beaucoup plus d'inconvéniens que d'utilité, fans compter celui des divers procès que l'invention de ces claufes a ajoutés à tant d'autres qui ne fuffifent que trop pour occuper les Juges, & troubler la paix des familles.

Toutes ces confidérations ont fait juger qu'encore qu'il foit vrai que les claufes dérogatoires font d'un ufage univerfel, on pouvoit fans bleffer l'autorité de cet ufage, s'abftenir de mettre ici aucune regle de cette matiere. Et quand il n'y auroit aucun inconvénient de l'ufage des claufes dérogatoires, cette matiere à deux caracteres, qui l'excluent du deffein de ce Livre. L'un, qu'elle n'eft pas du Droit Romain, & que non feulement elle n'en eft pas, mais que même elle y eft contraire : & l'autre qu'elle n'eft pas non plus du Droit naturel. Et d'ailleurs, les remarques qu'on vient de faire comprennent ce qu'il y a de principes de cette matiere.

¶ L'article 76. de l'Ordonnance de 1735. a abrogé l'ufage des claufes dérogatoires dans tous teftamens, codicilles, ou difpofitions à caufe de mort.

SOMMAIRES.

d V. Part. 1. & les autres fuivans de la Section 5.
e l. 2. §. 2. l. 3. §. 2. ff. de jure codicill.
f Suprema voluntas potior habetur. d. l. 22. ff. de leg. 3.
g Nemo enim eam fibi poteft legem dicere, ut à priore ei recedere non liceat. d. l.
h Voyez une femblable décifion. l. ult. ff. de legat. 1.

Tome I.   Fff

16. Les legs du testament inofficieux subsistent.

17. L'héritier légitime étant institué, ne peut renoncer au testament pour succeder ab intestat.

18. Si l'héritier institué renonce par collusion avec le légitime, le testament subsiste pour les autres dispositions.

19. S'il renonce sans cette collusion, quel sera l'effet de cette renonciation.

20. L'incapacité survenue au testateur, annulle toutes les dispositions du testament.

21. Le testateur peut annuller son testament en le déchirant ou par des ratures.

22. Les effacures faites par hazard, ou contre la volonté du testateur n'annullent pas le testament.

23. Les additions pour expliquer le testament ne l'annullent pas.

24. Il faut juger des ratures & des additions selon les circonstances.

25. Le testament fait par force est nul.

26. Le testament est nul à l'égard de celui qui empêche par force de le revoquer.

27. Les dispositions attirées par quelque office ou service ne sont pas nulles.

I.

Outre le défaut de formalités, qui peut annuller un testament, il y a d'autres causes qui peuvent avoir cet effet. Et on peut mettre pour la premiere, une seconde volonté du testateur qui fasse un autre testament. Car comme tout testament renferme la disposition de la totalité des biens, deux différens testamens ne peuvent subsister ensemble ; mais le second annulle le premier *a*, ainsi qu'il sera expliqué dans les articles qui suivent.

a Posteriore testamento quod jure perfectum est, superius rumpitur. §. 2. inst. quib. mod. test. infirm. Testamentum rumpitur alio testamento. l. 1. ff. de inj. rup. V. l'art. 4. de la Sect. 1. des Codiciles.

II.

Quoique le second testament ne fasse aucune mention du premier, il ne laisse pas de le révoquer par le simple effet de la volonté du testateur, qui pouvant changer ses dispositions jusqu'à la mort, marque assez par celles qu'il fait dans le second testament, qu'il veut que les premieres demeurent sans effet *b*. Mais si dans le second testament le testateur fait seulement quelques additions, quelques retranchemens, quelques changemens aux dispositions du premier, soit pour l'institution d'héritier, ou pour des legs, ou qu'il en confirmera aura son effet comme faisant partie du second.

b Ambulatoria enim est voluntas defuncti, usque ad vitæ supremum exitum. l. 4. ff. de adim. vel transfer. legat. Non omnes tabulas prætor sequitur hæc parte edicti, sed supremas, hoc est, quæ novissimè ita factæ sunt, post quas nullæ factæ sunt. l. 1. §. 1. ff. de bon. poss. sec. tab. V. les articles 13. & 14.

III.

Un premier testament qui seroit en bonne forme ne peut être anéanti par un second, qu'en cas qu'il se trouve aussi dans les formes. Car autrement cette seconde volonté n'ayant pour preuve qu'un acte nul, seroit nulle aussi, & n'auroit pas même l'effet de révoquer les premieres dispositions qui se trouveroient encore en nature *c*. Mais si le second testament est dans les formes, il n'importe qu'il demeure sans exécution, soit que l'héritier & les légataires, s'il y en a, viennent à y renoncer, ou qu'ils meurent avant le testateur, ou qu'ils soient devenus incapables, de sorte que ce testament n'ait aucun effet. Car cette seconde volonté étant dans les formes, ne laisse pas d'annuller la premiere. Ainsi le testateur meurt sans testament, le premier étant annullé par le second, & le second manquant d'avoir son effet *d*.

c Tunc autem prius testamentum rumpitur, cùm posterius ritè perfectum est. l. 2. ff. de injust. rup. irr. fac. test.

d Posteriore quoque testamento, quod jure perfectum est, superius rumpitur. Nec interest extiterit aliquis hæres ex eo an non. Hoc enim solùm spectatur, an aliquo casu existere potuerit. Ideo-

---

que, si quis aut noluerit hæres esse, aut vivo testatore, aut post mortem ejus antequam hæreditatem adiret, decesserit, aut conditione sub qua hæres institutus est, defectus sit : in his casibus paterfamilias intestatus moritur. Nam & prius testamentum non valet ruptum à posteriore : & posterius æquè nullas habet vires, cùm ex eo nemo hæres extiterit. §. 2. inst. quib. mod. test. infirm.

IV.

Il ne faut pas mettre au nombre des testamens qui ne suffiroient pas pour révoquer un premier testament ceux où les Loix dispensent d'une partie des formalités, comme les testemens militaires, & ceux qui sont faits en tems de peste. Car si ces testamens qui manquent de quelques formes ont celles qui peuvent les rendre valides ils révoquent les testamens qui avoient précédé *e*.

e Tunc prius testamentum rumpitur cùm posterius ritè perfectum est. Nisi forte posterius jure militari sit factum.... Tunc enim & posteriore non perfecto superius rumpitur. l. 2. ff. de injust. rupt. irr. fac. testam.

Quoique ce texte ne parle que du testament militaire, le testament fait en temps de peste selon la regle expliquée dans l'article 16. de la Section 3. aura le même effet puisqu'il subsistera.

V.

Il faut aussi remarquer sur cette même regle, qu'on doit en excepter le cas où le testateur ayant nommé par le premier testament, un autre héritier que celui qui devoit lui succeder ab intestat, auroit institué cet héritier légitime par le second. Car en ce cas ce second testament quoique nul, révoque le premier, pourvû seulement qu'il ait cinq témoins, & la faveur de l'héritier du sang le fait subsister *f*.

f Tunc prius testamentum rumpitur, cùm posterius ritè perfectum est. Nisi forte posterius vel jure militari sit factum, vel in eo scriptus est qui ab intestato venire potest. Tunc enim & posteriore non perfecto superius rumpitur. l. 2. ff. de injust. rupt. irr. fact. testam.

Si quis testamento jure perfecto posteà ad aliud venerit testamentum, non aliàs quod ante factum est infirmari decernimus, quàm si id quod secundò facere testator instituit, jure fuerit consummatum : nisi forte in priori testamento scriptus his qui ab intestato ad testatoris hæreditatem vel successionem venire non poterant, in secunda voluntate testator eos scribere instituat, qui ab intestato ad ejus hæreditatem vocantur. Tunc enim casu, licèt imperfecta videatur scriptura posterior, infirmato priore testamento, secundam ejus voluntatem, non quasi testamentum, sed quasi voluntatem intestati nostro edicti valere sancimus. In qua voluntate quinque testium juratorum depositionis sufficiunt. Quo non facto valebit primum testamentum, licèt in eo scripti videantur extranei. l. 21. §. 3. C. de test. V. dans la Préface ci-devant, n. 8. & l'art. 3. de la Section 7. de ce Titre.

VI.

Un testament fait dans toutes les formes est encore annullé par la naissance d'un enfant que le testateur n'auroit pas institué son héritier *g*. Car comme l'hérédité est dûe aux enfans & par la Loi & par la nature, s'ils n'ont mérité de l'exhérédation *h*, l'enfant qui survient au testateur est son héritier : Et on présume qu'il n'avoit manqué de révoquer ce testament, que parce que la mort l'avoit prévenu.

g Testamentum rumpitur agnatione sui hæredis. l. 1. ff. de inj. rupt. irr. fac. test. l. un. C. de ordin. judic. Voyez l'article 15. sur les Legs de ce testament.

h Ratio naturalis, quasi lex quædam tacita, liberis parentium hæreditatem addicit, velut ad debitam successionem eos vocando. Propter quod & in jure civili suorum hæredum nomen eis indictum est. Ac ne judicio quidem parentis, nisi ex meritis de causis, summoveri ab ea successione possunt. l. 7. 2. ff. bon. damn. V. la Préface ci-devant, n. 3.

VII.

Si dans le cas de l'article précédent cet enfant né après le testament, venoit à mourir avant la mort du testateur son pere, ce testament auroit son effet. Car comme c'est la mort du testateur qui donne l'effet au testament, & qu'au tems de cette mort la cause qui devoit annuller celuide ce pere ne subsisteroit plus, rien n'en empêcheroit la validité : Et toutes les dispositions qu'il contiendroit seroient exécutées par cette juste présomption, que le testateur ne les ayant pas révoquées après la mort de cet enfant les auroit confirmées *i*.

i Posthumus præteritus vivo testatore natus, decessit : licet juris scrupulositate nimiâque subtilitate testamentum ruptum videatur : attamen si signatum fuerit testamentum , bonorum possessionem secundùm tabulas accipere hæres scriptus potest , remque obtinebit , ut & Hadrianus, & Imperator noster rescripserunt. Idcircòque legatarii & fideicommissarii habebunt ea quæ sibi relicta sunt , secari. *l.* 11. *ff. de inj. rupt. irr. f. test.*

VIII.

8. *Le testament où les enfans sont omittés , est nul.*

Le testament de celui qui ayant des enfans , ou des ascendans , s'il n'a point d'enfans , n'en fait aucune mention , est aneanti à l'égard de l'institution d'héritier. Car il a dû les nommer héritiers : ou s'il vouloit les exhéreder , c'est-à-dire , les desheriter , en dira les causes *l* , ainsi qu'il sera expliqué dans le Titre second.

l Testamentum ante non jure factum dicitur , ubi solemnia juris defuerunt , aut nullius esse momenti , cùm filius qui fuit in patris potestate præteritus est *l.* 1. *ff. de injust. rupt. irrit. fact. test. Nov.* 115. *c.* 3. & 4. Voyez l'art. suivant , & l'art. 16. & la Remarque qu'on y a faite.

Cette omission du pere ou de la mere qui ne font aucune mention de leurs enfans dans leur testament , s'appelle dans le Droit Romain Préterition , distinguée de l'Exhérédation ; car en celle-ci les enfans sont nommés & deshérités.

IX.

9. *L'exhérédation injuste des enfans annulle le testament.*

Si le testateur qui a des enfans en exherede quelqu'un sans de justes causes , son testament sera annullé pour l'institution d'héritier. Et il en seroit de même , si le testateur qui n'auroit point d'enfans avoit exheredé sans de justes causes , son pere ou sa mere , ou autres ascendans *m* , comme il sera dit dans le Titre 2. de ce Livre.

m Si ex causa de inofficiosi cognoverit judex , & pronuntiaverit contra testamentum , nec fuerit provocatum ; ipso jure rescissum est ; & suus hæres erit secundùm quàm judicatum est. *l.* 8. §. penult. *ff. de inoff. test. l.* 30. *ff. de liber. & post hæred. inst.* V. *Nov.* 115. *c.* 3. & 4. & ci-après l'article 16.

X.

10. *L'institution est inutile si l'héritier renonce.*

Lorsque l'héritier institué par un testament renonce à l'hérédité , l'institution d'héritier demeurant inutile , l'héritier légitime est appellé à la place de celui qui étoit nommé par le testament *n*.

n In irritum constituitur testamentum non adita hæreditate *l.* 1. *ff. de inj. rupt. irr. fact. test.* Si nemo subit hæreditatem , omnis vis testamenti solvitur. *l.* 181. *ff. de reg. jur.*

On n'a pas mis dans l'article que le testament sera nul indistinctement pour toutes les dispositions qu'il peut contenir ; sur quoi il faut voir l'article 19. & la remarque qu'on y a faite.

XI.

11. *Le testament est annullé si le testateur devient incapable de tester.*

S'il arrive que celui qui avoit fait un testament vienne dans la suite à tomber dans un état qui le rende incapable d'avoir des héritiers ; comme s'il vient à perdre le droit de naturalité , ou s'il est condamné à quelque peine qui emporte la mort civile , ainsi qu'on l'a expliqué en son lieu , & qu'il demeure en cet état jusqu'à sa mort ; le testament qu'il pouvoit avoir fait auparavant sera annullé. Car comme tout testament ne prend son effet qu'au moment de la mort du testateur , celui qui au tems de sa mort ne peut laisser ses biens à des héritiers , ne peut par conséquent laisser aucun usage d'un testament dont personne ne peut profiter *o*.

o Irritum fit testamentum quoties ipsi testatori aliquid contigit , putà , si civitatem amittat. *l.* 6. §. 5. *de inj. rupt. irr. f. testam.*
Sed & si quis fuerit capite damnatus, vel ad bestias , vel ad gladium , vel alia pœna quæ vitam adimit , testamentum ejus irritum fiet. *d. l.* §. 6. V. l'article 16. de la Section 2. de ce Titre , les textes qu'on y a cités , & les remarques qu'on y a faites , & l'article 20. de cette Section.

Il ne faut entendre cet article que du cas qu'on y a exprimé , où le testateur se trouve au tems de sa mort incapable d'avoir des héritiers. Car s'il étoit seulement incapable de tester , comme si après son testament il avoit fait profession en Religion , ou s'il étoit tombé en démence , ou dans quelqu'autre infirmité qui l'empêchât de tester , son testament ne laisseroit pas d'avoir son effet , parce qu'il ne seroit pas incapable d'avoir pour héritiers ceux qu'il avoit choisis quand il le pouvoit.

Tome I.

XII.

11. *Les autres changemens ni le long-temps n'annullent pas un testament.*

Tous les autres changemens qui arriveroient entre le testament & la mort du testateur , & ceux même qui pourroient faire présumer quelque changement de sa volonté , ne l'annulleroient pas. Et quand il seroit écoulé un grand nombre d'années dans cet intervalle , & que pendant ce long-tems ses biens eussent été beaucoup augmentés ou diminués , que des légataires fussent décédés , que son héritier choisi , parce qu'il avoit peu de biens & plusieurs enfans , se trouvât riche & sans enfans , ou qu'il fût arrivé d'autres changemens semblables ; son testament ne laisseroit pas d'être exécuté , à moins qu'il ne l'eût révoqué ou par quelque disposition contraire qui fût en bonne forme , ou de la maniere expliquée dans l'article 21. Car on devroit présumer qu'il auroit persévéré dans une volonté où il n'auroit fait aucun changement , ayant pû le faire , & que son intention avoit été que le testament fût exécuté de la maniere dont il pourroit l'être , selon l'état où se trouveroient les choses au tems de sa mort *p*.

p Sancimus si quis legitimo modo condidit testamentum & post ejus confectionem decennium profluxerit , si quidem nulla innovatio , vel contraria voluntas testatoris apparuerit , hoc esse firmum. Quod enim non mutatur, quare stare prohibetur? Quemadmodum firmum qui testamentum facit , & nihil voluit contrarium, intestatus efficitur ? *l.* 17. *c. de testam.*

☞ On n'a pas mis dans cet article ce qui suit dans ce texte , que si le testateur révoque son testament ou en présence de trois témoins , ou par un acte dans un registre public , cette révocation jointe à la durée de dix ans après le testament fera qu'il demeurera nul. *Sin autem testator tantummodo dixerit non voluisse prius stare testamentum , vel aliis verbis utendo contrarium aperuit voluntatem , & hoc vel per testes idoneos non minus tribus , vel inter alia manifestaverit , & decennium fuerit emensum , tunc irritum est testamentum , tam ex contraria voluntate , quàm ex cursu temporali.* Et au lieu de cette maniere de révoquer un testament , on a mis seulement que le testateur peut le révoquer , ou par un acte qui soit en bonne forme , ou de la maniere expliquée dans l'article vingt-unieme , c'est-à-dire , en le déchirant , rayant ou effaçant. Car il semble que ce qui rendoit nécessaire dans le Droit Romain l'usage de ces autres manieres de révoquer un testament ou par un acte dans le registre public , ou par une déclaration en présence de témoins , étoit que les testamens de même que tous autres actes , pouvoient se faire sans aucun écrit *a* , & qu'ainsi comme les testamens subsistoient dans la mémoire des témoins , il falloit un acte contraire pour annuller ceux qui n'étoient pas écrits. Et c'étoit peut-être par cette même raison , de ce que les testamens subsistoient sans écrit , qu'avant Justinien les Loix que cet Empereur abolit par la Loi écrite sur cet article , avoient réglé qu'un testament seroit nul après dix ans du jour de sa date *b*. Ce qui pouvoit être fondé sur ce que la mémoire d'un testament qui n'étoit pas écrit , ne pouvoit se conserver facilement après un si long-tems , soit à cause de la mort des témoins ou d'une partie , ou de leur oubli. Et on pouvoit avoir étendu cette révocation des testamens par les dix ans à ceux qui étoient écrits , de même qu'on y avoit étendu les formalités des testamens non écrits , ainsi qu'il a été remarqué en d'autres lieux *c*. Mais Justinien ne se contenta pas du seul effet du tems de dix ans pour révoquer les testamens même non écrits , & il ordonna indistinctement par cette Loi , que pour révoquer un testament , il faudroit tout ensemble , & les dix ans , & une déclaration du testateur en présence de trois témoins , ou un acte dans le registre public. D'où il s'ensuit que sans la circonstance de ce tems un acte devant trois témoins ne suffiroit pas , & qu'il en faudroit un autre plus authentique pour révoquer le testament ; ainsi il semble que Justinien ait

a Voyez l'article 12. de la Section 1. des Conventions, p. 22. l. 9. l. 10. *c. de fide instr. l.* 11. §. 2. *c. de testam. l.* 26. *eod.*
b V. *l.* 6. *l.* 3. Theodof. *de test.* & codicill.
c V. le Préambule de la Section 3. & la Section 4.

F f f ij

confideré la révocation d'un teftament comme étant de la même nature que le teftament, parce qu'elle renferme une difpofition de l'hérédité. De forte qu'on pourroit conjecturer de cette Loi, que pour une révocation d'un teftament avant les dix ans depuis fa date, il faudroit le même nombre de témoins que dans un teftament. Et pour ce qui regarde la maniere de révoquer un teftament par l'effet du temps, comme par cette Loi de Juftinien, le temps feul ne fuffit pas pour l'annuler; il fuffit encore moins dans notre ufage où tout teftament doit être écrit. Mais quoique tout teftament doive être écrit, il ne faut pas d'acte contraire pour le révoquer, car le teftateur n'a qu'à déchirer ou effacer fon teftament. De forte que l'ufage d'une révocation expreffe ne peut être neceffaire que dans le cas où un teftateur ne pourroit avoir en fa puiffance l'original de fon teftament, foit par une abfence ou par d'autres caufes. Et en ce cas la difficulté refteroit de fçavoir, s'il faudroit un acte avec le nombre de témoins neceffaire pour un teftament, comme il femble fuivre de cette Loi de Juftinien, qui ne fe contente de trois témoins que dans la circonftance de dix ans écoulés depuis la date du teftament. Mais comme on a vû dans l'article 5. qu'un teftament avec cinq témoins en faveur de l'héritier légitime, annulle un teftament précedent, qui contenoit une inftitution d'un héritier étranger, & que celui qui veut révoquer fon teftament fans en faire d'autre, ne fçauroit manquer de voir que voulant mourir fans teftament il va laiffer fon heredité à fon heritier ab inteftat, cinq témoins devroient fuffire pour faire valoir la révocation de fon teftament. Et cette révocation devroit avoir le même effet que s'il inftituoit fon heritier légitime par un fecond teftament. Car on peut dire de celui qui révoque fon teftament fans en faire d'autre, qu'il inftitue pour heritier celui qui doit lui fucceder ab inteftat, non par une inftitution expreffe en termes, mais tacite dans l'expreffion & expreffe dans l'intention : & même avec cet avantage en faveur de cet heritier légitime qu'il veut lui laiffer l'heredité entiere fans diminution par aucun legs ni autre difpofition. Et fi cette révocation étoit faite dans un lieu où il ne faudroit que deux témoins pour un teftament, ce nombre fuffiroit, puifque dans les teftamens & autres actes, on doit obferver les formalités qui font en ufage dans les lieux où ils fe font, comme il a été remarqué fur l'article premier de la Section troifiéme.

Mais s'il n'y avoit que deux témoins pour une telle révocation dans un lieu où il en faudroit un plus grand nombre pour un teftament, & que le teftateur eût perfeveré dans cette volonté jufqu'à fa mort, quoiqu'il n'eût pas furvecu dix ans, la preuve qui réfulteroit d'un acte de cette nature, jointe à la faveur de l'heritier légitime, ne pourroit-elle pas fuffire pour annuler le teftament, de même qu'en toute forte d'autres actes & pour une donation même entre-vifs & univerfelle deux témoins fuffifent avec un Notaire, ou deux Notaires fans aucuns témoins, cette queftion pourroit être mife au nombre de celles qui demandent des regles. Et il femble que fans la décider on peut croire que puifque Juftinien ne demandoit que trois témoins avec les dix ans, & jugeoit en ce cas la révocation du teftament jufte & favorable, quoique fans la forme d'un teftament ; un acte pardevant deux Notaires ou un Notaire avec deux témoins, marquant en une forme très-authentique la volonté du teftateur de révoquer fon teftament, pourroit avoir cet effet; puifqu'enfin il femble qu'il faut moins de formalités pour laiffer l'heredité dans l'ordre naturel à l'heritier légitime, que les Loix n'en demandent pour l'en dépouiller; & qu'il ne paroît pas neceffaire que celui qui, après avoir fait un teftament. veut mourir fans teftament, en faffe un fecond dans les mêmes formes.

XII.

Parmi les differentes caufes qui annullent les difpofitions des teftateurs, & qui ont été expliquées dans les articles précedens, il faut diftinguer celles qui anean-

tiffent entierement le teftament, de forte qu'il n'en fubfifte aucune difpofition, ni pour l'inftitution d'heritier, ni pour les legs : Et celles qui annullent feulement ou l'inftitution d'heritier, ou quelqu'autre difpofition, fans toucher au refte, ce qui dépend des regles qui fuivent q.

q V. les articles fuivans.

XIV.

Dans le cas d'un fecond teftament le premier eft ou anéanti en tout, ou feulement en ce que le fecond peut y avoir changé comme il a été dit dans l'article 1. Ainfi, l'effet de la volonté du teftateur dans le premier teftament dépend de celui que devoit avoir fa volonté expliquée dans le fecond r. Et il faut entendre par le fecond tout teftament qui eft le dernier en quelque nombre que foient les precedens f.

r C'eft une fuite des articles 1. & 2.
f Hoc eft (eas tabulas) quæ noviffimè ita factæ funt : poft quas nullæ factæ funt. l. 1. §. 1. ff. de bon. poff. fec. tab.

XV.

Dans le cas de la naiffance d'un enfant imprévûe par le teftateur, & dont il n'étoit fait aucune mention dans le teftament, il eft entierement anéanti, & rien n'en fubfifte, quand même le teftateur auroit inftitué par ce teftament fes autres enfans qu'il avoit alors s. Car on peut dire des difpofitions de ce teftament, que fi le teftateur avoit prévu la naiffance de cet enfant, il auroit moins chargé de fucceffion, ou que peut être il n'en auroit fait aucun. Et il pourroit auffi arriver que fi ce teftament devoit fubfifter, cet enfant fe trouveroit réduit à fa légitime contre l'intention du teftateur; ainfi on doit préfumer d'un tel teftament que les difpofitions en feroient contraires à celles que la naiffance de cet enfant l'auroit obligé de faire s'il l'avoit prévûe.

s Si pater duos filios hæredes inftituerit, & agnatione pofthumi ruptum teftamentum fuerit, quamvis hæreditas pro duabus partibus ad eos pertinear, tamen fideicommiffas libertates præftari non debent, ficut nec legata quidem aut fideicommiffa præftare coguntur. l. 47. ff. de fideicom. libert. l. 24. §. 11. eod. V. l'article 6.
Où peut tirer cette confequence de ce texte que les legs les plus favorables feroient révoqués, puifqu'il annulle les legs de la liberté donnée à des Efclaves. Mais s'il y avoit dans ce teftament un legs à des domeftiques pour leur tenir lieu de falaires, ce feroit moins un legs qu'une reconnoiffance d'une dette qu'il faudroit acquitter : & il en feroit de même fi le teftateur avoit chargé fes héritiers de quelque reftitution qu'il fut obligé de faire. Car la caufe qui annulleroit ce teftament, n'annulleroit pas la preuve qu'il feroit d'une vérité de cette nature.

XVI.

Si un teftateur ayant des enfans, ou s'il eft fans enfans, ayant des afcendans, n'en fait aucune mention dans fon teftament, ou s'il les defherite fans de juftes caufes; le teftament ne fera nul qu'à l'égard de l'inftitution d'autres héritiers au lieu des enfans ou des afcendans, & toutes les autres difpofitions de ce teftament auront leur effet u.

u Si verò contigerit in quibufdam talibus teftamentis quædam legata, vel fideicommiffa, aut libertates, aut tutorum dationes relinqui, vel qualibet alia capitula conceffa legibus nominari, ea omnia jubemus adimpleri, & dari illis quibus fuerint derelicta : & tanquam in hoc non refciffum obtineat teftamentum. Nov. 115. c. 3.
Ce texte regarde les teftamens des peres & meres & autres afcendans, & la même chofe eft ordonnée à la fin du chapitre 4. de cette même Novelle à l'égard des teftamens des enfans qui oublient ou exheredent leurs peres, ou meres, ou autres afcendans.
Par l'ancien Droit les legs & les autres difpofitions des teftamens inofficieux étoient annullées, auffi-bien que l'inftitution d'héritier. Voyez la Remarque fur l'article 5. de la Section 4. des Teftamens inofficieux, p. 454.

XVII.

Dans le cas où l'héritier inftitué par un teftament, feroit l'héritier légitime, fi pour éviter d'acquitter les legs il prétendoit renoncer à la fucceffion teftamentaire, & s'en tenir à fon droit de fucceder ab inteftat ; il ne laifferoit pas d'être tenu d'acquitter les legs, & les autres charges reglées par le teftament x.

x Prætor voluntates defunctorum tuetur, & eorum calliditati

occurrit, qui omiſſa cauſa teſtamenti, ab inteſtato hæreditatem partemve ejus poſſident, ab hoc ut eos circumveniant, quibus quid ex judicio defuncti deberi potuit, ſi non ab inteſtato poſſideretur hæreditas : & in eos actionem pollicetur. *l. 1. ſſ. ſi quis omiſſ. cauſ. teſtam.*

Quocumque enim modo hæreditatem lucri facturus quis ſit, legata præſtabit. *d. l. §. 9. in f.* V. l'article ſuivant, & l'article 4. de la Section 1.

XVIII.

18. Si l'héritier inſtitué renonce parcequ'on veut le faire paſſer à l'héritier du ſang, le teſtament ſubſiſte pour les autres diſpoſitions.

Si l'héritier inſtitué renonçoit à l'hérédité pour la faire paſſer à l'héritier légitime, celui-ci ſeroit tenu des legs & des autres charges du teſtament, quoiqu'il n'eût rien donné à cet héritier inſtitué pour l'obliger à lui laiſſer l'hérédité, & que ce fût une pure grace que cet héritier inſtitué auroit voulu lui faire.

y Si quis per fraudem omiſerit hæreditatem, ut ad legitimum perveniat, legatorum petitione tenebitur. l. 1. §. ult. ſſ. ſi quis omiſſ. cauſ. teſtam.

Si quis pecuniam non accepit, ſimpliciter autem omiſit cauſam teſtamenti, dum vult præſtitum ei qui ſubſtitutus eſt, vel legitimo, numquid locus non ſit edicto ? Planè indignandum eſt circumventam voluntatem defuncti. Et ideò, ſi liquidò conſtiterit, in necem legatariorum hæc factum, quamvis non pecunia accepta, ſed nimia gratia collata : dicendum erit, locum eſſe utili actioni adverſus eum qui poſſidet hæreditatem. Et rectè dicitur, ubicumque quis dum vult præſtitum ei, qui ſe repudiante venturus eſt, non repudiaverit niſi præſtitum vellet : & maximè ſi ob evertenda judicia id fecit, ibi dicendum eſt, adverſus poſſeſſorem competere actionem. *l. 4. eod.*

V. l'article 18. de la Section 1. des Héritiers en général, p. 316.

On n'a pas mis dans cet article qu'il ſoit néceſſaire que le deſſein de fruſtrer les légataires ſoit bien conſtant, comme il eſt dit dans la premiere partie de ce dernier texte. Car outre que dans la ſuite il eſt dit que cette regle aura lieu principalement s'il y avoit un deſſein de faire périr les diſpoſitions du teſtament, ce qui ſemble marquer que ſans ce deſſein cet héritier légitime ne laiſſeroit pas d'être tenu des legs ; une autre conſidération qui réſulte de ce qui ſera remarqué ſur l'article ſuivant, a obligé à ne pas ajouter cette reſtriction à la regle expliquée dans cet article.

XIX.

19. S'il renonce ſans cauſe collenſion, quel ſera l'effet de cette rénonciation.

Si dans ce même cas où l'héritier inſtitué ſeroit autre que l'héritier *ab inteſtat*, il renonçoit à l'hérédité, non par la conſidération de l'intérêt de l'héritier légitime, mais parce qu'il ne trouveroit pas ſon compte à l'hérédité ; cette inſtitution demeureroit inutile, comme il a été dit dans l'article 10. Ainſi l'hérédité paſſant à l'héritier du ſang, le teſtament demeureroit ſans effet dans ſa partie plus eſſentielle, qui eſt l'inſtitution d'héritier.

z In irritum conſtituitur teſtamentum non adita hæreditate. l. 1. in f. ſſ. de injuſt. rupt. irr. fac. teſt.

Si nemo hæreditatem adierit nihil valet ex iis quæ teſtamento ſcripta ſunt. *l. 9. ſſ. de teſtam. tut.*

Teſtamentum per omnia irritum. *l. 10. ſſ. de bon. poſſ. contr. tab.*

Si jure facto teſtamento, ceſſante hærede ſcripto, alter ab inteſtato adiit hæreditatem, neque libertates, neque legata ex teſtamento præſtari, manifeſtum eſt. *l. 1. in f C. ſi omiſſ. ſit cauſ. teſt.*

☞ On n'a mis dans cet article que la ſimple nullité de l'inſtitution d'héritier, & non la nullité abſolue du teſtament & de toutes les autres diſpoſitions qu'il pourroit contenir, quoique ce fût la regle du Droit Romain expliquée dans les textes cités ſur cet article, que toutes ces diſpoſitions demeureroient nulles, ſi l'héritier inſtitué ne recueilloit pas la ſucceſſion. Cette regle étoit fondée ſur ce que l'inſtitution d'héritier étoit conſidérée comme la partie plus eſſentielle du teſtament, & le fondement de toutes les autres diſpoſitions. Ce qui alloit juſques là dans l'ancien Droit Romain, qu'il falloit commencer le teſtament par l'inſtitution de l'héritier, & que les legs qui auroient précédé cette inſtitution étoient nuls, même ceux de la liberté donnée aux Eſclaves a ; en ſorte qu'il n'y eût pas d'autre nullité dans le teſtament. C'étoit ſur ce même principe qu'on faiſoit auſſi dépendre la validité des legs de l'acceptation que faiſoit l'héritier de l'hérédité. De ſorte qu'il ne tenoit qu'à l'héritier de faire valoir les legs acceptant l'hérédité, ou de les annuler en y renonçant.

On voit aſſez ſur ces principes du Droit Romain, que cette regle qui annulle les legs faute d'héritier, ne peut avoir lieu dans nos Coûtumes, puiſqu'elles ne re-

a V. §. 34. inſt. de legat.

connoiſſent aucun héritier teſtamentaire, & que les teſtamens n'y ſont ſelon l'eſprit du Droit Romain que des Codiciles. Et pour les Provinces qui ſe régiſſent par le Droit écrit le cas eſt ſi rare, depuis l'invention du bénéfice d'inventaire, que les legs puiſſent périr par la renonciation de l'héritier teſtamentaire à l'hérédité, qu'il n'eſt peut-être jamais arrivé. Car qui eſt l'héritier inſtitué par un teſtament qui, pouvant eſperer quelque avantage de la ſucceſſion, & ayant la liberté de ſe rendre héritier bénéficiaire veuille y renoncer ? Que s'il ne l'abandonne que parce qu'elle eſt en effet onéreuſe, les légataires n'y perdent rien ; puiſque les legs ne s'acquittent qu'après les dettes.

Il eſt vrai que dans l'ancien Droit Romain il pouvoit ſe faire qu'un héritier renonçât à une hérédité qui auroit pû être avantageuſe. Car avant l'invention du bénéfice d'inventaire, comme il n'y avoit point de milieu entre accepter purement & ſimplement l'hérédité, ou y renoncer ; il pouvoit facilement arriver qu'un héritier renonçât à une ſucceſſion que des charges apparentes rendoient ſuſpecte, quoiqu'il y eût plus de bien que de charges. Et c'étoit dans ce temps-là que cette Juriſprudence s'étoit établie. Mais après l'invention du bénéfice d'inventaire, il ſemble qu'on ne doive pas ſuppoſer que ce cas arrive, qu'une ſucceſſion où il peut reſter des biens à l'héritier ſoit abandonnée. Et enfin quand il arriveroit qu'un héritier teſtamentaire renonçât à une hérédité dont les biens fuſſent ſuffiſans & pour les charges, & pour le total des legs ou une partie ; il ne ſemble pas juſte ni de notre uſage de faire perdre les legs aux légataires, parce que l'héritier ne voudroit pas de l'hérédité. Car comme cette regle du Droit Romain, qui annulle les legs lorſque l'héritier inſtitué abandonne la ſucceſſion, n'a eu pour fondement que ces ſubtilités qu'on vient d'expliquer, elle peut être conſidérée auſſi comme une pure ſubtilité, & dont on peut dire qu'elle bleſſe le premier & le plus eſſentiel des principes du Droit Romain même, dans la matiere des teſtamens, que la volonté du teſtateur doit ſervir de loi, comme il a été remarqué en ſon lieu b.

Puiſque cette volonté n'eſt pas bornée à l'inſtitution d'héritier, mais qu'elle regarde auſſi les legs, & ſouvent des legs plus favorables que cette inſtitution, & que le teſtateur veut être acquité indépendamment de la volonté de ſon héritier, & contre ſon gré même s'il y réſiſtoit.

On peut encore dire de plus que c'eſt bleſſer l'équité de faire dépendre des diſpoſitions juſtes & raiſonnables de la fantaiſie bizarre d'un héritier, & de faire perdre à des légataires des récompenſes de ſervices & d'autres bienfaits d'où peut dépendre la ſubſiſtance de leur famille, ſans aucune autre raiſon qu'une ſimple ſubtilité dont l'uſage n'importe à perſonne qu'à l'héritier légitime qui ne pouvoit eſperer la ſucceſſion qu'avec la condition d'acquitter les legs s'il avoit été appellé par le teſtament, & qui ne l'étant pas doit ſe contenter de prendre la place de l'héritier inſtitué avec les charges que le teſtateur lui avoit impoſées. De ſorte qu'on pourroit en ce cas, à plus forte raiſon qu'en tout autre, mettre en uſage le ſentiment des plus habiles interpretes qui veulent que la clauſe codicillaire ſoit ſupplée en tout teſtament, comme il a été dit dans la Section 4. ce qui auroit cet effet que cet héritier légitime ſeroit obligé d'acquitter les legs au défaut de l'héritier inſtitué, & qu'encore qu'il fût héritier par un autre titre que le teſtament, il ne devroit pas profiter de l'hérédité ſans en acquitter les charges, ſuivant ces paroles d'une des Loix de cette matiere : *Quocumque enim modo hæreditatem lucri facturus quis ſit, legata præſtabit. l. 1. §. 9. in f. ſi quis om. cauſ. teſt.* Car encore que ces paroles ne regardent pas préciſément le cas dont il s'agit, leur ſens y convient.

Quoique toutes ces conſidérations ſemblent ſuffire pour faire ſubſiſter les legs, quand l'héritier teſtamentaire renonce à l'hérédité, la validité des legs dans ce cas, peut encore être fondée ſur un autre principe

b V. l'article 7. de la Section 1. de ce Titre, & l'arti. 6 ſ. de la Section ſuivante.

d'équité, & qui est aussi du Droit Romain, que dans les cas où il s'agit de la validité d'un acte où sont comprises deux choses qui ont entre elles quelque liaison, si l'une des deux ne peut subsister, l'acte ne laisse pas de valoir pour celle qui peut subsister sans l'autre. Ainsi, par exemple, lorsque par un même acte deux personnes se sont rendues cautions d'un autre, si l'une de ces personnes ne pouvoit s'obliger pour d'autres personnes, l'acte qui seroit nul à l'égard de cette femme ou de ce mineur, subsisteroit pour l'autre qui resteroit seul obligé pour toute la dette c. Il n'y a que les actes dont aucune partie ne peut subsister que par la validité du tout ensemble, qui soient annullés pour le tout par la nullité de quelque partie, comme si de deux Arbitres nommés par un compromis l'un ne vouloit l'être la nomination seroit inutile à l'égard des deux, car ils ne peuvent juger l'un sans l'autre d ; de sorte que la nomination d'un seul subsisteroit inutilement. Mais dans des cas même où il ne s'agit que d'une seule chose qui paroit ne recevoir pas de division, les loix y en sont pour faire subsister les actes en ce qui se peut. Car c'est l'esprit des Loix de donner à toutes sortes d'actes tout l'effet qu'ils peuvent avoir raisonnablement. Ainsi on voit encore dans le Droit Romain, que Justinien ayant dispensé d'insinuer les donations qui seroient au-dessous d'une somme qu'il regla, il ordonna que les donations non insinuées qui excederoient cette somme, & qui par le défaut d'insinuation devoient être nulles, subsisteroient pour la somme qui n'étoit pas sujette à l'insinuation. De sorte que cette donation se trouvoit en partie nulle, & en partie avoir son effet e. Ainsi par notre usage une donation de tous biens présens & à venir peut être divisée par le donataire qui peut la restraindre aux biens présens au temps de la donation, comme il a été remarqué sur l'article 6. de la Section 13. des heritiers en general.

C'est de ces principes qu'a été tirée la regle du Droit Canonique, que ce qui peut valoir ne peut être annullé par sa liaison à ce qui est nul. Utile non debet per inutile vitiari. C. 37. de reg. Jur. in 6. Ce qu'il faut entendre des cas où cette liaison n'est pas telle qu'une des deux choses ne puisse subsister sans l'autre. Ainsi on peut dire, que suivant ces mêmes principes il est de l'équité qu'à plus forte raison un testament qui se trouve sans effet pour l'institution d'heritier, ne laisse pas de subsister pour les autres dispositions, puisqu'elles n'ont point de liaison necessaire avec cette institution, chacune ayant sa cause dans l'intention du testateur qui les rend indépendantes les unes des autres. Car comme il veut en general à l'égard de toutes ensemble, qu'elles ayent leur effet, il veut aussi en particulier à l'égard de chacune qu'elle soit executée, quand même les autres ne le pourroient être.

Sur ce même sujet on peut remarquer une décision de l'Empereur Antonin dans une cause qui fut plaidée devant lui. La question étoit de sçavoir si un testateur ayant rayé dans son testament les noms de ses heritiers, les legs dont ses heritiers étoient chargés par ce même testament, devoient subsister ; l'Avocat du Fisque qui plaidoit contre les légataires, prétendoit que ces legs étoient caducs, c'est-à-dire, inutiles pour les légataires & acquis au Fisque, selon la Loi qui étoit alors en usage f : Et il avoit allegué la regle que faute d'heritier toutes les dispositions du testament demeurent nulles, Non potest ullum testamentum valere quod hæredem non habet. Mais cet Empereur qui sçachant cette regle, avoit dit auparavant de lui-même que ces legs ne pouvoient valoir, avant fait retirer les parties & les Avocats pour y faire plus de reflexion, les fit rappeler pour leur dire, qu'il étoit de l'équité que ces legs fussent confirmés g. Que s'il est de l'équité de faire subsister les legs dans un cas où le testateur sembloit affecter avoir son testament en rayant les noms de ses heritiers ; il y a bien plus de raison de confirmer des legs d'un testament où le testateur n'a fait aucun changement, & où rien n'est arrivé que l'injuste bizarrerie de l'heritier testamentaire, qui pouvant sans se faire tort se rendre heritier beneficiaire, prend un parti dont le seul usage seroit de faire perdre les legs, sans qu'il lui en revînt aucun avantage. Il est vrai que dans le cas de cette Loi c'étoit la cause du Fisque contre les légataires & que cet Empereur préfera l'interêt des légataires à celui du Fisque ; mais il pouvoit faire cesser le droit du Fisque sans faire subsister les legs, & laisser à l'heritier légitime l'heredité entiere. Ainsi le principe d'équité qui fonda sa décision pourroit bien aussi justement décider pour les légataires dans le cas où leur droit n'est mis en doute que par le fait de l'heritier, & non par aucun changement du testateur ; car dans ce cas la condition des légataires est plus favorable que dans celui où le testateur rayant les noms des heritiers donnoit lui-même atteinte à son testament.

C'est par toutes ces considérations qu'on a crû que cette regle du Droit Romain, qui annulloit les legs par le défaut d'adition de l'heredité ne convient pas à notre usage. Ce qu'on pourroit encore fonder sur une regle du Droit Romain qui veut que les legs soient acquis aux légataires dès le moment de la mort du testateur sans attendre que l'heritier accepte l'heredité, & que s'il vient à mourir avant l'adition d'heredité, ils transmettent leur droit sur leurs legs à leurs heritiers h. Ce seroit une conséquence assez naturelle de ce principe, que puisque le légataire a son droit acquis avant l'adition d'heredité, il ne le perdît pas par le défaut de l'adition ; surtout dans notre usage, qui prefere toujours l'équité naturelle aux subtilités. A quoi on peut appliquer ces paroles de la même Loi qu'on vient d'expliquer : In re dubia benigniorem interpretationem sequi non minus justius est quàm tutius. C'est-à-dire, que dans les doutes le meilleur & le plus sûr est de suivre ce qu'il y a de plus équitable.

Il faut enfin remarquer sur ce qui regarde la validité des legs dans les cas où l'heritier renonce à l'heredité, que par la Novelle première de Justinien chapitre premier, si l'heritier ou un des heritiers chargé de legs differoit de les acquitter pendant une année, il étoit privé de son droit à l'heredité qui passoit à l'heritier substitué, s'il y en avoit, & à son défaut au coheritier, & au défaut d'heritiers testamentaires aux heritiers légitimes, toujours à la charge d'acquitter les legs. Et s'il n'y avoit ni substitué, ni coheritier testamentaire, ou qu'ils ne voulussent point accepter l'heredité, & que l'heritier ab intestat la refusât aussi, les biens passoient aux légataires & fideicommissaires. Il semble qu'il seroit bien du même esprit qui portoit à cette multitude de précautions pour faire acquitter les legs, qu'ils ne fussent pas plus anéantis dans le cas où l'heritier renonce à l'heredité, que dans le cas de cette Novelle où les heritiers appellés au défaut de l'heritier qui est en demeure, renoncent aussi, & où la Loi met tout en usage pour faire que les legs ne périssent point.

h V. l'article 1. de la Section 9. des Legs.

X X.

Lorsque le testament est annullé par un changement d'état du testateur qui l'ait mis dans l'incapacité d'avoir des heritiers, ainsi qu'il a été dit dans l'article 11. ce testament ne sera pas seulement nul pour l'institution d'heritier, le testateur ne pouvant en avoir aucun ; mais aussi pour toutes les autres dispositions les plus favorables : car son incapacité les rend toutes nulles a.

margin note: 20. L'incapacité survenue au testateur annulle toutes les dispositions du testament.

a Initium sit testamentum quoties ipsi testatori aliquid contigit, quod, si civitatem amittat. l. 6. §. 5. ff. de inj. rupt. irr. fac. test. Voyez l'article 11.

X X I.

Si le testateur déchire l'original de son testament, ou s'il y raye ou barre les seings, ou met autrement ce testament en tel état par des ratures & effaçures qu'il paroisse que son intention a été de l'anéantir ; il de-

margin note: 21. Le testateur peut annuller son testament en le déchirant

c l. 48. ff. de fidej. l. 8. C. ad Senat. Vell.
d l. 7. §. 1. ff. de recept.
e l. 34. C. de donat. l. 36. in f. cod. Nov. 162. c. 1. §. 2. Par notre usage toute donation non insinuée est entierement nulle.
V l'article 11. de la Section 1. des Donations, p. 196.
f. V. l. 1. §. 1. & seq. C. de caduc. toll.
g l. 3. ff. de his quæ in test. del. ut d. vel in. er.

meutera nul, encore qu'il n'y ait pas d'autre testament *b*.

b Si signa turbata sint ab ipso testatore , non videtur signatum. .12. § 3. ff. qui testam. fac. poss.
Siquidem testator linum vel signacula inciderit, utpote ejus voluntate mutata, testamentum non valere. l. 30. C. de testam.

XXII.

Si le testament n'avoit été ou déchiré ou raturé que par quelque hazard , quelque imprudence , ou quelque malice , contre l'intention du testateur , & que la vérité de ce fait parût bien prouvée ; il ne laisseroit pas d'avoir son effet, si ce qui pourroit en rester expliquoit assez les dispositions du testateur *c*. Mais s'il y avoit quelque clause effacée de sorte qu'on ne pût en lire ce qui seroit nécessaire pour la faire entendre, l'impossibilité de sçavoir au vrai ce qu'il avoit écrit ou faire écrite , en empêcheroit l'exécution *d*.

c Siquidem testator linum vel signacula inciderit, vel abstulerit, utpote ejus voluntate mutata testamentum non valere. Sin autem ex alia quacumque causa hoc contigerit , durante testamento scriptos hæredes ad hæreditatem vocari. l. 30. C. de testam.
Quæ in testamento legi possunt , ea inconsulto deleta & inducta, nihilominus valent. l. 1. ff. de his quæ in testam. del.
Quod igitur incautè factum est , pro non facto est , si legi potuit. d. l. § 1.
d Sed si legi non possunt quæ inconsultò deleta sunt, dicendum est non deberi. d. l. 1. §. 2.
Sed consultò quidem deleta exceptione petentes repelluntur : inconsultò verò non repelluntur , sive legi possunt, sive non possunt : quoniam si totum testamentum non exstet , constat valere omnia quæ in eo scripta sunt. d. l. 1. §. 3.
Si les Notaires ou les témoins sçavoient ce que contenoit l'endroit effacé contre l'intention du Testateur , & que les circonstances pussent favoriser la preuve que pourroit faire leur déclaration , il semble que dans ce cas leur témoignage devroit être reçu. Ce qui seroit conforme à ce dernier texte , où il est dit que ce qui est effacé sans dessein du testateur , & qu'on ne peut lire , doit être exécuté. Car on ne peut l'exécuter si on ne le sçait : Et si on ne peut le lire , on ne peut le sçavoir que par la déclaration du Notaire & des témoins qui peuvent le sçavoir. Et cette preuve n'auroit rien de contraire aux Ordonnances & à notre usage.

XXIII.

Si après que le testament est entierement écrit & signé , & que les témoins se sont retirés, le testateur vouloit y faire quelque changement , il ne le pourroit que par une nouvelle disposition faite dans les formes. Mais si sans intention de changer rien d'essentiel , il vouloit seulement ajouter quelques mots pour éclaircir une expression obscure ou équivoque , comme si ayant légué un attelage de chevaux en ayant plus d'un , ou une tapisserie pour marquer laquelle de plusieurs qu'il auroit , ou ayant fait un legs à une personne qui ne seroit pas assez désignée , il expliquoit ou en marge , ou au bas de son testament , quel attelage de chevaux ou quelle tapisserie il auroit voulu donner , ou marquoit plus précisément les qualités qui distingueroient ce légataire ; des additions de cette nature , ou d'autres semblables, n'annulleroient pas le testament. Car elles ne changeroient rien à la volonté du testateur , & ne contiendroient aucune nouvelle disposition ; mais expliqueroient seulement quelque obscurité de celles qu'il avoit déja faites , & qui sans cet éclaircissement auroient fait naître après sa mort des difficultés pour juger par des interpretations & des réflexions sur les circonstances quelle auroit été son intention *e*.

e Si quid post factum testamentum mutari placuit , omnia ex integro facienda sunt. Quod verò quis obscurius vel nuncupat , vel scribit , an post solennia explanare possit , quæritur , ut putà Stichum legaverat , cùm plures haberet , nec declaravit de quo senti-ret : Titio legavit ; cùm multos Titios amicos haberet : erraverat in nomine, vel prænomine , vel cognomine , cùm in corpore non errasset : poterit ne posteà declarare de quo senserit ? & puto posse. Nihil enim nunc dat : sed datum significat. Sed etsi notam posteà adjecerit legato , vel sua voce , vel litteris , vel summam , vel nomen legatarii , quod non scripserat , vel nummorum qualitatem : an rectè fecerit ? & puto etiam qualitatem nummorum posse posteà addi. Nam etsi abjecta non fuisset , utique placeret conjectionem fieri ejus quod dereliquit , vel ex vicinis scripturis , vel ex consue-tudine patrisfamilias. l. 21. §. 1. ff. qui testam. fac. poss.

XXIV.

Dans les questions où il s'agit de l'égard qu'on doit avoir aux ratures , effaçures, addition ou autres changemens qui peuvent se rencontrer dans un testament , & de juger de l'effet qu'ils doivent avoir , il faut distinguer ce qui peut avoir été fait dans le tems même du testament , & approuvé en présence du Notaire & des témoins , & ce qui pourroit avoir été fait ensuite , après que le testament auroit été parfait. Dans le premier cas tout ce qui est approuvé fait partie du testament. Et dans le second , il faut distinguer ce qui seroit fait après le testament par le testateur même , soit pour donner quelque éclaircissement , comme dans le cas de l'article précédent , ou par mégarde : ou à dessein d'annuller le testament par des ratures qui dussent avoir cet effet , ou par d'autres vûes , & ce qui seroit fait par d'autres personnes , ou sans dessein , ou par malice , ou pour faire quelque fausseté. Et c'est par ces diverses vûes ; & les regles précédentes , qu'on peut juger dans les circonstances quel doit être l'effet de ces changemens *f*.

f De his quæ interlita sive suprascripta dicis, non ad juris solemnitatem , sed a fidei pertinet quæstionem. Ut apparet , utrum testatoris voluntate emendationem metuerint , vel ab altero inconsultò deleta sint , an ab aliquo falsò hæc fuerint commissa. l. 12. C. de testam.

XXV.

Comme le testament ne doit contenir que la volonté du testateur qui doit être libre ; s'il étoit prouvé qu'un testateur eût été obligé par quelque violence , ou autre voye illicite , à faire un testament , ou d'autres dispositions à cause de mort , non seulement elles seroient nulles , mais l'auteur de cette entreprise en seroit puni comme d'un crime , selon la qualité du fait & les circonstances *g*.

g Civili disceptatione crimen adjungitur , si testator non suâ sponte testamentum fecit , sed compulsus ab eo qui hæres est instituitus , vel à quol bet alio , quos noluerit , scripsit hæredes. l. 1. C. si quis aliq. test. prohib. vel coeg.
V. l'art. 10. de la Section 3. des Héritiers en général , p. 330.

☞ Il ne faut pas confondre avec les voyes illicites dont il est parlé dans cet article , quelques voyes dont plusieurs se servent pour attirer les dispositions d'un testament comme des services , des offices , des caresses ; des flateries , des présens , l'interposition de personnes qui leur ménagent la bonne volonté du testateur ; & s'engagent à quelque disposition à leur avantage. Car encore que ces sortes de voyes puissent blesser ou l'honnêteté , ou la conscience , ou l'une & l'autre ; les loix des hommes n'y ont pas imposé de peines. Et lorsque ces sortes d'impressions ont eu le succès de porter le testateur à faire volontairement les dispositions dont on le prioit , elles deviennent sa volonté , & le motif des voyes qui les ont attirées ne les rend pas nulles ; puisqu'il suffit qu'il ait disposé librement. Ainsi ce lieu commun de tous ceux qui se plaignant des dispositions d'un testament disent qu'il a été suggéré , n'est qu'un moyen vague & inutile , s'il n'est fondé sur les circonstances de quelque voye illicite , & si le testament n'a été en effet suggéré de telle maniere que le testateur n'eût pas expliqué lui-même ses intentions ; mais que par exemple , des personnes abusant de la foiblesse d'un malade à l'extrémité , eussent concerté un testament qu'on lui eût présenté , lui demandant , après le lui avoir lû , s'il ne vouloit pas en approuver les dispositions , & qu'il eût dit qu'oui. Ce qui seroit une suggestion véritablement illicite , & qui étant prouvée annulleroit de pareilles dispositions. V. l'article 27. de cette Section ; & l'article 8. de la Section 1. des Testamens. p. 392.

XXVI.

Il faut mettre au nombre des dispositions qui doivent être annullées celles qu'un testateur voulant révoquer en seroit empêché par violence ou quelque autre voye illicite, de la part des personnes qui devoient profiter de ces dispositions. Car à leur égard , s'en rendant indignes , ils les rendroient nulles suivant la regle qui a été expliquée en son lieu *h*.

XXVII.

27. Les dispositions aisnées par quelque offece ou service ne sont pas nulles.

Il ne faut pas mettre au nombre des voyes illicites qui peuvent annuller un testament, les honnêtetés, les offices, les services qu'un parent peut rendre à son parent, un ami à son ami, une femme à son mari, un mari à sa femme, pour en mériter quelque bienfait, ou pour prévenir des dispositions à son préjudice qui pourroient être l'effet de quelques mauvais sentimens que de faux rapports ou d'autres causes auroient inspirés, & qu'on voudroit faire cesser, en attirant d'autres opposés par ces sortes d'offices *i*.

i Viram, qui non per vim, nec dolum quominus uxor contra eum, mutata voluntate codicillos faceret, intercesserat, sed (ut fieri adsolet) offensam ægræ mulieris maritali sermone placaverat, in crimen non incidisse, respondi. Nec ei quod testamento fuerat datum, auferendum. *l. ult. ff. si quis aliq. test. prohib. vel coeg.*
Judicium uxoris postremum in se provocare maritali sermone non est criminosum. *l. ult. C. eod.*
Voyez la remarque sur l'article 25.

SECTION VI.

Des Regles de l'interprétation des obscurités, ambiguités, & autres défauts d'expression dans les Testamens.

Après avoir expliqué la nature & les formes des testamens, & les diverses causes qui peuvent les annuller, il faut maintenant expliquer les regles nécessaires pour donner aux testamens qui subsistent leur juste effet par l'interprétation des clauses qui peuvent donner sujet à quelque difficulté ou à quelque doute, soit pour ce qui peut regarder l'institution d'héritier, ou pour les autres dispositions.

Les difficultés qui peuvent demander quelque interprétation dans les testamens sont de deux sortes. L'une de celles qui naissent de quelque obscurité, de quelque ambiguité, ou de quelque autre défaut d'expressions : & l'autre de celles qui peuvent naître d'ailleurs que d'un vice d'expression, & qui obligent à découvrir l'intention du testateur par d'autres voyes que par la connoissance du sens des paroles. Les difficultés de la premiere sorte feront la matiere de cette Section, & celles de la seconde seront expliquées dans la Section suivante.

On peut rapporter à ces deux sortes de difficultés quelques-unes des regles qui regardent l'interprétation des conventions, & aussi quelques-unes de celles qui regardent l'interprétation des Loix. Et il sera facile de reconnoître quelles sont celles de ces regles qu'on peut appliquer ici par la simple lecture de la Section 2. des Conventions, & de la Section 2. des Regles du Droit.

Il faut entendre toutes les regles expliquées dans cette Section & dans la suivante non-seulement des testamens, mais aussi de toutes les autres dispositions à cause de mort, quoiqu'il n'y soit parlé que des testamens.

SOMMAIRES.

1. *Trois sortes d'expressions.*
2. *Premiere sorte d'expressions, celles qui sont claires.*
3. *Seconde sorte d'expressions, celles qui n'ont aucun sens.*
4. *Troisieme sorte d'expressions, celles qui sont obscures.*
5. *Premiere regle de l'interprétation des testamens, la volonté du testateur.*
   L'incertitude de l'expression s'explique par l'intention du testateur.
   Une fausse désignation ne nuit pas à une disposition d'ailleurs assez claire.
   Les obscurités & ambiguités s'expliquent par les circonstances.
6. *Interprétation d'un legs qui se rapporte à deux choses & qu'il faut fixer à une.*

7. *L'erreur dans le nom de la chose leguée ne nuit pas au legs.*
8. *On peut suppléer les mots nécessaires, & qui sont le sens.*
9. *Exemple d'une conjecture pour découvrir l'intention incertaine du testateur.*
10. *Autre exemple de l'interprétation d'une expression défectueuse.*
11. *Les legs d'une maison comprend le jardin qui en fait partie.*
12. *On n'interprete pas ce qui est évident par les termes.*
13. *Le mot d'enfans ne s'entend que des légitimes.*
14. *Egard qu'il faut avoir à la destination du testateur.*
15. *Idem, exemples.*
16. *Diverses vûes pour connoître l'intention du testateur.*

I.

IL faut distinguer trois sortes d'expressions dans les testamens. La premiere, de celles qui sont parfaitement claires : la seconde, de celles qui sont si obscures qu'il est impossible d'y donner un sens; & la troisieme, de celles où il se trouve quelque obscurité, quelque ambiguité, ou quelque autre défaut qui peut en rendre le sens incertain. Et chacune de ces sortes d'expressions a ses regles propres qui seront expliquées dans cette Section *a*.

1. Trois sortes d'expressions.

a Voyez les articles qui suivent.

II.

Les expressions parfaitement claires, ne souffrent point d'interprétation pour en faire connoître le sens, puisque leur clarté le rend évident. Et si la disposition du testateur s'y trouve expliquée bien nettement & précisément, il faut s'en tenir au sens qui paroît par l'expression *b*.

2. Premiere sorte d'expressions, celles qui sont claires.

b Cùm in verbis nulla ambiguitas est, non debet admitti voluntatis quæstio. *l. 25. §. 1. ff. de leg. 3.*
Cùm enim manifestissimus est sensus testatoris, verborum interpretatio nusquam tantùm valeat, ut melior sensu existat. *l. 3. in f. C. de lib. præter. vel exhæred.* V. l'art. 15. & l'art. dernier.

III.

Les expressions qui ne pourroient avoir aucun sens sont rejettées comme si elles n'avoient point été écrites, & n'empêchent pas que toutes les autres n'ayent leur effet *c*.

3. Seconde sorte d'expressions, celles qui n'ont aucun sens.

c Quæ in testamento scripta essent, neque intelligerentur quid significarent, ea perinde sunt ac si scripta non essent : reliqua autem per seipsa valent. *l. 2. ff. de his quæ pro non script.*

IV.

Les expressions où il se rencontre quelque obscurité, quelque ambiguité, quelque équivoque, ou autre défaut qui peut en rendre le sens incertain, doivent s'interpréter par les regles qui suivent *d*.

4. Troisieme sorte d'expressions, celles qui sont obscures.

d V. les articles suivans.

V.

Comme les Loix permettent aux testateurs de disposer de leurs biens par un testament, il s'ensuit que la volonté du testateur y tient lieu de loi *e*. Ainsi la premiere regle de toute interprétation dans les testamens est qu'il en faut expliquer les difficultés par cette volonté même du testateur, autant que toute la teneur du testament, & les autres preuves qu'on pourra en avoir la feront connoître, & qu'elle se trouvera juste & raisonnable, & n'aura rien de contraire aux Loix & aux bonnes mœurs *f*. Et c'est à cette premiere regle que se réduisent toutes les autres qui regardent l'interprétation des testamens *g*, comme il se verra dans toute la suite de cette Section & de la suivante.

5. Premiere regle de l'interprétation des testamens, la volonté du testateur.

e V. les articles 1. & 7. de la Section premiere.
f Testamentum est voluntatis nostræ justa sententia. *l. 1. ff. qui test. fac. poss.* Quæ facta lædunt pietatem, existimationem, verecundiam nostram, & ut generaliter dicam contra bonos mores fiunt nec facere nos posse credendum est. *l. 15. ff. de condit. instit.*
g Semper vestigia voluntatis sequimur testatorum. *l. 5. C. de necess. serv. hæred. instit.*

II

Il y a cette différence entre les conventions & les teſtamens, pour ce qui regarde les manieres de les interpreter, que dans les conventions il faut différemment conſiderer ou la volonté commune de ceux qui traitent enſemble, ou la volonté ſeule de l'un des deux ſans égard à celle de l'autre, ſelon les principes qu'on a expliqué dans la Section 2. des conventions. Mais dans les teſtamens où le teſtateur explique ſeul ſa volonté, c'eſt toujours cette volonté ſeule qui eſt l'unique regle. Voyez les textes citez ſur l'article 7. de la Section 1.

VI.

6. L'incertitude de l'expreſſion s'explique par l'intention du teſtateur.

S'il ſe trouve dans un teſtament quelque ambiguité, ou autre défaut d'expreſſion qui pût avoir un ſens différent de la volonté du teſtateur d'ailleurs bien connue, il faut préferer l'intention du teſtateur à cet autre ſens. Ainſi, par exemple, ſi celui qui vouloit inſtituer un héritier, s'eſt contenté de le nommer par ſon ſurnom, ſans y ajouter ou ſa qualité ou d'autres circonſtances qui le diſtinguent d'autres perſonnes qui auroient le même nom; on jugera par les liaiſons d'amitié ou de parenté que pouvoit avoir le teſtateur avec l'un de deux ou pluſieurs de ce même nom, lequel il aura voulu nommer pour ſon héritier. Ainſi, pour un autre exemple, ſi le teſtateur avoit erré dans le nom de ſon héritier, le nommant Jacques pour Jean, & qu'il y eût une autre perſonne du nom & ſurnom dont le teſtateur ſe ſeroit ſervi, mais à qui les qualitez qu'il conſideroit pour le choix de ſon héritier ne conviennent pas, ces mêmes circonſtances d'amitié, de parenté, ou les autres qui pourroient diſtinguer celui qu'il auroit voulu nommer héritier, le feroient préferer à celui qui ne ſe trouveroit nommé que par une erreur contre l'intention de ce teſtateur. Et il en ſeroit de même d'une pareille erreur qui regarderoit quelque légataire *h.*

b Si quidem in nomine, cognomine, prænomine, agnomine, legatarii teſtator erraverit, cùm de perſona conſtat, nihilominus valet legatum. Idemque in hæredibus teſtator, & rectè. Nomina enim ſignificandorum hominum gratia reperta ſunt: qui ſi alio quolibet modo intelligantur, nihil intereſt. l. 4. C. de teſtam. Si in perſona legatarii deſignandi aliquid erratum fuerit, conſtat autem cui legare voluerit: perinde valet legatum, ac ſi nullus error intervenerit. l. 17. §. 1. ff. de condit. & demonſtr. Voyez l'article 16. de la Section 2.

VII.

7. Une fauſſe deſignation ne nuit pas à une diſpoſition d'ailleurs aſſez claire.

Si le teſtateur s'étant aſſez expliqué, ſoit de la perſonne de ſon héritier, ou d'un légataire, ou de la choſe leguée, avoit ajouté pour mieux déſigner ou les perſonnes ou les choſes, quelque qualité ou autre marque qui ſe trouvât fauſſe, comme ſi ayant nommé l'héritier ou un légataire, il y ajoutoit ces mots, *qui eſt le fils d'un tel ou d'un tel pays:* ou qu'ayant legué un fonds marqué par ſon nom, ou par ſa ſituation, ou autrement, il avoit ajouté, *qu'il avoit acheté ce fonds d'une telle perſonne;* toutes ces additions, quand elles ſe trouveroient fauſſes, ne changeroient rien aux diſpoſitions d'ailleurs aſſez claires. Car ſi les perſonnes ou les choſes ſont aſſez déſignées par une premiere expreſſion, ce qui eſt ajouté pour le mieux marquer étant ſuperflu, ne ſera qu'une erreur qui ne pourra nuire *i.*

i Falſa demonſtratio non perimit legatum. l. 75. §. 1. ff. de leg. 1. Placuit falſam demonſtrationem legatario non obeſſe: nec in totum falſum videri, quod veritatis primordio adjuvaretur. l. 76. §. 3. ff. de leg. 2.
Si in patre vel patria, vel alia ſimili aſſumptione falſum ſcriptum eſt, dum de eo qui demonſtratus ſit conſtet, inſtitutio valet. l. 48. §. ult. ff. de hæred. inſtit. Huic proxima eſt illa juris regula, falſa demonſtratione legatum non perimi. Veluti ſi quis legaverit: Stichum ſervum meum vernam do, lego. Licèt enim non verna, ſed emptus ſit, ſi tamen de ſervo conſtat, utile eſt legatum. Et conveniente, ſi ita demonſtraverit, Stichum ſervum quem à Seio emi, ſitque ab alio emptus utile eſt legatum, ſi de ſervo conſtat. §. 30. inſt. de legat. Demonſtratio falſa eſt. Veluti ſi ita ſcriptum ſit, Stichum quem Titio emi, fundum Tuſculanum qui mihi à Seio donatus eſt. Nam ſi conſtat de quo homine, de quo fundo ſenſerit teſtator, ad rem non pertinet, ſi is quem emiſſe ſignificaverit donatus eſſet; aut quem donatum ſibi ſignificaverit, emerit. l. 17. ff. de condit. & demonſtr. l. 10. ff. de aur. arg. V. l'article 5. & l'article 11. de la Section 8.

VIII.

8. Les obſcuritez & ambiguitez.

S'il y a dans un teſtament des expreſſions qui ne ſoient pas déterminées à un ſens précis, par la ſignification naturelle des termes, & qu'il y ait quelque ob-

---

ſcurité, quelque ambiguité, ou autre défaut qui rende incertain ce que le teſtateur a voulu exprimer, ces ſortes d'expreſſions ſeront interpretées par les preuves que pourront donner de ſa volonté les différentes circonſtances qui pourront y ſervir, & le diſcernement de l'effet de ces circonſtances par l'uſage des regles qui ſuivent *l.*

s'expliquent par les circonſtances.

l Cùm in teſtamento ambiguè, aut etiam perperam ſcriptum eſt benignè interpretabitur, & ſecundùm id quod credibile eſt cogitatum, credendum eſt. l. 24. ff. de reb. dub.
In ambiguo ſermone non utrumque dicimus, ſed id duntaxat quod voluimus. l. 3. ff. de reb. dub. V. les articles ſuivans.

IX.

9. Interpretation d'un legs qui ſe rapporte à deux choſes, & qu'il faut fixer à une.

Si le teſtateur s'eſt exprimé dans un legs, de ſorte que ſon expreſſion ſemble convenir à deux choſes dont une ſeule ait été celle qu'il avoit en vûe, & qu'il n'ait pas aſſez déterminé laquelle des deux il vouloit donner; on jugera de ſon intention par les circonſtances qui pourront y ſervir. Ainſi, par exemple, ſi un teſtateur qui avoit deux tableaux, l'un d'un Saint Jean de Raphaël, l'autre d'une Bataille de Rubens, n'ayant que ces deux pieces de ces deux Peintres, avoit legué ſa Bataille de Raphaël; l'expreſſion du nom du Peintre marqueroit le Saint Jean, & celle de l'hiſtoire du tableau marqueroit la Bataille. Ainſi cette expreſſion auroit quelque rapport à l'un & à l'autre, & il ſembleroit que le légataire pourroit demander un tableau de Raphaël. Mais parce que l'hiſtoire du tableau de la Bataille le déſigneroit plus ſenſiblement que le nom de Raphaël celui de Saint Jean, & que ces tableaux ſeroient plus diſtinguez par leurs ſujets ſi différens que par les noms & les mérites différens des Peintres; le légataire auroit la Bataille, quoiqu'elle fût d'autre main que de Raphaël *m.*

m Qui habebat flaccum fullonem, & Philonicum piſtorem, uxori flaccum piſtorem legaverat: quod eorum, & num utque deberetur? Placuit primò eum legatum eſſe quem teſtator legare ſenſiſſet. Quod ſi non appareret, primùm inſpiciendum eſſe, an nomina ſervorum dominus vota habuiſſet: quod ſi habuiſſet, eum deberi, quod nomina eſſet: tametſi in artificio erratum eſſet. Sin autem ignorata nomina ſervorum eſſent, piſtorem legatum videri, perinde ac ſi nomen ei adjectum non eſſet. l. penult. ff. de reb. dub.

☞ Si on ſuppoſe pour un autre exemple, qu'un teſtateur qui avoit un cheval d'Eſpagne noir & un Barbe blanc, eût legué ſon cheval d'Eſpagne blanc, le légataire auroit-il le cheval d'Eſpagne, ou le Barbe? l'eſpece marqueroit le cheval d'Eſpagne, & la couleur le Barbe: ce qui pourroit fonder deux interprétations oppoſées. Car ſi le teſtateur ignoroit la différence entre un Barbe & un cheval d'Eſpagne, on pourroit préſumer que ce ſeroit le Barbe qu'il auroit donné, l'ayant diſtingué par la couleur qui ne pouvoit lui être inconnue. Mais ſi on ſuppoſe que le teſtateur ſçût parfaitement la différence entre un cheval d'Eſpagne & un Barbe, l'expreſſion du cheval d'Eſpagne ne ſera-t-elle point juger qu'il n'erroit pas dans l'eſpece, & qu'il vouloit en effet donner un cheval d'Eſpagne? & qu'ainſi l'erreur n'étant que dans la couleur & non dans l'eſpece, ce ſeroit une mépriſe ou de celui qui écriroit le teſtament, ou du teſtateur même, qui pour avoir ajouté la couleur auroit rendu incertaine ſon expreſſion? Ou dira-t-on que la couleur faiſant plus de diſtinction que l'eſpece même, il a legué le Barbe? Ou enfin prendra-t-on le parti de décider dans le doute en faveur de l'héritier, & lui donner le choix, par la regle expliquée dans l'article 6. & autres ſuivans de la Section 7. ou en faveur du légataire, & lui donner le choix par la regle expliquée dans l'article 10. & autres ſuivans de la même Section? Ce qui dépendroit des circonſtances qui pourroient faire préſumer en faveur du légataire; car ſi ces circonſtances ne décidoient pour lui, & que la queſtion fût en balance & dans un vrai doute, ce ſeroit l'héritier qui auroit le choix.

X.

Si celui qui voulant leguer une terre ou quelque hé-

10. *L'erreur dans le nom de la chose léguée ne nuit pas aux legs.*

ritage erre dans le nom, soit par un oubli, ou parce qu'il avoit dessein de changer ce nom, ou par quelque méprise, & donne à ce fonds le nom de quelqu'autre, mais de sorte que cette erreur paroisse d'ailleurs par les circonstances, & que sa volonté soit assez connue; le legs aura son effet pour l'héritage ou la terre qu'il a voulu donner, quoiqu'il l'ait mal nommée *n*.

n Si quis in fundi vocabulo erraverit & Cornelianum pro Semproniano nominavit, debebitur Sempronianus. *l. 4. ff. de legat. 1.*

XI.

11. *On peut suppléer les mots nécessaires, & qui font le sens.*

S'il arrive que par quelque oubli ou quelque méprise, soit du testateur s'il écrit lui-même son testament, ou de la personne par qui il le fait écrire, il manque dans quelque expression des mots nécessaires, de sorte qu'elle ne puisse avoir de sens qu'en les ajoutant, & que si on les supplée le sens soit parfait, cette omission sera réparée en y entendant ces mots qui manquoient. Ainsi, par exemple, si un testateur avoit dit, *J'institue un tel*, sans ajouter le mot *d'héritier*, on l'ajouteroit. Ainsi dans un legs où il seroit dit seulement *à un tel la somme de tant*, il seroit juste de sous-entendre les mots, *je donne & legue*. Ainsi dans toutes sortes d'expressions imparfaites, où l'on peut juger par l'expression même ou la suite du testament, quels sont les mots omis qui seroient naturellement le sens que le testateur avoit en pensée, il seroit juste de les suppléer *o*.

o Si omissa fideicommissi verba sunt, & cætera quæ leguntur cum his quæ scribi debuerant congruant, recté datum, & minus scriptum exemplo institutionis legatorumque intelligitur : quam sententiam optimus quoque Imperator noster Severus secutus est. *l. 67. §. 9. ff. de legat. 2.*
Verbum *volo* licet desit, tamen quia additum perfectum sensum facit, pro adjecto habendum est. *l. 10. C. de fideicom.*
Item Divus Pius rescripsit, *illa uxor mea est*, institutionem valere ; licet deesset *heres*. *l. 1. §. penult. ff. de hæred. instit.*
Errore scribentis testamentum juris solemnitas mutilari nequaquam potest : quando minus scriptum, plus nuncupatum videtur. Et ideo recté testamento condito, quamquam desit *hæres esto*, consequens est, existente hærede legata seu fideicommissa, juxta voluntatem testatoris, oportere dari. *l. 7. C. de test.* Voyez les articles suivans.

XII.

12. *Exemple d'une correction pour découvrir l'intention incertaine du testateur.*

Si l'expression est défectueuse, non par quelque omission d'un mot qui fût nécessaire de suppléer pour faire le sens, comme dans le cas de l'article précédent, mais par quelque incertitude ou obscurité qu'aucune expression du testament ne pût éclaircir, & dont l'explication dépendît de la connoissance de l'intention du testateur qu'il n'auroit pas assez fait connoître ; il faudroit en ce cas recourir aux autres preuves ou présomptions qui pourroient découvrir cette intention. Ainsi, par exemple, si un testateur avoit légué à quelque personne une pension annuelle sans expliquer la somme ; comme il seroit certain d'une part que ce legs devroit subsister, & incertain de l'autre à laquelle somme le testateur vouloit le fixer ; il seroit nécessaire de régler cette pension de la manière dont on pourroit juger que ce testateur la regleroit lui-même s'il étoit vivant. Ce qui dépendroit des circonstances de sa qualité, de ses biens, de celle du légataire & de ses besoins, de celle des héritiers si c'étoient des descendans ou ascendans du testateur, ou de ses collateraux, ou des étrangers : & si c'étoient des enfans, quel en seroit le nombre. Que si ce testateur avoit accoutumé de donner tous les ans à ce légataire pour son entretien ou ses alimens, on pourroit régler le legs sur le même pied de ce qu'il donnoit. *p*.

p Si cui annuum fuerit relictum sine adjectione summæ, nihil videri huic adscriptum Mela ait. Sed est verior Nervæ sententia, quod testator præstare solitus fuerat, id videri relictum : si minus, ex dignitate personæ statui oportebit. *l. 14. ff. de ann. leg.* Voyez l'article 12. de la Section 5. des Legs.

XIII.

13. *Autre exemple de l'interpré-*

On peut ajouter pour un autre exemple d'une expression défectueuse qu'il faudroit interpreter par l'intention du testateur, un legs qui seroit conçû en ces ter-

---

mes : *Je donne & legue à une telle la somme de tant, jusqu'à ce qu'elle se marie*, sans qu'il fût exprimé que cette somme lui seroit payée chaque année jusqu'à son mariage. Ce qui feroit naître la question si ce ne seroit qu'un legs de cette somme à une fois payer, ou si ce seroit un legs annuel jusqu'au mariage. Et c'est ce dernier sens que doivent avoir ces paroles, *jusqu'à ce qu'elle se marie*. Car elles doivent avoir leur sens & leur effet, & elles ne peuvent en avoir d'autre. Ainsi elles prouvent que le testateur qui a usé de cette expression, a voulu que cette somme fût payée chaque année jusqu'au mariage de cette légataire *q*, à moins qu'il n'y eût des circonstances particulieres & telles qu'on dût y donner une autre interprétation.

tation d'une expression défectueuse.

q Legatum ita est : *Attiæ, donec nubat, quinquaginta damnas esto hæres meus dare* : neque adscriptum est in annos singulos. Labeo, Trebatius præsens legatum deberi putat : sed rectius dicitur, id legatum in annos singulos deberi. *l. 17. ff. de ann. leg.*

XIV.

Si un testateur qui avoit une maison achete un jardin joignant, & fait ensuite un legs de cette maison, sans mention du jardin, on jugera par les circonstances si le jardin doit être compris dans ce legs, ou s'il ne doit pas y être compris. Car si le testateur avoit acheté ce jardin, ou pour le joindre à sa maison que celle qu'il auroit leguée, ou pour y en bâtir une séparée, ou pour quelqu'autre usage que d'accommoder la maison leguée, il pourroit n'être pas compris dans le legs. Mais si le testateur n'avoit acheté ce jardin que pour la commodité de cette maison, & pour la rendre plus saine & plus agréable, & qu'ayant fait une entrée de la maison au jardin il l'eût considéré comme une de ses dépendances, le légataire auroit le jardin avec la maison *r*. Car le testateur n'auroit fait des deux qu'un seul héritage, compris sous le nom de la maison leguée. Et c'est aussi l'usage ordinaire qu'on entend par une maison, non-seulement ce qui est destiné pour le logement, mais les cours, les écuries, le jardin & les autres dépendances & commoditez qui s'y trouvent jointes *s*.

14. *Le legs d'une maison comprend le jardin qui en fait partie.*

r Qui domum possidebat, hortum vicinum ædibus comparavit : ac posteà domum legavit. Si hortum domus causâ comparavit, ut amœniorem domum ac salubriorem possideret, aditumque in eum per domum habuit, & ædium hortus additamentum fuit, domus legato continebitur. *l. 9. §. 5. ff. de leg. 3.*
V. l'article 5. & l'article 2. de la Section 4. des Legs.
s Ex communi usu nomina exaudiri debere. *l. 7. §. 2. ff. de suppellect. leg.*
Voyez l'article suivant.

XV.

Si un testateur, ignorant le juste usage des mots, avoit fait un legs en termes qu'il croiroit comprendre de certaines choses qu'il vouloit leguer, mais que le sens naturel de ces termes ne comprendroit pas, & que dans toute la suite de son testament rien ne fît paroître cette intention, mais que seulement le légataire prétendît prouver que le testateur entendoit ces mots au sens qu'il voudroit donner à son legs; on ne recevroit pas une telle preuve pour donner à l'expression du testament un autre sens que celui des termes entendus au sens qu'ils auroient dans l'usage commun. Ainsi, par exemple, si un testateur voulant donner tous ses meubles à un légataire, s'étoit servi du mot d'utenciles qu'il croiroit les comprendre tous; ce legs seroit borné aux meubles communément compris sous ce nom. Car encore qu'il soit vrai que l'intention doive être préférée à l'expression, c'est seulement lorsque la suite du testament fait nettement connoître cette intention, mais non dans les cas où rien ne fait douter du sens de l'expression. Car alors la seule présomption qui peut être reçue, est que le testateur a dit ce qu'il vouloit dire, & qu'il n'a pas voulu dire ce qu'il n'a pas dit *t*.

15. *On n'interprete pas ce qui est évident par les termes.*

t Non aliter à significatione verborum recedi oportet, quàm cùm manifestum est aliud sensisse testatorem. *l. 69. ff. de leg. 3.*
Quod si quis cùm vellet vestem legare, suppellectilem adscripsit, dum putat suppellectilis appellatione vestem contineri, Pomponius scripsit, vestem non deberi. Quemadmodum si quis putet

auti appellatione electrum, vel auriculam contineri, vel quod eft ftultius, veftis appellatione etiam argentum continéri. Rerum enim vocabula immutabilia funt, hominum mutabilia. *l.* 4. *ff. de leg.* 1.

Servius fatetur fententiam ejus qui legaverit afpici oportere, in quam rationem ea folitus fit referre. Verùm, fi ea de quibus non ambigeretur, quin in alieno genere effent (ut putà efcarium, argentum, aut penulas & togas fupellectili quis adfcribere folitus fit) non idcircò exiftimari oportere fupellectile legata, ea quoque contineri. Non enim ex opinionibus fingulorum, fed ex communi ufu nomina exaudiri debere. *l.* 7. §. 2. *ff. de fupell. leg.*

Non videri quemquam dixiffe cujus non fuo nomine ufus fit. Nam etfi prior atque potentior eft quam vox, mens dicentis: tamen nemo five voce dixiffe exiftimatur. *d.* §. *in f.* V. l'article 2.

XVI.

16. Le mot d'enfans ne s'entend que des légitimes.

Il s'enfuit de la regle expliquée dans l'article précedent, que les expreffions doivent fe prendre au fens que donne aux termes l'ufage commun *u*. Ce qu'il ne faut pas toujours entendre du fens général & indéfini que peuvent avoir tous les mots; mais du fens qui fe rapporte au fujet de l'expreffion du teftateur, & à l'intention qu'il pouvoit avoir. Ainfi, par exemple, le mot de fils indéfiniment & en général fe dit d'un bâtard & d'un légitime; mais fi un teftateur qui auroit des enfans légitimes, ayant auffi quelqu'enfant bâtard, avoit fait quelques difpofitions où il eût nommé fes enfans ou fes fils indiftinctement, foit pour les inftituer héritiers, ou pour quelque legs: ou qu'un teftateur qui n'auroit point d'enfans, eût inftitué héritiers les enfans d'un autre, ou leur eût donné quelque legs; ces noms de fils ou d'enfans qui peuvent fe dire des enfans bâtards ne le comprendroient pas *x*. Car outre qu'on ne devroit pas préfumer que ce fût l'intention de ce teftateur; les mots de fils & d'enfans ne s'appliquent aux bâtards dans les expreffions indéfinies, que lorfqu'ils font certainement compris dans le fujet de l'expreffion. Et hors ce cas la fignification indéfinie des mots de fils & d'enfans ne leur convient que quand on y ajoute la qualité de bâtards pour les diftinguer.

u Ex communi ufu nomina exaudiri debere. *l.* 7. §. 2. *ff. de fupell. leg.*

x Filium eum definimus qui ex viro & uxore ejus nafcitur. *l.* 6. *ff. de ftatu hom.* Jufti liberi. *l.* 5. *in f. ff. de in jus voc.*

XVII.

17. Egard qu'il faut avoir à la deftination du teftateur.

Si dans l'expreffion de chofes données ou à des héritiers, ou à des légataires, il y avoit quelqu'incertitude de ce qui devroit y être compris, & de ce qui devroit en être excepté; il faudroit en regler l'étendue & fixer les bornes felon qu'on pourroit juger de ce que le teftateur y comprendroit lui-même, fi fon intention paroiffoit ou par quelque deftination qu'il en eût faite, ou par quelqu'autre voye. Ainfi, par exemple, fi un Marchand qui feroit de différens commerces en plufieurs Provinces, & qui auroit divers magafins pour les débiter, comme à Bordeaux, à Bordeaux & en d'autres Villes, avoit donné par fon teftament à l'un de fes héritiers ou à un légataire, tout le fonds de fon commerce de Rouen, & à un autre tout le fonds de fon commerce de Bordeaux: & qu'il fe trouvât à Bordeaux au temps de fa mort des marchandifes achetées par Rouen, où fe débit devoit en être fait; ces marchandifes feroient à celui qui devroit avoir le fonds du commerce de Rouen. Car encore que fe trouvant à Bordeaux au tems de la mort de ce teftateur, elles puffent fembler être du fonds de Bordeaux, la deftination qu'en faifoit ce teftateur pour le fonds du commerce de Rouen, les mettant dans ce fonds, elles appartiendroient à celui qui devroit l'avoir. Ainfi de même, s'il y avoit d'autres marchandifes achetées à Rouen pour être tranfportées à Bordeaux, elles appartiendroient à celui qui devroit avoir le fonds de Bordeaux. Et fi les marchandifes n'étant pas encore achetées, l'argent deftiné pour les acheter étoit envoyé, & fe trouvoit en nature ou en lettres de change, cet argent, quelque part qu'il fût, étant du fonds du commerce du lieu où fe feroit le débit de ces marchandifes, feroit à l'héritier ou au légataire qui auroit dû les avoir *y*.

y Ex facto proponebatur quidam duos hæredes fcripfiffe: unum

Tome I.

rerum provincialium, alterum rerum Italicarum: & cum merces in Italia devehere folerent, pecuniam miffit in provinciam ad merces comparandas, quæ comparatæ funt, vel vivo eo, vel poft mortem, nondum tamen in Italiam devectæ: quærebatur merces utrum ad eum pertinerent qui rerum Italicarum hæres fcriptus erat, an verò ad eum qui provincialium.... Rerum autem Italicarum vel provincialium fignificatione, quæ res accipiendæ fint videndum eft: & facit quidem totum voluntas defuncti. Nam quid fenfent fpectandum eft. Verumtamen hoc intelligendum erit, rerum italicarum fignificatione eas contineri quas perpetuo quis ibi habueret, atque ita difpofuit ut perpetuo haberet. Cetero quin, fi translatit in quo transtulit in alium locum non ut ibi haberet, fed ut denuo ad priftinum locum revocaret, neque augebit quò transtulit, neque minuet unde transtulit.... Quæ res in propofito quoque fuggerit, ut Italicarum rerum effe credantur hæ res, quas in Italia effe teftator voluit. Proinde & fi pecuniam mifit in provinciam ad merces comparandas, & necdum comparatæ funt, dico pecuniam quæ idcircò miffa eft ut per eam merces in Italiam adveherentur, (in) Italico patrimonio injungendam. Nam & fi defiffet in provincia de pecuniis quas in Italia exercebat, itutas & redituras, dicendum eft hanc quoque Italici patrimonii effe rationem. Igitur efficere dici, ut merces quoque iftæ quæ comparatæ funt, ut Romam veherentur, five protectæ funt eo vivo, five nondum, & five fcit, five ignoravit, ad eum hæredem pertinere cui Italicæ res funt adfcriptæ. *l.* 15. *d. l.* §. 3. *in principio.* & *in f.* & §. *penult.* & *ult. ff. de hæred. inft.*

Si tempore in quo transtulit in alium locum, non ut ibi haberet, fed ut denuò ad priftinum locum revocaret, neque augebit quo transtulit, neque minuet unde transtulit. *d. l.* 15. §. 3. *ff. de hær. d. inftit.* V. l'article fuivant.

XVIII.

18. Idem, exemples.

On peut donner pour un autre exemple de la regle expliquée dans l'article précedent, le cas où un teftateur ayant légué un héritage de campagne, & les meubles, chevaux & beftiaux qu'il avoit de coutume d'y tenir; il feroit arrivé qu'au temps de la mort de ce teftateur les chevaux d'un attelage domeftique fe fuffent rencontrez dans cette maifon, foit qu'il y eût été furpris de la mort, ou qu'ils y euffent été envoyez pour les mettre à l'herbe pendant quelque temps, ou par quelqu'autre caufe; car par cette regle ces chevaux ne feroient pas compris dans ce legs, qui ne devroit s'entendre que des beftiaux & autres chofes deftinées pour être toujours dans ce lieu. Et par cette même raifon ce legs comprendroit des chevaux de charrue deftinez au fervice de cette maifon, qui fe trouveroient ailleurs au temps de cette mort. Car les differentes deftinations du teftateur expliqueroient fon intention, & feroient connoître ce qui feroit de cette maifon, ou n'en feroit pas *z*. Et le hazard qui dans ce cas comme dans celui de l'article précedent, fait qu'une chofe deftinée pour un lieu fe trouve en un autre, n'en change pas la deftination. Ainfi pour un autre exemple de cette même regle expliquée dans l'article précedent, fi un teftateur ayant acheté par un feul contrat & pour un feul prix deux héritages de divers noms, mais qui fe joindroient, & en ayant confondu la jouiffance, les donnant à ferme par un feul bail, fous un feul de ces deux noms, ou les comprenant de même dans fon livre ou dans fes mémoires, fait enfuite un legs où il ne nomme qu'un héritage parce même nom fous lequel il avoit confondu les deux, déclarant qu'il le legue tel qu'il l'a acquis, & fans faire de réferve ni de mention d'autre héritage; ce legs dans ces circonftances comprendra les deux, qu'il ne comprendroit pas, s'il n'y avoit que la feule circonftance de l'acquifition de l'un & de l'autre par un feul contrat & un feul prix des deux *a*.

z Si fundus legatus fit eum his quæ ibi erunt, quæ ad tempus ibi funt non videntur legata. *l.* 44. *ff. de legat.* 3.

Qui faltum æftivum legavit, & hoc amplius etiam eas res legaverit quæ ibi effe folent, non videntur de illis pecoribus fenfiffe quæ hieme in hibernis, aut æftate in æftivis effe folent: fed de illis fenfit quæ perpetuo ibi funt. *l.* 67. *eod.*

Nec quod cafu abeffet, minus effet legatum: nec quod cafu ibi fit, magis effe legatum. *l.* 86. *in f. ff. de legat.* 3.

a Titio Seiana prædia ficuri comparata funt ita, lego. cum effent Gabiniana quoque fimul uno pretio comparata, non fufficere folum argumentum emptionis, refpondit, fed infpiciendum an literis & rationum appellatione Seianorum Gabiniana quoque contineantur: & utrufque poffeffionis confufi reditus titulo Seianorum accepto lati effent. *l.* 91. §. 4. *ff. de legat.* 3.

On a mis dans l'article fur le cas de ce dernier texte que les deux héritages fuffent joignant; & ce s'ils étoient fituez en divers endroits, un feul nom ne pourroit convenir à l'un & à l'autre, & leur féparation en feroit deux differens corps d'héritages qui ne pourroient être compris fous un feul nom propre.

XIX.

19. Diverses voies pour connoître l'intention du testateur.

Il résulte des regles expliquées dans les articles précédens, que dans tous les cas où il s'agit de l'interprétation des expressions d'un testateur, c'est par les preuves ou présomptions qui peuvent faire connoître son intention qu'il faut en juger; ce qui dépend des differentes circonstances qui peuvent avoir quelque rapport à la difficulté qui est à regler. Ainsi on considere les qualitez des personnes & celles des choses, si ces qualitez peuvent y servir. Ainsi on distingue les divers usages des lieux, soit pour le sens des mots, ou pour les autres difficultez que ces usages peuvent expliquer, & en particulier les usages singuliers des testateurs dans leur économie & dans leurs affaires, & on prend les éclaircissemens que peuvent donner leurs mémoires, leurs papiers journaux, & les autres circonstances semblables *b*. Mais les égards à toutes ces vûes n'ont leur usage que sous deux autres générales, qui doivent être les premieres en toute interprétation. L'une de ne pas exposer une expression claire à des interprétations contraires au sens naturel *c*: & l'autre de ne pas préferer aux présomptions raisonnables de l'intention du testateur un sens opposé, sous prétexte de s'attacher servilement au sens litteral d'une expression que la suite du testament & les circonstances obligeroient d'entendre autrement pour l'accorder avec cette intention *d*. Ainsi en général c'est de la prudence du Juge qu'il dépend de connoître si une expression doit être prise précisément au sens de la lettre, ou s'il est nécessaire ou de l'équité de l'interpréter. Et il doit discerner l'usage des regles qui doivent en faire l'interprétation *e*.

b Si numerus nummorum legatus sit, neque apparet quales sunt legati: ante omnia ipsius patrisfamilias consuetudo, deinde regionis in qua versatus est, exquirenda est: sed & mens patrisfamilias & legatarii dignitas, vel charitas & necessitudo, item earum quæ præcedunt, vel sequuntur summarum scripta sunt spectanda. *l. 50. §. ult ff. de legat. 2.*

Optimum esse Pedius ait, non propriam verborum significationem scrutari: sed imprimis quid testator demonstrare voluerit: deinde in qua præsumptione sunt qui in quaque regione commorantur. *l. 18 §. 3. in f. ff. de instruc. vel inst. legat.*

c Cum in verbis nulla ambiguitas est, non debet admitti voluntatis quæstio. *l. 25 §. 1. ff. de legat. 3.*

Voyez l'article 2. & l'article 15.

d Non enim in causa testamentorum ad definitionem utique descendendum est: cum plerumque abusive loquantur, nec propriis nominibus ac vocabulis semper utantur. *l. 69. §. 1. ff. de legat. 3.*

e Voluntatis defuncti quæstio in æstimatione judicis est. *l. 7. C. de fideicomm.*

Si outre les voyes expliquées dans cet article pour découvrir l'intention du testateur, il se trouvoit d'autre testament, quoique révoqué, on pourroit expliquer par les précedens ce qu'il y auroit d'obscur ou d'incertain dans celui qui subsisteroit, si la difficulté se trouvoit mieux expliquée dans quelqu'un des autres, pourvû que ce fût sans faire valoir ce qui en auroit été révoqué.

Pour l'usage de la regle expliquée dans cet article, il faut l'entendre au sens qui résulte de toutes celles qu'on a expliquées dans les articles précédens de cette Section, car elle s'y rapporte. V. l'article dernier de la Section suivante.

SECTION VII.

Des regles de l'interprétation des autres sortes de difficultez que celles des expressions.

OUtre les difficultez qui peuvent naître des défauts des expressions dans les testamens, il y en a d'autres qui ont d'autres causes, & qui ne sçauroient être prévenues par les dispositions les mieux expliquées. Quelques-unes naissent du changement que font des évenemens imprévûs, & qui obligent à conjecturer par les présomptions qu'on peut fonder sur les intentions connues du testateur, ce qu'il auroit reglé lui-même s'il avoit prévu ces évenemens. D'autres ont pour cause quelqu'erreur du testateur dans un fait qui lui étoit inconnu, & où ses dispositions marquent ce qu'il auroit ordonné si la verité qu'il ignoroit lui eût été connue. Et d'autres ont d'autres causes toutes differentes.

Quoiqu'il soit difficile & même impossible à ceux qui commencent de comprendre ces diverses sortes de difficultez sans quelques exemples, on ne doit pas en donner ici; car chacune doit être expliquée en son lieu dans la suite de cette Section: & on y verra les exemples nécessaires pour les bien entendre. Mais on a été obligé de marquer en général ces especes de difficultez, & d'en donner ici cette idée, pour faire comprendre la difference qui les distingue de celles qui ont fait la matiere de la Section précedente.

Il faut se souvenir ici de la derniere remarque qui a été faite dans le préambule de la Section précedente sur les regles de quelques autres titres qui peuvent avoir quelque rapport à l'interprétation des testamens.

On ne fera ici ni dans la suite de cette Section aucune division ou distinction des diverses sortes de cas où sont nécessaires les interprétations dont il y sera parlé, pour réduire ces cas à de certaines especes. Car outre que la plûpart sont telles qu'il n'est pas possible de les comprendre sous des idées propres par des caracteres précis qui les distinguent de tous les autres, & qu'il y en a même quelques-uns dont chacun seul demanderoit une espece propre; cette exactitude non-seulement seroit inutile, mais ne feroit sous l'apparence de quelque ordre qu'une véritable confusion. Et il suffit que tous les cas sont compris sous l'idée générale qu'en donne le titre de cette Section, & que sous ce titre le Lecteur aura les regles nécessaires pour cette matiere, & les exemples qui en font voir l'application, & l'usage qu'on peut en faire pour tous les cas que toutes sortes d'évenemens peuvent faire naître.

SOMMAIRES.

I.

LA premiere regle de l'interprétation des difficultez qui font la matiere de cette Section, de même que de celles qu'on a expliquées dans la précedente, est la volonté du testateur. Et soit que cette volonté puisse paroître par ses dispositions, ou par des conséquences claires & sûres qu'on puisse en tirer, ou seulement même par des conjectures; c'est toujours par la connoissance qu'on peut en avoir qu'il faut décider, en reglant la

1. Premiere regle de cette interprétation, la volonté du testateur.

difficulté de la maniere dont on peut juger qu'il l'auroit reglée, selon les vûes & les sentimens où ses dispositions marquent qu'il étoit *a*.

a Semper vestigia voluntatis sequimur testatorum. *l. 5. Cod. de incess. serv. hæred. instit.*
V. l'article 5. de la Section précedente.

I I.

2. Interpretation par la consideration du testateur pour les personnes.

Si la difficulté qui rendra nécessaire l'interprétation du testament, dépend uniquement de la consideration que le testateur peut avoir eue pour l'une des personnes interessées à cette interprétation plutôt que pour l'autre, la question sera décidée en faveur de celle de ces personnes qu'on pourra juger qu'il aura plus consideré. Ce qui dépendra ou des preuves particulieres que ses dispositions pourront en donner, ou des regles qui suivent.

b V. les articles qui suivent.

I I I.

3. Interpretation en faveur de l'heritier légitime contre un étranger.

Entre deux héritiers qu'un testateur auroit appellez à sa succession, l'un qui ne seroit pas de sa famille par un premier testament fait dans toutes les formes, & l'autre qui devoit lui succeder *ab intestat*, & qu'il auroit institué par un second testament où il manqueroit des formalitez, la confidération de l'héritier *ab intestat* rendroit sa cause si favorable au-dessus de l'autre, que comme il a été expliqué en un autre lieu, la Loi lui donneroit en ce cas la succession *c*, contre la regle qui' prefere un premier testament fait dans toutes les formes à un second où quelqu'une manque. Ce qu'on ne repete ici que pour marquer l'esprit de la Loi, qui dans les doutes favorise l'héritier du sang. D'où il s'ensuit que dans les cas où il s'agiroit d'interpreter quelque disposition d'un testateur qui regarderoit une personne de sa famille, & une autre qui lui seroit étrangere ; si tout le reste se trouvoit égal, la liaison de la parenté decideroit par la présomption que le testateur auroit plus consideré son parent qu'un autre.

c V. l'art. 5. de la Sect. 5. où il est expliqué quelles doivent être les formalitez de ce second testament.

I V.

4. Institution d'un premier heritier preferée à une seconde dans les formes.

Si celui qui avoit déja fait un testament, & appris ensuite par un faux bruit que l'héritier qu'il avoit institué étoit décédé dans un pays étranger, faisoit un second testament, où il déclarât que ne pouvant avoir pour héritier celui qu'il avoit nommé par son premier testament, il nommoit un tel, & qu'après la mort de ce testateur l'héritier institué par le premier testament vint à paroitre, il seroit preferé à celui qui n'avoit été institué dans le second que par cette erreur. Car l'expression du motif qui avoit obligé le testateur à nommer un autre héritier, feroit juger qu'il ne l'eût pas fait, si la verité lui eût été connue. Ainsi son expression marquant son erreur, auroit le même effet que s'il avoit institué ce second héritier sous cette condition qu'il ne le seroit qu'en cas que le premier fût mort en effet, & que si ce premier vivoit, il succederoit & excluroit l'autre *d*.

d Pactumeius Androsthenes Pactumeiam Magnam filiam Pactumei Magni ex asse hæredem instituerat, eique patrem ejus substituerat. Pactumeio Magno occiso, & rumore perlato quasi filia quoque ejus mortua, mutavit testamentum, Noviumque Rufum hæredem instituit, hac præfatione : quia hæredes quos volui habere mihi continere non potui, Novius Rufus hæres esto. Pactumeia Magna supplicavit Imperatores nostros, & cognitione suscepta licèt modus instituendo contineretur, quia falsus non solet obesse, tamen ex voluntate testantis, putavit Imperator ei subveniendum. Igitur pronuntiavit hæreditatem ad Magnam pertinere. *l. ult. ff. de hæred. instit.*
V. sur ce qui est dit dans ce texte, que Falsus modus non solet obesse, ce qui est dit dans l'article 21.
Si dans ce second testament le testateur n'avoit pas expliqué le motif qui l'obligeoit à nommer un autre héritier, l'erreur seule où il étoit de la mort de ce premier héritier, n'auroit pas été une raison suffisante pour annuller l'institution du second. Car quand il n'auroit eu aucune pensée de la mort du premier, il pouvoit avoir d'autres motifs de ce changement, soit qu'il eût cessé d'avoir pour lui la même consideration, ou que le second eût attiré cette seconde disposition, ou pour d'autres causes. V. l'article suivant.

V.

5. Dans le cas de l'article précedent les legs du second testament subsisteroient.

Si dans le cas de l'article précedent le second testament contenoit des legs, le premier héritier feroit tenu de les acquitter, de même que s'il y étoit nommé héritier *e*.

e Sed legata ex posteriore testamento eam præstare debere pò rinde atque si in posterioribus tabulis ipsa fuisset hæres instituta. *d. l. ult. in f. ff. de hæred. inst.*

☞ Si le cas de l'article précedent étoit arrivé, & qu'il y eût aussi des legs dans le premier testament autres que ceux du second ; ce premier héritier qui, comme il est dit dans le présent article, seroit obligé d'acquitter les legs de ce second testament, ne seroit pas tenu de ceux du premier. Car encore que son institution qui faisoit le plus essentiel de ce testament, dût subsister, & qu'elle fût chargée de ce legs du premier testament, ils seroient annullez par la régle qui veut que le second testament annulle le premier. Et cet héritier pourroit même dire que ce n'est pas par la validité de ce premier testament que son intention qu'il contenoit doit subsister, mais par l'effet de l'intention du testateur expliquée dans le second, qui marquoit qu'il ne nommoit un autre héritier que lui, qu'à cause que le croyant mort il supposoit qu'il ne pourroit lui succeder ; ce qui renfermoit la condition tacite expliquée dans l'article précedent, & la volonté du testateur, que si le premier héritier étoit vivant il lui succedât. Mais que cette condition tacite, & cette volonté du testateur, qui avoit l'effet d'annuller l'institution du second testament, & de confirmer celle du premier, ne regardoit nullement les legs de ce premier testament que le second ne confirmoit point : & qu'ainsi la révocation des legs du premier testament qui avoit été faite par le second devoit subsister, quoi que la révocation de l'institution du premier testament ne subsistât point.

On voit par cet évenement un effet bizarre qui mérite d'être remarqué. C'est que la condition de ce second héritier que le testateur avoit beaucoup plus consideré que les légataires du même testament qui l'instituoit, est bien moins avantageuse que celle de ces légataires, puisqu'ils doivent avoir tout ce que le testateur vouloit leur donner, & que lui qui devoit avoir la masse de l'hérédité n'aura rien du tout ; de sorte que l'intention de ce testateur se trouve trompée, & que la condition des légataires sera meilleure que celle de cet héritier.

On peut faire ici une derniere réflexion sur cette difference entre la condition de cet héritier & celle de ces légataires, qu'il est impossible que les Loix humaines soient assez exactes pour pouvoir servir à regler tous les cas possibles, de sorte qu'observant toujours ces Loix, soit selon la lettre ou selon l'esprit, il n'en arrive aucun inconvénient, & qu'il soit toujours tellement pourvû à toute sorte d'évenemens, que rien en aucune ne soit contraire à ce que l'équité pourroit demander ; mais on voit souvent de ces sortes d'inconvéniens qui ne peuvent avoir de remede. Et il n'y a en auroit pas d'autre en celui-ci que l'honnêteté du premier héritier qui confidérant la condition de celui dont il prend la place, & la bonne volonté que son bienfaicteur avoit pour cette personne, voulût que cette consideration lui faire quelque part des biens qu'il lui ôte. C'est à quoi l'équité & l'humanité sembleroient devoir porter ce premier héritier, sur-tout s'il avoit moins de besoin que le second des biens de l'hérédité. On connoît par l'histoire d'honnêtes Payens qu'ils n'auroient pas manqué d'en user ainsi : Et l'esprit de la Loi divine dont ils ignoroient les premiers principes, inspire à plus forte raison ces sentimens à ceux qui veulent en faire leur regle. Et c'est seulement par l'esprit de ces principes qu'il est parfaitement pourvû à tout, & de sorte que quelqu'évenement qui puisse arriver, il ne sçauroit en naître de suites qui méritent le nom d'inconvéniens.

VI.

6. L'héritier est en général plus favorisé que le légataire.

Si la difficulté qui peut dépendre de la confidération des perfonnes, fe rencontre entre l'héritier & un légataire, de forte que toute autre confidération fe trouve égale, & qu'aucune ne décidant pour l'un ni pour l'autre, le doute fe réduife à fçavoir lequel des deux doit être le plus favorifé; ce fera l'héritier. Car outreque le teftateur fa fans doute plus confideré que le légataire, il tient lieu de débiteur, & le légataire de créancier, & dans les doutes la condition du débiteur eft favorifée f. Mais fi quelques circonftances diftinguent en faveur du légataire, elles feront ceffer la préference de l'héritier; ce ne peut être bien entendu que par des exemples comme ceux qui fuivent.

f. Voyez les articles 13. & 15. de la Section 2. des Conventions, p. 22. Voyez les articles qui fuivent.

VII.

7. Premier exemple de la préference de l'héritier.

Si un teftateur qui avoit deux héritages de même nom, de prix different, en avoit légué l'un fans le diftinguer de l'autre, nommant feulement cet héritage par le nom qui étoit commun à l'un & à l'autre, & fans que rien marquât lequel des deux il vouloit léguer; l'héritier en ce cas en auroit le choix, & pourroit retenir le plus précieux, & donner le moindre. Car la queftion feroit indépendante de toute autre confidération que de celle de fçavoir qui auroit le choix, ou l'héritier ou le légataire. Ainfi dans ce doute précis, qui dépendroit uniquement de fçavoir lequel des deux le teftateur auroit le plus confideré, la regle expliquée dans l'article précedent, décideroit pour cet héritier g.

g Scio ex facto tractatum, cùm quidam duos fundos ejufdem nominis habens, legaffet fundum Cornelianum: & effet alter prætii majoris, alter minoris, & hæres diceret minorem legatum, legatarius majorem. Vulgò fatebitur utique minorem cum legaffe, fi majorem non potuerit docere legatarius. l. 39. §. 6. ff. de legat.
Si de certo fundo fenfit teftator, nec appareat de quo cogitavit, electio hæredis erit quem velit dare. l. 17. §. 1. eod.
Si quis plures Stichos habens, Stichum legaverit: fi non apparet de quo Sticho fenfit, quem elegerit debet præftare. l. 32. §. 1. eod.
V. la Section 7. du Titre des Legs, p. 481.

VIII.

8. Second exemple.

Si un teftateur qui auroit deux ou plufieurs baffins d'argent de differens prix, en avoit légué un fans marquer lequel, l'héritier pourroit ne donner que celui de moindre valeur, & il auroit par-là fatisfait au legs. Et il en feroit de même fi un teftateur qui auroit deux chevaux du même nom, comme deux coureurs ou d'autres noms propres, avoit légué un cheval, le nommant de ce nom h.

h Sed etfi lancem legaverit, nec apparet quam, æque electio eft hæredis quam velit dare. l. 37. §. 1. ff. de legat.
Si quis plures Stichos habens Stichum legaverit: fi non apparet de quo Sticho fenfit, quem elegerit debet præftare. l. 32. §. 1. eod. V. L. 4. ff. de rivi. vin. vel ol. leg. Voyez la Section 7. du Titre des Legs, p. 481.

IX.

9. Troisième exemple.

S'il arrivoit que d'un feul teftament il fe trouvât deux originaux que le teftateur auroit pû faire en même tems, l'un pour le dépofer ou au Notaire, ou à quelqu'autre perfonne, & l'autre pour le retenir: ou qu'il fe trouvât deux groffes d'un même teftament, dont la minute feroit perdue par un incendie ou autre accident, & que dans l'une des groffes, ou dans l'un des originaux, un même legs à une même perfonne fût d'une moindre fomme, & d'une plus grande dans l'autre, fans qu'il y eût aucune rature, ni foupçon d'altération ou de fauffeté; le légataire ne pourroit prétendre qu'une des deux fommes, & feulement la moindre. Car cet évenement rendant impoffible la connoiffance de l'intention du teftateur, pour décider laquelle de ces deux fommes le légataire pourroit demander, & rien ne déterminant pour lui en donner le choix, l'héritier l'auroit, & ne feroit obligé de donner que la moindre fomme i.

i Sempronius Proculus nepoti fuo falutem. Binæ tabulæ teftamenti eodem tempore exemplari caufa fcriptæ, in vulgo fieri folet, ejufdem patrisfamilias proferebantur: in alteris centum, in alteris quinquaginta aurei legati funt Titio. Quæris utrum (centum) & quinquaginta aureos an centum dumtaxat habiturus fit? Proculus refpondit, in hoc cafu magis hæredi parcendum eft: ideoque utrumque legatum nullo modo debetur, fed tantummodo quinquaginta aurei. l. 41. ff. eod. de lig. 2. V. l'art. 17. de la Section 1.

X.

10. Premier exemple où le légataire eft favorifé.

Il ne faut pas étendre la regle expliquée dans les articles 6. 7. 8. & 9. hors les cas de ces articles, ou autres cas femblables. Car fi d'autres confidérations peuvent obliger à une interprétation favorable pour le légataire, ou à quelque tempérament entre fon interêt & celui de l'héritier, la difpofition du teftateur pourra être interpretée par ces autres confidérations felon les circonftances. Ainfi, par exemple, fi un teftateur avoit légué un cheval indéfiniment & en général, ou une montre, ou une tapifferie; comme entre ces fortes de chofes il y en a de plus précieufes les unes différentes, bonnes & mauvaifes, les legs de cette nature étant des bienfaits proportionnez aux qualitez du teftateur & du légataire, & aux autres circonftances qui peuvent faire connoître l'intention du teftateur, ce feroit bleffer celle qu'il avoit pour le légataire de remettre à l'héritier le choix de la plus mauvaife d'entre ces chofes, & ce feroit bleffer fon intention pour l'héritier que de donner au légataire le choix de ce qu'il y auroit de plus précieux dans l'efpece de la chofe léguée. Ce qui oblige à regler un legs de cette nature par un tempérament qui fixe entre ces extrêmitez également injuftes & oppofées à l'intention du teftateur, un milieu qui ne bleffe ni l'interêt de l'héritier, ni la confidération que le teftateur avoit pour le légataire. Ainfi un tel legs feroit moderé à un choix honnête entre les extrêmitez de ce qu'il y auroit de meilleur & de plus mauvais, pour donner au légataire ou une montre, ou un cheval, ou une tapifferie, ou autre chofe entre plufieurs de la même efpece, telle que le demanderoient les circonftances de la qualité, de celles du teftateur, des biens de l'hérédité, & les autres qui pourroient être confidérées pour regler ce tempérament; foit qu'il y eût plufieurs de ces fortes de chofes à choifir dans l'hérédité, ou que ne s'y en trouvant point, l'héritier fût obligé d'en avoir d'ailleurs l.

l Legato generaliter relicto, veluti hominis, Caius Caffius fcribit, id effe obfervandum, ne optimus vel peffimus accipiatur. Quæ fententia refcripto Imperatoris noftri, & Divi Severi juvatur, qui refcripferunt homine legato, actorem non poffe eligi. l. 37. ff. de legat. 1. 1. V. l'article fuivant.
La regle expliquée dans cet article demande des réfexions qu'on ne met pas ici, parce qu'on les réferve à un lieu plus propre. Voyez le Preambule de la Section 7. des Legs, & les premiers articles de cette même Section 7. p. 481.

XI.

11. Second exemple.

Le tempérament qu'on vient d'expliquer dans l'article précedent pour regler ces fortes de legs indéfinis, par quelque milieu entre les interêts oppofez de l'héritier & du légataire, eft fi naturel & fi raifonnable, qu'il faudroit en ufer dans le cas même d'un legs qui laifferoit à l'héritier la liberté de donner de plufieurs chevaux celui qu'il voudroit, ou celle que bon lui fembleroit, d'autres chofes femblables, qui peuvent être non feulement de differens prix, mais de diverfes qualitez bonnes ou mauvaifes. Car cette liberté n'iroit pas au pouvoir de donner la pire de toutes, mais laifferoit feulement à l'héritier le droit de retenir les meilleures, & d'en choifir entre les moyennes une que le légataire ne pût refufer raifonnablement m.

m Si hæres generaliter fervum quem ipfe voluerit dare juffus; fciens furem dederit, itaque furtum legatario fecerit, de dolo malo agi poffe, ait. Sed quoniam illud verum eft hæredem in hoc teneri ut non poffimum det, ad hoc tenetur ut alium hominem præftet, & hunc pro noxæ deditione relinquat. l. 100. ff. de legat. 1.

XII.

12. Troisième exemple.

Si un teftateur avoit légué une penfion annuelle ou des alimens à un légataire, pour l'obliger à demeurer en la compagnie d'une autre personne cher à ce testateur; soit que le legs fût conçû en termes qui imposassent cette condition, ou qu'il fût dit que les alimens ou la pension seroit payée tant que le légataire demeureroit avec cette personne, & qu'elle vînt à mourir avant la légataire qui seroit demeuré avec elle jusqu'à sa mort; la pension ou les alimens seroient continuez, à moins que l'expression du testateur ne marquât évidemment son intention que cette mort dût les faire cesser. Car outre la faveur d'un legs de cette nature qui s'entend regulierement pour toute la vie, on pourroit dire que ce légataire auroit accompli ce que le testateur avoit en vûe pour motif du legs ; & on présumeroit justement que le legs même d'alimens qui devoient être payez tant que le légataire demeureroit avec cette personne, que l'intention du testateur étoit seulement d'obliger le légataire à y demeurer pendant qu'il viuroit *n*.

n Annua his verbis legavit : *si morentur cum matre mea, quàm hæredem ex parte instituti.* Quæsitum est an mortua matre conditio apposita defecisse videatur, ac per hoc neque cibaria, neque vestiaria his debeantur ? Respondit, secundùm ea quæ proponerentur, deberi. *l.* 10. *ff. de ann. leg. & fideicomm.*
Imperator Antoninus Pius libertis Sextiæ Basiliæ : Quamvis verba testamenti ita se habeant, *ut quoad cum Claudio Justo morati essetis, alimenta vobis & vestiarium legata sint*, tamen hanc tuisse defuncti cogitationem interpretor, ut & post mortem Justi eadem vobis præstari voluerit : respondit ejusmodi scripturam ita accipi ut necessitas alimentis præstandis perpetuò maneat. *l.* 13. §. 1. *ff. de alim. vel c.b. leg.* at. *l.* 1. *C. de legat.* Voyez l'article 12. de la Section 5, des Legs, *p.* 479.

XIII.

13. Quatriéme exemple.

Si celui qui avoit legué un fonds y fait quelque augmentation, soit qu'il y fasse quelque bâtiment, ou qu'il y ajoute quelque héritage pour l'usage d'une servitude, ou pour quelqu'autre commodité ; ces changemens & les autres semblables qui peuvent augmenter ou la valeur ou l'étendue de la chose leguée, n'auront pas l'effet de révoquer le legs, mais marqueront au contraire que le testateur a voulu l'augmenter. Ainsi l'expression du testament qui ne comprenoit pas cette augmentation faite dans la suite, s'interpretera contre l'héritier. Ainsi au contraire, si le testateur avoit diminué la chose leguée, comme s'il avoit aliéné une partie du fonds legué, ou démoli un bâtiment en tout ou en partie, le legs en seroit diminué d'autant *o*.

o Si ex toto fundo legato testator partem alienasset , reliquam dumtaxat partem deberi placet : quia etiam si adjecisset aliquid ei fundo augmentum legatario cederet. *l.* 8. *ff. de legat.* 1. *l.* 24. §. 3. & 4. *eod. l.* 10. *ff. de legat.* 2. V. l'art. 14. de la Sect. 5. *p.* 479. V. les articles 5. 6. 7. & 8. de la Section 4. des Legs, *p.* 476.

XIV.

14. Cinquiéme exemple.

Si un testateur ayant fait un legs à une femme en cas que le premier enfant qu'elle auroit fût un mâle, il arrivoit qu'elle eût d'une seule couche un fils & une fille, & que par quelqu'évenement on ne pût sçavoir si le fils seroit né avant ou après la fille ; on présumeroit en faveur de la légataire que la condition seroit arrivée *p*.

p Si ita libertatem acceperit ancilla : *si primum matrem pepererit, libera esto* : & ex uno utero matrem & fœminam pepertsset, si quidem certum est quid prius edidisset, non deber de ipsius statu ambigi, utrum libera esset nec ne : sed nec filia; nam si postea edita est, erit ingenua : sin autem hoc incertum erit, nec potest nec per subtilitatem judicialem manifestari, in ambiguis rebus humaniorem sententiam sequi oportet , ut tam ipsa libertatem consequatur, quam filia ejus ingenuitatem, quam per præsumptionem priore masculo edito. *l.* 10. §. 1. *ff. de reb. dub.*

☞ Quoique ce texte soit dans le cas d'un legs de la liberté donnée à un esclave, ce qui rendoit cette disposition favorable, il semble que la décision devroit être la même en tout autre legs qui dépendroit d'une pareille condition. Car il semble de plus que dans le cas de ce texte, quand il seroit certain que le fils ne seroit né que le dernier, on pourroit présumer que le testateur ne prévoyant pas la naissance de deux enfans d'une seule couche, avoit entendu que si du premier

accouchement il naissoit un mâle, le legs seroit dû ; & l'interpretation litterale, qui décideroit que le fils n'étant né que le dernier, la condition du legs ne seroit pas arrivée, paroîtroit une subtilité opposée au sens que marqueroit naturellement l'intention de ce testateur, qui regarderoit pour premier enfant, non celui de deux d'une couche qui naîtroit le premier, mais un mâle qui naîtroit d'un premier accouchement. Ce seroit ainsi qu'il sembleroit que dans ce doute, s'il y en avoit, la raison & l'équité interpreteroient l'intention de ce testateur. *In re dubia benigniorem interpretationem sequi non minus justius est, quàm tutius. l.* 3. *ff. de his quæ in test. del.*

XV.

15. Sixiéme exemple.

Lorsqu'un testateur legue à un domestique ou autre personne, la somme qui sera nécessaire pour lui faire apprendre un métier, il ne dépend pas de l'héritier de borner ce legs au métier que ce légataire pourroit apprendre au meilleur marché ; mais on doit le regler au métier qui conviendra le mieux à la qualité, à l'âge, à l'inclination & aux dispositions de ce légataire ; si ce n'est que ces circonstances demandassent un métier dont l'apprentissage fût d'une telle dépense, qu'on jugeât par la qualité de ce légataire & de ses biens, que son intention bornoit le legs à un apprentissage qui dût moins coûter *q*.

q Titius liber esto : *& ut cum hæres artificium doceat unde se tueri possit , peto.* Pegatus inutile fideicommissum esse ait , quia genus artificii adjectum non esset. Sed prætor aut arbiter ex voluntate defuncti , & ætate, & conditione, & natura ingenioque ejus cui relictum erit , statuet quod potissimum artificium hæres docere eum sumptibus suis debeat. *l.* 11. *ff. de legat.* 3.

XVI.

16. Exemple d'un cas où l'évenement changela disposition du testateur.

On a vû dans l'article 9. qu'il peut arriver par quelque hazard qu'il ne soit pas possible de connoître l'intention du testateur ; & il arrive aussi par d'autres sortes d'évenemens, qu'encore qu'on connoisse parfaitement cette intention, & qu'on découvre clairement tout ce que le testateur avoit eu en vûe ; l'évenement qui au lieu du cas qu'il avoit prévû, en fait naître un autre que sa disposition ne comprenoit pas, oblige à le regler d'une maniere différente de ce qu'il avoit ordonné pour le cas qu'il avoit prévû. Mais on doit prendre pour regle son intention ; de sorte qu'on ordonne sur le cas qui est arrivé ce qu'on pourra juger qu'il auroit lui-même ordonné, en y rapportant son intention sur le cas expliqué dans son testament. Ainsi, par exemple, si un testateur avoit ordonné que si au tems de sa mort il avoit un fils, il fût seul héritier : que s'il en avoit deux, ils partageassent également sa succession : que si c'étoient deux filles, elles fussent aussi héritieres par portions égales : & que s'il avoit un fils & une fille, le fils eût les deux tiers & la fille un tiers ; & qu'il arrive que ce testateur laisse deux fils avec une fille ; ce cas imprévû doit être reglé par la proportion que le testateur avoit mise entre la condition des fils & celle des filles, dans le cas où il y auroit un fils avec une fille. Et comme son intention étoit qu'un fils eût le double d'une fille, & que la condition des fils fût égale, on doit présumer que dans le cas de cet évenement il auroit donné selon cette même proportion deux cinquiémes à chacun des deux fils, & un seul à la fille ; & ce seroit ainsi qu'il faudroit partager la succession *r*.

r Clemens Patronus testamento caverat, ut si sibi filius natus fuisset, hæres esset : si duo filii, ex æquis partibus hæredes essent : si duæ filiæ similiter : filius & filia, filio duas partes, filiæ tertiam dederat. Duobus filiis & filia natis, quærebatur, quemadmodum in proposita specie partes faciemus, cum filii debeant partes, vel etiam singuli duplo plus quàm soror accipere. Quinque igitur partes fieri oportet, ut ex his binas masculi, unam fœmina accipiat. *l.* 81. *ff. de hæred. inst.*
Cette maniere d'interprétation conviendra à toutes les differentes combinaisons d'autres nombres de fils & de filles qu'un testateur pourroit laisser après sa mort : & elle a son équité sur la proportion qu'il auroit lui-même reglée. Et quoiqu'il ne soit pas sûr de supposer qu'un testateur veuille garder toujours la même proportion dans toutes les combinaisons possibles du nombre des fils & des filles , & qu'il pût augmenter ou diminuer les portions des fils & des filles par un autre

pied selon les différences de leur nombre, & changer ces portions, on ne peut pas entrer dans les conjectures de ces changemens, car elles n'auroient aucun fondement certain. Ainsi cette regle sera toujours juste dans les cas semblables. V. l'article suivant.

XVII.

17. Autre pareil exemple.

Si un testateur qui n'ayant pas encore d'enfans, laisseroit sa femme enceinte, l'instituoit héritiere avec l'enfant qui viendroit à naître, donnant un tiers à la mere si c'étoit un fils, & une moitié si c'étoit une fille, & qu'elle accouchât d'un fils & d'une fille ; le fils auroit une moitié, & la fille & la mere partageroient l'autre. Et par là l'intention de ce testateur seroit accomplie, car il vouloit que le fils eût le double de ce qu'auroit la mere, & que la mere eût autant que la fille *f*.

f V. ce même cas expliqué pour un autre usage dans l'article 5. de la Section 2. des regles du Droit, p. 6.

XVIII.

18. Autre exemple de l'interpretation à une disposition dans un cas imprévû.

Si un testateur qui avoit deux fils & une petite-fille d'un autre fils, ayant substitué ses fils l'un à l'autre en cas que le premier décedé ne laissât point d'enfans, & substitué la petite-fille à tous les deux en cas que l'un & l'autre mourussent sans enfans, il arrivoit que l'un des freres mourût laissant des enfans, & que l'autre ayant survêcu à ses neveux mourût sans enfans ; la substitution de la petite-fille auroit son effet à l'égard du dernier mort. Car encore qu'elle ne fût appellée à la substitution qu'en cas que les deux freres mourussent sans enfans, & que ce cas ne fût pas arrivé ; comme dans ces sortes de dispositions c'est l'intention du testateur qui doit servir de regle, il faut présumer que le testateur qui appelloit sa petite fille à la succession de ses deux fils après le dernier mort, si l'un & l'autre mouroient sans enfans, auroit à plus forte raison voulu dans le cas arrivé, s'il l'avoit prévû, qu'elle succedât à ce dernier mort ; & il seroit également bizarre & injuste qu'elle, qui par la disposition de son ayeul devoit avoir les deux portions, si celui de ses deux fils qui étoit mort le dernier sans enfans avoit succedé au premier qui n'en eût point eu, fût privée de la portion de ce dernier mort, à qui elle étoit substituée aussi-bien qu'à l'autre *t*.

t Cùm ita fuerat scriptum, Fidei filiorum meorum committo, ut si quis eorum sin. Liberis prior aient, suam obieit, partem suam su- [...] Defuncto altero superstite filio, no [...] pus prima quidem facie, propter conditionis verba, non admitti videbatur : sed cùm in fideicommissis voluntatem spectari convenit, ablaturam esse respondi, cessante prima substitutione, patris nepti petitionem denegari : quam totam habere voluit avus, si novissimus statu quoque portionem suscepisset. l. 57. §. 1. ff. ad Senat. Trebell.

On a mis dans le cas de cet article que les enfans du frere premier décedé fussent morts avant leur oncle. Car s'ils restoient vivans, on pourroit dire s'ils se sentiroient de plusieurs remarques sur ce texte par le premier des interpretes, qu'il seroit bien dur qu'ils fussent exclus de la succession de leur oncle par une cousine qui n'étoit substituée à ses oncles qu'en cas que l'un & l'autre mourissent sans enfans. V. l. pen. C. de impub. & al. subst.

XIX.

19. Autre exemple d'une disposition en cas imprévû.

Si un testateur avoit institué héritier un enfant qui viendroit à naître de sa fille enceinte, & qu'avant que ce testateur fît son testament, sa fille fût déja accouchée, sans qu'il l'eût appris, ne se rencontrant pas l'un & l'autre dans le même lieu ; cette institution d'un enfant à naître auroit son effet pour cet enfant quoique déja né. Car c'étoit le même à qui ce testateur vouloit faire part de son héredité *u*.

u Lucius Titius, cùm suprema sua ordinaret in civitate, & haberet neptem ex filia prægnantem, rure agentem : scripsit, id, quod in utero haberet, ex parte hæredem. Quæro, cum ipsa die qua Titius ordinaret testamentum in civitate, hora diei sexta (eodem die) elbescente cœlo, rure in civitate Mæsia masculum, an instituto hæredis valeat, cùm, quo tempore scriberetur testamentum, jam editus esset infans. Paulus respondit, infans quidem testamenti eum cum pronepotem directi videri, qui post testamentum factum nasceretur : sed si, ut proponitur) eadem die qua testamentum factum est nepos testatoris antequam testamen-

20. Autre exemple dans un autre cas imprévû.

tum scriberetur, enixa esset, licèt ignorante testatore, tamen institutionem jure factam videri, (rectè) responderi. l. 25. §. 1. ff. de lib. & post. hæred. instit.

Cet exemple paroît superflu, car il n'est pas possible que personne s'avisât de douter de la décision. Mais comme il est de la Loi, & qu'il peut servir pour l'application de la regle à d'autres cas moins évidens, on a crû devoir l'ajouter aux autres.

XX.

On peut joindre au cas expliqué dans l'article précédent un autre semblable, en ce que les termes de l'expression du testateur n'y conviennent pas à l'évenement, mais que son intention ne laisse pas d'y servir de regle. C'est un cas où un pere qui n'auroit que deux enfans en bas âge, auroit substitué un de ses parens ou amis à celui de ses deux enfans qui mourroit le dernier avant l'âge de puberté, ce qui se fait par cette espece de substitution qu'on appelle pupillaire, dont il sera parlé en son lieu *x*. S'il arrivoit en ce cas que ces deux enfans mourussent ensemble, de sorte qu'on ne pût sçavoir s'ils seroient morts l'un & l'autre dans le même instant, ou si l'un des deux auroit survêcu, comme la substitution sembleroit cesser par l'expression qui n'appelloit le substitué qu'à succeder à celui qui mourroit le dernier, puisqu'on ne peut dire qu'aucun soit mort premier ou dernier. Mais parce que l'intention du testateur étoit que le survivant des freres succedât à l'autre, & que le substitué recueillît les deux successions en celle qui seroit la derniere ouverte, la substitution au dernier mourant comprend le cas où les deux mourans ensemble aucun ne survit à l'autre ; car aucun ne reste pour exclure le substitué : & à son égard on peut considerer l'un & l'autre comme premier mort, & comme dernier, puisqu'aucun n'est mort avant l'autre, ni aucun après *y*.

x V. le Titre 2. du 5. Livre.

y Ex duobus impuberibus ei, qui supremus moreretur, hæredem substituit. Si simul moerentur : utrique hæredem esse respondit : quia supremus non is demum, qui post aliquem, sed etiam post quem nemo sit, intelligatur. Sicut & è contrario proximus non solum is, qui ante aliquem, sed etiam is, ante quem nemo sit, intelligitur. l. 34. ff. de vulg. & pup. subst.

Qui ex liberis meis impuber supremus morietur, ei Titius hæres esto. Duobus peregrè defunctis, si substitutus ignoret, uter novissimus decesserit : admittenda est Juliani sententia, qui propter incertum conditionis, etiam prioris posse peti possessionem bonorum respondit. l. 11. ff. de bon. poss. sec. tabul.

Qui duos impuberes filios habebat : ei, qui supremus moritur, Titium substituit : duo impuberes simul in nave perierunt. Quæritum est, an substituto, & cujus hæreditas deferatur. Dixi : si ordinem via decesserint : prior mortuo frater ab intestato hæres erit. Posteriori substituto : in ea tamen hæreditate etiam ante defuncti nihil habebit hæreditatem. In proposita autem quæstione, ubi simul perierunt : quia cum neutri frater superstes sit, quasi utrique ultimus decessit (sibi) videantur : an verò neutri quia comparatio posterioris decedentis ex facto prioris mortui fumitur ? sed superior sententia magis admittenda est, ut utrique hæres sit. Nam & qui unicum filium habet, si supremum moriens substituit, non videtur inutiliter substituisse. Et proximus adgnatus intelligitur etiam, qui solus est, quique neminem antecedit. Et hic utrique, quia neutri eorum alter superstes fuit, ultimi primusque obierunt. l. 9. ff. de reb. dub.

XXI.

21. Autre exemple.

Si un testateur qui n'auroit aucun enfant instituoit celui qui naîtroit de son mariage, ou faisoit quelqu'autre disposition en faveur de cet enfant ; comme s'il ajoutoit à cette institution que s'il avoit plusieurs enfans ils seroient ses héritiers, & que l'aîné auroit un préciput qu'il expliqueroit ; & qu'il arrivât que la femme de ce testateur étant morte lui laisseroit deux enfans, il en épousât une autre de qui il en eût ; ces dispositions auroient à leur égard l'effet qu'elles auroient pû avoir des enfans du premier mariage s'il y en avoit eu. Car l'intention de ce testateur regardoit les enfans qu'il pourroit avoir dans la suite *z*.

z Placet, omnem masculum posse posthumum hæredem scribere, sive jam maritus sit, sive nondum uxorem duxerit. Nam & maritus uxorem repudiare potest : & qui non duxit uxorem, postea maritus effici potest. Nam & cu à maritus posthumum hæredem scribit : non usque is solus posthumus scriptus videtur, qui ex ea quam habet uxorem, ei natus est, vel is qui tunc in utero est : verum is quoque, qui ex quacumque uxore nascatur. Ideoque qui

posthumum

posthumum hæredem inftituit, fi post teftamentum factum mutavit matrimonium : is inftiturus videtur, qui ex posteriore matrimonio natus eft. *l.* 4. *& l.* 5. *ff. de lib. & post. hæred. inftit.*

☞ On a ajouté au cas expliqué dans ce texte, qui
ne regarde qu'une fimple inftitution d'héritier, le cas
d'un préciput legué à l'aîné mâle. Car s'il n'y avoit
qu'une fimple inftitution d'un enfant ou de plufieurs
enfans, il feroit égal pour les rendre héritiers de leur
pere, qu'il n'y eût point de teftament, ou qu'il y en
eût. Ainfi ce qu'il peut y avoir de remarquable dans ce
texte, confifte à marquer que la difpofition du pere,
dont on pourroit douter qu'étant faite en vûe des enfans d'un premier mariage, elle eût fon effet à l'égard
de ceux d'un fecond, devroit être exécutée pour ceux-
ci comme elle l'auroit été pour les autres s'il y en avoit
eu. Et pour ce qui regarde la liberté d'inftituer un
posthume, qui femble le principal fujet de ce texte,
on n'en a rien mis dans l'article; car on en a parlé en
fon lieu dans l'article 22. de la Section 2. des Teftamens, & dans l'article 13. de la Section 2. des Héritiers
en général.

XXII.

22. La vali-
dité d'une dif-
pofition eft in-
dépendante
du motif ex-
pliqué par le
teftateur.

Lorfqu'un teftateur s'eft bien expliqué, foit pour
l'inftitution d'héritier, ou pour quelque legs, & qu'il
ajoute quelque motif de fa difpofition, elle ne laiffera
pas d'avoir fon effet, quand il fe trouveroit que le fait
expliqué par le teftateur comme fon motif ne feroit pas
vrai. Ainfi, par exemple, fi le teftateur ait dit, je
donne à un tel, parce qu'il m'a rendu un tel fervice,
quoique ce fervice n'eût pas été rendu, la volonté du
teftateur qui fuffiroit feule fans qu'il en rendît aucune
raifon, fera valoir cette difpofition : & le motif ajouté marque feulement, ou que le teftateur s'eft trompé,
ou qu'il a voulu rendre la difpofition plus favorable.
Mais s'il avoit expliqué fon motif de forte qu'il parût
que fon intention étoit d'en faire une condition d'où il
fit dépendre l'effet de fa difpofition, comme s'il avoit
dit, je veux qu'il foit payé à un tel la fomme de tant,
en cas qu'il fe trouve avoir fait une telle affaire, ou à
condition qu'il la faffe ; ces difpofitions & autres femblables feroient conditionnelles, & dépendroient de
l'exécution de ce que le teftateur auroit expliqué *a.*

a Quod juris eft in falfa demonftratione, hoc vel magis eft in
falfa caufa. Veluti ita : *Titio fundum do, quia negotia mea cura-*
vit. Item *fundum Titius filius meus præcipito, quia frater ejus (ipfe)*
ex area tot aureos fumpfit. Licet enim frater hujus pecuniam ex arca
non fumpfit, utile legatum. *l.* 17. §. 1. *ff. de condit. & demonft.*
Falfam caufam legato non obelle, verius eft, quia ratio legan-
di legato non cohæret. Sed plerumque doli exceptio locum habebit, fi probetur alias legatarius non fuiffe. *l.* 72. §. 6. *eod.*
At fi conditionaliter concepta fit caufa, veluti hoc modo : *Titio,*
fi negotia mea curavit, fundum do : Titius filius meus, fi frater ejus
centum ex area fumpfit, fundum præcipito : Ita utile erit legatum,
fi & ille negotia curavit, & hujus frater centum ex arca fumpfit.
d. l. 17. §. 3. V. les articles 10. & 11. de la Section 8.

XXIII.

23. Difpofi-
tions des tef-
tateurs qu'on
ne doit pas
exécuter.

On eft quelquefois obligé de ne pas fuivre les difpofitions d'un teftateur, quoiqu'il eût bien expliqué
fon intention, foit qu'on eût fujet de préfumer qu'il
eût ignoré quelque fait dont la connoiffance l'auroit
obligé à une autre difpofition, ou parce qu'en effet ce
qu'il auroit ordonné feroit injufte ou déraifonnable.
Ainfi, par exemple, fi un teftateur avoit nommé pour
la tutelle ou pour l'éducation de fes enfans une perfonne
en qui les parens & le Juge reconnoiffent de tels défauts
qu'on ne dût pas confirmer fon choix, ou fi un teftateur
avoit ordonné des dépenfes exceffives pour fa fépultu-
re, ou s'il avoit fait quelques difpofitions qui bleffaf-
fent ou les bonnes mœurs ou même le bon fens par
quelque ineptie ; toutes ces fortes de difpofitions ne
feroient point exécutées. Et il feroit pourvû ou à la tutelle des enfans, ou aux frais funéraires, ou autres
chofes qu'il y auroit à regler, foit par la famille du
teftateur, ou en Juftice, felon la qualité du fait & les
circonftances *b.*

b Utilitatem pupillorum prætor fequitur ; non fcripturam teftamenti, vel codicillorum. Nam patris voluntatem prætor ita ac-
Tome I.

cipere debet, fi non fuit ignarus fcilicet eorum, quæ ipfe prætor
de tutore comperto habet. *l.* 10. *ff. de confirm. tut.*
Nec tamen femper voluntas aut juftum (teftatoris) confervati
debet : veluti, fi prætor edoctus fi non expediret pupillum eo
morari ubi pater jufferit, propter vitium quod pater forte ignoravit in eis perfonis effe, apud quas morari juffit. Si autem pro
cibariis eorum in annos fingulos aurei decem relicti fint, five hoc
fermone fignificantur, apud quos morari mater pupillos voluerit, five ita accepimus hunc fermonem, ut ipfis filiis id legatum debeatur, utile erit. Et magis enim eft ut providentia filiorum fuorum hoc feciffe videatur. Et in omnibus ubi auctoritas fola teftatoris eft, neque omninò fpernenda, neque omninò
obfervanda eft : fed interventu judicii hæc omnia debent, fi non
ad turpem caufam feruntur, ad effectum perduci. *l.* 7. in f. *ff. de*
ann. legat. & fid.
Quid ergò fi ex voluntate teftatoris impenfum eft, fciendum eft
nec voluntatem fequendam, fi res egrediatur juftam fumptus rationem. Pro modo autem facultatum fumptum fieri. *l.* 14. §. 6. in
f. ff. de relig.
Ineptas voluntates defunctorum circa fepulturam, veluti veftes
aut fi qua alia fupervacua ut in funus impendantur, non valere
Papinianus fcribit. *l.* 113. §. ult. *ff. de legat.*

XXIV.

24. En quel
fens les tefta-
teurs peuvent
ou ne peuvent
déroger aux
loix.

Les regles qui veulent que les teftateurs ne puiffent
empêcher par leurs teftamens, que leurs difpofitions ne
foient fujettes aux loix, ni rien ordonner qui y foit
contraire *c*, ne doivent s'entendre que des difpofitions
que quelque loi rendroit illicites, & qui feroient contraires à l'efprit des loix. Ainfi, par exemple, un teftateur
ordonneroit inutilement que fon teftament ne feroit
pas nul, encore qu'il n'y eût appellé que trois témoins.
Ainfi il imposeroit inutilement, ou à fon héritier, ou
à un légataire une condition que les loix ne permet-
troient pas d'accomplir, comme s'il leguoit à un impubere à condition qu'il fût marié avant la puberté. Ainfi
un teftateur ne peut défendre à fon héritier de fe déclarer héritier beneficiaire. Car toutes ces difpofitions
feroient directement contraires & à la lettre, & à l'efprit des loix, fans autre ufage que de fatisfaire une fan-
taifie. Mais fi une difpofition d'un teftateur ne déro-
geoit à celle de quelque loi que dans un cas où l'efprit
de la loi ne fût pas bleffé, & par un motif que les loix
n'improuveroient point, ces fortes de difpofitions
n'auroient rien de contraire aux loix & fubfifteroient.
Ainfi, par exemple, encore que les loix ordonnent
que le pere ait l'ufufruit des biens acquis à fon fils non
émancipé, elles permettent à un teftateur qui voudroit leguer à un fils de famille, de priver le pere du
légataire du droit d'ufufruit fur la chofe leguée *d.* Ainfi
encore que les loix veuillent que les mineurs ne puiffent s'obliger, ni aliener leurs biens pendant leur minorité, fi un teftateur avoit legué à un mineur ou une
fomme d'argent, ou autre chofe, à condition qu'il s'o-
bligeroit envers un des créanciers de ce teftateur, ou
qu'il vendroit un de ces propres fonds pour un certain
prix à une perfonne qui feroit nommée par le teftament, ces conditions auroient leur effet, & le légataire mineur qui accepteroit le legs feroit tenu de les
accomplir, fans qu'il pût s'en décharger fous prétexte
de fa minorité, qu'en renonçant au legs, fi ces conditions le rendoient défavantageux. Ainfi en général,
dans tous les cas où il feroit queftion de fçavoir fi une
difpofition d'un teftament qui paroîtroit oppofée à
quelque loi ou y déroger, devroit fubfifter, on en jugeroit par l'efprit de cette regle, en difcernant ce qui
de foi-même feroit illicite ou contraire à la difpofition
de quelque loi entendue felon fon intention, felon
fon efprit, felon fon motif : & ce qui pourroit avoir
fon effet fans bleffer l'efprit de la loi, quoiqu'apparemment contraire à fes termes.

c Nemo poteft in teftamento fuo cavere, ne leges in fuo teftamento locum habeant. *l.* 15. *ff. de legat.* 1.
d Hoc itaque non folùm parentibus, fed etiam omni perfonæ
licere præcipimus, donare, aut etiam per ultimum relinquere voluntatem : fub hac definitione atque conditione fi voluerint, ut
pater aut qui omninò eos (quibus donatur vel relinquitur) habent in poteftate, in his rebus neque ufumfructum, neque quodlibet penitus habeant participium. *Nov.* 117. c. 1.

XXV.

S'il fe trouvoit deux teftamens différens d'une même

personne, d'une même datte, tous deux dans les for-mes, & que dans l'un le testateur eût institué d'autres héritiers que ceux qui seroient institués dans l'autre, ces deux testamens n'en feroient qu'un seul qui subsis-teroit, & tous ces héritiers partageroient la succession. Car ces testamens étant faits dans le même tems, aucun des deux ne seroit révoqué par l'autre ; & on présume-roit ou que le testateur avoit voulu tenir secrettes les dispositions de l'un de ces testamens, ne laissant paroî-tre que l'autre, ou que quelque autre motif l'avoit obligé à les diviser e.

e Sed etsi in duobus codicibus simul signatis alios atque alios hæ-redes scripserit, & utrumque extet, ex utroque quasi ex uno competit bonorum possessio, quia pro unis tabulis habendum est , & supremum utrumque accipiemus. l. 1. §. 6. ff. de bonor. possess. sec. tab.

XXVI.

Il résulte des regles expliquées dans cette Section & la précedente, que les doutes qui peuvent se rencon-trer dans les testamens, se décident différemment, se-lon les diverses causes d'où ils peuvent naître. Selon les différentes présomptions qui peuvent faire juger de l'intention du testateur, soit en découvrant ce qu'il pouvoit avoir en vûe, ou même y suppléant dans le cas où quelques-unes des regles qu'on vient d'expliquer peuvent y obliger. Selon que les dispositions des testa-mens sont conformes aux loix, ou qu'elles peuvent s'en éloigner. Et selon les autres vûes que peuvent donner les diverses regles, & que les circonstances peuvent de-mander. Ainsi quelquefois on doit suivre à la lettre les termes des expressions : & quelquefois on doit les in-terpreter ou par des tempéramens d'équité lorsqu'ils y conviennent, & sont nécessaires f, ou par la considé-ration de l'une des personnes interessées ; si le cas est tel que cette considération doive y être pesée g. Ainsi lorsque la difficulté naît de l'expression même du testa-teur, il faut la résoudre par les regles expliquées dans la Section précedente. Et si elle vient d'ailleurs que du testament, & que quelque évenement imprévû y ait donné lieu, il faut y pourvoir de la maniere dont l'é-quité peut faire juger que le testateur l'auroit fait lui-même h, selon les regles qu'on vient d'expliquer. Et en général il est du devoir du Juge & de sa prudence d'user en chaque cas des regles qui peuvent y mieux convenir i.

f In re dubia benigniorem interpretationem sequi non minus justius est quam tutius. l. 3. ff. de his quæ in testam. delent.
In ambiguis rebus humaniorem sententiam sequi oportet. l. 10. in f. ff. de reb. dub.
g V. l'article 2. & les suivans.
h In his quæ extra testamentum occurrerent, possunt res ex bo-no & æquo interpretationem capere. Ea verò quæ ex ipso testa-mento oriuntur, necesse est secundùm scripti juris rationem ex-pediri. l. 16. ff. de condit. & demonstr.
i Voluntatis defuncti quæstio in æstimatione judicis est. l. 7. C. de fideic.
V. l'article dernier de la Section précedente.

SECTION VIII.

Des conditions, charges, destinations, motifs, désignations, & termes du tems que les testa-teurs peuvent ajouter à leurs dispositions.

COmme les dispositions des testateurs doivent être proportionnées à leurs intentions qu'elles doivent expliquer, & que ces intentions se diversifient selon les differentes vûes que leur donnent les conjonctures où ils se rencontrent, & les differens égards qu'ils doi-vent avoir aux circonstances qu'ils ont à considerer, & aux évenemens qu'ils ont à prévoir ; cette diversité oblige à de differentes précautions pour l'exécution de leurs volontez. Et c'est ce qui a fait naître naturelle-ment l'usage des conditions, des charges, & des autres manieres de disposer qui font la matiere de cette Sec-tion. Ainsi les regles qui y sont expliquées regardent de même que celles des Sections précedentes, toutes

sortes de dispositions à cause de mort, institutions d'héritiers, substitutions, legs, & autres, selon que chaque regle peut se rapporter ou à toutes ces sortes de dispositions, ou à quelques-unes.

SOMMAIRES.

44. *La condition , si le testateur mouroit sans enfans,*
est arrivée . si le pere & le fils meurent en même tems.

45. *Le benefice d'âge n'accomplit pas la condition de la ma-*
jorité.

46. *Diverses manieres de pourvoir à l'exécution des condi-*
tions & autres dispositions.

47. *Un legs, en cas que l'héritier l'agrée, n'est pas condi-*
tionnel.

I.

1. *D'éfini-*
tion des con-
ditions d'as
les testamens.

LES dispositions dans les testamens sont des dispositions particulieres qui font partie de celles du testateur , & qu'il y ajoute pour regler l'effet qu'il veut y
donner , si un cas qu'il prévoit arrive , ou n'arrive point ;
soit qu'il fasse dépendre de cet évenement la validité
de ce qu'il ordonne de cette maniere , ou que seulement il veuille y faire quelque changement , selon le
cas qui arrivera. Ainsi , par exemple , un testateur peut
leguer une dot à une fille en cas qu'elle se marie , & ce
legs dépendra de l'évenement de son mariage , & n'aura son effet que quand elle viendra à se marier. Ainsi
un testateur peut leguer un fonds à condition que si le
légataire laisse des enfans , il en aura la propriété & la
leur transmettra , & que s'il n'a point d'enfans , il n'en
aura qu'un simple usufruit , & qu'après sa mort la proprieté passera à quelqu'autre. Ce qui rendra ce legs different selon que par l'évenement le légataire aura des
enfans , ou n'en aura point *a*.

a Si navis ex Asia venerit : si decem dederit : si capitolium as-
cenderit. *l.* 2. *ff. de condit. & dem.*
V. ce qui a été dit des conditions dans les conventions , Section
4. des Conventions , p. 26.

II.

2. *Défini-*
tion des char-
ges.

Les charges sont des engagemens que le testateur impose à l'héritier ou autre à qui il peut donner , comme
s'il charge son héritier ou un légataire d'un usufruit sur
quelque fonds , d'une servitude , d'une rente viagere en
faveur d'une tierce personne *b*.

b Damas esto hæres Titius sinere in illa domo habitare , quoad
vivet. *l.* 15. *ff. de usu. & usufr. leg.* Uti dent Gaio Seio sororis
meæ filio in honorem Consulatus quadringenta. *l.* 36. *ff. de condit.*
& dem.

III.

3. *Défini-*
tion des des-
tinations.

Les destinations sont les affectations aux usages que
le testateur veut être faits des choses qu'il donne. Ainsi,
par exemple , si un testateur donne une somme à un
Hôpital pour être employée à un bâtiment , ou à des
meubles , ou autre chose , c'est une destination qu'il fait
de ce legs *c*.

c Quòd si cui in hoc legatum sit , ut ex eo aliquid faceret , veluti monumentum testatori , vel opus , aut epulum municipibus,
sub modo legatum videtur. *l.* 17. *§. ult. ff. de condit. & dem.*

IV.

4. *Défini-*
tion des mo-
tifs.

Les motifs sont les causes que les testateurs expriment quelquefois pour rendre raison de ce qui les a engagez à quelques dispositions , & ils sont de deux sortes. L'une des motifs qui regardent le passé , & qui précedent la disposition du testateur : Et l'autre des motifs
qui regardent un fait à venir , & dont l'esperance ou
l'attente engage le testateur à quelque disposition. Ainsi
pour le passé , les considérations d'affection , d'estime
& de reconnoissance des bons offices & des services
rendus , sont des motifs qui obligent à instituer un héritier , ou à faire un legs *d*. Ainsi pour l'avenir , l'esperance ou l'attente qu'un parent du testateur & son
ami voudra bien se charger de la tutelle de ses enfans,
est un motif qui engage à lui faire un legs , & ces
motifs , soit du passé ou de l'avenir , peuvent rendre
les dispositions conditionnelles , ou n'avoir pas cet
effet, selon que le testateur aura exprimé son intention,
ainsi qu'il sera expliqué dans la suite *e*.

d Titio, quia me absente , negotia mea curavit , Stichum do,
lego. *§.* 31. *inst. de leg.*
e V. *l'article* 10.

V.

La désignation est une expression que le testateur
Tome I.

subsitue au lieu du nom de la personne ou de la chose
qu'il veut nommer , ou qu'il ajoute pour la spécifier plus
expressément & la distinguer. Comme si au lieu de
nommer un héritier ou un légataire , il le désigne par
sa qualité ; s'il donne au fils ainé d'un tel ; si ayant legué un héritage , il ajoute sa situation & ses confins ;
si ayant donné un tableau d'une telle histoire , il ajoute
le nom du Peintre , ou marque de qui ce tableau lui
étoit venu *f*.

5. *Défini-*
tion de la dé-
signation.

f Demonstratio plerumque vice nominis fungitur. *l.* 34. *ff. de*
cond. & dem.
Servum Stichum , quem de Titio emi , fundum Tusculanum ,
qui mihi à Seio donatus est. *l.* 17. *ff. de condit. & dem.* V. l'art. 11.

VI.

6. *Défini-*
tion des ter-
mes du tems.

Les termes du tems sont les délais que le testateur
peut ajouter à ses dispositions , soit pour en differer l'e-
xécution , ou pour en faire dépendre la validité , ainsi
qu'on l'expliquera dans l'article 12. Et ces termes ou
délais sont de deux sortes : L'une d'un tems certain ,
comme au premier jour d'une telle année , ou en tant
d'années à compter depuis un tel jour *g* : L'autre d'un
tems incertain , comme au tems de la mort d'une personne , ou au tems de son mariage *h*.

g Annua bina trina die dato. *l.* 30. *ff. de legat.* 1.
h Dies autem incertus est , cùm ita scribitur : hæres meus cùm
morietur , decem dato. *l.* 1. *§.* 2. *ff. de cond. & dem.* V. les articles 12. & 13.

VII.

7. *On con-*
fond souvent
les charges,
les destina-
tions & les
conditions.

Quoique les conditions , les charges & les destinations soient distinguées de la maniere qu'on vient d'expliquer ; l'usage du mot de condition dans notre langue
comprend souvent les charges & les destinations ; &
le mot de charge comprend aussi les conditions. Ainsi
on dit d'un legs qui charge d'une servitude le légataire d'un fonds , que ce legs est fait à condition que ce
légataire souffrira cette servitude. Ainsi on dit d'un
legs d'une somme destinée pour un bâtiment , que le
legs est fait à condition de faire bâtir. Ainsi on dit d'un
legs à condition que le légataire rende à l'héritier un
certain papier , un meuble ou autre chose , que ce legs
est fait à la charge de rendre ce papier ou ce meuble.
Et on dit enfin d'un legs destiné pour quelque acquisition , ou pour quelque ouvrage , qu'il est fait à cette
charge ou à cette condition , que l'acquisition ou l'ouvrage sera fait par celui qui en est chargé. Mais il faut
prendre garde sur cet usage qui confond ces mots en un
même sens, qu'on ne doit pas pour cela confondre les
charges , les destinations & les conditions. Car encore
qu'elles ayent souvent le même effet , leurs natures sont
differentes , & le discernement en est nécessaire pour
l'usage des regles *i* , comme on le verra dans les articles
qui suivent.

i V. les articles suivans. Cet usage des mots de charges & conditions se confond ainsi ordinairement dans notre langue.

VIII.

8. *Les char-*
ges peuvent
être conçues
ou en condi-
tions , en
simplement
en charges.

Les charges peuvent être conçues en deux manieres.
L'une , de sorte qu'elles fassent effectivement des conditions d'où l'effet des dispositions du testateur doive
dépendre ; & l'autre , de sorte qu'elles n'ayent pas l'u-
sage des conditions. Ainsi , par exemple , si un testateur legue à un créancier d'un de ses amis une somme
d'argent ou autre chose , à la charge que ce légataire
rende à cet ami l'obligation qu'il peut lui devoir , ou à
la charge qu'il se désiste d'un procès qu'il lui auroit fait ;
ces charges rendent ce legs conditionnel , & sont en
effet des conditions sans lesquelles le légataire n'aura
rien au legs. Mais si un testateur legue un fonds de mille livres de revenu , à la charge d'acquitter tous les
ans une rente de deux cens livres pour une fondation
à prendre sur ce fonds ; cette charge ne sera pas une
condition d'où dépend l'effet du legs ; mais donnera
seulement à ceux à qui cette rente devra être payée, le
droit de saisir les fruits de ce fonds , & les autres biens

du légataire, si ayant accepté le legs il n'acquitte la charge l.

l C'est une suite des articles précédens.

IX.

Les destinations de même que les charges peuvent être conçues ou en termes qui en fassent une condition, ou en avoir l'effet, ou en d'autres termes & sans cet effet. Ainsi, par exemple, si un testateur charge ses héritiers d'un legs d'une somme à une fille quand elle se mariera, pour lui tenir lieu de dot, cette destination aura l'effet d'une condition : & si cette fille ne se marie point, ou si elle meurt avant qu'elle soit en âge de se marier, ce legs sera nul m. Ainsi, au contraire, si un testateur legue une somme à un Hôtel-Dieu, pour être employée à un bâtiment, cette destination n'empêchera pas que si ce bâtiment se trouve fait d'ailleurs, ou qu'il ne soit pas nécessaire pour cet Hôtel-Dieu, la somme soit due pour quelque autre emploi d'une pareille ou plus grande utilité pour cette maison. Car l'intention du testateur n'a pas été que cette destination eût l'effet de rendre le legs conditionnel n.

m In legatis & fideicommissis etiam modus adscriptus pro conditione observatur. l. 1. C. de his quæ sub. modo.

n Pecuniam eo legatam, in id quod maximè necessarium videtur, conferre permittitur. l. 4. ff. de adim. vel adm. etc.

X.

Les motifs, comme les charges & les destinations, peuvent être conçus ou en termes qui en fassent une condition, ou en tels termes qui n'en fassent point; soit que ces motifs regardent le passé, ou qu'ils se rapportent à l'avenir. Ainsi, par exemple, si un testateur legue une somme à un de ses amis, parce qu'il a eu soin de ses affaires, ce legs ne sera pas conditionnel; & quoique le légataire n'ait pas pris ce soin, le legs sera dû & suivant la regle expliquée dans l'article 22. de la Section 7. Mais si le testateur a expliqué ce motif en termes de condition, le legs ne sera dû qu'en ce qu'il se trouve que le légataire y ait satisfait; comme si le testateur avoit dit, je legue à un tel, s'il se trouve qu'il ait fait une telle affaire. Et c'est par l'expression du testateur & les circonstances qu'il faut juger si ces sortes de legs sont purs & simples, ou s'ils sont conditionnels q. Ainsi pour l'avenir, si un testateur legue à un de ses parens ou de ses amis une somme payable après sa mort, à la charge que ce légataire aidera les enfans ou tuteur de son conseil & de ses offices dans les occasions qui en arriveront; ce motif n'engagera ce légataire que par honneur, & ce legs payable avant ses offices ne sera pas révoqué faute de les rendre. Mais si un testateur legue une somme à un homme d'affaires, afin qu'il ait soin de l'instruction, & à l'illustration d'un procès commencé ou à commencer; ce motif tiendra lieu de condition; & ce légataire n'aura le legs qu'en l'accomplissant selon la disposition du testateur & l'état des choses. Ainsi, pour un autre exemple, si un testateur legue une somme à un de ses parens ou de ses amis, pour l'obliger à accepter la tutele de ses enfans, & qu'il la refuse, il n'aura rien au legs r.

XI.

Les désignations ne renferment pas d'ordinaire de conditions, mais sont distinguées des conditions, en ce qu'elles se rapportent le plus souvent au présent ou au passé, & que la plûpart des conditions regardent l'avenir s. Mais il peut y avoir des désignations conçues en termes qui en fassent des conditions. Ainsi il n'y a point de condition lorsqu'un testateur, pour mieux désigner un héritage legué & assez marqué, ajoute que c'est le fonds qu'il a acheté d'un tel, ou qu'un tel lui a donné : & ce legs est indépendant de la vérité de cette désignation ; de sorte que quand même elle seroit fausse, le legs ne laisseroit pas d'avoir son effet. Car le testateur a pû se tromper dans ces circonstances, & il suffit que ce qu'il a voulu donner soit connu d'ailleurs t. Ainsi, au contraire, si un testateur avoit legué ce qui lui seroit dû par un débiteur qu'il auroit nommé, ce legs renfermeroit la condition qu'il y eût une dette ; & s'il n'étoit rien dû, le legs seroit nul. Ainsi de même, si un testateur avoit legué les fruits qui se recueilleroient d'un tel fonds l'année de son décès, cette désignation renfermeroit la condition qu'il y eût quelque récolte ; & s'il n'y en avoit aucune, le legs demeureroit sans aucun effet u. Mais si le testateur ayant legué une somme, ajoutoit ensuite que cette somme seroit payée au légataire, de ce qui proviendroit d'une récolte, ou des deniers qui se trouveroient en un tel endroit ; ces désignations n'étant ajoutées que pour donner aux héritiers plus de facilité pour le payement du legs, ne le rendroient pas conditionnel : à moins qu'elles ne fussent exprimées en termes qui fissent juger que le testateur n'eût voulu leguer que ce qui se trouveroit à prendre sur la récolte ou autre chose qu'il auroit désigné x.

XII.

Les termes des legs à un jour certain, comme au premier jour d'une telle année, ou dans un tel tems, ne font pas une condition d'où le legs dépende : & l'effet de ces termes est seulement de retarder la délivrance du legs dont le droit est déja acquis au légataire, & qui sans le terme seroit dû comptant y. Mais le terme à un jour incertain renferme une condition d'où le legs dépend. Ainsi, par exemple, si un testateur legue à un impubere quand il sera adulte ou majeur, à un ami quand il achetera une charge, à une fille quand elle se mariera, ces legs renferment la condition que ces tems arriveront ; que le légataire deviendra majeur, qu'il achetera une charge, que cette fille se mariera : & cette condition est la même que si le testateur avoit legué en cas que le légataire vécût jusqu'à ce terme, & que s'il mouroit auparavant, le legs seroit nul 7. Ainsi il ne faut pas confondre les legs à un tems incertain, & les legs payables à un certain terme.

2. *Dies incertus conditionem in testamento facit. l. 75. de cond. & dem.*

Si incerta (dies) quasi cùm jubet erit, cùm in familiam nupserit, cùm magistratum inierit, cùm aliquid demum, quod scribendo comprehendere sit commodum (fecerit) nisi tempus conditione obtigit, neque res pertinere, neque dies legati cedere potest. l. 21. ff. quand. dies legat. ced.

Si Titio cùm is annorum quatuordecim esset factus, legatum fuerit, & is ante quartumdecimum annum decesserit, verùm est ad hæredem ejus legatum non transire: quoniam non solùm diem, sed etiam conditionem hoc legatum in se continet, si effectus esset annorum quatuordecim. l. 22. coll. v. l. un. §. 7. C. de Caduc. toll. V. l'article suivant & la remarque qu'on y a faite, & l'article 18. de la Section 9. des Legs. V. sur le Legs à l'âge de quatorze ans cet article 16. de la Section 9. des Legs, p. 488. & la remarque qu'on y a faite.

XIII.

L'incertitude des tems d'où dépendent les legs expliquez dans l'article précédent, consiste en ce qu'il est incertain si ces tems arriveront; car il ne peut pas arriver que le légataire devienne majeur, ou qu'il ait une charge, ou qu'une fille se marie. Mais il y a des tems incertains d'une autre maniere, quoiqu'il soit certain qu'ils arriveront, & qui ne laissent pas de rendre la disposition du testateur conditionnelle; comme par exemple, s'il charge son héritier de remettre, quand il mourra, ou l'hérédité, ou un certain fonds à une autre personne. Car en ce cas, quoiqu'il soit certain que le tems arrivera de la mort de cet héritier; comme il est incertain si, quand elle arrivera, celui que cette disposition regarderoit ne sera pas mort, cette incertitude rend la disposition conditionnelle, & renferme la condition que cette personne survive à cet héritier a.

a Hæres meus cùm ipse morietur, centum Titio dato. Legatum sub conditione relictum est: quamvis enim hæredem moriturum certum sit, tamen incertum est an legatario vivo dies legati non cedat: & non est certum an eum legatum perventurum. l. 79. §. 1. ff. de condit. & dem.

Dies autem incertus est cùm ita scribitur, Hæres mens cùm morietur decem dato. Nam diem incertum mors habet ejus. Et ideo si legatarius ante decesserit, ad hæredem ejus legatum non transit; quia non cessit dies vivo eo, quamvis certum fuerit moriturum hæredem. l. 1. §. 2. ff. de cond. & dem.

Si, cùm hæres morietur, legetur, conditionale legatum est. Denique vivo hærede defuncto legatario ad hæredem non transfert. Si verò, cùm ipse legatarius morietur, legetur ei, certum est legatum ad hæredem transmitti. l. 4. ff. quando dies legat. vel fidei. ced, V. l'article 17. de la Section 9. des Legs, p. 488.

☞ On n'a pas mis dans l'article ce qui est dit dans le dernier de ces textes, que le legs au tems de la mort du légataire n'est pas conditionnel, & qu'il transmet à son héritier. Car il ne semble pas qu'il puisse arriver qu'on s'avise de faire un legs aussi inutile au légataire, & dont personne ne profiteroit que son héritier qui pourroit n'être ni de la famille, ni de la connoissance du testateur. Que si le testateur n'avoit voulu donner qu'aux enfans de ce légataire & après sa mort, il se seroit exprimé d'une autre maniere. Mais quoique ce cas ne doive jamais arriver, on en fait la remarque ici à l'occasion de ce texte, pour ajouter en même tems la raison de ce que l'incertitude du tems de la mort du légataire ne rend pas le legs conditionnel comme celle du tems de la mort de l'héritier. Ce qui vient de ce que dans le cas du legs au tems de la mort de l'héritier, il peut arriver que le légataire mourra avant lui, & qu'en ce cas il n'y aura plus de legs ni de légataire; au lieu que dans le cas du legs au tems de la mort du légataire, il peut arriver qu'il meure avant le tems où le legs doit commencer d'avoir son effet, qui est le tems où il meurt. Ainsi ce sera dans le dernier moment où il passera de la vie à la mort que ce legs aura son effet pour passer de lui à son héritier.

XIV.

Il résulte de ces différentes manieres dont les testa

---

teurs peuvent diversifier leurs dispositions, que dans tous les cas où il s'agit d'en interpréter quelqu'une, on doit y discerner sa nature, si elle est pure & simple ou conditionnelle, & si elle contient quelques-uns des autres caracteres dont on vient de parler; afin de découvrir par ces caracteres & par les expressions du testateur, qu'elle peut avoir son intention, & comment sa disposition doit s'executer b. Ce qui dépend des regles précédentes & de celles qui suivent, & qui regardent principalement les conditions.

b C'est une suite des articles précédens. V. les articles qui suivent.

XV.

Les conditions sont de plusieurs sortes, & on peut en faire de différentes distinctions par diverses vûes. Si on les regarde par rapport aux diverses sortes de faits ou d'évenemens d'où elles dépendent, c il y en a de trois sortes. La premiere, de celles qui dépendent uniquement du fait de la personne à qui la condition est imposée : la seconde, de celles qui dépendent d'évenemens où le fait de cette personne n'ait aucune part : & la troisiéme, de celles qui dépendent en partie du fait de cette personne, & en partie d'un événement indépendant de son fait. La condition, qu'un légataire donnera une somme, fera quelque ouvrage, remettra ce que lui doit un de ses débiteurs, n'élevera pas un bâtiment qui nuiroit aux jours & aux vûes d'une maison de quelque ami du testateur, & les autres semblables, sont de la premiere de ces trois espéces. Un legs d'une somme à condition qu'elle revienne de bon dans une affaire encore indécise, ou dans un commerce qui n'est pas fini, seroit de la seconde. Et on peut donner pour exemple de la troisiéme, la condition d'acheter une maison d'une tierce personne, ou pour la donner à quelque autre, ou pour y faire un appartement pour un Hôpital. Car cette condition dépendroit en partie du fait de celui à qui elle seroit imposée, & en partie de la volonté du propriétaire de cette maison, ou peut-être même d'un cas fortuit, qui pourroit la rendre impossible, comme si la situation de cette maison l'exposoit & le fonds à périr par un débordement d'une riviere, ou par un torrent, & qu'en effet la maison & le fonds vinssent à périr.

c In facto consistente conditiones varietatem habent : & quasi tripartitam recipiunt divisionem : Ut quid detur, ut quid fiat, ut quid obtingat. Vel retro, ne detur, ne fiat, ne obtingat. Ex his, dandi faciendique conditiones in personis collocantur aut ipsorum quibus quid relinquitur, aut aliorum. Tertia species in eventu ponitur. l. 60. ff. de condit. & dem.

XVI.

On peut aussi distinguer les conditions en trois especes, selon les tems où elles se rapportent. L'une, de celles qui regardent le passé; comme si un testateur legue une somme, en cas qu'il se trouve qu'elle lui soit dûe d'une affaire déja commencée en son absence par quelque ami qu'il en avoit chargé, mais dont il n'a pas sçu l'évenement. La seconde, des conditions qui se rapportent au tems présent; comme si un testateur legue à un étranger ou aubain, en cas qu'il se trouve naturalisé au tems du testament, ou au tems de la mort du testateur, qui sera le tems présent de l'ouverture de sa succession. La troisiéme, des conditions qui se rapportent à l'avenir; comme si le testateur legue, en cas que légataire vienne à acheter une charge. Mais il n'y a proprement que cette troisiéme espece où se trouve le véritable caractere d'une condition, qui est de suspendre jusqu'à ce qu'elle arrive, la disposition qui en dépendroit; au lieu que les conditions qui se rapportent ou au passé ou au présent, ne suspendent rien, & qu'au moment du testament ou de la mort du testateur, il est déterminé, ou que sa disposition est nulle, si la condition n'est pas arrivée, ou que la disposition aura son effet, si elle est arrivée. Et il n'y a de suspendu que la connoissance de ce qui en est d.

d Multùm interest qualis conditio posita fuerit. Nam aut in præteritum, aut in præsens, aut in futurum. l. 16. ff. de inj. rupt. . Si in præteritum collata sit conditio, vel ad præsens, non vide tar sub conditione instituus, Aut enim impleta est conditio, & purè instituus est , aut non est , & nec hæres instituus est. l. 3. §. 13. ff. de bon. libert.

Nulla est conditio quæ in præteritum confertur, vel quæ in præsens : veluti si Rex Parthorum vivit : si navis in portu stat. L. 10. in f. ff. de condit. inst.

XVII.

17. Deux sortes de conditions , expresses ou tacites.

Il faut encore distinguer par une autre vûe deux sortes de conditions qui les comprennent toutes. L'une de celles qui sont expresses, & l'autre de celles qu'on appelle tacites. Les conditions expresses sont toutes celles que les testateurs expriment en termes de conditions ou autres équivalens : & on appelle tacites celles qui sans être exprimées, se trouvent tacitement renfermées dans les dispositions du testament. Ainsi lorsqu'un testateur legue les fruits d'un tel fonds, d'une telle année, ou le profit qui pourra revenir d'une telle affaire ; ces sortes de legs renferment la condition tacite qu'il y aura des fruits de ce fonds, & quelque profit de cette affaire quand elle sera finie. Mais ces sortes de conditions sous-entendues ne rendent pas les legs de cette nature conditionnels avec cet effet que le droit du légataire en soit dépendant. Car avant qu'il soit certain dans le cas du legs de cette récolte, s'il y aura des fruits, & dans le cas du legs du profit, s'il y en aura, le légataire a son droit acquis à ce qu'il pourra y avoir de ces fruits ou de ce profit. Et ce droit lui est tellement acquis avant que l'évenement lui en donne l'usage, que s'il venoit à mourir dans cet entre-tems, il transmettroit son droit à son héritier. De sorte que l'effet de cette condition n'est pas tel que la validité du legs en dépende, mais il est seulement tel que le legs sans être nul, pourra être sans aucun profit pour le légataire *f*.

e Inest conditio legati, veluti cùm ita legamus : Fructus qui ex fundo percepti fuerint hæres dato. l. 1. §. ult. ff. de condit. & dem.
f Conditiones extrinseçus non ex testamento venientes, id est, quæ tacitè inesse videantur, non faciunt legata conditionalia. l. 99. ff. de cond. & dem.

XVIII.

18. Conditions impossibles.

On fait une autre espéce de conditions de celles qui sont impossibles ; & il faut mettre en ce nombre non seulement ce que la nature rendroit impossible, mais aussi ce qui seroit contraire aux Loix , aux bonnes mœurs , à l'honnêteté. Comme , par exemple , si un testateur avoit legué une dot à une fille âgée de dix ans , à condition qu'elle se marieroit dans un an , ou s'il avoit fait un legs à condition que le légataire établiroit son domicile en un certain lieu. La condition de ce mariage blesseroit les Loix , & celle de l'établissement de ce domicile étant contraire à la liberté juste & naturelle du choix d'un domicile , blesseroit en quelque façon les bonnes mœurs & l'honnêteté. Ainsi ces sortes de conditions n'obligent à rien , non plus que celles qui sont naturellement impossibles ; & elles sont tenues pour non écrites. Car on considére comme impossible ce qui ne se peut sans blesser les Loix ou les bonnes mœurs & l'honnêteté : & s'il y avoit dans un testament des conditions ou naturellement impossibles , ou contraires aux Loix & aux bonnes mœurs , les dispositions que le testateur en feroit dépendre , ne laisseroient pas d'avoir leur effet, quoique ces conditions n'en eussent aucun *g*.

g Obrimit impossibiles conditiones testamento adscriptas pro nullis habendis. l. 3. ff. de condit. & dem.
Sub impossibili conditione , vel alio modo factam institutionem placet non vitiari. l. 1. ff. de condit. inst.
Conditiones contra edicta Imperatorum , aut contra leges , aut quæ legis vicem obtinent , scriptæ , vel quæ contra bonos mores , vel derisoriæ sunt , aut hujusmodi quas prætores improbaverunt , pro non scriptis habentur. Et perinde est si conditio hæreditati sive legato adjecta non esset , capitur hæreditas legatumve. l. 14. ff. de condit. inst.
Titio centum relicta sunt ita ne à monumento meo non recedat , vel uti in illa civitate domicilium habeat : potest dici , non esse locum cautioni per quam jus libertatis infringitur. l. 71. §. 2. ff. de condit. & demand.
Quæ facta inducunt pietatem , existimationem , verecundiam nostram , & (ut generaliter dixerim) contra bonos mores fiunt , nec facere nos posse credendum est. l. 11. ff. de condit. inst. V. l'article 12. de la Section 4. des Conventions, p. 40.

XIX.

19. Autre sorte de conditions impossibles.

Il peut y avoir des conditions qui sans être naturellement impossibles , & sans avoir rien de contraire aux Loix & aux bonnes mœurs, ne puissent s'accomplir, à cause de quelque évenement qui en rende l'exécution impossible ; & en ce cas la disposition qui dépendoit d'une telle condition aura son effet , ou ne l'aura pas , selon que la qualité de la condition pourra marquer quelle étoit l'intention du testateur. Ainsi , par exemple , si un testateur avoit fait un legs d'un fonds , ou autre chose , à condition que le légataire donneroit une somme à quelque personne avant la délivrance du legs , & que cette personne vînt à mourir avant le testateur ; le défaut d'accomplir une telle condition devenue impossible, ne nuiroit point au legs, & le légataire l'auroit sans payer la somme. Car l'intention de ce testateur étoit de faire deux legs , l'un à ce légataire , & l'autre à cette personne. Ainsi l'inutilité de l'un n'annulle pas l'autre , non plus que dans le cas de l'article 29. *h*. Ainsi au contraire si un testateur avoit fait un legs à une fille , en cas qu'elle vînt à se marier avec un tel parent ou ami de ce testateur, & que ce tel vînt à mourir avant ce mariage , le legs seroit nul. Car l'intention de ce testateur n'avoit pour objet que ce mariage *i*.

h V. cet article 29.
i Legatum sive fideicommissum à patruo tuo relictum tibi , sub conditione si filio ejus nupsisses , cùm mortuo filio , priusquam matrimonium cum eo contraheres, conditio defecerit , nulla ratione deberi tibi existimas. l. 4. C. de condit. inst. tam legat. quam fid. v. ff. de condit. & dem.

XX.

20. Le dispositions pour en attirer d'autres sont illicites.

On doit mettre au rang des conditions qui blessent les bonnes mœurs , celles qu'un testateur ajouteroit à une disposition en faveur de quelque personne pour s'en attirer une semblable, comme s'il instituoit un tel son héritier , en cas qu'il eût de sa part institué ce testateur pour être le sien ; & il en seroit de même d'un legs qui seroit fait sous une pareille condition. Et en général , de quelque maniere que soient conçues des dispositions qui tendent à en attirer d'autres de la part de ceux à qui on donne, soit que le testateur attende ces dispositions en faveur de soi-même , ou d'autres personnes, ou qu'il donne à une personne pour en avoir d'une autre ; toutes ces sortes de dispositions blessent les bonnes mœurs , & sont illicites *l*.

l Captatorias institutiones , non eas Senatus improbavit quæ mutuis affectionibus judicio provocaverunt , sed quarum conditio confertur ad iteratum alienæ voluntatis. l. 70. ff. de hæred. inst. l. 11. C. de test. mil. Qua ex parte me Titius hæredem scripserit in tabulis suis recitaverit, ex ea parte hæres esto. l. 1. 19 f. ff. de his qui pro non scr. pt.
Captatoriæ scripturæ simili modo neque in hæreditatibus, neque in legatis valent. l. 34. ff. de legat. 1.
Sed illud quæri poterit , an idem servandum sit : quod Senatus censuit etiam si in aliam petitionem captionem direxerit , veluti si ita scripserit , Titius si sececum tabulis testamenti sui hæredem à se scriptum ostenderit captaverit.que, hæres esto. Quod in sententiam Senatusconsulti incidere non est dubium. l. 71. §. 1. ff. de hæred. inst. v. l. 2. eod. l. 29. cod.

☞ Ces sortes de dispositions si basses & si sordides ; dont il est parlé dans cet article , devoient être fréquentes à Rome , puisqu'il fallut une Loi pour les réprimer , qui fut un Senatus-Consulte , dont il est parlé dans les textes citez sur cet article. Cette regle est peu nécessaire pour notre usage ; car quoiqu'on voye assez d'autres méchantes voyes pour attirer des dispositions des testateurs , on ne voit guéres ni de personnes qui s'avisent de tendre un tel piege , ni d'autres qui s'y laissent prendre.

On ne doit pas mettre au rang des dispositions dont il est parlé dans cet article , les testamens mutuels de deux personnes qui s'instituent réciproquement héritiers l'un de l'autre. Car aucun des deux ne prévient la volonté de l'autre pour se l'attirer ; mais l'un & l'autre étant déja dans une affection réciproque qui peut n'avoir que de justes causes, rien n'empêche que l'un & l'autre ne se la témoignent par une telle disposition. Et elle eſt aſſez expreſſément approuvée par ces paroles du premier des textes citez ſur cet article : *Non eas* (*inſtitutiones*) *Senatus improbavit quæ mutuis affectionibus judicia provocaverunt.* C'eſt par ces raiſons que les teſtamens naturels ont été approuvez par la Novelle de l'Empereur Valentinien *de Teſtamentis*, & par notre uſage, & entre le mari & la femme par quelques Coutumes.

XXI.

11. Non celui qui ſe font en reconnoiſſance d'un bienfait précédent.

Si le teſtateur ne faiſoit pas dépendre ſa diſpoſition en faveur d'une perſonne de celle qu'il en attendroit, mais qu'ayant ſçû, par exemple, qu'une perſonne avoit fait quelque diſpoſition en ſa faveur par ſon teſtament, il en fît de ſa part une autre en faveur de cette perſonne, ou de quelqu'un de ſes enfans ou de ſes amis à ſa conſideration, par un ſentiment de reconnoiſſance ; une telle diſpoſition n'étant pas faite dans la penſée d'en attirer une ſemblable, n'auroit rien d'illicite *m*.

m Illæ inſtitutiones captatoriæ non ſunt, veluti, ſi ita hæredem quis inſtituat, *quà ex parte Titius me hæredem inſtituit, ex ea parte Mævius hæres eſto.* Quia in præteritum non in ſuturum inſtitutio collata eſt. *l.* 17. *ff. de hæred. inſt.*

On ne s'eſt point ſervi dans l'article de l'expreſſion de ce texte.
J'inſtitue un tel mon héritier pour la même portion pour laquelle un tel autre m'a fait ſon héritier : car encore que cette diſpoſition ne ſemble pas faite pour en attirer une autre, & qu'au contraire elle paroît la ſuppoſer, comme elle peut ſe rapporter au teſtament d'une perſonne encore vivante, & qui pourroit en faire un autre : & que même il renferme la condition que ce teſtateur ſe trouve héritier de l'autre, puiſqu'il ne donne ſa proportion de ce qu'il ſe trouvera qu'on lui ait donné ; une telle diſpoſition paroît peu honnête, & éloignée de notre uſage. Ainſi on a mis dans l'article un autre cas qui peut convenir à notre uſage, & qui marque le caractère par où l'on doit faire la diſtinction parmi les diſpoſitions relatives à d'autres, entre celles qui peuvent être licites, & celles qui ne le ſont point, ſuivant les principes expliquez dans ce texte & les précedens.

XXII.

22. Une ou pluſieurs conditions d'une ſeule diſpoſition.

Comme les conditions dépendent de la volonté du teſtateur, & ſont arbitraires, on peut faire dépendre une diſpoſition, non-ſeulement d'une, mais de pluſieurs conditions, ſoit qu'elles ſoient du fait de la perſonne que cette diſpoſition regarde, ou d'autre nature. Et s'il y a pluſieurs conditions jointes, de ſorte que le teſtateur les impoſe enſemble, il ne ſuffira pas qu'il ſoit ſatisfait à une pour la validité d'une diſpoſition qui dépendra de toutes. Mais ſi elle dépend ſeulement de l'une ou de l'autre, l'évenement de la première y donnera l'effet qu'elle doit avoir *n*.

n Si hæredi plures conditiones conjunctim datæ ſint, omnibus parendum eſt, quia unius loco habentur : ſi disjunctim ſint, cuilibet. *L.* 5. *ff. de condit. inſtit.*

XXIII.

23. La volonté du teſtateur eſt la première regle pour interpréter les conditions, & autres ſortes de diſpoſitions.

Pour tous les cas où il peut s'agir de difficultez qui naiſſent de conditions, de charges, deſtinations, motifs, déſignations, & termes d'un tems ; la première regle générale & commune à toutes ces ſortes de difficultez, eſt toujours la volonté du teſtateur. Ainſi c'eſt par la connoiſſance qu'on peut avoir de ſon intention qu'il faut les regler. Et l'uſage de cette regle générale dépend en particulier des regles précedentes, & de celles qui ſuivent.

o In conditionibus primum locum voluntas defuncti obtinet, eaque regit conditiones. *l.* 19. *ff. de condit. & dem.*

XXIV.

24. Conditions qui dépendent du fait de l'héritier ou du légataire.

Les conditions qui dépendent uniquement du fait de la perſonne à qui le teſtateur les a impoſées, doivent s'accomplir comme il l'a reglé, & auſſi-tôt que l'exécution peut en être faite. Et ſa diſpoſition a ſon effet, ou ceſſe de l'avoir, ſelon que cette perſonne accomplit ou n'accomplit pas la condition, ſoit qu'elle conſiſte à faire ou ne pas faire, quitter ou donner, ou ſouffrir quelque charge, ou de quelqu'autre nature qu'elle puiſſe être ; pourvû ſeulement que la condition n'ait rien d'impoſſible ou de contraire aux Loix & aux bonnes mœurs *p*.

p Hæc conditio, *Si in Capitolium aſcenderit*, ſic accipienda eſt,

ſi cùm primùm potuerit Capitolium aſcendere. *l.* 29. *ff. de condit. & dem.* Verbum *facere* omnem omninò faciendi cauſam complectitur dandi, ſolvendi, numerandi, judicandi, ambulandi. *l.* 218. *ff. de verb. ſign.*

XXV.

25. Condition de ne pas faire quelque choſe.

Pour les conditions qui obligent à ne pas faire quelque choſe, comme par exemple, à ne pas élever un bâtiment qui pourroit nuire au jour ou aux vûes d'une maiſon, il doit être pourvû à la ſûreté de la perſonne intereſſée, ſelon la nature de la condition, ſoit par une ſimple ſoumiſſion de celui à qui cette condition eſt impoſée, ou autrement ſelon les circonſtances *q*.

q Mutianæ cautionis utilitas conſiſtit in conditionibus quæ in non faciendo ſunt conceptæ. *l.* 7. *ff. de cond. & dem.* v. Nov. 22. C. 44. V. l'article 46.

XXVI.

26. Conditions indépendantes du fait de l'héritier ou du légataire.

Les conditions qui dépendent d'évenemens où le fait de l'héritier ou du légataire n'ayent aucune part, ont leur effet par l'évenement même, quand le cas arrive, ou manquent de l'avoir, s'il n'arrive point *r*. Ainſi, par exemple, un legs d'une ſomme, ſous condition qu'elle ſe trouve revenir de bon d'une affaire ou d'un commerce qui n'eſt pas encore fini, ſera ſuſpendu juſqu'à l'évenement ; & s'il y a quelque profit, le legs aura ſon effet ou en tout ou en partie ſelon ce qui ſe trouvera y avoir de gain, ou demeurera ſans effet s'il n'y en a aucun.

r Si navis ex Aſia venerit. *l.* 2. & *l.* 10. §. 1. *de condit. & dem.*

XXVII.

27. Conditions qui dépendent du fait de tierces perſonnes.

Il faut mettre au nombre des conditions qui dépendent d'évenemens où l'effet de l'héritier ou du légataire n'ont aucune part, celles qui dépendroient du fait de tierces perſonnes ; comme ſi un teſtateur avoit fait un legs d'une ſomme pour employer ſelon ſon intention, en cas qu'elle fût approuvée par une perſonne qu'il nommeroit, comme l'exécuteur de ſon teſtament, ou autre, laiſſant à cette perſonne le pouvoir d'exécuter ou n'exécuter pas cette intention qu'il lui auroit expliquée, comme par exemple, ſi c'étoit pour une reſtitution à laquelle le teſtateur doutât qu'il fût obligé, & dont il voulût que la déciſion dépendît de cette perſonne *ſ*.

ſ In arbitrium alterius conferri legatum, veluti conditio poteſt. Quid enim intereſt, ſi *Titius Capitolium aſcenderit*, mihi legetur : an, *ſi voluerit* ? l. 1. ff. de legat. 2. V. l'art. 31.

XXVIII.

28. Conditions qui dépendent de combinaiſons du fait & d'évenemens.

Les conditions qui dépendent en partie du fait de l'héritier ou du légataire, & en partie de quelque évenement, ſoit du fait de tierces perſonnes, ou d'un cas fortuit, ont differemment leur effet, ou manquent de l'avoir ſelon la nature des conditions & les circonſtances par les regles qui ſuivent *t*.

t V. les articles ſuivans.

XXIX.

29. Exemples des conditions qui dépendent du fait de celui qui en eſt chargé, & au fait d'autres perſonnes.

Si l'héritier ou le légataire étoit chargé d'une condition qui ne dépendît pas uniquement de ſon fait, mais qui dépendît auſſi du fait d'une autre perſonne que la diſpoſition du teſtateur pourroit regarder, & qui de ſa part refuſeroit ce qui dépendroit de ſon fait pour accomplir la condition ; il ſuffiroit que cet héritier ou ce légataire fît de ſa part ce qui pourroit dépendre de lui. Ainſi, par exemple, ſi la condition étoit de donner une ſomme à une perſonne, ou de faire quelque ouvrage dans un lieu public ou à l'uſage d'un particulier, & que ceux que ces diſpoſitions regarderoient ne vouluſſent pas accepter le don, ou ſouffrir l'ouvrage, il en ſeroit de même que ſi la condition étoit accomplie *u*.

u Si ita hæres inſtitutus ſim, ſi decem dedero, & accipere nolit, cui dare juſſus ſum : pro impletâ conditione habetur. *l.* 3. *ff. de condit. inſtit.*
Jure civili receptum eſt, quoties per eum, cujus intereſt conditionem impleri, fit, quominus impleatur, ut perinde habeatur ac ſi impleta conditio fuiſſet. Quod plerique & ad legata, & ad

hæredum inſtitutiones perduxerunt. Quibus exemplis ſtipulationes quoque committit quidam rectè putaverunt : cum per promiſ-
ſorem factum eſſet, quominus ſtipulator conditioni pareret. *l. 24.*
ff. de condit. & dem. l. 81. §. 1. eod. l. 5. §. 5. ff. quant. dies leg.
ced.

Tytius, ſi ſtatuas in municipio poſuerit, hæres eſto. Si paratus eſt
ponere, ſed locus à municipibus ei non datur : Sabinus, Procu-
lus, hæredem eum fore, ſed legato nihil juris eſſe dicunt. l. 14.
ff. de condit. & dem. V. l'article ſuivant.

XXX.

30. *Autre*
exemple des
conditions qui
dépendent en
partie de tier-
ces perſonnes.

Si la condition dépendoit en partie du fait de celui
à qui elle ſeroit impoſée, & en partie du fait d'une autre perſonne ſans qui cette condition ne pût être accomplie à la lettre, mais qu'on pût ſuppléer d'une autre
maniere à ce que l'intention du teſtateur paroîtroit demander de l'héritier ou du légataire qui en ſeroit chargé, il pourroit y ſatisfaire, accompliſſant cette intention de la maniere qui ſeroit poſſible. Ainſi, par exemple, ſi un héritier ou un légataire étoit chargé d'acheter une maiſon ou quelqu'autre fonds pour quelque
perſonne à qui le teſtateur voudroit le donner, & que
le propriétaire ne voulût pas vendre cet héritage, ou
ne voulût le vendre qu'à un prix exceſſif, l'héritier ou
le légataire ſatisferoit à la condition, en payant la
juſte valeur de cet héritage à celui à qui le teſtateur vouloit le donner *x.*

x Non videtur defectus conditione, ſi parere conditioni non
poſſit : implenda eſt enim voluntas, ſi poteſt. *L. 8. §. 7. in f. ff.*
de condit. inſt.
Si cui legatum eſt, *ut alienam rem redimat, vel præſtet,* ſi redimere non poſſit, quod dominus non vendat, vel immodico pretio
vendat, juſtam æſtimationem inferat. *l. 14. §. 2. ff. de leg. 3.*

XXXI.

31. *Si la*
condition dé-
pend entiere-
ment du fait
d'un tiers.

Si la condition étoit entierement dépendante d'une
tierce perſonne, comme dans le cas de l'article 27, la
diſpoſition du teſtament auroit ſon effet tel qu'il ſeroit
réglé par cette perſonne, ſelon le pouvoir que le teſtateur lui en auroit donné *y.*

y C'eſt une ſuite de l'article 27.

XXXII.

32. *Exem-*
ple d'une con-
dition qui ,
quoique dé-
pendante du
fait d'autres
perſonnes ,
doit être ac-
complie.

Ce n'eſt pas toujours aſſez qu'un héritier ou un légataire faſſe ce qui peut dépendre de lui, pour accomplir
une condition qui dépende en partie de ſon fait, & en
partie du fait d'autres perſonnes. Car il y a des conditions dont la nature eſt telle qu'aucune ſorte d'obſtacle
n'en peut diſpenſer, & qu'il faut accomplir de néceſſité
pour donner l'effet aux diſpoſitions qui en dépendent.
Ainſi, par exemple, ſi un teſtateur avoit inſtitué un
étranger ſon héritier, ou lui avoit fait un legs à condition qu'il fût naturaliſé au tems de la mort de ce teſtateur, & qu'ayant fait ſes diligences il n'eût pû obtenir des lettres de naturalité, cette inſtitution & ce legs
ſeroient ſans effet, car cet héritier ou ce légataire
reſteroit dans l'incapacité que cette condition devoit
faire ceſſer, & qui ne pouvoit ceſſer par une autre
voye *z.*

z In tempus capiendæ hæreditatis inſtitui hæredem poſſe benevolentiæ eſt. Veluti Lucius Titius cùm capere poterit, hæres eſto.
Idem eſt in legato. *l. 61. ff. de hæred. inſtit.*

XXXIII.

33. *Autre*
exemple.

On voit par l'exemple expliqué dans l'article précédent, un cas où l'incapacité du légataire ſe trouve jointe
à l'inexécution de la condition ; mais il pourroit y avoir
des cas où ſans incapacité du légataire le legs ſeroit nul,
quoiqu'il ne tînt pas à lui qu'une condition qui dépendroit de ſon fait & de celui d'autres perſonnes, ne fût
accomplie. Ainſi, par exemple, ſi un teſtateur ayant
legué une ſomme à un de ſes amis, à condition qu'il accepteroit & exerçeroit la tutelle de ſes enfans, & qu'en
cas qu'il ne l'exerçât point, le legs ſeroit réduit à une
moindre ſomme, ou demeureroit nul ; il étoit arrivé
que le légataire voulant bien accepter & exercer la tutelle, il fût jugé que pour le bien des mineurs il faudroit
nommer un autre tuteur ; & qu'on en nommât en effet
un autre, la condition n'étant pas arrivée, le legs ſe-

roit ou nul, ou diminué, ſelon la diſpoſition du teſtateur ; & quoique la diſpoſition dépendît non-ſeulement
du fait du légataire, mais auſſi de celui d'autres perſonnes, & qu'il ne tînt pas à lui de l'executer, ſa bonne volonté ne ſuffiroit pas pour ſatisfaire à la condition. Car
outre que les parens & le Juge, qui étoient les autres
perſonnes dont le fait étoit néceſſaire pour l'accomplir,
n'avoient aucun intérêt que le legs ſubſiſtât ou non ; ce
legs étoit fait par le motif de récompenſer un office, & ſous cette condition qu'il ſeroit rendu effectivement *a.*

a Conditionum verba, quæ teſtamento præſcribuntur, pro voluntate conſiderantur. Et ideo, cum tutores teſtamento dati,
quoniam intereà puer adoleverat, id egerint, ut curatores ipſi
conſtituerentur, conditio fideicommiſſi talis præſcripta, *ſi tute-*
lam in annum octavum decimum geſſerint, defeciſſe non videbitur.
l. 101. §. 2. ff. de condit. & dem. V. l'article 10.
Pour entendre ce texte, il faut remarquer que par le Droit Romain,
comme il a été dit dans le Préambule au Titre des Tuteurs, la tutelle
finiſſoit à l'âge de puberté ; & pendant le reſte de la minorité juſqu'à
25. ans accomplis on nommoit des curateurs. Ainſi dans le cas de ce
texte les légataires ayant exercé la tutelle juſqu'à l'âge de 14. ans, &
la curatelle juſqu'à 18. ans, la queſtion étoit de ſçavoir ſi le teſta-
teur ayant mis pour condition que les légataires exerceroient la tutelle
juſqu'à l'âge de 18. ans, ils avoient ſatisfait à la condition, n'ayant
exercé la tutelle juſqu'à 14. ans, & la curatelle juſqu'à 18. ans.
Mais l'intention étant qu'ils euſſent le ſoin que demanderoient les be-
ſoins des enfans juſqu'à 18. ans, la condition ſe trouve accomplie, quoi-
que l'expreſſion ne ſoit pas au ſens de la lettre. Comme le cas de ce
texte ne convient pas à notre uſage où la tutelle dure juſqu'à 25. ans ,
on a mis un autre cas pour ſervir à la regle expliquée dans cet article.
Cette regle réſulte de ce texte par la raiſon des contraires.

XXXIV.

34. *Regle*
pour les ca-
d tions qui
... partie o-ſa
de c u à q l
elles ſeroe
impoſees, q
en pa ie
à ailleurs.

Il réſulte des regles expliquées dans les articles précédens, que dans les diſpoſitions où les teſtateurs chargent
leurs héritiers ou des légataires, de conditions qui dépendent en partie de leur fait, & en partie du fait d'autres perſonnes, on ne peut établir pour regle préciſe &
générale, ni que ces diſpoſitions ſoient toutes nulles, ſi
la condition n'eſt pas accomplie effectivement, ni qu'elles ayent toutes leur effet & ſoient tenues pour accomplies, s'il ne tient pas à l'héritier ou au légataire qu'il
n'y ſatisfaſſe. Car il y a des cas où elles ſont tenues pour
accomplies, quoiqu'elles ne le ſoient pas effectivement,
pourvû que celui qui devoit y ſatisfaire ait fait ce qui
pouvoit dépendre de lui, & d'autres où il faut abſolument qu'elles s'accompliſſent. Mais la ſeule regle générale & commune à toutes ces ſortes de conditions, eſt
qu'il faut en juger par leur nature, par la qualité des
faits d'où elles dépendent, par les intérêts des perſonnes que le teſtateur a conſiderés, par les motifs qu'il
avoit en vûe. Qu'il faut diſtinguer entre les motifs ceux
où l'on voit que les teſtateurs ont abſolument voulu l'accompliſſement de la condition, comme dans le cas de
l'article précedent, & ceux dont on peut juger qu'ils
n'ont demandé que le fait de celui à qui la condition
étoit impoſée, comme dans le cas de l'article 29. Et
c'eſt par toutes ces vûes & les autres qu'on peut découvrir l'intention du teſtateur, qu'on doit juger de l'effet
des conditions, le leur donnant tel que cette intention
pourra le demander *b.*

b C'eſt une ſuite des regles précedentes.

XXXV.

35. *Regle*
pour d tin
guer les diſ-
poſitions condi-
tionnelles, et
celles qui ne
le ſont point.

Ce n'eſt pas aſſez pour ce qui regarde les conditions
de diſcerner celles qui dépendent du fait des perſonnes
à qui elles ſont impoſées, & celles qui peuvent dépendre
d'ailleurs, & d'en faire les autres diſtinctions expliquées
dans les articles 15. & 16. & autres ſuivans ; mais il faut
encore diſtinguer entre les diverſes ſortes de diſpoſitions qui contiennent des charges, des deſtinations,
des motifs, des déſignations & des termes d'un tems,
celles qui ſont conçues en conditions & qui en ont l'effet, & celles qui ne ſont pas des conditions, ſelon les
regles & les exemples qu'on a expliquez dans les articles
7. & 8. & autres ſuivans. Ainſi, pour un autre exemple,
dans le cas d'un motif & d'une deſtination ſpécifiée par
le teſtament, ſi un teſtateur avoit legué une rente, une
penſion, ou quelqu'uſufruit à un de ſes amis pour ſon
entretien,

entretien, ce motif expliqué de cette maniere, ne feroit pas une condition qui donnât droit à l'héritier d'exiger quelque sûreté de ce légataire pour l'emploi du legs à son entretien, ou de l'obliger à lui en rendre compte. Car encore que cette difposition renferme à l'égard du légataire l'intention du teftateur que ce legs fervira pour cet ufage, ce motif ne regardant que la perfonne du légataire, laifferoit à fa conduite l'ufage du legs, à moins que le teftateur n'eût ordonné quelque précaution indépendante de la volonté de ce légataire par des confiderations particulieres, comme de fa pauvreté ou peu de conduite. Ainfi, au contraire, fi un teftateur avoit légué à une fille une fomme pour fa dot quand elle fe marieroit, ce motif, cette deftination, & ce tems marqué par le teftateur, rendroit ce legs conditionnel; & fi cette fille venoit à mourir fans fe marier, il demeureroit nul c.

e V. les articles citez dans celui-ci.

XXXVI.

38. Il faut confiderer dans les difpofitions s'il y a des conditions, & quel en eft l'effet.

Il y a deux chofes à confiderer dans les difpofitions des teftateurs pour ce qui regarde les conditions: l'une de fçavoir fi la difpofition eft conditionnelle, ou fi elle ne l'eft point, ce qui dépend des regles précedentes: & la feconde, de fçavoir quel doit être l'effet de la condition, lorfque la difpofition eft conditionnelle, ce qui dépend du rapport des conditions aux évenemens. Et comme les differences des évenemens font infinies, & que les exemples de quelques-uns facilitent en tous l'ufage des regles, & font même donnez dans les loix pour regles; on verra de plus en plus cet ufage dans les exemples & les regles qui fuivent d.

d V. les articles fuivans.

XXXVII.

37. La condition qui doit diftinguer deux héritiers n'arrivant pas, ils fuccedent également.

Si un teftateur avoit inftitué fes deux freres fes héritiers, à condition que celui des deux qui acheteroit une telle charge auroit les deux tiers de l'hérédité, & l'autre le tiers, & que l'un des deux accompliroit la condition, il auroit les deux tiers. Mais fi aucun des deux n'achetoit la charge, foit qu'aucun ne le pût ne le voulût, ils partageroient également la fucceffion. Car l'un & l'autre étoient appellez à l'hérédité, & ne devoient être diftinguez que par la condition fi elle arrivoit e.

e Uter ex fratribus meis confobrinam noftram duxerit uxorem ex dodrante: qui non duxerit, ex quadrante hæres efto. Aut nubit alteri, aut non vult nubere. Confobrinam qui ex his duxit (uxorem) habebit dodrantem, erit alterius quadrans. Si neuter eam duxerit uxorem, non quia ipfi ducere noluerunt, fed quia illa nubere noluerit, ambo in partes æquales admittuntur: plerumque enim hæc conditio: Si uxorem duxerit, fi dederit, fi fecerit, ita accipi oportet, quòd per cum non ftet, quominus ducat, det, aut faciat. l. 23. ff. de condit. inftit.
Qui ex fratribus meis Titiam confobrinam uxorem duxerit ex befe hæres efto. Qui non duxerit ex triente hæres efto. Vivo teftatore confobrina defuncta, ambo ad hæreditatem venientes femiffes habebunt. Quia verum eft eos hæredes inftitutos, fed emolumentum portionum eventu nuptiarum difcretos. l. 24. eod.

XXXVIII.

38. Une condition peut fe trouver accomplie, le teftateur vivant.

La plûpart des conditions ne doivent s'accomplir qu'après la mort du teftateur, & pour fatisfaire à fa volonté; mais il peut y en avoir qui fe trouvent accomplies de fon vivant fans cette vûe, & qui ne laiffent pas d'avoir leur effet f. Ainfi, par exemple, fi un legs d'une fomme eft fait à condition que le légataire achete une telle charge, ou en cas qu'il marie fa fille, & qu'il ait acheté cette charge, ou marié fa fille avant la mort du teftateur, il aura le legs. Car en ces fortes de condi-

f Sciendum eft promifcuas conditiones poft mortem impleri oportere, fi in hoc fiant, ut teftamento pareatur, veluti: Si Capitolium afcenderit, & fimilia. Non promifcuas, etiam vivo teftatore exiftere poffe; veluti, Si Titius Conful factus fuerit. l. 11. §. 1. ff. de condit & dem
Conditionum quædam funt, quæ quandoque impleri poffunt etiam vivo teftatore: ut putà, fi navis ex Afia venerit. Nam quandoque venerit navis, conditioni paritum videatur. Quædam quæ non nifi poft mortem teftatoris: Si decem dederit; fi Capitolium afcenderit. l. 2. eod.

tions il eft égal pour l'effet de la difpofition du teftateur qu'elles arrivent avant ou après fa mort: & il fuffit que fa volonté fe trouve accomplie comme elle doit l'être, fi cette condition eft telle qu'elle ne doive s'accomplir qu'une feule fois g. Mais fi elle peut être réiterée, il faut y fatisfaire ainfi qu'il fera dit dans l'article fuivant.

g Hæc conditio, filia mea cùm nupferit, talis eft: ut, qui teftatus eft, impleri folummodo conditionem voluerit: non fatis egerit, quando, & ideo (&) fi vivo teftatore nupferit poft teftamentum factum, impleta conditio videatur, præfertim cùm conditio hæc talis eft, ut femel impleri debeat. l. 10. eod.

XXXIX.

39. Si cette condition eft d'un fait qui puiffe être réiteré, il faut l'accomplir.

Si dans le cas de l'article précedent la condition étoit dépendante d'un fait qui pût être réiteré, comme fi c'étoit de donner une fomme à un Hôpital, & que celui qui en feroit tenu eût déja donné une pareille fomme à ce même Hôpital, avant qu'il eût connoiffance du teftament; il ne laifferoit pas d'être obligé d'en donner autant pour accomplir la condition; fur-tout fi le teftateur avoit connoiffance du don que ce légataire pouvoit avoir fait. Car cette liberalité peut être réiterée h. Et le don qu'il avoit fait de fon mouvement, n'étant pas un effet de la difpofition de ce teftateur, qui vouloit que ce don vint de fon bienfait, n'étoit à l'égard de l'intention de ce teftateur qu'un hazard qui n'y fatisfaifant point, n'accompliffoit pas la condition i.

h Si jam facta fint quæ conditionis loco ponuntur, & fciat teftatur quæ iterum fieri poffunt, expectantur ut fiant. Si verò nefciat, præfenti debeantur. l. 11. ff. de condit. & dem.
i Ut paruiffe quis conditioni videatur, etiam fcire debet hanc conditionem infertam: nam fi fato fecerit, non videtur obtemperaffe voluntati. l. 2. in f. ff. eod.

XL.

40. S'il y a un terme joint à la condition. il faut attendre le terme.

Si un teftateur charge fon héritier ou un légataire de donner une fomme à quelque perfonne, en cas que dans un tel tems cet héritier ou ce légataire n'ait aucun enfant, ou fous quelqu'autre condition, & que cet héritier ou légataire meure auparavant fans enfans; ou que l'autre condition fe trouve accomplie avant ce tems; le legs ne fera dû qu'après qu'il fera expiré. Car encore qu'il foit fûr par l'évenement que le legs foit dû, la condition étant arrivée, l'expreffion du teftateur renferme le terme du payement après que ce tems fera expiré l.

l Si ita fcriptum fit: Si in quinquennio proximo Titio filius natus non erit, tum decem Seiæ hæres dato: Si Titius ante mortuus fit, non ftatim Seiæ decem debeni: quia hic articulus tum extremi quinquennii tempus fignificat. l. 4. §. 1. ff. de condit. & dem.

XLI.

41. Les conditions ne fe divifent point.

Les conditions ne fe divifent pas de forte qu'un héritier ou un légataire puiffe prétendre fe contenter d'une partie de ce qui lui eft donné, en fatisfaifant qu'à une partie de la condition qui lui eft impofée; mais il ne peut rien avoir s'il n'accomplit entierement la condition. Ainfi, par exemple, fi un fonds eft legué à condition que le légataire payera une fomme à chacun des héritiers ou à d'autres perfonnes, ou qu'il acquittera quelques dettes de la fucceffion qui lui feront marquées; il ne pourra divifer le legs divifant la condition, pour avoir part au legs à proportion de ce qu'il aura pû ou voulu acquitter: mais il doit payer & acquitter le tout, s'il ne veut renoncer au legs m.

m Cui fundus legatus eft, fi decem dederit, partem fundi confequi non poteft, nifi totam pecuniam numeraffet. l. 56. ff. de condit. & dem.
Qui duobus hæredibus decem dare juffus eft, & fundum fibi habere, verius eft, ut conditionem fcindere non poffit, ne etiam legatum fcindatur. Igitur quamvis alteri quinque dederit, nullam partem fundi vindicabit, nifi alteri quoque adeunti hæreditatem, reliqua quinque numeraverit: aut illo omittente hæreditatem, ei qui folus adierit hæreditatem, totum decem dederit. l. 23. eod.

XLII.

42. La condition impo-

Si une feule condition impofée à deux légataires eft telle qu'on puiffe la divifer, comme fi un teftateur legue

fee à plu-
...urs, peut
Je diviser en-
tr'eux.

un fonds à deux de ses amis, à condition d'acquitter une certaine somme; ils divisent entr'eux la condition, & acquittent chacun de sa part la somme pour partager le legs. Et si un seul au refus de l'autre acquitte la somme entiere, il aura le tout. Ou s'il n'y en a qu'un qui n'acquitte que sa portion, & que l'autre manque d'acquitter la sienne, il aura part au legs à proportion, si la volonté du testateur peut souffrir que la condition & le legs se divisent. Mais si la condition est indivisible, comme si le legs étoit à condition que ces légataires feroient quelque ouvrage; le legs ne pourroit non plus être divisé pour en faire part à un des légataires à proportion de ce qu'il prétendroit faire de l'ouvrage; mais il seroit ou partagé entr'eux, si tous deux ensemble accomplissoient la condition, ou laissé entier au seul qui l'accompliroit *n*.

n Cui fundus legatus eft, fi decem dederit, partem fundi confequi non poteft, nifi totam pecuniam numeraffet. Diffimilis eft caufa, cùm duobus eadem res fub conditione legata eft. In hac enim quaeftione ftatim à teftamento, quo pluribus conditio appofita eft, divifa quoque in fingulas perfonas videri poteft, & ideo finguli cum fua parte & conditioni pareie, & legatum capere poffunt. Nam quamvis fumma univerfae conditionis fit adfcripta, enumeratione perfonarum poteft videri effe divifa. In eo verò quod uni fub conditione legatum eft, fcindi ex accidenti conditio non debet; & omnis numerus eorum, qui in locum eorum fubftituuntur, pro fingulari perfona eft habendus. *l. 56. ff. de condit. & dem.*

De illo quoque quaeritur; fundus quibufdam legatus eft, fi pecuniam certam in fundus, impenfamque perferendi corporis in aliam regionem dediffent. Nam, nifi uterque dederit, neutri fit legatum; quoniam conditio, nifi per utrumque, expleri non poteft. Sed haec humanius interpretari fo.cmus. Ut cùm duobus fundus legatus fit, fi decem dediffent; & alteri dando partem, legatum quoque debeatur. *l. 112. §. 2. eod.*

S; plures perfonae unam conditionem implere fuerint juffae; apud Ulpianum dubitabatur, utrumne omnes fimul eamdem facere debeant, an finguli quafi foli implere eam compellantur. Videtur autem nobis unumquemque ne.ceffitatem habere conditionem implere, & pro portione fibi contingente accipere quidquid ex hoc fibi commodi eft; ut hi quidem, qui compleverint juffa ad lucrum vocentur; qui autem neglexerint fibi imputent fi ab hujufmodi commodo repellantur. *l. 6. C. de condit. inft. tam. leg. q. fid.*

XLIII.

43. Un legs
pour un ou-
vrage se regle
felon les biens
du teftateur.

Si un testateur avoit chargé son héritier ou un légataire de faire quelque ouvrage, soit pour une commodité publique, ou quelque ornement, ou pour quelque deffein de pieté, comme une Eglise pour une Paroisse, un appartement dans quelque Hôpital, & qu'il eût reglé la somme; l'héritier feroit tenu d'acquitter ce qui auroit été reglé par le testateur. Mais s'il n'avoit pas expliqué la somme, ni spécifié de quelle maniere l'ouvrage devroit être fait; il seroit reglé selon les biens & la qualité de ce testateur, & l'usage auquel cet ouvrage seroit destiné *o*.

o In teftamento quidam fcripferat, *Ut fibi monumentum ad exemplum e:us, quod in via Salaria effet Publii Septimii Demetrii fieret: nifi factum effet, haeredes magna pecunia mulctave.* Et cùm id monumentum Publii Septimii Demetrii nullum reperiebatur, fed Publii Septimii Damae erat, ad quod exemplum fufpicabatur eum, qui teftamentum fecerit, monumentum fibi fieri voluiffe: quaerebant haeredes cujufmodi monumentum fe facere oporteret, & fi ob eam rem nullum monumentum feciffent, quia non reperirent ad quod exemplum facerent, num poena tenerentur? Refpondit: fi intelligeretur quod monumentum demonftrare voluiffet is, qui teftamentum feciffet, tametfi in fcriptura non tum effet, tamen ad id quod ille fe demonftrare animo fenfiffet, fieri debere. Sin autem voluntas ejus ignoraretur, poenam quidem nullam vim habere, quoniam ad quod exemplum fieri juffiffet, id nufquam extaret; monumentum tamen omnimodo fecundum fubftantiam & dignitatem defuncti extruere debere. *l. 17. ff. de condit. & dem.*

XLIV.

44. La condi-
tion, fi le tef-
tateur mou-
roit fans en-
fans, q? ar-
rive, fi le
pere ou le fils
meurent en
même tems.

Si un legs ou un fideicommis étant laissé à une personne, en cas que l'héritier ou le légataire qui en feroit chargé mourût sans enfans, il étoit arrivé que cet héritier ou ce légataire n'ayant qu'un enfant, périt avec lui, ou dans une bataille, ou dans un naufrage, ou autre accident, de sorte qu'il fût impossible de sçavoir si l'un ou l'autre feroient morts dans le même instant, ou si l'un auroit survécu & lequel des deux; l'intention du testateur ayant été que le fideicommissaire fût préféré à tout autre qu'à un enfant de l'héritier ou du légataire,

& ne restant point d'enfans qui dût l'exclure, le cas du fideicommis feroit arrivé *p*.

p Si quis fufceperit quidem filium, verùm vivus amiferit, videbitur fine liberis deceffiffe. Sed fi naufragio, vel ruina, vel adgreffu, vel quo alio modo fimul cum patre perierit; an conditio defecerit, videamus. Et magis non defeciffe arbitror. Quia non eft verum filium ejus fupervixiffe. Aut igitur filius fupervixit patri, & extinxit conditionem fideicommiffi, aut non fupervixit, extitit conditio. Cùm autem, quis ante, & quis poftea decefferit, non apparet: extitiffe conditionem fideicommiffi magis dicendum eft. *l. 17. §. 7. ff. ad Senat. Trebell.* V. l'article 7. de la Sect. 2. de la Subftitution pupillaire, p. 515. & l'article 18 de la Section 1. des Subftitutions directes, p. 520. V. les articles 11. & 12 de la Section 2. comment fuccedent les enfans, & les remarques qu'on y a faites, p. 365.

XLV.

45. Le bé-
néfice d'âge
n'accomplit
pas la con-
dition de la
majorité.

Si quelque disposition d'un testateur, soit institution, ou autre, renfermoit la condition de la majorité de l'héritier, ou du légataire, ou d'un substitué; cette condition ne s'accompliroit que par l'âge de majorité: & le bénéfice d'âge que pourroit obtenir la personne dont le testateur auroit demandé la majorité, n'y suppléeroit pas *q*.

q Si quis aliquid dari vel fieri voluerit, & legitimae aetatis fecerit mentionem: vel fi abfolute dixerit perfectae aetatis: illam tantummodo aetatem in.effectum effe videri volumus quae 25. annorum curriculis completur, non quae ab Imperiali beneficio fuppletur. *l. ult. C. de his qui ven. aet.imp.*

XLVI.

46. Diver-
fes manieres
de pourvu
à l'exécution
des conditi-
& autres dif-
pofitions.

Les dispositions conditionnelles des testateurs, & les autres qui peuvent obliger l'héritier ou le légataire à quelque sûreté ou précaution, s'exécutent selon ce que demande l'intention du testateur & les circonstances: & il y est differemment pourvû, ou suivant ce qu'il a prescrit, s'il s'en est expliqué, ou de la maniere qui peut convenir à l'intérêt des personnes que ces dispositions peuvent regarder *r*. Ainsi un testateur peut pour la sûreté de ses legs & des autres charges de son hérédité, nommer un exécuteur de son testament, qui soit saisi de tous les biens pour acquitter les legs & les dettes, & remettre à l'héritier les biens qui pourront rester, comme il sera expliqué dans la Section 11. Ainsi l'héritier ou l'exécuteur testamentaire peut retenir le fonds d'un legs d'une somme destinée pour quelque emploi ju'qu'à ce qu'il se fasse. Ainsi pour un legs à condition que le légataire remettra à se débiteurs ce qu'il loi doit, l'héritier ou l'exécuteur peut l'obliger, en délivrant le legs, de rendre l'obligation de ce débiteur, ou lui donner quittance s'il n'y en avoit pas d'obligation. Ainsi un legs d'une rente sur un certain fonds auroit sa sûreté sur ce fonds même & sur les autres biens de l'hérédité & de l'héritier. Ainsi dans les differentes charges & conditions, soit de faire ou donner, ou de ne pas faire, on doit regler par les circonstances ce qui peut dépendre de la seule foi de l'héritier ou du légataire, & ce qui peut demander d'autres sûretez *f*. Ainsi en général

r Inter omnes convenit, haeredem fub conditione, pendente conditione poffidentem haereditatem, fubftituto cavere debere de haereditate: &, fi defecerit conditio adeuntem haereditatem fubftitutum & petere haereditatem poffe: & fi obtinuerit commiffi ftipulationem. Sed plerumque ipfe praetor & ante conditionem exiftentem, & ante diem petitionis venientem, ex caufa jubere folet ftipulationem interponi. *l. 11. ff. qui fatifd. eod. cog.*

Sed & fi plures fubftituti fint fingulis cavendum eft. *l. 13. eod.*

Le mot *cavere* dans ces textes ne fignifie pas *donner caution*, mais feulement *s'obliger*, ou *promettre*, ou *faire*, comme on dit, fa foumiffion.

f Mucianae cautionis utilitas confiftit in conditionibus, quae in non faciendo funt conceptae: ut puta, *Si in Capitolium non afcenderit, fi Stichum non manumiferit*, & in fimilibus. Et ita Ariftoni, & Neratio, & Juliano vifum eft. Quae fententia & conftitutione Divi Pii comprobata eft. Nec folùm in legatis placuit: verùm in haereditatibus quoque idem remedium admiffum eft. Unde fi uxor maritum fuum, cui dotem promiferat, ita haeredem infcripferit ex parte, *Si dotem, quam ei promifit, neque peterit neque exegerit*, denunciare eum poffe credendum, paratum fe accepto facere dotem vel cavere: & ita adire poffe haereditatem. Sed fi ex affe fit inftitutus maritus fub ea conditione: quoniam non eft cui caveat: non impediri eam, quominus adeat haereditatem. Nam jure ipfo videtur impleta conditio, eo quod non eft, quem poffit de dote convenire ipfe adeundo haereditatem. *l. 7. d. l. §. 1. ff. de condit. & dem.*

les légataires de même que les créanciers qui pourroient craindre que l'héritier ne fût pas solvable & ne divertit les effets de l'hérédité, peuvent se faire assurer les faisant mettre sous le scellé, si l'héritier ne les satisfait ou par des cautions, ou par d'autres voyes t.

Is, cui sub conditione non faciendi aliquid relictum est, ei scilicet cavere debet Mutiana cautione, ad quem Jure Civili, deficiente conditione, hoc legatum, cave hæreditas pertinere potest. *l.* 18. *eod. v. Nov.* 22. *c.* 44.

t Legatorum nomine satisdari oportere prætor putavit: ut quibus testator dari scieri voluit, his diebus detur vel fiat. *l.* 1. *ff. ut legat. seu fideicom. serv. cauf. cav.*

Nec sine ratione hoc prætori visum est, sicuti hæres incumbit possessioni bonorum, ita legatario quoque carere non debere bonis defuncti: sed aut satisdabitur ei: aut si satis non datur, in possessionem bonorum venire prætor voluit. *d. l.* §. 2.

XLVII.

47. Un legs en cas que l'héritier l'agrée n'est pas conditionnel.

Il ne faut pas mettre au nombre des dispositions conditionnelles un legs que le testateur auroit fait en termes qui parussent demander l'approbation ou le consentement de son héritier. Comme s'il avoit legué une somme, si son héritier le trouvoit bon, s'il l'estimoit juste & raisonnable, ou qu'il eût ajouté quelque autre semblable expression, quand il auroit même legué à condition que son héritier l'auroit agréable. Car ces termes ne seroient pas dépendre le legs de la volonté de cet héritier, mais marqueroient seulement que le testateur auroit consideré son héritier comme une personne raisonnable qu'il auroit voulu engager par cette honnêteté à exécuter agréablement son intention u.

u Si sic legatum vel fideicommissum, sit relictum, *Si æstimaverit hæres, si comprobaverit, si justum putaverit*: & legatum & fideicommissum debetur. Quoniam quasi vivo potius bono ei commissum est, non in meram voluntatem hæredis collatum. *l.* 75. *ff. de ligat.* 1.

SECTION IX.

Du droit d'Accroissement.

Droit d'accroissement dans les successions légitimes.

ON appelle droit d'accroissement le droit qu'a chacun de deux héritiers d'une même succession, ou de deux légataires d'une même chose, d'avoir la portion de l'autre qui ne peut ou ne la veut prendre.

Pour bien entendre quel est ce droit, il faut considerer dans un cas où l'on découvre facilement quelle est sa nature & son origine. Si on suppose qu'un pere laissant deux enfans, il y en ait un qui renonce à la succession, ou qui s'en rende indigne, ou en soit incapable par quelque condamnation ou autrement, ou qui soit justement desherité; la portion qu'il ne voudra ou ne pourra prendre demeurant dans la masse de l'hérédité, elle sera acquise entiere à son frere qui se trouvera seul à succeder. Et il en seroit de même dans des successions collaterales de freres ou autres plus éloignez, si de deux ou plusieurs cohéritiers appellez ensemble à une succession, l'un d'eux ne vouloit ou ne pouvoit y prendre sa part.

Ce droit de l'héritier qui acquiert les portions des autres, s'appelle accroissement, parce que la portion de celui qui ne succede point, accroit à celui qui succede seul, ainsi il a le tout.

On voit dans ces cas des successions légitimes, que ce droit d'accroissement y est tout naturel, étant fondé sur ce que la Loi qui appelle les héritiers du sang aux successions, les y appelle selon leur nombre; & de sorte que s'ils sont deux ou plusieurs, ils partagent en portions égales, & que s'il n'y en a qu'un, il ait seul le tout. Car il s'ensuit de cette regle, que ce n'est que le concours de plusieurs cohéritiers qui divisent entr'eux la succession, & qu'ainsi à mesure que quelqu'un d'eux cesse de prendre sa portion, elle demeure dans l'hérédité, & est acquise aux autres par le droit au tout, qui demeure entier à un seul, s'il n'en reste qu'un.

Droit d'accroissement dans les suc-

Pour les successions testamentaires, on peut dire que le droit d'accroissement n'y est pas si évidemment juste & naturel que dans les successions légitimes. Car si dans

cessions testamentaires.

le cas de deux héritiers testamentaires qui ne seroient pas héritiers du sang, l'un ne voulant ou ne pouvant pas succeder, il faut décider à qui sa portion devroit être acquise, ou au cohéritier testamentaire, ou à l'héritier légitime; le droit de cet héritier testamentaire ne seroit pas si parfaitement évident contre l'héritier légitime, que l'est dans le cas d'une succession ab intestat le droit de l'héritier légitime qui se trouve seul au défaut du cohéritier qui ne peut ou ne veut prendre part à l'hérédité. Car dans ce second cas le droit de cet héritier légitime ne peut être contesté que par ce qui ce soit: & dans le premier cas des cohéritiers testamentaires, l'héritier légitime auroit ses raisons contre l'héritier testamentaire qui prétendroit la portion de l'autre, comme il sera remarqué dans la suite.

Cette question est décidée par le Droit Romain en faveur des héritiers testamentaires. Et comme le droit d'accroissement est naturel aux héritiers légitimes, & que la qualité d'héritier qui est commune à l'héritier testamentaire & au légitime, rend l'héritier le successeur universel de tous les biens, on y a reglé que le testateur ayant voulu exclure de sa succession ses héritiers légitimes, & disposer par son testament, les héritiers testamentaires étoient seuls appellez à l'hérédité entiere : & qu'ainsi celui qui n'étoit institué héritier que pour une partie, devenoit héritier universel, si l'héritier de l'autre partie ne vouloit la prendre, ou ne le pouvoit. C'étoit vraisemblablement sur ce principe, qui veut que la qualité d'héritier donne un droit universel qui acquiert l'hérédité entiere à celui des héritiers qui se trouve seul, qu'a été fondée cette autre regle du Droit Romain, qu'une hérédité ne peut être reglée en partie comme testamentaire, & en partie comme ab intestat a; de sorte qu'un testateur puisse ne disposer par un testament que d'une partie de son hérédité, instituant par exemple un héritier pour une moitié, sans disposer de l'autre. Car en ce cas l'héritier institué pour une moitié étoit héritier universel, & excluoit de l'autre moitié l'héritier ab intestat, qui n'étoit pas appellé par le testament. Et quand même l'héritier nommé par le testament n'auroit été institué héritier que d'un certain fonds, ce qui n'est proprement qu'un legs, la qualité d'héritier lui étant donnée, il étoit héritier universel de tous les biens b.

Il résulte de cette premiere remarque sur le droit d'accroissement entre héritiers légitimes, & sur le droit d'accroissement entre héritiers testamentaires, qu'il y a cette différence entre ces deux sortes d'accroissement, qu'on peut dire de celui des héritiers légitimes qu'il est du même droit naturel que la Loi qui leur donne la succession. Et comme il est de la justice & de l'équité naturelle que si deux héritiers du sang sont également appellez par la proximité, ils doivent partager la succession, il est de la même équité qu'elle demeure entiere à celui qui se trouve seul par l'exclusion des autres. Mais on peut dire de l'accroissement dans les successions testamentaires, qu'il est plus du droit positif que du droit naturel. Car si dans le cas d'un testament qui appelle à l'hérédité d'autres héritiers que ceux du sang, la Loi avoit reglé qu'il n'y auroit point de droit d'accroissement entr'eux, à moins que le testateur ne l'eût expressément ordonné; mais que la portion de celui qui ne voudroit ou ne pourroit être héritier, passeroit à l'héritier légitime avec les charges du testament, & qu'ainsi il y eût deux héritiers, l'un testamentaire, l'autre légitime, on ne pourroit pas dire d'une telle Loi qu'elle blessât le droit naturel; & on pourroit même dire en faveur de l'héritier légitime, qu'il seroit assez naturel que le testateur n'ayant voulu donner à chacun des héritiers nommez par son testament qu'une portion de l'hérédité, chacun dût être réduit à la sienne; & que celle de l'héritier testamentaire qui ne pourroit ou ne voudroit succeder, fût laissée à l'héritier légitime, de même qu'il auroit le tout si aucun des héritiers testamentaires ne succedoit. Et le droit de l'héritier légitime

a *l.* 7. *ff. de reg. Jur.* §. 5. *inst. de l xred. inst.*

b V. *l.* 41. *in f. de vulg. & pup. subst. l.* 2. §. 2. *ff. de bon. test. sec. tab.* §. 5. *de l'xred. inst.*

à la portion vacante feroit à plus forte raifon jufte & naturel, fi le teftateur n'avoit inftitué qu'un feul héritier pour une moitié ou autre portion, ou même pour un feul fonds; puifque dans ces cas propofez dans le Droit Romain, ainfi qu'il a été déja remarqué, la préfomption feroit affez naturelle que ce teftateur auroit voulu que le refte des biens demeurât à fon héritier légitime. Et quoiqu'il arrivât par la Loi, qui dans ces cas appelleroit l'héritier légitime avec l'héritier teftamentaire, que celui à qui le teftateur avoit donné le titre d'héritier, ne feroit pas héritier univerfel, & que la fucceffion feroit reglée en partie comme teftamentaire, & en partie comme légitime; il n'y auroit dans ces deux évenemens rien de contraire au droit naturel, & qu'une Loi arbitraire ne pût ordonner. Car pour le premier, encore que l'héritier teftamentaire qui refteroit feul de deux que le teftateur auroit inftituez, ne fût pas héritier univerfel, & que l'héritier légitime partageât avec lui la fucceffion, il feroit toujours vrai que le titre d'héritier feroit univerfel, mais divifé à deux héritiers, comme il arrive toutes les fois qu'il y a plufieurs héritiers, foit teftamentaires, ou ab inteftat. Et pour le fecond, encore qu'une partie de la fucceffion fût à l'héritier teftamentaire, & l'autre à l'héritier légitime, le teftament n'ayant fon effet que pour l'un des héritiers que le teftateur y avoit nommez; cet évenement ne feroit autre chofe que donner à deux différentes Loix l'effet naturel de l'une & de l'autre. Car il donneroit à la Loi naturelle l'effet de faire fucceder l'héritier du fang, & à la Loi qui permet de faire un héritier par un teftament, l'effet de donner à l'héritier teftamentaire qui fe trouveroit capable de fucceder, la portion de l'hérédité que le teftateur vouloit lui donner. Ainfi l'intention du teftateur étant accomplie, la Loi qui permet les teftamens le feroit auffi. A quoi on peut ajouter qu'il eft fi peu contre le droit naturel, qu'un héritier teftamentaire partage la fucceffion avec l'héritier légitime, & que l'un fuccede par le teftament, & l'autre par le fimple effet de la parenté, que dans nos Coutumes il ne peut y avoir d'inftitution d'héritier, qu'on appelle légataire univerfel, où l'on ne voye la fucceffion reglée en partie comme ab inteftat, & en partie par le teftament; puifque le légataire univerfel fuccede par le teftament, & que l'héritier légitime fuccede par la Loi, & contre le teftament même. Ce qui n'empêche pas que l'un & l'autre n'ait un titre univerfel comme l'ont deux cohéritiers, foit teftamentaires ou ab inteftat, qui partagent la fucceffion. Et on voit même dans le Droit Romain, que non-feulement diverfes fortes de biens paffent à diverfes fortes d'héritiers c auffi-bien que dans nos Coutumes, mais que celui qui avoit droit de faire un teftament militaire, pouvoit laiffer fa fucceffion reglée en partie par fon teftament, & en partie ab inteftat d; & on fçait que plufieurs Interpretes ont crû qu'en divers cas tout teftateur, quoiqu'il n'eût pas le privilege de faire un teftament militaire, laiffoit fa fucceffion en partie reglée comme légitime, & en partie comme teftamentaire. Et dans les cas même où le droit d'accroiffement devoit avoir lieu dans le Droit Romain, il pouvoit arriver que la fucceffion fût divifée & paffât en partie à des héritiers teftamentaires, & en partie au Fifc, lorfque par les Loix fifcales il prenoit la portion de l'héritier qui ne pouvoit fucceder, & il en excluoit le cohéritier, qui fans ces Loix auroit eu le droit d'accroiffement e. De forte qu'il femble qu'on puiffe conclure comme affez prouvé ce qu'on a déja dit, qu'au lieu que le droit d'accroiffement dans les fucceffions légitimes eft du droit naturel, dans les fucceffions teftamentaires il eft feulement du droit pofitif f.

Le droit d'accroiffement dont on a parlé jufqu'ici, regarde feulement les cohéritiers; mais on l'étendit aux légataires à qui une même chofe eft leguée en termes qui doivent avoir cet effet. Car ce droit n'a pas toujours lieu entre légataires d'une même chofe, comme entre cohéritiers d'une même fucceffion. Mais felon les différentes expreffions des teftateurs, il peut y avoir ou n'y avoir pas de droit d'accroiffement entre légataires; ce qui dépend des regles qui feront expliquées dans la fuite.

On peut regarder comme une fuite des réflexions qu'on vient de faire fur le droit d'accroiffement, tant entre cohéritiers teftamentaires, qu'entre légataires, que comme cet accroiffement eft feulement du droit pofitif, au lieu que dans les fucceffions légitimes on peut dire qu'il eft du droit naturel; c'eft un effet de cette différence entre ces deux fortes d'accroiffement, que pour celui qui eft naturellement acquis aux héritiers légitimes, on ne voit pas qu'il en naiffe de difficultez; au lieu qu'il en naift plufieurs de l'accroiffement dans les difpofitions teftamentaires, comme on voit par expérience dans le Droit Romain. Car encore qu'il y foit parlé du droit d'accroiffement dans les fucceffions légitimes g, on n'y voit de difficultez & de queftions pour le droit d'accroiffement que dans les fucceffions teftamentaires; ce qui vient de ce que le droit d'accroiffement dans les fucceffions légitimes étant une fuite néceffaire d'un principe fimple & naturel, qui eft le droit que donne la Loi à l'héritier légitime d'avoir la fucceffion entiere, quand il fe trouve feul; rien n'eft plus facile que de connoître fi ce droit a lieu. Mais au contraire le droit d'accroiffement dans les difpofitions des teftateurs dépend de deux principes arbitraires, & fujets à de différentes interprétations. L'un eft la volonté des teftateurs, dont les difpofitions peuvent ou donner lieu au droit d'accroiffement, ou faire qu'il n'y en ait point. Et l'autre eft la Jurifprudence des diverfes regles que le Droit Romain a établies fur cette matiere. De forte que comme on peut dire que ces regles n'y font pas expliquées avec l'ordre & la netteté néceffaire pour le bien entendre, ainfi qu'on pourra en juger par la fuite, & que les difpofitions des teftateurs qui fe trouvent mal expliquées, & les différentes combinaifons des circonftances que font naître les évenemens, rendent fouvent incertaine la connoiffance de leur volonté, & l'application des regles qui peuvent & convenir; cette matiere du droit d'accroiffement a été rendue fi difficile, que quelques Interpretes ont dit qu'il n'y en a aucune autre dans tout le Droit qui le foit autant, quoiqu'il foit vrai qu'il n'y en ait point dont l'ufage foit moins néceffaire; puifqu'il auroit été facile de fe paffer des regles du droit d'accroiffement, fi on l'avoit borné aux fucceffions légitimes, & aux cas où le teftateur l'auroit ordonné. Cette Jurifprudence fimple & facile auroit épargné bien des regles & bien des procès, & fans aucun inconvenient. Car quel feroit l'inconvenient, fi la part qu'un des héritiers teftamentaires ne pourroit ou ne voudroit prendre demeuroit à l'héritier légitime, l'autre héritier teftamentaire ayant ce que le teftateur lui avoit donné: ou fi ce qu'un des légataires laifferoit ou ne pourroit prendre demeuroit à l'héritier, l'autre légataire fe contentant de ce qui lui revenoit par le teftament: on enfin fi un héritier teftamentaire qui feroit ftipulé feul & feulement pour une portion ou pour un feul fonds, felon les exemples qu'on voit de pareilles difpofitions dans le Droit Romain, étoit réduit à ce que le teftateur lui avoit laiffé?

Il femble que fi quelque Loi avoit reglé les chofes de cette maniere, ou fi on ne diroit pas que ces évenemens fuffent des inconveniens; ou fi c'en étoient, ils paroîtroient moindres que celui des difficultez qu'a fait naître la Jurifprudence du droit d'accroiffement de la maniere que nous l'avons dans le Droit Romain.

On a fait ici toutes ces remarques fur le droit d'accroiffement, pour donner l'idée de fon origine, de fa nature & des principes généraux de cette matiere, Et on

---

c V. la Section 2. du Titre 2 du Livre fecond.
d l. 6. ff. de teft. mil. l. 2. C. eod.
e Ulp. Titre 24. §. 12.
f V. fur tout ce qu'on vient de dire pour l'héritier légitime. La remarque fur l'article 6.

g Si ex pluribus hæredibus quidam omiferint adire hæreditatem, vel morte, vel qua alia ratione impediti fuerint, quominùs adeant, reliquis, qui adierint adcrefcit illorum portio. l. 3. ff. de fuis & legis hæred.

a cru devoir par occasion y ajouter les réflexions qu'on a faites pour distinguer ce qu'il y a dans l'accroissement qui soit du droit naturel, & ce qui n'est que du droit positif établi par de simples Loix arbitraires, & qu'on auroit pû regler autrement.

On n'a fait ces réflexions, & celles qui seront expliquées dans la suite, que dans la vûe de développer les difficultez de cette matiere que les Interpretes reconnoissent être si grandes dans le Droit Romain. Car pour bien entendre quelque matiere que ce soit, & les difficultez qui peuvent y naître, il est nécessaire, ou au moins utile, de bien distinguer dans les idées communes qu'on nous en donne, ce qui peut y avoir d'essentiel à leur nature, & ce qui ne seroit pas de ce caractére. Et quoique cette vûe ayant engagé à la considération des principes du Droit Romain, qui ont été les fondemens du droit d'accroissement dans les successions testamentaires, on ait été obligé de remarquer sur la nature de ces principes, qu'on auroit pû se passer de l'accroissement hors les successions légitimes & les cas où les testateurs l'auroient ordonné; on n'a pas prétendu retrancher de ce livre les regles du Droit Romain sur cette matiere, puisqu'au contraire elles composent cette Section, & qu'on les suppose même pour fondement des remarques qui restent à faire. Mais on a cru qu'il étoit libre de faire ces réflexions, & que ceux même à qui elles pourront ne pas agréer, ne condamneront pas la liberté de les proposer comme de simples pensées dont on n'exige pas l'approbation.

Il ne reste après ces remarques générales sur le droit d'accroissement, que d'en ajouter quelques autres particulieres qui regardent le détail de cette matiere, & qui sont nécessaires pour en éclaircir les difficultez.

Comme le droit d'accroissement a son fondement dans les successions légitimes, sur ce que les cohéritiers sont joints par la liaison que fait entre eux la succession qui leur est commune; le droit de l'héritier qui se trouve appellé à recueillir les portions qui vaquent, est en effet un droit simple & naturel de prendre le tout, parce qu'aucun des autres héritiers ne lui en fait de retranchement. Ainsi on peut aussi-bien dire & avec autant ou plus de raison, qu'il a le tout, parce que son droit au tout ne souffre aucune diminution par le concours d'autres héritiers, qu'on pourroit dire qu'il a le tout par l'accroissement des portions des autres. C'est à l'imitation de ce droit des héritiers légitimes que le Droit Romain a donné aux héritiers testamentaires le droit d'accroissement, ainsi qu'on l'a déja expliqué; de sorte que le fondement de leur droit d'accroissement est leur liaison par la qualité de cohéritiers d'une succession qui leur est commune; ce qui fait qu'on dit qu'ils sont conjoints, c'est-à-dire conjointement appellez à l'hérédité, comme on dit aussi que deux ou plusieurs légataires d'une même chose sont appellez conjointement au legs qui leur est commun. Et comme les testateurs qui instituent plusieurs héritiers, ou qui donnent à plusieurs légataires une même chose, peuvent s'exprimer en différentes manieres, & les joindre ensemble par diverses expressions dont les effets soient différens; on a distingué dans le Droit Romain trois manieres dont les héritiers & les légataires d'une même chose peuvent être liez ou conjoints dans un testament *h*.

La premiere est celle qui les conjoint par la chose même qui leur est laissée, quoiqu'ils ne soient pas conjoints par une seule expression commune *i*; comme si un testateur institue premierement un héritier, & puis en institue un second par une autre clause, sans distinguer leurs portions; ou s'il donne une maison à un légataire, & qu'il donne ensuite & séparément cette même maison à un autre légataire par une autre clause. On donne cet exemple; car encore que cette maniere de leguer paroisse bizarre dans notre usage, & convenir

peu à un testateur qui ait quelque exactitude & un peu de sens, les exemples en sont fréquens dans le Droit Romain.

La seconde maniere est celle qui conjoint les héritiers ou les légataires, & par la chose, & par l'expression du testateur *l*; comme s'il institue un tel & un tel pour ses héritiers, ou s'il donne à un tel & à un tel une maison ou quelque héritage.

La troisiéme est celle qui ne conjoint les personnes que par les paroles & non par la chose, comme si un testateur legue un fonds à un tel & à un tel par portions égales *m*.

On exprime ici ces trois manieres selon qu'elles sont expliquées dans les loix où il en est fait mention; mais il ne faut pas prendre cette distinction des manieres dont un testateur peut conjoindre des héritiers ou des légataires d'une même chose, comme une division d'une exactitude géométrique ou métaphysique, de sorte qu'elle convienne également & aux héritiers & aux légataires, & que chacune de ces manieres ait toujours le même effet indistinctement pour les légataires comme pour les héritiers en ce qui regarde le droit d'accroissement. On seroit souvent trompé l'entendant ainsi : & on trouveroit même qu'une expression qui dans quelques loix est donnée pour exemple d'une de ces manieres, est donnée ailleurs pour exemple d'une autre. Ainsi il est dit dans une loi, que cette expression, *J'institue un tel & un tel mes héritiers chacun pour une moitié*, fait une conjonction par la chose & par les paroles *n* : Et dans une autre loi cette expression, *Je donne & legue à un tel & à un tel un tel fonds par portions égales*, ne fait qu'une conjonction par les paroles & non par la chose *o*.

On voit que ces deux expressions sont toutes semblables ; car instituer ou leguer par moitié ou par portions égales, c'est la même chose. Cependant elles sont données pour exemple de deux sortes de conjonctions toutes différentes, & si différentes, que dans l'une il y a droit d'accroissement, & non pas dans l'autre ; mais sans que les loix où elles se trouvent marquent comment il faut concilier cette contrarieté au moins apparente, & qui vient de la différence entre les legs & l'hérédité. Cette différence consiste en ce qui a déja été remarqué, que pour ce qui regarde l'hérédité, de quelque maniere qu'on institue deux héritiers, soit par une seule clause ou séparément, soit qu'on exprime leurs portions, ou qu'il n'en soit fait aucune mention ; ils ne laissent pas d'être conjoints par la chose qui est l'hérédité que l'on considere comme indivisible, & il y a toujours entre eux droit d'accroissement, par les raisons qui ont été expliquées : & c'est par ces raisons qu'à l'égard de l'hérédité de cette expression, *J'institue un tel & un tel mes héritiers chacun pour une moitié*, fait une conjonction ou liaison par la chose. Mais pour les legs, si une chose est léguée à deux personnes par portions égales ou inégales, comme la chose léguée peut se diviser ou par ses parties, si elle est divisible, ou par son estimation, si elle est indivisible ; cette expression, *Je donne & legue à un tel & à un tel un tel fonds par portions égales*, ne fait pas de conjonction par la chose. Ainsi chaque légataire a son droit borné à sa portion : & si un des légataires ne peut ou ne veut prendre la sienne, elle ne sera pas pour cela vacante & sans maître, mais l'héritier en profitera, & l'autre légataire aura tout ce que le testateur vouloit lui donner, c'est-à-dire la portion qu'il lui avoit léguée.

C'est selon cette distinction qu'il faut entendre les divers effets de ces expressions toutes semblables, & qui embarrassent si on ne les prend différemment chacune en son sens. Mais cette difficulté n'est pas la seule

---

h Triplici modo conjunctio intelligitur. Aut enim re per se conjunctio contingit, aut re & verbis, aut verbis tantum. l. 142. ff. de verb. signif.

i Re conjuncti videntur, non etiam verbis, cum duobus separatim eadem res legatur. l. 89. ff. de legat. 3.

l Re & verbis. l. 142. ff. de verb. signif. Qui & re & verbis conjunctus est. l. 89. ff. de legat. 3.

m Item verbis, non etiam re, Titio & Seio fundum æquis partibus do, lego. d. l. 89. de legat. 3.

n Conjuncti sunt quos & nominum & rei complexus jungit : veluti Titius & Mævius ex parte dimidia hæredes sunto. l. 142. ff. de verb. signif.

o Item verbis, non etiam re, Titio & Seio fundum æquis partibus do, lego. l. 89. ff. de legat. 3.

qu'on trouve à dénouer fur cette matiere, car on en voit d'autres en d'autres loix. Ainſi, par exemple, il eſt dit en quelques-unes, que lorſque deux légataires ſont conjoints, la choſe eſt donnée entiere à chacun, & qu'elle ne ſe diviſe que quand ils y concourent, & qu'ainſi il y a entre eux droit d'accroiſſement. *Conjunctim hæredes inſtitui aut conjunctim legari, hoc eſt, totam hæreditatem, & tota legata ſingulis data eſſe, partes autem concurſu fieri. l. 80. ff. de legat. 3.* Et on voit en d'autres loix, que ſi les légataires d'une même choſe ſont disjoints, ils ont chacun le tout, de ſorte que s'ils concourent ils partagent le legs; & ſi l'un ces deux ne prend point ſa part, elle accroît à l'autre. *Si disjunctorum aliqui deficiant, cæteri totum habebunt. l. un. §. 11. C. de cad. toll. l. 33. ff. de leg. 1.* Il ſemble ſuivre de ces deux textes, que la conjonction & la disjonction ayant également l'effet de donner le droit d'accroiſſement aux légataires, ils l'auront toujours, de quelque maniere qu'ils ſoient légataires d'une même choſe; ce qui n'eſt pas vrai de ceux à qui le legs diviſe la choſe, car entre ceux-ci il n'y a point d'accroiſſement. Ainſi pour concilier ces diverſes regles, il faut entendre dans le premier de ces deux textes le mot de conjoints des légataires qui ſont conjoints par la choſe; comme ſi un teſtateur legue une même choſe à deux perſonnes ſans diſtinction de portions : & dans le ſecond, il faut entendre le mot de disjoints de ceux qui ne ſont disjoints que par les paroles, & qui ſont conjoints par la choſe; comme ſi un teſtateur ayant legué une choſe à un légataire, legue la même choſe à un autre par une autre clauſe, comme il a été déja remarqué.

On ne s'arrêtera pas au détail des autres difficultez des loix ſur cette matiere, car ce détail ne ſeroit qu'embarraſſer inutilement; comme, par exemple, les différences qu'on faiſoit dans l'ancien Droit Romain pour le droit d'accroiſſement, entre un legs qu'on appelloit *per damnationem*, par lequel l'héritier étoit chargé de donner une choſe à un légataire; & le legs qu'on appelloit *per vindicationem*, par lequel la choſe étoit donnée au légataire à prendre dans l'héredité, comme ſi le teſtateur avoit dit, je veux qu'un tel prenne une telle choſe *p*. Selon ces diverſes manieres de leguer une même choſe à deux légataires, le droit d'accroiſſement pouvoit avoir lieu, ou n'en avoir point *q*. Et il ſuffit de remarquer en général ſur toutes les difficultez de cette matiere, qu'elles reſtent telles dans le Droit Romain ancien & nouveau que les loix mêmes, qui en expliquent les principes & les regles générales, contiennent des expreſſions que les Interpretes expliquent par des ſens tout oppoſez, & qui en effet y donnent ſujet, comme il paroît en quelques-uns des textes qui ont été remarquez dans le préambule, & en d'autres où l'on a laiſſé ſubſiſter l'ancienne difference de ces deux ſortes de legs dont on vient de parler, quoiqu'elle eût été abolie par Juſtinien; ce qui fait une des cauſes des difficultez de cette matiere, & a donné ſujet au plus habile des Interpretes d'accuſer de ſtupidité ou de négligence ceux qui furent chargez de tirer des Livres des anciens Juriſconſultes les extraits qui compoſent le Digeſte, pour n'avoir pas ſçû retrancher des textes ce qui étoit aboli de l'ancien Droit, & pour avoir par-là laiſſé en divers endroits des textes contraires à d'autres qu'ils y ont recueillis *r*.

On peut juger par toutes ces réflexions que les difficultez qui naiſſent dans cette matiere du droit d'accroiſſement, ſont à peu près de même nature que celles des clauſes codicillaires. Mais il y a cette difference entre ces deux matieres, que pour les clauſes codicillaires il n'y a point de regles aſſez préciſes dans le Droit Romain, & dont on ait pû tirer une Juriſprudence fixe & certaine, comme il a été remarqué dans la Section 4. & que par cette raiſon on n'a pû en donner un détail de regles. Mais pour le droit d'accroiſſement,

p §. 2. Inſt. de leg. Utriam. tit. 24. §. 3. & 4.
q Ulpian. tit. 23. §. 12. & 13.
r U. plura jam ex eo apparet, quàm habere aut indigentes fuerint hi, quibus ſtudium fuit pandectarum capita ex veteribus Juriſconſultorum libris decerpere. Cujac. ad titul. 24. Ulp.

comme les diſpoſitions des teſtateurs peuvent ſouvent y donner lieu, & qu'on en a pluſieurs regles dans le Droit Romain qu'on peut rendre claires & préciſes, on en a compoſé cette Section, & on a tâché de leur donner le jour & l'ordre néceſſaire pour les rendre faciles autant qu'on l'a pû à travers les difficultez qu'on vient d'expliquer. Car encore que Juſtinien ait fait une loi *ſ*, dont une partie regarde cette matiere, & qu'il y ait dit qu'il avoit jugé néceſſaire de la traiter entiere, amplement & exactement, pour la rendre claire à tout le monde, ce projet paroît peu exécuté.

Après tout ce qu'on vient de dire du droit d'accroiſſement dans ce préambule, le Lecteur eſt aſſez averti que cette matiere eſt du nombre de celles qui ſont communes & aux inſtitutions teſtamentaires, & aux legs, & aux fideicommis & ſubſtitutions, & que les regles qu'on expliquera dans cette Section ne regardent principalement que les ſucceſſions teſtamentaires. Car encore que dans le commencement de ce préambule on ait donné pour exemple du droit d'accroiſſement celui qui a lieu entre héritiers légitimes; ce n'a été que pour rendre plus intelligible la nature de ce droit dans les ſucceſſions teſtamentaires, où l'uſage des regles de cette matiere doit être reſtreint; puiſque dans les ſucceſſions légitimes il ne peut arriver de difficulté, chaque héritier ayant ſon droit naturel au tout quand il ſe trouve ſeul. Ainſi pour l'accroiſſement dans les ſucceſſions légitimes, il n'en ſera parlé expreſſément que dans le troiſiéme article; ce qui n'empêche pas qu'on n'y applique ce qu'il y a dans les autres qui puiſſe y convenir.

ſ His ita definitis, cùm in ſuperiore parte noſtræ ſanctionis in pluribus locis conjuncti fecimus mentionem : neceſſarium eſſe duximus omnem inſpectionem hujus articuli latius & cum ſubtiliori tractatu dirimere, ut in omnibus, & hoc apertiſſimè conſtitutum. l. 1. §. 10. c. de cadur. toll.

SOMMAIRES.

1. *Uſage du droit d'accroiſſement.*
2. *Definition de ce droit.*
3. *Accroiſſement entre cohéritiers légitimes.*
4. *Dans les teſtamens il depend de la maniere dont les héritiers ou les légataires ſont joints enſemble.*
5. *Trois manieres dont les héritiers ou légataires peuvent être conjoints.*
6. *Entre cohéritiers il y a toujours droit d'accroiſſement.*
7. *L'accroiſſement entre cohéritiers ſe regle ſelon leurs portions.*
8. *Les cohéritiers ont differemment ce droit ſelon la maniere dont les uns ſont joints ou non joints à d'autres.*
9. *Ce droit a lieu entre héritiers non conjoints.*
10. *Entre légataires d'une même choſe, il peut y avoir ou n'y avoir pas de droit d'accroiſſement.*
11. *Il y a droit d'accroiſſement entre légataires conjoints par la choſe.*
12. *Si la même choſe eſt leguée à deux par deux clauſes, chacun a droit au tout; mais leur concours la diviſe.*
13. *Entre légataires par portions il n'y a pas d'accroiſſement.*
14. *Divers cas d'accroiſſement entre légataires conjoints.*
15. *L'accroiſſement dans les legs & dans l'héredité, eſt une ſuite de la conjonction par la choſe.*

I.

Lorſqu'il y a deux ou pluſieurs héritiers d'une même ſucceſſion, ou deux ou pluſieurs légataires d'une même choſe, & que quelqu'un des héritiers ou des légataires ne prend point de part à l'héredité ou au legs, ſoit qu'il y renonce, ou qu'il s'en trouve incapable, ou qu'il en ſoit indigne, ou qu'il vienne à déceder avant le teſtateur; la portion qu'il devoit avoir paſſe aux autres héritiers ou aux autres légataires, ſelon que la diſpoſition du teſtateur doit avoir cet effet; ce qui dépend des regles qui ſuivent : Et il en eſt de même entre pluſieurs ſubſtituez ou fideicommiſſaires pour une héredité, ou pour quelque legs *a*.

a V. les articles ſuivans.

1. Uſage du droit d'accroiſſement.

II.

1. Définition de ce droit.

Le droit qu'ont les héritiers, les légataires & les substituez ou fideicommissaires de profiter des portions les uns des autres, quand il y en a qui ne veulent ou ne peuvent recueillir les leurs, s'appelle droit d'accroissement, parce que la portion vacante accroît à celles des autres *b*.

b V. les articles qui suivent.

III.

2. Accroissement entre cohéritiers légitimes.

Entre cohéritiers légitimes il y a toujours droit d'accroissement. Car l'hérédité est acquise au plus proche capable de succeder : Ainsi il doit l'avoir entiere, s'il n'y a pas de cohéritiers, ou si ceux qui seroient appellez avec lui à l'hérédité, ne vouloient ou ne pouvoient y prendre de part *c*. Mais si un des cohéritiers mouroit après l'ouverture de la succession sans l'avoir connue, ou avant que de l'accepter, il transmettroit son droit à ses héritiers, & son cohéritier n'y auroit point de part par l'accroissement *d*.

c Si ex pluribus legitimis hæredibus quidam omiserint adire hæreditatem, vel morte, vel qua alia ratione impediti fuerint, quominus adeant, reliquis, qui adierint accrescit illorum portio. l. 9. ff. de suis & legit. hæred.

d C'est une suite de notre regle, que la mort saisit le vif. Car cet héritier ayant succedé avant sa mort, son avoir lui seroit acquis, & passeroit à ses héritiers.

IV.

3. Dans les testamens il dépend de la maniere dont les héritiers ou les légataires sont joints ensemble.

Le droit d'accroissement dans les dispositions testamentaires, dépend de la maniere dont le testateur a expliqué son intention entre plusieurs héritiers, plusieurs légataires ou plusieurs substituez, & de la liaison que fait entr'eux son expression. Car c'est selon qu'ils se trouvent joints à un même droit, ou que leurs portions sont distinctes, qu'ils ont le droit d'accroissement, ou qu'ils ne l'ont point ; ce qui dépend des regles qui suivent.

e V. les articles qui suivent. V. l'article 8.

V.

5. Trois manieres dont les héritiers ou légataires peuvent être conjoints.

Deux ou plusieurs héritiers ou légataires peuvent être joints ou appellez conjointement en trois manieres à une même hérédité, ou à un même legs. La premiere, de sorte qu'ils soient conjoints seulement par l'hérédité ou la chose qui leur est laissée, & appellez par des expressions distinctes & séparées ; comme si un testateur institue un héritier par une premiere clause, & par une seconde un autre héritier : ou s'il legue une chose à un légataire, & appelle ensuite un autre légataire à la même chose. La seconde, de sorte que le testateur joigne les personnes & par la chose & par l'expression ; comme si par une seule clause il institue deux héritiers, ou fait deux légataires d'une même chose. La troisiéme est celle où le testateur ne joint les personnes que par les termes, & distingue leurs portions ; comme s'il instituoit deux héritiers, ou léguoit une même chose à deux personnes par portions égales *f*. On verra dans les articles qui suivent l'usage de ces trois sortes de conjonction ou de liaison.

f Triplici modo conjunctio intelligitur. Aut enim re per se conjunctio contingit : aut re & verbis : aut verbis tantùm. l. 142. ff. de reg. jur.

Re conjuncti videntur non etiam verbis, cùm duobus separatim eadem res legatur. Item verbis, non etiam re, Titio & Seio fundum æquis partibus do, lego. l. 89. ff de legat 2.

Quoique cette distinction ait été expliquée dans le préambule, il a été ici faite de tout peu ici. Car on a été obligé d'en porter dans le préambule pour aider à l'explication des difficultez dont on y a parlé, & elle ont été placée ici comme faisant partie des regles.

On verra dans les trois articles suivans, pourquoi dans la troisiéme de ces manieres on n'a donné que l'exemple des légataires, & non des héritiers.

VI.

6. Entre colataires il y a toujours droit d'accroissement.

Quand il s'agit de l'hérédité, de quelque maniere que les héritiers y soient appellez, soit conjointement ou séparément, & que leurs portions soient marquées ou non ; il y a toujours entr'eux droit d'accroissement.

Car comme le droit à l'hérédité est un droit universel qui comprend tous les biens & toutes les charges, & que ce droit est indivisible, c'est-à-dire, qu'on ne peut être héritier seulement pour une partie, de sorte que l'autre demeure vacante & sans héritiers ; les portions de ceux qui ne veulent pas succeder, ou qui ne le peuvent, sont acquises aux autres. Ainsi l'héritier qui aura une fois accepté sa portion, succedera pour celle qui sera vacante, sans qu'il ait la liberté d'y renoncer, & il sera tenu d'en porter les charges. Ce qu'il faut entendre non seulement des héritiers instituez, mais aussi des héritiers substituez ; soit que plusieurs soient substituez, réciproquement les uns aux autres, ou que d'autres soient substituez aux héritiers. Car dans tous ces cas celui qui a acquis une portion de l'hérédité, soit comme institué ou comme substitué, ne peut renoncer aux autres portions par l'effet de l'institution ou de la substitution peut lui faire accroître *g*.

g Qui semel aliqua ex parte hæres extiterit, deficientium partes etiam invitus excipit : id est, tacité ei deficientium partes etiam invito accrescunt. l. 15. t. 1 ff. de acq. vel omitt. hæred.

Si quis hæres institutus ex parte, mox Titio substitutus, antequam ex causa substitutionis ei defuatur hæreditas : pro hærede gessent, erit hæres ex causa quoque substitutionis : quoniam invito ei accrescit portio. l. 15. eod.

Testamento jure facto, multis inst tutis hæredibus, & invicem substitutis : adeuntibus quibusdam portionem etiam invitus cohæredum repudiantium accrescit portio. l. 6. C. de impub. & aliis substit.

Si quidem cohæredes sunt conjunctim, vel omnes disjunctim, vel institui vel substitui, hoc quod fuerit quoquomodo evacuatum, si in parte hæreditatis vel partibus consistat, aliis cohæredibus cum suo gravamine pro hæreditaria parte etiam jam defuncti fuent acquiritur. & hoc nolentibus ipso jure accrescat, si suas partes jam agnoverint. Cùm sit absurdum ejusdem hæreditatis partem quidem agnoscere, partem vero respuere. l. un. §. 10. C. de caduc toll. l. 2. C. eo hæred instit.

V. sur ce qui est dit dans cet article que le droit de l'héritier est universel & indivisible, les articles 11. & 12. de la Section 1. des Héritiers en général, p. 283.

☞ Ce qui est dit dans cet article qu'une portion de l'hérédité ne peut demeurer vacante, & que celui à qui elle doit accroître ne peut la reuser, n'est pas contraire à ce qui a été dit dans le préambule de cette Section, qu'il n'auroit pas été contre le droit naturel, que la portion vacante fût laissée à l'héritier légitime, quoiqu'en ce cas il soit vrai que cet héritier légitime a qui cette portion vacante devroit être acquise, pût la refuser. Car la regle qui veut que la portion vacante ne puisse être refusée par celui à qui elle doit accroître, suppose qu'il ait accepté sa portion, soit purement & simplement, ou sous bénéfice d'inventaire : & ce n'est qu'en ce cas qu'il ne peut refuser les autres portions à la même condition sous laquelle il a accepté la sienne. Et comme s'il n'avoit pas accepté sa portion, il pourroit refuser les autres, il seroit de la même justice que cet héritier légitime, qui ne seroit encore entré dans aucun engagement à l'hérédité, pût accepter la portion vacante, ou la refuser. Il n'y auroit en tout cela rien de contraire à la justice ni à l'équité : & ces mêmes choses peuvent se voir dans nos Coutumes ; puisqu'il est certain que s'il arrivoit qu'un héritier légitime ayant accepté la succession, le légataire universel renonçât au legs, cet héritier qui n'auroit pas pû avoir part aux biens compris dans ce legs, si ce légataire l'avoit accepté, ne pourroit à son refus renoncer à ces biens pour s'exempter des charges. Mais il seroit tenu envers les créanciers de toutes les dettes de l'hérédité & des legs particuliers jusqu'à la concurrence de ce que le testateur avoit pû leguer.

VII.

7. L'accroissement entre les co-héritiers se fait à proportion de celle qu'ils ont.

Lorsqu'il y a droit d'accroissement entre plusieurs héritiers ou substituez, ceux à qui reviennent les portions vacantes, y ont leur part à proportion de celles qu'ils ont dans l'hérédité *h*.

h Cum quis ex institutis qui non cum aliquo conjuncti sed tutus sit, hæres non est : pars ejus omnibus pro portionibus hæreditis accrescit. Neque refert primo loco quis institutus, an subsequenti substitutus hæres sit. l. 50. §. 3. ff. de hæred. inst.

il faut remarquer sur ce texte que pour entendre ces mots, non cum aliquo conjunctim, il n'y a qu'à voir l'article suivant.

VIII.

8. Les cohéritiers ont différemment ce droit, selon la manière dont les uns sont joints ou non joints à d'autres.

Le droit d'accroissement entre héritiers n'est pas toûjours tel qu'ils ayent tous ce droit entr'eux réciproquement. Car si un testateur divise sa succession en portions, & donne, par exemple, une moitié à deux ou plusieurs héritiers, & l'autre à quelques autres; l'un de ces héritiers ne succedant point, sa portion demeurera dans la masse de la moitié dont elle faisoit partie, & accroîtra aux cohéritiers de cette moitié, & non à ceux de l'autre. Mais s'il y avoit quelqu'un des héritiers qui fût institué seul pour une moitié ou autre portion, & qu'il ne pût ou ne voulût la prendre, elle accroîtroit entiere à tous les autres héritiers indistinctement selon leurs portions dans l'hérédité *i*.

i Hæredes sine partibus utrum conjunctim an separatim scribantur, hoc interest, quod si quis ex conjunctis decessit, hoc non ad omnes, sed ad reliquos qui conjuncti erant pertinet. Si autem ex separatis, ad omnes qui testamento eodem scripti sunt hæredes, portio ejus pertinet. *l. 63. ff. de hæred. inst.*
Si quidam ex hæredibus institutis vel substitutis permixti sunt & alii conjunctim, alii disjunctim nuncupati: tunc si quidem ex conjunctis aliquis deficiat, hoc omnimodo ad solos conjunctos cum suo veniat onere, id est, pro parte hæreditatis quæ ad eos pervenit. Sin autem ex his qui disjunctim scripti sunt, aliquid evanescat, hoc non ad solos disjunctos, sed ad omnes tam conjunctos quàm etiam disjunctos, similiter cum suo onere pro portione hæreditatis perveniat. Hoc ita tam varie, quia conjuncti quidem propter unitatem sermonis quasi in unum corpus redacti sunt, & partem conjunctorum sibi hæredem quasi suam præoccupant: disjuncti verò ab ipso testatoris sermone apertissime sunt discreti, ut suum quidem habeant, alienum autem non soli appetant, sed cum omnibus cohæredibus suis accipiant, *l. un. §. 10. C. de caduc. toll.* V. l'article suivant.

IX.

9. Ce droit a lieu entre héritiers non conjoints.

Si dans le cas de l'article précedent tous ceux qui étoient appellez à une portion distincte des autres, ne pouvoient succeder ou y renonçoient, le droit d'accroissement qui n'étoit qu'entr'eux pour leurs parts tandis que l'un d'eux pourroit succeder, passeroit aux autres héritiers des autres portions, & celle qui vaqueroit leur feroit acquise. Car alors cette portion ne pouvant demeurer vacante quand il y auroit un héritier de l'autre, il auroit le tout, & il ne pourroit s'en tenir à sa portion & renoncer à celle qui auroit vaqué, quoiqu'elle se trouvât onereuse par les charges qui pourroient y être imposées, parce que l'hérédité, comme il a été dit dans l'article 6. est indivisible, & l'héritier qui se trouve rester seul, quoiqu'il ne le fût que pour une portion, doit accepter le tout *l*.

l V. l'article 6. & les textes qu'on y a citez.

X.

10. Entre légataires d'une même chose il peut y avoir ou n'y avoir pas de droit d'accroissement.

Il n'en est pas de même entre légataires qu'entre cohéritiers pour le droit d'accroissement; car au lieu que le droit à l'hérédité étant un droit universel & indivisible, il a toûjours entre cohéritiers droit d'accroissement; les legs étant restraints aux choses leguées qui peuvent se partager au moins par des estimations, quand elles seroient indivisibles, il n'est pas nécessaire qu'il y ait toûjours droit d'accroissement entre légataires. Mais ils ont entr'eux ou n'ont pas ce droit, selon que l'expression du testateur peut le donner, ou les en exclure, comme il sera expliqué par les regles qui suivent *m*.

m V. les articles suivans.

XI.

11. Il y a droit d'accroissement entre légataires conjoints par la chose.

Si un testateur legue une même chose à deux ou plusieurs légataires sans aucune mention de portions, comme s'il donne & legue une maison à un tel & à un tel, ces légataires se trouvant conjoints par la chose leguée, il y aura entr'eux droit d'accroissement, de même que si le testateur avoit ajoûté que la chose fût entiere à celui de ces légataires qui se trouveroit seul à profiter du legs. Ainsi il n'y a que leur concurrence qui divise le legs entr'eux, & en donne à chacun sa

---

part: Et si l'un d'eux ne peut ou ne veut recevoir la sienne, elle demeure à ceux qui ont pris ou prendront les leurs *n*.

n Conjunctim hæredes institui, aut conjunctim legari, hoc est totam hæreditatem & tota legata singulis data esse, partes autem concursu fieri. *l. 20 ff. de legat.* 3.
Toties est jus accrescendi (*ususfructus*) quoties in duobus qui in solidum habuerunt, concursu divisus est. *l. 3. ff. de usuf. accresc.* Ulp. tit. 24. §. 11. V. l'article 15.

XII.

12. Si la même chose est leguée à deux par deux clauses, chacun a droit au tout: mais leur concours la divise.

Si un testateur avoit legué une même chose à deux légataires par deux expressions differentes & séparément, comme si ayant legué une maison par une premiere clause à un premier légataire, il la leguoit encore ensuite à un autre par une autre clause, un tel legs pourroit être conçû en trois manieres qui auroient trois differens effets. La premiere, de sorte que dans le second legs l'intention du testateur parût qu'il vouloit révoquer le premier, & en ce cas le premier legs demeureroit nul. La seconde, de sorte qu'il voulût que chacun des légataires eût le legs entier, la maison demeurant à l'un, & l'héritier étant chargé d'en donner la valeur à l'autre; ce qui seroit exécuté, pourvû que cette intention fût expresse & bien expliquée. La troisiéme, de sorte que par ces deux clauses la maison fût leguée entiere à chacun des deux légataires, & en ce cas acceptant le legs, leur concours la diviseroit, & chacun auroit la moitié de la chose leguée de cette maniere. Mais si dans ce dernier cas il y avoit un des deux légataires qui ne pût ou ne voulût avoir part au legs, tout seroit à l'autre, non tant par droit d'accroissement, qu'à cause que le tout lui étoit donné, & que son droit n'étant pas diminué par le concours de l'autre, lui resteroit entier, mais avec les charges qui devoient passer à ce légataire, selon que la disposition du testateur le demanderoit; car il pourroit y en avoir qui seroient bornées à la personne de l'autre légataire qui ne prendroit rien *o*.

o On se sert de cet exemple, qui vraisemblablement n'arrivera pas, mais c'est qu'il est frequent dans le Droit Romain, & qu'il explique une des manieres de liaison ou conjonction dont on a parlé dans l'article 5. C'est cette maniere dont il est dit qu'une même chose peut être leguée à deux personnes séparément, disjunctim separatim, & qui les rend conjoints par la chose. Cette conjonction avoit cet effet dans l'ancien Droit, que chacun de ces légataires avoit le tout *, c'est-à-dire, l'un la chose, & l'autre la valeur. Ce qui fut changé par Justinien, & reglé ainsi qu'il est dit dans cet article, comme on le verra par le texte qui suit.

Ubi legatarii vel fideicommissarii duo forte, vel plures sunt quibus aliquid relictum sit... Sin autem disjunctim fuerint relictum: si quidem omnes hoc accipere & potuerint & maluerint, suam quisque partem pro virili portione accipiat. Et non sibi blandiantur ut unus quidem rem, alii autem singuli solidam ejus rei æstimationem accipere desiderent: cùm hujusmodi legatariorum avaritiam antiquas varia mente susceperit, in uno tantùm genere legatorum eam accipiens, in aliis respuendam esse existimans. Nos autem omnimodo repellimus, unam omnibus naturam legatis & fideicommissis imponentes, & antiquam dissonantiam in unam trahentes concordiam. Hoc autem ita fieri sancimus, nisi testator apertissime, & expressim disposuerit, ut uni quidem res solida, aliis autem existimatio rei singulis in solidum præiberur. Sin verò non omnes legatarii, quibus separatim res relicta sit, in ejus acquisitionem concurrant: sed unus forte eam accipiat: hæc solida ejus sit, quia sermo testatoris omnibus prima facie solidum assignare videtur: aliis supervenientibus partes à priore adimentibus, ut ex aliorum quidem concursu prioris legatum minuatur. Sin verò nemo alius veniat vel venire potuerit, tunc non vacuatur pars quæ deficit, nec aliis accrescit, ut ejus qui primus accepit, legatum augere videatur, sed apud ipsum qui habet solida remaneat, nullius concursu diminuta. Et ideo si onus fuerit in persona ejus apud quem remanet legatum adscriptum: hoc omnimodo impleat, ut voluntati testatoris pareatur. Sin autem ad deficientis personam hoc onus fuerit collatum, hoc non sentiat is qui non alienum, sed suum tantum legatum imminutum habet. Sed & varietatis non in occu_o fit ratio: cùm ideò videatur testator disjunctim hoc reliquisse, ut unusquisque suum onus, non alienum agnoscat. Nam si contrarium volebat, nulla erit difficultas conjunctim ea disponere. *l. un. §. 11. C. de caduc. toll.*
Si quidem evidentissime apparuerit, ademptione à priore legatario facta, ad secundum legatum testatorem convolasse, solum posteriorem ad legatum pervenire placet. Sin autem hoc minime apparere potest, sed unus forte eam accipiat: hæc solida est, scilicet, nisi ipse testator ex scriptura manifestissimus est, utrumque eorum solidum accipere voluerit. *l. 33 ff. de legat. 1.*
Quoique cette derniere Loi soit tirée du Digeste, ceux qui connoissent

le

le ſtile des anciens Jurſconſultes Auteurs des textes qu'on y a recueillis, & celui de Tribonien, voyront bien que ces expreſſions ſont
de ſon ſtile, & qu'il a accommodé cette Loi au changement qu'avoit
fait Juſtinien par l'autre Loi qu'on vient de citer, ayant aboli cette
ancienne Juriſprudence qui donnoit la choſe entiere à chacun des
Légataires à qui elle étoit leguée ſéparément, de la maniere expliquée dans cet article.

On a mis à la fin de l'article, que le Légataire qui aura le tout,
acquittera les charges qui devront paſſer à lui ſelon la diſpoſition du
teſtateur ; & on n'a pas mis en général, comme ces deux textes du
premier de ces deux textes, qu'il ne ſeroit pas tenu des charges que le
teſtateur avoit impoſées aux autres Legataires d. la même choſe, &
qui n'y prendroient rien. Car outre qu'il eſt étrangement difficile,
pour ne pas dire impoſſible, qu'un Légataire refuſe un legs, ſi la
charge n'en excede la valeur ; quand ce cas arriveroit, ce ſeroit par
les circonſtances, & par la maniere dont le teſtateur ſe ſeroit expliqué, qu'il faudroit juger ſi ſon intention étoit que la charge impoſée au Légataire qui ne prendroit rien au legs, fut bornée à ſa
perſonne, ou qu'elle affectât la choſe leguée, & dût paſſer au Légа-
taire qui auroit ſeul le tout.

*Ulp. Tit. 24. §. 12. & 31.

XIII.

*13. Entre
légataires par
portion ſi n'y
a pas d'ac-
croiſſement.*

Si une même choſe eſt leguée à deux ou pluſieurs légataires, mais de ſorte que le teſtateur la diviſe entre
eux, comme s'il la leur legue par portions égales, ou
aſſigne à chacun la ſienne ; il n'y aura point entre eux
de droit d'accroiſſement. Car leur titre les diviſe, &
donne à chacun ſon droit à luy ſéparé de celui des
autres, & reſtreint à ſa portion. De ſorte que ſi quelqu'une des portions de ces légataires venoit à vaquer,
les autres n'y auroient aucun droit p ; mais elle demeureroit acquiſe ou à l'héritier, ſi c'étoit lui qui fût chargé de ce legs, ou à un légataire, ſi le teſtateur avoit
fait un legs chargé de cet autre ; comme s'il avoit legué une terre ou une maiſon à un légataire, & l'avoit
chargé de donner à d'autres ou une portion de la terre,
ou l'uſufruit du tout, ou d'une partie, ou une ſomme
d'argent à partager entre eux.

*p Quoties uſusfructus legatus eſt, ita inter fructuarios eſt jus
accreſcendi, ſi conjunctim iis uſusfructus relictus. Cæterum ſi ſeparatim unicuique partis ſui uſusfructus ſit relictus, ſine dubio
jus accreſcendi ceſſat. l. 1. ff. de uſur. accreſc.*

XIV.

*14. Divers
cas d'accroiſ-
ſement entre
légataires
conjoints.*

S'il arrivoit qu'une même choſe étant leguée conjointement & ſans diſtinction de portions à pluſieurs
perſonnes, comme il a été dit dans l'article 11, un des
légataires qui ſeroit un poſthume ne vînt pas au monde, ou qu'un autre légataire ſe trouvât mort avant le
teſtament, ce que le teſtateur auroit ignoré ; les portions qui par ces évenemens viendroient à vaquer, ac-
croîtroient aux autres q. Et il en ſeroit de même ſi un
de ces légataires qui vivoit au tems du teſtament, venoit à mourir avant le teſtateur r.

*q Si Titio & poſthumis legatum ſit, non nato poſthumo, totum
Titius vindicabit. l. 16. §. 2. ff de legat. 1.
In primo itaque ordine, ubi pro non ſcriptis efficiebantur ea
quæ perſonis jam ante teſtamentum mortuo teſtator donaſſet,
ſtatutum fuerat, ut ea omnia bona manerent apud eos à quibus
fuerant derelicta : niſi vacantes vel ſubſtituтas ſuppoſitas, vel conjunctus fuerat aggregatus. Tunc enim non deficiebant, ſed ad
illos perveniebant, nullo gravamine (niſi perrarò) in hoc pro
non ſcripto ſuperveniente. Quod & noſtra majeſtas quaſi antiquæ
benevolentiæ conſentaneum, & naturali ratione ſubnixum , in-
tactum atque illibatum præcepit cuſtodiri , in omne tempus vali-
turum. l. un. §. 3. C. de caduc. toll.
r Pro ſecundo vero ordine, in quo ea vertebantur, quæ in cauſa
caduci fieri contingebant, ſcilicet ubi legatarius vivo teſtatore de-
cedebat : ſi eo caſu ſuperſit conjunctus, ei acceſcit legatum cum
onere. d. l. un. §. 4.*

XV.

*15. L'ac-
croiſſement
dans les legs
& l'hérédité
eſt une ſuite
de la con-
jonction par
la choſe.*

Il réſulte de toutes ces regles qu'on vient d'expliquer,
que le droit d'accroiſſement entre héritiers étant un
effet de la regle qui veut que l'hérédité ne puiſſe être
diviſée partie à un héritier teſtamentaire, & partie à
un héritier légitime ; ce droit s'acquiert par la choſe
même, c'eſt-à-dire par l'hérédité. D'où il s'enſuit qu'elle
doit paſſer entiere à celui qui ſe trouve ſeul à ſucceder, ſoit qu'il fût lié aux autres par l'expreſſion, ou
qu'il fût appellé ſéparément, ou que même il fût reſtreint à une portion diſtincte. Car cette portion ne pouvant lui demeurer ſeule, lui attire celle des autres lorſ-

Tome I.

qu'elles viennent à vaquer ; ainſi c'eſt toujours par la
choſe que les héritiers ſont conjoints entre eux. Et entre légataires le droit d'accroiſſement eſt auſſi un effet
de ce qu'ils ſont conjoints par la choſe, comme il paroît par les regles expliquées dans les articles qui regardent les legs ſ.

*ſ Si totam, an partem ex qua quis hæres inſtitutus eſt tacite ro-
gatus ſit reſtituere, apparet nihil ei debere acceſcere, quia rem
non videtur habere. l. 83. ff. de acquir. vel omitt. hæred
On ne rapporte pas ici ce texte pour la regle qu'y eſt expliquée, que
celui qui eſt chargé d'un fideicommis tacite de l'hérédité ou d'une partie, n'a pas de droit d'acrоiſſement ; car ſi le fideicommis eſt en faveur d'une perſonne à qui le teſtateur ne pût donner, le fideicommiſſaire ni l'héritier chargé n'auront rien au fideicommis. Et s'il eſt en
faveur d'une perſonne à qui le teſtateur pût donner, ce ſera bien évidemment ce fideicommiſſaire qui aura le droit d'accroiſſement s'il
doit avoir lieu, & ce ſera lui-même qui ſera obligé ou de le vendre ou
lui vendre l'hérédité ou une partie. Mais on n'a mis ici ce texte qu'à
cauſe des dernieres paroles, quia rem non videtur habere, parce
qu'elles marquent que c'eſt à la choſe que le droit d'accroiſſement eſt
attaché : ce qui fait un principe qu'on a crû devoir expliquer dans cet
article. V. les textes citez ſur l'article 11.*

SECTION X.

Du droit de Tranſmiſſion.

L'Orſqu'un héritier a recueilli la ſucceſſion, s'il vient
à mourir, il eſt ſans difficulté qu'il tranſmet, c'eſt-
à-dire, fait paſſer cette ſucceſſion à ſes héritiers de même que ſes autres biens : & ſi un légataire meurt après
avoir acquis ſon droit au legs, il le tranſmet de même
à ſon ſucceſſeur ; & ce n'eſt pas de cette maniere de
tranſmettre que l'on traite ici. Mais ſi l'héritier ou le
légataire meurt avant que d'avoir connu ou exercé ſon
droit, il ne paroît pas ſi certain qu'il doive en ce
cas le tranſmettre à ſes héritiers : & ce doute avoit
fait naître dans le Droit Romain pluſieurs queſtions
ſur leſquelles il s'y eſt fait de diverſes regles, qui marquent differemment en quels cas les héritiers & les légataires qui ne tranſmettent pas leur droit
à leurs héritiers ; c'eſt-à-dire, en quel état doit être
leur droit quand ils meurent pour paſſer d'eux à leurs
ſucceſſeurs.

Quoique le droit de tranſmiſſion regarde dans le
Droit Romain les ſucceſſions ab inteſtat auſſi-bien que
les ſucceſſions teſtamentaires, & qu'il ſemble par cette
raiſon qu'on devoit avoir traité cette matiere dans le
rang de celles qui ſont communes aux deux ſortes de
ſucceſſions, on l'a placée parmi les matieres des teſtamens. Car dans notre uſage il ne peut y avoir de difficulté pour la tranſmiſſion des ſucceſſions légitimes ,
à cauſe de notre regle que le mort ſaiſit le vif, comme il
ſera expliqué dans la ſuite. Ainſi les regles qui regardent les difficultez de la tranſmiſſion ſont bornées dans
notre uſage aux diſpoſitions teſtamentaires , ſoit pour
les legs & les fideicommis, ou pour l'hérédité.

On peut faire la même remarque ſur les regles du
Droit Romain qui regardent le droit de tranſmiſſion,
qu'on a faites ſur le droit d'accroiſſement, que l'origine de la tranſmiſſion comme celle de l'accroiſſement
ſe trouve dans l'ordre naturel des ſucceſſions légitimes.
Car comme le droit d'accroiſſement entre deux enfans,
par exemple, qui ſurvivent à leur pere, eſt fondé ſur
ce qu'il eſt naturel que ſi les deux concourent, ils partagent la ſucceſſion, & que ſi un des deux ſe trouve ſeul,
il la recueille entiere ; le droit de tranſmiſſion eſt fondé ſur ce qu'il eſt naturel auſſi, que ſi un fils qui a ſurvécu à ſon pere, vient à mourir avant que d'avoir recueilli la ſucceſſion, on avant même qu'il ſçût ſa mort,
il tranſmette à ſes enfans le droit qu'il avoit, & que
ces enfans prenant ſa place, uſent de ſon droit qui devient le leur. Ainſi il leur tranſmet le droit que le mort
de ſon pere lui avoit acquis, & il le tranſmettroit de
même à d'autres héritiers, ſoit teſtamentaires ou ab inteſtat, parce que cette ſucceſſion avoit paſſé naturellement à lui, & faiſoit partie des biens de la ſienne.
C'eſt ainſi qu'a commencé dans le Droit Romain l'uſage

de la transmission ; mais elle étoit bornée aux enfans qui étoient sous la puissance de leur pere quand il mouroit , & qu'on appelloit *sui hæredes*. Et les enfans émancipez n'étant pas *sui hæredes* , n'avoient pas ce droit de transmission , s'ils mouroient avant que d'avoir connu & exercé leur droit à l'hérédité *a*. Et il en étoit de même à plus forte raison des autres héritiers du sang *b*.

Pour les successions testamentaires, il n'y avoit point de transmission, si l'héritier n'avoit connu & exercé son droit *c* ; & les enfans même qui étoient instituez héritiers par un testament, en étoient privez aussi-bien que les étrangers , & ils ne commencerent d'avoir le droit de transmission des successions testamentaires de leurs ascendans , que par une loi des Empereurs Théodose & Valentinien, qui donnerent aux enfans & autres descendans ce droit de transmission , non indistinctement pour faire passer les successions testamentaires de leurs ascendans à leurs héritiers étrangers ou autres , mais seulement en faveur de leurs enfans & autres descendans *d*. Et comme cette loi ne parle que des successions testamentaires , & non des successions *ab intestat* , le plus habile des Interprétes a crû qu'elle n'a rien changé à l'égard des successions *ab intestat* , & que les enfans qui ne sont pas *sui hæredes* , n'ont par ce nouveau droit la transmission que des dispositions testamentaires de leurs ascendans , & que pour les successions légitimes l'ancien droit subsiste , qui ne donne pas la transmission aux enfans émancipez , mais seulement à ceux qui étant sous la puissance paternelle étoient *sui hæredes*. Ainsi on voit que par le Droit Romain la transmission n'a lieu dans les successions testamentaires que pour les enfans , & dans les successions légitimes que pour ceux des enfans qui n'étoient pas émancipez. Et pour tous autres héritiers, soit testamentaires ou *ab intestat*, ils n'avoient pas ce droit, s'ils mouroient avant que d'avoir sçû que la succession leur étoit échue , ou avant que de l'avoir recueillie *e*. Et cette regle étoit si étroitement observée, qu'encore que ce fût par une absence qu'un enfant eût ignoré la mort de son pere , il n'y avoit point de transmission, s'il mouroit dans cette ignorance de son droit. Et ce fut par grace que l'Empereur Antonin excepta le cas d'une absence pour une affaire publique *f*.

Il y avoit une autre exception en faveur des héritiers , soit testamentaires ou *ab intestat*, qui mouroient pendant le tems que la loi donnoit à l'héritier pour déliberer s'il accepteroit l'hérédité , ou s'il y renonceroit. Et ceux qui mouroient dans ce tems sans s'être expliquez, transmettoient leur droit à leurs héritiers *g*.

A l'égard des légataires, leur condition pour ce qui regardoit le droit de transmission, étoit plus avantageuse dans le Droit Romain que celle des héritiers. Car leur droit leur étoit acquis au moment de la mort du testateur , si le legs étoit pur & simple ; & si le legs étoit conditionnel , le droit du légataire dépendoit en ce cas , comme il étoit juste, de l'évenement de la condition, & ne lui étoit acquis que lorsqu'elle étoit accomplie *h*. Ainsi le légataire d'un legs pur & simple venant à mourir après le testateur , sans avoir sçû qu'il fût légataire , transmettoit son droit à son héritier ; & si le legs étoit conditionnel , & qu'il mourût avant que la condition fût accomplie, comme rien ne lui étoit acquis , il ne transmettoit rien, ce qui est aussi naturel & juste.

Cette difference entre la condition des légataires & celle des héritiers , pour ce qui regarde le droit de transmission, avoit été établie pour éviter un inconvénient qui seroit arrivé, si le droit du légataire ne lui eût pas été acquis au moment de la mort du testateur. Car comme dans le Droit Romain la validité des legs dépendoit de l'adition d'hérédité , de sorte que si l'héritier y renonçoit, les legs demeuroient nuls , comme il a été expliqué en son lieu *i* ; il auroit pû arriver que si le droit n'eût été acquis au légataire que par l'adition d'hérédité qui dépendoit de l'héritier , que l'héritier pouvoit differer, le légataire qui seroit mort dans l'intervalle entre la mort du testateur & l'adition d'hérédité , auroit perdu son droit, & n'en auroit rien transmis à ses héritiers. C'étoit pour prévenir cet inconvénient , qu'on avoit reglé à l'égard des légataires, que le droit au legs leur seroit acquis au moment de la mort du testateur, afin qu'ils eussent le droit de transmission à leurs héritiers. Ainsi c'étoit comme une grace qu'on leur faisoit de distinguer leur condition de celle des héritiers , pour ce qui regarde la transmission. Et comme cette grace n'étoit accordée que pour faire cesser cet inconvénient , elle n'avoit pas de lieu dans les cas où l'inconvénient n'étoit pas à craindre. Ainsi pour les legs dont il ne peut y avoir de transmission, comme pour un legs d'un usufruit, ou pour le legs de la liberté leguée à un esclave , qui sont legs bornez aux personnes des légataires , le droit ne leur en étoit acquis que du jour de l'adition d'hérédité *l*.

Dans notre usage , la transmission des successions *ab intestat* a lieu indistinctement, non-seulement pour les enfans, mais aussi pour tous héritiers légitimes descendans , ascendans ou collateraux. Car par notre regle *le mort saisit le vif*, *son prochain lignager habile à lui succeder*, dont il a été parlé en un autre lieu *m*, les héritiers du sang ont leur droit acquis à la succession aussi-tôt qu'elle est ouverte, encore que la mort de celui à qui ils succedent leur soit inconnue , & qu'ils ignorent leur droit de succeder , & ne sçachent pas même si le défunt étoit leur parent. Il s'ensuit de cette regle , que si l'héritier légitime qui a survécu un moment à celui à qui il doit succeder , vient à mourir aussi-tôt après , sans avoir exercé ni connu son droit, le transmet à ses héritiers.

Pour les legs, notre usage donne à tous légataires le droit de transmission des legs purs & simples qui peuvent passer à leurs héritiers : & si le légataire qui a survécu au testateur, meurt avant que d'avoir eu connoissance du legs , il ne laisse pas de le transmettre à son héritier , de même que l'héritier légitime transmet au sien la succession.

Il ne reste donc de difficulté que pour la transmission des successions testamentaires : & il n'en resteroit aucune , si on avoit rendu commune aux héritiers la regle qui donne la transmission aux légataires quand ils ont survécu au testateur. Cette regle aisée & si simple auroit fait cesser plusieurs difficultez qui restent des principes du Droit Romain sur cette matiere, & des inconvéniens qui sembloient mériter qu'il y fût aussi-bien pourvû qu'à celui qui regardoit les légataires. Car s'il seroit dur à un légataire qui mourroit avant l'adition d'hérédité , qu'il ne transmît pas son droit à ses héritiers , il ne seroit pas moins dur aux enfans ou autres successeurs d'un héritier , que pour avoir ignoré son droit à l'hérédité , soit par une absence , ou par d'autres causes , il ne transmît point s'il mouroit dans cette ignorance ;

a *l.* 4. C. *qui adm. ad bon. poss. & poss. l.* 2. C. *ad Senat. Orph.*

b *l.* 9. *ff. de suis & legit. hæred.*

c Hæreditatem, nisi fuerit adita, transmitti nec veteres concedebant, nec nos patimur. *l.* un. §. 5. C. *de caduc. toll.*

d *l.* un. C. *de his qui ante apert. tab. l.* un. §. 5. C. *de caduc. toll.*

e *l.* 7. C. *de Jure delib. l.* un. §. 5. C. *de caduc. toll.*

f *l.* 26. *ff. de acq. vel omitt. hæred.*

g V. *l'article* 8. *de cette Section.*

Il y avoit un autre cas dans le Droit Romain, où l'héritier testamentaire transmettoit son droit , s'il mouroit avant l'adition d'hérédité. Mais comme ce cas n'a point de rapport à notre usage, on ne l'explique pas ici , & on en fait seulement la remarque pour ceux qui pourroient le trouver à dire, ou pour ceux qui voudroient le voir en son lieu. V. *l.* 3. §. 30. ff. *de Senat. Silan. l.* pen. C. *de his quib. ut ind.*

h V. *les articles* 10. 11. & 12. *de cette Section.*

i V. *l'article* 19. *de la Section* 5. *de ce Titre*, & *la remarque qu'on y a faite.*

l *l.* un. §. 2. *ff. quand. dies usufr. leg. ced. l.* 2. & *l.* 8. *ff. quand. dies leg. ced.*

Mais si ce légataire d'un usufruit ayant survécu une année entiere au testateur, étoit mort avant que l'héritier eût accepté la Succession, auroit-il été juste que l'héritier de cet usufruitier perdît les fruits de cette année ? Cette difficulté ne peut arriver dans notre usage , où l'équité feroit justice à l'usufruitier ou à son héritier. Et l'un ou l'autre auroit les fruits qui devroient lui appartenir depuis l'ouverture de la Succession, selon la disposition du testateur, & les regles de l'usufruit qui ont été expliquées dans le Titre de cette matiere.

m V. *la Preface ci-devant*, *n.* 7.

& qu'ainfi un pur cas fortuit diftinguât la condition de celle d'un héritier qui mourroit ayant connu fon droit, quoique celui-ci n'eût fait aucune démarche pour l'exercer. Car il ne laifferoit pas de tranfmettre fon droit à fes héritiers, s'il mouroit dans le tems que la loi donnoit aux héritiers pour délibérer, comme il a été déja remarqué.

Il femble affez étrange que par cette Jurifprudence l'héritier qui a connu fon droit & l'a négligé, tranfmette à fes héritiers la fucceffion qui lui étoit échue, & que fi ce même héritier avoit ignoré fon droit, il n'eût rien tranfmis. Cet inconvénient auroit pû fuffire pour rendre jufte une regle, qui le faifant ceffer, auroit eu d'ailleurs l'utilité de faire ceffer auffi les difficultez de cette matiere. C'eft fans doute cette confidération qui a fait que dans une des Provinces où le Droit Romain eft plus obfervé, on a établi pour regle ou coutume, *que le mort faifit le vif, en quelque maniere qu'il fuccede, par teftament, ou fans teftament* n. Et fi cette regle eft jufte dans le Droit Romain pour les légataires, qu'ils ayent leur droit au moment de la mort du teftateur, quelle injuftice y trouveroit-on pour les héritiers, puifqu'il eft vrai & des héritiers & des légataires qu'ils ont leur droit par le même titre de la volonté du teftateur, & de la Loi qui autorife cette volonté, & que ce titre eft encore plus favorable pour les héritiers, qu'il ne l'eft pour les légataires que le teftateur a moins confiderez que fon héritier ; & qu'enfin le teftament ayant fon effet par la mort du teftateur, c'eft au moment de cette mort que l'héritier doit prendre la place de celui à qui il fuccede ? Et c'eft auffi la regle qu'en quelque tems qu'il vienne dans la fuite à accepter l'hérédité, il eft confideré comme s'il l'avoit acceptée au moment de cette mort, & tenu de même de toutes les charges échues avant qu'il eut accepté la fucceffion o.

Dira-t-on contre la tranfmiffion de l'hérédité dans le cas où l'héritier eft mort fans avoir connu le teftament, qu'on ne peut acquerir un droit inconnu, & que la qualité d'héritier renfermant des engagemens, il eft néceffaire pour acquerir l'hérédité que l'héritier connoiffe le droit qui lui eft acquis, & qu'ainfi l'ayant ignoré, il n'y a eu aucune part, & n'a pû par conféquent le tranfmettre à fes héritiers ? Mais ces raifons prouveroient qu'il n'y auroit jamais de tranfmiffion des fucceffions même légitimes, & elles prouveroient auffi que les légataires qui auroient ignoré leurs legs, ne les tranfmettroient pas à leurs héritiers, au moins ceux de qui les legs feroient fujets à quelques charges.

Dira-t-on que le teftateur n'a confideré que les perfonnes de fes héritiers, & non celles de leurs fucceffeurs, & qu'ainfi l'héritier mort fans avoir acquis l'hérédité, fes héritiers ne doivent point y avoir de part ? Mais cette raifon prouveroit le même pour les légataires : & puifqu'elle ne prouve rien à leur égard, elle ne doit rien prouver auffi à l'égard des héritiers. Ainfi le feul effet naturel de cette raifon feroit de prouver que fi l'héritier inftitué meurt avant le teftateur, l'inftitution ne paffe point à fes héritiers ; mais fi l'héritier furvit au teftateur, il feroit contre fon intention de le priver du droit de tranfmiffion, puifque tout teftateur entend que fi ceux qu'il inftitue fes héritiers lui furvivent, tous les biens de l'hérédité leur foient acquis au moment que fa mort l'en dépouillera. A quoi on peut encore ajouter cette confidération commune & à l'héritier & au légataire, qu'il n'eft pas abfolument vrai que le teftateur n'ait confideré que leurs perfonnes. Car il eft affez ordinaire qu'un ami inftitue fon ami fon héritier par la confidération de fes enfans, & qu'il donne par le même motif à un légataire ; ainfi la tranfmiffion dans ces cas eft de l'intention du teftateur. Mais dans le cas même où l'intention du teftateur feroit bornée à la perfonne feule de l'héritier & du légataire, le droit de tranfmiffion n'eft pas moins renfermé dans la difpofition du teftateur. Car il eft de l'interêt de l'héritier & du légataire, que les biens qui leur font acquis par un teftament paffent à l'ufage de leurs affaires, foit pour acquitter leurs dettes ou pour d'autres caufes, ce qui ne fe peut que par le droit de tranfmiffion. Ainfi on peut dire que la tranfmiffion étant fondée fur tous ces principes d'équité, ce n'étoit pas tant une grace qu'on faifoit aux légataires dans le Droit Romain, qu'une juftice, de leur donner le droit de tranfmiffion, quoiqu'ils vinffent à mourir ayant ignoré le legs, & que cette juftice pourroit auffi être faite aux héritiers fans inconvénient.

Il femble qu'on puiffe conclure de toutes ces réfléxions, que l'équité naturelle ni la raifon ne rendant pas plus mauvaife la condition de l'héritier que celle du légataire, il auroit été jufte de la rendre égale pour ce qui regarde la tranfmiffion ; & que la regle qui l'auroit ainfi ordonné, fe trouvant fondée fur ces principes affez naturels, auroit été plus utile que les diverfes fubtilitez qu'on voit en cette matiere de même qu'en plufieurs autres dans le Droit Romain. De forte qu'il auroit été à fouhaiter que la regle, *le mort faifit le vif,* eût été reïndue commune par tout, auffi-bien pour les fucceffions teftamentaires que pour les fucceffions légitimes, comme elle l'a été, ainfi qu'on vient de le remarquer, dans une des Provinces où le Droit Romain eft plus en ufage, & où l'on a fagement jugé qu'il eft bien plus utile d'établir la tranfmiffion indiftinctement, foit que ce foit un héritier teftamentaire ou un héritier légitime, foit qu'il ait connu fon droit, ou qu'il foit mort l'ayant ignoré, que d'y apporter des diftinctions pleines d'inconvéniens, fans aucune utilité, & fans autre ufage que de donner fujet à divers procès. C'eft fans doute pour ces confidérations, qu'encore que cette coutume particuliere dans une Province qui fe régit par le Droit écrit, femble marquer qu'on fuit dans les autres le Droit Romain, quelques Auteurs ont crû que la maxime *que le mort faifit le vif,* s'eft rendue univerfelle dans le Royaume pour les fucceffions teftamentaires, de même que pour les fucceffions légitimes.

Il faut remarquer fur cette matiere de la tranfmiffion, qu'elle renferme quelques regles particulieres dont l'ufage feroit néceffaire, quand même la tranfmiffion auroit lieu dans les fucceffions teftamentaires, comme par exemple, ce qui regarde la tranfmiffion des difpofitions conditionnelles ; & qu'il y a auffi d'autres regles qui fe rapportent à la tranfmiffion des fucceffions légitimes, comme celles qui font expliquées dans les premiers articles qui regardent en général la nature de la tranfmiffion.

Toutes ces diverfes fortes de regles feront expliquées dans cette Section, & comprendront tout ce qu'il y a de cette matiere de la tranfmiffion. Mais comme l'ufage des regles & des principes eft facilité par l'application aux cas particuliers où ils peuvent convenir, & qu'on a été obligé d'expliquer plufieurs de ces cas dans la Section 9. du titre des legs ; le Lecteur peut joindre dans fa lecture cette Section 9. à celle-ci, ou celle-ci à l'autre.

SOMMAIRES.

n *V. la Coutume de Bordeaux & Pays de Guyenne, art. 74.*
o *V. l'art. 15. de la Sect. 1. des Héritiers en général, p. 315.*

K k k ij

I.

1. Définition de la transmission.

LA transmission est le droit que peuvent avoir des héritiers ou des légataires de faire passer à leurs successeurs l'hérédité ou le legs qui les regarderoit, s'ils meurent avant que d'avoir exercé leur droit *a*.

a Succeſſionem, ad hæredes ſuos tranſmittere. l. 7. in f. C. de jure delib. V. le préambule de cette Section.

II.

2. A qui la transmission est restreinte.

Il résulte de la définition expliquée dans l'article précedent, que lorsque l'héritier a recueilli la succession, & que le légataire a reçu le legs, ce n'est plus par la transmission que leur droit passe à leurs héritiers ; mais simplement par succession, comme leurs autres biens *b*. Car la transmission ne s'entend que du droit que peut avoir l'héritier ou le légataire de faire passer à ses héritiers un droit qu'il n'avoit pas encore exercé, & qui pouvoir même lui avoir été toujours inconnu, comme on le verra dans la suite de cette Section.

b C'est une suite de la définition du droit de transmission.

III.

3. La transmission a lieu quand le droit est acquis.

L'héritier & le légataire ont cela de commun, que l'un & l'autre ont le droit de transmission dans le même tems que le droit à l'hérédité ou au legs peut leur être acquis. Car ayant alors leur droit en leurs personnes, c'en est une suite qu'ils le transmettent à leurs héritiers, quand ils mourroient avant d'avoir rien reçu, l'un de l'hérédité, & l'autre du legs : comme au contraire, si quand ils meurent ils n'avoient encore aucun droit en leurs personnes, ils ne transmettroient rien *c*.

c V. l'article ſuivant & les articles 8. & 12.
V. ſur cet article & ceux qui ſuivent, l'article 6. & les autres ſuivans de la Section 9. des Legs, p. 486.

IV.

4. La transmission dépend de l'état où est le droit au tems de la mort.

Il s'ensuit des articles précedens, que lorsqu'il s'agit du droit de transmission, il faut considérer en quel état étoit le droit de l'héritier & celui du légataire au tems de la mort. Ce qui dépend des regles qui seront expliquées dans la suite *d*.

d C'est une ſuite des articles précedens.

V.

5. Il n'a pas de transmission, si l'héritier ou le légataire meurt avant le testateur.

Il y a encore cela de commun à l'héritier & au légataire, qu'encore que leurs droits ayent pour titre le testament, si néanmoins il arrive qu'ils meurent avant le testateur, quoiqu'après le testament, il n'y a point de transmission : car le testament ne devoit avoir son effet que par la mort du testateur. Ainsi lorsque la leur précede, ils n'ont aucun droit, & par conséquent ils ne transmettent rien *e*. Et il y auroit encore moins de transmission, si l'héritier ou le légataire étoient déja morts avant le testament, le testateur ayant pû ignorer leur mort *f*.

e Pro non ſcriptis ſunt iis relicta qui vivo teſtatore decedunt. Ex. §. 2. & 3. l. un. C. de caduc. toll.
f Si eo tempore quo alicui legatum adſcribebatur in rebus humanis non erat, pro non ſcripto hoc habebitur. l. 4. ff. de his quæ pro non ſcript.

VI.

6. L'institution & les legs peuvent être en termes que les héritiers fassent passer aux héritiers.

On peut ajouter pour une autre regle commune aux héritiers & aux légataires, que si le testateur avoit conçu ses dispositions en termes qui marquassent que sa volonté fût que si son héritier ou ses légataires venoient à mourir avant que leur droit pût leur être acquis, ce droit passât à leurs enfans, ou en général à leurs héritiers, une telle disposition auroit son effet, non tant par le droit de transmission, que par un droit propre à ces enfans ou héritiers de l'héritier ou du légataire qui seroient appellez à leur défaut par le testateur *g*.

g Comme la volonté du teſtateur tient lieu de Loi, rien n'empêche

voit qu'une telle disposition n'eût son effet. Et on a mis ici cette regle, parce que c'est une précaution dont plusieurs se servent pour prévenir les evenemens qui font cesser la transmission, faisant ajouter aux dispositions des testateurs, lorsque c'est leur volonté, quelque expression qui ait cet effet de faire passer l'hérédité ou le legs aux successeurs de l'héritier ou du légataire à leur défaut ; comme est par exemple cette expression que le testateur donne à un tel & aux siens.

VII.

7. L'addition d'hérédité donne le droit de transmission.

Si l'héritier institué par un testament ayant accepté l'hérédité venoit à mourir avant que d'en rien toucher, il transmettroit à ses héritiers le droit de la recueillir. Car l'acceptation qu'il en avoit faite lui avoit acquis la qualité d'héritier & le droit à l'hérédité *h*. Ainsi ce droit, comme tous les autres qu'il pourroit avoir, passeroit à ses héritiers *i*, à plus forte raison que dans le cas de la regle qui suit.

h V. l'art. 1. de la Section 3. comment on acquiert une hérédité, p. 351.
i Hæres in omne jus mortui non tantum ſingularum rerum dominium ſuccedit. l. 37. ff. de acq. vel om. hæred.

VIII.

8. L'héritier qui meurt dans le tems de délibérer, transmet son droit.

Si pendant le tems que la Loi donne à l'héritier pour délibérer, il vient à mourir sans avoir fait aucun acte d'héritier, le testament lui étant connu, soit qu'il déliberât en effet, ou qu'il ne se fût expliqué de rien, mais que seulement il n'eût pas renoncé à l'hérédité, la Loi présume de son silence qu'il déliberoit, & il transmet son droit à ses héritiers, qui pourront de leur chef accepter l'hérédité ou y renoncer *l*.

l Sancimus si quis vel ex teſtamento, vel ab inteſtato, vocatus deliberationem meruerit : vel ſiquidem hoc non fecerit, non tamen ſucceſſioni renunciaverit, ut ex hac cauſa deliberare videatur : ſed nec aliquid geſſerit, quod additionem, vel pro hærede geſtionem inducat : prædictum arbitrium in ſucceſſionem ſuam tranſmittat... Et ſi quidem ipſe qui ſciens hæreditatem vel ab inteſtato, vel ex teſtamento ſibi eſſe delatam, deliberatione minime perita, intra annale tempus deceſſerit, hoc jus ad ſuam ſucceſſionem intra annale tempus extendat. l. 19. C. de jure delib. Sin autem inſtante annali tempore deceſſerit, reliquum tempus pro adeunda hæreditate ſuis ſucceſſionibus ſine aliqua dubitare relinquat : quo compleno, nec hæredibus ejus alius regreſſus in hæreditatem habendam ſervabitur. d. l. 19.

☞ On n'a pas mis dans l'article ce qui est dit dans ce texte, que les héritiers de l'héritier n'ont pour déliberer que le tems qui restoit à son défunt. Car s'il ne restoit que deux ou trois jours, ou si peu de tems qu'il ne fût pas possible qu'ils exerçassent leurs droits, il seroit de l'équité de leur donner un plus long délai. Et comme notre usage n'est pas d'observer une telle rigueur en de pareils cas, il sembleroit juste de leur donner le même délai que l'Ordonnance de 1667, titre 7, article 1, donne aux héritiers pour déliberer, puisque ce délai n'est que de 40 jours après l'inventaire.

On n'a parlé dans cet article que du cas où l'héritier auroit eu connoissance du testament, & seroit mort dans le tems que la Loi donne pour déliberer, & non du cas où l'héritier qui auroit sçu le testament, auroit laissé passer le tems de déliberer sans faire aucune déclaration, & seroit mort après ce tems expiré. Car encore que par le droit Romain cet héritier ne transmît pas son droit à ses héritiers *a*, notre usage semble opposé à cette rigueur. Et comme par l'Ordonnance de 1667 le délai pour déliberer n'est, ainsi qu'on vient de le dire, que de 40 jours après l'inventaire, au lieu que dans le Droit Romain on avoit des années entieres pour déliberer, & que ce tems de 40 jours seroit trop modique pour faire périr le droit de transmission, il n'est pas de notre usage, comme on l'a aussi remarqué, d'observer cette rigueur dans les cas d'inexécution de ce qui doit être fait dans quelque délai, si ce n'est que cette rigueur fût de l'équité, comme par exemple, pour exclure un retrayant qui ne seroit pas venu dans le tems reglé pour l'action du retrait. Ainsi l'héritier & son

a Si ipſe (hæres) poſtquam ei cognitum ſit hæredem eum vocatum fuiſſe, tempore tranſlapſo nihil fecerit, ex quo vel adeundam, vel renunciandam hæreditatem manifeſtaverit, is cum ſucceſſione ſua, ad hujuſmodi beneficio excluditur. l. 19. C. de jure delib.

succeſſeur ſeroient toûjours reçus à exercer leur droit, & on ne leur refuſeroit pas les délais que de juſtes cauſes rendroient néceſſaires *b*.

Mais ſi l'héritier venoit à mourir ſans avoir connu ſon droit, le tranſmettroit-il à ſes ſucceſſeurs, ſoit qu'il mourût pendant le tems de délibérer, ou après ce tems ? On pourroit dire pour la tranſmiſſion, que comme dans le Droit Romain l'héritier qui connoiſſoit ſon droit ne le tranſmettroit point s'il mouroit ſans s'être expliqué, ayant laiſſé paſſer le tems que la Loi donnoit pour délibérer, ainſi qu'on vient de le remarquer ; il ſemble ſuivre par la raiſon des contraires, que ce tems ne devroit pas courir contre l'héritier qui ſeroit mort ſans avoir connu ſon droit, de même que dans le Droit Romain le tems donné à l'héritier légitime pour demander la poſſeſſion des biens qui lui étoient échus, ne couroit pas contre l'héritier qui ignoroit l'ouverture de la ſucceſſion *c*. Que s'il eſt juſte d'accorder un délai à l'héritier vivant qui avoit ignoré ſon droit, quoique le tems reglé par la loi ſoit expiré, de même que ce délai eſt accordé par une regle expreſſe de l'Ordonnance de 1667, tit. 7. art. 4, n'eſt-il pas de la même équité d'accorder au ſucceſſeur de cet héritier qui commence de connoître le droit du défunt, le même délai qu'on auroit donné au défunt, s'il eût été en état de le demander ? Et comme il a été trouvé juſte dans le Droit Romain, que l'héritier qui connoiſſoit ſon droit meurt pendant le tems donné pour délibérer, le tranſmette à ſes ſucceſſeurs, quoiqu'il n'eût rien fait qui marquât qu'il acceptoit l'hérédité, pourvû ſeulement qu'il n'y eût pas renoncé ; ne peut-on pas dire de l'héritier qui meurt ayant ignoré ſon droit, que le tems de délibérer n'a pas dû courir contre lui ; & que la délibération lui ayant été impoſſible, elle ne doit pas être refuſée à ſon ſucceſſeur ? D'où il s'enſuit que la tranſmiſſion à ce ſucceſſeur eſt auſſi juſte qu'à l'héritier de celui qui ayant connu ſon droit, l'avoit négligé juſqu'à ſa mort arrivée dans le tems de délibérer, & qui ne laiſſoit pas de tranſmettre la ſucceſſion à ſes héritiers, ſuivant la regle expliquée dans cet article.

On peut ajoûter des conſidérations aux réflexions qui ont été faites ſur ce ſujet dans le préambule de cette Section, & particulierement ce qui a été remarqué du ſentiment de ceux qui croyent que c'eſt maintenant l'uſage univerſel du Royaume, que la regle *le mort ſaiſit le vif*, s'étend aux ſucceſſions teſtamentaires.

b V. l'Ordonnance de 1667. Tit. 7. art. 4.

c Quacumque die neſcierit, aut non potuerit , nulla dubitatio eſt quim dies ei non cedat. l. 2 ff. quis ordo in bon. poſſ. ſervet.

Quicumque ex parentum , vel proximorum ſucceſſione jure ſibi competere confidit , ſciat ſibi non obeſſe fi per ruſticitatem , vel ignorantiam facti , vel abſentiam , vel quamcumque aliam rationem , intra præfinitum tempus bonorum poſſeſſionem minimè petiiſſe noſcatur. Quoniam hæc ſanctio hujuſmodi conſuetudinis neceſſitatem mutavit. l. 8. C. qui adm. ad bon. poſſeſſ. poſſ.

IX.

9. L'inſti-tution ou ſub-ſtitution con-d'tionnelle ne ſe tranſmet point , ſi la condition n'eſt arrivée.

Si une inſtitution d'héritier ou une ſubſtitution étoit conditionnelle, & que la condition n'étant pas arrivée au tems de l'ouverture de la ſucceſſion ou de la ſubſtitution, l'héritier ou le ſubſtitué vinſſent à mourir ; comme il n'auroit eu aucun droit, il ne tranſmettroit rien à ſon héritier. Ainſi, par exemple, ſi un teſtateur avoit inſtitué ou ſubſtitué un de ſes parens ou de ſes amis en cas qu'il eût des enfans , ou en cas qu'il fût marié, ſa mort arrivée avant la condition , ſoit avant ou après l'ouverture de la ſucceſſion ou de la ſubſtitution , auroit anéanti en ſa perſonne tout uſage du droit de recueillir la ſucceſſion & de la tranſmettre *m*.

m Hæres & purè & ſub conditione inſtitui poteſt. §. 9. Inſt. de hæred. inſt.

C'eſt la nature des conditions que ce qui en dépend ait ſon effet , ou demeure nul , ſelon qu'elles arrivent ou n'arrivent point. V. l'article 1. de la Section 8.

X.

10. Tranſ-miſſion du legs pur & ſimple.

A l'égard du légataire , ſi le legs eſt pur & ſimple, c'eſt-à-dire ſans condition, ſon droit lui eſt acquis à la mort du teſtateur, ainſi qu'il eſt expliqué en ſon

lieu *n* : & s'il vient à mourir avant que d'avoir demandé ni même ſçû le legs, il tranſmet ſon droit à ſes héritiers *o*.

n V. le préambule de cette Section, & les articles 1. 2. 3. de la Section 9. des Legs, p. 486.

o Si purum legatum eſt, ex die mortis dies ejus cedit. L. 5. §. 1. ff. quand. dies legat. vel fideic. ced. l. un. §. 1. in f. C. de ead. toll. Si poſt diem legati cedentem legatarius deceſſerit , ad hæredem ſuum tranſfert legatum. l. 5. ff. quand. dies legat. vel f. ced.

Si le legs étoit conditionnel , c'eſt-à-dire qu'il dépendît de l'événement d'une condition , le droit n'en ſeroit acquis au légataire que lorſque la condition ſeroit arrivée : & s'il mouroit auparavant , comme il n'auroit eu aucun droit au legs, il n'en tranſmettroit rien à ſon héritier. Et quoique la condition arrivât enſuite après la mort de ce légataire, cet événement ſeroit inutile à ſon héritier. Ainſi , par exemple , ſi un teſtateur avoit legué en cas que ſon héritier mourût ſans enfans , & que le légataire fût mort avant l'héritier qui mourût enſuite ſans aucun enfant , cet événement ſeroit inutile au légataire déja mort , & à ſon héritier à qui il n'auroit tranſmis aucun droit , n'en ayant aucun *p*.

11. Tranſ-miſſion du legs conditionnel.

p Legata ſub conditione relicta non ſtatim , ſed cùm conditio extiterit , deberi incipiunt : ideoque interim delegari non poterunt. l. 41. ff. de condit. & dem.

Intercidit legatum ſi ea perſona deceſſerit , qui legatum eſt ſub conditione. l. 59. eod.

V. les articles 4. & 11. de la Section 9. des Legs , p. 486.

Il faut remarquer ſur cet article la différence qu'y font les Loix entre les conditions dans les teſtamens , & celles des conventions. Cette différence conſiſte en ce que dans les diſpoſitions des teſtateurs , elle eſt bornée à ſa perſonne ; c'eſt-à-dire , que ſi le droit n'eſt acquis à cette perſonne pendant ſa vie , elle n'en tranſmettra rien à ſon héritier. Mais dans les conventions il y a deux perſonnes qui traitent & pour elles-mêmes & pour leurs héritiers , ſi on ne les excepte. Ainſi l'effet des conditions dans les conventions paſſe aux héritiers. V. l'article 14. de la Section 4. des Conventions, p. 28.

XII.

Comme il y a des legs à jours incertains & qui ſont conditionnels, ainſi qu'on l'a expliqué en ſon lieu *q* , ces ſortes de legs ſont de la même nature que ceux qui dépendent d'autres ſortes de conditions : Et pour ce qui regarde le droit de tranſmiſſion, ils ſe reglent de même *r*.

12. Tranſ-miſſion du legs à jour incer-tain.

q V. les articles 12. & 13. de la Section 8.

r C'eſt une ſuite de la nature de ces Legs , qui étant conditionnels, ne ſe tranſmettent qu'en cas que la condition ſoit arrivée avant la mort du légataire , comme il a été dit dans l'article précédent.

XIII.

Les regles qui regardent le droit de tranſmiſſion pour les héritiers & les légataires , peuvent s'appliquer aux héritiers ſubſtituez & aux fideicommiſſaires , ſoit univerſels de l'hérédité , ou particuliers d'une certaine choſe que l'héritier ou un légataire ſût chargé de leur rendre , ſelon que ces regles peuvent leur convenir. Ce qu'il eſt facile de diſcerner ſans qu'il ſoit néceſſaire de répéter à leur égard ces mêmes regles. Ainſi lorſqu'un teſtateur a ſubſtitué à ſon héritier un autre héritier pour lui ſucceder, en cas que le premier ne puiſſe ou ne veuille accepter la ſucceſſion , ou qu'il a obligé ſon héritier de remettre l'hérédité à une autre perſonne quand cet héritier viendra à mourir, a chargé ce ſon héritier ou un légataire d'un fideicommis d'une ſomme , ou d'autres choſes qui doivent paſſer après leur mort ou dans un certain tems à d'autres perſonnes ; dans tous ces cas les ſubſtituez & les fideicommiſſaires ſurvivant à ceux après qui ils ſont appellez , & venant à mourir enſuite avant que d'avoir connu & exercé leur droit , ou avant l'événement des conditions, s'il y en avoit, tranſmettent ou ne tranſmettent pas leur droit de la même maniere , & ſuivant les mêmes regles qu'on vient d'expliquer pour les héritiers & les légataires *ſ*.

13. Les regles de la tranſ-miſſion peu-vent s'appli-quer aux ſub-ſtitutions & aux fideicom-mis.

ſ Si fideicommiſſarius ante (conditionis eventum) deceſſerit , ad

Laredem suum nihil transmittile videtur. *l.* 11. §. o. ff. de legat. 3.

Toties videtur haeres institutus etiam in causa substitutionis additae, quoties acquirere sibi possit. nam si mortuus esset ad haeredem non transferret substitutionem. *l.* 81. ff. de acquir. vel omit. hared.

en Justice, & insinuées, c'est-à-dire, transcrites dans les Registres publics, afin que la mémoire en soit conservée c.

c Lorsque les testamens contiennent des substitutions, ils doivent être publiés, comme il sera dit en son lieu. V. la fin du préambule du Titre 3. du Livre 5.

SECTION XI.

De l'exécution des Testamens.

L'Exécution des testamens est naturellement le devoir des héritiers, qui demeurant les maîtres des biens, sont tenus de toutes les charges. Et les légataires de leur part & les autres personnes intéressées à l'exécution des testamens, ont la liberté d'y veiller & faire exécuter ce qui les regarde. Mais comme il y a de certaines dispositions des testateurs dont l'exécution dépend de la seule bonne foi de l'héritier; & que celles même dont les personnes intéressées pourroient poursuivre l'exécution, peuvent demeurer sans effet, ou par leur mort, ou par leur absence, ou par la mauvaise foi de l'héritier, ou par d'autres causes; il a été pourvu par l'usage des exécuteurs testamentaires à faire accomplir les volontez des testateurs indépendamment de la bonne ou mauvaise foi de leurs héritiers.

On ne voit dans le Droit Romain que bien peu d'exemples de ces où le testateur commette à d'autres personnes qu'à l'héritier même l'exécution de ses dispositions, & on n'y trouve aucune règle qui ait établi en général l'usage des exécuteurs testamentaires chargez de l'exécution entière des testamens; au lieu qu'en quelques unes de nos Coutumes l'usage des exécuteurs testamentaires est tellement approuvé & favorisé, qu'elles ordonnent que tous les biens meubles de l'hérédité soient mis entre les mains de ceux à qui le testateur commet cette fonction, & par cette raison ces exécuteurs sont obligez d'en faire un inventaire auquel l'héritier doit être appellé: ou le testateur peut, si bon lui semble, en nommant un exécuteur, ordonner qu'il lui sera mis entre les mains une certaine somme pour les dispositions qu'il lui commettra.

Quoique ces dispositions ne soient pas communes à toutes les Coutumes, & qu'en plusieurs, comme en divers lieux qui se régissent par le Droit écrit, il y ait peu ou point d'usage des exécuteurs testamentaires: comme il est par tout libre aux testateurs d'en nommer, & qu'en général il doit être pourvu à l'exécution des testamens, on expliquera ici ce qu'il y a d'essentiel & qu'on puisse tirer du Droit Romain sur cette matière.

SOMMAIRES.

1. Première sureté pour l'exécution des testamens, qu'ils soient connus, & mis en lieu public.
2. Usage des exécuteurs testamentaires.
3. Exécution d'une disposition commise à l'héritier ou autre.
4. Sureté pour les legs conditionnels.
5. Exécution des dispositions indéfinies.
6. Exécution des dispositions négligées.
7. L'exécuteur doit rendre compte.

I.

La première précaution nécessaire pour la sureté de l'exécution des volontez des testateurs, est que les testamens ou autres actes qui contiennent leurs dispositions soient connus de toutes les personnes intéressées, & qu'ils soient mis en lieu sûr pour y avoir recours selon le besoin. Et c'est par cette raison que les testamens clos & secrets sont ouverts de la manière qui a été expliquée en son lieu a, b: que les autres demeurent en la puissance des Notaires qui les ont reçus, pour en faire des expéditions à ceux que les dispositions du testateur peuvent regarder c. Et il y a même des dispositions dont la sureté demande qu'elles soient publiées

a V. l'art. ... 5 ... 18. de la Section 5.
b Voyez l'art. ... de la Section 6. de l'article entre coh[éritiers], p. 336.

II.

Comme il y a souvent des dispositions dans les testamens dont l'exécution dépend de la seule bonne foi des héritiers, & que plusieurs héritiers manquent de s'en acquitter; il est libre aux testateurs de charger d'autres personnes de l'exécution de leurs dispositions qu'ils ne veulent pas dépendre de leurs héritiers: & on appelle exécuteurs testamentaires ceux à qui les testateurs donnent ce pouvoir d.

d In testamento quaedam scribuntur, quae ad auctoritatem dumtaxat scribentis referuntur, nec obligationem pariunt. Haec autem talia sunt, si te haeredem solum instituam & scribam, uti monumentum mihi certa trecenta facias. Nullam enim obligationem ea scriptura recipit: sed ad auctoritatem meam servandam potero ita velis facere. Aliter atque si, cohaerede tibi dato, idem scripsero. Nam sive te solum damnavero, uti monumentum facias, cohaeres tuus agere tecum poterit familiae erciscundae, uti facias: quoniam interest illius. Quin etiam si utrique jussi estis hoc facere, invicem actionem habebitis. l. 7. ff. de ann. legat & fidei. Si quis Titio decem legaveris, & rogaveris ut ea restituat Maevio, Maevio si commodo cedet, non haeredis; nisi dumtaxat ut non fiet in Titium elegit. l. 17. ff. de legat. 2.

Si testator designaverit per quem desiderat redemptionem fieri captivorum, is qui specialiter designatus est, legat vel fideicommissi habeat exigendi licentiam: & pro sua contentione votum adimpleat testatoris; sin autem, personâ non designatâ, testator absolutè testamento summam legati vel fideicommissi laravent, quae debeat memoriae causâ proficere, uti reverendissimus Episcopus illius civitatis ex qua testator oriundus, habeat facultatem exigendi quod hujus rei gratiâ fuerit derelictum, puro defuncti propositum, sine ulla cunctatione, ut convenit, implaturus. L. 28. §. 1. C. de Episc. & Cler.

On voit dans le premier de ces textes, que faute d'une personne qui peut obliger l'héritier à l'exécution de la volonté du testateur, elle est laissée à la liberté de l'héritier; et qui fait voir l'usage & la nécessité des Exécuteurs testamentaires.

On peut remarquer sur le second de ces textes, qu'une somme prévue entre une & entre les mains d'un légataire, peut se distinguer comme exécuteur de la volonté du testateur qui lui avoit été commise, & mandatum.

Pour le troisième texte, il fait voir l'article c. & la remarque qu'on y a faite.

On voit dans la Novelle 65. de l'Empereur Léon l'usage des Exécuteurs testamentaires, quibus testatores bona illorum aestimatione mori, testamentarios de rebus suis praescriptiones commiserunt.

III.

Le testateur qui nomme plusieurs héritiers, & qui peut avoir plus de confiance en quelqu'un d'eux, peut le charger en particulier de l'exécution de quelques dispositions, lui en laissant le fonds à prendre sur l'hérédité: & il peut aussi commettre ce soin à un légataire, de même qu'il peut nommer une autre personne, soit qu'il ne lui donne rien par des considérations de la qualité du testateur & de celle de l'exécuteur, ou qu'il veuille lui faire un legs, comme il est permis e.

e Si a pluribus haeredibus legata sint, eaque unus ex his praecipere jubeatur, & praestare: In potestate eorum, quibus sit legatum, debere esse, ut, utrumque à singulis haeredibus petere velint, an ab eo, qui praecipere jussus. Itaque eum qui praecipere jussus est, caeteris debere cohaeredibus indemnes eos praestari. l. 107. ff. de legat. 1.

Si à multis haeres rogatus sit praestare pecuniam, & eis omnis testamenti legum erunt, & fructurae, id, quod sub conditione legatum est, tunc praecipere debebit, cum conditio extiterit: interim autem, aut his quibus legatum est, satisdari oportet. l. ... §. ... ead.

V. les textes citez sur l'article précédent.

IV.

Si parmi les legs il y en avoit de conditionnels, soit que l'exécution d'un testament fût commise à un des héritiers ou à un exécuteur testamentaire; le fonds de ces legs demeureroit aux héritiers f, en donnant aux légataires leur sureté selon les circonstances, ainsi qu'il a été expliqué en son lieu g.

f V. ... de la Loi ... ff. de legat ... sur l'article ...
g V. l'art ... de la Sect ... §. ... & l'art ... de la Section 10. des Legs, §. 456.

V.

5. Exécution des dispositions indéfinies.

L'exécution d'un testament ne consiste pas seulement au payement des legs & des autres charges qui sont commises à l'exécuteur testamentaire, selon qu'elles sont reglées par le testament ; mais il peut y avoir des dispositions dont la destination dépende de la volonté de l'exécuteur, ou autre à qui le testateur s'en seroit remis ; comme par exemple, s'il avoit legué une somme à distribuer à de pauvres familles, ou pour racheter des captifs, ou pour d'autres œuvres de pieté, sans rien déterminer, se remettant pour l'emploi de cette somme à la personne qu'il auroit nommée *h*.

h V. la Loi 28. C. de Episc. & Cler. citée sur l'art. 2.
V. l'article suivant & la remarque qu'on y a faite.

VI.

6. Exécution des dispositions négligées.

Si le testateur n'ayant nommé personne pour l'exécution de son testament, l'héritier manquoit d'acquitter des legs pieux à quelque Eglise ou Hôpital, les Officiers de Justice pourroient y pourvoir. Mais si le legs étoit indéfini, comme d'une somme pour distribuer en aumônes dont le testateur se fût confié à son héritier, il ne pourroit être poursuivi en Justice pour des legs de cette nature. Car il pourroit les avoir acquittez de bonne foi, & rien ne l'obligeroit d'en rendre un compte dont le testateur l'auroit dispensé *i*.

i Si persona non designata testator absolute tantummodo summam legati vel fideicommissi taxaverit quæ debeat memoratæ causæ proficere ; vir reverendissimus Episcopus illius civitatis, ex qua testator oritur, habeat facultatem exigendi quod hujus rei gratia fuerit derelictum, piam defuncti propositum, sine ulla cunctatione, ut convenit, impleturus. l. 28. §. 1. C. de Episc. & Cler.
Par notre usage, c'est la fonction des Procureurs du Roi de faire pourvoir en Justice à l'exécution de ces sortes de dispositions, si elles étoient négligées par les héritiers, & par les personnes qui doivent en prendre le soin, comme les Administrateurs des Hôpitaux, les Ecclesiastiques chargez de l'administration des biens des Eglises, & autres que ces legs pourroient regarder.

VII.

7. L'exécuteur doit rendre compte.

Comme l'exécuteur testamentaire doit exercer cette fonction du fonds qui sera mis en ses mains, ou par l'héritier, ou par la Justice, il est obligé de rendre compte de l'emploi du fonds qu'il aura reçu, & de rapporter les acquits des legs & des autres charges, à la réserve de ce que le testateur auroit voulu confier à sa probité, comme dans le cas de l'article 5 ; & il peut aussi employer dans son compte les dépenses que l'exécution du testament l'auroit obligé de faire *l*.

l C'est une suite de la fonction de l'Exécuteur testamentaire.

TITRE II.

DU TESTAMENT INOFFICIEUX, & de l'Exhérédation.

LA liberté que donnoit aux parens l'ancien Droit Romain de desheriter leurs enfans sans cause, comme il a été remarqué dans la Préface ci-devant *a*, avoit été suivie d'un si grand nombre d'exhérédations *b*, qu'on fut obligé d'y mettre des bornes, donnant aux enfans qui se prétendoient injustement exhérédez, soit par leurs peres, ou par leurs meres, ou autres ascendans, le droit de se plaindre de ces dispositions qu'on appelloit inofficieuses, parce qu'elles blessoient le devoir des parens de laisser leurs biens à leurs enfans qui n'ont pas mérité d'en être privez. Et Justinien regla enfin par une Loi expresse les causes qui pouvoient mériter l'exhérédation.

On appelloit l'action que la Loi donnoit aux enfans contre les testamens où ils étoient exhérédez, la querelle, c'est-à-dire la plainte d'inofficiosité ; & on pouvoit faire aussi une semblable plainte contre les donations &

a Voyez cette Préface, n. 7.
b Sciendum est frequentes esse inofficiosi querelas. l. 1. ff. de inoff. test.

les dots excessives à quelques-uns des enfans, ou à d'autres personnes, si ces dispositions étoient inofficieuses ; c'est-à-dire, si elles ne laissoient pas la légitime de tous les enfans.

Outre l'exhérédation qui peut être ou juste ou injuste, il-y a une autre maniere de priver les enfans de l'hérédité, ne les nommant point, & ne faisant aucune mention d'eux dans le testament ; ce qui s'appelle dans le Droit Romain, *prétérition*, distinguée de l'exhérédation expresse par cette différence, qu'au lieu qu'une exhérédation peut être juste, s'il y en a des causes, la prétérition ne sçauroit être qu'injuste, n'en marquant aucune.

Pour adoucir ce qui pouvoit y avoir dans une plainte d'inofficiosité, d'injurieux à la mémoire du testateur, on donnoit à cette plainte dans le Droit Romain le prétexte de la présomption que le testateur n'avoit pas eu l'usage libre de son bon sens, & que c'étoit par quelqu'égarement qu'il s'étoit porté à une telle disposition *c*.

Mais notre usage n'est pas d'observer cette précaution, & on accuse impunément le testateur d'inhumanité, d'injustice & de dureté, ou d'avoir suivi la passion & les mauvaises impressions d'une belle-mere, ou d'autres personnes.

La même équité qui fit recevoir la plainte des enfans contre les testamens inofficieux de leurs parens, fit recevoir aussi les plaintes des peres & des meres, & autres ascendans, contre les testamens de leurs enfans, qui les privoient de leurs successions sans de justes causes, soit par exhérédation ou prétérition.

c Hoc colore inofficioso testamento agitur quasi non sanæ mentis fuerint ut testamentum ordinarent. Et hoc dicitur, non quasi vere furiosus fuit demens testatus fit : sed recte quidem fecit testamentum, sed non ex officio pietatis. Nam si vere furiosus esset, vel demens, nullum est testamentum. l. 2. ff. de inoff. test.

SECTION I.

Des personnes qui peuvent se plaindre d'un Testament, ou autre disposition inofficieuse.

ON ne mettra pas dans cette Section la Loi du Droit Romain, qui permettoit aux enfans bâtards de se plaindre de l'inofficiosité du testament de leurs meres *a*. Car en France les bâtards sont incapables de toutes successions légitimes, comme il a été dit en son lieu *b*.

Il faut remarquer qu'on ne doit pas mettre au nombre des enfans qui peuvent se plaindre de n'être pas compris dans les testamens de leurs peres & autres ascendans, les filles qui ont renoncé aux successions. Car ne pouvant succeder *ab intestat* tant qu'il y a des mâles ou descendans de mâles, rien n'oblige à les appeller par un testament *c*.

a l. 29. §. 1. ff. de inoff. testam.
b V. l'art. 8. de la Section 2. des Héritiers en général, p. 520.
c V. la remarque sur l'article 1. de la Section 2. comment succedent les enfans, p. 363.

SOMMAIRES.

1. Les enfans ne peuvent être exheredez sans de justes causes.
2. Ni les peres & meres & autres ascendans.
3. La prétérition des enfans a le même effet que l'exherédation sans cause.
4. Et aussi la prétérition des parens.
5. Les parens ne peuvent exhereder leurs enfans, quoiqu'ils leur laissent leur légitime par d'autres dispositions.
6. Les testamens inofficieux sont annullez pour l'institution inofficieuse.
7. Comment la plainte d'inofficiosité passe aux héritiers de l'exheredé.
8. Prétérition involontaire.
9. Si de deux ou plusieurs enfans un seul est exheredé sans

être nommé, l'exheredation est nulle.

10. *Provision au fils exheredé pendant l'appel de la Sentence rendue en sa faveur.*

11. *La portion d'un fils de qui l'exheredation subsiste, accroît à celui qui fait annuller la sienne.*

12. *Les enfans à qui les parens donnent moins que la légitime, en ont le supplément.*

13. *La faveur de l'héritier institué ne fait pas subsister l'exheredation.*

14. *Les freres & sœurs ne peuvent se plaindre de l'inofficiosité, si ce n'est que l'héritier institué soit une personne infame.*

I.

Les testateurs qui ont des enfans ou autres descendans, que la Loi appelle à leur succeder *ab intestat*, suivant les regles qu'on a expliquées en leur lieu *a*, ne peuvent les deshériter, s'ils n'en ont quelqu'une des causes qui seront expliquées au titre *b*.

a V. le Section 2. comment succedent les enfans, p. 363.

b Primum itaque illud est cogitandum, quia testantibus aliis quidem necessitatem imponit lex distribuere quandam partem personis quibusdam, tanquam hoc secundùm ipsam naturam eis debeatur: quale est filiis & nepotibus, & partibus atque matribus. Nov. 1. in præf. §. 1.

Liberis de inofficioso licet disputare. l. 1. ff. de inoff. testam.

Sancimus igitur non licere penitus patri vel matri, avo vel aviæ, proavo vel proaviæ, suum filium vel filiam, vel cæteros liberos præterire, aut exhæredes in suo testamento facere, nisi forsan probabuntur ingrati. Nov. 115. c. 3.

V. les articles 1. 2. 3. de la Section 2.

II.

Les testateurs qui n'ont point d'enfans, & à qui leurs peres ou meres, ou autres ascendans survivent, ne peuvent les exheréder, s'ils n'en ont quelqu'une des causes qui seront aussi expliquées au titre *c*.

c Omnibus tàm parentibus quàm liberis in inofficioso licet disputare. l. 1. ff. de inoff. testam. Nam etsi patentibus non debetur liberorum hæreditas, propter vorum parentum, & naturalem erga suos charitatem: turbato tamen ordine mortalitatis, non minus parentibus quàm liberis piè relinqui debet. l. 15. ff. de inoff. testam.

Sancimus non licere liberis parentes suos præterire, aut quolibet modo à rebus propriis, in quibus habent testandi licentiam, eos omnino alienare: nisi causas quas enumeravimus in suis testamentis (specialiter nominaverint. Nov. 115. c. 4. V. l'article 4. de la Section 1.

III.

Si un pere ou autre ascendant sans deshériter expressément un de ses enfans, n'en fait aucune mention dans son testament; ce silence qu'on appelle *preterition*, est consideré de même que l'exhérédation qui n'a point de cause *d*.

d Hujus verbi de inofficioso testamento vis illa est, docere, immeritum se, & ideo indigne præteritum, vel etiam exhæredatione summotum. l. 1. ff. de inoff. testam. l. 3. cod. Nov. 115. c. 3. V. les textes citez sur l'article 1.

IV.

La préterition des parens dans les testamens de leurs enfans qui ils doivent succeder *ab intestat*, s'il n'y avoit point de descendans qui dussent les exclure, a le même effet que celle des enfans dans les testamens des parens. Car encore que par l'ordre naturel les parens ne soient pas appellez à succeder à leurs enfans, & qu'ils ne doivent pas s'attendre à cette triste succession, il est juste que contre cet ordre les parens survivant à leurs enfans, ils ne puissent pas être privez de leur hérédité *e*.

e V. les textes citez sur l'article 1. & sur l'article 3.

V.

Quoiqu'un testateur qui auroit des enfans leur eût laissé leur légitime par quelque donation, legs ou autre disposition, il ne pourroit les exheréder par son testament, ou les y passer sous silence. Mais il doit les y instituer héritiers, à moins qu'il n'explique par son testament de justes causes d'exhérédation *f*.

f Sancimus non licere penitus patri vel matri, aut avo vel aviæ,

proavo vel proaviæ, suum filium vel filiam; vel cæteros liberos præterire, aut exhæredes in suo facere testamento: nec si per quamlibet donationem, vel legatum, vel fideicommissum, vel alium quemcunque modum eis dederit legibus debitam portionem; nisi forsan probabuntur ingrati: & ipsas nominatim ingratitudinis causas parentes suo interuerint testamento. *Nov. 115. c. 3.*

☞ On peut remarquer sur ce texte, que les Interprétes, même les plus habiles, ont crû qu'il signifie que pour la validité du testament d'un pere, il est nécessaire que ce qu'il laisse à ses enfans leur soit donné à titre d'institution: & qu'autrement le testament où leur légitime leur seroit laissée sans la qualité d'héritier, demeureroit nul. Et cette opinion est si universelle, qu'elle passe en regle; quoiqu'il soit vrai que l'Auteur de ces extraits qu'on appelle communément Autentiques, tirez des Novelles de Justinien, & qui sont inserez dans ses lieux du Code où ils se rapportent, semble n'avoir pas entendu ce texte en ce sens. Car dans l'Autentique *non licet C. de lib. præter.* qui en est tirée, il n'a fait aucune mention de la nécessité de laisser la légitime aux enfans à titre d'institution, à quoi il ne devoit pas manquer, si ç'avoit été son sentiment, puisque dans l'Autentique *novissima C. de inoff. testam.* tirée de la Novelle 18. c. 1. il avoit eu soin d'y ajouter ce qui étoit ordonné par cette Novelle, que la légitime pouvoit être laissée non-seulement à titre d'institution, mais par un simple legs, ou par un fideicommis. *Sive quis illud institutionis modo, sive per legati, idem est dicere, & si per fideicommissi relinquat occasionem.* Ce sont les termes de cette Novelle 18. qu'il a abregez dans cette Autentique *novissima,* en ces termes, *quoquo relicti titulo;* ce qui est directement contraire à ce que cette opinion veut avoir été reglé par la Novelle 115. Ainsi cet Auteur ayant conçu en ces termes cette Autentique *novissima,* & n'ayant fait dans l'Autentique *non licet* aucune mention de la nécessité de cette institution, il semble assez clair qu'il n'a pas crû que cette Novelle 115. dût avoir ce sens. Et si on examine avec soin les termes de cette Novelle 115. soit dans l'Original grec, ou dans le latin, on ne trouvera pas qu'il y soit dit que la légitime doive être laissée à titre d'institution; mais seulement qu'il y est dit que les peres & les meres & autres ascendans, ne peuvent exhéréder leurs enfans, ni les passer sous silence dans leurs testamens, quand même ils leur auroient donné leur légitime par quelque donation, quelque legs ou fideicommis, ou en quelqu'autre maniere que ce fut, à moins qu'il n'y eût de justes causes d'exhérédation, & qu'elles ne fussent exprimées dans le testament. *Sancimus non licere liberos præterire, aut exhæredes in suo facere testamento; nec, si per quamlibet donationem, vel legatum, vel fideicommissum, vel alium quemcunque modum, eis dederit legibus debitam portionem; nisi forsan probabuntur ingrati, & ipsas nominatim ingratitudinis causas parentes suo interuerint testamento.* Ce qui semble seulement signifier qu'il n'est pas permis de deshériter les enfans, ou les passer sous silence dans un testament, encore que par d'autres dispositions, quelles qu'elles fussent, on leur eût donné leur légitime, comme par des donations, ou des codicilles; & que si après ces dispositions un pere ou autre ascendant fait un testament, il est obligé d'y faire mention de ses enfans, & ne peut les exhéréder sans de justes causes. Et pour faire voir que ce sens est tout naturel, on pourroit ajouter, que comme Justinien ne parle dans cet endroit que d'un testament qui contiendroit une exhérédation ou une préterition des enfans, ainsi qu'il paroît évidemment par les termes qu'on vient de rapporter, il semble s'ensuivre que quand il a dit que l'exhérédation n'étoit pas permise par un testament, encore que les enfans eussent leur légitime par des donations, legs ou fideicommis, il a entendu parler d'autres dispositions que de ce testament même. Car peut-on dire qu'un pere qui deshérite son fils, puisse s'aviser de lui faire un legs ou un fideicommis de sa légitime dans le testament même qui contient l'exhérédation? Et on peut encore moins le dire d'un testament où le fils seroit passé sous silence par une préterition. Ainsi on peut dire que Justinien ayant dit qu'on ne peut exhéréder ni passer

sous

Tous silence des enfans dans un testament, quand même on leur auroit donné leur légitime par une donation, un legs ou un fideicommis, ou en quelqu'autre maniere que ce fût, il n'a pas entendu que cette autre maniere de donner une légitime, se trouvât dans le testament même dans lequel l'enfant seroit exhérédé ou ne seroit pas nommé; mais qu'il a seulement entendu ordonner qu'un pere ou autre ascendant, non-seulement ne pût exhéréder ses enfans sans cause, mais non pas même les passer sous silence dans un testament: & qu'un le testament demeurât nul, quoique le testateur eût donné à ses enfans leur légitime par quelqu'autre titre. Mais quand même cet autre titre seroit un testament par lequel des enfans auroient été institués héritiers, soit pour leur légitime ou autrement, cette institution n'empêcheroit pas la nullité d'un second testament, dans lequel ils seroient passez sous silence ou exhérédez; ce qui fait le sujet de la regle de Justinien expliquée dans les termes qu'on vient de rapporter, & qui ne regarde que la nullité d'une préterition ou exhérédation injuste, & qu'il juge telle indépendamment de toute autre disposition qui auroit donné la légitime aux enfans.

On peut encore ajouter sur ce même sujet, que Justinien a eu soin de remarquer en plusieurs endroits, qu'il n'avoit rien laissé mettre dans son Code qui fût contraire à d'autres dispositions qu'on y eut comprises, & qu'il a renouvellé cette remarque sur la matiere des successions des enfans dans une de ses Novelles a, où il prouve qu'il n'a pas abrogé une Loi de l'Empereur Theodose, & qu'on ne peut prétendre qu'elle soit contraire à une des siennes, par cette raison que cette Loi de Theodose se trouve dans ce Code. D'où l'on pourroit conclure, si cette déclaration de Justinien étoit parfaitement sûre, qu'il n'a nullement entendu dans cette Novelle 115. qu'il fût nécessaire que les enfans fussent institués héritiers pour faire cesser la plainte d'inofficiosité, puisqu'outre cette Novelle 18. on trouve dans le Code de cet Empereur plusieurs Loix, & des siennes même, qui font cesser la plainte d'inofficiosité lorsque le testateur a laissé quelque chose à ses enfans à quelque titre que ce soit, de legs ou de fideicommis b, & qui en ce cas donnent seulement aux enfans le droit de demander un supplément de leur légitime.

On n'a pas fait ici cette remarque pour l'opposer au sens ordinaire que tout le monde donne à cette Novelle 115, & pour condamner l'usage de ce sens qui a passé en regle, puisqu'on peut dire d'ailleurs que cette regle est toute équitable, & qu'il est juste que les enfans étant appellez par leur naissance à l'hérédité de leurs parens, elle leur soit laissée avec le titre & la nature & les loix leur donnent. Et cette regle seroit particulierement juste dans les cas où les parens appelleroient avec leurs enfans d'autres héritiers. Mais si un pere qui auroit plusieurs enfans en bas âge dans une Province régie par le Droit écrit, avoit eu héritiere universelle leur mere sa femme, dont on ne dût pas craindre qu'elle eût d'autres enfans d'un second mari, & qu'il eût manqué de prononcer le nom d'héritier à l'égard de ses enfans, reglant seulement leurs portions ou leurs légitimes à certaines sommes, il y auroit quelque inconvénient de casser un testament de cette nature par ce défaut, comme il y en auroit aussi d'annuler un testament où un pere feroit un partage de ses biens entre ses enfans sans leur y donner la qualité d'héritiers, s'il ne s'y trouvoit pas d'autre défaut. Et comme il arrive souvent en quelques Provinces qui se régissent par le Droit écrit, que des peres font de pareilles dispositions pour le bien même de leurs enfans qui sont en bas âge, instituant leurs veuves héritieres, & reglant à de certaines sommes les légitimes de leurs enfans, afin d'éviter des scellez, des inventaires & des partages, & par d'autres justes considérations, j'ai crû devoir faire cette observation, & on y a été d'ailleurs assez engagé par la fidélité qui est dûe au vrai sens des Loix.

a Nov. 158. c. 1.
b. l. 29. 30. 31. 32. C. de inoff. test. v. l. 8. §. 6. ff. eod.
Tome I.

VI.

Les testamens qui se trouvent inofficieux, soit par la préterition des enfans ou des parens, ou par une exhérédation injuste, sont annullez pour ce qui regarde l'institution inofficieuse g.

g Si ex causa de inofficiosi cognoverit judex, & pronuntiavit contra testamentum, nec fuerit provocatum, ipso jure rescissum est, & suus hæres erit secundum quem judicatum est. l. 8. §. 16. ff. de inoff. testam. V. Nov. 115. c. 3. in f. & cap. 4. in f.
V. ci-après l'article 5. de la Section 4. & l'article 16. de la Section 5. des Testamens, p. 412.

6. Les testamens qui se trouvent inofficieux sont annullez pour l'institution inofficieuse.

VII.

Si la personne qui pouvoit se plaindre du testament inofficieux avoit des enfans, & venoit à mourir avant que d'avoir exercé son droit & fait sa demande; ces enfans pourroient se plaindre de ce testament du chef du défunt, si ce n'est qu'avant sa mort il l'eût approuvé h. Mais si c'étoient d'autres héritiers, ils ne pourroient exercer la plainte d'inofficiosité, qu'en cas que le défunt l'eût commencé lui-même i.

h Jubemus in tali specie eadem jura nepoti dari quæ filius habebat, etsi præparatio facta non est ad inofficiosi querelam instituendam; tamen posse nepotem eandem causam proponere. l. 34. ff. de inoff. testam. Nisi pater adhuc superstes, repudiavit querelam. d. l. in f.
Si quis instituta accusatione inofficiosi decesserit, an & hæredem suum querelam transferat? Papinianus respondet, (quod & quibusdam rescriptis significatur) si post agnitam bonorum possessionem decesserit, esse successionem accusationis. Et si non sit petita bonorum possessio, jam tamen cœpta controversia, vel præparata, vel si cum venit ad movendam inofficiosi querelam, decessit, puto ad hæreditatem transire. l. 6. §. ult. ff. eod.
i Ad extraneos hæredes tunc tantummodo (transmittit querelam) quando antiquis libris incertam faciet præparationem. l. 36. in f. C. eod.

7. Comment la plainte d'inofficiosité passe aux héritiers de l'exhérédé.

☞ On peut remarquer sur cet article, qu'il s'ensuit du premier des textes qu'on y a citez, que les enfans de celui qui est exhérédé sont exclus comme lui de l'hérédité; & qu'ainsi lorsqu'un pere déshérite son fils qui a des enfans, l'exhérédation qui prive le fils des biens du testateur, en prive aussi ses enfans & tous ses descendans. Car si la Loi n'entendoit exclure de la succession que la personne seule du fils déshérité, & non ses enfans, & qu'ils pussent succéder de leur chef au défaut de leur pere déshérité, il ne seroit pas nécessaire de leur donner le droit de se plaindre de l'inofficiosité après la mort de leur pere, à moins que ce ne fût seulement que pour l'honneur de sa mémoire; ce qui n'est pas le cas de ce texte, dont la suite marque que le fils exhérédé transmet à ses enfans le même droit qu'il pouvoit avoir de se plaindre du testament. D'où il s'ensuit que la loi donnant ce droit aux enfans, elle suppose que de leur chef ils n'ont aucune part à l'hérédité dont leur pere a été exclus, s'ils ne justifient sa mémoire, & ne font annuller l'exhérédation. Et quoiqu'il soit dit dans une autre loi, que le fils exhérédé est considéré comme mort, & que ses enfans entrent en sa place. Debent nepotes admitti: nam exhæredatus pater eorum pro mortuo habetur. L. 1. §. 5. ff. de conjung. cum emanc. lib. ei. Ce texte regarde une exhérédation dont l'usage étoit fréquent dans l'ancien Droit Romain, & qui n'avoit rien d'odieux; n'étant pas fondée sur l'ingratitude des enfans; mais elle tournoit même quelquefois à leur avantage. Multi non notæ causa exhæredant filios, nec ut eis obsit, sed ut eis consulant (ut putà impuberibus) eisque fideicommissam hæreditatem dant. L. 18. ff. de liber. & post. Mais l'exhérédation qu'un fils peut avoir méritée par sa mauvaise conduite, est une peine qui doit passer à ses enfans; car autrement elle seroit inutile, & ne toucheroit pas même le fils exhérédé, puisqu'il auroit par ses enfans l'usage des biens qu'il ne pourroit avoir par lui-même.

VIII.

Si un pere ou une mere qui avoit deux ou plusieurs enfans, ayant disposé de ses biens entre eux par un testament, venoit dans la suite à avoir un autre enfant dont il n'eût été fait aucune mention dans ce testament, & mouroit sans l'avoir changé; ce testament ne seroit

8. Préterition involontaire.

aucun préjudice aux droits de l'enfant. Car si c'étoit par négligence que ce testament n'eût pas été réformé, il seroit inofficieux : Et si c'étoit par un pur effet d'une mort prompte & imprévûe, comme si c'étoit une mere qui fût morte de l'accouchement de cet enfant, dont elle pouvoit attendre la naissance pour regler ses dispositions ; la présomption qu'elle ne pouvoit avoir pour cet enfant que des sentimens de mere, suppléeroit au défaut d'un testament que cet évenement imprévû l'avoit mise hors d'état de faire. Ainsi cet enfant auroit toujours la portion de l'hérédité qu'il auroit dû avoir s'il n'y avoit eu aucun testament *l*. Que si ce pere ou cette mere n'ayant point eu d'enfans au tems de ce testament, avoit institué d'autres héritiers, il demeureroit nul par la naissance de cet enfant, soit comme inofficieux, ou comme rompu par cette naissance *m*.

l Si mater filiis duobus hæredibus institutis, tertio post testamentum suscepto, cùm mutare idem testamentum potuisset, hoc facere neglexisset : meritò, utpote non justis rationibus neglectus de inofficioso querelam instituere potuisset. Sed cùm eam in puerperio vita decessisse proponas, repentini casus iniquitas per conjecturam maternæ pietatis emendanda est. Quare filio tuo cui nihil præter maternum fatum imputari potest, perinde, virilem portionem tribuendam esse censemus, ac si omnes filios hæredes instituisset. Sin autem hæredes scripti extranei erant, tunc de inofficioso testamento actionem instituere non prohibetur. *l.* 3. *C. de inoff. test.*

m V. l'article 6. de la Section 5. des Testamens, p. 410.

I X.

Si un pere qui auroit deux ou plusieurs enfans, voulant en desheriter un, s'étoit exprimé de sorte qu'il ne l'eût pas distingué des autres, disant seulement qu'il exhérédoit son fils, sans dire son nom, ou sans le marquer par quelque autre désignation : cette exhérédation qui ne tomberoit sur aucun plus que sur les autres, seroit sans effet à l'égard même de celui qu'on pourroit présumer que le pere vouloit priver de sa succession. *n.*

n Nominatim exhæredatus filius & ita videtur, filius meus exhæres esto, si nec nomen ejus expressum sit : si modo unicus sit. Nam si plures sunt filii, benigna interpretatione potius à plerisque respondetur, nullum exhæredatum esse. *l.* 1. *ff. de lib. & post.*

X.

Si le fils exhérédé ayant fait déclarer le testament inofficieux par une Sentence, l'héritier institué en avoit appellé, & que pendant l'appel le fils demandât une provision d'aliment sur les biens de l'hérédité ; cette provision lui seroit adjugée selon ses biens & sa qualité *o.*

o De inofficioso testamento nepos contra patruum suum, vel alium scriptum hæredem, pro portione egerat & obtinuerat, sed scriptus hæres appellaverat. Placuit interim, propter inopiam pupilli alimenta pro modo facultatum, quæ sui inofficiosi testamenti accusationem ex parte ei vindicabatur, decerni : eaque adversarium ei subministrare necesse habere, usque ad finem litis. *l.* 27. §. 3. *ff. de inoff. testam.*

X I.

Si de deux enfans qu'un pere auroit deshéritez, l'un ne se plaint point dans le dessein de renoncer à l'hérédité, ou s'étant plaint, a été déclaré bien exhérédé, & que l'autre à son égard ait fait annuller le testament, & doive venir en partage avec les autres enfans ; chacun aura dans le partage sa portion selon leur nombre, sans y comprendre celui qui se trouve justement deshérité, ou qui a renoncé. Car ne prenant aucune part à l'hérédité, la portion qu'il doit avoir demeure dans la masse, & accroit à celui qui étoit injustement exhérédé de même qu'aux autres. Et si celui-ci restoit seul, il auroit tous les biens *p.*

p Qui repudiantis animo non venit ad accusationem inofficiosi testamenti, partem non facit his qui eandem querelam movere volunt. Unde si de inofficioso testamento patris, alter ex liberis exhærédatis ageret, quia rescisso testamento, alter quoque ad successionem ab intestato vocatur, & ideo universam hæreditatem non rectè vindicasset ; hic si obtinuerit, nreretur rei judicatæ auctoritate : quasi centumviri hunc solùm filium in rebus humanis esse nunc, cum facerent intestatum, crediderint. *l.* 17. *ff. de inoff. test. l. 1. 16. eod.* Exhæredatus pro mortuo habetur. *l.* 1. §. 5. *ff. de conjug. cum emanc. lib. 15.*

Si un des fils desheritez avoit seulement differé d'agir sans approuver son exheredation, ni renoncer à l'heredité ; sa portion n'accroitroit pas aux autres par ce silence. Mais les autres pourroient l'obliger à s'expliquer, & il faudroit faire juger avec lui la question de son exheredation s'il n'y acquiesçoit. V. l. 8. §. 8. ff. de inoffic. testam.

XII.

S'il n'y avoit pas d'autre sujet de plainte des enfans contre les testamens des parens que de ce que leur portion ne seroit pas assez forte pour leur légitime, ou de ce que le testateur auroit fait dépendre sa disposition à leur égard de quelque condition, ou d'un tems qui en suspendit l'effet ; ce ne seroit pas des moyens d'inofficiosité ; mais ils pourroient seulement demander le supplément de leur légitime : Et les conditions ou autres causes de retardement seroient sans effet, afin qu'ils eussent leur droit entier dans le tems de la mort qui le leur acquiert *q.*

q Quoniam in prioribus sanctionibus illud statuimus, ut si quid minùs legitima portione his derelictum sit, qui ex antiquis legibus de inofficioso testamento actionem movere poterant, hoc repletur, ne occasione minoris quantitatis testamentum rescindatur : hoc in præsenti addendum esse censemus, ut si conditionibus quibusdam vel dilationibus, aut aliqua dispositione moram, vel modum, vel aliud gravamen introduxerit, eorum jura, qui ad memoratam actionem vocabantur, imminuta esse videantur, ipsa conditio, vel dilatio, vel alia dispositio moram, vel quodcumque onus introducens, tollatur : & ita res procedat quasi nihil eorum testamento additum esset. *l.* 32. *C. de inoff. testam. l.* 29. 30. & 31. *eod.*

V. l'article 5. & la remarque qu'on y a faite.

XIII.

Quelque faveur ou de pieté, ou d'autre considération que pût avoir la disposition d'un testateur qui auroit injustement exheredé un de ses enfans, le testament seroit annullé. Car l'institution des enfans est le premier devoir des parens dans leur testament *r.*

r Si Imperator sit hæres institutus, posse inofficiosum dici testamentum, sæpissimè rescriptum est. *l.* 8. §. 2. *ff. de inoff. testam.*

Le cas de ce texte paroit si eloigné de notre usage, qu'on a crû ne devoir pas donner un tel exemple. Car qui s'aviseroit pour faire subsister l'exheredation de ses enfans d'instituer le Roi son heritier ? Cependant il faut que ce cas fût fréquent à Rome, puisqu'il est dit dans ce texte qu'il a été très-souvent decidé, qu'encore que le Prince fut institué heritier par un testament inofficieux, on ne laissoit pas de recevoir la plainte d'inofficiosité.

X I V.

De toutes les personnes que les loix appellent aux successions légitimes, il n'y a que ceux qui sont dans la ligne d'ascendans & de descendans du testateur qui puissent alleguer l'inofficiosité contre un testament. Et ce droit ne passe à aucun des collateraux, pas même aux freres & aux sœurs : Et ils ne peuvent se plaindre des testamens de leurs freres ou sœurs qui instituent d'autres héritiers, à moins que l'institution ne fût telle qu'elle blessât les bonnes mœurs & l'honnêteté par la qualité de l'héritier institué, si c'étoit une personne infame *s.*

s Cognati proprii qui sunt ultra fratrem, melius facerent si se sumptibus inanibus non vexarent ; cùm obtinere spem non habeant. *l.* 1. *ff. de inoff. test.*

Nemo eorum qui ex transversa linea veniunt, exceptis fratre & sorore, ad inofficiosi querelam admittatur. *l.* 21. *C. eod.*

Fratres vel sorores uterini ab inofficiosi actione contra testamentum fratris vel fororis penitus arceantur. Consanguinei autem, durante agnatione (vel non) contra testamentum fratris sui vel fororis de inofficiosio quæstionem movere poterunt, si scripti hæredes infamiæ, vel turpitudinis, vel levis notæ macula aspergantur. *l.* 27. *C. eod.*

Comme Justinien avoit aboli la difference entre l'agnation & la cognation par sa Novelle 18, pourquoi les freres uterins n'auroient-ils pas le même droit ? Et ne seroit-il pas même de l'équité que les autres proches, outre les freres, pussent faire annuller une institution infame, puisqu'elle ne laisseroit pas de blesser les bonnes mœurs & l'honnêteté, & être contraire à l'esprit des Loix, quand le testateur n'auroit ni freres ni sœurs ?

§ Par Arrêt du 25. Février 1695. fut procès par écrit à la premiere des Requêtes, après avoir été partagé à la Grand'Chambre, M. Bochard de Saron Rapporteur, & M. le Nain Compartiteur, il est jugé que la Loi *Fratres* est suivie en Pays coutumier.

Les Ordonnances de 1556. & de 1639. privent les enfans issus de mariages clandestins de toute succession directe & collaterale, & des avantages à eux faits par testament ou contrat, & même par les Coutumes.

Néanmoins l'exhérédation ne prive point les enfans des biens qui leur appartiennent à titre de substitution faite par autres que le pere ou la mere. Henrys, tome 2. livre 5. quéstion 3.

L'exhérédation faite par le pere ou la mere , comprend l'augment & tous les autres avantages faits par le prédecedé au survivant , quoiqu'il en perde la propriété en se remariant , *ne forte propter ipem hujus possessionis contra parentes proterui fint & natura injurientur leges.* Novelle 22. chap. 27.]

SECTION II.

Des causes qui rendent juste l'exhérédation.

SOMMAIRES.

1. *Les enfans ne peuvent être exheredez sans de justes causes.*
2. *Deux sortes de causes d'exheredation.*
3. *Diverses causes d'exheredation des enfans.*
4. *Diverses causes d'exheredation des parens.*
5. *Les causes d'exheredation doivent être prouvées.*
6. *Le mari n'est pas privé de la dot par l'ingratitude de la femme envers les parens qui l'avoient donnée.*

I.

1. Les enfans ne peuvent être exheredez sans de justes causes.

COmme la nature & les loix qui appellent les enfans à la succession de leurs parens, regardent les biens des parens comme déja propres aux enfans , ils ne peuvent en être privez , s'ils n'ont mérité une telle peine , qui leur ôtant les biens , flétrit leur honneur, & les met en état de tomber encore en de plus grands maux. Ainsi les loix ont restraint la liberté d'exhéreder dont les peres pourroient faire un mauvais usage *a* , ou par une passion injuste , ou par les impressions d'une belle-mere , ou d'autres personnes *b*. Et elles ont reglé les causes qui peuvent mériter l'exhérédation *c*.

a Institutiones benignè accipiuntur , exhæredationes autem non adjuvandæ. *l. 19. inf. ff. de liber. & post hared. inst. de inoff. test.*
Hujus verbi *de inofficio* , vis illa est , docere immerentem se , & ideo indignè præteritum , vel exhæredatum. *l. 5. ff. de inoff. test.*
b Inofficiosum testamentum dicere , hoc est , allegare quare exhæredari vel præteriri debuerit. Quod plerumque accidit , cùm falsò parentes instimulati , liberos suos vel exhæredant , vel prætereunt. *l. 3. eod.*
Non est enim consentiendum parentibus qui injuriam adversùs liberos suos testamento inducant. Quod plerumque parente , maligne circa sanguinem suum inferentes judicium , novercalibus delinimentis instigationibúsque corrupti. *l. 4. eod.*
Cùm te pietatis religionem non violasse , sed mariti conjugium quod fueras fortia distrahere noluisse , ac propterea offensum atque iratum patrem ad exhæredationis notam prolapsum esse dicas , inofficiosi testamenti querelam inferre non vetaberis. *l. 18. C. eod.*
V. les articles qui suivent.

II.

2. Deux sortes de causes d'exheredation.

On peut distinguer deux sortes de causes d'exhérédation des enfans. L'une de celles qui regardent la personne des parens , comme si un fils a attenté à la vie de son pere ; & l'autre de celles qui , sans blesser les parens directement en leurs personnes , peuvent mériter leur indignation , comme si un fils s'engage dans une profession infâme , ainsi qu'il sera dit dans l'article qui suit. Mais quoique ces causes soient différentes selon ces deux vûes , les Loix appellent indistinctement du nom de causes d'ingratitude toutes celles qui peuvent mériter l'exhérédation *d*; qualifiant de ce nom tout ce qui peut blesser le devoir des enfans envers leurs parens. Car ce devoir renferme l'éloignement de tout ce qui peut justement attirer sur les enfans la colere des peres.

d Causas autem ingratitudinis has esse decernimus. Si quis, &c. *Nov. 115. c. 3.*

III.

3. Diverses causes d'exheredation des enfans.

Les peres & les meres & autres ascendans peuvent exhéréder leurs enfans , s'ils ont attenté à leur vie ou par le poison ou par d'autres voyes *e*. S'ils les ont frappez *f* , ou leur ont fait quelque outrage , ou quelque

e Si vitæ parentum suorum per venenum , aut alio modo insidiari tentaverit. *Nov. 115. c. 3. §. 5.* V. sur cet article la Section 3. des Héritiers en général.
f Si quis parentibus suis manus intulerit. *d. c. 3. §. 1.*

Tome I.

grieve offense *g*. S'ils ne les ont tirez de prison , s'obligeant de les représenter , ou de payer pour eux , selon que leurs biens pouvoient le permettre *h*. S'ils les ont laissez en captivité pouvant les racheter *i*. Si le pere ayant été en démence , ils avoient manqué de lui rendre les offices que cet état pouvoit demander *l*. Si par quelque violence ou autre mauvaise voye ils l'avoient empêché de disposer de ses biens par un testament : & si le pere étoit mort sans pouvoir tester & exhéréder le fils qui auroit usé d'une telle voye , ce fils ne laisseroit pas d'être privé de l'hérédité *m*. S'ils se sont rendus leurs accusateurs d'autres crimes que d'une entreprise contre le Prince ou contre l'Etat *n*. Si un fils a commis un inceste avec sa belle-mere *o*. S'il étoit engagé dans quelque habitude avec des scelerats , & faisoit la même vie *p*. S'il a embrassé une profession infâme , qui ne fût pas celle de son pere *q*. Si une fille préfere au mariage une vie infâme *r*.

g Si gravem & inhonestam injuriam eis injecerit. *d. c. §. 2.*
h Si quemlibet de prædictis parentibus inclusum esse contigerit , &c. d. c. §. 8.*
i Si unum de prædictis parentibus in captivitate detineri contigerit , &c. d. c. §. 8.*
l Si quis de prædictis parentibus furiosus fuerit, &c. d. c. §. 11.*
m Si convictus fuerit aliquis liberorum ex eo quia prohibuerit parentes suos condere testamentum , &c. d. c. §. 9. V. l'article 10. de la Section 3. des Héritiers en général.*
n Si eos in criminalibus causis accusaverit , quæ non sunt adversùs principem , sive rempublicam. d. c. §. 3.*
Si delator contra parentes filius extiterit , & per suam delationem gravia cos dispendia fecerit sustinere. d. c. §. 3.*
o Si novercæ suæ filius sese immiscuerit. d. c. §. 6.*
p Si cum maleficis hominibus ut maleficus versatur. d. c. §. 12.*
Il y a dans le grec μετὰ φαρμάκω cum veneficis. Mais quelque sens qu'on veuille donner à ce mot , il a semblé que cette cause d'exheredation ne doit pas être bornée à la fréquentation & imitation d'une seule espece de gens de mauvaise vie.
q Si novercæ voluntatem parentum inter arenarios , vel mimos sese filius sociaverit ; & in hac professione permanserit : nisi forsitan etiam parentes ejusdem professionis fuerint. d. c. §. 10.*
r Si alicui ex prædictis parentibus volenti suæ filiæ , vel nepti maritum dare , & dotem secundùm vires substantiæ suæ pro ea præstare , illa non consentiente , sed luxuriosam degere vitam elegerit. d. c. §. 11. v. l. 19. C. de inoff. test.*
On n'a pas mis dans cet article la derniere des causes d'exheredation que Justinien a recueillies dans cette Novelle 115. qui est l'hérésie. Car l'usage de cette cause qui avoit cessé long-tems en France, pendant qu'on avoit laissé aux Religionnaires la liberté de l'exercice de leur religion , a cessé dans l'Etat présent , par la raison contraire de ce que les derniers Edits & Déclarations leur ont ôté cette liberté.
Quoique Justinien ait borné les causes d'exheredation des enfans à celles qu'on vient d'expliquer , & rejetté toutes les autres ; nous avons en France l'usage d'une autre cause d'exheredation par les Ordonnances , * qui ont permis aux peres d'exhereder leurs enfans qui se marient contre leur gré , permettant seulement aux fils d'z. de 30. ans accompli , & à la fille âgée de 25. de se marier , après s'être mis en devoir de requerir l'avis & conseil de leurs peres & meres. Et ne pourroit-il pas y avoir encore d'autres justes causes d'exheredation ; comme , par exemple , si un fils avoit attenté à la vie de sa belle-mere , femme de son pere ; si dans quelque occasion il avoit manqué aux devoirs essentiels envers ses parens , comme à leur fournir des alimens dans leur nécessité.
* Edit de Henry II. de 1556. Ordonnance de Blois , article 41.

IV.

4. Diverses causes d'exheredation des parens.

Les enfans ne peuvent exhéréder leurs parens , qu'en cas qu'il y en ait quelques justes causes ; comme s'ils ont attenté à leur vie *f*. S'ils les ont mis en péril de la perdre par quelque accusation , hors le cas expliqué dans l'article précédent , si le pere a commis inceste avec la femme de son fils *u*. Si par de mauvaises voyes les parens ont empêché leurs enfans de faire leur testament *x*. S'ils les ont abandonnez dans leur démence ou dans leur captivité *y*. Et si le pere ou la mere ont attenté à la vie l'un de l'autre , ou donné un poison pour faire tomber

f Si venenis , aut maleficiis, aut alio modo parentes filiorum vitæ insidiari probabuntur. *Nov. 115. c. 4. §. 1.*
t Si parentes ad interitum vitæ liberos suos tradiderint : circa tamen causam quæ ad majestatem pertinere cognoscitur. d. c. 4. §. 2.*
u Si parentes filios suos testamentum condere prohibuerint , in rebus in quibus habent testandi licentiam. d. c. §. 4.*
x Si liberis vel uno ex his in furore constituto , parentes eos curare neglexerint. d. c. 4. §. 6.*
y His casibus etiam cladem captivitatis adjungimus , &c. d. c. 4. §. 7.*

en démence ; leur enfant commun peut exhéréder l'auteur d'un tel crime *a*.

a Si contigerit autem virum uxori fuæ ad interitum , aut alienationem mentis , dare venenum : aut uxorem marito , vel alio modo alterum viæ alterius infidiari : tale quidem , utpote publicum crimen constituunt , fecundùm leges examinari , & vindictam legitimam promereri decernimus : liberis autem effe licentiam nihil in fuis teftamentis de facultatibus fuis illi perfonæ relinquere quæ tale fcelus nofcitur commififfe. *d. c.* 4. §. 5.

V.

Ce n'est pas assez pour rendre juste l'exhérédation, que les parens ou les enfans en expliquent les causes dans leurs testamens ; mais les héritiers institucz doivent prouver les faits qui fondent l'exhérédation : & s'ils ne les prouvent, elle sera nulle *b*.

b Par l'ancien *Droit Romain* , le fils exhérédé qui vouloit fe plaindre de l'exheredation , étoit obligé de faire voir qu'elle étoit injufte. Hujus verbi *de inofficiofo* vis illa eft , docere immerentem te , & ideò indignè præteritum , vel etiam exhæredatione fummotum. *l.* 5. *de ineff. teft.* Liberi de inofficiofo quærelam contra teftamentum paternum moventes , probationem debent præftare , quòd obfequium debitum jugiter , prout ipfius naturæ religio flagitabat , patcentibus adhibuerint : nifi fcripti hæredes oftendere maluerint ignaros liberos contra parentes extitiffe. *l.* 28. *C. de inoff. teftam.* Etiam Juftinien a voulu que les caufes d'exhérédation fuffent prouvées , auffi forfan probabuntur ingrati. Nov. 115. *c.* 3. Et c'eft auffi la regle générale qu'aucune accufation n'eft eccutée fi on ne la prouve.

VI.

Quoique les parens puissent priver de leurs biens leurs enfans ingrats , & révoquer même les donations qu'ils leur auroient faites , comme il a été dit en son lieu *c*. Si une fille dotée par son pere ou sa mere , ou autre ascendant , étoit tombée dans l'ingratitude , la dot donnée ou promise au mari ne laisseroit pas de lui être dûe. Car à son égard les charges du mariage qu'il doit porter lui sont un juste titre pour retenir la dot , ou la demander indépendamment du fait de sa femme *d*.

c V. l'article 2. de la Section 3. des Donations , p. 99.
d Patrona dotem pro libertà jure promiffam , quod exfiterit ingrata , non retinebit. *l.* 69. §. 6. *ff. de jure dot. v. l.* 24. *C. eod.*

SECTION III.

Des autres causes qui font cesser la plainte d'inofficiosité.

SOMMAIRES.

I.

SI la personne exhérédée , quoiqu'injustement , avoit une fois approuvé le testament , l'exhérédation auroit son effet , soit que ce fut par un acte exprès que le testament eût été approuvé , ou par des actes qui renfermassent cette approbation , ainsi qu'il sera expliqué par les regles qui suivent *a*.

a Quid ergo fi alias voluntatem teftatoris probaverim : Putà in teftamento adfcripferim poft mortem patris , confentire me : Repellendus fum ab accufatione. *l.* 31. *in f. ff. de inoff. teft.* V. les articles fuivans.

II.

Si dans le même testament qui contiendroit l'exhérédation il y avoit un legs à la personne deshéritée , comme si un pere ayant deshérité son fils lui faisoit un legs , disant qu'encore qu'il fût indigne de toute part en sa succession , il lui laissoit par commisération une certaine somme ou une pension pour des alimens , & que ce fils eût reçu le legs , il auroit par là approuvé le testament , & ne pourroit plus se plaindre de l'exhérédation. Mais si ce fils deshérité venoit à découvrir quelque vice de testament qui dût l'annuller , comme s'il étoit faux , ou nul de quelque nullité qui eût été cachée , le legs qu'il auroit reçu ne l'excluroit pas du droit d'impugner un tel testament *b*.

b Illud notiffimum eft eum qui legatum perceperit , non rectè de inofficiofo teftamento dicturum. *l.* 10. §. 1. *ff. de inoff. teft.*
Poft legatum acceptum non tantùm licebit falfum arguere teftamentum , fed & non jure factum contendere ; inofficiofum autem dicere non permittitur. *l.* 5. *ff. de bis quæ ut indig. aufer.* V. les articles 7. & 8.

III.

S'il arrivoit que celui qui seroit exhérédé se trouvât tuteur d'une personne à qui le testateur auroit fait un legs par le même testament qui contiendroit l'exhérédation , & que par son devoir de tuteur il eût reçu le legs fait à son mineur , ce ne seroit pas une approbation du testament à son égard ; & ce que l'intérêt de son mineur l'auroit obligé de faire , n'empêcheroit pas qu'il ne se plaignit de son chef de l'inofficiosité de ce testament. Et si au contraire un pere ayant exhérédé son fils qui fût en minorité , avoit fait par le même testament un legs à celui qui dans la suite seroit nommé tuteur de ce fils deshérité , la plainte d'inofficiosité que la charge de tuteur l'obligeroit d'exercer contre ce testament , ne le rendroit pas indigne de ce legs ; & aussi la demande du legs ne l'excluroit pas de la plainte d'inofficiosité pour son mineur s'il y étoit bien fondé *c*. Et il en seroit de même , si un tuteur étoit obligé en cette qualité de s'inscrire en faux contre le testament du pere de son mineur , si dans ce testament qui par l'événement dût subsister , il y avoit un legs pour ce tuteur *d*. Car dans tous ces cas le tuteur exerce les droits de deux personnes qu'on distingue en lui , celle du tuteur & la sienne propre ; ainsi il ne se fait aucun préjudice en ce que son devoir de tuteur demande de lui.

c Si tutor nomine pupilli , cujus tutelam gerebat , ex teftamento patris fui legatum acceperit , cùm nihil erat ipfi tutori relictum à patre fuo : nihilominùs poterit nomine fuo de inofficiofo patris teftamento agere. §. 4. *inft. de inoff. teftam.*
Sed fi è contrario pupilli nomine , cui nihil relictum fuerat de inofficiofo egerit , & tupeatrus eft ipfe : tutor : quod fibi in teftamento eodem legatum relictum eft , non amittit. §. 5. *eod.*
Tutorem qui pupilli fui nomine , falfum vel inofficiofum teftamentum dixerit , non perdere fua legata , fi non obtinuerit , optima ratione defenditur. *l.* 12. *ff. de bis quæ ut ind.* Qua officii necessitas , & tutoris fides excufata effe debet. *d. l.*
d Tutoribus pupilli nomine fine periculo ejus quod teftamento datum eft agere , neque de inofficiofo , vel falfo teftamento , divi Severus & Antoninus refcripferunt. *l.* 30. §. 1. *eod* V. l'article 5. de la Section 2. des Legs , p. 470. & ci-après les articles 7. & 8. Ces tuteurs ne feroient guères avifez s'ils manquoient de faire , les proteftations qu'on fait en de pareils cas.

IV.

Si celui qui voudroit se plaindre d'une exhérédation ou autre disposition inofficieuse , avoit traité avec l'héritier institué ou de l'hérédité ou d'une partie , en avoit acheté des effets le sçachant héritier , s'il avoit loué de lui quelque maison de la succession , s'il lui avoit payé une somme qu'il auroit dûe au testateur , ou reçu un payement d'une somme que cet héritier ou un légataire auroit été chargé par le testament de lui acquitter ; ces sortes d'actes & autres semblables feroient des approbations du testament qui l'excluroient de la plainte d'inofficiosité *e*.

e Si hæreditatem hæredibus inftitutis exhæredati emerunt , vel res fingulas fcientes eos hæredes effe , aut conduxerunt prædia , aliudve quid fum fe fecerunt : vel folverunt hæredi quod teftatori debebant : judicium defuncti cognofcere videntur , & à quotela excludantur. *l. 23. §. 1. ff. de ineff. test.*

Si conditioni parece testator haeredem justit in persona filii , vel alterius qui eandem querelam movere potest : &sciens is accepit , videndum ne ab inofficiosi querela excludatur , agnovit enim judicium. Idem est , & si legatarius et , vel statu liber dedit : & potest dici excludi eum , maxime si haeredem et justicat dare. *l. 8. §. 10. cod.*

Qui autem agnovit judicium defuncti , eo quod debitum paternum pro haereditaria parte persolvit , vel alio legitimo modo satisfecit : etiam si minus quàm ei debebatur , relictum est : si is major viginti quinque annis est , accutare ut inofficiosam voluntatem patris , quam probavit , non potest. *l. 8. §. 1. C. cod.*

V.

Si le fils deshérité étant majeur avoit laissé passer cinq ans sans se plaindre, après que l'exhérédation lui auroit été connue, & qu'étant présent sur les lieux il eût laissé pendant tout ce tems l'héritier institué , soit son frere ou autre, paisible dans la jouissance des biens dont l'exhérédation l'auroit dépouillé, sans qu'il pût alleguer aucune excuse qui l'eût empêché d'agir ; ce silence volontaire joint à la présomption que la disposition de son pere auroit été juste, seroit présumer dans ces circonstances qu'il l'auroit approuvée, & qu'ainsi on ne devroit plus écouter sa plainte *f*.

f Adolescentiae tempus non imputari in id quinquennium liberis cujus praescriptio seram inofficiosi quaestionem moventibus opponi solet, manifestè ante rescripsimus. *l. 2. C. in quib. cauf. in integr. 1.ss. nec. n. est.*

Nisi pater adhuc superstes, vel repudiavit querelam , vel quinquennio tacuit. *l. 34. in f. C. de ineff. testam.* Planè si post quinquennium inofficiosum dici captum est , ex magna & justa causa, &c. *l. 8. §. ult. ff. cod.*

☞ Quoique cette prescription de cinq ans paroisse de peu de tems pour éteindre une demande d'une hérédité , & qu'un héritier puisse exercer pendant 30 ans la demande d'une succession ; il faut faire une grande différence entre le silence d'un fils deshérité qui cesse d'agir dans les circonstances expliquées par cet article, & le silence d'un héritier qui ne seroit pas privé de l'hérédité par une exhérédation. Car au lieu que celui-ci ne peut craindre que la prescription ordinaire , & que son droit demeure entier , tandis que le tems de cette prescription n'est pas expiré ; le fils deshérité est exclus de la succession par un titre exprès qui l'en dépouille & la fait passer à un autre. Ainsi il est de son devoir & pour son interêt , & pour son honneur , d'anéantir ce titre , s'il lui est possible : & s'il laisse passer plus de cinq ans, rien ne l'excusant , on peut lui imputer , ou qu'il a laissé passer ce tems pour faire après les preuves des causes d'exhérédation, & que son silence n'a été que l'effet de sa reconnoissance que l'exhérédation n'étoit pas injuste. C'est par ces considérations qu'on a cru que la regle du Droit Romain qui fait cesser par cinq ans la plainte d'inofficiosité , lorsqu'il n'y a pas de justes causes de retardement , étoit de la justice & de l'équité , sur-tout dans les circonstances qu'on y a jointes, & qu'ainsi notre usage pourroit l'approuver.

VI.

Si un fils exhérédé ayant commencé l'instance sur la plainte , il la laissoit périr faute d'en continuer les poursuites pendant le tems reglé par la loi, ce silence tiendroit lieu d'approbation du testament dont il s'étoit plaint *g*.

g Si quis posthaerem inofficiosi ordinatam , litem dereliquerit , postea non audietur. *l. 8. §. 1. ff. de inoff. test.*

VII.

Si celui qui se trouveroit exhérédé par un testament qu'il prétendroit faux, ayant commencé par la demande en faux, y avoit succombé , il ne laisseroit pas d'être reçu à la plainte d'inofficiosité. Car encore que le testament ne fut pas faux, l'exhérédation pourroit être injuste. Et si au contraire ayant commencé par cette plainte il avoit été déclaré bien exhérédé, il pourroit venir à l'inscription en faux. Car si le testament est faux, l'exhérédation ne peut subsister , quand même elle auroit été confirmée en Justice. *h*.

h Eum qui inofficiosi querelam delatam non tenuit ni falsi ac-

---

cusatione non submoveri placuit. Idem observatur , & si è contrario falsi crimine instituto victus , postea de inofficioso actionem exercere maluerit. *l. 14. C. de inoff. test.*

VIII.

Si celui qui pouvoit se plaindre d'un testament inofficieux prétendoit aussi qu'il y eût quelque nullité dans la forme de ce testament , & que pour une plus prompte expédition , & pour éviter le procès sur la plainte d'inofficiosité , on pût juger auparavant la question de la nullité ; il seroit de l'équité de commencer par cette première instance ; & s'il y succomboit , le recevoir ensuite à la plainte : ou si ayant commencé par la plainte , il découvroit ensuite quelque nullité dans le testament , comme s'il y avoit des incapacitez de quelques témoins qui eussent été inconnues , & qu'on découvrit dans la suite, il seroit de l'équité que ce moyen pût être allegué *i*. Mais si les circonstances n'obligent à diviser ces diverses causes, on peut & on doit même les instruire ensemble *l*.

i Contra majores viginti quinque annis duplicem actionem inferentes, primam quasi testamentum non sit jure perfectum, alteram quasi inofficiosum licet jure perfectum, praescriptio ex priori judicii mora quinquennalis temporis non nascitur. Quae officio non cessantibus non potest. *l'. 16. C. de inoff. test.*

l Si quis unum dicat testamentum , vel ruptum & inofficiosum, conditio ei deferri debet utrum prius movere velit. *l. 8. §. 12. ss. cod.*

L'on a ajouté ces dernieres paroles , parce que c'est notre usage de ne pas diviser les instances qui peuvent se joindre.

SECTION IV.

Des effets de la plainte d'inofficiosité.

SOMMAIRES.

1. *Si le testateur a laissé moins que la légitime , il faut la parfaire.*
2. *Le testament étant déclaré inofficieux , tous les enfans succedent ab intestat.*
3. *Cas où la plainte d'inofficiosité augmente la portion d'un fils institué.*
4. *Les donations & dots inofficieuses sont diminuées pour les légitimes.*
5. *Les legs du testament inofficieux subsistent.*

I.

SI la plainte d'inofficiosité regardoit une disposition où il ne fut pas fait d'autre tort à celui qui s'en plaindroit , que de le réduire à une portion moindre que sa légitime , sans le noter d'aucune accusation , l'effet de la plainte seroit seulement de lui faire un supplément de cette légitime telle qu'elle devroit être suivant les regles qui seront expliquées dans le Titre suivant *a*.

a Si quil minus legitima portione his derelictum sit , qui ex antiquis legibus de inofficioso testamento actionem movere poterunt , hoc impletur. Nec occasione minoris quantitatis testamentum rescindatur. *l. 32. C. de inoff. test. l. 30. eod.* V. l'article 5. de la Section 1. & la remarque qu'on y a faite.

II.

Si le testament est déclaré inofficieux , l'institution des héritiers à qui le testateur avoit donné la place de celui qui se plaint , sera annullée , si ces héritiers étoient autres que des enfans du testateur. Et si c'étoient de ses enfans qui dussent concourir à l'hérédité avec celui qui étoit injustement exhérédé, leurs portions seront diminuées non-seulement de la légitime de l'exhérédé, mais de la portion qu'il auroit eue dans l'hérédité s'il n'y avoit eu aucun testament *b*.

b Quantum ad institutionem haeredum permet , testamento evacuato , ad parentum haereditatem liberos tanquam ab intestato ex aequa parte pervenire. *Nov. 115. C. 3. in1.*

Il semble que le texte ne regarde que la nullité de l'institution d'autres héritiers étrangers au lieu des enfans dishéritez, comme on voit le testament inofficieux n'est annullé que pour ce qui touche à la disposition , & que les legs même en subsistent , ainsi qu'on le dira à l'article 5. si le testateur n'avant eu que des enfans , avoit

...rdant les autres par portions inégales, il y sembleroit qu'il ne seroit rid d'equité, ni de necessité, que la nullité de l'exhérédation vendît celle de la condition des enfans que le pere avoit distinguez. Ainsi on a cru que la regle ne doit comprendre que la simple nullité de l'exhérédation. V. l'article suivant & la remarque qu'on y a faite.

III.

1. Cas où la préterit. d'un héritier aggrave la préterit. d'un autre, non sa suret.

Si un testateur qui auroit deux fils en avoit institué un des deux héritier pour une portion moindre que celle qu'il devoit avoir *ab intestat*, & sans faire mention de l'autre, où l'exhérédant avoit institué un héritier étranger pour le surplus des biens ; cette institution étant annullée par cette préterition ou exhérédation, la plainte d'inofficiosité auroit cet effet que l'hérédité seroit partagée comme *ab intestat* entre les deux fils. D'où il arriveroit que le fils qui étoit institué profitant de l'exclusion de l'héritier exclus par la plainte d'inofficiosité, & prenant la moitié, auroit plus qu'il ne lui étoit donné par le testament *c*.

c Mater decedens extraneum ex dodrante hæredem instituit, filiam unam ex quadrante , alteram præteriit : hæc de inofficioso egit & obtinuit. Quarto , scriptæ filiæ quomodo succurrendum sit ? Respondi, filia præterita si vindicare debet quod intestata matre habitura esset. l. 19. ff. de inoff. testam.

Il y a cette différence entre le cas de cet article & celui de la remarque qui a été faite sur l'article précédent, qu'en celui-ci, c'est à cause de l'exception de l'Ecrit en étranger que la portion du fils qui n'étoit pas exhérédé se trouve augmentée.

IV.

2. Les donations & dots in officieuses sont sujettes à la même plainte que les légitimes.

Si un pere ou autre ascendant avoit fait des donations, soit à quelques-uns de ses enfans ou à d'autres personnes, ou constitué des dots qui diminuassent les biens de sorte qu'il n'en restât pas assez pour les légitimes des autres enfans, en comptant dans les biens la valeur des choses données ; ces donations & ces dots inofficieuses seroient sujettes à la plainte d'inofficiosité, soit qu'il y eût un testament, ou qu'il n'y en eût point : & on rechercheroit ce qui manqueroit pour ces légitimes ; quand même les donataires & les filles dotées voudroient s'abstenir de l'hérédité. Et si le donateur n'ayant point d'enfans sa succession passoit à son pere ou autres ascendans, ils pourroient demander de même leur légitime sur ces donations inofficieuses *d*.

d V. Toto titulo , C de inoff. don. l. un. C. de inoff. dot. & Nov. 92. Pour éviter la longueur de plusieurs citations, en renvoye à les titres où en a compris dans l'article texte l'essentiel. V. l'article 3. de la Section 4. du Titre suivant.

f La question est de sçavoir sur laquelle des donations , quand il s'en trouve plusieurs , la legitime doit être prise , la Loi Titio 15. cod 29. dit qu'il n'y a que celle qui épuise les biens , de maniere qu'il n'en reste pas assez pour la legitime qui soit inofficieuse , & qui par consequent doit être rapportée.

Telle est la Jurisprudence des Parlemens du Droit Ecrit. Despeisses, tom. 1. p. 323. col. 2. Sect. 3.

Ricard , des Donations , part. 3. ch. 8. sect. 9. est de ce sentiment.

Le Brun , des Successions , l. 2. chap. 4. sect. 8. idem sensu. Cependant à Arrêt de Barcelotte du , trois Mars 1675. combat ce sentiment , mais dans l'espece de cet Arrêt il y avoit ces circonstances particulieres. Dans le dernier contrat de donation le pere avoit égalé toutes les filles ; ainsi pour cet également toutes les donations étoient de même date.

On ne peut être legitimaire & donataire , parce que la Coutume ne permet pas d'être heritier & donataire.

Le fils ne peut renoncer à la legitime non plus qu'à la succession de son pere, Montchelon , ch. 44. Louet , l. R. ch. 19. & 20.

Ricard , des Donations , part. 3. ch. 3. sect. 10. ce qui est contraire à la disposition du Droit. l. 2. §. 2. ff. quæ in fraud. creait. l. 25. de rev. lier. signif.

Le cadut d'inventaire ne prive point les enfans de leur legitime. Louet , l. H. ch. 14.

Ricard , ibid. sect. 2. n. 593. & suivantes.

V.

3. Les loix du testament inofficieux subsistent.

Le testament inofficieux par l'exhérédation injuste ou par la préterition, ne demeure injuste qu'en ce qui regarde l'institution d'un autre héritier au lieu de l'exhérédé. Ainsi lorsque l'héritier institué est autre qu'un des enfans, l'institution demeure sans aucun effet : & si ce sont des enfans qui soient instituez héritiers par le testament inofficieux, leur institution est réduite de sorte que celui qui étoit injustement deshérité ait autant qu'il auroit eu s'il n'y avoit point eu de testament,

---

comme il a été dit dans l'article second. Mais les legs , les fideicommis , & toutes les autres dispositions du testament inofficieux subsistent & ont leur effet , soit que l'exhérédation fût d'un descendant ou d'un ascendant *e*, comme il a été dit en un autre lieu *f*.

e Si verò contigerit in quibusdam talibus testamentis quædam legata vel fideicommissa , vel quælibet alia capitula concessa legibus nominari : ea omnia jubemus adimpleri , & diis illis quibus fuerint derelicta & tanquam in hoc non rescissam obtineant testamentum. Nov. 115. cap. 3. inf.

Ce texte regarde les testamens des enfans , & la même est & est ci-dessous à la fin du chapitre suivant , à l'égard des testamens des parens.

Si quid autem pro legatis , sive fideicommissis , & libertatibus & tutorum dationibus , aut quibuslibet aliis capitulis , in aliis legibus inventum fuerit huic constitutioni contrarium , hoc nullo modo volumus obtinere. d. Nov. cap. 4. in f.

V. l'art. 16. de la Section 5. des Testamens , p. 412.

☞ Par l'ancien Droit Romain , les legs du testament inofficieux , soit par exhérédation ou préterition , étoient annullez , aussi-bien que l'institution , par cette raison que le testateur étoit considéré comme ayant été en démence. *Filio præterito , qui suit in patriâ potestate , neque libertates competunt , neque legata præstantur. l. 17. ff. de injust. rup. irr. fact. test. Cum inofficiosum testamentum arguitur , nihil ex eo testamento valet. l. 28. ff. de inoff. testam.* Et si les legs avoient été acquittez , les légataires étoient obligez de les rendre. *Nec legata debentur , sed soluta repetuntur. l. 8. §. pen. cod.* Cette regle avoit sa justice en supposant une exhérédation ou préterit ou tout-à-fait injuste. Mais comme il est très-rare & très-difficile que les parens se portent à des exhérédations de leurs enfans , ou les enfans à leurs parens , sans de grandes causes ; il a été de l'équité que pour une consideration de confirmer les legs & les autres dispositions des testamens qui contiennent des exhérédations qui sont annullées. Et quoiqu'il en arrive que la condition des légataires se trouve plus favorable que celle de l'héritier institué , que le testateur avoit néanmoins plus considéré que les légataires , ainsi qu'il peut arriver en d'autres occasions , comme on l'a déja remarqué en un autre lieu * ; cet événement dans un pareil cas ne fait pas d'inconvénient. Car la condition d'un héritier qui prenoit injustement la place de la personne exhérédée , & qui même pouvoit avoir quelque part à l'exhérédation , ne doit pas être aussi favorable que celles des légataires , puisque les dispositions qui les regardent ne font pas la même injure à l'exhérédé.

V. l'art. 5. de la Sect. 7. des Testamens , & la remarque qu'on y a faite , p. 421.

TITRE III.

DE LA LEGITIME.

ON a vû dans le Titre précédent , que les parens doivent laisser à leurs enfans , & les enfans à leurs parens , une certaine portion de leurs biens. C'est cette portion qu'on appelle *la legitime* , qui sera la matiere de ce Titre.

La legitime des enfans n'étoit dans l'ancien Droit Romain que d'un quart de la portion qu'ils devoient avoir *ab intestat*. Ainsi un fils unique avoit pour sa legitime le quart des biens ; & s'il y en avoit deux , ils avoient chacun le quart d'une moitié , c'est-à-dire un huitième ; & ainsi à proportion selon leur nombre. On avoit rendu cette legitime ainsi modique dans un tems où l'on commençoit à mettre quelques bornes à la liberté qu'avoit chacun de disposer de ses biens comme il l'entendoit *b* , & d'en priver même ses enfans. Et au lieu qu'il semble naturel que les enfans ayent où le total ou la plus grande partie des biens , & que la liberté de disposer soit bornée à quelque portion modi-

a Quarta debitæ portionis. l. 8. §. 8. ff. de inoff. testam.

b Un quelque legislat. de ces loix les peut être. Inst. de lege fale. ex l. 12. tab. Nov. 22. cap. 2.

que de l'hérédité, comme l'ont réglé nos Coutumes ; on en avoit laissé la plus grande partie à la liberté des testateurs, & restraint à une petite portion le droit des enfans. De sorte que ce qui est dit des legs dans une loi qui les appelle un modique retranchement de l'hérédité, dont la totalité doit appartenir à l'héritier c, conviendroit mieux à cette légitime, qui n'est en effet qu'un modique retranchement de l'hérédité, dont la totalité peut être laissée à un seul légataire, de qui on auroit grand tort de dire que son legs ne seroit qu'un modique retranchement de l'hérédité.

Justinien reconnut que cette légitime ne suffisoit pas, & il l'augmenta, mais modérément, distinguant la légitime selon le nombre des enfans, & leur donnant à tous, quand ils seroient au nombre de quatre ou au dessous, le tiers de tous les biens, & la moitié quand ils seroient cinq ou un plus grand nombre. De sorte que ce tiers ou cette moitié se partage également entre les enfans, & que les deux tiers ou l'autre moitié demeure pour les legs. Ainsi, quelque nombre d'enfans qu'il puisse y avoir, les légitimes de tous ensemble, quand ils y sont réduits, ne sont au plus qu'égales à la part des légataires : & s'ils sont moins de cinq, les légataires ont le double de la légitime qui reste aux enfans.

Nos Coutumes ont presque toutes distingué les diverses sortes de biens propres & acquêts, meubles & immeubles ; & selon ces différens biens, elles ont différemment réglé la liberté des testateurs, non-seulement à l'égard des enfans, mais en faveur même des héritiers du sang les plus éloignez, qu'on ne peut priver que d'une portion des propres. Et quelques Coutumes n'ont fait aucune distinction des biens, mais ont borné la liberté de disposer par un testament à une portion modique, comme à un quart de tous les biens indistinctement, & réservé les trois quarts du total aux héritiers du sang, soit enfans ou autres. Ainsi ces Coutumes donnent beaucoup plus aux parens les plus éloignez, qu'elles ne permettent de donner à des légataires, & la portion des biens qu'elles affectent aux héritiers du sang, & dont ils ne peuvent être privez par un testament, est beaucoup plus grande que la légitime des enfans dans le Droit écrit.

On ne doit pas s'arrêter à examiner laquelle est plus juste de ces deux Jurisprudences du Droit Romain & de nos Coutumes d. L'une & l'autre peuvent avoir leur différente utilité. Car si d'une part il est juste que les biens soient affectez aux familles, & que la licence des dispositions souvent injustes ne dépouille pas les enfans & les autres héritiers du sang ; il n'est pas inutile que ces héritiers, sur-tout les enfans incapables de meilleurs motifs, soient contenus dans leurs devoirs par la crainte de se voir réduits à une légitime qui n'est que modique.

Toutes les regles de cette matiere de la légitime regardent ou les personnes à qui il est dû une légitime, ou quelle en doit être la quote, ou sur quels biens & comment on la regle ; ce qui fera la matiere de trois Sections.

e Legatum est delibatio hæreditatis, qua testator ex eo, quòd universum hæredis foret, alicui quid collatum velit. l. 116. ff. de legat. 1.

d V. ce qui a été dit sur ce sujet dans la Préface ci-devant, n. 7.

SECTION I.

De la nature de la légitime, & à qui elle est dûe.

ON doit encore avertir ici comme on a fait dans le Titre précédent, qu'il faut excepter du nombre des enfans à qui il est dû une légitime, les filles qui par leurs Contrats de mariage ont renoncé aux successions moyennant une dot. Car encore que cette dot puisse être moindre que leur légitime sur les biens de leurs peres qui les ont dotées ; l'incertitude des évenemens qui peuvent diminuer ces biens, fait un des motifs qui rendent juste une renonciation à un bien à venir & in-

certain, pour une dot certaine & présente a.

Il faut aussi remarquer sur ce sujet de la légitime, le reglement qu'a fait pour celle des meres sur les successions de leurs enfans, cette Ordonnance qu'on appelle l'Edit des Meres, dont il a été parlé dans le préambule de la Section 1. comment succedent les peres, &c.

a V. sur ces renonciations ce qui a été dit dans le Préambule de la Section 2. des Héritiers en général, p. 316.

SOMMAIRES.

1. Définition de la légitime.
2. La légitime est dûe aux descendans & aux ascendans.
3. Tous les enfans qui peuvent succeder ont droit de légitime.
4. La légitime des enfans au premier degré, se regle par têtes.
5. Et aux autres degrez par souches.
6. Entre ascendans la légitime n'est dûe qu'aux plus proches.
7. S'ils sont plusieurs en même degré, moitié aux paternels ; moitié aux maternels.
8. Les freres n'ont pas de légitime.

I.

LA légitime est une portion de l'hérédité que les loix affectent aux mêmes personnes qu'on ne peut priver de la qualité d'héritier, & à qui elles donnent le droit de se plaindre des dispositions inofficieuses. Ce qui a fait que la liberté de disposer à leur préjudice a été borné, de sorte qu'il leur reste une partie de l'hérédité dont on ne puisse les priver par aucune disposition a.

a. Debita portio. l. 8. §. 11. ff. de inoff. test.
Debitum bonorum subsidium. l. 5. C. de inoff. don.
Quod ad submovendam inofficiosi testamenti querelam, non ingratis liberis relinqui necesse est. d. l. 5.
Hoc observandum in omnibus personis in quibus ab initio antiquæ quartæ ratio de inofficioso lege decreta est. Nov. 18. cap. 1. in f. V. l'article suivant.

1. Définition de la légitime.

II.

Il y a deux ordres de personnes à qui les loix donnent une légitime, aux enfans sur les biens de leurs parens, & aux parens sur les biens de leurs enfans. Mais si dans une succession il y a tout ensemble des enfans du défunt, & des ascendans, il n'y aura de légitime que pour les enfans ; car ils excluent les ascendans des successions b.

b V. les articles qui suivent, & le Titre 1. du Livre second.

2. La légitime est dûe aux descendans & aux ascendans.

III.

Tous les enfans de l'un & de l'autre sexe ont indistinctement le droit de demander une légitime, soit qu'ils se trouvent au premier degré de fils ou de filles, ou qu'ils soient descendus d'un ou plusieurs degrez, pourvû seulement qu'ils se trouvent appellez à l'hérédité, soit de leur chef ou par représentation, ainsi qu'on l'a expliqué en son lieu c.

c Les enfans sont appellez à la légitime dans le même ordre qu'à la succession ab intestat, selon leur rang expliqué dans le Livre 2. Titre 1. Section 2.

3. Tous les enfans qui peuvent succeder ont droit de légitime.

IV.

Lorsqu'il n'y a que des enfans du premier degré, ils ont chacun leur légitime par portions égales. Et s'il y a tout ensemble des enfans vivans du premier degré, & des petits-enfans d'autres decedez ; la succession se partage selon le nombre des enfans du premier degré qui restent vivans, & de ceux qui étant morts ont laissé des enfans qui les représentent. Et ceux-ci n'ont entre eux que la légitime qu'auroit eu la personne qu'ils représentent. Car c'est cette légitime qui est leur partage d.

d C'est une suite de l'article précedent & de l'ordre de la succession des enfans.

4. La légitime des enfans au premier degré, se regle par têtes.

V.

S'il n'y avoit aucun enfant du premier degré, mais plusieurs petits-enfans du second degré, ou autre plus

5. Et aux autres de-

*gre... par
jetables.*

éloigné ; ils auroient tous leurs légitimes, non selon leur nombre, mais les descendans de chaque fils auroient entre eux la légitime qu'auroit eu leur pere, & chacun d'eux auroit sa portion plus ou moins grande dans cette légitime, selon que leur nombre la diviseroit *e.*

e C'est une suite de ce même ordre.

VI.

*6. Entre as-
cendans la
légitime n'est
due qu'aux
plus proches.*

Le second ordre de personnes à qui il est dû une légitime, est celui des parens, c'est-à-dire, des peres & des meres & autres ascendans *f.* Mais il y a cette différence entre eux & les enfans pour ce qui regarde la légitime, que comme les ascendans plus proches excluent les plus éloignez des successions des descendans, & que dans l'ordre des ascendans il n'y a point de droit de représentation comme dans l'ordre des descendans, il n'y a que les plus proches des ascendans à qui il soit dû une légitime *g.*

f Primùm itaque illud est cogitandum, quia testantibus aliis quidem necessitatem imponit lex distribuere quamdam partem personis quibusdam, tanquam hoc secundùm ipsam naturam iis debeatur. Quale est filiis, & nepotibus, & patribus atque matribus. Nov. 1. in Præf. §. 2.
g V. au Livre 2. Titre 2. Section 1. art. 5.
Il faut entendre cet article de même que ce qui a été dit de la Succession des ascendans, de sorte qu'ils conservent le droit de retour des biens qui y sont sujets. V. la Section 3. de ce même Titre 2.

VII.

*7. S'ils sont
plusieurs au
même degré,
moitié aux
paternels,
moitié aux
maternels.*

Si les ascendans plus proches se trouvent plusieurs en même degré paternels & maternels, le total de leur légitime se partagera, non par têtes selon leur nombre, mais en deux parts, l'une pour les paternels, & l'autre pour les maternels ; encore que le nombre de ceux d'un côté soit plus grand que de ceux de l'autre. Et s'il n'y en a que d'un seul côté en pareil degré, leur légitime se divise par têtes *h.*

h V. au Livre 2. Titre 2. Section 1. art. 6.

VIII.

*8. Les freres
n'ont pas de
légitime.*

Quoique les freres puissent se plaindre de l'inofficiosité du testament de leurs freres dans le cas de l'article dernier de la Section 1. du Titre précédent, ils n'ont pas pour cela droit de légitime. Car c'est en ce cas l'hérédité entiere que la loi leur donne, & en tout autre ils peuvent être privez de toute part à l'hérédité par un testament *i.*

i V. l'article dernier de la Section 1. du Titre précédent.

SECTION II.

Quelle est la quote ou quotité de la Légitime.

SOMMAIRES.

I.

*1. Différen-
tes quotes de
la légitime.*

LA quote de la légitime est la portion que fait dans le total des biens de l'hérédité, ce qui est affecté à celui à qui il est dû une légitime. Et cette portion est différemment réglée, comme il sera expliqué par les articles qui suivent *a.*

a Substantiæ pars. Nov. 18. cap. 1. Definita mensura. d. c.

II.

*2. Légitime
des enfans
différente
selon leur
nombre.*

A l'égard des enfans, la loi a différemment réglé leur légitime selon leur nombre *b,* par les regles qui suivent.

b V. les articles qui suivent.

---

§ Les enfans justement deshéritez, les incapables comme les Religieux & condamnez, &c. ne sont point comptez, parce qu'il faut être capable d'être héritier. Dep. eodem, p. 319. n. 2. vers. 2. Le Brun, eodem, n. 15. & 16.]

III.

*3. Le tiers
pour quatre
enfans ou
moindre
nombre.*

S'il y a quatre enfans ou un moindre nombre, ils ont tous ensemble pour leur légitime le tiers des biens ; de sorte que ce tiers soit entier à un seul s'il n'y en a qu'un, ou qu'il se partage entre tous selon leur nombre, chacun ayant pour sa légitime sa part de ce tiers *c.*

c Si quidem unius est filii pater aut mater, aut duorum, vel trium, vel quatuor, non triuncium eis relinqui solùm, sed etiam ternam propriæ substantiæ partem : hoc est uncias quatuor. Nov. 18. cap. 1. Singulis ex æquo quadruncium dividendo. d. c.

IV.

*4. La moitié
pour cinq en-
fans & un
plus grand
nombre.*

S'il y a cinq enfans ou un plus grand nombre, ils ont tous ensemble pour leur légitime la moitié des biens ; de sorte que cette moitié se partage entre tous selon leur nombre, chacun ayant pour sa légitime sa part de cette moitié, & qu'elle soit entiere à un seul s'il n'y en a qu'un *d.*

d Si verò ultra quatuor habuerint filios, mediam eis totius substantiæ relinqui partem, ut sexuncium sit omnino quod debetur ; singulis ex æquo quadruncium vel sexuncium dividendo. Nov. 18. n. 1.

V.

*5. Ceux qui
viennent par
représenta-
tion n'ont
entre eux
qu'une part.*

Il faut entendre les deux articles précedens au sens expliqué dans les articles 3. 4. & 5. de la Section 1 ; de sorte que les enfans qui viennent par représentation, en quelque nombre qu'ils soient, n'ayent entre eux que la portion de la personne qu'ils ont droit de représenter *e.*

e V. ces articles, & le Livre 2. Titre 1. Section 2.

VI.

*6. La légi-
time des as-
cendans est
le tiers des
biens.*

Comme la légitime des ascendans n'est pas plus favorable que celle des enfans, & qu'il n'y a pour la légitime d'un enfant qui seroit seul, & même de quatre, que le tiers des biens, il n'y a aussi qu'un tiers pour les ascendans à partager entre eux s'il y en a plus d'un *f.*

f Hoc observando in omnibus personis in quibus ab initio antiquæ quartæ ratio de inofficioso lege decreta est. Nov. 18. cap. 1. in fine.

☞ Il est certain qu'il est dû une légitime aux ascendans, puisque la loi leur donne la plainte d'inofficiosité, qu'elle ne leur donneroit pas si elle ne leur affectoit une partie de l'hérédité dont ils ne puissent être privez. Mais lorsque Justinien a réglé les légitimes par sa Novelle 18. dont on a cité les textes sur les articles précedens, il s'est borné à celle des enfans, & n'a pas réglé expressément celle des ascendans ; de sorte qu'on a douté si la légitime des ascendans devoit être la même que celle qu'il a réglée pour les enfans. Et comme par ce reglement de Justinien la légitime des enfans a été diversifiée selon leur nombre, ayant été fixée au tiers de l'hérédité quand il n'y a que quatre enfans ou un moindre nombre, & à la moitié quand il y a cinq ou un plus grand nombre, ainsi qu'il a été dit dans les articles 3. & 4 ; on pouvoit douter si après ce reglement les ascendans devoient avoir ou le tiers, ou la moitié, ou seulement l'ancienne légitime qui étoit le quart de ce qu'on doit avoir ab intestat, comme il a été dit dans le préambule de ce titre. Cette question s'est décidée par l'usage & par les sentimens des Interpretes qui ont crû que la légitime des ascendans doit être le tiers. Et on peut fonder ce sentiment sur les dernieres paroles de cette Novelle 18. de Justinien ; car il y est dit ensuite du reglement de la légitime des enfans, que la même chose sera observée pour toutes les personnes à qui l'ancien droit donnoit la plainte d'inofficiosité & un quart pour leur légitime. Hoc observando in omnibus personis in quibus ab initio antiquæ quartæ ratio de inofficioso lege decreta est. Ces paroles qui sont les mêmes qu'on a citées

citées sur cet article, semblent comprendre assez clairement les ascendans, & ne peuvent s'entendre que d'une seule légitime, sans distinction de leur nombre : puisqu'on ne doit pas supposer qu'il se rencontre plus de quatre ascendans. Ainsi leur légitime semble par-là pouvoir être reglée à un tiers au moins. A quoi on peut ajouter que Justinien parlant de la légitime dûe aux ascendans dans sa Novelle 89. c. 12. §. 3. y dit qu'il a reglé cette légitime. *Si vero habuerint hi quos prædiximus aliquos ascendentium, legitimam eis relinquant partem quam lex & nos constituimus.* Ce qui ne peut se rapporter qu'au reglement de sa Novelle 18.

Cette premiere question sur la légitime des ascendans a été suivie d'une autre qui a divisé ces mêmes Interpretes en deux partis. C'est dans le cas d'un testateur qui n'ayant point d'enfans, laisse un ascendant avec des freres germains, & institue ou ses freres, ou des étrangers, ne laissant à l'ascendant qu'une petite portion de l'hérédité dont il ne soit pas content. Sçavoir si sa légitime en ce cas est le tiers des biens, ou seulement le tiers de la portion que cet ascendant auroit eue *ab intestat*, les freres concourant avec lui.

De ces deux partis, l'un prétend que la légitime des ascendans est toujours la même du tiers des biens : & l'autre veut que cette légitime ne soit en ce cas que le tiers de la portion que l'ascendant auroit eue *ab intestat*. De sorte que si par exemple, il y avoit deux freres, comme sa portion *ab intestat* seroit alors un tiers, ainsi qu'il a été dit en son lieu * ; sa légitime doit être le tiers de ce tiers : & voici leur raison qui a fait naître cette question. Ils établissent pour principe & pour regle générale en matiere de légitime, que toute légitime n'est autre chose qu'une portion de la part qu'auroit eu dans l'hérédité *ab intestat* celui qui demande sa légitime. D'où ils concluent que quand il y a des freres germains du défunt, la légitime de l'ascendant est diminuée selon leur nombre, puisque quand il n'y a point de testament, la Novelle 118. c. 2. appelle les freres germains avec les ascendans par portions égales. De là il s'ensuit selon leur principe, que la légitime d'un ascendant quand il y a des freres du défunt, n'est que le tiers de la part qu'il auroit *ab intestat* avec les freres. De sorte que s'il y avoit, par exemple, sept freres, la légitime de l'ascendant qui n'auroit *ab intestat* qu'un huitiéme, seroit seulement un vingt-quatriéme ; & ils ajoutent à cette raison, que si la légitime des ascendans étoit toujours le tiers des biens, il arriveroit que leur légitime pourroit être plus forte que leur portion *ab intestat*, puisque dans ce même cas de sept freres, la portion *ab intestat* ne seroit qu'un huitiéme, & que néanmoins la légitime seroit d'un tiers, ce qu'ils disent être un inconvénient.

Les autres au contraire ont été d'avis que la légitime des ascendans, dans tous les cas où elle doit avoir lieu, est toujours d'un tiers de l'hérédité à partager entre tous les ascendans, comme celle des enfans est toujours ou le tiers, ou la moitié, selon leur nombre, à partager entre eux. Ce qui est fondé sur les remarques qu'on vient de faire, & sur ce que la regle de l'ancien Droit Romain, qui fixoit la légitime au quart de la portion *ab intestat*, a été changée par Justinien, qui a reglé les légitimes, non à une portion de la part qu'on auroit *ab intestat*, mais à une certaine portion du total de l'hérédité ; sçavoir au tiers ou à la moitié. Ainsi cette légitime est indépendante de la portion plus ou moins grande qu'on pourroit avoir *ab intestat*. A quoi ils ajoutent que les freres n'ayant point de légitime, ils ne peuvent concourir à celle des ascendans pour la diminuer.

On voit que ces difficultez sont une suite de la Loi de Justinien, qui a appellé les freres germains à la succession *ab intestat* avec les ascendans. Car si ces freres ne concouroient pas avec les ascendans, non plus que

* V. l'article 7. de la Section 1. Livre 2. Titre 2.

les freres uterins, il n'y auroit jamais eû de doute sur la maniere de regler cette légitime des ascendans. D'où il semble qu'on puisse conclure, que puisque toute la difficulté vient seulement de la nouveauté de cette Loi qui diminue la portion *ab intestat* des ascendans, quand il y a des freres, & qu'on n'a pas de preuves que par cette Loi Justinien ait voulu diminuer la légitime des ascendans, ni la rendre incertaine, selon que les freres seroient en plus grand ou en moindre nombre ; ceux du second parti peuvent convenir sans blesser leur cause, que la légitime doit être une portion de ce qu'on auroit *ab intestat*, en y ajoutant ce qui est de bon sens & paroît très-juste, que cette regle doit s'entendre de la portion qu'auroit celui qui demande une légitime, s'il succedoit seul *ab intestat*, ou qu'il n'y eût avec lui que des personnes à qui il seroit aussi dû une légitime. Car en ce sens il sera toujours vrai, selon l'ancien droit, que la légitime sera une portion de ce qu'on auroit *ab intestat*, comme on peut le voir dans la légitime des enfans reglée par Justinien, puisqu'il est certain que le tiers ou la moitié des biens qu'il donne aux enfans, fait le tiers ou la moitié de la succession qu'ils auroient entiere, s'il n'y avoit aucune disposition qui leur en fît un retranchement.

Il ne reste donc pour toute difficulté que de sçavoir, si lorsque Justinien a fait la grace aux freres germains de les appeller avec les ascendans, il a voulu par là faire un tel fracas que de renverser l'ordre & les principes des légitimes, & faire une regle qui, sans être nullement expliquée, auroit cet effet, qu'un testateur qui avec son pere auroit onze freres, pût ne donner à son pere qu'un trente-sixiéme de ses biens, & rien à ses freres, laissant les trente-cinq portions à un étranger. Rien n'oblige à juger que la Loi de Justinien, qui fait concourir les freres avec les ascendans à la succession de leurs freres, ait pû faire un tel changement pour la légitime des ascendans ; mais cette Loi a ses bornes à la succession *ab intestat*. Et quoiqu'il arrive par cette Loi que la légitime d'un ascendant peut être plus grande que ne le seroit sa portion de la succession *ab intestat*, ce n'est pas plus un inconvénient que ce qui arrive à l'égard de la légitime des enfans, que quand ils sont seulement quatre, leur légitime qui devoit être plus grande que s'ils étoient cinq, se trouve être moindre. Car en ce cas chacun des quatre n'a qu'un quart du tiers qui n'est qu'un douziéme, au lieu qu'entre cinq ils ont chacun le cinquiéme d'une moitié qui fait un dixiéme. Ces suites de suites sont naturelles aux Loix arbitraires, comme on l'a remarqué en d'autres endroits, & ne sont pas des inconvéniens qui doivent y faire aucun changement.

Il semble qu'on puisse conclure de toutes ces réfléxions & des termes de cette Novelle 18. citez sur cet article, que Justinien a fixé la même légitime pour les ascendans que pour les enfans quand ils ont le tiers, & que cette légitime des ascendans est toujours la même, soit qu'il y ait des freres qui concourent avec eux, ou qu'il n'y en ait point. Et cette regle ne peut avoir aucun inconvénient, quelque cas qui puisse arriver. Car si on suppose qu'un fils institue son pere ou sa mere & ses freres germains par portions égales, le pere & la mere ne pourront se plaindre d'un testament qui leur donne ce qu'ils auroient par la Loi s'il n'y avoit pas de testament. Que si ce fils avoit institué un héritier étranger avec son pere, ne lui laissant pas sa légitime, les freres même auroient interêt qu'elle fût du tiers, puisque ce seroit un bien qui devroit leur revenir. Et si enfin les freres étoient instituez avec le pere ou la mere, mais inégalement, de sorte que le pere ou la mere eussent moins que quelqu'un des freres, il ne seroit pas juste, & il y auroit de la dureté de la part des freres, de réduire leur pere ou leur mere au tiers de la portion que chacun d'eux auroit *ab intestat*.

SECTION III.

Sur quels biens se prend la Légitime, & comment elle se regle.

SOMMAIRES.

1. *La légitime se regle sur la valeur des biens.*
2. *La demande de la légitime est une demande en partage.*
3. *Les biens donnez sont sujets à la légitime.*
4. *Les enfans donataires peuvent s'abstenir de l'heredité ; mais leurs donations sont sujettes aux légitimes.*
5. *Les dots & donations s'imputent sur la légitime.*
6. *Les fruits de la légitime sont dûs depuis l'ouverture de la succession.*
7. *La légitime ne peut être sujette à aucunes charges ni delais , ni conditions.*
8. *La légitime des enfans de divers mariages n'est pas distinguée.*

I.

1. La légitime se regle pour la valeur des biens.

COmme la légitime est une portion de l'heredité, c'est sur tous les biens qu'elle doit se prendre *a*, non en divisant chaque fonds , chaque droit ou autres biens, pour faire part de chacun à celui à qui il est dû une légitime ; mais en estimant la totalité , pour lui donner de ces biens jusqu'à la valeur de sa portion.

a Tertia propriæ substantiæ pars. *Nov.* 18. *c.* 1.

II.

2. La demande de la légitime est une demande en partage.

Si celui à qui il est dû une légitime veut avoir sa part en biens de l'heredité , ce qu'on appelle communément en corps héréditaires , l'héritier institué ne peut le refuser. Et s'ils ne conviennent entr'eux , il faut faire un partage , & donner pour la légitime des biens de la succession qui en tiennent lieu. Car la légitime étant une part de l'heredité , la demande d'une légitime est une véritable demande en partage *b* qui doit être fait suivant les regles expliquées en leur lieu *c*.

b Sancimus repetitionem ex rebus substantiæ patris fieri. *l.* 36. *C. de inoff. test.*
c V. le Titre des Partages , p. 354.

III.

3. Les biens donnez sont sujets à la légitime.

Comme l'affectation d'une légitime aux personnes à qui est dûe , est pour empêcher les dispositions qui pourroient diminuer leur part aux biens de celui qui doit la laisser ; elle doit se prendre non-seulement sur les biens de son heredité , mais aussi sur les biens dont il pourroit avoir disposé par des donations entre-vifs à ses enfans ou à d'autres personnes , ou pour des dots à des filles ; car autrement ces sortes de dispositions pourroient anéantir une légitime. Ainsi elle se prend sur les biens alienez de cette maniere , de même que sur ceux qui restent dans l'heredité *d*.

d Si (ut allegatis) mater vestra ad eludendam inofficiosi querelam , penè universas facultates suas , dum ageret in rebus humanis , factis donationibus , five in quosdam liberos , five in extraneos exhausit : ac posteà vos ex duabus unciis fecit hæredes : easque legatis & fideicommissis exinanire gestivit , non injuria juxta formam de inofficioso testamento constitutam , subveniri vobis , utpote quartam partem non habentibus , desideratis. *l.* 1. *C. de inoff. donat. v. ter. h. tit. & l. un. C. de inoff. dot. Nov.* 92. V. l'article 4. de la Section 4. du Titre précedent.

IV.

4. Les enfans donataires peuvent s'abstenir de l'heredité ; mais leurs donations sont sujettes aux légitimes.

Si les enfans à qui les parens auroient fait des donations ou constitutions de dot inofficieuses aux autres enfans , prétendoient s'en tenir à leurs dons & renoncer à l'heredité ; ils pourroient bien s'abstenir de la qualité d'héritiers , & par-là s'affranchir des charges de la succession ; mais leurs donations seroient sujettes au retranchement pour la légitime des autres enfans *e*.

e Non valentibus filiis qui donationibus honorati sunt , dicere , contentos se quidem esse immensis his donationibus , videri autem abstinere paterna hæreditate : sed neque cogendis quidem , si

---

contenti sunt donationibus , suscipere hæreditatem : necessitatem autem habentibus omnibus modis complere fratribus , quod hæc desert secundùm quam scripsimus mensuram. *Nov.* 92.

V.

5. Les dots & donations s'imputent sur la légitime.

Toutes les especes de biens qui peuvent être sujets au rapport , comme les donations dont il a été parlé dans l'article précedent , & celles qui pourroient avoir été faites aux mêmes personnes qui demandent une légitime , entrent dans la masse des biens dont il faut la prendre , & y contribuent. Ainsi lorsqu'elle est dûe à celui qui doit rapporter , il doit y imputer ce qu'il a reçu , & ce qui pourroit se retrancher aux autres , ou se prend sur la masse de l'heredité. Et si celui qui demande la légitime n'avoit rien reçu , il la prend sur le tout : Et les donataires qui ont trop reçu , doivent & contribuer à proportion *f*.

f In quartam partem ad excludendam inofficiosi querelam , tam dotem datam , quàm ante nuptias donationem præfato modo volumus imputari : si ex substantia ejus profecta sit , de cujus hæreditate agitur. *l.* 19. *in f. C. de inoff. test.* V. le Titre du Rapport de biens , p. 384.

VI.

6. Les fruits de la légitime sont dûs depuis l'ouverture de la succession.

Comme la légitime est dûe au moment de l'ouverture de la succession , les fruits & autres revenus en sont dûs aussi dès ce moment même. Et le testateur ne peut l'empêcher par aucune disposition *g*.

g Modis omnibus ei hujus legitimæ partis quam nunc deputavimus , & usumfructum , insuper & proprietatem relinquat. *Nov.* 18. *c.* 3.

VII.

7. La légitime ne peut être sujette à aucuns délais , ni conditions.

Si le testateur avoit fait quelque disposition qui dût tenir lieu de la légitime d'un de ses enfans , & que la reglant ou à une somme , ou à quelques biens , ou même à quelque portion de l'heredité , il y eût ajouté quelque condition ou quelque délai pour la délivrance ou le payement de ce qu'il laisseroit , ou quelqu'autre charge ; ces conditions , ces délais , ces charges seroient sans effet , si ce qu'il auroit donné n'alloit à la valeur de la légitime. Car comme elle n'est autre chose qu'une certaine portion de l'heredité qui ne peut être diminuée par le testateur , il ne peut non plus y imposer de charges , ni retarder le payement ou la délivrance d'un bien qui doit être acquis à ses enfans au tems de sa mort , & sans aucune diminution *h*.

h Si conditionibus quibusdam , vel dilationibus , aut aliqua dispositione moram , vel modum , vel aliud gravamen introducente , eorum jura qui ad memoratam actionem vocabantur , imminuta esse videantur : ipsa conditio , vel dilatio , vel alia dispositio , moram vel quodcumque onus introducens , tollatur : & ita res procedat , quasi nihil eorum in testamento additum esset. *l.* 32. *C. de inoff. test.*
¶ Excepté le cas de la Loi *si furioso , ff. de curat. furios.* qui permet au pere de réduire son fils à l'usufruit de sa portion légitimaire.]

VIII.

8. La légitime des enfans de divers mariages n'est pas distinguée.

S'il y a deux ou plusieurs enfans d'un même pere ou d'une même mere de divers mariages , leurs légitimes ne seront pas distinguées par la différence de ces mariages ; mais tous les enfans d'un même pere ou d'une même mere , quoique de divers lits , auront chacun la légitime , selon que leur nombre de tous ensemble le demandera *i*.

i Usque ad quatuor quidem filios , (ex priore & secundo matrimonio) quatuor uncias omnino definientes : si autem ultra quatuor sint , usque ad mediam substantiæ partem. *Nov.* 22. *c. ult.*

TITRE IV.

DES DISPOSITIONS DE CEUX
qui ont convolé en secondes noces.

TOut le monde sent deux veritez sur le sujet des secondes noces : & l'une & l'autre sont également & de la religion & de la nature. L'une , que les secondes noces ne sont pas illicites , & aussi l'Eglise condamne ceux qui les jugent telles *a*. Et l'autre, que la liberté de se remarier, toute légitime qu'elle est pour ceux même qui ont des enfans d'un premier mariage, renferme quelque note par où les Loix de l'Eglise & les Loix civiles distinguent la condition de ceux qui se remarient, de celle des personnes qui n'ont pas usé de cette licence. Car pour l'Eglise, elle n'admet pas aux Ordres sacrez ceux qui ont été mariez deux fois *b*. Et elle fait aussi quelques autres distinctions des secondes noces que chacun sçait assez, & dont il ne s'agit pas de parler ici. Pour les Loix civiles, elles ont mis des bornes aux dispositions que peuvent faire de leurs biens les personnes qui se remarient ayant des enfans.

Les motifs de ces Loix de l'Eglise & des Loix civiles sur le sujet des secondes noces, sont differens selon leurs diverses vûes. Car l'Eglise y regarde une espece d'incontinence qu'elle tolere, mais qui à ses yeux rend les personnes moins pures, & par là moins propres à exercer des fonctions dont les plus saints doivent s'avouer indignes. Et les Loix civiles regardent dans les secondes noces l'inconvénient du tort que font à leurs enfans les personnes qui se remarient. Et pour prévenir les dispositions que pourroient faire au préjudice de leurs enfans ceux qu'un second mariage aliéneroit de l'affection qu'ils doivent conserver pour eux, elles ont affecté aux enfans les biens venus de leurs peres ou meres au survivant des deux qui se remarie. Elles ont aussi réprimé les dispositions que le survivant qui convole en secondes noces, pourroit faire de ses propres biens en faveur du second mari si c'est la mere, ou de la seconde femme si c'est le pere qui ait convolé : Et elles ont donné le nom de peines des secondes noces à ce qu'elles ont ordonné sur ce sujet en faveur des enfans de ceux qui se remarient *c*.

Ce sont ces regles qui restreignent en faveur des enfans les dispositions des peres & des meres qui se remarient, dont on doit traiter dans ce titre, & que notre usage a tirées du Droit Romain. Car cette Ordonnance même qu'on appelle l'Edit des secondes noces de François second de l'année 1560. en a été tirée, comme il sera marqué sur les articles de ce titre, qui se rapportent à ceux de cette Ordonnance.

On appelle secondes noces, soit du mari, ou de la femme, tout mariage qui n'est pas le premier; & quelque nombre qu'il y ait eu de mariages, ils sont compris sous ce nom de secondes noces à l'égard de celui des conjoints qui avoit été déja marié. Car à l'égard de l'autre qui ne l'auroit point été, on ne dira pas que ce soit son second mariage.

On peut remarquer ici qu'outre les peines des secondes noces qui regardent les dispositions des biens, il y en avoit d'autres dans le Droit Romain contre l'intemperance des femmes. Ainsi celles qui se remarioient dans l'année du deuil étoient notées d'infamie *d*. Et il y avoit contr'elles plusieurs autres peines *e*. Ainsi celle qui s'abandonnoit à un esclave, devenoit esclave du maître de celui à qui elle s'étoit prostituée, si elle avoit perseveré après une dénonciation du maître de cet esclave; ce qui fut aboli par Justinien *f*. Ainsi Constantin déclare capital le crime de celles qui s'abandonnoient à leurs propres esclaves, même en secret *g*.

De ces diverses sortes de peines il n'y auroit que celle qui regarde le second mariage d'une veuve dans l'an du deuil qui eût pû convenir à notre usage ; mais cette peine a été abolie, & nous observons le Droit Canonique qui l'a rejetté *h*. Car encore que l'incontinence d'une femme qui se remarie dans l'année du deuil lui donne justement une méchante réputation, & qu'il puisse en naître de grands inconvéniens, à cause du

doute qui peut arriver, duquel des deux maris seroit un enfant qui naîtroit par exemple sept ou huit mois après le mariage d'une veuve, contracté deux mois après la mort du premier mari ; comme l'Eglise souffre ces sortes de mariages pour éviter un plus grand mal, elle décharge de l'infamie de droit les veuves qui se remarient avant ce terme. Et pour les autres peines qui ne peuvent convenir à notre police où il n'y a point d'esclaves ; ces Loix y ont servi d'exemple pour un reglement qui fut fait par un des articles des Etats de Blois, où il fut ordonné que les veuves qui se remarient follement à des personnes indignes, ne pourroient faire aucunes dispositions en faveur de tels maris, & que même elles demeuroient *interdites de leurs biens i*.

Pour ce qui regarde la matiere de ce titre, il faut distinguer deux sortes de regles qui ont été faites sur les secondes noces, pour conserver les droits des enfans de qui le pere ou la mere se remarient. L'une est de celles qui assurent aux enfans les biens que leur pere ou leur mere qui convole en secondes noces, avoit eu du précédédé pere ou mere de ces enfans : & l'autre de celles qui regardent en général tous les autres biens de la personne qui a convolé en secondes noces. Et ces deux sortes de regles feront la matiere de deux Sections qui feront précédées d'une premiere, où il faut distinguer les diverses sortes de biens que peut avoir une personne qui se remarie.

i Ordonnance de Blois, art. 181.

SECTION I.

De diverses sortes de biens que peuvent avoir les personnes qui convolent en secondes noces.

SOMMAIRES.

1. *Trois sortes de biens des personnes qui convolent en secondes noces.*
2. *Deux sortes de biens que le mari ou la femme peuvent avoir l'un de l'autre.*
3. *Biens acquis au mari sur ceux de la femme, ou à la femme sur ceux du mari par leur mariage.*
4. *Biens venus des enfans ou au pere ou à la mere.*
5. *Biens du pere ou de la mere, venus par d'autres titres.*
6. *Ces diverses sortes de biens ont leurs regles differentes.*

I.

IL faut distinguer trois sortes de biens que peut avoir une personne qui se remarie ayant des enfans. Ceux qui lui sont venus du premier mari si c'est la femme, ou de la premiere femme si c'est le mari ; ceux qui lui viennent de quelqu'un de leurs enfans communs ; & ceux qui peuvent lui être acquis d'ailleurs *a*.

a Il ne peut y avoir de biens qui ne soient compris dans cette division.

II.

Une femme peut avoir de son premier mari, ou un homme de sa premiere femme, des biens de deux sortes : ce qui lui seroit acquis par leur contrat de mariage, & ce que le premier mourant auroit pû laisser au survivant par un testament ou autre disposition *b*.

b Ces deux especes comprennent tout. V. les articles 1. 2. & suivans de la Section 2.
Il faut entendre la seconde partie de cet article des dispositions permises entre le mari & la femme. Car il y a des Coutumes qui défendent differemment ces dispositions, comme il a été remarqué dans le préambule de la Section 2. des Heritiers en general, p. 316.

III.

Il faut mettre au rang des biens acquis au mari sur ceux de sa femme, ou à la femme sur ceux du mari par leur contrat de mariage, tout ce qui peut être stipulé par le contrat même, ou donné par la Loi ou par la Coutume, sans stipulation en faveur de l'un sur les biens de l'autre, soit que ces biens stipulez ou non ayent quelque nom propre, comme de gains nuptiaux, de douaire, d'augment de dot, ou autre semblable, ou

Marginal notes right column:
1. *Trois sortes de biens des personnes qui convolent en secondes noces.*
2. *Deux sortes de biens que le mari ou la femme peuvent avoir l'un de l'autre.*
3. *Biens acquis au mari sur ceux de la femme, ou à la femme sur ceux du mari par leur mariage.*

Footnotes left column:
a 31. q. 1. c. 11. 12. 13.
b 1. Tim. 3. 1. dist. 26. & tit. de bigam. non ord. V. Nov. 6. c. 5.
c Pœnæ contra binubos. Nov. 1. c. 1. §. 1. Communis mulieris & viri mulcta. Nov. 22. c. 23.
d l. 1. C. de sec. nup.
e d. l. 1. l. eod, l. 22. C. de advolt. tut.
¶ Conferences des Ordonnances, au mot secondes Noces.
f l. un. C. de Senat. Claud. toll.
g l. un. C. de mulier. quæ se propr. serv. junx.
h c. penult. & ult. de sec. nupt.

Tome I.

M m m ij

que ce soit quelqu'autre droit qui n'ait pas de nom distingué c.

c V. l'art. 1. & les suivans de la Sect. 2. & les textes citez sur ces articles.

I V.

4. Biens venus des enfans ou au pere ou à la mere. Les biens qui peuvent venir au pere ou à la mère de quelques-uns de leurs enfans communs, consistent ou en usufruit qu'ils peuvent avoir sur les biens de leurs enfans, ou en proprieté de ce qui pourroit leur échoir de leur succession, par testament, ou *ab intestat* d.

d V. les Sections 1. & 2. Comment succedent les peres, &c. p. 302. & 363.

V.

5. Biens du pere ou de la mere venus par d'autres titres. Tous les autres biens que peuvent avoir les peres & les meres qui convolent en secondes noces, sont ceux qu'ils ont eus de leur patrimoine, ou qu'ils ont acquis par leur industrie, ou par d'autres titres que ceux qu'on vient de spécifier e.

e V. sur ces sortes de biens la Section 3.

V I.

6. Ces diverses sortes de biens ont leurs regles differentes. Il a été nécessaire de distinguer ces différentes espéces de biens. Car il n'y en a aucune qui ne soit la matiere de quelqu'une des regles des Sections qui suivent f.

f Il faut conferer les articles de cette Section avec ceux des deux suivantes, selon qu'ils s'y rapportent.

SECTION II.

Droits des enfans sur les biens que leur pere ou mere qui se remarie avoit acquis du prédécedé.

SOMMAIRES.

1. *Affectation aux enfans des biens venus de leur pere ou mere à celui qui se remarie.*
2. *Ces biens sont acquis en propre aux enfans par le second mariage du pere ou de la mere.*
3. *Et leur appartiennent par portions égales.*
4. *On ne distingue pas l'origine des biens sur lesquels se prennent les gains du mari ou de la femme.*
5. *Ces gains sont acquis aux enfans, quoiqu'ils ne soient héritiers ni du pere ni de la mere.*
6. *Le pere ou la mere n'ont rien ab intestat des parts des enfans sur les biens du prédécedé.*

I.

1. Affectation aux enfans des biens venus de leur pere ou mere à celui qui se remarie. LOrsqu'un homme survivant à sa femme, ou une femme à son mari, convole en secondes noces, ayant des enfans de leur mariage; tous les biens qui lui étoient venus du prédécedé, soit pour gains acquis par leur contrat de mariage, ou par des dispositions entrevifs, ou à cause de mort, ou en quelque autre maniere que ce puisse être; sont affectez dès le moment du second mariage à leurs enfans communs *a*, ainsi qu'il sera expliqué par les regles qui suivent.

a V. les articles suivans, & les textes qu'on y a citez.

I I.

2. Ces biens sont acquis en propre aux enfans par le second mariage du pere ou de la mere. De toutes les sortes de biens dont il a été parlé dans l'article précedent, la proprieté est acquise aux enfans dès le moment du second mariage du pere ou de la mere: Et la personne qui a convolé en secondes noces, ne peut plus en faire aucune alienation, engagement, donation, ni autre disposition. Mais il lui reste seulement l'usufruit pendant sa vie sur ces sortes de biens b.

b Fœminæ quæ susceptis ex priore matrimonio filiis, ad secundas (post tempus luctus statutum) transierint nuptias, quidquid ex facultatibus priorum maritorum sponsalium jure, quidquid etiam nuptiarum solemnitate perceperint, aut quidquid mortis causa donationibus factis, aut testamento jure directo: aut fideicommissi, vel legati titulo, vel cujuslibet munificæ liberalitatis præmio ex bonis (ut dictum est) priorum maritorum fuerint adse-

---

cutæ: id totum, ita ut perceperint, integrum ad filios, quos ex præcedente conjugio habuerint, transmittant. l. 3. C. de sec. nupt. Habeant potestatem possidendi tantùm atque fruendi in diem vitæ, non etiam alienandi facultate concessa. d. l. 3. Nov. 2. C. 2. Nov. 22. c. 23. & 24. l. ult. C. de bon. mat.

Generaliter censemus, quocumque casu constitutiones ante hanc legem mulierem liberis communibus, morte mariti matrimonio dissoluto, quæ de bonis mariti ad eam devoluta sunt, servare sanxerunt: iisdem casibus maritum quoque quæ de bonis mulieris ad eum devoluta sunt, morte mulieris matrimonio dissoluto, communibus liberis servare. l. 5. C. de sec. nupt.

C'est de ces Loix qu'est tiré le second chef de l'Edit de Juillet 1560. qui défend aux veuves qui se remarient, de faire part à leurs nouveaux maris des biens à elles acquis par dons & liberalitez de leurs défunts maris: & veut qu'elles réservent ces biens à leurs enfans communs: & ordonne la même chose à l'égard des maris pour les biens venus de leurs femmes.

III.

3. Et les biens sont acquis aux enfans par portions égales. Cette proprieté est acquise à ces enfans par portions égales: Et le pere ou la mere qui se remarie n'a pas la liberté de choisir entre leurs enfans pour en préferer ou avantager les uns au-dessus des autres, ni pour le total de ces sortes de biens, ni pour une partie. Car le second mariage leur fait le même tort, & les regarde & interesse tous également c.

c Venient autem talia lucra ad filios omnes ex prioribus nuptiis. Non enim permittimus parentibus non rectè introductam electionem in eos: neque alii quidem filiorum dare, alium verò exhonorare. Omnes enim secundis similiter exhonorati sunt nuptiis. Nov. 22. c. 25.

I V.

4. On ne distingue pas l'origine des biens sur lesquels se prennent les gains du mari ou de la femme. Soit que la dot de la femme fût de son bien propre, ou venue d'ailleurs, & qu'en faveur de son mariage son pere ou d'autres personnes lui eussent donné tous les gains & avantages qui peuvent être acquis au mari sur ces sortes de biens, sont considerez comme venus du bien de la femme, & sujets aux gains qu'on vient d'expliquer. Et aussi les gains & avantages qui peuvent être acquis à la femme sur les biens du mari, de quelque part qu'ils lui soient venus, sont considerez comme venus du mari, & sujets à ces mêmes regles d.

d Non discernimus de dote, & ante nuptias donatione, utrum ipsi hanc dederint per se contrahentes, an aliqui alii pro eis hoc egerint: sive ex genere, sive etiam extrinsecus. Nov. 22. c. 23. in f.

V.

5. Ces gains sont acquis aux enfans, quoiqu'ils ne soient héritiers ni du pere ni de la mere. Le droit des enfans sur ces sortes de biens dont on vient de parler dans les articles précedens, leur étant acquis par le simple effet du second mariage du pere ou de la mere, comme il a été dit dans l'article 2; ces biens leur demeurent, encore qu'ils ne soient héritiers ni de leur pere, ni de leur mere; & ceux des enfans qui seroient leurs héritiers n'en excluroient pas ceux qui auroient renoncé à l'hérédité. Que si quelqu'un des enfans héritiers ou non, soit du pere ou de la mere, ayant une fois acquis son droit, venoit à mourir laissant des enfans, il pourroit disposer de ces gains entr'eux inégalement de même que de ses autres biens e.

e Et super his quoque lucris, quæcumque ad secunda venientibus vota parentibus, percipiunt, non perscrutamur, utrum hæredes existant aut præmorientis parentis, aut secundi morientis, nec si alii quidem hæredes existant, alii verò non. Sed sicut superius diximus, præmium eis damus hoc, sive hæredes fiant, sive etiam non: & hoc ex æquo percipiant ipsi quidem superstites: cum eis autem & defuncti filii, genitoris accipientes partem. Nov. 22. c. 26. §. 1. l. 7. C. de sec. nupt. Eligendi quos voluerint ex liberis superstitibus, non adempta licentia. d. l. 7. in f.

V I.

6. Le pere ou la mere n'ont rien ab intestat des parts des enfans sur les biens du prédécedé. Si un des enfans de qui la mere auroit convolé en secondes noces venoit à mourir, sa mere lui survivant avec ses freres, il auroit la liberté de disposer en faveur de sa mere de ces diverses sortes de biens, & même de ceux qui lui seroient venus des biens de son pere, par l'effet des regles qu'on vient d'expliquer, sans que ses freres pussent contester ni l'usufruit ni la proprieté de ces choses laissées à leur mere par une telle disposition f.

f Matri relinquens sive ex institutione, sive legatum rectè relinquat & dominium & usum, sive ex rebus quæ extrinsecus advenerunt, fuerit facultas, sive ex paternis: nihil ex hoc fratribus

Mais si le fils étoit mort sans disposer de sa part des biens venus de son pere, la mere n'y auroit aucun droit de propriété, qui demeureroit aux autres enfans, soit qu'elle eût enfin convolé en secondes nôces avant la mort de son fils, ou seulement après g. Car les biens qui sont affectez aux enfans par le second mariage de leur mere, les regardant tous également par ce titre qui leur est commun, ils ont entr'eux le droit d'accroissement. Mais pour l'usufruit de cette part du fils décédé, & pour tous les autres biens qu'il pourroit avoir eu d'ailleurs que de son pere, ou qu'il auroit acquis par son industrie, ou par succession, ou autrement, la mere y succederoit ou en proprieté ou en usufruit, suivant les regles qui ont été expliquées en leur lieu h.

contradicere valentibus. Nov. 22. c. 46. §. 1. in f. Habeat quod dimissum est aut datum, & secundùm proprietatem & secundùm usum. d. §. 1.

g Si autem intestatus filius moriatur jam ad secundas veniente matre nuptias, aut postea veniente, vocetur quidem & ipsam cum filii aut filiæ fratribus secundùm nostram constitutionem ab intestato ad ejus successionem. Sed quarta quidem ex paterna substantia ad filium pervenerunt, eorum solummodo habeat usum ad secundas omnino, sive priùs, sive postea veniens nuptias. d. c. 46. §. 1.

h V. la remarque sur la Succession des meres à la fin du préambule du Titre. Comment succedent les peres, & l'article 4. de la Section 1. de ce même Titre.

☞ On a restreint la regle expliquée dans cet article à la mere seule, sans y comprendre le pere, parce que cette Novelle de Justinien d'où la regle a été tirée, est bornée à la mere, mais il semble que leur condition devroit être égale. Et comme les regles expliquées dans les articles precedens, qui par les premieres Loix ne regardoient que les meres, ont été étendues aux peres par les Loix qui ont suivi, ainsi qu'il paroit par le dernier texte cité sur l'article 2; & que Justinien a fait en d'autres endroits la remarque générale, que toutes les peines des secondes noces sont communes au mari & à la femme; il semble qu'on peut justement conclure de ce principe, que cette regle comme les autres doit regarder les hommes autant que les femmes. Contra binubos pænæ communes & viri sunt & mulieris. Nov. 2. cap. 2. in f. communis mulieris & viri mulcta. Nov. 22. cap. 23. A quoi on peut ajouter l'exemple d'une autre Loi de ce même Empereur, qui ayant établi des peines plus dures contre les femmes lorsqu'elles faisoient un divorce sans de justes causes, que contre les hommes pour ce même cas, rendit ensuite ces peines égales, par cette raison qu'en un pareil délit leur peine doit être la même, in delicto enim æquali similes eis imminere pænas justum esse putamus. Nov. 127. cap. 4. Ainsi l'esprit de toutes ces regles semble rendre juste l'égalité entre l'homme & la femme pour toutes les suites des secondes noces.

SECTION III.

Des dispositions que peuvent faire de leurs biens propres les personnes qui ont convolé en secondes noces.

SOMMAIRES.

1. *La personne qui convole, ne peut donner au second conjoint, plus qu'à celui de ses enfans qui aura le moins de ses biens.*
2. *Ni directement, ni par personnes interposées.*
3. *Le calcul des biens se fait de ceux qui se trouvent au tems de la mort.*
4. *Le retranchement est commun aux enfans du premier lit.*
5. *Les enfans de divers lits prennent leurs gains propres.*
6. *L'usufruit laissé au survivant ne se perd pas par son second mariage.*

I.

1. *La personne qui convole, ne peut* Uoique le pere ou la mere qui a convolé en secondes noces conserve la proprieté de tous ses biens, à la réserve de ce qui est affecté à ses enfans du premier

lit, suivant les regles expliquées dans la Section précédente, & que rien ne l'empêche de les aliener, & même donner à d'autres personnes, pourvû que ce soit sans blesser la légitime dûe à ses enfans; cette liberté est bornée par une des peines des secondes noces. Car il n'est pas permis à la femme qui ayant des enfans s'est remariée, de disposer d'aucune nature de biens en faveur du second mari, ni au mari en faveur de la seconde femme, soit par leur second contrat de mariage à titre de gains nuptiaux, douaire, ou autre disposition quelconque, soit entre-vifs ou à cause de mort, qu'en réservant à chacun de ses enfans autant qu'il pourra donner; & le don sera restraint à la portion que la personne qui aura convolé laissera de tous ses biens à celui de ses enfans qui en aura le moins a.

1. La personne qui convole, ne peut donner au second conjoint, plus qu'à celui de ses enfans qui aura le moins de ses biens.

a Non liceat plus novercæ vel vitrico testamento relinquere vel donare, seu dotis vel ante nuptias donationis titulo conferre, quàm filius vel filia habet, cui minor portio ultima voluntate derelicta vel data fuerit. l. 6. C. de sec. nupt.

C'est de cette loi qu'est tiré le premier chef de l'Edit de Juillet 1560, qui défend aux femmes qui ont convolé en secondes noces, de donner de leurs biens, meubles, acquêts, ou propres à leurs nouveaux maris, pere, mere ou enfans desdits maris, ou autres personnes qu'on puisse présumer interposées, plus qu'à celui de leurs enfans à qui ils laisseroient le moins de leurs biens.

II.

Si pour éluder la regle expliquée dans l'article précédent, la personne qui auroit convolé en secondes noces, avoit fait quelque disposition en faveur de personnes interposées, pour faire passer au second mari ou à la seconde femme plus que n'auroit celui des enfans du premier lit qui auroit le moins; cette disposition seroit réduite de même que si elle avoit été faite expressément au second mari ou à la seconde femme b.

2. Ni directement, ni par personnes interposées.

b Omni circumscriptione, si qua per interpositam personam, vel alio quocumque modo fuerit excogitata, cessante. l. 6. C. de sec. nupt. Nov. 22. c. 27.

Cela est ainsi reglé par l'Edit de Juillet 1560. sur les secondes noces, ainsi qu'il a été remarqué sur l'article précédent.

III.

Il faut entendre ce qui est dit dans l'article premier sur la réduction à la portion de l'enfant qui aura le moins, non de la portion des biens que le pere ou la mere qui dispose pouvoit avoir au tems de la disposition sujette au retranchement, mais de la portion des biens qui se trouveront au tems de sa mort; car les biens peuvent être ou augmentez par des acquisitions, ou diminuez par des aliénations & par des pertes. Et ce n'est qu'au tems de la mort du pere ou de la mere qu'on peut sçavoir quelles seront en leurs biens les portions des enfans, pour comparer le don à la portion de l'enfant qui aura la moindre, & l'y rendre égale c.

3. Le calcul des biens se fait de ceux qui se trouvent au tems de la mort.

c Optimum nobis visum est, esse mortis binubi parentis observari tempus. Nov. 22. cap. 28. Evenientes fortunæ contrarios eventus sæpius operantur. d. c. Auferre quod transcendit oportet, & filiis applicare. d. c.

¶ Il faut aussi regarder dans ce même tems le nombre des enfans. Novelle 22. chap. 28.]

IV.

Ce retranchement n'est pas acquis à celui des enfans qui auroit le moins; mais à tous ensemble par portions égales. Car c'est en faveur de tous qu'il est ordonné d.

4. Le retranchement est commun aux enfans du premier lit.

d Quod plus est in eo quod relictum aut datum est omnino aut novercæ aut vitrico, ac si neque scriptum, neque relictum aut datum vel donatum, competit filiis: & inter eos solos ex æquo dividitur ut oportet. Nov. 22. c. 27.

V.

Lorsqu'il y a des enfans de divers lits qui viennent en partage des biens de leur pere ou mere, ceux de chaque lit prennent sur la masse de l'hérédité ce qui étoit venu par le mariage dont ils sont issus à leur

5. Les enfans de divers lits prennent leurs gains propres.

pere ou mere de qui ils partagent la succession. Et quoique le second mariage n'ait pas été suivi d'un troisiéme, ceux de ce second ont le même droit & la même affectation sur ce qui doit leur revenir, que ceux du premier sur ce qui les regarde *e*. Mais les autres biens propres du pere ou de la mere qui laissent des enfans de differens lits, se partagent entre tous par portions égales, à moins qu'il n'y ait quelque disposition qui les distingue sans inofficiosité, & sans blesser le droit de leurs légitimes *f*.

e Ex solido quidem prioris matrimonii filii illius lucrantur donationem, ex solido quoque ex secundis nati seminibus, ab illo facta fruentur magnificentia : licèt non ad tertium illa mulier matrimonium venerit. *Nov.* 22. c. 29. Nos enim hac lege id præcipuè custodiendum esse decernimus, ut ex quocumque conjugio suscepti filii patrum suorum sponsalitias retineat facultates. *l.* 4. *in f. C. de sec. nupt.*

f Matris intestatæ defunctæ hæreditatem ad omnes ejus liberos pertinere, etiamsi ex diversis matrimoniis fuerint, juris est. *l.* 4. *ff. ad Senat. Tertyll. & Orphit. d, l.* 4. *C. de sec. nupt.*

VI.

Si le pere ou la mere survivant avoit un usufruit que le prédécedé lui auroit laissé par quelque disposition que ce fût, il le conserveroit, quoiqu'il eût convolé en secondes nôces : à moins qu'il ne lui eût été laissé qu'à condition qu'un second mariage le feroit cesser *g*. Et le pere qui se remarie conserve à plus forte raison l'usufruit qu'il avoit sur les biens de ses enfans, & même sur ceux qu'ils auroient de leur mere *h*.

6. L'usufruit laissé au survivant ne se perd par son second mariage.

g Volumus vel si usufructus detur per largitatem, aut mortis causa donationem factam inter vivos, in quibus licet etiam donari, si relinquatur, & accipiens ad secundas veniat nuptias, manere sic quoque usum, donec supersit qui hunc habet usumfructum : nisi expressim ille qui donationem (sicut dictum est) fecit, aut hunc reliquit, sive masculus, sive fœmina, dixerit velle, ad secundas veniente nuptias eo qui usumfructum accipit, solvi eum, & ad suam reverti proprietatem. *Nov.* 22. c. 32.

h Patres usumfructum maternarum rerum, etiamsi ad secundas migraverint nuptias, sine dubio habere debebunt. *l.* u. t. *C. de bon. mat.*

LES
LOIX CIVILES
DANS LEUR ORDRE NATUREL.

LIVRE QUATRIÉME.
Des Legs & autres difpofitions à caufe de mort.

ES legs & les autres difpofitions à caufe de mort dont il fera traité dans ce Livre, font diftinguées des teftamens dont il a été traité dans le Livre précédent, en ce qu'il eft effentiel à un teftament qu'il contienne une inftitution d'héritier, qui eft une difpofition générale de tous les biens, quand il n'y auroit dans le teftament que cette inftitution feule, puifque l'héritier eft le fucceffeur univerfel; au lieu que ces autres difpofitions ne font que particulieres de certaines chofes. Et c'eft par cette raifon qu'encore qu'on puiffe faire de ces fortes de difpofitions par un teftament, comme on peut faire un teftament fans autre difpofition que la feule inftitution de l'héritier, & qu'on peut faire des legs & autres difpofitions à caufe de mort par d'autres actes qu'un teftament; on a dû diftinguer ces deux matieres, & donner à chacune fon rang féparé.

TITRE PREMIER.
DES CODICILLES ET DES Donations à caufe de mort.

LEs codicilles font des difpofitions à caufe de mort diftinguées des teftamens par deux caractères. L'un, de leurs formalitez moindres que celles des teftamens; & l'autre, de leur ufage borné aux legs & aux fideicommis, au lieu qu'un teftament doit néceffairement contenir une inftitution d'héritier. Ainfi toute difpofition à caufe de mort où il n'y a pas de nomination d'un héritier, n'aura que la nature d'un codicille, ou d'une donation à caufe de mort, & non d'un teftament, quand elle en auroit même les formalitez, ce qu'il faut entendre au fens du Droit Romain, & des Provinces où il eft obfervé. Car dans les Coutumes, comme il ne peut y avoir d'héritier teftamentaire, la diftinction des teftamens & des codicilles y eft inutile: & on y donne le nom de teftamens à toutes difpofitions à caufe de mort.

On ne dira pas ici fur la différence entre l'ufage des teftamens & celui des codicilles, ce qui en a été dit dans la Section 4. des Teftamens, où il a été traité de la claufe codicillaire qu'on met fouvent dans les teftamens. Le Lecteur eft averti de joindre à la lecture de ce Titre celle de cette Section de la claufe codicillaire, où l'on a été obligé, pour expliquer l'effet de cette claufe dans les teftamens, d'expliquer quelques regles de l'ufage des codicilles: & il y verra en même tems ce qu'il pourroit trouver à dire ici des regles du Droit Romain fur cette matiere.

On ne dit rien ici des Donations à caufe de mort; ce fera la matiere de la Section troifiéme.

SECTION I.
De la nature & de l'ufage des Codicilles, & de leur forme.

SOMMAIRES.

1. *Définition du codicille.*
2. *Pour faire un codicille il faut pouvoir faire un teftament.*
3. *On peut faire un codicille ou avec un teftament, ou fans teftament.*
4. *On peut faire plufieurs codicilles qui fubfiftent tous.*
5. *Le codicille fait partie du teftament, lorfqu'il y en a.*
6. *L'héritier ab inteftat eft chargé d'exécuter les codicilles.*
7. *Différence de deux fortes de codicilles.*
8. *Le codicille a fon effet, quoiqu'il ne foit pas confirmé par teftament.*
9. *On ne peut pas impofer par un codicille une condition d'où dépende l'inftitution d'héritier.*
10. *Il faut cinq témoins dans un codicille.*
11. *Regles des teftamens qui conviennent aux codicilles.*

I.

LE codicille eft un acte qui contient des difpofitions à caufe de mort fans inftitution d'héritier *a*.

1. *Défini-tion du codi-cille.*

a Codicillis hæreditas, neque dari, neque adimi poteft, ne confundatur jus teftamentorum & codicillorum. §. 2. inft. de codic. l. 2. Cod. eod.

I I.

2. Pour faire un codicille, il faut pouvoir faire un testament.

Quoique le codicille ne contienne pas d'institution d'héritier comme le testament, personne ne peut faire de codicille s'il n'a droit de faire un testament. Car la liberté de disposer d'une partie de ses biens suppose les mêmes qualitez que celles qu'il faut avoir pour disposer de tout *b*. Ainsi ceux qui sont incapables de faire un testament, ne peuvent pas non plus faire un codicille *c*.

b Codicillos is demum facere potest qui & testamentum facere potest. l. 6. §. 3. ff. de jure cod.

c Voyez sur les causes qui font cette incapacité, la Section 2. des Testamens, p. 393.

¶ Quand un testament est nul, *defectu capacitatis*, alors tout ce qui a été fait par la même personne incapable est nul; mais si le testament est nul *defectu solemnitatis*, les codicilles subsistent, pourvû qu'ils ne fassent point partie du testament. Henrys, t. 1. l. 5. quest. 5.]

III.

2. On peut faire un codicille ou avec un testament, ou sans testament.

Comme il est libre à qui peut tester de faire ou un testament, ou un codicille, on peut également faire ou l'un sans l'autre, ou les deux ensemble *d*; soit qu'en ce dernier cas le testament précede ou suive le codicille, ou que l'un & l'autre soient faits dans le même tems ; & soit aussi que le testament confirme le codicille fait ou à faire *e*, ou qu'il n'y en soit fait aucune mention, pourvû seulement que le testament fait après le codicille ne l'annulle point *f*. Et la liberté de toutes ces differentes manieres de disposer, est l'effet de celle qu'a quiconque peut tester, de disposer ou de tous ses biens par un testament, nommant un héritier, ou seulement d'une partie, par des legs & autres dispositions particulieres dans un codicille, s'il ne veut pas d'au res héritiers que ceux de son sang. Et on peut aussi faire plusieurs codicilles ou en même tems, ou en divers tems *g*.

d Non tantûm autem testamento facto potest quis codicillos facere, sed & intestatus quis decedens fideicommittere codicillis potest. §. 1. inst. de cod.

e Codicilli aut in futurum confirmantur, aut in præteritum. l. 8. ff. de jure cod. Aut testamento facto, aut sine testamento. d. l.

f Voyez l'article 8.

g Codicillos autem etiam plures quis facere potest. §. ult. inst. de codic.

I V.

4. On peut faire plusieurs codicilles qui subsistent tous.

Outre la différence entre un testament & un codicille qui résulte de la regle expliquée dans le premier article, il faut en remarquer une seconde qui est une suite de cette premiere, que comme le testament renferme la disposition universelle de la totalité des biens, il ne peut y avoir plusieurs testamens dont toutes les dispositions subsistent ensemble, & le dernier annulle celles du premier, s'il ne les confirme *h*. Mais les codicilles ne contenant que des dispositions particulieres d'une partie des biens, on peut en faire plusieurs, comme il a été dit dans l'article précedent, & ils subsistent tous *i*, à la réserve des changemens qu'un testament ou les derniers codicilles pourroient avoir faits *l*.

h Testamentum rumpitur alio testamento. l. 1. de injust. rupt. Posteriore testamento quod jure perfectum est superius rumpitur. §. 2. inst. quib. mod. test. infirm. Voyez l'article 1. de la Section 5. des Testamens, p. 410.

i Codicillos & plures quis facere potest. l. 6. ff. de jure codic.

l Voyez l'article 8.

V.

5. Le codicille fait partie du testament, lorsqu'il y en a.

Lorsqu'il y a tout ensemble & un testament & un codicille, soit d'un même tems ou de divers tems, & soit que le testament ou le codicille fasse mention l'un de l'autre ou n'en fasse point, le codicille est considéré comme faisant partie du testament *m*. Car les dispositions de l'un & de l'autre sont également la derniere volonté du testateur, & les dispositions particulieres du codicille doivent être considerées comme renfermées dans la disposition générale essentielle au testament. Ainsi les dispositions du testament & celles du codicille

m Codicilli pars intelliguntur testamenti. l. penult. ff. testam. quemad. aper.

Ad testamentum quod quoquo tempore facit, pertinent codicilli. l. 16. ff. de jure codic.

s'interpretent les unes par les autres, & se concilient en ce qui peut subsister de l'un & de l'autre. Mais si l'un fait à l'autre quelque changement, la derniere disposition même dans le codicille, aura son effet en ce qui peut être reglé par un codicille *n*.

n On ajoûte ces derniers mots, parce que, comme il sera dit dans l'article 9, on ne peut disposer de l'heredité dans un codicille.

VI.

6. L'heritier abintestat est chargé d'executer les codicilles.

Comme lorsqu'il y a un testament l'héritier institué est tenu d'exécuter les dispositions des codicilles; ainsi lorsqu'il n'y a pas de testament, c'est l'héritier légitime qui en est chargé *o*, de même que s'il étoit institué héritier par un testament. Car il pouvoit être privé de l'hérédité, & c'est volontairement que le défunt la lui a laissée *p*. Ainsi les dispositions d'un codicille ont à son égard le même effet que si elles étoient ordonnées par un testament qui le fît héritier *q*.

o Quicumque ab intestato successerit, locum habent codicilli. l. 16. ff. de jure codic.

p Ideo fideicommissa dari possunt ab intestato succedentibus, quoniam creditur paterfamilias sponte sua his relinquere legitimam hæreditatem. l. 8. §. 1. ff. de jure codic.

q Codicillorum jus singulare est, ut quæcumque in his scribuntur, perinde habeantur ac si in testamento scripta essent. l. 2. §. 2. eod.

VII.

7. Difference de deux sortes de codicilles.

Il s'ensuit des deux articles précedens, qu'il y a cette différence entre les deux sortes de codicilles, c'est-à-dire ceux qui se trouvent accompagné d'un testament, soit qu'il le suive ou qu'il le précede, & ceux des personnes qui meurent sans testament, que ceux-ci tiennent lieu de testament contenant toutes les dispositions du défunt, de même que s'il avoit fait un testament qui appellât son héritier légitime à l'hérédité, & qui le chargeât de ce qui seroit contenu dans le codicille. Au lieu que le codicille de celui qui a fait aussi un testament, se rapporte à ce testament *r*, & en fait partie, ainsi qu'il a été dit dans l'article 5.

r Intestato patrefamilias mortuo, nihil desiderant codicilli : sed vicem testamenti exhibent. Testamento autem facto, jus sequuntur ejus. l. 16. in f. ff. de jure codic.

On peut donner à ce texte le sens expliqué dans cet article, quoiqu'il en ait un autre dont il sera parlé dans la remarque sur l'article 4. de la Section suivante.

VIII.

8. Le codicille a son effet, quoiqu'il ne soit pas confirmé par le testament.

Si celui qui avoit fait un codicille fait ensuite un testament où il ne fasse aucune mention du codicille, il ne laissera pas d'avoir son effet. Car encore qu'il ne soit pas expressément confirmé par le testament, il l'est en cela même qu'il n'a pas été révoqué. Et il est présumé que le testateur y a perseveré, s'il n'a rien reglé de contraire *s*. Mais si le testament contenoit quelques dispositions contraires à celles du codicille, ou qui y fissent quelque changement, la derniere volonté serviroit de regle *t*.

s Divi Severus & Antoninus rescripserunt, ex iis codicillis qui testamentum præcedunt, posse fideicommissum peti, si appareat eum qui testamentum fecit, à voluntate quam in codicillis expresserat, non recessisse. §. 1. in f. inst. de codic. Testamento facto, etiamsi Codicilli in eo confirmati non essent, vires tamen ex eo capiunt. l. 3. §. 2. ff. de jure codic.

t Sed non servabuntur ea de quibus aliter defunctus novissimè judicavit. l. 3. in f. ff. de jure codic.

IX.

9. On ne peut par un codicille une condition d'où l'institution d'héritier dépend.

Comme on ne peut par un codicille faire un héritier, on ne peut aussi faire l'hérédité par un codicille, ni par conséquent imposer à l'héritier une condition d'où il dépendît qu'il fût héritier ou ne le fût point, ni ôter non plus une condition de cette nature imposée par le testament. Car ces sortes de dispositions auroient l'effet d'ôter & donner l'hérédité, ce qui ne se peut que par un testament, où il faut plus de formalitez qu'il n'en faut dans un codicille *u*.

u Divi Severus & Antoninus rescripserunt, nihil egisse matrem quæ cùm purè liberos suos hæredes instituerit, conditione emancipationis codicillis adjecit. Quia neque conditionem hæredi instituto codicillis adjicere, neque substituere directè potest. l. 6. ff. de jure codic. §. 2. inst. de codic. Hæredi

quem

quem teſtamento parè inſtituit, codicillis ſcripſit conditionem. Quæro an ei parere neceſſe habeat? Modeſtinus reſpondit, hæreditas codicillis neque adimi poteſt. Porro in defectu conditionis de ademptione hæreditatis cogitaſſe intelligitur. l. 27. §. 1. ff. de condit. inſt.

X.

10. Il faut cinq témoins dans un codicille.

Pour la validité d'un codicille, il faut qu'il y ait cinq témoins de la même qualité que ceux qu'on prend pour témoins dans un teſtament x.

x In omni ultima voluntate, excepto teſtamento, quinque teſtes vel rogati, vel qui fortuitu venerint in uno eodemque tempore, debent adhiberi. l. ult. §. ult. C. de codic.

Les formalitez des codicilles, de même que celles des teſtamens, dépendent de l'uſage des lieux, comme il a été dit ſur les formalitez des teſtamens. V. l'article 1. de la Section 3. des Teſtamens, p. 399.

¶ L'article 40. de l'Ordonnance de 1735. veut que les témoins ſoient mâles.]

XI.

11. Regles des teſtamens qui conviennent aux codicilles.

On peut ajouter pour une derniere regle de la nature & de l'uſage des codicilles, qu'il faut y appliquer & y obſerver toutes les regles des teſtamens qui peuvent s'y rapporter & y convenir. Ainſi on peut mettre en uſage pour les codicilles les regles qui regardent la capacité ou incapacité des perſonnes, ſoit pour faire des diſpoſitions à cauſe de mort, ou pour en recevoir quelque liberalité, celles de l'interprétation de ces diſpoſitions, celles des conditions, & en général toutes les autres regles des teſtamens qui peuvent avoir leur uſage pour les codicilles y.

y On jugera de la vérité & de l'uſage de cette regle par le rapport qu'ont aux codicilles les regles qui ont été expliquées pour les Teſtamens.

SECTION II.

Des cauſes qui annullent des Codicilles.

SOMMAIRES.

1. Le codicille eſt nul, faute des formalitez.
2. Ou s'il eſt révoqué par un ſecond.
3. Ou par un teſtament.
4. La naiſſance d'un enfant rompt le teſtament & le codicille.
5. Autres cauſes qui annullent les codicilles.

I.

1. Le codicille eſt nul, faute des formalitez.

LE codicille eſt nul, s'il manque du nombre de cinq témoins qui ayent les qualitez néceſſaires pour porter témoignage, ou s'il y manque quelqu'une des autres formalitez expliquées dans la Section 3. des teſtamens a.

a V. le texte cité ſur l'article 10. de la Section 1. & la remarque ſur ce même article, & la Section 3. des Teſtamens, p. 398.

Il faut remarquer ſur les formalitez expliquées dans cette Section 3. des Teſtamens, qu'il y a quelques regles de cette Section qui ne conviennent pas aux codicilles, comme par exemple, celles des articles 9. & 10. qui veulent que l'héritier, ſes enfans, ſon pere & ſes freres ne puiſſent être témoins dans le teſtament ; car il n'y a point d'hériter dans un codicille.

II.

2. Ou s'il eſt révoqué par un ſecond.

Un premier codicille eſt annullé par un ſecond qui le révoque b. Mais ſi le ſecond fait ſeulement quelques changemens, l'un & l'autre ſubſiſteront en ce que le ſecond n'aura pas changé. Et ſi le ſecond ne change rien du premier, l'un & l'autre auront leur effet c.

b Cùm proponatis pupillorum veſtrorum matrem diverſis temporibus, ac diſſonis voluntatibus duos codicillos ordinaſſe : in dubium non venit, id quod priori codicilli inſcripſerat, per cum, in quem poſtea ſecreta voluntatis ſuæ contulerat, ſi à prioris tenore diſcrepat, & contrariam voluntatem continet, revocatum eſſe. l. 3. C. de codic.

c C'eſt une ſuite de ce qu'on peut faire pluſieurs codicilles. V. l'article 4. de la Section 1.

III.

3. Ou par un teſtament.

Un teſtament poſterieur au codicille peut ou le confirmer, ou le révoquer, ou y changer à plus forte raiſon que ne feroit un ſecond codicille. Ce qui dépend de la maniere dont le teſtateur ſe ſera expliqué dans ce teſtament d.

d V. les articles 4. 5. & 8. de la Section 1.

IV.

4. La naiſſance d'un enfant rompt le teſtament & le codicille.

Si celui qui n'ayant point d'enfans avoit fait un codicille & un teſtament, vient enſuite à avoir des enfans, le teſtament & le codicille ſeront annullez e.

e Rupto teſtamento poſthumi agnatione, codicillos quoque ad teſtamentum pertinentes non valere, in dubium non venit. l. 1. C. de codic.

☞ Ce texte ne regarde que le cas où il y a tout enſemble un codicille & un teſtament : & il eſt dit dans un autre, que lorſqu'il n'y a qu'un codicille ſans teſtament, la naiſſance d'un enfant ne l'annulle pas. Agnatione ſui hæredis nemo dixerit codicillos evanuiſſe. l. penult. ff. de jure cod. l. 16. eod. Cette différence que fait le Droit Romain entre le codicille ſans teſtament, & le codicille de celui qui avoit auſſi fait un teſtament, eſt fondée ſur ce que celui qui fait un codicille & meurt ſans faire aucun teſtament, meurt dans le deſſein de laiſſer ſa ſucceſſion à ſon héritier légitime, & qu'ainſi ſon intention eſt que l'héritier légitime exécute le codicille ; au lieu que lorſqu'il y a un teſtament & un codicille, c'eſt la regle du Droit Romain que le codicille ſuive la condition du teſtament, & qu'il ſubſiſte ſi le teſtament doit ſubſiſter, ou qu'il demeure nul ſi le teſtament eſt annullé. Inteſtato patrefamilias mortuo nihil deſiderant codicilli, ſed vicem teſtamenti exhibent : teſtamento autem facto, jus ſequuntur ejus. l. 16. in ſ. de jure cod.

Cette Juriſprudence qui fait ſubſiſter indiſtinctement tous les codicilles de ceux qui n'ont point fait de teſtament, pourroit en de certains cas bleſſer l'équité. Car ſi on ſuppoſe qu'un homme qui n'étoit pas marié, & n'eſperoit point avoir d'enfans, eût fait un codicille où il eût diſpoſé de la plus grande partie de ſes biens, penſant laiſſer le reſte qui en feroit la moindre partie à un héritier collateral qui n'en auroit aucun beſoin, & qu'enſuite il vînt à ſe marier & à avoir des enfans, & mourût ſans avoir révoqué ce codicille, ſoit par oubli, ou parce qu'il auroit été ſurpris de la mort ; il paroîtroit étrangement dur de faire ſubſiſter un tel codicille, dans un cas où un teſtament même feroit annullé, non ſeulement pour l'inſtitution d'héritier, mais pour toutes autres diſpoſitions qui mériteroient le plus de faveur *. Et s'il eſt de l'équité que la naiſſance d'un enfant annulle en ſa faveur toutes les diſpoſitions d'un teſtament, il paroît de la même équité qu'elle annulle auſſi les diſpoſitions d'un codicille, encore qu'il n'y ait point de teſtament, puiſque cette circonſtance eſt indifférente au droit de l'enfant autant ou plus bleſſé par les diſpoſitions d'un tel codicille, qu'il ſçauroit l'être par un teſtament. De ſorte que comme le principe qui fait recevoir dans notre uſage les diſpoſitions du Droit Romain, n'eſt autre que l'équité qui rend juſtes par-tout celles que nous en obſervons, & que nous rejettons celles qui s'éloignent de cette équité, & qui donnent trop aux ſubtilitez qu'on y voit ſi fréquentes, on a cru ne devoir pas mettre en regle que la naiſſance d'un enfant n'annulle pas un codicille quand il n'y a point de teſtament. Et on n'a pas mis auſſi le contraire dans cet article : mais on s'eſt contenté de faire ici cette remarque d'une difficulté ſur laquelle on craindroit bleſſer l'équité, donnant pour regle générale ſur la validité de tous codicilles quand il n'y a aucun teſtament, ou leur nullité quand il y a un teſtament qui ſe trouve nul. Car cette premiere regle auroit l'inconvenient qu'on vient de remarquer, ſi la naiſſance d'un enfant n'annulloit pas ce codicille qui ne ſeroit accompagné d'aucun teſtament : Et on peut dire de l'autre regle du Droit Romain qui annulle indiſtinctement tous codicilles, lorſqu'il y a un teſtament qui ſe trouve nul, ſoit que le teſtament le ſuive ou précede, ou qu'il ſoit fait dans le même tems, qu'elle pourroit avoir auſſi ſes inconveniens,

4. La naiſſance d'un enfant rompt le teſtament & le codicille.

* V. l'article 15. de la Section 5. des Teſtamens, p. 412.

Tome I.

hors le cas où les codicilles & les testamens ont une telle liaison, que les dispositions qu'ils contiennent doivent toutes ou subsister ou périr ensemble ; comme par exemple, si un testateur qui ne voulant pas expliquer ses dispositions particulieres par un testament, y auroit seulement institué ses héritiers, les chargeant d'exécuter les dispositions qu'il feroit ensuite par un codicille, en faisoit un qui contint des legs dont il chargeroit différemment ses héritiers, l'un de quelques-uns, & les autres d'autres, & qu'il arrivât que ce testament se trouvât nul, ou par l'incapacité des héritiers, ou par quelque défaut de formalité ; on pourroit sans blesser la justice ni l'équité, annuller ce codicille ainsi lié à ce testament. Mais si un testateur qui sans dessein de faire un testament, auroit fait premierement un codicille contenant quelques dispositions en faveur de pauvres parens ou de domestiques, ou pour quelques œuvres de pieté, venoit ensuite à faire un testament par lequel il fit héritier ou celui qui devoit être ab intestat, ou même quelqu'autre ; seroit-il nécessaire, pour faire justice, que si ce testament se trouvoit nul, ce codicille fût anéanti, parce que c'est la regle du Droit Romain, que quand il y a un testament, tous codicilles en suivent le sort ?

Tout ce qu'on vient de dire ici sur la différence des codicilles dans les cas où il n'y a aucun testament, & dans les cas où il y en a, ne regarde que les Provinces qui se régissent par le Droit écrit. Car pour les Coutumes, le Lecteur a été assez averti, que comme toutes les dispositions qu'on peut y faire ne sont que des codicilles, puisqu'on ne peut y faire d'héritiers, cette différence n'y est d'aucun usage. Et pour les Provinces qui se régissent par le Droit écrit, on y a vû & on y voit encore divers procès qui viennent des difficultez qui sont naître de certains cas qu'on prétend excepter de la regle du Droit Romain, qui annule tous codicilles lorsqu'il y a un testament qui se trouve nul. Il est facile de comprendre que la liberté d'excepter de certains cas est une source de divers procès. Ce qui fait souhaiter qu'il y eût sur ce sujet quelque reglement qui rendît la validité des codicilles ou absolument dépendante de celle des testamens quand il y en auroit, ou absolument indépendante, ou qui y apportât des tempéramens, s'il y en avoit de justes & de nécessaires.

V.

5. Autres causes qui annullent les codicilles.

On peut ajouter pour une derniere regle à l'égard des causes qui peuvent annuller un codicille, qu'il faut joindre à celles qui viennent du défaut de formalitez, & aux autres qu'on vient d'expliquer, quelques autres du nombre de celles qui annullent aussi les testamens ; comme si celui qui avoit fait un codicille meurt dans l'incapacité par une condamnation, si le codicille a été fait par force, si celui qui l'avoit fait l'avoit déchiré f.

f V. la Section 5. des Testamens, p. 408.

SECTION III.

Des Donations à cause de mort.

IL faut distinguer dans le mot de donation à cause de mort, deux idées differentes de deux choses qu'il signifie dans notre usage commun. Car on peut entendre par ce mot l'acte écrit qui contient la disposition du donateur, comme on entend par le mot de codicille l'acte écrit qui contient les legs : & on peut entendre aussi par ce mot de donation à cause de mort, cette disposition même, c'est-à-dire le bienfait contenu dans l'acte, comme le legs est contenu dans le codicille. Ainsi au lieu qu'à l'égard des legs on a l'usage distingué du mot de codicille, qui signifie l'acte écrit où sont contenus les legs, & du mot de legs qui signifie les dispositions qu'on fait dans un codicille ; il n'y a pour les donations à cause de mort que ce mot unique qui a les deux sens, & qui signifie également & la disposition de celui qui

donne, & l'acte écrit qui contient cette disposition ; ce qui peut venir de ce qu'on ne se sert d'ordinaire du mot de donation à cause de mort, que lorsqu'il n'y a qu'une seule donation pour laquelle il y a un acte particulier ; au lieu que les codicilles peuvent contenir un ou plusieurs legs, & même d'autres dispositions.

Il a été nécessaire de remarquer la distinction de ces deux sens que peut avoir ce mot de donation à cause de mort, pour prévenir la fausse idée que le Lecteur pourroit concevoir de ce qui fait la matiere de cette Section. Car il pourroit penser qu'on doit y comprendre toutes les regles qui peuvent regarder les donations à cause de mort, soit pour les formalitez des actes qui contiennent ces sortes de dispositions, ou pour leur nature : Et il pourroit croire aussi que comme dans les Sections précedentes on n'a expliqué que ce qui regarde les codicilles, sans parler des legs qui feront la matiere du titre suivant, on devroit faire une pareille distinction pour les donations à cause de mort. Mais comme on ne doit expliquer le détail des regles des legs que dans le titre suivant, & que ces regles conviennent aux donations à cause de mort, parce qu'elles sont de la nature des legs ; on n'expliquera dans cette Section que ce qu'il peut y avoir de regles des donations à cause de mort qui doivent être séparées de celles des legs, soit que ces regles se rapportent à la donation même, c'est-à-dire au bienfait du donateur, ou à l'acte qui la contient : & il sera facile de distinguer en chaque article à quoi il se rapporte.

Avant que d'expliquer le peu de regles qui doivent composer cette Section, il faut remarquer que comme le mot simple de donation comprend & les donations entre-vifs, & les donations à cause de mort, il est nécessaire de bien distinguer la nature de ces deux sortes de donations, & de voir sur cela ce qui en a été dit dans le préambule du titre des donations entre-vifs, & aussi ce qu'on y a dit de la maxime, donner & retenir ne vaut, qu'on a expliquée dans ce même lieu.

SOMMAIRES.

I.

LA donation à cause de mort est une disposition que fait celui qui ne voulant pas se dépouiller de la chose qu'il veut donner, désire qu'après sa mort elle passe à celui qu'il veut en favoriser, & qu'il l'ait plûtôt que ses héritiers a.

1. Définition de la donation à cause de mort.

a Mortis causâ donatio est cùm quis habere se vult quàm eum cui donat : magisque eum cui donat, quàm hæredem suum. l. 1. ff. de mort. cauf. donat. §. 1. in f. inst. de donat.

☞ On distinguoit dans le Droit Romain trois sortes de donations à cause de mort. La premiere, de celles où sans aucun péril de mort, on donne par la vûe de la mort future : La seconde, de celles où le donateur se trouvant dans quelque péril de mort, donne de telle sorte qu'il se dépouille de la chose donnée, & la fait passer au donataire qu'il en rend le maître : Et la troisiéme, de celles où dans ce même cas d'un péril de mort, on donne de sorte que la chose donnée ne soit acquise au donataire qu'après la mort de celui qui donne. Julianus libro septimo decimo digestorum tres esse species mortis causâ donationum ait. Unam cùm quis nullo præsentis periculi metu conterritus, sed solâ cogitatione mortalitatis donat. Aliam esse speciem mortis causâ donationum ait, cùm quis imminente periculo commotus, ita donat, ut statim fiat accipientis. Tertium esse genus donationum ait, si quis periculo motus non sic det ut statim faciat accipientis, sed tunc demùm cùm mors fuerit secuta. L. 2. ff. de mort. cauf. donat. §. 1. inst. de donat.

On ne mettra pas ici en regles ces trois manieres de donner à cause de mort. Cette distinction ne convient pas à notre usage ; car il faut remarquer que la seconde de ces trois sortes de donations à cause de mort a un caractere opposé au caractere essentiel que nous donnons aux donations à cause de mort, qui est d'être révocables & de ne saisir les donataires qu'après la mort du donateur. D'où il s'ensuit que cette seconde sorte de donation seroit une donation entre-vifs, puisqu'elle saisiroit le donataire. Et il faut encore remarquer que par notre usage ceux qui sont en péril de mort par maladie ou autrement, ne peuvent faire de donations entre-vifs. A l'égard des deux autres sortes de donations à cause de mort, il est égal par notre usage que celui qui fait une donation à cause de mort, soit dans le péril, ou qu'il n'y soit pas : Et il faut en toutes qu'elles soient écrites & faites dans les formes.

Ce qu'on vient de dire que par notre usage ceux qui sont en péril de mort ne peuvent faire de donations entre-vifs, doit s'entendre de donations d'immeubles, ou de sommes d'argent, ou d'autres choses qui ne seroient pas délivrées actuellement au donataire ; car ce qui est délivré demeure donné, si ce n'est que ce fût en fraude de la Loi ou de la Coutume au-delà des bornes de ce qu'on peut donner à cause de mort.

On peut encore remarquer sur l'usage du Droit Romain pour les donations à cause de mort, qu'on y mettoit au même rang les autres manieres dont il peut arriver qu'une personne ait quelque chose à cause de la mort d'une autre, ce qu'on appelloit *mortis causa capio* ; comme si un pere donnoit à cause de la mort de son fils. Il seroit inutile d'en rapporter d'autres exemples, car il n'y a rien sur cela qui mérite d'être remarqué. *V. l. 8. 12. 18. & 21. ff. de mort. causf. donat. & capion.*

I I.

2. En quoi se ressemblent, & en quoi se distinguent les donations à cause de mort & les codicilles.

Il y a cette difference entre un codicille & une donation à cause de mort, qu'on appelle indistinctement codicilles les actes qui contiennent les diverses dispositions qu'on peut faire à cause de mort autres que l'institution d'héritiers, quelque nombre qu'il y en ait, & de quelque nature qu'elles puissent être ; mais on n'entend proprement par une donation à cause de mort, qu'une seule disposition particuliere. Ainsi celui qui outre son testament & des codicilles, s'il vouloit en faire, ou sans testament & sans codicille, voudroit faire une disposition particuliere d'une somme d'argent, ou d'une autre chose en faveur de quelque personne, pourroit donner à l'acte qui contiendroit cette disposition le nom de donation à cause de mort, qu'on ne donne pas aux actes qui contiennent de diverses dispositions. Mais il pourroit aussi donner à cette disposition le nom de codicille. Ainsi il est égal pour une donation à cause de mort, qu'elle soit exprimée sous ce nom dans un acte exprès, ou qu'elle soit contenue dans un codicille, soit sous le nom de legs, ou sous celui de donation *b.*

b V. l'art. 6. de cette Section, & l'article 3. de la Section 1. des Legs, & les textes qu'on y a citez. V. sur tout cet article le préambule de cette Section.

I I I.

3. Formalitez des donations à cause de mort.

Les donations à cause de mort étant de la même nature que les codicilles, on doit y observer les mêmes formalitez : & comme il faut cinq témoins dans un codicille, il en faut cinq aussi dans une donation à cause de mort *c.*

c V. le texte cité sur l'article 10. de la Section 1. des Codicilles, & la remarque qu'on y a faite.
Quinque testibus præsentibus. l. ult. C. de donat. causf. mort.

I V.

4. Qui peut faire des donations à cause de mort.

Les mêmes personnes qui peuvent ou ne peuvent pas faire des testamens ou des codicilles, peuvent aussi ou ne peuvent pas faire des donations à cause de mort. Car il faut la même capacité pour cette sorte de dispositions que pour les deux autres *d.*

d V. la Section 2. des Testamens, p. 393.
Tome L

V.

5. Les regles des codicilles conviennent aux donations à cause de mort.

On doit appliquer aux actes qui contiennent des donations à cause de mort, les autres regles qui regardent les codicilles, selon qu'elles peuvent y convenir. Et le discernement en sera facile sans qu'il soit nécessaire d'en rien répeter ici *e.*

e V. les deux Sections précédentes.

V I.

6. Et aussi celles des legs.

Pour ce qui regarde la nature des donations à cause de mort, comme elle est la même que celles des legs *f*, elles ont aussi les mêmes regles qui seront expliquées dans le titre suivant.

f Mortis causa donationes ad exemplum legatorum redactæ sunt per omnia. §. 1. inst. de donat. V. l. ult. C. de donat. causf. mort.

TITRE II.

DES LEGS.

LEs legs sont des dispositions particulieres à cause de mort qui distinguent les légataires de l'héritier, en ce qu'ils ne succedent qu'à ce qui est distrait de l'hérédité pour leur être donné, & qu'ils sont comme des successeurs particuliers ; au lieu que l'héritier est le successeur universel de la masse des biens.

Il y a encore cette difference entre les légataires & les héritiers, qu'on ne peut faire d'héritiers que par un testament ; mais qu'on peut faire des légataires non-seulement par un testament, mais aussi par un codicille. Et il est égal pour les legs, qu'ils soient contenus dans l'une, ou l'autre de ces deux sortes de dispositions, qui ne sont distinguées à l'égard des legs, qu'en ce que ceux qui sont dans un testament sont dûs par l'héritier testamentaire, & que ceux qui sont dans un codicille sans testament sont dûs par l'héritier légitime.

Il faut encore remarquer ici, comme on l'a fait en d'autres lieux, que dans les Coutumes si un testateur institue un autre héritier que celui qui doit succeder *ab intestat*, on ne lui donne pas le nom d'héritier, mais on l'appelle seulement légataire universel. Car encore qu'il succede à tous les biens & à tous les droits dont le testateur peut disposer, les Coutumes ne donnent le nom d'héritier qu'à celui du sang à qui elles affectent les biens dont elles ne permettent pas de disposer : Et ce légataire est distingué des légataires particuliers par cette qualité de légataire universel. Ainsi la disposition faite en sa faveur n'est pas appellée l'hérédité, quand même elle comprendroit tous les biens du testateur, s'il n'en avoit point dont il ne pût disposer, mais elle est seulement appellée un legs universel.

Comme il y a quelques matieres qui font partie de celles des legs, & qui sont communes à l'institution d'héritiers, & qu'on a dû les expliquer dans le titre des testamens, on ne répetera pas ici ce qu'on y a déja expliqué de ces matieres, comme ce qui regarde les regles de l'interprétation des dispositions du testateur, celles des conditions, désignations & autres manieres qui peuvent diversifier ces dispositions, celles du droit d'accroissement, de la transmission, & autres qui ont été expliquées dans ce titre des testamens. On ne parlera pas non plus ici des formalitez nécessaires pour les legs ; car cette matiere a été expliquée dans le même titre des testamens & dans celui des codicilles, qui sont les dispositions où l'on fait des legs. Et en général le Lecteur doit appliquer aux legs toutes les regles expliquées dans ces autres titres selon qu'elles peuvent s'y rapporter : Et on traitera dans celui-ci ce qu'il y a de regles propres à la matiere des legs.

On doit encore remarquer que sous le nom de legs il faut comprendre cette espéce de dispositions à cause de mort qu'on appelle fideicommis particuliers, distinguées des legs dans l'ancien Droit Romain, & par leur nom & par leur nature, mais confondues par les dernieres loix, qui ont donné à ces fideicommis la nature des legs, & ont rendu ces deux sortes de dispositions éga-

N n n ij

les en tout a. Mais parce qu'il y a en effet quelque difference entre les legs & les fideicommis particuliers , &
qu'on fera obligé d'ufer de ce mot de fideicommis , & de
citer des Loix qui s'en fervent; il eft néceffaire non-feulement de donner cet avis au Lecteur , mais d'expliquer
ici fur ce fujet ce qui doit préceder les regles pour les
faire entendre.

On appelle fideicommis une difpofition par laquelle
le teftateur prie fon héritier de remettre à quelque perfonne ou l'hérédité , ou une partie, ou quelque chofe en
particulier. Le premier ufage des fideicommis étoit tel
qu'il dépendoit de l'héritier de l'exécuter ou de n'en
rien faire , & c'étoit de-là que venoit le nom de fideicommis, parce qu'il étoit commis ou remis à la foi de
l'héritier ; mais dans la fuite on obligea les héritiers à
exécuter ces fortes de difpofitions b.

Les fideicommis de l'hérédité ou d'une partie font
une matiere qui fera expliquée dans le titre 3. du cinquiéme Livre. Et pour les fideicommis particuliers,
quoique , comme on vient de le remarquer , ils ayent
été rendus femblables aux legs , il faut diftinguer fur
ces fideicommis deux fortes de regles. Celles qu'ils ont
communes aux legs, & qui feront expliquées dans ce
titre ; & quelques autres qui leur font propres , & qui feront expliquées dans la Section 2. du titre 3. du cinquiéme Livre.

Il faut enfin remarquer fur la matiere de ce titre,
que les donations à caufe de mort n'étant diftinguées
des legs que par le nom , comme il a été remarqué dans
la Section 3. du titre précedent ; il faut appliquer à ces
donations les regles qui feront expliquées dans ce titre.
Ainfi le Lecteur ne doit pas oublier que ce qui fera dit
feulement des legs , doit être entendu auffi & des fideicommis , & des donations à caufe de mort , s'il n'y a
quelque différence dont le difcernement fera très-fa-
cile.

On ne doit pas expliquer ici les differentes efpeces
de legs qui avoient été en ufage dans le Droit Romain.
Car encore que cette connoiffance puiffe fervir pour
entendre les textes de quelques loix , comme Juftinien
a confondu toutes ces fortes de legs , leur donnant à
tous la même nature & le même effet c , l'explication
de cette diftinction feroit inutile. On peut néanmoins
remarquer une maniere de leguer qui avoit été rejettée
dans l'ancien Droit , & que Juftinien a permife , & qui
parmi nous pourroit être ou approuvée, ou rejettée felon
les circonftances. C'étoit cette maniere de leguer qu'on
appelloit par forme de peine , pœnæ nomine d , lorfque
le teftateur ordonnoit ou défendoit quelque chofe à
fon héritier , ou lui impofoit quelque condition , ajoutant une peine de faire ou donner quelque chofe en cas
d'inexécution de la volonté du teftateur. Ainfi dans
notre ufage un teftateur pourroit légitimement ordonner le payement d'un legs dans un tel tems, & impofer le payement des interêts pour peine du retardement. Ainfi un teftateur pourroit ordonner que fon héritier affocieroit à fon commerce une perfonne à qui il
voudroit procurer cet avantage , ajoutant qu'en cas que
cet héritier ne voulût recevoir dans fon commerce cet
affocié , il lui donneroit une certaine fomme. Mais notre ufage n'approuveroit pas qu'un teftateur impofât à
fon héritier ce marier ou ne pas marier fa fille à un tel,
ou s'il contrevenoit de donner à un tel la fomme de
tant : Et quoiqu'un tel legs femble approuvé par Juftinien contre l'ancien Droit qui le condamnoit e , il pa-
roitroit bleffer la liberté du mariage , & par-là contraire à l'honnêteté & aux bonnes mœurs.

a Per omnia exæquata funt legata fideicommiffis. l. 1. ff. de
leg. 1.
b l. Tit. inft. de fideicom. hæred. & Tit. de fing. per reb. fideicom. relict.
c §. 1. Inft. de legat. l. 1. C. comm. de legat.
d §. ult. inft. de leg. l. un. C. de his quæ pœn. non.
e Vide §. ult.

De la nature des Legs , & des Fideicommis
particuliers.

LA remarque qu'on a faite dans le préambule de ce
titre fur les fideicommis, explique pourquoi on
ajoute au titre de cette Section les fideicommis particuliers.

SOMMAIRES.

1. Définition du legs.
2. Définition du fideicommis particulier.
3. Les legs, les fideicommis particuliers & les donations à
caufe de mort font de même nature.
4. En quoi confifte la validité de ces difpofitions.
5. Leur nature & les formes qu'il faut y garder.
6. Caracteres effentiels à ces difpofitions.
7. On peut charger les légataires de legs envers d'autres.
8. Le legs d'une chofe à plufieurs fe partage également.
9. Un légataire de divers legs ne peut fe reftraindre à ceux
qui feroient fans charges.
10. Les legs ne font dûs qu'après toutes les dettes.

I.

ON appelle legs une difpofition particuliere à caufe
de mort en faveur de quelque perfonne , foit par
un teftament ou un codicille a.

1. Définition
du legs.

a Legatum eft donatio teftamento relicta. l. 36. ff. de legat. 1.
Legatum eft donatio quædam à defuncto relicta , ab hærede
præftanda. §. 1. Inft. de legat.
Legatum eft delibatio hæreditatis , qua teftator ex eo quòd uni-
verfim hæredis foret , alicui quid collatum velit. l. 116. ff. de
legat. 1.

II.

On appelle fideicommis particulier une difpofition
par laquelle l'héritier , ou un légataire eft prié de rendre, ou de donner à une tierce perfonne une certaine
chofe b.

2. Définition
du fideicom-
mis particu-
lier.

b Poteft quis etiam fingulas res per fideicommiffum relinquere :
veluti fundum , argentum , hominem , veftem , & pecuniam numeratam. Et vel ipfum hæredem rogare ut alicui reftituat , vel
legatarium. Inft. de fing. reb. per fideicom. relict.

III.

Il eft égal pour la validité des difpofitions d'un teftateur qu'il s'en explique en termes de legs , ou de fideicommis, ou de donation à caufe de mort ; car toutes
ces fortes de difpofitions ont la même nature & le même ufage c. Et foit que le teftateur s'exprime en termes
de prieres à fon héritier , ou qu'il lui ordonne , ou que
fans s'adreffer à l'héritier il explique fa volonté , l'héritier fera tenu de l'exécuter d. Et il en eft de même fi
c'eft un légataire que le teftateur charge ou prie de donner ou acquitter une fomme , ou autre chofe à une tierce perfonne e.

3. Les legs,
les fideicom-
mis particu-
liers & les
donations à
caufe de
mort font de
même nature.

c Per omnia exæquata funt legata fideicommiffis. l. 1. ff. de leg. 1.
Et fideicommiffum , & mortis caufa donatio appellatione legati
continetur. l. 87. ff. de legat. 3.
Mortis caufa donationes ad exemplum legatorum redactæ funt
per omnia. §. 1. Inft. de donat.
d Omne verbum fignificans teftatoris legitimum fenfum legare
vel fideicommittere volentis , utile atque validum eft five directis
verbis , quale eft , jubeo , forte , five precariis utatur teftator , quale
eft rogo, volo, mando, fideicommitto. l. 1. C. comm. de legat.
e Et hæc difpofuimus non tantùm fi ab hærede fuerit legatum
derelictum vel fideicommiffum, fed & fi à legatario , vel fideicommiffario , vel alia perfona quam gravare fideicommiffa poffumus, fideicommiffum cuidam relinquatur. l. 1. C. comm. de leg.
V. l'article 7.

IV.

La validité des legs , des fideicommis , & des donations à caufe de mort renferment deux chofes , la
qualité de la difpofition qui fait leur nature , & les
formalitez des actes qui les contiennent , foit teftamens , codicilles ou donations f.

4. En quoi
confifte la
validité de
ces difpofi-
tions.

f V. l'article fuivant.

V.

1. Leur nature & les formes qu'il faut garder.

La qualité de ces dispositions qui fait leur nature, consiste aux caracteres essentiels que les loix prescrivent, & d'où il dépend qu'elles ayent leur effet, ou qu'elles soient nulles : Et les formalitez regardent les actes qui contiennent ces dispositions, & qui font la preuve de leur verité qu'on tient pour bien établie lorsque ces actes sont dans la forme reglée par les loix. Ces formalitez ont été expliquées en leurs lieux *g* : Et pour la nature & les caracteres de ces dispositions, il faut joindre à ce qui en a été dit dans les trois premiers articles toutes les autres regles de ce Titre & des précedens, selon qu'on peut juger qu'elles s'y rapportent.

g. V. la Section 3. des Testamens, p. 398. la Section 1. des Codicilles, p. 463. & l'article 5. de la Section 3. du même Titre.

VI.

6. Caracteres essentiels de ces dispositions.

Il est essentiel à la validité de ces trois sortes de dispositions, que ceux qui les font en ayent le pouvoir, que ce soit en faveur de qui elles sont faites n'en soient pas incapables, & que les choses dont on y dispose soient telles qu'on puisse en disposer. Ces trois caracteres feront la matiere des deux Sections suivantes, où il faut entendre ce qui sera dit seulement des legs, comme si on avoit aussi exprimé les fideicommis, & les donations à cause de mort *h*.

h. V. les deux Sections suivantes.

VII.

7. On peut charger des legataires de legs envers d'autres.

Un testateur peut charger d'un legs ou d'un fideicommis non-seulement son héritier, mais un légataire, comme il a été dit dans l'article 3. Et s'il avoit fait quelque testament, ou un codicille, ou une donation à cause de mort, il pourroit charger par de nouvelles dispositions ceux à qui il auroit donné par les précedentes, qui n'étant qu'à cause de mort, peuvent souffrir ce retranchement *i*.

i. Eorum, quibus mortis causa donatum est, fideicommitti quoque tempore potest. l. 77. §. 1. ff. de legat. 1. Voyez le dernier des textes citez sur l'article 3.

On a ajouté dans l'article, que le testateur peut charger de legs ceux à qui il a donné par des dispositions précedentes à cause de mort; car il ne pourroit imposer de nouvelles charges à ceux à qui il auroit fait des donations entre-vifs.

VIII.

8. Le legs d'une chose à plusieurs se partage également.

Si une même chose est leguée à deux ou plusieurs personnes, sans distinction des portions, elles seront égales *l*.

l. In legato pluribus relicto, partes adjectæ non sunt, æquè servantur. l. 19. §. ult. ff. de leg. 1.

IX.

9. Un legataire de divers legs ne peut se restraindre à ceux qui seroient sans charges.

Comme on peut leguer une même chose à plusieurs personnes, on peut faire à un seul de differens legs, ou sans charges, ou avec des charges : & le légataire peut accepter ceux qu'il agréra, & rejetter les autres ; si ce n'est que ceux qu'il refuseroit l'obligeassent à quelques charges. Car en ce cas il ne pourroit diviser les legs, & en acceptant un, il seroit tenu des charges des autres *m*.

m. Duobus legatis relictis, unum quidem repudiare alterum verò amplecti posse, respondetur. Sed si unum ex legatis onus habet & hoc repellitur, non idem dicendum est, l. 5. d. l. §. 1. ff. de leg. 1.

X.

10. Les legs ne sont dûs qu'après toutes les dettes.

On peut ajouter pour une derniere regle de la nature des legs & autres dispositions à cause de mort, que comme les testateurs ne peuvent disposer que de leurs biens, les dettes passives du testateur les moins favorables sont préferées à toutes ses dispositions, quelles qu'elles soient *n*.

n. Sicuti legata non debentur, nisi deducto ære alieno aliquid superfit ; nec mortis causa donationes debentur, sed infirmantur per æs al enum. Quare si immodicum æs alienum interveniat, ex re mortis causa sibi donata nihil aliquis consequitur. l. 66. §. 1. ff. ad leg. Falc.

SECTION II.

Qui peut faire des legs, & à qui on peut leguer.

IL faut entendre ce qui sera dit des legs dans toute la suite, au sens qui comprend les fideicommis particuliers, & les donations à cause de mort, comme il a été assez remarqué : & c'est pour abreger qu'on ne met ici que le mot de legs.

SOMMAIRES.

I.

1. Qui peut leguer.

LEs mêmes personnes qui peuvent faire un testament, peuvent faire des legs. Ainsi pour sçavoir si une personne peut faire des legs, il faut voir si elle n'a aucune des causes qui rendent incapable de tester, & qui ont été expliquées en leur lieu *a*.

a. Voyez la Section 1. des Testamens, p. 393.

II.

2. En quel tems il faut considerer la capacité ou incapacité de leguer.

Comme les regles de l'incapacité de leguer sont les mêmes que celles de l'incapacité de tester, les regles qui regardent le tems où il faut considerer l'incapacité de celui qui dispose, sont aussi les mêmes à l'égard des legs qu'à l'égard de l'institution d'héritier, & elles sont expliquées dans le même lieu *b*.

b. Voyez l'article 14. & les suivans de la Section 2. des Testamens, p. 401.

III.

3. A qui on peut leguer.

Toutes les personnes qu'on peut appeler à l'hérédité sont aussi capables des legs : & il n'y a que ceux qui peuvent être héritiers qui puissent aussi être légataires. Ainsi pour sçavoir quelles sont ces personnes, il n'y a qu'à voir les regles qui sont en leur lieu *c*.

c. Voyez cette même Section 2. des Testamens, p. 393.

IV.

4. Des personnes indignes des legs.

Il faut mettre au rang des personnes incapables des legs ceux qui s'en rendent indignes. Ainsi, par exemple, un légataire qui par intelligence avec l'héritier *ab intestat*, ou par quelque autre motif, retiendroit caché le testament qui contenoit son legs, s'en rendroit indigne *d*. Et tout légataire en qui se trouveroit quelqu'une des causes qui rendent l'héritier indigne de l'hérédité, & qui ont été expliquées en leur lieu, seroit aussi indigne du legs *e*.

d. Si legatarius vel fideicommissarius celaverit testamentum, & postea hoc in lucem emeserit, an possit legatum sibi relictum is qui celaverit ex eo testamento vindicare dubitabatur, quod omnino inhibendum esse censemus, ne non acceptat fructum suæ calliditatis, qui voluit hæreditate sua defraudare. Sed hujusmodi legatum illi quidem auferatur. Maneat autem quasi pro scripto apud hæredem : ut qui alii nocendum esse exultavit, ipse suam sentiat jacturam. l. 15. C. de legat.

e. Voyez la Section 3. des Héritiers en general, p. 328.

V.

Il ne faut pas mettre au nombre des personnes indignes des legs, celui qui étant héritier *ab intestat*, auroit impugné comme nul le testament contenant un legs en sa faveur. Car encore que le testament fût confirmé contre sa prétention, comme elle ne blessoit en rien l'honneur du défunt, & qu'il ne faisoit qu'exercer un droit dont il ne devoit pas être privé par ce legs, on ne pourroit lui imputer qu'il en fût indigne. Mais si ce légataire, après avoir reçu son legs, s'inscrivoit en faux contre le testament, prétendant que l'héritier institué l'auroit fabriqué, & que ce testament fût confirmé, il perdroit le legs par l'injure faite à cet héritier. Que si ce légataire héritier *ab intestat* ayant reçu le legs, vouloit faire annuller le testament par quelque défaut qui dût avoir cet effet, comme par l'incapacité de l'héritier institué, il y seroit reçu, sans qu'on pût lui opposer qu'il auroit approuvé le testament recevant son legs. Et en général quand il s'agit de sçavoir si un légataire qui reçoit un legs perd le droit qu'il pouvoit avoir à l'hérédité ; c'est par les circonstances de son état, de son âge, & les autres qu'il faut en juger *f*.

f Ille qui non jure factum (testamentum) contendit , nec obtinuit , non repellitur ab eo quod meruit. Ergo qui legatum secutus , postea falsum dixit , amittere debebit quod consecutus est. De eo verò qui legatum accepit , si neget jure factum esse testamentum , Divus Pius ita rescripsit. Cognati Sophronii , licet ab hærede instituto acceperant legata , tamen si is ejus conditionis fuerit visus , ut obtinere hæreditatem non possit , & jure intestati ad nos cognatos pertinet , petere hæreditatem ipso jure poterunt. Prohibendi autem sint qui non , ex cujusque personâ , conditione , ætate , cognita causâ judice considerandum erit. *l.* 5. §. 1. *ff. de his quæ ut ind. auf.* V. l'article 2. & les suivans de la Section 3. du Testament inofficieux, p. 452.

VI.

Quoique pour entendre quelles sont les personnes à qui on peut léguer, il suffise de sçavoir, que quiconque n'est pas incapable d'être héritier peut être légataire, il y a sur ce sujet quelques regles particulieres qu'il est nécessaire de distinguer de cette regle générale , ou parce qu'elles en font des exceptions , ou par d'autres considérations dont on jugera par les regles qui suivent.

g V. les articles suivans.

VII.

L'incapacité de succeder ou de recevoir un bienfait par quelques dispositions à cause de mort , ne comprend pas les legs d'alimens. Car comme ils sont d'une nécessité absolue à quiconque vit, il est de l'équité qu'on puisse les donner à qui que ce soit. Ainsi on peut léguer des alimens à ceux mêmes qui sont condamnez à mort, ou à d'autres peines qui emportent la mort civile : Et pendant qu'ils restent en vie , ils peuvent user d'un legs borné à cet usage *h*.

h Si in metallum damnato quid extra causam alimentorum relictum fuerit, pro non scripto est, nec ad fiscum pertinet. Nam pœnæ servus est , non Cæsaris. Et ita Divus Pius rescripsit. *l.* 3. *ff. de his quæ pro non scriptis.*
Les mêmes motifs qui font subsister un legs d'alimens à une personne condamnée à mort , ou autre peine qui met dans la mort civile , semblent rendre juste un pareil legs en faveur d'un Etranger à qui ce secours seroit nécessaire : & l'incapacité de succeder ne devroit pas l'exclure de l'usage d'un legs de cette nature.

VIII.

On peut léguer non-seulement à d'autres personnes qu'aux héritiers, mais aux héritiers mêmes, s'il y en a plus d'un ; car un seul ayant tous les biens de l'hérédité, ne peut se devoir à soi-même un legs. Ainsi lorsqu'il y a deux ou plusieurs héritiers, le testateur peut léguer ou à un seul, ou à chacun d'eux ce que bon lui semble, & les distinguer par des dispositions particulieres de certaines choses *i*.

i Si uni ex hæredibus fuerit legatum, hoc deberi ei officio judicis familiæ erciscundæ manifestum est. *l.* 17. §. 2. *ff. de leg.* 1.

IX.

Si un testateur avoit fait un legs commun à deux de

ses héritiers, ils le partageroient par portions égales, quoique leurs portions à l'hérédité fussent inégales, à moins que le testateur n'eût distingué les portions du legs, comme celles de l'hérédité. Mais ne l'ayant pas fait , leur condition , quoique différente à l'égard de l'hérédité, est la même au legs *l*.

l Si ex pluribus hæredibus ex disparibus partibus institutis, duobus eadem res legata sit : hæredes, non pro hæreditaria portione , sed pro viri id legatum habere debent. *l.* 67.§. 1. *ff. de leg.* 1.

X.

Si l'héritier qui seroit aussi légataire renonce à l'hérédité , il ne sera pas pour cela privé de son legs. Car il lui a été libre de s'abstenir d'un des deux bienfaits, & s'en tenir à l'autre *m*. Et si c'étoit un fils institué héritier en partie , & nommé légataire par le testament de son pere , il pourroit de même s'en tenir au legs, sans qu'on pût lui imputer de contrevenir à la volonté du testateur son pere, puisqu'il pourroit honnêtement ne pas s'embarrasser aux affaires de l'hérédité , & la laisser à ceux qui y seroient appellez avec lui *n*.

m Sed & si abstinuerit se hæreditate , consequi eum hoc legatum posse constat. *l.* 17. §. 2. *ff. de leg.* 1.
n Filio pater quem in potestate retinuit, hæredi pro parte instituto , legatum quoque relinquit : durissima sententia est existimantium denegandam ei legati petitionem , si patris abstinuerit hæreditate ; non enim impugnatur judicium ab eo , qui justis rationibus noluit negotiis hæreditariis implicari. *l.* 87. *eod. l.* 11. *C. de leg.*

XI.

Un testateur peut faire un legs à une personne inconnue , & même incertaine , pourvû que quelques circonstances marquent son intention , & son motif par où l'on puisse sçavoir à qui il a légué. Ainsi , par exemple , si un testateur avoit legué une somme à la personne qui rendroit un tel service ou à lui, ou à quelqu'un de ses enfans ou de ses amis ; celui qui se trouveroit avoir rendu ce service seroit le légataire , quoique le testateur fût mort sans avoir sçû qui avoit rendu cet office *o*.

o Quidam relegatus facto testamento, post hæredis institutionem , & post legata quibusdam data , ita subjecit : Si quis ex hæredibus, cæterisve amicis , quorum hoc testamento mentionem habui, sive quis alius restitutionem mihi impetraverit ab imperatore , & ante decessero, dabit , & gratias agerem : volo dari ei qui id egerit, à cæteris hæredibus aureos tot. Unus ex his quos hæredes scripserat, impetravit restitutionem , & antequam id sciret decessit. Cùm de fideicommisso quæreretur , an deberetur , consultus Julianus respondit deberi. Sed etiam si non hæres vel legatarius , sed alius ex amicis curavit eum restitui , & ei fideicommissum præstari. *l.* 5. *ff. de reb. dub.*

XII.

On peut léguer à une personne d'entre plusieurs , comme à un des enfans d'un fils, ou d'un parent , ou d'un étranger, soit que le testateur explique les circonstances qui pourroient distinguer ce légataire , ou qu'il en laisse le choix à son héritier , ou autre personne. Et dans le premier cas , si le légataire est assez distingué, il aura seul le legs ; ou s'il ne l'est point , tous y auront part. Mais dans le second cas, celui qui aura été nommé par l'héritier , ou autre personne à qui le testateur en avoit donné le pouvoir , sera le légataire : Et si celui qui devoit en nommer un , meurt sans l'avoir fait , le legs fera ou propre à un seul, s'il n'en reste qu'un , ou commun à ceux qui pourront rester. Ainsi, quoique le legs fût destiné pour un , aucun n'étant distingué des autres, il sera pour tous *p*.

p Si hæres damnatus esset , decem uni ex libertis dare : & non restitueret cui daret : hæres omnibus eadem decem præstare cogendus est. *l.* 17. §. 2. *de leg.* 2. *v. l.* 24. *eod.*
Si cùm forte tres ex familia essent ejus qui (uni ex familia) fideicommissum reliquit eodem vel dispari gradu , satis erit uni reliquisse : nam postquam paritum est voluntati, cæteri conditione deficiunt. *l.* 67. §. 2. *ff. de legat.* 2.
Rogo fundum eum morieris, restituas, ex libertis cui voles. Quod ad verba attinet, ipsius erit electio. Nec petere quisquam poterit, quamdiu præferri alius potest. Defuncto eo, priusquam eligat , petent omnes. Itaque eveniet , ut quod uni datum est, vivis pluribus unus petere non possit, mortuis omnibus petant quod non omnibus datum est. Et ita demum petere possit unus , si solus moriente eo superfuit. *d. l.* 67. §. 7.

Marginal notes (left column):
8. Idem.
6. Regles particulieres pour ce qui regarde les personnes à qui on peut léguer.
7. On peut léguer des alimens à ceux même à qui la loi défend de léguer.
8. Le testateur peut léguer à un de ses héritiers.

Marginal notes (right column):
9. Legs à deux héritiers comment je partage.
10. L'héritier légataire qui s'en tient à son legs, & renonce à l'hérédité.
11. On peut léguer à des personnes inconnues, & en quel sens.
12. Legs à un d'entre plusieurs.

XIII.

On peut leguer à une Ville ou autre Communauté, quelle qu'elle soit, Ecclésiastique ou Laïque, & destiner le don à quelque usage licite & honnête, comme pour des ouvrages publics, pour la nourriture des pauvres, ou pour d'autres œuvres de pieté, ou du bien public *q*. Et il faut considerer comme un legs fait à une Ville ou autre Communauté, ce qui seroit legué à ceux qui la composent, comme aux habitans d'une telle Ville ou autre lieu, aux Chanoines d'un tel Chapitre, aux Religieux d'un tel Monastere *r*. Mais il ne faut pas mettre au nombre des Communautez capables de legs, celles qui ne seroient pas dûement établies & approuvées. Que si le legs étoit fait personnellement aux particuliers qui voudroient composer quelque Communauté, afin qu'ils en profitassent ou chacun pour soi, ou pour la Communauté quand elle auroit été établie, le legs pourroit subsister selon les circonstances *s*.

q Si quid relictum sit civitatibus, omne valet, sive in distributionem relinquatur, sive in opus, sive in alimenta, vel in eruditionem puerorum, quid aliud. *l.* 117. *ff. de leg.* 1.

Quod in alimenta ætatis putà infirmæ (senioribus, vel pueris, puellisque) relictum fuerit, ad honorem civitatis pertinere responderur. *l.* 122. *eod.*

r Civibus civitatis legatum vel fideicommissum datum civitati relictum videtur. *l.* 2. *ff. de reb. dub.*

s Cùm Senatus temporibus Divi Marci permiserit collegiis legare : nulla dubitatio est, quòd si corpori cui licet coire legatum sit, debeatur. Cui autem non licet, si legentur, non valebit, nisi singulis legetur. Hi enim, non quasi collegium, sed quasi certi homines admittentur ad legatum. *l.* 20. *ff. de reb. dub.*

SECTION III.

Quelles choses on peut leguer.

IL faut remarquer pour ce qui regarde les choses leguées une distinction de legs de deux sortes. L'une des legs de choses dont la proprieté passe au légataire ; & l'autre des legs qui n'acquierent au légataire aucune chose en propre, mais seulement une joüissance pendant quelque tems, ou pendant sa vie, comme un usufruit, une pension, des alimens ou autre revenu annuel. On expliquera les legs de la premiere de ces deux sortes dans cette Section & la suivante, & ceux de la seconde feront la matiere de la Section 5.

SOMMAIRES.

I.

ON peut leguer toutes sortes de choses, meubles ou immeubles, droits, servitudes, & de toute autre nature, qui soient en commerce, & qui puissent passer de l'usage d'une personne à celui d'une autre *a*.

a Corpora legari omnia, & jura, & servitutes possunt. *l.* 41. *ff. de legat.* V. l'article suivant.

II.

Comme on ne peut leguer que ce qui peut passer à l'usage du légataire, le legs d'une chose publique ou d'un lieu sacré seroit sans effet, & le légataire n'auroit pas même l'estimation de ces sortes de choses, soit que le testateur en eût ignoré la qualité, ou qu'il l'eût connue, dans ce dernier cas une telle disposition seroit insensée *b*.

b Campum Martium, aut Forum Romanum, vel Ædem sacram legari non posse constat. Sed & ea prædia Cæsaris quæ in formâ patrimonii redacta (sub procuratore patrimonii sunt, si legentur, nec æstimatio eorum debet præstari. *l.* 39. §. penult. *& ult. ff. de legat.* 1. Furiosi est talia legata testamento adscribere. *dict. l.* §. 8. *in f.*

Il faut entendre ce qui est dit dans cet article d'un lieu sacré, des lieux saints, sacrez ou benits, destinez à un usage public, comme une Eglise ou un Cimetiere. Car le legs d'une maison où il y auroit une Chapelle à l'usage de cette maison, comprendroit la Chapelle : de même que le legs que feroit un Ecclesiastique de sa Chapelle d'argent, ou comprendroit les Vases sacrez.

III.

Quoiqu'on ne puisse disposer de ce qui est à d'autres, un testateur peut leguer une chose qui est à un autre *c*. Et un tel legs peut avoir son effet, ou ne l'avoir pas, par les regles qui suivent.

c Non solum testatoris vel hæredis res, sed etiam aliena legari potest. §. 4. *Inst. de leg.*

☞ Quoiqu'il paroisse bizarre qu'on puisse leguer une chose dont on n'a pas droit de disposer, & sur-tout une chose qu'on sçait être à un autre, & qu'il ne semble pas possible qu'une personne bien sensée fasse une telle disposition ; toutefois comme un testateur pourroit obliger son héritier d'acheter un héritage pour en accommoder un légataire, ce seroit en effet leguer une chose d'un autre. Ainsi il faut considerer ce qui sera dit dans les articles qui suivent comme des dispositions de cette même qualité, ou telles qu'on puisse juger que le testateur n'ait pas voulu faire un legs ridicule de la maison, par exemple, de son voisin, & qu'aucune circonstance justifiee d'extravagance une telle disposition. Car elle doit avoir quelque fondement & quelque motif qui s'accorde au bon sens, & la rendre juste.

Il semble que ce n'est qu'en ce sens qu'il faut entendre ce qu'on voit de regles dans le Droit Romain sur cette matiere, & que les Auteurs de ces regles n'ont dû ni voulu autoriser des dispositions impertinentes de choses où le testateur ni l'héritier n'auroient aucun droit, & sans qu'aucune circonstance rendît raisonnable une telle disposition : comme on doit aussi croire qu'en permettant à un testateur de leguer ce qui ne seroit pas à lui, ils n'ont pas entendu qu'un héritier pût en conscience donner, ni un légataire retenir une chose leguée qui ne seroit ni au testateur, ni à l'héritier. On ajoute cette derniere réflexion, à cause du sentiment de quelques Auteurs qui ont crû que le Droit Canonique condamne comme illicite tout legs d'une chose d'un autre ; ce qu'ils fondent sur la Decretale du chap. 5. *de testamentis,* quoiqu'elle ne soit que dans un cas particulier où le légataire faisi de la chose leguée refusoit de la rendre, se prétendant fondé sur la regle du Droit Civil qui avoit permis de la lui leguer. Personne n'a jamais pû penser qu'en un pareil cas le legs dût dépouiller le propriétaire. Voici les termes de cette Decretale : *Filius noster F. conquestus est, quod quondam I. pater suus aliqua Ecclesiæ vestræ, sepulturæ suæ gratia, juris alieni reliquit. Et quidem leges hujus sæculi hoc habent, ut hæres ad solvendum cogatur, si auctor ejus rem legavit alienam : sed quia lege Dei, non autem lege hujus sæculi vivimus : valde mihi videtur injurium, ut res tibi legatæ, quæ cujusdam Ecclesiæ esse perhibentur, à te teneantur, qui aliena restituere debuisti.* Il est vrai que les termes de cette Decretale semblent condamner en général la regle du Droit Civil, comme opposée à la loi divine : mais comme ce n'est que par rapport à l'injustice de ce légataire, & qu'un legs conforme à la remarque qu'on vient de faire, ou au cas qui sera expliqué dans l'article 6. n'auroit rien de contraire à la loi divine ; il faut pour donner à cette Decretale le juste sens qu'elle peut avoir, la rapporter plutôt au mauvais usage qu'on voudroit faire de la regle du Droit Civil, qu'à la regle même.

IV.

4. Du testateur qui lega une chose d'autrui ne sçait pas...

Si le testateur a sçû que la chose qu'il leguoit n'étoit pas à lui, l'héritier sera tenu ou de donner la chose même au légataire, s'il peut l'avoir du maitre à un prix raisonnable *e*, ou s'il ne peut l'acheter ou ne le veut pas *e*, il en devra l'estimation. Car l'intention du testateur a été que le légataire profitât du legs. Mais on ne présumera pas que le testateur ait sçû que ce qu'il leguoit n'étoit pas à lui, si cela n'est prouvé : & c'est le légataire qui doit en faire la preuve ; car celui qui demande est obligé d'établir son droit *f*.

d Aliena (res) legari potest, ita ut hæres cogatur redimere eam, & præstare : vel si eam non potest redimere, æstimationem ejus dare. §. 4. Inst. de leg.

e Si alias alienas ut dares damnatus sis, neque eas ulla conditione emere possis, æstimare judicem oportere Atteius scribit, quanta ades sint : in pretio soluto, hæres liberatur. l. 30. §. ultima, ff. de leg. 1.

e Item juris est, & si potuisses emere, non emeres. d. §. ult. inst.

f Is vero est ipsum qui agit, id est legatarii, probare, oportere, scilicet alienam rem legare defunctum : non hæredem probare oportere, ignorasse alienam ; quia semper necessitas probandi incumbit illi qui agit. §. 4. in f. instit. ut lege V. l'art. suivant.

V.

5. Si le legs d'une chose... n'est pas prouvé...

S'il n'est pas prouvé que le testateur avoit sçû que la chose qu'il leguoit n'étoit pas à lui, le legs sera nul. Car on présume qu'il ne le donnoit que le croyant sienne, & qu'autrement il n'auroit pas chargé son héritier d'un legs de cette nature *g*.

g Quod autem diximus alienam rem posse legari, ita intelligendum est, si defunctus sciebat alienam rem esse non si ignorabat. Forsitan enim si sciisset alienam esse non legasset. Et ita Divus Pius rescripsit. §. 4. inst. de legs.

Videri potius quod habere se crederet, quàm quod onerare hæredes vellet, legasse. l. 36. in f. ff. de usu. & usufr. leg.

VI.

6. Du legs d'une chose que le testateur croyoit sienne...

Si le legs d'une chose que le testateur croyoit être sienne & qui ne l'étoit pas, avoit été fait en faveur d'une personne proche du testateur, ou de qui la considération lui fit un devoir de faire un tel legs ; il auroit l'effet que les circonstances pourroient demander. Ainsi, par exemple, si un testateur avoit legué à sa veuve qu'il laisseroit sans biens, l'usufruit d'un fonds qui n'étoit pas sien, & qu'il croyoit l'être, pensant que ce fonds fût partie d'une succession qui lui étoit échuë peu avant sa mort ; l'héritier de ce testateur seroit obligé de fournir à cette veuve un revenu annuel de la valeur de cet usufruit, ou cet usufruit même, s'il pouvoit le composer avec le propriétaire à un prix raisonnable *h*.

h Cùm alienam rem quis reliquerit, siquidem sciens : tam ex empto, quam ex fideicommisso, ab eo qui legatum seu fideicommissum meruit, peti potest. Quòd si suam esse putavit, non alienam...

---

ter, valet relictum, nisi proximæ personæ vel uxori, vel alii tali personæ datum sit, cui legatarius effet, & si teneret rem alienam esse. l. 10. C. de legat.

VII.

7. Si la chose leguée est propre à l'héritier...

Si la chose leguée étoit propre à l'héritier, il seroit égal que le testateur eût connu ou ignoré ce fait : & l'héritier seroit tenu d'acquitter le legs. Car quand même le testateur auroit crû que la chose étoit sienne, on ne devroit pas présumer en ce cas que s'il avoit sçu qu'elle n'étoit pas à lui, il ne l'eût pas leguée, & n'auroit pas voulu charger son héritier de l'avoir d'ailleurs, puisqu'il auroit pû justement juger qu'il seroit aussi facile à son héritier de donner ce qui étoit à lui, que ce qui seroit de l'hérédité. Ainsi on doit présumer au contraire que voulant faire ce legs, il n'en auroit pas été empêché, pour avoir sçu que la chose étoit à son héritier *i*.

i Si rem tuam quam existimabam meam, te hærede instituto, Titio legem : non est Neratii prisci sententiæ nec constitutioni locus : quia cavetur, non cogendum præstare legatum hæredem. Nam successum est hæredibus, ne cogerentur redimere, quod testator suum existimans reliquit. Sunt enim magis in legendis suis rebus, quàm in alienis comparandis & onerandis hæredibus faciliores voluntates. Quod in hac specie non evenit, cùm dominium rei sit apud hæredem. l. 67. §. 8. ff. de legat. 2.

VIII.

8. Si la chose leguée est au légataire, le legs est inutile.

Si la chose leguée étoit propre au légataire, le legs seroit nul ; car il ne pourroit acquerir un nouveau droit sur ce qui étoit déja pleinement à lui. Et on doit présumer que si le testateur l'avoit sçu, il n'auroit pas fait une telle disposition. Ainsi elle demeureroit toujours nulle, quand il arriveroit dans la suite que le légataire aliéneroit la chose qui lui étoit leguée : & il ne pourroit pas même en prétendre l'estimation *l*.

l Sed si rem legatarii quis ei legaverit, inutile est legatum : quia quod proprium est ipsius, amplius ejus fieri non potest. Et licet alienaverit eam, non debetur nec ipsa res, nec æstimatio ejus. §. 10. Inst. de legat. l. 13. C. eod.

IX.

9. Si le testateur legue une chose qui n'est pas à lui...

Si après qu'un testateur auroit legué une chose qui ne seroit pas à lui, cette vérité lui étant connue, le légataire en acqueroit la propriété à titre onereux, comme par une vente ; le legs subsisteroit, & l'estimation lui en seroit dûe, car il devroit profiter du legs. Mais si la chose lui avoit été acquise à titre lucratif, comme par un don, ou par un autre legs que lui en auroit fait le proprietaire ; le legs du testateur à qui la chose n'appartenoit point demeureroit nul ; à moins qu'il ne parût que son intention étoit que le légataire auroit en ce cas, outre la chose même, son estimation. Mais si cette intention n'étoit pas évidente, il suffiroit à ce légataire de profiter de la même chose que le testateur vouloit lui donner, quoique ce fût par une autre voye, puisque par-là l'intention de ce testateur seroit accomplie *m*.

m Si rem alienam legata fuerit, & ejus rei vivo testatore legatarius dominus factus fuerit : si quidem ex causa emptionis, ex testamento actione pretium consequi potest. Si verò ex causa lucrativa, veluti ex donatione, vel ex alia simili causa, agere non potest. Nam traditum est duas lucrativas causas in eumdem hominem, & eamdem rem concurrere non posse. §. 6. inst. de legat. Fideicommissum relictum, & apud eum, cui relictum est, ex causa lucrativa inventum, extingui debet : vel ex causa lucrativa æstimationem quoque ejus præstari voluit. l. 21. §. 3. ff. de legat. 3. Quæro cùm corpora legata etiam nunc ex lucrativa causa possideantur, an à substitutis peti possint. Respondi, non posse. l. 88. §. 7. in f. de leg. 2.

X.

10. Legs de la même chose à la même personne par deux testateurs.

S'il arrivoit que deux testateurs eussent legué la même chose à une personne, & que par l'effet de l'un des deux legs le légataire eût été rendu maitre de la chose leguée, il ne pourroit prétendre d'avoir par l'autre legs l'estimation. Car l'intention des deux testateurs seroit accomplie, puisqu'il auroit eu l'un & l'autre vouloient lui donner. Mais s'il avoit reçu par l'un des deux testamens l'estimation avant que d'avoir la chose dont il pourroit ensuite lui être acquise par l'autre legs du testateur qui en étoit le maitre, il en

profiteroit

profiteroit , & l'héritier feroit tenu de la lui donner *n*. Car l'eftimation qu'il auroit reçue, n'acquitteroit pas l'héritier de celui qui avoit legué une chofe dont il étoit le maître : & il ne feroit pas jufte que cet héritier profitât de la chofe leguée.

n Hac ratione, fi ex duobus teftamentis eadem res eidem debeatur; intereft, utrum rem, au æftimationem ex teftamento confecutus fit. Nam fi rem habet, agere non poteft; quia habet eam ex caufa lucrativa, fi æftimationem agere poteft. §. 6. in f. inft. de legat.

XI.

11. *Deux l.: à'une : me fomme 1. font pas n ux legs d'une même chofe.*

Il ne faut pas mettre au nombre des legs d'une même chofe, ceux qui confifteroient en une pareille fomme d'argent, ou en une femblable quantité de ces fortes de chofes qui fe donnent au nombre, au poids ou à la mefure ; mais feulement ceux où deux teftateurs legueroient un même fonds, ou autre chofe finguliere, & qui fût la même en fubftance. Ainfi le legs de pareilles fommes à un même légataire dans les teftamens de deux perfonnes auroient leur effet : & fi deux teftateurs avoient legué chacun une penfion ou des alimens à un légataire, foit différens ou de même fomme, les deux legs lui feroient acquis ; car chacun de ces teftateurs auroit entendu donner du fien. Ainfi le legs de l'un n'empêcheroit pas l'effet de celui de l'autre. Et il en feroit de même fi de deux chofes l'une, ou d'autre nature, l'une ayant été acquife au légataire par une donation ou quelque autre titre , l'autre lui étoit enfuite leguée par un teftament *o*.

o Titia Seio tefferam frumentariam comparari voluit poft diem trigefimum à morte ipfius. Quæro; cùm Seius, viva teftatrice tefferam frumentariam ex caufa lucrativa habere cœpit, nec poffit id quod habet petere, au ei actio competat. Paulus refpondit, ei de quo quæritur, pauram tefferam præftandum. Quoniam tale fideicommiffum magis in quantitate quàm in corpore confiftit. l. 89. ff. de legat. 2.

XII.

12. *Le legs d'un fonds dont le teftateur n'a qu'une portion , eft réduit à cette portion.*

Si un teftateur qui auroit un fonds commun avec une autre perfonne en faifoit un legs , fans faire mention de fa portion , mais difant fimplement qu'il legue ce fonds ; le legs n'auroit fon effet que pour la portion qui appartiendroit à ce teftateur. Car on préfumeroit qu'il n'auroit entendu donner de ce fonds que ce qui pouvoit lui en appartenir *p*.

p Cùm fundus communis legatus fit , non adjecta portione , fed meum nominaverit, portionem debeti conftat. l. 5. §. 1. ff. de leg. 1.

XIII.

13. *Legs à un débiteur de ce qu'il peut devoir.*

Un créancier peut leguer à fon débiteur tout ce qu'il lui doit , ou une partie. Mais ce legs comme tous les autres ne fait aucun préjudice aux créanciers du teftateur qui font préferez à tous légataires, comme il a été dit dans l'article dernier de la Section I ; & le débiteur légataire de ce qu'il doit ne demeurera quitte qu'en cas qu'il y ait affez de bien dans l'hérédité & pour tous les créanciers du teftateur, pour la falcidie dûe à fon héritier, comme il fera dit dans le titre fuivant *q*.

q Liberationem debitori poffe legari jam certum eft. l. 3. ff. de lib. r. leg.

Omnibus debitoribus ex quæ debent rectè legantur : licèt domini eorum fint. l. 1. ff. eod.

☞ Il paroît par ces deux textes qu'on avoit douté dans le Droit Romain fi un créancier pouvoit leguer à fon débiteur ce qu'il lui devoit. Le doute étoit fondé, comme il paroît par ces mots , *licèt domini eorum fint ,* fur ce qu'on ne peut leguer à une perfonne fa propre chofe , & que ce qui eft dû par un débiteur eft encore à lui jufqu'à ce qu'il s'en dépouille par le payement à fon créancier. On ne fait cette remarque qu'à caufe de la difficulté que le Lecteur pourroit trouver dans ces textes ; car pour la validité d'un tel legs, qui peut en douter? Mais on doit ajouter fur ce fujet une reflexion que mérite un autre texte qui regarde une maniere dont un teftateur pourroit quitter fon débiteur. C'eft une loi où il eft dit que fi un créancier étant malade avoit remis entre les mains d'une tierce perfonne le titre de ce qui

lui feroit dû par un de fes débiteurs , chargeant cette perfonne de lui rendre ce titre en cas qu'il guérît, & de le remettre au débiteur en cas qu'il mourût, & que ce dernier cas fût arrivé , l'héritier de ce créancier ne pourroit exiger cette dette de ce débiteur *. Il faut remarquer fur cette décifion qu'une telle difpofition feroit jufte, & ne devroit être executée qu'avec de différentes précautions que diverfes circonftances pourroient demander. Car en premier lieu , elle feroit nulle fi elle étoit faite en fraude des créanciers de celui qui donneroit un tel ordre. Et en fecond lieu , comme cette difpofition ne feroit qu'une donation à caufe de mort, elle feroit fujette au retranchement, & pour la falcidie de l'héritier dont il fera parlé dans le titre fuivant , & pour les légitimes des enfans : Et elle feroit auffi fujette à la réduction que font les Coutumes des difpofitions à caufe de mort en faveur des héritiers du fang. Mais quand il n'y auroit aucune caufe de retranchement ou réduction , & qu'il ne s'agiroit que de la validité d'une telle difpofition , les circonftances pourroient y faire naître des difficultez. Ainfi , par exemple , fi on fuppofe que le créancier d'une rente en eût dépofé la groffe entre les mains d'une tierce perfonne pour la remettre après fa mort à fon débiteur , comme il n'y auroit pas d'autre preuve de cette volonté que la déclaration qu'en feroit le dépofitaire , & que le titre de la créance refteroit entier, la minute étant chez le Notaire , la fimple déclaration de ce dépofitaire ne fuffiroit pas pour prouver une difpofition à caufe de mort, & anéantir une dette dont le titre fubfifteroit, & dont il n y auroit aucune quittance. Mais fi on fuppofe que le titre de la créance fût une obligation dont il n'y eût point de minute , & que l'héritier de ce créancier en eut fait une faifie entre les mains du dépofitaire avant qu'il l'eut rendue au débiteur , prétendant contefter la validité d'une telle difpofition, ou ne convenant pas que le défunt eût eu cette intention ; la queftion dans un pareil cas fembleroit devoir dépendre des circonftances de la fomme, des biens du défunt , de la qualité du dépofitaire , & des autres qui pourroient faire juger fi la déclaration du dépofitaire devroit fuppléer au défaut d'une difpofition à caufe de mort qui fût fans les formes.

* Si quis decedens Chirographum Seii Titio dederit : *Ut poft mortem fuam des , aut , fi convaluiff.t , ubi reddideret :* Deinde Titius, defuncto donatore , Seio dederit , & hæres ejus petat debitum , Seius doli exceptionem habet. l. 3. §. 2. ff. de liber. leg.

XIV.

14. *Le legs de ce que doit un de deux débiteurs obligez n'acquitte que fa.*

Si un teftateur envers qui deux débiteurs feroient obligez folidairement legue à l'un des deux ce qu'il peut lui devoir , ce legs n'acquittera que ce légataire; & l'autre demeurera obligé pour fa portion. Car encore que le légataire fût obligé pour toute la dette , le legs a fon effet entier l'acquittant de fa portion, puifqu'il ne devra rien de celle de l'autre qui la devra feul *r*. Mais fi ces débiteurs étoient des affociez, & qu'il parût que le teftateur eût voulu anéantir la dette en faveur de la focieté , le legs feroit commun à l'un & à l'autre *f*.

r Si cum alio fim debitor , putà duo rei fuimus promittendi , & mihi foli teftator confultum voluit : agendo confequar, non ut accepto liberer , ne etiam conreus meus liberetur contra teftatoris voluntatem : fed præfto liberator. l. 2. §. 3. ff. de liber. leg.

f Delicater quæritur , an & ille locus pro legitario habeatur cujus nomen in teftamento feriptum non eft : licèt commodum ex teftamento ad utrumque pertineat, fi locus fint. Et eft verum non folùm eum , cujus nomen in teftamento feriptum eft legatarium habendum, verum cum quoque qui non eft fcriptus fi & ejus contemplatione liberatio relicta effet. d. l. 3. §. 4.

XV.

15. *Le legs d'une furféance à un débiteur fe tire à terge des intérêts.*

Un teftateur peut leguer à fon débiteur la furféance de ce qu'il lui doit : & ce legs aura cet effet que l'héritier ne pourra pendant ce délai exiger d'intérêts : & il pourroit encore moins prétendre des dommages & intérêts , fi la dette étoit de telle nature que le défaut de payement pût y donner lieu *t*.

t Illud videndum eft, an ejus temporis intra quod petere hæres

O o o

vetitus eſt, vel uſuras vel pœnas petere poſſit: & Priſcus Nerarius exiſtimabat, committere eum adverſus teſtamentum, ſi petiiſet. Quod verum eſt. *l.* 3. §. 2. *ff. de liber. leg.* Voyez l'article 3. de la Section 2. des Intereſts, dommages & intereſts, p. 238.

XVI.

16. En quel ſens le pere tenu de ſon ſils pour l'avoir déchargé de rendre compte.

Si un fils de qui le pere auroit exercé la tutelle, venant à mourir ſans enfans, avant que le compte de cette tutelle lui eût été rendu, ordonnoit par ſon teſtament que ſes héritiers, s'il en appelloit d'autres avec ſon pere, ne puſſent lui demander aucun compte de ſon adminiſtration, cette diſpoſition auroit ſon effet entier. Car il pouvoit ne rien donner à ces héritiers. Mais ſi ce teſtateur avoit des enfans à qui leur ayeul auroit dû rendre ce compte; on devroit donner à une telle diſpoſition les temperamens que l'équité pourroit demander ſelon les circonſtances, pour ne pas obliger cet ayeul à tout ce qu'on pourroit exiger d'un autre auteur, & pour ne pas bleſſer auſſi ſous prétexte de la faveur de ſon intereſt celui des enfans *u*.

u Titius teſtamento facto, & filiis hæredibus inſtitutis, de patre tutore ſuo quondam facto ita loquutus eſt: *Seium patrem meum liberatum eſſe, volo ab actione intuli.* Quæro, hæc verba quatenus accipi debent, id eſt, an pecuniis, quas vel ex vendiionibus tetani factis, aut nominibus exactis, in ſuos uſus convertit, vel nomine ſuo ſemaverit, filiis & hæredibus teſtatoris nepotibus ſuis debeat reddere? Reſpondit, eam, cujus notio eſt, æſtimaturum. Præſumptio enim propter naturalem affectum tacit omnia patri videri conceſſa: niſi aliud ſenſiſſe teſtatorem, ab hæredibus ejus approbetur. *l.* 28. §. 3. *ff. de liber. leg.*

☞ Il faut remarquer ſur la regle expliquée dans cet article qu'on l'a tournée d'une maniere qui pût s'accommoder à notre uſage. Car nous n'obſerverions pas la regle telle qu'elle eſt expliquée dans le texte cité ſur cet article. Et ſi un pere qui auroit eu la tutelle d'un de ſes enfans ayant auſſi d'autres enfans, & avoit aliéné des biens de celui de qui il avoit la tutelle, & exigé de ſes dettes, il ſeroit tenu d'en rendre compte à ſes petits enfans héritiers de leur pere de qui il auroit eu la tutelle, puiſqu'il ne ſeroit pas juſte que ſes autres enfans profitaſſent des biens de leur frere au préjudice de ſes enfans leurs neveux.

On peut remarquer ſur les comptes de l'adminiſtration que peuvent avoir les peres des biens de leurs enfans, que par la diſpoſition de quelques Coutumes les peres ſont tuteurs, gardiens ou bailliſtres de leurs enfans, & ont la jouïſſance de leurs revenus ſans qu'ils ſoient tenus d'en rendre compte; ce qui ne s'entend que des jouïſſances & non des aliénations que le pere pourroit avoir faites.

XVII.

17. Legs d'une choſe engagée.

Si un teſtateur legue une choſe qu'il avoit engagée à un créancier, l'héritier ſera tenu d'acquitter la dette pour retirer & délivrer au légataire la choſe leguée, ſi ce n'eſt que les termes du legs ou d'autres preuves fiſſent juger que l'intention du teſtateur eût été de charger le légataire de ce payement. Que ſi le gage avoit été vendu pour la dette par le créancier, l'héritier ſeroit tenu d'en donner la valeur à ce légataire, s'il ne prouvoit que l'intention du teſtateur eût été que le legs fût nul en ce cas *x*.

x Prædia obligata, per legatum vel fideicommiſſum relicta hæres luere debet. Maximé cùm teſtator conditionem eorum non ignoraverit, aut ſi ſciſſet, legaturus tibi aliud quod minus non eſſet, fuiſſet. Si verò à creditore diſtracta ſunt, pretium hæres exolvere cogitur: niſi contraria defuncti voluntas ab hærede oſtendatur. *l.* 6. *C. de fideic.*

Quòd ſi teſtator eo animo fuit, ut quamquam liberandorum prædiorum onus ad hæredes ſuos pertinet noluerit, non tamen apertè uſque de his liberandis ſenſerit: poterit fideicommiſſarius per dolî exceptionem à creditoribus qui hypothecaria ſecum agerent conſequi, ut actiones ſibi exhiberentur. Quod quamquam ſuo tempore non fecerit, tamen per jurildictionem præſidis Provinciæ id ei præſtabitur. *l.* 57. *in f. ff. de legat.* 1. V. *l.* 15. *ff. de dote præleg.* §. 5. *inſt. de legat.* V. l'article 15. de la Section 11.

☞ On n'a pas mis dans cet article ce qui eſt dit dans ce §. 5. *inſt. de legat.* que l'héritier n'eſt tenu de dégager la choſe leguée qu'en cas que le teſtateur ſçût qu'elle étoit engagée. Car outre qu'on doit toujours

---

préſumer que tout homme ſçait ce qui eſt de ſon fait, & qu'un débiteur n'ignore pas qu'il doit, & que ſes biens ſont hypotequez pour ſes dettes, ſoit qu'il ait mis quelque choſe en gage entre les mains de ſon créancier, ou qu'il ait ſeulement obligé ſes biens; on peut remarquer que dans le premier texte cité ſur cet article, & encore au commencement de cette loi 57. *de legat.* 1, il eſt dit que le légataire n'eſt pas tenu de dégager la choſe leguée, quoique le teſtateur eût ignoré qu'elle étoit engagée; ſi on juge que s'il l'avoit ſçu, il auroit fait un autre legs pareil à ce légataire. Ainſi cette préſomption étant toujours aſſez naturelle, il eſt naturel auſſi que l'héritier dégage la choſe leguée. A quoi on peut ajouter que par le ſecond texte cité ſur cet article, il ſemble que le légataire n'eſt tenu d'acquitter la dette qu'en cas qu'il en ſoit chargé par le teſtament, & que s'il la paye, il peut ſe faire ſubroger au créancier pour recouvrer contre l'héritier ce qu'il aura payé. Et on peut dire enfin que dans notre uſage il ne peut arriver qu'un légataire ſoit tenu de dégager la choſe leguée ſi le teſtateur ne l'y a obligé. Car comme ſuivant ces textes l'héritier en eſt tenu ſi le teſtateur a ſçu que la choſe leguée étoit engagée, & que dans notre uſage toutes les dettes hypotequaires ſont fondées ſur des titres qui affectent généralement tous les biens du débiteur, on doit toujours ſuppoſer que l'engagement a été connu au débiteur. Et dans le cas d'un legs de meubles donné en gage à un créancier, le teſtateur ne peut non plus ignorer cet engagement. Ainſi on ne voit pas que dans notre uſage il puiſſe y avoir d'occaſion de venir à la preuve de la connoiſſance que pouvoit avoir le teſtateur de l'engagement de la choſe leguée, ces ſortes de preuves étant d'ailleurs oppoſées à ce même uſage. De ſorte que hors le cas d'une volonté expreſſe du teſtateur qui obligeât le légataire à dégager la choſe leguée, cette charge ſemble regarder toujours l'héritier.

XVIII.

18. On peut leguer des choſes qui ne ſoient pas encore en nature.

On peut leguer des choſes qui ne ſoient pas encore en nature, mais qui ſoient à venir; comme des fruits qui naîtront d'un héritage, ou le profit qui ſe trouvera dans quelque commerce; & ces ſortes de legs renferment la condition que la choſe ainſi leguée arrive en ſon tems, & ont leur effet ſelon l'évenement *y*.

y Etiam ea quæ futura ſunt legari poſſunt. *l.* 17. *ff. de leg.* 3. Quod in rerum natura adhuc non ſit, legari poſſe, veluti quidquid illa ancilla pepeiiſſet. *l.* 24. *ff. de legat.* 1.

XIX.

19. Legs d'une certaine quantité ſur une récolte ou dans un certain lieu.

Si un teſtateur avoit legué une certaine quantité de grains à prendre ſur une récolte, ou dans un grenier, & que cette quantité ne s'y trouve pas, le legs ſera borné à ce qu'il pourra en avoir de moins que ce qui étoit legué *z*. Mais ſi le legs étoit d'une certaine quantité de grains, ſans déterminer d'où ils ſeroient pris, cette quantité ſeroit due quand il ne s'en trouveroit rien dans l'hérédité *a*, de même qu'un legs d'une ſomme d'argent qui ſeroit également dû, ſoit qu'il y en eût dans la ſucceſſion, ou qu'il n'y en eût point *b*.

z Cùm certos numeros amphorarum vini legaſſet effet, ex eo quod in fundo Semproniano natum eſſet: non amplius deberi, placuit: & quaſi taxationis vicem obtinere hæc verba, *quod natum erit.* *l.* 5. *ff. de trit. vin. vel ol. leg.* Si quis legaverit ex illo dolio amphoras decem: & ſi non decem, ſed pauciores inveniri poſſint: non extinguitur legatum, ſed tantummodo accipit, quod invenitur. *l.* 3. §. 2. *ff. de legat.* 2. *a* Si cui vinum ſit legatum centum amphorarum, cùm nullum vinum reliquiſſet: vinum hæredem empturum, & præſtaturum. *l.* 3. *ff. de trit. vin. vel leg. a* *b* Si pecunia legata in bonis legantis non ſit, ſolvendo tamen hæreditas ſit: hæres pecuniam legatam dare compellitur: ſive de ſuo, ſive ex venditione rerum hæreditariarum, ſive unde voluerit. *l.* 22. *ff. de legat.* 2.

XX.

20. Legs indéfinis de meubles.

Lorſqu'un teſtateur a legué des meubles, comme ſes tapiſſeries & autres ſervant pour l'ameublement de ſa maiſon, ou les meubles d'une maiſon de campagne ſervant pour le ménagement d'une ferme, ce legs aura les bornes ou l'étendue que l'expression & l'intention du testateur pourront y donner. Et s'il paroît qu'il n'ait voulu donner que ce qu'il avoit au tems du testament, ce qu'il pourroit acquerir ensuite n'y sera pas compris. Comme au contraire s'il paroît que le legs s'entende des meubles qui se trouveront au tems de sa mort, il comprendra ce qui pourra se trouver alors qui soit de la nature des choses leguées c.

c Lucius Titius fundum, uti erat instructus legaverat. Quæsitum est, fundus instructus quemadmodum debeat: utrum sicut instructus fuit mortis patrisfamilias tempore, ut quæ medio tempore adgnata, aut in fundum illata sunt, hæredis sint: an verò instructus fundus eo tempore inspici debeat, quo factum est testamentum, an verò eo tempore, quo fundus peti cœperit, ut quidquid eo tempore instrumenti deprehendatur, legatario proficiat. Respondit, ea quibus instructus sit fundus, secundùm verba legati, quæ sint in eadem causa, cùm dies legati cedat, instrumento contineri. l. 23. ff. de instr. vel instr. legat.
Si ita esset legatum vestem meam, argentum meum, damnas esto dare: id legatum videtur, quod legati tempore fuisset. Quia præsens tempus semper intelligeretur, si aliud comprehensum non esset. Nam cùm dicit, vestem meam, argentum meum, hac demonstratione meum præsens non fundum tempus ostendit. l. 7. ff. de aur. arg. V. les articles 13. & 14. de la Section suivante.

XXI.

11. Le legs d'une chose spécifiée comme étant au testateur est nul, si elle ne se trouve dans ses biens.

Lorsqu'un testateur fait un legs d'une certaine chose qu'il spécifie comme étant à lui, le legs n'aura son effet qu'en cas que cette chose se trouve en nature dans sa succession. Ainsi, par exemple, s'il avoit dit, je legue à un tel ma montre ou mon diamant, & qu'il ne se trouvât dans la succession ni diamant, ni montre, le legs seroit nul d. Mais s'il avoit dit, je legue un diamant ou une montre, le legs seroit dû & auroit son effet, ainsi qu'il sera expliqué dans l'article suivant.

d Species nominatim legatæ si non reperiantur, nec dolo hæredis deesse probentur: peti ex eodem testamento non possunt. l. 32. §. 5. ff. de leg. 2.

XXII.

12. Legs d'une chose indeterminée en son espece, comment se doit entendre.

On peut leguer non-seulement une certaine chose désignée en particulier, comme un tel cheval, une telle montre, une telle tapisserie; mais indéfiniment & en général un cheval, une tapisserie, une montre, ou autres choses semblables. Et comme ces sortes de choses peuvent être de differentes qualitez dans la même espéce, si le legs n'en marque le prix, ou ne détermine en particulier quelle doit être la chose leguée, soit qu'il y en ait plusieurs dans la succession, ou qu'il n'y en ait point; l'héritier ne pourra donner la plus mauvaise, ni le légataire choisir la meilleure. Mais ce legs sera moderé selon les circonstances de la qualité du testateur & du légataire, & les autres qui pourront faire connoître l'intention de ce testateur e, suivant la regle expliquée dans l'article 10. de la Section 7. des Testamens, & les autres qui seront expliquées dans la Section 7. de ce titre des Legs.

e Legato generaliter relicto, veluti homines, Caius Cassius scripsit, id esse observandum, ne optimus vel pessimus accipiatur: quæ sententia rescripto Imperatoris nostri & Divi Severi juvatur: qui rescripserunt, homine legato actorem non posse elegi. l. 37. ff. de legat. 1.
Illud verum est hæredem in hoc teneri, ut non pessimum det. l. 110. eod. V. l'article 2. & les autres suivans de la Section 7.
Il faut remarquer la difference entre le cas de cet article, & celui d'un legs qui donneroit au légataire le droit de choisir, qui sera expliqué dans l'article 5. de la Section 7.

XXIII.

13. Legs d'un ouvrage à faire.

On peut leguer non-seulement des sommes d'argent, des droits, des dettes, & toute autre chose, mais aussi quelque ouvrage à faire; comme si un testateur charge son héritier de refaire la maison de quelque pauvre homme, ou de quelqu'autre ouvrage, soit pour un usage public, ou pour quelque personne en particulier f.

f Si Testator dari quid jussisset, aut opus fieri. l. 49. §. ult. ff. de legat. 2.

XXIV.

Si un testateur qui auroit deux ou plusieurs maisons,
Tome I.

leguoit une maison, sans déterminer par aucune circonstance laquelle de ces maisons il vouloit leguer, le legs seroit bon: & l'héritier seroit obligé d'en donner une, suivant les regles qui seront expliquées dans la Section 7. Mais si ce testateur qui auroit legué une maison, n'en avoit aucune, ou si n'ayant aucun fonds il faisoit un legs vague d'un fonds indéfiniment; ces legs demeureroient sans aucun effet. Car on ne sçauroit ce que le testateur auroit entendu: & on pourroit dire que lui-même ne le sçavoit point, & qu'il se moquoit de celui à qui il faisoit un tel legs g.

14. Legs vague d'un fonds qui est nul, si le testateur n'en avoit aucun.

g Si domus alicui simpliciter sit legata, neque adjectum, quæ domus: cogentur hæredes, quam vellet domum ex his quas testator habebat, legatario dare. Quod si nullas ædes reliquerit, magis derisorium est, quàm utile legatum. l. 71. ff. de leg. 1.

SECTION IV.

Des Accessoires des choses leguées.

SOMMAIRES.

1. Définition des accessoires.
2. Deux sortes d'accessoires.
3. Comment on distingue ce qui est accessoire.
4. Accessoire d'une maison.
5. Le bâtiment est un accessoire du fonds, & aussi ce qui est ajouté à son etendue.
6. Autre accessoire de même nature.
7. Comment ce qui est ajouté au fonds legué appartient ou n'appartient pas au légataire.
8. Augmentation du fonds legué qui a l'effet de révoquer le legs.
9. Le legs d'un fonds comprend la servitude nécessaire pour ce fonds sur un autre de l'heredité.
10. Servitude réciproque entre légataires de deux maisons joignantes.
11. Le légataire doit avoir l'usage de la chose leguée.
12. Les meubles des maisons de la Ville & de la campagne n'en sont pas des accessoires.
13. Comment s'entendent les accessoires d'une maison de campagne.
14. Legs d'une maison avec les meubles.
15. Les papiers ne sont pas compris dans le legs de tout ce qui est dans la maison.
16. L'accessoire peut être plus précieux que la chose à laquelle il est ajouté.

I.

1. Définition des accessoires.

ON appelle accessoire d'une chose leguée ce qui n'étant pas de la chose même, y a quelque liaison qui fait qu'on ne doit pas l'en séparer, & qu'il doit la suivre. Ainsi les fers & le licou d'un cheval, & le cadre d'un tableau, en sont des accessoires a.

a Quæ rebus accedunt. l. 1. §. 5. depos. Ut vestis homini, equo capistrum. d. §.

II.

2. Deux sortes d'accessoires.

On peut distinguer deux sortes d'accessoires des choses leguées. Ceux qui suivent naturellement la chose, & qui sans qu'on les exprime demeurent compris dans le legs: Et ceux qui n'y sont ajoutez que par une disposition particuliere du testateur. Ainsi le legs d'une montre en comprend la boëte, & le legs d'une maison en comprend les clefs. Ainsi au contraire, le legs d'une maison ne comprendra pas les meubles qui s'y trouveront, à moins que le testateur ne l'ait exprimé b.

b V. les articles qui suivent.

III.

3. Comment on distingue ce qui est accessoire.

Il y a des accessoires de certaines choses qui n'en sont pas séparez, tels que sont les arbres plantez dans un fonds: Et ces sortes d'accessoires suivent toujours la chose leguée, s'ils n'en sont exceptez. Et il y a des accessoires qui, quoique séparez des choses, les suivent aussi, comme les harnois d'un attelage de chevaux de carosse, & autres semblables. Il peut même y avoir un progrès d'accessoires des accessoires, comme les pierreries à

la boëte d'une montre. Et il y a enfin de certaines chofes dont on peut douter fi elles font acceffoires d'autres, ou ne le font point. Ce qui peut dépendre de la
difpofition du teftateur, & de l'étendue ou des bornes
qu'il donne à fes legs comme bon lui femble. Ainfi il
n'y a pas d'autre regle générale dans les doutes de ce qui
doit fuivre la chofe leguée comme fon acceffoire, que
l'intention du teftateur, dont l'expreffion jointe aux circonftances & aux ufages des lieux, s'il y en a, peut faire
juger de ce qui doit être acceffoire ou non e : Que fi la
difpofition du teftateur laiffe la chofe en doute, on
peut en chaque cas juger de ce qui doit être compris
dans le legs comme acceffoire, ou ne l'être pas, par les
regles particulieres fur les divers cas expliquez dans les
articles qui fuivent.

*e In infinitum primis quibufque proxima copulari procedunt.
Optimum ergo eft fie l'edrus ait; non propriam verborum fignifica-
tionem fcrutari: fed in primis quid teftator demonftrare volucrit;
deinde in qua præfumptione funt qui in quaque regione commorantur. l. 18. §. 3. in f. ff. de teft. vel inftrum. leg.*

IV.

Si un teftateur legue une maifon fans rien fpécifier
de ce qu'il entend comprendre dans ce legs, le légataire
aura le bâtiment & fes dépendances, comme
une cour, un jardin & autres appartenances de cette
maifon avec les peintures à frefque & autres ornemens ou commoditez, qui felon l'expreffion de quelques Coutumes tiennent à fer & à clou, ou font icel-
lez en plâtre pour perpetuelle demeure : car ces fortes
de chofes ont la nature d'immeubles. Mais il n'y aura
aucun meuble compris dans ce legs, à la réferve des
clefs, & autres chofes s'il y en avoit qu'un pareil ufage
rendît auffi néceffaires d.

*d Quæcumque infixa inædificataque funt, fundo legato conti-
nentur. l. 21. ff. de inftr. vel inftrum leg.*
*Domo legata neque inftrumentum eus, neque fupellex aliter
legato cedit, quam fi idipfum nominatum expreffiam à teftatore
fuerit. l. 2 b. ff. de fupell. legat.*

V.

Si celui qui avoit legué un fonds par fon teftament y
fait enfuite quelque augmentation, comme s'il ajoute
quelque chofe à fon étendue, ou s'il y fait quelque bâtiment, ces augmentations font partie du fonds & font
au légataire, fi ce n'eft que le teftateur en eût difpofé
autrement a.

*e Cum fundus legatus fit, fi quid ei poft teftamentum factum
adeftam eft, id quoque legato cedit, etiam fi illa verba adjecta
non fint, qui nunc erit, fi modo teftator eam partem non feparatim poffideat; fed univerfitati prioris adjunxerit. l. 10. ff. de legat.*
*Si quis ædes legaret domus impofitas fit, debebitur legatario, nifi
teftator mutaverit voluntatem. l. 24. ff. de leg. 1. l. 20. ff. de
leg. 1. V. l'article 2. & l'article 8. V. l'article 14. de la Section 6.
des Teftamens, p. 418.*

VI.

Il en feroit de même d'un legs d'une terre, fi le teftateur l'ayant legué y ajoutoit de nouveaux bâtimens, &
même de nouveaux droits, ou s'il achetoit des
fonds pour augmenter l'étendue ou d'un parc, ou de
quelques héritages dépendans de cette terre. Car toutes
ces fortes d'augmentations feroient des acceffoires qui
fuivroient le legs, foit par leur nature d'acceffoire,
ou parce qu'on ne pourroit préfumer que le teftateur
eût voulu féparer ces fortes de chofes pour les laiffer
fans la terre à fon héritier f.

f C'eft une fuite de l'article précédent.

VII.

Si le legs étoit d'un feul héritage, & qu'après le teftament le teftateur y eût ajouté quelque fonds joignant,
cette augmentation pourroit appartenir ou au légataire, ou à l'héritier, felon que cette nouvelle acquifition
pourroit être confidérée comme un acceffoire du legs,
ou qu'elle feroit autre. Car fi, par exemple, c'étoit
une acquifition d'une parcelle de terre pour quarrer un
champ, ou pour fervir à une prife d'eau ou autre fervitude, ou même pour augmenter feulement le fonds

de quelque étendue ; ces acquifitions feroient des acceffoires qui fuivroient le legs, de même que ce qui
s'y trouveroit naturellement ajouté par quelque changement qui feroit le cours d'une riviere joignante.
Mais fi le fonds acquis & joignant à l'héritage legué
étoit d'une autre nature, comme un pré joint à une
vigne que le teftateur auroit legué, ou que cet héritage
acquis que le teftateur fût également joignant & à celui
qu'il auroit legué, & à un autre qu'il laifferoit à fon
héritier ; ces fortes d'acquifitions ne feroient pas des
acceffoires du legs, à moins qu'on ne dût en juger autrement par la difpofition du teftateur, & les circonftances qui pourroient expliquer fon intention g.

*g Si quis poft teftamentum, fundo Titiano legato partem ali-
quam adjecerit, quam fundi Titiani deftinaret : id, quod adjectum eft, exigit legatario poteft. Et fimilis eft caufa alluvionis,
(fit) maxime fi ex alio agro, qui fuit ejus, cùm teftamentum facere, eam partem adjecit. l. 24. §. 2. ff. de leg. 1. Si verificati priori
fundo adjunxit. l. 10. ff. de leg. 2.*
*On voit par ces textes que ces augmentations du fonds s'entendent
de ce qui eft ajouté par le teftateur pour faire partie du fonds legué.*

VIII.

Si un teftateur qui auroit legué un fonds y fait un bâtiment, cet acceffoire du fonds fera au légataire, s'il
ne paroit pas que le teftateur ait voulu révoquer le legs,
comme il a été dit dans l'article 5. Et fi, par exemple,
un teftateur ayant legué une place à bâtir dans une Ville, y fait une maifon, ou fi ayant legué quelque jardin, verger ou autre lieu, il l'accommode d'un logement ; ces bâtimens dans ces circonftances feront au
légataire. Mais s'il avoit bâti dans un fonds legué une
maifon ou d'autres commoditez néceffaires pour une
ferme à laquelle il joindroit ce fonds, donnant cette
ferme à un autre légataire, ou la laiffant à fon héritier,
on jugeroit par l'ufage de ce bâtiment qu'il auroit révoqué le legs h.

*h Si ædes legatæ domus impofitæ fit, debebitur legatario : nifi
teftator mutaverit voluntatem. l. 44. §. 4. ff. de leg. 1.*
*Les circonftances marquées dans l'article font apiz connoitre
le changement de la volonté du teftateur.*

*8. Augment.
le fonds legué
qui a l'effet
de révoquer
le legs.*

IX.

Si pour l'ufage d'un fonds dont le teftateur auroit
legué l'ufufruit, la fervitude d'un paffage étoit néces-
faire fur un autre fonds de l'hérédité, l'héritier ou autre légataire à qui appartiendroit l'héritage qui devroit
être fujet à la fervitude, la devroit fouffrir. Car le légataire doit jouir de l'héritage fujet à l'ufufruit comme
en jouiroit le teftateur qui prenoit fon paffage dans
fon propre fonds : & cet acceffoire eft tel qu'il eft de
l'intention du teftateur qu'il fuive le legs i.

*i Qui duos fundos habebat, unum legavit, & alterius fundi
ufumfructum legavit. Quæro, fi fiuctuarius ad fundum aliunde
viam non habeat, quam per illum fundum, qui legatus eft, an
fructuario laterites debeatur. Refpondet, quemadmodum fi in hæreditate eftet fundus, per quem fructuario poffet præftari via, fecundùm voluntatem defuncti videtur id exigere ab hærede, ita &
in hac fpecie non aliter concedendum eft legatario fundum vindicare, nifi prius jus transfundi ufufuructuario præftet. Ut hæc forma in agris fervetur, quæ vivo teftatore obtinuerit : five donec
ufufructus hæreat, five dum ad fuam proprietatem pervenerit.
l. 15. §. 1. ff. de ufu & ufufr. legat.*
*Quoique ce texte ne parle que de la fervitude néceffaire pour le lé-
gataire d'un ufufruit, il feroit de la même équité que cette fervitude
fut auffi donnée au légataire de la propriété. Car la raifon de
l'intention du teftateur feroit la même, puifqu'il n'auroit pas voulu
faire un legs inutile, & que ce legs ne pourroit avoir fon ufage fans
cette fervitude qui ne change rien à celui que le teftateur faifoit lui-
même ne fes propres fonds, en faifant fervir l'un au paffage néceffaire pour l'autre.*

*9. Le legs
d'un fonds
comprend la
fervitude né-
ceffaire pour
ce fonds fur
un autre de
l'heredité.*

X.

Si un teftateur qui auroit legué deux maifons joignantes en
legue une à un légataire, & l'autre à un autre, ou en
legue l'une, & laiffe l'autre à fon héritier ; le mur mitoyen de ces deux maifons, qui n'avoit pour feul maître
que le teftateur, deviendra commun aux deux proprietaires de ces deux maifons. Ainfi la fervitude réciproque fur ce mur commun fera comme un acceffoire qui
fuivra le legs l.

l Si is qui duas ædes habebat, unas mihi, alteras ubi legavit :

*10. Servi-
tation de ne re-
ciproque appo-
taires de deux
maifons joi-
gnantes.*

& medius paries, qui utrasque ædes distinguat, intervenit : eo jure eum communem nobis esse existimo. *l. 4. ff. de servit. leg.*

XI.

11. Le légataire doit avoir l'usage de la chose leguée.

Si de deux maisons d'un testateur, l'une laissée à l'héritier, l'autre donnée à un légataire, ou les deux données à deux légataires, l'une ne pouvoit être haussée sans ôter les jours de l'autre, ou y nuire beaucoup; l'héritier ou le légataire qui auroit la premiere, ne pourroit la hausser que de telle sorte, qu'il restât pour l'autre ce qui seroit nécessaire de jours pour pouvoir en jouir. Car le testateur n'auroit pas voulu que son héritier ni le légataire puissent rendre inutile le legs de l'autre maison *m*.

m Qui binas ædes habebat, si alteras legavit, non dubium est quin hæres alias possit altius tollendo obscurare lumina legatarum ædium. Idem dicendum est, si alteri ædes, alteri aliarum usumfructum legaverit. l. 10. ff. de servit. præd. urb.

Sed ita officere luminibus, & obscurare legatas ædes conceditur, ut non penitus lumen recludatur : sed tantum relinquatur quantum sufficit habitantibus in usus diurni moderatione. d. l. in f.

XII.

12. Les meubles des maisons de la Ville & de la Campagne n'en sont pas des accessoires.

Le legs d'une maison dans la Ville n'en comprend pas les meubles, s'ils n'y sont ajoutez par le testateur. Et le legs d'une maison de campagne ne comprend pas non plus ce qu'il y auroit de meubles nécessaires pour la culture des héritages & pour les récoltes *n*. Mais ce legs comprend les choses qui tiennent au bâtiment, comme en certains lieux les pressoirs & les cuves *o*.

n Dotes prædiorum, quæ græco vocabulo ἐνθήκαι appellantur, cùm non instructa legantur, legatario non præstantur. l. 2. §. 1. de instr. vel instrum. legat.

o Cùm fundus sine instrumento legatus sit, dolia, molæ olivariæ & prelum, & quæcumque infixa inædificataque sunt legario continentur. l. 21. eod.

XIII.

13. Comment s'entendent les accessoires d'une maison de campagne.

Le legs d'une maison de campagne avec ce qui s'y trouvera nécessaire pour l'usage de la culture des héritages, & pour les récoltes, comprend les meubles qui peuvent servir à ces usages. Et s'il y a quelque doute de l'étendue que doit avoir ce legs, il faut l'interpreter par les présomptions de l'intention du testateur qu'on pourra tirer des termes du testament & des circonstances : & on peut aussi se servir des éclaircissemens que pourroit donner l'usage des lieux *q*.

p Instrumentum est apparatus rerum diutius mansurarum sine quibus exerceri nequitur possessio. l. 12. ff. de inst. vel inst. legat.

q Optimum ergo esse Pedius ait : non propriam verborum significationem scrutari : sed imprimis, quid testator demonstrare voluerit, deinde in qua præsumptione sunt qui in quaque legione commorantur. l. 18. §. 3. in f. eod.

XIV.

14. Legs d'une maison avec les meubles.

Si un testateur avoit légué une maison & tout l'ameublement qui s'y trouveroit, ce legs comprendroit tout ce qu'il y auroit de meubles destinez pour l'ameublement de cette maison, comme les lits, les tapisseries, les tableaux, les tables, les fauteuils & autres semblables : Mais s'il s'y trouvoit des tapisseries ou autres meubles en réserve destinez ou pour une autre maison, ou pour l'usage d'une autre maison; le légataire n'y auroit aucun droit *r*. Et si au contraire quelques meubles de cette maison se trouvoient ailleurs au tems de la mort du testateur, comme si des tapisseries avoient été prêtées ou données à raccommoder, ce qui seroit hors de la maison pour de telles causes, ne laisseroit pas d'être compris dans le legs *s*.

r Si fundus legatus sit eum his quæ ibi erunt, quæ ad tempus ibi sunt, non videntur legata. l. 44. ff. de leg. 3.

s Neque quod casu abesset, minus esse legatum : nec quod casu ibi sit magis esse legatum. l. 86. eod.

XV.

15. Les papiers ne sont pas compris

Si dans le legs d'une maison le testateur avoit compris en termes géneraux & indéfinis tout ce qui pourroit se trouver dans cette maison au tems de sa mort, sans en

rien excepter; ce legs qui contiendroit toutes les choses mobiliaires, & même l'argent *t*, ne comprendroit pas les dettes actives, ni les autres droits de ce testateur, dont les titres se trouveroient dans cette maison. Car les dettes & les droits ne consistent pas aux papiers qui en contiennent les titres, & n'ont pas de situation en un certain lieu *u*; mais leur nature consiste au pouvoir que la Loi donne à chacun de les exercer. Ainsi les titres ne sont que les preuves des droits, & non pas les droits mêmes.

dans le legs de tout ce qui est dans la maison.

t Si fundus legatus sit eum his quæ ibi erunt; quæ ad tempus ibi sunt, non videntur legata. Et ideo pecuniæ quæ fœnerandi causa ibi fuerunt, non sunt legatæ. l. 44. ff. de leg. 3.

Uxori fundum, domuum & omnium rerum, quæ in his omnibus erant, excepto argento, legaverat... Respondit, excepto argento, & his quæ mercis causa comparata sunt, cæterorum omnium usumfructum legatariam habere. l. 32. §. 1. ff. de usu & usuf. & red. leg.

Il résulte de ces textes que ce legs comprendroit l'argent, s'il n'étoit excepté.

u Caius Seius pronepos meus baves mihi esto eu semissæ bonorum meorum, excepta domo mea, & paterna, in quibus habito, cum omnibus quæ ibi sunt. Quæ omnia scias ad portionem hæreditatis quam tibi dedi, non pertinere. Quæro, cùm sit in his domibus argentum, nomina debitorum, supellex mancipia: an hæc omnia, quæ illic interveniuntur ad alios hæredes institutos debeant pertinere. Paulus respondit : nomina debitorum non contineri, sed omnium esse communia : in cæteris verò nullum pronepoti locum esse. l. 86. ff. de leg. 2.

*Les dettes & autres droits n'ont pas de situation en un certain lieu, & ne sont pas compris dans les lieux comme les choses corporelles. On peut remarquer cette distinction entre les droits & les autres choses dans une Loi qui en parle sur un autre sujet. Quod si metu quæ solit sunt sufficiant, vel nulla sunt soli pignora, tunc perveniet etiam ad jura. * On voit par ce texte la distinction entre les droits & les choses corporelles.*
* l. 15. §. 2. in f. ff. de re jud.

XVI.

16. L'accessoire peut être plus précieux que la chose à laquelle il est ajouté.

Les accessoires qui doivent suivre la chose leguée, ne sont jugez tels que par l'usage qu'on leur donne, & non par leur prix. De sorte que l'accessoire est souvent d'une bien plus grande valeur que la chose même dont il est l'accessoire : & il ne laisse pas d'être à celui à qui elle est leguée. Ainsi, par exemple, les pierreries enchassées dans la boëte d'une montre, n'en font qu'un ornement & un accessoire, mais elles suivront le legs de la montre *x*.

x Plerumque plus in peculio est quàm in servo. Et nonnunquam vicarius, qui accedit, pluris est quàm servus qui venit. l. 44. ff. de ædil. ed.

Pretiosior fecit additis gemmis & margaritis. l. 6. §. 1. ff. de aur. arg. mund.

SECTION V.

Des legs d'un usufruit, ou d'une pension, ou d'alimens, & autres semblables.

ON n'a pas mis dans cette Section la regle du Droit Romain, qui veut que si un testateur avoit légué un usufruit à une Ville ou autre Communauté, il dure cent ans. Et comme on a expliqué en un autre lieu a la raison qui oblige à ne pas mettre cette regle au nombre des au res, on n'en doit rien repeter ici.

a V. la fin du Préambule du Titre de l'Usufruit, p. 108.

SOMMAIRES.

I.

Lorsqu'un testateur legue un usufruit ou jouissance d'une maison ou d'un autre fonds, la condition du légataire sera la même que des autres usufruitiers : & la jouissance aura la même étendue & les mêmes bornes. Et il sera aussi tenu de même des charges des fonds sujets à son usufruit. Ainsi on peut appliquer à ce légataire les regles de l'usufruit, qui ont été expliquées dans le titre de cette matiere a.

a V. le Titre de l'usufruit, p. 107. V. l'article 9. de la Section précedente, p. 470.

II.

Si un testateur avoit legué à deux ou plusieurs légataires l'usufruit d'un fonds, & à celui qui survivroit à tous les autres la propriété, ce legs regarderoit en deux manieres tous les légataires ; car il sera & pur & simple à l'égard de tous pour l'usufruit, & conditionnel aussi à l'égard de tous pour la propriété ; chacun y étant appellé sous la condition de survivre aux autres b.

b Quotes libertis vsusfructus legatur, & ei, qui novissimus supervixerit, proprietas, unde est legatum. Extudio enim omnibus liberis proprietatem sub hac conditione, si novissimus supervixerit, datam. l. 11. ff. de vsuf. leg.

III.

Comme on peut leguer un usufruit de choses mobiliaires : si un testateur avoit legué à sa femme l'usufruit ou jouissance de sa maison & de toutes les choses qui s'y trouveroient au tems de sa mort, à la réserve de l'or & de l'argent, & qu'il y eût dans cette maison des marchandises dont ce testateur faisoit un commerce, & qu'il y tenoit pour être vendues, cet usufruit ne comprendroit pas ces sortes de choses. Car il seroit restreint à ce qui se trouveroit destiné pour être tenu dans cette maison c.

c V. la Section 2. de l'Usufruit, p. 111.

d Vxori ususfructum domus, & omnium rerum quae in his domibus erant, excepto argento, legaverat : item ususfructum fundorum & ... rerum. Quaeritur an ... lana, quae coloris mercis causa parata, item purpura quae in domibus erant vestitutes & vendendum, Respondi, excepto argento, & his quae mercis causa comparata sunt, caeterorum omnium ususfructum legatarium habere. l. 31. 5. 3. ff. de vsuf. & vsuf. leg.

IV.

Si un testateur avoit legué une portion des revenus d'un certain fonds, & que l'héritier vînt à vendre ce fonds, le legs subsistera. Et il sera reglé non à la même portion de l'interêt du prix de la vente, mais à la valeur de cette portion des revenus, soit qu'elle excede cet interêt, ou qu'elle soit moindre. Car le legs étoit de ce que pourroit valoir chaque année cette portion. Ainsi ce changement ne nuira ni à l'héritier, ni au légataire e.

e Liberto suo ... legavit : Praeter, vole sa liberti, a loge dum venit, quando agebatur, cum a vendit, qua trenta a ciusi ... vel interim ... fructu si ... a venit ... ... Haeredi praedii vendentis ex ... toum ... quod ... interim ... Quaeritur an ... praedii vendat ... as et ... non ... ... praetium ... si requireto a habendo ? Respondit, reditus quos ... quinquagesima legatos, licet praedia vendita sunt. l. 122. ff. de vsuf. leg.

V.

Si le légataire d'un usufruit avoit été chargé par le testateur d'un fideicommis envers quelque autre personne, & que ce légataire ne pût ou ne voulût accepter le legs ; l'héritier qui en profiteroit seroit tenu de ce fideicommis. Car encore qu'il regardât la personne du légataire à cause de son usufruit, & que cet usufruit ne subsiste plus ; la jouissance qui étoit affectée à ce fideicommis ne demeure à l'héritier qu'avec cette charge f.

s. La charge du legs d'un usufruit passe à l'héritier si le legs n'a lieu.

f Si ab eo cui legatus esset ususfructus, fideicommissum fuerit relictum : licet ususfructus ad legatarium non pervenerit, haeres tamen penes quem ususfructus remanet, fideicommissum praestat. l. 9. ff. de usu & vsuf. leg.

VI.

On peut leguer une certaine somme, ou une certaine quantité de grains, ou autres choses par forme de pension à payer chaque année au légataire, ou pendant un certain tems, ou pendant sa vie. Et il y a cette différence entre un legs de cette nature & un legs d'un usufruit, qu'en celui-ci le légataire a une jouissance incertaine, & peut avoir ou plus ou moins, ou quelquefois rien, & qu'un legs annuel d'une certaine quantité est toujours le même. Il y a aussi cette différence entre ces deux espéces de legs, qu'au lieu que celui d'un usufruit est un legs unique d'un droit de jouir toujours tant qu'il durera, un legs annuel contient autant de legs qu'il pourra durer d'années. Car en chacune le légataire doit recevoir de l'héritier le revenu qui lui est legué. Ainsi ce legs est comme conditionnel, & renferme la condition que le légataire vive au commencement de chaque année pour avoir droit au legs, & pour transmettre le droit de cette année à son héritier g.

6. Différence entre un legs annuel & un legs d'usufruit.

g Si in singulos annos alicui legatum sit : Sabinus (cujus sententia vera est) plura legata esse ait. In primi anni purum, sequentium conditionale : videtur enim hanc inesse conditionem, si vivat : & ideo mortuo eo, ad haeredem legatum non transire. l. 4. ff. de ann. leg. V. les autres suivans.

h Sur ce qui est dit à la fin de l'article de la transmission du legs annuel, l'article 9. de l'usufruit il n'y en a pas de transmission, car il seroit par la mort de l'usufruitier. V. l'article 1. de la Section 6. de l'Usufruit, p. 115. & l'article 4. de la Section 1. du même Titre, p. 105. & la remarque qu'on y a faite.

VII.

Il y a encore cette différence entre le legs d'un usufruit & un legs annuel, qu'un legs d'usufruit ne peut être perpetuel, car il anéantiroit le droit de propriété ; mais qu'un legs annuel peut être perpetuel, soit en faveur d'une communauté, ou des descendans de quelque famille h.

7. Autre différence.

h In annalibus legatis vel fideicommissis, quae testator non solùm certis personis, sed & ejus haeredibus praestari voluit, eorum executionem omnibus haeredibus & eorum haeredum haeredibus servari pro voluntate testatoris praecipimus. l. 22. C. de leg.

VIII.

Il y a aussi cette différence entre ces deux espéces de legs, que si les fonds sujets à l'usufruit ne produisoient rien, le droit de l'usufruitier seroit sans usage. Mais le legs d'une certaine quantité de grains, vin ou autres choses est indépendant de ce qu'il pourra y avoir de récolte. Et quand même un tel legs seroit assigné à prendre sur les récoltes de chaque année, il ne laisseroit pas d'être dû lorsqu'il n'y auroit aucune récolte, pourvu que les autres années pussent y suffire, & que l'intention du testateur n'y fût pas contraire i.

8. Autre différence.

i Vini Falerni quod demi ... guttannis in annos singulos binis culeis haec intus Attio data : Etiam pro eo anno, quo nihil vini natum est, deberi duos culeos : si modo ex vindemia caeterorum annorum dari possit. l. 17. §. 1. ff. de ann. leg.

Quae sententia, si voluntas non adversetur, mihi quoque placet. l. 12. ff. de test. vin. vel ol. leg.

f Pour savoir si le legs doit être payé, quoique la Terre sur laquelle il est assigné ne produise rien, il faut savoir si le legs est exhibition ou taxatif.

Cela se voit par l'expression du testateur : Il est censé taxatif quand il est à prendre de ce qui proviendra d'un tel fonds, ex eo quod in illo fundo natum erit. l. 5. ff. de test. vin. leg. & l. 35. §. 1. ff. de condit. & demonst.

Il est censé démonstratif quand il est simplement à prendre sur un tel fonds par chacun an , *ex eo vino quod in illo fundo nascetur quotannis vel in annos singulos date. l. 13. Cod. l. 17. §. 1. de annuis legatis. l. 12. de aliment. legat. l. 16. ff. quand. dies legat. vel fideicommisso cedat.*

Cujas, *ad legem* 17. *de ann. legat. & ad legem* 39. *de contrah. empt. & ad leg.* 26. *ff. quand. dies leg. vel fideicom. ced. in responsis Papin. Barthole , sur la l. 12. de alim. Despeisses, t. 1. p. 302. col. 1.*]

IX.

9. Le legs annuel est acquis au commencement de l'année.

Les legs annuels sont acquis au légataire quand l'année commence : Et quoiqu'il meurt aussi-tôt qu'elle est commencée , elle est dûe entière *l.* Car il est naturel qu'un legs qui tient lieu d'un fonds pour l'entretien soit acquis par avance.

l Si competenti judici annua legata vel fideicommissa tibi relicta probaveris, ex initio cujusque anni habebis facultatem. *l. 1. C. quando dies leg. vel fid. ced.* v. l. 5. *ff. de ann. leg.* In omnibus quæ in annos singulos relinquuntur hoc probaverunt, ut initio cujusque anni hujus legati dies cederet. *l. 12. ff. quando dies leg. ced.* V. l'article 6.

X.

10. Un legs à prendre en plusieurs ans sur un fonds, est d'une autre nature que le legs annuel.

Il ne faut pas mettre au nombre des legs annuels un legs d'une certaine somme payable chaque année jusqu'à un certain tems , pour autre cause que pour un entretien ou des alimens , non plus qu'un legs d'une somme qui seroit payable en plusieurs termes de plusieurs années. Car ces payemens ainsi divisez que pour moins charger l'héritier ; ces legs seroient de la nature des autres , & comme un legs unique dont le droit entier seroit acquis au légataire à une seule fois. Ainsi ce légataire venant à mourir avant que ces années fussent expirées , il transmettroit à son héritier celles qui resteroient dûes *m.*

m Si cum præfinitione annorum legatum fuerit, veluti , *Titio dena usque ad annos decem :* Julianus libro trigesimo digestorum scripsit, intercide si si quidem alimentorum nomine legatum fuerit : plura esse legata & futurorum annorum legatum legatarium mortuum ad hæredem non transmittere. Si vero non pro alimentis legatur, sed in plures pensiones divisi exonerandi hæredis gratia, hoc casu ait , omnium annorum unum esse legatum : & intra decennium decedentem legatarium , etiam futurorum annorum legatum ad hæredem suum transmittere. Quæ sententia vera est. *l. 10. ff. quand. leg. ced.*

XI.

11. Legs d'une distribution à un certain jour perpétuel, ou pour une fois.

Si un testateur avoit fait un legs d'une aumône à faire à un certain jour, ou d'une somme à distribuer , comme à des Chanoines d'un Chapitre , ou aux Ecclésiastiques d'une Paroisse , ou autres semblables , à quelque fête ou solemnité qui revint chaque année , comme au jour d'un Saint , ou d'une fete de quelque Mystere , sans marquer expressément que cette aumône ou distribution seroit réiterée tous les ans à pareil jour ; on jugeroit par les circonstances , si l'intention de ce testateur étoit d'un legs d'une somme à une fois payer , ou d'un legs annuel. Ce qui dépendroit de la qualité de la personne , de ses biens , de l'expression du testament , du motif du legs , du fonds destiné pour cette aumône ou distribution , & des autres circonstances qui pourroient faire juger de l'intention de ce testateur *n.*

n Cùm quidam decurionibus divisiones dari voluisset die natalis sui : Divi Severus & Antoninus rescripserunt, non esse verisimile testatorem de uno anno sensisse ; sed de perpetuo legato. *l. 23. ff. de ann. leg.*

Attia fideicommissum his verbis reliquit , *quisquis mihi hæres erit, fidei ejus committo , uti dari ex reditu cenaculi mei & hæret, post obitum , sacerdoti , hierophylaci, & libertis, qui in illo tempore erunt denaria decem die quindquagna quas ibi jussi.* Quæro, unum his dumtaxat qui eo tempore quo legabatur , in rebus humanis , & in eo officio fuerint, debitum sit , an etiam his , qui in locum eorum successerunt ? Respondit , secundùm ea quæ proponerentur , ministeriorum nominatorum designatis, cæterùm datum tempto. Item quæro , utrum una cumtaxat anno sint debitorumis nomine debeantur, an etiam in perpetuum decem annua præstanda sint ? Respondit, in perpetuum. *l. 10. ced.*

Quoique ces textes semblent ne pas faire dépendre des circonstances la perplexité d'un legs de cette qualité , on voit assez, que les legs dont il s'agit ont été déclarez perpétuels que par des circonstances qui résultent de la qualité de ces legs, selon l'usage de ce tems lu. Et pour le nôtre , il est difficile qu'un tel droit arrive ; car un testateur qui feroit un legs perpétuel de la qualité de ceux qui sont expliquez dans l'article , ne manqueroit pas de l'exprimer, & d'assigner un fonds pour une charge de cette nature.

XII.

12. Les legs d'alimens sont pour la vie.

Les legs d'alimens ou d'un entretien durent pendant la vie du légataire , si le testateur n'a borné le tems. Car des alimens & un entretien indéfiniment n'étant pas restraints à une certaine durée , sont pour tout le tems que le légataire en aura besoin ; ce qui comprend sa vie *o.*

o Mela ait si puero , vel puellæ alimenta relinquantur , usque ad pubertatem deberi. Sed hoc verum non est, tandiu enim debentur donec testator voluit : per totum tempus vitæ debebuntur. *l. 14. ff. de alim. vel c.b. leg.*

XIII.

13. Legs d'alimens jusqu'à la puberté, tiennent jusqu'à la pleine puberté.

Comme un legs d'alimens ou d'un entretien est tout favorable, si un testateur avoit fait un tel legs pour durer seulement jusqu'à ce que le légataire eût atteint l'âge de puberté , il ne finiroit que par la pleine puberté, c'est-à-dire , à dix-huit ans accomplis aux mâles , & à quatorze aux filles *p.*

p Certè si *usque ad pubertatem* alimenta relinquantur , si quis exemplum alimentorum , quæ dudum pueris & puellis dabantur , velit sequi , licet Hadrianum constituisse, ut pueri usque ad decimum octavum , puellæ usque ad quartum decimum annum alantur , & hanc formam ab Hadriano datam observandam esse Imperator noster rescripsit. Sed etsi generaliter pubertas non sic definiatur , tamen pietatis intuitu in sola specie alimentorum hoc tempus ætatis esse observandum , non est incivile. *l. 14. §. 1. ff. de alim. vel cib. leg.*

v. sur ces deux sortes de puberté la remarque sur l'article 8. de la Section 2. des Personnes , p. 14.

XIV.

14. Le legs d'entretien comprend ce qui est pour la nourriture & l'habitation.

Le legs d'un entretien , ou simplement d'alimens , comprend la nourriture , le vêtement & l'habitation : si ce n'est que le testateur y eût mis quelques bornes ; car on ne peut vivre sans le vêtement & le logement. Mais ce legs ne comprend pas ce qui regarde l'instruction du légataire , soit pour un métier , ou pour quelque art , ou pour les études. Car ces besoins sont d'une autre nature , & ne sont pas de la même nécessité que les alimens , le vêtement & l'habitation *q.*

q Legatis alimentis, cibaria & vestitus, & habitatio debebitur ; quia sine his nisi corpus non potest , cæteraque ad disciplinam pertinent , legato non continentur. *l. 6. ff. de alim. vel cib. leg.* Nisi aliud testatorem sensisse probetur. *l. 7. eod.*

Rogatus es *ut quendam educes , ad victum necessaria ei præstare cogendus es.* Panius : cur plenius esse alimentorum legatum , ubi dictum est & vestiarium , & habitationem continetur : Imò ambo exæquanda sunt. l. ult. eod.

§ Il faut distinguer si les alimens sont dûs jure sanguinis , & alors l'éducation est comprise. *l. 5. ubi pupill. educ. deb. l. 6. §. 5. ff. de Carbon. edict. Barthole & Godefroy, ad l. 6. ff. de aliment. vel cib. leg.*]

XV.

15. Les legs d'alimens se réglent selon les circonstances.

Si un testateur avoit légué des alimens ou un entretien indéfiniment sans rien spécifier , & qu'il eût accoutumé d'entretenir celui à qui seroit ce legs , il seroit réglé sur le même pied : sinon on le fixeroit à une certaine somme par an , ou en espece & à proportion de la qualité du légataire , de celle du testateur & de ses biens , & de la considération qu'il pouvoit avoir pour la personne de ce légataire , soit par son affection pour lui , ou par quelque devoir ou autre engagement , & selon les autres circonstances qui pourroient faire juger de l'intention de ce testateur *r*, comme il a été dit en un autre lieu *s.*

r Cùm alimenta per fideicommissum relicta sunt non adjecta quantitate, quod omnis inspiciendum est quæ defunctus solitus fuerat ei præstare : deinde quid cæteris quidem ordinis relinquitur : si nicutum appareret , tum ex facultatibus defuncti , & cheritate ejus cui fideicommissum datum erit, modus statui debebit. *l. 22. de alim. vel cib. leg.*

[V. l'art. 12. de la Section 6. des Testamens , p. 418.

XVI.

16. Continuement d'un legs de ce qu'un homme donnoit à une personne qu'il entretenoit.

Si celui qui donnoit toujours des alimens ou un entretien à une personne , lui fait un legs de ce qu'il avoit accoutumé de lui donner , & qu'il se trouve qu'il donnât différemment , quelquefois plus , & quelquefois moins ; le legs sera reglé sur le pied de ce qu'il donnoit dans le dernier tems qui avoit précédé sa mort, soit qu'auparavant il donnât plus, ou qu'il donnât moins *t*.

t Sed si alimenta quæ vivus præstabat, reliquerit, ea demum præstabuntur quæ mortis tempore præstare solitus erat. Quare si torte varié præstiterit, ejus tamen temporis præstatio spectabitur quod proximum mortis ejus suit. Quid ergò si eum testaretur, minus præstabat, plus mortis tempore, vel contra? adhuc erit dicendum, eam præstationem sequendam quæ novissima suit. l. 14. §. 2. ff. de alim. vel cib. leg.

XVII.

Quoique les legs d'alimens ou d'entretien soient destinez à la nourriture, au vêtement & au logement, & que si l'héritier ne les acquitte au légataire ni les ait d'ailleurs, & même gratuitement ; cet héritier, ou ses héritiers, s'il étoit mort, ne laisseront pas d'en devoir les arrérages à ce légataire. Et la cessation du payement de plusieurs années ne lui seroit aucun préjudice ni pour le passé, ni pour l'avenir. Car encore que le motif de ce testateur fut seulement que ce légataire fût entretenu, & qu'il l'ait été ; c'étoit une charge qu'il imposoit à son héritier : & de sa part il seroit injuste qu'il en profitât, comme il est juste de la part du légataire, qu'il profite également & du bienfait de ce testateur, & de celui d'autres personnes qui l'auroient nourri & entretenu, ou de son industrie, s'il en avoit vécu *u*.

*u Præteriti temporis alimenta reddenda sunt. l. 10. §. 1. ff. de alim. vel cib. leg.
Manumissis testamento cibaria annua si cum matre morarentur, per fideicommissum dedit. Mater filio triennio præstitit : deinde fideicommissi libera cessarunt. Sed & filia, posteaquam mater heres extitit, quoad vixit, annis quatuordecim interpellata de usdem solvendis non est. Quæritum est an post mortem illæ à novissimo herede peti possint, & tam præteriti temporis, quàm suturi, id quod cibariorum nomine & veritori relictum est ? Respondit si conditio extitisset, nihil proponi cur non possent. l. 18. §. 1. eod.*

XVIII.

Les legs d'alimens sont distinguez de la plûpart des autres legs, par la considération de la nécessité qui les rend si favorables, qu'on peut leguer les alimens aux personnes même qui sont incapables des autres legs, comme il a été dit en son lieu *x*. Et si un legs d'alimens ou d'entretien ou pension annuelle étoit fait en faveur des personnes pauvres, il pourroit être mis au nombre des legs qu'on appelle pieux, qui sont la matiere de la Section suivante.

x V. Part. 6. de la Section 2.

SECTION VI.

Des Legs pieux.

SOMMAIRES.

1. Quels sont les legs pieux.
2. Différence entre les legs pieux & les autres par leurs motifs & leur usage.
3. Différence entre un legs pieux & un legs qui regarde quelque bien public.
4. Usage d'un legs pieux sans destination.
5. Execution des legs pieux.
6. Destination d'un legs pieux à un autre usage que celui que le testateur avoit ordonné.
7. Privilege des legs pieux.

I.

ON appelle legs pieux ceux qui sont destinez à quelque œuvre de pieté *a*, soit qu'ils regardent le spirituel ou le temporel. Ainsi un legs d'ornemens pour une Eglise, un legs pour l'entretien d'un Ecclésiastique destiné à l'instruction des pauvres, & un legs pour leur nourriture, sont des legs pieux.

a Dispositiones pii testatoris. l. 28. C. de Episc. & Cleric.

II.

On peut faire cette premiere différence entre les legs

qu'on appelle pieux, & les autres sortes de legs, qu'on ne donne proprement le nom de legs pieux qu'à ceux qui sont affectez à quelques œuvres de pieté & de charité, & qui ont leurs motifs indépendans de la considération que le mérite des légataires pourroit attirer *b* ; au lieu que les autres legs ont leurs motifs bornez à la considération de quelque personne en particulier, ou sont destinez à quelque autre usage que pour une œuvre de pieté ou de charité, comme il sera dit dans l'article qui suit.

b C'est dans ce motif que consiste l'essentiel des legs pieux.

III.

Tous les legs qui n'ont pas pour motif la considération particuliere de quelque personne, ne sont pas pour cela du nombre des legs pieux, quoiqu'ils se rapportent à un bien public, si ce bien est autre que de pieté ou de charité. Ainsi un legs destiné pour quelque ornement public, comme pour une porte de Ville, pour l'embellissement ou commodité de quelque place publique, & autres semblables, ou un legs d'un prix pour celui qui auroit excellé dans quelque art au-dessus des autres, seroient des legs d'une autre nature que des legs pieux *c*.

*c Si quid relictum sit civitatibus omne valet, sive in distributionem relinquatur, sive in opus, sive in alimenta, vel in eruditionem puerorum, sive quid alind. l. 117. ff. de leg. 1.
Civitatibus legati potest etiam quod ad honorem ornarumque civitatis pertinet. Ad ornatum puta quod ad instruendum forum, theatrum, stadium, legatum fuerit. Ad honorem puta quod ad munus, venationemve, ludos scenicos, ludos circenses, relictum fuerit : aut quod ad divitionem singulorum civium, vel epulum relictum fuerit : hoc amplius quod in alimenta infirmæ ætatis, puta seniorbus, vel pueris puellisque, relictum fuerit ad honorem civitatis pertinere respondetur. l. 122. eod.*

IV.

Si un legs pieux n'avoit pas de destination pour quelque usage particulier, comme si un testateur avoit legué en général ou à l'Eglise ou aux pauvres ; à l'Eglise seroit pour la Paroisse du lieu où le testateur avoit son domicile : & le legs aux pauvres seroit pour l'Hôpital de ce lieu, s'il y en avoit ; sinon pour les pauvres de cette Paroisse. Et il en seroit de même si au lieu d'un simple legs, le testateur avoit institué héritiers l'Eglise ou les pauvres *d*.

*d Si quis in nomine magni Dei & Salvatoris nostri Jesu Christi hæreditatem, aut legatum reliquerit, jubemus, Ecclesiam loci illius, in quo testator domicilium habuerit, accipere quod dimissum est. Nov. 131. c. 9. l. finals C. de Jacros. Eccles. in fine.
On voit par ce texte qu'il étoit de l'usage de leguer à Dieu ; & si un tel legs devoit appartenir à l'Eglise du lieu, un legs à l'Eglise indéfiniment est à plus forte raison acquis à cette Eglise.*

V.

Si le testateur n'avoit pas lui-même reglé en particulier l'usage du legs, comme s'il avoit legué à rachetter des captifs indéfiniment dans un lieu où il n'y auroit point d'Hôpital, ou pour rachetter des captifs, sans marquer en quel lieu ; l'exécution de ces dispositions dépendroit de l'exécuteur du testament, ou autre personne à qui le testateur auroit expliqué & confié son intention. Et s'il n'y avoit personne qu'il en eût chargé, & qu'on ne dût pas s'assurer de la foi de son héritier, il y seroit pourvû en Justice à la diligence des personnes qui se trouveroient obligées à prendre ce soin *e*.

e Si quidem testator designaverit per quem desiderat redemptionem fieri captivorum, is qui specialiter designatus est, legati vel fideicommissi habeat exigendi licentiam : & pro sua conscientia votum adimpleat testatoris. Sin autem persona non designata, testator absolute tantummodo summam legati vel fideicommissi taxaverit, quæ debeat memoratæ causæ proficere : vir reverendissimus Episcopus illius civitatis ex qua testator oritur, habeat facultatem exigendi quod hujus rei gratia fuerit derelictum, pœna defuncti propositum fine ulla cunctatione, ut convenit, impleturus. l. 28. §. 1. C. de Episc. & Cleric.

☞ Ce qui est dit dans ce texte, que si le testateur n'a nommé personne pour l'exécution de ses legs pieux, l'Evêque pourra exiger la somme leguée pour exécuter l'intention

tention du testateur, n'est pas de notre usage. Car l'Evêque peut bien veiller à ce qu'il soit pourvû à l'exécution des legs pour les pauvres, mais autrement qu'en exigeant lui-même, & recevant les sommes destinées pour ces sortes de legs. Et s'il est nécessaire d'agir en Justice contre un héritier, cette fonction regarde les personnes chargées de ce soin, comme les Administrateurs d'un Hôpital ou d'un Hôtel-Dieu, selon que les legs seroient destinez. Et si le legs ne regardoit aucune maison, comme un legs d'une aumône à distribuer à un certain jour en un certain lieu, qui ne seroit pas réunie à quelque Hôpital, ou un legs aux pauvres dans un lieu où il n'y auroit aucune maison qui leur fût destinée ; les Officiers de Justice seroient obligez d'y pourvoir à la diligence des Procureurs du Roi. Ce qui n'empêche pas que les Evêques & les Curez ne fassent de leur part leurs diligences pour procurer l'exécution de ces sortes de legs. On peut voir sur ce sujet les Ordonnances qui ont pourvû au recouvrement, conservation & administration des biens des pauvres. V. l'Edit de 1561. l'Ordonnance de Moulins article 73. celle de Blois articles 65. & 66. & de Melun article 10.

VI.

e. Destination d'un legs pieux à un autre usage que celui que le testateur avoit ordonné.

Si un legs pieux étoit destiné à quelque usage qui ne pût avoir son effet, comme si un testateur avoit legué pour faire une Eglise pour une Paroisse, ou un bâtiment dans un Hôpital, & qu'il arrivât ou qu'avant sa mort cette Eglise ou ce bâtiment eût été fait de quelque autre fonds, ou qu'il n'y en eût point de nécessité ni d'utilité, le legs ne demeureroit pas pour cela sans aucun usage ; mais il seroit employé à d'autres œuvres de pieté pour cette Paroisse ou pour cet Hôpital, selon les destinations qu'en feroient les personnes que cette fonction pourroit regarder *f.*

f Legatum civitati relictum est, ut ex reditibus quotannis in ea civitate memoriæ conservandæ defuncti gratiâ spectaculum celebretur, quod illic celebrari non licet. Quæro quid de legato existimes ? Modestinus respondit : cùm testator spectaculum non voluerit in civitate, sed tale, quod ibi celebrari non licet : iniquum esse hanc quantitatem quam in spectaculum defunctus destinaverit, lucro hæredum cedere. Igitur adhibitis hæredibus & primoribus civitatis, dispiciendum est, in quam rem converti debeat fideicommissum, ut memoria testatoris alio & licito genere celebretur. *l. 16. ff. de usu. & usuf. & red. leg.*

Quoique ce texte regarde une autre sorte de dispositions, la regle qui en résulte est à plus forte raison très-juste pour les legs pieux.

VII.

7. Privilege des legs pieux.

Comme les legs pour des œuvres de pieté ont la double faveur, & de leur motif pour de saints usages, & de leur utilité pour le bien public, ils sont considerez comme privilegiez dans l'esprit des loix *g.*

g V. l'article 6. de la Section 3. & la remarque sur l'article 4. de la Section 1. des Codicilles, p. 465.

La faveur des legs pieux peut les distinguer des autres legs, dans les cas dont il est parlé dans les lieux qu'on vient de citer ; & en général cette faveur peut être considerée dans les cas où il s'agiroit de l'interprétation de quelque disposition pour un legs pieux.

V. sur ce sujet les privileges des legs pieux, le préambule de la Section 2. de la Falcidie, p. 496.

¶ En Pays de Droit Ecrit, les legs pieux sont favorables, & sont dûs, quoique le testament soit imparfait, quand il n'y auroit que deux témoins. Dep. t. 2. p. 165.]

SECTION VII.

Des legs d'une d'entre plusieurs choses au choix de l'héritier ou du légataire.

ON a tâché de former les regles qui composent cette Section de telle sorte qu'elles conciliassent quelques contrarietez au moins apparentes qu'on voit en quelques loix de cette matiere. Ainsi, par exemple, il est dit dans une loi, que si un testateur a legué en général un homme, c'est-à-dire un esclave, le légataire en aura le choix, *homine generaliter legato, arbitrium eligendi quem acciperet, ad legatarium pertinet. l. 2. §. 1. ff.*

Tome I.

---

de opt. vel el. leg. Et il est dit dans une autre loi, que si un testateur a legué en général un bassin d'argent en ayant plusieurs, sans marquer lequel, l'héritier aura le choix de donner celui qu'il voudra. *Sed etsi lancem legaverit nec apparuerit quam ; æque electio est hæredis quam velit dare. l. 37. in f. ff. de leg. 1.*

Il semble par ces textes, que qui prendroit l'un & l'autre à la lettre, auroit à choisir du pour ou du contre, ce qui ne peut être juste ; mais pour bien les concilier, il faut remarquer une distinction de l'ancien Droit Romain entre les legs qu'on appelloit *per vindicationem,* & ceux qu'on appelloit *per damnationem,* dont il a été parlé en un autre endroit *a.* Dans les legs de cette premiere sorte, le legs étant conçû en ces termes ou autres semblables, *je veux qu'un tel prenne un cheval de mon écurie,* le légataire avoit le choix, car il le prenoit lui-même ; & c'est d'un legs de cette espéce qu'il faut entendre le premier des textes qu'on vient de citer. Et dans les legs de la seconde sorte, le legs étant conçû en ces termes, *je veux que mon héritier donne à un tel un de mes chevaux,* l'héritier choisissoit, car c'étoit lui qui étoit chargé de donner *b* ; & c'est d'un legs de cette seconde espéce qu'il faut entendre le second texte. Ainsi, encore que les différences de ces deux sortes de legs & de quelques autres dont il ne serviroit de rien de parler ici, ayent été abolies *c,* on doit s'en servir pour concilier les contrarietez de ces loix & de plusieurs autres qui ont beaucoup embarrassé plusieurs Interpretes, & non sans raison. Et on peut même dire sur ces deux espéces de legs qui étoient ainsi distinguées dans le Droit Romain, que leurs différentes expressions peuvent marquer quelque différence dans l'intention du testateur, & que celle qui donne au légataire le droit de prendre, semble avoir plus de rapport au droit de choisir, que celle qui charge l'héritier de donner au légataire.

On a été obligé de faire cette réflexion sur une difficulté qu'il a été nécessaire d'éclaircir avant que d'expliquer les regles de cette matiere. Mais comme dans notre usage on ne voit qu'une maniere d'expression des testateurs qui ne se rapporte à aucune de ces deux sortes de legs qu'on distinguoit dans le Droit Romain, & que presque tous les legs sont conçûs en ces termes, *je donne & legue à un tel,* ou si c'est en tierce personne, *donne & legue* ; ces expressions ne marquent rien de l'intention du testateur qui favorise ou l'héritier ou le légataire. Ainsi, à moins que le legs ne soit conçû d'une maniere qui laisse le choix à l'un ou à l'autre, il faut en venir aux regles qui ont été expliquées dans les articles 6. 7. 8. 9. 10. & 11. de la Section 7. des Testamens. Et comme on ne doit pas répeter dans cette Section ce qui a été dit dans ces articles, le Lecteur peut les voir & les joindre ici.

a V. le préambule de la Section 9. des Testamens, p. 435.
b V. Tit. Ulp. 14. §. 14.
c §. 2. Inst. de legat.

SOMMAIRES.

P p p

I.

ON peut leguer une de deux ou de plusieurs choses en trois manieres. Car on peut faire un tel legs sans mention de choix ; comme si un testateur legue simplement un cheval à prendre de ceux de son écurie, un tableau de ceux de son cabinet ; & on peut en laisser le choix ou au légataire, ou à l'héritier *a*.

a V. les articles suivans.

II.

Si un testateur legue une chose à prendre entre plusieurs de la même espéce qui se trouveront dans sa succession, ou même qui ne s'y trouvent point, & sans marquer à qui en sera le choix, ou à l'héritier, ou au légataire ; ce legs dépendra de la regle expliquée dans l'article 22. de la Section 3. & de celles qui suivent *b*.

b V. est article 22. de la Section 3. de ce Titre, & l'article 10. de la Section 7. des Testamens, p. 422. V. les regles qui suivent.

III.

Si l'expression du testateur est conçue en termes qui fassent juger, qu'encore qu'il n'ait donné le choix ni à l'héritier ni au légataire entre deux ou plusieurs choses, il ait entendu en leguer une plutôt que l'autre ; le legs s'entendra de celle où cette expression aura plus de rapport qu'à l'autre, soit qu'elle soit plus précieuse, ou de moindre prix. Ainsi, par exemple, si un testateur avoit legué son cheval de selle en ayant plusieurs, le legs s'entendroit du cheval qu'il avoit accoutumé de monter. Ainsi, pour un autre exemple, si celui qui auroit deux maisons, l'une dans Paris où il logeroit, & l'autre à saint Denis tenue par un locataire, leguoit en ces termes, *je donne & legue ma maison à un tel*, cette expression détermineroit à la maison où seroit la demeure de ce testateur ; à moins qu'il ne parût par des circonstances qu'il vouloit leguer l'autre. Mais si l'expression du testateur ne détermineroit à aucune des deux maisons, comme s'il avoit simplement legué une de ses maisons ; ou si ayant deux héritages d'un même nom, il en leguoit un, l'héritier pourroit ne donner que la maison ou l'héritage de moindre valeur *c*, car il seroit par-là satisfait au legs. Et en général dans les doutes de cette nature, où rien ne détermine à l'une des choses qui peuvent être comprises au legs, la présomption est pour l'héritier, comme il a été expliqué en un autre lieu *d*.

c Si de certo fundo sensit testator, nec appareat de quo cogitaverit : electio hæredis erit, quem velit dare : aut si appareat, ipse fundus vindicabitur. *l.* 37. §. 1. ff. *de leg.* 1.
Scio ex facto tractatum : cùm quidam duos fundos ejusdem nominis habens, legasset fundum Corucilianum : & esset alter pretio majoris, alter minoris : & hæres diceret minorem legatum, legatarius majorem vulgò fatebitur, utique minorem eum legasse, si majorem non potuerit docere legatarius. *l.* 39. §. 6. ff. *de leg.* 1.
d V. les articles 6. 7. & autres suivans de la Section 7. des Testamens, p. 422.

IV.

Si un testateur avoit legué un bassin d'argent en ayant plusieurs, l'héritier auroit la liberté de donner celui qu'il voudroit *e*. Car le légataire auroit ce qui lui étoit donné : & c'est une suite de la regle expliquée dans l'article 3. Et l'héritier auroit à plus forte raison cette liberté, si le testateur lui avoit laissé le choix. Mais si le legs étoit de choses qui dans la même espéce peuvent être de différentes qualitez, bonnes ou mauvaises, comme des chevaux, des tapisseries, la liberté du choix qu'auroit l'héritier, n'iroit pas à pouvoir choisir une tapisserie vieille & tombant en piéces, ou un cheval poussif. Car on ne pourroit présumer que le testateur eût donné cette étendue au droit de choisir qu'il laissoit à son héritier *f*.

e Nec etsi lancem legaverit, nec appareat quam, æquè electio est hæredis, quam velit dare. *l.* 37. in f. ff. *de leg.* 1.
f Si hæres generaliter servum quem ipse voluerit, dare jussus, sciens furem dederit, isque furtum legatario fecerit, de dolo malo

---

agi posse ait. Sed quoniam illud verum est , hæredem in hoc teneri ut non pessimum det , ad hoc tenetur ut & alium hominem præstet, & hunc pro noxæ deditione relinquat. *l.* 110. ff. *de leg.* 1. V. l'article 11. de la Section 3. & les articles 8. & 10. de la Section 7. des Testamens, p. 422.

V.

Lorsqu'un testateur donne au légataire le droit de choisir entre plusieurs choses, comme des chevaux de son écurie celui qu'il voudra, & ainsi d'autres choses, le légataire a la liberté de choisir la plus précieuse *g*. Et pour mettre l'héritier en état de faire ce choix, l'héritier est obligé de représenter tout ce qu'il peut y avoir dans l'hérédité de cette espéce de choses dont le choix est legué. Et s'il s'en trouvoit même qui par quelque hazard, sans le fait de l'héritier, n'eussent pas paru, le légataire qui sans les connoître auroit fait son choix, pourroit choisir de nouveau les ayant connues *h*. Mais si parmi toutes ces choses il y en avoit quelqu'une qui fût singulierement nécessaire à l'héritier pour assortir quelque bien de la succession, il seroit de l'équité de l'excepter du choix de ce légataire, au moins en tout cas en suppléant au prix, s'il n'y en avoit pas de valeur pareille. Car le droit du légataire ne va pas à pouvoir nuire à l'héritier *i*.

g Quoties servi electio vel optio datur , legatarius optabit quem velit. *l.* 2. ff. *de opt. vel elect. leg.*
h Scyphi electione data , si non omnibus scyphis exhibitis legatarius elegisset , integram ei optionem manere placet. Nisi ex his dumtaxat eligere voluisset, cum sciret & alios esse. *l.* 4. *eod.* Nec solùm si fraude hæredis , sed etiam si alia qualiter causâ id evenerit. *l.* 5. *eod.*
i Comme l'héritier ne doit pas abuser de la liberté du choix, ainsi qu'il a été dit dans l'article précédent ; le légataire ne doit pas en abuser non plus. Homine legato , actorem non posse eligi. *l.* 37. ff. *de leg.* 1. V. l'article 10. de la Section 7. des Testamens, p. 422.

VI.

Si le testateur avoit remis à une tierce personne le choix de la chose leguée , soit parce qu'il ne croiroit pas le légataire capable de faire ce choix , ou parce qu'il voudroit un tempérament entre les interêts de l'héritier & du légataire ; le legs seroit fixé par cette personne. Et à son défaut ou à son refus , le légataire pourroit choisir & demander à l'héritier l'une des choses dont le choix lui seroit donné , & qui fût de la valeur moyenne entre ce qu'il y auroit de plus précieux & de moindre prix *l*. Et s'ils ne pouvoient convenir entr'eux , le choix seroit arbitré par une personne dont ils conviendroient , ou qui seroit nommée par le Juge *m*.

l Si quis optionem servi , vel alterius rei reliquerit , non ipsi legatario , sed quam Titius forte elegerit : Titius autem vel noluerit eligere , vel non potuerit , vel morte fuerit præventus , & in hac specie dubitabatur apud veteres quid statuendum sit : utrumne legatum expiret , an aliquod ei inducatur adjutorium , ut viri boni arbitratu procedat electio. Censemus itaque , si intra annale tempus ille qui eligere jussus est hoc facere superfederit , vel minimè potuerit , vel quandocumque decesserit , ipsi legatario videri esse delatam electionem. Ita tamen , ut non optimum ex servis, vel aliis rebus quidquam eligat , sed mediæ æstimationis. Ne dum legatarium satis esse fovendum existimamus , hæredis commoda defraudentur. *l. ult.* §. 1. C. comm. de legat.
m Arbitri officium invocandum est. *l.* 13. in f. ff. *de servit. præd. vrst.*
Le délai d'un an , dont il est parlé dans le premier de ces deux textes , ne seroit pas de notre usage , ni de l'équité. Car comme ce tiers qui remettroit si long-tems à faire ce choix , n'étoit nommé que pour faire un choix raisonnable , & que d'autres le peuvent de même , il ne seroit pas juste d'attendre si long-tems qu'il lui plût de s'en acquitter : sur-tout si la chose leguée étoit d'une nature à pouvoir périr pendant ce délai.

VII.

Lorsque le testateur a donné un choix , soit à l'héritier , ou au légataire , celui qui doit le faire ne peut differer que pendant le délai que l'état des choses rendra nécessaire , ou qui aura été reglé par le testateur , ou de gré à gré entre les Parties , ou même par le Juge si on en vient là. Et celui qui ayant le choix seroit en demeure , c'est-à-dire qui retarderoit , pourroit être poursuivi par l'autre qui le feroit sommer de faire son option , & protesteroit de ses dommages & interêts pour le retardement. Ce qui auroit l'effet qu'on expliquera par les regles qui fuivent *n*.

n Mancipiorum electio legata eſt. Ne venditio quandoque eligente legatario interpelletur : decernere debet prætor, nifi intra tempus ab ipfo præfinitum elegiſſet , actionem legatorum ei non competere. *leg.* 6. *ff. de opt. vel elect. leg.* 8. *eod.*

Il faut entendre ce qui eſt dit dans cet article & les autres fuivans fur le retardement de l'héritier ou du légataire , des cas où il y auroit une ſommation de faire le choix , ou qu'il paroîtroit de la mauvaiſe foi, comme par exemple , ſi un héritier retenoit caché le teſtament ou le codicille qui le chargeroit d'un legs à ſon choix.

VIII.

8. Peine du retardement du choix que devoit faire l'héritier.

Si l'héritier qui avoit le choix étoit en demeure , & que cependant les choſes dont une devoit être choiſie par le légataire , vinſſent à périr ou être endommagées , il ſeroit tenu de la perte ou diminution à laquelle ſon retardement auroit donné lieu. Car le légataire auroit pû ou vendre la choſe , ou en prévenir la perte ou le dommage ; & ſi les choſes étant encore en nature , le légataire ſouffroit des dommages & interêts faute de la délivrance , l'héritier en ſeroit tenu *o*. Que ſi des choſes dont le choix devoit être fait , quelques-unes n'étoient pas préſentes , & qu'un trop long retardement nuiſît au légataire , il pourroit obliger l'héritier ou à faire un choix parmi celles qu'il auroit préſentées , ou à lui donner l'eſtimation de quelqu'une des autres *p*.

o V. le texte cité ſur l'article précédent, qui peut convenir auſſi bien au retardement de l'héritier qu'à celui du légataire.

p Si Stichus aut Pamphilius legetur , & alter ex his vel in fuga fit , vel apud hoſtes : dicendum erit , præſentem præſtari , aut abſentis æſtimationem. Toties enim electio eſt hæredi committenda , quoties moram non eſt facturus legatario. l. 47. §. 3. ff. de leg. 1.

IX.

9. Peine du retardement du choix que devoit faire le légataire.

Si le choix eſt au légataire & qu'il le diffère , il ſera tenu des dommages & interêts qu'aura pû cauſer ſon retardement , de même que l'héritier eſt tenu des ſuites du ſien. Ainſi , par exemple , ſi deux chevaux dont un lui ſeroit legué à ſon choix venoient à périr pendant ſon délai , & que cette perte pût lui être imputée , l'héritier qui n'ayant beſoin d'aucun des chevaux auroit pû vendre celui que le légataire lui auroit laiſſé , & n'auroit pas été obligé de nourrir les deux , pourroit recouvrer contre ce légataire les dommages & interêts de cette dépenſe & de cette perte ſelon les circonſtances *q*.

q V. le texte cité ſur l'article 7. où il faut remarquer ces mots : Ne venditio quandoque eligente legatario interpelletur.

X.

10. Si des choſes dont le choix étoit legué , il n'en reſte qu'une , elle eſt au légataire.

Si après la mort du teſtateur & avant le choix , ſoit qu'il dût être fait par le légataire , ou par l'héritier , les choſes dont le choix devoit être fait , viennent à périr ſans qu'on puiſſe rien imputer à l'un ni à l'autre , l'une eſt périe pour le légataire , & les autres pour l'héritier *r*. Mais s'il en reſte une , elle eſt au légataire. Car encore que ſon legs fût d'un droit de choiſir , & qu'il n'y ait plus de choix à faire ; l'intention du teſtateur étoit qu'il en eût une. Ainſi il devoit avoir celle qui reſtera ſeule *f*.

r Cette première partie de l'article peut avoir ſon uſage dans un cas où l'héritier auroit à déduire la falcidie. Car on ne lui imputeroit pas ſur ſa falcidie la valeur de celle de ces choſes que le légataire devoit avoir , mais ſeulement les autres qui devroient reſter à lui. V. les articles 7. & 8. de la Section 1. de la Falcidie, p. 497.

f Soit que le choix fût à l'héritier ou au légataire , s'il n'en reſte qu'une , il faut la donner. Car ſi évenement y détermine autant ou plus que feroit le choix à celle qui feroit choiſie.

XI.

11. Si après le choix la choſe périt, le légataire en ſouffre la perte.

Si après que celui qui devoit choiſir , ſoit l'héritier ou le légataire , aura fait & expliqué ſon choix , la choſe choiſie venoit à périr , la perte en ſeroit pour le légataire : car il n'auroit aucun droit à celles qui pourroient reſter. Car le choix avoit diſtingué celle qu'il devoit avoir , & l'avoit rendue ſienne. Ainſi c'eſt lui qui doit en ſouffrir la perte *t*.

t Stichum aut Pamphilum, utrum hæres meus volet Titio dato :

ſi dixerit hæres Stichum ſe velle dare , Sticho mortuo liberabitur. *l.* 84. *§.* 9. *ff. de leg.* 1.

Quoique ce texte ne parle que du cas où le choix étoit à l'héritier , la regle eſt à plus forte raiſon juſte dans le cas où le légataire auroit fait lui-même le choix.

XII.

12. Celui qui a fait ſon choix , ne peut changer & en faire un autre.

L'héritier ou le légataire qui a une fois fait ſon option , ſoit en Juſtice ou de gré à gré , ne peut plus changer & en faire une autre. Car le droit de choiſir que le teſtateur lui avoit donné , eſt conſommé par ce premier choix *u*.

u Cùm femel dixerit hæres utram dare velit, mutare ſententiam non poterit. l. 84. §. 9. ff. de legat. 1. Apud Auſidium libro primo reſcriptum eſt : cùm ita legatum eſt : Veſtimenta , quæ voles , triſtinaria ſumito , ſibique habeto : ſi is dixiſſet , quæ vellet deinde , antequam ea ſumeret , alia ſe velle diſſiſſet : mutare voluntatem eum non poſſe , ut alia ſumeret : quia omne jus legati prima teſtatione , quâ ſumere ſe dixiſſet , conſumpſit : quoniam res continuo ejus fit ſimul ac ſi dixerit eam ſumere. l. 10. ff. de opt. vel elect. leg. Electione legata , femel dumtaxat optare poſſumus. l. 5. ff. de legat. 1. l. 11. in f. ff. de legat. 1.

XIII.

13. Le choix ne peut ſe faire avant que l'héritier accepte la ſucceſſion.

Le légataire qui a le droit d'un choix , ne peut le faire avant que l'héritier ait accepté la ſucceſſion. Car juſques-là n'y ayant point d'héritier , il n'y auroit point de partie à qui il pût faire connoître ſon choix , & qui pût ou le conteſter , ou l'accorder , & faire la délivrance du legs. Ainſi ce ſeroit inutilement qu'il auroit choiſi *x*.

x Optione legata , placet non poſſe ante aditam hæreditatem optari ; & nihil agi ſi optaretur. l. 16. ff. de opt. vel elect. legat.

XIV.

14. Le légataire de ce qui reſtera à rès le choix d'un autre , aura le tout , ſi le choix n'eſt fait.

Si un teſtateur avoit legué une ou deux choſes d'entre pluſieurs au choix d'un légataire , & le reſte à un autre , & que celui qui avoit ce choix ne voulût pas uſer de ſon droit ; toutes ces choſes ſeroient au ſecond légataire , & l'héritier n'en auroit aucune. Car l'expreſſion de celles qui reſteroient après le choix du premier de ces légataires les comprendroit toutes , s'il n'en prenoit aucune *y*.

y Cùm optio duorum ſervorum Titio data ſit , reliqui Mævio legati ſint : ceſſante primo in electione , reliquorum appellationi omnes ad Mævium pertinent. l. 17. ff. de opt. vel elect. leg.

XV.

15. Le droit de choiſir paſſe à l'héritier du légataire.

Si le légataire qui avoit un choix meurt ſans l'avoir fait , il tranſmet à ſon héritier & le droit au legs , & celui du choix *z*.

z illud aut illud , utrum elegerit legatarius. Nullo à legatario electo , decedente eo poſt diem legati cedentem , ad hæredem tranſmitti placuit. l. 19. ff. de opt. vel elect. leg. V. l'article 10. & les ſuivans de la Section 10. des Teſtamens, p. 445. & l'article 17. de la Section 9. de ce Titre des Legs, p. 488.

SECTION VIII.

Des fruits & interêts des Legs.

IL faut entendre par les fruits des legs, non-ſeulement ce que peuvent produire les fonds , mais toutes les autres ſortes de revenus qu'on peut tirer de toute autre choſe : Et les interêts le déſintéreſſement que doivent les débiteurs de ſommes d'argent qu'ils manquent de payer après la demande, ainſi qu'on l'a expliqué dans le titre des interêts.

A l'égard des fruits des fonds leguez, il faut diſtinguer ceux qui tiennent au fonds lorſque la délivrance en eſt faite au légataire, & qu'on appelle communément les fruits pendans par les racines , & ceux qui en avoient été ſéparez par l'héritier avant cette délivrance , & qui n'étoient encore qu'après la mort du Teſtateur. Ceux-ci ſont la matiere de cette Section, de même que les interêts & autres revenus échûs avant la délivrance du legs : & les fruits pendans au tems de la délivrance ſont comme des acceſſoires, dont il a été traité dans la Section 4.

SOMMAIRES.

I.

1. Trois ſortes de choſes qu'on peut leguer.

ON peut diſtinguer en trois eſpeces toutes les choſes dont les teſtateurs ont la liberté de faire des legs. La premiere, de celles qui de leur nature ne produiſent aucun revenu, comme un montre, un tableau, de la vaiſſelle d'argent : la ſeconde, de celles qui en produiſent, comme une maiſon, un pré ou autres fonds, un troupeau de bétail, des chevaux de louage à ceux qui en font commerce, & autres choſes ſemblables : la troiſiéme, des ſommes de deniers qui de leur nature ne produiſent rien, mais qui faiſant le prix de tout ce qui eſt en commerce, ſont l'inſtrument du commerce même. Ce qui fait que les loix condamnent ceux qui ſont en demeure de payer les ſommes qu'ils doivent, à des dommages & interêts qu'elles ont fixez à ce qu'on appelle l'interêt, dont il a été parlé en ſon lieu *a*. Et on peut mettre en ce troiſiéme rang tous les legs qui ſe réduiſent à des eſtimations, comme ſeroit un legs que feroit un teſtateur de quelque ouvrage, ou autre choſe qu'il obligeroit ſon héritier de faire pour un légataire, ou un legs d'une choſe que l'héritier ne pourroit donner en eſpece ; car en ce cas il en devroit l'eſtimation *a*.

a V. le Titre du Prêt, p. 66.
b V. l'art. 5. de la Sect. 1. du même Titre du Prêt, p. 67. Ubi quid fieri ſtipulemur, ſi non fuerit factum, pecuniam dari oportere. l. 72. ff. de verb. oblig.

II.

2. Si le teſtateur a reglé les fruits & revenus du legs, ſa volonté ſervira de regle.

Si le teſtateur a reglé par ſa diſpoſition ce qui peut regarder les fruits ou autres revenus que peut produire la choſe leguée, ſa volonté ſervira de loi, & l'héritier en ſera tenu ou déchargé, ſelon que le teſtateur y aura pourvû. Ainſi celui qui legue un fonds, peut en donner la délivrance ou après la récolte, ou après quelques années, dont il laiſſera la jouïſſance à ſon héritier *c*.

c Semper veſtigia voluntatis ſequimur teſtatorum. l. 5. C. de neceſſ. ſerv. hæred. inſt. V. pour les interêts des deniers l'article 4.

III.

3. Les fruits des legs ne ſont dûs que depuis la demande.

Si le teſtateur n'a rien ordonné pour les fruits & autres revenus que pourroient produire les choſes leguées, ils ne ſeront dûs qu'après la demande. Mais ſi l'héritier étoit de mauvaiſe foi, comme s'il avoit tenu le teſtament caché, il devroit non-ſeulement tous les fruits depuis la mort du teſtateur, mais les dommages & interêts, s'il y en avoit *d*.

d In legaris & fideicommiſſis fructus poſt litis conteſtationem non ex die mortis conſequuntur, ſive in rem ſive in perſonam agatur. l. ult. C. de uſur. & fructib. legat. ſeu fideic. l. 1. cod.
Is qui fideicommiſſum debet poſt moram, non tantum fructus, ſed etiam omne damnum quo affectus eſt fideicommiſſarius, præſtare cogitur. l. 26. ff. de leg. 3. l. 23. de leg. 1. l. S. l. 19. ff. de uſur. V. l'article 10. de la Section 2. des Subſtitutions directes & fideicommiſſaires, p. 518. & l'article 15. de la Sect. 2. du même titre.
On n'a pas mis dans l'article que les fruits ſont dûs depuis la conteſtation en cauſe, comme il eſt dit dans le premier de ces textes ; mais qu'ils ſont dûs depuis la demande. Car par notre uſage & les Ordonnances, la demande en Juſtice a l'effet de la conteſtation en cauſe du Droit Romain. V. la remarque ſur l'article 5. de la Section 1. des interêts, p. 226.
On a mis ici à l'article l'exception de la mauvaiſe foi de l'héritier. Car cette regle ne peut être contraire à la regle générale qui oblige tout poſſeſſeur de mauvaiſe foi à la reſtitution des fruits, & plus ſorte raiſon eux celui qui eſt en demeure après une demande.
e V. l'art. 4. de la Section 3. des Interêts, p. 243.

---

5 Les legs faits aux enfans du teſtateur portent interêts de plein droit, parce qu'ils tiennent lieu de légitime ou de portion héréditaire. Henrys, t. 1. l. 5. q. 51. La Rocheflavin, l. 6. tit. 54. n. 5. Ricard, des Donations, part. 2. chap. 3. p. 407.
Idem, des legs faits aux mineurs. l. 87. §. 1. ff. de leg. l. 3. C. qui bus in cauſis in integr. reſtitu. neceſſ. non eſt. Cuj. ad leg. Titiam 87.
Ricard *eodem*, n. 110. eſt d'avis contraire, quia in lucro captando minores jure communi utuntur.]

☞ Il faut remarquer ſur cet article une difficulté qu'on ne doit pas ſupprimer. Car outre qu'elle a diviſé les Interpretes, elle oblige à quelques réflexions néceſſaires ſur la regle expliquée dans cet article. Cette regle décharge l'héritier non-ſeulement des interêts de deniers, & autres choſes qui ne produiſent aucun revenu, mais auſſi des fruits des fonds qui en produiſent, & ne l'oblige à la reſtitution de ces fruits qu'après une demande : & comme elle ne fait aucune exception, elle comprend non-ſeulement les cas où l'héritier & le légataire auroient également connoiſſance du teſtament, & où le légataire négligeroit de faire la demande du legs ; mais auſſi les cas où le légataire ignorant le legs, l'héritier qui le ſçauroit & qui ſe verroit obligé d'en faire la délivrance, retiendroit la choſe leguée. Ce qui a paru à ces Interpretes bleſſer l'équité. Car on ne peut pas dire, ſur-tout dans le Droit Romain, que les choſes leguées faſſent partie des biens de l'hérédité, & puiſſent être conſiderées comme appartenant à l'héritier juſqu'à ce que la délivrance en ait été faite ; puiſque c'eſt un principe du Droit Romain dans la matiere des legs, que la propriété de la choſe leguée eſt acquiſe au légataire dès le moment de la mort du teſtateur, & qu'encore que le légataire ne connoiſſe ſon droit que long-tems après, l'acceptation qu'il fait du legs a cet effet, qu'il eſt tenu pour maitre de la choſe leguée dès le moment de cette mort ; & qu'il en eſt tellement le maitre, qu'il eſt dit dans une loi que la choſe leguée paſſe au légataire comme les biens de l'hérédité paſſent à l'héritier, & que l'héritier n'y a jamais eu aucun droit *a*.

Il ſemble ſuivre de ces premieres réflexions, que les fruits étant réguliérement au propriétaire du fonds, ceux d'un fonds legué ont appartenu au légataire depuis la mort du teſtateur, & que l'héritier qui n'a pas ignoré le teſtament, ayant ſçû qu'il poſſedoit un bien qui n'étoit pas à lui, devoit être obligé de rendre les fruits. Ces raiſons n'ont pû être inconnues à ceux qui ont fait les Loix citées ſur cet article ; & ce qui augmente encore la difficulté, c'eſt que Juſtinien a fait une exception de la regle expliquée dans cet article en faveur des legs pieux, ayant ordonné qu'à l'égard de ces ſortes de legs on ne s'arrêteroit pas à ſçavoir s'il y auroit une demande, mais qu'il ſuffiſoit que l'héritier n'ayant pas fait la délivrance, il étoit en demeure *ipſo jure*, par le droit même, c'eſt-à-dire par l'effet de la Loi *b*.

Pour réſoudre cette difficulté, quelques-uns de ces Interpretes ont crû qu'il falloit reſtraindre ces loix qui déchargent l'héritier des fruits juſqu'à la demande, au cas d'un legs d'une choſe qui ne fut pas au teſtateur ; mais elles s'expliquent trop bien pour ſouffrir ce ſens éloigné. D'autres ont cru qu'elles ſignifient que l'héritier n'eſt pas tenu de tous les fruits que le légataire auroit pû percevoir par ſon induſtrie, & qu'il eſt ſeulement tenu de ceux qu'il a perçus effectivement ; mais cette diſtinction ne convient pas à ces Loix, & ne réſout pas la difficulté. Il y en a qui croyent que ces Loix s'entendent des fruits qui avoient été perçus avant la mort du teſtateur, & non de ceux qui ont été recueillis après cette mort. Mais quel droit le légataire pourroit-il prétendre à des

a Si legatarius repulerit ſe legatum nunquam ejus fuiſſe videbitur, ſi non repulerit ex die aditæ hæreditatis ejus intelligitur. l. 86. §. 2. de leg. 1. Quia ea quæ legantur, recta via ab eo qui legavit ad eum cui legata ſunt tranſeunt. l. 64. in ff. de furt.
Legatum ita dominium rei legatarii facit, ut hæredias hæredis, res ſingulas. Quod eo pertinet, ut ſi pure res relicta ſit & legatarius non repudiavit defuncti voluntatem, recta via dominium quod relictum fuit, ad legatarium tranſeat, nunquam factum hæredis. l. 80. ff. de legat. 2.
b V. l'article dernier.

fruits acquis au teftateur pendant qu'il vivoit ? D'autres veulent que l'héritier foit obligé de rendre les fruits perçus depuis l'adition d'hérédité, & non les precedens ; mais ces Loix déchargent l'héritier de la reftitution des fruits indiftinctement : & fa jouiffance comprend les fruits précedens à l'adition d'hérédité ; car ils font à lui, & il les recouvre de ceux qui en auroient joui. Ainfi fa condition doit être la même pour les fruits de ces deux tems. Et on en voit enfin qui ont crû qu'il falloit diftinguer les legs qu'on appelle *per damnationem*, & les legs *per vindicationem*, dont on a parlé dans le préambule de la Section précedente ; qu'en ceux-ci les fruits font dûs au légataire depuis l'adition d'hérédité, & qu'en ceux-là ils ne lui font dûs que depuis que l'héritier a été en demeure. Mais il y auroit autant ou plus de raifon de donner au légataire les fruits depuis la mort dans le cas d'un legs *per damnationem*, puifque dans ce cas il y auroit plus de la faute de l'héritier qui étoit chargé de la délivrance, qu'il n'y en auroit dans le cas où le légataire doit lui-même prendre ce qui lui eft legué ; & d'ailleurs la diftinction de ces deux fortes de legs a été abolie, comme il a été remarqué en ce même lieu. Il femble même que le premier des textes citez fur cet article fe rapporte à ces deux fortes de legs indiftinctement, & que ces deux expreffions, *five in rem, five in perfonam agatur*, peuvent s'entendre l'une du legs *per damnationem*, que le légataire demandoit par une action perfonnelle, & l'autre du legs *per vindicationem*, qui fe demandoit par une action réelle. D'où il paroit fuivre que lors même que la diftinction de ces deux fortes de legs étoit en ufage, la regle expliquée dans cet article étoit égale pour l'une & pour l'autre.

On rapporte ici les divers fentimens de ces Interpretes, pour faire voir que cette regle qui décharge l'héritier des fruits des legs jufqu'à la demande, leur a paru injufte, étant prife à la lettre & en général. Mais comme de toutes ces interprétations aucune ne paroit convenir au fens des Loix fi précifes & fi claires, & que l'exception qu'a fait Juftinien de cette regle en faveur des legs pieux, détermine au fens qui décharge en général les héritiers des fruits des legs jufqu'à la demande ; il eft de la fincérité de reconnoître que fon intention & celle des Loix precedentes, a été d'en faire une regle générale, qui comme les autres fût obfervée dans le cas où il ne fe trouveroit pas de caufes qui duffent en faire quelque exception. Ainfi Juftinien a excepté de cette regle les legs pieux. Ainfi on peut en excepter les cas où l'héritier feroit de mauvaife foi. Et fi, par exemple, un teftament avoit tenu caché un codicille contenant les legs, il feroit fans doute condamné à la reftitution des fruits & intérêts de ces legs, fi ce codicille venoit à paroître. Mais lorfqu'on ne peut imputer à l'héritier aucune mauvaife foi, & qu'il n'a pas tenu à lui que les légataires n'ayent eu connoiffance du teftament & reçu leurs legs, les circonftances pourroient juftement décharger l'héritier de la reftitution de fes jouiffances. Ainfi, par exemple, fi un teftament ayant été ouvert en Juftice, ou dépofé chez un Notaire au lieu du domicile du teftateur, & par là connu & rendu public, il y avoit des légataires dont on ignorât le domicile, ou qui fuffent même inconnus ou abfens dans un pays éloigné, de forte qu'il ne fût pas poffible de les avertir ; l'héritier qui d'une part doit demeurer en poffeffion des biens & en prendre foin, & qui de l'autre doit demeurer propriétaire de ce qui ne pourroit être acquis au légataire, foit qu'ils ne puffent ou ne vouluffent recevoir leurs legs, ou que même ils en fuffent incapables, peut fans injuftice demeurer en poffeffion de tous les biens de l'hérédité, & jouir de ce qui auroit été legué ainfi que du refte. De forte que fa jouiffance n'étant qu'une ufurpation, & pouvant avoir quelques juftes caufes, autres même que la négligence du légataire, il eft affez jufte que cet héritier dans ces circonftances n'ait pas à craindre une recherche d'une reftitution de fruits qu'il auroit perçus fans mauvaife foi : Ainfi la regle qui le décharge de cette reftitution, a fon équité dans les circonftances qui peuvent le juftifier de mauvaife foi, & elle a auffi fon utilité pour le bien public, à caufe des

inconvéniens qu'elle fait ceffer d'une infinité de difficultez qui arriveroient, fi les héritiers étoient obligez indiftinctement à reftituer tous les fruits qu'ils auroient perçus depuis la mort du teftateur. Et comme le retardement du payement des legs peut arriver ou par la mauvaife foi de l'héritier, ou fans qu'on puiffe lui imputer de mauvaife foi, & qu'elle ne doit pas être préfumée fans preuves ; il a été jufte de préfumer la bonne foi de l'héritier qui peut avoir diverfes excufes. Mais cette Loi n'étant fondée que fur la préfomption de la bonne foi de l'héritier, & fur les conféquences du bien public, qui demande qu'on faffe ceffer les occafions des procès autant qu'il fe peut, elle feroit inutile pour juftifier la confcience d'un héritier qui, quoiqu'on ne pût découvrir & lui imputer fa mauvaife foi, devroit fe l'imputer lui-même ; & s'il fe faifoit juftice, reftituer les fruits injuftement perçus d'un fonds legué qu'il pouvoit remettre.

I V.

Les legs de deniers & autres chofes qui de leur nature ne produifent aucun revenu, doivent être acquittez comme tous les autres au terme porté par le teftament, ou font dûs après la mort du teftateur, s'il n'y a point de terme. Mais quoiqu'ils ne foient pas acquittez au terme, il n'en eft dû aucun intérêt que depuis la demande e, fi ce n'eft que le teftateur eût ordonné que le légataire auroit les intérêts f.

e Legatorum feu fideicommifforum ufuras ex eo tempore quo lis conteftata eft, exigi poffe manifeftum eft, fed & fructus rerum & mercedes fervorum qui ex teftamento debentur, fimiliter præftari folent. l. 1. C. de ufur. & fruit. legat.
f Les intérêts en ce cas ne feroient pas ufuraires ; car ce ne feroit pas un prêt, mais une libéralité du Teftateur qui augmenteroit le legs.

V.

Si la chofe leguée étoit de telle nature qu'elle dût produire au légataire des profits d'autre forte que des fruits d'un fonds ou des intérêts, comme fi c'étoit un certain nombre de jumens, un attirail ou appareil d'outils ou machines pour quelque manufacture, l'héritier qui feroit en demeure, devroit les profits que pourroient produire ces fortes de chofes. Mais fi le legs étoit d'un haras, les poulins feroient partie du legs, & feroient au légataire, quoique l'héritier ne fût pas en demeure de le délivrer g.

g Is qui fideicommiffum debet, poft moram non tantum fructus, fed etiam omne damnum quo affectus eft fideicommiffarius præftare cogitur. l. 26. ff. de legat. 3.
Equis per fideicommiffum relictis, poft moram fœtus quoque præftabitur ut fructus. l 8. ff. de ufur.
Equis per fideicommiffum legatis, poft moram hæredis fœtus quoque debentur. Equitio autem legato etiam fi mora non intercedat, incrementum gregis fœtus accedunt. l. 39. eod.

V I.

L'héritier qui n'acquitte pas les legs pieux dans le tems reglé par le teftateur, s'il a donné un terme, ou dans le délai néceffaire felon la qualité de fa difpofition, devroit les fruits, les intérêts & autres revenus felon la nature de la chofe leguée, à compter depuis le terme, s'il y en avoit un, ou depuis la mort du teftateur, s'il n'y avoit point de terme h.

h Supra autem omne tempus quo diftulerint facere difpofita fcripti hæredes, eos cogi folvere & fructus & reditus & omnem legitimam acceffionem, à tempore ejus, qui difpofuit, mortis fancimus; non infpecta mora à lis conteftatione, aut conventione, fed ipfo jure intellecta (quod dicitur vulgo) mora præceffiffe & locum habente fructuum & aliarum rerum acceffioni. Hoc eodem obtinere, & fi non ab hærede, fed à fideicommiffario, aut legatario relictum fuerit hujufmodi pium legatum. l. 46. §. 4. & 5. C. de Epifc. & Cler. v. Nov. 131. C. 11.

☞ Quoique cette regle ait fa juftice non-feulement fur la faveur des legs pieux, mais auffi fur cette confidération particuliere, que ces legs peuvent être ignorez ou négligez par les perfonnes qui en devroient faire le recouvrement, comme des Adminiftrateurs d'un Hôpital, & autres qui peuvent en être chargez ; on n'obferve pas cette exactitude qui pourroit quelquefois tourner en

4. Les intérêts des legs de deniers ne font dûs que depuis la demande.

5. Profit des legs qui eft d'autre nature que les fruits & intérêts.

6. Les fruits & les intérêts des legs pieux font dûs fans demande.

rigueur. Et il est même de la prudence des Administrateurs des Hôpitaux de ne pas exiger les legs pieux d'une maniere qui soit à charge aux familles. Car cette conduite pourroit quelquefois détourner ceux qui en seroient bleisez de faire en faveur de ces Hôpitaux de semblables dispositions, & les porter à disposer autrement de ce qu'ils auroient à laisser aux pauvres.

SECTION IX.

Comment est acquis au Légataire son droit sur le legs.

Il a été remarqué à la fin du préambule de la Section 10. des Testamens, où il est traité du droit de transmission, qu'il en seroit aussi parlé en ce lieu dans quelques articles qui regardent ce droit. Mais on ne doit pas prendre ce qui sera dit dans ces articles pour des redites de ce qui a été dit dans cette Section 10. des Testamens. Car on y a expliqué les regles de la transmission en général, & ici on ne fera qu'appliquer ces regles à quelques cas où il est nécessaire d'en faire voir l'usage.

SOMMAIRES.

1. Le droit du légataire lui est acquis à l'instant de la mort du testateur.
2. Legs de deux sortes, ou purs & simples, ou conditionnels.
3. Le legs pur & simple est acquis au moment de la mort du testateur.
4. Et aussi le legs conditionnel dont la condition arrive avant cette mort.
5. Si la condition n'arrive qu'après cette mort, le legs n'a son effet que quand elle arrive.
6. Trois sortes de legs qu'il faut distinguer pour l'effet du droit du légataire.
7. Différence entre le tems où le legs est acquis, & le tems où il peut être demandé.
8. Le légataire transmet ou ne transmet pas le legs à son héritier, selon l'état où est son droit quand il meurt.
9. Deux cas où il ne peut y avoir de transmission.
10. Le legs conditionnel ne se transmet point, si la condition n'est pas arrivée.
11. Le legs est transmis, quoique le légataire meure avant le terme.
12. Quels sont les legs proprement conditionnels.
13. Celui de qui la veuve est enceinte, transmet le legs fait à condition qu'il eût des enfans.
14. Les conditions malhonnêtes ou impossibles ne suspendent pas le legs.
15. Les legs à un tems incertain sont conditionnels. Exemple.
16. Autre exemple.
17. Le légataire qui meurt avant le choix, transmet son droit.
18. Les legs attachez aux personnes ne se transmettent point.
19. Un legs annuel en contient plusieurs.
20. Exemple d'un legs attaché à la personne du légataire.
21. Les retardemens du droit de l'héritier ne retardent pas celui du légataire.
22. Legs dont l'effet est suspendu, & qui se transmet.
23. Le legs dont l'héritier substitué est chargé, est acquis par la mort du testateur.

I.

1. Le droit du légataire lui est acquis à l'instant de la mort du testateur.

Comme le droit du légataire lui est acquis par un testament ou autre disposition à cause de mort, & que ces sortes de dispositions sont confirmées, & ont leur effet au moment de la mort de celui qui a disposé ; le droit au legs est acquis au légataire dans ce même instant *a* ; si ce n'est que la volonté même du testateur y apporte quelque changement ; ce qui dépend des regles qui suivent.

a Si purum legatum est, ex die mortis dies ejus cedit. l. 5. §. 1. ff. quand. dies leg. vel fid. eod.

Haredis aditio moram legati quidem petitioni facit, cessioni diei non facit. l. 7. eod. V. l'article 10. de la Section 10. des Testamens, p. 445.

II.

2. Legs de deux sortes, ou purs & simples, ou conditionnels.

Il faut distinguer deux sortes de legs : ceux qui sont purs & simples, c'est-à-dire dont la validité ne dépend d'aucune condition : & ceux qui sont conditionnels, & qui n'ont leur effet que par l'avenement de la condition d'où ils dépendent ; comme si un testateur legue une terre en cas que le légataire vienne à avoir des enfans *b*. Et le droit sur ces divers legs est différemment acquis aux légataires par les regles suivantes.

b Purum legatum. l. 5. §. 1. ff. quand. dies legat. vel fideic. eod. Legatum sub conditione relictum. d. l. §. 1.

III.

3. Le legs pur & simple est acquis au moment de la mort du testateur.

Si le legs étoit pur & simple, le droit en est acquis au légataire au moment de la mort du testateur, soit qu'il ait sçû ou ignoré & le testament & cette mort. Et si la chose leguée est un fonds ou un meuble de l'hérédité, ou autre chose qui y soit en nature, elle passe directement du défunt à lui, & il en est le maître sans que l'héritier y ait aucun droit *c*. Ou si c'est une chose qui ne soit pas dans l'hérédité, ou une somme d'argent, il a son droit acquis pour en avoir la délivrance lorsque l'héritier sera tenu de la faire *d*.

*c Si purum legatum est, ex die mortis dies ejus cedit. l. 5. §. 1. ff. quand. dies leg. vel fideic. eod.
Legatum ita dominium rei legatario facit, ut haereditas haeredis res singulas. Quod eo pertinet, ut si puré res relicta sit, & legatarius non repudiavit defuncti voluntatem : recta via dominium, quod haereditatis fuit, ad legatarium transeat nunquam factum haeredis. l. 80. ff. de leg. 1t. 2. l. 75. §. 1. eod. l. 64. in f. ff. de furt.
Si fideicommissum ab intestato fuerit forori tuae relictum codicillis, & postea quam dies fideicommissi cessit, rebus humanis, licet ignorans fideicommissum, excesserit, actionem hujusmodi acquiri potuisse, dissimulare non poteris : salva scilicet ab intestato succedenti quarta portione. l. ult. C. quand. dies leg. vel fideic. comm. ced. l. 3. eod.
d Voyez la Section 10.*

IV.

4. Et aussi le legs conditionnel dont la condition arrive avant cette mort.

Si un legs étant conditionnel la condition étoit arrivée du vivant du testateur, ou dans le tems de sa mort, cet événement feroit que ce legs seroit comme pur & simple ; ainsi le droit en seroit acquis au légataire au tems de cette mort *e*.

e V. l'art. 16. de la Section 8. des Testamens, p. 429.

V.

5. Si la condition n'arrive qu'après cette mort, le legs n'a son effet que quand elle arrive.

Si la condition n'arrive qu'après la mort du testateur ; le droit du légataire ne lui sera pas acquis au tems de cette mort, quand même la condition dépendroit de son fait, & qu'il offrit de l'exécuter, à moins que l'héritier n'acceptât son offre. Mais le legs ne lui sera dû qu'après qu'il aura accompli la condition, ou que si elle étoit indépendante de son fait, elle sera arrivée *f*.

f Si sub conditione sit legatum relictum, non prius dies legati cedit quam conditio fuerit impleta : ne quidem si ea sit conditio, quae in potestate sit legatarii. l. 5. §. 2. ff. quand. dies leg. vel fideic. eod. l. un. §. 7. C. de caduc. toll.

VI.

6. Trois sortes de legs qu'il faut distinguer pour l'effet du droit du légataire.

Il faut distinguer trois sortes de legs par rapport au tems où le légataire peut avoir son droit acquis, & au tems où il peut exercer ce droit : les legs purs & simples sans aucun terme, les legs à un terme, & les legs conditionnels. Et cette différence a l'effet qui sera expliqué par les regles qui suivent *g*.

g V. les articles suivans.

VII.

7. Différence entre le tems où le legs est acquis, & le tems où il peut être demandé.

En toute sorte de legs il faut distinguer deux divers effets du droit du légataire : l'un qui le rend maître de la chose leguée, soit qu'il puisse en demander la délivrance, ou qu'il ne le puisse pas encore : & l'autre qui le met en état de demander cette délivrance. C'est de ce premier effet dont on dit qu'alors le tems est venu où le légataire a son droit acquis, & où le legs est dû : & c'est du second dont on dit qu'alors le tems est venu où le légataire peut demander le legs. Ainsi quand le legs est pur & simple & sans terme, le moment de la mort du testateur a ces deux effets : & le tems est alors venu où le droit au legs est acquis au légataire, & où il peut demander la chose leguée. Ainsi lorsqu'il y a un terme au legs pur & simple, le premier de ces deux effets arrive le jour de cette mort, & le second n'arrive que le jour du terme. Ainsi lorsque le legs est conditionnel & sans autre terme, il a ces deux effets au moment que la condition est arrivée : ou s'il y a un terme, le second effet est suspendu jusques à ce terme. Et si la condition n'est pas arrivée, le tems n'est pas venu qui acquiert le legs, & encore moins le tems de le demander *h*.

h Deberi dicimus & quod die certa præstari oportet, licèt dies nondum venerit. *l. 9. ff. ut legat. seu fideic. serv. causf. caveat.*

Si dies apposita legato non est, præsens debetur, aut confestim ad eum pertinet cui datum est. Adjecta, quamvis longa sit, si certa est, velut Kal. Januariis centesimis, dies quidem legati statim cedit : sed ante diem peti non potest. *l. 21. ff. quando dies leg. vel fideic. ced.*

Cedere diem significat incipere debeti pecuniam. *Venire* diem significat eum diem venisse quo pecunia peti possit. Ubi purè quis stipulatus fuerit : & cessit, & venit dies. Ubi in diem : cessit dies sed nondum venit. Ubi sub conditione, neque cessit, neque venit dies, pendente adhuc conditione. *l. 213. ff. de verb. signif.*

VIII.

8. *Le Légataire transmet ou ne transmet pas le legs à son héritier, selon l'état où est son droit quand il meurt.*

Il s'ensuit des articles précedens, que si le légataire vient à mourir avant que d'avoir reçu la chose leguée, le legs peut passer ou ne point passer à ses héritiers, selon l'état où se trouve son droit au tems de sa mort. Et il transmet le legs si le droit lui en étoit acquis, ou ne le transmet point si le tems n'étoit pas venu que le legs lui fût dû *i*.

i Si post diem legati cedentem legatarius decesserit, ad hæredem suum transfert legatum *l. 5. ff. quand. dies leg. vel fideic. ced.*

Ad hæredem ejus legatum non transit, quia non cessit dies vivo eo. *l. 1. §. 2. ff. de condit. & demonstr.*

IX.

9. *Deux cas où il ne peut y avoir de transmission.*

De quelque nature que soit le legs, si le légataire étoit mort au tems du testament, ou s'il meurt avant le testateur, son héritier n'aura aucun droit au legs. Car le légataire même n'y en pouvoit avoir qu'au tems de la mort du testateur qui devoit donner l'effet à son testament *l*.

l V. l'article 5. de la Section 10. des Testamens, p. 444.

X.

10. *Le legs conditionnel ne se transmet point si la condition n'est pas arrivée.*

Si le legs est conditionnel, & que le légataire meure avant que la condition du legs soit arrivée, il meurt sans avoir jamais eu aucun droit au legs; ainsi il n'en transmet aucun à son héritier *m*.

m V. l'article 11. de la Section 10. des Testamens, p. 445.

XI.

11. *Le legs est transmis, quoique le légataire meure avant le terme.*

Lorsque le legs est pur & simple, soit qu'il y ait un terme pour le payement, ou qu'il n'y ait point, le légataire qui a survécu au testateur ayant son droit acquis, le transmet à son héritier, soit qu'il meure avant ou après le terme *n*.

n V. les textes citez sur les articles 7. & 8. & l'article 3. de la Section 10. des Testamens, p. 444.

¶ Le legs se transmet à l'héritier, quoique le terme du payement ne soit pas encore échu. Ainsi un legs fait à une fille mineure, quand elle se mariera ou qu'elle sera devenue majeure, est transmis à l'héritier de cette fille, quand elle décéderoit avant le tems, *quia non conditio inserta legato sed petitio in tempus dilata videtur. l. 16. §. 1. ff. quando dies leg. vel fideitom. & d. l. 5. C. eod.*

La Jurisprudence des Arrêts suit aussi cela. On juge qu'un legs fait à une fille, quand elle se mariera ou pour la marier, est dû quand elle est majeure, quoiqu'elle ne soit pas mariée. Papon en ses Arrêts, l. 10. tit. 5. art. 2. Ricard des Donat. part. 3. chap. 3. sect. 3. dist. 4. n. 348.]

XII.

Il ne faut pas mettre au nombre des legs condition-

---

nels tous ceux où le testateur pourroit s'être servi du mot de condition. Car, comme il a été dit en son lieu, on confond souvent les conditions avec les charges que les testateurs imposent aux legs, ce qui rend équivoque ce mot de condition *o*. Mais on ne doit appeler conditionnels que les legs dont la validité dépend d'une condition, de sorte que jusqu'à ce qu'elle soit accomplie le légataire n'ait encore aucun droit *p*. Ainsi, par exemple, si un testateur legue un somme en cas que le légataire soit marié au tems de la mort du testateur, ou qu'il ait des enfans, ou qu'il soit pourvû d'une charge, ce sont des legs conditionnels, encore que le mot de condition ne soit pas exprimé dans le testament. Mais si le testateur legue un fonds à condition que le légataire y souffrira une servitude pour l'usage d'un autre fonds qu'il legue à quelqu'autre, cette expression imposera bien au légataire la charge de cette servitude, mais ne rendra pas le legs conditionnel : & si le légataire meurt avant que le droit de la servitude ait été mis en usage, le legs ne laissera pas d'être transmis à l'héritier de ce légataire.

o V. l'art. 7. & les suivans de la Section 8. des Testamens, p. 427.
p V. ces mêmes articles & l'art. 2. de cette Section.

12. Quels sont les legs proprement conditionnels.

XIII.

Si la condition d'un legs étoit que le légataire eût des enfans, le testateur ayant ordonné que quand il en auroit, l'héritier lui donneroit ou une somme, ou un certain fonds, & que ce légataire mourût sans avoir encore d'enfans, mais sa femme étant enceinte d'un enfant qui naquît ensuite; ce legs auroit son effet : & ce légataire auroit transmis son droit à son héritier. Car cet héritier seroit cet enfant que le testateur avoit eu en vûe, & de qui la naissance auroit accompli la condition *q*.

q Is cui ita legatum est, quando liberos habuerit, si prægnante uxore relicta decesserit, intelligitur expleta conditione decessisse, & legatum valere: si tamen posthumus natus fuerit. l. 18. ff. quand. dies legat. ced. l. 20. ff. ad Senat. Trebell.

13. Celui de qui la veuve est enceinte, transmet le legs fait à condition qu'il eût des enfans.

XIV.

Si le testateur avoit fait dépendre le legs d'une condition ou injuste, ou mal-honnête, ou impossible; comme cette condition n'obligeroit à rien, ainsi qu'il a été dit en son lieu; ce legs seroit de la nature d'un legs pur & simple, & le légataire venant à mourir avant que de l'avoir reçu, transmettroit son droit à son héritier *r*.

r Si ea conditio fuit quam prætor remittit, statim dies cedit. Idemque si in impossibili conditione, quia pro puro hoc legatum habetur. l. 5. §. 3. & 4. ff. quand. dies leg. ced. V. l'art. 18. de la Section 8. des Testamens, p. 430.

14. Les conditions mal-honnêtes ou impossibles ne suspendent pas le legs.

XV.

Les legs dont l'effet dépend d'un tems incertain, c'est-à-dire, dont il n'est pas certain qu'il arrivera, sont de la même nature que les legs conditionnels. Car ils renferment la condition qu'ils n'auront leur effet qu'en cas que ce tems arrive. De sorte que si le légataire d'un legs de cette nature venoit à mourir, ce tems n'étant pas encore arrivé, il ne transmettroit pas le legs à son héritier. Ainsi, par exemple, si un testateur avoit legué une somme à un légataire en cas qu'il parvînt à l'âge de majorité, ce légataire venant à mourir avant sa majorité, son héritier n'auroit rien au legs. *f.*

f Si cui legetur cum quatuordecim annorum erit : certo jure utimur, ut tunc sit quatuordecim annorum, cùm impleverit. l. 49. ff. de legat. 1.

Non putabam diem fideicommissi venisse, cùm sextum decimum annum ingressus fuisset, cui erat relictum, cùm ad annum sextum decimum pervenisset. Et ita etiam Aurelius Imperator Antoninus ad appellationem ex Germania judicavit. l. 48. ff. de condit. & dem. V. l. 74. §. 1. ff. ad Senat. Trebell.

15. Les legs à un tems incertain sont conditionnels. Exemple.

☞ Il faut remarquer qu'on ajoute aux textes citez sur cet article la citation de la Loi 74. ff. 1. ad Senat. Treb. parce qu'elle y est contraire; & qu'au lieu qu'il est dit dans ces textes que si un legs ou un fideicommis est laissé à une personne quand elle aura l'âge de quatorze ans, ou comme il est dit dans le second texte, quand elle fera parvenue à l'âge de quatorze ans, le legs ne fera dû que quand ils feront accomplis; il eft dit dans cette autre Loi, qu'il fuffit qu'ils foient commencez. Il eft vrai que c'eft dans un cas où cette décifion étoit favorable par les circonftances; mais c'eft toujours une même expreffion expliquée en deux divers fens. Dans notre ufage cette expreffion, quand il fera parvenu à une telle année, ou quand il l'aura atteinte, femble s'entendre de l'année commencée. Mais cette autre expreffion, quand il fera parvenu à l'âge de majorité, n'eft pas équivoque, & demande la majorité, qui n'eft acquife que par la vingt-cinquiéme année accomplie. C'eft pourquoi on s'eft fervi de cette expreffion dans l'article pour ne rien dire de contraire à aucun de ces textes, & pour le rapport à notre ufage.

XVI.

16. Autre exemple.

On peut donner pour un autre exemple d'un legs qui dépende d'un tems incertain, ce qu'un teftateur légueroit en termes qui feroient dépendre le legs de la mort de fon héritier, comme s'il le chargeoit de donner ou remettre quand il mourroit un fonds ou une autre chofe à un légataire. Car encore que ce cas foit différent de celui de l'article précédent, en ce qu'il eft certain que le tems viendra de la mort de cet héritier, au lieu que la majorité du légataire pourroit ne pas arriver; c'eft dans ce cas comme dans l'autre un tems incertain, & qui renferme la condition que lorfqu'il arrivera, le légataire foit en état de profiter du legs, & qu'il vive encore. Ainfi ce légataire venant à mourir avant l'héritier, il n'aura acquis aucun droit au legs, & ne tranfmettra rien à fes fucceffeurs t.

t Si ebus bares merietur, legetur, conditionale legatum eft. Denique vivo haerede defunctus legatarius ad haeredem non transfert. l. 1. ff. quand. dies leg. vel fid. ced.

Tosé legatum, cùm morietur hares date: certum eft debitum iri, & tamen ad legatarium non tranfit, fi vivo haerede decedat. l. 13. n. 6. ed. V. l'article 13. de la Section 8. des Teftamens, & la remarque qu'on y a faite; p. 429.

XVII.

17. Le légataire qui n'eft avant le tems incertain ne tranfmet fon droit.

Il ne faut pas mettre au nombre des legs conditionnels, ou qui dépendent d'un tems incertain, un legs au choix du légataire ou de l'héritier. Car encore que fi le légataire venoit à mourir avant que le choix eût été fait, il demeurât incertain quelle chofe feroit la chofe leguée, & que le legs ne dût avoir fon effet pour être acquitté qu'après que ce choix auroit été fait; le droit du légataire lui étoit acquis indépendamment de ce choix, qui ne devoit que déterminer quelle étoit la chofe leguée, & non acquérir le droit au légataire. Ainfi, quoiqu'il mourût avant le choix, il tranfmettroit fon droit à fon héritier u.

u Illud aut illud rerum elegerit legatarus, nullo à legatario electo decedente co poterim leget cedentem: ad haeredem tranfmitti poteft. l. 29. ff. de legt. vel fid. leg. Voyez l'article 15. de la Section 7.

XVIII.

18. Les legs attachez à la perfonne du légataire ne paffent point à fon héritier.

Les legs qui font attachez à la perfonne du légataire, comme un ufufruit, une penfion annuelle, un legs d'alimens, ou autres femblables dont le teftateur auroit voulu favorifer la perfonne feule du légataire, ne fe tranfmettent pas à fon héritier. Et fi, par exemple, un teftateur avoit permis à un de fes amis de tirer de la pierre d'une carriere, ou d'ufer d'un paffage ou d'autre fervitude pour quelque héritage; comme ce droit ne feroit que pour l'ufage de cette perfonne, la mort le feroit ceffer, à moins que l'expreffion du teftateur ne regardât auffi les héritiers de ce légataire x.

x Queries celarei perfona id quod legatur, veluti perfonali fervitus, ad haeredem ejus non tranfit. l. 2. §. 3. in f. ff. de ufru ufg.

Si quis alicui legaverit, licere lapidem caedere: quaeritum eft an etiam ad haeredem tot legatum tranficet. Et Mucius negat; ad inhaerentes tranfmitti: nam homini haeredes acquirunt legato fuerit. l. 30. §. 4. f. ut ufg. l. l. f. de fervit. legat.

XIX.

19. Un legs annuel en contient plufieurs.

Le legs d'une fomme à payer chaque année à un légataire pendant fa vie, foit par forme de penfion, ou pour alimens, ou autrement, eft confideré comme comprenant autant de legs qu'il y aura d'années de la vie de ce légataire, & le legs de chacune lui eft dû auffi-tôt qu'elle eft commencée, fuivant les regles expliquées en un autre lieu y. Ainfi fon droit à chaque legs lui eft acquis felon qu'il paffe d'une année à l'autre. Et quand il meurt, il tranfmet à fon héritier, non-feulement les arrérages des années échues, mais auffi l'année qu'il avoit commencée, & que fa mort a interrompue z.

y Voyez les articles 6. & 9. de la Section 5.
z Cùm in annos fingulos legatur, non unum legatum effe, fed plura conftat. l. 10. ff. quand. dies leg. ced.

Nec femel diem ejus cedere, fed per fingulos annos. Sed utrum initio cujufque anni, an vero finito anno cedat, quaeftionis fuit. Et Labeo Sabinus, & Celfus, & Caffius, & Julianus in omnibus quae in annos fingulos relinquuntur, hoc probaverunt: ut initio cujufque anni hujus legati dies cederet. l. 12. ed. d. l. §. 1. l. 1. C. ed.

Item Celfus fcribit, quod & Julianus probat, hujus legati diem ex die morts cedere, non ex quo adita eft haereditas. Et, fi totâ poft multos annos adeatur haereditas, omnium annorum legatario debent. d. l. 12. §. 3.

XX.

20. Exemple d'un legs attaché à la perfonne du légataire.

Si un pere qui auroit deux fils, l'un majeur & l'autre impubere, les ayant nommez héritiers, & donné au plus jeune quelques héritages & une fomme payable après la majorité, laiffant jufques-là cette fomme & la jouiffance de ces héritages à fon fils ainé, à condition d'acquitter les charges des biens, & de donner chaque année à leur mere une certaine penfion pour l'entretien du jeune, cet ainé venoit à mourir avant ce tems expiré, fa mort feroit ceffer cette jouiffance, & elle ne pafferoit pas à fes enfans ou autres héritiers qu'il pourroit laiffer. Car encore que s'il avoit vécu elle auroit duré jufqu'au tems reglé par le teftament, elle ne lui étoit donnée que comme un bienfait perfonnel attaché à cet office qu'il devoit rendre à fon frere, & que le pere avoit confideré comme une fonction de tuteur, quoique ce fecond fils eût d'autres tuteurs. Ainfi la mort de l'ainé faifant ceffer le motif du pere reftreint à fa perfonne, feroit auffi ceffer une jouiffance qu'il ne lui avoit laiffée que dans cette vûe a.

a Pater duos filios aequès ex partibus inftituit haeredes: majorem & minorem, qui etiam impubes erat, & in partem ejus certa praedia reliquat: & cum quatuordecim annos impleveret certam pecuniam et legavit: ideque fratris ejus fideicommiffo: à quo petit in haec verba: A te peto fci, ut ab annis duodecim aetatis ad finita liberata fratris tui infervas ufatri eius annua tot ufque ad annos quatuordecim: to amplius tributa fratris tui pro cenfu ejus dependas, donec tota reftituat: & ad ea venitus praediorum illorum pertineant quand fervuntur frater tuus ad annos quatuordecim. Quaeritum eft: defuncto majore natu, haerede alio relicto: utrum omnis conditio percipiendae reditus tutorum, anniverfaria praetietur: alia quae praeftiantur eifet, fi viveret Seius, & haeredem ejus tranfierint: an vero fi omne poterius ad pupillum & tutores ceffaret. Refpondi: fecundum ea quae proponerentur, intelligitur teftator quafi cum tutore locavit: ut tempore quo tutela reftituenda eft, haec quae pro annuis praediari juffifet percipiendaque fructibus finiantur, fed cùm major frater morte praeventus eft: omnia, quae relicta funt, ad pupillum & tutores ejus confeftim poft mortem fratris tranfiffe. l. 22. §. ult. ff. de ann. leg.

Il faut remarquer que ce texte que la tutelle finiffoit à 14. ans par le Droit Romain, comme il a été dit dans le préambule du Titre des Tuteurs.

XXI.

21. Les retardemens au droit de l'héritier ne retardent pas celui au légataire.

Lorfque la fucceffion eft ouverte par la mort du teftateur, s'il arrive qu'il n'y ait point encore d'héritier, comme fi celui qui devra l'être étoit un pofthume qui ne fût pas encore né, ou que l'héritier differe de recueillir la fucceffion, ou qu'il ne le puiffe, comme fi quelque condition tenoit fon droit en fufpens; le legs n'en eft pas moins acquis au légataire, & il a fon droit fur b.

b Haeredis aditio moram legati quidem petitioni facit, ceffioni diei non facit. Proinde five pure inftituti, tardius adeat, five fub conditione, per conditionem impediatur, legatarius fecurus eft. Sed & fi nondum natus fit haeres inftitutus, aut apud hoftes

sii,

fit fimiliter legatario non nocebit , eò quod dies legati cefsit.
l. 7. d. l. §. 1. & 2. ff. quand. dies leg. ced. Voyez l'article 19. de la
Section 5. des Testamens, & la remarque qu'on y a faite, p. 413.

XXII.

*c. Les legs
d'un fonds
jointes à
qui se transmet.*

Si un testateur avoit legué un fonds dotal de sa femme à un de ses amis, & à sa femme une somme au lieu
de ce fonds, & qu'après sa mort sa veuve differant de
faire son choix ou du legs de la somme ou de ce fonds,
le légataire vînt à mourir avant qu'elle eût pris son parti, il transmettroit son droit à son héritier. Et si cette
veuve se déterminoit ensuite à prendre le legs de deniers, celui du fonds dotal seroit acquis à l'héritier de
ce légataire. Car encore que ce legs renfermât la condition que la veuve laisseroit ce fonds; comme elle pouvoit se déterminer au moment de l'ouverture de la succession , & que ce retardement n'est pas de l'intention
du testateur, comme le seroit l'attente de l'évenement
d'une autre sorte de condition qu'il eût imposée ; mais
que venant seulement du fait d'une tierce personne, il
est étranger à cette intention, il ne doit pas nuire à ce
légataire c.

c Si extrinsecus suspendatur legatum , non ex ipso testamento:
licet ante decedat legatarius, ad hæredem transmisisse legatum
dicimus ; veluti si rem dotalem maritus legaverit extero , & uxori
aliquam probolali re pecuniam : deinde deliberante uxore de electione dotis, decesserit legatarius, atque legatum elegerit mulier :
ad hæredem transire legatum dictum est : idque & Julianus respondit. Magis enim mora , quam conditio legato injecta videtur.
L 6. §. 1. ff. quand. dies leg. ced.

☞ Il est dit dans ce texte que c'étoit plutôt un retardement que le testateur avoit imposé à ce legs , qu'une
condition d'où il dépendît. Mais ce legs renfermoit en
effet cette condition que la veuve acceptât le legs de la
somme, & laissât son fonds. Car si elle l'eût repris, il n'y
avoit rien pour le légataire ; à moins que le testateur ne
lui eût legué alternativement ou le fonds total de sa
femme , ou la somme. Mais encore que ce legs soit en ce
sens conditionnel, comme la condition consiste au choix
que doit faire cette femme , il ne seroit pas juste que
son retardement fît périr le legs. Et comme l'ordre naturel & l'intention du testateur étoit que ce choix fût
fait sur le champ, ce retardement qui vient du fait
d'une tierce personne, & non de l'intention du testateur, ne doit pas nuire au droit de ce légataire. Et si
la veuve choisit le prend, ce choix est consideré comme s'il avoit été fait ainsi qu'il devoit l'être
au moment de la mort de ce testateur.

XXIII.

*c. Le legs
fait à l'héri-
tier substitué
& chargé, est
acquis par la
mort du tes-
tateur.*

Si un testateur ayant substitué un second héritier pour
lui succeder au défaut du premier par cette sorte de substitution qu'on appelle vulgaire, qui sera expliquée dans
le titre premier du cinquiéme Livre, avoit fait un legs
dont il n'eût chargé que l'héritier substitué & non l'institué , & qu'il arrivât que le légataire mourût avant que
l'hérédité passât au substitué, le legs seroit transmis à
l'héritier de ce légataire. Car l'hérédité ne pouvoit passer au substitué qu'avec cette charge. Et venant à succeder au lieu du premier héritier , il est réputé héritier dès
le moment de la mort du testateur , suivant la regle qui a
été expliquée qu'avec cette charge. Ainsi il ne doit pas profiter
de la mort du légataire arrivée pendant ce retardement
qui le rend héritier. Et il en seroit de même dans le cas
de cette sorte de substitution qu'on appelle pupillaire ,
dont il sera traité dans le titre 2. du cinquiéme Livre, si
le substitué au pupille étoit chargé du legs e. Et quoique
dans ces deux cas de ces deux sortes de substitutions le
legs renferme la condition que le substitué vienne à succeder , il n'est pas pour cela conditionnel. Car à l'égard
du substitué qui en est chargé, il est pur & simple , puisqu'il ne peut arriver qu'il soit héritier sans devoir le legs.

à V. l'article 15. de la S.3. 1. des Héritiers en general. p. 315.
e Mortuo patre, licet vivo pupillo dies legatorum à substituto
datorum cedit. *l. 1. ff. quand dies leg. ced.*
Si à substituto legatum sit relictum quamdiu institutus deliberat defuncto legatario non nocebit , si postea hæres instituitur re-
Tome I.

---

pudiavit : nam ad hæredem suum transtulerit petitionem. Tantumdem , etsi ab impuberis substituto legetur : nam ad hæredem
suum legatum transfert. *l. 7. §. 3. & 4. ff. eod.*

SECTION X.

De la délivrance & garantie de la chose leguée.

SOMMAIRES.

1. *Le légataire doit avoir la délivrance du legs, & ne peut
le prendre de voie de fait.*
2. *L'héritier doit prendre soin de la chose leguée.*
3. *Les legs sans terme ni condition sont dûs dès l'adition
d'hérédité.*
4. *La délivrance doit être faite au lieu où est la chose leguée au tems de la mort du testateur.*
5. *Si un cheval legué étoit échappé avant la mort du testateur, l'héritier n'est pas tenu de le faire chercher.*
6. *Dommages & interêts contre le légataire, faute de recevoir son legs.*
7. *Sureté pour les legs & les fideicommis.*
8. *Deux cas où le pere & la mere chargez de fideicommis
envers leurs enfans , doivent en donner une sûreté.*
9. *L'héritier recouvre ce qu'il a dépensé pour les legs & les
fideicommis.*
10. *Il doit acquitter les charges des fonds leguez jusqu'à la
délivrance.*
11. *L'héritier souffre la perte arrivée après son retardement.*
12. *Toute autre perte où rien ne peut être imputé à l'héritier ,
regarde le légataire.*
13. *L'héritier doit garantir la délivrance d'une chose leguée
indéfiniment.*
14. *Garantie du legs d'une chose désignée en particulier.*
15. *Si celui qui évince le légataire doit rendre le prix , le
légataire en profitera.*
16. *L'héritier ne peut être restitué du payement d'un legs,
quoique nul.*
17. *Ni aussi d'un legs dont la condition ne seroit pas arrivée.*
18. *Exception de l'article précédent pour l'interêt d'une tierce
personne.*

I.

*1. Le léga-
taire doit
avoir la dé-
livrance du
legs, & ne
peut le pren-
dre de voie
de fait.*

Comme le legs doit se prendre sur l'hérédité dont
la possession passe du testateur à l'héritier, c'est de
lui que le légataire doit avoir la délivrance de la chose
leguée ; & en quelques termes que soit conçu le legs,
quand même le testateur auroit ordonné que le légataire prendroit la chose leguée, il ne peut la prendre & la
tirer de la possession de l'héritier sans son consentement.
Car ce seroit une voie de fait qui est illicite. Mais si la
délivrance lui est refusée, il doit se pourvoir en Justice
pour la faire ordonner a.

a *Quod quis legatorum nomini non ex voluntate hæredis occupavit,
id r. stituat hæredi.* Etenim æquissimum partum visum est unumquemque non sibi ipsum jus dicere occupans legatis, sed ab hærede petere. *l. 1. §. 2. ff. quod leg.*
Si le legs étoit d'un immeuble , il sembleroit moins nécessaire d'obliger le légataire d'en faire la demande à l'héritier , s'il n'en faisoit la
délivrance ; mais il se pourroit faire que l'héritier consistât le legs ,
ou qu'il dût même en retenir la possession pour quelque tems , comme si
c'étoit une maison dont il eût les clefs, & où il y eût des meubles de
l'hérédité , ou un heritage dont il dût avoir la recolte. Et il pourroit y
avoir d'autres suffisantes causes d'empescher que le légataire ne soit de
lui-même en possession. De sorte que la regle paroit juste pour toutes sortes de legs indifferemment : & il est ainsi reglé par plusieurs Coutumes. La délivrance du legs doit être faite ou par l'executeur du testament , ou par l'héritier.

II.

*2. L'héritier
doit prendre
soin de la
chose leguée.*

Pendant que la chose leguée demeure en la puissance
de l'héritier, il est tenu de la conserver jusqu'à la délivrance : & si elle périt ou est endommagée par sa
faute ou sa négligence, il en sera tenu. Car il est obligé
d'en prendre un soin exact , & il doit répondre des
fautes contraires à ce soin b.

b Sic res aliena vel hæreditaria sine culpa hæredis periem , vel
non compareat : nihil amplius quam cavere eam occurrere, vel
si culpa hæredis res perit , statim damnandus est. Culpa autem
qualiter in æstimanda , videamus : an non solum is , qui dolo
Q q q

proxima fit, verùm etiam quæ levis eft : an numquid & diligentia quoque exigenda eft ab hærede, quod verius eft. *l. 47. §. 4. & 5. ff. de legat. 1.* Voyez l'article 11. de la Section 1. des Subftitutions directes & fideicommiffaires, p. 518. V. ci-après l'article 11.

III.

3. *Les legs fans terme ni condition font dûs dès l'adition d'hæredité.*

Les legs dont il n'y a point de terme pour la délivrance ou le payement, & qui ne font pas conditionnels, doivent être acquittez dès que l'héritier accepte la fucceffion *c*.

c Omnia quæ teftamentis fine die vel conditione adfcribuntur, ex die aditæ hæreditatis præftentur. *l. 32. ff. de leg. 1.*

IV.

4. *La délivrance doit être faite au lieu où eft la chofe léguée au tems de la mort du teftateur.*

La chofe leguée doit être livrée au légataire dans le lieu où elle étoit au tems de la mort du teftateur, fi ce n'eft que l'intention parût que la délivrance dût être faite en un autre lieu ; & en ce cas l'héritier l'y fera porter à fes frais *d*.

d Cùm res legata eft : fiquidem propria fuit teftatoris, & copiam ejus habet hæres moram facere non debet : fed eam præftare. Sed fi res ubbi fit quàm ubi petitur : primùm quidem conftat, ibi effe præftandam, ubi relicta eft, nifi alibi teftator voluit. Nam fi alibi voluit : ibi præftanda eft, ubi teftator voluit, vel ubi verifimile eft eum voluiffe. *l. 47. ff. de leg. 1. l. 38. ff. de judic. l. un. C. ubi fidelic. pet. op.*

V.

5. *Si le cheval ou bétail legué étoit recouvré avant la mort du teftateur, l'héritier n'eft tenu de le faire chercher, ni recouvrer s'il ne l'avoit fait chercher.*

Si le legs étoit d'un cheval ou d'un troupeau de bétail ou d'animaux d'autres efpéces, & qu'avant la mort du teftateur le cheval fe fût échappé, ou quelque bétail égaré, l'héritier ne feroit pas tenu de le faire chercher & le ramener ; & fi le légataire vouloit profiter du legs, cette dépenfe le regarderoit. Mais fi ce cas étoit arrivé après la mort du teftateur, l'héritier en feroit tenu par la regle expliquée dans l'article fecond *e*.

e Si quis fervum hæredis, vel alienam legaverit : & is fugiffet, confonus interponendæ funt in redacendo eo. Sed fiquidem vivo teftatore fugerit, operis legatarii reduceretur : fi poft mortem, tunc ipfius hæredi *e* fi s. ff. de legat. 1.

Si testaret legato suo vivo teftatore fugiffe dicatur : & impenfa & periculo ejus eft legatarii in reddenda debet : quoniam rem legatam eo loco præftare hæres debet in quo a teftatore fit relicta. *l. 108. ff. de legat. 1.*

VI.

6. *Dommage & intérêts quand le légataire eft en demeure de recevoir le legs.*

Si la chofe leguée étoit de telle nature que le légataire étant en demeure de la recevoir, l'héritier dût en fouffrir quelque perte ou quelque dommage, le légataire en feroit tenu. Ainfi, par exemple, fi c'étoit un legs de beftiaux, le légataire devroit les frais de la garde, & de la nourriture, & les autres dommages & intérêts que l'héritier auroit pû fouffrir. Ainfi, pour un autre exemple, fi faute de recevoir du vin, des grains, ou autres chofes qui occuperoient des lieux ou des meubles néceffaires pour d'autres ufages, l'héritier perdoit l'occafion de louer ces lieux, ou ne pouvoit s'en fervir & de ces autres chofes pour fon propre ufage ; le légataire répondroit de tous ces dommages. Mais l'héritier ne pourroit pas répandre ce vin ou ces grains fous prétexte du retardement *f*.

f Si hæres damnatus fit dare vinum quod in doliis effet : & per legatarum fletit, quominus accipiat : periculofè hæredem faciendum, fi id vinum effundat. Sed legatarium petentem vinum ab hærede doli mali exceptione placuit fummoveri, in non præftet, id quod propter moram ejus damnum paffus fit hæres. *l. 8. ff. de tit. tit. vel el. lig.*

VII.

7. *Sûreté pour les legs & les fideicommis.*

Si les légataires doutoient de la fûreté de leurs legs, & qu'ils ne voulufent pas laiffer les biens de l'hérédité à la difpofition de l'héritier, ils pourroient y pourvoir, foit en l'obligeant de leur donner une caution ou autre affurance, ou faifant faifir les biens & fceller les lieux où feroient les effets mobiliers & les papiers de l'hérédité, pour en faire faire un inventaire & des ventes, s'il étoit néceffaire pour leur payement. Et il en feroit de même pour la fûreté des fideicommis *g*.

g Legatorum nomine fatisdari oportere prætor putavit. Ut qui-

bus teftator dari fierive voluit, his diebus detur vel fiat. *l. 1. ff. ut legat. feu fidelic. ferv. cauf. cau.*

Idemque in fideicommiffis quoque probandum eft. *d. l. 1. §. 10.*

Nec huic ratione hoc prætori vifum eft, ficut hæres incumbit poffeffioni bonorum, ità legatarios quoque carere non debere bonis defuncti : fed aut fatisdabitur eis : aut fi fatis non datur, in poffeffionem bonorum venire prætor voluit. *d. l. §. 1. C. ut in poff. legat. vel fid. ferv. e. m.*

Il eft dit dans la Loi 2. & dans la Loi 7. de ce Titre au Code, que le teftateur peut décharger l'héritier de donner des fûretez pour les legs & les fideicommis, & il eft très-jufte qu'un teftateur ait cette liberté. Mais notre ufage & l'équité y apporteroient un temperament, fi l'héritier abufoit de cette difpofition du teftateur : & s'il y avoit du péril pour les légataires, ils pourroient y faire pourvoir en Juftice. Car on préfumeroit de la volonté même du teftateur qu'il n'auroit pas entendu favorifer la mauvaife foi de fon héritier.

VIII.

8. *Deux cas où le pere & la mere chargez de fideicommis envers leurs enfans, doivent en donner une fûreté.*

Si un pere ou une mere inftituant fes enfans ou petits enfans fes héritiers, leur avoit fubftitué leurs enfans ou autres defcendans, les fubftituez ne pourroient demander de fûreté des biens du fideicommis à leur pere ou mere qui en feroit chargé, fi ce n'eft qu'ils euffent convolé en fecondes noces, ou que le teftateur qui pouvant fe défier de leur conduite, eût expreffément ordonné quelque fûreté *h*.

h Si pater vel mater filio feu filia inftitutis hæredibus rogaverit eos casve nepotibus vel neptibus, pronepotibus vel proneptibus, ac deinceps reftituere hæreditatem : in fupradictis cafibus fideicommiffo rum fervandorum fatisdationem ceffare, fi non fpecialiter eandem fatisdationem teftator exigi difpoluerit : & cùm pater vel mater fecundis exiftimavit nuptiis non abftinendum. In his enim duobus cafibus, id eft, cùm teftator fpecialiter fatisdari voluerit, vel cùm fecundis fe pater matrimoniis junxerit, neceffe eft, ut eadem fatisdatio pro legum ordine præbeatur. *l. 6. d. l. §. 1. C. ad fenat. Trebull.*

Quelque la fûreté dont il eft parlé dans cette Loi femble s'entendre d'une caution ou fidéjuffeur, felon le fens ordinaire de ce mot fatisdationem, les plus habiles Intepretes l'entendent en un autre fens que peut avoir ce mot d'une fimple fourniffion. Ce qui feroit peu de fûreté : s'il en falloit une ; & il femble que l'ufage de cette regle doit beaucoup dépendre de ce qui peut demander l'equité felon la qualité des biens, celle des perfonnes, & les autres circonftances qui pourroient être à conjiderer.

IX.

9. *L'héritier recouvre ce qu'il a dépenfé pour les legs & les fideicommis.*

Si l'héritier chargé d'un legs ou d'un fideicommis fait quelques dépenfes pour la confervation de la chofe leguée ou fujette au fideicommis, il les recouvrera, fi elles font telles qu'elles ne doivent pas être prifes fur les revenus. Ainfi, par exemple, fi un héritier étant chargé d'un fideicommis d'une maifon qu'il devroit rendre après fa mort, cette maifon étoit périe ou détériorée fans fa faute, & qu'il l'eut refaite ou réparée, on arbitreroit cette dépenfe à proportion de la qualité & néceffité des réparations, & de l'état où étoit cette maifon au tems de la mort du teftateur, du tems qu'elle avoit duré, & felon les autres circonftances qu'on devroit confiderer pour une telle eftimation. *i*.

i Domus hæreditarias exuftas, & hæredis nummis extractas, ex caufa fideicommiffo poft mortem hæredis reftituendas, viri boni arbitratu, fumptuum rationibus deductis, & ædificiorum ætatibus examinatis, refpondit. *l. 58. ff. de leg. 1.* V. l'art. 12. de la Sect. 1. des Subftitutions directes, p. 518.

X.

10. *Il doit acquitter les charges des fonds legués jufqu'à la délivrance.*

L'héritier eft auffi tenu d'acquitter les cens, rentes foncieres, & autres charges des chofes leguées, foit du tems du teftateur s'il en refte dû, ou depuis fa mort pendant le tems que l'héritier en aura joui. Et s'il doit rendre les jouiffances, ces fortes de charges en feront déduites *l*.

l Hæres cogitur legati prædii folvere vectigal præteritum, vel tributum, vel folarium, vel cloacarium, vel pro aquæ forma *l. 39. §. 5. ff. de leg. 1.*

XI.

11. *L'héritier fouffre la perte arrivée après*

Si l'héritier étant en demeure de délivrer la chofe leguée, elle vint à périr ou être endommagée, quand ce feroit même par un cas fortuit, il en fera tenu. Car fi la délivrance avoit été faite, le légataire auroit pû ou

fon retarde-
ment. prévenir la perte, ou vendre la chose leguée *m.*

m Ipsius quoque rei interitum post moram debet, sicut in stipulatione, si post moram res interierit æstimatio ejus præstatur. *l.* 39. §. 1. *ff. de leg.* 1.

Item si fundus chasmate perierit: Labeo ait, utique æstimationem non debeti. Quod ita verum est, si non post moram factam id evenerit. Potuit enim eum acceptum legatarius vendere. *l.* 47. §. ult. eod. *l.* 3. *C. de usur. & fruct. leg.*

Si servus legatus sit & moram hæres fecerit: periculo ejus & vivit, & deterior sit: ut, si debilem forte tradat, nihilominus teneatur. *l.* 108. §. 11. *eod.*

Si c'étoit un fonds légué qui périt par un débordement de rivieve, ou autre cas fortuit, comme il est dit dans le second de ces textes, il faudroit des circonstances particulieres pour rendre l'héritier responsable de cette perte; car il n'est pas si facile de vendre un fonds qu'un meuble.

XII.

12. Toute antecedente où rien ne peut être imputé à l'héritier, regarde le légataire. Si c'étoit le légataire qui ayant pû recevoir la chose leguée, auroit differé, la perte ou diminution qui pourroit arriver le regardera. Et il en seroit de même si la chose étoit périe avant le terme de la délivrance, & que rien ne pût être imputé à l'héritier *n.*

n Si certum corpus hæres dare damnatus sit: nec fecerit, quominus ibi, ubi id esset, traderet: si id postea sine dolo & culpa heredis perierit: deterior sit legatarii conditio. *l.* 26. §. 1. *ff. de legat.* 1.

XIII.

13. L'héritier doit garantir la délivrance d'une chose leguée indéfiniment. Si le legs étoit en général d'une chose indéfiniment, comme d'un cheval, d'une tapisserie, sans désignation d'une telle tapisserie ou d'un tel cheval, l'héritier seroit tenu de la garantie de la chose qu'il auroit donnée pour acquitter ce legs, s'il arrivoit que le légataire en fût évincé. Et soit que la chose se fût trouvée dans l'hérédité, ou que l'héritier l'eût prise d'ailleurs, & qu'il sçût ou ignorât à qui elle étoit; il seroit tenu d'en donner une autre; car le testateur avoit entendu faire un legs utile. *o.*

o Si hæres tibi, servo generaliter legato, stichum tradiderit, isque à te evictus fuerit: posse te ex testamento agere, Labeo scribit. Quia non videtur hæres dedisse, quod ita dederat, ut habere non possis. Si verum puto. *l.* 39. §. 3. *ff. de legat.* 3.

Hæres servum non nominatim legatum tradidit, & de dolo postea reprimisit, servus evictus est. Agere cum herede legatarius ex testamento poterit: quamvis hæres alienum esse servum, ignoraverit. *l.* 58. *ff. de evict.* V. *l.* 71. §. 1. *ff. de legat.* 1. Voyez l'article suivant.

XIV.

14. Garantie du legs d'une chose désignée en particulier. Si le legs étoit d'une chose désignée en particulier par le testateur, comme s'il avoit legué un tel fonds, ou un tel meuble qu'il croyoit sien, mais qui en effet n'étoit pas à lui, l'héritier ne seroit tenu que de donner la chose désignée par le testament, & ne seroit pas obligé à la garantie. Car on présumeroit que le testateur ne l'avoit leguée que parce qu'il croyoit en être le maître, & qu'il n'auroit pas fait un tel legs, s'il eût sçû que la chose n'étoit pas à lui *p.* Ainsi, dans un cas semblable, si un pere disposant de ses biens entre ses enfans, avoit chargé l'un d'eux d'un fideicommis envers l'un des autres, de quelque héritage que le testateur croyoit être à lui, celui qui exécutant cette disposition auroit remis cet héritage à son frere dans le tems du fideicommis, ne seroit pas tenu de la garantie, si son frere en étoit évincé. Mais si au lieu d'un fideicommis, la disposition du pere étoit un partage qu'il eût fait entre ses enfans, donnant à l'un d'eux ce fonds dans sa part, ses cohéritiers seroient tenus de la garantie *q*, suivant les regles expliquées en leur lieu *r.*

p Si certus homo legatus est, talis dari debet qualis est. *l.* 45. §. 11. *ff. de legat.* 1. Forsitan enim si suivisset alienam rem esse, non legasset. §. 4. *Inst.* de legat. Voyez l'article 5. de la Section 3.

q Evictis prædiis, quæ pater dum se dominum esse crediderat verbis fideicommissi filio reliquit: nulla cum fratribus & cohæredibus actio erit. Si tamen inter filios divisionem fecit: nempe ex conjectura voluntatis non patitur, eum partes cohæredibus prælegatas restituere: nisi parati fuerint & ipsi partis judicium fratri conservari. *l.* 77. §. 8. *ff. de legat.* 1.

r V. l'article 6. de la Section 2. *p.* 355. & l'article 2. de la Section 3. des Partages, *p.* 359.

Tome I.

XV.

15. Si celui qui évince le légataire doit rendre le prix, le légataire en profitera. Si le légataire d'un fonds en est évincé, & que celui qui l'évince se trouve obligé d'en rendre le prix, la restitution de ce prix regardera le légataire, & non l'héritier. Car l'intention du testateur qui vouloit lui leguer le fonds, renferme celle qu'il profite au moins de ce prix. Ainsi, par exemple, si le legs étoit d'un fonds acquis par le testateur sous faculté de rachat, soit du domaine du Roi, ou de quelque particulier, les deniers du rachat qui pourroient être dûs appartiendroient à ce légataire *f.*

f Cùm post mortem emptoris, venditionem reipublicæ, prædiorum optimus maximusque princeps noster Severus Augustus rescindi, hæreditas pretio restituto jussisset: de pecunia legatario, cui prædium emptor ex ea possessione legaverat, conjectura voluntatis pro modo æstimationis, partem solvendam esse, respondi. *l.* 78. §. 1. *ff. de legat.* 1.

XVI.

16. L'héritier ne peut être restitué d'un legs, quoique nul. Si un héritier avoit volontairement exécuté une disposition du testateur, acquittant un legs ou un fideicommis qui se trouvât nul, il ne pourroit plus en contester la validité. Car ayant accompli une disposition que sa raison & sa conscience l'avoient obligé d'approuver & d'exécuter, il ne pourroit révoquer ce qu'il auroit fait par des motifs qui lui faisoient un devoir de ce payement *t.*

t Et si inutiliter fideicommissum relictum sit, tamen si hæredes comperta voluntate defuncti, prædia ex causa fideicommissi avo tuo præstiterint, frustra ab hæredibus ejus de ea re quæstio tibi movetur. Cùm non ex ea sola scriptura, sed ex conscientia relicti fideicommissi defuncti voluntati satisfactum esse videatur. *l.* 1. *C. de fideicomm.*

¶ *Quia debet naturaliter propter voluntatem defuncti, & obligatio naturalis impedit conditionem indebiti.*]

XVII.

17. Ni aussi d'un legs dont la condition ne seroit pas arrivée. Comme l'héritier peut acquitter un legs pour lequel il ne pourroit être contraint en Justice, il peut à plus forte raison avancer la délivrance d'un legs ou d'un fideicommis, soit universel de l'hérédité, ou particulier d'une somme d'argent, ou d'une autre chose dont il y auroit un terme qui en differeroit l'exécution, ou même une condition qui en suspendroit la validité. Et quoiqu'après cette délivrance la condition n'arrivant pas, la disposition se trouvât nulle, cet évenement ne feroit pas que ce payement ne dût subsister. Car cet héritier pouvoit décharger le légataire de la condition, & acquitter le legs ou le fideicommis comme pur & simple, puisqu'il pouvoit bien acquitter un legs qui eût été nul, comme il a été dit dans l'article 16. *u.*

u Post mortem suam rogatum restituere hæreditatem, defuncti judicio, & antequam fati munus impleat, posse satisfacere, id est, restituere hæreditatem, quarta parte vel retenta, vel omissa, si voluerit, exploratis juris est. *l.* 12. *C. de fidei.*

Quoique s'il ne soit pas parlé dans ce texte d'un legs ou fideicommis conditionnel, on ne peut douter que l'héritier qui sçauroit la condition, & qui sans attendre l'évenement exécuteroit la disposition du testateur, ne pourroit revenir contre cette approbation. Et elle devroit subsister à plus forte raison que celle d'une disposition nulle, dont il a été parlé dans l'article précédent.

XVIII.

18. Exception de l'article précédent pour l'intérêt d'une tierce personne. Il faut entendre la regle expliquée dans l'article précédent, des cas où un payement avancé ne feroit aucun préjudice à des tierces personnes. Car si, par exemple, un héritier étoit chargé de rendre après sa mort, ou l'hérédité, ou une partie, ou une somme d'argent à une personne, & qu'en cas que ce substitué mourût avant l'héritier, le testateur en eût appellé une autre à ce même fideicommis; cet héritier qui voulant favoriser le premier substitué lui auroit rendu le fideicommis, n'en seroit pas déchargé si ce substitué mouroit avant lui, & le droit du second resteroit entier pour l'exercer, le cas arrivant qu'il survêquît à cet héritier *x.*

x Seium Martium scripsit hæredem: eique substituit Appiam alumnam: fideique heredis commisit, ut, post mortem suam hæreditatem eidem alumnæ restitueret, aut si quod ante contigisset aliunde ; tunc Valeriano status filio restitueret eandem hæreditatem, quæstum est : si Seius vivus quidquid ad eum ex hæreditate pervenisset alumno restituisset : an secundùm voluntatem defunctæ, id tacitè videretur, præsertim cùm hæc eidem substituta esset. Respondit : si vivo Seio Appia decessisset, non esse liberatum à fideicommisso Valeriano relicto. *l.* 41. §. 12. *ff. de legat.* 3.

Si le cas expliqué dans cet article étoit arrivé, le second substitué pouvoit, sans attendre la mort de l'héritier, prétendre à ce que les biens ne passassent au premier substitué qu'à la charge de son droit, si le cas est arrivé, & des sûretés qui seroient à prendre pour la conservation des biens.

SECTION XI.

Comment les Legs peuvent être nuls, révoquez, diminuez, ou transférez à d'autres personnes.

SOMMAIRES.

1. *Un legs peut ou être d'abord nul, ou le devenir.*
2. *Un legs peut être ou révoqué, ou diminué, ou transféré d'un légataire à un autre.*
3. *Un legs nul dans son origine demeure toujours tel.*
4. *Exemple de cette regle.*
5. *Autre exemple de cette regle.*
6. *Exception de la même regle pour les legs conditionnels.*
7. *Le legs est nul, si le légataire meurt avant le testament, ou s'il étoit mort avant le testateur.*
8. *La charge imposée au legs annulé passe à celui qui en profite.*
9. *Un legs qui étoit bon au tems du testament, peut devenir nul par un changement.*
10. *Remarque sur l'article précedent.*
11. *Diverses manieres de révoquer les legs. Exemple.*
12. *Le legs d'une dette est révoqué, si le testateur s'en fait payer.*
13. *L'alienation de la chose leguée revoque le legs.*
14. *Une donation a le même effet.*
15. *L'engagement de la chose leguée ne révoque pas les legs.*
16. *Des changemens qui la resserrent & la renouvellent.*
17. *Le legs d'un troupeau de moutons subsiste, quoiqu'il n'en reste aucun des premiers.*
18. *Si la chose leguée change de nature, le legs est révoqué.*
19. *Si le regle de la chose leguée que des accessoires, le legs est annulé.*
20. *Les restrictions particulieres derogent aux générales. Exemple.*
21. *Autre Exemple de la regle expliquée dans l'article précedent.*
22. *Diminution du legs par la diminution de la chose leguée.*
23. *Fait un démembrement d'une partie d'un fonds legué pour la joindre à un autre.*
24. *Le legs transféré est ôté au premier légataire.*
25. *Révocation d'un ou deux legs qui n'en contient aucun des deux.*
26. *Si le légataire se rend indigne du legs, il est revoqué.*
27. *Les legs sont diminuez selon le jour de reparation par le payement.*

I.

UN legs peut être nul en deux manieres, ou par une nullité qui se trouve dans le legs dès l'origine, ou par une nullité qui survienne à l'origine enfuite. Ainsi un legs est nul dès l'origine, si au tems du testament où il commence se trouve quelque chose qui le rende nul & incapable d'un droit, ou nulle la chose leguée, ou la chose leguée ne peut pas être, comme si c'est une chose publique. Ainsi un legs qui n'est pas nul dans son origine, est ensuite annulé, si le testateur révoque dans une autre disposition qui aura suivi la mort & arrivé...

a *V. l'article 3. des Testamens, p. ...*
b *V. l'article 3. des Testamens p. ...*
c *V. l'article 14. des Testamens p. 406.*
d *V. les articles 3. & la l'article 19. des Testamens en genéral p. ...*

---

gataire se trouve en même tems dans une pareille incapacité e : s'il meurt avant le testateur f : & si la chose leguée venoit à périr g.

e *V. l'article 3. de la Section 2. des Legs, p. 469.*
f *V. l'article 7. de cette Section.*
g *V. l'article 19. de cette Section.*

II.

Un legs peut être révoqué h, ou diminué par quelque retranchement i, ou transferé d'un légataire à un autre l, selon que les secondes dispositions changent aux premieres, ainsi qu'il sera expliqué dans la suite.

h *V. l'article 11. & les suivans.*
i *V. les articles 22. & 23.*
l *V. l'article 24.*

III.

Si un legs est nul dans son origine au tems du testament, & de telle sorte que si le testateur venoit à mourir dans ce même tems, le legs fût inutile, il ne sera pas validé dans la suite, en quelque tems que ce testateur vienne à mourir, & quelque changement qui soit arrivé. Car le vice qui a annullé ce legs dès son origine, ne se répare point ; ce qu'il faut entendre au sens des regles qui suivent m.

m *Quod initio vitiosum est, non potest tractu temporis convalescere. l. 29. ff. de reg. jur.*
Onm : quæ ex testamento proficiscuntur ita statem eventus capiunt, si initium quoque sine vitio ceperint. *l. 201. eod.*
Catoniana regula sic definitur. Quod, si testamenti facti tempore decessisset testator, inutile foret, id legatum, quandocumque decesserit, non valere. Quæ definitio in quibusdam falsa est. *l. 1. ff. de reg. Caton.*
La regle expliquée dans cet article est la même qu'on appelle dans le Droit Romain la regle Catoniane, dont on a parlé dans la remarque sur l'art. 11. de la Section 2. des Héritiers en genéral p. 324. Voyez cette remarque & ce qui a été dit dans cette Section 2. & dans la Section 1. des Testamens sur les diverses remarques, pour en appliquer les & aux articles suivans, les regles qui peuvent s'y rapporter.

IV.

Si un impubere ayant fait son testament, & étant parvenu ensuite à l'âge de pouvoir tester, vient à mourir sans en faire un autre ; ce testament qui auroit été nul, si ce testateur étoit mort aussi-tôt après l'avoir fait, demeurera tel, quoiqu'au tems de sa mort il eût pû tester. Car l'incapacité où il étoit au tems de son testament, n'est pas réparée par la capacité qui survient après ; & qui ne change rien au tems précedent n.

n *V. l'article 2 de la Section 2. des Testamens, p. 384.*

V.

Si le legs étoit vicieux & nul dans son origine par la nature de la chose leguée, comme si c'étoit un lieu public ; ce legs qui seroit nul si le testateur mouroit au tems de ce testament, ne seroit pas validé dans la suite, quand il arriveroit qu'avant la mort la chose leguée eût changé de nature, & eût été mise en commerce. Car ce changement n'étant pas suivi d'une nouvelle disposition du testateur, laisseroit la premiere dans la nullité o. Et il en seroit de même, si un testateur ayant fait un legs d'une chose qui fut sa propre ou légataire, il arrivoit dans la suite que ce légataire l'eût alienée avant la mort de ce testateur. Car encore que le legs eût été bon si le changement l'avoit précedé, comme il étoit nul lorsque la chose leguée étoit au légataire, il demeure nul dans toute la suite p.

o *S. telle si est expre commencerom... fr. vel ad pius... pub... per afformatio tum causam § 2. inst. de legat.*
Testamento potest si quando matrimonio, ... testamento faciendi separatus... &c. ... legationi contractatis... si id quod in ... non benè compareat licet, ... sot pour debitor... contrahi sit. Quemadmodum nisi nos sine legato inutile... si sub restitutione utilem tamen effectus... quia restitui... sub lege... Sed si sint communis legatorum, potest legatario... in... testatoris conditionem venderet... si id est § 2. de legat. 2. Voyez sur les derniers mots de ce dernier texte l'article leguée... *l. 1 de legat.* p.

p *V. l'article 3. & l'article 4. de la Section 3.*

VI.

6. Exception de la même regle pour les legs conditionnels.

La regle expliquée dans les articles précedens n'a pas de lieu pour les legs conditionnels. Ainsi, par exemple, dans le même cas de l'article précedent d'un legs d'une chose qui ne fût pas en commerce, si le testateur l'avoit leguée sous condition, en cas qu'elle changeât de nature & qu'elle pût être acquise au légataire ; ce legs qui sans cette condition demeureroit nul si le testateur mouroit après une telle disposition, auroit son effet si ce changement arrivoit ensuite avant la mort de ce testateur. Ainsi, pour un autre exemple, si un testateur avoit fait un legs à un étranger à condition qu'il fût naturalisé ; ce legs qui sans cette condition seroit nul si le testateur étoit mort aussi-tôt après son testament, auroit son effet si cet étranger venoit à être naturalisé avant la mort de ce testateur. Car dans ces cas & autres semblables, les conditions ont cet effet, que la validité ou nullité du legs demeure en suspens jusqu'à ce que l'évenement l'annulle ou le rende utile *q*.

q Placet Catonis regulam ad conditionales institutiones non pertinere. *l. 4. ff. de reg. Caton.*

Futum legatum Catoniana regula impediet : conditionale non, qui ad conditionalia Catoniana non pertinet. *l. 41. §. 2. in f. ff. de legat. 2.*

In tempus capiendæ hæreditatis institui hæredes posse benevolentiæ est. Velut, Lucius Titius, cùm capere poterit, hæres esto. Idem & in legato. *l. 62. ff. de hæred. inst.*

Hæredem meum ita tibi obligare possum, ut, si quandoque moriar tuus servus Stichus non erit, dare eum tibi damnas sit. *l. 18. ff. de leg. 2. l. 1. §. 2. ff. ad reg. Cat. V. la fin du second texte cité sur l'art. 5. V. la remarque sur l'art. 31. de la Section 2. des Heritiers en general, p. 324. où il est parlé du cas de cette Loi 62. ff. de l'hæred. inst.*

VII.

7. Le legs devient nul, si le légataire meurt avant la mort du testateur ; car c'est qu'il n'étoit qu'au moment de cette mort acquis.

Le legs devient nul, si le légataire meurt avant la mort du testateur ; car ce n'étoit qu'au moment de cette mort acquis. Ainsi n'étant plus au monde, il ne peut l'acquerir. Ce qui fait qu'il ne transmet pas à son héritier un droit qu'il n'a jamais eu. Et le legs seroit nul à plus forte raison, si le légataire étoit mort avant le testament, le testateur ayant ignoré sa mort *r*.

r Si eo tempore quo alicui legatum adscribebatur, in rebus humanis non erat, pro non scripto hoc habebitur. *l. 4. ff. de his quæ pro non script. hab.*

Ea etenim vel his relinquebantur qui in rerum natura tunc tempo-ris, cùm conderentur ultima elogia, non fuerant, sorte hoc ignorantibus testatoribus : & ea pro non scriptis esse leges existimabant. Vel vivo testatore, si aliquid ex testamento habuit, post testamentum ab hac luce subtrahebatur : vel ipsum testamen expirabat, forte quadam conditione sub qua relictum fuerat deficiente : quod veteres appellabant in causa Caduci. *l. un. §. 1. C. de cad. toll. V. l'article 5. de la Section 10. des Testamens, p. 444.*

VIII.

8. La charge imposée au legs nul ne laisse pas d'avoir son effet à ceux qui en profitent.

Si dans le cas où le legs se trouve nul par le décès du légataire avant la mort du testateur, ce legs avoit été accompagné de quelque charge, comme si le testateur avoit obligé le légataire de donner une somme ou autre chose à quelqu'autre personne ; la nullité du legs n'annulleroit pas la charge que le testateur avoit imposée en faveur de cette tierce personne. Car c'étoit comme un autre legs qui doit subsister. Ainsi cette charge passera à celui à qui la chose leguée pourra demeurer, soit que ce soit l'héritier ou un autre légataire qui fût substitué à celui qui ne peut profiter du legs, ou qui lui fût conjoint, & qui par un droit d'accroissement dût avoir la chose leguée *f*.

f Pro secundo verò ordine, in quo a servitutur quæ in causa cadici fieri contingebant, vetus jus corrigimus, sancimus, ea quæ ita evenerint, similibus modo maneant apud eos à quibus sunt relicti, hæredes sorte vel legatarios, vel alios qui fideicommisso gravati fuerint : si ita in hunc casum vel substitutus, vel conjunctus, eos antecedat. Sed omnes personas quibus lucrum per hunc ordinem deferur, eas etiam gravamen prout ab initio legatum complexum erat voluerit sentire : sive in dando sit constitutum, sive in quibusdam faciendis, vel in modo, vel conditionis implendæ gratia, vel alia quacumque via excogitetur. Neque enim terenus est is qui lucrum quidem amplectitur, onus autem ei nexum contemnit. *l. un. §. 4. C. de cadut. toll.*

※ Il faut remarquer sur cet article, qu'on n'y a compris que le cas où le légataire vient à mourir avant le testateur, & non le cas où il se trouveroit mort avant le testament, quoique ces deux cas soient compris dans l'article précedent. Car il y avoit cette différence dans le Droit Romain entre ces deux cas, qu'en celui où le légataire étoit mort avant le testament, non-seulement le legs étoit nul, mais aussi la charge du legs *a* ; au lieu que dans l'autre la charge subsistoit *b*. Cette différence étoit fondée sur ce que le legs au légataire déja mort étoit tenu pour non écrit, & pour une disposition aussi nulle que si elle n'avoit jamais été faite ; au lieu que le legs au légataire vivant au tems du testament, & qui mouroit ensuite avant le testateur, étoit seulement caduc, & passoit au Fisc avant le changement que fit Justinien par cette Loi citée sur cet article. Ce qui n'a aucun rapport à notre usage où le Fisc ne profite jamais de la nullité des legs. Mais on peut remarquer sur ces legs tenus pour non écrits, qu'il y avoit des cas où les charges imposées à ces legs devoient subsister *c*. Et ce qui paroît juste dans ces cas selon cette Jurisprudence du Droit Romain, sembleroit dans notre usage & selon les principes de l'équité devoir l'être en tous : Et que si un testateur avoit chargé un légataire qui se trouvât déja mort au tems de son testament de donner quelque somme d'argent, ou autre chose sur son legs à une autre personne, l'héritier ou autre qui profiteroit de la chose leguée, devroit être tenu de cette charge, puisque ce seroit, ainsi qu'il est dit dans l'article, comme un autre legs que ce testateur auroit voulu faire, & dont la validité sembleroit devoir être indépendante de celle du legs qui devoit porter cette charge.

a l. un. §. 3. C. de cad. toll.
b V. le texte cité sur cet article 8.
c d. §. 3. l. 17. ff. de leg. Corn. de falf. l. ult. ff. de his quæ non scripti.

IX.

9. Un legs qui étoit bon au tems du testament, peut devenir nul par un changement.

Un legs qui auroit eu son effet si le testateur étoit mort dans le tems de son testament, peut devenir nul dans la suite, si avant que le légataire ait requis son droit, il arrive un changement qui mette les choses en tel état, que si elles avoient été les mêmes au tems du testament, le legs eût été nul. Ainsi, par exemple, si un légataire qui étoit capable au legs au tems du testament, s'en trouve incapable au tems de la mort du testateur, comme s'il étoit Religieux profès, ou condamné à une peine qui emportât la mort civile ; ou si la chose leguée qui au tems du testament étoit en commerce, se trouve au tems de la mort du testateur destiné à un usage public ; ces legs qui auroient été utiles si le testateur étoit mort avant ces évenemens, sont nuls après qu'ils sont arrivez *t*.

t Item si servo alieno quid legatum fuerit, & posteà à testatore redemptus sit : legatum extinguitur. Nam quæ in eam causam pervenerint, à qua incipere non poterant, pro non scriptis habentur. l. 3. §. 2. de his quæ pro non script. l. ab. V. l. 12. ff. de jur. fisc. V. l'art. suivant V. l'art. 26. de la Section 2. des Testamens, & la remarque qu'on y a faite, p. 396.

X.

10. Remarque sur l'article précedent.

On a dit dans l'article précedent, qu'un legs utile dans son origine peut devenir nul, si après le testament il arrive que les choses se trouvent en tel état, que si elles avoient été les mêmes au tems du testament, le legs eût été nul ; & on n'a pas dit qu'en général & indistinctement tout legs soit annullé par un évenement de cette nature. Ainsi il peut arriver qu'un semblable changement n'ait pas l'effet d'annuller le legs. Ainsi, par exemple, si un testateur qui au tems de son testament étoit capable de tester, s'en trouvoit incapable au tems de la mort, parce qu'il seroit tombé en démence ; cette espéce d'incapacité n'empêcheroit pas la validité du testament & celle du legs. Ainsi cette regle de l'article précedent ne doit pas s'entendre à la lettre au sens des termes du texte d'où elle est tirée ; mais il faut l'entendre aussi-bien que celle de l'article 3. au sens qu'on leur a donné, & selon les tempéramens qui résultent des exemples & des exceptions qu'on a expliquées, & dont chacune fait affez fentir la caufe qui la diftingue des cas où ces regles doivent s'appliquer *u*.

u V. les articles précedens, l'article 4. de la Section 2. des Teftamens, p. 390. & l'article 16. de la même Sect. & la remarque qu'on y a faite, p. 390.

XI.

11. Difpofitions tacites de révoquer les legs. Exemple.

Un teftateur peut révoquer les legs, ou par des difpofitions expreffes, comme par un fecond teftament ou un codicille, ou fans aucune difpofition expreffe, comme s'il difpofe autrement de la chofe leguée. Ainfi, par exemple, fi un pere qui avoit fait un legs à fa fille d'un certain fonds, venant enfuite à la marier lui donne en dot ce même fonds, le legs fera tacitement révoqué par une telle difpofition. Et cette fille ayant ce fonds en dot, ne pourra prétendre un fecond effet de ce legs *x*.

x Si a legataria non habet actionem, fi ea quæ ei in teftamento reliquit vivus pater poffeá in dotem dederit. l. 11. C. de legat.

XII.

Si un teftateur avoit legué à fon débiteur ce qu'il lui devoit, & qu'enfuite il s'en fit payer, le legs feroit révoqué *y*. Car ce n'étoit pas une fomme à recevoir qui étoit leguée, mais une quittance. Ainfi le payement annulle le legs.

*y Liberatio autem debitori legata ita demum effectum habet fi non iffe exaction id à debitore dum vivit teftator. Cæterum fi exaction eâ... evanefcit legatum. l. *, §. 4. ff. de libe. leg.*

XIII.

Si un teftateur vend ou aliene autrement la chofe leguée, le legs eft révoqué. Car s'en dépouillant lui-même, il en prive à plus forte raifon le legataire qui devoit la tenir de lui *z*.

z §. rem fuam teftator legaverat, camque neceffitate urgente diftraxerit, & deminutam pecunia poffideat... probatur, adurere.

☞ On a cru devoir retrancher de cette regle ce qui eft ajouté dans le premier de ces textes, que fi le teftateur avoit vendu par une néceffité preffante la chofe qu'il avoit leguée, le legs n'eft pas révoqué, à moins que l'on n'ait pû prouver que le teftateur a eu intention de le révoquer. Et on a cru devoir auffi retrancher ce qui eft dit de la même de ces textes, que la vente de la chofe leguée n'empêche pas que le legs ne fubfifte, fi l'on peut prouver que le teftateur avoit, lorfqu'il vendoit la chofe, n'eut pas eu intention de révoquer le legs. Si non admeuda enim vendidit, nihilominus debetur...

☞ Quoique le teftateur engage après fon teftament la chofe qu'il avoit leguée, il n'aura pas par-là révoqué le legs. Car fon teftament ne lui ôte pas l'ufage de fes biens, & cet ufage n'anéantit pas les difpofitions de fon teftament, qui n'auront leur effet ou ne l'auront pas, felon l'état où feront les chofes au tems de fa mort. Ainfi, encore qu'il foit vrai que l'engagement peut être fuivi de l'aliénation; fi néanmoins la chofe engagée eft encore

---

véniens feroient infinis fi on recevoit de pareilles preuves, auffi-bien que de celles des conventions défendues par les Ordonnances *b*.

Pour ce qui regarde le cas d'une vente que le teftateur auroit faite par néceffité, il faudroit auffi venir à des preuves de l'intention du teftateur. Car il eft dit dans le premier de ces textes, que nonobftant la néceffité, l'héritier doit être reçu à prouver que l'intention du teftateur avoit été de révoquer le legs: d'où il s'enfuivroit que le legataire feroit reçu de fa part à la preuve du contraire; parce qu'en matiere de preuves de faits, chaque partie a la liberté de faire fa preuve *c*. Ainfi cette preuve qu'il faudroit faire pour fçavoir fi le teftateur aliénant par néceffité la chofe leguée, avoit eu intention de révoquer le legs, feroit auffi contre notre ufage.

b V. les Ordonnances citées fur l'article 12. de la Section des Conventions, p. 21. & à la fin du préambule de la Section 2. des Preuves, p. 248.

c V. l'article 6. de la Section 1. des Preuves, p. 247.

XIV.

14. Une donation a le même effet.

Si celui qui auroit legué une chofe en faifoit enfuite une donation à autre qu'au légataire, cette donation annulleroit le legs à plus forte raifon qu'une vente. Car on peut être obligé de vendre une chofe qu'on avoit leguée, & fans changer la bonne volonté qu'on avoit pour le légataire; mais on ne peut la donner à un autre que librement, & préferant le donataire à celui à qui on avoit legué *d*.

d Rem legatam fi teftator vivus alii donarerit, omnimodo extinguitur legatum. Nec diftinguimus utrum propter neceffitatem rei familiaris, an mera voluntate donaverit: ut fi neceffitate donaverit, legatum debeatur: fi nuda voluntate, non debeatur. Hæc enim diftinctio in donationis magnificentiam non cadit. Cùm nemo in neceffitatibus liberalis exiftat. l. 18. ff. de adim. vel tranf. leg.

☞ Il eft dit dans une autre Loi, qu'encore que la donation fe trouve nulle, le legs ne laiffe pas d'être révoqué *; ce qui eft fondé fur ce que la donation, quoique nulle, marque l'intention expreffe du teftateur de révoquer le legs. Et fi, par exemple, un teftateur ayant fait une donation entre-vifs d'une chofe qu'il avoit leguée auparavant à un autre que le donataire, perfeveroit dans la volonté de cette donation jufqu'à fa mort, il feroit certain qu'il auroit voulu révoquer le legs. Et quoique l'héritier de ce donateur fit dans la fuite annuller la donation par quelque défaut, il pourroit, fuivant cette Loi, foutenir contre le légataire que fon legs étoit annullé. Mais fi le donateur faifoit lui-même annuller la donation, & qu'enfuite il n'eût fait aucun changement à fon teftament, & fût mort fans faire d'autres difpofitions; cette donation que le teftateur lui-même auroit révoquée, devroit-elle avoir l'effet de révoquer le legs qu'il auroit laiffé fubfifter dans fon teftament? & n'auroit-on pas un jufte fujet de préfumer que ce teftateur avoit voulu que le legs eût fon effet, non-feulement par la révocation de la donation; mais parce que n'ayant rien changé à fon teftament, il en auroit confirmé toutes les difpofitions, & auroit marqué qu'il vouloit mourir dans les mêmes intentions, & qu'elles euffent toutes l'effet que la mort des teftateurs donne à leurs teftamens?

* Jura hæretes infcriptos filio legari: poftea quædam ex mancipiis hæredum iplum donavit: five conationes confirmavit, five non confirmavit, poterior voluntas filii a legi to potior erat: Sed ea non valet donatio, tamen minuitur filii legatum pater intuitu... l. 3. ff. de adim. vel tranf. legat. v. l. 3. eod. & in fine... vel. eod. regrem. leg.

XV.

15. L'engagement de la chofe leguée ne la révoque pas.

Quoique le teftateur engage après fon teftament la chofe qu'il avoit leguée, il n'aura pas par-là révoqué le legs. Car fon teftament ne lui ôte pas l'ufage de fes biens, & cet ufage n'anéantit pas les difpofitions de fon teftament, qui n'auront leur effet ou ne l'auront pas, felon l'état où feront les chofes au tems de fa mort. Ainfi, encore qu'il foit vrai que l'engagement peut être fuivi de l'aliénation; fi néanmoins la chofe engagée eft encore au teflateur au tems de fa mort, elle paffe au légataire : & l'héritier fera tenu de le dégager, comme il a été dit en un autre lieu b. Car c'eft fon obligation générale d'acquitter toutes les dettes de l'hérédité.

b V. l'article 17. de la Section 3.

Qui poft teftamentum factum prædia, quæ legavit. pignori vel hypothecæ dedit, mutaffe voluntatem circa legatariorum perfonam non videtur. Et ideo etiam fi in perfonam actio electa eft. Recte placuit ab herede prædia liberari. l. 3. C. de leg. §. 12. inft. de leg.

XVI.

16. Si les changemens qui fe font à la chose legué.

Si après le teftament il fe fait des changemens à la chofe qui étoit leguée, encore qu'ils foient tels que fi fa nature peut le foutfrir, toutes ces parties en foient refai-tes, tous ces changemens de la chofe leguée n'en font point au legs. Ainfi le legs d'un vaiffeau ou d'une mai-fon ou autre bâtiment n'eft pas révoqué, quoiqu'il foit refait entier par partie fucceffivement. Ainfi le legs d'un troupeau de brebis n'eft pas révoqué, quoiqu'il n'en refte aucune des premieres c. Car ces changemens fe faifant fur la chofe même, aucune ne la change entiere. Ainfi elle refte la même après le dernier.

c Si navem legavero, & fpecialiter meam adfcripfero, eamque per partes totam refecto, carina eadem manente, nihilominus recte à legatario vindicaretur. l. 24. §. ult. ff. de leg. 1.

Si domus fuerit legata, licèt particulatim ita refecta fit, ut nihil ex priftina materia fuperfit : tamen dicemus, ut manere legatum. l. 45. §. ult. ff. de leg. 1. Voyez l'article fuivant.

Les changemens des parties qui font un tout, n'empêchent pas qu'il ne foit confideré comme tel jours le même, quoiqu'il n'en vefte aucune des premieres qui le compofaient. Ainfi une maifon refte la même après qu'elle a été rebâtie ; il n'eft pas de notre ufage de venir à ces fortes de preuves, il s'enfuit que felon cet ufage & ce premier texte, l'eff dont aver révoqué par ce changement, s'il n'y a rien dans l'expreffion du tefateur qui faffe préfumer que le legs fubfifte.

XVII.

17. Le legs d'un troupeau de moutons fubfifte, quoiqu'il n'en refte aucun des premiers.

Le legs d'un troupeau de bétail peut être augmenté ou diminué par les changemens qui peuvent s'y fuite, & il paffe au légataire tel qu'il fe trouve lorfqu'il lui eft dû. foit augmenté depuis le teftament. ou dimi-nué. Et quand il ne refteroit d'un haras qu'une jument feule, ou d'un troupeau de moutons qu'un feul, quoi-qu'on ne pût dire que ce fût un troupeau ; comme ce refte en faifoit partie, il étoit compris dans le legs, & y demeureroit, de même que le fonds qui refte-roit d'une maifon brûlée feroit au légataire de cette maifon d.

d Grege legato, & quæ poftea accedunt ad legatarium pertinent. l. 21. ff. de legat. 1.

Si grege legato, aliqua pecora, vivo teftatore, mortua effent : in cornique locum aliqua effent fubftituta, eumdem gregem vi-deri. Et fi deminutum ex grege pecus effet , vel unus bos fu-pereffet, eum vindicari poffe : quamvis grex defiiffe effe. Quemad-modum infula legata : fi combufta effet , area poffit vindicari. l. 22. eod.

XVIII.

18. Si la chose leguée change de nature, le legs eft révoqué.

Si les changemens de la chofe leguée fe trouvent tels qu'encore que la matiere puiffe en refter, elle foit d'une autre nature , ou dans un autre état, tel qu'elle ne fe trouve plus comprife fous l'expreffion de la chofe qui étoit leguée, le legs eft révoqué par ce changement. Ainfi, par exemple, fi un teftateur qui auroit legué des étofes de laine ou de foye , en avoit fait faire des ha-bits, il auroit par-là révoqué le legs e. Ainfi, pour un autre exemple, fi un teftateur ayant legué des pierreries, les deftinoit enfuite à quelque ornement, comme d'une garde d'épée , d'une boëte de montre , d'un étui ou autre bijou, le legs feroit révoqué par ce changement f.

e Lana legata , veftem quæ ex ea facta fit, deberi non placet. l. 88. ff. de legat. 3.

f Item quæro : fi probari poffit , Seiam uniones & hyacinthos quofdam in aliam fpeciem redegiffe , quod poftea pretiofius fe-cit additis aliis gemmis & margaritis converfiffe ; an hos uniones vel hyacinthos petere poffit , & heres compellatur ornamentum pof-teriori eximere , & præftare ? Marcellus refpondit , petere non poffe. Nam quid fieri poteft , ut legatum vel fideicommiffum

Ainfi, pour un autre exemple, fi un teftateur ayant le-gué des arbres coupez ou à couper , en faifoit enfuite un vaiffeau ou quelqu'autre ouvrage, le legs feroit inu-tile g. Et fi au contraire un teftateur ayant legué un vaif-feau le mettoit en piéces , le legs feroit auffi révoqué, de forte que de ces piéces le légataire n'en auroit aucune h. Car ce n'étoit qu'un vaiffeau qui étoit legué. Et il en feroit de même fi la chofe leguée venoit à périr, de forte que ce qui en refteroit fût d'une autre nature que ce qui étoit legué. Ainfi, par exemple, fi d'un trou-peau de bœufs ou de moutons leguez il n'en reftoit au-cun au tems de la mort du teftateur, mais feulement les cuirs ou la laine, le légataire n'auroit rien à ces reftes i.

dutaie exiftimetur, cùm id quod teftamento dabatur, in fua fpe-cie non permanferit? nam quodammodo extinctum fit. l. 6. §. 1. ff. de avr. avg.

g Sed & materia legata , navis, armariumve ex ea factum non vindicatur. l. 88. §. 1. ff. de leg. 3.

h Nave autem legata diffoluta neque materia , neque navis de-betur. l. 88. §. 12.

i Mortuo bove qui legatus eft , neque corium , neque caro de-betur. l. 49. ff. de legat. 2. V. l'article fuivant.

Il faut entendre la regle expliquée en cet article au fens qu'y donnent les exemples qui y font rapportez, pour l'appliquer aux au-tres cas femblables.

On peut remarquer fur le premier des textes cites, fur cet article, qu'il ne gît dans un autre que les habits qui ont été faits des laines le-guées font dûs au légataire, fi le teftateur n'a pas changé de volonté. Si lana legetur, & reftumentum ex ea fiat, legatum confifteré, fi modo non mutaverit teftator voluntatem. l. 44. §. 2. ff. leg. 1. Mais comme ce premier texte ne met pas cette condition qui le tef-tateur faifant les habits ait eu intention de révoquer, le legs , & que l'habit a été remarqué fur l'article 13. il n'eft pas de notre ufage de venir à ces fortes de preuves, il s'enfuit que felon cet ufage & ce pre-mier texte, l'eff dont aver révoqué par ce changement, s'il n'y a rien dans l'expreffion du tefateur qui faffe préfumer que le legs fubfifte.

XIX.

19. S'il ne refte de la chofe leguée aucun ac-cefforre, le legs eft annulé.

Si la chofe vient à périr & qu'il en refte quelques ac-cefoires, rien n'en fera dû au légataire. Car il ne de-voit avoir ces acceffoires qu'avec la chofe qu'il ne peut avoir. Ainfi, par exemple, fi un cheval legué avec fon harnois venoit à périr, le légataire n'auroit rien au har-nois l.

l Servo legato cum peculio , & alienato vel manumiffo, vel mor-tuo : legatum etiam peculii extinguitur. Nam quæ acceffionum locum obtinent , extinguuntur , cùm principales res peremptæ fuerint. l. 1. & 2. ff. de pecul. leg.

XX.

20. Les ex-preffions par-ticulieres dé-rogent aux générales. Exemple.

Si un teftateur qui auroit legué fa maifon meublée , ou fa maifon avec tous fes meubles, ajoutoit à ce legs une claufe particuliere par laquelle il leguât à une mê-me perfonne fes tapifferies, cette addition ne dimi-nueroit pas le legs de tous les meubles, & ne le rédui-roit pas aux tapifferies. Mais fi ayant legué la maifon meublée, ou la maifon avec fes meubles, il y ajoutoit qu'il legue auffi des tapifferies qu'il défigneroit en par-ticulier, comme celles d'une telle hiftoire , ou qui fe-roient dans une telle falle ; cette expreffion de ces ta-pifferies exclureroit les autres, & marqueroit qu'il n'auroit pas crû que le legs des meubles de la maifon comprît les tapifferies , & qu'il n'entendoit donner que celles qu'il avoit exprimées. Car en ce cas & autres femblables, ce qui eft fpécifié en particu-lier déroge à l'expreffion générale qui comprenoit le tout m.

m In toto jure generi per fpeciem derogatur : & illud potiffimum habetur , quod ad fpeciem directum eft. l. 80. ff. de reg. jur.

Si quis fundum , ita ut inftructus eft, legaverit , & adjecerit cum fupellectili, vel mancipiis, vel una aliqua : fi quæ nominatim expref-fa non erat : utrum minuat legatum adjiciendo fpeciem , an vero non, quæritur ? & Papinianus refpondit, non valeri legatum , fed potius ex abundanti adjectum. l. 12. §. 46. ff. de ufrir. vel inftr. leg.

Cùm fundum inftructum legaveris nominatim mancipiis legaret. Quæfitum eft , an reliqua mancipia quæ non nominatim inftrumen-to cederint ? Caffius an. refpondit ille, tametfi mancipia nomina-tim fundi funt , tamen eadem eos folos legatos effe qui nominati ef-fent , quod appareret , non intellexiffe parcentiundus inftrumentis quoque feros adnumerandos effe. l. 18. §. 11. eri.

Legata fupellectili, cùm fpecies ex abundanti , per impressa an enuncientur , generali legato non derogant. Si tamen species certo numero demonstrata fuerint, modus generi datus in his speciebus intelligitur. *l. 9. ff. de stipul. leg.*

Ce r. l'expreff-sion particulière déroge à la générale, qui lui est contraire.

XXI.

Il s'enfuit de cette regle, qui veut que l'expreffion où l'on spécifie une chofe en particulier, déroge à l'expreffion générale, qui outre cette chofe en comprendroit d'autres, que fi un teftateur avoit legué à un de fes amis tous les chevaux de fon écurie venus de fon haras, & à un autre tous fes chevaux de felle, & que parmi ceux-ci il y en eût qui euffent été tirez du haras ; ils feroient exceptez du legs des chevaux venus du haras, & compris dans le legs des chevaux de felle. Car la qualité de chevaux de felle détermine à cette efpéce l'expreffion générale des chevaux venus du haras, qui peut convenir à d'autres efpéces n. Mais fi un teftateur avoit legué à l'un les chevaux ou autres chofes d'une certaine efpéce, & à un autre celle d'une autre efpéce, & qu'il fe trouvât que quelques-unes étant des deux fuffent comprifes fous les deux expreffions, fans que rien pût les fixer à une ; celles qui ne feroient que de l'une des deux efpéces appartiendroient au légataire de cette efpéce, & celles qui fe trouveroient comprifes dans les deux feroient communes aux deux légataires. Ainfi, par exemple, fi le teftateur avoit legué à l'un fes chevaux de caroffe, & à l'autre fes chevaux de felle, & qu'il y eût quelques chevaux à deux mains qui fervifient à ces deux ufages ; tous les autres feroient partagez felon leur ufage, & ceux-ci qui feroient des deux, feroient communs aux deux légataires o.

n. Si ita verum, ut ex duriobus legati funt, fi quidem verae & certiores funt, eaioribus cedent. Semper verae fpeciei generi derogat. l. 1. §. 3. cum ff. ad legat. 3. v. l. 14. ff. de furto leg.
o. Sent. iprose ani in genere utrique funt, pro ea parte communicrabuntur. d. l. 95. in fi.

Du legs d'un fonds dont le teftateur a vendu ou retranché une partie.

XXII.

Si celui qui avoit fait un legs de fes pierreries, tableaux ou autres chofes, en même d'un fonds, en vend une partie ; le legs ne fubfifte que pour ce qui en refte. Car comme il feroit augmenté fi le teftateur avoit ajouté à la chofe leguée, il eft diminué lorfqu'il en retranche p.

p. Si res teto fundo legato teftator partem alienaffet ; reliquam dumtaxat partem debere placet. Qua etiam de caufa etiam fi totum augmentum quarere coeperit. l. 8. ff. de leg. 1. Voyez les articles 4. & 6. de la Section 4.

Le legs d'un fonds auquel le teftateur en a joint un autre, ou une partie.

XXIII.

Si fans aliéner un fonds legué ni une partie, le teftateur en fait un retranchement de quelque portion, qu'il fépare de ce fonds pour la joindre à un autre, comme pour augmenter l'étendue d'un bâtiment, pour ajouter à un pré ou à un verger une piéce d'un champ qu'il avoit legué, ces retranchemens diminuent le legs. Car ce qui en eft ôté de la : une partie d'un autre fonds ou le légataire n'aura aucun droit q.

q. Quod fi poffeffione rerum ibi, m ex fundo T . ano aliquid detractum, & in alium conjunctum, vicinantum, utcumque tam quoque portio legatario perueniet, fi, ut hoc minus quam fundus Titiani effet acceffione, & c. nihilo detractum ore fundorum nomen & donata. l. 15. ad communicationem de n. legis eft, ut quod ante cuiceffionem eft, detractum effe. l. 24. §. 3. ff. de leg. 3.

Du legs que le teftateur transfere d'un légataire à un autre.

XXIV.

Si un teftateur par une feconde difpofition transfere à un fecond légataire la même chofe qu'il avoit auparavant donnée à un autre, le legs du premier légataire eft tellement annullé par le legs à un fecond, que quand il arriveroit que le fecond légataire vînt à mourir avant le teftateur, le premier n'auroit rien. Car la premiere difpofition fe regarderoit comme révoquée par cette feconde r. Mais fi le teftateur avoit imprimé quelque charge ou condition au legs qu'il transfere,

r. Si vel alicujus nomine fervi a me operas mediant legatum tam rarum inherquibus fer tum a cum minalis, vel tam perneaba l. 8. ff. ad vel in duo rebus agere.

ainfi, elle pafferoit avec le legs au fecond légataire, à moins qu'elle ne fût attachée à la perfonne du premier, ou que l'intention du teftateur n'en déchargeât l'autre f.

f. Legatum fub conditione relictum, & ad alium tranflatum, fi non conditio perfonae cohaeret fub eadem conditione tranflatum videtur. l. 95. ff. de condit. & dem.

XXV.

Si un teftateur avoit fait deux legs à deux perfonnes de même nom, & que par une feconde difpofition il révoquât le legs de l'un d'eux fans le diftinguer, de forte qu'on ne pût fçavoir lequel des deux legs feroit révoqué, les deux fubfifteroient. Car il feroit jufte que la révocation mal expliquée demeurât fans effet, que d'y donner celui d'annuller deux legs, dont l'un certainement devoit fubfifter par l'intention de ce teftateur. Mais fi au contraire le teftateur n'avoit fait qu'un legs à une de deux perfonnes d'un même nom, de forte qu'on ne pût fçavoir par les circonftances auquel des deux il vouloit leguer ; le legs demeureroit fans effet pour l'un & pour l'autre. Car l'héritier ne feroit tenu que d'un legs, & aucun des deux ne pourroit prouver qu'il fût légataire t.

25. Révocation d'un de deux legs qui n'en annulle aucun des deux.

t. Si duobus Titii feparatim legaveris, & uni ademerit, nec appareat, cui ademptum fit : utrique legatum debetur. Quemadmodum & in dando, fi non appareat, cui datum fit , dicemus neutri legatum. l. 2. §. 1. ff. de alim. vel tranff. legat. Voyez l'article 16. de la Section 2. des Teftamens, & la remarque qu'on y a faite, p. 398. & qui peut s'appliquer au fecond cas du préfent article, p. 398.

XXVI.

Un legs qui feroit bon & en bonne forme pourroit être annullé, fans que le teftateur fit aucune difpofition expreffe ou autre pour le révoquer, s'il arrivoit que le légataire s'en rendît indigne par quelqu'une des caufes expliquées en leur lieu u.

26. Si le légataire fe rend indigne du legs, il eft révoqué.

u. Voyez ces caufes dans la Section 3. des Héritiers en général, p. 328.

XXVII.

Quoique l'héritier prétende que les biens ne fuffifent pas pour acquitter les legs, il ne laiffe pas d'en être chargé, s'il s'eft rendu héritier pur & fimple. Mais s'il ne prend cette qualité qu'avec le bénéfice d'inventaire, il ne fera tenu du legs que jufqu'à la concurrence de ce qui pourra refter de biens, les dettes payées, & il en déduira de plus le retranchement dont il fera parlé au titre fuivant x.

27. Les legs font diminuez fans la faute ou teftateur par la falcidie.

x. V. le Titre fuivant, & celui des Héritiers bénéficiaires, p. 346.

TITRE III.

DE LA FALCIDIE.

ON appelle Falcidie, du nom de celui qui en fut l'inventeur, le quart de l'hérédité que les loix affectent aux héritiers, réduifant les legs aux trois quarts des biens, de forte que l'héritier ait au moins ce quart, & que les legs ne puiffent le diminuer.

C'eft loi eft également jufte pour l'intérêt & des teftateurs, & des héritiers, & des légataires. Car les teftateurs pouvant trop eftimer leurs biens, ou croire qu'ils en ont plus qu'ils n'en auroient en effet, & dans cette penfée épuifer en legs leur fucceffion, ils obligeroient leurs héritiers à y renoncer, plutôt que d'acquitter les legs fans retranchement. L'intérêt des héritiers eft tout évident : & les légataires ont auffi le leur, de fouffrir plutôt un retranchement de leurs legs qu'une perte entiere, fi la fucceffion étant abandonnée, le défordre des affaires avoit cette fuite.

L'ufage de la falcidie ne regarde que les difpofitions des teftateurs dont les biens font fituez dans les Provinces qui fe régiffent par le Droit écrit. Car à l'égard des biens fituez dans les Coutumes, comme elles réglent ce qui doit compter aux héritiers légitimes, & ce qui eft laiffé à la difpofition du teftateur, la réduction des legs eft différemment reglée par les diverfes bornes qu'on y a mifes en chaque Coutume.

SECTION

SECTION I.

De l'usage de la Falcidie, & en quoi elle consiste.

SOMMAIRES.

1. *Les legs ne peuvent exceder les trois quarts des biens.*
2. *Toutes les dettes se prennent avant les legs, & même ce qui est dû à l'héritier.*
3. *Et aussi les frais funéraires.*
4. *L'héritier n'a pas la falcidie, s'il ne fait un inventaire.*
5. *L'héritier ab intestat a la falcidie.*
6. *Toutes dispositions à cause de mort sont sujettes à la falcidie.*
7. *La falcidie se prend sur les biens qui se trouvent au tems de la mort du testateur.*
8. *L'estimation des biens se fait sur ce qu'ils valent dans ce même tems.*
9. *Les pertes des biens tombent sur l'héritier pur & simple.*
10. *Difference entre l'héritier bénéficiaire & l'héritier pur & simple.*
11. *Les estimations que le testateur peut avoir faites ne reglent pas la falcidie.*
12. *Les estimations doivent se faire avec tous les légataires.*
13. *Précaution pour la falcidie à l'égard des biens incertains.*
14. *Les diminutions des charges & les nouveaux fonds diminuent la falcidie.*
15. *Les biens découverts après le reglement de la falcidie, la diminuent.*
16. *Si la chose leguée ne se peut diviser, la falcidie se regle par des estimations.*

I.

1. Les legs ne peuvent exceder les trois quarts des biens.

LA falcidie est le quart que l'héritier peut retenir des biens de la succession, lorsque les legs excedent les trois quarts *a.*

a Quicunque civis romanus post hanc legem rogatam testamentum faciet, is quantum cuique civi romano pecuniam jure publico dare legare volet, jus potestasque esto: cum ita detur legatum, ne minus, quam partem quartam hæreditatis eo testamento hæredes capiant. l. 1. ff. ad leg. falc.

II.

2. Toutes les dettes se prennent avant les legs, & même ce qui est dû à l'héritier.

Le quart que doit avoir l'héritier se prend sur tous les biens généralement ; mais les biens ne s'entendent que de ce qu'il peut en rester, les dettes déduites. Ainsi l'héritier retient premierement le fonds pour payer les dettes, & ensuite son quart pour la falcidie sur ce qu'il y a de bon *b.* Et il faut comprendre au nombre des dettes ce qui se trouveroit dû à l'héritier, s'il étoit créancier du défunt, de quelque nature que fût la créance, quand ce seroit même un legs ou un fideicommis dont le défunt eût été chargé envers lui. De sorte que si, par exemple, un pere chargé d'un fideicommis envers ses enfans, avec la liberté d'en choisir un d'eux, le laissoit à tous, les faisant héritiers par portions égales, & faisoit des legs qui donnassent lieu à la falcidie ; chacun de ses enfans pourroit dans le calcul de la sienne déduire sa part de ce fideicommis comme une créance. Car encore que leur pere eût la liberté d'en préferer un, le défaut du choix le rendroit débiteur envers tous de ce qu'il étoit obligé de rendre *c.*

b Sicuti legata non debentur, nisi deducto ære alieno, aliquid superfit : nec mortis causa donationes debentur, sed infirmatur per æs alienum. l. 60. §. 1. ff. ad leg. falc.

Bona intelliguntur cujusque, quæ deducto ære alieno superfunt. l. 39. §. 1. ff. de verb. signif.

c In impendenda ratione legis falcidiæ, omne æs alienum deducitur, etiam quod ipsi hæredi mortis tempore debitum fuerit, quamvis aditione hæreditatis confusæ sint actiones. l. 6. C. ad leg. falc.

Pater filium, ex quo habebat tres nepotes, hæredem instituit, fideique ejus commisit, ne fundum alienaret, & ut in familia eum relinqueret. Filius decedens tres filios scripsit hæredes. Quæritandum est an omnino quasi creditores unusquisque in ratione legis falcidiæ aliquid possit deducere : quia in potestate sua habuit pater cui ex his potius relinqueret. Sed hac ratione nemo in falcidiæ

Tome I.

III.

1. Et aussi les frais funéraires.

Il faut aussi déduire sur les biens les frais funéraires, qui sont préferez non-seulement aux legs, mais aux dettes mêmes, quand la succession seroit insolvable. Et cette dépense doit être moderée à ce qui est de nécessité *d.*

d Item funeris impensa. §. 3. Inst. de leg. falc.

Impensa funeris semper ex hæreditate deducitur : quæ etiam omne creditum solet præcedere, cum bona solvendo non sint. l. penult. ff. de relig.

Marcellus consultus an funeris monumentique impensa quam testator fieri jussit, in ære alieno deduci debeat ; respondit non amplius eo nomine, quam quod funeris causa consumptum est, deducendum. l. 1. §. ult. ff. ad leg. falc. Voyez la Section 11. des Héritiers en général, p. 342.

IV.

4. L'héritier n'a pas la falcidie, s'il ne fait un inventaire.

L'héritier ne peut demander de falcidie, s'il n'est héritier bénéficiaire, & ne fait voir par un inventaire en bonne forme que les biens ne suffisent pas. Mais l'héritier pur & simple ne peut prétendre de falcidie, quand il seroit vrai qu'il y auroit moins de biens que de charges.

e Fiat inventarium ab hærede metuente ne forte non habeat post debita & legata falcidiam. Nov. 1. c. 2.

Si verò non fecerit inventarium, non retinebit falcidiam : sed complebit legatarios & fideicommissarios licet puræ substantiæ momentis transcendat mensuram legataria datio. d. c. 2. §. 2.

Voyez l'article 10.

V.

5. L'héritier ab intestat a la falcidie.

Quoique la falcidie semble ne regarder que les héritiers testamentaires, comme on peut faire des legs par un codicille sans nommer aucun héritier, & qu'en ce cas l'héritier légitime est tenu des legs, il a aussi le droit de la falcidie. Car la succession lui est autant dûe qu'à tout autre qui pourroit être institué héritier par un testament *f.*

f Lex falcidia inducta est à Divo Pio etiam in intestatorum successione propter fideicommissa. l. 18. ff. ad leg. falc.

VI.

6. Toutes dispositions à cause de mort sont sujettes à la falcidie.

Toutes les especes de dispositions à cause de mort, legs, fideicommis, donations à cause de mort, soit par un testament ou par d'autres actes, sont sujets à la falcidie, s'il n'y en a quelque exception, suivant les regles qui seront expliquées dans les deux dernieres Sections de ce Titre.

g Eorum quibus mortis causa donatum est, fideicommitti quoque tempore potest. Quod fideicommissum hæredes, salva falcidiæ ratione, quam in his donationibus exemplo legatorum locum habere placuit, præstabunt. l. 77. §. 1. ff. de legat. 2.

VII.

7. La falcidie se prend sur les biens qui se trouvent au tems de la mort du testateur.

Le quart que l'héritier doit avoir pour la falcidie, se compte sur le pied des biens de l'hérédité au tems de la mort du testateur. Car comme c'est en ce tems que la succession est ouverte, elle consiste en ce qui peut s'y trouver alors *h,* sans que les fruits & revenus du tems qui suivra puissent augmenter le fonds pour les legs, ni s'imputer à l'héritier sur le quart qu'il doit avoir pour la falcidie dont les revenus doivent être à lui *i.*

h Mortis tempus in ratione legis falcidiæ ineunda placuit observari. l. 56. ff. ad leg. falc. V. l'article suivant.

i Ex die mortis fructus quadrantis apud hæredem relinqui necesse est. l. 15. §. 6. in f. eod.

VIII.

8. S'il n'est question de différer le tems pour faire l'estimation des biens dans ce même tems.

Comme la falcidie est acquise à l'héritier au moment de la mort du testateur, & qu'elle se prend sur tous les biens qui se trouvent alors dans l'hérédité, on doit en faire l'estimation sur le pied de ce qu'ils peuvent valoir dans ce même tems, soit de gré à gré, si l'héritier & les légataires peuvent en convenir, sinon en Justice *l.* Et

l Voyez le premier des textes citez sur l'article precedent, & celui de l'article 10.

Rrr

dans l'estimation des héritages on doit avoir égard à ce qu'ils peuvent valoir de plus, s'il y avoit des fruits pendans d'une récolte prochaine au tems de cette mort *m*.

m In falcidia placuit, ut fructus postea percepti, qui maturi mortis tempore fuerunt, augeant hæreditatis æstimationem fundi nomine qui videtur illo in tempore fuisse pretiosior. *l. 9. ff. ad leg. falc.*

IX.

Lorsque l'héritier accepte purement & simplement la succession, toutes les pertes & diminutions des biens de l'hérédité, & celles mêmes qui pourroient arriver par des cas fortuits, tomberont sur lui, sans que les légataires en souffrent de retranchement ; à moins qu'ils n'eussent donné lieu à ces pertes par quelque faute qui pût leur être imputée *n*.

n In ratione legis falcidiæ mortes servorum cæterorumque animalium, furta, rapinæ, incendia, ruinæ, naufragia, vis hostium, prædonum, latronum, debitorum facta pejora nomina, in summa quodcumque damnum, si modo sine culpa legatarii careant, hæredi pereunt. *l. 50. ff ad leg. falc.* V. l'article 10. de la Section 1. des Héritiers en général, p. 314.

X.

Si l'héritier n'accepte l'hérédité que par bénéfice d'inventaire, les pertes & diminutions des biens le regarderont en cette qualité. Car on comprend dans les biens de l'hérédité ceux qui s'y trouvent au tems de la mort du testateur qui en fait l'ouverture, comme il a été dit dans l'article 7. Mais il y a cette différence entre l'héritier bénéficiaire & l'héritier pur & simple, qu'au lieu que celui-ci n'a pas de voye pour se garantir des pertes qui tombent sur lui sans ressource, l'héritier bénéficiaire est toujours libre de renoncer à l'hérédité, rendant compte de ce qu'il peut en avoir reçu, & s'il y renonce, les changemens arrivez après la mort du testateur ne regarderont que les créanciers & les légataires. Mais le désordre des affaires qui suivroit sa renonciation, peut engager les légataires à entrer en part des pertes, & à composer avec l'héritier : & en ce cas la diminution des legs & la falcidie se reglent entr'eux de gré à gré, selon qu'ils en conviennent *o*.

o In quantitate patrimonii exquirenda visum est, mortis tempus spectari. Quid causa si quis centum in bonis habuerit, tota ea legaverit, nihil legatariis prodest, si ante aditam hæreditatem per servos hæreditarios, aut ex partu ancillarum hæreditatarum, aut ex foetu pecorum tantum accesserit hæreditati, ut, centum legatorum nomine erogatis, habiturus sit hæres quartam partem : sed necesse est, ut nihilominus quarta pars legatis detrahatur. Et ex diverso, si ex centum, septuaginta quinque legaverit, & ante aditam hæreditatem in tantum decreverint bona (incendiis forte, aut naufragiis, aut morte servorum) ut non plus quam septuaginta quinque, vel etiam minus relinquatur, solida legata debentur. Hæc tot res damnosa est hæredi, cui liberum est non adire hæreditatem. Quæ res efficit, ut necesse sit legatariis, nec desituro testamento nihil consequantur, cum hærede in portionem legatorum vocari. *l. 73. ff. ad leg. falc.* Sur ce qui est dit dans ce texte des profits qui augmentent les biens de l'hérédité. V. l'art. 15.

XI.

Si le testateur avoit fait des estimations de tous ses biens ou d'une partie, soit par son testament ou par quelque autre disposition, l'héritier de sa part, ni les légataires de la leur, ne seroient pas tenus de régler leurs droits sur ce pied, si ces estimations étoient plus fortes ou moindres que la juste valeur des choses au tems de la mort du testateur. Car comme c'est la justice qui leur assigne leurs portions, c'est la vérité de la valeur des biens qui doit les regler *p*.

p Quarta quæ per legem falcidiam retinetur, æstimatione quam testator fecit, non magis minui potest, quam auferri. *l. 15. §. ult. ff. ad leg. falc.*

Corpora, si quæ sunt in bonis defuncti, secundùm rei veritatem æstimanda erunt, hoc est, secundùm præsens pretium. *l. 62. §. 1. eod.*

XII.

S'il faut venir à des estimations des biens pour regler la falcidie entre l'héritier & les légataires, elles doivent se faire entre eux tous, soit en justice, ou de gré à gré, & même avec un seul qui le demanderoit pour un legs

modique. Que si elles n'étoient faites qu'avec quelques-uns, elles seroient inutiles à l'égard des autres qui ne voudroient pas en convenir. Et l'héritier peut encore appeller les créanciers, pour faire connoître la diminution des biens qui peut faire leurs créances, & aussi pour faire avec eux cette estimation des biens, s'ils veulent en prendre pour leur payement *q*.

q Cùm dicitur lex falcidia locum habere, arbiter dari solet ad incundam quantitatem bonorum : tametsi unus aliquis modicum fideicommissum persequatur. Quæ computatio præjudicare non debet cæteris qui ad arbitrum missi non sunt. Solet tamen ab hærede etiam cæteris denuntiari fideicommissariis, ut veniant ad arbitrum, ibique causam suam agant. Plerumque & creditoribus, ut de ære alieno probent. *l. 1. §. 6. ff. si cui plusq. per leg. falc. lic. leg. esse dic.*

XIII.

Si parmi les biens de l'hérédité il y en avoit de telle nature, qu'il fût incertain qu'ils dussent être comptez pour regler le pied de la falcidie ; comme, par exemple, s'il y avoit un procès pendant sur la propriété d'une terre, ou sur quelque dette, ou qu'il dépendît de l'évenement de quelque condition qu'un certain bien ou quelque droit fût ou ne fût pas de l'hérédité ; on ne compteroit pas ces sortes de biens comme présens pour regler le fonds des legs & le pied de la falcidie ; car ces prétentions pourroient être vaines & ne rien produire. Mais on regleroit la falcidie sur les biens présens. Et à l'égard de ces prétentions, l'héritier & les légataires regleroient entr'eux les sûretez nécessaires pour se faire justice, selon que l'attente de l'évenement & les circonstances le demanderoient. Ainsi l'héritier qui ne seroit pas tenu de comprendre ces biens incertains dans le calcul de ceux de l'hérédité, s'obligeroit, en cas qu'ils y demeurassent, d'augmenter les legs à proportion. Et si des considerations particulieres l'engageoient à acquitter les legs ou quelques-uns sur le pied de l'augmentation qu'y feroient ces biens s'ils se trouvoient être de l'hérédité, les légataires s'obligeroient de rendre en cas qu'ils n'en fussent point, ce qu'ils auroient reçu à ce titre. Et ils pourroient aussi convenir entr'eux par une espece de forfait, d'une estimation de ces droits tels qu'ils seroient à un certain prix, au hazard de la perte ou du profit qui pourroit revenir par l'évenement ou à l'héritier, ou aux légataires *r*.

r Magna dubitatio fuit de his, quorum conditio mortis tempore pendet, id est, an, quod sub conditione debetur : in stipulatoris bonis adnumeretur, & promissoris bonis detrahatur. Sed hoc jure utimur, ut quanti ea spes obligationis venire possit, tantum stipulatoris quidem bonis accedere videatur, promissoris verò decedere. Aut cautionibus res explicari potest : ut duorum alterum fiat : aut ita fatio habeatur tanquam puré debeatur aut ita tanquam nihil debeatur : deinde hæredes & legatarii inter se caveant, ut, existente conditione, aut hæres reddat quanto minus solverit : aut legatarii restituant quantò plus consecuti sint. *l. 73. §. 1. ff. ad leg. falc.*

Præposterum est ante nos locupletes dici quam acquisierimus. *l. 63. eod.* V. l'article 4. de la Section 2. V. la fin de l'article 10. de cette Section.

XIV.

S'il y avoit des charges de l'hérédité qui vinssent à cesser, comme des dettes passives qui se trouveroient acquittées des legs qui seroient annullez, ou que par d'autres causes il y eut quelque fonds qui se trouvât revenir de bon à l'héritier des biens de l'hérédité, en quelque tems que ce fonds eût passé à lui, soit au tems de la mort du testateur, ou long-tems après ; toutes ces sortes de profits lui étant acquis par sa qualité d'héritier, augmenteroient le fonds pour les legs, & diminueroient le retranchement pour la falcidie *f*.

f In ratione legis falcidiæ retentionis omnis temporis hæredi in quadrantem imputantur. *l. 11. ff. ad leg. falcid.* Voyez l'article suivant.

Non est dubium, quin ea legata à quibus hæres summovere exceptione petitorem potest, in quartam ei imputentur ; nec cæterorum legata minuant. *l. 50. ff. ad leg. falc.*

Nec interest, utrum ab initio quasi inutile fuerit, an ex accidenti postea in eum casum pervenerit legatum, ut actio ejus denegaretur. *l. 51. eod.*

Quæcumque ex causa legata non præstantur, imputantur hæredi in quartam partem, quæ propter legem falcidiam remanere apud eum debet. *l. 52. §. 1. eod.*

XV.

15. Les biens découverts après le reglement de la falcidie la diminuent.

Si après la liquidation de la falcidie & le payement des légataires, l'héritier ayant retenu ce qui devoit être retranché des legs, on venoit à découvrir un bien de l'hérédité qui eût été inconnu aux légataires ; comme s'il étoit échu au testateur pendant qu'il vivoit, une succession d'un absent de qui on eût ignoré la mort ; cet événement qui augmenteroit les biens, feroit révoquer à proportion le retranchement fait au légataire : & ils pourroient demander à l'héritier ce qui devroit leur revenir de ce nouveau bien. Ce qui feroit à plus forte raison sans difficulté, si c'étoit un bien dont l'héritier eût empêché que les légataires n'eussent connoissance *t*. Mais il ne faut pas compter pour une augmentation des biens de l'hérédité, ce qui peut provenir des fruits & autres profits des biens du défunt, comme si un troupeau de bétail avoit crû de nombre. Car ces profits & tous fruits & revenus sont à l'héritier *u*, à la réserve de ceux qui pourroient provenir des choses leguées, & qui par cette raison seroient aux légataires, suivant les regles expliquées dans la Section 8.

t C'est une suite de l'article précédent. Car l'hérédité comprend tous les biens qui peuvent être acquis à l'héritier en cette qualité, en quelque tems qu'ils viennent à être connus, & en quelque tems qu'il accepte l'hérédité, parce que son addition a l'effet de le faire considérer comme ayant succedé dès le moment de la mort du testateur, & ayant eu dès-lors son droit à tous les biens de l'hérédité. Voyez les articles 15. de la Section 1. p. 315. & 5. de la Section 2. des Héritiers en général, p. 318.

u Voyez le texte cité sur l'article 10.

XVI.

16. Si la chose leguée ne se peut diviser, la falcidie se regle par des estimations.

Quoique la falcidie diminue les legs & en fasse à chacun un retranchement, & que s'ils consistent en sommes d'argent, grains, liqueurs, & autres choses dont il soit facile de prendre une partie pour la falcidie, on puisse la retenir sur la chose même ; si au contraire elle est de telle nature qu'elle ne puisse se diviser, comme un cheval, un diamant, une servitude, la construction de quelque édifice, & autres semblables, dont la falcidie ne pourroit se prendre sur les choses mêmes ; on y pourvoit par des estimations, soit que l'héritier donne au légataire la valeur de ce qui doit lui revenir du legs, ou que le légataire rende à l'héritier ce qui doit lui revenir de la falcidie. Et si plusieurs héritiers étoient chargez d'un legs d'une chose qui ne pourroit être divisée, comme de quelque ouvrage ou d'un édifice, quoique la nature du legs fît qu'étant indivisible, chaque héritier le devroit entier ; chacun d'eux pourroit s'acquitter, offrant sa portion du prix de l'ouvrage ou de l'édifice, en lui déduisant ce que la falcidie en retrancheroit *x*.

x Quædam legata divisionem non recipiunt. Ut ecce legatum viæ, itineris, actûs. Ad nullum enim ea res pro parte potest pertinere. Sed etsi opus municipibus hæres facere jussus est, individuum videtur legatum. Neque enim ullum balineum, aut (ullum) theatrum, aut stadium fecisse intelligitur qui ei propriam formam, quæ ex consummatione contingit, non dederit. Quorum omnium legatorum nomine & si plures hæredes sint, singuli in solidum tenentur : hæc itaque legata quæ dividuitatem non recipiunt, tota ad legatarium pertinent. Sed potest hæredi hoc remedio succurri, ut, æstimatione factâ legati, denuntiet legatario, ut partem æstimationis inferat ; si non inferat, utatur adversus eum exceptione doli mali. l. 80. §. 1. ff. ad leg. falcid. Voyez la Section 9. des Héritiers en général, p. 336.

SECTION II.

Des dispositions sujettes à la Falcidie.

SOMMAIRES.

I.

1. La falcidie cesse en de certains cas.

La falcidie cesse en divers cas, soit par des obstacles de la part de celui qui la prétendroit, ce qui sera expliqué dans la Section suivante ; ou par d'autres causes qui la font cesser, ce qui fera la matiere de la Section 4 ; & il y a des dispositions dont on pourroit douter si la falcidie en est dûe ou non, ce qui fera le sujet des regles qui suivent *a*.

a Voyez les lieux citez dans cet article.

II.

2. La faveur du legs ou du légataire n'empêche pas la falcidie.

La faveur des legs n'empêche pas qu'ils ne soient sujets à la falcidie, soit que cette faveur regarde la qualité du légataire, quand ce seroit un legs fait au Prince *b*, ou qu'elle regarde l'usage des legs, comme si c'étoit un legs pour des alimens *c*.

b Et in legatis principi datis legem falcidiam locum habere merito Divo Hadriano placuit. l. 4. C. ad leg. falc.

c Divi Severus & Antoninus rescripserunt, pecuniam relictam ad alimenta puerorum falcidiæ subjectam esse, & ut soneris nominibus collocetur pecunia, ad etiam suam revocaturam præsidem Provinciæ. l. 89. ff. ad leg. falcid.

☞ On n'a pas mis dans cette regle l'exception qu'y font la plupart des Interpretes pour les legs pieux qu'ils croyent exempts de la falcidie, par la disposition de la Novelle 131. de Justinien, chapitre 12 ; car elle semble n'avoir pas ce sens. Et c'est ainsi qu'en ont jugé les plus habiles de ces Interpretes ; ce qu'on peut fonder sur deux considérations qui résultent des termes de cette Novelle. L'une, que ces termes semblent ne regarder que l'héritier qui est en demeure d'acquitter les legs pieux ; & l'autre, qu'il n'y a rien dans cette loi qui marque en regle générale que les legs pieux ne sont pas sujets à la falcidie, comme il auroit été nécessaire, pour abolir un ancien droit qui y assujettissoit ces sortes de legs *a* : ce que Justinien même semble avoir présupposé dans la loi *b*, où parlant de la précaution de ceux qui, pour éviter la falcidie des legs aux captifs, les instituoient héritiers, il s'explique en ces termes : *Si quis ad declinandam legem falcidiam, cùm destierat totam suam substantiam pro redemptione captivorum relinquere, ipsos captivos scripserit hæredes.... si enim propter hoc à speciali hærede recessum est, & non falcidiæ ratio inducatur &c.* Si les legs des legs pieux n'eût pas été dûe, il n'eût pas été nécessaire de faire les captifs héritiers pour l'éviter. A quoi on peut ajouter que ce même Empereur dans la Novelle 1. à la fin du chap. 2. ordonnant que la falcidie n'aura pas de lieu si le testateur l'a défendue expressément, ajoute pour raison, qu'il le pourroit faire qu'il y eût des legs pieux dans son testament qui rendroient cette défense favorable. *Forsan etiam quædam juste & piè relinquenti.* Ce qui ne seroit pas une raison pour favoriser la prohibition expresse de la falcidie, si elle n'avoit pas de lieu pour les legs pieux, puisqu'en ce cas cette prohibition seroit superfluc. Que si dans la Novelle 131. il avoit voulu établir pour regle que les legs pieux ne seroient pas sujets à la falcidie, il l'auroit expliqué d'une maniere qui le fît entendre ; au lieu que son expression marque au contraire qu'il borne sa disposition au cas d'un héritier qui refuse d'acquitter

a Ad municipia quoque legata, vel etiam quæ Deo relinquuntur lex falcidia pertinet. l. 1. §. 4. ff. ad leg. falcid.

Un des plus habiles Interpretes, qui est du nombre de ceux qui entendent cette Novelle de l'héritier qui est en demeure, a crû sur cette loi 1. §. 5. ad leg. falc. qu'au lieu de ces mots, vel etiam ea, il faut lire non etiam ea. C'est sur le §. 3. titre 2. de la Loi 4. des Sententes de Paulus qu'il a fait cette remarque ; & sur ce qui cette Novelle est contraire au sentiment qu'on vient d'expliquer.

b L. 49. C. de Epise. & Cler.

les legs pieux, & qui dit que les biens n'y suffisent pas. Si autem hares quæ ad pias causas relicta sunt non impleverit . dicens relictam sibi substantiam non sufficere ad ista ; præcipimus , omni falcidia vacante quidquid invenitur in tali substantia proficere provisione sanctissimi locorum Episcopi ad causas quales relictum est. Ce sont les termes de cette Novelle, qui paroissent marquer que le motif de cette disposition n'étoit pas d'en faire une regle pour décharger les legs pieux de la falcidie, mais seulement de réprimer l'infidelité ou les retardemens des héritiers ; ce qui sembleroit ne pas regarder les cas où rien ne peut être imputé à un héritier. Il est vrai que si ces termes ne sont pas assez exprès pour en conclure que Justinien ait fait une regle générale qui décharge les legs pieux de la falcidie, ils ne sont pas aussi assez clairs & assez précis pour marquer qu'il n'ait voulu priver de la falcidie des legs pieux que l'héritier qui est en demeure, puisqu'il parle d'un héritier qui est infidelle pour un exculé du retardement, que les biens ne suffisent pas : ce qui seroit une excuse assez légitime, si l'héritier pouvoit retenir la falcidie sur les legs pieux : & cependant Justinien ne veut pas que cette excuse soit écoutée. Ainsi on pourroit penser qu'il ne jugeoit pas que d'en fût une, & que peut-être il entendoit que nonobstant cette excuse. il falloit acquitter les legs pieux sans retranchement. C'est sans doute ce qu'il y a d'obscurité & d'incertitude dans cette expression de cette Novelle, qui a divisé les Interpretes : & c'est aussi ce qui a obligé à faire ici cette remarque, pour rendre raison de ce qu'on n'a pas mis de regle pour la falcidie des legs pieux ; parce qu'on n'a pas eu droit de décider une difficulté de cette nature, & qu'on ne doit donner pour loi que ce qui peut avoir le caractère d'une parfaite certitude, ou l'autorité d'une loi précise. Ainsi il seroit à souhaiter qu'il y eût sur cette difficulté quelque réglement.

III.

Si l'effet d'un legs dépend d'une condition qui ne soit pas encore arrivée quand on regle la falcidie entre l'héritier & les légataires, comme il est alors incertain si le legs sera dû, ou s'il sera nul : cette incertitude oblige l'héritier & les légataires de qui les legs sont purs & simples, à prendre un parti qui leur fasse justice réciproquement, selon l'événement qu'aura le legs conditionnel. Si la condition arrivant il se trouvoit que les autres legs seroient diminués à proportion, & qu'il ne seroit pas juste qu'avant cet événement ces legs fussent ou suspendus ou diminués : le juste parti est que l'héritier acquitte les legs purs & simples, & que les légataires qui seront payés s'obligent & donnent caution assez sûre nécessaire & à l'héritier, & au légataire de qui le legs est conditionnel, que si la condition arrive, ils rendront ce que ce legs devra retrancher des leurs d.

^a [footnote text largely illegible]

jamais nul, les légataires souffrissent un retranchement ; mais si ce n'est pas une faute des Copistes, & qu'il y eût en effet non tota dans l'original, il faudroit entendre cette regle des cas où la condition ne devroit pas être retardée. Car s'il n'y avoit que peu de tems à attendre l'événement, l'héritier pourroit retenir le retranchement de ceux qui ne voudroient pas attendre cet événement, s'obligeant de leur payer les legs entiers, si le legs conditionnel n'avoit pas d'effet.

IV.

Le legs d'une servitude que le testateur auroit donné à prendre sur une maison ou autre fonds de l'hérédité ou de l'héritier, est sujet à la falcidie. Car c'est une incommodité qui diminue le prix du fonds asservi, & qu'on peut estimer à un certain prix. Ainsi ce legs contribue comme les autres selon qu'on peut en faire l'estimation : Et le légataire doit rendre à l'héritier la part de cette estimation qui sera nécessaire pour la falcidie e.

^e Lege falcidia interveniente legata servitus , quoniam dividi non potest, non aliter in solidum restituetur, nisi partis officiatur æstimatio. l. 7. ff. ad leg. falcid.

X.

Si un testateur qui devroit une somme ou autre chose dont le payement ou la délivrance ne dût se faire que quelque tems après sa mort, ou qui ne seroit dûe que sous une condition qui ne seroit pas encore arrivée, ordonnoit par son testament que cette délivrance ou ce payement fût fait après sa mort à ce créancier, sans attendre le tems du terme, ou l'événement de la condition ; ce seroit un legs sujet à la falcidie, selon ce que pourroit être estimé l'avantage qui en reviendroit à ce légataire, soit à cause de l'avance de la dette dûe à un certain terme, ce qui considereroit aux interêts depuis la mort du testateur jusqu'au tems du terme ; ou à cause de l'aseurance de la dette conditionnelle qui pourroit n'être pas dûe par l'événement, ce qui iroit à la valeur de la dette, si la condition n'en arrivoit point f.

^f Si quis creditori suo quod debet legaverit : aut inutile legatum erit, si nullum commodum in eo versabitur : aut si projecti repræsentationem (puta) commodum utile erit, lex quoque falcidia eo commodo locum habebit. l. 1. §. 10. ff. de leg. falc.

VI.

Si le créancier d'un débiteur insolvable leguoit sa dette à un tiers, ce legs ne seroit pas compris au nombre des autres pour le calcul de la falcidie. Car comme cette dette ne seroit pas mise au nombre des biens, ce legs aussi n'en feroit aucune diminution. Mais si le testateur leguoit cette dette au débiteur même, comme ce débiteur pourroit devenir solvable, on prendroit sur ce legs les précautions expliquées dans l'article 3. pour les legs personnels g.

^g Si debitori liberatio legata sit, quamvis solvendo non sit, totum legatum computetur : nec nomin hoc non augeat hæreditatem , nihil in eventu : quia si falcidia locum habeat, hoc plus vir. nomin legatum , quod hoc legatum esset. Cætera quoque numinetur legata per hoc : & ipsum hoc per alia. Capere enim videtur, eo quod liberatur. Sed si aute hoc nomen ligetur, nullum legatum erit ; nec cæteris contribuetur. l. 22 §. pen. & ult. ff. ad leg. falc.

☞ On a crû devoir donner à ce texte le sens expliqué dans l'article. Car comme il seroit injuste de compter cette dette dans les biens de l'hérédité, il ne seroit pas de l'équité que les autres légataires qui n'en profiteroient point, souffrissent un retranchement par ce legs qui ne seroit aucune diminution des biens dont l'héritier seroit chargé envers eux, & qu'ainsi profitant du retranchement qui leur seroit fait, il eût plus que la falcidie des biens effectifs dont il seroit chargé. Et quoiqu'il soit vrai que ce legs fut utile à ce débiteur, & que comme il est dit dans ce texte, il reçoive cet effet ou bienfait du testateur, qu'il demeure quitte, & qu'ainsi il soit en effet un legs, la falcidie n'est pas accordée à l'héritier à cause du profit que les légataires retirent de leurs legs, mais seulement à cause de la diminution que font les legs à l'héritier.

VII.

7. Trois sortes de cas à régler pour la falcidie.

De toutes les règles qu'on a expliquées dans la Section précédente & dans celle-ci, il résulte qu'il y a deux manières de régler la falcidie, selon deux sortes de cas où elle peut avoir lieu. La première simple & commune dans tous les cas où les biens & les legs ont leur valeur fixe : & la seconde pour les cas où il y a des biens à espérer qui sont incertains, ou des legs conditionnels, & où ces incertitudes obligent à des précautions de sûretez, comme il a été dit dans l'article 3. de cette Section, & dans le 13. de la précédente. Mais il y a une troisième sorte de legs d'une nature qui oblige à une troisième manière de régler la falcidie, qui sont les legs d'alimens, ou d'une pension, ou d'un usufruit ; & cette troisième manière dépend de la règle qui suit h.

h V. l'article suivant.

VIII.

8. La falcidie... usufruit &c. comment elle se règle.

Comme les legs d'alimens, de pensions annuelles, de rentes viagères, d'un usufruit, & autres semblables, ne consiste qu'en un revenu qui doit finir par la mort du légataire, on ne peut faire une estimation juste & précise de la valeur de ces legs, à la même manière qu'on le peut des autres. Mais comme il faut de nécessité fixer la valeur de chaque legs, pour régler le pied de la falcidie à l'égard de tous, on peut pour les legs d'un usufruit, ou d'une pension, ou d'alimens, en régler la valeur ou prix que le légataire pourroit en tirer selon son âge, s'il vouloit le vendre. Mais cette estimation qui peut servir pour régler la falcidie de tous les legs, n'a pas cet effet à l'égard de ce légataire, qu'il doive payer le pied, & dès la mort du testateur, la falcidie du prix de son legs ; car il pourroit mourir la première année, & en ce cas au lieu d'être légataire, il deviendroit débiteur de l'hérédité. Et on ne doit pas aussi différer le retranchement que doit porter ce légataire pour la falcidie, & le remettre à la fin des années que l'usufruit ou pension aura pû durer. Mais cette falcidie doit se régler & se prendre pour chaque année de cet usufruit ou pension, à proportion du retranchement réglé pour tous les legs. Et si, par exemple, la falcidie retranche un sixième de tous les legs, y compris celui de cet usufruit ou pension, selon les estimations qu'on aura faites de tous ces legs ; ce légataire devra chaque année pour la falcidie un sixième de sa jouissance, si ce n'est que de gré à gré on convienne de la régler sur un autre pied i.

i Si ususfructus legatus sit, qui & dividi potest, non sicut cæteræ servitutes individuæ sunt : veteres quidem æstimandum totum ususfructum putabant, & ita constituendum quantum sit in legato. Sed Arifto à veterum opinione recessit. Ait enim, posse quastam partem ex eo sicut in corporibus retineri. Idque Julianus recté probat, sed operis servi legatis, cùm neque usus, neque ususfructus in eo legato esse videatur, necessaria est veterum sententia, ut sciamus, quantum est in legato : quia necessario ex omnibus, quæ sunt facti pars decedere debet : nec pars operæ intelligi potest. Immò & in usufructu, si agatur, quantum hic capiat, cui ususfructus datus est, quantum ad cæterorum legatorum æstimationem, aut etiam hujus ipsius, ne dodrantem excedat legatum, necessario ad veterum sententiam severtendum est. l. 1. §. 9. ff. ad leg. falc.

Si in annos singulos legatum sit Titio : quia multa legata & conditionalia sunt : cautiones locus est quæ in edicto proponuntur, quando conditio cujuslibet receipt rediti. d. l. §. 16.

Lex falcidia, si intervenit, in omnibus pensionibus locum habet. Sed hoc ex postfacto apparebit. Ut putà, in annos singulos legatum relictum est : quando falcidia nondum locum habet, integræ pensiones annuæ dabuntur. Sed enim si annos veneris, quo fit ut contra legem falcidiam ultra dodrantem aliquid debeatur, eveniet ut retro omnia legata singulorum annorum imminuantur. l. 47. eod.

Cum Titio in annos singulos dena legata sunt, & judex legis falcidiæ rationem inter hæredem & alios legatarios habet : vivo quidem Titio, tanti litem æstimare debeat, quanti venire id legatum potest, in incerto posito quandiu victurus sit Titius : mortuo autem Titio, non aliud spectari debeat, quam quid hæres ex ea causa debuerit. l. 15. eod.

Hæreditariam computationem in alimentis facienda hanc formulam esse Ulpianus facilis : ut à prima ætate usque ad annum vicesimum, quantitas alimentorum triginta annorum computetur, ejus-

que quantitatis falcidia præstetur, ab annis verò viginti usque ad annum vicesimum quintum, annorum viginti octo : ab annis viginti quinque usque ad annos triginta, annorum viginti quinque : ab annis triginta usque ad annos triginta quinque, annorum viginti duo : ab annis triginta quinque usque ad annos quadraginta, annorum viginti : ab annis quadraginta usque ad annos quinquaginta, tot annorum computatio fit, quot ætati ejus ad annum sexagesimum deerit, remisso uno anno : ab anno verò quinquagesimo usque ad annum quinquagesimum quintum, annorum novem : ab annis quinquaginta quinque usque ad annum sexagesimum, annorum septem : ab annis sexaginta cujuscunque ætatis sit, annorum quinque : eoque nos jure uti, Ulpianus ait, & circa computationes ususfructus faciendas. Solinum est tamen à prima ætate usque ad annum trigesimum computationem annorum triginta fieri : ab annis verò triginta, tot annorum computationem inire, quod ad annum sexagesimum deesse videntur. Nunquam ergo amplius quàm triginta annorum computatio initur. l. 68. eod.

☞ Comme il n'étoit pas possible de concilier tous ces textes, & les réduire à un sens précis qui convienne à tous, on a tâché de former la règle sur ce qu'on a pû en tirer par des réflexions qu'on a été obligé de faire sur leurs différentes dispositions.

Il est dit dans le premier, que pour régler la falcidie d'un legs d'un usufruit, les Anciens avoient été d'avis qu'il falloit faire une estimation du droit de cet usufruit ; mais que cette opinion des Anciens n'est pas approuvée, parce qu'on peut prendre le quart d'un usufruit aussi-bien que les autres legs. Et ensuite il y est dit, que quand il s'agit de régler la falcidie entre tous les légataires, il faut de nécessité revenir à cette opinion des Anciens, parce qu'en ce cas il faut faire une estimation de tous les legs. Et aussi dans le quatrième de ces textes qui est la loi 55. du Titre de la falcidie, il est dit que quand il s'agit de régler la falcidie entre plusieurs légataires, il faut estimer un legs d'un usufruit au prix que le légataire pourroit en avoir s'il vouloit le vendre.

Par le second texte qui est le §. 16. de la loi 1. il est dit que s'il s'agit d'un legs d'une pension annuelle, comme ce legs en contient plusieurs, c'est-à-dire un pour chaque année, & qu'ils sont tous conditionnels, chacun dépendant de la vie du légataire ; il faut par cette raison pourvoir à la falcidie par des sûretez entre l'héritier & le légataire de se faire justice l'un à l'autre, selon que la falcidie aura lieu dans la suite : à quoi on peut rapporter ce qui a été dit dans l'article 3. pour les legs conditionnels.

Par le troisième texte qui est la loi 47. il est dit que pour un legs d'une pension annuelle, la falcidie a lieu sur la pension de chaque année, mais qu'on ne pourra en juger que par la suite ; que cependant tandis que la falcidie n'a pas de lieu, il faut payer la pension entière ; & que quand il arrivera une année où la falcidie commenceroit d'avoir lieu, il faudra diminuer toutes les années précédentes.

Par le cinquième & dernier texte qui est la loi 68. il est dit que la falcidie d'un legs d'alimens d'un usufruit se règle différemment selon l'âge du légataire : Que s'il n'a pas plus de vingt ans, on compte comme s'il devoit vivre encore trente ans : Que s'il est entre 20. & 25. ans, on en compte 28. Ainsi cette loi parcourt & règle tous les autres âges, & veut que pour le calcul de la falcidie on assemble toutes les années qu'il doit donner de vie à venir à un légataire selon son âge, & qu'il paye la falcidie de ce total. Ainsi, par exemple, si le légataire d'un usufruit ou d'une pension de 1000. liv. pour alimens n'est pas encore âgé de 20. ans, quelque âge qu'il ait au-dessous, il faut compter comme s'il avoit à vivre encore 30. ans, ce qui sera 30000. liv. & c'est de cette somme qu'il devra la falcidie. Quantitas alimentorum triginta annorum computetur, ejus que quantitatis falcidia præstetur. Et il est ensuite, après les calculs de ces divers âges, que l'usage étoit alors de compter 30. ans de vie, non-seulement à ceux qui n'avoient que 20. ans ou au-dessous, mais aussi jusqu'à l'âge de 30. ans, & qu'au dessus de cet âge on prenoit le nombre d'années qui manqueroit pour aller à la soixantième. Ainsi c'étoit, par exemple, 25. ans pour un légataire âgé de 35. & 10. pour un légataire âgé de 50. de sorte qu'on ne comptoit jamais plus de 30. ans de vie.

Il est facile de juger par les différentes dispositions de ces toutes ces loix, quelles font les difficultez qui en réfultent, & les inconvéniens de ces diverfes manieres de regler la falcidie qui y font expliquées. Mais on ne peut fe difpenfer de remarquer fur cette loi 68. qui eft communément confiderée comme la principale regle de cette matiere, que les années des âges y font fur deux pieds différens, dont on n'en prendroit aucun aujourd'hui pour regle dans l'eftimation d'un ufufruit ou d'une rente viagere, après les calculs qui ont été faits fur les expériences du nombre de perfonnes qui meurent à chaque âge. Car fuivant ces calculs, il n'y a que peu d'enfans qui arrivent à l'âge de 30. ans : peu qui de 20. ans aillent à 50. Ainfi quand un légataire d'un ufufruit n'auroit que quatre ou cinq ans, on n'eftimeroit pas fon ufufruit fur le pied d'une durée de 30. années, & pour cet âge & pour tous les autres, on fuivroit plutôt le pied qui eft en ufage pour les rentes viageres à fonds perdu. Mais quand il feroit certain qu'un légataire d'un ufufruit devroit vivre 30. ans, ou que même un revenu annuel eût été donné à une perfonne & à fes fucceffeurs pour 30. années, cet ufufruit ou ce revenu ne vaudroit pas la fomme à laquelle fe monteroient ces 30. années, puifqu'une rente perpétuelle ne les vaudroit pas. Ainfi il feroit très-injufte de regler la falcidie fur le pied d'une telle eftimation, qui feroit qu'un legs d'un ufufruit ou d'une rente viagere de 1000. liv. par an, feroit eftimé plus haut pour la falcidie, qu'un legs d'une rente perpétuelle de pareille fomme qu'on ne vaudroit que 20000. livres. Mais en quel tems faudroit-il prendre cette falcidie ? Seroit-ce au tems de la mort du teftateur, ou après celle du légataire ? L'un feroit bientôt, & l'autre bien tard : & chacune de ces manieres auroit d'étranges inconvéniens. Seroit-ce en chaque année qu'il faudroit prendre une partie du total de cette falcidie ? Mais fur quel pied pourroit-on regler chaque année ? Et fi c'étoit, par exemple, un légataire d'une penfion de 1000. livres qui fût reglée à une durée de 30. ans, & qu'on eût un fixiéme de diminution pour la falcidie qui iroit à 5000. livres, comment partageroit-on cette fomme pour n'en prendre pas plus une année qu'une autre, puifqu'on ne pourroit fçavoir combien il refteroit de vie au légataire, & que s'il ne vivoit que cinq ans, tout fon ufufruit feroit confommé par la falcidie ?

On peut ajouter fur le fujet de cette loi 68. qu'il eft tiré d'un Livre qu'Æmilius Macer qui en eft l'Auteur avoit compofé fur un droit de Vingtiéme que le Fifc prenoit fur les fucceffions & fur les legs : de forte qu'il femble que les calculs qu'on voit dans cette loi pour les divers âges avoyent été faits comme un tarif pour regler ce droit : & quoiqu'il y foit parlé de la falcidie, comme fi ces calculs étoyent faits pour la regler, un habile Interprete a conjecturé que peut-être Tribonien a fait cette application à la falcidie. Ce qui fuppoferoit qu'il n'auroit fait aucune reflexion fur la différence infinie qui étoit à faire entre l'ufage des calculs expliquez dans cette loi pour les divers âges par rapport à ce droit de Vingtiéme, & l'ufage de ces mêmes calculs par rapport à la falcidie. Car à l'égard de ce droit, comme il étoit de néceffité de le payer fur chaque legs en une feule fois, il falloit bien fixer la valeur du legs d'un ufufruit pour fçavoir combien le Fifc devoit en avoir : Et c'eft pourquoi cette loi fixoit fur ce reglement le pied de ce Vingtiéme, quoique trop fortement par les raifons qu'on a remarquées fur les calculs des âges. Mais pour regler la falcidie d'un legs, d'une penfion viagere ou d'un ufufruit, il ne feroit pas jufte de venir au calcul de cette loi, & de prendre le nombre d'années qu'elle donne à la durée de l'ufufruit ou de la penfion, felon l'âge du légataire, pour faire payer la falcidie de ce total. Ce calcul, quand il feroit fait fur un pied bien moindre, feroit toujours injufte entre l'héritier & un légataire, qui ne pouvant s'affurer de deux ans de vie, ne doit pas être obligé de payer la falcidie de la valeur de 30. années, ni même de fix. Mais en fuivant la voie de l'eftimation d'un ufufruit par l'âge du légataire, il femble d'ufure qu'entre l'héritier & tous les légataires, pour regler le pied commun de la falcidie de tous les

legs, parce qu'il eft de néceffité de les eftimer tous dès le tems de la mort du teftateur, & qu'il y auroit trop d'inconvéniens de différer le reglement de la falcidie à un autre tems ; au lieu que fans faire tort ni au légataire d'un ufufruit, ni aux autres légataires, ni à l'héritier, ils peuvent tous par cette voie convenir entr'eux de la valeur d'un legs d'ufufruit felon l'âge du légataire, comme par une efpéce de forfait, au hazard que l'événement rende ce parti avantageux ou à l'héritier, ou aux légataires. Mais pour la falcidie particuliere d'un legs d'ufufruit, il femble affez facile de la regler fur le même pied que les autres legs. Et fi, par exemple, la falcidie étoit fixée à un fixiéme de tous les legs, y comprenant celui d'un ufufruit, il ne paroît pas qu'il y eût ni d'injuftice, ni d'inconvénient que l'héritier retînt un fixiéme de chaque année de cet ufufruit, puifque ce retranchement feroit la même juftice à ce légataire & à l'héritier, qu'un pareil retranchement d'une rente perpétuelle ; avec cette feule différence qui feroit très-jufte, que pour la rente perpétuelle le capital en feroit auffi diminué d'autant, & que pour l'ufufruit ou la rente viagere qui n'a point de capital en fonds perpétuel, le retranchement feroit borné aux années de la vie du légataire.

SECTION III.

De ceux à qui la Falcidie peut être dûe, ou non.

SOMMAIRES.

1. *L'héritier pur & fimple n'a point de falcidie.*
2. *L'héritier beneficiaire qui fraude, la perd fur le fonds qu'il a voulu divertir.*
3. *Et auffi fur les legs qu'il a voulu fupprimer.*
4. *L'héritier ab inteftat ne perd pas la falcidie, pour avoir voulu renoncer au teftament.*
5. *Entre plufieurs heritiers differemment chargez de legs, chacun a fa falcidie fur fa portion.*
6. *Les légataires chargez de legs fur les leurs, n'ont pas la falcidie.*
7. *Si ce n'eft que leurs legs la fouffrent de la part de l'héritier.*

I.

COmme l'héritier pur & fimple accepte l'hérédité fans bénéfice d'inventaire, il ne peut prétendre la falcidie. Car cette qualité l'engage à toutes les charges indiftinctement, au-delà même des biens de l'hérédité. a. Et il n'y a que l'héritier bénéficiaire qui ayant fait un inventaire des biens, n'eft tenu des legs & des autres charges qu'à proportion de ce qu'il y a de fonds dans la fucceffion pour les acquitter, déduifant fur les legs le quart des biens pour la falcidie.

> a. Voyez l'article 4. de la Section 1. de ce Titre, & l'article 1. de la Section 1. des Heritiers en general, p. 513.

1. L'héritier pur & fimple n'a point de falcidie.

II.

Quoique l'héritier ait fait un inventaire, s'il fe trouve avoir fraudé les légataires par des fouftractions ou recelez de quelques effets de l'hérédité, il fera privé de la falcidie fur les fonds dont ces fraudes pourroient diminuer la fucceffion b. Mais il ne faut pas mettre au rang des héritiers qui ont fouftrait ou recelé, celui qui prétendroit qu'on ne dût pas comprendre dans les biens de l'hérédité une chofe qu'il déclareroit lui appartenir, quoiqu'il fût prouvé dans la fuite qu'elle étoit de l'hérédité. Car c'étoit une prétention qu'il pouvoit avoir fans mauvaife foi, & qui, quand elle feroit injufte, étant expliquée aux légataires, n'auroit pas le caractere de fouftraction c.

2. L'héritier beneficiaire qui fraude, la perd fur le fonds qu'il a voulu divertir.

> b. Refcriptum eft à principe heredem rei quam amoverit quartam non retinere. l. 6. ff. de his quæ ut ind. l. 1. ax leg. falcid. l. 48. ff. ad Senat. Trebell. Voyez l'article fuivant.
> c. Si quis ex heredibus rem propriam effe contendat, deinde hæreditatam effe convincatur : quidam putant, ejus quoque retinendam non poffe retineri, quia nihil intereft fubtraxerit an

hæreditariam eſſe negaverit. Quod Ulpianus rectè improbat. *l.* 68. §. 1. *ff. ad leg. falc.*

III.

marginal: 2. Et auſſi ſi … ſ … veulu ſupprimer.

Si l'héritier a fait quelque fraude pour faire périr des legs ou fideicommis , comme s'il a ſupprimé un codicille qui les contenoit , ou par quelqu'autre voie , il acquittera ces legs ou ces fideicommis entiers , ſans déduction de la falcidie *d.*

d Beneficio legis falcidiæ indignus eſſe videtur qui id egerit ut fideicommiſſum intercidat. *l.* 59. *ff. ad leg. falc.*

IV.

marginal: 3. L'héritier ſi … n'eſtat ne ſ … en la falcidie, pour … à … à l'égard du teſtament.

Si l'héritier légitime qui ſeroit inſtitué héritier par un teſtament , prétendoit y renoncer pour demeurer héritier *ab inteſtat* , & ſe décharger des legs ; comme il ne ſeroit pas privé de l'hérédité , ainſi qu'il a été dit en un autre lieu , & qu'il demeureroit chargé d'acquitter les legs , il ne ſeroit pas privé de la falcidie *e.*

e Admonendi ſumus huic , in quem ex hac parte edicti legatorum actio datur , beneficium legis falcidiæ concedendum. *l.* 18. §. 1. *ff. Si quis om. cauſ. teſt.* V. l'article 17. de la Section 5. des Teſtamens , p 412.

V.

marginal: 4. Entre pluſieurs héritiers de diverſes portions la falcidie de chacun ſe prend ſur la ſeule hérédité de ſa portion.

S'il y a pluſieurs héritiers de diverſes portions de l'hérédité , & que quoiqu'ils ſoient chargez de legs dont les autres ne ſoient pas tenus , la falcidie de chacun ſe prendra ſeulement ſur ſa portion : & ce retranchement ne diminuera rien de celle des autres *f.* Mais chacun auſſi déduira ſur ſa portion les dettes & autres charges que le teſtateur y auroit impoſées *g.*

f In ſingulis hæredibus rationem legis falcidiæ componendam eſſe non dubitatur. Et ideo ſi Titio & Seio hæredibus militoris , ſemis hæreditatis Titio exhauſtus eſt , Seio autem quadrans totorum bonorum relictus ſit ; competit Titio beneficium legis falcidiæ. *l.* 77. *ff. ad leg. falc.* V. l'article 7. & les ſuivans de la Section 4.

g In legem falcidiam æris alieni rationem in hæreditate relicti quod unus ex hæredibus ſolvere damnatus ſit , ipſe ſolus habebit. *l.* 8. *ff. ad leg. falc.*

VI.

marginal: 5. Les légataires chargez … de legs … les hors, … n'a pas la falcidie.

Si un légataire étoit chargé ſur ſon legs de quelque diſpoſition en faveur d'un tiers , comme de quelque ſomme ou autre charge qui diminuât ſon legs , ou le conſumât , il n'auroit pas pour cela le droit de la falcidie ; mais il ſeroit tenu ou d'acquitter la charge entiere , ou de renoncer au legs. Car la falcidie n'eſt accordée qu'aux ſeuls héritiers , & les légataires ne peuvent exercer ce droit de leur chef *h.*

h Nunquam legatarius vel fideicommiſſarius licèt ex Trebelliano Senatus Conſulto reſtitutur et hæreditas utitur legis falcidiæ beneficio. *l.* 47. §. 1. *ff. ad leg. falc.* V. l'article ſuivant. Les raiſons de l'établiſſement de la falcidie , expliquées dans le préambule de ce Titre , ne conviennent qu'aux héritiers.

VII.

marginal: 7. Si en ce cas … à … legs … à la part de l'héritier.

Si dans le cas de l'article précédent , l'héritier ſe trouvoit trop chargé de tous les legs , la falcidie devoit y avoir lieu , & le retranchement qu'un légataire chargé de quelques legs ſouffriroit ſe prenant ſur ſon legs entier , diminueroit à proportion des legs particulier dont il auroit été chargé par le teſtateur. Car ce ſeroit du chef de l'héritier que cette diminution ſeroit arrivée *i.*

i Si Titio viginti legatis portio per legem falcidiam detracta eſſet , cum iſſe qui que quinque Seio rogatus eſt reſtituere. Vindus noſtri tenet in Seio pro portione ex quinque detrahendum an, quantum Titio ex viginti detraheretur. Qui ſententia & æquitatem & rationem magis habet , qua exemplo hæredis legatarius ad fideicommiſſa præſtanda obligatur. Nec alia ex ſua portione legatarius inveretur , quam falcidiam non poſſit , ideoco , quod paſſus eſſet , non impetraturum : niſi forté teſtator ita fidei ejus commiſiſſet , ut totum quod ejus et teſtamento compleri reſtitueret. *l.* 12. §. 4. *ff. ad leg. falc.* Voyez l'article 5. de la Section ſuivante.

I.

marginal: 1. Le teſtateur peut prohiber la falcidie.

Quoique la falcidie ſoit un droit acquis par la loi à l'héritier qui veut s'en ſervir , & qu'un teſtateur ne puiſſe empêcher que ſes diſpoſitions ne ſoient ſujettes aux loix *a* ; il eſt néanmoins permis à un teſtateur d'obliger ſon héritier à acquitter les legs ſans déduction de la falcidie. Et s'il l'ordonne ainſi bien expreſſément , la falcidie n'aura point de lieu. Car c'eſt une exception que fait la loi même , & l'héritier a la liberté ou d'accepter l'hérédité à cette condition , ou d'y renoncer *b.*

a V. l'art. 28. de la Section 2. des Regles du Droit , p. 10.

b Si debitor , creditore hærede inſtituto , petiſſet , ne in ratione legis falcidiæ ponenda creditum ſuum legatariis reputaret : ſine dubio ratione doli mali exceptionis apud arbitrum falcidiæ defuncti voluntas ſervatur. *l.* 12. *ff. ad leg. falc.*

Si in teſtamento ita ſcriptum ſit : Hæres meus Lucio Titio decem dare damnas eſto. Et quando quidem minus per legem falcidiam capere poterit , tanto amplius ei dare damnas eſto ; ſententia teſtatoris ſtandum eſt. *l.* 64. *eod.*

Il ſemble par ces textes & quelques autres , que dans l'ancien droit le teſtateur pouvoit prohiber la falcidie , & le contraire ſemble établi en d'autres * ; ce qui a diviſé les Interpretes. Mais cette difficulté eſt ceſſée par la Novelle 1. de Juſtinien , qui a permis la prohibition de la falcidie , ainſi qu'il eſt expliqué dans l'article. Si verò expreſſim deſignaverit (teſtator) non velle hæredem retinere falcidiam , neceſſarium eſt teſtatoris valere ſententiam , & aut voluntatem cum parte teſtatori totam etiam quodam juſtè & piè reliquiſti , lucrum non in percipiendo , ſed tolummodò piè agendo habentem ; & non videri ſine lucro hujuſmodi eſſe hæreditatem : aut in parte non etiam , cum quidem recedere ab hujuſmodi inſtitutione. Nov. 1. *c.* 2. in *f.*

* *l.* 17. *ff. ad leg. falc.*

¶ Il ſuffit que la volonté ſoit connue , comme s'il a défendu toute ſorte de ſouſtraction ou alienation. Auth. Sed. Cod. ad leg. falc. Cuj. Novelle 1. in fine. Dep. l. 1. p. 354. n. 13.]

marginal right: 1. Le teſtateur peut prohiber la falcidie.

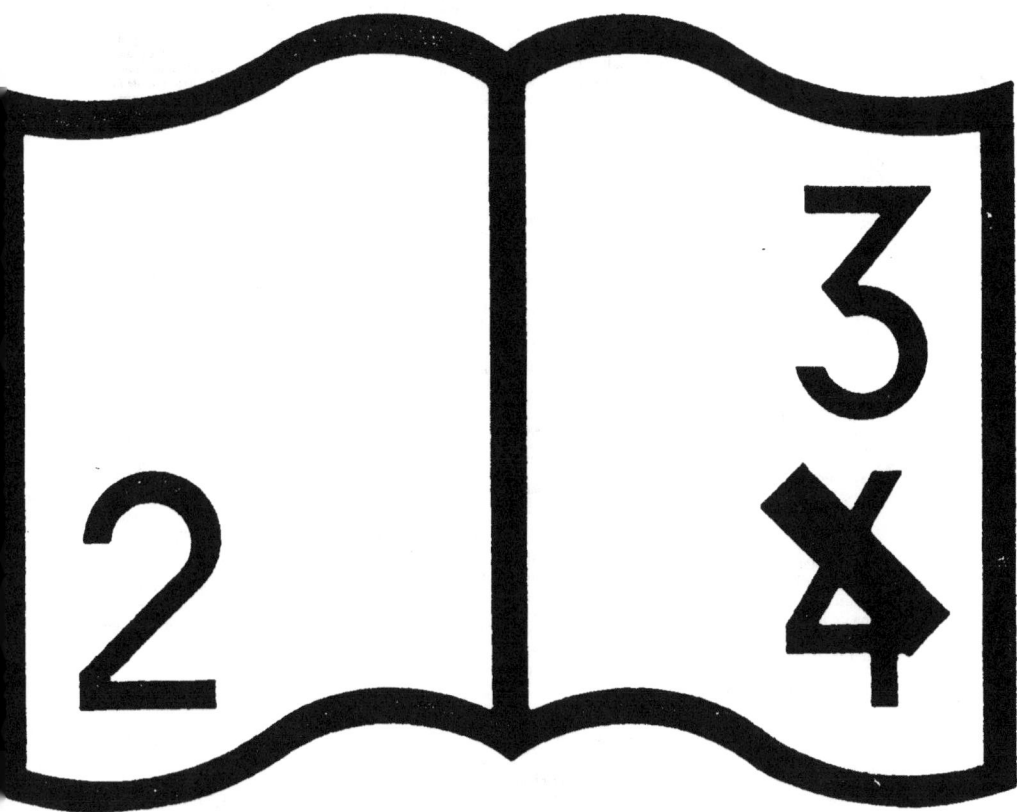

Pagination incorrecte — date incorrecte

NF Z 43-120-12

ne, hæres me hæredem inſtituit, ac poſteà legati conditio extitit : in falcidiæ rationem fundus non jure hæreditario, ſed legati, meus eſſe intelligitur. *l. 4. ff. ad leg. falc.*

XV.

Si un teſtateur chargeoit un de ſes héritiers d'acquit-ter ſeul une dette de l'hérédité, la diminution des biens que feroit cette dette pour la ſupputation de la falci-die, ne regarderoit que la portion ſeule de cet héritier qui en ſeroit chargé *t*, & augmenteroit ſa falcidie à proportion.

t In legem falcidiam æris alieni rationem in hæreditate relicti, quod unus ex hæredibus ſolvere damnatus ſit ipſe ſolus habebit. *l. 8. ff. ad leg. falc.*

XVI.

S'il y avoit un legs d'un fonds dont la délivrance ne dût ètre faite au légataire qu'après un certain tems, la jouiſſance demeurant cependant à l'héritier, ou un legs d'une ſomme dont le payement ſeroit différé ; il fau-droit déduire ſur l'eſtimation de ces legs pour la falci-die, ce que le retardement de la délivrance ou du paye-ment diminueroit de ce qu'ils auroient valu s'ils euſſent été dûs ſans retardement au tems de l'ouverture de la ſucceſſion où les eſtimations des biens & des legs doi-vent ètre faites *u*.

u In lege falcidia non habetur pro puro quod in diem relictum eſt : medii enim temporis commodum computatur. *l. 45. ff. ad leg. falc.*

Tantò minus erogari ex bonis intelligendum eſt, quantùm interea donec dies obtingit, hæres lucraturus eſt ex fructibus & uſu-ris. *l. 73. §. 4. eod. V. l'art. 4. de la Section 2. de la Trebellianique. V. l'article 6. de la Section 2. p. 527.*

XVII.

L'héritier qui ſans ſe retenir la falcidie ſe feroit volon-tairement obligé d'acquitter un legs entier, ou l'auroit acquitté en effet, ne pourroit plus prétendre la déduc-tion de la falcidie ; car il y auroit renoncé payant ain-ſi, ou s'engageant à payer le legs. Et on préſumeroit qu'il ne l'auroit fait que pour ſatisfaire pleinement aux diſpoſitions de ſon bienfaiteur ; ce qui ſuffiroit pour faire ſubſiſter le payement ou la délivrance de la choſe leguée *x*.

x Scire debes omiſſa falcidia, quo pleniorem fidem reſtituendæ portionis exhiberes, non videri jus tuum debito ſolutum eſſe. *l. 1. C. ad leg. falc.*

Sive ſolverit, ſive ſuper hoc cautionem fecerit, æquitatis ratio ſimilia ſuadere videtur. *l. ult. in f. C. eod. V. l'article 1. de la Sect. 2. de la Trebellianique, p. 527.*

XVIII.

Si c'étoit par quelque erreur de fait que l'héritier eût acquitté un legs entier ſans déduction de la falcidie, comme s'il l'avoit payé avant qu'on eût connoiſſance d'un codicille contenant d'autres legs qui donnoient lieu au retranchement ; il pourroit recouvrer ce qu'il ſe trouveroit avoir ſurpayé. Mais ſi c'étoit par une er-reur de droit qu'il eût trop payé, comme s'il avoit ac-quitté un legs qu'il crût n'être pas ſujet à la falcidie, ou qu'il ignorât qu'il avoit droit de la retenir, il ne pour-roit plus prétendre de retranchement *y*.

y Error facti quartæ ex cauſa fideicommiſſi non retentæ repeti-tionem non impedit. Is autem qui ſciens ſe poſſe retinere (uni-verſum reſtituit ; conditionem non habet. Quin etiam ſi jus igno-raverit, ceſſat repetitio. *l. 9. C. ad leg. falc. V. l'article 2. de la Section 2. de la Trebellianique. V. la Section 1. des Vices des Conven-tions, p. 139.*

XIX.

L'héritier n'eſt pas privé de la falcidie par l'effet du tems, tandis que les choſes ſont encore entieres ; c'eſt-à-dire, qu'il n'a rien fait par où il en ſoit privé, comme il le ſeroit s'il avoit acquitté volontairement, ou s'étoit obligé d'acquitter le legs. Mais pendant qu'il reſte dé-biteur du legs, il conſerve le droit d'en retenir la fal-cidie : ou ſi l'ayant acquitté, il avoit compoſé & pris ſes ſuretez pour la conſerver, il ne pourroit la perdre que par le tems de la preſcription qui feroit périr une dette d'une autre nature *z*.

z Legis falcidiæ beneficium hæres etiam poſt longum tempus mortis teſtatoris implorare non prohibetur. *l. 58. ff. ad leg. falc.*

XX.

Si un héritier chargé de divers legs envers un ſeul lé-gataire, en avoit acquitté quelques-uns ſans en retenir la falcidie, il pourroit la retenir pour tous ces legs ſur ceux qu'il n'auroit pas encore acquittez : & il en ſeroit de même à plus forte raiſon, ſi d'un ſeul legs d'une ſomme ou autre choſe, il en avoit acquitté une partie ſans dé-duction de la falcidie de ce qu'il auroit acquitté. Car dans tous ces cas on préſumeroit qu'ayant en ſes mains aſſez de fonds pour le total de la falcidie, il avoit ré-ſervé de la retenir ſur ce qui reſtoit à acquitter ou d'un ſeul ou de pluſieurs legs. Ainſi ce reſte lui en répon-droit, à moins que les payemens qu'il auroit faits ne renfermaſſent quelque engagement qui dût le privez de la falcidie *a*.

a Si ex pluribus rebus legatis hæres quaſdam ſolverit, ex reli-quis falcidiam plenam per doli exceptionem retinere poteſt, etiam pro his quæ jam data ſunt. Sed etſi una res ſit legata, cujus pars ſoluta ſit, ex reliquo poteſt plena falcidia retineri. *l. 16. ff. ad leg. falc. d. l. §. 1.*

XXI.

L'héritier qui ſous prétexte de la falcidie qu'il n'au-roit pas droit de prétendre, auroit différé l'acquitte-ment des legs, feroit tenu des intérèts de ce retarde-ment qui n'auroit pour cauſe que ſa mauvaiſe foi *b*.

b Divi Severus & Antoninus generaliter reſcripſerunt Bononio maximo, uſuras præſtaturum eum qui fruſtrationis cauſa benefi-cium legis falcidiæ imploravit. *l. 89. §. 1. ff. ad leg. falc. V. l. 2. C. de uſur. & fruct. legat.*

LES
LOIX CIVILES
DANS LEUR ORDRE NATUREL.

LIVRE CINQUIÉME.

Des Subſtitutions , & des Fideicommis.

E mot de Subſtitution en général a deux ſignifications qu'il faut diſtinguer : L'une comprend les diſpoſitions des teſtateurs, qui ayant inſtitué un héritier , & craignant qu'il ne puiſſe ou ne veuille l'être, en nomment un autre qui à ſon défaut ſoit leur héritier : L'autre comprend les diſpoſitions des teſtateurs qui veulent faire paſſer leurs biens d'un ſucceſſeur à un autre ; de ſorte que le premier appellé ayant ſuccedé, tranſmettoit après lui ces biens au ſecond ; & que s'il y en a pluſieurs appellez , les biens paſſent de l'un à l'autre ſucceſſivement de degré en degré.

La premiere de ces deux ſortes de ſubſtitutions eſt celle qu'on appelle vulgaire, du nom qu'elle avoit dans le Droit Romain , parce que l'uſage en étoit fréquent pour prévenir le cas où il pouvoit arriver que l'héritier premier inſtitué ne ſuccedât point ; comme s'il venoit à mourir avant le teſtateur, s'il renonçoit à l'hérédité , s'il étoit incapable de ſucceder , s'il s'en rendoit indigne. Et comme dans ces deux derniers cas & en pluſieurs autres , le Fiſc prenoit ce qui ne pouvoit être acquis à l'héritier ou au légataire , la crainte de cet événement obligeoit les teſtateurs à faire de ces ſubſtitutions vulgaires *a*. Et le cas même où l'héritier renonçoit à l'hérédité, pouvoit auſſi obliger pluſieurs teſtateurs à cette ſorte de ſubſtitution. Car avant que Juſtinien eut établi le bénéfice d'inventaire , les héritiers n'ayant point de milieu entre accepter l'hérédité purement & ſimplement , ou y renoncer , les difficultez de connoître l'état des biens , qui obligeoient à donner aux héritiers des années entieres pour déliberer , & qui étoient ſuivies des inconvéniens qu'on a remarquez dans le préambule du titre 3. du premier Livre , pouvoient obliger pluſieurs héritiers à renoncer aux ſucceſſions.

L'autre eſpece de ſubſtitution qui fait paſſer les biens d'un ſucceſſeur à un autre , eſt celle qu'on appelloit proprement fideicommis dans le Droit Romain , parce que l'uſage en étoit fréquent par des diſpoſitions en termes de prieres que le teſtateur faiſoit à ſon héritier de rendre ou l'hérédité , ou quelque choſe en particulier à la perſonne qu'il nommoit, remettant à la foi de ſon héritier l'exécution de ſa volonté. Ces fideicommis au commencement dépendoient de la bonne foi des héritiers *b* ; mais dans la ſuite ils eurent la même force que les autres diſpoſitions des teſtateurs *c* : Et l'uſage en fut très-fréquent , auſſi-bien que celui des ſubſtitutions vulgaires. Mais le nom de ſubſtitution eſt plus propre dans le Droit Romain aux ſubſtitutions vulgaires , & les ſubſtitutions fideicommiſſaires n'y ſont preſque connues que ſous ce nom même de fideicommis ; car on ne pouvoit ſubſtituer de cette maniere pour faire paſſer les biens d'un ſucceſſeur à un autre , que par des expreſſions en termes de prieres , ou autres ſemblables , dont il a été parlé dans la Section 4. des Teſtamens , & non en termes directs & impératifs *d* , dont il a été auſſi parlé dans le même lieu ; ce qu'il n'eſt pas néceſſaire de redire ici. Il ſuffit de remarquer ſur ce ſujet , qu'il n'y avoit dans le Droit Romain que les peres qui puſſent ſubſtituer de cette maniere en paroles directes à leurs enfans impuberes qui étoient ſous leur puiſſance ; ce qui ſe faiſoit par cette ſubſtitution qu'on appelle pupillaire, dont on va parler dans la ſuite : & les ſoldats qui pouvoient de plus ſubſtituer de cette même maniere à leurs enfans adultes *e* , & auſſi à d'autres héritiers que leurs enfans *f*. Et ces ſubſtitutions avoient dans ces cas l'effet des fideicommis. Mais par notre uſage , il eſt égal que le teſtateur s'exprime en termes directs & impératifs , ou en termes de fideicommis : & de quelque maniere que ſoit conçue une ſubſtitution qui fait paſſer les biens d'un ſucceſſeur à un autre , elle a ſon effet ſi l'intention du teſtateur eſt bien

---

a Ipſis teſtamentorum conditoribus ſic graviſſima caducorum obſervatio viſa eſt , ut & ſubſtitutiones introducerent , ne fiant caduca. *l. un. in prin. C. de cad. coll. V. Ulp. Tit.* 17. *l.* 1. *ff. de jure fiſc.*

b §. 1. *inſt. de fideicomm. hæred.*
c d. §. 1. *inſt. de fidetc. hæred.*
d l. 7. *ff. de vulg. & pupill. ſubſt.* §. *ult. inſtit. de pupill. ſubſt.*
e l. 15. *ff. de vulg. & pup. ſubſt, l.* 6. *C. de teſtam. mil.*
f l. 41. *ff. de teſtam. mil.*

expliquée : & on appelle ces sortes de dispositions, ou du nom de substitutions fideicommissaires, à cause de l'origine qu'elles ont eu dans le Droit Romain par l'usage des fideicommis, ou du nom de substitutions graduelles, parce qu'elles font passer les biens aux substituez l'un après l'autre en divers degrez; & on les appelle aussi purement & simplement substitutions : de sorte que dans notre usage, le mot simple de substitution s'entend de celles de cette nature, parce qu'elles sont bien plus fréquentes que la vulgaire ni la pupillaire, & que de quelque maniere qu'elles soient conçues, ou en termes de fideicommis, ou en termes directs & imperatifs, elles ont comme on vient de dire, tout le même effet.

Il faut remarquer sur le sujet de ces substitutions ou fideicommis, qu'on peut en charger non-seulement l'héritier, si la substitution est de l'hérédité, ou d'une partie, ou d'un certain fonds qui lui soit laissé; mais aussi un légataire, si le testateur veut faire passer le fonds legué à un autre successeur, comme il sera expliqué en son lieu g.

On voit qu'il y a cette différence entre ces fideicommis & les substitutions vulgaires, qu'en celles-ci il n'y a qu'un successeur qui succede immédiatement au testateur : car si l'héritier institué peut & veut succeder, la substitution sera sans effet; & si l'héritier premier appellé ne succede point, le substitué sera le premier héritier qui succedera immédiatement au testateur; & quoiqu'il y en eût plusieurs appellez & substituez les uns au défaut des autres, le premier à qui la succession est acquise, exclut tous les autres, & la substitution est anéantie dès le moment qu'un d'eux a été héritier. Mais dans les fideicommis, celui qui est substitué, succede après l'héritier; & s'il y en a plusieurs appellez successivement, chacun d'eux a le droit de succeder après l'autre, & les biens sujets au fideicommis passent de l'un à l'autre en degré en degré des personnes appellées à cette substitution. Et comme cette sorte de substitution a cet effet de conserver les biens dans les familles, l'usage en est fréquent dans les Provinces qui se régissent par le Droit écrit; non-seulement dans les familles de qualité, mais parmi les moindres du peuple.

Il faut encore remarquer une autre sorte de substitution qui est aussi en usage dans les lieux qui se régissent par le Droit écrit; c'est celle qu'on appelle pupillaire, parce qu'elle est faite par un pere qui ayant un enfant impubere sous sa puissance, ordonne que si cet enfant n'étoit pas son héritier, ou lui succedant il vint à mourir avant l'âge de puberté, le substitué succede en sa place. Ainsi cette substitution renferme les deux autres; car elle a ces deux effets : le premier de la substitution vulgaire, qui est d'appeller l'héritier substitué à la succession du testateur, en cas que son fils ne fût pas héritier : & le second de la substitution qui fait passer les biens d'un degré à un autre, puisqu'elle fait passer les biens de la personne du fils à celle du substitué. Et le Droit Romain a donné aussi à cette substitution pupillaire un troisiéme effet de faire passer à cet héritier substitué, non-seulement les biens de la succession du pere, mais aussi ceux de cet enfant à qui son pere a substitué, s'il arrivoit qu'il laissât d'autres biens que ceux qui lui seroient venus de son pere. Ainsi on considere le testament du pere qui contient une substitution pupillaire, comme contenant deux testamens, celui du pere, & celui de son enfant; la Loi permettant au pere qui fait son testament, de faire en même tems celui de son fils incapable de tester avant l'âge de puberté. Ce qui fait que cette substitution est anéantie aussi-tôt que celui à qui son pere a substitué de cette maniere, a atteint cet âge.

Ce sont ces diverses substitutions qui feront la matiere des quatre titres de ce cinquiéme Livre, dont le premier sera de la substitution vulgaire : Le second, de la pupillaire : Le troisiéme, des substitutions directes & fideicommissaires : Et le quatriéme, d'un droit qu'on appelle la Trebellianique, qui est aux héritiers chargez

d'une substitution, ce qu'est la falcidie aux héritiers surchargez de legs.

TITRE PREMIER.

DE LA SUBSTITUTION VULGAIRE.

ON ne traitera dans ce titre que de la substitution simplement vulgaire, & qui ne se trouve pas jointe à la substitution pupillaire : & on réserve au titre suivant ce qui regarde ces deux substitutions, quand elles sont jointes.

SECTION I.

De la nature & de l'usage de la Substitution vulgaire.

SOMMAIRES.

1. *Définition de la substitution vulgaire.*
2. *Dès qu'il y a un héritier, la substitution vulgaire est anéantie.*
3. *On peut faire plusieurs degrez d'une substitution vulgaire.*
4. *On peut substituer ou plusieurs à un, ou un à plusieurs, & les cohéritiers entr'eux.*
5. *On peut substituer à un légataire.*

I.

LA substitution vulgaire est une institution d'un héritier appellé au défaut d'un autre, qui ne pourra ou ne voudra prendre cette qualité a.

1. Définition de la substitution vulgaire.

a Lucius Titius heres esto, si mihi Lucius Titius hæres non erit, tunc Seius hæres mihi esto. l. 1. §. 1. ff. de vulg. & pup. subst.

II.

Si l'héritier institué, qui est le premier appellé pour succeder au testateur, vient à recueillir la succession, la substitution vulgaire est anéantie. Car elle ne devoit avoir lieu qu'en cas que ce premier héritier ne succedât point. Ainsi le droit du substitué demeure inutile dès que l'héritier a usé du sien b.

2. Dès qu'il y a un héritier, la substitution vulgaire est anéantie.

b C'est une suite de la définition de cette substitution.
Quandiu prior hæres institutus hæreditatem adire potest, substitutus non potest. l. 2. ff. de acq. vel omitt. hæred. l. 69. eod.

III.

On peut substituer non-seulement un second héritier au défaut d'un premier, mais un troisiéme au défaut du second, & encore d'autres en plusieurs degrez c. Et on appelle héritier institué celui qui est le premier appellé, & les autres sont les substituez l'un au défaut de l'autre chacun en son degré d.

3. On peut faire plusieurs degrez d'une substitution vulgaire.

c Potest quis in testamento plures gradus hæredum facere, putà si ille hæres non erit, ille hæres esto & deinceps plures. l. 36. ff. de vulg. & pup. subst.
d Hæredes aut instituti dicuntur, aut substituti. Instituti primo gradu; substituti secundo, vel tertio. l. 1. ff. de vulg. & pup. subst.
Quoique la regle expliquée dans cet article, qui étoit d'un usage fréquent dans le Droit Romain, par la raison remarquée dans le Préambule de ce Livre, paroisse ne pas convenir à notre usage, où l'on n'a ni le besoin ni la précaution de faire une telle provision d'héritier, il pouvoit arriver qu'un testateur qui n'auroit pour héritiers légitimes que des Etrangers non naturalisez, les instituât héritiers de cette maniere, pour faire passer la Succession à celui d'entr'eux qui se trouveroit naturalisé & capable de lui succeder au tems de sa mort.

IV.

Comme on peut faire plusieurs héritiers, on peut aussi leur substituer en un ou plusieurs degrez & différemment nommant ou à chacun un substitué, ou un seul pour tous, ou plusieurs pour un, & diversifier le nombre des degrez & des personnes des substituez. Et on peut aussi substituer les cohéritiers entr'eux réciproquement e.

4. On peut substituer ou plusieurs à un, ou un à plusieurs, & les cohéritiers entr'eux.

e Et vel plures in unius locum possunt substitui, vel unius in plus sium, vel singulis singuli, vel invicem ipsi quid hæredes instituti sunt. *l.* 36. §. 1. *ff. de vulg. & pup. subst.*

On peut faire la même remarque sur cet article que sur le précédent, qu'il est difficile dans notre usage qu'on ait besoin de pareilles dispositions.

V.

§. On peut substituer à un légataire.

On peut substituer non-seulement à un héritier, mais aussi à un légataire; de sorte que s'il ne peut ou ne veut acquerir le legs, il passe à celui que le testateur lui aura substitué pour prendre sa place *f.*

f Ut hæredibus substitui potest, ita etiam legatariis. l. 50.. de legat. 1.

SECTION II.

Regles particulieres sur quelques cas de Substitutions vulgaires.

SOMMAIRES.

1. *Entre cohéritiers réciproquement substituez, les portions pour la substitution sont les mêmes que celles de l'institution.*
2. *La substitution réciproque entre cohéritiers est bornée aux survivans, quand le cas arrive.*
3. *Le substitué au substitué l'est aussi à l'institué.*
4. *L'institution de celui de deux qui survivra, renferme la substitution du survivant au prédécédé.*
5. *Si le substitué meurt avant le cas de la substitution, il ne transmet pas son droit à son héritier.*
6. *Le substitué à un des cohéritiers est préféré au cohéritier qui a le droit d'accroissement.*
7. *Entre cohéritiers, celui qui a une part, ne peut renoncer à celles qui vaquent.*
8. *Un héritier substitué à soi-même.*

I.

1. Entre cohéritiers réciproquement substituez, les portions pour la substitution sont les mêmes que celles de l'institution.

SI un testateur ayant institué plusieurs héritiers par portions inégales, les substitue entr'eux réciproquement; chacun des substituez, si le cas arrive, aura part à la substitution à proportion de celle qu'il avoit à l'hérédité, à moins que le testateur ne le regle autrement. Ainsi, par exemple, si un héritier est institué pour une moitié, un autre pour un tiers, & un autre pour un sixiéme, & que l'héritier qui devoit avoir la moitié ne succede point, celui qui devoit avoir le tiers ayant le double de ce que devoit avoir celui qui n'avoit qu'un sixiéme, celui-ci n'aura que le tiers de l'hérédité, & l'autre les deux tiers *a.*

a Si plures sint instituti ex diversis partibus, & omnes invicem substituti: plerumque credendum & ex iisdem partibus substitutos, ex quibus instituti sint, ut si forté unus ex uncia, secundus ex octo, tertius ex quadrante sit institutus: repudiante tertio in novem partes dividatur quadrans, seratque octo partes qui ex uncia, quatuor fuerat; unam partem qui ex uncia scriptus est : nisi forté alia mens fuerit testatoris, quod vix credendum est nisi evidenter fuerit expressum. l. 24. ff. de vulg. & pup. subst.
Partes eædem ad substitutos pertinent, quas in ipsius patris-familiæ habuerunt hæreditate. l. 8. in f. cod. l. 5. cod. l. 1. c. de impub. & al. subst.

II.

2. La substitution réciproque entre cohéritiers est bornée aux survivans, quand le cas arrive.

Si de plusieurs héritiers instituez & substituez réciproquement, quelques-uns renoncent à l'hérédité, ils seront (pas-là exclus de la substitution : & si le cas arrive, elle ne sera ouverte que pour ceux qui se seront rendus héritiers. Que s'il arrivoit que de plusieurs héritiers substituez entr'eux, quelques-uns ayant accepté la succession, l'un d'eux vînt à mourir avant qu'un des autres qui y renonceroit s'en fût expliqué ; sa renonciation qui feroit l'ouverture de la substitution pour la part qu'il devoit avoir, ne la feroit passer qu'aux héritiers vivans. Et ceux qui seroient morts avant cette renonciation, n'ayant eu aucune part à la substitution n'en transmettroient rien à leurs héritiers *b.*

b Qui plures hæredes instituit, ita scripsit, eosque omnes invicem substituo? post acitam a quibusdam ex his hæreditatem, uno co-

---

rum defuncto, si conditio substitutionis extitit, alio hærede partem suam repudiante, ad superstites tota portio pertinebit. Quoniam invicem in omnem causam singuli substitui videbuntur. Ubi enim qui hæredes instituit. Et ita scribit, eosque invicem substituo : hi substitui videbuntur qui hæredes extiterunt. l. 23. ff. de vulg. & pup.

Paulus respondit, si omnes instituti hæredes omnibus invicem substituti essent, ejus portionem qui quibusdam defunctis postea portionem suam repudiavit, ad cum solum qui eo tempore supervixit ex substitutione pertinere. l. 45. §. 1. cod.

Sed si plures ita sint substituti, quisquis mihi ex suprascriptis hæres erit : deinde quidam ex illis posteaquam hæredes extiterint partii, obierint : soli superstites ex substitutione hæredes existent pro rata partium, ex quibus instituti sint. Nec quicquam valebit ex persona defunctorum. l. 10. cod.

On n'a pas mis d'exemple dans l'article, il est facile d'en faire, & la regle peut s'entendre aisément sans aucun exemple.

III.

3. Le substitué au substitué l'est aussi à l'institué.

Si un testateur institue deux héritiers au premier degré, & les substitue entr'eux réciproquement, ou un seul d'eux à l'autre, & qu'il substitue un tiers au cohéritier substitué, la substitution de ce tiers aura cet effet qu'il sera substitué pour le tout, si le cas arrive que des deux cohéritiers aucun ne succede *c.*

c Si Titius cohæredi suo substitutus fuerit, deinde ei Sempronius, verius puto, in utramque partem Sempronium substitutum esse. l. 27. ff. de vulg. & pup. Voyez l'article 6. de la Section 9. des Testamens, p. 439.

IV.

4. L'institution de celui de deux qui survivra, renferme la substitution du survivant au prédécédé.

Une institution de deux héritiers peut être conçue en termes qui renferment une substitution réciproque entr'eux, quoique le testateur n'ait pas exprimé la substitution, ni fait aucune distinction du premier ou second degré, comme s'il avoit nommé deux de ses amis, appellant à son hérédité celui des deux qui lui survivroit. Car comme l'un & l'autre succederoient s'ils se trouvoient vivans au tems de la mort de ce testateur, la mort de l'un d'eux laisse entiere à l'autre la succession comme s'il avoit été expressément substitué. Et il en seroit de même entre deux légataires appellez par une semblable disposition *d.*

d Titius & Seius, uter eorum vivet, hæres mihi esto. Existimo, si uterque vivat, ambo hæredes esse, altero mortuo eum qui superperit ex alio hærede fore : quia tacita substitutio inesse videatur institutioni. Idque & in legato eodem modo relicto Senatus censuit. l. 24. 25. & 26. ff. de hæred. instit.

V.

5. Si le substitué meurt avant le cas de la substitution, il ne transmet pas son droit à son héritier.

Comme le substitué n'a aucun droit à l'hérédité, qu'en cas que le premier institué ne succede point; s'il arrive que le substitué meure avant que le premier héritier ait pris son parti, il meurt sans aucun droit à l'hérédité; ainsi il n'en transmet aucun à ses héritiers *e.*

e Toties videtur hæres institutus, etiam in causa substitutionis, adiisse quoties adquieret sibi possit. Nam si mortuus esset, ad hæredem non transferret substitutionem. l. 81. ff. de acq. vel omitt. hæred.

VI.

6. Le substitué à un des cohéritiers est préféré au cohéritier qui a le droit d'accroissement.

Si de deux ou plusieurs héritiers il y en avoit un à qui le testateur eût substitué une autre personne, celui qui auroit un substitué venant à mourir sans succeder, son droit passeroit au substitué. Car encore que les cohéritiers ayent le droit d'accroissement, ce droit cede à la substitution, qui par le choix du testateur leur préfere le substitué *f.*

f Si duo sint hæredes instituti, primus & secundus, secundo tertius substitutus : omittente secundo bonorum possessionem, tertius succedit. Quod si tertius nollent hæreditatem adire, vel bonorum possessionem accipere : recedit bonorum possessio ad primum ; nec enim ei necesse petere bonorum possessionem, cui ipso jure ius adcrescit. Hæredem enim scripto, sicut portio hæreditatis ita & bonorum possessio adcrescit. l. 2. §. 8. ff. de bonor. possess. sec. tab.

VIII.

Si plusieurs héritiers étant substituez les uns aux autres, quelques-uns acceptent leurs portions, ils auront aussi les parts de ceux qui renoncerent : & ils ne pour-

7. Entre cohéritiers, celui qui a une part, ne peut renoncer à celles qui vaquent.

S ſſſſſ

une part, ne
peut renoncer
à celles qui
vaquent.

ront même les refuser *g*. Car l'hérédité ne se divise point, & passe entiere à quiconque en a quelque portion, s'il se trouve seul *h*.

g Testamento jure facto, multis institutis hæredibus, & invicem substitutis : adeuntibus suam portionem etiam invitis cohæredum repudiantium accrescit portio. *l. 6. C. de impub. & al. subst.*
h V. l'art. 12. de la Section 1. des Héritiers en général, p. 315.
& l'art. 6. de la Section 9. des Testamens, p. 439.

VIII.

Il pourroit arriver qu'un héritier fût substitué à soi-même, si ne pouvant succeder par une premiere institution, il étoit appellé par une seconde qui pût avoir son effet. Ainsi, par exemple, si un testateur avoit institué un héritier en cas qu'il fût majeur au tems de la mort de ce testateur, & qu'il eût ajouté que si cette institution demeuroit sans effet au défaut de cette condition, ce même héritier lui succedât, pourvû qu'en ce même tems il fût pere de famille ; cet héritier pourroit succeder par cette institution, si la condition de la premiere venant à manquer, il arrivoit qu'alors il se trouvât pere de famille, quoiqu'il fût mineur *i*.

i In plerisque quæritur, an ipse sibi substitui possit : & respondetur, causa institutionis mutata substitui posse. *l. ult. §. 1. ff. de vulg. & pub. subst.*
Si sub conditione quis hæres scriptus sit, pure autem substitutus est, causa immutatur. *d. §.*

☞ On avoit douté si une décision qui paroît d'aussi peu d'usage que celle qui est expliquée dans cet article, devoit être mise au nombre des autres, puisqu'elle est dans un cas qui ne semble pas pouvoir arriver de la maniere qu'il est expliqué dans le texte cité sur cet article. Car il est supposé dans ce texte, qu'un testateur ayant institué un héritier sous une condition , ajoute ensuite qu'il le substitue purement & simplement sans condition. Il semble qu'une telle disposition ne sçauroit être que l'effet d'une étrange bizarrerie. Car il seroit plus simple & plus naturel de ne pas imposer à l'héritier une condition dont on le dispense en même tems , que d'imposer cette condition par une premiere clause , & d'en décharger par une seconde. C'est ce qui a obligé de mettre dans l'article un cas différent, & qui donne la même vûe qu'on a voulu donner dans ce texte d'un cas où une personne se trouve substituée à soi-même ; c'est-à-dire, d'un cas où une personne soit appellée à l'hérédité en deux manieres , dont l'une manquant , l'autre ait son effet ; ce qui peut donner une idée des distinctions qu'on doit faire en de certains cas des droits différens qu'une personne peut avoir sur une même chose par diverses vûes , ou par divers titres , dont il peut être nécessaire de faire le discernement. Et c'est pour l'usage de ces sortes de distinctions qu'on s'est déterminé à ajouter cet article aux autres.

On peut remarquer sur ces sortes de cas, où une personne seroit comme substituée à elle-même, qu'une institution de cette qualité renferme comme deux conditions alternatives , pour faire qu'au défaut de la premiere, la seconde fasse valoir l'institution.

TITRE II.

DE LA SUBSTITUTION
Pupillaire.

I L n'est pas nécessaire de répéter ici ce qui a été dit de la substitution pupillaire dans le préambule de ce cinquième Livre.

¶ La substitution pupillaire, soit expresse, tacite, compendieuse, &c. n'a pas lieu en Pays coutumier. *Ricard*, des Substit. chap. 2. n. 90. ch. 6. n. 198.]

Si quelque Lecteur trouve à dire dans ce Titre la regle du Droit Romain, qui veut que la substitution pupillaire fasse passer au substitué tous les biens de l'enfant à qui il est substitué , jusqu'à exclure la mere de cet en-

fant de sa légitime *a* ; il peut voir ce qui a été dit sur ce sujet dans le Traité des Loix, chap. 11. n. 24. & lu remarque sur l'article 14. de la Section 1. de ce Titre. On a crû par les raisons qui y sont expliquées , que la dureté de cette Jurisprudence blesse l'équité qui est l'esprit de la nôtre , puisque pour favoriser la liberté des testamens, elle y donne dans le cas de cette substitution une étendue qui fait ceder à une pure subtilité les premiers sentimens du Droit naturel. Car il est de ce Droit que la mere qui survit à son fils, ait part à ses biens, & il y a de l'inhumanité de l'en dépouiller pour les faire passer à un étranger, sans autre raison que parce que ce n'est pas cet enfant même qui fait à sa mere cette injustice, mais que c'est son pere à qui la Loi a donné le pouvoir de faire le testament de son enfant impubere ; comme si le pouvoir de faire le testament d'un enfant renfermoit le droit de le faire tel que le feroit un ennemi de la mere de cet enfant même , & que le pere testant pour son fils , pût faire pour lui une disposition qui en lui-même personne auroit été inhumaine s'il avoit pû tester. On peut en vérité rendre la justice sans de telles regles. Cependant ces sortes de subtilitez tenoient lieu de si bonnes raisons dans l'esprit de cette Jurisprudence du Droit Romain, qu'on les appelloit des *interpretations benignes* , dont on voit un exemple dans un autre cas, & contre une mere. C'est dans un cas où il s'agissoit aussi d'une substitution pupillaire faite par un pere dans un codicille. Le substitué demandoit les biens contre la mere , qui soutenoit que la substitution étoit nulle, & elle l'étoit aussi ; car le pere n'avoit pû la faire par un codicille. Mais la *benigne interpretation* fut contre la mere : & cette disposition qui ne pouvoit valoir comme une substitution dans un codicille , fut confirmée comme un fideicommis *b* , par une subtilité qui a été expliquée dans la Section 4. des Testamens. On pourroit penser de ces deux cas , qu'il étoit aussi juste d'y préferer la mere au substitué , & le droit naturel aux subtilitez, que dans un autre cas où les auteurs de ces mêmes subtilitez en firent ceder l'usage à ce droit naturel , on devoit faire préferer la mere au substitué. C'étoit dans un cas où un testateur laissant sa femme grosse, l'avoit institué héritiere pour une moitié , & son posthume pour l'autre moitié : & ordonné qu'en cas que le posthume ne vint pas au monde , un autre héritier qu'il avoit nommé lui succederoit : Le posthume nâquit & mourut avant l'âge de puberté. Cet événement appelloit ce substitué par les termes de la substitution ; mais parce que le pere avoit institué sa femme avec son enfant , le même Jurisconsulte qui avoit décidé que la substitution pupillaire exclut la mere de la légitime , jugea dans ce cas que le pere ayant institué la mere , il falloit présumer que son intention étoit à plus forte raison qu'elle succedât à son enfant. Et Justinien ajoute à cette raison , que la mere ayant survécu à son enfant , la substitution ne devoit pas avoir lieu , & que la mere devoit exclure le substitué *c*. Cette raison pouvoit bien avoir décidé de même dans le cas dont il s'agit ; & il y étoit de la même justice, non-seulement de ne pas priver la mere de sa légitime , mais de la préferer même pour la succession entiere au substitué , par cette présomption si naturelle , que le pere qui substituoit l'étranger à son fils impubere , avoit présupposé que la mere mourroit la premiere , & que s'il avoit prévû qu'elle dût survivre à son fils, il n'auroit pas fait une telle substitution.

a l. 8. §. 5. ff. de inoff. testam.
b Benigna interpretatione placet, ut mater quæ ab intestato pupillo successit, substitutis fideicommisso obligatur. l. 76. ff. ad Senat. Trebell.
c Cùm quidam prægnantem habens conjugem , scripsit hæredem ipsam quidem suam uxorem ex parte, ventrem verò ex alia parte, & adjecit , si non posthumus natus fuerit, alium sibi hæredem esse : posthumus autem natus impubes decessit : dubitabatur quid juris sit, tam Ulpiano quàm Papiniano viris disertissimis voluntatis esse quæstionem scribentibus , cùm opinabatur Papinianus eundem testatorem voluisse posthumo nato , & impubere defuncto , matrem magis ad ejus venire successionem , quàm substitutum. Sin enim suæ substantiæ partem uxori dereliquit ; multò magis & luctuosam hæreditatem ad matrem venire curavit. Nos itaque in hac specie Papiniani dubitationem resecantes , substitutionem quidem in hujusmodi casu ubi posthumus natus adhuc impu-

bes viva matre decedterit, respuculdam esse censeatus Tunc autem tantummodò substitutionem admittimus, cùm posthumus minimè editus fuerit, vel post ejus partum mater prior decesserit. *l. ult. C. de Instit. & subst.*

§ Si la mere est privée de la légitime par la substitution pupillaire ?

Il faut distinguer si la substitution pupillaire est expresse ou tacite. Dans le premier cas il n'y a pas de difficulté, la loi y étant précise, *quia pater hoc ei facit. l. 8. §. 5. ff. de inoff. test.*

La pupillaire tacite qui est celle où il n'est pas fait mention expresse de la pubertè, n'exclut pas la mere ni la légitime ni même de la succession de son fils.

Cujas, l. Precibus, C. de impuber. & aliis subsit. Mater ad quam summus mater mostte plus pervenit, & filii amissi, & luctuosa hæreditatis damnum, ex solo tacito intellectu subjunctionis pupillaris sentire non debet. Les Arrêts y sont conformes.

Papon, l. 10. des Substit. num. 6. Henrys, t. 2. l. 5. quest. 7. Maynard, l. 5. ch. 25. Dolive, l. 3. ch. 10. Boniface, t. 2. l. 2. t. 2. ch. 12. Ricard, des Substit. ch. 2. n. 66.

Il faut dire la même chose de l'ayeule qui n'est pas privée si la mere étant morte. Maynard, l. 25. ch. 26. Faber, Cod. de impuber. & aliis subsit. Boniface, cod. ch. 2. Néanmoins Ricard, eod. ch. 5. n. 237. est d'avis contraire.

Néanmoins la pupillaire tacite, quand elle est réciproque, c'est-à-dire, entre deux enfans, & compendieuse quand elle est faite en abrégé, exclut la mere à cause de la faveur des enfans dans le premier cas, & dans le second à cause qu'elle approche de la substitution expresse.

L. Lucius 45. ff. de vulgari substit. Glossa & Gothofr.

L. Precibus, C. de impub. & aliis subsit. vel expressa vel compendio sermonis. Glossa & Gothofr. eod.

Papon, primo Notario. de Substit. pupill. Pap. 579. Despeisses, t. 2. p. 111. num. 3. & 113. n. 3. Ricard, des Substit. ch. 5. n. 216.

La question est de sçavoir si la substitution pupillaire compendieuse exclut la mere de tout, tant de la succession que de la légitime. Il y a quatre opinions.

La premiere, de ceux qui soutiennent qu'elle l'exclut de tout. Accurs. & Cujas sur la Loi *Precibus*, sont de cet avis, parce que par cette Loi la compendieuse est égalée à l'expresse, *si expressa vel compendio facta reputatur.*

Cette opinion est suivie par les Arrêts du Parlement de Paris. Montholon, Arr. 6. b. Henrys, t. 2. L. 5. q. 7. Ricard, des Substit. ch. 5. n. 228.

La seconde, de ceux qui estiment qu'elle exclut la mere de la succession, mais non pas de la légitime.

Fusarius, de compendiosa subsit. Faber, Cod. de impub. & aliis subsit. Definit. 2. 16. & 21.

La troisième, de ceux qui croyent qu'elle exclut la mere en rien.

Boniface, t. 3. l. 2. t. 6. ch. 1. rapporte un Statut des Etats de Proven e de 1456. qui l'ordonne ainsi, si ce n'est en certains cas exceptez par les Statuts.

La quatrième opinion tient qu'elle n'exclut pas de la légitime, mais elle distingue si le substitué est enfant ou s'il est étranger.

Dans le premier cas, la légitime n'est que *tertia tertiæ.* Dolive, l. 3. ch. 10. Despeisses, t. 2. p. 316. Dans le second cas, c'est *tertia totius.* Dolive, cod. Maynard, l. 5. ch. 25. Cambolas, l. 6. ch. 22.]

SECTION I.

De la nature & de l'usage de la Substitution pupillaire, & de celle qu'on appelle communément exemplaire, compendieuse & réciproque.

SOMMAIRES.

I.

LA substitution pupillaire est une disposition que fait un pere, qui ayant un enfant impubere sous sa puissance, l'institue son héritier; & lui substitue une autre personne pour succeder au défaut de cet enfant, s'il n'étoit pas héritier de son pere; ou s'il l'étoit pour succeder aussi à cet enfant, en cas qu'il meure avant l'âge de pubertè *a.*

a Liberis suis impuberibus, quos in potestate quis habet, non solùm ita ut supra dixinus, substituere potest; id est, ut, si ei hæredes non extiterint, alius fit ei hæres: sed eò amplius ut si hæredes ei extiterint, & adhuc impuberes mortui fuerint, sit eis aliquis hæres. *Inst. de pupill. subsit.*
V. le texte cité sur l'article suivant.

II.

On peut substituer de cette maniere non-seulement à un enfant qui soit déja né, mais aussi à un posthume qui doive être sous la puissance d'un testateur quand il sera né. *b.*

b Quòd sic erit accipiendum si sint in potestate cæterum emancipatis non possumus, posthumis planè possumus. *l. 2. ff. de vulg. & pupill. subsit.*

III.

La substitution pupillaire renferme deux différentes substitutions, & par cette raison on la nomme double. La premiere appelle le substitué au cas que l'enfant ne succede pas à son pere, qui est le cas de la substitution vulgaire: Et la seconde l'appelle en cas que l'enfant ayant succedé, il vienne à mourir avant l'âge de pubertè, qui est le cas semblable à un fideicommis qui fait passer la succession d'un héritier à l'autre. Et lorsqu'un pere fait une substitution pupillaire, elle comprend l'un & l'autre cas *c.*

c Hæredis substitutio duplex est, aut simplex, velut: Lucius Titius hæres esto. Si mihi Lucius Titius hæres non erit, tunc Seius hæres (mihi esto) & Lævio non erit, jure erit & intra post rationem acceperit, tunc Caius Seius mihi hæres esto, l. 1. §. 2. ff. de vulg. & pupill.

Jam hoc jure utimur ex divi Marci & Veri constitutione, ut etiam pater imposita filio in alterum caput postulasset, in utrum jus casum subjunctisse intelligatur: sive filius hæres non extiterit, sive ei titerit & impubes decesserit. *l. 4. eod.*

☞ La regle expliquée dans cet article n'est pas fondée sur la nature de ces deux sortes de substitutions; car leurs caracteres & leurs usages sont tout différens; & il n'y a pas de liaison essentielle de l'une à l'autre. Mais ce qui faisoit dans le Droit Romain que l'expression de l'une comprenoit les deux, comme il est dit dans le second de ces textes, étoit l'usage fréquent de ces deux sortes de substitutions qu'on joignoit ensemble: Et la Constitution de ces Empereurs contenuë en partie dans le second texte, & qui fut vraisemblablement une suite de cet usage, en fit une regle fixe.

On peut remarquer sur cet article, qu'il n'y est pas dit que l'expression de l'une de ces substitutions comprend aussi l'autre, comme il est dit dans le second des textes citez sur cet article; mais que seulement la substitution pupillaire comprend les deux: car par exemple, un testateur ayant institué son fils impubere, ajoutoit qu'en cas que cet enfant mourût avant lui, un tel fût son héritier; il semble que selon l'équité on pourroit douter que cette substitution dût avoir l'effet d'appeller ce substitué, en cas que cet enfant ayant survécu & succedé à son pere, mourût avant l'âge de pubertè, & qu'il n'y auroit qu'une observation servile des subtilitez du Droit Romain qui dût avoir cet effet dans un pareil cas. Car ce testateur s'étant nettement expliqué du cas où son enfant mourroit avant lui, son expression sembleroit n'avoir pas d'autre étendue qu'à ce cas unique qu'il auroit exprimé, sur-tout s'il y a apparence, comme il est naturel de supposer de presque tous les testateurs, que celui qui auroit fait une telle disposition, ignorât la liaison que fait le Droit Romain de la substitution vulgaire à la pupillaire. Et on voit même dans une loi, qu'encore que la substitution vulgaire à an fils impubere comprenne la pupillaire; cela ne se doit entendre que des cas où il ne paroît pas d'intention contraire du testateur : *Si modo non contrariam defuncti voluntatem extitisse probetur* *. Mais si un testateur avoit simplement dit qu'il substituoit pupillairement à son fils impubere sans s'expliquer autrement, on pourroit croire que s'étant servi de cette expression indéfine, il l'auroit entendue au sens qu'y donnent les loix.

* L. 4. C. de impub. & al. subst.

IV.

4. La substitution pupillaire comprend les biens de l'enfant.

De ces deux substitutions, la premiere qui est la même que la vulgaire, rend le substitué héritier immédiat du pere, si l'enfant ne succede point : & la seconde fait passer au substitué non-seulement les biens du pere si l'enfant lui a succédé, mais aussi tous les biens qui pourroient d'ailleurs échoir à l'enfant d.

d. *Quo casu si quidem non exititerit hæres filius, tunc substitutus patri sit hæres : si verò exititerit hæres filius, & ante pubertatem decesserit, ipsi filio sit hæres substitutus. Nam moribus institutum est, ut cùm ejus ætatis filii sint in qua ipsi sibi testamentum facere non possunt, parentes eis faciant. Instit. de pupill. subst.*

☞ Cet effet de la substitution pupillaire de faire passer au substitué les biens propres de l'enfant, étoit une suite de l'étendue qu'on donnoit dans le Droit Romain à l'autorité paternelle, & de cette regle qui, comme il est dit dans l'article suivant, fait considerer le testament du pere comme le testament du fils. On pourroit dire de cette regle qu'elle n'est que d'un droit simplement positif, nullement essentiel à l'équité naturelle, & même en quelque façon opposé au principe d'équité qu'appelle les héritiers légitimes aux successions, & rend leur condition plus favorable que celle des héritiers testamentaires, comme il a été remarqué en d'autres endroits *; ainsi il semble qu'elle ne convienne pas à l'esprit de la Jurisprudence commune de ce Royaume, éloignée de favoriser ces subtilitez. Et quoiqu'elle soit observée en plusieurs lieux, on a cru devoir faire cette réflexion pour l'usage de quelques autres qui se régissent par le Droit Ecrit, mais où ces sortes de dispositions du Droit Romain ne sont pas si litteralement observées, à cause du mélange qui s'y trouve de leurs Coutumes & du Droit écrit. Et on peut dire qu'il n'y auroit pas d'inconvénient de se passer de cette regle qui dépouille les héritiers de l'enfant qui meurt impubere, non-seulement des biens qu'il auroit eu de la succession de son pere, mais des siens propres, pour les faire passer au substitué, sur-tout dans les cas où l'enfant auroit ignoré cet effet d'une substitution qu'il feroit à son fils impubere, sans autre vûe que celle qu'il auroit en substituant à un fils adulte.

* V. l'article 8. de la Préface ci-devant.

V.

5. Ainsi elle contient deux testamens, celui du pere, & celui de l'enfant.

Il s'ensuit de ces regles, que le testament du pere qui fait une substitution pupillaire, dispose de deux différentes successions, & contient comme deux testamens, celui du pere qui y dispose de tous ses biens, & celui de l'enfant. Car la substitution pupillaire faisant passer au substitué & les biens que l'enfant a eu de son pere, & ceux qu'il a d'ailleurs, elle a le même effet qu'auroit une institution que cet enfant auroit faite en faveur de ce substitué, s'il avoit pû tester e.

e. *Duo quodammodo sunt testamenta, alterum patris, alterum filii : tanquam si ipse filius hæredem sibi instituisset : aut certè unum testamentum est, duarum causarum, id est, duarum hæreditatum. §. 2. Inst. de pub. subst. L. 2. ff. de vulg. & pup. subst. V. la remarque sur l'article précédent.*

VI.

6. On ne peut substituer pupillairement à l'enfant qu'on n'a pas en sa puissance.

Si l'enfant impubere étoit hors de la puissance de son pere, comme s'il avoit été émancipé, le pere ne pourroit lui substituer pupillairement f. Car le droit de faire une telle substitution n'est accordé qu'à la puissance pa-

f. *Voyez le texte cité sur l'article 2.*

ternelle, & n'est pas un simple effet de l'incapacité de tester où se trouve l'enfant impubere.

VII.

7. Cette substitution finit par la puberté.

La substitution pupillaire demeure en suspens jusqu'à ce que l'impubere ait atteint l'âge de puberté, ou qu'il meure sans y arriver. Mais quand il entre dans la puberté, cette substitution est anéantie ; de sorte que quand il mourroit aussi-tôt après, même sans tester, le substitué n'auroit rien en ses biens, ni en ceux du pere g.

g. *Masculo igitur usque ad quatuordecim annos substitui potest, fœminæ usque ad duodecim annos : & si hoc tempus excesserint, substitutio evanescit. §. 8. Inst. de pupill. subst.*

VIII.

8. Substitution à un enfant en démence, qu'on appelle exemplaire.

Ceux qui ont des enfans ou petits enfans en démence, peuvent leur substituer comme aux impuberes quoiqu'ils soient adultes. Et c'est cette substitution qu'on appelle communément exemplaire, parce qu'elle a été inventée à l'exemple de la pupillaire qu'elle imite, en ce que la démence mettant les enfans dans un état pareil à celui des impuberes pour ce qui regarde l'incapacité de disposer de leurs biens, la Loi donne aux peres le pouvoir de tester pour eux, & de disposer en faveur du substitué de la légitime même qu'ils doivent laisser à ces enfans aussi-bien qu'aux autres h.

h. *Humanitatis intuitu parentibus indulgemus, ut si filium, nepotem, vel pronepotem cujuscumque sexus habeant, nec alia proles descendentium sit, iste tamen filius vel filia, nepos vel neptis, pronepos vel proneptis mente captus vel mente capta perpetuò sit : vel si duo vel plures isti fuerint nullus verò eorum sapiat: liceat hisdem parentibus legitima portione in eis relicta, quos voluerint his substituere : ut occasione hujusmodi substitutionis, ad exemplum pupillaris, quærela nulla contra testamentum eorum oriatur. l. 9. C. de imp. & al. subst.*
¶ *Cette substitution comprend les muets & les sourds, & tous autres qui ne peuvent tester. l. ex facto 43. de vulg. & pup. subst. Gothof. ad legem Humanitatis.*
Mais le prodigue y sera-t-il compris? Gothof. sur la loi Humanitatis, tient qu'il y est compris: ce qui ne s'accorde pas avec la loi Si furioso, ff. de curat. furiosi.]

IX.

On n'appelle à cette substitution que les enfans ou freres de l'héritier qui est dans cet état.

Si ces enfans qui sont en démence avoient des enfans qui ne fussent pas dans cette foiblesse, on ne pourroit leur substituer d'autres personnes que leurs enfans mêmes i. Et si n'ayant point d'enfans ils avoient des freres, la substitution ne pourroit être faite en faveur d'autres personnes que de ces freres mêmes, ou de quelques-uns d'eux l.

i. *Vel si alii descendentes ex hujusmodi mente capta persona sapientes sint, non liceat parenti qui, vel que testatur, alios quam ex eo descendentes, unum, vel certos vel omnes substituere. l. 9. C. de ampl. & al. subst.*
l. *Sin verò etiam liberi testatori vel testatrici sint sapientes, ex his verò personis quæ mente captæ sunt, nullus descendat: ad fratres eorum unum, vel certos, vel omnes eandem fieri substitutionem oportet. d. l. 9. in f.*
¶ Quoique le pere se remarie, il n'est pas privé de substituer exemplairement à ses enfans du premier lit, à l'exemple de la pupillaire, parce qu'il a ses enfans toujours en sa puissance ; il a même été jugé qu'il peut substituer les biens paternels & maternels du premier lit à un enfant du second lit. Montholon, Arrêt 121.
A l'égard de la mere qui se remarie, Barthole sur la loi *Ex facto*, ff. de vulg. & pupill. estime qu'elle perd cet avantage. Cependant Bocria, quest. 188. Papon, primo Notarior. p. 587. Fusarius, quest. 189. Despeisses, p. 108. t. 1. sont d'avis contraire.
Elle finit aussi *superveniencia liberorum*, pourvû que les enfans fussent sains d'entendement & vivans lors de la mort de l'insensé; car s'ils étoient morts, la substitution reprendroit sa force. Papon, eod. p. 591. Despeisses, eod. p. 109. n. 7.
Elle finit encore par la mort du furieux avant celui qui a fait la substitution. Papon, eod.
Dans le même cas où le pere & la mere substituent séparément à leur fils imbécille, la substitution du pere est préferée, & emporte même les biens du côté de la mere. Bald. Godefroy sur la loi Humanitatis. Fusarius, quest. 89. n. 13. Despeisses, t. 1. p. 109. 110.
Barthole sur la loi *Ex facto* 43. ff. de vulg. & pup. subst. & Papon dans le premier tome de ses Notaires, p. 188. sont d'avis que la substitution du pere comprend les biens paternels, & celle de la mere les biens maternels; & s'il y a d'autres biens, ils seront com-

pris

pris dans la substitution du pere. Ce qui paroît contre les principes, le furieux ne pouvant mourir avec deux différens testamens.

Les enfans ne peuvent substituer exemplairement à leurs ascendans, ni les freres à leurs freres, parce qu'il faut suivre les regles de la substitution pupillaire. Barth. sur la loi *Ex facto*. Papon, prim. Notar. p. 588. Despeisses, t. 2. p. 109.

Il n'est pas nécessaire de laisser la légitime au furieux, il suffit de lui laisser des alimens, Barthole, Cujas sur la loi *Ex facto*. Dec. peisses, t. 2. p. 108. n. 4.

Il n'est pas nécessaire de laisser la légitime à la mere de l'insensé. Papon, eod. p. 590. Fusanus, q. 197. *De exemp. substit.* Montholon, Arrêt 141.]

X.

10. Elle finit si la démence vient à cesser.

Si la démence venoit à cesser, cette substitution qui n'avoit pas d'autre fondement cesseroit aussi, quand même celui à qui le pere avoit substitué de cette maniere n'auroit fait aucun testament, mais par le simple effet de sa guérison ou résipiscence. Car on présumeroit justement que n'ayant pas voulu faire un testament quand il le pouvoit, il ne vouloit pas d'autres héritiers que ceux de son sang : & on ne pourroit présumer qu'il eût voulu approuver le testament de son pere qui conservoit la mémoire de sa démence. Et la substitution cesseroit à plus forte raison, s'il avoit testé dans un bon intervalle, quoique la démence le reprît ensuite *m*.

m. Ita tamen ut si postea resipuerit, vel si resipuerint, talis substitutio cessèt. l. 9. C. de impub. & al. substt. Voyez l'article 4. de la Section 1. des Testamens, p. 395.

XI.

11. La mere & autres ascendans peuvent faire cette sorte de substitution.

Comme les substitutions aux enfans qui sont en démence ne sont pas seulement un simple effet de l'autorité que donne la puissance paternelle, mais un office d'humanité que les parens peuvent exercer envers leurs enfans : tous les ascendans & les meres même peuvent substituer de cette maniere *n*.

n. Humanitatis intuitu parentibus indulgemus, &c. l. 9. C. de impub. & aliis substt. Ce mot parentibus comprend le pere & la mere; & ces autres de cette mème Loi, parentes qui vel quæ testantur, comprennent expressément la mere.

On ne met point ici au nombre des regles de ces diverses sortes de substitutions, celle du Droit Romain qu'on voit en la Loi 43. ff. de vulg. & pup. substt. d'une substitution qu'on pouvoit faire par la permission du Prince à un enfant muet. Car ces sortes de permissions ne sont pas de notre usage.

☞ On a tâché de distinguer & expliquer dans ces articles 8. 9. 10. & 11. tout ce qu'il y a dans cette loi 9. C. de impub. & al. substt. qui regarde cette substitution exemplaire, dont une difficulté qui a divisé quelques Interpretes, & dont on peut faire la remarque ici. Il est dit dans cette Loi, comme on l'a mis dans l'article, que tous ascendans, & la mere même, peuvent substituer à leurs enfans qui sont en démence : Et on ne voit dans cette Loi aucune distinction entre l'effet d'une telle substitution faite par une mere ou autre ascendant qui n'ait pas sous sa puissance l'enfant à qui il substitue, & celle qui est faite par un pere qui a cet enfant sous sa puissance. C'est ce qui a fait que quelques Interpretes ont cru que comme la substitution faite par le pere a son effet pour les deux cas expliquez dans l'article 3 ; c'est-à-dire, dans le premier, si l'enfant ne succede point, & dans le second, si ayant succedé il meurt impubere, la substitution de la mere à son enfant qui est en démence, devoit aussi avoir son effet dans l'un & l'autre de ces deux cas. Et ce sentiment semble d'une part fondé sur la lettre de cette Loi, qui permet à tous ascendans & à la mere de faire cette substitution à l'exemple de la pupillaire ; & de l'autre, sur ce qu'il n'étoit pas nécessaire de leur permettre une substitution dans le premier de ces deux cas, qui est une substitution vulgaire permise à qui que ce soit. Ainsi cette Loi leur permettant indistinctement comme au pere cette substitution exemplaire, cette permission seroit inutile si elle ne regardoit que le premier cas. Cependant ces Interpretes ont été repris par un autre, qui les accuse d'avoir inventé de leur tête cette permission pour le second cas, à la mere & aux ascendans qui n'ont pas l'enfant sous leur puissance. Mais on

Tome I.

peut dire que s'ils ont erré, c'est la Loi même qui les a induits à l'erreur : & il auroit peut-être autant de sujet de trouver à dire que Justinien, ou ceux qui ont composé sa Loi, ne l'ayent pas conçue en termes qui distinguassent la substitution de la mere de celle du pere, si c'avoit été son intention, puisque cette distinction étoit bien facile & bien nécessaire. On peut ajouter en faveur des Interpretes, qu'un Auteur a remarqué que celui qui les a repris, a été lui-même de leur sentiment en d'autres endroits. * Mais on peut leur faire à tous cette justice, que leur division a eu une suite assez naturelle du peu d'exactitude qui a été en plusieurs Loix de Justinien. Et on peut dire de celle-ci, qu'il semble que selon les vûes qu'on devoient avoir ceux qui étoient chargez de la composer, ils ne s'y sont pas assez expliquez. Il s'agissoit de donner aux meres & aux autres ascendans qui ont pas leurs enfans sous leur puissance, un nouveau pouvoir de substituer aux enfans qui sont en démence, & à qui les peres mêmes ne pouvoient avant cette Loi substituer sans la permission du Prince pour le second cas. De sorte que pour composer cette Loi, on avoit à donner aux peres le pouvoir de substituer aux enfans en démence sans cette permission du Prince, & à régler à l'égard des meres & de tous autres ascendans, en quoi consisteroit le nouveau pouvoir qu'on leur donneroit, outre celui de la substitution pour le premier cas qu'ils avoient déja comme l'ont tous autres. Ainsi il étoit question de sçavoir premierement si ce pouvoir n'iroit pas à substituer pour le second cas aussi-bien que pour le premier. On avoit en second lieu à examiner si leur donnant le pouvoir de substituer pour le second cas, ce pouvoir comprendroit non-seulement les biens que l'enfant auroit de la personne qui substituoit, mais aussi les biens propres de l'enfant, de même que la substitution pupillaire faite par le pere, & qui servoit d'exemple pour la substitution aux enfans en démence. Et enfin comme on permettoit cette substitution à la mere & à tous ascendans à l'imitation de la substitution pupillaire ; si on ne vouloit pas que cette imitation fût entiere, & qu'on voulût y mettre des restrictions, il eût été bon de les exprimer, & ne pas laisser des obscuritez & des ambiguitez qui divisent les Interpretes les plus habiles.

* Fabrot. in §. 1. inst. de pub. subst.

XII.

12. Substitution compendieuse.

Comme une seule expression comprend deux substitutions, la vulgaire & la pupillaire, ainsi qu'il a été dit dans l'article 3 ; on peut par une même expression ajouter à ces deux une troisiéme sorte de substitution, qui est la fideicommissaire, dont il sera parlé dans le titre suivant. Et c'est cette maniere de substituer qu'on appelle substitution compendieuse, conçue en termes qui comprennent ces trois différentes sortes de substitutions ; comme si un testateur instituant son fils impubere, lui substitue une autre personne, en cas qu'il meure avant l'âge de 25. ans *o*. Et ces trois substitutions ont leur effet, comme il sera dit dans l'article qui suit.

o. Centurio filiis si intra quintum & vicesimum annum ætatis sine liberis vita decesserint, directo substituit. Intra quatuordecim annos etiam propria bona filio substitutus jure communi capiet. Post eam autem ætatem, ex privilegio militum, partis dumtaxat, cum fructibus inventis in hæreditate. l. 15. ff. de vulg. & pup. substt.

Precibus suis manifestus exprimere debueras, maritus quondam tuus miles defunctus, quem testamento facto hæredem communem filium vestrum instituisse proponis, & secundum hæredem scripsisse : utrumne in primum casum, an in secundum filio suo, quem habuit in potestate mortis tempore, si intra decimum quartum suæ ætatis annum, aut postea decesserit, substituerit. Nam non est incerti juris quòd si quidem in primum militis positus potestate, primo tantum casu habuit substiturum, & patri hæres exterit : eo defuncto ad te omnimodo ejus pertinet successio. Si verò substitutio in secundum casum, vel expressa, vel comprehensa, non usque ad certam ætatem facta reperiatur, siquidem intra pubertatem decesserit, eos habeat hæredes, quos patri ei constituit, & adierint hæreditatem. Si verò post pubertatem (tunc) ejus te successionem obtinente, veluti ex causâ fideicommissi bonæ, quæ, cùm moreretur, patris ejus fuerint, à te peti possunt. l. 8. C. de impub. & al. substt.

Quoique ces Loix ne parlent que de la Substitution compendieuse faite par un Soldat en termes directs, & qu'ainsi la Substitution compendieuse au sens de ces Loix soit proprement une Substitution militaire, à cause du privilege des Soldats, dont il a été parlé dans le Préambule du cinquiéme Livre, qui étoit de pouvoir faire une Substitution en termes directs à leurs enfans adultes, on n'a pas laissé de concevoir la regle en termes directs ou autres, comme il a été remarqué dans le même lieu, & dans le Préambule de la Section 4. des Testamens, & qu'on doit seulement considerer dans les expressions des Testateurs l'intention que les termes dont ils se sont servis, quels qu'ils soient, peuvent expliquer, on donne communément le nom de compendieuse aux Substitutions qui peuvent comprendre les trois, en quelques termes qu'elles soient conçues, soit que le Testateur fût Soldat ou autre, & soit que la Substitution fideicommissaire dût finir après un certain âge de l'enfant, ou qu'elle dût avoir lieu à quelque âge qu'il vint à mourir.

XIII.

De ces trois substitutions comprises dans cette expression ou substitution compendieuse, la premiere qui est la vulgaire, n'a son effet qu'en cas que l'enfant ne soit pas héritier, & elle finit aussi-tôt qu'il a succedé. La seconde qui est la pupillaire, n'a son effet qu'en cas que l'enfant meure avant la puberté, & elle finit quand il est adulte. Et la troisiéme qui est la fideicommissaire, ne commence qu'après son usage qu'après que ce fils étant arrivé à la puberté, meurt dans le tems reglé par cette substitution *p.*

p Voyez les textes citez sur l'article précedent.

XIV.

Il faut remarquer cette différence entre ces trois substitutions, que la vulgaire fait passer au substitué les biens du testateur, si son fils ne lui succede point; que la pupillaire lui acquiert & ceux du testateur, & ceux de son fils, s'il lui a succedé; & que la fideicommissaire est bornée aux biens que le fils succedant à son pere, avoit eu de son hérédité *q* : ce qu'il faut entendre selon les regles qui seront expliquées dans le Titre suivant.

q V. les textes citez sur l'article 11. & la remarque sur l'article 4.

XV.

On appelle substitution réciproque celle qui substitue deux ou plusieurs héritiers les uns aux autres réciproquement. Ainsi le testateur peut substituer ses héritiers l'un à l'autre, ou par une simple substitution vulgaire, soit qu'il institue ses enfans adultes ou impuberes, ou d'autres personnes; ou par une substitution pupillaire, s'il institue ses enfans impuberes; ou par une substitution fideicommissaire, s'il institue deux ou plusieurs héritiers les enfans, ou autres pour lui succeder, & faire passer leurs portions aux substituez, si les cas arrivent. Et on peut aussi substituer réciproquement entre légataires *r.*

r Quod jus ad tertium quoque genus substitutionis tractum esse videtur. Nam si pater duos filios impuberes haeredes instituat, eosque invicem substituat in utrumque casum reciprocam substitutionem factam videri Divus Pius constituit. l. 4. §. 1. ff. de vulg. & pup. subst.

Haec verba Publius, Maevius, Graius invicem substituti haeredes mihi sunto, sic interpretanda sunt, ut breviter videretur testator tres instituisse haeredes, & invicem substituisse. l. 37. §. 1. ff. de haered. inst.

Quoique ces textes ne regardent pas les trois especes de Substitutions dont il a été parlé dans l'article 12, mais seulement la vulgaire & la pupillaire, rien ne peut empêcher qu'un testateur ne fasse un fideicommis réciproque entre ses héritiers ou des légataires. Mais comme toute Substitution réciproque n'est que la même à l'égard d'un héritier ou d'un légataire, qu'à l'égard des autres, & que pour chacun celle est au moins de l'une des trois especes, la Substitution réciproque n'est pas tant une espece de Substitution distinguée des autres, qu'une maniere propre à rendre commune à deux ou plusieurs substituez la même Substitution, ou les mêmes, s'il y en a plus d'une.

SECTION II.

Regles particulieres sur quelques cas de Substitutions pupillaires.

SOMMAIRES.

1. *Le substitué à l'impubere ne peut accepter une succession sans l'autre.*
2. *Non pas même s'il étoit cohéritier de l'impubere.*
3. *La substitution réciproque entre deux impuberes comprend les deux cas.*
4. *La substitution réciproque entre un impubere & un adulte est seulement vulgaire.*
5. *Celui qui est substitué à un impubere & à un autre héritier, ne l'est à tous deux qu'au cas de la substitution vulgaire.*
6. *Le substitué à deux impuberes ne succede qu'au dernier mourant.*
7. *Le substitué au dernier mourant succede à tous les deux, s'ils meurent ensemble.*
8. *La substitution vulgaire à un impubere ne finit pas par son adition, s'il renonce ensuite.*

I.

SI dans le cas d'une substitution pupillaire le fils impubere ayant succedé à son pere, vient à mourir avant l'âge de puberté, laissant d'autres biens que ceux de la succession de son pere, le substitué ne peut diviser son droit & accepter l'une des deux successions, renonçant à l'autre : mais il doit ou accepter les deux ensemble, ou renoncer à l'une & l'autre. Car le testateur a voulu qu'il succedât à son fils & à lui, & n'a fait qu'une succession de toutes les deux. Et quoique ce soit en effet deux successions, le testament étant le seul titre pour l'une & pour l'autre, le substitué qui ne peut diviser son titre, ne peut non plus prendre une des successions sans prendre aussi l'autre *a.*

a Filio impuberi haerede ex asse instituto substitutus quis est. Extitit patri filius haeres : an possit substitutus separare haereditates, ut sibi habeat, patris non habeat ? Non potest : sed aut utrumque debet haereditatem habere, aut neutrius. Juncta enim haereditas caepit esse. l. 10. §. 1. ff. de vulg. & pup. subst.

Placuit etenim nobis sive in institutione, sive in pupillari substitutione, ut vel omnia admittantur, vel omnia repudientur. l. 10. C. de jur. delib. Voyez l'article 4. de la Section 1. & la remarque qu'on y a faite.

II.

Si celui qui est substitué à l'impubere étoit aussi institué héritier avec lui pour quelque portion de l'hérédité, & que l'un & l'autre eussent recueilli la succession, le cas arrivant ensuite de l'ouverture de la substitution pupillaire par la mort du fils impubere, le substitué ne pourroit renoncer à la portion de l'hérédité du pere qui avoit été acquise au fils, & que la substitution feroit passer à lui *b.*

b Simili modo dubitabatur, si impuberem quis filium suum haeredem ex parte instituit, & quemdam extraneum in aliam partem, quam pupillariter substituit : & postquam testator decessit, pupillus quidem patri (ejus) haeres extitit, extraneus autem haereditatem adiit : & postea adhuc in prima aetate pupillus constitutus ab hac luce subtractus est, & pupillaris substitutio locum sibi vindicavit : utrum substitutus eandem partem pupillarem noluit, quaesitum est, si potest jam haeres ex principali testamento factus, pupillarem (substitutionem repudiare . . . . . Placuit etenim nobis sive in institutione, sive in pupillari substitutione, ut vel omnia admittantur, vel omnia repudientur. l. 10. C. de jure delib.

III.

Si un pere qui auroit deux enfans impuberes les substitue entr'eux l'un à l'autre par une substitution réciproque, sans spécifier le cas de la substitution vulgaire, ni celui de la pupillaire, cette substitution comprendra les deux *c.*

c Quod jus ad tertium quoque genus substitutionis tractum esse videtur. Nam si pater duos filios impuberes hæredes instituit, eosque invicem substituat : in utrumque casum reciprocam substitutionem factam videri Divus Pius constituit. *l.* 4. §. 1. *ff. de vulg.* & pub. subst.

IV.

4. La sub-stitution réci-proque entre un impubere & un adulte, est seulement vulgaire.

Si la substitution réciproque étoit faite par un pere entre deux enfans, dont l'un fût adulte & l'autre impubere, elle seroit bornée au cas de la vulgaire ; car il n'y auroit que ce cas commun aux deux freres. Et comme la substitution pupillaire ne pourroit avoir lieu à l'égard de la succession de celui qui seroit adulte, leur condition devant être égale, la substitution pupillaire inutile pour l'un, le seroit pour l'autre *d* ; si ce n'est que le testateur les eût distinguez, substituant l'adulte à son frere impubere pour les deux cas, & l'impubere à l'adulte pour le premier cas, ou exprimant autrement l'intention qu'il pourroit avoir *e*.

d Sed si alter pubes, alter impubes hoc communi verbo, *eosque invicem substituo :* sibi fuerint substituti : in vulgarem tantummodò casum factam videri substitutionem Severus & Antoninus constituit. Incongruens enim videbatur ut in altero duplex esset substitutio, in altero sola vulgaris. *l.* 4. §. 2. *ff. de vulg.* & pup. subst.

e Hoc itaque casu singulis separatim pater substituere debebit : ut si pubes hæres non exterit, impubes ei substituatur : si autem impubes hæres exterit, & intra pubertatem decesserit, pubes frater in portionem cohæredis substituatur. Quo casu in utrumque eventum substitutio videbitur : ne , si singulari modo impuberi quoque substitutio, voluntatis quæstionem relinquat, utrum de una vulgari tantummodò substitutione in utrumque persona sensisse intelligatur. Ita enim in altero utroque substitutio intelligitur, si voluntas parentis non refragatur : vel certè evitandæ quæstionis gratia specialiter in utrumque casum impuberi substituat fratrem : *sive hæres non erit , sive erit, & intra pubertatis annos decesserit.* d. §.

V.

5. Celui qui est substitué à un impubere & à un autre héritier, ne l'est à tous deux qu'au cas de la sub-stitution vul-gaire.

Si un testateur instituant un autre héritier avec son fils impubere, comme sa veuve mere de son fils, substitue à l'un & à l'autre un autre héritier, en cas qu'il arrivât que ni l'un ni l'autre ne lui succedassent ; ce substitué ne pourroit prétendre que cette substitution fût pupillaire à l'égard du fils ; car ne pouvant à l'égard de la mere avoir d'autre effet que d'une substitution vulgaire, & n'étant que la même à l'égard des deux, elle ne seroit que vulgaire à l'égard du fils. *f*.

f Quamvis placuerit substitutionem impuberi qui in potestate testatoris fuerit à parente factam ita , *si hæres non erit* , porrigi ad eum casum, quo postea quam hæres exiterit, impubes decesserit, si modò non contrariam defuncti voluntatem extitisse probetur : cùm tamen proponatur substitutionem ita factam esse , *si mihi Firmianus filius & Ælia uxor mea* (*quod abominor*) *hæredes non erunt , in locum eorum Publius Firmianus hæres esto :* Manifestum est , in eum casum factam substitutionem quo utrique hæredum substitui potuit. *l.* 4. *C. de impub.* & al. subst.

Il ne faut pas regarder la regle expliquée dans cet article comme une exception de celle qui est expliquée dans l'article 3. de la Section 1. Car celle de cet article 3. a naturellement ses bornes au cas d'une dis-position qui ne substitue qu'à un héritier impubere , & ne s'étend pas à une substitution qui appell'eroit un autre héritier avec l'impubere. Ainsi la liaison d'un autre héritier avec un impubere , fait que la sub-stitution qui n'est qu'une même à l'égard de l'un & de l'autre , n'étant que vulgaire à l'égard de cet autre héritier , ne peut être pupillaire à l'égard de celui qui est impubere.

VI.

6. Le subs-titué à deux impuberes ne succede qu'au dernier mou-rant.

Si un pere de deux enfans impuberes les instituant ses héritiers, leur substitue une autre personne, en cas que l'un & l'autre meurent impuberes, cette substitution n'aura son effet qu'en cas que les deux meurent dans cet âge ; & le substitué n'aura point de part à la succession du premier mourant. Car l'intention du pere a été que chacun de ses enfans succedât à l'autre, & que le substitué ne fût appellé qu'en cas que les deux vinssent à mourir avant l'âge de la puberté *g*.

g Cùm quidam , duobus impuberibus filiis suis hæredibus institutis, adjecit, si uterque impubes decesserit, illum sibi hæredem esse , dubitabatur apud antiquos legum auctores utrumne tunc voluerit substitutum admitti, cùm uterque filius ejus in prima ætate decesserit : an alterutro decedente , illico substitutum in ejus partem succedere. (Et) placuit Sabino , substitutionem tunc locum habere cùm uterque decesserit. Cogitasse enim patrem primo (filio) decedente, fratrem suum in ejus portionem succedere. Nos ejusdem Sabini veriorem sententiam existimantes, non aliter subst.

Tome I.

---

titutionem admittendam esse censemus, nisi uterque eorum in prima ætate decesserit. *l.* 10. *C. de impub.* & al. substit.

VII.

7. Le subs-titué en d.y-nier mourant succede à tous les deux , s'ils meurent en-semble.

Si dans un pareil cas de deux impuberes le testateur avoit substitué une autre personne à celui des deux qui mourroit le dernier , & que les deux vinssent à mourir ensemble , comme dans un incendie ou dans un naufrage, de sorte qu'on ne pût sçavoir lequel des deux seroit mort le dernier, ou que dans la vérité ils fussent morts dans le même instant ; ce substitué succederoit à l'un & à l'autre. Car outre qu'on peut considerer comme dernier mort celui que l'autre n'a pas survécu, l'intention du pere appellant ce substitué à la succession du dernier mourant qui devoit succeder à l'autre, vouloit que les deux successions passassent à lui *h*.

h Ex duobus impuberibus ei , qui supremus moreretur hæredem substituit. Si simul morerentur, utrique hæredem esse respondit : quia supremus, non is demum qui post aliquem, sed etiam post quem nemo sit, intelligatur. *l.* 34. *ff. de vulg.* & pup. subst. *l.* 11. *ff. de bon. post. sec. tab.*

Qui duos impuberes hæredes ei , qui supremus moritur , Titium substituit. Duo simul in nave perierunt. Quæsitum est an substitutio, & cujus hæreditas deferatur. Dixi : si ordine vita decessissent : priori mortuo frater ab intestato hæres erit : posteriori substitutus : in ea tamen hæreditate etiam ante defuncti filii habebit hæreditatem : in proposita autem quæstione , ubi simul perierunt : quia cùm neutri frater superstes fuit , quasi utrique ultimi decessisse (sibi) videantur, an vero neutri, qua comparatio posterioris decedentis ex facto prio.is mortui sumitur ? Sed superior sententia magis admittenda est, ut utrique hæres sit , nam & qui unicum filium habet, si supremo morienti substituit, non videtur inutiliter substituisse. Et proximus agnatus intelligitur etiam , qui solus est, quique neminem antecedit. Et hic utrique, quia neutri eorum alter superstes fuit, ultimi obierunt. *l.* 9. *ff. de reb. dub.*

V. l'article 18. de la Section 1. du Titre suivant, & la remarque sur l'article 12. de la Sect. 2. Comment succedent les enfans, p. 365.

VIII.

8. La subs-titution vulgai-re à un impu-bere ne sort pas par son addition, s'il renonce en-suite.

Si un fils impubere à qui son pere auroit substitué une autre personne, ayant recueilli la succession, vient ensuite , ou sous tuteur pour lui, à y renoncer, la substitution vulgaire aura son effet. Car encore que le fils ayant été héritier, cette substitution semble avoir cessé par la renonciation à l'hérédité, mais les choses au même état que s'il avoit renoncé dès la mort du pere *i*.

i Ex contractu paterno actum est cum pupilla tutore auctore , & condemnata est, postea tutores abstinuerunt eam bonis paternis, & ita bona defuncti ad substitutum, vel ad cohæredes pervenerunt, &c. *l.* 44. *ff. de re judic.*

☞ Quoiqu'il soit difficile que ce cas arrive, qu'un substitué veuille accepter une succession que le fils refuse, il n'est pas impossible : & d'ailleurs la regle fait voir que le droit du substitué qui paroissoit éteint par l'addition de l'impubere, ne l'est pas en effet, & n'est qu'en suspens pour revivre en cas que le fils vienne à renoncer à l'hérédité, puisque ce cas fait l'ouverture de la substitution vulgaire. Ainsi cette regle semble décider en termes exprès une question que quelques Interpretes disent être des plus difficiles, de sçavoir si la substitution revit lorsque l'impubere qui avoit recueilli la succession, en fait relever & la répudie ; & elle semble aussi décider une autre question qu'ils proposent sur la substitution pupillaire, qui est de sçavoir si un fils impubere à qui son pere auroit fait une substitution pupillaire, ayant survécu à son pere, venoit à mourir avant que d'avoir accepté sa succession , elle passeroit au substitué , ou à l'héritier légitime de cet impubere, qui prétendroit que le cas de la substitution ne seroit pas arrivé, parce que le fils ayant survécu au pere, auroit été son héritier, *suus hæres*, saisi des biens, encore qu'il ignorât son droit : & qu'ainsi il auroit exclus le substitué, & transmis l'hérédité à son héritier. Mais comme par la regle expliquée dans cet article, le substitué succede nonobstant même l'addition du fils, lorsqu'il en est relevé , & qu'il renonce à l'hérédité , & que par conséquent le substitué n'est pas

abfolument exclus par l'adition ; on peut dire qu'il ne
l'eft pas non plus par la furvivance du fils au pere, qui
n'eft pas fuivie de l'adition, puifqu'avant qu'il accepte
l'hérédité, fa qualité de fils & héritier légitime n'empêche pas que comme il peut renoncer à fon droit, il ne
foit incertain s'il fera héritier ou non, & que de plus il
ne foit certain que quand il aura renoncé, les chofes ne
foient au même état que s'il n'avoit jamais été héritier,
par la même raifon qui fait que l'héritier qui n'accepte la fucceffion que long-tens après qu'elle a été ouverte, ne laiffe pas d'être confideré comme héritier
dès le moment de cette ouverture, ainfi qu'il a été
dit en fon lieu a. D'où il s'enfuit, que la renonciation de l'impubere fait que le fubftitué acceptant la
fucceffion, eft réputé héritier de même que fi la fub-
titution avoit été ouverte au moment de la mort du
teftateur.

On doit encore examiner ici une troifiéme queftion
que font ces mêmes Interpretes, qui eft de fçavoir fi
l'héritier à qui le teftateur a fait une fubftitution vulgaire, venant à mourir pendant qu'il délibere, tranfmettra le droit de délibérer à fon fucceffeur, ou fi
l'hérédité paffera au fubftitué. Ceux qui veulent que la
fubftitution ait lieu, fe fondent fur ce que la Loi qui
veut que celui qui délibere, tranfmet fon droit à fon
héritier b, eft une Loi nouvelle qu'il ne faut pas étendre au cas où il y a un fubftitué. Mais quoique ce foit
une Loi nouvelle, elle eft naturelle & jufte, & le
teftateur n'a pas voulu que la fubftitution privât fon
héritier de l'effet de cette Loi, & lui ôtât le droit de
délibérer ; car s'il l'avoit voulu, il devoit s'en expliquer.
Ainfi il femble que l'héritier étant mort pendant qu'il
déliberoit, on ne peut pas dire que le fubftitué foit
appellé en ce cas. Et on peut dire au contraire que lorfque l'héritier eft mort, étant incertain s'il feroit héritier ou non, cette incertitude ne l'avoit pas dépouillé
de la fucceffion qu'il avoit droit de prendre ; mais
ayant feulement fufpendu fon droit, & tranfmis le
droit de délibérer à fon fucceffeur, lorfque celui-ci fe
rend héritier, il en eft de même que fi fon auteur
l'avoit été ; car ce n'eft que de lui qu'il tient le droit de
fucceder. Ainfi, foit que l'on confidere l'intention du
teftateur, qui n'a pas voulu empêcher que fon héritier
ne tranfuit fon droit à fes héritiers, ou l'équité de la
Loi qui donne le droit de délibérer ; il femble que l'héritier qui meurt pendant qu'il délibere, tranfmettre fon droit à fes héritiers, qui par conféquent doivent exclure le fubftitué. D'où il s'enfuivra que tout
héritier qui ayant un fubftitué, mourra avant que d'a-
voir connu qu'il étoit inftitué héritier, ou feulement
fans avoir renoncé à l'hérédité, quoiqu'il n'ait rien
fait qui marquât qu'il déliberoit, tranfmettra fon droit
à fes héritiers, qui excluront par conféquent le fubftitué, pourvû feulement que le premier héritier meure
fans avoir renoncé à l'hérédité. Car la même Loi de
Juftinian, qui veut que tout héritier même étranger qui
meurt pendant qu'il délibere, tranfmette fon droit à
fes héritiers, veut auffi que tout héritier mourant dans
l'année qui étoit alors donnée pour délibérer, foit préfumé être mort en délibérant c, quoiqu'en effet il n'y
penfât en aucune forte ; ce qui réduiroit les cas de l'ouverture de
la fubftitution vulgaire à deux feulement, l'un de la
mort de l'héritier inftitué avant celle du teftateur, &
l'autre de la renonciation à l'hérédité ; ce qui ne feroit
pas un grand inconvénient dans une matiere d'un ufage
auffi peu fréquent, & où cette regle n'a rien qu'on
puiffe dire odieux ou injufte.

a V. l'article 15. de la Section 1. des Héritiers en géneral, p. 315.
b V. l'article 8. de la Section 10. des Teftamens, p. 444.
c V. l. 19. C. de jur. delib.

TITRE III.

DES SUBSTITUTIONS DIRECTES,
& des Fideicommiffaires.

LES fubftitutions dont on doit traiter dans ce Titre,
font peu connues fous ce nom dans le Droit Romain, où le mot de fubftitution ne fignifie proprement
& d'ordinaire, comme il a été remarqué dans le
préambule de ce Livre, que la fubftitution vulgaire
& la pupillaire : Et pour les fubftitutions dont on
traite ici, c'eft-à-dire, celles qui font paffer les biens
du premier fucceffeur, fon héritier ou légataire, à un
fecond qui fuccede après le premier, on les appelloit
fideicommis, comme il a été auffi remarqué dans ce
même lieu.

On ne doit pas répéter ici ce qui a été dit dans ce
préambule, fur la différence entre toutes ces diverfes
fortes de fubftitutions, & fur la diftinction qu'on faifoit dans le Droit Romain des termes directs & impératifs, & des termes de prieres envers l'héritier, pour
ce qui regarde ces fubftitutions ou fideicommis. On
fuppofe que le Lecteur n'a pas oublié les remarques
qu'on y a faites, & dans la Section 4. des Teftamens :
& il refte feulement fur le fujet de cette diftinction, de
rendre raifon de ce que dans ce Titre on a confondu
ces termes de fubftitutions directes & fideicommiffaires ; ce qui dépend de la remarque qu'on a faite dans ce
même préambule, que par notre ufage toutes expreffions directes & autres font indifférentes pour toutes
fortes de fubftitutions : & qu'à l'égard de celles qui font
la matiere de ce Titre, nous les appellons indiftinctement ou fideicommis, ou fubftitutions fideicommiffaires, ou fubftitutions graduelles, ou fimplement
fubftitutions : & que quand on entend parler des fubftitutions vulgaires & des pupillaires, on les diftingue
par ces noms propres. De forte que dans notre ufage
quand on parle fimplement de fubftitutions, on l'entend de celles qui font paffer les biens d'un fucceffeur
à un autre ; car l'ufage en eft bien plus fréquent & plus
connu que celui des fubftitutions vulgaires & des pupillaires. Et foit que ces fubftitutions graduelles ou fideicommiffaires fe trouvent conçues en termes directs, comme fi un teftateur fubftitue un tel, en termes de fideicommis & de prieres, à fon héritier ou à un
légataire qu'il en veut charger, elles ont le même effet
qu'avoient dans le Droit Romain les termes de fideicommis & de prieres en toutes fortes de teftamens, &
les termes directs dans les teftamens des foldats qui
avoient le privilege de pouvoir ufer de ces termes en
fubftituant, comme un pere le pouvoit auffi par une
fubftitution pupillaire, en fubftituant à fon fils impubere qui étoit fous fa puiffance. Ainfi ces deux mots
de fubftitutions directes & de fubftitutions fideicommiffaires, ont ici le même fens, pour fignifier cette
forte de fubftitution qui fait paffer d'un fucceffeur à
un autre les biens que le teftateur y a affecté. Et on a
d'autant plus de raifon d'ufer de ces deux expreffions, que dans le Droit Romain même, comme il a
été remarqué dans la Section 4. des Teftamens, l'ufage
des expreffions directes & des expreffions en termes de
prieres, a été confondu, & cette différence abolie pour
les inftitutions d'héritier, & pour les legs & les fideicommis particuliers, par deux différentes loix, l'une
de l'Empereur Conftantin a, & l'autre de Juftinien b :
ce qui alloit naturellement à confondre de même l'u-

a Quoniam indignum eft ob inanem obfervationem irritas fieri
tabulas & judicia mortuorum : placuit ademptis his quorum ima-
ginatius ufus eft, inftitutioni hæredis verborum non effe necceffa-
riam obfervantiam : utrum imperativis & directis verbis fiat, aut
inflexis. l. 15. C. de teftam.
b Omne verbum fignificans teftatoris legitimum fenfum legare
vel fideicommittere volentis utile atque validum eft : five directis
verbis, quale eft Jubeo forte, five precariis, quale eft rogo, volo,
mando, fideicommitto. l. 2. C. comm. de legat.

fage de ces différentes expressions dans les substitutions de l'hérédité ou d'une partie, & généralement en toutes sortes de dispositions; puisqu'il n'y a rien de plus vrai que ce qui a été ajouté à la fin de cette Loi de Justinien, que les Loix regardent les choses & non les paroles. *Nos enim non verbis, sed ipsis rebus legem imponimus.*

Comme un testateur peut substituer ou tous ses biens, ou une partie de son hérédité, ou seulement de certaines choses, comme un fonds, un fief, ou autre chose; on expliquera les regles de ces deux sortes de substitutions dans les deux premieres Sections de ce Titre, & dans la troisiéme quelques regles communes à l'une & à l'autre.

Il faut remarquer sur le sujet des substitutions graduelles, qui font passer des biens à plusieurs personnes successivement, que par l'article 59. de l'Ordonnance d'Orleans, les substitutions furent bornées à deux degrez, l'institution du premier héritier non comprise; & que cette Ordonnance ayant été suivie de plusieurs procés, à cause des substitutions précedentes qui devoient s'étendre au-delà des deux degrez, il fut ordonné par l'article 57. de l'Ordonnance de Moulins, que les substitutions précedentes à celle d'Orleans, pourroient s'étendre jusqu'à quatorze degrez, & que pour l'avenir elles seroient restreintes à deux degrez. Mais cette Ordonnance n'est pas observée en quelques lieux, où l'on a conservé l'usage d'étendre les substitutions jusqu'à quatre degrez outre l'institution. Et cet usage a eu vraisemblablement son origine de la Novelle 159. de Justinien, où dans un cas particulier il l'étend une prohibition d'aliéner hors de la famille à quatre générations, quoique d'une maniere obscure & ambiguë, & dont on ne peut nettement tirer une regle générale qui restreigne toutes les substitutions à quatre degrez. Ce qui peut être un effet de la maniere dont on croit que cette Novelle a été fabriquée par Tribonien, de même que quelques autres dont un ancien Auteur Grec dit qu'il les vendoit pour de l'argent à ceux qui en ayant besoin, vouloient & pouvoient faire un tel commerce *c*.

Outre ces Ordonnances qui ont réglé les degrez des substitutions, celle du mois de Janvier 1629. a fait trois autres reglemens sur cette matiere des substitutions & fideicommis. Le premier par l'article 124. que ces degrez se compteront par têtes & non par souches: Le second par l'article 125. que les fideicommis n'auront pas de lieu pour des choses mobiliaires, sinon pour des pierres précieuses de fort grand prix : Et le troisiéme qu'ils n'auront pas de lieu dans les testamens des personnes rustiques. Mais cette Ordonnance n'a pas été bien observée : Et dans les Provinces qui se régissent par le Droit Ecrit, toutes personnes substituent indistinctement font des substitutions de tous leurs biens. Et pour les degrez, on voit que dans les lieux mêmes où s'est conservé l'usage de substituer jusqu'à quatre degrez, ces degrez sont encore étendus; de sorte qu'ils y sont comptez non par têtes, mais par souches. Ainsi plusieurs freres substituez l'un à l'autre ne font qu'un degré; au lieu que par cette Ordonnance chaque substitué doit faire le sien; & c'est aussi la regle par-tout ailleurs. Car les degrez des substitutions ne sont autre chose que les places des personnes substituées qui succedent l'une aprés l'autre. Ainsi un second fils substitué à son aîné, & venant lui succeder pour le fidei-

commis, remplit un premier degré de ce fideicommis, & le troisiéme qui succedera au second en remplira le second degré. Et quoiqu'il soit vrai que ses freres sont entr'eux au même degré de génération, il y a cette différence entre le calcul des degrez des substitutions & celui des degrez de générations, qu'en ceux-ci le nombre des enfans qui descendent d'un même pere, n'empêche pas qu'ils ne soient tous au même degré de génération : & ces degrez ne se multiplient que par diverses générations de pere en fils, qui descendent de l'un à l'autre par divers degrez; mais dans les fideicommis, les substituez ne venant que l'un aprés l'autre chacun dans son ordre, chaque substitué fait son degré indépendamment du degré de génération où ces substituez peuvent être entr'eux, & il ne peut y en avoir deux en un degré, hors le cas où plusieurs substituez sont appellez conjointement pour concourir au fideicommis dans le même tems; comme si plusieurs enfans étoient substituez ensemble à leur pere pour partager entr'eux le fideicommis aprés sa mort. Car comme ils concourroient tous ensemble, il n'y auroit pour eux tous qu'un seul changement de leur pere à eux, ce qui ne feroit qu'un seul degré qu'eux tous rempliroient.

Outre ce reglement qui a mis des bornes aux degrez des substitutions, pour faire cesser les inconvéniens de la liberté de substituer jusqu'à l'infini, les Ordonnances en ont fait un autre non moins important, qui oblige à faire publier & enregistrer toutes dispositions entre-vifs ou à cause de mort, qui contiennent des fideicommis ou substitutions, afin que les personnes qui ont à traiter avec les possesseurs de biens substituez & les autres interessez, n'y soient pas trompez *d*.

On ajoutera pour une derniere remarque, que dans notre langue le mot *substituer* est également en usage pour signifier, ou qu'une personne est substituée à une autre, ou qu'un bien est sujet à une substitution. Ainsi on dit qu'un testateur a substitué un tel à son héritier, ou à un légataire. Et on dit aussi qu'il a substitué un tel bien, une telle terre.

d Edit du mois de Mai 1553. *Ordonnance de Moulins*, art. 57.

¶ Le Testateur ne peut pas étendre les substitutions au-delà des degrez de l'Ordonnance, *nemo facere potest, ne leges locum habeant in suo testamento.* l. 55. de leg. 1.

Il se peut pourtant indirectement, en ordonnant au dernier substitué de renouveller la substitution, sinon que les biens appartiendront à une autre personne. Cette clause étoit dans le Testament de M. de Guise, au profit du second fils du Duc de Lorraine, pour le Duché de Guise, à la charge d'en porter le nom.

Il y a aussi des exemples par lesquels le Roi a dérogé à l'Ordonnance, comme dans la Maison de Mortemart, &c.

L'Ordonnance d'Orleans a restraint les substitutions à deux degrez, non compris l'institution, est observée au Parlement de Paris. Henrys, t. 1. l. 5. quest. 8. Louet, let. S. Ricard, eod. Suf-tit. Traité 3. chap. 9. sect. 6.

Au Parlement de Grenoble. Expilly, ch. 124. Basset, t. 1. l. 5. t. 9. ch. 1. Au Parlement de Provence. Boniface, t. 2. l. 2. ch. 9.

Mais aux Parlemens de Toulouse & de Bourdeaux, les substitutions vont jusqu'au quatriéme degré, suivant la Novelle 159. Doive, l. 5. ch. 10. Cambolas, l. 3. ch. 7. Despeisses, t. 2. p. 191.

La Peyrere, l. 5. sur le mot *Substitution*, art. 92. Et dans ces deux derniers Parlemens, ces degrez se comptent par souches & non par têtes, comme dit l'Auteur, tant en ligne directe qu'en collaterale. Dolive & Cambolas, eod.

Cette regle des Parlemens de Toulouse & de Bourdeaux reçoit deux exceptions. La premiere, quand il y a interruption de degré, qui se fait lorsqu'il y a plusieurs freres appellez à la substitution, & que les enfans de l'un décedant sans enfans, sont placez à un de leurs oncles. Doive & Despeisses, eod. La seconde, lorsque le fideicommis est parvenu au quatriéme degré, & en ce cas quand il y auroit plusieurs freres, il finit en la personne de l'aîné. Despeisses, eod. p. 193. col. 2. Ricard est d'avis contraire, Traité 3. des Subst. ch. 9. sect. 6. mais il suivoit l'usage du Pays.

Pour la supputation des degrez, il faut suivre l'usage du Pays où les terres substituées sont assises. Ricard, eod. n. 838. & suivans.

On ne compte dans les degrez que ceux qui ont effectivement accepté le fideicommis. Henrys, t. 1. l. 7. quest. 24. & t. 2. l. 6. quest. 9. Ricard, eod. n. 762. Henrys, eod. quest. 60. établit doctement que les personnes incapables à *natura vel à lege*, ne doivent point être comptées, n'y ayant pas d'apparence que telle ait été la volonté du testateur.

Il soutient de plus que les Prêtres sont exclus des substitutions graduelles & perpetuelles, ou à la charge de porter le nom & les armes.

Papon dans ses Arrêts, t. 3. l. 20. art. 1. & 26. Boniface, t. 3. l. 2. t. 5. ch. 2. sont de même avis.

c Υπερίτι ᾗ τῷ ἐνοειικωμῇ εἰς ἀς ἰνιτορμῷ παρἡς, ὁ Τραβανιανος ἐκείνος ἐν ᾧ τις φύσιως διδιενηςλα, ᾗ τις φιλαχρηματίας, διαρρήθαν παρειλέγυσιν. Ὅτι οτι τῇ συγγράφειν τὰς παρὶς, παρὶ ἐχόντων ὑποθίσεις διχηφόρες χρινωσία· τὰ μεν προς τὸ θελήμαι τῶ διδοντος ἐπιμαίλι· τὰ ᾗ κατρὴ ᾗ δυνατιια ᾗ προς ινατίας πιττοντα ἐπεδιλιξε· ᾗς ὡ οι ἀιαγναιτεύοντις ἱπεκνιλαπιται τὶς διχηνιν. C'est-à-dire, *que Justinien pour composer ses Constitutions qu'on appelle Novelles, se servoit du ministere de Tribonien, ce fameux Tribonien si connu par la souplesse & dexterite de son esprit, & par son avarice, qui composant ces nouvelles Constitutions, prenoit de l'argent de ceux qui pour leurs interêts lui donnoient l'occasion de faire ces Loix, & il les tournoit & changeoit à leur gré, usant de tours d'expressions obscures, difficiles, ambiguës, & qui pussent se rapporter à divers sens.* Harmenopulus, lib. 1. tit. 1. 10.

T t t iij

Néanmoins le plus sûr est de mettre la clause exclusive des Ecclésiastiques ; il faut aussi exclure les Religieux, parce que dans le ressort du Parlement de Paris l'on doute si la Profession Religieuse ne donne point lieu à l'ouverture de la substitution. Les anciens Arrêts rapportez par Ricard dans son Traité des Dispositions conditionnelles, traité 2. ch. 5. sect. 4. n. 357. & suivans, ont jugé qu'elle ne faisoit point d'ouverture, & il soutient cet avis.

Le même Auteur, cod. n. 371. rapporte deux Arrêts récens qui ont jugé le contraire.

Ces derniers Arrêts paroissent plus juridiques, parce qu'ils sont plus conformes à l'intention du Testateur, qui a eu en vûe les personnes uniquement qu'il a appellées à la substitution ; ainsi lorsque l'une est incapable de remplir sa place & de jouir des biens substituez, ils doivent passer à l'autre.

Dans les Parlemens de Droit Ecrit, la Jurisprudence est certaine, la Profession Religieuse donne ouverture à la substitution. Dolive, l. 5. ch. 8 Cambolas, l. 4 ch. 36. Boniface, t. 2. l. 2. ch. 10. Boëries, décision 354. n. 11. Ricard, cod. n. 365. Mais la mort civile par condamnation, soit aux Galères ou au Bannissement perpétuel, ni même la condamnation à mort par contumace, ne donne point lieu à l'ouverture. Ricard, cod. n. 316.

Cette raison peut être fondée sur l'espérance de la restitution, & parce que le substitué peut mourir avant le condamné ; auquel cas ni lui ni ses héritiers n'y ont encore part. l. 48. §. 1. ff. de jure fisc.

L'absence, quelque longue qu'elle puisse être, ne donne point lieu à l'ouverture. Ricard, cod. n. 316.

Cependant le contraire a été jugé par Arrêt du 12. Mai 1686. en la Tournelle Civile, sur les conclusions de M. de Lamoignon, parce que la présomption dans le cas de l'absence est de la mort naturelle.

La Loi Imperator a lieu non-seulement contre le pere, mais même contre tout autre chargé de fideicommis. Gotef. in Not. ad dict. leg. Dans ce cas la question est de savoir si le substitué venant à décéder avant l'héritier à qui on a ôté les biens du fideicommis, s'ils doivent lui retourner. Ricard est de cet avis, des Subst. traité 3. ch. 16. part. 2. n. 27.

Cependant je crois qu'il faut distinguer si le fideicommis est borné à la personne du premier substitué, en ce cas les biens doivent retourner à l'héritier.

Mais si le fideicommis est graduel, les biens passent au second substitué, qui doit être aussi favorable que le premier.

L'aliénation n'est pas comparée à la malversation, & ne peut faire dépouiller celui qui a aliéné.]

SECTION I.

Des substitutions ou fideicommis de l'hérédité, ou d'une partie.

SOMMAIRES.

1. *Définition des substitutions ou fideicommis.*
2. *Qui peut substituer.*
3. *Diverses manieres de substituer l'hérédité ou une partie.*
4. *La substitution est bornée à ce que le testateur laisse de ses biens.*
5. *L'héritier chargé d'une substitution peut en retenir un quart.*
6. *Les fruits des biens substituez demeurent à l'héritier, si le testateur n'en dispose autrement.*
7. *L'héritier chargé de rendre tout ce qu'il a eu des biens du défunt, doit rendre ce qu'il en a eu par des legs & des préciputs.*
8. *La substitution peut être ou à un certain tems, ou sous condition.*
9. *L'héritier doit restituer les fruits du fideicommis depuis son retardement, & aussi les dommages & intérêts, s'il y en a lieu.*
10. *Si l'héritier n'est pas en demeure, il ne doit pas rendre les fruits.*
11. *Quel soin l'héritier doit prendre des biens substituez.*
12. *L'héritier recouvre les dépenses faites pour le fideicommis.*
13. *Si un pere chargé d'un fideicommis envers ses enfans en dissipe les biens, on peut les lui ôter.*
14. *Peine de l'héritier qui retient des biens du fideicommis.*
15. *Les charges passent avec les biens au substitué.*
16. *Les enfans chargez de fideicommis retiennent leur légitime.*
17. *La dîme se prend sur les biens substituez.*
18. *Le substitué à la portion du dernier mourant de deux, ne succede à aucun s'ils meurent ensemble.*
19. *L'enfant survenu à un fils chargé d'une substitution, la fait cesser.*
20. *Inventaire & caution s'il est nécessaire pour la liberté du fideicommis.*

---

21. *Le pere même & la mere donnent caution en deux cas pour le fideicommis.*

I.

ON appelle substitution ou fideicommis une disposition qui fait passer une succession, ou une partie, ou de certains biens, de la personne de l'héritier ou d'un légataire à un autre successeur *a*, après le tems réglé par le testament *b*.

     1. *Définition de la substitution ou fideicommis.*

a Ut eam hæreditatem alii restituat. §. 2. Instit. de fidei. hæred. Potest autem quisque & de parte restituenda hæredem rogare. d. §. Potest quis etiam singulas res per fideicommissum relinquere. Inst. de sing. reb. per fidu. rel.

b Rogo te Luci Titi, cùm primùm poteris hæreditatem meam adire, cam Caio Seio reddas, restituas. d. §. Post quinquennium. l. 16. §. 7. ad Senat. Conf. Trebell. Cùm moreretur. l. 78. §. 9. cod.

II.

La liberté de substituer est la même que d'instituer des héritiers & faire des legs : & quiconque peut faire des héritiers ou des légataires, peut aussi leur substituer d'autres personnes pour recueillir les uns après les autres les biens qu'il leur aura affectés *c*.

     2. *Qui peut substituer.*

c Il faut la même capacité pour chaque disposition qu'on peut faire par un testament, que pour faire un testament. V. la Section 2. des Testamens, p. 393.

III.

Soit qu'il n'y ait qu'un seul héritier institué, ou qu'il y en ait plusieurs, le testateur peut substituer à l'hérédité entiere, ou une partie. Et s'il y a plusieurs héritiers, il peut restreindre la substitution aux portions des uns qu'il en chargera, celles des autres leur demeurant libres *d*. Et il peut aussi ou substituer ses héritiers l'un à l'autre : ou ne substituer qu'à un d'eux, soit un de ses cohéritiers, ou d'autres personnes : ou charger un de ses héritiers de remettre le fideicommis à celui de ses cohéritiers qu'il voudra choisir : & la liberté de ce choix qu'aura cet héritier, n'aura rien de contraire à la nécessité où il sera de remettre ce fideicommis à un autre. Mais l'effet de cette liberté sera ou de le remettre à celui qu'il aura choisi, s'il en fait le choix, ou de le laisser à tous, s'il n'en choisit aucun *f*.

     3. *Diverses manieres de substituer l'hérédité en une partie.*

d Nihil autem interest utrum aliquis ex asse hæres institutus aut totam hæreditatem, aut pro parte restituere rogatur. §. 8. Inst. de fid.ic. hær.

e Cùm quidam, pluribus hæredibus institutis unius fideicommisset, ut, cùm moreretur um ex coharedibus cui ipse vellet, restitueret unam partem hæreditatis, quæ ad eum pervenisset : verissimum est, utile esse fideicommissum. Nec enim in arbitrio ejus, qui rogatus est, positum est an omnino velit restituere : sed cui potius restituat. Plurimum enim interest, utrum in potestate ejus quem testator obligari cogitat, faciat, si velit dare, an post necessitatem dandi, solus distribuendi liberum arbitrium, concedat. l. 7. §. 1. ff. de reb. dub.

f V. l'article 12. de la Section 2. des Legs, p. 470.

IV.

Dans tous les cas où un héritier se trouve chargé d'une substitution, il ne peut être obligé de donner au-delà de ce qu'il reçoit *g*. Et si, par exemple, un testateur avoit prié son héritier d'instituer par son testament une autre personne pour son héritier ; cette disposition seroit restreinte aux biens de ce testateur. Et quoique son héritier acceptât cette qualité, il auroit la liberté de disposer de ses propres biens *h*. Car autrement ce testateur vendroit son bienfait plus que ne vaudroit ce qu'il donneroit.

     4. *La substitution est bornée à ce que le testateur laisse de ses biens.*

g Placet non plus posse rogari quem restituere, quàm quantum ei relictum est. l. 114. §. 3. in f. ff. de leg. 1.

h In facto tractatum est, an per fideicommissum rogari quis possit, ut aliquem hæredem faciat. Et Senatus censuit : rogari quidem quem, ut aliquem hæredem faciat, non posse. Verùm videri per hoc rogasse, ut hæreditatem suam ei restituat : id est, quidquid ex hæreditate sua consecutus erit, ut ei restitueret. l. 17. ff. ad Senat. Trebell. d. l. 114. §. 6. ff. de leg. 1. Voyez l'article suivant.

V.

L'héritier institué chargé d'une substitution, soit de

5. L'héritier chargé d'une substitution, joue en retenir un quart.

l'hérédité entière, s'il est seul héritier, ou de la portion qu'il peut en avoir par le testament, s'il n'est héritier que d'une partie, non-seulement ne peut être engagé par une substitution à rendre au-delà de ce qui lui est laissé par le testateur; mais il n'est pas même obligé de rendre le tout. Et comme l'héritier chargé de legs peut retenir un quart de l'hérédité pour la falcidie, l'héritier chargé d'une substitution peut retenir un quart de l'hérédité, s'il est héritier universel, ou un quart de sa portion, s'il n'est héritier que d'une partie : & c'est ce quart qu'on appelle la Trebellianique *i*, dont il sera traité dans le Titre suivant.

i V. le Titre 4.

VI.

6. Les fruits des biens substitués demeurent à l'héritier, si le testateur n'en dispose autrement.

L'héritier chargé d'une substitution qui l'obligeroit à remettre au substitué tout ce qu'il auroit profité des biens du testateur, ne seroit pas tenu d'en rendre les fruits qu'il auroit perçus jusqu'à l'ouverture de la substitution. Car ces fruits n'étoient qu'un revenu de l'hérédité qui étoit à lui jusqu'à ce que le cas de la substitution seroit arrivé. Ainsi ces fruits lui étant acquis doivent lui demeurer, à moins que le testateur n'en eût disposé autrement *l*.

l In fideicommissaria hæreditatis restitutione constat non venire fructus, nisi ex quo mora facta est, aut cùm quis specialiter fuerit rogatus & fructus restituere. l. 18. ff. ad Senat. Trebell.

Quoties quis rogatur hæreditatem restituere, id videtur rogatus reddere quod sibi hæreditatis: fructus autem non hæreditati sed ipsis rebus accepto feruntur. d. l. §. 2.

Hæredes mei quidquid ad eos ex hæreditate bonisve meis pervenerit, id omne post mortem suam restituant patriæ meæ Coloniæ Benevenanorum. Nihil de fructibus pendente conditione perceptis petitum videri constitit. l. 57. eod. V. l'article suivant & le Titre 4. V. l. 32. eod.

VII.

7. L'héritier chargé de rendre tout ce qu'il a eu des biens du défunt, doit rendre ce qu'il a eu par des legs & des préciputs.

Si dans le cas de l'article précédent l'héritier avoit eu non-seulement ce qui lui reviendroit par la qualité d'héritier, mais aussi quelque legs dont un cohéritier seroit chargé envers lui, ou quelque préciput ou avantage qui lui fût acquis par une disposition du testateur au-delà de ce que pourroient avoir ses cohéritiers; ces sortes d'avantages seroient compris dans la substitution conçue en termes qui obligeroient l'héritier à rendre tout ce qu'il auroit profité des biens du testateur, à moins que sa disposition ne pût être interprétée en un autre sens *m*.

m Cùm virum prudentissimum Papinianum respondisse non ignoremus, etiam legata hujusmodi fideicommisso contineri, id est, ubi hæres rogatus fuerit, quidquid ex hæreditate ad eum pervenerit, post mortem restituere : animadvertimus etiam præceptionis comprehendi testatoris verbis comprehensum esse. Sane, quoniam in fideicommissis voluntas magis quàm verba plerumque intenda est, si quas pro ei veritate præterea probationes habes ad commendandam hanc patris voluntatem, quam fuisse adversata, apud præsidem provinciæ experiri non vetaris. l. 16. C. de fideic.

VIII.

8. La substitution peut être ou à un certain tems, ou sous condition.

Le testateur peut non-seulement charger son héritier de remettre l'hérédité à autre personne au tems de la mort de cet héritier, mais aussi la rendre après un certain tems, comme au tems de la majorité du substitué. Et on peut aussi substituer sous condition, comme si le substitué n'étoit appellé qu'en cas qu'il eût des enfans *n*.

n Liberum est vel purè, vel sub conditione relinquere fideicommissum, vel ex certo die. l. 2. in f. inst. de fideic. hæred. Voyez les textes citez sur l'article premier sous la lettre B.

IX.

9. L'héritier doit restituer les fruits du fideicommis depuis son retardement, & aussi les dommages & intérêts, s'il y en a lieu.

Si l'héritier qui est chargé d'un fideicommis est en demeure d'en faire la restitution après que le tems où le cas qui en fait l'ouverture étant arrivé, le fideicommissaire en a fait la demande, il devra les fruits & tous revenus & intérêts depuis cette demande, ou même depuis l'ouverture du fideicommis, s'il l'avoit retenu de mauvaise foi, comme s'il avoit caché le testament. Et il devroit aussi en ce cas les dommages & in-

terêts du fideicommissaire, s'il y en avoit lieu *o*.

o Is qui fideicommissum debet, post moram non tantum fructus, sed etiam omne damnum quo adfectus est fideicommissarius præstare cogitur. l. 26. ff. de legat. 3. V. l'article suivant. V. l'article 12.

Lorsqu'il y a des condamnations d'intérêts ou des restitutions de fruits, elles tiennent lieu de dommages & intérêts, & notre usage n'en adjuge pas d'autres hors des cas particuliers d'une insigne mauvaise foi, ou qu'ils soient dûs par la nature de l'engagement. Sur quoi il faut voir le préambule du Titre des intérêts, dommages & intérêts, p. 130.

X.

10. Si l'héritier n'est pas en demeure, il ne doit pas rendre les fruits.

Si le fideicommissaire ou substitué à qui les biens devoient être restituez, n'ignorant pas son droit, négligeoit d'en faire la demande à l'héritier chargé de les rendre, & l'en laissoit jouir au-delà du tems où la restitution devoit être faite; cet héritier ne seroit pas tenu de restituer cette jouissance. Car outre qu'il pouvoit regarder ces biens comme étant à lui jusqu'à ce que le fideicommissaire l'en eût dépouillé, il pouvoit ou douter de la validité du fideicommis, ou en ignorer l'ouverture, ou présumer que le fideicommissaire vouloit bien le laisser jouir *p*.

p Si hæres post multum temporis restituat, cum præsenti die fideicommissum fit, deducta quarta restituat. Fructus etiam qui percepti sunt, negligentia petentis, non judicio defuncti percepti videntur. l. 12. §. 1. ff. ad Senat. Trebell.

Quoique ce texte se rapporte à une autre règle expliquée dans l'article 4. de la Section 2. de la Trebellianique, p. 527, il renferme celle qui est expliquée dans cet article, & elle en est une suite qu'il est facile de comprendre. On peut dire sur cet article, que cet héritier doit être déchargé de la restitution de ces fruits à plus forte raison que l'héritier chargé d'un legs. V. l'article 3. de la Section 3. des Legs, & la remarque qu'on y a faite, p. 484.

XI.

11. Quel soin l'héritier doit-il prendre des biens substituez.

L'héritier chargé d'une substitution ou fideicommis de l'hérédité, est tenu d'en prendre le soin, mais seulement tel qu'on ne puisse lui imputer de fautes ou de négligences qui approcheroient de la mauvaise foi. Et les diligences qu'il pourroit avoir faites en quelques affaires, ne seroient pas tirées à conséquence, s'il avoit manqué d'en faire de même en d'autres semblables. Ainsi, par exemple, s'il avoit exigé quelques dettes de l'hérédité, il ne répondroit pas pour cela des autres *q*.

q Si quis rogetur restituere hæreditatem, & vel servi decesserint, vel aliæ res perierint : placet non cogi eum reddere quod non habet: culpæ plané reddere rationem, sed ejus quæ dolo proxima est. l. 21. §. 3. ff. ad Senat. Trebell.

Cùm hæreditas ex causa fideicommissi in tempus restituenda est : non idcirco nominum periculum ad hæredem pertinebit, quòd hæres à quibusdam pecuniam exegerit. l. 58. §. 1. ead. l. 108. §. 11. ff. de leg. 1. V. l'article 2. de la Section 10. des Legs, p. 489.

Il faut remarquer sur cet article & sur l'article 2. de la Section 10. des Legs, la différence entre un héritier chargé d'un legs, & celui qui est chargé d'un fideicommis universel de l'hérédité ou d'une partie, en ce que l'engagement de celui-ci ayant plus d'étendue, & regardant aussi son intérêt propre, il semble n'être pas tenu du même soin que l'héritier chargé d'une seule chose pour moins de tems, & qui regarde l'intérêt d'une autre personne qu'il doit moins négliger que le sien propre.

XII.

12. L'héritier qui restitue est déchargé des frais qu'il fait pour le fideicommis.

L'héritier qui restitue l'hérédité au fideicommissaire, peut non-seulement retenir la quarte Trebellianique, mais toutes les dépenses qu'il a faites pour l'hérédité *r*.

r Si quem sumptum fecit hæres in res hæreditarias, detrahet. l. 22. §. 3. ad Senat. Trebell. Voyez l'article 9. de la Section 10. des Legs, p. 490.

XIII.

13. Si un père chargé d'un fideicommis au profit du fils, aliène les biens, on punit les fils par les vols.

Si un père étoit chargé de rendre à son fils une hérédité, & qu'il en aliénât les biens & les dissipât, ou y fît d'autres fraudes, on pourroit l'obliger à remettre ces biens à son fils, quoiqu'il fût encore sous la puissance de son père, & que le fideicommis fût à cette condition qu'il ne seroit ouvert qu'après que le fils seroit émancipé, ou à quelqu'autre terme. Et si ce fils étoit en minorité, on commettroit cependant l'administration des biens à un curateur. Car comme il ne seroit ni juste ni honnête d'exiger du pere une caution pour la sureté du fideicommis, il seroit de l'équité de prévenir la perte des biens par la seule voie qui seroit possible, les tirant de ses mains. Mais si ce pere n'avoit pas de quoi subsister d'ailleurs, les biens du fideicommis seroient affectez à son entretien *f*.

f Imperator Hadrianus, cùm Vivius Cerealis filio suo Vivio Simonidi, si in potestate sua esse desisset, hæreditatem restituere rogatus esset, ac multa in fraudem fideicommissi fieri probaretur, restituit hæreditatem filio jussit, ita ne quid in ea pecunia quamdiu filius ejus viveret, juris haberet. Nam quia cautiones non poterant interponi conservata patria potestate damnum conditionis propter fraudem inflixit. Post decreti autem auctoritatem, in ea hæreditate filio nulli comparari debuit, si res à possessoribus peti, vel etiam cum debitoribus agi oporteret. Sed paternæ reverentiæ congruum est, expenti forte patri: officio judicis, accessionibus hæreditatis emolumentum præstari. l. 50. ff. ad Senat. Trebell. Voyez les articles 20. & 21.

XIV.

14. Peine de l'héritier qui retient des biens du fideicommis.

Si après qu'un héritier chargé du fideicommis d'une hérédité l'auroit restituée, on en découvroit d'autres biens qu'il eût retenus de mauvaise foi, il seroit tenu de les restituer avec les fruits ou autres revenus, & même les dommages & intérêts, s'il y en avoit lieu. Mais si la restitution avoit été faite par une transaction ou autre traité de bonne foi, qui le déchargeât tellement de toute recherche, que celle de ces biens non restituez dût y être comprise, il les retiendroit *t*.

t Hæres ejus, qui post mortem suam rogatus erat universam hæreditatem restituere minimam quantitatem, quam solam in bonis suisse dicebat: his quibus fideicommissum debebatur, restituit. Postea repertis instrumentis, apparuit quadruplo amplius in hæreditate suisse. Quæsitum est, an in reliquum fideicommissi nomine conveniri possit? Respondit, secundùm ea quæ proponerentur, si non transactum esset, posse. l. 78. §. ult. ff. ad Senat. Trebell.
Il faut remarquer sur cet article, pour ce qui regarde les dommages & intérêts, la différence entre l'héritier qui est en demeure, dont il a été parlé dans l'article 9. & l'héritier qui retient des biens du fideicommis. Car il y a bien plus de sujet de condamner celui-ci aux dommages & intérêts. Voyez cet article 9. & la remarque qu'on y a faite.

XV.

15. Les charges passent avec les biens aux substituez.

Après que l'héritier chargé d'un fideicommis d'une hérédité en a fait la restitution, comme tous les biens & tous les droits de cette hérédité passent à la personne du fideicommissaire, il doit aussi en porter les charges, & en garantir l'héritier qui lui a rendu le fideicommis *u*.

u Placet, ut actiones quæ in hæredem hæredibusque dari solet, eas neque in eos, neque his dari qui fidei suæ commissum, sicuti rogati essent, restituissent: sed his, & in eos quibus ex testamento fideicommissum restitutum fuisset. l. 1. §. 2. ff. ad Senat. Trebell.

XVI.

16. Les enfans chargez de fideicommis retiennent leur légitime.

Si un pere ou autre ascendant instituant un de ses enfans son héritier, l'avoit chargé d'un fideicommis de l'hérédité, ou d'une partie, ou de quelques biens, cette disposition ne pourroit diminuer la légitime dûe à cet enfant, & il la retiendroit. Car les enfans ne peuvent être privez de leur légitime, & ils doivent l'avoir quitte de toutes charges, comme il a été dit en son lieu *x*.

x Si quis de cætero restitutionem fecerit suarum rerum, primùm quidem servet filio legitimam partem. Nov. 39. c. 1. l. 32. C. de inoff. testam. V. le Titre de la Légitime, p. 454.

☞ Outre la légitime que les enfans chargez de substitutions ou de fideicommis peuvent retenir, il a passé en usage qu'ils peuvent de plus retenir la quarte trebellianique, dont il a été déja parlé, & qu'on expliquera dans le dernier Titre. Ainsi, par exemple, un fils unique chargé d'un fideicommis, aura pour sa légitime le tiers des biens, & pour sa trebellianique le quart des deux autres tiers qu'il est obligé de rendre; ce qui fait la moitié du tout, & a donné sujet à ce qu'on dit communément, que le fils a la déduction des deux quartes, quoique cette déduction ne soit pas toujours

de la moitié, & qu'elle doive changer, selon que le nombre des enfans change la quote de leurs légitimes, suivant les règles expliquées dans le Titre de la Légitime.

La plûpart des Auteurs conviennent que cet usage est tiré du Droit Canonique, au Chapitre 16. de Testamentis, parce que cette Decretale confirme une Sentence d'un Juge qui avoit ordonné cette double déduction de la légitime & de la trebellianique. Et quelques-uns ont prétendu que ces deux déductions peuvent être fondées sur des conséquences tirées de quelques Loix du Droit Romain; mais il n'y a aucun qui puisse fonder cette prétention, & tout au contraire les plus habiles Interpretes qualifient d'erreur cette double déduction. Mais quoique ce soit une erreur contre le Droit Romain, ce n'est nullement une erreur contre l'équité, ni contre le droit naturel qui affecte aux enfans les biens de leurs peres: Et c'est au contraire une règle qui rendant la condition des enfans plus avantageuse qu'elle ne l'étoit dans le Droit Romain, quoique seulement dans les cas où ils sont chargez de substitutions ou de fideicommis, semble devoir être reçue aussi favorablement dans les Provinces qui se régissent par les Loix du Droit écrit, que l'est dans les Coutumes l'affectation de la plus grande partie des biens aux héritiers du sang, & même aux collateraux les plus éloignez, à qui elles donnent beaucoup plus que le Droit Romain ne donne aux enfans, sans qu'aucune disposition à cause de mort puisse blesser cette affectation. Et aussi cette double déduction a été jugée si équitable, qu'elle a été reçue par-tout.

C'est vraisemblablement par ces considérations que quelques Interpretes ont cru qu'on devoit étendre cette double déduction aux legs aussi-bien qu'aux fideicommis, & donner aux enfans surchargez de legs premierement leur légitime, & puis la falcidie du surplus; ce qui seroit en effet d'une pareille équité. Et il y auroit même plus de raison d'accorder aux enfans surchargez de legs la déduction de la falcidie outre leur légitime, que la déduction de la trebellianique sur les substitutions, puisque les enfans ne sont d'ordinaire chargez de substitutions qu'envers leurs enfans ou des descendans de celui qui a fait la substitution; au lieu que les legs peuvent être en faveur d'autres que de personnes de la famille: & qu'au lieu que l'héritier chargé d'un fideicommis en jouit jusqu'à la restitution, l'héritier chargé de legs en est dépouillé dès l'ouverture de la succession. Mais les autres au contraire ont été d'avis que ces deux déductions qui disent n'avoir été établie que par une erreur, ne doit pas être tirée à des conséquences au-delà des anciennes règles. Et ce dernier sentiment a l'emporté sur l'autre; car on a seulement étendu en quelques lieux la double déduction de la légitime & de la trebellianique en faveur des ascendans chargez de fideicommis par leurs descendans.

XVII.

17. La dot se prend sur les biens substituez.

Si la légitime d'un fils chargé d'une substitution ne suffisoit pas pour répondre de la dot de sa femme, & des autres droits qui pourroient lui être acquis par leur mariage, les autres biens substituez y seroient sujets, & on en retrancheroit ce que la légitime ne parseroit pas. Car les peres & autres ascendans qui chargent leurs enfans & autres descendans de substitutions ou de fideicommis, n'entendent pas nuire à leur conduite, & empêcher qu'ils ne se marient. Ainsi les biens qu'ils leur laissent sont premierement affectez aux dots & droits de leurs femmes, selon que la qualité des personnes peut le demander. Et si c'étoit une fille chargée d'un fideicommis, elle retiendroit de même ce qui seroit nécessaire pour sa dot selon la qualité sur les biens substituez, si la légitime n'y suffisoit pas *y*.

y Cùm proponeretur quidam filiam suam hæredem instituisse & rogasse eam, ut, si sine liberis decessisset, hæreditatem Titio restitueret, eaque dotem marito dedisse certæ quantitatis, mox decedens sine liberis, hæredem instituisse maritum suum: & quæreretur an dos detrahi possit? dixi non posse dici in eversionem fideicommissi factum, quod & mulieris pudicitiæ, & patris voto congruebat. Quare dicendum est, dotem decedere, ac si, quod superfuisse

superfuisset, rogata esset testuere. *l. 22. §. 4. ff. ad Senat. Trebell.*
Si quis de cætero restitutionem fecerit suarum rerum : primum quidem servet filio legitimam partem.... Deinde ex reliqua substantiæ parte, si non sufficeret legitima pars ad dotis aut ante nuptias donationis oblationem honestè, & secundùm personarum qualitatem & merita, excipere etiam hoc ad restitutionem, secundùm quod adjectum legitimæ parti dotem, aut ante nuptialem tacit donationem, Sancimus enim secundùm hunc modum creandis omnibus ad restitutionem nuptialia documenta & super his factas alienationes, aut hypothecas : & vel si gravata sit persona aut vir aut mulieris restitutione tali, liceat et etiam nuncupatam ante nuptialem seu propter nuptias donationem auferre, nihil quantùm in illis rebus restitutione valente. Et si mulier restitutione gravetur, non impedimentum ad dotis oblationem fieri. Ea enim quæ communiter omnibus prosunt, iis quæ specialiter quibusdam utilia sunt præponimus. Sitque hoc nuptialibus donationibus, & harum exactionibus privilegium. *Nov. 39. c. 1.*

☞ On pourroit tirer du dernier de ces textes cette conséquence, que la double déduction de la légitime & de la trebellianique, dont il a été parlé dans la remarque sur l'article précédent, n'est pas du Droit Romain. Car si Justinien avoit présupposé qu'un fils chargé d'un fideicommis auroit & sa légitime & sa trebellianique, il y a apparence qu'il l'eût exprimé ; & que permettant de déduire sur le fideicommis la dot de la femme de l'héritier qui en feroit chargé, ajoutant comme il a fait dans ce texte que si la légitime n'y suffisoit pas, cette dot se prendroit sur les autres biens sujets au fideicommis, il n'auroit pas manqué d'ajouter aussi la quarte trebellianique, & de dire que si la légitime & la trebellianique ne suffisoient pas, le surplus se prendroit sur le reste du bien substitué. Sur quoi on peut remarquer que puisque par ce nouveau droit de la double déduction le fils chargé d'une substitution de l'hérédité, retient la moitié des biens pour la légitime & la trebellianique, il sembleroit que le fideicommis ne devroit pas être encore diminué par le retranchement qu'y feroit la dot de la femme de l'héritier qui en seroit chargé, sur-tout si selon le sentiment de quelques-uns, on étendroit encore cette déduction des dots au-delà du premier degré de la substitution, & que les substituez chargez de rendre les mêmes biens à d'autres fideicommissaires appellez après eux, pussent aussi faire la même déduction chacun en son rang.

XVIII.

Si un pere instituant ses enfans ses héritiers, avoit chargé le dernier mourant de rendre sa portion de l'hérédité à une autre personne, & qu'il arrivât que ces enfans mourussent dans le même tems, leurs héritiers leur succederoient, & exclueroient le fideicommissaire. Car il n'étoit pas substitué qu'à un seul qui seroit le dernier mourant, & seulement pour sa portion : Ainsi la substitution seroit sans effet, à moins que le substitué ne prouvât que l'un des deux auroit survécu ; puisque si on ne peut sçavoir lequel est mort le dernier, la condition du fideicommis n'est pas arrivée : & le fideicommissaire ne peut être d'aucun qu'il lui ait succedé z.

z Si ejus, qui novissimus ex filiis mortuus est, partem hæreditatis propinquo voluit pater testari : & simul fratres diem suum obierint : propinquum, si non offenderis quis novissimus obierit, ad partem hæreditatis non admitti, sed matrem ex Tertulliano Senatus-Consulto ad utramque hæreditatem admitti constat. *l. 34. ff. ad Senat. Trebell. V. la remarque sur l'article 12. de la Section 2. comment succedent les enfans, p. 365. V. l'article 7. de la Sect. 2. du Titre précedent.*
Il faut remarquer sur cet article 7. & sur celui-ci, que dans celui-ci la substitution n'écrisoye de la portion de l'un des deux freres ; ainsi le substitué ne pouvoit savoir lequel des deux survivroit, il n'en aura aucune : Mais dans le cas de cet article 7. l'intention du testateur appellant le substitué à la succession des deux freres, comme il a été remarqué.

XIX.

Si un testateur instituant un de ses enfans ou descendans son héritier, l'avoit chargé d'un fideicommis ou substitution de l'hérédité ; soit en faveur d'autres descendans du même testateur, freres, oncles ou neveux de cet héritier, ou en faveur d'autres personnes, ce fideicommis n'auroit son effet qu'en cas que cet héritier mourut sans enfans ; & s'il en laissoit, il demeureroit nul. Car l'intention de ce testateur n'auroit pas été

Tome I.

---

de préférer à ses enfans les substituez a.

a Cùm avus filium ac nepotem ex altero filio hæredes instituisset : & nepote petit, ut, si intra annum trigesimum moreretur, hæreditatem patruo suo restitueret. Nepos, liberis relictis intra ætatem supra scriptam vita decessit, fideicommissi conditionem ; conjectura pietatis, respondi defecisse : quod minus scriptum, quàm dictum fuerat, intueretur. *l. 102. ff. de condit. & dem. v. l. sub. mar, C. ad Senat. Trebell.*
Cùm acutissimi ingenii vir, & meritò ante alios excellens Papinianus, in hac statueret responsis, si quis filium suum hæredem instituit, & restitutionis post mortem oneri subjicit, non aliter hoc vires dispositio, nisi cùm filius ejus sine sobole vitam suam relinqueret, nos hujus sensum meritò mirati plenissimum ei damus eventum, ut si quis hæc disponeret, non tantum filium hæredem instituens, sed etiam filiam ; nisi ab initio nepotem vel neptem, pronepotem vel proneptem, vel aliam deinceps posteritatem, & eam restitutionis post obitum gravamini subjugaveret : non aliter hoc sensatile videatur, nisi is qui restitutione oneror fuerit, sine filiis vel nihabus, neporibus vel nepubus, proneporibus vel proneptibus fuerint defuncti : ne videatur testator alienus successiones propriis anteponere. *l. 30. C. de fideic.*

XX.

Comme l'héritier chargé d'un fideicommis de l'hérédité ou d'une partie, ne peut l'accepter qu'avec cette charge, il est obligé de faire un inventaire des biens, afin de conserver le droit du substitué. Et cet inventaire doit se faire ou avec le substitué, s'il peut y être présent ; ou s'il ne l'étoit point, ou n'étoit pas même encore né, l'héritier doit y faire pourvoir en Justice. Et dans l'un & l'autre cas, outre l'inventaire, l'héritier est tenu de donner caution, si les circonstances rendent nécessaire cette sureté, & s'il n'en a été déchargé par le testateur b.

b Legatorum nomine satisdari oportere, prætor putavit : ut quibus testator dari fideive voluit, his debita detur, vel sat. *l. 1. ff. ut legat. seu fid. serv. causa. cxxv.*
Idemque in fideicommissis quoque probandum est. *d. l. §. 10. l. 1. C. ut in possess. legat. vel fid. j. c. m.*
Oportet hujusmodi hæredem qui non crediores solùm, sed etiam legatarios & fideicommissarios vereatur & imitari, non dammisticari solùm, sed etiam non lucrari convocare omnes legatarios & fideicommissarios ad inventarii præsentiam. *Nov. 1. c. 2. §. 1.*
Ipsis rerum experimentis cognovimus ad publicam utilitatem pertinere, ut satisdationes quæ voluntaris defunctorum tueantur gratia in legatis & fideicommissis introductæ sunt, eorumdem voluntate remitti possint. *l. 2. C. ut in possess. leg. vel fid. j. c. m.* Voyez l'article 4. de la Section 1. de la Finance, p. 497.
§ L'obligation de donner caution par les héritiers instituez, n'est pas d'usage en France. Automne sur la Loi Jubenus, C. ad Senat. Trebell. Henrys, t. 1. L. 5. q. 65. Ce dernier Auteur ajoute qu'il en est de la caution étoit demandée, les Juges ne pourroient se dispenser de l'ordonner.]

XXI.

Si l'héritier étoit un pere ou autre ascendant chargé d'un fideicommis envers ses enfans, il seroit excepté de la regle de donner caution, si ce n'est que le testateur l'y eût obligé, ou que cet héritier vînt à convoler en secondes noces c.

c In his duobus casibus, id est, cum testator specialiter satisdari voluerit, vel cum secundis se pater vel mater matrimonii junxerit, necesse est, ut eadem satisdatio, pro legum ordine, præbeatur. *l. 6. C. ad Senat. Trebell.*

SECTION II.

Des Substitutions ou Fideicommis particuliers de certaines choses.

Comme les fideicommis particuliers de certaines choses sont de la nature des legs, ainsi qu'il a été expliqué dans le Titre des legs, il faut rapporter à ces fideicommis les regles de même Titre qui peuvent y convenir.

SOMMAIRES.

1. On peut substituer des choses de toute nature.
2. On peut charger d'un fideicommis ou l'héritier, ou un légataire.
3. Differentes manieres de substituer.
4. Toutes expressions qui expliquent l'intention du testateur, suffisent pour un fideicommis.

I.

1. On peut fubftituer des clafes de toute nature.

ON peut faire une fubftitution ou un fideicommis particulier, comme d'un fief, d'une maifon, ou d'un autre fonds, & d'autres fortes de biens, d'une fomme d'argent, ou de toute autre chofe, qu'on veuille faire paffer du fucceffeur à un autre *a*.

a Poteft etiam fingulas res per fideicommiffum relinquere, veluti fundum, argentum, hominem, veftem, & pecuniam numeratam. *Inft. de fing. reb. per fideic. relift.*

II.

2. On peut charger d'un fideicommis ou l'héritier, ou un légataire.

Le teftateur peut charger d'un fideicommis particulier ou fon héritier, ou un légataire, foit d'une chofe de l'hérédité, ou qui leur foit propre, ou à prendre d'ailleurs *b*.

b Vel ipfum hæredem rogare (poteft quis) ut alicui reftituat, vel legatarium. *Inft. de fing. reb. per fid. vel.* Poteft autem non folum proprias res teftator per fideicommiffum relinquere : fed & hæredis aut legatarii, aut fideicommiffarii, aut cujuflibet alterius. §. 1. *eod.*
Ut hæredibus fubftitui poteft, ita etiam legatariis. *l. 5c. ff. de legat. 2.*

III.

3. Differentes manieres de fubftituer.

Ces fideicommis particuliers peuvent fe faire en plufieurs manieres, qu'on peut diftinguer ou par les differences des expreffions dont les teftateurs peuvent fe fervir, ou par les differences qui peuvent diverfifier les difpofitions de cette nature, indépendamment des manieres de les exprimer *c*.

c V. les articles fuivans.

I V.

4. Toutes expreffions qui expliquent l'intention du teftateur, fuffifent pour un fideicommis.

Pour ce qui regarde les expreffions, de quelque maniere que le teftateur fe foit expliqué, fon intention connue doit fervir de regle. Et les expreffions mêmes qui femblent laiffer le fideicommis à la difcretion de l'héritier ou du légataire qui en eft chargé, l'obligent autant que celles qui ordonnent en termes exprès. Ainfi, par exemple, fi un teftateur avoit dit qu'il s'affure que fon héritier ou un légataire remettra à un tel une telle chofe, ou qu'il les prie de vouloir la remettre, ces expreffions feroient un fideicommis indépendant de la volonté de celui que cette difpofition pourroit regarder *d*.

d In fideicommiffis præcipuè fpectanda fervandaque teftatoris voluntas. *l. 11. §. 19. in f. ff. de legat. 3.*
Etiam hoc modo, cupio des, opto des, credo te daturum ; fideicommiffum eft. *l. 115. ff. de legat. 1. l. 118. eod.*
Omne verbum fignificans teftatoris legitimum fenfum legare vel fideicommittere volentis, utile atque validum eft : five directis verbis, quale eft *jubeo* fortè, five precariis utatur teftator, quale

---

eft rogo, volo, mando, fideicommitto. *l. 2. C. comm. de legat. & fid. l. 67. §. ult. ff. de legat. 1.* V. l'article 47. de la Section 8. des Teftamens, p. 435.

V.

5. Diverfes manieres de difpofitions qui ont la nature de fideicommis. Exemple.

Pour les différentes manieres de difpofitions qui ont la nature de fideicommis, cette diverfité dépend de la volonté du teftateur *e*, qui peut, par exemple, ou faire un fimple fideicommis, chargeant fon héritier ou un légataire de rendre à un tel un fonds ou autre chofe ; ou défendre l'aliénation d'un fief ou autre bien hors de fa famille, ou de celle de fon héritier ou d'un légataire à qui il l'auroit legué ; car cette défenfe d'aliéner ce bien renfermeroit une fubftitution en faveur de ceux de cette famille *f*.

e V. les articles qui fuivent.
f V. l'article 12.

V I.

6. On peut faire un fideicommis en faveur de perfonnes à naître.

On peut faire un fideicommis particulier ou en faveur de certaines perfonnes en les nommant, ou de perfonnes qui ne feroient pas encore au monde, mais qui pourront naître *g*, ou même indéfiniment en faveur d'une perfonne qui fera choifie dans une famille par l'héritier ou le légataire chargé du fideicommis *h*.

g V. l'article 13. de la Section 2. des Héritiers en général, p. 321. les articles 22. & 23. de la Section 2. des Teftamens, p. 397. & l'art. 3. de la Section 2. des Legs, p. 269.
h Peto de te uxor chariffima, uti cùm morieris, hæreditatem meam reftituas filiis meis vel uni eorum. *l. 57. §. 1. ff. ad Senat. Trebell.*

VII.

7. Ordre des fideicommiffaires, s'il y en a plufieurs fucceffivement.

Si le fideicommis regarde plufieurs perfonnes appellées fucceffivement, les fideicommiffaires y viendront dans l'ordre reglé par le teftateur, s'il y a pourvû, ou felon qu'ils feront appellez par l'héritier ou le légataire chargé du fideicommis, fi le teftateur lui a laiffé la liberté de regler cet ordre ; ce qui dépend des regles qui fuivent *i*.

i Voyez les articles fuivans.

VIII.

8. Differentes manieres de regler cet ordre.

Les teftateurs peuvent regler différemment l'ordre des fideicommiffaires felon leurs différentes intentions. Ainfi un teftateur peut les nommer chacun au rang qu'il veut leur donner. Ainfi il peut fans les nommer les marquer par quelque défignation, comme des aînez mâles de fes defcendans. Ainfi il peut fimplement fubftituer ceux de fa famille. Et ce qu'il peut à l'égard de fes enfans & defcendans ou de fa famille, il le peut auffi à l'égard des enfans ou de la famille de fon héritier, ou de celle d'un légataire, s'il lui fubftitue *l*.

l Voyez les Textes citez fur l'article fuivant.

IX.

9. Fideicommis indéfini ou à un de la famille ou à ceux de la famille.

Si le fideicommis eft indéfini en faveur d'une perfonne d'une famille, fans que le teftateur l'ait autrement défignée, comme s'il avoit chargé fon héritier ou un légataire qui auroit des enfans ou petits-enfans, de laiffer à un d'eux une maifon ou quelqu'autre fonds ; ce fideicommis indéterminé laifferoit à l'héritier ou au légataire qui en feroit chargé, le choix de la perfonne ; & il y fatisferoit laiffant ce bien à celui qu'il voudroit de cette famille *m*, quand même il le laifferoit au plus éloigné, le préferant à ceux qui feroient plus proches *n*. Mais fi le fideicommis n'étoit pas borné à un de la famille, comme fi le teftateur avoit fubftitué indéfiniment ceux de fa famille, ou de celle de l'héritier ou du légataire ; ceux de cette famille qui feroient en degrez plus proches excluroient les plus éloignez, & ceux

m Unum ex familia propter fideicommiffum à fe cùm moretur relictum hæres eligere debet. *l. 67. ff. de legat. 2.*
n Si cùm forté tres ex familia effent ejus, qui fideicommiffum reliquit eodem, vel difpari gradu, fans exit un reliquiffe. Nam poftquam paritum eft voluntati cæteri conditione deficiunt. *d. l. 67. §. 2.* Verum eft enim in familia reliquiffe licet uni reliquiffet, *l. 114. §. 17. ff. de legat. 2.*

qui se trouveroient en même degré concourroient ensemble, à moins qu'il n'y eût sujet de juger autrement de l'intention de ce testateur par les circonstances qui pourroient la faire connoître o.

o. In fideicommisso quod familiæ relinquitur, hi ad petitionem ejus admitti possunt, qui nominati sunt : aut post omnes eos extinctos, qui ex nomine defuncti fuerint eo tempore, quo testator moreretur, & qui ex his primo gradu procreati sunt, nisi specialiter defunctus ad ulteriores voluntatem suam extenderit. l. 32. §. ult. ff. de legat. 2.

Quid ergo, si non sint ejusdem gradus ita res temperari debet, ut proximus quisque primo loco videatur invitatus. l. 69. §. 3. eod.

☞ On a ajouté à la fin de l'article le tempérament de l'intention du testateur. Car si, par exemple, une personne de grande qualité avoit ordonné qu'une terre titrée demeureroit dans sa famille, on présumeroit qu'il auroit entendu l'affecter aux aînez mâles, & ne pas laisser une occasion de procès & de querelles par la division d'un bien de cette nature. Sur quoi il faut remarquer qu'il est très-difficile qu'il arrive un cas d'une pareille substitution, si indéfinie qu'elle ne distinguât ni les degrez, ni les aînez de chaque degré, ni les mâles des filles : car ceux qui font des substitutions ne manquent pas de faire ces distinctions. Mais si un testateur y avoit manqué, la regle expliquée dans un article marqueroit l'ordre des substituez, & distingueroit ceux qui seroient appellez ou conjointement, ou par préférence ; & dans des cas même où les testateurs se sont le plus expliquez, il peut arriver des événemens où l'usage de cette regle soit nécessaire.

X.

Si dans le cas de l'article précédent l'héritier ou le légataire qui devoit choisir le substitué, venoit à mourir sans l'avoir nommé, le fideicommis seroit commun à tous ceux entre qui le choix devoit être fait. Car comme aucun n'auroit plus de droit que l'autre, & qu'il ne resteroit personne pour les distinguer, le testateur qui pouvoit seul y pourvoir ne l'ayant pas fait, mais les ayant considerez tous également, ils seroient aussi tous appellez ensemble ; & s'il n'y en avoit qu'un, il auroit le tout p.

p. Rogo fundum cùm morieris, restituas ex libertis qui voles : quod ad verba attinet ipsius erit electio. Nec petere quisquam poterit quamdiù præferri alius potest, defuncto eo priusquam eligat : petere omnes. Itaque eveniet : ut quod uni datum est, vivis pluribus unus petere non possit : sed omnes petere, quod non omnibus datum est. Et ita demum petere possit unus, si solus moriente eo superfuerit. l. 67. §. 7. ff. de legat. 1.

XI.

Le fideicommissaire qui a été nommé par l'héritier, entre d'autres dont le choix lui étoit laissé, ne tient son droit que du testateur, & non de celui qui l'a choisi, quoiqu'il pût ne le pas nommer. Ce qui a cet effet, que si par exemple, un héritier faisant ce choix par son testament, & leguoit à celui qu'il nommeroit, la chose sujette au fideicommis, ce ne seroit pas en effet un legs. Car il ne donneroit rien qui fût à lui, puisqu'il laisseroit seulement ce qu'il devoit rendre de nécessité, avec la liberté seule de faire ce choix. Ainsi il pourroit encore moins imposer à ce fideicommissaire quelque condition, ou quelqu'autre charge q.

q. Unum ex familia, propter fideicommissum à se, cùm moreretur, relictum hæres eligere debet et, quem elegit, tunc testamento suo legat, quod, postquàm electus erit, ex alio testamento petere potest. l. 67. ff. de legat. 2.

Non enim facultas necessariæ electionis, propriæ liberalitatis beneficium est. Quid of enim quod de suo videatur relinquere qui quod relinquit, nummodò reddere debeat d. l. §. 1. in f.

Plurimum enim interest : utrum in potestate ejus quem testator obligari cogitat, faciat, si velit dare, ut post necessitatem dandi, solius distribuendi liberum arbitrium concedat. l. 7. §. 1. ff. de reb. dub.

XII.

Ce qui a été dit dans l'article 5. que la prohibition d'aliener peut renfermer un fideicommis, doit s'entendre d'une prohibition qui ait quelque cause, & qui soit

en faveur d'une famille, ou d'une personne à qui le testateur ait voulu faire passer la chose dont il a défendu l'alienation. Car une simple défense à un héritier ou à un légataire d'aliener un fonds sans égard aux enfans de cet héritier ou de ce légataire, ou à d'autres personnes, n'auroit aucun effet, & n'empêcheroit pas que cet héritier ou ce légataire ne pût justement aliener un bien qui seroit tellement à lui, qu'aucun autre n'y auroit ni droit, ni esperance, ni interêt quelconque par la volonté de ce testateur. r.

r. Divi Severus & Antoninus rescripserunt, eos, qui testamento vetant quid alienari, nec cautam expriment, propter quam id fieri velint. Nisi invenire persona cujus respectu hoc à testatore dispositum est : nullius esse momenti scripturam : quasi nudum præceptum reliquerint. Qua talem legem testamento non possunt dicere quod si liberis, aut posteris, aut libertis, aut hæredibus, aut aliis quibusdam personis consultares, optinedi inhibitam significarent, tam servandam esse. l. 114. §. 11. ff. de legat. 1.

§ Henrys, t. 1. l. 5. quest. 49. traite tous les cas où la prohibition d'aliener fait substituer.

Et dans le tome 2. l. 5. quest. 9. il traite la question, si une pareille prohibition peut s'étendre plus loin qu'une substitution expresse, & il tient qu'elle ne peut s'étendre plus loin. La Peyrere, sur le mot Substitution, art. 92. l. 93.]

XIII.

Si un testateur nommant héritier son fils qui auroit des enfans, lui défendoit l'alienation d'un certain fonds, lui ordonnant qu'il le laissât dans sa famille ; cet héritier ne pourroit donner ce fonds à d'autres qu'à ses enfans, mais il pourroit le laisser à celui d'entr'eux qu'il voudroit choisir. Car le laissant à un, ce seroit dans sa famille qu'il l'auroit laissé. Et quoique les substituez fussent les descendans de ce testateur, & qu'il pût avoir une affection égale pour tous, son expression marqueroit qu'il laissât à son fils le choix d'un de ses enfans, & n'avoit en vûe que l'affectation du fideicommis à sa famille, pour empêcher qu'il ne passât à un autre, soit par une alienation, ou autre disposition de l'héritier chargé de ce fideicommis f.

f. Cùm pater filio hærede instituto, ex quo tres habuerat nepotes, fideicommisit, ne fundum alienaret, & ut in familia relinqueret : & filius decedens duos hæredes instituit, tertium exhæredavit, cum fundo extraneo legavit. Divi Severus & Antoninus rescripserunt verum esse non parvæ voluntati defuncti filium. l. 14. §. 15. ff. de legat. 1.

Verum et in familia relinqui, licèt uni reliquerit. d. l. 114. §. 17. Voyez l'article 9. & la remarque qu'on y a faite.

XIV.

Si un héritier ou un légataire étoit chargé d'un fideicommis, dont l'exécution ne pourroit se faire autrement qu'en donnant au fideicommissaire la valeur de ce que le testateur vouloit lui être donné, cette valeur lui seroit dûe par cet héritier ou légataire. Ainsi, par exemple, s'il étoit chargé d'acheter une certaine maison ou un certain fonds pour le fideicommissaire, & que le propriétaire de cette maison ou de ce fonds ne voulût pas le vendre, il en devroit le prix. Ainsi, pour un autre exemple, s'il étoit chargé de faire apprendre un métier à un jeune homme que quelque accident en auroit rendu incapable, comme s'il étoit estropié, ou qu'il eût perdu la vûe, le fideicommis seroit en argent t.

t. Cùm per fideicommissum aliquid relinquitur, ipsum præstandum, quod relictum est. Cum verò ipsum præstari non potest, æstimationem esse præstandam l. 11. §. 17. ff. de legat. 2.

Si cui legatum relictum est, ut alienam rem redimat, vel præstet : si redimere non possit, quod dominus non vendat, vel immodico pretio vendat justam æstimationem inferat. l. 14. §. 2. eod.

XV.

L'héritier ou le légataire chargé d'un fideicommis particulier, en doit les fruits & les interêts depuis le tems qu'il est en demeure de l'acquitter, de même que l'héritier chargé d'un fideicommis de l'hérédité, suivant la regle expliquée dans l'article 9. de la Section 1 : & aussi les dommages & interêts, suivant cette même regle, s'il y en avoit lieu u.

u. Is qui fideicommissum debet, post moram non tantùm fructus ; sed etiam omne damnum quod adscriptis fideicommisso fuerit, præstare cogitur. l. 26. ff. de legat. 3. l'article 2. de la Sect. 1 & des Legs, & la remarque qu'on y a faite, p. 124. & l'art. 9. Section 1. de ce Titre.

XVI.

16. L'héritier ne peut révoquer le payement du fideicommis nul, s'il l'a acquitté.

S'il y avoit quelque nullité dans la forme du testament, ou quelqu'autre défaut qui annullât le fideicommis, & que l'héritier qui en seroit chargé n'eût pas laissé de l'acquitter; il ne pourroit obliger le fideicommissaire à lui rendre ce qu'il auroit payé volontairement, & le prétexte que le fideicommis n'étoit pas dû seroit inutile. Car il n'auroit fait en cela qu'accomplir plus fidélement l'intention de son bienfaicteur *x*.

x Et si inutiliter fideicommissum relictum sit, attamen si hæredes comperta voluntate defuncti, prædia ex causâ fideicommissi ovo tuo præstiterint; frustra ab hæredibus ejus de eâ re quæstio tibi movetur, cùm non ex sola scriptura, sed ex conscientia relicti fideicommissi, defuncti voluntati satisfactum esse videatur. l. 2. C. de fideic.

XVII.

17. Le légataire chargé d'un fideicommis qui se trouve nul, en doit profiter, & non l'héritier.

Si un légataire étant chargé d'un fideicommis sur son legs, il arrivoit que la restitution ne pût en être faite, comme si le fideicommissaire en étoit devenu incapable, ou par quelqu'autre événement; l'héritier ne pourroit prétendre que ce fideicommis devenu inutile dût lui revenir, mais le légataire en profiteroit. Car c'étoit une charge de son legs qui cesse en sa faveur *y*.

y Fideicommisit ejus cui duo millia legavit, in hæc verba: à te Petr. ni peto, uti eu duo millia solidorum reddas collegio ejusdem templi. Quæritum est, cùm id collegium postea dissolutum sit, utrum legatum ad Petronium pertineat, an verò apud hæredem remanere debeat. Respondit, Petronium jure petere; utique si per eum non stetit, parere defuncti voluntati. l. 38. §. 6. ff. de legat. 3.

SECTION III.

De quelques regles communes aux Fideicommis de l'hérédité, & à ceux de certaines choses, & des Fideicommis tacites.

Il ne faut pas borner les regles communes pour ces deux sortes de fideicommis à celles qui seront expliquées dans cette Section; car il est facile de juger que les regles de l'interprétation des testamens, & plusieurs autres qu'on a expliquées en divers endroits, peuvent y convenir. Mais on a compris dans cette Section quelques regles moins générales, & qui conviennent plus particulierement à ces deux sortes de fideicommis.

SOMMAIRES.

1. On peut substituer ou une seule personne, ou plusieurs.
2. On peut substituer en un ou plusieurs degrez.
3. On peut substituer les mêmes personnes qu'on peut instituer héritiers.
4. Personnes incapables des fideicommis.
5. Les fideicommis tacites sont défendus.
6. Délit de ceux qui prêtent leur nom pour un fideicommis tacite.
7. Comment se prouvent les fideicommis tacites.
8. On ne peut avancer la restitution d'un fideicommis, si l'avance tourne au préjudice du fideicommissaire.
9. Une donation à l'effet du choix d'un substitué que le donateur pourroit choisir.
10. Bornes de la liberté de faire quelque avantage à l'un des substituez.
11. Ordre des substituez en divers degrez.
12. Les substituez réciproquement peuvent renoncer au fideicommis.
13. La prescription d'un bien substitué court contre l'héritier & contre le substitué.
14. La prescription d'un bien substitué aliené par l'usufruitier, dépouille le fideicommissaire.
15. Le fideicommis après la mort de l'héritier ou du légataire, n'est pas ouvert par sa mort civile.
16. La substitution à un héritier ou légataire, en cas qu'il meure sans enfans, demeure sans aucun effet, s'il laisse des enfans.

I.

1. On peut substituer ou une seule personne, ou plusieurs.

Toute substitution ou fideicommis, soit universel de l'hérédité, ou particulier de certaines choses, peut être fait ou en faveur d'une seule personne, ou de plusieurs, que le testateur y appelle pour le partager, soit également ou inégalement *a*.

a Plures in unius locum possunt substitui. §. 1. inst. de vulg. subst.

Quoique ce texte regarde la substitution vulgaire, il peut se rapporter à la fideicommissaire, & le testateur y a cette même liberté.

II.

2. On peut substituer en un ou plusieurs degrez.

Soit qu'il n'y ait qu'un seul substitué, ou qu'il y en ait plusieurs, la substitution peut ou finir au premier degré, ou s'étendre à divers degrez d'un substitué à un autre successivement. Et l'ouverture de la substitution arrive à chaque degré, lorsque la personne qui remplissoit le precedent, venant à manquer, une autre succede *b*.

b Potest autem quis in testamento suo plures gradus hæredum facere. Inst. de vulg. subst.

Il faut faire la même remarque sur ce texte que celle qui a été faite sur l'article précedent.

Voyez sur les degrez des substitutions le préambule de la Section 1. p. 507.

III.

3. On peut substituer les mêmes personnes qu'on peut instituer héritiers.

Toutes les personnes qui sont capables de succeder, sont aussi capables des substitutions. Ainsi on peut substituer comme instituer des enfans à naître, des personnes inconnues au testateur, mais qu'il designe assez pour les distinguer; & en général on peut substituer toutes personnes qui au tems de l'ouverture de la substitution puissent se trouver en état de la recueillir, & en qui il n'y ait aucune incapacité *c*.

c Voyez l'article 1. & l'article 13. de la Section 2. des Héritiers en général, p. 317. & 321. les articles 1. 17. 22. 23. 24. & 25. de la Section 2. des Testamens, p. 394. & l'article 3. de la Section 2. des Legs, p. 469.

IV.

4. Personnes incapables des fideicommis.

Il faut mettre au nombre des personnes incapables des fideicommis, tous ceux à qui les loix défendent de donner par un testament. Ce qui comprend non-seulement les Etrangers qu'on appelle Aubains, & ceux qui sont dans la mort civile, soit par une condamnation qui doive avoir cet effet, ou par la profession en Religion; mais aussi tous les autres personnes à qui quelque loi ou quelque coutume défend de donner *d*.

d Voyez la Section 2. des Héritiers en général, & le préambule de la même Section, p. 316.

V.

5. Les fideicommis tacites sont défendus.

Comme ceux qui veulent faire des dispositions défendues interposent d'autres personnes à qui ils donnent pour rendre à ceux à qui ils ne pourroient donner, on appelle fideicommis tacites ces dispositions secretes, qui en apparence regardent les personnes interposées, & qui en effet & dans le secret sont destinées à ceux à qui la loi défend de donner. Et ces sortes de fideicommis sont illicites, de même que le seroit une disposition où des personnes à qui on ne peut donner auroient été nommées *e*.

e Voyez les textes citez sur l'article suivant.

VI.

6. Délit de ceux qui prêtent leur nom à un fideicommis tacite.

Ceux qui prêtent leur nom à ces fideicommis tacites, soit qu'ils s'engagent par écrit, ou verbalement, ou qu'en quelque maniere que ce puisse être ils reçoivent à dessein de rendre aux personnes à qui le testateur ne pouvoit donner; sont consideréz par les loix comme s'ils déroboient ce qu'ils peuvent recevoir d'une telle disposition. Et loin d'être obligez par-là de remettre ce qu'ils pourroient avoir reçu aux personnes que les testateurs avoient regardées; ils ne contractent pas d'autre engagement que de restituer aux héritiers ce qu'ils peuvent avoir reçu à ce titre, avec les fruits & interêts échus même avant la demande *f*.

f Prædonis loco intelligendus est qui tacitam fidem interposuerit, ut non capienti reſtitueret hæreditatem. *l. 46. ff. de hæred. petit.*

Eum qui tacitum fideicommiſſum in fraudem legis ſuſcepit, eos quoque fructus, quos ante litem motam perceperit, reſtituere cogendum, reſpondit ; quod bonæ fidei poſſeſſor fuiſſe non videtur. *l. 18. ff. de his qua ut ind.*

In tacitis fideicommiſſis fraus legi fieri videtur, quoties quis neque teſtamento, neque codicillis rogaretur, ſed domeſtica cautione, vel chirographo obligaret ſe ad fideicommiſſum præſtandum ei, qui capere non poteſt. *l. 103. ff. de legat. 1.*

In fraudem juris fidem accommodat, qui vel id quod relinquitur, vel aliud tacite promittit reſtiturum ſe perſonæ quæ legibus ex teſtamento capere prohibetur : ſive chirographum eo nomine dederit, ſive nuda pollicitatione repromiſerit. *l. 10. ff. de his qua ut indig.*

V I I.

7. Comment ſe prouvent les fideicommis tacites.

Les fideicommis tacites peuvent ſe prouver non-ſeulement par des écrits, s'il y en avoit ; mais par les autres ſortes de preuves, ſelon les regles qui ont été expliquées dans le titre de cette matiere *g.*

g Tacita fideicommiſſa frequenter ſic deteguntur, ſi proferatur chirographum, quo ſe caviſſet cujus fides eligitur, quod ad cum ex bonis defuncti pervenerit, reſtituturum : ſed & ex aliis probationibus manifeſtiſſimis idem fit. *l. 3. §. 5. ff. de jure fiſci.*

¶ On n'eſt point admis à la preuve par témoins ; on fait ſeulement affirmer celui qui eſt ſoupçonné de prêter ſon nom, qu'il ne le prête ni directement ni indirectement.]

☞ Il faut remarquer ſur cet article & ſur ce texte qu'on y a cité, une différence entre notre uſage & le Droit Romain pour les fideicommis tacites, qui conſiſte en ce que dans le Droit Romain le Fiſc profitoit du fideicommis tacite en faveur d'une perſonne à qui il étoit défendu de donner, & que par notre uſage c'eſt l'héritier qui en profite. Ainſi on étoit plus réſervé dans le Droit Romain qu'on ne l'eſt en France pour les preuves des fideicommis tacites, & pour ne pas favoriſer trop la cauſe du Fiſc, on exigeoit des preuves parfaites de la fraude, comme il paroît par ce texte : & on voit dans un autre que des préſomptions qui pourroient ſervir de preuves dans notre uſage, ne ſuffiſoient pas. C'étoit le cas d'un teſtament d'un mari qui avoit inſtitué ſon héritier univerſel le pere de ſa femme. La queſtion étoit de ſçavoir ſi ce n'étoit pas une fraude aux loix qui étoient alors en uſage, & qui ne permettoient pas en de certains cas que le mari fît ſa femme ſon héritiere univerſelle *a* : & il eſt décidé dans cette loi, que la ſeule conſidération de l'affection paternelle qui lioit le beaupere de ce teſtateur à ſa femme à qui il ne pouvoit laiſſer tous ſes biens, ne faiſoit pas une préſomption ſuffiſante que ce fût un fideicommis tacite pour faire rendre l'hérédité à la veuve du teſtateur. *Si gener ſocerum hæredem reliquerit, taciti fideicommiſſi ſuſpicionem ſola ratio paternæ affectionis non admittit b.* Si une pareille queſtion arrivoit dans des Coutumes où le mari ne peut donner à la femme, ou la femme au mari, on ne rejetteroit pas cette préſomption, comme elle pouvoit être rejettée quand il ne s'agiſſoit que de l'interêt du Fiſc ; & on y auroit au contraire beaucoup d'égard, non-ſeulement par la conſidération de l'intelligence qui pourroit être préſumée entre le pere & la fille, mais auſſi par cette autre raiſon dont quelques Coutumes ont fait une diſpoſition expreſſe, que les perſonnes qui ne peuvent donner à d'autres par leur teſtament, comme le mari à la femme, la femme au mari, ne peuvent non plus donner à d'autres perſonnes à qui le mari ou la femme puiſſent ſucceder. Ainſi la défenſe des diſpoſitions des mineurs par leur teſtament en faveur de leur tuteur s'étend à ſes enfans, & cela eſt ainſi réglé par quelques Coutumes.

a Ulp. tit. 15. & 16.
b l. 25. ff. de his qua ut ind.

V I I I.

8. On ne peut avancer la reſtitution d'un fideicommis, ſi l'avancement tourne au préjudice du fideicommiſſaire.

L'héritier ou le légataire chargé d'un fideicommis peut ne pas attendre le tems qu'il en doit faire l'ouverture, & remettre par avance au fideicommiſſaire les choſes ſujettes au fideicommis, pourvû que ce ſoit ſans bleſſer l'interêt de tierces perſonnes, comme il a été expliqué en un autre lieu *k*, & pourvû auſſi que cette avance ne tourne pas au préjudice du fideicommiſ-

k Voyez les articles 17. & 18. de la Section 10. des Legs, p. 491.

---

miſſaire, contre l'intention du teſtateur. Car ſi, par exemple, un teſtateur avoit chargé ſon héritier ou un légataire d'un fideicommis annuel à quelque pauvre perſonne pour ſes alimens, ou d'une ſomme payable après un certain tems pour quelque emploi, en faveur du fideicommiſſaire, comme pour lui faire apprendre un métier, ou pour doter une pauvre fille ; celui qui ſeroit chargé de ces fideicommiss, ne pourroit dans le premier cas faire l'avance en un payement de pluſieurs années deſtinées pour ces alimens, ſi quelques circonſtances ne rendoient cette avance plus utile au fideicommiſſaire : Et dans le ſecond cas, ſi le fideicommiſſaire n'étoit pas encore en âge d'apprendre un métier, ou cette fille de ſe marier, le payement ſans cette précaution pour la ſureté de l'emploi, n'acquitteroit pas cet héritier. Mais ſi le terme du fideicommis n'étoit qu'en la faveur, ſans interêt d'autres perſonnes, il pourroit ſans difficulté faire cette avance *i.*

i Javolenus cum qui rogatus poſt decem annos reſtituere pecuniam ante diem reſtituerat, reſpondit : ſi propter capientis perſonam, quod rem familiarem tueri non poſſet, in diem fideicommiſſum relictum probetur, ut perdituro ei id hæres ante diem reſtituiſſet : nullo modo liberatum eſſe. Quod ſi tempus hæredis cauſa prorogatum eſſet, & commodum medii temporis eſſe ſanciret : liberatum cum intelligi. Nam & plus cum præſtitiſſet, quàm debuiſſet, *l. 15. ff. de ann. leg.*

I X.

9. Une déſignation à l'effet du choix d'un ſubſtitué que la donation peut donner pouvoir de choiſir.

Si celui qui ſeroit chargé d'un fideicommis au tems de ſa mort, en faveur de quelqu'un de ſes enfans qu'il voudroit choiſir, avoit donné de ſon vivant à un de ſes enfans les choſes ſujettes à ce fideicommis, cette donation tiendroit lieu d'un choix, s'il étoit révoqué. Car encore que la liberté de ce choix dût durer juſqu'à la mort de la perſonne chargée de ce fideicommis, & qu'il fût de l'interêt de tous les enfans que cette donation ne fît pas ceſſer cette liberté, ce ſeroit aſſez que le donataire eût été choiſi, & que ce choix n'eût pas été révoqué, puiſqu'il ſe trouveroit confirmé par la volonté de celui qui pouvant en faire un autre, n'en auroit point fait. Ainſi il en ſeroit de même que ſi ce choix avoit été fait au tems de ſa mort *l.*

l A filia pater petierat, ut *cui* vellet ex liberis ſuis, prædia cùm moreretur, reſtitueret. Una ex liberis prædia fideicommiſſi viva donavit. Non eſſe electionem, propter incertum diem fideicommiſſi, cetra donationis videbatur, nam in eum deſtinatio dirigi poteſt, qui fideicommiſſum inter cæteros habiturus eſt, remota matris electione. *l. 77. §. 10. ff. de leg. 2.*

X.

10. Bornes de la liberté de faire quelque avantage à l'un d'un ſ... tués.

Si un teſtateur inſtituant ſon fils ſon héritier, le chargeoit de rendre à ſes enfans ſon hérédité, le priant de donner à un d'eux qu'il lui nommeroit quelque choſe de plus qu'aux autres enfans ; cet héritier n'auroit pas une liberté indéfinie de donner à ce fils la plus grande partie de l'hérédité, mais ſeulement le droit de regler quelque avantage modique qui ne fît pas une trop grande inégalité *m.*

m Pater cùm filia pro ſemiſſe hærede inſtituta, ſic teſtamento locutus fuerat : Peto, cùm morieris, hæde alios quoque filios ſuſcepris, Sempronio nepoti meo plus tribuas in honorem nominis mei. Neceſſaria quidem reſtituendi nepotibus viriles partes, præcedere videbatur, ſed ex liberis prædia reſtituerat, in eum deſtinatio dirigi poteſt, qui fideicommiſſum conferre voluit, arbitrium filiæ datum. *l. 76. §. 5. ff. de legat. 2.*

X I.

11. Ordre des ſubſtituez en divers degrez.

Si un pere de pluſieurs enfans inſtituant ſa femme héritiere, l'avoit priée de rendre ſon hérédité à leurs enfans, ou à ceux ou celui d'entr'eux qui pourroit reſter, ou de la remettre à leurs petits enfans, ou à celui d'entr'eux qu'elle choiſiroit, où à quelqu'un de ceux de ſa famille qu'elle nommeroit ; une diſpoſition conçue en ces termes ne laiſſeroit pas à cette héritiere une liberté indéfinie de choiſir qui elle voudroit entre ces trois ſortes de ſubſtituez. Mais cette expreſſion appelleroit premierement tous les enfans du premier degré, & ils ſeroient tous préferez à tous les petits enfans du teſtateur : & à leur défaut elle pourroit choiſir entre les petits enfans, ſans pouvoir leur préferer des collateraux ;

V u u iij

qu'elle ne pourroit appeller qu'au défaut des enfans & petits enfans *n*.

n Peto de te, *uxor carissima*, (uti) cùm moriens hæreditatem meam restituas filiis meis, vel uni eorum, vel nepotibus meis, vel cui volueris, vel cognatis meis, si cui voles ex tota cognatione mea. Inter filios respondit substitutionem fideicommissi factam videri. Cæca nepotis autem, (&) cæteros cognatos, facultatem eligendi datam, ex cæteris autem cognatis, si nepotes superessent, non recté mulierem electuram, propter gradus fideicommissi præscriptos. Deficiente verò gradu nepotum, eos cognatos, quem velit personam eligi posse. *l.* 17. §. 2. *ff. ad Senat. Trebell.*

Il faut entendre ce qui est dit du choix entre les petits enfans, sans préjudice de leurs légitimes.

XII.

12. Les substitutions reciproques, & même les fideicommis.

Si deux freres substituent l'un à l'autre réciproquement, en cas que l'un d'eux mourût sans enfans, étoient convenus entr'eux que la substitution ou fideicommis n'eût aucun effet, cette convention l'anéantira. Car ils ont pû s'en décharger l'un l'autre, afin que chacun possedât librement ce que son pere lui avoit laissé, & qu'aucun n'eût occasion de s'attendre à la mort de l'autre. Ce qui rend une telle convention si favorable, que la minorité seule ne suffiroit pas pour en relever, s'il ne s'y trouvoit pas quelque lésion dans les circonstances *o*.

o De fideicommisso à patre inter se & fratrem tuum vicissim dato, si alter vestrum sine liberis excesserit vita, interpositâ transactione rata est : cùm fratrum concordia, remoto captandæ mortis alterius voto improbabili, retinetur. Et non potest, eo casu recisa, tanquam circumventus sis : cùm pacto tali consenseris, neque eam, cui talumenti sollet æxatem agere te proponas : nec, si ægeres, utatem illis de cautis in integrum restitutionis auxilium impetrare deberes *l.* 11. *C. de transact.*

Cùm proponas, filios testamento scriptos hæredes rogatos esse (ut *quo primum hares cum caciter attert positum, in hæreditatis vestimenta* : Quoniam precatam substitutionem fratrum consensu remansam adiens, fideicommissi persecutio cessat. *l.* 10. *C. de pact.*

XIII.

13. La prescription d'un bien sujet à un fideicommis, contre le fideicommissaire.

Si un tiers possesseur de bonne foi d'un bien sujet à un fideicommis avoit acquis la prescription, en y comprenant le tems qui auroit couru contre l'héritier chargé du fideicommis ; le fideicommissaire ne pourroit déduire ce tems, prétendant que la prescription n'auroit pû courir contre l'héritier à son préjudice. Car l'héritier étoit le maître du bien qui devoit agir pour interrompre la prescription : & le fideicommissaire pouvoit aussi de sa part veiller à son interêt. Et il en seroit de même si c'étoit quelque droit de l'hérédité, qui faute de demande de la part de l'héritier, se trouvât prescrit *p*.

p Si temporalis actio in hæreditate relicta fuerit, tempus, quo hæres expediri ante restitutam potuit, imputabitur ei, cui restituta fuerit. *l.* 70. §. *ult. ff. ad Senat. Trebell.* V. l'article 11. de la Section 1. Voyez l'article suivant.

Il faut entendre cet article & le suivant des fideicommis ou substitutions qui n'auroient pas été publiées, suivant les Ordonnances qui ont été remarquées à la fin du Préambule de ce Titre. Car si une substitution d'un terre, par exemple, étoit publiée, le droit des substituez seroit conservé contre tous acquereurs & tiers détenteurs.

§ La Loi citée par Domat, parle d'une simple action appartenante à celui qui a fait la substitution, laquelle seroit prescrite par le débiteur. *Gothof. ad hanc legem.* Mais les biens alienez par l'institué ou par les substituez qui ont d'autres substituez, ne peuvent jamais se prescrire. *l.* 3. §. 3. *in fine commun. de leg. & fideicom.*]

XIV.

14. La prescription d'un fonds substitué alienée par l'usufruitier, disposée de sa proprieté au detriment du substitué.

Si un légataire d'un usufruit d'un fonds sujet à un fideicommis avoit disposé de la proprieté de ce fonds par son testament, en faveur d'une personne qui ignorant le fideicommis, auroit possedé ce fonds pendant le tems de la prescription, ce possesseur ne pourroit plus y être troublé par le substitué *q*.

q Sticho testamento manumisso, fundi ususfructus erat legatus : & cùm is uti fruique desistet, fidei hæredum testator eo modo si, uti eum fundum darent Lucio Titio. Sed Stichus testamento suo ejusdem fundi proprietatem nepotibus suis legavit. Et hæredes Stichi ex testamento ejus legatariis nepotibus eum fundum tradiderunt. Quæritur cùm nepotes legataria ignoraverint conditionem fundi supprascripti priore testamento datam : & plusquam tempore statuto possiderint, an eum fundum sibi acquisierint. Respondit secundum ea, quæ proponerentur, legatarios sibi acquisisse. *l.* 26 *ff. de usu & usufr. & reb. legat.*

Il faut faire la même remarque sur cet article, qui a été faite sur le précédent.

XV.

15. Le fideicommis après la mort de l'héritier ou du légataire, n'est pas empêché par la mort civile.

S'il arrivoit que l'héritier ou le légataire chargé d'un fideicommis qui dût être ouvert par sa mort, tombât dans l'état d'une mort civile, soit par une condamnation à mort, ou autre peine qui eût l'effet de la confiscation de ses biens ; cette mort civile & cette confiscation ne feroient pas l'ouverture du fideicommis. Car outre qu'il ne s'entendroit que de la mort naturelle, & que le fideicommissaire pourroit mourir avant cet héritier ou ce légataire, il pourroit arriver que la condamnation fût anéantie par une grace du Prince, & qu'ainsi cet héritier ou ce légataire étant rétabli, reprendroit ses biens, ou en acquerroit de nouveaux. Ainsi ce fideicommissaire ne pourroit demander le fideicommis. Mais il seroit juste en un pareil cas de pourvoir à la sûreté du fideicommis, par des précautions qui seroient à prendre entre le fideicommissaire & ceux à qui passeroient les biens substituez *r*.

r Cornelio Felici matri scripta hæres rogata erat restituere hæreditatem post mortem suam, cùm hæres scripta condemnata esset à fisco, & omnia bona mulieris occuparentur : dicebat Felix, se ante pœnam esse : hoc enim constitutum est. Sed si nondum dies fideicommissi venisset, quia posset ipse prius mori, vel etiam mater ab as ses acquirere, repulsus est interim à petitione. *l.* 48. §. 1. *ff. de jure fisci.* Voyez sur les précautions dont il est parlé dans l'article, le 3. article de la Section 2. de la Falcidie, p. 500.

XVI.

15. La substitution à un héritier ou légataire en cas qu'il meure sans enfans, demeure sans aucun effet, s'il laisse des enfans.

Si un héritier ou un légataire étoit chargé d'un fideicommis, en cas qu'il vînt à mourir sans enfans, & qu'il en eût qui lui survéquissent, ce fideicommis demeureroit sans aucun effet. Et quand même les enfans renonceroient à la succession de leur pere, le substitué n'auroit aucun droit, parce que la condition du fideicommis ne seroit point arrivée, & que l'intention de ce testateur n'étoit pas d'engager ces enfans à se rendre héritiers de leur pere, mais de lui laisser l'usage libre des biens du fideicommis, en cas qu'il eût des enfans *f*.

f Cùm erit rogatus, si sine liberis decesserit, per fideicommissum restituere, conditio deficisse videbitur, si pater superxerexerit liberi. Nec quæritur, an hæredes extiterint. *l.* 114. §. 13. *ff. de leg.* 1. *l.* 1. *C. de cond. insf.* v. *l.* 6. §. 2. *C. ad Senat. Trebell. l.* 83. *ff. de hæred. inst.*

☞ Ce n'est pas tant pour le cas expliqué dans cet article qu'on a ajouté cette derniere regle à ce Titre, que pour les conséquences qui peuvent s'en tirer sur cette question qu'on fait communément, & qu'on exprime en ces termes ; sçavoir, *si les enfans qui sont dans la condition sont dans la disposition ; c'est-à-dire, si ces enfans qui survivent à leur pere sont cesser le droit de la substitution, sont eux-mêmes substituez.*

Cette question a divisé les Interpretes : la plûpart ont été d'avis que les enfans sont substituez : d'autres, & parmi ceux-ci le plus habile de tous, sont d'avis contraire, & citent pour leur sentiment le texte rapporté sur cet article & quelques autres, mais sans expliquer les conséquences qu'ils en tirent : Et comme aucun de ces textes ne décide précisément cette question, & qu'elle est si communément proposée, qu'on ne peut se dispenser de l'examiner ; il semble qu'on puisse dire contre le sentiment de ceux qui veulent que les enfans soient substituez, que le texte cité sur cet article, & tous les autres qui décident que le fideicommis, *en cas qu'il n'y ait point d'enfans,* cesse quand il y en a, paroissent renfermer la conséquence qu'il n'y a point de substitution à l'égard des enfans. Cette conséquence n'est pas seulement fondée sur cette raison exprimée dans ces textes, que la condition du fideicommis n'est pas arrivée, car on pourroit dire que cette raison ne regarde que la substitué ; mais elle est aussi fondée sur ce qu'on voit que de toutes les loix où il est parlé de ce cas, & qui le décident de même, il n'y en a aucune où l'on se soit avisé d'ajouter qu'a la vérité le fideicommis étoit nul pour le substitué, mais qu'il passeroit aux enfans comme compris dans la disposition du testateur, & appellez au fideicommis. Cette addition étoit si naturelle & si nécessaire, qu'aucun des auteurs de ces loix ne s'en étant avisé , on peut en conclure qu'ils ne s'avisoient pas non plus que la substitution comprît les enfans. Et parmi ces textes il n'y en a aucun où cette addition fût plus naturelle & plus nécessaire qu'en celui qui est cité sur cet article , & qu'on a choisi par cette raison. Car la circonstance de la renonciation des enfans à la succession de leur pere , obligeoit encore plus particulierement à ajouter , qu'encore qu'ils ne fussent pas héritiers de leur pere , ils ne laisseroient pas de profiter du fideicommis.

On peut ajouter à ces raisons , quoiqu'elles paroissent assez décisives , que si on examine l'intention du testateur qui substitue à son héritier , ou à un légataire , *en cas qu'il n'ait point d'enfans* , il semble pas qu'il ait aucune vûe d'appeller les enfans au fideicomms. Car si ç'avoit été son intention , il auroit premierement substitué les enfans , & n'auroit appellé un autre substitué qu'à leur défaut. Ainsi quand il ne fait autre chose que disposer en faveur d'un fideicommissaire , en cas qu'il n'y ait point d'enfans , son intention paroît qu'en cas qu'il y ait des enfans , leur pere ne sera plus chargé du fideicommis , mais aura une liberté entiere de disposer des biens en faveur de ceux de ses enfans que bon lui semblera , ou d'autres personnes.

On croit pouvoir sur cette question , que les Interpretes qui l'ont inventée , y ont mis en doute ce que la simplicité des principes met en évidence , & que leur sentiment est contraire aux regles : & c'est ainsi qu'on a jugé celui qu'on vient de citer *. Le Lecteur a pû remarquer en quelques endroits du Livre de semblables opinions des Interpretes opposées à l'esprit des Loix : & on fait ici cette réflexion pour y ajouter qu'on voit dans cette question & dans le sentiment de ces Interpretes un exemple remarquable des difficultez qu'ils ont fait naître dans la matiere des substitutions , formant ainsi des questions , & les décidant par d'autres principes que ceux des Loix , & prenant ensuite leurs décisions pour de nouveaux principes , d'où ils font naître & décident de même d'autres questions. C'est ainsi qu'ils ont embarrassé cette matiere des substitutions , qui , quoique d'elle-même assez difficile , peut se réduire à des principes & à des regles assez simples , & qui suffisent pour toutes les questions qui sçauroient naître , & qu'on pourroit feindre. C'est à ces principes & à ces regles qu'on s'est réduit dans ce dernier Livre comme dans les autres , tâchant d'y comprendre tout ce qu'il y a dans les Loix qui soit tout ensemble & de notre usage & de l'équité , sans retrancher même les cas particuliers qui sont dans les Loix , & qui peuvent faciliter l'usage des regles.

* Deficientibus superioribus conjecturis , negarem & pernegarem eos qui sunt in conditione esse in dispositione , ex l. Gallus , &c. Cujac. consult. 35. *Ces conjectures tirées des termes du testament sur lequel cet Auteur étoit consulté , ne changent rien à son sentiment sur la these générale.*

¶ Régulierement les enfans qui sont dans la condition , ne font jamais dans la disposition , *quia conditio nunquam disponit.*

Il y a pourtant certaines circonstances favorables qui font présumer que la volonté du Testateur a été de les appeller à la substitution.

1°. Si le Testateur a préféré les mâles , *quia affectionis cujusdam præcipua & enixa erga masculos praclarum argumentum.*

2°. Si c'est la coutume dans la famille de substituer de la sorte , *consuetudo patrisfamilias conjecturam facit summam.*

3°. Si c'est une maison illustre , *nobilibus cor ait esse solet nominis & familia propagatio.*

Cujas dans la consultation 35. n'excepte que ces trois cas : mais Dumoulin dans son conseil septiéme , Henrys , t. 1. l. 5. question 26. Despeisses , t. 2. p. 119. n. 21. & suivans , & Ricard , t. 2. des Substitutions , traité 3. ch. 8. sect. 1. rapportent plusieurs autres cas. 1° Si les enfans sont chargez de porter le Nom & les Armes , *quia nemo oneratus nisi honoratus.* 2°. Si le Testateur a défendu l'aliénation de ses biens & la distraction de toute quarte , *prohibiti alienare ergo vocati liberi.* 3°. S'il y a gémination de degrez , *si fine liberis & liberi fine liberis.*

L'on demande si les enfans & les petits-enfans des enfans , *positi in conditione* , appellez à la substitution dans les cas susdits , sont aussi favorables dans les mêmes cas ? L'on décide que oui , parce que les mêmes raisons , les mêmes conjectures de la volonté du Testateur militent. Cujas eod. consultat. liberis imitatis in his casibus constat comprehendi liberos in infinitum.

Dumoulin , conseil 1. & 51. Peregrinus , *de Fideicomm.* ch. 28. n. 32. Henrys , t. 2. l. 5. quest. 17. Cela a été jugé en faveur des petits-enfans de Roger de Nagu , Marquis de Varennes , par Arrêt de la Grand'Chambre , au Rapport de M. Robert , le 23. Décembre 1690.

On demande s'il faut que plusieurs de ces circonstances concourent ensemble ? Cujas en desire plusieurs , *una per se sola minus movet , turba tamen valet , id est , concurrentibus multis conjecturis.* Dumoulin dans son conseil , prétend qu'une seule suffit. Henrys , eod. dit que cela dépend des termes du testament.

Par l'Ordonnance de Henry II. de 1553. les Actes portant substitution , &c. doivent être insinuez , publiez & enregistrez dans trois mois , à peine des dommages & intérêts envers les substituez.   *Publication.*

Par l'Ordonnance de Moulins , art. 57. toutes dispositions contenant substitution , doivent être publiées en Jugement à jour de plaidoirie , & enregistrées au Greffe Royal le plus prochain de la demeure de celui qui a fait la substitution , dans six mois , à compter du jour du décès du Testateur , pour les dispositions testamentaires ; & à l'égard des dispositions entre-vifs , du jour qu'elles auront été faites ; autrement sont nulles.

Par la Déclaration de 1636. l'enregistrement doit aussi être fait au Greffe du lieu le plus prochain des lieux où les biens substituez sont situez.

Quoique cette Déclaration ne semble requerir que l'enregistrement dans le lieu où sont situez les biens , il faut aussi la publication. Ricard , des Substit. ch. 13. sect. 2. n. 143.

L'Ordonnance de Moulins requiert la publication dans les six mois , à peine de nullité ; cependant l'usage a toujours été que la publication pouvoit être faite en tout tems , avec cette différence que quand elle est faite dans les six mois , elle a un effet rétroactif , & les créanciers intermédiaires ne peuvent prétendre aucune hypoteque sur les biens substituez. Cet usage a été confirmé par la Déclaration du 17. Novembre 1690.

S'il y a des biens situez en différentes Jurisdictions , & que la publication n'ait pas été faite en routes , la substitution sera bonne pour celle où elle aura été faite.

Quand il y a plusieurs fiefs dépendans d'une même Terre , & ressortissans en différentes Jurisdictions , il suffit de faire la publication dans la Jurisdiction où est situé le principal manoir ; cela a été décidé pour l'insinuation des donations. Chopin , Coutume de Paris , l. 2. t. 3. n. 16. Charondas sur l'Edit des Criées , art. 1. Ricard , des Donations , part. 1. ch. 4. sect. 3. gloss. 6. n. 1117.

Le défaut de publication ne peut être opposé que par les créanciers , & non par les héritiers. Louet , l. 5. ch. 5. Le Prestre , cent. 2. ch. 21. Montholon , Arrêt 22. Henrys , t. 2. l. 5. quest. 14. Ricard , des Substit. ch. 13. sect. 2. n. 122.

Les mineurs autrefois étoient relevez du défaut de publication. Brodeau sur Louet , eod. Bouguier , l. 5. ch. 8. Mais aujourd'hui ils ne sont plus restituez , car c'est une chose de droit public. Ricard , eod. n. 130. mais on leur donne leur recours contre leur Tuteur. Ricard , eod. n. 133. & 134.

Les substituez majeurs ont aussi leur recours contre l'héritier institué qui a negligé de faire faire la publication , & contre celui qui a fait l'aliénation.

Les substituez ont pour ce recours hypoteque sur les biens tant du testateur que de l'héritier , du jour du décès du testateur. La l. 1. C. communi. de legat. donne hypoteque pour les legs & fideicommis sur les biens du testateur seulement. L'Ordonnance de 1553. art. 4. la donne tant sur les biens de l'héritier que du testateur. Il ne s'agit que de sçavoir de quel jour est cette hypoteque : la Loi ci-dessus la donne du jour du décès. Il y a un Arrêt du 26. Février 1684. rendu en la Grand'Chambre , qui l'a ainsi jugé. Cependant par ce moyen l'on rend l'Ordonnance inutile , car les substituez auront toujours hypoteque avant les créanciers. Dans les Parlemens du Droit Ecrit , la publication n'est pas en usage. Cambolas , l. 5. ch. 46. Dolive , l. 4. ch. 4. in notis. Despeisses , t. 2. p. 191. n. 42. La raison peut être parce que l'ouverture des testamens se fait à l'Audience , ce qui équipole à une publication , suivant le Titre du ff. & du C. testamenta quemadmodum aperiantur , insr. &c. Néanmoins il faut excepter les Pays de Droit ressortissans au Parlement de Paris , où la publication est nécessaire.

Les pere & mere peuvent substituer les biens de leurs enfans prodigues , *l. si juvicio 16. ff. de curat. furios.* à certaines conditions.   *Dissipation. Substitution pour cause de dissipation.*
1°. S'il y a des enfans du prodigue , il faut leur substituer les biens.
2°. Qu'ils lui laissent des alimens. 3°. Qu'ils déclarent expressément les causes de la substitution , *addita causa necessariaque judicii jus.* Cela est suivi parmi nous. La question de sçavoir si la légitime du fils est comprise dans la substitution ? On distingue : si le prodigue ne peut demander aucune légitime , puisque la Loi lui laisse seulement des alimens ; mais les créanciers peuvent demander la distraction de la légitime. Brodeau sur Louet , l. R. n. 19. & 20. Ricard , des Donat. p. 3. ch. 8. sect. 10. n. 119. Ferriere , Coutume de Paris , art. 198. Cependant cette distinction est contraire à la Loi , qui ordonne de laisser seulement des alimens ; d'ailleurs , les créanciers des fils de famille débauchez , ne sont pas favorables , car leur argent n'a servi qu'aux débauches ; d'ailleurs , il y a toujours beaucoup d'autre dans ces sortes de prets , & l'on pourroit leur appliquer la peine du Senatusconsulte Macédonien , de perdre leur dette.

Les substitutions contractuelles sont en usage en France , aussi-bien que les institutions : elles se reglent par les mêmes principes. *Vide* les Institutions contractuelles †   *Substitution contractuelle.*

TITRE IV.
DE LA TREBELLIANIQUE.

ON appelle trebellianique le quart que les loix affectent aux héritiers chargez d'un fideicommis universel de l'hérédité ou d'une partie, ou qui distingue la trebellianique de la falcidie : car celle-ci regarde les legs & les fideicommis particuliers de certaines choses.

Cette quarte a été appellée trebellianique, à cause d'un Senatusconsulte, ainsi nommé du nom d'un des Consuls de l'année où il fut fait, pour ordonner que l'héritier chargé de rendre l'hérédité au fideicommissaire, seroit déchargé de toutes les dettes & charges qui passeroient avec les biens au fideicommissaire. Mais comme les héritiers qui n'avoient que peu ou point de profit de l'hérédité qu'ils étoient obligez de rendre, refusoient de l'accepter pour en faire la restitution ; il fut ordonné par un autre Senatusconsulte, que l'héritier chargé d'un fideicommis de l'hérédité en pourroit retenir le quart. Mais à cause de quelques inconvéniens de ce dernier Senatusconsulte, dont il seroit inutile de parler ici, Justinien confondit les deux Senatusconsultes, donnant au premier des effets des deux en ce qui devoit subsister de l'un & de l'autre. Ainsi il se trouve que le trebellianique est demeuré à cette quarte qui se prend sur les fideicommis de l'hérédité. Mais comme cette quarte est de même équité & de la même nature que la falcidie, ou plutôt n'est qu'une espece de falcidie, en ce qu'elle retranche des dispositions du testateur qui chargeroit l'héritier de plus des trois quarts de l'hérédité ; cette uniformité de ces deux quartes a fait que les loix les ont confondues, & ont même donné à la trebellianique le nom de falcidie *a*. Et comme par cette raison les regles de la falcidie conviennent presque toutes à la trebellianique, il est nécessaire de les joindre à celles qui seront expliquées dans ce Titre, que l'on se réduira à ce qu'il peut y avoir de regles qu'il faut distinguer de la falcidie. Et pour ce qui est des regles de la falcidie qui ne regardent pas la trebellianique, ils sont en si petit nombre & si distinguées, qu'il seroit très-inutile d'en faire ici aucune remarque, car la simple lecture en fera le discernement.

On ne parlera point ici de la double quarte des enfans chargez de fideicommis, pour ne pas répeter ce qui en a été dit dans l'article 16. de la Section 1. des Substitutions directes & des fideicommissaires.

a P. . l. 6. C. ad Senat. Trebell. l. 1. §. 19. eod.

§ Une . . charge de fideicommis, pour distraire la légitime & la quarte trebellianique.

Cette . . . .

Guypape . questions 51. & 52. Dolive, l. c. ch. 16. Henrys, t. 1. l. 4. q. . Despeisses , t. 1. p. 539. n. 2.

Ce que . . . .

Il y a quelques Auteurs qui étendent cette double quarte au profit des descendans . Ferrand , eod. Dolive , eod. Maynard , l. 5. ch. 47. Agrimesia . . . .

Ricard des substitutions , ch. 17. n. 183. est d'avis contraire.]

Le Lecteur ne doit pas être surpris de ce qu'il n'y a dans ce Titre que peu d'articles : car on a dû s'y réduire aux regles dont il est composé : & toutes celles qu'on pourroit y trouver à dire, & qui grossissent dans les Livres du Droit le Titre de cette matiere, ont été expliquées ou dans le Titre de la falcidie, comme on vient de le remarquer, ou dans les autres Titres de ce cinquiéme Livre, chacun en son lieu.

SECTION I.

De l'usage de la Trebellianique, & en quoi elle consiste.

SOMMAIRES.

1. Définition de la trebellianique.

---

2. Elle a lieu pour un héritier en partie.
3. Le testateur peut, au lieu de la quarte trebellianique, assigner un fonds ou autre chose.

1.

LA trebellianique est le quart de l'hérédité, qui doit rester à l'héritier chargé de la rendre *a*.   *1. Définition de la trebellianique.*

a Ut ei qui rogatus esset hæreditatem restituere, perinde liceret quartam partem retinere, atque ex lege falcidia ex legatis retinere, conceditur. §. 5. *Inst. de fidei. hæred.*

II.

Si celui qui seroit chargé d'un fideicommis n'étoit héritier que d'une partie qu'il fût chargé de rendre, il en auroit la trebellianique, qui seroit le quart de sa portion de l'hérédité. Et il en seroit de même, si plusieurs héritiers étoient chargez de rendre leurs portions, ou seulement quelques-uns des leurs. Car chacun auroit la trebellianique de sa portion *b*.   *2. Elle a lieu pour un héritier en partie.*

b Potest autem quisque & de parte restituenda hæredem rogare. §. 2. in f. eod.

Et hoc casu eadem observari præcipimus quæ in totius hæreditatis restitutione diximus. §. 8. in f. eod.

III.

Quoique le quart qui doit demeurer à l'héritier soit une quote de l'hérédité, qui oblige à un partage des biens entre l'héritier & le fideicommissaire, le testateur peut assigner à l'héritier un certain fonds ou autre chose, ou une somme d'argent au lieu de ce quart ; & en ce cas l'héritier remettant l'hérédité au fideicommissaire sous cette réserve, celui-ci demeurera seul tenu de toutes les charges ; au lieu que si l'héritier prenoit le quart de l'hérédité, il se feroit un partage entr'eux des biens & des charges à proportion de leurs portions *c*.   *3. Le testateur peut, au lieu de la quarte trebellianique, assigner un fonds ou autre chose.*

c Si quis una aliqua re deducta, sive præcepta, quæ quartam contineat ; veluti fundo, vel alia re) rogatus sit restituere hæreditatem, simili modo ex Trebelliano Senatus-Consulto restitutio fiet, perinde ac si quarta parte retenta rogatus esset reliquam hæreditatem restituere. Sed inuit interest, quod altero casu, id est, cum deducta, sive præcepta aliqua re restituitur hæreditas : in solidum ex eo Senatus-Consulto actiones transferuntur. At res, quæ remanent apud hæredem, sine ullo onere hæreditario apud eum remanent, quasi ex legato ei acquisita. Altero verò casu, id est, cum quarta parte retenta rogatus est hæres restituere hæreditatem & restituit : scinduntur actiones, & pro dodrante quidem transferuntur ad fideicommissarium, pro quadrante remanent apud hæredem. Quam etiam licet una si aliqua deducta aut præcepta, aliquis hæreditatem rogatus sit, in qua maxima pars hæreditatis contineatur, æque in solidum transferuntur actiones : & secum deliberare debeat, cui restituturum hæreditas, an expediat sibi restitui. Eadem scilicet intervenient & si duabus punitative aliquis præceptive rebus, restitutæ hæreditatis rogatus fit. Sed & si certa summa deducta præceptave, quæ quartam vel etiam maximam partem hæreditatis contineat : rogatus sit aliquis hæreditatem restituere ; idem juris est. §. 9. inst. de fidei. hæred. l. 30. §. 3. ff. ad Senat. Trebell. l. 2. C. eod. l. 47. §. 1. ff. ad leg. Falc.

SECTION II.

Des causes qui font cesser la Trebellianique, ou qui la diminuent.

SOMMAIRES.

1. Le testateur peut prohiber la trebellianique.
2. L'héritier qui restitue volontairement toute l'hérédité sans rien retenir, ne peut demander la trebellianique.
3. Le fideicommissaire chargé d'une seconde restitution, n'a pas de trebellianique.
4. Comment les fruits s'imputent, ou ne s'imputent point sur la trebellianique.
5. Les fruits ne s'imputent point aux enfans sur leur trebellianique.
6. Peine de l'héritier chargé de rendre l'hérédité, & qui n'en a pas fait d'inventaire.

I.

SI le testateur a expressément défendu la déduction de la trebellianique, l'héritier a bien la liberté d'accepter l'hérédité ou d'y renoncer ; mais s'il l'accepte, il sera tenu   *1. Le testateur peut prohiber la trebellianique.*

tenu d'accomplir le fideicommis sans rien retenir *a*.

a Neratius scribit si hæres rogatus restituere totam hæreditatem, *non deductâ Falcidiâ, &c. l. 1. §. 19. ff. ad Senat. Trebell.*
Si verò expressim designaverit (testator) non velle hæredem retinere Falcidiam, necessarium est valere testatoris sententiam. *Nov. 1. c. 2. §. ult.*
Aut si parere noluerit, cum quidem recedere, ab hujusmodi institutione, locum vero fieri (sicut dudum prædiximus) substitutis & cohæredibus, & fideicommissariis, & legatariis. *d. §. in f.*
V. l'article dernier , & la remarque qu'on y a faite.

¶ Il semble que n'y ayant point de Loi qui permette la prohibition de la trebellianique, que le testateur ne peut la défendre, suivant la Loi 54. *ff. de legat. 1. Nemo facere potest quin leges locum non habeant in suo testamento.*

Cependant l'usage est au contraire. Cujas, consult. 35. Peregrinus, de fideicom. art. 3. n. 109. Guypape, quest. 51. l'apon dans ses Arrêts, l. 10. tit. 3. art. 19. Henrys, l. 2. l. 5. quest. 11. Despeisses, t. 2. p. 343. n. 15.

Mais la question est de sçavoir s'il faut que la prohibition soit expresse. A l'égard des enfans, l'expresse est necessaire; mais à l'égard des Etrangers, la tacite suffit. Peregrinus, *eodem*, n. 87. Cambolas, l. 1. ch. 32. Despeisses, *eod.* Graveroile dans ses Notes sur la Rochestavin, sur le mot Trebellianique.

La trebellianique peut être prohibée par codicille. Cambolas, Despeisses & Graverolle, *eod.*]

I.

Si l'héritier qui pouvoit retenir la trebellianique avoit restitué l'hérédité entiere sans aucune déduction, il ne seroit plus reçu à la demander. Car on présumeroit qu'il n'auroit fait en cela qu'accomplir plus exactement le fideicommis; à moins qu'il ne parût par les circonstances, que quelque erreur de fait ou quelqu'autre cause dût faire cesser cette présomption *b*.

b Si totam hæreditatem rogatus restituere tu sponte adieris, & sine deductione quartæ partis restitueris: difficile quidem crederis per ignorantiam magis, non explendi fideicommissi causâ hoc fecisse: sed si probaveris per errorem te quartam non retinuisse, recuperare eam poteris. *l. 68. §. 1. ff de Senat. Trebell.*
V. les articles 15. & 16. de la Section 4. de la Falcidie, p. 506.

III.

Si le fideicommissaire de l'hérédité, ou d'une partie, étoit aussi chargé de la rendre à une autre personne, il ne pourroit pas en retrancher une seconde trebellianique, quoique l'héritier qui la lui avoit remis l'hérédité eût retenu sa quarte ; car elle n'est due qu'à l'héritier qui succede immédiatement au testateur, s'il ne l'accorde aussi à ce fideicommissaire *c*.

c Nunquam legatarius vel fideicommissarius , licet ex Trebelliano Senatus-Consulto restituitur ei hæreditas, utitur legis falcidiæ beneficio. *l. 47. §. 1. ff. ad leg. Falc.*
Neratius scribit : si hæres rogatus restituere totam hæreditatem, non deductâ falcidiâ rogato & ipsi (ut) alii restituat : non utique debere ei detrahere fideicommissario secundo quartam : nisi liberalitatem tantùm ad priorem fideicommissarium hæres voluit pertinere. *l. 1. §. 19. ff. ad Senat. Trebell.*
Qui fideicommissam hæreditatem ex Trebelliano, cùm suspectâ diceretur totam receperit, si ipse quoque rogatus sit alii restituere, totum restituere cogetur: & erit in hac quoque restitutione Trebelliano locus. Quartam enim falcidiæ jure fideicommissario retinere non potuit; nec ad rem pertinet: quod, nisi prior, ut adiretur hæreditas, desiderasse, fideicommissum secundo loco datum intercidisset. Cùm enim semel adita est hæreditas, omnis defuncti voluntas rata confirmatur. Non est contrarium quod jussu hæredis non ultra dodrantem præstat. Aliud est enim, ex personâ hæredis convenire: aliud proprio nomine defuncti precibus astringi. *l. 55. §. 2. eod.*
¶ L'article est certain ; mais si l'héritier la n'a pas pris, son héritier pourra la demander. *l. 10. C. ad legum falcidiam.*
Despeisses, *codem*, n. 4. Cambolas, l. 5. ch. 7.]

IV.

Si le fideicommis ne devoit être rendu que quelque tems après la mort du testateur, ou après l'événement d'une condition d'où il dépendroit, les fruits dont l'héritier auroit joui avant l'ouverture du fideicommis lui seroient imputez sur la quarte trebellianique *d*. Mais les fruits perçus par l'héritier après l'ouverture du fideicommis, dont la restitution n'auroit été retardée que par la négligence du fideicommissaire, ne seroient pas imputez sur la quarte dûe à cet héritier *e*.

d Fructus in quartam imputantur. *l. 18. §. 1. ff. ad Senat. Trebell.*
Ante diem fideicommissi cedentem fructus, & usuras quas debitores hæreditarii, cùm posteà cessissent dies solverunt : item mercedes prædiorum ab hærede perceptæ , portioni quadrantis imputantur. *l. 52. §. 5. eod.*

Tome I.

e Si hæres post multum temporis restituat cùm præsenti die fideicommissum sit : deductâ quartâ restituet. Fructus enim, qui percepti sunt, negligentia petentis non judicio defuncti percepti videntur. Alia causa est, si sub conditione, vel in diem rogatus fuerit. Tunc enim quod percipitur summovet Falcidiam , si tantum fuerit quantum quartam facit & quartæ fructus. Nam fructus qui medio tempore percepti sunt, ex judicio testantis percepti videntur. *l. 22. §. 1. eod.*
V. l'art. 16. de la Sect. 4. de la Falcidie, p. 506. l'art. 9. de la Sect. 1. des Substitutions, p. 512. & l'art. 15. de la Sect. 2. du même Titre.

V.

La regle expliquée dans l'article précédent, qui impute à l'héritier les fruits sur sa quarte, ne regarde que les héritiers autres que des enfans ou descendans du testateur. Car les jouissances que font les enfans avant l'ouverture du fideicommis dont ils sont chargez de rendre , leur sont acquises sans diminution de leurs droits sur l'hérédité qu'ils sont chargez de rendre , soit que le fideicommis regarde leurs propres enfans, ou les autres descendans du testateur. Et ils auront outre ces jouissances leur quart entier sur le total de l'hérédité, quand même le testateur auroit ordonné que ces jouissances en seroient déduites *f*.

f Jubemus quoties pater vel mater filio suo, filiæ, filiis vel filiabus , ex æquis vel in æquis partibus hæredibus institutis, invicem seu simpliciter quosdam ex his, aut quendam rogaverit qui prior sine liberis decesserit, portionem hæreditatis suæ superstiti seu superstitibus restituere : ut omnibus modis retenta quarta pro auctoritate Trebelliani Senatus-Consulti , non per imputationem fructuum , (licet hoc testator rogaverit vel jusserit) sed de ipsis rebus hæreditatis , dodrans restituatur. Idemque in retinenda legis Falcidiæ portione jubemus. Et si pater vel mater filio seu filia institutis (sicut supra dictum est) hæredibus , rogaverit eos easve nepotibus vel neptibus, pronepotibus vel proneptibus suis , ac deinceps restituere hæreditatem. *l. 6. C. ad Senat. Trebell.*
¶ Cependant le testateur pourroit ordonner qu'ils seroient tenus d'imputer les fruits, puisqu'il peut bien ordonner qu'ils ne prendront point du tout de quarte. Cujas, consult. 35. Henrys, t. 2. l. 5. q. 8. Despeisses, t. 1 p. 350. col. 1. in fine.
La trebellianique est réputée remplie par la jouissance des fruits pendant 10. ans, argumento de la talcidie. Papinianus, l. 8. §. 11. ff. de inofficioso testamento. Henrys & Despeisses, eodem.]

VI.

Comme la trebellianique est un quart de l'hérédité, l'héritier qui prétend retenir ce quart, doit justifier en quoi consistent les biens , pour regler ce qu'il peut retenir & ce qu'il doit rendre. Et c'est ce qu'il ne peut faire que par un inventaire de tous les biens de l'hérédité. Ce qui fait un double engagement à cet héritier de faire cet inventaire , & pour son interêt , afin d'établir son droit pour la trebellianique & en regler le pied, & pour l'interêt du fideicommissaire , afin qu'il puisse juger de la fidélité de la restitution du fideicommis , comme il a été dit dans l'article 20. de la Sect. 1. des Substitutions. Ainsi l'héritier qui étant chargé d'un fideicommis de l'hérédité , ou d'une partie , auroit manqué d'en faire un inventaire , seroit justement privé de la trebellianique , à moins qu'il ne fût dans un cas où le dispensât de cette précaution, ou que des circonstances particulieres ne le déchargeassent de cette peine qu'il mériteroit, si le défaut d'inventaire pouvoit être imputé à son infidélité ou à sa négligence *g*.

g V. les textes citez sur l'article 20. de la Section 1. des Substitutions directes & fidéic. p. 521.

☞ Il faut remarquer sur cet article & sur l'art. 20. de la Section 1. des Substitutions , que plusieurs Interpretes ont cru qu'encore que l'héritier chargé d'un fideicommis de l'hérédité n'ait point fait d'inventaire , il n'est pas pour cela privé de la trebellianique. Et leur principal fondement est que la privation de la trebellianique étant une peine , elle ne doit pas être imposée à l'héritier, s'il n'y a une loi expresse qui l'ait établie. Qu'il est vrai que les loix ont ordonné la privation de la falcidie sur les legs , lorsque l'héritier n'a point fait d'inventaire ; mais que cette peine ne doit pas être étendue à l'héritier chargé d'un fideicommis de l'hérédité ou d'une partie , parce que les loix penales ne s'étendent point hors de leurs cas. Les autres au contraire se fondent sur la nécessité d'un inventaire pour justifier la fidélité de la restitution; & ils ajoutent que tout ce que les loix ont reglé pour la falcidie est commun à la trebellianique, à cause de la confusion qu'elles ont faite de ces deux quartes, comme il a été remarqué dans le préambule de ce Titre, & que les mêmes raisons rendent nécessaire un inventaire pour l'un & pour l'autre ; & qu'aussi Justinien dans sa Novelle 1. c. 2. où il ordonne la privation de la falcidie faute d'un inventaire, oblige l'héritier de remplir non-seulement les legs, mais les fideicommis : *non retinebit falcidiam, sed complebit legatarios & fideicommissarios ;* ce que ceux de l'autre parti restreignent aux fideicommis particuliers, & avec assez de raison.

Cette question a été différemment jugée en divers Tribunaux de l'Europe, & différemment aussi en divers Parlemens de ce Royaume : & on y a apporté des tempéramens. Car il est vrai qu'il y a des cas où la privation de la trebellianique ne seroit pas juste par le défaut d'inventaire, comme par exemple, si un héritier étoit chargé de rendre l'hérédité en même tems qu'il l'auroit acceptée, parce qu'en ce cas qui étoit fréquent dans le Droit Romain, il n'y auroit point d'inventaire à faire, le fideicommissaire n'ayant qu'à prendre la déclaration de l'héritier qui lui remettroit l'hérédité, & se mettre en possession des biens : Et un pareil cas pourroit arriver, si un testateur qui voudroit faire passer son hérédité ou une partie à un parent ou ami absent en pays étranger, avoit institué héritier une autre personne qu'il chargeroit de rendre le fideicommis à cet absent après son retour, & que cet absent se trouvât de retour au tems de la mort de ce testateur ; car l'héritier en ce cas voulant remettre le fideicommis dans ce même tems, n'auroit pas besoin de faire un inventaire pour conserver sa trebellianique. Il y a aussi d'autres cas où il ne seroit pas juste de priver un héritier de la trebellianique pour n'avoir pas fait d'inventaire, comme par exemple, si l'héritier étoit un mineur de qui le tuteur eût manqué de faire cet inventaire, ou si la mort du testateur étoit arrivée dans un tems de peste. Et si dans ces cas & autres semblables le fideicommissaire prétendoit que la restitution ne fût pas entiere, il lui seroit permis de venir aux preuves des biens & de leur valeur ; sur quoi de la coutume d'ordonner qu'il en sera informé, joint la commune renommée. On a douté s'il faudroit excepter aussi le cas où l'héritier seroit un fils du testateur chargé d'un fideicommis envers ses enfans. si par exemple, le fideicommis ne regardoit que l'un d'eux, & que les circonstances fissent présumer quelque faveur envers les autres au préjudice du fideicommis. Ce qui fait le doute, est que d'une part le pere pourroit blesser l'interêt du fideicommissaire, & diminuer la restitution en faveur des autres enfans ; & que de l'autre ce pere fideicommissaire ayant à retenir sur tous les biens du testateur & sa légitime & la trebellianique, suivant la remarque sur l'article 16. de la

Section 1. des Substitutions, elle est considerée comme une partie de sa légitime. Ainsi il pourroit y avoir de la dureté de l'en priver par un défaut d'inventaire. Mais si l'héritier étoit un étranger, ou même un collateral chargé d'un fideicommis, il paroîtroit juste que le défaut d'inventaire le privât de la trebellianique, aussi-bien qu'il seroit privé de la falcidie ; car il y en a les mêmes raisons. Et quand on supposeroit que Justinien n'auroit pensé dans cette Novelle qu'à la falcidie, il ne semble pas qu'on ait besoin d'une loi expresse qui oblige un héritier chargé d'un fideicommis à justifier d'un inventaire des biens pour prouver la fidélité de sa restitution ; ce devoir est du Droit naturel, & il est par conséquent naturel aussi que le défaut de l'inventaire soit puni de quelque peine, qui doit être au moins la privation d'un bienfait, qui consistant en une quote de l'hérédité, ne pouvoit être accordé à l'héritier, qu'en faisant voir en quoi consistoit cette hérédité, puisqu'autrement on favoriseroit les soustractions.

C'est par toutes ces différentes considérations qu'on a cru devoir composer cet article de la maniere dont il est conçu, pour concilier la lettre des regles du droit avec l'équité qui doit en être l'esprit.

§ Henrys, t. 1. l. 5. q. 6. soutient que le défaut d'inventaire prive toujours de la trebellianique. Peregrinus, art. 3. n. 73. de fideicom. Dolive, l. 5. ch. 16. Maynard, l. 5. ch. 62. Brodeau sur Louet, l. H. ch. 14. soutiennent que le défaut d'inventaire n'en prive pas.

Il y a plusieurs cas où la trebellianique n'a pas lieu.

1°. Dans les fideicommis particuliers. *l.* 22. §. *ult. ff. ad Trebell.* Peregrinus, Despeisses, *eodem.*

[marge: Cas où la trebellianique n'a pas lieu.*]*

2°. Un légataire universel ne peut distraire la quarte, parce qu'il faut être héritier à titre d'institution pour en jouir, *quasi heredem rogavi oportet. l.* 22. *ff. ad Trebell.* §. *ult.* Peregrinus, Despeisses, *eodem.*

3°. Elle n'a pas lieu dans les institutions contractuelles, parce qu'ils sont assez obligez à restituer le fideicommis par leur acceptation, & en vertu du contrat. Peregrinus, *eodem.* Despeisses, *eod.* Papon, primo Notarior. pag. 603. Boniface, t. 3. l. 2. tit. 19. ch. 4.

4°. Elle n'a pas lieu, si l'héritier a accepté la succession par contrainte. *l.* 4. & 14. *ff. eodem, Institut. eodem,* §. 7.

5°. Si l'héritier a voulu faire perdre le fideicommis. *l.* 59. *ff. ad legem falcidiam.* Peregrinus, *eodem,* n. 59.

6°. Si l'héritier s'est rendu indigne. *l.* 5. §. 19. *l.* 22. *de his qui ut indig.*

7°. Dans les fideicommis *ad pias causas,* la Jurisprudence est certaine dans les Pays de Droit Ecrit. Papon, l. 20. tit. 4. art. 2. Guypape, quest. 188. Desp. cod. n. 18.

8°. Si l'héritier n'est institué qu'à certain tems ou condition ; parce qu'en ce cas il n'est pas réputé véritablement héritier. *l.* 46. *ff. eodem.* Peregrinus, *cod.* n. 19. Desp. *eod.* n. 14. Ricard, *eod.* n. 183.

9°. L'héritier institué peut renoncer à cette quarte au préjudice de ses créanciers. *l.* 20. *ff. quæ in fraud. cred.* Henrys, t. 1. l. 5. q. 54.

La trebellianique n'a pas lieu dans les Pays coutumiers. Dumoulin, Coutume de Paris, tit. 1. §. 15. glos. 4. Bacquet, des Justices, ch. 21. Ricard, *eod. in fine.*].

Fin du premier Tome.